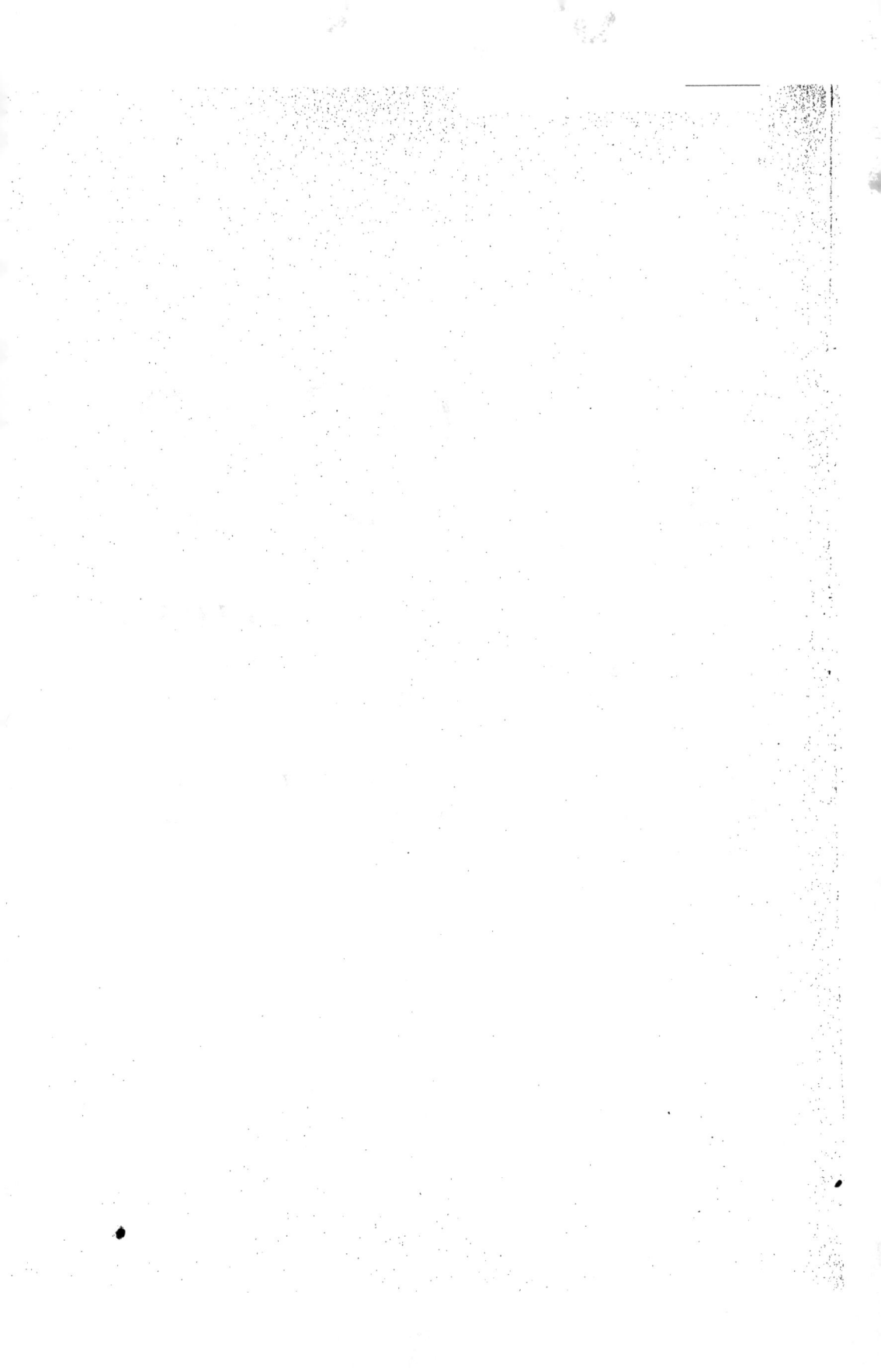

# ENCYCLOPÉDIE

## MÉTHODIQUE,

OU

### PAR ORDRE DE MATIERES;

PAR UNE SOCIÉTÉ DE GENS DE LETTRES,
DE SAVANS ET D'ARTISTES;

*Précédée d'un* Vocabulaire univerſel, *ſervant de Table pour tout*
*l'Ouvrage, ornée des Portraits de* MM. DIDEROT & D'ALEMBERT,
*premiers Éditeurs de* l'Encyclopédie.

# ENCYCLOPÉDIE
## *MÉTHODIQUE.*

# HISTOIRE.
## SUPPLÉMENT.

### TOME SIXIÈME.

F" N° 7.

A PARIS,

Chez H. AGASSE, Imprimeur-Libraire, rue des Poitevins, n°. 18

AN XII. — 1804.

AARON (ISAAC). (*Hift. de l'Empire d'Orient.*) Cet homme eut & mérita le fort de ces inventeurs de fupplices, de ces confeillers de mort, de ces miniftres de cruauté, tels que Pérille & les autres, qui furent eux-mêmes les victimes de leur funefte induftrie. Ifaac Aaron étoit interprète pour les langues occidentales fous l'empereur Manuel Comnène, mort en 1180; il trahiffoit cet Empereur par des interprétations infidèles, & révéloit les fecrets de l'Etat aux ambaffadeurs des Princes d'Occident. L'Impératrice découvrit la fraude : Aaron fut puni : on lui creva les yeux, fes biens furent confifqués. Une de ces révolutions fi fréquentes dans ce pays ayant mis fur le trône Andronic Comnène, Aaron trouva grace auprès de ce nouvel Empereur ; & fe fouvenant que la perte de fes yeux lui avoit laiffé des moyens de nuire, dont il avoit fu faire ufage, il confeilla bien imprudemment à Andronic de ne pas fe contenter de crever ou d'arracher les yeux à fes ennemis, mais de leur couper encore la langue. Par une fuite du même principe, il falloit auffi leur couper la main, qui pouvoit écrire ou nuire de beaucoup d'autres manières ; & pour être tout-à-fait conféquent, il falloit

    Leur ôter tout à coup la parole & la vie.

C'eft ainfi que l'art de nuire menëroit de crime en crime, & de cruauté en cruauté, jufqu'à ce qu'enfin ces crimes & ces cruautés, foulevant tous les efprits, retombaffent fur leurs auteurs. Le confeil d'Aaron retomba fur lui. De nouvelles révolutions lui ayant donné pour maître, en 1203, Ifaac Lange, ce Prince lui fit couper la langue d'après fon propre confeil, & à caufe du mal qu'elle avoit fait.

ABA. (*Hift. de Hongrie.*) Saint Etienne, premier Roi chrétien de Hongrie, mort en 1038, laiffa un neveu nommé Pierre, & un beau-frère nommé Aba, qui fe difputèrent la couronne; Pierre, furnommé l'*Allemand*, fut d'abord le fucceffeur de faint Etienne : on lui reprocha des exactions & des brigandages qui le firent dépofer, & Aba fut mis en fa place en 1041 ou 1042. Il foutint avec courage fon élection & fes droits contre les droits plus légitimes de Pierre ; il le força d'abandonner la Hongrie, & d'aller chercher un afile dans la Bavière ; il ne l'y laiffa pas tranquille; il ravagea la Bavière & l'Autriche ; il fit auffi la guerre, mais avec moins de fuccès, à l'empereur Henri III, dit le Noir, par lequel il fut défait : cet échec & les injuftices de fon gouvernement, égales à celles du règne de Pierre, foulevèrent contre Aba tous

fes fujets, qui, ne le regardant plus que comme un tyran malheureux, le maffacrèrent en 1044. Pierre fut rétabli en 1047, & mourut cette même année.

ABASSA. (*Hift. des Turcs & Hift. des Califes.*) Abaffa eft le nom, & d'un homme, & d'une femme.

1°. L'homme de ce nom joue un rôle affez confidérable dans l'Hiftoire des Turcs. Le fultan Muftapha I, parvenu à l'Empire en 1617, fut chaffé en 1618, & Ofman I fut mis en fa place. Les Janiffaires, révoltés contre celui-ci, lui ôtèrent l'Empire & la vie en 1622, & rétablirent Muftapha. Ce fut alors qu'Abaffa, homme diftingué par des qualités brillantes & dangéreufes dans un Etat defpotique, homme femblable à l'Acomat de Bajazet, prit les armes contre Muftapha, dont il étoit mécontent, &, fous prétexte de venger la mort d'Ofman, fit paffer au fil de l'épée un grand nombre de Janiffaires, auteurs ou complices de la mort de cet Empereur. Le muphti & l'aga des Janiffaires fecondant Abaffa, dépoferent Muftapha en 1623, & lui fubftituèrent Amurat IV. Ce Sultan employa utilement les talens d'Abaffa, mais il l'éloigna de Conftantinople ; il l'envoya en 1634, faire la guerre aux Polonois, & bientôt ayant fait fa paix avec eux, il prit le parti de leur facrifier, ou plutôt de facrifier à fa propre fûreté ce même Abaffa. Il le fit étrangler.

2°. La femme de ce même nom d'Abaffa eft cette fœur d'Aaron Rashid, à qui ce calife fit époufer Giafar le Barmécide, fon vifir & fon favori, fous la condition expreffe qu'ils n'uferoient point des droits du mariage, condition qui feule auroit fuffi pour leur en faire naître l'envie. En effet, la condition fut violée ; Abaffa devint groffe. Aaron, dans une colère de Sultan, fit périr Giafar (*voyez* cet article) ; il laiffa la vie à fa fœur ; mais elle vécut dans l'abjection & dans une extrême pauvreté, qu'elle fouffrit avec conftance & avec de grands fentimens de réfignation. Une femme, touchée de fes malheurs, s'en entretenant un jour avec elle, & lui demandant des détails fur fa fituation actuelle : « J'ai eu, lui dit Abaffa, *jufqu'à quatre cents efclaves ; aujourd'hui deux peaux de mouton forment mon unique vêtement.* » Cette femme lui donna cinq cents dragmes d'argent, & Abaffa, frappée de ce fecours inefpéré comme d'une marque de la protection de la Providence, qui ne l'abandonnoit pas, fut plus fenfible à ce léger adouciffement de fa mifère, qu'elle ne l'avoit été aux avantages de fa première fortune ; elle avoit encore une autre reffource dans fa difgrace, celle

A

de cultiver les lettres; elle faifoit fort bien des vers, & avoit autant d'efprit que de courage; elle étoit, ainfi que fon frère, contemporaine de Charlemagne.

ABAUZIT (FIRMIN), (*Hift. litt. mod.*), favant modefte & philofophe, ami de la retraite, né à Uzès de parens calviniftes, n'eut d'autre patrie que Genève, où il fut mené fort jeune, & où fon érudition lui fit donner la place de bibliothécaire. Il ne cherche pas beaucoup à fe faire connoître; & quoiqu'il ait publié quelques ouvrages, il n'eft guère connu que par une nouvelle & très-bonne édition de l'*Hiftoire de Genève* de Spon, qui a paru en 1730, en deux volumes in-4°. & en quatre volumes in-12. Mort en 1768.

ABDISSI (*Hiftoire ecclef.*), prélat de l'églife grecque, patriarche de Muzal dans l'Affyrie orientale, vint dans l'Occident faire des foumiffions au pape Pie IV, qui lui donna le *pallium* en 1562. Abdiffi préfenta auffi fa profeffion de foi au concile de Trente; elle y fut approuvée. De fon côté il promit de faire exécuter tous les décrets de ce concile dans toute l'étendue de fa jurifdiction: ainfi ce fut une conquête que l'Eglife latine parut avoir faite fur l'Eglife grecque. Cet Abdiffi étoit un prélat favant & lettré. Abraham Ecchellenfis (*voyez* l'article de ce Maronite) fit imprimer un catalogue des écrivains chaldéens, dreffé par Abdiffi.

ABEN-EZRA (ABRAHAM), (*Hift. litt. mod.*), célèbre rabbin efpagnol, a mérité, quoique rabbin, d'occuper quelque place dans la mémoire des hommes. Les Juifs lui ont prodigué les titres de *fage*, de *grand*, d'*admirable*, & ces titres n'ont point été conteftés par les Chrétiens hébraïfans. Il avoit une littérature fort étendue & fort variée. Aftronomie, médecine, philofophie de tout genre, telle qu'on la connoiffoit au douzième fiècle; poéfie, cabale (car il faut bien qu'un favant rabbin paie tribut à la cabale), tout étoit de fon reffort. Ses *Commentaires* font diftingués parmi fes ouvrages, & diftingués furtout en ce que l'auteur s'y montre auffi peu rabbin qu'il eft poffible à un rabbin. Un autre de fes livres, intitulé *Jefud-Mora*, & dont l'objet principal eft de recommander l'étude du talmud, a le mérite un peu équivoque d'être devenu fort rare. Un autre ouvrage de lui a pour titre: *Elegantiæ Grammaticæ*. Ce rabbin eft mort vers l'an 1174, âgé d'environ foixante & quinze ans.

ABLE *ou* ABEL (THOMAS), (*Hift. d'Anglet.*), étoit chapelain de Catherine d'Arragon, première femme de Henri VIII, roi d'Angleterre. Il n'étoit pas néceffaire d'être attaché à cette Reine malheureufe pour gémir des injuftices qu'elle éprouvoit; mais on ne pouvoit l'être fans defirer de la

fervir & de la défendre. Thomas Abel compofa un Traité contre le divorce qu'Henri VIII pourfuivoit (*De non diffolvendo Henrici & Catharinæ matrimonio*); dès-lors il eut ce Prince pour ennemi implacable. Il acheva de l'irriter en attaquant fa fuprématie, & en foutenant publiquement que le Roi ne pouvoit être reconnu pour chef de l'Eglife anglicane. Henri, qui difpofoit des lois & des miniftres de la juftice, fit condamner Abel à être étranglé, éventré, puis écartelé; ce qui fut exécuté en 1540. Les Anglois avoient cependant depuis long-tems leur grande charte, & jamais ils n'avoient été fi efclaves. Les deux Guillaumes, les Henri I, les Richard I, &c. avoient été des Titus en comparaifon d'Henri VIII. Il n'y a point de conftitution qui tienne contre la tyrannie, foit royale, foit populaire; & quand ces deux tyrannies viennent à fe cumuler, comme il arrive toutes les fois qu'un Roi injufte a eu le talent ou le bonheur de prendre un certain afcendant fur fa nation, il n'y a plus de fûreté ni d'afile pour les particuliers honnêtes & vertueux que l'injuftice révolte.

ABRAHAM USQUE, (*Hift. litt. mod.*), Juif portugais, & Tobie Athias, autre Juif du feizième fiècle, s'affocièrent pour traduire la Bible en efpagnol. Leur verfion porte ce titre: *Biblia en lingua efpanola, traduzida palabra por palabra, de la verdad hebrayca; por mui excellentes letrados, en Ferrara* 1553. Ces mots, *traduzida palabra por palabra*, annoncent qu'on s'eft piqué d'une littéralité qui ne peut être nulle part mieux placée que dans une traduction de la Bible. Auffi cette verfion eft-elle très-rare & très-recherchée. On en fit une édition particulière à l'ufage des Chrétiens efpagnols. Cette édition diffère en quelques endroits de celle qui vient d'être annoncée, & ces différences font relatives aux croyances différentes, l'une de ces éditions ayant été faite pour des Juifs, l'autre pour des Chrétiens. Elles ont encore des différences plus fenfibles, & dont les acheteurs peuvent être plus aifément avertis, par exemple, celle de la dédicace. La verfion à l'ufage des Juifs (& c'eft la plus recherchée, quoique l'autre le foit auffi) eft dédiée à la *senora Gracia Naci*, & porte les noms des traducteurs *Athias* & *Ufque* (Abraham); l'autre eft dédiée à Hercule d'Eft, & porte la fignature de *Jérôme de Vergas* & de *Duarte Pinel*.

ACCIAIOLI *ou* ACCIAJUOLI. (*Hift. d'Italie.*) Divers perfonnages de ce nom, mais tous de Florence, tous vivans dans le quinzième fiècle ou au commencement du feizième, fe font diftingués dans divers genres.

1°. Ange Acciaioli, cardinal, légat, archevêque de Florence fa patrie, avoit beaucoup vécu dans le quatorzième fiècle; il avoit vu naître après la mort de Grégoire XI, arrivée en 1378, ce grand fchifme d'Occident, entre Urbain VI & Clément VII; il avoit retenu dans l'obéiffance d'Urbain VI les Florentins, que le cardinal de Prata s'efforçoit d'en détacher en faveur de Clément VII. il avoit compofé un ouvrage pour la défenfe du même Urbain VI, & travailla en tout avec zèle à l'extinction du fchifme, extinction qu'il n'eut pas la fatisfaction de procurer ni même de voir, étant mort en 1407.

2°. Reinier, du même nom, fut un capitaine illuftre & même un conquérant diftingué par le grand nom de fes conquêtes : ce fut dans la Grèce qu'il les fit, au commencement du quinzième fiècle, c'eft-à-dire, dans un tems où depuis long-tems la Grèce n'étoit plus la Grèce, comme Rome n'eft plus Rome.

      Muoiono le citta, muoiono i regni.

Les Empires meurent, mais les noms reftent. Reinier conquit donc les noms d'Athènes, de Corinthe & d'une partie de la Béotie. Sa femme fe nommoit Eubois, peut-être parce qu'il avoit conquis ou qu'il vouloit conquérir l'Eubée à la faveur du voifinage. Il mourut fans enfans mâles, & il eut de riches dons à laiffer par fon teftament; il partagea fes faveurs : Athènes fut donnée aux Vénitiens; il laiffa Corinthe à Théodore Paleologue fon gendre, mari de l'aînée de fes filles; la Béotie, avec Thèbes & fes dépendances, fut le partage d'Antoine fon fils naturel, qui s'empara encore d'Athènes; mais le tems approchoit où Athènes & la Grèce, & tout ce qui avoit formé l'Empire des Grecs, alloit devenir la proie d'un conquérant plus redoutable qu'Acciaioli (Mahomet II), & d'un peuple plus puiffant que les Florentins (les Turcs).

3°. Donat, bon citoyen, fut utile à fa patrie dans divers emplois qui lui furent confiés, & dont il s'acquitta d'une manière qui fut fi agréable à la République, qu'elle dota fes filles en reconnoiffance des fervices défintéreffés du père. Il étoit d'ailleurs homme de lettres. On a de lui des vies d'Annibal, de Scipion, de Charlemagne & il a auffi traduit en latin des vies de Plutarque; il a laiffé quelques notes fur la morale & la politique d'Ariftote. Il étoit fils de Nevio Acciaioli, lequel étoit petit-fils de Reinier. Il étoit né en 1428, & mourut à cinquante ans en 1478.

4°. Zénobio fut auffi un homme de lettres; il étoit dominicain, & fut bibliothécaire du vatican fous le pape Léon X. On a de lui des poëmes, des fermons, des panégyriques, des lettres, la traduction de quelques ouvrages d'Olimpiodore, de Théodoret, de faint Juftin. Né en 1461, mort en 1520.

ACCO. (Hift. anc.) C'eft le nom d'une femme grecque, qui avoit été fort belle dans fa jeuneffe, & à qui la tête tourna dans fa vieilleffe, lorfque fon miroir, où elle avoit fi long-tems contemplé fa figure avec complaifance, l'avertit fenfiblement

de fa décadence. Le grand ufage qu'elle avoit fait du miroir, avoit donné lieu à ce proverbe grec : *Il fe mire dans fes armes, comme Acco dans fon miroir.*

L'aventure de cette femme rappelle cette épigramme grecque, où Phryné, devenue vieille & laide, confacre fon miroir à Vénus toujours belle. M. de Voltaire nous l'a rendue en quatre vers bien naturels & bien ingénieux :

> Je le donne à Vénus, puifqu'elle eft toujours belle;
>     Il irrite trop mes ennuis :
> Je ne faurois me voir dans ce miroir fidèle,
>     Ni telle que je fus, ni telle que je fuis.

Des gens de lettres ont obfervé qu'il y auroit eu plus de délicateffe à s'en tenir au premier vers :

> Je le donne à Vénus, puifqu'elle eft toujours belle.

Que ce feul vers dit tout, que les trois autres n'en font plus qu'une efpèce de paraphrafe. La réflexion paroît jufte; mais alors l'épigramme ou infcription ne feroit plus qu'une énigme; le mot de *miroir* n'étant point prononcé. Mais on fuppofe que l'infcription feroit au bas du miroir. Il y auroit peut-être une autre obfervation encore à faire fur ces vers, c'eft que ces mots, *Je ne faurois me voir*, n'ont pas le même fens lorfqu'ils fe rapportent à ceux-ci, *ni telle que je fus*, & à ces autres, *ni telle que je fuis*. Dans le premier cas, ils défignent une impuiffance entière, abfolue, indépendante de la volonté. Dans le fecond, ils ne fignifient qu'une impuiffance volontaire, qui tient à la répugnance, à l'averfion. Or, cet emploi d'un même mot dans deux fens différens fans qu'on avertiffe de la différence, eft peut-être une faute, mais c'en eft une bien légère.

ACCOLTI. (Hift. d'Italie.) Quelques perfonnages de ce nom & peut-être de la même famille font diverfement connus :

1°. Benoît, jurifconfulte diftingué, étoit d'une famille noble, originaire d'Arezzo. Né à Florence en 1415, il remplaça le Pogge dans l'emploi de fecrétaire de la République en 1459; il mourut en 1466. On a de lui deux ouvrages affez eftimés : une Hiftoire des Croifades, qui a fourni au Taffe les principaux faits de fon fujet; elle a pour titre : *De bello à Chriftianis contra Barbaros, pro Chrifti fepulchro & Judæâ recuperandis;* & un éloge des grands hommes de fon tems : *De præftantiâ virorum fui ævi.* On rapporte de lui un de ces traits de promptitude de mémoire, qu'on attribue encore à quelques autres, & qui ont toujours droit d'étonner, & même de n'être pas crus quand on n'en a pas été le témoin. Il répéta, dit-on, mot pour mot une harangue latine, prononcée devant le fénat de Florence par un ambaffadeur du roi de Hongrie. Si ce n'étoit qu'un compliment de quelques lignes, & qu'il fût excellent ou mauvais jufqu'au ridicule, la chofe eft moins incroyable; mais laiffons à ce phénomène tout fon merveilleux : on pourroit, avec une pareille mémoire, refter fort ignorant fi l'on n'avoit pas la faculté de retenir dans le même degré que celle de faifir & de rendre.

2°. Vers le même tems vivoit François Accolti, qu'on appeloit *le Prince des jurifconfultes*, brillant dans les exercices publics, fage & de bon confeil dans le cabinet, & que le pape Sixte IV ne voulut point faire cardinal, de peur, dit-il, de nuire aux progrès de la jurifprudence en enlevant ce favant maître à fes difciples, qui ne pouvoient fe paffer de lui.

3°. Un autre Accolti (Benoît) fut fait cardinal. Il étoit né à Florence en 1497. On l'appeloit *le Cicéron de fon tems*; il ne refte plus aucune trace de ce cicéronianifme ni dans fa profe ni dans fes vers. Mort en 1549.

4°. Un autre Benoît Accolti confpira contre le pape Pie IV, avec Pierre Accolti fon parent & plufieurs autres complices, de familles diftinguées, mais perdus de dettes & de crimes, tels que le comte Antoine de Canoffa, le chevalier Peliccione, Profper d'Ettore, Thaddée Manfredy, &c. Leur projet ne fe bornoit pas à un fimple changement de Pape; ils devoient furprendre des places & faire des conquêtes, car ils en avoient déjà fait le partage entr'eux. Canoffa devoit avoir Pavie; Manfredy, Crémone; Peliccione, Aquilée; d'Ettore avoit préféré des rentes : tout le refte devoit être pour les Accolti, qui garantiffoient aux autres leurs partages. La peau de l'ours étoit vendue, mais l'ours n'étoit pas mis par terre. Le complot fut découvert, & tous les coupables punis du dernier fupplice en 1564.

ACERBO ( FRANÇOIS ), ( *H.ft. litt. mod.* ), jéfuite, né à Nocera, publia en 1666, à Naples, des poéfies, dont le titre intéreffant peut en même tems être l'excufe de leur médiocrité. Voici ce titre : *Ægro corpori à Mufâ folatium*. Confolations des Mufes à l'ufage d'un malade.

ACÉSE. ( *Hift. eccléf.* ) Il y a deux écueils également à éviter pour les directeurs & les cafuiftes; l'un eft d'exagérer la facilité du falut, & d'endormir les pécheurs dans une fécurité dangereufe; l'autre eft de rendre le falut prefqu'impoffible, & de jeter les ames fimples dans le défefpoir : c'étoit contre ce dernier écueil que venoit échouer le novatien Acéfe, qui, fous prétexte de zèle & d'amour pour la perfection, foutenoit au concile de Nicée, en préfence de l'empereur Conftantin, qu'il ne falloit point admettre à la pénitence ceux qui étoient tombés depuis le baptême; c'étoient cependant ceux-là, & ceux-là feulement qu'il falloit y admettre; ceux qui n'étoient pas tombés

n'avoient point de pénitence à faire : il leur fuffifoit de fe garantir de toute préfomption. Conftantin, fcandalifé de celle d'Acéfe, lui dit : *Acéfe, faites donc une échelle pour vous, & montez tout feul au ciel*.

ACHARDS ( ELÉAZAR-FRANÇOIS DE LA BAUME DES ), ( *Hift. eccléf.* ), né en 1679 dans la ville d'Avignon, y occupa divers emplois eccléfiaftiques. Il fe diftingua par fon zèle & par fa charité dans le tems de la pefte, que le voifinage de Marfeille étendit, en 1721; jufqu'au Comtat. Le pape Clément XII l'envoya en qualité de vicaire apoftolique pour concilier &, s'il le pouvoit, terminer les différends des Miffionnaires à la Chine; mais on ne concilie point, on ne termine point les différends des théologiens en s'en occupant; c'eft en ne s'en occupant pas qu'on les fait ceffer & qu'on en coupe la racine. Si vous les écoutez, ils parleront; fi vous les lifez, ils écriront. J'en dis autant des déclamateurs en tout genre, foit enthoufiaftes, foit de mauvaife foi : abandonnez-les à tout l'ennui qu'ils infpirent naturellement, à tout le ridicule dont ils fe couvrent; ne les écoutez pas; ceux qui parlent raifon méritent feuls d'être écoutés. C'étoit bien la peine d'envoyer tant de vicaires apoftoliques traverfer les mers & mourir aux extrémités de l'Afie, pour parler de paix à des théologiens qui ne vivoient que de guerre, & qui étoient animés les uns contre les autres par la jaloufie de métier & par l'orgueil de la difpute, deux maladies incurables. Des Achards n'eut pas plus de fuccès que les autres négociateurs; il mourut à Cochin en 1741, & les difputes continuèrent jufqu'à ce qu'à la fin le tems & l'indifférence publique les euffent fait oublier. M. l'abbé Fabre fon fecrétaire, & qui fut après lui pro-vicaire pour ces mêmes affaires des miffions, a donné en trois volumes in-12 une relation de celle de M. des Achards. Celui-ci avoit été nommé évêque d'Halicarnaffe ( *in partibus* ).

ACONCIO ( JACQUES ), ( *Hift. litt. mod.* ), né à Trente au commencement du feizième fiècle, vit naître la réforme de Luther & de Calvin, & s'y laiffa entraîner; il abjura la religion catholique, & alla en Angleterre profeffer le proteftantifme. Il eft très-connu par fon Traité des Stratagèmes de Satan, &c. *De Stratagematibus Satanæ in religionis negotio, per fuperftitionem, errorem, hærefim, odium, calumniam, fchifma, &c. libri 8.* La reine Elifabeth en accepta la dédicace. Les Catholiques n'ont qu'un avis fur cet ouvrage; ils le mettent unanimement au rang des livres impies. Les Proteftans font plus partagés; les uns l'approuvent, les autres le condamnent. On a même appliqué à l'auteur le mot qui avoit été dit au fujet d'Origène : *Ubi benè, nemo melius; ubi malè, nemo pejus*. Quand il eft bon, nul n'eft meilleur; quand il eft mauvais, nul n'eft pire.

L'ouvrage d'Aconcio est suivi de deux Traités, l'un, de la méthode d'étudier; l'autre, de la manière de faire les livres. Aconcio est mort en Angleterre, on ignore en quelle année : on sait seulement qu'il vivoit en 1566. Son ouvrage avoit été imprimé à Bâle en 1565.

ACTUARIUS. ( *Hist. litt. mod.* ) C'est le nom d'un médecin grec, grand théoricien, & qui n'étoit pas sans expérience. Ce fut lui qui donna le premier, au treizième siècle, l'analyse des purgatifs encore usités aujourd'hui, tels que la casse, la manne, le séné, &c. Henri Etienne a donné, en 1567 une édition in-folio des ouvrages d'Actuarius, qu'on trouve traduits par différens auteurs dans l'édition des *Medica artis principes.*

ADALGISE, ( *Hist. des Lombards* ), Prince lombard, fils de Didier, dernier Roi de cette nation, détrôné par Charlemagne. Dans l'expédition qui renversa Didier du trône, Adalgise s'étoit enfermé dans Vérone avec la veuve & les enfans de Carloman, dépouillés de la succession de leur père par Charlemagne leur oncle, tandis que Didier s'enfermoit dans Pavie avec le duc d'Aquitaine Hunaud, dépouillé aussi de ses Etats par Charlemagne, & même enfermé par lui dans une prison dont Hunaud s'étoit sauvé. Charlemagne arriva sous les murs de Pavie presqu'au moment où Didier venoit d'y entrer. Didier avoit mis de bonne heure cette place en état de soutenir un long siège : Charlemagne commença ce siège en 774; mais jugeant qu'une partie de ses forces pouvoit pendant ce tems être employée utilement ailleurs, il vint faire le siège de Vérone, pour couper une des branches de cette guerre. Adalgise, qui connoissoit l'état de Pavie, & qui avoit compté que cette place arrêteroit long-tems Charlemagne, fut saisi d'effroi lorsqu'il vit ce vainqueur rapide accourir en diligence pour l'assiéger lui-même dans Vérone; il craignit que quelque coup du sort ou quelque prodige de l'art ne lui eût ouvert les portes de Pavie. Peut-être ce jeune Prince, sur qui les peuples fondoient leurs espérances, n'eut-il pas toute la fermeté qu'exigeoient les conjonctures difficiles où il se trouvoit; peut-être ne poussa-t-il pas la défense de Vérone jusqu'où elle pouvoit aller. La crainte de tomber entre les mains du vainqueur lui fit précipiter sa retraite; il sortit de Vérone pendant la nuit, & s'étant embarqué, il alla chercher un asile & des secours auprès de l'empereur Constantin Copronyme, que sa haine pour les Papes, animée par un zèle d'iconoclaste, & surtout une juste inquiétude des progrès rapides de Charlemagne, unissoient avec les Lombards dans un même intérêt. Par cette retraite Adalgise prolongea la querelle de la Lombardie, & rendit long-tems incertaine la conquête de Charlemagne. Cependant les Lombards, abandonnés par Adalgise, saisirent l'occasion de terminer la guerre, & d'adoucir le vainqueur en remettant entre ses mains la veuve & les enfans de Carloman. Les habitans de Pavie imitèrent ceux de Vérone; ils ouvrirent leurs portes à Charlemagne, & remirent leur roi Didier, avec sa femme & sa fille, à la discrétion de ce vainqueur.

Mais on n'opère pas impunément une grande révolution, & les idées établies ne changent pas en un jour. La plupart des Seigneurs lombards formèrent une ligue contre Charlemagne & contre le pape Adrien I son allié. Le duc de Spolète, le duc de Benevent, Arichise ( *voyez* dans ce volume l'article *Tassillon* ), y entrèrent; le duc de Frioul, Rotgaud, en étoit l'ame : c'étoit le plus considérable de tous, & par ses talens, & par la situation de son duché, qui donnoit la main à la fois à l'Allemagne, à la France & à l'Italie, & qui dominoit sur la mer Adriatique. Le duc de Frioul étoit resté fidèle au malheureux Adalgise; les Seigneurs lombards, par le conseil & par l'entremise de ce duc, traitèrent avec l'Empereur grec, Léon Porphyrogénète, qui avoit succédé à Constantin Copronyme son père, & qui étoit le mari de la fameuse impératrice Irène. Léon avoit succédé aux opinions comme au trône de son père; il saisit les vues qu'on lui présentoit; il promit d'envoyer Adalgise avec une puissante flotte, & les Seigneurs ligués se chargèrent de favoriser sa descente. Tandis que Léon faisoit lentement les préparatifs de cette expédition, Charlemagne arrive en Italie avec sa célérité ordinaire, fond sur le duc de Frioul, le fait prisonnier; & le regardant déjà comme un sujet rebelle, au lieu de le regarder comme un ennemi qui se défendoit encore, lui fait trancher la tête. Les Historiens français traitent le duc de Frioul de *factieux*, & son projet d'*intrigue* & de *conjuration*, tant on s'accoutume aisément à regarder comme le droit ce qui a prévalu! Adalgise & les Grecs, voyant le projet avorté, n'osèrent paroître, & Charlemagne revola en Germanie à de nouveaux combats.

Mais la cour de Constantinople ne perdit jamais de vue les intérêts d'Adalgise, qui s'unissoient si naturellement avec les siens. Léon Porphyrogénète promit toujours à Adalgise d'employer toutes les forces de l'Empire grec pour son rétablissement. Irène s'étant brouillée avec Charlemagne, se chargea de remplir les engagemens de son mari : le duc de Benevent, Arichise, & le duc de Bavière, Tassillon, tous deux gendres de Didier, & beaux-frères d'Adalgise, prenant la place du duc de Frioul, & résolus de le venger, traitoient à la fois, & avec la cour de Constantinople, & avec les Huns, & réunissoient ces diverses puissances dans une ligue contre Charlemagne. Ce Prince avoit long-tems bravé les menaces de Constantin Copronyme, qui se faisit de venger par le dépit enfantin de Constantin Porphyrogénète, fils de Léon, auquel il avoit refusé

Rotrude fa fille, & qui prétendoit fe venger de ce refus ; mais Irène ne pouvoit être un ennemi à dédaigner. Charlemagne avoit long-tems eſtimé & recherché fon alliance. Ses guerres juſqu'alors n'avoient été que des expéditions & des courſes ; celle qui fe préparoit, alloit être le choc d'un grand Etat contre un grand Etat : il s'agiſſoit de la prééminence de l'Empire français ou de l'Empire grec, & du poids des noms de Charlemagne & d'Irène. Adalgiſe étoit toujours à la cour de cette Princeſſe, foit que Charlemagne, pendant tout le tems de fon alliance avec Irène, eût dédaigné un ſi foible ennemi, & eût aſſez reſpecté fon alliée pour n'en point exiger un pareil ſacrifice, foit qu'Irène elle-même, ſi capable de crime en politique, fût incapable de baſſeſſe. Charlemagne fentit toute l'importance de l'affaire que fes conquêtes & fes ennemis lui fuſcitoient. Le fils du roi des Lombards, réclamant le trône paternel, & foutenu par les Grecs, par les Huns, par le duc de Benevent & par les Bavarois, étoit une grande puiſſance qui, avec l'avantage de la cauſe la plus favorable, venoit fe meſurer en Italie & en Germanie à la fois avec la puiſſance françaiſe. (On peut voir dans ce volume, à l'article *Taſſillon*, par quel coup de foudre Charlemagne écraſa d'abord ce duc de Bavière.)

Cependant les Huns furent fidèles au traité qu'ils avoient fait avec Taſſillon. N'ayant pu paroître en armes aſſez tôt pour le défendre, ils voulurent du moins le venger ; ils envoyèrent deux armées, l'une dans la Bavière, pour eſſayer de la reprendre ; l'autre dans le Frioul, pour pénétrer en Italie & favoriſer l'expédition du prince Adalgiſe & des Grecs. Graces aux précautions que Charlemagne avoit ſu prendre, aucune de ces deux entrepriſes ne réuſſit. Les Huns furent repouſſés deux fois de la Bavière avec une grande perte, & ils ne furent pas moins complétement défaits dans le Frioul. La fortune ſembla vouloir encore joindre aux ſuccès que Charlemagne fe procuroit par fa bonne conduite, des avantages dont il ne fut redevable qu'à elle. L'allié fur lequel Adalgiſe & les Grecs avoient principalement compté pour faciliter leur deſcente en Italie, Arichiſe, duc de Benevent, mourut fur ces entrefaites, ainſi que Romuald fon fils aîné. La ducheſſe de Benevent, Amalberge, fœur d'Adalgiſe, fit ce qu'elle put pour obtenir des Beneventins, qu'ils tinſſent les engagemens qu'Arichiſe avoit pris avec Adalgiſe fon frère & avec les Grecs ; mais les négociations de Charlemagne prévalurent : les Beneventins crurent, comme les Bavarois (*voyez* l'article *Taſſillon*), devoir plus à leur ſuzerain qu'à leur duc. Par la mort d'Arichiſe & de fon fils, & furtout par la diſpoſition des peuples, le duché de Benevent rentroit dans la main de Charlemagne ; il avoit en ſa puiſſance le jeune Grimoald, ſecond fils d'Arichiſe : ce fut à lui qu'il donna le duché de Benevent, pour lui

fournir l'occaſion de réparer les torts de fa famille. En effet, l'aſcendant naturel de Charlemagne avoit agi fur le jeune Grimoald, pendant le tems que celui-ci avoit été en ôtage auprès de lui. Touché de la confiance généreuſe que ce grand Prince lui témoignoit, il ne ſongea qu'à s'en rendre digne, & Charlemagne n'eut point alors de ſujet plus fidèle. Grimoald combattit Adalgiſe & les Grecs avec autant de ſuccès que de bonne conduite. Il eſt vrai que, fous prétexte de lui envoyer du fecours, Charlemagne, dont la prudence égaloit la générofité, lui avoit donné pour collègue & pour furveillant Vinigiſe, un de ſes meilleurs généraux, avec l'élite des troupes françaiſes. Vinigiſe fut témoin de la reconnoiſſance de Grimoald & du zèle des Beneventins, qui ne cédèrent en rien aux Français dans cette journée. Les Grecs furent entiérement défaits ; Adalgiſe dut fon ſalut à la fuite ; le général d'Irène, nommé Jean, qui avoit acquis de la gloire dans le commandement des armées, fut pris, &, ce que toute la barbarie qui pouvoit encore reſter dans ce ſiècle ne peut pas même faire concevoir, on le fit périr dans la priſon, pour avoir rempli ſes devoirs de général & de ſujet. L'atrocité incroyable de ce fait avoit perſuadé à quelques auteurs que c'étoit Adalgiſe lui-même qui avoit été pris, & qu'on l'avoit ſacrifié aux intérêts de Charlemagne pour terminer la querelle du royaume des Lombards ; crime politique aſſez d'uſage dans tous les tems, & que les conjonctures, fans pouvoir l'excuſer, expliqueroient du moins ; mais il eſt bien reconnu qu'Adalgiſe ne tomba point dans les mains des Français ni dans celles des Beneventins ; qu'il retourna vivre dans l'obſcurité à la cour de Conſtantinople, & qu'il y vécut même long-tems encore ; mais on ne le vit plus faire aucune tentative pour réclamer ſes droits, & la querelle de la Lombardie finit à cette époque, qui eſt l'an 788.

Irène s'en tint à cette épreuve, & ne voulut plus commettre fa fortune avec celle de Charlemagne.

ADAM (JACQUES), (*Hiſt. litt. mod.*), de l'Académie françaiſe, fecrétaire des commandemens de M. le prince de Conty, père de M. le prince de Conty d'aujourd'hui (en 1789), naquit à Vendôme en 1663. M. d'Alembert lui a en quelque ſorte donné un nom ; car il n'en avoit pas : fa modeſtie même l'avoit empêché d'en avoir, & il en méritoit un à ce titre-là ſeul. Ce n'eſt que quarante ou cinquante ans après fa mort, qu'un de ſes fils a communiqué à M. d'Alembert des détails honorables à la mémoire de cet académicien ignoré, détails dont M. d'Alembert a bien ſu tirer parti. Jacques Adam étoit le dernier de huit enfans : fes parens le deſtinant à l'état eccléſiaſtique, le firent étudier. Il eut bientôt épuiſé toute la ſcience de ſes premiers maîtres. Remis enſuite entre les mains des Oratoriens de Vendôme, il les étonna par la rapidité de ses progrès, & l'opinion qu'ils en conçurent fut telle, qu'ils l'envoyèrent encore enfant à Paris avec une lettre pour M. Rollin, par laquelle ils le prioient, non pas de l'instruire ou de le faire instruire, mais de le placer comme tout instruit. M. Rollin, ne voyant devant lui qu'un enfant qu'il prenoit pour un simple commissionnaire, demanda où étoit le sujet que les Oratoriens lui recommandoient : c'est moi, Monsieur, répondit le jeune Adam en rougissant de modestie. M. Rollin, après s'être assuré que les Oratoriens ne lui avoient point exagéré les dispositions & les connoissances précoces de cet enfant, osa bien le présenter au célèbre abbé Fleury, comme un homme capable de l'aider dans ses immenses travaux sur l'*Histoire ecclésiastique*. M. Fleury, ne voyant qu'un enfant qui n'avoit pas quatorze ans, crut que M. Rollin plaisantoit, ou que sa tendre indulgence pour la jeunesse studieuse lui faisoit illusion. Croyez-moi, lui dit très-sérieusement & très-affirmativement M. Rollin, attachez-vous ce jeune » homme, & soyez sûr que vous me remercierez » du présent que je vous fais. » En effet, l'abbé Fleury ne tarda pas à reconnoître quel trésor son ami lui avoit découvert ; il avouoit en toute occasion combien les étonnantes connoissances de ce jeune homme lui avoient été utiles pour son *Histoire ecclésiastique*. Ayant été chargé de l'éducation du prince de Conty, aïeul de celui d'aujourd'hui, il ne crut pas pouvoir mieux faire que de s'associer dans cet emploi M. Adam ; & le Prince son élève, ayant fait un heureux essai de ses talens, ne crut pas à son tour pouvoir mieux faire que de lui confier l'éducation du dernier prince de Conty son fils. Des raisons d'étiquette dans la maison du Prince arrêtèrent un moment sur ce projet : on ne croyoit pas pouvoir donner à M. Adam le titre de gouverneur, parce qu'il n'étoit pas gentilhomme : on lui proposoit par accommodement, de prendre l'habit ecclésiastique ; ce qui le rendroit susceptible de tout titre. M. Adam, aussi ferme que modeste, répondit : « Mes parens m'avoient destiné à cet » état ; mais ne m'y étant point senti appelé, je » me croirois coupable d'en prendre le masque » pendant dix années par des vues d'intérêt. » M. le prince de Conty passa par-dessus la difficulté, sacrifia l'étiquette, & aima mieux, dit M. d'Alembert, « donner pour gouverneur à son fils, un sage qu'un » gentilhomme. »

Feu M. le prince de Conty, Prince plein d'esprit & surtout de graces, ne prenoit dans son enfance aucun goût à l'étude du latin : ce qui n'est pas fort étonnant, & M. Adam le fils & M. d'Alembert ont soin de nous avertir que ce n'est pas au gouverneur qu'il faut s'en prendre ; mais ce qui étoit plus important encore que l'étude, M. Adam s'appliquoit surtout à exercer son élève aux actes d'humanité, à lui inspirer les vertus qui pouvoient le rendre utile & cher aux malheureux. C'étoit toujours le jeune Prince qui faisoit lui-même

la distribution des aumônes. Un jour un pauvre vieillard lui demandoit quelque secours, en ajoutant qu'*il étoit bien malheureux. — Vous êtes bien malheureux !* dit le jeune Prince. *Est-ce que vous apprenez le latin ? — Non Monseigneur. — Vous n'êtes donc pas si malheureux. J'en connois de plus misérables*, « dit le Prince en lui donnant cependant l'aumône avec autant de largesse que si ce pauvre eût eu le malheur d'apprendre le latin. »

L'éducation finie, M. le prince de Conty fit M. Adam secrétaire de ses commandemens & chef de son conseil. Dans cette place, il jugea un procès entre les villes de Poitiers & de Niort, toutes deux du gouvernement du Prince ; il jugea en faveur de Niort. Cette ville voulut lui témoigner sa reconnoissance par un présent considérable : M. Adam le refusa constamment & parut s'en offenser.

Un négociant du Poitou, décrié par ses mœurs & par son caractère, voulut être maire de la ville où il demeuroit ; il étoit parvenu à usurper la protection du Prince par ces voies souterraines, toujours si bien connues des intrigans ; mais M. Adam savoit dans quel cas le Prince même vouloit qu'on eût ou qu'on n'eût pas d'égard à sa protection ; le Prince l'avoit laissé maître du choix dont il s'agissoit ; il donna la place à un honnête citoyen de la même ville, qui ne l'avoit pas demandée. Le négociant, outré de colère, se plaignit au Prince, du mépris qu'on avoit eu pour sa protection, &, voulant se venger de M. Adam, il employa contre lui toutes ces calomnies dont les intrigans ont toujours un répertoire tout prêt pour perdre leurs ennemis. Le Prince cependant écoutoit, se taisoit & écrivoit ; il écrivoit à M. Adam, & il chargea l'accusateur de lui porter sa lettre ; le négociant ne douta point que le Prince, frappé de ses raisons, ne donnât à M. Adam un ordre positif de révoquer son premier choix & de nommer le négociant ; il porta en triomphe la lettre à M. Adam ; elle commençoit par ces mots : *A l'ouverture de cette lettre vous ferez jeter le porteur par les fenêtres.* M. Adam, toujours doux & modeste, se contenta de faire lire ce peu de mots au négociant, & de l'exhorter à devenir, s'il pouvoit, moins ambitieux & moins intrigant.

En 1734, M. le prince de Conty, âgé alors de dix-sept ans, servit au siège de Philisbourg : là, pour donner l'exemple aux soldats, il couchoit sur des chariots au milieu de toutes les incommodités d'un sol humide & marécageux. M. Adam l'accompagnoit, & ne crut pas que son âge & sa foible santé l'autorisassent à être mieux couché que le Prince ; il suivit en tout son exemple & s'en trouva fort mal. Sur la fin de la campagne, il fut attaqué d'une colique néphrétique qui le conduisit au tombeau le 12 novembre 1735.

Il parut, en mourant, avoir des scrupules & des regrets d'avoir trop vécu pour les Princes & trop peu pour sa famille. *Je crains*, disoit-il, *d'avoir*

*trop facrifié aux occupations de mon état les foins que
je devois à ces infortunés que ma mort laiffe en bas
âge & dans l'indigence.*

Il a laiffé en effet des enfans, dont un au moins,
& c'eft celui qui a fourni les mémoires & les anecdotes dont on vient de faire ufage, fe trouvoit en
1781 dans une véritable indigence, fans y avoir
été réduit par fa faute. « Ce fils infortuné de
» M. Adam, dit M. d'Alembert, a trouvé dans
» l'Académie françaife les fentimens & les marques
» de bienfaifance que méritoient fon nom & fon
» malheur. Tous les gens de lettres de profeffion,
» qui font membres de cette compagnie, fe font
» empreffés, fans en excepter un feul, de foula-
» ger, chacun fuivant fes moyens, le fils de leur
» ancien confrère, & la plupart des autres acadé-
» miciens ont fuivi un fi digne exemple avec toute
» la nobleffe qu'on pouvoit attendre d'eux. »

M. Adam avoit étudié avec foin notre langue,
& étoit d'une grande utilité à l'Académie dans
fes féances particulières, par l'étendue & la variété de fes connoiffances; il favoit très-bien la
plupart des langues de l'Europe; ce qui ne peut
qu'étendre & fortifier la connoiffance de la langue
françaife; il avoit cultivé à fond l'étude du grec,
& favoit même affez bien l'hébreu: cependant,
malgré tout fon mérite littéraire, malgré fes talens
précoces, fur lefquels nous avons même pour
garans M. Rollin & M. l'abbé Fleury, on eût en
droit de demander pourquoi il a été de l'Académie françaife, n'ayant publié aucun ouvrage.
Il voulut du moins juftifier après coup le choix
de cette compagnie; il avoit entrepris & achevé
un grand travail; c'étoit une traduction d'Athénée, par laquelle on auroit pu juger de fon talent
pour écrire, en même tems qu'on y auroit trouvé
des preuves de fon érudition & de fa critique
dans la reftitution de plus de fix mille paffages,
reftitution dont le texte très-corrompu de cet
auteur avoit, dit-on, befoin. Il en préparoit à la
fois deux éditions; favoir: celle du texte grec,
ainfi revu, purgé, corrigé; l'autre françaife,
c'étoit fa traduction. On a long-tems ignoré ce
que ce travail étoit devenu: on le croyoit perdu.
Nous apprenons par une note de M. d'Alembert,
que la traduction a depuis été retrouvée, & que
M. l'abbé Defaunays, garde de la bibliothèque
du Roi, s'eft chargé de la donner au public.

M. l'abbé de Rothelin, en faifant dans l'Académie françaife l'éloge de M. Adam, lui rend
le témoignage qu'il portoit jufqu'au fcrupule la
crainte d'en trop dire lorfqu'il parloit de lui,
& de n'en pas dire affez lorfqu'il parloit des
autres. Ce trait eft bien conforme à l'idée que
tout nous donne de fon caractère. « Il ne lui a
» manqué pour être célèbre que de le vouloir,
» dit M. d'Alembert, qui en conféquence a voulu
» qu'il le fût. »

ADÉLAÏDE DE CHAMPAGNE, (*Hift. de Fr.*),

mère de Philippe II, roi de France, fi connu fous
le nom de Philippe-Augufte. Ce Prince étoit neveu
du comte de Champagne par Adélaïde fa mère;
il l'étoit du comte de Flandre par la Reine fa
femme, Ifabelle de Hainault. Le comte de Champagne & le comte de Flandre fe difputoient le
gouvernement du royaume, le Roi étant trop jeune
encore pour gouverner par lui-même. La Reine-
mère favorifoit le comte de Champagne fon frère;
mais Louis-le-Jeune, dont l'efprit gouvernoit encore, avoit laiffé la régence au comte de Flandre,
dont Philippe avoit époufé la nièce. Il ne reftoit
à la Reine-mère que la garde de la perfonne de
fon fils, & que le regret de s'être vainement op-
pofée au mariage d'Ifabelle de Hainault, nièce
du comte de Flandre, avec Philippe. Les intentions du feu Roi firent triompher le parti du comte
de Flandre, qui força la Reine-mère de fe retirer
dans les terres du comte de Champagne fon frère.
C'étoit ouvrir le nouveau règne par un acte de
violence éclatant. Adélaïde ainfi chaffée implora
la protection du roi d'Angleterre, Henri II, qui
crut avoir plus de droit de défendre une mère
contre fon fils, que Louis VII n'en avoit eu de
foulever des fils contre leur père. Or, c'eft ce que
Louis VII, fon foible rival, n'avoit ceffé de faire
à fon égard. Le jeune Philippe, rival plus redoutable, & dont la valeur annonçoit déjà les grandes
deftinées, marche fans s'étonner contre fa mère,
contre fes oncles, frères de fa mère, & qui tous
avoient pris fa défenfe; enfin contre leur protecteur Henri II. Il écrafe en paffant le comte de Sancerre, un des frères d'Adélaïde; il s'avance vers
les frontières de la Normandie, qui appartenoit
alors au roi d'Angleterre. Le vieil Henri s'y trouva
pour le défendre; mais il ne voulut point combattre fon jeune feigneur: on entama des négociations, dont le fruit fut qu'on affura du moins à
la Reine-mère la jouiffance paifible des terres
affignées pour fon douaire.

ADELGREIFF *ou* ALBRECHT (JEAN). (*Hift.
moderne.*) Nous ne cefferons de réclamer au nom
de ces fous malheureux que, par une folie bien
plus funefte, puifqu'elle eft barbare, on a traités
en criminels. L'homme dont il s'agit ici en eft
un trifte exemple. Bâtard d'un prêtre des environs
d'Elbing, il imagina de jouer un perfonnage. Sept
anges l'inftituèrent vicaire de Dieu fur la terre
pour extirper tout mal, & pour châtier les Souverains avec des verges de fer. C'eft fort bien fait
d'extirper tout mal fi on le peut; mais, comme
vicaire de Dieu ou non, il ne faut point châtier
les Souverains avec des verges de fer. Il eft clair
qu'Adelgreiff pouvoit avoir mérité d'être enfermé:
on le brûla. Les titres qu'il prenoit en vertu de
la miffion qu'il avoit reçue des anges, étoient ceux
d'*Archi-Souverain Pontife, d'Empereur, Roi de
tout le royaume divin, Prince de paix de tout l'Univers, juge des vivans & des morts, Dieu & Père,*

*dans*

dans la gloire duquel Chriſt viendra au dernier jour pour juger le monde, Seigneur de tous les Seigneurs; & Roi de tous les Rois. Cet homme mêloit quelques vices à ſes extravagances; car ayant été empriſonné en 1636, à Konigsberg, il avoua qu'il avoit été fouetté pour adultère dans la Tranſilvanie. Mais les crimes pour leſquels il ſubit le dernier ſupplice, furent l'héréſie, qui n'eſt point un crime, & la magie, crime chimérique & impoſſible. Quand on lui lut ſa ſentence, il parut l'entendre ſans aucune émotion; & ſe contenta de dire froidement en vrai fataliſte : *Il falloit bien que cela fût ainſi, puiſque cela devoit être;* & perſévérant dans ſa folie ou dans ſon impoſture, il aſſura que trois jours après ſa mort on verroit ſon corps renaître vivant de ſes cendres.

*Conſurget tumulo radians & funere major.*

ADELINE (*Hiſt. d'Anglet.*), neveu d'Ina, roi de Weſſex ou des Saxons occidentaux, fut le premier évêque de Stirburn, dans le ſeptième ſiècle. Il paſſe pour le premier qui ait appris aux Anglo-Saxons l'uſage de la langue latine & les règles de la poéſie. Ses ouvrages, tant en proſe qu'en vers, quoique compoſés dans un tems & dans un pays barbares, ont paru mériter d'être imprimés; ils l'ont été en 1601 à Mayence.

ADRIAN (CORNEILLE), (*Hiſt. de Fr.*), ou frère Cornelis Adrianſen, de Dordrecht, franciſcain de Bruges, prédicateur du ſeizième ſiècle. Proſper Marchand, dans ſon Dictionnaire hiſtorique, article *Louis de Bourbon*, premier *prince de Condé*, donne l'extrait de deux ſermons prêchés dans le couvent des Franciſcains de Bruges, le 1ᵉʳ. & le 2 de novembre 1567, par ce frère Cornelis Adrianſen. Ces ſermons joignent au ridicule qui diſtingue les Maillards, les Barlettes & les Menots, un emportement groſſier qui tient à l'eſprit du tems & à l'eſprit de parti. Jamais il n'appelle le prince de Condé que *ce Condé, ce maudit Condé, ce bandit, cet enragé de Condé;* il l'appelle même *infâme coquin & double ſcélérat;* il regrette que « Monſeigneur » de Guiſe, ce ſaint martyr, de bienheureuſe » mémoire, ne l'ait pas fait accrocher à un gibet » quand il le tenoit en ſa puiſſance..... Mais » les grands diables d'enfer lui farciront le cul de » ſoufre & de poix ardente.... Et ce Condé » & ſes Huguenots ont au moins chacun cent » mille diables dans le ventre. » Tel étoit le ton de ce prédicateur, tel étoit celui des prédicateurs du tems, & de ceux qui, ſans être prédicateurs, étoient entraînés par le fanatiſme de la Ligue. Louis d'Orléans, ce fameux ligueur, avocat-général du parlement de la Ligue, appeloit Henri IV *fœtidum Satanæ ſtercus.* (*Voyez* l'article *Orléans.*) Tels ſont les excès où s'emportent des nations même polies, dans ces attaques de frénéſie, dans ces maladies épidémiques & peſtilentielles, telles que la *Bagaude,* la *Jacquerie,* la *Harelle,* la *Pra-*

*Hiſtoire. Tome VI. Supplément.*

guerie, la rage des Anabaptiſtes de Muncer & de Jean de Leyde, la *Ligue,* la *Fronde,* &c. & c'eſt de quoi toutes les nations ont toujours beſoin d'être averties, ſurtout quand elles ſe croient éclairées.

ADRICHOMIUS (CHRISTIEN), (*Hiſt. litt. mod.*), ſavant du ſeizième ſiècle. Son vrai nom étoit *Adrichem;* mais comme il falloit alors que tous les noms des ſavans euſſent pour le moins une terminaiſon latine, il alongea ſon nom d'une terminaiſon en *ius.* Il étoit né à Delft en 1533; il fut ordonné prêtre en 1561. Les Proteſtans s'étant rendus les plus forts dans ſon pays, l'en chaſſèrent; il ſe retira dans la ville de Cologne, où il mourut en 1583. Sa *Géographie Sainte* a paſſé de ſon tems pour un chef-d'œuvre d'exactitude. Les ſavans faiſoient moins de cas de ſa chronique de l'ancien & du nouveau teſtament, où on l'accuſe d'avoir mêlé bien des fables à un ſujet qui les rejette néceſſairement.

AERIUS (*Hiſt. eccléſ.*), ſectateur d'Arius, & chef particulier de la ſecte des Aëriens au quatrième ſiècle : un des dogmes qui lui furent propres, étoit l'égalité abſolue des prêtres & des évêques, erreur très-volontaire chez lui, & qui naquit du dépit & de la jalouſie qu'il eut de voir ſon ami Euſtathe élevé ſur le ſiége de Conſtantinople. Sa ſecte ſubſiſtoit encore du tems de ſaint Auguſtin.

AETHERIUS (*Hiſt. mod.*), architecte fameux, qui vivoit dans un tems peu favorable aux arts, au commencement du ſixième ſiècle, ſous le règne d'Anaſtaſe I, empereur d'Orient. Il conſtruiſit dans le grand palais de Conſtantinople un édifice, connu ſous le nom de Chalcis : on croit que ce fut lui auſſi qui conſtruiſit cette forte muraille, depuis la mer juſqu'à Sélimbrie, pour arrêter les courſes des Bulgares & des Scythes. Anaſtaſe le combla d'honneurs & l'admit dans ſon conſeil.

AËTION (*Hiſtoire ancienne*), peintre grec, célèbre ſurtout par ſon tableau des amours de Roxané & d'Alexandre-le-Grand, qui, expoſé publiquement aux jeux olympiques, charma toute la Grèce. Le préſident des jeux, homme d'une grande fortune & d'une grande conſidération, en fut ſi enchanté qu'il donna ſa fille en mariage à cet artiſte.

AGATHARQUE (*Hiſt. anc.*), peintre de l'île de Samos, paſſe pour être le premier qui fit uſage de la perſpective dans les décorations théâtrales. Il vivoit vers l'an 480 avant J. C.

AGATHE (SAINTE), (*Hiſt. eccléſ.*), vierge noble de Palerme, eſt au nombre des martyres : elle mourut, dit-on, en priſon, après avoir ſouffert

B

divers tourmens pour avoir réfifté à l'amour de Quintien, gouverneur de Sicile. On place fa mort l'an 251 de J. C.

AGESANDRE (*Hift. rom.*), fculpteur de l'île de Rhodes, du tems de l'empereur Vefpafien, fit avec deux autres fculpteurs, ce beau groupe de Laocoon, dont nous avons à Marly, à Trianon, etc. plufieurs belles copies, & qui eft un des plus fuperbes monumens de l'antiquité, comme le tableau original que Virgile a tracé du fujet de Laocoon eft un des plus beaux monumens de la poéfie latine. Le Laocoon d'Agéfandre fe voit encore dans le palais Farnèfe.

AGNAN (Saint), (*Hift. eccléf.*), évêque d'Orléans, demanda du fecours au célèbre Aëtius contre Attila, qui affiégeoit cette ville, & qui fut obligé d'en lever le fiége. Cette délivrance de la ville, due à l'interceffion de faint Agnan, foit auprès de Dieu, foit auprès des hommes, eft fans doute fon plus beau miracle : on lui en attribue d'autres cependant. On prétend qu'il guérit d'une maladie grave le gouverneur de la place, foit par fes prières, foit par quelques connoiffances en médecine ; que le gouverneur, en reconnoiffance de fa guérifon, mit en liberté tous les prifonniers, & que de là vient le droit qu'ont les évêques d'Orléans de délivrer les prifonniers le jour de leur entrée ; droit qui ne peut être exercé qu'avec toutes les reftrictions qu'exigent le bon ordre & l'intérêt tant public que particulier.

AGNÈS (Sainte), (*Hift. eccléf.*), vierge & martyre, n'avoit, dit-on, que douze à treize ans lorfqu'elle fouffrit le martyre à Rome, au commencement du quatrième fiècle.

AIX-LA-CHAPELLE. (*Hift de Charlem.*) La conftruction du palais d'Aix-la-Chapelle & de fes dépendances, furtout de cette fameufe bafilique ou chapelle qui a donné fon nom à ce lieu, eft une des merveilles du règne de Charlemagne.

Les conquêtes de ce Prince avoient fi fort reculé les bornes de fon Empire, qu'il fentit la néceffité de changer de capitale, de s'en faire une nouvelle qui fût plus au centre de fes Etats, qui donnât la main à la fois à la France & à la Germanie : peut-être même le lieu qu'il choifit, avoit-il l'inconvénient d'être trop éloigné de l'Italie, fur laquelle s'étendoit auffi fa domination ; mais c'étoit la Germanie qui l'occupoit par préférence à tout ; c'étoit là fa conquête de prédilection, & ce fut en Weftphalie qu'il plaça le fiége de fon Empire. Eginard, le moine de Saint-Gal, & la plupart des auteurs ou contemporains, ou voifins de ce tems, parlent des édifices d'Aix-la-Chapelle avec une admiration qui annonce qu'il venoit de fe faire une révolution dans les arts, & que Charlemagne imprimoit à fes ouvrages la grandeur

de fon génie. Il avoit profité de fes conquêtes ; Rome & l'Italie ne lui avoient pas montré en vain leurs ruines auguftes ; les monumens de la majefté romaine, échappés au ravage des Barbares, en frappant fes yeux, avoient élevé fon ame ; fes idées s'étoient étendues ; le goût du beau & du grand l'avoit faifi. La deftruction même fervit à l'embelliffement de fes édifices ; des blocs de pierre carrée, employés à la conftruction de la bafilique, venoient des démolitions des murs de Verdun, que Charlemagne avoit détruits pour punir l'évêque de cette ville, qui s'étoit révolté contre lui. Les colonnes de marbre & la mofaïque qui ornoient cette même bafilique, étoient des débris de l'ancien palais impérial de Ravenne. Rome avoit auffi fourni de très-beaux marbres, & cette profufion de marbre étoit un fpectacle nouveau & furprenant pour la France & pour la Germanie. Les hiftoriens parlent auffi d'un dôme furmonté d'un globe d'or maffif. Les portes & les baluftres étoient de bronze ; les vafes & les chandeliers d'or ou d'argent ; les ornemens employés au fervice divin étoient d'une magnificence inconnue jufqu'alors : peut-être cette magnificence n'étoit-elle qu'apparente ; peut-être l'art d'imiter les métaux précieux trompoit-il prefque tout le monde dans ces tems d'ignorance. En général, on ne rifque rien de foupçonner de quelque exagération les éloges prodigués aux arts dans leur naiffance ; leurs inventeurs, comme on fait, ont prefque tous été déifiés.

Quant au palais, on en vante furtout l'immenfe étendue, qui étoit telle, que non-feulement les grands officiers de la couronne, avec tous ceux qui leur étoient fubordonnés, toutes les perfonnes employées au fervice du palais, les députés de tous les pays foumis à la France, les feigneurs & les évêques que les affaires appeloient à la cour, & les vaffaux qui les y fuivoient, étoient logés commodément, mais encore qu'on y avoit pratiqué de grandes falles où fe tenoient, dans les unes, les conférences des prélats & des eccléfiaftiques ; dans les autres, les diètes des grands vaffaux ; dans d'autres, ces affemblées mixtes, ces fynodes ou plaids, qui étoient à la fois des conciles & des parlemens ; d'autres falles enfin étoient confacrées à l'adminiftration de la juftice tant civile qu'eccléfiaftique.

La chambre du Roi étoit, dit-on, difpofée de manière qu'il voyoit tout ce qui entroit dans ces falles & dans ces divers appartemens, petit agrément qui pouvoit offrir un grand fens & donner une grande leçon ; c'eft que le Prince doit tout voir.

On parle auffi de vaftes portiques, de fuperbes galeries, où les gardes, les foldats, la multitude des officiers & des *perfonnes du fervice* pouvoient être à couvert. On vante furtout celle de ces galeries qui conduifoit du palais à la bafilique. Les eaux thermales d'Aix-la-Chapelle n'avoient pas peu contribué au choix que Charlemagne avoit fait de ce féjour. L'art avoit beaucoup ajouté à la nature par la conftruction des bains. Charlemagne avoit fait creufer de vaftes baffins, où l'on faifoit couler les eaux en fi grande abondance, que cent perfonnes pouvoient non-feulement s'y baigner à la fois, mais y nager fans fe rencontrer & fe gêner. C'étoit un des amufemens du Monarque, & un des fpectacles de fa cour; il excelloit dans cet exercice comme dans tous les autres; il prenoit ce divertiffement avec fes enfans, fes officiers, fes foldats, avec tous ceux qui vouloient le partager, fans diftinction de rang ni d'état. Sa popularité en tout égaloit fa magnificence.

ALABASTER (GUILLAUME), (Hift. litt. mod.), théologien anglican des feizième & dix-feptième fiècles, qui fe fit catholique, qui fe refit anglican, & fut chanoine de Saint-Paul de Londres & grand cabalifte; c'eft par la cabale qu'il explique la révélation; il explique auffi dans un long Traité ce que c'eft que la bête de l'Apocalypfe; mais on a de lui un lexique hébreu.

ALAHAMARE (Hift. mod.) eft le nom de la dynaftie des Maures qui régnèrent à Grenade, depuis 1237 jufqu'en 1492, qu'ils furent détrônés par Ferdinand-le-Catholique & Ifabelle.

ALAIN. (Hift. de Bret.) Il y a eu trois ducs & quatre comtes de ce nom.

### DUCS.

1°. Alain I, furnommé le Fainéant, régna depuis l'an 560 jufqu'en 594. Un règne de trente-quatre ans eft bien long quand celui qui règne mérite le nom de Fainéant.

Alain II, dit le Long, régna cent ans après, mais avec honneur, depuis 660 jufqu'en 690. Il ne fit la guerre qu'à propos & toujours avec un fuccès garant de la fageffe de fes mefures.

Alain III vivoit dans le neuvième fiècle. Il partagea la Bretagne vers l'an 877, avec Juhel ou Judicaël, comte de Rennes. Ce partage & les prétentions de quelques autres grands de cette province au trône de Bretagne pouvoient exciter des troubles intérieurs; mais des ennemis communs réunirent tous les intérêts: ces ennemis communs, c'étoient les Normands, alors le plus terrible fléau de la France. Judicaël les attaqua, les défit; mais emporté par fon courage & par l'ivreffe du fuccès, il refufa de leur faire quartier; il les réduifit au défefpoir, & périt dans un combat contr'eux. Alain, refté feul en 878, continua de faire la guerre aux Normands, & remporta fur eux une grande victoire. Il répara une partie des ravages qu'ils avoient faits; il rétablit Nantes qu'ils avoient ruinée, & régna fur toute la Bretagne affez paifiblement, tantôt fous le titre de duc, tantôt fous celui même de roi; car l'ancienne prétention des fouverains de la Bretagne n'alloit

pas à moins qu'à la royauté. Alain III mourut vers l'an 907.

### COMTES.

L'orgueil des titres alloit en diminuant parmi les fouverains de la Bretagne. Ils étoient defcendus déjà du titre de rois à celui de ducs; ils defcendirent encore de celui-ci à celui de comtes. Alain I, comte de Bretagne, dit Barbe torte, fut auffi le premier de ces comtes dans le dixième fiècle; il gouverna fagement & heureufement; il s'appliqua, comme le duc Alain III, à réparer les ravages des Normands, à rebâtir les églifes & les autres édifices publics qu'ils avoient ruinés; il mourut en 952 ou, felon d'autres, en 959.

Alain II, dit le Rebra, fuccéda en 1008 à Geoffroy I fon père. Il fit la guerre à Robert-le-Diable, qui ne prétendoit pas moins que de contraindre les Bretons à lui rendre hommage nus pieds, & qui alla mourir en 1035, à Nicée en Bithynie: Alain II mourut en 1040.

Alain III, dit Fergent, fils de Havoife, héritière de Bretagne, fœur du comte Conan, & de Hoël, comte de Cornouailles & de Nantes. Lorfque Guillaume-le-Bâtard, duc de Normandie, & qui n'auroit peut-être pas dû l'être, entreprit la conquête de l'Angleterre, l'efprit guerrier étoit dans toute fa fureur; la chevalerie tournoit toutes les têtes; l'Europe entière envoya fes chevaliers à cette expédition; Hoël, beau-frère & fucceffeur de Conan, y envoya auffi fon fils Alain Fergent à la tête de cinq mille Bretons: ce fut par-là qu'Alain fe fit d'abord connoître dans le monde. Il fuccéda en 1084, au comte Hoël fon père.

La première croifade s'étant formée de fon tems, il alla fignaler dans la Terre-Sainte les talens qu'il avoit déjà exercés dans l'expédition d'Angleterre. Il étoit à la prife de Nicée, d'Antioche & de Jérufalem. Revenu dans fes États, il fut les gouverner avec beaucoup de douceur. Il fignala fa piété par des fondations religieufes; ce fut lui qui fonda en 1112 l'abbaye de Saint-Sulpice près de Rennes; il fe retira dans l'abbaye de Rhédon, & y mourut l'an 1120.

Alain IV, dit le Noir, feigneur de la Roche de Rien en Bretagne, & de Richemont en Angleterre, époufa Berthe, comteffe de Bretagne, petite-fille d'Alain III, & fut comte de Bretagne du chef de fa femme. Il mourut le 30 mars de l'an 1146.

ALAIS (JEAN D') ou JEAN DU PONT-ALAIS (Hift. mod.), farceur qui divertiffoit le peuple de Paris par les repréfentations de fes comédies dans les premières années du règne de François I. Du Verdier l'appelle chef & maître des joueurs de moralités & farces, & dit qu'il a compofé plufieurs jeux, myftères, moralités, fotyes & farces « qu'il a » fait réciter publiquement fur échafaut en ladite ville » aucunes defquelles ont été imprimées, & les autres

» non. » Mais il est plus connu par l'anecdote suivante :

On voyoit autrefois à la pointe de Saint-Eustache,
vis-à-vis les boucheries, au bas de la rue Montmartre & de la rue Trainée, une grande pierre
posée sur un égout en forme de petit pont, qu'on
appeloit le Pont-Alais, du nom de ce Jean Alais :
& la tradition étoit que cet homme ayant prêté
de l'argent au Roi, obtint pour son rembourse-
ment le produit d'un impôt dont il fut l'inventeur ;
cet impôt étoit d'un denier sur chaque panier
de poisson qu'on apportoit aux halles. Les don-
neurs d'avis & inventeurs d'impôts qui se sont tant
multipliés depuis, étoient si odieux alors, & Jean
Alais eut tant de regret de sa fatale invention,
qu'il voulut, dit-on, en expiation, être enterré
sous cette pierre dans cet égout des ruisseaux
des halles, *en tel puant lieu*, dit du Verdier,
*comme s'estimant indigne d'avoir une plus honnête
sépulture.*

On observe, & nous devons observer que ni
Marot, ni Théodore de Bèze, ni Bonaventure
des Périers, auteurs du tems, qui ont parlé de
Jean Alais, n'ont rien dit de cette anecdote ; que
du Verdier, déjà un peu postérieur, est le premier qui en ait parlé, & sur de simples oui-dires.
Il est vrai que l'anecdote une fois énoncée, a été
ensuite beaucoup répétée.

Des raisons de commodité & d'utilité publiques
ont fait ôter en 1719, la pierre du Pont-Alais.

ALAMANNI ( LUIGI ou LOUIS ). Nous avons
donné son article dans le Dictionnaire, & nous
avons dit que François I l'avoit envoyé en ambassade auprès de Charles-Quint. Nous ajouterons seulement ici une anecdote concernant cette
ambassade. Dans une audience que Charles-Quint
donnoit à Louis Alamanni, en 1544, celui-ci,
en haranguant l'Empereur, répéta plusieurs fois le
mot *Aquila* : l'Empereur saisit l'occasion, & l'interrompit en récitant ces vers :

*Aquila grifagna,*
*Che per più divorar due becchi porta.*

Ces deux vers, qu'on a traduits ainsi en français,

Cette aigle, d'humeur carnacière,
Ne s'arme de deux bécs crochus
Que pour dévorer beaucoup plus.

étoient la fin d'une épigramme satyrique qu'Alamanni avoit faite autrefois contre Charles-Quint
dans le tems que les Impériaux ravageoient l'Italie,
pays d'Alamanni. Cette citation étoit faite pour
déconcerter l'orateur, & c'étoit une petite vengeance que Charles-Quint tiroit de lui. Alamanni,
en s'y prêtant de bonne grace, désarma l'Empereur.
Sire, lui dit-il, oubliez les folies d'un poëte &

d'un jeune homme irrité, pour écouter un ambassadeur & un vieillard qui ne parle que de paix.

*Nunc ego mitibus*
*Mutare quaro tristia, dùm mihi*
*Fias recantatis amicus*
*Opprobriis animumque reddas.*

ALAVIN ( *Hist. mod.* ), chef, général ou roi
des Goths au quatrième siècle. Ces peuples ayant
été chassés par les Huns, des pays qu'ils habitoient dans la Germanie, Alavin pria l'empereur
Valens de recevoir les Goths au rang de ses sujets,
& de permettre qu'ils habitassent les rives du
Danube, à condition de les défendre & de garder
la frontière de l'Empire de ce côté : c'étoit assez
l'usage alors d'opposer ainsi quelque peuple barbare au torrent des autres peuples barbares dont
on craignoit l'invasion. Valens accorda la demande d'Alavin ; mais les officiers & les ministres
de l'Empereur ne ménagèrent pas assez des sujets
dont ils attendoient un tel service ; ils les accablèrent d'impôts, & les forcèrent à prendre les
armes pour s'en délivrer : on envoya contr'eux
Lupicin, l'un des généraux de l'Empereur ; ils
le battirent : l'empereur Valens marcha contr'eux
à son tour ; ils le battirent aussi dans une affaire
décisive, près d'Andrinople en 378, & ce malheureux Empereur, poursuivi dans sa fuite, fut brûlé
dans une cabane où il s'étoit réfugié.

ALBA ESQUIVEL ( *Hist. ecclésiast.* ), cano-
niste espagnol, évêque d'Astorga, puis d'Avila,
puis de Cordoue, assista au concile de Trente ;
ce qui lui donna vraisemblablement l'idée de
l'ouvrage par lequel il est connu, & dont voici
le titre : *De conciliis universalibus, ac de his quæ
ad Religionis & christianæ reipublicæ reformationem
instituenda videntur.* Mort en 1562.

ALBAN ( SAINT ), ( *Hist. d'Anglet.* ), premier
martyr de la Grande-Bretagne, eut la tête tranchée
sous l'empire de Maximien-Hercule, collègue
de Dioclétien. Son martyre est de l'an 287 de l'ère
chrétienne.

ALBANIE. ( *Hist. de France.* ) L'Albanie étoit
anciennement le nom de l'Ecosse, comme Albion
celui de l'Angleterre, & par la même raison, c'est-
à-dire, à cause de la couleur blanche de leurs
rochers. Des ducs d'Albanie ont formé une branche
de la maison Stuart. ( *Voyez Stuart.* ) Un de ces
ducs d'Albanie vivoit en France à la cour de
François I, & se trouvoit à l'entrevue de ce
Prince & du pape Clément VII, à Marseille, en
1533.

Du Bouchet & Brantôme racontent une anecdote singulière de cette entrevue, & le duc d'Albanie y joue un rôle plaisant.

Trois Dames prièrent le duc d'Albanie d'obtenir

pour elles du Pape la permiffion de manger de la viande les jours défendus. Le duc d'Albanie trouva dans cette demande l'occafion d'une plaifanterie dont il voulut amufer le Pape & le Roi ; il feignit d'avoir mal entendu ; il dit au Pape qu'elles lui demandoient une permiffion que l'on prend quelquefois, mais qu'on ne demande jamais; il les fuppofa veuves, & voulant jouir dans leur viduité des privilèges du mariage avec l'agrément du Pape. Il prépara cette étrange propofition ; il vanta leur refpect pour la mémoire de leurs maris, leur tendreffe pour leurs enfans, fentimens qui les empêchoient de fe remarier, puis il allégua des foibleffes, des tentations auxquelles il demandoit pour elles la permiffion de fuccomber fans péché : on peut croire qu'il ne l'obtint point ; mais il obtint audience pour ces Dames. « *Saint-Père*, lui dirent-elles, *nous avons prié M. d'Albanie de vous repréfenter nos befoins & la foibleffe de notre fexe & de notre complexion.* » Le Pape paroiffant vouloir refufer, ces Dames s'écrièrent : *Eh Saint-Père ! au moins trois fois la femaine.* Trois fois la femaine, dit le Pape en colère, *il peccato ai luffuria !* Ce mot inattendu entraîna une explication qui dégénéra en plaifanterie. Le Pape ayant fu de quoi il s'agiffoit, accorda la difpenfe. Brantôme dit que ces trois Dames étoient madame de Château-Briant, madame de Châtillon & madame la baillive de Caen. Du Bouchet les appelle *vertueufes, chaftes & dévotes.* Brantôme fe contente de les dire *belles & honnêtes* : tous deux les difent *veuves;* c'eft une erreur : ils devoient dire feulement que le duc d'Albanie les difoit veuves, parce que cette fuppofition convenoit à la plaifanterie qu'il vouloit faire; car il eft certain que jamais la comteffe de Château-Briant ne fut veuve.

ALBERT, D'ALBERT, ALBERTI. ( *Hift. de France & d'Italie.* ) Nous n'avons guère parlé dans le Dictionnaire, à l'article *Albert*, que du fameux duc & connétable de Luynes, & à fon occafion d'un très-petit nombre de perfonnages de fa Maifon. Nous obferverons ici que la prétention de cette Maifon, appuyée du fuffrage raifonné & motivé de plufieurs auteurs graves, eft d'être defcendue de l'ancienne Maifon des Alberti de Florence, qui poffédoit des fiefs de l'Empire dès l'an 1000. On n'ignore pas combien les factions des Guelphes, des Gibelins & d'autres factions femblables ont multiplié dans ce beau pays les troubles & les profcriptions. Les Alberti ayant vécu long-tems avec un éclat qui, dans les Républiques, excite toujours l'envie, fuccombèrent fous des ennemis alors plus puiffans, & furent obligés de s'expatrier : les uns s'enfuirent à Venife, d'autres paffèrent en France, d'autres s'exilèrent jufqu'à Londres. Thomas Alberti ou d'Albert vint fe fixer, fous le règne de Charles VI, au Pont Saint-Efprit fur le Rhône, dont il fut

fait viguier par des lettres du duc de Berry, gouverneur du Languedoc, oncle du Roi, données à Paris le 13 janvier 1415.

1°. C'eft ce Thomas Alberti, ou d'Albert fuivant la terminaifon françaife, qui eft la tige de la Maifon de Luynes; il s'attacha au Dauphin, qui fut depuis le roi Charles VII. On ajouta dans la fuite à la viguerie du Pont Saint-Efprit, déjà conférée à Thomas, celle de Bagnols. Les lettres, qui font du 24 avril 1420, font une mention honorable des fervices de Thomas, & annoncent le befoin que le Roi croit avoir de lui pour maintenir le Languedoc dans l'obéiffance. En 1421 les maréchaux de Lafayette & de Séverac le chargent expreffément, au nom du Roi, de la défenfe de tout le cours du Rhône, depuis le Pont Saint-Efprit jufqu'à Beaucaire, en y comprenant cette fénéchauffée. Charles VII le fit fon pannetier, & lui témoigna en diverfes conjonctures fa fatisfaction & fa reconnoiffance. Par des lettres du 17 mars 1446, fon commandement fut accru de la charge de Bailly d'épée du Vivarais & du Valentinois ; tout le cours du Rhône fut fous fa garde depuis Valence.

Thomas Alberti mourut le 28 août 1455.

2°. Jean d'Albert le jeune, un de fes fils, écuyer du roi Louis XI, gouverneur du Pont Saint-Efprit, prévôt & maître des cérémonies de l'ordre de Saint-Michel, vers le tems de fon inftitution, obtint en 1462, du même Roi, diverfes graces *en confidération des bons & grands fervices que lui & fes prédéceffeurs avoient faits à la couronne & à lui ( Louis XI ).*

3°. Hugues d'Albert fon frère aîné prend dans fon teftament du 7 juin 1479, les titres de *Nobilis & egregius.*

4°. Jacques d'Albert fon fils prend dans le fien, du 27 mars 1528, ceux de *Nobilis & potens.*

5°. Léon d'Albert, fils de Jacques, fut tué à la bataille de Cérifoles, en 1544.

6°. Son fils fut Honoré d'Albert, connu fous le nom de capitaine Luynes, & père du connétable. C'étoit déjà un riche & puiffant feigneur, poffeffeur de plufieurs grandes & belles terres en Provence & dans le Comtat-Venaiffin, chevalier de l'ordre du Roi, chambellan du duc d'Alençon, gouverneur de Beaucaire, de Château-Dauphin & du Pont Saint-Efprit, colonel des bandes françaifes, & maître de l'artillerie en Languedoc & en Provence. Il eut part à toutes les guerres de fon tems, & ce titre de *capitaine*, par lequel on le diftinguoit, annonçoit qu'il en étoit un. Il avoit fait fes premières armes en 1553, dans l'île de Corfe, fous le marquis, depuis maréchal de Thermes; il fervit en 1573 au fiége de la Rochelle. Il fut accufé d'avoir trempé dans la confpiration de Lamole & de Coconas ; il étoit parent du premier. Chargé par leurs dépofitions, il fut décrété de prife-de-corps le 21 mai 1574, mais le décret n'eut point de fuite : on en vou-

loit qu'à Lamole & à Coconas, & il ne s'agiſſoit guère, dans cette affaire, que d'intrigues &
d'intérêts de cour. Selon quelques auteurs, ce
ſoupçon d'avoir été complice de Lamole & de
Coconas fut ce qui donna lieu à ſon duel avec
le capitaine Pamier, duel qui s'exécuta au bois
de Vincennes en préſence du roi Henri III & de
toute la cour, & qui fut le dernier duel public au-
toriſé. Luynes tua ſon ennemi, que beaucoup de
victoires remportées dans des combats ſemblables
faiſoient extrêmement redouter. Le maréchal de
Damville, qui fut depuis le connétable de Montmorenci, Henri, étoit ennemi de Henri III, &
vivoit, loin de la cour, en ſouverain dans le Languedoc. L'importance du poſte du Pont Saint-
Eſprit, ſa ſituation ſur le Rhône, l'avantage qu'il
a de donner la main au Comtat, à la Provence,
au Dauphiné, avoient attiré toute l'attention du
maréchal de Damville, qui n'avoit voulu confier
la garde de cette place qu'à Montmorenci-Thoré
ſon frère. Catherine de Médicis, frappée auſſi
de ces mêmes avantages du poſte du Pont-Saint-
Eſprit, voulut le tirer des mains des Montmorenci, alors trop favorables aux Huguenots;
elle chargea ſecrétement le capitaine Luynes,
bon catholique, de cette commiſſion, d'autant
plus délicate pour lui, qu'il avoit perſonnelle-
ment des obligations au maréchal de Damville.
Luynes ſervit la cour avec beaucoup d'adreſſe
& de ſuccès; il avoit des intelligences dans la
ville; il y introduiſit peu à peu & un à un, deux
cents hommes choiſis, qu'il logea chez les amis
qu'il avoit au Pont Saint-Eſprit. Par leur moyen
il parvint à ſe rendre maître de la place & à
faire Thoré priſonnier; mais plus adroit encore,
voulant ménager tous les partis & ne pas ſe faire
un ennemi du maréchal de Damville ſon bienfaiteur, il laiſſa échapper Thoré. Damville ſe
plaignit, menaça & s'appaiſa bientôt; mais cette
ſurpriſe du Pont Saint-Eſprit donna lieu à une
nouvelle priſe d'armes de la part des Huguenots.
Les poſſeſſions du capitaine Luynes furent pillées
dans cette guerre, où il continua de rendre de
grands ſervices. En 1581, il mena au duc d'Alen-
çor, dans les Pays-Bas, douze cents hommes levés
dans le Languedoc pour le ſervice de ce Prince.
Il fut inviolablement attaché au roi Henri IV.
En 1591, il lui préſenta Charles d'Albert ſon
fils aîné, qui fut depuis le connétable de Luynes,
& que Henri IV reçut alors au nombre des
pages de ſa chambre. Le capitaine Luynes, partant
pour retourner dans le Comtat, tomba malade
à Melun, & y mourut en 1592.

7°. Le connétable de Luynes eut pour fils
Louis-Charles d'Albert, duc de Luynes, mort
en 1690, dont on a quelques ouvrages de piété,
entr'autres un *Recueil de ſentences tirées des Saints
Pères*, imprimé à Paris en 1680, ſans le nom de
l'auteur.

8°. Charles-Honoré d'Albert, duc de Luynes

& de Chevreuſe, fils de Louis-Charles, eſt ce
duc de Chevreuſe, beau-frère & ami du duc de
Beauvillier, ami auſſi de l'archevêque de Cambrai, Fénélon, homme de beaucoup de vertu &
de mérite, né le 7 octobre 1646. Il avoit d'a-
bord voyagé dans les principales cours de l'Europe. A l'âge de dix-ſept ans il alla ſervir contre
les Turcs en Hongrie, & ſe trouva en 1664 au
combat de Saint-Godard. En 1667, il ſervit aux
ſiéges de Tournai, de Douai, d'Oudenarde, &
fut bleſſé dangereuſement le 27 août au ſiége
de Lille. En 1668, il ſuivit le Roi à la conquête
de la Franche-Comté, & ſe trouva au ſiége de
Dôle. Nommé capitaine-lieutenant des chevau-
légers le 7 août 1670, il ſervit à la tête de cette
troupe pendant toute la guerre de Hollande;
aux ſiéges d'Orſoy & de Deventer en 1672;
de Maëſtricht en 1673; de Beſançon & de Dôle
en 1674; de Valenciennes & de Cambrai en
1677; de Gand & d'Ypres en 1678; dans la
guerre de 1688; aux ſiéges de Mons en 1691,
& de Namur en 1692.

Il avoit été fait chevalier de l'ordre du Saint-
Eſprit en 1689, & fut gouverneur de Guyenne
en 1696. Mort le 5 novembre 1712.

Il eut entr'autres enfans deux fils, honorables
victimes de leur zèle pour le ſervice du Roi & de
l'État.

9°. Honoré-Charles, l'aîné, duc de Chevreuſe,
capitaine-lieutenant des chevau-légers, né le 6
décembre 1669, fit ſes premières armes au ſiége
de Philisbourg, ſous le Dauphin, en 1688; fut
bleſſé à celui de Mons en 1691; ſe trouva en 1691
encore au combat de Leuze; en 1692, à celui de
Steinkerque; fut encore bleſſé, en 1702, dans la
guerre de la ſucceſſion d'Eſpagne, au combat de
Tongres; il fut tué le 9 ſeptembre 1704, en revenant d'eſcorter un convoi qu'il avoit fait entrer fort
heureuſement dans Landau; il emporta les regrets
& l'eſtime de toute l'armée.

10°. Son frère, Louis-Nicolas, qu'on appeloit le chevalier d'Albert, né le 9 avril 1679,
fut tué à vingt-deux ans au combat de Carpi,
en 1701.

11°. Marie-Charles-Louis d'Albert, fils du premier, neveu du ſecond, duc de Chevreuſe, prince
de Neufchâtel & Wallengin, comte de Dunois du
chef de ſa mère, & que nous avons vu gouverneur
de Paris & colonel-général des dragons, avoit fait,
dans la guerre de 1733, les campagnes de 1734 &
1735. Dans la guerre ſuivante il étoit à l'eſcalade
de Prague en 1741. La même année il reçut quatre
bleſſures au combat de Sahäy à la tête des dragons;
il étoit en 1742 à la défenſe de Prague dont
il avoit été à l'attaque. Il aſſiſta enfin à tous les
ſiéges & à toutes les batailles mémorables de
cette même guerre.

Tous les d'Albert qui viennent d'être mentionnés étoient de la même branche que le connétable de Luynes, ſoit aſcendans, ſoit deſcendans.

12°. On trouve encore à remarquer dans la même branche Louis-Joseph d'Albert, prince de Grimberghen, connu dans sa jeunesse sous le nom de chevalier, & depuis de comte d'Albert; celui-ci étoit petit-fils du connétable, & fils du duc de Luynes; mentionné sous le n°. 7, & frère du fameux duc de Chevreuse, mentionné sous le n°. 8. Le prince de Grimberghen, né le 1ᵉʳ. avril 1672, fit ses premières armes en 1688, aux siéges de Philisbourg & de Manheim. En 1690 il assista, le 1ᵉʳ. juillet, à la bataille de Fleurus, où il reçut deux coups de feu, dont l'un eut des suites fâcheuses, les chirurgiens n'ayant pu retirer de son corps la balle qui y étoit entrée. Il étoit à la prise de Namur le 5 juin 1692; au combat de Steinkerque le 3 août suivant; il reçut deux coups de baronnette, & fut encore blessé depuis dans plusieurs actions mémorables. Il passa, en 1703, en Bavière avec le maréchal de Villars; il s'attacha même à la cour de Bavière, où il fut comblé d'honneurs & de dignités. Il fut conseiller d'État, ministre, & ces titres devinrent plus considérables lorsque le fils de l'électeur de Bavière, Maximilien, qu'il avoit long-tems servi, étant devenu Empereur le 4 janvier 1742, sous le nom de Charles VII, le continua dans les mêmes emplois. Il y ajouta celui de feld-maréchal des armées de l'Empire; il le nomma son ambassadeur extraordinaire auprès du roi de France, & par un diplôme daté de Francfort-sur-le-Mein, le 1ᵉʳ. septembre 1742, il le créa Prince du Saint-Empire, ainsi que toute sa postérité masculine; mais il n'eut point de postérité masculine.

La première branche des ducs de Chaulnes, actuellement éteinte, descendoit d'Honoré d'Albert, seigneur de Cadenet, frère du connétable. Nous avons à remarquer dans cette branche ce seigneur de Cadenet, qui, moitié par son mérite personnel, moitié par la faveur du connétable son frère, fut fait chevalier des ordres, capitaine de cent hommes d'armes, gentilhomme de la chambre, duc & pair, & maréchal de France, & tout cela depuis 1619 jusqu'en 1621, époque de la mort du connétable. Il fut, en 1620, ambassadeur en Angleterre, puis successivement gouverneur d'Auvergne & de Picardie. Ce fut lui qui épousa l'héritière de la Maison d'Ailly-Péquigny. En 1639, il fit lever aux Espagnols le siége de Cateau-Cambresis; en 1640, il commandoit au siége d'Arras avec les maréchaux de Châtillon & de la Meilleraye.

14. Il eut pour fils Charles d'Albert d'Ailly, duc de Chaulnes, pair de France, fait chevalier des ordres le 31 décembre 1661, lieutenant-général de Bretagne le 10 juillet 1669, & gouverneur de cette province en 1670. Trois fois ambassadeur à Rome, & ayant eu la gloire de terminer l'affaire des franchises des ambassadeurs. C'est de lui qu'il est tant parlé dans les *Lettres*

de madame de Sévigné. Mort le 4 septembre 1698.

15°. Un autre frère du connétable, Léon d'Albert, seigneur de Brantes, forma la très-courte branche des d'Albert, ducs des Piney-Luxembourg; il épousa le 6 juillet 1620 Charlotte-Marguerite ou Marguerite-Charlotte de Luxembourg, & fut autorisé par des lettres-patentes du 10 du même mois, à prendre le titre de duc de Luxembourg.

16°. Henri-Léon son fils le porta aussi, puis il céda son duché & tous ses biens à Madeleine-Charlotte-Bonne-Thérèse de Clermont-Tonnerre sa sœur utérine, fille de Marguerite-Charlotte de Luxembourg, laquelle, après la mort de Léon d'Albert, seigneur de Brantes, arrivée le 25 novembre 1630, s'étoit remariée dans la Maison de Clermont-Tonnerre. Ce Henri-Léon d'Albert-Luxembourg avoit quitté ses biens & ses titres pour entrer dans les ordres; il avoit une autre sœur du même lit que lui, Marie-Louise-Antoinette d'Albert de Luxembourg, qui fit tout le contraire. Après s'être faite religieuse, & avoir été abbesse, elle se fit relever de ses vœux, & fut Dame du palais de la Reine, sous le nom de princesse de Tingry.

17°. Il y eut une seconde branche de ducs de Chaulnes, & celle-là subsiste encore; elle descend du fameux duc de Chevreuse, Charles-Honoré d'Albert, mentionné sous le n°. 8. Elle a pour tige Louis-Auguste d'Albert son cinquième fils, né le 20 décembre 1676, nommé maréchal de France en 1741, mort le 9 novembre 1744.

18°. Le dernier duc de Chaulnes, lieutenant-général des armées du Roi, chevalier de ses ordres & honoraire de l'Académie des sciences, étoit son fils. Il se nommoit Michel-Ferdinand d'Albert d'Ailly.

19°. Le cardinal de Luynes, Paul, nommé d'abord comte de Montfort, né le 5 janvier 1703, sacré évêque de Bayeux le 25 septembre 1729, reçu à l'Académie française en 1743, nommé premier aumônier de la Dauphine en 1746, archevêque de Sens en 1753, reçu honoraire à l'Académie des sciences en 1755, cardinal en 1756, mort en 1788, étoit fils d'Honoré-Charles d'Albert, tué près de Landau, mentionné ici sous le n°. 9.

Une branche de cette Maison, celle des seigneurs de Montdagon, nous offre à remarquer:

20°. Paul d'Albert de Mondragon, qui se distingua en Piémont à la bataille de Cérisoles en 1544, & en France par une multitude de combats contre les Protestans;

21°. Et Edouard d'Albert de Mondragon son fils, tué le 15 novembre 1570, d'un coup de pistolet dans le fossé de la ville de Nîmes, dont il étoit gouverneur, & où il se pressoit de rentrer sur la nouvelle que cette ville venoit

d'être furprife par un des chefs du parti proteftant.

**ALBERTAS** ou **ALBERTAZZO** ( *Hift. de Fr.
& d'Italie*), Maifon originaire d'Italie, & que l'on
croit defcendue de Princes fouverains de Luques,
Parme & Reggio.

Antoine Albertas, quittant l'Italie pour fe dérober aux violences qu'exerçoient à l'envi les
Guelphes & les Gibelins, prit pour fa devife ces
mots d'Hélénus dans Virgile :

*Fata viam invenient.*

Ces mots font en effet la confolation naturelle
des malheureux, qui, lors même qu'ils croient
n'avoir plus d'efpérance, en confervent toujours
une vague & indéterminée, fondée fur les viciffitudes du fort & fur les jeux du hafard. Cette
devife convient d'ailleurs parfaitement à quiconque va tenter fortune & chercher une patrie nouvelle. Antoine d'Albertas vint donc s'établir en
France en 1360, dans un tems où le pape Innocent VI fiégeoit à Avignon, & où la reine
Jeanne Ire. régnoit à Naples & en Provence. Ce
fut à Apt qu'il fixa fon féjour ; il y bâtit une
maifon, & dans cette maifon une galerie, au bout
de laquelle on lifoit l'infcription fuivante :
*Antonius Albertazzius, natione Italus, patriâ
Albenfis, ex nobilibus Albertaffiis montis Lupi do-
minis ortús has ædes erexit, primufque Albertaffiam
gentem ex Italiâ in Provinciam traduxit, anno Domini 1360.*
Cette maifon a été rebâtie en 1693, & dans le
tems de fa reconftruction il fut fait, le 12 août
1693, une enquête qui conftate que cette infcription fubfiftoit alors en fon entier. Jean d'Albertas,
héritier & neveu d'Antoine, vint demeurer à
Marfeille. Cette Maifon s'allia aux Maifons les
plus illuftres de la Provence, telles que les Simiane, les Caftelane, les Forcalquier, les Glan-
deves, &c. Elle fe diftingua & dans l'épée & dans
la robe. Nous remarquerons parmi les guerriers,
Surleons d'Albertas, qui, ayant rendu les plus
grands fervices, & au roi Charles VIII à la conquête de Naples, & au Saint-Siége, en reçut une
affez finguliere récompenfe ; ce fut une bulle du
trop fameux pape Alexandre VI, datée du 8 mars
1495, & confirmée depuis par le pape Léon X,
qui accorde tant à Surleons d'Albertas qu'à fa famille, la permiffion de fe faire abfoudre de toutes
fortes de péchés, même des cas réfervés, par tel
prêtre, ou féculier ou régulier, qu'ils voudroient
choifir ; de manger de la viande les jours d'abfti-
nence, & d'avoir un autel portatif.
En 1501 Surleons & Antoine fon frere armerent
deux galions pour une nouvelle conquête de Naples fous Louis XII. Surleons fut tué dans le cours
de cette expédition.
Un de fes defcendans, François, chevalier de
Malte, fut tué fur une des galeres du Roi vers le

milieu du dix-feptieme fiecle. Son neveu, Henri-
Raynauld d'Albertas, né le 22 mai 1674, fut reçu
premier préfident de la cour des comptes & des
aides de Provence le 13 février 1708, & mourut
le 28 janvier 1746.
Son fils, Jean-Baptifte d'Albertas, feigneur de
Gemenos, a été reçu dans la même charge le 11
mars 1745 ; il eft mort en 1790, miférablement
affaffiné au milieu d'un repas qu'il donnoit à une
fociété nombreufe.
Il a laiffé un fils plein d'efprit & de mérite.

**ALBERTET** (*Hift. litt. mod.*), mathématicien
& poëte provençal du treizieme fiecle, c'eft-à-
dire, troubadour, étoit né à Sifteron, & mourut
à Tarafcon. Il paffa toute fa vie à faire des vers
pour la Dame de fes penfées, mais apparemment
fans les lui communiquer. En mourant, il chargea
un de fes amis de les lui remettre ; cet ami, baffe-
ment infidele, les vendit à un mauvais poëte de la
ville d'Uzès, qui trouva plus facile de les acheter
que d'en faire d'auffi bons, & qui prit le parti de
les publier fous fon nom. Le plagiat fut découvert, & l'on fera étonné aujourd'hui d'apprendre
que, pour cette faute ou cette fottife, ou cette
baffeffe, comme on voudra l'appeler, il fubit la
peine du fouet, qui étoit, dit-on, alors la peine
du plagiat. C'étoit mettre les vers à bien haut
prix, que d'affimiler les larcins littéraires aux autres
larcins. Si quelqu'un méritoit d'être puni, c'étoit
l'ami qui avoit fi mal répondu à la confiance du
troubadour ; mais, & fon crime, & celui du pla-
giaire, & beaucoup d'autres femblables, ne font
& ne doivent être punis que par le mépris. C'eft
la fociété, non la juftice, qui fe charge de cette
police.

**ALBERTINI** (FRANÇOIS), (*Hift. litt. mod.*),
calabrois de nation, théologien, mort en 1619,
paroît avoir eu de la fingularité dans le caractere.
1°. Il fe démit d'une riche abbaye pour fe faire
jéfuite. 2°. Dans un Traité de théologie, il veut
abfolument concilier la théologie avec la philofophie ; ce qu'on fait n'être pas aifé. 3°. Dans un
Traité fur les Anges gardiens, *De Angelo cuftode*,
il en étend l'ufage jufqu'aux animaux.

**ALBIGEOIS.** (*Hift. mod.*) Du tems de Philippe-
Augufte, depuis 1198 jufqu'en 1216, fiégeoit à
Rome le pape Innocent III, un des plus fiers Pontifes romains, & l'inftituteur de l'inquifition. C'eft
lui qui fit de l'abus des Croifades un abus nouveau, en les tranfportant des infideles aux hérétiques, & de la Paleftine au fein de la chrétienté.
La fameufe héréfie des Albigeois infectoit alors
particuliérement les Etats du comte de Touloufe.
C'étoit une erreur mêlée de mille erreurs, comme
l'attefte la multitude des noms donnés aux Albigeois, & qui paroiffent avoir défigné des fubdi-
vifions de fectes, Petro-Brufiens, Henriciens,
Touloufains,

Toulousains, Bulgares, Cathares, Popelicains, Pathariens, &c. Le fondement commun de ces sectes étoit le manichéisme, & leur lien commun une haine violente pour le Pape & pour l'Eglise. Innocent III, qui ne connoissoit point l'usage des moyens doux, imagina d'abord d'exterminer ces sectaires par la voie de l'inquisition. Pierre de Châteauneuf, moine de Cîteaux, qu'il chargea le premier de cette légation sanguinaire, fut assassiné. On s'en prit au comte de Toulouse, Raimond VI. Le Pape l'excommunia, & publia une croisade contre lui & contre les Albigeois. La frayeur saisit le comte de Toulouse, qui se crut déjà au rang des Infidèles. il demanda en tremblant qu'on séparât sa cause de celle des Albigeois ; il brigua l'honneur de les combattre lui-même, c'est-à-dire, de brûler ses Etats de sa propre main, & il ne put l'obtenir qu'en se faisant battre de verges par les moines de Cîteaux, à la porte d'une église, & qu'en se faisant traîner la corde au cou sur le tombeau de Pierre de Châteauneuf. Il fut admis ensuite parmi les chefs des Croisés ; il prit ses villes, & elles ne lui restèrent pas. En travaillant pour la cause commune, il n'avoit fait que se dépouiller. Simon de Montfort (voyez son article) fut l'exécuteur-général de cette horrible commission : c'étoit un héros, c'étoit un barbare. Ces Croisés ressemblèrent en tout à ceux de l'Orient ; ils exercèrent les mêmes cruautés, se souillèrent des mêmes crimes, mêlèrent comme eux la fureur & la dissolution à la piété. Il n'y eut d'autre différence entre ces divers Croisés, sinon que ceux de la Terre-Sainte portoient la croix sur l'épaule, & ceux du comté de Toulouse sur la poitrine.

Quand le comte de Toulouse vit qu'il ne gagnoit rien à se nuire, il rentra dans ses vrais intérêts, voulut défendre ses Etats, que mieux dépouillé. La guerre s'étendit ; le roi d'Arragon prit la défense des seigneurs du comté de Toulouse, accablés par les Croisés. Il lui en coûta la vie au combat de Castelnaudari, où cent mille hommes qu'il traînoit à sa suite furent, dit-on, exterminés par mille hommes seulement que commandoit Simon de Montfort. Quand ce destructeur heureux eut assez brûlé & tué, il fut tué lui-même au siége de Toulouse. La guerre tourna en longueur, se ralentit, se ranima, changea de forme & d'objet, comme presque toutes les guerres qui durent long-tems. Les Albigeois s'avouoient des Anglais, qui sous l'indolent & vil Jean-sans-Terre ne pouvoient pas leur être d'un grand secours ; les Croisés étoient presque tous Français. C'étoit la France seule qui leur fournissoit des vivres & des secours de toute espèce. Le Roi, pour sa part, entretenoit quinze mille hommes dans l'armée des Croisés. Il fit plus ; il y envoya Louis son propre fils, qui en prit deux fois le commandement, l'une du vivant même de Simon de Montfort, dont la gloire & la puissance commençoient à faire ombrage à Philippe & à Louis ; l'autre, après la

*Histoire. Tome VI. Supplément.*

mort de ce même Montfort, toutes les deux fois avec une valeur signalée, mais avec des succès médiocres ; & cette guerre fut toujours sans utilité, comme elle étoit sans justice.

**ALBIN** (BERNARD), (*Hist. litt. mod.*), Bernard Sifroi son fils, & Chrétien Bernard, frère puîné de celui-ci, se font tous trois distingués dans la carrière de la médecine. Leur nom étoit *Weiss*, qui en allemand signifie *blanc*, & qu'ils changèrent en celui d'Albin, qui, dans le latin dont il est dérivé, signifie la même chose.

Le père, né en 1653 à Dessau, dans la principauté d'Anhalt, fut un des plus célèbres médecins de son tems ; il mourut le 7 décembre 1721, professeur de médecine dans l'Université de Leyde. Il a composé sur diverses maladies un grand nombre de Traités, dont on trouve la liste dans la bibliothèque de médecine de M. Carrère. L'électeur de Brandebourg, Frédéric, lui avoit donné un canonicat de Magdebourg, qu'il remit, n'en jugeant pas les devoirs compatibles avec les fonctions de médecin & de professeur.

Bernard Sifroi a laissé une savante explication des tables anatomiques de Barthélemi Eustachius ; il étoit aussi professeur en médecine à Leyde ; il avoit épousé à soixante-treize ans une jeune fille. Il étoit né en 1683 ; il est mort en 1771.

Chrétien Bernard son frère, professeur en médecine dans l'Université d'Utrecht, est auteur d'une Histoire naturelle des araignées & autres insectes, & d'une Histoire naturelle des insectes d'Angleterre.

Eleazar Albin (nous ignorons s'il étoit de la même famille que les précédens) est fort connu par son Histoire naturelle des oiseaux, qui a été traduite en français par Derham, ainsi que par son Histoire des insectes.

**ALBINUS** (PIERRE), (*Hist. litt. mod.*), se nommoit aussi *Weiss*, c'est-à-dire, blanc. Il étoit né dans la Misnie, & il en a été l'historien. Il est principalement connu par sa *Chronique de Misnie*, qu'il publia en 1580 à Wittemberg, & dont il donna une seconde édition à Dresde en 1589. On a de lui aussi des poésies latines.

**ALBRIC** (*Hist. litt. mod.*), médecin & philosophe anglais du onzième siècle, vivoit vers l'an 1087. Son Traité *De Origine Deorum* se trouve dans un recueil imprimé à Amsterdam en 1681, intitulé *Mytographi latini*. Jean Balée, dans ses Centuries de la Grande-Bretagne, cite de lui quelques autres ouvrages, tels que *De ratione veneni*, *Virtutes antiquorum*. *Canones speculativi*.

**ALBUMAZAR**, (*Hist. litt. mod.*), philosophe, médecin & astrologue du neuvième siècle, étoit arabe de nation, & avoit été élevé en Afrique. Ses ouvrages ont paru mériter qu'on les imprimât

C

près de sept siècles après lui à Venise en 1506. Son Traité *de la révolution des années* l'a fait regarder comme un astronome distingué pour son tems. Il a pu être contemporain de Louis-le-Débonnaire, qui passoit aussi pour un assez habile astronome, quoiqu'il eût peur des éclipses, parce que tout le monde en avoit peur de son tems.

ALBUTIUS (TITUS). (*Hist. rom.*) Un voyage que ce Romain, philosophe épicurien, fit à Athènes, parce que c'étoit là qu'avoient été les jardins d'Epicure, lui donna le ridicule de ne vouloir plus être que grec dans ses principes, dans ses manières, en tout. Scévola, pour se moquer de lui, ne le saluoit qu'en grec. Malgré cette manie, Albutius fut envoyé pro-préteur en Sardaigne; il chassa de cette île les brigands qui l'infestoient, mais il n'eut pas une conduite assez pure, & il fut banni par un arrêt du sénat, comme concussionnaire. Sa consolation fut de prendre Athènes pour retraite, & de devenir entièrement grec.

ALCIDAMAS (*Hist. anc.*), philosophe & rhéteur, natif de la ville d'Elée en Grèce, fut disciple de Gorgias, & outra, dit-on, les défauts de son maître, l'enflure du style, la recherche des ornemens. On lui attribue cependant un ouvrage où l'on ne trouve point ces défauts; c'est un livre contre les prétendus maîtres d'éloquence : il se trouve dans une collection de rhéteurs & d'orateurs grecs, imprimée en 1513 à Venise, en trois volumes in-folio. Alcidamas vivoit vers l'an 424 avant J. C.

ALCIME. (*Hist. sacr. & Hist. litt. mod.*) C'est le nom :

1°. D'un grand-prêtre des Juifs, qui usurpa cette dignité, appuyé des forces de Démétrius, roi de Syrie, fils d'Antiochus, commandées par Bacchide, général de Démétrius. Alcime & Bacchide, étant ensemble à la tête de l'armée de Syrie, amusèrent les Juifs par des propositions de paix, accompagnées de sermens qu'ils violèrent à l'instant, en faisant arrêter & massacrer soixante des principaux d'entr'eux. Judas Macchabée vengea ceux-ci par deux grandes victoires qu'il remporta sur Nicanor, que Démétrius avoit envoyé au secours de Bacchide & d'Alcime. Nicanor fut tué dans la seconde de ces batailles; mais Bacchide & Alcime, avec une armée très-supérieure, accablèrent les restes de l'armée de Judas Macchabée, qui succomba sous le nombre, & périt dans ce dernier combat. Alcime, resté souverain Pontife, ordonna d'abattre les murailles du parvis intérieur du temple, ouvrage des Prophètes; il ne put mettre à fin son entreprise; Dieu le frappa, dit l'Ecriture, & il mourut d'apoplexie & de paralysie. L'histoire d'Alcime se trouve au premier livre des Macchabées, chap. 7 & 9.

2°. Alcime ( *Latinus Alcimus Alethius* ) est le nom d'un homme de lettres, historien, orateur, poëte, natif d'Agen, & qui vivoit dans le quatrième siècle. Il avoit écrit la vie de l'empereur Julien & celle de Salluste, consul & préfet des Gaules sous ce même Empereur. Nous avons perdu ces morceaux d'histoire : il ne nous reste plus d'Alcime qu'une épigramme, c'est-à-dire, une inscription sur Homère & Virgile. Elle se trouve dans le *Corpus poetarum de Maittaire.*

ALCINOÜS (*Hist. litt. anc. & mod.*), philosophe platonicien, nous a donné un abrégé de la philosophie de son maître; ouvrage traduit en latin par Marsile Ficin, & sur lequel Jacques Charpentier a fait un commentaire assez estimé.

ALDANA (BERNARD), ( *Hist. mod.* ), capitaine espagnol, est un de ces exemples qui prouvent que la bravoure, comme les autres qualités humaines, est journalière. Il étoit gouverneur de Lippa ou Lippowa sur les frontières de la Transilvanie. Les Turcs faisant le siége de Temeswar en 1552, Aldana ne douta pas qu'ils ne vinssent ensuite, à la faveur du voisinage, faire celui de sa place. D'après ces apparences, il fit ce que devoit faire un sage capitaine; il fit observer la marche & épier les desseins des ennemis. Dans le moment où les gens qu'il avoit envoyés à la découverte venoient lui rendre compte de leurs observations, il arriva que des troupeaux assez considérables, dont ils étoient suivis, élevèrent en l'air d'épais nuages de poussière. Les sentinelles en avertirent Aldana, qui ne douta pas que ce ne fussent les ennemis qui s'avançassent pour l'assiéger. Il n'y a rien de plus fâcheux pour un général que ces apparences d'un danger qui n'existe pas : on croit toujours pour le moins que c'est la peur qui les lui a exagérées, & qui l'a empêché de se procurer des notions plus exactes. La peur d'Aldana dans cette occasion parut si excessive, qu'on alla jusqu'à le soupçonner de trahison. En effet, soit qu'il ne crût pas la place en état d'être défendue, soit qu'il ne se jugeât pas en état de la défendre, il se hâta d'en sortir en mettant le feu partout, à l'arsenal, au château, à la ville. Les Turcs, bientôt instruits de ce qui se passoit, n'eurent que la honte d'accourir en diligence pour éteindre le feu & s'emparer de la ville, qu'ils n'avoient eu ni l'espérance de prendre ni même le dessein d'assiéger. Les Autrichiens, indignés, firent arrêter Aldana : on lui fit son procès; il fut condamné à mort; mais il trouva, ou par lui-même, ou seulement parce qu'il étoit Espagnol, une protectrice dans la princesse Marie d'Autriche ou d'Espagne, fille de Charles-Quint, femme de Maximilien II, depuis Empereur, laquelle obtint de l'empereur Ferdinand I son beau-père, une commutation de peine pour Aldana. Cette commutation fut de la mort en une prison perpétuelle, mais qui par l'événement ne le fut pas. La même

Princeffe l'en fit fortir dans la fuite : on l'employa même utilement en Afrique contre les Infidèles, & il fe diftingua dans l'expédition de Tripoli. Ce n'eft pas le feul exemple de gens accufés de lâcheté, qui aient fu réparer leur honneur ; ce qui prouve que fur ce point il ne faut pas toujours être fi prompt à condamner.

**ALDROVANDUS. ALDROVANDE** ( ULYSSE ), ( *Hift. litt. mod.* ), favant & infatigable naturalifte, né à Bologne en Italie, exerça la médecine, & la profeffa, ainfi que la philofophie, dans cette même ville. Il s'occupa toute fa vie de recherches fur l'Hiftoire naturelle : il y employa fon tems ; il y confuma fon patrimoine. Les longs voyages qu'il entreprit pour cet objet, les appointemens confidérables qu'il payoit aux plus célèbres artiftes du tems pour avoir les deffins les plus exacts des diverfes fubftances des trois règnes, enfin les dépenfes de toute efpèce qu'il confacra aux progrès de fa fcience favorite, altérèrent tellement fa fortune, qu'il fe trouva fur la fin de fes jours prefque réduit à l'indigence, malgré les fecours qu'il tiroit du fénat de Bologne & de divers fouverains & grands feigneurs auxquels il avoit fu infpirer une partie de fon zèle pour l'Hiftoire naturelle. Plufieurs écrivains ont été jufqu'à dire que ce favant illuftre étoit mort à l'hôpital ; mais c'eft dans la bouche & fous la plume de beaucoup de gens une expreffion proverbiale, pour fignifier une grande détreffe, plutôt que l'énoncé d'un fait réel. Il laiffa par fon teftament une immenfe collection d'Hiftoire naturelle au fénat de Bologne, qui vraifemblablement auroit eu quelque honte de l'accepter s'il avoit eu à fe reprocher d'avoir laiffé mourir l'auteur & un tel auteur à l'hôpital. On lui fit un convoi fuperbe, fait qui s'accorde mal encore avec celui d'être mort littéralement à l'hôpital, à moins que ce ne fût une réparation tardive de cet affront.

Ce qu'il y a de certain eft que le malheureux Aldrovande avoit perdu avant fa mort fes yeux qu'il avoit tant exercés à obferver la Nature. Il mourut à Bologne en 1605, âgé d'environ quatre-vingts ans. On a le recueil de fes ouvrages d'Hiftoire naturelle en treize volumes in-folio ; mais il n'a fait lui-même que les fix premiers : les autres ont été compofés fur fon plan & avec fes matériaux par divers favans que le fénat de Bologne employoit à ce travail. On a auffi in-folio la defcription de fon cabinet des métaux. Aldrovande étoit d'une famille noble très-connue à Bologne.

**ALENCASTRO.** ( *Hift. de Portugal.* ) Telle eft la manière dont on prononce en Portugal le nom de Lancaftre, qui d'Angleterre a paffé en Portugal par le mariage de la princeffe Philippe d'Angleterre-Lancaftre, fœur d'Henri IV. Lancaftre, ufurpateur de la couronne d'Angleterre, avec

Jean, premier du nom, roi de Portugal ; ce Jean I étoit bâtard du roi de Portugal, Pierre *le Jufticier.* Son arrière petit-fils, Jean II, eut auffi un bâtard, nommé Georges, né en 1481, nommé le 12 avril 1492, grand adminiftrateur des ordres militaires de Saint-Jacques & d'Avis. Jean II, ayant perdu le 13 juillet 1492 le prince Alphonfe fon feul fils légitime, mort à feize ans d'une chute de cheval, vouloit laiffer la couronne à Georges, projet qui n'eut point lieu par les obftacles qu'y apportèrent les perfonnes intéreffées ; Georges fut la tige des ducs d'Aveiro & des ducs d'Abrantes.

Jean de Portugal, l'aîné de fes fils, prit le nom ou furnom d'Alencaftro ou Lancaftre, en mémoire de fa quatrième aïeule, Philippe de Lancaftre, femme de Jean I. Alphonfe, fecond fils de Georges & toute fa poftérité, prit auffi ce nom d'Alencaftro.

Antoine-Louis, meftre-de-camp & général de l'artillerie de Philippe IV, roi d'Espagne, qu'il fervit avec zèle en Italie, en Efpagne & en Flandre, étoit petit-fils d'Alphonfe. Les rois d'Efpagne s'étoient emparés de la couronne de Portugal depuis l'an 1580.

Alphonfe, frère d'Antoine-Louis, fut créé duc d'Abrantes en 1645 par le même roi Philippe IV, & fut la tige des ducs d'Abrantes.

Auguftin d'Alencaftro fon fils, duc d'Abrantes, grand d'Efpagne, s'attacha, ainfi que fon père, au fervice du roi d'Efpagne, & ne voulut point reconnoître l'autorité de la Maifon de Bragance, qui depuis 1640 avoit enlevé le Portugal à l'Efpagne. Auguftin facrifia généreufement à la fidélité qu'il croyoit devoir au roi d'Efpagne, de riches & puiffans domaines qu'il avoit en Portugal, & vécut conftamment à Madrid, où il ne jouiffoit que d'une penfion que le roi d'Efpagne lui faifoit.

Ferdinand de Portugal d'Alencaftro fon fils fervit avec gloire en Italie, toujours fidèle auffi au roi d'Efpagne, qui le fit gentilhomme de fa chambre & gouverneur du Mexique.

Dans la branche des commandeurs de Coruche reftés en Portugal, & reconnoiffant la Maifon de Bragance, nous remarquerons Georges d'Alencaftro, tué à Mozambique en combattant les Infidèles.

Jean d'Alencaftro, capitaine-général du Bréfil, puis confeiller de guerre & général de la cavalerie en Portugal.

Un autre Jean d'Alencaftro, neveu du précédent, qui, allant fervir aux Indes orientales, fut obligé de s'arrêter dans fa route, & mourut dans l'île de Zanzibar, vis-à-vis la côte du Zanguebar & de la Cafrerie, vers l'an 1698.

**ALÈS DE CORBET** ( *Hift. de Fr.* ), nom d'une très-ancienne famille de Touraine, province où eft fituée la terre de Corbet ; mais on prétend que cette Maifon, qu'on fait remonter jufqu'à la plus haute antiquité, eft originaire d'Irlande, &

qu'elle eſt la même que celle des Od'Alès ou
Od'Ali de ce royaume britannique ; & l'on donne
à cette Maiſon des Od'Alès d'Irlande une origine
commune avec pluſieurs des plus illuſtres Maiſons
irlandaiſes, telles que les O-Brien, les O-Neille,
les O-Carrolles, les Mac-Géogéghan, les O-Don-
nél, les Maccarti-More, &c. Pluſieurs conjectures très-fortes confirment cette identité des
d'Alès de France & de ceux d'Irlande. 1°. Ils ont
la même tradition ſur l'origine commune. 2°. Leurs
armes ſont abſolument les mêmes. On tient en
Irlande que deux cadets de cette Maiſon d'Alès
ayant paſſé dans le continent (on ne dit pas à
quelle époque), l'un s'établit en Flandre, où en
effet on a connu des Seigneurs de ce nom ; l'autre,
pénétrant davantage dans les terres, s'avança juſque dans la Touraine, où ſes deſcendans acquirent la terre de Corbet.

Le premier qui nous ſoit connu parmi ceux-ci
eſt Hugues d'Alès, qui vivoit en 978. On croit
qu'il étoit frère d'un Arnoul, évêque d'Orléans,
dont Glaber, hiſtorien du tems, exalte beaucoup,
& la naiſſance illuſtre, & la puiſſance.

Jean & Hugues d'Alès, frères, &, à ce qu'il
paroît, arrière-petits-fils de ce premier Hugues,
ſe trouvèrent en 1115 à la bataille de Scès ou de
Cé, où ils accompagnoient le comte d'Anjou.

Hugues IV, fils de Jean, & que des hiſtoriens
annoncent comme un des plus conſidérables barons du royaume, paſſa en Angleterre avec des
troupes que Louis-le-Jeune y envoyoit au ſecours
des fils de Henri II contre leur père, redoutable
rival de Louis-le-Jeune. Roger de Hoveden nous
apprend que cette armée fut défaite en 1173 ;
que Hugues d'Alès fut fait priſonnier avec pluſieurs autres Seigneurs français, & conduit au
château de Falaiſe ; qu'ayant enſuite été délivré
moyennant rançon, il s'étoit croiſé pour la Terre-
Sainte.

Une ſœur de Jean & de Hugues, & tante de
Hugues IV, nommée Adelais d'Alès, épouſa vers
l'an 1100 un ſeigneur de Mont-Lhéri, & ce fut
elle qui donna ſon nom à la ville de la Ferté-Alais
ou Alès, près d'Etampes, qui s'appelloit auparavant
Feritas ou Firmitas Balduini, la Ferté-Baudouin,
retraite ſauvage ou fortereſſe de Baudouin.

Nous remarquerons encore dans cette Maiſon,
féconde en guerriers diſtingués, René I d'Alès,
ſeigneur de Corbet, qu'un hiſtorien appellé un
grand homme, & qui fut tué en 1590 en combattant pour Henri IV contre la Ligue, à la tête de
ſa compagnie de cent hommes d'armes.

Euverte ſon petit-fils, tué auſſi dans un combat.

Joachim, frère d'Euverte, qui, chargé l'an 1650
du ſiége de Tortoſe en Catalogne, par le comte
de Marſin, père du maréchal, fut emporté le jour
même de la priſe de la ville avec quatre cents
hommes, par l'exploſion d'un magaſin à poudre,
auquel le feu avoit pris. Il avoit à peine trente ans.

Alexandre, neveu d'Euverte & de Joachim,

nommé le chevalier de Corbet, qui ſervit trente-
trois ans avec la plus grande diſtinction, & fit de
ces actions d'une valeur éclatante qui aſſurent une
gloire durable. Le maréchal d'Alègre, qui en
avoit été le témoin, lui rendit en toute occaſion
les témoignages honorables qu'il lui devoit.

Jacques I, frère aîné d'Alexandre, qui, après
avoir ſervi avec honneur ſous M. de Turenne, ſe
livra aux belles-lettres & à la controverſe, &
compoſa des écrits théologiques, qui contribuèrent, dit-on, à la converſion de divers Proteſtans,
& méritèrent les éloges des grands convertiſſeurs
Boſſuet & Péliſſon.

Enfin, Pierre-Alexandre, ſeigneur de Corbet,
qui ſervit avec diſtinction au ſiége de Kehl en
1733 ;

Et René-Alexandre ſon frère, chevalier de
Corbet, aide-major-général d'un corps que com-
mandoit M. de Chevert pour la priſe des îles de
Sainte-Marguerite en 1747, & créé chevalier de
Saint-Louis avant ſon rang par le mérite de ſes
ſervices.

**ALIX** (*Hiſt. de Fr.*), fille de Louis-le-Jeune,
roi de France, Princeſſe que la renommée n'a pas
épargnée, ſoit qu'elle le méritât ou non. Les guerres furent preſque continuelles entre Louis-le-
Jeune & ſon rival Henri II, roi d'Angleterre, ſurtout depuis le divorce de Louis avec Eléonore
d'Aquitaine, & le mariage d'Eléonore avec Henri.
Ces guerres étoient de tems en tems interrompues
par des traités toujours promptement violés ; mais
ces traités donnoient lieu à des alliances qui ſem-
bloient devoir réconcilier entiérement les deux
Rois. En vertu d'un de ces traités, connu ſous le
nom de *Traité de l'Erte*, parce qu'il avoit été conclu ſur les bords de cette rivière, Marguerite,
fille de Louis-le-Jeune, avoit épouſé le jeune
Henri, fils aîné de Henri II. En vertu du traité
de Montmirail, Richard fiança la princeſſe Alix,
autre fille de Louis-le-Jeune. Henri II parut ſe
dépouiller, en faveur de ſes fils, de ſes provinces
du continent : il céda la Normandie, l'Anjou, le
Maine & la Touraine au jeune Henri ; le Poitou
& la Guyenne à Richard. Louis, comme ſuzerain
de tous ces fiefs, confirma ces diſpoſitions, &
reçut les hommages du jeune Henri ſon gendre,
& de Richard qui alloit le devenir aux termes des
traités. Cependant Henri II, père & monarque
abſolu, retenoit l'autorité qu'il ſembloit communiquer, & de là naquirent de nouvelles guerres.
Suivant le traité de Montmirail, Richard devoit
épouſer Alix, & Louis devoit lui remettre la ville
de Bourges avec une partie du Berry ; mais on ne
ſe preſſoit point, de part ni d'autre, d'accomplir
ces conventions. Louis ne rendoit point Bourges ;
Richard n'épouſoit point Alix. On a prétendu que
Henri II, à qui cette Princeſſe avoit été remiſe,
& qui s'étoit chargé de ſon éducation, avoit conçu
pour elle une inclination ſecrète, d'où naiſſoit

l'obstacle qui arrêtoit toujours ce mariage. C'étoit Eléonore elle-même qui l'en accusoit : on alla jusqu'à dire qu'il avoit eu d'Alix un enfant, soit qu'il l'eût séduite, soit qu'il lui eût fait violence. On répandit même le bruit qu'il vouloit répudier Eléonore, épouser Alix, &, s'il en avoit des fils, les déclarer ses héritiers. Quelques historiens croient que tous ces bruits étoient autant de calomnies de la jalouse Eléonore ; & quant aux délais qu'apportoit Henri II à la conclusion du mariage de Richard avec Alix, ils les expliquent plus simplement en disant que Henri II s'étant trouvé trop mal d'avoir un fils gendre du roi de France, ne vouloit point doubler ces nœuds. En effet, un séjour du jeune Henri à la cour de France parut lui avoir donné les premières idées d'indépendance & de révolte. Il s'ennuya d'attendre la mort de son père, & de n'être que simple titulaire de tant d'Etats. Il demanda nettement qu'on lui cédât ou l'Angleterre ou la Normandie. Sur le refus de son père il prit les armes, & implora le secours de la France, qu'il étoit bien sûr d'obtenir. Lorsque Richard vit que le roi de France appuyoit la demande & la révolte de son frère aîné, il forma aussi une pareille demande ; il voulut être maître en Guyenne & en Poitou. Leur mère les seconda, en haine de Henri II & d'Alix. Elle se déguisa en homme pour aller trouver ses fils en France : elle fut reconnue, & le Roi, son mari, la retint plusieurs années prisonnière. Cependant Richard n'épousoit toujours point Alix, et Louis-le-Jeune ne restituoit toujours point Bourges. Les Anglais disent que Louis ne vouloit pas faire la restitution, quand même Henri eût permis le mariage ; les Français, que Henri ne vouloit pas permettre le mariage, quand même Louis eût fait la restitution. Louis mourut en 1180, laissant les affaires en cet état. Le jeune Henri, son gendre, mourut aussi. On avoit constitué en dot à la princesse Marguerite sa veuve, Gisors & d'autres places du Vexin, qui étoient depuis long-tems un objet de contestation entre la France & les Princes normands, rois d'Angleterre. La restitution de cette dot donna lieu à quelques débats qui furent bientôt terminés entre Henri II & Philippe-Auguste, fils de Louis-le-Jeune. On assigna un bon douaire à Marguerite, & l'on commença par le bien payer. On promit de nouveau que Richard épouseroit Alix, & il ne l'épousa point : ce fut cependant à ces conditions que Philippe consentit de laisser à l'Angleterre le comté de Gisors & les autres places du Vexin. Richard fit un voyage en France, & devint ouvertement l'ennemi de son père, & il déclara qu'il vouloit être couronné comme l'avoit été son frère aîné. Henri II, voyant ces mauvais effets de l'alliance de la France, en devint encore plus contraire au mariage de Richard avec Alix. On négocia, & Henri, pour éluder la proposition de ce mariage, offrit de marier Alix avec Jean, dit Sans-Terre, son dernier fils : Philippe devoit naturelle-

ment rejeter cette offre, parce qu'alors sa sœur n'épousoit plus l'héritier du trône. Il est vrai que quand le mariage avoit été proposé avec Richard, sous Louis VII, Richard n'étoit pas l'héritier, mais Marguerite, sœur aînée d'Alix, étoit femme de l'héritier. On ne s'accorda point : on prit les armes, & bientôt on conclut le traité qui s'appela la paix d'Asay. Henri, malade & accablé, laissa faire le légat du Pape & les seigneurs des deux partis, qui dressèrent ensemble des articles de paix que Philippe approuva, & que Henri n'étoit plus en état de discuter. Il remit Alix entre les mains de cinq députés nommés par Richard, qui devoit épouser cette Princesse à son retour de la Palestine, pour laquelle il alloit partir. Pourquoi renvoyoit-on encore si loin ce mariage si long-tems différé ? Richard avoit-il, pour le conclure, moins d'empressement qu'il n'en témoignoit, ou les médiateurs avoient-ils voulu épargner au roi d'Angleterre, qu'ils voyoient mourant, le spectacle d'un mariage pour lequel il avoit toujours montré tant de répugnance ? Henri mourut en 1189, & rien n'empêcha plus Richard de le conclure : il n'en fit rien cependant, & Richard & Philippe partirent pour la croisade. Ils s'arrêtèrent en Sicile. Tancrède, bâtard du roi Roger, y régnoit alors : soit que ce Tancrède fût naturellement brouillon, soit qu'il crût avoir intérêt à entretenir la division entre les rois de France & d'Angleterre, il fit voir à Richard une lettre par laquelle Philippe l'avertissoit, lui Tancrède, que Richard vouloit s'emparer du trône de Sicile. Philippe proposoit à Tancrède de prévenir Richard, & de fondre avec lui sur les Anglais. La lettre étoit signée de Philippe. Tancrède offroit de prouver, par témoins, qu'il l'avoit reçue de la main du duc de Bourgogne, Prince de la Maison de France, & chef des troupes françaises sous Philippe. Tancrède remit cette lettre à Richard, qui l'envoya sur le champ à Philippe, en lui déclarant que toute alliance étoit rompue entr'eux ; qu'il n'épouseroit Alix, & qu'il alloit fiancer Berengère ou Bérengère, fille de Sanchez, roi de Navarre. Les Anglais disent qu'à la vue de la lettre, Philippe fut couvert de confusion ; les Français, au contraire, rapportent qu'il répondit sans s'émouvoir : « Le roi d'Angleterre est bien le maître de » ne pas épouser ma sœur ; il n'avoit pas besoin » de recourir à un prétexte si honteux ; mais qu'il » me rende donc le Vexin & les autres places que » je lui ai données pour la dot d'Alix. » Au reste, il fit observer que Richard, en rompant avec Alix, avoit une autre femme toute prête ; ce qui, annonçant des mesures prises de longue main, & des projets conduits avec un grand secret, expliquoit le mystère de tant de délais apportés au mariage d'Alix, & rejetoit sur Richard tous les soupçons de fausseté dans cette affaire.

Cependant l'intérêt de la croisade assoupit ces querelles naissantes : on fit un traité. Richard fut déclaré libre de tout engagement avec Alix, qui épousa depuis le comte de Ponthieu.

**ALMÉIDA.** ( *Hist. de Portugal.* ) C'est le nom d'une ancienne famille de Portugal, qu'on fait descendre d'un Pélayo Amada, qui étoit de la Maison de Coëlho, & qui vivoit du tems de Henri de Bourgogne, comte de Portugal, mort en 1112.

Le fils de Pélayo Amada prit, dit-on, le nom d'Alméida, parce qu'il avoit pris en 1190, du tems de Sanche I, roi de Portugal, le château d'Alméida.

On trouve dans la Maison d'Alméida quatre *Vedor da Fazenda*, c'est-à-dire, directeurs ou chefs du conseil des finances, de père en fils, sous les rois Jean I, Alphonse V, Jean II, Emanuel.

Le dernier de ces quatre ministres eut trois petits-fils tués à la bataille d'Alcaçar avec le roi dom Sébastien.

Alvar d'Alméida leur oncle, & fils de ce même ministre, mourut sur mer en allant aux Indes.

Un frère de celui-ci, Gaspard d'Alméida, prêtre assez savant, crut l'être assez pour ramener à l'Eglise catholique le schismatique Henri VIII, roi d'Angleterre. Il fit dans cette intention le voyage d'Angleterre ; mais à peine eût-il commencé les travaux de son apostolat, que Henri VIII le fit avertir de réprimer son zèle ou de sortir du royaume ; il choisit d'en sortir. Henri voulant d'ailleurs le traiter favorablement, lui offrit un présent ; Gaspard le refusa, disant un peu fièrement qu'il ne pouvoit rien recevoir d'un apostat.

Jean d'Alméida, dit *le Sage*, fut tué par Simon de Mello, d'après une querelle qui s'éleva entre eux au jeu : ce n'est guère là la fin d'un sage ; mais un sage peut y être conduit forcément.

On trouve une branche entière de cette Maison revêtue de la charge de *contador mor*, c'est-à-dire, chef de la chambre des comptes de Lisbonne.

Michel d'Alméida, de la branche des comtes d'Abrantes, fut un des quarante seigneurs portugais qui proclamèrent Jean de Bragance roi de Portugal, le 1er décembre 1640.

Au contraire, François d'Alméida, de la branche d'Alméida Lancastre, gouverneur de Ceuta en Afrique, pour les rois d'Espagne, alors rois de Portugal, & qui l'étoient depuis Philippe II, fut fidèle aux Rois qui lui avoient confié ce gouvernement, & suivit constamment le parti de l'Espagne ; il avoit d'ailleurs servi avec distinction sur mer ; il étoit vice-amiral de la flotte qui reprit en 1625 la baie de Tous-les-Saints.

On distingue dans la branche d'Assumar, Pierre d'Alméida, premier maître-d'hôtel du roi de Portugal & lieutenant-général de ses armées, qui servit dans la guerre de la succession d'Espagne, principalement sous le comte de Staremberg, depuis 1706 jusqu'en 1713, à la défense de Barcelone, à la campagne de Balaguier, à

celle de Pratz-del-Rey, au combat d'Alménara, aux deux batailles de Sarragosse & de Villaviciosa ou Brihuega.

Dans la même branche, Dominique d'Alméida, fils naturel de Diegue Fernandès, lequel fut tué aux Indes orientales en combattant vaillamment.

Jean-Fernandès d'Alméida, mort à Goa en 1723, amiral de la flotte des Indes, avoit rempli depuis 1691 une multitude d'emplois, à chacun desquels il avoit toujours paru supérieur. La branche d'Avintes fournit deux archevêques de Lisbonne, Georges & Thomas, prélats d'un grand mérite, & tous deux hommes d'Etat & bons ministres, surtout Georges, qui fut un des cinq régens du royaume à la mort du roi Sébastien.

Mais le plus célèbre de tous les Alméida fut François Alméida, de la branche des comtes d'Abrantes, mentionnée ci-dessus, & qui fut le premier vice-roi des Indes orientales : nous en avons donné un article très-succinct dans le premier volume, & nous n'avons point parlé de sa fin malheureuse ; il revenoit en Europe couvert de gloire. On relâcha pour faire eau à la baie de Saldagne en Afrique, près du Cap de Bonne-Espérance. Quelques soldats portugais, étant descendus à terre, prirent querelle avec des Nègres qu'ils y trouvèrent, & qui, étant en plus grand nombre, eurent quelqu'avantage. Plusieurs Portugais furent blessés ; & étant retournés à bord, ils échauffèrent & ils engagèrent dans leur querelle de jeunes seigneurs portugais, qui, malgré les remontrances d'Alméida, voulurent absolument faire une descente, alléguant l'honneur de la nation, & ce vice-roi, qui, sans prendre conseil de personne, disent les historiens, avoit fait tant de merveilles aux Indes, n'eut pas la force de résister à ce grand mot d'*honneur de la nation*, comme si cet honneur pouvoit consister à autoriser & à venger quelques étourdis qui n'avoient compromis qu'eux-mêmes. Il les suivit donc plutôt qu'il ne les conduisit, & entrant avec eux dans un canot pour gagner le bord : *Où allez-vous mener mes soixante ans ?* leur dit-il. Ils n'étoient en tout que cent cinquante, & n'avoient pour armes que des lances & des épées ; ils trouvèrent les Nègres assez bien retranchés, & les combattirent avec désavantage. Cinquante-sept Portugais restèrent sur la place, & parmi eux le vice-roi, qui tomba percé d'une flèche à la gorge. Ce funeste événement arriva le 1er mars 1509. Le roi d'Espagne en prit le deuil comme d'un grand homme & d'un grand malheur.

François d'Alméida fut père de Laurent, qui fut tué dans les Indes en combattant avec une valeur digne de son père. Il eut aussi un neveu digne de lui, Georges d'Alméida, qui acquit beaucoup de gloire dans l'Inde. Le roi de Candy, dans l'île de Ceilan, ayant secoué le joug des

Portugais, Georges, avec peu de troupes, mais choisies, battit une armée de plus de trente mille hommes, prit dix places ou forts malgré une vigoureuse résistance, & réduisit le roi de Candy & quelques autres Princes qui l'avoient suivi dans sa révolte, à demander pardon & la paix. Il mourut pauvre & persécuté à Mangalor sur la côte de Malabar.

AMALBERGE (SAINTE). (*Hist. ecclésiast.*) Charlemagne eut beaucoup de femmes & de concubines, qui n'étoient distinguées des autres femmes des Rois, qu'en ce qu'elles ne portoient pas le titre & ne recevoient pas les honneurs de Reines ou d'Impératrices. Il paroît d'ailleurs qu'il eut plusieurs maîtresses proprement dites, & qu'il aima diverses femmes, dont on fait qu'une au moins lui fut rebelle; c'est sainte Amalberge. Peut-être obtint-elle principalement ce titre de *Sainte* pour avoir eu le courage de résister au plus puissant des Rois & au plus aimable des hommes. L'accident arrivé à cette vertueuse fille, qui, en voulant échapper à Charlemagne, tomba & se cassa le bras, n'a pas peu contribué sans doute à établir la réputation d'incontinence dont la mémoire de ce grand Prince est restée chargée. En effet, cet air de violence, & je ne sais quel air d'inceste spirituel que le titre de *Sainte* semble avoir répandu après coup sur cette entreprise de Charlemagne, ont dû faire tort à ce Prince; cependant plus la vertu de la Sainte doit avoir été prompte à s'alarmer, plus il reste permis de croire que le généreux Charlemagne n'eut contre lui que les apparences, & n'avoit pas réellement intention d'aller jusqu'à la violence.

Ceux qui voudroient trouver dans Charlemagne toute la pureté d'un Saint, puisqu'enfin il a été canonisé, observent qu'il fit de très-beaux réglemens pour réprimer les effets de l'incontinence; ils ajoutent que Charlemagne n'étoit capable ni de l'hypocrisie qui eût affecté un zèle pour les mœurs, qu'auroit démenti sa conduite, ni de la tyrannie qui exige dans les autres des vertus dont on se dispense soi même : ces raisons peuvent avoir quelque force; mais il est certain que l'opinion reçue ne met point la continence au nombre des vertus qu'on révère dans Charlemagne.

*La vision de Wetin*, moine de l'abbaye de Richenoue, près de Constance, ouvrage composé en 825, onze ans après la mort de ce Prince, fait voir quelle idée on en avoit de son tems. On y rend justice aux grandes vertus de Charlemagne; on y rend hommage à sa gloire; on y vante son zèle pour la religion; on ne l'attaque enfin que sur un seul point, l'incontinence. Wetin est transporté en songe dans un lieu d'expiation, tel que notre purgatoire; il est fort étonné d'y rencontrer Charlemagne. L'ange qui conduit Wetin, & qui lui explique tout ce qu'il voit, le ras-

sure en lui déclarant que ce Prince recevra dans l'éternité la récompense des justes; mais qu'en attendant il est justement puni dans ce lieu de souffrances, de son amour pour la volupté. En effet, un monstre tel que le vautour de Prométhée lui déchire le coupable organe de ses plaisirs, en respectant toutes les autres parties de son corps :

*Oppositumque animal lacerare virilia stantis,*
*Lætaque per reliquum corpus lue membra carebant.*

Il faut avouer que Virgile peint un peu mieux le vautour de Titye.

*Nec non & Tityon terra omni parentis alumnum*
*Cernere erat, cui tota novem per jugera corpus*
*Porrigitur, rostroque immanis vultur obunco,*
*Immortale jecur tundens fecundaque pœnis*
*Viscera, rimaturque epulis, habitatque sub alto*
*Pectore, nec fibris requies datur ulla renatis.*

AMBIGAT. (*Hist. anc. des Gaules.*) Vers l'an de Rome 165, pendant le règne de Tarquin l'ancien, cet Ambigat étoit roi des Berruyens, & avoit une sorte d'autorité générale sur toute la Gaule celtique. Ce fut lui qui, trouvant la population de ses Etats trop forte pour le pays, où la culture étoit sans doute alors négligée, & qui trouvant surtout cette multitude oisive & inquiète fort difficile à maintenir en paix, envoya ses neveux Sigovèse & Bellovèse tenter la fortune dans des contrées éloignées & étrangères; il donna le plus grand éclat à cette expédition; il y invita ses sujets par une proclamation solennelle, les exhortant à se rassembler en nombre suffisant pour assurer le succès de leurs entreprises. En effet, Justin fait monter ce nombre à trois cent mille combattans. Le sort des augures fit entre les deux chefs le partage des pays qu'ils devoient conquérir; la Germanie échut à Sigovèse, & il alla établir les Boïens, qui formoient une grande partie de son armée, dans cette contrée de la forêt Hercinie, qui s'appela, de leur nom, la Bohême, dans la Moravie & les pays adjacens. Bellovèse, plus heureux, eut l'Italie en partage; il passe les Alpes : des Gaulois qui l'accompagnoient, les Sénonois & les Manceaux étoient les plus considérables en nombre & en puissance. ils s'établirent dans la Lombardie & dans une partie de ce qui compose aujourd'hui les Etats de Terre-Ferme de la république de Venise : de là ces Gaulois Sénonois qui prirent Rome dans la suite, & qui furent chassés par Camille.

*Atque hic auratis volitans argenteus anser*
*Porticibus, Gallos in limine adesse canebat.*
*Galli per dumos aderant arcemque tenebant*
*Defensi tenebris & dono noctis opaca;*
*Aurea cæsaries ollis atque aurea vestis,*

*Virgatis lucent sagulis, tum lactea colla*
*Auro innectuntur, duo quisque alpina coruscant*
*Gœsa manu, scutis protecti corpora longis.....*
*Aspice..... referentem signa Camillum.*

De là cette Gaule cisalpine, relativement aux Romains, & transalpine relativement à la grande Gaule sa métropole. Ce furent les Gaulois qui bâtirent la plupart des villes les plus célèbres de la Lombardie & de l'Etat de Venise, telles que Milan, Vérone, Padoue, Bresse, Côme, &c: Leur nom, comme habitans de l'Italie, s'est con-servé, non dans les contrées qu'ils occupoient, mais chez des peuples étrangers, tels que les Al-lemands & les Danois, qui appellent encore l'Italie d'un nom qui signifie le pays ou la terre des Gau-lois.

AMBROISE (SAINT); (*Hist. ecclés.*), docteur de l'Eglise, archevêque de Milan au quatrième siècle, étoit d'une famille distinguée; il comptoit parmi ses aïeux des consuls & des préfets. Son père avoit été gouverneur des Gaules, de l'An-gleterre, de l'Espagne, de l'Afrique. Il fut lui-même gouverneur de l'Emilie & de la Ligurie. Après la mort d'Auxence, évêque ou archevêque de Milan, il fut élu d'une voix unanime pour lui succéder, & il n'étoit encore que catéchumène; il fallut commencer par le baptiser, & lui con-férer ensuite les ordres; il fut sacré le 7 décem-bre 374. Les grands ennemis de l'Italie étoient alors les Ariens dans l'Eglise, les Goths dans la politique. Saint Ambroise résista constamment aux premiers: les ravages des seconds fournirent à son zèle & à sa charité de grandes occasions de se signaler. Pour racheter les captifs que les Goths avoient faits, il vendit les vases de son église: les Ariens lui en firent un crime, car toute action louable d'un ennemi est un crime; Dieu, répondit saint Ambroise, aime mieux qu'on lui conserve des ames que de l'or; mais le trait par lequel ce saint prélat est le plus célèbre, est la fermeté avec laquelle il crut devoir interdire l'entrée de son église à l'empereur Théodose, après le massacre de Thessalonique. (*Voyez dans le Dictionnaire l'article Théodose.*)

Saint Ambroise mourut la veille de Pâques de l'an 397, âgé de cinquante-sept ans. Saint Au-gustin se faisoit gloire d'être son disciple, & ce fut à sa prière que Paulin, prêtre de Milan, écrivit la vie de saint Ambroise. On a une édition de ses œuvres en deux volumes in-folio, donnée par les Bénédictins de la Congrégation de Saint-Maur, vers la fin du dix-septième siècle.

Saint Ambroise, comme presque tous les Pères de l'Eglise, a prêché la tolérance. Voici comment il s'explique ce sujet, dans son commentaire sur saint Luc, liv. 7, chap. 10.

*Apostolos misit ad seminandam fidem, qui non co-gerent, sed docerent, nec vim potestatis exercerent,*

*sed doctrinam humilitatis attollerent..... Cùm Apostoli ignem de cœlo petere vellent, ut consumeret Samari-tanos qui Jesum Dominum intrà civitatem suam recipere noluerunt, conversus increpavit illos, & ait:* Nescitis cujus spiritus estis: filius enim hominis non venit animas hominum perdere, sed sanare.

« Le Sauveur a envoyé les Apôtres pour répan-
» dre la foi, pour enseigner, non pour forcer les
» consciences; pour mettre en honneur la doc-
» trine de l'humilité, non pour exercer aucune
» puissance coactive..... Des Apôtres voulant faire
» descendre le feu du ciel pour consumer les Sa-
» maritains qui n'avoient pas voulu recevoir Jésus-
» Christ dans leur ville, Jésus se retournant vers
» ces Apôtres intolérans, les reprit, & leur dit:
» Vous ne savez pas à quel esprit vous êtes appelés.
» Le fils de l'homme n'est pas venu pour perdre les
» hommes, mais pour les sauver. »

Un autre Ambroise, nommé le Camaldule, parce qu'il l'étoit, & qu'il fut même Général de son ordre en 1431, appartient plus encore à l'His-toire littéraire qu'à l'Histoire ecclésiastique. Il figura cependant aux conciles de Bâle, de Fer-rare, de Florence, & dans un tems où l'on s'oc-cupoit beaucoup de la réunion de l'Eglise grecque & de l'Eglise latine. Il dressa un décret pour cette réunion. Il porta dans les lettres ce même esprit de paix & de concorde. Il fit ce qu'il put pour réconcilier Laurent Valle & le Pogge, dont les querelles atroces étoient le scandale de la littéra-ture (1); & n'ayant point réussi, car on ne récon-cilie point des savans que la jalousie divise, il témoi-gna faire fort peu de cas des savans qui n'avoient, disoit-il, ni la charité d'un chrétien, ni la politesse d'un homme de lettres. Mais où trouvoit-il de son tems des gens de lettres polis?

On a de lui une chronique du Mont-Cassin, des harangues, des lettres, &c. diverses traductions de livres grecs. Mort en 1439.

AMELOT. (*Hist. de Fr.*) C'est le nom d'une famille originaire d'Orléans, qui a produit un très-grand nombre de magistrats, maîtres des requê-tes, conseillers d'Etat, présidens au parlement, un président à mortier, un premier président de la cour des aides, plusieurs ministres, dont un étoit de l'Académie française, & honoraire de l'Académie des sciences; un autre est honoraire de l'Académie royale des inscriptions & belles-lettres; un archevêque de Tours, le marquis de Gournay (Michel Amelot), célèbre par ses am-bassades à Venise, en Portugal, en Suisse, enfin en Espagne, où ce fut un phénomène de le voir se maintenir depuis 1705 jusqu'en 1709. En effet, on avoit vu en moins de quatre ans, depuis 1701 jusqu'en 1705, le marquis, alors duc & depuis

_____

(1) *Voyez* leurs articles. Celui du Pogge est dans le Dictionnaire, celui de Laurent Valle se trouve dans ce Supplément.

maréchal d'Harcourt; le comte, depuis maréchal de Marfin ; le cardinal d'Etrées, l'abbé d'Etrées fon neveu, le duc de Grammont, enfin Amelot de Gournay, être fucceffivement ambaffadeurs de France en Efpagne : le dernier fut le feul qui fut plaire au Roi (Philippe V) & à la Reine, ne pas déplaire aux Efpagnols & vivre en bonne intelligence avec la princeffe des Urfins. Ce fut alors, plus que jamais, le cas de dire :

*Principibus placuiffe viris non ultima laus eft.*

Il fut encore envoyé à Rome en 1714, fans caractère, mais chargé d'une négociation fecrète. Sous la régence il fut admis au confeil des affaires étrangères, où il ne pouvoit qu'être très-utile. Il fut l'un des confeillers d'Etat qui affiftèrent, à Rheims, au facre de Louis XV le 25 octobre 1722. Il mourut à Paris le 21 juin 1724.

AMELOT, *Voyez* HOUSSAIE (de la) dans le Dictionnaire.

AMONTONS (GUILLAUME); (*Hift. litt. mod.*), de l'Académie des fciences, étoit né, en 1663, d'un avocat originaire de Normandie, depuis établi à Paris. Etant encore dans le cours de fes études, il devint fourd des fuites d'une maladie, & on affure, dit M. de Fontenelle, qu'il ne voulut jamais faire de remèdes pour fa furdité, foit qu'il défefpérât d'en guérir, foit qu'il fe trouvât bien de ce redoublement d'attention & de recueillement qu'elle lui procuroit, femblable en quelque chofe, ajoute-t-il, à cet ancien que l'on dit qui fe creva les yeux pour n'être pas diftrait dans fes méditations philofophiques.

M. Amontons apprit le deffin, l'arpentage, l'architecture, & devint furtout très-habile dans la mécanique. A vingt-quatre ans il préfenta un nouvel hygromètre à l'Académie des fciences, qui l'approuva & le vanta ; il propofa auffi différentes idées pour de nouveaux baromètres & thermomètres. Il donna, en 1695, le feul livre imprimé qu'on ait vu de lui ; il roule fur les mêmes matières ; il eft dédié à l'Académie des fciences ; il a pour titre : *Remarques & Expériences phyfiques fur la conftruction d'une nouvelle clepfydre, fur les baromètres, thermomètres & hygromètres.* Quoique les clepfydres ou horloges à eau aient été remplacées parmi nous par les horloges à roues, beaucoup plus juftes & plus commodes, la clepfydre de M. Amontons avoit un avantage particulier, même fur les autres horloges, c'eft que le mouvement le plus violent d'un vaiffeau ne la dérangeoit point, au lieu qu'il dérange infailliblement les autres horloges. Reçu dans l'Académie en 1699, il y donna une théorie des frottemens, qui éclaircit cette matière reftée jufqu'alors affez obfcure. Son nouveau thermomètre, fon baromètre rectifié, fon baromètre fans mercure à l'ufage de la mer, fes expériences fur la nature de l'air, oc-

cupent une très-grande place dans l'*Hiftoire de l'Académie des fciences.* Il avoit, furtout pour les expériences, un talent qui fait dire à M. de Fontenelle, qu'on croyoit voir revivre en lui M. Mariote.

Il étoit l'auteur d'une invention que M. de Fontenelle femble ne regarder que comme un jeu d'efprit, mais qui paraît cependant fufceptible d'une affez grande utilité, & qu'il eft peut-être étonnant qu'on n'ait pas cherché alors à perfectionner : c'étoit un moyen de faire annoncer une nouvelle plus tôt à une très-grande diftance, par exemple, de Paris à Rome, en très-peu de tems, en trois ou quatre heures, fans que la nouvelle fût fue dans tout l'efpace intermédiaire. C'étoit par le moyen de certains fignaux que fe tranfmettoient de divers poftes des gens qui les appercevoient de fort loin au moyen de lunettes de longue vue. La diftance des différens poftes étoit réglée par la plus grande portée des lunettes, & le nombre de ces poftes devoit être le moindre poffible ; & comme le fecond pofte faifoit les fignaux au troifième à mefure qu'il les voyoit faire au premier, & ainfi de fuite, la nouvelle étoit portée de Paris à Rome en prefqu'auffi peu de tems qu'il en falloit pour faire les fignaux à Paris ; & comme ces fignaux étoient pour ainfi dire autant de lettres d'un alphabeth, dont on n'avoit le chifre qu'à Paris & à Rome, rien n'étoit connu dans l'intervalle. L'expérience en fut faite deux fois fur une petite étendue de pays, une fois en préfence du Dauphin, Monfeigneur, fils de Louis XIV, & une autre fois en préfence de Madame, à le télégraphe.

M. Amontons mourut d'une inflammation d'entrailles, le 11 octobre 1705. Il étoit alors occupé d'inventions utiles fur l'imprimerie, fur les vaiffeaux, fur la charrue, qui paroiffent avoir été perdues à fa mort.

Le trait le plus marqué de fon caractère étoit une entière incapacité de fe faire valoir autrement que par fes ouvrages, & de faire fa cour autrement que par fon mérite, & par conféquent, dit M. de Fontenelle, une incapacité prefqu'entière de faire fortune.

AMRU ou AMROU. *Voyez* ALI dans le Dictionnaire.

AMULIUS. *Voyez* NUMITOR dans le Dictionnaire.

AMURAT. (*Hift. des Turcs.*) Les Turcs ont eu quatre Empereurs du nom d'*Amurat.* Tous quatre ont été guerriers & conquérans.

1°. Amurat, fils d'Orcan, auquel il fuccéda en 1360, fut un guerrier illuftre ; il eft diftingué en effet parmi les Empereurs turcs par ce titre d'*illuftre.* C'eft lui qui a formé la milice des Janiffaires, fi fouvent redoutable aux Sultans même. Il enleva aux Grecs, Gallipoli, Andrinople, &

presque toute la Thrace. Il soumit de même la Bulgarie & la Servie ; il remporta jusqu'à trente-sept victoires ; il périt dans la dernière , en 1389. Il se piquoit d'imiter Cyrus ; il fit des conquêtes comme lui , mais il ressembla peu d'ailleurs au Cyrus de Xénophon ; il n'eut ni clémence ni bonté. Son fils se révolta contre lui ; il lui fit crever les yeux , & exerça toutes sortes de cruautés sur les complices de la révolte de ce Prince.

2°. Amurat II , fils & successeur de Mahomet I, fut père de ce célèbre Mahomet II qui prit Constantinople en 1453. Amurat avoit aussi assiégé cette place en 1422 ; il y avoit employé du canon , & c'étoit la première fois que les Turcs en faisoient usage. Malgré cet avantage il fut obligé de lever le siége ; il leva aussi la même année celui de Belgrade , mais il prit d'assaut sur les Vénitiens la ville de Thessalonique. Les princes de Bosnie & d'Albanie furent contraints de lui payer tribut. Ce prince d'Albanie fut le père de Scanderberg. ( Voyez dans le Dictionnaire l'article Scanderberg , & ses guerres, & ses succès contre Amurat II. ) L'expédition la plus mémorable d'Amurat II fut celle de Hongrie , où il gagna , le 11 novembre 1444 , la bataille de Varnes contre le roi Ladislas. ( Voyez dans le Dictionnaire , sur cette expédition & ses suites, les articles Ladislas II & Cesarini ( Julien. ) ( Voyez aussi Huniade. ) Amurat avoit été prêt à prendre la fuite dès le commencement de la bataille : ses principaux officiers l'avoient forcé de rester & de vaincre, en le menaçant de le tuer. Il prit son parti , & à son tour il empêcha ses soldats de fuir dans un moment où il les voyoit ébranlés. Les Chrétiens avoient été déterminés à la bataille par le cardinal Julien Cesarini , au mépris d'un traité dont ils avoient solemnellement juré l'exécution sur l'Evangile. Amurat , au moment où les Turcs alloient plier, tira, dit-on , de son sein ce traité si indignement violé , & s'adressant au Dieu que les Chrétiens avoient pris pour garant : Jésus, s'écria-t-il , voici l'alliance que les Chrétiens ont jurée avec moi par ton nom. Si tu es Dieu , comme ils le disent , venge ton injure & la mienne. Ce mouvement, qui rappeloit l'infidélité des Chrétiens, eut un grand effet ; en réveillant l'indignation des Turcs , il redoubla leur courage , & ils vainquirent. Amurat eut aussi la gloire de vaincre Huniade , & dans cette bataille , & depuis encore dans d'autres rencontres ; mais il mourut, dit-on , de douleur des succès de Scanderberg ; ce fut en 1451 , dans sa soixante & quinzième année. Il avoit commencé à régner en 1421. Amurat I avoit établi les Janissaires ; Amurat II fit plus peut-être ; il les disciplina.

3°. Amurat III fit plus encore ; il sut les réprimer. Cette soldatesque séditieuse vint lui demander en tumulte la tête du grand-trésorier. Pour réponse il fondit sur eux le sabre à la main, en tua plusieurs , & fit rentrer les autres dans le devoir. Il étoit vaillant, cruel & débauché. Il avoit fait

étrangler ses frères. Il s'étendit d'un côté en Hongrie ; de l'autre en Perse , par la prise de Raab & de Tauris. Il avoit succédé en 1574 à Sélim II son père. Il mourut en 1595 , à cinquante ans.

4°. Amurat IV , surnommé l'Intrépide , épithète qui auroit bien convenu aussi au précédent , est celui qui prit Babylone en 1638 ; c'est l'Amurat de la tragédie de Bajazet. Sa politique à l'égard des Janissaires étoit d'employer leur valeur au dehors contre les ennemis de l'Etat, pour n'avoir rien à craindre de leur inquiétude dans l'intérieur de l'Empire ; c'étoit pour assurer le repos de Constantinople qu'il les menoit prendre Babylone. Racine dit même qu'Amurat avoit voulu retrancher la moitié du corps des Janissaires.

C'est en vain que, forçant ses soupçons ordinaires ,
Il se rend accessible à tous les Janissaires ;
Il se souvient toujours que son inimitié
Voulut de ce grand corps retrancher la moitié ,
Lorsque , pour affermir sa puissance nouvelle,
Il vouloit, disoit-il , sortir de leur tutelle.
Moi-même j'ai souvent entendu leurs discours :
Comme il les craint sans cesse, ils le craignent toujours.
Ses caresses n'ont point effacé cette injure.

Amurat IV eut pour ses frères la même rigueur qu'Amurat III avoit eue pour les siens. Il fit périr Orcan & Bajazet , & n'épargna Ibrahim que parce qu'il le jugea

Indigne également de vivre & de mourir.

Cet usage barbare d'immoler ses frères étoit pour ainsi dire consacré alors par la politique turque :

Tu fais de nos Sultans les rigueurs ordinaires.
Le frère rarement laisse jouir ses frères
De l'honneur dangereux d'être sorti d'un sang
Qui les a de trop près approchés de son rang.

L'influence d'Amurat au dehors se faisoit sentir jusque dans le Mogol, où il secouroit l'empereur Cha-Goan ou Schah-Géan , contre son fils Aurengzeb. Infidèle à la loi de Mahomet , qui en effet ne convenoit pas aux Turcs , maîtres de la Grèce & de tous les bons vins grecs, il mourut d'un excès de vin en 1640 , à trente-un ans. Il étoit monté sur le trône après Mustapha , en 1623.

ANGILBERT. ( Hist. de Fr ) On sait que Charlemagne avoit établi dans son palais une Académie, dont chacun des membres, selon un usage qui s'est conservé dans quelques Académies étrangères, prenoit un nom littéraire & académique, qui exprimoit, ou leurs goûts, ou leurs inclinations, ou le genre de leurs études, ou enfin leur caractère. Le nom d'Angilbert, dans cette Académie, étoit Homère, soit parce qu'il faisoit ses délices de la lecture de ce prince des poètes , soit parce qu'il faifoit lui-même des vers grecs. Le favant Alcuin, chargeant Angilbert qui étoit à Rome, de lui en rapporter des reliques, cite gaîment ce vers de l'*Art d'aimer* d'Ovide :

*Si nihil attuleris, ibis*, Homere, *foras*.

L'inftruction dont Charlemagne charge Angilbert pour le pape Léon III, eft adreffée à *Homère auri-culaire*, c'eft-à-dire, *confident*.

Angilbert étoit d'ailleurs l'homme le plus ai-mable de la cour de Charlemagne ; il le parut trop à la princeffe Berthe, fille de ce Monarque. On prétend que la tendreffe de Charlemagne pour fes filles nuifit à leur établiffement ; qu'il les aima plus pour lui que pour elles-mêmes, & qu'il eut fujet de s'en repentir. Berthe eut deux enfans d'Angil-bert ; favoir : Nitard, connu pour avoir écrit une partie de l'hiftoire de fon tems, & Arnide, dont on ignore la deftinée. On pourroit induire du récit de quelques hiftoriens, que Berthe, du con-fentement de fon père, avoit époufé fecrettement Angilbert ; d'autres ne parlent point de mariage ; d'autres difent clairement qu'il n'eut lieu qu'après qu'il eut été rendu néceffaire par la naiffance de ces enfans. Quoi qu'il en foit, Angilbert renonça dans la fuite au monde & à la faveur ; il fe fit moine, & fut abbé de Saint-Riquier. Un de fes fucceffeurs dans cette Abbaye, nommé Aufcher, qui, dans le douzième fiècle, a écrit la vie d'An-gilbert, prétend qu'Angilbert étoit déjà prêtre lorfqu'il époufa la princeffe Berthe ; ce qui n'em-pêcha pas Charlemagne de confentir à ce mariage. Ce trait n'eft pas auffi dépourvu de vraifemblance, que la décence des ufages actuels pourroit le faire croire. Les mariages des prêtres n'étoient pas rares alors, même dans l'Occident ; ce fut Charlemagne qui réforma cet ufage, comme un abus introduit à la faveur des guerres & de la licence ; mais il pouvoit en avoir profité pour réparer l'honneur de fa fille ; & lorfque les prêtres eurent été rap-pelés à la loi du célibat, Angilbert aura cru expier, & fes galanteries, & fes mariages en fe faifant moine. Ce fut en 790 qu'il embraffa l'état monaf-tique ; il mourut en 814. Charlemagne l'avoit fait gouverneur de toute la partie feptentrionale de la France maritime, depuis les bouches de l'Ef-caut jufqu'à l'embouchure de la Seine, &, en cou-ronnant roi d'Italie Pepin fon fecond fils, il lui avoit donné le même Angilbert pour principal miniftre. On trouve quelques poéfies d'Angilbert dans le recueil des hiftoriens de France, parmi les œuvres d'Alcuin, & dans le Spicilége. On a auffi l'hiftoire de fon monaftère de Saint-Riquier, qu'il avoit pris foin d'écrire.

ANGLURE ( *Hift. de France* ), petite ville de Champagne, fur la rivière d'Aube, un peu au deffus de la jonction de cette rivière avec la Seine, a donné fon nom à la Maifon d'Anglure. Il y avoit une ancienne Maifon d'Anglure, dont defcendoit

Helwide, dame d'Anglure, qui par fon mariage donna naiffance à une feconde Maifon d'Anglure. Les ancêtres d'Helwide avoient accompagné Go-defroy de Bouillon à la première croifade. Un autre d'Anglure alla auffi à la croifade contre Sa-ladin, & fut pris par ce héros de l'Orient. On attribue à ce d'Anglure une partie de la conduite fidelle & généreufe que M. de Voltaire donne à Néreftan dans *Zaïre* ; c'eft-à-dire, revenu en France fur fa parole pour y chercher fa rançon, & n'ayant pu fe la procurer parce qu'il n'avoit qu'un partage de cadet, il revint reprendre fes fers, & qu'on ne put pas dire avec vérité de lui non plus que de Néreftan, qu'il eût permis à fon courage

Des fermens indifcrets pour fortir d'efclavage.

Saladin étoit fait pour fentir tout ce qu'un tel procédé a de noble ; il fit ce qu'on fait faire à Orof-mane ; il renvoya fon prifonnier fans rançon, en exigeant feulement qu'il fît porter le nom de Sa-ladin à tous les aînés mâles qui defcendroient de lui. Cette condition étoit peu digne de la délica-teffe d'un héros tel que Saladin : c'étoit prefcrire la reconnoiffance & en prefcrire jufqu'à la forme. Je foupçonne qu'ici des hiftoriens fans délicateffe eux-mêmes, voyant que les d'Anglure, en mé-moire & par reconnoiffance de ce bienfait, avoient fouvent fait prendre à leurs enfans ce nom de Sa-ladin, ont penfé que c'étoit une condition qui leur avoit été impofée.

Quoi qu'il en foit, Helwide d'Anglure époufa Oger de Saint-Chéron, qui mourut en 1256, & ces Saint-Chéron prirent le nom & les armes d'An-glure, fans y joindre même celui de Saint-Chéron.

Deux petits-fils d'Oger de Saint-Chéron & d'Elwide, Oger II & Saladin d'Anglure, fer-virent le roi Philippe-le-Bel dans les guerres de Flandre.

Oger III, feigneur d'Anglure, rendit de grands fervices au roi Philippe de Valois, & fut un de fes quatre chevaliers d'honneur ou principaux chambellans ; il époufa Marguerite de Conflans, fille & héritière d'Euftache, feigneur d'Eftoges, chef du nom & armes des anciens feigneurs de Conflans, maréchaux héréditaires de Cham-pagne. Elle tenoit de fes ancêtres le titre d'avouée de Thérouenne, & ce titre fut porté de père en fils par toute fa defcendance. Dans la branche d'Eftoges, iffue d'elle auffi, Jacques d'Anglure, chevalier de l'Ordre du Roi, gouverneur d'Auxerre, fervit avec réputation contre les Huguenots aux batailles de Jarnac & de Moncontour, & dans toutes les guerres civiles & religieufes du feizième fiècle.

Antoinette d'Anglure fa fille unique époufa en 1571 Chrétien de Savigny, feigneur de Rofne, zélé ligueur, qui tenta en 1591 de porter du fe-cours à la ville de Noyon, affiégée par les Roya-liftes, & en 1592 à celle de Rouen, affiégée

par Henri IV lui-même. Il fut un des quatre maréchaux de France de la Ligue, nommés en 1593
par le duc de Mayenne ; c'étoient ce baron de
Rofne ; la Châtre, Bois-Dauphin & Saint-Paul,
& c'eft à leur fujet que Chanvallon dit au duc de
Mayenne, *qu'il faifoit des bâtards qui fe feroient
légitimer à fes dépens.* En effet, la Châtre &
Bois-Dauphin firent leur paix, & furent confirmés dans la dignité de maréchaux de France. Saint-
Paul, avant d'avoir pu traiter, fut tué dans une
émeute par le duc de Guife ; pour de Rofne, quand
il vit la chute de la Ligue, il s'attacha aux Efpagnols, & fit avec eux la guerre à Henri IV. Joint
avec le comte de Fuente en 1595, il prit le Catelet & la Capelle, & battit les Français devant
Dourlens. Toujours attaché aux Efpagnols, il fut
tué en 1593, au fiége de Hultz, en combattant
pour eux contre les Hollandais.

Charles, dit Saladin d'Anglure-de-Savigny, fils
du baron de Rofne & d'Antoinette d'Anglure, fut
fubftitué par Jacques d'Anglure fon aieul, aux
nom & armes d'Anglure, & toute leur defcendance joignit ce nom d'Anglure à celui de Savigny, & prit auffi conftamment le nom de
Saladin. Un petit-fils de Charles, nommé Claude-
François, mourut de bleffures reçues à la bataille
de Caffel.

Mais il reftoit d'autres branches de la Maifon
de Saint-Chéron d'Anglure.

Dans la branche de Givri, on trouve René
d'Anglure, capitaine de cent chevau-légers, chevalier de l'Ordre du Roi, tué en 1562 à la bataille
de Dreux.

Il eut pour fils unique Anne d'Anglure, baron
de Givri, furnommé *le brave guerrier.* Celui-ci
fut un des premiers à reconnoître Henri IV après
la mort de Henri III, & à le reconnoître fans
condition, &, comme dit d'Aubigné, fans *fi* & fans
*car.* Il fe trouva, en 1592, à ce périlleux combat
d'Aumale, & c'étoit là une de ces occafions qui
flattoient le plus fon courage. La même année
( tant le fort des armes & des réputations eft
inconftant ), on ne trouva pas qu'il eût affez bien
défendu Neufchâtel ; mais Neufchâtel, dit Pierre
Mathieu, pouvoit être forcé dans une heure. En
1594 il battit le duc de Mayenne, qui tentoit de
faire entrer du fecours dans la ville de Laon. Il
affifta peu de tems après à un grand combat livré
devant la même ville ; mais dans une autre occafion l'armée royale, qui affiégeoit Laon, penfa
être furprife par l'arrivée fubite d'une nouvelle
armée du duc de Mayenne, à la découverte de
laquelle Givri ayant été envoyé, affura que rien
ne paroiffoit en deçà de l'Oife : on lui reprocha
encore ce rapport, comme fait trop légérement
& d'après un examen un peu fuperficiel. Peu
de jours après il fut tué devant Laon, laiffant
les plus grands regrets au Roi & à l'armée. Il
avoit une grande connoiffance de la guerre &
une connoiffance égale des lettres.

Dans la branche des feigneurs de Bourlemont,
princes d'Amblife :

Africain d'Anglure fut tué en 1592, au fiége
de Beaumont en Argonne.

Ferdinand, chevalier de Malte, petit-fils d'Africain, mourut en 1624 dés bleffures qu'il avoit
reçues dans un combat des galères de Meffine
contre les Turcs.

Deux de fes frères, Chrétien Maphée, baron
de Bufanci, & Sébaftien, baron de Rimaucourt,
furent tués au fiége d'Arras en 1640.

Dans une branche ou rameau particulier des
comtes de Bourlemont, iffus de la branche précédente :

Deux fils de Nicolas d'Anglure, lieutenant-
général des armées du Roi, Henri, marquis de
Bourlemont, & Louis, colonel du régiment de
Bourlemont, furent tués du vivant de leur père,
le premier, au fiége de Valenciennes en 1677,
le fecond à la bataille de Confarbrick en 1675.

ANHALT ( *Hift. d'Allem.* ), Maifon fouveraine
d'Allemagne, dont la principauté, fituée dans la
Haute-Saxe, a pour capitale une petite ville de
ce nom, prefqu'entiérement ruinée. Cette Maifon
paffe pour une des plus anciennes, non-feulement de l'Allemagne, mais de toute l'Europe.
Les fables la font remonter jufqu'à Japhet ; mais
les fables, en matière de généalogie, prouvent
fouvent une antiquité immémoriale. On croit au
moins qu'elle defcend de Witikind, ce fameux
rival de Charlemagne. Elle a poffédé long-tems
l'électorat de Brandebourg.

Joachim Erneft, prince d'Anhalt, né le 20
octobre 1533, mort le 6 décembre 1586, étoit
refté feul héritier des grands biens de fa Maifon ;
c'eft de lui que defcendent tous les Princes de
ce nom.

Nous diftinguerons parmi eux Jean-Georges qui
forma la branche de Deffau, & dans cette même
branche Jean-Georges II fon petit-fils, prince
d'Anhalt-Deffau, lieutenant-général de l'électorat
de Brandebourg, & maréchal-de-camp-général,
né le 6 novembre 1627, mort le 17 août 1693.

Léopold fon fils, prince d'Anhalt-Deffau,
lieutenant héréditaire de l'électorat de Brandebourg, qui eut l'honneur de faire la guerre contre
Charles XII, & de commander lorfque l'île de
Rugen fut prife en 1715, le 17 novembre, fur
ce conquérant.

Guillaume-Guftave, fils de Léopold, major-
général, puis lieutenant-général des armées du
roi de Pruffe, électeur de Brandebourg.

Dans la branche d'Anhalt-Bernbourg, Chriftiern, né le 11 mai 1578. Il s'attacha conftamment au malheureux Frédéric, électeur palatin,
élu roi de Bohême ; il fut gouverneur-général
du Haut-Palatinat pendant les troubles de Bohême & du Palatinat, qui furent la fuite de
cette nomination de Frédéric à la couronne de

Bohême ; Chriftiern fut un des plus ardens promoteurs de la Ligue proteftante d'Allemagne ; ce qui le fit profcrire en 1621, par l'empereur Ferdinand II, qui le rétablit peu de tems après. Mort en 1630.

Chriftiern II, fils du précédent, fut bleffé & fait prifonnier à la bataille de Prague, livrée le 8 novembre 1621, & qui affermit la puiffance de l'empereur Ferdinand II, fur la ruine de la Ligue proteftante & du parti de Frédéric.

Erneft, fils de Chriftiern I, & frère de Chriftiern II, mourut en 1632, des bleffures qu'il avoit reçues à la bataille de Lützen.

Jean-Georges, petit-fils de Chriftiern II, mourut en 1691, de fept bleffures reçues au combat de Leuze, où il fervoit les Etats-Généraux.

Frédéric-Guillaume, neveu de Jean-Georges, fut bleffé au fameux combat de Denain en 1712.

Un autre prince d'Anhalt-Bernbourg, major-général d'un régiment impérial, fut tué dans une rencontre devant Palerme en Sicile, le 29 avril 1720.

Dans la branche d'Anhalt-Koten, Louis, prince d'Anhalt, né le 17 juillet 1579, mort le 7 janvier 1650, fut le fondateur d'une Académie qu'on appelle *la Compagnie fructifiante*. Il feroit bien aifé de prouver que c'eft le titre qui a toujours le mieux convenu aux Académies, même purement littéraires.

Un prince de la Maifon d'Anhalt, nommé Georges, né le 14 juin 1507, appartient à l'Hiftoire littéraire & à celle du lutheranifme. Il étoit favant dans les langues, dans la jurifprudence, dans la théologie ; il fut principal miniftre du cardinal Albert de Brandebourg, électeur de Mayence. Ayant adopté les opinions de Luther, il fut nommé, en 1545, furintendant de leurs églifes, dans le diocèfe de Mersburg en Mifnie. Il eft auteur de plufieurs ouvrages pour la défenfe de fa fecte. Mort le 17 octobre 1553.

De la même Maifon d'Anhalt eft Catherine Alexiowna, deuxième Impératrice & Autocratrice de toutes les Ruffies, née le 2 mai 1729, mariée le 1er. feptembre 1745 à Charles-Pierre Ulrie, duc de Holftein-Gottorp, qui fut depuis l'Empereur de Ruffie, Pierre III ; elle monta fur le trône avec lui le 28 juin 1762, devint veuve le 28 juillet fuivant, fut couronnée à Mofcou le 3 octobre 1762, & régnoit encore en 1789.

ANNEBAUT (L'AMIRAL D'). (*Hift. de Fr.*) Après les célèbres difgraces du connétable de Montmorenci, de l'amiral de Chabot, du chancelier Poyet & du cardinal de Lorraine, fous François I, d'Annebaut fe trouva feul à la tête des affaires avec le cardinal de Tournon, hommes d'un génie ordinaire, mais fujets zélés & bons citoyens. D'Annebaut avoit commencé à fe diftinguer dans la guerre de 1521. Ses exploits dans la guerre de 1536 l'élevèrent au premier rang parmi les capitaines & les chevaliers français : pareil à cet Empereur romain qu'on eût toujours cru digne de l'Empire s'il ne l'eût pas obtenu, d'Annebaut feroit compté parmi les Bayard, les Vandenefle & les Pontdormi fi, comme eux, il n'eût pas commandé. Il porta dans le miniftère une grande probité, un défintéreffement rare & quelques talens.

Le nouveau miniftère voulut fe diftinguer par un nouveau plan. La troifième & dernière guerre de François I contre Charles-Quint commençoit alors, & fe dirigeoit naturellement vers le Piémont & le Milanez : on dérangea ce fyftème, & on porta le fort de la guerre vers le Rouffillon & le Luxembourg. Le Dauphin, qui fut depuis le roi Henri II, alla commander en Rouffillon avec d'Annebaut : on s'attacha au fiége de Perpignan, qu'on fut obligé de lever : on en revint à l'ancien fyftème, & les troupes qui avoient échoué devant Perpignan furent envoyées en Piémont, fous la conduite du même d'Annebaut (1542). Il paroît par les mémoires du Bellay, qui commandoient alors dans le Piémont, que cette arrivée de d'Annebaut ne leur plut point ; elle leur ôtoit le commandement. D'Annebaut, de fon côté, voulant tout faire par lui-même, n'eut peut-être pas affez d'égard pour leurs avis. Les du Bellay, dans leurs mémoires, lui imputent d'avoir manqué volontairement diverfes expéditions importantes propofées par Langey, & dont le fuccès, difent-ils, étoit infaillible. Langey mourut en allant en France fe plaindre de d'Annebaut. (*Voyez* dans le Dictionnaire l'article *Bellay* (du). Martin du Bellay, frère de Langey, alla joindre d'Annebaut devant Coni, que ce général affiégeoit. Ce fiége, entrepris trop tard, fut d'ailleurs affez mal conduit, fi l'on s'en rapporte à Martin du Bellay, qui n'eft nullement favorable à d'Annebaut. Ce qu'il y a de certain, c'eft que d'Annebaut fut obligé de le lever après un affaut où il perdit beaucoup de monde, & même plufieurs officiers diftingués. Ce fut par cette malheureufe expédition que d'Annebaut termina la campagne en Italie, comme il l'avoit terminée dans le Rouffillon, par la levée du fiége de Perpignan ; il s'étoit feulement emparé, dans le Piémont, de quelques petites places que les Impériaux avoient abandonnées entre le Pô & le Tanaro.

Son paffage en France tint lieu d'une expédition malheureufe par le ravage des lavanges, qui enfévelirent fous les neiges plufieurs des gens de la fuite de d'Annebaut, entr'autres un jeune gentilhomme nommé Carrouge, nom célèbre par le duel de le Gris & de Carrouge, fous Charles VI. Parmi ceux qui ne périrent pas, les uns, plus malheureux, perdirent la vue ; les autres eurent les pieds gelés : la plupart s'égarèrent dans les montagnes, pénétrés par la neige, tranfis de froid, mourans de faim ; d'Annebaut lui-même ne dut fon falut qu'aux fecours de quelques payfans qui le recueillirent dans leur cabane.

En 1543, l'amiral d'Annebaut fit la guerre dans le Hainaut; il fit inveftir Avefne, & bientôt il l'abandonna. Du Bellay paroît perfuadé qu'on auroit pu prendre Avefne d'affaut; & il ne conçoit pas ce qui engagea l'amiral à changer ainfi de projet. Il fe plaint encore du peu d'attention que fit l'amiral à un avis utile qu'il lui donna au fujet de Landrecies : du Bellay fe reffouvint que, lorfqu'en 1521 Charles, duc de Vendôme, avoit voulu attaquer cette place, les habitans y avoient mis le feu & s'étoient réfugiés dans la forêt de Mormaux, qui étoit dans leur voifinage. Du Bellay favoit que l'intention du Roi étoit de fortifier Landrecies quand on l'auroit pris : il falloit donc empêcher qu'il ne fût brûlé. Un moyen de l'empêcher étoit d'enlever aux habitans l'afile de la forêt de Mormaux. Du Bellay pofta en conféquence un détachement au-delà de la Sambre, entre Landrecies & cette forêt; mais ce détachement étant trop foible, il envoya demander du renfort à l'amiral, qui non-feulement le refufa, mais encore rappela le détachement de du Bellay du pofte où celui-ci l'avoit placé. Ce que du Bellay avoit prévu arriva : les habitans de Landrecies mirent le feu partout, & fe fauvèrent, comme en 1521, dans la forêt de Mormaux : il n'y eut guère que l'églife qui fut préfervée des flammes; & du Bellay obferve que les provifions qui furent réduites en cendres, auroient fuffi pendant une année entière à la fubfiftance d'une nombreufe garnifon.

Le Dauphin & l'Amiral, qui s'étoient attachés, par l'ordre du Roi, au fiége de Binche, eurent encore le défagrément de le lever. Le Roi, après avoir pris Luxembourg, détacha l'amiral d'Annebaut avec un corps d'armée pour porter fecours au duc de Clèves fon allié, qui, opprimé par l'Empereur, chaffé du Brabant, dépouillé d'une grande partie des duchés de Gueldre & de Juliers, fut obligé de faire fon accommodement & de fubir le joug prefqu'à la vue du fecours qu'on lui amenoit pour prévenir cette honte.

Les Impériaux ayant voulu reprendre Landrecies, qu'on avoit réparé & fortifié, l'amiral d'Annebaut fut profiter avec adreffe d'un mouvement de leur armée, qui laiffa libre une des avenues de la place; il s'y introduifit & en rafraîchit la garnifon; ce qui obligea les Impériaux d'en lever le fiége; il fe comporta bien auffi dans différentes efcarmouches qu'il y eut autour de cette place, & dans une retraite affez difficile qu'il fallut faire devant les ennemis.

En 1544, l'amiral commandoit contre l'Empereur en Champagne, & toujours fous le Dauphin; mais le Dauphin ne l'aimoit point, & regrettoit toujours le connétable de Montmorenci. Des officiers qui regrettoient auffi Montmorenci, parce qu'ils avoient vaincu fous lui; des courtifans qui haïffoient d'Annebaut à caufe de fa puiffance,

s'unirent avec le Dauphin pour faire une efpèce de violence à François I en faveur du connétable. Le Dauphin ofa le redemander au Roi comme fon maître dans l'art de la guerre, d'ailleurs comme un homme néceffaire à l'Etat, & des confeils duquel il avoit befoin dans cette guerre difficile. Le Roi, foit haine pour le connétable, foit amitié pour d'Annebaut, qui en étoit digne, foit jaloufie de gouvernement, trouva très-mauvais que fon fils voulût lui choifir fes miniftres & fes généraux; il refufa durement, s'emporta contre fon fils & contre ceux qu'il foupçonna de lui avoir fuggéré cette démarche.

Il y eut cette même année des négociations & des conférences pour la paix, que la prife de Saint-Dizier & les autres fuccès de Charles-Quint dans la Champagne rendoient très-néceffaire à la France. Les députés pour les conférences furent, de la part du Roi, l'amiral d'Annebaut & le garde des fceaux, Erault de Chemans. La paix fut conclue à Crefpy en Laonnois, le 18 feptembre 1544; mais la guerre continua contre le roi d'Angleterre Henri VIII, qui s'étoit joint à l'Empereur pour accabler les Français, & qui avoit pris Boulogne & affiégé Montreuil.

En 1545, ce fut du côté de la mer que la France porta fes principaux efforts : on réfolut d'aller chercher la flotte anglaife, de lui livrer bataille, de faire même une defcente en Angleterre. D'Annebaut commanda en qualité d'Amiral, titre qui depuis long-tems n'entraînoit guère de fonctions. En effet, on voit fous le règne de François I tous les amiraux commander des armées de terre; d'Annebaut feul en commanda une de mer cette feule année. Vingt-cinq galères, commandées par le baron de la Garde (voyez fon article dans le Dictionnaire), fe joignirent à la flotte d'Annebaut. Ce fut la feconde fois qu'on vit des galères ofer traverfer le détroit de Gibraltar & s'engager dans l'Océan, & ce fut la première fois qu'on en vit un fi grand nombre. En 1512, fous le règne précédent, Prégent de Bidoux y avoit mené quatre galères feulement, & cette entreprife avoit paru téméraire. Les Anglais avoient des ramberges, efpèces de vaiffeaux à voiles & à rames, plus longs, plus étroits, plus propres à fendre les flots que les autres, & dont la viteffe égaloit ou furpaffoit celle des galères les plus agiles.

La flotte françaife arriva le 18 juillet devant l'île de Wight : l'armée navale d'Angleterre étoit raffemblée à Portfmouth : le baron de la Garde l'alla reconnoître avec quatre galères; il s'avança jufqu'à l'entrée du canal qui fépare l'île du continent, & fur les bords duquel Portfmouth eft bâti. Quatorze vaiffeaux anglais fortirent à l'inftant du port pour environner les galères, qui n'eurent que le tems de fe retirer en forçant de voiles & de rames. Bientôt toute la flotte anglaife fe préfenta hors du canal; c'étoit ce que d'Annebaut demandoit : il s'avança auffi avec toute fa flotte; mais on ne fit que fe canonner de part & d'autre : les Anglais rentrèrent dans le canal. Le lendemain, l'amiral d'Annebaut rangea toute fon armée navale en bataille : il la divifa en trois efcadres, & fe mit à celle du centre ; il envoya fes galères canonner la flotte angloife, pour l'obliger à fortir du canal : cette canonnade fut fi vive & fi heureufe, qu'elle coula à-fond un des plus grands vaiffeaux de la flotte angloife, dont il ne fe fauva que trente-cinq hommes de cinq à fix cents dont il étoit monté. Le vaiffeau amiral fut auffi en danger de périr. Les Anglais détachèrent leurs ramberges pour donner la chaffe aux galères françaifes, & d'Annebaut s'avança pour repouffer les ramberges ; mais elles fe hâtèrent de rentrer dans le canal.

L'amiral français, voyant l'obftination des Anglais à refufer le combat, tenta une autre voie pour les arracher du canal : ce fut de faire une defcente. Henri VIII s'étoit avancé jufqu'à Portfmouth ; d'Annebaut crut qu'il ne laifferoit pas faire cette defcente fous fes yeux, fans envoyer fa flotte pour l'en empêcher. On fit donc la defcente, & on la fit en trois endroits différens, pour obliger les Anglais à divifer leurs forces : les troupes répandues fur les côtes les défendirent foiblement, & efcarmouchèrent plutôt qu'elles ne combattirent ; mais la flotte refta inébranlable dans fa rade. L'amiral avoit le plus grand defir de fe diftinguer par une victoire navale, efpèce d'exploit fur lequel il n'auroit point eu de rival fous ce règne parmi les généraux français ; mais il fut obligé de fe rendre aux raifons par lefquelles les pilotes & les capitaines de vaiffeaux appuyèrent prefqu'unanimement l'avis de ramener la flotte en France. On regagna le Boulenois, & l'on prit terre au Portet, près de Boulogne. L'amiral, en arrivant, jeta quatre mille foldats & trois mille pionniers dans un fort que l'on bâtiffoit autour de Boulogne, pour commander le port & empêcher le fecours qui pourroient entrer du côté de la mer dans cette place que François I fe propofoit d'affiéger.

La flotte s'étant rafraîchie au Portet, fe remit en mer pour obferver celle des Anglais ; mais à peine avoit-on quitté le rivage, qu'une tempête obligea les vaiffeaux français de relâcher fur ces mêmes côtes d'Angleterre dont ils venoient de s'éloigner. L'amiral ne cherchoit plus tant alors la flotte angloife ; celle-ci s'étoit confidérablement renforcée ; la flotte françaife s'étoit dégarnie de foldats aux environs de Boulogne, & avoit auffi des vaiffeaux de moins : les Anglais, maîtres de tous les ports, ne perdoient point de vue les vaiffeaux français, & attendoient feulement que la tempête les difperfât pour les attaquer avec avantage. Il n'y avoit que le retour du calme qui pût rétablir l'égalité, en donnant à la flotte françaife le loifir de fe développer toute entière en pleine mer : ce calme revint, & alors d'Annebaut remit à la voile fans defirer ni craindre la rencontre de la flotte angloife : les deux flottes fe trouvèrent

en préfence au point du jour. Les Anglais parurent long-tems vouloir engager le combat ; mais ils reftoient toujours à portée de leurs ports, & voyant que la flotte françaife avoit le deffus du vent, ils commencèrent à faire voile vers l'île de Wight : ils firent leur retraite en bon ordre ; mais la canonnade fut très-vive, & dura bien avant dans la nuit. On s'apperçut le lendemain qu'elle n'avoit pas été fans effet ; la flotte angloife avoit difparu, mais on voyoit flotter fur les eaux beaucoup de cadavres & de débris de navires : les galères françaifes n'avoient prefque point fouffert du feu de l'artillerie ennemie ; leur peu de hauteur les garantiffoit ; les coups de canon paffoient par-deffus. La flotte françaife fut ramenée au Hâvre ; ce fut là le terme de cette expédition maritime.

La paix fut conclue cette même année 1545, & ce fut encore, de la part de François I, par l'amiral d'Annebaut, affifté de Raymond, premier préfident du parlement de Rouen.

La mort du duc d'Orléans, dernier fils de François I, arrivée le 8 feptembre 1545, changeant entièrement le point de vue politique relativement au Milanez, qui avoit été cédé à ce Prince par le traité de Crefpy, ce fut encore l'amiral d'Annebaut qui fut envoyé avec le chancelier Olivier à l'Empereur, pour lui propofer un nouveau traité qui pût tenir lieu de celui de Crefpy, devenu fans objet.

François I, dans fon teftament, rendit à l'amiral d'Annebaut le témoignage le plus flatteur ; il fit plus que de vanter ce miniftre, il le récompenfa : le généreux d'Annebaut s'étoit appauvri dans le commandement des armées & dans le miniftère : le Roi, par fon teftament, lui donna cent mille livres, fomme confidérable pour le tems : préfent ineftimable, dit M. de Thou, fi l'on confidère la main qui le fit & le motif qui le fit faire. Auffitôt après la mort de François I, & contre le confeil exprès qu'il avoit donné en mourant à Henri II, Montmorenci fut rappelé, & mis avec les Guifes à la tête des affaires. L'amiral d'Annebaut & le cardinal de Tournon furent exclus du confeil. L'amiral étoit auffi maréchal de France ; il mourut à la Fère en Picardie, le 2 novembre 1552. Jean fon fils, baron d'Annebaut, fe diftingua, en 1544, à la bataille de Cérifoles ; au fiége de Foffan il tomba de cheval, & eut l'épaule rompue ; à la bataille de Dreux, en 1562, il reçut des bleffures dont il mourut.

Le cardinal d'Annebaut (Jacques), évêque de Lizieux, mort à Rouen l'an 1558, étoit frère de l'amiral & oncle de Jean.

ANVILLE (D'). (Hift. litt. mod.) Le géographe Jean-Baptifte Bourguignon d'Anville naquit à Paris le 11 juillet 1697. Il deffinoit dans fes claffes la carte des pays décrits par les auteurs anciens qu'il étudioit. L'éloge de ce géographe, le plus favant qui ait jamais paru, quoiqu'il n'ait pas fait peut-être d'auſſi importantes réformes que Guillaume de l'Iſle, parce qu'il les a trouvées toutes faites, cet éloge eſt le premier qui ait été prononcé dans l'Académie des belles lettres par ſon dernier ſecrétaire, dont il annonça très-avantageuſement les talens pour ſa nouvelle place. « Les anciens, dit cet historien de l'Académie, » inſpirèrent à M. d'Anville pour la géographie » ancienne un amour de préférence qu'il a con- » ſervé juſqu'à la fin de ſa vie, ſoit par ce charme » inexprimable qui nous ramène toujours vers les » objets auxquels notre ame doit ſes premières » jouiſſances, ſoit parce qu'elle lui paroiſſoit em- » prunter quelque choſe de la majeſté impoſante » des peuples dont elle éclaire l'hiſtoire..... Il eſ- » ſavoit de ſuivre les Phéniciens dans leurs navi- » gations, & d'en deviner le ſecret ; il cherchoit » à reconnoître la trace de ceux qui, par l'ordre » de Néchos, partirent de la Mer-Rouge, firent » le tour de l'Afrique, & retournèrent en Egypte » par la Méditerranée, après trois ans de naviga- » tion. Il partoit de Carthage avec Hannon, & » côtoyoit l'Afrique en ſens contraire, juſqu'au » cap des Trois-Pointes. Il viſitoit avec Scylax les » pays & les établiſſemens ſitués ſur une partie » des côtes de l'Europe, de l'Aſie & de l'Afri- » que ; il accompagnoit Hérodote dans ſes voyages » en Grèce, en Italie, en Egypte ; en Aſie ; il » pénétroit au-delà de l'Indus avec Alexandre. Il » ſuivit les Romains dans leurs conquêtes, & leur » ſavoit preſque gré d'avoir ſubjugué le monde » qu'ils lui faiſoient connoître. »

L'énumération des différentes cartes & des divers ouvrages géographiques de M. d'Anville nous menèroit trop loin : on connoît ſa géographie ancienne, rapprochée de la moderne : ſon utilité l'a miſe entre les mains de tout le monde.

La géographie ſeule exiſtoit dans le monde pour M. d'Anville. « En liſant les plus ſublimes écrits, » il fermoit les yeux à tout ce qui ne concernoit » pas la géographie : il s'étoit condamné à ne voir » dans Homère & dans Virgile que des noms & » des poſitions de peuples & de villes. »

*Quiique Rufas Butulumque tenent atque arva*
*Cetenne, &c.*

Il ſe rapprochoit aſſez du goût de l'abbé de Longuerue ſon maître, qui diſoit « qu'avec le » recueil des antiquités & des ſentences tirées » d'Homère, on pouvoit très-bien ſe paſſer de » l'Iliade & de l'Odiſſée..... On ſeroit tenté de » plaindre une pareille inſenſibilité, ſi on connoiſ- » ſoit moins les plaiſirs vifs que procure la dé- » couverte d'une vérité à ces hommes utiles qui » ſont animés de la noble ambition d'ajouter à la » maſſe des connoiſſances humaines & d'en recu- » ler les limites. »

M. d'Anville avoit un amour-propre naïf qu'il montroit à tout le monde ſans offenſer perſonne, & qui avoit chez lui des modifications & des ex-

cuſes qu'il n'a pas chez le commun des hommes. « En parcourant ſans ceſſe la terre, il s'étoit en » quelque façon approprié les lieux dont il avoit » rigoureuſement déterminé la poſition. Il con- » temploit avec complaiſance ces membres épars » de ſon Empire ; & comme ſes prétentions lui » paroiſſoient fondées ſur des autorités reſpecta- » bles, il voyoit avec peine qu'on oſat les con- » teſter, ſurtout quand il s'agiſſoit de quelque » point de la géographie ancienne, qu'il croyoit » avoir plus invariablement fixée, & dont il s'étoit » réſervé plus ſpécialement la poſſeſſion : la criti- » que lui paroiſſoit alors une eſpèce de ſacrilége » contre l'objet même de ſon culte ; & tranſporté » d'une colère religieuſe, il s'écrioit quelquefois : » *On profane toute l'antiquité.....* On l'entendoit » vanter la perfection de ſes ouvrages, & dire de » la géographie ce qu'Auguſte diſoit de Rome : » *Je l'ai trouvée de brique, & je la laiſſe d'or.....* Cet » enthouſiaſme, qui eût ſans doute été ridiculé » dans un homme médiocre, étoit bien excuſable » dans un vieillard qui n'avoit penſé, qui n'avoit » vécu que pour la géographie, & à qui la douce » habitude d'être applaudi avoit dû donner une » grande idée de ſes talens. On peut dire même » que cet enthouſiaſme étoit reſpectable par les » grands effets qu'il a produits. Sans ce reſſort » puiſſant qui faiſoit agir M. d'Anville, nous ſe- » rions vraiſemblablement privés d'un grand nom- » bre d'excellens ouvrages, & la géographie ſeroit » encore dans l'état où il l'avoit trouvée. »

Cette dernière raiſon eſt ſi forte, qu'elle couvre & excuſe tout, & qu'elle entraîne le lecteur, quoique toujours prévenu contre les palliatifs & les précautions oratoires.

M. d'Anville perdit ſa femme après cinquante ans de mariage, & l'état où il étoit alors ne lui permit pas de ſentir cette perte. « Heureux alors » que la privation des facultés de ſon ame lui ait » épargné le ſentiment de cette affreuſe ſépa- » ration ! Il eſt du moins deſcendu doucement au » tombeau : la douleur l'y auroit précipité. »

Il eſt mort en 1782. Nous devons ajouter ici, pour l'intérêt de la vérité, que, pour prendre quelqu'inſtruction dans ſes très-ſavans ouvrages, on a un terrible ſtyle à dévorer.

ARMINIUS (SEGESTES, FLAVIUS, INGUIOMER), le premier, beau-père ; le ſecond, frère ; le troiſième, oncle d'Arminius. ( *Hiſtoire rom. &* *german.* ) Ce roi ou général des Chéruſques, dont nous n'avons dit qu'un mot dans le Dictionbaire, mérite d'avoir ici un article plus étendu. La fameuſe victoire qu'il remporta ſur Varus l'an 10 de J. C. ne fut pas l'ouvrage de la ſeule valeur ; elle fut encore moins l'ouvrage du haſard. Arminius l'avoit préparée par beaucoup d'adreſſe, par une grande connoiſſance & du local & de la diſ- poſition des eſprits qu'il avoit lui-même en partie formée. Élevé à Rome, où Tibère, faiſant la guerre en Germanie cinq ans auparavant, l'avoit envoyé, il s'y étoit inftruit à fond dans l'art militaire; & la nature lui ayant donné un grand courage, un efprit remuant & altier, un caractère propre à former & à exécuter de nobles entreprifes, il vint employer toutes ces reffources en faveur de fa patrie. Son plan, pour attirer les Romains dans le piége, fut de faire révolter contr'eux les cantons de la Germanie les plus éloignés, & de retenir les plus voifins dans une foumiffion apparente. Les Romains, comptant fur les difpofitions de ceux-ci, s'engagèrent fans crainte au milieu d'eux; leur marche fut refpectée comme celle d'un peuple ami & dominateur; nul trouble, nul obftacle à leur paffage; mais quand ils approchèrent des cantons révoltés, ceux-ci leur oppofèrent toutes fortes d'obftacles, embarraffant les chemins dans les forêts par des arbres coupés & renverfés, fatiguant l'armée romaine par des charges irrégulières de pelotons fugitifs qui difparoiffoient auffitôt pour recharger d'un autre côté. Dans le même moment tous les cantons réputés fidèles levèrent le mafque, fe joignirent aux autres, & les Romains fe virent de toutes parts environnés d'ennemis; ce fut dans la forêt de Teuteberg que fe livra cette bataille fi funefte aux Romains, où Varus fe tua de défefpoir, où Augufte perdit fes légions, que dans fa douleur il redemandoit en vain aux mânes de cet infortuné général. Ce Quintilius Varus s'étoit mal comporté dans fon gouvernement; il avoit voulu changer & contrarier les mœurs des Germains; il avoit introduit parmi eux la chicane & des formes de juftice qui leur étoient ou inconnues ou odieufes, & qui devenoient pour fon avarice un moyen de tirer d'eux ou des préfens ou des amendes; il les forçoit de venir plaider devant fon tribunal par le miniftère des avocats; c'étoit encore les affujettir à un nouvel impôt; auffi fut-ce principalement contre les avocats que leur fureur fe tourna au jour de la vengeance; ils les mutiloient horriblement, leur coupoient les mains, les lèvres, le nez; leur arrachoient la langue, les yeux, les oreilles; enfin, *vipère, ceffe de fiffler !* difoit un de ces barbares en tenant dans fa main la langue d'un de ces avocats romains; ils firent d'ailleurs toutes fortes d'outrages aux vaincus, tant morts que vivans, ils expofèrent les têtes des premiers fur des arbres, & ils choififfoient parmi leurs prifonniers les plus nobles & les plus élevés en dignité pour les envoyer garder les vaches & les pourceaux. On croit qu'après cette bataille, les Germains auroient pu conquérir les Gaules s'ils les avoient attaquées, mais ils aimèrent mieux achever de chaffer les Romains des forts que ceux-ci tenoient encore dans la Germanie; ce qui donna le tems à Augufte d'y envoyer Tibère, qui fe contenta d'avoir provoqué Arminius fans l'avoir combattu, & après Tibère Germanicus, à qui étoit réfervée la gloire d'être le vengeur de Varus.

Cette gloire fut d'autant plus grande qu'il avoit à combattre la jaloufie de Tibère, qui ne fouhaitoit pas que fon neveu eût de plus grands fuccès dans ce pays-là qu'il n'en avoit eu lui-même, & qui en général ne fouhaitoit point de fuccès à fes parens ni à fes généraux. Germanicus ne fongea qu'à vaincre, qu'à fervir la patrie, fans s'embarraffer des chagrins jaloux de fon oncle, fans paroître les appercevoir. Toujours actif, vaillant & fidèle, il paffe le Rhin: fon premier exploit fut de furprendre les Marfes, peuple de la ligue d'Arminius, au milieu d'une fête qu'ils donnoient pendant la nuit, & où fe trouvoient la plupart des Princes & des nobles du pays, pour qui toute fête dégénéroit en partie de débauche. La débauche les lui livra fans défenfe; le foldat romain en fit un grand carnage. Cependant les peuples voifins engagés dans la même ligue, les Bructères, les Tubantes, les Ufipiens, entendirent les cris de ceux qu'on égorgeoit; ils virent les flammes qui ravageoient le quartier des Marfes; ils virent tomber ce célèbre temple de Tonfana, divinité tutélaire du pays; ils attendirent le vainqueur à fon paffage dans les forêts, & l'inquiétèrent dans fa marche; mais Germanicus, à force de valeur & d'adreffe, triompha de ces obftacles. Il marche contre les Cattes, peuplade divifée alors en deux factions, dont l'une tenoit pour Arminius, l'autre pour Segeftes fon beau-père, qui l'étoit devenu malgré lui; Segeftes deftinoit fa fille à un autre époux. Arminius, fûr d'en être aimé, l'avoit enlevée. La confpiration générale des peuples germains avoit cependant entraîné Segeftes dans cette expédition de la forêt de Teuteberg, où Varus avoit péri; mais il n'en étoit pas moins l'ennemi déclaré d'Arminius, & le partifan fecret des Romains ou du moins de la paix. Les Cattes, furpris à peu près comme l'avoient été les Marfes, furent auffi taillés en pièces: ce ne fut qu'un carnage auffi facile qu'affreux. Cependant des ambaffadeurs de Segeftes, à la tête defquels étoit Segimond fon fils, vinrent implorer le fecours des Romains contre Arminius, qui tenoit Segeftes affiégé; Germanicus ne fe fiant point à la foi de ces peuples barbares, ni de leurs Princes, & fachant que Segimond avoit fuivi fon père à cette bataille de la forêt de Teuteberg, & qu'il avoit même alors montré du zèle contre les Romains, commença par s'affurer de fa perfonne, & par l'envoyer fous une fûre garde dans la Gaule belgique; il marcha enfuite au fecours de Segeftes, parce que c'étoit combattre Arminius, & il délivra Segeftes, mais il le tint à fa fuite avec fa fille, femme d'Arminius, & qui étoit entièrement dans les intérêts de fon mari.

La même divifion qui fe trouvoit dans diverfes nations germaniques, attachées, les unes au parti des Romains, les autres à la ligue d'Arminius, fe retrouvoit dans la famille d'Arminius: outre Segeftes, fon beau-père & fon plus grand ennemi,

E

mais qui dans ce fentiment étoit défavoué par fa fille, Flavius, propre frère d'Arminius, fe piquoit d'être fidèle aux Romains; mais Arminius en étoit dédommagé par Inguiomer fon oncle, qui ne s'attachoit qu'à lui. Arminius, plus irrité encore contre les Romains par l'efpèce de captivité de fa femme, & par l'affront qu'il avoit effuyé dans fon expédition contre Segeftes, foulève fes Chéruf-ques, anime les Bructères, fait prendre les armes à tous; & tandis que Germanicus, pénétrant juf-qu'à la forêt de Teuteberg, y rendoit les derniers devoirs aux déplorables reftes des légions de Varus, & recouvroit quelques enfeignes romaines, appendues par les Germains dans leurs bois facrés, Arminius l'attendoit, & l'attaquoit au paffage des bois & des marais, dans tous les lieux où les chauffées rompues rendoient les chemins impraticables & l'ordre impoffible à obferver : l'attention continuelle du chef, & la parfaite difcipline de l'armée fauvèrent les Romains, ou plutôt rien ne les fauva que le trop de confiance des ennemis, qui, après avoir fait la première faute de les laiffer fe ranger en bataille dans une petite plaine, entre des bois & des marais, firent la feconde faute de les attaquer tumultuairement dans ce pofte régulier, comme ils l'avoient fait plufieurs fois avec fuccès dans des occafions où le local favorifoit ces brufques attaques & augmentoit le défordre. Les Barbares furent repouffés avec grande perte, & Arminius y reçut une forte bleffure.

Mézeray retrace, d'après Tacite, la marche pénible & périlleufe de deux légions romaines fur le bord de la mer, dans un moment où un vent de nord violent foulevoit les flots avec excès, & où la marée de l'équinoxe d'automne, la plus forte de toutes celles de l'année, & augmentée encore par ce vent impétueux, couvroit des terres qu'on avoit coutume de voir à fec, tellement ( dit-il avec une énergie toujours un peu incorrecte, mais pittorefque, que fon modèle bien plus énergique lui communique ), « tellement que tout étant » inondé, derrière, devant, à l'entour d'eux, ils » ne favoient quelle réfolution prendre. Les uns » étoient dans l'eau jufqu'à la ceinture, les autres » en avoient par-deffus la tête. Ceux qui fe met-» toient à la nage, ne faifoient pas le plus mal, » parce que les flots pouffent à terre; mais ceux » qui fe vouloient tenir fur leurs pieds, étoient » renverfés par le vent & par les vagues, ou bien » ils tomboient dans des foffés, leur bagage & » leurs chevaux tout de même; il en périt un très-» grand nombre..... La nuit furvint là-deffus, non » moins affreufe que la tempête, & toute pleine » de défefpoir pour des gens mouillés jufqu'aux » os, tranfis de froid, rompus, qui n'avoient ni » couvert, ni pain, ni feu, ni foulagement. Mais » le jour venant les dégagea de cette extrémité. » Lux reddidit terram, dit bien plus énergiquement Tacite. Mais fi Arminius avoit pu être inftruit de la détreffe où fe trouvoient ces deux légions, il

feroit accouru pour les joindre à celles de Varus. L'armée de Germanicus avoit couru tant de dangers, que des fuyards portèrent jufqu'à Cologne la fauffe nouvelle qu'elle étoit entiérement détruite. Sur leur rapport, les légions qui étoient reftées dans ce pofte pour garder le pont & affurer le retour, délibérèrent de rompre le pont, & de fe retirer en deçà du Rhin. Ce fut alors qu'Agrippine, fe montrant digne femme de Germanicus, digne fille de Marcus Vipfanius Agrippa, alla de rang en rang ranimer les courages abattus, réclamer le refpect & la foi dus à fon mari & à la mémoire de fon père, portant dans fes bras & préfentant aux foldats fon fils, le fils de leur général, leur compagnon, né, nourri parmi eux, ne connoiffant d'autre patrie que leur camp. Hélas! ce Prince, cet enfant que l'éloquente vertu de fa mère rendoit alors fi intéreffant, cet enfant devoit être Caligula.

Tibère apprit l'action d'Agrippine, & dès-lors fa réfolution fut prife de rappeler de la Germanie Agrippine & Germanicus.

Cependant Germanicus vainqueur s'avançoit vers le bord du Wefer; Arminius étoit à l'autre bord; ce fut là qu'il eut avec Flavius fon frère une entrevue, qui commença de part & d'autre par des témoignages de tendreffe, qui amena enfuite des reproches, & finit par dégénérer en querelle & en provocation au combat. Flavius avoit perdu un œil à la guerre. Mon frère, lui dit Arminius, qui t'a défiguré ainfi?

FLAVIUS.

Le fort des combats.

ARMINIUS.

Et quel dédommagement en as-tu reçu?

FLAVIUS.

Des dons militaires, des marques d'honneur & la confidération attachée à mes fervices.

ARMINIUS.

Je ne vois là que des marques d'efclavage.

FLAVIUS.

Je ne vois dans tes continuelles révoltes que des marques d'inquiétude & de turbulence.

ARMINIUS.

Et c'eft mon frère qui combat contre fon pays & contre moi!

FLAVIUS.

C'eft moi qui, allié des Romains, veux leur être fidèle.

ARMINIUS.

Dis plutôt qu'efclave des Romains, tu leur facrifies ta patrie & ta famille.

### FLAVIUS.

Je prétends les fervir, en les engageant, en les forçant, s'il le faut, à la paix, qui ne peut fe trouver que dans la foumiffion.

### ARMINIUS.

C'eft-à-dire, dans l'efclavage. Dure à jamais la guerre fi la paix n'eft qu'à ce prix !

Ainfi de difcours en difcours leurs efprits s'exafpérèrent au point que Flavius, ne pouvant plus, difoit-il, fupporter tant d'outrages, demandoit à grands cris un cheval & des armes pour courir à la vengeance, tandis qu'Arminius, la menace à la bouche & la fureur dans les yeux, fembloit auffi ne refpirer que la guerre.

Il eut bientôt fatisfaction : l'armée romaine paffa le Wefer; Carioalde, avec la cavalerie des Bataves, qui fervoient les Romains, gagna le premier le bord, & attaqua les Chérufques; ceux-ci, recourant à leur fuite fimulée, ftratagême ufé, mais qui réuffiffoit toujours, attirèrent les Bataves dans une petite plaine entourée de bois, qui n'offroit partout que des embufcades. Là fondant tous à la fois fur les Bataves, ils les mirent en pièces, & tuèrent Carioalde leur chef, avec toute la nobleffe qui s'obftinoit à le défendre. Mais bientôt Arminius eut fur les bras toute l'armée romaine; il en foutint long-tems les efforts avec le plus grand courage. « Tout ce qui fe peut » faire de la tête, de la voix, de la main, Armi- » nius le fit en cette journée : fes ordres, fes » exhortations, fa valeur, en balancèrent le fort » bien long-tems, » dit encore Mézeray en tra- duifant Tacite : *Arminius, manu, voce, vulnere, fuf- tentabat pugnam.* Enfin grièvement bleffé, obligé de céder au nombre & à la force, voyant de toutes parts tomber autour de lui fes derniers foldats, il fe barbouille le vifage de fang pour n'être pas reconnu, pouffe fon cheval avec violence à travers le bataillon des Cauces, peuple germain, auxiliaire des Romains; il parvient à le percer tout entier & à fe fauver. Quelques-uns ont cru que les Cauces l'avoient reconnu, & n'avoient pas été fâchés de le laiffer échapper, foit par admiration pour la valeur & la gloire de ce grand homme, foit afin qu'il reftât un tel défenfeur à la liberté germanique. Cette fuite, prefque miraculeufe, rappelle la dépofition de Saint-Preuil au fujet du duc de Montmorenci pris à Caftelnaudari : « Le » tourbillon de pouffière & de fumée qui s'élevoit » autour de lui m'empêchoit de le reconnoître; » mais en voyant un feul homme mettre en défor- » dre plufieurs de nos rangs, & prêt à fe faire » jour à travers l'armée entière, j'ai bien jugé que » ce ne pouvoit être que le duc de Montmorenci. » On pouvoit dire de même d'Arminius : « Le fang » dont il étoit couvert m'empêchoit de le recon- » noître; mais en voyant un feul homme bleffé, » dégoûtant de fang, s'ouvrir un chemin en per-

» çant un bataillon entier, j'ai jugé que ce devoit » être Arminius. » Tacite dit qu'Inguiomer, oncle d'Arminius, échappa par le même courage ou par le même artifice. *Virtus feu fraus eadem Inguiomero effugium dedit.*

Lorfque les Chérufques eurent raffemblé leurs débris, ils n'en virent que mieux quelle horrible perte ils avoient faite dans la bataille du Wefer; ils s'affurèrent de l'impoffibilité de réfifter davantage aux Romains, & ils ne fongeoient plus qu'à mettre l'Elbe entr'eux & ces redoutables ennemis, lorfqu'un trophée dreffé de leurs dépouilles par les Romains vint affliger & humilier leurs regards; ils ne purent foutenir ce fpectacle, & la honte enflammant de nouveau leur courage, ils ne voient plus leur foibleffe, ils ne voient que leur honneur à réparer. Ils fe retranchent de nouveau dans leurs forêts; ils s'y mettent en embufcade; ils cherchent à y attirer les Romains; mais Germanicus n'étoit pas un général qu'on pût aifément furprendre; il ne les perdoit pas de vue; il étoit inftruit de leurs deffeins & de leurs manœuvres; il marche droit à eux, fe tenant toujours en garde contre leurs brufques attaques & leurs fuites fimulées; il force leurs retranchemens, les preffe dans des lieux étroits où ils ne peuvent fe fervir de leurs longues piques, & où le foldat romain, avec fa courte épée & fon bouclier ferré contre fa poitrine, combattoit à l'aife & avec avantage : la victoire ne fut pas long-tems douteufe; les légions n'eurent qu'à maffacrer fans obftacle. C'eft avec peine qu'on voit Germanicus, courant de rang en rang, défendre aux foldats de faire quartier, & leur crier que le feul moyen de terminer la guerre étoit d'exterminer entièrement cette nation opiniâtre. C'eft le cas de dire :

Je rends graces aux Dieux de n'être pas Romain,
Pour conferver encor quelque chofe d'humain.

J'aime mieux le grand Condé lorfqu'à Rocroi il mettoit autant de foin à conferver les reftes des ennemis vaincus, que Germanicus en avoit mis à les détruire.

« Quel fut alors, dit Boffuet, l'étonnement de » ces vieilles troupes & de leurs braves officiers, » lorfqu'ils virent qu'il n'y avoit plus de falut pour » eux qu'entre les bras du vainqueur ? De quels » yeux regardèrent-ils le jeune Prince, dont la » victoire avoit relevé la haute contenance, à qui » la clémence ajoutoit de nouvelles graces? » Arminius n'étoit point à cette dernière bataille, qui confomma la ruine de fon armée; fes bleffures l'avoient mis hors d'état d'agir : c'étoit Inguiomer qui commandoit les Chérufques, &, qui, malgré les ordres cruels de Germanicus, trouva le moyen d'en fauver une partie. Cette partie fi foible, & qui devoit être fi découragée, tenta encore de nouvelles entreprifes lorfqu'on eut reçu la nouvelle que Germanicus ayant envoyé par mer une

grande partie des légions dans leurs quartiers d'hiver, une violente tempête les avoit fubmergées.
Germanicus & Silius fon lieutenant entrèrent
donc encore, par différens côtés, fur les terres
des Germains ; « ils ravagent, détruifent, embra-
» fent tout : rien n'ofe tenir ferme devant eux ;
» tout ce qui paroît eft pouffé, battu, enveloppé :
» l'épouvante étoit partout, la fûreté nulle part. »
Les Barbares admiroient comme invincibles,
comme des dieux fupérieurs à toute force humaine
ces Romains qui, après avoir perdu leur flotte,
leurs légions, leurs armes, fembloient avoir augmenté de valeur, de puiffance, & même de
nombre. *Quippe invictos & nullis cafibus fuperabiles
Romanos prædicabant, qui, perditâ claffe, amiffis
armis, poft confrata equorum virorumque corporibus
littora, eâdem virtute, pari ferociâ, & veluti aucti
numero irrupiffent.*

Encore une campagne, & cette guerre de Germanie étoit à jamais terminée ; du moins les Romains le croyoient ainfi ; & Tibère le crut fi bien,
qu'il fe hâta de rappeler Germanicus, dont il ne
pouvoit plus, même de fi loin, foutenir la gloire.

Germanicus alla triompher à Rome, & il y
traîna en triomphe à fa fuite, parmi une foule
d'autres Princes & chefs germains, Segimond,
fils de Segeftes & beau-frère d'Arminius ; Thufwelda fa fœur, femme du même Arminius, & un
fils d'Arminius & de Thufwelda, pour lors âgé de
deux ou trois ans, nommé Thumelicus.

Arminius, ainfi féparé de fa femme & de fon
fils, mais délivré de Germanicus, & même des
Romains, qui fe replièrent en deçà du Rhin, paroiffant vouloir donner ce fleuve pour borne à leur
Empire, & fe contentant de laiffer au-delà une
haute réputation & une grande terreur de leurs
armes, Arminius tourna fon inquiétude & fon
activité vers d'autres objets.

La guerre germanique avoit duré fi long-tems,
& avoit eu des fuccès fi divers, qu'il s'étoit formé
dans la Germanie deux factions contraires, dont
l'une, qui avoit l'efprit romain, étoit portée d'inclination vers les maîtres du Monde, & ne les regardoit pas comme fi éloignés ni fi détachés de
toutes vues fur la Germanie, qu'elle ne pût les
appeler à fon fecours dans l'occafion ; l'autre, confervant le pur efprit germanique, affectoit une liberté franche & fauvage, & une grande horreur
pour le joug des Romains. Arminius étoit à la tête
de ceux-ci, & Maroboduus, roi des Marcomans,
fon rival de gloire & de puiffance chez les Germains ( *voyez* fon article ci-après, à fon ordre alphabétique), étoit réputé le chef du parti romain.
Arminius le décrioit fort à ce titre ; & comme
Maroboduus avoit paru vouloir prendre fur fes
peuples une domination plus abfolue que l'efprit
libre des Germains ne le comportoit, Arminius le
peignoit d'un côté comme le tyran & l'oppreffeur
des Germains, de l'autre comme l'efclave des Romains & le fatellite de Céfar ; il anima contre lui

les Chérufques & les reftes de fa ligue ; il fouleva
une partie de fes fujets, lui fit la guerre, & le
vainquit dans une bataille. Mais ces grands zéla-
teurs de la liberté ont prefque tous une pente invincible au defpotifme : Arminius, que l'ardeur à
défendre la liberté de fon pays avoit toujours mis
à la tête des armées, & accoutumé au commandement, s'apperçut que fa gloire pouvoit tourner
au profit de fon autorité. Son ame s'ouvrit à l'ambition, & on lui reproche d'avoir conçu le projet
de fe faire fouverain de la Germanie. Ses compatriotes en furent alarmés, & fe liguèrent contre
lui. On lui dreffa des embûches. Des auteurs cités
par Tacite, rapportent qu'on lut en plein fénat des
lettres d'un prince des Cattes, qui promettoit de
faire périr Arminius fi on vouloit lui envoyer du
poifon. Heureufe nation qui n'en connoiffoit point
encore l'ufage, malheureufe puifqu'elle cherchoit
à le connoître ! Tibère fe crut un Fabricius en
répondant que le peuple romain fe vengeoit de fes
ennemis par les armes, & non point par la fraude
& par la trahifon. Arminius trouva parmi fes proches & dans fa famille des ennemis plus perfides,
par la trahifon defquels il périt, après leur avoir
quelque tems fait la guerre avec des fortunes
diverfes. Il n'avoit que trente-fept ans, & avoit
régné, c'eft-à-dire, combattu douze ans. Après fa
mort, on oublia fes projets d'ambition & de tyrannie ; on ne fe fouvint que de fa gloire : il fut
révéré dans toute la Germanie comme fon dieu
tutélaire, comme le vengeur de fa liberté. On
croit que c'eft lui que les Saxons adoroient fous
le nom d'*Irminful*, dans ce temple fameux qui fut
détruit par Charlemagne.

ASCARIC & RAGAISE. (*Hift. rom.*) C'eft
vers la fin du règne de l'empereur Dèce ou Dé-
cius, mort en 253, qu'on voit pour la première
fois dans l'Hiftoire le nom des Francs ou Français.
Ils paroiffent moins établis le long du Rhin, qu'errans fur fes bords, infultant les frontières de l'Empire, & quelquefois pénétrant dans l'intérieur des
provinces, y faifant de grands ravages, & des fé-
jours affez longs pour reffembler à des projets
d'établiffement. Aurélien & Probus les battirent
fous le règne de Valérien & de Gallien, vers l'an
258 ; & une chanfon militaire, parvenue jufqu'à
nous, & compofée dans le tems par les foldats
d'Aurélien, pour célébrer la victoire remportée
par ce général fur un millier de Français, femble
attefter encore la crainte qu'on avoit de ceux-ci,
par l'éclat qu'on donnoit à un fi léger avantage.
Vers l'an 262, une troupe de Français pénétra
jufqu'en Efpagne, foit en traverfant & pillant les
Gaules, foit en s'emparant par force des vaiffeaux
qu'ils trouvoient dans les ports ; car c'eft ainfi que,
fans aucune marine, ils faifoient toutes leurs expéditions maritimes : ils pouffèrent celle-ci jufqu'à
envoyer un détachement en Afrique ; puis ils fe
rejoignirent tous, & s'en retournèrent par mer &

chargés de butin dans leur pays, où ils n'arrivèrent qu'en 270.

En 279, Probus, alors Empereur, battit & chassa les Français, qui, avec quelques autres nations germaniques, avoient envahi les Gaules; il les repoussa même jusqu'au-delà de l'Elbe: il en transplanta un grand nombre dans diverses provinces de l'Empire; il en plaça jusque sur les bords du Pont-Euxin. Ceux-ci, en 281, exécutèrent avec un plein succès une des entreprises les plus hardies & les plus incroyables. Ils se saisirent de tous les navires qu'ils trouvèrent dans le Pont-Euxin (la Mer-Noire); ils rasèrent les côtes de l'Asie, épouvantèrent toute la Grèce, l'Italie, la Sicile, l'Espagne; firent une descente en Afrique, d'où ayant été repoussés, ils remontèrent sur les vaisseaux, passèrent le détroit de Gibraltar, & ravagèrent l'Espagne du côté de l'Océan comme du côté de la Méditerranée. Dans l'expédition de 262, ils y avoient détruit Terragone. A leur retour dans leur pays, en passant devant la Sicile, ils entrent tout à coup dans le port de Syracuse, s'introduisent dans la ville, y font beaucoup de butin & de carnage, & s'abstinrent seulement de la détruire. Ils arrivèrent enfin chez eux chargés des richesses des nations, & ayant considérablement ajouté à la gloire & à la terreur de leur nom.

Sous l'empire de Dioclétien & de Maximien, vers l'an 288, joints aux Saxons, ou sans eux, ils firent encore quelques ravages. On voit, peu de tems après, quelques Rois ou chefs français soumis à Maximien, & servant dans ses armées.

Dans le partage que les Césars Galérius & Constance-Chlore avoient fait avec les empereurs Dioclétien & Maximien, & dans celui qu'ils avoient fait ensuite entr'eux, en qualité d'Empereurs, après l'abdication de ces deux derniers, la Gaule, & par conséquent le soin de défendre la frontière de l'Empire contre les incursions des Germains & des Français, étoit échue à Constance-Chlore, ainsi que la Bretagne, l'Angleterre & l'Espagne. Ce Prince avoit fait alliance avec deux de ces petits Rois français, nommés Ascaric & Ragaise: ils s'étoient vraisemblablement mis à sa solde; ils étoient du moins ses pensionnaires ou ses tributaires. Il croyoit avoir droit d'exiger d'eux une entière fidélité; mais c'étoit toujours ce qu'on avoit le plus de peine à obtenir de ces peuples libres, & toujours prompts à secouer toute espèce de joug. Ascaric & Ragaise, voyant Constance-Chlore occupé dans la Bretagne contre les Calédoniens & les Pictes, saisirent cette occasion de faire de leur côté des courses sur les terres de l'Empire. Constance-Chlore, ayant promptement terminé la guerre britannique, se disposoit à venir châtier les Français, lorsqu'il mourut à Yorck le 24 juillet 304. Constantin son fils, qui succéda d'abord à son partage, & qui réunit dans la suite toutes les parties de l'Empire, après avoir achevé

d'appaiser les troubles de la Bretagne, surprit les Français par la diligence imprévue avec laquelle il fondit sur eux au milieu de l'embarras que leur causoit le butin dont ils étoient chargés: ils le croyoient dans le nord de l'Ecosse, & il les écrasoit sur la frontière orientale de la Gaule. Il les défit entièrement, & fit prisonniers leurs rois Ascaric & Ragaise; mais il se montra indigne de sa gloire par la vengeance cruelle qu'il prit de ces malheureux Princes. Qu'il les menât en triomphe à la suite de son char dans la ville de Trèves, c'étoit un usage qu'il trouvoit établi depuis long-tems chez les Romains, & c'étoit ce que l'inconstance & l'infidélité de ces Princes pouvoient avoir mérité; mais par quel mépris barbare de tout principe de justice, d'humanité, de décence, par quel horrible abus du droit de la guerre & de la force osa-t-il les faire dévorer par les bêtes féroces, dans l'amphithéâtre, comme des criminels condamnés? Où étoit même la prudence, & comment ne craignoit-il pas pour lui & pour ses successeurs les haines immortelles & les ressentimens implacables de cette nation belliqueuse?

Des écrivains romains, essayant de justifier ou du moins d'excuser une rigueur si exécrable, disent qu'elle paroissoit être nécessaire pour punir l'infidélité continuelle & réprimer la licence effrénée de ces peuples.

« Mais, répond Mézeray dans son Avant-Clo-
» vis, qui étoit plus digne de blâme & de châti-
» ment, ou des Français qui violoient leur foi
» après l'avoir donnée, ou des Romains qui,
» sans aucune justice, les avoient forcés de la
» donner? »

En effet, de quel droit & de quel front ceux qui abusent de la force pour arracher à la foiblesse des sermens involontaires, osent-ils lui reprocher la violation de ces sermens extorqués & prononcer le mot de parjure, comme si ce parjure n'étoit pas entièrement & uniquement leur ouvrage, comme s'il pouvoit y avoir du parjure où il n'y avoit ni promesse libre ni serment volontaire?

Nous parlons ici en général, car dans les traités de puissance à puissance, on auroit tort d'alléguer le défaut de liberté; ce n'est pas manquer de liberté que de souscrire à une paix moins avantageuse quand on a été battu: on a toujours tiré de ce traité l'avantage qu'on s'en promettoit, celui de sortir de l'embarras présent: on doit donc l'exécuter. François I n'avoit pas droit d'alléguer contre le traité de Madrid le défaut de liberté. Il avoit voulu acquérir la gloire des héros en s'exposant à tous les hasards de la guerre: la captivité est un de ces hasards: il ne pouvoit donc pas l'alléguer contre les traités que cette captivité même lui rendoit nécessaires, & qui pouvoient seuls l'en tirer.

Quant aux rois Ascaric & Ragaise, ils pouvoient mériter d'être punis, comme nous l'avons dit, par l'humiliation d'être traînés en triomphe; ils pou-

voient être punis encore par la perte de quelques
avantages politiques : le reste est un crime vil &
atroce de la part du vainqueur. Le bon, le doux,
le généreux Constance-Chlore, père de Constantin, ne lui eût jamais donné l'exemple de cette
lâche cruauté.

ASCELIN. (*Hist. d'Anglet.*) Guillaume-le-Conquérant fut enterré dans l'église de saint Etienne
de Caen, qu'il avoit bâtie ; mais ce n'est point
en dépouillant les hommes qu'il faut bâtir des
temples à Dieu. Au milieu de la cérémonie de
l'enterrement, un gentilhomme, nommé *Ascelin*,
se présenta devant les Prélats : « Je vous défends,
» au nom de Dieu, leur dit-il à haute voix,
» d'enterrer ce corps ici ; cet emplacement est à
» moi, c'est celui de la maison de mon père,
» envahie par ce tyran ; Dieu, qui m'entend &
» qui vient de le juger, m'a vengé sans doute
» de ses injustices. »
Les Prélats eurent égard à cette violente requête, & on enterra le corps un peu plus loin.

ATTALE, ATTALUS. (*Hist. rom.*) Lorsqu'Alaric, ayant pris & saccagé Rome, se voyoit
le seul véritable maître de l'Empire romain, ne
pouvant pas, ou ne daignant pas prendre pour
lui ce titre d'Empereur, auquel seul les peuples
aimoient à obéir, il fit ce qu'avoient déjà fait &
ce que firent depuis quelques conquérans ; il couvrit de la pourpre impériale un phantôme d'Empereur, qui s'honoroit d'être sa créature & qui
n'étoit rien sans lui ; ce fut Attale, qu'il trouva
préfet de Rome ; il le vêtit, le dépouilla, le
revêtit deux ou trois fois des ornemens impériaux, selon le besoin & les conjonctures. Ataulfe,
successeur d'Alaric, s'accommoda du même homme
pour le même usage ; mais cet homme s'ennuya
du personnage qu'on lui faisoit jouer, & reconnut lui-même pour Empereur un tyran de
ce tems, nommé Jovin ; Ataulfe, qui ne le reconnoissoit pas, & qui étoit le véritable maître,
obligea de nouveau Attale d'être son Empereur
après qu'Ataulfe eut vaincu & pris Jovin, & lui
eut fait trancher la tête. Attale, ou prenoit sur
chaque objet les ordres d'Ataulfe, ou donnoit
de lui-même les ordres qu'il croyoit devoir lui
être les plus agréables. La ville de Bordeaux
ayant ouvert ses portes sans résistance, n'en fut
pas moins pillée & brûlée par l'ordre d'Attale.
« Misérable idole, s'écrie un auteur moderne,
» qui n'ayant ni force ni vertu pour faire du
» bien, pensoit se signaler par des embrasemens
» & par des fracas, comme si la destruction &
» la ruine n'étoient pas plutôt des marques d'im-
» puissance que de pouvoir ! »
Attale finit par tomber entre les mains de l'empereur Honorius, qui triompha de lui à Rome,
l'obligeant de marcher à pied devant son char,
& qui ensuite l'envoya en exil dans l'île de Lipari, après lui avoir fait couper le bout des doigts

de la main droite. Ces derniers événemens sont
de l'an 417.

AUDEBERT ( GERMAIN ). (*Hist. litt. mod.*)
Au peu que nous avons dit dans le Dictionnaire,
nous ajouterons ici, 1°. que c'est par une erreur
typographique qu'il y est dit qu'il mourut âgé
de vingt ans ; c'est de quatre-vingts ans qu'il faut
lire. 2°. Son épitaphe, écrite en lettres d'or sur
un marbre noir attaché à la muraille de la galerie du cimetière de l'église de Sainte-Croix d'Orléans, après avoir rapporté les honneurs qui lui
furent conférés par son roi Henri III & par des
puissances étrangères, telles que le pape Grégoire XIII, & la Seigneurie de Venise, ajoute
les particularités suivantes : « Et nonobstant ces
» grands honneurs il s'est toujours plu à exercer
» l'état d'élu, dans cette élection, l'espace de
» cinquante ans, tant il étoit amateur de sa patrie ;
» ce que considérant sadite Majesté, ayant créé
» & érigé un président & un lieutenant en chaque
» élection de France, exempta ledit messire Ger-
» main Audebert, & voulut qu'il présidât & pré-
» cédât l'un & l'autre. »
Ainsi ce n'étoit ni une présidence de charge
ni une présidence passagère & accidentelle, mais
une présidence personnelle, de droit & perma-
nente.
La même épitaphe qualifie Germain Audebert
*Prince des poëtes de son tems.* On peut observer
encore qu'elle contient la liste de ses ouvrages.
Scévole de Sainte-Marthe a fait son éloge ; il l'appelle :

*Audeberte, novem sacer camœnis*
*Quæ te depereunt senem puella, &c.*
*Quo te prosequar, Audeberte, versu*
*Linguarum decus, ô pater leporum, &c.*

Audebert étoit protestant, & Théodore de Bèze
étoit son ami. Une épigramme de ce dernier,
*De suâ in Candidam & Audebertum benevolentiâ,* a
donné lieu à ces odieuses imputations de parti,
pour lesquelles le moindre prétexte suffit toujours.
Maimbourg les a répétées dans son Histoire du
Calvinisme : les protestans les ont réfutées.
L'épitaphe dont nous avons parlé est commune
au père & au fils. Voici ce qu'on lit à la fin
de cette épitaphe :
« Et sous le même marbre gît messire Nicolas,
» Audebert, conseiller du Roi en sa cour de par-
» lement de Bretagne, fils dudit messire Germain
» Audebert, grand imitateur des vertus pater-
» nelles, qui trépassa cinq jours après son père,
» en l'âge de quarante-deux ans. ( Le père étoit
» mort le 24 décembre 1598. ) »

AVESNES : les D'AVESNES & les DAMPIERRES.
(*Hist. de Fland.*) Saint Louis étoit l'arbitre de
l'Europe : ce fut moins encore son droit de souveraineté que sa réputation d'équité qui fit porter à
son tribunal les contestations de la Flandre, autrefois l'alliée de l'Angleterre contre la France.

La comtesse de Flandre, Jeanne, étoit morte sans enfans ; Marguerite sa sœur lui avoit succédé ; il s'agissoit de savoir qui succéderoit un jour à Marguerite. Elle avoit eu deux maris, Bouchard d'Avesnes & Guillaume de Dampierre. Elle avoit des enfans des deux lits ; ceux du second prétendoient exclure ceux du premier ; ils avoient, disoient-ils, découvert que Bouchard d'Avesnes étoit engagé dans les ordres avant son mariage, que par conséquent ce mariage étoit nul, & les d'Avesnes, sinon bâtards, du moins inhabiles à succéder. Les d'Avesnes croyoient voir Marguerite incliner pour les Dampierres ; ils cherchèrent un juge plus juste que leur mère, & s'adressèrent à saint Louis. Mézeray rapporte que toutes les parties ayant comparu devant le Roi, Louis demanda d'abord à la mère, qui desiroit pour héritiers, ou des d'Avesnes, ou des Dampierres. « Les enfans légitimes, dit-elle, doivent avoir la » préférence. Sur ce mot l'aîné des d'Avesnes s'é- » cria tout en colère : Eh quoi ! serois-je tenu pour » bâtard de la plus riche ? P.... qui vive ? » Louis, le plus respectueux de tous les fils, scandalisé d'un tel outrage fait à une mère, punit d'Avesnes d'une peine que les idées du tems pouvoient rendre plus grave qu'elle ne le paroîtroit peut-être aujourd'hui ; il ordonna que du lion de sable en champ d'or que portoit d'Avesnes, il retrancheroit la langue & les griffes, pour marque, dit Mézeray, qu'il ne devoit avoir ni paroles ni armes contre sa mère.

Quant au fond de la querelle, Louis fit une espèce de transaction ; il donna le Hainaut aux d'Avesnes, & la Flandre aux Dampierres.

Les hommes ne sont pas dignes d'en croire un sage : il faut toujours les horreurs de la guerre pour les ramener à la paix. Les d'Avesnes vouloient un partage plus considérable, les Dampierres persistoient à ne vouloir aucun partage ; ils chassèrent les d'Avesnes ; ceux-ci implorèrent l'appui du comte de Hollande. Louis n'avoit voulu se mêler de leurs querelles que pour les pacifier ; les Dampierres furent vaincus & faits prisonniers. Marguerite à son tour opposa au comte de Hollande, Charles, comte d'Anjou, frère de saint Louis, à qui elle abandonna l'usufruit du Hainaut ; celui-ci repoussa le comte de Hollande & les d'Avesnes : les Dampierres furent mis en liberté moyennant une rançon. Il fut démontré que la guerre n'avoit produit que du mal : on eut recours à Louis & à sa sentence ; le Roi engagea son frère à rendre le Hainaut, & les concurrens furent trop heureux de se soumettre enfin au jugement que Louis avoit prononcé dix ans auparavant.

AUMONT. A cet article, dans le Dictionnaire, nous n'avons parlé que des deux maréchaux de ce nom : cette Maison a produit plusieurs autres guerriers recommandables, plusieurs nobles victi-

mes de la patrie, qu'il est à propos de rappeler ici.

1°. Jean III, sire d'Aumont, qui se trouva, en 1328, à la bataille de Cassel, & qui servit Philippe de Valois dans toutes les occasions importantes ; il fut fait chevalier en 1340. Sa bru fut gouvernante de Charles VI.

2°. Son petit-fils, Pierre II, dit Hutin, sire d'Aumont, fut porte-oriflamme de France. Il avoit porté les armes plus de quarante ans.

3°. Jacques d'Aumont, fils de Pierre II & chambellan du Roi, fut tué, en 1396, à la bataille de Nicopolis en Hongrie contre les Turcs.

4°. Jean IV son frère, dit Hutin, fut tué à la fatale journée d'Azincourt, en 1415.

5°. Charles, marquis d'Aumont, petit-fils du premier maréchal d'Aumont, & oncle du second, lieutenant-général des armées du Roi, mourut à Spire d'une blessure qu'il avoit reçue au siége de Landau, en octobre 1644.

AUVERGNE (CHARLES DE VALOIS, COMTE D'). (Hist. mod.) A l'article Auvergne, du Dictionnaire, tom. I, partie II, pag. 508, on renvoie au mot Charles pour un article particulier de ce Charles de Valois, d'abord comte d'Auvergne & depuis duc d'Angoulême ; cet article ne se trouve point à Charles : nous allons le placer ici.

Ce Prince étoit fils naturel de Charles IX & de Marie Touchet (fille d'un lieutenant-particulier au présidial d'Orléans), dont l'anagramme étoit : Je charme tout ; elle charma Charles IX, qui n'en épousa pas moins Elisabeth d'Autriche, fille de l'empereur Maximilien II. Marie Touchet, ayant vu avant le mariage le portrait de cette princesse, se rassura, & dit : L'Allemagne ne me fait pas peur. Son empire en effet dura encore quelque tems ; mais il finit, & elle épousa le comte de Balzac d'Entragues, seigneur de Malesherbes & de Marcoussy, & gouverneur d'Orléans, dont elle eut, entre autres enfans, la marquise de Verneuil, maîtresse de Henri IV. Le comte d'Auvergne étoit donc frère utérin de la marquise de Verneuil. La promesse de mariage que Henri IV avoit eu la foiblesse de faire à cette femme, & que Sully avoit déchirée, mais que Henri avoit refaite, servit de prétexte au comte d'Entragues & au comte d'Auvergne pour troubler l'Etat par des conspirations, dont l'objet étoit de faire annuller le mariage de Henri IV avec Marie de Médicis, de faire déclarer illégitimes les Princes qui en étoient nés, & de placer sur le trône la marquise de Verneuil. Il fallut bien pardonner à celle-ci, &, à sa considération, à son père & à son frère des complots qui paroissent avoir été poussés très-loin, & qu'ils eussent vraisemblablement payés de leur tête sans le crédit de la Marquise. « J'ai vu en 1744 (dit » l'auteur de l'Intrigue du Cabinet), sur la princi- » pale porte du château de Verneuil, actuellement » détruit, une sculpture à demi-bosse déjà bien » effacée, formant un groupe de personnages à

» demi-hauteur d'homme. On remarquoit Henri IV
» monté sur un cheval vigoureux, attaqué par
» quatre hommes couverts d'armures, mais sans
» armes offensives. Il pouffoit vigoureusement son
» cheval, en fouloit deux aux pieds, renverfoit
» le troifième d'un coup de botte, & frappoit du
» fabre le quatrième qui vouloit faifir la bride.
» Les accompagnemens du groupe marquoient
» que la fcène s'étoit paffée dans un bois, & on
» voyoit dans les taillis les têtes de quelques au-
» tres qui accouroient au fecours des premiers.
» On me dit pour lors que c'étoit une rencontre
» de voleurs; mais l'armure de ces hommes, le
» caractère paffionné que le fculpteur leur avoit
» donné, marquoient plutôt des conjurés que des
» voleurs. Il eft poffible que le comte d'Entragues
» ait fait ériger ce monument pour perpétuer le
» fouvenir d'une action dont il fe glorifioit en
» préfence de Henri IV lui-même. »

Il ne s'en glorifia point; il l'avoua feulement,
alléguant pour fon excufe le defir de venger l'honneur de fa fille. Au refte, la conjecture de l'auteur
ne nous paroît point heureufe; c'eft Henri IV & 
non le comte d'Entragues qui a fait bâtir ce beau
château de Verneuil, encore curieux dans fes
derniers reftes, dans fes fouterrains; & puifque
Henri IV paroiffoit à fon avantage dans ce monument, il n'eft pas vraifemblable que ce fût l'ouvrage d'un ennemi. D'ailleurs, qui eût jamais ofé
confacrer dans un monument l'affaffinat d'un Roi,
& un affaffinat qui n'avoit pas réuffi? N'étoit-ce pas
plutôt la defcription d'un des momens périlleux
du combat de Fontaine-Françaife, où Henri IV
avoit couru tant de dangers & montré tant de valeur, & dont la fcène étoit auffi dans les bois.

Quoi qu'il en foit, le comte d'Auvergne refta
long-tems enfermé pour la part qu'il avoit eue aux
complots dont nous avons parlé; il ne fut libre
que fous Louis XIII, qui, pour le dédommager du
comté d'Auvergne qu'un arrêt du parlement avoit
adjugé à la reine de Navarre, Marguerite de Valois,
première femme de Henri IV, le fit duc d'Angoulême. Il fut mis à la tête d'une fameufe ambaffade
qui fut envoyée, en 1620 & 1621, pour négocier
avec l'empereur Ferdinand II & les diverfes puiffances d'Allemagne, & dont la relation a été imprimée. Il fut employé, & il eut du commandement au fiége de la Rochelle en 1627 & 1628.

Il avoit époufé en premières noces Charlotte
de Montmorenci, fille du connétable Henri, dont
il eut, entr'autres enfans morts fans poftérité,
Louis-Emmanuel de Valois, duc d'Angoulême,
plus connu fous le nom de comte d'Alets ou
d'Alais. Celui-ci ne laiffa point de poftérité mafculine; mais fa fille & fon héritière, Françoife-
Marie de Valois, duchesse d'Angoulême & comteffe d'Alets, porta les biens de cette branche
d'Angoulême dans la Maifon de Lorraine, par fon
mariage avec Louis de Lorraine, duc de Joyeufe.

Le vieux duc d'Angoulême père n'eut point

d'enfans de fon fecond mariage avec Françoife de
Narbonne, morte à quatre-vingt-douze ans, en
1713, cent trente-neuf ans après la mort du roi
Charles IX fon beau-père.

AUXI-LE-CHATEAU (*Hift. de Fr.*), petite
ville de France dans l'Artois, à quelques lieues
de Dourlens, a donné fon nom à la Maifon d'Auxi,
l'une des plus anciennes de la province.

1°. Hugues, feigneur d'Auxi, eft nommé avec
fa femme, fes fils & petits-fils, dans un titre de
l'an 1197.

La plupart des feigneurs d'Auxi s'intitulent fire
& *ber* d'Auxi. Ber eft un vieux mot qui fignifie
*Baron*, & qui fignifie auffi ce que tout baron doit
être, c'eft-à-dire, homme de cœur & de courage.

2°. Philippe, fire & ber d'Auxi, fit le voyage
d'Afrique avec faint Louis.

3°. Jean I, fire & ber d'Auxi, fon fils, fut tué
en 1302 à la bataille de Courtray.

4°. Jean II, fire & ber d'Auxi, fils de Jean I,
fut tué en 1346 à la bataille de Créci.

5°. David, fire & ber d'Auxi, petit-fils de
Jean II, fuivit le roi Charles VI en Flandre dans
les commencemens de fon règne, & le duc de
Bourgogne, Philippe-le-Hardy, oncle de Charles VI, lorfque Philippe marcha contre les Liégeois pour rétablir l'évêque dans fon fiége; il
fut tué en 1415 à la bataille d'Azincourt.

6°. Philippe, fire & ber d'Auxi, frère de David, accompagnoit en 1417 le duc de Bourgogne,
Jean-le-Cruel, lorfque celui-ci alla pour furprendre la reine à Tours; il étoit auffi avec ce Prince
à la levée du fiége de Senlis, & mourut en 1418,
à Paris, de la contagion que les maffacres y avoient
caufée.

7°. Jacques, fire & ber d'Auxi, fon frère, fuivit auffi le parti du duc de Bourgogne. Il étoit
avec Philippe-le-Bon, fils de Jean, à la rencontre
de Mons en Vimeu, contre un parti du Dauphin,
en 1421.

8°. Jean, fire & ber d'Auxi, leur frère aîné,
fut chambellan, & comme miniftre & favori du duc
de Bourgogne, Philippe-le-Bon, qui le combla
de bienfaits. Il eut part à la paix d'Arras en 1435.
Il reprit fur les Anglais la ville de Gamaches en
1436, & fe rendit maître de la ville & du château
du Crotoy en 1437. Il étoit chargé de la garde &
de la défenfe des frontières de Picardie & du
Ponthieu, amiral fur les côtes de la rivière de
Somme, maître des arbalétiers de France. Louis XI
& les princes de Bourgogne accumulèrent fur
lui à l'envi les emplois & les dignités : le fameux
maréchal des Querdes étoit fon gendre.

9°. Dans la branche des feigneurs de Dompierre,
Pierre d'Auxi mourut affaffiné en 1364, pour une
querelle particulière.

10°. & 11°. Enguerrand d'Auxi fon frère aîné,
& Philippe, fils d'Enguerrand, furent tués tous
deux à la bataille d'Azincourt, en 1415.

BAGAUDE. ( *Hiſt. anc. des Gaules.* ) La *Bagaude*, ou *Bagaulde*, ou *Bagaulte*, eſt une de ces guerres des pauvres contre les riches, dont aucune n'a jamais eu de ſuccès ſolide, dont quelques-unes cependant ont été de juſtes ſoulévemens des malheureux contre leurs oppreſſeurs, mais dont la plupart ( comme le peuple eſt fait pour l'erreur & qu'il prête de tous côtés à la ſéduction par l'ignorance & la crédulité ) ont été excitées par des intrigans & des fourbes ambitieux qui faiſoient ſervir le peuple à leurs deſſeins. La Bagaude éclata dans les Gaules ſous l'empire de Dioclétien & de Maximien, vers l'an 284. Ce mot *bagaude* ſignifie, dit-on, révolte, & des étymologiſtes conjecturent que de là peut être venu le mot *bagarre*; mais on obſerve d'un autre côté que la ſyllabe *gaude* ou *gaulde* paroît déſigner des gens vivant dans les bois. En effet, le mot *gaud* ou *gauld*, en ancien gaulois ou celtique, ſignifie bois, & le nom de la Gaule lui vient de ce qu'anciennement cette contrée, ſi menacée aujourd'hui de périr par le défaut de bois, en étoit preſqu'entiérement couverte. Nous retrouvons cette ſignification dans les mots de *gaule* & de *gaulis*, reſtés à de certains morceaux de bois. Les mots allemands & bas-bretons qui ſignifient *bois*, ont auſſi aſſez de rapport avec le mot *gaud* ou *gauld*. Les Bagaudes étoient donc des habitans des bois, révoltés contre les habitans des villes. Non-ſeulement ils habitoient les bois, mais ils y faiſoient des retranchemens, ſelon l'uſage des Germains & des anciens Gaulois; ils ſe retiroient dans ces retranchemens comme dans des forts preſqu'inexpugnables, & ils y portoient le butin qu'ils avoient fait dans leurs expéditions. Leur objet, dans cette priſe d'armes, étoit, diſoient-ils, de ſe délivrer entiérement du joug des impôts & du brigandage réel ou ſuppoſé des magiſtrats & des autres perſonnes puiſſantes. Les eſclaves maltraités par leurs maîtres ou prétendant l'être, tous les mécontens, tous les aventuriers, ſe joignirent à eux. Quelques villes même embraſſerent ce parti de leur propre mouvement, d'autres s'y trouvèrent engagées par ſurpriſe; toutes furent ſollicitées d'y entrer: la plupart s'y refuſerent. Deux officiers des troupes romaines, Œlius & Amandus, furent aſſez fous, dit Mézeray, pour ſe mettre à la tête de ces rebelles. Leur principal retranchement étoit à deux lieues au deſſus de Paris, ſur la rivière de Marne, au même endroit où depuis a été bâtie l'abbaye de Saint-Maur, qui fut nommée *des Foſſés*, à cauſe des foſſés qui reſtoient encore de ce vaſte retranchement des *Bagaudes*. Ce fut dans ce dernier & formidable

*Hiſtoire. Tome VI. Supplément.*

aſile qu'ils furent enfin forcés par Maximien, après qu'il eut long-tems employé ſans ſuccès tous les moyens, & de ſéduction, & de violence. Vainqueur, il abuſa, ſelon ſon caractère & ſelon l'uſage preſque général ſurtout alors, de tous les droits de la victoire: tous les *Bagaudes* qu'on trouva dans le retranchement, furent paſſés au fil de l'épée ſans exception. Ces payſans étoient chrétiens pour la plupart, & l'auteur de la vie de ſaint Baboulène les regarde comme des martyrs à qui les cieux furent à l'inſtant ouverts:

*Ad lucis æternæ jubar*
*Exutus artus evolat.*

Des auteurs s'expriment de manière à faire entendre que la religion avoit mis les *Bagaudes* en quelque correſpondance avec cette légion thébaine qui ſe laiſſa d'abord décimer juſqu'à trois fois, & enſuite égorger entiérement ſans défenſe, pour n'avoir pas à ſe reprocher, d'un côté, d'avoir réſiſté à l'autorité légitime; de l'autre, d'avoir déſobéi à Dieu, en prêtant ſerment à l'Empereur avec les cérémonies payennes qui accompagnoient la preſtation de ce ſerment. On obſerve expreſſément dans l'*Avant-Clovis*, que cette vaillante & courageuſe légion eût pu donner une grande force au parti des *Bagaudes* ſi la religion lui eût permis de diſſimuler juſqu'à ce qu'elle eût pu ſe joindre à ce parti.

BAGOAS. ( *Hiſt. anc.* ) Aux deux Bagoas mentionnés ſous cet article dans le Dictionnaire, nous pouvons en ajouter un troiſième, nommé *Bagoas Carus*, épithète que tous les Bagoas n'ont que trop mérité relativement à leur maître:

*Delicias Domini.*

Bagoas Carus fut dans la même faveur auprès d'Hérode-le-Grand, roi des Juifs, que Bagoas l'Egyptien auprès d'Artaxercès Ochus, & Bagoas le Perſan auprès d'Alexandre. Ce Bagoas étoit, comme les autres, d'une taille & d'une figure charmantes; mais ſi Hérode l'aima, il n'aima point Hérode: les cruautés de ce Prince le révoltoient, & ſes fureurs l'effrayoient; il entra dans une conſpiration contre Hérode, en faveur de Phéroras qu'on vouloit mettre ſur le trône en tuant le premier. La conſpiration fut découverte. Hérode, qui ne ſavoit point pardonner même à ce qu'il aimoit, fit périr Bagoas.

Nous obſerverons au reſte que ce nom de Bagoas, comme celui de Pharaon en Egypte, de

Sophi en Perfe, &c. eft plutôt un nom générique qu'un nom propre d'homme. Pline nous apprend que ce nom, dans la langue perfane, fignifie un eunuque, un eunuque favori & tout-puiffant.

*Clariffima omnium*, dit-il en parlant des palmes, *quas regias appellavère ab honore, quoniam regibus tantùm Perfidis fervarentur, Babylone nata uno in horto BAGOU; ita enim vocant fpadones qui apud eos etiam regnavère.*

« Les plus belles palmes, appelées royales, » parce qu'elles étoient gardées pour les rois de » Perfe, croiffoient à Babylone dans le feul jardin » des Bagoas; car c'eft ainfi que les Perfes ap-» peloient les eunuques qui ont quelquefois gou-» verné parmi eux. » Plin. le natur. liv. XIII. c. 4.

D'autres auteurs confirment ce témoignage. Ovide dit:

*Quem penès eft dominam fervandi cura, Bagoe.*

Des favans croient que notre mot de *page* peut venir de *Bagoas* à travers toutes les corruptions accoutumées.

BALAY. ( *Hift. de France.* ) La Maifon de Balay, une des plus nobles du comté de Bourgogne, tire fon nom d'une petite ville du Réthelois. 1°. Jean de Balay, le premier de cette race qui foit connu par des titres, eft auffi le premier qui vint s'établir en Bourgogne, où il acquit des terres; il vivoit en 1274. Il étoit mort en 1297.

2°. Hugues de Balay, chevalier, capitaine de cent hommes d'armes au fervice du duc de Bourgogne, Philippe-le-Bon, eut vingt-deux fils, entr'autres:

3°. Jean de Balay, qui fe fit un nom par fon zèle pour la Maifon de Bourgogne. Il fut fait prifonnier de guerre, & ne recouvra fa liberté qu'à des conditions fort dures pour un guerrier fi ardent: on lui fit promettre de ne plus monter à cheval & de ne jamais porter d'armes de fer; il ne s'abftint pas pour cela de combattre; mais femblable à cet évêque de Beauvais, Philippe de Dreux, qui croyoit s'être bien corrigé des inclinations fanguinaires que le pape Céleftin lui avoit reprochées, & qui penfoit fatisfaire à l'horreur que l'Eglife a pour le fang, en ne fe fervant plus de l'épée, & en fe contentant d'affommer les ennemis avec une maffue, appelant cela *refpecter le fang des chrétiens*, Balay ne monta plus à cheval; il fe contenta d'une mule; il ne s'arma plus de fer; il ne porta que des cuiraffes de bufle, & s'arma d'une lourde maffue avec laquelle il continua de fe rendre redoutable dans les combats, & de fervir toujours d'une ardeur égale Charles-le-Téméraire & Marie de Bourgogne fa fille.

4°. Gérard, neveu de Jean, fe diftingua au fervice de Charles-le-Téméraire, nommément à la bataille de Nancy, & fervit, après lui, Marie de Bourgogne & fon mari Maximilien d'Autriche.

5°. Jufqu'ici c'étoit dans le duché de Bourgogne que la Maifon de Balay s'étoit établie. Ayme de Balay, écuyer-tranchant du roi d'Efpagne, Charles ( depuis l'empereur Charles-Quint ), fut le premier qui s'établit dans la Franche-Comté.

6°. Claude, un de fes fils, fut tué dans les guerres d'Italie.

7°. Etienne, neveu de Claude, enfeigne de vaiffeau, fut tué à la bataille de Lépante, en 1571.

8°. Claude de Balay, frère aîné d'Etienne, & d'un autre lit, gouverneur & grand-bailly du comté de Charolois pour le roi d'Efpagne, Philippe II, eut une epaule emportée d'un coup de fauconneau qu'un gentilhomme, nommé Joffroy de Faulquier, d'une des tours de fon château de Marigna, lui tira ou lui fit tirer. Balay étoit feigneur en partie de Marigna, & il paroît que leur querelle naiffoit de leurs droits refpectifs. Atteint de ce coup qu'il jugea mortel, Balay fit fon teftament le 18 juin 1572, fur le lieu même, dans une prairie au bord de la rivière de Valoufe, & mourut au bout de deux heures. Sa veuve demanda juftice de cet affaffinat: Joffroy fut banni avec fa famille à perpétuité des Etats du roi d'Efpagne, & fon château de Marigna, ainfi que la moitié qu'il poffédoit dans la terre de ce nom, fut confifqué au profit des enfans de Claude de Balay.

9°. Louis-Nicolas de Balay fon petit-fils fut tué en duel.

10°. Gérard, capitaine des gardes du prince d'Orange ( qui fut depuis le roi d'Angleterre, Guillaume III ), fut tué à la bataille de Caffel, en 1677.

11°. Jean de Balay, frère de Gérard, fervit pendant trente-deux ans le roi d'Efpagne dans les guerres de Flandre, & fe diftingua aux batailles de Senef en 1674, de Caffel en 1677, & de Saint-Denis près Mons en 1678. Un duel dans lequel il tua le vicomte de Loo, feigneur flamand, l'obligea de quitter le fervice d'Efpagne, & de fe retirer dans fes terres en Franche-Comté. Cette province avoit changé de maître; elle appartenoit alors à la France. Balay prêta ferment de fidélité à Louis XIV, entre les mains du maréchal de Duras.

BARAT ( NICOLAS ). ( *Hift. litt. mod.* ) Ce jeune favant n'a guère pu donner que des efpérances; il avoit fans doute du mérite, puifqu'il obtint le fuffrage de Boileau, qui le nomma pour fon élève à l'Académie des infcriptions & belles-lettres, où il n'y avoit alors une claffe d'élèves, fupprimée depuis. Ce n'eft pas que Boileau fût juge compétent du principal genre de mérite

de son élève ; mérite qui consistoit dans la connoissance des langues orientales : l'élève, sur cet
article, en savait vraisemblablement plus que le
maître. Barat aida le P. Thomassin dans la composition d'un Glossaire pour servir à la connoissance
de ces langues. Il travailla aussi avec M. du Hamel
(Jean-Baptiste, premier secrétaire de l'Académie
des sciences), pour une édition de la Bible que ce
savant avoit entreprise. Barat étoit un des sous-
maîtres du collége Mazarin ; cet emploi parut suffire à son ambition : de cette espéce de petit poste
littéraire, il entretenoit commerce avec tous les
savans étrangers. Boileau ne fit que le montrer à
l'Académie. Barat mourut la même année (1706)
où il avoit été adopté par ce poète illustre. Il paroît qu'on peut le compter parmi les victimes du
travail. Le P. Thomassin, si laborieux lui-même,
l'avoit plus d'une fois averti du danger de sa trop
continuelle application à l'étude.

BARBATION. (*Hist. rom.*) Cet homme, grand-
maître de l'infanterie romaine, fut, sous l'empire
de Constance, à l'égard de Julien, ce que Pison
avoit été sous le regne de Tibère à l'égard de
Germanicus, c'est-à-dire, qu'il étoit chargé par
des ordres secrets de traverser les expéditions militaires de Julien, & de mettre obstacle en toute
occasion à sa gloire & à ses succès. Mais Germanicus succomba sous les artifices de Pison ; Julien,
plus heureux, triompha de tous ceux de Barbation, répara toujours d'une manière éclatante &
glorieuse toutes les fautes volontaires de ce général, & tira de sa jalousie & de celle de Constance une gloire nouvelle.

Julien avoit été envoyé dans les Gaules par
Constance, avec le titre de César ; il y faisoit la
guerre aux Français & aux Allemands, qui alors
infestoient cette contrée. On vouloit réprimer les
courses de ces derniers, les tenir serrés comme
entre des tenailles : on divisa donc les troupes
romaines en deux armées, dont l'une fut placée à
Rheims ; c'étoit celle que commandoit Julien ; l'autre, sous les ordres de Barbation, étoit un peu
en deçà de Bâle. Un gros parti d'Allemands se
hasarda de passer entre ces deux corps d'armée &
de percer jusqu'à Lyon, qu'il pensa surprendre :
c'étoit le cas où, d'après le plan convenu, les
deux corps d'armée devoient se rapprocher pour
serrer entr'eux & pour écraser ces aventuriers allemands. Julien n'y manqua pas ; de son côté il attaqua les Allemands avec vigueur en deux endroits,
les défit, en assomma une partie, leur reprit tout
le butin qu'ils avoient fait & qu'ils emportoient :
une partie de ces Allemands ayant tourné du
côté où étoit Barbation, & Julien comptant sur
ce général pour les arrêter ou pour les combattre,
il apprit que Barbation les avoit laissé passer auprès du poste qu'il gardoit, & n'avoit pas daigné
faire le moindre mouvement pour s'opposer à
leur passage ; qu'il avoit même retenu, par des

défenses formelles, des commandans de la cavalerie qui demandoient la permission de les poursuivre, & qui furent destitués par l'Empereur, sur
le rapport de Barbation, à cause des instances
qu'ils avoient cru de leur devoir de faire en cette
occasion.

D'autres Allemands s'étoient retirés en grand
nombre dans diverses îles du Rhin. Julien voulut
les y forcer ; il chargea Barbation de lui fournir
quelques bateaux pour cette attaque. Barbation
brûla tous ceux qu'il avoit, de peur que Julien ne
s'en servît. Mais Julien étoit doué du talent de
réussir malgré tous les obstacles ; il trouva un gué,
força la principale de ces îles, passa au fil de
l'épée les ennemis qui étoient dedans : effrayés
de cet exemple, ceux qui occupoient les autres
îles, les abandonnèrent toutes.

Vers le même tems, d'autres Allemands, comme
s'ils eussent conspiré avec lui pour le venger de
Barbation, forcèrent le camp de celui-ci, le mirent en fuite, le poursuivirent jusqu'à Bâle, &
lui enlevèrent son bagage ; ce qui ayant relevé le
courage des autres hordes germaniques, elles se
mirent en campagne de tous côtés contre les Romains, qu'elles auroient accablés si la valeur &
le bonheur de Julien n'avoient fait tourner contre
elles leurs propres entreprises ; il leur fit éprouver
la plus sanglante défaite qu'ils eussent essuyée
depuis l'empereur Probus, fléau de ces Barbares.
C'est ainsi que toutes les perfidies de Barbation
tournèrent constamment à la gloire de Julien, à
la confusion de Constance & à l'avantage de
l'Empire.

Cette expédition de Julien & ces intrigues de
Barbation sont de l'an 357 de J. C.

BARCELONE. (*Hist. de Fr. & d'Esp.*) Quelques auteurs prétendent que cette ville importante
de la Catalogne tire son nom d'Amilcar Barca,
cet illustre général carthaginois, & qu'elle lui
doit sa fondation. Il la fit bâtir, selon eux, environ
trois cents ans avant J. C. Elle passa ensuite sous
la domination des Romains, comme tout ce qui
avoit appartenu aux Carthaginois. Dans la décadence de l'Empire romain au cinquième siècle,
les Visigoths s'en emparèrent ; les Sarrasins la leur
enlevèrent au huitième siècle ; les Français la prirent en 801, sous l'empire de ce Charlemagne,
auquel rien ne pouvoit résister : il y établit pour
gouverneurs, des comtes qui, sous Charles-le-
Chauve ou sous Charles-le-Gras, s'y rendirent
souverains.

1°. Le premier de ces comtes souverains, nommé
Geoffroi ou Wifred, & surnommé *le Velu*, remporta divers avantages sur les Sarrasins, & mourut
en 912.

2°. Wifred, comte de Besalu, son petit-fils, fut
tué vers l'an 954.

3°. Raymond, dit *Borrel*, comte de Barcelone,
se signala par d'éclatantes victoires remportées sur

les Sarrafins dans les années 1003 & 1010. Il mourut en 1017.

4°. Berenger Raymond, dit *le Courbé*, fils du précédent, mourut à la guerre en 1035.

5°. Son fils, Raymond Berenger I, fit rédiger en 1068 les coutumes que les Catalans ont affez conftamment fuivies depuis. Mort le 27 mai 1076.

6°. Raymond Berenger II, fils du premier, comte de Barcelone, fut furnommé *Tête d'étoupes*. Il fut affaffiné l'an 1082, par Berenger Raymond fon frère aîné, avec lequel il avoit de grandes conteftations pour le partage de la fucceffion paternelle. Le fratricide crut fans doute expier fon crime en faifant le voyage de la Terre-Sainte. Il mourut à Jérufalem fans laiffer de poftérité.

7°. Les comtes de Barcelone s'agrandiffoient toujours, foit par les guerres, foit par les mariages. Raymond Berenger, troifième du nom, fils du fecond, comte de Barcelone, de Provence, de Befalu & de Cerdagne, né le 11 novembre 1082, fuccéda cette année-là même à fon père affaffiné. L'an 1114 il prit l'île de Majorque avec le fecours de la flotte des Pifans. Il fe diftingua en 1126 dans une bataille contre les Maures. Il mourut en 1131.

8°. Raymond Berenger, quatrième du nom, fon fils aîné, donna naiffance à la feconde race des rois d'Arragon.

9°. L'hiftoire de ces tems anciens n'eft pas trèsparfaitement connue : il y a de l'incertitude & de la confufion, & fur les événemens, & fur leur date. Raymond Berenger, comte de Provence, petitfils du précédent, fut tué en trahifon, felon les uns, le 5 avril 1181 ; felon d'autres, il étoit mort long-tems auparavant ( en 1166 ) d'une bleffure qu'il avoit reçue au combat de Nice.

10°. Dans la branche des anciens comtes d'Urgel, Ermengaud, premier d'Urgel, fut tué à la bataille de Cordoue contre les Sarrafins, le 1er. feptembre de l'an 1010.

11°. Ermengaud, fecond du nom, fon fils, dit *le Pélerin*, mourut en 1038 à Jérufalem.

12°. Ermengaud, troifième du nom, dit *Barbafter*, né en 1032, mourut en 1055, épuifé des fatigues de toute efpèce qu'il eut au fiége du château de Barbaftre contre les Sarrafins, & c'eft de ce château de Barbaftre que lui vint fon furnom de Barbafter.

13°. Ermengaud, cinquième du nom, fon petitfils, tira auffi fon furnom de *Moyéruca*, du lieu où fe livra, le 14 feptembre 1102, une bataille où il fut tué.

14°. Dans la branche des comtes de Befalu, Guillaume, dit *Troun*, fut tué du confentement ou par ordre de Bernard-Guillaume fon frère, comte de Befalu, mort très-âgé vers l'an 1111.

15°. Dans la branche des comtes de Cerdagne, Guillaume-Jourdain fit le voyage de Jérufalem l'an 1102, & mourut l'an 1103 d'un coup de flèche qu'il reçut auprès de Tripoly.

Barcelone paffa dans la branche des comtes de ce nom, qui régnoient en Arragon ; il arriva des divifions dans cette Maifon : les habitans de Barcelone fe féparèrent des Arragonnois, & effayèrent de fe mettre en république ; puis ils appelèrent les Princes de la Maifon d'Anjou, dont le dernier, Charles, comte du Maine, inftitua Louis XI fon héritier. Les droits fur Barcelone paffèrent donc à la Maifon de France, & ces droits parurent affez bons à l'empereur Charles-Quint pour qu'il fe les fît céder par le roi François I dans le traité de Crefpy en 1544. En 1640, les Catalans ayant fecoué le joug de l'Efpagne, appelèrent les Français, & ceux-ci furent maîtres de Barcelone jufqu'en 652, que cette place fut reprife par les Efpagnols à la faveur des guerres civiles de France. Les Français la reprirent en 1697, fous la conduite du duc de Vendôme ; ils la rendirent l'année fuivante par le traité de Rifwick. Les habitans de Barcelone, après la mort de Charles II, reconnurent pour roi d'Efpagne Philippe V ; mais en 1705 ils reçurent l'archiduc Charles, qui fut depuis l'empereur Charles VI, & le proclamèrent Roi. Les Français affiégèrent Barcelone en 1706, mais ils furent obligés d'en lever le fiége ; & malgré le traité d'Utrecht, conclu en 1713, qui portoit que les troupes de l'Empereur évacueroient la Catalogne, & que cette province refteroit, ainfi que toute l'Efpagne, à Philippe V, les habitans de Barcelone perfiftèrent à ne pas reconnoître ce Prince pour Roi ; il fallut les affiéger de nouveau : le maréchal de Berwick emporta leur ville d'affaut le 11 feptembre 1714.

**BASCHI** ( *Hift. d'Italie & de France* ), Maifon d'Italie, dont une partie s'eft établie en France.

1°. Ugolino de Bafchi, feigneur de Bafchi près du Tibre en Ombrie, vivoit en 1080.

2°. Néri de Bafchi, vicaire de l'Empereur à Pife en 1310, fit la guerre aux habitans d'Orvieto, qui, l'ayant fait prifonnier en 1317, le firent mourir. C'étoit au fort des querelles des Guelphes & des Gibelins.

3°. Bindo de Bafchi, frère de Néri, capitaine des Gibelins, étoit général des troupes de la ville de Todi à la bataille de Monte-Molino, du 5 feptembre 1310 ; il fut tué en voulant s'emparer d'Orvieto, le 20 août 1313.

4°. Bernardin de Bafchi, chevalier de Rhodes, fervit avec diftinction à la défenfe de cette île contre Mahomet II en 1480.

5°. Dans la branche des marquis d'Aubais, Reinier de Bafchi fit une guerre fort vive aux Urfins & aux Farnèfes en 1354 & 1355. Il fut enfuite général des Pifans contre les Florentins à la bataille de Bagno à Vena, du 7 mai 1363.

6°. Guichard de Bafchi, après avoir fait la guerre aux Siennois en 1384, fut le premier de fa Maifon qui s'établit en France ; il fuivit en Provence Louis II d'Anjou, roi de Naples.

7°. Mais ce fut Bertholde de Bafchi fon fils qui fit un véritable établiffement en France, par l'acquifition du château de Saint-Eftève & de plufieurs domaines dans le diocèfe de Digne en Provence. L'acquifition de Saint-Eftève eft du 19 avril 1422.

8°. Perron de Bafchi, un de fes fils, fuivit Jean d'Anjou, duc de Calabre, dans fes expéditions en Italie; il fut enfuite maître-d'hôtel du roi Charles VIII, qui l'envoya en ambaffade vers le pape Alexandre VI & les républiques de Venife & de Florence, & l'employa encore en diverfes autres négociations.

9°. Louis de Bafchi, petit-fils de Perron, étant allé à Aix pour le fervice & par les ordres du roi Henri III, y fut affaffiné d'un coup de piftolet le 18 feptembre 1574.

10°. Frédéric de Bafchi, frère de Louis, fervit en Piémont, & en 1563 à la reprife du Havre-de-Grace; il fut fait gouverneur de Sifteron le 30 feptembre 1567.

11°. Thadée, frère des deux précédens, général des Rafats en Provence, eut l'honneur de battre Crillon le 14 juin 1574, s'empara de Riez le 6 juillet fuivant, & mourut le 30 mai 1579, d'une bleffure qu'il avoit reçue fept jours auparavant, en fe rendant maître du château de Trans.

12°. Balthafar de Bafchi fervit en 1589 dans l'armée du Roi en Provence: le 18 feptembre 1595 il fut fait gentilhomme de la chambre de Henri IV. En 1598 il fe noya au paffage d'une rivière. Le même accident étoit arrivé en 1579 à Octavien de Bafchi fon oncle, chevalier de Malte. Ce fut Balthafar qui époufa l'héritière de la baronnie d'Aubais, château du Languedoc, entre Nîmes & Montpellier, où un efcalier d'une conftruction particulière & d'une hardieffe exceffive forme un objet de curiofité. Cet efcalier n'a été conftruit que long-tems après cette époque par un architecte natif de Nîmes, nommé Gabriel d'Ardaillon, mort en 1695, & qui avoit achevé cet ouvrage en 1685. Aubais fut érigé en marquifat par Louis XV en 1724.

13°. Louis de Bafchi, fils de Balthafar & de l'héritière d'Aubais, & né à Aubais, fervit Louis XIII, comme fon père avoit fervi Henri IV; il empêcha en 1632 la ville de Nîmes de fe déclarer pour le duc de Montmorenci; il fe diftingua en 1635 à la bataille d'Avein. Le Roi lui donna un des premiers régimens de cavalerie qui aient été levés en France; il commanda en 1642 la cavalerie dans l'armée de Catalogne; & acquit de la gloire, le 7 octobre de cette année, à la bataille de Lérida.

14°. Charles de Bafchi fon fils y fut bleffé; il s'étoit diftingué en 1623 à la bataille de Thionville.

15°. Dans la branche des marquis de Pignan, Jean-Louis de Bafchi, de Pignan, du Cailar, colonel du régiment de la Reine, cavalerie, fut tué à la tête de ce régiment au combat de Caftiglione dans le Mantouan, le 9 feptembre 1706, n'ayant pas encore vingt-un ans (né le 20 octobre 1685).

BASSOMPIERRE. (*Hift. de France*) A l'article *Baffompierre*, dans le Dictionnaire, nous n'avons parlé que du célèbre maréchal de Baffompierre (François), l'ornement de la cour d'Henri IV & de Louis XIII.

Sa Maifon defcendoit d'Olry de Dompierre, feigneur de Baffompierre en Lorraine, qui vivoit en 1293.

Outre le maréchal de Baffompierre, elle a produit divers perfonnages qui, foit par leurs fervices, foit par leur deftinée, ont droit d'occuper une place dans l'Hiftoire. Tels font:

Chriftophe II, baron de Baffompierre, colonel de quinze cents reitres entretenus pour le fervice du Roi en 1570; mort en 1596: c'étoit le père du maréchal.

Jean, frère du maréchal, tué au fiége d'Oftende.

Anne-François, marquis de Baffompierre & de Removnille, neveu du maréchal. Ce marquis de Baffompierre, grand-écuyer de Lorraine, bailli de Vofges, & général de l'artillerie de l'Empereur, fut tué en duel.

Anne-François-Jofeph, marquis de Baffompierre, colonel d'un régiment au fervice de l'Empereur, fervit dans les guerres de Hongrie, & fe fignala furtout au camp de Varadin en 1694; il ne vivoit plus en 1713.

Charles-Louis, marquis de Baffompierre, fon frère, fut général des armées de l'Empereur: le duc de Lorraine, Léopold, le fit auffi maréchal de Lorraine & grand-bailli de Vofges en 1698. Ces deux frères avoient époufé deux fœurs de la Maifon de Beauvau.

Le maréchal de Baffompierre avoit eu de Marie de Balzac, fœur de la trop célèbre Henriette de Balzac, marquife de Verneuil, un fils naturel, que fa mère prétendoit être légitime (*voyez* l'article Baffompierre dans le Dictionnaire). Il fe nommoit Louis, fut évêque de Saintes, & premier aumônier de Monfieur, frère de Louis XIV; il mourut le 1er. juillet 1676.

Le même maréchal de Baffompierre eut auffi d'une Princeffe qu'il époufa depuis, ou qu'il avoit peut-être époufée dès-lors fecretement, un autre fils qui mourut de tems après fon père, & qui n'a point laiffé de poftérité.

BASTIE (LE BARON DE LA). (*Hift. litt. mod.*) Jofeph de Bimard, baron de la Baftie, né à Carpentras le 6 juin 1703, étoit d'une famille noble du Dauphiné. Dans fa première jeuneffe il voulut, & même affez obftinément, entrer chez les Jéfuites; & fe dérobant à fa famille, il alla fe renfermer dans leur noviciat. Sa famille le ramena dans le monde, & il prit le parti des armes; mais la délicateffe de fa fanté ne lui permettant point de suivre cet état, on lui proposa une charge de conseiller au parlement : en conséquence il étudia le droit & prit des degrés. Tout cela n'étoit pas sa véritable vocation ; c'étoient les lettres, c'étoit l'érudition qui le réclamoient. Un procès l'ayant conduit à Grenoble, il y connut le président de Valbonnays ; il assista chez lui à des conférences d'histoire & de belles-lettres : son goût pour la littérature en redoubla. Amené ensuite à Dijon par le même procès, M. le président Bouhier fortifia en lui cette ardeur pour les lettres. Bientôt ses correspondances littéraires augmentant avec les études & ses travaux, il fut l'ami des Quirini, des Muratori, puis dans la suite des Rothelin, des Surbeck, des de Boze. Par leur secours, aidé d'un goût naturel, il devint, jeune encore (car il n'a point passé l'âge de la jeunesse), un très-savant antiquaire, un profond littérateur. Il poussoit même l'amour des études solides jusqu'au mépris des lectures simplement amusantes : il en résultoit peut-être que dans son commerce on s'appercevoit qu'il n'avoit pas assez sacrifié aux Grâces : c'est du moins ce qu'on croit démêler à travers les éloges, justes d'ailleurs, que lui donne le secrétaire de l'Académie des inscriptions & belles-lettres. Il s'enfonça dans les profondeurs de la chronologie, dont il parvint à résoudre plus d'une difficulté. Il fut démêler dans la chronique de saint Louis, par le sire de Joinville, ce qui appartenoit au véritable texte de cet écrivain, & ce qui avoit été interpolé par les différens traducteurs ou éditeurs ; & dans le même tems M. de Sainte-Palaye découvrit à Lucques un manuscrit de cette chronique, fait pour Antoinette de Bourbon, mariée en 1513 au duc de Guise, Claude, & dans ce manuscrit on ne trouvoit aucune des additions faites après coup dans la chronique, telle qu'elle avoit été imprimée ; additions qui avoient été si bien indiquées par M. de la Bastie ; en sorte que les conjectures de celui-ci se trouvèrent parfaitement confirmées par la découverte de M. de Sainte-Palaye. Le recueil de l'Académie des inscriptions & belles-lettres est enrichi de beaucoup de recherches savantes de M. le baron de la Bastie, qu'elle s'étoit associé en 1737, sous le titre de correspondant honoraire, & qui a beaucoup plus travaillé pour elle que tant d'associés & de pensionnaires, plus particuliérement astreints à la loi du travail. On y trouve, entr'autres Dissertations, des Mémoires *sur le souverain pontificat des Empereurs romains*, qui donnèrent lieu à une discussion ou dispute littéraire entre lui & le président Bouhier, sur sa vie de Pétrarque, morceau important qui se trouve aussi dans les *Mémoires de l'Acad.* (*Voy.* dans le Dictionnaire l'art. *Pétrarque.*) On a trouvé dans ses papiers, remis après sa mort entre les mains de M. Falconet, les esquisses de plusieurs ouvrages, mais des esquisses terminées, dit M. Fréret, & qui montrent combien l'exécution lui en auroit été facile.

Il fit des additions & des corrections importantes à la science des médailles du P. Jobert ; & cet ouvrage, également utile, dit le même M. Freret, & à ceux qui veulent s'initier dans la connoissance des médailles, & à ceux qui veulent s'y perfectionner, eut le plus grand succès.

M. le baron de la Bastie mourut de phthisie le 5 août 1742, à trente-neuf ans & deux mois.

Il a légué à l'Académie des inscriptions & belles-lettres un manuscrit qu'il avoit fait copier à Florence ; c'est une espèce de calendrier ancien, qui contient une comparaison continue, & jour par jour, de l'année romaine avec les années de douze nations différentes de l'Asie.

BAUDELOT ( CHARLES-CÉSAR ), (*Hist. litt. mod.*), de l'Académie des inscriptions & belles-lettres. Cet homme, dont nous avons parlé trop succinctement dans le Dictionnaire, d'abord avocat, ayant été attiré de Paris à Dijon par des affaires de famille, y devint antiquaire ; & jugeant qu'il en avoit l'obligation à ce voyage, le seul qu'il eût jamais fait & qu'il fit jamais, il en prit occasion de composer son Traité *de l'Utilité des Voyages*, titre dont la généralité trompe la plupart des lecteurs, l'utilité dont parle l'auteur n'étant ni l'utilité morale ni l'utilité politique dont les voyages sont en effet susceptibles, mais l'utilité particulière qu'il avoit tirée de son voyage unique, & qui se bornoit à la recherche & à l'étude des monumens antiques, médailles, descriptions, statues, bas-reliefs, &c. Les voyages peuvent servir à cette étude sans doute, mais on sent qu'ils n'y sont pas indispensablement nécessaires.

La réputation de M. Baudelot l'ayant mis promptement en liaison avec les plus habiles antiquaires de l'Europe, il fut associé à l'Académie des Ricovrati de Padoue.

L'explication qu'il donna, en 1698, d'une pierre gravée du cabinet de Madame, seconde femme de Monsieur, frère de Louis XIV, fit honneur à son érudition & à sa sagacité : c'étoit une améthyste orientale, représentant une tête couronnée de laurier, & dont un voile ou large bandeau couvre presque tout le visage. M. Baudelot reconnut d'abord à des signes généraux, un ancien joueur de flûte, tels qu'ils étoient ordinairement représentés dans les monumens ; ensuite il parvint à démêler au travers du voile la physionomie & les traits d'un des derniers Ptolémées, de ce père de Cléopâtre, à qui son goût pour la flûte fit donner le surnom d'*Auletès*.

Peu de tems après il rendit compte à M. Lister, médecin anglais, un de ces amis que ses vastes connoissances lui avoient faits, de la découverte faite presque sous ses yeux, d'une pierre énorme dans le corps d'un cheval, mort à trente ans, au service des religieuses d'Argenteuil. M. Lister, auteur d'un Traité des pierres qui s'engendrent dans le corps de l'homme & dans celui des animaux, n'y avoit fait aucune mention des chevaux. L'abbé Mezzabarbe, homme d'esprit, avoit fait un fort beau travail d'antiquaire : c'étoit un panégyrique latin de Louis XIV., formé des plus belles légendes des médailles des Empereurs romains. L'esprit de cet hommage, d'autant plus flatteur qu'il venoit d'un étranger, étoit de montrer dans la personne du seul Louis XIV., la réunion des grandes actions & des caractères héroïques qui avoient distingué séparément tous ces divers Princes ; mais cette idée si heureuse étoit perdue pour la plupart des lecteurs français & pour celui même qui en étoit l'objet. M. Baudelot entreprit de faire passer dans notre langue tout le mérite de ces diverses légendes, qui s'enchâssoient d'elles-mêmes si naturellement dans la langue latine qui les avoit formées, & que plusieurs savans regardent comme la langue propre des légendes : on jugea qu'il avoit su leur conserver, autant qu'il étoit possible, leur force & leurs graces, & Louis XIV fut en état de sentir & de reconnoître le prix de cet ingénieux hommage. L'abbé de Vallemont avoit publié une médaille d'Alexandre-le-Grand, pour justifier la fidélité si suspecte de Quinte-Curce. M. Baudelot jugeoit la médaille fausse & d'un coin moderne ; il croyoit d'ailleurs que, même en la supposant antique, on n'en pouvoit rien conclure pour la justification de Quinte-Curce ; il exposa ses raisons dans trois lettres critiques, auxquelles l'abbé de Vallemont répondit par des injures. Alors M. Baudelot se tut.

En 1705 il fut reçu à l'Académie des inscriptions & belles-lettres ; & comme cette compagnie n'est pas dans l'usage de recevoir de remercimens publics de la part des académiciens qu'elle admet dans son sein, M. Baudelot imagina d'y suppléer, en choisissant pour sujet de sa première lecture dans l'Académie, une Dissertation sur les actions de graces publiques des anciens. Les premiers volumes du recueil de l'Académie présentent un grand nombre d'ouvrages qui assurent de plus en plus à M. Baudelot la réputation d'un habile antiquaire ; mais il n'est pas moins recommandable peut-être par les ouvrages qu'il a fait naître, que par ceux qu'il a faits. Ses connoissances, ses lumières, ses encouragemens, ses secours de tout genre, étoient toujours au service des jeunes talens qui n'osoient éclorre, ou que les obstacles rebutoient : il leur traçoit des plans d'ouvrages ; il leur communiquoit ses recherches & ses observations ; il leur applanissoit les difficultés de l'impression. C'étoit, disoit-il, de bons danseurs qu'il falloit mener au bal par force. M. de Nointel avoit rapporté de Constantinople des marbres fameux, de près de cinq pieds de haut, avec des inscriptions, dont une a plus de deux mille ans. Quel trésor pour un antiquaire ! Ces marbres avoient passé de M. de Nointel à M. Thévenot, garde de la bibliothèque du Roi, qui les avoit placés dans une petite maison de campagne qu'il avoit au village d'Issy. A sa

mort, M. Baudelot trouva ses héritiers fort embarrassés de ces masses, & disposés à s'en défaire ; il les acquit, & s'empressa de les charger presque seul sur la première voiture qu'il put trouver.

Dans un déménagement il fut obligé de les laisser pendant quelque tems rangés de son mieux dans la cour de sa nouvelle habitation, jusqu'à ce qu'il eût pu leur ménager un emplacement commode dans son appartement même. Une femme qui demeuroit dans cette même maison, trouva aussi que ces masses inutiles ne faisoient qu'embarrasser la cour ; & soit par plaisanterie, soit pour presser M. Baudelot de l'en délivrer promptement, elle appela des boueurs qui passoient, & leur proposa d'emporter ces décombres. M. Baudelot frémit, & se hâta de serrer ses marbres. On eut beau l'assurer qu'on n'avoit voulu que plaisanter & que l'inquiéter, il répondit qu'on n'avoit que trop bien réussi à l'inquiéter, & qu'il n'entendoit point raillerie sur l'article.

Il étoit attaché à Madame, & par conséquent vivoit dans une cour ; il y portoit une naiveté de sentimens & d'expressions qui ne se démentit jamais, & dont les gens, qui se croyoient d'habiles courtisans, se moquoient. Ils vouloient quelquefois par pitié lui donner des leçons de leur art. *Vous connoissez bien mal la cour*, leur répondoit Baudelot, *& surtout le cœur de Madame : cette Princesse est le plus honnête homme du monde*.

M. Baudelot mourut le 27 juin 1721, d'une hydropisie de poitrine, dans sa soixante-quatorzième année. Il laissa par son testament, à l'Académie, ses livres, ses médailles, ses bronzes & ses marbres antiques.

BAUME-MONTREVEL ( MAISON DE LA ), ( *Hist. de Fr.* ), est une des plus anciennes de la Bresse. Le premier de cette Maison, dont on ait une connoissance certaine, est :

1°. Sigebalde de la Baume, chevalier, qui vivoit vers le milieu du douzième siècle, nommément en 1140 & 1160. Il a eu un fils, un petit-fils, un arrière-petit-fils, tous chevaliers comme lui.

2°. Etienne de la Baume, deuxième du nom, rendit de grands services, & au comte de Savoie, Amé IV, & au roi de France, Philippe de Valois. Ce monarque le fit en 1338 grand-maître des arbalétriers de France ; puis gouverneur de Cambrai ; qu'il défendit vaillamment en 1339, contre Edouard III, roi d'Angleterre : il s'éleva jusqu'aux premiers grades, & dans les armées de France ; & dans celles de Savoie. En 1352 le roi Jean le rappela en France pour l'opposer aux Anglais. Etienne mourut vers l'an 1362. Il avoit épousé l'héritière de Montrevel.

3°. Il eut pour fils Guillaume de la Baume, seigneur de l'Abbergement, qui, se partageant, comme son père, entre la France & la Savoie, fut chambellan du roi Philippe de Valois, &

tuteur d'Amé VI, comte de Savoie, furnommé *le Verd*. Les hiftoriens de Savoie lui donnent l'éloge d'avoir été un des plus fages chevaliers de toute la Gaule. Il eut beaucoup de part aux plus grandes affaires de fon tems, & en France, & dans les Etats de Savoie ; il mourut avant fon père, l'an 1360, d'une bleffure qu'il avoit reçue au fiége de Carignan.

4°. Il avoit eu un frère naturel, qui fe nommoit Etienne, comme fon père, & qui fut amiral & maréchal de Savoie, & chevalier de l'Ordre de l'Annonciade. Cet Etienne acquit de la gloire, furtout à la prife de Gallipoli. Il vivoit encore en 1402.

5°. Jean de la Baume, comte de Montrevel, fe diftingua, jeune encore, à la prife d'Ormacien en Dauphiné. Il eut, en 1383, la conduite de l'armée que le duc d'Anjou, Louis, régent de France pendant la minorité de Charles VI, avoit levée pour fon expédition de Naples. Le duc d'Anjou le fit comte de Cinople en Calabre ; mais ce n'étoit qu'un titre honorifique, comme l'étoit pour le duc d'Anjou lui-même le titre de roi de Naples. Tous les Princes s'empref-ferent à l'envi d'attirer Jean de la Baume dans leur parti & de l'attacher à leur fervice. Amé VIII, premier duc de Savoie, le fit chevalier de l'Ordre de l'Annonciade en 1409. Dès l'an 1404 le duc d'Orléans lui avoit donné le collier de fon Ordre du Porc-Epic. Le duc de Bourgogne lui fit auffi beaucoup d'avances. Charles VI le fit fon cham-bellan. Il paroît qu'il s'attacha au parti de Bour-gogne & d'Angleterre dans le tems du traité de Troyes ; car ce fut à la follicitation du roi d'Angleterre, Henri V, que Charles VI le fit maréchal de France le 22 janvier 1421. Ce furent auffi les Anglais qui lui firent donner le gou-vernement de Paris. Il vivoit encore en 1435.

6°. Jacques de la Baume, fils du précédent, s'attacha au duc de Bourgogne, Jean-le-Cruel, qui lui procura, le 26 janvier 1418, la charge de maître des arbalétiers de France. Le duc de Savoie le combla auffi d'honneurs & d'emplois.

7°. Dans la branche des premiers feigneurs du Mont-Saint-Sorlin, Quentin, chambellan du duc de Bourgogne, Charles-le-Téméraire, fut tué à la bataille de Granfon.

8°. Marc de la Baume, feigneur de Bufly, fe trouva, fous le règne de Louis XII, à la bataille de Novarre. François I lui donna la lieutenance-gé-nérale du gouvernement de Champagne & de Brie, fous le duc de Guife.

9°. C'eft en faveur de Joachim de la Baume, un des fils de Marc, que le roi Henri II érigea en comté la feigneurie de Château-Vilain.

10°. Dans la branche des derniers feigneurs du Mont-Saint-Sorlin, Claude de la Baume, tige de cette branche, chevalier de la Toifon d'or, ma-réchal & gouverneur du comté de Bourgogne, & chambellan de Charles-Quint, mort en 1541.

11°. François de la Baume fon fils accompagna, en 1552, le même empereur Charles-Quint au fiége de Metz, fut gouverneur de Savoie & de Breffe ; mourut en 1565.

12°. Emmanuel-Philibert, fils de François, fut page du duc de Savoie, puis gentilhomme de la chambre du roi Charles IX, & des ducs d'Anjou & d'Alençon fes frères ; il fut tué en Flandre d'un coup de moufquet au talon.

13°. Antoine de la Baume, frère aîné du précé-dent, attaché de même, & au roi de France, & au duc de Savoie, fut fait prifonnier en 1590 à la bataille d'Iffoire en Auvergne ; il commandoit un régiment de quinze cents hommes au fiége de Genève en 1593 ; il fut fait colonel-général de l'infanterie du comté de Bourgogne, & fut tué au fiége de Vefoul en 1595.

14°. Jean-Baptifte, feigneur de Saint-Martin, fils d'Antoine, & connu fous le nom de baron de la Baume, s'attacha au fervice de l'Empereur & du Roi, & acquit la plus grande réputation dans toutes les expéditions militaires qui fe firent de fon tems en Allemagne & dans les Pays-Bas ; il étoit capitaine des gardes-du-corps du cardinal Infant, gouverneur du comté de Bourgogne, gé-néral de l'artillerie en Allemagne ; il mourut à Grey tout couvert de bleffures.

15°. Philibert de la Baume, marquis de Saint-Martin, frère du précédent, né le 26 mars 1586, fut fait chevalier au fiége d'Oftende en 1602, & mourut d'une chute qu'il fit à la chaffe en courant le cerf.

16°. Claude-François de la Baume, comte de Montrevel, frère aîné des deux précédens, fut fait chevalier, ainfi que Philibert, au camp devant Oftende, le 3 février 1602, par l'archiduc Albert ; en 1619 Louis XIII lui donna le régiment de Champagne ; il fe fignala en 1620 au combat du Pont-de-Cé ; il fuivit Louis XIII au voyage en Béarn, où le gouvernement des villes de Sauve-terre & d'Oléron lui fut confié ; il fut fait maré-chal-de-camp le 24 avril 1621 ; il fe trouva enfuite au fiége de Saint-Jean-d'Angely ; il mourut le der-nier mai de cette même année 1621, d'un coup de moufquet qu'il reçut en forçant les barricades du faubourg de Taillebourg ; il alloit être nommé chevalier des Ordres du Roi ; il en avoit le brevet.

17°. Ferdinand de la Baume, comte de Mon-trevel, fils du précédent, eut auffi le régiment de Champagne quand fon père fut fait maréchal-de-camp ; il commanda ce régiment, n'ayant encore que dix-fept ans, aux fiéges de Saint-Jean-d'An-gely & de Royan, où il fut dangereufement bleffé ; il fe trouva enfuite au fiége de la Rochelle & à toutes les guerres de fon tems ; il fut, comme fon père, maréchal-de-camp, & il obtint en 1661 le collier des Ordres que fon père alloit obtenir en 1621 ; il fut lieutenant-général pour le Roi en Breffe, & dans le comté de Charolois. Mort le 20 novembre 1678.

18°.

18°. Charles-François de la Baume son fils aîné servit en Artois l'an 1645, y fut blessé & fait prisonnier; il servit depuis sous le prince de Condé, en Catalogne, en Flandre & pendant les mouvemens de Paris; il mourut avant son père, en 1666.

19°. Jacques-Marie de la Baume, fils du précédent, & comte de Montrevel, brigadier des armées, fut tué à la bataille de Nerwinde, le 29 juillet 1693.

20°. il eut un fils, le comte de Montrevel, capitaine de cavalerie, tué en Italie en 1701.

21°. Le maréchal de la Baume Montrevel, Nicolas-Auguste, étoit fils de Ferdinand, mentionné sous le n°. 17; frère de Charles-François, n°. 18; oncle de Jacques-Marie, n°. 19; grand-oncle du dernier; il avoit été élevé à la cour de France avec les enfans du fameux comte de Harcourt-Lorraine. Une affaire d'honneur qu'il eut à Lyon dans sa tendre jeunesse, & dont il sortit deux fois avec avantage, l'obligea de quitter le royaume : il y rentra en 1667, jaloux de servir le Roi dans la guerre qui s'allumoit alors; il se distingua si noblement au siége de Lille, que M. de Turenne sollicita pour lui des graces du Roi; en 1668 il fut dangereusement blessé d'un coup de mousquet à la cuisse en dégageant un convoi que les ennemis avoient enveloppé au pont d'Espières.

Dans la guerre de Hollande, au passage du Rhin en 1672, il fut un des premiers qui se jetèrent dans le fleuve : il y reçut plusieurs blessures, entr'autres un coup de sabre au visage; il se distingua encore à la bataille de Senef, au secours d'Oudenarde & de Maëstricht, à la bataille de Cassel; au siége de Luxembourg, au combat de Fleurus, à la prise de Namur; il avoit été fait maréchal-de-camp en 1688, au renouvellement de la guerre; il fut fait lieutenant-général en 1693, & en cette qualité il commanda des corps détachés, & fut chargé de garder la frontière tous les hivers pendant cinq années consécutives; il fut enfin compris dans la promotion des maréchaux de France, du 14 janvier 1703; il alla commander en Languedoc contre les fanatiques des Cévennes, qu'il défit en diverses occasions; il eut encore divers commandemens en Guyenne, en Alsace, en Franche-Comté. Mort le 11 octobre 1716.

22°. La Maison de la Baume de Montrevel a donné aussi à l'Eglise des personnages d'un mérite distingué, entr'autres deux cardinaux, archevêques de Besançon, qui tous deux eurent occasion de signaler leur zèle contre les Protestans. Le premier (Pierre de la Baume) étoit évêque de Genève en 1523, dans le tems où l'hérésie s'y établissoit : les Huguenots le chassèrent jusqu'à deux fois de la ville. Le chapeau de cardinal qu'il obtint en 1539, & l'archevêché de Besançon qui lui fut conféré en 1542, furent son dédommagement & sa récompense. Il mourut le 4 mai 1544.

23°. Il eut, en 1543, pour coadjuteur dans son

archevêché, Claude de la Baume son neveu ( c'est le second des deux cardinaux que nous venons d'annoncer ); il eut aussi à combattre les opinions de Calvin, & il parvint, dit-on, à les dissiper entièrement dans son diocèse. Il fit recevoir le concile de Trente à Besançon, fut fait cardinal en 1578, mourut le 14 juin 1584, ayant été nommé vice-roi de Naples, & partant pour aller prendre possession de ce gouvernement, qui eût mieux convenu, ce semble, à un laïc & à un militaire. Ce prélat fut l'ami des gens de lettres de son tems.

BAUX ( MAISON DE ). ( *Histoire de Prov.* ) La Maison de Baux en Provence est une de celles dont l'origine se perd le plus dans les ténèbres & les fables de l'antiquité; mais ces ténèbres & ces fables déposent presque toujours d'une origine illustre, & dont l'époque a échappé à la mémoire des hommes. Par un effet de cette antiquité même, on ignore d'abord si cette Maison tire son nom du château de Baux en Provence, ou si elle le lui a donné. On observe seulement que ce nom de *Baux*, en provençal, signifie un rocher, un promontoire, un lieu élevé & entouré de précipices; que le verbe *debaussar* signifie dans la même langue, se précipiter, tomber d'un lieu élevé. Il y a en Provence des terres connues sous la désignation de terres *baussenques*. Ce sont, dit-on, soixante-dix-neuf, tant villes que bourgs ou villages, qui ont appartenu aux barons de Baux. Ils avoient, ajoute-t-on, une sorte d'attachement mystérieux pour ce nombre de soixante-dix-neuf, parce qu'il étoit composé des nombres 7 & 9. Ces mystères, ces préjugés, ces prédilections systématiques pour de certains nombres, sentent fort l'antiquité; mais indépendamment de tout mystère & de tout système, des possessions aussi vastes étoient un digne objet d'attachement & une marque imposante de grandeur & de puissance. On sait d'ailleurs que les barons de Baux étoient seigneurs en partie de Marseille, qu'ils étoient princes d'Orange, qu'ils ont porté le titre de rois d'Arles, qu'ils ont prétendu la souveraineté de la Provence; & qu'ils l'ont disputée les armes à la main aux comtes possesseurs.

Le plus ancien de ces barons de Baux, dont on ait connoissance, est Guillaume ou Hugues, qui vivoit en 1040 & 1050.

Raimond son fils eut quatre fils, avec lesquels il prit les armes contre Raimond Berenger, comte de Provence, pour des prétentions qu'avoient fait naître des alliances avec la Maison des comtes de Provence. Il paroît que cette querelle partagea non-seulement la province qui en étoit l'objet, mais encore quelques-unes des provinces adjacentes, & les plus grands seigneurs du voisinage. Vers l'an 1150 il se fit entre les deux partis un accommodement, par lequel les barons de Baux renoncèrent à tous les droits qu'ils pouvoient réclamer sur la Provence, & les comtes de Pro-

G

vence leur laissèrent en toute propriété les terres baussenques, sous la seule condition de l'hommage.

Quant aux droits que les barons de Baux acquirent dans la suite sur Marseille, ils les vendirent aux Marseillois.

Ce fut Bertrand, premier du nom, le troisième des quatre fils de Raimond, qui devint le premier prince d'Orange de sa Maison par son mariage avec l'héritière de cette principauté. Ce Bertrand I fut assassiné le jour de Pâques de l'an 1181, par l'ordre de Raimond V, comte de Toulouse.

Guillaume II son fils aîné obtint de l'empereur Frédéric II le titre de roi d'Arles. Une branche de la Maison de Baux s'établit dans le royaume de Naples, & c'étoit un Bertrand de Baux qui étoit grand-justicier du royaume dans le tems de l'assassinat d'André de Hongrie, premier mari de Jeanne de Naples; ce fut lui qui, en cette qualité, jugea, condamna & fit exécuter les assassins, nommément la Catanoise & ses complices: on croit qu'il empêcha les coupables d'accuser la reine Jeanne, ou du moins qu'il prit des mesures pour empêcher que leurs accusations ne fussent entendues; & que cette Reine, coupable ou non, ne fût avilie & flétrie aux yeux de ses sujets. C'est ce juge qui, sous le nom de Montescale, joue un fort beau rôle dans la tragédie de Jeanne de Naples de M. de la Harpe; c'est dans sa bouche que l'auteur met ces deux beaux vers:

Quand le Prince au sujet prescrit des attentats,
On présente sa tête, & l'on n'obéit pas.

On voit précédemment un autre Bertrand de Baux, de cette même branche établie dans le royaume de Naples, épouser Béatrix de Sicile, fille de Charles, dit le Boiteux, second roi de Naples & de Sicile, de la première Maison d'Anjou.

On vit depuis Robert de Baux, fils aîné de Hugues ou Jacques de Baux, comte d'Avellin, épouser la princesse Marie de Sicile, sœur de Jeanne de Naples. Le père & le fils furent tués au milieu des troubles, dont le règne de cette fameuse Jeanne de Naples fut si souvent agité.

Raimond V, prince d'Orange & baron de Baux, ayant porté les armes contre les rois & reines de Naples, comtes de Provence, & ses souverains à ce titre, fut condamné, en 1370, à perdre la tête pour ce crime de félonie & de rébellion; la reine Jeanne Ire. lui donna sa grace, & le rétablit dans ses biens.

Ce fut Marie de Baux sa fille qui, par son mariage avec Jean de Chalon, porta vers l'an 1393, dans cette Maison de Chalon, la principauté d'Orange, qui fut depuis portée dans celle de Nassau, aussi par un mariage.

Sous les rois de Naples, successeurs de Jeanne Ire., la baronie de Baux fut réunie au domaine des comtes de Provence jusqu'en 1641, que le

roi Louis XIII l'érigea en marquisat, & en fit don au prince de Monaco, Honoré de Grimaldi, pour le récompenser d'avoir secoué le joug des Espagnols, & de s'être mis sous la protection de la France.

En 1382, un Jacques de Baux, prince de Tarente & d'Achaïe, épousa Agnès de Duras, princesse de la Maison d'Anjou, & prit les titres d'empereur de Constantinople & de despote de Romanie. On voit que ni les titres magnifiques ni les grandes alliances n'ont manqué en aucun tems à cette Maison de Baux.

L'Histoire fait mention d'un Bernardin de Baux, qui vraisemblablement étoit de cette même Maison: il étoit chevalier de l'Ordre de Saint-Jean-de-Jérusalem & commandeur de Saint-Vincent de Largues; il fut le successeur de Prégent de Bidoux dans le généralat des galères de France en 1518; il signala sa valeur contre les Vénitiens, & se distingua aussi au fameux siège de Marseille en 1524, contre le connétable de Bourbon & le marquis de Pescaire; il mourut le 12 décembre 1527.

**BEAUMONT-LE-ROGER, BEAUMONT-LE-VICOMTE & BEAUMONT-SUR-OISE.** (*Hist. de Fr.*) 1°. Beaumont-le-Roger, ville de France en Normandie, sur la petite rivière de Rille, entre Evreux & Lisieux; elle a le titre de comté; elle tire ce surnom de *Roger*, d'un de ses comtes qui la fit bâtir ou rebâtir & augmenter dans le douzième siècle. En l'année 1255 saint Louis acquit de Raoul de Meulant le comté de Beaumont-le-Roger, qui depuis a passé dans la branche des comtes d'Evreux, rois de Navarre. Charles III, dit *le Noble*, roi de Navarre, comte d'Evreux, fils de Charles-le-Mauvais, céda en 1404 au roi de France, Charles VI, ce comté de Beaumont.

2°. Beaumont-le-Vicomte, ville de France dans le Maine, sur la Sarthe, entre le Mans & Alençon. Ce lieu, qui en 1543 fut érigé en duché par François I, avoit été long-tems vicomté: il en avoit pris le surnom de *vicomte*. Beaumont, après avoir eu des seigneurs particuliers, dont l'antiquité paroît remonter aux premiers tems du règne féodal, & dont plusieurs furent employés en différentes affaires par les rois d'Angleterre, ducs de Normandie, & dont quelques-uns même eurent avec eux des alliances, passa en 1253 dans la Maison de Brienne, par le mariage d'Agnès avec Louis de Brienne, fils puîné de Jean de Brienne, roi de Jérusalem & empereur de Constantinople. De la Maison de Brienne, Beaumont passa dans la branche d'Alençon, de la Maison de France, par le mariage de Marie Chamaillart d'Anthenaise, vicomtesse de Beaumont, fille de Marie de Brienne, avec Pierre, second du nom, comte d'Alençon, qu'elle épousa le 20 octobre 1371. Pierre II mourut en 1404, & Marie Chamaillart sa veuve en 1425. Jean I leur fils fut tué, du vivant de sa mère, à la bataille d'Azincourt en 1415. Son arri re-petite-fille, Françoise d'Alençon, épousa d'abord le duc de Longueville, mort en 1512; puis en secondes noces Charles de Bourbon, duc de Vendôme, & par ce mariage elle transmit à la Maison de Bourbon son vicomté, depuis duché de Beaumont. Elle fut mère du roi de Navarre, Antoine, & aieule d'Henri IV.

3°. La Maison de Beaumont-sur-Oise descend d'Yves I, comte de Beaumont, qui vivoit au commencement du onzième siècle, sous le règne du roi Robert.

Matthieu, premier du nom, son petit-fils, fut chambrier de France, ainsi que ses descendans: il avoit épousé Emme de Clermont, Dame en partie de Luzarches, fille de Hugues, comte de Clermont en Beauvoisis. Il fut l'ennemi le plus ardent de son beau-père; il lui enleva la terre de Luzarches; il mourut vers l'an 1152.

Une branche de la Maison de Beaumont-sur-Oise posséda la terre de Persan.

Thibaut de Beaumont, de cette branche des seigneurs de Persan, & qui possédoit aussi Luzarches, céda au roi saint Louis son comté de Beaumont, moyennant d'autres terres. Philippe-le-Hardi, fils de saint Louis, le donna en apanage à Louis de France, comte d'Evreux, son fils. Charles-le-Mauvais, roi de Navarre, petit-fils de Louis d'Evreux, fit avec le roi Jean, le 5 mars 1353, un traité par lequel il lui remit ce comté de Beaumont moyennant d'autres arrangemens. Le roi Jean donna ce comté à Philippe son frère, duc d'Orléans, mort sans enfans en 1371. Beaumont revint donc à la couronne pour la troisième fois: il fut encore donné en apanage à Louis, duc d'Orléans, qui, étant parvenu à la couronne, l'y réunit pour la quatrième fois; il fut cédé en usufruit au connétable Anne de Montmorenci, mais sans sortir de la main du Roi, qui toujours y entretint des officiers royaux. Charles IX le donna en apanage au duc d'Anjou son frère, qui fut depuis le roi Henri III.

**BEAUPOIL DE SAINT-AULAIRE.** (*Hist. de France.*) Aux articles Beaupoil & Saint-Aulaire du Dictionnaire, nous n'avons parlé que du marquis de Saint-Aulaire, de l'Académie française, si fameux par les agrémens de son esprit dans l'âge le plus avancé, & du comte de Lanmary, mort ambassadeur en Suède. Nous devons ajouter ici quelques particularités concernant cette Maison.

La Maison de Beaupoil, originaire de Bretagne, est fort ancienne dans cette province; elle joua un rôle considérable dans la grande querelle des Maisons de Montfort & de Blois-Penthièvre, relativement à la succession de Bretagne. 1°. Yves de Beaupoil, chevalier, fut constamment attaché au parti de Charles de Blois. Après que Charles eut été tué à la bataille d'Auray en 1364, Yves se retira en Limosin auprès du comte de Penthiè-

yre, fils de Charles, & il y mourut toujours fidèle au même parti, tout abattu, tout désespéré qu'il étoit alors.

2°. Un de ses fils, Jean de Beaupoil, épousa l'héritière de Laforce, & ce fut une Beaupoil, descendue de Jean & de cette héritière, qui porta la terre de Laforce dans la Maison de Caumont, par son mariage avec François de Caumont, père du maréchal de Laforce, Jacques Nompar.

3°. Le frère aîné de Jean de Beaupoil, Guillaume, épousa Françoise de Broon, nièce du connétable du Guesclin.

4°. Julien de Beaupoil leur fils, écuyer du roi Charles VII, acquit en 1440 la terre de Saint-Aulaire ou Sainte-Eulalie, car c'est le même nom, en latin *Sancta Eulalia*, près d'Uzerche dans le Limosin.

5°. Jean de Beaupoil, second du nom, seigneur de Saint-Aulaire, petit-fils de Julien, fut maître-d'hôtel du roi François I; il l'accompagna en Italie, & fut grièvement blessé au siége de Pavie.

6°. François de Beaupoil, seigneur de Saint-Aulaire, fils du précédent, pannetier des rois François I & Henri II, fut fait chevalier de l'Ordre du Roi sous Charles IX, le 10 octobre 1569, pour prix de la valeur qu'il venoit de signaler à la bataille de Montcontour, où il avoit eu un cheval tué sous lui.

7°. Germain de Beaupoil, seigneur de Saint-Aulaire, fils de François, fut gentilhomme de la chambre du roi Charles IX, & chevalier de son Ordre.

8°. Henri de Beaupoil son fils épousa en 1610 Léonore de Taleyran, sœur du malheureux comte de Chalais, décapité en 1616, & petite-fille du maréchal de Montluc, dont le nom seul auroit dû obtenir grace pour son petit-fils:

*Scirent si ignoscere manes.*

9°. Louis de Beaupoil de Saint-Aulaire, l'aîné des fils de l'académicien, colonel du régiment d'Enguien, fut tué au combat de Rumersheim dans la Haute-Alsace, le 26 août 1709; il avoit épousé la fille du marquis de Lambert, lieutenant-général des armées du Roi, celle à qui madame la marquise de Lambert sa mère adresse ses *avis à sa fille.*

10°. Un autre fils de l'académicien, Daniel de Beaupoil, colonel d'un régiment d'infanterie de son nom, mourut en 1706 devant Turin.

11°. Dans la branche de Lanmary, Antoine, capitaine de cavalerie, tué au siége de Mortaie.

12°. Louis de Beaupoil son neveu, marquis de Lanmary, grand-échanson de France, capitaine-lieutenant des gendarmes de la Reine, mort à l'armée d'Italie, à Casal-Maggiore, le 26 juillet 1702, c'est lui qui, par son mariage avec Jeanne-Marie Pérault, avoit acquis la baronie de Milly en Gâtinois, la terre d'Argeville, &c. qui depuis, par l'extinction de cette branche de Lanmary, ont passé dans la famille de messieurs du Lau d'Allemans.

**BEAUVAIS (MAISON DES CHÂTELAINS DE).** ( *Hift. de Fr.* ) Le premier de ces châtelains, dont on ait une connoissance certaine, est Guillaume I, qui vivoit en 1225, & dont le fils, Guillaume II, vivoit en 1252.

Dans la branche aînée de cette famille, nous trouvons un Colart, châtelain de Beauvais, qui servoit en 1346 en Normandie, sous ce connétable d'Eu, de la Maison de Brienne, qui eut la tête tranchée au commencement du règne du roi Jean.

Guillaume IV son fils fut chambellan du Roi : il servit en 1359 le gouvernement de la ville de Beauvais ; il servit pendant plusieurs années dans les armées françaises contre les Anglais, sous le roi Jean & sous Charles-le-Sage ; ce fut sous ce dernier Roi qu'il fut pourvu, vers l'an 1367, de la charge de grand-queux de France ; il mourut sous le règne de Charles VI, en 1390.

Dans la branche cadette, Renaud de Beauvais, second fils de Guillaume II, mentionné ci-dessus, servit aussi en 1346, ainsi que Colart son neveu, sous le connétable d'Eu ; il fut fait prisonnier à la bataille de Poitiers, en 1356. Philippe de Beauvais son fils fut aussi fait prisonnier dans cette désastreuse bataille. Dans la suite il servoit encore, en 1368, sous Hue de Châtillon, grand-maître des Arbalêtiers ; il vivoit encore en 1388.

Il eut deux fils qui moururent sans avoir été mariés. Jeanne de Beauvais sa fille, mariée d'abord à Bureau de Dicy, maître de l'écurie du Roi, épousa en secondes noces Jean Leclerc, chancelier de France : celui-ci fut maintenu par arrêt du 5 mai 1425, dans la possession de la châtellenie de Beauvais, & de toutes les terres qui avoient appartenu à Guillaume II, châtelain de Beauvais. Jeanne de Beauvais & Jean Leclerc vendirent ensemble cette châtellenie à Estout d'Estouteville, seigneur de Beaumont, qui prit en conséquence le titre de châtelain de Beauvais.

**BEAUVAIS (VINCENT DE),** ( *Hift. litt. franç.* ), écrivain du treizième siècle, moine dominicain, vraisemblablement natif de Beauvais, fut appelé par le roi saint Louis dans le magnifique monastère de Royaumont, qu'il venoit de faire bâtir. Louis le fit son lecteur, son prédicateur, & Vincent eut même quelque inspection sur l'éducation des Princes, fils de saint Louis. A ce titre il a écrit sur l'éducation des Princes. En qualité de moine & de docteur, il a écrit sur la grace de Dieu ; & en qualité d'écrivain du treizième siècle, il est l'auteur d'un livre fameux de son tems, *les quatre Miroirs* ; *Miroir de la Nature*, *Miroir des Sciences*, *Miroir de l'Histoire*, *Miroir de la Morale*. Ce dernier *Miroir* n'est pas, dit-on, de

Vincent de Beauvais. Le tout est intitulé *Speculum majus*, le grand *Miroir*, pour distinguer cet ouvrage d'un autre *Miroir* ou *Image du monde*, par un auteur français ou anglais, nommé Honorius. Tout étoit *Miroir* dans ces siècles sans goût ; tous les titres de livres étoient métaphoriques & ridicules : on ne savoit pas être simple. Guillaume Durand, évêque de Mende, aussi au treizième siècle, fit le *Miroir du Droit*, *Speculum Juris*, d'où il fut nommé *le Spéculateur*. Dans le même siècle, Hugues de Saint-Cher fit un *Miroir* de l'Eglise ; Roger Bacon, un *Miroir de chimie* & des *Miroirs de mathématiques* & *de perspective* ; Albert, un *Miroir d'astronomie*. Au douzième siècle, Guillaume, abbé de Saint-Thierry de Rheims, ami de saint Bernard, avoit fait un *Miroir de la Foi*, *Speculum Fidei*. Au quinzième, le juif Pfeffercorn fit contre Reuchlin le *Miroir manuel*, & Reuchlin fit contre le juif Pfeffercorn le *Miroir oculaire*. Dans ce même siècle, un moine fit un *Miroir de l'ame pécherefse*. Au seizième siècle, la reine de Navarre, sœur de François I, fit un autre *Miroir de l'ame pécherefse*, qui fut presque condamné par l'Université. Dans ce même siècle, un écrivain nommé Jean Maire, fit un *grand Miroir des exemples*. Le malheureux Berquin ( *voyez* dans le Dictionnaire l'article *Erafme* ) avoit fait un *Miroir des Théologastres*. Le *Paradis d'amours*, le *Temple d'honneur*, la *Fleur de Marguerite*, la *Prison amoureuse*, le *Dité de l'épinette amoureuse*, tels étoient les titres ordinaires des poésies. Vincent de Beauvais mourut en 1264.

**BEC ou BEC-CRESPIN (DU).** ( *Hift. de Fr.* ) La très-ancienne & très-noble Maison du Bec ou du Bec-Crespin en Normandie, n'a nullement besoin d'être descendue & sortie, dès le dixième siècle, de celle des Grimaldi, princes de Monaco. Elle suffit à son illustration. Ainsi, qu'il soit vrai ou non, comme le disent quelques auteurs, qu'un Grimaldi, prince de Monaco, ait épousé Crespine, fille très-inconnue du très-célèbre Rollon ou Raoul I, duc de Normandie ; que de ce mariage soient nés deux fils, Gui, prince de Monaco, & Crespin, surnommé Anfgotus, qui s'établit en Normandie ; que les fils de ce dernier ait fondé l'abbaye du Bec, tout cela semble ne pouvoir être ni prouvé à la rigueur, ni rejeté avec raison. Ce qu'il y a d'incontestable, c'est la très-grande antiquité de la Maison du Bec-Crespin. Le Bec est une ancienne baronie de Normandie dans le pays de Caux. 1°. Il paroît que Gilbert de Brionne, dit *Crespin*, baron du Bec, eut pour le moins part à la fondation de l'abbaye de ce nom, dont la date est de 1034 ; il paroît certain encore que c'est de la terre du Bec, & de ce surnom de *Crespin*, que s'est formé le nom du Bec-Crespin, porté par toute la descendance de ce Gilbert.

2°. Guillaume, premier du nom, baron du Bec-Crespin, fils de Gilbert, suivit Guillaume-le-

Bâtard, duc de Normandie, à la conquête de l'Angleterre, en 1066.

3°. Guillaume II son fils se trouva, en 1118, à la défense du château de l'Aigle. Il défendit contre le roi d'Angleterre, Henri I, usurpateur des Etats du prince Robert, frère aîné de Henri, les droits de Guillaume Criton, fils de Robert. Il assista au siège de Gisors, en 1124.

4°. Guillaume, cinquième du nom, est qualifié maréchal de France dans un arrêt du parlement, de la Toussaint 1283; il avoit suivi le roi saint Louis au voyage d'Afrique en 1269. Il tenoit de Jeanne de Mortemer sa femme, fille unique de Guillaume, baron de Varanguebec, la charge de connétable héréditaire de Normandie.

5°. Guillaume VI son fils n'eut que deux filles, dont la cadette, Marie du Bec-Crespin, mariée à Jean de Chalon, troisième du nom, comte d'Auxerre & de Tonnerre, grand-bouteiller de France, vendit avec son mari la terre du Bec-Crespin à Guillaume, seigneur des Bordes.

6°. Mais Guillaume du Bec-Crespin, huitième du nom, son cousin issu de germain, remit cette terre dans sa Maison, soit par retrait, soit par un autre genre d'acquisition; il servit d'ailleurs très-bien l'Etat sous le roi Charles V; il se trouva en 1370, avec le maréchal de Sancerre, à la prise de Limoges; il servit aussi sous le connétable de Clisson, pendant le règne de Charles VI.

7°. Guillaume IX son fils suivit toujours le parti du Roi & de l'Etat contre les Anglais des Bourguignons leurs alliés; en conséquence les Anglais, alors tout-puissans en France, confisquèrent ses terres, & les donnèrent à un chevalier anglais nommé Jean Falstoff ou Falscoff, ou Fastol, peut-être le même qui gagna en 1429 la journée dite des Harangs, & perdit la même année la bataille de Patay. Guillaume IX étoit mort en 1425.

8°. Dans la branche des seigneurs de Bourri & de Villebéon, Jean du Bec, second du nom dans cette branche, épousa, en 1491, Marguerite de Roncherolles, Dame de Vardes, par qui la terre de Vardes entra dans la Maison du Bec-Crespin.

9°. Pierre, un de ses fils, fut la tige des marquis de Vardes.

10°. Charles du Bec, seigneur de Bourri & de Vardes, frère aîné de Pierre, fut chevalier de l'Ordre de Saint-Michel, alors l'Ordre du Roi, & vice-amiral de France.

11°. Son petit-fils, Georges du Bec, baron de Bourri, fut aussi chevalier de l'Ordre du Roi, qui étoit alors l'Ordre du Saint-Esprit, & gentilhomme de la chambre du roi Henri III. Il mourut en 1585.

12°. Dans la branche des marquis de Vardes, René du Bec, marquis de Vardes, fils de Pierre, mentionné sous le n°. 9, fut capitaine de cinquante hommes d'armes, gouverneur de la Capelle, &

chevalier des Ordres du Roi, de la promotion du 31 décembre 1619.

13°. Jean son fils aîné fut tué en Italie en 1616, par des bandits.

14°. Renée du Bec, sœur de Jean & fille de René, fut mariée en 1632 à Jean-Baptiste de Budes, comte de Guébriant, maréchal de France, mort en 1643, & auquel on rendit à sa mort des honneurs extraordinaires dans l'église de Notre-Dame de Paris. Ce fut la maréchale de Guébriant sa veuve (Renée du Bec), que le Roi chargea, en 1645, de conduire la reine de Pologne (Louise-Marie de Gonzague) dans ses nouveaux Etats. La maréchale de Guébriant eut pour cette commission le titre de *surintendante du voyage*, & *d'ambassadrice extraordinaire de France*. A son passage en Italie en 1646, trente ans après l'assassinat de Jean son frère, elle lui fit ériger dans l'église de Notre-Dame de Consolation, hors la ville de Gènes, un tombeau dont le Laboureur composa l'inscription funéraire. Renée du Bec mourut à Périgueux le 2 septembre 1659, étant désignée pour être Dame d'honneur de la reine Marie - Thérèse d'Autriche, femme de Louis XIV.

15°. René du Bec, second du nom, marquis de Vardes, frère de Jean du Bec & de la maréchale de Guébriant, gouverneur de la Capelle, ainsi que René I son père, épousa Jacqueline de Bueil, comtesse de Moret, l'une des maîtresses de Henri IV.

16°. Il en eut pour fils François-René du Bec, marquis de Vardes, comte de Moret, l'homme le plus brillant de sa Maison, & l'un des plus brillans de la cour de Louis XIV; mais aussi l'un des plus intrigans & des plus dangereux.

17°. Son frère, Antoine du Bec, comte de Moret, lieutenant - général des armées du Roi, fut tué d'un coup de canon au siège de Gravelines, le 13 août 1658.

18°. Ce dernier laissa un fils naturel, nommé comme lui Antoine du Bec, & connu dans le monde sous le nom de chevalier de Moret, qui fut tué au siège de Lille, en 1667.

19°. Une fille unique du fameux marquis de Vardes & de Catherine de Nicolaï, Marie-Elisabeth du Bec, née le 4 février 1661, fut mariée le 28 juillet 1678 à Louis de Rohan-Chabot, duc de Rohan, pair de France, prince de Léon, &c.

La Maison du Bec-Crespin a donné aussi à l'Eglise plusieurs prélats distingués:

20°. Robert, évêque de Laon vers le milieu du quinzième siècle, mort archevêque de Narbonne.

21°. Dans la branche de Bourri & de Villebéon, Michel du Bec, chanoine de Paris, doyen de Saint-Quentin, créé cardinal par le pape Clément V, le 23 décembre 1312, mort en 1316, fondateur de la chapelle de Saint-Michel dans l'église de Paris.

22°. Philippe, évêque de Vannes, puis de Nantes, & enfin archevêque de Rheims, commandeur des Ordres du Roi, mort en 1605.

23°. Jean, abbé de Mortemer, & évêque de Saint-Malo, mort en 1610, auteur de Paraphrases fur les Pseaumes.

BECDELIEVRE. ( *Hist. de Fr.* ) C'est le nom d'une ancienne & noble Maison de Bretagne, qui a donné une longue suite de magistrats, conseillers & présidens au parlement de Bretagne, premiers présidens de la chambre des comptes de cette province, lieutenans-généraux des eaux, bois & forêts de cette même province, &c. premiers présidens de la cour des aides de Normandie, &c. Plusieurs d'entr'eux furent aussi employés en diverses négociations par les ducs de Bretagne & par la duchesse Anne. Cette même famille a servi avec distinction dans les armées, & a fourni à la patrie d'honorables victimes.

Charles de Becdelièvre vint en France avec la duchesse Anne de Bretagne, & s'attacha au roi Charles VIII, qu'il suivit à la conquête du royaume de Naples.

Pierre de Becdelièvre, dit le chevalier d'Hocqueville, officier aux gardes, mourut à Tournay, en 1697.

Alexandre-François son frère, nommé aussi le chevalier d'Hocqueville après Pierre, capitaine dans le régiment de la Vieille-Marine, fut tué à la bataille de Cassano, en 1704.

Henri, chevalier de Brumare, frère des deux précédens, fut tué au combat naval de Malaga, sur le vaisseau de M. le comte de Toulouse.

Un autre Becdelièvre, d'une autre branche, nommé René, marquis de Saint-Georges, colonel du régiment du Roi & brigadier des armées, fut tué en 1678 à la bataille de Saint-Denis près Mons, où il venoit de repousser à plus de trois cents pas, à la tête du régiment du Roi, le prince d'Orange en personne.

Dans une autre branche encore Jacques de Becdelièvre, chevalier, seigneur de Bonnemare, &c. leva pour le service de Henri IV une compagnie de cent hommes d'armes, qu'il continua de commander pendant l'espace de trente-six années, sous les règnes de Louis XIII & de Louis XIV.

Il eut entr'autres enfans, trois fils, Charles, Gilles & Claude de Becdelièvre, tous trois tués au service sous le règne de Louis XIV.

BELGIUS ET BRENNUS. Environ trois cents ans après l'expédition de Sigovèse & Bellovèse ( *voyez* leurs articles à *Sigovèse* dans le Dictionnaire, & celui d'*Ambigat* dans ce Supplément ), qui, dans l'intervalle, avoit donné lieu à beaucoup d'autres émigrations semblables, toujours causées par l'extrême population des Gaulois, Belgius & Brennus partirent à la tête de quelques bandes nouvelles, percèrent la Pannonie & l'Illyrie, & n'ayant pas pu s'accorder ensemble, se séparèrent, comme avoient fait Sigovèse & Bellovèse ; Belgius se jeta sur la Macédoine, Brennus

sur la Grèce. C'étoit vers le milieu du cinquième siècle. Belgius eut de grands succès ; il vainquit & tua dans deux sanglantes batailles deux rois de Macédoine, Ptolémée, dit Ceraunus ou le Foudre, & Sosthènes, successeur de Ptolémée. Brennus, moins heureux, perdit une partie de son armée au détroit des Thermopyles, & fut repoussé avec une bien plus grande perte encore, du temple de Delphes, d'où il vouloit enlever les riches offrandes de tant de peuples, & que les Païens croyoient avoir été préservé par un miracle de leurs dieux.

L'expédition des Gaulois contre Rome ( *voyez* dans le Dictionnaire l'article *Brennus*, & dans ce Supplément l'article *Ambigat* ) se fit sous la conduite d'un autre Brennus, antérieur d'environ un siècle à celui qui attaqua la Grèce.

Parmi ces diverses bandes de Gaulois qui faisoient ou cherchoient à faire des établissemens dans différentes contrées, il y en eut une qui pénétra dans l'Asie ; elle se rendit nécessaire à Nicomède, roi de Bithynie, qui crut ne pouvoir reconnoître dignement les services de ces Gaulois, qu'en leur abandonnant une partie de ses Etats : ils s'y établirent, & y formèrent le royaume qui fut connu en grec sous le nom de Galatie ou pays des Gaulois, & en latin sous celui de Gallo-Grèce, qui exprimoit le mélange des Gaulois & des Grecs dans cette contrée. Il y eut alors trois Gaules principales ; savoir : la grande & ancienne Gaule, mère des deux autres ; la Gaule transalpine relativement à cette première, & cisalpine relativement aux Romains ; enfin la Galatie ou Gallo-Grèce.

BELLEFORIERE. ( *Hist. de Fr.* ) C'est le nom d'une famille noble du Cambresis. Jean, seigneur de Belleforière, servoit en 1353 & en 1355, sous le maréchal d'Audenehan, & vivoit encore en 1383.

Pierre, un de ses fils, fut tué à la guerre auprès de Gand.

Philippe de Belleforière, arrière-petit-neveu de Pierre, gouverneur du château de Hall en 1488, est fort renommé dans l'Histoire de Flandre.

Divers seigneurs de Belleforière eurent le gouvernement de la ville de Corbie, & Ponthis de Belleforière, chevalier de l'Ordre du Roi & gentilhomme de sa chambre, fut tué en 1580, lorsque cette place fut prise par le seigneur d'Humières. Il épousa l'héritière de Soyecourt, & ses descendans en prirent le nom.

Maximilien son fils, seigneur de Soyecourt, lieutenant-général ou gouverneur de Picardie & du Boulonois en 1634, commandoit dans Corbie lorsque cette place fut assiégée par les Espagnols, en 1636.

Thibaut son neveu, fut tué à la bataille de Rocroy, en 1643.

Charles, frère de Thibaut, fut tué en duel près d'Amiens.

Maximilien-Antoine, marquis de Soyecourt,

fils de Maximilien, servit avec distinction à la bataille de Lens en 1648, au siége de Lille en 1667, & en diverses autres occasions. Il fut fait grand-maître de la garde-robe en 1653, chevalier des Ordres du Roi en 1661, grand-veneur en 1670; mort le 12 juillet 1679. Il épousa, le 23 février 1656, Marie-Rénée de Longueil, fille du président de Maisons, ministre d'Etat, & surintendant des finances.

Jean-Maximilien, marquis de Soyecourt, leur fils, colonel du régiment de Vermandois, fut tué à la bataille de Fleurus, le 1er. juillet 1690.

Le chevalier de Soyecourt son frère (Adolphe), capitaine-lieutenant des Gendarmes-Dauphin, mourut le 3 juillet suivant, des blessures qu'il avoit reçues à cette même bataille.

Marie-Renée de Belleforière-Soyecourt leur sœur porta les biens de ces deux familles dans celle de Seiglière-Boisfranc, ayant épousé, le 5 février 1682, Timoléon-Gilbert de Seiglière, seigneur de Boisfranc, chancelier de Monsieur, duc d'Orléans, frère de Louis XIV.

Joachim-Adolphe de Seiglière-Boisfranc leur fils, marquis de Soyecourt, fit ses premières armes en 1702, & servit dans toute cette guerre de la succession d'Espagne. Peu de guerriers se sont trouvés à autant d'affaires considérables : il étoit au siége du fort de Kehl, à l'attaque des lignes de Stolhoffen, à la prise de divers forts & châteaux en février 1703; à la défaite du comté de Styrum, le 28 mars suivant; à la prise d'Ausbourg le 16 décembre aussi suivant, & à la première bataille d'Hochstet encore en 1703. En 1704, il étoit aussi à la seconde bataille d'Hochstet : il y fut blessé d'un coup de fusil, & eut un cheval tué sous lui. En 1705, il étoit au combat de Cassano, à la bataille de Calcinato, au siége de Soncino en 1706, à ce fameux & triste siége de Turin; en 1707, à la levée du siége de Toulon; en 1709, à la bataille de Malplaquet; en 1712, au combat de Denain & aux siéges de Marchiennes & de Douay; il fut choisi par le maréchal de Villars pour aller annoncer au Roi la prise de cette dernière place, & lui porter les drapeaux ennemis qu'on y avoit trouvés. Le marquis de Soyecourt épousa, le 29 janvier 1720, Pauline Corisante de Pas, fille du marquis de Feuquières, lieutenant-général des armées du Roi. Par ce mariage le nom de Feuquières est devenu, ainsi que celui de Soyecourt, un des noms de la famille de Seiglière-Boisfranc.

Reprenons la famille de Belleforière. La branche des seigneurs de Thun & de Belleforière, séparée de la branche aînée avant que celle-ci eût pris le nom de Soyecourt, nous offre Maximilien de Belleforière, seigneur de Thun-Saint-Martin, tué au siége de Cambrai, en 1594.

Jean de Belleforière son frère, créé chevalier par l'archiduc d'Autriche, Albert. Les lettres de cette création sont du 1er. septembre 1612.

Alexandre, fils de Jean, fut aussi créé chevalier par des lettres du 26 janvier 1644.

BELLEY (AUGUSTIN). (*Hist. litt. mod.*) L'abbé Belley (que les savans, dans leurs petites plaisanteries, s'amusoient à appeler *Velleius Paterculus*, disant que c'étoit la traduction latine des mots *l'abbé Belley*, ou *Belley l'abbé*) naquit le 19 décembre 1697, à Sainte-Foy de Montgomery, au diocèse de Lisieux; il vint à Paris en 1717, & fut précepteur des enfans de M. le marquis de Balleroy. Une partie de cette éducation se fit à Blois sous les yeux de M. de Caumartin, évêque de cette ville & oncle de M. de Balleroy. L'abbé Belley rédigea les statuts du diocèse de Blois, qui furent confirmés dans un synode & toujours exécutés depuis.

En 1735, le marquis de Balleroy ayant été nommé gouverneur de M. le duc de Chartres, l'abbé Belley suivit ses élèves au Palais-Royal. M. le duc d'Orléans le fit quelque tems après un de ses secrétaires ordinaires.

L'éducation des jeunes Balleroy finie, l'abbé Belley, devenu libre & maître de son tems, l'employa tout entier à l'étude, surtout à celle de la science métallique. Il passoit tous ses jours dans les cabinets de Médailles, dans celui du Roi, dans celui de M. Pellerin; il devint un des plus savans antiquaires. Il fut reçu, en 1744, à l'Académie des inscriptions & belles-lettres. Aucun académicien n'a rempli d'autant de Mémoires le recueil de cette compagnie : ces Mémoires tendent la plupart à éclaircir les points obscurs de l'ancienne géographie, & à fixer les ères marquées sur les médailles. Seize de ces dissertations servent de supplément aux époques des Syro-Macédoniens du cardinal Noris.

M. le chancelier d'Aguesseau attacha l'abbé Belley au Journal des Savans, le fit censeur des livres, & obtint pour lui une pension de 500 liv. sur un bénéfice.

M. le duc d'Orléans, son premier bienfaiteur, mourut le 4 février 1752, & lui laissa, par son testament, 400 liv. de rente viagère. Le fils de ce Prince lui conserva son logement au Palais-Royal, & le nomma son bibliothécaire & garde de ses pierres gravées, c'est-à-dire, du cabinet le plus riche dans ce genre, après celui du Roi. M. le duc d'Orléans le chargea ensuite de l'institution de Mademoiselle, depuis duchesse de Bourbon.

L'abbé Belley, dans ses dernières années, ressentit une foiblesse de nerfs qui l'empêchoit d'écrire, & qui, bien augmentée par le saisissement que lui causa l'incendie de l'Opéra, dégénéra en un tremblement très-fort & très-incommode. Il mourut le 26 novembre 1771. Il avoit la physionomie d'un sage de l'antiquité : toujours calme, tranquille & modeste, son ame sembloit inaccessible aux passions & à l'orgueil; jamais on n'entendoit sa voix s'élever dans les assemblées de l'Académie ; & un jour qu'on le vit répondre avec quelqu'aigreur & quelque vivacité aux objections d'un de ses confrères, on en fut surpris comme d'un phénomène inattendu, & frappé comme d'une altération de son tempérament, qu'il falloit peut-être attribuer à un mouvement extraordinaire de ses nerfs.

BERGER ( CLAUDE ), ( Hist. des Sciences ), de l'Académie des sciences, né le 20 janvier 1679, eut le même nom & la même profession que son père : tous deux furent médecins. Le fils soutint, sous la présidence de M. Fagon, premier médecin, une thèse contre l'usage du tabac : cette thèse fit du bruit, & lui valut l'amitié & la protection de M. Fagon.

M. de Tournefort, sous lequel M. Berger se livroit à l'étude des plantes, le fit entrer en qualité de son élève à l'Académie des sciences, en 1699. Il devint depuis élève de M. Homberg, & se partagea entre la botanique & la chimie. Son père étoit fort employé comme médecin ; il menoit son fils chez ses malades, & à sa mort, arrivée en 1705, ce fils se trouva fort employé, presqu'à titre héréditaire. En 1709, M. Fagon, qui avoit la chaire de professeur en chimie au Jardin-Royal, & qui ne pouvoit l'occuper, en chargea M. Berger. Mais sa complexion délicate succomba bientôt à ses différens travaux. Son poumon fut attaqué. Il mourut le 22 mai 1712, à trente-trois ans, ayant joui de l'estime, & emportant les regrets des hommes les plus célèbres de son tems.

BERINGHEN. ( Hist. de Fr. ) Cette famille, originaire du duché de Gueldres, vint s'établir en France sous le règne de Henri IV. Pierre de Beringhen ( bisaïeul du dernier marquis de Beringhen ), grand-bailli & gouverneur d'Etaples, fut employé en plusieurs affaires importantes au dedans & au dehors du royaume, surtout auprès de divers princes d'Allemagne. Les Mémoires de Sully le représentent partout comme honoré de la confiance intime de Henri IV., & comme très-digne de cette confiance, suivant le témoignage que lui en rendit Henri IV lui-même dans une occasion éclatante. Ce Prince soupçonnant Sully de n'avoir pas peut-être attaché assez d'importance à un secret qu'il lui avoit confié pour n'en avoir laissé rien échapper, Sully lui demanda s'il n'en avoit point parlé à d'autres. Le Roi avoua en avoir parlé au P. Cotton & à Beringhen, & il ajouta : Pour celui-ci, je répondrai bien qu'il n'en a dit mot. Comme dans une autre occasion il dit, en parlant du président Jeannin : Je réponds pour le bon homme ; c'est aux autres à s'examiner, il se trouva que c'étoit le P. Cotton qui avoit été l'indiscret, si même il n'avoit été qu'indiscret.

En 1602, Pierre Beringhen fut fait contrôleur-général des mines & minières du royaume, emploi qu'on croyoit alors devoir être fort considérable,

car on avoit conçu de ces mines de grandes espérances qui ne se réalisèrent pas.

Henri, comte de Beringhen, fils de Pierre, fut un des premiers favoris du roi Louis XIII, & s'attacha véritablement à la personne de ce monarque. On prétend que lorsque Louis fut malade à Lyon en 1630, & qu'il se crut en danger de mourir, il confia un secret à son ami Beringhen, sous la condition expresse de ne le jamais révéler de son vivant. Le cardinal de Richelieu, qui ne vouloit pas permettre à Louis XIII d'avoir des secrets, & qui ne prétendoit pas qu'il y eût de secrets pour le premier ministre, voulut savoir ce que Louis XIII avoit confié à Beringhen ; celui-ci eut la fidélité courageuse de résister à Richelieu ; & comme Louis XIII sacrifioit toujours ceux qu'il aimoit au cardinal qu'il n'aimoit pas, Beringhen fut obligé de quitter non-seulement la cour, mais le royaume ; il alla servir en pays étranger, mais du moins il ne servit que des puissances alliées de la France. Ce fut au grand Gustave qu'il s'attacha d'abord, & il se distingua tellement à son service, qu'il devint capitaine des gardes de ce Prince quelque tems avant la bataille de Lutzen ( du 16 novembre 1632 ), où il assista & où Gustave fut tué ; il alla ensuite commander les cuirassiers de Frédéric-Henri, prince d'Orange, le plus fameux capitaine de son siècle, engagé d'ailleurs dans la même cause & dans les mêmes intérêts.

*Hectoris hic magni fuerat comes.....*
*Postquàm illum victor vitâ spoliavit Achilles,*
*Dardanio Eneæ sese fortissimus heros*
*Addiderat socium, non inferiora secutus.*

C'est ainsi que Henri de Beringhen sut mettre à profit sa glorieuse disgrace, fruit de sa vertu, toujours combattant sous des héros & toujours servant son pays. A la mort du cardinal de Richelieu, le Roi devenu libre, se hâta de le rappeler, & Beringhen de se rendre auprès de lui ; mais il n'avoit pas long-tems à jouir de la justice & de la faveur de son maître : Louis XIII suivit de près au tombeau son ministre & son tyran.

Le secrétaire de l'Académie des inscriptions & belles-lettres dit que Henri de Beringhen avoit été pourvu de la charge de premier écuyer dès le tems de Louis XIII. Le président Hénault dit que le duc de Saint-Simon se démit de cette charge en faveur de Beringhen, en 1645, sous le règne de Louis XIV ; peut-être Beringhen en avoit-il la survivance dès le tems de Louis XIII.

Il mit un intervalle entre la vie & la mort, ce que si peu de gens savent faire ; & sur la fin de ses jours il se retira de la cour avec l'agrément du Roi. Il mourut le 30 mars 1692, âgé de quatre-vingt-neuf ans. Il avoit épousé Anne du Blé, sœur du maréchal d'Huxelles, & fille du marquis d'Huxelles, qui étoit désigné pour être aussi maréchal de France

&

& cordon-bleu , lorfqu'il mourut de fes bleffurés au fiége de Gravelines , en 1658.

De ce mariage naquirent, 1°. Henri , marquis de Beringhen , fujet de la plus grande efpérance. Son nom fe trouve parmi ceux que Boileau a cé-lébrés dans fa Defcription du paffage du Rhin, parmi les noms pleins de gloire de ces héros qui les premiers fe jeterent à la nage dans le fleuve , & dont l'intrépidité fut alors fi admirée :

La Salle , *Beringhen* , Nogent, d'Ambre, Cavois , Fendent les flots tremblans fous un fi noble poids.

Beringhen courut des dangers particuliers par la réfiftance de fon cheval qu'il ne put jamais for-cer à nager, & qui penfa le jeter dans le fleuve. Il fut obligé de paffer dans le bateau de M. le Prince. Après le paffage de l'autre côté du fleuve, il fembla vouloir compenfer , ou plutôt furpaffer de beaucoup par un excès de courage & à force d'exploits, le petit avantage que quelques-uns de fes compagnons avoient eu fur lui de paffer à la nage ; il fe jeta au milieu des bataillons ennemis , reçut un coup de moufquet dans la mamelle droite & plufieurs coups dans fes habits. Il fut tué deux ans après (en 1574) d'un coup de canon au fiége de Befançon.

2°. Le chevalier de Beringhen fon frère (Jacques-Louis) lui fuccéda dans tous les avantages de l'aîné de fa famille , & quitta pour lors l'Ordre de Malte, où il avoit fait fes caravanes avec tout le fuccès poffible. Le Roi lui donna un régiment de cavalerie , puis le guidon des Gendarmes de Bour-gogne ; il lui accorda de plus la furvivance & l'exercice de la charge de premier écuyer fous fon père.

M. de Beringhen acquit dans cette place un nouveau degré de faveur & toute la confiance du Monarque. Il fut fait chevalier de l'Ordre du Saint-Efprit à la promotion de 1688 , quoique fon père, qui vivoit toujours , eût été de la promotion pré-cédente , & ce fut le premier exemple d'un père & d'un fils qui aient joui en même tems de cette décoration; encore remarqua-t-on que ce père & ce fils compofoient à eux deux pour ainfi dire toute leur famille, ou du moins tout ce qui por-toit leur nom dans le royaume, en forte qu'il fem-bloit que ce fût toute la famille des Beringhen qui eût été admife dans l'Ordre : toutes ces circonf-tances ajoutoient du prix à la grace , & étoient remarquées à la cour.

En cette même année 1688 , Beringhen alla re-cevoir à Boulogne-fur-Mer la reine d'Angleterre, & la conduifit dans l'afile que la générofité de Louis XIV lui avoit préparé à Saint-Germain.

La guerre fe renouveloit alors. Le Roi fit en perfonne les campagnes de 169 (de Mons), de 1692 (de Namur) & de 1693. Celle-ci eft la der-nière qu'il ait faite. M. le Premier, dans le voyage & dans les marches, étoit toujours feul avec le Roi,

*Hiftoire. Tome VI. Supplément.*

dans fa calèche ; honneur très-envié , mais épreuve qui n'étoit pas fans danger avec un Prince qui fa-voit fi bien connoître les hommes: l'épreuve tour-na au profit de M. de Beringhen , & quand M. le Dauphin alla commander en Flandre en 1694, le Roi lui donna M. le Premier comme un homme qu'il pourroit toujours confulter utilement. Quel-ques années auparavant , lorfque M. le duc de Bourgogne étoit venu pour la première fois à Paris, le Roi l'avoit chargé expreffément d'aller voir & embraffer de fa part M. de Beringhen le père (Henri) , vieillard vénérable , qui vivoit encore alors , & à qui cette dernière marque de la bonté du Roi fut bien fenfible.

Au commencement de 1707 un parti ennemi compofé de trente hommes , prefque tous offi-ciers , s'étant partagé en diverfes petites troupes , s'avança entre Paris & Verfailles pour enlever quelqu'un de nos Princes. Le 24 mars, entre fix & fept heures du foir, ils virent paffer fur le pont de Sève un carroffe à fix chevaux , aux armes & avec la livrée du Roi ; ils crurent que c'étoit M. le Dauphin ; c'étoit M. le Premier (Jacques-Louis); ils donnèrent le fignal , les petits détachemens fe réunirent, joignirent le carroffe à l'entrée de la plaine , & enlevèrent M. le Premier. Auffitôt qu'on apprit cette aventure , on ne négligea aucune des mefures de la prudence humaine pour reprendre le prifonnier avant qu'il fût forti du royaume : le Partifan , homme d'expérience , n'avoit de fon côté négligé aucune des précautions qui pouvoient affurer fa retraite. Il avoit d'abord annoncé au pri-fonnier la néceffité d'une diligence extraordinaire, pour laquelle fes relais étoient difpofés ; mais il fe ralentit infenfiblement de lui-même , craignant pour la vie de fon prifonnier, âgé alors d'environ foixante ans , & qu'une courfe fi rapide à cheval pouvoit excéder ; il le fit repofer trois heures entières dans la forêt de Chantilly , & lui trouva une chaife de pofte pour le fatiguer moins: par-là le tems & l'ordre de la marche furent abfolument dérangés.

*Ibi omnis*

*Effufus labor atque immitis rupta tyranni Fœdera.*

Les garnifons françaifes eurent le tems d'être informées de l'enlèvement ; elles fe mirent en cam-pagne , & M. le Premier fut repris à quelques lieues de Ham. Il dormoit tranquillement dans fa chaife , lorfqu'un maréchal-des-logis du régiment de Livry attaqua , lui troifième , l'efcorte du Par-tifan ; mais ces trois hommes étoient fuivis & fe-condés, & l'efcorte fe rendit fe voyant près d'être enveloppée.

Alors les ménagemens que le Partifan avoit eus pour fon prifonnier , ne lui furent pas inutiles à lui-même. Le premier ufage que celui-ci fit de fa liberté , fut de fauver la vie & de procurer un bon traitement à tout le parti.

H

On voulut cependant agiter la question si le chef & sa troupe devoient être regardés comme de vrais prisonniers de guerre ou comme des malfaiteurs qui s'étoient proposé d'insulter le Prince au milieu de sa cour. M. le Premier employa tout son crédit pour obtenir que ses ravisseurs ne fussent point punis ; ils ne furent retenus que par des fêtes & des spectacles, où ils étoient eux - mêmes un spectacle & un grand objet de curiosité ; « ils repartirent enfin avec de bons » passe-ports & chargés de présens qui excédoient » une simple rançon. »

M. de Beringhen avoit beaucoup de goût pour les arts, & c'étoit encore un des articles sur lesquels il jouissoit de toute la confiance de Louis XIV. Il étoit consulté sur les embellissemens de Versailles, sur le choix & l'ordre des statues, des vases, des groupes ; sur les ornemens des fontaines, des bosquets ; sur la décoration des appartemens & des jardins. Quand les Lebrun, les Girardon, les Lenotre, les Mansards, faisoient voir au Roi quelque projet, quelque plan qui lui plaisoit : *Cela me paroit beau*, disoit-il ; *je crois que M. le Premier en sera bien content*.

Lorsque l'Académie des inscriptions, qui, dans l'origine, composée seulement de quelques membres de l'Académie française, s'occupoit presque uniquement de ces mêmes objets, reçut une plus grande existence, embrassa la carrière entière de l'Histoire & des Lettres, & fut augmentée jusqu'au nombre de quarante Académiciens, dont dix honoraires. M. le Premier eut une de ces dix places d'honoraires ; il fut en quelque sorte, dit le secrétaire de l'Académie, il fut l'Académicien de la cour ; il y remplissoit lui seul presque toutes les fonctions de l'ancienne Académie.

Il avoit joint à un cabinet d'excellens livres, le plus ample & le plus beau recueil d'estampes que l'on connût.

Attaché à tous ses devoirs, zélateur du bien public, il y sacrifioit non-seulement son tems & son repos, mais, quand il le falloit, son propre bien. L'historien de l'Académie des belles-lettres lui rend le témoignage que, dans des tems difficiles, il a fait subsister à ses dépens la petite écurie, confiée à ses soins, & qu'il suppléoit de sa bourse à la modicité des appointemens de ceux qui étoient employés sous ses ordres.

Il ne fut pas plus négligé sous la régence que sous Louis XIV ; il fut d'abord nommé à la première place de conseiller dans le conseil du dedans du royaume ; il eut ensuite la direction générale des ponts & chaussées.

Il mourut le 1er. mai 1723 : il étoit né à Paris au petit Bourbon, le 20 octobre 1651 ; il avoit épousé en 1677 Marie-Elisabeth d'Aumont, petite-fille du maréchal d'Aumont & du chancelier de Te l'er. Il a laissé neuf enfans, dont trois fils, desquels deux ( l'aîné & le troisième ) ont possédé successivement la charge de premier écuyer ; le second fut évêque du Puy.

BERTAUD & COURAUT. (*Hist. de la réform.*) La reine de Navarre, Marguerite de Valois, sœur de François I ( *voyez*, dans le Dictionnaire, les articles *Marguerite Alençon*, *Béra*, *Lefevre* d'Etaples ), gémissoit des cruautés que les théologiens forçoient François I à exercer contre les malheureux Protestans ; elle fut elle-même attaquée dans sa foi, & obligée de se justifier. Le Béarn servoit d'asile aux savans & aux s étaires. On l'accusa d'avoir trop de confiance en Gérard Roussel, de trop lire la Bible dans l'esprit des nouvelles sectes, d'avoir composé un drame tiré du Nouveau-Testament, & de l'avoir fait représenter par une troupe de comédiens qu'elle avoit fait venir d'Italie ; de leur avoir permis quelques plaisanteries un peu fortes contre les moines & les scholastiques, d'avoir souffert dans son appartement des déclamations plus sérieuses contre le Pape & le Clergé. Le roi de Navarre, séduit par elle, assistoit, disoit-on, dans son palais, à une espèce de *cêne* ou de *manducation* à la manière des Protestans. La reine de Navarre avoit un livre de prières traduites en français par l'évêque de Senlis, Guillaume Petit, devenu suspect aux zélés par son indulgence ; elle avoit voulu introduire, même à la cour de son frère, une espèce de liturgie qu'on appeloit *la Messe à sept points*, parce qu'on s'y écartoit en sept points des usages de l'Eglise romaine. Elle donnoit un asile au fameux Clément Marot, que l'officialité de Chartres avoit décrété de prise-de-corps. Elle avoit pour prédicateurs deux Augustins nommés *Bertaud* & *Courat* : la Sorbonne voulut examiner leur doctrine & leur conduite. *Bertaud*, menacé de la prison, s'enfuit, quitta l'habit de son Ordre, se fit Protestant, mais il finit par rentrer dans le sein de l'Eglise ; *Courat* ayant été emprisonné, puis relâché, apostasia, & mourut ministre à Genève. Sur toutes ces plaintes, le Roi manda sa sœur, & eut avec elle un éclaircissement, où il fut aisément désarmé par la douceur & la soumission de Marguerite.

Brantôme rapporte que le connétable de Montmorenci ayant un jour poussé le zèle catholique jusqu'à vouloir irriter François I contre la reine de Navarre, à cause de l'appui qu'elle prêtoit à quelques savans Protestans, le Roi répondit : *Elle m'aime trop ; elle ne croira jamais que ce que je croirai.*

BERTHE. (*Hist. de Fr. & d'Anglet.*) Les Anglo-Saxons avoient ramené le paganisme dans la Grande-Bretagne, qui avoit eu autrefois dans la foi chrétienne ses apôtres, ses martyrs, ses docteurs & ses hérésiarques. Ce fut la France qui eut l'honneur de rendre l'Angleterre chrétienne une seconde fois. Cette conversion fut en Angleterre, comme elle l'avoit été en France, l'ouvrage d'une femme. Berthe, fille de Caribert ou Cherebert, roi de Paris, l'aîné des fils de Clotaire I, avoit épousé le roi de Kent Ethelbert, & avoit pris fur lui l'afcendant qu'une vertu douce donne quelquefois à ce fexe fur le nôtre. Suivant fes conventions matrimoniales, Berthe avoit le libre exercice de fa religion; fes prêtres cherchoient à faire des profélytes; elle engagea Ethelbert à recevoir les Miffionnaires qu'elle engagea le pape faint Grégoire à lui envoyer. Ils avoient à leur tête le moine faint Auguftin. (*Voyez* fon article dans le Dictionnaire.) La reine Brunehaud, fur les terres de laquelle ces Miffionnaires paffoient, leur donna des guides, des interprètes, & favorifa de tout fon pouvoir cette miffion, pour expier les crimes qu'elle commettoit alors, & ceux qu'elle vouloit commettre encore. Ethelbert fe convertit à la grande fatisfaction de Berthe; Ethelburge fa fille époufa Edwin, roi de Northumberland, & la convertit comme Berthe avoit converti Ethelbert. Une autre femme en fit autant dans le royaume de Mercie. La religion paffa ainfi de royaume en royaume, & l'heptarchie entière étoit chrétienne avant fa diffolution. Ethelbert, mari de Berthe, eut l'honneur de donner des lois à fa nation, comme Clovis en donna aux Francs.

BERTHE. Les trois Berthes, mère, fœur & fille de Charlemagne. (*Hift. de Fr.*) La Fable fait une partie effentielle de l'hiftoire de Charlemagne. Le règne de ce Prince eft la fource de tous les romans de chevalerie & de la chevalerie même. La Fable rentre à fon égard dans la vérité, en peignant la fupériorité de ce Prince fur tous les autres; & ce ne feroit pas le faire connoître entièrement, que de fe borner à ce qu'en difent les chroniqueurs & les auteurs qu'on peut regarder véritablement comme hiftoriens.

L'hiftoire romanefque de Charlemagne commence même avant fa naiffance; & l'imagination des romanciers ne s'eft pas moins exercée fur l'hiftoire de fa mère que fur la fienne.

1°. Berthe, furnommée *au grand pied*, parce qu'elle avoit un pied plus grand que l'autre, ou Berthe *la Débonnaire*, parce qu'elle étoit diftinguée entre toutes les femmes par la douceur & la bonté, mérita, par fes vertus, d'être la mère de Charlemagne, & par fa douceur d'être l'aïeule de ce Louis qui hérita de fon furnom de *Débonnaire*. Selon les hiftoriens, elle étoit fille de Charibert, comte de Laon, ou d'un feigneur liégeois: felon les romanciers, elle étoit fille, ou d'un Empereur de Conftantinople, ou d'un Roi, foit des Allemands, foit des Huns. Le plus célèbre de ces romanciers eft l'auteur du roman en vers de *Berthe au grand pied*, nommé *Adenés*, & furnommé *le Roi*, foit parce qu'il étoit le premier ou le roi des méneftrels ou troubadours de fon tems, foit parce qu'il étoit roi d'armes du duc de Brabant: il le fut dans la fuite, à ce qu'on croit, de Philippe-le-Hardy (fils de faint Louis), par le crédit de la reine

Marie de Brabant, femme de Philippe, protectrice zélée d'Adenés, & qui eut part à fes ouvrages. Selon Adenés, la reine Berthe étoit fille d'un roi de Hongrie, nommé Flore, & de la reine Blanchefleur fa femme. Blanchefleur aime fa fille avec tendreffe, & fe fépare d'elle avec de grands regrets lorfque Berthe vient en France époufer le roi Pepin-le-Bref; mais elle choifit mal les perfonnes qu'elle place auprès de fa fille, & qu'elle charge de l'accompagner en France: c'étoient une femme nommée Margifte, qui apparemment avoit bien caché jufqu'alors l'ambition dont elle étoit dévorée, & la perfidie qui formoit fon caractère; Alife fa fille, qui reffembloit extrêmement à Berthe de taille & de vifage, & à qui cette reffemblance, jointe à la conformité d'âge, pouvoit avoir procuré la confiance & l'amitié de cette Princeffe; enfin, un chevalier d'honneur nommé Tibert, parent de Margifte, amant très-peu délicat & très-ambitieux d'Alife. La pudeur timide de Berthe lui faifoit extrêmement redouter l'inftant où elle pafferoit dans le lit d'un mari; elle ne pouvoit fe familiarifer avec cette idée. Elle fit part de fon embarras & de fon trouble à Margifte, qui bâtit fur ce fondement l'efpérance d'une grande fortune pour fa fille, pour elle-même & pour Tibert. Elle loua la délicateffe de Berthe, accrut fon embarras en y applaudiffant, & lui propofa de l'en délivrer, en lui fubftituant Alife dans le lit nuptial pour cette nuit fi redoutée. Mais que gagneroit-on à fauver une nuit? Que feroit-on les nuits fuivantes, & quel feroit le terme prefcrit à la pudeur de Berthe?

De plus, comment Berthe, avec affez de pudeur pour craindre le moment de rendre heureux un grand Roi fon mari, avoit-elle affez peu de vertu pour confentir qu'un adultère fervît de prélude à fon union avec ce Prince? Mais il ne s'agit pas de raifonner contre ces romanciers. Il faut cependant convenir que la moralité du roman eft affez jufte. Berthe eft punie de fa faute comme d'une faute grave, & Alife de fon crime comme d'un crime.

Quant à Tibert, amant d'Alife, qui confent à prêter ainfi au Roi fa maîtreffe, fon caractère eft donné; c'eft une ame vile, intéreffée; il n'étoit pour Alife, & Alife n'étoit pour lui qu'un moyen de parvenir à la fortune: c'étoient des complices & non pas des amans.

Alife paffa la nuit avec Pepin. Le lendemain matin à la pointe du jour, Margifte conduit Berthe dans la chambre du Roi, en lui difant qu'il faut qu'elle prenne la place d'Alife, ou plutôt la fienne, au moment où le Roi fera prêt à fe lever: en approchant du lit, elle fait, avec la pointe d'un couteau, une légère égratignure à fa fille, & fe retire en laiffant Berthe feule au chevet du lit. Alife s'écrie qu'on l'affaffine: le Roi appelle; on accourt; on ne trouve que Berthe, & on apperçoit un couteau laiffé fur le lit. Margifte, qui s'étoit peu éloignée, arrive avec les autres, paroît étonnée, indignée, avoue avec une fureur fimulée, qu'elle voit trop que fa fille eft l'affaffin ; elle ajoute qu'on peut s'en rapporter à elle du foin de la punir, & qu'une fille fi coupable & qui la déshonore, ne trouvera point en elle l'indulgence d'une mère. La fauffe Berthe obtient cette grace du Roi. ( Affez grande fingularité encore, qu'on charge une mère de punir une régicide qui paroît convaincue.) La véritable Berthe, interdite, tremblante, ne fachant fi ce qu'elle voit eft un fonge ou une fuite myftérieufe du ftratagême auquel elle avoit donné lieu, eft entraînée fans avoir pu parler ; & de peur qu'elle ne parle, on la fait partir un bâillon dans la bouche. Margifte & Tibert répondent d'elle, & affurent qu'on n'en entendra plus parler. Pepin prend feulement la précaution de les faire accompagner de trois fergens ou ferviteurs fidèles qu'il charge de prendre les ordres de Tibert : celui-ci avoit pris l'ordre de Margifte. On mène Berthe dans la forêt d'Orléans, & là Tibert ordonne aux fergens de la tuer. Mais les fergens avoient eu le tems de voir la patience & la douceur de Berthe ; ils en avoient été touchés ; ils ne pouvoient la croire coupable : non-feulement ils réfiftèrent à l'ordre de Tibert, mais ils l'empêchèrent de confommer lui-même le crime, comme il le vouloit : on laiffa la malheureufe Berthe aller où elle pourroit. Cependant il falloit rapporter à Margifte une preuve de fa mort : on lui préfenta *un cœur de pourceau tout fanglant*, en lui difant que c'étoit celui de Berthe. Le refte de la vie de Margifte, d'Alife & de Tibert reffemble à leur conduite envers la princeffe Berthe. Montés fur le trône en fcélérats, ils l'occupèrent en tyrans : leur empire fut une fuite de vexations & de violences : ils étoient en horreur au royaume. Pepin, toujours trompé, eut d'Alife deux fils, nommés Reinfroy & Henri, qui reffemblèrent, par les mœurs & par le caractère, à leur mère & à leur aïeule, & qui partagèrent avec elles la haine publique.

Cependant la reine de Hongrie, Blanchefleur, voulut venir en France voir fa fille, & jouir du bonheur que cette Princeffe devoit procurer à la nation, & de l'amour des François pour elle. Les impofteurs frémirent à cette nouvelle ; ils cherchèrent les moyens de faire périr la reine de Hongrie auffi bien que fa fille ; ils réfolurent de *l'enherber en poires ou en cerifes*, c'eft-à-dire, de l'empoifonner. Blanchefleur, arrivée fur les terres de France, ne pouvoit reconnoître fa fille aux plaintes qu'elle recevoit de toutes parts fur fon injuftice & fa tyrannie : au lieu des applaudiffemens qu'elle attendoit, elle n'entendit que des murmures ; elle ne vit que de la défolation. On lui préfenta fes petits-fils prétendus ; elle fut étonnée de ne pas fentir pour eux la moindre tendreffe : fa fille ne vint point à fa rencontre ; une maladie lui fervit d'excufe ; il falloit furtout empêcher qu'elles ne fe viffent, Margifte eut foin de donner & de faire donner à Blanchefleur de momens en momens des nouvelles toujours de plus en plus funeftes de la

fanté de fa fille ; & c'étoit toujours la joie qu'elle avoit de fon arrivée, qui faifoit ce ravage dans fon ame & dans fa fanté. Enfin, lorfque Blanchefleur, qui ne concevoit plus rien à tout ce qu'elle voyoit & à tout ce qu'elle entendoit, defcend au palais & fe préfente à l'appartement de fa fille, Margifte vient toute éperdue lui dire que Berthe eft abfolument hors d'état d'être vue. Blanchefleur veut la voir, & entre malgré tous les obftacles. Alife, enveloppée dans fes couvertures, le vifage caché par fes cornettes de nuit, dans une chambre où d'ailleurs on ne laiffoit point entrer le jour, fous prétexte que la malade ne pouvoit le foutenir, lui dit d'une voix mourante : *Reine, n'approchez pas ; je fuis jaune comme cire.* Berthe, même malade, n'eût point fait cet accueil à fa mère. La reine de Hongrie, à qui toutes ces défaites & toutes les chofes étranges & contraires à fon attente, qui l'avoient frappée en France, achevoient d'infpirer les plus violens foupçons, va droit au fait, c'eft-à-dire, à l'examen des pieds ; car Alife avoit fur Berthe l'avantage d'avoir les pieds plus petits & parfaitement égaux. Blanchefleur s'affure que ce n'eft point fa fille & le déclare au Roi. Les coupables font arrêtés : Margifte & Tibert, appliqués à la queftion, avouent toute l'intrigue : Margifte eft brûlée vive ; Tibert eft pendu : Alife, en confidération de l'honneur qu'elle a d'être mère des fils du Roi, n'eft qu'enfermée à l'abbaye de Montmartre.

Mais qu'étoit devenue la véritable Berthe ? Obligée de regarder comme une faveur l'abandon affreux où elle avoit été laiffée dans la forêt d'Orléans, elle avoit long-tems erré à travers les bois & les champs, mendiant fon pain de village en village, de province en province, expofée à tous les dangers, par fa jeuneffe, fa figure & fa pauvreté : enfin, dans la province du Maine, un vieil & faint hermite lui donne un afile, & l'adreffe à une famille pauvre, mais charitable, qui fe chargea de fa mifère, & qu'elle en dédommagea en fe mettant promptement en état de lui être utile par fes travaux. Simon & Conftance fa femme, Ifabeau & Aiglantine leurs filles, compofoient cette famille vertueufe. Berthe, fans s'expliquer ni fe déguifer davantage, fe donna pour une infortunée qui fuyoit des perfécutions domeftiques : on lui demanda fon nom ; elle dit qu'elle fe nommoit Berthe : on remarqua que c'étoit le nom de la Reine ; elle rougit, fe tut & les fervit. Bientôt elle devint la fille de Simon & de Conftance, la fœur d'Ifabeau & d'Aiglantine. Tout le monde l'aimoit : on la propofoit pour modèle ; fa douceur & fa bonté charmoient tous les cœurs : on admiroit fes vertus & fes talens ; & lorfque l'aventure de la fauffe Berthe eut éclaté, Simon & Conftance commencèrent à foupçonner qu'ils poffédoient chez eux la véritable. Mais erthe, attentive à écarter de telles idées, s'occupoit uniquement à filer & à broder, arts qu'elle exerçoit avec d'autant plus de plaifir & de fuccès, qu'elle les avoit appris d'Aiglantine & d'Ifabeau : cependant un air de nobleffe & de grandeur la trahiffoit & déceloit une Reine.

Au bout de plufieurs années Pepin, s'étant un jour égaré à la chaffe dans la province du Maine, rencontra une jeune payfanne à laquelle il demanda fon chemin, en lui difant comme Henri IV dans la *Partie de chaffe*, qu'il étoit un officier du Roi, qui avoit perdu la chaffe : elle s'offrit à lui fervir de guide. Il accepta fon offre avec plaifir ; & comme elle étoit jeune & jolie, il voulut lui parler d'amour, & devint bientôt preffant ; mais l'hommage adreffé à la payfanne fut repouffé par la Princeffe. Berthe ( car c'étoit elle, & elle n'avoit point reconnu Pepin, & n'en avoit point été reconnue) lui dit avec une fierté qui le déconcerta : « Info-» lent, vous vous dites ferviteur du roi Pepin ! Vous » frémiriez, fi vous faviez avec qui vous ofez vou-» loir prendre ces impertinentes libertés ! » Auffitôt elle s'enfonça dans le bois, & elle échappa aux regards de Pepin. Celui-ci, frappé en ce moment du fouvenir de Berthe, gagna le premier la maifon de Simon, qu'elle lui avoit d'abord indiquée. A force de queftionner ces gens fincères & véridiques, qui ne lui cachèrent point leurs foupçons, il vit les fiens éclaircis ; il vit que le tems & les circonftances de l'arrivée de Berthe chez Simon s'accordoient avec l'aventure de fa femme ; il fe cache pour l'entendre à fon retour & pour la furprendre. Elle arrive fort tard, encore très-émue de la rencontre qu'elle avoit faite dans le bois : on la calme, on lui fait entendre d'abord qu'on a mis cet officier dans fon chemin, & qu'elle n'a plus rien à craindre. Infenfiblement on la remet fur l'hiftoire de fes malheurs, que par délicateffe même on n'avoit jamais bien approfondie : on finit par lui avouer le foupçon qu'on avoit de la vérité : « Non non, dit-elle en pleurant de ten-» dreffe, je n'ai plus, je ne veux plus d'autre père » que Simon, d'autre mère que Conftance, d'au-» tres fœurs qu'Aiglantine & Ifabeau : j'en fuis » aimée, je les aime, *j'aime Dieu furtout*; il m'a » tout donné en me donnant à eux..... — Il vous » a donné de plus un mari, s'écrie Pepin en pa-» roiffant tout à coup & en tombant à fes pieds ; » un mari dont le deftin eft de vous aimer en tout » tems, en tout lieu, fous toutes les formes, lors » même qu'il vous méconnoît & qu'il s'oublie ; » mais qui n'a jamais pu vous faire agréer fon em-» preffement ni comme mari ni comme amant. »

La reconnoiffance fe fait : on regrette feulement que Blanchefleur n'en foit pas témoin : affurément il ne tenoit qu'à l'auteur, qui pouvoit à fon gré, ou avancer le tems de cette reconnoiffance, ou retarder celui du retour de Blanchefleur en Hongrie. Pepin mande fes courtifans & les préfente à leur Reine : il voulut tenir cour plénière, pendant trois jours, dans la maifon même de Simon ; il fit de cet homme bon & fage fon confeiller ou miniftre. Conftance fut Dame d'honneur de la reine Berthe ; Aiglantine & Ifabeau furent fes Dames du

palais. La Reine cultiva toujours avec le même goût les arts qu'elles lui avoient appris ; elle fila des habits pour les pauvres, & *Berthe la fileufe* n'eft pas moins connue dans les romans, que *Berthe la débonnaire* & *Berthe au grand pied*. Elle fut mère de Charlemagne : les princes Reinfroy & Henri moururent avant leur père, & n'eurent rien à contefter à leur frère.

Girard ou Girardin d'Amiens, écrivain du treizième fiècle, qui vivoit fous faint Louis ou fous Philippe-le-Hardy, & qui eft le quatre-vingt-quatorzième des anciens poètes français dont le préfident Fauchet a fait mention, eft auteur d'un roman de Charlemagne, qui contient *les faits & geftes* de ce Prince, décrits en vers alexandrins. Dans ce roman, les deux princes Reinfroy & Henri furvivent à Pepin. Henri ou Hendri veut empoifonner Charlemagne ; Reinfroy lui fait la guerre : tous deux ont la tête tranchée ; ce qui peut faire allufion à quelques-unes des confpirations dont le règne de Charlemagne ne fut pas exempt.

Le roman efpagnol, intitulé *Nochés de invierno*, ne fait pas la reine Berthe tout-à-fait fi fage : elle aime, au lieu de Pepin, un jeune feigneur de grande Maifon, nommé Dudon de Lys, qui a été chargé d'aller la demander en mariage pour le Roi, & de l'amener à Paris : c'eft même cette inclination qui favorife le ftratagême de la fauffe Berthe, laquelle eft nommée ici Fiamette. Berthe lui confie le chagrin qu'elle a d'être obligée de donner à la grandeur ce qu'elle eût voulu ne donner qu'à l'amour. Fiamette lui offre de prendre fa place à la faveur de la reffemblance. « Pour vous, ajoute-t-elle, » vous vous retirerez par un efcalier dérobé, au » pied duquel vous trouverez Dudon prêt à vous » enlever, & à vous conduire dans un de fes châ-» teaux. » Au lieu de Dudon, ce font les affaffins qu'elle trouve, & qui l'enlèvent. Le refte de l'hiftoire eft affez conforme au roman d'Adenés. Pepin retrouve la véritable Berthe fur les bords *du Magne* ou *de la Magne*, qu'on croit être la Mayenne ; il y célèbre de nouveau fes noces avec Berthe, & à la fin de cette fête champêtre il fe retire avec elle dans un grand chariot couvert qui lui fervit de lit nuptial, & dans lequel fut conçu Charlemagne, dont le nom, felon cet auteur, vient de *caro* ( char en efpagnol ), & de *Magno*, nom de la rivière de Mayenne, étymologie bien forcée, tandis que la véritable eft fi naturellement & fi évidemment compofée de fon nom propre, & d'un furnom qu'il a mérité à tant de titres.

2°. L'hiftoire romanefque d'une autre Berthe, fille de la précédente, & fœur de Charlemagne, & mère du paladin Roland, n'eft pas moins intéreffante dans l'ouvrage efpagnol d'Antonio de Eflava, intitulé *Los Amores de Milon de Anglante*. Mais ici la vérité hiftorique eft encore plus altérée, & les mœurs qu'on y donne à Charlemagne font entièrement oppofées à l'idée qu'en donnent les hiftoriens. Rien n'eft plus connu dans l'Hiftoire, que l'indulgence de ce Prince, même pour les défordres de ses filles, & que sa bonté, poussée jusqu'à la foiblesse dans sa famille. Le romancier espagnol le peint au contraire comme le tyran de ses filles & de ses sœurs. Tout tremble devant lui. Berthe sa sœur conçut pour Milon d'Anglante, comte d'Angers, un amour qui fut poussé jusqu'à l'oubli de tout devoir & de toute bienséance. Sa honte alloit éclater ; elle étoit grosse. Les lois de Charlemagne étoient très-rigoureuses contre les filles qui tomboient dans cette faute : il n'y alloit pas de moins que de la vie, & les Princesses même du sang royal étoient d'autant moins exceptées de la rigueur de ces lois, qu'elles devoient l'exemple, & qu'étant plus défendues contre la séduction, elles avoient moins d'excuse. Mais le Prince pouvoit toujours faire grace. Berthe se jette aux genoux de son frère, lui avoue sa faute & son malheur, & implore sa miséricorde. Son inflexible frère la repousse & la fait mettre en prison. Son amant la délivre, s'enfuit avec elle : ils s'établissent dans une caverne, au fond d'un désert dans l'Italie alors dévastée, loin des violences de leur persécuteur, mais aussi loin des secours humains. Pendant qu'ils se cachoient ainsi à tous les yeux, l'implacable Charlemagne mettoit leurs têtes à prix ; il promettoit cent mille écus d'or à qui les représenteroit morts ou vifs. Un jour Milon revenant de chercher des provisions dans les cabanes les moins éloignées, & de s'assurer des secours pour les couches prochaines de sa femme, trouve, à l'entrée d'une grotte placée au dessous de la caverne qui leur servoit d'asile, un enfant vigoureux qui avoit roulé depuis la caverne jusqu'à l'entrée de cette grotte, & qui, par cette raison, fut nommé *Roulant* ou *Roland* ; c'étoit son propre fils : Berthe venoit de le mettre au monde par les seules forces de la nature pendant l'absence de Milon. Celui-ci apperçut bientôt la mère, qui, toute languissante & toute éperdue, se traînoit avec effort vers le lieu où son enfant étoit tombé.

Le petit Roland ne tarda pas à se distinguer par sa force, par son audace, par sa valeur ; il se fit estimer & aimer des compagnons de son enfance. La ville la plus voisine du désert qu'habitoient ses parens étoit Sienne : les enfans de cette ville, attirés par la réputation naissante de Roland, venoient partager ses jeux & ses premiers exploits. Milon & Berthe étoient si pauvres, qu'ils n'avoient pas de quoi le vêtir. Quatre de ses jeunes amis, fils de quatre différens marchands de drap de Sienne, affligés de le voir aller ainsi presque nu, demandèrent chacun à leur père un morceau de drap, dont on fit un habit au jeune Roland ; les quatre morceaux se trouvèrent de quatre couleurs différentes ; ce qui fit surnommer l'enfant, *Roland du Quartier*. Tels furent, selon Eslava, les commencemens de ce fameux paladin.

Milon, en traversant à la nage une rivière débordée, portant son fils sur ses épaules, se noie

ou paroît se noyer ; un goufre l'engloutit ; il disparoît ; Roland regagne le bord, & le voilà désormais la seule ressource de sa mère. Un jour Berthe, voulant sortir de sa caverne, trouve à l'entrée un serpent monstrueux, qui l'entoure de manière qu'elle ne peut échapper ; mais si le serpent l'avoit effrayée par son aspect, il la rassura par ses discours : ce serpent étoit une Fée, & cette Fée étoit la fille du premier roi des Francs ou plutôt des Gaulois, qui n'est ni Clovis ni Pharamond, mais Samothée ou Samothés, fils ou frère de Gomer, & petit-fils de Japhet, fils de Noé. Ce Samothés, grand-père de Magog, avoit institué le collège des Prêtres ou Professeurs, nommés de son nom, Samothées. Ainsi ce serpent ou cette Fée, ou cette Princesse, étoit une sorte de divinité tutélaire de la France ; elle avoit épousé un enchanteur qui, pour quelqu'infidélité qu'elle lui avoit faite, l'avoit ainsi métamorphosée ; mais cette punition n'étoit que pour un tems, & le terme où elle devoit finir, approchoit. La Fée annonce aussi à Berthe la fin de ses malheurs ; elle lui annonce qu'elle reverra Milon, & qu'il va se faire un changement heureux dans sa fortune. Roland, dont chaque jour augmentoit la force & le courage, se charge d'accomplir ce dernier oracle. Il n'avoit que deux moyens de pourvoir à la subsistance de sa mère : l'un étoit de demander l'aumône, l'autre de se la faire donner ; ce second parti étoit le plus conforme à son humeur. L'Empereur étant venu tenir sa cour à Sienne pendant quelques jours, Roland ne se contenta point de la portion que l'on donnoit aux pauvres, de la desserte de la table de Charlemagne ; il entre dans la salle où mangeoit ce Prince, prend à sa vue, sur la table, un plat d'argent couvert de viande, & le porte à sa mère. L'Empereur voulut voir où aboutiroit ce hardi badinage ; il fit signe qu'on laissât passer l'enfant, sans lui faire aucun mal. Berthe réprimande son fils de son vol & de sa hardiesse, en profite cependant, & après avoir mangé, le renvoie reporter au moins le plat. Roland retourne au palais, retrouve l'Empereur à table, remet tranquillement le plat d'argent, en apperçoit un d'or chargé d'un mets, dont il lui parut agréable de faire goûter à sa mère ; il l'emporte avec la même sécurité qu'il avoit emporté le premier. L'Empereur lui crie, en grossissant sa voix pour l'intimider : *Enfant, que fais-tu là ?* L'enfant lui répond du même ton & en le contrefaisant : *Crois-tu me faire peur avec ta grosse voix d'Empereur ? Tu as trop à manger ; ma mère meurt de faim, partageons.* Cette audace plut à Charlemagne ; il crut voir quelque chose de surnaturel dans cet enfant ; il le fait suivre : on entre sur ses pas dans la caverne ; on se met en devoir de l'arrêter & de le conduire à l'Empereur. Sa mère s'élance sur les ravisseurs avec la fureur d'une lionne à qui on enlève ses petits ; elle est reconnue à l'instant, & elle reconnoît elle-même, dans les officiers de l'Empereur chargés de cette commiſſion, des vaſſaux de Milon ſon mari : elle en eſt traitée avec toutes ſortes de reſpects ; mais ils ſont obligés de la conduire à Charlemagne. Le ſerpent, redevenu Fée, diſpoſe le cœur de ce Prince à oublier les torts de ſa ſœur, pour ne voir que ſa miſère. Elle rentre en grace, & reprend ſon rang à la cour : pour comble de bonheur, la Fée lui rend Milon ſon mari, qu'elle avoit enlevé & tranſporté dans ſon palais au moment où il ſe noyoit.

Le petit Roland eſt reconnu pour neveu de Charlemagne ; mais il ne voulut quitter l'habit de quatre couleurs, qu'il devoit à l'amitié & à la pitié de ſes camarades, que quand il ſeroit armé chevalier : il ne tarda pas à mériter cet honneur. Le reſte de ſon hiſtoire eſt connu par la foule des romanciers & des poëtes, ſurtout par l'Orlando Innamorato du Boyardo, par l'Orlando Furioſo de l'Arioſte, par le Rinaldo Innamorato, premier ouvrage du Taſſe, dont Roland & Renaud ſont les deux héros. Dans tous ces ouvrages, Roland eſt un paladin plus terrible qu'aimable, bizarre dans ſes exploits, bizarre dans ſes amours, qui tantôt exécute des faits d'armes au deſſus de toute croyance, tantôt ſe dérobe volontairement aux occaſions de gloire qui lui ſont préſentées ; qui refuſe par humeur à Charlemagne de ſe battre contre Fierabras, Roi ſarraſin, lequel étoit venu défier toute la chevalerie françaiſe, & qui, lorſqu'Olivier, ſon couſin & ſon ami, accepte le combat à ſa place, meurt preſque de confuſion & de jalouſie ; qui enfin devient fou d'amour, & dont la folie, qui pouvoit être ſi intéreſſante, eſt baſſe & crapuleuſe.

Tout ce que l'Hiſtoire dit de lui, c'eſt qu'il étoit fils de Milon, comté d'Angers, & de Berthe, ſœur de Charlemagne ; qu'il fut gouverneur des côtes de l'Océan britannique, & qu'il périt à cette fatale défaite de Roncevaux, en 778.

3°. Charlemagne eut auſſi une fille nommée Berthe : c'eſt celle qui eut deux enfans d'Angilbert avant de l'avoir épouſé. ( Voyez, dans ce Supplément, l'article Angilbert. )

BILLETTES (des). ( Hiſt. des ſciences.) Gilles Filleau des Billettes, de l'Académie des ſciences, né à Poitiers en 1634, étoit frère puîné de M. de la Chaiſe & de M. de Saint-Martin, dont nous avons parlé à l'article Chaiſe ( de la ). ( Voyez le Dictionnaire.)

M. des Billettes étoit fort verſé dans l'Hiſtoire, dans la ſcience des généalogies, dans la connoiſſance des livres, ſurtout il poſſédoit le détail des arts ; il en a décrit pluſieurs, & c'eſt à ce titre que l'Académie des ſciences, qui avoit conçu le deſſein de faire la deſcription de tous les différens arts, crut que M. des Billettes lui ſeroit néceſſaire ; elle le nomma, en 1699, un de ſes penſionnaires mécaniciens. Il mourut âgé de quatre-vingt-ſix ans, le 15 août 1720, ayant dès le 10 prédit

ſa mort pour le jour où elle arriva effectivement.

C'eſt de lui que M. de Fontenelle a raconté avec des précautions ſi adroites, qu'elles ont non-ſeulement fait paſſer, mais conſacré ce fait comme un beau trait de caractère, « que quand il paſſoit » ſur les marches du Pont-Neuf, il en prenoit les » bouts qui étoient moins uſés, afin que le milieu » qui l'eſt toujours davantage, ne devînt pas trop » tôt un glacis. Une ſi petite attention s'ennobliſ- » ſoit par ſon principe ; & combien ne ſeroit-il » pas à ſouhaiter que le bien public fût toujours » aimé avec autant de ſuperſtition ! »

Voici encore un trait de caractère bien reſpectable, & en même tems un mot, ſoit de M. des Billettes, ſoit de ſon panégyriſte, bien philoſophiquement délicat.

« Perſonne n'a jamais mieux ſu ſoulager, & les » beſoins d'autrui, & la honte de les avouer. Il » diſoit que ceux dont on refuſoit le ſecours, » avoient eu l'art de s'attirer ce refus, ou n'avoient » pas eu l'art de le prévenir, & qu'ils étoient cou- » pables d'être refuſés. »

BITUIT. ( Hiſt. rom. & hiſt. anc. des Gaules.) C'eſt le nom du premier Roi ou chef des Gaulois vaincus par les Romains, & traîné en triomphe à Rome. Les hiſtoriens le qualifient riche & puiſſant Roi des Auvergnacs. En général, l'hiſtoire des Gaulois & de leurs rapports avec les autres peuples eſt preſqu'inconnue juſqu'au tems de l'arrivée des Romains dans les Gaules. Les Phéniciens, ce peuple navigateur, avoient connu & fréquenté, avant les Grecs, les côtes méridionales des Gaules ; mais il ne paroit pas qu'ils y euſſent fait d'établiſſement ni fondé de colonies. Des habitans de la ville de Phocée, colonie grecque en Ionie, dans l'Aſie mineure, après avoir couru toute la Méditerranée, ſans autre deſſein que de fuir leur patrie & de s'établir ailleurs, s'arrêtèrent enfin ſur la côte méridionale de la Gaule, & y bâtirent la ville de Marſeille dans le ſecond ſiècle de l'ère chrétienne. On ne dit pas quel ſujet ſi preſſant chaſſoit ces Grecs de leur patrie : de grandes haines avoient part ſans doute à cette émigration ; car on nous les repréſente jurant avec de grands ſermens & de fortes exécrations de ne jamais revenir chez eux.

*Phocæorum*
*Velut profugit execrata civitas*
*Agros atque lares proprios habitandaque fana*
*Apris reliquit & rapatibus lupis.*

Ils jetèrent, dit-on, une barre de fer toute rouge dans la mer, & promirent de ne revoir la Grèce & l'Aſie que quand ils auroient vu cette maſſe de fer remonter d'elle-même à flot. C'eſt à peu près la formule du ſerment qu'Horace, après avoir cité leur exemple, propoſe aux Romains de faire en quittant Rome, en haine des guerres civiles :

*Sed juremus in hæc, simul imis saxa rèdårint*
*Vadis levata neu redire sit pudor ;*
*Neu conversa domum pigeat dare lintea, quandò*
*Padus matina laverit cacumina,*
*In mare seu celsus procurrerit Apenninus*
*Nováque monstra junxerit libidine*
*Cæcus amor, juvet ut tigres subsidere cervis,*
*Adulteretur & colomba milvio,*
*Credula nec ravos timeant armenta leones*
*Ametque salsa lævis hircus æquora.*
*Hæc & quæ poterunt reditus abscindere dulces,*
*Eamus omnis execrata civitas, &c.*

La colonie des Phocéens eut de l'éclat & changea la face des Gaules. On lit à ce sujet, dans l'*Avant-Clovis*, une phrase, dont le misanthrope Rousseau, ce farouche ennemi des lettres qui l'ont tant illustré, auroit pu faire un grand usage. La voici :

« Le voisinage de cette ville grecque asiatique
» communiqua la langue grecque, les arts libé-
» raux, l'éloquence & la politesse aux peuples de
» la Gaule ; mais avec cela se glissèrent aussi les
» délices, les voluptés, les vices & les ordures
» abominables, auparavant inconnus à ces peuples
» innocens, dispositions infaillibles à la servitude,
» qui suit nécessairement la corruption des mœurs.»

Les prospérités & la puissance de Marseille lui attirèrent l'envie des peuples gaulois dont elle étoit environnée ; elle eut différentes guerres à soutenir contr'eux. Dans le cours de ces guerres, où les Marseillois acquirent d'ailleurs beaucoup de gloire, ils crurent devoir appeler à leur secours les Romains, avec lesquels ils avoient déjà fait alliance depuis long-tems. Ils les introduisirent dans la Gaule. Ceux-ci saisirent, comme partout ailleurs, l'occasion de s'étendre & de conquérir. Sous prétexte de secourir Marseille & les Marseillois, ils envoyèrent dans ce pays différentes armées, dont une entr'autres, sous la conduite de Caïus-Sextius, personnage consulaire, dompta une peuplade de Gaulois, désignée par le nom de Saliens : ce ne pouvoit être encore alors des Francs. C'est ce même Sextius qui, dans ce pays de conquête, fonda la ville d'Aix, *Aquæ Sextiæ*, laquelle tire son nom de ce Sextius son fondateur, & des fontaines d'eau chaude qui se trouvent en cet endroit. La fondation d'Aix est de l'an 628 de Rome. Les Romains s'étendirent dans les autres contrées voisines de la Provence : de proche en proche ils attaquèrent les Allobroges, peuples qui occupoient ce qu'on appelle aujourd'hui la Savoie & le Dauphiné ; ceux-ci implorèrent le secours des Ituit, le plus puissant de leurs voisins, mais qui fut obligé de céder à l'ascendant des Romains, & qui, ayant été vaincu, comme nous l'avons dit, fut conduit à Rome, pour orner le char de triomphe du vainqueur. Cet événement arriva entre l'an 628

& l'an 635 de Rome. Pendant tout cet intervalle, les Romains ne cessèrent de s'étendre & en deçà & au-delà du Rhône, dans la Provence & dans le Languedoc, domptant des peuples, mettant des garnisons pour les contenir ; ce fut l'an 635 de Rome qu'ils établirent une colonie à Narbonne, sous les auspices du consul Quintus-Martius Rex.

BLANCHEFORT ( *Hist. de Fr.* ), bourg du Limousin, entre Brive, Tulle & Uzerche, dont le château, bâti en 1125 par, 1°. Archambaud IV, vicomte de Comborn, surnommé le *Barbu*, devint le partage du cinquième & dernier de ses petits-fils.

2°. Assalit de Comborn, fils d'Archambaud V, donna le nom à cette branche particulière de la Maison de Comborn, laquelle branche, ainsi que tous les rameaux qui en dérivent, n'est plus connue depuis cette époque, que sous le nom de Blanchefort.

3°. Archambaud, premier du nom, comme seigneur de Blanchefort, se plaignit au parlement de la Pentecôte de l'an 1263, d'avoir été injustement & méchamment dépouillé du château de Blanchefort & de ses appartenances par son cousin Archambaud, fils du vicomte de Comborn, & il obtint contre lui un arrêt de restitution, qu'on trouve en latin dans le registre des *Olim*.

4°. Bernard son fils eut une fille unique, Isabelle, qui porta la terre de Blanchefort dans la Maison de Bonneval ; mais le nom de Blanchefort n'en resta pas moins aux autres descendans d'Archambaud I.

5°. Parmi ces descendans, nous remarquerons Guy de Blanchefort, premier du nom, tué à la bataille de Poitiers, en 1356.

6°. Guy de Blanchefort, troisième du nom, chambellan du roi Charles VII, & qui servoit en 1437 dans l'armée de ce Prince ; il commandoit un corps de cavalerie à Dieppe en 1455, fut sénéchal de Lyon & bailli de Mâcon, & reçu chevalier le 3 janvier 1458, par le Roi.

7°. Guy de Blanchefort, fils de Guy III, chevalier de Saint-Jean-de-Jérusalem, alors à Rhodes, & neveu du cardinal d'Aubusson, grand-maître de Rhodes, donna les plus grandes preuves de courage au siége de Rhodes, en 1480. Il eut en sa garde le prince Zizim, frère, non pas de Soliman III, comme on le lit dans Moreri, mais de Bajazet II. Après la mort du grand-maître Emery d'Amboise, Blanchefort, quoiqu'absent, fut élu grand-maître de l'Ordre de Saint-Jean-de-Jérusalem, le 22 novembre 1512 ; lorsqu'il étoit en chemin pour se rendre à Rhodes, il mourut le 24 novembre 1513, près de l'île de Zante.

8°. Charles de Blanchefort son frère fut évêque de Senlis & abbé de la Victoire, abbé aussi de Sainte Euverte d'Orléans.

9°. C'est Gilbert de Blanchefort, grand maréchal-des-logis du Roi, & chevalier de son Ordre,

qui

qui époufa une héritière de Créqui. ( *Voyez* l'article *Créqui-Canaples* dans le Dictionnaire.)

10°. Et ce fut Antoine de Blanchefort leur fils, qui fut inftitué héritier du cardinal de Créqui fon oncle maternel, à la charge de porter le nom & les armes de Créqui. (*Ibid.*).

11°. Pierre de Blanchefort, feigneur d'Afnois-le-Bourg, eft un des perfonnages les plus célèbres de cette Maifon. Il fit fes premières armes fous Imbert de la Platière, feigneur de Bourdillon, depuis maréchal de France; il fe trouva, en 1557, à la bataille de Saint-Quentin. On le voit fervir encore, & toujours avec diftinction, en 1568, 1569, 1575; il fit rompre lui-même fon pont d'Afnois, fur la rivière d'Yonne, pour empêcher une jonction de divers corps de troupes de la Ligue; il fut élu, étant abfent, député de la Nobleffe du Nivernois aux Etats-généraux de Blois en 1576; & ce fut dans cette affemblée qu'il fignala, non-moins fortement que dans les combats, fon zèle & fa fidélité pour fes Rois; il fe montra digne du fang dont il fortoit, difent les Mémoires de Nevers, « non-feulement par fa haute générofité, » mais auffi par la fidélité qu'il eut pour fon Roi, » dans un tems où prefque toute la France faifoit » gloire de lui être infidèle; il a été le feul qui a » découvert le myftère de la Ligue naiffante, qui » lui a fait lever le mafque, & qui nous a appris » avec quelle dextérité & par quelles pratiques » on corrompit les principaux députés des Etats, » pour les faire entrer dans la conjuration de ceux » de la Ligue, & les y engager par leurs fermens » & par leurs fignatures. »

Pierre de Blanchefort rejeta fans balancer des offres très-avantageufes qu'on lui faifoit pour l'engager à foufcrire un formulaire tendant à exclure de la fucceffion à la couronne les Princes de la Maifon de Bourbon; il déclara folennellement dans l'affemblée, qu'il n'entreroit jamais dans une affociation fi préjudiciable au Roi, aux Princes du fang, à la Nobleffe, à l'Etat; il demanda hautement acte de fa déclaration; il eut bien de la peine à l'obtenir, & il ne l'obtint que de trois députés feulement: ce fut le 10 février 1577 qu'il foutint ainfi les vrais principes de la fucceffion parmi tant de prévaricateurs qui les fouloient aux pieds. Après la féparation des Etats, il courut s'armer pour le fervice du Roi; il déconcerta les projets des Ligueurs, contint le Nivernois dans l'obéiffance, fe jeta dans Nevers toutes les fois que cette ville fut menacée, commanda dans la province de Nivernois en 1585, lorfque les troubles civils, fufpendus quelque tems, commencèrent à renaître. Il mourut dans fa terre d'Afnois, & y fut inhumé le 15 juin 1591.

12°. Un de fes fils, Jean, feigneur de Fondelin, fut tué dans la malheureufe entreprife du duc d'Anjou fur Anvers, en 1583.

13°. Gabriël, chevalier de Malte, frère de Jean, fut tué en duel à Avalon.

14°. Adrien de Blanchefort, frère aîné des deux précédens, fit fes premières armes à dix-fept ans, en 1574; il fuivit, ainfi que fon frère Jean, le duc d'Anjou-Alençon dans fa malheureufe expédition de Flandre; il fut même fa reffource après l'échec d'Anvers, s'étant rendu maître de la ville de Dendermonde, où il fournit un afile à ce Prince, & où il recueillit les débris de fon armée; il eut alors le commandement de toutes les troupes qui purent parvenir jufqu'à cet afile ouvert par lui feul. Après la mort du duc d'Alençon, il continua de rendre les plus utiles fervices aux rois Henri III & Henri IV, & d'en recevoir de juftes récompenfes. Gouverneur de la ville de Saint-Jean-de-Lofne, il la défendit plufieurs fois, & toujours avec fuccès, contre les attaques des Ligueurs. En 1594 il leur enleva la ville & le château d'Avalon; il commanda fucceffivement dans prefque toutes les places de la Bourgogne & du Nivernois, depuis 1590 jufqu'en 1614. En cette année il fut nommé député de la Nobleffe du Nivernois aux derniers Etats-généraux de la France. En 1616 il fut chargé de maintenir dans l'obéiffance la Nobleffe & les troupes du Nivernois, & il y réuffit. Il mourut révéré & regretté, le 30 octobre 1625.

15°. Roger de Blanchefort, petit-fils d'Adrien, fervit avec la même diftinction fous Louis XIV; il fut bleffé en diverfes rencontres; il perdit un œil à l'expédition de Gigeri, en 1664.

16°. François-Jofeph fon fils fe diftingua, en 1674, à la bataille de Senef. Au bout de vingt-cinq années de fervice, fes infirmités, fruit de fes fervices même, l'obligèrent de fe retirer. Mort à Paris, le 17 mai 1714.

La Maifon de Branciforte ou Branciforti en Sicile fe prétend iffue de la Maifon de Blanchefort en France, par un Pierre-Guy de Rochefort, qui paffa, dit-on, de France en Sicile. On ajoute qu'un feigneur de la Maifon de Branciforte, dans fes difpofitions teftamentaires, appelle à fa fucceffion les feigneurs de la Maifon de Blanchefort de France, qu'il nomme fes parens.

BLANCHET (L'ABBÉ). (*Hift. litt. mod.*) C'eft après avoir prouvé, par la publication des *Variétés morales & amufantes*, combien M. l'abbé Blanchet, auteur de ce livre, méritoit d'être connu, que M. Dufaulx, de l'Académie des infcriptions & belles-lettres, fon ami & fon parent, l'a fait connoître en écrivant fa vie, & en publiant après fa mort fes Apologues & fes Contes orientaux. Du tems des oracles, on n'auroit pas manqué de dire que l'auteur des *Variétés*, &c. & des *Apologues*, &c. entraîné dès fa jeuneffe vers les lettres par un attrait irréfiftible, avoit confulté l'oracle pour favoir quel feroit fon rang dans la littérature, & qu'il lui avoit été répondu: *Redoute le moment où tes Effais paroîtront dans le public.* En effet, après avoir, pendant plus de foixante ans, cultivé les lettres dans le fecret de fon cœur, après avoir résisté pendant tout ce tems aux tentations de la gloire, après avoir recherché toute sa vie l'obscurité & la pauvreté, comme les autres recherchent la réputation & la fortune ; après avoir injustement livré au feu la plupart de ses productions, M. l'abbé Blanchet cède enfin, non sans beaucoup d'incertitudes & d'agitations, & sous la condition de n'être pas nommé il cède à des amis qui veulent le rendre illustre malgré lui dans sa vieillesse ; & le moment où ses *Variétés* paroissent imprimées & reçoivent l'accueil le plus flatteur, ce moment de son triomphe est le moment de sa mort ; il sembloit qu'il eût été doué du don de faire jouir les autres, & condamné à ne jamais jouir lui-même : toujours aimable dans la société, à laquelle il se livroit peu, sombre & mélancolique dans la solitude, où il aimoit cependant à vivre, accablé de vapeurs, dont il souffroit seul, & dont il craignoit toujours de faire souffrir les autres : *Tel que je suis*, disoit-il, *il faut pourtant que je me supporte ; mais les autres y sont-ils obligés ?*

L'auteur de sa vie prévoit qu'on lui objectera cette obscurité même à laquelle l'abbé Blanchet s'étoit condamné. Pourquoi, dira-t-on, occuper le public d'un inconnu ? Pourquoi ? pour le faire connoître puisqu'il a mérité d'être connu, pour rendre hommage à ses talens, à ses vertus, & le venger des injustices de sa modestie.

*Non ego te meis*
*Chartis inornatum silebo,*
*Totve tuos patiar labores*
*Impunè, Lolli, carpere lividas*
*Obliviones.*

Le caractère de l'abbé Blanchet est plein de physionomie & d'originalité. Personne, après avoir lu sa vie, ne demandera pourquoi elle a été écrite. On parle avec raison des réputations usurpées ; on peut dire que son obscurité l'étoit. Boursault parle dans ses lettres, de l'abbé T***, de l'Académie françaife, qui avoit, selon lui, de grands talens pour la chaire ; il lui disoit que Dieu lui demanderoit compte un jour de ces talens enfouis, & lui diroit : « Je t'avois donné la grace, la force, » l'onction, l'éloquence, en un mot toutes les » qualités nécessaires à un prédicateur, & tu as » résisté à ce que je souhaitois de toi. — Encore » passe, répondoit l'abbé ; le reproche sera hon- » nête, au lieu qu'il dira à tant d'autres : De quoi » vous êtes-vous mêlés de prêcher ? Je vous avois » donné gratuitement le talent de vous taire, & » malgré moi vous avez voulu parler. »

Ce que l'abbé dont parle Boursault, étoit pour la chaire, l'abbé Blanchet l'étoit pour la littérature. Il composoit cependant pour son plaisir, & quelquefois pour celui des autres ; mais il ne publioit rien.

Quant à sa fortune, il ne savoit ni demander ni

accepter ; il méprisoit sincérement les richesses, mais sans cynisme, sans jactance, sans condamner les autres à s'en passer comme lui.

Il fallut s'occuper de sa fortune malgré lui. Un indult qu'il tenoit de l'amitié de M. de Chavannes, doyen du parlement, lui ayant procuré un canonicat, il accepta ce canonicat par reconnoissance, & s'en démit peu de tems après. On le fit interprète à la bibliothèque du Roi, à condition de ne rien interpréter ; il voulut encore remettre cette place, mais cette fois-ci on étoit en garde contre lui. « Nous ne recevrons point, lui dit » M. Bignon, la démission de votre place d'inter- » prète, comme M. de Mirepoix a reçu celle de » votre canonicat. Ainsi l'abbé fut condamné à » toucher cent pistoles, qui lui ont été comptées » jusqu'à la mort. On le fit aussi censeur, à con- » dition de ne rien censurer, & seulement pour » le gratifier de nouveau. Cette fois il n'en eut » pas le démenti ; il accepta le titre, & refusa la » pension. On le fit garde des livres du cabinet » du Roi ; il quitta encore cette place pour aller » languir & mourir à Saint-Germain-en-Laye. »

Ce caractère semble au premier coup d'œil offrir quelques traits de conformité avec celui de J. J. Rousseau ; mais l'historien de l'abbé Blanchet y trouve de grandes différences. « Jean-Jacques, » dit-il, fut constamment dévoré de l'amour de » la célébrité ; il se défia de tout le monde, & fut » toujours insociable ; au lieu que l'abbé Blanchet » cacha de son mieux sa vie & ses ouvrages, vécut » avec confiance, & mourut au sein de l'amitié.....

» Cet homme, dont les infirmités précoces » avoient considérablement altéré l'humeur & di- » minué l'activité, retrouva toujours dans le besoin » de servir ses amis, un principe de vie qui le ren- » doit infatigable. Cet homme, qui se refusoit à » toutes les graces & à tous les bienfaits, entroit » dans le ravissement quand ses amis parvenoient » à quelque chose d'utile & d'honorable. »

M. Dusaulx nous apprend une anecdote qui fait honneur, & à M. l'abbé Blanchet, & au célèbre médecin Bouvard son ami.

« M. Bouvard, dit-il, étant, il y a environ qua- » rante ans, à toute extrémité, dit à l'abbé Blan- » chet : Du caractère dont je te connois, tu ne » feras jamais rien pour ta fortune : il y a grande » apparence, mon ami, que je n'irai pas loin ; & » quand je serai mort, que deviendras-tu ? L'abbé » vouloit répondre ; mais le malade profitant de » son avantage, lui imposa silence, & dicta ses » volontés : — J'entends que ta vie durant tu » jouisses de dix mille écus que j'ai gagnés..... Ne » t'effarouche point, le fonds retournera à ma » famille. Quelque tems après l'abbé raconta ce » trait à madame la duchesse d'Aumont, qui en » fut si ravie, qu'elle le pria de recommencer. — » Bon ! Madame, que je viens de vous dire » n'est rien en comparaison de ce qui suit : quand » mon pauvre Bouvard fut hors d'affaire, est-ce

» que je ne le trouvai pas tout honteux d'en être
» revenu ? »

Voilà pour ce qui concerne le caractère de l'abbé Blanchet, & l'intérêt qu'il prenoit & qu'il inspiroit à ses amis. Quant à ses talens, celui d'écrire en prose avec beaucoup d'esprit, de philosophie & de goût, est prouvé par ses deux livres des *Variétés* & des *Apologues*. De plus, l'éditeur nous apprend que l'abbé Blanchet est auteur de plusieurs petits morceaux de poésie, d'un goût exquis pour la plupart, & dont quelques-uns, très-connus, ont été attribués aux meilleurs poëtes du tems, qui ne s'en défendoient pas trop. L'abbé Blanchet ne l'ignoroit pas, & disoit : *Je suis charmé que les riches adoptent mes enfans.*

C'est de lui, par exemple, qu'est ce triolet charmant adressé à trois sœurs.

> Aimables sœurs, entre vous trois
> A qui mon cœur doit-il se rendre?
> Il n'a point fait encor de choix,
> Aimables sœurs, entre vous trois;
> Mais il se donneroit, je crois,
> A la moins fière, à la plus tendre.
> Aimables sœurs, entre vous trois
> A qui mon cœur doit-il se rendre?

M. de Fontenelle, juge suprême dans le genre galant, ingénieux & aimable, disoit qu'on ne pouvoit pas mieux faire dans ce genre, & l'on ne peut qu'être de son avis. Le fameux triolet de Ranchin :

> Le premier jour du mois de mai, &c.

qu'on appeloit le *Roi des triolets*, est beaucoup moins parfait. Le voici :

> Le premier jour du mois de mai
> Fut le plus beau jour de ma vie;
> Le beau dessein que je formai
> Le premier jour du mois de mai !
> Je vous vis & je vous aimai,
> Et ce dessein vous plut, Sylvie !
> Le premier jour du mois de mai
> Fut le plus beau jour de ma vie.

Ce triolet, fort joli sans doute, n'est pas sans tache. Qu'est-ce que ce dessein formé d'aimer? Aime-t-on ainsi par dessein formé ? D'ailleurs le vers :

> Je vous vis & je vous aimai.

qui rappelle le *ut vidi, ut perii* de Virgile, exclut cette idée de dessein & d'arrangement. De plus, l'à-propos des refrains, qui fait le principal mérite des triolets, & qui doit être tel, que les vers répétés soient non-seulement bien placés, mais nécessaires à l'endroit où on les répète; cet à-propos

nous paroît plus fin, plus parfait, plus abondant en idées accessoires dans le triolet de l'abbé Blanchet, que dans celui de Ranchin.

Qu'on ne regarde point ce mérite du refrain comme frivole; il fait le plus grand charme de la poésie lyrique & chantante dans tous les genres; c'est celui qui donne le plus sensiblement & le plus délicieusement au cœur & à l'oreille à la fois l'idée de la perfection.

Quoi de plus joli encore que ce madrigal de M. l'abbé Blanchet sur une jeune personne habillée en religieuse !

> Que cette Vestale a d'appas !
> Heureux celui qu'elle aime !
> Le bandeau ne lui messied pas,
> Il semble un diadème ;
> Et s'il étoit deux doigts plus bas,
> Ce seroit l'Amour même.

Le portrait suivant, dont le modèle nous est inconnu, mérite d'être fidèle par les contrastes même qu'il rassemble.

> Telle est l'inconcevable Hortense,
> Egalement fidelle au caprice, au devoir,
> Vertueuse sans qu'elle y pense,
> Et charmante sans le savoir.

Cette épitaphe de M. le comte de Gisors est simple, noble, guerrière, & digne du jeune héros qui en est l'objet.

> Content d'avoir servi ma patrie & mon maître,
> Je meurs au bord du Rhin ;
> J'étois déjà Bayard ; ne pouvant encore être
> Dunois ni Duguesclin.

« L'abbé Blanchet a célébré, dit M. Dusaulx, » un illustre étranger, naturalisé parmi nous, & » qui a aussi bien mérité de la France que de » l'humanité. »

> N*** tu sus choisir, tu sus servir ton Roi :
> Avec un esprit juste, avec un cœur sensible,
> Tu réparas le mal que l'on fit avant toi;
> Tu fis le bien qu'on croyoit impossible.

Enfin c'est M. l'abbé Blanchet qui est l'auteur d'une énigme, laquelle est du petit nombre de celles qu'on remarque. Elle fit du bruit dans le tems ; elle occupa ceux même qui s'amusoient le moins de ce genre, & embarrassa ceux qui s'y exerçoient le plus.

> On vous annonce une maison
> A louer en toute saison.

Elle a deux portes , trois fenêtres ,
Du logement pour quatre maîtres ;
Même pour cinq en un befoin ;
Ecurie & grenier à foin.
Elle eft dans un quartier qui pourroit ne pas plaire ;
En ce cas le propriétaire,
Avec certains mots qui font peur ,
Et fa baguette d'enchanteur ,
Emportera maifon , meubles & locataire ,
Et tant fera qu'il les mettra
En tel endroit que l'on voudra.
On connoît cet hôtel célèbre
A fon écriteau fingulier ,
Pris dans Barême ou dans l'Algèbre ,
Et l'on trouve au calendrier
Son nom & celui du forcier.

Il ne feroit pas impoffible que M. l'abbé Blanchet
eût pris la première idée de cette énigme dans
ces vers du *Mondain* :

Un char commode avec graces orné
Par deux chevaux rapidement traîné,
Paroît aux yeux une maifon roulante,
Moitié dorée & moitié tranfparente.

M. l'abbé Blanchet, toujours fans fe nommer,
avoit publié dans fa jeuneffe, dit M. Dufaulx, une
ode contre les incrédules : « Il en ufoit dans cette
» conjonture comme ceux qui écrivent contre
» les paffions qu'ils redoutent, ou dont ils cher-
» chent à fe guérir. » M. Dufaulx n'en cite qu'une
ftrophe, dont les quatre premiers vers font furtout font
bien du ton qui convient à l'ode ;

Aux accens de fa voix féconde,
L'Être éternel & tout-puiffant
Fit fortir le Tems & le Monde
Du fombre abîme du néant.

« Je fais, dit M. Dufaulx , que, dans le tems
» qu'elle parut, l'abbé Desfontaines la traita fort
» bien dans fon Journal. » Cette ode eft apparemment celle que l'abbé Desfontaines, dans
fes *Obfervations fur les écrits modernes*, tome 12,
pages 43 & fuivantes, annonce fous ce titre : Les
*Déiftes* ; elle eft auffi richement rimée que celles
de Rouffeau , & contient en effet de fort belles
ftrophes, entr'autres celle-ci :

Sage raifon , vierge immortelle ,
Tu m'entends , tu viens en ces lieux :
C'eft toi, ton cortège fidèle
Avec toi fe montre à mes yeux ;
L'attention laborieufe
Et la méthode induftrieufe

Tenant dans fa droite un compas ;
Le doute , enfant de la prudence ,
Prêt à fuir devant l'évidence
Qui vient lentement fur tes pas.

Elle finit par ces trois vers , qui font le précis du
fujet :

Soumis à Dieu, que j'ai pour maître ,
Je fais raifonner & connoître ;
Je fais plus, je fais ignorer.

M. l'abbé Blanchet avoit fait des vers pour être
mis au bas du portrait de M. Dufaulx ; celui-ci ,
par un fentiment modefte, les trouvant trop obligeans pour lui , & jugeant qu'ils convenoient mieux
à l'auteur même , a placé à la tête du recueil des
Apologues , &c. une fort belle gravure repréfen-
tant l'abbé Blanchet , & au bas de laquelle on lit
ces mêmes vers faits par l'abbé Blanchet pour
M. Dufaulx. Les voici :

Puis-je efpérer de vivre au temple de mémoire ?....
Mais qu'importe après tout ; dans le fiècle où je vis ,
Je fais, graces au ciel, tout le bien que je puis,
Le vrai bien , peu connu, peu vanté dans l'Hiftoire ;
Je remplis mes devoirs, je règle mes defirs,
J'aime la gloire enfin plus que les vains plaifirs,
Et la vertu plus que la gloire.

Si quelqu'un objete que ces mots , *J'aime la gloire*,
ne peuvent convenir à un homme qui ne fongeoit
qu'à fe cacher, la réponfe eft qu'il faut prendre le
vers entier :

J'aime la gloire enfin plus que les vains plaifirs,

& alors la propofition eft vraie ; car l'abbé Blanchet s'eft conftamment refufé aux vains plaifirs,
& il a fini par fe prêter du moins à la gloire.
Quant à la profe des *Apologues* , &c. contes,
anecdotes, maximes & proverbes, tout eft moral
& philofophique dans ce livre ; ce qui l'eft moins,
eft plaifant & ingénieux ; telle eft , par exemple,
l'idée de l'apologue intitulé *l'Académie filencieufe*,
ou *les Emblêmes*. Le docteur Zeb , auteur d'un
petit livre excellent, intitulé *le Baillon*, eft reçu
en qualité de furnuméraire à l'Académie filencieufe ; il falloit qu'il fît fon remerciment en une
feule phrafe ; il le fit même fans dire mot. « Il écri-
» vit en marge le nombre cent, c'étoit celui de fes
» nouveaux confrères ; puis en mettant un zéro
» devant le chiffre , il écrivit au deffous : *Ils n'en*
» *vaudront ni moins ni plus* (0100). » Le préfident
répondit au modefte docteur avec autant de politeffe que de préfence d'efprit ; il mit le chiffre
un devant le nombre cent , et il écrivit : *Ils en
vaudront dix fois davantage* ( 1100 ).
Un des ouvrages de ce recueil porte le titre

*d'Analyse courte & utile d'une immense Bibliothèque royale.*

Cette analyse est en quatre maximes :

« 1°. Dans la plupart des sciences, il n'y a que ce seul mot : *Peut-être*; il n'y en a que trois dans toute l'Histoire : *Ils naquirent, ils souffrirent, ils moururent.*

» 2°. N'aime rien que d'honnête, & fais tout ce que tu aimes; ne pense rien que de vrai, & ne dis pas tout ce que tu penses.

» 3°. O Rois ! domptez vos passions, régnez sur vous-mêmes; ce ne sera plus qu'un jeu de gouverner le monde.

» 4°. O Rois ! ô Peuples ! on ne vous l'a point encore assez dit, & de faux sages osent encore en douter : Il n'est point de bonheur sans vertu, ni de vertu sans crainte des dieux. »

Un homme de plaisir, qui se croyoit heureux, quoiqu'il fût un peu troublé dans son bonheur par l'idée de la mort, se propose de ne plus penser à la mort; *mais cela même*, dit l'auteur, *c'étoit y penser.* Ce mot rappelle le trait de Moncrif, passé en proverbe :

En songeant qu'il faut qu'on l'oublie,
On s'en souvient.

Dans l'histoire d'Abou-Taher, prince des Carmathes, l'auteur définit le fanatisme *une espèce de ressort qui a tout à la fois l'énergie du crime & celle de la vertu.* Plus on méditera cette définition, plus il nous semble qu'on la trouvera juste & complète. C'est précisément ce mélange de crimes & de vertus qui rend le fanatisme si redoutable.

Il nous semble encore qu'il y a bien du sens dans ces maximes annoncées comme orientales :

« Les Rois ont besoin du conseil des sages; les sages peuvent se passer de la faveur des Rois.

» On peut vivre sans frère; mais on ne peut pas vivre sans ami.

» La patience est la clef de toutes les portes & le remède à tous les maux.

» La tristesse qui vient avant la joie, est moins triste que celle qui vient après.

» L'impatience dans l'affliction est le comble de l'affliction. »

Le volume des Apologues, &c. est terminé par deux morceaux de traduction; l'un est l'*Histoire de la famille d'Hiéron*, dans le vingt-quatrième livre de Tite-Live; l'autre, *la Conjuration de Pison contre Néron*, au quinzième livre des Annales de Tacite. L'éditeur juge que M. l'abbé Blanchet a mieux traduit Tacite que Tite-Live, & il observe à ce sujet qu'il est plus aisé de rendre la force que l'élégance. C'est que la force de l'original soutient le traducteur, & le rend capable des efforts qu'elle exige. L'élégance au contraire ne présente que des difficultés sans fournir le même ressort pour en triompher.

BLANES (DE), (*Hist. d'Esp.*), ancienne Maison espagnole, dont différentes branches sont répandues dans la Catalogne, dans le Roussillon & dans le royaume de Valence. Des historiens disent que Charlemagne donna la ville & le château de Blanes à un Saxon nommé Gines, parent du fameux Witikind, en récompense des services qu'il avoit reçus de ce Gines dans ses guerres contre les Maures, & c'est de même Gines qu'on fait descendre toute la Maison de Blanes.

On trouve dans l'histoire des comtes de Barcelone un amiral de Blanes, qui se signaloit vers l'an 850 à la tête des vaisseaux & des galères de la comtesse de Barcelone : cet amiral devoit suivre de près ce Gines, premier donataire de Blanes, & pouvoit être son fils ou son petit-fils.

Les armes de la Maison de Blanes sont de gueules à la croix d'argent. On croit que ce sont les armes de la Maison de Savoie, données, dit-on, dans le treizième siècle à Guillaume, seigneur de Blanes, par un comte de Savoie, qui le reconnoissoit pour son parent, issu comme lui de l'ancienne Maison de Saxe. Cette tradition, qui a beaucoup de partisans, est cependant sujète à quelques difficultés chronologiques & autres.

Le premier de cette Maison, auquel on remonte avec certitude, est Raymond de Blanes, bien connu dans l'Histoire, pour s'être trouvé, avec son frère Geoffroy, dans l'armée du comte de Barcelone-Raymond-Borell à la journée de Cordouel l'an 1001. Tous ses premiers descendans se signalent au service des comtes de Barcelone contre les Maures. On distingue parmi eux Guillaume de Blanes, premier du nom, chevalier illustre qui accompagna Pierre II au combat d'Ubéda en 1212, & à la bataille de Muret en 1215.

Raymond de Blanes, quatrième du nom, servit en 1363 Pierre IV, roi d'Arragon, contre Pierre-le-Cruel, roi de Castille; il fut pris par le comte de Foix, & obligé de vendre, en 1387, la ville & le château de Blanes, qui étoient dans sa Maison depuis environ six siècles.

Guillaume de Blanes, cinquième du nom, petit-fils de Raymond IV, eut douze enfans, dont plusieurs furent maltraités par la nature. Le fils aîné du premier lit, nommé Michel, naquit sourd & muet; deux filles du second lit naquirent pareillement sourdes & muettes.

Dans les derniers tems, dom Etienne, marquis de Blanes & de Milas, dit le seigneur de Fontcouverte, né le 7 novembre 1679, servit bien le roi Philippe V à la tête des milices du Roussillon, dont il fut fait colonel en 1705. Louis XIV, pour récompenser l'attachement de ce seigneur à son service & à celui du Roi son petit-fils, créa en sa faveur & sans finance, la charge de chevalier d'honneur au conseil supérieur du Roussillon. Louis XV, par des lettres expédiées à Meudon au mois de juillet 1723, & scellées le 4 août suivant, rendit ce même office héréditaire pour tous les descendans du marquis de Blanes. Le même Roi, par des lettres du mois d'octobre 1719, avoit ordonné lui en marquisât la ville & château de Milas. Un des motifs allégués en sa faveur dans les lettres de 1723 est *son illustre origine, commune avec les ducs de Savoie, descendus de la Maison de Saxe.* Ainsi cette opinion est en quelque sorte consacrée par l'autorité du véritable juge de la Noblesse, le Roi.

On distingue dans un autre genre parmi les rejetons de la Maison de Blanes, Raymond, premier martyr de l'Ordre de la Merci, reçu dans cet Ordre par le fondateur même, saint Pierre de Nolasque; il fut tué à coups de flèche par les Infidèles, en 1236.

Geoffroy de Blanes, religieux dominicain, prédicateur célèbre de son tems, disciple de saint Vincent-Ferrier, & son compagnon dans ses missions apostoliques, mort à Barcelone en 1414. Sa vie se trouve dans l'histoire des Saints de Catalogne, écrite en espagnol par un Dominicain au dix-septième siècle. Il y est dit que *ce saint religieux sortoit de l'illustre Maison des seigneurs de Blanes, qui tiennent rang parmi les principaux chevaliers de Catalogne.*

BLÉ (DU). (*Hist. de Fr.*) C'est le nom d'une ancienne famille de Bourgogne. Le maréchal d'Uxelles portoit ce nom. (*Voyez* dans le Dictionnaire l'article de ce maréchal, au mot *Uxelles*, qui n'étoit pas proprement le sien.) Il y avoit depuis les commencemens du treizième siècle une Maison du Blé, dont descendoit Catherine du Blé, qui épousa Claude de Laye, seigneur de Rotilia en Bresse; c'est de ce Claude de Laye & de Catherine du Blé que descendoit le maréchal d'Uxelles.

Huguenin de Laye leur petit-fils fut substitué aux biens, nom & armes de la Maison du Blé, par Huguenin du Blé, deuxième du nom, son grand-oncle, frère de Catherine.

Pétrarque du Blé, fils de Huguenin de Laye, épousa, en 1537, Catherine de Villars-Sercy, Dame d'Uxelles, d'où le nom d'Uxelles a été joint à celui de du Blé dans la famille de Laye.

Jean, fils de Pétrarque, fut tué à la bataille de Lépante contre les Turcs, en 1571.

Un autre fils du même fut tué dans un combat au tems de la Ligue.

Antoine du Blé, baron d'Uxelles, leur frère aîné, mérita par d'utiles services l'estime des rois Henri III & Henri IV. A dix-sept ans, il s'étoit distingué au siège de Brouage, puis à celui de Sédan & dans d'autres occasions: à la journée d'Arques il eut deux chevaux tués sous lui. Il étoit aux sièges de Paris & de Rouen, sous Henri IV; à la défaite des Espagnols à Marseille, à la réduction de la Bourgogne, à la conquête de la Savoie. Mort le 19 mai 1616.

Jacques du Blé, marquis d'Uxelles, fils d'Antoine, fut conseiller d'État, d'épée, & chevalier

des Ordres du Roi; il donna de grandes preuves de valeur en 1625, sous le connétable de Lesdiguières, dans une guerre contre Gênes, & en 1628 dans la guerre de Mantoue; il fut tué en 1629 au siège de Privas, d'un coup de mousquet.

Louis Chalon du Blé, marquis d'Uxelles, fils de Jacques, servit avec grande distinction pendant vingt-deux campagnes, & se trouva dans toutes les occasions périlleuses; il mourut des blessures qu'il avoit reçues au siège de Gravelines en 1658. Il avoit deux brevets dont sa mort empêcha l'exécution, l'un de maréchal de France, l'autre de chevalier des Ordres du Roi. Il laissa deux fils; l'aîné, nommé comme lui, Louis Chalon, mourut dans l'expédition de Candie en 1669; l'autre fut le maréchal d'Uxelles. (*Voyez* son article.)

BOHUN (*Hist. d'Anglet.*), Maison considérable d'Angleterre, & qui a donné une Reine à ce pays.

1°. Humfroy de Bohun, surnommé le *Barbu*, fut compagnon d'armes de Guillaume-le-*Conquérant*.

2°. Humfroy II son fils fut surnommé le *Grand*.

3°. Humfroy III, fils de Humfroy II, étoit un des principaux officiers de Henri I, roi d'Angleterre.

4°. Humfroy IV, fils du précédent, fut comte d'Héreford & connétable d'Angleterre.

5°. Les suivans furent comtes d'Héreford & d'Essex.

6°. Humfroy VIII fut de plus connétable d'Angleterre, ainsi que Humfroy IV. Il mourut dans les fonctions de sa place, tué dans un combat livré en Angleterre le 16 mars 1321.

7°. Guillaume de Bohun son fils fut comte de Northampton; 8°. ainsi que son fils Humfroy X, qui fut aussi comte d'Héreford & d'Essex.

9°. & 10°. Ce dernier eut deux filles, dont l'une, Eléonore de Bohun, comtesse d'Essex & de Northampton, épousa Thomas d'Angleterre, duc de Glocester & comte de Buckingham, connétable d'Angleterre; l'autre, Marie, comtesse d'Héreford, fit une alliance plus noble & plus glorieuse encore; elle fut la première femme de Henri IV, roi d'Angleterre, premier Roi de la branche de Lancastre, & la mère de Henri V.

BOILEAU. (*Hist. litt. mod.*) C'est par erreur qu'en rapportant à l'article *Boyer*, le mot de Racine sur les sifflets qui étoient, disoit-il, à Versailles aux sermons de l'abbé Boileau, nous avons dit que, selon Racine le fils, ce n'étoit point une épigramme que son père eût voulu faire: *contre le frère de son ami.* L'abbé Boileau, dont il s'agissoit dans ce mot, n'étoit point parent du poëte; mais Louis Racine, qui cite ce trait dans un ouvrage qui est autant l'histoire de Boileau que celle de Racine son père, auroit bien dû avertir que cet abbé Boileau n'étoit point de la famille de celui dont il nous entretient sans cesse. L'abbé Boileau le prédicateur eſt diſtingué par le nom de Boileau de Beaulieu, parce qu'il étoit abbé de Beaulieu. M. d'Alembert, plus malin que Racine le fils, ne croit pas le mot de Jean Racine auſſi innocent que le fils l'a prétendu. Quoi qu'il en ſoit, l'abbé Boileau de Beaulieu eut aſſez de réputation comme prédicateur, pour que la cour deſirât de l'entendre, pour qu'on fit un recueil de ſes ſermons & un choix de ſes penſées, pour que l'Académie françaiſe crût devoir l'adopter. Il y fut reçu le 16 août 1694. Le P. Bourdaloue diſoit de lui, qu'*il avoit deux fois plus d'eſprit qu'il ne falloit pour bien prêcher.* M. d'Alembert cite de lui cette penſée :

« *La preuve la plus réelle d'un vrai mérite, c'eſt*
» *ſe connoître; c'eſt par-là que la philoſophie finit;*
» *c'eſt par-là que la foi commence; c'eſt la leçon que*
» *le ſage fait à l'homme, & la prière que le chrétien*
» *fait à Dieu.* »

L'abbé Boileau mourut en 1704. Il étoit de Beauvais.

BOJOCALUS ( *Hiſt. german.* ), chef des Anſivariens, peuplade errante dans la Germanie ſans pouvoir trouver de retraite aſſurée; elle avoit, ſuivant les apparences, été dans le parti des Romains, car dans un grand ſoulévement des Chéruſques contre Rome, Bojocalus avoit été priſonnier d'Arminius, & depuis il avoit vieilli au ſervice des mêmes Romains; il avoit porté les armes pour eux pendant cinquante ans. Dans ſa vieilleſſe, il éprouva, leur ingratitude altière & deſpotique. Ce peuple jaloux vouloit qu'on reſpectât les poſſeſſions même qu'il paroiſſoit avoir abandonnées, & qu'on ſe reſſouvînt qu'elles avoient appartenu aux Romains. En ſe repliant en deçà du Rhin, ils avoient laiſſé au-delà des terres vagues qui ſervoient à la nourriture des troupeaux. Les Friſons avoient cru pouvoir s'en emparer; mais, ſur un ordre abſolu de l'Empereur, ils ne firent aucune réſiſtance & abandonnèrent ce terrain. Bojocalus le demanda pour ſes Anſivariens; il eut à ce ſujet une conférence avec les gouverneurs romains du pays; ils ne voulurent jamais accorder cette grace aux Anſivariens; ils offrirent ſeulement à Bojocalus des terres pour ſon uſage particulier, en conſidération de ſes ſervices. Bojocalus les refuſa généreuſement : ce ſeroit, dit-il, trahir les intérêts que ma nation m'a confiés, d'accepter pour moi une grace que j'ai demandée pour elle. Si les Romains croient devoir quelque récompenſe à mes ſervices, qu'ils m'accordent celle que je leur demande; c'eſt la ſeule qui puiſſe me flatter. Sur le refus des Romains, il rompit la conférence, & prit congé d'eux en leur diſant avec fierté que la terre ne pouvoit lui manquer, ſoit pour y vivre, ſoit pour y mourir.

BORNE (LA DAME DE LA). ( *Hiſt. mod.* ) Brantôme raconte de cette Dame une anecdote bien bizarre, & qui, ſi elle eſt vraie, peut ſervir à peindre les mœurs du tems de notre roi François I. Il prétend ( *Dam. Gal. diſcours I.* ) que cette dame de la Borne, belle & de bonne Maiſon, déféra ſon mari à la juſtice pour des irrégularités coupables, mais qui s'étoient paſſées dans l'intimité du commerce conjugal, & dont il ne pouvoit y avoir de témoin qu'elle-même. Brantôme dit pourtant que le mari eut la tête tranchée, ce qui ſeroit bien une autre irrégularité.

BOULEN. ( *Hiſt. d'Anglet.* ) Anne de Boulen, ou Bolleyn, ou Bollen, étoit fille du chevalier Thomas de Boulen, vicomte de Rochefort; elle avoit ſuivi autrefois en France Marie d'Angleterre, ſeconde femme de Louis XII; elle avoit été attachée depuis à la reine Claude, première femme de François I, & après ſa mort à la ducheſſe d'Alençon. Revenue en Angleterre, elle fut attachée à la reine Catherine d'Arragon. Henri VIII devint amoureux d'elle. Si l'ambition d'Anne de Boulen n'eût aſpiré qu'à l'autorité, il ne tenoit qu'à elle d'en jouir en bornant Catherine d'Arragon au titre de Reine; mais elle étoit jalouſe du titre, dût-elle perdre l'autorité. Elle voulut être Reine : ſon adreſſe ſervit ſi bien ſon ambition, elle enchaîna ſi fortement Henri VIII par des refus attirans, qu'il déſeſpéra de la vaincre, & ne ſongea plus qu'à l'épouſer. Alors commencèrent les intrigues pour le divorce. ( *Voyez* ſur ce point, dans le Dictionnaire, l'article *Volſey*, & dans ce volume l'article *Catherine* d'Arragon. ) Il paroît que Henri VIII n'oublia rien pour perſuader que ſes ſcrupules ſur ſon mariage avec Catherine d'Arragon avoient commencé avant ſon amour pour Anne de Boulen. On a de lui une lettre dans laquelle il dit qu'il n'a point eu de commerce avec la Reine depuis l'année 1524; ce qui, en ſuppoſant le fait vrai, pourroit prouver ſeulement qu'il s'étoit dégoûté de la Reine avant de devenir amoureux d'Anne de Boulen, ou qu'il en étoit amoureux avant cette époque, comme bien des auteurs le prétendent. En ce cas la réſiſtance d'Anne de Boulen aura été longue; mais elle ne fut pas perſévérante juſqu'au bout. Anne de Boulen, pendant le cours du procès du divorce, & ſur l'aſſurance d'un prochain mariage, ſe rendit enfin aux deſirs du Roi qu'elle regardoit déjà comme ſon mari, & le Roi n'en étoit que plus ardent à ſolliciter le divorce. L'honneur de ſa maîtreſſe commençoit à exiger qu'il l'épouſât promptement & publiquement; il ne garda plus de meſures, & ſe paſſa d'un jugement qu'on lui faiſoit trop attendre; il fit caſſer ſon mariage par l'archevêque de Cantorbery, Thomas Crammer, primat du royaume. Il épouſa Anne de Boulen, la fit couronner, & publia ſon mariage dans les cours. Il l'épouſa au mois de janvier 1533, & elle accoucha le 3 ſeptembre de la fameuſe Eliſabeth; mais on prétend qu'il avoit épouſé ſecrètement Anne de Boulen le 14 novembre 1532.

Anne de Boulen avoit cru devenir Reine; elle ne fut jamais qu'esclave dans tout le tems de sa faveur. Elle tomba dans la disgrace à son tour : Jeanne Seymour lui enleva le cœur de son mari. C'eût été peu pour Henri de quitter Boulen; il fallut qu'il la diffamât & qu'il la perdît. Parce qu'il étoit inconstant, ce fut elle qui passa pour infidelle & pour impudique; il l'avoit jugée sage tant qu'il l'avoit aimée. Quand elle cessa de lui plaire, il découvrit qu'elle se prostituoit à mille amans & à son propre frère; il la fait arrêter, il fait arrêter avec elle tout ce qu'il prétend soupçonner. La malheureuse Boulen prend d'abord pour un jeu tout ce qu'elle éprouve. Promptement désabusée, elle tombe dans une gaîté folle, cent fois plus triste que l'accablement ordinaire des malheureux; elle rioit & pleuroit, & rioit d'avoir pleuré. Elle écrivit à Henri : *Vous m'avez toujours élevée; votre amour a fait de moi une Reine, votre haine va faire de moi une sainte & une martyre.* Elle manioit son cou en éclatant de rire : *Il est très-mince*, disoit - elle, *& l'exécuteur est habile.* Puis fondant en larmes, elle faisoit faire à Marie, fille de Catherine d'Arragon, les plus tendres excuses des chagrins qu'elle avoit causés à cette Princesse & à sa mère. Elle protesta toujours de son innocence. Son frère, le lord Rochefort, & ses autres prétendus complices, furent décapités avec elle : tous nièrent constamment ce qu'on leur imputoit, à la réserve d'un seul, qui osa s'en vanter, séduit par l'espérance d'une grace qu'on lui promit & qu'il n'obtint pas : il fut pendu. Le lord Rochefort avoit été accusé par sa femme. Tous ces détails sont cruels & affreux.

Les Protestans & les Catholiques modérés croient qu'Anne de Boulen n'étoit coupable que d'un peu d'indiscrétion & de coquetterie; elle vouloit plaire à tout le monde; elle aimoit à voir les effets de sa beauté sur tout ce qui l'environnoit; elle recevoit avec indulgence les déclarations qu'on osoit lui faire : voilà tous ses crimes. Ses ennemis ont voulu persuader qu'elle avoit poussé plus loin la complaisance pour les amours volages de François I : ils l'appeloient grossièrement *la haquenée du roi d'Angleterre & la mule du roi de France*; mais le fait qu'ils allèguent n'est rien moins qu'avéré.

Les Anglais disent qu'élevée à la cour de France, où elle fut attachée successivement, comme nous l'avons dit, à la reine Marie, femme de Louis XII, & à la reine Claude, femme de François I, elle y avoit pris un ton de gaîté & de liberté, peu conforme aux mœurs de l'Angleterre.

Le P. d'Orléans dit que les panégyristes d'Anne de Boulen ne songent pas qu'ils font le procès au monarque qui la répudia, & aux juges qui la condamnèrent. On est si souvent obligé de faire le procès, le P. d'Orléans le leur fait si souvent lui-même & avec tant de raison, que cette considération n'a dû arrêter personne.

Avant d'envoyer Anne de Boulen au supplice, on cassa son mariage, on le déclara nul dès l'origine, & Henri VIII eut encore le plaisir d'envelopper Elisabeth sa fille dans la disgrace de la mère; mais si Anne de Boulen n'avoit jamais été la femme de Henri, elle ne l'avoit donc pas outragé, elle n'étoit donc pas coupable d'adultère. Henri, à force de vouloir avilir celle qu'il avoit aimée, la justifioit; il la justifia plus pleinement encore par l'indécente précipitation avec laquelle il épousa Jeanne-Seymour dès le lendemain de l'exécution d'Anne de Boulen.

La beauté d'Anne de Boulen n'étoit pas sans quelques défauts que ses graces faisoient disparoître, & qui en effet avoient échappé à Henri VIII : elle avoit une surdent, une tumeur à la gorge; elle avoit même une sorte de petite monstruosité : c'étoient six doigts à la main droite.

(Dans le Dictionnaire, l'article d'Anne de *Boulen* est renvoyé de *Boulen* à *Henri VIII*, où elle n'est pas même nommée.)

BOURNEL ( *Hist. de Fr.* ), famille noble de la province de Picardie.

1°. Guillaume Bournel *servoit en l'ost de Bouvines*, l'an 1340.

2°. Jean Bournel son frère servoit en Normandie sous le maréchal d'Audenehan, en 1354.

3°. Pierre Bournel, seigneur de Thiembronne, servoit en Picardie sous le même maréchal d'Audenehan, l'an 1355.

4°. Guillaume Bournel, seigneur de Lambercourt, maître-d'hôtel du Roi, est qualifié général, maître, visiteur & gouverneur de toute l'artillerie de France, depuis l'an 1473 jusqu'à sa mort arrivée en 1477.

5°. Louis Bournel, premier du nom, son fils, suivit, en 1417, le parti du duc de Bourgogne, Jean. Il le quitta depuis, & se saisit, en 1419, de la ville & du château de Gamaches. Il fut fait prisonnier, en 1421, dans une rencontre près de Mons en Vimeu, & fut obligé de rendre Gamaches en 1422. Il se trouva, en 1436, à un combat livré contre les Anglais près de la ville de Calais. Il vivoit encore en 1444.

6°. Guichard Bournel, frère de Louis, & tige de la branche des seigneurs de Namps & de Mouchy, accompagna son frère dans toutes ses expéditions contre les Anglais & les Bourguignons. Mort avant l'an 1466.

7°. Amé son petit-fils, seigneur du Chevalart & du Palais, mort dans les guerres d'Italie du seizième siècle.

8°. Louis Bournel, seigneur de Thiembronne, gouverneur de Lille, Douay, Orchies, Bapaume, fut un des plus illustres capitaines de son tems. Il vivoit en 1578.

9°. Dans la branche des seigneurs de Boncourt, Jean Bournel, seigneur de Demüin, fut tué en 1537 devant la ville de Hesdin.

Nous

Nous ignorons fi Giraud de Bournel, gentil-homme limofin & troubadour célèbre, qui vivoit en Provence vers l'an 1227, & qui mourut en 1278, étoit de cette famille. Il écrivoit en vers pro-vençaux : il fut, dit-on, l'inventeur des fonnets, & Pétrarque lui fit l'honneur de l'imiter.

BRAGELONGNE (DE), (*Hift. de Fr.*), famille célèbre, furtout dans la robe, & qui a produit aufli de vaillans guerriers, dont quelques-uns ont été d'honorables victimes de la patrie.

Elle tire, dit-on, fon origine d'un Gelongne, feigneur de Bray, qu'on croit avoir été un cadet de l'ancienne Maifon des comtes de Nevers. C'eft de la réunion de ces deux noms, de Bray & de Gelongne, que paroît s'être formé celui de Bra-gelongne, comme celui de la Rochefoucauld s'eft formé des noms de Foucauld & de la Roche.

1°. Le premier du nom de Bragelongne, qui s'é-tablit à Paris, fut Adam de Bragelongne, fecond du nom, qui, en 1405, adminiftroit les finances de la reine Ifabelle de Bavière, & de fon fils le duc de Guyenne, dauphin de France. Il mourut pour la caufe du Roi & de l'Etat.

2°. Miles fon fils fut rétabli par arrêt du parle-ment de Paris, de l'an 1437, dans l'hôtel de fon père, fitué rue du Roi de Sicile, & qui avoit été confifqué par les Anglais.

3°. Thomas de Bragelongne, mort en 1570, fut lieutenant-criminel au châtelet de Paris.

4°. Son fils, Claude, fut confeiller au parlement.

5°. Jérôme, fils de Claude, fut meftre-de-camp-général de la cavalerie légère de France.

6°. Martin, frère aîné de Thomas & d'un pre-mier lit, fut fucceffivement confeiller au châtelet en 1541, lieutenant-particulier en 1554, prévôt des marchands en 1558. Mort le 27 avril 1569.

7°. Jean, fils de Martin, fut aufli lieutenant-particulier au châtelet.

8°. Jérôme, fils de Jean, fut receveur-général des finances à Caen.

9°. Claude, feigneur de Vignolles, fils de Jé-rôme, fut tréforier-général de l'artillerie.

10°. Jérôme, fecond fils de Martin, mentionné fous le n°. 6, fut tréforier-général de l'extraordi-naire des guerres.

11°. Martin, feigneur de la Forgerie, fon frère, fut tréforier de la gendarmerie de France.

12°. Pierre leur frère fut tréforier-général de l'extraordinaire des guerres, & pendant un long tems & pendant diverfes générations les Brage-longne furent tréforiers-généraux, ou de l'ordi-naire, ou de l'extraordinaire des guerres.

13°. Jean, frère des trois précédens, confeiller au parlement de Bretagne, puis au grand-confeil, maître-des-requêtes & intendant d'Orléans, fe re-tira aux Indes, où il devint propriétaire d'une île & de cinq vaiffeaux ; il périt dans un naufrage à la vue de la Rochelle.

14°. Jérôme, fils d'un autre Jérôme mentionné

*Hiftoire. Tome VI. Supplément.*

fous le n°. 10, tréforier-général de l'ordinaire des guerres & confeiller d'Etat, mort le 14 février 1678, eut entr'autres fils :

15°. François, enfeigne au régiment des Gardes, tué au fiége d'Arras en 1652.

Nous omettons une foule de magiftrats de diffé-rens parlemens & autres cours fouveraines.

16°. Thomas de Bragelongne, premier préfident au parlement de Metz & chef de la chambre royale établie en conféquence, ou plutôt en extenfion du traité de paix de Nimègue, mort le 4 mars 1680, eut dix-fept enfans, parmi lefquels nous remar-querons :

17°. Etienne, *deftiné chevalier de Malte*, qui fut fait prifonnier à la bataille de Trèves, n'étant âgé que de quatorze ans ; il devint brigadier des armées.

18°. Charles fon frère, colonel d'un régiment de dragons, fut tué au combat de Luzzara, le 15 août 1702.

19°. Enfin Pierre leur frère fut colonel d'un régiment d'infanterie de fon nom.

20°. Martin de Bragelongne, d'une branche ça-dette de cette famille, confeiller au parlement en 1570, préfident des enquêtes en 1576, prévôt des marchands en 1602, confeiller d'Etat en 1616, mourut à quatre-vingts ans, en 1623.

21°. Il eut, entr'autres enfans, Emery, évêque de Luçon, mort en 1645.

22°. Et Claude, tué à Quimpercorentin en 1643, à vingt-deux ans.

23°. Pierre leur frère aîné fut, en 1616, con-trôleur-général de la Maifon de Marie de Médicis.

24°. Charles, petit-fils de Pierre, chevalier de Malte, brigadier d'armée, commandoit les gardes-du-corps de la reine d'Efpagne, & fut tué dans un combat au paffage de la Ségre, où il étoit à la tête de deux mille chevaux.

25°. Dans une autre branche encore, Nicolas de Bragelongne, tué à l'armée.

26°. Charles de Bragelongne, feigneur de Mon-charville, neveu du précédent, eut la réputation d'un très-habile ingénieur.

Dans une autre encore, beaucoup de militaires ou de perfonnages dont la vie a été active & er-rante, tels que :

27°. Robert, capitaine au régiment de Vervins.

28°. Claude, feigneur de Creuilly, capitaine d'infanterie au régiment d'Efpagny.

29°. François, feigneur d'Eftinville, capitaine des gardes-du-corps du prince d'Ofnabruck, & qui s'eft établi en Allemagne.

30°. Robert, capitaine & confeiller au confeil fouverain de la Guadeloupe, où il s'eft établi.

31°. Claude, feigneur de Sumac, capitaine d'in-fanterie, mort fur mer.

32°. Pierre, qui fortit jeune de la maifon de fon père, & dont on n'a eu depuis aucune nouvelle.

Tous ces perfonnages, à compter du n°. 27, étoient frères.

33°. Honoré leur coufin, enfeigne des gardes

K

de Gafton, duc d'Orléans, fut tué à l'âge de vingt-deux ans.

34°. Il avoit un frère, François de Bragelongne, feigneur de Hautefeuille, capitaine-lieutenant des gendarmes du même Gafton, mort le 22 juillet 1703, à foixante-dix-fept ans, ayant furvécu quarante-trois ans à fon Prince.

BRAQUEMONT (ROBERT), (*Hiſt. de Fr. & d'Eſp.*), pourvu en 1417 de la charge d'amiral de France, fut envoyé par le roi Charles VI au fecours de Jean II, roi de Caftille, contre les Maures qu'il vainquit fur mer. Il avoit fervi auffi Henri III, roi de Caftille, dans des guerres contre le Portugal, & c'étoit à lui, dit-on, que ce Roi avoit permis ou confié la conquête des Canaries : Braquemont en donna la commiffion à Jean de Béthencourt fon parent.

Les Braquemont étoient de la vicomté d'Arques, & dans le cours des guerres & des attentats de Charles-le-Mauvais, roi de Navarre, contre la France, ils avoient fuivi le parti de ce Prince criminel, qui avoit beaucoup de domaines en Normandie.

L'amiral de Braquemont fe maria deux fois en Efpagne. Il eut du premier lit Jean de Braquemont, qui mourut fur mer en 1415.

Du fecond, Jeanne de Braquemont. Celle-ci époufa Alvaro-Gonçalès d'Avila, maréchal de Caftille & grand-chambellan de l'infant dom Fernand, duc de Pennafiel. La poftérité d'Alvaro d'Avila & de Jeanne de Braquemont a depuis porté ce nom de Braquemont.

L'amiral de Braquemont n'étoit qu'un cadet de fa famille. Guillaume fon neveu, aîné du nom, étoit feigneur de Sédan & de Florainville ; & ce fut Louis, fils aîné de Guillaume, qui vendit en 1424 ces terres de Sédan & de Florainville à Erard de Lamarck, feigneur d'Aremberg, fon beau-frère, qui avoit époufé Marie de Braquemont, fœur de Louis.

BRÉAUTÉ. (*Hiſt. de Fr.*) C'eft le nom d'une des plus anciennes Maifons de la province de Normandie, aujourd'hui éteinte. Peu de Maifons françaifes ont verfé plus de fang pour la patrie, & lui ont fait plus de facrifices.

1°. Robert, premier du nom, fire de Bréauté, fut un des principaux feigneurs de cette province, qui accompagnèrent Guillaume-le-Bâtard à la conquête de l'Angleterre, en 1066.

2°. Son arrière-petit-fils, Guillaume, furnommé *le Pieux*, céda, vendit ou donna prefque toutes fes terres pour faire le voyage de la Terre-Sainte.

3°. Renaud fon neveu fut tué en Angleterre en 1217.

4°. Guillaume, troifième du nom, neveu de Renaud, & l'aîné de la Maifon de Bréauté, fut tué à la bataille de Courtray, le 11 juillet 1302.

5°. Roger, fecond du nom, fire de Bréauté,

petit-fils de Guillaume III, eft qualifié *noble & puiſſant ſeigneur* dans un acte du 17 mars 1353, & ce titre ne fe donnoit alors qu'aux premières Maifons du royaume.

6°. Roger fon fils aîné fut tué par les Anglais, près de Gifors.

7°. Roger III, frère de ce Roger, fut fait plufieurs fois prifonnier par les Anglais, & obligé de vendre des terres confidérables pour payer des rançons très-onéreufes. Devenu libre aux dépens de fa fortune, il fe jeta dans Harfleur que les Anglais affiégeoient alors, & où il fe fignala par une vigoureufe réfiftance, à laquelle le maréchal de Boucicaut rendit le témoignage le plus honorable. Il perdit encore d'autres terres qui lui reftoient, & qui furent confifquées & pendant trente-trois ans occupées par les Anglais.

8°. Jean I fon fils, plus malheureux encore que Roger III, fut fait prifonnier par les Anglais, en Normandie, près du mont Saint-Michel, & enfuite encore en Picardie. Les rançons achevèrent de le ruiner ; & enfin ayant été pris une troifième fois par les Anglais, dans une bataille livrée près d'Arques, il fe vit hors d'état de payer cette dernière rançon, & fut obligé d'avoir recours au cardinal d'Eftouteville fon oncle. Il mourut d'un coup de flèche qu'il reçut à la cheville du pied, dans la journée de Mont-Lhéri, du 16 juillet 1465.

9°. Un autre, Jean de Bréauté fon frère, fut tué à la bataille de Verneuil, le 6 août 1424.

10°. Un autre de leurs frères, Jacques, feigneur de Belleffoffe, fut tué à la bataille de Patay, le 20 mai 1429.

11°. Un autre encore, Roger, feigneur de Crouin, fut tué en 1460, dans une bataille en Angleterre.

12°. & 13°. Jean II, fils de Jean I, & Adrien I, fils de Jean II, fe diftinguèrent par leur valeur & leurs fervices.

14°. Adrien II, fils d'Adrien I, fut colonel-général des ban & arrière-ban de Normandie.

15°. Pierre I, fils d'Adrien II, eft célèbre par un grand combat de vingt-deux Français (à la tête defquels il étoit), contre vingt-deux Efpagnols. Il étoit allé, en 1699, avec la permiffion du roi Henri IV, fervir en Hollande fous le prince Mauricé. Grosbendoncq, Hollandais, du parti efpagnol, & gouverneur de Bois-le-Duc, ayant tenu quelques propos légers ou groffiers contre l'honneur des Français, Bréauté lui en demanda raifon. Il fut convenu qu'on fe battroit vingt-deux contre vingt-deux à armes égales. Ces armes devoient être l'épée & le piftolet feulement ; mais les Efpagnols manquèrent, dit-on, à la convention, & apportèrent, outre les armes convenues, d'autres armes plus meurtrières & atteignant de plus loin ; de plus, Grosbendoncq, dont les difcours étoient le fujet du combat, fe difpenfa d'y paroître, fous prétexte qu'un gouverneur ne devoit point quitter la ville confiée à fes foins. Il envoya en fa place Likerbi-

kem fon lieutenant, autre Hollandais du parti d'Efpagne. De plus, ces Hollandais - Efpagnols ne fe
preffant point d'arriver, Bréauté alla au devant
d'eux après une heure d'attente, & s'avança jufqu'à la portée du canon. Les Efpagnols fortirent
enfin de Bois - le - Duc, & le combat s'engagea.
Bréauté tua Likerbikem d'un coup de piftolet, &
bleffa dangereufement deux autres Efpagnols. En
tout il y eut, du côté des Efpagnols, fept tant tués
que bleffés; & du côté des Français, trois tués &
deux bleffés. Tel étoit l'état du combat lorfque,
par une lâche & coupable infidélité, le gouverneur,
qui étoit refté dans la place, d'où il dominoit les
combattans, fit tirer fur les Français deux coups
de canon qui les difperfèrent, & qui forcèrent
Bréauté, refté feul & ayant eu fon cheval tué fous
lui d'un de ces coups de canon, à prendre le parti
de fe rendre prifonnier. Il fut mené à Bois-le-Duc,
& là, par l'ordre du cruel Grosbendoncq, il fut indignement tué entre les deux ponts à coups de
poignards, d'épées & de piques. Il n'avoit que
dix-neuf ans, neuf mois & onze jours. Il étoit gendre
du fameux de Harlay de Sancy; il étoit marié dès
le 17 décembre 1596, & avoit un fils:

16°. Qui fe nommoit Adrien-Pierre. Il étoit premier écuyer de la reine Marie de Médicis, & fut
tué devant Breda en 1624. Né le 8 janvier 1599,
il n'avoit que vingt-quatre ans, dix mois quand il
mourut, & il n'avoit qu'un an à la mort de fon
père: il ne put donc entreprendre de le venger.

17°. Mais fon oncle Adrien III, frère de Pierre,
prit fur lui le foin de cette vengeance. Il paffa en
Hollande, & fit appeler par deux fois en duel ce
Grosbendoncq, affaffin de fon frère, qui refufa
conftamment de lui faire raifon. Adrien III reftoit
toujours en Hollande, ferme dans la réfolution de
tirer vengeance, par quelque moyen que ce pût
être, de l'affaffinat de fon frère, lorfque par un
effet fans doute des intrigues & des follicitations
de Grosbendoncq, Henri IV écrivit à Bréauté, le
24 octobre 1600, pour lui enjoindre de quitter
Breda, où il reftoit conftamment depuis le mois
de juin, fans autre affaire que fon projet de vengeance, & de revenir fur le champ en France. Le
roi écrivit en même tems à Buzenval fon ambaffadeur en Hollande, & au prince Maurice, de le
faire partir inceffamment. Bréauté fut forcé d'obéir.

Adrien III laiffa deux fils, qui tous deux furent
tués en fervant la patrie; favoir, entr'autres:

18°. Pierre II, tué à la prife d'Arras en 1640,
âgé de vingt-fept ans, huit mois. Le maréchal de
Baffompière, bon juge de toutes fortes de mérite,
en faifoit grand cas, & l'annonçoit comme un
homme capable de parvenir aux premières charges
de l'Etat.

19°. François fon frère fut tué au fiége de Dunkerque en 1646.

20°. Pierre II eut pour fils Jean-Baptifte Gafton,
élevé enfant d'honneur du roi Louis XIV, & tué

aux lignes d'Arras en 1654, dans fa dix-huitième
année.

Quelques autres perfonnages de la même Maifon
moururent jeunes & au fervice.

C'eft dans la perfonne d'Alexandre-Charles,
fire de Bréauté, mort le 1er. juillet 1716, dans fa
vingt-deuxième année, que cette vaillante & utile
Maifon s'eft éteinte.

BRINON (MADAME DE), (Hift. mod.), première fupérieure de la maifon de Saint-Cyr fous
madame de Maintenon, dont elle feconda les vues
& les foins pour cette noble & utile inftitution.
Elle étoit fille d'un préfident au parlement de
Rouen; elle fe fit ou on la fit religieufe urfuline.
Son couvent ayant été ruiné, elle erra quelque
tems de clôture en clôture, fans bien & fans reffource. Sa mère, qui la reçut chez elle, la menoit
fouvent à Montchevreuil, dans le voifinage duquel
elle demeuroit. Madame de Maintenon l'y connut,
& vit avec édification combien, au milieu du
monde, elle étoit fidelle aux devoirs d'un état
qu'elle n'avoit pas embraffé par un choix parfaitement libre. Les Urfulines font confacrées à l'inftruction. Madame de Brinon, pour remplir fon
vœu à cet égard, raffembloit les domeftiques &
les enfans du voifinage, & fe chargeoit de les
inftruire; elle perdit fa mère, erra encore d'afile
en afile, toujours pourfuivie par la mifère. Une
compagne qu'elle s'étoit affociée, ne faifoit que
doubler fon infortune; elles avoient raffemblé avec
peine un petit nombre de penfionnaires qu'elles
inftruifoient, & avec lefquelles elles languiffoient à
Montmorenci. Madame de Brinon fe reffouvint de
madame de Maintenon qu'elle avoit vue autrefois à
Montcheyreuil, pauvre comme elle, & qui lui avoit
témoigné de l'eftime. Du haut du coteau de Montmorenci elle voyoit de Saint-Germain où cette
même femme, devenue toute-puiffante, habitoit
avec le plus grand Roi du monde; elle ofa penfer
que le pouvoir de faire du bien ne lui en auroit
pas fait perdre le goût. C'étoit connoître madame
de Maintenon, & celle-ci lui en fut gré; elle alla
voir fon établiffement, le protégea, l'augmenta,
raffembla les penfionnaires que fa charité faifoit
élever en divers lieux, & les mit, fous la conduite
de madame de Brinon, dans une maifon plus vafte
& plus commode, qu'elle fit meubler à Ruel. Ce
fut là le berceau de Saint-Cyr. De Ruel les penfionnaires, devenues plus nombreufes, furent
transférées à Noify, pour être plus à portée de
Verfailles & de madame de Maintenon, dont cet
établiffement commençoit à faire l'occupation la
plus chère. Louis XIV lui fit don d'une maifon
convenable à Noify. Dans la fuite, les idées de
madame de Maintenon & du Roi s'aggrandirent,
s'élevèrent, & formèrent ce bel établiffement de
Saint-Cyr. Madame de Brinon, en qui madame de
Maintenon croyoit avoir vû des talens diftingués
pour le commandement & l'adminiftration d'une

K 2

grande maison, fut mife à la tête de celle-ci, comme elle avoit été à la tête de la maifon de Ruel & de celle de Noify. Il fe trouva qu'au contraire la fupérieure avoit tous les talens, hors celui de gouverner. Madame de Brinon, dit l'auteur des *Mémoires* de Maintenon, favoit le monde, les Pères de l'Eglife, les poètes ; elle faifoit des exhortations qu'on venoit entendre de toutes parts, & que les courtifans comparoient, déjà pour l'éloquence, aux fermons de Bourdaloue ; mais elle étoit d'une humeur inégale, brufque, impérieufe, prodigue, avide de gloire & de biens.

Madame de Maintenon répandoit avec profufion les bienfaits fur madame de Brinon & fa famille, & lui prodigua les égards les plus flatteurs. Celle-ci devint une efpèce de favorite : le roi l'entretenoit toutes les fois qu'il alloit à Saint-Cyr ; elle étoit en commèrce avec les Princeffes, les miniftres, les cardinaux : on briguoit à l'envi fon amitié, prefque fa protection ; elle commençoit à être embarraffée de celle même de madame de Maintenon, qui, loin de la lui faire fentir, fembloit redoubler de déférence pour elle. La religieufe prenoit infenfiblemment le goût du fiècle, celui du commandement, de la liberté, des commodités, de la grandeur : les plaintes s'élevoient de tous côtés ; elles étoient appuyées par les fupérieurs. Madame de Maintenon gémiffoit, patientoit, exhortoit à la patience, pallioit le mal par des moyens doux. En partant pour un voyage de Fontainebleau, elle prit des mefures pour maintenir l'ordre pendant fon abfence.

Madame de Brinon tomba malade : madame de Maintenon oublia tout, lui envoya Fagon, établit des couriers pour être informée d'heure en heure de fon état. Le Roi l'alla voir dans fa convalefcence : cette faveur acheva de l'enorgüeillir & de la perdre. Sa fanté revint & fes caprices avec elle.

Madame de Brinon, fous prétexte de fanté, alla voir fes parens dans le Vexin, puis, fans attendre d'obédience, elle partit pour les eaux de Bourbon. Son abfence apprit aux Dames de Saint-Louis qu'elles pouvoient fe gouverner elles-mêmes.

Son voyage fut une marche triomphale. Elle avoit deux carroffes à elle, & fouvent quatre de fuite. Elle étoit précédée d'un homme qui faifoit préparer les logemens : les villes la complimentoient, les villages fe mettoient fous les armes : à l'églife on étendoit fous fes genoux un carreau de velours. A Bourbon, on lui donna des fêtes ; on lui rendit des foins, on lui fit des préfens, on lui préfenta des placets. On rioit à la cour de ce fafte royal d'une religieufe : on comparoit la protégée avec la protectrice, qui mettoit de la dignité à tout, mais qui plaçoit furtout la dignité dans la modeftie.

« Après avoir été à Bourbon fix femaines, s'être promenée quinze jours chez fes parens, & s'être laiffée adorer de toute la Nobleffe du pays, dit l'auteur des *Mémoires de Maintenon*, elle arrive à Fontainebleau. Madame de Maintenon lui fait dire de venir dîner avec elle. Peut-être avoit-elle l'intention de la gronder, mais elle ne la gronda point. Le Roi même daigna lui parler avec eftime : on attribua fes travers à l'ignorance d'une religieufe qui avoit cru que tous les honneurs étoient dus à l'amie de l'amie du Roi, à la fupérieure de Saint-Cyr ; mais dans ce cas même il falloit du moins l'inftruire : il parut bien qu'elle n'avoit pas été inftruite ; elle arrive à Paris & y féjourne tant qu'il lui plaît. Son voyage n'étoit pas encore fini ; elle le termina par le trait le plus brillant. Marly & Trianon venoient d'être achevés : elle eut la curiofité fort naturelle de les voir ; mais ce fut la manière de fatisfaire cette curiofité, qui tint véritablement d'une Vice-Reine. Le Roi avoit établi dans ces deux châteaux des officiers particuliers dépendans de Bon-Temps ; celui-ci fe piquoit d'un grand attachement à madame de Maintenon, & madame de Brinon jugea que les effets de cet attachement devoient rejaillir fur elle. En conféquence elle donne directement fes ordres à Bon-Temps, lui marque qu'elle ira le matin voir Marly & après le dîner Trianon. Bon-Temps, étonné d'un ton auquel le Dauphin même ne l'avoit pas accoutumé, mais preffé par le tems & n'ayant pas celui de recevoir des ordres de Fontainebleau, prit le parti d'obéir aux rifques, périls & fortunes de madame de Brinon. Elle fut fervie à dîner par les officiers extraordinaires du Roi : Bon-Temps lui fit les honneurs. Le lendemain on fut à Fontainebleau ce qui s'étoit paffé : madame de Maintenon fut outrée, mais elle fe contint & excufa fon amie.

» Madame de Brinon rentre à Saint-Cyr, critique tout ce qui avoit été réglé pendant fon abfence par madame de Maintenon, de concert avec la communauté ; lui mande à elle-même qu'elle a trouvé la maifon de Saint-Cyr dans un défordre affreux, & que ce défordre eft l'effet des prétendus réglemens qu'on s'eft ingéré de faire pendant fon abfence ; en conféquence, elle détruit & bouleverfe tout. On la laiffe faire, en fe propofant de ne la pas laiffer faire long-tems. Enfin l'orage éclate, mais avec tous les ménagemens que madame de Maintenon crut devoir à l'ancienne amitié. La marquife de Montchevreuil, amie de toutes les deux, & chez qui elles s'étoient connues, arrive à Saint-Cyr, prépare la fupérieure à la nouvelle de fa dépofition, lui remet une lettre-de-cachet portant ordre de quitter la maifon le lendemain, une obédience de l'évêque de Chartres fur le même objet, & une décharge de la fupériorité. Pour adoucir l'amertume de cette difgrace, elle lui annonce de nouveaux bienfaits de madame de Maintenon, de nouvelles faveurs du Roi, la continuation de l'eftime de l'un, de l'amitié de l'autre. Madame de Brinon s'étonne, pleure, gémit, obéit. Elle demande le fecret, fait fermer fon appartement, cache fa difgrace à toute la mai-

fon, difpofe tout pour fon départ, fort le lendemain matin fans être vue que de la portière qu'elle
embraffe, en lui difant qu'elle ne la quittoit pas
pour long-tems ; elle fe fit mener à Paris à l'hôtel de Guife, chez madame la ducheffe d'Hanovre,
à qui elle fit part de fon aventure, & qu'elle pria
d'écrire & d'agir pour la faire rétablir dans fa
place. La ducheffe d'Hanovre follicita, preffa,
infifta ; mais les raifons qui avoient déterminé madame de Maintenon étoient trop fortes pour qu'elle
ne fût pas inflexible.

» Cette difgrace de madame de Brinon ne fut pas
une fimple révolution de couvent. La cour & la
ville y prirent part. Madame de Sévigné, dans
une lettre du 10 décembre 1688, dit : « Voici un
» fait. Madame de Brinon, l'ame de Saint-Cyr,
» l'amie intime de madame de Maintenon, n'eft
» plus à Saint-Cyr ; elle en eft fortie il y a quatre
» jours ; elle eft à l'hôtel de Guife ; elle ne paroît
» point mal avec madame de Maintenon, car elle
» envoie tous les jours favoir de fes nouvelles.
» Cela augmente la curiofité de favoir le fujet de
» fa difgrace. Tout le monde en parle tout bas,
» fans que perfonne en fache davantage. »

Dans une lettre du 13, elle ajoute :
« Je ne fais encore rien de madame de Brinon,
» fi ce n'eft que le Roi lui donne 2000 livres de
» penfion. On dit qu'elle ira à Saint-Antoine. Elle
» prêchoit fort bien, comme vous favez. »

« Elle tenta, dit l'auteur des *Mémoires de madame*
» *de Maintenon*, de fe retirer dans quelque maifon
» religieufe de Paris, les trouva toutes infuppor-
» tables, & alla à Maubuiffon, où elle s'établit à fa
» fantaifie & fans dépendre de la communauté. Elle
» y entretint un commerce affez vif avec madame de
» Maintenon, qui la confola de fa difgrace par mille
» complaifances. Elle y mourut (en 1701) regret-
» tant le monde, Saint-Cyr & la vie. »

**BRULART.** ( *Hift. mod.* ) Les articles *Brulart*
& *Sillery*, dans le Dictionnaire, renvoient à l'article *Puifieux*, où il n'y a qu'un mot infuffifant fur
cette famille.

1°. Le chancelier de Sillery eft fans doute le perfonnage le plus célèbre qu'elle ait eu dans la magiftrature & dans le miniftère. Il fut fait confeiller
au parlement de Paris en 1573 ; puis maître-des-
requêtes, puis préfident au même parlement de
Paris en 1595. Il fut trois fois ambaffadeur en Suiffe :
en 1589 fous Henri III ; en 1595 & en 1602 fous
Henri IV. Il fut auffi ambaffadeur à Rome, & dans
le cours de cette ambaffade il conclut le mariage du
Roi avec Marie de Médicis ; mais fi l'on en croit
le duc de Sully, Sillery avoit travaillé d'abord à
négocier le mariage d'Henri IV avec la ducheffe
de Beaufort ; qui l'avoit fait nommer dans cette
vue à l'ambaffade de Rome, & qui l'avoit affuré
dès-lors de lui procurer les fceaux & la dignité
de chancelier. En 1598, il travailla utilement à la
conclufion de la paix de Vervins, & il alla la faire

figner à Bruxelles à l'archiduc Albert. En 1604,
il fut fait garde-des-fceaux ; en 1605, chancelier
de Navarre ; en 1607, chancelier de France. M. de
Sully, qui fe trouvoit affez fouvent en oppofition
avec lui au confeil, en parle quelquefois affez peu
avantageufement. Il eft vrai qu'en général le chancelier étoit, ainfi que Villeroi, favorable à l'Efpagne & aux Jéfuites, autant que Sully leur étoit
contraire : celui-ci attribue encore à des motifs
d'intérêt, à des réductions de gages & de pen-
fions, réductions que Sully avoit jugées néceffaires, l'éloignement de Sillery pour lui. Il accufe
le chancelier d'être entré dans ces intrigues, *tra-
vaillées de main de courtifans*, qui avoient quelquefois troublé l'amitié de Henri & de Sully, en
infpirant au premier contre le fecond d'injuftes
défiances. On peut regarder comme une efpèce de
correctif à ce que ces imputations peuvent avoir
d'un peu exceffif, le jugement que Henri IV portoit de Sillery, & qui nous eft rapporté par Sully
lui-même :

« Sillery, difoit Henri, eft d'un naturel patient
» & complaifant, merveilleufement fouple, adroit
» & induftrieux dans toute la conduite de fa vie :
» il a l'efprit très-bon ; il eft affez verfé dans
» toutes fortes de fciences & d'affaires de fa pro-
» feffion ; il n'eft pas même ignorant dans les autres,
» parle affez bien, déduit & repréfente fort clai-
» rement une affaire ; *n'eft point homme pour faire*
» *de malices noires*, mais il ne laiffe pourtant pas
» d'aimer grandement les biens & les honneurs, &
» de s'accommoder toujours à tout pour en avoir.
» Il n'eft jamais fans nouvelles ni fans perfonnes
» en main pour lui en découvrir ; d'humeur à ne
» jamais hafarder légèrement fa perfonne ni fa
» fortune pour celles d'autrui. Ses vertus & fes
» défauts étant ainfi compenfés, il m'eft facile d'em-
» ployer utilement les premiers, & de me garantir
» du dommage des autres. »

Henri IV difoit auffi qu'avec fon chancelier ( de
Sillery ), qui ne favoit point de latin, & fon connétable ( Henri de Montmorenci ), qui ne favoit ni
lire ni écrire, il n'y avoit point d'affaires dont il
ne pût venir à bout. En effet, Sillery le fervit très-
bien dans l'affaire de fon mariage, dans celle de la
paix de Vervins, & en maintenant les Suiffes dans
l'alliance de la France, affaire à laquelle on dit qu'il
employa pour lors une partie de fa fortune.

Nous avons vu des preuves de la foupleffe de
caractère que Henri IV & Sully lui attribuent dans
les démarches qu'il avoit confenti de faire pour le
mariage de Henri IV & de la ducheffe de Beaufort. Lorfqu'après la mort de cette ducheffe, il eut
mis au lieu d'elle la princeffe de Tofcane fur le
trône de la France, & lorfqu'après la mort de
Henri IV il la vit maîtreffe des affaires, on peut
croire qu'il n'eut pas moins de complaifance pour
elle ; qu'il lui facrifia aifément les maximes anti-
efpagnoles du dernier règne, dont auffi bien il
n'avoit jamais été le partifan ; il fongea auffi à pro-

fiter, pour fa fortune, des indifcrètes profufions de la Reine ; il fit doubler fes gages, & s'arrogea de nouveaux droits ; il fcella d'ailleurs tout ce qu'on voulut pour les gens en crédit, & ces diffipations fe faifoient fous le nom de Henri IV après fa mort. Sully fait à Sillery un reproche grave à ce fujet. « La règle, dit-il, eft que, le Roi étant mort, le » fceau dont il s'eft fervi foit rompu. Non-feule- » ment le chancelier ne l'avoit pas fait, mais il » ofa même fe fervir de ce fceau pour autorifer de » fauffes difpofitions en faveur de Conchine & de » quelques autres pendant cinq années entières. » Il avoit pour cela la double commodité de faire » fabriquer par fon fils, qui étoit fecrétaire d'Etat, » toutes les pièces, auxquelles il mettoit enfuite » la dernière main. »

Toutes fes complaifances ne purent le mainte-nir dans la faveur ; il remit les fceaux en 1616 : ils lui furent rendus en 1623, & fa difgrace fut confommée en 1624. Il n'y furvécut pas long-tems ; il mourut la même année, le 1er. octobre, vraifem-blablement de la mort des miniftres difgraciés.

2°. Pierre Brulart de Puifieux fon fils, fecré-taire d'Etat, fut enveloppé dans fa difgrace : fon crime étoit d'avoir, conformément aux intentions de Louis XIII, traverfé la nomination de Riche-lieu au cardinalat. Il eut de la fageffe & de la mo-dération dans fon miniftère, & de la fermeté dans fa difgrace. Au tems de fa faveur il refufa d'être fait duc & pair, foit qu'il crût, comme le dit depuis le chancelier le Tellier, que ces fortes de dignités ne convenoient point aux familles mi-niftérielles, connues principalement dans la robe ( mais la fienne fervoit également l'Etat dans la robe & dans l'épée ), foit qu'il craignît que cette éclatante dignité ne parût en lui un abus du crédit. Au tems de fa difgrace, il refufa deux cent mille francs qu'on lui offroit pour la démiffion de fa charge de fecrétaire d'Etat ; il la garda jufqu'à la mort, & cette fomme fut cependant payée à fes héritiers. Il mourut tranquillement dans la retraite, le 22 avril 1640.

3°. Le commandeur de Sillery, Noël Brulart, frère du chancelier, fut ambaffadeur de la religion ( de Malte ) en France, puis ambaffadeur extraor-dinaire de France en Efpagne, & enfuite à Rome, où, par l'effet des complaifances des Brulart pour la Reine-Mère, il conclut avec les Efpagnols, dans l'affaire de la Valteline, un traité défavantageux au Roi, & que le cardinal de Richelieu fit défavoüer. Le commandeur fut rappelé de Rome, & difgra-cié comme fon frère & fon neveu.

4°. Charles-Henri Brulart, feigneur de Briançon, petit-fils de Puifieux, & arrière-petit-fils du chan-celier de Sillery, fut tué à treize ans & demi, au combat de Saint-Gothard ou Godhard en Hongrie, le 1er. août 1664. Il étoit enfeigne au régiment de Turenne.

5°. Achille fon frère, chevalier de Malte, aide-de-camp du vicomte de Turenne, & capitaine

d'infanterie dans fon régiment, mourut à dix-neuf ans à Landau, des bleffures reçues au combat de Sintzeim.

6°. Fabio Brulart de Sillery, frère des deux pré-cédens, évêque d'Avranches, puis de Soiffons, fut célèbre dans l'Eglife & dans les lettres. Le nom de Fabio lui vient de ce qu'il fut tenu fur les fonts de baptême par le cardinal Picolomini, alors nonce en France, qui lui donna le nom du pape Alexandre VII, Fabio Chigi. L'affemblée du clergé, qui fe tint en 1695 à Saint-Germain-en-Laye, le choifit pour haranguer le roi d'Angleterre, Jacques II. Sa harangue fut fi agréable aux Anglais de la fuite de Jacques, qu'elle fut traduite en plufieurs langues, & envoyée par-tout comme une efpèce de manifefte, dit M. de Bèze. Tous les Jacobites jugèrent au moins qu'on ne pouvoit pas confoler plus noblement ni plus chrétiennement un Roi malheureux. Il fut reçu en 1701, honoraire à l'Académie des infcriptions & belles-lettres, qui s'appeloit alors l'Académie des infcriptions & médailles, & en 1705 à l'Acadé-mie françaife, à la place de M. Pavillon. Comme membre de l'Académie des infcriptions, on lui doit l'explication d'un bas-relief de marbre an-tique, faifant partie d'un tombeau que le peuple appelle à Soiffons le trou de l'Oracle d'Ifis. Il a auffi rendu compte à l'Académie de quelques autres anciens tombeaux, finguliers par leurs ornemens : il a de plus envoyé à l'Académie les copies figu-rées de deux colonnes miliaires, trouvées, l'une près de Soiffons, l'autre à Vic-fur-Aifne dans le Soiffonnois. La première eft du tems de Septime Sévère ; la feconde eft de la quinzième année de l'empire de Caracalla. On en trouve les explica-tions dans la partie de l'Hiftoire, tom. III du Re-cueil de l'Académie.

Comme académicien françois, on a de lui des réflexions fur l'Eloquence. Son difcours de réception contient auffi des remarques fur le génie des langues, fur le caractère de l'éloquence & la nature de la poéfie. Il a laiffé des poéfies françaifes, dont une partie eft entrée dans les Recueils du P. Bouhours ; il a même laiffé des poéfies latines, ce qui n'eft pas étranger à l'Académie françaife. Il a ranimé autant qu'il étoit en lui les travaux de l'Académie naif-fante qu'il trouva établie à Soiffons, & affiliée à l'Académie françaife.

Comme évêque, il a laiffé divers Traités de morale, des traductions des plus beaux endroits des Pères, un Commentaire fur quelques épîtres de faint Paul & fur celle de faint Clément, pape, aux Corinthiens ; des fermons & des homélies. Il a établi des écoles gratuites, des féminaires, des hôpitaux. Il a nourri les pauvres, & fait en leur faveur d'utiles réglemens dans les difettes de 1693 & de 1709. Mort le 20 novembre 1714. Il étoit né le 25 octobre 1655.

7°. Carloman-Philogène Brulart, comte de Sillery, frère des trois précédens, capitaine de vaisseau, colonel d'infanterie, premier écuyer du prince de Conti, l'a suivi dans toutes ses campagnes, nommément aux combats de Steinkerque & de Nerwinde, & fut blessé dangereusement à ce dernier.

8°. Roger Brulart, marquis de Sillery & de Puisieux, frère aîné des quatre précédens, étoit chevalier des Ordres du Roi, lieutenant-général des armées, gouverneur d'Huningue, conseiller d'Etat d'épée; il avoit été ambassadeur en Suisse.

9°. Félix-François Brulart de Sillery son fils, colonel d'infanterie & brigadier d'armée, fut tué à la bataille d'Almanza, le 25 avril 1707.

10°. Louis-Philogène Brulart, marquis de Puisieux, fils de Carloman-Philogène, n°. 7, est celui que nous avons vu ministre des affaires étrangères, puis ministre sans département jusqu'en 1756.

Dans la branche des seigneurs de Crosne & de la Borde, nous remarquons:

11°. Noël Brulart, procureur-général, ou, comme on disoit encore alors, procureur du Roi a 1 parlement de Paris sous François I & Henri II, depuis 1541 jusqu'en 1557.

12°. Denis Brulart son fils, premier président du parlement de Bourgogne.

13°. Nicolas son fils, aussi premier président au même parlement, ainsi que:

14°. & 15°. Denis II, fils de Nicolas, & Nicolas II, fils de Denis II.

16°. Jean-Baptiste Brulart, baron de Couches & de Sombernon, capitaine des Gendarmes de Berry, tué à la bataille de Spire, le 15 novembre 1703.

Dans la branche des marquis de Genlis.

17°. Pierre Brulart, qui mit la terre de Genlis dans sa famille, étoit fils de Noël Brulart, procureur-général de Paris, n°. 11, & frère du premier des quatre premiers présidens de Bourgogne; il fut fait secrétaire des commandemens de la reine Catherine de Médicis en 1564, & secrétaire d'Etat en 1569. Charles IX, Henri III & Henri IV l'employèrent dans différentes affaires. Il avoit un long usage du ministère. Il mourut le 12 avril 1608, ayant été ministre sous trois Rois, & ayant servi sous cinq; car dès 1557 il étoit pourvu d'une charge de secrétaire du Roi.

18°. Gilles, seigneur de Genlis, son fils, fut reçu secrétaire d'Etat en survivance.

19°. Charles Brulart, seigneur d'Abecourt, fils de Gilles, fut tué en duel en 1649.

20°. Charles, abbé de Joyenval, frère de Gilles, ambassadeur à Venise & à la diète de Ratisbonne, est mort le 25 juin 1649, doyen des conseillers d'Etat.

21°. Noël son frère, seigneur de Crosne, mourut au siége d'Amiens, en 1597.

22°. René Brulart, fils de Gilles, n°. 18, d'un second lit, fut gouverneur des frontières du Dauphiné, & lieutenant-général des armées du Roi.

23°. Florimond Brulart, petit-fils de Gilles,

n°. 18, & frère de Charles, n°. 19, & de René, n°. 22, mourut en 1653 au siége de Sainte-Ménéhould.

24°. Charles, frère de Florimond, fut archevêque d'Embrun, & mourut le 2 novembre 1714, à quatre-vingt-six ans.

25°. François, seigneur de Bethancourt, frère des deux précédens, colonel du régiment de la Couronne, fut tué à la bataille de Consarbrick près Trèves, en 1674.

26°. Michel, frère des trois précédens, & colonel du régiment de la Couronne, après François, qui l'avoit été après Claude, marquis de Genlis (un autre de ses frères), fut tué en 1677 à l'attaque d'un fort près Saint-Omer.

Dans la branche des seigneurs du Broussin & du Rancher, issue de celle de Genlis:

27°. Charles, seigneur du Rancher, capitaine aux Gardes-Françaises, gouverneur du Quesnoi, maréchal-de-camp, mort le 1er. juillet 1712, à quatre-vingt-huit ans.

**BUCÉPHALE.** (*Hist. anc.*) L'Histoire n'a pas dédaigné d'illustrer ce fameux cheval d'Alexandre. La première gloire de son maître est de l'avoir dompté: aucun des écuyers de Philippe son père n'avoit pu y réussir. Alexandre, dont le plus ardent desir, dès sa plus tendre jeunesse, fut toujours de tenter ce que les autres n'avoient pas pu faire, demanda de monter ce cheval fougueux. Sa plus grande peine fut d'en obtenir la permission, tant on redoutoit pour lui ce danger! Il mit tant d'adresse & de courage dans sa manœuvre, & elle eut un si plein succès, que son père s'écria, saisi d'admiration: *Voilà un enfant à qui les Dieux destinent un plus vaste Empire que le nôtre. Jamais la Macédoine ne pourra lui suffire.* Dès ce moment Bucéphale fut le courtier favori d'Alexandre, & cet animal, de son côté, s'attacha exclusivement à son maître. Jamais, si l'on en croit Quinte-Curce, il ne voulut se laisser monter par aucun autre; mais aussitôt qu'Alexandre vouloit le monter, souple & docile, il plioit de lui-même les genoux, se baissoit pour le recevoir, & se relevoit tout orgueilleux de sa noble charge, *credebaturque sentire quem veheret.* Bucéphale s'étant égaré dans l'expédition d'Alexandre contre les Mardes, ce Prince, dans sa douleur, fit de si terribles menaces à ces peuples pour leur engager à le lui ramener au plus tôt, qu'ils ne crurent pas pouvoir trouver un abri contre sa vengeance dans leurs montagnes & dans leurs forêts; ils se hâtèrent donc de ramener Bucéphale, d'offrir des présens & de se soumettre; encore leur fut-il fort difficile d'appaiser la colère d'Alexandre. Lorsque la mort lui eut enlevé cet animal, il honora sa mémoire comme celle d'un ami & d'un compagnon de ses victoires. De deux villes qu'il bâtit dans les Indes, comme il prenoit soin d'en bâtir dans presque tous les lieux de ses conquêtes, il nomma l'une Nicée, comme monument de ses victoires, & l'autre *Bucéphalie*, en l'honneur de son coursier fidèle, & comme pour en éterniser le souvenir.

BUEIL ( *Hist. de Fr.* ), nom d'une Maison française qui a produit beaucoup de sujets utiles.

1°. Jean I, sire de Bueil, étoit écuyer d'honneur du roi Charles-le-Bel, dès le commencement de son règne, en 1322.

2°. Jean II son fils, qui vivoit en 1366, servit dans plusieurs siéges & batailles contre les Anglais; il accompagna Jean, duc de Normandie, fils de Philippe de Valois, & qui fut, depuis le roi Jean, à l'expédition de Bretagne contre Edouard III; il fit lever le siége de Rennes en 1345, se trouva aux siéges de Miraumont, Villefranche, Angers, Seillac, Angoulême, Aiguillon, &c. & combattit avec le connétable d'Eu, le comte d'Erbi, général de l'armée anglaise.

3°. Jean III, fils de Jean II, sire de Bueil, seigneur de Montrésor, lieutenant-général du duc d'Anjou, dans les provinces d'Anjou, de Touraine & du Maine; il défendit la ville du Mans contre les Anglais, les battit à Lusignan en Poitou, leur fit lever le siége de Château-Gontier, reprit sur eux plusieurs places dans le Languedoc & dans la Guyenne en 1377, & les défit encore près de Bergerac. Il fut capitaine des gardes du roi Charles VI vers l'an 1385. Mort vers 1390.

4°. Jean IV, fils de Jean III, maître des arbalétiers de France, lieutenant-général des provinces de Guyenne, Languedoc, Rouergue, Querci, Agenois, Bigorre & Bazadois, servit sous le duc d'Anjou au siége de Montpellier, défit les Anglais avec son frère Pierre de Bueil, & fit prisonnier le général Felton, sénéchal de Bordeaux. Il fut tué, en 1415, à la bataille d'Azincourt, où l'on remarque qu'il y eut jusqu'à seize personnes du nom de Bueil, prises ou tuées. Ce Jean IV avoit épousé Marguerite, fille de Beraud III, dauphin d'Auvergne, & de Marguerite de Sancerre, de la Maison de Champagne, laquelle Marguerite de Sancerre étoit héritière de la branche aînée des Sancerre-Champagne; & c'est de là que les seigneurs de la Maison de Bueil ont pris le nom & le titre de comtes de Sancerre.

5°. Jean V, fils de Jean IV, comte de Sancerre, amiral de France, chevalier de l'Ordre du Roi, fut surnommé *le fléau des Anglais*, titre qui suffit à sa gloire. En effet, nul ne contribua plus au parfait rétablissement de Charles VII; il fit une entreprise sur le Mans en 1427; se trouva, en 1431, à la défaite des Anglais près de Beaumont-le-Vicomte, puis à la levée du siége de Saint-Célerin; il battit, en 1435, les Anglais entre Meulan & Gisors; en 1438 il défit les grandes compagnies qui ravageoient l'Anjou; il prit par escalade la ville de Sainte-Suzanne. Dans le tems de la conquête de la Normandie, en 1450, il assista aux prises de Rouen, de Montivilliers, de Bayeux, de Caen,

de Cherbourg, & en 1451 & 1453, à la prise de plusieurs places en Guyenne; il se signala surtout à la bataille de Castillon en Périgord, où fut défait & tué le brave Talbot, le plus illustre des généraux anglais de ce tems.

6°. Edmond de Bueil, un des fils de Jean V, mourut dans le cours de l'expédition de Naples, où il accompagnoit le roi Charles VIII, en 1495.

7°. Charles de Bueil, comte de Sancerre, fut tué à la bataille de Marignan en 1515; c'est celui qui, dans le Dictionnaire, termine l'article des comtes de Sancerre-Champagne, quoiqu'il ne fût pas de cette Maison, mais de celle de Bueil.

8°. Jean VI son fils fut tué au siége d'Hesdin, en 1537, à vingt-deux ans.

9°. Louis de Bueil son oncle, frère de Charles, grand-échanson de France, chevalier de l'Ordre du Roi, avoit été blessé à Marignan, pris à Pavie. Brantôme a bien raison de dire qu'il *fut un très-brave, sage & vaillant capitaine, qui avoit la façon belle & honorable représentation, homme de bien & d'honneur, n'ayant jamais dégénéré de ses prédécesseurs.* Il est surtout célèbre par sa belle défense de Saint-Dizier, en 1544. L'empereur Charles-Quint, à la tête d'une armée formidable, venoit d'être introduit par intelligences dans la ville de Ligny en Barrois; il s'avance vers Saint-Dizier qu'il somme de se rendre : la réponse du comte de Sancerre fut qu'il n'y avoit point de traîtres dans la place, & qu'il falloit l'emporter l'épée à la main. En effet, Saint-Dizier arrêta les Impériaux beaucoup plus long-tems qu'ils ne l'auroient cru : les assiégés faisoient de fréquentes sorties. Le 19 ou 20 juillet il y eut un des plus furieux & des plus opiniâtres assauts, qui dura depuis neuf heures du matin jusqu'à quatre heures du soir. L'armée impériale y fut employée presque toute entière; les divers corps revinrent à la charge jusqu'à trois fois; & finirent par être irrévocablement repoussés avec grande perte. Leur retraite se fit avec précipitation & avec quelque désordre; ils laissèrent dans le fossé des barils de poudre, dont les assiégés avoient besoin & dont ils profitèrent. Le comte de Sancerre fut blessé : un coup de canon lui brisa son épée dans la main, & les éclats lui volèrent au visage. Le lendemain l'Empereur lui envoya offrir une capitulation honorable : Sancerre ne voulut pas seulement permettre que le trompette entrât dans la ville, de peur qu'il ne tentât le courage des assiégés.

La promptitude avec laquelle la brèche fut réparée engagea les impériaux à employer les mines: les assiégés s'en apperçurent, & dans une sortie faite de nuit ils parcoururent les tranchées d'un bout à l'autre, chassèrent ceux qui les gardoient, taillèrent en pièces ceux qui voulurent résister, ruinèrent les travaux, & ramenèrent des pionniers par qui l'on fut instruit de tous les projets des assiégeans.

Saint-Dizier alloit être l'écueil des forces impériales,

pétiales, l'Empereur ne songeoit déjà plus à le prendre de force, & se bornoit à le réduire par famine ; il ne manquoit, pour faire échouer ce dernier projet, qu'une armée qui s'avançât pour faire lever le siége ; mais Saint-Dizier ne put être secouru ni par le Roi absent, & forcé de l'être, ni par le Dauphin présent, mais auquel il étoit défendu d'agir. Des intrigues de cour que dirigeoit la duchesse d'Etampes eurent d'ailleurs une influence funeste sur cette expédition. La garnison de Saint-Dizier avoit su repousser la force & résister à la faim ; elle ne put tenir contre la trahison. Sancerre avoit eu raison de dire qu'il n'y avoit point de traîtres dans la place, mais il y en avoit au dehors. Un tambour qu'il avoit envoyé au camp impérial pour proposer un échange de prisonniers, retournant dans la place, un inconnu l'aborde, lui remet une lettre écrite en chiffres, lui dit qu'elle est du duc de Guise, gouverneur de la province, & qu'elle est adressée au comte de Sancerre. Elle est déchiffrée au conseil de la garnison : c'étoit un ordre que le duc de Guise donnoit à Sancerre de se rendre au plus tôt & de sauver la garnison, parce qu'il étoit impossible de la secourir. Cette lettre avoit été fabriquée par Granvelle, chancelier de Charles-Quint, à qui la duchesse d'Etampes avoit envoyé, par Longueval, le chiffre du duc de Guise. La garnison fut partagée sur cet ordre : les uns vouloient obéir, les autres résister ; mais la faim & le défaut de poudre déterminèrent le plus grand nombre à capituler. Les Impériaux se rendirent d'abord difficiles, & proposèrent des conditions dures. A la fierté avec laquelle on les reçut, ils virent bien qu'il falloit changer de ton ; ils se rapprochèrent, & finirent par en accorder de très-avantageuses : la garnison eut la liberté de rester encore douze jours dans la place, pour attendre le secours qui pouvoit arriver. S'il n'en arrivoit point, ils devoient sortir en plein midi avec armes & bagages, tambours battans & enseignes déployées. On leur permit même d'emporter leurs quatre meilleures pièces d'artillerie. Le comte de Sancerre mourut en 1563.

10°. Il eut un fils naturel, nommé aussi Louis, qui fut légitimé en 1540, & qui fut tué en 1560 à Orléans par le comte de Laval.

11°. Dans la branche des seigneurs de Courcillon, Claude de Bueil, comte de Sancerre, grand-échanson de France, servit bien Henri IV dans les guerres de la Ligue, fut pris & blessé au combat de Craon.

12°. Claude son fils, premier chambellan du duc d'Orléans, Gaston, reçut douze blessures au combat de Castelnaudari.

13°. Jacqueline de Bueil, comtesse de Moret, maîtresse d'Henri IV & mère du comte de Moret, tué dans ce même combat de Castelnaudari, étoit sa sœur. Elle épousa René II du Bec, marquis de Vardes, & fut la mère de cet aimable & séduisant marquis de Vardes, François-René, si fameux dans

les intrigues de la cour de Louis XIV & du Palais-Royal. (*Voyez*, dans ce volume, l'article *Bec-Crespin*, n°. 16.)

La Maison de Bueil a produit aussi plusieurs prélats distingués.

14°. Hardouin de Bueil, qui fut soixante-six ans évêque d'Angers, & mourut le 19 janvier 1438, âgé de plus de quatre-vingt-dix ans. C'est lui qui a fondé dans la ville d'Angers un collége qui porte encore son nom.

15°. François de Bueil, archevêque de Bourges, nommé en 1520 par François I, en vertu du concordat. Mort le 25 mars 1525.

BUFFON. ( *Hist. litt. mod.* ) Georges-Louis Leclerc de Buffon étoit seigneur de Montbar, marquis de Rougemont : le Roi le créa comte de Buffon. Il fut l'un des quarante de l'Académie française, trésorier-perpétuel de l'Académie des sciences, membre de la Société royale de Londres, des Académies de Berlin, de Pétersbourg, de Dijon, de presque toutes les Compagnies savantes de l'Europe : il fut plus que tout cela ; il fut M. de Buffon ; ce nom seul est au dessus de tous les titres honorifiques & littéraires. On l'a nommé le *Pline français*, & dans cette comparaison l'on peut bien dire de lui ce que Juvénal a dit de Virgile, en le comparant à Homère :

> *Maronis*
> *Altisoni dubiam facientia carmina palmam.*

M. de Buffon est doublement Pline, & par ses connoissances en histoire naturelle, & par son éloquence imposante & majestueuse. Ils ont l'un & l'autre au plus haut degré *l'os magna sonaturum*. La ressemblance est parfaite entr'eux. *Jacet manibus pedibusque devinctis, flens animal cæteris imperaturum & à suppliciis vitam auspicatur, unam tantum ob culpam, quia natum est. Heu! dementiam ab his initiis existimantium ad superbiam se genitos !* Considérez la noble harmonie de cette phrase, la philosophie qui préside à ces rapprochemens & à ces contrastes, la moralité qui la termine : vous croyez entendre M. de Buffon ; vous voyez pour ainsi dire le moule, & de son style, & de sa philosophie. Ce qu'il a dit lui-même de Pline est ce qu'ont dit de M. de Buffon même ses admirateurs & ses panégyristes, c'est-à-dire, presque tous ses lecteurs.

« Pline a travaillé sur un plan bien plus grand » que celui d'Aristote, & peut-être trop vaste. Il » a voulu tout embrasser ; il semble avoir mesuré » la Nature, & l'avoir trouvée trop petite encore » pour l'étendue de son esprit. Son Histoire natu- » relle comprend, indépendamment de l'histoire » des animaux, des plantes & des minéraux, l'his- » toire du ciel & de la terre, la médecine, le com- » merce, la navigation, l'histoire des arts libéraux » & mécaniques, l'origine des usages, enfin toutes » les sciences naturelles & tous les arts humains ;

L

&gt;&gt; & ce qu'il y a d'étonnant, c'est que dans chaque
&gt;&gt; partie Pline est également grand : l'élévation des
&gt;&gt; idées, la noblesse du style, relèvent encore sa
&gt;&gt; profonde érudition. Non-seulement il savoit tout
&gt;&gt; ce qu'on pouvoit savoir de son tems, mais il
&gt;&gt; avoit cette facilité de penser en grand, qui mul-
&gt;&gt; tiplie la science ; il avoit cette finesse de réflexion
&gt;&gt; de laquelle dépendent l'élégance & le goût, &
&gt;&gt; il communique à ses lecteurs une certaine liberté
&gt;&gt; d'esprit, une hardiesse de penser qui est le germe
&gt;&gt; de la philosophie. Son ouvrage, tout aussi varié
&gt;&gt; que la Nature, la peint toujours en beau ; c'est,
&gt;&gt; si l'on veut, une compilation de tout ce qui avoit
&gt;&gt; été écrit avant lui, une copie de tout ce qui
&gt;&gt; avoit été fait d'excellent & d'utile à savoir ; mais
&gt;&gt; cette copie a de si grands traits, cette compilation
&gt;&gt; contient des choses rassemblées d'une manière
&gt;&gt; si neuve, qu'elle est préférable à la plupart des
&gt;&gt; originaux qui traitent des mêmes matières. &gt;&gt;

Si Pline est ici jugé par son plus heureux imitateur, M. de Buffon a aussi trouvé dans son successeur à l'Académie française un panégyriste qui, pour
le louer, a su emprunter son style : c'est M. Vicq-
d'Azyr. Reçu, avant vingt-trois ans, à l'Académie
des sciences, devenu secrétaire-perpétuel de la
Société de médecine, le talent d'écrire & l'éloquence qu'il joint à ses grandes connoissances en
médecine & en anatomie, lui ont procuré l'honneur de succéder à M. de Buffon dans le temple
de l'éloquence & du goût. Il sembloit avoir été
réservé pour cette place, & c'est de quoi on est
frappé d'abord en lisant son discours, en voyant
la convenance parfaite du ton avec le sujet ; en y
retrouvant partout la majesté, la richesse, l'harmonie du style de M. de Buffon. C'est ainsi que
ce grand naturaliste auroit fait son éloge s'il avoit
pu le faire ; c'est ainsi qu'il avoit fait autrefois celui
de M. de la Condamine entrant à l'Académie française ; & puisque nous rappelons ce souvenir, nous
pouvons ajouter comme témoins, que l'œil n'a
rien vu, que l'oreille n'a rien entendu de plus imposant que M. de Buffon avec sa belle & noble figure, avec sa voix pleine & sonore, prononçant
ces phrases sublimes par lesquelles il célèbre les
sublimes travaux de M. de la Condamine en Amérique. ( *Voyez* l'article *Condamine (la)*.) C'est ce
même M. de Buffon que l'on croit entendre s'é-
crier, dans le discours de M. Vicq-d'Azyr :

« Quel grand, quel étonnant spectacle que celui
&gt;&gt; de la Nature ! Des astres étincelans & fixes, qui
&gt;&gt; répandent au loin la chaleur & la lumière ; des
&gt;&gt; astres errans qui brillent d'un éclat emprunté, &
&gt;&gt; dont les routes sont tracées dans l'espace ; des
&gt;&gt; forces opposées, d'où naît l'équilibre des mondes ;
&gt;&gt; l'élément léger qui se balance autour de la Terre ;
&gt;&gt; les eaux courantes qui la dégradent & la sillon-
&gt;&gt; nent ; les eaux tranquilles, dont le limon qui la
&gt;&gt; féconde, forme les plaines ; tout ce qui vit sur
&gt;&gt; sa surface, & tout ce qu'elle cache en son sein ;
&gt;&gt; l'homme lui-même, dont l'audace a tout entre-

&gt;&gt; pris, dont l'intelligence a tout embrassé, dont
&gt;&gt; l'industrie a mesuré le tems & l'espace ; la chaine
&gt;&gt; éternelle des causes, la série mobile des effets, tout
&gt;&gt; est compris dans ce merveilleux ensemble. &gt;&gt;

N'est-ce pas encore M. de Buffon qui semble
dire :

« Autour de l'homme, à des distances que le
&gt;&gt; savoir & le goût ont mesurées, il plaça les animaux
&gt;&gt; dont l'homme a fait la conquête ; ceux qui le
&gt;&gt; servent près de ses foyers ou dans les travaux
&gt;&gt; champêtres ; ceux qu'il a subjugués & qui re-
&gt;&gt; fusent de le servir ; ceux qui le suivent, le ca-
&gt;&gt; ressent & l'aiment ; ceux qui le suivent & le ca-
&gt;&gt; ressent sans l'aimer ; ceux qu'il repousse par la
&gt;&gt; ruse, ou qu'il attaque à force ouverte ; & les
&gt;&gt; tribus nombreuses d'animaux qui, bondissant dans
&gt;&gt; les taillis, sous les futaies, sur la cime des mon-
&gt;&gt; tagnes ou au sommet des rochers, se nourrissent
&gt;&gt; de feuilles & d'herbes ; & les tribus redoutables
&gt;&gt; de ceux qui ne vivent que de meurtre & de car-
&gt;&gt; nage. A ces groupes de quadrupèdes il opposa
&gt;&gt; des groupes d'oiseaux. Chacun de ces êtres lui
&gt;&gt; offrit une physionomie & reçut de lui un carac-
&gt;&gt; tère. Il avoit peint le ciel & la terre, l'homme
&gt;&gt; & ses âges, & ses jeux, & ses malheurs, & ses
&gt;&gt; plaisirs : il avoit assigné aux divers animaux toutes
&gt;&gt; les nuances des passions : il avoit parlé de tout,
&gt;&gt; & tout parloit de lui..... Vous n'avez point ou-
&gt;&gt; blié avec quelle noblesse, rival de Virgile, M. de
&gt;&gt; Buffon a peint le coursier fougueux s'animant au
&gt;&gt; bruit des armes, & partageant avec l'homme les
&gt;&gt; fatigues de la guerre & la gloire des combats ;
&gt;&gt; avec quelle vigueur il a dessiné le tigre, qui, ras-
&gt;&gt; sasié de chair, est encore altéré de sang. Comme
&gt;&gt; on est frappé de l'opposition de ce caractère fé-
&gt;&gt; roce avec la douceur de la brebis, avec la do-
&gt;&gt; cilité du chameau, de la vigogne & du renne,
&gt;&gt; auxquels la Nature a tout donné pour leurs maî-
&gt;&gt; tres, avec la patience du bœuf, qui est le sou-
&gt;&gt; tien du ménage & la force de l'agriculture ! Qui
&gt;&gt; n'a pas remarqué parmi les oiseaux dont M. de
&gt;&gt; Buffon a décrit les mœurs, le courage franc du
&gt;&gt; faucon, la cruauté lâche du vautour, la sensibi-
&gt;&gt; lité du serein, la pétulence du moineau, la fami-
&gt;&gt; liarité du troglodyte, dont le ramage & la gaîté
&gt;&gt; bravent la rigueur de nos hivers ; & les douces
&gt;&gt; habitudes de la colombe, qui fait aimer sans par-
&gt;&gt; tage ; & les combats innocens des fauvettes,
&gt;&gt; qui sont l'emblême de l'amour léger ! Quelle va-
&gt;&gt; riété, quelle richesse dans les couleurs avec les-
&gt;&gt; quelles M. de Buffon a peint la robe du zèbre,
&gt;&gt; la fourrure du léopard, la blancheur du cygne &
&gt;&gt; l'éclatant plumage de l'oiseau-mouche ! Comme
&gt;&gt; on s'intéresse à la vue des procédés industrieux
&gt;&gt; de l'éléphant & du castor ! Que de majesté dans
&gt;&gt; les épisodes où M. de Buffon compare les terres
&gt;&gt; anciennes & brûlées des déserts de l'Arabie, où
&gt;&gt; tout a cessé de vivre, avec les plaines fangeuses
&gt;&gt; du nouveau continent, qui fourmillent d'insec-
&gt;&gt; tes, où se traînent d'énormes reptiles, qui sont

» couvertes d'oiseaux raviffeurs, & où la vie femble
» naître du fein des eaux ! »

M. de Buffon, s'il n'a eu dans fon genre ni égaux
ni rivaux, a eu quelques adverfaires avec lefquels
M. Vicq-d'Azyr le compare.

« Le plus redoutable fut M. l'abbé de Condillac.
» Son efprit jouiffoit de toute fa force dans la dif-
» pute. Celui de M. de Buffon, au contraire, y étoit
» en quelque forte étranger. Veut-on les bien con-
» noître? Que l'on jette les yeux fur ce qu'ils ont
» dit des fenfations. Ici les deux philofophes par-
» tent d'un même point : c'eft un homme que cha-
» cun d'eux veut animer. L'un, toujours métho-
» dique, commence par ne donner à fa ftatue qu'un
» feul fens à la fois. Toujours abondant, l'autre
» ne refufe à la fienne aucun des dons qu'elle au-
» roit pu tenir de la Nature. C'eft l'odorat, le plus
» obtus des organes, que le premier met d'abord
» en ufage. Déjà le fecond a ouvert les yeux de
» fa ftatue à la lumière, & ce qu'il y a de plus bril-
» lant a frappé fes regards. M. l'abbé de Condillac
» fait une analyfe complète des impreffions qu'il
» communique. M. de Buffon, au contraire, a dif-
» paru : ce n'eft plus lui, c'eft l'homme qu'il a créé,
» qui voit, qui entend & qui parle. La ftatue de
» M. l'abbé de Condillac, calme, tranquille, ne
» s'étonne de rien, parce que tout eft prévu, tout
» eft expliqué par fon auteur. Il n'en eft pas de
» même de celle de M. de Buffon : tout l'inquiète,
» parce qu'abandonnée à elle-même elle eft feule
» dans l'Univers; elle fe meut, elle fe fatigue, elle
» s'endort, fon réveil eft une feconde naiffance;
» & comme le trouble de fes efprits fait une partie
» de fon charme, il doit excufer une partie de fes
» erreurs. Plus l'homme de M. l'abbé de Condillac
» avance dans la carrière de fon éducation, plus
» il s'éclaire; il fe parvient enfin à généralifer & à
» découvrir en lui-même les caufes de fa dépen-
» dance & les fources de fa liberté. Dans la ftatue
» de M. de Buffon, ce n'eft pas la raifon qui fe
» perfectionne, c'eft le fentiment qui s'exalte; elle
» s'empreffe de jouir; c'eft Galathée qui s'anime
» fous le cifeau de Pygmalion, & l'amour achève
» fon exiftence. Dans ces productions de deux de
» nos grands hommes, je ne vois rien de femblable.
» Dans l'une, on admire une poéfie fublime; dans
» l'autre, une philofophie profonde. Pourquoi fe
» traitoient-ils en rivaux, puifqu'ils alloient par des
» chemins différens à la gloire; & que tous les
» deux étoient également fûrs d'y arriver ? »

La rivalité de M. de Buffon & de M. de Linné
n'avoit pas de fondemens beaucoup plus folides.
Ces deux hommes diverfement célèbres pouvoient
fervir l'un à l'autre, & ne pouvoient pas fe nuire.
Il y a place pour tout le monde dans le temple de
la Gloire.

« Le favant naturalifte d'Upfal dévoua tous fes
» momens à l'obfervation. L'examen de vingt mille
» individus fuffit à peine à fon activité. Il fe fervit,
» pour les claffer, de méthodes qu'il avoit inven-

» tées; pour les décrire, d'une langue qui étoit
» fon ouvrage; pour les nommer, de mots qu'il
» avoit fait revivre, ou que lui-même avoit formés.
» Ses termes furent jugés bizarres : on trouva que
» fon idiôme étoit rude; mais il étonna par la pré-
» cifion de fes phrafes; il rangea tous les êtres fous
» une loi nouvelle. Plein d'enthoufiafme, il fem-
» bloit qu'il eût un culte à établir, & qu'il en fût
» le prophète..... Avec tant de favoir & de carac-
» tère, Linné s'empara de l'enfeignement dans les
» écoles; il eut les fuccès d'un grand profeffeur;
» M. de Buffon a eu ceux d'un grand philofophe.
» Plus généreux, Linné auroit trouvé, dans les ou-
» vrages de M. de Buffon, des paffages dignes
» d'être fubftitués à ceux de Sénèque, dont il a
» décoré les frontifpices de fes divifions. Plus jufte,
» M. de Buffon auroit profité des recherches de
» ce favant laborieux. Ils vécurent ennemis, parce
» que chacun regarda l'autre comme pouvant por-
» ter quelqu'atteinte à fa gloire. Aujourd'hui que
» l'on voit combien ces craintes étoient vaines,
» qu'il me foit permis, à moi leur admirateur &
» leur panégyrifte, de rapprocher & de réconcilier
» ici leurs noms, fûr qu'ils ne me défavoueroient
» pas eux-mêmes s'ils pouvoient être rendus au
» fiècle qui les regrette & qu'ils ont tant illuftré. »

La defcription du Jardin du Roi, dans l'état où
l'ont mis les foins de M. de Buffon; la peinture de
M. de Buffon lui-même avec fa belle phyfionomie,
fes cheveux blancs, fes attitudes nobles, & le feu
du génie dans les yeux, compofant, au milieu des
jardins de Montbar, l'Hiftoire de la Nature; la
peinture même des tendres foins que l'amitié lui
prodigua dans fes derniers momens, & de l'hommage public que lui rendit, à fon convoi, l'affluence
de vingt mille fpectateurs, ou formant fon cortège,
ou l'attendant dans les rues, aux fenêtres, & jufque fur les toits : tous ces tableaux font dans la
manière de M. de Buffon, & paroiffent fortir de
fon école ou plutôt de fa main.

M. de Buffon a mêlé quelques erreurs aux grandes & belles vérités que contiennent fes ouvrages.
M. Vicq-d'Azyr ne l'a point diffimulé, non plus
que M. de Saint-Lambert, qui le recevoit à l'Académie françaife en qualité de directeur. « Sans
» doute, dit ce dernier, la doctrine de la forma-
» tion des planètes & de la génération des êtres
» animés fera citée au tribunal de la Raifon; mais
» elle y fera citée avec les erreurs des grands hom-
» mes. Les idées éternelles de Platon, les tour-
» billons de Defcartes, les monades de Leibnitz,
» tant d'autres moyens d'expliquer toutes les ori-
» gines, tous les mouvemens, toutes les formes,
» n'ont point altéré le refpect qu'on a confervé
» pour leurs inventeurs.

» M. de Buffon, dans le Jardin du Roi, pouvoit
» jouir, comme le czar Pierre, du plaifir d'avoir
» repeuplé & enrichi fon empire. Il y recevoit les
» vifites & les hommages des favans, des voya-
» geurs, des hommes illuftres dans tous les genres,

» & même des têtes couronnées. Plusieurs lui ap-
» portoient ou lui envoyoient des animaux, des
» plantes, des fossilles, des coquillages de toutes
» les parties de la terre, des rivages de toutes les
» mers. Aristote, pour rassembler sous ses yeux les
» productions de la Nature, avoit eu besoin qu'A-
» lexandre fît la conquête de l'Asie. Pour rassem-
» bler un plus grand nombre des mêmes produc-
» tions, que falloit-il à M. de Buffon? Sa gloire. »

On a vu dans le cours de la dernière guerre,
c'est-à-dire, de la guerre d'Amérique, des corsaires
anglais renvoyer à M. de Buffon des caisses à son
adresse, trouvées sur des bâtimens qu'ils avoient
pris, & garder d'autres caisses qui appartenoient au
roi d'Espagne : des armateurs montroient plus de
respect pour le génie que pour la souveraineté.

On ne réunit jamais tous les suffrages. Remarquons ici, comme une anecdote littéraire, que
M. d'Alembert, soit par la nature particulière de
son goût, soit par l'effet de quelque passion, n'aimoit ni la personne ni les talens de M. de Buffon.
Ces belles phrases si harmonieuses, si majestueuses,
ne lui paroissoient que de l'emphase & de l'enflure;
il n'appeloit M. de Buffon que le *grand phrasier*, le
*roi des phrasiers*, le *grand modèle des petits phrasiers*.
M. de Buffon, instruit de cette aversion de M. d'A-
lembert, & sachant qu'il exerçoit sur lui le talent
singulier qu'il avoit pour contrefaire, le traitoit de
singe, & affectoit pour lui un mépris qui ne pouvoit guère être sincère, ou qui du moins auroit été
bien injuste.

M. de Buffon étoit né le 7 septembre 1707. Sa
vie entière est dans ses ouvrages, & c'est là qu'il
vivra éternellement. Il est mort de la pierre : c'est
dire que sa mort a été précédée & préparée par
de grandes douleurs, & qu'on ne peut pas citer
son exemple à l'appui du soin qu'il avoit pris de
rassurer l'espèce humaine sur la crainte des douleurs excessives qui peuvent accompagner la dissolution de nos organes; mais s'il souffrit beaucoup
& long-tems, si la douleur ne put détruire que
lentement un corps si bien organisé, s'il eut besoin
d'opposer un grand courage à de grandes souffrances & à de longues insomnies, il eut à se féliciter du moins d'avoir conservé une tête toujours
libre, une présence d'esprit parfaite, & jusqu'au
dernier moment l'amour des devoirs qu'il s'étoit
imposés. Il succomba la nuit du 15 au 16 avril 1788,
& dans la matinée du 15 il avoit encore donné
des ordres pour les travaux du Jardin des Plantes,
& remis à M. Thouin une somme de 18,000 liv.
pour ces travaux.

Son corps ayant été ouvert après sa mort, on
lui trouva cinquante-sept pierres dans la vessie :
plusieurs étoient grosses comme une petite fève,
trente étoient cristallisées en triangle, & pesoient
ensemble deux onces & six gros. Les gens de l'art
qui ont fait l'ouverture, croient s'être assurés
qu'il auroit pu être taillé facilement & sans danger;
mais il ne put s'y déterminer dans les commen-

cemens, parce qu'il doutoit ou cherchoit à douter
qu'il eût la pierre, & dans la suite, parce qu'il douta
encore plus du succès de l'opération, & qu'il crut
devoir s'abandonner à la Nature, dont il s'étoit
peut-être exagéré les ressources.

Toutes les autres parties étoient parfaitement
saines. Le cerveau s'est trouvé, dit-on, d'une capacité un peu plus grande que celle des cerveaux
ordinaires.

Il fut présenté le 18 avril à Saint-Médard sa
paroisse, puis transporté à Montbar, où il avoit
désiré d'être réuni à sa femme dans le même caveau.

A travers les éloges académiques, qui sont les
principaux matériaux de cet article, on voit que
les plus grands panégyristes de M. de Buffon, en
rendant justice à ses talens, à ses lumières, à ses
connoissances, ne le jugent pas irréprochable, &
ne le regardent pas comme le plus exact des naturalistes. C'est un grand écrivain, un grand peintre
en histoire naturelle; mais les physiciens, les ob-
servateurs, se défient un peu de sa brillante & poétique imagination. L'opinion de M. d'Alembert,
portant sur le style même, est sans doute injuste;
mais un homme qui fut toujours incapable de la
moindre injustice, M. de Malesherbes, pour venger Linnæus & d'autres naturalistes, a écrit contre
les premiers volumes de l'Histoire naturelle de
M. de Buffon, où ce Pline français, qui n'avoit
pas encore assez étudié l'histoire qu'il entreprenoit d'écrire, s'est principalement livré à l'esprit
systématique. Dans cet ouvrage (car c'en est un
assez considérable), si M. de Malesherbes paroît
toujours plein de respect pour le génie & l'éloquence de M. de Buffon, il n'estime pas autant ses
systèmes, & l'on ne sait ce qui étonne le plus, ou
de la multitude d'erreurs qu'il relève & rend sen-
sibles dans M. de Buffon, ou de l'immensité des connoissances de M. de Malesherbes dans les diverses
parties de l'Histoire naturelle : elle étoit la même
dans tous les genres de science, d'histoire & de
littérature; mais par un motif plus estimable encore que tant de connoissances, M. de Malesherbes n'avoit pas destiné cet ouvrage à l'impression; jamais il n'eût pu se résoudre à mortifier qui
que ce fût, surtout un homme célèbre, & l'ouvrage, resté plus de quarante ans manuscrit, n'a
paru qu'après la mort de tous les deux, par les
soins de M. Abeille, qui, dans la préface & les
notes, montre aussi des connoissances étendues
dans l'Histoire naturelle. Au reste, si M. de Buffon
n'étoit pas encore un naturaliste quand il commença son ouvrage, il l'étoit sûrement devenu
depuis, & quarante ou cinquante ans de travaux
consacrés à cette science doivent inspirer plus de
confiance pour les parties suivantes de son ouvrage.

BURGH ( HUBERT DE ) ou DE BOURG, ( *Hist.
d'Anglet.* ), ministre d'Henri III, roi d'Angleterre.
L'évêque de Winchester, Guillaume Desroches,
avoit été nommé régent du royaume d'Angleterre

pendant la minorité d'Henri III ; mais la faveur & le pouvoir étoient entre les mains d'Hubert de Burgh, grand-justicier, qui les avoit mérités par son zèle, & qui s'en rendoit indigne par son orgueil. Pendant l'expédition que Louis, dit *le Lion*, fils de Philippe-Auguste & père de saint Louis, avoit faite en Angleterre, Louis, pour le forcer à lui rendre Douvres, l'avoit menacé de faire trancher la tête à Thomas de Burgh son frère, qu'il tenoit prisonnier. Hubert préféra son devoir à son frère. Louis épargna Thomas & estima Hubert ; mais celui-ci s'oublia dans la grandeur où il parvint sous Henri III : une administration injuste & hautaine souleva contre lui un grand nombre de barons, & l'évêque de Winchester lui-même. Pour se soustraire à l'autorité de ce régent, de Burgh voulut avancer la majorité du Roi ; il obtint du Pape une bulle qui déclaroit Henri majeur ; mais il ne plut pas à la Nation d'obéir à une pareille bulle, dont on sentit toutes les conséquences : on s'en tint pour lors aux lois du royaume, qui fixoient la majorité à vingt-un ans. De Burgh imagina un autre moyen de régner, sous prétexte de faire régner son maître : ce fut d'engager, par son exemple, les conservateurs des libertés britanniques à remettre les places de sûreté qu'ils s'étoient fait donner pour l'exécution des chartes. Le Roi, de concert avec de Burgh, redemanda la tour de Londres & le château de Douvres. De Burgh, entre les mains duquel étoient alors ces forteresses, les lui remit. Plusieurs barons, gagnés par les séductions ordinaires de la cour, en firent autant ; mais de Burgh rentra le lendemain dans ses places, & les autres barons ne rentrèrent point dans les leurs. On peut juger de leur mécontentement. Ceux d'entr'eux qui, plus prudens, n'avoient point remis leurs places, offrirent aux autres leur appui ; tout fermenta : les restes du parti français qui avoit servi Louis-le-Lion se ranimèrent. Un riche bourgeois, nommé Constantin Fitz-Arnulph, pour venger une injure faite aux habitans de Londres par le steward ou intendant de l'abbé de Westminster, se mit à piller quelques maisons de l'abbaye, en criant : *Montjoie saint Denis*. Ce cri de guerre parut plus coupable que son action, & rappela le zèle qu'il avoit autrefois montré pour la cause de Louis-le-Lion & des barons rebelles. Hubert de Burgh le fit pendre le lendemain sans forme de procès : c'étoit violer l'article le plus important de la charte des libertés, dite *la grande charte*. Hubert devint odieux au peuple comme à la Noblesse ; mais Henri III, Prince lâche & amolli par les voluptés, n'étoit que l'esclave d'Hubert de Burgh, qui, selon ses intérêts, le condamnoit à l'action ou à l'indolence. De Burgh avoit eu un rival dans la faveur du Prince : c'étoit le comte de Salisbury, oncle d'Henri III & fils naturel d'Henri II. Salisbury étoit généreux comme son père ; il étoit l'appui du peuple contre les entreprises de Burgh. Celui-ci l'invite à

dîner, & depuis ce moment on voit Salisbury tomber dans une langueur qui le conduit au tombeau. On peut juger si la haine du peuple pour le ministre diminua ; mais son empire sur son maître augmenta, & c'étoit tout ce qu'il vouloit : il le plongeoit dans la mollesse, principe le plus sûr de la foiblesse des Rois & du crédit des courtisans ; il l'éloignoit de la guerre & des expéditions du continent ; il le concentroit dans les intrigues & dans les plaisirs de son île.

Cependant le comte de Bretagne, Pierre, dit Mauclerc, qui, pendant la minorité de saint Louis & la régence de Blanche de Castille, brouilloit tout en France, & qui ne pouvoit rester en paix, vient lui-même en Angleterre solliciter le secours d'Henri ; & lui offrir l'espérance de rentrer dans les provinces françaises confisquées sur son père & sur lui-même. Henri l'écoute, s'enflamme, veut échapper aux fers de son ministre, & partir pour la France ; il lève une armée ; il ordonne d'équiper une flotte. De Burgh, que cet enthousiasme n'avoit point gagné, obéit froidement & lentement. Quand le Roi voulut s'embarquer avec l'armée, il ne se trouva pas assez de vaisseaux de transport. On dit que le Roi, à la vue de cette négligence, entra dans un tel accès de colère, qu'il tira son épée pour tuer son ministre, en l'appelant *pensionnaire de la reine Blanche*. On l'arrêta : le voyage fut remis à l'année suivante, mais il se fit. Les instances du comte de Bretagne étoient trop pressantes pour qu'on pût s'y refuser, & de Burgh n'osa pas risquer de déplaire une seconde fois.

Cependant Henri III, ou plutôt Hubert de Burgh, avoit révoqué la charte des forêts, & violoit l'autre en toute rencontre. Pour récompense d'un tel service rendu à la monarchie, de Burgh s'étoit donné le comté de Kent. Les grands s'assemblèrent ; ils demandèrent la confirmation des deux chartes & l'expulsion d'Hubert de Burgh. Richard, comte de Cornouailles, frère du Roi, avoit saisi les terres d'un de ses vassaux. Le Roi prit la défense de ce vassal, & voulut le remettre en possession. Il en parla au comte de Cornouailles, qui lui répondit froidement : *C'est une affaire qu'on peut remettre au jugement des pairs*. Henri, jugeant que c'étoit attaquer la prérogative royale, s'emporta, & dit à son frère : *Ou rendez les terres, ou sortez tout à l'heure du royaume. — Je ne ferai ni l'un ni l'autre*, répliqua Richard avec une fermeté toujours froide, *que quand j'y serai condamné par un jugement des pairs*. De Burgh vouloit le faire arrêter. Henri hésita. Richard n'hésita point ; il se mit à la tête des rebelles, & il fallut que le Roi son frère le comblât de bienfaits pour le ramener. De Burgh cependant poursuivoit le cours de ses violences ; il prenoit un château à l'archevêque de Cantorbery, & l'archevêque l'excommunioit. Un des quatre fils d'un comte de Pembrock, à qui Henri étoit redevable de sa couronne, mourut. Henri s'empara de sa succession, au préjudice des frères que laiffoit ce fils du comte de Pembrock. L'aîné de ces frères, qui lui-même étoit beau-frère d'Henri, outré d'une telle injuftice, fe jeta dans la révolte, & en ravageant les terres du Roi, fe fit rendre les fiennes. Telle étoit l'adminiftration de de Burgh; des entreprifes, des violences, de la foibleffe, de la baffeffe. Le gouvernement outrageoit tout le monde, & demandoit pardon à tout le monde, parce qu'il n'avoit pas affez de vigueur pour foutenir fes injuftices. De Burgh tentoit tout, dans l'efpérance que quelque chofe réuffiroit, que quelque ufurpation refteroit impunie, & l'enrichiroit, ainfi que fon maître, toujours avide & toujours pauvre. Au refte, il entouroit, comme nous l'avons dit, le Roi de volupté, de peur qu'une inquiétude, qui lui étoit naturelle, ne l'arrachât à l'indolence. Henri avoit prefque toutes les foibleffes du roi Jean fon père; il en avoit furtout l'inconftance. On lui confeilla d'éloigner de Burgh, & de rappeler l'évêque de Winchefter; il le fit. L'évêque donna au Roi quelques fêtes, lui fit quelques préfens: il n'en fallut pas davantage pour le faire rentrer dans toute fon ancienne faveur; mais l'évêque ne fe contentoit pas de la difgrace de de Burgh; il vouloit fa mort; il fit rechercher fon adminiftration, & s'empreffa de lui trouver des accufateurs. On chargea le malheureux de Burgh de tous les crimes poffibles & impoffibles; il étoit forcier, il avoit pris dans le tréfor de la couronne une pierre qui avoit la vertu de rendre invifible & invulnérable, & il l'avoit envoyée au prince de Galles, ennemi de l'Etat.

De Burgh fe retira dans un prieuré, efpèce d'afile où il s'attendoit cependant d'être forcé ou tué: l'ordre étoit donné. Un ennemi de de Burgh, le comte de Chefter, eut feul la générofité de repréfenter au Roi qu'il fe manquoit à lui-même en privant fon miniftre du droit acquis à tout citoyen d'être jugé felon les loix. De Burgh eut donc la liberté de fe défendre; mais à peine étoit-il forti de fa retraite pour préparer fa juftification, qu'au mépris du droit d'afile & de la charte des libertés, on l'arrêta dans une chapelle, où il fut trouvé armé d'une croix dans une main & du faint facrement dans l'autre. On le chargea de fers. Le peuple, qui le déteftoit dans fa gloire, prit pitié de lui dans fon abaiffement. Un forgeron, à qui on ordonna de ferrer fes fers, refufa fon miniftère. De Burgh ayant tant de fois violé la grande charte des libertés, avoit perdu le droit de la réclàmer; mais c'étoit toujours avec peine que le peuple la voyoit violer fi ouvertement, même dans la per-

fonne de fon plus grand infracteur. Les évêques firent bien plus de bruit encore fur la violation du droit d'afile: on parla d'excommunication. Le Roi & l'évêque de Winchefter trouvèrent un expédient qui parut admirable pour appaifer ces clameurs; ce fut de remettre de Burgh dans fa chapelle, & de l'y bloquer. Quand il fut près de mourir de faim, il fortit: on l'arrêta & on l'enferma. Le Roi lui prit une partie de fon bien, & déclara qu'il lui laiffoit l'autre avec la vie; mais l'évêque de Winchefter, qui s'obftinoit à vouloir fa mort, follicita le gouvernement du château où fon ennemi étoit renfermé. De Burgh le fut, & fe jugea perdu; il fit part de fes allarmes à fes gardes, qui, touchés de fon fort, le laiffèrent échapper. On le reprit encore dans une églife; les évêques crièrent encore, & le gouvernement trouva fi ingénieux l'expédient dont il s'étoit déjà fervi, qu'il s'en fervit encore. On remena de Burgh dans fon églife, & on l'y bloqua de nouveau; mais le fuccès ne fut pas le même. Des amis de de Burgh vinrent à fon fecours, le délivrèrent, & il alla dans le pays de Galles fe joindre au comte de Pembrock, qu'il avoit perfécuté autrefois, mais qui, le voyant malheureux & opprimé à fon tour, lui pardonna tout.

De Burgh du moins ne s'étoit permis, dans fa faveur, que des violences fourdes: l'évêque de Winchefter en exerçoit d'éclatantes; il renverfoit avec mépris toute la conftitution. Ses principes, oppofés à ceux de de Burgh, tendoient à pouffer la Nation à bout; il vouloit que le Roi entreprît tout & foutînt tout. Le Roi, en comparant la vie agitée que fon nouveau tyran lui faifoit mener, avec la vie molle, oifive, qu'il avoit menée fous la domination de de Burgh, fe déclara enfin contre l'évêque de Winchefter; il fut renvoyé: fa dignité lui épargna les traitemens que de Burgh avoit effuyés. De Burgh rentra en grace, même en faveur, & en abufa moins; mais fon crédit fut bientôt éclipfé, d'abord par celui de Guillaume de Savoie, évêque de Valence, oncle de la Reine, enfuite par celui du comte de Leicefter, qui furpaffa dans la faveur, & de Burgh, & les évêques de Winchefter & de Valence.

De Burgh retomba dans la difgrace: le Roi voulut renouveler l'ancien procès; de Burgh fe juftifia aux yeux des pairs, & appaifa le Roi par le don de quatre châteaux.

Depuis ce tems l'Hiftoire ne s'occupe plus de lui. Sa faveur & fes difgraces rempliffent tout le milieu du treizième fiècle.

CABRAL. (*Hift. de Portugal.*) A l'article *Cabral*, dans le Dictionnaire, nous n'avons parlé que de Pierre Alvarès , qui découvrit le Bréfil en 1500. L'origine de la Maifon de Cabral remonte jufqu'au tems des fables & des oracles. Solin & Juftin, auteurs affez remplis de ces fortes de fables, rapportent que Caranus , roi de Macédoine , confultant l'oracle de Delphes fur le lieu où il devoit s'établir , & fixer fa petite cour errante , il lui fut enjoint de choifir la place où deux chèvres le meneroient ; elles le menèrent en Portugal , & c'eft de ce Caranus que defcend la Maifon de Cabral : on en allègue pour preuve les armes de cette Maifon, qui font *de gueules aux deux chèvres paffant, armées de pourpre & de fable.*

L'antiquité eft remplie de ces fituations de villes, indiquées à leurs fondateurs par des animaux , & qui femblent dépofer d'une fuperftition particulière & propre à ces anciens chefs de colonies. C'eft ainfi que la fituation de Thèbes eft indiquée à Cadmus.

*Bos tibi , Phœbus ait , folis occurret in arvis*
*Nullum paffa jugum , curvique immunis aratri :*
*Hâc duce carpe vias , & quâ requieverit herbâ ,*
*Mœnia fac condas Bœotiaque illa vocato.*

C'eft ainfi que la fituation d'Albe eft indiquée à Enée par Hélénus.

*Cùm tibi follicito fecreti ad fluminis undam*
*Littoreis ingens inventa fub ilicibus fus ,*
*Triginta capitum fœtus enixa , jacebit*
*Alba , folo recubans , albi circum ubera nati ,*
*Is locus urbis erit , requies ea certa laborum.*

Ce qu'il y a de certain , c'eft que la famille de Cabral poffède depuis très-long-tems la châtellenie de Belmonte , dans la province de Beira , que Gil Alvarès Cabral y fit des fondations à la fin du douzième fiècle ou au commencement du treizième , & que cette famille a le privilége fingulier, dans une monarchie, de ne prêter de ferment & de ne rendre d'hommage à perfonne.

1°. Alvaro Gil Cabral, arrière-petit-fils de Gil Alvarès , fe diftingua beaucoup fous le roi Jean I à la bataille d'Aljubarrota. Ayant perdu fon équipage , & avec cet équipage les titres des conceffions faites par les rois de Portugal à fa Maifon, le Roi lui en fit expédier de nouveaux, portant déclaration que les originaux lui avoient été enlevés à la guerre par les Efpagnols.

2°. Ferdinand Alvarès Cabral fon petit-fils fut tué au fiége de Tanger en Afrique.

3°. Ferdinand Cabral mourut en exil pour avoir coupé les oreilles à un gentilhomme des Indes orientales , nommé François de Mello.

4°. Un autre Ferdinand Cabral , neveu du précédent, fe diftingua dans la guerre contre l'Efpagne, née de la révolution qui mit la Maifon de Bragance fur le trône en 1640. Il fut gouverneur de Fernambuc ou Fernambouc au Bréfil.

5°. Ferdinand Alvarès Cabral, fils du fameux Pierre Alvarès, qui avoit découvert le Bréfil, périt fur mer à fon retour des Indes.

6°. Pierre Alvarès Cabral, fils du précédent, fut tué en 1578 , à la funefte journée d'Alcaçer, où périt le roi dom Sébaftien.

7°. Jean Gomès Cabral, frère de Pierre Alvarès, capitaine de la garde des rois Jean III & Sébaftien , fut auffi tué en Afrique.

8°. Un troifième frère, Ruy-Dias Cabral, fut tué aux Indes orientales dans la guerre du Malabar.

CAJETAN. ( *Hift. d'Ital.* ) La Maifon Cajetan, qui a donné à l'Eglife le trop fameux pape Boniface VIII & une foule de cardinaux , étoit , à ce qu'on croit, originaire d'Efpagne ; elle vint s'établir à Gaëte ou Cayette en Italie , & elle prit de là le nom de Cajetan.

Nous remarquerons dans cette Maifon :

1°. Mathias , qui commandoit les armées de Mainfroi, roi de Sicile. Le pape Boniface VIII ( *voyez* fon article à ce nom dans le Dictionnaire) étoit fon petit-fils.

2°. Dans la branche des ducs de Laurenzano , Louis , colonel , tué à la guerre.

3°. Dans la branche des ducs de Sermonette , Honoré Cajetan, créé duc de Sermonette, & qui fut dépouillé de fes biens par le pape Alexandre VI ; Honoré & fa famille furent en butte aux perfécutions de ce Pape criminel, & c'eft pour eux un titre de gloire ou du moins d'intérêt.

4°. Berardin Cajetan, petit-fils d'Honoré , fut étranglé par l'ordre de ce même Pape , en 1499.

5°. Et on croit que Jacques Protonotaire , fils d'Honoré , oncle de Bérard , fut auffi empoifonné par l'ordre du même Pape , dans la même année 1499.

6°. Guillaume , frère aîné de Jacques , & fils d'Honoré , fut rétabli dans tous fes biens par le pape Jules II.

7°. Nicolas , l'un de fes petit-fils , fut créé cardinal à l'âge de dix ans , par le pape Paul III , en 1536.

8°. Henri fon neveu eft le fameux cardinal

Cajetan , légat en France dans le tems de la Ligue, & qui, zélé défenseur de cette association séditieuse , & intimement lié avec la cabale espagnole , vouloit exclure de la couronne de France , la Maison de Bourbon , & faire tomber cette couronne à l'infante d'Espagne, Isabelle-Claire-Eugénie. En 1593 , uni avec le duc de Féria & le cardinal de Pellevé , il s'opposa de tout son pouvoir à la conférence de Surène , qui amena l'abjuration de Henri IV. & sa réconciliation avec l'Eglise , du moins avec l'Eglise de France.

9°. & 10°. Il eut deux neveux cardinaux , Antoine, créé cardinal par le pape Grégoire XV , en 1621. L'Académie des Humoristes lui doit en partie son établissement.

Boniface son frère , évêque de Caffano , puis archevêque de Tarente, fut fait cardinal par le pape Paul V , en 1606.

11°. Louis , neveu d'Antoine & de Boniface , fut créé cardinal par le pape Urbain VIII , le 19 janvier 1626.

12°. François Cajetan , duc de Sermonette , son frère aîné , chevalier de la toison d'or , vice-roi de Valence , gouverneur du Milanez , vice-roi de Sicile, conseiller d'Etat, mourut en 1683 , à quatre-vingt-douze ans.

13°. Un autre François Cajetan son petit-fils , après avoir reconnu Philippe V pour roi d'Espagne , prit le parti de l'archiduc Charles , & excita une révolte à Naples en 1701. Ses biens furent confisqués , mais il y fut rétabli par l'Empereur.

14°. Dans la branche de Sortino , Guy mourut en 1542 , écrasé avec Syracusa sa mère sous les ruines de son château de Sortino , renversé par un tremblement de terre.

CALIGNY. ( Hist. litt. mod. ) Des lettres de François I , de l'année 1545 , nomment parmi les professeurs d'hébreu au Collége-Royal , à la place de Guidacerio , Alain Rettaut , dit de Caligny, dont on ne sait rien , sinon qu'il étoit Lorrain , & qu'il a fait une grammaire hébraïque , dédiée à du Châtel.

Caligny paroît avoir eu pour successeur Jean Mercier , le plus célèbre des disciples de Vatable. ( Voyez son article dans ce volume. )

CAMARA. ( Hist. de Portugal. ) La famille da Camara est célèbre en Portugal ; surtout depuis Jean Gonçalves Zarco da Camara , qui , sous les auspices de l'infant dom Henri, découvrit & conquit , en 1420 , l'île de Madère. Il en fut le premier gouverneur , & transmit à sa descendance ce gouvernement héréditaire. Huit seigneurs du nom da Camara furent successivement gouverneurs de Madère ou du Funchal , qui en est la capitale. Tous portoient le nom de Gonçalves joint à celui de Jean ou de Simon. Jean Gonçalves se nommoit Zarco , soit parce qu'il étoit borgne ( car zarco , en vieux portugais , signifie borgne ) ; soit parce qu'il

avoit tué de sa main un Maure nommé Zarco. Il y avoit en Portugal une ancienne famille de Zarco , dont étoit peut-être Jean Gonçalves. Du troisième gouverneur de l'île de Madère naquit Louis Gonçalves, tige de la branche d'Attaide, père de Martin Gonçalves d'Attaide , & d'Emmanuel da Camara , qui furent tués à la journée d'Alcacer ; & d'Alvar Gonçalves , qui se fit capucin aux Indes , après y avoir servi dans les armées.

Leur frère aîné , Jean Gonçalves d'Attaide , fut Grand-d'Espagne.

Il eut deux petits-fils , tous deux célèbres : L'un est dom Jérôme d'Attaide , gouverneur de diverses provinces du Portugal , nommé en 1661 gouverneur du Brésil , après s'être distingué dans le commandement des armées portugaises ; il fut aussi grand-amiral & conseiller d'Etat. Sa mémoire fut long-tems en vénération dans le Brésil.

L'autre est dom François Coutinho , tué en 1643 à la défense d'Elvas.

L'aîné , dom Jérôme d'Attaide , eut aussi des fils dignes de mémoire : dom Emmanuel-Louis , mort de blessures reçues à la guerre ; & dom Jean d'Attaide , général des armées portugaises.

Dom Louis d'Attaide , un de leurs frères , fut assassiné à Lisbonne , le 14 ou 15 octobre 1689.

Une branche de cette Maison, issue du second gouverneur de l'île Madère , est dite branche des grands-panetiers de Portugal , parce que huit personnages dont elle est composée, ont possédé héréditairement cette charge.

La branche des comtes de Villafranca & de Ribéra-Grande posséda aussi héréditairement le gouvernement de l'île de Saint-Michel , l'une des Açores. Nous remarquerons dans cette branche , dom Louis-Emmanuel da Camara , lieutenant-général & général d'artillerie des armées portugaises , ambassadeur extraordinaire de Jean V auprès de Louis XIV & de Louis XV, mort le 3 octobre 1723.

Le premier de cette famille , qui prit le dom avec la grandesse, fut dom Emmanuel da Camara, second du nom , sixième gouverneur de l'île Saint-Michel , de la branche des comtes de Villafranca , né en 1576.

Dans la même branche , dom Alvar d'Abranches da Camara se trouva au siége de la Baie de Tous-les-Saints quand les Portugais la reprirent sur les Hollandais en 1625. Il fut un des quarante seigneurs portugais qui proclamèrent Roi le duc de Bragance, le 1er. décembre 1640.

La plupart des personnages de cette famille se distinguèrent dans les Indes , soit orientales , soit occidentales , & dans les îles adjacentes ; mais la découverte de Madère met au dessus d'eux tous Jean Gonçalves Zarco : le parti qu'il sut en tirer , offre une singularité intéressante. Il falloit débarrasser l'île des bois qui la couvroient : il y mit le feu. L'incendie dura sept ans , & fut un des principes de l'extrême fertilité de la terre. Elle étoit telle, qu'on se plaignoit de la récolte lorsqu'elle ne rendoit

rendoit pas foixante pour un. C'eft le cas de dire avec Virgile :

*Steriles incendere profuit agros.....*
*Sive indè occultas vires & pabula terræ*
*Pinguia concipiunt; five illis omne per ignem*
*Excoquitur vitium, atque exfudat inutilis humor,*
*Seu plures calor ille vias, & cœca relaxat*
*Spiramenta, novas venit quâ fuccus in herbas ;*
*Seu durat magis & venas aftringit hiantes,*
*Ne tenues pluviæ rapidive potentia folis*
*Acrior, aut Boreæ penetrabile frigus adurat.*

CAMILLE (JULES). (*Hift. litt. mod.*) Une lettre du fameux Alciat nous apprend l'anecdote fuivante. Un favant nommé Jules Camille, affura le roi Fran- çois I, qu'en un mois, avec une leçon d'une heure par jour, il le mettroit en état de parler grec comme Démofthène, latin comme Cicéron, & de faire des vers, dans l'une & l'autre langue, comme Homère & Virgile, C'étoient les propres termes de fes ma- gnifiques promeffes. Il avoit, difoit-il, un fecret particulier pour cela, & ce fecret étoit affez im- portant pour ne devoir être communiqué qu'au Roi. Camille demandoit pour récompenfe deux mille écus de rente en bénéfices. Il ne pouvoit guère s'annoncer plus en charlatan ; cependant que rif- quoit-on de l'éprouver ? Le Roi ne voulut rien négliger ; il l'éprouva, mais il le renvoya auffitôt après la feconde leçon, avec une gratification de fix cents écus, & c'étoit fans doute être très-li- béral. Ce fait n'eft connu que par la lettre d'Alciat, datée du 3 feptembre 1530, & qui n'eft devenue publique qu'en 1697 ; mais nous trouvons ailleurs qu'un Jules Camille, grand cabalifte, affez verfé dans les langues orientales, orateur & poète latin, préfenta au Roi une grande machine de bois affez fingulière, où les principes de l'art oratoire, tirés de Cicéron & de quelques autres auteurs, étoient rangés dans un certain ordre ; qu'apparemment François I trouva l'ébauche de ce travail ingénieufe, car il exhorta Camille à le continuer, & lui donna une gratification de cinq cents ducats. On ajoute que Camille employa quarante ans à cet ouvrage, & y dépenfa quinze cents ducats. Cette hiftoire a des rapports marqués avec l'autre, & pourroit bien n'être que la même différemment contée.

CAMPBEL (*Hift. d'Ecoffe*), Maifon écoffaife. Son nom eft Campbel ou O-Dubin. Elle paroiffoit avec éclat dès le neuvième fiècle. Long-tems après Colinmore Campbel fe trouva, en 1292, à Berwick, dans cette fameufe affemblée où Edouard I, roi d'Angleterre, décida fi impérieufement des droits des prétendans à la couronne d'Ecoffe, après l'in- terrègne qui fuivit la mort d'Alexandre III.

2°. Niel Campbel fon fils fuivit le parti de la Maifon de Brus, & fut un des barons qui, en 1315,

affurèrent la couronne à ce monarque & à fes def- cendans.

3°. Colin, fils de Niel, rendit de grands fervices à la même Maifon de Brus, reprit fur les Anglais la forterefle de Duncan, dont il devint gouverneur perpétuel & héréditaire : fes defcendans portent encore le titre de ce gouvernement.

4°. Archibaud Campbel fon fils refta fidèle à David de Brus, alors prifonnier en Angleterre.

5°. Colin fon fils fe diftingua par diverfes expé- ditions fous le règne de Robert III.

6°. Un autre Colin, fils de celui-ci, fut élevé par le roi d'Ecoffe, Jacques Stuart II, à la dignité de lord grand-chancelier d'Ecoffe, & fut appelé en 1445, au parlement, en qualité de lord Campbel.

7°. Un troifième Colin, petit-fils du précédent, fut créé en 1457, comte d'Argyle, par le même Jacques II. Il mourut en 1492, étant auffi lord grand- chancelier.

8°. Archibaud Campbel, fecond comte d'Ar- gyle, chancelier d'Ecoffe, chambellan & maître- d'hôtel du roi Jacques IV, fut tué, le 9 feptembre 1513, à la bataille de Flodden avec fon Roi.

9°. & 10°. Archibaud Campbel, quatrième comte d'Argyle, petit-fils du précédent, fut, ainfi que fon fils, nommé auffi Archibaud, grand-chancelier d'Ecoffe. Le père mourut en 1558, le fils en 1575.

11°. Colin, fils de dernier Archibaud, fut auffi grand-chancelier d'Ecoffe fous le roi Jacques VI, qui fut depuis Jacques I en Angleterre.

12°. Archibaud, petit-fils du précédent, fait marquis d'Argyle le 15 novembre 1641, par Charles I, eut la tête tranchée le 27 mai 1661, dans les commencemens du règne de Charles II.

13°. Un autre Archibaud fon fils fut auffi déca- pité le 30 juin 1685, au commencement du règne de Jacques II, pour être entré dans les projets du duc de Monmouth.

14°. Un autre Archibaud, encore fils du pré- cédent, fut un des pairs d'Ecoffe qui pafferent, en 1688, de Hollande en Angleterre avec le prince d'Orange ; il fut auffi un de ceux qui, en 1689, offrirent, au nom des Etats d'Ecoffe, la couronne de ce royaume au roi Guillaume & à la reine Marie fa femme. Guillaume le fit colonel de la garde écoffaife à cheval & premier duc d'Argyle. Si Guil- laume eût échoué, cet Archibaud eût encore eu la tête tranchée comme fon père & fon aieul.

15°. & 16°. Jean & Archibaud, tous deux fils du précédent, furent comblés de biens & d'hon- neurs par la reine Anne & par les deux Georges de Brunfwick fes fucceffeurs. Jean fe fignala furtout dans la guerre de la fucceffion d'Efpagne ; il ré- prima auffi, en 1715, ceux qu'on appeloit alors les rebelles d'Ecoffe, parce qu'ils agiffoient pour la Maifon Stuart, qui régnoit depuis fi long-tems en Ecoffe. Il vivoit encore en 1728.

17°. & 18°. Au contraire, dans une autre branche des Campbel, Jean Campbel, créé le 12 mai 1633, comte de Loudon, & en 1641 lord grand-chan-

M

celier d'Écoffe, fut toujours fidèle à Charles I & à Charles II son fils, & souffrit beaucoup pour leur cause, ainsi que Jacques Campbel, lord Machline son fils. Ils vécurent errans & misérables dans les montagnes de l'Écosse septentrionale : le fils mourut en 1683.

CAMPÉGE, CAMPEGGI (*Hist. de Fr. & d'It.*), famille illustre d'Italie, qui a produit quelques généraux, plusieurs savans, & un assez grand nombre de cardinaux & d'autres prélats distingués. Symphorien Champier, à la tête de son ouvrage *De Monarchiâ Gallorum*, qu'il dédie au cardinal Laurent Campége, l'un des plus illustres personnages de ce nom, dit que cette famille est française, originaire du Dauphiné ; qu'elle passa dans le royaume de Naples avec Charles d'Anjou, frère de saint Louis ; que de là elle se répandit dans quelques autres contrées de l'Italie.

Ce cardinal Laurent Campége est surtout connu pour avoir été nommé, avec le cardinal Volsey, juge du divorce de Henri VIII & de Catherine d'Arragon ; & il paroît que dans cette affaire c'étoit lui qui avoit spécialement la confiance du pape Clément VII. Ce cardinal, avant d'entrer dans l'état ecclésiastique, avoit été marié & avoit eu plusieurs enfans, entr'autres Alexandre, qui fut aussi cardinal. Au concile de Bologne, c'est-à-dire, au concile de Trente, transféré pour un tems à Bologne, on comptoit cinq prélats de la famille Campége. Un d'entr'eux, Thomas Campége, évêque de Feltri, a laissé beaucoup d'ouvrages sur des matières ecclésiastiques, dans l'un desquels il examine si un évêque sacré par des schismatiques, est vraiment évêque. Un autre personnage célèbre de cette famille est Rodolphe Campége, jurisconsulte & poète distingué, mort le 28 juin 1624. On a de lui deux volumes de poésies ; un poëme qui a pour titre : *Le lacrime di Maria Virgine* & *l'Italia consolata*, titre un peu vaste pour un simple épithalame ; celui-ci fut fait à l'occasion du mariage de la princesse Christine de France, fille d'Henri IV, avec Victor-Amédée, prince de Piémont, puis duc de Savoie.

CAMPEN (JACOB DE), (*Hist. des Anabapt.*), un des chefs des Anabaptistes, un des disciples de Jean de Leyde, ainsi que *Jean* de Geléen. (*Voyez* ces deux articles dans ce volume.) Jean de Leyde, ayant été mal servi par Jean de Geléen dans une entreprise sur Amsterdam, avoit nommé depuis pour évêque de cette ville Jacob de Campen, plus fidèle que Geléen, & dont le sort fut plus malheureux. Il étoit depuis six mois caché dans la ville. Les magistrats, voulant exterminer tous les chefs de l'anabaptisme, le firent chercher avec soin : on le trouva, non sans peine, enséveli sous un monceau de tourbe. On le fit voir au peuple pendant une heure sur un échafaud, avec une mître de papier sur la tête. On lui coupa ensuite la langue,

parce qu'elle avoit enseigné l'erreur, & la main, parce qu'elle avoit rebaptisé ; enfin on lui trancha la tête, qu'on exposa au bout d'un fer. (en 1535.)

CANAYE. (*Hist. de Fr*) L'article *Canaye*, dans le Dictionnaire, renvoie à l'article *Fresne*, & l'article *Fresne* à l'article *Canaye*, de sorte que l'article n'est point fait : nous allons réparer ici cette omission.

Il y a de ce nom & de cette famille plusieurs personnages dignes de mémoire.

1°. Philippe Canaye, sieur de Fresne, conseiller d'État, célèbre par ses ambassades, de la relation desquelles nous avons trois volumes in-folio. Il naquit à Paris en 1551. Son père étoit un avocat de distinction, & le fils se distingua aussi d'abord dans le barreau. Il avoit beaucoup & utilement voyagé en Allemagne, en Angleterre, à Constantinople ; il a publié sous le titre d'*Ephémérides* la relation de ce dernier voyage. Henri III le fit conseiller d'État, Henri IV l'envoya en ambassade en Suisse, à Rome & à Venise. Il étoit dans cette dernière ville à l'époque de l'interdit de Venise, c'est-à-dire, du grand démêlé de cette République avec le pape Paul V (Borghèse) ; il contribua beaucoup à terminer ces différends ; & le pape Paul V, dont cette affaire compromettoit l'autorité, lui témoigna sa reconnoissance de ce qu'il l'avoit tiré d'un tel pas. Du Fresne-Canaye avoit été, en 1600, un des juges de la conférence de Fontainebleau, entre le cardinal du Perron & du Plessis-Mornay : il est une des preuves de la victoire de du Perron, car il abjura le calvinisme en conséquence de cette conférence, & Clément VIII lui écrivit pour l'en féliciter & s'en féliciter. Il mourut le 7 février 1710.

2°. Le P. Canaye (Jean), jésuite, a été recteur de différens colléges de son Ordre ; il a fait aussi les fonctions de missionnaire dans les armées, & à ce titre il a pu en effet être connu du maréchal d'Hocquincourt, avec lequel on le fait converser si plaisamment dans l'ouvrage attribué par les uns à Saint-Evremont, par les autres à Charleval, mais qui est à coup sûr le chef-d'œuvre de son auteur, quel qu'il puisse être, petit conte le plus plaisant & le plus dramatique, où les caractères s'annoncent dès le premier mot, & sont soutenus jusqu'à la fin avec la vérité, la vivacité, la gaîté, le *vis comica* de Molière, & dont on peut dire qu'il n'existe peut-être pas un autre opuscule qui, dans le même espace donné, ait autant de piquant & produise une impression de plaisir aussi vive. Le P. Canaye étoit homme de lettres ; mais il est beaucoup plus connu par cet ouvrage, dont il est le sujet, que par ceux dont il est l'auteur. Qui est-ce qui sait qu'il a fait de la prose & des vers à la louange de Louis XIII sur la prise de la Rochelle, & un recueil des maximes des anciens sur la vanité du monde ? Il étoit entré chez les Jésuites en 1611. Il est mort à Rouen le 26 février 1670.

3°. L'abbé de Canaye, de l'Académie des inf-criptions & belles-lettres, étoit un favant aimable, un philofophe homme du monde, qui favoit pour lui & pour fes amis, mais qui a rarement pris le public pour juge de fes connoiffances & de fes talens. Son amour pour le repos, fon indifférence pour la rénommée, des traits piquans dans l'efprit & dans le caractère, voilà ce qui le diftingue.

M. l'abbé de Canaye étoit fils & petit-fils de doyens du parlement; il étoit arrière-petit-neveu de du Frefne-Canaye l'ambaffadeur; il étoit parent à peu près au même degré du P. Canaye. Il étoit d'ailleurs allié à plufieurs grandes Maifons du royaume; mais, dit le fecrétaire de l'Académie, ne mettons pas plus d'importance à ces avantages, qu'il n'y en mettoit lui-même, & il prouve qu'en effet M. l'abbé de Canaye n'y en mettoit guère, puifqu'étant déjà dans un âge affez avancé, il n'avoit pas encore appris à connoître les armes de fa famille. Quelqu'un de fes amis voyant un jour diverfes armoiries peintes dans la chapelle de fon château de Montereau, & lui demandant lefquelles étoient les fiennes, il lui fut impoffible de le fatisfaire fans avoir recours à fon cachet, que cette queftion l'obligea d'examiner pour la première fois de fa vie.

L'abbé de Canaye entra, en 1716, à l'Oratoire, & y paffa environ douze ans; en 1728 il fut reçu à l'Académie des belles lettres: il y a de lui, dans le recueil de cette Académie, plufieurs Mémoires, dont les plus confidérables font ceux qui concernent la naiffance & les progrès de la philofophie ancienne.

Il s'empreffa, auffitôt que les réglemens de l'Académie le lui permirent, d'entrer dans la claffe des vétérans; pour redevenir entièrement libre, & n'être plus affujetti à la néceffité du travail & de l'affiduité.

Tel étoit fon goût en littérature, qu'il préféroit Homère à tous les ouvrages écrits en grec, & la langue grecque à toutes les autres. « Dès qu'il connut Homère, il l'aima fi paffionnément, qu'il l'apprit prefque tout entier par cœur, & dans la fuite il l'aima encore plus, peut-être parce qu'il l'avoit appris. Il avoit la mémoire très-étendue & très-ornée. Dans fon efprit s'étoient dépofées les richeffes que la poéfie, l'éloquence & la philofophie ont produites dans tous les fiècles; il avoit le fecret d'en jouir & d'en faire jouir les autres fans avoir l'air de connoître fon opulence & fans que perfonne la devinât, parce qu'il paroiffoit toujours ne favoir précifément que ce qu'il avoit befoin de dire. »

Madame de la Guerche, petite-fille du célèbre Florent Chrétien, inftituteur d'Henri IV, & marraine de M. l'abbé de Canaye, lui avoit légué les notes précieufes de fon aïeul, qui furent égarées comme papiers inutiles, & dont il déplora toujours la perte. Le refpect des héritiers de M. l'abbé de Canaye pour fa mémoire, dit le fecrétaire de

l'Académie, & la précaution qu'il a prife d'écrire fes remarques fur fes livres, les préferveront fans doute du fort qu'ont éprouvé les papiers de Florent Chrétien, & qui avoit tant affligé M. l'abbé de Canaye.

Le portrait de ce fage aimable ( le mot fage eût fuffi peut-être, car la fageffe prefcrit d'être aimable & enfeigne à l'être), fon portrait a été fait de main de maître par le fecrétaire de l'Académie des belles-lettres, & tous ceux qui ont connu l'original l'y reconnoîtront.

« Il avoit reçu de la nature cette aptitude au » bonheur..... ou plutôt elle avoit placé le bon- » heur même dans fon cœur, en y admettant ex- » clufivement toutes les paffions douces & hon- » nêtes.....Il fut heureux dans la retraite; il le fut » dans le monde; il le fut dans tous les âges; il » l'auroit été dans tous les états dont les devoirs » lui auroient permis de jouir en paix de lui- » même.

» Son efprit réuniffoit, par un accord fingulier, » la naïveté & la fineffe, la légéreté & la profon- » deur, l'enjouement & la folidité, la grace & la » force, qualités qui formoient un enfemble d'au- » tant plus piquant, que chacune d'elles contraf- » toit mieux avec l'autre.

» Perfonne n'avoit plus que M. l'abbé de Ca- » naye, le talent rare de bien raconter, & il y » joignoit le mérite encore plus rare de ne jamais » raconter autant qu'on auroit voulu. Habile à » faifir le ridicule, il n'eût tenu qu'à lui de fe faire » craindre; il préféroit de fe faire aimer..... Quel- » quefois malin, jamais cauftique ni méchant, il » fe bornoit à employer cette plaifanterie douce, » aimable, qui avertit les autres de fe tenir fur » leurs gardes, les atteint fans les bleffer, les con- » traint de faire valoir leurs avantages, furtout de » cacher leurs défauts.....Il traitoit les préten- » tions avec moins de ménagement, & fe per- » mettoit quelquefois de tendre des piéges à la » vanité, pour lui arracher des aveux qui la mon- » troient dans fa nudité, & par conféquent dans » fa laideur. C'étoit l'ironie de Socrate, avec » lequel il avoit paffé une partie de fa vie. »

M. de Bougainville, bon écrivain, & M. l'abbé de la Bletterie, qui auroit pu l'être, avoient la fuperftition de ne fe pas permettre un hiatus dans la profe; petite recherche qui, par la contrainte, peut gâter beaucoup plus le ftyle que tous les hiatus du monde. La théorie de l'hiatus n'eft peut-être pas affez éclaircie. Si l'hiatus eft formé par la rencontre de voyelles différentes, & d'un fon différent, il n'eft rien; & la peine qu'on prendroit pour l'éviter feroit fuperflue, ou même pourroit avoir des inconvéniens. Par exemple, fi je dis : Il a été en trois jours à Iffoudun : voilà la phrafe naturelle, voilà comme on parle. Si, pour éviter ces prétendus hiatus, je dis : Sa marche jufqu'aux portes d'Iffoudun a duré trois jours, je fais une phrafe, & on le fent bien. Il n'y a donc d'hiatus qui foit un défaut dans

M 2

la profe, & qu'il faille éviter, que celui qui est formé par la répétition de la même voyelle & la prolongation du même son. Par exemple, il all*a* à Amiens. Un écrivain du second ordre commence un gros volume d'un gros ouvrage assez protégé, par ces mots, Né & *élevé*, c'est manquer absolument d'oreille. Mais observons que la seule répétition de la même voyelle ne forme pas un *hiatus* dans la profe, s'il n'y a prolongation du même son; ainsi dans cette phrase : Il *a été* en trois jours à Iffoudun, le second *hiatus té* en, n'en est point un, malgré la répétition de l'*e*, parce que le son *e*, & le son *en* n'est pas le même. Dans cette autre phrase : Il n'*a aucun* inconvénient, l'*hiatus* est nul encore, parce que le son *a* & le fon *au* font différens; & si, pour éviter cet *hiatus* prétendu, je disois : Il n'*a nul* inconvénient, la répétition de la nazale & le son dur n'*a nul*, offenseroient bien plus l'oreille; mais dans ce cas particulier, on peut aisément éviter le défaut de la seconde phrase, & jusqu'à l'ombre de l'*hiatus* dans la première, en disant : Il *est sans inconvénient.*

Revenons à l'abbé de Canaye; il connoissoit les scrupules de l'abbé de la Bletterie sur l'*hiatus*, & pour s'en moquer il s'amusoit à déchirer ses délicates oreilles par cette phrase : L'abbé, vous qui possédez si supérieurement l'Histoire romaine, pourriez-vous me dire bien précisément en quelle année Caius-Servilius *Ahala alla à Athènes ?* Telles étoient ses douces malices & ses innocentes gaîtés.

Le bonheur domestique dont a joui M. l'abbé de Canaye, bonheur dont on ne jouit guère sans le mériter, mais qu'on peut mériter sans en jouir, paroît véritablement digne d'envie dans le tableau qu'en a tracé le secrétaire de l'Académie.

« Les liens qui attachoient M. l'abbé de Canaye » à la société, avoient été successivement rompus » par la mort de la plupart de ses amis; & les » agrémens qu'il trouvoit dans l'intérieur de sa » maison l'avoient empêché de chercher à faire de » nouvelles liaisons au dehors. Ce n'est pas que » son ame sensible n'éprouvât le besoin d'aimer, » mais il pouvoit le satisfaire sans sortir de chez » lui : une nièce (madame la marquise de Mesnil-» Glaise) qui lui épargnoit, depuis près de cin-» quante ans, l'obligation bien pénible pour lui » de se mêler de ses affaires, qui lui prodiguoit » les soins les plus touchans & les plus assidus, » partageoit toutes ses affections avec un neveu » (M. le chevalier de Mesnil-Glaise, aujourd'hui » (en 1783) capitaine aux Gardes-Françaises) » élevé sous ses yeux, formé par lui-même, oc-» cupé sans cesse, ainsi que sa mère, plus encore » par sentiment, que pour acquitter la dette de » la reconnoissance, à faire le bonheur d'un oncle » qui sut sur tout s'occupoit que du leur. C'est vraisemblablement autant à leurs soins » tendres & empressés, & à la régularité constante » de sa vie, qu'à son excellente constitution, que

» M. l'abbé de Canaye a dû la santé ferme & vi-» goureuse dont il a joui jusqu'à la fin de sa longue » carrière. »

Il est mort le 12 mars 1782, dans la quatre-vingt-huitième année de son âge, étant né le 7 décembre 1694. Nous ajouterons à son éloge, qu'il fut dans tous les tems l'ami de M. de Foncemagne & de M. d'Alembert; c'est un titre pour la mémoire de tous les trois.

CANGE (DUFRESNE DU). Le savant du Cange (*voyez* son article au mot *Fresne* (du) dans le Dictionnaire) étoit d'une ancienne famille de Picardie. On croit que Jean Dufresne, sergent d'armes du roi Philippe-le-Hardy, vers l'an 280, étoit de cette famille, ainsi qu'un autre Jean Dufresne, chassé par les Anglais de la ville de Calais en 1347, époque de ce mémorable siége décrit par Froissard, & célébré par M. du Belloy. Un troisième Jean Dufresne servoit comme écuyer en 1411, & servit aussi en 1422 dans la garnison de Montargis. Les Anglais le dépouillèrent de ses terres & domaines en 1440. Il se vit réduit alors, ainsi que sa famille, à une misère dont un titre particulier leur fait honneur avec raison. Un Simon Dufresne, peut-être son fils, y est qualifié *povre écuyer, auquel il ne restoit que son cheval & son harnaz qu'il employoit au service du Roi.*

Un Antoine Dufresne, grand-oncle du savant du Cange, servit pendant les dix premières années du règne de François I, sous le seigneur d'Humières & le duc de Vendôme en Picardie.

Divers autres titres nous montrent les Dufresne de race en race, *servant bien & loyaument les rois de France.*

Du Cange avoit plusieurs frères, dont un, nommé Jean, seigneur de Préaux, est le premier auteur du *Journal des audiences*, & est aussi auteur d'un commentaire sur la Coutume d'Amiens.

CANINIUS. (*Hist. rom.*) C'est le nom de cet homme que César fit consul pour une demi-journée seulement, & dont Cicéron a dit qu'il fut si sobre & si vigilant, qu'il ne mangea ni ne dormit pendant tout son consulat, & que son exemple parut si beau, que tout le monde le suivit. César, qui avoit voulu, quoiqu'absent, que le consulat, s'en étoit mis en possession avant que de rentrer dans Rome; ce qui étoit déjà un grand renversement, & des lois, & même des formes, qu'on se pique encore quelquefois d'observer lorsqu'on renverse les lois. Dans la suite, pour montrer encore mieux son pouvoir, il l'abdiqua, & mit pour consuls à sa place, avant la fin de l'année, Quintus-Fabius-Maximus & Caïus Trebonius. L'objet de ces changemens étoit de favoriser ses amis & de multiplier ses créatures, en augmentant le nombre de ceux à qui ce court consulat valoit le titre, les droits, les honneurs des consulaires. Ce fut dans ce même objet que Fabius-Maximus, étant mort le dernier jour de son exercice, César fit nommer Caninius pour remplir le peu d'heures qui restoient de la durée de ce consulat. Cicéron, dans une lettre à Curius, rit & pleure de tout ce désordre & de cette subversion de toutes les lois.

*Ità, Caninio consule, scito neminem prandisse. Nihil tamen eo consule mali factum est. Fuit enim mirificâ vigilantiâ, qui suo toto consulatu somnum non viderit. Hæc tibi ridicula videntur, non enim ades. Quæ si videres, lacrymas non teneres. Quid, si cetera scribam? Sunt enim innumerabilia generis ejusdem: quæ quidem ego non ferrem, nisi me in philosophiæ portum contulissem, & nisi haberem socium studiorum meorum Atticum nostrum.*

**CANTELMI.** ( *Hist. mod.* ) La Maison de Cantelmi, l'une des plus illustres du royaume de Naples, a été solennellement reconnue par les deux Charles II, régnant en même tems, l'un en Angleterre, l'autre en Espagne, pour être descendue des anciens rois d'Ecosse; & voici comment on rapporte cette généalogie.

Everard, dernier des fils de Duncan, roi d'Ecosse, assassiné par Macbeth dans le onzième siècle, & dont l'aventure a fourni à Shakespeare le sujet d'une tragédie si terrible, le fils de ce Duncan se retira d'abord en Angleterre, auprès d'Edouard le confesseur: de là il passa en Normandie, à la cour des ducs qui étoient ses parens, & il s'y établit. Son petit-fils Rostaing posséda de grands biens en Provence & s'y fixa; il prit le surnom de Cantelme ou Cantelmi, qui avoit déjà été donné à son aïeul Everard, & qui étoit un éloge de sa force d'esprit ou de la fermeté de son caractère. Les descendans de Rostaing Cantelmi, attachés au comte de Provence, suivirent Charles d'Anjou, comte de Provence par sa femme, à la conquête du royaume de Naples, où ils firent dans la suite de grands établissemens.

1°. Charles d'Anjou, vainqueur & roi de Naples, donna d'abord à Jacques Cantelmi la terre de Popoli, qui fut depuis érigée en duché au seizième siècle par le roi d'Espagne, Philippe II, en faveur de cette même Maison de Cantelmi.

2°. Rostaing Cantelmi, seigneur de Popoli, fils de Jacques, se signala dans des guerres contre les Sarrasins, où sa vie fut plus d'une fois en danger.

3°. Un autre Jacques Cantelmi, qui vivoit vers la fin du quatorzième siècle, fut le premier comte de Popoli.

4°. Et Jean-Joseph-Bonaventure Cantelmi, mort en 1560, fut le premier duc.

5°. Dans la branche des princes de Pettorano, ducs de Popoli, on remarque André Cantelmi, mestre-de-camp-général & gouverneur de Flandre pour le roi d'Espagne; il se distingua dans la guerre des Pays-Bas entre la France & l'Espagne, sous le règne de Philippe IV, qui répond à une partie de ceux de Louis XIII & de Louis XIV en France. André commanda en chef dans la Catalogne, où il fut défait par le comte d'Harcourt à Lorens ou Liorens, le 22 juin 1645, puis assiégé dans Balaguier, qui fut emporté; il mourut de douleur de ces mauvais succès le 5 novembre suivant.

6°. Son neveu, Fabrice Cantelmi, duc de Popoli, fut fait prince de Pettorano par le roi Philippe IV.

7°. Rostaing Cantelmi, duc de Popoli, un des fils de Fabrice, servit avec la plus grande distinction en Espagne, en Sicile, en Afrique, en Flandre. Retiré dans le royaume de Naples en 1696, il eut le commandement général des troupes de ce royaume. A la mort de Charles II, il fut des premiers à reconnoître Philippe V pour roi d'Espagne. Louis XIV le nomma chevalier de l'Ordre de Saint-Louis; Philippe V le confirma dans son commandement des troupes du royaume de Naples, & le fit capitaine de ses gardes & Grand-d'Espagne. Il servit au siége de Barcelone en 1705, signala sa valeur à la bataille d'Almanza le 25 août 1707, reçut l'Ordre de la Toison d'or en 1714, fut fait conseiller du conseil de guerre & du conseil des finances en 1715, & nommé gouverneur du prince des Asturies en 1716, ses honneurs croissant ainsi toujours d'année en année.

8°. Le cardinal Jacques Cantelmi son frère, après avoir passé par différentes nonciatures ordinaires & extraordinaires, fut nommé cardinal en 1690, par le pape Alexandre VIII. Non moins zélé que son frère pour la cause de Philippe V, il se déclara aussi des premiers pour ce Prince, qu'il eut la satisfaction de recevoir en 1702 à Naples, dont il étoit archevêque. Il mourut le 11 décembre de la même année, à cinquante-sept ans.

9°. Joseph Cantelmi, fils de Rostaing & neveu du cardinal, fut gendre du maréchal de Boufflers.

**CAPPEL.** ( *Hist. litt. mod.* ) C'est le nom d'une famille de Paris, qui a produit, dans le seizième siècle, quelques personnages distingués dans la magistrature & dans les lettres. Le plus célèbre fut Jacques Cappel, avocat du roi au parlement, reçu le 4 février 1534. Il étoit petit-fils de Denis Cappel, procureur au châtelet, & d'Yolande Bailly. Telle a été la fécondité de cette femme & celle de sa race, qu'elle avoit vu ou pu voir jusqu'à deux cents quatre-vingt-quinze enfans issus d'elle. Elle avoit eu plusieurs maris. Son petit-fils, l'avocat du Roi, dont les talens oratoires nous paroissent médiocres, même pour le tems, quoi qu'en dise Ribier ( Lettres & Mémoires d'Etat, année 1537 ), est surtout connu par une harangue qu'il prononça au lit de justice de cette année 1537, tenu contre l'empereur Charles-Quint, harangue qui fut trouvée belle alors & long-tems encore après. Il y prétendit que, malgré les traités de Madrid & de Cambrai, par lesquels François I avoit renoncé à la suzeraineté de la Flandre, de l'Artois & du Charolois, possédés par Charles-Quint, cette suzeraineté n'avoit pu cesser, attendu l'inaliénabilité des droits de la couronne ; que d'ailleurs ces traités ayant été violés par l'Empereur, qui avoit commencé la guerre, étoient censés annullés ; que l'Empereur étoit donc vaffal du Roi ; que ce vaffal s'étoit rendu coupable de félonie par fa révolte contre fon fuzerain ; qu'il avoit encouru la commife ; en conféquence Cappel demanda la réunion des trois comtés à la couronne. On juge bien que fes conclufions lui furent adjugées. L'Empereur, cité à fon de trompe fur la frontiere, n'ayant point comparu, la réunion fut ordonnée, mais le tems de l'exécuter n'étoit pas encore venu. L'avocat-général Cappel eft encore auteur de quelques autres ouvrages reftés affez obfcurs, & de *Mémoires dreffés pour le Roi très-chrétien & l'Eglife gallicane, par Jacques Cappel fon confeiller & fon avocat au parlement de Paris.* L'objet de ces Mémoires eft de s'oppofer aux levées de deniers ordonnées par la cour de Rome & à fon profit, & par cette raifon ils fe trouvent dans le Recueil des traités des libertés de l'Eglife gallicane. Jacques Cappel mourut en 1540 ou 1541. Il étoit neveu d'un Guillaume Cappel, recteur de l'Univerfité vers 1490 ou 1491, qui s'étoit fignalé par la vigoureufe réfiftance qu'il avoit faite à la levée d'une décime ordonnée par le pape Innocent VIII ; il avoit appelé comme d'abus de l'ordonnance du Pape, & défendu, par un décret, à tous les membres de l'Univerfité, de rien payer fous peine d'être retranchés de ce corps.

Un autre Guillaume Cappel, fils de Jacques, fut docteur en médecine & homme de lettres. C'eft à lui qu'on a dû la publication des Mémoires des du Bellai-Langei, auffi précieux pour l'hiftoire de François I, que ceux de Sully pour l'hiftoire de Henri IV. Il a auffi traduit Machiavel en français.

Ange Cappel fon frere a auffi traduit quelques traités de Sénèque, quelques fragmens de Tacite.

Louis Cappel leur frere, miniftre proteftant, fe fignala par des écrits violens contre l'Eglife romaine. Il chaffa de chez lui Jean fon fils, parce que celui-ci s'étoit fait catholique, & l'embarraffoit quelquefois dans des difputes fur les matieres controverfées entre les deux communions. Mort à Sédan en 1586.

CARACCIOLI. (*Hift. mod.*) C'eft le nom d'une Maifon des plus anciennes, des plus illuftres & des plus étendues du royaume de Naples, où on la trouve établie dès le dixieme ou même le neuvieme fiècle : on la croit originaire de Grèce.

Cette grande Maifon, divifée en feize branches, a produit fept cardinaux, un patriarche, dix-fept archevêques, vingt-quatre évêques & un nombre confidérable de grands-officiers du royaume de Naples, quatre chevaliers de la Toifon-d'Or, cinq Grands-d'Efpagne. On compte dans cette même Maifon douze principautés, vingt-fept duchés, vingt-fix marquifats, environ cinquante comtés.

Nous diftinguerons parmi les perfonnages qu'elle a produits :

1°. Jean Caraccioli, grand-fénéchal du royaume de Naples, amant de la reine Jeanne II, puis facrifié par elle à la duchesse de Seffe fa principale confidente, avec laquelle il avoit eu l'imprudence de fe brouiller. On lui fuppofa des crimes, & pour l'en punir on l'attira par artifice à la cour, fous prétexte de confidences que la Reine avoit à lui faire, & de confeils qu'elle avoit à lui demander ; il vint, & fut tué par ordre de la Reine, en 1432.

2°. Thomas Caraccioli, comte de Gerace, fut dépouillé de fes biens en 1457, par le roi Alphonfe d'Arragon, ennemi & fucceffeur de Jeanne II de Naples, pour crime de lèze-majefté, c'eft-à-dire, pour avoir été dans les intérêts de la Maifon d'Anjou contre la Maifon d'Arragon.

3°. Ottin Caraccioli, grand-chancelier du royaume de Naples fous la reine Jeanne II, fuivit auffi, après la mort de cette Princeffe, le parti d'Anjou contre celui d'Arragon.

4°. Camille, comte de Saint-Angelo, tué au fiége de Calvi, en 1460.

5°. Sidonie Caraccioli, femme d'Alphonfe de Cardine, marquis de Laino, eft au rang des guerrieres ; elle fe fignala, en 1528, à la défenfe de fon château de Laino contre l'armée françaife.

6°. Jean Caraccioli, prince de Melphe, s'attacha au parti de la France, fous Charles VIII & fous Louis XII. Il fe trouva dans l'armée de Gafton de Foix à la bataille de Ravenne ; il fe déclara dans la fuite pour Charles-Quint contre François I ; mais ayant été fait prifonnier dans Melphe, en 1528, avec toute fa famille, par le maréchal de Lautrec, & fe voyant abandonné dans les fers par Charles-Quint, il retourna au fervice de la France, & s'en trouva bien ; il fut fait chevalier de l'Ordre, & fut dédommagé par le don de plufieurs belles terres, des biens qu'il perdoit en Italie. Le prince de Melphe fervit avec grande diftinction, en 1536, contre l'Empereur en perfonne dans l'expédition de Provence ; en 1537 il étoit à la prife du château de Heffdin ; en 1543 il fecourut Luxembourg & Landrecy. Il fut fait maréchal de France le 4 décembre 1544, à la place du maréchal de Montpefat, & mourut à Suze, en 1550.

7°. Trajan Caraccioli fon fils avoit été tué, en 1544, à la bataille de Cérifoles.

8°. Un autre fils du maréchal, prince de Melphe, Jean-Antoine Caraccioli, évêque de Troyes, fe fit calvinifte, fe maria, & fut chaffé de fon évêché. Mort en 1569.

9°. Un autre Caraccioli Galeas, marquis de Vic, embraffa auffi le calvinifme, & alla s'établir à Genève, où il mourut en 1586. On a publié fa vie en italien & en français.

10°. Domitius Caraccioli, marquis de la Bella, mourut percé de onze coups à la défenfe de Bois-le-Duc, en 1629.

11°. Ferdinand Caraccioli, duc de Caftel-Sangro, fut tué à la défense de Nole, pendant la révolution de Naples, de 1647.

12°. Antoine Caraccioli, marquis de Saint-Sébastien, signala sa fidélité pour son Roi dans ces mêmes troubles de 1647.

13°. Charles-André Caraccioli, duc de Saint-Georges, fit d'abord la guerre avec éclat en Afrique, puis en Amérique dans le Brésil. Revenu en Europe, il accompagna le cardinal infant dans les Pays-Bas; en 1634 il étoit à la bataille de Nortlingue; en 1635 il jeta du secours dans Valence en Lombardie; ce qui en fit lever le siége au maréchal de Créqui, joint aux ducs de Savoie & de Parme; en 1638 il sauva Fontarabie; en 1640 il reprit Salces, qui avoit été pris, en 1639, par le prince de Condé; il eut divers commandemens en Franche-Comté, en Navarre, en Catalogne, en Roussillon, en Portugal, à Naples; en 1646 il fit lever aux Français le siége d'Orbitello. Il mourut le 5 août de la même année, à son retour de cette expédition.

14°. Charles-Marie son fils avoit été tué, en 1641, dans la Catalogne.

CARAFFE. (*Hist. d'Ital.*) Au peu de mots que nous avons dit à l'article *Caraffe*, dans le Dictionnaire, nous joindrons les particularités suivantes :

On fait descendre la Maison Caraffe de la Maison Caraccioli. On raconte qu'un chevalier, du nom de Caraccioli, au dixième siècle, sauva la vie dans une bataille à l'un des trois premiers empereurs Othon, qui tous trois se succèdent immédiatement, & qui tous trois régnèrent dans le dixième siècle. Caraccioli s'étoit jeté au devant du coup mortel qu'on portoit à l'Empereur, & l'avoit reçu pour lui. Othon porta la main sur le cœur de Caraccioli expirant, & s'écria : *O cara se*, d'où vient le nom *Caraffe*. D'autres, pour expliquer par le même mot, non-seulement le nom, mais encore les armes de Caraffe, disent qu'Othon passa trois doigts sur la cuirasse de Caraccioli, toute teinte de sang, & qu'il y laissa une empreinte de trois faces blanches dans un champ rouge ou de gueules, en disant : *Cara se m'è la vostra*.

Cette Maison se divise & se subdivise en différentes branches. Elle se divise d'abord en deux branches principales; l'une dite *de Spinâ*; l'autre, *de Staterâ*. Ceux de la première accompagnoient leur écusson de deux bâtons d'épine verte; les autres de deux pesons, symboles négligés depuis. La Maison Caraffe, qui, ainsi que la Maison Caraccioli, dont on la dit sortie (*voyez* l'article *Caraccioli* dans ce volume), s'est prodigieusement étendue, se subdivise ensuite en seize autres branches formées par ces deux principales.

Nous avons parlé, à l'article *Caraffe* dans le Dictionnaire, du Pape & des cardinaux de ce nom; nous parlerons ici de quelques guerriers.

1°. Dans la seconde branche, dite des princes de la Roccella, Jérôme se signala dans la défense de ce lieu de la Roccella contre les Turcs, qui avoient fait une descente dans la Calabre, & qu'il força de se rembarquer.

2°. Fabrice son fils battit aussi les Turcs dans la Calabre. Il fut fait prince de la Roccella & prince du Saint-Empire en 1622, & chevalier de la Toison-d'Or.

3°. Jérôme, fils de Fabrice, se distingua par sa courageuse fidélité pendant les troubles de Naples, en 1647, & contint la Calabre dans le devoir.

4°. Grégoire, fils de Jérôme, chevalier de Malte, étoit, en 1656, au combat des Dardanelles; il y emporta pour sa part trois grandes galères turques & huit moyennes, qu'il amena dans le port de Malte, avec trois cent soixante Turcs prisonniers, & deux mille six cents Chrétiens tirés des fers. Il fut fait grand-maître de Malte le 2 mai 1680, & mourut le 21 juillet 1690.

5°. François son frère, commandeur de Malte & général des galères de la religion, mort en 1679, se distingua aussi en diverses occasions.

6°. Dans la troisième branche, dite des ducs de Bruzzano, Joseph, petit-fils de Fabrice (mentionné sous le n°. 2) se signala dans la guerre de Messine en 1674. Mort en 1678.

7°. Dans la quatrième branche, dite des comtes de Policastro, Frédéric, attaché à l'empereur Charles-Quint, combattit à la bataille de Pavie.

8°. Dans la cinquième branche, dite des ducs de Forli & de Montenegro, Antoine, comte de Caraffe, servit l'empereur Léopold dans les guerres de Hongrie; alla en Pologne solliciter le secours de Sobieski; servit beaucoup à la réduction de la Transilvanie; emporta, en 1687, Agria; força, en 1688, la forteresse de Mongats à se rendre; se trouva enfin à tous les siéges & toutes les batailles de son tems. Mort en 1693.

9°. Dans la sixième branche, dite des seigneurs de Flumara, Cafarelle Caraffe, en 1420, perça la tête d'un coup de lance, dans une joûte, à Leonel de San-Severin, l'homme le plus fort & le plus habile joûteur du tems.

10°. Septième branche : François fut pris par les Florentins au combat de Sarno, en 1460.

11°. Charles, duc d'Andria, dont le duc de Guise de Naples fait une mention honorable dans ses Mémoires, fut fidèle à son Prince dans les troubles de Naples, & fut tué, en 1655, dans une querelle qu'il eut avec le neveu du comte de Castriglio, vice-roi de Naples.

12°. Huitième branche : Jérôme, marquis de Montenegro, servit sous le prince de Parme, Alexandre Farnèse, & contre le roi Henri IV à l'assaut de Lagny, en 1590; au secours de Rouen, en 1592; à la surprise d'Amiens, en 1597, & il défendit cette dernière place contre Henri IV. Il se distingua aussi en Italie au siége de Verceil, en 1617. Mort à Gênes en 1633.

13°. Treizième branche : Joseph, pris par les rebelles dans les troubles de Naples, en 1647, eut la tête tranchée par un boucher, affaffin que le duc de Guife fit périr dans la fuite pour venger Jofeph.

Un grand nombre d'autres perfonnages du nom de Caraffe, de toutes les branches, témoignèrent leur fidélité, & fignalèrent leur valeur dans les troubles de Naples. Un grand nombre auffi fe trouvèrent à la fameufe bataille de Lépante, gagnée par dom Juan d'Autriche fur les Turcs, en 1571. Un beaucoup trop grand nombre périt dans des duels & des tournois, entr'autres Jean-Thomas Caraffe, comte de Cerrette, qui avoit auparavant eu le malheur de tuer lui-même deux de fes amis, l'un en duel, l'autre dans une joûte. Plufieurs périrent fur l'échafaud, mais dans des tems de trouble, où la vertu a fouvent-le fort du crime. On compte dans la Maifon Caraffe un Pape (Paul IV), douze cardinaux, deux patriarches, trente-fix tant archevêques qu'évêques, &c. & la lifte des guerriers célèbres auroit pu être plus nombreufe. Cette Maifon compte auffi plufieurs gens de lettres.

CARAUSIUS & ALLECTUS. Sous l'empire de Dioclétien & de Maximien, vers l'an 288 ou 290, diverfes nations germaniques qui habitoient le long des côtes de la mer Baltique, commencèrent de fe livrer à la pirateric, & d'infefter les côtes de la Gaule belgique. Maximien, pour réprimer leurs brigandages, envoya ordre à Caraufius, Ménapien de naiffance, c'eft-à-dire, Flamand, & formé dès l'enfance, parmi les Bataves, à tous les exercices de la marine, d'équiper une flotte, & de la tenir à Boulogne, toute prête à fondre fur les pirates lorfqu'ils paroîtroient dans la Manche. Caraufius ne prit de cet ordre que ce qui s'accordoit avec fes vues particulières. Sa flotte croifoit avec avantage dans la Manche; mais pouvant arrêter les pirates, il les laiffoit paffer pour les attendre avec plus d'avantage encore au retour, lorfqu'ils feroient chargés de butin: de ce butin il n'en rendoit rien aux marchands fur lefquels il avoit été fait, ni aux malheureux habitans qui avoient été pillés. Il n'envoyoit pas non plus à l'Empereur les pirates qu'il avoit dû faire prifonniers: on foupçonna enfin, ou qu'il y avoit de la collufion entre lui & les pirates, ou que plus pirate qu'eux, il les laiffoit paffer dans leurs courfes, pour les arrêter au retour & s'enrichir de leurs prifes. Maximien ordonna, le plus fecrètement qu'il put, qu'on fe défît de ce traître & de ce voleur public; mais ce traître avoit des reffources dans l'efprit, & favoit combiner fes projets; il connoiffoit, & fes dangers, & fes moyens. Averti, foit par fa confcience, foit par quelques amis, ou, ce qui eft vraifemblable, préparé depuis longtems à la révolte, déjà maître d'une flotte & d'une armée navale, il fe rend maître encore du port de Boulogne; il pratique & corrompt les légions reftées dans la Bretagne (l'Angleterre). Pour la

contenir, il paffe dans cette île & s'y fait proclamer Empereur; il affure de plus en plus l'empire de la mer en faifant conftruire un grand nombre de vaiffeaux; il fait alliance avec les nations germaniques les plus exercées à la pirateric, & les exhorte à fe jeter fur les Gaules. Maximien n'ayant plus de flotte, puifque Caraufius s'en étoit emparé, fut obligé de le laiffer quelque tems régner paifiblement dans la Bretagne; mais Conftance Chlore, auffitôt qu'il eut cette province dans fon partage, s'empreffa de faire valoir tous les droits de l'Empire contre l'ufurpateur: il courut affiéger Boulogne. Caraufius étoit abfent, mais il avoit laiffé la place dans le meilleur état de défenfe, bien fournie de troupes & de vivres. L'arrivée fubite & entièrement imprévue de Conftance Chlore commença cependant d'étonner les habitans & les défenfeurs de la place. Ce Prince, pour empêcher Caraufius de venir la fecourir, fe fervit d'un moyen que le cardinal de Richelieu employa depuis, peut-être à fon imitation, pour prendre la Rochelle. Il ferma le port par une digue; il la forma de grands « arbres qui furent plantés à l'entrée du port avec » de gros quartiers de rochers & de longues faf- » cines entre deux. » Sûr alors qu'il ne viendroit aucun fecours du côté de la mer, & que Caraufius fortiroit en vain de la Bretagne pour s'avancer vers Boulogne, il preffa tellement cette place du côté de la terre, qu'il parvint à s'en rendre maître. Il arriva un incident où l'on voulut voir du miracle; c'eft que la digue, qui étoit reftée inébranlable pendant toute la durée du fiége, fut emportée auffitôt après que la place eut été réduite, comme fi, dit Mézeray, la mer eût été d'accord avec Conftance de n'employer « la violence de fes flots que » pour débarraffer le port, qui néanmoins, ajoute- » t-il, en eft encore gâté. » Ainfi le miracle ne fut pas complet. Ce port étoit le feul qu'il y eût alors dans la Gaule fur toutes les côtes de l'Océan. On l'appeloit autrefois Gefforiac, Gefforiacum, du mot celtique geffc, qui fignifie havre.

Conftance Chlore, voulant terminer promptement cette guerre, tenta une defcente dans la Grande-Bretagne. Caraufius lui oppofa une vigoureufe défenfe. Conftance fut repouffé avec perte, & obligé, comme l'avoit été Maximien, de traiter avec ce rival, & de le laiffer pour un tems régner en Angleterre.

*Illâ fe jaẽet in aulâ.*

Sa domination dura un peu plus de fix ans, & ne fut point détruite par les Empereurs romains. Il fuccomba fous l'ingratitude & la trahifon. Un faux ami qui avoit furpris toute fa confiance, & qu'il avoit comblé de biens & d'honneurs, ne fe contenta pas de partager fa puiffance; il la lui arracha toute entière avec la vie, l'an 297. Ce nouveau tyran étoit Alleẽtus. Le malheureux Caraufius avoit de tout point mal placé fa confiance: fon affaffin n'avoit rien de fes talens. Auffitôt que les

Romains

Romains eurent réparé leur flotte, Conſtance Chlore envoya ſon préfet du prétoire, Aſclépiodote, contre Allectus ; Aſclépiodote fit ſa deſcente ſans rencontrer aucun obſtacle, & il eut la peine d'aller chercher Allectus, qui ne ſe preſſoit nullement de venir à ſa rencontre. Il le trouva enfin à la tête d'une armée principalement compoſée de Français. C'étoit en eux qu'il mettoit toute ſa confiance ; & comme cette nation étoit alors la plus redoutée de l'Europe, il avoit vêtu & armé la plupart de ſes ſoldats à la manière françaiſe, pour en impoſer d'autant plus à l'ennemi ; mais, ni ce que cet avantage avoit de réel, ni ce qu'il avoit ſeulement d'apparent, ne put compenſer l'impéritie du général : Allectus fut entiérement défait, & il périt, mais dans ſa fuite & non dans le combat. Cet événement arriva vers l'an 300 de Jéſus-Chriſt. Allectus avoit régné environ trois ans, ſi c'eſt régner que d'entendre ſans ceſſe gronder l'orage ſur ſa tête, & d'attendre à chaque inſtant le châtiment de ſon crime.

CARINAN (LE). ( *Hiſt. de Fr.* ) A la bataille de Marignan, en 1515, le chevalier Bayard étoit lieutenant de la compagnie de cent hommes d'armes du duc de Lorraine, qui acquit, ainſi que lui, beaucoup de gloire dans cette bataille. Le chevalier Bayard ayant eu un cheval tué ſous lui, en avoit monté un ſecond, qui, ayant eu la bride coupée, l'emporta au grand galop à travers les bataillons ſuiſſes, juſque dans une vigne où il fut contraint de ralentir ſa fougue. Bayard en deſcendit promptement, & courut à pied d'un côté où il entendoit crier *France* : il y trouva le duc de Lorraine, qui lui fit donner ſon ſecond cheval de bataille, nommé *le Carinan*, avec lequel il ſe ſignala par ſes exploits ordinaires.

Cet animal ſingulier mérite que l'Hiſtoire s'occupe de lui, comme elle a fait de Bucéphale. Le Carinan avoit appartenu au chevalier Bayard, & s'étoit accoutumé à braver, ainſi que lui, le danger & la fatigue. A la bataille de Ravenne, en 1512, percé de coups à la tête & dans le flanc, il combattit encore ; mais épuiſé par le ſang qu'il perdoit, il parut vouloir s'abattre : ſon maître en deſcendit à regret, & le laiſſa pour mort ſur le champ de bataille. Le lendemain quelques ſoldats français, allant dépouiller & enterrer les morts, trouvèrent le Carinan, qui, renverſé par terre, & ne pouvant plus ſe relever, s'efforçoit encore de manger le peu d'herbe dont il étoit entouré. Il ſe mit à hennir auſſitôt qu'il les vit, comme pour leur demander du ſecours ; ils en eurent pitié ; ils le menèrent à la tente du chevalier Bayard : on panſa ſes plaies, il guérit, il reprit ſa vigueur & ſon courage.

Bayard, qui le regardoit comme ſon compagnon de gloire & de travaux, voulant faire au duc de Lorraine un préſent noble & utile, le lui donna. Le duc en ſentit tout le prix, & le réſerva pour

les occaſions les plus importantes ; il n'en pouvoit trouver qui le fût davantage, que le danger de Bayard à la bataille de Marignan. Il s'empreſſa de le lui offrir. Le Carinan combattit ſous ſon ancien maître, le ſervit avec ſon ardeur ordinaire, le dégagea, & s'aſſocia comme autrefois à la gloire de Bayard.

CARLE. ( *Hiſt. de Fr. & d'Eſp.* ) Le général Carle, Huguenot français réfugié, né dans un village des Cevennes, parvint, par ſon courage & ſes talens, aux premiers honneurs de la guerre chez les étrangers. Il ſervit, dans la guerre de la ſucceſſion d'Eſpagne, la reine d'Angleterre, le roi de Portugal, les Etats-Généraux en 1706. Il ſervit avec la plus grande diſtinction en Eſpagne ; il prit Alcantara, conduiſit les travaux de Salamanque, défendit Barcelone contre le roi d'Eſpagne, Philippe V, & lui en fit lever le ſiège au bout de trente-ſept jours de tranchée ouverte ; il s'immortaliſa ſurtout par cette belle retraite de l'Andalouſie, que le maréchal de Berwick faiſoit profeſſion d'admirer, & par mille autres actions glorieuſes, dont le récit, dit l'auteur des *Mémoires de madame de Maintenon*, ſeroit ſuſpect dans la bouche de ſon neveu.

CAROLI (PIERRE). ( *Hiſt. du Luthéran.* ) Le ſyndic Béda ( *voyez* ſon article dans le Dictionnaire), fier de tant de controverſes & de condamnations par leſquelles il s'étoit rendu redoutable à tous ſes ennemis, trouva enfin un adverſaire auſſi brouillon, auſſi chicaneur que lui, qui, également verſé dans les ſubtilités de l'école & dans les détours de la chicane, le promena de tribunaux en tribunaux, & fatigua ſon zèle, mais ſans le rebuter : il ſe nommoit Pierre Caroli. Le turbulent ſyndic l'ayant cité en Sorbonne au ſujet de quelques propoſitions, Caroli l'aſſigne à l'Officialité en réparation d'honneur : la Faculté continue l'examen des propoſitions dénoncées. Caroli, après avoir proteſté contre chaque portion de chaque procédure, ſignifie un acte d'appel au parlement ; renvoyé au jugement de la Faculté, il récuſe une partie des docteurs, & quand cet incident a duré aſſez long-tems, il l'abandonne. On lui interdit la chaire par proviſion ; il prêche dans toutes les égliſes de Paris ; il défend longuement & habilement ſes propoſitions, & l'examen de chacune devient la matière d'un grand procès. On le ſomme de ſe ſoumettre à la Faculté ; il lit un acte contenant les aſſurances de ſa ſoumiſſion ; l'acte eſt jugé inſuffiſant ; Caroli n'en veut point ſigner d'autre : la Faculté parle de le retrancher de ſon corps, & commence par lui faire une monition : Caroli en appelle comme d'abus au parlement. L'affaire eſt renvoyée à l'Officialité, qui défend toujours par proviſion à Caroli de monter en chaire ſous peine d'excommunication : Caroli obtient des lettres d'évocation au conſeil du Roi, & pourſuit à ſon tour la Faculté ; cependant,

ne pouvant plus prêcher , mais étant docteur & voulant enseigner , il explique publiquement des pseaumes dans le collége de Cambray. La Faculté lui défend de continuer cet exercice : « J'obéirai , dit-il , mais j'ai commencé l'explication du » pseaume 21 , permettez que je l'achève : sa de- » mande est rejetée ; il affiche aux portes du col- » lége l'inscription suivante :

» *Pierre Caroli , voulant obtempérer aux ordres de* » *la sacrée Faculté , cesse d'enseigner. Il reprendra ses* » *leçons ( quand il plaira à Dieu ) , à l'endroit où il* » *est resté , au verset : ILS ONT PERCÉ MES MAINS* » *ET MES PIEDS. »*

Il fit si bien que ni l'Officialité , ni le parlement, ni le conseil ne purent jamais juger définitivement. Deux hommes tels que Caroli auroient épuisé l'activité de Béda , & les savans, Luthériens ou non , que Béda persécutoit tous indistinctement , auroient pu respirer. Mais on n'échappoit pas à la Sorbonne comme aux autres tribunaux : Béda y fit censurer quelques propositions de Caroli. C'étoit en 1525 que ces deux subtils pédans exerçoient l'un contre l'autre leur inquiète & turbulente adresse.

CASSAGNET DE FIMARCON ( *Hist. de Fr.* ), Maison noble, dans laquelle est entré le marquisat de Fimarcon , & qui a produit des personnages distingués par leurs services militaires, tels que :

1°. Antoine de Cassagnet , seigneur de Tilladet, gouverneur de Verrue , chevalier de l'Ordre du Roi , & gentilhomme de la chambre de Charles IX, qui servit beaucoup & avec gloire sous le maréchal de Montluc & le maréchal de Damville , c'est-à-dire , le connétable Henri de Montmorenci. Il reçut , au siége du Mont-de-Marsan , une arquebusade dans le ventre , dont il mourut deux jours après , en 1569.

2°. Bernard son fils servit en 1622, dans l'armée de Louis XIII , & dans le cours de cette campagne mourut de la peste à Béziers.

3°. Roger , fils de Bernard , fut tué à l'attaque des barricades de Suze , le 6 mars 1629.

4°. Louis de Cassagnet , neveu de Roger & capitaine aux Gardes , fut tué à Paris, en 1651 , par des gens de la livrée d'Epernon.

5°. Jean-Baptiste de Cassagnet , marquis de Tilladet , frère de Louis , capitaine des Cent-Suisses de la garde du Roi , lieutenant-général , chevalier des Ordres , &c. gouverneur de Cognac , d'Arras , &c. reçut un coup de mousquet à la cuisse , au combat de Steinkerque , le 3 août 1692, & en mourut le 22 du même mois.

6°. François de Cassagnet , cousin germain du précédent , brigadier des armées du Roi , fut tué à la bataille de Saint-Denis près Mons, le 14 août 1678.

7°. Gaston-Paul de Cassagnet , dit le marquis de Narbonne , neveu de François , mourut à Mons , le 6 août 1692 , des blessures qu'il avoit reçues trois jours auparavant au combat de Steinkerque.

8°. Jacques son frère , marquis de Fimarcon , est célèbre & célébré dans les chansons du tems, pour la part qu'il eut à l'expédition de Crémone , du 1er février 1702. Il contribua beaucoup à chasser les Impériaux de cette place qu'ils avoient surprise , & il fut fait aussitôt après brigadier des armées du Roi. Il battit les Camisards au combat de Nages , le 12 novembre 1703 , & peu de tems encore après à celui de Vergèses. Maréchal-de-camp en 1704, lieutenant-général en 1718 ; commandant en Roussillon , Cerdagne , &c. en 1713 ; gouverneur de Villefranche en 1717 , de Mont-Louis en 1723 ; chevalier des Ordres en 1724 ; mort à Lectoure le 15 mars 1730.

9°. Aimery de Cassagnet , marquis de Fimarcon, frère puîné du précédent & du second lit , & plus jeune que lui de trente-sept ans , apporta , le 14 janvier 1734 , la nouvelle de la prise de Novare , qui s'étoit rendue le 7 , & du fort d'Arona , & fut fait alors brigadier des armées du Roi ; il défendit le château de Colorno contre le marquis de Ligneville , général des Impériaux , & l'obligea de se retirer le 26 mai de la même année 1734. Le 29 juin suivant le marquis de Fimarcon fut blessé à la bataille de Parme. Maréchal-de-camp le 1er. janvier 1740 , il eut du commandement dans la Flandre hollandaise en 1747 & 1748 , & fut fait lieutenant-général le 1er. janvier de cette dernière année de la guerre de 1741.

CASTELLO-BRANCO ( *Hist. de Portugal* ) , noble famille portugaise. Deux seigneurs de Castello-Branco, dom Antoine & dom Pierre son fils, suivirent le roi dom Sébastien à la malheureuse journée d'Alcacer en Afrique , en 1578, &, y ayant été faits prisonniers , furent esclaves des Maures. Dom Antoine , fils de dom Pierre & petit-fils de l'autre dom Antoine , & commandeur de l'Ordre de Christ , ainsi que son père & son aïeul, mourut en 1625 sur la flotte commandée par dom Frédéric de Tolède , & destinée à reprendre le Brésil sur les Hollandais , qui venoient de s'en emparer.

CASTRO. ( *Hist. d'Esp. & de Port.* ) La Maison de Castro , en Espagne & en Portugal, paroît tirer son origine d'anciens Rois de ces contrées.

1°. Pierre-Fernandès de Castro, surnommé *le Castillan* , grand-maître de la Maison d'Alphonse IX, roi d'Espagne , fut tué à Maroc par les Maures, avec son neveu Alphonse de Tello , dans une expédition , dont l'objet étoit d'enlever à ces Infidèles des reliques de martyrs dont ils devoient assez peu se soucier.

2°. Guttière Rodrigue passa quarante ans chez les Maures, apparemment en esclavage. On le surnomma l'*Escalavrado* ou *le Meurtri.*

Des fers de Claudius Félix encor flétri.

3°. Pierre-Fernandès , surnommé *de la Guerre*

à caufe de fes exploits, eft célèbre dans l'hiftoire d'Efpagne. Mort en 1343.

4°. Pierre de Caftro, fait duc d'Arjona en 1423, mourut en 1430, prifonnier dans le château de Pennafiel.

5°. Béatrix fa fœur porta le nom & les biens de la Maifon de Caftro dans la Maifon Oforio.

6°. Un bâtard de cette Maifon de Caftro Oforio acquit beaucoup de gloire à la guerre contre Grenade & contre le Portugal, fous Ferdinand & Ifabelle.

7°. Béatrix fa fille époufa, en 1501, Denys de Portugal, Bragance, & leur poftérité prit le nom de Caftro.

8°. Dans la branche des marquis de Cafcaës, defcendue de Pierre-Fernandès, furnommé *de la Guerre*, mentionné fous le n°. 3, Alvar-Pires de Caftro fut le premier connétable du royaume de Portugal, où il étoit venu s'établir, fuyant la violence de Pierre-le-Cruel, roi de Caftille.

9°. Au contraire, Pierre de Caftro fon fils, dit *le Borgne*, fut fouvent dans les intérêts de la Caftille contre le Portugal. Convaincu d'avoir voulu livrer une des portes de Lisbonne aux Efpagnols, il fut mis en prifon. Ayant été remis en liberté par une indulgence dont on eut à fe repentir, il confpira une feconde fois contre le Portugal ; & au moment où il étoit découvert, & où l'on alloit l'arrêter de nouveau, il fe fauva en Efpagne ; mais il falloit qu'il trahît ; il ne fut pas plus fidèle aux Efpagnols qu'aux Portugais ; il fit fa paix avec le roi de Portugal en lui livrant Salvaterra, dont le roi d'Efpagne lui avoit confié la garde.

10°. Sa petite-fille, Jeanne de Caftro, porta les biens de fa branche dans la Maifon de Bragance.

11°. Dans la branche des feigneurs de Monfanto, defcendue de Pierre de Caftro, dit *le Borgne* (n°. 9), Ferdinand de Caftro, gouverneur d'Henri, infant de Portugal, fut tué dans un combat contre des corfaires.

12°. Alvar fon fils fut tué d'un coup de flèche en Afrique, où il s'étoit diftingué dans plufieurs combats.

13°. Georges, fils d'Alvar, fut tué à l'efcalade de Tanger, le 13 janvier 1464.

14°. Jean de Caftro fon frère aîné fut tué à la prife d'Arzilla, auffi en Afrique.

15°. Louis de Caftro, marquis de Cafcaës, fut ambaffadeur extraordinaire de Pierre II, roi de Portugal, auprès de Louis XIV, roi de France.

16°. Martin-Alphonfe, comte de Monfanto, général des galères de Portugal, mourut à Malaca qu'il alloit fecourir contre les Hollandais, qui prirent cette place importante des Indes orientales, en 1581.

17°. Dans la branche des feigneurs de Valhelhas, defcendue d'Alvar (mentionné fous le n°. 12), François, tué à la guerre de Tanger contre les Maures.

18°. Dans la branche de Boquilobo, defcendue

de Ferdinand de Caftro (mentionné fous le n°. 11), Alvar de Caftro, tué à la journée d'Alcacer, en 1578.

19°. Jean de Caftro, gouverneur & vice-roi des Indes orientales, furnommé *le Grand*, pour fes vertus & fes exploits, qu'il fignala furtout en Afrique, d'abord à Tanger, puis fous Charles-Quint à Tunis, & plus encore dans les Indes, où il prit une multitude de places importantes, & fubjugua diverfes nations, & où il mourut le 6 juin 1548, entre les mains de faint François-Xavier. On a de lui une defcription fort détaillée de la côte de Malabar, depuis Goa jufqu'à la fortereffe de Diu : elle eft confervée au collège des Jéfuites d'Evora. Il avoit fait auffi une defcription de la Mer-Rouge. Sa vie a été écrite en portugais, par Hyacinthe Freyre d'Andrade, & traduite en latin par le P. Dominico-Maria del Roffo, jéfuite, qui dédia cette traduction à l'Académie royale de l'hiftoire de Portugal, dont Roffo étoit membre.

20°. Ferdinand de Caftro, fils aîné de Jean, fut tué à dix-neuf ans, au fiége de Diu, en 1546, par l'effet d'une mine qui fit fauter en l'air un baftion où il étoit.

21°. Alvar de Caftro, fecond fils de Jean, dit *le Grand*, fut bleffé dangereufement dans une fortie à ce même fiége de Diu. En 1548 il prit d'affaut le fort de Xaël, fur la côte d'Arabie. Il fut deux fois ambaffadeur à Rome, & finit par être confeiller d'Etat ou miniftre du roi Sébaftien, & chef du confeil des finances.

22°. Mais François de Caftro, un de fes fils, évêque de Guarda, fut grand-inquifiteur de Portugal.

23°. Ferdinand de Caftro, fecond du nom, colonel de cavalerie en Flandre, y mourut à la guerre.

24°. Dans la branche des feigneurs de Reris, qui devinrent amiraux héréditaires de Portugal par l'extinction de la Maifon d'Azevedo, dont ils defcendoient par femme, Bernard de Caftro, tué aux Indes orientales en 1566 ou 1567.

25°. Diègue de Caftro, tué au fiége de Rhodes ;

26°. Ainfi que François de Caftro fon frère.

27°. Dans la branche des comtes de Mefquitella, Alvar de Caftro, tué à Ceuta.

28°. Nuno de Caftro fon frère, tué, en 1476, à la bataille de Toro ; il étoit grand-enfeigne du roi Alphonfe V.

29°. Dans la branche des feigneurs de Lanhofo, comtes de Bafto, Ferdinand de Caftro, gouverneur d'Evora, commandeur d'Almodavar & de Gravam dans l'Ordre de Saint-Jacques, confeiller d'Etat de Philippe II, roi d'Efpagne, & devenu roi de Portugal, fut créé comte de Bafto & Grandd'Efpagne par des lettres-patentes données à Lisbonne le 14 feptembre 1585.

30°. Alvar de Caftro fon frère, pris à la journée d'Alcacer, en 1578, fut efclave en Afrique.

31°. Michel de Caftro, frère des précédens,

évêque de Viſeu, archevêque de Lisbonne, & gouverneur du Portugal. Mort en odeur de ſainteté le 1ᵉʳ. juillet 1625.

## CASTRO DE MELGAÇO.

Il paroît que les généalogiſtes les plus accrédités s'accordent à regarder la Maiſon de Caſtro de Melgaço, venue de Galice, comme iſſue de la Maiſon précédente. Nous regarderons donc les Caſtro de Melgaço comme formant une branche de la Maiſon de Caſtro.

Dans cette branche nous remarquerons :

32°. Pierre de Caſtro, lequel, ayant été fait priſonnier à la bataille d'Alfarroubeira, fut amené devant l'infant Pierre, régent du royaume de Portugal & général de l'armée victorieuſe, qui le poignarda de ſa main.

33°. Ferdinand de Caſtro ſon frère fut dans ſa Maiſon le premier châtelain de Melgaço, charge depuis héréditaire dans ſa famille, & dont le nom ſert à diſtinguer ſa branche. Le duc de Bragance avoit donné cette charge à Ferdinand, pour récompenſe de ſes ſervices.

34°. Pierre de Caſtro, quatrième châtelain de Melgaço, arrière-petit-fils de Ferdinand, étoit à la malheureuſe journée d'Alcacer en Afrique. Il y eut le même ſort que le roi dom Sébaſtien. On ne trouva point ſon corps, & on n'a jamais ſu ce qu'il étoit devenu.

35°. Jérôme de Caſtro, un des fils du précédent, fut tué à la guerre de Malaca aux Indes orientales.

36°. Jérôme de Caſtro, capitaine d'infanterie, tué à Valverde en 1642.

37°. Antoine de Mello de Caſtro, le premier qui ait joint au nom de ſa Maiſon celui de la Maiſon de Mello, dont il deſcendoit par femme, étoit commandant d'une eſcadre deſtinée pour les Indes orientales ; il fut tué par les Anglais à ſon retour de l'Inde, à l'île de Sainte-Hélène.

38°. Dans ce même combat, François de Mello de Caſtro ſon fils perdit un œil ; il fut depuis vice-amiral de la flotte qui reprit, en 1624, la baie de Tous-les-Saints.

39°. Ferdinand de Mendoça Furtado, fils du précédent, prenoit le nom de Mendoça, qui étoit celui de ſa mère. Etant général de l'île de Ceilan, il fut tué par les Hollandais.

40°. Dans la branche des comtes das Galveas, Jérôme de Mello de Caſtro, tige de cette branche, tué à la guerre de Malaca aux Indes orientales, ainſi que ſon frère du même nom, mais d'un premier lit, mentionné ſous le n°. 35.

Nous ignorons ſi la Maiſon de Caſtro do Rio eſt encore la même que les précédentes : nous la voyons porter, ainſi que la Maiſon de Caſtro de Melgaço, les noms de Furtado de Mendoça. Quoi qu'il en ſoit, elle a produit auſſi des guerriers de

diſtinction, dont quelques-uns même ont commandé des armées.

Il y a du nom de Caſtro divers écrivains de différentes profeſſions, tels que :

1°. Alphonſe de Caſtro, franciſcain eſpagnol, qui a beaucoup écrit contre l'héréſie & les hérétiques, *adverſus hareſes, de juſtâ hareticorum punitione*, &c. Mort à Bruxelles le 13 février 1558, à ſoixante-trois ans.

2°. Un autre Alphonſe, mort auſſi en 1558 dans les Moluques, martyr de ſon zèle miſſionnaire, & tué par les Idolâtres.

3°. Léon de Caſtro, mort en 1580, qui ſoutint contre Arius Montanus, que le texte de la vulgate & celui des ſeptante dévoient être préférés au texte hébreu.

4°. Roderic ou Rodriguez de Caſtro, médecin des ſeizième & dix-ſeptième ſiècles, médecin portugais, mais qui exerçoit ſon art à Hambourg, a écrit ſur la nature & les cauſes de la peſte, a traité *de univerſâ mulierum medicinâ*. On a de lui auſſi *Medicus politicus*, titre qui fait naître des idées.

5°. Un autre médecin portugais, du nom de Caſtro (Etienne-Rodriguez), qui exerçoit la médecine à Piſe, a laiſſé divers traités : *De meteoris microcoſmi, de animalibus microcoſmi, de complexu morborum, de potu refrigerato*, &c. Mort à quatre-vingts ans, en 1637.

6°. Anne de Caſtro, Dame eſpagnole, fort célébrée dans les écrits du fameux Lope de Vega, eſt auteur elle-même de quelques écrits, dont il paroît qu'on fait cas en Eſpagne, d'un entr'autres qui a pour titre : *Eternidad del rei Phelippe III*, imprimé à Madrid en 1629.

Il y a beaucoup de jéſuites, tant eſpagnols que portugais, du nom de Caſtro, & parmi eux quelques gens de lettres, ou théologiens du moins.

CATHERINE D'ARRAGON. Catherine d'Arragon, fille de Ferdinand-le-*Catholique* & d'Iſabelle de Caſtille, & ſœur de Jeanne-la-*Folle*, mère de Charles-Quint, épouſa d'abord le prince Artur d'Angleterre, fils aîné de Henri VII, & après la mort de ce Prince elle épouſa en ſecondes noces le prince Henri, qui fut depuis le roi Henri VIII, & qui étoit le frère d'Artur. Le pape Jules II donna une diſpenſe pour ce ſecond mariage. Catherine d'Arragon avoit vécu ſi peu de tems avec Artur, qu'on ne croyoit le mariage eût été conſommé : c'étoit même ſur ce fondement que le pape Jules II avoit accordé la diſpenſe pour le mariage de Catherine d'Arragon avec Henri VIII. Ils vécurent enſemble pendant vingt-quatre ans ſans qu'il s'élevât le moindre doute ſur la validité de la diſpenſe ; mais Henri VIII s'étant dégoûté de Catherine d'Arragon, dont la douceur mélancolique pouvoit être plus propre à inſpirer l'eſtime que l'amour, & étant devenu amoureux d'Anne de Boulen (*voyez*, dans le Dictionnaire, l'article *Volſey*, & dans ce volume, l'article *Boulen*),

Henri VIII répudia Catherine d'Arragon au bout de vingt-quatre ans de mariage. L'Eglise romaine lui réſiſte, il quitte l'Egliſe romaine.

Une injure ſi horrible faite à une reine ſi vertueuſe, & le ſchiſme qui en fut la ſuite, ne pouvoient manquer de réveiller l'enthouſiaſme & le fanatiſme. Une religieuſe malade & ictérique, inſtrument aveugle d'un grand parti, occupa quelque tems l'Angleterre par ſes convulſions & ſes révélations; elle ſe nommoit Eliſabeth Barton (voyez, dans le Dictionnaire, l'article Barton); elle eſt reſtée célèbre ſous le nom de la Vierge de Kent. La ſainte Vierge lui apparoiſſoit; un Ange la tranſportoit à Calais & la ramenoit dans ſon couvent; la porte du dortoir s'ouvroit miraculeuſement toutes les nuits pour que la Sainte pût aller converſer avec Dieu. Sainte Marie-Madeleine lui apporta du ciel une lettre, où le divorce étoit condamné. Warham, archevêque de Cantorbery; Fiſher, évêque de Rocheſter, tous les partiſans de Catherine d'Arragon, parurent ajouter foi aux révélations de la Vierge de Kent: un moine les raſſembla dans un gros volume. Cette propheteſſe ne donnoit qu'un mois à Henri VIII pour ſe reconnoître. Henri VIII la fit pendre: cruauté inutile. Il parut par le procès de cette malheureuſe, qu'elle avoit été ſéduite, & qu'elle n'avoit agi que comme perſuadée. Ceux qui l'avoient fait agir furent auſſi envoyés au ſupplice, & le méritoient davantage.

Henri ſe montra plus indulgent envers quelques prédicateurs qui l'outragèrent en chaire. Un de ces fanatiques, nommé Péto, prêchant devant le Roi, lui dit: *Tu as été trompé par de faux prophètes; mais moi, nouveau Michée, vrai prophète de Dieu, je te dis que les chiens lécheront ton ſang, comme ils ont léché celui d'Achab.* Henri ſe contenta de changer de prédicateur. Le dimanche ſuivant le docteur Corren le juſtifia en chaire, & aſſura le peuple que c'étoit Péto qui étoit *un faux prophète & un chien*; il fut interrompu par le cordelier Ellſton, qui l'appela lui-même faux prophète & fauteur d'adultère. Cette ſcène ſe paſſa dans l'égliſe, devant tout le peuple, & en préſence du Roi lui-même, qui ſe mêla de la querelle, & qui eut beaucoup de peine à faire taire le cordelier. Cependant Ellſton & Péto ne furent que réprimandés doucement par le conſeil. Henri n'étoit pas encore dans le cours de ſes grandes violences: ſa ſuprématie n'étoit pas établie; il croyoit avoir des ménagemens à garder. Bientôt l'échafaud fut le partage des évêques, des grands, des miniſtres qui condamnèrent le divorce & conteſtèrent la ſuprématie. La conduite ferme, modeſte & reſpectueuſe de Catherine pendant le cours de ce long procès du divorce, qui dura pluſieurs années (depuis 1527 & 1528, juſqu'en 1534), n'ayant pu parvenir à déſarmer Henri, elle mourut de douleur: ſon dernier ſoupir fut pour ſon tyran; elle lui écrivit la lettre la plus tendre: « Mes yeux en ſe fermant, lui dit-elle,

» ne cherchent que vous, & ne vous verront point; » mon cœur ne regrette que vous. »

On dit que le barbare fut ému; mais que produiſit cette émotion? Il perſécuta la mémoire de l'infortunée Catherine ſur la fille qu'elle lui laiſſoit; il voulut que le parlement ôtât à cette fille tout droit à la ſucceſſion, qu'elle recueillit cependant malgré ſon père & le parlement. Ce fut la reine Marie.

Catherine d'Arragon mourut en 1536 à Kimbalton, où elle étoit exilée.

CAUMARTIN (LE FÈVRE DE), (*Hiſt. de Fr.*), famille conſidérable dans la robe, & qui a produit auſſi des ſujets utiles à la guerre.

1°. Le roi Charles VI, par des lettres de l'an 1400, accorde à Huart le Fèvre, ſieur de Peirette, divers privilèges pour récompenſe de ſes ſervices.

2°. Pierre le Fèvre, frère de Huart, étoit, en 1413, préſident à mortier du parlement de Paris.

3°. Louis le Fèvre, ſeigneur de Caumartin, garde des ſceaux, avoit eu grande part aux affaires ſous les règnes de Henri IV & de Louis XIII. Sully, qui loue peu, lui donne de grandes louanges, & le montre toujours utilement employé pour le ſervice de Henri IV. « Caumartin, dit-il, à l'an 1607, » avoit conduit avec une ſi grande économie les » deniers qu'on l'avoit chargé de diſtribuer aux » Cantons ſuiſſes, qu'il avoit trouvé le moyen de » mettre en réſerve trente mille écus par an, dont » il avoit acquitté d'autres dettes, en compoſant » de ſix à un. Cet exemple eſt trop beau pour le » paſſer ſous ſilence: il l'eſt d'autant plus, qu'à » quelqu'un qui veut chercher un prétexte plau- » ſible de détourner une partie de la ſomme au » profit du diſtributeur, rien n'eſt ſi facile que de » faire crier les Suiſſes, pour empêcher ce bon » ménage. Je ne manquai pas de le bien faire ob- » ſerver à du Refuge, qui alloit prendre la place » de Caumartin. »

Pendant la minorité de Louis XIII il fut du conſeil de régence; enfin il fut nommé garde des ſceaux à la mort de Méry de Vic d'Erménonville, le 23 ſeptembre 1622. On attendoit beaucoup de ſa ſageſſe & de ſa prudence conſommée; mais il mourut le 22 janvier ſuivant.

4°. Un fils digne de lui (Louis le Fèvre de Caumartin), conſeiller d'Etat, mourut le 16 août 1624, en allant en ambaſſade à Veniſe.

5°. Un autre Louis encore, fils de ce dernier, & conſeiller d'Etat comme lui, fit admirer ſa ſageſſe & ſes talens dans les divers emplois dont il fut chargé. Il avoit été intendant de Champagne. Le Roi lui confia les ſceaux des grands-jours tenus en Auvergne en 1666. Mort le 3 mars 1687.

6°. C'eſt de Louis-Urbain ſon fils, intendant des finances & conſeiller d'Etat, mort ſous-doyen du conſeil le 2 décembre 1720, l'homme le plus illuſtre peut-être de ſon nom, & dont il eſt parlé plus d'une fois dans les Lettres de madame de Sévigné, que Boileau a dit :

Tout n'est pas Caumartin, Bignon ni d'Aguesseau.

7°. Un fils puîné du garde des sceaux de France (Jacques le Fèvre de Caumartin, seigneur de Saint-Port, marquis de Cailly) fut conseiller d'Etat & ambassadeur en Suisse. Mort le 11 décembre 1667.

8°. Il eut un fils, Félix, chevalier de Malte, tué à la guerre.

9°. Un neveu de ce dernier, Henri-Louis, marquis de Cailly, capitaine de cavalerie, fut tué au combat des lignes de Turin, le 7 septembre 1706.

10°. Méry le Fèvre de Caumartin, de la branche dite de Mormant, neveu du garde des sceaux, fut tué en Candie.

11°. Dans la branche dite de Guibermesnil, Marie-Philoclée Bourdin, femme de François le Fèvre, seigneur de Guibermesnil, fut célèbre par sa beauté, son esprit & ses vers.

La famille des Caumartins a produit aussi des personnages distingués dans l'Eglise, tels que :

12°. François le Fèvre de Caumartin, évêque d'Amiens, un des fils du garde des sceaux. En faisant la visite de son diocèse, il fut si indignement outragé par les séditieux, que le Roi envoya dans cette ville des commissaires pour punir de mort les coupables ; ce qui ne servit qu'à faire éclater l'excessive clémence de l'évêque, qui parvint à obtenir leur pardon ; mais le Roi voulut qu'ils fussent au moins condamnés à de fortes amendes, & qu'on gravât sur un marbre le récit de leur crime, pour faire connoître à tous l'extrême bonté du prélat, qui l'avoit pardonné & fait pardonner. Mort le 17 novembre 1652.

13°. Jean-François-Paul, évêque de Vannes, puis de Blois, de l'Académie françoise, & honoraire de l'Académie des inscriptions & belles-lettres, étoit arrière-petit-fils du garde des sceaux. Il naquit le 16 décembre 1668, à Châlons, où son père ( mentionné ici sous le n°. 5 ) étoit intendant. Le cardinal de Retz, ami & allié des Caumartin, vint exprès à Châlons pour le tenir sur les fonts de baptême, & dans la suite il se démit en sa faveur de l'abbaye de Buzay en Bretagne ; ce qui produisit une singularité dans la vie de l'abbé de Caumartin encore enfant. Son père ayant été nommé commissaire du Roi pour la tenue des Etats de Bretagne, y mena le nouvel abbé de Buzay, âgé alors de sept à huit ans, à qui cette abbaye, nonseulement donnoit l'entrée aux Etats, mais procura encore la présidence d'une commission dont il remplit les fonctions en camail & en rochet. A cette occasion il fit plusieurs discours, ou du moins il les prononça, mais avec tant d'intelligence & de grace, qu'on se plût à croire qu'il les avoit faits, d'autant plus que cela rendoit le phénomène plus merveilleux. Cette entrée dans le monde fut très-

brillante : on ne parloit dans toute la province que du petit président ; c'est ainsi qu'on l'appeloit ; & sa petite gloire naissante, parvenue jusqu'à la cour, y fut la nouvelle du jour. Il avoit brillé ; il fallut s'instruire : les plus habiles maîtres concoururent à son éducation. M. Lenglet, qui fut célèbre dans l'Université ; Messieurs Couture, Boivin le cadet, & Pouchard, plus célèbres encore dans les Académies & au Collége-Royal, lui apprirent diverses langues & en lurent avec lui les meilleurs auteurs. Il fut reçu à l'Académie françoise en 1694, & la même année il fut chargé d'y recevoir l'évêque de Noyon, M. de Clermont-Tonnerre, qu'une vanité ridicule rendoit, dit on, la fable de la cour. L'éloge outré que l'abbé de Caumartin fit de ce prélat, dont M. d'Alembert, qui fait l'éloge des autres académiciens, n'a osé faire que l'apologie, cet éloge ne parut pas sincère : on crut y voir & on se plut à y voir de l'ironie. Le secrétaire de l'Académie des belles-lettres charge le public de toute la malignité de l'interprétation, & croit l'éloge sincère. Le secrétaire de l'Académie françoise ( M. d'Alembert ) paroît penser autrement, & sans qu'il prononce rien formellement, on voit qu'il est pour l'ironie. L'évêque crut avoir été offensé par l'abbé. Louis XIV, sous la protection duquel l'abbé de Caumartin sembloit avoir voulu mettre cette ironie, se crut offensé dans la personne de l'évêque, ou on lui fit croire qu'il l'étoit. « Le Roi, disoit M. l'abbé de Caumartin, » sait mieux que personne ce que vous valez : il » vous connoît à fond ; il aime à vous entretenir, » & lorsqu'il vous a parlé, une joie se répand sur » son visage, dont tout le monde s'apperçoit. »

Il est bien difficile que cette phrase paroisse sérieuse, si on la rapproche de cette autre phrase d'une lettre de madame de Coulanges à madame de Sévigné : « M. l'évêque de Noyon fait toujours » l'amusement de la cour ; il sera reçu après demain » à l'Académie, & le Roi lui a dit qu'il s'attendoit » à être seul ce jour-là. » Le Roi, poursuit M. l'abbé de Caumartin, a souhaité que vous fussiez de cette compagnie...... « Attentif à la perte que nous » avons faite, il veut la réparer dignement en nous » donnant un sujet auquel, sans lui, nous n'aurions » jamais osé penser. »

Le moyen encore de regarder cette phrase comme sérieuse & de la prendre en bonne part ! Ce mot, dans la bouche d'un directeur de l'Académie françoise, parlant au nom de sa compagnie, n'auroit pu être adressé sérieusement qu'à un grand souverain de l'Europe, dont Louis XIV auroit indiqué le choix à l'Académie.

Quoi qu'il en soit, d'après le prodigieux succès du discours de M. l'abbé de Caumartin, le discours ne fut pas imprimé ; il ne l'a été que longtems après, lorsque la mort des personnes intéressées eut détruit tout le piquant de cette prétendue satyre ; mais ce discours eut une influence malheureuse sur la destinée de l'orateur ; il ne put parvenir à l'épiſcopat pendant toute la vie de Louis XIV, quoique l'évêque de Noyon, par une généroſité qui depuis long-tems eſt devenue en pareil cas une eſpèce de routine, fît profeſſion d'être ſon plus ardent ſolliciteur. Ce ne fut que ſous la régence qu'il fut nommé d'abord, en 1717, à l'évêché de Vannes, puis, en 1718, à l'évêché de Blois.

En 1726, l'Académie françaiſe, ſoit qu'elle ſe reſſouvînt de l'aventure de 1694, ſoit qu'elle l'eût oubliée, honora l'évêque de Blois d'une diſtinction juſqu'alors ſans exemple, & qui annonçoit le cas qu'elle faiſoit de ſon éloquence. Il alloit recevoir à l'Académie, en qualité de directeur, M. le duc de Saint-Agnan, lorſqu'une violente attaque d'apoplexie fit craindre pour la vie du directeur. Son diſcours étoit prêt : l'Académie arrêta que, quel que fût l'académicien qui rempliroit les fonctions de directeur à la réception de M. le duc de Saint-Agnan, il ne feroit que lire le diſcours préparé par l'évêque de Blois; ce qui fut fait.

L'évêque de Blois prouva par ſa conduite, que Louis XIV avoit eu tort de le juger avec tant de rigueur ſur un diſcours un peu équivoque. Il eſt au rang des meilleurs évêques d'un tems fécond en excellens évêques. Il a eu la réputation d'un grand canoniſte, d'un profond théologien, d'un prélat très-ſavant. Il a beaucoup fait, & pour l'inſtruction, & pour l'édification de ſon diocèſe. Il mourut d'apoplexie, mais long-tems après la première attaque; il en avoit eu pluſieurs plus légères, qu'il avoit diſſimulées ou palliées; il ne ſuccomba que le 30 août 1733.

CAUMONT (LE MARQUIS DE). (Hiſt. litt. mod.) Joſeph de Seytres (c'étoit le nom de ce marquis de Caumont) étoit d'une famille originaire de la ville de Creſt-Arnaud en Dauphiné, où elle poſſédoit des biens conſidérables dès l'an 1200. En 1441, Jean de Seytres, un des ancêtres de Joſeph, vint s'établir à Avignon, où il épouſa Delphine-Spifame, dame de Caumont. Depuis ce tems cette branche eſt toujours reſtée dans le Comtat.

Joſeph de Seytres y naquit, dans la ville d'Avignon, le 29 juin 1688. Sa famille, dont il étoit l'unique eſpérance, l'empêcha de prendre le parti des armes; mais il fournit une victime à la patrie : un fils aîné, qui, dans l'âge le plus tendre, annonçoit les plus heureuſes diſpoſitions, périt en 1742 dans la campagne de Bohême.

Pour lui, c'étoit aux lettres & aux ſciences qu'il s'étoit conſacré. Son goût s'étendoit à tout; il écrivoit en latin, en italien, en eſpagnol, avec autant de facilité & de pureté qu'en français; il faiſoit même quelquefois des vers dans toutes ces langues. Il ſe fit un cabinet curieux de monumens antiques, inſcriptions, médailles, pierres gravées, manuſcrits anciens & ſinguliers, livres rares, &c.

Dom Montfaucon l'a ſouvent cité dans les vaſtes recueils d'antiquité qu'il a publiés.

Il a fourni un grand nombre d'obſervations à M. de Réaumur pour ſon Hiſtoire des Inſectes. Il étoit en correſpondance avec tous les ſavans de l'Europe & preſque de l'Univers. Il étoit ſurtout devenu le centre d'un commerce littéraire entre les ſavans de la France, de l'Italie, de l'Eſpagne & de l'Angleterre; il avoit même des relations avec ceux de l'Orient, par le moyen du prince Ragotsky, qui lui avoit envoyé ſes Mémoires manuſcrits. Enfin il ne manqua jamais aux occaſions de faire du bien aux lettres.

En 1736 il fut reçu, en qualité de correſpondant honoraire étranger, à l'Académie des inſcriptions & belles-lettres de Paris, à laquelle il eut toujours ſoin d'envoyer tout ce qu'il pouvoit découvrir de monumens rares & ſinguliers, qu'il accompagnoit de conjectures pleines de ſagacité, toujours propoſées avec modeſtie.

En 1740 il fut agrégé à la Société royale de Londres.

En 1743, ſes poéſies italiennes le firent recevoir à l'Académie des arcades de Rome, ſous le nom de Rhodanio, à cauſe de ſon ſéjour ſur les bords du Rhône.

Marie-Eliſabeth de Doni de Beauchamps, qu'il avoit épouſée en 1722, s'étoit aſſociée à tous ſes goûts, & le rendoit parfaitement heureux. Il paroît cependant qu'il mourut de chagrin; ce fut du moins le principe de l'hydropiſie à laquelle il ſuccomba en 1745, après quatre mois de langueur; la douleur qu'il reſſentit de la mort de ſon fils aîné y contribua beaucoup, quoiqu'il lui reſtât une abondante ſource de conſolations dans ſix autres enfans. Bon ami, bon mari, bon père, il joignoit de grandes vertus à un caractère aimable, à des talens agréables, à des connoiſſances très-vaſtes.

CÉCINA (AULUS). (Hiſt. rom.) Pline dit que Cécina étoit le ſurnom de la Maiſon licinienne. Le perſonnage le plus connu ſous ce nom eſt Aulus Cécina, en faveur duquel nous avons une harangue connue, de Cicéron, & auquel le même Cicéron adreſſe pluſieurs lettres qui ſe trouvent au livre VI des épîtres dites familières. Cet orateur en fait un fort grand éloge, & nous le repréſente comme un homme très-conſidérable, & par ſon mérite perſonnel, & par le grand établiſſement que ſa Maiſon avoit dans l'Etrurie. Habetis hominem, dit-il, ſingulari pudore, virtute cognitâ & ſpectatâ fide ampliſſimum, Etruriæ nomine totius, in utrâque fortunâ cognitum multis ſignis, & virtutis, & humanitatis.

Céſar le retenoit en exil. Nous en dirons tout à l'heure les raiſons. Cicéron eſpère que cet exil ceſſera bientôt, & c'eſt ſur le mérite & l'importance de Cécina qu'il fonde ſes principales eſpérances. Intelligit te, in parte Italiâ non contemnendâ, facilè omnium nobiliſſimum, & in communi republicâ, cuivis ſummorum tuæ ætatis, vel ingenio, vel gratiâ, vel *famâ, populi romani parem, non poſſe prohiberi republicâ diutiùs.*

Cécina, comme tant d'autres perſonnages illuſtres, avoit porté les armes contre Céſar pour le ſénat & la république; mais à ce crime commun il joignoit un autre crime particulier & perſonnel, que Céſar avoit peut-être plus de peine à lui pardonner. Ce Cécina étoit un homme d'eſprit, un bon écrivain, dont les traits portoient coup ; & il en avoit lancé quelques-uns contre Céſar, dans un écrit moitié plaiſant, moitié violent, où les imprécations d'un ennemi étoient aſſaiſonnées par les railleries d'un ſatyrique. Cécina ne ſe croyoit pas fort coupable. *Summa criminis eſt*, dit-il, *quod armatus adverſario maledixi.* Il prétend que tout le monde en fait autant ; mais tout le monde n'écrit pas, & ſurtout d'un ſtyle qui bleſſe. Cicéron cependant paroît penſer comme Cécina ſur la légéreté de cette faute, ou bien il adoucit ſes expreſſions pour encourager ſon client : il eſpère que Céſar, qui aime la gloire, & qui eſtime les talens, ſera flatté de s'attirer, par ſa clémence, les éloges d'un homme d'eſprit qui, étant ſon ennemi, l'a légérement effleuré. *Eodem fonte ſe hauſturum intelligit laudes ſuas, è quo ſit leviter adſperſus.* Quoi qu'il en ſoit de la gravité ou de la légéreté de l'offenſe, il paroît que Cécina voulut, comme la lance d'Achille, guérir les bleſſures qu'il avoit faites :

*Vulnus Achilleo quæ quondam fecerat hoſti,*
*Vulneris auxilium pelias haſta tüïit.*

Sans attendre ſon pardon, & pour l'accélérer, il chante en quelque ſorte la palinodie. Il compoſe d'avance un ouvrage à la louange de Céſar; il l'envoie à Cicéron, pour qu'il l'examine & qu'il le corrige. On ſent en effet combien un pareil ouvrage étoit délicat & difficile, combien le terrein étoit étroit & gliſſant, entre le danger de s'avilir par la baſſeſſe & l'adulation, & celui de déplaire par un mot imprudent, mal-adroit, mal choiſi, capable de r'ouvrir la plaie qu'on vouloit fermer! Cicéron, dont le crédit précaire & borné ſur Céſar étoit cependant la principale reſſource de Cécina, Cicéron eſt loué dans cet écrit ; mais il eſt loué avec une ſorte de précaution & de réſerve, car il avoit auſſi été au nombre des ennemis de Céſar. Cécina s'excuſe auprès de Cicéron, d'être reſté ſi fort au deſſous de l'expreſſion de ſon eſtime & de ſon admiration pour lui ; il lui peint tout l'embarras qu'il éprouve en compoſant ce nouvel ouvrage.

*Si j'écris quatre mots, j'en effacerai trois.*

*Cùm ad ipſius Cæſaris nomen veni, toto corpore contremiſco, non pœnâ metu, ſed illius judicii ; totum enim Cæſarem non novi. Quem putas animum eſſe, ubi ſecum loquitur ? Hoc probavit ? hoc verbum ſuſpicioſum eſt. Quid ſi hoc muto ? & vereor ne pejus ſit. Age verò, laudo aliquem, non offendo ? Cùm porrò non*

*offendam quid ſi non vult ? Armati ſtylum perſequitur, victi & nondùm reſtituti quid faciet ?..... In hâc igitur calumniâ timoris & cæcâ ſuſpicionis tormento, cùm plurima ad alieni ſenſûs conjecturam, non ad ſuum judicium ſcribantur, quàm difficile ſit evadere..... ſentimus.*

Le premier exil de Cécina étoit en Aſie; il avoit depuis obtenu la permiſſion de ſe rapprocher & de venir en Sicile, ſous prétexte de quelques affaires ; mais on avoit fixé un terme à ſon ſéjour dans cette île, & à l'expiration de ce terme il devoit retourner en Aſie. Cicéron obtint par ſes amis, qui l'étoient auſſi de Céſar, que Cécina pourroit reſter en Sicile tant qu'il voudroit, & Cicéron le recommande à Titus-Furfanius-Poſthumus ſon ami, alors proconſul de Sicile. Nous apprenons par cette lettre, que le père de Cécina étoit auſſi un homme d'un mérite diſtingué, dont Cicéron avoit fort cultivé l'amitié. *Nam & patre ejus, claro homine & forti viro, plurimùm uſi ſumus.*

Nous ignorons ſi Céſar pardonna entiérement à Cécina, & ſi on peut l'induire de ce paſſage de Suétone, où, en vantant la clémence de Céſar, il dit qu'il la ſignala envers Cécina au ſujet de ſa ſatyre, qui ne lui paroît pas une offenſe auſſi légère que l'avoient dit Cécina & Cicéron à la qualifie durement de *criminoſiſſimus liber. Auli Cæcina criminoſiſſimo libro laceratam exiſtimationem ſuam civili animo tulit.*

Un autre Cécina étoit, avec Valens, un des deux généraux de Vitellius contre Othon, & enſuite contre Veſpaſien.

**CEIS ou SCEY.** ( *Hiſt. de Fr.* ) C'eſt le nom d'un château qu'on déſigne par le ſurnom de Scey en Varais, *in Varaſco*, pour le diſtinguer de Scey-ſur-Saône, appartenant à la Maiſon de Baufremont. Scey en Varais eſt écrit Ceis dans les anciennes chartes. Une très-ancienne famille avoit pris ſon nom de cette terre de Ceis ou Scey, qu'elle poſſédoit dès le commencement du dixième ſiècle, & que Philippe de Scey vendit dans le quatorzième.

Nous remarquerons, dans cette famille de Scey, Etienne, ſeigneur de Maillot, qui alla ſervir en Hongrie, où il mourut.

Antoine ſon frère, qui mourut de même à la guerre.

Un autre Antoine, neveu de celui-ci, tué à la bataille de Lépante.

Jean, ſeigneur de Buttier, petit-neveu de ce dernier Antoine, ſe diſtingua, en 1647, au ſiége de Lérida.

**CHAMBORS.** ( *Hiſt. de Fr.* ) De la Boiſſière de Chambors eſt le nom d'une noble & ancienne famille françaiſe qui a produit des ſujets utiles à l'Etat. Elle eſt originaire de Bretagne :

1°. Guillaume de la Boiſſière, qualifié dans des titres publics *noble d'ancienne extraction*, poſſédoit,

en

en 1421, le fief de la Boiffière au-diocèfe de Quimper.

2°. Maurice de la Boiffière fon petit-fils quitta la province de Bretagne pour s'attacher au fervice du roi Louis XI, & Charles VIII lui donna, en 1491, une charge de maître-d'hôtel ordinaire.

3°. Yves, fils de Maurice, fut écuyer de la reine Anne de Bretagne.

4°. Guillaume, fils d'Yves, écuyer tranchant du roi François I & du dauphin François fon-fils, épouſa, en 1528, une héritière de la Maiſon de Trie, qui apporta dans celle de la Boiffière la terre de Chambors, fituée dans le Vexin français.

5°. De ce mariage naquit, entr'autres enfans, Jean de la Boiffière, feigneur de Chambors (et en partie de Gifors, ainfi que fes defcendans); il fervit, en qualité de maître-d'hôtel, fix Rois conſécutifs, Henri II, François II, Charles IX, Henri III, Henri IV & Louis XIII, & mourut en 1624, âgé de quatre-vingt-onze ans.

6°. & 7°. Deux de fes fils, officiers dans la compagnie des Gendarmes de la garde, furent tués, en 1590, à la bataille d'Ivry.

8°. Un troifième, chevalier de Malte, fut tué, en 1597, au fiége d'Amiens; & de quatre fils, Jean de la Boiffière leur père (n°. 5) vit ces trois immolés, de fon vivant, à la patrie.

9°. Il vit auffi périr la quatrième, en 1611, à trente ans. Ce dernier, nommé Jean comme fon père, ne perdit point la vie dans les combats, mais il eut deux fils:

10°. Dont l'aîné, Jean, enfeigne aux Gardes, fut tué, en 1629, à l'attaque des barricades de Sufe.

11°. Le fecond, nommé Guillaume, dit le comte de Chambors, capitaine d'une compagnie de chevau-légers en 1636, maître-d'hôtel du roi Louis XIII en 1638, meftre-de-camp du régiment de cavalerie du cardinal Mazarin en 1645, parvenu jeune à une grande réputation militaire & au grade de maréchal-de-camp, fut tué à la bataille de Lens, en 1648, à trente-neuf ans.

12°. Celui-ci eut deux fils, Louis, page de la grande écurie du roi Louis XIV, puis capitaine au régiment de Picardie, tué à Arleux, en 1651, à feize ans;

13°. Et Guillaume, dit auffi le comte de Chambors, page de la chambre du même roi Louis XIV, en 1643; enfeigne aux Gardes, en 1648; capitaine de cavalerie & lieutenant des Cent-Suiffes de la garde, en 1650; bleffé à la bataille de Réthel, auffi en 1650, & au combat de Saint-Antoine, en 1652; ainfi Jean de la Boiffière, mentionné au n°. 5, a vu en trois fils, deux petits-fils, un arrière-petit-fils, tués dans des batailles, & un autre petit-fils bleffé dans deux.

14°. Celui-ci eut, d'un premier lit, deux fils qui fervirent tous deux avec diftinction, mais dont l'aîné (Guillaume de la Boiffière de Chambors) a été célèbre encore comme homme de lettres,

Elevé dans une penfion, dont M. Nicole a fait l'éloge dans le Traité de l'éducation d'un Prince, & où toute autre langue que le latin (qu'on apprenoit par le feul ufage) étoit interdite aux élèves & à tous ceux qui les approchoient, il fe fentit toute fa vie de l'avantage d'avoir eu cette langue en quelque forte pour langue maternelle, & d'avoir fait à douze ans fa rhétorique, fous le célèbre M. Herfan au collége du Pleffis; il fe reffentit auffi dans un autre genre de l'éducation qu'il reçut dans le monde à l'hôtel de Soiffons où fon père demeuroit, & où madame la princeffe de Carignan & madame la ducheffe de Nemours raffembloient une fociété nombreufe, & cependant choifie, de gens de lettres mêlés avec des gens de qualité. Ce fut là qu'il connut le fameux prince Eugène, avec lequel il prit des liaifons particulières, & contre lequel il étoit deftiné à combattre. Vers le même tems où ce Prince partoit pour la Hongrie, M. de Chambors entroit dans les Moufquetaires, dont M. de Maupertuis fon parent commandoit une compagnie: il y fit plufieurs campagnes pendant la guerre de 1688; il eut enfuite dans le régiment Colonel-Général une compagnie, à la tête de laquelle il fervit en Allemagne vers la fin de cette même guerre, & en Italie pendant toute celle de 1701. Il fe diftingua dans plufieurs actions, notamment à la bataille de Luzara. C'étoit avoir rempli une grande carrière militaire que d'avoir fait ces deux guerres de 1688 & de 1701, & d'y avoir conftamment approfondi les principes généraux & les détails de cet art malheureufement néceffaire jufqu'à préfent. A cette étude, M. de Chambors avoit conftamment joint celle des lettres; & libre, par la paix, de s'y livrer avec moins de partage, il en fit fa principale occupation; il fut reçu, en 1721, affocié de l'Académie des infcriptions & belles-lettres. Le premier Mémoire qu'il lut à fa réception avoit quelque chofe de chevalerefque & de galant, convenable à un gentilhomme & à un militaire: le fujet étoit la confidération que les anciens Germains avoient pour les femmes de leur nation. Ses Recherches fur la vie de Titus Labienus ont éclairci un trait d'hiftoire important.

M. de Chambors mourut le 7 avril 1743; il étoit né le 28 juillet 1666.

15°. Un de fes frères d'un autre lit, Jofeph-Jean-Baptifte de la Boiffière de Chambors, a fervi dix-fept ans capitaine au régiment de Bretagne, & s'eft diftingué en plufieurs occafions, & notamment à la prife du fort de Scarpe, en 1712.

16°. Yves-Jean-Baptifte de la Boiffière de Chambors fon fils, né en 1726, pourvu en 1745 de la charge d'écuyer ordinaire, a fervi auprès de la perfonne de Louis XV & du Dauphin fon fils, dans les campagnes de Flandre. C'eft lui que M. le Dauphin eut le malheur de bleffer à mort à la chaffe, le 16 août 1755, dans la plaine de Villepreux. Il s'en punit en grand Prince & en homme fenfible,

O

en s'interdifant pour toujours l'exercice de la chaffe, pour lequel il avoit du goût, & qui étoit utile à fa fanté.

Les auteurs des diverfes oraifons funèbres de ce vertueux Dauphin nous le repréfentent au moment de ce funefte accident, faifi d'effroi, jetant fon arme, fe précipitant fur le corps fanglant du malheureux Chambors, l'arrofant de fes larmes, ofant à peine lever les yeux fur lui, fe refufant à toutes les confolations « que ce noble & fidèle » ferviteur voudroit verfer dans fon ame en le » quittant..... Si quelqu'un, pour le confoler, lui » dit que le bleffé ne mourra pas : *Dès qu'il fouffre*, » dit-il, *ne fuis-je pas affez malheureux ?* »

Tous les fecours de l'art ne purent fauver M. de Chambors; il mourut au bout de fix jours. Toute la puiffance des Rois, dit M. Thomas, n'eft rien pour réparer de tels malheurs. Le Dauphin emploie du moins tout fon crédit auprès du Roi pour foulager la douleur de la famille. M. de Chambors avoit époufé, en 1754, mademoifelle le Petit d'Avennes. A fa mort ( août 1755 ) il laiffoit fa femme groffe. M. le Dauphin, apprenant qu'elle étoit prête d'accoucher, lui écrivit, au mois de janvier 1756, la lettre fuivante, qu'on ne peut trop reproduire, monument touchant de la fenfibilité de ce Prince.

« Vos intérêts, Madame, font devenus les » miens ; je ne les envifagerai jamais fous une au- » tre vue. Vous me verrez toujours aller au devant » de tout ce que vous pourrez fouhaiter, & pour » vous, & pour cet enfant que vous allez mettre » au jour. Vos demandes feront toujours accom- » plies. Je ferois bien fâché que vous vous adref- » faffiez, pour l'exécution, à un autre qu'à moi. Sur » qui pouvez-vous compter avec plus d'affurance ? » Ma feule confolation, après l'horrible malheur » dont je n'ofe me retracer l'idée, eft de contri- » buer, s'il eft poffible, à la vôtre, & d'adoucir, » autant qu'il dépend de moi, la douleur que je » reffens comme vous. »

Madame de Chambors accoucha d'un fils (Louis-Jofeph-Jean-Baptifte de la Boiffière de Chambors). Le père du malheureux écuyer, tué à la chaffe, vivoit encore. Le Roi, par des lettres données à Verfailles au mois de mai 1756, & qui contiennent l'honorable énumération des fervices de la famille de Chambors, érige en faveur de l'aïeul & du petit-fils la terre de Chambors en comté, d'après ce principe énoncé dans le préambule des lettres : « Que la plus folide récompenfe que l'on » puiffe donner à la vertu, eft celle des titres » d'honneur & de diftinction qui paffent à la pof- » térité. »

Les lettres portent que ce titre de comté avoit été anciennement attribué à la terre de Chambors.

CHARIETTON. ( *Hift. rom.* ) Lorfque, fous l'empire de Conftance, en 358, Julien, depuis Empereur, faifoit la guerre dans les Gaules & fur les bords du Rhin contre les nations germani- ques, nommément contre les Saxons, les Quades, les Chamaves, fouvent même contre les Francs ou Français, il fe fervoit avec avantage d'un aven- turier français, nommé Charietton, qui s'étoit attaché aux Romains. Cet homme, d'une taille gi- gantefque, d'une force de corps proportionnée à fa taille, & d'un courage bien fupérieur, s'étoit rendu le fléau des peuples barbares. Il leur faifoit, en barbare lui-même, une guerre continuelle, ou plutôt une chaffe plus cruelle & plus funefte qu'au- cune guerre. Il fe cachoit dans les forêts, les épioit, les fuivoit comme le chaffeur fait fa proie, & faififfant les momens connus de leur fommeil ou de leur ivreffe, il égorgeoit tous ceux qu'il trouvoit dans l'un ou l'autre de ces états, & portoit leurs têtes à Trèves, où elles lui étoient apparemment payées. D'abord il opéroit feul & n'affocioit perfonne à ces horribles boucheries : dans la fuite fa réputation s'étant accrue avec fes fuccès, on s'empreffa de fervir fous lui, & de prendre part à fes expéditions ; alors elles chan- gèrent en quelque forte de nature ; de voleur & d'affaffin, il devint guerrier ; il eut une petite armée; il fut au moins chef de troupes légères : leur objet principal étoit de tendre des pièges, de dreffer des embûches, d'attirer l'ennemi par des fuites fimulées fur un terrain ou dans des poftes défa- vantageux, de pénétrer par des paffages difficiles & peu connus dans les retraites les plus inacceffi- bles ; enfin de faire une guerre qui ne pouvoit être faite que par eux, & qui n'étoit point à l'ufage des Romains. Leur adreffe & leur connoiffance des lieux étoient un fupplément néceffaire à la va- leur romaine, & contribuèrent beaucoup à la ré- duction de ces diverfes peuplades germaniques.

Ce Charietton furvécut aux empereurs Conf- tance, Julien & Jovien. Sous Valentinien, en 366, il fervoit encore les Romains contre les Allemands, autre peuple de la Germanie, qui n'avoit pas en- core donné fon nom à tout ce pays. Il fut tué dans un grand combat qu'il perdit cette même année contre ce peuple.

CHARLES-LE-TÉMÉRAIRE. ( *Hift. de Fr.* ) Charles-le-*Téméraire*, dernier duc de la feconde Maifon de Bourgogne, fuccéda, en 1467, à Phi- lippe-le-*Bon* fon père. Une impulfion irréfiftible pouffoit Charles à la guerre & aux périls. Inquiet, téméraire, ambitieux, il chercha dans les com- bats la gloire des héros, & il y trouva une mort violente comme fon caractère. Mauvais politique, puifque la haine & la vengeance préfidoient le plus fouvent à fes démarches, fa vie entière fut un tiffu de triomphes, de défaites, de fureurs & d'infor- tunes. Implacable ennemi, contempteur orgueil- leux de Louis XI fon rival, il en étoit haï & re- douté. Dès leur plus tendre jeuneffe ils avoient fenti l'un pour l'autre une antipathie invincible. La franchife altière & généreufe de Charles s'indignoit de la foupleffe artificieufe de Louis. Louis, né jaloux, voyoit avec inquiétude les grandes qualités de Charles & fa réputation naiffante. Louis, chaffé par fes propres intrigues de la cour du Roi fon père, trop heureux de trouver un afile à la cour du duc de Bourgogne, tourna ce bienfait contre fes bienfaiteurs même; il mit la difcorde entre Charles & le duc Philippe; il tenta la fidélité de leurs fujets. Charles voyoit toutes ces trames obfcures, dédaignoit de les rompre, & fe propofoit de les punir un jour avec éclat; mais lorfqu'il vit Louis, monté fur le trône, recueillir en politique quelquefois habile, le fruit des troubles qu'il avoit femés en intriguant; quand il vit Philippe, affoibli par l'âge & trompé par des miniftres vendus à Louis, confentir à la reftitution des places de la Somme, qui lui avoient été engagées par le traité d'Arras, alors fa fureur ne connut plus de bornes; il entra dans la Ligue dite *du bien public*, ou il la forma; il fouleva tout le royaume contre Louis, qui, dans la fuite, fouleva contre lui une partie de l'Europe. La bataille de Mont-Lhéri (du 16 juillet 1465) fut pour ces rivaux une heureufe occafion de fignaler leur courage & d'affouvir leur haine. Il feroit difficile de dire lequel fut vainqueur: ils furent vaincus tous deux: les deux armées furent prefqu'également détruites. L'aile gauche du Roi, l'aile droite de fon ennemi furent rompues: il y eut une véritable déroute de part & d'autre. La frayeur emporta des fuyards des deux armées jufqu'à cinquante lieues, fans qu'ils ofaffent regarder derrière eux ni s'arrêter pour manger. Cependant les deux chefs donnoient l'exemple de la conftance & de l'intrépidité: on les rencontroit partout où le péril étoit le plus grand, prodigues de leur vie, avides de gloire & de vengeance, tranfportés du defir de vaincre. Le Bourguignon penfa deux fois être pris ou tué; mais il refta maître du champ de bataille, & cet honneur lui infpira une préfomption qui lui fut bien funefte dans la fuite.

Louis, preffé de toutes parts, & incapable de réfifter à tous les grands du royaume conjurés contre fa tyrannie, fut employer avec fuccès un art inconnu à l'inflexible Charles, l'art de divifer & de régner, de diffimuler pour fe venger plus fûrement, d'accorder tout pour pouvoir tout reprendre dans un tems plus favorable. Tous ces chefs adroitement difperfés, occupés chacun chez eux, perdirent les avantages qu'ils tiroient de leur réunion, & furent fubjugués & trompés les uns après les autres. Les Liégeois, excités par Louis, firent à la Maifon de Bourgogne des outrages cruels, dont ils furent cruellement punis; les Flamands, furtout les Gantois, fe révoltèrent auffi: Charles parut & les foumit. Il fe hâtoit de voler au fecours de fes alliés, mais la Ligue n'étoit déjà plus: le Roi l'avoit diffipée par un mélange heureux d'artifice & de force.

Pendant le cours de leurs divifions, la fortune offrit tour-à-tour aux deux rivaux des occafions dont ils ne crurent pas devoir profiter, ou du moins abufer. Chacun d'eux eut fon ennemi en fa puiffance, & ne voulut ou n'ofa s'en affurer. Louis XI, affectant de la franchife par diffimulation, vint trouver Charles dans fon camp devant Paris, pour conférer avec lui. Les foldats bourguignons difoient en riant: *Voilà pourtant le Roi au pouvoir de notre Prince*. Charles, pour répondre à ce procédé, reconduifit le Roi jufques fous les murs de Paris, & foit diftraction, foit confiance, fe laiffa engager jufqu'au-delà des premiers retranchemens de l'armée ennemie: il fe reffouvint alors du Pont de Montereau & de la fin tragique du duc Jean fon aïeul. Louis même l'avertit de fon imprudence par un fourire, & le maréchal de Bourgogne gronda Charles avec cette févérité que le zèle infpire & autorife. Quelques années après, Louis XI crut montrer une confiance héroïque en allant lui-même fans fuite négocier à Péronne avec le duc de Bourgogne. Il y porte des paroles de paix; il eft reçu comme un ami. En même tems on apprend que les Liégeois, à fon inftigation & fur fes promeffes, viennent, en fe révoltant de nouveau, de commettre les plus atroces & les plus barbares infolences. La colère du duc de Bourgogne, à cette nouvelle, n'eut plus de bornes, & la vie de Louis XI fut en danger. Il faut plus de prudence quand on fe permet tant de perfidies. Un machiavélifte habile fe remet rarement entre les mains de fon ennemi, & ne s'y met jamais au moment où il l'outrage. Louis s'étoit pris au piége qu'il avoit tendu lui-même: la mine avoit joué plus tôt qu'il n'avoit voulu, & il en éprouvoit toute la violence. Incertain de fon fort, obfervé de trop près pour pouvoir fonger à la fuite, il avoit devant les yeux cette tour de Péronne où l'infortuné Charles-le-*Simple* étoit mort dans les fers d'Herbert, comte de Vermandois. Si le duc de Bourgogne eût dit un mot, Louis XI auroit eu le fort de Charles-le-*Simple*; il en auroit peut-être aujourd'hui la réputation. Le duc de Bourgogne imagina une autre vengeance; il força Louis XI d'affifter & de contribuer de fa perfonne & de fes armes à la deftruction des Liégeois fes complices: on veilloit fur lui, on connoiffoit fa valeur: il fallut qu'il cueillît toutes les palmes de cette honteufe & funefte victoire; il fallut qu'il triomphât à force d'exploits, & du défefpoir de fes amis, & des défiances de fon tyran. Le duc le congédia enfin avec quelques froides excufes auffi injurieufes que l'offenfe, & le Roi parut s'en contenter.

Après divers traités & diverfes ruptures arriva, en 1472, la prompte & funefte mort de Monfieur, frère de Louis XI, dont les intérêts avoient fervi de prétexte aux ligues formées contre le Roi. Perfonne ne douta qu'il n'eût été empoifonné par l'abbé de Saint-Jean-d'Angely, avec lequel Louis XI entretenoit une correfpondance fecrète: les foupçons s'étendirent jufqu'au Roi. L'abbé de Saint-

Jean-d'Angely mourut en prison, événement qui ne justifia point le Roi dans l'opinion publique. Brantôme & Varillas, auteurs médiocrement croyables, difent que fon fou l'entendit s'accufer de ce crime. Le duc de Bourgogne l'en chargea hautement dans un manifefte infolent, fuivi des hoftilités les plus affreufes. L'incendie fut joint au carnage; la Picardie ravagée, fes habitans, cruellement maffacrés, parurent encore au duc de Bourgogne une trop foible vengeance d'un attentat fi énorme. Cependant Beauvais arrêta & confondit fa fureur. Un affaut général avoit répandu la terreur parmi les affiégés : ils fuyoient déjà de toutes parts ; les Bourguignons avoient déjà planté leur étendard fur la brèche ; une femme intrépide, nommée Jeanne Hachette, ofa l'arracher & le jeter dans le foffé avec l'officier qui l'avoit planté. Les autres femmes imitèrent fon courage, & repouffèrent l'ennemi en l'accablant de pierres, de poix réfine & de plomb fondu. Il fe vengea fur le pays de Caux ; il prit Eu & Saint-Valery, échoua devant Dieppe & devant Rouen, rentra en Picardie, menaça Noyon, &, s'étant retiré à Abbeville, accepta une trève que le Roi lui offrit.

Mais plus ennemi encore du repos que de Louis XI, le duc de Bourgogne employa cette trève à conquérir le duché de Gueldres, & à tenter du côté de l'Allemagne des projets d'agrandiffement que Louis XI ne manqua pas de traverfer en formant contre lui une ligue puiffante, dans laquelle entrèrent l'Empereur, le duc d'Autriche, le duc de Lorraine, les Suiffes, les villes de Bâle, de Strasbourg, &c. Louis lui-même fe mit en campagne auffitôt après l'expiration de la trève, prit Roye, Montdidier, Corbie, & détacha le roi d'Angleterre de l'alliance du duc de Bourgogne, qui fut trop heureux d'accepter une prolongation de la trève. Son ambition, qui ne pouvoit refter oifive, s'exerça pendant ce tems à dépouiller le jeune René de la Lorraine, à former le fiége de Nancy, à préparer des fers aux indomptables Suiffes, auxquels on ne pouvoit enlever que la liberté. La tyrannie autrichienne la leur avoit procurée, parce que

L'injuftice à la fin produit l'indépendance.

Les fureurs turbulentes du Bourguignon ne purent la leur faire perdre. Ce Prince infortuné couroit à fa ruine; la fortune fe laffoit de feconder fon intrépidité : il perdit fucceffivement, en 1476 & 1477, contre les Suiffes & le duc de Lorraine réunis, les batailles de Granfon, de Morat, & enfin celle de Nancy, où, devenu plus farouche par le malheur, incapable de prudence & de confeil, guidé par un défefpoir aveugle, il ofa combattre une armée de plus de vingt mille hommes avec douze cents hommes abattus & découragés. Le perfide Campobaffe, fon indigne confident, lui en enleva près de la moitié dès le commencement de la bataille,

le laiffant entouré d'affaffins. Il ne put échapper à tant de dangers : on le trouva mort dans un ruiffeau prefque glacé, où fon cheval s'étoit embourbé. On crut du moins le reconnoître à des fignes certains, & le duc de Lorraine fon vainqueur lui fit de magnifiques obfèques. *Biau coufin*, lui dit-il en lui jetant de l'eau bénite, *vos ames ait Dieu : vous nous avez fait moult de maux & de douleurs.* C'eft en effet la feule oraifon funèbre que méritent les conquérans. Mais les fujets de Charles, qui l'aimoient d'autant plus qu'il étoit malheureux, fe livrèrent avec avidité à l'efpérance de le revoir : efpérance frivole, & qui avoit pour tout fondement quelque vaine reffemblance qu'on avoit cru trouver entre lui & un homme inconnu, errant dans la Suabe.

Ainfi périt à l'âge de quarante-trois ans Charles-le-Téméraire, terrible & dangereux rival de Louis XI, que fes qualités brillantes rendirent admirable, fes fureurs odieux, & fes malheurs intéreffant. Il eut dans fa jeuneffe tout l'éclat d'un héros, & dans un âge plus avancé toute la férocité d'un tyran. N'étant encore que comte de Charolois & gouverneur de Hollande, il s'étoit fait aimer & refpecter de fes peuples. Ami de la juftice, il avoit fignalé fa rigoureufe équité par le fupplice d'un gouverneur qui, ayant abufé de la femme d'un criminel en lui promettant la grace de fon mari, la lui avoit enfuite refufée. Le comte de Charolois voulut que le gouverneur époufât la veuve pour réparer l'outrage fait à fon honneur, & il envoya ce féducteur, de l'autel au gibet. Né violent, mais fincère & généreux, il avoit toujours paru incapable d'artifice & de baffeffe. Cependant, foit que les tromperies continuelles de Louis XI l'euffent apprivoifé avec la perfidie, foit qu'il fût pouffé au crime par cette mélancolie phrénétique où l'habitude de verfer le fang & d'exercer des violences le plongèrent fur la fin de fa vie, il devint moins fcrupuleux fur le choix des armes dont il combattit fon ennemi; il voulut faire empoifonner Louis XI, d'abord par Jean Hardy, qui fut écartelé, puis par un autre fcélérat nommé Jean Bon; & pourtant cette accufation ne fut point un ftratagême de Louis XI pour rendre Charles odieux.

Charles fut fans doute un des plus grands capitaines de fon tems ; actif, infatigable, vigilant, portant fur les détails des moindres opérations, un œil toujours attentif & toujours éclairé; profond dans toutes les parties de l'art militaire que l'on connoiffoit alors. On l'a comparé, pour la difcipline, à Annibal; pour la célérité dans les expéditions, à Céfar & à Alexandre. Il avoit pris ces derniers pour modèles, & leur hiftoire étoit fa lecture favorite; mais il paroît que c'étoit avec Annibal qu'il aimoit le plus à être comparé. *Monfeigneur, nous voilà bien annibalés*, lui difoit fon fou en s'enfuyant avec lui après la bataille de Granfon. Ce fut ce même fou qui, après la levée du fiége de

Beauvais, entendant le duc dire à un ambassadeur de France, auquel il se faisoit un plaisir de montrer son arsenal, *vous allez voir les clefs des plus fortes villes du royaume*, se mit à chercher avec un air d'empressement ; & le duc lui demandant ce qu'il cherchoit ainsi : *Je cherche*, dit-il, *les clefs de la ville de Beauvais.*

Charles eut la plus belle milice de l'Europe, & les réglemens qu'il lui donna furent trouvés admirables pour le tems. Ce fut lui qui renouvela & qui apprit aux Français à renouveler la pratique des Romains, d'enfermer les troupes dans un camp retranché. Mais tant de talens n'eurent dans le monde qu'un éclat stérile & funeste. Charles ne sut mettre à profit ni ses vertus, ni ses vices, ni la bonne ni la mauvaise fortune ; il fit des conquêtes & n'en jouit point ; il se rendit terrible sans se rendre respectable : ses caprices fougueux, ses hauteurs imprudentes aliénoient les cœurs qu'il avoit le plus d'intérêt de gagner ; il connoissoit mal les hommes, & ne savoit placer ni sa confiance ni ses soupçons : il disoit avec fureur au brave & fidèle Chimai : *Vous êtes tout Vaudemont !* voulant lui reprocher l'attachement qu'il lui supposoit pour le duc de Lorraine, qui étoit de la branche de Vaudemont ; il faisoit arrêter indignement la duchesse de Savoie, qu'une compassion généreuse attiroit du sein de ses Etats pour le consoler & le secourir ; & il se livroit aveuglément à Campobasse, qui traitoit de sa vie avec tous ses ennemis. Cependant l'adroit & vigilant Louis observoit toutes ses démarches, travailloit à les lui rendre funestes, lui enlevoit tous les jours quelque allié, lui suscitoit quelque ennemi, détachoit de son service ses plus braves capitaines, ses meilleurs ministres, les appeloit en France par des promesses, les y fixoit par des graces, rendoit Comines aussi nuisible à Charles qu'il lui avoit été utile, encourageoit l'héroïsme naissant du jeune René de Lorraine à s'immortaliser par la défaite d'un si redoutable ennemi, & profitoit des perfidies de Campobasse sans les autoriser. Ce traître lui avoit offert la tête de son maître, & Louis l'avoit refusée ; il avoit même averti de cette offre le duc de Bourgogne, comme autrefois Fabricius avoit renvoyé à Pyrrhus le médecin qui devoit, dit-on, l'empoisonner. Mais le duc de Bourgogne ne crut point Louis capable d'imiter sincérement Fabricius ; il regarda cet avis comme un stratagème inventé pour lui rendre suspect un ministre fidèle ; & Louis, content d'avoir fait son devoir, lui laissa une erreur qu'il n'avoit aucun intérêt de dissiper, & sur laquelle il avoit peut-être compté.

Quelques auteurs attribuent les trahisons de Campobasse au ressentiment d'un soufflet que le duc de Bourgogne lui avoit donné dans un mouvement de colère. Pierre-Mathieu, dans son histoire de Louis XI, s'exprime ainsi à ce sujet : « Le » soufflet que Campobasse avoit reçu du duc de

» Bourgogne, souffloit dans son cœur le feu de la » vengeance. »

Si cette anecdote est vraie, elle est une nouvelle preuve de l'emportement & de l'imprudence de Charles.

Quoi qu'il en soit, Louis XI, moins grand, moins estimable que son rival, eut presque toujours sur lui cet ascendant que le sang-froid, le talent de connoître les hommes ou du moins de s'en défier, l'art de céder au tems, doivent nécessairement donner sur un courage bouillant, qui ne fait que combattre & vaincre ou périr.

La bataille de Nancy, où Charles fut tué, est du 5 janvier 1477.

Marie de Bourgogne, fille unique de Charles, hérita de ses biens, de ses malheurs & de la haine de Louis XI. Ce fut elle qui, par son mariage avec Maximilien d'Autriche, porta dans cette heureuse Maison les grands & beaux domaines de la Maison de Bourgogne & des anciens comtes de Flandre.

Charles avoit peu connu les tendresses du sang. Toujours occupé de projets ambitieux, il alarmoit sa famille par les périls continuels où il s'exposoit, & ne la dédommageoit point par les douceurs de l'amitié.

CHARLES DE VALOIS ( *Hist. de Fr.* ), frère de Philippe-le-Bel & tige de la branche de Valois, qui a donné treize Rois à la France. Lorsqu'en 1296 la guerre se ralluma entre la France & l'Angleterre, il alla commander en Guyenne contre les Anglais. Sévère & inflexible comme son frère, il commença par faire pendre, sur un simple soupçon d'infidélité, cinquante gascons à la vue de la Réole. Ce spectacle répandit la terreur dans la ville : on s'y défendit foiblement ; elle fut prise avec quelques autres places, & le comte de Valois sut gré de sa sévérité ; mais à peine fut-il sorti de cette province, que toutes ces places rappelèrent les Anglais.

On ne sait pas bien pourquoi l'on voit, cette même année, Robert, comte d'Artois, commander en Guyenne à la place du comte de Valois : les causes & les motifs échappent à cette distance. Si Philippe rappela son frère de la Guyenne à cause de sa dureté qui aliénoit les cœurs, c'est un trait de politique ferme & sage, qui mérite des éloges ; cependant le comte de Valois avoit battu Edmond, frère du roi d'Angleterre. Edmond, après sa défaite, s'étoit renfermé dans Baïonne, où il étoit mort.

Dans la guerre contre la Flandre, au commencement du quatorzième siècle, le comte de Valois rendit Philippe-le-Bel maître de Dam, de Dixmude, & pressa tellement le comte de Flandre dans la ville de Gand, que celui-ci crut ne pouvoir trouver d'asile que dans la miséricorde du vainqueur. Le comte de Valois s'obligea de mener à Paris, aux pieds du Roi, le comte de Flandre avec deux de fes fils, & de les ramener au même endroit où il les aûroit pris, fi dans l'efpace d'un an le comte de Flandre ne pouvoit obtenir la paix. Quand le Roi les eut en fa puiffance, il déclara qu'il ne fe jugeoit point lié par un traité que fon frère avoit conclu fans fa participation; qu'il croyoit faire affez pour des vaffaux félons en leur laiffant la vie, mais que leurs Etats reftèroient confifqués & leurs perfonnes captives. Le comte Guy fut enfermé à Compiegne; Robert fon fils aîné, à Chinon; Guillaume, dans une fortereffe de l'Auvergne: on ne voulut pas même leur laiffer la douceur de gémir enfemble. Qu'arriva-t-il de cette violence? La Flandre fe révolta: on fit à Brùges un maffacre des Français, pareil aux Vêpres ficiliennes; on en fit un carnage horrible à la bataille de Courtray, le 11 juillet 1302.

Sur les injuftices & les violences de Charles de Valois à l'égard d'Enguerrand de Marigny, voyez l'article *Marigny*. En général, Charles de Valois gouverna tyranniquement fous fes neveux, furtout fous Louis-le-Hutin. Il vendit les offices de judicature dans les tribunaux fubalternes; ce qui parut alors un abus dangereux: il vendit aux ferfs la liberté, en les forçant de l'acheter de leur pécule. Il vendit aux Juifs leur rappel, & ils furent chaffés de nouveau quelques années après: il vendoit tout, & ne livroit pas toujours ce qu'il vendoit.

Dans une petite guerre contre les Anglais, qui eut lieu fous Charles-le-Bel, Charles de Valois fon oncle, réputé alors le plus grand général de l'Europe, alla commander encore en Guyenne; il prit & rafa une fortereffe qui avoit été le fujet de cette guerre, & foumit prefque toute la Guyenne. Le comte de Kent, général des Anglais & Prince du fang d'Angleterre, fe voyant ferré de près & en danger, demanda une trève & l'obtint, à condition de venir fe rendre prifonnier du comte de Valois s'il ne pouvoit engager le roi d'Angleterre à faire au roi Charles une réparation fuffifante.

On jugea qu'en cette occafion le comte de Valois avoit très-bien fervi la France par les armes, & un peu ménagé l'Angleterre par le traité. Il vouloit placer une de fes filles fur le trône de l'Angleterre, en la mariant au prince Edouard, héritier préfomptif, & qui fut depuis le célèbre Edouard III; mais ce mariage ne fe fit point.

La déférence des trois fils de Philippe-le-Bel pour Charles de Valois leur oncle dépofa un peu trop l'autorité royale entre fes mains; non qu'il fût indigne de leur confiance, il étoit homme de guerre, il étoit homme d'Etat, mais il ne ménagea pas affez les peuples; & puifqu'en mourant il eut tant de remords du fupplice qu'il avoit fait fubir à Enguerrand de Marigny, il nous force de croire que ce miniftre étoit innocent, au moins du crime pour lequel Charles de Valois l'avoit fait pendre. Or, on fe rappelle que ce crime étoit un divertiffement de deniers dont Charles de Valois & Marigny s'accufoient réciproquement.

Le comte de Valois étoit ambitieux. Philippe-le-Bel avoit voulu lui procurer l'Empire. Le Pape (Boniface VIII) amufa fon ambition du vain titre d'empereur de Conftantinople. Charles de Valois ayant époufé une Princeffe qui avoit des droits à l'Empire des Latins, alors détruit, ce Pape le fit fon lieutenant en Italie, pour employer fes tálens militaires à réduire les Gibelins. Ce fut lui auffi que la France oppofa aux Anglais avec le plus de fuccès, dans les guerres de Philippe-le-Bel contre Edouard I, & de Charles-le-Bel contre Edouard II. C'eft de Charles de Valois qu'on a dit, comme de Hugues-le-Grand, qu'il fut fils, frère, oncle, père, gendre, beau-père de Rois, & jamais Roi. Il étoit fils de Philippe-le-Hardi, frère de Philippe-le-Bel, oncle de Louis-le-Hutin, de Philippe-le-Long & de Charles-le-Bel, grand-oncle d'Edouard III, père de Philippe-de-Valois, gendre de Charles-le-Boîteux, roi de Naples; beau-père de l'empereur Charles IV, roi de Bohême.

Il mourut le 16 décembre 1325.

**CHATEL (DU).** (*Hift. de Fr.*) Dans le Dictionnaire, à l'article *Chatel*, tom. II, pag. 103, 4, 5, nous avons diftingué avec raifon, l'un de l'autre, les deux célèbres Tanneguy du Chatel, oncle & neveu; mais à la fin de l'article *du Chatel Caftellan*, qui n'étoit pas de cette Maifon du Chatel, nous avons parlé d'un Guillaume qui en étoit (pag. 105, col. 2). Nous aurions dû diftinguer auffi deux Guillaume, qui, comme les deux Tanneguy, furent également célèbres; car le Guillaume du Chatel du combat de Barbazan, n'eft pas celui qui défendit Saint-Denis contre les Anglais, & qui fut tué, en 1441, au fiége de Pontoife. Le premier étoit auffi l'oncle du fecond; il battit auffi les Anglais, mais ce fut en 1403; & dans un combat naval il fut tué auffi en combattant contr'eux, mais ce fut en 1404, & dans l'île de Gerzey.

A ces deux Tanneguy & à ces deux Guillaume nous ajouterons encore quelques guerriers diftingués de cette Maifon du Chatel de Bretagne.

1°. Tanneguy I, qui commandoit les armées du comte de Montfort contre Charles de Blois, fur lequel il gagna, en 1347, la bataille de la Roche-de-Rien.

2°. & 3°. Bernard & Briant fes fils, exécutés à mort pour la même caufe, ayant été pris par le parti de Blois.

4°. Guillaume I leur frère, ayant été pris de même, fut admis à payer fa rançon.

5°. Un autre Guillaume, qui chaffa les Anglais de la Bretagne, & les défit, en 1558, à Saint-Mahé-de-Léon.

**CHÉRADAME (JEAN),** (*Hift. litt. mod.*), prend, en 1543, le titre de profeffeur royal en grec. Il étoit de Séez en Normandie: on ignore fon nom français. Celui de *Chéradame* eft un nom grec allégorique, par lequel il prétendoit exprimer fon ardeur pour vaincre les difficultés de l'étude ; il prenoit aussi le nom d'*Hippocrate*, apparemment parce qu'il avoit étudié en médecine. Cet homme ne paroît pas avoir été modeste ; il est trop peu connu pour les noms & pour les éloges qu'il se donne. Il publia une Grammaire grecque, un Dictionnaire grec, une espèce de Grammaire hébraïque, dont Paul Paradis a dit du bien ; il fit un Abrégé des adages d'Erasme ; il donna une édition de quelques comédies d'Aristophane ; il travailla long-tems à une *Myrias mystica*, qui devoit expliquer tous les sens mystiques du nom de Dieu, ainsi qu'à une *Myrias historica*, dont il ne s'occupoit, disoit-il, que les nuits, parce que le jour étoit employé à ses leçons publiques & particulières : il ne paroît pas qu'on ait vu ces fruits de ses veilles.

CHEVRIERS. (*Hist. de Fr.*) La noble & ancienne famille de Chevriers, dans le Mâconnois, se prétend issue des comtes de Mâcon. Lorsque saint Louis eut acheté du comte Jean & de la comtesse sa femme le comté de Mâcon, en 1238, 1°. Gui de Chevriers fut fait bailli de ce comté.

2°. Pierre de Chevriers son fils, sieur de Saint-Mauris, accompagna le même roi saint Louis en Afrique, en 1270.

Nous remarquerons, à l'occasion de cette terre de Saint-Mauris, que les Chevriers la prétendoient libre de tout droit de fief, & qu'en conséquence ils prenoient presque tous la qualité de *libres seigneurs de Saint-Mauris*.

Après la mort de saint Louis, Pierre de Chevriers servit le roi Philippe-le-Hardi dans l'expédition de Catalogne, & se trouva sous Raoul de Nesle au combat de Gironne.

3°. Humbert de Chevriers, petit-fils de Pierre, fut de l'expédition d'Italie sous Charles de Valois. Le roi Philippe de Valois l'arma chevalier, & lui ceignit le baudrier pour le récompenser d'avoir aidé à la défense de Tournay contre les Anglais, en 1340.

4°. Henri, fils de Humbert, servit dans les armées du roi Jean, surtout à la terrible & funeste bataille de Poitiers, en 1356. Il fut chevalier de l'Ordre de l'Etoile.

5°. André, fils de Henri, étoit à la bataille de Rosebeque, en 1382 ; de Nicopolis, en 1396 ; à l'expédition d'Italie, c'est-à-dire, de Gênes, sous le maréchal de Boucicaut. Il servit aussi, en 1385, sous l'amiral Jean de Vienne.

6°. Louis, fils d'André, commandoit la noblesse du comté de Mâcon au combat de Rupelmonde, en 1452 ; & à celui de Grave, en 1453.

7°. Philippe son fils servit en Italie, dans les armées de Charles VIII & de Louis XII, & fut gouverneur de Novare dans le Milanez.

8°. Philibert, fils de Philippe, chevalier de l'Ordre du Roi, étoit à la bataille de Cérisoles, en 1544, & servoit encore sous Henri II.

9°. Gabriël, fils de Philibert, servit aussi sous Henri II & sous ses trois fils, & se distingua au siége de la Rochelle, en 1573.

10°. François, seigneur de Salagny, son fils, fut chevalier de l'Ordre du Roi, gentilhomme de la chambre ; il fut institué, en 1614, juge d'armes, charge dans laquelle il eut pour successeur Pierre d'Hozier, en 1641.

11°. Alexandre de Chevriers, d'une branche cadette, commandant une galère sous le chevalier de la Ferrière, qui commandoit les galères de France envoyées au secours de la ville de Roses en Catalogne, assiégée par les Espagnols, se perdit au retour sur les côtes de Sardaigne, avec cinq galères françaises.

12°. Son neveu, Antoine Joseph, chevalier de Malte, se tua en tombant d'un balcon.

CHOIN ou CHOUIN (MADEMOISELLE DE). (*Hist. de Fr.*) Marie-Emilie de Joly de Choin fut la Maintenon du Dauphin, fils de Louis XIV, c'est-à-dire, qu'elle fut pour lui une amie agréable & utile qui corrigea & régla ses mœurs, qui embellit sa vie, qui rendit à sa cour de la décence. On croit que, comme madame de Maintenon, elle parvint à épouser son amant, en refusant d'être sa maîtresse. Elle étoit d'une famille noble, originaire de Savoie, & descendoit de plusieurs grands baillis des provinces de Bresse & de Bugey. Elle fut une des filles de la princesse de Conti, fille de Louis XIV, & de madame de la Vallière, & par conséquent sœur du Dauphin. Mademoiselle Chouin étoit laide & d'une stature colossale, mais elle avoit de beaux yeux, de la dignité dans l'ame, des agrémens infinis dans la conversation ; elle avoit, dit l'auteur des *Mémoires de Maintenon*, tout ce qui choque, & tout ce qui fait aimer. On s'accoutumoit difficilement à sa physionomie. Mais malheur à quiconque s'y accoutumoit une fois ! Elle ne plaisoit pas ; elle charmoit . . . . . En servant la Princesse, elle paroissoit en être servie ou mériter de l'être. Le Dauphin étoit si assidu à la toilette de sa sœur, il y passoit tout le tems de ses longues visites dans un recueillement si respectueux, dans un silence si mêlé d'inquiétude & de timidité, que la Princesse, aidée d'ailleurs par la malignité des courtisans & par l'habitude de plaire, le soupçonna d'un commencement de passion incestueuse que peut-être ne s'avouoit-il pas à lui-même ; elle ne faisoit que s'en douter : pour les courtisans, ils n'en doutoient déjà plus. La Princesse crut devoir interdire à son frère les visites du matin ; & son frère ne tenant aucun compte de cette défense, elle fit part de son idée & sans doute de ses craintes à mademoiselle Chouin. Celle-ci prend avec chaleur le parti du Dauphin, assure la Princesse qu'il est incapable d'une passion criminelle, que du moins il n'en est certainement pas coupable, & lui apprend qu'une autre est l'objet des assiduités du Prince. Et quelle est cette autre ? Mademoiselle Chouin s'accuse elle-même. Le

Dauphin lui avoit-écrit plufieurs billets tendres qu'elle avoit tous renvoyés avec beaucoup de refpeét. Ce n'eft pas de fang-froid qu'une Princeffe charmante, accoutumée à porter l'amour dans tous les cœurs, s'entend dire par une fubalterne & par une fille à elle : « L'amour-propre vous trompe, & votre vertu s'alarme fans fujet ; ce n'eft pas vous, c'eft moi qu'on aime. » La Princeffe reçoit fort mal la confidence de mademoifelle Chouin, & dans le fecret dépit d'avoir fervi de prétexte à l'amour du Dauphin pour une de fes femmes, comme Madame ( Henriette d'Angleterre ) avoit autrefois fervi de prétexte à l'amour de Louis XIV pour mademoifelle de la Valliere, elle reproche à mademoifelle Chouin fon orgueil crédule, ne veut croire ni à l'amour du Dauphin ni à la vertu de mademoifelle Chouin ; celle-ci demande la permiffion de fe retirer pour échapper aux pourfuites du Dauphin : la Princeffe de Conti lui défend de fonger à la quitter, & furtout de fonger à plaire.

Gardez-vous, je vous prie,
D'imaginer que vous foyez jolie.

Un amant que madame la princeffe de Conti croyoit avoir fixé, le comte de Clermont-Tonnerre, la quitte, & c'eft encore pour mademoifelle Chouin. Cet indifcret amant annonce à celle qu'il veut féduire, le facrifice qu'il lui fait de celle qu'il fe vante d'avoir féduite ; il lui parle de la Princeffe avec mépris, & pouffe l'indécence de l'ingratitude & de l'indifcrétion jufqu'à révéler des défauts cachés de celle qu'il a aimée. Il eft étonnant qu'on efpere réuffir par un pareil moyen ; mais l'expérience prouve qu'on réuffit par-là quelquefois. Le comte ne réuffit pas cette fois : fa lettre tomba entre les mains de Louis XIV. Il mande fa fille & fon fils, leur fait lire la lettre. Ma fille, dit-il à l'une, voilà votre amant ! Mon fils, dit-il à l'autre, voilà votre rival. La Princeffe éclata en fanglots : le Dauphin demanda l'exil du comte de Tonnerre & l'obtint.

Cependant la princeffe de Conti, qui, s'amufant autant à la cour un peu libre de Meudon, qu'elle s'ennuyoit à la cour un peu grave de Verfailles, fentoit l'intérêt d'attirer & de fixer le Dauphin auprès d'elle, & qui, dans cette vue, n'avoit rien négligé pour retenir mademoifelle Chouin, jufqu'à lui faire confeiller, c'eft-à-dire, commander de refter, par madame de Maintenon, qui connoiffoit à peine cette fille, madame la princeffe de Conti changea d'avis, & crut devoir éloigner d'elle une rivale fi dangereufe, qui, fans beauté, lui enlevoit, & fes amis, & fes amans. Mademoifelle Chouin fe retira chez la princeffe d'Epinoy fa protectrice, & qui l'avoit placée chez la princeffe de Conti. L'amour du Dauphin l'y fuivit, toujours écouté avec refpeét, jamais favorifé d'un mot ni d'un regard. Bientôt elle difparoît de fon nouvel afile : le Dauphin la cherche partout, la demande

à tous ceux qui peuvent difpofer de fon fort ou en être inftruits. Il ne reçoit long-tems que des réponfes vagues & incertaines; il apprend enfin qu'elle eft cachée dans un petit appartement au fauxbourg Saint-Jacques. Le Dauphin, déguifé, frappe à la porte ; elle l'ouvre, &, reconnoiffant le Prince, la referme fur le champ ; puis changeant coup fur coup de retraite & de nom, elle effaye de dérober fa trace à la pourfuite perféverante du Dauphin, qui la fuit dans toutes fes fuites & refuites, &, enfin, par la trahifon d'une domeftique, arrive jufque dans fon cabinet & fe jette à fes pieds. « Monfeigneur, lui dit mademoifelle Chouin, s'il eft vrai que vous m'aimiez, vous n'avez qu'un mot à me dire, & je n'en ai qu'un à entendre ; mais ce mot, je ne puis l'entendre, & vous ne pouvez le dire fans la permiffion du Roi ; elle le renvoya enfuite d'un ton auquel le Prince ne put réfifter. » En réfléchiffant fur ces paroles, les premieres qu'il eût obtenues, le Dauphin craignit qu'elles n'annonçaffent plus d'ambition que d'amour, ou même de vertu ; il héfita, puis, entraîné par fa paffion, il propofa un mariage fecret ; & n'ofant encore demander la permiffion de fon pere, il prit fur lui de dire qu'elle étoit accordée, & mademoifelle Chouin prit fur elle de le croire. La cérémonie du mariage fe fit à Meudon, felon les uns, à Livry felon les autres : on n'en fait pas l'époque précife, non plus que de celui de madame de Maintenon & de Louis XIV. La régularité, la frugalité, l'économie, la fageffe, la piété même entrerent avec cette femme dans la Maifon du Dauphin. Ce Prince devint un homme nouveau. Lorfque le fpeétacle de cet heureux changement eut produit fon effet à la cour, & difpofé favorablement le Roi & madame de Maintenon, le Dauphin ofa enfin parler au Roi, & lui demander le confentement tardif dont il avoit ofé fe paffer. Le Roi, foit qu'il crût ou non la chofe faite, ne lui dit que ce peu de mots : Mon fils ! penfez-y bien, & ne m'en parlez plus, enveloppant ainfi fous des paroles myftérieufes la permiffion & la défenfe, mais profcrivant bien clairement toute publicité : mademoifelle Chouin n'en demandoit pas davantage. L'obfcurité, la tranquillité, étoient tout ce qu'elle defiroit ; même l'opinion publique la touchoit peu : elle en faifoit le facrifice au Dauphin ; fa propre eftime lui fuffifoit. Le Dauphin, que fon premier mariage n'avoit pas rendu heureux, le fut par cette feconde alliance. A Paris, mademoifelle Chouin demeuroit chez madame d'Epinoy ; le Dauphin y paffoit toutes les journées. Dans la belle faifon madame d'Epinoy & mademoifelle Chouin paffoient des mois entiers à Meudon ; mademoifelle Chouin y régnoit, comme une femme modefte & retirée règne dans fon ménage. Le Roi alloit toutes les années à Meudon, & madame de Maintenon y avoit un appartement. Quand le Roi y étoit, mademoifelle Chouin n'y paroiffoit pas ; mais c'étoit elle qui préparoit & arrangeoit

arrangeoit les fêtes qu'on y donnoit à ce monarque. Tout ce qu'on craignoit à la cour, c'étoit qu'elle ne donnât des frères à M. le duc de Bourgogne & à ses frères ; on la crut grosse, & la cour fut inquiète. Quelques-uns ont dit qu'elle étoit accouchée secrétement, comme elle s'étoit mariée. Madame de Maintenon l'estima & la protégea toujours ; elle lui avoit sauvé une lettre-de-cachet dans un tems où l'on avoit voulu employer ce moyen pour la soustraire aux poursuites de M. le Dauphin. Lorsque mademoiselle d'Osmond, élève de Saint-Cyr & favorite de madame de Maintenon, se maria, madame de Maintenon, entr'autres instructions qu'elle lui donna, lui dit : « Après » la mort du Roi, vous verrez peut-être made- » moiselle Chouin toute-puissante ; mais qu'elle » le soit ou qu'elle dédaigne de l'être, ayez » toujours la considération pour elle. »

Madame de Glapion, supérieure de Saint-Cyr, qui, renfermée dans son couvent, ne jugeoit des choses du siècle que sur des apparences générales, auxquelles elle appliquoit toute la sévérité monastique, demandoit un jour à madame de Maintenon, pourquoi on ne chassoit pas de la cour cette fille, qu'elle ne croyoit que la maîtresse de M. le Dauphin. « Cette fille ! dit madame de Main- » tenon, nous sommes trop heureux de l'avoir : » elle se conduit bien, elle nous est très-utile. En » mille occasions elle fait faire à Monseigneur le » personnage qui convient. »

Mademoiselle Chouin survécut long-tems à M. le Dauphin, mort en 1711 ; elle ne mourut qu'en 1741, oubliée ou ignorée de tout le monde ; elle demeuroit alors obscurément à Paris, rue des Tournelles, sur le rempart, dans une maison où avoit demeuré madame de Lafayette. « Nous » l'avons vue dans sa vieillesse, dit l'auteur des » Mémoires de madame de Maintenon, sans biens- » fonds, avec un mobilier modique, être la vic- » time de l'économie qu'elle avoit inspirée à Mon- » seigneur, dissiper en œuvres de charité une » pension de 12000 livres, & se conserver de sa » faveur que ses amis, & cette fierté de caractère » qui ne veut rien devoir, même à l'amitié. »

Son neveu, de son nom, M. Joly de Chouin, baron de Langes, étoit, comme ses pères, grand-bailli de Bresse & gouverneur de Bourg. La fille unique de ce baron de Langes a épousé M. de Savalette de Magnanville, intendant de Tours. Mademoiselle Chouin eut deux autres neveux, M. le baron de Chaillouvres, & M. l'évêque de Toulon.

M. de Voltaire ne croit point au mariage de M. le Dauphin & de mademoiselle Chouin.

CHOISY ( FRANÇOIS-TIMOLÉON DE ). ( *Hist. litt. mod.* ) C'est le célèbre abbé de Choisy, dont nous avons des Mémoires & plusieurs autres ouvrages très-agréables, & qui mourut doyen de l'Académie française. Son aïeul paternel avoit fait fortune par un trait de courtisan assez familier aux

courtisans, mais qui ne fait pas la fortune de tous, celui de perdre exprès au jeu & de tricher contre soi-même. Il avoit la réputation d'un redoutable joueur d'échecs. Le marquis d'O, surintendant des finances, prétendoit à la même gloire, & en étoit très-jaloux. En pareil cas, jamais surintendant ne trouva de vainqueur ; mais M. de Choisy eut la double adresse de se laisser gagner & de paroître se défendre de bien bonne foi : c'est surtout de cet artifice que le surintendant fut la-dupe. Disposé favorablement pour le vaincu, par une victoire qu'il croyoit avoir été disputée, il lui trouva de l'esprit, précisément parce qu'il ne le soupçonnoit pas d'en avoir mis dans sa conduite. Il l'employa dans des affaires secrètes, qui furent utiles à sa fortune.

On dit que Louis XIV tenant, contre le marquis de Dangeau, à un jeu qui ne paroît pas intéresser l'amour-propre, puisqu'il est purement de hasard (au brelan), le marquis sentit cependant, en bon courtisan, le malheur & le tort pour un sujet d'oser gagner le Roi, & lui dit : « Sire, je suis » fâché d'avouer à votre Majesté que j'ai brelan » d'as. » Le Roi lui répondit d'un ton railleur & triomphant : « Consolez-vous, Dangeau ; j'ai brelan » favori. »

Le fils de l'habile joueur d'échecs, le père de l'abbé de Choisy, fut chancelier de Gaston, duc d'Orléans. Il fut envoyé dans diverses cours, où il servit l'État avec zèle. « Chargé d'une négo- » ciation qui exigeoit de l'argent ( & le Roi n'en » avoit pas ), dit M. l'abbé de Choisy dans ses » Mémoires, il alla en Hollande emprunter deux » cent mille écus sur son crédit, & n'en fut rem- » boursé que six ans après. » Moins habile ou moins heureux courtisan que son père, à son retour en France, il négligea le cardinal Mazarin, qui, pour se venger, ne se contenta pas de le négliger aussi, & voulut quelquefois le persécuter.

La mère de l'abbé de Choisy, arrière-petite-fille du chancelier de Lhôpital, osoit bien dire à Louis XIV, qui goûtoit son entretien : *Sire, voulez-vous devenir honnête homme ? ayez souvent des conversations avec moi.* Le Roi la crut ; il s'en trouva bien & elle aussi.

Elle avoit vu son mari, à la mort de Gaston, perdre sa charge de chancelier, qui lui avoit coûté cent mille écus. En conséquence elle recommanda toujours à ses enfans de ne s'attacher qu'au Roi. Rien n'est tel que le tronc de l'arbre, disoit-elle. Ce qui n'est vrai que quand l'arbre est fort par lui-même.

Quoique son plus beau titre fût la gloire du chancelier de Lhôpital son bisaïeul, fils d'un médecin de la petite ville d'Aigue-Perse, ce qu'elle leur recommandoit le plus encore, étoit de ne voir que des gens de qualité. L'abbé de Choisy se vante d'avoir bien suivi ses leçons sur ce point, & il s'en vante d'un ton qui réunit les ridicules de la frivolité & de la fatuité. Excepté les parens,

P

» dit-il, qu'il faut bien voir en dépit qu'on en ait,
» je ne vois aucun homme de robe. » Il n'y avoit
assurément pas là de quoi se vanter, & cette forfanterie est surtout singuliérement placée dans ses
Mémoires sur Louis XIV, où il quitte souvent
ainsi ce monarque pour parler de lui-même ; ce
qui quelquefois n'est pas sans agrément & sans intérêt, mais ce qui quelquefois aussi pourroit lui
faire appliquer ces vers de Boileau :

Et mêle, en se vantant soi-même à tout propos,
Les louanges d'un fat à celles d'un héros.

Mais il prévient habilement cette application,
en se la faisant lui-même.

Sa mère lui voyant, dans son enfance, une figure
charmante, crut augmenter les agrémens de cette
figure en lui faisant porter, bien au-delà de l'enfance, des habits de femme. Il prit goût à cet
usage, & le conserva, par différens motifs, dans
un âge plus avancé ; ce qui fut pour lui une source,
& de ridicules, & qui pis est, de désordres, dont
les détails ont été conservés dans l'ouvrage intitulé *Histoire de la comtesse des Barres.*
Quant aux ridicules de cet usage, il y avoit accoutumé tout le monde, ( car on accoutume le
monde à tout, & cette excuse frivole & insignia-
fiante, *it est comme cela, il est fait ainsi*, est une
raison dont la multitude se contente ). Il ne quitta
presque plus l'habit de femme jusqu'à la fin de ses
jours : on le recevoit partout ainsi, sans presque
faire attention à cette mascarade. Il se montroit &
étoit reçu à Versailles, même au jeu de la
Reine, dans ce travestissement : le sévère Montau-
sier fut le seul qui osa l'en faire rougir, & faire
rougir la cour de son indulgence. Cet homme ne
savoit composer ni avec la décence ni avec la vérité. Il lui dit en présence de la Reine & de toutes
les Dames de la cour, dont son propos étoit presqu'autant la critique que celle de l'abbé : *Monsieur,
ou Mademoiselle, car je ne sais comment vous appeler,
vous devriez mourir de honte d'aller de la sorte habillé
en femme, lorsque Dieu vous a fait la grace de ne le
pas être. Allez vous cacher, M. le Dauphin vous
trouve mal ainsi. Pardonnez-moi, Monsieur,* répondit le jeune Prince, *je la trouve belle comme un ange ;*
& ce mot, ou ironique ou sincère, étoit en effet
celui qu'on employoit pour son excuse.
L'abbé de Choisy étoit de ces hommes qui peuvent faire & qui font impunément de grandes
fautes, parce qu'ils ont en eux-mêmes de quoi s'en
relever. Après s'être distingué dans les écoles &
s'être dégradé dans le monde, il voulut, en se
laissant oublier quelque tems à Paris, aller cultiver
loin de son pays les talens dont il avoit montré le
germe, & ne reparoître en France qu'avec une
réputation nouvelle, &, s'il se pouvoit, avec quelque considération. Il alla en Italie comme concla-
viste du cardinal de Bouillon, lorsqu'il fut question
de donner un successeur au pape Clément X ; ce

successeur fut l'inflexible Odescalchi, Innocent XI.
Si Louis XIV, qui s'opposoit avec raison à ce
choix, ne fut pas inflexible à son égard, Odescalchi en eut principalement l'obligation à l'abbé
de Choisy, qui s'en repentit bien dans la suite. Les
cardinaux français, qui en général étoient assez
favorables à Odescalchi, engagèrent l'abbé de
Choisy à composer la lettre qui vainquit enfin la
résistance de Louis XIV. L'abbé fut le premier admis à l'honneur de baiser les pieds du nouveau Pape ;
mais la conduite de ce pontife & son dévouement à la Maison d'Autriche ne tardèrent point
à justifier l'aversion qu'avoit montrée Louis XIV,
& à donner des regrets à l'auteur de la lettre.
Il est d'autant plus inexcusable de se comporter
si mal, disoit l'abbé de Choisy en parlant du Pape,
qu'il n'a pas manqué d'avertissemens salutaires, &
il contoit, à cette occasion, qu'à la cérémonie qu'on
appelle l'Adoration du Pape, le cardinal Grimaldi,
qui étoit en possession de lui parler avec franchise
lorsqu'Odescalchi n'étoit que cardinal, s'approchant de lui pour l'adorer, lui dit tout bas, mais
assez haut cependant pour être entendu de quelques-uns de ceux qui étoient les plus proches : *Souvenez-vous de ce que je vous ai toujours dit, que
vous êtes ignorant & opiniâtre : voilà la dernière vérité
que vous entendrez de moi ; je vais vous adorer.*
L'abbé de Choisy, à son retour en France, eut
une grande maladie, dans laquelle il fit des réflexions qui produisirent en lui une espèce de conversion, mais éphémère seulement, car tout étoit
éphémère chez lui : aucune de ses idées n'avoit de
permanence, la mobilité de son imagination le menoit & le ramenoit tour à tour de la pénitence aux
plaisirs, & des plaisirs à la pénitence. Ses momens
de conversion & de pénitence, ou seulement de
dévotion courtisane & politique, nous ont valu de
lui quelques ouvrages pieux, tels que quatre dialogues sur l'immortalité de l'ame, sur l'existence
de Dieu, sur le culte qu'on lui doit, & sur la Providence. Cet ouvrage eut un grand succès : il fut
beaucoup lu, & il fut critiqué, c'est-à-dire, déchiré par Jurieu. Une traduction des Pseaumes, la
Vie de David & celle de Salomon, qui l'une & l'autre n'étoient que des panégyriques de Louis XIV ;
l'Histoire de saint Louis, un Recueil d'histoires
édifiantes ; enfin l'Histoire de l'Eglise, sont encore des fruits de cette dévotion de cour, ainsi
qu'une traduction de l'Imitation de Jésus-Christ,
dédiée à madame de Maintenon. Il avouoit lui-
même qu'il avoit fait *sans piété la traduction de ce
pieux ouvrage.* La première édition étoit remarquable par une estampe où madame de Maintenon
étoit représentée aux pieds du crucifix, & au bas
de l'estampe on lisoit ce verset du pseaume 44,
qui sembloit adressé à madame de Maintenon par
le crucifix même : *Audi, filia, & vide, & inclina
aurem tuam, & obliviscere domum patris tui, & con-
cupiscet Rex decorem tuum.* Ecoutez, ma fille, voyez
& prêtez l'oreille ; oubliez la maison de votre père,

& votre beauté touchera le cœur du Roi. Les interprétations malignes qui furent faites de ce passage, obligèrent de le retrancher dans la suite : on fut mauvais gré à l'auteur d'y avoir donné lieu, & il se trouva qu'en voulant faire sa cour il avoit désobligé. Il ne suffit pas en effet de flatter, il faut flatter avec adresse & sans inconvénient.

C'est le plus souvent par les aveux de l'auteur, qu'on est instruit de sa frivolité & des dispositions légères qu'il apportoit à la composition de ses plus importans ouvrages. Quand il eut fini le dernier volume de son Histoire de l'Eglise : *J'ai achevé, graces à Dieu*, dit-il, *l'Histoire de l'Eglise ; je vais présentement me mettre à l'étudier. Quel peintre !* disoit-il quelquefois en parlant de lui-même, *quel peintre pour les Antoines & les Pacômes, pour les Augustins & les Athanases !*

Ce fut encore un zèle demi-pieux, demi-courtisan, qui engagea l'abbé de Choisy dans ce fameux voyage de Siam, dont il nous a laissé une relation qu'on lit avec plaisir. Les Jésuites, pour se rendre nécessaires ou du moins considérables, avoient persuadé à Louis XIV que le roi de Siam vouloit se faire chrétien, & sous ce prétexte ils l'avoient engagé à envoyer à Siam une ambassade solennelle, à la suite de laquelle seroit leur père Tachard, missionnaire chargé d'instruire le roi de Siam, & dont nous avons aussi une relation de ce voyage. L'abbé de Choisy se sentit saisi d'un ardent désir de contribuer à la conversion du monarque asiatique : c'étoit, disoit-il, le meilleur moyen d'expier les écarts de sa vie passée. En effet, si ce moyen étoit agréable à Dieu, il l'étoit aussi à Louis XIV. Le chevalier de Chaumont étoit nommé ambassadeur : l'abbé de Choisy lui fut adjoint avec le titre jusqu'alors inconnu de *coadjuteur d'ambassade*. Arrivé à Siam, l'abbé de Choisy fut désabusé ; il vit qu'il n'étoit, ainsi que le chevalier de Chaumont, qu'un personnage de parade ; que tout le secret de l'ambassade étoit entre les mains des Jésuites, & que ce secret étoit un projet d'ailleurs utile d'établissement d'un commerce dont les Jésuites espéroient d'être les agens les plus intéressés. Ce fut dans ce voyage de Siam qu'il reçut tous les ordres de l'Eglise avec une promptitude presqu'égale à celle de ce Dauphin de Viennois, qui céda le Dauphiné aux Princes français, & qui reçut le jour de Noël le sous-diaconat à la messe de minuit, le diaconat à celle du point du jour, & la prêtrise à celle du jour. L'abbé de Choisy reçut les quatre mineurs le 7 décembre, fut sous-diacre le 8, diacre le 9, prêtre le 10. Ce fut aussi dans ce même voyage de Siam & dans le vaisseau, qu'il prêcha pour la première fois de sa vie à quarante-deux ans. Les matelots composoient son auditoire ; il fut assez content de ce début, & sembloit se proposer de cultiver ce talent ; mais d'autres occupations plus conformes, ou à ses inclinations, ou à ses vues, disposèrent de lui.

Le roi de Siam, ayant demandé à l'abbé de Choisy s'il étoit vrai qu'il connût le Pape, & lui ayant dit que puisque cela étoit, il le chargeroit de quelques commissions pour Rome, l'abbé, transporté de joie, s'écrie : « Oh çà ! avouons la vérité : ne suis-je pas bien heureux ? & ne pouvant demeurer ici, pouvois-je retourner en Europe d'une manière plus agréable & plus convenable à un ecclésiastique ? J'ai eu le service de Dieu en vue en venant, & je l'aurai encore en retournant. Il est beau pour notre religion, qu'un Roi idolâtre témoigne du respect pour celui qui en est le chef en terre, & lui envoie des présens des extrémités du Monde ; & je crois que le Roi sera bien-aise de voir le vicaire de Jésus-Christ honoré par le roi de Siam, & qu'un de ses sujets soit chargé d'une pareille commission. »

Cet enthousiasme, cette ivresse de plaisir, n'étoit pas d'un homme encore trop désabusé : il le fut bientôt pleinement. Le résultat de son ambassade fut qu'on ne le chargea de rien pour le Pape, & qu'il ne put obtenir du roi de Siam, qu'à force de sollicitations, quelques vains complimens pour le cardinal de Bouillon, que le roi de Siam ne connoissoit ni ne vouloit connoître, mais qui étoit le protecteur de l'abbé de Choisy. Cet acte de reconnoissance envers un protecteur illustre ne fut, par l'événement, qu'une consolation pour un ami malheureux, & tourna fort mal pour l'abbé. En arrivant en France il trouva le cardinal de Bouillon disgracié à la cour & exilé, & la cour, ne considérant pas assez combien il avoit dû être difficile à l'abbé de Choisy de savoir à Siam tout ce qui se passoit à Versailles, trouva mauvais que l'unique fruit de son ambassade fût une distinction pour un sujet exilé : le Roi s'en expliqua plus nettement que justement ; l'abbé s'effraya ; il quitta la cour, & il eut aussi pour son compte l'honneur d'une disgrace, honneur dont on n'étoit point encore jaloux, & qui dut surtout paroître pénible à un homme pour qui le titre seul d'ami d'un ministre ou d'un grand avoit toujours eu tant de charmes : il se retira au séminaire des missions étrangères à Paris, & il nous assure *qu'après une demi-heure d'oraison au pied des autels, il eut le bonheur d'oublier sa disgrace*. Le recours à Dieu dans l'infortune verse en effet le calme & la consolation dans une ame pieuse ; mais la piété de l'abbé de Choisy étoit trop mêlée de retours vers la cour & le monde, & ce prompt oubli de sa disgrace pourroit bien n'être qu'une forfanterie dévote.

Quoi qu'il en soit, ses livres de dévotion & de flatterie, présentés surtout par le P. de la Chaise, firent oublier ses liaisons avec le cardinal de Bouillon. L'abbé de Choisy reparut à la cour ; il fut élu à l'Académie française, ce qui alors étoit presque une marque de faveur, & qui au moins excluoit toute idée de disgrace ; il fut reçu le 25 août 1687 à la place de M. de Saint-Aignan : il se montra un excellent académicien, & par son assiduité aux assemblées, & par son style pur & léger, par ses

Obſervations ſur la langue, que l'abbé d'Olivet a fait imprimer en 1754, long-tems après la mort de l'abbé de Choiſy, ſous le titre de *Journal de l'abbé de Choiſy*. « C'eſt peut-être, dit M. d'Alem-» bert, le ſeul ouvrage de grammaire, dont on » puiſſe dire qu'il inſtruit & qu'il amuſe tout à la » fois. »

Parmi les ouvrages profanes, mais utiles, de l'abbé de Choiſy, on ne ſauroit oublier ſon hiſtoire de nos quatre premiers Rois Valois ; ce fut à l'occaſion du dernier de ces Rois, l'infortuné Charles VI, que M. le duc de Bourgogne lui demanda comment il s'y prendroit pour dire ou pour faire entendre que Charles VI étoit fou ; car on croyoit alors qu'une ſi triſte vérité ne pouvoit être préſentée qu'avec de grandes précautions. On ſait la réponſe de l'abbé de Choiſy : *Monſeigneur, je dirai qu'il étoit fou*. (*Voyez* l'article *Mézeray*.) Des philoſophes peu verſés dans l'Hiſtoire, & qui ne ſavent pas combien les idées varient d'un ſiecle à l'autre, ont reproché à M. le duc de Bourgogne cette queſtion, comme s'il eût parlé par un intérêt de Prince & par un deſir ſecret de voir ſupprimer, même après la mort des Rois, les vérités affligeantes qui les concernent, ou du moins par le préjugé deſpotique que le reſpect dû à la mémoire des Rois doit impoſer ſilence ſur de telles vérités. Rien de tout cela. Le Prince parloit d'après les idées du tems. Tout le monde trouvoit alors de la hardieſſe, & une hardieſſe dangereuſe, à énoncer des vérités déſobligeantes pour les Rois, après leur mort comme pendant leur vie.

Quand M. de Montauſier apprit la réponſe de l'abbé de Choiſy au duc de Bourgogne, il rendit à l'abbé une partie de ſon eſtime ; il s'écria comme Molière : *Où la vérité, où la noble liberté va-t-elle ſe nicher ?* On dit même qu'il ajouta : *Je ſuis fâché de ne pouvoir demander à cet hermaphrodite ſon amitié*. Cette admiration de Montauſier pour un mot ſi ſimple, & le plaiſir que prenoit l'abbé de Choiſy à ſe vanter de l'avoir dit, ne prouvent-ils pas que tout le monde trouvoit alors un grand & noble courage à oſer dire qu'un roi de France étoit fou, à promettre même d'oſer le dire ?

N'avons-nous pas vu, juſqu'en 1771 (remarquez cette époque), un arrêt du conſeil proſcrire un ouvrage couronné par l'Académie françaiſe, & motiver cette proſcription ſur la licence que l'auteur avoit priſe de ne pas approuver la révocation de l'édit de Nantes & les dragonades ? Il eſt vrai que cet arrêt du conſeil étoit l'ouvrage d'un ignorant, qui, ayant été autrefois élevé dans ces principes, croyoit que rien n'avoit changé depuis, & qui n'avoit pas eu les yeux ouverts pour voir quelle révolution l'opinion avoit faite ſur ce point dans les idées. Cet ignorant eſt pourtant célébré comme un très-grand miniſtre en vingt endroits des Lettres de M. de Voltaire.

*Vidi puduitque videre.*

Quant à la queſtion du duc de Bourgogne, bien loin d'y trouver un eſprit deſpotique, j'y verrois plutôt le deſir honnête & eſtimable de voir la vérité hiſtorique rentrer dans tous ſes droits, & la crainte des obſtacles que le préjugé pouvoit mettre à une ſage liberté.

Les Mémoires pour ſervir à l'Hiſtoire de Louis XIV ſont, malgré le mal que nous en avons dit, à quelques égards, le plus agréable & le plus piquant des ouvrages de l'abbé de Choiſy ; ils n'ont paru qu'après ſa mort. Beaucoup de gens les ſavent preſque par cœur.

C'étoit ſurtout à écrire des hiſtoires & des anecdotes de ſon tems que M. l'abbé de Choiſy étoit propre ; il y mettoit de la vivacité, de l'éclat, un mélange piquant d'eſprit & de naiveté. Il n'étoit peut-être pas aſſez inſtruit ni aſſez laborieux pour écrire les hiſtoires qu'on ne peut apprendre que dans les livres & dans les monumens : on n'a pas cependant de traits formels d'ignorance à lui reprocher ; mais en général on trouve ſes ouvrages un peu ſuperficiels : on ſent qu'il s'eſt épargné le travail des recherches, travail ingrat qui expoſe au reproche de pédantiſme quand il eſt apperçu ; tandis qu'en ſe l'épargnant, on en eſt quitte pour un reproche de frivolité, & qu'on eſt lu. C'eſt ce qui arrivoit à l'abbé de Choiſy : on le liſoit beaucoup, on le lit & on le lira. Non-ſeulement il n'eſt pas pédant, mais il en eſt tout l'oppoſé ; il n'étoit pas même ſavant ; c'eſt encore de lui qu'on l'apprend, & on apprend en même tems comment il ſavoit vivre parmi des ſavans avec cette conſcience de ſon ignorance. « J'ai, dit-il, une place » d'écoutant dans leurs aſſemblées, & je me ſers » ſouvent de votre méthode ; une grande mo- » deſtie, point de démangeaiſon de parler. Quand » la balle me vient bien naturellement, & que je » me ſens inſtruit à fond de la choſe dont s'agit, » alors je me laiſſe forcer, & je parle à demi-bas, » modeſte dans le ton de la voix, auſſi bien que » dans les paroles. Cela fait un effet admirable ; » & ſouvent quand je ne dis mot, on croit que je » ne veux pas parler, au lieu que la bonne raiſon » de mon ſilence eſt une ignorance profonde, » qu'il eſt bon de cacher aux yeux des autres. »

Si nous croyons l'abbé de Choiſy ſur l'aveu qu'il fait de ce qui lui manquoit, nous devons le croire auſſi ſur les bonnes qualités qu'il s'attribue : tout ce qu'il dit de lui peint un bon cœur & des mœurs douces. *Graces à Dieu*, dit-il dans ſes Mémoires, *je n'ai point d'ennemis ; & ſi je ſavois quelqu'un qui me voulût du mal, j'irais tout à l'heure lui faire tant d'honnêtetés, tant d'amitiés, qu'il deviendroit mon ami en dépit de lui*.

Le P. Tachard, pendant l'ambaſſade de Siam, lui avoit joué beaucoup de tours de jéſuite, dont il n'avoit connu qu'une partie à Siam, & dont il ne fut pleinement inſtruit qu'à ſon retour en France. *Mais*, dit-il, *quand je me vis dans mon bon pays, je fus ſi aiſe, que je ne voulus de mal à perſonne. Ce* fentiment a quelque chofe d'aimable ; mais il faut avouer que, dans le *bon pays* dont il parle, on trouve tant de diftractions, qu'un homme d'un caractère frivole & facile, tel qu'étoit l'abbé de Choify, ne devoit pas y conferver affez d'énergie pour aimer ni pour hair bien fortement ; & tandis qu'on s'occuperoit à fe venger du paffé, on perdroit le tems de jouir du préfent & de préparer l'avenir.

Le repentir que l'abbé de Choify avoit de fes fautes, n'étoit fouvent que le regret de ne pouvoir plus les commettre. Il paffoit un jour avec un ami, près d'une terre confidérable que le dérangement de fa conduite l'avoit obligé de vendre. Les fouvenirs chers & douloureux que cette vue lui rappaloit, lui arrachèrent de profonds foupirs : fon ami, entrant dans fa peine, loua cette douleur comme un garant fûr d'un repentir fincère & vertueux. *Ah!* s'écria l'abbé de Choify, *comme, fi je l'avois, je la mangerois encore !*

« Avec des qualités aimables pour la fociété, » dit M. d'Alembert, il lui manqua la plus effen- » tielle pour lui-même, la feule qui donne du » prix à toutes les autres, la dignité de fon état, » fans laquelle les agrémens n'ont qu'un éclat fri- » vole, & ne font guère qu'un défaut de plus..... » Il joignit à l'amour de l'étude trop de goût pour » les bagatelles ; à l'efpèce de courage qui mène » au bout du monde, les petiteffes de la coquet- » terie, & fut dans tous les momens entraîné par » le plaifir & tourmenté par les remords. » Il mourut le 2 octobre 1724, à quatre-vingts ans révolus, étant né le 16 août 1644. Peu de tems avant fa mort il avoit rempli les fonctions de directeur à la réception de l'abbé d'Olivet fon ancien ami, & le difcours plein de fenfibilité, dit M. d'Alembert, qu'il prononça en cette occafion, fut comparé par fes confrères au chant du cygne. Il étoit doyen de l'Académie françaife ; il eut pour fucceffeur, dans le décanat, M. de Fontenelle.

**CHRYSOSTOME** ( SAINT JEAN ), ( *Hift. eccléf.*), ou BOUCHE D'OR, ainfi furnommé à caufe de fon éloquence, naquit à Antioche en 344, d'une des principales familles de la ville. Après s'être exercé quelque tems au barreau, le goût de la retraite vint le faifir ; il y paffa plufieurs années, d'abord fur les montagnes voifines d'Antioche, puis dans une grotte plus inacceffible aux hommes, où la méditation, la prière & l'étude de l'Ecriture-Sainte l'occupèrent tout entier. La folitude a plus de douceurs peut-être que le commerce toujours orageux du monde ; mais les befoins également impérieux, & de l'ame, & du corps, rappellent toujours vers le monde. Saint Jean Chryfoftôme y rentra. Mélèce, évêque d'Antioche, l'ordonna diacre, & Flavien, fucceffeur de Mélèce, ce Flavien dont faint Chryfoftôme nous a confervé l'éloquent difcours à l'empereur Théodofe, en faveur de fon peuple d'Antioche, éleva Chry-

foftôme au facerdoce en 381. Le même faint Jean Chryfoftôme fut placé fur le fiége de Conftantinople en 398. Son épifcopat ne fut qu'un combat éternel contre les abus qui défiguroient fon églife, contre l'orgueil des grands & les intrigues des favoris, contre tous les vices du fiècle, contre toutes les fectes hérétiques de fon tems, nommément contre les Ariens & contre les partifans d'Origène. Son zèle s'étendit au-delà des tornes de fon diocèfe, au-delà même de celles de l'Eglife ; il envoya des miffionnaires travailler à la converfion des Scythes. Ce zèle pour la propagation de la foi dans les contrées où elle eft encore inconnue, peut n'avoir pas de fuccès ; mais il n'excite guère d'orages : le zèle apoftolique contre le vice puiffant fait naître des haines dangereufes & funeftes. Ni le rang de l'impératrice Eudoxie, ni la faveur d'Eutrope, n'empêchèrent Chryfoftôme de s'élever avec force contre leurs injuftices. Son éloquence & fes vertus ne l'empêchèrent pas de fuccomber. Les fuccès même de fon éloquence lui furent funeftes : fon fermon fur le luxe des femmes, fatire indirecte contre Eudoxie, n'eut que trop de fuccès, & ne fut que trop applaudi. Eudoxie ne le lui pardonna jamais, & ne fongea qu'à préparer fa vengeance. Elle gagna un certain nombre d'évêques, & parvint à faire condamner faint Jean Chryfoftôme, en 403, dans une affemblée que les écrivains catholiques ne traitent que de conciliabule : on chaffa ce faint prélat de fon fiége ; mais bientôt la fuperftition, au lieu de la juftice, s'empreffa de le rappeler. Un tremblement de terre qui agita toute la ville, & qui ébranla furtout le palais impérial la nuit même d'après le départ du faint, effraya tellement l'Impératrice, qu'elle crut ne pouvoir échapper au danger que par le prompt rappel de Chryfoftôme. Si la fuperftition favoit être conféquente, Eudoxie eût évité avec foin toutes les occafions d'irriter contr'elle cet homme redoutable, qui lui paroiffoit difpofer des élémens ; mais comme ces deux perfonnages, toujours ennemis dans le fond du cœur, n'avoient l'un pour l'autre qu'un refpect forcé, de nouvelles ruptures ne tardèrent pas à éclater. L'inauguration d'une ftatue de l'Impératrice, élevée dans la place près de l'églife de Sainte-Sophie, parut accompagnée de beaucoup de cérémonies payennes ; des Payens & des Manichéens préfidoient à l'ordonnance de cette fête ; les acclamations du peuple, des danfes & d'autres plaifirs mondains & profanes troubloient le fervice divin dans l'églife de Sainte-Sophie. Saint Chryfoftôme fignala encore fon zèle & fon éloquence contre ces fêtes indécentes, contre ceux qui les célébroient, contre ceux qui les ordonnoient ou qui les permettoient ; en un mot, contre l'Impératrice. Cette Princeffe oubliant le tremblement de terre qui avoit fuivi le premier exil du faint, ou guérie de fes craintes fuperftitieufes par le dépit & la colère, forma de nouvelles intrigues avec des évêques ennemis ou

jaloux de faint Jean Chryfoftôme, & le fit de nouveau condamner & chaffer de fon églife le lundi
10 juin 404. Il fut exilé en Bithynie. La perfécution contre fes adhérens fut pouffée jufqu'à l ef-
fufion du fang. L'Orient trembla & fe tut ; mais le
pape Innocent I & les plus grands évêques de
l'Eglife d'Occident s'empreffèrent à confoler Chryfoftôme par les marques les plus flatteufes de leur
eftime & de leur vénération. L'empereur Honorius
écrivit en fa faveur à l'empereur Arcadius fon
frère ; mais l'afcendant d'Eudoxie fur ce foible
Empereur, fon mari triompha aifément de tous
ces efforts. Saint Chryfoftôme fut transféré d'exil
en exil, de prifon en prifon, maltraité par les fol-
-dats qui le conduifoient, & dont la fureur brutale
étoit animée par l'affurance de plaire à l'Impératrice. Il fuccomba enfin fous tant de maux, &
mourut en route à Comane, le 14 septembre 407.
C'eft un des Pères les plus illuftres de l'Eglife
d'Orient. Ses principaux ouvrages font fes Traités
du Sacerdoce, de la Providence, de la Divinité
de Jéfus-Chrift ; mais c'eft furtout fes Homélies
qu'il eft célèbre. On a donné plufieurs bonnes &
favantes éditions de fes œuvres. La dernière eft
celle de dom Montfaucon, en treize volumes in-
folio, & en grec & en latin. Celle-ci eft auffi la plus
complète, & la plus favamment ornée de préfaces,
de notes, de variantes. On y trouve une vie de ce
faint docteur. Cette vie avoit déjà été plufieurs
fois écrite ; la première, par le docteur Hermant,
janfénifte, ami de Port-Royal ; la feconde, par
M. de Tillemont, dans fes Mémoires pour fervir
à l'Hiftoire eccléfiaftique.
Plufieurs des ouvrages de faint Jean Chryfoftôme ont été traduits en français. M. Fontaine,
de la fociété de Port-Royal, a traduit une partie
de fes Homélies ; Maucroix en a traduit une autre ;
l'abbé de Bellegarde a traduit fes Sermons choifis
& fes Opufcules, un P. de Bonrecueil fes Lettres.
Sur l hiftoire de faint Jean Chryfoftôme, (voyez
les articles *Eudoxie* & *Eutrope* dans le Dictionnaire.)
L'article *Chryfoftôme*, dans le Dictionnaire, avoit
été renvoyé à *Jean*, où il ne fe trouve pas.

**CIVILIS, TUTOR ET CLASSICUS.** ( *Hift.*
*rom. & germaniq.* ) Ce que Florus & Sacrovir
avoient tenté fous l'empire de Tibère en faveur
de quelques cités de la Gaule, Civilis, Tutor &
Claffius (mais furtout le premier) le tentèrent
pour toutes les Gaules, au milieu de la confufion
des guerres civiles, fous Vitellius & Vefpafien.
Leur projet ne fe bornoit pas même à procurer la
liberté aux Gaules ; ils ne fe propofoient pas moins
que d'y tranfporter l'Empire. Claudius-Civilis étoit
un grand feigneur de race royale & d'un crédit
puiffant chez les Bataves, nation moitié germanique, moitié gauloife, étant venue de la Germanie, & s'étant établie en deçà du Rhin. Un
autre grand feigneur de la même nation, nommé

Julius-Paulus, qu'on croit avoir été fon frère, fut
fufpect, ainfi que lui, aux gouverneurs romains, à
caufe de l'amour de la liberté, à caufe du talent
& de l'audace que tous deux fignaloient en toute
occafion : ils furent donc arrêtés fous de faux prétextes ; Paulus fut mis à mort, & Civilis envoyé
à Néron, qui le retint prifonnier. Relâché par Galba, il retomba encore dans de nouveaux dangers
fous Vitellius, les foldats romains, qui avoient
quelque preffentiment ou quelque foupçon de ce
qu'il tramoit, ayant demandé fa tête. Il commandoit pour les Romains la cohorte des Bataves, ce qui
l'expofoit d'autant plus à ces mortelles défiances.
Il vit qu'il n'y avoit pas d'autre moyen de s'en garantir que de les juftifier, & que fon intérêt perfonnel étoit d'accord, fur ce point, avec l'intérêt
& l'honneur de fa nation. D'ailleurs, à quel maître
étoit-on alors obligé d'obéir ? Depuis Néron, il
n'y avoit point eu de pouvoir fixe, ftable & généralement reconnu : les Empereurs ne faifoient que
paffer fous les yeux comme des ombres fugitives,
& l'Empire romain, agité par tant de convulfions
diverfes, fembloit prêt à s'écrouler :

Ce coloffe effrayant, dont le monde eft foulé,
En preffant l'Univers eft lui-même ébranlé.
    Il panche vers fa chute.

C'eft ainfi que Civilis le voyoit, & qu'il le faifoit
voir à fes concitoyens & aux autres peuplades, tant
germaniques que gauloifes, dont il étoit environné,
& qui entroient dans les mêmes difpofitions, nommément aux Caninéfates & aux Frifons. Ce Civilis n'avoit rien de barbare que la fierté, l'audace
& l'amour de la liberté qui diftinguoient ces nations réputées barbares ; il ne le cédoit d'ailleurs
ni en vertu guerrière, ni en connoiffances militaires, ni en talens pour les négociations, aux plus
habiles d'entre les Romains. L'auteur de l'Avant-
Clovis lui trouve des rapports avec Annibal & avec
Sertorius, non-feulement parce qu'il avoit perdu
comme eux un œil à la guerre, mais parce qu'il
étoit comme eux fécond en ftratagêmes & en reffources.
Il profita d'abord habilement de la conjoncture
de la guerre civile allumée entre Vefpafien & Vitellius ; il parut fe dévouer au parti du premier,
pour avoir un prétexte de combattre l'autre. On
faifoit alors dans la Germanie & dans les Gaules
des recrues au nom de Vitellius. Les vicieux agens
de ce vicieux Empereur excitoient de juftes murmures, & par ces levées même, & par la manière
dont ils les faifoient ; ils y employoient prefque
toujours, ou la fraude, ou la violence ; tous les en-
rôlemens étoient forcés, & ils n'enrôloient que
des vieillards par avarice, pour leur vendre enfuite
leur liberté, ou que des jeunes gens d'une figure
très-diftinguée, par des motifs plus infames encore & plus corrompus. Lorfque Civilis vit les

peuples difposés à ne plus fouffrir ces indignités, il affembla leurs principaux chefs dans un bois facré, où il leur donna pendant la nuit un grand feftin. Là, quand il les voit échauffés par le vin & la bonne chère, & devenus par-là même plus capables d'une réfolution courageufe, il leur remet devant les yeux tous les outrages qu'ils avoient reçus des Romains, & les exhorte à une vengeance qu'il leur repréfente comme également facile & honorable. Il les y engage par les fermens les plus folennels, accompagnés des exécrations les plus terribles. Animés par cette éloquence martiale, chefs & peuples brûlent de le fuivre. Les Caninéfates, pour mieux braver les Romains, mettent à leur tête un grand feigneur de leur pays, nommé Brignon, homme hardi & brutal, & furtout fils d'un père qui avoit fait la guerre aux Romains, & qui n'avoit jamais diffimulé fon mépris pour les extravagances de Caligula. Cette conduite du père fit élire le fils, bien plus que les talens non encore éprouvés de celui-ci. Les Caninéfates, joints aux Frifons, fondent fur les cohortes romaines éparfes en divers forts le long des côtes de la mer; les unes font enveloppées, emportées ou défaites; les autres fe fentant hors d'état de réfifter, brûlent leurs forts & fe retirent. Civilis, qui ne s'étoit pas encore déclaré, écrit même contre Vitellius, rappelle les chefs de ces cohortes à leurs poftes, leur affure que le foulèvement des barbares n'eft rien; qu'il l'auroit réprimé avec fa feule cohorte, qu'ils en ont conçu trop d'allarmes, que la retraite feule des Romains pourroit donner de l'activité à ces mouvemens, & du poids à cette entreprife légère. C'étoit pour furprendre les Romains dans leurs poftes, qu'il cherchoit ainfi à les y ramener; il efpéroit les vaincre plus aifément ainfi difperfés en divers pelotons, que raffemblés en un corps d'armée; mais les Germains, dans l'ivreffe de leurs fuccès, s'étant trahis & l'ayant trahi, Civilis fut obligé de fe déclarer, non pas encore en fon nom, mais au nom de Vefpafien. S'étant donc mis à la tête de fes Bataves, il attaqua les Romains en qualité de Vitellien; une cohorte de Tongres, qu'il avoit pratiquée d'avance, paffa du côté des Bataves au moment même du combat, & les Romains, affoiblis par cette défection, furent battus; ils s'attendoient à être foutenus par vingt-quatre de leurs galères qui rafoient les côtes pour être à portée de leur fournir les fecours néceffaires; mais la plupart des rameurs étoient Bataves, et ils avoient auffi été féduits par les Bataves: ils feignirent d'abord de la mal-adreffe &, comme dit Mézeray, *une malicieufe lourdife*, pour troubler le fervice des foldats & des matelots; enfuite fe montrant ouvertement rebelles ils tuèrent leurs capitaines & leurs officiers. Les fuccès de Civilis devenoient impofans, & attiroient à fon parti une foule de Germains & de Gaulois; il faifoit porter devant fon armée les enfeignes des cohortes qu'il avoit vaincues; il menoit à l'arrière-garde fa mère & fa

fœur, & il vouloit qu'à fon exemple, fes foldats fuffent fuivis de leurs femmes, de leurs enfans, de leurs parens les plus chers, pour redoubler en eux l'ardeur de la victoire, & pour les retenir par le frein de la honte & par un fi puiffant intérêt, s'ils étoient tentés de fuir. Ce moyen lui réuffit: bientôt il préfenta de nouveau la bataille aux Romains; le cri militaire, qui, felon l'ufage, fut pouffé d'abord de part & d'autre, fit préfager l'iffue du combat. Le chant des foldats bataves, les hurlemens furieux de leurs femmes, annonçoient l'allégreffe, la réfolution & la confiance; le cri qui partit du camp romain n'eut pas la même vigueur: leur épouvante fe faifoit-déjà connoître à la foibleffe de leurs voix. Il reftoit encore affez de Bataves fidèles en apparence aux Romains pour former une aile prefqu'entière dans l'armée romaine; cette aile, au moment de la bataille, fe tourna tout-à-coup du côté de Civilis. A cette vue toutes les cohortes auxiliaires lâchèrent pied: il n'y eut que les légionnaires qui tinrent ferme, & qui firent leur retraite en bon ordre dans le camp de *Vetera*. Dans le même tems, de vieilles cohortes de Caninéfates & de Bataves que Vitellius avoit mandées, & qui étoient en chemin pour fe rendre à Rome, ayant appris les fuccès de leurs compatriotes, revinrent fur leurs pas pour fe joindre à eux. La garnifon de Bonn ayant voulu leur fermer le paffage, fut repouffée & défaite par ces cohortes, qui exécutèrent enfuite fans obftacle la jonction projetée. Civilis fe vit alors en état d'affiéger les légions romaines dans leur camp de Vetera; il commença par les fommer de prêter ferment à Vefpafien, en attendant qu'il pût exiger ce ferment pour lui-même. Les légions répondirent qu'elles n'avoient ni ordre ni confeil à prendre d'un ennemi & d'un traître, que Vitellius étoit feul Empereur, & qu'elles lui feroient fidelles. Civilis effaya de forcer le camp, & y donna plufieurs affauts; mais obligé d'abandonner ce projet, il fe contenta d'y tenir les légions bloquées, & fe propofa de les affamer; il continua de remporter divers avantages qui fortifioient de plus en plus fon parti; mais enfin celui de Vitellius étant entiérement abbatu, & Vefpafien étant abfolument fans ennemis dans la Gaule & dans la Germanie, les généraux romains fommèrent Civilis de fe défifter d'une guerre qui devenoit fans objet, puifqu'il ne l'avoit, difoit-il, entreprife que pour les intérêts de Vefpafien. Cet argument fans réplique étoit fort embarraffant pour Civilis, & la chute trop prompte de Vitellius lui enlevoit le feul prétexte, à la faveur duquel il pût fuivre fes projets. Forcé de fe déclarer, il ne s'ouvrit d'abord qu'avec précaution à ceux qu'il efpéroit d'attirer au parti de la liberté, c'eft-à-dire, au fien; il donna de belles paroles aux autres, ne fongeant qu'à gagner du tems; il féduifit beaucoup de Gaulois, quelques Romains même; mais comme il ne levoit toujours point le fiége de Vetera, Vocula, général de l'armée romaine, marcha en forces contre lui. Ce général, qui ne manquoit point de talens, fut accufé de chercher à prolonger la guerre pour fe rendre néceffaire, & de s'abftenir exprès de vaincre de peur d'avoir vaincu. Il força Civilis de-lever le fiége de Vetera, mais il ne le pourfuivit point. Bientôt fa politique fe tourna contre lui & lui enleva le fruit des avantages même qu'il n'avoit pu s'empêcher de remporter : fes troupes fe mutinèrent, & la fédition fomentée par les intrigues fecrètes de Civilis devint fi forte, que Vocula fut réduit à fe fauver pendant la nuit, traverti en efclave.

Civilis fe déclara pour lors & entraîna une grande partie de la Gaule. Ce fut alors que Tutor, Claffius & Sabinus fe rangèrent à fon parti. Claffius engagea un des factieux à tuer Vocula, qui avoit été retrouvé. Civilis & fes amis étoient parvenus à corrompre jufqu'aux légions romaines, qui, ayant toujours été attachées à Vitellius, aimèrent mieux obéir à Civilis que de fe foumettre à Vefpafien qu'elles étoient accoutumées à combattre. Civilis recommença le fiége de Vetera, & les légions qui défendoient ce camp, fe voyant abandonnées par les autres, furent obligées de fe rendre.

Sabinus fe fit proclamer Empereur de la Celtique, mais il fut battu. Claffius entra dans le camp romain, revêtu des ornemens impériaux, & reçut le ferment des officiers & des foldats, non pour lui, mais pour l'Empire des Gaules, c'eft-à-dire, pour Civilis. Tutor & Claffius étoient à fon égard ce que Mucien & Antonius Primus étoient dans le même tems à l'égard de Vefpafien.

Civilis eut enfuite à combattre un autre général, Pétilius Cerialis, dont il n'eut pas auffi bon marché que de Vocula. Quand les légions qui s'étoient ou données ou rendues à Civilis, fe virent en préfence d'autres légions romaines, elles reprirent l'efprit romain, & fe tournèrent toutes du côté de Cérialis. Ce général triompha aifément des lieutenans de Civilis; il prit Trèves. Civilis, joint avec Claffius, vint le furprendre dans fon camp près de cette ville, & il eut d'abord cet avantage momentané que produit toujours la furprife à ceux qui l'emploient, mais il finit par être repouffé avec perte; il vint enfuite occuper ce camp de Vetera, d'où il avoit chaffé les Romains. Il crut qu'à la vue de ce théâtre de fes exploits & de fes fuccès, fes foldats en feroient plus animés à de nouveaux fuccès encore. En effet, ils s'y défendirent d'abord avec grand courage, même pendant quelque tems avec avantage; mais ils finirent par en être chaffés, & obligés de mettre le Rhin entr'eux & leurs ennemis.

Ce fut alors que, pour élargir encore ce foffé, Civilis rompit une levée que Drufus avoit faite pour retenir la pente naturelle du fleuve qui le portoit vers le rivage des Gaules. Par ce moyen le courant retomba dans le canal de la Lecque, & fortifia la barrière du Rhin.

Cependant Tutor & Claffius lui ayant amené des renforts de la Germanie, l'infatigable Civilis voulut encore tenter la fortune; il attaqua les Romains à la fois dans quatre poftes différens, & fut d'abord vainqueur partout. Mais Cérialis accourant avec toute fon armée au fecours de fes poftes forcés, la fortune changea, les Germains furent précipités dans le Rhin. Civilis, quoique percé de coups, fe tint ferme fur fon cheval, qui paffa le Rhin à la nage & le fauva. Claffius & Tutor paffèrent ce fleuve dans des nacelles. A quelque tems de là Cerialis defcendant le Rhin de Bonn à Nuys, Civilis penfa le furprendre; il mit fon armée en défordre & lui prit plufieurs navires; il reparut quelque tems après avec une flotte puiffante qu'il étoit avec orgueil à l'embouchure de la Meufe. La flotte romaine étoit en préfence. Les deux armées navales paffèrent à côté l'une de l'autre, & fe lancèrent des traits : on fe menaça, mais on ne combattit point.

C'eft un perfonnage bien difficile, que celui d'un chef de rebelles; s'il ceffe d'être heureux & triomphant, il perd tout crédit dans fon parti, fouvent même il devient fufpect, & c'eft à le rendre tel que fes ennemis s'attachent. Les Romains rendoient alors à Civilis artifices pour artifices : tous les moyens de corruption dont il avoit ufé envers eux, ils les employoient contre lui. En ravageant les terres des Bataves, ils avoient grand foin de refpecter les fiennes, pour perfuader à ces peuples que Civilis étoit d'intelligence avec les Romains. Civilis voyoit que les difpofitions des Bataves ne lui étoient plus favorables; que la guerre, dont le poids écrafe toujours à la longue, commençoit à leur déplaire; que les principaux chefs, jaloux de fa gloire, fongeoient à faire à fes dépens leur accommodement avec Rome : il réfolut de les prévenir, & il fe mit à négocier avec Cérialis; il fe vanta même dans la fuite de l'avoir fauvé d'une perte certaine, dans une occafion où un débordement du Rhin ayant inondé fon camp, ce général reftoit fans vivres, fans vaiffeaux qui puffent lui en apporter, fans aucun moyen de travailler à des retranchemens néceffaires. C'étoit le moment, difoient alors les Germains, d'opprimer ces légions qui leur avoient fait tant de peine, & d'acquérir par leur ruine une gloire égale à celle d'Arminius. Civilis, au contraire, employa toute fon adreffe à les détourner de ce projet, préférant à une gloire incertaine ou fragile un accommodement certain & folide. Il fe ménagea donc une entrevue avec Cérialis; ils fe virent fur un pont du Waal, ayant une arche rompue entr'eux deux. Ils convinrent aifément de leurs conditions : Civilis, Tutor, Claffius & cent treize fénateurs de Trèves, qui avoient fuivi leur parti, furent rétablis dans tous leurs biens, & jurèrent de ne jamais tirer l'épée que pour la défenfe de l'Empire romain. Il ne fut plus parlé de l'Empire des Gaules. On ignore le refte de l'hiftoire & la fin de ces

trois

trois conjurés, Civilis, Tutor & Classicus. Leur entreprise étoit noble, mais elle n'eut pas d'autre issue que d'affermir & d'augmenter la domination qu'ils avoient voulu renverser. Quant à la fin de Sabinus, événement très-mémorable, on peut la voir à son article dans le Dictionnaire.

## CLASSICUS. (*Voyez* l'article *Civilis*).

**CLAUDE** ( LA REINE ), ( *Hist.* de Fr. ) étoit la fille aînée du roi Louis XII & de la célèbre Anne de Bretagne. On a presque tout dit de la reine Claude, en n'en disant presque rien : son obscurité fait sa gloire. Ce fut une sainte, qui, négligée par François I son mari, maltraitée par sa belle-mère Louise de Savoie, duchesse d'Angoulême, ne se plaignit point, n'exigea rien, ne regretta rien, servit Dieu, secourut les malheureux, & ne fit jamais de mal. On la nomma, pendant sa vie, la *bonne reine*, & personne n'en parle aujourd'hui : on ne sait pas même si c'est elle qui a donné son nom, ou donné on a donné le nom à la reine des prunes. Voilà les femmes qui ne sont point célèbres. Qu'une femme sans pudeur ( Louise de Savoie ) ait fait pendre un vieillard innocent ( Semblançay )ç qu'elle ait forcé un héros désespéré ( le connétable de Bourbon ) à déchirer le sein de sa patrie, à faire son Roi prisonnier ; qu'on ait tremblé sous elle, on ne l'oubliera jamais.

Quand j'ai dit que la reine Claude étoit négligée par François I, j'ai voulu dire seulement qu'elle n'avoit ni crédit ni faveur ; le crédit étoit entre les mains de la duchesse d'Angoulême, la faveur étoit pour la comtesse de Chateaubriant. D'ailleurs, le Roi eut de la reine Claude, en dix ans de mariage, trois fils & quatre filles.

Dès le 28 juin 1515 elle lui avoit fait une donation entre-vifs du duché de Bretagne, des comtés de Nantes, de Blois, de Montfort & autres terres.

Claude naquit à Romorentin le 13 octobre 1499, fut mariée le 18 mai 1514, & mourut le 25 juillet 1524, à Blois. Bordigné, du Bouchet & quelques autres parlent de ses miracles : bornons-nous à parler de ses vertus.

**CLAUDIA** ou **CLODIA** ( *Hist. rom.* ), digne sœur de ce tribun Clodius, l'ennemi de Cicéron & de tous les gens de bien, le violateur des mystères de la bonne déesse. Elle avoit, dit-on, commencé par être violée par lui, ou peut-être par se livrer à lui : c'est ainsi qu'elle préluda aux désordres de sa vie, qui ne cédèrent qu'à ceux de Messaline, dont le nom est resté en possession d'être l'emblème de la débauche. Claudia fut distinguée des autres femmes de son nom, par le surnom infamant de *quadrantia* ou de *quadrantaria*, tiré d'une pièce de monnoie fort vile qu'elle recevoit, dit-on, de chacun de ses amans pour prix de ses faveurs. Il semble que ces deux femmes ( Claudia & Messaline ) prissent plaisir à n'omettre aucune des circonstances de bassesse & d'opprobre qui appartiennent au métier de prostituée. Juvénal nous représente aussi Messaline demandant de l'argent aux soldats & aux autres débauchés qui entroient dans le lieu de prostitution où elle se rendoit la nuit en quittant la couche impériale :

*Excepit blanda intrantes atque æra poposcit.*

C'étoit sans doute, dans son intention, aider à son déguisement ; car ce ne pouvoit être, ni par besoin, ni par intérêt. Cette femme, qui gouvernoit si absolument l'Empereur, devoit disposer des finances de l'Empire. La conduite de Claudia rend croyable celle de Messaline, & absout Juvénal d'hyperbole. Cette Claudia voulut inspirer ou vendre de l'amour à Cicéron ; car c'est surtout à corrompre les personnages graves & vertueux, que ces machiavélistes d'amour mettent leur gloire. Cicéron se moqua d'elle, & ne lui épargna point les railleries dans sa harangue pour Cœlius. Claudia, quoique déshonorée dès la maison paternelle, n'en épousa pas moins le consul Quintus-Metellus-Celer, un des plus honnêtes hommes de la république. Que pouvoit faire une pareille femme d'un mari honnête homme ? Elle l'empoisonna ; ce qui lui a fait donner par Quintilien le surnom de *quadrantaria Clytemnestra*, surnom qui n'est pas tout-à-fait juste, & qui a besoin de cette correction que Juvénal nous fournit :

*Hoc tantùm differt quod tyndaris illa bipennem*
*Insulsam & fatuam dextrâ lævâque tenebat,*
*At nunc res agitur tenui pulmone rubetæ.*

**CLERC** ( LE ). ( *Hist.* du Luthéran. ) La ville de Meaux fut, en France, le berceau du Luthéranisme. Ce fut là que les Luthériens firent en France leurs premières profanations ; ce fut là qu'on vit pour la première fois des bulles & des mandemens déchirés & des placards affichés, où le Pape étoit traité d'Antechrist. Un cardeur de laine, nommé Jean le Clerc, fut un de ceux qui se distinguèrent le plus par ces traits de zèle. Le parlement les fit fustiger dans les carrefours de Paris, les fit marquer d'un fer chaud à Meaux, & les bannit du royaume à perpétuité. Jean le Clerc trouvant qu'il avoit encore trop peu souffert pour l'Evangile, alla briser des images à Metz : on lui coupa le poing & le nez, on le couronna d'un fer chaud, & on le jeta au feu ( en 1525 ). Il fut le premier martyr du Luthéranisme en France. Théodore de Bèze l'appelle *le Restaurateur des églises de Meaux & de Metz*.

**CLUGNY.** ( *Hist. de Fr.* ) Nom d'une ancienne famille de Bourgogne, originaire d'Autun, qui a fourni un grand nombre de magistrats estimés, soit dans le parlement de Dijon, foit dans divers autres tribunaux de la même province.

Elle a produit auffi plufieurs guerriers qui ont bien fervi l'État, entr'autres un feigneur d'Eftailles, tué au fiége de Toulon la nuit du 2 au 3 août 1707.

Elle a eu auffi des prélats d'une grande diftinction, tels que le cardinal Ferri de Clugny, évêque de Tournay. Il eut part aux plus grandes affaires de fon tems, & fut chargé des ambaffades les plus importantes à Rome & auprès de Louis XI. Il mourut à Rome le 7 octobre 1483.

Son frère, Guillaume de Clugny, évêque de Poitiers, fut auffi employé dans les plus grandes affaires de fon tems, par les ducs de Bourgogne, Philippe-le-Bon & Charles-le-Téméraire. Envoyé par ce dernier en Angleterre, pour conclure une ligue contre la France, il y négocia le mariage de Charles avec Marguerite d'Yorck, fœur d'Edouard IV. Après la mort du duc Charles, il courut rifque de la vie par fon attachement à la mémoire de ce Prince & à la perfonne de Marie de Bourgogne fa fille. Il fut arrêté à Gand par les Gantois rebelles, avec le chancelier Hugonet & le feigneur d'Imbercourt (*voyez* leurs articles dans ce volume), à qui ces furieux firent trancher la tête à la vue de leur fouveraine, qui demandoit grace pour eux, ou plutôt qui réclamoit en faveur de leur innocence. Ce qui le fauva peut-être, c'eft qu'il fe laiffa, comme tant d'autres Bourguignons & Flamands, attirer au fervice de Louis XI. Ce Prince l'employa auffi dans d'importantes affaires.

Guillaume de Clugny mourut à Tours, en 1480, fubitement, ainfi que le cardinal fon frère. Du Bouchet, dans fes Annales d'Aquitaine, dit qu'il mourut de colère & de douleur de quelques paroles amères que lui dit Louis XI, qui en difoit fouvent.

La famille de Clugny a produit auffi quelques gens de lettres. On a, de Jacques de Clugny, lieutenant-général au bailliage de Dijon, reçu le 29 avril 1676, une defcription des grottes d'Arcy, inférée dans le deuxième volume des *Mémoires de Littérature*, recueillis par le Père Defmollets de l'Oratoire; & on a du Père François de Clugny, auffi de la congrégation de l'Oratoire, mort le 21 octobre 1694, dix volumes d'œuvres fpirituelles, toutes à l'ufage des pêcheurs : c'eft *la Dévotion des Pêcheurs par un Pêcheur*; c'eft *le Manuel des Pêcheurs*; ce font des *Sujets d'oraifons pour les Pêcheurs*, &c.

COISLIN (DU CAMBOUT DE). (*Hift. litt. mod.*) Nous n'avons prefque fait que nommer, dans le Dictionnaire, les principaux perfonnages de cette Maifon; nous confidérerons ici plus particuliérement trois d'entr'eux, relativement aux lettres qu'ils ont fervies & qui les ont illuftrés.

Ces trois perfonnages font Armand du Cambout, premier duc de Coiflin; Pierre du Cambout

fon fils, auffi duc de Coiflin, & Henri-Charles du Cambout, évêque de Metz, auffi duc de Coiflin.

Tous trois ont été de l'Académie françaife, & l'on peut d'abord s'étonner de cette efpèce de fucceffion héréditaire dans une compagnie qui ne fauroit être trop en garde contre ces idées d'héritage & de droits de famille.

L'étonnement diminue lorfqu'on fait qu'Armand du Cambout étoit petit-neveu du cardinal de Richelieu, & petit-fils du chancelier Seguier, l'un fondateur, l'autre confervateur de l'Académie, & qu'il fut élu dans le tems où ce dernier recueilloit dans fa maifon l'Académie, alors fans afile & fans appui, au milieu des troubles de la Fronde & des guerres civiles.

*Solus enim triftes hâc tempeftate camœnas*
*Refpexit.*

Ce choix d'ailleurs a été juftifié par l'amour éclairé du duc de Coiflin pour les lettres, & ce mérite s'étant trouvé dans un degré plus éminent encore chez deux de fes fils, l'un a fuccédé à fon père, l'autre à fon frère, fans que cette exception fi honorable pour eux ait été défapprouvée. Si les corps doivent être jaloux de l'honneur de leurs choix, il ne leur eft pas défendu d'être reconnoiffans, & il leur eft prefcrit d'être juftes.

L'évêque de Metz fut de plus honoraire de l'Académie des infcriptions & belles-lettres, & ce fut la récompenfe d'un affez grand fervice qu'il avoit rendu aux lettres.

Le chancelier Seguier fon bifaïeul avoit formé une collection de manufcrits de toutes langues & de toutes fciences, au nombre de quatre mille, tirés pour la plupart du fond de l'Orient. Cette collection, dit l'hiftorien de l'Académie des belles-lettres, étoit confervée depuis fa mort avec une forte de refpect qui, en la rendant prefqu'inacceffible, l'avoit auffi prefque fait oublier. L'évêque de Metz, pour en procurer l'ufage aux favans, commença par en faire faire un bon catalogue; puis confidérant que les manufcrits grecs, qui formoient la portion la plus précieufe de ce recueil, demandoient des foins plus particuliers, il engagea dom Bernard de Montfaucon à donner de ces manufcrits une notice fi raifonnée, fi détaillée, fi favante, que ceux qui fe propoferoient de travailler fur quelque ancien auteur grec, ou d'en donner une nouvelle édition, fuffent auffi fûrement guidés par cette notice, qu'ils auroient pu l'être par les manufcrits originaux. Il a depuis légué ces manufcrits à la bibliothèque de Saint-Germain-des-Prés.

L'évêque de Metz avoit été élevé par le cardinal de Coiflin fon oncle, évêque d'Orléans, premier aumônier du Roi, l'un de ces arbitres du bon goût & du bon ton, au milieu de la cour la plus polie de l'Univers, & dans la maifon duquel c'étoit un honneur d'être admis; il profita fi bien dans cette école, que le Cardinal n'attendit pas qu'il eût achevé ses études pour le produire à la cour, où il fut tellement goûté, qu'il avoit à peine vingt-un ans quand le Roi lui donna la survivance de la charge de premier aumônier. Il eut dans la suite l'abbaye de Saint-Georges de Boscherville au pays de Caux, l'évêché de Metz, & fut fait commandeur de l'Ordre du Saint-Esprit.

M. l'évêque de Metz ayant perdu, le 7 mai 1710, Pierre du Cambout son frère, second duc de Coislin, dont il étoit le seul héritier, devenoit duc de Coislin; on voulut élever à ce sujet une difficulté. N'étoit-il pas contre l'esprit de l'Eglise & contre l'esprit du gouvernement, qu'un ecclésiastique, un évêque, succédât à une pairie laïque? Quant à succéder, qu'importe qu'on succède héréditairement ou par nomination? La question est de savoir si une pairie laïque est compatible ou non avec l'état ecclésiastique. Eh! comment pouvoit-on élever cette question, quand on avoit l'exemple des cardinaux de Richelieu & de Mazarin, qui avoient possédé l'un & l'autre une pairie laïque? C'étoit, disoit-on, de leur part un abus du pouvoir; mais que pouvoit-on répondre à l'érection faite en 1674, & enregistrée en 1690, de l'archevêché de Paris en pairie purement laïque, qui est le duché de Saint-Cloud? L'évêque de Metz alla porter au Roi les lettres d'érection du duché de Coislin en faveur de son père & des descendans mâles légitimes indifféremment; il fit voir qu'il n'y avoit point d'exclusion pour les ecclésiastiques, que cette exclusion n'avoit jamais été prononcée, ni en général dans les lois de la pairie, ni en particulier dans aucune lettre d'érection; il fut donc admis à prêter le serment ordinaire, & prit séance au parlement le 31 mars 1711.

Le bien qu'il a fait à son diocèse est inappréciable; il a bâti & doté des séminaires, fondé ou enrichi des hôpitaux, élevé ou rétabli des temples & des monastères, construit des casernes superbes pour la tranquillité des citoyens, la commodité des soldats & l'ornement de la ville; il a donné aux évêques de Metz une maison de campagne agréable, en employant les pauvres pendant l'horrible disète de 1709, à bâtir le château & à former les jardins de Frescati. Outre sa bibliothèque principale qu'il laissoit à Paris comme au centre de la littérature, & où il avoit soin d'avoir des doubles & des triples pour prêter plus facilement les livres du plus grand usage, il avoit à Metz une bibliothèque de dix ou douze mille volumes, ouverte à ceux qui savoient s'en servir; il en avoit une à Frescati; il mettoit dans chacun de ses séminaires un fonds de livres convenables; il en envoyoit tous les ans aux curés de campagne pour leur instruction & celle de leurs paroissiens.

Il avoit, comme le cardinal de Coislin son oncle, le talent de la conversation & de la narration; mais, dit le secrétaire de l'Académie des belles-lettres, *comme il n'ennuyoit pas, il n'aimoit pas à être ennuyé;* c'est-à-dire, apparemment qu'il n'avoit pas toujours sur cet article toute la tolérance que la société rend souvent nécessaire. Il mourut le 28 novembre 1732, à soixante-huit ans.

COLIGNY. A cet article du Dictionnaire, tome II, 1re. partie, page 205, colonne 1re., dernier alinéa, il est dit que le comte de Coligny, du combat de Saint-Godart, étoit un troisième fils du second maréchal de Coligny-Châtillon. C'est une faute. Le second maréchal de Coligny-Châtillon, Gaspard III, n'a laissé qu'un fils, le duc de Châtillon, Gaspard IV, mort en 1649, au château de Vincennes, des blessures qu'il avoit reçues à l'attaque de Charenton. Son frère aîné, Maurice, comte de Coligny, étoit mort en 1644, du vivant du maréchal leur père.

Quant au comte de Coligny, Jean, qui commandoit les Français en Hongrie, en 1664, au combat de Saint-Godart, il étoit de la branche de Coligny-Saligny, issue de Jacques de Coligny-Saligny, quatrième fils de Guillaume II, seigneur de Coligny, celui-ci aïeul du célèbre amiral de Coligny, & quatrième aïeul du second maréchal de Coligny-Châtillon.

COLLÉONI ( *Hist. d'Ital.* ), noble & illustre famille de Bergame en Italie, dans l'Etat de Venise, y étoit déjà puissante dès l'an 1100. Sa puissance alla toujours en augmentant dans les siècles suivans. Les Colléoni & les Sovardi, Maisons rivales, partageoient en deux factions toute la ville de Bergame; les premiers étoient Guelphes, les seconds Gibelins.

Le personnage le plus considérable, non-seulement de la famille Colléoni, mais de toute l'Italie, & peut-être de l'Europe entière, fut Barthélemi Colléoni. Jamais particulier ne s'est procuré une si grande existence par ses seules qualités personnelles, jamais puissance ne rendit si formidable que ce seul homme. Né en 1400, il languit dès son enfance dans la captivité: il put dire comme Egisthe:

Hercule, ainsi que moi, commença sa carrière;
Il sentit l'infortune en ouvrant la paupière;
Et les dieux l'ont conduit à l'immortalité,
Pour avoir, comme moi, vaincu l'adversité.

La division s'étoit mise dans la famille des Colléoni. Différentes branches de cette famille se disputoient certaines forteresses, surtout celle de Trezzo, située au milieu du fleuve de l'Adda. Quatre frères Colléoni, cousins-germains de Barthélemi, pour être seuls maîtres de cette importante seigneurie, tuèrent Paul, surnommé Picho, leur oncle, père de Barthélemi, & Antoine, un autre de leurs oncles, & oncle aussi de Barthé-

Q 2

lemi. La veuve de Paul & Barthélemi fon fils reftèrent enfermés & enchaînés dans la forterefle de Trezzo. La mère de Barthélemi eut l'adreffe de s'échapper avec lui de cette place. Il erra d'abord dans les cours de divers feigneurs ou petits tyrans de l'Italie, tels que Georges Benzone, feigneur de Crême ; Philippe Arcello, feigneur de Plaifance ; celui-ci, dont il étoit page, prit plaifir à l'inftruire dans l'art de la guerre, & bientôt le difciple l'emporta fur le maître. Il fervit enfuite fous quelques-uns de ces chefs de bandes, dont l'Italie étoit remplie. Les troubles de Naples, fous le règne de Jeanne II, fournirent une ample matière à fon courage ; il offrit fes fervices à cette Reine, & lui en rendit de fi effentiels, que Jeanne, pour en conferver la mémoire, ajouta plufieurs pièces aux armes de la Maifon Colléoni. Le Pape avoit perdu Bologne ; Colléoni la lui rendit. Il commanda les armées, tantôt des Vénitiens contre les ducs de Milan, tantôt des ducs de Milan contre les Vénitiens, & il fit toujours triompher le parti qu'il fervit. Il battit plufieurs fois les Français, que leurs liaifons avec les Vifcontis & leurs droits fur Naples attiroient fouvent alors en Italie. Ferdinand, roi de Naples, les Florentins, le duc de Milan, Galeas-Marie Sforce, c'eft-à-dire, le milieu & les deux extrémités de l'Italie, ayant formé une ligue formidable à la liberté de cette contrée, & raffemblé des troupes nombreufes, Colléoni écrafa ces forces, & diffipa cette ligue dans les champs de la Romagne. Tous les Souverains cherchant à l'attirer, lui faifoient à l'envi des offres, des préfens, des promeffes, fûrs que c'étoit fixer chez eux la victoire. Blanche-Marie, ducheffe de Milan, veuve de ce François Sforce, grand capitaine & grand Prince qui avoit conquis le Milanez, & l'avoit bien gouverné, Blanche-Marie invitoit Colléoni à venir défendre & gouverner fes Etats. Le pape Pie II lui offroit le gonfalon de l'Eglife. La république de Sienne efpéroit jouer un rôle en Italie fi ce général ne dédaignoit pas de la protéger. Louis XI, avare par caractère, & quelquefois prodigue par efprit d'intrigue, lui offroit cent cinquante mille écus d'appointemens, des titres, des dignités, de grands établiffemens ; mais ce fut la république de Venife qu'il devoit fervir, & qu'il fervit le plus conftamment. Il étoit né fon fujet, & elle acheta fes fervices par autant d'honneurs, d'égards & de bienfaits que fi elle n'avoit eu aucun droit à ces mêmes fervices. En 1458, le doge, en préfence de la nobleffe & du fénat, aux grands applaudiffemens du peuple, remit à Colléoni, dans l'églife de Saint-Marc, le bâton de commandement des armées vénitiennes, avec une autorité telle qu'aucun général n'en avoit eu jufqu'alors & n'en obtint dans la fuite. Son nom fut infcrit dans le livre d'or de la liberté de Venife. Pendant vingt ans qu'il exerça cet emploi, il rendit la république refpectable & redoutable à tous fes voifins. Nul n'ofoit attaquer un Etat

dont ce général entreprenoit la défenfe. Paul II, en 1468, fit une ligue générale de toute la chrétienté contre les Turcs ; Colléoni en fut nommé le généraliffime ; mais le Pape mourut, & la croifade n'eut point lieu. Toujours quelque Souverain, quelque république, faifoit des tentatives pour attirer Colléoni, & toujours Venife alarmée ajoutoit à fes bienfaits pour le retenir. Charles-le-Téméraire, duc de Bourgogne, ce fameux rival de Louis XI, profita d'un moment où Venife, en paix avec tous fes voifins, fembloit pouvoir fe paffer de Colléoni, pour couvrir fes offres ordinaires ; mais Venife crut avoir obligation à ce général de la paix dont elle jouiffoit, & craignit de la perdre fi elle le perdoit. Les Souverains renonçant enfin à le féduire, fe bornèrent à l'honorer. Le roi de Sicile, René d'Anjou, veut qu'il joigne à fes armes celles d'Anjou. Charles-le-Téméraire y joint auffi celles de Bourgogne. Chriftiern, roi de Danemarck, dans fon pélerinage à Rome, rendit à Barthélemi l'hommage de le vifiter. L'empereur Frédéric III, voulant auffi fe rendre à Rome, prit un fauf-conduit de Barthélemi, comme du feul garant de la fûreté de l'Italie. Nul Monarque ne voyageoit dans cette contrée fans aller voir celui qui en faifoit l'ornement. Il le faifoit en effet autant par fa magnificence que par la gloire de fes exploits. Il tenoit dans fon château de Malpaga, fur le territoire de Bergame, une des plus brillantes cours de l'Europe ; & en voyant un grand homme, on croyoit encore voir un grand Prince & un Prince utile. Le nombre de fes fondations pieufes ou bienfaifantes, de fes établiffemens nobles, vaftes, falutaires, égale celui de fes combats & de fes victoires, & à ce titre-là feul il feroit immortel. Cet homme étoit en tout extraordinaire & fupérieur aux autres hommes. Sa force furpaffoit la vigueur humaine. Son agilité étoit encore au deffus. Armé & cuiraffé, il devançoit à la courfe les hommes les plus légers. Défarmé, il fuivoit un cheval au galop. Son efprit effaçoit en pénétration & en vivacité les efprits ordinaires, & il n'avoit pas négligé de le cultiver par les lettres & par la converfation des favans. Il mourut dans fon château de Malpaga, le 3 novembre 1475. Venife ne l'apprit que trop tôt par le moyen de canons difpofés de diftance en diftance ; il avoit augmenté & perfectionné l'ufage de l'artillerie, art qui jufqu'à lui étoit refté dans une longue enfance. Quatre mille foldats, qui avoient fervi fous lui, ne voulurent plus reconnoître d'autre chef ; ils continuèrent de combattre, en fuivant les ordres, les leçons, les exemples de leur grand général qui n'étoit plus. Ils obéiffoient à fon ombre. Le fénat lui fit ériger dans la place de Saint-Jean & de Saint-Paul, à Venife, une ftatue équeftre de bronze doré, qui paffe pour un ouvrage exquis, & qui eft au rang des raretés de l'Italie. On y lit cette infcription :

Bartholomeo Coleono
Bergamenfi
Ob militare imperium
Optimè geftum
Senatus Confultus
Joanne Mauro
Et Marino
Venerio
Curatoribus.
Anno falutis
1475.

Plufieurs autres perfonnages de la Maifon Colléoni fe diftinguèrent, & avant & après Barthélemi. De fon tems même Bénédict Colléoni rendit, comme lui, de grands fervices à la république de Venife, & acquit la réputation d'un vaillant capitaine. Il fit la guerre pour les Vénitiens contre les Turcs dans la Morée, vers le milieu du quinzième fiècle, & contribua beaucoup à la prife de Mifitra, autrefois Lacédémone. Il fut tué dans cette expédition. Gafpard & Perfaval Colléoni combattirent avec gloire fous les drapeaux de Barthélemi.

Bertrand & Thomas Colléoni furent auffi des capitaines fameux; ils fe fignalèrent auffi contre les Turcs: on les comparoit aux anciens Grecs, dont on leur attribuoit le courage.

Un Alexandre Colléoni étoit regardé comme le rival du célèbre Barthélemi. On l'appeloit même *le grand Barthélemi*, apparemment parce qu'il avoit fur lui quelqu'avantage pour la taille; car qui pouvoit d'ailleurs furpaffer Barthélemi?

Jean-Antoine Colléoni, capitaine d'un vaiffeau armé par la ville de Bergame, fit des prodiges de valeur à la bataille de Lépante, en 1571.

Les Colléoni eurent auffi des gens de lettres: Maurice Colléoni, général des Céleftins, en 1585, qui réforma le bréviaire & les hymnes de fon Ordre.

Valérien Colléoni, auteur d'un Traité *Della Grandezza di Chrifto*.

Céleftin Colléoni, capucin, prédicateur célèbre & auteur de divers ouvrages, entr'autres d'un recueil des monumens facrés & profanes les plus remarquables de Bergame. Ce livre fut publié en 1618.

CONAN. (*Hift. de Bret.*) Pendant que toutes les puiffances de l'Europe s'empreffoient de feconder l'expédition de Guillaume-le-Bâtard, duc de Normandie, en Angleterre, fans confidérer les divers intérêts qui devoient les en détourner, Conan, comte de Bretagne, fut le feul qui ne s'aveugla point. Petit-fils, par fa mère, du duc de Normandie, Robert-le-Diable, il prétendit, comme tant d'autres concurrens vaincus par Guillaume, être préféré à un bâtard; mais il fut mieux prendre fon tems: il réclama la Normandie au mo-

ment où Guillaume réclamoit l'Angleterre. Il étoit difficile que la France ne fecondât point une demande faite fi à propos, & qui, au lieu d'un vaffal que la couronne d'Angleterre alloit rendre trop redoutable, lui eût donné, dans la perfonne de Conan, un vaffal ordinaire & d'une puiffance bornée. Conan propofoit un arrangement qui eût pu fatisfaire tout le monde, en laiffant à la valeur des chevaliers cette occafion de s'exercer, dont elle paroiffoit fi jaloufe; il demandoit que la Normandie lui reftât fi Guillaume conquéroit l'Angleterre. Guillaume, fans lui répondre, continua fes armemens; Conan mourut (1066). On peut croire que Guillaume fut accufé de cette mort. Hoël, beau-frère & fucceffeur de Conan, ne parla plus de la Normandie, & s'occupa, comme le refte de la nobleffe françaife & étrangère, de l'expédition d'Angleterre, où il envoya fon fils, Alain Fergent, fervir fous Guillaume avec cinq mille Bretons.

CORONÉ. (*Hift. litt. mod.*) Denis-Arron, Charron ou Coroné, nommé profeffeur en grec au Collège-Royal par des lettres de François I, données en 1545, n'en eft pas plus connu, quoique Léger Duchêne voye fon étoile briller au ciel dans la couronne d'Ariane, parce qu'il fe nommoit *Coroné*.

*Vefcitur & dulci ambrofiâ poft fata, Corona*
*Jam nova Gnofiaco in fidere ftella micans.*

Coroné étoit de Chartres. On dit qu'il s'occupa d'une traduction de *Chalcondyle*, qui n'a point paru. Il dédia au roi François I une édition du Traité d'*Actuarius*, médecin grec, fur la compofition des drogues médicinales.

CORNU (LAURENT). (*Hift. de la Réf.*) Dans le tems où la Réforme s'établiffoit & prenoit des forces, même en France, un dominicain apoftat & renégat, nommé Laurent Cornu, natif de Rouen, avoit époufé deux femmes. Il fut pris à Lyon, & condamné à être brûlé. Le parlement confirma cette fentence. Ce malheureux fut dégradé par l'archevêque de Lyon, prêché publiquement par un chanoine de Notre-Dame, livré aux infultes de la populace & brûlé vif à la place Maubert à Paris. Il voulut haranguer l'affiftance: on le lui permit d'abord, mais on lui impofa bientôt filence, & les flammes lui étouffèrent la voix. Le dernier mot qu'on entendit, fut le nom de *Jéfus*, foit que la piété le lui dictât, foit que la douleur le lui arrachât. Cet homme étoit coupable fans doute. Remarquons cependant qu'on ne le condamnoit ni pour fon apoftafie, ni pour fon libertinage, mais pour fon héréfie. Ses crimes auroient été punis d'une peine plus légère: il fut brûlé pour fon erreur.

COSSUS (CLAUDIUS). (*Hist. rom.*) Ce personnage est connu par un trait heureux d'éloquence, qui sauva toute une nation dans une conjoncture délicate & difficile. Les Helvétiens avoient embrassé le parti de Galba, & bravé les Vitelliens, qui s'en étoient vengés par une irruption terrible dans l'Helvétie. Des milliers d'Helvétiens avoient été taillés en pièces ; un grand nombre d'autres avoient été vendus à l'encan comme esclaves. Avenche, leur ville capitale, étoit sans fortifications & sans aucun moyen de résister au vainqueur. Il ne restoit d'autre ressource que d'implorer la clémence de Vitellius, qui étoit alors dans les Gaules. Les députés de cette ville parurent devant lui au milieu de ses gens de guerre, tous frémissant de colère, ne respirant que la vengeance, menaçant les députés, leur portant le poing au visage, & les pointes des hallebardes aux yeux. L'Empereur paroissoit encore plus irrité qu'eux. Il falloit conserver tout son jugement dans ce grand péril. Claudius Cossus, chef de la députation, homme exercé aux divers mouvemens de l'éloquence, & qui à force d'art savoit cacher toutes sortes d'arts quand il en étoit besoin, parut d'abord avec une contenance en apparence mal assurée, bégayant avec embarras quelques paroles mal arrangées, mais il intéressoit par cet air d'embarras même : on l'écoutoit. Peu à peu il commanda, il força l'attention qu'il avoit sollicitée d'abord par de timides instances ; il fléchit la colère du soldat ; il changea leurs ames, & ce farouche vainqueur, que rien ne sembloit pouvoir appaiser, entra si bien dans tous les sentimens que l'orateur vouloit inspirer, qu'il se joignit à lui pour obtenir de l'Empereur, attendri & changé lui-même, la grace des Helvétiens & la conservation de leur ville ; c'est ainsi qu'il est beau d'être éloquent, & cette manière de vaincre en vaut bien une autre.

COUPLET (CLAUDE-ANTOINE), (*Hist. des Sciences*), né à Paris le 20 avril 1642, a beaucoup perfectionné la science des eaux & des nivellemens, & s'est rendu par-là un des hommes les plus utiles de son siècle. M. Buhot, cosmographe & ingénieur du Roi, l'instruisit, lui donna sa fille, entra dans l'Académie des sciences à l'époque de son institution, en 1666, & y fit entrer peu de tems après M. Couplet son gendre. En 1670, M. Couplet acheta de lui la charge de professeur de mathématiques de la grande écurie. C'étoit le tems où Louis XIV faisoit faire de grandes conduites d'eau pour l'embellissement de Versailles, & où les esprits se tournoient vers la science des nivellemens, qui en fut perfectionnée au point de devenir une science toute nouvelle. L'histoire de l'Académie des sciences de 1699 parle d'un niveau que M. Couplet s'étoit en quelque sorte rendu propre, en le rendant d'une exécution plus facile.

Lorsqu'il travailloit pour des particuliers, il ne vouloit que réussir, & pour assurer le succès souvent il y mettoit du sien. Loin de faire valoir ses soins & ses peines, il en parloit, dit M. de Fontenelle, avec une modestie qui enhardissoit à le récompenser mal, & ce n'étoit jamais un tort avec lui.

Il ne travailla pas moins utilement pour le public, surtout à Coulanges, dite *la Vineuse*, petite ville de Bourgogne à trois lieues d'Auxerre, à qui cette épithète de vineuse convenoit d'autant mieux, dit M. de Fontenelle, qu'elle n'avoit que du vin & point d'eau. Les habitans étoient réduits à des mares qui étoient souvent à sec ; alors il falloit aller chercher fort loin un puits qui souvent tarissoit aussi & les renvoyoit à une fontaine éloignée d'une lieue. Pour qu'on ne manquât point d'eau dans les incendies, la police obligeoit chaque habitant d'avoir à sa porte un tonneau toujours plein d'eau, & malgré cette précaution la ville avoit eu, dans l'espace de trente ans, trois grands incendies, à l'un desquels on avoit été obligé de jeter du vin sur le feu. On avoit voulu établir un impôt pour subvenir aux dépenses nécessaires à la découverte de l'eau : des ingénieurs travaillèrent, mais sans succès, & l'entreprise étoit abandonnée lorsque M. le chancelier d'Aguesseau, alors procureur-général, ayant acquis le domaine de Coulanges, voulut tenter un dernier effort. Il s'adressa, en 1705, à M. Couplet, qui partit pour Coulanges au mois de septembre, c'est-à-dire, dans un des tems les plus secs d'une année qui fut mémorable par la sécheresse. Si l'on pouvoit alors trouver de l'eau, on ne devoit pas craindre d'en manquer jamais.

M. Couplet, arrivé à quelque distance de Coulanges, mais sans voir encore cette ville, se fait montrer seulement de quel côté elle étoit, & à la seule inspection générale du terrain il osa promettre cette eau si desirée qu'il venoit procurer. Quand il eut vu les maisons de la ville, il assura que l'eau seroit plus haute. En suivant son chemin, il marquoit avec des piquets les endroits où il falloit fouiller ; il indiquoit précisément à quelle profondeur on trouveroit l'eau. Un autre, dit M. de Fontenelle, eût pu prendre un air imposant de divination. M. Couplet expliquoit naivement les principes de son art, & se privoit de toute apparence de merveilleux. Il entra dans Coulanges, où tout confirma les idées qu'il avoit eues d'abord. Il restoit à conduire l'eau dans la ville par des tranchées & par des canaux, & à lui ménager des canaux de décharge en cas de besoin ; il laissa toutes les instructions nécessaires pour les travaux qui devoient se faire en son absence, & repartit pour Paris, promettant de revenir au mois de décembre mettre à tout la dernière main.

Il revint, & le 21 décembre l'eau arriva dans la ville. M. de Fontenelle décrit avec agrément & avec intérêt cet événement & les transports qu'il excita.

« Jamais la plus heureuse vendange n'y avoit

» répandu tant de joie. Hommes, femmes, enfans,
» tous couroient à cette eau pour en boire, & ils
» eussent voulu s'y pouvoir baigner. Le premier
» juge de la ville, devenu aveugle, n'en crut que
» le rapport de ses mains, qu'il y plongea plusieurs
» fois. On chanta un *Te Deum*, où les cloches
» furent sonnées avec tant d'emportement, que la
» plus grosse fut démontée : l'allégresse publique
» fit cent folies. » La ville, auparavant toute défigurée par des maisons brûlées qu'on ne réparoit
point, prit une face nouvelle, & il n'en avoit pas
coûté mille écus de dépense à cette ville, qui,
pour obtenir un tel bienfait, avoit voulu se charger d'un impôt perpétuel. Elle consacra cet événement & sa reconnoissance par une inscription &
une devise. L'inscription est un distique latin que
voici :

*Non erat antè fluens populis sitientibus unda,*
*Ast dedit æternas arte Cupletus aquas.*

La devise est Moyse tirant de l'eau d'un rocher
entouré de ceps de vigne, avec ces mots : *Utile*
*dulci.*

Auxerre & Courson eurent part aussi aux bienfaits de cet excellent physicien ; il donna de meilleures eaux à Auxerre, & rendit aux habitans de
Courson une source perdue.

A soixante-dix-neuf ans il eut une première attaque d'apoplexie, & quelque tems après une seconde suivie d'une paralysie. Il languit pendant
deux ans, & mourut le 25 juillet 1722.

COURCY (JEAN DE). (*Hist. d'Anglet.*) Dans
le tems où Henri II, roi d'Angleterre, faisoit la
conquête de l'Irlande, un gentilhomme normand,
nommé Jean de Courcy, d'une taille gigantesque,
d'une valeur héroïque, & d'une force qui répondoit à ces avantages, commandoit en Irlande pour
le roi d'Angleterre, & battoit les Irlandais partout où il les rencontroit. Un jour il emmenoit
une quantité immense de gros bétail qu'il leur
avoit enlevé, & qui occupoit un espace de plusieurs milles. Il avoit à passer à travers des bois,
dans des chemins creux, bordés de fondrières &
d'abîmes. Les Irlandais, qui s'y étoient mis en
embuscade, sortirent tout à coup des broussailles
en poussant des cris affreux, sur les troupeaux, épouvantés, se renversèrent sur leurs conducteurs,
qu'ils frappoient de leurs cornes quand ils se
sentoient pressés. C'est par une manœuvre à peu
près semblable que, chez les anciens, on étoit parvenu à tourner les éléphans contre les armées qui
les employoient. L'armée angloise ne put soutenir
ce poids ; elle fut rompue, dispersée, taillée en
pièces. Courcy, avec une poignée de soldats qu'il
avoit ralliés, combattit pendant deux jours de
suite, &, la hache à la main, s'ouvrit enfin un
passage. Il prit sa revanche les jours suivans, &

massacra des milliers d'Irlandais comme des troupeaux.

Tout cela étoit du carnage inutile. Henri voulut
tenter des voies plus douces. Il espéra de soumettre les esprits des Irlandais, en y envoyant un
de ses fils pour les gouverner en son nom ; ce fils
fut le prince Jean, dit *sans Terre*, le dernier de tous
à tous égards. Il porta, chez des peuples un peu
sauvages & très-jaloux de leur liberté, l'esprit
despotique des cours & toute l'étourderie de la
jeunesse. Ses jeunes favoris le divertissoient aux
dépens de la noblesse du pays, qui avoit bien
voulu se soumettre, mais qui ne savoit pas faire sa
cour. Les chefs de cette noblesse eussent pu répondre du reste de la nation ; mais il eût fallu les
gagner : on les révolta. On déconcertoit leur gravité farouche par des railleries sanglantes ; on les
prenoit par leurs longües barbes ; on leur prodiguoit en riant le mépris & l'insulte ; on les força
enfin de se joindre à ceux qu'on appeloit déjà *les*
*rebelles*. Ceux-ci alloient se rendre lorsque l'indignation dont ils furent saisis au récit de tant d'outrages, les enflamma d'une nouvelle fureur. Les
succès de Courcy furent perdus. Les territoires de
Limmerick, de Corck, de Connaught, se remplirent
de troubles. Henri rappela son fils, & remit ses intérêts entre les mains de Courcy, qui peu à peu
dissipa l'orage.

Ce lâche Jean, devenu roi d'Angleterre, étoit
bassement jaloux de ce brave Courcy, qui avoit
seul réparé en Irlande toutes les fautes de Jean,
lorsque celui-ci, par sa mauvaise conduite, avoit
forcé Henri II son père de le rappeler. La comparaison du mépris que ce Prince s'étoit attiré dans
cette île, avec la gloire que Courcy avoit su y
acquérir, étoit insupportable au premier ; & Courcy,
qui ne voyoit en lui qu'un usurpateur & qu'un assassin, refusoit de lui rendre hommage de quelques
provinces qu'il venoit encore de soumettre dans
l'Irlande. Le tyran fit marcher contre lui des troupes qui furent battues ; mais il paya des traîtres
qui le lui livrèrent. Une prison fut le prix de tant
de services que Courcy avoit rendus à la couronne
d'Angleterre.

CRÊME (GUI DE), (*Hist. ecclésiast.*), cardinal
en 1150, fut Antipape en 1164, sous le nom de
Pascal III, & continua le schisme de Victor.

Un autre cardinal de Crême, qui vivoit environ
trente-neuf ou quarante ans auparavant, étoit
légat en Angleterre, dans un tems où ce pays
étoit très-agité par la grande question du célibat
des prêtres. Les Protestans ont bien du plaisir à
raconter l'aventure suivante, qui à la vérité est attestée par tous les anciens auteurs ecclésiastiques.
Ce cardinal de Crême, en qualité de légat, tint un
concile à Londres, où il fit condamner rigoureu-
sement les mariages des prêtres. Il se distingua par
une harangue pleine de zèle, où il appeloit leurs
femmes des *prostituées*, & peignoit fortement le

fcandale de confacrer & de toucher le corps du Sauveur avec des mains impures & fouillées. La nuit fuivante les officiers de la police le furprirent dans le lit d'une courtifane; il partit le lendemain, & le concile fe fépara. Cette aventure eft de l'an 1124 ou 1125.

CROCUS. (*Hift. rom. & Hift. anc. germaniq.*) Vers l'an 262, fous l'empire de Gallien & de Pofhume, le roi Procus, à la tête d'une bande d'Allemands, à laquelle s'étoient jointes quelques autres nations germaniques, porta le ravage dans diverfes contrées des Gaules. C'étoit un fi furieux deftructeur, que l'effroi qu'il caufoit, a mêlé fon hiftoire, de fables abfurdes. Sa mère étoit, dit-on, fée ou prophéteffe, & affurément ce n'étoit pas une fée bienfaifante. Confultée par fon fils fur les moyens d'illuftrer fon nom, elle répondit qu'il falloit renverfer tout ce qu'il rencontreroit de beaux édifices, détruire beaucoup de villes, & en maffacrer tous les habitans. En effet, c'étoit donner la définition d'un conquérant. Crocus tâcha de l'être; il ruina de fond en comble l'ancienne ville de Mayence: on l'a depuis rebâtie plus près de Coblentz. Les murailles de Metz tombèrent comme par miracle à fon arrivée; mais ce fut lui qui fit le miracle: il en voulut faire autant à Trèves, mais elle fe défendit, & l'obligea d'aller chercher ailleurs quelque conquête plus facile; il défola la Gaule narbonnoife & les Aquitaines, exerça d'horribles cruautés dans le Gévaudan, & y fit des martyrs. Le peuple du pays s'étoit retiré dans une forterefe fur la montagne au pied de laquelle eft maintenant la ville de Mende. Saint Privat, évêque de cette contrée, s'étoit retiré dans une caverne, où il paffoit les jours & les nuits à prier Dieu de dérober fon peuple à la fureur de Crocus. Les barbares découvrirent fa retraite & le menèrent à leur barbare Roi, qui, fur le refus qu'il fit d'adorer les idoles & de lui livrer fon peuple, le fit affommer à coups de bâton. Saint Privat mourut de fes bleffures peu de jours après. Le lieu où il fouffrit le martyre & termina fa carrière, fe peupla tellement par l'affluence de ceux qui venoient honorer fa mémoire, que, d'un petit bourg, il devint une ville confidérable, la capitale & l'églife cathédrale du Gévaudan, le fiège épifcopal y ayant été transféré d'un lieu nommé Jarry, qui n'eft plus aujourd'hui qu'un village.

Crocus détruifit encore jufqu'aux fondemens le fameux temple de Vaffo, à Clermont en Auvergne, dont l'Hiftoire vante la magnificence & la ftructure merveilleufe. La Provence fut le terme de fes ravages & de fes fureurs; il affiégeoit la ville d'Arles lorfqu'il fut fait prifonnier par un foldat nommé Marius, que Mézeray conjecture avoir été cet aventurier, forgeron de fon métier, qui fut pendant deux fois vingt-quatre heures Empereur, fans même en avoir le titre, Crocus fut traité comme il l'avoit mérité: on ne lui épargna ni humiliations ni tourmens: on le promena par toutes les villes qu'il avoit ruinées, & du moins il y avoit de la convenance dans cette partie de fon fupplice. Il étoit jufte qu'il fût couvert d'ignominie dans les mêmes lieux, par la ruine defquels il avoit recherché une funefte gloire: on lui rendit tous les maux qu'il avoit fait fouffrir à tant d'innocentes victimes; & quand on fut las de le tourmenter, on lui trancha la tête. Nous répétons qu'il avoit mérité fon fort par le mal qu'il avoit fait; mais ce n'eft jamais que chez des nations barbares qu'on voit traiter ainfi les ennemis même les plus coupables, & des Rois, & des guerriers pris dans les combats.

CROIX-CHEVRIÈRES (*Hift. de Fr.*), famille du Dauphiné, dont le premier nom étoit de Guerre. Jean de Guerre, fecond du nom, fut le premier de fa race qui prit le nom de la Croix, en vertu d'une donation qui lui fut faite fous cette condition par un gentilhomme de ce nom; & fon fils, Félix de la Croix, étant devenu feigneur de Chevrières par la vente que lui en fit en 1560 la fameufe Diane de Poitiers, ducheffe de Valentinois, ces deux noms unis enfemble, formèrent le nom de leurs defcendans. Les la Croix - Chevrières acquirent encore dans la fuite d'autres biens de la Maifon de Poitiers, entr'autres le comté de Saint-Vallier.

1°. Jean de Guerre, ou le premier la Croix, fervit avec honneur les rois Louis XII & François I, le premier à la bataille de Ravenne, en 1512; le fecond d'abord à la journée ou aux deux journées de Marignan, en 1515, puis à la bataille de Pavie en 1525, où il eut, comme le Roi, le malheur de refter prifonnier. Il mourut des bleffures qu'il avoit reçues au paffage de Sufe, en 1536.

2°. Pierre de la Croix fon fils aîné, frère aîné de ce Félix qui vient d'être nommé plus haut, s'étant fignalé aux batailles de Renty, de Dreux, de Saint-Denis, de Jarnac, fut tué à celle de Montcontour, en 1569.

3°. Félix de la Croix-Chevrières, frère puîné de Pierre, fut homme de robe, confeiller, puis avocat-général au parlement de Grenoble, puis confeiller d'Etat & intendant du Dauphiné. Il fut nommé par le roi François I, le 8 février 1544, pour l'un des commiffaires qui firent le procès au chancelier Poyet, fous Henri II. Il fut de la chambre de juftice qui jugea le maréchal de Biez & Coucy-Vervins fon gendre, & qui ne paroît pas avoir été jufte à leur égard. Mort en 1583.

4°. Félix fon fils aîné reprit le fervice militaire. Colonel d'infanterie, il prit Morefte, place fur la frontière du Dauphiné, du côté de la Savoie, expédition dans laquelle il reçut fept coups de moufquet. Il fut tué en 1590, au fiège d'Iffoire en Auvergne.

5°. Jean de la Croix-Chevrières, frère du précédent, fait confeiller au parlement de Grenoble le 25 juillet 1578; avocat-général au même parlement,

ment, le 29 novembre 1585 ; maître des requêtes & intendant des finances ( dans l'armée que le duc de Mayenne commandoit en Dauphiné ), le 29 novembre 1588 ; surintendant des finances dans cette province pour le roi Henri IV, & conseiller d'Etat, le 13 septembre 1595, par des arrangemens sans doute relatifs à l'accommodement du duc de Mayenne avec ce Monarque. Lorsqu'en 1600, Henri IV eut conquis la Savoie, Jean de la Croix-Chevrières en fut nommé garde-des-sceaux ; ce ne fut pas pour long-tems : la paix se fit, & Chevrières fut un des députés nommés pour l'exécution des conditions de cette paix. Il eut le 31 décembre 1605, une charge de président à mortier au parlement de Grenoble, en dédommagement des sceaux de la Savoie & en récompense de ses services. La même année, le 27 mai, il avoit été nommé ambassadeur extraordinaire auprès du duc de Savoie ; en 1607, il fut nommé à l'évêché de Grenoble. Il avoit été marié & avoit des enfans. Le second de ses fils, nommé Alfonse, fut nommé, le 30 avril 1611, son coadjuteur dans l'évêché de Grenoble. Le père mourut en 1619, le fils en 1637. Le père étoit savant, homme de lettres & jurisconsulte. Il y a un Commentaire sous son nom dans Guy-Pape ; il en fit un aussi sur les donations entre-vifs. Il lisoit beaucoup, & toutes sortes de livres ; il disoit n'en avoir jamais lu de si mauvais, qu'il n'y eût trouvé quelque chose de bon. Cette maxime, qui tend à dispenser du choix, suppose la vie de l'homme trop longue :

Le sage est ménager du tems & des paroles.

Par la même raison, il doit l'être des livres. Un écolier qui seroit assez ignorant pour ne pas savoir chercher les mots par ordre alphabétique dans le Dictionnaire, les chercheroit dans tout le Dictionnaire indistinctement, & finiroit par les trouver, puisqu'ils y sont ; mais avec combien de peine & quelle perte de tems ! Il en est de même de celui qui cherche dans un mauvais livre une bonne chose qui peut y être. On s'instruira plus dans un bon livre que dans cent livres médiocres & dans mille mauvais. Tenons-nous en donc aux bons, & même aux meilleurs, pour notre profit & pour notre plaisir.

6°. François-Octavien, baron de Clerieu, petit-fils du précédent, mourut au siége d'Arras.

7°. Jean de la Croix-Chevrières, frère de François-Octavien, conseiller au parlement de Grenoble, puis président à mortier, d'abord au parlement de Dijon, puis à celui de Grenoble, fut aussi conseiller d'Etat, & employé dans plusieurs négociations importantes & secrètes. Sa terre d'Ornacieux fut érigée en marquisat en 1645.

8°. Pierre-Félix son fils aîné, capitaine des gardes de la porte & conseiller d'Etat d'épée, mort en 1699, avoit servi à Gigeri sous le duc de Beaufort, & se distingua depuis dans diverses occasions.

Plusieurs autres personnages de la même famille ont servi avec honneur, soit dans la robe, soit dans l'épée.

DAMASCÈNE (Saint Jean). (*Hiſt. eccléſ.*)
Saint Jean Damaſcène, ainſi nommé parce qu'il
étoit né à Damas en Syrie, eſt au nombre des
Pères grecs. Un abbé de Billy a traduit ſes œuvres
en latin. Le P. Lequien, dominicain, a donné,
en 1712, une belle édition grecque & latine des
ouvrages de ce Père. Ils roulent tous ſur la religion, & principalement ſur le culte des images,
qu'il défendit, & contre l'empereur Léon l'Iſaurien,
& contre l'empereur Conſtantin Copronyme, tous
deux grands iconoclaſtes. Il faut que l'hiſtoire de
ſaint Jean Damaſcène, ou ne ſoit pas bien parfaitement connue, ou du moins qu'elle ait été long-
tems ſans l'être, puiſque Vincent de Beauvais,
Raphaël Volaterran & d'autres ſavans ont cru qu'il
vivoit ſous l'empire de Théodoſe-le-Grand, vers
la fin du quatrième ſiècle. L'opinion générale eſt
qu'il naquit vers l'an 676, & mourut vers l'an 760.

DANEGELT. (*Hiſt. d'Anglet.*) Le foible Ethelred II, roi d'Angleterre (*voyez* ſon article dans le
Dictionnaire), dont les Danois ne ceſſoient d'i-
nonder les Etats, ne put imaginer d'autre plan de
défenſe contr'eux, que de racheter le pillage par
un tribut : c'étoit les inviter à revenir, & ils revinrent. Charlemagne & Alfred en uſoient autrement ; ils pourſuivoient ces voleurs ſur les mers,
& les écartoient de leurs frontières. Ethelred, incapable de ſuivre de tels modèles, foula ſes peuples pour payer ſes ennemis ; il établit la taxe connue ſous le nom de *danegelt*, monument de l'op-
preſſion des Anglais, de l'aſcendant des Danois
& de la foibleſſe d'Ethelred.

D'ELBÈNE, ELBÈNE *ou* DEL BÈNE, (*Hiſt.
de Fr. & d'It.*), famille qui a produit des ſujets
utiles. Quelques-uns l'ont crue originaire de France,
& ont prétendu qu'elle tiroit ſon nom de la baronie de Bène près Montfort-l'Amauri. Les armes
de la famille d'Elbène y ſont ou y étoient, dit-on,
gravées en divers endroits ſur les murs du château.
Les d'Elbènes, ajoute-t-on, dans ce ſyſtème, paſ-
ſèrent en Italie à la ſuite des Princes de la Maiſon
d'Anjou, & s'établirent à Florence, où l'article
*del*, joint à leur nom de Bène, forma celui de
d'Elbène. Mais l'opinion la plus générale & la plus
appuyée du ſuffrage des auteurs eſt que les d'Elbènes ſont originaires de Florence, où, pendant
trois ou quatre ſiècles, ils ont exercé les premières
charges de la république. Jacques d'Elbène, ſurnommé le Grand, très-célèbre dans Scipion Ammi-
rato & les autres hiſtoriens de Florence, fut
quatre fois prieur de la liberté de la république,

en 1334, 1338, 1342, 1360 ; & trois fois ſouverain gonfalonier, en 1352, 1355 & 1360.

François d'Elbène, un de ſes fils, fut prieur de
la liberté, en 1373 & 1377.

Albertaſſe d'Elbène fut auſſi prieur de la liberté,
en 1473.

Nicolas, fils d'Albertaſſe, ſe retira en France,
où il fut maître-d'hôtel ordinaire des rois Louis XII
& François I.

Barthélemi d'Elbène ſon fils eſt auteur d'un ouvrage intitulé *Civitas veri ſeu morum.*

Julien, fils de Barthélemi, fut envoyé, en 1574,
en Pologne, par Catherine de Médicis, pour preſſer
le retour de Henri III en France. Cette famille d'Elbène a donné, en France, une multitude de guerriers & d'évêques ; mais nous ne remarquerons,
parmi les premiers, que :

Albert, pannetier du roi Henri II, lequel fut
tué, l'an 1554, en Italie, dans l'armée du maréchal
de Strozzi.

François, ſon neveu, gentilhomme ordinaire de
la chambre du roi Charles IX, en 1564, qui ſe
trouva aux batailles de Dreux, de Saint-Denis,
de Moncontour, au ſiége de Javarin, & qui fut
tué au ſiége de la Rochelle, en 1573.

Pierre, ſon frère, aumônier du roi Charles IX,
rendit de grands ſervices à ce Prince, à Henri III,
à Henri IV, & mourut, en 1590, au camp de ce
dernier Roi, devant Paris.

Albert, autre de leurs frères, avoit été tué en
1576, en combattant contre les Reitres ſous le
duc de Guiſe.

Alexandre, autre encore de leurs frères, & le
plus célèbre de tous, né à Lyon le 7 mai 1554,
porta les armes dès ſa plus tendre jeuneſſe, & fut
bleſſé dangereuſement, en 1573, au ſiége de la
Rochelle. Il ſuivit Henri III en Pologne, & après
ſon retour en France il ſe trouva aux ſiéges de
Livron & du Pouſin. En 1576, il ſervit ſous le duc
de Guiſe à la défaite des Reitres ; l'année ſuivante,
il ſuivit le duc de Mayenne, & aſſiſta aux ſiéges
de la Charité, d'Iſſoire, de Brouage, &c. En
1580, il fut bleſſé d'une mouſquetade au ſiége de
la Fère, & ſervit toujours avec la même diſtinction juſqu'en 1589, que ſes affaires domeſtiques
l'ayant appelé en Italie, il y ſervit encore la France
utilement dans un autre genre, ayant beaucoup
travaillé à la réconciliation de Henri IV avec le
Saint-Siége, comme le cardinal d'Oſſat lui en rend
témoignage dans ſes lettres, & comme Henri IV le
reconnoît lui-même dans deux des ſiennes, qui

forment un titre d'honneur pour la famille d'El-bène. Alexandre eut, en 1596, un brevet de conseiller d'Etat & le collier de l'Ordre de Saint-Michel. Mort en 1613.

Parmi les évêques, nous remarquerons Alphonse, évêque d'Alby, prélat savant, auteur de plusieurs ouvrages, tels que : *Tractatus de gente & familiâ marchionum Gothiæ, qui poftea comites fancti Ægidii & tolofates dicti funt. De regno Burgundiæ Transjuranæ & Arelatis. De origine familiæ Cifterciana.*

Et un autre Alphonse d'Elbène, neveu du précédent, & son fucceffeur dans l'évêché d'Alby. Celui-ci étoit entré favant, dans la révolte du duc de Montmorenci, en 1632, & avoit été obligé, à cette occafion, de fortir du royaume; il y rentra en 1643, après la mort du cardinal de Richelieu. Il mourut à Paris le 9 janvier 1651.

## DENIER DE SAINT PIERRE *ou* ROMESCOT.

( *Hift. d'Anglet.* ) Dans le tems de l'heptarchie, Offa, roi de Mercie, ayant affaffiné, dans un feftin, le roi d'Eft-Anglie fon gendre, & ayant envahi fon royaume, imagina, pour expiation, de foumettre fes Etats au *denier de Saint-Pierre*, en confervant ceux qu'il avoit ufurpés. Ce *romefcot* ou *denier de faint Pierre* n'étoit d'abord qu'une fomme deftinée à l'entretien d'un collége anglais, fondé à Rome par Offa : cette impofition fe leva enfuite fur toute l'Angleterre. C'étoit un don d'un feul Roi de l'heptarchie; ce fut un tribut de la nation entière.

## DESMARETS ( JEAN ). ( *Hift. de Fr.* )

Sous le règne de François I, un feigneur de la Maifon de Tallard avoit tué un fimple gentilhomme nommé Jean Defmarets. L'Hiftoire ne dit pas de quelle manière; mais c'étoit apparemment par des moyens que la chevalerie défavouoit. Defmarets ne laiffoit, pour venger fa mort, qu'une aïeule inconfolable, mais fans appui. Le coupable avoit pour lui le crédit de la Maifon du Bellay, dont il étoit allié; le cardinal furtout l'appuyoit de fa faveur; la juftice étoit lente, & le crime gagnoit tout en gagnant du tems : l'aïeule de Defmarets vint fe jetter aux pieds du Roi, en criant *juftice*. A ce mot, toujours impofant pour François I, il paroît faifi de refpect; il relève cette femme, & fe tournant vers la foule des courtifans qui l'environnoient, & parmi lefquels étoient peut-être alors les du Bellay, il dit tout haut ces propres paroles, auxquelles nous ferions bien fâchés de rien changer : *Foi de gentilhomme, ce n'eft pas raifon que cette demoifelle fe profterne devant moi, me demandant une chofe que, pour le bien de mon Etat, je lui dois; mais, c'eft à faire à ceux qui m'importunent fur les rémiffions & abolitions, lefquelles je ne leur dois, finon de grace & puiffance royale.* Il écouta cette femme, la confola, lui promit prompte juftice, & lui tint parole. » Comme de fait, dit Pafquier, je vis décapiter

» Tallard aux halles de Paris, en l'an 1546. » Les grands du royaume, les ambaffadeurs même des puiffances étrangères avoient inutilement follicité la grace du coupable.

## DHONA ( *Hift. d'Allem.* ),

Maifon ancienne en Allemagne, defcend, dit-on, d'un Aloyfius d'Urpach, qui vivoit du tems de Charlemagne, & auquel cet Empereur fit don d'un château fort & d'une ville fur l'Elbe, nommés Dhona, dont cette famille tire fon nom.

Louis-le-Débonnaire confirma cette donation à Louis-Conrad, fils d'Aloyfius, & lui conféra le titre de burggrave, dont la Maifon de Dhona fut toujours fort jaloufe. La condition de la donation faite par Charlemagne à cet Aloyfius, & confirmée par Louis-le-Débonnaire à Louis-Conrad, étoit de défendre de ce côté les frontières de l'Empire contre les Boïens ou Bohémiens, & d'autres peuples barbares.

Dans la guerre que Venceflas, roi de Bohême, fit à Guillaume, furnommé *le Borgne*, marquis de Mifnie, la ville de Dhona, qui étoit fous la protection de la Bohême, fut affiégée par Guillaume, qui la ruina entièrement. Alors la Maifon de Dhona, obligée de chercher un afile, fe difperfa dans les pays circonvoifins. Les uns fe retirèrent en Pruffe, d'autres en Bohême & en Siléfie.

Le premier qui s'établit en Pruffe, fe nommoit Staniflas.

Pierre de Dhona fon fils eut fept enfans mâles, qui prefque tous ont une place dans l'Hiftoire.

Abraham fe trouva en France à la bataille de Moncontour, & mourut à Tarafcon.

Henri, colonel au fervice de la Pologne, fut tué à Pernowen en Livonie.

Frédéric, colonel au fervice du Dannemarck, fe noya en paffant le détroit du Sund. Il n'avoit que vingt-quatre ans.

Chriftophe fut général de l'armée, & maréchal de la cour du roi de Dannemarck.

Le dernier de tous fut le plus célèbre : c'eft Fabien de Dhona. Né le 6 mai 1550, à Stuma dans la Pruffe royale, il avoit appris la théologie à Genève, fous Théodore de Bèze, dont il fut toujours un zélé difciple; il fervit fous Cafimir, comte palatin, & fous Etienne Battori, roi de Pologne; il fut nommé général des troupes que le roi de Dannemarck & les Princes proteftans d'Allemagne envoyèrent pour la défenfe de la caufe proteftante à Henri IV, alors feulement roi de Navarre, & qui faifoit la guerre à la Ligue. Dhona fe montra plus habile qu'heureux; il fut battu à Auneau dans la Beauce, par un général, ou plus heureux, ou plus habile, le duc de Guife-le-Bala-fré. C'eft de cette expédition du comte de Dhona, qu'il est parlé dans ces vers de la Henriade, où Henri dit à Elisabeth :

Guise dans Vimori, d'une main plus heureufe,
Vengea fur les Germains la perte de Joyeufe,
Accabla dans Auneau mes alliés furpris,

Il continua de fervir fous Cafimir & fous fon neveu Frédéric IV, duc de Bavière, électeur palatin. A cinquante-quatre ans il fe retira dans fes terres en Pruffe. L'électeur de Brandebourg, duc de Pruffe, lui donna des honneurs & des emplois. Ce général n'avoit pas moins bien fervi comme homme d'Etat que comme homme de guerre; il avoit été employé dans diverfes cours en trente-quatre ambaffades. Il mourut en 1621.

Dans cette même branche Achatius fervit l'empereur Maximilien & d'autres Princes de l'Europe dans des emplois confidérables, & où il fe diftingua.

Chriftophe, un de fes fils, fut grand-chambellan du roi de Bohême. Spanheim a écrit fa vie.

Fabien III, neveu de Chriftophe, eft cité & loué par Vicquefort dans fon Traité de l'Ambaffadeur.

Chriftophe-Frédéric fon fils fe fignala dans les guerres de la Hollande contre l'évêque de Munfter.

De cette même Maifon de Dhona étoient : Chriftophe Delficus, maréchal de Suède, mort ambaffadeur à Londres.

Alexandre, ambaffadeur en plufieurs cours de l'Europe, miniftre & officier-général chez l'électeur de Brandebourg, & gouverneur du Prince électoral.

Jean-Frédéric fon frère, capitaine des Cent-Suiffes du roi d'Angleterre, & colonel d'infanterie à fon fervice.

Chriftophe leur frère, colonel des grands moufquetaires de Brandebourg.

Albert, colonel au fervice de Hollande, tué dans Maëftricht affiégé par les Français.

Charles-Emile & Théodoric fes frères, colonels de Brandebourg, tués au fiége de Bude contre les Infidèles.

Ces trois frères en avoient cinq autres, prefque tous auffi morts jeunes à la guerre.

DIESBACH. (*Hift. mod.*) C'eft le nom d'une très-ancienne Maifon établie depuis long-tems en Suiffe & en Franche-Comté, & précédemment en Allemagne.

1°. Rudolf, baron de Diesbach, fut le premier qui d'Allemagne vint s'établir en Suiffe, en 1191; il alla enfuite à la croifade.

2°. & 3°. Pierre & Rudolf fuivirent les Em-

pereurs à la guerre, & s'établirent à Berne en 1270.

4°. Louis de Diesbach négocia, en 1384, le mariage d'Ifabelle de Bavière avec Charles VI, roi de France.

5°. L'empereur Sigifmond donna, en 1434, à Nicolas de Diesbach, pour récompenfe de fes fervices, une bague où étoient gravés deux lions. Ces lions font entrés depuis dans les armes de la Maifon de Diesbach.

6°. Nicolas de Diesbach, fecond du nom, élu à trente ans advoyer de Berne, conclut, en 1474, la première alliance du corps helvétique avec la France, fous Louis XI; il fut nommé général de l'armée des cantons contre le duc de Bourgogne, Charles-le-Téméraire; il inveftit Blamont, mais au commencement du fiége il fut bleffé d'un coup de pied de cheval, dont il mourut de langueur au bout de fix femaines.

7°. Imbert de Diesbach commanda les armées de la Suiffe contre le duc de Savoie.

8°. Louis de Diesbach, fecond du nom, fuivit, en 1516, l'empereur Maximilien dans fon expédition en Italie.

9°. Guillaume de Diesbach, advoyer de Berne, commanda, comme Imbert, les armées des Suiffes contre le duc de Savoie; il fe ruina d'ailleurs à chercher la pierre philofophale, & fut réduit à vendre fes plus beaux domaines. Il conferva cependant de la magnificence, & furtout une bienfaifance à laquelle l'Hiftoire a rendu témoignage.

10°. Jean de Diesbach commandoit, en 1515, l'armée des Suiffes à la bataille de Marignan.

11°. Jean de Diesbach, fecond du nom, qui avoit été page du roi Louis XII, & nommé maréchal-de-camp par François I, en 1521, tems où il n'y avoit que deux ou trois maréchaux-de-camp dans le royaume, fut tué à la bataille de Pavie, avec fept autres perfonnages de fa Maifon.

12°. Sébaftien de Diesbach étoit général de l'armée des Suiffes à la bataille de la Bicoque en 1522, & advoyer de Berne en 1529.

13°. Lorfque la réformation fut reçue à Berne, en 1528, Rochus de Diesbach, fidèle à la religion catholique, s'établit à Fribourg, canton catholique, & fa poftérité s'y fixa.

14°. Une autre branche s'établit en Franche-Comté, en 1559. Imbert de Diesbach, fecond du nom, fut fait, en 1591, colonel des Gardes-Suiffes d'Henri IV. Il fe battit en duel devant le Roi & toute la cour contre un chevalier efpagnol, qui avoit défié les chevaliers français : il eut un coup d'épée à la main, mais il fendit la tête à fon adverfaire. Le Roi lui fit don d'une riche chaîne d'or avec fon portrait; monument que les Diefbach ont pris foin de conferver dans leur famille.

15°. Nicolas de Diesbach, advoyer de Fribourg, fut envoyé par les cantons auprès de Louis XIII.

16°. Augustin de Diesbach, aussi advoyer de Fribourg, a laissé dans toute la Suisse, par ses services & son zèle pour l'honneur de sa patrie, une mémoire révérée & chérie.

Il y a depuis près de trois siècles une bourse fondée à Berne, en faveur de ceux de la Maison de Diesbach, qui pourroient par quelqu'accident tomber dans la pauvreté; elle est sous la direction de six anciens, qui en accumulent chaque année les revenus, en attendant l'occasion de les employer suivant les ordres de la famille & les besoins des divers individus. Un pareil établissement seroit un lien de plus dans chaque famille.

DINAN (*Hist. de Fr.*), Maison française de Bretagne, qui tiroit apparemment son nom de la ville de Dinan dans cette province, a produit plusieurs guerriers recommandables, tels que :

Roland IV, mort le 9 mars 1349.

Roland V son fils, qui dans la grande querelle des Maisons de Montfort & de Penthièvre, pour la succession au duché de Bretagne, suivit le parti de Blois-Penthièvre, & fut tué avec Charles de Blois à la bataille d'Auray, en 1364.

Charles de Dinan, fils de Roland V, mort le 19 septembre 1418.

Bertrand son fils, maréchal de Bretagne, mort le 21 mai 1444.

Jacques, frère de Bertrand, gouverneur de Sablé, grand bouteiller de France, mort le 30 avril, aussi en 1444.

EDBURGE. (*Hift. de Fr. & d'Anglet.*) Egbert, ce Roi anglo-faxon, célèbre par l'extinction de l'heptarchie & par la réunion de l'Angleterre fous fes lois, avoit, dans un tems d'oppreffion, trouvé un afile à la cour de Charlemagne; il y avoit médité, préparé, mûri fes grands projets. La rivale d'Egbert, la reine Edburge, que les Anglais occidentaux abandonnèrent pour fe donner à lui, & qui avoit mérité ce fort par fes vices & par fes crimes, trouva auffi un afile à la cour de Charlemagne. Cette femme, qui avoit empoifonné fon mari en voulant empoifonner un de fes amans qu'elle craignoit, ou dont elle avoit à fe plaindre, difoit un jour à Charlemagne, que le plus grand objet de fon ambition feroit d'être reine de France. « Eh bien ! dit Charlemagne, tournant la » chofe en plaifanterie, je fuis veuf & mon fils » aîné n'eft pas marié, qui voulez-vous époufer » de nous deux? Le plus jeune, dit Edburge. Ah! » répliqua Charlemagne, fi vous m'aviez choifi, je » vous aurois donné mon fils; mais puifque vous » me l'avez préféré, vous n'aurez ni lui ni moi. » Il lui donna une abbaye, qu'elle quitta pour s'enfuir avec un nouvel amant; elle finit par aller mourir à Pavie dans la mifere.

EDOBINCH, EDOBECH ou EBÓDECH & ECDICIUS. (*Hift. rom.*) Edobinch étoit un capitaine français attaché au fervice du tyran Conftantin, lequel difputoit l'Empire à Honorius & au fils d'Arcadius. (*Voyez*, dans ce volume, l'article *Géronce*.) Edobinch rendit un grand fervice à Conftantin, en allant au-delà du Rhin lui chercher des fecours parmi les Français fes compatriotes & les autres nations germaniques. Conftantin étoit alors affiégé dans la ville d'Arles par le comte Conftantius, grand-maître de la milice romaine fous Honorius, & le plus célèbre des généraux du tems. Lorfque celui-ci apprit qu'Edobinch arrivoit à la tête du fecours qu'il avoit obtenu, il fe hâta de marcher à fa rencontre, & de difpofer une embufcade qui, n'ayant point été apperçue par les Germains, eut contr'eux tout fon effet. Edobinch, attaqué en tête par le fort de l'armée de Conftantius, & en queue par un gros de cavalerie qui formoit l'embufcade en queftion, fut aifément mis en défordre, fes bataillons fe renverfent; les uns fuient, les autres jettent leurs armes & demandent grace; d'autres font foulés aux pieds des chevaux; la déroute eft complète. Edobinch eut bien de la peine à fe fauver à courfe de cheval; il alla chercher un afile dans une maifon de campagne, chez un ami, nommé Ecdicius, qu'il avoit comblé de bienfaits, & fur lequel il croyoit avoir

droit de compter. Ecdicius, oubliant tous les devoirs de la reconnoiffance, & violant indignement les lois facrées de l'hofpitalité, le refpect & l'humanité dus aux malheureux, coupa lui-même la tête de fon ami, &, cette tête à la main, vint demander fon falaire à Conftantius. « Ce général, » dit l'auteur de l'Avant-Clovis, le remercia au » nom de la république de ce qu'il avoit fait l'office » de fon prévôt; mais quand il fut qu'Ecdicius » vouloit demeurer dans l'armée, il lui fit com- » mandement de fe retirer au plus vite; & ainfi » Ecdicius ne remporta pour cette belle action, » qu'un cruel remords dans le fein, & une hor- » rible infamie fur le front. » Cet événement eft de l'an 411.

EMSER (JÉRÔME). (*Hift. du Luthéran.*) Luther avoit fait en langue allemande une traduction du Nouveau-Teftament, que les Catholiques trouvèrent remplie d'infidélités tendantes à favorifer fes dogmes. Jérôme Emfer, docteur de Leipfick & théologien du duc Georges de Saxe, comme Luther l'étoit de l'Electeur, releva ces infidélités, & il ofa oppofer à cette traduction hérétique une traduction orthodoxe. Cet Emfer, zélé défenfeur de la foi catholique, fatiguoit Luther de fes écrits, & Luther l'accabloit d'injures plus encore que les Rois & les Papes. C'étoit vers l'an 1521 qu'ils écrivoient l'un contre l'autre.

ESCARS. (*Hift. de Fr.*) La Maifon de Péruffe ou de la Péruffe, dite d'Efcars, du nom d'une terre, eft recommandable par fes fervices & fes alliances.

François d'Efcars, feigneur de la Vauguyon, chambellan de François I, & commandant en Dauphiné, Lyonnois, Savoie & Piémont, époufa le 22 février 1516, l'héritière de Bourbon-Carenci, par qui la principauté de Carenci paffa dans la Maifon d'Efcars.

Claude, prince de Carenci, fon petit-fils, fut tué en duel le 6 mars 1586, par le baron de Biron.

Diane fa fœur, devenue princeffe de Carenci, époufa Louis d'Eftuert, ou Stuert, ou Stuart, comte de Saint-Mégrin, lieutenant-général des armées du Roi.

Jacques, marquis de Saint-Mégrin, leur petit-fils, auffi lieutenant-général, après avoir fait diverfes campagnes en Allemagne, en Lorraine, en Flandres, après avoir commandé en Catalogne, fut tué au combat de Saint-Antoine, le 2 juillet 1652, à trente-cinq ans.

Marie fa fœur, marquife de Saint-Mégrin, princeffe de Carenci, comteffe de la Vauguyon, époufa, en 1653, Barthélemi de Quelen, comte de Broutay, maréchal des camps & armées du Roi, tué au fiège de Tournay, en 1667.

Ainfi la branche aînée de la Maifon d'Efcars s'eft éteinte dans la Maifon des Stuerts Saint-Mégrin, & cette branche des Stuerts Saint-Mégrin dans celle de Quelen; mais il reftoit d'autres branches de la Maifon de l'éruffe ou d'Efcars, une entr'autres qui a produit deux prélats diftingués, favoir:

Le cardinal de Givry, Anne d'Efcars, grand ligueur, & cependant honnête homme, & homme de mérite, comme Henri IV le reconnut lui-même; auffi fe fit-il un plaifir de le transférer de l'évêché de Lifieux à l'évêché de Metz, en 1608. Le pape Clément VIII avoit fait Anne d'Efcars cardinal en 1596. Mort le 19 avril 1612.

L'autre prélat eft Charles d'Efcars, évêque & duc de Langres, frère du Cardinal, mais d'un premier lit; le Cardinal avoit même été fon coadjuteur à l'évêché de Langres. Charles avoit été d'abord évêque de Poitiers en 1564; il fut nommé à l'évêché de Langres en 1571. En 1573, il reçut à Metz les ambaffadeurs de Pologne, qui venoient apporter au duc d'Anjou la nouvelle de fon élection, & la harangue que ce prélat fit à cette occafion lui fit honneur. Mort en 1614.

ETIENNE. (*Hift. eccléfiaft.*) L'hiftoire eccléfiaftique nous offre d'abord le diacre faint Etienne, premier martyr du chriftianifme, lapidé l'an trente-trois de l'ère chrétienne, par les Juifs, qui l'accufoient d'avoir blafphémé contre Moïfe. Son hiftoire eft rapportée dans les Actes des Apôtres, chapitres VI & VII. Il pria en mourant pour fes perfécuteurs, & fes prières paroiffent avoir obtenu la converfion de Saül, qui fut depuis faint Paul.

*Audivit è cœlo Deus*
*Suprema verba martyris:*
*Dux Saulus & teftis necis,*
*Necis fit ipfe præmium.*

On compte neuf ou dix Papes du nom d'Etienne, felon qu'on veut ou mettre ou ne pas mettre au nombre des Papes un Etienne II, élu & mort en 752, & dont le pontificat ne fut que de trois ou quatre jours.

1°. Etienne I a le titre de Saint. Succeffeur du martyr Lucius en 253, il fouffrit lui-même le martyre le 2 août 257, pendant la perfécution de l'empereur Valérien. C'eft fous fon pontificat qu'on agita la fameufe queftion de la rébaptifation des hérétiques, fur laquelle faint Cyprien réfifta au pape faint Etienne. (*Voyez* l'article Cyprien (faint) dans le Dictionnaire.)

2°. Etienne II eft ce Pape de quatre jours.

3°. Etienne III. Ce Pape eft très-connu par fes liaifons avec Pépin-le-Bref, & par les événemens qui en ont été la fuite. Pépin-le-Bref, dans le projet de confacrer par la religion le couronnement de

fa race, & de la préferver, par ce moyen, du fort qu'il avoit fait éprouver à la race mérovingienne, ne defiroit rien tant qu'une alliance intime avec les Papes: ceux-ci ne la defiroient pas moins, ne voyant que la France qu'ils puffent oppofer avec fuccès aux Lombards leurs plus redoutables ennemis. Etienne porta donc à Pépin fes plaintes fur les violences que le Saint-Siége éprouvoit alors plus que jamais de la part des Lombards. Pépin faifit cette occafion d'inviter Etienne à paffer en France, pour qu'ils puffent conférer à loifir de leurs communs intérêts. Les Lombards, amis de la France fous Charles Martel, & qui ne vouloient pas en devenir ennemis fous Pépin-le-Bref, n'oferent s'oppofer au paffage du Pape, quoiqu'ils viffent trop bien l'objet de fon voyage.

Les auteurs varient fur le cérémonial qui fut obfervé en France à la réception d'Etienne III. Dans la fuite, lorfque la fouveraineté temporelle eut été jointe, chez les Papes, à la dignité fpirituelle, & lorfque diverfes conjonctures eurent concouru à augmenter ces deux pouvoirs l'un par l'autre, les Rois parurent fe plaire à rendre des honneurs prefque divins à celui d'entr'eux qui, le dernier par fa foibleffe, étoit le premier par ces titres de *Père commun* & de *Médiateur univerfel*. Anaftafe le bibliothécaire, qui vivoit dans un tems où cet ufage étoit établi ou s'établiffoit, jugeant peut-être des ufages antiques par ceux dont il étoit témoin, repréfente Pépin profterné devant Etienne, lui jurant obéiffance, marchant à pied en tenant les rênes du cheval du Pape. Les Annales de Metz, au contraire, difent que le Pape parut en fuppliant, fous la cendre & le cilice, qu'il fe jeta aux pieds du Roi, & ne voulut fe relever qu'après que le Roi lui eut accordé fa protection & lui eut promis fon fecours. Des auteurs contemporains n'entrent point dans tous ces détails, & difent feulement que le Pape fit des préfens, fut bien reçu, & qu'on l'affura d'un prompt fecours.

Le prince Charles, fils aîné de Pépin-le-Bref, & qui fut dans la fuite l'empereur Charlemagne, paroît pour la première fois dans cette occafion: il avoit environ onze ou treize ans; il alla au devant du Pape à plus de trente lieues, & le conduifit à Pontyon, maifon royale dans le Pertois, où Pépin l'attendoit.

Pépin fit renouveler par le Pape, dans l'églife de Saint-Denis, la cérémonie de fon facre & de fon couronnement. Le Pape facra & couronna en même tems la reine Berthe, femme de Pépin, & leurs deux fils, Charles & Carloman; il donna l'abfolution à Pépin pour fon ufurpation; il lança en même tems toutes les excommunications d'ufage contre quiconque oferoit jamais fonger à transporter la couronne dans une autre maifon, *ut nunquàm de alterius lumbis regem in ævo præfumant eligere*; ce qui n'empêcha pas Hugues Capet d'enlever la couronne à Charles de Lorraine, comme Pépin l'avoit enlevée à Childéric.

Pépin de son côté, décidé à tout faire pour le Pape, par intérêt & par reconnoissance, assembla un parlement à Crécy-sur-Oise, pour faire résoudre la guerre contre les Lombards. Carloman, frère aîné de Pépin-le-Bref, mais devenu moine au Mont-Cassin, parut dans cette assemblée comme ambassadeur d'Astolphe, roi des Lombards, dont il étoit devenu sujet par sa retraite au Mont-Cassin. Etienne III & Pépin avoient espéré que la guerre seroit résolue sur le champ & sans contradiction. Les grands du royaume, entraînés par les raisons de Carloman, arrêtèrent qu'on enverroit des ambassadeurs à Astolphe, pour l'inviter à la paix. Pépin prit ombrage de l'ascendant que son frère avoit paru avoir dans cette occasion, & il s'en vengea d'une manière indigne. De concert avec le Pape, il le fit enfermer dans un monastère à Vienne, & ce fut aussi alors qu'il fit raser & disparoitre les enfans de Carloman. Le père mourut cette même année dans sa prison. Pépin fut fortement soupçonné d'avoir hâté sa mort, & il avoit trop mérité ce soupçon.

Les ambassadeurs français trouvèrent Astolphe très-disposé à la paix ; il offroit d'y faire tous les sacrifices convenables ; il avoit formé une entreprise sur Rome ; il s'en désistoit ; mais il refusoit avec raison de céder au Pape la Pentapole & l'Exarchat de Ravenne, conquis sur les Empereurs grecs par les armes & le sang de ses sujets, & sur lesquels le Pape n'avoit nul droit.

Sur ce refus si naturel, la guerre fut résolue. Ce fut alors que Pépin-le-Bref & les deux Princes ses fils, créés patrices de Rome par le Pape & le peuple romain, firent, dit-on, & du consentement des grands du royaume, à l'église de Saint-Pierre, cette célèbre donation de l'Exarchat & de la Pentapole, qui a donné naissance à la puissance temporelle des Papes.

La donation de Pépin étoit faite avant la conquête, & l'événement pouvoit répandre un assez grand ridicule sur cette libéralité précoce ; mais Pépin ne donnoit que ce qu'il pouvoit livrer, & ne se vantoit que de ce qu'il pouvoit faire. Il passe les Alpes, force le pas de Suse, taille en pièces l'armée des Lombards, assiége Astolphe dans Pavie. Astolphe s'effraye & promet tout pour se tirer de danger ; mais dès que Pépin a repris la route de France, enhardi par degrés par son éloignement, il diffère d'abord, puis refuse l'évacuation des places promises, puis se permet des courses sur le territoire de Rome, puis enfin il en vient jusqu'à investir le Pape dans cette place. Les cris douloureux d'Etienne se firent entendre en France. La lettre qu'il écrivit à ce sujet au nom de saint Pierre lui-même, lui a été reprochée. C'est, dit un auteur moderne, une prosopopée qu'on a eu tort de qualifier de supercherie : nous sommes entièrement de cet avis. Dans cette lettre, dont on a fait tant de bruit, le Pape ne prétendoit pas faire illusion à Pépin, au point de lui persuader que c'étoit saint Pierre en personne qui lui écrivoit : c'étoit seulement une figure de mauvaise rhétorique & de mauvais goût, que le Pape avoit crue propre à toucher Pépin, & qui auroit dû produire un effet tout contraire. Mais on ne peut s'empêcher de penser, comme M. Fleuri, sur l'équivoque qui règne dans cette lettre : « où l'Eglise signifie, non l'assemblée » des fidèles, mais les biens temporels consacrés » à Dieu ; où, par le troupeau de Jésus-Christ, on » entend les corps & non pas les ames ; où les pro- » messes temporelles de l'ancienne loi sont mêlées » avec les spirituelles de l'Evangile, & les motifs » les plus saints de la religion, employés pour une » affaire d'Etat. »

A la réception de cette lettre, Pépin, avec cette célérité qui distingue les héros de sa Maison, repasse les Alpes, délivre Rome, détruit une seconde armée de Lombards, assiége de nouveau Astolphe dans Pavie, & le presse si vivement, qu'Astolphe, voyant à quel guerrier il avoit affaire, & cédant à sa destinée, prit le parti d'exécuter de bonne foi, quoiqu'un peu lentement, un nouveau traité signé à Pavie, & d'évacuer en partie l'Exarchat & la Pentapole. Etienne III ne jouit pas long-tems de cette libéralité ; il mourut dès l'année suivante, 757. Astolphe avoit encore moins survécu à sa disgrace, & Pépin, tout-puissant en Lombardie, avoit procuré, de concert avec le pape Etienne III, lequel vivoit encore alors, la couronne à Didier, qui avoit été général des armées d'Astolphe, & dont le Pape lui avoit répondu, parce que Didier avoit promis de consommer la restitution commencée par Astolphe.

Etienne III eut pour successeur le pape Paul I son frère. A sa mort, arrivée en 767, une faction supposant apparemment que les Papes, étant devenus Princes temporels, des laïcs étoient désormais susceptibles de cette dignité, avoit mis un laïc, nommé Constantin, sur la chaire de saint Pierre. Cette nouveauté prophane offensa les regards du peuple de Rome ; il se souleva, & Constantin eut les yeux crevés.

4°. Une élection plus canonique mit en sa place le pape Etienne IV : c'étoit lui qui occupoit le Saint-Siége à l'avénement des Princes français, Charles ( depuis Charlemagne ) & Carloman, en 768. Etienne avoit de fréquens démêlés avec Didier, qui avoit quelquefois sur lui un ascendant bien singulier. Etienne IV avoit envoyé en France Sergius, trésorier de l'Eglise romaine, fils de Christophe, primicier de la même Eglise, pour demander à Pépin du secours contre les Lombards. Sergius, en arrivant en France, trouva que Charles & Carloman avoient succédé à Pépin ; il les fit aisément entrer dans les dispositions de leur père à l'égard du Saint-Siége. Les deux Princes envoyèrent chacun un commissaire avec quelques troupes, pour prendre connoissance de l'état des affaires de l'Italie, & secourir le Pape s'il en étoit besoin. Ithier, commissaire de Charlemagne,

*remplit*

remplit sa miffion en pacifiant quelques troubles, & en faifant rendre au Pape quelques places; Dodon, commiffaire de Carloman, resta auprès du Pape, pour le fervir felon les conjonctures. Le Pape n'étoit que trop bien fervi par fes deux amis, Chriftophe & Sergius, auxquels il étoit redevable de fon exaltation, & qui, plus zélés encore que lui pour la grandeur temporelle du Saint-Siége, ne ceffoient de preffer l'entière exécution des promeffes d'Aftolphe & de Didier. Ce dernier Prince, fatigué & irrité d'un zèle fi incommode, entreprit de perdre ces deux miniftres, & il y réuffit. Il mit dans fes intérêts Paul Afiarte, camérier du Pape, jaloux du crédit de Chriftophe & de Sergius, & prêt à tout faire pour leur nuire. Cet homme parvint à les rendre fufpects au Pape, & à lui faire craindre de leur part le fort de l'antipape Conftantin. Etienne, par l'effet des fuggeftions d'Afiarte, pouffa l'aveuglement jufqu'à s'unir avec Didier, & accepter le fecours de cet ennemi contre fes deux plus fidèles fujets. Chriftophe & Sergius n'ignoroient pas les intrigues d'Afiarte & de Didier; ils en inftruifirent Dodon, & implorèrent fon appui; ils apprirent que, fous prétexte de faire un pèlerinage au tombeau de faint Pierre, Didier alloit paroître aux portes de Rome avec une armée. Effrayés alors de leur danger, ils prennent toutes les précautions qu'exige leur fûreté. Dodon leur donne fa foible troupe qu'ils groffiffent comme ils peuvent, de quelques foldats raffemblés à la hâte; Didier arrive au tombeau de faint Pierre, & fait prier le Pape de s'y rendre; Chriftophe & Sergius, n'ayant pu détourner le Pape de ce projet, profitent du tems où il confère avec Didier pour tenter un coup de défefpoir. Ils entrent à main armée au palais de Latran, avec Dodon, pour enlever leur ennemi, Paul Afiarte. En ce moment même le Pape rentroit dans ce palais, au retour de fa conférence avec Didier, qui avoit beaucoup augmenté fa prévention contre fes deux miniftres: il voit fon palais invefti, ne doute pas qu'on n'en veuille à fa vie, croit voir l'exécution de tous les complots qu'Afiarte & Didier lui ont fait craindre; il retourne chercher un afile auprès de Didier, d'où, par le confeil de ce Prince, il mande aux deux miniftres, ou de venir le trouver, ou de fe retirer dans un couvent. A cet ordre qui annonçoit Chriftophe & Sergius comme rebelles, le peuple les abandonne, & la foible troupe de Dodon, qui lui-même n'étoit plus en fûreté, ne pouvant plus les fecourir, ils font réduits à chercher leur falut dans la fuite: mais toutes les avenues étoit gardées; ils font pris & conduits au Pape, c'eft-à-dire, livrés à Didier & à Paul Afiarte. On creva les yeux au père, qui en mourut au bout de trois jours; le fils fut étranglé en prifon: tel fut le prix de leurs fervices & de leur zèle.

Didier, pour mieux tromper le Pape, n'avoit pas manqué de jurer de nouveau fur le corps de faint Pierre, qu'il confommeroit inceffamment l'exécution du traité de Pavie. Le Pape doutoit fi peu

de fa bonne foi, que, regardant comme fait ce que Didier avoit promis, il s'empreffa étourdiment de mander au roi Charles & à la reine Berthe fa mère, que *Didier avoit tout reftitué; que le Saint-Siége n'avoit point d'ami plus précieux; que le Pape lui devoit la vie, n'ayant échappé que par fes avertiffemens, fes confeils & fa protection généreufe, à une confpiration tramée par Chriftophe, Sergius & Dodon.* Lorfque les Lombards fe retiroient, le Pape fit rappeler amicalement à Didier fa promeffe de reftituer promptement les biens appartenans au Saint-Siége. « Que parle-t-il, répondit Didier, » de reftitution & de biens de faint Pierre? Ne lui » fuffit-il pas que je l'aie délivré de deux traîtres » qui menaçoient fa vie? & prétend-il qu'un tel » fervice foit compté pour rien? S'il eft fi peu fen- » fible aux bienfaits, qu'il fonge au moins à fes » intérêts, & qu'il fâche prévoir un avenir pro- » chain. Croit-il que Dodon traité en ennemi, que » les droits du patriciat violés en fa perfonne, n'at- » tirent pas bientôt fur Rome la haine & les armes » de Carloman? Lui refte-t-il alors d'autre défen- » feur que moi? & ne fent-il pas que, pour lui avoir » été utile, je lui fuis devenu néceffaire. »

Etienne vit enfin l'abîme où il étoit tombé; il vit qu'il avoit lui-même égorgé fes amis & armé fes ennemis; il conçut la profonde malice de Didier & d'Afiarte. (*Voyez*, dans le Dictionnaire, à l'article *Adrien I,* la conduite de ce Pape envers Paul Afiarte, & le châtiment de ce traître.) Etienne, défabufé, fe hâta d'écrire aux Princes français, pour les engager, en qualité de patrices, à s'armer, comme avoit fait leur père, en faveur du Saint-Siége, contre les Lombards, *& à n'en pas croire les gens mal-intentionnés, qui pourroient leur dire que Didier avoit reftitué les biens de l'Eglife.* Ces gens mal-intentionnés, c'étoit lui-même; & cette petite réticence fe croit auffi petit détour, pour ne pas avouer qu'un Pape s'étoit laiffé tromper, n'avoient rien d'adroit.

Vers ce même tems Etienne apprit avec effroi le projet que la reine Berthe, mère des deux Princes français, avoit formé, de marier fon fils aîné avec Hermengarde, fille du Roi lombard, voyant dans ce mariage la pacification générale qui alloit être fon ouvrage. Le Pape n'y vit que fon protecteur s'uniffant à fon ennemi; il ne négligea rien pour traverfer cette alliance; il avoit un prétexte qu'il fit bien valoir. Charlemagne avoit une efpèce d'engagement que la nation ne paroît pas avoir regardé comme un vrai mariage avec une femme nommée Himiltrude, dont il avoit même un fils. Cet obftacle, qui, d'après les ufages du tems, pouvoit être facilement levé par un divorce ou par d'autres moyens, n'arrêtoit ni la reine Berthe, ni le Roi lombard, ni Charlemagne lui-même, qui ne tenoit plus à ce lien. Le Pape, dans une lettre très-curieufe, & qui exifte, infifte fortement fur l'indiffolubilité des nœuds du mariage; & pour toucher par un endroit fenfible les princes Charles & Carloman, à qui cette lettre eft adreffée en commun : « Souvenez-vous, leur dit-il, que le » Pape Etienne III mon prédécesseur empêcha » Pepin de répudier votre mère. » Il insiste bien davantage encore sur l'indignité prétendue de cette alliance ; il assure que toutes les Lombardes sont puantes, lépreuses, dégoûtantes ; que le peuple lombard est ennemi de Dieu & des hommes ( il l'étoit des Papes ). Il dit que ce peuple n'étoit pas compté parmi les nations ; il éprouvoit alors le contraire, & comme s'il eût été question d'épouser une idolâtre & non pas une catholique. « Quelle » monstrueuse alliance, s'écrie le Pontife, entre la » lumière & les ténèbres ! Quelle société du fidèle » avec l'infidèle ! Les Françaises, dit-il, sont si ai- » mables ! Aimez-les, c'est votre devoir. »

Il prétend qu'il n'est pas permis aux Princes d'é- pouser des étrangères ; il cite aux Princes français les exemples de leur père, de leur aïeul, de leur bisaïeul, qui tous avoient épousé des Françaises ; il leur allègue sur ce point l'autorité du Roi leur père, qui, pressé par l'empereur Constantin Co- pronyme, de donner en mariage à son fils la prin- cesse Gisèle, sœur de Charles & de Carloman, avoit répondu qu'une alliance étrangère lui parois- soit illégitime, & surtout qu'il ne vouloit point faire une chose désagréable au Saint-Siége. Or, cette même Gisèle, on vouloit alors la donner en mariage au prince Adalgise, fils de Didier.

Il finit par lancer tous les anathêmes & toutes les foudres de l'Eglise contre quiconque, après ce charitable avertissement, pourroit encore s'oc- cuper d'un pareil projet, & il leur promet le pa- radis s'ils se rendent à ses remontrances.

Ce zèle parut excessif, & ne parut pas assez pur : on n'y eut point d'égard en France. On se con- tenta d'engager Didier, en faveur de cette alliance, à remettre au Pape quelques-unes des places qu'il retenoit de l'Exarchat & de la Pentapole ; car on jugea que c'étoit là la lèpre dont la nation lom- barde étoit frappée, & le mariage se fit : mais le Pape fut vengé par ce mariage même. Charlemagne n'aima point sa nouvelle épouse. Quelques infir- mités secrètes qu'il lui trouva, l'en dégoûtèrent d'abord ; il la répudia, quoique la reine Berthe l'eût fait jurer, sous la garantie de plusieurs sei- gneurs français, de ne la jamais répudier.

Etienne IV mourut en 772.

5°. Lorsque le pape Léon III, qui mourut le 23 mai 816, avoit été nommé Pape à la place d'A- drien, son premier soin avoit été d'envoyer de- mander l'agrément de Charlemagne, car on ne manquoit point à ce Monarque. Etienne V, élu à la place de Léon, n'attendit point, pour s'installer dans le pontificat, la confirmation de Louis-le-Dé- bonnaire ; cependant, sur les plaintes de ce Prince, il lui fit prêter serment par les Romains, & vint le trouver à Reims, apportant avec lui, pour l'Em- pereur & l'impératrice, deux couronnes d'or qu'il leur mit solennellement sur la tête dans la cathé- drale de Reims ; car la politique des Papes étoit,

d'un côté, d'acquérir au Saint-Siége, par cette cé- rémonie, des droits sur l'installation des Empe- reurs, tandis que d'un autre côté les mêmes Papes tâchoient d'enlever insensiblement aux Empereurs le droit de confirmer leur élection.

Lorsque Léon III avoit couronné Charlemagne à Rome, ç'avoit été une surprise réelle ou suppo- sée. Lorsque Pepin-le-Bref s'étoit fait couronner en France avec ses enfans, par le pape Etienne III, il avoit eu, pour en user ainsi, des raisons politi- ques qui ne subsistoient plus du tems de Louis-le- Débonnaire. Charlemagne, en ordonnant à ce- lui-ci de se couronner de sa propre main, avoit voulu faire entendre qu'il ne tenoit que de Dieu la couronne impériale, & c'étoit remettre la chose en question, que de consentir à tenir cette cou- ronne du Pape. Etienne V, par cette cérémonie, sembloit dire à Louis : « Vous n'étiez pas encore » Empereur, & voilà pourquoi je ne vous avois » pas encore demandé votre confirmation. » Ajou- tons que, dans cette entrevue, Louis fut impru- demment prodigue ( envers un Pape qui lui avoit manqué ) de toutes ces démonstrations de res- pect, qui ne se rendent qu'au caractère pontifical, mais dont les Papes ont si bien su tirer parti pour leur autorité temporelle.

Etienne V, à peine retourné en Italie, y mourut le 25 janvier 817.

6°. Etienne VI, successeur d'Adrien III, fut élu en 885, & mourut en 891.

7°. Etienne VII est principalement connu pour avoir fait déterrer ( en 897 ) le pape Formose, son prédécesseur & son ennemi. Cet affreux scandale fit plus de tort à Etienne qu'à Formose. La mé- moire de celui-ci fut réhabilitée, & le pape Etienne, devenu odieux par cette vengeance atroce, exercée sur un cadavre, fut chargé de fers, puis étranglé en prison par les citoyens de Rome, que les amis de Formose avoient soulevés.

8°. Etienne VIII mourut en 931, après deux ans de pontificat.

9°. Etienne IX, en 942. Il avoit été nommé en 939. Il étoit allemand & parent de l'empereur. Othon. Les Romains, alors séditieux & barbares, avoient, dans une émeute, porté sur lui leurs mains sacriléges : ils s'étoient plu à lui découper le visage, & l'avoient tellement défiguré, qu'il n'osoit plus paroître en public.

*Laniatum corpore toto.....*
*Lacerum crudeliter ora.....*
*Et truncas inhonesto vulnere nares.....*
*Pavitantem & dira tegentem*
*Supplicia.....*
*Quis tam crudeles optavit sumere pœnas ?*
*Cui tantum ac te licuit ?*

Etienne X, frère de Godefroi-le-Barbu, duc de la Basse-Lorraine, d'abord religieux au Mont-Cas- sin, puis abbé de ce célèbre monastère, fut élu Pape le 2 août 1057, & mourut à Florence le 29 mars 1058, en odeur de sainteté, dit-on.

**F**ASTRADE & HARTRADE. Charlemagne ne pouvoit se passer de femme. Après avoir perdu Hildegarde, la troisième des siennes, & celle qu'il avoit le plus aimée, il épousa trop tôt pour l'honneur de sa douleur, mais trop tôt surtout pour le bonheur de son peuple & pour le sien, une femme impérieuse, injuste & cruelle, nommée Fastrade, fille d'un seigneur français. Si cette femme toucha moins son cœur qu'Hildegarde, elle prit un plus grand empire sur son ame, & elle abusa de cet empire; elle rendit Charlemagne complice de ses violences; elle lui fit faire des coups d'autorité contraires à son inclination; elle parvint enfin à faire haïr ce Prince aimable, de qui le don suprême étoit le don de plaire. On conspira, on attenta même à sa vie: des ennemis domestiques, nombreux, puissans, redoutables, se joignirent à tant d'ennemis étrangers, que Charlemagne avoit toujours à combattre. Le chef de la conjuration étoit Hartrade, un des comtes de Thuringe; il croyoit avoir à se plaindre de la Reine, & il s'en prenoit au Roi, dont il n'avoit pu obtenir justice contr'elle. On ne sait point de particularités sur le sujet de ses mécontentemens; on n'en sait pas davantage sur la conspiration même, ni sur la manière dont elle fut découverte. Tout ce qu'on sait, c'est qu'elle répandit beaucoup d'effroi dans la Maison royale, que le nombre & la qualité des conjurés sembloient annoncer des dispositions à une révolution. Charlemagne cependant sut écarter les orages & les dangers; il répara en partie les torts de Fastrade, & ajouta même à l'amour & à l'admiration publique par la politique sublime qu'il eut de faire grace de la vie à tous les conjurés, dont la plupart ne furent qu'exilés; mais cette grace fut bien légère pour Hartrade, car il eut les yeux crevés. Ce genre de supplice, usité depuis long-tems dans l'Orient, s'étoit introduit en France par les relations que ce royaume avoit avec l'Empire grec. L'abbé Velli a tort de dire qu'on en vit le premier exemple en France dans la personne d'Hartrade; car le duc d'Aquitaine, Hunaud (*voyez* plus bas son article), avoit fait crever les yeux à son frère Hatton, & long-tems auparavant Ebroin avoit traité de même Saint-Léger.

Dans la suite les restes de la faction de Hartrade se ranimèrent pour entrer dans la conjuration que Pepin-le-Bossu (*voyez* plus bas son article) osa former contre Charlemagne son père.

**FAUCON, FALCONI.** (*Hist. de Fr. & d'Ital.*) Cette famille étoit originaire de Florence, & avoit une de ses branches établie dans le royaume de Naples. Falco-Falconi passa en France, en 1495,

à la suite de Charles VIII, qui revenoit alors de sa brillante & peu solide expédition d'Italie.

Alexandre Faucon son fils, seigneur de Ris, acquit en France de la réputation; & François Faucon, frère d'Alexandre, évêque de Tulles, d'Orléans, de Mâcon & de Carcassonne, employé en diverses négociations importantes, fut un des plus savans prélats de son tems.

Cette famille a produit plusieurs magistrats distingués, des premiers présidens des parlemens de Normandie & de Bretagne, dont l'un, Claude Faucon de Ris, servit utilement l'Etat dans les désordres de la Ligue; il fut pris par les Ligueurs, & retenu long-tems prisonnier. C'est pendant cette captivité qu'il a composé un poème des guerres civiles. Les savans, tels que Scévole de Sainte-Marthe & le président de Thou, l'ont célébré comme un savant distingué.

François Faucon, fils de Claude, connu sous le nom de commandeur de Ris, servit plus de vingt ans la religion de Malte, & se trouva & contribua, en 1625, à la victoire que le maréchal de Montmorenci, amiral de France, remporta sur les Rochelois: il eut depuis, le commandement des vaisseaux de Normandie.

Son frère, Alexandre Faucon, premier président du parlement de Rouen, contribua, en 1620, après l'affaire du Pont-de-Cé, à la réconciliation de Louis XIII avec sa mère.

Le marquis de Charleval, si connu par son bel esprit (*voyez* son article dans le Dictionnaire), étoit le neveu des deux précédens.

**FÉNEL** (JEAN-BASILE-PASCAL). (*Hist. litt. mod.*) M. l'abbé Fénel, chanoine de Sens, de l'Académie des inscriptions & belles-lettres, est un grand exemple du malheur dont un proverbe vulgaire menace en tout genre les esprits trop ardens & trop ambitieux: *Il embrassa tout & n'étreignit rien;* il ébaucha tout & n'acheva rien. Il a fourni à M. de Bougainville la matière d'un éloge très-piquant, où un esprit lumineux & fin donne avec grace au savoir indigeste & confus, avec de justes louanges, un juste ridicule. L'abbé Fénel, né à Paris le 8 juillet 1695, descendoit d'une suite d'avocats estimés. Henri Fénel son oncle mourut doyen du chapitre de Sens, auquel il légua sa bibliothèque. M. de Fontaines, évêque d'Aleth, son grand oncle, avoit aussi été doyen de ce chapitre. Le célèbre Ménage, ami particulier de l'abbé Fénel, & qui demeuroit dans la même maison, influa, au moins par une sorte d'inspection, sur l'éducation du fils. La littérature sembloit pouvoir tout attendre d'un esprit tel que

S 2

celui du jeune Fénel, esprit facile, courageux, pénétrant, capable d'une application soutenue, & secondé de la plus heureuse mémoire. « S'il » avoit eu, dit M. de Bougainville, la force de » maîtriser son imagination, & de renoncer au » projet d'être un philologue universel, il auroit » éclairé ses contemporains, il auroit instruit la » postérité; il devint savant, mais il ne fut pas » habile, parce qu'on ne le devient pas sans mé- » thode. »

Il entreprit à treize ans un Traité de géographie; à quinze, il faisoit des extraits critiques des bibliothèques de Leclerc & de Fabricius; à dix-sept, il voulut écrire à la fois sur la divination, sur la philosophie hermétique, sur la construction générale de l'Univers.

La métaphysique parut à son tour; il n'en parloit qu'avec un enthousiasme religieux; elle l'attira cependant sans le fixer. Il entreprit une critique de Mallebranche, une réfutation de Hobbes, une de Spinosa. Il passoit de la métaphysique à la morale, au droit naturel, au droit des gens, à la politique, à toutes les branches de la philosophie, sans se reposer sur aucune. Un écart soudain le transportoit ensuite dans la géométrie transcendante; il s'enfonçoit dans l'algèbre; il appliquoit le calcul à des problèmes singuliers d'optique, d'astronomie, de physique générale & particulière : il vérifioit les expériences de Bayle; il méditoit avec Descartes, conversoit avec Léibnitz, disputoit avec Newton. En même tems il faisoit son cours de théologie & des excursions en médecine; il lisoit Galien, Celse, Sydenham, Boerhave; c'est de ce côté principalement que le portoit son goût, si l'on peut lui attribuer quelque goût particulier. Il s'étoit fait sur la médecine une théorie propre, dont l'application sur lui-même lui réussissoit mal, & ne l'a point détrompé.

En littérature, l'étude des langues savantes l'avoit mis de bonne heure en état de lire les originaux; il dévora les commentateurs comme il avoit lu les textes, *Helluo librorum.* A quinze ans il travailloit d'après Bochart, & méditoit une hypothèse nouvelle sur la dispersion des hommes. Il se rendoit familiers dès-lors les ouvrages de Scaliger & d'Usserius; il s'exerçoit dans l'art des étymologies; il puisoit à la fois dans toutes les sources de l'Histoire ancienne & moderne, étrangère & nationale. De là naissoient en foule des plans d'ouvrages, des projets de dissertations; il en communiqua plusieurs au Père de Tournemine, dont il ambitionnoit les éloges, & qui lui donna des avis. Le Père Hardouin, découvrant en lui le germe d'un novateur & l'ébauche d'un grand homme, voulut en faire un prosélyte; mais l'abbé Fénel n'étoit point homme à se laisser séduire par les systèmes qu'il n'avoit pas imaginés.

Tout ce que nous venons de voir n'étoit qu'en études & en projets. A vingt-cinq ans il se voyoit en état d'écrire sur toutes sortes de matières, *de*

*omni scibili,* & n'avoit écrit sur aucune. Il se mit à composer à la fois pour les prix de toutes les Académies, & du royaume, & de l'Europe. Dans le cours de quinze ans il traita vingt-cinq questions différentes de géométrie, de physique, d'astronomie, d'Histoire tant ancienne que moderne. En 1741, il composa pour l'Académie des sciences, *sur les propriétés de l'aiman;* pour celle de Bordeaux, *sur les causes de la noirceur des nègres;* pour l'Académie des inscriptions & belles-lettres, *sur l'histoire des Galates.* Il concouroit à la fois pour des prix sur l'insuffisance de la loi naturelle, sur la théorie de Saturne & de Jupiter, sur le système des monades, sur l'origine des pierres figurées. « Asclépiade, fameux athlète du tems des Anto- » nins, avoit, en moins de sept ans, combattu dans » les jeux les plus célèbres de l'Italie, de la Grèce, » de l'Egypte & de l'Orient. Vainqueur dans tous, » il avoit vu seize villes du premier ordre lui dé- » férer à l'envi le titre de citoyen. »

Cette magnifique comparaison fait d'abord tout espérer pour l'abbé Fénel, lorsque M. de Bougainville ajoute : « L'Asclépiade moderne, infa- » tigable & belliqueux comme l'ancien, *n'eut pas* » *le même bonheur.....* » Mais enfin il a souvent balancé la victoire, & l'a quelquefois remportée. Son Mémoire sur *le cabestan,* sans obtenir le prix, a mérité l'honneur d'être imprimé dans les recueils de l'Académie des sciences. En 1743, l'Académie de Soissons couronna sa Dissertation *sur la conquête de la Bourgogne par les fils de Clovis;* la même année l'Académie des inscriptions & belles-lettres donna le prix à son Mémoire *sur l'état des sciences en France, depuis la mort de Philippe-le-Bel jusqu'à celle de Charles V.* « Il étonna ses juges, dit M. de » Bougainville; & l'un d'eux étoit M. Falconet, » si capable d'étonner lui-même par l'étendue de » ses connoissances. » Dans un autre endroit il dit du même abbé Fénel : « Né pour le grand, il ne » remplit pas son rôle; il étonna ceux dont il au- » roit pu se faire admirer. »

En 1744, l'abbé Fénel fut reçu à l'Académie des inscriptions & belles-lettres. Là, ses Dissertations n'étoient pas de simples Mémoires, mais de gros Traités, dont la longueur absorboit les séances de l'Académie, & cependant aucun de ces ouvrages n'est achevé. Ce qui caractérise singulièrement sa manière de travailler, c'est que la plûpart de ses ouvrages n'étoient, dans son plan, que des préparatifs à d'autres ouvrages, de simples introductions qui, par l'événement, ne le conduisoient à rien d'ultérieur. En 1747, il lut à l'Académie une *longue Dissertation* sur les dogmes religieux des Celtes & des Germains; ce n'étoit qu'un extrait de la préface qu'il destinoit à son histoire de Sens, commencée sous l'épiscopat de M. de Chavigni, continuée sous celui de M. Languet, & qu'il n'a pas eu le tems d'achever.

En 1742 & en 1746 on avoit trouvé en divers lieux dans des tombeaux anciens, quelques débris d'étoffes de foie, tiffues de fils d'or en lame. Ces découvertes réveillèrent d'anciennes idées de M. l'abbé Fénel fur l'art de fabriquer les étoffes : de là un ample Traité préliminaire, dans lequel, à l'occafion d'un art particulier, il traça le plan, tel qu'il l'avoit conçu, de l'hiftoire générale des arts, en remontant prefqu'à l'origine du Monde.

Ce qu'il a lu à l'Académie fur les myftères d'Eleufis étoit encore l'avant-propos d'une hif-toire du paganifme, qui n'a pas plus été achevée que fes autres ouvrages.

Comme il ne converfoit guère qu'avec lui-même & qu'avec fes livres, fon caractère étoit un peu fauvage ; il fembloit n'être ni de fon fiècle ni de fa nation. Soit timidité, foit défiance, il crai-gnoit les hommes, & ne s'ouvroit avec une forte de liberté qu'au feul M. Falconet, dont l'amitié pour lui, née à l'occafion de fa Differtation cou-ronnée à l'Académie des belles-lettres, s'étoit acquis un droit à fa reconnoiffance. Il tenoit d'ail-leurs pour maxime, que, moins un corps a de fur-face, moins il eft en butte aux impreffions des autres corps.

La langueur habituelle dans laquelle il a paffé les derniers tems de fa vie, étoit accompagnée d'un fymptôme bien fingulier ; c'étoit une faim vorace, comparable à cette foif ardente qui fait le tourment des hydropiques. Les plus forts alimens pris fans mefure ne fuffifoient pas à l'opiniâtreté de fes befoins. C'étoit la faim d'Erifichton :

*Dira fames implacataeque vigebat*
*Flamma gulae.*

Comme il fe piquoit furtout de connoiffances en médecine, il prétendit traiter lui-même fa ma-ladie (qui étoit un épuifement de jour en jour plus fenfible ) ; elle devint bientôt mortelle, & l'em-porta prefque fubitement le 19 décembre 1753.

FÉRONIÈRE ( LA BELLE ). ( *Hift. de France* ) Prefque tous les hiftoriens nomment cette femme, finon comme l'objet d'une des paffions de Fran-çois I, du moins comme celui d'un de fes goûts les plus vifs & les plus conftans. Ce fut elle, felon eux, qui lui coûta la vie par une brutale & abo-minable vengeance de fon mari. Si l'on en croit un auteur nommé Louis Guyon, dans fes *Leçons di-verfes*, n°. 2, L. I, cette femme, auffi vertueufe que belle, défefpéroit le Roi par fes rigueurs ; mais les courtifans, qui favoient applanir toutes les difficultés, lui rappelèrent qu'étant Roi il étoit difpenfé de plaire à une femme qu'il vouloit vain-cre. Ils allèrent faire part à la femme même de cette noble idée. *La Féronière*, effrayée, avertit fon mari : tous deux voulurent fortir du royaume, mais ils jugèrent cette fuite impoffible ; alors, dans fon défefpoir, le mari exigea de fa femme qu'elle obéît au Roi, & il alla dans des lieux de débauche cher-cher fon indigne vengeance. Il en guérit, dit Mé-

zeray ; elle en mourut ; le Roi languit huit ou neuf ans, & en mourut auffi.

Le mari de *la belle Féronière* étoit avocat, & l'on ne fait fi l'on doit confondre cette maîtreffe avec celle qui eft défignée feulement fous le nom de l'*Avocate*, & dont parle, dans l'*Heptaméron*, la reine de Navarre, confidente de toutes les galan-teries de fon frère. Si c'eft la même femme qu'il s'agit, les détails & les circonftances font bien changés. L'hiftoire de l'Avocate eft auffi gaie que celle de *la Féronière* eft horrible. Un vieil avo-cat avoit une jeune & jolie femme. Un grand fei-gneur, *qui m'en a fait le conte*, dit la reine de Na-varre, *mais qui m'a défendu de le nommer*, fe trouve à une nôce avec cette jeune femme, l'aime, lui plaît, en reçoit un rendez-vous. Le Prince ( car la reine de Navarre lui donne ce titre, & dit *que la France n'a jamais eu & n'aura jamais de Prince mieux fait ni ae meilleur air* ), le Prince arrive feul & de nuit chez l'avocat ; il le rencontre fur l'ef-calier ; l'avocat tenoit à la main une lumière à la faveur de laquelle il reconnoît le Prince. Tandis qu'il s'étonne, le Prince prend fon parti, lui avoue qu'il eft en bonne fortune dans le voifinage, & lui demande le fecret. « Je me fuis, dit il, dérobé un
» moment pour venir, connoiffant vos lumières &
» votre capacité, vous charger d'une affaire impor-
» tante ; mais je meurs de foif, faites-moi donner
» à boire. » La femme vient pour fervir le Prince, qui ne la regarde point, & ne s'occupe que de l'affaire dont il étoit venu, difoit - il, entretenir l'avocat ; mais dans un moment où le mari étoit allé au buffet pour apporter à boire, la femme à genoux, préfentant au Prince des confitures, lui dit tout bas : *Entrez dans la garde-robe à droite*. Le Prince, après avoir bien remercié l'avocat, & bien affuré la jeune femme de l'avoir le meilleur des maris, prend congé d'eux ; l'avocat, trop refpec-tueux, veut le reconduire : « Qu'allez-vous faire?
» dit le Prince. Oubliez-vous mon fecret ? Je dois
» & je veux être feul ; je vous défends de faire
» un pas. » Il ferme la porte fur lui, entre dans la garde-robe à droite, & paffe la nuit chez l'avocat, qui s'applaudit de la confiance qu'un fi grand Prince lui témoigne, & fur fes affaires, & fur fes plaifirs. L'intrigue dura long-tems, & le Prince prit le parti dans la fuite d'entrer chez l'avocate par une porte qui communiquoit à un couvent ; il fit fes arran-gemens avec les moines, fans leur révéler le fond du myftère. Au retour, il paffoit par leur église : c'étoit toujours à l'heure des matines ; il s'arrêtoit dans une chapelle, & n'en fortoit point que les matines ne fuffent finies. Ce Prince avoit une fœur qui n'étoit occupée que de lui, & qui vouloit que tout le monde s'en occupât ; elle alloit quelque-fois dans ce même couvent, & recommandoit fon frère aux prières des religieux. *Ah ! c'eft à nous*, lui dit un jour le prieur, *de vous recommander aux fiennes.* « C'eft un Saint. Comment pourrions-nous
» appeler autrement un Prince de fon âge, qui

» presque tous les jours quitte le plaisir & le repos » pour venir, comme un simple religieux, chanter » matines avec nous ? » La sœur, qui ne reconnoissoit point son frère à cet éloge, ne manqua pas de lui en rendre compte. A ce récit, le Prince se mit à rire d'une manière qui annonçoit quelque intrigue; & sa sœur, qui, selon les termes de la reine de Navarre, *le connoissoit comme son propre cœur*, le pressa tant de s'expliquer, qu'il lui raconta toute l'histoire. La morale de ce conte chez la reine de Navarre, est qu'il n'y a point d'avocats *si malins ni de moines si fins qu'on ne puisse tromper quand on aime bien.*

Cette histoire, au reste, n'a pas une circonstance qui ne soit parfaitement dans les mœurs du tems & dans le caractère du Prince. Cette popularité, si bien imitée depuis par Henri IV, distingua toujours François I. On ne doit pas même être étonné de cette noce où il se trouve avec la femme d'un avocat; il alloit partout. Souvent engagé dans des voyages, ou égaré à la chasse, il descendoit familiérement & sans être annoncé, chez les seigneurs de sa cour & les gentilshommes de son royaume, quelquefois même chez des gens d'une moindre condition. Son ardeur pour la chasse & son goût pour la galanterie l'y suivoient. « Le plus pauvre » gentilhomme, disoit-il, peut traiter très-bien » le plus grand Prince, pourvu qu'il lui présente » une belle femme, un beau cheval & un beau » levrier. »

FITZ-ALAN ou ARUNDEL ( *Hist. d'Anglet.* ), ancienne maison d'Angleterre, tiroit son origine d'un Alain ou Alan, à qui Guillaume-le-Conquérant fit don d'une terre considérable, sans doute pour reconnoître ses services. Les descendans de cet Alain prirent le nom de Fitz-Alain ou Alan.

Jean Fitz-Alan, second du nom, fils de Jean I, fut comte d'Arundel par sa mère, & tous leurs descendans prirent ce titre de comtes d'Arundel.

Richard Fitz-Alan, second du nom, comte d'Arundel, nommé par quelques-uns Edmond, eut la tête tranchée le 9 octobre 1326.

Richard Fitz-Alan, troisième du nom, son fils, fut amiral sous le règne d'Edouard III, & mourut le 23 janvier 1375.

Richard Fitz-Alan IV, comte d'Arundel, aussi amiral d'Angleterre, eut, comme son aïeul, la tête tranchée. Ce fut en 1393, sous le règne de Richard II.

Thomas son frère fut évêque d'Ely, puis archevêque de Cantorbéry & chancelier d'Angleterre.

Jean, un autre de leurs frères, a été assez célèbre pour qu'on ait cherché à répandre du merveilleux sur sa mort. On l'a fait l'objet d'une de ces prédictions miraculeuses & miraculeusement accomplies, qui ont fait dire :

*Qu'on rencontre sa destinée Souvent par les moyens qu'on prend pour l'éviter.*

Son histoire ressemble à celle du poète Eschyle. Il habitoit une maison sur le bord de la mer : on lui prédit qu'il seroit tué sur le sable; dès-lors le sable du rivage lui fut suspect; il changea de demeure, & se retira dans une autre maison au milieu des terres. Il vivoit sous le règne d'Edouard IV, au tems de la querelle des deux Roses, & y combattoit pour ce Prince contre les Lancastres. Le comte d'Oxfort ayant surpris le Mont Saint-Michel pour la Maison Lancastre, Jean Fitz-Alan marcha contre lui, & fut tué le 13 décembre 1380, dans un combat livré sur la grève. Ce Jean Fitz-Alan épousa l'héritière des barons de Maltravers, & fut la tige des barons de Maltravers, du nom de Fitz-Alan, qui devinrent comtes d'Arundel par l'extinction de la branche aînée des Fitz-Alan. Cette seconde branche des comtes d'Arundel Fitz-Alan s'éteignit dans la personne de Henri Fitz-Alan, comte d'Arundel, baron de Maltravers, mort le 25 avril 1579, ne laissant que des filles, dont l'une, nommée Marie, épousa Thomas Howard, duc de Norfolck, chevalier de la Jarretière. C'est ce duc de Nortfolck qui fit placer dans les jardins du palais d'Arundel, à Londres, les fameux monumens d'antiquité connus sous le nom de *marbres d'Arundel ou de Paros.*

FLEURIAU. ( *Hist de Fr.* ) C'est le nom de deux magistrats, de deux ministres qui ont occupé de grandes places, & dont le nom n'est pas encore oublié.

1°. M. Fleuriau d'Arménonville, nommé garde-des-sceaux lorsqu'ils furent ôtés pour la seconde fois, sous la régence, au chancelier d'Aguesseau, avoit dû les commencemens de sa fortune à son alliance avec messieurs le Peletier. Claude le Peletier, ministre des finances après Colbert, avoit épousé Marguerite Fleuriau d'Arménonville, tante ( le président Hénault dit sœur du garde-des-sceaux d'Arménonville ). Claude le Peletier le fit intendant des finances. En 1701, on jugea que M. de Chamillard, qui venoit de joindre au ministère des finances celui de la guerre, pouvoit avoir besoin d'être aidé, d'une manière plus particulière, dans le premier de ces emplois : on créa deux charges de directeurs des finances, dont l'une fut donnée à M. d'Arménonville. L'établissement des conseils au commencement de la régence, ayant rendu les secrétaires d'Etat inutiles, ou les ayant du moins réduits à un état subalterne, M. de Torcy donna sa démission de la place de secrétaire d'Etat des affaires étrangères; mais on ne tarda pas à s'appercevoir qu'indépendamment du conseil chargé de ce département important, il étoit indispensable d'avoir un homme chargé en particulier d'entendre les ministres étrangers & de leur répondre; en un mot, d'avoir un ministre des affaires étrangères, & cette place fut donnée le 5 février 1716 à M. d'Arménonville.

En 1718, lorsque les conseils furent supprimés

& les fecrétaires d'Etat rétablis dans la plénitude de leurs fonctions & de leur autorité, l'abbé Dubois s'empara du miniftère de la guerre, & M. d'Arménonville refta chargé du miniftère de la marine, dont il exerçoit déja les fonctions pour M. de Maurepas, encore mineur.

En 1720, le parlement étant exilé, on forma une chambre des vacations, compofée de confeillers d'Etat & de maîtres des requêtes, & ce fut M. d'Arménonville qui la préfida.

En 1721, ce fut M. d'Arménonville qui fit lecture au Roi en plein confeil, d'une lettre du roi d'Efpagne, par laquelle ce Prince accordoit au Roi, en mariage, l'Infante fa fille, fuivant la propofition qui en avoit été faite.

Ce fut enfin en 1722, le 1er. mars, qu'à l'occafion de l'entrée du cardinal Dubois au confeil de régence, le chancelier d'Aguefleau ayant refufé, ainfi que les pairs & les maréchaux de France, d'y fiéger au deffous de ce fcandaleux cardinal, M. d'Arménonville, plus complaifant, fut honoré de la dignité de garde-des-fceaux, & prit place au confeil, fans difficulté, au deffous des cardinaux de Rohan & Dubois, & le 9 avril fuivant le comte de Morville fon fils fut nommé fecrétaire d'Etat de la marine.

Au mois d'août 1727, le cardinal de Fleury fit revenir le chancelier d'Aguefleau, & auffitôt M. d'Arménonville eut le mérite de remettre de lui-même les fceaux, qui ne furent pourtant point rendus encore à M. d'Aguefleau, mais qui furent donnés à M. Chauvelin.

2°. Charles-Jean-Baptifte Fleuriau, comte de Morville, fils du garde-des-fceaux, montra de bonne heure des talens, & pour la parole, & pour les affaires, d'abord dans la place d'avocat du Roi au châtelet, enfuite dans celle de procureur-général au grand-confeil. Il entra depuis dans la carrière des négociations, où ce double talent ne le diftingua pas moins, ainfi qu'au congrès de Cambrai, où il fut plénipotentiaire. Il entra de là dans le miniftère, où il remplit fucceffivement deux emplois bien importans, celui de la marine & celui des affaires étrangères, dont il s'acquita dignement.

Il fut reçu à l'Académie françaife le 23 juin 1723: le fort l'y chargea plufieurs fois des fonctions de directeur, dont il s'acquita toujours à la fatisfaction de l'Académie & du public; cependant lorfqu'il fallut recevoir à l'Académie le préfident Hénault fon ami particulier, il craignit de refter trop au deffous de l'éloge que cet académicien lui paroiffoit mériter:

*Pudor..... vetat.*
*Laudes egregii Cæfaris & tuas*
*Culpâ deterere ingeni.*

Son amitié fe défia de fon éloquence; & pour que le récipiendaire ne pût pas du moins être mé-

content, il le pria de faire lui-même la réponfe. En pareil cas, lorfqu'on doit paroître en concurrence avec foi-même fous le nom d'un autre, on tâche naturellement de faire un peu mieux pour foi, & le préfident Hénault, de qui on tient cette anecdote, convenoit que telle avoit été fon intention; mais il arriva toute contraire: la réponfe fut beaucoup plus applaudie que le difcours, & peut-être en effet valoit-elle mieux, par la raifon même qu'en voulant bien faire, on avoit voulu cependant faire moins bien.

L'Académie de Bordeaux choifit le comte de Morville pour protecteur.

Elevé aux plus grandes dignités de l'Etat, dit M. d'Alembert, il ne manquoit à M. le comte de Morville que de les perdre, pour prouver combien il en étoit digne. Sa retraite eut l'air d'être volontaire; ce fut plutôt un arrangement de convenance & de circonftances dans le miniftère, qu'une difgrace. Le comte de Morville fe retira comblé de faveurs & emportant l'eftime publique. Sa conduite dans fa retraite augmenta fa confidération. Les miniftres étrangers continuoient à le voir auffi affidument que quand ils avoient à traiter avec lui, & l'un de ces miniftres le fit fon exécuteur teftamentaire. C'eft, dit M. d'Alembert, la plus grande marque d'eftime que puiffe donner un étranger à un miniftre qui n'eft plus rien.

Le comte de Morville mourut le 5 février 1732.

**FLORUS & SACROVIR.** ( *Hift. rom. & hift. des Gaules.* ) Les Gaulois étoient auffi foumis aux Romains que les Germains étoient toujours révoltés contre leur joug; mais l'oppreffion fous laquelle gémiffoient les Gaules, étoit pour les Germains un avertiffement continuel de bien conferver leur liberté. Les Romains avoient adopté, à l'égard des Gaulois, une bien déteftable politique, celle de les ruiner pour les affoiblir, & les mettre hors d'état de rien entreprendre. Les oppreffeurs les plus violens, les exacteurs les plus fcandaleux, étoient toujours accueillis quand, pour toute réponfe aux plaintes des Gaules, ils difoient: *C'eft pour les appauvrir & les affoiblir.* Un de ces exacteurs avoit imaginé de compofer l'année de quatorze mois au lieu de douze, parce qu'on payoit par mois une certaine quotité d'impôts, & Augufte ne fit que rire de cette invention. Tant d'iniquités produifirent à la fin leur effet. Une partie des Gaules fe révolta fous l'empire de Tibère, & les cités qui n'ofoient fe déclarer ouvertement pour la révolte, fecondoient fous main celles qui s'étoient déclarées. Lucius Florus & Lucius Sacrovir furent les chefs de l'entreprife. Florus fit foulever la cité de Trèves, Sacrovir celle des Eduens ou d'Autun; fort louables en cela, dit un auteur, s'ils furent animés du pur motif d'affurer la liberté de leur pays; autrement ils ne feroient pas à l'abri de tout reproche d'ingratitude, ayant été bien traités par les Empereurs qu'apparemment ils avoient bien fervis ; car tous deux , quoique Gaulois , avoient été faits citoyens romains , honneur rare alors , & qui étoit une récompenfe réfervée à de grands fervices ; mais parce qu'ils avoient bien fervi Rome , & qu'ils en avoient reçu la récompenfe que vraifemblablement ils avoient méritée , devoient - ils laiffer l'iniquité romaine écrafer leurs concitoyens ?

*Nam tua res agitur , paries cùm proximus ardet.*

Les premiers mouvemens de la révolte éclatèrent dans l'Anjou & dans la Touraine : Acilius Aviola fut chargé de les réprimer. Sacrovir, qui, ne s'étant pas encore déclaré , le fuivoit dans cette expédition , affecta d'y combattre tête nue par bravade en apparence , mais en effet , à ce qu'on croit , pour être épargné par les Gaulois qui connoiffoient déjà fes difpofitions fecretes.

Florus eût peu de fuccès , n'ayant pu parvenir à débaucher qu'une foible partie de la cavalerie trévoife, qui fervoit dans les armées romaines , il fut réduit à enrôler une foule d'aventuriers , dont il avoit peu de fecours à efpérer , & qui , combattant en tumulte , fuccombèrent bientôt fous la difcipline romaine. Florus erra , & fe cacha quelque tems dans des lieux écartés ; mais voyant enfin toutes les avenues de fa retraite occupées par des foldats qui le cherchoient , il leur échappa en fe donnant la mort.

La révolte des Eduens fut plus difficile à étouffer. Autun , capitale du pays , étoit la principale école & comme l'Académie de la Gaule celtique : toute la jeune nobleffe y étoit élevée. Sacrovir enrôla tous ces jeunes gens : c'étoient dans fes mains autant d'ôtages qui attachoient leurs parens à fon parti, & fes écoliers feuls formoient une armée de quarante mille combattans : on y joignit des efclaves & des gladiateurs armés comme l'ont été depuis les chevaliers des nations modernes , c'eft-à-dire, couvertes de fer ; en forte qu'ils étoient impénétrables aux coups , mais incapables du moindre mouvement. On les appeloit *Crupellaires*. Silius , avec les Romains, marcha contre cette armée : la bataille fe livra aux environs d'Autun. Au premier choc les Eduens furent difperfés : il n'y eut que ce mur de fer qu'oppofoient les crupellaires qui réfifta quelque tems , parce que ni les traits ni les piques ne pouvoient l'entamer ; «mais , dit l'auteur de l'*Avant-* » *Clovis* en traduifant Tacite, des foldats romains, » les uns empoignent des haches & des doloires , » dont ils fe fervoient pour faire les paliffades de » leur camp , fe mirent à charpenter fur cette maffe » immobile comme pour faire ouverture à un mur ; » les autres les pouffoient & les renverfoient avec » des pieux & des fourches, puis les laiffoient là » couchés fur le dos , & hors d'état de fe relever.» Sacrovir fe retira d'abord dans Autun, puis, craignant d'être livré aux Romains , il alla fe cacher avec fes plus fidèles amis dans une maifon de cam-

pagne , où il difpofa de lui-même comme avoit fait Florus , & comme faifoient chez les Romains tous les gens de cœur pour ne pas tomber au pouvoir de leurs ennemis ; ce qui leur paroiffoit le plus affreux malheur & le plus cruel affront. Les gens de la fuite de Sacrovir fe rendirent mutuellement ce dernier & funefte fervice, après avoir mis le feu à la maifon pour s'en faire un bûcher qui réduifît leurs corps en cendres , & ne laiffât rien d'eux à la difpofition de l'ennemi. Cet événement arriva l'an 21 de Jéfus-Chrift.

La mémoire de Florus & de Sacrovir a des droits à l'eftime des hommes , & ne peut être odieufe qu'aux tyrans. Ce projet d'affranchir les Gaules foulées aux pieds par leurs vainqueurs , avoit quelque chofe de noble , de grand & d'humain.

FONCEMAGNE (ÉTIENNE-LAUREAULT DE), ( *Hift. litt. mod.* ), écrivain peu fécond , mais littérateur laborieux, fut furtout éminemment un homme utile & aimable , l'ami , le bienfaiteur des gens de lettres , & leur modèle par fes mœurs. Il les guidoit dans leurs recherches , il les aidoit dans leurs productions, en leur impofant la loi de n'en rien dire. Appelé aux affemblées du *Journal des Savans* par M. le chancelier d'Agueffeau, il y étoit, ce qu'il étoit partout ailleurs , plus utile par fes confeils , que d'autres par leurs travaux. Son érudition , fon goût, fes lumières , fon aménité même, fourniffoient des reffources immenfes & de fages ménagemens à un ouvrage où la critique doit toujours inftruire & ne bleffer jamais. Il n'a point ceffé de s'y intéreffer, & dans des conjonctures délicates il s'eft plu à fournir des armes à ce Journal pour la défenfe de fes droits contre cette foule de journaux parafites , nés de fon fein , & formés à fes dépens , dont plufieurs, pouffant la frivolité jufqu'à l'indécence, la liberté jufqu'à la licence, le faux zèle jufqu'à la calomnie , & furtout l'âcreté des querelles littéraires jufqu'au fcandale , ont plus d'une fois amufé la populace des lecteurs par l'aviliffement de la littérature. M. de Foncemagne penfoit, comme M. le chancelier d'Agueffeau, & comme beaucoup de bons efprits, que le droit de juger fes contemporains & fes rivaux étoit une forte de magiftrature qui ne devoit pas être abandonnée à la multitude , & qui ne pouvoit être légitimement exercée que par une fociété d'hommes choifis , travaillant au nom & fous les yeux du chef de la juftice, du magiftrat fuprême de la littérature. On a quelquefois fuivi d'autres principes, & nous en avons vu les fruits.

Souvent le mérite d'avoir fait un bon livre n'eft qu'un titre pour être infulté par l'ignorance envieufe & infolente. Les grands noms de Fontenelle , de Voltaire , de Montefquieu ont été profanés par la frivolité des grimauds littéraires. Souvent tel qui, par fa naiffance , fon rang , fon état , auroit toujours été refpecté, a été outragé pour s'être illuftré comme écrivain. On a dit que la devife des

gens

gens de lettres étoit : *Per convicia & laudes.* Est-il
donc bien étonnant qu'un homme d'un caractère
doux & ami de la paix, plus jaloux de la considération que de la gloire, renonce aux louanges pour
s'épargner les injures ? Tel étoit M. de Foncemagne ; il disoit de la paix & du bonheur :

   C'est un trésor trop cher pour oser le commettre.

& il n'écrivoit guère que pour remplir un devoir
& pour éviter un reproche.

L'Académie des belles-lettres impose à ses membres l'obligation de concourir au recueil de ses
Mémoires ; & si l'on excepte la Dissertation de
M. de Foncemagne sur le testament politique du
cardinal de Richelieu, on n'a de lui d'autres ouvrages que des Mémoires insérés dans le recueil
de cette Académie. Ces Mémoires, surtout ceux
qui concernent les premiers monumens de notre
Histoire, ont, dans un degré éminent, le mérite
commun jusqu'à un certain point, à la plupart des
morceaux qui composent ce précieux recueil, celui de faire autorité & d'établir des opinions. Ces
ouvrages méritent d'être indiqués ici plus particulièrement.

Ceux qu'on trouve insérés en entier parmi les
Mémoires, sont : ( tome V ) *La Dissertation sur
la déesse Laverne ;* ( tomes VI & VII ) *Les Mémoires pour établir que le royaume de France a été
successif-héréditaire dans la première race ;* ( tom. VIII )
*Mémoires historiques ;* l'un, *sur le partage du royaume
de France dans la première race ;* un autre, *dans lequel on examine si les filles ont été exclues de la succession au royaume, en vertu d'une disposition de la
loi salique.*

En parlant de ce dernier Mémoire, M. Chabanon, qui remplaçoit M. de Foncemagne à l'Académie française, s'exprime ainsi :

« On ne cherchera point dans le caractère na-
» tional des Français le principe de cette cou-
» tume : elle semble au contraire démentir le sen-
» timent de respect, de dévouement pour les
» femmes, qui de tout tems nous fut naturel.
» Aussi, à considérer les privilèges que notre na-
» tion accorde à leur sexe, & le rang qu'elles
» tiennent dans la société, on diroit que nous ex-
» pions envers elles le tort d'une exclusion inju-
» rieuse, & que nous les dédommageons d'un
» empire par un autre. »

M. Chabanon, à qui nos antiquités françaises
étoient peu familières, renouvelle ici contre la loi
salique une objection mille fois détruite : nous
n'avons point de tort à expier envers les femmes,
nous leur avons toujours déféré la régence, donc
nous les avons toujours jugées capables de gouverner ; nous les avons exclues du trône pour en
exclure les étrangers ; les Anglais, nos rivaux, ont
reconnu combien cette coutume donnoit à la
France d'avantage, & sur eux, & sur les autres
nations monarchiques. Si la France a eu moins de

guerres civiles que les autres, elle en a eu l'obligation à la loi salique. Si toutes les nations monarchiques avoient adopté cette loi, elles auroient
fixé chez elles la paix & le bonheur ; elles auroient
tari, même au dehors, une des sources les plus
fécondes de la guerre. On ne peut, dans une monarchie, trop chérir, révérer, étendre cette loi
amie du genre humain.

Enfin, dans le même volume VIII, on trouve
un Mémoire de M. de Foncemagne, *sur l'étendue
du royaume de France dans la première race.*

( Tome X. ) *Examen critique d'une opinion de
M. le comte de Boulainvilliers, sur l'ancien gouvernement de la France,* concernant la distinction prétendue du généralat & de la royauté dans la première race.

( Tome XVII. ) *Eclaircissemens historiques sur
quelques circonstances du voyage de Charles VIII en
Italie, & particulièrement sur la cession que lui fit
André Paléologue, du droit qu'il avoit à l'Empire de
Constantinople.*

Ces *Eclaircissemens* sont suivis d'*Observations sur
deux ouvrages historiques,* concernant le règne de Charles VIII, dont l'un a pour titre : *Le Vergier d'honneur ;* l'autre est un *Journal de Burchard,* maître des
cérémonies de la cour romaine, sous le pontificat
d'*Alexandre VI.*

( Tome XX. ) *Observations critiques sur les actes
des évêques du Mans.*

*Examen sommaire des différentes opinions qui ont
été proposées sur l'origine de la Maison de France.*

*De l'origine des armoiries en général, & en parti-
culier de celles de nos Rois.*

Les Mémoires de M. de Foncemagne, qu'on
ne trouve qu'en extrait dans la partie historique
du recueil de l'Académie, sont ( tome VII ) une
*Dissertation pour prouver que Grégoire de Tours n'est
pas auteur de la vie de saint Yrier.*

*Des Observations critiques sur deux endroits de la
notice des Gaules,* de M. de Valois.

Un *Examen de l'opinion de M. Maittaire,* touchant l'époque de l'établissement de l'imprimerie en
France.

L'opinion commune fixe cette époque à l'an
1470. Les presses de la ville de Paris n'ont point
de monument qui remonte au-delà de cette année ; mais M. Maittaire, dans ses *Annales typogra-
phiques,* prétend que cet art étoit exercé à Tours
dès 1467. C'est cette opinion que M. de Foncemagne discute & réfute.

( Tome XIV. ) *Réfutation d'une opinion singulière
sur la naissance de Louis VII.*

Cette opinion, dont on ne trouve de traces que
dans du Boulai, *Histoire de l'Université,* est que
Louis VII étoit le cadet de son frère, tige de la
Maison de Dreux, & qu'il lui fut préféré, parce
qu'il avoit plus d'esprit.

*Remarque critique sur une nouvelle explication des
mots* AUSTRIA *&* NEUSTRIA.

On a toujours cru ces mots dérivés d'*est* & d'*ouest,*

exprimant la pofition refpective des deux royaumes. L'abbé le Beuf en a donné une nouvelle explication très-peu vraifemblable, qui eft réfutée ici.

(Tome XVI.) *Obfervations hiftoriques & critiques, relatives à l'hiftoire du règne de Charles VIII.*

Ces Obfervations roulent fur cinq articles qui fe rapportent tous à l'hiftoire de Charles VIII. Le premier parle de Ludovic Sforce, duc de Milan, & explique pourquoi il fut furnommé *le More.*

Le fecond contient des éclairciffemens fur la perfonne & les ouvrages de Jean-Michel, premier médecin de Charles VIII.

Le troifième eft une notice d'un manufcrit de la bibliothèque du Roi, intitulé *La prophétie ae Charles VIII.*

Le quatrième contient l'explication d'un paffage de Philippe de Comines.

Le cinquième eft une obfervation fur la chronique de Monftrelet.

(Tome XVIII.) *Differtation fur l'origine du nom de VINCENNES.*

*Des vues générales fur les tournois & la table ronde.*

*Sur deux infcriptions latines concernant le chancelier de Lhôpital.*

(Tome XXI.) *Examen de la tradition hiftorique touchant le voyage de Charlemagne à Jérufalem.*

Mais le plus grand ouvrage de M. de Foncemagne, & celui qui a dû lui faire le plus de réputation, eft la rédaction des volumes XVI & XVII. du recueil de l'Académie. La partie hiftorique, qui forme les 252 premières pages du XVIᵉ. tome, eft entièrement de lui. Chacun des extraits qu'il y donne des Mémoires de fes confrères, eft un nouvel ouvrage qu'il compofe lui-même fur la matière qu'ils ont traitée, fous prétexte de joindre à leurs recherches un précis de ce qui a été dit dans les féances de l'Académie à la lecture de ces Mémoires. Parmi ces extraits, nous remarquerons principalement le premier & le troifième.

Le premier concerne un Mémoire de M. l'abbé du Refnel, qui a pour titre : *Réflexions générales fur l'utilité des belles-lettres, & fur les inconvéniens du goût exclufif qui paroît s'établir en faveur des mathématiques, & de la phyfique.* M. de Foncemagne, plus occupé des belles-lettres que des fciences exactes, laiffe percer à travers fon impartialité, fa prédilection pour les premières ; il traite avec zèle & avec goût ce fujet, qui, fous fa plume, a tout le piquant d'un paradoxe affez brillant ; car il faut convenir qu'en matière d'utilité, les fciences exactes ont inconteftablement l'avantage au premier coup d'œil, & c'eft, on peut le dire, un grand effort de génie que d'être parvenu à rendre cette queftion problématique. Nous obferverons ici, comme une anecdote littéraire, que l'abbé du Refnel inféra ou fit inférer dans le *Journal des Savans,* du mois de janvier 1752, une affez frivole réclamation contre cet extrait. Mécontent, peut-être de la fupériorité de l'extrait fur le Mémoire,

il faifit, pour s'en plaindre, le fubtil & prefque chimérique prétexte que M. de Foncemagne avoit été fous fon nom plus loin que lui, en ce que l'abbé du Refnel avoit dit feulement que ce goût exclufif pour les fciences exactes paroiffoit s'établir, & que M. de Foncemagne, en le combattant, l'avoit regardé comme tout établi. Il falloit affurément avoir envie de fe diftinguer & de fe plaindre.

L'autre extrait, qui eft le troifième, eft un *difcours fur l'apologue.* Un Mémoire de M. d'Egli n'eft que l'occafion de cet ouvrage, qui eft véritablement de M. de Foncemagne, & qui eft un monument très-agréable de fon goût & de fon talent pour écrire. M. de Foncemagne y parle contre M. de la Motte avec cet efprit de modération & de philofophie, cette aménité, cette grace, cette fineffe, dont M. de la Motte donne lui-même l'exemple dans prefque tous fes ouvrages de profe.

Il exifte un autre ouvrage de M. de Foncemagne, qui eût pu lui faire une grande réputation, mais qui n'a point vu le jour, ayant été vraifemblablement facrifié à l'amitié, dans le même fens que M. de Fontenelle a dit des Eglogues de M. de la Motte : *Il les renfermoit, peut-être par un principe d'amitié pour moi.* Nous ne pouvons donner une idée plus jufte de cet ouvrage qu'en citant les propres termes dont M. l'abbé Millot s'eft fervi dans un avertiffement placé à la tête de fon *Hiftoire des Troubadours,* faite d'après les profondes recherches dont s'étoit fi long-tems occupé M. de Sainte-Palaye, ami intime de M. de Foncemagne.

« Un académicien très-connu, dont la profonde » érudition eft accompagnée de toutes les graces » de l'efprit & de toutes les lumières de la criti- » que, dont la fociété, comme celle de M. de » Sainte-Palaye, eft également douce & avanta- » geufe pour fes amis, & qui ne peut fe dérober » aux louanges, quoiqu'il ne me permette point » de le nommer, avoit compofé autrefois quel- » ques vies de nos troubadours. J'ai beaucoup » profité de fon travail, en regrettant qu'il ne l'ait » pas étendu plus loin. Il embraffoit les généalo- » gies, la chronologie, les difcuffions hiftoriques, » les obfervations littéraires. Lui feul auroit pu » remplir un plan fi vafte. »

Les troubadours dont M. de Foncemagne avoit écrit la vie, font : Arnaud Daniel, Arnaud de Merveil, Aimeri de Péguilain, Bernard de Ventadour, Geoffroi Rudel, Guillaume IX, comte de Poitou, & Guillaume de Cabeftaing. De bons juges qui ont vu l'ouvrage, affurent qu'il joint l'agrément à l'érudition.

Nous ne nous étendrons pas fur la difpute de M. de Foncemagne avec M. de Voltaire, au fujet du teftament politique du cardinal de Richelieu. On a dit que tous deux avoient très-bien prouvé, l'un, que cet ouvrage eft du Cardinal ; l'autre, qu'il n'auroit pas dû en être.

M. de Foncemagne fut reçu, en 1722, à l'Académie des inscriptions & belles-lettres, & en 1737 à l'Académie françaife. Ces deux choix font justifiés :

1°. Comme nous l'avons dit, par cette foule de Mémoires, tous auffi bien écrits, que folides & inftructifs.

2°. Comme nous l'avons dit encore, par ce grand travail entrepris pour la rédaction des Mémoires de l'Académie des belles-lettres, travail encore confidérable, quoiqu'il ait été borné aux volumes XVI & XVII. de ce recueil, parce qu'alors M. de Foncemagne fut fait fous-gouverneur de M. le duc de Chartres, choix qui fut univerfellement applaudi.

3°. Par la connoiffance profonde & délicate que M. de Foncemagne avoit de la langue, & qui le rendoit auffi utile au travail journalier de l'Académie françaife dans fes affemblées particulières, qu'il l'étoit aux travaux de l'Académie des belles-lettres par fa vafte érudition.

Le difcours de réception de M. de Foncemagne à l'Académie françaife a été diftingué des autres, dans un tems où M. de Voltaire n'avoit point encore donné l'exemple de fortir du cercle des éloges rebattus, & de traiter un fujet particulier. Ce que dit M. de Foncemagne fur les rapports de l'Académie des belles-lettres avec l'Académie françaife, mérite furtout d'être remarqué.

« Seroit-il permis à l'Académie des belles-let-
» tres d'oublier que les recherches les plus pro-
» fondes & les découvertes les plus intéreffantes
» empruntent leur principal mérite de l'art qui les
» met en œuvre, de cet art précieux qui fait ar-
» ranger avec choix; expofer avec clarté, orner
» avec fageffe; en un mot, de l'art d'écrire, dont
» vous feuls dictez les préceptes, en même tems
» qu'elle partage avec vous la gloire d'en donner
» des modèles? Pourroit-elle ignorer que la lan-
» gue dont elle fe fert pour traiter les différentes
» matières de fon reffort, eft devenue, par un effet
» néceffaire de vos judicieufes obfervations, ca-
» pable de fe plier à tous les ufages, à tous les
» befoins? Que l'on ne reproche plus à la langue
» françaife fa prétendue difète. Depuis que, par
» d'exactes définitions, vous avez fixé le fens de
» tous les termes; depuis que, par des diftinc-
» tions délicates, vous avez démêlé les nuances
» de ceux qui avoient en apparence la même va-
» leur; la langue exprime avec précifion ce que
» l'efprit a conçu avec netteté; & de l'abondance
» que vous lui avez affurée, non en lui prêtant
» des richeffes étrangères, mais en développant
» celles qui étoient cachées dans fon fein, non
» en multipliant les mots; mais en nous enfeignant
» la propriété de ceux que nous avions, eft née
» cette merveilleufe jufteffe qui fait le caractère
» particulier de la langue françaife. »

M. l'abbé de Rothelin, qui, en qualité de directeur de l'Académie françaife, recevoit M. de Fon-

cemagne, s'exprime ainfi au fujet de l'Académie des belles-lettres :

« Quoique, dans fon origine, elle fe bornât uni-
» quement à confacrer fur le marbre & fur le bronze
» les faits héroïques de fon fondateur, on pré-
» voyoit fans peine que dans peu, outre cette
» noble occupation, elle embrafferoit encore par
» fon travail l'hiftoire & la littérature de tous les
» tems & de tous les pays.... La loi de n'écrire
» qu'en français, loi que jamais elle n'a tranf-
» greffée, obligea tous ceux qu'elle adoptoit, à
» faire de l'étude de notre langue une de leurs plus
» férieufes occupations. Ces hommes, d'un goût
» fûr & délicat, s'appliquèrent à la cultiver, en
» poffédèrent aifément toutes les graces, qu'ils ont
» depuis fait paffer dans leurs écrits. C'eft ainfi
» que, dans le fein même des Mufes grecques &
» des Mufes latines, il s'eft formé pour l'Acadé-
» mie françaife des fujets qu'elle prife d'autant
» plus, qu'ils font en état de l'enrichir de tous
» les tréfors d'Athènes & de Rome. »

Il parle enfuite des Mémoires de l'Académie des belles-lettres, « Recueil précieux que la re-
» nommée a rendu célèbre au-delà même des bornes
» de l'Europe. C'eft dans ce code de la littérature,
» dont vos Differtations, Monfieur, font un des
» plus grands ornemens, que la nobleffe & l'élé-
» gance accompagnent toujours l'exactitude de la
» méthode, la juftefle de la critique & la profon-
» deur de l'érudition. »

Obfervons que M. de Foncemagne, pour qui le mot d'aménité auroit été créé, fuccédoit à M. l'évêque de Luçon, Buffy-Rabutin, qu'on appeloit le Dieu de la bonne-compagnie, dont M. l'abbé de Rothelin dit que : « Guidé par fon feul génie, il
» donnoit chaque jour autant d'exemples de la faine
» éloquence, que l'Académie en donnoit de pré-
» ceptes, & dont M. de Voltaire a dit dans le
» Temple du Goût :

> Lui qui, fans flatter, fans médire,
> Toujours d'un aimable entretien,
> Sans le croire, parle auffi bien
> Que fon père croyoit écrire.

Obfervons encore que M. l'évêque de Luçon avoit fuccédé à M. de la Motte, en qui le talent de la converfation égaloit le talent d'écrire, & dont l'excellente profe peut être regardée comme une converfation pleine de grace, & toujours animée de l'éloquence propre au genre. M. de Chabanon a fort bien peint ce talent de la converfation qui diftingua les trois académiciens dont nous parlons.

« L'homme d'efprit, dit-il, peut prétendre à
» une forte de fuccès d'autant plus défirable, que
» chaque jour le renouvelle; ce fuccès eft celui de
» la converfation. La fociété devient un théâtre
» où l'on fe produit avec avantage.... L'efprit de
» fociété, plus qu'aucun autre, exige les graces

» du naturel ; il requiert cet art délicat de faire
» penfer aux autres qu'ils font avec nous fur la
» fcène , tandis que notre fupériorité les met un
» rang plus bas pour nous écouter. L'efprit de
» converfation qui réuffit le plus fouvent n'eft pas
» celui qui éblouit par des éclairs, mais plutôt ce-
» lui qui fait parler la raifon avec une négligence
» aimable ; qui, enrichi de connoiffances, effleure
» tour à tour vingt fujets différens ; qui enfin,
» fondu avec l'ame de celui qui parle, en eft l'i-
» mage vivante, & par cette raifon produit encore
» plus d'intérêt que d'amufement. »

» M. de Foncemagne, à qui fon âge & fes lec-
» tures avoient tant appris, ornoit fes entretiens
» de la multitude de fes connoiffances. Doux, pré-
» venant, affable ; il fe peignoit dans fes difcours.
» Ce bon ton des Français, dont le modèle chez
» eux-mêmes eft fi rare, & dont la connoiffance
» délicate importe à tous les fuccès d'agrément,
» il l'avoit acquis par la fréquentation des perfonnes
» les plus diftinguées. Les grands le recherchoient,
» les femmes trouvoient auprès de lui l'agrément
» & l'inftruction. Il étoit doué de cette fenfibi-
» lité, fans laquelle on n'apprécie qu'imparfaite-
» ment ce qu'elles ont d'aimable. En effet, leur
» ton, leurs manières, leur efprit même a-je ne
» fais quel charme que l'efprit feul ne peut juger ;
» c'eft à l'ame à l'indiquer, à le fentir, & celui
» qui eft privé de ce fens intérieur, juge infidèle
» de leur mérite, eft condamné au malheur d'être
» injufte envers elles. »

Le tableau de l'ame de M. de Foncemagne &
de la confidération fi rare qui fut le prix de fes
vertus eft auffi d'une grande vérité dans le difcours
de M. Chabanon.

« Lorfqu'un homme a parcouru de longues an-
» nées fans avoir chancelé dans la pratique des
» vertus, le public élève fa voix pour lui décerner
» la réputation d'homme de bien. Il rappelle du
» lointain d'une vie écoulée mille actions honnêtes
» tombées dans l'oubli ; il les fait revivre ; il les
» place autour de l'homme vertueux, pour fervir
» d'efcorte à fa vieilleffe ; c'eft ce cortège augufte
» qui partout lui concilie le refpect..... La bonté,
» la douceur, formoient fon caractère aimable.....
» Son favoir, fon goût pour l'étude, en femant de
» plaifirs utiles fa longue carrière, favorifoient
» l'exercice de fes vertus ; ils offroient à fa bien-
» faifance des tréfors littéraires qu'il aimoit à com-
» muniquer. Nous l'avons vu, même dans fes der-
» nières années, où les fouffrances le rendoient
» inhabile au travail, revenir fur fes travaux paffés
» &, environné de ceux qui venoient le confulter,
» leur léguer en quelque forte les fruits de fes
» conftantes études..... La réputation eft le prix
» des talens ; la confidération eft le fruit du mérite
» perfonnel. Quel homme pourra fe flatter d'en
» obtenir une égale à celle dont à joui M. de Fon-
» cemagne ? Dans un monde léger, où chacun ne
» s'occupe que de foi, il avoit mérité que la fo-

» ciété s'occupât de lui. Ce qui lui étoit perfonnel
» n'étoit point étranger aux autres : on l'aimoit
» fans jamais l'avoir vu. Dans les événemens heu-
» reux ou malheureux qu'il éprouva, le public
» fembloit prendre foin de l'avertir de l'intérêt
» qu'il infpiroit à fes concitoyens..... Connoiffez
» ce que la fcience a d'utile & la vertu d'aimable ;
» voyez combien, en s'uniffant, elles s'embel-
» liffent ; jugez enfin à quel bonheur paifible, à
» quelle profpérité touchante a droit de parvenir
» celui qui concilie ces avantages ineftimables. »

M. le maréchal de Duras, qui recevoit M. de
Chabanon à l'Académie, fait auffi un digne éloge
de M. de Foncemagne.

« M. de Foncemagne, dit-il, étoit du petit
» nombre de ces hommes que l'on ne peut guère
» flatter, parce qu'il n'y avoit rien en lui qu'un
» ami eût befoin d'exagérer ou de diffimuler.....
» Ses indulgentes vertus étoient exemptes de l'auf-
» térité qui accufe ou humilie la foibleffe ; il ne
» recherch que des fuccès qu'on ne peut pas lui
» difputer, & il ne recherch pas tous ceux qu'il
» pouvoit obtenir.

» Egalement cher aux gens du monde & aux
» gens de lettres, il réuniffoit la politeffe des ma-
» nières & celle de l'ame, la facilité des mœurs
» & la dignité du caractère, le don rare de plaire
» en inftruifant, & le don plus rare encore de
» contredire les opinions fans bleffer l'amour-pro-
» pre. Il a fait peu d'ouvrages, mais il a fouvent
» guidé & éclairé ceux qui vouloient en faire.

» S'il n'a pas enrichi fes lettres autant que fes
» profondes connoiffances & fon excellent efprit
» pouvoient le faire efpérer, il les a toujours en-
» couragées par fes confeils, & fait refpecter par
» fon exemple. Il en a obtenu la récompenfe qu'il
» méritoit. Les lettres avoient fait le charme de fa
» vie ; elles feules adouciffoient les douleurs cruel-
» les qui ont empoifonné les derniers jours de fa
» longue carrière. »

Feu M. l'abbé de Reyrac, correfpondant de
l'Académie des belles-lettres, connu par le fuccès
prodigieux de fon *Hymne au Soleil* ( ouvrage digne
en effet, à quelques égards, de l'auteur de *Télé-*
*maque* ), & par une aménité de caractère qui rappelle M. de Fénélon & M. de Foncemagne, réclamoit comme un honneur l'avantage d'avoir été
le premier homme de lettres qui eût élevé la voix
pour célébrer M. de Foncemagne après fa mort.
Voici ce qu'il en dit, en annonçant cette mort
dans une feuille hebdomadaire de la ville d'Orléans.

« C'eft de tous les hommes célèbres que la
» ville d'Orléans a produits, celui qui a joui, dans
» la république des lettres & auprès des grands,
» de la plus brillante & de la plus jufte confidé-
» ration. Sa longue vie a toujours été douce &
» pure comme fon ame. Très-favant, très-profond
» littérateur ; mais modefte & fage, plus jaloux
» de l'eftime que de la renommée, & du bonheur

» que de la gloire & du bruit, il a très-peu écrit,
» mais ce peu annonce ces vaftes connoiffances,
» ce goût exquis, ce ftyle élégant & correct qui
» l'ont élevé, du vivant des Fontenelle, des Mon-
» tefquieu & des Voltaire, aux fuprêmes honneurs
» de la littérature. Il a confervé jufqu'au dernier
» moment tout ce qui fait le charme de la vie, &
» furtout de la vieilleffe ; de grandes lumières,
» une mémoire heureufe, un caractère aimable &
» doux, & un refpect fincère pour la religion.
» Jamais homme de lettres enfin n'a mieux mé-
» rité que M. de Foncemagne, l'application de ces
» beaux vers de La Fontaine :

Le fage vit en paix. . . . . . . .
Approche-t-il du but, quitte-t-il ce féjour ?
Rien ne trouble fa fin ; c'eft le foir d'un beau jour.

**FONTANGES** (MADEMOISELLE DE). ( *Hift.
de Fr.* ) Dans le paffage du règne de madame de
Montefpan au règne de madame de Maintenon,
lorfque Louis XIV n'aimoit déjà plus guère la première, & n'aimoit encore que l'efprit de la feconde, Marie-Angélique de Scoraille de Roufille,
née en 1661, depuis ducheffe de Fontanges, faifit
un moment de faveur que la mort lui enleva bientôt. A vingt ans elle n'étoit déjà plus.

Et rofe elle a vécu ce que vivent les rofes,
L'efpace d'un matin.

On ne reprochoit à fon éblouiffante beauté qu'un
défaut, plutôt foupçonné qu'avéré ; fes rivales même n'ofoient pas dire précifément qu'elle fût rouffe;
mais elles difoient que fes cheveux blonds tiroient
un peu fur le roux. L'abbé de Choify dit *qu'elle
étoit belle comme un ange, mais fotte comme un panier.* Sa famille, qui étoit du Rouergue, fonda de
bonne heure des efpérances & des projets fur fa
beauté. De Peyre, lieutenant de Roi du Languedoc, fe chargea de l'amener à la cour ; la ducheffe
d'Arpajon lui procura une place de fille d'honneur
chez Madame. C'eft un artifice ordinaire des favorites & des maîtreffes en titre, de produire elles-
mêmes leurs rivales de beauté, foit pour les avilir
en les protégeant, foit pour prévenir la renommée
& pour affoiblir d'avance l'effet d'une rencontre
& d'une furprife. C'eft ainfi qu'en ufa madame de
Montefpan à l'égard de mademoifelle de Fontanges. Elle courut apprendre au Roi que Madame
avoit chez elle une idole de marbre. Louis XIV
voulut voir l'idole ; elle parut à fes regards dans
une partie de chaffe. Madame de Montefpan l'apperçoit, l'appelle, la préfente au Roi, lui fait remarquer tous fes appas avec des exclamations indécentes. La jeune fille étoit dans une confufion
très-favorable à la beauté. Louis XIV en vit plus
d'un coup d'œil que madame de Montefpan n'affectoit d'en montrer ; il trouva la ftatue fort belle

& voulut l'animer ; il rencontra peu d'obftacles, &
mademoifelle de Fontanges eut bientôt tous les
vices de la place qu'elle occupoit ; elle fembla vouloir *dévorer ce règne d'un moment*, comme fi elle en
eût connu la briéveté ; elle attiroit à elle feule
toute la puiffance & toute la grandeur, paffoit devant la Reine fans la faluer, luttoit d'infolence avec
madame de Montefpan, & lui rendoit au centuple
fes mépris, dépenfoit cent mille écus par mois,
étant née fans fortune, & s'étonnoit fort qu'on
s'en étonnât, & que cela s'appelât de la prodi-
galité ; elle irrita fes ennemis par fes hauteurs, &
fes amis par fon indifférence. Bientôt elle n'eut
plus que des ennemis : fon amant même, plus affuré de fa magnificence que de fa fidélité, ne defiroit que fes faveurs : tout l'attiroit, rien ne le
retenoit.

Le P. de la Chaife, qui avoit toujours été fort
contraire à madame de Montefpan, parut l'être
moins à mademoifelle de Fontanges. Le Roi, auquel il avoit depuis long-tems interdit l'ufage de
la communion, lui arracha une abfolution à la faveur d'un renoncement fimulé à fes amours, & il
communia. On crut en conféquence que le P. de
la Chaife ne condamnoit que l'adultère : on l'ac-
cufa d'abord de tolérer, & bientôt même de favorifer le commerce du Roi avec mademoifelle de
Fontanges. « Le P. de la Chaife, » dit à ce fujet madame de Montefpan, « n'eft qu'une chaife de com-
» modité. » Louis XIV ne pouvoit, ni facrifier
l'une à l'autre, ni obtenir d'elles qu'elles fe fup-
portaffent mutuellement. Madame de Maintenon,
qui, à travers toutes ces foibleffes & tous ces défordres qu'elle condamnoit, confervoit une ame
toujours douce & ferme, fut fouvent, mais toujours inutilement, employée par Louis XIV à réconcilier ces deux femmes ; elle lui confeilloit toujours de les renvoyer, & leur confeilloit toujours
de le quitter, fans jamais bleffer ni le Roi ni fes
maîtreffes par des confeils fi contraires à leurs paffions. On la confultoit, on ne la craignoit pas, &
cependant elle s'élevoit, finon par la vertu, du
moins par la fageffe, à ce pouvoir fuprême que les
autres n'avoient pu s'affurer par le vice. « Mais,
» que dois-je faire ? » lui difoit un jour mademoifelle de Fontanges à la fuite d'un entretien où
elle l'avoit fort ébranlée par fes remontrances &
fes exhortations. — « Ce que vous devez faire, Ma-
» demoifelle ? Renoncer au Roi. Ou vous l'aimez,
» ou vous ne l'aimez pas : fi vous l'aimez, vous
» devez le fauver & vous fauver avec lui ; fi vous
» ne l'aimez pas, l'effort ne doit pas vous coûter. »
Ce dilemme paroît fimple & concluant comme tous
les dilemmes ; mais tant de paffions étrangères à
l'amour entrent dans la paffion qu'un Roi infpire,
& forment des nœuds fi puiffans, que le pouvoir
de les rompre n'appartient qu'à des ames, ou bien
fortes, ou bien tendres. « Ne diroit - on pas, »
répliqua Fontanges, « qu'il eft auffi aifé de quitter
» un Roi, que de quitter fa chemife ? » C'étoit

répondre à un raisonnement dévot par un trait de sentiment. Madame de Maintenon obtint du moins que les apparences de la paix régneroient entre les deux rivales, & qu'elles épargneroient au Roi le spectacle & le chagrin de leurs dissentions. Ce traité fut conclu, & en conséquence mademoiselle de Fontanges parut à un bal donné à Villers-Cotterets, parée des mains de madame de Montespan, comme celle-ci l'avoit souvent été par mademoiselle de la Vallière. ( *Voyez*, dans ce volume, l'article *Montespan.* )

Mademoiselle de Fontanges devint grosse ; le Roi la fit duchesse. Ses couches furent malheureuses : on soupçonna madame de Montespan de l'avoir empoisonnée ; on peut assurer hardiment qu'elle en étoit incapable, quoique très-capable de haine, mais moins encore que d'emportement & de fureur. Mademoiselle de Fontanges ne fit que languir depuis ses couches ; elle tâchoit de se partager entre le Dieu devant lequel elle alloit paroître, & le Roi, qui se détachoit d'elle, & qu'elle aimoit toujours, peut-être parce qu'elle tenoit toujours à la grandeur.

Elle se retira dans un couvent du faubourg Saint-Jacques, ne devant plus, disoit-elle, songer qu'à mourir. « Le Roi, dit M. de la Beaumelle, envoyoit » trois fois la semaine le duc de la Feuillade savoir » des nouvelles de sa santé. Il n'envoya pas même » un gentilhomme de la chambre à M. de Catinat. »

Voilà certainement un trait de critique des plus déplacés.

On peut répondre à M. de la Beaumelle :

1°. Qu'il ne sait point du tout si Louis XIV n'envoya point de gentilhomme de la chambre à M. de Catinat, & que cela est dit au hasard comme tant d'autres choses ;

2°. Qu'il n'est pas étonnant qu'un amant ait plus d'empressement pour une maîtresse, que pour un vieux militaire, quoique plus utile à l'Etat ;

3°. Que M. de Catinat, à qui Louis XIV avoit donné de grandes marques d'estime, s'étoit tellement éloigné de lui, qu'il n'est pas surprenant qu'il ait fini par en être négligé.

La duchesse de Fontanges mourante demandoit, pour dernière consolation, à voir le Roi chez elle. Le Roi craignoit de réveiller ou de nourrir en elle des sentimens auxquels il falloit qu'elle renonçât ; il craignoit de l'attendrir & de s'attendrir lui-même en voyant ce beau visage qui l'avoit autrefois charmé, défiguré par les approches de la mort. Le confesseur crut que ce spectacle même ne seroit pas sans utilité pour le Roi ; & il décida pour la visite. Le jour où la malade l'attendit, fut un jour d'inquiétude pour elle ; à chaque instant elle demandoit quelle heure il étoit. Le Roi arriva enfin, & la reconnut à peine, tant elle étoit changée. Elle le pria de payer ses dettes ; car un des abus de sa puissance avoit été d'en faire ; elle lui recommanda de marier sa sœur, qui bientôt après épousa M. de Molac ; une autre de ses sœurs avoit été nommée

abbesse de Chelles. Les adieux du Roi & de sa malheureuse amante furent fort tendres, comme ils l'avoient prévu. Le Roi ne put retenir ses larmes. « Je meurs contente, lui dit-elle, puisque » mes derniers regards ont vu pleurer mon Roi. »

Elle mourut, & le Roi, accablé de douleur, fut surtout tourmenté de l'idée d'avoir été peut-être un obstacle à son salut ; il croyoit la voir malheureuse pour l'éternité & malheureuse par lui. Madame de Montespan ne dissimula point sa joie, & en devint presqu'odieuse à Louis XIV. Madame de Maintenon le consola & lui devint chère.

Il ne resta presque qu'une seule trace du règne si brillant & si court de la duchesse de Fontanges : ce fut ce ruban de tête qui conserva long-tems son nom. Cette mode étoit née d'un de ces petits incidens auxquels l'amour donne de l'importance. A une partie de chasse, le vent ayant dérangé la coëfure de mademoiselle de Fontanges, elle la fit attacher avec ce ruban, dont les nœuds, qui tomboient négligemment sur son front, lui donnoient ou recevoient d'elle tant de grâces, que le Roi la pria de ne pas se coëfer autrement de tout le jour. Le lendemain toutes les Dames parurent coëfées ainsi, & cette mode acquit plus de stabilité que les modes ordinaires.

FONTENU ( LOUIS-FRANÇOIS DE ). ( *Hist. litt. mod.* ) M. l'abbé de Fontenu, de l'Académie des inscriptions & belles-lettres, étoit d'une ancienne famille originairement établie en Poitou, où elle a long-tems possédé la terre qui porte son nom, ou dont elle porte le nom, & dont le château fut détruit dans le tems des guerres civiles. L'aïeul de M. l'abbé de Fontenu vint s'établir à Paris, & fut maître-d'hôtel du roi Henri IV. Il épousa la nièce de Philippe de Fresne-Canaye, si connu par ses Mémoires & ses ambassades. ( *Voyez* plus haut l'article *Canaye.* ) Un frère de M. l'abbé de Fontenu fut consul de la nation française à Livourne & à Smyrne, puis chargé des affaires du Roi à la Porte, avec appointemens d'ambassadeur. L'abbé de Fontenu naquit posthume au château de Lilledon en Gâtinois, le 16 octobre 1667. Il fut élevé à Beauvais, sous les yeux de l'évêque, M. de Buzenval, son proche parent, & de M. l'abbé le Maire son oncle, grand-chantre de la même église & grand-vicaire de l'évêque.

M. l'abbé de Fontenu, destiné à fournir une des plus longues carrières de la vie humaine, passa une grande partie de sa jeunesse, jusqu'à près de trente ans, dans les langueurs d'une phthisie déclarée : les médecins l'avoient presque condamné, du moins ils laissoient fort peu d'espérance, lorsque le malade alla heureusement s'imaginer que sa plus grande maladie consistoit peut-être dans le traitement même : on le tenoit toujours au lit, extrêmement couvert, dans une chambre exactement fermée, où l'on entretenoit jour & nuit un très-grand feu, & en lui recommandoit de boire le plus chaud qu'il étoit possible ; il prit sur lui d'essayer d'un régime tout contraire ; il fit donner par degrés un peu plus d'air à sa chambre ; il se leva, fit diminuer le feu, le supprima enfin tout-à-fait, & guérit en très-peu de jours. Depuis ce tems il n'a jamais eu de feu dans son appartement, même dans les plus grands froids, même en 1709, & les fenêtres en étoient presque toujours ouvertes ; depuis ce tems aussi il a toujours été son propre médecin.

Cette aversion pour le feu ne s'étendoit pas jusqu'à la chaleur : le climat de Rome, où il accompagna en 1700 le cardinal Janson, lui parut très-favorable à son tempérament, & il le regretta beaucoup sous ce point de vue nommément : ses regrets eurent encore bien d'autres motifs, qui tenoient principalement au goût de l'antiquité. Il s'étoit préparé à ce voyage de Rome par des études suivies. Déjà instruit des langues savantes, il avoit appris plusieurs langues modernes, surtout l'italien. Il s'étoit rendu familiers les principes de l'architecture, des fortifications, de la perspective ; il avoit étudié la botanique & l'histoire naturelle. Il ne quitta l'Italie qu'après en avoir visité les principales villes : il en rapporta une collection de médailles qui, augmentée par lui dans la suite, composa un cabinet curieux, l'un des plus considérables de Paris. Au mérite de l'avoir formé, il joignit le mérite plus rare d'en faire le sacrifice au rétablissement de la fortune de sa sœur, fort dérangée par le système ; il vendit ce cabinet à M. le maréchal d'Etrées.

Cette sœur, avec laquelle il vivoit depuis qu'il avoit perdu son oncle (l'abbé le Maire) en 1708, & sa mère en 1709, faisoit de sa maison le rendez-vous de la meilleure compagnie : là se rassembloient M. de Tourreil, M. de Fontenelle, le P. Bourdaloue, la marquise de Lambert, le marquis de la Rivière, &c. Il la perdit en 1728.

Il avoit été admis, en 1714, à l'Académie des inscriptions & belles-lettres, en qualité d'élève ; & à la suppression de cette classe d'élèves en 1716, il étoit devenu l'un des associés. Sur la fin de sa vie, dit le secrétaire de l'Académie, il sembloit rajeunir dans nos assemblées ; il les appeloit la promenade de son esprit, c'est qu'il aimoit extrêmement la promenade, & que, pour l'intérêt même de sa santé, il s'en étoit fait une grande habitude. Les Mémoires qu'il a lus à l'Académie ont souvent été le but ou le fruit de ses promenades. Ses voyages même, il les faisoit presque tous à pied, laissant suivre la voiture pour la retrouver au besoin. Chargé de la tutèle honoraire de mademoiselle de Canisy (madame la comtesse de Forcalquier), il alla pendant plusieurs années passer le temps de ses vacances en Normandie, chez M. le marquis de Canisy, oncle, & tuteur, comme lui, de mademoiselle de Canisy. Ces voyages donnèrent lieu à son Mémoire sur les Camps de César, nom que portent plusieurs endroits, & de la Normandie, & de diverses provinces de France, mais dont il les dé-

pouille pour la plupart, comme n'ayant dû ce nom qu'à un préjugé populaire.

Plusieurs voyages qu'il fit à la Source près d'Orléans, ont produit une Dissertation sur la petite rivière du Loiret, dont le cours, assez borné, est si riant & si agréable. L'histoire naturelle avoit pour lui beaucoup d'attrait. Lorsqu'il croyoit y avoir fait quelque découverte, il alloit aussitôt la communiquer à son ami M. de Réaumur, dont l'éloignement même (car il logeoit à l'autre extrémité de Paris) lui étoit favorable, en joignant au plaisir d'entretenir un ami, le plaisir de l'aller chercher & l'avantage de faire de l'exercice.

L'abbé de Fontenu n'exigeoit aucun service auprès de sa personne ; il ne sentoit pas le besoin d'être servi : on n'a jamais eu des mœurs plus simples. Sobre, & surtout soumis à toutes les ordonnances de l'Eglise, ni l'âge ni les infirmités n'ont jamais pu lui faire manquer un seul jour de jeûne & d'abstinence.

Il aimoit à profiter du calme de la nuit pour le travail, & il n'est pas le seul homme de lettres qui en ait usé ainsi ; il travailloit tous les jours jusqu'à deux heures après minuit, usage qui, joint à celui d'être toujours sans feu, devoit être fort pénible l'hiver.

Peu de temps après la mort de sa sœur, son frère, dont nous avons parlé au commencement de cet article, & dont il avoit été long-tems séparé, revint de Constantinople comme pour se consoler avec lui de leur perte commune & pour l'en dédommager. Ses enfans devinrent l'objet de la tendresse & des soins de l'abbé de Fontenu ; il surveilla leur éducation. De deux de ces enfans, l'un a servi avec distinction dans le régiment des Gardes. L'abbé de Fontenu eut la douleur de voir périr l'autre, le chevalier de Fontenu, enseigne de vaisseaux, tué à vingt-sept ans, d'un coup de canon au combat du Cap, où il faisoit les fonctions de major dans l'escadre de M. de Kersain. Ce jeune homme, déjà parvenu à se faire une réputation, emporta les regrets du corps de la Marine.

M. l'abbé de Fontenu mourut après dix ou douze jours de langueur, suivis d'une longue agonie, le 3 septembre 1759, âgé de quatre-vingt-douze ans, moins un mois & treize jours. Il n'a jamais rien fait imprimer que ce qu'il y a de lui dans le Recueil de l'Académie ; mais il a laissé vingt volumes d'une écriture fort fine & fort serrée, qui, selon le secrétaire de l'Académie, en feroient plus de cinquante s'ils étoient imprimés ; « c'est » le résultat de ses lectures, de ses réflexions, de » ses voyages. Théologie, philosophie, physique, » astronomie, anatomie, botanique, histoire ancienne & moderne, tout lui paroît familier. » En parcourant le cercle des sciences humaines, c'est sur l'histoire naturelle qu'il aime à se reposer. Sa modestie égaloit ses connoissances, & sa charité, dont le secret fut trahi à sa mort par les larmes dont les pauvres honorèrent son convoi ; sa cha-

rité furpaſſoit, s'il étoit poſſible, ſon extrême modeſtie.

FONTETTE. (*Hiſt. litt. mod.*) Charles-Marie
Févret, ſeigneur de Fontette, conſeiller au parlement de Bourgogne, auteur de la nouvelle édition
de la *Bibliothèque hiſtorique de la France*, ſi conſidé-
rablement augmentée par ſes ſoins, avoit pour tri-
ſaieul le célèbre Charles Févret, auteur du *Traité
de l'Abus*, qui, fils & père de magiſtrats, mais
content de la profeſſion d'avocat qu'il honoroit,
refuſa deux fois une charge de conſeiller au parlement dont le Roi vouloit le gratifier. Ce Charles
Févret eſt du petit nombre de ceux qui ont trouvé
un bonheur conſtant & parfait dans le mariage, &
ce bonheur dura quarante ans, ſelon le témoignage
qu'il en rend lui-même dans ces vers:

*Ambo quaterdenos junĉti concorditer annos
Viximus, & luxit candida utrique dies.*

( *Carmen, de vitâ ſuâ.* )

Dix-neuf enfans furent le fruit de cette union ſi
douce.
Charles-Marie Févret de Fontette, reçu, en
1736, conſeiller au parlement de Dijon, obtint
promptement toute la confiance de ſa compagnie,
qui le députa pluſieurs fois pour défendre ſes intérêts au conſeil du Roi, & qui eut toujours lieu
de s'applaudir du choix de ſon député. Le Roi, de
ſon côté, pour récompenſer des travaux extraordinaires & de la plus grande importance par leur
objet & par leur ſuccès, accorda, en 1751, à M. de
Fontette une penſion de 1200 liv., la première qui
ait été donnée à un conſeiller au parlement de Dijon,
depuis ſa création.
Mais ce qui ſurtout fera vivre dans la mémoire
le nom de M. Févret de Fontette, c'eſt le ſervice
qu'il a rendu aux lettres par ſa *Bibliothèque hiſtorique
de la France*, ouvrage abſolument néceſſaire à un
ordre nombreux de littérateurs, & au moins utile
à preſque tous, utile même à tout citoyen qui veut
apprendre l'hiſtoire de ſon pays ou connoître les
moyens de l'étudier. Le Roi, en 1770, récompenſa
encore ce travail par une penſion de 1200 liv.
En 1757, M. de Fontette avoit été admis, avec
le titre de directeur dans l'Académie des ſciences,
arts & belles-lettres de Dijon. En 1761, il eut
grande part à la rédaction du nouveau réglement
de cette compagnie, qui lui déféra par acclamation
la place de chancelier, la première de ſes dignités
académiques, créées par le nouveau réglement.
L'Académie des inſcriptions & belles-lettres de
Paris reçut, en 1771, M. de Fontette au nombre
de ſes aſſociés libres.
Il mourut le 16 février 1772, & ne vit pas la fin
de ſon édition de la *Bibliothèque hiſtorique*; elle a
été achevée par M. Barbeau de la Bruyère.
M. de Fontette, quoique juge, étoit grand con-
ciliateur de procès, mérite qui n'eſt pas médiocrement utile.

FOUCHER (L'ABBÉ). ( *Hiſt. litt. mod.* ) Paul
Foucher, de l'Académie des belles-lettres, naquit
à Tours en 1704. Prédeſtiné à être janſéniſte, il
n'eut aucun ſuccès dans ſes études chez les Jéſuites, & ne fit de progrès que chez les Oratoriens, où il entra en 1718. Le ſecrétaire de l'A-
cadémie (M. Dupay) nous le repréſente pourtant,
dans l'intervalle, comme poëte; il parle de *fureur
poétique*, & fait ſur cela de lourdes petites plaiſanteries collégiales, dont l'Académie l'eût bien
diſpenſé. Ceux qui n'ont connu M. l'abbé Foucher
qu'à l'Académie, n'ont vu en lui ni fureur ni poéſie. Son mérite (car il en avoit) étoit d'un tout autre
genre; il s'étoit tourné du côté de la théologie &
des ſciences convenables à un eccléſiaſtique. L'é-
ducation qu'il avoit reçue chez les Oratoriens
fut, du moins quant aux principes, la même qu'il
donna depuis à pluſieurs élèves de qualité, dont
l'enfance lui fut confiée, tels que MM. de Chatelus
& de la Tremoille, dont quelques-uns ſe ſont
fait depuis une autre éducation, mais ſans ceſſer
d'être fidèles aux principes vertueux dont il avoit
rempli leur ame.
L'abbé Foucher fut reçu, en 1753, à l'Académie des belles-lettres. Il a fourni beaucoup de Mémoires à cette Académie. Ces Mémoires ſe rap-
prochoient toujours de ſes études favorites, & on
avoit bien de la peine à les empêcher d'être entièrement théologiques. Il a beaucoup écrit (toujours dans le Recueil de l'Académie) ſur la religion
des Perſes, avant que M. Anquetil fût revenu de
ſon voyage; il s'étoit trop preſſé d'aſſurer que
ce voyage ſeroit inutile, & que tant d'efforts,
de courage & de conſtance n'aboutiroient à rien.
Qu'en coûtoit-il d'attendre? M. Anquetil arriva,
& avec lui les livres zends rapportés par lui de
l'Inde. Alors la reſſource de M. l'abbé Foucher
fut de ne pas trouver dans ces livres la preuve de
ce grand mérite de Zoroaſtre, dont il s'étoit fait
une ſi haute idée d'après le témoignage des philoſophes de la Grèce. Mais, n'importe, il falloit
du moins ſavoir à quoi s'en tenir, & on le ſait à
préſent, graces à M. Anquetil.
D'autres Mémoires de M. l'abbé Foucher roulent ſur la religion de la Grèce. Ses écrits ſont
longs, diffus, dévots, ſans élégance, ſans intérêt;
mais ils ſont d'un honnête homme & d'un homme
de bien.
Il avoit écrit, par inclination & par reconnoiſſance, l'hiſtoire de la Maiſon de la Tremoille: nous
ne croyons pas qu'elle ait vu le jour.
M. l'abbé Foucher eſt mort d'une attaque d'a-
poplexie & de paralyſie, en 1778.

FOUQUÉ. (*Hiſt. mod.*) Henri-Auguſte, baron
de la Motte-Fouqué, connu ſous le nom & le
titre du *général Fouqué*, étoit d'une des plus anciennes

ciennes familles de la province de Normandie. Charles de la Motte-Fouqué son père, qui possédoit de riches domaines en France, quitta ce royaume pour cause de religion, après la révocation de l'édit de Nantes, & s'étant retiré à la Haie, il y épousa Susanne de Robillard. Le second fils qui naquit de ce mariage fut le général Fouqué. Il naquit à la Haie le 4 février 1698. A huit ans il entra, en qualité de page, au service du duc d'Anhalt Dessau, Léopold. Neuf ans après entraîné par un goût naturel pour les armes, il se déroba de la cour de Dessau pour s'enrôler; il fut successivement simple soldat, enseigne, lieutenant, capitaine. Son mérite parvint jusqu'au roi de Prusse, Frédéric-Guillaume, qui lui donna l'Ordre de la Générosité. Le grand prince Frédéric son fils, grand dans le choix de ses amis, comme dans toutes ses actions, mit le capitaine Fouqué au nombre des siens, dit l'auteur d'une vie de ce général, jointe à la correspondance du même Fouqué avec le roi de Prusse (Frédéric), correspondance vraiment précieuse, vraiment honorable, & au Roi, & au sujet. Ce Prince (Frédéric) étant tombé dans la disgrace de son père, Fouqué lui tint compagnie dans sa prison de Custrin, & lui en adoucit la rigueur par tous les moyens qui étoient en son pouvoir. Il tomba lui-même dans la disgrace, & une suite de mécontentemens lui fit quitter le service de la Prusse; il entra dans celui du Dannemarck, en qualité de lieutenant-colonel; il n'y resta pas long-tems. Le roi de Prusse, Frédéric-Guillaume, étant mort le 31 mai 1740, le nouveau Roi, Frédéric II, se hâta de rappeler son ami & son compagnon de disgrace, de le décorer, de l'enrichir; il lui donna l'Ordre du Mérite, qu'il venoit de créer, & plusieurs places honorables & lucratives. Fouqué entra la même année en Silésie avec le Roi, & prit possession pour lui de Schweidnitz. En 1741, il battit des paysans de la Moravie, qui étoient entrés en armes dans la Silésie. Cette même année il fit, pour le bataillon qu'il commandoit, un changement qui fut bientôt adopté pour toutes les troupes prussiennes: ce fut le changement des guêtres blanches en guêtres noires, & voici à quelle occasion il fut fait. Un grenadier avoit été mis en sentinelle près de la maison d'un curé, qu'il incommodoit beaucoup par ses cris continuels & ses fréquens qui va là? Le curé, accoutumé peut-être à tirer parti de la superstition des paysans ses paroissiens; imagina un moyen fort bizarre de se délivrer de la sentinelle; il se déguisa en diable, avec des cornes, des griffes, une queue de serpent, des pieds de vache; il s'arme d'une fourche qu'il présente à la sentinelle, en lui criant d'une voix rauque & sépulcrale: Tu mourras de ma main. Un grenadier ne s'effraie pas aisément, & les soldats prussiens ne croyoient déjà plus guère aux apparitions du diable: la sentinelle appela; on se saisit du diable; on le conduisit d'abord au poste le plus voisin; puis le lendemain, & toujours dans le même

état, à la grand'garde en plein jour, à la vue de toute la ville de Cremsir, où se passoit cette ridicule scène. Le clergé n'ayant pu prévenir un tel scandale, voulut du moins l'abréger; il paya une amende de cent ducats, pour épargner un plus long affront & un traitement plus dur au pauvre curé, qui en fut quitte pour être enfermé dans un couvent. Soit que la chaussure noire des prêtres eût donné l'idée de ces guêtres noires, soit que ce changement fût projeté dès-lors, & qu'on n'attendît plus que des fonds pour l'exécution, l'amende du clergé servit pour cette dépense, & procura aux soldats, avec le plaisir de rire aux dépens du clergé, une commodité pour les marches fréquentes qu'ils étoient obligés de faire dans toutes sortes de chemins & dans toutes sortes de saisons.

En 1742, Fouqué, tellement resserré dans Cremsir, que de six ordres que lui envoya le prince de Dessau son général, il ne put en recevoir qu'un seul, se hâta de partir en exécution de cet ordre, pour une marche également pénible & périlleuse, dans laquelle, toujours suivi & harcelé par le général Nadasti & par une armée d'Autrichiens très-supérieure, il la battit près de Kokar & dans un autre poste encore, & parvint, avec beaucoup de bonheur & de gloire, à faire la réunion que cette armée avoit voulu empêcher.

La même année, le Roi nomma Fouqué commandant de la ville & du comté de Glatz, pays que les guerres avoient rempli de bandits & de brigands, & où il étoit chargé de rétablir l'ordre; ce qui exigeoit de la prudence, de la vigueur & de la sévérité. Fouqué y réussit encore. « Les voyageurs, dit l'auteur de sa vie, frémissoient, il est vrai, à la vue des brigands pendus sur les grands chemins; mais ils bénissoient le glaive de la justice, qui faisoit leur sûreté. »

Dans la seconde guerre de la Silésie, qui s'alluma au mois d'août 1744, & finit au mois de décembre 1745, Fouqué eut à défendre ce même comté de Glatz contre les incursions de l'ennemi; mais sa valeur eût desiré des occasions plus brillantes de se signaler. Le roi de Prusse le console ainsi sur ce regret héroïque.

« Vous n'avez pas raison, mon ami, de vous plaindre que cette guerre ne vous ait pas fourni l'occasion de vous distinguer personnellement. Vous avez saisi toutes les occasions que vous avez trouvées de nuire à l'ennemi, & j'ai été entièrement tranquille au sujet de Glatz, pouvant me reposer sur votre vigilance. »

Heureux qui peut mériter & obtenir d'être ainsi consolé par son Roi & par un tel Roi!

Fouqué fut fait lieutenant-général le 23 janvier 1751, & décoré, le 2 septembre suivant, de l'Ordre de l'Aigle noir. Ce fut surtout dans la guerre de sept ans, commencée en 1756, & finie en 1762, qu'il parut avec éclat. Il servit d'abord les deux premières années, en Bohême & en Siléfie, fous le maréchal Schwerin. Le 6 mai 1757 fe livra la fanglante bataille de Prague, où périt ce maréchal. Le général Fouqué, qui le remplaça, fut dangereufement bleffé. Un coup de fauconneau brifa dans fa main la garde de fon épée. Il fit lier fon épée à fa main bleffée, qui n'auroit pu la foutenir, & continua de combattre. Le fuccès répondit à fon courage; il décida la victoire

Mais fa bleffure le condamna enfuite pour longtems à l'inaction, & il ne put reprendre le commandement qu'au 8 feptembre fuivant.

Le 22 décembre 1757, il atteignit à Landshut l'arrière-garde des Autrichiens, & la mit en déroute.

Il commanda enfuite le blocus de Schweidnitz. Le 21 mars 1758, il battit encore les ennemis, & les pourfuivit jufqu'au-delà des frontières de la Bohême; il revint auprès de Schweidnitz, dont on fit alors le fiége, & qui fut pris d'affaut le 16 avril.

Le 16 mai, il eut ordre d'invéftir Olmutz, dont il conduifit le fiége avec le feld-maréchal Keith. Le 14 juillet, il fut atteint, dans la tranchée, d'un boulet de canon qui lui fit une contufion au pied gauche; mais l'os n'ayant pas été endommagé, il fut promptement guéri.

Il défendit, pendant prefque tout le refte de la campagne, le fort de Landshut contre des forces très-fupérieures qu'il réduifit à renoncer au projet de pénétrer dans la Siléfie; elles voulurent s'en dédommager en formant le fiége de Neiffe; il le leur fit lever.

Le 31 juillet 1759, il furprit les ennemis pendant la nuit; s'empara de leur camp, de leur bagage, chevaux, mulets; fit un butin immenfe & beaucoup de prifonniers. Le refte de cette année & toute l'année 1760, il eut à foutenir une guerre difficile, avec des forces toujours très-inférieures, contre les Autrichiens, dont il fit manquer la plupart des entreprifes. Il y eut, le 23 juin, près de Landshut, une affaire générale, où la valeur & la bonne conduite furent obligés de céder au nombre. Quoique défait & accablé, le général Fouqué y fut comblé de gloire. Pendant qu'il donnoit fes ordres au milieu du feu avec le plus grand fangfroid, il eut fon cheval tué fous lui; il tomba. Les dragons de Loëwenftein maffacrèrent tout ce qui l'environnoit. Bleffé de trois coups de fabre, au front, au coude & fur le dos, il alloit périr fi Trautschke, fon fidèle écuyer (fon hiftorien l'appelle palefrenier) ne fe fût jeté au devant de lui en parant ou recevant fur fon corps les coups qu'on lui portoit, & en criant & répétant fans ceffe de toute fa force : *Voulez-vous donc tuer le général en chef?* Le colonel du régiment de Loëwenftein, nommé Voit, entendit ces cris, accourut, difperfa les dragons, & releva le général couvert de fang. Fouqué lui remit fon épée. Voit fit venir fon cheval de parade, & l'offrit à Fouqué, qui le refufa en difant : *Je rifquerois de fouiller ce bal*

équipage avec mon fang. — Mon équipage, répondit le colonel Voit, *ne peut que gagner à être teint du fang d'un héros.* Il fallut bien céder à un vainqueur fi courtois, & monter le cheval offert. Lorfque le roi de Pruffe, qui venoit de partir de la Saxe pour amener à Fouqué un renfort déformais inutile, apprit ce défaftre & le malheur de fon ami : « Fouqué eft prifonnier, dit-il aux généraux qui l'entouroient, mais fa captivité lui fait honneur; il s'eft défendu en héros. »

Fouqué fut transféré de ville en ville, & toujours plus éloigné. L'intention de l'Impératrice-Reine qu'on eût pour fon prifonnier tous les ménagemens dus à fon mérite & à fa réputation; mais cette intention fut mal remplie. On honora fon mérite d'une manière plus flatteufe peut-être, mais moins agréable, en refufant conftamment de le relâcher avant la paix.

Les événemens qui arrivèrent pendant fa prifon, joignirent la perte de fa fortune à la perte de fa liberté. La prife de Glatz, arrivée le 26 juillet fuivant, un mois après la bataille de Landshut, lui coûta tout fon bien. Outre un capital confidérable en argent comptant, il tenoit des bienfaits du Roi fix tabatieres d'or, la plupart garnies de brillans; des fervices de table de porcelaine & en argent, une bibliothèque choifie & une collection des plus belles gravures faites par le feu roi Frédéric-Guillaume, en trente-trois volumes *in-folio*, collection regardée alors comme unique en fon genre, & que l'infpecteur de la galerie royale, Oefterreich, eftimoit cent mille écus. Tous ces effets furent tranfportés à Brunn, pour y être, difoit-on, mis en dépôt, & on alla jufqu'à exiger du général Fouqué les frais du tranfport.

Ce général avoit une fierté ferme & noble, que fes ennemis pouvoient aifément taxer de hauteur & de rudeffe. Il s'éleva quelques conteftations entre les officiers pruffiens prifonniers & le confeil de guerre de la cour de Vienne, au fujet de la folde de ces officiers prifonniers. Fouqué défendit avec courage les droits de ceux-ci; il eut, à ce fujet, des difputes vives avec quelques généraux autrichiens, & ne crut pas manquer au refpect qu'il devoit à l'Impératrice, en accufant fes agens de lui cacher beaucoup de chofes, d'abufer de fon nom pour des injuftices, & d'intercepter les Mémoires & les réclamations qu'on adreffoit à cette Princeffe.

Ces plaintes fatiguèrent d'autant plus le confeil de guerre de la cour, que fans doute elles n'étoient pas fans fondement. Le confeil s'en vengea, & fit tranfférer Fouqué jufqu'à Carlftadt en Croatie. C'étoit à peu près comme fi l'impératrice de Ruffie l'eût exilé en Sibérie. Quand on lui apporta, le 7 feptembre 1761, l'ordre de Marie-Thérèfe pour cette tranflation : *L'Impératrice*, répondit-il avec la plus grande indifférence, *peut m'exiler où elle voudra, puifque le fort des armes m'a mis en fa puiffance; mais la vérité ne fauroit perdre de fes droits*, *& je ne la déguiserai jamais.* Il arriva le 20 septembre à Carlstadt, où il vécut renfermé dans sa famille & dans son domestique. Il n'obtint sa liberté qu'à la conclusion de la paix, & ne put retourner à Glatz que le 7 avril 1763. L'Impératrice lui envoya un officier pour l'inviter à se rendre à Vienne, où on lui promettoit des distinctions, & on lui annonçoit qu'il seroit le maître de reprendre ses meubles & ses bijoux. Fouqué reçut cette offre avec la politesse convenable, & ne parla de l'Impératrice qu'avec l'expression du plus profond respect ; mais il crut devoir refuser. « Il m'est impos- » sible, dit-il, de baiser la main qui m'a si dure- » ment frappé ; mes biens, étant dans cette main, » n'ont plus de charmes pour moi ; mon Roi, qui » me les avoit donnés, peut seul me les resti- » tuer. » On jugea diversement de cette conduite. Les uns n'y virent que de l'humeur & du ressentiment ; les autres y virent de la grandeur d'ame & de la fermeté. Passons sur les formes : il est certain du moins que partout où il y a de grands sacrifices volontaires, il y a de la magnanimité ; mais c'étoit peut-être charger assez inutilement son Roi de lui refaire une fortune qu'il pouvoit si facilement & si justement être recouvrée. Le Roi parut en effet se croire obligé de dédommager Fouqué de ce que celui-ci avoit un peu volontairement perdu. Il l'avoit déjà nommé précédemment à la prévôté de l'église cathédrale de Brandebourg, & Fouqué l'en avoit remercié par un billet où il disoit au Roi : « Il semble que vous ayez pris à tâche de » me combler d'opulence, & pour comble d'em- » barras vous me faites ecclésiastique. Je m'ac- » quitterai aussi mal des fonctions de cette charge, » que du rôle d'Arbate, si je dois officier. »

Il avoit apparemment fourni son contingent aux plaisirs de Rheinsberg, en y jouant dans *Mithridate* ce rôle d'Arbate. On sait que ces représentations théâtrales étoient le plus doux amusement de Frédéric dans sa retraite de Rheinsberg.

Ce fut cette prévôté de Brandebourg que Fouqué choisit pour asile : « Je ne suis plus bon à » rien, écrivit-il au Roi, & rien ne m'est plus con- » venable que la vie de chanoine & le repos. »

Le Roi meubla sa maison, remplit sa cave de vin, garnit sa table de fruits, le combla des plus riches présens en tout genre, fit passer à Brandebourg tout ce qui pouvoit contribuer à rendre ce séjour agréable : le jardin fut orné d'orangers apportés de Sans-Souci & de Charlottembourg. Le Roi partageoit tout avec celui qu'il appelloit *son vieux & fidèle ami.* Le reste de la vie du général Fouqué devenu chanoine, & de sa correspondance avec le roi de Prusse, n'est plus que l'histoire des bienfaits de ce monarque envers Fouqué, des soins attentifs & délicats de sa généreuse amitié. Jamais Roi n'a mieux démenti par sa conduite & par ses sentimens, ces deux vers si souvent répétés :

Amitié que les Rois, ces illustres ingrats,
Sont assez malheureux pour ne connoître pas !

En consentant malgré lui à la retraite de Fouqué, que l'âge & les infirmités de ce général lui rendoient nécessaire, il prit l'engagement d'aller souvent l'y visiter, & il le remplit ; il exigea que Fouqué vînt aussi le voir comme un voisin de campagne : « Vous me rendrez visite quelquefois, lui » écrivoit-il ; il n'y a pas loin ; & quand je saurai » que vous voudrez venir, je vous enverrai mes » chevaux à moitié chemin. »

Lorsque dans la suite Fouqué eut perdu l'usage de ses jambes, le Roi, qui avoit pris l'habitude de se promener solitairement & de causer familière-ment avec lui, soit dans les jardins de Sans-Souci, soit dans les allées de la prévôté de Brandebourg, ne voulut pas perdre un usage qui lui étoit si cher : on portoit Fouqué dans un brancard sur les terrasses de Sans-Souci, puis un petit charriot fait exprès le promenoit dans les parties basses des jardins, le Roi marchant à pied à côté de lui & réglant sa marche sur celle du charriot, pour être à portée de s'entretenir avec son ami. Cependant la vieillesse & la maladie faisoient des progrès, & Fouqué, demi-paralytique, se vit hors d'état de prononcer une seule parole distinctement.

On inventa pour lui une machine qui, au moyen de l'arrangement des lettres, suppléoit aux termes qu'il ne pouvoit plus articuler : le Roi s'en servoit quand il s'entretenoit seul avec lui, & se donnoit la peine d'épeler en faveur de son vieil ami. Il écrivoit avec lui dans tous les détails qui pouvoient adoucir son sort : « Vous vivez trop en solitaire, » lui dit-il un jour ; « il vous faudroit plus de société ; » il faudroit que vos fenêtres fussent ornées de » pots de fleurs, & que de petits chiens sautassent » autour de vous pour vous amuser. » Fouqué rejeta l'expédient des chiens, à cause de la mal-propreté.

« Mais vous les aimiez autrefois, lui dit le Roi ; » ne vous rappelez-vous plus votre Mélampo, qui » nous a tant de fois amusés à Rheinsberg ? »

Quel Roi ! mais aussi quel homme vous êtes ! s'écria Fouqué : comment avec toutes les affaires, non seulement du royaume, mais de toute l'Europe & d'une partie de l'Asie dans la tête, pouvez-vous vous souvenir au bout de quarante ans du nom d'un chien de chasse, qui même n'étoit pas à vous ?

Le Roi donnoit souvent lieu à de pareilles exclamations. Rien de plus simple, de plus aimable, de plus caressant que le ton dont il assaisonnoit toutes ses faveurs. Toujours il lui envoie quelque présent, & toujours chaque présent annonce une tendre sollicitude pour son ami.

« Je vous envoie, mon cher ami, du caffé turc » qu'un Mamamouchi m'a donné. Vous m'oublie- » riez tout-à-fait si je ne vous faisois ressouvenir » de moi. J'en aurai bientôt une nouvelle occasion, » que je saisirai avec empressement. »

Le général Fouqué répond :

« Grand Dieu ! quel homme nous as-tu donné !

» le gouvernement de fes Etats, celui de fes ar-
» mées, fon commerce turc, fes palais & mille
» autres foins; la conduite de l'Europe, l'Afie à
» fa difpofition : tout cela n'eft rien & ne fauroit
» fuffire à fes occupations; il faut qu'il m'envoie
» du caffé. Que ne pouvez-vous régir le monde
» tout entier, & ne prendre jamais fin ! »

Huit ou dix jours après le Roi lui écrit :

« Il y a, mon cher ami, une affignation de cinq
» mille écus pour vous chez le tréforier de la caiffe
» de la cour..... Cela fervira pour payer une par-
» tie de ce que vous devez.... ».

Fouqué répond comme Horace à Mécène :

> *Satis fuperque me benignitas tua*
> *Ditavit.*

« C'eft prodiguer vos tréfors que de vouloir m'en
» faire part. Vos graces m'ont mis en poffeffion
» d'un bien plus que fuffifant pour vivre honora-
» blement..... Ne vous fâchez pas, Sire, fi je vous
» prie de mettre des bornes à vos préfens pécu-
» niaires, & d'être perfuadé que les affurances que
» Votre Majefté me donne de fa précieufe amitié,
» & même fon fac de café, me font infiniment préfé-
» rables à tous les milliers d'or & d'argent qu'elle
» pourroit m'offrir. »

Le Roi fe borne donc aux préfens de fociété :
ce font tantôt des pâtés de Périgord, ou des
truffes, foit de Périgord, foit d'Italie, ou du vin
de Hongrie, ou du baume de la Mecque, & toujours il y a une raifon particulière & un à-propos
pour chacun de ces envois. Le Roi avoit à Berlin
une manufacture de porcelaine, par laquelle il
prétendoit furpaffer celle de Saxe; il en envoie
divers ouvrages à fon ami : « Vous avez, dit-il,
» infulté à ma manufacture de porcelaine; il faut
» que je la juftifie. Je vous envoie un déjeûné auffi
» beau que ce que jamais on a travaillé à Meiffen,
» & vous recevrez en même tems une taffe peinte
» en figures, qui vous convaincra que notre ou-
» vrage vaut au moins celui de Saxe. »

Fouqué, comme on le peut croire, fait amende
honorable, & met la manufacture de Berlin au
deffus de celles de Saxe & du Japon.

Plus de huit ans avant fa mort il écrivoit au
Roi : « Je deviens fourd, & j'ai toute la peine du
» monde à me faire entendre. Votre ferviteur s'a-
» chemine doucement vers le grand voyage. »

Frédéric lui répond :

« Votre lettre, mon cher ami, m'a attrifté : vous
» parlez de votre départ, & fi cela dépend de
» moi, j'ai envie de vous conferver le plus long-
» tems poffible. On trouve partout des hommes,
» mais rarement d'auffi honnêtes gens & d'auffi
» fidèles amis que vous. Soignez-vous le plus qu'il
» eft poffible, pour que je ne vous perde pas fi-
» tôt, & fongez au chagrin que j'aurai fi je me
» vois féparé de vous pour jamais. La furdité ne
» fait rien à l'affaire : on a des cornets qui facilitent

» l'ouïe ; feu madame de Pocoulle en avoit, & je
» vous en ferai faire, de forte que j'efpère qu'à
» l'aide du beau tems vous reprendrez des forces,
» & que je pourrai avoir encore le plaifir de jouir
» de vous à Sans-Souci. »

Fouqué réplique : « Sire, je ne puis répondre
» à vos bontés : un torrent de larmes me ferre le
» cœur, & l'expreffion me manque. Toute ma
» confolation & ce qui me flatte le plus, c'eft que
» vous m'eftimez au nombre de vos amis. Mais qui
» fuis-je moi, pour recevoir tant de graces ? Un
» chien mort comme Miphibofeth. »

Ces traits de la fenfibilité d'un Souverain à l'égard
d'un fujet & d'un fujet à l'égard d'un Souverain
m'ont paru dignes d'être recueillis, du moins en
partie.

Le général Fouqué prolongea fa carrière au milieu des infirmités jufqu'à fa foixante-dix-feptième
année, & le roi de Pruffe pût fe flatter que fes
bontés n'y avoient pas peu contribué. Fouqué
mourut le 2 mai 1774.

**FRÉZEAU** *ou* **FRÉZEL DE LA FRÉZELIÈRE**,
( *Hift. de Fr.* ), ancienne famille d'Anjou, & même
une des plus anciennes du royaume, poffède de
tems immémorial la feigneurie de la Frézelière. Le
tems & les ravages des guerres civiles lui ont fait
perdre plufieurs de fes anciens titres; ce qui n'empêche pas qu'il ne s'en trouve quelques-uns du
commencement même du onzième fiècle, où les
Frézels font qualifiés chevaliers, titre qui ne s'accordoit alors qu'à la nobleffe unie à la valeur.
Pendant le cours des treizième, quatorzième &
quinzième fiècles, on voit toujours les Frézels
qualifiés *monfeigneur*, *noble & puiffant feigneur*, *très-*
*noble & très-puiffant feigneur*, titres qui avoient une
fignification alors, & qu'on ne prodiguoit pas, &
qu'on n'ufurpoit pas légèrement. Cette Maifon
(car fon ancienneté, fes alliances, fes fervices,
lui méritent ce nom ) a produit plufieurs guerriers recommandables & de glorieufes victimes de
l'Etat.

1°. Lancelot Frézeau, fecond du nom, feigneur
de la Frézelière, fils de Lancelot I ( *lequel avoit*
*été de fon tems un très-notable chevalier* ), fut lui-
même fait chevalier avant l'âge de vingt ans. Sa
réputation de bravoure étoit bien établie parmi
les braves de fon tems.

Nommé brave autrefois par les braves eux-mêmes.

2°. René Frézeau fon fils fervit avec la nobleffe
d'Anjou, à l'arrière-ban de 1471.

3°. Philippe Frézeau, arrière-petit-fils de René,
chevalier de l'Ordre du Roi fous Charles IX, gentilhomme de la chambre fous Henri III, gouverneur du Haut & Bas-Poitou fous l'un & l'autre,
fut un des grands capitaines de fon tems. Il eft furtout célèbre par fa belle défenfe de Carentan en
Normandie, contre le comte de Montgomery, en
1574. Mort en 1590.

4°. Jacques Frézeau son fils fut digne d'un tel père, & en soutint noblement la réputation. Henri IV le combla de bienfaits, & ces bienfaits étoient des récompenses. Il fut fait maréchal-de-camp sous Louis XIII, en 1620, & mourut en 1626.

5°. Isaac Frézeau, fils de Jacques, servit avec éclat, & sur terre & sur mer, principalement au siége de la Rochelle, où il commandoit un vaisseau, & dans la Valteline, où, ayant pour témoin de ses exploits un homme qui en étoit un excellent juge, le fameux duc de Rohan, il obtint son estime & ses suffrages. On compte avec raison, parmi ses titres de gloire, cette lettre du cardinal de Richelieu, qui n'écrivoit pas de ce ton à tout le monde.

« Les amis de M. de la Frézelière ne pouvant » souffrir que sa bravoure *solaire* & radieuse de-» meure plus long-tems oisive en un tems comme » celui-ci, où le Roi a besoin de courages faits » comme le sien, ont fait résoudre Sa Majesté de » l'employer cette campagne prochaine du côté » de l'Espagne, afin qu'aucun de ses ennemis ne » puisse ignorer ce qu'il vaut : se promettant qu'il » y réussira aussi avantageusement qu'il a fait jus-» qu'ici en Allemagne, à la Valteline, dans l'ita-» lie & autres lieux, où il a servi au contentement » de Sa Majesté. M. Desnoyers lui envoie pour » cet effet un secours de trois mille écus, qui lui » a été procuré auprès de Sa Majesté, pour le » mettre en état de supporter la dépense qu'il est » obligé de faire. Cependant il croira que je suis » véritablement très-affectionné à le servir. »

*Signé* le cardinal DE RICHELIEU.

Isaac Frézeau fut tué en 1639 au siége d'Hesdin, dont le gouvernement lui avoit été promis.

Sa fille Charlotte-Marie Frézeau porta la terre de la Frézelière dans une branche cadette de sa Maison, par son mariage du 18 novembre 1648, avec François Frézeau son cousin.

6°. Lequel fut fait gouverneur de Gravelines en 1682, de Salins en 1684, lieutenant-général des armées du Roi en 1688, & mourut le 3 mai 1702.

7°. Charles-François, seigneur de Lublé, son frère, fut tué à la bataille de Lens.

8°. Charles leur oncle avoit été tué en 1601 en Hongrie, où il servoit sous le duc de Mercœur.

Ce même François Frézeau, marquis de la Frézelière, du chef de Charlotte-Marie Frézeau sa femme (c'est celui qui est mentionné sous le n°. 6), eut d'elle cinq fils, qui tous les cinq servirent utilement l'Etat, & dont trois moururent pour lui, comme si ce sang de Frézeau, en s'unissant avec lui-même, eût acquis une double force pour produire des sujets utiles à la patrie.

9°. L'aîné, Antoine-François, mourut en 1674 des blessures qu'il avoit reçues au combat de Senef.

10°. Le second (Jean), colonel du régiment de Touraine, comme son frère, fut tué, en 1677, au siége de Saint-Omer. Il avoit fait les fonctions de lieutenant-général de l'artillerie à la bataille de Cassel, & avoit beaucoup contribué à la victoire, comme Monsieur, frère du Roi, qui commandoit à cette bataille, eut la bonté d'en rendre témoignage au marquis de la Frézelière, père de Jean.

11°. Le troisième (Carles-Madelon), après avoir servi dans l'artillerie avec la même distinction que ses frères, embrassa l'état ecclésiastique, & fut évêque de la Rochelle.

12°. Isaac, tué à quatorze ans, en 1673, au service du Roi en Allemagne.

13°. Ils eurent un cinquième frère (Jean-François-Angélique Frézeau de la Frézelière), mort le 19 octobre 1711, lieutenant-général des armées du Roi, & premier lieutenant-général de l'artillerie en France.

GALAS ou GALLAS ( MATHIEU ), ( *Hist. mod.* ), un des meilleurs généraux de l'Empire pendant la guerre de trente ans, naquit à Trente en 1589. Il fit ses premières armes en Italie : de là il passa en Allemagne, où il se distingua dans la guerre de Bohême, sous le fameux comte de Tilly ; il revint en Italie, où, commandant sous le général Colalte, en 1630, il prit la ville de Mantoue, qui fut livrée au pillage. Il est au nombre des vainqueurs de Nortlingue, en 1634. ( *Voyez* ci-après, à *Werth*, l'article de Jean de Werth. ) En 1635, commandant en chef sur le Rhin, il fit à la suite de divers avantages, le siége de Deux-Ponts, que le cardinal de la Valette, ayant sous ses ordres le vicomte de Turenne, & joint au duc de Saxe-Veymar, lui fit lever. Galas, obligé pendant quelque tems de se tenir sur la défensive contre une armée supérieure à la sienne, parvint à lui couper les vivres, & à le forcer de repasser le Rhin ; Galas se mit à sa poursuite, & cette armée, affoiblie insensiblement par la disete, & n'étant plus en état ni d'attaquer Galas qui la pressoit toujours de plus en plus, ni de se procurer des subsistances, se vit bientôt réduite à de fâcheuses extrémités. Veymar prit le parti courageux d'enterrer secrètement son canon & de brûler son bagage pour les dérober à l'ennemi. Le cardinal de la Valette, pour donner l'exemple, fit brûler son carrosse à la tête de l'armée. Veymar trouva ensuite une issue à travers des défilés peu connus, & se couvrant d'une chaîne de montagnes, & dérobant par une extrême diligence quelques marches à l'ennemi, il finit par se tirer d'un si mauvais pas. Il fut atteint cependant au passage de la Loutre ; mais alors les Français & les Suédois, tournant tête avec audace, repoussèrent vigoureusement les Impériaux. Ceux-ci les attaquèrent encore à une journée de Metz, & furent encore repoussés. Les escadrons français rompirent entièrement la cavalerie impériale, & l'armée française & suédoise, après treize jours d'une marche forcée, sans vivres & sans bagages, arriva enfin en lieu de sûreté. Galas, saisi d'admiration de cette retraite victorieuse, avoua que c'étoit la plus belle manœuvre de guerre qu'il eût jamais vue ; mais les Impériaux prirent Frankendal, Mayence & Keiserloutre.

En 1636 Galas entra dans la Bourgogne, & y fit le siége de Saint-Jean-de-Lône, pendant que Jean de Wert, prenant Corbie & Roye, s'avançoit vers Paris : ce fut le moment de crise pour la France ; mais la crise lui fut favorable. Galas fut contraint de lever le siége, & en abandonnant son artillerie & une partie de son bagage. Le comte de Rantzau défit son arrière-garde : les paysans assom-

mèrent une partie de son armée ; & de trente mille hommes dont elle étoit composée, il ne s'en sauva pas douze mille. Ce fut un échec des plus considérables.

En 1637 Galas prit sa revanche, en faisant lever le siége de Leipsick au fameux général Banier, qu'il pressa ensuite avec des forces supérieures, comme il avoit pressé le duc de Weymar, & qui lui échappa de même par la plus savante & la plus étonnante retraite. Banier & Galas se firent ensuite dans la Poméranie une guerre de chicane, où, déployant toutes les ressources des Danois, se poussant & se repoussant l'un l'autre tour-à-tour, ils méritèrent l'estime des guerriers sans avoir rien fait aux yeux des ignorans, parce qu'à force de talens ils ne purent avoir l'un sur l'autre aucun avantage considérable.

En 1639 Galas, trop inférieur en forces à Banier, fut obligé d'abandonner la Poméranie & de repasser l'Elbe.

En 1644 il porta du secours dans le Holstein, au roi de Dannemarck, ennemi naturel du roi de Suède ; mais bientôt les Impériaux & les Danois se séparèrent mécontens les uns des autres, & se faisant mutuellement des reproches. Affoibli par cette séparation, Galas ne put tenir devant Torstenson, général suédois, qui tailla en pièces sa cavalerie & une partie de son infanterie, près de Jutterboch. Galas se sauva sous les murs de Magdebourg, où les tristes restes de son armée périrent par la faim. On lui reprochoit de la négligence & de l'intempérance, & on attribuoit ses échecs à ces deux défauts, car les talens ne lui manquoient pas.

En 1645, après la bataille de Nortlingue, il mena du secours au duc de Bavière avec l'archiduc Léopold ; ils firent lever le siége d'Haïlbron au vicomte de Turenne, qu'ils poursuivirent ensuite, & qui leur échappa encore par une magnifique retraite ( sur quoi *voyez* l'article *Jean de Werth* ) ; ils s'en dédommagèrent en reprenant diverses places entre le Necker & le Danube. La défaite du général Galas près de Magdebourg & sa rupture avec les Danois lui avoient fait ôter, pour un tems, le commandement des armées impériales ; il se justifia, & l'on continua de l'employer, comme il vient d'être dit, mais en lui donnant cependant un supérieur ; il commandoit, mais sous l'archiduc Léopold ; il n'étoit plus qu'au second rang, après avoir été si souvent & si long-tems au premier. Il ne fit plus rien de remarquable, & il mourut peu de tems après, en 1647, à Vienne en Autriche. L'Empereur l'avoit fait comte de l'Empire.

Si on le compare avec Jean de Werth son contemporain & fon émule, il eut moins d'éclat & plus de revers, & n'infpira pas comme lui affez de terreur aux Français pour être chanfonné par eux.

## GALERIA, COPIOLA, EMBOLIARIA. (*Hift. rom.*)

Ces trois mots défignent une célèbre actrice de Rome, foit que ce fuffent véritablement fes noms, foit que ce fuffent les noms de quelques-uns de fes principaux rôles. On fait que Rome n'avoit pas, comme Paris, des fpectacles tous les jours, & que les fpectacles y faifoient partie des fêtes ou jeux qui fe célébroient à de certaines époques ou à l'occafion de certains événemens. Les magiftrats qui donnoient de ces fêtes ou jeux, & qui attachoient une grande importance au fuccès de ces mêmes jeux, dont dépendoit fouvent la faveur populaire, avoient foin d'appeler à ces fpectacles les acteurs qui s'étoient acquis le plus de réputation dans les occafions précédentes; plus ils avoient été célèbres, plus ils étoient recherchés, & quelquefois même, dans un âge où leur talent dégénéré n'étoit plus rien, on fe fouvenoit de ce qu'il avoit été, & l'on comptoit plus fur l'expérience du paffé, qu'on ne fe fioit à un talent plus jeune, non encore éprouvé ou trop peu exercé; mais il arrivoit fouvent auffi que ces vieux talens, rappelés par honneur fur la fcène, n'y paroiffoient que pour fe déshonorer. *Nam primùm*, dit Cicéron ( en parlant des jeux donnés par Pompée pour la confécration de fon théâtre), *honoris caufa in fcenam redierant ii quos ego honoris caufâ de fcenâ deceffiffe arbitrabar.* De ce nombre étoit le plus grand acteur tragique de l'antiquité, qui n'eut d'égal, mais dans un genre différent & même oppofé, que fon contemporain Rofcius, modèle du jeu comique, comme Éfopus de la déclamation tragique. C'eft ainfi que le Kain & Préville ont fait, pendant trente ans à Paris, chacun dans leur genre, les délices des gens de goût & des ames fenfibles; mais la mort impitoyable enleva le Kain au milieu de fa gloire & de la perfection de fon talent, Éfopus au contraire ne reparut qu'à fa honte dans ces jeux de Pompée: la voix lui manqua dans un endroit remarquable de fon rôle, & le monde convint qu'il étoit plus que tems qu'il fe retirât. *Deliciæ verò tua nofter Éfopus ejufmodi fuit, ut ei definere per omnes homines liceret. Is jurare cùm cœpiffet, vox cum defecit in illo loco: SI SCIENS FALLO.*

Mais un véritable phénomène qui parut dans ces mêmes jeux, ce fut la vieille actrice Galeria, Copiola, Emboliaria, en qui Pompée fe plut à faire voir au peuple romain ce qu'on voit fi rarement, un grand talent dans l'extrême vieilleffe. Ce n'eft pas tout: cette même actrice, âgée de cent quatre ans, après quatre-vingt-onze ans entiers d'exercice de fon art, & de jouiffance de fa gloire, reparut encore à des jeux bien poftérieurs, célébrés pour le rétabliffement de la fanté d'Augufte, & l'on ne dit pas que fon âge l'ait trahie comme

Éfopus. Cette femme étonnante avoit eu près d'un fiècle de fuccès, depuis le confulat de Marius & de Carbon, jufqu'à celui de Poppœus & de Sulpicius. (Plin. l. 7, c. 48.)

## GALIÈNE (*Hift. de Fr.*),

perfonnage fabuleux, mais qui appartient par un côté à l'Hiftoire, & à une partie importante de l'Hiftoire, à celle de Charlemagne. Toutes les conquêtes de ce grand Prince en Efpagne avoient été faites fur les Sarrafins, & l'on ne conçoit pas par quelle bizarrerie les auteurs efpagnols, même chrétiens, font plus favorables aux Sarrafins leurs oppreffeurs, qu'à Charlemagne leur libérateur, du moins en partie; mais enfin les Efpagnols n'ont jamais pu fouffrir qu'on dît que Charlemagne avoit foumis une partie de l'Efpagne, &, pour n'en pas convenir, ils ont cherché à expliquer, par une fable ridicule & deftituée de tout fondement, les témoignages qu'ils rencontroient à chaque pas des expéditions de Charlemagne dans leur pays. Cette fable eft rapportée fur la foi de quelque bruit populaire, par Rodéric, archevêque de Tolède, écrivain du treizième fiècle. Cet auteur dit que Charlemagne s'étant brouillé avec Pépin-le-Bref fon père, ce monarque le chaffa de fes États; que Charlemagne alors fe retira chez Galafre ou Galaftre, Roi farrafin de Tolède, & qu'il fervit dans fes troupes, contre Marfile, roi de Sarragoffe; qu'il reçut en Efpagne la nouvelle de la mort de fon père; que fur cette nouvelle il revint en France, emmenant avec lui la fille du roi Galaftre, nommée Galiène, qui fe fit chrétienne & qu'il époufa. On dit, ajoute Rodéric, qu'il lui fit bâtir un palais à Bordeaux. En effet, on donne encore vulgairement le nom de *Palais Galiène* à l'amphithéâtre de Bordeaux, dont M. le baron de la Baftie a donné la defcription dans les Mémoires de l'Académie des infcriptions & belles-lettres, & qu'on croit avoir été conftruit par l'empereur Gallien; ce qui fournit le mot de l'énigme, fans qu'on foit obligé de recourir à la fable de la princeffe Galiène.

## GANAŸ (*Hift. de Fr.*),

nom d'une ancienne famille qui a produit un chancelier de France. Un de fes ancêtres, Girard, feigneur de Ganay, qui vivoit en l'an 1300, eft qualifié chevalier. Guichard de Ganay, feigneur de Savigny dans le Charolois, étoit, en 1423, confeiller de Philippe-le-Bon, duc de Bourgogne, & juge du comté de Charolois.

Il attira au parti de Bourgogne, Guy de Ganay, feigneur de Chaffenay, fon frère puîné; celui-ci fut fait prifonnier par les Français du parti de Charles VII; il obtint, en 1433, des lettres de rémiffion de ce Prince, à condition de ne plus porter les armes dans la Maifon de Bourgogne. Guy forma une branche qui s'établit en Bourgogne, & qui a fourni quelques guerriers diftingués, entr'autres Jérôme de Ganay, feigneur de Levault, qui, dans le commencement de ce fiècle, fervoit avec diftinction, en Flandre, en Bavière & dans d'autres contrées de l'Allemagne, en Piémont & dans d'autres contrées de l'Italie, & qui reçut un grand nombre de bleſſures.

Guichard, frère aîné de Guy, fut père de Guillaume de Ganay, conſeiller du duc de Bourgogne & ſon avocat à Paris. C'étoit un de ces hommes de mérite que Louis XI étoit toujours ſi empreſſé & ſi adroit à enlever au duc de Bourgogne ſon rival, premièrement pour l'en priver, enſuite pour s'enrichir des pertes de ce même rival. Louis XI, à ſon avénement, le fit avocat du Roi, c'eſt-à-dire, avocat-général au parlement de Paris, charge qu'il exerça juſqu'à ſa mort, arrivée, comme celle de Louis XI, en 1483.

Il fut père du chancelier Jean de Ganay. Celui-ci avoit été reçu conſeiller en la cour des aides le 30 octobre 1481, & quatrième préſident au parlement de Paris le 27 juin 1450. Il accompagna le roi Charles VIII en 1494 & 1495 à la conquête du royaume de Naples, & fut nommé chancelier de ce royaume. Louis XII, en 1505, le nomma premier préſident du parlement de Paris; il l'étoit lorſqu'il fonda & fit bâtir dans l'égliſe de Saint-Médéric ou Merry une chapelle où l'on voit encore ( en 1788 ) ſon nom en lettres d'or, au bas d'un ancien tableau en moſaïque qu'il avoit rapporté de ſon voyage d'Italie. En voici l'inſcription : *Dominus Joannes de Ganay, præſidens Pariſienſis primus, adduxit de Italiâ Pariſium hoc opus moſ.icum.* Le même Louis XII le nomma chancelier de France le 31 janvier 1507. Jean de Ganay mourut à Blois en 1512.

Un de ſes frères, nommé Germain, conſeiller-clerc au parlement de Paris en 1485, fut fait évêque de Cahors en 1509, d'Orléans en 1514, & mourut le 8 mars 1520.

**GANNASCUS** ( *Hiſt. rom. & germaniq.* ), jeune Roi, chef ou ſeigneur germain, de la nation des Caninefates, qui eut l'honneur de ſe meſurer avec Corbulon, & dont la défaite commença la haute réputation de ce général romain. Quoique les Caninefates fuſſent un peuple germain d'origine, les terres qu'ils occupoient, étoient renfermées dans les bornes de l'Empire romain; ils étoient donc réputés ſujets de l'Empire, & d'ailleurs Gannaſcus avoit long-tems ſervi dans les armées romaines; il n'en avoit pas moins été fiers dominateurs, & lorſqu'il crut avoir appris d'eux les moyens de les vaincre, il revint combattre pour la liberté germanique. La nation des Cauces ſe mit à faire des courſes ſous ſa conduite. Gannaſcus, avec des barques légères, exerçoit une eſpèce de piraterie ſur les côtes de la Gaule belgique, contrée riche, mais ſans défenſe. Corbulon accourut, fit deſcendre ſes galères le long du Rhin, attaqua les barques de Gannaſcus, en coula un grand nombre à fond, & réduiſit Gannaſcus à s'écarter. C'eſt la première fois, à ce qu'il paroît, que les peuples de la Germanie ſe ſoient

haſardés à faire la guerre par mer aux Romains, & c'eſt encore ce qui donne une ſorte d'éclat à cette expédition de Gannaſcus. Ce qui contribue encore à tirer ſon nom de la foule obſcure des guerriers, c'eſt l'honneur que lui firent les Romains de le pourſuivre avec cet acharnement qu'ils n'avoient que contre les ennemis qu'ils craignoient. Corbulon s'attacha bien plus à le perdre qu'à terminer la guerre dans ce pays-là; il ne ceſſa de lui dreſſer des embûches, juſqu'à ce qu'enfin il l'y eût fait tomber. Gannaſcus fut pris : on s'en défit auſſitôt, & je vois, dit Mézeray, que ce fut par une action bien vilaine, puiſque Tacite ſemble avouer qu'on crut tout moyen honnête pour châtier ce perfide. Voici les termes de Tacite : *Miſſis qui Gannaſcum dolo aggrederentur. Nec irritæ aut degeneres inſidiæ fuêre adverſus transfugam & violatorem fidei. Sed cæde ejus motæ chaucorum mentes,* &c.

La valeur de Gannaſcus & ſes entrepriſes hardies avoient inſpiré de l'intérêt à la nation des Caucès; elle reprit les armes pour le venger, & Corbulon, qui, délivré de cet ennemi ſeul capable de l'inquiéter, ne voyoit plus pour lui que des lauriers faciles à moiſſonner, n'étoit pas fâché de ces mouvemens; il attiſoit le feu plutôt que de l'éteindre; » mais le conſeil de Claudius ne trouva pas bon » qu'il acquît trop d'autorité ſur les troupes, ſous » un Prince ſi fainéant. Il reçut ordre de repaſſer » le Rhin & de retirer les garniſons qu'il avoit » au-delà. » Il obéit ſans délai, non ſans regret.

*Cet ordre qu'il déteſte, il va l'exécuter.*

Au reſte ce même ordre qu'on lui donnoit par un de ces motifs de baſſeſſe & d'envie, ſi communs dans les cours des Princes, tels que Claude;

( La cour de Claudius, en eſclaves fertile )

auroit pu être le produit des vues les plus ſages & les plus juſtes, ſi un eſprit de modération eût inſpiré à l'empereur Claude le deſſein d'abandonner les conquêtes d'au-delà du Rhin, & de donner ce fleuve pour borne invariable à l'Empire.

**GELÉEN.** ( *Voyez* JEAN ( de ) dans ce volume.)

**GÉRONCE.** ( *Hiſt. rom.* ) Vers l'an 408 de l'ère chrétienne, ſous l'empire d'Honorius, quelque tems après la mort d'Arcadius ſon frère, vers le tems auſſi de celle de Stilicon & du débordement d'Alaric & des autres Barbares ſur les terres de l'Empire, un tyran nommé Conſtantin, profitant de ces troubles, avoit uſurpé l'Empire ſur Théodoſe le jeune, fils d'Arcadius, & qui n'étoit alors âgé que de ſix ans; il ne ſe propoſoit rien moins que de détrôner auſſi Honorius. Géronce, un des grands capitaines de ce tems, ſe déclara d'abord pour Conſtantin, & donna une grande force à ce parti. Géronce lui amena la fleur de la jeuneſſe britannique, qui lui fut très-utile. En reconnoiſſance

fance de ce fervice , il fut fait grand-maître de la milice , & par-là devint plus utile encore. Ce fut par fon fecours & par celui d'Apollinaire ( Apollinaris ), aïeul de Sidonius Apollinaris , évêque de Clermont , & tige de la Maifon de Polignac, que Conftantin réduifit en 408 les Efpagnes fous fon obéïffance. Ce fut par le fecours de ces deux capitaines, & furtout du premier, que Conftans , fils de Conftantin , fut reconnu pour Céfar par les légions qui fervoient dans le pays. Par leur fecours encore, ce Prince, Conftans, fit prifonniers Dydyme & Vérenian, deux jeunes feigneurs de la race de Théodofe , proches parens d'Arcadius & d'Honorius , & qui , à ce titre , s'étoient armés pour les intérêts de leur Maifon. Après ces fuccès le prince Conftans alla rejoindre Conftantin fon père , qui faifoit fon féjour dans la ville d'Arles , d'où il donnoit la main tout à la fois à l'Italie , à la Gaule & à l'Efpagne. Géronce refta chargé du gouvernement de cette dernière contrée, qui étoit pour lui comme un petit Empire particulier dans le grand Empire qu'il affuroit à Conftantin. Les affaires reftèrent en cet état jufqu'en 411. Alors Conftantin, jaloux ou inquiet peut-être de cette vice-royauté fi conftante & de cette autorité fi pleine que Géronce exerçoit dans fon gouvernement , crut devoir y renvoyer le prince Conftans avec des troupes nombreufes dont il donna le commandement , fous ce Prince , à un capitaine nommé Jufte. Géronce , mécontent fans doute de l'arrivée du Prince, dont la préfence bornoit naturellement fon autorité , feignit de ne l'être que de ce commandement , donné à Jufte fous les ordres du Prince ; il prétendoit qu'on ne pouvoit , fans lui faire une injure, confier ce commandement à un autre qu'à lui. Il étoit fier, fenfible, ambitieux ; il regrettoit le pouvoir auquel il s'étoit accoutumé ; il n'avoit affaire après tout qu'à un ufurpateur dont il avoit lui-même établi ou affermi l'Empire ; il réfolut de devenir ufurpateur à fon tour ; il gagna la faveur des troupes en leur permettant le pillage ; il appela les Barbares ; il excita les Vandales à rompre la trève qu'ils avoient conclue avec l'Empire. Ce furent en partie fes intrigues qui livrèrent la Gaule furtout à ce déluge de maux que Salvien, prêtre de Marfeille, cet autre Jérémie, a fi éloquemment déplorés. Conftantin fe trouvant hors d'état de réfifter à la fois à tant d'ennemis, de combattre tout enfemble , & les légitimes Empereurs & les tyrans tels que lui , de contenir les Barbares & de foumettre les guerriers, tels que Géronce, prit le parti de traiter avec tous , & d'accorder beaucoup à chacun pour conferver quelque chofe. Un traité partagea l'Empire entre Honorius & lui ; il abandonna aux Barbares certaines provinces , à condition que les autres feroient refpectées. Géronce ne fut pas celui qu'il s'emprefla le moins de fatisfaire ; il lui abandonna en entier ce gouvernement des Efpagnes que Géronce paroiffoit avoir tant à cœur, avec le commandement

abfolu des armées ; il éloigna Jufte de l'Efpagne , & le retint dans la Gaule , pour qu'il ne fît plus d'ombrage à Géronce. Mais comme il eft difficile à des ambitieux de faire un accommodement durable, Conftantin & Géronce fe brouillèrent de nouveau. Le premier, ne voyant toujours dans le fecond qu'un fujet rebelle, entreprit de le réduire entièrement. Il fit marcher contre lui Conftans fon fils , qui venoit pour la troifième fois commander en Efpagne. Géronce , fort du fecours des peuples barbares , ne l'attendit pas ; il part de Terragone , pénètre dans la Gaule , s'avance au devant de Conftans , l'affiége dans Vienne , le prend , le fait mourir. On ne fait pourquoi Géronce ne crut pas devoir prendre le titre d'Empereur , & aima mieux le donner à un de fes domeftiques ou de fes cliens, nommé Maximus , qu'il ne prenoit pas même la peine de traîner à l'armée à fa fuite , & dont il ne tiroit d'autre parti que de le charger de ce vain titre d'Empereur. Quoi qu'il en foit, Géronce , après avoir opprimé le fils , alloit accabler le père ; il affiégeoit déjà Conftantin dans Arles fa capitale, lorfqu'on vit arriver , non pas au fecours de Conftantin , mais à la rencontre de Géronce , un guerrier habile & illuftre qui venoit les combattre tous deux : c'étoit le comte Conftantius , grandmaître de la milice d'Honorius , & digne de fervir un autre maître. A fon approche Géronce prit la fuite , la plus grande partie de fes troupes l'ayant quitté pour Conftantius, attirées par la réputation de ce général. Celui-ci, en effet , parvint à triompher des deux tyrans ennemis. Ayant chaffé Géronce , ce fut lui qui continua le fiége d'Arles que Géronce avoit commencé. Bientôt Conftantin crut n'avoir plus d'autre moyen de fauver fa vie que de renoncer à l'Empire ; il fe dépouilla lui-même des ornemens impériaux , & fe fit ordonner prêtre par l'évêque d'Arles : on ouvrit alors les portes à Conftantius, fur la promeffe que la vie de Conftantin & de fon fecond fils feroit refpectée ; ils furent envoyés tous les deux à Honorius , qui les fit affaffiner fur la route : leurs têtes furent apportées fur des lances à Ravenne.

Géronce mourut d'une manière plus généreufe & plus conforme à fon grand courage. Retiré en Efpagne , quelques troupes qui lui étoient reftées, fans être plus fidelles que celles qui l'avoient abandonné devant Arles pour le général Conftantius, commencèrent à penfer qu'elles pourroient faire leur paix à fes dépens , & mériter leur grace par fa mort; en conféquence elles vinrent l'invertir dans fa maifon. Géronce, quoiqu'il n'eût avec lui qu'un foldat, Alain, & quelques domeftiques, fit une défenfe auffi belle , auffi hardie , & bien moins téméraire , vu les circonftances, que celle de Charles XII à Varnitza. Il parvint à tuer à coups de flèche jufqu'à trois cents de ces traîtres qui l'affiégeoient ; enfin, forcé de céder au nombre , il vint à bout de fauver fes domeftiques , & il eût pu fe fauver avec eux s'il eût pu confentir à laiffer sa femme au pouvoir d'une soldatesque effrénée. Cette femme, pour toute grace, lui demandoit la mort, & se jetoit d'elle-même sur la pointe de son épée. Le soldat Alain, qui étoit resté avec lui, demandoit aussi de mourir avec lui & de mourir de sa main, pour échaper aux outrages & à la cruauté des rebelles. Arrivé à son dernier moment, Géronce accorda cette funeste grace à sa femme & à son ami ; il coupa la tête à son soldat Alain, puis à sa propre femme, & se perça le cœur au même instant.

Ce Maximus, ce fantôme d'Empereur qu'il avoit créé, tomba de lui-même, n'ayant plus cet appui ; il auroit pu vivre : on lui avoit laissé la vie par mépris, comme à un imbécille, indigne également de vivre & de mourir ; mais cet imbécille s'avisa d'être ambitieux ; il reprit la pourpre, fut pris & décapité.

La mort de Géronce est de l'an 411.

GODET - DESMARAIS ( PAUL ), ( *Hist. de Fr.* ), évêque de Chartres, directeur de madame de Maintenon après l'abbé Gobelin, étoit né au mois de janvier 1648, à Talcy, paroisse du diocèse de Chartres. Son père, François Desmarais, chevalier, seigneur d'Aroisse, baron d'Hertray en Normandie, fut tué, en 1652, à la bataille de Saint-Antoine. Sa mère étoit de la Maison de Lamarck. Il fut élevé par sa tante, femme de M. de Pienne, gouverneur de Pignerol & chevalier des Ordres du Roi.

Le plus grand événement de sa jeunesse fut un voyage qu'il fit à Rome sous le pontificat d'Alexandre VII. Le plus grand événement de sa vie fut d'être directeur de madame de Maintenon, & le plus beau trait de son caractère fut de l'être sans devenir un prélat courtisan.

Ecolier en théologie au séminaire de Saint-Sulpice, il y fut connu de M. Tronson, qui en étoit supérieur. Supérieur lui-même dans la suite du collège des Trente-Trois, il y connut l'abbé Gobelin, qui s'y étoit retiré. Ce fut sous les auspices de ces deux ecclésiastiques, si révérés alors par leur doctrine & leur piété, qu'il entra dans le monde & dans l'église. Ce fut l'abbé Gobelin qui le fit connoître à madame de Maintenon.

L'abbé Desmarais avoit aussi connu à Saint-Sulpice l'abbé de Fénelon ; ils avoient été rivaux d'étude, autant qu'un ecclésiastique, destiné à n'être qu'un saint, pouvoit être le rival d'un homme aussi brillant & aussi aimable que Fénelon.

En se retrouvant chez madame de Maintenon, ils devinrent rivaux de faveur. Cette femme docile, à qui l'abbé Gobelin défendoit de briller dans la conversation, & qui permettoit à des hommes dont elle sentoit l'infériorité, de lui imposer tous les jougs de la religion, se partageoit entre la sainteté austère de Godet-Desmarais, & la piété tendre de Fénelon. La dévote combattoit en elle les penchans de la femme d'esprit & de

goût ; elle opposoit dans son cœur l'ami qu'elle respectoit, sans pouvoir le goûter, à l'ami qu'elle craignoit de trop aimer.

L'éditeur des Lettres de Godet-Desmarais à madame de Maintenon, qui forment le quinzième & dernier volume des Mémoires & Lettres de cette Dame, établit ce parallèle entre les deux rivaux :

« L'abbé de Fénelon étudioit les mystiques qui l'égarèrent ; l'abbé Desmarais étudioit l'Ecriture-Sainte, qui n'égare jamais. »

Ce jeu de mots, qui paroît d'abord heureux, perd beaucoup de son mérite quand on vient à songer à la foule d'hérétiques qui se sont égarés en commentant & en interprétant l'Ecriture-Sainte.

Mais enfin Fénelon s'égara ; il n'en fut que plus grand par sa soumission & par le noble parti qu'il sut tirer de sa chute. Godet-Desmarais ne prit pas un vol si élevé, mais il ne tomba point.

Des deux ecclésiastiques que madame de Maintenon aima le mieux, Fénelon & le cardinal de Noailles, l'un fut quiétiste, l'autre réputé janséniste ; l'abbé Desmarais les combattit tous deux, en triompha, & resta maître de la conscience de madame de Maintenon. Il la dirigea depuis 1689 jusqu'en 1709.

En 1690 il fut fait évêque de Chartres ; ce qui lui donnoit naturellement la direction de Saint-Cyr, où il remplissoit déjà depuis quelque tems diverses fonctions du saint ministère pour des retraites & des confessions extraordinaires. En 1692 il fut sacré dans cette même Maison de Saint-Cyr, qu'il soumit, l'année suivante, à la règle de saint Augustin.

Il avoit prêché autrefois à Paris *avec plus de succès que d'applaudissement*, dit l'éditeur de ses Lettres. Cela s'entend.

Sa correspondance spirituelle & directoriale avec madame de Maintenon est plus édifiante que lumineuse ou instructive. Chaque lettre est vague, quoique le titre annonce un objet déterminé. Qui en voit une les voit toutes. L'auteur possède l'Ecriture-Sainte & en multiplie les citations, mais souvent sans choix & sans à-propos.

L'histoire de son épiscopat est d'ailleurs un tissu de bonnes œuvres. Saint, il se donna un saint pour successeur. Il demanda & obtint pour coadjuteur M. de Mérinville son neveu. Il mourut le 26 septembre 1709. Son cœur est à Saint-Cyr, & on en put dire, comme du cœur de M. Arnauld à Port-Royal :

*Cor nunquam avulsum nec amatis sedibus absens.*

Son épitaphe qu'on lit à Saint-Cyr, l'annonce comme un instituteur spirituel de cette Maison.

*Hìc jacet cor Ill. & Rev. D. D. Pauli de Godet-Desmarais, Carnutensis episcopi, qui regiæ huic domui primus dedit legem vitæ & disciplinæ. Obiit Carnuti, 16 kal. oct. an. 1709, ætatis 62.*

GONTIER *ou* GONTHIER *ou* GUINTIER ( JEAN ). ( *Hift. de Fr.* ) L'anatomie, ainfi que toutes les fciences, fit des progrès fous François I. On éleva des amphithéâtres publics pour la diffection des cadavres, opération trop négligée depuis Galien. Jean Gontier, médecin de François I, fut celui qui renouvela cet utile ufage; ce fut lui qui forma Véfal, ce médecin célèbre de Charles-Quint & de Philippe II; ce Véfal, dont le père, l'aïeul, le bifaïeul, le trifaïeul s'étoient illuftrés par l'étude de la médecine, & furent tous effacés par lui. Sur leurs pas les Euftaches, les Fallopes, les Botals ajoutèrent aux découvertes anatomiques. Gontier eft le premier qui ait donné une defcription affez exacte des mufcles; il en a même apperçu plufieurs qui avoient échappé aux recherches de Galien. C'eft lui qui a donné le nom de *pancreas* au corps glanduleux attaché au péritoine. C'eft lui qui a découvert l'union de la veine & de l'artère fpermatiques, & ces deux conduits qui répondent de la matrice aux mamelles.

Gontier ne concevoit pas qu'on pût avoir la cruauté de tenir fecret un remède utile. *Nam ferinum ab omnique humanitate & candore animi alienum videtur ea velle occultare quæ ad communem hominum falutem pertinent.* De Peft. com. præf.

Il étoit né en 1487, à Andernach. Il mourut à Strasbourg en 1574, après avoir éprouvé diverfes perfécutions au fujet de la religion.

Il a traduit beaucoup d'écrits de Galien & d'autres auteurs, & compofé des Traités latins fur la pefte, fur les femmes groffes & les enfans. L'empereur Ferdinand lui donna des lettres de nobleffe.

GRABEN, ( *Hift. de Charlem.* ) Ce mot rappelle un établiffement dont les guerres germaniques donnèrent l'idée à Charlemagne, & qui eût à lui feul immortalifé fon règne & changé la face de la Terre s'il n'avoit pas été abandonné. Le feul projet prouve au moins combien les grandes chofes étoient familières à ce Prince, dans un tems où perfonne n'avoit encore fongé au bien public. Il vouloit faire communiquer l'Océan germanique & la Mer-Noire par le Rhin & par le Danube, en joignant ces deux fleuves par des rivières intermédiaires; & fi l'on veut que les canaux de Drufus & de Corbulon, dont l'un joignoit le Rhin avec l'Iffel, & l'autre avec la Meufe, aient contribué à lui infpirer ce projet, on voit par-là quel utile ufage il favoit faire de fes connoiffances dans l'Hiftoire. Les rivières qu'il s'agiffoit de joindre par un canal, étoient, d'un côté, le Rednitz; de l'autre, l'Athmul. Le Rednitz fe jette dans le Mein, aux environs de Bamberg; le Mein, dans le Rhin, près de Mayence; le Rhin, dans l'Océan. L'Athmul fe jette dans le Danube à Kelheim; & le Danube, dans la Mer-Noire. Du Rednitz à l'Athmul il n'y a que deux lieues de diftance: le canal de jonction devoit avoir trois cents pieds de lar-

geur fur ces deux lieues de longueur: le travail fut pouffé jufqu'à deux mille pas; des pluies continuelles le firent abandonner; les terres s'ébouloient; le fol étoit fans confiftance; mille obftacles qui n'en feroient point aujourd'hui, parurent alors invincibles: le découragement fe mit parmi les travailleurs, & un des plus beaux établiffemens que l'efprit humain eût encore conçus, ne put avoir lieu. Les veftiges du canal fubfiftent encore près du village de *Graben*, qui en a tiré fon nom, le mot allemand *graben* fignifiant un foffé.

Charlemagne eût fans doute repris ce projet, dans un tems plus favorable, fi, en le formant, il avoit été animé des grandes vues de bien public qui auroient dû préfider à une pareille entreprife; s'il avoit vu les diverfes provinces de France, de Germanie, de Pannonie, tous ces vaftes pays qu'arrofent le Danube, le Don & les autres rivières d'Europe & d'Afie, qui fe déchargent médiatement ou immédiatement dans la Mer-Noire, excités, vivifiés, enrichis par le commerce le plus actif & une communication directe & facile, établie depuis le fond du nord de l'Europe jufqu'au centre de l'Afie. Voilà les objets qui auroient dû s'offrir aux regards de Charlemagne & parler à fon cœur. Il ne vit, dans ce grand & bel ouvrage, qu'une facilité pour la guerre de Pannonie, qu'un moyen de faire defcendre des troupes des bords de l'Océan germanique jufqu'aux rives de la Save, de la Drave & du Raab; de leur procurer aifément & à peu de frais toutes les provifions néceffaires; & comme il parvint, fans ce fecours, à terminer heureufement la guerre de Pannonie, il ne penfa plus à cet ouvrage; il perdit par-là l'occafion de faire, pour toute la fuite des fiècles, plus de bien au Monde, qu'il n'avoit fait de mal par fes conquêtes paffagères.

Il tenta auffi d'unir la Mofelle à la Saone.

GRANVILLE, ( *Hift. d'Anglet.* ) nom d'une illuftre Maifon angloife, defcendue des anciens ducs de Normandie, & tirant fon origine de Rollon, le premier de ces Ducs, par Robert; comte de Corbeil, fils puîné de Rollon. Ce Robert eut deux petits-fils célèbres dans l'hiftoire de Normandie & dans celle d'Angleterre, Robert Fitz-Hamon, comte de Corbeil, & Richard, qui prit le nom de Granville, l'une des feigneuries de fon père en Normandie. Ces deux frères accompagnèrent Guillaume-le-Bâtard leur parent, à la conquête d'Angleterre, & contribuèrent à la victoire d'Haftings, qui réduifit ce royaume fous l'obéiffance de Guillaume. Ce conquérant, en reconnoiffance de leurs fervices, les combla d'honneurs & de biens. Fitz-Hamon, l'aîné, eut les feigneuries de Glocefter & de Briftol; Richard de Granville eut les poffeffions immenfes dans les comtés de Devon, de Cornouaille, de Sommerfet & de Buckingham; elles ont paffé à fa poftérité. Sous le règne de Guillaume-le-Roux, fils du conquérant,

Robert Fitz-Hamon s'affocia douze chevaliers choifis, dont fon frère Richard fut le premier, & fe mettant avec eux à la tête d'une armée, il entra dans le pays de Galles, foumit les habitans, qu'il rendit tributaires de l'Angleterre, tua Rhèfe leur Roi, conquit tout le comté de Glamorgan, & partagea fes conquêtes entre lui & les douze chevaliers fes affociés. Fitz-Hamon en eut le furnom de *Grand*. Henri I, frère & fucceffeur de Guillaume-le-Roux, lui donna le commandement de fes armées contre la France. Il mourut d'un coup de pique qu'il reçut à la tempe dans cette guerre. Voici les titres que prenoit Fitz-Hamon, & qu'on lui donnoit: *Robert Fitz-Hamon, par la grace de Dieu, prince de Glamorgan, comte de Corbeil, baron de Thorigny & de Granville, feigneur de Glocefter, Briftol, &c conquérant du pays de Galles, coufin du Roi, & général de fon armée en France*. Fitz-Hamon ne laiffa qu'une fille qui époufa Robert, fils naturel de Henri I, roi d'Angleterre, & de laquelle defcendent plufieurs des plus illuftres Maifons d'Angleterre. Richard hérita des biens de Normandie, nommément de Granville, dont il portoit déjà le nom. Il fe croifa dans fa vieilleffe, & mourut dans le voyage de la Terre-Sainte.

Son fils, nommé comme lui Richard de Granville, époufa Adeline, fille aînée de Robert de Beaumont, comte de Meulan en France, & premier comte de Leicefter en Angleterre, & d'Elifabeth de Vermandois, petite-fille de Henri I, roi de France, qui defcendoit de Hugues Capet, comme Richard defcendoit du duc Rollon. Ainfi la Maifon ducale de Normandie & royale d'Angleterre fe trouva unie avec le fang royal de France. De là defcend directement cette antique & noble Maifon des Granville, établie dans les comtés de Devon & de Cornouaille, Maifon toujours vaillante, toujours utile & fidelle à fes Rois.

On remarque, parmi les Granville, un troifième Richard, d'une valeur tellement héroïque, qu'elle femble n'appartenir qu'aux tems fabuleux. Amiral d'Angleterre fous le règne d'Elifabeth, il rencontre, n'ayant alors qu'un feul vaiffeau, toute la flotte efpagnole, qui portoit jufqu'à dix mille combattans; il n'en avoit pas plus de cent. Malgré cette énorme difproportion, il livre cet incroyable combat, dont Gauthier ou Walter Raleigh a donné une relation particulière.

Bevil de Granville prodigua fon fang & fes biens pour la défenfe de Charles I, dans les guerres de ce Prince contre le parlement. Il fut tué à la bataille de Lanfdown, où il combattoit une pique à la main.

Jean fon fils aîné, trentième comte de Corbeil, trentième baron de Torigny & de Granville depuis Robert, fils de Rollon, dans un efpace de huit cents ans, créé par Charles II, le 20 avril 1661, comte de Bath, vicomte de Lanfdown, & comblé par le même Prince de beaucoup d'autres graces, les avoit toutes méritées par les fervices qu'il

avoit rendus & les maux qu'il avoit foufferts pendant la guerre civile. A la mort de fon père il avoit pris le commandement de fon régiment, n'étant encore âgé que de feize ans; il avoit reçu plufieurs bleffures en différentes occafions; il avoit été laiffé pour mort à la bataille de Newbury. Il eut la plus grande part, avec le général Monck, au rétabliffement de Charles II.

Charles, fils de Jean, vicomte de Lanfdown & baron de Granville, fervoit avec le duc de Lorraine lorfque ce Prince, aidé de Sobieski, fit lever le fiége de Vienne, en 1683. Il affifta aux principaux fiéges & combats de cette guerre. L'Empereur le créa comte de l'Empire, avec la permiffion de porter dans fes armes l'aigle romaine.

Jean, fecond fils de ce comte, fe diftingua dans différentes occafions, & fur terre, & fur mer.

GRIBEAUVAL (JEAN-BAPTISTE VAQUETTE DE), (*Hift. mod.*), lieutenant-général des armées du Roi, grand-croix de l'Ordre royal & militaire de Saint-Louis, premier infpecteur du Corps-Royal de l'artillerie, étoit né dans la ville d'Amiens le 15 feptembre 1715. Il entra, en 1732, comme volontaire dans le régiment de Royal artillerie. En 1735 il fut fait officier pointeur; il s'attacha particuliérement à la partie des mines, & en 1752 il fut nommé capitaine des mineurs. Il l'étoit lorfque M. d'Argenfon, miniftre de la guerre, le chargea d'aller prendre des renfeignemens fur l'artillerie pruffienne, où divers changemens venoient de s'introduire. Dans ce voyage il connut le grand roi Frédéric II & en fut connu. Ce Monarque avoit adopté le fyftème de Bélidor fur les mines. Gribeauval étoit peu favorable au globe de compreffion de Bélidor, ou du moins il préféroit un autre fyftème. *Eh bien!* lui dit un jour Frédéric après avoir difputé contre lui fur ce fujet, *j'en appelle à l'expérience, & fi l'occafion s'en préfente jamais, je veux fur le terrain même vous ramener à mon avis*. M. de Gribeauval accepta le défi, fans prévoir les occafions qu'il eut dans la fuite de le foutenir.

De retour en France, il fut fait lieutenant-colonel en 1757. La guerre de fept ans étoit alors commencée. M. le comte de Broglie amena M. de Gribeauval avec lui à Vienne, & le fuffrage de cet ingénieur, déjà diftingué dans l'Europe, ne fut pas fans influence fur le choix que l'Impératrice-Reine fit du général Daun pour le mettre à la tête de fes armées. Ce général fut l'obligation qu'il avoit à Gribeauval; il voulut le reconnoître en le faifant entrer au fervice de la cour de Vienne, & en l'employant dans fon armée, comme général de bataille, & commandant de l'artillerie, du génie & des mineurs. Ce fut principalement dans cette guerre que Gribeauval fe couvrit de gloire. Ses deux plus mémorables exploits font le fiége de Glatz, en 1759, dont il dirigea les favantes opérations, & du fuccès duquel le général Laudon fe plaifoit à lui faire hommage ; mais furtout la fameufe défenfe de Schweidnitz attaqué par le roi de Pruffe en perfonne en 1762, la dernière année de la guerre. Gribeauval montra bien alors qu'il n'avoit pas oublié le défi que ce grand Roi lui avoit fait dix ans auparavant au fujet du globe de compreffion. Quatre globes de compreffion, employés dans ce fiége par le roi de Pruffe, furent abfolument fans fuccès; mais fur cette défenfe de Schweidnitz, ce font les ennemis même que combattoit Gribeauval qu'il faut entendre. On regardoit d'abord le fiége de Schweidnitz comme une entreprife de peu d'importance, & qui ne pouvoit arrêter long-tems. Un an auparavant les Autrichiens avoient emporté cette place en deux jours de fiége & en quatre heures d'affaut. Les Pruffiens ne comptoient pas, en 1762, qu'elle dût leur coûter davantage à prendre. Le roi de Pruffe ne crut pas d'abord que cette expédition méritât fon entremife : c'étoit un général, nommé Tanfien, qui faifoit ce fiége, & il avoit cru être modefte en demandant douze jours pour réduire la place. Voici ce qu'il écrivit au roi de Pruffe, après douze jours de tranchée ouverte : « Je vous avois » promis de vous rendre maître de Schweidnitz » en moins de douze jours ; mais je ne favois pas » que j'aurois affaire à ce diable de Gribeauval. » Je demande encore douze jours à votre majefté. Au bout de ces douze autres jours, rien n'étant encore avancé, le Roi vint lui-même diriger le fiége, & prit fort à cœur cette entreprife; il écrivoit le 13 août au marquis d'Argens : « Je vous » annoncerai, pour vous reftaurer, que mon en- » treprife fur Schweidnitz va jufqu'ici à merveille; » il nous faut encore onze jours heureux, & cette » épreuve fera remplie. »

Le 19 août, il écrivoit au même marquis d'Argens : « Pour vous parler tout-à-fait naturelle- » ment, je crois que nous aurons encore une crife » avant la réduction de Schweidnitz. »

Le marquis d'Argens, dans une lettre du 2 feptembre, dit : « J'efpère que dans le tems que » votre majefté recevra cette lettre, Schweidnitz » fera pris. Vous avez eu, Sire, la bonté de nous » promettre des poftillons. » ( Pour leur donner avis de la prife de cette place. )

Le roi de Pruffe lui répond le 6 feptembre : « Vous avez peut-être cru m'envoyer ma récom- » penfe pour mon fiége de Schweidnitz : vous » vous êtes trompé, mon cher. Je fuis auffi mal- » adroit à prendre des places qu'à faire des vers. » Un certain Gribeauval, qui ne fe mouche pas » du pied, & dix mille Autrichiens nous ont ar- » rêtés jufqu'à préfent. Cependant je dois vous » dire que le commandant & fa garnifon font à » l'agonie : on leur donnera inceffamment le via- » tique. Nous fommes à la palifade, & une mine » qui jouera dans quatre jours, ouvrira la contr'ef-

» carpe, & fera brèche à l'enveloppe ; ce qui » mettra fin à cette difficile opération. »

C'étoit encore fe flatter trop tôt : la mine ne joua point ou joua mal.

Le marquis d'Argens écrit le 21 feptembre : « Je » ne faurois me perfuader que Schweidnitz ne foit » pas pris lorfque votre majefté recevra ma let- » tre. Elle a bien raifon de dire que M. de Gri- » beauval ne fe mouche pas du pied. Comment » cet homme fe défend-il pendant deux mois dans » une place qui nous a été enlevée dans deux » heures ? »

Le Roi réplique le 26 : « Je vous dois fans doute » bien des excufes, mon cher marquis, de vous » avoir annoncé avec trop de préfomption la fin » de notre fiége au 12 de ce mois. Nous y fommes » encore ; les mines nous ont beaucoup arrêtés. » A préfent nous fommes maîtres du chemin cou- » vert; & comme voilà le plus grand obftacle levé, » je me flatte que le refte ira plus vite. Il nous » faut employer fix femaines à reprendre une place » que nous avons perdue en deux heures. Cela » ne fait pas l'éloge de notre habileté ou de notre » courage..... Je ne veux plus être prophète, ni » vous annoncer le jour de la réduction; mais je » crois que cela pourra durer encore quelques » jours. Le génie de Gribeauval défend la place » plus que la valeur des Autrichiens. Ce font des » chicanes toujours renaiffantes qu'il nous fait de » toutes les façons. »

Le lendemain, 27, il écrit encore : « Je vou- » drois pouvoir vous dire, mon cher marquis, » que Schweidnitz eft pris, mais il ne l'eft pas » encore. La chicane des mines nous a arrêtés » quatre femaines. Nous fommes à préfent aux » palifades. Hier l'ennemi fit fauter une mine qui » nous a détruit un logement : toute cette journée » a été employée à le rétablir. Enfin il faut avoir » patience, car ce Gribeauval fe défend comme » il doit.

» Nous n'avons ici, dit-il encore dans la même » lettre, ni Neptune, ni Apollon contre nous, » mais un Gribeauval..... Il ajoute : *Il nous manque* » *un Achille.*

Mais Achille n'eut point l'honneur de prendre Troye ; il mourut à la peine ; la valeur ne put rien contre cette ville, reine de l'Afie ; elle fuccomba fous l'artifice.

*Credita res, captique dolis lacrymifque coaXi,*
*Quos neque Tydides, nec Lariffæus Achilles,*
*Non anni domuere decem, non mille carina.*

Le marquis d'Argens écrivoit encore au Roi le 5 octobre : « Vous demandez un Achille pour » prendre Schweidnitz : Eh ! ne l'êtes-vous pas? Ce » n'eft pas cela qui vous manque, c'eft un ingé- » nieur auffi bon que ce Gribeauval, dont votre » majefté fait l'éloge avec tant d'impartialité. Le » génie, cette partie effentielle de la guerre, fi

» cultivée en France, a malheureufement été né-
» gligée en Pruffe. Le feu Roi n'en faifoit aucun
» cas; vous étiez trop éclairé pour ne pas en con-
» noître la néceffité; mais il eft des abus auxquels
» il faut bien du tems pour remédier. Le fiége de
» Schweidnitz eft un exemple qu'un habile ingé-
» nieur eft quelquefois plus effentiel & plus né-
» ceffaire que dix officiers-généraux. C'eft Vauban
» feul qui, par les places qu'il avoit fi bien forti-
» fiées, a fauvé la France dans la guerre de la fuc-
» ceffion. »

Enfin ce n'eft que le 14 octobre qu'une lettre
du marquis d'Argens contient ces mots : « Les
» voilà donc arrivés ces poftillons reçus avec tant
» de plaifir! !..... à préfent que Schweidnitz eft
» pris..... »

Encore fi l'on en croit l'auteur d'un article né-
crologique de M. de Gribeauval, après foixante-
trois jours de tranchée ouverte, le roi de Pruffe,
perdant toute efpérance, fe difpofoit à lever le
fiége quand l'explofion caufée par une grenade
tombée fur un magafin à poudre, renverfant un
baftion entier du fort Javernick, facilita l'affaut
que toutes les attaques fouterraines de l'ingénieur
Lefèvre, toujours prévues & prévenues par M. de
Gribeauval, n'avoient pas encore rendu poffible.
M. de Gribeauval fut fait prifonnier de guerre &
amené au roi de Pruffe, qui, par un reffentiment
indigne de fa juftice, refufa, dit-on, d'abord de
voir un homme qui avoit tant retardé fes fuccès;
il finit cependant par l'admettre à fa table, en le
comblant d'éloges.

Cette même année 1762, l'Impératrice-Reine
récompenfa les fervices de M. de Gribeauval, en
l'élevant au grade de feld-maréchal, & en le décorant de la grande croix de l'Ordre de-Marie-
Thérèfe.

A la paix, il revint en France, où il fe contenta
du grade de maréchal-de-camp. Il fut fait, peu de
tems après, infpecteur-général de l'artillerie &
commandant en chef du corps des Mineurs. Ce
fut lui qui rédigea l'ordonnance de 1764, laquelle
fixe la proportion des troupes d'artillerie relativement à la force de chaque armée; c'eft à lui qu'on
doit la reftauration des écoles d'artillerie, & des
améliorations & des changemens heureux dans
les manufactures d'armes, les forges, les fonde-
ries, les arfenaux de conftruction. Avant lui, les
modèles différoient entr'eux; les pièces qui appartenoient à un train d'artillerie ne pouvoient
fervir à un autre : il établit l'uniformité à cet égard
dans tous les arfenaux du royaume. Il n'y a pas
une branche relative à l'artillerie, tant de fiége
que de campagne, qu'il n'ait ou créée ou réformée, & toutes fes innovations, motivées, ou fur
une utilité réelle qui n'exiftoit pas, ou fur une
utilité plus grande que celle qui exiftoit, triomphèrent de tous les préjugés & de toutes les contradictions. La plus forte épreuve de fa vertu &
de fa conftance fut le fameux procès à l'occafion

de la réforme des armes : l'ignorance crioit contre
cette réforme qui lui paroiffoit exceffive. M. de
Gribeauval, vifitant, en 1771, à Lille une falle
d'armes qu'on difoit dévaftée, fit voir aux artil-
leurs qui l'accompagnoient, que parmi les fufils
confervés comme bons, il n'y en avoit prefque
pas un feul qui n'eût un défaut affez marqué pour
qu'il y eût quelque danger à s'en fervir. « Voilà,
» dit-il, ces armes contre la réforme defquelles
» on s'élève fi vivement : vous voyez s'il étoit
» urgent de s'en défaire, puifque les meilleures
» même ne font pas exemptes de défectuofités
» dangereufes. » Il parvint enfin à faire comprendre qu'il valoit mieux n'avoir qu'une moindre
quantité d'armes, & pouvoir s'en fervir avec affurance.

La mort le furprit dans ces opérations utiles,
dont il ne ceffoit de s'occuper au milieu même
des langueurs de la vie fédentaire à laquelle les
tourmens de la goutte le condamnoient depuis
plufieurs années. Il mourut le lundi 9 mai 1789,
après deux mois d'une maladie douloureufe, pendant laquelle des étouffemens continuels ne lui
avoient pas permis de refter une feule fois couché.

Franchife, fincérité, fermeté, tels furent les
principaux traits de fon caractère, traits affez rares
pour être quelquefois diftinctifs.

GRIFFON ou GRIPPON. (*Hift. de Fr.*) Charles
Martel laiffa trois enfans de deux femmes différentes; il avoit eu de la première, nommée Rotrude, Carloman & Pépin, & de la feconde, nommée Sonnichilde, un Prince nommé Griffon ou
Grippon.

Il donna l'Auftrafie à Carloman, la Neuftrie à
Pépin, & à Griffon quelques comtés feulement,
fitués entre les Etats de fes deux frères. Le jeune
Griffon, agiffant fous l'autorité de Sonnichilde fa
mère, fe montra mécontent de fon partage, & fit
la guerre à fes frères pour en obtenir ou en conquérir un plus confidérable. Le fuccès ne répondit pas à fes efpérances. Griffon, près d'être forcé
dans la ville de Laon où il s'étoit retiré, fut obligé
de fe rendre; fes frères le firent enfermer auffi
bien que fa mère (en 742.)

Pépin-le-Bref avoit quelque modération; il mit
dans la fuite Griffon en liberté; il lui donna même
une petite augmentation de partage, indulgence
que les hiftoriens ont beaucoup blâmée, & qu'il
falloit beaucoup louer, car c'étoit le feul moyen
d'affermir la paix, fans compter que c'étoit le feul
qui fût conforme à la nature & à la juftice. Ce
moyen, il eft vrai, ne réuffit pas. Griffon fut plus
fenfible à l'injure qu'au bienfait; mais le parti violent, injufte & cruel de laiffer le Prince enfermé
toute fa vie auroit-il mieux réuffi? N'auroit-il
pas révolté les efprits? N'auroit-il pas fourni aux
grands des prétextes de troubles? N'auroit-il pas
donné un parti à Griffon? Du moins, lorfque celui-ci fe révolta pour la feconde fois, il fut obligé

de quitter la France, où il n'avoit pas un seul partisan, parce qu'on le regardoit comme un ingrat & un brouillon; il alla mendier un asile chez les Saxons: Pépin l'y poursuivit & l'en chassa. Griffon se réfugia en 748 dans la Bavière; elle étoit alors sans Duc, ou, ce qui étoit la même chose, elle avoit pour Duc un enfant de six ans: cet enfant fut dans la suite le fameux Tassillon. ( *Voyez* son article dans ce volume. ) Griffon se fit duc de Bavière, sans qu'on puisse bien comprendre quels moyens pouvoit avoir un proscrit & un fugitif pour opérer une semblable révolution. L'actif Pépin le chassa encore de la Bavière. Les Allemands, auxquels il s'adressa ensuite, n'osèrent le recevoir chez eux. Forcé de demander encore pardon à son frère, il l'obtint encore. S'étant révolté une troisième fois, il se retira chez le duc d'Aquitaine; Gaïffre ou Vaïffre, devint amoureux de sa femme; & rendit le Duc si jaloux, que, selon quelques auteurs, le Duc, non content de le chasser de ses Etats, le fit ensuite assassiner dans les Alpes, où passoit alors Griffon pour se retirer en Italie chez les Lombards ( en 753). C'est ainsi que Pépin se vit délivré des inquiétudes perpétuelles que lui donnoit Griffon.

La maxime que celui à qui le crime profite, est réputé l'auteur du crime, a fait soupçonner Pépin d'avoir eu plus de part à la mort de Griffon, que le duc d'Aquitaine, à la jalousie duquel il suffisoit que Griffon fût éloigné.

GROPPER (JEAN), (*Hist. du Luthéran.*), archidiacre de Cologne, théologien estimé parmi les Catholiques dans le tems de l'établissement du luthéranisme. Le P. Maimbourg l'appelle *grand-homme* ( titre qu'il prodigue un peu) & *saint homme*. Voici l'histoire qu'il rapporte en preuve de sa sainteté, & voici comment il la rapporte. « Comme » un jour Gropper, en retournant de matines, eut » trouvé qu'une servante s'étoit ingérée de faire » son lit en l'absence de son valet, il la chassa bien » vîte de sa chambre; & tirant à l'heure même, » & enveloppant avec précipitation draps, traver- » sin & matelas, il les jeta par la fenêtre au mi- » lieu de la rue, comme si son lit eût été infecté » de la peste, pour avoir été seulement touché » par une femme. »

Ceci rappelle les idées ridicules d'un raisonneur justement condamné vers le même tems ( en 1531) par la Sorbonne, pour avoir outré une doctrine naturellement bonne contre le concubinage des prêtres. Il ne vouloit point absolument qu'un prêtre eût de femme à son service, &, selon lui, la première question que les Juifs auroient dû faire à Judas sur le compte de Jésus-Christ, c'étoit: *Quel homme est ton maître Jésus? A-t-il point de chambrière?* D'Argentré, *Collectio judiciorum*, tom. II, pag. 90 & suiv.

On dit que Gropper refusa d'être Cardinal. Il avoit long-tems gouverné l'électeur de Cologne, Hermande Wied, un de ces hommes foibles &

nuls, qui abandonnent leur ame toute entière à ceux qui daignent s'en charger. Cet Electeur avoit autrefois prononcé la peine de mort contre les Luthériens, parce que Gropper l'avoit voulu; il embrassa depuis le luthéranisme, parce que Mélanchton & Bucer le voulurent. La sottise & l'ignorance de cet électeur de Cologne sont restées célèbres: il est vrai qu'elles ont pu être exagérées tour à tour par les Luthériens & les Catholiques, qu'il mécontenta les uns après les autres. Quoi qu'il en soit, il perdit son électorat pour avoir embrassé le luthéranisme. Déposé par le Pape & par l'Empereur, après quelque résistance, il se déposa lui-même, & alla vieillir dans l'obscurité, l'ignorance & l'hérésie, tandis que son successeur, aidé des soins de Gropper, repoussoit loin de l'électorat de Cologne ce même luthéranisme qu'Herman de Wied y avoit introduit.

GRUFFY. (*Hist. de Fr.*) L'écuyer Gruffi étoit un des plus beaux hommes de la cour de François I. Brantôme attribue à ce Gruffi des bonnes fortunes assez singulières. Une grande Dame, qui ne voulut jamais être connue, & qui ne le fut point, l'envoyoit chercher la nuit par un homme pareillement inconnu, qui lui bandoit les yeux & l'introduisoit dans la chambre de cette Dame, d'avec laquelle il sortoit toujours très-content, mais sans avoir pu ni la voir ni l'entendre, parce qu'il la voyoit & l'entendoit trop tous les jours. Avant la fin de la nuit on le ramenoit chez lui les yeux toujours bandés, & on lui donna de ces rendez-vous autant qu'il en voulut recevoir. Brantôme ajoute que cette Dame traita de même plusieurs autres hommes; il dit qu'elle étoit avare, & il insinue qu'elle en usoit ainsi, autant pour épargner sa bourse que pour sauver son honneur; en un mot, il désigne tant qu'il peut la duchesse d'Angoulême.

GUALTERIO ou GUALTIERI. ( *Hist. mod.* ) Cette famille italienne est originaire d'Allemagne. Elle s'établit à Orviette, vers le milieu du dixième siècle; elle a produit, surtout dans l'état ecclésiastique, des sujets d'un mérite distingué; elle y a rempli les plus éminentes dignités, & s'est souvent alliée avec les Maisons papales.

Plusieurs personnages célèbres de cette famille se sont signalés par leur attachement à la France, dans un tems où l'Italie se partageoit entre cette puissance & les puissances rivales, & où il falloit quelquefois du courage pour se déclarer en faveur de la première. Cette inclination pour la France fut comme un sentiment héréditaire dans la famille Gualterio.

Au milieu des troubles que le calvinisme excitoit en France, Sébastien Gualterio, évêque de Viterbe, fut deux fois envoyé, en qualité de nonce, dans ce royaume, par les papes Jules III & Pie IV. Sous les règnes de Henri II & de François II, & pendant la tenue du concile de

Trente, il préparoit en secret, avec le cardinal de Lorraine & les autres prélats français, les matières qu'on devoit agiter dans ce concile.

Divers Cardinaux du nom de Gualterio partagèrent ce même sentiment. Le plus célèbre d'entr'eux, & celui qui se distingua le plus par cet attachement à la France, dont il aimoit à faire honneur à toute sa famille, fut le cardinal Philippe-Antoine Gualterio.

Il naquit le 24 mars 1660, à Fermo, ville de l'Etat ecclésiastique, dans la Marche d'Ancône. Le cardinal Charles Gualterio son grand-oncle, évêque de Fermo, & un autre de ses oncles qui remplaça le cardinal Charles dans l'évêché, le firent élever & instruire en partie sous leurs yeux. A dix-neuf ans il reçut le bonnet de docteur dans les deux Facultés, de Théologie & de Droit. Avant vingt-cinq ans il fut admis au nombre des prélats référendaires de l'une & l'autre signature. Les papes Innocent XI, Alexandre VIII, Innocent XII & Clément XI l'élevèrent successivement à divers emplois, & lui confièrent divers gouvernemens; entr'autres celui de Notre-Dame de Lorette, & enfin la vice-légation d'Avignon.

On avoit déjà observé que, dans son gouvernement de Lorette, affable & poli envers tous les étrangers, il accueilloit les Français avec une distinction marquée & des égards tous particuliers. La vice-légation d'Avignon le mit encore plus en état de satisfaire cette inclination pour la France. M. le comte de Grignan, M. de Basville, tous ceux qui commandoient dans les provinces voisines, louoient la sagesse de son gouvernement, & en rendoient à la cour un compte avantageux. Il y eut, pendant son administration après la paix de Riswick, une affaire à laquelle les principes persécuteurs du tems donnèrent trop d'importance. La principauté d'Orange, qui appartenoit au roi d'Angleterre, Guillaume III, est enclavée dans le Comtat-Venaissin. Les nouveaux convertis des environs de cette principauté, qui étoient mal convertis, ne l'ayant été qu'à prix d'argent ou que par les dragonades, alloient librement faire la cène & les autres exercices de leur ancienne religion à Orange. Pour remédier à cet abus, qui peut-être n'en étoit pas un, mais qui en paroissoit un énorme à Louis XIV, ce Prince très-catholique avoit pris des mesures avec l'hérétique Guillaume, pour faire passer dans le Comtat quelques corps de troupes qui tiendroient Orange comme bloquée de loin & à une certaine distance de son territoire, uniquement pour en défendre l'entrée aux Camisards & autres Protestans. Celui à qui cet envoi de troupes dans le Comtat déplaisoit le plus, étoit le Pape, non pas qu'il ne fût fort d'avis de troubler les Protestans dans l'exercice de leur religion; mais cet envoi sur son territoire des troupes d'une grande puissance, & le consentement qu'y donnoit une autre grande puissance, alarmoient & effarouchoient sa petite puis-

sance. Gualterio trouva un expédient; ce fut que ces troupes étant réputées troupes auxiliaires du Pape, & le Pape étant censé les avoir demandées pour le maintien de la religion catholique dans le Comtat, elles fussent sous le commandement du Vice-Légat, c'est-à-dire, de Gualterio lui-même. L'expédient pouvoit être en effet fort bon, si Gualterio, qui étoit trop bon ecclésiastique pour être un général ou pour en avoir la prétention, bornoit son commandement sur ces troupes à les laisser dans l'inaction.

Au commencement de l'année 1700, le pape Innocent XII nomma Gualterio nonce en France. C'étoit de tous les emplois où Gualterio pouvoit prétendre, celui qui étoit le plus selon son cœur. Le cardinal d'Estrées, qui avoit été fort ami du feu cardinal Charles, grand-oncle du nouveau nonce, apprit au Roi des particularités du zèle & de la vénération de Gualterio pour la personne de Sa Majesté; il lui apprit une anecdote littéraire de l'enfance de ce nonce, qu'il avoit connu à peine âgé de huit ans, chez son oncle. Les premiers vers latins qu'un cœur déjà français avoit inspirés à cet enfant au collége, avoient été à la louange de Louis XIV; mais son régent n'avoit pas cru devoir lui faire honneur de cette pièce, parce que, dans un de ces vers, il y avoit un pied de trop. Le cardinal d'Estrées auroit pu se dispenser d'ajouter, & l'historien de l'Académie des belles-lettres de répéter après lui, *que ces fautes contre la mesure étoient, dans un jeune poète, l'effet ordinaire de la vivacité des sentimens.* Il n'y a ni jeunesse ni vivacité de sentimens qui tiennent; quand on fait des vers, il faut qu'ils aient la mesure, & le régent n'avoit pas tort.

La nonciature de Gualterio dura six ans; il étoit encore en France lorsque Clément XI lui conféra l'abbaye de la Trinité, dans le duché de Milan, le nomma évêque d'Imola, cardinal & légat *à latere* dans Ravenne & la Romagne. Le Roi fit la cérémonie de lui donner le bonnet, & y joignit les marques de bienveillance les plus distinguées.

Pendant son séjour en France, Gualterio avoit extrêmement cultivé les sciences & les savans, & suivi les bibliothéques. Il y avoit puisé les secours nécessaires à la composition & à la perfection d'un ouvrage immense dont il étoit occupé depuis l'âge de vingt ans; c'étoit une Histoire universelle, du plan le plus vaste & de l'exécution la plus difficile. « Il n'y auroit eu, dit le secrétaire de l'Académie, » auteur de son éloge, aucun pays, aucun peuple » qui n'y eût trouvé ses annales & ses fastes dans » un plus grand détail que partout ailleurs; c'eût » été véritablement la bibliothèque du Monde. » Les matériaux de cet ouvrage formoient quinze grandes caisses qu'on embarqua pour lui sur un bâtiment frété exprès à Marseille, avec un amas considérable de livres choisis, des suites de médailles

dailles antiques & modernes, des instrumens de mathématiques de toute espèce, &c.

M. le cardinal Gualterio étant arrivé à Imola, y apprit le naufrage de son vaisseau & la perte entière de ses livres, manuscrits, médailles & autres trésors littéraires & savans; il eut le courage d'en racheter d'autres qu'il eut encore le malheur de perdre, en 1708, par les ravages des Impériaux, qui vivoient à discrétion dans l'Etat ecclésiastique; ils pillèrent tout ce qui lui appartenoit, & il fut obligé de se retirer à Rome pour y mettre sa personne en sûreté. C'étoit au nonce de France qu'on en vouloit, disoit-on, & non pas au légat du Saint-Siége; & à la faveur de cette distinction l'on se dispensa de lui accorder aucun dédommagement lorsque le Pape fut forcé de faire sa paix avec l'Empereur.

Il se consola de sa disgrace, par le motif auquel on l'attribuoit; il osa même s'en faire honneur dans le tems de nos plus grandes calamités. La nuit du 31 décembre au premier janvier 1710, il fit arborer les armes de France sur la porte de son palais. Louis XIV sentit que c'étoit à lui à récompenser un dévouement si généreux, & à dédommager le Cardinal de tant de pertes; il lui donna l'abbaye de Saint-Remy de Rheims & une forte pension sur le trésor royal. Aussitôt que la paix d'Utrecht, conclue en 1713, eut rendu les chemins libres, le Cardinal partit pour revoir encore la France, & remercier le Roi son bienfaiteur. Le Roi l'embrassa, lui donna plusieurs fois le nom d'ami, le logea près de lui à Versailles, à Marly, à Fontainebleau; & comptant apparemment sur l'immortalité dès cette vie, malgré son âge de soixante-quinze à soixante-seize ans, il lui fit prendre l'engagement d'amitié de le revenir voir tous les cinq ans.

Le cardinal Gualterio ne fut pas moins bien traité sous le règne de Louis XV. Dès la première année de la régence, il fut nommé à l'abbaye de Saint-Victor de Paris, & fut fait commandeur de l'Ordre du Saint-Esprit à la promotion que le Roi fit après sa majorité.

Il fut admis à l'Académie des belles-lettres en qualité d'académicien honoraire étranger; il en étoit bien digne par son amour opiniâtre pour les lettres & les sciences, qui fut tel, qu'après la perte de deux bibliothèques, de plusieurs suites de médailles & de recueils précieux de curiosités, il laissa une bibliothèque de trente-deux mille volumes. A cette bibliothèque succédoient dans son palais une vingtaine d'autres pièces, les unes pour les médailles & les pierres gravées; les autres, pour les figures, vases, inscriptions, urnes sépulcrales; d'autres, pour l'Histoire naturelle des trois règnes; d'autres, pour les instrumens de presque tous les arts, principalement de l'anatomie, de la chymie, de l'astronomie & de l'optique, sur laquelle on dit qu'il a écrit.

*Histoire. Tome VI. Supplément.*

Il mourut le 21 avril 1728, d'une troisième attaque d'apoplexie.

C'est M. l'abbé Gualterio son neveu, camérier d'honneur du Pape, & fils du comte Gualterio, duc de Cumies, l'un des dix frères qu'il avoit eus, qui apporta la barrette à M. le cardinal de Fleury en 1726.

Un autre de ces dix frères, évêque de Todi, fut un prélat distingué par son savoir & sa piété.

GUIDACERIO (AGATHIO), (*Hist. litt. mod.*), second professeur en hébreu au Collége-Royal, nommé par François I. Les Médicis, Laurent, dit *le Grand & le père des lettres*, & le pape Léon X son fils, avoient donné l'exemple à François I de distinguer ce savant par des bienfaits. Guidacerio, né à Rocca-Coragio dans la Calabre, avoit étudié, puis enseigné l'hébreu à Rome; il y étoit encore dans le tems du sac de cette ville en 1527. Il raconte lui-même dans la préface de sa seconde Grammaire hébraïque, comment à travers mille douleurs & mille périls il aborda en France, & se fixa quelque tems dans Avignon, où il trouva un protecteur utile dans le Vice-Légat, Jean de Nicolaï, nommé depuis peu à l'évêché d'Apt, prélat ami des lettres, & qui a mérité les éloges du vertueux Sadolet. On croit que ce fut l'évêque d'Apt qui mena Guidacerio à Paris, seconde Rome, dit Guidacerio lui-même, « où François I » me fit un destin plus tranquille & plus heureux » que les Médicis & tous les Papes n'avoient pu » m'en faire à Rome. »

Guidacerio est auteur d'une Grammaire hébraïque qu'il avoit d'abord dédiée à Léon X, & dont il changea beaucoup la forme dans la suite. Il fit aussi des commentaires sur quelques Pseaumes & sur d'autres livres de la Bible, qu'il dédia, soit à François I, soit aux papes Clément VII & Paul III. Les commentaires sur la Bible étoient une espèce d'ouvrage fort à la mode alors: Erasme lui-même en a fait, & de très-estimés.

On ne sait pas certainement l'année de la naissance ni de la mort de Guidacerio.

GUILLAUME, (*Hist. de Fr.*), dit *la longue épée*, fils & successeur de Rollon, premier duc de Normandie. Ces Ducs s'empressoient toujours d'influer dans toutes les querelles des Princes carlovingiens; mais ils affectoient d'y influer comme médiateurs; ils réconcilioient sans cesse les rois de France, soit avec leurs vassaux trop puissans, soit avec les empereurs & les rois de Germanie. Ce personnage de pacificateurs donnoit à ces Ducs une considération qui affermissoit leur puissance, qui leur procuroit des alliés, & qui les mettoit toujours de plus en plus en état de repousser les tentatives que faisoient de tems en tems les rois de France, soit pour réunir la Normandie à la couronne, foit pour en recouvrer quelques parties.

Cette politique conciliante fut toujours celle du duc Guillaume. Quand il ne pouvoit procurer la paix, il s'attachoit à diminuer la fupériorité du vainqueur; il affectoit de tenir cette balance, qui depuis eft devenue le grand objet de la politique, mais qui a toujours été plus utile à ceux qui l'ont tenue, qu'à l'Europe, qui en attendoit fon repos. Par une fuite de la même politique, Guillaume prenoit foin de s'allier avec les plus grands feigneurs du royaume, & les plus redoutables au

Roi; il avoit époufé Sporte, fille d'Hébert, comte de Senlis; il avoit marié Gerlotte fa fœur avec Guillaume, comte de Poitiers; il étoit toujours uni avec Hugues-le-Grand, ou l'Abbé, père de Hugues Capet. Tant que Guillaume vécut, les fuccefeurs de Charles-le-Simple refpectèrent la Normandie & le traité de Saint-Clair qui en avoit affuré la propriété à Rollon & à fa race.

Le lâche Arnoul, comte de Flandre, ennemi de Guillaume, le fit affafiner dans une entrevue fur la Somme, vis-à-vis Péquigny, le 18 décembre 942.

**H**ARLAY. A cet article (tome III, partie I<sup>re</sup>., page 47, colonne 1<sup>re</sup>. du Dictionnaire), on dit que Nicolas de Harlay de Sancy fut le *premier colonel-général des Suisses*. Ce mot *premier* est une faute. La charge de colonel-général des Suisses & Grisons, toujours occupée par des Princes lorsqu'elle n'étoit qu'un emploi passager & à tems, fut érigée en titre d'office, l'an 1571, par Charles IX, en faveur de Charles de Montmorenci-Meru, depuis duc d'Amville, troisième fils du connétable Anne. Depuis ce tems elle a été possédée, tantôt par des Princes, tantôt par de simples gentilshommes. Les Mémoires de Sully nous apprennent qu'elle l'étoit en 1596, par Nicolas de Harlay de Sancy.

HARMODIUS. (*Voyez* les articles *Aristogiton & Hipparque* dans le Dictionnaire.)

HAROLD. (*Hist. d'Anglet.*) Deux personnages de ce nom jouent un rôle dans l'histoire d'Angleterre, du tems des derniers Rois saxons & de la conquête de cette île faite par Guillaume, duc de Normandie.

Suénon & Canut-le-Grand son fils, rois de Dannemarck, avoient fait la conquête de l'Angleterre sur Ethelred II, Roi de la race saxonne, lequel occupoit le trône d'Angleterre vers la fin du dixième siècle & le commencement du onzième. Cet Ethelred avoit épousé Emma, fille de Richard I & sœur de Richard II, ducs de Normandie. Canut, à peine proclamé roi d'Angleterre, épousa cette même Emma devenue veuve. Ethelred avoit eu d'une première femme, nommée Elgiva, Edmond, qu'une force prodigieuse fit surnommer *Côte-de-Fer*, & qui, lui ayant succédé, défendit mieux que lui sa couronne contre Canut. Il mourut assassiné en 1017, laissant deux fils légitimes, Edwin & Edouard.

Canut chargea un de ses Danois de s'embarquer avec eux pour le Dannemarck, & de prendre ses mesures pour qu'ils périssent dans cette navigation. Ce ministre de barbarie se trouva sensible à la pitié; il aborda, non en Dannemarck, mais chez le roi de Suède, auquel il remit les deux jeunes Princes, après l'avoir attendri sur leur sort. Le roi de Suède, pour ne pas se commettre avec Canut, les fit passer à la cour de Salomon, roi de Hongrie. Edwin mourut dans ce pays; Edouard épousa la sœur de la reine de Hongrie, fille de l'empereur Henri II, de laquelle il eut deux enfans, Edgar-Atheling & Marguerite, qui fut depuis reine d'Ecosse.

Suivant toutes les idées régulières sur l'ordre successif, cet Edouard, & après lui Edgar-Athe-ling son fils, étoient les légitimes héritiers du trône d'Angleterre; aucun d'eux n'y régna.

Mais Ethelred, outre ses enfans du premier lit, avoit eu deux fils d'Emma sa seconde femme; savoir: Alfred & Edouard. Ces deux Princes avoient été emmenés en Normandie par Emma leur mère, lorsqu'Ethelred son premier mari avoit été détrôné; ils y vivoient paisibles sous la protection des ducs de Normandie. Canut redouta cette protection, & pour empêcher le duc Richard II, frère d'Emma, d'agir en faveur de ses neveux, il voulut devenir son beau-frère; ce fut alors qu'il épousa Emma, & en même tems il donna sa sœur à Richard II. Par le contrat de mariage de Canut & d'Emma on assura aux enfans qui en naîtroient, la succession à la couronne d'Angleterre; on sacrifia les droits, non-seulement des enfans du premier lit d'Ethelred, mais encore des enfans qu'il avoit eus d'Emma.

Canut eut de cette même Emma un fils nommé Hardicnute ou Hardicanute. Il laissa aussi d'un premier lit deux fils, nommés Suénon & *Harold*; celui-ci est le premier des deux Harold dont nous avons à parler. Suénon eut la Norwège, Hardicnute le Dannemarck, Harold pouvoit rester sans partage.

L'Angleterre se divisa: les Danois britanniques vouloient Harold, les Anglais vouloient Hardicnute, conformément au traité de mariage de Canut & d'Emma. On partagea le royaume entre ces deux Princes; mais comme Hardicnute étoit absent, Emma fut nommée régente de la partie du royaume échue à son fils, & on lui donna pour conseil le comte Goodwin, chef de la noblesse anglaise, qu'un aussi traître qu'insolent. Son premier soin fut de se vendre à Harold, qui s'étoit emparé des trésors de Canut, & de fermer l'entrée du royaume au prince Hardicnute, sous le nom duquel il ne gouvernoit que pour faire régner Harold, & pour régner avec lui dans toute l'Angleterre. Emma, voyant qu'Hardicnute tardoit à paroître, proposa de faire venir de Normandie les fils d'Ethelred; elle n'alléguoit que le désir, si naturel à une mère, de revoir des enfans dont elle étoit depuis long-tems séparée; mais Goodwin vit bien que l'intention & l'espérance d'Emma étoient de ranimer, par leur présence, l'affection des Anglais pour la race de leurs Souverains, & de faire régner ses fils du premier lit, si celui du second lit ne vouloit ou ne pouvoit pas quitter le Dannemarck. Goodwin prit le parti d'applaudir à la proposition d'Emma, & d'en faciliter l'exécution dans le dessein d'immoler à Harold ces importantes victimes, ou de tenter, par le moyen de ces Princes, quelqu'autre grand crime ; mais Emma eut toujours la défiance d'une mère ; elle ne souffrit jamais que les deux Princes vissent ensemble Goodwin ; elle tenoit toujours l'un d'eux sous ses yeux, & ne permettoit à l'autre de marcher que sous l'escorte des fidèles Normands, venus en Angleterre à la suite de ces Princes. Goodwin, ne pouvant attaquer qu'un des deux frères, attaqua l'aîné. Alfred fut arrêté avec son escorte : on dit que Goodwin, dans un entretien secret qu'il voulut avoir avec Alfred, rejeta son crime sur Harold, & proposa au Prince le trône avec sa fille ; mais qu'irrité de ses refus & de ses mépris, il fit massacrer son escorte, lui fit crever les yeux à lui-même, & l'enferma dans un monastère à Ely, où Alfred mourut bientôt de douleur ou d'ennui. A cette nouvelle Emma renvoya secrétement Edouard dans son asile en Normandie. Goodwin, furieux d'avoir manqué une partie de son crime, & redoutant l'habileté d'Emma, l'accusa de trahison ; il eut le crédit de la faire chasser du royaume. Le duc de Normandie, Guillaume, arma en faveur d'Edouard ; Harold mourut en 1039. Hardicnute arriva : tout se réunit en faveur de ce dernier. Goodwin fut le plus empressé à lui rendre hommage. Cependant Hardicnute ayant fait venir à sa cour son frère Edouard, celui-ci demanda justice du meurtre d'Alfred, & Goodwin se vit en danger ; mais il gagna le Roi par des présens qu'il savoit être puissans sur son ame. L'intempérant Hardicnute mourut d'indigestion en 1042.

Jusque-là c'étoit la race danoise qui avoit régné dans la personne de Canut, puis d'Harold & d'Hardicnute. Enfin la race saxonne remonta sur le trône ; Edouard fut roi d'Angleterre. C'est ce Prince foible, vertueux & superstitieux, si connu sous le nom d'Edouard-le-Confesseur. Il fallut que, pour régner, il s'abaissât à implorer l'appui de ce même Goodwin qu'il venoit d'accuser hautement de l'assassinat de son frère ; il fallut qu'il remplît cette condition si fièrement rejetée par Alfred, la condition de devenir gendre de Goodwin ; mais il détesta toujours son beau-père & sa femme. Goodwin mourut d'une attaque d'apoplexie à la table du Roi.

Harold son fils eut ses places & sa puissance, & n'eut point son caractère odieux : le Roi le détesta, & le craignit encore ; Harold respecta le Roi sans l'estimer.

Toute l'affection d'Edouard étoit pour les Normands qui avoient élevé son enfance & réparé ses malheurs, auxquels enfin il devoit le trône & la vie. Guillaume, nommé alors le Bâtard, & depuis le Conquérant, duc de Normandie, son protecteur, son parent, son ami, vint le voir à Londres, & y fut reçu avec les distinctions dues à son tous ces titres. On a beaucoup disputé sur la question si Edouard fit alors, ou s'il fit en tout un testament en faveur de Guillaume ; mais Guillaume aimoit bien autant devoir tout à son épée.

Après la mort d'Edouard-le-Confesseur, arrivée en 1066, l'Angleterre sembla préparer elle-même la conquête de Guillaume, en excluant Edgar Atheling, fils de cet autre Edouard élevé à la cour de Hongrie, & beau-frère du Roi de ce pays. Edgar étoit le seul héritier légitime de la couronne d'Angleterre, comme le désignoit ce nom d'Atheling, qui lui fut donné par cette raison.

L'Angleterre élut Harold, qui n'avoit d'autre titre que ses intrigues & sa puissance ; Harold, que la qualité seule de fils de Goodwin eût dû faire rejeter. Pendant la vie d'Edouard-le-Confesseur, Harold avoit fait un voyage en Normandie, après celui que Guillaume avoit fait en Angleterre. Harold n'ignoroit pas que les vœux d'Edouard étoient pour Guillaume. Edouard & Guillaume n'ignoroient pas que toutes les démarches d'Harold tendoient à mettre la nation dans ses intérêts. Harold étant donc en Normandie, Guillaume, en le comblant d'égards, voulut s'expliquer avec lui sur leurs prétentions réciproques à la succession d'Edouard. Ni l'un ni l'autre ne regardoient Edgar Atheling comme un obstacle à ses projets : c'étoit un enfant. Harold dissimula, ainsi qu'on peut le croire, étant au pouvoir de son rival. Si l'on demande pourquoi il avoit eu l'imprudence de s'y mettre, les uns disent qu'Edouard l'y avoit envoyé pour annoncer à Guillaume qu'il lui destinoit sa succession ; les autres, qu'Harold y étoit allé pour traiter de la liberté d'un de ses frères & d'un de ses neveux, qui, pendant les troubles précédens, avoient été livrés à Guillaume pour ôtages de la conduite de Goodwin. On peut supposer qu'Harold n'étoit pas fâché de sonder les projets, d'observer les préparatifs de Guillaume, & que peut-être il ne s'attendoit pas à l'explication précise qu'exigea ce Duc : elle se termina, de la part d'Harold, par des sermens de ménager toujours, & auprès d'Edouard, & auprès de la nation, les intérêts de Guillaume, dont il fiança la fille. On dit que le duc de Normandie le fit jurer devant un autel, sous lequel il avoit fait cacher des reliques, qu'il lui montra lorsque le serment fut prononcé : on ajoute qu'Harold fut consterné à cette vue.

Malgré tous les sermens & toutes les reliques, Harold ne perdit pas un moment pour se faire couronner à la mort d'Edouard. Quand Guillaume réclama la foi donnée, Harold répondit qu'elle avoit été extorquée. Quand Guillaume allégua les intentions connues d'Edouard, on lui opposa le choix des Etats. Guillaume entra en Angleterre à main armée.

L'Europe entière envoya ses chevaliers à cette expédition. Guillaume jugea qu'il falloit diviser les forces qu'il alloit combattre. Ses amis du nord ne lui manquèrent pas au besoin. Le roi de Norwège, Halfager, fit, à sa prière, une diversion dans la partie septentrionale de l'Angleterre, tandis que Guillaume se disposoit à entamer le Midi.

A cette tempête, Harold oppofoit toutes les reffources d'une grande ame, les précautions de la prudence, la confiance que la valeur infpire, & l'amour que fes fujets avoient pour lui ou qu'ils lui devoient; car il les gouvernoit avec fageffe, & en ménageant tout le monde il faifoit obferver les lois. Il combla d'égards le jeune Atheling; il lui donna le comté d'Oxford. S'il lui prenoit fon royaume, du moins il lui en cédoit une partie, facrifice qu'un ufurpateur ne fait guère, à moins d'y être contraint. Les cœurs étoient pour lui; mais Guillaume étoit redouté: toute l'Europe armoit pour Guillaume.

Harold vole à la rencontre d'Halfager, le défait, le tue, & conclut une paix avantageufe avec fon fils Olave. Tofti, un des frères d'Harold & fon plus grand ennemi, avoit accompagné le roi de Norwège dans cette expédition, & périt avec lui.

Encouragé par cette victoire, Harold s'avance vers Guillaume, qui venoit d'aborder à Pevenfey, dans le comté de Suffex. Le duc de Normandie montra quelqu'inquiétude aux approches du vainqueur rapide des Norvégiens: il parut craindre les fuites d'une affaire décifive, & fe repentir de s'être trop engagé; il voulut négocier; il chargea un moine de traiter avec Harold; il donnoit au Monarque anglais le choix de trois différens partis; l'un, de s'en rapporter à l'arbitrage du Pape; l'autre, de conferver la couronne, mais de lui en rendre hommage; le troifième enfin étoit le duel.

Harold répondit: 1°. Que le Pape étant fon ennemi, ne pouvoit être arbitre; 

2°. Que la couronne d'Angleterre étoit indépendante & le feroit toujours;

3°. Qu'il ne pouvoit y avoir lieu au duel, puifque la couronne étoit à lui, & que le Duc ne mettoit rien dans la balance; qu'au refte le dieu des batailles alloit les juger. Si pourtant le duel dut jamais avoir lieu entre des Souverains, il femble que c'étoit en cette occafion, où la querelle étoit entre deux ufurpateurs.

Il fallut fe préparer au combat pour le lendemain.

Les Anglais, difpofés à la confiance par ces préliminaires, paffèrent la nuit dans les feftins, & peut-être les démarches de Guillaume n'avoient-elles été qu'un ftratagême pour les amener à cette fécurité dangereufe. Les Normands paffèrent la même nuit en prières & en préparatifs. La bataille s'engage, les deux généraux déploient tous les efforts du talent & de la valeur. Depuis fept heures du matin jufqu'au foir ils n'avoient eu l'un fur l'autre aucun avantage décifif. A leur acharnement & à leurs reffources on reconnoît Guillaume & Harold qui combattent pour le trône. Cependant Harold avoit eu un œil crevé dès le commencement de la bataille; Guillaume avoit auffi été bleffé; il avoit eu deux chevaux tués fous lui. Le bruit de fa mort, répandu de rang en rang, foit

par hafard, foit par un artifice d'Harold, commençoit à glacer les Normands: ce bruit vient jufqu'à Guillaume, qui fe hâte de le diffiper en fe montrant fans cafque & tête nue. Les Anglais, forcés par les viciffitudes du combat, de ferrer de plus en plus leurs rangs, fe forment infenfiblement en colonne, comme ils ont fait depuis à Fontenoi, & cette colonne, comme à Fontenoi, étoit impénétrable. Guillaume employa heureufement un ftratagême très-ufité chez les anciens, & auquel il avoit depuis long-tems dreffé fes troupes: il fit fonner la retraite, & à l'inftant toute fon armée parut dans une confufion qui annonçoit une déroute. Ce fpectacle invite les Anglais à pourfuivre l'ennemi: la colonne fe difperfe en une multitude de petits pelotons pour fondre fur les Normands difperfés; mais ceux-ci, à un fignal donné, reprennent leurs rangs auffi facilement qu'ils les avoient quittés, & enveloppent tous les pelotons anglais, qui font écrafés les uns après les autres. Harold, furieux de fe voir enlever la victoire, fe porte partout à la fois, conjure, menace, rallie enfin fes troupes, & renouvelle la bataille. On vit tomber Harold d'un coup de flèche, & les Anglais découragés ceffèrent de difputer la victoire: deux frères d'Harold périrent avec lui. Le corps de ce Prince étoit tellement défiguré par les coups, qu'il ne put être reconnu que par fa maîtreffe, à des marques fecrètes.

Ainfi périt avec gloire l'illuftre fils de l'exécrable Goodwin, Prince digne en effet du trône s'il n'y avoit pas été porté par les crimes de fon père, & fi lui-même il n'eût pas dépouillé l'héritier légitime. Cette journée, qui changea le fort de l'Angleterre, eft connue fous le nom de bataille d'Haftings. Guillaume fonda depuis une abbaye en mémoire de fa victoire, dans le lieu où il l'avoit remportée. Cette grande révolution arriva le 14 octobre 1066.

HÉRACLIAN, (Hift. rom.), c'eft le nom de l'affaffin de Stilicon, de l'affaffin d'un grand-homme, & il feroit odieux à ce feul titre, foit que l'ambition eût rendu Stilicon coupable ou non; mais ce même Héraclian devint coupable à fon tour du crime dont Stilicon n'avoit peut-être été que foupçonné. Héraclian avoit été bien récompenfé de fon affaffinat; il avoit été fait gouverneur d'Afrique; il voyoit les tyrans s'élever de toutes parts pour accabler la foibleffe d'Honorius. S'il les voyoit s'élever, il les voyoit tomber auffi; mais tout ambitieux fe promet toujours d'être plus habile & plus heureux que les autres. Héraclian fentit tout l'avantage que lui donnoit l'Afrique pour l'exécution des plus vaftes projets: c'étoit l'Afrique qui nourriffoit l'Italie & Rome; il commença par fermer fes greniers & par affamer l'Italie, puis, après l'avoir ainfi affoiblie par la difete, il fe difpofoit à fondre fur elle avec une flotte la plus nombreufe qu'on eût peut-être jamais équipée ; elle étoit, dit-on, de trois mille sept cents vaisseaux. Le comte Marin, un des généraux de l'Empire, marcha courageusement à sa rencontre, lui livra bataille près d'Otricoli dans l'Ombrie, défit entiérement son armée. Héraclian remonta promptement sur ses nombreux vaisseaux, & regagna l'Afrique, où des émissaires de l'Empereur délivrèrent leur maître de ce nouveau concurrent, comme il l'avoit lui-même délivré de Stilicon. L'expédition & la mort d'Héraclian sont de l'an 413.

HERMOGÈNES. ( *Hist. rom.* ) Marcus-Tigellius Hermogènes, musicien, chanteur, joueur de flûte, aussi célèbre dans son genre que les Ésopus & les Roscius dans le leur, étoit de Sardaigne, île dont l'air passoit pour être si mauvais, que Martial a dit que, quand l'heure de la mort étoit arrivée, on trouvoit partout la Sardaigne :

*Nullo fata loco possis excludere : cùm mors*
*Venerit, in mediò Tibure Sardinia est.*

Cicéron appelle Hermogènes, *Hominem pestilentiorem patriâ suâ.* Il dit que Phaméas, oncle d'Hermogènes, & affranchi comme lui, est tout glorieux d'avoir pour neveu ce joueur de flûte. *Qui sciret se nepotem, bellum tibicinem habere & sit bonum cantorem, &c.* Ce sont, dit-il, deux esclaves sardes, plus méchans l'un que l'autre. *Habes Sardos venales, alium alio nequiorem.* Horace accorde du moins à Tigellius Hermogènes une assez bonne qualité :

*Ambubajarum collegia, Pharmacopolæ,*
*Mendici, mimæ, balathrones, hoc genus omne*
*Mœstum ac sollicitum est cantoris morte Tigelli;*
*Quippè benignus erat.*

Il avoue d'ailleurs que ce musicien poussoit à l'excès les défauts de son état & ses défauts particuliers.

*Omnibus hoc vitium est cantoribus inter amicos*
*Ut nunquàm inducant animum cantare rogati,*
*Injussi nunquàm desistant : Sardus habebat*
*Ille Tigellius hoc; Cæsar qui cogere posset,*
*Si peteret per amicitiam patris, atque suam, nil*
*Quidquam proficeret, si collibuisset, ab ovo*
*Usque ad mala citaret, io Bacché, modò summâ*
*Voce, modò hâc resonat chordis quæ quatuor ima.*
*Nil æquale homini fuit illi, sæpè velut qui*
*Currebat, fugiens hostem, persæpè velut qui*
*Junonis sacra ferret, habebat sæpè ducentos,*
*Sæpè decem servos, modò Reges atque Tetrarchas,*
*Omnia magna loquens, modò sit mihi mensa tripes &*
*Concha salis puri, & toga, quæ defendere frigus*

*Quamvis crassa, queat, decies centena dedisses*
*Huic parco, ya cis contento, quinque diebus*
*Nil erat in loculis, noctes vigilabat ad ipsum*
*Mané, diem totum stertebat, nil fuit unquàm*
*Sic impar sibi.*

Mais Horace ne parle jamais qu'avec éloge du talent de cet homme.

*Invideat quod & Hermogenes ego canto.*

dit l'importun, dans la satire IX du I<sup>er</sup>. livre.
Le sage des Stoïciens a toutes les perfections, il a tous les talens, même sans les exercer.

*Ut quamvis tacet Hermogenes, cantor tamen, atque*
*Optimus est modulator.*

HESSE, ( *Hist. d'Allem.* ), Maison souveraine d'Allemagne, qui tire son origine de la Maison de Brabant. Henri-le-Magnanime, duc de Brabant, mort en 1247, eut de sa seconde femme, Sophie de Thuringe, fille du landgrave de Hesse & de Thuringe, Louis VI, honoré du titre de *Saint*, & d'Élisabeth de Hongrie, honorée aussi du titre de *Sainte*, un fils nommé Henri comme lui, & surnommé l'*enfant* ou le *jeune*, parce qu'il n'avoit que deux ans à la mort de son père, étant né en 1245.

Mais de qui descendoient ces landgraves de Hesse & de Thuringe ? Quelques auteurs ont prétendu qu'ils descendoient de Louis de Lorraine, fils de ce Charles de Lorraine, détrôné par Hugues Capet, & de sa seconde femme, Agnès de Vermandois ; mais ce pourroit bien être un de ces systèmes fabriqués pour appuyer des prétentions chimériques, car l'opinion générale est que les deux enfans nés du second mariage de Charles de Lorraine & d'Agnès de Vermandois, & nommés l'un Charles, l'autre Louis, moururent dans l'enfance ou la première jeunesse, & sans avoir été mariés.

Quoi qu'il en soit, Sophie, mère de Henri l'enfant, hérita de la Hesse par la mort de son frère, Herman II, mort sans postérité, à dix-huit ans, le 3 janvier 1240.

Henri l'enfant fut le premier landgrave de Hesse de la Maison de Brabant. Nous remarquerons dans sa postérité :

1°. Herman, surnommé *le Docte*, qui acquit de la gloire par les armes, & que son surnom annonce comme s'étant distingué, au moins parmi les Souverains, par les connoissances.

2°. Louis, second du nom, landgrave de Hesse, dit *le Pacifique*, fils de Herman, eut le mérite de refuser l'Empire, qui lui fut offert en 1440, après la mort d'Albert d'Autriche.

3°. Herman, un de ses fils, évêque d'Hildesheim en 1471, archevêque de Cologne en 1481, évêque de Paderborn en 1489, défendit Nuitz contre Charles-le-Téméraire, duc de Bourgogne.

4°. Guillaume, dit *le Vieux*, landgrave de Hesse-Cassel, neveu du précédent, fut, selon les historiens, un Prince chagrin & querelleur. Il en fut puni : on le fit prisonnier ; il fut dépouillé de ses Etats.

5°. Philippe I son fils, dit *le Magnanime*, fut un des plus grands Princes de son tems.

6°. Guillaume IV, landgrave de Hesse-Cassel, surnommé *le Sage*, fils de Philippe I, fut un Prince lettré. On a de lui des observations astronomiques & d'autres ouvrages.

7°. Maurice son fils, landgrave de Hesse-Cassel, quitta le lutheranisme pour le calvinisme ; il soutint avec courage une guerre malheureuse contre l'empereur Ferdinand II. il perdit Marpurg en 1623, & fut obligé, en 1626, de céder son Etat à son fils, Guillaume V.

8°. Ce Guillaume V, dit *le Constant*, eut beaucoup de part à la guerre d'Allemagne, connue sous le nom de *guerre de trente ans*. Il entra dans la ligue de la France & de la Suède contre la Maison d'Autriche ; il laissa en mourant, le 21 septembre 1637, son Etat chargé de dettes, & une guerre onéreuse à soutenir. Sa veuve, Amélie-Elisabeth de Hanau, héroïne d'un courage inébranlable, soutint tout & répara tout. Fidelle à l'alliance que son mari avoit contractée, malgré l'infidélité de Mélander son général, qui quitta son parti pour suivre celui de l'Empereur, elle fit une guerre vigoureuse du fond de son cabinet, dirigea les vues de ses capitaines & les opérations de ses soldats, pourvut à tous les besoins de ses armées. Non-seulement elle ne perdit rien des Etats déjà démembrés & chancelans qu'elle avoit reçus pour son fils Guillaume VI, mais elle sut le faire rentrer dans tous les biens de ses ancêtres, & augmenter même les domaines de la Hesse. Les couronnes alliées lui firent rendre justice par le traité de Munster, & le jeune landgrave, Guillaume VI, qui vint en France vers ce même tems, en 1648, y reçut l'accueil le plus distingué, & y laissa la cour charmée de sa politesse & de sa bonne mine, ainsi que des grandes qualités de sa mère. *Cette Princesse*, dit un historien, *étoit née pour la gloire & l'ornement de son siècle, & jamais il n'y eut un tel assemblage de vertus*. Elle mourut le 8 août 1651.

9°. Philippe, frère de Guillaume V, mais d'un second lit, fut tué à la bataille de Lutter, le 27 août 1626.

10°. Un autre frère de ce même second lit, Frédéric de Hesse, prince d'Eschwège, né le 9 mai 1617, fut tué le 24 septembre 1655 en Pologne, où il accompagnoit le roi de Suède son beau-frère.

11°. Louis, le huitième des quatorze enfans de Charles, fils de Guillaume VI, fut tué en 1706 à la bataille de Ramillies.

12°. Maximilien, le neuvième de ces quatorze enfans, fut blessé à la bataille de Belgrade contre les Turcs, le 16 août 1717.

13°. Frédéric, le troisième de ces mêmes frères, devenu promptement l'ainé par la mort des deux premiers, se signala en plusieurs occasions à la tête des troupes de son père & de celles des cercles, à la bataille de Spire en 1703 ; à celle de Hochstet en 1704 ; au siège de Traerbach, la même année ; à celui de Toulon en 1707, où il fut blessé. Le roi de Suède, Charles XII, son beau-frère, le nomma généralissime de ses armées contre les Moscovites, & il fut son successeur sur le trône de Suède, la princesse Ulrique-Eléonore, sa seconde femme, sœur de Charles XII, élue reine de Suède le 3 février 1719, l'ayant fait élire & couronner lui-même l'année suivante.

La branche de Creuzberg ou Philipstad, sortie de celle de Hesse-Cassel, a produit divers guerriers employés au service, soit de la France, soit du Dannemarck, soit de la Hollande.

14°. Et une Princesse (Guillelmine-Hedwige), distinguée par ses connoissances dans les langues, dans la théologie, dans l'histoire, dans la géographie, & qui a laissé des cartes dont on admire le travail. Elle mourut de la petite vérole en 1699, à dix-huit ans, âge qui rend plus admirable encore ses travaux & ses connoissances.

Dans la branche de Hesse-Darmstad.

15°. Jean II, landgrave de Hesse-Breubach, célèbre dans les guerres de son tems. Mort le 1er. avril 1651.

16°. Frédéric, qui, s'étant fait catholique en 1636, fut chevalier de Malte, grand-prieur d'Allemagne, général des galères de la religion, dans le commandement desquelles il acquit de la réputation. Le pape Innocent X le nomma Cardinal le 19 février 1652. L'Empereur, de son côté, le combla de graces tant ecclésiastiques que militaires, le nomma protecteur d'Allemagne à Rome, évêque de Breslau, gouverneur de Silésie. Mort le 25 février 1682.

17°. Louis II, landgrave de Hesse-Darmstad, neveu de Frédéric, acquit dans l'Europe une grande & juste réputation de probité, d'équité, de modération. Mort le 4 mai 1678. Il eut seize enfans, parmi lesquels on compte plusieurs guerriers renommés, tels que :

18°. Georges, qui se fit catholique. Il servit en Irlande le prince d'Orange ou roi d'Angleterre, Guillaume III. Il passa ensuite au service de l'Espagne, où il fut fait grand de la première classe, chevalier de la Toison d'or, vice-roi de Catalogne. C'étoit lui qui défendoit Barcelone lorsque cette place fut prise par le duc de Vendôme en 1697. Après la mort de Charles II il se déclara pour l'archiduc Charles d'Autriche, contre Philippe V, & alla négocier en sa faveur dans le Portugal qu'il réussit à détacher de l'alliance de la France. Il fut nommé en 1704 général de la cavalerie autrichienne, se signala cette même année & la suivante à Gibraltar, & fut tué devant Barcelone à l'attaque du fort de Montjouy, le 14 septembre 1705, âgé de trente-six ans.

19°. Philippe fon frère fut gouverneur de Fribourg en 1698 ; général des troupes du royaume de Naples en 1708, au milieu de la guerre de la fucceffion d'Efpagne ; gouverneur du duché de Mantoue, en 1715.

20°. Henri, frère des précédens, étoit gouverneur de Lérida lorfque cette place fut prife, en 1707, par l'armée de France & d'Efpagne.

21°. Frédéric, un autre de leurs frères, fe fit catholique, ainfi que Georges, & embraffa l'état ecléfiaftique à Rome en 1697 ; mais le goût des armes fut le plus fort & l'entraîna ; il mourut en Mofcovie, le 12 octobre 1708.

22°. Dans la branche de Heffe-Hombourg, fortie de celle de Darmftad, Frédéric, landgrave, fervit dans les armées de Suède, & eut une cuiffe emportée au fiége de Copenhague ; il s'attacha enfuite à l'électeur de Brandebourg, & fut gouverneur de Poméranie. Mort le 24 janvier 1708.

Il eut deux fils tués à la guerre :

23°. Charles-Chriftian, au fiége de Namur, le 8 feptembre 1695.

24°. Et Philippe, à la bataille de Spire, le 15 novembre 1703.

HETTON. ( *Hift. de Fr.* ) Lorfque la fameufe Irène, impératrice d'Orient, fut détrônée par Nicéphore, elle étoit l'alliée de Charlemagne : on traitoit même d'une réunion des deux Empires par le mariage de Charlemagne avec Irène, & il y avoit alors à Conftantinople, pour cette négociation, des ambaffadeurs à la tête defquels étoit un évêque nommé Hetton. Ils furent témoins de la révolution qui renverfa Irène du trône. A tout ce que cet événement avoit de défagréable pour eux, la nation grecque ajouta des marques choquantes d'éloignement pour la France. Les ambaffadeurs prirent d'abord le ton de la menace ; ils proteftèrent que Charlemagne ne laifferoit pas impuni le traitement fait à fon alliée, & ils partirent mécontens. Cependant l'affaire tourna bientôt en négociation. Nicéphore fentit l'intérêt qu'il avoit de ne pas s'attirer un ennemi tel que Charlemagne ; il fe hâta de lui envoyer des ambaffadeurs pour demander la paix.

Charlemagne, ordinairement le plus fimple de tous les hommes dans fon extérieur, ne voulut pas que l'Empire d'occident cédât à l'Empire d'orient, même le foible avantage de la repréfentation. Il prit plaifir à étonner les ambaffadeurs grecs par une magnificence inattendue, & à étaler un fafte plus qu'afiatique aux yeux de cette nation vaine & frivole qui n'eftimoit que l'éclat. Le moine de Saint-Gal dit que ceux qui fervoient de guides aux ambaffadeurs, les firent paffer à deffein à travers les Alpes, par des chemins impraticables ; ce qui, en alongeant leur route & la rendant plus pénible, les avoit excédés de fatigues, & même épuifés d'argent, de forte qu'ils manquoient de tout à leur arrivée. Cette petite vengeance, ou ce

petit artifice pour leur faire trouver la magnificence de l'Empereur plus impofante par le contrafte de leur pauvreté, eft au moins d'un mauvais goût. Les ambaffadeurs furent admis à l'audience de l'Empereur, dans le palais de Seltz en Alface. On les fit paffer par quatre grandes falles fuperbement ornées, & où la pompe alloit toujours en croiffant de falle en falle. Dans la première, qui étoit confacrée au fafte militaire, une foule de guerriers & d'officiers revêtus, les uns d'habits fomptueux, les autres de riches armures, environnoient avec refpect un trône élevé, fur lequel étoit affis un Roi devant qui les ambaffadeurs alloient fe profterner, lorfqu'on les avertit que cet honneur devoit être réfervé à l'Empereur ; dont ils ne voyoient là que le connétable. Dans la feconde falle, le comte du palais rendoit la juftice, & joignoit à la magnificence dont il étoit environné, un appareil impofant de grandeur & de puiffance. Le maître de la table du Roi, qui, dans la troifième falle, fembloit étaler tout le luxe de la cour, étoit effacé en magnificence par le grandchambellan, qui préfidoit dans la quatrième falle. Partout nouvelle furprife, nouvelle erreur, nouvelle envie de fe profterner de la part des ambaffadeurs faifis d'admiration & de refpect. Le moine de Saint-Gal dit qu'on chaffoit ces ambaffadeurs de chaque falle, en leur donnant des foufflets : *cum colaphis propellerentur*. Ne peut-on pas ici fe difpenfer de croire le moine de Saint-Gal ? Deux des plus grands feigneurs de la cour vinrent enfuite recevoir les ambaffadeurs, & au fond d'un appartement encore plus riche ils trouvèrent l'Empereur tout éclatant d'or & de pierreries, au milieu des Rois fes enfans, des Princeffes fes filles, & d'une multitude de prélats & de ducs, aufquels il paroiffoit fe communiquer avec une dignité paternelle & une augufte familiarité. Il avoit, dans ce moment, la main appuyée fur l'épaule de l'évêque Hetton, auquel il affectoit de prodiguer les marques de confidération, comme pour le venger des dégoûts qu'il avoit effuyés à la cour de Conftantinople. Les ambaffadeurs reconnurent aifément dans Charlemagne le Roi de tous ces Rois, le Prince que la nature & la fortune fembloient avoir fait pour être le Monarque du Monde. Ils fe profternèrent devant lui avec une efpèce de vénération religieufe, non fans quelque confufion de retrouver dans la plus haute faveur, auprès d'un tel Souverain & dans une telle cour, ce même évêque Hetton pour lequel ils favoient qu'on avoit eu, à Conftantinople, fort peu d'égards. L'Empereur les releva, les raffura, & leur dit avec un mélange impofant de férénité & de fierté : *Hetton vous pardonne, & je vous pardonne à fa prière ; mais déformais refpectons la perfonne des évêques & des ambaffadeurs.* La leçon étoit utile. Quant à cette petite recherche, & (s'il eft permis de s'exprimer ainfi) cette débauche de repréfentation que des écrivains même modernes vantent

&

& admirent comme une des actions les plus impofantes de Charlemagne, c'eft un véritable jeu
d'enfant, qui ne reçoit d'excufe que parce que
c'étoit devant des enfans qu'on le jouoit, & qu'il
faut des fpectacles pour tous les yeux. Mais ce
refpect que Charlemagne exigeoit avec raifon pour
fes ambaffadeurs, il fe piquoit de l'avoir pour les
ambaffadeurs étrangers ; ce qui doit faire douter
de quelques circonftances dont le moine de Saint-
Gal charge l'hiftoire de la réception des ambaffadeurs grecs, furtout de celle des foufflets, qui eft
abfolument incroyable, & de celle du paffage par
les Alpes, qui reffemble trop encore à un jeu
d'enfans fâchés, qui *font des niches* pour fe venger.

## HILDEGARDE & SES FILS. ( *Hift. de Fr.* )

Hil-
degarde, troifième femme de Charlemagne, étoit
d'une famille noble de la nation des Suèves. C'eft,
de toutes les femmes de Charlemagne, celle qui paroît avoir été la plus chère, & à fon mari, & au
peuple français. Il fortit d'elle une nombreufe poftérité, mais entr'autres trois Princes, l'efpérance
de la nation. L'aîné fe nommoit Charles comme
fon père. Le fecond, qui fe nommoit Pépin comme
fon aïeul, avoit d'abord été nommé Carloman
comme fon oncle & fon grand oncle. Le Pape,
en le baptifant, fit ce changement de nom, apparemment pour lui en donner un plus cher au Saint-
Siège. Le troifième fe nommoit Louis, nom qui
paroît être le même que celui de Clovis, à jamais
illuftre par le conquérant, véritable fondateur de
la monarchie françaife, porté depuis avec moins
d'éclat par plufieurs autres Princes de la même
race. Ce nom de Louis, porté pour la première
fois fous cette forme, par le Prince dont nous
parlons, eft, comme on fait, celui qui a été
porté par le plus grand nombre de Rois, tant de
la feconde race que de la troifième.

Les deux premiers de ces Princes marchèrent
fur les traces de leur père dans la carrière de la
gloire. Charles fe fignala contre les Saxons, gagna
fur eux, à douze ans, la bataille de Draigny, &
fubjugua dans la fuite la Bohème. Pépin fit la conquête de la Pannonie. Tous deux moururent avant
leur père. Louis, qui feul furvécut, & qui fut
Louis-le-Débonnaire, avoit auffi commandé en Efpagne ; mais avec moins d'éclat & de bonheur.
Lorfqu'en 791 il avoit fait fes premières armes,
Charlemagne voulut faire la cérémonie de lui
ceindre l'épée : ce fut l'inftitution de la chevalerie
& de la manière d'armer les chevaliers. Ce font
les grands Princes qui fouvent, fans y fonger,
forment les établiffemens & introduifent les ufages, parce qu'on aime toujours à imiter un grand
homme & à s'appuyer de l'autorité d'un grand
nom.

Hildegarde, mère de ces trois Princes, n'avoit
point vu leurs faits d'armes ; elle étoit morte en
784, à Thionville, fous les yeux de Charlemagne,
emportant au tombeau les regrets de tous les

Français. Charlemagne fut pénétré de douleur,
mais il n'en fut point accablé ; il combattit fon
affliction comme une ennemie de fa gloire ; il s'impofa la loi de la vaincre par l'effort du travail, &
de l'étouffer fous le poids des affaires. La fatiffaction de n'avoir pas fufpendu un moment des
devoirs que l'état de fon ame lui rendoit fi péni-
bles, lui tint lieu de confolation, *negocia pro fo-
latiis accipiens.* Il fit faire par Paul, diacre, l'épitaphe d'Hildegarde.

## HOHENLOE ou HOLACH, ( *Hift. d'Allem.* ),

ancienne Maifon d'Allemagne, qui tient le premier rang entre celles du cercle de Franconie.
Les comtes de Hohenloe font comtes de l'Empire, & poffèdent de riches domaines entre le
duché de Wirtemberg & la Franconie ; ils font
alliés aux meilleures Maifons d'Allemagne. On
prétend qu'ils tirent leur origine d'Italie, où ils
portoient le titre d'*Alta Fiamma,* nom qui a la
même fignification en italien, que celui d'Hohenloe en allemand.

Nous remarquerons dans cette Maifon, Philippe, chanoine de Bamberg & de Wirtzbourg,
tué le 2 mars 1541, par Poppen, comte de Hen-
neberg.

Philippe, beau-frère du fameux Guillaume de
Naffau, prince d'Orange, fondateur de la république de Hollande. Philippe fervit les Hollandais
pendant trente-quatre ans. M. de Thou le repréfente comme un des plus vaillans généraux de fon
tems, & ne lui reproche d'autre défaut qu'un
peu de férocité, effet affez ordinaire des longues
guerres.

Georges-Frédéric, qui fervit le grand roi de
Suède, Guftave-Adolphe, dans les guerres d'Allemagne, & mourut le 7 juillet 1645.

Wolfgang-Jules, maréchal-de-camp-général des
armées de l'Empereur, & qui fe fignala dans les
guerres de Hongrie.

Erneft-Othon, mort à Vienne le 7 octobre 1664,
& qui venoit de paroître avec éclat à la bataille
de Saint-Gothard. Il n'avoit que trente-trois ans.

Louis-Guftave, attaché au fervice de l'Empereur, gentilhomme de fa chambre, & l'un de fes
principaux confeillers. Il fut chargé de plufieurs
commiffions importantes auprès des cercles, & de
diverfes négociations dans lefquelles il montra
toujours beaucoup de capacité. Il eut dix-fept enfans ; dont l'un ( Jean-Philippe ), né le 13 mars
1669, mourut à Heilbron le 22 août 1693, à
vingt-quatre ans, d'une bleffure qu'il avoit reçue
dans un combat contre les Français.

## HOHENZOLLERN. ( *Hift. d'Allem.* )

L'ancien
château de Hohenzollern, dans la Souabe, avoit
été ruiné par Henriette, comteffe de Wirtemberg
& de Montbelliard ; il fut rebâti en 1460 par
Joffe Nicolas, comte de Hohenzollern. Philippe-
le-Bon, duc de Bourgogne ; Albert, électeur de

Z

Brandebourg ; Albert, duc d'Autriche, & Charles, marquis de Bade, poſerent la première pierre avec la plus grande ſolennité, en ſe ſervant d'une auge, d'une truelle & d'un marteau d'argent.

La Maiſon de Hohenzollern eſt une branche de la Maiſon de Brandebourg, & par cette raiſon l'aîné de la Maiſon de Hohenzollern eſt vicaire-né du grand-chambellan de l'Empire, c'eſt-à-dire, de l'électeur de Brandebourg, & en ſon abſence il donne à laver à l'Empereur dans les jours de cérémonie.

Les comtes de Hohenzollern ſont auſſi chambellans héréditaires de l'Empereur, grace ou plutôt récompenſe accordée à leurs ſervices par l'empereur Maximilien I.

Ils ſont auſſi Princes du Saint-Empire depuis l'an 1623.

1°. Frédéric, dit le Noir, comte de Hohen-zollern, fut tué à la guerre en 1386.

2°. Frédéric-Albert ſon petit-neveu fut auſſi tué à la guerre, le 16 juillet 1483 ;

3°. & 4°. Ainſi que Frédéric-Eitel & Jean-Frédéric ſes frères ; le premier périt le 27 juin 1490.

5°. Eitel-Frédéric II, un autre de leurs frères, mort le 17 juin 1512, fut premier préſident de la chambre impériale.

6°. Chriſtophe-Frédéric ſon petit-fils fut tué devant Marſeille, le 1ᵉʳ. ſeptembre 1536.

7°. Eitel-Frédéric III, oncle du précédent, mort le 15 janvier 1525, excita ſa faveur auprès de l'empereur Charles-Quint l'envie des Eſpagnols, qu'on ſoupçonna même de l'avoir empoiſonné par ce motif ; il faut pourtant reconnoître que cette fière & généreuſe nation eſt moins accuſée qu'une autre d'employer ces viles & criminelles voies.

8°. Un autre Eitel-Frédéric, fils du précédent, fut tué au ſervice du même empereur Charles-Quint, le 15 juillet 1544.

9°. Félix-Frédéric, frère du précédent, ſe ſignala auſſi dans le même ſervice, & mourut le 30 janvier 1550.

10°. Jean-Georges, petit-neveu des deux derniers, eut la faveur de trois Empereurs. Rodolphe II le nomma ſon chambellan & ſon conſeiller d'Etat. L'empereur Matthias le fit préſident du conſeil aulique. Ferdinand II, dans la diète de Ratisbonne, en 1623, l'aſſocia aux Princes de l'Empire.

11°. Eitel-Frédéric V ſon fils, prince de Hohenzollern, parut à la diète de Ratisbonne, dans le collège des Princes, en 1641.

12°. Frédéric-Guillaume, petit-fils de Jean-Georges & neveu du précédent, fut maréchal-de-camp-général des armées de l'Empereur, qui étendit à tous ſes enfans & à toute leur poſtérité ce titre de Prince que l'aîné ſeul avoit eu juſqu'alors le droit de porter.

13°. Léopold-Frédéric, frère du précédent, fut tué au ſiége de Bude, le 18 juillet 1686, à vingt ans.

*Dans la branche de Sigmaring.*

14°. Eitel-Frédéric, né le 16 ſeptembre 1581, d'abord chanoine de Cologne & de Strasbourg, puis camérier du pape Clément VIII, fut créé Cardinal par le pape Paul V, le 11 janvier 1621, & enſuite élu évêque d'Oſnabruck en 1623. Mort le 25 ſeptembre 1625. Il avoit eu vingt tant frères que ſœurs de deux lits.

15°. Ferdinand-François ſon petit-neveu mourut d'accident à la chaſſe.

HUAULT, de Bernay en Brie, (*Hiſt. de Fr.*), famille originaire de Touraine, près d'Azay-ſur-Indre.

1°. Le premier de ce nom, qui vint s'établir à Paris en 1418, lorſque le dauphin Charles prit Azay ſur le parti des Bourguignons, fut Raoul Huault, ſieur de la Huauldière en Touraine, qui ſe maria en 1440, & vivoit en 1448.

2°. Jacques Huault ſon fils, ſeigneur en partie de Montreuil ſous le bois de Vincennes, ſuivit le roi Charles VIII à la conquête de Naples, & y mourut le 14 mai 1495.

3°. Jean Huault de Buſſy, connu ſous le nom de préſident de Vaires, arrière-petit-fils de Jacques, conſeiller au châtelet, puis au parlement, puis maître des requêtes & préſident au grand-conſeil, étoit conſeiller au parlement lorſqu'il parut dans l'Ordre de la nobleſſe à la rédaction de la coutume de Paris, en 1580. Sortant de Paris pour aller trouver le Roi, à la fin de décembre 1588, après la mort du duc de Guiſe, il fut pris par les Ligueurs : ſon château de Vaires fut brûlé, & il ne put ſe racheter lui-même qu'à grands frais. Le 19 janvier 1589, il fut conduit à la baſtille avec les autres magiſtrats fidèles au Roi, par Buſſy Leclerc. Henri IV le rétablit dans ſa place le 31 décembre 1590, lui donna un brevet de conſeiller d'Etat le 3 février 1595 ; il mourut le 15 ſeptembre 1606, avec la réputation d'un des meilleurs & des plus fidèles ſerviteurs des Rois.

4°. Un de ſes petits-fils, Janvier, dit le chevalier de Vaires, fut tué d'un coup de canon au ſiége de Bois-le-Duc en 1629.

5°. Alexandre, chevalier de Malte, frère de Janvier, fut tué au ſiége de Dole en 1636.

6°. Pierre Huault leur frère aîné, connu ſous le nom de marquis de Vaires, lieutenant-général en 1652, avoit été bleſſé, le 4 juin 1641, au paſſage d'une rivière en Rouſſillon, & avoit reçu trois coups de mouſquet dans un combat donné ſix jours après devant Tarragone. Mort le 14 février 1662.

7°. Philippe Huault ſon fils aîné, connu ſous le nom de marquis de Buſſy, prit parti pour le grand Condé dans les troubles de la Fronde ; il ſe retira pour le ſervir à Bordeaux en 1651, fut meſtre-de-camp des deux régimens de Condé, infanterie & cavalerie ; ſe trouva au combat de Saint-

Antoine, & y reçut des bleffures dont il mourut peu de tems après, âgé de vingt-un ans.

8°. Barthélemy Huault, tige de la branche des feigneurs de Bernay, fut bleffé au combat livré près de Villefranche, dans le Rouffillon, le 31 mars 1642. Il fut fait prifonnier dans un combat donné le jour de la Pentecôte 1644, près de Lérida. Il fut enfuite enveloppé dans la difgrace du maréchal de la Mothe-Houdancour, auquel il s'étoit attaché : il ne fervit plus que dans les guerres civiles de 1652. Mort le 8 juin 1669.

9°. Dans la branche des feigneurs de Montmagny, Charles Huault, qui, ainfi que Jean Huault de Buffy, n°. 3, comparut dans l'Ordre de la nobleffe, pour la rédaction de la coutume de Paris. Il fut fait maître des requêtes en 1592, & intendant de Poitou en 1599. Chargé, la même année, de la recherche des faux nobles de cette province, & de la réformation des abus commis au fait des finances, il eut pour adjoint, dans ce travail, le célèbre Scévole de Sainte-Marthe, & ils y travaillèrent tous deux avec zèle & courage. Mort le 24 feptembre 1610.

10°. Charles, un de fes fils, nommé le chevalier de Montmagny, chevalier de Malte, commandant les galères de la Religion, remporta une victoire fignalée fur le bey de Rhodes, le 6 août 1627. Il eut encore le même commandement en 1650. Il fut, en 1639, commandant pour le Roi à Québec & dans tout le Havre de Saint-Laurent, & le 1er. mai 1653, lieutenant-général de la Religion ; il fit fon entrée en cette qualité dans l'île de Saint-Chriftophe en Amérique, qui appartenoit pour lors à l'île de Malte.

-- 11°. On put dire de fa nièce, Jeanne Huault, dame de Goyencourt, comme de Didon, *nulli benè nupta marito*. Son premier mari, Louis Ribier, confeiller au parlement, fut affaffiné, en 1659, dans la forêt de Compiegne. Robert Guerin, feigneur de Tarnault, brigadier des armées du Roi, qu'elle époufa l'année fuivante, fut auffi affaffiné le 5 janvier 1678, à Epernay. Elle put dire comme Cornélie :

C'eft l'effet du malheur qui me fuit ;
Je l'ai porté pour dot chez Pompée & chez Craffe.

HUGONET & D'IMBERCOURT, ( *Hift. des Pays-Bas* ), miniftres de Charles-le-Téméraire, duc de Bourgogne, dernier Prince de la feconde Maifon de ce nom, furent honorés de toute fa confiance, & par cette raifon Marie de Bourgogne fa fille leur donna toute la fienne. A la mort de Charles, Louis XI fon ennemi, au lieu de réunir à la France les Etats de la fucceffion de Bourgogne, par le mariage du Dauphin fon fils avec la Princeffe, fe jeta fur ces mêmes Etats, réfolu de les emporter par la force. Tout lui réuffit d'abord. Les miniftres de la Princeffe, alarmés des progrès de l'ennemi, crurent devoir s'éloigner d'elle pour la mieux fervir ; ils allèrent, avec une fuite nombreufe, trouver Louis de fa part, fe flattant de le défarmer par les offrés qu'ils avoient à lui faire.

Tandis que ces cœurs droits & fincères alloient fe faire tromper par le plus artificieux des politiques, ils laiffoient leur jeune Souveraine fans confeil, fans fecours, expofée à des malheurs & à des périls nouveaux. Les ambaffadeurs de Marie préfentèrent à Louis XI leur lettre de créance ; elle étoit écrite de trois mains différentes, de celle de Marie, de celle de la Ducheffe douairière fa belle-mère, & de celle du feigneur de Raveftein fon proche parent. On avoit voulu par-là donner à cette lettre plus d'autorité. Marie indiquoit au Roi le chancelier Hugonet & le feigneur d'Imbercourt, comme les feuls en qui elle eût confiance ; elle le prioit de ne faire qu'à eux les propofitions qui la concernoient ; elle l'affuroit de fon obéiffance & de fa docilité.

Les ambaffadeurs offrirent fans détour la main de la Princeffe pour le Dauphin. Louis, en proteftant qu'il ne defiroit rien autre chofe, oppofa cependant l'enfance du Dauphin, fa mauvaife fanté, la difproportion d'âge. Lorfqu'on le preffoit, il fe renfermoit dans ces deux points, qu'il faifoit marcher de front : 1°. la néceffité d'attendre la majorité de la Princeffe & la virilité du Dauphin ; 2°. la néceffité non moins abfolue, felon lui, de mettre dès-lors fous fa main les provinces auxquelles il prétendoit avoir droit, afin de prévenir l'inconftance de la Princeffe. Les ambaffadeurs infiftèrent. Ils firent voir que l'enfance du Dauphin n'étoit point un obftacle ; que le mariage pouvoit toujours être fait, felon l'ufage affez commun alors de marier les enfans au berceau, & qu'on fauroit bien prendre, pour le refte, tous les délais & toutes les précautions néceffaires, mais qu'il importoit furtout de ne point abandonner au tems & au hafard l'union politique d'où dépendoit le bonheur des deux Etats. La difproportion d'âge étoit encore un obftacle plus chimérique. Si elle devoit alarmer quelqu'un, c'étoit Marie ; & cette Princeffe facrifioit, fans balancer, de fi foibles inquiétudes au plaifir de prouver à Louis fon obéiffance, à la France fon amour, à fes peuples le defir qu'elle avoit de les rendre heureux & Français.

- Le Roi, au lieu de céder à ces raifons, ou de les combattre, embarraffa cette négociation fi fimple de mille détours, fit naitre mille incidens, gagna du tems, fonda les efprits, tenta la foi des ambaffadeurs par des promeffes, par des préfens, fans cependant laiffer pénétrer fes vues. Les ambaffadeurs ne pouvoient comprendre pourquoi le Roi vouloit & ne vouloit point l'alliance de la Princeffe, pourquoi il la defiroit, difoit-il, fi ardamment, & la différoit avec tant d'opiniâtreté. Enfin ils crurent avoir démêlé la vraie caufe d'une conduite fi bizarre. Ils s'imaginèrent que le Roi, plus fenfible à l'honneur du trône qu'à fes intérêts, ne vouloit point paroître devoir à l'hymen de la Princesse ce qu'il prétendoit pouvoir exiger d'ailleurs; que peut-être même, étendant ses vues dans l'avenir, & prévoyant que la Princesse pourroit n'avoir point d'enfans du Dauphin, il vouloit, avant tout, fixer irrévocablement ses droits, soit par les armes, soit par des traités. Frappés de cette idée, & ne soupçonnant pas que le Roi pût ne pas mettre de bornes à ses prétentions, & qu'il osât les appliquer à toute la succession de Bourgogne, ils crurent que quelques soumissions satisferoient ce point d'honneur délicat dont ils se supposoient touché. Descordes ou Desquerdes ( *voyez Crevecœur* dans ce Dictionnaire), auquel ils communiquèrent leurs idées, & qui avoit secrètement conclu son traité *avec le Roi*, lui rendit compte de ces dispositions, & lui conseilla d'exiger qu'on remît Arras entre ses mains; les ambassadeurs y consentirent. Ils alloient porter ce conseil à leur Souveraine; mais l'esclavage où ils la trouvèrent réduite, leur fit sentir la faute qu'ils avoient faite de l'abandonner. Peut-être s'ils eussent suivi de l'œil sa fortune, leur expérience leur eût-elle suggéré les moyens de prévenir sa disgrace & la leur. Marie, à leur départ, étoit restée dans la ville de Gand, centre toujours redoutable de la sédition & de la révolte. Les bourgeois de cette ville, presque tous riches marchands, joignoient à cette grossiéreté bassement orgueilleuse qu'inspire l'opulence, la férocité turbulente que donnent la licence & l'habitude de la rébellion. Ils s'étoient rendus maîtres des Etats de Flandre tumultueusement assemblés dans leur ville, & les ayant remplis de leur fureur, ils massacrèrent les magistrats établis par le dernier Duc; ils s'assurèrent de la personne de Marie; ils voulurent être ses tuteurs; ils lui composèrent un conseil de bourgeois insolens, sans l'avis duquel ils lui défendirent de rien entreprendre; ils la retinrent prisonnière dans son palais.

Pendant ce tems Louis XI l'accabloit par ses armes ou la désoloit par ses intrigues: elle ne voyoit autour d'elle que des tyrans & des oppresseurs. Ses prétendus amis, ses parens même, qui accouroient auprès d'elle sous prétexte de la secourir, n'y étoient attirés que par des vues intéressées. L'un demandoit des bénéfices, l'autre des gouvernemens, ses autres de l'argent; d'autres des honneurs & des graces de toute espèce. Tous abusoient de la foiblesse de Marie; tous lui vendoient bien cher des services qu'ils ne lui rendoient point; tous se réunissoient contre Hugonet & d'Imbercourt, dont la fidélité désintéressée faisoit la satyre de leur avidité. Ils soulevoient contre ces deux excellens ministres des peuples déjà trop furieux, qui n'avoient pas oublié que le chancelier Hugonet avoit déchiré de sa main la pancarte originale de leurs priviléges, & que d'Imbercourt avoit prêté son bras au duc Charles pour les soumettre. Le comte de Saint-Pol, qui s'étoit attaché

à Marie, leur reprochoit d'avoir causé la mort honteuse du connétable son père, en conseillant au Duc de le livrer au Roi. Il ne dissimuloit point la haine qu'il leur portoit, & du moins cette haine avoit un principe estimable.

Les Gantois, insensibles au démembrement des Etats de la Princesse, voyoient avec inquiétude les conquêtes du Roi l'approcher de leur ville. Ils crurent nécessaire de lui envoyer une députation, pour lui rappeler la trève jurée avec le Duc, & lui demander la paix; ils arrachèrent aisément à la Princesse toutes les instructions qu'ils voulurent; elle consentit à tout, persuadée que le Roi n'auroit égard qu'à la lettre de créance qu'elle avoit donnée à Hugonet & à d'Imbercourt, ne prévoyant pas l'indigne usage qu'il devoit en faire. Les Gantois composèrent leur députation de quelques membres du conseil, à la tête desquels ils mirent le pensionnaire de leur ville. Le Roi vit arriver ces bourgeois pleins d'orgueil & de sottise, & se promit bien de se jouer de leur ignorante & grossière simplicité.

Le premier mot qu'ils lui dirent lui fournit une occasion de brouiller. Ils l'assurèrent que la Princesse avoit pris la résolution la plus constante de se gouverner par le conseil des Etats. Le Roi les interrompit. « Vous me trompez, dit-il, ou l'on » vous trompe vous-mêmes; la Princesse vous dé- » savoue. Hugonet & d'Imbercourt ont seuls » sa confiance; je ne dois traiter qu'avec eux. » Les députés voulurent prouver qu'ils étoient autorisés, & montrèrent leurs instructions. Alors le Roi foulant aux pieds toutes les lois de l'honneur & de la probité, la foi due au secret, les égards que les Souverains se doivent les uns aux autres, montra aux députés la lettre écrite par Marie, par la Duchesse douairière & par Ravestein. Il fit plus; les députés la lui demandèrent, & il la leur donna. Ceux-ci, ne pouvant plus contenir leur fureur, prirent congé du Roi & volèrent à la vengeance. Telle étoit l'insolente ivresse de ces rébelles, qu'ils s'indignoient que leur Souveraine eût osé faire usage de la liberté que la nature accorde au dernier des hommes, de placer sa confiance où il lui plaît.

Ce fut avec une joie criminelle que le Roi les vit partir; il s'applaudit des horreurs qu'ils alloient commettre. Cette bassesse, une des plus odieuses qui aient flétri son règne & dégradé son caractère, lui paroissoit le chef-d'œuvre de la politique la plus déliée. Les députés arrivèrent à Gand. On s'étonne de ce prompt retour. Ils assemblent le conseil; ils y répandent leurs fureurs. « On nous » trahit, s'écrient-ils; on nous amuse par de fausses » instructions. Hugonet & d'Imbercourt traitent » secrètement avec les ennemis de l'Etat; ils abu- » sent de la confiance de la Princesse, comme ils » abusoient de celle de son père; ils lui extorquent » des lettres de créance exclusives. » La Princesse voulut ouvrir la bouche pour défendre ses mi- niftres, pour se défendre elle-même ; & ne pou- vant croire l'étonnante nouvelle que ce discours lui annonçoit, elle alloit peut-être nier l'existence de la lettre. Le pensionnaire s'avance jusqu'à elle, les yeux étincelans de colère, & d'un ton insolent & terrible : *Voyez*, lui dit-il, *Madame, reconnoif- fez-vous ces trois écritures ?* Marie ne répondit que par un silence d'accablement & d'indignation. Un mépris plein d'horreur pour Louis XI fut le seul sentiment qu'elle éprouva.

Cependant on murmure, on délibère, on pré- pare la perte des deux miniftres : tout s'élève contr'eux sans pudeur ; le peuple, qui hait tou- jours les miniftres, & à qui on faifoit haïr plus particulièrement ces deux-là ; les Grands, qui les craignent, & qui espèrent les remplacer ; le duc de Clèves, qui, on ne fait pourquoi, comptoit sur eux pour ménager le mariage de son fils avec la Princefse, & qui apprend qu'ils travailloient pour le Dauphin ; le comte de Saint-Pol, qui faifit cette occasion de venger son père ; l'évêque de Liège, qui n'a pu oublier que d'Imbercourt, gouverneur de cette place pour le duc de Bour- gogne, avoit souvent soutenu les droits de son maitre contre l'évêque & ses partisans.

Hugonet & d'Imbercourt auroient pu se sauver ; ils furent libres la nuit entière ; mais ils comptè- rent sur leur innocence, comme si un peuple ef- fréné savoit la respecter ; & sur la protection de la Princefse, comme si elle-même n'eût pas été ef- clave. Le lendemain on les arrêta, & on nomma des juges chargés de les trouver coupables.

De quoi ne les accusa-t-on pas ! Quelles fautes ( ils en avoient fait sans doute, puisqu'ils étoient hommes & miniftres ) n'érigea-t-on pas en crimes irrémiffibles ! *C'étoient eux qui avoient engagé le Duc dans tant de guerres injuftes & ruineuses*, comme si l'ardeur guerrière de ce Prince avoit jamais eu be- soin d'être animée. *C'étoient eux qui avoient mis le connétable de Saint-Pol entre les mains du Roi.* Ils avoient eu raison : le connétable étoit un traître qui méritoit son sort. *Ils avoient vendu la juftice,* rien n'étoit moins prouvé : ils avoient reçu seule- ment un présent des Gantois long-tems après le jugement d'un grand procès que ceux-ci avoient gagné. *Ils avoient anéanti les privilèges de Gand,* mais ils n'avoient fait qu'exécuter les ordres du Duc : c'étoient les séditions continuelles des Gan- tois qui leur avoient attiré ce châtiment, auquel ils s'étoient soumis eux-mêmes après avoir été vaincus. *Ils avoient abusé de la confiance de la Prin- cefse,* c'eft-à-dire, qu'ils avoient accepté cet hon- neur qu'ils méritoient par leurs services paffés, & dont ils avoient tâché de se rendre encore plus dignes par de nouveaux services.

Les juges, vendus aux rebelles, déclarèrent Hu- gonet & d'Imbercourt coupables de concuffion, & surtout d'attentat à leurs privilèges, & les con- damnèrent à perdre la tête.

Ces deux infortunés tentèrent en vain d'échap- per à ces brigands par un appel au parlement de Paris. Ils espéroient que Louis XI, quoiqu'il fût l'auteur de leur disgrace, rougiroit de faire con- fommer, sous son nom & par son autorité, une injuftice auffi exécrable ; que peut-être même, s'il continuoit de les opprimer, le parlement, plus équitable, ne se prêteroit point à sa paffion. Ils espéroient du moins qu'en gagnant du tems la Prin- cefse & leurs amis trouveroient le moyen de les délivrer ; mais ils n'avoient d'amis que la Prin- cefse, & la Princefse étoit captive.

On n'eut point d'égard à leur appel : leur mort étoit jurée. On leur avoit déjà donné, sans objet & sans prétexte, une queftion plus cruelle que la mort même : on ne leur laiffa que trois heures pour se préparer, & l'échafaud étoit déjà dreffé dans la place de l'hôtel-de-ville.

Marie l'apprend avec désespoir, & ce désespoir anime son courage. Elle oublie, & la dignité de son rang, & les bienséances rigoureuses de son sexe ; elle se fouvient seulement que ses amis vont périr & qu'elle en eft la cause ; elle écarte avec horreur les tyrans qui l'obfèdent ; elle court à l'hôtel-de- ville ; elle ne dédaigne point de se jeter aux pieds de ces juges infâmes qui méritoient seuls la mort qu'ils alloient donner à l'innocence ; elle leur de- mande en tremblant une grace qu'elle avoit droit d'accorder, mais qu'elle accordoit en vain. Ces tigres furent inflexibles. Marie ne se rebute point ; elle court sur la place ; elle voit les deux malheu- reux objets de ses larmes couchés & renverfés sur l'échafaud. Brisés par la queftion, ils ne pouvoient, ni se tenir debout, ni se mettre à genoux pour recevoir le coup mortel. Les bourreaux avoient déjà les bras levés : un peuple effréné fixoit sur eux ses yeux avides de sang. Marie perce la foule & s'élance vers l'échafaud. *Arrétez*, s'écrie-t-elle, *ou arrachez-moi la vie. Ne m'enlevez pas mes amis, mes ferviteurs fidèles ; ils n'ont rien fait que par mes ordres ; c'eft moi qu'on opprime en les opprimant.* Ces cris douloureux, ces accens du désespoir, les lar- mes dont ses yeux étoient inondés, les longs ha- bits de deuil dont elle étoit revêtue pour la mort de son père, ses cheveux épars, ses bras tendus vers le peuple, la bonté qu'elle fignaloit alors avec tant d'éclat, tout ce spectacle intéreffant suspendit l'action des bourreaux, fit renaître un rayon d'ef- pérance dans le cœur des deux victimes, & excita de grands mouvemens dans le peuple. Cet étrange abaiffement de sa Souveraine, de la fille de tant de Rois & de tant de héros, fembla le toucher ; la pitié commençoit à entrer dans ces ames fa- rouches. L'affemblée se divifoit en deux partis ; les uns crioient *grace*, les autres *vengeance* ; les piques étoient baiffées, les épées tirées ; on se menaçoit, on combattoit. Le crime & l'infolence triomphèrent. Des clameurs barbares étouffèrent les tendres prières de Marie, & firent confommer le sacrifice à ses yeux. Le sang de ses fidèles fujets réjaillit presque sur elle. Elle poussa un cri perçant qui glaça tous les cœurs, & tomba sans connoissance. On la reporta demi-morte dans son palais. L'époque de cet horrible événement est l'année 1477.

HUGUETAN, ( *Hist. mod.* ), libraire de Lyon, dont l'histoire paroît un roman, & dont la destinée fut en tout point fort singulière, s'il faut s'en rapporter à l'auteur des *Mémoires de madame de Maintenon*, qui dit l'avoir connu, & dont voici les termes :

« Huguetan, originaire de Lyon, réfugié, pour cause de religion, en Hollande, y fit une grande fortune à vendre des bréviaires & des missels. Il revint en France, où il acquit, malgré son calvinisme, la confiance de Louis XIV. M. de Pontchartrain l'ayant contraint de signer des lettres-de-change pour plusieurs millions, Huguetan révoqua, par le même courier, les ordres forcément donnés à ses correspondans, & se retira à la Haie, où il épousa la fille naturelle d'un prince de Nassau, & obtint le gouvernement de Viane, asile sacré des banqueroutiers. Le Roi, qui avoit fait en partie les fonds de ces lettres protestées, donna commission au capitaine Gautier de l'enlever. Huguetan, trahi par son valet-de-chambre, fut conduit jusqu'à la dernière ville de Hollande, à travers tous les canaux dont ce pays est coupé. La dernière barrière s'ouvroit lorsqu'un soldat, qui avoit entrevu une robe rayée au moment que Gautier sortoit du carrosse pour donner quelques ordres, s'avança & ouvrit la portière pour voir *la belle* que les voyageurs cachoient avec tant de foin. Au lieu d'une femme, il vit un homme en bonnet de nuit, les fers aux mains, un bâillon à la bouche. La barrière se referma. Gautier & ses recors furent saisis & eurent la tête tranchée. Huguetan offrit ses services à la cour d'Angleterre, qui les refusa, & à celle de Vienne, qui le fit baron. Il erra en divers pays, toujours poursuivi par ses craintes & par le contrôleur-général. Il s'établit à Hambourg, où il introduisit un système de commerce qui mit la bourse de cette ville dans un désordre affreux : le magistrat le pria d'en sortir. Il porta en Dannemarck ses richesses & son esprit. On y vit ce que peut un seul homme. Il tira ce pays de la barbarie. Il y établit des compagnies maritimes, des manufactures de laine & de soie, & une banque un peu plus solide que celle de Law. Consulté sur tout, quoique sans emploi, il accrédita si bien les bons principes de l'administration des finances & du commerce, que les républiques les plus soupçonneuses prirent confiance en la probité de ce gouvernement, quoiqu'il soit purement despotique. Frédéric IV érigea, pour lui & pour ses descendans, la terre de Guldestéen en comté, & Huguetan en prit le nom. Il obtint la clé de chambellan, & ensuite le cordon-blanc de l'Ordre de Danebrog. Il vécut avec beaucoup de magnificence, augmentant son bien en marchand, & le dépensant en grand seigneur. Brouillé avec un ministre de Chrétien VI, il se retira dans ses terres en Holstein, & fit un si grand vuide à Copenhague, qu'il fut rappelé avec honneur. Je ne l'ai vu qu'âgé de cent trois ans ; mais il passoit encore alors pour l'homme le plus aimable dans la société, le plus prévoyant dans le conseil, le plus droit dans le commerce, & le plus compatissant pour les pauvres. Quoique la librairie eût commencé sa fortune, il ne connoissoit d'autre livre que Rabelais. Quoique la cour de France l'eût persécuté dans toutes ses retraites, il aimoit la France uniquement. Sa fille unique fut enlevée par le marquis de Montéleon, ambassadeur d'Espagne. Il refusa une de ses petites-filles, en mariage, à un Prince du sang de Dannemarck. Il mourut en 1750, de chagrin de n'avoir pu obtenir le cordon bleu de l'Eléphant. »

HUNAUD & GAIFFRE, ( *Hist. de Fr.* ), ducs d'Aquitaine. Le fameux duc Eudes, tantôt l'ennemi, tantôt le protégé de Charles Martel, étoit mort en 735, laissant trois fils, Hunaud, Hatton & Remistain. Hunaud fut duc d'Aquitaine, & Hatton comté de Poitiers. Hunaud, à la mort de Charles Martel, avoit cru, comme on le croit toujours, qu'un nouveau gouvernement seroit foible, & il avoit fait des courses dans diverses provinces de France. Carloman & Pépin-le-Bref son frère, fils de Charles Martel, l'en avoient puni par les ravages de ses Etats, & l'avoient forcé de demander pardon. La douleur qu'il avoit ressentie de cette humiliation, jointe au remords qu'il éprouvoit d'avoir, dans un mouvement de colère & de jalousie, fait crever les yeux à Hatton son frère, l'avoient déterminé à se faire moine, exemple qui fut imité depuis par Carloman, frère de Pépin.

Hunaud, en entrant dans le cloître, avoit laissé son duché à Gaiffre ou Gaiffre ou Vaifre son fils. Celui-ci ne fut pas moins remuant que Hunaud son père, & il fut encore plus cruellement puni. Il avoit profité de tous les momens où Pépin étoit engagé dans des expéditions lointaines, pour faire des courses dans diverses provinces de France. Quatre fois Pépin, avec la rapidité de son père, étoit accouru d'une extrémité du royaume pour le réprimer & le châtier, & chaque fois il lui avoit enlevé une partie de ses Etats. ( *Voyez*, dans ce volume, l'article *Loup II*, le traitement indigne que fit Pépin à Remistain, frère de Hunaud & de Hatton, & oncle de Gaiffre. ) Rien ne corrigeoit le Duc. Enfin Pépin, ayant pénétré pour la cinquième fois au fond de l'Aquitaine, y gagna une grande bataille contre Gaiffre, lequel, dépouillé de tous ses Etats, abandonné de tous ses soldats, errant, fugitif, cherchant partout un asile & n'en trouvant point, fut tué par ses sujets même, qui s'ennuyoient de tant de guerre, ou par ses domestiques, que Pépin avoit gagnés.

L'Aquitaine fut alors réunie à la couronne, quoique Gaïffre eût un fils. Ce fils, manquant de moyens pour se rétablir dans les Etats de ses pères, s'en tint au duché de Gascogne, qui lui fut laissé dans la suite ; mais il conserva contre les Français une haine éternelle, dont il leur donna, dans l'occasion, des marques éclatantes. Ce fut le duc Loup II. ( *Voyez* son article. )

Cependant la querelle de l'Aquitaine n'étoit point terminée. Charlemagne, qui avoit fait ses premières armes sous son père contre Gaïffre en 761, eut au commencement de son règne, en 770, à combattre Hunaud, père de Gaïffre. Le léger dépit, le léger remords, qui avoient jeté imprudemment cet inconstant Hunaud dans le cloître, ne purent tenir contre l'ambition, seul sentiment profond qui fût dans son ame ; elle ne tarda pas à éclater par des regrets & des retours vers le siècle. A la mort de Pépin-le-Bref, il s'attendoit à voir renaître dans le royaume les mêmes divisions qui l'avoient déchiré à la mort de Charles Martel & à celle de Pépin de Héristal son père. Dans cette espérance, Hunaud sort de son cloître au bout de vingt-quatre ans, se montre aux peuples de l'Aquitaine ; & , soit qu'il eût su s'en faire aimer dans le cours de son administration, soit que le désir qu'ont tous les peuples d'avoir un Souverain particulier, & de former un Etat à part, qui rassemble sur soi tous les soins du gouvernement, lui tînt lieu d'amour de leur part, ils parurent seconder ses vues : en peu de tems il eut une armée, & fut en état d'annoncer ses prétentions ; mais en bien moins de tems encore cette armée fut dissipée. Dès que Charlemagne parut, l'Aquitaine reconnut son maître & se soumit. Charles ne prit contre les Aquitains d'autres précautions que de faire bâtir sur la Dordogne un château fort, qui s'appela *Franciac*, c'est-à-dire, *Château des Français* : on l'appelle aujourd'hui *Fronsac*, nom dans lequel, à travers la corruption, il est aisé d'appercevoir la prononciation & la signification primitives.

Hunaud chercha en vain les asiles les plus secrets pour s'y cacher ; il n'en trouva point qui pussent le dérober au vainqueur. Les menaces de Charlemagne avoient effrayé, ses bienfaits avoient séduit : Hunaud lui fut livré. Il fut enfermé. Ce n'étoit peut-être pas user d'une justice trop rigoureuse envers un homme qui s'étoit lui-même enfermé volontairement dans un cloître pour toute sa vie, & qui n'en étoit sorti qu'en violant ses vœux, & que pour exciter des troubles.

Mais il faut avouer, 1°. que la confiscation faite par Pépin, de l'Aquitaine, sur le malheureux Gaïffre, pouvoit n'être pas fort juste, & que Hunaud vengeoit son fils.

2°. Que, pour avoir Hunaud en sa puissance, il en coûta au jeune Charles d'exiger un crime, & un crime honteux. Hunaud s'étoit réfugié chez Loup I, duc de Gascogne, son neveu, fils de Hatton. Loup avoit obligation de son duché à Charlemagne, & ne pouvoit le conserver sans son agrément. Charlemagne le lui avoit donné en bénéfice, c'est-à-dire, à titre de fief mouvant de la couronne. Charlemagne se servit de l'ascendant que ces titres de bienfaiteur & de suzerain lui donnoient sur le Duc, & surtout de la terreur qu'il étoit en état de lui inspirer, pour exiger qu'il lui livrât son oncle. A la vérité, cet oncle avoit fait crever les yeux à Hatton, père de Loup I ; mais cet ancien crime & les divisions qui en avoient été la cause & l'effet, sembloient expiés par le repentir & par le tems ; & l'intérêt général de la Maison d'Aquitaine en avoit réuni les différentes branches, puisque Loup I avoit donné Adèle sa fille unique en mariage à Gaïffre son cousin, & puisqu'enfin c'étoit chez Loup I que Hunaud, dans sa fuite, cherchoit un asile. Cependant le duc Loup eut la lâcheté d'obéir à un ordre qu'il étoit également affreux, & de donner, & d'exécuter. Observons que presque tous les auteurs modernes ont confondu ce Loup I, fils de Hatton & neveu de Hunaud, avec Loup II, fils de Gaïffre & petit-fils de Hunaud, ( dont *voyez* l'article ). Ils ont cru que Hunaud avoit été livré par son petit-fils ; ce qui seroit encore plus affreux, mais ce qui n'est pas. Lorsque Charlemagne eut répudié sa seconde femme Hermengarde, fille de Didier, roi des Lombards ( *voyez* l'article ci-dessus, *Etienne IV*, pape ), & l'eut renvoyée à son père ; lorsqu'en conséquence de ce renvoi & de divers griefs respectifs la guerre s'alluma entre ces deux Princes, la cour de Didier devint l'asile & le rendez-vous de tous les ennemis de Charlemagne. Dans le même-tems le duc d'Aquitaine, Hunaud, ayant trouvé le moyen de s'échapper de sa prison, se retira aussi chez Didier, avec lequel il s'enferma dans Pavie, que Charlemagne ne tarda pas à presser vivement. On se défendit bien, & le siége tira en longueur ; mais les peuples s'ennuyoient de la guerre, les cœurs se tournoient vers Charlemagne. On respectoit encore l'infortune de Didier ; mais Hunaud, qu'on regardoit comme l'auteur de la guerre, du moins comme celui qui contribuoit le plus à l'entretenir, étoit devenu l'objet de l'exécration des Lombards. On se souleva contre lui, & il fut tué dans la sédition ( 774 ). Qu'avoit gagné ce malheureux à quitter son cloître pour réclamer l'Aquitaine ? Une prison plus rigoureuse, une vie agitée, une mort violente.

**I**MBERCOURT (D'). Le brave d'Imbercourt, tué à la bataille de Marignan le 14 septembre 1515, étoit petit-fils de ce brave, fidèle & malheureux d'Imbercourt (*voyez*, dans ce volume, l'article *Hugonet*.) à qui les Gantois rebelles avoient fait trancher la tête à la vue de Marie de Bourgogne qui demandoit sa grace, en criant qu'il mouroit pour l'avoir trop bien servie. Le petit-fils eut pour les rois de France le même attachement que ses ancêtres avoient eu pour la Maison de Bourgogne. Il servit utilement Louis XII dans les guerres d'Italie. Il joua un rôle distingué sous François I, à l'expédition de Villefranche, qui précéda & prépara la victoire de Marignan, & où Prosper Colonne, réputé le plus grand général de l'Europe, fut surpris à table, à midi, sans aucune intelligence dans la ville, par la seule activité des Français. D'Imbercourt conduisoit l'avant-garde de ce détachement, qui arriva ainsi à midi à la vue de Villefranche, tandis qu'on croyoit les Français de l'autre côté des Alpes, & sans aucun moyen pour les franchir. La sécurité avoit produit la négligence dans Villefranche ; les postes étoient abandonnés, les soldats dispersés, les portes ouvertes. Cependant l'ennemi est sous les murs : on le voit, on l'entend, on ne le peut croire, & on ne peut en douter ; *ils ont donc volé par-dessus les montagnes*, s'écrioient les Italiens : on court en tumulte aux portes, & on s'empresse pour les fermer : il n'est plus tems. Deux gendarmes de la compagnie de d'Imbercourt, Hallencourt, gentilhomme picard, & Beauvais, gentilhomme normand, poussent leurs chevaux contre une des portes avec tant de violence, que, du choc, Hallencourt est précipité dans le fossé ; mais l'intrépide Beauvais passe sa lance à travers la porte, l'y soutient avec vigueur, donne le tems à d'Imbercourt & à sa troupe de l'appuyer. La porte est enfoncée : d'Imbercourt, quoique blessé au visage, combat toujours : le maréchal de Chabannes arrive, les Français entrent tous ensemble dans la ville.

D'Imbercourt n'étoit pas moins infatigable que vaillant ; il s'étoit endurci de bonne heure à toutes les injures de l'air, surtout à la chaleur ; il prenoit plaisir à faire ses courses & ses expéditions à la plus grande ardeur du soleil, & *la fraîcheur de M. d'Imbercourt* avoit passé en proverbe de son tems, comme a fait depuis *la fraîcheur de M. de Vendôme*.

D'Imbercourt avoit un foible bien singulier dans un homme d'un si grand courage. A l'approche du péril, l'ardeur dont il étoit animé, faisoit toujours sur lui l'impression que la crainte fait quelquefois sur les lâches. Il n'appartient qu'à la naiveté de Brantôme de s'expliquer d'avantage. « Ce brave » chevalier, dit-il, avoit une complexion en lui, » que toutes les fois qu'il vouloit venir au combat, » il falloit qu'il allât à ses affaires, & descendît » de cheval pour les faire, & pour ce, portoit » ordinairement des chausses à la martin-galle, » autrement à pont-levis, ainsi que j'en ai vu au- » trefois porter aux soldats espagnols, afin qu'en » marchant ils eussent plus tôt fait, sans s'amuser » tant à défaire leurs aiguillettes & s'attacher ; » car c'étoit en un rien cela étoit fait. De dire que le » proverbe eût lieu à l'endroit de M. d'Imber- » court, qui dit, *il se conchie de peur*, ce seroit » mal parler, & l'adapter très-faussement à lui ; » car c'étoit l'un des plus vaillans & hardis du » royaume, & après qu'il avoit été là, & avoit le » cul sur la selle, il combattoit comme un lion. »

Ce témoignage que Brantôme rend à d'Imbercourt, lui avoit été rendu par François I lui-même, & c'est d'après ce juste estimateur du mérite que parle Brantôme.

A la bataille de Marignan le connétable de Bourbon, le maréchal de Chabannes, d'Imbercourt, Téligny, Créquy de Pontdormy, s'acharnèrent long-tems avec leurs compagnies de gendarmes, à entamer un gros bataillon suisse qui repoussoit toutes leurs attaques ; ils revinrent plus de vingt fois à la charge ; ils épuisèrent toutes les ressources de la valeur ; ils furent enfin rejetés sur l'infanterie, & près d'être accablés : ce fut le Roi qui les dégagea, mais d'Imbercourt y périt, & fut lui qui laissa les regrets les plus sincères à l'armée ; il avoit beaucoup ajouté, surtout dans cette journée de Marignan, à la gloire du nom illustre & intéressant qu'il portoit. Ses compagnons, désolés, lui érigèrent un tombeau sur le champ de bataille, avec cette inscription : *Ubi honos partus, ibi tumulus erectus*. François I, dans la lettre qu'il écrivit à la duchesse d'Angoulême sa mère au sujet de cette bataille, & qui en contient la relation, lui dit : « Il n'est mort de gens de renom qu'Im- » bercourt, & Bussy, qui est à l'extrémité, & est » grand dommage de ces deux personnages. »

ISABELLE D'ANGOULÊME. (*Hist. de Fr. & d'Anglet.*) Jean Sans-Terre, roi d'Angleterre, aussi imprudent que vicieux, avoit répudié sans raison Havoise sa femme, héritière de Glocester, & avoit enlevé Isabelle d'Angoulême au comte de la Marche, Hugues de Lusignan, qui l'aimoit éperduement & qui l'avoit fiancée. Le comte de la Marche, pour s'en venger, fomenta la révolte de la Guyenne, qui appartenoit alors aux rois d'Angleterre, & un frère de ce furieux ennemi, possédant fédant le comté d'Eu, cherchoit à exciter les mêmes troubles dans la Normandie. Isabelle d'Angoulême fut mère de Henri III. Hugues de Lusignan, qui l'aimoit toujours, l'épousa enfin après la mort de Jean Sans-Terre, en 1217. Cette femme cherchoit à mettre la France en feu pour servir Henri III son fils, ennemi de cette couronne ; elle entraîna son nouveau mari dans une ligue contre la France pendant la minorité de saint Louis. Lorsque dans la suite saint Louis donna au prince Alphonse son frère les comtés de Poitou & d'Auvergne, il fallut que les vassaux de ces comtés rendissent hommage au nouveau comte. Du nombre de ces vassaux étoit Hugues de Lusignan ; il rendit hommage au prince Alphonse : sa femme l'obligea de révoquer cet hommage avec éclat. Elle prétendoit que le titre de Reine qu'elle conservoit, devoit la dispenser de toute soumission envers un simple comte, & que la faveur de ce titre sacré devoit s'étendre jusques sur son mari. D'ailleurs, cette femme, qui avoit vu dépouiller du comté de Poitou & de tant de provinces françaises le roi Jean Sans-Terre son mari, & Henri III son fils, ne reconnoissoit pour comtes de Poitou ni le prince Alphonse, ni saint Louis, & c'étoit à Henri III son fils qu'elle eût voulu réserver son hommage. Louis marcha contr'elle & contre son mari, & ceux-ci appelèrent à leur secours le roi d'Angleterre, en l'invitant à reprendre le Poitou. Henri, après avoir arraché de l'argent comme il put de ses sujets opprimés & mécontens, descendit à Royan. La comtesse de la Marche l'attendoit dans le port, & lui dit en l'embrassant : « Beau chier fils, vous êtes de bonne nature, » qui venez secourir votre mère & vos frères que les » fils de Blanche d'Espagne veulent trop malement dé- » fouler & tenir sous ses pieds. » Tandis qu'elle accusoit saint Louis de vouloir l'opprimer, elle fut convaincue d'avoir voulu l'empoisonner. On arrêta dans les cuisines même du roi de France des émissaires de la comtesse de la Marche, prêts à répandre sur les viandes un poison dont cette furie les avoit chargés, & qu'elle avoit pris plaisir à composer elle-même. Ces scélérats furent pendus après avoir révélé toutes les circonstances de ce crime.

La Saintonge fut le théâtre de la guerre. Ce fut alors ( en 1242 ) que se livrèrent ces fameuses batailles de Taillebourg & de Saintes, où saint Louis, combattant deux jours de suite avec une valeur égale à celle des héros qui n'ont été célèbres que par la valeur, & s'exposant aux mêmes dangers qu'avoit courus Philippe-Auguste son aieul à la bataille de Bovines, écrasa le roi d'Angleterre, le comte de la Marche & tous les rebelles du Poitou. Cette fière & violente comtesse de la Marche, qui s'indignoit de la vaine cérémonie d'un hommage, & qui se permettoit la honte de l'empoisonnement ; qui osoit être jalouse de la reine Blanche, & qui n'osoit l'imiter, vint tom-

ber avec tout son orgueil aux pieds de ce Roi qu'elle avoit entouré de meurtriers & d'empoisonneurs, & qu'elle avoit forcé d'opposer à ses poignards ou à ses poisons la précaution d'une garde, peu faite alors pour un Roi si aimé ; elle implora sa clémence, & elle l'éprouva ainsi que son mari. Le Roi, qui pouvoit les punir, se contenta de les réprimer ; il leur ôta les moyens de troubler la paix ; il garda les places qui auroient pu les rendre redoutables, & leur laissa les terres.

**ITALUS,** ( *Hist. german.* ), neveu d'Arminius, fils de ce Flavius son frère, qui avoit perdu, dans les combats, un œil au service des Romains. (*Voyez*, dans ce volume, à l'article *Arminius*, l'entrevue & l'entretien de ce Prince ennemi des Romains, avec Flavius leur ami). Ce Peuple-Roi n'avoit guère pour amis que des esclaves, car il exigeoit toujours des Princes & des peuples alliés, pour gage d'une fidélité inviolable, les ôtages les plus précieux. Il falloit presque toujours que les Princes qui consentoient de se mettre sous leur protection, envoyassent leurs enfans à Rome, pour y être élevés dans les maximes &, s'il se pouvoit, dans l'amour de Rome. L'objet de cette éducation étoit souvent manqué. Ces Princes rapportoient quelquefois de Rome une haine pour les Romains, d'autant plus forte, que tous leurs sentimens avoient été contraints. D'autres, portés à Rome dès la plus tendre enfance, subissoient le joug avec plus de docilité, & n'en étoient souvent que plus odieux à leurs concitoyens lorsqu'ils revenoient régner sur eux par le choix ou par la permission des Romains. Ce fut à Rome qu'Arminius apprit à détester le joug de Rome, & ce sentiment le rendit cher & respectable à ses peuples. L'esprit de ce Prince les animoit encore après sa mort. Cependant la nation des Chérusques, sur laquelle il avoit régné, se partageoit entre la faction romaine & le parti de la liberté. Ils avoient perdu tous leurs Princes & chefs dans les guerres civiles ; il ne restoit plus que cet Italus élevé à Rome : tous les vœux & tous les partis se réunirent en sa faveur. Les uns le demandoient comme neveu d'Arminius ; les autres comme fils de Flavius, comme élevé, comme né même à Rome, d'où lui venoit sans doute ce nom d'*Italus*. Les Romains l'envoyèrent en Germanie, dans tout l'appareil d'un Roi qu'ils aimoient, & sur l'affection & la fidélité duquel ils comptoient. Ce nouveau Roi plut d'abord aux Chérusques, par la bonne mine qui le distinguoit avantageusement ; il dut leur plaire davantage par la justice, la douceur & la sagesse de son administration ; il ne parut adopter aucun parti, & il les ménagea tous. Réglé dans ses mœurs, il n'étoit que trop indulgent peut-être pour les déréglemens de ses sujets ; mais l'esprit dominant de la Germanie, l'esprit d'Arminius, l'amour de la liberté, étoient toujours contraires aux Romains & à un Roi donné par eux. Ceux d'entre les Chérusques, qui avoient combattu fous Arminius, & que la guerre avoit rendus puiffans, allèrent porter leur inquiétude chez les peuples voifins. Ils fe plaignoient avec fureur des Romains, qui, pour opprimer plus fûrement la liberté germanique, leur donnoient pour Roi le fils d'un traître & d'un efpion élevé dans les fentimens d'un efclave & dans les principes d'un tyran ; qui leur apportoit des mœurs & des maximes, non-feulement étrangères, mais contraires à leur franchife altière & à leur générofité naturelle. Ces difcours, appuyés d'intrigues puiffantes, foulevèrent une partie de ces peuples, & procurèrent aux rebelles une armée confidérable. Italus marcha contr'eux avec des forces à peu près égales, & remporta fur eux une pleine victoire qui coûta beaucoup de fang aux deux partis. Affermi fur fon trône, la profpérité fit, dit-on, fur lui fon effet ordinaire ; elle entraîna l'abus de la puiffance, ou du moins fes fujets le prétendirent ; ils fe révoltèrent de nouveau & avec plus de fuccès. Ils parvinrent à le chaffer du trône & même du pays. Il implora l'affiftance des Lombards, & les Lombards le rétablirent : on ne fait fi ce fut pour long-tems, ni fi la leçon du malheur lui fut profitable ou inutile. Ces événemens fe paffoient fous l'empire de Claude, vers l'an 46 de Jéfus-Chrift.

JEAN-LE-CRUEL, (*Hiſt. de Fr.*), duc de Bourgogne, fils de Philippe-le-Hardi & père de Philippe-le-Bon, diſputoit, comme avoit fait ſon père,
mort en 1404, l'autorité au duc d'Orléans, qui,
pendant la démence de Charles VI ſon frère, régnoit ſouverainement en France avec la reine Iſabelle de Bavière ſa belle-ſœur, qu'on croyoit ſa
maîtreſſe. Cette rivalité politique ſe borna quelque
tems à des intrigues de cour; mais enfin les partis
de Bourgogne & d'Orléans ſe déclarent; on prend
les armes; les cabales ſecrètes deviennent des hoſtilités publiques. Le duc de Bourgogne avoit marié ſa fille au Dauphin, un des frères aînés de
Charles VII, ce qui lui donnoit du crédit à la
cour; il s'annonçoit comme voulant réformer l'E-
tat, ce qui lui concilioit la faveur du peuple; il
preſſa ſes préparatifs, ce qui lui procura l'avantage de ſurprendre ſes ennemis. La Reine & le
duc d'Orléans s'enfuirent à ſon arrivée; mais pour
avoir entre les mains des ôtages précieux, ils
chargèrent le prince de Bavière, frère de la Reine,
de leur amener le Dauphin & la Dauphine. Le
duc de Bourgogne, averti de cet enlèvement (car
on l'appeloit ainſi), redouble de diligence, atteint
le Dauphin & ſon raviſſeur à Juviſy. Il demande
au Dauphin s'il ne veut pas revenir à Paris; le
Dauphin y conſent. Le prince de Bavière veut réſiſter; le duc de Bourgogne, ſans daigner le regarder ni l'écouter, donne les ordres pour le retour, & les fait exécuter. Le duc de Bourgogne
rentre dans Paris en triomphe avec le Dauphin ſon
gendre: le duc d'Orléans eſt réduit à écrire contr'eux au parlement.

Les ducs de Berry & de Bourbon ménagèrent
au moins les apparences d'une réconciliation entre
les deux rivaux. Le duc de Bourgogne & le duc
d'Orléans s'embraſſèrent; ils couchèrent dans le
même lit, ſelon l'uſage du tems. Le dimanche 20
novembre 1407, ils communièrent à la même meſſe
& dinèrent enſemble. Le duc d'Orléans pria le duc
de Bourgogne à dîner pour le dimanche ſuivant.
Ce dîner ne devoit point avoir lieu. La nuit du
mercredi 23 au jeudi 24, le duc d'Orléans, après
avoir paſſé la journée à l'hôtel de Saint-Pol, où
demeuroit le Roi, s'étoit rendu chez la Reine à
l'hôtel Barbette. Il y ſoupa. Vers les huit heures
du ſoir (c'étoit alors après ſouper), un valet-de-
chambre du Roi, nommé Schas de Courte-Heuze,
vint avertir le Duc que le Roi le mandoit pour une
affaire importante & preſſée. Le Duc retourne à
l'hôtel de Saint-Pol; il étoit ſans armes & preſque
ſans ſuite, & alloit en chantant ſans prévoir aucun
malheur. A la lueur des flambeaux que portoient

devant le Prince quatre ou cinq valets-de-pied,
on apperçut le long des murs une troupe d'inconnus rangés en haie, & qui paroiſſoient attendre
quelqu'un. Auſſitôt le Prince eſt environné d'aſſaſſins qui crient: *A mort.* — *Je ſuis le duc d'Orléans,*
dit-il: on lui répond: *Tant mieux; c'eſt ce que nous
demandons.* En même tems, d'un coup de hache,
on lui abattit la main gauche; d'autres coups le
renverſent de ſa mule. *Qu'eſt ceci? d'où vient ceci?*
diſoit-il en s'efforçant de parer avec le bras déſ-
armé qui lui reſtoit, les coups dont on l'accabloit.
Ce bras fut bientôt fracaſſé par une maſſue armée
de pointes de fer, & deux autres coups que le
Duc reçut à la tête lui firent ſauter la cervelle.
Les aſſaſſins, voulant s'aſſurer qu'il étoit mort, approchèrent un flambeau pour l'examiner. Alors ſortit
d'une maiſon voiſine un homme dont le viſage étoit
caché ſous un grand chaperon; il donna au Prince
un dernier coup de maſſue, & dit: *Eteignez tout;
allons-nous-en; il eſt mort.* On croit que c'étoit le
duc de Bourgogne. Un ſeul des domeſtiques du
duc d'Orléans le défendit juſqu'à la fin; il ſe nommoit Jacob; il fut tué avec ſon maître: on le trouva
expirant lorſqu'on vint relever le corps du Duc,
& dans ce moment il proféra encore ces derniers
mots: *Haro, Monſeigneur, mon maître.* Une femme
du voiſinage ayant voulu crier au meurtre, les aſſaſſins lui avoient dit avec menaces & d'une voix
étouffée: *Taiſez-vous, mauvaiſe femme; taiſez-
vous.* Le duc d'Orléans ne marchoit ordinairement
qu'avec une eſcorte de ſix cents gentilshommes;
mais tout étoit diſpoſé pour qu'il fût ſeul ce mo-
ment-là. Les aſſaſſins étoient au nombre de dix-
huit; ils avoient à leur tête Raoul d'Ocqueton-
ville, gentilhomme normand, attaché à la Maiſon
de Bourgogne, & qui étoit, dit-on, animé d'un
reſſentiment particulier contre le duc d'Orléans.
Le duc de Bourgogne, outre la jalouſie du pouvoir, avoit auſſi contre ſon rival un reſſentiment
très-vif. Le duc d'Orléans, aimable & accoutumé
aux ſuccès de la galanterie, étoit encore plus vain
que voluptueux; il publioit & nommoit ſes conquêtes; il avoit une galerie de portraits, qui contenoit tous ceux de ſes maîtreſſes. Il pouſſa l'inſolence de l'indiſcrétion ou de la calomnie juſqu'à
y faire voir le portrait de la ducheſſe de Bourgogne
au duc de Bourgogne lui-même, & juſqu'à célébrer dans des chanſons des détails ſecrets de ſon
bonheur.

Les aſſaſſins ne prirent pas moins de précautions
après leur crime qu'auparavant. Ils mirent le feu
à une maiſon, pour détourner l'attention & augmenter le trouble; ils ſemèrent les rues de chauſ-

se-trapes pour arrêter ceux qui voudroient les poursuivre, & ils se sauvèrent dans l'hôtel du duc de Bourgogne.

A la nouvelle de l'assassinat du duc d'Orléans, la Reine, demi-morte de douleur & d'effroi, se fit porter à l'hôtel de Saint-Pol. Les Princes s'assemblèrent : le duc de Bourgogne fut celui qui montra le plus de douleur & d'indignation. *Non, s'écrioit-il , oncques mais on ne perpétra, en ce royaume, si mauvais ni si traître meurtre.* Les Princes allèrent visiter le corps exposé dans l'église des Blancs-Manteaux : on n'a pas manqué de dire que le sang sortit à l'approche du duc de Bourgogne, comme pour rendre témoignage contre le meurtrier. A la cérémonie du convoi, les quatre coins du drap mortuaire furent portés par le roi de Sicile, fils du duc d'Anjou ; par les ducs de Berry, de Bourbon & de Bourgogne. Ce dernier se faisoit toujours distinguer par l'air d'affliction.

Le conseil s'assemble : le prévôt de Paris, Tignonville, vient y rendre compte des perquisitions qu'il a faites ; il annonce qu'on a des nouvelles certaines, qu'un des assassins s'est réfugié dans l'hôtel du duc de Bourgogne : il demande d'être autorisé à faire des recherches dans les palais des Princes. Le duc de Bourgogne alors conduit le roi de Sicile & le duc de Berry à une des extrémités de la salle ; il leur avoue *que le diable l'a tenté & surpris* ; & qu'il est l'auteur de la mort du duc d'Orléans. Le duc de Berry, saisi d'horreur, verse un torrent de larmes, & s'écrie : *Je perds aujourd'hui mes deux neveux.* Le conseil se sépare : il se rassemble le lendemain. Le duc de Bourgogne ose se présenter pour y prendre place ; le duc de Berry l'empêche d'entrer. Le duc de Bourbon s'indigne de ce qu'on ne l'a point arrêté pour le livrer à la rigueur des lois. L'assassin s'enfuit en Artois & commence la guerre civile : il revient la force à la main, avouant son crime, osant le justifier, & donnant à la France ce grand scandale d'une apologie publique de l'assassinat du frère du Roi, prononcée devant toute la cour, devant tous les corps de l'Etat, devant le peuple même, par un prêtre & un religieux. ( *Voyez*, dans le Dictionnaire, l'article du cordelier Jean *Petit*, & l'article *Gerson*.) Charles VI, alors en la puissance du duc de Bourgogne, donna des lettres par lesquelles il approuvoit le crime de ce Prince, & diffamoit lui-même la mémoire de son propre frère. *Pour ce que le duc de Bourgogne, est-il dit dans ces lettres, étoit pleinement informé, si comme il fit dire & proposer, que notre frère avoit machiné & machinoit de jour en jour à la mort & expulsion de nous & de notre génération, & tendoit par plusieurs voies & moyens à parvenir à la couronne & seigneurie de notre royaume, il, pour la sûreté & préservation de nous & notredite lignée, pour le bien & utilité de notredit royaume, & pour garder envers nous la foi & loyauté, en quoi il nous est tenu, avoit fait mettre hors de ce monde notredit frère ; en nous suppliant que si, par le rapport*

*d'aucuns ses malveillans, ou autrement, nous avions pris aucune déplaisance contre lui pour cause dudit cas advenu en la personne de notredit frère, nous considérant les causes pourquoi il l'avoit fait faire, voulions ôter de notre courage toute déplaisance, savoir faisons que, nous considérant le fervent & loyal amour, & bonne affection que notredit cousin a eue & a à notredite lignée, avons ôté & ôtons de notre courage toute déplaisance que par le rapport d'aucuns malveillans de notredit cousin ou autrement, pouvions avoir eue envers lui pour occasion des choses dessus dites, & voulons qu'icelui notre cousin de Bourgogne soit & demeure en notre singulier amour.* Tel étoit alors l'indigne avilissement du trône, telle étoit l'exécrable impudence du crime.

Après avoir donné audience à l'apologiste de l'assassinat, on la donna aussi, pour la forme, à l'abbé de Saint-Denis, orateur de la duchesse d'Orléans, & chargé de justifier la mémoire de son mari. La puissance du duc de Bourgogne, plus décisive que toutes ces inutiles harangues, dicta les lettres qu'on vient de voir. On le réconcilia en apparence avec les fils du duc d'Orléans, & l'autorité lui resta : il s'empara du gouvernement. L'abus qu'il fit en toute occasion de son autorité, souleva contre lui tous les grands du royaume ; la duchesse d'Orléans mourut de dépit & de douleur de n'avoir pu venger la mort de son mari qu'elle n'avoit pas aimé ; mais la vengeance du duc d'Orléans, remise entre les mains de la Reine, n'en fut que plus ardemment poursuivie. La Reine ne daignoit pas même cacher l'intérêt qui la faisoit agir : elle faisoit de cette vengeance sa cause personnelle ; elle exigeoit que l'assassin de son amant n'approchât pas de cent lieues *les endroits où elle & les princes d'Orléans se trouveroient.* Tous les Princes firent ligue avec la Maison d'Orléans, & avec ce fier & ambitieux Bernard, comte d'Armagnac, qui fut depuis connétable de France, & qui donna son nom au parti orléanais, parce qu'il étoit l'ame de ce parti, & qu'il étoit d'ailleurs beau-père du nouveau duc d'Orléans : il étoit aussi gendre du duc de Berry. Bientôt tout fut en proie aux horreurs de la guerre civile ; les factions des Orléanais ou Armagnacs & des Bourguignons partagèrent toute la France : on s'envoyoit de part & d'autre des cartels outrageans. Le Roi étoit réduit à être tour-à-tour Armagnac ou Bourguignon, selon qu'il étoit en la puissance de l'un ou de l'autre parti. La ville de Paris étoit toujours pour le duc de Bourgogne : on en avoit ôté le gouvernement au duc de Berry, pour le donner au comte de Saint-Pol, partisan du duc de Bourgogne. Saint-Pol y avoit formé cette fameuse milice royale, composée de cinq cents bouchers ou écorcheurs, commandés par les Goix, les Saint-Yons & les Thiberts, propriétaires de la grande boucherie de Paris. Ces furieux commettoient toutes sortes d'insolences ; ils allèrent mettre le feu au château de Wicestre ou Bicêtre, appartenant au duc de Berry.

Cependant les Orléanais avoient pris Saint-Denis & Saint-Cloud, & ne respiroient que le pillage de Paris, lorsque tout à coup le duc de Bourgogne arrive; s'ouvre un chemin à travers l'armée orléanaise & entre dans Paris, où il est reçu comme le libérateur de la France. En passant à Pontoise, il avoit échappé au fer d'un assassin, moyennant la précaution qu'il prenoit toujours de laisser quelque distance entre lui & ceux qu'il ne connoissoit pas, ou qui pouvoient lui être suspects. Ses officiers apperçurent le poignard dans la manche de l'assassin, qui fut pris à l'instant, & puni de mort. Les Orléanais furent repoussés, proscrits, excommuniés, dépouillés de leurs biens. Charles VI, toujours gouverné par le duc de Bourgogne, lève l'oriflamme contr'eux, & assiége le duc de Berry dans Bourges. Pendant le cours du siége, le duc de Bourgogne eut une entrevue auprès de Bourges avec le duc de Berry son oncle; il y avoit une barrière entr'eux: *Beau cousin & beau filleul,* dit le duc de Berry, *lorsque votre père vivoit, il ne falloit pas de barrière entre nous. Monseigneur,* répondit en rougissant le duc de Bourgogne, *ce n'est pas pour moi.* Le traité d'Auxerre calma pour quelque tems l'agitation des esprits. Il y eut encore une entrevue à Auxerre pour la ratification du traité. Tous les Princes du parti armagnac devoient s'y trouver, & le duc de Bourgogne avoit formé le projet de les égorger tous. Des Essarts, auquel il fit part de ce projet, d'un côté n'oublia rien pour l'en détourner, de l'autre fit avertir le duc d'Orléans & les autres Princes armagnacs de leur danger, & embrassa leur parti. Etant tombé dans la suite entre les mains du duc de Bourgogne, ce tyran lui fit trancher la tête comme à un traître. (*Voyez,* dans le Dictionnaire, l'article *Essarts* (des).

La connoissance du projet du duc de Bourgogne n'empêcha point l'entrevue d'Auxerre; elle obligea seulement à un redoublement de précautions: puis, lorsque la paix eut été confirmée & jurée sur la croix & sur l'évangile, on affecta de n'en plus prendre du tout, & de célébrer par des fêtes une réconciliation impossible. On vit les ducs d'Orléans & de Bourgogne se promener familièrement dans les rues d'Auxerre, montés sur le même cheval; mais l'habit de deuil que le duc d'Orléans portoit encore, & qu'il n'avoit pas quitté depuis cinq ans que son père étoit mort, démentoit toutes ces démonstrations d'amitié.

Pendant cette paix ou cette trève, le duc de Bourgogne négocioit; il détachoit peu à peu divers Princes du parti des Armagnacs; il diminuoit le zèle du duc de Berry pour la cause orléanaise. A force d'égards & de respects, il avoit considérablement affoibli la haine d'Isabelle de Bavière; pendant le tems affoiblissoit chaque jour en elle le souvenir du duc d'Orléans & l'ardeur de le venger. L'idée de tenir la balance entre les deux partis, & d'établir son empire sur leurs divisions, la flattoit tous les jours davantage: ce n'étoit plus cette femme effrénée, qui devoit poursuivre jusqu'aux enfers le meurtrier de son amant; c'étoit une Reine politique, qui surtout vouloit régner, & qui en cherchoit tous les moyens. L'amant étoit oublié, remplacé peut-être; il l'étoit au moins par l'ambition, & c'étoit par cette ambition même que le duc de Bourgogne avoit entrepris de la gouverner. Beau-père du Dauphin, il s'étoit fait donner la surintendance de l'éducation de ce Prince, qui étoit un lien entre lui & Isabelle; comme le comte d'Armagnac en étoit un entre le duc de Berry son beau-père, & le duc d'Orléans son gendre.

L'affabilité politique du duc de Bourgogne attachoit à ses intérêts la populace, surtout celle de Paris. Si elle voyoit ses crimes, elle les jugeoit nécessaires. Ce Prince avoit d'ailleurs acquis dans l'Europe une réputation imposante par la victoire qu'il avoit remportée dans la plaine de Tongres sur les Liégeois, pour les intérêts de Jean de Bavière son beau-frère, évêque de Liége. Les talens qu'il montra dans les dispositions de cette journée, le firent regarder comme le plus grand capitaine de l'Europe. L'intrépidité avec laquelle il affronta tous les dangers, le fit nommer *Jean-sans-Peur,* comme l'évêque de Liége fut nommé *Jean-sans-Pitié* pour la cruauté avec laquelle il massacra les vaincus & assista au supplice des prisonniers.

Les deux partis, Armagnacs & Bourguignons, avoient l'un & l'autre eu le tort d'appeler les Anglais; mais les Bourguignons en avoient donné l'exemple, & persévérèrent plus long-tems dans cette alliance ennemie. Le duc de Bourgogne étoit l'allié des Anglais à l'époque même de la bataille d'Azincourt, tandis que, dans cette funeste bataille, les princes d'Orléans perdoient la liberté en défendant leur patrie.

La politique du duc Jean étoit souvent démentie par son caractère. L'intérêt qu'il avoit de ménager le Dauphin son gendre ne pouvoit l'engager à se contraindre; il vouloit gouverner ce Prince avec le même despotisme qu'il gouvernoit le royaume. La mésintelligence se mit entr'eux: le Dauphin s'ennuya du joug, & voulut jouer un rôle par lui-même dans cette anarchie; il prétendit soumettre Paris & désarmer les bourgeois. Le duc de Bourgogne souleva contre lui ses bouchers & une foule de factieux, à la tête desquels se mit un chirurgien, nommé Jean de Troye. On court à l'hôtel du Dauphin, on lui déclare qu'on vient pour arrêter les traîtres qui l'environnent. Le chancelier particulier qu'avoit le Dauphin en qualité de duc de Guienne, demande quels sont ces traîtres: on lui en donne une liste, à la tête de laquelle étoit le chancelier lui-même: on enfonce les portes, on arrête tous les seigneurs dont le Dauphin est entouré; on n'épargne ni le duc de Bar, cousin-germain du Roi, ni Louis de Bavière, frère de la Reine. C'étoit la même insulte que

Marcel avoit faite autrefois au dauphin Charles, pendant la captivité du roi Jean. Le duc de Bourgogne vint, comme Marcel, combler l'insulte par sa préfence. *Beau-père*, lui dit le Dauphin, *cet* » *outrage m'est fait par votre conseil, & ne vous en* » *pouvez excufer, car gens de votre hôtel font les prin-* » *cipaux ; si fachez fûrement qu'une fois vous vous* » *en repentirez, & il n'ira pas toujours à la befogne* » *ainfi à votre plaifir.* — *Monfeigneur*, répond le Duc » *avec la plus outrageante froideur, vous vous* » *informerez quand ferez refroidi de votre ire.* » Des officiers du Dauphin, on alla jufqu'aux officiers du Roi. Le chancelier, Arnaud de Corbie, fut deftitué ; l'avocat-général, Juvénal des Urfins, fut mis au châtelet ; Gerfon ( *voyez* fon article dans le Dictionnaire ) fut réduit à fe cacher. Le chirurgien, Jean de Troye, fit prendre au Roi le chaperon blanc, fignal du parti bourguignon, comme Marcel avoit donné fon chaperon au dauphin *Charles :* tout le monde auffitôt en voulut avoir, car il n'y avoit de fûreté qu'à l'abri de ce chaperon. Les prédicateurs fanatiques ou politiques du tems vendoient leur éloquence au duc de Bourgogne & aux bouchers de Paris : ceux-ci firent des lois de fang, qu'on appela les *Ordonnances cabochiennes.* Le Roi vint en chaperon blanc au parlement, pour les faire enregiftrer. Les feigneurs & les officiers du Roi & du Dauphin, qu'on avoit arrêtés, furent liés deux à deux fur des chevaux, & traînés en prifon à travers les huées de la populace ; quelques-uns furent maffacrés dans les rues, d'autres dans leurs cachots ; on en jeta plufieurs dans la Seine ; on en fit périr un grand nombre fur l'échafaud ; on y porta jufqu'à des cadavres. Larivière, fils du miniftre de ce nom, & un écuyer du Dauphin, nommé le petit Maifnel, avoient été maffacrés dans la prifon à coups de hache : on les traîna morts jufqu'aux halles, où ils eurent la tête tranchée. Le Dauphin fut retenu prifonnier à l'hôtel de Saint-Pol ; il y étoit gardé à vue : on lui interdifoit jufqu'aux amufemens les plus innocens. Jaqueville, capitaine du guet de Paris, alors le favori du duc de Bourgogne & l'exécuteur de fes violences, paffant un foir devant l'hôtel de Saint-Pol, entend des violons ; il monte à l'appartement du Dauphin, où l'on danfoit ; il lui reproche *la diffolution dans laquelle il vivoit :* la Trémoille étoit avec le Prince ; *c'eft vous,* lui dit Jaqueville, *qui êtes le miniftre de ces indécences.* Le Dauphin perdit patience ; il tira fa dague, dont Jaqueville eût été percé fans une cotte de maille qu'il portoit toujours. Les archers du guet s'avançoient pour maffacrer la Trémoille ; le duc de Bourgogne, qui furvint, lui fauva la vie. Le Dauphin penfa mourir d'une hemorragie caufée par l'excès de colère où le jeta cette infolence de Jaqueville.

Un gouvernement fi violent ne pouvoit fubfifter. Le Dauphin trouva le moyen de traiter avec les Armagnacs & de fe liguer avec eux : bientôt il marche dans les rues de Paris à la tête de trente mille hommes. Les féditieux voulurent fe raffembler. Le duc de Bourgogne, qui jugea que la partie ne feroit pas égale, les fit retirer lui-même ; il eut enfuite la témérité d'aller joindre le Dauphin & les Armagnacs au moment où l'on délivroit les prifonniers, & où le duc de Bavière & le duc de Bar, devenus libres enfin, devoient naturellement vouloir venger fur lui les affronts & les périls de leur captivité. Jamais le duc de Bourgogne ne mérita mieux qu'en cette occafion le nom de *Jean-fans-Peur.* Le bruit général étoit que ces deux feigneurs, le lendemain du jour où ils furent délivrés, devoient être menés à l'échafaud fi la tyrannie du duc de Bourgogne eût duré ces deux jours de plus : on y conduifit à leur place un frère du chirurgien Jean de Troye, chez lequel on trouva une lifte de profcription, qui dévouoit à la mort plus de quatorze cents chefs de famille avec leurs familles entières. Cette lifte étoit divifée en trois colonnes, diftinguées chacune par une lettre particulière : un *T* défignoit ceux qui dévoient être tués ; un *B,* ceux qui dévoient être bannis ; un *R,* ceux qu'on devoit fe contenter de rançonner. Tout parut rentrer fous l'obéiffance du Dauphin : les chefs des factieux lui abandonnèrent la Baftille, le Louvre, le Palais, l'hôtel-de-ville ; les Miniftres & Magiftrats deftitués furent rétablis ; les écharpes des Armagnacs remplacèrent les chaperons blancs & les croix bourguignones. Le duc de Bourgogne fe retira en Flandre, où il avoit envoyé long-tems avant lui le comte de Charolois fon fils : c'étoit la feule précaution qu'il eût prife contre les dangers de la révolution qu'il éprouvoit dans ce moment : la harangue de fon cordelier, Jean Petit, fut brûlée publiquement dans le parvis de Notre-Dame : on voulut exhumer cet apologifte de l'affaffinat, pour brûler auffi fes os. Le Roi déclara que jufque-là il avoit été *déçu, féduit & mal informé.* Les prédicateurs prêchèrent contre les Bourguignons, comme ils avoient prêché contre les Armagnacs : on joignit la galanterie à la cruauté, on donna des tournois, & l'on publia des édits de profcription.

Il fembloit qu'on craignît de couper la racine des guerres civiles. On auroit pu vingt fois s'affurer du duc de Bourgogne : on l'avoit laiffé échapper, & dès qu'il fut parti on lui déclara la guerre ; les hoftilités recommencèrent avec une nouvelle fureur.

Cependant le Dauphin fe trouvoit auffi efclave des Armagnacs, qu'il l'avoit été des Bourguignons. En effet, la Reine, qui étoit toujours à la tête du parti armagnac, furtout depuis qu'il étoit triomphant, fit à fon propre fils le même affront que le duc de Bourgogne avoit fait à fon gendre ; elle arrive inopinément chez le Dauphin, au Louvre, fuivie des Princes & des chefs du parti armagnac ; elle fait arrêter en fa préfence & en préfence du Dauphin, quatre jeunes feigneurs de la cour de ce Prince : c'étoient les seigneurs de Moï, de Brimeu, de Montauban & de Croy. Le Dauphin les défendit tant qu'il put ; il voulut sortir de son palais, & appeler le peuple à leur secours : les Princes le retinrent. Il paroît qu'on soupçonnoit ces amis du Dauphin d'intelligence avec le duc de Bourgogne. On savoit que le Dauphin avoit écrit au Duc pour réclamer son secours ; il vouloit que les Bourguignons le délivrassent des Armagnacs, comme les Armagnacs l'avoient délivré des Bourguignons. Le duc de Bourgogne se présenta aux portes de Paris, surtout du côté des halles, qui avoient toujours été dans ses intérêts. Pour échauffer ses partisans, il publioit que le Dauphin l'avoit mandé ; que les Armagnacs tenoient le Roi & le Dauphin prisonniers. La cour obligea le Dauphin de le désavouer : on publia son désaveu, & personne n'y crut. Cependant les efforts du duc de Bourgogne n'aboutirent pour lors qu'à exciter dans la ville quelques conspirations qui furent découvertes & punies : on désarma les bourgeois, on leur enleva leurs chaînes, qui furent portées à la Bastille. Le comte d'Armagnac passa pour l'auteur de ce conseil : les habitans en conçurent contre lui une haine mortelle, qui sembla redoubler encore lorsqu'après la bataille d'Azincourt, où le connétable d'Albret avoit été tué, l'épée de connétable fut donnée à ce même comte d'Armagnac. Le duc de Bourgogne, pour profiter de ces dispositions, parut encore vouloir s'approcher de Paris ; mais il resta cantonné dans la Brie, auprès de Lagny ; ce qui le fit nommer par dérision, *Jean de-Lagny, qui n'a hâte d'aller* ; plaisanterie relative apparemment à quelque proverbe du tems.

Il couronna ses violences & ses crimes par une conspiration nouvelle, qui devoit éclater le jour du Vendredi-Saint ; il ne s'agissoit de rien moins que de mettre la couronne sur la tête du duc de Bourgogne. Il falloit arrêter, renfermer, peut-être même massacrer le Roi, la Reine, tous les Princes, tous les chefs du parti armagnac ; en un mot, exterminer le parti entier. L'extravagance de ce complot en égaloit seule l'atrocité ; il pensa cependant réussir. Cet affreux secret fut gardé presque jusqu'au moment de l'exécution ; ce ne fut que quelques heures avant la nuit choisie pour ce grand carnage, que le gouvernement en reçut les premiers avis. Aussitôt Tanneguy-Duchâtel, prévôt de Paris, courut s'emparer des halles, foyer de toutes les conspirations qui se formoient en faveur du duc de Bourgogne : on trouva dans les maisons indiquées, les chefs du parti bourguignon tout armés en attendant le signal : les uns furent arrêtés, les autres prirent la fuite. Le duc de Bourgogne, non-seulement avoit eu connoissance du complot, mais même l'avoit approuvé : on trouva ses lettres d'aveu entre les mains des chefs de la conspiration. En même tems il signoit avec le roi d'Angleterre un traité par lequel il le reconnoissoit pour véritable & légitime roi de France, & promettoit de lui rendre hommage.

Le dauphin Louis mourut en 1415, peu de tems après la bataille d'Azincourt, & mourut Armagnac. Le dauphin Jean son frère mourut Bourguignon en 1416. Le dauphin Charles, qui fut depuis le roi Charles VII, leur succéda. Il arriva vers ce tems qu'on jeta dans la rivière, par ordre du Roi, Bois-Bourdon, favori d'Isabelle, & qu'on accusoit d'un commerce trop intime avec cette Princesse. La Reine imputa la mort de Bois-Bourdon au connétable d'Armagnac, & ne pardonna jamais au dauphin Charles son fils la part qu'elle le soupçonna aussi d'y avoir eue ; elle se jeta dans le parti des Bourguignons, & sortit par le secours du duc de Bourgogne, de la prison où elle étoit elle-même retenue à Tours depuis l'aventure de Bois-Bourdon. Le premier usage qu'elle fit de sa liberté fut de faire la guerre à son propre fils. Ainsi le véritable chef des Armagnacs fut alors le dauphin Charles, celui des Bourguignons fut cette même Isabelle, si long-tems l'ennemie de ce parti, & le duc de Bourgogne devint son lieutenant.

De tant de conspirations qui se formoient en faveur du duc de Bourgogne pour l'introduire dans Paris, il y en eut une enfin qui réussit. La nuit du 28 au 29 mai 1418, le fils d'un quartinier, nommé Leclerc, déroba les clefs sous le chevet du lit de son père, & alla ouvrir les portes. L'Isle-Adam, lieutenant du duc de Bourgogne, entra d'abord sans bruit ; puis quand le peuple se fut joint à lui, & quand il se fut rendu maître de la personne du Roi, toute la ville retentit de ce cri : *La paix & Bourgogne.* Le vigilant Tanneguy-Duchâtel (*voyez* son article dans le *Dictionnaire*) sauva le Dauphin ; le connétable d'Armagnac, déguisé en mendiant, se cacha chez un maçon ; mais sur une défense qui fut publiée de donner asile à aucun Armagnac sous peine de mort, le maçon le livra. Alors commença un des plus horribles massacres dont l'Histoire ait conservé le souvenir. Le connétable, le chancelier de Marle, les évêques de Senlis, de Coutances, de Bayeux, d'Evreux, de Saintes, &c. furent égorgés & outragés après leur mort ; leurs corps furent traînés pendant trois jours dans les rues : on avoit pris plaisir à couper en lanières la peau du connétable, & on lui avoit fait une écharpe de sa chair ; le sang ruisseloit dans les rues, on éventroit les mères, on écrasoit les enfans ; les assassins rioient en contemplant leur ouvrage : *Regardez ces petits chiens,* disoient-ils ; *ils remuent encore.* Les chefs du parti bourguignon les approuvoient & les encourageoient : *Mes enfans,* crioient-ils, *vous faites bien.*

Les Armagnacs n'avoient pas eu plus d'humanité. Le journal du règne de Charles VI accuse les gendarmes du connétable d'avoir fait rôtir des hommes & des enfans dont ils ne pouvoient pas tirer de rançon ; & le connétable avoit aussi formé le projet d'un maffacre général des Bourguignons, qu'il alloit exécuter lorfque ceux-ci furprirent Paris.

Le duc de Bourgogne y fit fon entrée un mois après l'île-Adam, & le carnage recommença. Quiconque étoit foupçonné d'avoir de l'argent, ou quiconque avoit un Bourguignon pour ennemi, étoit maffacré comme Armagnac. Les corps, précipités du haut des tours, étoient reçus fur les pointes des épées & des javelines. Le bourreau fe mit à la tête des affaffins : il fe faifoit amener les prifonniers, prétendant que le droit de les égorger lui appartenoit ; il touchoit, en figne d'alliance & d'amitié, dans la main du duc de Bourgogne, qui, ne le connoiffant pas, le prenoit feulement pour un Bourguignon zélé. Ce Prince, en même tems qu'il excitoit fous main ces émotions par fes émiffaires, feignoit de vouloir les appaifer, & de ne pouvoir y réuffir ; il prodiguoit plus que jamais à cette féroce & vile populace les careffes & la familiarité. Les bouchers, les écorcheurs, les bourreaux, vengeurs ardens de la querelle de ce Prince, en ufoient avec lui comme firent dans la fuite les Seize avec le duc de Mayenne, d'abord fes créatures, enfuite fes tyrans. Le duc de Bourgogne finit auffi par en ufer avec eux comme Mayenne avec les Seize, c'eft-à-dire, par en faire pendre quelques-uns. Il s'apperçut du danger de laiffer prendre au peuple cette habitude de la révolte & du meurtre ; il fentit que la continuité de ces défordres pouvoit à la fin tourner contre lui-même ; il voulut en arrêter le cours ; il éprouva quelque réfiftance ; il fit prendre les armes aux troupes, & il crut qu'il feroit d'un bon exemple d'envoyer au fupplice quelques-uns de ceux dont les mains s'étoient le plus fouillées de fang. Ce même bourreau (Capeluche), qui avoit traité avec lui d'égal à égal, méritoit d'être diftingué parmi les affaffins : il fut décapité aux halles. Son valet, qui lui trancha la tête, n'avoit jamais fait d'exécution de cette efpèce. Capéluche, pour fon intérêt, prit foin de l'inftruire lui-même ; il lui prefcrivit les mefures néceffaires pour ne pas le manquer ; il fe mit enfuite à genoux, & reçut le coup mortel avec la même tranquillité qu'il le donnoit autrefois.

Le peuple ne murmura point, & on vit que le duc de Bourgogne n'avoit pas moins de facilité à le contenir qu'à l'émouvoir. Une démarche bien dangereufe lui affura les cœurs des habitans de Paris ; il leur rendit les chaînes & les armes que le connétable d'Armagnac leur avoit ôtées. Le courroux célefte fembla fe joindre à la rage des hommes pour dépeupler Paris. La pefte, fuite naturelle de tant de maffacres, emporta, en quatre mois, plus de quarante mille perfonnes.

De Melun le Dauphin s'étoit retiré à Bourges, puis à Poitiers. Ses partifans tâchoient d'arracher quelques lambeaux de ce miférable royaume, déchiré par les guerres inteftines & par les armes

des Anglais. Ceux-ci, grace aux fureurs & au délire des Français, faifoient des progrès effrayans. Leur Roi, fans interrompre fes conquêtes, traitoit à la fois avec le Dauphin & avec le duc de Bourgogne, & chacun de ces deux Princes traitoit auffi à la fois avec les deux autres. La crainte d'un accommodement entre la France & l'Angleterre, dont les conditions euffent pu être fatales au Dauphin, engagea celui-ci à vaincre ou à diffimuler fa haine ; il annonça une parfaite réconciliation avec le duc de Bourgogne. Il y eut, à cette occafion, deux entrevues de ces deux Princes ; l'une à Poilly-le-Fort, entre Melun & Corbeil ; l'autre enfin fur le pont de Montereau-Faut-Yonne, où le duc de Bourgogne fut affaffiné le 10 feptembre 1419, par les feigneurs de la fuite du Dauphin. Les vraies circonftances de ce nouveau crime font ignorées : on peut croire qu'elles font bien différemment racontées par les Armagnacs & par les Bourguignons, & peut-être eft-il encore permis de conferver des doutes favorables au Dauphin. Les uns veulent que cet affaffinat ait été prémédité de fa part, qu'il ait employé l'intrigue pour attirer le duc de Bourgogne dans le piége ; qu'il ait gagné la dame de Giac, maîtreffe du duc de Bourgogne, & que celui-ci ne foit venu au rendez-vous, malgré des répugnances affez fortes, que par un effet de fa foumiffion aveugle à toutes les volontés de cette femme. Les autres difent que le duc de Bourgogne s'attira fon fort par un ton infolent & des geftes menaçans ou au moins fufpects, qui mirent les feigneurs de la fuite du Dauphin dans la néceffité de le défendre. D'autres enfin imaginent qu'il y eut un mal-entendu réel ou affecté, fondé fur ce que le duc de Bourgogne, qui s'étoit mis à genoux devant le Dauphin, porta, en fe relevant, la main fur fon épée, qui s'étoit embarraffée dans fes habits. Quoi qu'il en foit, voici les feules circonftances certaines de cet événement. On avoit pofé des barrières pour la fûreté refpective. Les gens du Dauphin les avoient conftruites ; ceux du duc de Bourgogne vinrent les reconnoître. Le Dauphin étoit maître d'un des bouts du pont, le duc de Bourgogne de l'autre. La fuite des Princes étoit la même pour le nombre ; elle étoit compofée de part & d'autre de dix perfonnes. Du côté du Dauphin étoient Tanneguy-Duchâtel, Narbonne, Louvet, Naillac, Loiré, Layet, Frottier, Bataille, Bouteiller & du Lau. Du côté du duc de Bourgogne, Charles de Bourbon, Noailles, Fribourg, Neufchâtel, Montaigu, de Vienne, de Vergy, d'Outray, de Giac & de Pontarlier. Pour tuer le Duc, il fallut fauter par-deffus la barrière ; Noailles fut tué en le défendant ; les autres feigneurs de la fuite du duc de Bourgogne furent faits prifonniers, excepté Montaigu, qui franchit les barrières. Comment fe laiffe-t-on prendre ainfi à nombre égal ? L'inégalité étoit-elle dans les armes ou dans le courage ? Les feigneurs de la fuite du duc de Bourgogne rendirent-ils quelque combat ?

combat? Y eut-il quelques bleſſés de part & d'autre? Voilà ſur quoi l'Hiſtoire n'offre rien de certain. On a les dépoſitions de trois des ſeigneurs de la ſuite du duc de Bourgogne, Vienne, Vergy & Pontarlier: elles donnent peu de lumières. Seguinat, ſecrétaire du Duc, & qui étoit entré à ſa ſuite ſur le pont, dit que Vergy ſe mit en défenſe, & qu'il fut bleſſé. Une circonſtance pourroit expliquer le peu de réſiſtance des amis du Duc. Le nombre de la ſuite des deux Princes, ſur le pont, étoit abſolument égal; mais hors du pont le Duc n'avoit que cinq cents hommes d'armes, dont une partie occupoit le château de Montereau: le Dauphin avoit une armée que des auteurs font monter à vingt mille hommes. Peut-être les ſeigneurs de la cour du duc de Bourgogne crurent-ils que toute l'armée du Dauphin alloit fondre ſur eux. Peut-être y avoit-il des intelligences entre les ſeigneurs du parti du Dauphin & quelques-uns de ceux du duc de Bourgogne: ce qui pourroit le faire penſer, c'eſt la promptitude avec laquelle Giac & ſa femme, après cet événement, embraſſèrent le parti du Dauphin. Le corps du duc de Bourgogne reſta ſur le pont: on emporta le Dauphin éperdu, épouvanté, preſque ſans connoiſſance. Cet effroi, ſa jeuneſſe, ſa douceur, ſa foibleſſe même & l'éloignement qu'il eut toujours pour le crime dépoſent en ſa faveur. L'opinion qui nous paroît la plus raiſonnable eſt que, ſi les ſeigneurs de ſa ſuite avoient formé ce complot, ils ne le conſultèrent pas pour lui rendre un ſi affreux ſervice. En effet, ſes miniſtres, ſes généraux, & nommément quelques-uns de ceux qui l'accompagnèrent à Montereau, ne le conſultoient pas toujours ſur la manière de le ſervir: il eſt vrai qu'il ne déſavoua point les meurtriers du Duc, & qu'il ne leur ôta point ſa faveur; ce qui prouve ſeulement qu'ils le gouvernoient. Peut-être croyoit-il leur devoir beaucoup pour un crime dont ils avoient pris ſur eux la honte & le danger, en lui en laiſſant le fruit: peut-être eux-mêmes penſoient-ils ainſi.

Ce fut principalement Tanneguy-Duchâtel que la voix publique accuſa du meurtre du duc Jean: on diſoit même qu'il conſervoit comme un monument précieux la hache dont il s'étoit ſervi dans cette occaſion. Il proteſta toujours qu'il n'avoit en aucune part à ce crime. Barbazan, qui fut accuſé de l'avoir conſeillé, quoiqu'il ne fût pas du nombre des dix ſeigneurs qui accompagnoient le Dauphin ſur le pont, non-ſeulement s'en défendit, mais, ſelon quelques auteurs, il proteſta hautement qu'on avoit perdu & déshonoré le Dauphin en voulant le ſervir. Louvet & Loiré ſont nommés dans les dépoſitions; Layet & Frottier le ſont dans la relation de Monſtrelet.

On eſſaya de perſuader à la nation que le duc de Bourgogne avoit inſulté le Dauphin, & qu'il n'avoit fait que porter la peine de ſon inſolence: on engagea le Dauphin à publier ce fait dans un manifeſte. C'étoit profiter, contre le duc de Bour-

gogne, de quelques vraiſemblances que fourniſſoit ſon caractère; mais elles étoient détruites par une vraiſemblance plus grande, c'eſt que le duc de Bourgogne n'étoit pas le plus fort à Montereau. Les partiſans du Dauphin voulurent forcer Séguinat à dépoſer contre ſon maître; ils le retinrent longtems en priſon; ils le menacèrent de la queſtion: rien ne put ébranler ce ſerviteur fidèle.

Le premier fruit qu'on voulut tirer de la mort du duc de Bourgogne, fut de ſoumettre le château de Montereau. On mena Vergy au pied des murailles, & on le chargea de ſignifier à la garniſon un ordre de ſe rendre ſous peine de mort. Un des compagnons du Duc, entre les mains des Dauphinois, diſoit aſſez qu'il étoit arrivé au Duc quelque choſe d'extraordinaire: la garniſon demanda un ordre du Duc par écrit. Vergy, n'oſant dire qu'il venoit d'être aſſaſſiné, de peur apparemment d'offenſer les Dauphinois, ſe contenta de montrer la terre du doigt. La garniſon n'entendant point ou feignant de ne pas entendre, il fallut parler plus clairement. Le défaut de vivres força la garniſon de capituler.

Ce fut là le ſeul ſuccès du Dauphin, & bientôt il apprit que le fruit le plus certain du crime eſt la honte & le malheur. Qu'avoit gagné le duc de Bourgogne à l'aſſaſſinat du duc d'Orléans? Douze ans de honte, de remords & de terreurs, ſuivis auſſi d'une mort violente. Que gagnoit le dauphin Charles à avoir puni, par une perfidie & une cruauté, ce Prince perfide & cruel? L'exhérédation, la malédiction paternelle, le ſoulévement du royaume, la néceſſité de conquérir un trône que la naiſſance lui déféroit. Le comte de Charolois, nouveau duc de Bourgogne, avoit à venger un père; Iſabelle de Bavière avoit, pour la troiſième fois, à venger un amant, &, pour la ſeconde fois, à le venger ſur un fils: Anglais, Bourguignons, Français, tout ſe réunit contre le Dauphin. Charles VI prend pour gendre Henri V; la couronne de France eſt tranſportée au roi d'Angleterre par le traité de Troye.

Lorſqu'enfin Philippe, duc de Bourgogne, rendit la paix à la France par le traité d'Arras, il n'oublia, ni de venger la mémoire de ſon père, ni de ſe dédommager des frais de la guerre. Le Dauphin, devenu le roi Charles VII, & que le duc de Bourgogne voulut bien reconnoître pour tel, fut obligé de déſavouer le meurtre du duc Jean; il promit de faire punir les meurtriers, dont le duc Philippe donneroit la liſte; de faire élever une croix ſur le pont de Montéreau-Faut-Yonne, à l'endroit où le duc Jean avoit été aſſaſſiné; de fonder dans cette ville une chapelle, dont la collation appartiendroit aux ducs de Bourgogne; d'y bâtir un couvent de Chartreux, & de fonder, dans l'égliſe des Chartreux de Dijon, un ſervice perpétuel pour le feu Duc. Voilà pour la réparation: voici pour l'indemnité. Philippe, qui s'intitule *par la grace de Dieu, duc de Bourgogne*, & qui déclare qu'il pardonne, *pour révérence de Dieu*, &

*pour la compassion du pauvre peuple*, fait augmenter son duché de Bourgogne du comté d'Auxerre & de la seigneurie de Bar-sur-Seine, au nord ; du comté de Mâcon, au midi : se fait céder de plus, du côté des Pays-Bas, le comté de Ponthieu, conquis sur les Anglais, & toutes les places de la Somme, & même quelques places plus voisines de Paris de ce côté-là, telles que Roye & Mont-didier. A la vérité, les places de la Somme étoient déclarées rachetables moyennant quatre cent mille écus. Toutes les terres cédées au duc de Bourgogne furent affranchies de la suzeraineté de la couronne, mais seulement pour la vie de Philippe, qui se fit encore payer cinquante mille écus pour les équipages & joyaux qu'on avoit pris à son père quand on l'avoit assassiné. Il fallut que les Princes du sang & les Grands du royaume se rendissent garans envers Philippe d'un traité si oné-reux.

Le duc de Bourgogne, Jean, avoit commencé sa carrière par des malheurs qui auroient bien dû adoucir son caractère. Il n'avoit que vingt-deux ans lorsque les cris de l'Empire d'Orient & de l'Empire d'Occident, l'un écrasé, l'autre menacé par le terrible Bajazet, Empereur des Turcs, se firent entendre à la France. La Hongrie, près d'être attaquée par ce conquérant, implora le secours des Français & l'obtint. L'élite de la noblesse fran-çaise alla périr, en 1396, aux champs de Nico-polis ; elle étoit commandée par ce prince Jean, depuis duc de Bourgogne, alors comte de Nevers. Bajazet, vainqueur, fit égorger, aux yeux de Jean, les prisonniers chrétiens ; il ne lui laissa la vie que par bravade, & en l'exhortant fièrement à prendre sa revanche. Les Chrétiens avoient donné aux Infidèles l'exemple de cette cruauté ; ils avoient les premiers égorgé les prisonniers turcs : au reste, ils avoient soutenu, à Nicopolis, la gloire de leurs armes. La perte des vainqueurs y fut dix fois plus grande que celle des vaincus, & le comte de Ne-vers s'y étoit distingué.

JEAN DE GELÉEN, (*Hist. des Anabapt.*), un des chefs des Anabaptistes, un des disciples de Jean de Leyde (*voyez* l'article suivant), avoit été envoyé par son maître en Hollande avec des trou-pes anabaptistes pour réduire les principales villes de cette province. Geléen agit d'abord pour de Leyde, ensuite pour lui-même, &, n'ayant réussi à rien, il alla tomber aux pieds de la reine de Hon-grie, sœur de Charles-Quint, gouvernante des Pays-Bas, qui lui accorda sa grace, à condition qu'il travailleroit à réduire les Anabaptistes des Pays-Bas & de Munster. Il promit tout ; il vint à Amsterdam, mit sur sa porte les armes d'Espagne, &, sous prétexte de servir Charles-Quint & la gou-vernante, il lia des intrigues pour se former dans Amsterdam un petit royaume anabaptiste, indé-pendant de Munster & de toute autre puissance. Le projet fut découvert & prévenu ; mais il en

coûta beaucoup de sang. Les Anabaptistes vendi-rent cher leur vie ; Geléen se réfugia dans une tour : mais, ayant paru à une fenêtre, il reçut un coup de mousquet qui le précipita du haut de la tour en bas (en 1535.)

JEAN DE LEYDE. (*Hist. des Anabapt.*) Jean Belcod, dit Jean de Leyde, du lieu de sa nais-sance, tailleur d'habits, un des chefs des Ana-baptistes, succéda en 1535 à Jean Mathieu. (*Voyez* l'article suivant). Il épouse dix-sept femmes. Dans une assemblée du peuple, une voix s'élève pour blâmer cette excessive polygamie : Jean de Leyde saisit le téméraire censeur, & lui fait couper la tête. Jean de Leyde régnoit à Munster comme Jean Mathieu y avoit régné. L'évêque de Munster, François de Waldek, assiégeoit toujours sa ville, dont il étoit le souverain légitime, sous le domaine de l'Empire. Des gens sages voulurent la lui li-vrer : Jean de Leyde promit le ciel à ceux qui leur serviroient de bourreaux. On peut croire qu'il n'en manqua point.

Jean de Leyde étoit Roi ; il voulut en avoir le titre ; il court tout nu dans les rues, en criant : *Le roi de Sion vient* ; puis il retourne dans sa mai-son : le peuple y vient en foule pour savoir ce que c'est que ce roi de Sion, & pourquoi cette nudité. Jean de Leyde ne répond rien ; il écrit que Dieu lui a lié la langue pour trois jours, & le peuple comprend que Jean de Leyde est Zacharie. Au bout des trois jours il présente à l'assemblée du peuple un orfèvre de Wormdorp, nommé Tuscochiérer, qu'il avoit formé aux révélations. *Voici*, dit-il, *un prophète ; qu'il parle*. Le prophète parle, & crie : *Ecoute, Israël ! voici ce que l'Eternel ton Dieu t'ordonne ; vous déposerez l'évêque, les ju-ges, les ministres ; vous choisirez douze ignorans pour annoncer ma parole au peuple. Et toi*, dit-il à Jean de Leyde en lui mettant à la main une épée nue, *reçois cette épée que le Père te donne ; il t'établit Roi pour gouverner à Sion & sur toute la terre*. Jean de Leyde se soumet, & exerce avec éclat la puissance royale ; il fait battre monnaie, & sur sa monnaie on lisoit ces paroles de saint Jean : *Si l'homme ne renaît de l'eau & de l'esprit, il ne peut entrer dans le royaume de Dieu*. Il célèbre la cène avec tous ses sujets, que le prophète avoit fait armer pour cette solennité ; le Roi leur distribue le pain, en leur disant : *Prenez, mangez, annoncez la mort du Sei-gneur*. La Reine, c'est-à-dire, celle de ses dix-sept femmes, à laquelle Jean de Leyde donnoit ce titre, parce qu'elle étoit la veuve de Jean Ma-thieu son prédécesseur, présenta la coupe à l'as-semblée, en disant aussi : *Buvez, annoncez la mort du Seigneur*. Au milieu du festin, Jean de Leyde se lève brusquement pour aller trancher la tête à un prisonnier, & il revient se remettre à table.

Cependant le siége continuoit, les vivres man-quoient, les pauvres souffroient. Une des femmes du nouveau Roi témoigna quelque compassion pour tant de malheureux si cruellement trompés : la sensibilité est un crime aux yeux de la tyrannie. Jean de Leyde cite la coupable à l'assemblée du peuple : elle paroît accompagnée de ses parens, il la fait mettre à genoux devant lui, & lui tranche la tête à leurs yeux. Ses autres femmes, plus dociles, chantent & dansent avec lui & avec tout le peuple autour du cadavre de cette malheureuse.

Jean de Leyde avoit souvent promis au peuple une prompte délivrance, & ses prophéties ne s'accomplissoient pas. Voici comment il s'y prit pour les accomplir ; il feignit d'être bien malade pendant six jours ; au bout de ce tems il parut dans la place publique, monté sur un âne aveugle, emblême assez frappant du peuple qu'il conduisoit : *Le Père céleste*, dit-il aux habitans, *m'a chargé seul de tous vos péchés ; vous êtes purs maintenant & libres de tout vice, & voilà la délivrance que je vous ai promise.* Ce n'étoit pas tout-à-fait celle-là que le peuple attendoit.

Enfin Munster fut forcé, & Jean de Leyde pris par la trahison d'un transfuge. Quelques jours auparavant, les assiégeans avoient offert la paix à des conditions honnêtes. Jean de Leyde avoit répondu : *Mettez bas les armes, implorez ma miséricorde, & je pourrai vous faire grace.*

On le promena de cercle en cercle dans l'Allemagne pour l'exposer à la risée publique. De tous les chefs qu'avoient eus les Anabaptistes, c'étoit certainement le plus singulier & le plus hardi. L'évêque de Munster lui ayant demandé quel droit il avoit eu de lui prendre sa ville ? *Et vous*, lui répondit Jean de Leyde, *quel droit aviez-vous d'en être évêque & seigneur ? — Le chapitre*, dit Waldek, *m'a élu évêque ; le peuple*, dit de Leyde, *m'a élu Roi. — Comment*, ajouta l'évêque, *pourras-tu jamais réparer le dommage que tu as causé ? — Fort aisément*, répondit de Leyde : *mettez-moi dans une cage de fer bien couverte, & prenez un liard par tête pour me faire voir ; vous serez non-seulement indemnisé, mais enrichi.*

Il demanda sa grace, promettant qu'à ce prix il rameneroit à l'obéissance de l'Eglise une multitude d'Anabaptistes répandus dans les Pays-Bas & dans l'Angleterre : on rejeta la proposition ; il fut condamné à mort, attaché à un poteau, & tourmenté pendant plus d'une heure avec des tenailles ardentes ; il souffrit très-patiemment, & donna toutes les marques d'un pieux repentir ; enfin on eut pitié de son âme, & pour ne le pas jeter dans le désespoir, on abrégea ses tourmens, en lui perçant le cœur d'un coup d'épée. Le jour de son exécution fut le 22 janvier 1536. Il n'avoit pas vingt-six ans.

Il avoit voulu être mis vivant dans une cage de fer ; il y fut mis après sa mort, & exposé dans cet état au haut d'une tour : plusieurs de ses compagnons périrent aussi dans les supplices ; leurs corps furent exposés au dessous de leur Roi.

JEAN-MATHIEU, (*Hist. des Anabapt.*), un des chefs des Anabaptistes. Après la guerre & la défaite des paysans anabaptistes d'Allemagne, en 1525 (*voyez*, dans le Dictionnaire, l'article *Muncer*), cette secte étant réduite aux visions & aux révélations, on vit paroître le livre intitulé *Du Rétablissement*, où toute l'Apocalypse venoit au secours des Anabaptistes. *Jean-Mathieu*, boulanger d'Harlem, qui en étoit l'auteur, se fit évêque d'Embden ; il étoit Moïse, il étoit Enoch, il étoit tout ce qu'il falloit être ; il envoya ses disciples dans toutes les provinces des Pays-Bas, voisines de l'Allemagne ; il alla lui-même à Munster, où il fut reconnu pour le *Grand Prophète* ; il se cacha d'abord, & son parti grossissoit en silence. Bientôt on vit *Jean-Mathieu* courir avec ses principaux sectateurs dans tous les quartiers de la ville, criant à haute voix : *Faites pénitence, & soyez rebaptisés, car le jour du Seigneur approche.* Ce n'étoit encore qu'un avertissement : on passa bientôt à la menace : *soyez rebaptisés*, disoit-on, *ou sortez d'ici.* Enfin on prit les armes, & on cria : *Soyez rebaptisés, ou mourez.* On chassa l'évêque & les magistrats : l'évêque fut obligé d'assiéger Munster. Alors Dieu ordonna, sous peine de mort, par la voix de *Jean-Mathieu*, à tous les habitans de Munster, d'apporter dans la maison du Prophète ce qu'ils avoient d'argent & de pierreries. Tout fut apporté. Il ordonna ensuite de brûler tous les livres, excepté la Bible : tout fut brûlé. Un serrurier nommé Trutelinge fit sur cela une plaisanterie très-innocente : *Jean-Mathieu* le mande, & en présence du peuple le tue à coups de hallebarde. Le Saint-Esprit dicte à *Jean-Mathieu* des lois qu'il fait écrire sur des tables & afficher aux portes de la ville. Il est tué dans une sortie en 1535.

JORDAN. (*Hist. litt. mod.*) Charles-Etienne Jordan, Brandebourgeois savant, homme de lettres & philosophe, attaché au grand roi de Prusse, Frédéric II, en qualité de conseiller-privé, naquit à Berlin le 27 août 1700, d'une famille française, originaire du Dauphiné, expatriée pour la religion. Magdebourg, Berlin, Lausanne concoururent à l'instruction de son enfance. Revenu à Berlin en 1721, ce fut le savant la Croze qui instruisit à fond sa jeunesse. Il fut quelque tems pasteur ou vicaire d'une petite paroisse : il y fit du bien & s'y fit aimer, mais il n'aimoit que le repos & les lettres ; il quitta sa cure, & ne voulut plus vivre que pour l'étude. Ce goût le rendit recommandable à Frédéric, alors Prince royal, qui le prit à son service en 1736, & qui, étant monté sur le trône en 1740, l'employa utilement à des réglemens de police, à l'extirpation de la mendicité, à l'établissement d'hôpitaux & d'ateliers de charité. Cette sage & politique opération, de transformer les mendians valides en ouvriers utiles, demande une main habile & une ame humaine pour adoucir ce que, dans les détails de l'exécution elle peut avoir de rigoureux & de contraire en apparence à la liberté naturelle de l'homme. M. Jordan fut s'en acquitter à la satisfaction générale.

Lorsqu'en 1744 se fit le renouvellement de l'Académie royale des sciences & belles-lettres de Berlin, M. Jordan fut élu vice-président de cette compagnie. Il ne jouit pas long-tems de cet honneur. Il mourut le 24 mai 1745, à la suite d'une maladie longue & douloureuse, dont il paroît que le principe tenoit à une mélancolie profonde qu'avoit jetée dans son ame la mort d'une femme aimable, qu'il avoit épousée en 1727 & perdue en 1732, après en avoir eu deux filles. Il fut l'ami de tous les gens de lettres de son tems ; il avoit fait divers voyages littéraires en France, en Angleterre, en Hollande. On a de lui quelques productions savantes, telles qu'une Dissertation latine sur la vie & les écrits de Jordanus Brunus ; un recueil de littérature, de philosophie & d'histoire ; l'histoire de la vie & des ouvrages du savant la Croze son maître ; mais c'est par sa correspondance avec le roi de Prusse qu'il est le plus connu. On voit par cette correspondance qui se trouve dans les œuvres de Frédéric, que ce Monarque le combloit de bontés & l'accabloit de plaisanteries ; ce qui n'est pas toujours bonté dans les Princes. En général, on devroit user sobrement de raillerie, soit par générosité, si l'on se sent supérieur par l'esprit ou par le rang, soit par prudence, si l'on a la conscience de son infériorité. Ce grand roi de Prusse avoit le défaut d'aimer à écrire des choses piquantes & mortifiantes à ceux même qu'il aimoit. M. de Voltaire lui reproche vigoureusement ce défaut dans une de ses lettres. Le marquis d'Argens, M. d'Alembert, ont eu quelquefois à en souffrir dans le cours de cette correspondance royale. M. Jordan eut aussi à se défendre contre cette causticité avec tout le respect & toute la soumission d'un sujet & d'un subalterne. Comment ce grand Roi ne croyoit-il pas devoir à ses propres bienfaits, à sa propre estime, de témoigner plus d'égards à ceux qui en étoient l'objet ? Au reste, la correspondance de M. Jordan avec le roi de Prusse offre diverses anecdotes littéraires assez curieuses. Peu de personnes, par exemple, connoissoient cette épigramme de Jean-Baptiste Rousseau contre Voltaire, sous la forme d'une espèce d'épitaphe que Rousseau s'étoit faite à lui-même deux ans avant sa mort :

De cet auteur noirci d'un crayon si malin,
Passant, veux-tu savoir quel fut le caractère ?
Il avoit pour amis Titon, Brumoi, Rollin ;
Pour ennemis, Gacon, Pittaval & Voltaire.

On ne connoissoit guère non plus cette épitaphe de M. Rollin :

Ci gît le très-bigot Rollin,
Qui quitta les plaisirs de l'être ;

Et ce qu'on a de plus certain,
Pour l'espoir d'un très-grand peut-être.

M. Rollin ne se permettoit aucune pensée hardie sur la religion ; mais une piété aussi sincère que la sienne ne doit point être taxée de bigoterie.

On connoît peu encore cette espèce de madrigal sur l'édition donnée par M. de Voltaire, de l'*Anti-Machiavel* du roi de Prusse :

Des auteurs peu considérables
Ont eu d'illustres éditeurs ;
Et les plus illustres auteurs,
Des éditeurs très-misérables.

L'éditeur & l'auteur sont aussi quelquefois
Deux sots obscurs qu'unit leur goût pour les sornettes ;
Mais ici nous voyons le Prince des poètes
Editeur du Prince des Rois.

Pour plaire au roi de Prusse, qui aimoit tant les vers français & qui en a tant fait, M. Jordan s'exerçoit souvent à en remplir ses lettres, qui eussent mieux valu sans cet ornement. Il ignoroit les règles les plus communes de la versification française, la nécessité de l'élision dans certains cas connus ; il se permettoit des *hiatus*, &c. Il faudroit cependant, avant de danser, savoir marcher & avoir des jambes. M. Jordan donne pour des vers les lignes suivantes :

Qui oseroit avoir le cœur
De se livrer à la satyre ?

Ma joie n'est point inquiète
Entre Bacchus & ma Catin.

Quoi ! votre illustre majesté
Va de sang-froid, armée de courage, &c.

Et il ressemble à la trompette
Qu'au jugement on entendra des cieux.

Des lettres charmantes
Marquées au coin de Chaulieu.

Il fait rimer le mot *ombre* avec lui-même :

Pareil plaisir n'est fait que pour une *ombre* ;
Ceux que l'on goûte sous votre *ombre*, &c.

Il est vrai que le Roi poète auquel il adressoit ses vers, faisoit à peu près les mêmes fautes.

Sans m'écrire une bagatelle,
Où quelques mots en prose ou en vers élégans,
Que prépare à jamais & l'oubli & le tems, &c.

M. Jordan annonçant au roi de Prusse, en 1742, l'apparition d'une comète, lui dit : « La seule

» chofe que je crains, c'eft que d'un coup de fa
» queue elle ne dérange toute l'économie de notre
» pauvre globe. »

Cette idée, ridiculifée autrefois par Molière,
qui la met dans la bouche de Triffotin, a été depuis préfentée plus férieufement par des aftronomes & des phyficiens célèbres.

M. Jordan, qui, foit pour fuivre fon penchant,
foit pour flatter celui du Roi, avoit quelquefois
paru peu religieux dans fes lettres, s'exprime
d'une autre manière dans fa dernière écrite un mois
avant fa mort.

« Je n'ai plus lieu d'efpérer ma guérifon. Je fens
» bien, dans la fituation où je me trouve, la nécef-
» fité d'une religion éclairée & réfléchie ; fans elle
» nous fommes les êtres de l'Univers les plus à
» plaindre. Votre majefté voudra bien après ma
» mort me rendre la juftice, que fi j'ai combattu
» la fuperftition avec acharnement, j'ai toujours
» foutenu les intérêts de la religion chrétienne,
» quoique fort éloigné des idées des théologiens.
» Comme on ne connoît la néceffité de la valeur
» que dans le péril, on ne peut connoître l'avan-
» tage confolant qu'on retire de la religion que
» dans l'état de fouffrance.....J'en fais l'expé-
» rience. Votre majefté peut m'en croire. »

JOVIN, ( *Hift. rom.* ), noble Gaulois, brave capitaine au commencement du cinquième fiècle,
eft, ainfi que Sébaftien fon frère, qu'il avoit affocié à l'Empire, au nombre des tyrans, c'eft-à-
dire, des concurrens à l'Empire, qui n'ont pu ou
l'obtenir ou le conferver. Celui-ci l'obtint pour
fon malheur ; il fut proclamé Empereur à Mayence
l'an 411. Il avoit dans fon parti Ataulphe, roi des
Vifigoths ; mais cet appui lui ayant manqué en
1413, par la défection d'Ataulphe, Jovin fut
conduit avec Sébaftien fon frère, pour paroître
devant l'empereur Honorius, qui étoit alors à
Ravenne ; ils ne parvinrent pas jufqu'à lui &
furent tués fur la route.

KENT. ( *Hift. d'Anglet.* ) Le comte de Kent, frère d'Edouard II, roi d'Angleterre, vint négocier en France à la cour de Charles-le-Bel fur des conteftations qui s'élevoient alors entre les deux nations, & qui produifirent entr'elles une guerre, laquelle heureufement fut de peu de durée. Il s'agiffoit à peu près, comme dans notre avant-dernière guerre contre les Anglais ( la guerre de 1756), de favoir fur le domaine de laquelle de ces deux puiffances fe trouvoit un certain fort que le feigneur de Montpezat avoit fait conftruire en Guienne. ( *Voyez*, dans le Dictionnaire, l'article *Montpezat.* ) On ne fut pas content en France du comte de Kent : on jugea que fes procédés n'étoient pas fincères, & qu'il ne cherchoit qu'à gagner du tems. Les Anglais s'étoient emparés de la fortereffe, & avoient commis quelques violences, pour lefquelles Charles-le-Bel demandoit une réparation. On affure que le comte de Kent, fe voyant forcé de conclure, ajouta un nouvel outrage à ceux dont on fe plaignoit. Il avoit tout accordé ; il devoit livrer, & la forterefle, & les coupables ; il demanda quelqu'un pour les recevoir au nom du roi de France. On lui donna un chevalier, nommé Jean d'Arablay, qui le fuivit plein de confiance jufque fur les frontières de la Guienne. Alors le comte de Kent, levant le mafque, & joignant aux menaces une dérifion infultante, renvoya le chevalier, en l'avertiffant qu'il y alloit de la vie, s'il s'obftinoit à paffer outre. La guerre s'alluma,

& le comte de Kent défendit affez mal la Guienne contre le comte de Valois. ( *Voyez*, dans ce volume, *Charles de Valois.* )

Lorfque, dans la fuite, les violences des Spenfers forcèrent la reine Ifabelle de France, femme d'Edouard II, de paffer en France, le comte de Kent, auffi mécontent du gouvernement de fon frère & des Spenfers, que la Reine elle-même, vint joindre cette Princeffe en France, & la fuivit dans l'expédition d'Angleterre, d'où s'enfuivirent le fupplice des Spenfers, le détrônement & la mort cruelle d'Edouard II. Ifabelle & Mortemer fon amant, bien plus coupables que ne l'avoient pu être Edouard & les Spenfers, fe rendirent à leur tour odieux à la nation. Leur dernier crime fut de faire trancher la tête au comte de Kent, qui les avoit trop bien fervis contre fon propre frère, mais qui s'en repentoit, & qui s'élevoit contr'eux avec une indignation vertueufe. On trouva aifément des pairs pour le juger : on eut peine à trouver un bourreau pour l'exécuter ; ils fe cachoient tous ou refufoient leur miniftère, tant ce Prince étoit univerfellement aimé en Angleterre. Sa fille, qu'on appela *la belle vierge de Kent*, & dont la vertu aimable & humaine s'étoit nourrie des malheurs de fon père, époufa dans la fuite ce fameux prince de Galles, ce prince noir, fils d'Edouard III, & fut la mère du malheureux roi Richard II.

LAHARPE (J.F. DE), de l'Académie française. La différence de nos âges me faifoit efpérer qu'il me rendroit l'hommage que je vais lui rendre ; je comptois fur fon amitié pour couvrir ma tombe de quelques fleurs, & fur fon éloquence pour rendre mon nom recommandable à la poftérité.

Je me rappelle toujours avec intérêt ce jour où le hafard nous offrit l'un à l'autre, moi déjà ancien littérateur & touchant aux portes des Académies, lui fortant du collège d'Harcourt, premier théâtre de fa gloire, où les prix publics de l'Univerfité, accumulés fur fa tête, lui promettoient tous les prix académiques qu'il a remportés depuis. J'étois prefque alors le feul homme de lettres qui le connût. Confident de fes premiers écrits, j'appliquois dès-lors à fa carrière littéraire ce que M. de Voltaire avoit dit de la carrière politique & militaire du grand Frédéric :

Tout du plus loin que je vous vis,
Je m'écriai : *Je vous prédis*
*A l'Europe toute incertaine.*

Il a lui-même, dans le dernier & le plus parfait de fes ouvrages (*le Lycée* ou *Cours de littérature*, tome III, partie II, pages 158 & 159), rendu un témoignage touchant à notre ancienne & conftante amitié, & à ma jufte eftime pour fes talens.

Comme ce n'eft point un éloge que je dois faire ici, mais un précis hiftorique, je ne diffimulerai rien. M. de Laharpe connut de bonne heure l'infortune, & l'humiliation pire que l'infortune ; il penfa être arrêté dans fa carrière dès l'entrée. A peine fes fuccès précoces avoient-ils averti l'envie, qu'on voulut, pour le perdre, ériger en crime une efpièglerie de collège, qui ne méritoit que des pénitences fcholaftiques. Ses compagnons d'étude, dont avec raifon il étoit l'oracle, avoient fait contre quelques régens qu'ils n'aimoient pas, une mauvaife fatyre qu'ils lui communiquèrent. Son goût, dès-lors févère & intolérant, ne put laiffer fubfifter des fautes groffières dont il étoit choqué ; il les corrigea, fans fonger à autre chofe qu'à ôter les fautes. Les perfonnes attaquées dans cet écrit y donnèrent par leurs plaintes un éclat indifcret ; ils portèrent à la police cette fottife qui n'eût pas dû fortir de l'ombre du collège. M. de Sartine, voyant cette affaire avec le microfcope de la prévention, vouloit exercer contre un enfant toute la rigueur de fon redoutable miniftère : on lui en fit fentir les conféquences, on lui fit prévoir le repentir qui pourroit fuccéder un jour à cette exceffive févérité ;

il s'adoucit, & le coupable en fut quitte pour quelques mois de prifon. Cette aventure empoifonna les premiers jours de fa jeuneffe : le vif reffentiment qu'il en conçut, remplit long-tems fon ame d'idées & de projets de vengeance contre les oppreffeurs & les tyrans. Dans tous les fujets qu'il traitoit, il donnoit toujours la préférence à ceux où l'indignation, venant au fecours de l'innocence & de la foibleffe, rétabliffoit l'humanité dans fes droits. Peut-être cette première difpofition a-t-elle influé fur fon caractère, peut-être a-t-elle été le principe de cette amertume éloquente qui animoit quelquefois fon ftyle & qui le rendoit fi redoutable dans le genre polémique ; car il fut l'Achille de la littérature ;

*Impiger, iracundus, inexorabilis, acer.*

Peut-être auffi eft-ce par un refte de cette même difpofition qu'il avoit d'abord été affez favorable à la révolution, qu'il a depuis fi hautement & fi pleinement abjurée quand il a vu tout ce qu'elle ajoutoit à la tyrannie.

Ses premiers ouvrages ont été des héroïdes. Ce genre, imité d'Ovide, & qui pouvoit fervir d'études aux jeunes auteurs qui fe deftinoient au théâtre, étoit alors cultivé avec affez de fuccès. L'Épître d'*Héloïfe à Abélard*, de M. Colardeau ; l'Épître de *Barnevelt* à *Truman* fon ami, de M. Dorat ; l'Épître de l'*abbé de Rancé*, écrite de la Trappe à un ami, par M. Barth ; & plus encore, une Épître d'un *Religieux de la Trappe à l'abbé de Rancé*, par M. de Laharpe, ont donné pendant quelque tems à ce genre une affez grande faveur dans le public. M. de Laharpe & M. Dorat parurent d'abord partager les fuffrages : les gens du monde étoient favorables à M. Dorat, qui fe piquoit plus d'être homme du monde qu'homme de lettres ; mais la fupériorité de Laharpe fut bientôt fi décidée & la balance fi rapidement emportée, qu'il n'y eut plus de partage.

Laharpe s'élance dans la carrière des prix académiques. Chamfort, qui l'y avoit précédé, fier d'avoir triomphé avec peine de plufieurs rivaux qui s'étoient mefurés de près avec lui, & lui avoient fortement difputé la victoire, vient lire à Laharpe une pièce de vers qu'il venoit d'envoyer à un nouveau concours. M. de Laharpe, lui rendant confidence pour confidence, tire de fon porte-feuille une pièce qu'il alloit envoyer au même concours, & lui en fait la lecture. Chamfort, juftement alarmé, emploie fa rhétorique à tâcher de lui perfuader qu'il devroit abandonner les prix de l'Académie & fe réferver pour le théâtre, où il avoit déjà paru avec éclat par la tragédie de *Warwich*. Laharpe fourit du conseil, & ne répondit qu'en remportant le prix. Depuis ce tems il ne fit que marcher de triomphe en triomphe.

S'il étoit permis à un vieux foldat de parler de vieilles guerres & de mêler fon hiftoire littéraire à celle d'un ami, je m'égarerois avec plaifir dans ces fouvenirs de ma jeuneffe; j'aimerois à me rappeler que je me fuis auffi plufieurs fois trouvé dans ces redoutables mêlées, & que j'y ai, comme les autres, éprouvé des fortunes diverfes.

> *Se quoque principibus permixtum agnovit achivis....*
> *.... Et nos aliquod nomenque decufque*
> *Geffimus.*

Je combattois, Seigneur, avec Montmorenci, Melun, d'Eftaing, de Nefle & ce fameux Couci.

L'invincible Thomas, fi accoutumé à triompher feul, & dont les prix académiques fembloient être devenus la propriété, m'a pardonné d'avoir, en 1765, partagé avec lui les honneurs du triomphe, par l'*Eloge de Defcartes*; j'ai pardonné fincérement à Laharpe fes nombreufes victoires : il a plus fait peut-être en prenant plaifir à m'annoncer lui-même la victoire que j'avois eu le bonheur de remporter fur lui en 1769, par l'*Eloge d'Henri IV*; car la fortune n'exerce pas moins fon empire fur ces combats littéraires que fur ceux qui enfanglantent nos terres & qui ébranlent les États; j'ai vaincu Bailly, j'ai vu quelquefois à ma fuite, dans un rang moins honorable, ce Chamfort, mon premier vainqueur, & qui le fut deux fois de Laharpe lui-même; c'eft ainfi que la fortune, foit dans les talens des auteurs, foit dans les décifions des juges,

> *Tranfmutat incertos honores,*
> *Nunc mihi, nunc aliis benigna.*

Mais de tous ces illuftres athlètes, tantôt vaincus, tantôt vainqueurs, nul n'a triomphé auffi fouvent, auffi continûment que M. de Laharpe; nul n'a raffemblé dans tous les genres, & en profe, & en vers, autant de couronnes. Parvenu avant lui à l'Académie françaife par mon âge & par de grands travaux hiftoriques, dont ces jeux académiques n'étoient pour ainfi dire que des intermedes; de fon rival devenu fon juge, j'ai eu le plaifir de contribuer de mon fuffrage à tous fes derniers triomphes, qui ne me touchoient plus que pour le progrès des lettres & pour l'intérêt de l'amitié. J'aime à dire que j'ai couronné pour ma part & que nous avons tous couronné unanimement, en vers, les poëmes intitulés : *Les talens, les confeils à un jeune poëte*, & l'ode *fur la navigation*; en profe ce bel *Eloge de Catinat*, dont M. de Guibert, quoique du métier & avec beaucoup de talent, n'a pu qu'approcher; l'*Eloge de Fénelon*, où l'ame aimable

& aimante de ce prélat eft fi bien peinte, ouvrage qui, à fon mérite intrinféque & effentiel, joint l'intérêt étranger & accidentel d'avoir été profcrit par le plus ignorant des miniftres, qui n'a jamais ouvert un livre, qui confondoit le marquis de Lhôpital, le géomètre de l'infini, avec le chancelier de Lhôpital, & ne favoit fous quel règne ils avoient vécu l'un & l'autre; qui occupoit cependant la place du chancelier de Lhôpital & du chancelier d'Agueffeau; qui, organe des lois, arbitre des lettres, & chef de la magiftrature, a détruit autant qu'il étoit en lui les lettres, les lois & la magiftrature; qui, hors d'état d'entendre la voix publique, & étant refté à une diftance immenfe de fon fiècle, croyoit qu'on blafphémoit quand on ofoit improuver la révocation de l'édit de Nantes & condamner les dragonades; c'eft par ce motif qu'il a fupprimé ce fuperbe *Eloge de Fénelon*, qui n'eft pourtant pas encore le plus beau de M. de Laharpe. Son véritable chef-d'œuvre en ce genre eft l'*Eloge de Racine*, fujet entiérement de fon goût & de fon choix, & qui ne lui étoit propofé par aucune Académie. Il y montre partout Racine comme créateur, & il l'eft lui-même de toutes les idées dont il compofe cet Eloge, où règne avec fageffe un enthoufiafme toujours jufte & toujours favamment motivé. C'eft le plus beau monument érigé à la mémoire du plus grand des poètes.

Cet Eloge n'a pu être fait que par un grand poète tragique. J'ignore quel rang la poftérité doit affigner à M. de Laharpe parmi ceux qui ont régné fur la fcène françaife. On conviendra d'abord que fes pièces font les mieux écrites après les belles tragédies de Racine & de Voltaire; & combien ce premier mérite général fuppofe de mérites particuliers! Style tantôt fimple, tantôt brillant, ferme, élégant, harmonieux, tragique, adapté au genre, & varié felon les fujets.

Quant à l'effet que produifent ces mêmes pièces, nous n'ofons dire qu'il foit au même degré que le mérite du ftyle. *Melanie* a beaucoup d'effet, *Philoctète* en a beaucoup auffi, foit dans la traduction en profe de l'auteur de *Télémaque*, foit dans les beaux vers de M. de Laharpe : fes autres pièces n'en font pas dépourvues; mais M. de Laharpe a eu quelque tems un rival qui, inférieur à lui pour le mérite du ftyle, l'emportoit peut-être pour l'*effet* : c'eft M. de Belloy. Ami particulier de tous les deux, j'aurois pu être un lien entr'eux :

> *Pacis eram mediufque belli.*

Je n'ai jamais pu les rapprocher ni obtenir que, naturellement juftes tous deux, ils le fuffent complétement à l'égard l'un de l'autre. M. de Laharpe avoit bleffé M. de Belloy par des critiques, & furtout par des décifions trop tranchantes. On fait, & je le diffimulerois en vain, que M. de Laharpe n'étoit pas fans reproche de ce côté-là, & que fon ton n'adouciffoit pas les bleffures que la critique fait

fait toujours plus ou moins. M. de Laharpe difoit qu'ayant apperçu que M. de Belloy s'offenfoit de fes critiques, il avoit ceffé d'en faire; mais il étoit trop tard : le coup étoit porté.

Si j'avois à prononcer entre deux hommes fi eftimables, j'obferverois d'abord que tous deux ayant été moiffonnés avant l'âge de la décadence, ils n'ont, ni l'un ni l'autre, comme Corneille & Voltaire, de pièces foibles & au deffous de leur talent.

J'obferverois enfuite en faveur de M. de Belloy, qu'on a beaucoup exagéré les défauts de fon ftyle; que s'il a quelquefois des vers entortillés, péni-bles & recherchés, fon ftyle, comme celui de Corneille, s'élève & s'épure avec les chofes; que, quand il eft beau ( & il l'eft fouvent & ne l'eft pas médiocrement), il devient éloquent & il écrit bien.

J'obferverois en faveur de M. de Laharpe, que fes pièces doivent plaire davantage à la lecture, qu'elles offrent plus de tirades éloquentes, plus de morceaux à retenir, & partout un ftyle plus pur, un goût plus fain, plus d'accord & d'en-femble dans le ton; mais que celles de M. de Belloy font d'un plus grand effet au théâtre, qu'elles y produifent plus de mouvement, de trouble & d'effroi; qu'elles font verfer plus de larmes, qu'elles laiffent de plus longs fouvenirs; que vraifemblablement on relira plus les pièces de M. de Laharpe, mais qu'on reverra plus fou-vent celles de M. de Belloy, & qu'il ne man-queroit rien à celles-ci fi M. de Laharpe les avoit écrites.

Dans les poéfies fugitives de M. de Laharpe, petits poèmes, épîtres, chanfons, romances, épigrammes, ou galantes ou même fatyriques ( car il s'en eft permis quelques-unes de ce genre), quelle facilité ! quelle légéreté ! quelle variété ! quelle correction fans aucun air de travail, furtout quel goût & quelle grace ! & c'eft furtout la grace qui fait le prix de ces ingénieufes bagatelles. Toujours l'idée à la fois la plus ingénieufe & la plus natu-relle, l'expreffion à la fois la plus fimple & la plus heureufe. Il plaît encore dans ce genre après M. de Voltaire, parce qu'il plaît par d'autres moyens.

Nous n'avons parlé que des tragédies de M. de Laharpe; pourrions-nous oublier fes comédies, pleines de fel, d'enjouement & de goût, *Molière à la nouvelle Salle*, les *Mufes rivales* ? M. de Voltaire, fi parfait dans la tragédie, n'a pas dans la comédie le mérite comique; il fait grimacer fes figures. M. de Laharpe a été comique quand il a voulu l'être; c'eft un avantage qu'on peut lui trouver fur fon maître & fon ami, plus vivement plaifant dans fes facéties, que comique dans fes comédies.

M. de Laharpe fut en effet l'ami le plus dé-voué, le panégyrifte le plus ardent & le plus éclairé du grand-homme qui, felon fon expref-

*Hiftoire. Tome VI. Supplément.*

fion, *exerçoit fur tous les peuples policés la dictature du génie;* il étoit, dès le berceau, fon admirateur né : cet attachement a influé fur toute fa vie; il a éprouvé que

L'amitié d'un grand-homme eft un préfent des dieux.

Il a eu les mêmes amis & les mêmes ennemis que M. de Voltaire. Il étoit encore au collége, ou il en fortoit à peine, lorfqu'on lui fit connoître ce Fréron, que l'abbé Desfontaines avoit formé dans l'art de décrier tout ce qu'il étoit forcé d'admirer, & de ne louer que ce qu'il méprifoit. Fréron, dans fa converfation comme dans fes écrits, effaya de ternir la gloire de M. de Vol-taire. Laharpe repouffa cette attaque avec l'é-nergie naïve d'une ame franche & neuve qui entend outrager l'objet de fon culte. Fréron, con-vaincu par lui de mauvaife foi, ne le lui a jamais pardonné. « Nous avons eftimé en vous, difoit » M. Marmontel à M. de Laharpe en le rece-» vant à l'Académie françaife, le zèle qui vous » animoit pour la défenfe d'un homme illuftre » qui vous aime & qui vous a comme adopté. » Ses ennemis font devenus les vôtres, & fes en-» nemis font nombreux..... On eût voulu de vous » peut-être une admiration muette. Monfieur, » le filence eft d'un lâche quand c'eft à la re-» connoiffance, à la juftice & à la vérité que la » crainte étouffe la voix. J'ofe donc vous féli-» citer d'avoir été fincère & jufte aux dépens de » votre repos; je fais qu'on a pris ce courage » pour de l'orgueil : on eût mieux aimé des » baffeffes, & l'on vous en auroit cruellement » puni, &c. »

Des baffeffes ! il en étoit bien incapable, même à l'égard de celui qui étoit l'objet de fon admira-tion. Dans fes relations avec Voltaire, pendant le long féjour qu'il a fait en diverfes fois à Fer-ney, on étoit quelquefois étonné de fon indoci-lité fur des corrections que M. de Voltaire lui propofoit quand il ne les jugeoit pas néceffaires ou juftes. Ni l'âge, ni l'expérience, ni la gloire de Voltaire ne lui en impofoient. Pour qu'il fe rendît, il falloit qu'il vît évidemment qu'on avoit raifon. Souvent il propofoit lui-même dans les ouvrages de Voltaire des corrections, & fi elles n'étoient pas adoptées, il prenoit fur lui de les faire. Un jour jouant un rôle dans une pièce de M. de Voltaire à Ferney, il fit en plein théâtre un de ces changemens. On trembla pour le téméraire; on craignit l'explofion d'un amour-propre délicat, irafcible, nourri de refpects, & accoutumé aux déférences : cette fois il fut indulgent. On fut étonné d'entendre Voltaire s'écrier : *Il a raifon ! il a raifon ! cela eft beaucoup mieux ainfi; qu'on me corrige toujours auffi bien.*

Cette cour de Ferney étoit à quelques égards une cour comme une autre : Laharpe y avoit des envieux qui repréfentoient fes hardieffes & fes tons tranchans comme autant d'irrévérences envers M. de Voltaire. Le grand-homme leur fermoit la bouche par ce mot : *Il aime ma perfonne & mes ouvrages.*

M. de Voltaire, comme un grand Prince, avoit des amis de parade & des favoris fecrets, & fouvent l'ambaffadeur décoré n'avoit pas le fecret des affaires dont il fe croyoit chargé. Laharpe fut un moment exilé de Ferney : ce moment fut court ; mais pendant fa durée Laharpe fut que M. d'Argental, un de ces amis de parade, tenoit fur lui des propos peu obligeans : *C'eft*, dit-il, *un miniftre qui fe réjouit de la difgrace d'un favori.* Le favori rentra en grace ; *il aimoit la perfonne & les ouvrages du fouverain.*

Tel étoit M. de Laharpe dans la fociété. M. de Saint-Lambert ayant paffé quelque tems avec lui à la campagne, difoit : « En huit jours de conver-» fation prefque continuelle, il ne lui eft échappé » ni une erreur en matière de goût, ni un propos » qui annonçât le moindre defir de plaire à per-» fonne ; il ne favoit qu'être franc, jufte & vrai, » & , à la honte des hommes ; ce n'eft pas affez.

Retournons à fes ouvrages, ou plutôt dépouillons-le de ces mêmes ouvrages ; ôtons-lui fes tragédies, fes comédies, fes poéfies légères de tous les genres & de tous les tons, fes prix des Académies, fes prix de l'Univerfité ; qu'il ne foit plus ni orateur éloquent ni excellent poète, qu'il ne foit plus que juge des productions d'autrui ; réduifons-le, en un mot, à fes journaux littéraires, quelle grande exiftence il auroit encore dans les lettres ! Quelle excellente poétique en tout genre réfulteroit de fes écrits ! Comme ils l'ont rendu l'arbitre fuprême du goût & le fléau des mauvais écrivains ! Combien il a honoré cette fonction de journalifte, avilie par tant d'autres avant lui & après lui ! Comme fa critique eft toujours jufte, motivée, lumineufe & rendue fenfible ! mais autant toujours févère, jamais il n'inclinoit à l'indulgence ; il falloit qu'Achille combattît : *nihil non arroget armis ;* nul n'a plus combattu pour les intérêts du goût, de la juftice & de la raifon. Si, chez les auteurs qu'il a le plus maltraités, il fe trouvoit un morceau digne d'éloge, il n'a jamais manqué de le faire valoir ; mais dans la critique il négligeoit trop l'art des ménagemens : on put lui dire :

Ménagez-moi : vous prodiguez fans ceffe
La vérité, mais la vérité bleffe.

Ses amis même lui appliquoient plaifamment ce vers burlefque :

Gille a cela de bon ; quand il frappe, il affomme.

Quand il a fait dans fon *Lycée* l'application de fes grands principes du goût à l'examen des meilleurs ouvrages tant anciens que modernes, il a compofé un ouvrage immortel ; il nous a fait fentir en quoi & combien les anciens étoient beaux. Les favans n'avoient fu qu'admirer & s'extafier, & quand ils avoient voulu toucher à ces beautés pour les faire connoître aux autres, il les avoient flétries.

M. de Laharpe, inftruit par le malheur à recourir au feul véritable confolateur des affligés, étoit devenu très-pieux, ce que dans le monde on aime mieux appeler *dévot*, parce que ce mot eft plus décrié. Les incrédules, qu'il faut plaindre, & que par cette raifon même il ne faut pas outrager fous prétexte de zèle, ont tâché de regarder cette converfion comme un égarement d'efprit ou comme un affoibliffement de tête. Qu'ils lifent fon dernier ouvrage, *le Lycée*, & fi jamais on peut voir imprimé fon poéme de la *Révolution*, nourri comme *Efther* & *Athalie* de l'efprit de l'Ecriture-Sainte & de l'éloquence des prophètes, tréfor qu'il a fans doute remis en des mains fûres & fidelles, ils verront s'ils y trouvent quelque figne d'affoibliffement ; jamais il n'eut plus de force, d'élévation & de génie.

Je ne dois pas diffimuler que la publication de fa correfpondance avec le czar Paul I, alors grand duc de Ruffie, a confidérablement augmenté le nombre & la rage de fes ennemis, & lui a fait tort dans l'efprit de bien des gens qui ne le haïffoient pas. Je n'ai pas été à portée de m'expliquer avec lui fur les motifs qui ont pu le porter à donner cette édition.

Je diffimulerai encore moins un avantage brillant qu'il avoit fur beaucoup de gens de lettres, c'eft le talent de la converfation : la fienne étoit toujours animée, intéreffante & pittorefque. On voyoit & on retenoit tout ce qu'il difoit.

Il a eu, en mourant, le courage d'un homme & la vertu d'un faint : fa réfignation a été parfaite ; il fouffroit avec calme & craignoit de trop peu fouffrir pour l'expiation de fes fautes, furtout de fes fautes révolutionnaires, dont il s'accufoit avec autant de nobleffe que de candeur.

M. Duclos a dit de Louis XI : *A tout prendre, c'étoit un Roi.* Les ennemis de M. de Laharpe conviendront *qu'à tout prendre c'étoit un homme.* Ses amis ajouteront, *& un homme digne de tous nos regrets,* capable de lutter feul contre le torrent du mauvais goût qui nous entraîne. Il eft mort le 11 février 1803, à foixante-quatre ans. Il étoit né à Paris le 20 novembre 1739. On a imprimé fon teftament & fon codicille, reçus par M. Boulard, notaire à Paris, dans les additions qui fe trouvent à la fin du *Supplément aux Siècles littéraires de la France* par M. Défeffarts.

M. de Laharpe étoit de ces anciennes familles nobles de la Suiffe. Quand on a voulu le lui contefter, parce qu'enfin dans l'opinion c'eft encore un avantage, il en a parlé fans dédain *philofophique*, & fans vanité gentilhommière.

LAMBOI, (*Hist. mod.*), un des généraux de l'Empire. Dans la guerre dite de trente ans, s'étant joint, en 1638, au général Gœrtz pour faire lever le siége de Brisack au duc de Saxe-Veimar, il attaqua ce Duc dans ses retranchemens, & fut plusieurs fois sur le point de l'y forcer : ce ne fut que par des prodiges de valeur de la part des Suédois que les Impériaux furent enfin repoussés. Le fruit de la victoire fut la réduction de Brisack.

En 1641, ce même Lamboi, joint au comte de Soissons & de Bouillon, gagna contre le maréchal de Châtillon la bataille de Sedan ou de la Marfée; mais le fruit de cette victoire fut pour le vaincu. La mort du comte de Soissons, tué après la bataille on ne sait par qui ni comment, dissipa entiérement son parti : le duc de Bouillon fut forcé de renoncer à l'alliance d'Autriche, & le cardinal de Richelieu triompha

En 1642 le général Lamboi, malgré des forces supérieures enfermées dans de bons retranchemens, fut battu & fait prisonnier, ainsi que le général Merci, à Kempen, par le comte de Guébriant, à qui cet exploit valut le bâton de maréchal de France.

En 1646, joint avec les généraux Bec & Picolomini, tous trois commandés par le duc de Lorraine, il ne put empêcher ni le duc d'Orléans, ayant sous lui les maréchaux de la Meilleraie, de Grammont & de Gassion, de prendre Courtrai, Bergues-Saint-Vinox & Mardik, ni le duc d'Enghien (le Grand-Condé) de prendre Furnes & Dunkerque.

En 1648, faisant la guerre dans la Westphalie & sur les bords du Rhin contre les Hessois & les Suédois, il fut encore battu; mais s'il perdoit souvent des batailles, il disputoit opiniâtrement la victoire; il mena jusqu'à sept fois à la charge les escadrons impériaux : tant de courage fut inule; il se vit enfin réduit à fuir avec sa cavalerie, après avoir vu tailler en pièces toute son infanterie : canons, bagages, drapeaux, tout resta au pouvoir de l'ennemi. Lamboi étoit outré; il chercha tous les moyens de réparer sa défaite; mais la supériorité des Suédois & des Hessois se soutint, &, dans la confiance qu'elle leur inspiroit, ils osèrent assiéger Paderborn. Lamboi du moins eut la consolation d'y jeter du secours & de contraindre les ennemis à lever le siége.

En général, Lamboi n'étoit pas un capitaine heureux, mais c'étoit un guerrier d'une grande valeur.

LAUZUN (LE DUC DE). (*Hist. de Fr.*) Au peu que nous avons dit (dans le Dictionnaire) sur ce personnage si célèbre & si singulier, nous ajouterons ici diverses anecdotes tirées des Mémoires du duc de Saint-Simon, & rapportées, d'après ces Mémoires, dans l'ouvrage de M. Anquetil le génovefain, qui a pour titre *Louis XIV, sa Cour & le Régent.* Ce sont des traits bien extraordinaires d'intrigue & d'audace. Dans le tems que ce fameux

Lauzun, l'amant, & vraisemblablement le mari de mademoiselle de Montpensier, n'étoit encore que le jeune Péguilin, cadet de Gascogne, par conséquent sans fortune, il étoit logé chez le maréchal de Grammont, son oncle à la mode de Bretagne; il devint amoureux, & fut, dit-on, bien traité de madame de Monaco sa cousine, fille du maréchal, qu'on soupçonnoit en même tems d'une intrigue avec le Roi. Péguilin ne fut pas le dernier à concevoir ce soupçon, & il voulut l'éclaircir. Il étoit dès-lors dans son caractère de ne rien négliger, en pareil cas, pour se satisfaire. Il donne trois mille pistoles à une femme-de-chambre qui trahit pour lui sa maîtresse. Sur les indications de cette femme, il arrive à une porte secrète de l'appartement de madame de Monaco; il y trouve la clef, ferme la porte à double tour, & ôte la clef; il se cache dans un cabinet, voit venir le Roi conduit par Bontems, « jouit de son embarras quand » il ne trouve point la clef, de sa recherche in- » fructueuse, des vains efforts de la Dame pour » ouvrir, de la conversation plaintive à travers la » porte, de leurs conjectures, de leurs regrets, & » enfin de leurs adieux..... Quelques jours après, » Lauzun rencontre, à Saint-Cloud, madame de » Monaco assise auprès de Madame sur le parquet, » parce qu'il faisoit chaud, & une main renversée » le dessus contre terre. Il passe, saute, va, re- » vient entre toutes les Dames, & tourne si bien, » qu'il appuie son talon dans la main de sa cou- » sine, fait une pirouette & se sauve. La douleur » fut extrême; mais quoiqu'elle vît bien que c'é- » toit un fait exprès, en femme prudente & expé- » rimentée elle ne dit rien, de peur que le bruit » n'excitât des recherches qui auroient pu la com- » promettre. »

Il faut avouer que Péguilin s'étoit procuré à grands frais & avec de grands périls la certitude de ce qu'il craignoit, & qu'il en tira une bien petite vengeance. On put lui dire :

*Exerces pretiosa odia & constantia magno.*

Voici encore de sa part un trait du même genre : c'est M. de Saint-Simon qui le rapporte.

« Lauzun étoit assez bien avec madame de Mon- » tespan, pour la prier de s'intéresser à lui obtenir » des graces; mais il soupçonnoit qu'elle ne lui » rendoit pas, auprès du Roi, les services qu'elle » promettoit. Dans cette idée, un jour qu'elle » s'étoit engagée à parler en sa faveur, il prend, » pour s'assurer de sa fidélité, une résolution in- » croyable si elle n'étoit attestée par toute la cour » d'alors, & si lui-même ne l'avoit avouée depuis. » Par le même moyen qui lui avoit déjà réussi » c'est-à-dire, à force d'argent, il gagne une » femme-de-chambre, se cache sous le lit où ma- » dame de Montespan attendoit le Roi, entend » tous leurs propos, les demandes, les observa- » tions, les répliques; s'assure bien qu'il est trahi,

» retient, non-feulement le fens, mais les expref-
» fions ; & dégagé par la fortie du Roi, pendant
» que madame de Montefpan fe remet à fa toi-
» lette, il fait le tour & va fe coller à la porte de
» fon appartement ; il lui préfente la main pour la
» mener à la répétition d'un ballet où toute la cour
» devoit affifter. *Puis-je me flatter*, lui dit-il avec
» un air plein de douceur & de refpect, *que vous*
» *ayez daigné vous fouvenir de moi auprès du Roi ?*
» Elle l'affure qu'elle n'y a pas manqué, & lui com-
» pofe un roman des fervices qu'elle venoit de lui
» rendre. Il l'interrompoit de tems en tems par des
» queftions naïves ; il faifoit le crédule pour la
» mieux enferrer. A la fin, il lui ferre fortement
» la main, lui dit qu'elle eft une menteufe, une
» coquine, & lui répète mot pour mot fa conver-
» fation avec le Roi. La pauvre femme, toute
» troublée, n'a pas la force de répondre ; les
» jambes lui manquent ; à peine peut-elle parvenir
» au lieu de la répétition, où elle s'évanouit. Elle
» conta, le foir, au Roi, ce qui lui étoit arrivé
» avec Lauzun. » Il paroît que telle fut la véritable caufe de l'emprifonnement de Lauzun dans la
citadelle de Pignerol, caufe fur laquelle mademoifelle de Montpenfier ne s'explique jamais,
& qu'elle n'accufe point d'injuftice, quoiqu'elle
fe plaigne fans ceffe de l'effet.

M. Anquetil, en prononçant fur ce ftratagême
de M. de Lauzun, dit que ç'auroit été une manœuvre odieufe à l'égard d'un particulier, & que
c'étoit un crime à l'égard d'un Roi. En paffant
même ces qualifications, on pourroit encore demander fi un Roi doit traiter en criminel d'Etat
un fujet qui n'a point péché contre l'Etat. Il eft
bien naturel fans doute de vouloir venger l'infulte
faite à fa maîtreffe ; mais fi c'étoit déja un tort de
la part du Roi, & une action contre l'ordre public, de vivre publiquement avec cette maîtreffe,
qui n'étoit pas libre, ni lui non plus ; fi même cette
maîtreffe étoit convaincue d'avoir tort dans le cas
particulier dont il s'agit, n'étoit-il pas de la juftice ainfi que de la fageffe du Roi de faire une
compenfation tacite des torts réciproques, & de
garder fur le tout un filence prudent, ou de ne
punir que comme un courtifan, par la perte ou le
refus des graces, celui qui avoit manqué à tous
les devoirs d'un courtifan ? Si Lauzun avoit été
pris fur le fait, on auroit pu, fans injuftice, lui
faire fubir toutes les peines auxquelles il s'étoit
volontairement expofé par une action téméraire,
dont les motifs fembloient ne pouvoir être que
criminels, & ouvroient un vafte champ aux foupçons les plus finiftres ; mais lorfqu'on ne pouvoit
plus fe méprendre fur fon motif, lorfque c'eft par
lui feul qu'on apprend, & fon action, & fes deffeins,
lorfque cette action eft en quelque forte juftifiée
par la découverte qu'elle a fait faire, lorfqu'enfin
il ne s'agit que de torts de procédés, de torts de
fociété, compenfés par les torts qu'on avoit eus à
fon égard, le Roi doit-il févir en Roi pour la caufe

particulière de fes paffions & des intrigues de fa
maîtreffe ? La puiffance publique doit-elle jamais
être employée à la défenfe des intérêts particuliers quand la loi n'eft pas formellement violée,
& quand l'ordre public n'eft point troublé ? Dans
les intérêts perfonnels, dans les intrigues de l'a-
mour, de la jaloufie, de l'ambition, les Rois ne
font que des particuliers, & tous les hommes,
fur ces objets, font égaux en droits.

Il paroît au refte que Lauzun étoit incorrigible
dans fa témérité, qu'il étoit toujours prêt, non-
feulement de fe ruiner, mais de s'expofer à tout
pour éclaircir un doute, pour confirmer ou diffiper un foupçon, même fans un grand intérêt, &
qu'on pouvoit lui dire :

*Evafti ? Credo, metues doctufque cavebis ;*
*Quæres quandò iterùm paveas iterùmque perire*
*Poffis. Heu toties fervus ! quà bellua ruptis,*
*Cùm femel effugit, reddit fe prava catenis ?* HOR.

Le commerce de M. de Lauzun avec Mademoifelle eft affez connu, & par les Mémoires de Mademoifelle elle-même, & par les Lettres de madame de Sévigné ; mais l'ouvrage de M. Anquetil
en préfente des particularités affez curieufes. Dans
un voyage que cet auteur a fait à la ville d'Eu en
1744, il paroît qu'il a recherché avec foin tous les
monumens de cette célèbre & fingulière paffion de
Mademoifelle pour M. de Lauzun. Il a vu fur une
cheminée du château de cette ville, un portrait
en grand de cette Princeffe. Auprès d'elle étoit
un amour qu'elle regardoit tendrement ; il tenoit
une balance, dont un des baffins étoit chargé d'un
fceptre & d'une couronne, l'autre d'un cœur en-
flammé qui l'emportoit. Ce tableau allégorique
faifoit allufion au refus qu'elle avoit fait de la main
du roi de Portugal, pour conferver fon cœur à
celui qu'elle aimoit ; elle avoit même été exilée
dans fes terres, & en particulier dans fa ville
d'Eu, non pas, dit l'auteur, pour avoir refufé le
roi de Portugal, mais pour s'en être vantée. Le
roi de Portugal pouvoit en effet être mécontent
de l'éclat qu'elle donnoit à ce refus ; mais le roi
de France ne devoit pas exiler fa coufine, ni pour
ce refus, ni même pour cet éclat.

M. Anquetil a vu de plus, en 1744, au Tréport,
à peu de diftance de la ville d'Eu, une fille âgée
alors de foixante-dix à foixante-quinze ans, &
qui, felon la tradition du pays, étoit fille de
M. de Lauzun & de Mademoifelle ; elle étoit,
comme cette Princeffe, d'une grande & belle
taille, & reffembloit beaucoup à tous les portraits
de cette même Princeffe, qu'on voyoit dans le
château & dans la ville d'Eu. Cette fille vivoit
d'une penfion de 1500 liv. qui lui étoit exactement
payée, fans qu'elle fût de quelle part. De plus,
elle occupoit la plus jolie maifon du Tréport ; elle
n'en étoit point propriétaire, & elle n'en payoit

de loyer à perfonne. M. Anquetil fait, d'après l'âge de cette fille, des calculs, d'où il réfulte que fi elle étoit fille de mademoifelle de Mont-penfier, elle ne pouvoit pas être née depuis le tems où cette Princeffe pouvoit avoir époufé M. de Lauzun : il faut fe reporter au tems qui a précédé fon emprifonnement à Pignerol, & où, de l'aveu de tout le monde, il n'y avoit point encore entr'eux de mariage fecret, c'eft-à-dire, vers 1670 ou 1671.

Mais il refte une difficulté que l'auteur ne lève pas, & qui paroît cependant facile à lever ; c'eft celle qui concerne la réputation de la Princeffe, qui paroît avoir toujours été de la régularité la plus fcrupuleufe dans fes mœurs. Or, comment concilier cette délicateffe fur l'honneur, avec la naiffance d'une fille, fans mariage ni public ni fecret ?

Nous ne voyons pas ce qui nous empêche de fuppofer que, lorfqu'en 1670 Louis XIV défendit à Mademoifelle & à M. de Lauzun ce mariage public, qu'il leur avoit permis d'abord, leur dé-dommagement & leur confolation fut d'y fuppléer à l'inftant par un mariage fecret ; & puifque l'o-pinion la plus générale eft que ce mariage fecret eut lieu, & qu'on n'en fait pas certainement l'é-poque, pourquoi veut-on qu'il n'ait eu lieu qu'au retour de M. de Lauzun, & non pas ( comme il eft cependant naturel de le préfumer ) dans l'in-tervalle de la prohibition du mariage à l'emprifon-nement de M. de Lauzun ?

Il eft vrai que quand madame de Montefpan vendit, dans la fuite, avec tant d'artifice, à Made-moifelle le retour de fon amant, & la promeffe d'une permiffion de l'époufer même publiquement ( promeffe qui refta fans effet, quoique payée par le facrifice des plus beaux domaines de Made-moifelle, qui en fit malgré elle une donation entre-vifs irrévocable à M. le duc du Maine ), madame de Montefpan avoua qu'elle n'avoit pu rien obtenir de Louis XIV pour un mariage pu-blic ; mais elle parut prendre fur elle de confeiller à Mademoifelle un mariage fecret, en lui difant que M. de Lauzun l'en aimeroit mieux, que le myftère entretenoit l'amour & prévenoit les dé-goûts. Mademoifelle parut révoltée de la propo-fition : fon honneur s'en alarma. « Quoi ! Ma-» dame, dit-elle, on le verra vivre publiquement » chez moi comme mon mari, fans y être autorifé » par un mariage public ! »

Mais Mademoifelle, fi indignement trompée & fi fcandaleufement dépouillée par madame de Mon-tefpan, n'étoit pas obligée de lui dire fon fecret, & de lui avouer qu'elle avoit prévenu fon confeil ; elle regarda même peut-être ce confeil comme un piège qu'on lui tendoit, pour pénétrer fon fe-cret ou pour lui en arracher l'aveu.

La fingularité de M. de Lauzun, que les graces & l'agrément des manières avoient long-tems ren-due fi piquante, eut, dans fa vieilleffe, tous les

inconvéniens de l'humeur & de la bizarrerie jointes à une caufticité doucereufe, qui le faifoient craindre & haïr. Sa longue & ambitieufe vieilleffe étoit trou-blée par des fouvenirs douloureux, par des regrets vifs & amers de la faveur qu'il avoit perdue, & des grandeurs qui lui échappoient. Le duc de Saint-Simon fon beau-frère ( ils avoient époufé deux fœurs, filles du maréchal de Lorges ) en rapporte un trait bien remarquable. Le duc de Lauzun avoit été capitaine des Gardes-du-corps, & ne l'étoit plus. Il avoit à Paffy une maifon agréable & bien fituée, qui conferva long-tems fon nom après lui, & qui depuis a été long-tems connue fous le nom de *Maifon de madame de Saiffac*. Il y eut, dans l'été de 1716, une revue de la Maifon du Roi dans une plaine près du bois de Boulogne. « Madame » de Lauzun étoit à Paffy en bonne compagnie, » dit M. de Saint-Simon, & j'y étois allé coucher » la veille de cette revue. Madame de Poitiers » mouroit d'envie de la voir, comme une jeune » perfonne qui n'a rien vu encore, mais qui n'ofoit » fe montrer dans fon premier deuil. Le comment » fut agité dans la compagnie, & on trouva que » madame de Lauzun l'y pouvoit mener un peu » enfoncée dans fon carroffe, & cela fut conclu » ainfi.

» Parmi la gaîté de cette compagnie, M. de » Lauzun arriva de Paris, où il étoit allé le matin : » on tourna un peu pour le lui dire. Dès qu'il l'ap-» prit, le voilà en furie, jufqu'à ne fe poféder » plus, à dire à fa femme les chofes les plus déf-» obligeantes, avec les termes non-feulement les » plus durs, mais les plus injurieux & les plus » faux. Madame de Poitiers à pleurer aux fanglots, » & toute la compagnie dans le plus grand em-» barras. La foirée parut une année, & le plus » trifte réfectoire un repas de gaîté, en compa-» raifon du fouper. Il fut farouche au milieu du » plus profond filence ; chacun à peine, & rare-» ment, difoit un mot à fon voifin ; il quitta au » fruit fa fort ordinaire, & s'en alla coucher. On » voulut après fe foulager & en dire quelque » chofe ; mais madame de Lauzun arrêta tout » fagement & poliment, & fit promptement don-» ner des cartes pour éviter tout retour de propos.

» Le lendemain, dès le matin, j'allois chez » M. de Lauzun, pour lui dire très-fortement » mon avis de la fcène qu'il avoit faite la veille. » Il étendit les bras, & s'écria, dès qu'il me vit » entrer, que je voyois un fou qui ne méritoit » pas ma vifite, mais les petites-maifons. Il fit » les plus grands éloges de fa femme, qu'elle » méritoit affurément ; dit qu'il n'étoit pas digne » de l'avoir, & qu'il devoit baifer tous les pas » par où elle paffoit ; s'accabla de *pouilles*, puis » les larmes aux yeux, me dit qu'il étoit plus » digne de pitié que de colère ; qu'il falloit m'a-» vouer tout haut fa honte & toute fa mifère ; qu'il » avoit plus de quatre-vingts ans ; qu'il n'avoit ni » enfans ni fuivans ; qu'il avoit été capitaine des

» Gardes ; que quand il le feroit encore, il feroit
» incapable d'en faire les fonctions ; qu'il fe le
» difoit fans ceffe, & qu'avec tout cela il ne
» pouvoit fe confoler de ne l'être plus, depuis
» tant d'années qu'il avoit perdu fa charge ; qu'il
» n'en avoit jamais pu arracher le poignard de
» fon cœur ; que tout ce qui lui en rappeloit le
» fouvenir le mettoit hors de lui-même, & que
» d'entendre dire que fa femme alloit mener ma-
» dame de Poitiers voir une revue des Gardes-
» du-corps dont il n'étoit plus rien, lui avoit ren-
» verfé la tête, & l'avoit rendu extravagant au
» point où je l'avois vu ; qu'il n'ofoit plus fe mon-
» trer devant perfonne après ce trait de folie ;
» qu'il alloit s'enfermer dans fa chambre, & qu'il
» fe jetoit *à nu-pieds* pour me conjurer d'aller
» trouver fa femme, & d'obtenir qu'elle voulût
» avoir pitié d'un vieillard infenfé qui mouroit
» de douleur & de honte, & qu'elle daignât lui
» pardonner. Cet aveu fi fincère & fi douloureux
» à faire me pénétra : je ne cherchai plus qu'à
» le remettre & à le confoler. Le raccommode-
» ment ne fut point difficile : nous le tirâmes de
» fa chambre, non fans peine, & il en eut vifi-
» blement une grande, pendant quelques jours,
» à fe montrer. »

La preuve que ce fentiment d'une ambition
affligée & humiliée étoit véritablement dans fon
ame, & que ce n'étoit pas une défaite pour excufer un fimple trait d'humeur, & fuppofer un
motif à la fcène fcandaleufe qu'il avoit donnée,
c'eft ce qu'ajoute M. le duc de Saint-Simon.

« Cette folie de capitaine des Gardes domi-
» noit fi cruellement le duc de Lauzun, qu'il s'ha-
» billoit fouvent d'un habit bleu à galons d'argent,
» qui, fans ofer être femblable à l'uniforme des
» Gardes-du-corps aux jours de revue, en ap-
» prochoit tant qu'il pouvoit, mais reffembloit
» bien plus à celui des capitaines des chaffes des
» capitaineries royales, & l'auroit rendu ridicule
» fi, à force de fingularités, il n'y eût accoutumé
» le monde, & ne fe fût rendu fupérieur à tous
» les ridicules. »

On eût pu avoir pitié de fa foibleffe fi lui-
même n'avoit pas toujours été fans pitié pour
les foibleffes & les ridicules des autres. « Avec
» toute fa politique & fa foupleffe, dit M. le duc
» de Saint-Simon, il tomboit fur tout le monde
» par un mot acéré le plus piquant, le plus per-
» çant, toujours en toute douceur. Les miniftres,
» les généraux d'armée, les gens heureux &
» leurs familles étoient les plus maltraités. Il avoit
» comme ufurpé le droit de tout dire, de tout
» faire ; fans que qui que ce fût alors ofât s'en
» fâcher. Les feuls Grammont étoient exceptés ;
» il fe fouvenoit toujours de l'hofpitalité & de
» la protection qu'il avoit trouvées chez eux au
» commencement de fa vie. Il les aimoit ; il s'y
» intéreffoit ; il étoit en refpect devant eux. Le
» vieux comte de Grammont en abufoit, & ven-

» geoit la cour par les brocards qu'il lui lâchoit à
» tout propos, fans que le duc de Lauzun lui en
» rendît jamais aucun ni s'en fâchât ; mais il l'évi-
» toit doucement..... »

En mettant à part le fentiment de la reconnoiffance, le cauftique Lauzun, fi doux & fi patient avec le cauftique Grammont, rappelleroit
ce la Rancune du *Roman comique*, fi redoutable à
tous fes compagnons, & qui, avec le feul *Deftin*,
étoit doux comme un agneau, & fe montroit
devant lui raifonnable, autant que fon naturel lui
pouvoit permettre. On a voulu dire qu'il en avoit
été battu..... On pourroit croire de même que
le duc de Lauzun avoit été battu par le comte
de Grammont à ce jeu d'épigrammes & de malignité, où ils étoient tous deux de firudes joueurs ;
mais fi le filence & la modération de Lauzun
avoient réellement & uniquement le motif vertueux allégué par le duc de Saint-Simon, c'étoit
un grand défaut de délicateffe au comte de Grammont d'y avoir fi peu d'égard : c'étoit percer un
ennemi, ou plutôt un ami à terre.

M. de Saint-Simon rapporte un mot du duc de
Lauzun au Régent, mot qui, avec toute la mefure & toute la convenance poffible, a le jufte
degré de malignité qui pouvoit le rendre plaifant fans le rendre bleffant. M. de Lauzun demandoit pour l'évêque de Marfeille ( Belfunce
de Caftelmoron ), fon neveu, une abbaye que ce
Prélat avoit bien méritée par fa charité courageufe & fon zèle généreux pendant la pefte de
Marfeille ; cependant il fe fit une promotion, &
l'évêque de Marfeille fut oublié. Le duc de Lauzun feignit de l'ignorer, & courut demander à
M. le duc d'Orléans s'il avoit eu la bonté de
fe reffouvenir de l'évêque de Marfeille ( comme
après s'être caché fous le lit de madame de
Montefpan pour entendre fa converfation avec
Louis XIV, il avoit été lui demander fi elle avoit
eu la bonté de fe fouvenir de lui auprès du Roi ).
Le Régent rougit & fut embarraffé. « M. de Lau-
» zun, comme pour lever l'embarras, lui dit d'un
» ton doux & refpectueux : *Monfeigneur fera mieux*
» *une autre fois*, & avec ce farcafme il rendit le
» Régent muet, & il s'en alla en fouriant. Le mot
» courut fort..... » M. le Régent *fit mieux en effet*
*une autre fois*, & répara noblement cet oubli,
quoiqu'alors M. de Lauzun fût mort, ou peut-
être parce qu'il étoit mort.

Le duc de Lauzun eut à fupporter à quatre-
vingt-dix ans & quelques mois le plus infuppor-
table de tous les maux, un cancer dans la bouche.
« Il le fupporta, dit M. de Saint-Simon, avec une
» fermeté & une patience incroyables, jufqu'à
» la fin, fans plaintes, fans humeur, fans le
» moindre contre-tems, lui qui étoit infuppor-
» table à lui-même..... Il ne fongea qu'à mettre
» un tel état à profit, & qu'à fe préparer à la
» mort.

» Quand nous le voiyons, rien de mal-propre,

» rien de lugubre, rien de fouffrant : politeffe,
» tranquillité, conversation peu animée, fort in-
» différente à ce qui fe paffoit dans le monde,
» parlant peu, difficilement, quelquefois pour par-
» ler de quelque chofe; peu ou point de morale,
» encore moins de fon état : cette uniformité, fi
» courageufe & fi paifible, fut égale, quatre mois
» durant, jufqu'à la fin..... Il reçut tous fes
» facremens avec beaucoup d'édification, & con-
» ferva fa tête entière jufqu'au dernier moment.
» Il donna en mourant les plus grandes marques
» d'eftime & d'affection à madame la ducheffe de
» Lauzun. »

LEYDE ( *Voyez* (JEAN DE) dans ce volume).

LOSTANGE, ( *Hift. de Fr.* ), château du Bas-
Limofin, qui a donné fon nom à une ancienne
famille, déjà confidérable dès le douzième fiècle,
& alliée dans la fuite aux Fénélons, aux Thémi-
nes, aux Genouillac, aux Cruffol, aux Beaumont
du Repaire, &c. &, ce qui eft un titre préférable
à tous les autres, cette famille compte beaucoup
de victimes de la patrie.

1°. Hugues de Loftange, feigneur de Saint-
Alvaire, chevalier de l'Ordre du Roi, gentil-
homme de la chambre, fervit utilement les rois
Charles IX & Henri III.

2°. Louis de Loftange fon arrière-petit-fils
perdit un œil à la bataille de Senef, & fut noyé
dans la Dordogne en 1705.

3°. Dans la branche des marquis de Beduer,
Louis-François de Loftange, tige de cette branche, & fils puîné de Hugues de Loftange (n°. 1),
fervit avec diftinction dans les armées des rois
Henri IV & Louis XIII.

4°. François-Louis de Loftange, marquis de
Beduer, petit-fils du précédent, colonel des milices du Rouergue, fut bleffé & fait prifonnier près
de Francfort en 1674. Il eut fept fils, qui tous, à
la réferve d'un feul, lequel s'étoit fait religieux
auguftin, verfèrent leur fang pour la patrie.

5°. Louis-Henri de Loftange, l'aîné de ces fept
fils, fut bleffé à la bataille de Fleurus, en 1690.

6°. Emmanuel, marquis de Loftange ( le troifième), capitaine de cavalerie, fut tué en Flandre,
en 1702.

7°. Jacques (le quatrième), dit le chevalier de
Beduer, auffi capitaine de cavalerie, fut tué à la
bataille de Fridelinghen, auffi en 1702.

8°. Laurent (le cinquième), dit le marquis de
Loftange, auffi capitaine de cavalerie, fut bleffé
au combat de Leffingue.

9°. Un autre Laurent (le fixième), dit le chevalier de Beduer, capitaine dans le régiment de
Lannoy, fut bleffé à la bataille de Malplaquet.

10°. Un autre Laurent encore, le dernier de
tous, baron de Bullac, cornette dans le régiment
de Vivans, où Jacques fon frère ( n°. 7 ) étoit

capitaine, fut tué à la première bataille d'Hochftet,
en 1703.

11°. Dans la branche des feigneurs de Felzins
& de Cufac, Jean-Margarit de Loftange, marquis
de Felzins, capitaine dans le régiment de M. le
duc de Bourgogne, cavalerie, mourut en Flandre,
en 1691.

Il eut trois fils, qui tous trois fervirent avec
honneur.

12°. Le troifième, nommé Raimond, colonel
du régiment de Loftange, infanterie, fe fignala
au fiége d'Aire, en 1710.

LOUP II, ( *Hift. de Fr.* ), duc de Gafcogne, fils
de Gaiffre, & petit-fils de Hunaud, ducs d'Aquitaine, qu'on croit, avec affez de fondement, iffus
d'Aribert, frère de Dagobert I, par Boggis un des
fils d'Aribert, avoit à réclamer les droits & à
venger les malheurs de fa Maifon. Pépin-le-Bref,
à la fuite de diverfes guerres, avoit fait pendre
Rémiftain fon grand-oncle, & dépouillé & fait tuer
Gaiffre fon père; Charlemagne avoit emprifonné
& dépouillé de fes Etats Hunaud, aïeul de Loup.
L'Efpagne étoit alors fous la puiffance des Sarrafins, & cette puiffance s'étoit extrêmement fubdi-
vitée par l'ufurpation des gouverneurs qui s'étoient
faits Rois Les plus forts d'entr'eux, fuivant l'ufage,
opprimoient les plus foibles. Quelques-uns de ces
petits Princes, accablés par les plus puiffans, vinrent trouver Charlemagne à Paderborn, où il tenoit un parlement en 779; fe mirent fous fa protection, & implorèrent fon fecours pour être
rétablis dans les Etats dont ils avoient été dépouillés. Charlemagne prend les armes, perce les
Pyrénées comme il avoit percé les Alpes en 774:
en même tems une autre armée pénètre en Efpagne par le Rouffillon; il prend Pampelune & Barcelone, foumet la Navarre, l'Arragon, la Catalogne, domine en Efpagne d'une mer à l'autre, &,
des montagnes jufqu'à l'Ebre, rétablit les Rois fes
protégés dans leurs Etats & alloit rentrer dans
les fiens, couvert de gloire & chargé de butin;
mais la haine veilloit fur lui, & l'attendoit au
paffage.

Loup II, que tant de motifs d'intérêt & de
vengeance animoient contre ce vainqueur, avoit
refpecté la marche des Français à leur entrée en
Efpagne, foit qu'il eût été prévenu par leur célérité, foit qu'il jugeât plus utile pour fes deffeins
de les laiffer s'engager dans l'Efpagne, où ils devoient avoir en tête un ennemi redoutable, & de
leur couper le retour en les enfermant entre les
Sarrafins & les montagnes. Un duc de Gafcogne
étoit alors pour les Pyrénées, ce qu'un duc de
Savoie eft pour les Alpes : il avoit les clefs de
l'Efpagne, comme les ducs de Savoie de l'Italie.

Le duc de Gafcogne, dont Charles-le-Chauve,
dans la charte d'Alaon, dit qu'il étoit Loup de
nom & de caractère; ( *omnibus pejoribus peffimus,*
*ac perfidiffimus fuprà omnes mortales, operibus & no-*

*mine lupus, latro potiùs quàm dux dicendus*), & qui fut long-tems en exécration aux Français pour l'expédition dont nous parlons, attendit l'armée de Charlemagne dans les défilés des montagnes; il n'ofa pas cependant lui fermer le paffage, de peur que, fi les Français venoient à le forcer ou à s'ouvrir quelque route négligée ou peu connue, comme ils avoient fait fous le même Charlemagne au paffage des Alpes, il ne fût lui-même enveloppé par eux; il laiffa paffer le gros de l'armée, & lorfqu'elle fut engagée dans les détours des Pyrénées, il fondit en traître fur l'arrière-garde, qui ne s'attendoit nullement à cette brufque attaque, mais qui étoit prête à tout, étant compofée des plus braves gens de l'armée : le bagage fut pillé, le choc fut même affez violent pour que l'arrière-garde, n'ayant pu être mife en défordre, fût taillée en pièces, & pour que les Français y perdiffent plufieurs guerriers diftingués, tels qu'Egibard, grand-maître de la Maifon du Roi; Anfelme, comte du Palais; & ce Roland, neveu de Charlemagne, fi célébré par les romanciers & par les poètes, mais dont l'Hiftoire dit fimplement qu'il étoit gouverneur des côtes de l'Océan britannique, & fils de Milon, comte d'Angers, & de Berthe, fœur de Charlemagne. Les Français ne pouvant ni développer leurs forces, ni fe ranger en bataille, ni atteindre un ennemi prefqu'invifible, effrayés par la vue des précipices & par le bruit des torrens, étoient écrafés par de groffes roches qu'on rouloit fur eux du haut des montagnes, ou percés par des flèches lancées d'un lieu fûr. C'eft là cette fameufe journée de Roncevaux, dont l'Efpagne eft encore fi fière, & où elle fe vante d'avoir vaincu Charlemagne & fes douze pairs. Les Français difent qu'on ne doit point fe vanter d'une fi lâche trahifon; que, s'il étoit poffible d'en tirer quelque gloire, cette gloire feroit un peu étrangère à l'Efpagne; qu'elle appartiendroit à des voleurs montagnards, demi-français, demi-efpagnols, ou qui plutôt n'étoient ni l'un ni l'autre; qui avoient moins combattu qu'ils n'avoient pillé; ce qu'ils pouvoient toujours faire impunément, grace aux retraites inacceffibles où ils fe cachoient, & où l'on ne pouvoit les fuivre; que le fruit de la victoire fut pour Charlemagne; que l'Arragon, la Navarre, la Catalogne, tout ce qu'il avoit conquis en Efpagne refta foumis; que tous les petits Princes de ces pays ne ceffèrent point d'être fes vaffaux & fes tributaires; que les Chrétiens de ces mêmes pays reftèrent fous la protection de Charlemagne, affranchis de tout tribut envers les Mahométans; que Charlemagne établit dans la plupart des villes foumifes par fes armes, des gouverneurs qui veilloient fur les Sarrafins, & qui lui répondoient de leur fidélité; que fi les Français effuyèrent un échec dans cette occafion, bien loin qu'il ait pu nuire à leur gloire, il femble avoir augmenté leur confidération en Europe, par l'importance même que l'Efpagne attache à ce

petit fait de guerre, par les exagérations & les fables dont elle l'a orné.

Charlemagne, ainfi trahi par le duc Loup, ne pouvoit laiffer fans vengeance une pareille félonie de la part d'un vaffal; il ne pouvoit laiffer la tache d'une défaite imprimée à fon nom; il porta la guerre dans la Gafcogne : le Duc tomba entre fes mains, & Charlemagne, par une atrocité qui flétrit bien plus fa gloire que n'avoit fait l'échec de Roncevaux, & qui prouve qu'il fe regardoit comme ayant été vaincu dans cette journée, fit pendre ce Prince, comme Pépin-le-Bref avoit fait pendre Rémiftain, grand-oncle de ce même Duc. Si Pépin méritoit d'être imité en quelque chofe par fon fils, ce n'étoit pas fans doute dans cette violence. Les lois ou plutôt les ufages de la féodalité ne juftifient point Charlemagne. Un Prince tel que lui étoit digne d'abolir ces lois & ces ufages dans ce qu'ils avoient de barbare; il devoit du moins en tempérer la rigueur d'après les circonftances, & refpecter dans le duc Loup le fang royal dont il étoit iffu, le malheur dont il étoit accablé, le jufte reffentiment dont le fils de Gaiffre, le petit-fils de Hunaud, le petit-neveu de Rémiftain, l'arrière-petit-fils du duc Eudes, devoit être animé contre Charles-Martel, Pépin & Charlemagne, les ennemis & les perfécuteurs éternels de fa Maifon.

Obfervons du moins que ce vainqueur inexorable n'étendit point fa colère jufque fur la poftérité du duc Loup; il laiffa par pitié, *mifericorditer*, dit toujours Charles-le-Chauve dans la charte d'Alaon, à Adalaric ou Adalric, fils de Loup, une partie de la Gafcogne, pour qu'il eût de quoi vivre convenablement, *ad decenter vivendum*. Mais un fi foible bienfait ne pouvoit balancer de fi horribles outrages. On voit dans la fuite ce duc Adalric fe révolter contre Louis-le-Débonnaire, & périr avec Centulle, un de fes fils, dans un combat contre ce Prince. Cette querelle fe perpétua entre les deux races rivales de Charlemagne & du duc Loup.

LUCCEIUS (LUCIUS), (*Hift. litt. de Rome*), hiftorien romain, contemporain & ami de Cicéron, qui le comble d'éloges dans plufieurs de fes ouvrages, & qui l'appelle *fanctiffimum teftem*, titre le plus noble qu'on puiffe donner à un hiftorien.

Quand l'auteur de *Rome fauvée* a mis dans la bouche de Cicéron ces deux vers,

Romains, j'aime la gloire, & ne veux point m'en
    taire :
Des travaux des humains c'eft le digne falaire.

il a peint d'un feul trait Cicéron & Voltaire; mais furtout il a peint Cicéron tout entier, tel qu'on le retrouve dans une lettre de Cicéron luimême à Lucceïus, où il lui demande pour ainfi dire l'immortalité, en le priant d'écrire l'hiftoire

de

de son consulat. Cette lettre est célèbre ; elle passe pour une des plus belles de Cicéron, & il paroît qu'il en avoit lui-même cette idée, car il conseille à son ami Atticus de s'en procurer une copie. Un moraliste sévère peut trouver de l'orgueil ou de la vanité dans cette lettre ; un philosophe indulgent (& celui-là seul est philosophe) espérera toujours beaucoup de quiconque prend soin de sa réputation & veut vivre avec honneur dans la mémoire des hommes.

Lucceïus écrivoit l'Histoire de son tems, & Cicéron s'attendoit bien d'y figurer à l'époque de son consulat & de la guerre catilinaire ; mais son impatience ne lui permettoit pas d'attendre qu'un si long ouvrage fût achevé. D'ailleurs, son ardeur pour la gloire n'étoit pas satisfaite de l'espace toujours nécessairement borné qu'un individu, quel qu'il soit & quelle que soit son importance, occupe dans une Histoire générale ; il vouloit, en un mot, une histoire pour lui seul. C'étoit l'histoire particulière de son consulat qu'il vouloit qu'on écrivît, ou plutôt qu'il vouloit que Lucceïus écrivît ; car il ne manque pas de lui citer l'exemple d'Alexandre, qui n'avoit voulu être peint que par Apelle, & sculpté que par Lysippe. Il demande formellement à Lucceïus une histoire dont son consulat, séparé du reste de l'Histoire romaine, soit l'unique objet, comme chez les Grecs la guerre de Troye avoit été le sujet d'un ouvrage particulier de Callisthène, la guerre de Pyrrhus de même pour Timée le Sicilien, & celle de Numance pour Polybe, quoique ces trois auteurs traitassent plus succinctement ces mêmes sujets dans leurs Histoires générales. Il se plaît à considérer tous les avantages qui doivent résulter, & pour l'historien, de s'attacher ainsi à un seul sujet, de s'occuper d'une seule personne, & pour le héros, d'être ce seul sujet, cette seule personne dont on s'occupe. La familiarité du style épistolaire engage ici Cicéron dans des aveux assez naïfs ; il ne dissimule pas qu'il attend de la justice de l'historien les louanges qui lui sont dues, & qu'il ne rejettera pas celles que l'amitié voudra bien y ajouter par surcroît. Ce grave législateur, qui, traçant les devoirs austères de l'historien, les rapportoit à ces deux points fixes, à ces deux lois inviolables, *ne quid falsi dicere audeat, ne quid veri non audeat*, se relâche ici, pour son intérêt, de la rigueur de ses principes ; & après avoir observé gaiment que quand les bornes de la pudeur sont une fois passées, il ne faut pas être effronté à demi : *Qui semel verecundia fines transierit, eum benè & naviter decet esse impudentem.* Il prie Lucceïus de ne pas s'en tenir si scrupuleusement à la simple vérité, de l'orner, de l'embellir, & même considérablement, au mépris de toutes les lois de l'Histoire : *Te planè etiam atque etiam rogo, ut & ornes eâ vehementiùs etiam quàm fortassè sentis, & in eo leges Historiæ negligas..... amorique nostro plusculùm etiam quàm concedat veritas largiare.* Voilà qui est net. Ce Lucceïus cependant s'étoit vanté, dans une de ses préfaces, qu'aucun motif de faveur personnelle n'avoit altéré la vérité de ses écrits, & qu'il s'étoit défendu à cet égard contre toutes les séductions de l'amitié, avec la même inflexibilité que l'Hercule de Xénophon oppose à tous les charmes de la volupté. Cicéron lui-même rappelle à Lucceïus ce propos & cette comparaison ; mais c'est pour le prier d'en user plus humainement & plus amicalement, & de n'être à son égard ni Hercule ni Xénophon. Enfin, Cicéron avoit tellement à cœur que son histoire fût écrite, & bien écrite, qu'il déclare à Lucceïus que, dans le cas d'un refus qu'il ne craint pas cependant de sa part, il prendroit le parti d'être lui-même son propre historien, malgré tous les inconvéniens qu'il y trouve, soit à cause des bienséances gênantes de la modestie, soit à cause des soupçons de partialité que l'intérêt personnel peut si aisément faire naître. Il paroît que Lucceïus ne répondit point par un refus à la confiance d'un ami & au desir flatteur qu'un grand-homme témoignoit d'être célébré par lui ; il promit de le satisfaire. On ignore si c'est le pouvoir ou la volonté de remplir cette promesse qui lui a manqué, ou si cette histoire a été écrite sans être parvenue jusqu'à nous.

C'est principalement par cette lettre de Cicéron que Lucceïus est connu, & la profonde estime que cet orateur, homme d'Etat, montre pour lui, en inspire beaucoup au lecteur. On trouve, dans le *Recueil des épîtres de Cicéron*, une lettre de consolation que ce même Lucceïus écrit à Cicéron sur la mort de sa fille & sur ses autres chagrins, tant domestiques, que politiques & publics.

**LUSIGNAN** *ou* **LUZIGNAN** *ou* **LEZIGNEM.** (*Voyez* cet article dans le Dictionnaire.) Parmi les hommes illustres de cette Maison, il faut compter Hugues X, mari d'Isabelle d'Angoulême, mère du roi d'Angleterre, Henri III. (*Voyez* ci-dessus l'article *Isabelle d'Angoulême.*)

**M**ACRIAN. (*Hift. germ.*) C'eft le nom du plus puiffant & de l'un des plus vaillans Rois des Allemands, au quatrième fiècle, tems où ce nom ne défignoit encore qu'une peuplade germanique qui n'avoit pas donné, comme elle le fit dans la fuite, fon nom à tout le pays; mais cette peuplade étoit nombreufe & belliqueufe, & donnoit de l'embarras à l'Empire romain. Macrian étoit contemporain & ennemi des empereurs Valentinien, Valens & Gratien : ce fut furtout à Valentinien qu'il eut affaire. Cet Empereur fut lui oppofer avec fuccès les Bourguignons, autre peuplade puiffante, & qui s'illuftra dans la fuite par fes conquêtes dans la Gaule. En 373 & 374, la guerre étoit fortement allumée entre Valentinien & Macrian. Valentinien, le plus violent de tous les hommes, mais qui permettoit quelquefois à la fourberie de tempérer fa fougue, avoit fort à cœur de faire périr Macrian ou de l'enlever. Il conftruifit fecrétement & en peu d'heures un pont de bateaux fur le Rhin, fit paffer très-fecrétement auffi & avec la plus grande diligence un gros corps d'infanterie du côté de Wisbaden, où Macrian étoit alors occupé à prendre des bains, s'y croyant parfaitement en fûreté. On avoit recommandé à ces foldats de voiler leur marche autant qu'il feroit poffible, & de s'abftenir foigneufement de tout ce qui pourroit donner de l'éclat à leur paffage, ou même l'annoncer; mais quand ils fe virent fur un terrain ennemi, ils ne purent jamais s'empêcher de piller & de brûler. Les Allemands, avertis de leur arrivée par la lueur des flammes & par les cris des malheureux qui pleuroient leurs poffeffions ravagées, fongèrent d'abord à fauver leur Roi; ils le jetèrent promptement dans une litière, qu'ils conduifirent à travers des détours qui n'étoient connus que d'eux. Macrian échappa, & Valentinien revint à Cologne, furieux du mauvais fuccès de fon artifice. Il s'en vengea fur un autre Roi de la même nation, nommé Hortarius, qui, ayant accepté de l'emploi dans les troupes romaines, n'en entretenoit pas moins des intelligences avec Macrian. Il fit arrêter Hortarius comme s'il eût été fon fujet, & eut la lâche barbarie de le faire brûler vif. Macrian fut long-tems réfifter à la force & fe défendre de la rufe. Il céda enfin à des procédés plus dignes d'ébranler une ame généreufe. Valentinien, corrigé, parut fentir de quel prix pouvoit être l'amitié de ce grand Roi; il parut le rechercher fincérement; il le prévint par des marques d'eftime & des préfens. Macrian, touché de ce changement de conduite, ne fe laiffa pas vaincre non plus en générofité; il vint feul & fans efcorte trouver l'Empereur près de Mayence, fe livrer à fa foi, faire avec lui fon accommodement, lui jurer amitié & fidélité, & ce ferment ne fut jamais violé. Ce traité fut conclu au mois d'avril 375.

Ce Prince mourut depuis dans une irruption qu'il fit fur les terres des Français, & où il tomba dans une embufcade.

MADRID. (*Hift. de Fr.*) C'eft, comme on fait, François I qui a fait bâtir le château de Madrid dans le bois de Boulogne; ce nom de *Madrid* a donné lieu à différentes conjectures.

André Duchefne, s'il eft l'auteur de l'ouvrage fur les antiquités des villes & châteaux de France, a dit, & beaucoup d'autres ont répété, que le château du bois de Boulogne avoit été bâti fur le modèle du château de Madrid en Efpagne, dont François I avoit fait lever le plan pendant fa prifon; mais il eft bien reconnu aujourd'hui qu'il n'y a aucune reffemblance entre les deux châteaux.

On a beaucoup plus dit encore, que François I, en bâtiffant Madrid, n'avoit voulu qu'éluder la parole qu'il avoit donnée de retourner à Madrid s'il ne reftituoit point la Bourgogne. Mais qui reconnoîtroit François I à une fupercherie, & fi indigne, & fi groffière?

Sauval dit une chofe bien plus raifonnable. Lorfque François I étoit au château du bois de Boulogne, il ne vouloit ni entendre parler d'affaires ni voir perfonne, & fes courtifans difoient: « On ne le voit pas plus que quand il étoit à Ma- » drid : » ils appellèrent donc le château du bois de Boulogne fon *Madrid*, & ce nom eft refté.

MAINTENON (MADAME LA MARQUISE DE). Aux idées générales que nous avons préfentées dans le Dictionnaire, à l'article de cette femme célèbre, nous croyons devoir ajouter ici divers traits tirés en partie des Mémoires de madame de Maintenon, par M. de la Beaumelle. M. de Voltaire a beaucoup décrié cet ouvrage, qui fembloit entrer en rivalité avec le *Siècle de Louis XIV*. Mais M. de Voltaire, comme tous les hommes paffionnés, étoit quelquefois injufte. L'excès de mépris qu'il s'efforce de témoigner pour un ouvrage qu'il eft impoffible de méprifer fincérement, prouve le cas qu'il en faifoit malgré lui. On ne peut nier, en effet, que ces Mémoires ne foient écrits avec beaucoup d'agrément & d'intérêt, quoiqu'avec quelque recherche d'efprit & de philofophie dans certains endroits. L'auteur fe permet auffi des traits de légèreté qui dérogent un peu trop à la gravité de l'Hiftoire, & il n'eft pas toujours affez inftruit de tout ce qu'il dit, comme nous l'avons prouvé

ailleurs. (*Voyez*, dans le Dictionnaire, l'article *Bouvard de Fourqueux*. ) Sur la généalogie de madame de Maintenon, ( *voyez* l'article *Aubigné* ). Le fameux Théodore-Agrippa d'Aubigné époufa mademoiſelle de Lézey. M. de la Beaumelle a tort de dire dans le chap. VI du premier livre, qu'elle étoit de la Maiſon de Vivonne, puiſqu'il dit cinq pages après, dans une note du chapitre VII, que la Maiſon de Lézey étoit une branche de celle de Luſignan. « Lorſque d'Aubigné recherchoit made-
» moiſelle de Lézey en mariage, ſa paſſion, dit l'au-
» teur, étoit traverſée par un grand nombre de
» prétendans. Le prince de Condé tenoit pour le
» plus brave, mademoiſelle de Lézey pour le plus
» aimable, ſon curateur pour le plus riche. »
' Si tous trois étoient d'accord ſur le choix, quoique par ces trois motifs différens, la phraſe eſt claire; mais comme d'Aubigné n'étoit pas ce plus riche pour qui tenoit le curateur, on pourroit douter, d'après la tournure de la phraſe, qu'il fût ce plus brave pour qui le prince de Condé s'intéreſſoit, & ce plus aimable pour qui mademoiſelle de Lézey ſe déclaroit : il falloit nous dire nettement que c'étoit lui. Mettez autant de fineſſe que vous pourrez dans la penſée, mais mettez toujours la plus grande clarté dans l'expreſſion.

Il n'y a peut-être pas encore aſſez de clarté dans la phraſe ſuivante : « Catherine de Médicis avoit
» décidé qu'il falloit empêcher trois choſes dans
» le Poitou, le mariage du prince de Condé avec
» mademoiſelle de la Trimouille, à cauſe de Tail-
» lebourg ; celui de d'Aubigné, à cauſe de Murçay;
» & celui de *la Perſonne*, à cauſe de Denault. »
On entrevoit qu'il s'agit de l'intérêt politique d'empêcher l'agrandiſſement de quelques Maiſons proteſtantes; mais comme les noms de Taillebourg, de Murçay, de Denault n'ont point encore été prononcés, ni leur importance politique expliquée, cette idée demandoit plus de développement. Quant au mot *la Perſonne*, qui eſt ſans doute un nom, il arrête un moment, à cauſe de la ſignification du mot, & parce que rien n'y a préparé.

D'Aubigné..... apprit qu'Henri avoit promis à la comteſſe de Guiche ( Coriſande d'Andouins, comteſſe de Guiche ou de Grammont, fort aimée alors d'Henri, roi de Navarre.) de l'envoyer (lui d'Aubigné) à la Baſtille. La page, qui eſt la trente-quatrième, porte pour époque 1585. Henri III régnoit alors en France, & Henri de Navarre, loin de pouvoir menacer perſonne de la Baſtille, pouvoit quelquefois la craindre pour lui-même.

La marquiſe de Maintenon, Françoiſe d'Aubigné, qui devoit remplir une carrière de quatre-vingt-quatre ans, fut tenue pour morte à quatre ans, & dut la vie une ſeconde fois à la tendreſſe de ſa mère, Anne ou Jeanne de Cardillac. Dans un voyage en Amérique l'enfant ne donnoit plus aucun ſigne de vie : on alloit la jeter à la mer.

Madame d'Aubigné veut auparavant lui donner un dernier baiſer : elle lui met la main ſur le cœur, & s'écrie que ſa fille n'étoit pas morte. Madame de Maintenon contant, dans la ſuite, ce fait dans le ſalon de Marly, l'évêque de Metz, qui étoit préſent, lui dit : « Madame, on ne revient pas de ſi
» loin pour peu de choſe. »

Cette Jeanne de Cardillac, mère de madame de Maintenon, n'étoit pas, comme on l'a tant dit, la fille d'un geolier, dont Conſtans d'Aubigné fût devenu amoureux dans une priſon, qu'il eût épouſée clandeſtinement après lui avoir fait un enfant, & s'être enfui avec elle. Jeanne de Cardillac, fille de condition & fort bien élevée, avoit pour père Pierre de Cardillac, ſeigneur de la Lane, commandant du Château-Trompette ſous les ordres du duc d'Epernon ſon parent, gouverneur de Guienne; elle avoit pour mère Louiſe de Montalembert, & tenoit de tous côtés aux plus honorables familles. Conſtans d'Aubigné l'épouſa très-publiquement à Bordeaux, le 27 décembre 1627, & n'en eut d'enfans qu'en légitime mariage.

C'eſt ſur ces idées plus exactes qu'il faut réformer quelques reſtes d'erreur qui ſe trouvent dans notre article *Maintenon*, du Dictionnaire, erreurs qui ſe trouvoient encore plus prononcées dans la première édition de M. de la Beaumelle, & dont il nous apprend que mademoiſelle d'Aumale elle-même, cette confidente de madame de Maintenon, ſi inſtruite des moindres particularités de ſa vie, n'a pas ſu entièrement ſe garantir. Il eſt vrai que Conſtans d'Aubigné, indigne, & de ſon père, & de ſa fille, paſſa une grande partie de ſa vie en priſon ; que ſa femme s'y enfermoit ſouvent avec lui, pour le ſecourir & le conſoler; que Françoiſe d'Aubigné naquit (le 27 novembre 1635) dans les priſons de la conciergerie de Niort, & fut élevée au Château-Trompette, où ſon père étoit enfermé ſous la garde de Pierre de Cardillac ſon beau-père. « Que le malheureux, dit à ce ſujet
» M. de la Beaumelle, ne déſeſpère jamais de ſon
» ſort. »

Des mères, même tendres, étoient, ſurtout autrefois, un peu fâcheuſes aux enfans par la ſévérité de leurs principes d'éducation, & par l'auſtérité de leurs leçons. Dans ce même paſſage en Amérique, où Françoiſe avoit été ſi mal, le vaiſſeau qui la portoit, ainſi que ſa famille, fut attaqué par un corſaire : le péril étoit grand, on s'effrayoit, on prioit Dieu, on pleuroit ; Françoiſe, au contraire, diſoit tout bas à ſon frère : *Tant mieux, ſoyons pris, nous ne ſerons plus grondés par notre mère.*

Le feu prit un jour à une habitation que M. & madame d'Aubigné avoient en Amérique : la petite d'Aubigné pleuroit; elle avoit à peine ſix ans alors; ſa mère lui fit une réprimande un peu grave pour cet âge : Faut-il donc, lui dit-elle, pleurer pour une maiſon ? « Ce n'eſt pas non plus la mai-
» ſon que je pleure, répondit l'enfant ; c'eſt ma

» poupée. » C'étoit l'enfant qui donnoit à la mère une leçon de convenance.

Madame d'Aubigné racontant à ses enfans les exploits de Théodore-Agrippa leur aïeul, & sa faveur auprès d'Henri, roi de Navarre, puis de France, Françoise déclara qu'elle vouloit être reine de Navarre : elle le fut pour le moins.

Elle montra de bonne heure un caractère décidé & un grand attachement pour sa religion. Cette religion étoit la protestante, où elle avoit été élevée par madame de Villette sa tante. Madame d'Aubigné étoit catholique; mais la pauvreté l'avoit obligée d'abandonner sa fille aux soins, aux bienfaits & aux instructions de madame de Villette. Lorsqu'ensuite elle la reprit, elle la trouva déjà protestante opiniâtre : Françoise refusa de la suivre à la messe. Vous ne m'aimez donc pas, lui dit sa mère : j'aime encore plus mon Dieu, répondit l'enfant. C'est la réponse de Polyeucte à Pauline :

PAULINE.
Quittez cette chimère, & m'aimez.
POLYEUCTE.
　　　　　　　　Je vous aime
Beaucoup moins que mon Dieu, mais bien plus que moi-même.

Françoise, obligée d'obéir, s'en vengea en se comportant indécemment dans l'église, & en affectant du mépris pour nos mystères. Sa mère, dévotement irritée, lui donna un soufflet. Françoise, qui savoit l'évangile, présenta l'autre joue. Frappez, dit-elle : il est doux de souffrir pour sa religion.

C'est pourtant cette même madame de Maintenon qui, dans la suite, contraignit d'aller à la messe la petite de Villette, petite-fille de madame de Villette sa tante & sa bienfaitrice; mais en entraînant ainsi de force la petite-fille au parti de la vérité, elle comptoit s'acquitter envers l'aïeule, qui ne l'avoit élevée elle-même dans l'erreur que par tendresse.

Elle n'oublia jamais les bienfaits de madame de Villette, &, lorsque déjà plus docile, elle s'instruisoit des dogmes de la foi catholique, & qu'elle commençoit à s'en rapprocher : « J'admettrai » tout, disoit-elle, pourvu qu'on ne m'oblige pas » à croire que ma tante de Villette sera damnée.» En effet, les terribles conséquences du dogme, *Hors de l'église point de salut*, sont ce qui répugne le plus aux ames douces & tendres.

Elle consentit enfin à faire sa première communion; mais elle n'entroit pas bien encore dans l'esprit de ce redoutable mystère. En approchant de la sainte table elle dit à son frère, en lui donnant un coup de pied : « Et toi, n'es-tu pas assez vieux » pour communier aussi ? »

Une autre parente, madame de Neuillant, mère de la maréchale de Navailles, la prit aussi chez

elle, mais la traita bien moins en parente qu'en domestique. Françoise fut chargée des plus vils détails de la maison. « Je commandois dans la basse- » cour, » a-t-elle souvent dit depuis ; « c'est par ce » gouvernement que mon règne a commencé. »

« Tous les matins, dit M. de la Beaumelle, un » loup sur le visage pour conserver le plus beau » teint du monde, un chapeau de paille sur la tête, » un panier dans la main, une gaule dans l'autre, » Françoise alloit garder les dindons, avec ordre » de ne toucher au panier où étoit le déjeûné, » qu'après avoir appris cinq quatrains de Pibrac : C'étoit le plan d'éducation de Gorgibus dans Molière :

Prenez-moi tous les jours, au lieu de ces sornettes,
Les quatrains de Pibrac & les doctes tablettes
Du conseiller Mathieu; l'ouvrage est de valeur,
Et plein de beaux dictons à réciter par cœur.

Les Ursulines de Niort la gardèrent quelque tems par charité, puis se refroidirent, & la rendirent à sa mère. Madame de Maintenon ne se souvint que du bienfait, & ne songea qu'à s'acquitter par des bienfaits envers ces religieuses. Mes enfans, disoit-elle à ce sujet aux élèves de Saint-Cyr, faisons toujours le bien : il est rarement perdu devant les hommes, & jamais devant Dieu.

Non-seulement dans sa puissance & dans sa grandeur elle ne rougit jamais de l'état d'humiliation où la pauvreté l'avoit mise autrefois, mais elle aimoit à en rappeler le souvenir, & trouvoit bon qu'on le lui rappelât.

« Il parut un jour dans son antichambre un » homme qui fendit la foule, & qui, l'abordant » avec une respectueuse hardiesse, lui dit : Il y a » quarante ans, Madame, que je ne vous ai vue, » & vous ne pouvez me reconnoître ; mais vous » ne pouvez m'avoir entièrement oublié. Vous » souvient-il qu'à votre retour des îles vous vous » rendiez tous les jours à la porte des Jésuites de » la Rochelle, où..... les jeunes Pères distribuoient » de la soupe aux pauvres..... Je vous distinguai » dans la foule des mendians..... Je fus frappé de » la noblesse de votre physionomie : vous ne me » parûtes point faite pour un état si vil : j'observai » votre embarras à vous présenter pour avoir part » à l'aumône, & j'en eus pitié. C'est donc vous, » Monsieur, lui dit madame de Maintenon, qui » pour m'épargner la honte d'être confondue avec » ces infortunés, fîtes apporter la soupe chez moi, » en témoignant tant de regret d'être borné à » un si médiocre secours ! Vous me sauvâtes dou- » blement la vie, & en me donnant cette nour- » riture, & en compâtissant à ce que je souffrois » d'être obligée de mendier publiquement. »

Elle lui demanda ce qu'elle pourroit faire pour lui, & le fit entrer dans son cabinet afin de lui épargner à son tour l'humiliation d'exposer tout haut ses besoins. Cet homme, alors maître d'école de village, lui demanda une cure. Madame de Maintenon, toujours juste & pieuse dans sa reconnoissance, lui dit : « Je ne me mêle point » de la dispensation des bénéfices, & je ne puis » juger si vous êtes propre à être curé ; je sais » seulement que vous avez une des vertus de cet » état, la charité. » L'entretien finit par le don qu'elle lui fit d'une bourse de cent pistoles, & par la promesse de la remplir chaque année d'une pareille somme, sans lui ôter d'ailleurs l'espoir d'obtenir l'objet de sa demande.

Le Roi entra chez elle. Sire, lui dit-elle, voilà mon père nourricier ; elle lui conta cette aventure, & finit son récit par ce mot : « J'ai été » pauvre & orpheline, vous ne serez pas surpris, » Sire, que je vous importune quelquefois en fa- » veur des pauvres & des orphelins. »

Tout ce qui étoit dans l'antichambre & qui avoit entendu à quel titre cet homme avoit ré- clamé les souvenirs de madame de Maintenon avant d'être introduit dans le cabinet, « fut sur- » pris de n'appercevoir ni honte, ni ostentation, » ni chagrin sur le visage de cette Dame, & ma- » dame de Maintenon le fut sans doute de ce *lâche* » *étonnement : il n'est rien de grand pour les grands* » *cœurs.* »

C'est ici de la déclamation & de l'enflure : l'é- tonnement de l'assistance étoit fort naturel & n'a- voit rien de lâche. L'étonnement, en pareil cas, ne prouve pas nécessairement qu'on se sente incapa- ble de la même vertu ; il peut prouver seulement qu'on sait qu'elle est rare & difficile dans de cer- taines circonstances. Mais madame de Maintenon n'étoit pas tout-à-fait dans ces circonstances qui rendent si amer à un parvenu, à un fils de la fortune le souvenir de sa première bassesse. La petite-fille de Théodore-Agrippa d'Aubigné, tombée dès le berceau dans la pauvreté, réduite à la mendicité, devient par ce contraste même un grand objet d'intérêt, & cet intérêt ennoblit tout.

Madame de Maintenon se ressouvint d'elle- même, dans sa grandeur, qu'un jour où, pauvre encore, mais déjà répandue dans le monde, elle devoit recevoir chez elle quelques femmes de qualité, une blanchisseuse lui avoit loué des meu- bles & avoit refusé le paiement du loyer. Hon- teuse de s'en ressouvenir si tard, elle fait chercher cette femme. On la trouve avec peine dans un galetas, accablée de vieillesse & d'infirmités, prête à vendre sa dernière chaise pour avoir un dernier morceau de pain. Madame de Maintenon va la voir : « Je ne souffrirai pas, dit-elle, que » celle qui m'a si généreusement prêté ses meu- » bles, soit réduite à vendre ce qui lui en reste. » Elle lui assure une pension dont elle a grand soin de lui avancer le premier quartier. Ses bienfaits alloient souvent chercher ainsi dans les réduits obscurs des malheureux surpris de n'être pas ou- bliés. Tels étoient les plaisirs qui la consoloient de la grandeur.

« J'allai un jour avec elle, dit une de ses élé- » ves, chez la veuve d'un major de place. Cette » femme, ne sachant pas que c'étoit madame de » Maintenon, se leva un instant, & se rassit, lui » contant ses malheurs. Je lui dis : N'avez-vous » pas été chercher quelques secours auprès de » madame de Maintenon ? Oui, répondit-elle : un » valet-de-chambre m'a promis de lui donner un » placet. On dit que c'est une Dame très-charita- » ble, & qui reçoit fort bien les pauvres ; mais » je n'ai pu l'aller voir : j'ai l'estomac rétréci pour » n'avoir pas mangé depuis deux jours. Madame » de Maintenon ne put retenir ses larmes, lui » donna une bonne somme d'argent, & depuis » l'assista jusqu'à sa mort sans se faire connoître. »

Charitable & bienfaisante lorsqu'elle n'avoit à prendre que sur elle-même, elle n'étoit point prodigue de son crédit qu'elle croyoit ou affec- toit de croire très-borné quand on le croyoit sans bornes. Le P. de la Neuville, jésuite, la reconnut un jour à la modestie avec laquelle elle en parloit. Il témoignoit devant une femme que le hasard lui avoit fait rencontrer dans le monde, le désir d'obtenir une audience de madame de Maintenon. Que lui voulez-vous ? demanda cette femme. Je voudrois, dit-il, lui demander un em- ploi pour un de mes frères. Vous vous adressez mal, reprit-elle ; elle demande quelquefois au Roi des aumônes pour des indigens, mais ja- mais des graces. Elle a tant de crédit ! répliqua le jésuite. Pas tant que vous croyez. — Ah ! c'est à madame la marquise de Maintenon que j'ai l'honneur de parler ; elle seule peut se défier de son crédit.

A Paris & à la cour on l'exagéroit, au con- traire : on supposoit qu'elle gouvernoit le Roi ; on disoit de lui en trois mots latins ce qui devoit être entendu en deux mots français : *Mente non agit.* On publia des estampes où l'on voyoit le Roi & madame de Maintenon se donnant la main, & soutenant un globe sous lequel plioient les épaules d'Atlas, avec ces mots : *Nous mainte- nons.*

Scarron, premier mari de madame de Main- tenon, avoit avili par le burlesque un talent assez original & un nom ancien, autrefois res- pecté. Un de ses ancêtres avoit fait au douzième siècle, des fondations pieuses à Montcallier dans le Piémont. Ses pères étoient depuis long-tems dans la robe ; son trisaïeul est célébré dans la *Henriade*, au nombre de ces magistrats royalistes, dont la vertu étoit suspecte & redoutable aux Guises & aux Seize. Son père, conseiller au par- lement, nuisit à sa fortune pour avoir résisté au cardinal de Richelieu, comme son fils s'en plaint dans des vers burlesques. L'enjouement de Scar- ron, la gaîté de son humeur, l'aimable facilité de son caractère, la pitié même de ses maux, atti- roient chez lui une société choisie, sur laquelle madame Scarron s'acquit bientôt un doux empire par la noblesse de son ton, le charme de ses manières, l'ascendant de sa raison, la dignité de son caractère. « En l'entendant, dit son historien, on » oublioit qu'il y eût d'autres plaisirs; on oublioit » même ses besoins. » Madame, lui dit un jour un domestique à voix basse, « encore une histoire à » ces Messieurs, car le rôti nous manque aujour- » d'hui.

» Je ne lui ferai point de sottise, disoit Scar- » ron en l'épousant, mais je lui en apprendrai » beaucoup. Je ne puis, lui disoit-il à elle-même, » vous donner les plaisirs du mariage; il faut du » moins que je vous en apprenne les termes. » Ce fut elle au contraire qui réforma jusqu'à un certain point les mœurs & le ton de son mari, & qui adoucit les traits de son enjouement burlesque en l'assujettissant à l'empire des bienséances.

La Reine-mère, apprenant ce mariage, disoit : » Que fera Scarron de mademoiselle d'Aubigné ? » Ce sera le meuble le plus inutile de sa maison. » Ce fut le plus utile. Étoit-il malade ? c'étoit sa garde; convalescent, sa compagne assidue; réta- bli autant qu'il pouvoit l'être, elle étoit son lecteur & son secrétaire. Jamais on ne remplit mieux des devoirs plus pénibles; jamais mari, si bassement comique, n'eut une femme si noble- ment imposante; elle l'étoit à tel point, que Louis XIV, dans le tems où elle n'étoit encore que la gouvernante de ses enfans illégitimes, s'a- musant un jour à la campagne à renverser les fau- teuils des Dames, passa devant celui de madame Scarron, en disant : *Pour celle-là, je n'oserois.* Madame Scarron avoit l'air de la Reine du monde, & Scarron, de son fou, de son nain ou de son singe.

La Beaumelle a un chapitre exprès des *Amans de madame Scarron;* il entend par-là des hommes amoureux d'elle, & qui, encouragés d'abord par son envie de plaire, étoient bientôt rebutés par ses constantes rigueurs. « Elle eût voulu être » adorée de l'Univers, dit le même la Beaumelle, » & n'eût pas eu la moindre reconnoissance pour » un de ses adorateurs. » Le maréchal d'Albret l'aima; ce maréchal si connu par ses galanteries sous le nom de *Miossens,* comme le maréchal de Richelieu l'a été de notre tems par les siennes, & dont Scarron a dit :

> Ce Miossens aux maris si terrible,
> Ce Miossens à l'amour si sensible,
> Mais si léger en toutes ses amours
> Qu'il change encore & changera toujours.

Madame Scarron le fixa & il ne put la séduire : à l'amour succédèrent le respect & l'amitié. « Il » vit, dit l'auteur des *Mémoires,* qu'il valoit » mieux être l'ami d'une femme forte, que l'a- » mant d'une femme foible. » Mademoiselle de Scudéry, dit le même auteur, s'exprime ainsi *dans son jargon précieux :* « L'air qu'on respire » auprès d'elle, semble inspirer la vertu. »

Où l'auteur trouve-t-il donc là du jargon & du précieux ? C'est une phrase noble, mais simple.

Nous avons rapporté, dans le Dictionnaire, ce que disoient de madame Scarron les jeunes gens les plus entreprenans de la cour.

M. de la Beaumelle rend plus de justice à l'é- pisode très-noble & très-ingénieux de Scaurus & de Lyriane, entrant dans le temple de la Fortune pour interroger l'oracle sur leurs destinées. C'est une allégorie relative à M. & à madame Scarron, dans un des romans de mademoiselle de Scudéry; allégorie fine & obligeante, sans flatterie, & qui finit par une espèce de prédiction du bonheur ré- servé à madame de Scarron, âgée alors de vingt- quatre ans, & très-peu fortunée. Elle en avoit seize lorsqu'elle épousa Scarron, qui eût pu être son père. Il eut toujours pour elle le plus tendre respect, &, quand il parle d'elle, le ton burlesque fait place au ton du sentiment, comme dans ces vers où il remercie mademoiselle Scudéry d'avoir si bien célébré, dans l'épisode de Scaurus & de Lyriane,

> Celle par qui le ciel soulage son malheur,
> Digne d'un autre époux comme d'un sort meilleur.

Il mourut en riant comme il avoit vécu, & voyant ses parens & ses amis fondre en larmes au- tour de son lit, car il étoit fort aimable & fort aimé : « Mes enfans, leur dit-il, je ne vous ferai » jamais autant pleurer que je vous ai fait rire; » mais quand il fallut dire le dernier adieu à sa femme, il cessa de plaisanter : il la remercia de tous ses soins, & faisant un effort pour lui tendre la main : « Je vous prie, dit-il, de vous souvenir » quelquefois de moi : je vous laisse sans biens; la » vertu n'en donne pas; cependant soyez toujours » vertueuse. »

Madame Scarron le pleura, dit la Beaumelle, comme si elle eût perdu quelque chose. Elle per- doit beaucoup; elle perdoit un ami.

Mais elle put dire comme Monime :

> Et veuve maintenant sans avoir eu d'époux.

La marquise de Montchevreuil lui ayant donné une retraite chez elle à la campagne, madame Scarron, toujours attentive à plaire & à obliger, entrevit qu'elle desiroit de jouir promptement d'un ouvrage de tapisserie; elle se leva pendant quatre mois à quatre heures du matin pour y tra- vailler. Un voisin, qui voyoit tous les jours à cette heure une fenêtre ouverte, & une femme l'aiguille à la main, dit à madame de Montchevreuil qu'elle avoit une femme-de-chambre bien laborieuse.

Dans un voyage qu'elle fit en Poitou avec plu- sieurs personnes, un homme de la compagnie fut attaqué de la petite vérole. Madame Scarron, qui ne l'avoit pas eue ou qui ne le croyoit pas, en- gagea la sœur du malade à éviter la contagion.

prit fa place, & garda le malade jufqu'au parfait rétabliffement. Quand le frère & la fœur la remercièrent d'un tel fervice, elle leur fit cette réponfe affez fingulière, foit qu'elle fût vraie, foit qu'elle ne le fût pas : « Ce n'eft ni l'amitié ni la » religion qui m'ont follicitée pour vous ; c'eft » d'abord un peu de pitié, & enfuite beaucoup » d'envie de faire une chofe qui ne s'eft jamais » faite. »

On pouvoit même abfolument trouver quelque défaut de bienféance dans cet excès d'attention qui faifoit d'une jeune & jolie femme la garde-malade d'un homme. Au refte, cette réponfe pouvoit n'être qu'un trait de délicateffe pour mettre à l'aife la reconnoiffance du malade ; mais il eft vrai qu'alors madame Scarron n'étoit pas fans goût pour les fingularités. Voici, par exemple, un trait qu'elle expliquoit elle-même & qui ne peut guère s'expliquer que par-là.

Dans un tems où l'émétique étoit regardé comme une dernière reffource dans les maladies défefpérées, elle en prit en pleine fanté, alla faire une vifite, & dit froidement ce qu'elle venoit de faire : on la renvoya comme une folle. « Ce n'étoit pas » ce que je voulois, difoit-elle dans la fuite ; je » voulois qu'on dît : Voyez cette jolie femme ; » elle a le courage d'un homme & on ne le dit » pas. » Ce défir de renommée étoit dominant chez elle. Voici l'aveu qu'elle en fait elle-même. « Je voulois être eftimée. L'envie de me faire » un nom étoit ma paffion.... & c'eft peut-» être pour m'en punir que Dieu a permis mon » élévation, comme s'il avoit dit dans fa colère : » *Tu veux des louanges & des honneurs : eh bien !* » *tu en auras jufqu'à en être accablée.* »

Madame Scarron reftoit pauvre, mais elle avoit des amis. On effaya de faire revivre en fa faveur une penfion que Scarron avoit eue fous le titre bouffon de *Malade de la Reine*, & qu'il avoit perdue par une bouffonnerie fatyrique, intitulée *La Mazarinade*. Mazarin, qui s'en fouvenoit, demanda fi la veuve de Scarron fe portoit bien : on lui dit qu'oui. *Eh bien !* dit-il, *elle n'a donc point de droit à la penfion d'un malade.*

On fe tourna du côté du magnifique Fouquet, qui donnoit aux hommes par vanité, aux femmes par libertinage, & qui fe vantoit d'avoir le tarif de toutes les vertus du Royaume. Il n'eut pas celui de la vertu de madame Scarron ; il employa en vain fes agentes & fes créatures, autrefois fes maîtreffes, alors fes courtières d'amour ; il envoya un écrin de prix, en fe tenant vifiblement caché. L'écrin fut renvoyé, le furintendant fe tourna vers des conquêtes plus faciles, mais il ne dit pas : *Puifque vous êtes fi vertueufe, je vous donne la penfion que je voulois vous vendre,* comme Henri IV avoit dit à madame de Guercheville qui l'avoit auffi refufé : *Puifque vous êtes vraiment Dame d'honneur, vous le ferez de la Reine ma femme.* L'un

étoit Henri-le-Grand, l'autre n'étoit que Fouquet.

On eut recours au Roi, & ce fut alors que les placets de la veuve Scarron fatiguèrent tant ce maître dédaigneux qui devoit un jour être pour elle un ami fi tendre.

Vers l'an 1680, dans un tems où Louis XIV étoit partagé entre madame de Montefpan, à laquelle il tenoit encore un peu par l'habitude & par les enfans qu'il avoit d'elle, mademoifelle de Fontanges, dont l'éblouiffante beauté enivroit fes fens, & madame de Maintenon, qui étoit agréable à fes yeux & néceffaire à fon cœur, madame de Montefpan, qui ne pouvoit ni vivre avec madame de Maintenon ni fe paffer d'elle, & qui recherchoit toujours fa converfation, lui dit un jour qu'elle avoit rêvé que *le chat gris* (c'étoit mademoifelle de Fontanges) étoit chaffé, & qu'elle (madame de Montefpan, tombée alors dans la difgrace du Roi) s'étoit raccommodée avec le Roi dans l'appartement même de madame de Maintenon. « Et moi auffi, j'ai des fonges, ré-» pond celle-ci. Nous étions l'une & l'autre fur le » grand efcalier de Verfailles. Je montois, vous » defcendiez ; je m'élevais jufqu'aux nues, & vous » allâtes à Fontevrault. »

M. de Voltaire obferve que c'eft une réponfe connue du duc d'Epernon au cardinal de Riche-lieu, laquelle eft gâtée ici par M. la Beaumelle. Le Duc, defcendant de l'efcalier du Louvre, rencontre le Cardinal qui montoit, & qui lui demanda s'il y avoit des nouvelles. *Je n'en fais point a'autre,* dit le Duc, *finon que vous montez & que je defcends.* M. de Voltaire relève l'allongement & l'incohérence de ces mots, attribués à madame de Maintenon. « Je montois, vous defcendiez ; » je m'élevai jufqu'aux nues. Il eft bien queftion de » s'élever jufqu'aux nues fur un efcalier ! »

C'eft avec peine qu'on voit madame de Maintenon avoir part à l'intrigue condamnable & digne feulement de madame de Montefpan, qui fut mife en œuvre pour engager mademoifelle de Montpenfier à fe dépouiller de fes biens en faveur de M. le duc du Maine, qu'elle n'avoit prétendu qu'inftituer fon héritier (& c'étoit bien affez), encore la condition de cette inftitution étoit-elle qu'on lui permettoit d'époufer M. de Lauzun, alors enfermé à Pignerol. On commença par lui perfuader de ne point faire de conditions avec le Roi, de faire feulement fes offres pour le duc du Maine, & de prendre toute confiance dans la reconnoiffance du Roi. On feignit enfuite d'avoir compris qu'il s'agiffoit d'une donation entre-vifs & non d'une fimple inftitution d'héritier : on lui dit que le Roi l'avoit entendu ainfi, & ne fouffriroit pas cette reftriction, qui lui paroîtroit faite après coup, & qui auroit l'air d'un repentir injurieux. Dans le cours de cette intrigue madame de Maintenon fut envoyée à Mademoifelle pour fixer fes incertitudes. Mademoifelle, qui la regar-

doit comme auteur ou comme complice de la perfécution qu'elle essuyoit, lui dit avec la hauteur
d'une Princesse qui veut humilier une favorite : *Il
y a long-temps que je ne vous ai fait l'honneur de vous
parler, parce que* ..... Sur ce début, madame de
Maintenon, qui sentoit sa force, sortit brusquement. Mademoiselle la retint, & prenant un ton
plus doux, dit qu'elle étoit prête à se dépouiller
de ses biens, pourvu qu'on lui permît d'épouser
M. de Lauzun. Madame de Maintenon répéta
le conseil perfide de s'abandonner à la reconnoissance & à la générosité du Roi. Je connois les
générosités de cour, dit Mademoiselle, & elle
menaça de disposer de son bien à son gré si on
ne lui permettoit ce mariage. Vous n'en serez pas
la maîtresse, répondit la favorite ; le Roi ne souf-
frira pas une disposition de vos biens, contraire
à vos promesses. Mademoiselle éclata en plaintes
sur cette tyrannie véritablement un peu forte : je
donnerai tout aux pauvres, dit-elle ; nous verrons
si la piété du Roi lui permettra de leur ravir un
bien légitimement donné. « En ce cas, reprit ma-
» dame de Maintenon, je ne puis vous répondre
» que M. de Lauzun ne soit pas transféré à la
» Bastille. »
Ce propos inique & tyrannique que la sage
Maintenon n'auroit pas dû se permettre, en rappelle un semblable que Vittorio Siri dit avoir été
tenu par le duc de Sully, au troisième prince de
Condé, mari de mademoiselle de Montmorenci.
Henri IV étoit amoureux de cette Princesse : on
vouloit engager le Prince à faire venir sa femme
à la cour. Le duc de Sully, l'homme le moins
propre à cette négociation, commanda au Prince,
plutôt qu'il ne lui conseilla, de satisfaire le Roi.

Et la foudre à la main, menaçant ses refus,

osa bien lui parler de Bastille. Condé répondit que
le Roi étoit trop juste pour l'avoir chargé de menacer de la Bastille le premier Prince du sang, &
surtout un Prince innocent. Ne vous fiez pas sur
votre innocence, répliqua Sully : vous ne seriez
pas le premier homme innocent qui eût été mis
à la Bastille sous un Roi juste.
La grande ambition de madame de Maintenon
étoit d'arracher Louis XIV à l'adultère,
& de le ramener dans les voies du salut. Ce fut
elle-même qui fut chargée d'annoncer à madame
de Montespan que le Roi renonçoit à elle. Celle-
ci, dans son désespoir, tantôt l'accabloit d'injures
& de menaces, tantôt cherchoit à le gagner par
des excuses, des larmes, des promesses. Des promesses ! lui dit madame de Maintenon ; je n'en
veux qu'une de vous, & je la demande au nom
de Dieu, du Roi & de votre propre honneur.
Promettez de renoncer de bonne foi à votre passion. Ah ! répondit madame de Montespan, c'est
m'arracher le cœur.
Au sortir de cet entretien, madame de Mainte-

non rencontra un homme de la cour, qui lui dit :
« Le bruit se répand, Madame, que le Roi quitte
» les femmes, & que c'est votre ouvrage. » Plût à
Dieu ! & mourir sur le champ, répondit-elle.
On délibéra si madame de Montespan seroit exilée. Madame de Maintenon lui épargna ce dernier coup ; mais elle l'entoura de directeurs qui
l'exhortoient sans cesse à s'exiler elle-même ; ce
qu'elle fit enfin de guerre lasse après de longs délais & d'innombrables dégoûts, & après avoir
essayé par mille intrigues, de renverser le crédit
toujours croissant de celle qu'elle regardoit comme
sa rivale. *Je saurai me venger*, lui dit-elle un jour
à la suite d'un entretien fort vif ; *& moi*, répondit madame de Maintenon, *je saurai vous pardonner*. Ce fut celle-ci qui tint parole.
Madame de Montespan, dans un accès de fureur,
renvoya au Roi les pierreries qu'il lui avoit données. Le premier mouvement du Roi fut d'ouvrir
la cassette. Madame de Maintenon, craignant qu'il
ne lui fît l'affront de les lui offrir, l'arrête & l'empêche d'ouvrir. Le second mouvement du Roi
fut de se venger de cette insulte. Madame de Maintenon lui représente que madame de Montespan
est plus digne de pitié que de courroux, & que
cette imprudente saillie est la dernière convulsion
d'un amour réduit au désespoir. Et comment la
vanité même du Roi ne le lui disoit-elle pas ? Comment cette vanité n'étoit-elle pas flattée de ce vain
courroux d'une amante si long-tems aimée & si
cruellement délaissée ? Il étoit bien question là d'affront fait au Roi ! Ce n'étoit pas au Roi à venger
les injures de l'amant infidèle.
Au milieu des transports jaloux de madame de
Montespan & des triomphes d'une femme autrefois sa protégée, la première propose à la seconde
une partie à Clagny. Madame de Maintenon l'accepte. On vint lui dire officieusement qu'elle n'y
seroit pas en sûreté, que cette fête pouvoit cacher
des trahisons : mais elle avoit promis ; elle y alla,
& vit, dit M. de la Beaumelle, qu'un crime est
bien plus aisé à imaginer qu'à commettre.
C'étoit madame de Montespan qui avoit donné
à Louis XIV l'idée de faire écrire son histoire par
Racine & par Boileau, & dans le tems même de
sa disgrace elle étoit admise aux lectures que ces
deux historiens poètes faisoient à Louis XIV de
quelques morceaux de cette histoire. « Madame
» de Montespan, dit M. de la Beaumelle, laissoit
» échapper quelques mots piquans. Le Roi, en
» souriant, jetoit furtivement un regard sur ma-
» dame de Maintenon, qui, assise sur un tabouret
» vis-à-vis de lui, tâchoit d'entendre, sans bâiller,
» les fadeurs des deux historiens. »
Eh ! qui lui a dit que ce fussent des fadeurs ?
Quand Racine, au tems de la révocation de l'édit
de Nantes, disoit dans *Esther*,

Et le Roi trop crédule a signé cet édit.

étoit-il donc si fade ? Racine & Boileau ne sa-
voient-ils

voient-ils pas louer fans fadeur ? Louis XIV est loué, flatté, fi l'on veut, dans la plûpart des ouvrages de Boileau ; il l'eft toujours d'une manière piquante & très-éloignée de la fadeur. M. de Voltaire, dans le *Siècle de Louis XIV*, loue beaucoup ce Prince en avouant fes fautes, & tout homme de bon fens, & qui faura l'Hiftoire, le louera toujours beaucoup. M. de Voltaire eft-il fade ?

M. de la Beaumelle s'amufe, en paffant, à dire « que Racine & Boileau s'appliquoient plus à écar- » ter de la cour tout autre bel-esprit qu'eux, & » fe rendre maîtres de l'Académie, qu'à faire un » ouvrage digne de la poftérité. » Quoi ! Racine & Boileau, dans tous leurs ouvrages, négligeoientils jamais de les rendre dignes de la poftérité ? Ne diroit-on pas que ces deux beaux génies étoient des intrigans fans mérite, qui, par artifice, écartoient de la cour le mérite qui les eût offufqués ? Boileau avoit-il tort de n'eftimer aucun poète de fon tems à l'égal de Racine ? Racine avoit-il tort de n'eftimer aucun critique de fon tems à l'égal de Boileau ? Et quel écrivain digne d'être mis fur la même ligne, ou feulement en approcher *longo intervallo*, ont-ils donc écarté de la cour ? Quant à leur empire dans l'Académie, qu'auroit-on penfé de ce corps refpectable, fi deux hommes tels que Racine & Boileau n'y avoient pas eu la plus grande influence ? Quelles légéretés, que toutes ces petites décifions de caprice ! Et comment cherche-t-on à fe diftinguer par ces paradoxes & ces jugemens en l'air, quand on a tant de moyens d'intéreffer, & par fon ftyle, & par les chofes qu'on avoit à dire ?

Revenons à mefdames de Montefpan & de Maintenon. Boileau contoit à fes amis qu'un jour, au moment où la lecture commençoit, madame de Montefpan, qui n'étoit point attendue, entra, & que madame de Maintenon ne fe leva point. Le Roi lui dit de s'affeoir, & ajouta : « il eft bien » jufte, Madame, que vous entendiez un ouvrage » dont vous avez tracé le premier plan. » Elle parut très-peu attentive, & de tems en tems interrompit le lecteur pour dire à madame de Maintenon : *Madame eft-elle contente ?* « Après la lec- » ture, elle lui fit une profonde révérence, où il y » avoit plus d'air que de refpect, & lui demanda » une heure, fous prétexte qu'elle avoit beau- » coup de chofes à lui dire. » — « Et moi, répon- » dit féchement madame de Maintenon, j'ai beau- » coup d'affaires ; quand je ferai libre, je vous le » ferai favoir. » C'eft, dit la Beaumelle, la feule fois qu'elle fit fentir fa fupériorité à madame de Montefpan, qui l'avoit fi fouvent accablée de la fienne.

Lorfque madame de Montefpan fe réfolut enfin à la retraite, madame de Maintenon lui fit donner une penfion de deux mille louis par mois. Pour elle, elle n'eut jamais, & ne voulut jamais avoir qu'une penfion de 48,000 liv. par an ; auffi difoitelle : « Ses maîtreffes lui coûtoient plus en un

» mois, que je ne lui coûte dans une année. » Et fur ces 48,000 liv. quel bien ne faifoit-elle pas, elle qui avoit fu en faire fur 500 liv. de penfion que lui faifoit Scarron ?

Une autre amie, une autre bienfaitrice de madame Scarron, la duchesse de Richelieu, étoit devenue jaloufe de madame de Maintenon, s'étoit unie avec madame de Montefpan pour lui nuire, n'avoit ceffé de la calomnier auprès de madame la Dauphine, dont madame de Maintenon l'avoit faite Dame d'honneur, ainfi que de la Reine auparavant. M. de la Beaumelle dit avec raifon que la marquife de Maintenon pouvoit dire à la duchesse de Richelieu : *Vous m'admîtes autrefois à votre fociété & à votre table ; dix ans après je vous fis Dame d'honneur de la Reine.* Mais ce n'eft pas là ce qu'elle lui difoit. Témoin de tant d'intrigues qu'elle dédaignoit, & de tant d'offenfes qu'elle pardonnoit : *Vous avez beau faire, Madame*, lui difoit-elle, *vous n'effacerez point le fouvenir de vos bienfaits.* C'eft au fujet de la duchesse de Richelieu qu'elle dit ce mot fi affligeant & fi conforme à la trifte & trop fameufe maxime de Bias : *On eft tous les jours trompé à des amitiés de trente ans.* Ce mot fe trouve auffi dans fes Lettres, autrement appliqué. Les torts de madame de Richelieu à l'égard de madame de Maintenon fûrent fi nombreux, fi conftans, fi graves, fi manifeftes, que Louis XIV vouloit la chaffer de la cour ; madame de Maintenon l'en empêcha en lui difant : « Tra- » caffière pour tracaffière, celle qu'on connoît » vaut encore mieux que celle qu'on ne connoît » pas. »

Lorfqu'à l'occafion du départ des princes de Conti pour la Hongrie, en 1685, le marquis de Louvois fit fi imprudemment & fi tyranniquement intercepter les lettres de plufieurs jeunes gens de la cour, lettres dont les plus coupables, c'eft-à-dire, les plus indifcrètes, fe trouvèrent être d'un des fils & du gendre de Louvois même, il s'en trouva auffi de madame la princeffe de Conti, fille de Louis XIV. Elle difoit qu'elle avoit pris fort promptement une fille d'honneur, de peur que madame de Maintenon ne lui en donnât une. Elle ajoutoit : *Je me promène quelquefois avec le Roi & madame de Maintenon ; jugez combien je m'amufe.* La Princeffe, avertie de l'infidélité de Louvois par la rumeur publique & par un regard foudroyant de Louis XIV, alla pleurer chez madame de Maintenon, qui lui dit : « Pleurez, pleu- » rez, Madame ; car c'eft un grand malheur de » n'avoir pas le cœur bon. » Quelque tems après la Princeffe étant tombée malade, madame de Maintenon la fervit avec la vigilance d'une garde & la tendreffe d'une mère, & fe hâta de la réconcilier avec le Roi.

M. de la Beaumelle croit que le mariage de madame de Maintenon avec Louis XIV eft de la fin de l'année 1685. Une de fes preuves eft que, dans un démêlé avec madame la duchesse de Bourgogne, avec qui elle en avoit si peu, elle lui dit : « J'étois » ce que je suis avant que vous fussiez au monde. » Or, cette Princesse étoit née le 6 décembre 1685. Les témoins furent Bontemps, premier valet-de-chambre, & le marquis de Montchevreuil. Ce dernier dit sur ce sujet à madame de Maintenon : « Je vois avec un charme infini, Madame, qu'il » ne me sera pas possible d'augmenter de respect » pour vous. » L'archevêque de Paris, de Harlay de Chanvallon, & le P. de la Chaise furent les ministres. La cérémonie se fit à un autel de la tribune de l'ancienne chapelle de Versailles. L'acte de célébration, s'il a existé, est perdu. L'archevêque l'emporta dans sa poche, dit M. de la Beaumelle. « Il étoit si négligent, que toutes les fois qu'il » changeoit d'habit, il renfermoit dans une ar- » moire celui qu'il quittoit, pour s'épargner la » peine de mettre en ordre ses papiers. A sa mort, » on trouva sous la clef quantité de vieilles cu- » lottes, dont l'une contenoit cet acte, qui, après » avoir essuyé les pasquinades de tous les laquais, » passa de main en main, peut-être dans celles de » quelque homme peu curieux, qui, en lisant ceci, » dit : Je voudrois bien avoir cette pièce, & l'a » dans un coin de son cabinet. »

M. de Voltaire, quoiqu'il croie à ce mariage par d'autres raisons, dit que ce conte n'est pas même digne des laquais ; & en effet, l'auteur auroit bien dû nous dire de qui il le tient. On n'a donc que des conjectures sur le mariage, mais elles sont fortes.

( Voyez ci-dessus, à l'article de l'abbé de Choisy, ce qui concerne la traduction de l'Imitation, & l'estampe allégorique de madame de Maintenon. )

Le même abbé de Choisy rapporte qu'ayant prié Bontemps d'offrir à madame de Maintenon un exemplaire d'un de ses ouvrages, Bontemps, dans le compte qu'il lui rendit de ce qu'il avoit dit à cette Dame, se servit de ces termes : Je suis assuré que sa Ma... Il s'arrêta tout court, rougit de se surprendre dans l'indiscrétion, & changea de propos. Je ne fis pas semblant, ajoute l'abbé de Choisy, d'avoir oui les mots sacramentaux, & ne lui en ai jamais parlé.

Madame de Maintenon ne laissoit point pénétrer son secret, mais elle ne nioit point son état. Etant un jour allée aux Carmélites, où les Reines seules ont droit d'entrer, la supérieure lui dit : « Ma- » dame, vous savez nos usages, c'est à vous à dé- » cider. — Ouvrez toujours, ma mère, répondit » madame de Maintenon. »

Madame la Duchesse, fille de Louis XIV, qui avoit du talent pour les chansons satyriques, en ayant fait une contr'elle : Mé prendroit-on, dit madame de Maintenon, pour la maîtresse du Roi ?

Une de ses amies lui disant un jour : Vous n'êtes pas la dernière du royaume : — Taisez-vous, lui répondit-elle, tout cela n'est que vanité.

Un enfant lui ayant dit : On assure que vous êtes

Reine ; elle ne répondit que ces mots : Qui vous l'a dit ?

Un autre montant en carrosse avec elle, & s'écriant : J'ai les honneurs de la cour ; elle sourit & lui mit son éventail sur la bouche.

Un paysan des environs de Fontainebleau la traitant de Majesté, elle rougit, & dit : Il faut donc que tout ce que je vois soit flatteur.

Elle exclut, pendant quelques mois, de sa société, madame d'Hendicourt, pour s'être avisée de lui dire : Nos maris ne reviendront pas sitôt de la chasse.

On prétend qu'au contraire le duc de Noailles, mari de sa nièce, fut un jour au moment d'apprendre par elle son secret, & qu'il se refusa de lui-même à cette confidence, qui ne lui parut pas sans inconvénient à l'égard du Roi.

On prétend aussi qu'un jour madame de Maintenon grondant madame de Caylus, sa nièce à la mode de Bretagne, lui disoit : Vous qui pourriez faire ici la plus grande figure, vous à qui je renverrois volontiers tout l'encens dont on me fatigue ; & que tout à coup baissant la voix sans rien diminuer de la véhémence de son ton, elle ajouta : Vous pourtant nièce d'une Reine !

Un jour d'été, le Roi ayant pris médecine, Monsieur, qui entra dans sa chambre, le trouva dans son lit un peu négligemment couvert. Madame de Maintenon étoit dans la chambre. Le Roi ne voulut pas laisser subsister dans l'esprit de son frère un soupçon défavorable à son amie. De la manière dont vous me voyez devant Madame, lui dit-il, vous jugez bien ce qu'elle m'est.

Madame la Dauphine, prétendant avoir un fauteuil devant une Reine étrangère ( apparemment la reine d'Angleterre ), disoit : Je ne suis pas reine de France, mais j'en tiens la place. Le Roi répondit : Pas encore.

Mignard, peignant madame de Maintenon en sainte Françoise romaine, demanda au Roi en souriant, si, pour orner le portrait, il ne pourroit pas mettre un manteau d'hermine. Oui, dit le Roi, sainte Françoise le mérite bien.

Mademoiselle Bernard fit ce madrigal sur les portraits du Roi & de madame de Maintenon, peints par Mignard :

Oui, votre art, je l'avoue, est au dessus du mien.

J'ai loué mille fois nôtre invincible maître ;

Mais vous, en deux portraits vous le faites connoître.

On voit aisément dans le sien

Sa valeur, son cœur magnanime ;

Dans l'autre, on voit son goût à placer son estime.

Ah ! Mignard, que vous louez bien !

Le dernier volume du Recueil des Lettres de madame de Maintenon, volume publié par M. l'abbé Berthier, finit par une lettre de M. Godet-Desmarais, évêque de Chartres, directeur spirituel de madame de Maintenon, & l'homme le plus instruit de ce qui concerne, & l'état, & la confcience de cette Dame. Cette lettre, dont tout établit l'authenticité, eft adreffée à Louis XIV, quelque tems après la paix de Rifwick. Voici ce que lui dit l'évêque au fujet de madame de Maintenon :

« Vous avez une excellente *compagne*..... dont » *la tendreffe, la fenfibilité, la fidélité pour vous* font » *fans égales*..... Je ferois bien fa caution, Sire, » qu'on ne peut *vous aimer plus tenarement*..... Dieu » vous a voulu donner *une aide femblable à vous*..... » *en vous accordant une femme*... occupée de la gloire » & du falut de fon époux. »

Madame de Maintenon écrivoit, le 28 juillet 1698, à l'archevêque de Paris ( Noailles ). « Comptez, » Monfeigneur, que vous ne me verrez plus que » chez moi : vous ne me traitez point familière-» ment. Sur quel pied pouvez-vous me faire des » cérémonies, comme de venir me recevoir au » bas du degré, & de m'accompagner à mon car-» roffe avec tout ce qui eft chez vous ? *Voulez-* » *vous trahir mon fecret ?* Eft-ce que vous êtes auffi » adorateur de la faveur ? ou eft-ce que vous m'en » croyez enivrée ? »

Madame la ducheffe de Bourgogne n'appeloit jamais madame de Maintenon que fa tante, & avoit avec elle des manières auffi refpectueufes qu'affectueufes ; d'ailleurs, toutes les grâces, toute la gaité, tout le badinage d'une enfant aimable. Un jour, dit M. la Beaumelle, qu'elle s'étoit mife *dans fa niche* ( cette niche, quelle qu'elle fût, étoit apparemment la place d'honneur ) : *Otez-vous donc*, lui dit le Roi ; *ne voyez-vous pas que vous êtes à la place de Madame ?*

Enfin, madame de Montefpan, voyant à une fenêtre le Roi rire avec madame de Maintenon de l'air le plus familier, dit : « S'ils étoient mariés, » s'aimeroient-ils tant ? S'ils ne l'étoient pas, fe » permettroient-ils ces familiarités ? »

*Cléopâtre, déjà vieille, enchaîne Augufte*, dit M. de la Béaumelle : elle l'enchaîna fi peu, qu'elle fe fit piquer par un afpic, parce qu'Augufte vouloit la mener enchaînée à Rome ; mais elle avoit fubjugué César & Antoine, & elle étoit alors dans l'âge de plaire.

Madame de Maintenon ne favoit pas demander, & fa famille fe plaignoit de l'excès de fon défintéreffement. *Vous voulez*, lui difoit madame de Villette, *jouir de votre modération, & que votre famille en foit la victime*. Le Roi lui difoit fouvent : Mais, Madame, demandez, vous n'avez rien à vous. Sire, répondoit-elle, *il ne vous eft pas permis de me rien donner*.

Elle fut nommée fupérieure perpétuelle de la communauté de Saint-Cyr, qu'elle avoit fondée. Les Dames lui envoyèrent une croix d'or femée de fleurs-de-lys, où étoient gravés ces deux vers de Racine :

Elle eft notre guide fidèle ; Notre félicité vient d'elle.

Double allufion, & à la croix, & à celle qui devoit la porter. M. de la Beaumelle obferve que, dans les lettres-patentes de fondation, elle eft nommée *madame* de Maintenon, quoique, felon le ftyle de la chancellerie, elle dût être nommée *la dame* de Maintenon. Remarque petite, mais peut-être affez jufte.

Affurément M. de la Beaumelle avoit quelqu'averfion pour Racine. Il dit qu'avant *Efther*, ce poète *n'avoit encore fait que Phèdre*, & que Corneille avoit fait *Rodogune* & *Héraclius*.

1°. Etoit-ce avoir fait fi peu que d'avoir fait la tragédie de *Phèdre* ?

2°. Racine n'avoit-il fait que *Phèdre* ? *Andromaque, Britannicus, Bajazet, Mithridate*, & furtout *Iphigénie*, que M. de Voltaire préféroit à tout : tout cela doit-il être compté pour rien ?

3°. Corneille avoit fait *Rodogune, Héraclius* & plufieurs autres pièces, ou égales ou fupérieures, mais dont aucune n'approche de la perfection de *Phèdre*, quoique pleines de beautés qu'on ne peut trop admirer.

M. de la Beaumelle s'amufe à parodier, comme eût pu faire Scarron, tout ce que Racine a fi magnifiquement ennobli dans ce prologue de la piété, chef-d'œuvre de poéfie, monument qui fera chérir & refpecter dans tous les fiècles cette noble inftitution de Saint-Cyr. « Il repréfente le roi & la » reine d'Angleterre, ravis qu'on peignit le Saint-» Père qui avoit contribué à les détrôner, comme » un aveugle *à qui le diable avoit crevé les yeux ;* » Louis un peu confus *de l'impie plainte de la piété,* » qui faifoit valoir à Dieu fon exactitude & fon » recueillement *à la fainte meffe*. » Voici maintenant les endroits critiqués.

Tout femble abandonner tes facrés étendards, Et l'enfer couvrant tout de fes vapeurs funèbres, Sur les yeux les plus faints a jeté fes ténèbres.

Pouvoit-on parler avec plus de ménagement, plus d'art, plus de convenance, plus de nobleffe d'un Pape, d'ailleurs pieux & vertueux, mais allié des hérétiques, qui fourniffoit de l'argent & faifoit dire des meffes pour obtenir que la meffe fût abolie dans la Grande-Bretagne, & qu'une fille détrônât fon père ? Quant à Louis XIV, non-feulement Racine loue fon recueillement, mais il entreprend d'ennoblir & de fanctifier jufqu'à cette petite dévotion de bonne femme, fi on veut, qui confifte à baifer la terre dans l'églife par humilité ; & jamais le poète n'a été fi grand, fi harmonieux, fi impofant, fi fublime qu'en décrivant une fi petite chofe. Voilà la magie de la poéfie & le preftige de l'art.

Tu le vois tous les jours devant toi profterné, Humilier ce front de fplendeur couronné, Et confondant l'orgueil par d'auguftes exemples, Baifer avec refpect le pavé de tes temples.

En entendant de tels vers, où respire toute la majesté de la religion, il est bien malheureux de songer à des parodies.

M. de la Beaumelle dit qu'à Paris on trouva dans *Esther* beaucoup de vers foibles. Ces gens-là étoient bienheureux s'ils avoient droit de trouver foibles les vers d'*Esther*. Où en avoient-ils donc vu de plus beaux?

« Le public impartial, dit M. de Voltaire, ne
» vit qu'une aventure sans intérêt & sans vraisem-
» blance, un Roi insensé qui a passé six mois avec
» sa femme sans savoir qui elle est, & qui, ayant,
» sans le moindre prétexte, donné ordre de faire
» égorger toute une nation, fait ensuite pendre
» son favori tout aussi légérement. »

« Le public, répond M. de la Beaumelle, ne vit
» point cela; car le public étoit chrétien. On lui
» présentoit un fait intéressant & miraculeux, d'a-
» près un livre admis comme divin : il ne discutoit
» point l'action, parce qu'on ne discute pas ce
» qu'on regarde comme démontré. »

Ici M. de la Beaumelle nous paroît avoir complétement raison contre M. de Voltaire, dont la critique tombe sur la Bible & non sur Racine. Il en est de même d'une autre critique du même M. de Voltaire, critique si sottement répétée aujourd'hui par tant d'échos, contre le caractère de Joad dans *Athalie*, où l'on ne veut plus voir qu'un prêtre fanatique & séditieux. Voici ce qu'en pensoit Boileau, & ce qu'en pensera tout bon juge respectant la Bible.

Tout ce qu'il peut y avoir de sublime, dit-il, paroît rassemblé dans cette réponse de Joad à Abner:

Celui qui met un frein à la fureur des flots, &c.....

« D'où je conclus que c'est avec très-peu de fon-
» dement que les admirateurs outrés de M. Cor-
» neille veulent insinuer que M. Racine lui est
» beaucoup inférieur pour le sublime, puisque,
» sans apporter ici quantité d'autres preuves que
» je pourrois donner du contraire, il ne me paroît
» pas que toute cette grandeur de vertu romaine
» tant vantée, que ce premier a si bien exprimée
» dans plusieurs de ses pièces, & qui ont fait son
» excessive réputation, soit au dessus de l'intrépi-
» dité plus qu'héroïque & de la parfaite confiance
» en Dieu de ce véritablement pieux, grand, sage
» & courageux Israëlite (Joad.) »

Mais, dira-t-on, pourquoi choisir ses sujets dans un livre sacré, dont il n'est permis de rien changer en faveur des convenances théâtrales? Je réponds qu'au moins on ne peut faire cette question pour des pièces destinées à Saint-Cyr; que le sujet d'*Esther* est le premier qui a dû y être traité, qu'il y a beaucoup d'esprit, de goût & de convenance dans le choix de ce sujet.

Pour *Athalie*, ce sujet n'est devenu allégorique qu'après coup, sous la régence, par des conjonctures que Racine n'a pas pu avoir le mérite de

prévoir : mais quel suprême mérite dans l'exécution! Madame de Maintenon eut, comme Boileau, celui de le sentir, & de soutenir à Racine même, qui croyoit avoir manqué son sujet, qu'il n'avoit rien fait de plus beau.

Voici ce qu'elle écrivoit à ce sujet, dix-huit ou vingt ans après la mort de Racine :

« Dieu veuille que les représentations d'*Athalie*
» (à Paris, sous la régence) fassent quelques con-
» versions! C'est la plus belle pièce qu'on ait vue :
» on y revient, & je l'avois prédit. »

La direction de Saint-Cyr fut donnée aux prêtres de Saint-Lazare. Quelqu'un s'étonnant qu'on ne prît pas des Jésuites pour cet emploi. *Je veux*, dit madame de Maintenon, *être maîtresse chez moi*. Ce mot fait connoître ce qu'elle pensoit des Jésuites qu'elle avoit la foiblesse de craindre, & contre lesquels elle n'osa soutenir le cardinal de Noailles son ami, dont elle connoissoit, & la vertu, & la doctrine; ils étoient sûrs de la faire trembler avec les mots d'*hérésie*, de *jansénisme*, de *reste de calvinisme*; car ces mots avoient toujours un grand effet sur l'esprit de Louis XIV.

Par des raisons semblables elle n'osa défendre d'abord contre les injustes préventions, ensuite contre l'injuste ressentiment de Louis XIV, l'aimable Fénelon, pour lequel elle avoit autant d'estime & encore plus de penchant. M. de la Beaumelle dit avoir demandé à une femme qui avoit long-tems vécu avec madame de Maintenon & M. de Fénelon, pourquoi la première avoit eu la foiblesse de ne pas s'opposer à la disgrace de son ami. Voici quelle fut mot pour mot la réponse : *Si la haute vertu de madame de Maintenon avoit permis au Roi quelques soupçons jaloux, ils seroient tombés sur M. de Cambrai*. Ce mot, sans justifier entièrement madame de Maintenon, réconcilie avec elle.

On prétend qu'elle aima toujours cet illustre malheureux. Lorsque mademoiselle d'Osmond, une de ses élèves favorites de Saint-Cyr, épousa le marquis d'Havrincourt, elle lui donna, entr'autres instructions, le conseil de voir souvent l'évêque d'Arras, que le Roi estimoit fort; mais ayant appris qu'Havrincourt étoit dans le diocèse de Cambrai : « Ah! mon Dieu, ma fille! lui dit-elle
» d'un ton satisfait & d'un air mystérieux, que
» vous êtes heureuse d'être à portée de cet hom-
» me-là! Faites pour lui ce que je vous ai con-
» seillé pour l'évêque d'Arras; mais n'en dites
» rien. »

On l'aime bien moins lorsqu'on la voit écrire à madame de Caylus (le 19 avril 1717) : « Je ne me
» soucie point de lire *Télémaque*. » On conçoit cependant que ce livre étant regardé comme la critique du règne de Louis XIV, le refus qu'elle faisoit de le lire pouvoit être un hommage qu'elle croyoit devoir à la mémoire de ce grand Roi.

Le Roi & madame de Maintenon n'aimoient point le duc d'Orléans, à cause de ses mœurs;

mais lorfqu'il fut accufé d'avoir confpiré en Espagne contre Philippe V, elle le fervit bien auprès
du Roi, & mieux peut-être que le Prince ne le
penfoit; auffi difoit-elle : *Ah ! fi le duc d'Orléans
favoit tout ce qu'il me doit !*

D'un côté, la ducheffe de Bourgogne, ennemie
du duc d'Orléans, la preffoit de fe déclarer contre lui; de l'autre, *Madame* la prioit de protéger
fon fils. Madame de Maintenon ne promettoit que
de la neutralité; elle difoit à la première : *Le refpeét que je dois au neveu du Roi ne me permet pas de
parler;* elle difoit à la feconde : *Mon refpeét pour
Philippe V m'ordonne de me taire.*

S'il eft vrai qu'on ait accufé M. de la Beaumelle
d'avoir appuyé les bruits calomnieux répandus
contre M. le duc d'Orléans, au fujet de la mort
des Princes, & fi ce fut la caufe qui fit enfermer
cet auteur à la Baftille, le 24 avril 1753 jufqu'au
12 octobre de la même année, ce fut une grande
injuftice, car il réfute très-hautement ces mêmes
bruits; mais il a tort de dire que l'auteur du *Siècle
de Louis XIV*, en rejetant auffi ces calomnies, les
accrédite mieux qu'il ne les détruit.

M. de la Beaumelle ne s'éloigne pas de penfer
que fi les alliés avoient levé le fiége de Lille en
1708, madame de Maintenon auroit été déclarée
Reine. Le Roi, felon lui, dit un jour à madame
de Maintenon dans un mouvement de joie. « Vos
» prières font exaucées, Madame : Vendôme tient
» mes ennemis. Lille fera délivrée, & vous ferez
» reine de France. » Ces paroles entendues & répétées donnèrent lieu à une cabale du Dauphin,
du duc & de la ducheffe de Bourgogne & du duc
de Vendôme pour laiffer prendre Lille ; ce fut ainfi
qu'on interpréta la retraite du duc de Vendôme,
qui parut alors difficile à expliquer. « Ce bruit fe
» répandit même chez les étrangers. De là ces
» billets que les ennemis jetoient parmi nous :
» *Raffurez-vous, Français ; elle ne fera pas votre
» Reine. Nous ne leverons pas le fiège.* »

Et ces billets & la cabale des Princes, & le
propos de Louis XIV, ne paroiffent à M. de
Voltaire que des contes dont il fe moque. En
effet, il eft difficile de croire, d'un côté, que les
héritiers du trône miffent l'État en danger pour
empêcher qu'un mariage néceffairement ftérile,
mais dont perfonne ne doutoit, fût déclaré; de
l'autre, que les raifons de déclarer ce mariage ou
de le tenir toujours fecret dépendre du
fuccès heureux ou malheureux d'un fiége.

Mais madame de Maintenon écrivoit à madame
du Pérou, après le fiége de Lille : *Nos Princes ont
échappé à un malheur plus grand pour eux que la
mort.*

1°. Eh bien ! pourquoi faut-il que ce malheur
fi grand foit la déclaration du mariage le plus indifférent ? En quoi cette déclaration du mariage
de leur grand-père, âgé de foixante-dix ans, avec
une femme de foixante-treize, étoit-elle pour les

Princes un malheur pire que la mort ? Et comment
madame de Maintenon pouvoit-elle le dire ?

2°. M. de la Beaumelle, éditeur des *Lettres de
madame de Maintenon,* auroit bien dû faire lui-
même la vraie réponfe qui eft abfolument péremp-
toire, c'eft que la lettre de cette Dame à madame
du Pérou eft du 28 juillet 1708, & que Lille ne
fut prife qu'à la fin d'octobre. Les propres termes
de la lettre font : *Nos Princes ont couru un péril
plus grand que n'auroit été leur mort.* Elle venoit de
parler de la bataille d'Oudenarde. Ce péril étoit
vraifemblablement celui d'être pris. Très-grand
malheur en effet pour l'héritier de la couronne,
& pour la couronne dont il doit hériter.

Le grand mérite des *Mémoires de madame de
Maintenon* eft d'amener le lecteur par des degrés
infenfibles & par un récit naturel, à regarder
comme très-probable que l'élévation de madame
de Maintenon ait été uniquement le produit de
fon caractère toujours égal, doux, patient, généreux, fans le fecours d'aucune cabale & d'aucun
artifice. Si l'on ne peut pas dire que l'auteur dé-
montre entièrement cette opinion, il la perfuade
du moins, & le *Recueil des Lettres de madame de
Maintenon,* & de tous les honnêtes gens de la
cour, la fortifie & la confirme.

Le duc de Saint-Simon accufe madame de
Maintenon d'avoir perfécuté Louis XIV mourant,
pour lui arracher un teftament favorable au duc
du Maine, fon élève chéri. Les difpofitions teftamentaires de Louis XIV s'expliquent affez par fa
tendre prédilection pour le duc du Maine, par
fon éloignement pour le duc d'Orléans, & par
la crainte qu'il avoit de ce Prince.

Le même duc de Saint-Simon accufe encore,
& très-aigrement, madame de Maintenon d'a-
voir abandonné Lous XIV quand elle n'eut plus
rien à en attendre. Il affure que Louis XIV ne ceffa
de la demander, & mourut avec la douleur de ne
la pas voir auprès de lui.

Le reproche feroit grave. Voici le récit de M. de
la Beaumelle; il nous paroît la juftifier entièrement.

« Le Roi avoit fait d'un œil fec fes adieux à tous
» fes parens & à fes amis. Quand il les fit à madame
» de Maintenon, il ne put retenir fes pleurs. *Je
» ne regrette que vous,* lui dit-il : *je ne vous ai pas
» rendue heureufe ; mais tous les fentimens d'eftime
» & d'amitié que vous méritez, je les ai toujours eus
» pour vous.* Il lui dit devant les Princes : *
» L'unique chofe qui me fâche, c'eft de vous quitter.
» Mais j'efpère vous revoir bientôt dans l'éternité.*
» Quand tout le monde fut forti, il lui dit : *Qu'al-
» lez-vous devenir ? Vous n'avez rien. Je vous prie,*
» répondit-elle, *je ne point penfer à moi ; je fuis
» un rien.* Il s'avança pour l'embraffer, & fe fen-
» tant prêt à pleurer, il lui dit d'examiner fi per-
» fonne n'écoutoit; *mais,* ajouta-t-il, *on ne fera
» jamais furpris que je m'attendriffe avec vous.*

» Il appela le duc d'Orléans, & lui recommanda

» madame de Maintenon. Je croyois, difoit dans
» la fuite le duc d'Orléans en rapportant cet
» entretien, je croyois à tout moment qu'il m'al-
» loit déclarer fon mariage.

» Les dernières paroles du Roi s'adreflèrent à
» elle. Après être revenu d'une grande foibleffe,
» il lui dit : *Il faut, Madame, que vous ayez bien du*
» *courage & de l'amitié, pour demeurer là fi long-*
» *tems. Retirez-vous. Je fais tout ce que vous fouffrez*
» *d'un pareil fpectacle. Mais j'efpère qu'il finira bien-*
» *tôt.* Sa tête s'embarraffa. Il perdit toute connoif-
» fance. Madame de Maintenon rentra dans fon
» appartement, pour pleurer en liberté fon Roi,
» fon ami, fon époux..... »

Le 29 août 1715, le Roi refpiroit encore.....
Madame de Maintenon fe demandoit fi elle devoit attendre le dernier coup de la mort ou épargner ce fpectacle à fa fenfibilité. Il lui paroiffoit
honteux de ne pas fermer les yeux au Roi.....
Mais fes foins lui étoient déformais inutiles : il
avoit perdu l'ufage de fes fens ; il luttoit contre
la mort ; il fouffroit peut-être, mais du moins elle
le voyoit encore. A chaque inftant elle demandoit à Fagon des nouvelles du Roi : elle en alloit
chercher elle-même & n'en trouvoit que d'acca-
blantes. Ses triftes yeux fe portoient en tremblant
fur ce vifage déjà couvert des ombres du trépas.
Elle envoyoit mademoifelle d'Aumale voir s'il
étoit bien vrai qu'il ne reftât plus d'efpérance.

Le maréchal de Villeroi, témoin de fes agitations, la conjure de fe retirer. « C'eft à moi, lui ré-
» pond-elle, à recevoir fon dernier foupir, & il me
» refte encore affez de force & de courage. » Ces
derniers mots étoient démentis par fes pleurs.. ..
« Voulez-vous, dit le Maréchal, que toute la
» France vous voie livrée aux premiers tranfports
» de votre douleur ? Mais, ajouta madame de
» Maintenon, il vit encore ; il voudra peut-être
» me revoir. Si fes derniers regards me deman-
» doient & ne me trouvoient pas ! ajouta-t-elle en
» fanglotant ». Le Maréchal lui promit que fi le
Roi prononçoit fon fon nom, elle en feroit
promptement inftruite ; enfin il la détermine à
partir. Cependant elle veut encore que l'abbé
Briderei fon confeffeur voie le Roi, & l'affure
qu'elle ne lui eft plus bonne à rien. Elle part
pour Saint-Cyr avec mademoifelle d'Aumale. *Nous*
*allons le pleurer,* lui dit-elle, *& hâter fa gloire dans*
*le Ciel par nos prières.....*

Quand elle apperçut Saint-Cyr : *Hélas !* dit-
elle, *cette maifon perd fon père & fa mère. Je vais*
*lui être bien inutile, après avoir pu tout pour elle au-*
*près de celui que nous pleurons.* En entrant : *Je ne*
*veux plus, s'écria-t-elle, que Dieu & mes en-*
*fans..... Il faudra employer le refte de notre vie à*
*leur infpirer la piété folide que le Roi avoit acquife.*

Le maréchal de Villeroi lui envoyoit d'heure
en heure un courrier pour lui apprendre des nouvelles de l'agonie du Roi. Elle paffa la nuit & les
deux jours fuivans à en attendre, à en recevoir ;

à en attendre encore, à fe défefpérer d'en avoir
reçu. Elle pria, pleura, parla du Roi, & ne penfa
pas un inftant à elle-même.

Le Roi étoit mort le 1 feptembre, & perfonne
n'ofoit le lui dire. Enfin, le 2, mademoifelle
d'Aumale entre dans fa chambre & lui dit du ton
le plus lugubre : *Madame, toute la maifon conf-*
*ternée eft à l'églife.* Elle l'entend, fe lève & va au
chœur affifter à l'office des morts.

Les deux plus grands événemens du refte de
fa vie font les vifites qu'elle reçut dans fa retraite,
du duc d'Orléans & du czar Pierre. Le premier
alloit rendre hommage à la vertu de madame de
Maintenon, qu'il appeloit *la femme fans faute ;*
l'autre, à la célébrité d'une femme qui avoit été
pour Louis XIV ce que Catherine, beaucoup
moins bien née, étoit pour lui.

Elle ne reçut d'ailleurs que la reine d'Angleterre & quelques évêques. Toute la cour vint fe
préfenter à fa porte, & fut refufée. Le maréchal
de Villars demanda une exception qu'il méritoit
à tant d'égards, mais furtout par fon fidèle attachement pour Louis XIV. On lui répondit que
Saint-Cyr étoit inacceffible aux héros comme aux
Princes. Il répliqua qu'il alloit y mettre le fiége.
A ce mot de fi bon goût dans la bouche du maréchal de Villars, à cette plaifanterie noble &
tendre qui annonçoit toute la perfévérance de
l'amitié, il fut admis & accueilli par l'amitié. Le
maréchal de Villeroi, non moins fidèle à madame
de Maintenon, lui donna le coup de la mort en lui
apprenant la difgrace & la prifon du duc du Maine ;
elle courut fe jeter aux pieds des autels, fon feul
afile dans fes douleurs. Elle en revint avec la fièvre
qui ne la quitta plus. Elle mourut le 15 avril 1719,
à près de quatre-vingt-quatre ans.

Son épitaphe françaife, qu'on lit fur une pierre
de marbre, au milieu du chœur de l'églife de
Saint-Louis à Saint-Cyr, eft de l'abbé de Vertot :
on y remarquoit ces deux lignes :

Révérée de Louis-le-Grand,
Environnée de fa gloire.

Comme difant & ne difant pas qu'elle étoit fa
femme. MM. Tiberge & Brifacier avoient propofé
l'épitaphe fuivante, qui ne fut peut-être rejetée
que parce qu'elle eft en latin, & d'ailleurs un peu
longue.

*Hic jacet*

*Illuftriffima Domina, D. Francisca d'Aubigné,*
*Marchioniffa de Maintenon,*
*Chriftinæ Victoriæ Bavaricæ, Galliarum Delphinæ à*
*muliebri cultu.*

*Ludovico magno tàm conftanter quàm fapienter chara :*
*Fæmina antè omnes fui ævi, pluriumque retrò fæculo-*
*rum fæminas*
*Longè præftantior !*

*Nec àlia magis simul & minùs nota
Natalibus clarâ, ingenio, ratione ac prudentiâ clarior,
Solidâ virtute & sincerâ pietate, suprà modum mirabilis,
Bonorumque memoriâ digna.
Summâ apud Regem gratiâ
ESTHER ALTERA.
Continuo orationis studio, & secessu cum suis puellis.
ALTERA JUDITH
Fortunâ primùm adversante fortior,
Eâdem ad prodigium favente, superior,
In opibus liberalitate ergà pauperes inops;
In gloriâ apice, christianâ modestiâ, humilis,
In mediis deliciarum illecebris, verè austera.
In injuriis & calumniis nunquàm ultrix,
Multùm vixit, ut quæ ampliorem bonorum operum
mensuram implendam haberet:
Parùm vixit, ut quæ vacuum ingens in iis quæ feliciter
implebat, reliquit.
Domum hanc egentibus, sed nobilibus ducentis quin-
quaginta puellis in perpetuùm educandis, splendidissi-
mam, piissimam, toti regno ac religioni utilissimam,
instituit.
In eâque per plures annos abdita vivere, ritè parata
mori, absque pompâ sepeliri voluit; tot castorum la-
biorum, non laudes, sed preces, post mortem exoptans,
citius ad Deum perventura.*

Les cinq vers suivans, pour être mis au bas du
portrait de madame de Maintenon, sont parfaitement justes.

L'estime de mon Roi m'en acquit la tendresse:
Je l'aimai trente ans sans foiblesse;
Il m'aima trente ans sans remord:
Je ne fus Reine ni maîtresse;
Devine mon nom & mon sort.

Il nous reste à la considérer comme écrivain.
On a d'elle quelques vers, mais des vers de société seulement. Dans le tems que, pauvre &
obscure, elle bornoit son ambition & ses plaisirs
aux entretiens & aux amusemens des hôtels d'Albret & de Richelieu, où l'on faisoit quelquefois
des vers & des chansons, elle fit ces vers sur ce
que l'abbé Têtu, faisant allusion à sa sévérité,
l'appeloit *la Geolière des cœurs.*

Ah! l'ingrat, le maudit métier
Que le métier de geolière!
Il faut être barbare & fière:
Il faut faire enrager un pauvre prisonnier.
Non, ce n'est pas là ma manière.
Tous ceux qui sont dans mes liens
D'eux-mêmes sont venus s'y rendre;

Je n'ai pas cherché les moyens
De les vaincre ou de les surprendre.
Prison ou liberté, je leur donne à choisir.
Je le dis donc sans être vaine:
Je prends mes captifs sans plaisir,
Et je sais les garder sans peine.

Ces vers ressemblent assez à ceux que Benserade
composoit vers le même tems pour les fêtes de
la cour. Dans le même tems & aussi dans la même
société, madame de Montespan, d'après son caractère, en faisoit de plus piquans contre mademoiselle de la Vallière, à laquelle elle ne se flattoit pas encore de succéder.

Soyez boîteuse, ayez quinze ans:
Point de gorge, fort peu de sens,
Des parens, Dieu le sait! faites, en fille neuve,
Dans l'antichambre vos enfans.
Sur ma foi! vous aurez le premier des amans,
Et la Vallière en est la preuve.

C'est sur ce ton malignement gai que madame
la Duchesse, fille de madame de Montespan, chan-
sonnoit diverses personnes de la cour, à commencer par son mari & par ses sœurs.

*Nec imbellem feroces
Progenerant aquilæ columbam.*

M. de la Beaumelle, qui n'étoit point de l'Académie, & qui auroit pu en être si ses autres ouvrages avoient répondu au mérite de ses *Mémoires*, ou s'il n'y avoit pas eu d'autres obstacles,
prétend que madame de Maintenon n'aimoit point
l'Académie, & qu'elle disoit à M. de Fénelon:
*N'avez-vous pas honte d'être parmi des gens qui
parlent sur des paroles?* Si le fait est vrai, cette
femme illustre aura dit une fois dans sa vie, pour
la consolation des sots, une bien énorme sottise.
Mais il est vrai que Scarron l'avoit élevée dans la
haine de l'Académie, qui ne faisoit point de cas
du burlesque.

Quant à sa prose, son *Instruction à M. de Chamillard*, qui ne put être instruit, & *le Recueil de
ses Lettres*, suffisent pour lui faire un nom dans la
littérature. Son style est noble, précis, élégant.
Sa mélancolie est philosophique, & son enjouement, quand elle en a, est spirituel.

A propos des travaux de madame de Maintenon: « Les hommes sont bien fous, dit-elle, de
» se donner tant de soins pour embellir une de-
» meure où ils n'ont que deux jours à loger!
» Il n'est point, dit-elle ailleurs, de dédomma-
» gement de la liberté..... La philosophie nous
» met au dessus des grandeurs: rien ne nous met
» au dessus de l'ennui. » Elle peint quelquefois
des héros d'un seul trait: « M. de Luxembourg

» ne fait pas fuir : il gagne des batailles par habi-
» tude, & prend des villes en badinant. »

Elle s'applaudit, en 1614, de ce que le Roi
n'a point été en Flandre fe mefurer avec le roi
Guillaume. « Quelle gloire, dit-elle, acquerroit-
» il à battre le prince d'Orange, fi accoutumé à
» être battu. »

Ceci eft la bravade d'une ennemie. Battre en
perfonne le prince d'Orange eft une gloire qui a
immortalifé le maréchal de Luxembourg, & qui
a manqué à Louis XIV. D'ailleurs, ce Guillaume,
fi fouvent battu dans des combats qui ne déci-
doient rien, avoit gagné en perfonne la bataille fi
décifive de la Boyne, & par des négociations fecrètes & une célérité d'exécution plus décifive
que toutes les batailles, il avoit fu conquérir trois
royaumes, & il fut les conferver.

« Que vous dirai-je de M. de Catinat ? *Il fait*
» *fon métier ; mais il ne connoit pas Dieu.* Le Roi
» n'aime pas à confier fes affaires à des gens fans
» dévotion. M. de Catinat croit que fon orgueil-
» leufe philofophie fuffit à tout : c'eft bien dom-
» mage qu'il n'aime pas Dieu. »

C'eût été bien dommage, fans doute, comme la
reine Marie Leczinska difoit à la mort du maréchal de Saxe, qu'il étoit bien fâcheux de ne pouvoir pas dire un *De profundis* pour un homme qui
nous avoit fait chanter tant de *Te Deum* ; mais
puifque ces deux généraux favoient leur métier,
il étoit fage de les employer. Quant à *l'orgueilleufe
philofophie*, il eft difficile d'y reconnoître ce Catinat, philofophe fans doute, mais qui ne pré-
fentoit que les apparences de la modeftie & de la
fimplicité.

Un des principes d'éducation de madame de
Maintenon eft qu'il faut parler à une fille de fept
ans, auffi fenfément qu'à une de vingt. C'eft peut-
être une idée exagérée ; mais la raifon qu'elle en
donne, eft au moins très-philofophique. « C'eft,
» dit-elle, en exigeant beaucoup de leur raifon,
» qu'on en hâte les progrès. »

Defcription de la ville de Dinant dans une
lettre écrite de Flandre, en 1692, pendant le fiége
de Namur.

« Imaginez-vous qu'hier, après avoir marché
» fix heures dans un affez beau chemin, nous
» vîmes un château bâti fur un roc, qui ne nous
» parut pas fort logeable, quand même on nous
» y auroit guindés. Nous en approchâmes fans
» trouver de chemin pour y aborder : nous vîmes
» enfin au pied de ce château, dans un abîme &
» comme dans un puits fort profond, les toits
» d'un nombre de petites maifons environnées
» de tous côtés de rochers affreux par leur hau-
» teur : ils paroiffent de fer & font tout-à-fait ef-
» carpés : il fallut defcendre dans cette horrible
» habitation par un chemin non moins horrible.
» Les carroffes faifoient des fauts à rompre tous les
» refforts : les Dames fe prenoient à tout ce qu'elles
» pouvoient attraper. Nous defcendîmes après un

» quart d'heure d'effroi, & nous tombâmes dans
» une ville compofée d'une rue qui s'appelle la
» Grande, quoique deux carroffes n'y puiffent
» paffer de front. En plein midi on n'y voit goutte :
» les maifons font effroyables..... L'eau y eft mau-
» vaife & le vin rare : les boulangers ont ordre de
» ne cuire que pour l'armée, & de laiffer mourir
» de faim tout le refte. On porte tout au camp ;
» il y pleut à verfe depuis que nous y fommes.
» Je n'ai encore vu que deux églifes : elles font
» au premier étage, & l'on n'y fauroit entrer que
» par civilité. On nous dit un falut avec une fort
» mauvaife mufique, & un encens fi parfumé, fi
» abondant & fi continuel, que nous ne nous
» vîmes plus les uns les autres..... En vérité, le
» Roi a grand tort de prendre de pareilles villes.....
» Au fiége de Namur, un boulet rouge des enne-
» mis eft tombé au quartier de M. de Boufflers, &
» en a fait fauter fept milliers. Cette belle ville-
» ci fut ébranlée du bruit ; car pour comble d'a-
» grément nous entendons le canon du fiége, &
» nous craignons que chaque coup n'emporte quel-
» qu'un de nos amis..... Il y a d'ici quatre cent
» degrés pour monter au château dont je vous
» ai parlé.

» Votre Maifon, écrivoit madame de Mainte-
» non à une fupérieure de Saint-Cyr, votre Mai-
» fon ne peut manquer tant qu'il y aura un Roi
» en France. » Mot remarquable.

« Eft-il poffible qu'on ne veuille pas mourir,
» difoit-elle en parlant d'une autre religieufe qui
» redoutoit ce redoutable paffage. »

A propos de la fucceffion d'Efpagne échue à
la Maifon de France, elle difoit au cardinal de
Noailles d'un ton qui mettoit les grandeurs de la
terre à leur jufte valeur : « Voilà, Monfeigneur,
» une grande grandeur dans la grandiffime Maifon
» de France. »

Voici des tableaux de fociété qui rappellent la
manière ou plutôt l'aimable abandon & la négligence animée de madame de Sévigné.

« De qui me demandez-vous des nouvelles ?
» C'eft fans doute des Dames du Palais ; c'eft votre
» foible : il faut y compâtir. Madame de Dangeau
» deviendra auffi merveilleufe au trictrac, qu'elle
» l'eft dans tout le refte. Madame de Roucy nous
» menace d'un enfant. Madame de Nogaret eft
» enfin graffe. Madame d'O garde le lit depuis l'ab-
» fence de fon mari, pour regarder la place où il
» étoit, & pour s'écrier : Hélas ! il n'y eft plus.
» A ce foupir on étouffe, on brûle des ailes de per-
» drix, on appelle Gervais, on eft tantôt une co-
» lombe, tantôt une bacchante. Que vous dirai-je
» de la groffeffe de madame du Châtelet, de la
» maigreur de l'indolente Lévy, du teint incarnat
» de madame de Montgon, des rires éclatans de
» la comteffe d'Eftrées & du fauffet de madame
» d'Ayen, de la goutte de la dame d'honneur, de
» l'adreffe de la Dame d'atour à tourner le fufeau.
» Voilà, mon cher comte, notre petite cour, qui
» s'affemble

» s'assemble le jour dans mon cabinet, autour d'une
» jeune Princesse qui croît en taille à vue d'œil,
» & imperceptiblement en mérite.....
   » Il y aura demain quinze jours que je suis
» enrhumée, & en spectacle aux courtisans, aux
» médecins, aux Princes; caressée, ménagée,
» blâmée, chicanée, tourmentée, considérée, ac-
» cablée, dorlotée, contrariée, tiraillée. Vous
» appliquerez à votre loisir chacun de ces termes,
» & vous avez assez de connoissance de mon état
» pour trouver leur place. »
   Elle desiroit que, pour l'instruction des Demoi-
selles de Saint-Cyr, on tirât de la *Cour Sainte* du
P. Caussin, jésuite, livre assez ridicule, des histoires qui ne le sont pas, & qui, mieux contées
& mieux écrites, pourroient avoir de l'agrément
& de l'utilité. Voici ce qu'elle mandoit à ce sujet
au comte d'Ayen, mari de sa nièce, depuis maréchal duc de Noailles.
   « N'avez-vous pas sous votre protection quel-
» que bel esprit qui eût un appétit égal à son mé-
» rite, & qui n'eût point un revenu égal à son
» appétit? De mon tems cela n'étoit pas sans
» exemple. Eh bien! je voudrois qu'il voulût me
» faire de petites histoires bien choisies, qui, en
» divertissant de jeunes personnes, ne leur lais-
» sassent dans l'esprit que des choses vraies & rai-
» sonnables, qui leur montrassent le vice puni tôt
» ou tard, & la vertu récompensée. Je ne voudrois
» pas qu'il y eût du merveilleux; car je connois le
» danger qu'il y a de ne pas accoutumer l'esprit à
» des mets simples. Je voudrois que vous fussiez
» le maître du choix des sujets; je voudrois que
» vous payassiez ces histoires à tant la pièce, à
» mesure qu'on les feroit. Je sens bien qu'avec
» de l'argent on n'a pas du parfait, & que l'es-
» prit ne se vend pas; mais vous traiteriez cela de
» manière à n'avoir pas à payer un travail merce-
» naire, & vous envelopperiez de toutes vos poli-
» tesses les vues grossières que je vous propose. »
   Mais c'est aux réflexions philosophiques & mé-
lancoliques que madame de Maintenon est toujours
ramenée par son caractère : « Il faut plus de cou-
» rage, dit-elle, pour soutenir la tristesse que pour
» aller au combat: au combat on est tué, & ici
» l'on meurt. »
   C'est dire, & avec plus de finesse & de précision
encore, & surtout avec plus de sentiment, ce qu'a
dit Horace :

*Militia est potior, quid enim? Concurritur horæ*
*Momento cita mors venit, aut victoria læta.*

   « Tout en ce monde est affliction d'esprit, af-
» fliction dans les affaires temporelles, dans celles
» de l'église, dans les grands, dans les petits,
» dans les hommes, dans les femmes, dans les
» biens, dans le repos, dans les amitiés, dans les
» sociétés, dans les familles : tout est affliction
» d'esprit, tout est plein de contradictions, & pour

» comble de malheur on n'est pas en paix avec
» soi-même. Je ne vous donne de bonheur que
» votre sagesse ( c'est au comte d'Ayen qu'elle
» écrit, & c'est en 1708 ). Vous êtes absent de
» tout ce que vous aimez; vous vous dévouez
» pour le Roi & pour l'Etat, & on vous ôte les
» moyens d'être utile. M. d'Orléans crie miséri-
» corde; M. de Villars en fait autant; M. l'Elec-
» teur pense pis & se tait; les puissantes armées
» de Flandre ne peuvent rien faire : tout est afflic-
» tion d'esprit. »
   Dans plusieurs lettres où il est parlé de la belle
défense d'Aire, en 1710, par M. le marquis de
*Goësbriand*, ce vaillant guerrier est toujours nommé *Guébriant*. Madame de Maintenon ne pouvoit
guère ignorer que le marquis de Goësbriand
n'avoit rien de commun avec la Maison de Guébriant. Cette faute est vraisemblablement de l'éditeur.
   La gloire & la faveur du maréchal de Boufflers
excitoient l'envie de tous les courtisans : à sa mort,
tous le pleuroient & le louoient :

*Virtutem incolumen odimus,*
*Sublatam ex oculis quærimus invidi.*

   « Chacun, dit à ce sujet Madame de Maintenon,
» se vante d'être affligé du maréchal de Boufflers :
» on lui donne mille louanges. Que l'on est faux
» en ce pays, même en disant la vérité! »
   Il est consolant de penser que cette femme, qui
dans sa faveur avoit fait tant de bien, & qui l'a-
voit presque toujours si bien fait, a pu du moins,
dans sa retraite, rendre à l'humanité, & se rendre
à elle-même le témoignage qu'elle n'avoit jamais
eu tant d'amis que depuis qu'elle leur étoit devenue inutile.

   MALET (JEAN-ROLAND), ( *Hist. litt. mod.* ),
gentilhomme ordinaire du Roi, remporta, en 1714,
un prix de poésie à l'Académie française, par une
ode qui n'est pas bonne. Cette ode fut envoyée à la
reine Anne d'Angleterre, qui venoit de donner à la
France une paix dont ce royaume épuisé avoit tant
de besoin, & qui en conséquence étoit appelée *Minerve* dans cette pièce; Minerve fut très-contente,
& sa reconnoissance alla non-seulement jusqu'à
parler de cette ode avec *admiration*, mais jusqu'à
envoyer au poète une médaille d'or. Ces circonstances donnèrent de l'éclat à la victoire remportée
par M. Malet. Vers ce tems Tourreil mourut,
& quelques académiciens s'empressèrent de proposer sa place à M. Desmarets, alors contrôleur-
général des finances. Ce ministre, ne se sentant
aucun talent académique, eut le bon esprit de se
refuser à cette proposition, en assurant ces académiciens qu'il ne se croyoit pas digne de la grace
qu'on vouloit lui faire. Il auroit dû en rester là :
il se seroit fait honneur, & n'auroit compromis
personne; mais saisissant l'occasion qui lui étoit

F f

MAR

offerte : *J'ai*, ajouta-t-il, *dans mes bureaux, un homme qui fait, à ce qu'on m'a dit, d'assez bons vers ; vous me feriez plaisir de le prendre à ma place si vous n'avez rien de mieux à choisir.* Cet homme, à qui le ministre proposoit aux académiciens de transporter la bonne volonté qu'ils lui avoient témoignée pour lui-même, étoit M. Malet. Le prix qu'il venoit de remporter, les éloges de la reine Anne, alors l'héroïne de la France, dont elle avoit été dix ans la terreur ; le présent qu'elle avoit envoyé à M. Malet ; plus que tout cela, la recommandation du ministre, déterminèrent l'Académie à ce choix, qu'elle ne pût jamais justifier aux yeux du public, & que le directeur ne tenta de justifier devant Louis XIV, qu'en lui faisant beaucoup valoir le suffrage de la reine Anne, à qui ce Prince avoit alors tant d'obligations. Ce fut ainsi que M. Malet fut élu & reçu à l'Académie française, le 29 décembre 1714. Il mourut le 12 avril 1736, & on n'a pas d'autre éloge à faire de cet académicien, que de dire qu'ayant été toute sa vie employé dans les finances, il mourut avec peu de fortune.

MARILLAC. (*Hist. de Fr.*) (*Voyez* cet article dans le Dictionnaire.) Aux personnages distingués mentionnés dans cet article, nous ajouterons ici Gabriël de Marillac, qui, d'abord avocat célèbre, plaida éloquemment & avec beaucoup de raison la cause du collége royal contre l'Université soulevée par les intrigues du syndic Béda. Marillac fut depuis avocat-général au parlement de Paris. Il étoit frère du fameux Charles de Marillac, archevêque de Vienne, employé en diverses ambassades à Constantinople, en Angleterre, en Allemagne, &c. Tous deux étoient oncles du maréchal décapité en 1632, & du garde-des-sceaux. L'avocat-général fut suspect de protestantisme, ainsi que l'archevêque son frère, parce qu'en toute occasion il prenoit le parti des lettres & des savans contre les ignorans & les fanatiques.

MARMONTEL (JEAN-FRANÇOIS), (*Hist. litt. mod.*), historiographe de France, secrétaire perpétuel de l'Académie française, a été un des meilleurs littérateurs & des plus laborieux écrivains du dix-huitième siècle. Il a travaillé dans tant de genres, qu'il faut le *décomposer*, comme M. de Fontenelle l'a dit de Leibnitz. Le sévère Laharpe lui refuse & lui accorde bien des talens divers. Nous ne sommes ici que les historiens & non les juges de ses travaux. Arrivé de l'Auvergne sa patrie, à Paris, il s'annonça, dans sa jeunesse, comme un véritable ami des lettres, par des hommages publics envers ceux qui les honoroient le plus alors ; il sembla vouloir mettre sous leur protection ses talens naissans ; il célébra Fontenelle par une pièce de vers qui fut remarquée, & qui se trouve dans un ancien *Mercure*. Il s'attacha particuliérement à M. de Voltaire. Il vivoit entre ce grand-homme

& M. de Vauvenargues son ami, & il a reconnu par une très-belle allégorie poétique, dans son épître dédicatoire de *Denis-le-Tyran*, les avantages qu'il tiroit de leur commerce.

Tendre arbrisseau, planté sur la rive féconde,
Où ces fleuves mêloient les trésors de leur onde,
Mon esprit pénétré de leurs sucs nourrissans
Sentoit développer ses rejetons naissans.

C'est dans la jeunesse que le talent a la vigueur nécessaire pour s'élever au tragique. M. Marmontel parut avec éclat dans cette carrière. Le succès de *Denis-le-Tyran* & d'*Aristomène* fut brillant, mais il ne se soutint pas. M. de Laharpe relève de grandes fautes dans ces pièces, qui ont réussi, & fait voir de grandes beautés dans les *Héraclides* & dans *Numitor*, pièces qui n'avoient point été accueillies, mais qui à la vérité n'étoient point telles qu'on les trouve aujourd'hui dans l'édition de 1787. M. Marmontel a eu aussi des succès au Théâtre lyrique. On a vu de lui, à ce Théâtre, plusieurs opéra, dont il n'a conservé que deux, *Didon* & *Pénélope*, dont le succès, plus grand encore que celui des autres, s'est beaucoup plus soutenu.

Parvenu à une grande réputation & aux honneurs suprêmes de la littérature, il a paru descendre, en ne dédaignant pas de s'attacher à une autre branche de la poésie lyrique, les opéra comiques ; mais il a élevé ce genre jusqu'à lui, & il n'y a point de genre qu'on n'ennoblisse par des ouvrages tels que *Zémire & Azor*, l'*Ami de la Maison*, *Lucile*, *Sylvain*, &c.

Long-tems auparavant, & lorsqu'il n'étoit encore que postulant pour l'Académie, il fit paroître d'abord un à un dans le *Mercure*, ensuite rassemblés dans un recueil, ses *Contes moraux*. C'est peut-être, de tous les ouvrages modernes, celui qui a le plus universellement été lu : il n'y avoit point de maison de campagne où l'on ne le trouvât ; il n'y avoit personne qui, pouvant aller pendant quelques jours respirer l'air à la campagne, ne l'y portât avec soi pour amuser son loisir, comme Horace y portoit, avec Platon, Ménandre, Eupolis & Archiloque :

*Si vacuum tepido cepisset villula tecto,*
*Quorsûm pertinuit stipare Platona Menandro,*
*Eupolin, Archilochum comites educere tantos ?*

Etoit-on seul ? on se trouvoit en bonne compagnie avec ce livre. Avoit-on du monde ? c'étoit une des plus agréables lectures qu'on pût faire en société. Elle amusoit l'esprit le plus sage, attachoit le plus frivole, sans exiger, ni un grand talent dans le lecteur, ni une grande attention dans les auditeurs, & la morale y gagnoit toujours la correction de quelque travers, la suppression ou la diminution de quelque ridicule. C'étoient autant de petites comédies de caractère en narration, qui n'aftreignoient à aucune des règles du théâtre. Elles ont fourni en effet beaucoup de sujets de comédies & d'opéra comiques : c'étoit une mine très-abondante & qu'on ne cessoit de fouiller. M. Marmontel y paroissoit à la fois homme du monde & homme de lettres. On voyoit qu'il avoit vécu dans des maisons opulentes, & qui avoient pour le moins des prétentions à être *là bonne compagnie.* Cependant les gens qui avoient beaucoup d'usage, ou qui s'en piquoient, ne convenoient pas que ces mœurs, & le ton de la bonne compagnie fussent partout finement saisis & fidellement peints dans ces contes ; ils accusoient quelques détails d'un peu de mauvais goût. Madame de Genlis en a critiqué quelques-uns d'une manière pour le moins spécieuse. On pouvoit critiquer ce livre, mais on ne pouvoit le quitter.

Peu de tems après parut la *Poétique* de M. Marmontel, ouvrage savant, & qui annonçoit un goût éclairé par la réflexion. M. de Mairan disoit que c'étoit un pétard à la porte de l'Académie, qui en effet s'ouvrit alors pour Marmontel. Il fut reçu à la place de M. de Bougainville, le 22 décembre 1763.

Quelque tems auparavant il avoit essuyé une violente tempête dans une occasion où il montra du courage & de la générosité. On avoit essayé de jeter du ridicule sur quelques personnes qui avoient alors une grande influence sur l'administration des spectacles ; on avoit donné à une petite satyre, qui ne réussit que trop bien dans le tems, la forme d'une parodie de la fameuse scène d'Auguste avec Cinna & Maxime. Parmi ceux qu'attaquoit cette satyre, quelques-uns, disoit un homme de lettres, étoient assez grands pour pouvoir se venger, & assez petits pour le vouloir. Marmontel pouvoit avoir eu quelque part à cette satyre, comme beaucoup d'autres, dans un souper où chacun avoit dit son mot ; mais il n'en étoit pas l'auteur ; il connoissoit l'auteur principal, & ne voulut jamais le nommer. Comme de tous ceux qu'on soupçonnoit, Marmontel étoit le plus reconnu pour poète, ce fut à lui que l'on s'en prit : il fut mis à la Bastille ; il avoit le *Mercure,* on le lui ôta, sans pouvoir tirer de lui, ni l'aveu qu'il fût l'auteur, ni le nom de celui qui l'étoit. Le ministre, tout-puissant alors, qui ne faisoit que rire de cette tracasserie, comme de beaucoup d'autres choses, voulut avoir une conversation avec Marmontel à ce sujet, & prit le ton le plus sévère qu'il put : il cita ce vers :

Vous qui me tenez lieu *du merle* & de ma femme.

N'est-ce pas, dit-il, m'offenser moi-même, que de parler, avec cette irrévérence familière, d'un homme au nom duquel on n'ignore pas l'intérêt que je dois prendre ? « Monsieur, répondit Marmontel, j'ai entendu dire que c'étoit le public

» qui avoit ainsi tourné ce vers, & qu'il y avoit » dans l'original : »

Vous qui me tenez lieu de ma défunte femme.

Oh ! répliqua le ministre, j'aime mieux l'autre leçon ; celle-ci est plate. Au reste, cette affaire a donné lieu à trois bonnes actions qui ont honoré les gens de lettres. 1°. Le refus constant que fit Marmontel de nommer l'auteur, quoiqu'il pût, par ce seul mot, se tirer d'embarras. 2°. Le refus que fit l'abbé Barthélemi du *Mercure* qui lui fut offert, quoique Marmontel le conjurât de l'accepter. L'abbé ne voulut jamais recueillir la dépouille d'un homme vivant & d'un écrivain estimable. Obligé d'accepter une pension de 5000 liv. sur ce même *Mercure,* pour ne pas rebuter la persévérante bonté du ministre qui lui offroit tous ces biens, il les a distribués entre divers gens de lettres qui en avoient plus besoin que lui, & n'en a rien conservé. Sa réponse au ministre fut celle d'Horace à Mécène ;

*Satis superque me benignitas tua*
   *Ditavit, haud paravero*
*Quod aut avarus, ut chremes, terrâ premam,*
   *Discinctus aut perdam ut nepos.*

3°. On alla proposer à M. Thomas de se mettre sur les rangs pour l'Académie, afin d'exclure M. Marmontel : un refus l'exposoit à une disgrace ; il refusa.

Arrivé à l'Académie, M. Marmontel ne fut que plus laborieux. Sa vie entière fut consacrée au travail. On sait la tracasserie théologique qu'il essuya pour *Bélisaire.* On connoît son poème en prose *des Incas,* sa traduction de tout ce qu'il y a de plus beau dans Lucain, ses *Elémens de Littérature,* dans lesquels il a fondu *sa Poétique.* C'est l'ouvrage d'un penseur profond, d'un savant plein d'esprit & de goût. M. de Laharpe dit que M. Marmontel a eu d'abord des principes de goût erronés, mais que la réflexion & l'expérience les lui ont fait abjurer. Il est peut-être plus beau de reconnoître ses fautes, que de n'en point faire :

*Si non erraffet fecerat ille minùs.*

M. Marmontel n'aimoit pas Boileau & l'a beaucoup critiqué. Ce paradoxe, selon l'usage, a été répété & exagéré par beaucoup d'échos. M. de Voltaire ne passoit point à son élève ce *singulier tic,* comme il l'appeloit, & il disoit que cela lui avoit porté malheur.

Parmi les poésies légères de M. Marmontel, nous remarquerons surtout la pièce intitulée *Les charmes de l'Etude,* qui a remporté le prix de l'Académie française en 1760, & qui n'a laissé à l'*Epître au Peuple,* un des bons ouvrages de M. Thomas, que les honneurs de l'*accessit.*

Nous ne pouvons pas non plus oublier la romance d'*Apollon & Daphné*, qu'on a tant goûtée & tant chantée.

M. Marmontel a succédé à M. d'Alembert son ami, dans la place de secrétaire perpétuel de l'Académie française, en 1783.

N'omettons, s'il se peut, aucun de ses avantages. A tous ceux de l'esprit & du talent il joignoit ceux de l'extérieur : une taille élevée & bien proportionnée, une physionomie belle, noble ; d'un caractère imposant, qui prenoit aisément l'air sévère, & dans laquelle l'expression du dédain étoit quelquefois plus forte qu'il n'eût voulu ; sa gaîté même avoit de la gravité & de la dignité. Tant qu'il a vécu dans le célibat, il a passé pour un amant heureux : on a parlé de ses bonnes fortunes & des passions ou des goûts qu'il a inspirés. Marié, il a été le modèle des maris ; il n'y en eut jamais de meilleur ni de plus heureux : j'en atteste les charmes, les vertus, les regrets amers, la douleur profonde de son aimable veuve. « Il » croit, disoit M. de Saint-Lambert, que le mariage & la paternité ont été inventés pour lui, » il en jouit comme d'un bien qui n'est qu'à lui. » Il a lui-même chanté son bonheur.

D'Adélaïde
Je n'ose parler qu'à demi,
L'hymen est discret & timide ;
Mais heureux l'époux & l'ami
D'Adélaïde.

Il a laissé des enfans qui répondent parfaitement aux soins qu'il s'est donnés pour leur éducation.

Lorsqu'en 1797 on faisoit à l'envi, pour l'Assemblée nationale, ces excellens choix qui répandoient la joie & l'espérance dans le cœur de tous les honnêtes gens, M. Marmontel fut élu à leur grande satisfaction. Je ne connois de lui qu'un rapport fait dans le court exercice de ses fonctions. Il s'agissoit de statuer sur la multitude de livres que de fréquentes confiscations qu'on pourroit appeler d'un autre nom, avoient accumulés. M. Marmontel, dans son rapport, rappela courageusement l'obligation de restituer le bien d'autrui. Il avoit été nommé par la voix publique ; il eut l'honneur d'être exclu par trois brigands au jour trop fameux de la *tyrannie fructidorienne*.

Il est mort presque subitement à Abloville, près Gaillon, le 31 décembre 1799, à l'âge de quatre-vingts ans. On a publié de lui quelques volumes de nouveaux *Contes moraux* posthumes, qui ne sont pas des cadets indignes de leurs aînés.

**MAROBODUUS, CATUALDA.** (*Hist. germ.*) ( *Voyez* l'article *Arminius* ci-dessus.) Maroboduus, roi des Suèves-Marcomans, d'un côté, ennemi des Romains ; de l'autre, rival du célèbre Arminius, avoit été conduit à Rome dans sa jeunesse, & avoit appris, dans cette ville, à joindre la politi-

que romaine à la fierté germanique. Ses intrigues le mirent à la tête de sa nation, & il s'en fit nommer Roi, titre beaucoup moins agréable aux Germains, que ceux de chef & de défenseur de la liberté, dont la politique plus habile d'Arminius se contentoit.

Maroboduus n'étoit séparé des Romains à l'occident, que par le Rhin ; à l'orient, les Hermundures, nation puissante, qui faisoit aussi partie des Suèves, & qui étoit alliée des Romains, le serroient de près : il vouloit s'agrandir ; il engagea ses sujets à passer avec lui dans le pays des Boïens (la Bohême), & à le conquérir sur ces Boïens, nation alors peu nombreuse & amollie par une longue paix. Au moyen de cette conquête, les Hermundures, qu'il avoit auparavant à sa droite, furent à sa gauche ; ils occupoient une partie de la Misnie, de la Franconie & du Palatinat. Respectant toujours dans ces peuples les alliés des Romains, il soumit vers le nord de la Bohême une multitude d'autres peuples qui n'avoient pas le même avantage ; il s'avança jusqu'à la Poméranie & presque jusqu'aux bords de la Mer Baltique. Les Lombards, les Semnons, les Bourguignons ou Burgundions faisoient partie de ces peuples soumis par Maroboduus. Comme ces conquêtes se faisoient en s'éloignant des Romains, il espéroit qu'elles ne blesseroient point les yeux jaloux de Rome. Il comptoit aussi sur les ménagemens qu'il affectoit en toute occasion pour les Romains, & sur les négociations par lesquelles il tâchoit d'endormir leur prudence & de ralentir leur activité.

Il se trompoit. L'œil du jaloux Tibère, alors lieutenant d'Auguste en Germanie, étoit toujours ouvert sur lui & sur son Empire toujours croissant. Cet Empire, dans sa partie méridionale, s'approchoit trop de l'Italie, & quoiqu'Auguste parût assez indifférent sur des accroissemens qui se faisoient dans la partie opposée, Tibère lui fit aisément comprendre qu'il n'étoit pas de l'intérêt de l'Empire de permettre des accroissemens même éloignés, à une puissance voisine. En conséquence Auguste autorisa Tibère à prendre, pour prétexte de rupture avec les Marcomans, les plaintes de quelques nations alliées, dont ils avoient envahi quelques terres. Tibère marcha contr'eux à la tête de l'armée romaine, la plus nombreuse qu'on eût vue depuis les guerres civiles. C'étoit fait de Maroboduus & de son Empire naissant ; ils alloient succomber sous la valeur & la discipline des légions conduites par un général brave, habile & circonspect. La révolte de la Poméranie & de l'Illyrie, qui éclata précisément dans le même tems, sauva Maroboduus d'une perte presque certaine, en forçant Auguste d'accorder la paix aux Marcomans, & même à des conditions assez avantageuses.

Mais la puissance de Maroboduus, dans la Germanie, devenoit suspecte aux Germains, & dé-

plaisoit surtout au fier Arminius, qui, sous prétexte de maintenir la liberté, ne souffroit aucune
puissance capable de balancer la sienne. Il rassem-
bla tous les peuples de l'occident de la Germanie
dans une ligue commune, dont il fut le chef, à
la tête de ses Chérusques. Alors les nations du
nord, qui s'étoient vues obligées de subir le joug
des Marcomans, nommément les Lombards & les
Semnons, s'empressèrent de le secoüer & de
grossir la ligue occidentale. Il y eut entre Arminius
& Maroboduus un combat où la perte fut grande,
mais égale de part & d'autre, & qui ne parut
point d'abord décisif; mais Maroboduus, en refusant le combat qu'Arminius lui présentoit de nouveau, en se retranchant dans son camp, puis en
se retirant tout-à-fait dans la Bohême, sembla
s'avouer vaincu; & soit qu'il crût avoir acquis
des droits, ou par ses ménagemens, à la bienveillance des Romains, ou par sa foiblesse, à leur
protection, il leur demanda des secours contre
Arminius, qu'il représentoit comme l'ennemi commun. Tibère répondit que Rome n'avoit point de
secours à fournir à un prétendu allié, qui n'en
avoit pas fourni lui-même contre cet ennemi
commun, dans la guerre des Romains contre les
Chérusques.

Mais l'intérêt sur lequel Maroboduus avoit
compté, produisit une partie de son effet. Arminius étoit plus à craindre que Maroboduus; il
étoit plus essentiellement ennemi des Romains: la
défaite entière des Marcomans eût trop augmenté
sa puissance. Déterminé par ces raisons, Tibère,
alors monté sur le trône, chargea Drusus son fils,
de ménager un accommodement entre les Marcomans & les Chérusques. Le traité est de l'an 17
de J. C., troisième de l'empire de Tibère. Cependant la puissance de Maroboduus vint se briser
contre un autre écueil. La dureté de son gouvernement le rendit odieux à ses peuples; ils se soulevèrent, y étant surtout excités par les intrigues
secrètes de Drusus, qui suivoit la maxime de son
père: Divide & impera. Ils appellèrent pour les
gouverner un jeune homme d'une haute naissance,
nommé Catualda ou Catvalda, que les violences
de Maroboduus avoient forcé de quitter la Bohême & de se retirer chez les Gothons, sur les
bords de la Mer Baltique. Bientôt la défection
devint universelle: Maroboduus n'eut plus d'autre
ressource que de s'enfuir sur les terres de l'Empire, d'où il implora la protection de César, avec
plus de dignité peut-être que sa fortune présente
ne sembloit devoir lui en laisser. Il osa se faire un
mérite auprès des Romains, de la préférence
qu'il leur donnoit sur tant de nations qui se seroient fait un devoir & un honneur de recueillir
& de relever dans son illustre disgrace un Monarque autrefois si puissant, & que Tibère lui-même,
dans un rapport qu'il faisoit au sénat, représenta
comme ayant été aussi redoutable à l'Empire, que
Philippe l'avoit été aux Athéniens, & Pyrrhus &

Antiochus aux peuples romains. Tibère lui accorda en effet un asile; il vint s'établir à Ravenne;
il y vécut paisible pendant dix-huit ans, & les Romains eurent l'injustice de le mépriser, parce qu'il
trouvoit dans la paix & dans l'oubli ou le souvenir
modeste de ses grandeurs passées, un bonheur
que l'ambition n'avoit jamais pu lui procurer.

Tibère, quand les Suèves sembloient vouloir
se rendre redoutables, les menaçoit de tems en
tems du rétablissement de Maroboduus; mais content de leur en faire un épouvantail, il ne tenta
jamais la moindre entreprise en sa faveur.

Le tour de Catualda ne tarda pas à venir: il
fut chassé dès l'année suivante, c'est-à-dire, dès
l'an 20 de J. C., sixième de l'empire de Tibère,
par Vibillius ou Jubillius, Roi des Hermundures.
Ce fut aussi aux Romains qu'il eut recours dans
sa disgrace; ils lui donnèrent aussi un asile. Ce fut
dans la Gaule, à Fréjus, qu'ils l'envoyèrent. Dès
ce moment on ne sait plus rien de son histoire.

Les Chérusques, les Cattes, les Sicambres,
tous ces autres peuples germains qui composoient alors la ligue occidentale & qui ont formé
depuis la ligue des Francs, haïssoient & mépri-
soient Maroboduus dans le tems même de sa
puissance; ils le regardoient comme un homme
sans courage, comme l'ennemi de la nation germanique, comme un Prince vendu aux Romains:
*Fugacem Maroboduum, praliorum expertem:....
proditorem patria, satellitem Cæsaris.* Nous voyons
cependant Tibère & Drusus son fils le traiter en
ennemi, & Tibère s'applaudir d'avoir détruit en
lui une puissance formidable à l'Empire; & c'est
ainsi que le représente Velléius Paterculus, ce
grand peintre de portraits. Il lui accorde même le
mérite d'avoir introduit dans ses troupes la discipline romaine.

*Maroboduus, genere nobilis, corpore prævalens,
animo ferox, natione magis quàm ratione barbarus,
non tumultuarium, neque fortuitum, neque mobilem,
sed ex voluntate parentium constantem inter suos occu-
pavit principatum, & certum imperium, vimque re-
giam complexus animo, statuit avocatâ procul à Romanis gente suâ, eò progredi, ubi, cùm propter poten-
tiora arma refugisset, sua faceret potentissima.....
Finitimos omnes aut bello domuit, aut conditionibus
juris sui fecit.*

*Corpus custodiâ tutum imperii, perpetuis armorum
exercitiis pene ad romana disciplina formam redactum,
brevi in eminens à nostro quoque imperio tenendam
perduxit fastigium; gerebatque se ita adversus Romanos, ut neque bello nos lacesseret, & si lacesseretur,
superesse sibi vim ac voluntatem resistendi declararet. Le-
gati, quos mittebat ad Cæsares, interdùm ut supplicem
commendabant, interdùm ut pro pari loquebantur. Gen-
tibus hominibusque à nobis desciscentibus erat apud eum
perfugium: totusque ex malè dissimulato agebat æmulum.*

MATHILDE, (*Hist. mod.*), fille de Baudouin,
comte de Flandre, & femme de Guillaume-le-

Bâtard, duc de Normandie, conquérant de l'An-gleterre. Dom de Vienne, bénédictin, dans une *Histoire d'Artois*, publiée en 1784 & 1785, a tiré d'un auteur comtemporain de Guillaume & de Mathilde, une anecdote plaisante sur leur ma-riage.

« Guillaume, dit - il, proposa au comte de » Flandre, Baudouin, de lui donner Mathilde sa » fille, & cette demande étoit fortement appuyée » par le père de Guillaume.

» L'alliance paroissoit convenable à tous égards; » cependant Baudouin ne vouloit pas y donner » son agrément. En vain on lui vantoit les bonnes » qualités de Guillaume : il ne les contestoit pas, » & néanmoins sa répugnance ne pouvoit se vain-» cre. Forcé de s'expliquer, il dit à la fin que » sa fille n'auroit jamais un *bâtard* pour époux. Le » duc de Normandie ne tarda pas à être instruit de » cette réponse. A l'instant il part pour la Flandre, » & s'informe de l'endroit où se trouvoit la Prin-» cesse : il apprend qu'elle est à Bruges ; il entre » *incognito* dans cette ville avec une suite peu » nombreuse ; épie le moment où Mathilde sortoit » de l'église principale, la joint, se nomme à » haute voix, la renverse par terre, déchire ses » habits avec ses éperons, la meurtrit de coups, » profite du moment où la surprise rendoit la foule » des spectateurs interdite, remonte à cheval & » s'enfuit à toute bride. Le comte de Flandre, » instruit de cette affreuse aventure, vole à Bruges ; » il entre dans l'appartement de sa fille, qu'il trouve » étendue dans son lit, & portant les marques » des outrages & des blessures qu'elle avoit reçus. » Il ne respire que le carnage, & ne s'occupe » que des moyens les plus prompts de laver » dans le sang d'un monstre un forfait sans exem-» ple. Cependant Mathilde l'écoutoit sans paroi-» tre émue. Baudouin, étonné de ce sang-froid, » lui demande enfin ce qu'elle pense? *Ce que je* » *pense, mon père,* répondit tranquillement la Prin-» cesse, *c'est que je n'aurai jamais d'autre mari que* » *Guillaume.* » C'est ainsi, selon l'auteur contem-porain, d'après lequel dom de Vienne écrit, c'est ainsi que le duc de Normandie parvint à épouser la fille du comte de Flandre. Il est certain que ce trait fourniroit une scène très-piquante & d'un grand effet dans une comédie, qui auroit pour titre : *La fille qui veut être battue.*

Lorsque Guillaume eut conquis l'Angleterre (en 1066), Mathilde fit à ce sujet un ouvrage re-marquable, & qui est devenu un monument, c'est l'histoire détaillée de cette conquête, brodée en laine; elle fit présent de cette tapisserie à Eudes ou Odon, évêque de Bayeux, frère utérin de Guillaume; & on la conservoit encore dans la ca-thédrale de Bayeux. M. Lancelot en a donné une savante explication dans le huitième volume des *Mémoires de l'Académie des inscriptions & belles-lettres,* pages 602 — 668. Il en est parlé aussi dans les *Monumens de la monarchie française,* de dom Montfaucon, tom. II.

Au milieu des orages qui s'élevèrent dans la Maison de Guillaume-le-Conquérant, lorsque Ro-bert, dit Gambaron, son fils aîné, quitta sa cour, & se mit sous la protection de Philippe I, rival & ennemi naturel de Guillaume, Mathilde, mère de Robert, & dont la tendresse le vengeoit des froi-deurs de son père, fournit sous main de l'argent, & ménagea des partisans à ce fils, objet de sa pré-dilection & qui la méritoit.

Mathilde mourut avant son mari.

MATHIEU. (*Voyez Jean-Mathieu dans ce vol.*)

MAULÉVRIER. (*Hist. de Fr.*) L'article Brézé, dans ce Dictionnaire, renvoie aux articles *Maillé* & *Maulévrier;* mais on n'y trouve point d'article *Maulévrier.* Nous allons réparer cette omission.

Payen de Maillé, tige de la branche de Maillé Brézé, dont nous avons parlé à l'article *Maillé,* avoit épousé l'héritière de la branche principale de la Maison de Brézé : une branche collatérale de cette Maison disputoit, en 1323 & 1332, la terre de Brézé, à cette branche de Maillé Brézé.

De cette branche collatérale de la Maison de Brézé étoit Geoffroy de Brézé, qui fut fait pri-sonnier par les Anglais, en allant reconnoître le château de Passavant qu'ils occupoient.

Jean de Brézé son petit-fils, seigneur de Broon, rendit de signalés services à Charles VII, se dis-tingua en diverses occasions, spécialement à la prise d'Evreux en 1442, & fut tué par les Anglais lorsqu'ils vinrent pour reprendre cette place.

Robert, neveu de Jean, fut tué dans un combat contre les Suisses, près de Bâle, en 1444.

Pierre de Brézé, second du nom, comte de Maulévrier, grand-sénéchal de Normandie, fils aîné de Robert, est célèbre par l'expédition d'An-gleterre, où il porta du secours à Marguerite d'Anjou & à Henri VI son mari : ce secours étoit très-foible, & accordé avec peine par Louis XI. Brézé s'engagea dans cette expédition en véritable chevalier. Louis XI, qui n'étoit nullement cheva-lier, fut soupçonné de ne l'avoir envoyé en An-gleterre, avec une troupe très - peu nombreuse, que pour se défaire de lui, parce que Brézé avoit trop fidellement servi le roi Charles VII son père; ce qui étoit toujours le plus grand titre de dé-faveur auprès du fils. En ce cas, l'attente de Louis XI fut trompée. Pierre de Brézé eut d'a-bord des succès, ensuite des revers, mais il ac-quit de la gloire; & après la ruine entière du parti de Henri VI & de Marguerite d'Anjou, il revint en France, joua un rôle à la cour, força Louis XI à la confiance & le servit utilement. A la bataille de Mont-Lhéri, il avoit le comman-dement de l'avant-garde de l'armée française. Il fut tué des premiers dans cette bataille, livrée le 14 juillet 1465.

Jacques de Brézé, comte de Maulévrier, maréchal & grand-sénéchal de Normandie ; fils de Pierre de Brézé, épousa en 1462 Charlotte, fille naturelle du roi Charles VII & d'Agnès Sorel, par conséquent sœur de Louis XI & tante de Charles VIII.

Les historiens ont parlé de l'aventure de ce Jacques de Brézé, qui poignarda Charlotte de France sa femme, l'ayant surprise en adultère : les particularités & les suites de cette aventure sont détaillées dans les Lettres de rémission données par Charles VIII à ce même Jacques de Brézé, & datées de Clermont en Beauvoisis, au mois d'août 1486, troisième année du règne de Charles VIII.

Jacques de Brézé expose dans sa requête, qu'environ dix ans auparavant, c'est-à-dire, en 1476, un jour de samedi, vigile de la fête de la Sainte-Trinité, étant à Rosiers ou Romiers avec Charlotte de France sa femme, la nuit venue, il propose à sa femme de venir se coucher, *ainsi qu'il est accoutumé faire en mariage*, & il se couche en l'attendant. Après l'avoir fait attendre quelque tems, elle vient lui dire qu'*elle ne pouvoit encore se coucher avec lui, jusques à ce qu'elle se fût nettoyé les cheveux.* Brézé s'endort, & après environ *la mye-nuict il fut éveillé par Pierre l'Apothicaire & par son barbier, qui lui vinrent dire que ladite Charlotte & Pierre de la Vergne, qui étoit serviteur domestique dudit suppliant, étoient couchés ensemble en un lit, en faisant adultère, en la chambre qui étoit au dessus de celle où étoit ledit suppliant.* Brézé, transporté de fureur, prend son épée, monte dans la chambre où étoient les deux coupables, les surprend, & les tue tous les deux.

L'ouvrage imprimé, où cette aventure est rapportée avec plus de détail & d'exactitude, est la *Chronique de Louis XI*, imprimée en 1557 & 1558, chez Galliot Dupré, libraire de l'Université. C'est la *Chronique scandaleuse*, écrite par Jean de Troye, greffier de l'hôtel-de-ville de Paris.

Voici ce qu'on lit dans cette Chronique, *folios* 125 *verso* & 126 *recto.*

» En ce tems, le samedi, treizième jour du mois » de juin 1476, le sénéchal de Normandie, comte » de Maulévrier, fils de feu messire Pierre de » Brézé, qui fut tué à la rencontre de Mont-Lhé-» ri, étant allé à la chasse près d'un village nom-» mé Rosiers-lez-Dourdan, à lui appartenant, » qui avec lui y avoit mené madame Charlotte » de France sa femme, fille naturelle du feu roi » Charles, & de damoiselle Agnès Sorel: advint par » male fortune, après que ladite chasse fut faicte, » & qu'ils furent retournés au souper & au giste » audit lieu de Rosiers, ledict sénéchal se retira » seul en une chambre, pour illec prendre son » repos de la nuict; & pareillement sadicte femme » se retira en une autre chambre, laquelle elle de » lascheté désordonnée, comme disoit sondict » mari, tira & amena avec elle un gentilhomme » du pays de Poictou, nommé *Pierre de la Vergne*, » lequel estoit veneur de la chasse dudit séné-

» chal, lequel elle fit coucher avec elle : laquelle » chose fut dicte audit sénéchal par un sien ser-» viteur & maistre-d'hostel, nommé *Pierre l'Apo-» ticaire.* Lequel sénéchal incontinent print son » épée & vint faire rompre l'huis où estoient les-» dits Dame & veneur, lequel veneur il trouva » en chemise; auquel il bailla de son épée dessus » la teste & au travers du corps, tellement qu'il » le tua. Et ce faict, s'en alla en une chambre ou » retrait au joignant de ladicte chambre, où il » trouva sadite femme mucée dessoubs la couste » d'un lict où estoient couchez ses enfans, la-» quelle il print & la tira par le bras à terre, & » en la tirant à bas lui frappa de ladicte épée » parmi les espaules : & puis elle descendue à » terre, & estant à deux genoux, lui traversa la-» dicte épée parmi les mamelles & estomach, » dont incontinent elle alla de vie à trespas, & » puis l'envoya enterrer en l'abbaye de Coulons, » & y fit faire son service ; & fit enterrer ledict » veneur en un jardin, au joignant de l'hostel où » il l'avoit occis. »

Le recit de la Chronique, conforme dans toutes les principales circonstances au récit des Lettres, finit ici; les Lettres achèvent l'histoire, en rendant compte des suites de cette affreuse aventure.

Brézé, après ce coup, se rendit prisonnier à la conciergerie du Palais à Paris : on commença son procès, qui traîna en longueur, & le parlement ne rendit aucun jugement. Le roi Louis XI tira Brézé de la conciergerie, & le fit mettre à la grosse tour du château de Vernon-sur-Seine, où il resta trois ans; il fut transféré de là en différentes prisons, pendant l'espace d'environ un an, au bout duquel le Roi nomma des commissaires pour lui faire son procès : ceux-ci le condamnèrent en cent mille écus envers le Roi, & à garder prison jusqu'à parfait paiement. *Pour le payement d'icelle somme & pour yssir hors desdites prisons, icelui suppliant fut contraint céder & transporter au Roi toutes ses terres & héritages, se réservant seulement deux mille livres de rente sa vie durant.* La confiscation de Jacques de Brézé fut donnée à Louis son fils. Le père fit des protestations contre le jugement des commissaires, & se réserva d'en appeler au parlement de Paris; mais tant que Louis XI vécut, Brézé craignit d'être accablé par la puissance de ce Prince implacable, qui avoit fait éclater un vif ressentiment contre lui, & qui avoit montré beaucoup de partialité dans cette affaire. Plus libre sous Charles VIII, qu'il voyoit réparer en diverses occasions les torts de son père, il interjeta en effet appel du jugement des commissaires au parlement de Paris, & obtint ces Lettres de grace pour le meurtre de Charlotte de France & de son amant.

Louis de Brézé, comte de Maulévrier, fils de Jacques, fut le mari de la célèbre Diane de Poitiers, qui fut depuis maîtresse du roi Henri II. Il rendit à François I des services importans ; il fut un de ceux qui donnèrent les premiers avis de la conspiration du connétable de Bourbon (*voyez* dans le Dictionnaire, à l'article *Poitiers*, celui de Saint-Vallier, père de Diane de Poitiers). Les deux filles de Diane & du comte de Maulévrier-Brézé furent mariées à deux Princes étrangers, qui étoient en même tems deux des plus grands seigneurs de la cour de France ; l'un fut le maréchal de la Marck, duc de Bouillon, prince de Sédan, dont la fille, née de ce mariage, fut la première femme du connétable Henri de Montmorenci ; l'autre fut le duc d'Aumale, de la Maison de Lorraine, frère du duc de Guise, François.

MAUNY. (*Hist. de Fr. & d'Anglet.*) Walter de Manny ou Gautier de Mauny, chevalier du Hainault, guerrier illustre du quatorzième siècle, s'attacha au service d'Edouard III, roi d'Angleterre, dans la fameuse querelle de ce Prince & de Philippe de Valois pour la succession à la couronne de France. Louis de Crécy, comte de Flandre, allié de Philippe, ayant voulu s'emparer de l'île de Cadsant, pour ôter aux villes de Gand & de Bruges révoltées contre lui & alliées d'Edouard, la communication de la mer, en fut chassé avec perte & avec honte par Mauny, qui dans ce combat eut le bonheur de sauver la vie au comte de Derby son général, fils du comte de Lancastre. Il alla ensuite faire la guerre en Bretagne pour le parti de Montfort, attaché à Edouard, contre le parti de Blois-Penthièvre, attaché à Philippe de Valois. La comtesse de Montfort étoit enfermée dans Hennebon, que le comte de Blois son rival assiégeoit. Les vents contraires retenoient depuis deux mois dans ses ports la flotte angloise, sur laquelle étoit fondé tout l'espoir de la délivrance d'Hennebon. Les machines des assiégeans firent de si larges brèches aux remparts de cette place, qu'il n'étoit plus possible de se défendre ; tout le monde parloit de se rendre pour ne pas laisser la comtesse tomber entre les mains des ennemis. La comtesse monte à la tour, jette ses regards sur la mer, & s'écrie : *Voilà la flotte angloise.* La flotte arrivoit en effet : le secours étoit commandé par Mauny. A son arrivée le siège d'Hennebon fut levé.

Pendant l'absence de la comtesse de Montfort, qui étoit allée en Angleterre solliciter de nouveaux secours, Mauny arrêta les progrès du comte de Blois ; il battit un détachement de ses troupes près de Quimperlay, & lui prit beaucoup de vaisseaux. Réuni avec la comtesse de Montfort, & assisté de Robert d'Artois, il prend Vannes par escalade pendant la nuit.

Peu de tems après, réuni avec ce comte d'Erby, auquel il avoit sauvé la vie, il remporta en Guienne, à Auberoche, une victoire qui coûta aux Français sept ou huit mille hommes. Il augmenta beaucoup sa gloire dans cette guerre du midi de la France, où il avoit en tête le duc de Normandie, qui fut dans la suite le roi Jean.

Ce Prince, par son amour pour la justice & son respect pour sa parole, pensa se brouiller avec le roi Philippe de Valois son père, dans une occasion importante qui regardoit Mauny. Celui-ci avoit fait prisonnier un chevalier normand, parent du duc de Normandie, fort aimé de ce Prince, & *très-spécial en son conseil.* C'est ainsi que Froissard le désigne. Gautier de Mauny fit avec son prisonnier le traité que voici. Le chevalier avoit offert mille écus pour sa rançon. Je vous délivrerai sans rançon, lui dit Mauny, si vous pouvez m'obtenir du roi de France ou du duc de Normandie un sauf-conduit pour aller, moi vingtième, joindre le roi d'Angleterre au siège de Calais (c'étoit en 1346). Le chevalier obtint le sauf-conduit & fut libre. Mauny partit pour Calais, lui vingtième, comme le portoit le sauf-conduit. Arrivé à Orléans, il est arrêté, mené à Paris, & enfermé au Châtelet, sous prétexte qu'étant né sujet & vassal du comte de Hainault, il étoit arrière-vassal & sujet de la France, contre laquelle il portoit les armes. Le duc de Normandie demanda sa délivrance, alléguant le sauf-conduit qu'il avoit lui-même donné. « C'est le plus redoutable de nos ennemis, dit » Philippe. Eh bien ! répondit Jean, c'est une rai- » son de plus pour le mettre en liberté. — C'est un » sujet rebelle, répliqua le Roi, & puisqu'il est » entre mes mains, je prétends le traiter comme » tel. » A ce discours le Duc perdit patience : le respect fit place à l'indignation. « Si vous nous » déshonoriez, dit-il, par une telle perfidie, vous » n'êtes plus mon père ni mon Roi ; jamais je ne » porterai les armes contre le roi d'Angleterre ; » jamais je ne servirai dans vos armées ; j'éloi- » gnerai, je détacherai de votre service tous ceux » sur qui j'aurai quelque pouvoir. » Le Roi, irrité de ce discours, en parut plus affermi dans son projet ; mais la réflexion l'ayant ramené, l'affaire tourna en négociation. Le Roi céda, mit Mauny en liberté, parut même chercher les moyens de réparer l'affront qu'il lui avoit fait ; il désira de le voir, le fit manger avec lui, lui offrit des présens considérables. « Je ne les accepte ni ne les refuse, » dit Mauny ; mais trouvez bon que je prenne sur » cela les ordres du roi d'Angleterre. » Le Roi & le duc de Normandie approuvèrent cette conduite & louèrent cette délicatesse. Philippe exigea seulement que Mauny commençât par emporter les présens, pour montrer qu'il les acceptoit autant qu'il étoit en lui, & qu'il ne gardoit point de ressentiment. Le roi d'Angleterre ayant dit à Mauny de renvoyer ces présens, il les renvoya sur le champ par Mansac son cousin. Philippe ne voulut point les reprendre : Je vous les donne, dit-il à Mansac, qui ne se fit pas prier pour les recevoir ; & qui ne demanda point le consentement du roi d'Angleterre. Ce Mansac n'étoit ni un digne parent ni un digne ambassadeur de Mauny.

Mauny servit au siège de Calais avec sa valeur & sa capacité ordinaires, & contribua beaucoup à la réduction de cette place. Le brave Jean de Vienne, qui la défendoit, se voyant forcé de capituler, parut aux créneaux, & annonça qu'il avoit des propositions à faire. Mauny fut envoyé pour les entendre : « Vaillant chevalier, lui dit de » Vienne, nous avons fait notre devoir, & nous » nous flattons d'avoir mérité votre estime ; nous » ne cédons qu'à la famine. Calais est la conquête » d'Edouard ; qu'il prenne & la ville & la cita- » delle, & tous nos biens ; mais nos services ne » peuvent cesser d'appartenir à notre maître, & » c'est pour les lui conserver que nous cherchons » à conserver la vie. Qu'Edouard nous laisse seu- » lement sortir d'ici, & nous consentons de ne » rien emporter. Je doute, répondit Mauny avec » douceur, qu'Edouard agrée cette proposition ; » il veut vous avoir tous à discrétion. Plutôt que » de souffrir, répliqua de Vienne, qu'il soit fait le » moindre mal au moindre des citoyens de cette » ville, nous périrons tous ; mais nous espérons » de la justice d'Edouard, qu'il changera de réso- » lution, & de votre générosité, que vous l'y dé- » terminerez. » En effet, Mauny plaida courageu- sement la cause des assiégés ; il dit à Edouard : « Si » vous ôtiez la vie à quelqu'un de ces braves gens, » nous irions moins volontiers nous enfermer dans » vos places pour les défendre, nous vous servi- » rions avec moins de zèle. D'ailleurs, n'aurions- » nous pas à craindre les représailles ? » Ces re- présentations, appuyées par tous les chevaliers & barons anglais, parurent toucher Edouard. Je ne ferai pas seul contre tous, dit-il, & il crut être mo- déré en bornant sa vengeance à exiger qu'on lui livrât six des principaux bourgeois, tête nue & la corde au col, pour être envoyés au supplice. Edouard se déshonora par son obstination barbare à immoler les six bourgeois qui s'étoient dévoués dans cette conjoncture ; il résista aux sollicitations de toute son armée, qui rougissoit pour lui d'un ressentiment si aveugle ; il ne craignit plus alors d'être seul contre tous. Mauny défendit les six bourgeois avec le même courage qu'il avoit dé- fendu tout le peuple de Calais. Edouard, que la raison fatiguoit en ce moment, parce qu'il avoit résolu de ne la pas suivre, lui répondit avec sé- cheresse : M. Gautier, il n'en sera pas autrement, & il manda le bourreau ; mais il fut obligé enfin de céder à la Reine sa femme, qui appuya les sol- licitations de Mauny.

Mauny, qui étoit de toutes les expéditions pé- rilleuses, & qui toujours s'y distinguoit, accom- pagna Edouard & le prince de Galles dans le voyage secret qu'ils firent à Calais le 31 décembre 1348, pour faire manquer l'entreprise que le sei- gneur de Charny, qui commandoit les troupes françaises auprès de Saint-Omer, avoit formée sur Calais pendant une trève. Cette aventure de Ca- lais fut un des plus brillans exploits d'Edouard, qui dans cette occurrence courut risque de la vie

ou de la liberté. Ce fut une expédition toute che- valeresque & toute romanesque.

MARLE, ( Hist. de Fr. ), nom célèbre dans l'histoire de France, par de grands services & des malheurs non mérités.
1°. Maur ou Mora, ou Guillaume le Corgne, dit de Marle, lieutenant d'une compagnie de cent hommes d'armes, fut tué à la bataille de Poitiers, en 1356.
2°. Son fils, Henri le Corgne, dit de Marle, seigneur de Versigny dans la châtellenie de Senlis, terre qu'il acquit en 1401, est ce fameux chance- lier de Marle, dont la fin fut si tragique. Il avoit été conseiller, puis troisième président au parle- ment en 1393 ; il fut envoyé pour différentes né- gociations, tant auprès du Pape, siégeant pour lors à Avignon, qu'à la cour d'Arragon. Après la mort de Jean de Popaincourt, premier président du parlement, il fut reçu dans cette charge par provisions du Roi, du 22 mars 1403, données sur une élection faite par le parlement même ; enfin il fut élevé à la dignité de chancelier de France, le 8 août 1413. Il avoit trop de probité pour n'être pas contraire en tout à la faction de Bourgogne ; en conséquence il fut réputé Orléanais ou Arma- gnac ; en conséquence aussi, lorsque Paris fut sur- pris la nuit du 28 au 29 mai 1418 par l'Isle-Adam, pour le duc de Bourgogne, le chancelier de Marle fut arrêté & conduit à la grosse tour du Palais ; les Bourguignons soulevèrent la populace de Paris, qui, le 12 juin, brisa les portes de toutes les pri- sons, & massacra tous les Armagnacs ou tous ceux qui furent réputés tels, & parmi eux le chance- lier de Marle, dont le corps, après être resté long- tems exposé dans les champs de la clôture de Saint- Martin, fut porté à Senlis, où il est enterré dans l'église de Notre-Dame.
3°. Jean de Marle son fils, d'abord conseiller au parlement, puis maître des requêtes, élu en 1414 évêque de Coutances, se trouvant malheureuse- ment à Paris en 1418, y fut massacré avec son père.
4°. Arnauld de Marle, seigneur de Versigny, autre fils du chancelier, conseiller au parlement, puis maître des requêtes, suivit à Poitiers le Dau- phin, qui le commit le 21 septembre 1418 pour tenir le sceau en l'absence du chancelier, & qui, devenu Roi & affermi sur son trône, récompensa les services d'Arnauld en 1444, par un office de président au parlement. Mort en 1456.
5°. Henri de Marle, seigneur de Versigny, fils d'Arnauld, fut premier président au parlement de Toulouse en 1466, & mourut en 1495.
6°. Claude de Marle son arrière-petit-fils, fut chevalier de l'Ordre du Roi. Il eut deux petits-fils dans le service.
7°. Louis de Marle, seigneur de Bailleul, capi- taine au régiment de Praslin, mort à Revol en Piémont ;

8°. Et Charles, mort au fiége de la Rochelle.

9°. Guillaume de Marle, tige de la feconde branche de cette famille, feigneur de Verfigny en partie, fut maître-d'hôtel du Roi, chevalier de l'Ordre, maître des eaux & forêts de l'Ifle-de-France, de Brie & de Champagne. Mort en 1594.

10°. Jérôme fon fils, feigneur de Verfigny, maître des cérémonies de France, fut affaffiné dans la forêt de Senlis, vers l'an 1590, & du vivant de fon père.

11°. Henri, frère de Jérôme, eut le même fort, & auffi du vivant de fon père. En retournant de Melun à Paris, il fut tué de fang-froid, entre le fort de Gournay & Brie-Comte-Robert, par la garnifon du bois de Vincennes, le 12 novembre 1592.

12°. Nicole de Marle, d'une troifième branche de cette famille, époufa le 20 novembre 1520 René-Hector, feigneur de Pereufe.

13°. Nicolas-Hector de Marle-Pereufe leur fils fut prévôt des marchands.

14°. Chriftophe-Hector de Marle, feigneur de Verfigny & de Pereufe, autre fils de Nicole & d'Hector, fut inftitué héritier par Chriftophe de Marle fon oncle, à la charge de porter le nom & les armes de Marle.

15°. Un fecond Chriftophe-Hector de Marle, fils du précédent, fut procureur-général de la cour des aides, puis préfident de la chambre des comptes.

MAUTRAVERS & GOURNAY. ( *Hift. d'Anglet.* ) Ce font les noms des deux affaffins du malheureux Edouard II, roi d'Angleterre. Les longs tourmens qu'Ifabelle, femme d'Edouard, & Mortemer, amant d'Ifabelle ( *voyez* ce dernier article dans le Dictionnaire ), faifoient fouffrir à ce Prince infortuné, dans l'efpérance qu'il y fuccomberoit, commençoient enfin à lui concilier la pitié. Ifabelle & Mortemer craignirent les effets de ce fentiment. La mort d'Edouard fut réfolue; mais on vouloit ne laiffer paroître fur fon corps aucune trace de violence: on y parvint à force de cruauté. Mautravers & Gournay entrent dans la chambre du Roi avec des gardes, fe faififfent de lui, le jettent fur un lit, où ils le tiennent affujetti & preffé du poids d'une table, qui ne lui permettoit aucun mouvement; ils lui enfoncent dans le fondement un tuyau de corne, au travers duquel ils infinuent un fer ardent qui lui brûla les entrailles. Les cris dont ce malheureux fit retentir, pendant un fi long & fi douloureux fupplice, le château de Berkeley où il étoit enfermé, inftruifirent de fon fort ceux de fes gardes & de fes domeftiques qu'on n'avoit pas rendus complices de ce crime; & les mufcles de fon vifage, affreufement contournés, atteftoient les convulfions qu'il avoit fouffertes. Si l'on en croit le Père d'Orléans, Mautravers & Gournay prirent d'eux-mêmes cette réfolution, fans aucun concert avec Ifabelle & Mortemer; ce

qui n'eft guère vraifemblable. Le choix qu'on avoit fait de ces hommes affreux annonce affez ce qu'on en attendoit. D'autres accufent de toutes ces horreurs l'évêque d'Hérefort, qui avoit alors quelque autorité. ( *Voyez*, à l'article *Mortemer*, quelle fut la punition de ce favori & celle de fon amante. )

Mautravers & Gournay, devenus, pour le genre humain, des objets d'horreur & d'effroi, cherchoient un afile de mer en mer. Gournay, réfugié à Burgos, livré par le roi de Caftille, dont le chambellan eut une penfion d'Edouard III, fils d'Edouard II, pour cet acte de juftice, fut décapité en pleine mer, par des ordres fecrets, dont on foupçonna des Grands, intéreffés à empêcher la révélation des complices; car il faut que ces affreux événemens foient mêlés encore d'affreux myftères. Toute exécution qui n'entraîne pas un grand exemple, n'eft qu'un affaffinat politique. Mautravers fut affez heureux pour obtenir fa grâce par des fervices qu'il rendit à Edouard III, qui n'auroit pu recevoir aucun de cet infâme meurtrier de fon père; mais la nation ne lui a point pardonné: la poftérité ne lui pardonnera point. L'Hiftoire n'a confervé fon nom que pour le dévouer à l'exécration de tous les âges.

MAZOCHI (L'ABBÉ). Alexis-Symmaque Mazochi, né le 22 octobre 1684, dans un bourg voifin de Capoue & fur les ruines de l'ancienne Capoue, prit, après d'affez mauvaifes études, le goût du beau dans la lecture de Cicéron: Bientôt il fe rendit l'antiquité familière, & devint un fujet précieux, que l'archevêque de Capoue, qui fut depuis le cardinal Caraccioli, & le cardinal Spinelli, archevêque de Naples, fe difputèrent, & s'empreffèrent de s'enlever l'un à l'autre à force de bienfaits & de places honorables. Le roi de Naples, comme pour faire ceffer cette rivalité, nomma l'abbé Mazochi à l'archevêché de Lanciano; mais Mazochi, dont l'ambition fe bornoit à cultiver les lettres fans partage, juftifia le choix du Prince par un noble refus.

Il avoit fait fon entrée dans la littérature par un favant Commentaire fur l'infcription tronquée de l'amphithéâtre de Capoue, qui fut déterrée entre les ruines de cet édifice, en 1727. Il y avoit ajouté une Differtation fur les dédicaces, où il expliquoit cette formule tant de fois mal expliquée, *fub afciâ dedicavit*; c'eft dédier un tombeau tandis que les ouvriers y travaillent encore, explication tant d'autres l'avantage du naturel & de la fimplicité.

Il a éclairci de la même manière une multitude de points curieux & importans d'érudition, tant facrée que profane. Il a expliqué une multitude de monumens; il a enrichi de Differtations favantes en tout genre le *Recueil des Mémoires de l'Académie de Cortone*; il a fait connoître les antiquités de la Campanie; il a enfin été l'hiftorien des riches & fécondes ruines d'Herculanum: mais ce que les

favans paroiffent eftimer le plus, c'eft fon explication des deux tables d'Héraclée, déterrées en
1733, près du gôlfe de Tarente, & chargées
toutes deux de longues infcriptions grecques.

Son grand favoir, qui le rendoit l'admiration de
l'Italie, étoit joint en lui au goût des lettres & à
des talens agréables. On a de lui des poéfies latines eftimées.

On vante beaucoup fes vertus, furtout fa bienfaifance & fa tendreffe pour les malheureux. Il
trouvoit, dans fa frugalité, des reffources inépui-
fables; il s'eft fouvent chargé des dettes d'autrui,
& fans avoir jamais emprunté il a eu beaucoup de
créanciers. Il a légué fon mobilier aux pauvres. Il
eft mort à Naples le 12 feptembre 1771, âgé de
près de quatre-vingt-fept ans. Il avoit été reçu,
en 1757, académicien libre à l'Académie des infcriptions & belles-lettres.

MECKELBOURG (Ducs de). (*Hift. d'Allem.*)
L'origine des ducs de Meckelbourg fe perd dans
les ténèbres & les fables de l'antiquité. Les uns
les font defcendre de Genferic, roi des Vandales;
les autres, de Radagaife, roi des Hérules. Le titre
de prince des Vandales, qu'ils ont confervé, paroît confirmer l'origine vandale. Toute l'ancienne
hiftoire de cette Maifon ne nous offre que Souverains tués dans des batailles, & quelquefois par
leurs propres fujets; ce qui caractérife les tems
barbares, & des Géans, & des perfonnages extraordinaires, ainfi que leurs aventures. Ce n'eft guère
qu'au treizième fiècle que cette hiftoire commence à fe purger de fables, & à préfenter des
faits croyables. On trouve alors, 1°. un Henri-le-
Jeune, prince des Vandales, qui en 1226 fonde
le chapitre de Roftock.

2°. Un Jean, dit *le Théologien*, qui avoit étudié
dans l'Univerfité de Paris, & qui travailla, en
1240, à la converfion des Livoniens.

3°. Un Henri fuit faint roi Saint-Louis en
Égypte, où il eft fait prifonnier avec lui.

4°. Le fils de ce Henri, auffi nommé Henri,
fut furnommé *le Lion*, pour la vaillance avec laquelle il fut défendre fes Etats contre le marquis
de Brandebourg. Il époufa Béatrix de Brandebourg,
qui lui apporta Stutgard en mariage, pomme de
difcorde jetée entre les Brandebourgeois & lui,
mais dont il fut s'affurer la poffeffion. Chriftophe,
roi de Dannemarck, lui céda auffi entiérement la
ville de Roftock, qui avoit été entr'eux un objet
de guerre. Henri mourut en 1329.

5°. Albert I fon fils, & Jean, frère d'Albert,
fervirent la France contre les Anglais. Albert mourut en 1380.

6°. Albert II, fils d'Albert I, fut élu roi de
Suède en 1363, à la place de Magnus IV. Un des
fils de Magnus, Haquin, roi de Norwège, époufa
Marguerite, fille de Valdemar, roi de Dannemarck.
Cette héroïne (Marguerite de Valdemar) com-
battit Albert II, le fit prifonnier avec fon fils Eric;

en 1387 ou 1388, & réunit les trois royaumes,
de Dannemarck, de Suède & de Norwège. Albert
mourut en 1394.

7°. Jean, dit *le Jeune*, neveu d'Albert II & petit-
fils d'Albert I, fut auffi élu roi de Suède en 1422,
par une partie des Suédois: il mourut l'année fuivante. Il avoit fondé, en 1419, l'Univerfité de
Roftock.

8°. Magnus, petit-fils de Jean-le-Jeune, fonda
la cathédrale de cette même ville, & fe fignala par
fon amour pour les lettres & par fes vertus. Mort
le 22 novembre 1503.

9°. Jean-Albert, duc de Meckelbourg, petit-
fils de Magnus, introduifit dans fes Etats la religion proteftante, & eut de grands démélés avec
les habitans de Roftock, qui le forcèrent à démolir
une citadelle qu'il avoit bâtie. Il mourut le 2 février 1576.

10°. Ulric fon frère l'aida beaucoup dans le
changement de religion qu'il fit dans fon pays.

11°. Cet Ulric eut un fils, Georges, né en
1529, tué au fiége de Francfort-fur-le-Mein, le
13 juillet 1552;

12°. Et un autre fils nommé Chriftophe, né le
5 janvier 1537, qui fut évêque de Ratzebourg,
où il abolit la religion romaine. Il s'empara enfuite de l'archevêché de Riga; mais ayant été enlevé par Gothard, duc de Curlande, général de
l'armée polonoife, il refta cinq ans prifonnier en
Pologne. Mort le 14 mars 1592.

13°. Il s'étoit marié, & il eut pour fucceffeur,
dans l'évêché de Ratzebourg, Charles fon fils,
mort en 1610.

14°. Un autre de fes fils, Louis, étoit mort au
fiége de Copenhague, en 1585.

15°. & 16°. Adolphe-Frédéric, duc de Meckel-
bourg-Swerin, & fon frère Jean-Albert, duc de
Meckelbourg-Guftrau, prirent le parti de l'Electeur palatin & du roi de Dannemarck contre la
Maifon d'Autriche, dans la fameufe guerre de
trente ans. Ils furent profcrits, en 1628, par l'empereur Ferdinand II, & leurs Etats donnés au célèbre Valftein, qui s'en étoit déjà rendu maître.
Le roi de Suède, Guftave-Adolphe, les rétablit
le 25 juin 1631, après la bataille de Leipfick. Ils
acceptèrent enfuite la paix de Prague en 1634,
& rentrèrent dans les bonnes graces de l'Empereur.
Adolphe-Frédéric, pour faciliter la paix de Weftphalie, en 1648, céda Wifmar aux Suédois. Il
mourut le 24 février 1658, & Jean-Albert fon
frère le 23 avril 1636.

17°. Chriftian-Louis, fils d'Adolphe-Frédéric,
fe fit catholique, & Louis XIV le fit, en 1663,
chevalier de fes Ordres. Ce fut lui qui époufa la
belle ducheffe de Châtillon, Elifabeth-Angélique
de Montmorenci, fœur du fameux maréchal de
Luxembourg. Mort fans enfans le 21 juin 1692.

18°. Frédéric-Guillaume, duc de Meckelbourg,
réunit les duchés de Swerin & de Guftrau, dont
le partage fait entre Adolphe-Frédéric & Jean-

Albert (n°. 15 & 16), avoit formé deux branches de ces deux noms dans la Maison de Meckelbourg. La branche de Guftrau avoit produit Guftave-Adolphe, duc de Meckelbourg, fils de Jean-Albert (n°. 16), né le 26 février 1633, mort le 26 octobre 1695, Prince généreux & ami des lettres.

MERCIER ( JEAN ). ( *Hift. litt. mod.* ) Ce favant n'eft pour ainfi dire que nommé dans le Dictionnaire : on y dit qu'il fut le fucceffeur de Vatable dans la chaire d'hébreu, au collége royal : c'eft l'opinion de quelques favans, & il eft certain qu'il fut fon difciple; mais il paroît que ce fut Caligny, auquel il fuccéda. Mercier, né à Uzès en Languedoc, de parens nobles, fut d'abord deftiné à la magiftrature; il traduifit le Manuel ou Abrégé des lois de Conftantin Harménopule. Un attrait invincible l'entraînoit vers l'étude des langues. Dès fa tendre jeuneffe il traduifit les Hiéroglyphes d'Horus Apollo, & fit fur cet ouvrage des obfervations eftimées dans le tems, mais dont le P. Cauffin a dit beaucoup de mal, foit parce qu'il travailloit fur le même fujet, foit parce que Mercier fut pour le moins très-favorable aux Calviniftes. Mercier quitta bientôt la jurifprudence & même le grec pour les langues hébraïque & chaldaïque : c'eft dans ces langues qu'il a fait quantité d'ouvrages fur l'Ecriture-Sainte; il en a fait auffi quelques-uns en latin. Chaffé de Paris & de la France par les guerres civiles qui s'élevèrent fous Charles IX, il vint à Vénife, où il logea chez l'ambaffadeur de France, Arnoul du Ferrier, qui, ayant commencé comme lui par l'étude du droit, finiffoit comme lui par celle de l'Ecriture-Sainte. Ils goûtèrent enfemble les douceurs de la littérature & celles de l'amitié. Mercier voulut revenir à Paris pour faire imprimer quelques ouvrages. En paffant par Uzès fa patrie, il y fut attaqué de la pefte qui ravageoit alors le Languedoc; il en mourut en 1570. Il avoit époufé Marie d'Allier, belle-fille de Jean Morel, le plus fidèle ami d'Erafme, & qui lui ferma les yeux à Bâle. L'amour des lettres, qui avoit formé leur liaifon, fut héréditaire, même pour les filles, dans la famille des Morel. Antoinette de Loynes, femme de Jean Morel, & leurs trois filles, Camille, Lucrèce & Diane, faifoient des vers grecs & latins. Camille furtout fut un prodige d'érudition. Outre les langues anciennes qu'elle favoit très-bien, elle parloit facilement l'efpagnol & l'italien. Elle compofa plufieurs poëmes, & fit fur la mort de fon père une épigramme grecque, admirée par les Grecs du tems. On ne dit rien de femblable de Marie d'Allier leur fœur utérine, née d'un premier mariage de la dame Morel. Mais du mariage de Marie d'Allier avec Jean Mercier, naquit Jofias Mercier de Bordes, feigneur de Grigny, près Paris, calvinifte plus déclaré que fon père, d'ailleurs favant & célèbre comme lui, & dont la fille époufa Claude Saumaife, plus favant qu'eux tous.

Les plus célèbres critiques, Cafaubon, Scaliger, Baillet, difent que Mercier eut fur Vatable fon maître, l'avantage d'avoir découvert l'art de la poéfie hébraïque, d'avoir retrouvé la mefure & la quantité des vers hébreux, inconnues jufqu'à lui. Mercier lui-même rejette cet éloge; car il attribue à Vatable cette découverte, & il dit que l'intention de ce favant étoit de donner au public une méthode de la verfification hébraïque. C'eft affez de gloire, pour Mercier, d'avoir été le meilleur écolier de Vatable, encore Jean de Salignac, gentilhomme du Périgord, partage-t-il cette gloire avec lui.

MÉRÉ ( LE CHEVALIER DE ). ( *Hift. litt. mod.* ) Georges Broffin, chevalier de Méré, né vers le commencement du dix-feptième fiècle, d'une ancienne famille de Poitou, alliée à la Maifon de Condé. On a de lui divers ouvrages qu'on trouve écrits avec affectation; mais il eft principalement connu pour avoir été un des premiers inftituteurs & un des premiers adorateurs de la célèbre marquife de Maintenon, lorfqu'à fon retour de l'Amérique elle étoit élevée chez madame de Neuillant fa parente, & qu'elle commençoit à entrer dans le monde, & bientôt fut connue fous le nom de la *Belle Indienne*. Ce chevalier de Méré étoit un bel efprit, réputé homme de bonne compagnie, demi-philofophe, demi-courtifan; il avoit fervi dans la marine, & vivoit beaucoup dans le monde. La marquife de Sablé lui avoit facrifié Voiture. « Il » avoit, dit M. de la Beaumelle, élevé madame de » Clérembault; il avoit formé la ducheffe de Lefdi- » guières, qui lui avoit dit : *Je veux avoir de l'efprit*, » & à laquelle il avoit répondu : *Eh bien ! Madame,* » *vous en aurez.* »

Le chevalier de Méré, étant de la fociété de madame de Neuillant, fe chargea de donner les premières leçons du monde à mademoifelle d'Aubigné; il compofoit à fon ufage des dialogues & des contes moraux. « Mademoifelle d'Aubigné n'ai- » moit les penfées, & en haïffoit le ftyle apprêté; » elle revenoit toujours à fon Plutarque, & fentoit » déjà quelle différence il y a entre le ftyle d'un » bourgeois de la cour, & celui d'un citoyen du » monde. »

Méré prétendoit lui enfeigner l'art d'être aimable, & trouvoit que fans art elle n'étoit déjà que trop aimable pour lui; il eût bien voulu ne la former que pour lui feul, il eût voulu que le défir de plaire, qui déjà fe manifeftoit en elle, n'eût que lui feul pour objet : c'étoit Démocrite amoureux de Chryféis. Il prétendit, dans la fuite, que lorfqu'elle étoit fon écolière, elle lui avoit promis d'être fa femme, & peut-être, dans le temps où elle étoit réduite à époufer Scarron, auroit-elle pu donner la préférence au chevalier de Méré. Celui-ci, moitié par vanité, moitié par tendreffe, l'annonçoit partout comme un prodige de favoir & d'efprit, & ce fut lui qui commença la réputation de *la Belle Indienne.* Il vit depuis son élève parvenue au faîte des grandeurs ; il la vit femme de Louis XIV. Alors il étoit entièrement retiré du monde. Il mourut en 1690, chez la marquise de Sevret sa belle-sœur.

MICHEL (JEAN), (*Hist. de la réform.*), bénédictin, l'un des premiers & des plus zélés disciples de Calvin, prêchoit publiquement en son nom. Un jour, prêchant dans une paroisse de Bourges, qui porte le nom singulier de *Notre Dame du four chaud,* le peuple, qu'il traînoit en foule à ses sermons, chassa, pour l'entendre, à une heure commode, les prêtres qui venoient célébrer l'office. Jean Michel supprima la salutation angélique qu'on récite à la fin de l'exorde ; il y substitua l'oraison dominicale en français, selon le nouvel usage des Protestans. Bonnin, procureur-général du grand-conseil, qui se trouvoit à ce sermon, voulut s'opposer à cette innovation, & réciter tout haut l'*Ave Maria;* toutes les chaises furent à l'instant levées sur lui, & il eut de la peine à se sauver. Le dominicain inquisiteur, Mathieu Ory, voulut informer de ce scandale ; l'official Guillaume de la Porte prétendit que c'étoit son droit. Pendant qu'ils disputoient sur leur juridiction, Jean Michel prêchoit ; il portoit à Sancerre les semences de la nouvelle doctrine, pour laquelle cette ville opiniâtre & malheureuse souffrit, quarante ans après, de si cruelles extrémités, au trop mémorable siége de cette place en 1573, où un père & une mère mangèrent leur propre fille, morte de faim. Quant à Jean Michel, il prêcha tant, qu'enfin le parlement l'envoya au supplice.

MONTESPAN (MADAME DE). (*Voyez* les articles *Maintenon* dans le Dictionnaire & dans ce volume, & l'article *Fontange* dans ce même volume.)

Madame de la Vallière, cette amante modeste & timide, cette humble violette qui se cachoit sous l'herbe, honteuse d'être maîtresse, d'être mère, d'être duchesse, la Vallière s'oublia une fois dans sa vie jusqu'à *couper orgueilleusement* le carrosse de la Reine, par l'empressement de paroître la première aux regards du Roi, qui revenoit d'un voyage : on fut indigné. Une très-belle femme qui étoit dans le carrosse de la Reine, s'écria : *Le plus vil état à mes yeux est celui de maîtresse d'un Roi ; mais si jamais je pouvois devenir capable d'une telle bassesse, je voudrois du moins le cacher à tous les yeux.* Cette beauté sévère, c'étoit madame de Montespan.

Jamais maîtresse plus altière n'a plus scandaleusement étalé son triomphe illégitime aux yeux de toute la France, & n'en a plus insolemment accablé la Reine sa rivale.

Elle pensoit cependant alors ce qu'elle disoit ; elle eut même toute sa vie des principes opposés à ses actions, & sa morale fut toujours en contradiction avec sa conduite.

Le vice prend toutes sortes de formes pour s'introduire dans le cœur. Madame de Montespan possédoit le dangereux talent de contrefaire, & elle aimoit surtout à l'exercer contre les femmes en qui elle voyoit des projets manifestes, ou démêloit des prétentions secrètes sur le cœur du Roi ; elle amusoit ce Prince à leurs dépens, & les détruisoit dans son esprit par le ridicule. A la haine qu'elle professoit pour le vice se joignoit, peut-être à son insu, du moins sans son aveu, une secrète envie de la puissance & de la grandeur où ces femmes aspiroient. Ce fut là le piège où elle fut prise. Louis XIV vit d'abord dans cet art de ridiculiser tout ce qui tâchoit d'être aimable, une malignité contre laquelle il étoit naturellement en garde. Bientôt il n'y vit plus qu'une frivolité sans conséquence, qui l'amusoit sans pouvoir l'attacher ; *c'est une enfant,* disoit-il avec une indulgence toujours croissante. Et l'Amour aussi n'est qu'un enfant :

> Tout est mystère dans l'Amour,
> Ses ailes, son flambeau, son carquois, son enfance.

Cette enfant, d'ailleurs la plus belle femme de la cour, mettoit dans son badinage tant de grace, de finesse & d'espiéglerie, que le Roi y prit goût au point de ne pouvoir plus s'en passer. Quand il en fut tems, elle y mit aussi de l'agacerie, avec art, avec mesure, assez & assez peu pour qu'il en fût flatté. Déjà dans le besoin de parler d'elle, même à la maîtresse qu'il croyoit aimer encore, *voyez,* disoit-il à madame de la Vallière, *comme elle m'attaque !* Elle voudroit bien que je l'aimasse un jour. Ce jour étoit bien proche, s'il n'étoit pas déjà venu. Bientôt les marques de sa passion ne furent plus équivoques : la cour s'en apperçut, la tendresse de la Vallière s'en alarma ; elle montra au Roi une douleur touchante qu'il trouva importune. « Je » vous aime toujours, lui dit-il, mais je ne veux » pas être contraint. » La Vallière put lui répondre comme Hierax à Isis :

> Quelle froideur extrême !
> Inconstant, est-ce ainsi qu'on doit dire qu'on aime ?

Il la pria, c'est-à-dire, qu'il lui ordonna d'être amie de madame de Montespan. « Il faut donc, » lui dit-elle, que je forme de ma main les nœuds » qui vous attachent à une autre ! » Qui jamais aima comme la Vallière ? A force d'amour elle parvint à s'acquitter d'un emploi si pénible à l'amour ; elle ne fut plus que la complaisante de madame de Montespan, qui avoit été la sienne ; elle la paroit de ses mains ; car cette impérieuse maîtresse, déférant beaucoup au goût & à l'adresse de sa rivale vaincue, la consultoit sur sa parure, & la prioit d'y mettre la main, comme si elle avoit voulu emprunter d'elle-même les moyens de la supplanter plus sûrement. Quelquefois cette tendre amante, succombant à sa douleur, s'éloignoit, quittoit la cour, & préludoit au grand sacrifice qu'elle devoit faire bientôt : un ordre du Roi la rappeloit ; elle revenoit, non sans se souvenir qu'autrefois en pareil cas le Roi venoit la chercher, & qu'à présent il se contentoit de la mander. Fatiguée du spectacle des triomphes continuels de madame de Montespan, & occupée de son projet de rénonciation au siècle : « Quand les austérités » de cette vie pénitente, disoit-elle, me sembleront un peu dures, je me rappellerai ce que ces » gens ci m'ont fait souffrir ; & je serai consolée. »

Quand madame de la Vallière se fut retirée aux Carmélites, & qu'elle y fut accoutumée, madame de Montespan alla un jour la voir, & de ce ton étourdi dont le grand monde ne corrige pas toujours : Tout de bon ! lui dit-elle, êtes-vous aussi joyeuse qu'on le dit ? — Joyeuse n'est pas le mot, Madame, mais je suis contente. — Pour moi, madame de Montespan, je ne suis ni l'un ni l'autre. En la quittant elle lui dit encore, en vainqueur resté maître du champ de bataille : Que dirai-je au Roi de votre part ? — Tout ce que vous voudrez, Madame.

Cependant le marquis de Montespan, qui avoit vu d'un œil tranquille le conquérant Lauzun attaché à sa femme, trouva mauvais qu'elle fût maîtresse du Roi, & s'en expliqua très-maritalement avec elle. Madame de Montespan l'assura que son commerce avec le Roi avoit toute l'innocence de l'amitié, toute la pureté de la vertu. On ne croit guère à l'amitié pure d'un Roi de trente ans pour une belle femme de vingt. M. de Montespan insista : sa femme, avec toute l'autorité d'une maîtresse de Roi, menace & parle d'exil ; le mari indigné répond qu'il ne connoît dans sa maison d'autre maître que lui, & lève la main sur une femme rebelle ; il m'aime, s'écrie-t-elle alors ; frappez, si vous l'osez ; il l'osa. Les cris de madame de Montespan instruisent toute la maison de ce scandale : on accourt ; on la trouve éplorée. Toute la cour, les femmes surtout, à commencer par la Reine, tonnent contre un mari si féroce. Louis XIV se souvient du prince de Condé, qui emmena sa femme en Flandre pour la dérober aux empressemens d'Henri IV ; il donne un ordre qu'un Roi amant n'a pas droit de donner, & qu'il ne peut guère se refuser ; il défend au marquis de Montespan d'emmener sa femme en province.

Montespan s'empresse de publier son déshonneur, pour détruire la réputation que sa femme usurpoit encore ; il prend le grand deuil comme si elle étoit morte, & donne à son ressentiment tout l'éclat dont il peut s'aviser : on l'exile dans ses terres. Il pouvoit s'assurer l'intérêt qui s'attache toujours aux opprimés ; mais il falloit ne pas vendre sa honte, & ne pas en recevoir le prix : le

marquis de Montespan avoit des dettes, cent mille écus l'appaisèrent.

Madame de Montespan régna donc sans contrainte, du moins de la part de son mari ; mais elle eut toujours à lutter contre ses propres scrupules & contre ceux de Louis XIV. Les tems de l'année plus particuliérement consacrés aux devoirs de la religion furent toujours pour elle des tems de crise pénibles & dangereux à passer : elle eut même l'honneur de résister long-tems à Louis XIV ; mais enfin il fallut céder à un tel amant & à un tel Monarque. Long-tems encore après sa défaite, elle eut le mérite d'en rougir & l'adresse de la cacher. Une mode peu favorable à la taille, & qu'elle eut le crédit d'établir, déguisa ses premières grossesses. La naissance de ses enfans fut d'abord un mystère ; elle accoucha dans une maison écartée, avec toutes les précautions faites pour assurer le secret. Clément, célèbre accoucheur, dont les enfans & petits-enfans se sont fait un nom dans la magistrature, trouvant le Roi chez l'accouchée, ne le connut pas ou feignit de ne le pas connoître, & se fit verser à boire par lui. Si l'on en croit M. de la Beaumelle, Clément étoit arrivé les yeux bandés dans la maison, & madame de Maintenon, alors madame Scarron, qui consentit avec répugnance à élever ces enfans, entra chez madame de Montespan, & en sortit un masque sur le visage.

Madame de Montespan accoucha une autre fois ( le 31 mars 1670 ) à Saint-Germain. On n'osa pas introduire dans le château madame Scarron ; elle attendit à la porte ; ce fut Lauzun qui reçut l'enfant ( c'étoit le duc du Maine ) : on n'eut pas le tems de l'emmailloter ; on l'enveloppa dans des langes. Lauzun le prit dans son manteau, traversa l'appartement de la Reine, toujours tremblant qu'il ne criât, & le porta dans le carrosse de madame Scarron.

Cette complaisante & tendre gouvernante des enfans de Louis XIV & de madame de Montespan étoit bien loin d'excuser le vice de leur naissance ; elle ne cessoit de reprocher à leur mère ses foiblesses & ses rechutes : madame de Montespan redoutoit ses remontrances, son silence, ses regards. Un jour voulant la voir dans une de ses couches : « Je desire, lui écrivoit-elle, & j'appréhende votre présence. Au nom de Dieu ! que » vos grands yeux noirs ne tombent pas sur moi » dans l'état où je suis. »

Elle se piquoit d'une grande exactitude à remplir ses devoirs de religion, à observer les jeûnes prescrits par l'Eglise, jusqu'à faire peser devant elle le pain de sa collation. Madame la duchesse d'Uzès paroissant étonnée de ce contraste de sa foi & de ses mœurs, quoi ! dit madame de Montespan, parce qu'on fait un péché, croyez-vous qu'on les fasse tous ?

Un jour madame de Montespan & madame Scarron étant allées ensemble à l'église, madame de Montespan entra dans un confessional, entendit la meſſe avec le plus grand recueillement & y communia. Madame Scarron, tranſportée de joie, alloit la féliciter ſur ſa converſion, lorſqu'elle entendit madame de Monteſpan dire gaîment au cocher : *A Verſailles.* — Quoi ! madame, après ce que je viens de voir, & en ſortant de ce ſaint exercice ! La coupable ſe tut, ſoupira, & partit pour Verſailles.

Soit pour éviter, à ce qu'elle croyoit, le ſcandale, ſoit pour s'étourdir elle-même ſur le danger des communions indignes, elle approchoit ainſi de la Sainte-Table à la faveur de quelques abſolutions ſurpriſes à des prêtres mercenaires ou ignorans, ou trompés par des confeſſions infidelles.

Ce fut ſurtout en 1672 qu'éclatèrent hautement ſon crédit & ſa puiſſance, & qu'elle crut pouvoir braver la Reine qu'elle mépriſoit, la Vallière qu'elle effaçoit, & la France qu'elle ſcandaliſoit. La publicité même de ſa conduite avertiſſoit les confeſſeurs d'être ſévères. Elle eſſaya un jour d'extorquer une abſolution à un curé de village, dont on lui avoit vanté la facilité. Cet homme, au premier mot, s'écria : « Quoi ! vous » êtes cette madame de Monteſpan qui ſcandaliſe » toute la France ! Allez, Madame, renoncez à » vos coupables habitudes, & vous pourrez enſuite » vous préſenter à ce tribunal redoutable. »

Madame de Monteſpan devoit ſe rendre juſtice, & ſentir que cet homme faiſoit ſon devoir ; mais l'orgueil bleſſé d'une femme, d'une maîtreſſe, l'emportant ſur toutes les conſidérations de piété, elle eut l'imprudence de ſe plaindre au Roi, & de lui demander vengeance. Louis XIV étoit juſte ; il ſentit d'abord que l'autorité royale ne pouvoit être interpoſée entre une pénitente & ſon confeſſeur. Il conſulta Boſſuet, qui ne put que louer le prêtre d'un courage qu'il n'eût peut-être pas eu lui-même, dit la Beaumelle, & Montauzier, qui répondit bruſquement que madame de Monteſpan devoit remercier ce prêtre de lui avoir épargné un ſacrilége. Cet incident ayant ouvert l'oreille du Roi aux conſeils de la religion & de la vertu, & un jubilé étant venu à l'appui, Louis crut avoir, à trente-quatre ans, la force de renoncer à une femme qu'il aimoit & qui avoit tant de reſſources pour ſe faire aimer ; il promit à Boſſuet ou du moins il lui fit eſpérer qu'à ſon retour de l'armée il ne reverroit plus madame de Monteſpan : on parloit déjà de l'éloigner de la cour ; on alléguoit la néceſſité d'une réparation publique pour une faute publique, la crainte d'une rechute, le devoir que la prudence impoſe de fuir le péril de la tentation.

Au milieu de toutes ces délibérations madame de Monteſpan parut à la cour : ſes rivales pâlirent, les dévots s'alarmèrent ; le Roi, fidèle à ſa parole, la fuyoit avec un ſoin marqué ; elle paroiſſoit auſſi l'éviter, mais ſans affectation, cependant ils ſe rencontroient toujours. De graves eccléſiaſtiques, des femmes reſpectables propoſèrent même qu'ils ſe

viſſent, mais en leur préſence ; & que le Roi déclarât avec douceur & avec ménagement à ſa maîtreſſe, qu'il renonçoit à vivre avec elle. L'entrevue en effet eut lieu ; ils ſe rapprochèrent en rougiſſant, ſe parlèrent un moment tout bas dans l'embraſure d'une fenêtre : on les vit s'attendrir & pleurer. Tout à coup le Roi, lui préſentant la main, ſe retira ſeul avec elle, en ſaluant en paſſant l'aſſemblée qu'il laiſſa dans une confuſion aſſez riſible, que madame la comteſſe de Caylus peint fort plaiſamment dans ſes *Souvenirs.* Mademoiſelle de Blois, qui fut depuis madame la ducheſſe d'Orléans, femme du Régent, fut le fruit de cette entrevue, & madame de Caylus prétendoit retrouver dans le caractère, dans la phyſionomie & dans toute la perſonne de cette Princeſſe des traces de ce combat de l'amour & de la dévotion, qui avoit préſidé à ſa naiſſance.

Quelques années après les dévots eurent leur revanche, du moins pour un tems. Des prêtres de la Miſſion prêchèrent un carême à la cour & y firent une révolution : une femme de confiance de madame de Monteſpan eut des remords, ſe crut damnée, rendit les préſens que ſes complaiſances criminelles lui avoient valu, & par ſes agitations commença d'agiter à ſon tour ſa mobile maîtreſſe : celle-ci voulut aller à confeſſe à un de ces miſſionnaires, & lui envoya ordre de l'attendre au confeſſional. « Le miſſionnaire, dit l'auteur des *Mémoires* » *de Maintenon,* ſe promit bien d'apprendre à » cette impérieuſe pénitente à reſpecter les mi- » niſtres du Seigneur. »

Elle ſortit de l'égliſe toute en larmes & toute effrayée des jugemens de Dieu ; elle envoya chercher M. Boſſuet, lui déclara qu'elle alloit quitter la cour & faire pénitence ; elle le chargea d'en prévenir le Roi & d'obtenir ſon agrément. Le Prélat dit au Roi que madame de Monteſpan, qui ſe plaignoit autrefois de la ſévérité des confeſſeurs, ſe plaindroit bientôt de leur indulgence ; que déjà, plus ſévère que quelques-uns d'entr'eux, elle avoit décidé que ſon premier devoir étoit de ſe retirer de la cour, & qu'elle le prioit de vouloir bien, par ſon conſentement, ſeconder en elle l'ouvrage encore imparfait de la grace. Le Roi laiſſa tomber quelques larmes, & chargea le Prélat, en ſoupirant, de dire à madame de Monteſpan qu'il l'aimoit trop pour s'oppoſer à ſon ſalut.

Madame de Maintenon vint, à l'appui de Boſſuet, ſoutenir la foi chancelante de cette péchereſſe ; elle intéreſſoit ſon orgueil à l'exécution de ſes vertueux projets & aux progrès de ſa pénitence : « Toujours victorieuſe de la Vallière, lui » diſoit-elle, cette tendre fille a été quittée pour » vous, & c'eſt vous qui avez la gloire de quitter le » Roi. » Elle la vit pâlir au rapport que M. Boſſuet lui fit des dernières paroles du Roi ; elle l'entendit accuſer ce Prince d'inconſtance ou d'inſenſibilité. Boſſuet & madame de Maintenon ſe regardoient avec inquiétude, & preſſoient toujours le départ

qui fe différoit toujours. Tantôt madame de Montefpan projetoit d'embellir Fontevrault, tantôt
elle trouvoit bien dur de ne pas voir achever le
château de Verfailles. Il faut donc, s'écrioit-elle
à travers de longs foupirs d'amour & d'ambition,
il faut donc quitter ce pays pour toujours ! — Vous
lui faites bien de l'honneur de le regretter ! difoit
madame de Maintenon. Ah ! mòn Dieu ! que je m'en
vais vous aimer ! s'écrioit quelquefois la pénitente ;
puis revenant au Roi, encore, difoit-elle, s'il pouvoit être fidèle à fa douleur préfente ! mais il en
aimera une autre, une autre jouira des plaifirs &
des honneurs que j'abandonne ! Que vous importe, difoit madame de Maintenon, que cette
place foit remplie, pourvu qu'elle ne le foit pas
par vous ? — On voit bien, répliquoit madame
de Montefpan, que vous n'avez jamais aimé un
Roi, pas même un homme peut-être.

Elle partit enfin, & madame de Maintenon refta
pour inftruire le Roi de fon départ & de fes derniers fentimens. Le Roi, qui depuis long-tems
trouvoit madame de Maintenon aimable, fentit
alors pour la première fois combien elle l'étoit :
fon éloquence lui parut plus douce & plus in-
finuante que celle de Boffuet ; il trouva du plaifir
à être confolé & prêché par elle ; il fe laiffa infenfiblement conduire dans la voie du falut par cet
aimable guide.

Cependant madame de Montefpan attendoit
impatiemment à Paris madame de Maintenon pour
être inftruite à fon tour des fentimens du Roi. Ne
la voyant pas arriver, & commençant à tout craindre, même ce qui n'arriva que long-tems après,
elle courut chez madame de Maintenon, n'y trouva qu'une femme-de-charge ; que madame de
Maintenon, lui dit-elle, vienne chez moi dès le
moment de fon arrivée & fans defcendre de carroffe. Me connoiffez-vous ? — Oh ! oui, Madame,
tout le monde fait que vous avez acheté la charge
de madame de la Vallière. — Vous m'infultez, ma
fille, répliqua madame de Montefpan avec cette
douceur, dit M. de la Beaumelle, qui fait tout
pardonner. « Vous m'infultez, mais vous dites
» vrai, & j'ai mérité pis. »

Madame de Maintenon arriva, dit à madame
de Montefpan mille chofes de la part de la Reine
& pas un mot du Roi. Ce fut par la Reine que
M. Boffuet & madame de Maintenon voulurent
affermir madame de Montefpan dans fes généreufes
réfolutions : on lui ménagea une entrevue avec
cette Princeffe. Madame de Montefpan embraf-
fant les genoux de la Reine, lui demanda tendrement pardon, & promit d'expier le fcandale de fa
vie. La Reine, touchée de fes larmes, les effuya, &
lui défendit de quitter la charge qu'elle avoit dans
fa Maifon. « Vous avez péché auprès de moi,
» lui dit-elle ; c'eft auprès de moi que vous ferez
» pénitence. »

Madame de Montefpan reparut donc à la cour
par cette imprudente bonté de la Reine. Les deux

amans s'écrivirent les billets les plus tendres pour
fe jurer qu'ils ne s'aimeroient plus, ou du moins
qu'ils s'aimeroient fans le dire : c'étoit Boffuet
lui-même qui portoit avec beaucoup de myftère
ces billets dont il croyoit favoir le contenu. Les
fuites lui apprirent le ridicule du perfonnage qu'on
lui avoit fait jouer dans cette occafion, & l'auteur des Mémoires de Maintenon infinue que ce
fut pour l'en confoler que le Roi lui deftina la
charge de premier aumônier de madame la Dauphine.

Cependant la Reine, toujours trompée, donnoit
l'exemple de la confidération pour fa rivale. « Ma-
» dame de Montefpan paffoit nettement devant
» toutes les ducheffes, & les honneurs qu'elle
» avoit rejetés comme des flatteries tant qu'elle
» avoit été coupable, elle les exigeoit comme des
» droits depuis qu'elle ne l'étoit plus, ou qu'elle
» étoit cenfée ne plus l'être. Tout plioit devant
» une fujète qui, ne paroiffant en public qu'a-
» vec l'appareil de la royauté, avoit toujours
» quatre gardes-du-corps aux portières de fon
» carroffe. »

Des miffionnaires l'avoient remplie de remords :
Un capucin, dit le même auteur, lui avoit ôté
fes fcrupules en lui nazillant ces paroles : « Femme !
» beaucoup de péchés vous font remis, parce que vous
» avez beaucoup aimé. »

Mais ces mêmes fcrupules devenoient plus forts
chez le Roi, dont toutes ces agitations avoient
ébranlé la tendreffe ; il en faifoit encore affez pour
indigner madame de Maintenon, mais pas affez
pour fatisfaire madame de Montefpan. La vertu
de la première prenoit tous les jours un plus grand
afcendant. Au fortir d'un fermon du P. Bourdaloue, dont le Roi avoit été fort touché, ce fut
madame de Maintenon qui l'alla chercher : madame
de Montefpan alla à Clagni, & le Roi l'y laiffa ;
il s'en vanta même au P. Bourdaloue lorfque le
prédicateur vint prendre congé de lui. « Vous
» ferez bien content de moi, lui dit-il : madame
» de Montefpan eft à Clagni. — Dieu le feroit
» bien davantage, répondit le prédicateur, fi
» Clagni étoit à quarante lieues de Verfailles. »

Ces voyages de Clagni devinrent plus longs &
plus fréquens : les courtifans briguèrent moins
l'honneur d'en être ; les foibleffes de cette fière
beauté, follicitée avec moins d'ardeur, fe répé-
tèrent moins fouvent ; fes jaloufies contre madame
de Maintenon, fes querelles continuelles avec
cette Dame, ne tournèrent point au profit de l'ancienne maîtreffe.

L'amour jaloux ou mécontent va au devant de
tout ce qui peut lui nuire, & fe perd lui-même à
force d'inquiétude. « Madame de Montefpan crai-
» gnit que la naiffance du comte de Touloufe ne
» lui eût laiffé quelque incommodité qui infpirât
» au Roi du dégoût. Elle eut l'imprudence de s'en
» éclaircir, & le Roi la cruauté d'en convenir. Il
» revenoit de la chaffe ; il étoit en fueur : madame
de

» de Montefpan encore plus outrée de la froideur
» avec laquelle on l'infultoit, que de l'infulte même,
» lui répondit avec emportement, qu'il pourroit
» bien fouffrir fes défauts, puifqu'elle avoit fi long-
» tems fouffert les fiens, & lui en reprocha un
» que l'amour ambitieux tolère quelquefois, &
» que l'amour fenfuel ne pardonne jamais. Ce
» trait perça le cœur du Roi, & n'en pût jamais
» être arraché. En vain madame de Montefpan à
» genoux embraffa ces pieds dont elle avoit révélé
» les dégoûtantes odeurs : on la releva fans lui
» montrer ni haîne, ni amour, ni pitié. »

Ici finit, en 1679, le règne de madame de Montefpan; elle refta cependant à la cour, mais elle
n'y éprouva que des dégoûts, & vit croître de
jour en jour le crédit de fa rivale. Ne pouvant fe
diffimuler la chute du fien, elle chercha long-tems
à la diffimuler aux autres. Le cheval du Roi s'étant
abattu à la chaffe, on lui crut le bras caffé : madame de Maintenon ne pût retenir fes larmes;
tout le monde les remarqua. Madame de Montefpan ne les lui pardonna pas, prétendant qu'il
n'appartenoit encore qu'à elle de pleurer fi tendrement.

On ne la mettoit plus des voyages ni des parties
de plaifir que très-rarement, & alors elle en
avoit l'obligation à la pitié de madame de Maintenon. Quand le Roi fe fit faire l'opération de la
fiftule, madame de Montefpan arriva en diligence:
on lui refufa l'entrée; & elle apprit que madame
de Maintenon étoit dans la chambre. « Elle fort
» avec précipitation, & remplit l'antichambre de
» pleurs & de fanglots qui n'attendriffent ni ne
» trompent perfonne. »

Elle foutenoit à tout le monde que fon règne
reviendroit, & avoit le chagrin de n'être crue de
perfonne. Quelquefois, pour fe donner l'air d'un
refte de crédit, elle ne rougiffoit pas de recourir
en fecret à celui de madame de Maintenon; quelquefois elle fe vengeoit par des mots piquans,
par des reproches amers de l'abandon où on la
laiffoit, & du peu de confidération qu'on avoit
pour elle. « Sire, dit-elle un jour à Louis XIV,
» j'ai une grace à vous demander : laiffez-moi le
» foin d'amufer les gens du fecond carroffe, & de
» préfider dans l'antichambre. »

A travers tant de mortifications, elle étoit encore tourmentée par fes remords; ils l'agitoient
au point qu'elle ne pouvoit pas refter feule un
moment fans friffonner, qu'elle ne dormoit jamais
qu'entre deux femmes, que la nouvelle d'une mort
fubite la mettoit hors d'elle-même; que quand il
tonnoit, elle faifoit placer fur fon fein, & comme
entre le ciel & elle, une jeune fille, pour que l'innocence de cette enfant pût obtenir fa grace, &
que les traits de la foudre fe détournaffent en ren-
contrant une victime pure.

C'étoit véritablement un enfant elle-même que
madame de Montefpan, mais un enfant gâté, plein
de fantaifies & de goûts bizarres. Au milieu des ap-

partemens cirés & frottés de Verfailles & de Marly
elle aimoit à s'entourer de moutons & de chèvres
qui faliffoient tout. Dans fes plus violens chagrins,
elle étoit diftraite, amufée, prefque confolée par
un petit carroffe de filigrane attelé de fix fouris.

Enfin, elle quitta irrévocablement la cour vers
1686; elle ne venoit plus même à Clagny (à caufe
de la proximité de Verfailles) que pendant les
voyages de Marly. Elle confervoit toujours pour
Louis XIV une forte de fentiment romanefque.
Quand il partoit pour Fontainebleau, elle alloit à
Petit-Bourg, où, d'un pavillon placé à l'extrémité
d'une allée, elle jouiffoit encore du plaifir de voir
paffer ce grand Roi fans en être vue. Elle vivoit
d'ailleurs à Paris, fans confidération, avec de
vieilles coquettes ramenées, comme elle, à la dévotion par l'âge & la difgrace. Altière & impérieufe, elle fe faifoit traiter en Reine, chez elle,
par tout ce qui l'approchoit; fuperftitieufe, elle
fe couvroit d'un cilice, & croyoit expier, par des
macérations, fa molleffe & fes vices; avare & fans
bienfaifance, elle ne faifoit pas même des préfens
à fes enfans, & paffoit fa vie dans la crainte d'être
volée.

Elle faifoit cependant des aumônes, mais fans
goût, fans plaifir, uniquement par devoir & en
efprit de pénitence.

Pour être quelque chofe, elle fe fit Janfénifte,
& le parti la comparoit à madame la ducheffe de
Longueville; ce qui auroit dû être indifférent à
Louis XIV, & qui acheva de l'indifpofer contre
elle.

Ses confeffeurs exigèrent d'elle qu'elle offrît à
fon mari de rentrer fous fon autorité, & de lui
confacrer les reftes de fa vie; elle obéit, mais elle
fut affez heureufe pour que le marquis de Montefpan dédaignât de la punir & refufât de la reprendre.

Elle mourut le 28 mai 1707, à Bourbon, où
elle alloit tous les ans prendre les eaux pour fa
fanté. Une faignée faite mal à propos la mit
bientôt en grand danger. On avertit le marquis,
depuis duc d'Antin, fon fils. L'auteur des *Mémoires
de Maintenon* rapporte à ce fujet une anecdote
bien injurieufe au marquis d'Antin, & que la légéreté de cet hiftorien pourroit rendre d'autant
plus fufpecte, qu'en cet endroit il ne cite point
fes garans. « Le marquis d'Antin, dit-il, arrive
» en pofte, & fans defcendre de fa chaife, fans
» s'informer comment fa mère fe porte, il de-
» mande fa caffette. On la lui donne; on lui dit
» que madame de Montefpan n'en confie la clef à
» perfonne, & la porte toujours fur elle. Il monte
» vite dans fon appartement, cherche la clef dans
» le fein de fa mère agonifante, vuide la caffette,
» la referme, & part fans donner aucun ordre,
» fans témoigner ni curiofité, ni furprife, ni re-
» gret, ni pitié. Quelques heures après madame
» de Montefpan expira. »

Son teftament ordonnoit que fes entrailles fuffent portées à la communauté de Saint-Joseph, à Paris. Cette difpofition ne pût être exécutée : l'exceffive chaleur les avoit rendues fi fétides, que le porteur revint fur fes pas & les remit aux Capucins de Bourbon : le gardien ne pouvant tenir à l'excès de l'infection, les jeta aux chiens. Quand on apprit, à Paris, ce qu'étoient devenues les entrailles de madame de Montefpan, un plaifant de fes amis dit : *Ah ! eft-ce qu'elle en avoit ?*

Ainfi mourut cette femme célèbre par fa beauté, par fon efprit, par les paffions qu'elle fentit & qu'elle infpira, par l'empire qu'elle exerça fur le plus magnifique & le plus impofant des Rois, dans un tems de gloire & de profpérité, dans les plus beaux jours de la monarchie. Elle eut de ce Prince huit enfans, poftérité brillante, comblée de tous les dons de la nature & de la fortune, ornée de tous les apanages de la grandeur, & qui (en 1789) femble prête à s'éteindre, ou du moins à ne fubfifter que dans des branches féminines.

MONTOLIEU, (*Hift. de Fr.*), ancienne famille qui fubfifte, depuis un grand nombre de fiècles, à Marfeille & dans le Bas-Languedoc. Aucune n'a fourni autant de chevaliers à l'Ordre de Malte, autant de défenfeurs & de victimes à la patrie.

1°. Guillaume de Montolieu, premier du nom, vivoit dans le onzième fiècle.

2°. Giraud fon fils, qui vivoit en 1109, donna fon nom à une partie du terroir de Marfeille, dite *des Montolieus* ou *le Val de Giraud.*

3°. Guillaume, fecond fils de Giraud, général des galères d'Ildephonfe II, roi d'Arragon, comte de Provence, remporta, en 1199, une victoire fignalée fur les Génois.

4°. Guillaume IV fon petit-fils mourut jeune en défendant fa patrie affiégée par le comte de Provence.

5°. Guillaume VI, arrière-petit-fils de Guillaume IV, fut chargé de négociations importantes auprès des Papes & des rois de France & de Naples. Il tint les rênes du cheval du roi Jean, lorfque ce Prince fit fon entrée à Marfeille. L'acte de la cérémonie porte ces mots : *Ad dextrandum & conducendum equum domini Regis.*

6°. Blaqueria fon fils fe rendit illuftre en défendant fa patrie contre les Arragonnois.

7°. Etienne, arrière-petit-fils de Blaqueria, s'illuftra auffi à la défenfe de Marfeille, affiégée par le connétable de Bourbon & le marquis de Pefcaire, les deux plus grands généraux de Charles-Quint & du tems.

8°. Honoré, fils d'Etienne, gentilhomme d'honneur de Catherine de Médicis, premier conful de Marfeille, fignala fon zèle pour la patrie & le Roi au milieu des troubles excités dans Marfeille du tems de la Ligue.

9°. Guillaume VIII, fils d'Honoré, commandant des galères du Roi, cinq fois député par la nobleffe de Marfeille à la cour, envoyé par le Roi à Conftantinople, élu, en 1631, premier conful de Marfeille, fut tué, en 1638, dans un combat naval livré devant Gênes.

10°. Jean-Baptifte, fils de Guillaume VIII, capitaine d'une galère de fon nom, commandoit, en 1642, cinq galères du Roi, & fut tué, le 19 mars 1667, d'un coup de moufquet en combattant contre un vaiffeau corfaire.

11°. Louis, fils de Jean-Baptifte, chef d'efcadre des galères du Roi, & maréchal-de-camp, bloqua par mer la ville de Barcelone que le duc de Vendôme affiégeoit par terre en 1697 ; il défendit Cadix : le Roi l'honora du titre de marquis.

12°. Dans la branche des feigneurs de Montolieu-Saint-Hippolyte, établie dans le Bas-Languedoc, Jean, tué à la bataille de Mont-Lhéri.

13°. Giraud fon frère, tué à la bataille de Formigny.

14°. Jacques, fils de Jean & neveu de Giraud, tué à la bataille de Novare.

15°. Guillaume, fils de Jacques, capitaine de deux cents hommes, tué à la bataille de Cerifoles.

16°. Un autre Guillaume fon frère, qui avoit embraffé la réforme en 1553, & qui commandoit une enfeigne dans l'armée des Huguenots, tué à la bataille de Dreux en 1562.

17°. Barthélemi, frère des deux précédens, capitaine de deux cents hommes, mort de la pefte en 1563, au Hâvre-de-Grace, que les Français réunis alors, Catholiques & Proteftans, affiégeoient de concert.

18°. Jacques, fils de Guillaume (n°. 16), & neveu de Barthélemi (n°. 17), capitaine de deux cents hommes dans l'armée des Huguenots, tué à la bataille de Saint-Denis.

19°. François fon frère, tué à la bataille de Montcontour.

20°. Hippolyte leur frère, mort de bleffures reçues à la même bataille.

21°. Antoine, auffi leur frère, reçut, au fiége de Rouen, en 1592, une bleffure qui l'obligea de quitter le fervice.

22°. Jean, fils d'Antoine, capitaine de deux cents hommes, fut tué, en 1622, au fiége de Montpellier.

23°. Antoine, frère de Jean, lieutenant-colonel du régiment de Gondrin, mort en Catalogne.

24°. Louis leur neveu, tué à la bataille de Trèves.

25°. Jacques fon frère, tué en duel.

26°. Un autre Jacques leur neveu, mort à Metz d'une bleffure reçue au fiége de Luxembourg.

27°. Louis fon frère, qui perdit un bras à la bataille de Turin.

Une multitude d'autres qui, pour n'avoir été ni tués ni bleffés, n'en ont pas moins fignalé leur valeur au milieu des dangers.

La foule des chevaliers de Malte, comme nous l'avons dit, eft innombrable dans cette famille.

Honoré ( n°. 8 ) & Louis ( n°. 11 ) eurent chacun quatre fils dans cet Ordre, & on en trouve presqu'à chaque génération.

MOREUIL. ( *Hist de Fr.* ) Ancienne famille de Picardie. Bernard, premier du nom, seigneur de Moreuil & fondateur de l'abbaye de ce nom en Picardie, vivoit en 1127.

Un de ses descendans, Bernard III, seigneur de Moreuil, fit le voyage de la Terre-Sainte, & se trouva, en 1204, à la prise de Constantinople & à la fondation de l'Empire des Latins. Il en rapporta une relique appelée *la Sainte-Larme*, dont il fit présent à l'abbaye de Selincourt. Le personnage le plus célèbre de cette famille est Bernard VI, seigneur de Moreuil & de Cœuvres, maréchal de France. Philippe de Valois lui ôta cet emploi qu'il lui avoit donné, ou plutôt le déchargea des soins de cet emploi pour lui en confier un plus important aux yeux de ce Monarque. Il le fit gouverneur du prince Jean son fils, duc de Normandie, & modérateur de la fougueuse jeunesse de ce Prince. L'intention du Roi, dans ce changement, & ses vues & ses idées sur la personne de Moreuil, sont très-bien exposées dans les lettres données à ce sujet par Philippe, & qui forment un titre flatteur pour Moreuil.

« De par le Roi. Sire de Moreuil, vous savez, » comme nous vous dîmes l'autre jour, que nous » avions ordené pour être avecques Jean notre » fils & à son frein, & vrayment nous ne vous » ôtons de l'office de maréchal pour nul mal qui » soit en vous, ne pour nul défaut qui par vous ait » été en votre office; mais nous vous amons mieux » près de Jean notre fils, que nous ne ferions nul » autre. Si voulons que vous ordonnez tantôt pour » y venir & pour y être doresnavant continuel- » lement, car il est temps qui sont ordonnez pour » y être y soient, & si est mieux votre honneur » de le faire maintenant, qu'il ne seroit quand » nous serons plus avant en la guerre, & pour ce » que vous nous priâtes quand vous en par- » lames, que nous y voulissions garder votre hon- » neur. Vrayment se vous y pensez bien, vous » trouverez que nous vous faisons trop plus grand » honneur de vous y mettre, que nous ne ferions » de vous lessier maréchal; mesmement considéré » que nous voulons que vous soyez tous li pre- » miers & li principaux de son frein; car il n'est » onques de maréchal de France qui n'en laissât » volontiers l'office, pour être li premier au frein » de l'aîné fils du Roi. Si nous semble que votre » honneur y est non pas gardé seulement, mais » accrû; & quant au profit, il nous semble qu'il » y est plus grand, &c. »

Dans la suite le seigneur de Moreuil reprit l'exercice de sa charge de maréchal de France; il commandoit à ce titre l'armée du Roi en Picardie, le 3 septembre 1346 : il vivoit encore le 22 mai 1350. Thibault de Moreuil son frère, seigneur de Co-

lombier & de la Bretonnière, vaillant chevalier, fut tué à la bataille de Crécy, le 26 août 1346.

Rogues, seigneur de Moreuil & de Cœuvres, fils du maréchal, quitta le nom de Moreuil pour celui de Soissons, qui lui venoit de son aïeule Iolande de Soissons, mère du maréchal : ce nom de Soissons fut porté par leurs descendans. Thibault de Soissons, seigneur de Moreuil & de Cœuvres, chambellan du Roi, capitaine de cent hommes d'armes, fut fait prisonnier au siège de Rouen, en 1417, & mourut le 28 avril 1434.

Ce fut sa petite-fille, Marguerite de Soissons, dame de Cœuvres, qui vendit, conjointement avec Jean de Villiers, seigneur de Verderonne, son mari, la vicomté de Cœuvres à Jean d'Estrées, grand-maître de l'artillerie, dans la Maison duquel cette terre est si long-tems restée.

Valéran de Soissons, fils puîné de Thibault, étoit chambellan du duc de Bourgogne, & gouverneur pour lui de Chauny en Picardie. Mort en 1464.

Jean de Soissons, fils de Valéran, quitta le service de Charles-le-Téméraire pour celui de Louis XI, qui lui rendit, en 1473, tous les biens de son père confisqués, parce qu'il avoit tenu le parti de Bourgogne.

Les principaux de ces biens, tels que Moreuil, Poix, passèrent, par mariage, dans la Maison des Créquy-Canaples, Pontdormy ou Pont-de-Remy.

MORIN ( LOUIS ), ( *Hist. des Sciences* ) né au Mans le 11 juillet 1635. Dès qu'il put montrer une inclination, il en montra une pour les plantes. Un paysan qui en venoit fournir les apothicaires de la ville, fut son premier maître. Bientôt il alla herboriser lui-même & chercher des plantes nouvelles aux environs du Mans. Ses humanités achevées, il vint à Paris pour sa philosophie : il y vint, mais en botaniste, c'est-à-dire, à pied, dit M. de Fontenelle; il n'avoit garde de ne pas mettre le chemin à profit. L'amour de la botanique le détermina pour la médecine dans le choix d'un état. Par son excessive frugalité il se ménageoit, dit M. de Fontenelle, beaucoup d'autorité pour prêcher un jour la diète à ses malades. En effet, il s'étoit réduit de très-bonne heure au pain & à l'eau : c'étoit là son régime journalier; tout au plus, par forme de régal & de bonne chère, se permettoit-il quelques fruits. Dans sa vieillesse il se résolut enfin, avec bien de la peine, à prendre une once de vin par jour, une once & rien de plus; car il le mesuroit aussi exactement qu'un remède qui n'est pas éloigné d'être un poison. Toute sa vie étoit réglée comme son régime, & n'étoit elle-même qu'un régime continuel appliqué à tout : il faisoit tous les jours chaque chose à la même heure. Il se couchoit à sept heures du soir en tout temps, & se levoit à deux heures du matin : c'étoit se lever un peu plus tôt que quelques personnes répandues dans le monde ne se couchent. M. de Fontenelle lui attribue un mot qu'apparemment il a dit le premier, mais qui eft devenu trivial, & que M. Duclos, qui le répétoit fouvent, difoit être la devife naturelle des gens occupés : *Ceux qui viennent me voir me font honneur ; ceux qui n'y viennent pas me font plaifir.*

M. Morin fut reçu docteur en médecine vers l'an 1662. Après quelques années de pratique, il fut reçu *expectant* à l'Hôtel-Dieu. Quand il fut devenu médecin penfionnaire de cet hôpital, il recevoit l'argent de fa penfion, & le remettoit dans le tronc après avoir bien pris garde à n'être pas découvert. C'étoit, dit M. de Fontenelle, payer les pauvres pour les avoir fervis.

Sa réputation perça, & mademoifelle de Guife voulut l'avoir pour médecin. « Sa nouvelle dignité, comme l'appelle M. de Fontenelle, lui » fut fort à charge, & on eut bien de la peine à la » lui faire accepter : elle lui fut à charge, en ce » qu'elle l'obligea de prendre un carroffe ; mais il » ne relâcha rien du refte de fon auftère régime. » Au bout de deux ans & demi la Princeffe tomba malade, & Morin crut qu'il étoit de fon devoir de lui annoncer la mort. La Princeffe, loin de lui favoir mauvais gré de fon zèle pieux, tira de fon doigt une bague qu'elle lui donna pour dernier gage de fon affection, & lui laiffa par fon teftament deux mille livres de penfion viagère.

A peine fut-elle morte, que M. Morin fe débarraffa de fon carroffe, & fe retira fans aucun domeftique à Saint-Victor, « ayant cependant aug-» menté fon ordinaire d'un peu de riz cuit à l'eau. » En 1699, il entra dans l'Académie des fciences, en qualité d'affocié botanifte.

Quand M. de Tournefo:t alla herborifer dans le Levant, en 1700, il pria M. Morin de faire en fa place les démonftrations des plantes au Jardin royal, « & le paya de fes peines, en lui rappor-» tant de l'Orient une nouvelle plante qu'il nomma, » *Morina orientalis,* » comme il nomma la *Dodarte,* la *Fagonne,* la *Bignonne,* la *Phelypée,* en l'honneur des hommes célèbres ou puiffans qui portoient ces noms. « Ce font là de ces fortes de graces que » les favans peuvent faire, non-feulement à leurs » pareils, mais aux grands. »

Sur la fin de fa vie, M. Morin confentit enfin à prendre un domeftique. Il mourut le 1 mars 1715, fans maladie, & uniquement faute de forces ; car, comme le remarque M. de Fontenelle, qui né fi foible, qu'on fe hata de l'ondoyer dans la crainte de n'avoir pas le tems de le porter à l'églife, a cependant pouffé beaucoup plus loin fa carrière en vivant dans le monde, & comme tout le monde, la diète auftère de M. Morin, fort propre à prévenir des maladies, ne l'étoit pas à donner beaucoup de vigueur.

On a trouvé dans les papiers de M. Morin un *Index* d'Hippocrate, grec & latin, plus ample & plus correct qu'aucun autre ; ouvrage, dit M. de Fontenelle, qui demande une affiduité & une patience d'hermite.

Il en eft de même d'un journal de plus de quarante années, où il marquoit exactement l'état du baromètre & du thermomètre ; la féchereffe ou l'humidité de l'air, le vent & fes changemens dans le cours d'une journée, la pluie, le tonnerre & ufqu'aux brouillards, &c.

Il a laiffé une bibliothèque de près de vingt mille écus, un médailler & un herbier, nulle autre acquifition. « Son efprit lui avoit, fans comparaifon, « plus coûté à nourrir que fon corps. »

NARCISSE ( SAINT ). ( *Hift. eccléf.* ) L'hiftoire de ce faint patriarche de Jérufalem eft embellie ou défigurée par beaucoup de miracles. Il change de l'eau en huile par une fimple bénédiction. Il pardonne à fes ennemis, à fes calomniateurs; mais ils meurent tous d'une mort où éclate vifiblement la vengeance divine. Il lui eft révélé qu'il aura pour fucceffeur dans le fiége de Jérufalem faint Alexandre, évêque de Flaviade; le lendemain faint Alexandre arrive *par hafard* à Jérufalem, & faint Narciffe le nomme fon coadjuteur. Le plus grand & le plus avéré de tous les miracles de faint Narciffe eft qu'ayant été appelé à quatre-vingts ans au gouvernement de l'églife de Jérufalem, il la gouverna bien, & qu'il la gouverna pendant quarante ans, n'étant mort qu'à cent vingt ans, en 216. Il avoit affifté à cent ans au concile de Céfarée dans la Paleftine. Ce fut lui qui conféra le facerdoce à l'illuftre Origène.

NATTA (MARC-ANTOINE), grand jurifconfulte du feizième fiècle, natif d'Afti en Piémont, étoit magiftrat à Gênes. Il a laiffé plufieurs ouvrages de théologie & de jurifprudence. Son Traité *De Deo* eft célèbre & rare, moins comme ouvrage de théologie, que comme monument typographique. Il fut imprimé à Venife en 1559. Ses autres ouvrages font un recueil de conciles : *Conciliorum tomi tres; De immortalitate animæ, libri 5; De Paffione Domini.* Un Traité qui femble appartenir à la politique : *De Doctrinâ principum, libri 9;* un autre qui tient au goût & à la philofophie : *De pulchro.*

NATTIER (JEAN-MARC), ( *Hift. mod.* ), peintre ordinaire du Roi, peintre célèbre. Louis XIV preffentit fa gloire future en voyant fes deffins de la galerie du Luxembourg : *Continuez, Nattier,* lui dit-il, *& vous deviendrez un grand-homme.* Ses deffins ont paru gravés, en 1710, en un volume *in-folio.* Le czar Pierre, par un trait de dépit, ne loua & n'honora pas moins Nattier. Ce Prince, pendant fon féjour en France, fit propofer à cet artifte de le fuivre en Ruffie. Nattier ne voulut point quitter fa patrie. Piqué de fon refus, le Czar fit enlever le portrait que Nattier avoit fait de l'impératrice Catherine, fans lui donner le tems d'y mettre la dernière main. Nattier peignit la famille royale, & à fa fuite tous les Grands du royaume; ce qui l'obligea de facrifier ce genre de travail le goût de prédilection qu'il fe fentoit pour les fujets d'hiftoire. La première protection que l'on doit aux talens eft de leur laiffer la liberté de choifir leurs fujets. Né à Paris en 1685, mort en 1766.

NAVÆUS. ( *Hift. litt. mod.* ) C'eft le nom de deux théologiens du dix-feptième fiècle; l'un, docteur de Douai ( Matthias ); l'autre, de Louvain (Jofeph), ce dernier fort ami des coryphées du janfénifme de fon tems, Arnauld, Quefnel, Opftraët; le premier, auteur de fermons & de quelques ouvrages théologiques; le fecond, connu par un livre qui a pour titre : *Le fondement de la vie chrétienne,* & par la part qu'il eut aux réglemens de l'hôpital des incurables de Liége, & à l'établiffement de la maifon des Repenties. Celui-ci mourut à Liége en 1705, à cinquante-quatre ans.

NAUSEA (FRÉDÉRIC), ( *Hift. litt. mod.* ), évêque de Vienne en Autriche, nommé en 1541 par l'empereur Charles-Quint. On diftingue fon Traité de la Réfurrection : *De J. C. & omnium mortuorum refurrectione.* Il a écrit auffi fept livres *des chofes merveilleufes,* dont le nombre eft fort groffi par la crédulité de l'auteur & de fon fiècle. On a du même prélat un *Abrégé de la vie du pape Pie II,* & de celle de l'empereur *Frédéric III.* Divers écrits polémiques contre les Proteftans, & jufqu'à des poéfies. Mort en 1552 à Trente, pendant la tenue du concile.

NAUZE (M. DE LA). Louis de Jouard, fieur de la Nauze, de l'Académie des infcriptions & belles-lettres, & l'un de fes membres les plus fages & les plus favans, étoit d'une famille noble de Villeneuve-d'Agénois en Guienne; il fit fes études au collége des Jéfuites d'Agen; il entra dans leur Société malgré fes parens, & il en fortit malgré les Jéfuites, qui ne lui rendirent fa liberté que fur fes inftances opiniâtres, *volentem & acriter petentem dimittimus,* dit le P. recteur dans le congé qu'il lui expédia; ils le regrettèrent, & même après fa fortie ils ne défefpérèrent pas de le ramener à eux; mais la Maifon d'Antin fe l'attacha, & il s'attacha furtout à elle. Il éleva les deux derniers ducs d'Antin, père & fils, Louis premier du nom, mort en 1743; Louis II fon fils, mort fans poftérité en 1757: il eut la douleur de les perdre tous deux, & de leur furvivre long-tems. Son hiftoire d'ailleurs n'eft plus que celle de fes travaux, & fes travaux favans, profonds, joignant au mérite de l'érudition celui d'une grande fagacité, furent fans éclat, ainfi que fa perfonne. Il infpiroit à tout le monde l'eftime & le refpect : il jouiffoit d'une grande confidération; mais fa modeftie redoutoit la réputation, & il en eut peu. On ne penfa jamais à lui : on n'en parla jamais sans le louer, mais on en parla peu ; il parloit peu lui-même, & toujours avec sagesse & circonspection ; l'étude & la paix suffisoient à son bonheur. Peut-être cette indifférence pour la renommée auroit-elle fait de lui un savant pour ainsi dire passif, qui, content de savoir pour lui-même & pour ses amis, n'auroit rien produit, & n'auroit joui qu'en silence ; mais son mérite lui ayant comme par hasard & presque malgré lui ouvert les portes de l'Académie des inscriptions & belles-lettres (en 1729), cet homme, incapable de manquer à ses devoirs ou de les remplir foiblement, a enrichi le recueil de l'Académie d'une foule de savans Mémoires sur toutes sortes de sujets ; il a surtout éclairci les points les plus obscurs & les plus difficiles de la chronologie & de la géographie. Admirateur éclairé, mais zélé de Pline le naturaliste, il a dissipé jusqu'aux moindres nuages que les objections ou les doutes de quelques savans élevoient contre sa gloire. Son explication de la quatrième églogue de Virgile est ingénieuse & naturelle. Scribonie, femme d'Auguste, étoit grosse : le poète, pour la flatter, fait le plus magnifique horoscope du Prince qui alloit naître d'elle ; car ce ne pouvoit être qu'un fils :

Mais ce qui vint détruisit les châteaux,
Fit avorter les mîtres, les chapeaux
Et les grandeurs de toute la famille :
La signora mit au monde une fille.

& cette fille fut la trop célèbre Julie.
Ainsi M. de la Nauze sait joindre ce que la littérature a de plus agréable à ce que l'érudition a de plus abstrait & de plus austère, & s'il n'est connu que par le recueil de l'Académie, il l'est très-avantageusement par ce précieux recueil. Il mourut en 1773.

NEANDER. (*Hist. litt. mod.*) Il y a divers savans de ce nom :
1°. Michel, médecin & physicien d'Iène, mort en 1581, auteur d'un livre intitulé *Synopsis mensurarum & ponderum.*
2°. Un autre Michel Neander, théologien protestant, recteur d'Ilfeldt en Allemagne, mort en 1595, auteur de l'*Astrologia pindarica.*
3°. Jean Neander, médecin de Brême, auteur d'un livre assez rare, intitulé *Tabacologia*, ou description du tabac, avec des réflexions sur l'usage qu'on peut en faire dans la médecine. On a encore de lui les ouvrages suivans : *Sassafrologia. Syntagma, in quo medicinae laudes, natalitia, sectae, &c. depinguntur.* Il paroît que celui-ci vivoit & travailloit vers le milieu du dix-septième siècle.

NECKAM, NEKAM ou NECQUAM (ALEXANDRE), (*Hist. litt. mod.*) théologien anglais du douzième & du treizième siècle, mort en 1227, abbé d'Excester, auteur d'un Traité *De*

*nominibus ustensilium*, ouvrage dont l'objet n'est certainement pas sans utilité, & d'un Traité *De naturis rerum*, &c.

NEGRO ou NEGRI BASSANESE (FRANÇOIS). (*Hist. litt. mod.*) Ce surnom de *Bassanese* indique la patrie de Negro. L'ouvrage par lequel il est connu, espèce de tragédie allégorique en prose, intitulée *Il libero arbitrio*, indique sa secte. Les dogmes de l'Eglise romaine y sont attaqués sans ménagement, & les invectives sont prodiguées à ses ministres. On a publié, en 1558, à Genève, la traduction française de cette pièce, sous le titre de *Tragédie du Roi franc arbitre*. Comme les plus maltraités dans cet ouvrage sont Jean de la Casa, qui, en qualité de nonce à Venise, avoit instruit le procès de Paul Vergerio, évêque apostat de Capo d'Istria ; Stella, qui avoit remplacé Vergerio, & Jérôme Muzio, qui avoit écrit contre lui, quelques-uns ont cru que Vergerio étoit le véritable auteur de cette tragédie, ou que du moins il y avoit eu part ; mais l'opinion publique paroît l'assurer à Negro. Cet écrivain, né à Bassano dans le Vicentin, mourut maître d'école à Chiavenne chez les Grisons.

NEPVEU (FRANÇOIS), (*Hist. litt. mod.*), jésuite à Rennes, auteur de plusieurs livres de piété. Sa *Retraite selon l'esprit & la méthode de saint Ignace* a été réimprimée plusieurs fois ; elle a même été traduite en latin. Sa *Méthode d'Oraison* a été traduite en italien par le Père Segneri. Ses *Pensées & réflexions chrétiennes pour tous les jours de l'année* ont été traduites en latin à Munich, & en italien à Venise. Sa *Manière de se préparer à la mort* a aussi été traduite en italien à Venise. Son Traité *De la connoissance & de l'amour de Notre-Seigneur Jésus-Christ* a été réimprimé plusieurs fois ; enfin le P. Nepveu fut dans son tems un écrivain ascétique distingué. Il étoit né à Saint-Malo en 1639, & s'étoit fait jésuite en 1654.

NÉRATIUS (LUCIUS), (*Hist. rom.*), homme singuliérement méchant, dont parlent Denys d'Halicarnasse & Aulu-Gelle. Il sembloit avoir pris pour principe de faire tout le mal qui pouvoit être fait impunément, ou dont on n'étoit au moins puni que par la bourse. Par exemple, la loi des douze tables avoit prononcé une amende de vingt-cinq sous pour un soufflet donné ; Nératius, qui apparemment étoit riche, prenoit plaisir à distribuer des soufflets aux passans ; un esclave le suivoit, chargé d'un sac d'argent, pour payer sur le champ à tous ceux qui avoient été ainsi outragés l'amende réglée par la loi, & que l'offensé étoit obligé de recevoir comme l'offenseur étoit obligé de la donner. On seroit tenté de croire que cet homme étoit bien moins un méchant, qui ne crut pas acheter trop cher le plaisir de faire du mal, *egregiè homo improbus, atque immani vecordiâ*, qu'un plaifant qui vouloit rendre fenfible le ridicule de la loi qu'il accompliffoit ainfi à la lettre. Il eft vrai que le moyen qu'il employoit ne pouvoit refter impuni que chez une nation qui ne connoiffoit pas le duel, & qui refpectoit plus les lois pofitives, que les droits naturels de l'homme; mais enfin s'il ne vouloit que faire changer une loi abfurde, il y réuffit : la loi fut abrogée, & il fut ordonné que dans la fuite les Préteurs nommeroient des commiffaires pour informer des faits & punir chaque injure, felon le degré d'atrocité & de malignité. *Prætores injuriis æftimandis recuperatores fe daturos ædixerunt.* Aul. Gell. lib. 20, c. 1.

NERVET (MICHEL), ( *Hift. litt. mod.* ), médecin d'Evreux, qui, comme un autre médecin contemporain & plus célèbre que lui (M. Aftruc), préféroit la théologie à la médecine. On n'a pas de Michel Nervet un feul livre fur la médecine, & on a de lui des interprétations, explications, annotations fur l'Ecriture-Sainte. Il favoit le grec & l'hébreu. Mort en 1729.

NESLE ou NÉELLE. ( *Hift. de Fr.* ) Le connétable de Nefle ( Raoul ). Lorfqu'après la longue paix qui fuivit le traité d'Abbeville, conclu en 1259, par la fageffe & la modération de faint Louis, la guerre vint à renaître, fous Philippe-le-Bel, entre la France & l'Angleterre, Philippe ayant confifqué la Guienne & les autres terres anglaifes fituées en France, le connétable Raoul de Nefle, qu'il envoya dans ces provinces avec quelques troupes, foumit tout fans délai & fans obftacle. Cette grande conquête, cette expulfion entière des Anglais coûta moins d'efforts qu'une exécution ordinaire de juftice. Ce phénomène eft différemment expliqué par les Français & par les Anglais. Les premiers, fans en faire honneur à la valeur de leur nation, difent que ce fut un abandon fimulé, un pur effet de la politique d'Edouard I, qui, fupportant patiemment toute dépendance, voulut éteindre la féodalité en y fatisfaifant. Il laiffa donc confifquer & prendre fes provinces, pour ne les plus tenir de la France, mais *de Dieu & de fon épée*. Il efpéroit les reconquérir aifément, & les poff:der alors en toute fouveraineté.

Les Anglais difent au contraire que Philippe abufa de la confiance d'Edouard. Selon eux, Edmond, frère d'Edouard, traita fecrètement avec la reine Marie de Brabant, veuve de Philippe-le-Hardi, belle-mère de Philippe-le-Bel, & avec la reine Jeanne de Navarre fa femme. Elles lui avouèrent une myftère que Philippe exigeoit feulement de la part d'Edouard un acte de foumiffion, une réparation apparente des griefs allégués; qu'il falloit donc qu'Edouard remît à Philippe fix fortereffes qu'on fpécifia : c'étoient Saintes, Talmont, Turon, Pumirol, Penne & Montflanquin; qu'il falloit encore recevoir un ou deux officiers de Philippe dans la plupart des places anglaifes, afin

que Philippe parût prendre p offeffion de la Guienne; qu'alors le fuzerain, appaifé par cette fatiffaction du vaffal, confentiroit, à la prière des Reines, de le recevoir à hommage, lui rendroit les fix places de fûreté, rappelleroit fes officiers des autres places, & que tout rentreroit dans l'ordre. Edouard & Edmond crurent d'autant plus facilement cet accord fincère, que Philippe confirma lui-même à Edmond tout ce qu'avoient dit les Reines, & que, pour attirer Edouard dans le piège, on lui propofa d'époufer Marguerite, fœur de Philippe-le-Bel. Edouard, approuvant donc ces vaines formalités d'une fatisfaction qui ne devoit lui rien coûter de réel, & fe regardant déjà comme le beau-frère de Philippe, voulut mériter ce titre en donnant à Philippe des témoignages d'une confiance fans bornes. Au lieu de fix fortereffes qu'on lui demandoit, il offrit de remettre toutes fes provinces, & on accepta fon offre, fous prétexte de donner plus d'éclat à la réparation; mais lorfqu'Edmond s'adreffa aux Reines pour demander la reftitution promife, elles lui firent entendre que le jeu n'avoit pas duré affez long-tems; que pour y donner un plus grand air de vérité, il falloit qu'il s'adreffât au Roi, & qu'il effuyât un refus public. Edmond fe prête encore à cette fcène; il fe préfente au confeil, fait fa demande au nom de fon frère; Philippe répond féchement *qu'il ne rendra pas ladite faifine*, & le confeil applaudit. Edmond, prévenu par les Reines, s'étoit attendu à tout cela : il fe retira en jouant la furprife & l'indignation; mais enfin il apprit qu'il n'y avoit que lui de joué, que la confifcation étoit très-réelle, & que le Roi ne vouloit plus entendre parler de cette affaire.

Voilà comment les Français d'un côté, les Anglais de l'autre, expliquent la facilité avec laquelle les provinces anglaifes du continent furent foumifes. Il faut avouer que ni l'une ni l'autre de ces explications n'eft fatisfaifante. Il n'eft point vraifemblable, d'un côté, qu'Edouard, pouvant conferver ces provinces, les laiffât prendre, dans l'efpérance très-incertaine de les reprendre & de les poff) éder alors à un titre plus avantageux. Il n'eft pas plus vraifemblable, de l'autre, qu'on remette des provinces entières à un ennemi qui ne demande que fix places. Nous expliquerions donc plus naturellement la prompte foumiffion de ces provinces, par un peu de négligence de la part d'Edouard, & un peu d'artifice de la part de Philippe-le-Bel. Nous croyons qu'Edouard, occupé des affaires de l'Ecoffe, amufé en France par des promeffes de mariage avec la princeffe Marguerite, laiffa fes places fans défenfe, & que l'activité du connétable de Nefle fit le refte.

Ce connétable perdit la vie à la bataille de Courtray, du 11 juillet 1302, où il commandoit fous le comte d'Artois, Prince du fang. Ce Prince pouffoit avec chaleur cette guerre contre les Flamands, qu'il haïffoit en qualité de voifins, & qu'il

affectoit de méprifer, parce qu'ils étoient fans cavalerie & fans noblefle, qu'ils n'avoient pour chef
qu'un tifferand, qui avoit pour lieutenant un boucher, & qu'ils n'oppofoient à cinquante mille
hommes de troupes aguerries, que vingt-cinq
mille artifans tirés des boutiques de Gand & de
Bruges, ou des laboureurs arrachés pour un tems
à la charrue. Cependant les Flamands s'étoient
avantageufement retranchés entre Bruges & Courtray; ils étoient défendus, au nord, par la Lys; au
midi, par un large canal qu'on n'appercevoit que
quand on étoit fur le bord; au levant & au couchant, par des foffés profonds. Cette bataille eft
une des premières où l'on apperçoive un plan, une
affiète de camp, choifie & fecondée par un art fenfible. Le connétable de Nefle étoit d'avis, ainfi
que plufieurs autres chefs, de refpecter la pofition
des Flamands, de ne point combattre & de fe
contenter de les affamer dans leur camp. Le comte
d'Artois jugea indigne de fa gloire d'ufer de ménagement avec ce qu'il appeloit *une populace fédi-
tieufe*. Le connétable infiftant, le comte d'Artois
lui reprocha en public de vouloir épargner les
Flamands, parce qu'il avoit marié fa fille à un des
fils du comte de Flandre. *Non*, répondit froidement le connétable, *je ne fuis point un traître; fui-
vez-moi feulement, & je vous menerai fi avant, que
nous n'en reviendrons ni l'un ni l'autre.* Il tint parole.
Le connétable Raoul de Nefle ou Néelle étoit
de la Maifon de Clermont en Beauvoifis. ( *Voyez*
l'article *Clermont*, dans le Dictionnaire. )

NETTER ( THOMAS ), ( *Hift. litt. mod.* ),
théologien carme des quatorzième & quinzième
fiècles, fut plus connu fous le nom de *Thomas
Waldenfis* ou *Thomas de Walden*, du nom d'un
village d'Angleterre où il naquit. Il difputa beaucoup, au concile de Conftance, contre les Wicléfites & les Huffites, & les terraffa, fi l'on en
croit les écrivains catholiques. Il étoit la terreur
de ces hérétiques, & le moindre difputeur pouvoit
l'être en traînant à fa fuite des buchers & des
bourreaux. Il eft fâcheux que ce concile de Conftance, dont la mémoire eft refpectable à d'autres
égards, rappelle toujours l'infidélité de l'empereur
Sigifmond & la cruauté des théologiens. On a de
Netter quelques ouvrages favans, entr'autres le
*Doctrinale antiquitatum fidei Ecclefiæ catholicæ*, en
trois volumes *in-folio*, & cependant imprimé plufieurs fois. L'auteur mourut en 1430.

NICÉARQUE, ( *Hift. anc.* ), l'un des plus
grands peintres de l'antiquité. Les auteurs anciens
vantent furtout à l'envi trois morceaux de lui,
qu'ils repréfentent comme des chefs-d'œuvre:
une Vénus au milieu des trois Grâces, un Cupidon,
un Hercule vaincu par l'Amour.

NICON ( SAINT ), ( *Hift. eccl. & litt.* ), moine
du dixième fiècle, furnommé Métanoïte, travailla

beaucoup & utilement à la converfion des Arméniens. On a de lui, fur la religion de ces peuples,
un Traité qu'on trouve dans la bibliothèque des
Pères. Mort à Corinthe en 998.

NIGIDIUS. ( *Hift. litt. de Rome.* ) Publius-Nigi-
dius-Figulus, contemporain de Cicéron & de Céfar, eft regardé comme le plus favant des Romains
après Varron; il s'occupoit principalement de la
phyfique & des fciences qu'on appelle *exactes*, au
nombre defquelles il mettoit, comme on l'a fait
fi long-tems, l'aftrologie judiciaire. Il profeffoit
hautement cette fcience chimérique, & Suétone,
qui ne la dédaignoit pas, rapporte que Nigidius
ayant été informé de l'heure à laquelle Augufte
étoit né, déclara que cet enfant deviendroit un
jour le maître du monde. Suétone ne s'étoit vraifemblablement pas fait informer affez exactement
de l'époque précife & des circonftances de cette
prédiction. Ce Nigidius, qui avoit fi bien prédit
ou prévu les deftinées futures d'Octave, avoit été
moins clairvoyant fur la fienne; il avoit cru que
le parti de la République triompheroit, & en conféquence il avoit fuivi Pompée contre Céfar. Après
la bataille de Pharfale, il vécut dans l'exil comme
les autres partifans de Pompée. Cicéron, qui s'é-
toit attaché au même parti, qui confervoit les
mêmes fentimens, mais qui, par fon mérite, &
plus encore peut-être par un effet de fes irréfo-
lutions & de fa foibleffe, avoit trouvé grace devant le vainqueur, quoique fans obtenir fa faveur
& fa confiance, Cicéron écrit à Nigidius fon ami,
pour lui donner des confolations & des efpérances.
Il loue Céfar; il fe loue de fes égards & de fes
ménagemens; mais il déplore la dureté des tems,
les nombreux abus de la victoire, les inconvéniens
du pouvoir fouverain auquel on n'étoit pas accoutumé; car les Romains étoient alors, à l'égard de
Céfar, ce que les Athéniens avoient été à l'égard
de Pififtrate:

*Cùm triftem fervitutem flerent Attici,
Non quia crudelis ille, fed quoniam grave
Omninò infuetis onus, &c.*

On entrevoit, dans ces plaintes de Cicéron,
que la chute de fon crédit paffé n'eft pas ce qui
le touche le moins dans la chute de la République.
« Autrefois, dit-il, je pouvois adoucir le fort d'un
» malheureux, je pouvois même fauver un cou-
» pable ( il faut croire qu'il ufoit fobrement de ce
» dernier pouvoir ); aujourd'hui je me vois dans
» l'impuiffance de fervir même un homme, un ami
» du mérite de Nigidius. *Qui anteà aut obfcuris homi-*
» *nibus, aut etiam fontibus opitulari poteram, nunc*
» *Publio-Nigidio, uni omnium doctiffimo & fanctiffimo,*
» *& maximâ quondam gratiâ, & mihi certè amiciffimo,*
» *ne benignè quidem polliceri poffum.* » Il déplore
furtout, avec une jufte amertume, la perte de tant
de bons citoyens, de tant d'amis illuftres ou morts
dans

dans les combats, ou écartés & dispersés par la tempête, & dépouillés de leurs biens. *Careo enim cùm familiarissimis multis, quos aut mors eripuit nobis, aut distraxit fuga; tùm omnibus amicis quorum benevolentiam nobis conciliârat per me quondam* TE SOCIO DEFENSA RESPUBLICA. *Versorque in eorum naufragiis & bonorum direptionibus. Nec audio solùm quod ipsum esset miserum, sed etiam video quo nihil est acerbius, eorum fortunas dissipari, quibus nos olìm adjutoribus illud incendium extinximus; & in quâ urbe modò gratiâ, autoritate, gloriâ floruimus, in eâ nunc iis quidem omnibus caremus.*

Ces mots, *te socio defensa Respublica*, semblent annoncer que Nigidius n'avoit pas une part médiocre aux affaires de son tems; mais c'est surtout comme savant qu'il est célèbre; c'est à ce titre qu'il est vanté par tous les anciens: il avoit écrit sur la grammaire, sur l'astrologie, sur diverses autres sciences. La lettre touchante que Cicéron lui adresse, est la treizième du livre IV des Lettres ou Epîtres dites *familières*, & cette lettre est un monument de gloire pour Nigidius.

NIGRISOLI. (*Hist. litt. mod.*) Jérôme & François-Marie, père & fils, tous deux médecins à Ferrare, & tous deux savans médecins. L'un mort en 1689, l'autre en 1727, sont auteurs: le premier, d'un ouvrage intitulé *Progymnasmata medica*; le second, d'un *Traité du quinquina* en latin, de la *Pharmacopœa ferrariensis*, & d'autres ouvrages qui ont eu du succès.

NIHUSIUS (BARTHOLD), (*Hist. litt. mod.*), savant Allemand, né en 1589, à Wolpe dans les Etats de Brunswick, d'une famille luthérienne, se fit catholique à Cologne vers l'an 1622. Sa conversion ne fut pas inutile à sa fortune: d'emplois en emplois il devint suffragant de l'archevêque de Mayence, sous le titre d'évêque de Mysie. On a de lui les livres intitulés *Annotationes de communione Orientalium sub specie unicâ, & Tractatus chrorographicus de nonnullis Asiæ provinciis ad Tigrim, Euphratem*, &c. & plusieurs autres ouvrages de controverse & d'histoire. Mort en 1657.

NOAILLES. A cet article, tome IV, partie Ire., n°. 9, colonne 2, on lit ces mots: « Anne-Jules; » maréchal duc de Noailles: c'est le premier de » quatre maréchaux de France consécutifs, dont » deux le sont actuellement (en 1790), & par » une distinction dont il ne paroît pas qu'il y ait eu » d'exemple depuis les maréchaux de Lautrec & de Foix, » sous François I, ces deux maréchaux de France sont » frères. »

Ce qui est souligné ici est une erreur qu'il faut corriger: les deux derniers maréchaux de France ont été nommés en même tems par une seule & même promotion (en 1775). Voilà tout ce qu'il y a, sur ce point, de particulier à la Maison de Noailles; car il y a plusieurs exemples, depuis les

de Foix-Lautrec, de frères qui, sans avoir été compris dans une même promotion (non plus que les maréchaux de Lautrec & de Foix, le premier nommé par Louis XII, le second par François I, le 6 décembre 1518), se sont vus cependant revêtus en même tems de la dignité de maréchaux de France.

La Maison de Montmorenci, qu'il faut toujours mettre à la tête de toutes les autres, non-seulement pour son ancienneté, mais pour ses services & pour les dignités militaires accumulées sur elle & toujours méritées, la Maison de Montmorenci a eu, depuis de Foix, cette distinction de deux frères, maréchaux de France en même tems, quoique nommés à différentes époques. François, fils aîné du connétable Anne, fut nommé maréchal de France en 1559; & Henri, second fils du même connétable Anne, & lui-même connétable dans la suite, fut nommé maréchal de France le 10 février 1566. Depuis cette époque jusqu'à la mort de François, arrivée le 6 mai 1579, ces deux frères furent ensemble maréchaux de France.

Il n'y eut pour ainsi dire qu'un moment, dans la Maison de Lhôpital-Vitry, deux frères maréchaux de France ensemble. Nicolas de Lhôpital-Vitry fut fait maréchal de France, en 1617, à la place du maréchal d'Ancre: il mourut le 28 septembre 1645. François de Lhôpital, seigneur du Hallier, son frère, avoit été nommé maréchal de France deux ans avant la mort de Nicolas, en 1643.

Mais le duc de Duras, Jacques-Henri de Durfort, & Gui-Aldonce de Durfort son frère, tige des ducs de Lorges & de Randan, furent très-long-tems maréchaux de France ensemble, le premier ayant été nommé le 30 juillet 1675, & étant mort le 12 octobre 1704, & le second ayant été nommé en 1676, & étant mort le 22 octobre 1702.

Nos pères ont vu, dans la Maison d'Estrées, une autre distinction remarquable, le père, maréchal de France, voir son fils élevé à la même dignité. (*Voyez*, dans le Dictionnaire, l'article *Estrées*) tome II, partie II, pag. 494 & 495.

Nous avons vu, de nos jours, la même chose arriver dans la Maison de Biron, aux deux derniers maréchaux de Biron, père & fils.

Pour revenir à la Maison de Noailles, outre cette suite non interrompue de maréchaux de France, elle compte une suite aussi non interrompue de cinq premiers capitaines des gardes-du-corps; & les petits-fils de M. le maréchal de Mouchi, branche cadette, sont aussi fils d'un capitaine des gardes; ils sont encore petits-fils, par madame leur mère, d'un autre maréchal de France, capitaine des gardes, M. le maréchal-prince de Beauvau, & ils peuvent dire comme Ulysse dans les métamorphoses:

*Est quoque per matrem Cyllenius addita nobis*
*Altera nobilitas, Deus est in utroque parente.*

I i

NOTKER. ( *Hist. litt. mod.* ) C'est le nom de deux savans qui ont vécu dans des siècles d'ignorance.

1°. Notker, dit *le Bègue*, moine de l'abbaye de Saint-Gal, qui vivoit au neuvième siècle, est auteur d'un *Martyrologe* qu'on trouve dans le *Canisus de Basnage*, & de quelques autres ouvrages insérés dans le *Novus Thesaurus Monumentorum* de dom Pez.

2°. Notker, évêque de Liége, mort en 1008, a orné cette ville de bâtimens magnifiques pour le tems. Il a laissé une *Histoire des évêques de Liége*, qui se trouve dans le *Recueil des évêques de Liége*, par Chapeauville.

NOVARIN (LOUIS); ( *Hist. litt. mod.* ), théatin de Vérone, mort en 1650, est auteur de deux livres fort singuliers, & par leurs titres, & par leur sujet. L'un est *Calamità de cuori*; c'est la vie de Jésus-Christ dans le sein de la sainte Vierge : l'autre est *Paradiso di Betelemme*; c'est la vie de Jésus-Christ dans la crêche. Ces deux ouvrages sont recherchés, on voit assez pourquoi. Les autres n'ayant pas ce piquant de la singularité, sont plus négligés.

NOVES (LAURE DE), ( *Hist. mod.* ), si connue sous le nom de *la Belle Laure*, née, ou dans Avignon, ou dans un village voisin, en l'an 1308, d'Audiffret de Noves, fut mariée à Hugues de Sade, seigneur de Saumane, & mourut de la peste, à Avignon, en 1348. ( *Voyez* l'article *Pétrarque*, dans le Dictionnaire. )

NOULLEAU ( JEAN-BAPTISTE ), ( *Hist. litt. mod.* ), oratorien, puis archidiacre & théologal de Saint-Brieux sa patrie, prêcha d'abord à Saint-Malo, puis à Paris & en divers autres lieux avec assez de succès. Interdit à tort ou avec raison, par son évêque, de toutes fonctions ecclésiastiques, il fit, tous les jours, pendant trois ans que dura cette interdiction, sept lieues par jour, pour aller dire la messe dans une paroisse du diocèse de Dol, où il n'étoit pas interdit. On a de lui quelques ouvrages, entr'autres un Traité *de l'Extinction des procès*, sujet utile; un Traité *de l'Usage canonique des biens de l'Eglise*; un autre Traité intitulé *Politique chrétienne & ecclésiastique pour chacun de tous messieurs de l'Assemblée générale du Clergé*, en 1665 & 1666, &c. Né en 1604; mort vers l'an 1672.

NIDER ( JEAN ), ( *Hist. litt. mod.* ), dominicain allemand, mort à Nuremberg vers l'an 1440, est auteur d'un livre rare, & qui pourroit être de quelque utilité, intitulé *Dispositorium moriendi*. Nider avoit professé la théologie à Paris.

NYMANNUS (GRÉGOIRE), ( *Hist. litt. mod.* ), né à Wittemberg, y fut professeur d'anatomie & de botanique, & y mourut le 8 octobre 1638, à quarante-trois ans. Il est auteur de quelques ouvrages de médecine assez importans, tels qu'un Traité *de l'Apoplexie*, en latin; une *Dissertation sur la vie du fœtus dans le sein de la mère*. Il établit que le fœtus vit de sa propre vie dans le sein maternel, & que, la mère venant à mourir sans l'avoir mis au monde, on peut souvent le tirer encore vivant, & sans l'endommager, du sein même de la mère morte. Vérité ou du moins assertion d'une grande importance, & qui doit engager, dans l'occasion, à faire toutes les expériences nécessaires.

NYNAULD ( JEAN DE ), ( *Hist. litt. mod.* ), auteur dont on a un livre curieux, sous ce titre fait pour exciter du moins la curiosité du peuple : *De la Lycanthropie, transformation & extase des sorciers*. L'erreur sur laquelle roule ce livre singulier, & qu'il fortifie, n'est pas moderne : il y a long-tems que Virgile a dit :

*His ego sæpè lupum fieri & se condere sylvis*
*Mœrin, sæpè animas imis excire sepulchris,*
*Atque satas alio vidi traducere messes.*

ODESPUN DE LA MESCHINIÈRE (Louis), (*Hift. litt. mod.*), prêtre de Chinon en Touraine, fit paroître en 1646 une collection en deux volumes *in-folio* des *Mémoires du Clergé de France*, éclipfée depuis par d'autres collections plus amples & mieux faites. Il donna auffi dans la même année une collection des *Conciles de France* pour fervir de fuite aux Conciles du P. Sirmond. On y joint les Supplémens de la Lande, qui ont paru en 1666.

ŒLHAF, (*Hift. litt. mod.*), nom de divers favans d'Allemagne & de Pologne.

1°. Nicolas-Jérôme, théologien de Nuremberg, pafteur à Lauffen, mort en 1675, a écrit fur le Droit naturel & fur la Prédeftination. Il a fait de plus une *Réfutation du Traité de l'état des ames après la mort*.

2°. Tobie, jurifconfulte, auffi de Nuremberg, vice-chancelier de l'Académie d'Altorf, mort en 1666, a écrit favamment fur les monnoies, fur les formes & les différentes efpèces de Républiques, fur les magiftrats, les principes du droit en général, & fur les appellations & les donations en particulier.

3°. Nicolas, médecin, a écrit (en latin) fur les plantes des environs de Dantzick, vers le milieu du dix-feptième fiècle.

OLEASTER (Jérôme), (*Hift. litt. mod.*), dominicain portugais, affifta au concile de Trente, en qualité de théologien de Jean III, roi de Portugal. Il s'y diftingua dans les conférences; mais ce qui le diftingue le mieux, c'eft qu'à fon retour il refufa un évêché, fans doute pour montrer que fon zèle n'avoit été animé par aucune vue de fortune ou d'ambition : mais il fut inquifiteur de la foi, emploi qu'il auroit refufer plutôt que la dignité d'évêque. Il y a de lui des Commentaires fur le Pentateuque & fur Ifaïe. Une édition de fes Commentaires fur le Pentateuque, quoique faite à Lifbonne, eft recherchée, parce que, quoiqu'il fût inquifiteur, ou parce qu'il l'étoit, elle n'a point paffé par les mains des inquifiteurs. Mort en 1563.

OLEN, (*Hift. litt. anc.*), poëte grec, plus ancien qu'Orphée, étoit de Xante, ville de Lycie. Des hymnes qu'il avoit compofés en l'honneur d'Apollon, étoient chantés dans l'île de Délos aux jours de folennité. On croit qu'Olen exerça le premier les fonctions de prêtre d'Apollon dans le temple de Delphes, dont il paffe pour être un des fondateurs.

OLÉNIUS & APRONIUS. (*Hift. rom. & germanique.*) Olénius étoit une efpèce de prépofé fubalterne au gouvernement de la Frife, fous l'Empire de Tibère, vers l'an 28. Comme les foldats romains faifoient un grand ufage du cuir de bœuf, qu'ils en compofoient des efpèces de manteaux ou de mantelets contre la pluie, qu'ils en formoient même leurs tentes, l'impôt que les Romains exigeoient le plus ordinairement des nations vaincues, des peuples tributaires, étoit un certain nombre de cuirs de bœuf. Drufus avoit impofé ce tribut aux Frifons : le nombre qu'ils devoient fournir par an de ces cuirs avoit été fixé, mais on n'avoit pas fpécifié de quelle grandeur & de quelle épaiffeur ils devoient être. Olénius, en tyran fubalterne, toujours plus injufte & plus oppreffeur que les tyrans en chef, les exigea fuivant la forme des Vrochs, c'eft-à-dire, des plus grands & des plus épais de tous. Le bétail eft fort petit dans la Frife; de forte que, réduits à l'impoffibilité de fatisfaire à ce qu'on exigeoit d'eux, ces malheureux étoient obligés d'abord de donner les bœufs même pour les cuirs, enfuite leurs terres, enfin leurs femmes & leurs enfans qu'on réduifoit en fervitude : de là, dit un hiftorien, les plaintes, la rage, puis pour remède, la guerre. Le peuple, dans fa fureur, pendit quelques foldats qui exigeoient ce tribut. Ce foulévement, qui avoit pour principe le défefpoir, devint bientôt très-redoutable : Olénius n'eut que le tems de fe fauver à la hâte dans un château fort, bâti au milieu d'une île du lac de Zuyderzée, & où les Romains tenoient une forte garnifon. Lucius Apronius, proprêteur & commandant les troupes romaines dans ce pays-là, vint dégager Olénius & faire lever le fiége de ce château : les Frifons fe retirèrent. Apronius crut les avoir diffipés; mais un détachement qu'il envoya contr'eux pour achever leur difperfion, les retrouva en bataille derrière une forêt : il fallut combattre; les Frifons eurent l'avantage, les Romains abandonnèrent le champ de bataille, en laiffant fur la place neuf cent des leurs, dont Apronius parut négliger entièrement, & de venger la mort, & même de retirer les corps. Cette petite rencontre eut toutes les fuites d'une bataille décifive : le nom des Frifons en devint illuftre parmi les peuples de la Germanie; les armes romaines perdirent beaucoup de leur réputation, & parurent bien moins redoutables quand on vit qu'un petit peuple leur réfiftoit impunément. Cet effet tenoit à des caufes fupérieures. Tibère, livré alors à la molleffe & à la débauche dans l'île de Caprée, aimoit mieux diffimuler des affronts que de prendre la peine de les venger; & ce qu'il ne vouloit pas faire lui-même, il vouloit encore moins que d'autres euffent la gloire de le faire. Il laiffoit les Parthes s'emparer de l'Arménie, les Daces & les Sarmates envahir la Mœfie, les Germains ravager les Gaules. Tyran jaloux & foupçonneux, il redoutoit plus les fuccès de fes généraux, que les incurfions de fes ennemis.

OLESNIKI (SBIGNÉE), (*Hift. de Pologne*), paffe pour un des plus grands-hommes & des plus fidèles miniftres que la Pologne ait eus. Il étoit d'une noble & ancienne famille; il fut fecrétaire de Ladiflas Jagellon, roi de Pologne; il le fuivit en cette qualité dans fes expéditions militaires. Il eut le bonheur de lui fauver la vie. Armé d'un fimple tronçon de lance, mais animé par le zèle, il démonta & renverfa un cavalier au moment où celui-ci fondoit fur le Roi dans une occafion périlleufe. Olefniki n'étoit point guerrier & ne prétendoit point l'être; mais c'eft un devoir facré, c'eft plus, c'eft un mouvement naturel dans tout citoyen d'expofer fa vie pour défendre celle de fon Roi. Olefniki entra dans l'état eccléfiaftique, & Ladiflas, qui n'oublia jamais l'obligation qu'il lui avoit, lui donna ou lui procura l'évêché de Cracovie & le chapeau de Cardinal. Il l'employa d'ailleurs très-utilement en diverfes ambaffades, & le chargea des négociations les plus importantes. Ladiflas éprouva jufqu'à fa mort Olefniki fidèle, & ce miniftre trouva toujours le Roi reconnoiffant. Ladiflas avoit reçu autrefois de la reine Hedwige, fa première femme, un anneau qu'il confervoit précieufement comme un gage de la tendreffe d'un objet tendrement aimé. En mourant il laiffa cet anneau à Olefniki comme à l'homme qu'il aimoit le mieux & auquel il devoit le plus. Olefniki s'acquitta bientôt envers fa mémoire. Auffitôt après la mort de Ladiflas, il fit élire à Pofnanie, en 1434, le jeune Ladiflas, fils aîné du Roi fon ami, & ce jeune Prince, devenu depuis roi de Hongrie, ayant péri malheureufement à la bataille de Varnes en 1444 (*voyez* dans le Dictionnaire, les articles *Ladiflas II* & *Cefarini*,) le cardinal-évêque de Cracovie fit élire Cafimir, frère du jeune Ladiflas, & rompit l'affemblée où quelques Polonais avoient élu tumultuairement pour roi de Pologne, Boleflas, duc de Mofcovie. Olefniki mourut à Sandomir le premier avril 1455, à foixante-fix ans, laiffant tous fes biens aux pauvres, qu'il avoit toujours nourris pendant fa vie. Régularité exemplaire dans les mœurs, fermeté inflexible dans le caractère pour empêcher le mal & procurer le bien, la fidélité du fujet toujours animée par les fentimens d'un ami, voilà ce que Ladiflas & fa famille trouvèrent conftamment dans Olefniki.

OPILIUS (AURELIUS), (*Hift. litt. anc.*), grammairien célèbre, auteur d'un ouvrage intitulé *Libri Mufarum*, qui n'eft pas venu jufqu'à nous, vivoit l'an 94 avant J. C.

ORANTES (FRANÇOIS), (*Hift. litt. mod.*), cordelier efpagnol, eft connu pour avoir écrit contre le *Livre des Inftitutions de Calvin*; mais Calvin eft bien plus célèbre que fon foible adverfaire, & le livre de Calvin eft bien plus connu que fon obfcure réfutation. Orantes avoit affifté au Concile de Trente en qualité de théologien, & on avoit diftingué un difcours qu'il y avoit prononcé en 1562. Il fut confeffeur de dom Juan d'Autriche, & enfin évêque d'Oviedo en 1581.

ORFANEL (HYACINTHE), (*Hift. litt. mod.*), dominicain efpagnol, né à Valence en 1578, fut miffionnaire au Japon; il a écrit l'*Hiftoire de la prédication de l'évangile* dans ce royaume. Il ignoroit la trifte part qu'il auroit à cette hiftoire.

*Nefcia mens hominum fati fortifque futura, &c.*

Il fut brûlé vif dans fa miffion. C'eft un des martyrs de la foi au Japon.

OLYMPIUS, (*Hift. rom.*), concurrent de Stilicon dans la faveur d'Honorius, contribua beaucoup à la perte de ce grand général; il l'avoit préparée de loin par fes fuggeftions perfides, foit auprès de l'Empereur, alors âgé de vingt-trois ans, & qui ne fut toute fa vie qu'un enfant; foit dans le confeil, où il ne parloit que de la trop grande puiffance & de l'ambition démefurée de Stilicon, & où il formoit peu à peu la faction fous laquelle fuccomba enfin fon rival; foit auprès des Chrétiens qu'il alarmoit fur leur culte & fur leurs églifes, en leur montrant toujours Eucherius, fils de Stilicon, & encore payen alors, prêt à employer tout le crédit de fon père à r'ouvrir ou à relever les temples des faux dieux. Stilicon, qui preffentoit fa difgrace & qui prévoyoit fa perte, marchoit environné de foldats, & furtout d'étrangers dont il croyoit l'attachement à toute épreuve. Olympius vint à bout de lui en débauchant la plus grande partie, & de le réduire à chercher l'afile d'une églife.

Par la mort de Stilicon, Olympius crut s'être affuré le premier rang dans la faveur: il fe trompa. Les Honorius ne favent ni choifir ni conferver leurs miniftres: les mêmes intrigues qui avoient détruit Stilicon, détruifirent Olympius: on le trouva trop puiffant; on le jugea dangereux; il fut dépouillé de fes emplois; & obligé de fe bannir de la cour pour éviter le fort de Stilicon; il y revint cependant au bout de quelque temps, & continua, fuivant l'ufage des intrigans & des ambitieux, à traverfer, à décrier tous ceux dont le crédit alarmoit le fien; il s'oppofa de tout fon pouvoir au mariage de la princeffe Placidie, fœur de l'empereur Honorius, avec le fameux Patrice Conftantius, qui, moitié par amour, moitié par ambition, & pour acquérir des droits à l'Empire, demandoit ce prix de fes fervices & de fes victoires, & en étoit généralement jugé digne. Cette nouvelle intrigue ne réuſſit point à Olympius, il eut les oreilles coupées, & finit par être aſſommé à coups de baton, l'an de J. C. 417.

OOSTFRISE ( COMTES D' ). ( *Hiſt. d'Allem.* ) L'Ooſtfriſe ou Friſe orientale a eu ſes Comtes & ſes Princes particuliers. Embden, qui en étoit la capitale, ne reconnoît plus ces Princes, & s'eſt miſe ſous la protection des Hollandais. L'empereur Frédéric III avoit donné l'Ooſtfriſe en fief à,

1°. Ulric-Sirſenne, un des principaux ſeigneurs du pays, qui fut proclamé dans Embden le 21 décembre 1464, & fut mis en poſſeſſion ſolennellement par la tradition de l'épée & de l'enſeigne.

2°. Ennon, fils d'Ulric-Sirſenne, fit le voyage de la Terre-Sainte. A ſon retour, ayant appris qu'Almethe ſa ſœur avoit été enlevée par un ſeigneur weſtphalien, il courut au milieu de l'hiver aſſiéger le raviſſeur dans ſon château, & ſe noya en voulant paſſer un foſſé ſur la glace; c'étoit en 1491.

3°. Edzar ſon frère, qui lui ſuccéda, fit auſſi le voyage de la Terre-Sainte. A ſon retour, il embraſſa le luthéraniſme qu'il tâcha d'introduire dans ſes Etats; mais ce ne fut pas ſans contradiction. Mort le 15 février 1529.

4°. Ennon II, ſon fils & ſon ſucceſſeur, quitta le luthéraniſme pour retourner à la religion de ſes pères, puis il revint au luthéraniſme avec plus d'ardeur, & l'introduiſit en grande partie dans ſes Etats; il pouſſa même le zèle juſqu'à piller les biens des égliſes. Mort en 1540.

5°. Edzar II, fils & ſucceſſeur d'Ennon II, vit ſes Etats fort troublés par la diverſité des religions. Il augmenta cependant & embellit la ville d'Embden. Mort en 1599.

6°. Ulric, frère aîné d'Ennon II (n°. 4), & oncle d'Edzar II ( n°. 5 ), eut une deſtinée ſingulière; il perdit l'eſprit, quitta les habitations des humains, & s'engagea, s'égara dans des forêts où il ne fut trouvé que mort.

7°. Jean, frère d'Ulric & d'Ennon II, paſſa dans les Pays-Bas ſous le gouvernement de Marie d'Autriche, reine de Hongrie, ſœur de Charles-Quint, dont il devint l'oncle par ſon mariage avec une fille naturelle de l'empereur Maximilien; il fut fait chevalier de la Toiſon-d'Or, & eut pluſieurs bons gouvernemens dans les Pays-Bas. Mort en 1572.

8°. Chriſtophe, fils d'Ennon II (n°.4), mourut à la guerre de Hongrie en 1566.

9°. Edzar II, mentionné ſous le n°. 5, épouſa, en 1558, Catherine de Suède, fille de Guſtave-Vaſa. Au milieu de la ſolennité des noces, Jean, frère d'Edzar, fut trouvé pendant la nuit dans la chambre de Cécile, ſœur de Catherine, où il s'étoit introduit par la fenêtre, à l'aide d'une échelle de ſoie. Il penſa en coûter la vie au téméraire, qui ne mourut cependant qu'en 1592.

10°. Frédéric-Guillaume, arrière-petit-fils d'Edzar II, arrière-petit-neveu de Jean, dont il vient

d'être parlé, fut tué au ſervice de l'Empereur dans le combat de Kockeberg, en 1677.

11°. Chriſtophe, fils puîné d'Edzar II, chevalier de la Toiſon-d'Or, & gouverneur de Luxembourg, eſt au nombre des grands capitaines de ſon tems.

12°. Charles-Othon ſon frère mourut en Hongrie en 1603.

13°. Rodolphe-Chriſtien, comte d'Ooſtfriſe, petit-fils d'Edzar II, fut tué en 1628 à vingt-ſix ans.

14°. Ennon-Louis, comte d'Ooſtfriſe, neveu du précédent, rendit de grands ſervices à l'empereur Ferdinand III, qui le fit Prince de l'Empire en 1654.

15°. Evrard-Chriſtian-Guillaume, comte d'Ooſtfriſe, né en 1667, neveu d'Ennon-Louis, étoit, en 1709, lieutenant-général de la cavalerie d'Hollande. Mort en 1710.

ORIENTIUS, ( *Hiſt. litt. mod.* ), écrivain eccléſiaſtique, évêque d'Elvire en Eſpagne au ſeizième ſiècle. Dans la Bibliothèque des Pères & dans le Tréſor de dom Martenne, on trouve ſes *Avertiſſemens aux Fidèles*, bons préceptes de morale en vers foibles.

OSBORN ( FRANÇOIS ), ( *Hiſt. litt. mod.* ), écrivain anglais, partiſan de Cromwel, & qui eut ſous lui divers emplois. Il a laiſſé *des Avis à ſon fils* & d'autres ouvrages. Mort en 1657.

OSORIO, ( *Hiſt. d'Eſp.* ), eſt le nom d'une ancienne Maiſon d'Eſpagne, illuſtre par ſes dignités & par ſes alliances, laquelle deſcend d'un Oſorio, ſeigneur de Villalobos, qui vivoit en 1149.

2°. Son fils, Gonſalve Oſorio, étoit majordome de Ferdinand II, roi de Léon.

3°. Alvare-Nunez Oſorio, arrière-petit-fils de Gonſalve, étoit majordome du roi de Caſtille, Alphonſe XI, qui le créa comte de Traſtamare ou Tranſtamare en 1328; mais la même année, ayant été condamné pour félonie, il fut tué par Ramire Guzman.

4°. Pierre-Alvarez Oſorio, un de ſes deſcendans, fut créé comte de Lemos, en 1457, par le roi de Caſtille, Henri IV.

Dans la branche des comtes de Traſtamare & marquis d'Aſtorga:

5°. Pierre-Alvarez Oſorio fut tué, en 1360, par les ordres de Pierre-le-Cruel, roi de Caſtille.

6°. Jean-Alvarez, mort en 1417, fut majordome du roi Henri III.

7°. Pierre-Alvarez, fils du précédent, fut créé comte de Traſtamare par le roi Jean II, en 1445.

8°. Alvare-Perez, fils de Pierre-Alvarez, fut créé marquis d'Aſtorga en 1465.

9°. Dans la branche des comtes d'Altamira & Monte-Agudo, marquis d'Almazan, Rodrigue de Moſcoſo-Oſorio fut tué à la guerre en Afrique, l'an 1511.

10°. Balthasar de Moscoso, & Sandoval, évêque de Jaën, puis archevêque de Tolède, primat d'Espagne, créé Cardinal par le pape Paul V, en 1615. Mort le 17 septembre 1665.

11°. Gaspard de Moscoso, & Mendoza son petit-neveu, fut tué en duel par Dominique de Guzman le 23 mai 1664.

12°. Louis, fils de Gaspard, grand d'Espagne & ambassadeur à Rome, mourut dans cette ville le 23 août 1705.

Dans la branche des seigneurs de Villacis, comtes de Villanueva-de-Cagnado, nous remarquerons :

13°. Diègue Osorio, surnommé *le Soldat*, surnom que nous regardons comme un témoignage rendu à sa valeur;

Et 14°. Alvare-Perez IV, dit *le Grand-Justicier*, surnom qui nous paroît encore rendre témoignage à une qualité, plutôt que désigner un emploi.

Dans la branche des marquis de Cerralvo, qui joignirent au nom d'Osorio ceux de Pacheco & de Tolède acquis par des alliances :

15°. François Pacheco, archevêque de Burgos, créé Cardinal par le pape Pie IV, le 26 février 1561. Mort le 23 août 1579.

16°. Ferdinand de Tolède, capitaine, son frère, mort dans la guerre d'Afrique.

17°. Rodrigue Pacheco, leur frère aîné, créé marquis de Cerralvo, fut ambassadeur à Rome.

18°. Son arrière-petit-fils, Jean-Antoine Pacheco & Osorio, quatrième marquis de Cerralvo, mort le 29 juillet 1680, fut vice-roi de Catalogne.

Dans la branche des seigneurs de Valdon-Quillo, formée par un des enfans naturels que Louis Osorio, évêque de Jaën, de la branche des comtes de Trastamare, avoit eus d'Isabelle de *Losada sa amie*.

19°. Rodrigue de Castro, évêque de Zamora, archevêque de Séville, créé Cardinal par le pape Grégoire XIII, en 1583. Mort le 26 octobre 1600.

OSWALD. ( *Hist. d'Anglet. & Hist. litt. mod.* ) Ce nom est celui :

1°. D'un Roi de l'Heptarchie saxonne, Roi réputé saint. Saint Oswald étoit roi de Northumberland en Angleterre, & payen. Edwin son oncle s'empara de son royaume. Oswald fut long-tems errant & cherchant un asile, tantôt chez les Pictes, tantôt en Irlande. Quand il revint dans sa patrie, il y porta la foi chrétienne qu'il avoit embrassée dans sa retraite. Instruit par l'évangile & par le malheur, il fut un Roi chrétien & un bon Roi. Il fut aussi un Roi guerrier comme l'étoient tous alors ; il défit dans une grande bataille Cadawallo, Roi des anciens Bretons, qui y périt. Il périt lui-même à la bataille de Marsefelth, en 643, contre Penda, roi de Mercie.

2°. D'un savant ( Erasme Oswald ) professeur d'hébreu & de mathématiques à Tubinge & à Fribourg, auteur d'une traduction du Nouveau-Testament en hébreu. Mort en 1579.

OTHELIO *ou* OTHELIUS (MARC-ANTOINE), ( *Hist. littér. mod.* ), natif d'Udine, professeur de droit à Padoue, mort en 1628. Ses disciples l'appeloient leur père, & il en avoit pour eux les sentimens. On n'a de lui que des ouvrages de droit : *Consilia ; De Jure dotium ; De Pactis* ; des Commentaires sur le droit, tant civil que canonique.

OUGHTRED (GUILLAUME), ( *Hist. litt. mod.* ), mathématicien anglais, recteur d'Adelbury, étoit si attaché au parti des Rois, qu'on dit qu'il mourut de joie en apprenant la nouvelle du rétablissement de Charles II en 1660. Il est vrai qu'il avoit alors quatre-vingt-sept ans, & que toute émotion à cet âge peut être funeste. Il étoit né vers l'an 1573, à Eaton. Wallis fait un grand éloge des ouvrages de mathématiques de Guillaume Oughtred. Son *Arithmetica*, publiée à Londres en 1648, est presque célèbre.

OUSEL ( PHILIPPE ), ( *Hist. litt. mod.* ), né à Dantzick en 1671, d'une famille originairement française, fut ministre de l'église allemande de Leyde, puis professeur en théologie à Francfort-sur-l'Oder. C'étoit un grand hébraïsant. Il a beaucoup écrit sur les points & les accens hébreux, qu'il croyoit aussi anciens que les livres de l'Ecriture-Sainte, opinion qui l'a engagé dans quelques disputes littéraires. On a de lui sur ce sujet : *Introductio in accentuationem hebræorum metricam ; De accentuatione hebræorum prosaïcâ*. Il a aussi un Traité *De lepra*. Il étoit tellement occupé d'hébreu & de grec, que, dans sa dernière maladie, un professeur en théologie, son collègue, lui citant tantôt en latin, tantôt en allemand des passages de l'Ecriture-Sainte adaptés à sa situation, le malade; insensible à l'objet moral de ces passages qui eussent pu le consoler ou fortifier son ame, ne saisissoit jamais que l'objet critique, & corrigeoit sans cesse la version sur l'hébreu ou sur le grec, qu'il se rappeloit toujours très-exactement. Il mourut en 1724.

Un autre Ousel (Jacques), parent de Philippe, dont il vient d'être parlé, a laissé sur l' *Octavius* de Minutius-Félix, des notes dont les savans font cas, & qui ont été insérées avec celles de Meursius dans l'édition dite *Variorum*, donnée en 1672.

OUTRAM (GUILLAUME), ( *Hist. litt. mod.* ), théologien anglais du dix-septième siècle, auteur d'un Traité estimé, *De Sacrificiis Judæorum*, publié en 1677.

PAAW ( PIERRE ), né dans la ville d'Amsterdam en 1564, médecin à Leyde. On a de lui des ouvrages eſtimés, ſur l'anatomie & ſur la botanique. Les principaux ſont un Commentaire latin ſur Véſal, un Traité de la peſte, *Hortus Lugduno-Batavus*. Mort en 1617.

PACIEN ( SAINT ), ( *Hiſt. eccléſ.* ); vivoit ſous l'empire de Valens, & mourut ſous celui de Théodoſe, vers l'an 390. Il ſe diſtingua dans ce quatrième ſiècle de l'Egliſe, par ſes vertus, ſon ſavoir, ſon éloquence. Il a écrit ſur le baptême & ſur la pénitence : on a auſſi de lui trois lettres adreſſées au donatiſte Sempronien ; c'eſt dans la première de ces lettres que ſe trouvent ces mots qui ont été ſouvent cités : CHRÉTIEN *eſt mon nom*, & CATHOLIQUE *mon ſurnom*. Ses ouvrages ont été publiés par Jean du Tillet, à Paris, en 1538.

PACIUS ( JULES ), ( *Hiſt. litt. mod.* ), juriſconſulte célèbre, né à Vicence en 1550, parut d'abord vouloir ſe tourner du côté des mathématiques, & compoſa un Traité d'arithmétique dès l'âge de treize ans. Il ſe livra enſuite à l'étude du droit, qu'il enſeigna pour ainſi dire dans toute l'Europe, en Suiſſe, en Allemagne, en Hongrie, en France, & dans ce ſeul royaume, à Sedan, à Nîmes, à Montpellier, à Aix, à Valence, partout avec une réputation qui lui fit offrir de toutes parts des chaires de droit, à Leyde, à Piſe, à Padoue. Il parut enfin vouloir ſe fixer à Padoue ; il y enſeigna quelque temps avec le ſuccès le plus ſoutenu : on s'empreſſa de l'y retenir par toutes ſortes d'honneurs ; on lui donna le collier de Saint-Marc ; ce qui ne l'empêcha pas de revenir à Valence, où il mourut en 1635. Il a beaucoup écrit ſur le droit, ſcience que non-ſeulement il ſavoit enſeigner, mais qu'il poſſédoit même à fond. Ses principaux ouvrages ſont : *Epitome juris*, *De jure maris adriatici*, *De contractibus*, *In decretales*.
Un de ſes amis, dans un diſtique latin, a fourni des excuſes ingénieuſes à l'inconſtance qui l'a fait errer dans tant de climats, ſans pouvoir ſe fixer, nulle part.

*Itala dat cunas tellus, Germanica famam,*
*Gallica jus civis. Dic mihi qua patria ?*

« L'Italie t'a donné la naiſſance ; c'eſt à l'Allemagne que tu dois ta renommée : la France t'adopte pour citoyen. Dis-moi quelle eſt ta patrie. »

PAETZ ou PAATS, en latin *Pacæus* ( ADRIEN DE ), ( *Hiſt. litt. mod.* ), illuſtre hollandais, fonda l'école de Rotterdam en faveur de Jurieu & de Bayle. Ambaſſadeur en Eſpagne, on lui trouva un caractère doux, un eſprit conciliant, & en tout de grands talens pour la négociation. On a de lui quelques écrits, entr'autres une lettre qui parut en 1685, & qui fit du bruit ; elle rouloit ſur les derniers troubles de l'Angleterre : il y eſt parlé de la tolérance dont on doit uſer envers les non-conformiſtes. On trouve auſſi pluſieurs de ces lettres dans le recueil intitulé *Praeſtantium ac eruditorum Epiſtola*. Paetz mourut en 1685.

PAGENSTECHER ( ALEXANDRE-ARNOLD ), ( *Hiſt. litt. mod.* ), né à Brême dans la Baſſe-Saxe, mort vers 1730, juriſconſulte, auteur d'un Traité *De Jure ventris*, auquel il joignit deux Diſſertations : *De Cornibus & de Cornutis*, le tout formant un ſeul volume in-12, recherché par les curieux pour ſa ſingularité.

PAGET ( GUILLAUME ). ( *Hiſt. d'Anglet.* ) Cet homme, qui vécut ſous les quatre règnes orageux de Henri VIII, d'Edouard VI, de la reine Marie & de la reine Eliſabeth, éprouva toutes les viciſſitudes de la fortune. Fils d'un ſimple huiſſier de Londres, il paſſa, ſous Henri VIII, par pluſieurs emplois ſubalternes, mais de confiance, d'où il s'éleva peu à peu juſqu'aux honneurs de l'ambaſſade. Il fut ambaſſadeur auprès des deux grandes puiſſances de ce tems, François I & Charles-Quint. La première de ces deux ambaſſades étoit ſous le règne de Henri VIII, qui, à ſon retour, le fit chevalier & ſecrétaire d'Etat : il le nomma un de ſes exécuteurs teſtamentaires. La ſeconde ambaſſade fut ſous Edouard VI ; elle le fit combler de nouveaux honneurs ; mais bientôt après, enveloppé dans la diſgrace du duc de Sommerſet, il fut traité avec beaucoup de rigueur, renfermé dans la tour de Londres, dépouillé de tous ſes emplois, condamné à ſix mille livres ſterling d'amende. A l'avénement de la reine Marie, il fut rétabli dans tous ſes emplois. Il mourut ſous le règne d'Eliſabeth, en 1564.

PALLADINO ( JACQUES ), ( *Hiſt. litt. mod.* ), connu ſous le nom de Jacques de Teramo, du lieu de ſa naiſſance, devint ſucceſſivement évêque de Monopoli, de Tarente, de Florence, de Spolette, & légat en Pologne. Il dut toute cette fortune à des ouvrages que perſonne ne lit & ne lira, & dont le plus fameux eſt un roman réputé pieux, intitulé *Jacobi ae Teramo compendium perbreve*, CONSOLATIO PECCATORUM *nuncupatum, & apud nonnullos* BELIAL *vocitatum, id eſt, proceſſus Luci-*

feri contra Jefum. Cet ouvrage ridicule fut plufieurs fois réimprimé : on le traduifit dans toutes les langues, & peu de bons livres ont eu un pareil fuccès. Il a été traduit en français fous le titre de *Procès de Bélial.*

Palladino étoit né en 1349 ; il mourut en Pologne en 1417.

PALMIERI ( MATHIEU ET MATTHIAS ). ( *Hift. litt. mod.* ) Mathieu étoit de Florence, & Matthias de Pife ; ils étoient de la même famille & contemporains. Mathieu continua la Chronique de Profper, depuis l'an 455, où elle finit, jufqu'en l'an 1449, & Matthias pouffa cet ouvrage jufqu'en 1481.

On a de plus, de Mathieu Palmieri, un Traité *Della vita civile*, & un poéme intitulé *Citta divina*, ouvrage où il fe gliffa des erreurs qui le firent condamner au feu, comme fi c'eût été un livre dogmatique. On a dit que l'auteur avoit eu le même fort ; ce qui eft reconnu pour faux.

Matthias Palmieri a traduit en latin l'hiftoire fabuleufe des foixante-dix interpretes ( c'eft-à-dire, des Septante ), par Ariftée.

Mathieu mourut en 1475.

PALU ( PIERRE DE LA ), ( *Hift. litt. mod.* ), en latin *Paludius*, étoit d'une Maifon illuftre ; il fe fit dominicain, & profeffa la théologie à Paris. Le pape Jean XXII le nomma, en 1329, patriarche de Jérufalem ; ce qui n'empêcha pas le Palu de fe déclarer hautement contre le Pape dans l'affaire de la vifion béatifique, foit qu'il crût véritablement l'opinion de Jean XXII dangereufe, foit qu'il fût alors dans des intérêts contraires à ceux de ce Pontife. Il paffa dans la Paleftine pour vaquer aux foins de fon patriarchat, & fit d'inutiles tentatives pour engager l'Europe à une nouvelle croifade, & jouer le rôle de Pierre l'hermite & de faint Bernard : il laiffa des Commentaires *in-folio* fur le maître des fentences. Pierre de la Palu mourut à Paris en 1342.

PALUDANUS ( JEAN ET BERNARD ), ( *Hift. litt. mod.* ), l'un, profeffeur en théologie à Louvain ; l'autre, profeffeur de philofophie à Leyde. On a du premier divers ouvrages afcétiques ou théologiques : *Vindiciæ theologica, adverfus verbi Dei corruptelas,* C'eft une explication des divers paffages de l'Ecriture, fur lefquels les Catholiques ne font point d'accord avec les Proteftans ou les autres fectaires : *Apologeticus Marianus* ; c'eft une efpèce de panégyrique de la Vierge, car elle n'a pas befoin d'apologie. *De fanctô Ignatio concio facra,* autre panégyrique. *Officina fpiritalis facris concionibus adaptata,* ouvrage qui peut être de quelque utilité au commun des prédicateurs. Jean Paludanus étoit de Malines ; il mourut en 1630, à Louvain, où il étoit chanoine & curé de Saint-Pierre.

Bernard Paludanus avoit voyagé dans les quatre

parties du Monde : il connoiffoit très-bien la terre & les mers. Le plus remarquable de fes ouvrages eft un Recueil de notes, dont il a enrichi les Voyages maritimes de Linfchot. On vantoit, & fon érudition, & fa probité. Mort vers 1634.

PAMELE ( JACQUES DE ), ( *Hift. litt. mod.* ), en latin *Pamelius*, né à Bruges en 1536, fils d'un confeiller d'Etat de Charles-Quint, fut chanoine à Bruges, puis archidiacre, & enfuite évêque de Saint-Omer. C'étoit un favant & laborieux eccléfiaftique : on a de lui plufieurs ouvrages ; celui qui a pour titre : *Liturgica latinorum*, eft peu commun & recherché. Il eft encore auteur d'un ouvrage intitulé *Conciliorum Paralipomena* ; d'un autre fous ce titre : *Micrologus de ecclefiafticis obfervationibus*, & d'un catalogue de Commentaires fur la Bible. Il n'a pas moins travaillé comme éditeur que comme auteur : il a publié les œuvres de Tertullien & de faint Cyprien avec des notes, & le Traité de Caffiodore, *De divinis nominibus.* On lui doit encore une nouvelle édition de Raban, laquelle n'a cependant été achevée qu'après fa mort, & où fe trouvent des Commentaires de Pamèle fur divers livres de la Bible. Ce favant prélat mourut en 1587, en allant prendre poffeffion de l'évêché de Saint-Omer.

PANTENUS, ( *Hift. eccléf.* ), philofophe ftoicien & chrétien, né en Sicile, vivoit du temps de l'empereur Commode ; il expliquoit l'Ecriture-Sainte, & enfeignoit la théologie dans l'école d'Alexandrie, alors fi célèbre. Les Ethiopiens, qui, malgré le baptême de l'eunuque de la reine Candace, & malgré les inftructions qu'ils avoient reçues autrefois de faint Barthélemi, avoient befoin d'inftructions nouvelles fur la religion chrétienne, ayant demandé quelqu'un qui pût les leur fournir, on leur envoya Pantenus. On dit qu'il trouva chez ces peuples un évangile de faint Mathieu, écrit en hébreu, que faint Barthélemi leur avoit laiffé. Pantenus avoit compofé des Commentaires fur la Bible ; ils ne nous font point parvenus.

PANTIN ( GUILLAUME ET PIERRE ), ( *Hift. litt. mod.* ), oncle & neveu. Pierre, médecin à Bruges, auteur d'un favant Commentaire fur le Traité de Celfe, *De re medicâ.* Mort en 1583.

Guillaume, né à Thiel en Flandre, enfeigna les langues à Louvain & à Tolède. On a de lui des traductions de plufieurs auteurs grecs, & un Traité *De dignitatibus & officiis regni ac domûs regia Gothorum*, &c. Mort à Bruxelles en 1611.

PAPIUS ( ANDRÉ ), ( *Hift. litt. mod.* ), favant flamand, de qui l'on devoit beaucoup attendre s'il eût vécu plus long-tems ; il mourut à trente ans, en 1581. Elevé avec foin par Levinus Torrentius fon oncle, il avoit cultivé de bonne heure les lettres & les fciences. A dix-huit ans il avoit publié

publié le livre de Denis d'Alexandrie, *De situ Orbis*, avec une traduction en vers latins & de savantes notes. On a encore de lui d'autres poésies latines & quelques autres ouvrages : il étoit chanoine à Liége.

PARASOLS ( BARTHÉLEMI DE ), ( *Hist. litt. mod.* ), fils d'un médecin de la reine Jeanne 1ère. de Naples, si célèbre par ses nombreux mariages, par la mort tragique d'André de Hongrie son premier mari, & par sa propre fin, non moins tragique. Il naquit à Sisteron, dans les Etats de cette Princesse, qui joignoit le comté de Provence au royaume de Naples. C'étoit un poète distingué, mais au quatorzième siècle : on a de lui plusieurs ouvrages en langue provençale, entr'autres des vers à la louange de la princesse Marie, fille de Jean, roi de France, & femme de Louis I, roi de Naples, suivant le nouveau Dictionnaire historique par une société de gens de lettres ; mais le roi Jean n'eut du nom de Marie qu'une fille mariée à Robert, duc de Bar. Ne s'agiroit-il pas plutôt de la princesse Marie, sœur de la reine Jeanne de Naples ?

D'ailleurs, qui entend-on par Louis I, roi de Naples ? Si c'est le duc d'Anjou, Louis I, il n'épousa point de fille du roi Jean, car elle eût été sa sœur ; si c'est Louis de Tarente, second mari de la reine Jeanne, il étoit roi de Naples par sa femme, mais il n'épousa ni ne put épouser Marie, sœur de Jeanne. On ne sait donc pas ce que les auteurs ont voulu dire.

Parasols est surtout connu par cinq tragédies qui contiennent la vie de la reine Jeanne. L'intérêt du sujet, qui occupoit alors tous les esprits, dut beaucoup contribuer au succès de ses pièces. L'auteur les avoit dédiées au pape Clément VII, concurrent d'Urbain VI dans le grand schisme d'Occident, & dont la reine Jeanne suivoit l'obédience ; ce qui ne contribua pas médiocrement à la perte de cette Princesse, par l'effet des intrigues d'Urbain VI. Parasols mourut en 1383, chanoine de Sisteron sa patrie.

PARENNIN ou PARRENNIN (DOMINIQUE). ( *Hist. litt. mod.* ) Le P. Parennin, jésuite, est connu par son long séjour à la Chine, & par les notions qu'il nous a données sur ce vaste Empire. Il y alla en 1698 ; il eut le bonheur de plaire à l'empereur Camhi, qui recherchoit l'instruction, & qu'il étoit en état d'instruire. Il traduisit pour ce Prince, en langue tartare, ce que le recueil de l'Académie des sciences & les ouvrages des savans contenoient de plus nouveau & de plus important en géométrie, en astronomie, en anatomie, & en général sur les sciences exactes. L'Empereur se plaisoit fort à l'entretenir, & vouloit toujours qu'il le suivît dans ses voyages de Tartarie. Le P. Parennin fut un des médiateurs qui terminèrent les contestations survenues entre les

cours de Pekin & de Moscou, sur les limites respectives de ces deux immenses Empires, étonnés de se trouver voisins. C'est au P. Parennin qu'on est redevable des cartes où la Chine est le plus exactement décrite. On connoît la correspondance de ce jésuite avec M. de Mairan, sur les rapports des Chinois avec les Egyptiens. Le P. Parennin mourut le 27 septembre 1741 : l'Empereur voulut, pour l'honorer, faire les frais de ses funérailles, & les Grands de l'Empire y assistèrent.

PASCHIUS ( GEORGES ), ( *Hist. litt. mod.* ), savant Allemand du dix-septième siècle, dont toute l'histoire consiste en ce qu'il est l'auteur d'un ouvrage estimé des savans, qui a pour titre : *Tractatus de novis inventis, quorum accuratiori cultui facem prætulit antiquitas.*

PASOR (GEORGES ET MATTHIAS), ( *Hist. litt. mod.* ), père et fils. Le père, professeur en grec à Franeker, mort en 1637, est auteur d'un *Lexicon Novi-Testamenti*, qui contient tous les mots grecs du Nouveau-Testament, & qui a été imprimé chez Elzevir, d'un *Manuale Testamenti*, &c. & d'un *Collegium Hesiodæum*, ouvrage dans lequel il analyse les mots difficiles d'Hésiode.

C'est Matthias qui a publié les œuvres de son père : on a aussi de lui quelques productions, telles qu'un Traité contenant des idées générales de quelques sciences, & le recueil des thèses auxquelles il avoit présidé. Il avoit eu, en 1620, une chaire de mathématiques à Heidelberg. Chassé du Palatinat par les guerres qui ravageoient ce pays, il s'enfuit en Angleterre, où il professa les langues orientales à Oxford. Un établissement plus avantageux, dans le même genre, le fixa, en 1629, à Groningue, où il mourut en 1658, estimé des savans & cher aux honnêtes gens.

PASQUALIGUS ( ZACHARIE ), ( *Hist. litt. mod.* ), théatin de Vérone, qui écrivoit vers le milieu du dix-septième siècle, est auteur d'une *Praxis jejunii*, ouvrage de son état ; mais il est plus connu par un Traité moral sur l'usage coupable & dénaturé de priver quelques enfans mâles des attributs de leur sexe, pour se procurer le plaisir d'entendre de plus belles voix. Ce dernier ouvrage est recherché.

PASSŒUS ( CRISPIN ), ( *Hist. litt. mod.* ), savant fleuriste d'Arnheim, auteur de l'*Hortus floridus*, dont les quatre différentes parties ont été publiées en 1607, 1614, 1616 & 1617.

PASSAVENTE ( JACQUES ), ( *Hist. litt. mod.* ), dominicain du quatorzième siècle, s'est fait un nom en Italie par son *Miroir de la vraie pénitence*, ouvrage qui, s'il paroissoit aujourd'hui, pourroit être bon sans être célèbre. L'auteur n'a pas joui de son succès ; il mourut en 1357, & son livre ne fut imprimé qu'en 1495, près d'un siècle & demi après sa mort; mais il l'a été un grand nombre de fois. L'Académie de la Crusca en donna, en 1681, une édition, qui est la septième, & il y en a eu d'autres encore depuis.

PATERE ou PATERA (Attius), (Hist. litt. mod.), savant dont nous n'avons point d'ouvrages, mais dont Ausone fait un magnifique éloge. Né à Bayeux, il avoit été élevé dans l'école des Druides de cette ville, & il fit honneur à leurs leçons par ses connoissances & par ses mœurs. Il alla enseigner la grammaire & les belles-lettres à Bordeaux, puis la rhétorique à Rome, vers l'an 326, & c'est là surtout qu'il se fit une grande réputation. Patère eut pour fils Delphidius, qui, s'il fut digne de lui par ses talens, lui fit moins d'honneur par son caractère trop porté aux accusations & aux délations. C'est à lui que Julien fit cette belle réponse, qui établit si bien la nécessité de prouver chaque accusation. ( Voyez, dans le Dictionnaire, l'article Delphidius, Attius Tiro. )

Un autre Patère, Paterius, disciple & ami particulier du pape saint Grégoire-le-Grand, dans le sixième siècle de l'Eglise, fut, à ce qu'on croit, évêque de Bresse. Il a tiré des ouvrages de saint Grégoire son maître, un Commentaire sur l'Ecriture-Sainte, qui est imprimé à la suite des œuvres de ce Pontife.

PAULLI (Simon), ( Hist. litt. mod. ), professeur de médecine à Copenhague, fut premier médecin des rois de Dannemarck, Frédéric III & Christiern V. Ce dernier Prince lui donna l'évêché d'Arhusen, qui est devenu héréditaire dans la famille de Paulli. On a de ce médecin, mort en 1680, à soixante-dix-sept ans, un Traité latin des fièvres malignes, un Traité de l'abus du tabac & du thé, dont il condamne même l'usage; un ouvrage intitulé Quad-ipartitum botanicum; c'est un Traité des vertus des simples; enfin la Flora danica, ouvrage où il est parlé des plantes singulières qui naissent en Dannemarck & en Norwège.

PAULMIER de GRENTEMESNIL ( Julien & Jacques le), ( Hist. litt. mod.), père & fils, tous deux célèbres parmi les savans qu'a produits la Normandie.

Le premier fut médecin du roi Charles IX & du duc d'Alençon-Anjou son frère; il avoit été disciple de Fernel, & on ne le jugeoit pas trop inférieur à son maître. Il guérit Charles IX d'une maladie considérable. Il suivit le duc d'Alençon-Anjou à l'expédition des Pays-Bas, & s'y distingua non-seulement comme médecin, mais encore comme guerrier. Il est auteur d'un Traité De Vino & Pomaceo; d'un autre, De Lue venereâ; d'un autre encore, De Morbis contagiosis. Il étoit né dans le Cotentin, avoit été médecin à Caen. Il mourut dans cette ville en 1588.

Jacques son fils étoit né dans le pays d'Auge, en 1587. Il avoit servi avec honneur en Hollande & en France. S'étant retiré du service, il se livra entièrement aux lettres, & il choisit pour sa retraite la ville de Caen, qui avoit été celle de son père, & qui abondoit alors en gens de lettres & en secours littéraires. Il eut beaucoup de part à l'établissement & au maintien de l'Académie de Caen. Ses principaux ouvrages sont : Observationes in optimos auctores græcos; une Description de l'ancienne Grèce, aussi en latin. On trouve à la tête de ce livre, qui n'a été imprimé qu'après sa mort, une ample vie de l'auteur. On a encore de Jacques le Paulmier de Grentemesnil, des poésies grecques, latines, françaises, italiennes, espagnoles, qui prouvent au moins qu'il savoit toutes ces langues. Il mourut en 1670, à quatre-vingt-trois ans.

Un autre Paulmier, médecin comme Julien ( nous ignorons s'il étoit de la même famille ), fut chassé en 1609 de la faculté de Médecine de Paris, pour avoir ordonné l'antimoine, malgré l'arrêt du parlement, qui en défendoit l'usage. Il seroit curieux de savoir si, avec cet antimoine si criminellement ordonné, il avoit eu l'insolence de guérir son malade ou ses malades.

PAULO. ( Hist. de Fr. ) La famille de Paulo, établie à Toulouse, est originaire de Gênes.

1°. Antoine de Paulo fut l'un des seigneurs du conseil de la république de Gênes, qui assistèrent, le 4 novembre 1396, à la prise de possession de la ville de Gênes par les ambassadeurs du roi Charles VI.

2°. Aimeric, issu de la même famille, s'établit à Toulouse en 1475, & servit le roi Charles VIII dans les guerres d'Italie.

3°. Etienne son fils prit le parti de la robe, & fut conseiller au parlement de Toulouse.

4°. Antoine, fils d'Etienne, le fut aussi en 1540, puis le roi Henri II créa pour lui, en 1554, une charge de président à mortier au même parlement. Il obtint, en 1559, du roi François II, en faveur de la ville de Toulouse, la continuation pour cent ans, de l'abonnement des tailles, accordé par Louis XI, en 1465, à la même ville de Toulouse, pour le même espace de cent ans; concessions qui ne devoient peut-être point être accordées, mais qu'il étoit agréable d'obtenir pour ses concitoyens. Charles IX, étant à Toulouse en 1565, fit Antoine chevalier.

5°. Un de ses fils, Michel, seigneur de Grandval, quoique faisant profession de catholicisme, prit le parti des Huguenots, & fit une si rude guerre à ses voisins, que le parlement de Toulouse mit sa tête à prix. En conséquence de cet arrêt, ses voisins & ses ennemis le firent tomber dans une embuscade, le prirent & le massacrèrent de sang-froid après l'avoir gardé trois jours en prison. Le parlement de Toulouse, par un arrêt du 17 août 1583, ordonna la démolition du fort de Grandval, appartenant à ce Michel de Paulo.

6°. Antoine, frère de Michel, fut le cinquante-cinquième grand-maître de l'Ordre de Malte: son élection est du 10 mars 1623. Il eut pour prédécesseur Louis Mendez de Vasconcellos, & pour successeur Jean-Paul de Lascaris de Castelar. Sous les auspices d'Antoine de Paulo, les galères de Malte firent plusieurs prises considérables sur les Turcs. Il tint, en 1631, un chapitre général, où il fit réformer plusieurs anciens abus. Une ordonnance de 1602 donnoit entrée dans l'Ordre, aux bâtards des Ducs & Pairs de France & des Grands d'Espagne; il fit restreindre ce privilége aux seuls bâtards des Rois & des Princes. Le chapitre de 1635, en reconnoissance de ses bienfaits, lui accorda pour Antoine de Paulo son neveu, vicomte de Calmont, & pour les aînés de sa Maison, le privilége de porter les armes de la religion. Il fit aussi accorder aux aînés de sa Maison l'exemption du droit de passage ordinaire, &, pour dédommager l'Ordre à cet égard, il fonda une galère à perpétuité. Il mourut le 4 juin 1636, avec une grande réputation de sagesse, de vertu, d'équité, de magnificence.

7°. Jean de Paulo, second du nom, frère des deux précédens, président à mortier au parlement de Toulouse, fut un zélé ligueur, un grand partisan de la Maison de Guise, un ennemi juré du président Duranti, qui avoit rendu l'arrêt contre Michel de Paulo, seigneur de Grandval, frère de Jean. C'étoit un homme de tête & de sens, qui avoit le double courage d'un magistrat & d'un guerrier. Il avoit pris pour devise un mortier de président & une épée nue au dessus, avec ces mots : *Ad utrumque paratus.*

8°. Antoine de Paulo, vicomte de Calmont, neveu des trois précédens, eut, en 1631, la cornette blanche de la compagnie du duc d'Anguien, depuis le Grand-Condé. En 1634, il fut fait conseiller d'Etat & envoyé à Malte pour négocier avec le grand-maître Antoine son oncle ( n°. 6 ). En 1636, il fut fait gentilhomme de la chambre: la même année il fut blessé dangereusement au siége de Dole; il eut depuis le commandement de la noblesse au secours de Leucate. Il mourut le 15 mai 1695, âgé de cent ans.

9°. Jean-Antoine, un de ses fils, mourut en Candie, au service de la religion.

10°. François-Antoine son frère, aussi chevalier de Malte, fut un des six officiers choisis spécialement par Louis XIV pour accompagner en Espagne Philippe V son petit-fils. Il y mourut en 1707.

11°. Leur frère aîné, François, sénéchal de Lauraguais, fut blessé, en 1664, à la bataille de Raab en Hongrie, étant alors capitaine dans le régiment de Sourches; il commanda quatre fois l'arrière-ban du Languedoc. Mort en 1714.

PECHPEIROU-BEAUCAIRE-GUITAUD-COMINGES. ( *Hist. de Fr.* ) Pechpeirou est une

châtellenie du Quercy, entre Cahors & Lauzerte.

1°. Le plus ancien seigneur de Pechpeirou dont on ait connoissance, est Gaillard, premier du nom, qui vivoit au commencement du treizième siècle, & qui long-temps après sa mort, dans un acte du 15 janvier 1296, est nommé *Monseigneur.* On croit qu'il étoit venu en Quercy à la suite de Simon de Montfort, & qu'il mourut en 1233.

2°. Gaillard, troisième du nom, fut tué à la bataille de Crécy, en 1346.

3°. Gaillard IV, petit-fils du précédent, vivoit du temps des factions de Bourgogne & d'Armagnac, & se sentit du malheur de ce tems : son château de Pechpeirou fut emporté & rasé par le comte d'Armagnac, en 1408.

4°. Jean de Pechpeirou son fils, premier du nom, acquit, le 11 mai 1461, la seigneurie de Beaucaire, baronie dont le nom & le titre distinguent les aînés de la Maison de Pechpeirou. Les intérêts étoient changés; la querelle des Armagnacs & des Bourguignons ne subsistoit plus. Les Pechpeirou étoient dans les intérêts nouveaux de la Maison d'Armagnac. Jean fut enveloppé dans la disgrace de cette Maison : sous Louis XI, il fut retenu prisonnier, ses biens furent confisqués. La faveur du duc de Bretagne le fit rentrer en grace auprès de Louis XI, ainsi que

5°. Jean second son fils. Les lettres d'abolition qu'il obtinrent sont du dernier juillet 1474. Jean fut fait, en 1491, maître-d'hôtel de la reine Anne de Bretagne, en considération des services qu'il avoit rendus à cette Princesse & au duc de Bretagne, François, son père.

6°. Antoine, un de ses fils, mourut dans les guerres du Piémont.

7°. Henri, petit-fils de Jean II, se signala au siége de Boulogne, fut le premier qui entra en qualité d'homme d'armes dans une compagnie créée pour le prince de Navarre, Henri, depuis roi de France, lorsque ce Prince n'étoit encore âgé que de cinq ans. Henri de Pechpeirou mourut de blessures reçues à la bataille de Jarnac.

8°. Bernard de Pechpeirou, fils de Henri, & dont on a des *Mémoires*, servit long-tems dans les guerres de la Ligue sous le maréchal de Biron son parent, & se distingua au siége de Villemur, sous le duc de Joyeuse. Mort en 1622.

9°. Dans la branche des seigneurs de Guitaud, Charles de Pechpeirou-Cominges, commandeur de Guitaud, servit avec grande distinction à l'attaque des îles de Sainte-Marguerite en 1637, sous les ordres du comte d'Harcourt, & mérita d'en être fait gouverneur.

10°. Michel son frère fut tué en Savoie, à la retraite de Saint-Maurice.

11°. Charles de Pechpeirou-Cominges, tué à Bordeaux dans le temps des guerres civiles, neveu de Michel.

12°. Un autre Charles, frère du précédent, gouverneur de diverses îles, & lieutenant-général

K k 2

au gouvernement des îles & terres-fermes de l'Amérique, mort en 1702, à la Martinique.

13°. Guillaume de Pechpeirou - Cominges, nommé le comte de Guitaud, frère des deux précédens, né le 5 octobre 1626, fit, en 1646, la campagne de Catalogne; il fut fait, en 1648, gouverneur des îles de Sainte-Marguerite & de Saint-Honorat de Lérins. Il s'attacha au grand prince de Condé, fut son chambellan, enseigne, puis capitaine de sa compagnie de chevau-légers; il le suivit dans ses fortunes diverses, combattit toujours à ses côtés dans toutes les occasions périlleuses, & commanda quelquefois en chef ses armées pendant l'absence de ce Prince, quoiqu'il eût alors moins de trente ans. En 1659 il négocia la réconciliation du Grand-Condé avec le Roi & son retour en France; il fut fait chevalier de l'Ordre du Saint-Esprit. Il mourut à Paris le 27 décembre 1685.

PEDRUZZI (PAUL), (*Hist. litt. mod.*), jésuite de Mantoue, savant antiquaire, chargé d'arranger le riche cabinet de médailles du duc de Parme, a donné le *Museo Farnese*, en huit tomes *in-folio*. Mort en 1721.

PELL (JEAN), (*Hist. litt. mod.*), mathématicien anglais, fut résident pour Cromwel, auprès des Cantons protestans. On a de lui un Traité *De verâ circuli mensurâ*, & une table de dix mille *nombres quarrés*. Mort en 1685.

PEMBROCK (LE COMTE DE), (*Hist. d'Anglet.*), ministre & régent pendant la minorité du roi d'Angleterre, Henri III, mérite d'être compté parmi les plus grands Rois, puisqu'il les égala ou les surpassa dans l'art de gouverner, & qu'en respectant la liberté de la nation, il sut faire respecter les droits du trône.

Il gouvernoit dans le tems de l'expédition du prince Louis, dit le *Lion*, fils de Philippe-Auguste, en Angleterre; il profita des conjonctures en faveur de Henri III. Il convoqua les barons à Glocestre; il leur présenta cet enfant, fils de Jean Sans-Terre : *Voilà votre roi, leur dit-il : par quel délire voudriez-vous vous livrer à l'ennemi de votre nation ?* Toute l'assemblée s'écria : *Que Henri soit notre Roi !* Le comte de Pembrock notifia par des lettres circulaires, le couronnement du Prince à tous les barons, à tous les corps. Il fit publier une amnistie pour tous les rebelles, avec la restitution de leurs terres & de leurs dignités; il promit solennellement l'exécution des deux fameuses chartes arrachées, à la vérité, à la foiblesse de Jean Sans-Terre, mais qui ne contenoient rien que de conforme aux droits de l'humanité : tout le monde venoit en foule se ranger auprès du jeune Prince. Le comte de Pembrock se met en campagne, & par des victoires achève de déterminer les esprits : il gagna le 14

juin 1217, la bataille de Lincoln, qu'on appela *la foire de Lincoln*, à cause du butin que firent les vainqueurs, & sur le champ de bataille, & dans la ville. Les deux partis avoient besoin de respirer. Le comte de Pembrock demanda une trève; il savoit l'usage qu'il devoit en faire, soit pour renforcer ses troupes, soit pour acquérir à Henri de nouveaux partisans. Louis en profita aussi pour passer en France & y prendre des mesures. Quand il repassa en Angleterre, les Anglais, malgré la trève, voulurent s'opposer à son retour; ce qui le mit dans une telle colère, qu'il brûla Sandwich. Mais bientôt il se vit assiégé dans Londres & hors d'état de résister; il fit savoir à son père l'extrémité où il étoit réduit. Philippe, un peu ému, demande à l'envoyé de son fils, si le comte de Pembrock vivoit toujours; l'envoyé répondit qu'il vivoit. *Mon fils est donc en sûreté*, s'écria Philippe en respirant : mot indiscret, par lequel, en voulant louer la modération de Pembrock, il eût pu faire soupçonner sa fidélité. Louis fut obligé de capituler & d'abandonner l'Angleterre. Dans cette querelle, le Saint-Siége étoit venu, avec toutes les armes spirituelles, au secours de l'Angleterre, qui avoit reconnu la suzeraineté du Pape; il avoit mis en interdit les églises des villes soumises au prince Louis. Après le traité, le légat fit une recherche rigoureuse des prêtres qui avoient dit la messe au mépris de l'interdit; ils furent tous suspendus & privés de leurs bénéfices, que la plupart cependant rachetèrent par des amendes. Le Régent sentit bien qu'il étoit contraire à l'esprit du traité de les abandonner ainsi à la vengeance du Saint-Siége, puisqu'aux termes de ce traité, aucun des partisans de Louis ne devoit être puni de l'avoir servi; mais le Régent considéra aussi combien la protection du Saint-Siége avoit été utile à Henri, combien elle pouvoit l'être encore, & il ne voulut point, en faveur des ennemis de Henri, se brouiller avec le Pape. Il y eut aussi quelques difficultés pour le rétablissement des partisans de Louis dans leurs possessions, parce que ces possessions avoient été données pour récompense, aux seigneurs qui étoient restés fidèles à Jean Sans-Terre & à Henri; mais le traité étoit trop formel sur cet article. Pembrock voulut qu'il fût exécuté à la lettre; il voulut surtout que Henri III, devenu possesseur paisible de l'Angleterre, fît exécuter plus que jamais les deux chartes; procédé du meilleur exemple, & qui fit bénir le Prince & le ministre.

Pembrock mourut peu de temps après avoir ainsi délivré & pacifié l'Angleterre.

2°. Un de ses fils, Guillaume Maréchal, comte de Pembrock, avoit épousé Eléonore, une des sœurs du roi Henri III. Il n'en eut pas moins à souffrir de la tyrannie de Burgh & de l'évêque de Winchester, successeurs de son père dans l'autorité. Les violences, tantôt de l'un, tantôt de l'autre, le forcèrent à la révolte. ( *Voyez* plus

haut l'article *Burgh* ( de ). L'évêque de Winchefter, étranger à l'Angleterre, né dans les
Etats que le roi d'Angleterre poffédoit en France,
fe mit à peupler le royaume qu'il gouvernoit,
de chevaliers gafcons, & la cour, de fes parens & de fes amis. Le comte de Pembrock, qui
étoit revenu à la cour, fut chargé par la nobleffe de faire au Roi fon beau-frère des remontrances fur l'admiffion de tant d'étrangers.
« *Si vous ne trouvez pas qu'il y en ait affez*, répondit
» l'évêque de Winchefter avec la dérifion la plus
» infultante, *on en fera venir davantage.* » En effet,
on en vit bientôt arriver de nouveaux effaims,
tous en équipage de guerre. Les feigneurs fe retirèrent de la cour, s'affemblèrent fous la conduite
du comte de Pembrock, & firent prier le Roi de
renvoyer en Guienne l'évêque de Winchefter &
tous fes chevaliers gafcons. Le Roi eut peur: c'é-
toit l'ufage de Jean Sans-Terre fon père en pareil
cas. *Laiffez-moi*, lui dit l'évêque de Winchefter,
*laiffez-moi châtier ces infolens.* L'évêque étoit guerrier: le Roi le laiffa faire. La guerre fe fit, & en
même tems le parlement s'affembla. Ceux qui fe
rendirent à Weftminfter pour ce parlement, s'y
rendirent bien armés. *Penfez-vous donc*, dit l'évêque de Winchefter aux feigneurs, *avoir les mêmes
privilèges que les pairs de France?* Ils prétendoient
fans doute en avoir de bien plus grands. A ce
mot, tous les évêques fe lèvent & menacent l'é-
vêque de Winchefter de l'excommunication. *J'en
appelle au Pape*, répond l'évêque; *c'eft lui qui m'a
facré; je ne vous dois rien, & ne vous connois point.*
Les évêques fe contentèrent d'excommunier en
général les ennemis publics qui enlevoient au
peuple l'affection du Roi. *Soyez donc juftes*, leur
dit le Roi; *excommuniez auffi le comte de Pembrock,
qui actuellement porte les armes contre moi. — Pourquoi l'excommunier?* répliquèrent les évêques.
*Pembrock défend la liberté.* Il fallut combattre.
L'évêque de Winchefter traîna le Roi dans le
pays de Galles, où Pembrock étoit à la tête du
parti des feigneurs. Pembrock tomba dans une embufcade, fut pris par les royaliftes & repris à l'inftant par les feigneurs; il refta maître de la campagne. On confeilloit au Roi de s'accommoder
avec lui, & le Roi le vouloit. « *Point d'accommodement*, s'écria l'évêque de Winchefter, *à moins
qu'il ne vienne demander pardon la corde au col.* »
En même tems il fait ravager en Irlande des
terres que Pembrock y poffédoit. Pembrock y
court pour défendre fon bien. Un affaffin, apofté
par l'évêque de Winchefter, le perce par derrière
d'un coup de poignard dans une conférence, &
un chirurgien, gagné de même, l'achève par des
remèdes meurtriers. Pembrock mourut regretté
de tous les partifans des chartes, pleuré du Roi
lui-même, qui fentit avec amertume de quel prix
indigne il avoit payé au fils les fervices du père, &
qui fe fouvint alors que ce fils étoit fon beau-frère.
Mais les caprices & les bizarreries de Henri al-

loient quelquefois jufqu'à la folie. Pour expier la
mort du comte de Pembrock, il avoit honoré Gilbert, frère du comte, de quelques bienfaits très-
mérités. Gilbert venant un jour lui faire fa cour, le
Roi lui ordonne de fortir de fa préfence. Gilbert demande humblement la caufe d'un tel accueil. *Votre
frère fut un traître*, lui dit le Roi, *& vous, vous
m'êtes odieux.*

PENNOT (GABRIEL), (*Hift. litt. mod.*), chanoine régulier de Vérone, a fait une *Hiftoire latine
des Chanoines réguliers*, imprimée à Rome en 1624.
Il vivoit fous le pontificat d'Urbain VIII.

PEPIN, ( dit LE BOSSU ). ( *Hift. de Fr.* ) La
première femme de Charlemagne, nommée Himiltrude, n'eft regardée que comme une concubine.
Il faut cependant entendre par ce mot, une femme
légitime, qui par la difproportion de naiffance ou
le défaut de dot, avoit dans la maifon moins de
confidération qu'une femme de condition égale,
mais dont les enfans étoient réputés légitimes &
pouvoient fuccéder, moins peut-être par le droit
de leur naiffance que par la volonté de leur père.
De ce mariage naquit un fils que fon père
n'aima point affez, foit parce qu'il n'avoit pas
long-tems aimé fa mère, foit parce que ce jeune
Prince, avec un très-beau vifage, avoit une taille
difforme. Il eft connu dans l'Hiftoire, fous le nom
de Pépin-le-*Boffu*. Ainfi, ce Charlemagne, diftingué entre tous les hommes par fa taille majef-
tueufe & par la beauté régulière de fes proportions,
étoit fils de Pépin-le-Bref, & père de Pépin-le-
Boffu.
Les Français ne s'accoutumèrent jamais à regarder Pépin comme deftiné à être leur Roi; &
s'il avoit befoin, pour fuccéder, d'une difpofition
expreffe de fon père, il dut peu fe flatter de
l'obtenir.
Lorfque Charlemagne fit une efpèce de partage
anticipé de fes Etats, entre les trois fils qu'il
avoit eus d'Hildegarde fa troifième femme, Pépin-
le-Boffu, leur frère aîné, traité en bâtard, n'eut
aucune part à ces difpofitions d'un père. On le
deftinoit à l'état eccléfiaftique; mais il ne s'y deftinoit pas. L'exemple de Thierri, fils de Clovis,
& de tant d'autres Princes bâtards, ou qu'on
pouvoit regarder comme tels, & qui n'en avoient
pas moins fuccédé à la couronne, formoit en fa
faveur un préjugé qu'il affectoit de regarder comme
un droit, & qu'il étoit réfolu de faire valoir. La
prédilection marquée de Charlemagne, pour les
fils d'Hildegarde, & l'indifférence que tout le
monde, à l'exemple du Roi, témoignoit pour
Pépin, avoient depuis long-tems jeté dans le
cœur de ce jeune Prince, des femences de jaloufie, auxquelles on n'avoit pas fait affez d'attention. Quand il vit les Etats de fon père partagés
d'avance entre les feuls fils d'Hildegarde, fans
qu'on eût paru feulement fonger à lui, il ne mit

plus de bornes à son ressentiment. Dès-lors tous les mécontens se rallièrent à lui, & firent si bien, en irritant un caractère naturellement pervers & une ambition naturellement violente, qu'ils amenèrent par degrés ce Prince jusqu'au projet monstrueux d'assassiner un père qu'il ne regardoit plus que comme son tyran, & des frères dans lesquels il ne voyoit que des rivaux enrichis de ses dépouilles. Nous ne prétendons nullement infirmer le témoignage des historiens, qui est unanime sur ce fait; nous observons seulement qu'une telle entreprise devoit avoir bien des difficultés, demandoit des intelligences bien étendues & bien combinées, pour que quatre Princes, presque toujours séparés, & très-éloignés les uns des autres, fussent frappés par les assassins si à propos & si bien de concert, qu'aucun des quatre n'échappât, qu'aucun ne pût être averti par le sort des autres, & ne restât pour les venger.

Comme il s'agissoit d'une révolution générale, que les conjurés ne pouvoient opérer par leurs propres forces, ils se mirent sous la protection des puissances étrangères. Il est à présumer qu'on cacha soigneusement à celles-ci toute l'horreur du complot, & qu'on leur parla seulement de rétablir dans les droits de sa naissance un fils aîné injustement déshérité. Les Saxons, qui n'étoient pas encore transplantés (c'étoit en 792); les Huns, qui n'étoient pas encore subjugués, mais qui étoient menacés, & qui avoient déjà même été attaqués; les Grecs, les Lombards, c'est-à-dire, ceux des Lombards qui souffroient encore impatiemment le joug de Charlemagne, furent sollicités d'entrer dans cette entreprise, & promirent de faire diversion ou de fournir des secours. Mais avant qu'ils pussent agir, la conjuration fut découverte par l'imprudence des conjurés. Au lieu de s'assembler, & même encore avec précaution, chez un d'entr'eux, ils se donnèrent rendez-vous dans une église pour délibérer sur leurs affaires, voulant peut-être par-là échapper au danger d'être entendus de leurs domestiques. Comme ils se croyoient apparemment maîtres de cette église, & qu'ils en avoient fermé les portes, tout ce que leur complot avoit de plus coupable & de plus affreux fut dévoilé sans crainte. Près de se séparer, ils songèrent à prendre une précaution qu'ils avoient négligée d'abord. Ils s'étoient contentés d'un examen un peu superficiel, pour s'assurer, en entrant, qu'il n'y avoit personne dans l'église; en sortant, ils recommencèrent cet examen avec plus d'exactitude; ils trouvèrent un ecclésiastique caché sous l'autel, & qui avoit été à portée de les entendre. Il avoit tout entendu en effet, & il étoit tellement saisi d'horreur de tout ce qu'on avoit dit, & d'effroi de ce qu'il avoit à craindre pour lui-même, que n'en pouvant tirer aucun éclaircissement, ils le prirent pour un imbécille & pour un homme sans conséquence. Ce fut son salut comme celui du Roi & de ses fils,

car ils avoient d'abord eu dessein de le tuer; ils se contentèrent de prendre une précaution qui devenoit superstitieuse à force de supposer la superstition; ce fut de le faire jurer qu'il ne révéleroit rien de ce qu'il avoit entendu; ils crurent qu'un ecclésiastique, un prêtre même (car il s'annonça pour tel), n'oseroit jamais violer un serment fait dans l'église & sur l'autel, quoiqu'il s'agît de la vie du Roi & des Princes ses fils. Echappé de ce péril, cet homme courut tout révéler; il donnoit des avis tellement circonstanciés, qu'il ne fut pas possible de les négliger. On fit les perquisitions nécessaires, tous les conjurés furent arrêtés & condamnés à divers supplices, selon leur qualité ou selon la part qu'ils avoient eue au complot. Le Roi ne fit grace qu'à son fils, & ne lui fit grace que de la vie. Pépin fut rasé, & enfermé dans le monastère de Prum, où il finit ses jours du vivant même de son père, en 811.

Au premier bruit de la découverte de cette conjuration, les fils de Charlemagne & d'Hildegarde quittèrent leurs royaumes & coururent se ranger auprès de Charlemagne, à Ratisbonne, pour le défendre s'il étoit encore en danger, ou pour le consoler du moins par leur zèle des attentats d'un fils dénaturé.

L'homme qui sauva l'Etat en cette occasion eut pour récompense l'abbaye de Saint-Denis; il se nommoit Fardulfe, & étoit Lombard de nation.

Tels étoient les chagrins que trouvoit au sein de sa famille ce Charlemagne, qui remplissoit l'Univers de sa gloire. Si l'on ne peut pas dire qu'il les eût absolument mérités, peut-on dire qu'il eût la consolation de n'avoir à cet égard aucun reproche à se faire? Ce Roi, distingué d'ailleurs entre tous les pères par sa tendresse pour ses enfans, fut-il assez tendre & assez juste envers les fils d'Himiltrude? Puisqu'il donnoit des partages à ses fils, & puisque les partages eurent lieu sous la seconde race comme sous la première, n'eût-il pas mieux fait d'imiter Clovis & les autres Rois, qui avoient admis leurs bâtards à succéder? N'eût-il pas tort enfin d'ajouter au malheur que Pépin avoit eu d'être maltraité par la nature, celui de le maltraiter encore du côté de la fortune?

PERGOLÈSE (JEAN-BAPTISTE), (*Hist. mod.*), un des plus célèbres musiciens de l'Italie, que les Italiens appellent le Dominiquin de la musique. On connoît sa *Serva Padrona*. Son *Stabat mater* est regardé comme son chef-d'œuvre. Il étoit né en 1704, à Casoria, dans le royaume de Naples; il mourut à Naples en 1737, à trente-trois ans. On a dit qu'il avoit été empoisonné par ses rivaux; il en avoit & en méritoit sans doute, mais on croit être sûr qu'il mourut de la phthisie pulmonaire, & tout le monde sait qu'heureusement il ne se commet pas autant de crimes qu'on en imagine & qu'on en soupçonne.

PÉRION (JOACHIM), (*Hift. litt. mod.*), fe fit bénédictin dans l'abbaye de Cormery en Touraine, en 1517, & mourut dans cette même abbaye vers l'an 1559. On a de lui quatre dialogues latins fur l'Origine de la langue françaife & fa conformité avec la langue grecque, & des traductions latines de quelques livres de Platon, d'Ariftote & de faint Jean Damafcène.

PERPINIEN (PIERRE-JEAN), (*Hift. litt. mod.*), jéfuite, né dans le lieu appelé Elche, au royaume de Valence, fut le premier de fa compagnie qui profeffa l'éloquence dans l'Univerfité de Conimbre. Il profeffa depuis, foit la rhétorique, foit la théologie, à Rome, à Lyon, enfin à Paris, où il mourut en 1566, à trente-fix ans. Muret & Paul Manuce vantent beaucoup la pureté de fon langage & celle de fes mœurs. Il eft compté parmi les bons latiniftes modernes. Ses ouvrages ont été publiés en 1749, à Rome, par le P. Lazeri, jéfuite. L'ouvrage le plus confidérable de ce recueil eft la vie de fainte Elifabeth, reine de Portugal.

PERRAY (MICHEL DU), (*Hift. litt. mod.*), reçu avocat au parlement de Paris en 1661, fut bâtonnier de fon Ordre en 1715, & mourut doyen des avocats en 1736, âgé d'environ quatre-vingt-dix ans. Il étoit très-verfé dans la jurifprudence tant civile que canonique; il a furtout beaucoup écrit fur cette dernière. Les principaux de fes ouvrages font : Un *Traité hiftorique & chronologique des dîmes*, retouché depuis par M. Brunet, avocat, dans une édition qu'il en a donnée; *des notes & obfervations* fur le fameux édit de 1695, concernant la juridiction eccléfiaftique; un *Traité fur le partage des fruits des bénéfices*; un *Traité des moyens canoniques d'acquérir & de conferver les bénéfices*; un *Traité de l'état & de la capacité des eccléfiaftiques pour les ordres & les bénéfices*; des *Obfervations fur le concordat*; un *Traité des difpenfes, relativement au mariage*.

PERRIERS (BONAVENTURE DES), (*Hift. litt. mod.*), étoit valet-de-chambre de la reine de Navarre, Marguerite, fœur de François I, & fes Contes, comme ceux de la reine de Navarre, confervent encore aujourd'hui la plus grande partie de leur agrément; ils foutiennent feuls la réputation de leur auteur; car fes poéfies, même fa traduction de l'Andrienne, font oubliées, & l'on cherche en vain dans fon *Cymbalum mundi* l'impiété qui le fit profcrire, & le charme qui le faifoit lire. On y trouve pour tout charme des fictions incohérentes & incompréhenfibles, auxquelles l'allégorie donnoit peut-être quelque prix, & des plaifanteries fur les chercheurs de la pierre philofophale; mais toute plaifanterie contre les préjugés paffoit alors pour impiété. Les Contes du même auteur ont un mérite indépendant de toute allégorie; mais les Contes imprimés fous fon nom

ne font pas tous de lui; car il y en a quelques-uns où il eft parlé de François I & même d'Henri II, comme ne vivant plus, & Defperriers étoit mort avant l'année 1544, trois ans & plus avant François I; il fe tua lui-même d'un coup d'épée dans un accès de folie. Ceux de ces Contes qui ne font pas de lui, font attribués à Jacques Pelletier, qui, en donnant en 1558 une édition des Contes de Defperriers, a pu en inférer quelques-uns de lui. On croit auffi qu'il y en a plufieurs de Nicolas Denifot, peintre & poète célèbre de ce même feizième fiècle. Rien de plus connu que la fable de la Laitière & du Pot au lait dans La Fontaine. En voici le modèle avec la plupart des agrémens de la copie, dans la quatorzième Nouvelle de Bonaventure Defperriers, au fujet de l'alchymie.

« L'alquemie fe pourroit plus proprement dire
» *Art qui mine* ou *art qui n'eft mie*, & ne fauroit-on
» mieux comparer les alquemiftes qu'à une bonne
» femme qui portoit une potée de lait au marché,
» faifant fon compte ainfi : qu'elle la vendroit deux
» liards; de ces deux liards elle acheteroit une
» douzaine d'œufs, lefquels elle mettroit à cou-
» ver, & en auroit une douzaine de pouffins; ces
» pouffins deviendroient grands & les feroit cha-
» ponner; ces chapons vaudroient cinq fols la
» pièce; ce feroit un écu & plus, dont elle ache-
» teroit deux cochons mâle & femelle, qui de-
» viendroient grands, & enferoient une douzaine
» d'autres qu'elle vendroit vingt fols la pièce,
» après les avoir nourris quelque tems; ce feroit
» douze francs, dont elle acheteroit une jument
» qui porteroit un beau poulain, lequel croîtroit
» & deviendroit tant gentil : il fauteroit & feroit
» hin. Et en faifant *hin* la bonne femme, de
» l'aife qu'elle avoit en fon compte, fe print à
» faire la ruade que feroit fon poulain; &, en ce
» faifant, fa potée de lait va tomber, & fe ref-
» pandit toute. Et voilà fes œufs, fes poulets, fes
» chapons, fes cochons, fa jument & fon poulain
» tous par terre. Ainfi les alquemiftes, après qu'ils
» ont bien fournayé, charbonné, lutté, foufflé,
» diftillé, calciné, congelé, fixé, liquéfié, vitri-
» fié, putréfié, il ne faut que caffer un alembic pour
» les mettre au compte de la bonne femme.»

Rabelais, liv. 1, chap. 33, cite une farce du *Pot au lait*, où un cordonnier calcule comme la laitière de Defperriers. M. de la Monnoye, fur ce Conte de Defperriers, cite plufieurs autres Contes qui paroiffent en être imités.

Le fameux Conte des lunettes dans La Fontaine, eft tiré de la Nouvelle foixante-quatre de Bonaventure Defperriers.

Tout le monde fait l'hiftoire d'un homme qui, n'ayant pu être reçu membre d'une compagnie, en devint le chef par le fecours de l'autorité, & qui, s'appliquant ce verfet 21 du pfeaume 117, *Lapidem quem reprobaverunt ædificantes, hic factus eft in caput anguli.* « La pierre qui avoit été rejetée » par ceux qui bâtiffoient, eft devenue la princi-

» pale pierre de l'angle , » reçut à l'inftant pour réponfe le verfet fuivant :

*A Domino factum eft iftud , & eft mirabile in oculis noftris.* « C'eft le Seigneur qui l'a fait, & nos yeux » le voient avec admiration. » ( *Voyez* l'article *Villeroy* dans le Dictionnaire. )

Defperriers fait de cette hiftoire le fujet de fa cent vingt-fixième Nouvelle. Il prétend qu'un jeune homme qui avoit eu l'agrément du Roi pour une charge de confeiller au parlement, ayant été refufé deux fois, fut enfin reçu par ordre exprès de François I, qui dit aux députés de la compagnie : *Quand vous aurez un fou parmi vous , n'êtes-vous pas affez fages pour vous & pour lui ?* Mais le Conte eft mal fait ; car pour que l'application des deux paffages fût jufte, il auroit fallu que ce jeune homme eût été fait premier préfident.

Parmi les difficultés recherchées de ce tems-là, on peut compter l'ufage introduit par Marot des réponfes par monofyllabes rimés. En voici un exemple :

> Pour ce jour-là que fus-tu ? — Pris.
> Quel vifage as-tu d'elle ? — Gris.
> Ne te rit-elle jamais ? — Point.
> Que veux-tu être à elle ? — Joint.

Sur ce modèle Bonaventure Defperriers, Nouvelle foixante, fuppofe un moine qui trouve l'occafion d'un bon fouper, occafion toujours trop rare pour fon goût & fon appétit, & qui, ne voulant pas perdre un coup de dent, eft pourtant obligé de répondre aux queftions dont on l'accable tout exprès : il prend le parti de répondre à tout par monofyllabes ; & l'auteur prépare tellement les réponfes par les queftions, que tous ces monofyllabes font rimés, comme dans l'exemple précédent :

> Quel habit portez-vous ? — Froc.
> Combien êtes-vous de moines ? — Trop.
> Quel pain mangez-vous ? — Bis.
> Quel vin buvez-vous ? — Gris.
> Quelle chair mangez-vous ? — Bœuf.
> Combien avez-vous de novices ? — Neuf.
> Que vous femble de ce vin ? — Bon.
> Vous n'en buvez pas de tel ? — Non.
> Et que mangez-vous les vendredis ? — Œufs.
> Combien en avez-vous chacun ? — Deux.

C'eft Bonaventure Defperriers & Henri Etienne qui racontent qu'un grand feigneur qui croyoit favoir le latin, ou qui vouloit qu'on le crût, fe mêlant d'interpréter à François I une lettre de Henri VIII, lui dit que le roi d'Angleterre envoyoit à Sa Majefté douze mulets, & demanda ce préfent pour lui. Le Roi, fort étonné d'un pareil envoi, dit qu'il ne conçevoit rien à ce préfent de mulets , & qu'il les vouloit voir. Cependant il donna la lettre à lire à quelques favans, qui virent que c'étoient douze dogues d'Angleterre, *duodecim moloffos*, qu'Henri VIII envoyoit au roi de France ; le premier interprète crut bien réparer fa méprife, en difant qu'il avoit lu *muletos* au lieu de *moloffos*. La fottife de ce feigneur prouve cependant la révolution que l'exemple du maître commençoit à opérer. Ce grand qui, pour plaire à François I, vouloit paroître favoir ce qu'il ignoroit, trente ans auparavant fe feroit peut-être piqué d'ignorer même ce qu'il favoit.

PERUZZI ( BALTHASAR ), ( *Hift. mod.* ), peintre & architecte célèbre du feizième fiècle, étoit né, en 1481, à Volterre en Tofcane ; il étoit fils d'un gentilhomme florentin, & ne s'étoit d'abord attaché au deffin que par goût & par amufement ; mais fon père l'ayant laiffé fans bien, fon art devint pour lui une reffource néceffaire. Le pape Jules II l'employa dans fon palais. Léon X le choifit pour l'un des architectes de Saint-Pierre de Rome. C'eft à Peruzzi qu'on doit le renouvellement des anciennes décorations de théâtre. Celles qu'il compofa pour la *Calandra* du cardinal Bibiena, furent admirées pour des effets de perfpective alors inconnus. Peruzzi étoit à Rome lorfque cette ville fut faccagée, en 1527, par l'armée de Charles-Quint, ou plutôt du connétable de Bourbon : il fut fait prifonnier, mais fon talent, dit-on, paya fa rançon ; il obtint fa liberté en faifant le portrait du connétable de Bourbon. Ce fait auroit befoin d'être expliqué. Si Peruzzi, pris dans Rome, a fait pendant fa captivité le portrait du connétable de Bourbon, il ne peut l'avoir fait que de mémoire & par la force de fon imagination qui le lui rendoit préfent, ou que, guidé par d'autres portraits du connétable, ou que, par un de ces coups de l'art, un de ces phénomènes tels que celui auquel nous devons le portrait de Fielding peint après fa mort, fur la reffemblance que Garrick en offrit aux yeux du peintre, en prenant les vêtemens, la coëffure, le port, le gefte, la figure de Fielding ; car le connétable avoit été tué aux pieds des remparts de Rome, & ce fut le prince d'Orange fon fucceffeur, qui prit la ville & qui la faccagea. Mais peut-être auffi eft-ce le portrait du prince d'Orange, & non celui du connétable de Bourbon que fit Peruzzi pour obtenir fa liberté. Cet artifte mourut à Rome en 1536, pauvre, quoique laborieux & très-occupé, mais n'ayant jamais fu mettre un prix à fes ouvrages, ni en demander autre chofe que ce qu'on vouloit bien lui en donner.

PETIT ( GUILLAUME ), ( *Hift. litt. mod.* ), d'abord dominicain, avoit été confeffeur de Louis XII ; il le fut de François I. Ce Prince ayant vu de près fes talens & fes vertus, le choifit, & lui donna les évêchés de Troyes & de Senlis. Il prenoit confeil fur les matières de doctrine, de cet

cet homme fage, qui, comme lui, fentoit les avantages d'une tolérance éclairée ; qui, comme lui, aimoit les lettres, & qui favoit qu'elles ne fructifient que fur le fol de la liberté. Plus d'une fois les orages excités par le fougueux Beda ( *voyez* fon article dans le Dictionnaire ) furent calmés d'un mot par Guillaume Petit. Quand la précipitation & le faux zèle avoient décidé, Guillaume Petit examinoit encore, & ne rendoit à fon maître que des oracles d'indulgence & d'humanité.

La reine de Navarre ayant fait un livre de dévotion intitulé *Le Miroir de l'ame pécherefie*, Beda auroit bien voulu couronner fes travaux perfécuteurs en faifant flétrir par une cenfure, une Reine, fœur de fon maître ; car il avoit eu le plaifir de remarquer qu'il n'étoit parlé dans ce livre, ni de l'intercefion des Saints, ni du Purgatoire. Il n'ofa pas cependant déférer, ni la Sorbonne cenfurer directement le livre de la reine Marguerite ; mais des députés de la Faculté, faifant leur vifite dans la librairie, & ayant trouvé cet ouvrage, le mirent au nombre des livres défendus, feignant de n'en point connoître l'auteur. Le Roi, indigné, donna ordre à Nicolas Cop, recteur de l'Univerfité, fils de Guillaume Cop fon premier médecin, d'affembler les quatre Facultés, & de favoir quels étoient les auteurs de cette condamnation, car ils ne s'étoient pas nommés. L'évêque de Senlis, Guillaume Petit, proteftoit que *le Miroir de l'ame pécherefie* ne contenoit aucune erreur, & il preffa l'Univerfité de le déclarer par un décret. Le recteur, au nom de l'Univerfité, défavoua la cenfure de ce livre, & le curé de Saint-André-des-Arcs déclara que c'étoit lui qui l'avoit mis au nombre des livres fufpects, parce qu'il lui manquoit l'approbation de la Faculté, condition alors exigée par les arrêts du parlement ; il ne paroît point que cette affaire ait eu d'autres fuites.

Lorfque François I & Budée faifoient des efforts pour attirer Erafme en France, ils étoient fortement appuyés par l'évêque de Senlis. ( *Voyez*, dans le Dictionnaire, l'article *Cop* (Guillaume). ( *Voyez* auffi l'article *Budée*.)

Guillaume Petit eut part auffi à l'établifement du collège royal : ce fut lui qui fut envoyé par le Roi, le 22 janvier 1521, à la chambre des comptes, pour faire part de ce projet à cette compagnie, & pour la charger d'indiquer quelques chapelles de fondation royale, tombées en ruine, dont il pût réunir les revenus à la chapelle de fon collège.

C'eft à peu près tout ce qu'on fait de Guillaume Petit.

PÉTIVER ( JACQUES ), ( *Hift. litt. mod.* ), phyficien habile & favant botanifte de la Société royale de Londres. On a de lui les ouvrages fuivans : *Gazophylacii naturæ & artis decades decem*. Ce font cent planches gravées, avec les explications collées au verfo des gravures. *Centuria decem, rariora naturæ continentes. Pierigraphia americana. Catalogus J. Raii herbarii britannici, ex editione L. Hans Sloane*.

PÉTRI. ( *Hift. litt. mod.* ) C'eft le nom de plufieurs hommes de lettres de différens pays.

1°. Cunerus Pétri ou Petrus, né en Zélande au feizième fiècle, fut le premier évêque de Leuwarden dans la Frife occidentale, en 1570. Chafé de fon fiége dans la fuite par les Proteftans pendant les guerres civiles, il alla chercher un afile à Cologne ; il y mourut en 1580. Il a écrit fur les devoirs d'un Prince chrétien & fur divers fujets de dévotion & de théologie.

2°. Sufridus Pétri, né à Leuwarden, & vraifemblablement parent du premier, enfeigna d'abord les belles-lettres à Erford, & fut enfuite fecrétaire & bibliothécaire du cardinal de Granvelle, profefeur en droit à Cologne, & hiftoriographe des Etats de Frife. Il remplit ce dernier titre dans toute fon étendue ; il ne cefa d'écrire l'hiftoire de la Frife. On a de lui un Traité *De Frifiorum antiquitate & origine ; Apologia pro origine Frifiorum* ; un Traité *De Scriptoribus Frifiæ*. Mort en 1597.

3°. Barthélemi Pétri, chanoine de Douai, enfeigna d'abord à Louvain, puis à Douai, où il mourut en 1630, à quatre-vingt-cinq ans. C'eft principalement comme éditeur qu'il a cherché à fe faire connoître. On lui doit l'édition du *Commonitorium* de Vincent de Lérins, qu'il a ornée de favantes notes, & celle des Œuvres pofthumes d'Eftius.

PEYRE ( MARIE-JOSEPH ), ( *Hift. mod.* ), architecte du Roi & contrôleur de fes bâtimens, naquit à Paris en 1720. Son goût pour l'architecture fe déclara dès fa plus tendre jeuneffe ; il étudia fous le célèbre Blondel ; fon père vouloit lui faire avoir une place dans la Maifon du Roi ; mais fon inclination pour un art qui fembloit l'appeler à lui, lui fit rejeter ces propofitions, & il fut jufqu'à vingt ans, âge auquel il remporta le prix de l'Académie, à lutter contre les intentions de fon père, & n'ayant, pour fubfifter, qu'une place modique dans les bureaux des bâtimens de Verfailles. Il partit pour Rome, y compofa l'œuvre eftimé qu'il donna enfuite au public, & fit, fur les proportions que les anciens donnoient à leurs monumens, des recherches qui lui fervirent de bafe dans tous les travaux qu'il entreprit. Il revint à Paris, conftruifit plufieurs édifices particuliers, eut une place dans les bâtimens du Roi, & fut reçu de l'Académie d'architecture. Il conftruifit en 1772 la falle de la Comédie françaife avec M. de Wailly, fit après des projets pour une falle d'Opéra & pour la reconftruction du palais de Verfailles. Plufieurs défagrémens & une jeuneffe trop laborieufe l'enlevèrent à un art qui lui devoit fa régénération, à l'âge de cinquante-cinq ans. Il mourut, étant confondu trôleur des bâtimens de fa Majefté, à Choify-le-Roi, le 23 août 1775. ( *Article fourni.* )

PÉZAÏ (MASSON, MARQUIS DE), ( *Hifl. litt. mod.* ), ami & difciple de M. Dorat. Il étoit vifiblement de fon école, efprit frivole & agréable, un peu maniéré, un peu fade. Il eft l'auteur du poëme de *Zélis ou bain*, où il y a tant de petites graces. Il a traduit *Catulle*, mais il n'étoit pas Catulle. On a encore de lui les *Soirées helvétiennes*, *alfaciennes & franc-comtoifes* ; une *Rofière de Salency*, jouée avec fuccès à la Comédie italienne, mais qui ne peut en aucune maniere foutenir la comparaifon avec la piece extrêmement touchante qui porte le même titre dans les Œuvres d'une femme célèbre. Il a fait pour madame la marquife du Deffant, un bien joli vers monofyllabique :

L'art de dire en un mot tout ce qu'un mot peut dire.

En tout, il n'étoit ni fans talent ni furtout fans amabilité. On ignore quel hafard le produifit à la cour. Il donna au roi Louis XVI des leçons de tactique, & il n'enfeignoit pas, comme tant d'autres, ce qu'il ne favoit pas. Il étoit capitaine de dragons, & fes *Campagnes du maréchal de Maillebois* prouvent qu'il ne négligeoit pas l'étude de l'art militaire. Il fut nommé infpecteur général des gardes-côtes ; il jouit à la cour d'une efpèce de faveur ; il devint tout-à-fait courtifan ; il parle dans quelques-uns de fes petits vers, de fes *projets pour la cour*, qu'il vient méditer dans la retraite ; & affectant de parler de cette dangereufe cour en poète philofophe, il dit que s'il a le malheur d'être difgracié de fa maîtreffe, il viendra en gémir dans cette même retraite ; que s'il a l'heureufe infortune d'être difgracié de la cour, il en viendra rire encore dans fa retraite ; il fut difgracié de la cour fa feule véritable maîtreffe, & ni la philofophie dont il fe piquoit, ni la poffeffion d'une femme charmante, ni une foule d'autres avantages ne purent l'empêcher de mourir de douleur de fa difgrace. *Hem ! nos homunciones !* Tel eft le jugement, peut-être trop févère, que nous avions porté fur cet aimable & infortuné jeune homme ( dont nous avouons que nous eftimions plus le caractère que les talens ), lorfque nous avons reçu l'article fuivant d'un homme de lettres connu, eftimé & digne de l'être.

PÉZAÏ ( DE ). ( *Hifl. litt. mod.* ) M. Maffon, feigneur de Pézaï, fi connu dans le monde fous le nom de marquis de Pézaï, étoit le fils de M. Maffon, l'un des principaux commis des bureaux de la marine. Né avec une figure agréable, ( joignant à cet avantage très-réel, furtout en France, de la vivacité dans l'efprit & une foif ardente de parvenir, il devoit réuffir, & il réuffit. Chacun a vu avec étonnement, & non pas fans envie, jufqu'à quel point de faveur il s'étoit élevé. Cependant,

fi fes rivaux & les ennemis qu'il eut apprenoient par quels moyens, réellement extraordinaires, il vint à bout de contenter fon ambition, nous fommes perfuadés qu'ils auroient une forte d'admiration pour ce favori de la fortune : il n'eft pas encore tems de les faire connoître au public. Mais en parlant ici de M. de Pézaï, notre intention, nous le répétons, n'eft pas de nous occuper du colonel ni de l'infpecteur-général des côtes de France ; nous n'avons pour but en ce moment que de confidérer en lui l'homme de lettres.

En général, on a trop dit de mal de cet auteur pendant fa vie, & pas affez de bien après fa mort. Le premier point ne nous étonne point, le fecond nous affige. Il en coûte fi peu pour répandre quelques fleurs fur la tombe de l'ami des Mufes !

M. de Pézaï fe fit d'abord connoître par quelques poéfies fugitives, pleines d'efprit & de graces : de ce nombre font l'*Epître à la maîtreffe que j'aurai*, & une autre intitulée *les Injures*. Ces deux petites pièces & quelques autres auffi jolies auroient fait la réputation d'un homme du tems de Chaulieu, parce qu'il n'y avoit que lui qui en fit de pareilles. Dans le fiècle des Voltaire, des Greffet, des Bernard, des Bernis, des Dorat, elles ne firent qu'annoncer au public un écrivain agréable. Le poëme de *Zélis au bain* parut, & ce fut alors que M. de Pézaï acquit des droits plus juftes à ce titre. Ce poëme eft plein de volupté dans les tableaux & de fraîcheur dans le coloris. L'auteur a pris un milieu entre l'énergie obfcène de Catulle & la fenfibilité quelquefois chagrine de Tibulle, & nous croyons que cet ouvrage eft le réfultat de la traduction plus élégante que fidelle qu'il a faite de ces deux auteurs. Nous ne parlerons pas ici de la *Rofière de Salency*, comédie lyrique en trois actes, qui a encore du fuccès au théâtre.

Bientôt M. de Pézaï fut entraîné dans le tourbillon des événemens politiques ; mais du milieu de ce chaos d'affaires & de projets où il étoit pour ainfi dire enféveli, il laiffoit échapper de tems à autre des lueurs de philofophie. Chargé d'emplois qui lui facilitoient les moyens de voyager, il l'avoit fait en obfervateur & en philofophe. C'eft dans fes *Soirées helvétiennes*, *alfaciennes & franc-comtoifes* qu'il a jeté fes obfervations philofophiques. Ces *Soirées* ne font pas précifément un bon ouvrage ; mais elles renferment affez de matériaux pour en faire un bon : ce font des germes femés fans ordre, qui pourroient fructifier en fe développant. Pour achever cet ouvrage, il faudroit un talent fupérieur ; pour le commencer, il falloit un difcernement peu commun. M. de Pézaï, en donnant des marques de celui-ci, annonçoit affez qu'il poffédoit l'autre. La préface des *Campagnes de M. le maréchal de Maillebois* prouve que M. de Pézaï mettoit autant d'énergie dans fa profe que dans fes vers ; ce qui le prouve encore mieux, c'étoit un *Eloge de Colbert*, dont il a paru des fragmens dans le *Journal des Dames*. L'ouvrage qui a pour titre *les Tableaux*, peut se comparer à une galerie de paysages agréables. Si le peintre ne fût pas mort, il auroit fait des tableaux d'histoire.

Si M. de Pézai avoit préféré davantage la gloire à la fortune, le calme de l'étude au tumulte des affaires; s'il avoit réuni sur un seul objet les forces qu'il répandoit çà & là, nous croyons que non-seulement il eût été plus heureux, mais qu'il fût devenu plus célèbre. Cet auteur a eu des ressemblances frappantes avec le poète Gallus, qu'il a traduit. D'une naissance ordinaire, & même obscure (1), ainsi que Gallus, il est parvenu, comme lui, aux premiers grades militaires, aux récompenses illustres; comme lui il a composé des poésies tendres & galantes. Ambitieux & sensible comme lui, il est mort, à l'exemple de son modèle, du chagrin d'avoir perdu les faveurs de la cour. Virgile, ami de Gallus, l'a célébré après sa mort. M. de Pézai n'a point trouvé de Virgile; hélas! il n'a pas même trouvé un ami.

M. de Pézai est mort en 1778. Il avoit épousé mademoiselle de Murat.

(Cet article est de M. DE LAUS DE BOISSY.)

PHÉBADE (SAINT), (*ou* Fitade, *Fitadius* ou saint Fiari), (*Hist. ecclésiast.*), évêque d'Agen, se distingua au quatrième siècle par son zèle contre les Ariens, dans tous les conciles qui se tinrent de son tems au sujet de cette hérésie. Il réfuta la profession de foi arienne de Sirmick en 357. On sait qu'il vivoit encore en 392, & qu'il étoit mort en 400.

PHILANDER (GUILLAUME), (*Hist. litt. mod.*), auteur d'un Commentaire sur Vitruve & d'un autre sur Quintilien, avoit suivi Georges d'Armagnac, évêque de Rhodès (ensuite archevêque de Toulouse & Cardinal), dans son ambassade de Venise. Georges d'Armagnac lui donna un canonicat de Rhodès. Philander mourut en 1565 à Toulouse, où il étoit allé pour voir son bienfaiteur dans son nouvel établissement. Il étoit né en 1505, à Châtillon-sur-Seine.

PHILE (MANUEL), (*Hist. litt mod.*), poète grec du quatorzième siècle, auteur d'un poème en vers iambiques, sur les propriétés des animaux, ouvrage dédié à l'empereur de Constantinople, Michel Paléologue le jeune.

PHILIPPES DE BOURGOGNE (LES). (*Hist. de Fr.*) La première Maison de Bourgogne, issue du roi Robert, finit par deux Philippes, père & fils; le père tué au siège d'Aiguillon en 1346; le

fils, Philippe de Rouvre, mort à quinze ou seize ans, ayant épousé Marguerite, héritière de Flandre, qui épousa le premier Prince de la seconde Maison de Bourgogne, nommé aussi Philippe.

Sur quatre seuls Ducs qu'a fournis la seconde Maison de Bourgogne, issue du roi Jean, on compte deux Philippes, dont chacun mérite un article particulier : le premier est Philippe-le-Hardi, tige de cette seconde Maison de Bourgogne, & second mari, ou plutôt seul mari réel de l'héritière de Flandre.

Dans cette malheureuse journée de Poitiers, du 19 septembre 1356, où une valeur surnaturelle ne put réparer les fautes de l'imprudence, l'État voyoit avec effroi tous les objets de son espérance & de son amour exposés aux plus grands périls, & l'intrépide Jean donnant à ses quatre fils l'exemple d'une témérité inflexible. Les gouverneurs des jeunes Princes prirent sur eux de faire retirer les trois aînés : on les accusa de trop de précipitation. Il est vraisemblable cependant que cette sage ou heureuse timidité sauva la France. Philippe, le plus jeune des quatre Princes, à peine âgé de quinze ans, s'obstina seul à suivre la fortune de son père, à le défendre d'un bras aussi courageux que foible, à opposer une impuissante & généreuse barrière aux efforts des ennemis dont le Roi restoit environné, tandis que toute son armée l'abandonnoit. Le surnom de *Hardi* & une captivité glorieuse partagée avec le Roi furent alors le seul prix de cette vaillance prématurée. Philippe signala chez les ennemis, par les traits les plus fiers, la hardiesse qui faisoit son caractère; il exigea pour son père les mêmes respects qu'il eût pu recevoir à Paris; il osa, dit-on, en présence du roi d'Angleterre, donner un soufflet à l'échanson, parce que celui-ci servit son maître avant le Roi prisonnier. On ajoute qu'Edouard, sentant combien cette incartade étoit conforme aux principes féodaux, se contenta de dire au jeune Prince : *Vous êtes bien véritablement Philippe-le-Hardi!*

Cependant le traité de Brétigny, du 8 mai 1360, ratifié le 24 octobre suivant, rendit au Roi une liberté achetée par le sacrifice de plus d'un tiers du royaume. Le sort fit même succéder quelques faveurs aux disgraces dont la France avoit été si long-tems accablée : le duché de Bourgogne, réuni au domaine après en avoir été séparé trois cent trente ans, la dédommagea d'une partie de ses pertes.

Mais le Roi, allant prendre possession de la Bourgogne, vit ou crut voir que les peuples de cette province regrettoient le tems où le séjour de leurs Ducs particuliers répandoit parmi eux l'abondance : il tourna ces sentimens à l'avantage d'un fils dont il avoit à récompenser la valeur & le zèle. Philippe-le-Hardi fut fait duc de Bourgogne.

Le roi Jean, par le même acte, institua son fils premier pair de France, dignité dont ce Prince soutint les droits avec beaucoup de hauteur. Au

---

(1) Nous doutons que M. de Pézai fût convenu de cette espèce de conformité avec Gallus.

facre de Charles VI en 1380, il voit le duc d'Anjou, l'aîné de fes trois frères aînés, prendre place
en qualité de Régent, immédiatement après Monfieur, frère du Roi : il court à lui avec impétuofité,
le tire par le bras, & fe met en fa place. Le fier
duc d'Anjou, profondément bleffé de cet affront,
alloit en tirer vengeance : l'intrépide Philippe alloit
foutenir avec fon courage ordinaire cette action
hardie : on s'allarme, on s'empreffe, on les fépare. Le confeil s'affemble précipitamment, &,
peut-être entraîné par la vivacité de Philippe,
prononce fur le champ en fa faveur.

Philippe, non moins ambitieux que hardi, difputa, d'abord au duc d'Anjou & enfuite à Monfieur, les rênes du gouvernement ; il contribua
aux malheurs de la France fous le trifte règne
de Charles VI. Son mariage avec l'héritière de
Flandre rendit fa puiffance égale à celle des Rois,
dont il furpaffoit la magnificence. Il mourut en
1404.

Le fecond & dernier Philippe de cette feconde
Maifon de Bourgogne étoit petit-fils du premier,
fils du cruel Jean ; il fut furnommé le Bon. Jean fon
père avoit mis le royaume en feu, & avoit été affaffiné à Montereau (en 1419) par une fuite des troubles qu'il avoit fait naître. Si Philippe-le-Bon prolongea la durée de ces troubles, s'il ouvrit toutes
les portes de la France aux Anglais, s'il les fit
affeoir fur le trône de nos Rois, à l'exclufion de
l'héritier légitime ; fi cette étrange révolution dont
le fouvenir nous pénètre encore d'horreur, fi cet
affreux renverfement de nos lois les plus chères
eft fon ouvrage, il avoit à venger un père : voilà
fon excufe. Loin de lui imputer ces malheurs &
cet opprobre de nos ancêtres, qu'on doit plutôt
rejeter fur les confeillers imprudens de Charles VII,
alors Dauphin, il faut favoir gré au généreux Philippe de les avoir réparés, d'avoir mis des bornes
à fa vengeance, d'avoir éteint les haines mortelles des Maifons d'Orléans & de Bourgogne, en
tirant lui-même le duc d'Orléans de la captivité
où il gémiffoit depuis la bataille d'Azincourt ;
d'avoir concilié par une paix jufte & folide (la
paix d'Arras en 1435) ce qu'il devoit au Roi, à
l'Etat, à fon père, à lui-même, d'avoir, par cette
défection utile, affuré le trône à Charles VII,
préparé l'expulfion des Anglais, & prouvé à ces
rivaux orgueilleux qu'ils n'avoient été fi puiffans
que par nos divifions. Il faut admirer cet efprit de
paix & de défintéreffement qui porta Philippe à
réconcilier plufieurs fois le dauphin Louis avec un
père juftement irrité, au lieu d'aigrir un courroux
& d'allumer des troubles dont il eût pu profiter,
& que Louis, à fa place, n'eût certainement point
calmés. Il faut louer cette modération ferme &
fage qu'il oppofa fi fouvent au reffentiment impétueux de Charles-le-Téméraire fon fils contre
Louis XI, & à cette ardeur guerrière qui préfa-
geoit les malheurs de la France & de la Bourgogne. Il faut furtout publier pour l'exemple des

Souverains, la juftice & la bonté avec lefquelles
il gouverna fes peuples, la magnificence qu'il déploya fans les opprimer, l'abondance qu'il répandit dans fes nombreufes provinces, & l'amour
que fes fujets reconnoiffans confervèrent pour fa
mémoire. Mort en 1467.

PHOTIN, (Hift. eccléf.), héréfiarque du quatrième fiècle, dont les fectateurs furent appelés
de fon nom, Photiniens, étoit difciple de Marcel
d'Ancyre, & fut évêque de Sirmich. On lui trouvoit du favoir & de l'éloquence, & il étoit au
nombre des évêques diftingués par le talent &
par une conduite très-épifcopale ; mais fa doctrine
étoit d'un homme qui pouvoit à peine paffer pour
chrétien, puifqu'il alloit jufqu'à nier la divinité
de Jéfus-Chrift. Ses erreurs furent condamnées
dans un concile tenu chez lui-même à Sirmich en
351 ; enfuite il fut exilé par l'empereur Conftance,
d'après l'erreur générale du tems, qui, regardant
l'héréfie comme un crime, prononçoit toujours
quelque peine contre ceux dont les opinions
avoient été profcrites. L'empereur Julien, auquel
on n'auroit prefqu'aucun reproche à faire s'il avoit
été auffi tolérant à l'égard de la religion chrétienne qu'à l'égard de toutes les autres, le rappela, & ne voyant que fa vertu & s'embarraffant
fort peu de fes opinions, il lui écrivit une lettre
pleine d'éloges. Photin fut exilé de nouveau fous
l'empire de Valentinien, & mourut en Galatie
l'an 376. Ses ouvrages, dont les uns étoient en
grec, les autres en latin, ne nous font point parvenus. Son Traité contre les Gentils étoit célèbre
de fon tems.

PICQUET (FRANÇOIS), (Hift. de Fr.), né à Lyon
en 1626, d'un banquier de cette ville, voyagea en
France, en Italie, en Angleterre, fut nommé en
1652, à vingt-fix ans, conful d'Alep, & acquit
une grande réputation dans cet emploi. Il joignoit
aux talens d'un conful actif & intelligent tout le
zèle d'un miffionnaire, & fervit avec un fuccès
égal la religion & l'Etat. Les Français, les Chrétiens de Syrie, les Infidèles, tous fe louoient de
fa conduite. Son goût pour l'Eglife l'emporta fur
fon talent pour les affaires ; il abdiqua le conful-
pour embraffer l'état eccléfiaftique. Il partit d'Alep
en 1662, &, après avoir été à Rome rendre compte
au pape Alexandre VII, de l'état de la religion
en Syrie, il revint en France, où il prit les Ordres
facrés. Il fut nommé en 1674, vicaire apoftolique
de Bagdad, puis évêque in partibus de Céfarople
en Macédoine. Il repartit en 1679 pour Alep,
non-plus comme conful, mais comme miffionnaire ;
il rendit à l'Eglife d'importans fervices, au nombre
defquels il faut mettre divers Mémoires qu'il fournit à meffieurs Arnauld & Nicole, pour leur fameux livre de la Perpétuité de la Foi. Revêtu dans
la fuite du titre d'ambaffadeur de France auprès
du roi de Perfe, il mourut en 1685 à Hamadan,

ville de Perfe. Il a paru en 1732, à Paris, une *Vie de François Picquet*, attribuée à M. Anthelmi, évêque de Grasse.

PICTET (BENOÎT), (*Hist. litt. mod.*), miniftre génevois, recommandable par de favans ouvrages, & plus encore par un caractère de douceur & toujours porté à la tolérance. Il a beaucoup écrit fur la théologie & la morale chrétiennes. Il y a de lui un Traité contre l'indifférence en matière de religion. Ses fermons ont été recueillis en quatre volumes in-8°. Il a auffi écrit l'hiftoire du onzième & du douzième fiècle, pour fervir de fuite à celle de le Sueur, &c. Né en 1655; mort en 1724, des fuites d'un excès de travail : c'eft de quoi nous nous faifons un devoir d'avertir les gens de lettres toutes les fois que l'occafion s'en préfente.

PIERQUIN (JEAN), (*Hist. litt. mod.*), curé de Châtel, dans le diocèfe de Rheims, fils d'un avocat de Charleville, a écrit fur la couleur des Nègres, fur l'évocation des morts, fur l'obfeffion naturelle, fur le fabbat des forciers, fur les transformations magiques, fur le chant du coq, fur la pefanteur de la flamme, fur la preuve de l'innocence par l'immerfion, fur les hommes amphibies, &c. Le choix de quelques-uns de ces fujets, tels que l'évocation des morts, l'obfeffion, le fabbat des forciers, la preuve par l'immerfion, font d'un vrai curé de campagne, qui eft toujours à quelque diftance de fon fiècle, & qui ne fent pas que toutes ces chimères, loin de pouvoir être foutenues aujourd'hui, ne valent plus même la peine d'être combattues. On a encore de Pierquin une vie de faint Juvin. Mort en 1742, âgé d'environ foixante-dix ans.

PIERRE MAUCLERC. (*Hist. de Fr.*) Pierre de Dreux, dit *Mauclerc*, comte de Bretagne par Alix fa femme.

La Bretagne avoit paffé dans la Maifon d'Angleterre par le mariage de Conftance de Bretagne avec Geoffroy, fils de Henri II. Ce mariage avoit étendu & confirmé des droits que Henri II prétendoit avoir de fon chef fur la Bretagne, comme héritier d'un autre Geoffroy fon frère, qu'une partie des Bretons avoit élu pour Souverain. Conftance avoit eu de ce mariage deux enfans, dont la deftinée fut très-malheureufe : Arthur, qui mourut affaffiné par Jean-fans-Terre, fon oncle ; Éléonore, dite *la Brette*, qui mourut en prifon. Conftance avoit époufé en fecondes noces un autre Anglais, Ralph Blundeville, comte de Chefter, qui la foupçonna (on ne fait fur quel fondement) d'une intrigue amoureufe avec ce même roi Jean-fans-Terre, le plus cruel ennemi de cette Princeffe ; il demanda & obtint le divorce. Conftance, devenue libre, époufa Guy, frère du vicomte de Thouars ; elle eut de ce mariage un e

fille nommée Alix. Les Bretons, après avoir fait au roi Jean-fans-Terre d'inutiles inftances pour la liberté d'Éléonore-la-Brette, fœur aînée d'Alix, fe déterminèrent à reconnoître Alix pour leur Souveraine : ce fut cette Princeffe qui, par fon mariage avec Pierre de Dreux, defcendu de Louis-le-Gros, & coufin de Philippe-Augufte, porta la Bretagne dans cette branche de la Maifon de France. Philippe-Augufte influa fortement fur cette alliance, dont il tira dans la fuite les plus grands avantages ; il eût en fa difpofition toutes les forces navales de cette province, & Pierre de Dreux le fervit toujours très-bien contre les Anglais ; mais pendant la minorité de faint Louis, il fe déclara contre la Régente, & entra dans la ligue des Grands & des Princes du fang, ou, comme on difoit alors, des *feigneurs du fang*, mécontens d'être exclus de la régence. Le roi d'Angleterre, Henri III, fils de Jean, efpérant de rentrer dans fes provinces françaifes à la faveur de l'orage qui alloit éclater en France, fe déclara le protecteur de cette affociation, & Pierre de Dreux en fut l'ame. Les conjurés comptoient fur Thibaud VI, comte de Champagne, qu'on accufoit d'avoir empoifonné Louis VIII, père de faint Louis, & le comte de Bretagne devoit lui donner fa fille ; mais la Régente, en femme habile, faifant fervir à fes deffeins la paffion qu'elle avoit fu infpirer à ce jeune Thibaud qu'elle dédaignoit à quarante ans, lui ordonna d'entrer dans cette ligue pour lui en révéler tous les fecrets, & fit de fon chevalier un efpion. La diligence de Blanche prévint tous les mouvemens de cette grande cabale : elle mène fon fils à Rheims & le fait facrer ; elle apprend que les rebelles s'affemblent en Bretagne, elle marche en Bretagne : ils n'avoient pas eu le tems de faire leurs préparatifs ; ils fe diffipèrent & traitèrent féparément. Tout refta paifible, au moins pour quelque tems. Le comte de Bretagne (Pierre de Dreux) fe foumit, & convint de donner Jeanne fa fille au prince Jean, le plus jeune des frères de faint Louis : mariage par lequel la Bretagne pouvoit être réunie à la France, ou du moins devenir plus françaife.

Cependant le parti des feigneurs fubfiftoit toujours : l'adreffe de la Régente avoit bien été jufqu'à l'enchaîner, non jufqu'à l'étouffer. Les feigneurs confédérés s'étoient apperçus des trahifons du comte de Champagne, & avoient tourné contre lui leur colère. On n'appeloit plus Thibaud que le *traître* & l'*empoifonneur*. Le comte de Bretagne, toujours voué à la révolte, appeloit à grands cris les fecours de l'Angleterre, & cherchoit à fe ménager ceux de l'Allemagne : il étoit prêt à ouvrir tous fes ports à l'ennemi étranger ; il paffa lui-même en Angleterre ; il arracha Henri III à fon indolence naturelle & aux fuggeftions de miniftres penfionnés par la reine Blanche, régente de France ; mais ce ne fut qu'une effervefcence d'un moment. Henri ayant diffipé en folles dépenfes l'argent que fes fujets lui avoient donné pour la guerre, rentra dans l'inaction (*voyez* plus haut l'article de *Burgh*) : le comte de Bretagne, foiblement fecouru par fes alliés & vivement preffé par les Français, fe préfenta, dit un auteur contemporain, devant le roi Louis IX (faint Louis), la corde au cou, fe jeta à fes pieds, & demanda pardon de fa félonie. « *Mauvais traître*, lui répondit le Roi, *encore que tu ayes mérité une mort infâme, cependant je te pardonne en confidération de la nobleffe de ton fang; mais je ne laifferai la Bretagne à ton fils que pour fa vie feulement, & je veux qu'après fa mort les rois de France foient maîtres de ta terre.*

Cette menace, qui cependant ne s'effectua point, prouve que faint Louis avoit une haute idée des droits que fa couronne lui donnoit fur la Bretagne. Depuis environ un fiècle il s'étoit introduit dans la féodalité une diftinction d'hommage fimple & d'hommage-lige. Ce dernier entraînoit des devoirs plus rigoureux & plus étendus que l'autre. Le vaffal-lige étoit obligé de fervir en perfonne fon feigneur envers & contre tous; le vaffal fimple pouvoit mettre un homme en fa place, & n'étoit obligé de fecourir fon feigneur que dans certains cas. Les Bretons prétendoient ne devoir que l'hommage fimple. Le comte de Bretagne, en cette occafion, fut forcé de rendre l'hommage-lige; c'eft, dit-on, ce qui lui fit donner le furnom de *Mau-clerc*, c'eft-à-dire, *mal habile*. Depuis cet accommodement, fait en 1234, Pierre (*Mauclerc* ou non) fut toujours fidèle au roi faint Louis; il le fuivit en Afrique, combattit vaillamment à la Maffoure, & mourut fur mer le 22 juin 1250, en revenant en France.

PIERRE ( ALBERT DE LA ), ( *Hift. des Suiffes* ), capitaine fuiffe, fort attaché à la France dans les différentes guerres de François 1, depuis 1515 jufqu'en 1522.

En 1515 les Suiffes défendoient l'Italie contre les Français, & occupoient le Pas-de-Sufe pour les arrêter au paffage des Alpes; ils avoient à leur tête le cardinal de Sion, implacable ennemi de la France. Les Français leur échappèrent, & pénétrèrent en Italie par une route jufqu'alors inconnue, qui leur fut indiquée par un payfan piémontais, à qui tous les détours des Alpes étoient familiers. Le cardinal de Sion & les Suiffes frémirent de rage en apprenant que les Français, qu'ils attendoient toujours au Pas-de-Sufe, occupoient déjà une partie du Milanez; mais bientôt leurs chefs fe brouillèrent; ils n'étoient pas tous dans les mêmes difpofitions à l'égard de la France, & le cardinal de Sion, dont le tems fembloit enflammer la fureur au lieu de l'amortir, fe plaignoit de la froideur de quelques-uns d'entr'eux; il pouffa même l'imprudence de fes emportemens jufqu'à reprocher au colonel Albert de la Pierre, qui commandoit les Suiffes du canton de Berne,

qu'il étoit trop ami des Français pour avoir ignoré leur marche à travers les Alpes. La Pierre repouffa l'infulte par la brutalité; il donna un démenti au Cardinal. Celui-ci montra auffitôt des patentes de Général, fignées du Pape & de l'Empereur, & fit arrêter la Pierre; mais il fut obligé de le relâcher au bout de vingt-quatre heures. Le lendemain la Pierre, pour fe venger, lui demanda la folde à la tête de fa troupe, dont le Cardinal faifoit la revue. Le Cardinal, qui n'avoit point d'argent, prit le ton de la douceur, c'eft-à-dire, de la foibleffe. Albert, d'autant plus fier que le Cardinal étoit plus fouple, infifte, menace, fa troupe l'appuie : le Cardinal fe croit en danger, & s'enfuit avec fes amis à Pignerol. La fin de cette querelle fut qu'Albert de la Pierre quitta l'armée, & ramena dans le canton de Berne une grande partie de fa troupe, ne voulant ni fervir fous le Cardinal, ni mériter fes reproches en paffant pour lors dans l'armée françaife.

Mais en 1516, l'Empereur ayant fait une irruption dans le Milanez, dont les Français avoient fait la conquête l'année précédente, le capitaine Albert de la Pierre arrive pour le défendre à la tête de treize mille Suiffes. Ce renfort fit renaître l'audace avec l'efpérance : on ne fe borna plus à la défenfive; on ne parla que d'attaquer l'Empereur & de le réduire à une retraite honteufe. Cependant les Suiffes amenés par Albert de la Pierre eurent horreur de fouiller leurs mains du fang de leurs compatriotes, qui fervoient au nombre de quatorze mille dans l'armée de l'Empereur; ils refufèrent de combattre, quoiqu'ils euffent reçu leur montre ou folde. Le connétable de Bourbon les licencia, & les renvoya pour éloigner de fon armée la contagion de la défobéiffance; mais Albert de la Pierre étoit trop attaché aux Français pour les abandonner; il refta, & força de refter fa compagnie de trois cents hommes. Elle exigea cependant que l'on ne l'employât que contre les Allemands, & protefta de ne point combattre contre les Suiffes.

Au moyen du traité de Fribourg, du 29 novembre 1516, auquel on a donné le nom de *Paix perpétuelle*, & qu'il le mérita, puifque depuis ce tems les Suiffes n'ont pas ceffé d'être fidèles aux rois de France, on n'eut plus à craindre de rencontrer les Suiffes, du moins de l'aveu de leur nation, dans les armées ennemies de la France.

On fait avec quelle inconfidération & quelle opiniâtre déraifon les Suiffes du maréchal de Lautrec le forcèrent, en 1522, de livrer à la Bicoque, contre les Impériaux, un combat néceffairement défavantageux, & dont le fuccès étoit impoffible; ils demandoient d'être payés, & ils ne vouloient pas permettre qu'on s'avançât vers Arona pour y prendre la caiffe militaire qu'on y avoit laiffée comme dans un pofte fûr & à l'abri du pillage. Ce même Albert de la Pierre, autrefois fi attaché à la France, mais qui alors paroiffoit tendre à la défection, fut chargé de porter à Lautrec les dernières propositions des Suisses, qui se réduisoient à ces trois mots : *Argent, congé ou bataille.* Lautrec n'ayant point d'argent, puisqu'on l'empêchoit d'en aller chercher, prit le parti de livrer les Suisses à toute leur ardeur, & disposa tout pour le combat, ou plutôt pour sa défaite. « Il les devoit très-bien & beau laisser aller & les » recommander à tous les diables, dit Brantôme ;... car jamais le fait ne va bien quand il » faut que le Général obéisse à ses soldats & com- » batte à leur volonté. ».

Lautrec fit pour cette funeste bataille où on le forçoit, les meilleures dispositions que le génie & la prudence pouvoient suggérer ; mais il ne put forcer la nature. Les Suisses, qui n'avoient jamais voulu comprendre la veille ce qu'il leur avoit montré lui-même, que les retranchemens étoient partout si escarpés, qu'à peine pouvoient-ils y atteindre du bout de leurs piques, mesuroient alors d'un œil inquiet cette hauteur inaccessible, s'excitoient à la franchir, grimpoient avec effort, retomboient, regrimpoient encore, tandis que le canon & la mousqueterie, tonnant sur eux sans relâche, mettoient tout en désordre, & qu'enveloppés de toutes-parts, ils ne pouvoient faire face d'aucun côté ; ils frémissoient, ils pleuroient de colère, ils poussoient des hurlemens affreux, ils se consumoient en efforts surnaturels & superflus. Montmorenci, qui commandoit leur attaque & qui n'en espéroit rien, les consoloit, les encourageoit, descendoit avec eux dans ces fossés profonds, gémissoit comme eux de l'impossibilité de les franchir. Albert de la Pierre, leur célèbre commandant, & vingt-deux de leurs capitaines, furent tués sur la place.

Le jour de ce grand désastre fut le dimanche de *Quasimodo*, 22 avril 1522.

PIET ( BAUDOUIN VANDER ), ( *Hist. litt. mod.*), professeur en droit à Douai & jurisconsulte habile, auteur de plusieurs bons Traités de droit en latin. Il fut le premier qui, à la naissance de l'Université de Douai, eut le titre de bachelier. Le conseil de Malines le nomma plusieurs fois pour un de ses membres ; il refusa constamment cet honneur, aimant mieux continuer à former des juges que d'être juge lui-même. Il pouvoit dire :

J'ai fait des Souverains, & n'ai pas voulu l'être.

Né à Gand en 1546, mort à Douai en 1609.

PIGHIUS ( ALBERT & ÉTIENNE VINAND ), oncle & neveu, savans flamands.

1°. Albert, catholique zélé, fit beaucoup d'écrits contre Luther, Mélanchton, Bucer & Calvin, & fut agréable au pape Adrien VI & à ses successeurs, par sa doctrine plus que catholique &

vraiment ultramontaine. Ses ouvrages les plus considérables sont un Traité ( latin) de la grace & du libre arbitre, & un autre Traité intitulé *Assertio Hierarchiæ ecclesiasticæ.* Il étoit aussi mathématicien ; il excelloit à construire des sphères armillaires : il y a de lui plusieurs ouvrages de mathématiques. Né à Campen, mort en 1542 à Utrecht.

2°. Étienne Vinand, né aussi à Campen & mort en 1604, à quatre-vingt-quatre ans, avoit été pendant quatorze ans secrétaire du cardinal de Granvelle, & ensuite chanoine régulier. Il est auteur des Annales de la ville de Rome & de quelques autres ouvrages d'érudition.

PIGNA ( JEAN-BAPTISTE ), ( *Hist. litt. mod.*), auteur italien du seizième siècle, assez estimé, est connu par divers ouvrages de politique, d'histoire, &c. tels que *Il Principe ; Il duello nel quale si tratta dell'onore è dell'ordine della Cavaleria ; Historia di Principi di Este ; Romanzi ne quali della Poesia è della vita d'Ariosto si tratta.*

PIGNORIUS ( LAURENT ), ( *Hist. litt. mod.*), curé de Saint-Laurent de la ville de Padoue, où il étoit né en 1571, puis chanoine de Trevise, où il mourut de la peste en 1631, étoit possesseur d'une belle bibliothèque & d'un riche cabinet de médailles. Ses ouvrages furent très-estimés des savans. On a de lui un Traité *De servis, & eorum apud veteres ministeriis ;* un ouvrage intitulé *Caractères ægyptii.* Il a aussi écrit très-savamment sur les origines de la ville de Padoue : *Origini de Padoua.*

PILARINO ( JACQUES ), ( *Hist. litt. mod.*), savant médecin, eut une destinée assez errante. Né en Grèce, à Céphalonie, il enseigna la médecine en Italie, à Padoue ; il l'exerça dans des climats tout différens, en Valachie, en Moscovie, &c. Il fut consul dans l'Asie-Mineure, à Smyrne ; il revint mourir en 1718, non dans sa patrie, mais dans celle qu'il avoit paru d'abord adopter, c'est-à-dire, à Padoue. On a de lui un Traité latin de *l'Inoculation de la petite-vérole*, & quelques autres écrits sur la médecine.

PILON ( GERMAIN ), ( *Hist. mod.* ), sculpteur & architecte célèbre, par qui la sculpture surtout a fait des progrès en France. Il passe pour le premier sculpteur qui ait exprimé d'une manière supérieure le caractère des étoffes, & qui ait appliqué à son art le talent de la draperie. Il est l'auteur de ce saint François recevant les stigmates, qu'on voit dans le cloître des Grands-Augustins à Paris. Il exécuta cette figure en terre cuite, comme nous la voyons, & il devoit l'exécuter en marbre. Quelque éloge qui soit dû à cet ouvrage, lequel est en possession d'arrêter & de fixer les regards des passans, on ne peut pas dire, à ce qu'il nous semble, que le sculpteur y ait distingué avec assez de précision & de finesse l'air dévot de l'air cafard. On a d'autres ouvrages du même sculpteur dans diverses églises de Paris, telles que celles des Picpus, de Sainte-Catherine, des Célestins, de Saint-Gervais, de Saint-Étienne-du-Mont.

PINA (JEAN DE), (Hist. litt. mod.), jésuite espagnol, né à Madrid en 1582, a commenté l'Ecclésiaste & l'Ecclésiastique, le tout en beaucoup de volumes in-folio. On raconte qu'il avoit lu tous les Pères, tant grecs que latins, sans en excepter un seul, & qu'il en avoit extrait cent volumes de cinq cents pages chacun, tous écrits de sa main. Mort en 1657, chargé d'honneurs dans sa Société.

PINELLI (JEAN-VINCENT), (Hist. litt. mod.), homme de lettres célèbre, quoiqu'il n'ait produit aucun ouvrage. Tous les savans de son tems, Juste-Lipse, Joseph Scaliger, Sigonius, le P. Possevin, Pancirole, Pierre Pithou, &c. étoient ses amis, & tous ont célébré à l'envi son érudition. Sa bibliothèque fut une des plus riches & des plus vastes qui aient été possédées par un particulier, &, comme sa vaste érudition, elle fut communiquée à tous les savans. Tous le consultoient, & nul ne le consulta jamais sans fruit Ses correspondances littéraires embrassoient toute l'Europe. Paul Gualdo, qui a écrit la vie de Pinelli, ne spécifie pas le nombre des volumes dont sa bibliothèque étoit composée; il nous dit seulement que Pinelli ayant voulu la faire transporter par mer à Naples, elle fut distribuée en cent trente caisses, dont quatorze contenoient les manuscrits. Il mourut dans l'intervalle, & la totalité de ses manuscrits ne parvint pas à ses héritiers. On sait combien les Vénitiens sont jaloux d'envelopper des ombres du mystère leur gouvernement & leur politique, conduite qu'on est naturellement porté à blâmer comme contraire à toute amélioration & à tout perfectionnement, mais dont on ne peut pas dire qu'ils se soient mal trouvés. Le sénat de Venise fit apposer le scellé sur les manuscrits de Pinelli, & en fit enlever jusqu'à deux cents pièces qui concernoient les affaires de la république. Pinelli, né à Naples, de Cosme Pinelli, noble Génois, s'étoit fixé, à l'âge de vingt-quatre ans, dans la ville de Padoue, uniquement parce que l'Université y rassembloit un grand nombre de savans. Il avoit le desir & le besoin de s'instruire en tout genre, & d'étendre à tout la sphère de ses connoissances; cependant il avoit quelques objets de prédilection, tels que l'Histoire, les médailles, les antiquités, l'Histoire naturelle, la Botanique. Attentif à la conservation des titres & des monumens de toute espèce, il avoit des émissaires chargés dans plusieurs des villes les plus considérables de l'Italie, de visiter fréquemment les boutiques des ouvriers qui employoient beaucoup de vieux parchemins:

quand il en trouvoit de précieux & d'utiles, il les rachetoit à grands frais de ces ouvriers. On assure que cet examen & cette recherche ont sauvé de la destruction des titres fort importans; & peut-être un pareil examen, s'il avoit eu lieu partout & toujours, eût-il conservé bien des monumens que l'Histoire doit regretter. L'ardeur de l'étude étoit d'autant plus forte chez Pinelli, que rien n'y faisoit diversion. Les plaisirs qui occupent, ou du moins délassent les autres hommes, n'étoient pas même chez lui la matière d'une distraction. Heureux avec ses livres & par ses livres, ils étoient pour lui l'Univers. Pendant quarante-trois ans qu'il vécut au milieu d'eux, à Padoue, on ne le vit que deux fois sortir de la ville; l'une, parce qu'il en fut chassé par la peste; l'autre, parce que sa famille l'appeloit à Naples. Ce savant, en somme, fut plus utile aux lettres, que beaucoup de ceux qui ont sur lui l'avantage d'avoir enrichi la littérature, même de bons ouvrages. Mort en 1601.

PIPPO (PHILIPPE SANTA-CROCE, dit), (Hist. mod.), graveur également distingué par l'extrême délicatesse de ses ouvrages, & par le choix singulier de la matière sur laquelle il s'exerçoit. C'étoit sur des noyaux de prunes & de cerises qu'il aimoit à tailler de petits bas-reliefs composés de figures imperceptibles & qui échappoient aux yeux, mais qui, vues avec la loupe, présentoient la plus grande régularité dans les proportions.

Ses enfans s'illustrèrent aussi par la gravure, surtout Mathieu, l'ainé de tous.

Et Jean-Baptiste, fils de Mathieu, fut encore plus célèbre, dans cet art, que son père. On ne sait pas bien précisément dans quel tems vivoient ces divers artistes.

PIROMALLI (PAUL), (Hist. litt. mod.), dominicain calabrois du dix-septième siècle, acquit de la réputation dans les missions d'Orient. Il demeura long-tems en Arménie & en Perse, & y fit beaucoup de conversions. Le pape Urbain VIII (Barberin) l'envoya aussi en Pologne en qualité de nonce. En retournant par mer en Italie, il tomba entre les mains des corsaires, & fut mené en captivité à Tunis. Renvoyé de nouveau en Orient, il y fut fait, en 1655, évêque de Nassivan. Après avoir gouverné pendant neuf ans cette Eglise, étant de nouveau retourné en Italie, il y fut nommé à l'évêché de Bisignano. Il mourut, en 1667, dans ce nouveau diocèse, laissant une mémoire également chère & respectable par la vertu & l'érudition. Outre divers ouvrages de controverse & de théologie, on a de lui deux Dictionnaires, l'un latin-persan, l'autre arménien-latin, & une grammaire arménienne.

PISIDES (GEORGES), (Hist. litt. mod.), diacre, garde des chartres & référendaire de l'Eglise de Constantinople sous l'empire d'Héraclius, vers
l'an

l'an 640, eſt auteur d'un poëme en vers grecs iambes ſur la création du Monde, & d'un autre poëme ſur la vanité de la vie. Ces deux ouvrages ſe trouvent dans la *Bibliothèque des Pères* & dans le *Corpus Poetarum græcorum*. Lë P. Combeſis a publié des ſermons de Piſides en l'honneur de la Vierge.

PLANQUE (FRANÇOIS), (*Hiſt. litt. mod.*), médecin, auteur d'une *Chirurgie complète*, ſuivant *le ſyſtème des modernes*, ouvrage élémentaire, eſtimé & recommandé; d'une *Bibliothèque choiſie de médecine*, *tirée des ouvrages périodiques*, *tant français qu'étrangers*, collection curieuſe, continuée depuis par M. Goulin; d'une traduction des obſervations rares de médecine & de chirurgie, de Vander-Wiel; de diverſes éditions d'autres ouvrages de médecine & de chirurgie, avec des notes, étoit né en 1696 à Amiens, & mourut en 1765.

PLEMPIUS (VOPISCUS - FORTUNATUS), (*Hiſt. litt. mod.*) ſavant médecin hollandais, né en 1601 à Amſterdam, exerçoit avec ſuccès la médecine dans ſa patrie lorſqu'en 1633 il fut appelé à Louvain par l'infante Claire-Iſabelle-Eugénie, femme de l'archiduc Albert, & gouvernante des Pays-Bas. On a de Plempius divers ouvrages de ſa profeſſion: *Ophtalmographia*, *ſive de oculi fabricâ*; *Medicina fundamenta*; *De affectibus capillorum & unguium naturâ*; *De togatorum valetudine tuendâ*. Il a écrit auſſi en faveur du quinquina: *Pulvis peruvianus*, *febrifugus vindicatus*. Mort à Louvain en 1671.

PLUKENET (LÉONARD), (*Hiſt. litt. mod.*), botaniſte connu du dix-ſeptième ſiècle, né en 1642, eſt auteur de divers ouvrages, tous relatifs à la ſcience qu'il cultivoit: *Phytographia*, *ſeu plantarum icones*; *Almageſtum botanicum*, *ſive Phytographia. onomaſticon*; *Almageſti botanici mantiſſa*, *plantas. noviſſimè detectas complectens*; *Amaltheum botanicum*, *id eſt*, *ſtirpium Indicarum alterum copia cornu.*

PLUNKETT (OLIVIER), (*Hiſt. d'Anglet.*), Irlandois & primat d'Irlande, nommé à l'archevêché d'Armach, en 1669, ſous le règne de Charles II. Dans un tems où les Catholiques & les Proteſtans s'accuſoient réciproquement de conjurations contre l'Etat, Olivier Plunkett, accuſé d'avoir voulu ſoulever les Catholiques contre le roi d'Angleterre, fut condamné à être pendu, puis mis en quartier. Cet arrêt fut exécuté le 10 juillet 1681, & l'innocence de ce vertueux & infortuné prélat ne fut reconnue qu'après ſa mort. Il avoit ſoixante-cinq ans quand il fut envoyé au ſupplice.

POBLACION (JEAN-MARTIN). (*Hiſt. litt. mod.*) C'eſt le nom du premier profeſſeur royal de mathématiques, qui fut nommé par François I

vers l'an 1530. Il étoit Eſpagnol. Quelques auteurs citent de lui un *Traité de l'Uſage de l'aſtrolabe*.

PODIKOVE ou PODOKOVE (JEAN), (*Hiſt. mod.*), aventurier célèbre qui troubla la Valachie ſa patrie, dans le ſeizième ſiècle, & qui força les grandes puiſſances voiſines de ſe réunir contre lui. Avec une troupe de brigands & d'aventuriers qu'il ramaſſa, il entreprit de détrôner le vaivode de Valachie, & ſon projet réuſſit; mais le roi de Pologne, Battori; Chriſtophe, prince de Tranſilvanie; le Grand-Seigneur même, ſe déclarèrent contre lui. Chriſtophe le battit en 1579. Podikove fut réduit à errer d'abord d'aſile en aſile, puis à ſe rendre au gouverneur de Kaminiek, qui l'envoya au roi de Pologne. Il s'étoit rendu à condition d'avoir la vie ſauve; mais le Grand-Seigneur demanda qu'il lui fût remis comme perturbateur de la paix d'un pays qui étoit ſous la protection de la Porte. On crut devoir ſatisfaire les Turcs, & Podikove eut la tête tranchée à Varſovie, en préſence de l'envoyé du Grand-Seigneur. Ce Podikove étoit d'une force de corps extraordinaire. On a dit de lui, comme dans la ſuite du roi de Pologne, Auguſte, & du maréchal de Saxe ſon fils, qu'il caſſoit avec ſes mains un fer de cheval.

POIDRAS. (*Hiſt. d'Anglet.*) C'eſt le nom d'un aventurier & d'un impoſteur qui vivoit du tems d'Edouard II, en 1314, & qui prétendoit être Edouard lui-même, ayant, diſoit-il, été changé en nourrice; en conſéquence il redemandoit la couronne. Il fut pendu; mais le ſort du véritable Edouard II fut peut-être plus triſte encore. Poidras étoit fils d'un tanneur d'Exceſter.

POINSINET (ANTOINE-ALEXANDRE-HENRI), de l'Académie des arcades & de celle de Dijon, auteur connu de beaucoup d'ouvrages frivoles. On l'appeloit, dans le monde, *le petit Poinſinet*, pour le diſtinguer de ſon parent, M. Poinſinet de Sivri, connu par des ouvrages plus ſérieux & d'un mérite différent. Le petit Poinſinet eut des ſuccès à l'Opéra comique, ſoit qu'il eût réellement quelque petit talent pour ce petit genre, qui n'étoit rien ou preſque rien avant que M. Marmontel eût daigné lui donner de l'importance & de l'intérêt, ſoit que ces ſuccès fuſſent dus principalement au muſicien. Celles des pièces du petit Poinſinet, qui ſe ſoutinrent le mieux à l'Opéra comique, ſont: *Gilles*, *garçon peintre*; *Sancho-Pança*, *le Sorcier*, *Tom-Jones*, &c. On a de lui auſſi une tragédie lyrique: *Ernelinde* ou *Sandomir*. Sa comédie du *Cercle* eſt ſon meilleur ouvrage, quoique le colonel Brodeur, qui porte ſon ouvrage dans ſa poche, n'ait pas beaucoup de modèles dans le monde; mais les propos frivoles, mêlés, interrompus des femmes de ſon *Cercle* & de leurs petits adorateurs, ne manquent aſſurément pas de modèles, ni dans le monde, ni dans les pièces faites

P O I

avant Poinsinet. On dit que cet écrivain, quoiqu'il ne manquât point d'esprit, étoit d'une crédulité inconcevable : on lui faisoit accroire tout ce qu'on vouloit ; on lui jouoit mille tours dont il étoit toujours la dupe, sans même qu'on prît la peine d'en varier la forme, sans même qu'on daignât y donner la moindre vraisemblance : c'est ce qu'on appeloit *mystifier*, & les *mystifications du petit Poinsinet* étoient pour ainsi dire passées en proverbe dans sa société.

Poinsinet étoit né à Fontainebleau, en 1735, d'une famille attachée au service de la Maison d'Orléans. Il eut le mérite de voyager : en 1760 il parcourut l'Italie : en 1769 il voulut visiter l'Espagne, & tâcher d'y mettre l'opéra comique à la mode. Il se noya malheureusement dans le Guadalquivir.

POIRET, ( *Hist. litt. mod.* ), enthousiaste bizarre, grand admirateur des enthousiastes de son tems, nommément de la célèbre mademoiselle Bourignon, & de madame Guyon, non moins célèbre. Il a publié les œuvres & écrit la vie de la première ; il s'est aussi rendu l'éditeur de plusieurs Traités de la seconde, & des ouvrages de quelques autres mystiques, gens avec lesquels il avoit beaucoup d'affinité. Il ne vivoit qu'avec eux ou dans une solitude entière, & ses ouvrages s'en ressentoient jusque dans le choix des sujets & dans la singularité des titres. C'est *l'Economie divine, la Paix des bonnes ames, la Théologie du cœur ; Cogitationes rationales de Deo, animâ & malo*, &c.

Pierre Poiret étoit né à Metz en 1646. Son père étoit fourbisseur, & l'avoit destiné à l'art de la culture. Son goût le porta vers l'étude des langues, de la philosophie, de la théologie : il savoit le latin, le grec, l'hébreu. Il fut ministre à Heidelberg, puis à Anweil ou Anweiller en Alsace. Il écrivit contre Descartes. Il mourut, en 1719, à Reinsberg en Hollande.

POISLE ( JEAN & JACQUES ), ( *Hist. mod.* ), père & fils, tous deux conseillers au parlement de Paris. Le père fut accusé de s'être enrichi par des voies mal-honnêtes. Il fut condamné par sa propre compagnie. Un arrêt du parlement, du 19 mai 1582, l'oblige à faire amende honorable, & le déclare incapable d'exercer aucun office de judicature. Ceux qui peuvent vouloir s'instruire de cette affaire, trouveront les notions dont ils ont besoin, dans deux livres devenus assez rares, comme tous ceux qui ne concernent que des intérêts particuliers. L'un a pour titre : *Légende de M. Jean Poisle, contenant les moyens qu'il a pris pour s'enrichir ;* l'autre, *Avertissement & Discours des accusation*, &c. L'arrêt se trouve dans ce dernier livre.

Cette flétrissure de Jean Poisle fut ce qu'elle devoit être, entiérement personnelle. Elle n'empêcha point Jacques son fils d'être conseiller au

même parlement. On a de celui-ci quelques poésies. Il mourut en 1626.

Françoise Poisle, fille de Jacques, fut la mère du maréchal de Catinat.

POIX ( DE ). ( *Hist. de Fr.* ) Poix est un village de Picardie, à huit lieues d'Abbeville, avec titre de principauté ; il a donné son nom à l'ancienne Maison de Poix, dont il paroît que le nom originaire étoit Tyrel : nous voyons du moins ce nom porté par toute la branche aînée, mais non point par les branches cadettes.

1°. Gautier Tyrel, seigneur de Poix, vivoit en 1030.

2°. Gautier Tyrel *ou* Tyrrel, second du nom. Le roi d'Angleterre, Guillaume-le-Roux, étant ( en 1100 ) à la chasse dans la *Forêt neuve*, au comté de Hamps, accompagné seulement de ce gentilhomme français, distingué par son adresse à tirer de l'arc. Un cerf est lancé : Tyrel, impatient de se signaler aux yeux du Roi, tire une flèche ; elle effleure, en passant, un arbre, qui la détourne & la renvoie droit au Roi, à qui elle perça le cœur, & qui tomba mort sur la place. Mézeray dit, comme auroit fait Tacite, que la flèche fut ainsi dirigée *par hasard ou à dessein ;* mais les historiens anglais n'accusent point Tyrel. Il est vrai qu'effrayé de cet accident, il n'en instruisit d'abord personne ; il courut à toute bride au rivage, s'embarqua pour la France, & se joignit aux Croisés qui partoient pour Jérusalem.

3°. Jean Tyrel, premier du nom, seigneur de Poix, se battit en champ clos, à Gisors, le 6 mai 1337, contre Pierre de Sarcus, au sujet d'un château qu'ils se disputoient.

4°. Jean Tyrel son fils, second du nom, servit en 1353 avec distinction, sous le maréchal d'Audenehan dans le Périgord.

5°. Jean Tyrel III, fils du précédent, fut fait prisonnier des Anglais en 1359.

6°. Ses fils suivirent le parti du duc de Bourgogne. Jeannet, un de ces fils, fut battu par les Orléanois en 1414, & pris par les Anglais à la journée d'Azincourt, en 1415. Il servit en 1417 au ravitaillement de la ville de Senlis, assiégée par le connétable d'Armagnac. Il eut la charge d'Amiral de France, mais il ne l'exerça point. Il mourut de la peste que les massacres des Armagnacs & des Bourguignons causèrent dans Paris en 1418.

7°. Jean Tyrel V, petit-fils de Jean III, & chambellan du roi Charles V, fut tué à la bataille d'Azincourt.

8°. Marguerite sa sœur porta la seigneurie de Poix dans une Maison, d'où elle a passé depuis dans celle de Créquy. Cette principauté est possédée aujourd'hui par une branche cadette de la Maison de Noailles.

9°. Dans les branches cadettes de la Maison de Poix, Rogues de Poix, un des fils puînés de Jean II.

(mentionné fous le n°. 4), & tige des feigneurs d'Ignaucourt & de Camps, fut tué à la journée d'Azincourt.

10°. Dans la branche des feigneurs de Séchelles, Jean de Poix fe fignala au fiége de Pontoife, en 1441.

11°. François de Poix, feigneur de Séchelles, petit-fils du précédent, fut tué d'un coup d'épée le 16 juillet 1549, par Georges fon frère.

12°. David fon petit-neveu mourut en 1612, au voyage de Guienne.

13°. Dans la branche des feigneurs de Brimeu, Louis de Poix, feigneur de Brimeu, fut tué dans cette même bataille d'Azincourt, fi funefte à toute la Maifon de Poix & à toute la nobleffe françaife.

POMÈRE (JULIEN POMERIUS), (*Hift. litt. mod.*), paffa de la Mauritanie où il étoit né, dans les Gaules, où il enfeigna la rhétorique. On fait qu'il vivoit encore en 496. On fait de plus qu'il eft l'auteur du livre de *la Vie contemplative* ou *des Vertus & des Vices*, qui fut long-tems attribué à faint Profper, & qui fe trouve dans fes œuvres.

PONA (JEAN-BAPTISTE, JEAN & FRANÇOIS). (*Hift. litt. mod.*) Les deux premiers étoient frères. On a de Jean-Baptifte des poéfies latines, une paftorale intitulée *il Tirreno*, & un ouvrage intitulé *Diatribe de rebus philofophicis*. Il étoit de Vérone, & il y mourut en 1588.

Jean Pona fon frère étoit un botanifte habile, dont on a auffi quelques ouvrages.

François Pona étoit du même pays (de Vérone), & vraifemblablement de la même famille. Il étoit né en 1594. Il exerça la médecine dans fa patrie, & mourut vers l'an 1652. Il eft auteur d'affez grand nombre d'ouvrages, de tragédies & de comédies, d'un poème qui a pour titre *l'Adamo*; de deux romans, *l'Ormondo* & *la Meffulina*: des ouvrages intitulés *Medicina anima*; *Saturnalia*; *la Lucerna di Eureta Mifofcolo*; *la Galeria delle donne celebri*; *della contraria forza di due belli occhi*.

PONCE DE LARAZE, (*Hift. eccléf.*), gentilhomme du diocèfe de Lodève, fameux dans le douzième fiècle, d'abord par les brigandages, les violences, les excès de tout genre dont il infefta fa province; enfuite par fa pénitence, par fes pélerinages à Saint-Jacques en Galice & ailleurs, par le monaftère qu'il fonda dans le lieu appelé *Salvanes*, qu'Arnaud Dupont, feigneur de ce lieu, lui donna pour cette fondation, & où Ponce de Laraze & fes compagnons embrafferent, en 1136, la règle de Cîteaux. Ponce, qui eût pu être abbé de ce couvent, fe contenta, par humilité, d'en être fimple frère convers. Il mourut quelque tems après cette fondation, & en odeur de fainteté.

PONIATONIA (CHRISTINE), (*Hift. mod.*), femme à extafes, à vifions, à révélations, à va-

peurs. Fille d'un moine apoftat de Pologne, elle vivoit au fervice de la baronne d'Engelking en Bohême. En 1627 & dans les années fuivantes, elle eut des révélations du prochain rétabliffement de l'Eglife, & l'Eglife refta comme elle étoit. Au commencement de l'année 1629 Poniatonia mourut, mais elle reffufcita; elle devint même plus fage, car elle n'eut plus de révélations; mais ce ne fut qu'en 1644 qu'elle mourut pour ne plus revivre.

PONTAC (ARNAULD DE), (*Hift. eccléf. & litt. mod.*), évêque de Bazas, natif de Bordeaux, étoit d'une famille illuftre; il joua, par fon éloquence & fon érudition, un perfonnage diftingué dans le clergé de France. L'affemblée de ce clergé, tenue à Melun en 1579, le chargea de faire à Henri III des remontrances auxquelles ce Prince fuperftitieux, vicieux & diffipateur ne donnoit que trop fouvent lieu. On fut content de la manière dont l'évêque de Bazas remplit fa commiffion. Ce prélat favoit les langues orientales. On a de lui des Commentaires fur Abdias, & quelques autres ouvrages. Mort en 1605.

PONTEDERA (JULIEN), (*Hift. litt. mod.*), né à Pife, profeffeur de botanique à Padoue au commencement de ce fiècle, a compofé deux ouvrages fur la fcience qu'il profeffoit; l'un a pour titre: *Compendium Tabularum botanicarum*; l'autre, *De florum naturâ*.

PONTHIEU (ADÉLAÏDE ou ADÈLE, COMTESSE DE). (*Hift. mod.*) L'hiftoire de cette femme, qui joua un rôle dans les croifades, paroît appartenir au roman, & à la poéfie plus qu'à l'Hiftoire proprement dite. On dit qu'injuftement condamnée par fon propre père, fur des apparences trompeufes, arrachée à un mari qui l'aimoit, & jufque-là femblable à plufieurs égards à l'Aménaïde de *Tancrède*, elle fut vendue à un foudan, & fe conferva pure & innocente au milieu de toutes ces aventures, jufqu'à ce qu'enfin fon innocence ayant été pleinement reconnue, elle fut ramenée en triomphe dans fa patrie. C'eft elle qui a fourni à M. le commandeur de Vignacourt le fujet de fon roman d'*Adèle* ou *Edèle de Ponthieu*, imprimé en 1723; à M. de la Place, celui d'une tragédie jouée en 1757; à M. de Saint-Marc, celui d'un opéra joué en 1772.

PONTIEN (SAINT). (*Hift. eccléf.*) C'eft le nom d'un faint Pape, nommé en 230, perfécuté pour la Foi fous l'empereur Maximin. Il mourut en 235, exilé dans l'île de Sardaigne.

PONTOUX (CLAUDE), (*Hift. litt. mod.*), médecin & ancien poète français, né à Châlons-fur-Saone, mort vers l'an 1579, auteur d'un recueil de poéfies imprimées l'année de fa mort, & d'un autre recueil de chanfons, fonnets, ftances, odes, imprimé en 1596, fous le titre de *Gélodacrie amoureufe*.

PORCACCHI (Thomas), (*Hiſt. litt. mod.*), né à Caſtiglione-Aretino en Tofcane, eſt auteur de plufieurs ouvrages, & d'érudition, & de bel efprit, parmi lefquels on remarque fon *Iſole del Mondo*, & plus encore fes *Funerali antichi di diverſi Popoli e Nationi, con figure del porto*. Il a traduit en italien, *Juſtin*, *Dion*, *Plutarque* & quelques autres auteurs, tant grecs que latins. Il a auſſi fait des vers latins & italiens. Mort en 1585.

PORCHAIRE (Saint), (*Hiſt. eccléf.*), abbé de Lérins, étoit à la tête de cinq cents moines dans ce monaſtère, alors la pépinière des évêques & des faints, lorfque les Sarrafins ou Maures d'Efpagne, au retour du fiége d'Arles, vinrent fondre fur cette île, ravagèrent le monaſtère, & maffacrèrent fans pitié l'abbé avec tous fes moines, à la réferve de quatre ou cinq qui trouvèrent le moyen d'échapper, & qui, lorfque cet orage fut paſſé, revinrent habiter leur monaſtère.

PORCHETTI DE SILVATICIS, (*Hiſt. litt. mod.*), favant chartreux génois, qui vivoit vers l'an 1315, charma l'ennui de fa folitude en s'occupant à réfuter les Juifs dans un livre intitulé *Victoria adverſùs impios hebraos*. Cet empreſſement & ce befoin de dire des injures à fes adverfaires dès le titre même de l'ouvrage n'annoncent pas des vues de conciliation. D'ailleurs, ceux qui défendent la religion chrétienne peuvent toujours s'aſſurer de vaincre par la bonté de leur caufe.

*Eloquio victi, re vincimus ipſâ.*

Mais cependant il n'eſt ni féant ni prudent d'intituler un écrit polémique : *Victoria*.

PORRÈTE (Marguerite), (*Hiſt. eccléf.*), prédicante myſtique du treizième & du quatorzième fiècle, enfeigna la première toutes les erreurs du quiétifme, &, par l'effet d'une erreur bien plus funeſte, fut brûlée en 1310 comme hérétique.

PORTAIL (Antoine), (*Hiſt. de Fr.*), magiſtrat célèbre, remplit long-tems, avec la plus grande diſtinction, la charge d'avocat-général au parlement de Paris; il fut enfuite préfident à mortier, puis premier préfident. Eſtimé & refpecté dans toutes ces places, l'éloquence qu'il avoit fignalée dans la première, la dignité perfonnelle qu'il conferva dans les autres, l'amour des lettres, auquel il dut une partie de fa confidération, lui ouvrirent les portes de l'Académie françaife : il y fut reçu le 28 décembre 1724, à la place de l'abbé de Choify. On diſtingue, dans le recueil des harangues, le difcours noble & modeſte que pro-

nonça ce magiſtrat à fa réception. « Quoique revêtu de la première dignité du premier parlement du royaume, il crut s'honorer en venant s'aſſeoir parmi nous à la dernière place, & en nous aſſurant de tout le prix qu'il mettoit à nos fuffrages, » dit M. d'Alembert, qui met ce difcours en parallèle avec celui que prononça, dans une occafion femblable, un autre magiſtrat, lequel eut le malheur de fe figurer que fon nom & fa place honoroient l'Académie, & dont en conféquence le difcours fut un chef-d'œuvre de ridicule & d'orgueil ſtupide.

M. Portail mourut le 3 mai 1736.

Il avoit un frère, M. l'abbé Portail, qui fe diſtinguoit de fon côté par l'éloquence de la chaire : on a retenu dans une pièce du tems ce vers où ils font célébrés tous deux :

*Portalio templa ut plaudunt, ſic curia fratri.*

Ils avoient un neveu, M. Charpentier, fils d'un confeiller au parlement, & qui, avant d'être reçu lui-même dans une femblable charge, plaida, comme avocat, fa première & vraifemblablement fon unique caufe, avec beaucoup de diſtinction à la grand'chambre, en préfence de M. Charpentier fon père, homme de mérite auſſi, & de M. le premier préfident Portail fon oncle. L'avocat qui plaidoit contre lui, témoin du fuccès de fon éloquence, y applaudit par un compliment public, où il lui fit une application heureufe de ces vers d'Andromaque, au fujet de fon neveu Afcagne, dans le IIIe. livre de l'Enéide.

*In antiquam virtutem animofque viriles,*
*Et pater Æneas, & avunculus excitat Hector.*

PRÉVOST (L'abbé). A la page 8 & fuivantes de la Correfpondance fecrète, politique & littéraire, ou Mémoires pour fervir à l'hiſtoire des cours, des fociétés & de la littérature en France, depuis la mort de Louis XV, tome V, à Londres, chez John Adamfon, 1787, on lit ce qui fuit :

« Cette anecdote fingulière (1) & très-vraie n'eſt point connue : elle vous étonnera fans doute; elle regarde l'abbé Prévoſt, célèbre auteur de romans, mort depuis quelques années. Ce romancier foupoit un foir avec quelques intimes amis, pareillement hommes de lettres. Après qu'on eut épuifé la politique, la littérature, l'hiſtoire du jour, la converfation tomba infenfiblement fur la morale. Un des convives avança que le plus honnête homme ne pouvoit répondre de ne jamais fubir les fupplices réfervés aux criminels; ajoutez, dit l'abbé Prévoſt, ni même de les mériter. Cha-

(1) Elle a été rapportée encore dans quelques autres papiers publics; & puifqu'elle eſt fauſſe, il eſt juſte & utile de la détruire.

cun se récria sur cette dernière assertion : oui, Messieurs, reprit l'abbé, je vous soutiens qu'on peut très-bien, avec un bon cœur, une ame droite, avoir le malheur de commettre un crime qui conduise à l'échafaud. On dit que cela n'étoit guère possible.

» Messieurs, continua-t-il, vous êtes tous mes amis; je puis compter sur votre discrétion, & je peux en assurance vous faire une confidence que je n'ai encore faite à personne. Vous me croyez tous honnête homme? Chacun dit qu'il ne doutoit nullement de sa probité. Eh bien ! poursuivit l'abbé, je me suis rendu coupable du plus grand des forfaits, & il s'en est peu fallu que je n'aie péri de la mort la plus ignominieuse. Chacun crut qu'il plaisantoit; rien, dit-il, n'est plus sérieux : on se regarde avec surprise. Puisqu'il faut vous le dire, *moi, j'ai tué mon père* : on ne sait ce qu'on doit croire; on le presse d'expliquer cette énigme; il poursuit son histoire ainsi :

» En sortant du collége, je devins amoureux, mais éperdument amoureux d'une petite voisine de mon âge; je m'en fis aimer; j'obtins tout ce que peut desirer un amant. Enfin elle ne tarda pas à porter des fruits de sa foiblesse : j'étois enivré d'amour; je desirois d'être sans cesse à ses côtés; je passois tout mon tems avec elle. Mes parens me pressoient de choisir un état; je ne voulois que le plaisir d'adorer secrétement ma maîtresse : toute autre occupation me sembloit fastidieuse. Mon père, qui conçut quelques soupçons sur les motifs de cette indifférence, m'épia, & parvint à découvrir mon intrigue. Il vint un jour chez ma maîtresse, grosse de trois à quatre mois, dans le moment même que j'y étois; il lui fit en ma présence des reproches amers sur la liaison criminelle qu'elle entretenoit avec moi. Je gardai le silence : il lui reprocha encore qu'elle mettoit obstacle à ma fortune. Elle voulut se justifier : il l'accabla d'injures : elle pleura, je la défendis; mais mon père devint furieux; enfin il s'enflamma tellement, qu'il s'oublia au point de frapper cette infortunée. Il lui donna même un coup de pied dans le ventre; elle tomba sans connoissance : à ce spectacle je perdis la tête; je me jetai sur mon père, je le précipitai à travers l'escalier. Cette chute le blessa si dangereusement, qu'il mourut le soir même. Il eut la générosité de ne me point dénoncer : on crut qu'il étoit tombé naturellement, on l'enterra, & je fus sauvé par son silence de l'opprobre & des supplices. Cependant je n'en sentis pas moins toute l'énormité de ma faute; j'ai conservé long-tems une douleur morne & taciturne que rien ne pouvoit dissiper. Je résolus d'aller, dans la solitude d'un cloître, ensevelir mes regrets & mon affliction, & *j'embrassai l'Ordre de Cluny*. C'est peut-être à la mélancolie profonde que cette première erreur de ma jeunesse a répandue sur le reste de mes jours, que je dois le choix des événemens tragiques, des événemens terribles, des couleurs sombres &

lugubres dont sont remplis les romans que j'ai publiés. » Les amis de l'abbé écoutoient cet aveu avec une attention mêlée de surprise & d'horreur; ils ne pouvoient se persuader que cela fût vrai. Ils s'imaginèrent que l'abbé Prévost, voulant faire usage de ce trait dans un de ses romans, avoit essayé, en le racontant, l'impression qu'il pourroit faire. Ils lui ont plusieurs fois demandé la confirmation de cette aventure; il a toujours persisté à leur en assurer la réalité.

*Preuves de la fausseté de l'inculpation ci-dessus, faite à l'abbé Prévost, résultantes des faits que ses neveux prouveront par pièces authentiques s'il le faut.*

## FAITS.

Antoine-François Prévost, connu sous le nom de l'abbé Prévost, est né le 1 avril 1697, de Lievin Prévost, conseiller procureur du Roi au bailliage royal d'Hesdin en Artois, où il fit ses humanités au collége des Jésuites. Il alla faire une seconde année de rhétorique au collége d'Harcourt, à Paris, d'où il entra au noviciat des Jésuites, qu'il quitta à l'age de seize ans. Il resta à Paris pour y faire sa philosophie : de là il fut volontaire dans un régiment qu'il quitta aussi pour rentrer chez les Jésuites, d'où il sortit encore; ensuite il passa quelque temps chez son père. Il fut fait officier : après peu de tems il abandonna le service pour entrer dans la Congrégation de Saint-Maur.

Après son noviciat, il alla à l'abbaye de Saint-Ouen, à Rouen.

En 1720 & 1721 il eut des démêlés littéraires avec le P. Lebrun, jésuite : de là il fut envoyé à l'abbaye du Bec, pour y étudier la philosophie. Vers l'an 1726 on l'envoya enseigner les humanités au collége de Saint-Germain, d'où il alla prêcher pendant un an à Evreux; ensuite il fut appelé à Paris, pour travailler au *Gallia christiana*.

Ce ne fut que pendant son séjour à l'abbaye de Saint-Germain-des-Prés que l'abbé Prévost conçut le dessein de passer dans l'Ordre de Cluny, & qu'il l'exécuta. Il y fut, dit-on, engagé par ses amis, afin d'y jouir d'une plus grande liberté pour s'adonner à un genre d'étude plus conforme à son goût. On voit que l'abbé Prévost n'étoit plus un enfant ni même un jeune homme lorsqu'il est passé dans l'Ordre de Cluny.

Le 22 décembre 1735, S. A. S. M. le prince de Conti le nomma son aumônier.

Son père, Lievin Prévost, mourut le 23 septembre 1739, âgé d'environ soixante-treize ans, d'une hydropisie dont il étoit attaqué depuis plusieurs années. L'abbé Prévost avoit donc alors plus de *quarante-deux ans*, & il avoit déjà écrit plusieurs de ses romans. Son père n'a donc pas été tué dans un mouvement d'une première jeunesse.

Si on desire la preuve que le père de l'abbé

Prévôt n'eft mort qu'en 1739, outre fon acte mortuaire qu'on produira, on pourra prouver qu'il vivoit encore à cette époque, par maints actes juridiques; car il a exercé fa charge de procureur du Roi jufqu'à fa mort, 1739.

       ( *Article fourni par la famille.* )

PROCOPE-COUTEAUX. (MICHEL). (*Hift. litt. med.*) (Nous n'avons dit qu'un mot de lui dans le Dictionnaire. Cet article, qu'un homme de lettres connu a bien voulu nous fournir, remplira ce qui manque au nôtre.)

Michel Procope-Couteaux, docteur-régent de la Faculté de médecine en l'Univerfité de Paris, étoit le fecond fils de François Procope-Couteaux, qui le premier établit en France les lieux appelés *cafés*, & nous fit connoître l'ufage des glaces & autres rafraîchiffemens (1). Michel naquit à Paris le 7 juillet 1684. On le deftina dès fon enfance à l'état eccléfiaftique, & à l'âge de neuf ans il prêcha en l'églife des Cordeliers du grand couvent de cette ville, un fermon en grec, de fa compofition. Il quitta par la fuite cet état pour celui de la médecine, profeffion dans laquelle il avoit fon frère aîné, qui s'établit depuis en Efpagne, où il fut premier médecin du Roi. Les connoiffances que Michel Procope acquit dans fon art lui valurent la réputation d'un bon théoricien; mais l'amour du plaifir & de la liberté lui permit peu d'être un grand praticien.

Son efprit le fit bientôt connoître dans le monde. Il étoit petit, laid & boffu; néanmoins il fut recherché des plus grandes & des plus aimables compagnies, où il a toujours été connu fous le nom du *Docteur Procope*. Un efprit vif & gai, un caractère complaifant auprès des femmes, lui donnèrent fur elles un afcendant qui étoit, en apparence, difficile à concilier avec fa laideur; mais comme il avoit l'art de fe prêter à leurs caprices & à leurs fantaifies, ayant avec elles l'efprit qu'elles avoient, & flattant leur vanité, il parvint fouvent à les affervir. Il fut marié trois fois; & cet homme, qui étoit, comme nous venons de le dire, petit, laid & boffu, d'une naiffance peu connue, & âgé de plus de quarante ans, époufa en troifièmes noces la fille aînée de M. le comte de Montfort, fœur du marquis de ce nom, capitaine au régiment du Roi.

Le marquis de Montfort étant mort fans enfans, les difpofitions de la coutume du Maine, favorables aux filles, firent revenir à madame

Procope toutes les terres honorifiques de cette Maifon; mais le docteur jouit peu de cette brillante fortune: fa femme mourut quelques mois après, & un fils qu'il avoit eu d'elle ne lui furvécut pas long-tems. Pour lui, il mourut à Chaillot près Paris, le 9 décembre 1753, âgé de foixante-neuf ans & fix mois.

Procope a donné au Théâtre français l'*Affemblée des Comédiens*, prologue non imprimé; au Théâtre italien, avec Romagnefi, les *Fées & Pygmalion*; avec Lagrange, la comédie de *la Gageure*, & le *Roman* avec Guyot-de-Merville. Il a fait beaucoup de poéfies fugitives: plufieurs de ces dernières font inférées dans un recueil intitulé *Le Secrétaire du Parnaffe.* Tous les gens de lettres ont retenu cette épigramme de lui, fur un prédicateur de village: il n'eft pas befoin d'annoncer que c'eft un impromptu; elle a bien l'air d'être née de la vivacité & du dépit:

> Maudit bavard, finiras-tu?
> Au nom de Dieu, dépêches;
> Tu dégoûtes de la vertu
> Par la façon dont tu le prêches.

Procope a donné, comme médecin, l'*Analyfe du fyftème de la trituration*, l'*Extrait des beautés & des vérités contenues dans la réponfe des Bordegaraye* & l'*Art de faire des garçons.*

Si cet *Art de faire des garçons*, qui ne peut être qu'une plaifanterie dans la théorie, pouvoit fe réduire en pratique, l'auteur d'un pareil ouvrage, dans quelque pays que ce fût, auroit fait une fortune immenfe. Dans toutes les nations, dans tous les Etats, que d'hommes, entêtés de leur nom, defirent avidement de le voir perpétuer! Combien on aime à revivre dans un autre foi-même! Avec quelle joie! avec quelle ivreffe un père orgueilleux accueille l'être deftiné à le remplacer un jour dans fon rang, dans fes dignités, dans fes emplois, tandis que l'humeur, le chagrin, s'emparent de fon ame à la vue de l'enfant que la nature n'a pas deftiné à le repréfenter, & auquel il reproche déjà de confondre un jour fon fang, fon nom, fa fortune dans une famille qui ne fera point la fienne! Certes, M. Lemierre, de l'Académie françaife, a eu bien raifon de dire qu'un garçon

> Eft aimé par l'orgueil & non par la nature (1).

Un petit-neveu du docteur Procope (Alexandre-Julien Procope-Couteaux) a rempli pendant trente-trois ans avec la plus haute diftinction, la place de procureur du Roi du fiége-général de la connétablie & maréchauffée de France. Son zèle, fon activité,

---

(1) Le véritable nom de cette famille, originaire de Palerme en Sicile, eft *Cuto*. François-Procope Cuto, en s'établiffant à Paris, où des dérangemens de fortune l'avoient attiré, avoit francifé fon nom, & l'avoit écrit comme il fe prononçoit dans fa patrie. A l'égard du nom *Procope* qui le précède, c'étoit un nom de baptême, qui par la fuite eft devenu un nom de famille pour fes defcendans.

(1) C'eft M. de Belloi & non M. Lemierre qui a dit cela.

ſes talens, ont ramené l'attention du miniſtère ſur ce tribunal, un des plus anciens de la monarchie, & le ſeul dont le reſſort s'étende dans tout le royaume. Les travaux de ce magiſtrat infatigable ayant été mis ſous les yeux du feu Roi, ont été récompenſés par les lettres de nobleſſe les plus flatteuſes que Louis XV lui a accordées.

( *Cet article eſt de* M. DE LAUS DE BOISSY, *lieutenant-particulier du ſiége de la connétablie.* )

PRUSSE. Dans le Dictionnaire, l'article *Brandebourg* renvoie à l'article *Pruſſe*, & il n'y a point d'article *Pruſſe*. Ce court article va y ſuppléer.

La partie de l'Allemagne qui forme aujourd'hui le royaume de Pruſſe, appartenoit autrefois à l'Ordre teutonique, un de ces Ordres militaires & religieux nés des Croiſades. Le prince Albert de Brandebourg, qui en étoit le Grand-Maître du tems de Luther, au ſeizième ſiècle, conçut à ſoixante-neuf ans le deſir de ſe marier, de ſe réformer & de ſe faire une ſouveraineté héréditaire. Il épouſa la princeſſe Dorothée, fille du roi de Danemarck; il ſe fit luthérien, & il envahit la Pruſſe dont il dépouilla ſon Ordre; il n'en prit pour lui qu'une partie; il fut obligé d'abandonner l'autre à ſon oncle, Sigiſmond, roi de Pologne, & de lui faire hommage de la ſienne. La partie cédée à la Pologne ſe nomma *la Pruſſe royale*, & la partie reſtée au prince de Brandebourg, *la Pruſſe ducale*; celle-ci eſt devenue, en 1701, le royaume de Pruſſe. Ce royaume n'a donc encore qu'un ſiècle de durée; mais il a bien employé le tems pour l'accroiſſement de ſa puiſſance & de ſa gloire.

QUATTROMANI ( SERTORIO ) , ( *Hiſt. litt. mod.* ) , né a Cofenza dans le royaume de Naples, vers 1541, cultiva la littérature & le poéſie. On a un recueil de ſes œuvres, qui contient des vers latins, des vers italiens, des lettres. Sannazar eſt ſon modèle, & il eſt très-inférieur à Sannazar. Mort vers l'an 1606.

QUERHOENT *ou* KERHOENT, ( *Hiſt. de Fr.* ), ancienne Maiſon de Bretagne.

1°. Paul, chevalier, ſeigneur de Querhoent, mourut vers l'an 1105.

2°. Alain de Querhoent, ſecond du nom, chevalier, ſeigneur de Troheon, épouſa, le 3 février 1530, l'héritière de Kergournadech, & par ce mariage unit l'*antiquité* de Querhoent avec la *chevalerie* de Kergournadech ( car c'eſt par ces mots qu'on caractériſe dans le pays ces deux Maiſons, du nombre des quatre plus conſidérables de l'évêché de Léon ). La chevalerie de Kergournadech eſt auſſi de la plus grande antiquité ; car, ſuivant un ancien proverbe breton, *avant qu'il y eût monſieur ou ſeigneur en aucune maiſon, il y avoit un chevalier à Kergournadech.*

De ce mariage naquit, entr'autres enfans, tant mâles que femelles, Françoiſe de Querhoent, qui épouſa, le 23 mai 1559, René de Penancouet, chevalier, ſeigneur de Kerouaille : ceux-ci furent les biſaïeuls de Louiſe-Renée de Penancouet de Kerouaille, cette fameuſe maîtreſſe de Charles II, roi d'Angleterre, ducheſſe de Portſmouth en Angleterre, & d'Aubigny en France.

3°. & 4°. Olivier de Querhoent, fils d'Alain II, & François ſon petit-fils, étoient chevaliers de l'Ordre du Roi.

5°. Dans la branche de Coëtanfao, François-Touſſaint, marquis de Coëtanfao, lieutenant-général des armées du Roi, premier ſous-lieutenant des chevau-légers de la garde, ſe trouva & ſe diſtingua au combat de Leuze, où les chevau-légers ſignalèrent particuliérement leur valeur. François-Touſſaint, en qualité de maréchal-de-camp, ſe trouvoit à leur tête aux batailles de Ramillies en 1706, & de Malplaquet en 1709. Il fut bleſſé à l'une & à l'autre de ces deux affaires.

6°. Maurice-Sébaſtien, un de ſes frères, dit le comte de Coëtanfao, capitaine de cavalerie au régiment de Touloufe, fut tué à la bataille de Ramillies.

7°. Jean-Sébaſtien, marquis de Coëtanfao, un autre de leurs frères, ſe trouva aux ſiéges de Palamos, de Landau, de Fribourg, du Queſnoi, de Douai; aux batailles & combats de Fridelingue, de Monderking, d'Hochſtet, d'Oudenarde, de Malplaquet. A Monderking il reçut quatre bleſſures conſidérables ; à Malplaquet, il fut fait priſonnier, après avoir eu une épaule démiſe & avoir été bleſſé de deux coups de ſabre, l'un à la main, l'autre au front, pour lequel il fallut le trépaner.

QUINTINUS & NANNIUS, ( *Hiſt. rom.* ), deux généraux romains, dont le premier a laiſſé, comme Varus, un nom triſtement célèbre par un grand déſaſtré ; le ſecond en fut préſervé par ſa prudence. Sous l'empire de Théodoſe & de Valentinien II, les Français, à la ſuite de leurs princes Ginobaud, Marcomir & Sunnon, vers l'an 388, paſſoient ſouvent le Rhin pour faire dans la Gaule des excurſions que Nannius & Quintinus furent chargés de réprimer. A l'approche de ces deux généraux, une partie des Français repaſſa le Rhin à Cologne, pour mettre en ſûreté chez eux le butin qu'ils avoient fait ; une autre partie reſta dans la Gaule pour en faire encore, & celle-ci oſa ſe meſurer avec les Romains. Il y eut entre les armées ennemies, dans la forêt Charbonnière, une rencontre qui fut entièrement à l'avantage des Romains. La forêt Charbonnière occupoit alors preſque tout le pays qu'on appelle aujourd'hui le Hainaut, & elle tiroit ce nom de *Charbonnière* de la quantité de charbon de bois de hêtre qui s'y faiſoit, comme il s'y fait encore. Nannius, content de ſa victoire, crut devoir la borner pour l'aſſurer, & ne paſſa point la barrière du Rhin. Quintinus la franchit, & s'engagea dans des bois inconnus où il s'égara, & dans des marécages d'où il ne put ſe tirer. Les Français, qui d'abord avoient paru fuir devant lui, & dont les grands villages, compoſés de maiſons ou cabanes éparſes au milieu des bois, n'offroient que de vaſtes déſerts abſolument abandonnés, les Français paroiſſent tout à coup ſur les hauteurs, d'où ils dominent tout le pays, & d'où ils lancent une multitude de traits empoiſonnés, dit-on, avec le jus de certaines herbes ſi venimeuſes, que ces traits portoient toujours une mort certaine. Les Romains alors ſe trouvèrent enfermés entre les bois, dans une plaine marécageuſe & bourbeuſe, où les chevaux & les hommes enfonçoient au point de ne pouvoir s'en arracher ; ils tomboient tous les uns ſur les autres ſans eſpoir ni moyen de ſe relever. Les Français n'eurent qu'à frapper & tuer : ſoldats, officiers, chefs, preſque tout périt, &

cette

cette défaite eft au nombre des plus déplorables qui aient affligé & humilié l'orgueil romain.

QUOD-VULT-DEUS, nom fi beau pour un chrétien & pour un évêque, qu'il y a tout lieu de penfer que c'étoit un nom choifi exprès, fut celui d'un évêque de Carthage, qui occupoit ce fiége lorfque cette ville fut prife, en 439, par Génferic, roi des Vandales. On raconte que ces Barbares l'embarquèrent lui & les prêtres de fon églife dans de vieux navires qui faifoient eau de tous côtés & fans aucune provifion, les abandonnant ainfi aux vents & aux flots ; ils firent voile vers l'Italie, & arrivèrent heureufement à Naples, où ils furent recueillis comme des confeffeurs de la Foi, échappés miraculeufement aux dangers d'une telle navigation.

RAOUL. (*Hist. litt. mod.*) Deux écrivains de ce nom se font fait connoître dans le tems des premières croisades.

1°. L'un nommé Raoul Ardent, parce qu'on lui trouvoit alors beaucoup de feu dans l'esprit, & qu'il avoit beaucoup de zèle pour la Foi, surtout pour la foi aux croisades, étoit un prêtre du diocèse de Poitiers, qui suivit Guillaume IX, comte de Poitiers, à la croisade de 1101, & qui mourut, à ce que l'on croit, dans la Palestine. Il a laissé un recueil d'Homélies latines : on les a imprimées en 1586 : on les a aussi traduites en français.

2°. L'autre, nommé Raoul de Caen, du lieu de sa naissance, a eu dans un siècle de superstition le mérite de combattre une fable superstitieuse. Il a écrit l'histoire de Tancrède, l'un des chefs de la première croisade. Un autre historien de la même croisade, Raimond d'Agiles, & après lui une foule d'auteurs, s'étoient efforcés d'accréditer la prétendue découverte de la *sainte lance*, c'est-à-dire, de la lance dont J. C. avoit eu le côté percé. Raoul de Caen traite hautement cette découverte d'imposture. Mort vers l'an 1115.

REGILIEN. (*Hist. rom.*) *Quintus Nonius Regillianus* fut un de ces aventuriers qui se multiplièrent à l'infini sous le règne du foible empereur Gallien, & qu'on nomma tyrans, parce qu'ayant tous prétendu à l'Empire, ou bien y étant parvenus sans y prétendre, ils ne surent pas s'y maintenir, & succombèrent sous le poids de cette entreprise, souvent formée sans leur aveu, souvent même contre leur gré. Ces promotions irrégulières à l'Empire imposoient la nécessité de réussir ; c'étoient des arrêts de mort quand on ne réussissoit pas. Regilien étoit Dace d'origine : on croit qu'il étoit parent de ce Décébale, vaincu par Trajan ; il servit avec distinction dans les armées romaines, & acquit surtout beaucoup de réputation sous l'empire de Valérien ; il parvint aux premiers emplois militaires. Sous l'empire de Gallien, il commanda en chef dans l'Illyrie & dans la haute Mœsie ; il y remporta des victoires assez considérables l'an 260 ; enfin il fut malheureusement assez en vue pour qu'on jetât les yeux sur lui dans le mécontentement général qu'excitoit Gallien, & au milieu du profond mépris qu'inspiroit ce Prince. La manière dont Regilien fut élu Empereur, & les motifs qui concoururent à son élection, méritent d'être observés, & appartiennent à l'histoire de l'esprit humain. Des officiers de l'armée de Regilien, étant à souper ensemble, s'entretenoient de leur général, & remarquoient le rapport gramma-

tical qui se trouvoit entre son nom & le titre de Roi. Ce rapport leur parut d'un heureux présage, &, s'échauffant sur cette idée superstitieuse, ils en vinrent jusqu'à le revêtir de la pourpre dès le lendemain. Les peuples d'Illyrie applaudirent à ce choix ; mais, bientôt épouvantés des préparatifs de guerre & de vengeance que les partisans de Gallien faisoient sous son nom, ils communiquèrent leur frayeur aux soldats de Regilien, qui le massacrèrent au moment où, pour soutenir l'honneur de leur choix, il se préparoit à porter la guerre chez les Sarmates. Ce fut l'an 263.

REYNA (CASSIODORE), (*Hist. litt. mod.*), auteur d'une traduction de la Bible en espagnol, sous ce titre : *La Biblia que es los sacros libros del viejo y nuevo testamento, transladada en español.* Cette traduction est toute calviniste : elle parut en 1569, non en Espagne, où le calvinisme n'avoit pu pénétrer, mais à Bâle. L'auteur, qui a caché son nom sous ces deux lettres initiales, C. R., a mis à la tête de son ouvrage un long discours en faveur des traductions de la Bible en langue vulgaire. La sienne est devenue très-rare.

ROBERT-GROSSE-TÊTE, (*Hist. litt. mod.*), en latin *Capito*, né en Angleterre dans le pays de Suffolck, de parens pauvres, parvint à l'archidiaconé de Leicester, & en 1235 à l'évêché de Lincoln. Il est principalement connu par son opposition aux entreprises de la cour de Rome, qu'il y avoit alors quelque courage à combattre, mais qu'il n'y a plus depuis long-tems que de la bassesse & de l'impiété à outrager. Par une suite du même principe, il défendit avec beaucoup de force la juridiction de l'Ordinaire contre les moines, qui, cherchant à s'y soustraire, intéressoient l'autorité pontificale à leur accorder des exemptions destructives de toute discipline & de toute hiérarchie. Le pape Innocent IV ayant accordé d'office une dispense, relativement à un canonicat de l'église de Lincoln, trouva dans l'évêque l'opposition la plus vigoureuse & la plus constante. On a quelques-unes des lettres de cet évêque dans le recueil de Brown, intitulé *Fasciculus rerum expetendarum.* Son ouvrage *sur les Observations légales* a été réimprimé à Londres dans le dernier siècle ; son *Testamentum duodecim Prophetarum* est devenu très-rare ; ce qu'il ne faut pas prendre pour un éloge, car les bons livres se réimpriment en proportion du besoin ou de l'empressement. Son *Abrégé de la sphère*, ses Commentaires sur les analytiques d'Aristote, ont eu de la réputation. En général il aimoit les lettres, haïſſoit les vices & le déſordre, & s'eſt plu à faire la guerre à ces derniers dans la plupart de ſes ouvrages. Il mourut en 1253.

ROYE (DE), (*Hiſt. de Fr.*), nom d'une ancienne Maiſon fondue dans celles de Condé & de la Rochefoucauld, vers le milieu du ſeizième ſiècle : ce nom lui venoit d'un bourg de la Picardie. Dès le onzième & le douzième ſiècle, des ſeigneurs de Roye, de cette Maiſon, avoient accordé ou confirmé des franchiſes aux égliſes de Cambrai & de Saint-Quentin.

1°. Barthélemi de Roye étoit en faveur auprès de Philippe-Auguſte, qui lui donna, en 1199, la forêt d'Herelle près Mont-Didier, & qu'il accompagna au ſiége de Rouen, dont il ſigna la capitulation en 1204, & dix ans après à la bataille de Bovines. Il fut fait chambrier de France en 1209, & fonda, en 1221, l'abbaye de Joyenval près Saint-Germain, dans la forêt de Marly, où il eſt enterré.

2°. Son petit-neveu, Mathieu, premier du nom, ſuivit ſaint Louis dans ſes deux voyages d'outremer en 1248 & en 1270, & ſervoit encore en Flandre en l'an 1300.

3°. Jean II ſon fils rendit de grands ſervices au roi Philippe de Valois, & ſe diſtingua ſurtout par ſa belle défenſe de Tournai contre Edouard III, en 1340.

4°. Mathieu II, fils de Jean II, après de longs & utiles ſervices rendus aux rois Philippe de Valois & Jean, fut un des ſeigneurs donnés en ôtage, en 1360, pour la délivrance de ce dernier. Il reſta quatorze ans en Angleterre.

5°. Dans la branche des ſeigneurs du Pleſſier & d'Aunoi, Mathieu IV ſervit en Flandre en 1337 ſous le connétable d'Eu, & en 1340 ſous le duc de Normandie ( depuis le roi Jean) en 1358 & 1359. Il ſervit bien le dauphin Charles, alors Régent ; en 1360 il paſſa en Angleterre pour ramener le roi Jean en France ; en 1364 il étoit à la bataille de Cocherel.

6°. 7°. 8°. Mathieu IV eut trois fils tués à la funeſte bataille de Nicopolis ; ſavoir : Jean I, chambellan du Roi, avantageuſement connu d'ailleurs par la défenſe de la ville d'Aire contre les Anglais, en 1383, & par une expédition d'Afrique, où il avoit ſuivi le duc de Bourbon.

Renaud de Roye, ſeigneur de Milly, l'un des hommes les plus adroits de ſon tems, qui, en 1360, avoit défendu pendant trente jours un pas d'armes près de Calais, & qui, en 1383, avoit ſervi avec diſtinction en Flandre ſous le connétable de Cliſſon.

Enfin Dreux de Roye, dit Lancelot, maître des eaux & forêts de Languedoc.

9°. Mathieu V, ſeigneur de Roye, fils de Jean I, & neveu de Renaud & de Dreux, fut fait priſonnier à la bataille d'Azincourt.

10°. Antoine, ſire de Roye, petit-fils de Mathieu V, fut tué à la bataille d'Azincourt.

11°. Eléonore, dame de Roye, de Conti, &c. ſa petite-fille, porta ce nom de Conti avec la terre dans la Maiſon de Condé.

12°. Et Charlotte de Roye, comteſſe de Roucí, ſa ſœur, porta ſa part des biens de la Maiſon de Roye, dans la Maiſon de la Rochefoucauld.

13°. Mathieu IV, mentionné ſous le n°. 5, outre ſes trois fils tués à Nicopolis, en eut encore deux très-recommandables ; ſavoir : Mathieu, dit *Triſtan*, ſeigneur de Buſanci, qui s'étoit ſignalé au ſiége de Duras, & qui, ſervant en Flandre ſous le connétable de Cliſſon, avoit été fait priſonnier. Il mourut le 8 décembre 1386, dans une expédition en Eſpagne.

14°. Gui de Roye, ſucceſſivement chanoine de Noyon, doyen de Saint-Quentin, évêque de Verdun, de Caſtres, de Dol, archevêque de Tours, de Sens, & enfin de Reims. C'eſt lui qui a fondé à Paris, en 1399, le collège de Reims. Il vécut beaucoup à la cour des Papes d'Avignon. Enfin, étant en chemin pour ſe rendre au concile de Piſe, aſſemblé dans la vue de faire ceſſer le ſchiſme, un homme de ſa ſuite prit querelle dans un bourg, près de Gênes, avec un autre homme qu'il tua ; cet accident excita une ſédition furieuſe. Le prélat, qui ſe vit inveſti dans ſa maiſon, voulut deſcendre pour appaiſer le tumulte, lorſqu'il fut frappé d'un coup d'arbalète, dont il mourut le 8 juin 1409.

15°. Il eut un petit-neveu nommé, comme lui, Gui de Roye, qui, attaché d'abord au parti de Bourgogne, mais rendu au ſervice de ſon Roi par la paix d'Arras, contribua beaucoup à la réduction de la Normandie, notamment à la priſe de Pont-Audemer en 1449. Il y fut armé chevalier par le Roi. Le duc de Bourgogne le fit, en 1461, chevalier de ſon Ordre de la Toiſon-d'Or. Il mourut en 1463.

SAINT-LAMBERT (JEAN-FRANÇOIS), (*Hist. litt. mod.*), gentilhomme lorrain, l'un des quarante de l'Académie françaife, auteur de ce beau *Poème des Saifons* & de plufieurs autres excellens ouvrages tant en profe qu'en vers, eft un des écrivains du dix-huitième fiècle, dont les talens & les mœurs ont le plus honoré les Lettres. Son père étoit attaché à ce duc de Lorraine, Léopold, dont la mémoire fera éternellement en bénédiction dans la Lorraine, que Staniflas *le Bienfaifant* n'a pu faire oublier, parce qu'il le rappeloit fans ceffe par fa bonté, & que M. de Voltaire, dans *le Siècle de Louis XIV*, a tant fait aimer à ceux même qui ne l'ont jamais connu. M. de Saint-Lambert fut élevé par fon père dans une petite terre nommée Flaccour, voifine de la terre de Craon, appartenante à la Maifon de Beauvau-Craon; c'eft à la faveur de ce voifinage que s'eft formée la conftante & refpectable amitié qui l'a toujours uni avec M. le maréchal-prince de Beauvau, chef de cette illuftre Maifon, moins diftingué par fon rang & par fes dignités, que par fes talens & fes fervices militaires, fon amour éclairé pour les Lettres, fon amour févère pour la juftice, fes grandes & nobles qualités fi bien afforties à fa haute naiffance & à fa noble figure. C'étoit déjà une faveur marquée du Ciel, que ce voifinage qui les offrit l'un à l'autre, & qui commença leur amitié :

*Notitiam primofque gradus vicinia fecit*
*Tempore crevit amor.*

Les œuvres de M. de Saint-Lambert préfentent plus d'un monument de cette amitié qui a duré toute leur vie.

Les Jéfuites de Pont-à-Mouffon dirigèrent en partie fon éducation, &, difciple reconnoiffant, il les traite fort bien dans une Epître badine & très-agréable fur le janfénifme, adreffée au même prince de Beauvau :

Indulgente Société,

O vous dévots plus raifonnables,

Apôtres pleins d'urbanité,

Le goût polit vos mœurs aimables;

Vous vous occupez fagement

De l'art de penfer & de plaire,

Aux charmes touchans du bréviaire

Vous entremêlez prudemment,

Et du Virgile, & du Voltaire, &c.

M. de Saint-Lambert, dans cette pièce, fe montre philofophe molinifte, mais furtout il fe montre poëte aimable, correct, élégant, plein de goût. Dès fa plus tendre jeuneffe il avoit donné des preuves de ce goût exquis, & montré les plus heureufes difpofitions pour les Lettres; mais à l'état d'homme de lettres, il crut devoir joindre ce qu'on appelle plus particuliérement dans le monde un état : ce fut l'amitié qui le détermina dans ce choix; il prit le parti qu'avoit pris fon illuftre ami, & qui ne l'en féparoit point, le parti du fervice; il fervit d'abord dans les gardes lorraines. Le roi de Pologne, Staniflas, le connut, l'aima, fe l'attacha, & dans la fuite le fit grand-maître de fa garde-robe. Diftingué, chéri de tout ce qui compofoit la cour de Lunéville, c'eft dans cette excellente école qu'il acheva de fe former l'efprit & le goût. Il put dire comme Voltaire, qui lui-même faifoit partie alors de cette cour choifie :

Je coule ici mes heureux jours

Dans la plus tranquille des cours,

Sans intrigue, fans jaloufie,

Auprès d'un Roi fans courtifans,

Près de Boufflers & d'Emilie;

Je les vois & je les entends :

Il faut bien que je faffe envie.

Il voyoit, il entendoit de plus l'auteur de ces vers, qui n'étoit pas un des moindres ornemens de la cour qu'il a chantée. M. de Saint-Lambert a vécu trois ans dans l'intimité à Cirey avec madame du Châtelet & ce même Voltaire, dont il fut toujours l'admirateur & l'ami, fans jamais entrer dans aucune des tracafferies littéraires où cette liaifon, d'ailleurs fi honorable, pouvoit naturellement engager. Efprit toujours fage & toujours décent, il fourioit avec l'indulgence de la vraie philofophie & de l'amitié à ces faillies piquantes & malignes dont, par la perfection de fon goût, autant que par celle de fa raifon, il eût fupprimé une partie, à ces facéties gaies jufqu'à la bouffonnerie, qui quelquefois fembloient déroger à la gloire de ce vieillard admirable, l'homme du monde qui a le plus fait rire les gens d'efprit, & le plus fait pleurer les ames fenfibles. M. de Saint-Lambert auroit été l'ami le plus propre à le contenir dans les bornes de la fageffe & des bienféances, fi ce grand-homme, fait pour dominer fur les efprits, avoit pu laiffer à un autre quelque empire fur le fien. M. de Saint-Lambert ne fe permettoit de lui offrir pour toute leçon que fon exemple.

Toujours guidé par le devoir & l'amitié, il suivit M. de Beauvau dans le service de France sans quitter celui du roi de Pologne. Il fut bientôt distingué comme militaire par les généraux français, qui le placèrent constamment dans l'état-major de l'armée. Il fit dans la guerre de 1755 les campagnes de Mahon & de Saint-Caft en Bretagne; il fit diverses autres campagnes en Allemagne & en Italie, toujours cultivant les Lettres, exerçant fon talent poétique au milieu des camps fans jamais négliger aucun des devoirs de fon état, & toujours ami de la paix au milieu de la guerre. *Voyez* fes vers fur la paix de 1748.

Dans les intervalles de la guerre, il fut conduit par fon ami fur le grand théâtre de la capitale, où il faut que tous les grands talens viennent fe réunir & fe perfectionner; il ne tarda pas à être lié avec les hommes les plus célèbres, & dans le monde, & dans les Lettres, les Montesquieu, les Fontenelle, le préfident Hénault, d'Alembert, &c. Alors fon fort fut fixé à Paris & fon cœur s'y attacha; il y vécut dans la maifon, avec la famille & les amis de M. & madame de Beauvau, qu'il fuffit de nommer pour préfenter l'idée de tous les charmes dont la fociété foit fufceptible, & pour donner une fignification précife & fenfible au mot, *bonne compagnie*, fi fouvent employé au hafard par la vanité. Son cœur y forma une autre liaifon, mémorable dans les faftes de l'amitié, dont, pendant un demi-fiècle, une conformité parfaite de goûts, de fentimens, d'opinions, de vertus n'a jamais permis à aucun orage de troubler la paix, où l'habitude n'a jamais introduit ni langueur ni négligence; dans laquelle une eftime profonde, un vif défir de plaire, des foins continuels, les attentions les plus délicates fembloient renouveler chaque jour la fraîcheur & le charme d'une amitié naiffante, & qui enfin leur a procuré cinquante ans de bonheur. C'eft à celle qui lui infpira cette amitié parfaite qu'il paroît dédier fon poème *aes Saifons* par ces vers charmans:

Et toi, qui m'as choifi pour embellir ma vie,
Doux repos de mon cœur, aimable & tendre amie,
Toi qui fais de nos champs admirer les beautés,
Dérobe-toi, Doris, au luxe des cités,
Aux arts dont tu jouis, au monde où tu fais plaire;
Le printems te rappelle au vallon folitaire;
Heureux fi, près de toi, je chante à fon retour
Ses dons & fes plaifirs, la campagne & l'amour!

Ce feul mot, *Doux repos de mon cœur*, exprime mieux le caractère de cette amitié fainte & heureufe, que tout ce que nous en avons dit & que nous aurions pu en dire encore. Heureux qui trouve à repofer fon cœur!

Le privilège des grands poètes eft d'éternifer le fouvenir des fentimens qu'ils ont ou infpirés ou éprouvés, & de ceux qui en ont été l'objet. M. de Saint-Lambert, dans le même poème, a auffi érigé à fa conftante & reconnoiffante amitié pour M. & madame de Beauvau, un monument que le tems refpectera.

Plaifirs de mes amis, vous remplirez mon cœur!
Oui, je verrai, Beauvau, ta gloire & ton bonheur,
J'entendrai célébrer ta vertu bienfaifante,
Ton ame toujours pure & toujours indulgente,
Ta valeur, ta raifon, ta noble fermeté,
Ton cœur ami de l'ordre & jufte avec bonté.
Je verrai la compagne à tes deftins unie,
Embellir ton bonheur, feconder ton génie,
Et pour elle & pour toi croître de jour en jour
Du public éclairé le refpect & l'amour.
Vos fuccès, vos plaifirs, votre union charmante,
Ce fpectacle fi doux de la vertu contente,
Me tiendront lieu de tout, &c.

Il avoit acquis, dans la même fociété, un autre ami qu'il regrette avec la tendreffe la plus pathétique & la plus pénétrante.

Ces vallons fans troupeaux, ces forêts fans concerts,
Ces champs décolorés, ce deuil de l'Univers,
Rappellent à mon cœur des pertes plus fenfibles.
Je crois me retrouver à ces momens horribles
Où j'ai vu mes amis que la faulx du trépas
Menaçoit à mes yeux ou frappoit dans mes bras.
De Chabot expirant je vois encor l'image,
Je le vois à fes maux oppofer fon courage,
Penfer, fentir, aimer au bord du monument,
Et jouir de la vie à fon dernier moment.
Objet de mes regrets, ami fidèle & tendre,
J'aime à porter mes pleurs en tribut à ta cendre.
Malheur à qui les dieux accordent de longs jours!
Confumé de douleurs vers la fin de leur cours,
Il voit dans le tombeau fes amis difparoître,
Et les êtres qu'il aime arrachés à fon être;
Il voit autour de lui tout périr, tout changer;
A la race nouvelle il fe trouve étranger,
Et lorfqu'à fes regards la lumière eft ravie,
Il n'a plus, en mourant, à perdre que la vie.

Si ce ne font pas là des plus beaux vers de fentiment qu'il y ait dans la langue, il faut renoncer à parler de poéfie. Les vers de defcription, dans leur genre, n'y font pas inférieurs. Tous font ce qu'ils doivent être, pleins, élégans, faciles, harmonieux, juftes pour l'image, touchans par le fentiment qui les anime, intéreffans par l'expreffion. Cependant, le croiroit-on? le mérite aujourd'hui bien reconnu de ce poème ne l'a pas toujours été. A fa naiffance, il y eut une efpèce de conjuration secrète pour en empêcher le succès. Les gens du monde, occupés des plaisirs de Paris ou des intrigues de la cour, accusoient d'insipidité les descriptions champêtres ; *l'innocence des champs n'étoit point du tout leur fait*. A la vérité, les vrais & grands poètes, les Voltaire, les Laharpe, les Delille, &c. rendoient hautement témoignage an mérite éminent de ce poéme ; mais les poètes d'un rang inférieur étoient plus avares d'applaudissemens ; ils ne pouvoient aimer un ouvrage qui, par la comparaison, mettoit dans tout son jour leur médiocrité.

*Urit enim fulgore suo qui prægravat artes*
*Infrà se positas.*

De plus, M. de Saint-Lambert avoit fourni de fort bons articles à l'*Encyclopédie* ; il n'en fallut pas davantage aux ennemis des philosophes, pour faire, de l'éloge ou de la critique du poéme des Saisons, une affaire de parti. De ces diverses dispositions, toutes assez ennemies, se formoit contre cet ouvrage comme une voix sourde qui s'efforçoit de le décrier, mais qui fut bientôt étouffée par les cent voix de la Renommée & par les éditions multipliées de ce poéme.

Les poésies fugitives qui l'accompagnent, sont autant de petits chefs-d'œuvre de goût. Tout y est gracieux, correct, élégant, fini. On y trouve encore de beaux monumens consacrés à l'amitié : par exemple, l'épître charmante à M. le prince de Beauvau, qui commence par ce vers :

*Je revois donc les bords où le ciel m'a fait naître.*

& qui finit par ceux-ci :

Auprès de toi souvent j'oublie
Tous ces mortels légers, aveugles ou pervers ;
Si je méprise en eux la Nature avilie,
J'admire & j'aime en toi la Nature ennoblie ;
Sans toi, j'irois chercher les plus sombres déserts,
Et dans un antre obscur ou sous un toit de chaume,
Pleurant d'avoir connu le néant des vertus,
Je m'écrierois avec Brutus :
O vertu ! n'es-tu qu'un fantôme ?

Les vieillards peuvent se rappeler l'éclatant succès qu'eurent, à leur naissance, les deux petites pièces intitulées, l'une *le Soir*, l'autre *le Matin*, où l'on trouve le germe, plus développé dans le *Poéme des Saisons*, du talent de peindre la Nature, & d'animer les tableaux physiques par des idées morales & des traits de sentiment. Une jolie pièce de vers étoit un événement alors ( on imprimoit bien moins qu'aujourd'hui ) ; elle couroit en manuscrit ; on se l'arrachoit ; on en tiroit des copies. On remarqua surtout, dans la pièce *du Matin*, un modèle parfait ( si pourtant il faut

des modèles dans ce genre ), un modèle de l'art de dire avec grâce, avec délicatesse, avec la décence la plus heureuse, des choses libres jusqu'à la licence, mais où la licence disparoît sous les ornemens poétiques & sous les traits du sentiment. Faut-il indiquer ce morceau ?

*J'ai su, près du bonheur suprême, &c.*

*Le Triomphe d'Alexandre* ou *Apelle & Campaspe, Pygmalion*, &c. tout cela est charmant & fini, La chanson :

*Sans dépit, sans légéreté, &c.*

imitée de Métastase, n'emploie que des traits d'indifférence choisis. La pièce de Métastase, pleine d'esprit & d'agrément, seroit un peu longue pour une chanson française : le goût tend toujours à abréger. Les *Contes*, les *Fables orientales*, sont en petit des modèles de narration ; pas un mot de trop ni de trop peu, & une morale toujours noblement exprimée ou finement sous-entendue.

M. de Saint-Lambert parle avec trop d'indifférence ou de modestie de ses poésies fugitives ( bagatelles, si l'on veut, mais bagatelles charmantes), lorsqu'il dit que si elles étoient ignorées, il ne les feroit pas connoître ; mais il a bien raison d'ajouter que puisqu'elles ont été souvent imprimées, il est bon qu'elles le soient enfin correctement. En effet, je l'ai vu quelquefois étrangement défiguré dans ces éditions auxquelles il n'avoit pas présidé : Sur ces vers :

La raison des parens gêne le premier âge,
La tendresse & l'humeur nous prodiguent leurs soins.

le correcteur fut blessé de ce mélange de tendresse & d'humeur de la part des parens ; il aima mieux croire qu'il y avoit là une erreur de copiste, & il mit :

La tendresse *& l'amour* nous prodiguent leurs soins.

Cette battologie n'est assurément pas du style de M. de Saint-Lambert, qui veut toujours que chaque mot ait sa signification propre. Dans cet autre vers :

Je croyois que nos cœurs s'attendoient pour aimer.

le correcteur n'a pas senti l'élégance particulière de ce mot *aimer*, employé ainsi au neutre & dans une acception non restreinte : il a cru devoir spécifier, & il a mis :

Je croyois que nos cœurs s'attendoient pour *s'aimer*.

Ces beaux changemens rappellent la fameuse correction faite par un imprimeur à la réponse de M. de Fontenelle au cardinal Dubois, alors premier ministre, en le recevant à l'Académie française. M. de Fontenelle donnoit à cet étrange Cardinal, à cet étrange premier ministre, à cet étrange académicien, un éloge que vraisemblablement il n'avoit pas mérité, celui d'avoir mis le jeune roi Louis XV au fait des affaires du royaume. Il lui disoit en toutes lettres : *Vous vous rendez inutile autant que vous le pouvez.* L'habile imprimeur comprit d'abord qu'on ne se rend pas *inutile* exprès, & il mit : *Vous vous rendez utile autant que vous le pouvez.*

Or maintenant veillez, graves auteurs . . . . .

. . . . . . . . . . . . . . . . . .

Pour rencontrer de pareils correcteurs.

On a vu plus d'un bel esprit affectant du mépris pour *le métier d'auteur*, & recherchant le titre *d'homme aimable*, *d'homme de compagnie*, se tromper au point de prendre des airs de légéreté, des tons frivoles, du persifflage, pour de l'usage du monde & pour de l'amabilité ; c'est ce qui a perdu le pauvre Dorat, qui, s'il avoit moins voulu être *un joli homme*, avoit de quoi être un écrivain assez sensé ; mais toutes ses préfaces, bien analysées, se réduisent à ce propos du marquis de Mascarille : *Tout ce que je fais a l'air cavalier ; cela ne sent pas le pédant.* M. de Voltaire lui-même ne s'est pas toujours assez préservé de ce travers de parler avec mépris de l'état qu'il a tant honoré. Quand il a voulu être *comte*, & qu'il en a pris le titre, ne descendoit-il pas, par cette vanité, trop au dessous de ce grand nom de Voltaire ? Quand il dit :

Que Dufresny, plus sage & moins dissipateur,
Ne fût pas mort de faim, *digne mort d'un auteur !*

étoit-ce à lui à répéter cette vieille & ignoble plaisanterie, digne d'un financier du tems des *Turcaret ?* Quand il a si souvent reproché à des écrivains moins fortunés que lui, *le grenier* d'où ils prétendoient instruire le monde qu'ils ne connoissoient pas, devoit-il répandre ainsi le ridicule & l'opprobre sur la pauvreté ? M. de Saint-Lambert, sans rien mépriser, sans rien rechercher, sans rien affecter, étoit à la fois homme de cabinet & homme du monde, supérieur dans ses écrits & aimable dans la société. Placé au centre de la meilleure compagnie, il avoit senti tout ce qu'elle a de charmes ; il avoit pris ce qu'elle a de bon, & il se l'étoit rendu propre. Il soutenoit dans le monde la dignité des Lettres par la dignité de son caractère, de ses mœurs, de ses manières, & il fournissoit aux gens de lettres un modèle de ce que l'usage du monde pourroit ajouter à leur mérite. On a beaucoup agité la question si la société leur étoit plus avantageuse ou plus nuisible : il étoit la preuve qu'elle sert aux bons esprits, qu'elle épure le goût sans ralentir le génie ; qu'elle inspire plus de désir, & donne plus de moyens de plaire. Peut-

être, plus solitaire, auroit-il produit davantage ; mais de combien de bonheur il se seroit privé ! Et quand un écrivain n'a rien fait que d'excellent, que peut-on lui demander de plus ?

On découvre dans ses ouvrages les principes qui ont réglé sa vie, & auxquels il a été fidèle ; & l'on n'y trouve aucune de ces erreurs où les systèmes engagent trop souvent, aucune de ces contradictions où jette une imagination déréglée, qui s'enflamme tour-à-tour sur *le pour* & sur *le contre*.

Il fut reçu à l'Académie françoise en 1770, après la publication de son poème, qui exigeoit si impérieusement l'Académie, que les petites cabales dont nous avons parlé, ne purent empêcher que cette justice ne lui fût promptement rendue.

Il avoit entrepris un autre poème intitulé *Le Génie*, & certes c'étoit à lui à célébrer le génie, dont il avoit tous les avantages, & dont il n'avoit point les écarts. Cet ouvrage cependant n'a point été terminé.

C'étoit à lui aussi qu'il appartenoit de tracer, à l'homme vivant en société, tous ses devoirs, lui qui les remplissoit si bien ; c'est ce qu'il a exécuté avec la philosophie & l'éloquence de Cicéron, mais sous un point de vue différent, relatif aux diverses sortes de gouvernemens, dans le livre *des Principes des Mœurs chez toutes les Nations*. Les deux inébranlables fondemens sur lesquels repose sa renommée littéraire, sont : 1°. *le Poëme des Saisons*, fruit de ses plus belles années, 2°. ses *Principes des Mœurs*, ouvrage en prose, monument de sa maturité, produit des réflexions les plus profondes, appliquées à de vastes connoissances, surtout à celle de l'homme, dont il n'exige rien qui passe les forces de la Nature, & qui ne soit conforme à la raison.

Ses autres titres, moins considérables, qui auroient suffi pour faire une réputation à beaucoup d'autres écrivains, ne sont pour lui que comme une surabondance de droit à la gloire littéraire.

Tout ce qui vient d'être dit est contenu en substance dans l'inscription simple, noble & tendre que l'amitié a gravée sur sa tombe.

Ci gît Jean-François SAINT-LAMBERT,
Né l'an 1716, le 16 décembre ;
De l'ancienne Académie françoise,
Militaire distingué,
Poète & peintre de la Nature,
Grand & sublime comme elle ;
Philosophe moraliste,
Il nous conduisit au bonheur
Par la vertu ;
Homme de bien sans vanité
Comme sans envie,
Il aima, il fut aimé.
Le monde & ses amis le perdirent
Le 9 février 1803.
Celle qui fut cinquante ans son amie
A fait mettre cette pierre sur
Son tombeau.

*Armes de la Maison de Saint-Remy de Valois*, d'argent à une face d'azur, chargée de trois fleurs-de-lys d'or.

SAINT-REMY DE VALOIS (Mémoire sur la Maison de), issue du fils naturel qu'Henri II, roi de France, eut de Nicole de Savigny, dame & baronne de Saint-Remy.

### Ier. Degré. — Ve. Aïeul.

Henri II, roi de France, eut de Nicole de Savigny, Henri de Saint-Remy, qui suit. Ladite Nicole de Savigny, qualifiée haute & puissante Dame, Dame de Saint-Remy de Fontelle, du Chastellier & de Noez, épousa Jean Deville, chevalier de l'Ordre du Roi, & fit son testament le 12 janvier 1590, où elle déclara que le feu roi Henri II avoit fait don, *à Henri Monsieur son fils*, de la somme de 30000 écus sol, qu'elle avoit reçue en 1558 (1).

### IIe. Degré. — IVe. Aïeul.

Henri de Saint-Remy, appelé *Henri Monsieur*, & qualifié haut & puissant seigneur, chevalier, seigneur & baron du Chastellier, de Fontelle, de Noez & de Beauvoir, chevalier de l'Ordre du Roi, gentilhomme ordinaire de sa chambre, colonel d'un régiment de cavalerie & gens de pied, & gouverneur de Château-Vilain, épousa par contrat du 31 octobre 1592, passé à Essoye en Champagne, Dame Chrétienne de Luz (2), qualifiée haute & puissante Dame, veuve de Claude de Fresnay, seigneur de Touppy, chevalier de l'Ordre du Roi, & fille d'Honoré, seigneur Jacques de Luz, aussi chevalier de l'Ordre du Roi, & dame Michelle Dufay, seigneur & dame de Bazoilles. Il mourut à Paris le 14 février 1621, & eut de son mariage le fils qui suit :

### IIIe. Degré. — Trisaïeul.

René de Saint-Remy, qualifié haut & puissant seigneur, chevalier, seigneur & baron de Fontelle, gentilhomme ordinaire de la chambre du Roi, & capitaine de cent hommes d'armes, mourut le 11 mars 1663, & avoit épousé, par contrat du 25 avril 1646, passé à Essoye, Jaquette Breveau; il eut entr'autres enfans le fils qui suit :

### IVe. Degré. — Bisaïeul.

Pierre-Jean de Saint-Remy de Valois, qualifié

---

(1) Histoire généalogique de la Maison de France, par le Père Anselme, tome I, page 136.
Histoire de France, par le président Henault, troisième édition in-4°. page 315.
(2) Les deux sœurs puînées, Marine & Magdelaine de Luz, épousèrent, l'une, François de Choiseul, baron d'Ambouville; & l'autre, Benjamin de Saussière, seigneur & baron de Tenance.

---

haut & puissant seigneur, chevalier, seigneur de Fontelle, major du régiment de Bachivillier, cavalerie, naquit le 9 septembre 1649, fut baptisé à Fontelle le 19 octobre 1653, épousa en premières noces demoiselle Reine-Marguerite de Courtois, & en seconde, épousa par contrat du 18 janvier 1673, passé à Saint-Aubin, diocèse de Toul, demoiselle Marie de Mullot, fille de Paul de Mullot, écuyer, & de demoiselle Charlotte de Chaslus, mourut avant le 4 mars 1714; & de son second mariage eut un fils qui suit :

### Ve. Degré. — Aïeul.

Nicolas-René de Saint-Remy de Valois, qualifié chevalier, baron de Saint-Remy, & seigneur de Luz, fut baptisé à Saint-Aubin-aux-Anges, diocèse de Toul, le 12 avril 1678; servit le Roi pendant dix ans, en qualité de garde-du-corps de Sa Majesté, dans la compagnie du duc de Charost, quitta le service pour se marier; épousa par contrat du 4 mars 1714, demoiselle Marie-Elizabeth Devienne, fille de Nicolas-François Devienne, chevalier, seigneur & baron de Fontelle de Nois, & conseiller du Roi, président, lieutenant-général civil & criminel au bailliage royal de Bar-sur-Seine, & de dame Elizabeth Merille; mourut à Fontelle le 3 octobre 1759, & de son mariage eut deux fils, le premier, Pierre-Nicolas-René de Saint-Remy de Valois à Fontelle le 3 juin 1716, reçu, en 1744, cadet gentilhomme dans le régiment de Graffin, où l'on assure qu'il a été tué dans une occasion de guerre contre les ennemis du Roi; le second, Jacques qui suit :

### VIe. Degré. — Père.

Jacques de Saint-Remy de Valois, appelé d'abord de Luz, & ensuite de Valois, qualifié chevalier, baron de Saint-Remy, naquit à Fontelle le 22 décembre 1717, & fut baptisé le premier janvier 1718. Dans l'acte de son baptême, qui constitue son nom & son état, son père présent, est appelé & qualifié monsieur René de Saint-Remy de Valois, baron de Saint-Remy, & sa tante, qui fut sa marraine, y est appelée demoiselle Barbe-Thérèse, fille de feu M. Pierre-Jean de Saint-Remy de Valois : l'un & l'autre y ont signé Saint-Remy de Valois; il épousa dans la paroisse de Saint-Martin de Langres, le 14 août 1755, Marie Joffet, dont il avoit déjà un fils, qui suit, & mourut à l'Hôtel-Dieu de Paris le 16 février 1762 suivant. Son extrait mortuaire où il est appelé, est qualifié Jacques de Valois, chevalier baron de Saint-Remy.

### VIIe. Degré. — Produisans.

Jacques de Saint-Remy de Valois, né le 25 février 1755, & baptisé le même jour dans l'église paroissiale de Saint-Pierre & de Saint-Paul de la ville

ville de Langres, reconnu & légitimé par ses père & mère dans l'acte de célébration de leur mariage, du 14 août de la même année.

Jeanne de Saint-Remy de Valois, née à Fontelle le 22 juillet 1756.

Marie-Anne de Saint-Remy, née aussi à Fontelle le 2 octobre 1757.

Nous Antoine-Marie d'Hosier de Serigny, chevalier, juge d'armes de la noblesse de France, chevalier grand-croix honoraire de l'Ordre royal de Saint-Maurice de Sardaigne,

Certifions au Roi la vérité des faits contenus dans le Mémoire ci-dessus, dressé par Nous sur titres authentiques. En foi de quoi nous avons signé le présent certificat, & l'avons fait contresigner par notre secrétaire, qui y a apposé le sceau de nos armes. A Paris, le lundi sixième jour du mois de mai de l'an mil sept cent soixante-seize.

*Signé* D'HOSIER DE SERIGNY.

Par Monsieur le juge d'armes de la noblesse de France.

*Signé* DUPLESSIS.

( *Article fourni.* )

SAINTE-PALAYE ( DE LA CURNE DE ). Dans le Dictionnaire, l'article *la Curne* renvoie à *Sainte-Palaye*, où l'on ne trouve rien. Jean-Baptiste de la Curne de Sainte-Palaye naquit à Auxerre en 1697. Notre histoire, notre langue, nos antiquités françaises l'occupèrent toute sa vie. Aussi savant que son ami M. de Foncemagne, & plus laborieux, ou du moins plus porté à écrire, il avoit entrepris & exécuté en partie ses vastes ouvrages. Son *Glossaire français universel*, où chaque mot étoit accompagné de preuves & d'exemples des différens sens dans lesquels il avoit été pris dans les divers tems & par les différens auteurs, auroit été un monument précieux d'érudition, & cette érudition n'auroit pas été dépourvue d'agrémens : ç'auroit été l'histoire de la langue, & cette histoire auroit eu ses anecdotes & ses particularités, tantôt piquantes, tantôt intéressantes, elle auroit eu aussi ses révolutions : on y auroit vu par quelles gradations, tantôt presqu'insensibles, tantôt plus brusques & plus marquées, tant de mots avoient passé de leur signification originaire à des significations très-détournées, très-éloignées, quelquefois tout opposées : c'est ce qui auroit été encore plus sensible dans une *histoire particulière des variations successives de notre langue*, qu'il a laissée en manuscrit. il a laissé aussi un *Dictionnaire de nos antiquités françaises*. Ces vastes & utiles ouvrages pourront être imprimés un jour quand on comptera davantage sur le goût du public pour l'érudition & pour la connoissance des anciens usages. Tout ce que nous pouvons assurer, c'est que M. de Sainte-Palaye, par un style pur & simple qui ne manque pas d'élégance, fait donner à l'érudition tout l'agrément qui lui

*Histoire. Tome VI. Supplément.*

convient, & nous en apportons pour preuve ses excellens *Mémoires sur la Chevalerie*, que les femmes même lisent avec un plaisir qui atteste que le mérite de l'exécution répond à celui du choix du sujet. M. de Sainte-Palaye a rempli, comme M. de Foncemagne, le Recueil de l'Académie des inscriptions & belles-lettres, de savans Mémoires qui éclaircissent divers points de notre histoire, & qui ont, comme ceux de M. de Foncemagne, le mérite de faire autorité : c'est lui qui par des notices exactes a fixé nos idées sur divers écrivains des anciens tems de notre histoire, qu'il faut bien consulter quand on veut l'écrire, puisqu'enfin ils en sont les sources. Tels sont le médecin ou physicien Rigord, Guillaume le Breton, Glaber, le moine Helgaud, Guillaume de Nangis & ses continuateurs, les auteurs de la Chronique de Morigny, Froissard, &c. Mais M. de Sainte-Palaye n'étoit pas tellement renfermé dans notre histoire & nos antiquités, qu'il ne fit aussi quelquefois des excursions heureuses dans l'histoire ancienne, témoin la manière dont il concilie Denys d'Halicarnasse & Tite-Live sur six des premiers consulats de Rome. ( *Voyez* tom. 8, pag. 363 & suiv. ; & ses remarques sur la vie de Romulus par Plutarque, tom. 7, pag. 114 & suiv. )

On croiroit qu'un savant, toujours occupé d'ouvrages si sérieux, de recherches si profondes, d'une littérature si austère, & prêtant si peu à l'imagination, sortoit à peine de son cabinet, ne connoissoit que ses livres & n'étoit connu que par ses œuvres. Tout au contraire, c'étoit un homme livré à toutes les douceurs de la société, qui les goûtoit & les faisoit goûter, qui vivoit beaucoup dans le monde, qui l'aimoit, qui en étoit aimé, & qu'on n'auroit jamais pris pour un savant sans sa réputation, n'ayant aucun des travers d'un homme de lettres, & portant partout le ton modeste, les manières simples & douces, la politesse aimable d'un homme de bonne compagnie. A ces qualités sociales il joignoit des vertus qui ne l'étoient pas moins. Ce fut lui qui mérita par excellence le nom de *Philadelphe*.

L'amitié mutuelle de M. de Sainte-Palaye & de M. de la Curne son frère a été célèbre dans le monde, & a intéressé tous les honnêtes gens. M. de Voltaire les appeloit *fratres Helenæ, lucida sidera* ; on pouvoit les appeler aussi par *nobile fratrum :*

*Fraternis animis, virtutum & amore gemellum.*

Mais il faut laisser parler de cette amitié M. de Chamfort, le successeur & le panégyriste de M. de Sainte-Palaye à l'Académie française,

Qui depuis...... mais alors il étoit vertueux (1).

car il célébroit la vertu du ton le plus touchant.

_____

(1) *Et erat tùm dignus amari.* VIRG.

O o

« La tendreſſe des deux frères , dit-il , com-
» mença dès leur naiſſance (car ils étoient jumeaux),
» circonſtance précieuſe qu'ils rappeloient toujours
» avec plaiſir. Ce titre de jumeaux..... avoit le mé-
» rite de reculer pour eux l'époque d'une amitié
» ſi tendre..... Ils lui devoient le bonheur ineſti-
» mable de ne pouvoir trouver , dans leur vie en-
» tière, un moment où ils ne ſe ſuſſent point aimés.
» M. de Sainte-Palaye n'a fait que ſix vers dans ſa
» vie , & c'eſt la traduction d'une épigramme grec-
» que ſur deux jumeaux. Le teſtament des deux
» frères ( car ils n'en firent qu'un , & celui qui
» mourut le premier diſpoſa des biens de l'autre ),
» leur teſtament diſtingua , par un legs conſidéra-
» ble, deux parentes éloignées qui avoient l'avan-
» tage inappréciable à leurs yeux , d'être ſœurs &
» nées comme eux au même inſtant..... Plus heu-
» reux que les frères d'Hélène , privés , par une
» éternelle ſéparation , du plus grand charme de
» l'amitié , une même demeure , un même appar-
» tement , une même table , les mêmes ſociétés
» réunirent conſtamment MM. de la Curne.....
» Combien de fois a-t-on vu les deux frères , ſur-
» tout dans leur vieilleſſe , paroiſſant aux aſſem-
» blées publiques , aux promenades , aux concerts,
» attirer tous les regards , l'attention du reſpect ,
» même tous les applaudiſſemens !..... Après la vertu ,
» le ſpectacle le plus touchant eſt celui de l'hom-
» mage que lui rendent les hommes aſſemblés.
· » M. de la Curne eſt près de ſe marier : M. de
» Sainte-Palaye ne voit que le bonheur de ſon
» frère ; il s'applaudit , il eſt heureux , il croit
» aimer lui-même ; mais la veille du jour fixé pour
« le mariage , M. de la Curne apperçoit , dans les
» yeux de ſon frère , les ſignes d'une douleur in-
» quiète..... C'eſt que M. de Sainte-Palaye , au
» moment de quitter ſon frère , redoutoit , pour
» leur amitié , les ſuites de ce nouvel engagement.
» Il laiſſe entrevoir ſa crainte ; elle eſt partagée.
» Le trouble s'accroît , les larmes coulent. Non ,
» dit M. de la Curne , je ne me marierai jamais.
» Ce ſerment fut inviolable.....
· » Mais la vieilleſſe avance... l'inſtant redoutable.
» approche... C'eſt M. de la Curne, dont la ſanté
» chancelante annonce la fin prochaine. On trem-
» ble , on s'attendrit pour M. de Sainte-Palaye ;
» c'eſt à lui que l'on court dans le danger de ſon
» frère ; tous les cœurs ſont émus..... Le feu Roi
» ( car une telle amitié devoit parvenir juſqu'au
» trône ) montra quelqu'intérêt pour l'infortuné
» menacé de ſurvivre. C'eſt lui que plaint ſurtout
» le mourant lui-même. Hélas ! dit-il , que deviendra
» mon frère? Je m'étois toujours flatté qu'il mourroit
» avant moi.... O vœu ſublime du ſentiment, qui ,
» dans ce partage des douleurs, s'emparoit de la
» plus amère , pour en ſauver l'objet de ſa ten-
» dreſſe ! »
Que deviendra en effet ce vieillard privé de ſon
frère ? Va-t-il être abandonné ? C'eſt le fort de
de ſon âge. « Non , ſes amis ſe raſſemblent, l'en-

» vironnent , ſe ſuccèdent ; des femmes jeunes ,
» aimables , s'arrachent aux diſſipations du monde
» pour ſeconder des ſoins ſi touchans..... Il vit ,
» mais la douleur , la vieilleſſe , les infirmités affoi-
» bliſſent ſes organes ; le ſouvenir ſeul de ſon frère
» ſurvit à ſa raiſon ; il n'eſt plus qu'une ombre ; il
» aime encore. Dans une des ſéances particulières
» de l'Académie , chancelant , prêt à tomber , il
» eſt ſecouru par un nouvel académicien qu'il
» connoiſſoit à peine ( M. Ducis ). Monſieur, lui
» d't-il , vous avez ſûrement un frère. Un frère, un
» ſecours , ces deux idées ſont pour lui inſépara-
» bles à jamais.
» L'amitié fut le bonheur de ſa vie entière.....
» Que dis-je ? ô conſolation ! ô bonheur d'une deſ-
» tinée ſi rare ! C'eſt l'amitié qui veille encore ſur
» ſes derniers jours. Il pleure un frère , il eſt vrai ;
» mais il le pleure dans le ſein d'un ami qui par-
» tage cette perte , qui la remplace autant qu'il
» eſt en lui , qui lui prodigue , juſqu'au dernier
» moment , les ſoins les plus attentifs , les plus
» tendres , ajoutons , pour flatter ſa mémoire , les
» plus fraternels. C'eſt parmi vous , Meſſieurs, qu'il
» devoit ſe trouver , cet ar i ſi reſpectable ( M. de
» Bréquigny ) , ce bienfaiteur de tous les inſtans ,
» qui chaque jour , & pluſieurs fois chaque jour ,
» abandonne ſes études , ſes plaiſirs , pour aller
» ſecourir l'enfance de la vieilleſſe. Vos yeux le
» cherchent, ſon trouble le trahit , nouveau garant
» de ſa ſenſibilité , nouvel hommage à la mémoire
» de l'ami qu'il honore & qu'il pleure. »
M. de Sainte-Palaye mourut en 1781. Il avoit
été reçu à l'Académie des belles-lettres en 1724 ,
& à l'Académie françaiſe en 1758. Sa longue
carrière fut toujours heureuſe , remplie par des
inclinations douces & par des occupations de ſon
choix ; il aima les femmes ſans être tourmenté
par elles. Il adoptoit , il répétoit avec plaiſir cette
deviſe chevalereſque : *Toutes ſervir, toutes honorer
pour l'amour d'une.* Déjà privé de mémoire , mais
pas encore de raiſon , il aimoit à raconter qu'il
avoit ſenti trois fois , en très-peu de tems , un goût
vif & une ſorte de ſurpriſe de l'amour pour une
même femme , ayant toujours oublié , dans tous
les intervalles , qu'il l'eût déjà vue & déjà aimée ,
& ayant cru chaque fois la voir pour la première
fois.

SALANKEMEN , ( *Hiſt. mod.* ) , ville de la
Baſſe-Hongrie ſur le Danube , vis-à-vis l'embouchure de la Teiſſe dans ce grand fleuve , lieu fameux par la victoire que l'armée impériale , commandée par le prince Louis de Badé , y remporta
en 1691 ſur les Turcs.

Et de Salankemen les plaines infectées
Sont encore humectées
Du ſang de leurs ſoldats ſur la pouſſière épars ,
a dit Rouſſeau.

SALAZAR (JEAN DE) , ( *Hiſt. mod.* ) , dit *le*

*grand Chevalier*, chambellan du Roi & capitaine de cent lances, servit avec distinction les rois Charles VII & Louis XI; il commandoit l'avant-garde de l'armée de Louis XI à la bataille de Mont-Lhéri en 1465; il défendit Paris contre les princes de la Ligue dite *du bien public*; il défendit Beauvais en 1469, contre le duc de Bourgogne, Charles-le-Téméraire, & lui en fit lever le siége; il eut part dans la suite à la conquête de la Franche-Comté, faite sur Marie de Bourgogne, fille de Charles; il mérita & il eut le gouvernement de Gray dans cette province. Il mourut en 1479; il laissa quatre fils, Hector, Galeas, Lancelot & Tristan de Salazar. Les trois premiers soutinrent dignement la gloire que leur père s'étoit acquise par les armes. Le dernier (Tristan), évêque de Meaux, puis archevêque de Sens, servit utilement l'Etat par les négociations. En 1480 il conclut la première confédération de la France avec les Suisses; en 1488, sous Charles VIII, il alla en Angleterre négocier sur l'affaire de la Bretagne, dont Charles VIII venoit de faire la conquête, qui donnoit de justes alarmes à l'Angleterre: il ne borna point ses services à ces opérations pacifiques; il étoit fils du *grand Chevalier*, il fut chevalier lui-même; il suivit Louis XII à la réduction de Gênes en 1507. L'historien Jean d'Anton nous représente ce prélat marchant à cette expédition, armé de toutes piéces, à la suite de Louis XI. Il mourut à Sens le 11 février 1518, ayant servi l'Etat sous cinq Rois, Charles VII, Louis XI, Charles VIII, Louis XII, François I.

SALEL (HUGUES.), (*Hist. litt. mod.*), poëte français, valet-de-chambre de François I, qui l'honoroit d'une protection & d'une affection particulière; il lui avoit donné ordre de traduire en vers français l'*Iliade* d'Homère. Salel étoit, dit-on, un des meilleurs poëtes du siècle; mais la langue ni la poésie française n'étoient pas mûres encore pour une pareille entreprise; & quand elles ont été plus formées, l'entreprise a encore échoué. Salel ne traduisit (& c'étoit trop) que les douze premiers livres de l'*Iliade* & le commencement du treizième. Son travail ne resta pas sans récompense. Le Roi lui donna l'abbaye de Saint-Chéron, & y ajouta encore une pension. Des Imprimeurs ayant fait, sans l'aveu de Salel & sur des copies défectueuses, une édition furtive de son ouvrage, François I donna, le 18 janvier 1544, à Fontainebleau, des lettres-patentes assez curieuses, & qui deviennent un titre assez honorable pour Salel. Le Roi y parle ainsi: « Aucuns libraires & » imprimeurs, plus avaricieux que savans, ayant » trouvé moyen de recouvrer des copies d'aucuns » livres de l'*Iliade* d'Homère, prince des poëtes » grecs, que nous avons à Salel par ci-devant com-» mandé traduire & mettre en vers français, se » sont ingérés de les imprimer & exposer en vente, » avec une infinité de fautes & changemens de

» dictions qui altèrent le sens des sentences, con-» tre l'intention de l'auteur & la diligence du » translateur, lequel n'en peut recevoir sinon une » déréputation & calomnie, par l'ignorance, té-» mérité & négligence d'autrui; nous, voulant » obvier & pourvoir à telles folles & vaines en-» treprises desdits libraires, à ce que par eux la » dignité de l'auteur ne soit en aucun endroit pro-» fanée, ne aussi le labeur dudit traducteur mal » reconnu, au préjudice de l'utilité, richesse & » décoration que notre langue française reçoit au-» jourd'hui par cette traduction, de laquelle nous » ont jà été présentés les neuf premiers livres, » dont la lecture nous a été si agréable & nous a » tant délectés, que nous désirons singulièrement » la continuation & parachévement de l'œuvre, à » icelui Salel nous avons permis d'imprimer, &c. »

Etoit-ce un Prince ordinaire qui favorisoit son valet-de-chambre? Etoit-ce le *père des lettres* qui protégeoit les talens? ou n'étoit-ce pas plutôt Salel lui-même qui avoit dressé ces lettres dans la forme qui lui étoit la plus avantageuse, sachant bien que le Roi, selon l'usage, les signeroit sans examen? C'est ce qu'il y a de plus vraisemblable & de plus ordinaire.

En tête de la traduction est une épître en vers, de *Dame Poésie au roi très-chrétien, François, premier de ce nom*.

Salel avoit aussi fait une traduction française de la tragédie d'*Hélène*, d'Euripide. On a de plus publié un Recueil des *Œuvres de Hugues Salel*, valet-de-chambre ordinaire du Roi, imprimées par commandement dudit seigneur.

Après la mort de François I, Salel se retira dans son abbaye de Saint-Cheron près de Chartres, où il mourut l'an 1553, à quarante-neuf ans & demi. Son épitaphe, faite par Pierre Paschal son ami, lui donne le titre de poëte de François, roi de France. *Hugoni Salellio, Cadurco, Francisci Gallorum regis poëtæ, vitâ integerrimi, qui tranquillioris vitæ desiderio, ex regiâ, mortuo Francisco, ut se totum otio & doctrinæ dederet, Carnutum venit, ubi aliquot post annos, diuturno & mortifero morbo affectus, de vitâ, humanæ conditionis memor, placidè & constanter decessit. Huic hîc quiescenti & dissoluti corporis renovationem expectanti, Petrus Paschalius, amicus dolens P. & sub asciâ D. anno à salute mortalibus restitutâ 1553. Vixit annos quadraginta novem, menses sex.*

La plupart de ces particularités sont tirées des *Bibliothèques* de la Croix du Maine & de du Verdier-Vauprivas: nous n'en avions dit qu'un mot dans le Dictionnaire.

SALETTE (JEAN DE), (*Hist. mod.*), Béarnois, évêque de Lescar. C'est par l'entremise de ce Prélat que Louis XIII parvint à rétablir la religion catholique dans le Béarn, d'où elle avoit été bannie soixante-dix ans auparavant par Jeanne d'Albret, mère de Henri IV. Jean de Salette mourut en 1630, & eut pour fuccesseur dans l'évêché de Lescar, Jean-Henri de Salette son neveu.

SALIEZ ( ANTOINETTE DE SALVAN DE ), ( *Hist. litt. mod.* ), mariée à Antoine de Fontvielle, seigneur de Saliez, restée veuve de bonne heure, ne voulut point se remarier, & se consacra entièrement à l'étude & à la culture des lettres. Elle est principalement connue par deux romans historiques : l'un est *la Comtesse d'Isembourg, princesse de Hohenzollern* ; il a été traduit en plusieurs langues, nommément en allemand & en italien ; l'autre a pour titre : *Les Princesses de Bavière, Isabelle & Marguerite.* La première, fille du duc de Bavière, Etienne, est la fameuse Isabelle de Bavière, femme de notre roi Charles VI ; la seconde, fille d'Albert, Comte palatin du Rhin, celui qui fut élu Empereur au tems de la déposition de Wenceslas. On suppose ces Princesses toutes les deux aimées par le duc d'Orléans, frère de Charles VI.

On a aussi des lettres & quelques poésies de madame de Saliez, insérées dans *la nouvelle Pandore,* ou *les Femmes illustres du siècle de Louis-le-Grand,* ouvrage de M. de Vertron : elle est encore auteur de divers opuscules, tant sacrés que profanes ; elle étoit de l'académie des Ricovrati de Padoue ; elle avoit formé une *société des chevaliers & des chevalières de la Bonne-Foi,* qui s'assembloient une fois la semaine, & à laquelle elle donna des statuts en 1704. Voici le premier de ces statuts :

Une amitié tendre & sincère
Plus douce mille fois que l'amoureuse loi,
Doit être le lieu, l'aimable caractère
Des chevaliers de bonne foi.

M. Titon du Tillet a donné place, dans son Parnasse français, à madame de Saliez.

Elle est morte le 14 juin 1730, à Alby, âgée de quatre-vingt-douze ans.

Son article se trouve dans le Dictionnaire, à l'article *Salvan* ; mais il est beaucoup moins complet qu'ici, & il avoit besoin de ce supplément.

SALLIGNY ( CHARLES DE ), ( *Hist. mod.* ), avocat, auteur d'un Commentaire de la coutume de Vitry en Perthois, a vécu quatre-vingt-onze ans & demi. Son fils, Louis de Salligny, aussi avocat, a vécu quatre-vingt-quinze ans six mois & quatorze jours. Il étoit né le 10 avril 1644 ; il avoit prêté le serment d'avocat au parlement en 1662. Il mourut le 24 octobre 1739, à Vitry-le-Français, ayant été soixante-dix-sept ans avocat. Il avoit été nommé, en 1718, par le Roi, pour fixer les limites de la France & de la Lorraine : du moins il n'avoit alors que soixante-quatorze ans ; mais à quatre-vingt-cinq ans il avoit plaidé une cause pendant cinq quarts d'heure, & à quatre-vingt-douze ans, privé de la vue, il avoit composé un Mémoire sur un des principaux points de la coutume de Vitry.

SALOMON ( FRANÇOIS-HENRI ), ( *Hist. litt. mod.* ), fils d'un conseiller au parlement de Bordeaux, fut reçu avocat-général au grand-conseil en 1638, & à l'Académie française en 1644 : il fut en concurrence pour cette place avec Pierre Corneille, déjà auteur du *Cid,* des *Horaces,* de *Cinna,* de *Polyeucte,* de *Pompée,* & il l'emporta sur lui. On a peine à comprendre aujourd'hui une pareille préférence ; elle peut avoir deux excuses : l'une, que Corneille étant domicilié à Rouen, ne pouvoit apporter aux assemblées l'assiduité qu'avec raison l'on ne vouloit pas exiger, mais qu'il étoit du moins naturel de désirer ; l'autre, que ce Salomon, aujourd'hui inconnu, parce qu'il n'existe aucun ouvrage de lui, pouvoit avoir au grand-conseil quelque réputation d'éloquence. Le peu d'écrits qu'il a laissés annonceroit un savant & un jurisconsulte, plutôt qu'un bel-esprit. Le père de sa femme étoit président à mortier au parlement de Bordeaux, &, après la mort de ce beau-père, Salomon exerça cette charge. Louis XIV lui avoit donné le cordon de Saint-Michel pour récompense des services qu'il avoit rendus à Toulouse & à Bordeaux pendant les troubles de la Fronde. Né à Bordeaux le 4 octobre 1620 ; mort aussi à Bordeaux le 2 mars 1670.

SAMÉAS, ( *Hist. des Juifs* ), fils d'Eléazar & Galiléen, montra une valeur presque surnaturelle au siège de Jotapas, dans la guerre des Juifs contre les Romains. Il fit tomber avec tant de force une pierre d'une grosseur prodigieuse sur la tête du bélier qui battoit les murs de cette place, qu'il abattit entièrement cette tête. Non content de l'avoir mise hors d'état de nuire, il voulut encore en faire la conquête ; & sautant du haut des remparts au milieu des ennemis, saisit cette tête de bélier à travers une grêle de traits & de flèches ; il la porte au pied de la muraille, & s'apprête à monter, lorsqu'enfin, affoibli par le sang qui couloit en abondance de toutes ses plaies, le pied lui manque ; il tombe avec la tête de bélier, qu'il ne voulut jamais abandonner.

SANDRART ( JOACHIM ), ( *Hist. mod.* ), né à Francfort le 12 mai 1606, est au nombre des peintres célèbres. Le roi d'Espagne ayant demandé douze tableaux des plus habiles peintres qui se trouvassent alors à Rome, Sandrart fut un des douze, & son nom fut associé à ceux du Guide, du Guerchin, du Dominiquin, du Poussin, &c. Il parcourut l'Italie en divers sens, cherchant partout les plus beaux modèles de la peinture, à Venise, à Rome, à Naples, en Sicile, à Malte, puis dans toute la Lombardie, en retournant dans l'Allemagne sa patrie. Il alla aussi en Hollande. Il écrivit sur son art, & compila ou abrégea les vies des peintres fameux : la sienne a aussi été écrite. On pense diversement de ses productions dans la peinture ; elles ont leurs partisans, elles ont aussi des détracteurs. On ignore le tems précis de sa mort.

SANLECQUE. Nous n'avons parlé dans le Dictionnaire, que du Père Sanlecque, genovefain, connu par ses poésies ou plutôt par ses vers. Il étoit fils, petit-fils, frère d'hommes recommandables comme savans, par la connoissance des langues tant anciennes que modernes, & comme artistes par l'art de tailler les poinçons & de frapper les matrices qui servent à faire les caractères de l'imprimerie. Jacques de Sanlecque, aïeul du Père Sanlecque, parmi tous les plus habiles graveurs de son tems, se trouva seul capable d'imiter en ces sortes de caractères les écritures des langues syriaque, samaritaine, arménienne, chaldéenne & arabe, pour l'impression de la Bible d'Anvers. Jacques de Sanlecque son fils, père du genovefain, s'étoit consacré aux langues & aux sciences; mais voyant que son père n'avoit point de successeur dans l'art qui l'avoit si avantageusement distingué, il embrassa cette profession, qui devint comme héréditaire dans cette famille, & dans laquelle il fit des progrès si rapides & si surprenans, qu'il parvint à surpasser son père même, & à perfectionner & embellir quelques-uns de ses ouvrages. Il entreprit aussi de tailler des poinçons & de faire des matrices pour toutes sortes de notes, soit de plain-chant, soit de musique, dont il a laissé des épreuves du plus beau travail; & comme il vouloit toujours joindre l'étude des sciences aux travaux de sa profession, il ruina entiérement sa santé, & mourut dans sa quarante-sixième année, le 23 décembre 1660. Son père étoit mort dans sa quatre-vingt-dixième année, le 20 novembre 1648, ayant exercé son art pendant soixante-quinze ans.

Le second Jacques de Sanlecque laissa trois fils: Louis de Sanlecque, le genovefain; le second avoit bien mérité d'être mis au nombre des *enfans célèbres*. A l'âge de sept ans il savoit le latin, le grec, l'hébreu, & n'étoit pas étranger dans la philosophie. Trop précoce ou trop appliqué avant le tems, il ne put pas vivre; il mourut entre neuf à dix ans. Le troisième fils, nommé Jean, suivit la profession de ses pères, & mourut en 1716, à soixante-deux ans. Il a transmis les poinçons & matrices de son père & de son aïeul à Jean-Eustache-Louis Sanlecque son fils, dans le même état de beauté qui les a fait rechercher par les Lepetit, les Cramoisy, les Muguet & les divers imprimeurs dont les éditions sont les plus recherchées. Il se trouve même, dit-on, parmi ces caractères, des petit-textes qu'on juge n'être pas inférieurs à ceux que les Elzevirs ont employés. On voit que cette famille des Sanlecque a bien mérité de l'Etat & des lettres.

SANTERRE (JEAN-BAPTISTE), (*Hist. mod.*), peintre célèbre des dix-septième & dix-huitième siècles, né en 1657, à Magni dans le Vexin français. Il excelloit également dans le portrait & dans les sujets d'Histoire. Ses tableaux sont connus, pour la plupart, par le seul nom de leurs sujets; ce qui est une marque de célébrité non suspecte. Il fut reçu à l'Académie de peinture en 1704. Il mourut à Paris le 21 novembre 1717.

SAPIDUS (JEAN), (*Hist. litt. mod.*), né à Schelestat en Alsace, disciple de Beatus Rhenanus, de Lefèvre d'Etaples & de Josse Clictowe, docteur de Navarre, auteur de l'*Anti-Luther*, ouvrage qui n'est plus connu, mais qui fut célèbre alors parmi les Catholiques, profita mal des leçons de ce dernier; il embrassa la Réforme & en devint un zélé défenseur. Il s'établit & mourut à Strasbourg, où il étoit à la tête d'un collége, comme il y avoit été à Schelestat sa patrie. On a de lui des poésies latines & un drame sacré sur la résurrection du Lazare. Mort le 8 juin 1560 ou 1561. Il étoit ami d'Erasme, & c'est un titre pour un homme de lettres de ce tems-là.

SAPIN (JEAN-BAPTISTE), (*Hist. de Fr.*), conseiller-clerc au parlement de Paris & chanoine de Saint-Martin de Tours, étant en chemin pour aller voir ses parens dans la Touraine, au tems des guerres de religion en France, fut arrêté dans le Pays Chartrain par un parti protestant. Les Catholiques, se croyant aisément les plus forts, venoient de faire pendre à Rouen le président d'Esmandreville & le ministre Marlorat. L'affreuse loi des représailles, qui ne peut être utile qu'en prévenant les cruautés qu'elle menace de punir, prit pour victimes l'abbé Sapin & l'abbé de Gatines, qui se trouvoient alors entre les mains des Protestans. Ils furent pendus. Quand le corps de Jean-Baptiste Sapin fut apporté à Paris, le parlement indigné déclara solennellement que c'étoit à lui qu'on avoit fait cette cruelle injure, & qu'il en poursuivroit la vengeance; c'est ainsi que la loi des représailles, quand elle n'a pas eu la vertu de prévenir le crime, pourroit le perpétuer; car il reste toujours une dernière vengeance à prendre. Le parlement rendit en corps au malheureux Sapin les derniers honneurs : on lui fit de magnifiques funérailles dans l'église des Augustins; on mit sur son tombeau une épitaphe qui disoit : *Quòd antiqua & catholica Religionis adsertor fuisset, turpissima morti addictus.... Honestam & gloriosam pro Christi nomine & christianâ Republicâ mortem perpesso. Ainsi toute la honte du supplice de Jean-Baptiste Sapin*, dit un écrivain, *retombe sur les Huguenots.* Il est malheureux, mais il ne peut être honteux de périr innocent & victime de représailles par quelque supplice que ce soit. Si pourtant il pouvoit y avoir de la honte dans ces sortes d'affaires, elle seroit toute entière de la part des aggresseurs, c'est-à-dire, de ceux qui, sans s'embarrasser de leurs concitoyens & de leurs partisans, les livrent à d'inévitables repréfailles pour le plaifir de fatisfaire leur haine par des meurtres qui leur feront infailliblement rendus. Les vrais meurtriers de l'abbé Sapin & de l'abbé de Gatines font les meurtriers du préfident d'Efmandreville & du miniftre Marlorat. Il étoit aifé de prévoir que le fupplice de deux perfonnages auffi confidérables ne refteroit pas impuni.

SARBRUCK ou SARBRUCHE, ancienne & illuftre Maifon qui tire fon nom de Sarbruck ou Sarbruche, près de la Sare, ville & comté du diocèfe de Metz. Le plus ancien feigneur qui fe trouve avoir poffédé ce comté eft Sigebert, qui vivoit en 1080. Adelbert ou Albert, l'un de fes fils, archevêque de Mayence, d'abord fort aimé, enfuite fort maltraité par l'empereur Henri V, jouit de la plus haute faveur auprès de l'empereur Lothaire, fucceffeur de Henri. Lothaire croyoit lui devoir la couronne impériale, & en effet il n'avoit pas peu contribué à la lui procurer.

La Maifon de Sarbruche contracta les plus glorieufes alliances avec des Maifons impériales & avec plufieurs autres grandes Maifons fouveraines en Allemagne.

Simon, premier du nom, comte de Sarbruche, eut pour gendre Hugues, fecond du nom, comte de Vaudemont, qui fe fignala dans une bataille que les Français eurent l'honneur de gagner contre Saladin.

Simon II, comte de Sarbruche, fils de Simon I, étoit, en 1218, au fiége de Damiette, & fut élu général de l'armée des Croifés.

Simon III fon fils étant mort fans enfans du vivant de Simon II, le comté de Sarbruche paffa dans la Maifon de Montbelliard-Montfaucon par Mahaud, fœur de Simon III, & femme d'Amé de Montbelliard.

Simon IV leur fils prit le nom & le titre de comte de Sarbruche.

Jean, fecond du nom, comte de Sarbruche, arrière-petit-fils de Simon IV, attaché au fervice de la France, confeiller & chambellan du roi Charles V, fut nommé bouteiller de France & premier préfident de la chambre des comptes par des lettres du 6 novembre 1365. Il rendit de grands fervices au Roi dans les guerres & dans les négociations. Il mourut en 1381, un an après Charles V.

Jeanne fa fille unique, comteffe de Sarbruche, époufa Jean, comte de Naffau, & d'eux font defcendus les comtes de Naffau-Sarbruche. Mais il reftoit une branche de Sarbruche-Commerci, defcendue de Jean, petit-fils de Simon IV, chef des Sarbruche-Montbelliard.

Amé de Sarbruche, petit-fils de ce Jean, & gouverneur du duché de Bar en l'abfence du Duc, fuivit le roi Charles VI au fiége de la ville d'Arras en 1414, & y fut tué d'un coup de canon dans la tête.

La poftérité mafculine d'Amé de Sarbruche finit le 19 novembre 1525, dans la perfonne d'un autre

Amé de Sarbruche, fils de fon arrière-petit-fils. Les biens de cette branche de Sarbruche-Commerci pafferent, par les fœurs de ce dernier Amé, dans les Maifons de Silly-Laroche-Guyon, de Roye-Muret & de Lamarck-Bouillon.

SARRAU (CLAUDE), (Hift. litt. mod.), confeiller au parlement de Rouen, puis au parlement de Paris, magiftrat favant, intègre & conciliant, étoit moins homme de lettres qu'ami des gens de lettres. Il a peu travaillé, mais il étoit en correfpondance avec tous les favans de fon tems, tant nationaux qu'étrangers. La reine de Suède, Chriftine, lui écrivoit fouvent & aimoit beaucoup à recevoir de fes lettres. C'eft Sarrau qui a été l'éditeur des lettres de Grotius; & Ifaac Sarrau fon fils, ou fous le nom d'Ifaac, fort jeune alors, Paulmier de Gratemefnil, a été l'éditeur des lettres de Claude Sarrau, & les a dédiées à la reine Chriftine. On y voit que Claude Sarrau étoit grand ami & grand admirateur de Saumaife envers & contre tous. Claude Sarrau mourut le 30 mai 1651.

SARROCHIA (MARGARETA), (Hift. litt. mod.), Dame napolitaine, favante & bel efprit, au dix-feptième fiècle, auteur d'un poème héroïque de Scanderbeg ou Scanderberg, en vers italiens, & de quelques épigrammes latines. Il paroît que fi elle avoit le mérite des favans, elle en avoit auffi les défauts & ceux des femmes favantes, tels que le defpotifme de Philaminte, la manie du bel efprit & de l'érudition, au point de ne fouffrir chez elle aucune converfation qui ne roulât fur les fciences; un amour propre infatiable & infociable, qui lui fit diverfes querelles avec le cavalier Marin & l'Académie des humoriftes.

SARTACH. (Hift. mod.) Le zèle de la propagation de la Foi donnoit lieu quelquefois à de fingulières méprifes. En 1252 faint Louis entend dire qu'un grand prince tartare qui régnoit fur d'immenfes contrées entre le Don & le Volga, s'étoit fait Chrétien. Saint Louis, charmé de cette nouvelle, crut devoir lui écrire & lui envoyer le cordelier Rubruquis pour avancer l'œuvre du falut dans les Etats de Sartach. (Voyez dans le Dictionnaire l'article Rubruquis, où nous n'avons dit qu'un mot de cette aventure.) Le cordelier, accompagné de deux autres ecaléfiaftiques, fe rend à Conftantinople, s'embarque fur la Mer Noire, paffe dans la Crimée, côtoie la mer d'Azoph, qu'il laiffe à droite, paffe le Don ou Tanaïs, traverfe d'immenfes déferts & parvient enfin jufqu'aux tentes de Sartach. Paffe encore pour des tentes: on pouvoit être en guerre ou dans un camp de paix. Les ufages des Tartares étoient peu connus en France. Les trois apôtres, admis à l'audience du Souverain, crurent devoir y paroître dans toute la dignité de l'appareil eccléfiaftique, tous trois revêtus de chapes magnifiques, Rubru-

quis tenant d'une main une bible, de l'autre un
pfeautier enrichi d'or, orné de mignatures. Son
premier affiftant portoit une croix & un miffel, le
fecond un encenfoir. Mais quand ils virent pour
tout peuple une foule de fauvages couverts de
peaux de chiens & de chèvres, & qui n'avoient
pour maifons que des chariots couverts de feutre,

*Quorum plauftra vagas ritè trahunt domos,*

leur étonnement fut extrême, & toutes leurs idées
renverfées; mais enfin fi le chef de ces fauvages
étoit Chrétien, s'il alloit les aider à rendre tout
fon peuple Chrétien, l'objet de la miffion étoit
rempli. Sartach parut content & flatté de la lettre
de faint Louis, mais il ne dit pas un mot du chri-
tianifme; & fur la demande que faifoient les miffionnaires, qu'il leur fût permis de refter dans fes
Etats pour y prêcher l'Evangile, il répondit qu'il
ne pouvoit fe difpenfer de prendre l'avis de Baatu
fon père, qui faifoit alors fa réfidence à l'orient
du Volga, du côté de la Bulgarie. Ils y allèrent:
Baatu dit qu'il falloit obtenir la permiffion du
grand kan Manga. Il fallut remonter vers le nord
jufqu'au foixantième degré de latitude, à travers
tous les déferts de la Tartarie, pour pénétrer jufqu'aux tentes du grand kan, & recevoir de lui le
refus le plus pofitif. Rubruquis ne rapporta enfin
de ce long & pénible voyage que deux veftes dont
Sartach, Chrétien ou non, lui fit préfent pour
faint Louis: on ne nous dit pas fi elles étoient de
peaux de chiens ou de chèvres.

SARTO (ANDRÉ DEL), (*Hift. mod.*), peintre
célèbre de Florence, travailla pour le pape Léon X,
ainfi que pour François I, auquel il ne rendit jamais compte d'une fomme confidérable que ce
Prince lui avoit fait remettre pour lui acheter des
tableaux en Italie, où André del Sarto n'alloit,
difoit-il, que pour amener fa famille en France,
où il vouloit fe fixer. Il n'y revint pas, &, rentré
dans fa patrie, il n'en fortit plus & ne travailla
que pour elle. Il eft fâcheux que la vie d'un fi
grand artifte foit fouillée de cette tache d'infidélité, même d'ingratitude; car pendant fon féjour
en France, François I l'avoit comblé d'honneurs
& de biens. André del Sarto mourut de la pefte à
Florence, en 1530, à quarante-deux ans.

SARUS, (*Hift. rom.*) Prince goth, un des
meilleurs capitaines de l'Empire romain au commencement du cinquième fiècle. Il fervit avec
fuccès l'empereur Honorius contre le tyran Conftantin. Celui-ci avoit envoyé contre Sarus deux
de fes plus habiles généraux, nommés Juftinian &
Nebiogafte (ce dernier étoit de nation françaife). 
Sarus, en un grand combat livré dans la Gaule,
affez près des Alpes, défit entièrement Juftinian,
qui refta mort fur le champ de bataille: il attira Nebiogafte à une conférence, où il le fit affaffiner.

Après avoir acquis, dans le commandement des
armées, une affez grande gloire, ternie ainfi par
quelques trahifons, il fe livra aux intrigues de
cour, & fervit contre Stilicon l'ambition jaloufe
d'Olympius. (*Voyez*, dans ce Volume, les articles
*Olympius* & *Héraclian*.) Ce fut lui qui tailla en
pièces toute la compagnie des Huns qui fervoient
de gardes à Stilicon; il en fut puni, comme prefque tous ceux qui avoient eu part à la mort de ce
héros. On pouvoit dire du fang de Stilicon, ce que
Pharafmane dit du fang des Romains:

Où le fang des Romains eft-il fi précieux,
Qu'on ne puiffe en verfer fans offenfer les dieux?

Ataulfe, roi des Goths, beau-frère & fucceffeur d'Alaric, & beau-frère auffi d'Honorius, fit
affaffiner Sarus; mais cette vengeance en attira
beaucoup d'autres. Sarus avoit un frère nommé
Sigeric, à l'inftigation duquel un domeftique de
Sarus, voulant venger fon maître, affaffina le roi
Ataulfe. Sigeric s'étant fait enfuite élire roi des
Goths, & croyant à ce titre avoir intérêt d'exterminer toute la race d'Ataulfe, fit arracher fix enfans de ce malheureux Ataulfe d'entre les bras
d'un évêque auquel leur père avoit confié leur enfance, & le barbare les maffacra tous. Il fut maffacré lui-même fept jours après par les Goths,
indignés de fa cruauté. Ces horreurs fe paffoient
vers l'an 415.

SASSENAGE, village du Dauphiné, au pied
des Alpes, près de Grenoble & du confluent de
l'Ifère & du Drac, bien connu par fes fromages &
par fes cuves merveilleufes. La Maifon de Saffenage eft de la plus noble antiquité. Vers la fin du
dixième fiècle ou le commencement du onzième,
Artaud III, comte de Forez & de Lyon, eut,
entr'autres enfans, Hector, feigneur de Saffenage, & Ifmidon, prince de Royans. Un des defcendans d'Hector, nommé François I, feigneur
de Saffenage, eut pour fille Béatrix, qui, après
que fon frère Albert II fut mort fans enfans, en
1339, porta Saffenage & les biens de cette Maifon dans la Maifon de Berenger, fans fortir de la
fienne; car Aymar de Berenger, feigneur du Pont
de Royans, fon mari, defcendoit d'Ifmidon, frère
d'Hector, dont nous venons de parler au commencement de cet article.

Henri leur fils quitta le nom & les armes de
Berenger pour le nom & les armes de Saffenage.
Il fut fait chevalier le 20 octobre 1338. Il fervoit
alors dans une armée françaife que commandoit
Albert II de Saffenage fon oncle. Il fut tué dans
un combat contre les Anglais, fur les confins de la
Guienne, en 1351.

François II, baron de Saffenage, fon fils, lieutenant-général des armées du Roi en Italie, conclut avec les Génois le traité par lequel ils fe don-

noient à la France, & il reçut leur serment de fidélité au nom de Charles VI.

Henri II, baron de Sassenage, neveu de François II, fut nommé gouverneur du Dauphiné par le dauphin Jean, frère aîné de Charles VII, & fut tué à la bataille de Verneuil contre les Anglais, le 6 août 1424.

Jacques, baron de Sassenage, petit-fils du précédent, fut chambellan & premier écuyer de Louis XI. Il commandoit l'arrière-ban du Dauphiné à la bataille de Mont-Lhéry; il servit aussi dans les guerres de Flandre : il fut nommé, en 1478, gouverneur de la principauté d'Orange. Jeanne de Commiers sa femme étoit Dame d'honneur de la reine Charlotte de Savoie, femme de Louis XI.

Louis leur fils fut fait prisonnier avec le duc d'Orléans (depuis Louis XII), à la bataille de Saint-Aubin du Cormier, & depuis encore à la bataille de Fornoue, après avoir rendu les plus grands services à Charles VIII dans cette expédition d'Italie.

Dans la branche des seigneurs du Pont de Royans, François de Sassenage, tige de cette branche, ami intime du chevalier Bayard, fut fait prisonnier avec lui à la journée des éperons, en 1513.

Laurent son fils, baron de Sassenage, après avoir été dix ans moine, devint guerrier, combattit en 1563 contre les religionnaires du Dauphiné, & fut fait par eux prisonnier.

Dans la branche des seigneurs du Mas, d'Iseron & de Monteillez, Antoine de Sassenage commandoit, en 1550, une compagnie franche de deux cents hommes, sous le maréchal de Brissac : il fut fait gouverneur de Vienne en 1567, de Valence en 1576.

De huit enfans mâles qu'avoit eus Alfonse de Sassenage, petit-fils d'Antoine, Charles-Louis-Alfonse l'aîné se distingua dans plusieurs siéges & plusieurs combats; Gaspard, le troisième, capitaine au régiment de Normandie, fut tué en duel; Claude, capitaine de chevau-légers dans le régiment de Créqui, fut tué à la bataille de Réthel en 1650; Guillaume-Antoine, chevalier de Malte, mourut à Malte le 11 février 1660; Jacques, après avoir servi en qualité de volontaire au siége de Pavie, mourut au retour; Henri servit en Hongrie au combat de Raab contre les Turcs; Alfonse mourut jeune, en 1655. Le second, que nous avons passé & qui se nommoit Louis-François, étoit ecclésiastique.

Gabriel-Alfonse, marquis de Sassenage, petit-fils de l'aîné des huit enfans dont nous venons de parler, fut fait prisonnier à la bataille d'Hochstet, le 13 août 1704, perdue par le maréchal de Tallard, dont il étoit le gendre.

SAUTEL (PIERRE-JUSTE). C'est le P. Sautel, jésuite de Valence en Dauphiné. Nous n'en avons

dit qu'un mot dans le Dictionnaire, & nous avons rapporté sur ses ouvrages un jugement général qui ne lui est pas trop favorable. Nous croyons qu'il est de la justice d'opposer à ce jugement, qui n'est qu'un propos vague, le jugement plus réfléchi qui a été porté dans les anciens journaux des savans, sur deux de ses principaux ouvrages.

Dans le journal du 11 janvier 1666, en rendant compte de l'ouvrage intitulé *Annus sacer poëticus, authore R. P. Petro Sautel*, voici ce que dit le journaliste :

« Plusieurs personnes fort intelligentes dans la » poésie latine ont fait beaucoup de cas de ce » livre pendant qu'il n'étoit encore que manuf- » crit; & l'auteur, dont l'humilité avoit empêché » que cet ouvrage ne fût mis au jour pendant sa » vie, en mourant l'a jugé digne d'être légué par » testament à une personne de qualité, qui a reçu » ce legs avec des témoignages de grande estime. » Il contient des épigrammes sur tous les jours & » fêtes de l'année, selon l'ordre où elles sont dans » le calendrier romain. La latinité est pure, le » style est net & facile, les vers sont fort naturels, » & ils ont cela de commun avec ceux de tous les » meilleurs poètes, qu'ils sont d'autant plus tra- » vaillés qu'ils semblent ne l'être pas. »

Dans le journal du 22 février suivant, en annonce d'un autre ouvrage du P. Sautel : *Lusus allegorici, autore Petro-Justo Sautel, Soc. Jesu.*

« Ces jeux allégoriques ont beaucoup de rap- » ports avec les fables que les anciens ont inven- » tées pour instruire le peuple; car ce sont des » fictions ingénieuses dont l'auteur a tiré plusieurs » moralités : il y a néanmoins cette différence, » que les fables ne sont ordinairement que pour » les enfans & pour les personnes grossières, au » lieu que ces jeux allégoriques sont dignes de la » curiosité de ceux même qui ont le plus d'esprit; » car l'invention en est plus fine que celle des fa- » bles, le récit plus étendu & plus figuré, & les » moralités plus relevées. Pour les vers, quelques » personnes les ont trouvés si beaux, & la diction » si pure, qu'ils n'ont point fait de difficulté de » les comparer à ceux d'Ovide. »

Ce n'est pas peu de chose pour un poète latin moderne, que d'être comparé à Ovide par des gens qui savent à peu près ce qu'ils disent.

SAUVAGE (JEAN LE). (*Hist. litt. mod.*) Cet auteur, né à Mayence, se nommoit *Wild*, mot allemand qui signifie *ferus* en latin, & *sauvage* en français. Il étoit religieux de l'Ordre de S. François au seizième siècle, dans le tems que toute l'Allemagne étoit divisée sur plusieurs articles de la religion : il n'a cessé de parler & d'écrire sur la religion; mais il a toujours parlé, toujours écrit avec tant de modération & de sagesse, qu'il a eu l'estime de tous les partis. Mort le 8 septembre 1554.

SAVEUSE (HECTOR DE). (*Hist. de Fr.*), vaillant

vaillant chevalier, issu de l'ancienne Maison de Saveuse en Picardie, se distingua, en 1414, au siége d'Arras, sous les yeux du duc de Bourgogne son Prince, qui conçut pour lui la plus juste estime : il fut fait capitaine ou gouverneur de la ville de Beauvais. Monstrelet s'est plu à décrire ses exploits. Il mourut vers l'an 420.

SAVOIE. ( *Hist. mod.* ) La Savoie, aujourd'hui & depuis long-tems duché souverain, fut anciennement le pays des Allobroges ; mais le nom de *Sabaudia* n'est point nouveau, comme l'avoient cru quelques savans ; il se trouve dans Ammien Marcellin, mort vers la fin du quatrième siécle ; dans la Chronique de saint Prosper, qui vivoit au commencement & au milieu du cinquième, & dans d'autres écrivains de ce même siécle & du suivant. Les Allobroges ayant été subjugués & leur pays conquis par les Romains, ceux-ci en restèrent les maîtres jusqu'au tems où les nations barbares détruisirent l'Empire romain. La Savoie fit partie des deux royaumes de Bourgogne. On fait remonter à l'an 1000 l'époque où ce pays eut des seigneurs particuliers. Rodolphe, roi de Bourgogne, fit, dit-on, alors une donation de la Savoie & de la Maurienne, 1°. à Berthold ou Bérold, marquis d'Italie, Allemand de naissance & d'origine, dont il crut devoir ainsi récompenser les services. L'histoire de ce Berthold appartient beaucoup à la fable, & son origine est peu connue : Guichenon le fait descendre de Vitikind.

2°. Aux comtés de Savoie & de Maurienne, Humbert *aux blanches mains*, fils de Berthold, & plus connu que lui dans l'Histoire, ajouta les seigneuries du Chablais, du Valais & de Saint-Maurice, que l'empereur Conrard lui donna aussi pour récompense de services. Humbert est reconnu sans difficulté pour être la tige de la Maison qui occupe aujourd'hui le trône de Piémont, de Sardaigne ; il mourut vers l'an 1048.

3°. Amédée ou Amé, premier du nom, comte de Savoie, son fils aîné & son successeur, accompagna l'empereur Henri II dans un voyage à Rome. Amédée menoit à sa suite une foule de gentilshommes qui lui formoient une escorte imposante. Dans une audience que l'Empereur donnoit à Vérone au comte Amédée, cette escorte parut trop nombreuse pour être introduite : l'Empereur ne voulut pas qu'elle entrât. Amédée répondit qu'*il ne vouloit entrer si on ne laissoit entrer sa queue*: il en eut le surnom d'Amédée *la Queue*, soit comme sobriquet, à cause du choix un peu familier du terme, soit comme surnom glorieux à cause de la fermeté de sa conduite en cette occasion.

4°. Humbert II son petit-neveu, surnommé le *Renforcé*, l'étoit en effet de plusieurs domaines considérables, dont il joignoit les titres à ceux de ses pères, tels que le Piémont & le marquisat de Suze, la vallée d'Aoste, la Tarentaise, le Bugey ; il passa en 1096 à la Terre-Sainte avec Godefroy de Bouil-

lon, au tems de la première croisade. La reine de France, Adélaïde ou Alix de Savoie, femme de notre roi Louis-le-Gros, & qui depuis épousa le connétable de Montmorenci, Mathieu I, & fut la fondatrice de l'abbaye de Montmartre, où elle fut enterrée, étoit fille de Humbert II.

5°. Amédée III, fils de Humbert & frère d'Adélaïde, fut le premier qui prit le titre de comte de Piémont & de Lombardie ; il accompagna en 1110, au voyage de Rome, l'empereur Henri V, qui le fit comte de l'Empire. Il accompagna aussi Louis-le-Jeune à la seconde croisade ( en 1147 ). A son retour, en 1149, il mourut à Nicosie dans l'île de Chypre.

6°. Humbert III son fils, dit *le Saint*, mérita, dit-on, ce titre ; il ne paroît pas qu'il en ait mérité d'autres. Il fut fort attaché au parti du pape Alexandre III contre l'empereur Frédéric I ; ce qui put contribuer à lui faire donner ce titre de *Saint*. Mort le 4 mars 1188.

7°. Humbert, un des petits-fils de Humbert III, fut tué dans un combat en Hongrie, l'an 1223.

8°. Amédée IV, comte de Savoie, frère du précédent, fut fait duc de Chablais & d'Aoste en 1238, par l'empereur Frédéric II, qui le nomma aussi, en 1242, vicaire-général de l'Empire. Mort en 1253.

9°. Boniface, comte de Savoie, fils d'Amédée IV, fut surnommé *le Roland*, à cause de sa force prodigieuse, jointe à une grande valeur. Il eut des guerres à soutenir contre Charles d'Anjou, cet usurpateur heureux & cruel du royaume de Naples, qui s'empara de Turin. Boniface, l'ayant battu à Rivole en 1262, assiégea Turin, mais il fut battu à son tour & emmené prisonnier à Turin, où il mourut de chagrin & d'ennui en 1263.

10°. On ignore ce qui valut à Pierre de Savoie, son oncle & son successeur dans le comté de Savoie, le surnom de *petit Charlemagne*, surnom dont les causes, quelles qu'elles soient, ne peuvent que lui avoir été honorables. Mort en 1268.

11°. Pierre eut pour successeur dans le comté de Savoie, non pas Béatrix de Savoie sa fille unique, mais Philippe de Savoie son frère, archevêque de Lyon, qui, à soixante ans passés (en 1267), quitta ses bénéfices & se maria pour régner. Il mourut en 1285 sans enfans, & fut remplacé dans le comté de Savoie par son neveu Amédée.

12°. Celui-ci est surnommé *le Grand*, & fut en effet un des héros de la Maison de Savoie, qui en a tant produit. Les Chroniques de Savoie le qualifient *Prince très-sage, de bonnes mœurs & très-prudent*. Dans l'énumération de ses exploits guerriers, on observe qu'il fit en personne jusqu'à trente-deux siéges, tous avec succès, & que jamais il n'échoua dans aucune de ses entreprises. Les chevaliers de Saint-Jean de Jérusalem, sous la conduite de leur grand-maître, Foulques de Villaret, s'étant emparés en 1310 de l'île de Rhodes, les Turcs firent en 1311 un armement formidable pour la prendre. Les Chevaliers parvinrent à s'y maintenir avec le secours de l'invincible Amédée. Cette défense de Rhodes fait époque dans l'Histoire : c'est la plus illustre de toutes les expéditions d'Amédée. On assure que les Princes de la Maison de Savoie portoient dès long-tems auparavant pour devise ou symbole, le mot *fert*, ou les quatre lettres *f. e. r. t.* On ignore quelle signification ce mot où ces lettres pouvoient avoir alors. Quelques-uns les expliquent par ces mots : *Frappez, entrez, rompez tout.* Mais dans le tems de la défense de Rhodes on leur donna une signification particulière, appliquée à cet événement & consacrée à la gloire d'Amédée : *Fortitudo ejus Rhodum tenuit : sa vaillance a su conserver Rhodes ;* ainsi l'ancienne devise de sa Maison lui est devenue personnelle, &, renouvelée pour lui dans cette brillante occasion , a été transmise par lui à ses successeurs sous cette forme nouvelle. Amédée-le-Grand changea aussi à cette occasion les armes de sa Maison, qui étoient celles de Saxe, & prit celles de l'Ordre de Saint-Jean-de-Jérusalem, qui sont *de gueule à la croix d'argent.* Les papes Clément V & Jean XXII, l'empereur Henri VII, Philippe-le-Bel, tous les Souverains admiroient Amédée comme le plus grand capitaine du siècle, & le révéroient comme un grand Prince. Il mourut en 1323 dans Avignon, où, encore occupé de grands projets à soixante-quatorze ans, il étoit allé proposer au pape Jean XXII de publier une croisade contre les Infidèles, en faveur d'Andronic, empereur d'Orient, qui avoit épousé Anne de Savoie, fille d'Amédée.

13°. Edouard son fils, & qui lui succéda, étoit venu en 1304, à l'âge de vingt ans, n'étant encore que prince de Savoie, ou plutôt, selon les titres qu'il prenoit, seigneur de Bresse & de Baugé, porter le secours au roi Philippe-le-Bel, qui le fit chevalier à la bataille de Mons-en-Puelle. Devenu comte de Savoie, il se trouva aussi sous le roi Philippe de Valois à la bataille de Cassel en 1328. Il eut, comme ses prédécesseurs & ses successeurs, des guerres fréquentes à soutenir contre les Dauphins de Viennois ses voisins ; il fut vaincu à la bataille de Varey par Henri, régent & tuteur du dauphin Guigues. Edouard mourut au village de Gentilly, près Paris, le 4 novembre 1329.

14°. Aymon son fils le vengea ; il continua la guerre contre le dauphin Guigues, qui fut tué en 1333, à l'attaque du château de la Perrière. Aymon imita aussi son père, en portant son secours à Philippe de Valois en 1340. Il conduisit en Flandre, pour le service de ce Roi, des troupes qu'une trève promptement conclue rendit inutiles. Il mourut le 24 juin 1343, au château de Montmélian. Destiné d'abord à l'état ecclésiastique, il avoit été chanoine de Paris & comte de Lyon.

15°. Amédée VI son fils, dit le *Comte verd,* parce qu'il avoit paru dans un tournoi avec des armes vertes, & monté sur un cheval caparaçonné de verd, suivit de près la gloire d'Amédée-le-Grand son bisaieul ; il fut heureux & habile dès sa plus tendre jeunesse dans presque toutes ses guerres. Il devint l'arbitre de l'Italie & le défenseur des Papes & de divers Souverains ; il reçut l'investiture de sa souveraineté par les mains de l'empereur Charles IV ; il mena lui-même des secours en France au roi Jean, contre Edouard III, roi d'Angleterre ; il secourut de même la reine de Naples, Jeanne Ire. & Louis, duc d'Anjou, qu'elle avoit adopté. En 1366 il alla en Grèce au secours de Jean Paléologue, empereur d'Orient, qu'il délivra des mains du roi de Bulgarie ; il battit les Turcs & leur sultan Amurat I, & prit Gallipoli. En 1383, ayant passé dans le royaume de Naples pour aider Louis, duc d'Anjou, à en faire la conquête, il mourut de la peste dans la Pouille, le 2 mars ; il avoit régné quarante ans avec grandeur & avec bonheur ; il avoit agrandi ses Etats des baronies de Vaud, de Gex, de Faucigny, &c. Ce fut lui qui, en 1355, institua l'Ordre militaire de l'*Annonciade.*

16°. Amédée VII son fils, surnommé *le Rouge* ou *le Roux,* secourut Charles VI contre les Anglais, comme ses pères avoient secouru ceux de ce Roi. Il s'empara du comté de Nice ; il mourut d'une chute de cheval en poursuivant un sanglier dans la forêt de Lorme, près de Thonon, le premier novembre 1391. Il n'avoit pas encore trente ans.

17°. Outre Amédée VIII son seul fils légitime & son successeur, dont il va être parlé sous le numéro suivant, il laissa un fils naturel, Humbert de Savoie, comte de Romond, chevalier de l'Ordre de l'*Annonciade,* qui fut fait prisonnier par les Turcs à la bataille de Nicopolis, il languit dans la captivité pendant sept ans, au bout desquels, devenu libre enfin, il fut envoyé par le comte Amédée VIII son frère, en qualité d'ambassadeur, au concile de Constance. Mort sans enfans en 1443.

18°. Amédée VIII, dit le *Pacifique,* & que nous ne voyons en effet entreprendre aucune guerre pendant quarante-trois ans qu'il gouverna, depuis 1391, jusqu'en 1434, fut le premier duc de Savoie, l'empereur Sigismond ayant érigé pour ce Prince le comté de Savoie en duché, le 19 février 1416. Il paroît qu'Amédée borna son ambition à cette augmentation de titre, qui l'élevoit d'un degré sans coûter rien à personne : douceur & prudence, tel fut le caractère constant de son administration, qui lui valut le titre de *Salomon de son siècle ;* il montra encore un plus grand détachement de toute ambition lorsqu'en 1434 il remit ses Etats à son fils, & alla s'ensevelir dans la solitude de Ripaille, pour y goûter avec deux favoris & vingt seigneurs de sa cour, aussi voluptueux ou aussi philosophes que lui, toutes les délices du repos, de la mollesse & de la bonne chère,

Leurs jours couloient dans la plus douce oisiveté : un palais bâti par Amédée leur fournissoit toutes les commodités de la vie ; un monastère bâti aussi par lui à côté, leur fournissoit les secours spirituels & les consolations de la piété ; ils s'appeloient hermites & appeloient le palais l'*hermitage* ; ils y vivoient sans femmes ; ils en vivoient plus tranquilles &, à ce qu'on disoit, plus heureux ; cependant, comme l'a très-philosophiquement observé une femme d'esprit, sans les femmes, le commencement & la fin de la vie seroient sans secours, & le milieu sans plaisirs. Ces hermites pourtant surent s'en passer. Ils crurent encore mériter le titre d'hermites par leur longue barbe qu'ils laissoient croître, par l'uniformité de leur vêtement, qui étoit, ainsi que leur chaperon, d'un drap gris très-fin ; ils portoient pour coiffure un bonnet d'écarlate, avoient une croix d'or pendue au col, & les reins ceints d'une grosse ceinture d'or, mélange singulier en tout genre, de mollesse & de pénitence, de magnificence & de dévotion. Amédée vivoit ainsi depuis cinq ans dans une paix que rien ne sembloit pouvoir troubler, lorsque le concile de Bâle, brouillé avec le pape Eugène IV, & l'ayant déposé, jeta les yeux sur Amédée pour l'opposer à Eugène ; il fut donc élu Pape par le concile, le 5 novembre 1439 ; & soit qu'il commençât à s'ennuyer de sa retraite, soit qu'il crût que la religion ne lui permettoit pas de se refuser à une élection qu'on regardoit comme un moyen d'éteindre le schisme, soit que cette carrière inattendue qui s'ouvroit devant lui, l'attirât par le charme piquant de la nouveauté, ou lui parût un décret irrésistible de la Providence, il accepta la tiare, & ne fit que former un nouveau schisme sous le nom de Félix V ; mais le pape Eugène étant mort en 1447, on élut en sa place Thomas de Sarzane, qui prit le nom de Nicolas V, & qui fut reconnu par toute l'Eglise. Félix, invité par Charles VII de rendre la paix à l'Eglise, revint aisément à son caractère paisible & dénué d'ambition; il assembla en 1449, dans Lyon, un synode, au milieu duquel il abdiqua solennellement le pontificat à la grande édification de toute l'Eglise. On célébra cette vertueuse modération, si contraire à la conduite des Benoît XII & des Eugènes IV, par ce mauvais vers latin & léonin :

*Fulsit lux mundo, cessit Felix Nicolao.*

Amédée resta du moins Cardinal : Nicolas V s'empressa de lui en envoyer le chapeau ; il le créa, de son autorité, doyen du Sacré-Collége, le nomma son légat en Allemagne, & confirma tous les actes de son pontificat, pour lui ôter la tache d'antipape. Amédée VII mourut à Genève le 7 janvier 1451. Sa parfaite modération l'avoit souvent fait prendre, par les Souverains de son tems, pour arbitre de leurs différends, soit pendant son règne, soit au milieu de sa retraite, soit dans le cours de son pontificat.

C'est cet Amédée VIII ou Félix V, dont parle M. de Voltaire dans cette belle épître qu'il adresse au mois de mars 1755, à sa Maison, près du lac de Genève, dont il prenoit possession alors. Cette épître, pour le dire en passant, quoiqu'un des fruits de sa vieillesse, est un de ses meilleurs ouvrages.

Au bord de cette mer où s'égarent mes yeux,
Ripaille, je te vois. O bizarre Amédée !
   Est-il vrai que dans ces beaux lieux,
Des soins & des grandeurs écartant toute idée,
Tu vécus en vrai sage, en vrai voluptueux,
Et que, lassé bientôt de ton doux hermitage,
Tu voulus être Pape, & cessas d'être sage?
Dieux sacrés du repos, je n'en ferois pas tant;
Et malgré les deux clefs dont la vertu nous frappe,
   Si j'étois ainsi pénitent,
   Je ne voudrois point être Pape.

19°. Amédée IX, dit le *Bienheureux*, c'est-à-dire *le Saint*, petit-fils d'Amédée VIII, étoit gendre du roi de France, Charles VII, & beau-frère de Louis XI. Il fut juste, clément, patient ; mais comme il étoit sujet à l'épilepsie & à toutes les infirmités qu'elle entraîne, il laissa régner en sa place Iolande de France sa femme, qui en étoit digne, mais dont le gouvernement fournit ou laissa des prétextes aux Princes du sang de Savoie pour remuer. En 1471, ils surprirent Amédée dans Montmélian, & le menèrent prisonnier à Chambéri. Louis XI envoya une armée à son secours : on traita, & Amédée fut remis en liberté. Il mourut à Verceil en 1472, la veille de Pâques.

20°. Louis son frère fut roi de Chypre, de Jérusalem & d'Arménie, du chef de sa femme Charlotte, fille unique de Jean de Lusignan, second du nom, roi de Chypre ; mais il mourut sans enfans, & Charlotte alors céda ses droits au duc de Savoie, Charles, neveu de son mari. (*Voyez*, dans le *Dictionnaire*, l'article *Victor Amédée*.)

21°. Ce duc de Savoie, Charles, à qui Charlotte céda ses droits sur Chypre en 1485, étoit fils d'Amédée IX. Attaqué par le marquis de Saluces son voisin, il lui prit Saluces & Carmagnole, & presque tous ses Etats. Mort à Pignerol en 1489.

22°. Charles-Jean Amédée son fils, étant mort à l'âge de sept ans, eut pour successeur Philippe son grand-oncle, cinquième fils de Louis, mentionné sous le n°. 20. Ce Prince, qui paroissoit si éloigné du trône, & qui avoit pris le surnom de *Sans-Terre*, avoit été élevé à la cour de France, sous Charles VII. Louis XI l'avoit depuis fait emprisonner à Loches, pour quelques intrigues contre le Gouvernement de Savoie, auquel ce Monarque prenoit intérêt, parce que ce Gouvernement étoit alors entre les mains d'Iolande fa fœur. Dans la fuite il le traita mieux, lui donna le gouvernement de Guienne, le fit chevalier de fon Ordre de Saint-Michel. Philippe-le-Bon, duc de Bourgogne, lui donna auffi fon Ordre de la Toifon d'Or, & le gouvernement des deux Bourgognes. Philippe de Savoie fuivit Charles VIII à la conquête du royaume de Naples, & eut pour récompenfe, à fon retour, le gouvernement du Dauphiné. Après avoir ainfi fait fon chemin dans diverfes cours en fimple fujet, il en eut une à fon tour; il alla régner à cinquante-huit ans fur la Savoie, en 1496, & mourut le 7 novembre 1497, regrété de fon peuple, qu'il rendoit heureux.

23°. Philibert II, dit *le Beau*, fon fils, avoit accompagné avec lui Charles VIII en Italie; il fuivit & aida depuis Louis XII à la conquête du Milanez; il fut maintenir fes Etats en paix au milieu des troubles dont l'Italie devint alors la proie. Les hiftoriens vantent fes vertus précoces & fes talens naiffans : il mourut à vingt-quatre ans, en 1504, fans enfans.

24°. Louife de Savoie, comteffe & depuis duchesse d'Angoulême, mère de notre roi François I, étoit fœur de Philibert II & du même lit.

25°. Philibert eut pour fucceffeur Charles III fon frère du fecond lit. Celui-ci n'eut pas, comme Philibert, le bonheur de pouvoir refter en paix, tandis que tout étoit en feu autour de lui. Placé entre ces deux terribles rivaux, Charles-Quint & François I, il prit parti tour-à-tour pour l'un & pour l'autre, & finit par être la victime de fes variations. Il parut d'abord entièrement dévoué aux intérêts du Roi fon neveu, quoique fon intérêt fût peut-être de traverfer les vues de la France fur le Milanez, dont François I entreprit la conquête dès fon avénement au trône. En vain la nature fembloit-elle avoir confié aux ducs de Savoie la garde des barrières qui féparent la France de l'Italie, fi les Français, établis dans le Milanez, preffant à la fois la Savoie & le Piémont du côté de la France & du côté de l'Italie, pouvoient, en cas de réfiftance, forcer ces barrières jufqu'alors infurmontables. D'ailleurs, les Français, maîtres du Milanez, ne feroient-ils pas tentés de remplir l'efpace qui féparoit de cet Etat les Provinces françaifes, & de s'emparer de la garde fi précieufe des Alpes? Enfin, fi les ducs de Savoie eux-mêmes vouloient s'agrandir du côté du Milanez, n'auroient-ils pas meilleur marché d'un Souverain foible & ifolé, tel que Sforce, alors duc de Milan, que d'une puiffance formidable, telle que les Français? Ces confidérations cependant cédèrent pour lors aux nœuds intimes qui uniffoient la Maifon de Savoie à la branche royale d'Angoulême. Le duc de Savoie fut l'allié de la France dans cette expédition du Milanez : ce fut un de fes fujets qui introduifit les Français en Italie par une route alors inconnue à travers les Alpes. Le Duc reçut fon neveu dans le Piémont, avec tous les honneurs qu'un petit Souverain doit à un grand Roi,

& lui rendit fes fervices avec toute l'affection d'un oncle. Telle fut la conduite du duc de Savoie en 1515. Dans la guerre de 1521, il parut fe refroidir pour les Français. Après la bataille de Pavie en 1525, des partifans de la France traverfèrent en fuyant les Etats du duc de Savoie, qui n'étoit pas encore affez hautement déclaré contre les Français pour leur refufer le paffage. Les Impériaux, en les pourfuivant de loin, prirent en paffant Montcallier, Raconis & Carmagnole dans le Piémont, foit pour punir le duc de Savoie d'avoir laiffé paffer les Français, foit pour l'obliger d'embraffer hautement le parti impérial. Il parvint cependant à s'en difpenfer, & il fut le feul à qui cette guerre qu'il n'avoit point faite, quoiqu'il s'en fût mêlé, valut un agrandiffement réel par l'acquifition du comté d'Aft, que l'Empereur lui vendit, pour que le Duc eût encore plus d'intérêt de l'aider à éloigner toujours les Français de la Lombardie.

Dans le tems de l'entrevue du pape Clément VII & du Roi, en 1533, pour le mariage de Catherine de Médicis avec le duc d'Orléans, le Pape avoit propofé Nice, dans les Etats du duc de Savoie, pour le lieu de l'entrevue. François I témoignoit quelque répugnance à fixer ce lieu chez un Prince qui n'étoit rien moins que fon ami, & qui l'avoit, difoit-il, plufieurs fois trompé. C'étoit précifément à caufe de cela que le Pape infiftoit fur ce choix du lieu de l'entrevue; il vouloit faifir l'occafion de reconcilier le duc de Savoie avec le Roi, ce qui eût été utile à tous deux; mais le Duc étoit trop dévoué à l'Empereur. Le Roi demanda que du moins la ville & le château de Nice lui fuffent remis pour tout le tems de l'entrevue; mais le Duc, qui avoit confulté l'Empereur, fit mille difficultés, comme fi cette entrevue n'avoit pu fe faire qu'à Nice : il eft vrai que quelques prétentions du Roi fur Nice ajoutoient à ces difficultés : le Pape & le Roi convinrent de Marfeille.

Lorfque le duc de Milan, François Sforce, pour faire fa cour à Charles-Quint, eut fait affaffiner l'écuyer Merveille, ambaffadeur de François I, & que les Français marchoient pour venger cette injure, le duc de Savoie fe déclara hautement contre le Roi fon neveu, dont il étoit déjà depuis long-tems l'ennemi fecret. C'étoit lui qui, par le fecours d'argent qu'il avoit fourni au connétable de Bourbon, lui avoit procuré l'armée d'Allemands, avec laquelle ce héros rebelle avoit fait fon Roi prifonnier à Pavie; il avoit félicité l'Empereur fur cette victoire; il avoit tenté plufieurs fois de détacher les Suiffes de l'alliance de la France; il avoit enfin acheté le comté d'Aft, patrimoine de François I. Entièrement vendu à l'Empereur, il avoit envoyé le prince de Piémont fon fils, en Efpagne, pour y être élevé; il donnoit tous les jours de nouvelles matières au reffentiment du Roi.

La France, de fon côté, avoit fourni aux Genevois des fecours contre le duc de Savoie; elle avoit obligé celui-ci à lever le fiége de Genève. Cet affront récent irritoit le Duc contre le Roi, & redoubloit fon attachement pour l'Empereur. De plus, la France avoit des prétentions fur divers Etats du duc de Savoie, fur le comté de Nice, comme il vient d'être dit, & fur quelques places du marquifat de Saluces; elle demandoit l'hommage de la baronie de Faucigny; elle demandoit furtout qu'on rendît compte au Roi de la fucceffion de Philippe, duc de Savoie (n°. 22), père commun, & de Charles, & de Louife de Savoie, mère de François I.

Le Roi envoie le préfident Poyet ( depuis chancelier ) demander au duc de Savoie le paffage fur fes terres pour porter la guerre dans le Milanez. Sur le refus du Duc, Poyet le fomme de fatisfaire le Roi fur tous les objets dont on vient de parler. Le Duc envoie demander du fecours à l'Empereur; il propofe d'échanger diverfes provinces qui confinoient à la France, telles que le Genevois, qui auffi bien lui échappoit; le comté de Nice, qui donne l'entrée en Provence, & quelques autres, contre des terres que l'Empereur lui auroit données dans d'autres pays. Par-là le royaume de France eût été ouvert aux armes de l'Empereur par des côtés qui, n'ayant eu jufqu'alors pour voifin qu'un Prince peu redoutable, n'avoient pas été mis en état de défenfe. Le Roi fut cette propofition; elle irrita fon reffentiment en y joignant l'inquiétude. Il s'avança jufqu'à Lyon, d'où il envoya déclarer la guerre au duc de Savoie. L'amiral de Brion ( Chabot ), auquel il donna le commandement de fon armée, foumit la Breffe, le Bugey, pénétra dans la Savoie, y prit Chambéry, Montmélian, & n'éprouva quelque réfiftance que dans les montagnes de la Tarentaife. L'année fuivante ( 1536 ) il pénétra dans le Piémont.

Le duc de Savoie avoit répondu à la déclaration de guerre du Roi, qu'il fe trouveroit à l'entrée de fes Etats pour les défendre; il ne fit pas même le moindre effort pour défendre fa capitale; il avertit triftement les habitans qu'il falloit céder à la force, qu'il fe voyoit obligé de les abandonner; il fit embarquer fur le Pô fon artillerie, fes meubles les plus précieux, & fortit par une fauffe porte du château, avec la Ducheffe fa femme & le prince de Piémont fon fils; ils fe retirèrent à Verceil, d'où fa femme & fon fils partirent pour Milan. En quittant Turin, le Duc confeilla encore aux habitans de fe rendre, & ils fuivirent fon confeil dès la première fommation. Chivas fe rendit auffi fans réfiftance. Mais la trahifon du marquis de Saluces, qui remplaça l'amiral de Brion dans le commandement de l'armée françaife, changea la face des affaires dans ce pays-là, & feconda la fameufe irruption de l'Empereur en Provence; mais l'Empereur fut chaffé

honteufement de la Provence, & les Français fe maintinrent dans le Piémont, où ils confervèrent Turin & prirent encore quelques autres places.

Le duc de Savoie avoit accompagné l'Empereur dans cette expédition de Provence, qui fembloit principalement entreprife pour la vengeance du Duc. Il ofa confeiller à Charles-Quint de laiffer en Provence un monument horrible de fon paffage, en livrant aux flammes la capitale; mais l'Empereur fentit ce qu'une vengeance exercée fur des murs auroit de bas & de ridicule. Le Duc obtint cependant la permiffion de mettre le feu au palais où s'affembloient le parlement & la chambre des comptes. Son deffein étoit, dit-on, d'anéantir les titres qui prouvoient qu'une grande partie du Piémont avoit autrefois relevé des comtés de Provence. On affure qu'il voulut être témoin de l'incendie, & qu'il ne fe retira qu'après avoir vu tout confumé. Mais cette lâcheté du duc de Savoie ne fit que tourner à la gloire du maréchal, depuis connétable de Montmorenci, défenfeur de la Provence, & à celle du Roi. Montmorenci avoit pourvu à tout. Lorfqu'il avoit été décidé qu'Aix feroit abandonné, il avoit fait transporter ces papiers dans fon château des Baulx, & le Roi fit réparer à fes dépens le dommage caufé par l'incendie.

En 1537 la guerre continua dans le Piémont avec des fortunes diverfes; mais Montmorenci étant venu y commander, la campagne finit, de la part des Français, par des fuccès folides.

Jufque-là le duc de Savoie s'étoit facrifié pour Charles-Quint, & Charles-Quint n'avoit fu ni le défendre ni le venger. On parla de paix: le Roi offroit de tout rendre & à l'Empereur & au duc de Savoie, mais il vouloit, avec raifon, que, dans le même tems, le duc d'Orléans fon fecond fils fût mis en poffeffion du Milanez, fief vacant par la mort de François Sforce, arrivée en 1535, & l'Empereur vouloit garder le Milanez.

La pape Paul III mit fa gloire à terminer la querelle des deux héros de la chrétienté; il propofa une entrevue des deux Princes, à laquelle il affifteroit, & pour le lieu de l'entrevue il propofoit Nice, comme une des places les plus à la portée de toutes les puiffances intéreffées. Nous avons déjà vu le duc de Savoie refufer cette place pour l'entrevue du pape Clément VII & de François I, en 1533, dans un tems où il étoit en poffeffion de tous fes Etats. En 1538, c'étoit lui qui defiroit le plus fincèrement la paix; car il s'agiffoit de tous fes biens, dont une partie étoit entre les mains de fon ennemi, une autre partie entre les mains de fon protecteur, autre efpèce d'ennemi. Cette place de Nice étoit la feule qui reftât alors au duc de Savoie & qui pût lui fervir de retraite. Le malheur produit la défiance: il imagina qu'on vouloit achever de le dépouiller; il répondit au Pape, qui s'étoit avancé jufqu'à Monaco ( croyant qu'il n'y auroit qu'à entrer dans Nice ), qu'il ne pouvoit rien réfoudre fans avoir confulté l'Empereur. Il le confulta en effet, c'eft-à-dire qu'il lui demanda d'être difpenfé de livrer au Pape fa dernière forterefle. L'Empereur, qui, fous le titre de défenfeur, s'étoit rendu fon tuteur & fon maître, lui confeilla, c'eft-à-dire, lui ordonna d'ouvrir fes portes au Pape. L'Empereur lui-même s'avança jufqu'à Villefranche. Ce voifinage en impofa au duc de Savoie, qui parut confentir à tout; mais la ville fe remplit infenfiblement de bruits fourds & d'alarmes injurieufes à l'Empereur : on difoit qu'abufant de l'état malheureux où le duc de Savoie s'étoit réduit par attachement pour lui, il vouloit encore le priver de fa dernière place ; qu'il vouloit s'emparer du prince de Piémont fon fils, pour tenir le Duc dans une dépendance éternelle, & le réduire à la condition d'un de fes courtifans; que le Pape étoit du complot, &c. La garnifon du château n'en voulut point fortir : la ville allégua des priviléges, & prétendit qu'elle ne devoit recevoir d'autres troupes que celles du Duc ; elle ferma fes portes au moment où le Pape étoit en marche pour y entrer : il ne voulut pas retourner à Monaco, & fe logea près de Nice, dans un couvent de faint François. L'Empereur fut indigné de la conduite du duc de Savoie ; il menaça, il tonna : la France crut l'occafion favorable pour détacher le Duc des intérêts de l'Empereur. On commença par approuver & augmenter les alarmes du Duc fur Nice; on lui confeilla de ne s'en point deffaifir. Il étoit veuf depuis le 8 janvier 1538 : on lui propofa de fe remarier en France, & d'y marier le prince de Piémont ; on lui promit à ce prix la reftitution de fes Etats; mais le duc de Savoie craignoit plus les menaces de l'Empereur, qu'il n'efpéroit dans les promeffes de la France. Il répondit qu'il pleuroit trop amèrement la perte récente de la duchefle de Savoie, pour fonger à la remplacer ; que le prince de Piémont étoit trop jeune pour fe marier : mais ces négociations étant venues à la connoiffance de l'Empereur, produifirent l'effet d'appaifer fa colère contre le duc de Savoie ; car on n'accable que les malheureux qu'on croit fans reffource.

Le duc de Savoie, dans toute cette affaire, eut la politique timide des foibles ; il mécontenta l'Empereur, il irrita le Pape, il ne fatisfit point le Roi. Peut-être entendoit-il mal fes intérêts en refufant fa place pour l'entrevue. On vouloit apparemment les confulter, puifque c'étoit chez lui-même qu'on demandoit à traiter de la paix. D'un autre côté, on ne conçoit pas bien pourquoi le Pape & l'Empereur avoient tant à cœur le choix du château de Nice; que leur en coûtoit-il d'avoir égard, fur ce point, aux alarmes peut-être injuftes, mais pourtant naturelles, d'un Prince malheureux & opprimé. Au refte, il dut s'attendre, après fon refus, que les arbitres de fon fort feroient bien froids fur fes intérêts. Ne devoit-il pas craindre même que ces grands Souverains, entre lefquels il fe

trouvoit preffé, & qui tous étoient mécontens de lui, ne s'accordaffent à partager fes dépouilles ?

Le deux rivaux, logés autour de Nice, l'un à Villeneuve, l'autre à Villefranche, ne fe virent point : le Pape alloit continuellement de l'un à l'autre, écoutant leurs plaintes, excufant leurs torts, fixant leurs droits, propofant des expédiens, rapprochant les efprits. Le réfultat des conférences fut que la paix ne put fe faire ; mais on conclut une trève de dix ans, avec le rétabliffement du commerce entre les fujets des deux Monarques, de forte que cette trève valut une paix, & qu'il n'y eut de facrifié que le duc de Savoie. Il le fut pleinement. La trève le laiffoit dépouillé de fes Etats pour dix ans encore, & on eut la barbarie, à fon égard, d'exprimer dans le traité, qu'il n'y feroit compris qu'en ratifiant la trève dans un mois, c'eft-à-dire, qu'en confentant par écrit d'être dépouillé pour dix ans, de peur de l'être pour toujours. Si la ratification n'arrivoit pas dans le mois, l'Empereur retireroit fa protection. Il fallut faire cette indigne ratification : le Duc l'envoya à l'Empereur, qui l'envoya au Roi. Le Roi ne l'ayant pas trouvée conçue comme il la vouloit, le Duc fut encore obligé de la réformer ; de la renvoyer plus ample & abfolument illimitée. Cependant il voyoit Montéjean, Annebaut, Langei, fucceffivement gouverneurs du Piémont pour le Roi, relever, augmenter les fortifications de toutes les places importantes, au point d'en rendre quelques-unes inexpugnables ; revêtir de murailles, entourer de foffés les boulevards de Turin, conftruire des citadelles à Pignerol, à Montcallier & ailleurs ; prendre enfin tous les moyens de perpétuer la poffeffion du Roi. L'Empereur en faifoit à peu près autant de fon côté : fes garnifons rempliffoient toutes les places que n'occupoient pas les Français. Ceux-ci, non-contens de s'affermir dans les Etats du duc de Savoie, s'y étendoient. Montéjean & Langei acquirent pour le Roi la ville de Caours, moyennant dix mille écus qu'on étoit convenu de donner à Cercévaque, qui en étoit feigneur. On alla jufqu'à propofer au Duc, de la part du Roi d'abandonner encore fon comté de Nice ; il eft vrai qu'on lui offroit en échange d'autres terres en France, pour vingt mille écus de rente. Cette propofition le révolta ; il jura qu'il mourroit au moins comte de Nice.

Dans fon défefpoir, il ne lui reftoit d'autre refource que de faire rompre la trève & de rallumer la guerre ; c'eft ce qu'exprimoit la devife qu'il prit vers ce tems-là, d'un bras nu armé d'une épée, avec cette légende tirée de Juvénal :

*Spoliatis arma fuperfunt.*
Voilà ce qui refte à ceux à qui on a tout pris.

Il étoit affez malheureux, mais il n'étoit pas affez guerrier pour mériter cette légende. Au refte, il eut fatisfaction : la guerre fe ralluma entre Charles-Quint & François I, à l'occafion de l'affaffinat des ambaffadeurs français, Rincon & Frégofe, commis par l'ordre de Charles-Quint ; car il faut avouer que ce grand Empereur fut un peu trop grand affaffin d'ambaffadeurs. En 1543, lorfque la flotte turque de Soliman II faifoit voile pour fe joindre, fur les côtes de la Provence, à la flotte françaife commandée par le comte d'Anguien, Grignan, gouverneur de Marfeille, crut avoir pratiqué des intelligences fûres dans le château de Nice, cette unique place qui reftoit encore au duc de Savoie : trois foldats piémontais avoient promis à Grignan de lui livrer ce château. Grignan avoit fait part de ce projet au comte d'Anguien, qui en fit part au Roi. Le Roi l'approuva, & chargea le comte de l'exécuter. Grignan répondoit qu'il n'y avoit aucune furprife à craindre ; mais le comte d'Anguien joignoit à fa bravoure une prudence rare à l'âge de vingt-deux ans qu'il avoit alors. Quatre galères feulement s'approchèrent de Nice, portant entr'autres foldats, les trois Piémontais qui avoient promis de livrer le château. Le comte d'Anguien fuivit avec le refte de fa flotte, mais il s'arrêta en pleine mer à la hauteur de Nice, pour être à portée, en cas de trahifon, ou de fecourir fes quatre galères s'il étoit affez fort, ou de fe retirer fans danger fi les forces des ennemis étoient trop fupérieures ; précaution juftifiée par l'expérience de tant de fauffes trahifons, qui n'étoient que des pièges tendus par les commandans des places qu'on difoit vouloir livrer. A peine les galères étoient-elles arrivées la nuit au pied du château, qu'André Doria, qui étoit en embufcade derrière le cap dit de Saint-Soupir, vint fondre fur elles avec fix galères, fuivies à l'inftant de quinze autres commandées par Jeannetin Doria fon neveu. Ce fut inutilement que les quatre galères françaifes, fe voyant furprifes, forcèrent de rames pour gagner le port d'Antibes ; elles furent prifes & conduites à Villefranche. Le comte d'Anguien, ayant vu, à la faveur de la lune, le nombre des galères de Doria, s'écarta promptement, & regagna fans perte le port de Toulon.

Lorfque la flotte ottomane eut rejoint celle de France à Toulon & à Marfeille, le comte d'Anguien & Barberouffe, pour fe venger de la prife des galères françaifes, réfolurent d'aller mettre le fiége devant Nice. Le commandant, qu'ils fommèrent de fe rendre, répondit : Je me nomme *Montfort, mes armes font des pals, & ma devife :* IL ME FAUT TENIR. Montfort ne tint point, du moins dans la ville ; mais il prit fa revanche dans le château : la nature & l'art concouroient à conferver au duc de Savoie cette dernière place, la fituation du château fur le haut d'un rocher efcarpé le rendoit prefque inexpugnable ; les approches en étoient dangereufes ; l'ufage des mines ne pouvoit avoir lieu. D'ailleurs, le comte d'Anguien intercepta des lettres qui lui apprirent que le duc de Savoie mar-

choit avec le marquis du Guaft, au fecours de fon unique poffeffion. Ces raifons déterminèrent les deux généraux à lever le fiége. Barberouffe ramena fa flotte à Toulon, le comte d'Anguien la fienne à Marfeille. Le duc de Savoie triompha de leur retraite ; il fit battre des monnoies d'argent, où d'un côté on voyoit la croix de Savoie entourée des attributs de la victoire ; de l'autre, on lifoit cette infcription : *Nicæa à Turcis & Gallis obfeffa. Nice affiégée par les Turcs & les Français.* Il ne doutoit pas que ce feul mot ne fuffit pour rendre les Français odieux, tant cette union avec les Turcs paroiffoit alors criminelle !

La paix de Crefpy, conclue le 18 feptembre 1544, régla les principaux articles fur lefquels Charles-Quint & François I étoient divifés, mais ce fut avec des réferves & des alternatives qui ouvroient la porte aux chicanes & à la rupture. Le duc d'Orléans, fecond fils de François I, parmi ceux qui reftoient, devoit époufer, ou la fille, ou la nièce de l'Empereur. Ce choix auroit dû naturellement être déféré au duc d'Orléans : c'étoit à l'Empereur qu'il l'étoit. Si c'étoit la fille, elle devoit avoir pour dot les Pays-Bas ; fi c'étoit la nièce, elle auroit le Milanez. Le mariage ne devoit fe faire que dans huit mois ; & comme l'inveftiture de l'un ou de l'autre de ces Etats devoit être la dot de la ducheffe d'Orléans, quelle qu'elle fût, il reftoit huit mois pour fe déterminer fur ce choix. On convint de fe rendre réciproquement tout ce qu'on s'étoit pris depuis la trève de Nice ; & comme l'Empereur avoit plus perdu dans cette guerre que François I, on ne renvoya point l'exécution de cet article à huit mois ; il fut ftipulé qu'on l'exécuteroit fur le champ.

Quant aux Etats du duc de Savoie, comme l'Empereur n'y avoit pas d'intérêt direct, le Roi ne fut obligé de les reftituer qu'au moment où le duc d'Orléans feroit mis en poffeffion, foit du Milanez, foit des Pays-Bas ; ainfi ce qui pouvoit arriver de plus heureux au duc de Savoie étoit de refter encore dépouillé de fes Etats pendant huit mois au moins.

Le duc d'Orléans mourut le 9 feptembre 1545, fans avoir été mis en poffeffion d'aucun des deux Etats qui lui avoient été promis, & le duc de Savoie, Charles III, mourut le 19 feptembre 1553, fans être rentré dans les fiens.

26°. Emmanuel-Philibert fon fils & fon fucceffeur, furnommé *Tête de Fer,* le vengea par l'éclatante victoire de Saint-Quentin, dite de *Saint-Laurent,* parce qu'il la remporta le 10 août (1557). Le connétable de Montmorenci, général de l'armée françaife, toujours brave, quelquefois imprudent, plus fouvent malheureux, y fut fait prifonnier avec un de fes fils : fes deux neveux, l'amiral de Coligny & d'Andelot, furent auffi faits prifonniers dans Saint-Quentin même, que le duc de Savoie emporta d'affaut. Les ducs de Montpenfier & de Longueville avoient été pris dans la bataille : le comte d'Anguien y avoit été tué ; il étoit frère du roi de Navarre, du prince de Condé, du cardinal de Bourbon & du héros de Cerifoles, du même nom d'Anguien, tué en 1546 à la Roche - Guyon. Ce dernier eft celui que nous avons vu, en 1543, affiéger Nice avec Barberouffe. Le duc de Savoie, vainqueur à Saint-Quentin, mais dépouillé de fes Etats, ainfi que fon père, n'étoit plus que le général du roi d'Efpagne, Philippe II, qui étoit monté, en 1556, fur le trône, par l'abdication de Charles-Quint fon père ; ce fut à la tête des troupes efpagnoles, jointes à dix mille Anglais, qu'Emmanuel-Philibert remporta cette victoire, en mémoire de laquelle Philippe II fit bâtir l'Efcurial. Lorfqu'on en apprit la nouvelle à Charles-Quint, qui ne s'informoit plus d'aucune affaire, il deman- da, dit-on, fi fon fils étoit dans Paris : on prétend en effet qu'il auroit pu s'en rendre maître au mi- lieu de la confternation qu'y répandit cet échec de Saint-Quentin. D'autres avantages encore, rem- portés par les Efpagnols, ayant amené la paix de Cateau-Cambrefis, conclue en 1559, le duc de Savoie y fut enfin rétabli dans fes Etats avec gloire; il époufa la fille de l'oppreffeur de fon père, Mar- guérite de France, fille de François I & fœur de Henri II. Ce dernier Prince fut tué au milieu des fêtes qu'il donnoit à l'occafion du mariage de fa fœur. Emmanuel - Philibert ne fut pas feulement un guerrier heureux, ce fut un Prince aimé de fes fujets, & ami des lettres & des fciences. Il mourut le 30 août 1580. Il ne laiffa qu'un fils légitime, mais ce fils fut Charles-Emmanuel, fur- nommé *le Grand*, & grand en effet, du moins en politique.

27°. Parmi les bâtards du duc Emmanuel-Phili- bert, nous diftinguerons Philippin de Savoie, tué en 1599, en duel, par le premier maréchal de Cré- quy. (*Voyez*, dans le Dictionnaire, l'article *Créquy*.)

28°. Mais revenons à ce Charles-Emmanuel, feul fils légitime d'Emmanuel-Philibert, & fon fucceffeur : c'étoit le plus inquiet, le plus remuant, le plus ambitieux, le plus intrigant, le plus adroit des Princes de fon tems. Un règne de cinquante années, au milieu des troubles de la Ligue, & au plus fort de la rivalité entre la France & l'Ef- pagne, fous Henri IV & Philippe II, & leurs fuc- ceffeurs, lui fournit toutes les occafions qu'il pouvoit defirer, de nuire à fes ennemis, & de chercher à s'agrandir aux dépens de fes voifins. Il fut toujours le plus dangereux & le plus perfide ennemi de la France, fans être un allié bien fûr pour l'Efpagne. Ce fut tantôt contre lui, tantôt pour lui que Lefdiguières fit fi long-tems la guerre avec des fuccès différens ; c'eft lui qui, ayant en- vahi en pleine paix le marquifat de Saluces à la faveur des guerres civiles de France, employa tant d'art pour en éluder la reftitution, difant que le mot de reftitution étoit barbare dans la langue des Princes ( fon père s'étoit cependant bien trouvé de la chofe ). Henri IV lui répondit : *Il faut*

*paffer par-là* ou *par l'épée*. Il paffa par l'épée, & fit enfuite un traité, par lequel le marquifat de Saluces lui refta ; mais il donna en échange la Breffe, le Bugey, le Valromey & le pays de Gex. C'eft lui qui fut l'ame de la confpiration du maré- chal de Biron, contre Henri IV, & qui, quand il fut que la confpiration étoit découverte, fe mon- tra des plus empreffés à féliciter ce Prince fur le bonheur qu'il avoit eu de la découvrir. Henri, plus fincère, ne lui diffimula point qu'il favoit à qui l'attribuer. C'eft encore ce même Charles- Emmanuel qui, la nuit du 22 décembre 1602, fit fur la ville de Genève cette tentative fameufe, qui fembla lui réuffir d'abord, mais qui finit par tour- ner à fa confufion, d'autant plus que, comptant fur un fuccès qui lui paroiffoit affuré, il s'étoit avancé jufqu'à une lieue de Genève, d'où il fut obligé de s'enfuir en pofte à Turin, après avoir envoyé faite aux Suiffes de fauffes & inadmiffibles excufes, dont ils ne furent point les dupes.

Mais ce fut furtout dans l'affaire de la fuccef- fion de Mantoue qu'il fignala fa fauffe & artifi- cieufe politique. Les Gonzagues régnoient à Man- toue depuis le commencement du quatorzième fiècle, d'abord fous le titre de vicaires de l'Em- pire & de capitaines de Mantoue, puis fous celui de Marquis, que l'empereur Sigifmond conféra le 22 feptembre 1433, à Jean-François de Gonzague; enfin fous celui de Ducs, que l'empereur Charles- Quint conféra, en 1530, à Frédéric de Gonzague, deuxième du nom.

Pendant le cours des guerres d'Italie entre Charles-Quint & François I, ce Frédéric de Gon- zague, après s'être piqué long-tems d'une neu- tralité difficile à obferver entre ces deux grandes puiffances ennemies dont il étoit entouré, & qui le preffoient de toutes parts, ou par elles-mêmes, ou par leurs alliés, avoit enfin embraffé le parti de l'Empereur, comme celui du plus fort. Mais au tems de la ligue conclue en 1527, entre Fran- çois I & les puiffances d'Italie, pour la délivrance du pape Clément VII, retenu prifonnier par les Impériaux dans le château Saint-Ange, Lautrec attira Frédéric de Gonzague, encore marquis de Mantoue, au parti de la ligue ; il rentra de nou- veau dans le parti de l'Empereur. D'ailleurs, la paix de Cambrai, conclue en 1529, termina les troubles de l'Italie. L'Empereur, paffant par Mantoue en 1530, fut fi charmé de la magnifique réception que lui fit Frédéric, qu'il érigea Mantoue en duché en fa faveur.

Frédéric époufa, en 1531, Marguerite Paléo- logue, qui, devenue quelques années après l'hé- ritière de fa Maifon, porta dans celle de Gon- zague le marquifat de Montferrat, patrimoine de la Maifon Paléologue. Le Montferrat fut alors difputé à Frédéric par deux concurrens d'autant plus redoutables, qu'ils avoient acquis des droits puiffans fur l'empereur Charles-Quint, juge de cette conteftation. L'un étoit François, marquis

de

de Saluces, qui, général de l'armée française dans le Piémont, en 1536, venoit de trahir les Français en faveur de Charles-Quint, comme nous l'avons dit ( *voyez* le n°. 26 ); l'autre étoit Charles III, duc de Savoie ( *ibid.* n°. 25 ), qui s'étoit sacrifié pour le même Charles-Quint, qui avoit plusieurs fois, pour les intérêts de ce Prince, perdu, recouvré, reperdu ses Etats envahis par la France, & dont il avoit fini par être entiérement dépouillé. Le duc de Savoie comptoit ( & tout le monde le croyoit comme lui ) que Charles-Quint saisiroit cette occasion de le dédommager en lui adjugeant le Montferrat, les services que le duc de Mantoue avoit aussi rendus à Charles-Quint ne pouvant être mis en parallèle avec ceux du duc de Savoie; cependant l'Empereur, par son jugement du 3 novembre 1536, adjugea le Montferrat au duc de Mantoue, au grand étonnement de tout le monde. Les Français en ont pris occasion de l'accuser d'ingratitude envers le duc de Savoie & envers le marquis de Saluces; mais pourquoi ne pas plutôt faire honneur de ce jugement à son équité ? Pourquoi ne pas penser que, comme s'il s'agissoit de justice & non de libéralité, l'Empereur, ayant jugé les droits du duc de Mantoue les meilleurs (comme ils l'étoient en effet), ne crut pas devoir payer du bien de ce Duc les obligations qu'il pouvoit avoir, soit au duc de Savoie, soit au marquis de Saluces ?

Le jugement de Charles-Quint eut son exécution; le marquisat de Montferrat resta dans la Maison de Gonzague & dans la branche des ducs de Mantoue. Charles-Emmanuel, duc de Savoie, petit-fils de Charles III, & le sujet de cet article, maria, en 1608, Marguerite sa fille aînée à François de Gonzague, duc de Mantoue, arrière-petit-fils de ce Frédéric qui avoit joint le Montferrat au duché de Mantoue.

François de Gonzague étoit neveu de Marie de Médicis, régente en France depuis 1610, Vincent de Gonzague, père de François; ayant épousé Eléonore de Médicis, sœur de Marie, dont il avoit eu, outre François, deux autres fils; savoir: Ferdinand de Gonzague, né en 1587, Cardinal, & protecteur des affaires de France à Rome, quoique fort jeune encore; & Vincent de Gonzague, né en 1594.

L'année 1612 fut fatale à la Maison de Gonzague. Le duc de Mantoue, Vincent, mari d'Eléonore de Médicis, mourut le 18 février : une de ses petites-filles, au mois d'octobre; Louis son petit-fils, & fils de François, mourut âgé de deux ans, le 2 décembre, & François, père de Louis, & fils aîné de Vincent, mourut le 21 du même mois de décembre, âgé de vingt-six ans.

La mort de ce dernier fut ce qui donna lieu à l'affaire de Mantoue.

Il ne laissoit de son mariage avec Marguerite de Savoie, fille de Charles-Emmanuel, que Marie,

princesse de Gonzague, née en 1609, & âgée de trois ans.

Alors s'éleva une de ces questions qui s'élèvent toujours en foule dans tous les Etats où l'ordre de la succession n'est pas réglé d'une manière certaine, soit par une constitution formelle, soit par un usage invariable & constamment observé, comme ce que nous appelons en France *la Loi salique*. Etoit-ce la princesse Marie qui devoit succéder, sous la tutèle de la duchesse Marguerite sa mère, au duc François son père ? ou étoit-ce l'aîné des frères de François qui devoit monter sur le trône ?

Le 23 décembre on reçut à Turin un courrier dépêché en toute diligence au duc de Savoie par la duchesse de Mantoue sa fille, qui lui annonçoit que son mari étoit au lit depuis trois jours avec une fièvre continue, que sa fille étoit aussi malade. Au milieu de tant de douleurs & d'inquiétudes, elle desiroit que le prince de Piémont son frère vînt la consoler & l'aider de ses conseils. Il partit en effet le lendemain pour Mantoue, & peu après son départ on reçut à Turin la nouvelle de la mort du duc François. Vers le même tems le cardinal Ferdinand de Gonzague recevoit la même nouvelle à Rome, &, devenu par-là duc de Mantoue, s'occupoit déjà de faire passer à dom Vincent ou Vincenzo son frère, son chapeau & les autres graces ecclésiastiques dont il jouissoit à Rome & en France.

Cependant le duc de Savoie préparoit bien des affaires à cette Maison de Gonzague. Le prince de Piémont, qui étoit auprès de la duchesse de Mantoue sa sœur, commença par lui conseiller de feindre une grossesse, ou du moins d'annoncer de l'incertitude sur ce point; ce qui produisit d'abord l'effet de retarder le couronnement du nouveau Duc. Mais celui-ci n'en prit pas moins l'administration de l'Etat sans en faire part à la duchesse Marguerite, veuve du dernier Duc; premier grief de Charles-Emmanuel.

Ensuite le duc de Savoie convenoit bien que le duché de Mantoue devoit passer au frère du dernier mort si la Duchesse n'étoit pas grosse, ou si elle n'accouchoit pas d'un fils; mais renouvelant les anciennes prétentions de la Savoie sur le Montferrat, il les trouvoit très-favorisées par les conjonctures; il réclamoit le Montferrat pour sa petite-fille Marie, princesse de Gonzague, fille de la duchesse Marguerite & du dernier duc de Mantoue. Le Montferrat, disoit-il, étoit un fief féminin, &, pour preuve, c'étoit par une femme qu'il avoit passé de la Maison Paléologue à la Maison de Gonzague. Voilà ce qu'il disoit, mais il ne disoit pas que cette femme, qui avoit porté le Montferrat dans la Maison de Gonzague, réunissoit tous les droits de sa Maison par l'extinction entière de la ligne masculine des Paléologue, au lieu que la Maison de Gonzague ne manquoit point de mâles, qui tous excluoient les femmes.

Q q

         

On se mit à négocier, selon l'usage, pour gagner du tems. Le duc de Savoie négocia, selon l'usage, pour gagner des places; il essaya de corrompre le chevalier de Rivara, gouverneur de la citadelle de Casal, capitale du Montferrat, auquel il envoya le marquis de Rivara son frère, qui étoit chargé de lui faire les offres les plus séduisantes. Le chevalier eut horreur de l'idée d'une infidélité; il menaça son frère de lui faire trancher la tête s'il ne se retiroit au plus tôt. Le marquis reporta cette réponse au duc de Savoie, qui, suivant toujours de près l'exécution de ses desseins, s'étoit encore approché de la frontière pour recueillir les fruits de cette nouvelle entreprise.

Comme tous ces petits intérêts secondaires & subalternes venoient toujours se réunir aux grands intérêts généraux de la rivalité de la France & de l'Espagne, ces deux puissances, malgré les mariages récens qui les unissoient, se divisèrent sur cet objet comme sur tous les autres. L'Espagne, sans prendre parti ouvertement pour le duc de Savoie, fomentoit les troubles & vouloit gouverner le duc de Mantoue, quel qu'il pût être. La France étoit la protectrice naturelle de la Maison de Gonzague. Le prince de Piémont restoit à Mantoue & intriguoit en faveur de sa sœur contre le Cardinal-Duc, qui n'avoit pour toute ressource, dans les coffres du feu Duc son frère, que quatorze mille écus. Le duc de Savoie, de concert avec son fils, introduisoit secrètement dans Mantoue des gens de guerre déguisés; en même tems il demandoit qu'on lui renvoyât la duchesse douairière de Mantoue sa fille, & la princesse de Gonzague sa petite-fille, insinuant que si sa fille étoit grosse, elle seroit peu en sûreté, étant au pouvoir d'un Prince qui avoit intérêt qu'elle n'accouchât point. Ferdinand répondoit que, s'il n'étoit pas à portée de suivre l'événement de cette prétendue grossesse, il pourroit être trompé sur l'article; ainsi l'on craignoit ou l'on feignoit de craindre, d'un côté le poison, de l'autre une *supposition de part.*

Cette question du renvoi de la duchesse douairière & de sa fille au duc de Savoie devint un grand objet de négociation. Le duc de Savoie, pour affecter de la modération, demandoit que si l'on craignoit de remettre sa fille entre ses mains, si l'on ne vouloit pas l'envoyer à Turin, on l'envoyât du moins à Casal, où elle seroit moins immédiatement dans la dépendance du Cardinal-Duc, & où son père seroit plus à portée de veiller sur elle, ou bien à Milan, sous la garde de l'Espagne; où elle ne dépendroit d'aucune des parties intéressées. C'étoit même pour Milan qu'il paroissoit incliner le plus, car par ses intelligences avec les Espagnols il étoit autant le maître à Milan qu'à Turin.

Enfin, la duchesse douairière déclara qu'elle n'étoit pas grosse, & le cardinal Ferdinand prit publiquement le titre de Duc. Alors on entama une autre négociation: ce fut celle du mariage de ce cardinal-duc Ferdinand avec la duchesse douairière sa belle-sœur: tout à l'heure on craignoit qu'il ne l'empoisonnât, à présent on vouloit qu'il l'épousât. Ferdinand ne montroit point de répugnance pour ce mariage, que les Espagnols paroissoient desirer. En général, le nouveau duc de Mantoue, comme son frère & ses autres prédécesseurs, & comme tous les Princes foibles placés entre deux grandes puissances, cherchoit à leur plaire également à toutes deux. Le duc de Savoie, plus hardi, cherchoit davantage à les diviser pour profiter de leurs divisions: tous deux étoient diversement suspects, même à leurs amis. Le duc de Mantoue l'étoit par sa mollesse, autant que le duc de Savoie par son énergie.

A travers ces légers nuages politiques tout paroissoit calme & assuré: le duc de Mantoue étoit possesseur paisible; le duc de Savoie, à la vérité, redemandoit toujours sa petite-fille, & le duc de Mantoue vouloit la conserver. On négocioit à l'amiable sur cet article, & le projet de mariage entre la duchesse douairière, mère de cette Princesse, & le duc de Mantoue, n'étoit rien moins qu'abandonné lorsque tout à coup l'orage éclate. Le duc de Savoie fond à main armée sur le Montferrat, s'empare de Trin, d'Albe, de Montcalvo, de toutes les places de ce duché, à la réserve de Casal que le duc de Nevers sauva en se jetant dans cette place avec ce qu'il avoit de monde à sa suite. Ce seigneur, qui étoit aussi de la Maison de Gonzague, & qui devint aussi dans la suite duc de Mantoue, ne s'étoit nullement préparé à la guerre. Il voyageoit alors en Italie, conduisant à Florence Renée de Lorraine sa belle-sœur, fille du duc de Mayenne, qui alloit épouser Marie Sforce, duc d'Ognano, comte de Santa-Fiore, fils du duc Sforce. Etant arrivé à Savone, près de Gênes, le 25 avril 1613, il y trouva des lettres de Carlo de Rossi, général des troupes du duc de Mantoue, qui, au nom de toute la noblesse du Montferrat, le prioit d'aller à leur secours; ce qu'il fit. Le duc de Mantoue se rendit aussi à Casal, mais sans vouloir rien entreprendre, disoit-il, qu'avec la permission du roi de France & de la Reine sa mère. Il est assez singulier qu'on n'ose défendre son pays sans en avoir reçu la permission d'un Souverain étranger; mais il est vrai que ces petits Princes d'Italie, à l'exception du seul duc de Savoie, n'étoient rien & ne pouvoient rien sans l'assistance de celle des deux grandes puissances rivales, sous la protection desquelles ils s'étoient mis. En cette occasion le duc de Mantoue les réclama toutes deux. Les Espagnols firent d'abord semblant de vouloir le secourir: le gouverneur du Milanez l'assura qu'il avoit ordre du roi d'Espagne son maître, d'obliger le duc de Savoie à se retirer & à *restituer* tout ce qu'il avoit pris; mais bientôt les Espagnols, interprétant ces promesses, y mirent pour condition, que le duc de

Mantoue viendroit lui-même en personne se remettre entre les mains du roi d'Espagne, & témoigner par-là qu'il renonçoit à toute autre assistance qu'à celle de ce Monarque.

Les Vénitiens, que le duc de Mantoue consulta
sur cette proposition, lui répondirent ce qu'il auroit dû se répondre à lui-même, que ce seroit
compromettre étrangement sa réputation, ses Etats
& peut-être sa vie ; ils lui offrirent des secours
d'hommes & d'argent, & chargèrent leur ambassadeur à Rome, de faire, de concert avec les
ministres français, toutes les instances possibles
auprès du pape Paul V (Borghèse), pour l'engager
à former une ligue des puissances d'Italie en faveur du duc de Mantoue, & à se mettre à la tête
de cette ligue. Ces ministres ajoutoient à toutes
les représentations qu'ils avoient déjà faites plus
d'une fois au Pape, de nouvelles instances, fondées sur les dispositions alors dévoilées des Espagnols, & sur la servitude dont elles menaçoient
l'Italie. Toutes ces tentatives ne produisirent rien
sur l'esprit du Pape. Ce Pape, disoit l'ambassadeur
de France à Rome (le comte de Brèves), *ce Pape
est Prince de repos, & qui ne croit pas que le feu soit
chaud qu'il ne le sente.*

Cependant l'Espagne ne cessoit d'armer tant à
Milan que dans ses autres Etats : en même tems
elle pressoit le duc de Mantoue d'aller à Milan,
& de se remettre entre les mains du gouverneur ;
ce qu'il refusa ; mais pour ne point mécontenter
l'Espagne, que tous ces Princes d'Italie croyoient
avoir intérêt de ménager plus encore que la
France, parce qu'ils en étoient serrés de plus près
du côté du Milanez, il avoit promis de s'aboucher
avec le gouverneur en un lieu non suspect.

Le double mariage de Louis XIII avec Anne
d'Autriche, & d'Elisabeth, sœur de Louis XIII,
avec le Prince d'Espagne, qui fut depuis le roi
Philippe IV, laissoit subsister à travers l'apparence
d'une assez grande liaison, toute l'ancienne rivalité. L'Italie en étoit le principal objet. Les Princes de cette contrée ménageoient davantage l'Espagne, parce qu'ils la craignoient davantage : il
s'agissoit pour la France, de se rendre aussi ou plus
redoutable qu'elle dans ce pays ; c'étoit à quoi
François I & Henri II avoient inutilement travaillé du tems de Charles-Quint & de Philippe II ;
c'étoit à quoi la France n'avoit pas même pu songer sous les règnes suivans au milieu de ses dis-
cordes civiles ; mais c'étoit ce qui devenoit plus
facile du tems de Philippe III, & c'étoit ce qui
devoit arriver sous Philippe IV, pendant le ministère du cardinal de Richelieu en France.

Le Pape dissimuloit encore avec les Vénitiens :
il leur laissoit espérer qu'il joindroit ses forces aux
leurs, & à celles des autres puissances de l'Italie
en faveur du duc de Mantoue, aussitôt qu'il verroit l'Espagne manquer aux promesses qu'il lui
avoit faites de maintenir ou de rétablir la paix de
l'Italie ; cependant il empêchoit ces autres puis-

sances d'agir, &, conservant toujours du ressentiment de la conduite ferme que les Vénitiens
avoient opposée à ses prétentions ambitieuses dans
l'affaire de l'interdit de Venise, il n'étoit pas fâché de voir les Vénitiens s'embarquer seuls dans
une affaire qui alloit les mettre en butte à toutes
les forces de l'Espagne ; il les avertissoit seulement, comme par intérêt & par amitié, de ne pas
compter sur la France, qui avoit, disoit-il, toute
autre chose à faire que de secourir le duc de Mantoue ; il tenoit le même langage au grand-duc de
Toscane & aux autres puissances d'Italie.

Bien plus, les Vénitiens & le duc de Mantoue
ayant demandé au Pape la permission de faire au
moins quelques levées de gens de guerre sur l'Etat
de l'Eglise, le Pape la refusa formellement.

Le duc de Nevers écrivoit de Casal, que, si la
France ne se hâtoit de venir au secours du duc de
Mantoue, ce Prince étoit perdu, & que tout ce
qu'il pouvoit espérer de plus heureux, si l'Espagne ne s'accordoit pas avec le duc de Savoie pour
partager les Etats de Mantoue, & s'il pouvoit conserver le Montferrat, c'étoit de le conserver à condition de recevoir garnison espagnole dans Casal.

Ces remontrances produisirent leur effet : la cour
de France annonça que les Français marchoient au
secours du duc de Mantoue, & alloient fondre sur
les Etats du duc de Savoie.

Quelle que fût à cet égard l'opinion du Pape,
il persistoit à dire que la France, malgré toutes
ses protestations de vouloir secourir efficacement
le duc de Mantoue, n'en feroit rien & n'en vouloit rien faire, étant trop occupée chez elle par
les cabales & les factions qui commençoient à
troubler la minorité de Louis XIII & la régence
de Marie de Médicis, & qui étoient pour la France
d'une toute autre importance que la guerre du
Montferrat. Le Pape affectoit de croire que toutes
ces menaces, de passer en Italie & d'attaquer les
Etats du duc de Savoie, n'avoient pour objet que
de l'engager, lui Pape, à se déclarer pour le duc
de Mantoue, & qu'après avoir rendu ce service
à ce Prince, la France ne prendroit point d'autre
part à la guerre qu'elle auroit allumée en Italie.
Ces conjectures furent démenties par la conduite
de la France, qui fit un armement considérable. La
connoissance qu'on eut de cet armement eut beaucoup d'influence sur les affaires de Mantoue, & ac-
céléra la pacification : les Espagnols voulurent &
parurent en avoir le principal honneur ; ils obligèrent le duc de Savoie à restituer toutes les places qu'il avoit prises dans le Montferrat, & ils les
remirent au duc de Mantoue ; mais sous prétexte
de prévenir de nouvelles irruptions de la part du
duc de Savoie, ils eurent grand soin de mettre des
garnisons espagnoles dans toutes ces places.

L'affaire du désarmement du duc de Savoie &
du gouverneur de Milan n'entraîna pas moins de
négociations que la guerre qui avoit précédé : on
vouloit toujours contraindre le duc de Mantoue

à époufer fa belle-fœur, & l'objet qu'on fe pro-pofoit dans ce mariage étoit toujours d'affurer le Montferrat à la Maifon de Savoie ; car le duc de Savoie, père de cette Princeffe, pouvoit faire la paix ou la guerre, fuivant l'intérêt du moment, mais il n'abandonnoit jamais fes prétentions : on cherchoit tous les jours quelque nouveau prétexte pour ne point défarmer, & le duc de Savoie & le gouverneur de Milan paroiffoient toujours d'intelligence fur ce point ; tantôt on exigeoit que le duc de Mantoue pardonnât à fes fujets rebelles qui avoient fecondé les entreprifes des ennemis ; tantôt on en revenoit à demander, comme avant la guerre, qu'il remît, foit au duc de Savoie lui-même, foit aux Efpagnols, la jeune princeffe de Mantoue, fille de fon frère & petite-fille du duc de Savoie, dont celui-ci fe feroit fervi pour réclamer Mantoue, ou du moins le Montferrat, en cas que le mariage du duc actuel de Mantoue avec la ducheffe douairière, mère de la princeffe de Mantoue, n'eût point lieu.

Le duc de Savoie, d'un autre côté, effayoit de détacher la France des intérêts du duc de Mantoue, ou du moins de le refroidir fur ces intérêts par des propofitions honorables & avantageufes ; il offroit de défarmer & de s'allier indirectement avec la Maifon de France par les divers mariages qu'il projetoit, tels que celui de fa fille avec le duc de Mantoue, & celui du prince de Piémont fon fils avec une des princeffes de Tofcane. D'ailleurs, il faifoit la France arbitre de tous les différends de fa Maifon & de la Maifon de Gonzague.

Dans le même tems il propofoit de donner une autre de fes filles en mariage au roi d'Efpagne, Philippe III, veuf depuis deux ans, mais qui n'avoit nulle envie de fe remarier ; il faifoit courir le bruit de ce mariage, comme d'une chofe arrêtée, pour tirer parti de ce bruit relativement à fes affaires & à fes projets.

L'ardente inquiétude du duc de Savoie ne put être efficacement réprimée que par la réunion de la France & de l'Efpagne, qui finirent par agir d'intelligence & de concert pour obliger ce Prince remuant de refpecter la paix & la liberté de l'Italie. Mais cette affaire, que le traité d'Aft de l'an 1615 ne fit encore que fufpendre pour quelque tems, ne fut entièrement terminée que par les traités de Madrid & de Paris en 1617. Dans l'intervalle, le duc de Savoie s'étoit révolté contre l'Efpagne fa protectrice, & lui avoit fait une guerre dans laquelle il avoit été bien fecondé par le maréchal, depuis connétable de Lefdiguières ; cette guerre fut terminée par ce même traité de Paris.

Charles-Emmanuel continua toute fa vie de s'égarer dans les plus vaftes projets. En 1590, au milieu des défordres de la Ligue, il avoit voulu fe faire comte de Provence ; il avoit bien ofé même porter fes prétentions & fes folles efpérances jufqu'à la couronne de France. En 1619, à la mort de l'empereur Matthias, il afpira de même à l'Em-

pire ; il prétendit auffi réalifer le titre de roi de Chypre, en fe propofant la conquête de cette île, & les peuples de la Macédoine, las du joug des Turcs, l'ayant fait preffentir fur l'offre de leur principauté, il fut tout près de l'accepter, au rifque de toutes les guerres dans lefquelles une pareille entreprife pouvoit le jeter.

La conquête de Mantoue & du Montferrat fembla venir de nouveau s'offrir à fon ambition. Le duc Ferdinand étoit mort fans enfans en 1626. Vincent, fon frère puîné, qui avoit recueilli fa fucceffion, étoit mort auffi fans enfans l'année fuivante. Charles de Gonzague (ce même duc de Nevers, qui en 1613 avoit confervé Cafal au duc Ferdinand ) étoit le grand-oncle & le légitime héritier des trois derniers ducs de Mantoue, & le duc de Réthelois fon fils avoit réuni tous les droits par fon mariage avec cette princeffe Marie, fille de François (l'aîné de ces trois Ducs ), & de cette Marguerite de Savoie, fille de Charles-Emmanuel, & qu'on avoit voulu faire époufer enfuite au duc Ferdinand fon beau-frère. Le roi de France & les Vénitiens prirent parti pour le duc de Nevers ; mais l'empereur Ferdinand II, le roi d'Efpagne Philippe IV, & furtout le duc de Savoie, fe déclarèrent contre lui. Obfervons cependant que les prétentions de ce dernier Prince étoient encore bien plus dépourvues de tout prétexte qu'en 1612 & 1613, puifque fa fille n'avoit pas époufé le duc Ferdinand, & que fa petite-fille Marie, en époufant le duc de Réthelois, avoit encore fortifié les droits de la Maifon de Gonzague. C'étoit le cardinal de Richelieu qui gouvernoit alors la France. Jaloux de procurer à fon maître la prépondérance en Italie, & intéreffé à l'enlever aux cabales de la cour, il l'engagea par tous les motifs de gloire & de politique à partir pour aller fecourir le nouveau duc de Mantoue. Louis XIII, fuivi des maréchaux de Créqui & de Baffompierre, force en perfonne, le 6 mars 1629, les trois barricades du Pas-de-Sufe. Effrayé de cet exploit, le duc de Savoie traite avec le Roi, & lui remet la ville de Sufe par le traité qui porte le nom de ce lieu. Les Efpagnols, qui avoient affiégé Cafal, font obligés d'en lever le fiége ; mais le duc de Savoie, qui, en faifant un traité, fe propofoit toujours de ne point l'exécuter, laiffa celui-ci fans exécution comme les autres, &, d'accord avec le fameux marquis Spinola, général des Efpagnols, fuit fon projet de dépouiller le duc de Mantoue. La guerre s'étend & fe ranime en Savoie, en Piémont, dans le Montferrat, dans prefque toute l'Italie. En 1630, Spinola renouvelle le fiége de Cafal, que Richelieu avoit eu grand foin de ravitailler. Ce fut pendant ce nouveau fiége qu'on vit paroître, pour la première fois, Jules Mazarin, depuis Cardinal & premier miniftre en France ; il venoit faire pour la Savoie & l'Italie des propofitions de paix qui ne purent être acceptées. Le Roi s'empare de toute la Savoie ; mais il tombe malade, rentre en France,

& s'arrête à Lyon. Les Impériaux, profitant de fon abfence, furprennent & pillent Mantoue pendant que le maréchal de Montmorenci battoit le général Doria au combat de Veillane, &, joint aux maréchaux de la Force & d'Effiat, prenoit la ville de Saluces. Le duc de Savoie, trompé par fa fauffe politique, meurt de chagrin de voir fon pays également en proie à fes ennemis & à fes alliés, & de n'en pouvoir accufer que lui-même. Sa mort eft du 26 juillet 1630. On difoit de lui que fon cœur étoit encore plus inacceffible & moins ouvert que fon pays; il acquit d'ailleurs la réputation du plus brave capitaine & du plus magnifique Prince de fon tems. Plein d'efprit & de graces, ami des lettres & des fciences, il parloit, & parloit bien les principales langues de l'Europe; il avoit la clef de tous les cabinets, & pénétroit tous les fecrets des Princes, foit par une fagacité merveilleufe & une efpèce de divination, foit par un efpionnage très-fubtil & très-bien payé; il étoit d'ailleurs fort aimable, & avoit l'art de gagner les cœurs fans engager le fien. Des monumens publics rendent témoignage à fa piété autant qu'à fa magnificence. Ce fut à tout prendre un fort grand Prince avec des défauts confidérables, dont le plus grand peut-être fut celui que dóm Louis de Haro reprochoit au cardinal Mazarin, qui pouvoit bien avoir pris des leçons & des exemples de ce Prince : Il a, difoit dom Louis, un grand défaut en politique; il veut toujours tromper.

29°. Charles-Emmanuel laiffa une multitude de bâtards, qui tous furent comblés d'honneurs & de biens, & tinrent prefque un état de Princes. Nous ne remarquerons parmi eux que dom Maurice de Savoie, marquis de Rive, capitaine des gardes de fon alteffe royale, maréchal-de-camp au fervice du roi de France, tué en 1645 au combat de Pro dans l'Etat de Milan, étant général de la cavalerie du prince Thomas.

Quant aux deux Victor-Amédée, l'un fils, l'autre arrière-petit-fils de Charles-Emmanuel, voyez, dans le Dictionnaire, l'article Victor-Amédée.

30°. Voici les titres que prenoit le dernier roi de Sardaigne, duc de Savoie, fils & fucceffeur du fecond Victor-Amédée, dit le roi Victor : Charles-Emmanuel-Victor, roi de Sardaigne, troifième du nom, duc de Savoie, de Chablais, d'Aoufte, de Genevois & de Montferrat; prince de Piémont, d'Achaie, de la Morée & d'Oneille; marquis de Saluces, de Sufe & d'Italie; comte d'Aft, de Genève, de Nice, de Tende & de Romont; baron de Vaud, feigneur de Verceil, de Marro, de Prella, de Novello, du marquifat de Ceva; comte de Coconas, Prince & vicaire perpétuel du Saint-Empire romain, Roi titulaire de Chypre.

Ce Roi acquit de la gloire dans l'Europe, & mérita l'amour de fes fujets. La bataille de Guaftalle, au gain de laquelle il eut beaucoup de part, d'autres fuccès encore, & des exploits qui pour

être admirés pouvoient fe paffer de fuccès, fuffifent à la gloire militaire de ce Prince.

Les devoirs de la royauté l'occupèrent fans relâche. Dans une maladie dont il fut attaqué, on l'exhortoit à interrompre des travaux qui pouvoient nuire à fa fanté. « Tant que Dieu nous laiffe » un refte de force, répondit-il, il nous ordonne » de l'employer à nos devoirs. » Cet attachement à fes devoirs régla conftamment fa vie; & tel fut fon refpect pour les lois, qu'il aima mieux laiffer un crime grave impuni, que de permettre qu'on infligeât une peine qui n'étoit pas prononcée par la loi.

La même fageffe qui dicta fes lois, préfida auffi à l'adminiftration de fes finances. « Vous me voyez, » difoit-il à un Français, dans le plus beau jour de » ma vie; je viens de délivrer mon peuple des derniers impôts que la néceffité des guerres m'avoit » forcé d'établir. »

Une économie exacte & éclairée veilloit en même tems à la difpenfation de fes revenus. Il fupprima dans fa cour le difpendieux & inutile appareil des fêtes; il fit ce qu'il put pour le commerce, les arts, la défenfe de fes Etats.

Le témoignage fuivant eft confirmé par tous ceux qui ont feulement paffé par Turin. « Les portes » de fon palais étoient continuellement ouvertes à » tous fes fujets, & le dernier des citoyens portoit librement fa voix au pied du trône. On voyoit » ce bon Prince environné de fon peuple comme » d'une famille nombreufe. Il entendoit leurs repréfentations, écoutoit leurs plaintes, foutenoit » le foible, encourageoit le timide, confoloit l'affligé, foulageoit le malheureux. »

Ce Roi avoit des amis. Ses larmes coulèrent fur la tombe du marquis de Saint-Germain. En defcendant lui-même au tombeau, il y fut fuivi d'un autre ami. Le maréchal de la Rocca ne put lui furvivre plus de trois jours.

Charles-Emmanuel-Victor étoit frère de cette aimable ducheffe de Bourgogne, morte en 1712, & fuivie de fi près par fon mari; le même étoit oncle de notre roi Louis XV, dont la viciffitude des événemens & des intérêts politiques le rendit tantôt l'allié, tantôt l'ennemi.

Sur la détention malheureufe du roi Victor, & fur le repentir qu'il en eut, voyez, dans le Dictionnaire, l'article Victor.

31°. Dans la branche de Soiffons, iffue de celle de Carignan, laquelle defcendoit de Charles-Emmanuel, dit le Grand, nous remarquerons l'auteur de cette branche de Soiffons, Eugène-Maurice de Savoie, comte de Soiffons par Marie de Bourbon fa mère, fille de ce comte de Soiffons, coufin-germain d'Henri IV, & qui avoit tant défiré de devenir fon beau-frère, & fœur du comte de Soiffons, tué en 1641 à la bataille de la Marfée. Ce comte de Soiffons Savoie s'établit en France, où il fut colonel-général des Suiffes & Grifons, & lieutenant-général des armées; il fe diftingua au service de France en plusieurs occasions. Mort le 7 juin 1673. C'est lui qui avoit épousé cette fameuse Olympe Mancini, nièce du cardinal Mazarin, laquelle, après avoir eu grande part au crédit de sa Maison, indépendant même de celui du Cardinal, joua un si grand rôle dans toutes les intrigues de la cour de Louis XIV. Elle finit ses jours dans la disgrace, ayant été obligée de quitter la France & de se réfugier à Bruxelles, par l'importance trop grande qu'on voulut mettre à des questions innocentes, mais indiscrètes, qu'elle & plusieurs personnes de la cour, par esprit d'intrigue ou par curiosité, s'avisèrent de faire à de prétendues sorcières, qui se trouvèrent être des empoisonneuses.

32°. Elle fut la mère de ce fameux prince Eugène ( Eugène-François ), qui la vengea, & qui punit cruellement Louis XIV de n'avoir pu démêler ses rares talens & prévoir ses hautes destinées à travers les écarts & les légèretés de sa jeunesse; Eugène, le vainqueur ou le héros de Carpi, de Chiari, de Luzara, d'Hochstet, de Cassano, de Turin, d'Oudenarde, de Malplaquet, &c.; Eugène qui, gouvernant l'Empire qu'il rendoit victorieux, chargé de titres & de dignités, chevalier de la Toison-d'Or, généralissime des armées de l'Empereur, & président de son conseil de guerre, conseiller d'Etat & gouverneur des Pays-Bas, étoit moins un sujet qu'une puissance formidable à Louis XIV, un génie fatal à sa gloire, un des triumvirs de la ligue contre la France; Eugène qui, non moins terrible aux Turcs qu'aux Français, & partout vainqueur, est encore le héros de Zenta ( 1697 ), & de Peterwaradein ( 1716 ); Eugène passoit pour le premier capitaine de l'Europe, & les Anglais, quoiqu'ils eussent Marlborough, disoient que depuis Jules-César on n'avoit pas vu d'aussi grand général qu'Eugène. ( *Voyez*, à l'article *Marlborough*, dans le Dictionnaire, la réponse que fit le prince Eugène à un ministre anglais, qui l'appeloit *le plus grand capitaine du siècle*. ) Malgré cette juste admiration qu'Eugène inspiroit à ses ennemis, quand le maréchal de Villars n'eut plus que ce seul général à combattre, il parut avoir de l'ascendant sur lui. En 1712 il remporta sur lui l'importante victoire de Denain, qui entraîna la réduction de plusieurs places perdues par les Français les années précèdentes.

En 1713 Villars eut encore d'autres avantages qui déterminèrent enfin l'Empereur à la paix. Eugène & Villars en furent les arbitres : ils la signèrent à Rastadt le 6 mars 1714, & elle fut aussi conclue avec l'Empire, à Bade, le 7 septembre suivant.

En 1734 le prince Eugène reparut à la tête de cent mille hommes pour faire lever le siège de Philisbourg, & Philisbourg fut pris presqu'à sa vue, circonstance qui ne contribua pas peu à illustrer cet exploit :

Il est beau d'affronter gaiment
Le trépas & le prince Eugène.

Ce grand Prince a été chanté par Rousseau & par Voltaire : c'est n'avoir pas été mal partagé en trompettes de la Renommée. Alexandre n'eut pas le même avantage, & ce n'est pas sans raison qu'il envioit au vaillant Achille son Homère. Eugène mourut le 21 avril 1736 ; il étoit né le 18 octobre 1663. Il avoit été destiné à l'état ecclésiastique, & possédoit des abbayes ; il avoit été connu d'abord sous le nom de chevalier de Carignan, puis sous celui d'abbé de Savoie, mais le nom du prince Eugène est immortel.

33°. Louis Thomas de Savoie, comte de Soissons, l'aîné des frères du prince Eugène, né le 16 octobre 1657, mourut le 25 août 1702, des blessures qu'il avoit reçues devant Landau ; il étoit au service de l'Empereur ; il avoit été maréchal-de-camp au service de France.

34°. Un autre de leurs frères (Louis-Jules), dit *le Chevalier de Savoie*, mourut à vingt-trois ans, au siége de Vienne, en 1683.

35°. Eugène-Jean-François de Savoie, comte de Soissons, petit-neveu du prince Eugène, & qui, portant déjà son nom avec éclat, promettoit d'égaler un jour sa gloire, venoit d'être présenté par son grand-oncle à l'Empereur & à toute la famille impériale, d'être nommé major-général des armées de l'Empire, & d'en remplir dignement les fonctions sous son grand-oncle, à la campagne de Philisbourg, en 1734, lorsqu'il mourut à vingt ans, le 24 novembre de la même année, trompant ainsi toutes les espérances qu'un mérite déjà extraordinaire & des qualités vraiment héroïques avoient fait concevoir de lui à tout le monde. En lui, ou plutôt dans la personne du prince Eugène son grand-oncle, mort après lui, finit la branche des comtes de Soissons.

36°. Dans la branche des ducs de Nemours, Philippe de Savoie, tige de cette branche, fils du second lit du duc Philippe (mentionné sous le n°. 22 ), & frère consanguin de la duchesse d'Angoulême, fut nommé à cinq ans à l'évêché de Genève, en 1495. Des évêques nommés à cinq ans pouvoient aller à la guerre. Philippe accompagna Louis XII dans son expédition contre Venise, & combattit sous lui à la bataille d'Agnadel, en 1509. Il quitta son évêché en 1510, s'attacha dans la suite au service de l'empereur Charles-Quint ; il auroit dû donner la préférence à François I son neveu. Ce Monarque, aidé de sa mère, sœur de Philippe, attira ce Prince à son service, & le fixa en France par le don qu'il lui fit en 1528, du duché de Nemours.

37°. Jacques de Savoie son fils, duc de Nemours, est, si l'on veut, le héros du roman de la princesse de Clèves, à laquelle, pour rentrer dans la vérité historique, il faudroit substituer cette vertueuse duchesse de Guise, Anne d'Est, femme du duc François, qui, du vivant même de son mari, ne put se défendre d'aimer Nemours (comme le duc de Guise le lui reproche un peu maritalement dans *le François II* du président Hénault), mais qui, moins sévère qu'on n'a imaginé la princesse de Clèves, se permit de l'épouser après la mort du duc de Guise. Bien moins sévère encore, une princesse de la Maison de Rohan, mademoiselle de la Garnache (*voyez*, dans le Dictionnaire, l'article *Rohan*, vers la fin), se contenta d'une promesse de mariage qui, dans la suite ne fut pas jugée valide, & eut de lui un fils qui fut déclaré illégitime. Nemours étoit brillant, aimable, généreux, plein d'esprit & de savoir; il fut l'ornement de la cour de Henri II & de ses deux fils; mais un ornement utile, & qui les servit dans les guerres tant civiles qu'étrangères, avec beaucoup de gloire & de succès. Il se jeta dans Metz en 1552, & le défendit sous le duc François de Guise son rival, contre toutes les forces de Charles-Quint. En 1554 il se signala au combat de Renti; en 1555 il alla servir en Italie, & fut d'un combat célèbre de quatre Français contre quatre Espagnols ( Brantôme dit treize de part & d'autre ). En 1562 il ménagea la reddition de Bourges. Envoyé en Dauphiné, il prit Vienne, battit le baron des Adrets; il fit mieux, il le ramena au service du Roi. Il partagea, en 1567, avec les Suisses, l'honneur d'avoir sauvé ce même roi Charles IX à la retraite de Meaux, comme Charles le reconnut formellement par ce propos, que *sans son cousin le duc de Nemours & ses bons compères les Suisses, sa vie ou sa liberté étoit en très-grand branle*. Il se trouva ensuite à la bataille de Saint-Denis. Il mourut à Annecy, le 15 juin 1585. Henri de Savoie, réputé son bâtard, & que mademoiselle de la Garnache sa mère appeloit *prince de Genévois*, ne laissa qu'un bâtard, Samuel de Nemours.

Voici le portrait que fait Brantôme de Jacques de Savoie, duc de Nemours : « Un des plus parfaits & accomplis Princes, seigneurs & gentilshommes qui fut jamais..... Très-beau Prince & de très-bonne grace, brave & vaillant, agréable, aimable & accostable, bien disant, bien écrivant autant en rime qu'en prose; s'habillant des mieux : si bien que toute la cour, en son tems ( au moins la jeunesse ), prenoit tout son patron de se bien habiller sur lui, & quand on portoit un habillement sur sa façon, il n'y avoit plus à redire que quand on se façonnoit en tous ses gestes & actions. Il étoit pourvu d'un grand sens & d'esprit, ses discours beaux, ses opinions en un conseil belles & recevables. De plus, tout ce qu'il faisoit, il le faisoit si bien, de si bonne grace & si belle adresse, sans autrement se contraindre, comme j'en ai vu qui le vouloient imiter, sans en approcher, mais si naïvement, que l'on eût dit que tout cela étoit né avec lui.

» Il aimoit toutes sortes d'exercices, & il y étoit si universel, qu'il étoit parfait en tout. Il étoit très-bon homme de cheval, très-adroit & de belle grace, fût ou à piquer ou à rompre lances, ou à courir bague ou autre exercice, pour plaisir ou pour la guerre; bon homme de pied, à combattre à la pique & à l'épée; à la barrière les armes belles en la main : il jouoit très-bien à la paume, aussi disoit-on : *Les revers de monsieur de Nemours*; jouoit bien à la balle, au balon; sautoit, voltigeoit, dansoit, & le tout avec si bonne grace, qu'on pouvoit dire qu'il étoit très-parfait en toutes sortes d'exercices chevaleresques; si bien que, qui n'a vu M. de Nemours en ses années gaies, il n'a rien vu, & qui l'a vu le peut baptiser par tout le monde, *la fleur de toute chevalerie*, & pour ce fort aimé de tout le monde, & principalement des Dames, desquelles ( au moins d'aucunes ) il en a tiré des faveurs & bonnes fortunes plus qu'il n'en vouloit, & plusieurs en a-t-il refusées qui lui en eussent bien voulu départir. »

38°. Charles-Emmanuel, duc de Nemours, fils de Jacques & d'Anne d'Est, duchesse de Guise, fut un zélé Ligueur, comme le duc de Guise le Balafré, cardinal de Guise & le duc de Mayenne, ses frères utérins. Quand les deux premiers furent massacrés à Blois, il fut arrêté comme leur frère & comme Ligueur. Il s'échappa de sa prison, & combattit dans la Ligue, pour la suite, contre Henri IV, aux batailles d'Arques & d'Ivri. Gouverneur du Lyonnois, il le fut aussi de Paris, & défendit cette capitale contre Henri IV encore. Quand ce Monarque en fit le siège en 1590, ce fut lui qui en fit sortir *les bouches inutiles* ( mot inhumain introduit par la guerre ), & qui alloit faire périr de faim & de misère les vieillards, les femmes & les enfans sans la généreuse pitié de Henri IV, qui, contre l'avis de son conseil, voulut qu'on leur livrât passage, & permit qu'on leur fournît des vivres.

Il paroît que ce Charles-Emmanuel étoit comme le duc de Savoie du même nom ( n°. 28 ), ambitieux & chimérique dans ses vastes projets; il espéra devenir roi de France en épousant l'infante d'Espagne, Isabelle-Claire-Eugénie. Le duc de Mayenne son propre frère l'ayant forcé d'abandonner cette espérance, il conçut un autre projet qui avoit aussi quelque étendue : c'étoit de se former des provinces de son gouvernement, c'est-à-dire, du Lyonnois, Beaujolois, Forez, Mâconnois & Dombes, une principauté qui auroit relevé de l'Espagne. Les Lyonnois pénétrèrent ses vues & s'assurèrent de sa personne. La Ligue s'irrite de cet affront fait à un de ses chefs; l'Espagne prend en main sa querelle; le duc de Savoie & le gouverneur de Milan lui envoient des secours contre les Lyonnais : ceux-ci alors se séparent ouvertement de la Ligue & se déclarent hautement pour Henri IV; ils abattent & traînent dans les boues les armes d'Espagne, de Savoie & de Nemours, font brûler en place publique l'effigie d'une femme habillée en sorcière, portant écrit sur son front : *La Ligue*, & ne donnent qu'un mois aux petites villes de la dépendance de Lyon pour suivre son exemple & se ranger à leur devoir.

Le duc de Nemours avoit le talent de s'échapper des prisons ; son valet-de-chambre étoit à peu près de sa taille ; il change d'habit avec lui, sort de sa chambre en portant le bassin de sa chaise percée & détournant le visage comme pour éviter la mauvaise odeur ; il se dérobe à la vue des soldats qui gardoient l'antichambre & qui ne le reconnurent point ; il gagne ainsi la porte, puis la rue, puis la campagne : il mourut l'année suivante 1595. il avoit la beauté des Nemours, l'ambition & la fierté des Guises, qu'il poussoit peut-être encore plus loin. Lorsque son neveu, le duc de Guise, eut fait sa paix avec Henri IV, & que le duc de Mayenne paroissoit se disposer à faire la sienne, quelqu'un dit à Henri IV que le duc de Nemours suivroit peut-être bientôt cet exemple : *Pour celui-là*, répondit le Roi, *il est trop fier ; il ne consentira jamais à m'obéir*.

39°. C'étoit le marquis de Saint-Sorlin son frère (Henri de Savoie), qui, dans sa malheureuse expédition de Lyon, lui avoit procuré & amené les secours de l'Espagne & de la Savoie. Brantôme dit, mais par ouï dire seulement, que « c'é-toit un Prince très-accompli, & surtout fort homme de bien, de bonne ame, & de scrupuleuse conscience. » Mort le 10 juillet 1632.

40°. Il laissa trois fils, Louis, qui tomba malade au siége d'Aire en 1641, & mourut le 16 septembre.

41°. Charles-Amédée, le plus célèbre des trois, pair de France & colonel-général de la cavalerie, servit avec distinction aux siéges de Gravelines, de Béthune, de Lens, de Bourbourg, de Montcassel, de Courtrai ; il fut blessé à la jambe au siége de Mardick. Il étoit, ainsi que le duc de Vendôme-Beaufort son beau-frère, un des lieutenans du Grand-Condé dans la guerre civile de la Fronde, & la mésintelligence de ces deux beaux-frères nuisoit à la cause qu'ils servoient. En 1652, au combat de Saint-Antoine, le duc de Nemours reçut dans ses armes neuf coups de mousquet, dont deux le blessèrent à la main. Le 10 juillet suivant il fut tué en duel d'un coup de pistolet, par le duc de Beaufort son beau-frère. Il ne laissa que des filles.

42°. Henri de Savoie son frère puîné mourut sans enfans, le 14 janvier 1659. Il fut le dernier duc de Nemours, & en lui finit sa branche.

43°. Dans la branche des barons de Vaud, issue de celle des comtes de Maurienne, Louis de Savoie, fait prisonnier à seize ans, en 1266, dans une bataille contre les habitans d'Ast & ceux de Turin ; il suivit depuis saint Louis en Afrique, &

le roi de Naples, Charles II, dans les guerres de ce royaume. Mort à Naples en 1302.

44°. Louis II son fils secourut, en 1330, Léopold, comte d'Hasbourg, duc d'Autriche, contre les Bernois, à la bataille de Loupen ; il servit, en 1339, 1340 & 1346, Philippe de Valois contre les Anglais ; il commandoit l'arrière-garde à la bataille de Crécy. Mort en 1350.

45°. Dans la branche de Tende & de Villars, René, légitimé de Savoie, comte de Villars, de Tende, &c. tige de cette branche, fils naturel du duc de Savoie, Philippe (n°. 22), & de Bonne de Romagne, Dame piémontaise, naquit en 1497. Son père, en le légitimant, l'appela nommément à sa succession au défaut de ses enfans mâles légitimes. La duchesse d'Angoulême sa sœur l'attacha au service de la France, où il se fit connoître avantageusement sous le titre *du Bâtard de Savoie*. Il étoit de l'expédition du Milanez en 1515, & fut chargé, avec Lautrec, de porter aux Suisses une somme d'argent, au moyen de laquelle ils consentoient de livrer le Milanez sans combat. Le cardinal de Sion engagea les Suisses à s'emparer de cet argent, en égorgeant Lautrec & le Bâtard de Savoie, & à livrer bataille. Lautrec & René alloient tomber dans ce piége s'ils n'avoient été avertis à tems. René se distingua au combat de la Bicoque, en 1522. A la bataille de Pavie, le Bâtard de Savoie fut tiré du milieu des morts, parce qu'il respiroit encore ; il fut porté à Pavie, où toutes les ressources de l'art, employées pour lui sauver la vie, ne servirent qu'à le faire expirer dans des tourmens affreux. Il avoit été fait en 1519 ou 1520, grand-maître de la Maison du Roi.

46°. Claude de Savoie son fils aîné fut fait prisonnier à cette même bataille de Pavie. Mort en 1566.

47°. Son frère, Honorat de Savoie, fut maréchal de France, & succéda dans la charge d'amiral, au célèbre Coligny : il avoit été blessé à la bataille de Saint-Quentin, & s'étoit distingué à celle de Moncontour. Mort en 1580.

48°. Un autre Honorat de Savoie son neveu, & fils de Claude, acquit de la gloire dans les guerres contre les Huguenots, & se fit aimer dans son gouvernement de Provence. Mort à Aix sans enfans, le 8 octobre 1572. En lui, ou plutôt dans son oncle le maréchal, qui lui survécut huit ans, & ne laissa que des filles, finit cette branche de Tende.

49°. Mais Claude (n°. 46), frère & père des deux Honorat, laissa un fils naturel (Annibal de Tende), connu dans les guerres civiles de Provence, sous le nom du capitaine *Pignans*, & qui remit la Sainte-Beaume sous l'obéissance du Roi.

50°. Celui-ci eut un petit-fils, homme de lettres, nommé Gaspard, qui a donné, sous le nom du sieur de l'Etang, des règles pour la traduction ; ouvrage fort recommandé par dom Mabillon, à ceux qui veulent apprendre à bien traduire du
latin

latin en français. Gaspard a auffi publié, fous le nom du fieur de Hauteville, une relation hiftorique du royaume de Pologne.

51°. Dans la branche des feigneurs de Raconis & de Cavours, bâtards de la Maifon de Savoie, nous remarquons François, tué à la bataille de Lépante en 1571.

La Maifon de Savoie a fourni à la France plufieurs Reines & Régentes. Nous avons parlé à l'article de Humbert II (n°. 4), d'Adélaïde fa fille, femme de Louis-le-Gros, puis du connétable de Montmorenci.

Louis XI eut pour femme Charlotte de Savoie, fœur d'Amédée IX, duc de Savoie (n°. 19).

Bonne leur fœur alloit époufer Édouard IV, roi d'Angleterre : le fameux Warwick, par ordre de ce Prince, négocioit en France ce mariage, lorfque l'amour en ordonna autrement, & fit époufer à Édouard une de fes fujètes ; ce qui le renverfa du trône pour un tems, par un effet de l'indignation que conçut Warwick de ce manque de foi, par lequel il fe crut compromis, & qui l'arma contre ce Roi, auquel il avoit donné la couronne.

On ne peut oublier ici Louife de Savoie, comteffe, puis ducheffe d'Angoulême (n°. 24), mère de François I, & plufieurs fois Régente en France. Sur ce qui la concerne, *voyez* dans le Dictionnaire, à l'article *Bourbon*, l'article particulier du connétable Charles de Bourbon ; à l'article de la Maifon de *Foix*, l'article particulier du maréchal de Lautrec ; dans l'article de la Maifon de *Rohan*, l'article particulier du maréchal de Gié. *Voyez* auffi l'article *Semblançay*, & vous ne prendrez pas une idée avantageufe de cette Princeffe, qui eut des paffions trop funeftes, mais qui ne manquoit ni de talens ni de courage, & qui, pendant la captivité du Roi fon fils, fut tirer parti de l'état prefque défefpéré des affaires.

Marie-Adélaïde, fille du roi Victor, ducheffe de Bourgogne, ne vécut pas affez long-tems pour régner en France ; mais comme il n'y avoit de fon tems, ni Reine ni Dauphine, elle tenoit à la cour de France, comme elle le difoit elle-même, la place d'une Reine.

Marie-Louife-Gabrielle, fa fœur & fa belle-fœur, époufa Philippe V, roi d'Efpagne, frère du duc de Bourgogne, & régna en Efpagne ou y fit régner la princeffe des Urfins. Nous avons dit (n°. 12) qu'Anne de Savoie, fille d'Amédée V, comte de Savoie, dit *le Grand*, avoit époufé Andronic, empereur d'Orient.

SCARDEONI (Bernardin), (*Hift. litt. mod.*), chanoine de Padoue fa patrie, en a été l'hiftorien. Son ouvrage a pour titre : *De antiquitate urbis Patavina, deque claris ejufdem civibus.* Né en 1478. Mort le 19 mai 1574, à quatre-vingt-feize ans.

SCEPEAUX, (*Hift. de Fr.*), ancienne & illuftre Maifon, dont la devife eft : *In fpem contra fpem*.

Elle tire fon nom d'une châtellenie fituée au comté de Laval, entre Craon & Laval, nommée en latin *de Cevellis*, en français de Cepeaux, d'Efpeaulx, d'Efcepeaulx ou de Speaux, aujourd'hui de Scepeaux. C'eft dans les provinces du Maine & de l'Anjou que cette Maifon a eu fes établiffemens, & on l'y voit figurer avec éclat, depuis fept à huit cents ans, parmi les plus grandes Maifons. Dom Lobineau a obfervé que les armoiries de cette Maifon ont été peintes dans l'églife de Saint-Nicolas d'Angers, dès le tems de la fondation de cette abbaye, faite en 1020 par Foulques Nerra, comte d'Anjou, ou du moins au tems de la dédicace de cette églife, faite peu d'années après ; que ces armoiries y font peintes dans les endroits les plus honorables, aux arcades du chœur & de l'autel, aux ceintres de la nef ; qu'il ne fe trouve avec les armoiries de la Maifon de Scepeaux que celles de cinq ou fix des plus grandes Maifons de l'Anjou. Il conclut de tout cela, que ces armes fe trouvent là, ou comme celles des feigneurs les plus diftingués de la province, qui ont affifté à la fondation ou à la dédicace de l'églife, ou comme armes des alliances du comté d'Anjou, fondateur, ou comme armes des bienfaiteurs principaux de cette abbaye. Chacune de ces fuppofitions place la Maifon de Scepeaux au rang des plus nobles & des plus anciennes.

Nous diftinguerons dans cette Maifon Sylveftre de Scepeaux & Robert fon fils aîné, tous deux chevaliers, que nous voyons, en 1221, faire de grandes conceffions à l'abbaye de Clermont, diocèfe du Mans, entre Laval & Vitré.

Sylveftre s'illuftra d'ailleurs dans tous les exercices de la chevalerie & dans les guerres contre les Anglais ; il accompagna Louis-le-Lion, fils de Philippe-Augufte ; il combattit près de fa perfonne, & contribua au gain d'une bataille livrée en Poitou au roi d'Angleterre.

Robert de Scepeaux, premier du nom, fon fils, fervit avec lui & après lui fous le roi Louis VIII, en 1223 & 1224.

Jean de Scepeaux, premier du nom, dont Robert étoit le trifaïeul, fervoit en qualité de chevalier bachelier vers l'an 1380, avec deux de fes parens encore fimples écuyers alors, Sylveftre & Yvon de Scepeaux.

Jean de Scepeaux, fecond du nom, fils de Jean I, fervit le Roi, d'abord en qualité d'écuyer, puis de chevalier bachelier vers l'an 1386. Il eut un fils, Yves de Scepeaux, premier préfident du parlement de Paris & chancelier du Dauphiné, qu'on appeloit *le grand préfident*, à caufe de fon mérite & de fon air vénérable : il étoit gendre de Bertrand de Beauvau, premier préfident de la chambre des comptes, & chambellan du Roi.

François de Scepeaux, arrière-petit-fils de Jean II, eft qualifié *confeiller & chambellan du Roi*, le 19 juillet 1484. Son père l'étoit du duc d'Anjou, oncle du roi Charles VI.

B r

Gui de Scepeaux, petit-fils de François, étoit chevalier de l'Ordre du Roi, gentilhomme ordinaire de sa chambre, capitaine de cinquante hommes d'armes de ses ordonnances.

Gui, sire de Scepeaux, troisième du nom, fils du précédent, & comme lui capitaine de cinquante hommes d'armes des ordonnances du Roi, fut tué, en 1597, à la tête d'un corps de troupes qu'il commandoit en Poitou pour le service du roi Henri IV contre la Ligue.

Robert de Scepeaux son frère étoit chevalier de l'Ordre du Roi.

Dans la branche des sires de Vieille-Ville, René de Scepeaux, tige de cette branche, lieutenant de la compagnie de cent hommes d'armes de François de Bourbon, comte de Saint-Paul, se distingua par sa valeur à la bataille de Marignan, sous François I, & quelque tems après au combat de Paz, contre les Anglais.

Il fut père du fameux maréchal de Vieille-Ville, dont nous avons les Mémoires.

Dans la branche des seigneurs de l'Espronnière, Jacques de Scepeaux, tige de cette branche, fut fait chevalier à la bataille de Cocherel, du 6 mai 1364.

Dans la branche des seigneurs de la Charbonnerie, &c. Jacques de Scepeaux servit, en 1536, au ban & à l'arrière-ban de la noblesse d'Anjou.

Joseph de Scepeaux, aide-de-camp du maréchal de Villeroi, fut blessé dangereusement au siége de Charleroi; il servit dans les troupes du roi d'Espagne, Philippe V, & fut brigadier de ses armées, gentilhomme à la clef d'or de sa chambre, avec le titre de marquis de Castille; il fut aussi brigadier d'infanterie en France.

Il eut deux fils: François-Joseph, marquis de Scepeaux, qui a servi comme son père, & en France, & en Espagne;

Et Pierre-Henri, comte de Scepeaux, capitaine des gardes wallonnes en Espagne, brigadier des armées du roi d'Espagne, Philippe V, gentilhomme de la clef d'or, commandeur de l'Ordre de Saint-Jacques, fait maréchal de camp au mois de janvier 1746, & tué au mois de mai de la même année, dans un combat en Italie.

Dans la branche des marquis de Beaupréau, Jacques-Bertrand de Scepeaux, marquis de Beaupréau, lieutenant en second au régiment de Villeroi en 1711, capitaine dans le régiment de Montrevel en 1722, colonel du régiment de Lyonnais en 1734, lieutenant-général de la noblesse d'Anjou & pays saumurois en 1738, brigadier d'armée en 1743, maréchal de camp en 1745, lieutenant-général en 1748.

SCHACK (HANS), (*Hist. mod.*), comte de Schackembourg, chevalier de l'Ordre de l'Eléphant, généralissime des troupes du roi de Danemarck, conseiller intime, président du conseil de guerre, colonel des gardes à pied & à cheval, as-

sesseur dans le conseil d'Etat & dans le tribunal suprême, mérita tous ces titres par d'importans & heureux services. La famille des Schack est des plus nobles & des plus anciennes du Holstein. Hans Schack naquit le 29 octobre 1609, au duché de Lawembourg, dans la Basse-Saxe. Il fit ses premières armes sous le roi Christiern IV, en 1626; il passa en 1630 au service du roi de Suède, Gustave-Adolphe. Pendant cinq ans il parcourut tous les grades inférieurs, & enfin le fameux duc de Saxe-Weimar lui donna une compagnie de cavalerie. En 1635 il passa au service de la France; il y trouva Josias Rantzau, qui fut dans la suite maréchal de France, & qui en 1638 le fit lieutenant-colonel de son régiment. Il fut fait colonel en 1642, & mestre-de-camp-général en 1648: la paix faite, il retourna en Allemagne, dans ses terres; car

*Quid facis intereà, qui nil nisi prælia nosti?*

Le duc de Saxe-Lawembourg, Auguste, lui donna le gouvernement du duché de Lawembourg. La guerre s'étant ralumée entre le Danemarck & la Suède, il rentra au service du Danemarck sous Frédéric III. Il fut fait d'abord lieutenant-général; il déploya ses talens pendant le siége de Copenhague. Devenu général & commandant en chef, il eut les plus éclatans succès; il chassa les Suédois de la Fionie, & les poursuivit d'afile en afile avec tant de vigueur qu'il les obligea de se rendre, les ayant ainsi privés, en un seul jour (14 novembre 1659), d'une belle province & d'une puissante armée. Mais bientôt il essuya un grand revers: s'étant embarqué pour exécuter des ordres du roi de Danemarck, il fut pris par les Suédois & retenu jusqu'à la paix, qui se fit en 1660. Rendu à son Roi, il fut comblé de bienfaits & d'honneurs qu'il avoit mérités. Il mourut à Copenhague le 27 février 1676. Il avoit été un des premiers que le roi Christiern V, successeur de Frédéric III, avoit élevés, en 1671, à la dignité de comtes.

SCHAFFIROF ou SCHAPHIROW (PIERRE, baron de), (*Hist. de Russie*), homme d'une naissance obscure, qui se fit un nom en Russie par ses talens & ses connoissances, & qui éprouva des fortunes diverses. Le comte Gallowin, grand-chancelier de Russie, qui le connoissoit & l'estimoit, se l'attacha en qualité de secrétaire: des circonstances particulières firent connoître ses talens au czar Pierre I, qui les employa, le consulta sur les affaires les plus importantes, & l'honora de toute sa confiance. A la mort du chancelier Gallowin, premier protecteur de Schaffirof, il fit celui-ci vice-chancelier; il l'avoit déjà fait secrétaire d'Etat. Le roi de Pologne, Auguste, allié du czar, donna aussi, vers le même tems, à Schaffirof l'Ordre de l'Aigle blanc. Schaffirof suivit le Czar, en 1711, à sa triste campagne de Pruth, & contribua beaucoup à le tirer d'affaire par cette paix inespérée qu'il procura en corrompant le grand-visir par des présens ; il trouva cependant de la difficulté à faire ratifier cette paix, qui ne fut définitivement ratifiée que le 16 juin 1713, à Andrinople. Pendant tout l'intervalle entre le traité & la ratification, Schaffirof, à travers toutes les intrigues du serrail & tous les changemens de ministres & de visirs, tantôt favorables, tantôt contraires à la paix, ne cessa de négocier à Constantinople, où on le retint constamment jusqu'à l'entière exécution du traité, & d'où il ne lui fut permis de partir qu'à la fin de 1714. Il arriva enfin à Pétersbourg le 20 décembre ; il suivit le Czar en 1716 & 1717 dans ses voyages en Allemagne, en France & en Hollande. A son retour, il fut obligé de signer l'arrêt de mort du czarowitz Alexis, & fut nommé vice-président des affaires étrangères. Le 10 juin 1719 il obtint l'Ordre de Saint-André. En 1721 le Czar prit le titre d'empereur de Russie, & Schaffirof fut encore employé dans cette affaire ; en 1722 il accompagna cet Empereur à Astracan. Cependant sa faveur excitoit l'envie de toute la cour, & les éclatantes querelles qu'il eut avec le prince Menzikoff, autre favori, donnèrent lieu d'examiner la conduite de l'un & de l'autre ; elle ne fut point trouvée irréprochable ; mais Menzikoff & ses adhérens en furent quittes pour de l'argent. Schaffirof, accusé d'avoir donné à son frère un titre & une pension du Czar à l'insu du Czar & du sénat, d'avoir haussé le port des lettres à son profit, & pris indûment & illégitimement sa part de quelques grandes confiscations, Schaffirof fut condamné à perdre la vie. Son sacrifice étoit fait, sa tête posée sur le billot, & l'exécuteur levoit sa hache pour porter le coup mortel lorsqu'on entendit crier grace, & l'on commua cette peine en un exil en Sibérie, avec confiscation de tous ses biens, c'est-à-dire que son supplice fut prolongé & aggravé, étendu même jusqu'à sa femme, qui peu après fut aussi conduite dans ces affreuses solitudes de la Sibérie. On croit que la peine de mort avoit été remise à Schaffirof à la sollicitation de l'ambassadeur turc, qui l'avoit connu à Constantinople, & qui prenoit intérêt à lui. Les Hollandais firent aussi solliciter par leur ambassadeur son rappel de Sibérie ; mais ils ne purent rien obtenir. Cependant la czarine Catherine étoit la protectrice déclarée de Schaffirof, & son premier soin, à la mort du Czar, en 1725, fut de faire annoncer à Schaffirof qu'il étoit rentré en grace, & que tous ses biens lui étoient rendus. En 1726 il obtint la place de président dans le collège du commerce à Moscou, & celle de conseiller d'Etat, inspecteur du district d'Archangel ; il fut confirmé dans ces emplois, en 1727, par le jeune czar Pierre II. & en 1730 par la czarine Anne. Vers la fin de la même année il alla négocier la paix avec la Perse, à Ispahan : sa négociation fut heureuse, & augmenta sa faveur. L'impératrice Anne le nomma son conseiller privé.

Il fut moins heureux dans des conférences pour la paix avec les Turcs en 1737, & cependant il en reçut encore la récompense, qui fut d'être agrégé au sénat à son retour. Il mourut le 11 mars 1739.

SCHEDIUS (PAUL-MELISSE & ELIE), (*Hist. litt. mod.*), deux savans allemands des seizième & dix-septième siècles, tous deux distingués comme poètes latins, & qui tous deux reçurent la couronne poétique. On appeloit le premier *le Pindare latin*. On a de lui des poésies latines de divers petits genres, & une traduction en vers allemands des Pseaumes de Marot & de Théodore de Bèze.

Le second traduisit en vers latins Dictys de Crète, Darès le Phrygien, les Phénomènes d'Aratus, &c. & mourut vers l'an 1641, à vingt-six ans.

SCHEINER (MATHIEU), (*Hist. des Suiss.*), évêque de Sion, dans le Valois, troubla plus d'une fois l'Europe sur la fin du règne de Louis XII, & dans les commencemens du règne de François I. Ce prélat belliqueux, né dans la bassesse, avoit été successivement régent, curé, chanoine ; il étoit enfin parvenu, à force de talens & d'intrigues, jusqu'à l'épiscopat. Varillas dit que Scheiner força, les armes à la main, le chapitre de Sion à le nommer coadjuteur de l'évêque, qui étoit son oncle. Elevé depuis au cardinalat par Jules II, dont il servoit les fureurs contre la France, il s'étoit acquis la plus grande considération auprès des Papes, de l'Empereur & de ses concitoyens, par son courage, par son activité, par une éloquence violente comme son caractère ; il avoit voué aux Français une haine pareille à celle qu'Annibal signala contre les Romains. Cette haine avoit pour motif le refus que Louis XII avoit fait d'acheter trop cher ses services. Il n'avoit pas manqué d'être à la tête des Suisses lorsqu'ils avoient enlevé le Milanez à Louis XII, vaincu la Trémouille à Novare en 1513, & pénétré jusqu'au milieu de la Bourgogne. Il agitoit toutes les diètes par les fureurs de sa haine éloquente : on ne pouvoit l'entendre & ne pas haïr les Français. Au commencement du règne de François I, en 1515, les Suisses, toujours animés par le cardinal de Sion, menaçoient encore la Bourgogne, parce que le traité humiliant conclu forcément à Dijon par la Tremouille, pour sauver cette province après la défaite de Novare, n'avoit point été ratifié par Louis XII. François I, sans le ratifier davantage, affecta les vues les plus pacifiques, & nomma le seigneur de Jametz, fils de Robert de la Marck, seigneur de Sedan, pour ambassadeur auprès des treize cantons. Le cardinal de Sion lui fit refuser des passe-ports, & les Suisses déclarèrent que si le traité de Dijon n'étoit pleinement exécuté, ils alloient entrer en armes dans la Bourgogne. Le cardinal de Sion ne savoit pas quel service il rendoit à François I, en lui attirant cette déclaration. Ce Prince faisoit alors, pour l'expédition du Milanez, des préparatifs qu'il ne pouvoit cacher à l'Europe, mais sur l'objet desquels il vouloit du moins qu'elle se méprît. Il fut le premier à publier la déclaration des Suisses ; il se plaignit de leur dureté ; il parut alarmé de leurs menaces, & il fit faire ouvertement en Bourgogne des préparatifs qu'on pouvoit croire uniquement destinés à la défense de cette province. On ne s'y méprit pas long-tems, & les Suisses, ayant le cardinal de Sion à leur tête, allèrent occuper le Pas de-Suze, pour arrêter les Français au passage des Alpes. ( *Voyez* ci dessus, à l'article du colonel Albert de la *Pierre*, la querelle que le Cardinal eut avec ce capitaine, au sujet de la marche étonnante des Français à travers les Alpes, laquelle déconcertoit tous les projets du Cardinal & des Suisses. ) Ces projets étoient vastes : les confédérés devoient partager entr'eux & leurs amis les Etats de tous les alliés que la France avoit en Italie. Le cardinal de Sion devoit être duc de Savoie ; son frère, marquis de Saluces ; Prosper Colonne, qui commandoit la cavalerie du Pape, lequel n'avoit point encore pris de parti, devoit être comte de Carmagnole s'il se joignoit aux Suisses & s'il les secondoit bien.

Cependant le Roi traitoit avec les Suisses par l'entremise du duc de Savoie, & tout se disposoit à un accommodement. Moyennant une somme dont on convint, le Milanez devoit être remis au Roi. Le 8 septembre 1515, la somme étoit prête ; le Bâtard de Savoie & le maréchal de Lautrec étoient chargés de la conduire à Bufalora, où les Suisses devoient se trouver pour la recevoir. Mais la haine du cardinal de Sion ne s'endormoit point : cet implacable ennemi de la France & de la paix couroit dans tout le camp, y répandoit ses fureurs, animoit les officiers suisses à la guerre avec cette éloquence impétueuse que la passion inspire & qui inspire la passion. Il leur propose de saisir cet argent qu'on portoit à Bufalora, de prendre pour premières victimes Lautrec & le Bâtard de Savoie, & de fondre sur le camp des Français, où, d'après le traité, personne ne seroit sur ses gardes. Ses violentes harangues réveillèrent dans tous les cœurs l'amour de la guerre & l'avidité du butin : les Suisses se déterminèrent à suivre le plan d'infidélité que le Cardinal leur traçoit. Etrange pouvoir d'un seul homme sur la multitude ! Cette nation, distinguée dans l'Europe par sa probité, par son humanité, croyoit s'illustrer en égorgeant de sang-froid des hommes qui lui portoient le prix de la paix, & qui dormoient sur la foi des traités. Quelques historiens suisses prétendent que cette infidélité ne fut point réfléchie de la part des Suisses, que le cardinal de Sion trompa leurs chefs, qu'il leur cacha son projet, qu'il fit engager le combat par les Suisses de la garde du duc de Milan, & par ceux des Suisses qui lui étoient d'ailleurs dévoués ; qu'alors les autres prirent les armes tumultuairement pour

dégager leurs compatriotes & sans autre dessein ; mais l'historien de la ligue de Cambrai observe que ce récit n'est pas conforme à celui des historiens de toutes les autres nations.

Lautrec & le Bâtard de Savoie continuoient leur marche vers Bufalora, & alloient tomber dans le piège lorsqu'un espion bien payé avertit Lautrec du danger qui le menaçoit. L'avis étoit trop important pour qu'on s'amusât à douter : Lautrec se détourna de la route, mit l'argent en sûreté, avertit le Roi de se tenir sur ses gardes : il étoit tems. Les Suisses marchoient pour attaquer le camp, & la bataille de Marignan se livra si promptement, que Lautrec ne put s'y trouver. *Madame*, écrit gaiement François I à sa mère en sortant de la bataille ; *vous vous moquerez de Messieurs de Lautrec & de Lescun, qui ne se sont point trouvés à la bataille, & se sont amusés à l'appointement des Suisses, qui se sont moqués d'eux.*

Après cette grande victoire le Roi marcha vers Milan : le cardinal de Sion s'y étoit retiré plein de rage & de terreur en fuyant de Marignan. Au bruit de l'approche du Roi, il s'enfuit chez l'Empereur pour l'engager à faire un effort en faveur des Sforces ; il prit la précaution, fatale à la France, de mener avec lui, à la cour de l'Empereur, le jeune François Sforce, frère puîné du duc Maximilien, afin que, si ce dernier tomboit entre les mains du vainqueur, l'autre pût continuer la querelle en soutenant les droits de sa Maison : c'étoit le seul moyen de nuire aux Français qui restât au Cardinal. L'affaire de Marignan avoit détruit son crédit auprès de ses compatriotes ; le succès l'ayant condamné, on ne vit plus en lui que le fléau de sa patrie : on lui redemanda le sang de tant de braves soldats, de tant d'excellens capitaines sacrifiés à sa fureur. Peu s'en fallut que les Suisses ne le sacrifiassent à la leur : le respect qu'inspiroit sa croix de légation lui fut très-utile en cette occurrence ; mais ce respect pouvoit avoir des bornes : le Cardinal le craignoit, & en se sauvant de Milan chez l'Empereur, c'étoit moins encore les Français qu'il fuyoit, que ses propres compatriotes. Ce Cardinal resta chargé, envers l'humanité, du crime d'avoir fait égorger plus de vingt mille hommes pour les seuls intérêts de sa haine.

En 1516 il engagea l'Empereur à faire, dans le Milanez, une expédition que le défaut d'argent fit avorter. Les Suisses, qui étoient en grand nombre dans son armée, n'étoient point payés. Le colonel Stasler va trouver l'Empereur dans son lit, & lui demande de l'argent de la manière la plus pressante. L'Empereur s'irrite, s'appaise, menace, promet, conjure, mais vainement : on lui déclare que si l'on n'est payé dans l'instant, on acceptera la solde qu'offroit le connétable de Bourbon, gouverneur du Milanez pour la France. A ces mots l'Empereur est frappé comme d'un coup de foudre. Ludovic Sforce, l'oncle de sa femme, livré aux Français par les Suisses, sous le règne de Louis XII, en 1500, se retrace à sa mémoire; il répond en tremblant qu'il ira le soir au quartier des Suisses avec le cardinal de Sion. Ce Cardinal, alors languissant, & en apparence voisin du tombeau, ayant perdu sa force & sa santé, avoit conservé toute sa haine pour les Français, & vouloit mourir en les combattant. L'Empereur se léve avec précipitation, & au lieu d'aller au quartier des Suisses, se réfugie d'abord dans celui des Allemands: il envoie le cardinal de Sion porter aux Suisses seize mille écus, & leur en promettre beaucoup davantage; en même tems il prend la poste & s'enfuit. Telle fut la ridicule issue d'une entreprise qui s'annonçoit avec un appareil formidable, & sur laquelle le Cardinal avoit compté pour réparer l'échec de Marignan & reconquérir le Milanez.

Cette même année 1516, le Cardinal eut encore le chagrin de voir les Suisses se fixer à jamais dans l'alliance de la France, par le traité de Fribourg ou *la paix perpétuelle*.

En 1518 Charles d'Autriche, roi d'Espagne, élevoit sourdement, à travers mille obstacles, l'édifice de sa grandeur. La politique de son aïeul, Ferdinand-le-Catholique, lui avoit été favorable, en lui transmettant la monarchie d'Espagne sans démembrement: il falloit, pour couronner l'ouvrage, que l'empereur Maximilien, aussi son aïeul, lui transmît de même la couronne impériale avec les Etats héréditaires de la Maison d'Autriche. Tel étoit alors l'important objet des négociations de la cour d'Espagne.

Elles étoient bien secondées par le cardinal de Sion, qui, voyant malgré lui l'Europe pacifiée, & n'ayant plus d'armée à opposer aux Français, vouloit du moins leur nuire par les intrigues. Il avoit déjà déterminé l'Empereur à s'assurer pour successeur un de ses petits-fils, en le faisant élire Roi des Romains; mais le choix de l'Empereur flottoit encore entre le roi d'Espagne & son frere l'archiduc Ferdinand. Si d'un côté la politique sembloit exiger qu'il réunît sur la tête de Charles la succession d'Autriche à la succession d'Espagne, pour en faire le Prince le plus puissant de l'Europe, pour enlever à la France la supériorité & même l'égalité de forces, de l'autre côté il trouvoit quelque grandeur à partager sa Maison en deux branches également puissantes, dont l'une fût son ouvrage, comme l'autre avoit été celui de Ferdinand-le-Catholique, & qui, se perpétuant, l'une en Espagne & l'autre en Allemagne, mais réunies par les mêmes intérêts, se prêtassent dans l'occasion des secours mutuels, pressassent l'ennemi commun par l'orient & par l'occident, & pussent se suppléer réciproquement en cas que l'une ou l'autre vînt à s'éteindre. D'ailleurs, il lui paroissoit injuste & cruel de sacrifier entièrement le plus jeune de ces Princes à l'aîné.

Ces considérations agissoient puissamment sur

l'esprit de Maximilien, & alloient le détetminer en faveur de Ferdinand. Le cardinal de Sion, qui n'avoit point quitté la cour de l'Empereur, en fut instruit; il connoissoit peu le roi d'Espagne; il n'en étoit connu que par les troubles qu'il avoit semés dans l'Europe, & par l'affront qu'il avoit attiré à l'Empereur en 1516; il s'intéressoit peu à la grandeur de Charles, mais elle lui paroissoit le plus sûr moyen d'abaisser ou d'affoiblir les Français: ce motif étoit déterminant pour sa haine; il ne cessoit de parler en faveur de la réunion; il la proposoit dans le Conseil; il l'insinuoit dans le cabinet de l'Empereur; il citoit sans cesse avec éloge l'exemple de Ferdinand le-Catholique.

Maximilien changeoit aisément de résolutions. Le conseil d'Autriche, persuadé par les raisons du Cardinal, entraîné par son éloquence, fatigué par ses intrigues, se joignit à lui, & l'Empereur, déjà fort ébranlé, céda enfin à leurs instances; il fut décidé qu'on travailleroit à faire élire le roi d'Espagne roi des Romains: bientôt ce fut l'Empire qu'il fallut lui procurer directement, car l'Empereur mourut à Lintz le 15 janvier 1519. On ignore quelle fut l'influence du cardinal de Sion sur la grande affaire de la concurrence à l'Empire, où Charles-Quint l'emporta sur François I.

En 1521 la guerre s'alluma entre ces deux rivaux: on négocia de part & d'autre auprès de toutes les Puissances, nommément auprès des Suisses. Le cardinal de Sion vivoit encore; il haïssoit plus que jamais les Français; il étoit à Zurich, où il répandoit l'argent, prodiguoit les promesses & déployoit sa dangereuse éloquence; il peignoit François I comme un schismatique, comme un ennemi déclaré du Pape & de l'Eglise, parce que le pape Léon X s'étoit déclaré contre lui. Scheiner rejetoit sur les Français tous les torts de l'aggression, & il alléguoit en preuve la conduite du roi d'Angleterre, Henri VIII, qui, aussi mécontent que François I de n'avoir pu obtenir l'Empire qu'il avoit aussi demandé, n'auroit pas manqué de s'unir avec lui contre l'Empereur, pour peu que celui-ci eût pu être regardé comme l'aggresseur, & qui au contraire prenoit parti pour celui-ci; mais on ne disoit pas que le jaloux Henri VIII prenoit parti contre le vainqueur de Marignan en faveur d'un jeune Prince qu'aucune victoire n'illustroit encore dans l'Europe, & que rien n'exposoit à l'envie, au moins sur l'article de la gloire. Les Suisses, prévenus d'abord par les discours du cardinal de Sion, crurent ensuite voir la vérité du côté du Roi, & furent très-mauvais gré au Cardinal de les avoir trompés; ils se rappelèrent la conduite qu'il avoit tenue en 1515, & qui leur avoit attiré l'échec de Marignan; ils tinrent une diète à Lucerne au commencement d'août 1521. L'évêque de Véroli, Ennio, y comparut pour le Pape, & demanda huit mille soldats. Desréaux, ministre de France, y comparut aussi & en demanda encore plus pour le Roi. L'ambassadeur du Pape eut le défagrément d'entendre les Cantons lui reprocher les calomnies dont les agens du Pape avoient ofé noircir le Roi, lui déclarer que les fecours de la République helvétique, étant dus à la juftice & non au menfonge, feroient accordés au Roi & refufés au Pape; qu'on ne verroit jamais les Suiffes réunis fous les mêmes drapeaux avec les Lanfquenets leurs ennemis & leurs rivaux, qui étoient en grand nombre dans l'armée de la ligue impériale & papale; qu'ils alloient ordonner au cardinal de Sion de fortir de la Suiffe pour toujours.

Cependant cette décifion n'avoit point été unanime: les intrigues du cardinal de Sion avoient prévalu dans plufieurs Cantons. Il avoit gagné celui de Zurich, qui avoit déclaré, dès le 25 mai, qu'il n'entreroit point dans l'alliance que le Roi pourroit renouveler avec les Cantons. D'ailleurs, le maréchal de Foix, dans les levées qu'il fit faire en Suiffe, témoigna pour certains Cantons une prédilection dont les autres fe vengèrent en acceptant l'argent du cardinal de Sion & en fourniffant des fecours à la ligue: de ce nombre furent Lucerne, Uri, Schwitz & Underwald: de là vient que, dans cette guerre, on voit les Suiffes fervir prefque également dans les deux armées ennemies, contre la teneur du traité de Fribourg.

Lautrec, tant qu'il eut de l'avantage fur les confédérés, parut s'attacher à prolonger la guerre; il fembla prendre plaifir jufqu'à quatre fois à laiffer échapper les ennemis de fes mains, content de les voir fuir devant lui, & comme s'il eût été fûr de les retrouver quand il voudroit. Les Suiffes de fon armée lui demandèrent en murmurant les gratifications qu'on avoit coutume de leur donner après le gain d'une bataille; ils difoient qu'il n'avoit pas tenu à eux que la guerre n'eût été terminée; que le caprice du général ne devoit pas les fruftrer des avantages que le fort offroit à leur valeur. Lautrec avoit mérité ces affronts, & tout ce qui arriva dans la fuite dut le faire repentir de fon opiniâtreté. Le refte de cette guerre du Milanez ne fut plus pour lui qu'un tiffu de difgraces. Les Suiffes que les confédérés attendoient & que les intrigues du cardinal de Sion leur avoient procurés, étant arrivés à Coire, demandèrent un corps de cavalerie, qui, affurant leur marche, facilitât la jonction. Profper Colonne détacha auffitôt quelques efcadrons de chevau-légers, qui, paffant avec beaucoup de rapidité fur les terres de la feigneurie, trompèrent à la fois la vigilance, & des Vénitiens, & des Français: ce fut en vain que le vaillant Créquy de Pontdormy, avec deux compagnies de gendarmes & douze cents hommes d'infanterie, alla occuper près du lac d'Iftria un pofte par où les Suiffes devoient paffer: ce pofte fut forcé; les Suiffes arrivèrent avec ce petit avantage au camp des confédérés. Le cardinal de Sion étoit à la tête des Suiffes.

Les confédérés ayant reçu ce renfort, ne fe

bornèrent plus à une fimple défenfe. Bientôt une révolution à laquelle l'adreffe du cardinal de Sion contribua autant que leur bonheur, vint encore relever leur courage. Les Suiffes voyoient depuis long-tems avec indignation, qu'au mépris des recès de leurs diètes, au m pris de la décence publique & des liens patriotiques, leurs fujets, entraînés par des intrigues particulières, fe partageoient à leur gré entre les différentes puiffances, & s'expofoient fouvent à tremper leurs mains dans le fang de leurs concitoyens: il y avoit alors douze mille Suiffes dans l'armée des confédérés, & treize mille dans l'armée française, tous prêts à s'entr'égorger. La République helvétique voulut abfolument faire ceffer ce fcandale; elle envoya des ordres à tous les Suiffes des deux armées de revenir dans leur pays. Le cardinal de Sion, qui veilloit à tout, fut inftruit de cette réfolution & fut en tirer parti. Le courier dépêché à l'armée française fignifia l'ordre de la République: auffitôt tous les Suiffes obéirent & quittèrent l'armée; mais le courier qu'on envoyoit à l'armée des confédérés, arrêté & gagné par le cardinal de Sion, ne publia point l'ordre dont il étoit chargé: ainfi tous les Suiffes de l'armée confédérée reftèrent. C'étoit déjà beaucoup: ce ne fut pas tout encore. L'ordre que les Suiffes de l'armée française avoient reçu, ne leur apprenoit pas qu'on eût adreffé un pareil ordre à ceux de l'armée pontificale. Le cardinal de Sion profita de leur ignorance; il leur perfuada que la République avoit reconnu la juftice de la caufe des confédérés, que c'étoit aux feuls Français qu'elle refufoit des troupes, & qu'en prenant parti dans l'armée des confédérés, les Suiffes rempliroient le véritable efprit de l'ordre qu'ils avoient reçu. Ces raifons, appuyées de l'agent du Cardinal, perfuadèrent les Suiffes, qui paffèrent prefque tous du camp des Français au camp des confédérés. Le maréchal de Lautrec, leur ayant en vain rappelé leurs fermens & reproché leur infidélité, fe vit réduit à une guerre défenfive.

Cependant les confédérés avoient à rendre compte à la République helvétique de fes ordres interceptés & violés, de fes foldats trompés & débauchés. Les confédérés s'étoient flattés de lui faire approuver cette fupercherie, d'en tirer encore de nouveaux fecours, & de la détacher entièrement du parti de la France. Ils lui députèrent dans ce deffein l'évêque de Vérone & quelques feigneurs milanais du parti des Impériaux. Ces ambaffadeurs, étant arrivés fur la frontière de la Suiffe, crurent qu'après les fujets de plainte qu'on avoit donnés à la République, l'intérêt de leur fûreté exigeoit qu'ils priffent des paffe-ports avant de paffer outre. L'évêque de Vérone feul fut plus hardi: les caractères d'évêque & d'ambaffadeur réunis en fa perfonne lui perfuadèrent qu'il n'avoit rien à craindre; il fe trompa. Les Suiffes le firent arrêter, pour être entré, difoient-ils, fans passe-port dans un pays allié des Français. Ils étoient juftement indignés de la furprife faite à leurs fujets. Le cardinal de Sion, en réuniffant tous les Suiffes des deux armées dans l'armée impériale par le ftratagême hardi dont on vient de parler, n'avoit rien fait, fi l'on veut, d'illégitime contre les Français fes ennemis, d'après la maxime :

*Dolus an virtus quis in hofte requirat ?*

Mais il avoit manqué effentiellement à la République dont il étoit membre, & cette République fentit vivement une injure qui rappeloit & agravoit tous les torts paffés du Cardinal. Les Cantons même qui lui avoient été les plus attachés, tels que Lucerne, Uri, Schwitz & Underwald, l'abandonnèrent. Les advoyers de Lucerne, dans une lettre du 3 octobre 1521, l'appellent le faux & traître Cardinal, & fe plaignent amérement de quelques levées qu'il leur avoit extorquées. On ne donna point de paffe-ports aux ambaffadeurs que les confédérés avoient envoyés avec l'évêque de Vérone : on ne voulut point les entendre ; on accorda au contraire aux Français feize mille hommes qu'ils demandèrent, & déformais les Suiffes furent entiérement pour eux & pour eux feuls.

Depuis ce tems on ne rencontre plus le cardinal de Sion dans aucune intrigue politique ; ce qui fait croire qu'il mourut vers l'époque dont il s'agit.

SCHEUCHZER (JEAN-JACQUES, JEAN-GASPARD & JEAN), (*Hift. litt. mod.*), eft le nom de trois favans médecins de Zurich, père, fils & frère, dont on a beaucoup d'ouvrages fur la médecine & la phyfique. Jean-Jacques & Jean étoient frères ; Jean-Gafpard étoit fils de Jean, & mourut déjà illuftre à vingt-fept ans, en 1729. Son père & fon oncle lui furvécurent : le premier mourut en 1733 ; le fecond en 1738.

SCHRIVER ou SCRIVERIUS (PIERRE), (*Hift. litt. mod.*), favant hollandais, qui prit pour devife *lire & écrire*. On lui doit de bonnes éditions de plufieurs auteurs anciens, tels que Végèce, Hygin, Frontin, Apulée, Martial, Sénèque ; il a de plus beaucoup écrit fur l'hiftoire & les antiquités bataviques. Il mourut en 1660, âgé de quatre-vingt-cinq ans, après avoir été onze ans aveugle. L'univerfité de Leyde affifta en corps à fes funérailles ; Gronovius prononça fon éloge funèbre.

SCHŒPFLIN. (*Hift. litt. mod.*) Jean-Daniel Schœpflin naquit le 6 feptembre 1694 à Salzbourg, dans le margraviat de Bade Dourlac ; il étoit de la communion lutherienne. Ses études à Dourlac, à Bâle, à Strasbourg furent une fuite de fuccès & de triomphes. En 1717 il fe fit connoître dans le

monde par un panégyrique latin de Germanicus, Prince dont la mémoire, révérée dans l'Univers, l'eft encore plus particuliérement dans l'Allemagne, qui femble triompher de l'avoir eu pour vainqueur. Ce difcours fut imprimé par ordre de la ville de Strasbourg. Cette ville le fixa chez elle par une chaire d'éloquence & d'hiftoire, à laquelle il fut nommé à vingt-fix ans, le 22 novembre 1720. Elle dérogea en fa faveur à la loi qui n'admettoit aux chaires que des perfonnes nées à Strasbourg. Dès-lors la reconnoiffance de M. Schœpflin adopta Strasbourg pour patrie, & rien ne put jamais l'en arracher. Ce fut en vain que dans la fuite, & en différens tems, & à diverfes reprifes, la ville de Francfort-fur-l'Oder lui offrit une chaire d'hiftoire ; que la czarine Catherine, veuve de Pierre I, l'appeloit perfévéramment à Pétersbourg pour y remplir une pareille chaire, avec le titre d'hiftoriographe de la cour ; que la Suède, à l'envi de la Ruffie fa rivale, lui offroit auffi une pareille chaire dans l'Univerfité d'Upfal ; que l'Univerfité de Leyde lui faifoit les mêmes avances ; il ferma l'oreille à tant d'invitations fi flatteufes, & n'oublia jamais l'engagement qu'il croyoit avoir pris avec Strasbourg.

*Ille meos primus, qui me fibi junxit, amores*
*Abftulit, ille habeat fecum.*

On vit paroître de lui une foule de Differtations hiftoriques & critiques, entremêlées de morceaux d'éloquence & de littérature ; il n'étoit pas moins l'orateur que l'hiftoriographe de Strasbourg. En 1725 il prononça, en préfence du roi Stanislas, au nom de l'Univerfité, un difcours de félicitation fur le mariage de la reine de France, fille de Stanislas. En 1729 autre difcours fur la naiffance de M. le Dauphin. Tous les ans il célébroit l'anniverfaire de la naiffance de Louis XV par un nouveau panégyrique, auquel la maladie du Roi à Metz, en 1744, & les victoires de la France en 1745, fournirent des matériaux intéreffans.

En 1766, quoiqu'âgé de foixante-treize ans, il retrouva des forces & des talens pour célébrer la cinquantième année révolue du règne de ce Monarque.

La ville de Strasbourg, fentant, d'après fes repréfentations, de quelle utilité les voyages pouvoient être pour fon profeffeur d'hiftoire, lui accorda deux années pour les voyages de France, d'Italie & d'Angleterre, & voulut prendre fur elle tous les frais de ces voyages. Pendant fon abfence, qu'il fut mettre à profit pour les lettres, Strasbourg lui conféra un des meilleurs canonicats de la communion lutherienne. Paris, qui connoiffoit depuis long-tems le prix de fes travaux, &, qui, en voyant l'auteur, connut encore mieux toute l'étendue de fon mérite & de fes connoiffances, voulut auffi lui témoigner fon eftime : l'Académie des belles-lettres, où il s'étoit fait des amis & des admirateurs, l'adopta en 1730; il lui paya fon tribut par divers Mémoires qui fe trouvent dans le recueil de l'Académie, dans l'un defquels il affure à Strasbourg, dans la perfonne de Guttemberg, la découverte de l'imprimerie en 1440, opinion qu'il a foutenue jufqu'à la mort en toute occafion & dans toutes fortes d'écrits; & pour la confacrer par une action d'éclat, il célébra, en 1740, à Strasbourg, dans un difcours folennel, la troifième année féculaire de cette découverte.

En 1733 il eut une maladie dans laquelle on défefpéra de fa vie. Un poëte allemand publia une complainte fur fa mort, qu'il réimprima depuis parmi fes œuvres, le tout du vivant de M. Schœpflin, qui furvécut près de quarante ans à cet éloge funebre, & put jouir à la fois de fa vie & de fa mémoire, comme on l'a dit de Louis XV dans ces vers heureux fur fa maladie de Metz en 1744.

> Grand Roi! tu n'étois plus, & jamais pour ta gloire
> La vérité n'éléva tant de voix;
> Sors du tombeau, tu fais ce qu'auroit dit l'Hiftoire,
> Sors du tombeau, viens jouir à la fois
> De ta vie & de ta mémoire.

M. Schœpflin ne favoit pas feulement l'Hiftoire en favant; il la favoit en politique très-inftruit des intérêts & des droits des différentes puiffances & de la conftitution des divers gouvernemens. Les miniftres tirèrent fouvent parti de fes connoiffances à cet égard. Pendant fon voyage de Londres en 1727, il avoit été chargé par le maréchal d'Huxelles de prendre fes inftructions particulières fur l'état du moment en Angleterre, & fur les factions qui partageoient alors cette île. Le Mémoire que M. Schœpflin fit fur ce fujet, s'eft trouvé parmi fes manufcrits. En 1734 M. Chauvelin, garde-des-fceaux & miniftre des affaires étrangères, employa fa plume à faire valoir les droits du roi Staniflas à la couronne de Pologne, & à réfuter le manifefte de la cour de Vienne. Cet écrit a pour titre: *Les armes du Roi juftifiées*.

Mais les grands ouvrages de M. Schœpflin, les folides fondemens de fa réputation, font fon *Hiftoire d'Alface*, & fon ouvrage qui a pour titre: *Vindicia Celtica*, où il examine les origines, les révolutions & la langue des Celtes.

L'hiftoire de Bade, hommage qu'il crut devoir à fa patrie, fut fon dernier ouvrage confidérable. L'opinion de fon intégrité étoit fi bien établie, que, malgré la prédilection qu'on devoit lui fuppofer pour ce pays, Bâle l'accepta pour arbitre de conteftations furvenues entre le Canton & le marquis de Bade-Dourlac. La tranfaction fut fignée au bout d'un mois, à la fatisfaction des deux parties, qui témoignèrent à l'arbitre leur reconnoiffance.

L'hiftoire d'Alface avoit donné lieu, en 1738,

à un voyage de M. Schœpflin dans les Pays-Bas & dans l'Allemagne, & en 1744 à un autre dans la Suiffe, voyages favans, où il alloit feuilletant les archives des villes & des monaftères, vifitant les favans & les Univerfités, & où il étoit accueilli & favorifé par tous les Princes qui fe piquoient d'aimer & de protéger les lettres & les fciences.

Aucun particulier n'a plus fait pour elles que M. Schœpflin; il employoit à les fervir tout le crédit que fa réputation lui donnoit auprès des Princes, des miniftres & des grands. Le marquis de Bade-Dourlac fit bâtir, à fa follicitation, une falle d'antiques. En 1763 il engagea l'Electeur-Palatin à fonder l'Académie de Manheim. Il prononça le difcours d'inauguration, & meubla d'antiques le tréfor de l'Electeur. Il prouva dans des difcours lus par lui à cette Académie, dont il étoit préfident honoraire, que nulle Maifon électorale, nulle cour d'Allemagne n'avoit produit un plus grand nombre de Princes favans que la Maifon Palatine.

Il rendit fa bibliothèque publique de fon vivant. C'étoit la plus complète en hiftoire qu'aucun particulier eût poffédée: elle étoit riche en manufcrits, en médailles, en infcriptions, en figures, en vafes & inftrumens antiques de toute efpèce, qu'il avoit recueillis dans fes voyages. Il la donna dans fa vieilleffe à la ville de Strasbourg, fans autre condition, finon qu'elle continueroit d'être ouverte. Mais la ville voulut qu'il acceptât une penfion de cent louis. Le Roi, qui lui avoit donné le titre d'hiftoriographe, lui avoit auffi affuré une penfion de 2000 liv. Les droits de l'Univerfité proteftante de Strasbourg ayant été attaqués par une cabale puiffante, M. Schœpflin les défendit, & le Roi lui fit déclarer par M. le chancelier de Lamoignon & par M. le comte d'Argenfon, qu'il ne permettroit point qu'on y portât la moindre atteinte.

Le 22 novembre 1770 terminoit la cinquantième année du profefforat de M. Schœpflin: on fit de ce jour une fête publique. Le 28 novembre fuivant, l'orateur de l'Univerfité fit devant elle le panégyrique de cet homme célèbre & bienfaifant. Il furvécut peu à un tel honneur. Il mourut le 7 août 1771, après une langueur de plufieurs mois. Son convoi fut un fpectacle magnifique & touchant; il fut enterré dans l'églife collégiale de Saint-Thomas, dont il avoit été chanoine, le magiftrat ayant dérogé, pour l'honorer d'une diftinction particulière, au ftatut qui défend l'inhumation dans l'enceinte de la ville; mais une pareille diftinction, dont le perfonnage qu'on veut honorer ne jouit pas, tend à infirmer & à détruire la règle.

SCORAILLE, famille noble, qui tire fon nom d'un ancien château fitué dans la Haute-Auvergne, à cinq lieues d'Aurillac; *Caftrum Scorialium*.

On remarque dans cette famille une branche cadette, divifée en plufieurs rameaux qui ont fourni

un

un très-grand nombre de militaires, parmi lesquels on en compte plus de douze tués au service du Roi.

On rencontre encore un Mondon de Scoraille, qui en 1383 servoit le roi Charles VI, sous le dauphin d'Auvergne, avec un chevalier & dix écuyers de sa compagnie.

Un Adrien de Scoraille, commandant d'un bataillon du régiment de Bourgogne, tué à la bataille de Sintzeim en Alsace, le 16 juin 1674.

François-Philippe, marquis de Scoraille, capitaine de dragons en 1688, colonel de dragons en 1696, mestre-de-camp du régiment d'Anjou en 1704, brigadier de cavalerie en 1707, maréchal-de-camp en 1711. Mort en 1724.

La belle duchesse de Fontanges, dont la carrière fut si brillante & si courte, étoit de cette Maison.

SENÈS (DOMINIQUE DE), (*Hist. litt. mod.*), capitaine dans le régiment de la Marine, chevalier de l'Ordre militaire de Saint-Louis, & ingénieur du Roi en chef. Lorsqu'il vint à Paris se présenter à M. Sauveur, ce savant géomètre de l'Académie des sciences, dont M. de Fontenelle a fait l'éloge, & qui étoit chargé par la cour de l'examen des nouveaux ingénieurs, M. Sauveur lui offrit de le remettre dans ses études géométriques; c'étoit une espèce de préparation à l'examen. M. de Senès refusa cette offre. M. Sauveur, surpris, lui proposa une question qu'on ne jugeoit pas qu'il pût résoudre; il la résolut sur-le-champ, au moyen du calcul intégral, & à son tour il proposa une question très-embarrassante, à laquelle M. Sauveur satisfit; & charmé du savoir de M. de Senès, il le dispensa de l'examen, & lui donna un certificat qui lui valut des distinctions dans le corps des ingénieurs. Voici l'extrait que donne le Journal des savans, dans le mois de février 1747, de l'éloge de M. de Senès, prononcé dans l'assemblée publique de la Société royale de Montpellier, le 2 décembre 1745, par M. de Carney, membre de cette Société:

« M. de Senès eut dès l'enfance une passion » pour l'étude, & ne prit jamais de goût que » pour les bons livres. Descartes lui inspira le » goût du vrai, qui lui fit connoître le besoin qu'il » avoit de la géométrie, dans laquelle il fit de si » grands progrès, que M. de Niquet ou de Riquet, » directeur des fortifications dans la Basse-Provence, le détermina à quitter son repos philoso- » phique pour se rendre utile à l'Etat. Il fut reçu » ingénieur avec des distinctions qui lui firent des » jaloux: il étoit à Toulon lorsque cette place fut » attaquée par le duc de Savoie; & c'est là qu'il » composa son Traité du *Toisé des voûtes*, dont » on trouve les extraits dans les Mémoires de » l'Académie des sciences, années 1719 & 1722; » il servit ensuite en Espagne, dans l'armée des » deux couronnes; puis il fut placé en Langue-

» doc en qualité d'ingénieur en chef du canal des » étangs, & chargé en même tems de celui des » Launes en Provence; enfin de l'inspection du » canal de communication des deux mers. »

A peine fut-il entré dans la Société royale, qu'il prouva, dans un Mémoire contre MM. Pitcarn & Hecquet, « que l'estomac a, pour broyer les ali- » mens, trente fois moins de force qu'ils n'en » supposoient; & contre M. Astruc, qu'il en a » une réelle. En 1720 la cour le voulut charger » de plusieurs commissions honorables & lucrati- » ves qui ne le tentèrent point, parce qu'il falloit » quitter sa famille. Ce fut à lui que, l'année sui- » vante, fut confiée la conduite des travaux né- » cessaires pour empêcher la communication de la » peste, qui ravageoit la Canourgue; il dirigea » aussi l'esplanade de Montpellier, & en 1739 il » fut nommé par la cour, commissaire, avec trois » autres, pour vérifier les marais de Saint-Gilles » & d'Aigues-Mortes. A peine rétabli d'une dan- » gereuse maladie, il fit une chute qui, peu de » tems après, fut suivie d'un vomissement de sang » considérable, qui termina sa vie le 11 août 1740. » Il étoit né le 28 octobre 1674, à Cuers, petite » ville de Provence; il a laissé un fils, conseiller à » la cour des comptes de Montpellier, héritier du » goût de son père pour les mathématiques, & , » comme lui, un des associés de la Société royale » des sciences. »

SENLIS. (*Hist. de Fr.*) Le nom de cette ville est aussi celui d'une des plus anciennes Maisons de l'Isle-de-France, aujourd'hui éteinte. Elle tiroit son origine des anciens comtes de Senlis, dont une branche prit depuis le nom de Bouteiller, conjointement avec celui de Senlis, parce que plusieurs seigneurs de cette Maison avoient possédé la charge de bouteiller en France.

Depuis Rothold de Senlis, seigneur de Chantilly & d'Ermenonville, chevalier qui vivoit sous le règne de Hugues Capet, les comtes de Senlis, & leurs successifs les Le Bouteiller de Senlis, ont possédé, pendant plusieurs siècles, ces deux Maisons de Chantilly & d'Ermenonville, & plusieurs d'entr'eux y ont joint quantité de domaines adjacens, comme Montespillouer, dont l'éternelle tour, qui répondoit pour les signaux à celle de Mont-Lhéri, subsiste toujours; Bray-sur-Onette, Brasseuse, Montmélian, Courteuil, Coye, Luzarche, &c.

Gui de Senlis, second du nom, fut élevé auprès de Louis VI, dit *le Gros*, & signa plusieurs chartes comme bouteiller de France. Mort en 1112.

Louis son frère défendit, en 1124, Pont-Audemer, assiégé par Henri I, roi d'Angleterre, & fut pourvu de la charge de bouteiller de France, qu'il exerçoit en 1128.

Guillaume I, autre frère encore, leur succéda dans cette charge.

Etienne de Senlis, autre frère encore, avoit été fait chancelier de France par Philippe I, en 1106.

Gui de Senlis, troisième du nom, fils de Guillaume I, fut bouteiller de France après son père.

Gui de Senlis, quatrième du nom, fils de Gui III, fut pourvu en survivance de cette même charge par le roi Philippe-Auguste ; il accompagna ce Prince au voyage de la Terre-Sainte, en 1190. Dans un autre voyage en Egypte, il fut fait prisonnier à Damiette par les Infidèles.

C'est d'après cette succession presque héréditaire de cette charge de bouteiller dans leur Maison, que le nom de la charge est devenu leur nom de famille.

Gui Le Bouteiller de Senlis, sixième du nom, petit-fils de Gui IV, mourut au siége de Damiette, le 8 août 1248.

Guillaume Le Bouteiller de Senlis, arrière-petit-fils de Gui VI, servit dans la guerre de Flandre, en 1303.

Dans la branche des seigneurs d'Ermenonville, Raoul Le Bouteiller, seigneur de Montespillouer, tué à la bataille de Poitiers, en 1356.

Dans la branche des seigneurs de Saint-Chartier, Guillaume, conseiller & chambellan du Roi, sénéchal d'Angoumois & de Limosin, mort en 1420 ;

Et Charles son fils, tué à la bataille de Baugé, en 1421 ;

Et Guillaume Le Bouteiller, troisième du nom, frère de Charles, chambellan du duc d'Orléans, frère de Charles VI, qui se signala au siége de Montargis en 1427, & mourut vieux célibataire le 20 août 1461. Il paroît que c'est en sa personne qu'a fini cette illustre race des Bouteillers de Senlis.

SENNERT (Daniel), (Hist. litt. mod.), médecin allemand célèbre. La ville de Vittemberg en Saxe, où il exerçoit sa profession, fut jusqu'à sept fois affligée de la peste sans qu'il en sortît ou qu'il cessât d'administrer ses secours aux malades ; mais une huitième attaque l'emporta, le 21 juillet 1637, dans sa soixante-cinquième année. On a de lui une multitude d'ouvrages sur son art. André Sennert son fils, professeur des langues orientales, mort le 22 décembre 1689, a aussi composé beaucoup d'ouvrages savans.

SÉRENT, (Hist. de Fr.), très-ancienne Maison de Bretagne. Sans entrer ici dans la discussion de son origine & de ses antiquités, contentons-nous de considérer les principaux personnages qu'elle a produits : ce sont les seuls qui intéressent l'Histoire. On trouve dans les tems déjà modernes pour elle, quoique encore assez anciens, un Herbert, seigneur de Sérent, grand-bouteiller & l'un des plus grands seigneurs de son tems en France. Il est le premier qui a rempli cet office de grand-bouteiller. Il fit bâtir un château qui fut appelé de son nom,

Sérent-le-Bouteiller. C'est apparemment à cet Herbert qu'ont succédé les Le Bouteiller de Senlis.

Godefroy son fils aîné commandoit les chevaliers du Vexin au combat de Brenneville en 1119, sous Louis-le-Gros.

Jean, frère de Godefroy, suivit Guillaume-le-Bâtard à la conquête de l'Angleterre, en 1066.

Marquer, seigneur de Sérent, prit la croix, & se distingua parmi les conquérans de la Terre-Sainte, sous la bannière de Robert, duc de Normandie.

Josselin, seigneur de Sérent ; Mérian ou Mériadec son frère, Guehenfoc & Juhael ou Gicquel, l'un & l'autre fils de Mérian, se croisèrent tous contre les Sarrasins ; Gicquel, reçu dans l'Ordre des Templiers, se distingua au siége de Damiette, & combattit quarante ans dans les croisades.

Mon Dieu ! j'ai combattu quarante ans pour ta gloire.

Il y avoit aussi un Sérent à la croisade de Hongrie, & à la bataille de Nicopolis contre Bajazet.

On trouve, en 1351, dans la même branche, Jean de Sérent, fauconnier de France & garde des oiseaux du Roi.

Alain, sire de Sérent, chevalier portant bannière, servit dans les guerres de Flandre, en 1328, & fut tué à la bataille de Cassel.

Jean de Sérent, dit Jeannot, fut un des braves du fameux combat des Trente, en 1351.

Jean son petit-fils, second du nom, porta les armes toute sa vie pour les intérêts de la France, sous le connétable Du Guesclin, sous le connétable de Clisson, & fut armé chevalier par ce dernier.

Jean, troisième du nom, fils de Jean II, suivit son exemple, & porta les armes toute sa vie pour son pays.

Dans la branche de Sérent-la-Rivière, Guillaume de Sérent étoit à la bataille d'Azincourt.

François de Sérent, seigneur de la Rivière, petit-fils de Guillaume, se distingua dans diverses expéditions navales contre les Anglais.

Plusieurs personnages de la Maison de Sérent furent entraînés, par les erreurs du tems, dans la faction de la Ligue. Henri IV, dans des lettres de l'an 1598, les comprend nommément dans une amnistie, à cause, dit-il, des services rendus par eux & leurs ancêtres à l'Etat.

Dans la branche de Sérent-la-Villeguerrif, le chevalier de Sérent est mort à Bruxelles en 1748, dans sa dix-septième année, ayant essuyé le feu de presque tous les siéges & des plus sanglantes batailles de la guerre de 1741, terminée cette même année 1748.

Cette Maison de Sérent a aussi fourni au parlement de Rennes, si délicat sur la noblesse de ses membres, plusieurs magistrats distingués.

SERVIUS (HONORATUS-MAURUS), (*Hist. litt.*), grammairien & philologue très-connu par son Commentaire sur Virgile, où tous les commentateurs modernes ont tant puisé, même lorsqu'ils l'ont combattu. C'est à peu près tout ce que l'on sait de Servius. On ne s'accorde pas sur le tems où il a vécu : les uns le placent sous l'empire de Constantin, vers le commencement du quatrième siècle ; d'autres, tout à la fin de ce quatrième siècle, sous l'empire d'Arcadius & d'Honorius; d'autres enfin le reculent de quelques siècles ; mais nous ne comprenons rien au raisonnement que fait à ce sujet M. de Rosset dans le discours sur la poésie géorgique, placé à la tête de son poème de l'agriculture, note γ. « Les uns, » dit-il, placent Servius sous Constantin; les au- » tres, sous Arcadius & Honorius; mais c'est sans » fondement, puisque Servius cite Aulu-Gelle, » qui vivoit du tems d'Adrien. » Mais l'empereur Adrien ayant régné depuis l'an 117 jusqu'à l'an 138, & Aulu-Gelle ayant été son contemporain, on ne voit pas comment un écrivain qui cite ce dernier, & qui par conséquent lui étoit postérieur, n'auroit pas pu vivre dans le quatrième siècle, soit sous Constantin, soit sous Arcadius & Honorius, à moins qu'il n'ait parlé d'Aulu-Gelle comme vivant de son tems, auquel cas il faudroit placer Servius au second siècle, comme Aulu-Gelle; mais c'est ce que M. de Rosset ne dit pas.

SICKINGHEN, (*Hist. de Fr. & d'Allem.*), particulier puissant dont François I, roi de France, eut à se repentir d'avoir méconnu l'importance. C'étoit un aventurier allemand qui, par ses intrigues, son éloquence, son activité, surtout par l'étendue de ses correspondances secrètes, devoit être regardé comme le ressort le plus puissant de l'Allemagne. Il se nommoit François de Sickinghen; il étoit fils d'un Suivik, seigneur de Sickinghen, gentilhomme obscur, mort sur l'échafaud, l'empereur Maximilien, las des troubles qu'il causoit dans l'Empire, lui ayant fait trancher la tête. Le fils, plus intrigant encore, mais avec plus d'éclat & de succès, mit dans les intérêts la plupart des Princes & des comtes de l'Empire, s'assura d'un grand nombre de places, leva une petite armée, devint un ennemi redoutable à l'Empereur & à tous les Etats qui n'étoient point dans ses intérêts ( à lui Sickinghen ). Il couroit sans cesse d'un bout de l'Allemagne à l'autre, négociant avec les uns, faisant la guerre aux autres. Tantôt on le voyoit à la tête de ses troupes attaquer le duc de Lorraine, les habitans de Metz, le landgrave de Hesse, brûler leurs terres, couper leurs vignes, leur imposer tribut; tantôt il disparoissoit entièrement, une fuite simulée le déroboit au ressentiment de l'Empereur, contre lequel il soulevoit dans le même tems, par des machines invisibles, une foule d'ennemis. Jamais Sickinghen ne paroissoit faire la guerre pour son propre compte ; c'étoit toujours

un Prince, une ville, un allié opprimé, dont il prenoit la défense ; c'étoit un tort qu'il réparoit, une injustice qu'il réprimoit : il faisoit dans toute l'Allemagne le personnage que la Fable attribue aux Hercules, aux Thésées, & à nos vieux romans aux paladins. Aussi étoit-il aimé ou craint, & respecté partout ; il disposoit à son gré de presque tous les seigneurs allemands.

Parmi les Maisons puissantes dont Sickinghen rechercha l'amitié, celle de la Marck étoit une des plus utiles à ses projets, parce qu'elle pouvoit lui procurer les faveurs de la France. En effet, Fleuranges, fils de Robert de la Marck, le présenta au Roi comme un homme dont il pourroit tirer de grands secours dans ses vues sur l'Empire après la mort de Maximilien, en 1519. Le Roi reçut Sickinghen avec distinction, parut charmé de son éloquence, de ses talens; se l'attacha par une pension de mille écus, le combla d'ailleurs de présens, ainsi que les gentilshommes de sa suite, car Sickinghen affectoit d'en traîner toujours après lui un grand nombre, dont le moindre étoit beaucoup plus noble que lui.

Quand Sickinghen quitta la cour de France pour aller en Allemagne servir le Roi ( qui, sans lui dévoiler ses desseins, l'avoit chargé en général de ménager à la France des amis en Allemagne), il dit à Fleuranges ces paroles remarquables, qui n'attirèrent pas toute l'attention qu'elles méritoient : « Je pars pénétré des bontés du Roi ; & » charmé de l'accueil que j'ai reçu dans sa cour. » Assurez-le qu'il n'aura jamais de serviteur plus » fidèle que moi, & que j'observerai le serment que » je lui ai fait de le servir contre tous, excepté » contre la Maison de la Marck, à laquelle je dois » ses bontés. Mais il me connoît bien mal s'il me » croit plus sensible aux bienfaits qu'à la confiance. » J'ai pénétré ses desseins que vous & lui m'avez » cachés : il en veut à l'Empire. Je lui ai demandé » des troupes, il me les a refusées ; il a cru que je » les demandois pour moi, je ne les voulois que » pour attirer à son parti un plus grand nombre de » gentilshommes allemands. Avertissez-le qu'il ne » sera jamais bien servi que par les simples gentils- » hommes tels que moi. S'il traite avec les grands » Princes, avec les Electeurs, ils prendront son » argent & le tromperont. »

C'est en effet ce qui arriva de la part de plusieurs d'entr'eux. Sickinghen, retourné en Allemagne, y reprit les fonctions de sa chevalerie héroïque. Quelques marchands de Milan lui parurent avoir fait tort à quelques marchands d'Allemagne ; il prit la défense de ceux-ci, & saisit pour vingt-cinq mille francs d'effets appartenans aux marchands de Milan; ceux-ci s'en plaignirent à François I leur souverain, qui fit écrire à Sickinghen de rendre ces effets. Sickinghen répondit fièrement qu'il les rendroit quand les marchands milanais auroient fait satisfaction aux marchands allemands qu'il protégeoit. Le conseil de France, qui n'avoit jamais bien connu quel homme étoit Sickinghen, s'indigna de sa réponse, &, pour l'en punir, supprima ses pensions. Sickinghen alors se crut libre de tout engagement à l'égard de la France; il permit à Robert de la Marck & à l'évêque de Liége son frère, de le comprendre dans le traité qu'ils faisoient alors avec le roi d'Espagne, en haine de la France, qui venoit de les mécontenter sur divers points. ( *Voyez*, dans le Dictionnaire, l'article *la Marck*.) L'évêque de Liége obtint depuis, par le crédit de l'Espagne, le chapeau de Cardinal, & le roi d'Espagne n'eut point, auprès des Electeurs, de ministres plus zélés ni plus intelligens, ni en tout d'agens plus utiles dans cette affaire de la concurrence à l'Empire, que les deux la Marck & leur ami Sickinghen.

Une modération estimable nuisit à François I dans cette affaire. Vers le tems de la mort de Maximilien, les principales villes de Souabe faisoient la guerre au duc de Virtemberg, Ulric, qu'elles dépouillèrent de ses Etats. Cette expédition terminée, les troupes victorieuses craignant d'être licenciées, cherchèrent un chef à qui elles pussent se donner. La conjoncture de la diète d'élection & de la concurrence des rois de France & d'Espagne leur étoit favorable. Fleuranges ( qui n'avoit point suivi les la Marck, son père & son oncle, dans leur défection ) osa donner à François I le conseil de prendre ces troupes à sa solde, & de les faire approcher de Francfort pour déterminer les suffrages en sa faveur. François eut assez de modération pour ne pas y consentir. Le roi d'Espagne fut moins scrupuleux; il souscrivit d'abord au conseil que les la Marck lui donnèrent, de soudoyer ces troupes. Sickinghen se mit à leur tête avec Casimir, marquis de Brandebourg, & la crainte de cette armée de Souabe n'eut pas une légère influence sur l'élection.

Robert de la Marck se brouilla dans la suite avec le roi d'Espagne, devenu l'empereur Charles-Quint, pour quelques atteintes portées à la souveraineté de Bouillon, dont Robert étoit très-jaloux; il envoya un défi à l'Empereur. En 1521 Fleuranges joignit son défi particulier à celui de son père; c'est ainsi qu'on avoit vu, en 1388, un simple duc de Gueldres défier le roi de France, Charles VI, qui avoit dans sa cour vingt seigneurs plus puissans que ce foible assaillant. Le cardinal de la Marck trouva cette saillie d'audace si déraisonnable, qu'il abandonna son frère, & leva des troupes pour le service de l'Empereur. Sickinghen resta aussi pour lors attaché à Charles-Quint.

Le retour de la Marck vers la France fut un événement heureux pour Fleuranges, qui, toujours attaché au Roi, se voyoit déshérité par le traité que la Marck avoit fait avec l'Empereur. Ce traité portoit qu'aucun des fils de la Marck n'auroit part à sa succession, & ne rentreroit dans ses Etats s'il ne s'engageoit au service de Charles-Quint. Deux d'entr'eux, Jamets & Saussy, intimidés par cette

menace, avoient suivi leur père; mais Fleuranges n'avoit pas cru pouvoir violer le serment de fidélité qu'il avoit prêté au Roi. Se voyant justifié par l'événement, il se hâta de seconder le ressentiment de son père contre l'Empereur. A la tête de quinze mille hommes d'infanterie & de quinze cents chevaux levés en France contre les défenses publiques du Roi, & avec sa permission secrète, il alla mettre le siége devant Vireton, petite ville du Luxembourg, sur les confins de la Lorraine. L'Empereur envoya demander à François I s'il appuyoit l'insolence du duc de Bouillon: le Roi désavoua l'entreprise des la Marck, & leur ordonna si fortement de licencier leurs troupes, qu'ils ne purent se dispenser d'obéir. Cependant l'Empereur, regardant le désaveu du Roi comme un mensonge politique arraché par la crainte, profita du licenciement des troupes de la Marck pour prendre une vengeance facile de l'insulte que ce seigneur lui avoit faite. Le comte de Nassau fut chargé, avec Sickinghen, & même le cardinal de la Marck, de mettre tout à feu & à sang dans les Etats de Sedan & de Bouillon; ainsi Sickinghen viola les deux sermens qu'il avoit faits de ne jamais porter les armes, ni contre le roi de France, ni contre la Maison de la Marck.

Les efforts que fit cette généreuse Maison de la Marck, abandonnée à elle-même, firent juger de ce qu'elle auroit pu faire si elle eût été appuyée par la France comme elle s'y attendoit; elle fut enfin obligée de céder. Robert de la Marck abaissa son orgueil jusqu'à demander une trève, & il eut bien de la peine à en obtenir une de six semaines par le crédit de son ancien ami Sickinghen.

La guerre devint générale. Charles-Quint & François I, après avoir long-tems cherché à rejeter l'un sur l'autre le tort de l'aggression, se déclarèrent enfin. Le comte de Nassau & ce Sickinghen firent ensemble le siége de Mézières, place où s'étoit enfermé le chevalier Bayard. On ne croyoit guère pouvoir entamer la place qu'à l'orient, du côté des Ardennes, la Meuse formant de cette place une espèce de presqu'île, & paroissant la rendre inaccessible vers le nord, le couchant & le midi. C'étoit en effet du côté du levant que se faisoit l'attaque; mais Sickingen, passant la Meuse avec quinze mille hommes détachés de l'armée de Nassau, alla poser des batteries sur une éminence qui commandoit la ville vers le sud-ouest. La place, battue ainsi en deux sens contraires, fut bientôt ouverte de tous côtés: la nature ni l'art ne faisoient plus rien pour elle, mais Bayard y restoit. Toujours informé de tout ce qui se passoit chez les ennemis, il sut qu'il y avoit quelque mésintelligence entre le comte de Nassau & Sickinghen, & il voulut l'augmenter en leur inspirant une défiance mutuelle. Il écrivit à la Marck une lettre qui ne devoit point être remise à son adresse.

« Le comte de Nassau, lui disoit-il, m'a fait part

» du deffein qu'il a pris de quitter le fervice de
» l'Empereur pour celui du Roi. Vous êtes l'ami
» du comte de Naffau, vous êtes le mien; aver-
» tiffez-le de terminer cette affaire avant l'affront
» qu'on lui prépare. Douze mille Suiffes, avec
» huit cents hommes d'armes, arrivent ce foir à
» trois lieues du camp de Sickinghen; demain ils
» l'attaqueront, & fa perte eft infaillible; en
» même tems je dois fondre, à la tête de ma gar-
» nifon, fur le camp du comte de Naffau. C'eft
» cet affront qu'il faut qu'il prévienne en con-
» fommant fon ouvrage. »

Bayard charge de cette lettre un payfan, lui dit
de paffer à travers le camp de Sickinghen, & de
s'y cacher de manière qu'il foit vu & pris. Il le
fut; Sickinghen lut la lettre & trembla. Cette défection du comte de Naffau, dont il crut avoir
furpris la preuve, & que fa haine pour Naffau lui
fit d'abord regarder comme indubitable; l'arrivée
prétendue des Suiffes, l'approche plus réelle d'une
armée françaife qui s'avançoit pour faire lever le
fiège, la réfistance opiniâtre de la place, quelques autres circonftances encore que fa défiance
rapprochoit rapidement, tout lui perfuada que
Naffau avoit juré fa perte, & que, s'il reftoit dans
fon pofte (lui Sickinghen), il alloit fe trouver
ferré entre la place & deux corps d'armées fupérieurs au fien. Il prit le parti de repaffer la Meufe
& d'aller fe pofter près du comte de Naffau pour
obferver fa conduite. Naffau, furpris de ce mouvement, envoya demander à Sickinghen ce qu'il
fignifioit. *Il fignifie*, répondit Sickinghen avec colère, *que le comte de Naffau n'en ift pas encore où il
penfe; qu'il n'aura pas le plaifir de me voir périr avec
mon armée, & que peut-être fa trahifon lui coûtera
cher.* En même tems il rangea fon armée en bataille, & par cette démarche il obligea le comte
de Naffau, qui n'entendoit rien à cette bizarre
énigme, d'y ranger auffi la fienne. A la faveur de
ce tumulte, le payfan, porteur de la lettre, fe
fauva, & courut rendre compte à Bayard du fuccès de fon artifice. Celui-ci, voyant fes deux ennemis prêts d'en venir aux mains, s'écria : *Don-
nons le fignal de la bataille*, & il fit faire une décharge d'artillerie fur les troupes de Naffau. Naf-
feau craignit à fon tour d'être preffé à la fois, &
par la garnifon & par Sickinghen, qu'il foupçon-
noit d'intelligence avec le chevalier Bayard; il
étoit poffible que dans ce chaos de défiances & d'incertitudes les deux généraux de Charles-Quint
s'entre-détruififfent imprudemment; mais ils s'ex-
pliquèrent, & l'évafion du payfan put les aider à deviner la vérité. Au moyen du décampement de Sickinghen qui laiffoit libre le paffage de la Meufe, les
Français introduifirent dans la place un grand convoi
& un corps de troupes confidérable; ainfi Bayard
tira un avantage réel de fon ftratagème. Alors le
comte de Naffau défefpéra de prendre cette place
que tous les Français, excepté Bayard, avoient
défefpéré de pouvoir garder. Le fiège fut levé.

Depuis cette époque on ne rencontre plus
Sickinghen dans aucune expédition militaire ni
dans aucune intrigue politique.

SIGEFROI & GODEFROI. ( *Hift. du Nord.* )
Sigefroi, roi des Danois ou Normands du tems
de Charlemagne, ne voyoit pas avec moins d'inquiétude l'agrandiffement de la puiffance françaife du côté du Nord, que les Sarrafins du côté
de l'Efpagne, & les Grecs du côté de l'Italie;
il avoit cependant toujours paru vouloir entretenir la paix avec la France, mais fes fujets infeftoient toutes les mers, obfervoient toutes les
côtes. Ce peuple tiroit de la marine une fource
nouvelle de puiffance, inconnue à toutes ces
nations barbares, qui, forties du fein de la Germanie, n'avoient prefque jamais conçu d'idée d'a-
grandiffement que par terre. Sigefroi parloit toujours de paix à Charlemagne, mais il étoit l'ami
de Vitikind : fa cour avoit été la retraite de ce
général faxon dans toutes fes difgraces, & les
Etats de Sigefroi fervoient d'afile à tous les Saxons
chaffés de leur pays par le fort de la guerre : il
avoit fouvent envoyé à Charlemagne des ambaffadeurs qui avoient comparu dans les divers parlemens que tenoit ce Prince; mais ces ambaffadeurs étoient des efpions choifis de concert par
Sigefroi & par Vitikind, pour épier les endroits
& les momens foibles; ils n'avoient jamais de
rapports favorables à faire; ils voyoient Charlemagne dans toute fa puiffance & dans toute fa
gloire; ils le voyoient plus grand dans fes parlemens & dans fes confeils, qu'à la tête de fes armées,
donner des lois aux nations vaincues, prendre
des mefures fages pour l'exécution de tous fes
deffeins, & furtout gouverner fes fujets avec
une douceur & une juftice qui invitoient tous les
cœurs à voler au devant de fon joug : c'étoient
autant de raifons pour éviter d'entrer en guerre
ouverte avec un Prince qui joignoit ainfi au talent
de vaincre, le talent plus rare de régner; ces
raifons déterminèrent toujours Sigefroi à la paix.

Godefroi fon fucceffeur, qui régnoit dans le
tems de la réduction des Saxons en 804, fuivit
la même politique; & voyant la barrière qui féparoit fes Etats de la France, renverfée par la
tranfplantation entière des Saxons, il n'en fut que
plus empreffé à marquer au vainqueur la plus
grande condefcendance; il fe hâta de conclure un
traité par lequel il s'obligeoit à faire fortir de fes
Etats les Saxons qui pouvoient s'y être réfugiés.

SIMPLICE, SIMPLICIUS. ( *Hift. eccléf.* ) Saint
Simplice, évêque d'Autun au quatrième fiècle,
a fourni le premier exemple, du moins authentique, d'une épreuve par le feu chez les Chrétiens.
Cette épreuve eft rapportée par Grégoire de Tours
dans fon Traité de la gloire des Confeffeurs. Simplice étoit marié lorfqu'il fut fait évêque : fa
femme ne put fe réfoudre à le quitter. Sûre de fa

chafteté & de la continence de fon mari , elle continua de coucher dans la même chambre que Simplice ; ce qui ayant, au yeux du peuple, les apparences ordinaires du mariage, excita du fcandale & des murmures. La femme de Simplice en fut avertie, & voulut juftifier fon mari & fe juftifier elle-même. Elle choifit une des fêtes de l'année les plus folennelles, le jour de Noël, & en préfence du peuple affemblé, elle porta du feu dans fes habits pendant près d'une heure fans qu'ils éprouvaffent le moindre dommage ; elle le mit enfuite dans les habits de l'évêque fon mari, en lui difant comme Arrie à Pætus : *Ce feu ne fait point de mal* ; & fe tournant vers le peuple : Reconnoiffez, dit-elle, par ce témoignage & ce jugement de Dieu, que la concupifcence n'agit pas plus fur nos ames, que ces charbons n'agiffent fur nos vêtemens. On fait que, dans ces premiers tems, les épreuves, par le feu furtout, réuffiffoient prefque toujours. Simplice & fa femme parurent pleinement juftifiés, & une multitude de Païens demandèrent & reçurent le baptême à cette occafion.

SQARE (CYPRIEN), (*Hift. litt. mod.*), jéfuite fort connu autrefois dans les collèges des Jéfuites par une rhétorique latine, faite d'après les principes d'Ariftote, de Cicéron & de Quintilien, & qui étoit eftimée ailleurs encore que dans les collèges des Jéfuites. L'auteur eft du dix-feptième fiècle, & on a imprimé auffi pour les collèges un abrégé de fa rhétorique en 1674.

SOBESLAS. (*Hift. de Bohême.*) C'eft le nom de deux rois de Bohême, qui méritent diverfement d'être diftingués de la foule des Rois. Sobeflas I avoit été exilé par Uladiflas I fon frère. A la mort d'Uladiflas, il vint remplir fon trône. Il remporta une grande victoire fur l'empereur Lothaire I, & fur Othon, marquis de Moravie, qui fut tué dans ce combat. L'empereur Lothaire fit fa paix avec lui, &, de fon ennemi devenu fon allié, combattit avec lui contre Conrad III, chef de la Maifon impériale de Suabe, & contre Frédéric I, dit Barberouffe, qui furent vaincus. Sobeflas contribua auffi avec le même empereur Lothaire II, vers l'an 1135, au rétabliffement du pape Innocent II. Il fe fit contre lui quelques confpirations qui furent découvertes & punies ; il gouverna toujours avec gloire & avec bienfaifance ; il rétablit Glatz que les Polonais avoient ruiné ; Gorlitz qui avoit été brûlé ; il rebâtit plufieurs autres villes tombées en ruine, & répara, autant qu'il put, les ravages de la guerre. Il donna auffi à fes peuples l'exemple des vertus & de la piété.

Sobeflas II commença fon règne par un affaffinat ; il tua d'un coup de poignard le gouverneur de Prinda, citadelle dans laquelle il avoit été prifonnier, & fe plaignoit d'avoir été maltraité alors par ce gouverneur. Dans la fuite il eut honte de fon crime ; il s'en repentit, il en pleura, mais il

n'en devint pas moins cruel ; il joignit même à la cruauté la perfidie & la trahifon. Emeric, prince de Hongrie, qui difputoit le royaume de Hongrie à André fon frère, fe retira plein de confiance auprès de Sobeflas, dans lequel il efpéroit trouver un appui auprès de l'Empereur, qu'il vouloit engager à fe rendre médiateur entre fon frère & lui. Sobeflas, qui l'avoit attiré, l'accueille avec zèle, le retient par des procédés engageans, & finit par le livrer à André, dont il achète l'amitié par cette baffe infidélité. L'Empereur en fut indigné : Sobeflas, tout Roi qu'il étoit, fut mandé à fa cour, & n'ayant point comparu, fut privé de fon royaume par l'Empereur, qui mit à fa place Frédéric, fils du roi Uladiflas II. Sobeflas fe défendit, & livra près de Prague une fanglante bataille à Frédéric, qui fut vainqueur, & bleffa de fa main & mit hors de combat Sobeflas, lequel mourut de fes bleffures.

SODERIN, SODERINI. Le pape Adrien VI (Adrien-Florent) avoit été précepteur de Charles-Quint, & pendant fon pontificat fut toujours partifan de Charles-Quint contre François I. Il parut difpofé à être gouverné par le cardinal Soderin, évêque de Volterre. Ce Cardinal attira d'abord fa confiance en affectant beaucoup d'impartialité, furtout un defir ardent de ménager la paix entre les puiffances chrétiennes ; mais il étoit tout français dans le cœur. On furprit entre les mains d'un banni de Sicile, qui fe difpofoit à paffer en France, des lettres du cardinal Soderin, adreffées à l'évêque de Saintes fon neveu. Soderin le chargeoit d'engager François I à envoyer une flotte contre la Sicile, en l'affurant qu'il y trouveroit plus d'amis qu'il ne penfoit ; il ajoutoit qu'en diviffant par cette diverfion les forces impériales, il lui feroit plus aifé de reconquérir le Milanez. Le Pape, connoiffant par ces lettres qu'il avoit été dupe de la diffimulation du cardinal Soderin, entra dans une colère qui fit bien connoître toute fon averfion pour la France ; il fit enfermer Soderin au château Saint-Ange, & lui fit faire fon procès comme à un criminel d'Etat, fous prétexte qu'il avoit voulu livrer aux ennemis un fief de l'Eglife. Soderin en fut quitte cependant pour la perte d'une grande partie de fes biens, mais plufieurs de fes complices furent écartelés. Cette aventure eft de l'an 1522.

Un autre Soderin, vraifemblablement de la même famille, fils d'un noble vénitien & d'une Balbi, noble génoife, a été aux dix-feptième & dix-huitième fiècles un homme de lettres trèsdiftingué. Sa tragédie de *Rofmonda* lui fit un nom à vingt-quatre ans, en 1683. Une efpèce de rhétorique qu'il publia en 1684 fous le titre *Della perfuafione oratoria per la via degli affetti*, ajouta encore à fa réputation. Quelques ouvrages de piété qu'il fit à Rome, & qu'il préfenta au pape Innocent XI, lui méritèrent l'eftime de ce Pape, qui lui en donna des témoignages publics, & qui la lui prouva plus solidement encore par deux bons bénéfices dont il le pourvut en 1686. Soderin est aussi l'auteur d'un ouvrage qui, fait à la fois philosophiquement & chrétiennement, pourroit être d'une grande importance. Il a pour titre : *Della fede delle cose invisibili*. Ses autres ouvrages sont des vies particulières de divers personnages plus ou moins célèbres; ils ont été publiés au commencement du dix-huitième siècle ; mais nous ne devons pas oublier sa traduction italienne du panégyrique de Trajan par Pline le jeune. Soderin mourut le 12 mars 1715, à cinquante-six ans.

SOLLIER ( JEAN-BAPTISTE DU ), (*Hist. litt. mod.*), jésuite, continuateur des *Actes des Saints*, & l'un de ceux qui ont le plus & le mieux travaillé à cette immense collection, parvint, par le moyen de M. le cardinal d'Alsace, son ami & son compagnon d'études, qui l'avoit mené avec lui à Vienne, à inspirer à l'empereur Charles VI le desir de s'intéresser à cette grande & laborieuse entreprise. Il trouva aussi de la protection, de l'appui, & surtout les plus grandes marques d'estime & de bienveillance à la cour de Jean-Guillaume, Electeur palatin. Le P. du Sollier étoit né dans un village entre Courtrai & Tournai, le 28 février 1669. Il mourut le 17 juin 1740.

SOLMS, (*Hist. mod.*), grande Maison d'Allemagne, qui tire son nom du bourg & comté de Solms, à deux lieues de Vestlar.

Bernard, comté de Solms, servit en 1346 dans l'armée de l'empereur Louis de Bavière, contre le marquis de Moravie.

Bernard III, dont Bernard I étoit le trisaïeul, fut quarante-deux ans conseiller d'Etat des empereurs Maximilien I & Charles-Quint.

Un de ses fils, Guillaume, mourut en 1542 à la guerre contre les Turcs.

Ernest, arrière-petit-fils du même Bernard III, servit en Hollande, fut blessé dans un combat le 2 septembre 1595, & mourut de ses blessures à Rhinberg.

Evrard, frère d'Ernest, & qui servoit ainsi que lui en Hollande, fut blessé depuis au siége de la Fère, le 2 février 1596, & mourut aussi de ses blessures à Noyon.

Othon, comte de Solms, autre frère, fut tué au combat de Molsheim, le 23 juillet 1610.

Jean-Albert, comte de Solms, autre frère encore, fut grand-maître de la Maison de Frédéric V, Electeur palatin & roi de Bohême, dont il suivit la fortune.

Jean-Albert II, fils du précédent, passa la plus grande partie de sa vie au service des Hollandais, fut lieutenant-général de leurs armées & de Guillaume III leur stathouder, roi d'Angleterre ; il fut tué à la bataille de Nerwinde, le 29 juillet 1693.

Dans la branche de Greiffenstein, Frédéric-Magne, comte de Solms, qui servoit dans les armées de Hollande, fut blessé au siége de Maëstricht, & mourut de ses blessures le 5 août 1676.

Dans la branche de Hungen, Philippe, qui, après avoir servi dans les armées de Suède & dans celles du cercle du Haut-Rhin, mourut le 7 janvier 1665 à Nuremberg, au retour de la guerre contre les Turcs.

Maurice son fils fut lieutenant-général des armées de l'Empereur & de l'Empire.

Dans la branche de Lich, Bernard tué à Suinfurt en 1554.

Ernest son frère aîné, chambellan de l'empereur Charles-Quint, servit au siége de Metz en qualité de colonel.

Dans la branche de Hoen-Solms, Henri-Guillaume, qui, après avoir tué par accident à la chasse le landgrave de Hesse, Guillaume VI, se retira en Espagne, & fut tué vers l'an 1665 dans un combat contre les Portugais.

Jean-Henri-Christian son frère fut tué le 7 novembre 1668 par Guillaume, comte de Solms-Greiffenstein son aieul maternel, en haine de ce qu'il s'étoit fait catholique.

Christian-Louis, neveu du précédent, fut capitaine des gardes de Guillaume III, roi d'Angleterre, & mourut au siége de Limmerick en Irlande en 1690.

Dans la branche de Laubach, Albert-Othon, comte de Solms, fut tué d'un coup de canon devant Bréda, le 2 mars 1610.

Son fils, Albert-Othon, fut tué à la chasse d'un coup de fusil en 1656.

Dans la branche de Sonnenwald, Henri-Guillaume, tige de cette branche, fort considéré du roi de Suède, Gustave-Adolphe, qui lui procura de grands établissemens, mourut à Swinfurt des blessures qu'il avoit reçues lorsque le général Tilli s'étoit emparé de Bamberg.

SONNET (THOMAS), (*Hist. litt. mod.*), sieur de Courval, docteur en médecine & poète, a fait un livre de satyres contre les charlatans & faux médecins, qu'il a dédié à la reine Marie de Médicis, mère de Louis XIII. On y voit en tête le portrait de l'auteur avec ces quatre vers :

Vire fut mon berceau, ma nourrice & mon lait ;
Caen l'unique séjour de mon adolescence ;
Paris de ma jeunesse, & maintenant la France.
A mon nom, mes écrits, mon corps & ce portrait.

Sonnet est aussi l'auteur d'un ouvrage qui a pour titre : *La Satyre Ménippée du mariage.*

SOPHRON, (*Hist. litt. anc.*), poète grec, natif de Syracuse, vivoit du tems de Xerxès, vers l'an 480 avant J. C. Il écrivoit dans ce genre de poésies libres que les anciens appeloient des *Mimes.*

Un autre Sophron, poète comique, vivoit vers l'an 272 avant J. C. Platon estimoit fort cet auteur & l'avoit toujours sous son chevet.

SORE ( JACQUES ), ( *Hift. de Fr.* ), calvinifte, amiral de Navarre, grand-homme de mer, né au village de Floques, près la ville d'Eu, voyant la guerre déclarée entre la France & l'Angleterre au fujet du Havre-de-Grace, en 1563, arma en courfe & fit des prifes confidérables. L'amiral de Coligny lui procura des lettres de Jeanne d'Albret, reine de Navarre, mère de Henri IV, qui le nommoient amiral de Navarre. Il juftifia ce titre par des courfes heureufes fur les vaiffeaux efpagnols. Mais on lui impute une action bien indigne; ayant pris, en 1570, un vaiffeau qui alloit au Bréfil & qui portoit trente-huit ou quarante Jéfuites deftinés pour les miffions du pays, il pouffa le zèle proteftant jufqu'à les tuer tous, & faire jeter leurs corps à la mer. Auffi plufieurs hiftoriens n'en parlent que comme d'un pirate; quelques-uns cependant prennent fa défenfe, & racontent de lui des actions plus humaines.

SOUCHES ( LOUIS-RATUIT, comte de ), ( *Hift. mod.* ), général des armées de l'Empereur, étoit Français, & on le difoit fils d'un épicier de la Rochelle; mais les déclarations les plus authentiques & les plus impofantes lui affurent une naiffance très-diftinguée. Le comte de Souches fut d'abord au fervice de la Suède, où il eut un régiment de dragons & un d'infanterie; mais ayant pris querelle avec fon général, il rendit fes commiffions pour fe battre avec lui. En voulant retourner en France, il s'arrêta quelque tems à Vienne, où on lui offrit un régiment de dragons au fervice de l'Empereur; il l'accepta. En 1645, Torftenfon, général fuédois, faifoit des progrès rapides; il avoit battu les Impériaux; il foumettoit les places de la Moravie : le feul bruit de fa marche triomphante obligeoit l'armée impériale à lever le fiége d'Olmutz. Il ne reftoit plus à l'Empereur de place forte dans cette province, que Brin ou Brunn, au confluent de la Siverta & de la Zuritta. Le comte de Souches fe jeta dans cette place, & fit une fi belle défenfe, qu'il donna le tems à l'Empereur d'envoyer du fecours, & que les Suédois perdirent plus de monde devant Brinn, qu'ils n'auroient fait dans une bataille perdue. De Souches fut nommé Gouverneur de la place qu'il avoit fauvée. Il paffa par tous les grades de l'armée, fignalant dans toutes les occafions fa valeur & fa capacité. En 1664, ayant le commandement général des troupes de la Haute-Hongrie contre les Turcs, il battit ces Infidèles & leur enleva plufieurs places. En 1674, il joignit dans le Brabant les troupes d'Efpagne & de Hollande, & combattit à la bataille de Senef contre le grand Condé. Il mourut en 1682, dans la Moravie, comblé d'honneurs, confeiller d'Etat & de guerre, maréchal-de-camp-général, commandant-général des frontières d'Efclavonie, &c.; deux de fes petites-filles furent l'une après l'autre dames d'honneur de l'Impératrice, femme de l'empereur Léopold; un de fes

fils, Charles-Louis de Souches, général de l'infanterie impériale, mourut des bleffures qu'il avoit reçues à la bataille de Salankemen, en 1691, laiffant un fils ( Louis II ) qui fervit, comme lui, dans les troupes de l'Empereur, & un autre fils chevalier de Malte.

La Maifon de la Souche de Saint-Auguftin eft d'une très-ancienne nobleffe, mais qui n'a rien de commun avec la famille des de Souches dont nous venons de parler. Nous ne nous arrêterons pas fur ce qui concerne cette Maifon ( de la Souche de Saint-Auguftin ), parce que, quoiqu'elle ait fourni à la patrie bien des défenfeurs, elle a eu le bonheur de ne lui fournir aucune victime connue.

SOUILLAC. La Maifon de Souillac a été moins heureufe. Parmi une foule de guerriers diftingués, elle compte :

Dans la branche aînée, un colonel d'infanterie, tué dans une embufcade en Piémont, l'an 1704.

Dans la branche des feigneurs d'Aferac, Bertrand, bleffé à la bataille de Moncontour.

Benjamin & Jean-Frédéric, tués au fiége de Cafal.

René leur frère, mort de bleffures reçues au combat du faubourg Saint-Antoine, en 1652.

Dans la branche des comtes du Bourg, Bardi de Souillac, bleffé en Catalogne au fiége de Salces.

Charles, tué à la bataille de Confarbrick près de Trèves, en 1675.

Louis, mort en Italie, capitaine d'infanterie.

Louis-Benoît, fait prifonnier au combat de Caffano, & mort peu de tems après des bleffures qu'il avoit reçues dans ce combat.

SPADA. ( *Hift. eccléf.* ) On connoît quatre Cardinaux de ce nom. 1°. Bernardin, nommé Cardinal en 1626, par Urbain VIII. 2°. Jean-Baptifte, nommé le 9 mars 1652 par le pape Innocent X. 3°. Fabrice, neveu du précédent, nommé le 27 mai 1675 par le pape Clément X. 4°. Horace-Philippe, nommé le 17 mai 1706 par le pape Clément XI. Le troifième ( Fabrice ) avoit été nonce en Savoie & en France. Je crois que c'eft à lui qu'eft arrivé un malheur qui eft une grande leçon contre les inhumations précipitées, & fur l'incertitude des fignes de la mort. Il tomba en léthargie, on le crut mort, on l'ouvrit. Au premier coup de fcalpel il reffufcita, porta machinalement la main au fcalpel comme au fiége de la douleur, & retomba véritablement mort. Chez les anciens Romains un homme pareillement cru mort fut mis fur le bûcher, & ne revint à lui que quand les flammes le gagnèrent; mais toujours privé du mouvement, il ne put que crier. On courut à fon fecours : il n'étoit déjà plus tems, les flammes l'environnoient de toutes parts; il fallut le laiffer brûler.

Heureux encore l'un & l'autre dans leur malheur, en comparaifon de ceux qui ne fe réveillent que fous la terre & qu'au fond de leur cercueil,

*fupplice*

supplice qui épouvante l'imagination, & auquel il faut s'abstenir même de penser trop long-tems, mais que la police ne sauroit prévenir avec trop de soin.

STABERIUS ( LUCIUS ), (*Hist. rom.*), gouverneur d'Apollonie, en fut chassé par les habitans qui favorisoient le parti de César, comme César le rapporte lui-même au troisième livre de la guerre civile. Horace, satyre 3 du livre 2, parle d'un avare nommé Staberius :

*Hæredes Staberî summam incidere sepulchro, &c.*

On ignore quel est ce Staberius.

STRAZEL (JEAN ). ( *Hist. litt. mod.* ) Lorsqu'en 1535, Danès quitta sa chaire de grec au collége royal pour suivre dans l'ambassade de Venise Georges de Selve , évêque de Lavaur, il demanda & obtint pour successeur Jean Strazel, flamand, né près de Bailleul, dans un lieu appelé Strazel, dont il prit le nom. Voulté l'a célébré par des antithèses.

> *Senex puerque*
> *Ætate est juvenis, senexque sensu.....*
> *Doctor ingeniosus elegansque ,*
> *Doctor, quique bonas amat Camœnas.*

« Jeune par l'âge , vieux par la sagesse, docteur » ingénieux, aimable docteur qui aime les Muses.»
Leger Duchesne a fait sur sa mort, de la philosophie en jeux de mots. Strazel mourut le lendemain des Rois.

> *Lusus heri fuerat convivia ducere regum ,*
> *Regalique epulas exhilarare joco.*
> *Lux subiens convivia , sed funebria præbet.....*
> *Humanos casus homines perpendite lusum*
> *Et luxum à luctu separat unica nox.*

On a de Strazel une explication des vers dorés de Pythagore. Il eut un neveu, homme de lettres aussi, nommé Robert Strazel.

SURGÈRES. Le Dictionnaire, à cet article, renvoie à l'article *la Rochefoucauld*, & là il est parlé de différentes branches de la Maison de la Rochefoucauld, mais il n'est point parlé de celle de Surgères. Ajoutons ici pour réparer cette omission, que la terre de Surgères, baronie du pays d'Aunis, après avoir été possédée pendant plusieurs siècles par l'ancienne Maison de Maingot-Surgères, a passé, au quatorzième siècle, dans la Maison de Clermont, par le mariage de Jeanne Maingot, dame de Surgères & de Dampierre, héritière de la branche aînée de la Maison de Maingot-Surgères, avec Aynard ou Aymar de Clermont. De là cette même terre de Surgères passa dans la Maison de Fonséque, d'où elle est

tombée dans une branche de la Maison de la Rochefoucauld par le mariage d'Hélène de Fonséque, dame de Surgères , fille aînée & héritière de Charles de Fonséque , seigneur de Surgères , avec Isaac de la Rochefoucauld, baron de Montendre, dont le second fils, François de la Rochefoucauld, marquis de Surgères , a été la tige de cette branche de la Rochefoucauld-Surgères, qui avoit été annoncée & omise dans le Dictionnaire, & qui, comme toutes les autres branches de cette grande Maison de la Rochefoucauld, a produit plusieurs militaires distingués, entr'autres le marquis de Surgères, Alexandre-Nicolas de la Rochefoucauld, lieutenant-général des armées du Roi.

SYLVANUS. ( *Hist. rom.* ) Vers le milieu du quatrième siècle, tems où les nations barbares & germaniques commençoient à se répandre dans les Gaules & dans diverses provinces de l'Empire, on voit paroître avec quelque éclat ce Sylvanus, fils d'un capitaine français , qui avoit bien servi Constantin dans diverses expéditions. Sylvanus s'attacha d'abord au tyran Magnence ( *Magnentius* ), & suivit son parti contre l'empereur Constance ; mais à la bataille de Mursia ou Essek en Hongrie, bataille qui fut décisive entre les deux contendans, Sylvanus contribua beaucoup à la victoire de Constance, en passant de son côté. Magnence, privé de l'appui de Sylvanus, prit la fuite le commencement de l'affaire, qui n'en fut pas moins soutenue avec beaucoup de courage par les Français & les autres peuples germains. C'est une des batailles où il fut répandu le plus de sang romain ; elle coupa les nerfs de l'Empire, disent les historiens , par la destruction des vieilles troupes romaines , & l'Empire, tombé dans un état de langueur & de foiblesse , perdit pour long-tems les moyens de soutenir le choc des barbares. Les Romains, quoiqu'ainsi détruits , furent cependant censés les vainqueurs, grace à la défection de Sylvanus. Constance, pour l'en récompenser , lui donna le commandement de son infanterie, & l'envoya dans les Gaules, où Decentius, frère de Magnence , soutenoit les restes de ce parti abattu, que les crimes de Magnence achevèrent bientôt de détruire entièrement. Sylvanus continua de servir utilement l'Empereur contre d'autres ennemis ; il purgea les Gaules de diverses hordes de barbares errantes à l'aventure dans cette contrée. Mais Constance étoit un de ces souverains soupçonneux, ombrageux, qu'il est quelquefois dangereux de trop bien servir ; il avoit toujours l'oreille ouverte aux délations , aux suggestions perfides des flatteurs & des eunuques qui le gouvernoient. Cruel & sanguinaire, sacrifiant tout aux moindres soupçons , n'épargnant la vie de personne, il croyoit aisément que tout le monde en vouloit à la sienne ; il ne voyoit partout que conspirations : on n'eut pas de peine à lui persuader que Sylvanus devenoit trop puissant, & qu'il falloit se défier

T t

de lui ; on suppofa de ces lettres qui laiffent un champ d'autant plus vafte à l'interprétation , qu'elles font plus vagues & plus obfcures ; on lui montra des apparences de conjuration , légères , ou plutôt chimériques , que fon imagination grofit , & que fa crainte réalifa ; il fallut chercher les moyens d'attirer Sylvanus à la cour , ou de le forcer d'y venir rendre compte de fa conduite. Plufieurs capitaines français qui fervoient dans les armées romaines , ou qui avoient des places importantes à la cour , offroient de l'engager à venir fe juftifier fur les prétendues lettres qu'on lui imputoit ; ils repréfentoient qu'il n'y avoit que fes compatriotes qui puffent lui infpirer affez de confiance pour le déterminer à cette démarche ; qu'ils auroient même befoin d'adreffe pour l'y amener , & pour empêcher qu'irrité de ces machinations clandeftines , il ne fe portât à quelque extrémité fâcheufe. Un tyran fe défie de tout : Conftance craignit quelque connivence fecrète entre ces officiers français & Sylvanus ; leurs offres lui furent fufpectes , leur zèle lui parut exceffif , & dès-lors peu fincère ; il préféra d'envoyer à l'armée un grec , nommé Apodémius , connu pour le plus grand ennemi de Sylvanus , & qui eut grand foin de faire tout ce qu'il falloit pour le pouffer à la défection ; il ne daigna point le voir ni lui faire part des ordres dont il étoit chargé pour lui , & qui portoient invitation ou injonction de fe rendre à la cour. Sans lui rien communiquer, fans conférer de rien avec lui , il fe mit à ordonner de tout dans l'armée , en vertu d'une commiffion particulière qu'il ne montroit point ; & traitant déjà Sylvanus comme un fujet entièrement difgracié , il féviffoit hautement contre les amis & les créatures de ce général ; cependant les fabricateurs des fauffes lettres par lefquelles on avoit voulu perdre Sylvanus , voyant quel avoit été le fuccès de leur première tentative , crurent pouvoir s'en permettre une feconde , & peut-être avec moins de précaution : ces nouvelles lettres furent arguées & convaincues de faux (ce qui étoit un violent préjugé contre les premières), mais il ne fut rien prononcé contre les fauffaires ; ils n'en furent pas moins accueillis à la cour , & Sylvanus ne recouvra point la confiance de l'Empereur ; il voulut donc , pour fa fûreté même , fe rendre redoutable au Prince auquel il n'avoit pu être cher ; il fongea d'abord à fe mettre à la tête des Français & des autres peuples germains qui infeftoient les Gaules ; mais craignant, d'après les confeils de fes amis , d'être trahi & vendu à l'Empereur par ces étrangers qui tous les jours s'y vendoient eux-mêmes, il eut recours à la grande reffource qu'embraffoient alors les généraux mécontens, celle de fe faire ou de fe laiffer proclamer Empereur par leurs armées. Cette nouvelle, parvenue promptement à l'Empereur qui étoit alors à Milan, lui caufa un grand effroi : la force étoit

moins à fon ufage que la perfidie ; le moyen qu'il prit pour conjurer l'orage fut de ce dernier genre. Il tenoit alors prifonnier un homme qu'il avoit fait commandant-général de la cavalerie, nommé Urficin ; cet homme avoit été injuftement accufé d'avoir tenté d'ufurper l'Empire en Orient , & comme ces accufations étoient toujours très-accueillies auprès de Conftance , Urficin s'étoit vu en grand danger d'être condamné fans être entendu ; il n'étoit pas même encore à l'abri de ce danger, puifque les défiances du tyran le retenoient encore en prifon. Conftance lui offrit pleinement ou juftice ou grace, à condition qu'il lui ferviroit à fe défaire de Sylvanus , & voici le complot dont on le fit l'inftrument. Urficin parut s'être échappé de fa prifon & porter fon reffentiment dans l'armée de Sylvanus , retraite affez naturelle d'un mécontent & d'un opprimé ; il offrit à ce général fes fervices , fes vœux , fes projets de vengeance. Sylvanus, jeune encore, avoit la franchife & la confiance de fon âge ; il crut Urficin & voulut profiter de fon expérience ; il l'admit à fes confeils les plus fecrets. Urficin ne perdit point de tems, & travailla fous main avec une fourde activité à lui débaucher une partie de fes troupes ; il parvint enfin à pouvoir impunément s'introduire à main armée à la tête d'une puiffante efcorte de foldats choifis & déterminés , chez Sylvanus : on égorge fa garde, on force fon palais, on arrive jufqu'à lui. Sylvanus eft maffacré fans avoir eu du moins les angoiffes de la défiance & de la crainte. Il n'y avoit que vingt-huit jours qu'il avoit été proclamé Empereur. Conftance crut avoir remporté une grande victoire : fon orgueil s'en accrut ainfi que fa cruauté ; il traita tous les amis de Sylvanus comme Tibère avoit traité ceux de Séjan. Il crut alors fa grandeur & fa puiffance au deffus de toutes les atteintes de la fortune ; ce fut alors, dit un hiftorien moderne, que fes flatteurs lui donnèrent le titre d'*Eternel*, lequel il dénioit à Jéfus-Chrift , fils de Dieu , malheureux Arien qu'il étoit !

Les Français & les Allemands s'étant joints aux légions qu'avoit commandées Sylvanus, vengèrent fa mort par des ravages. Ce général fut plaint & regretté : les troupes l'aimoient ; il avoit mérité leur eftime par fa valeur & fa conduite ; il avoit d'ailleurs été perfécuté & calomnié : on l'avoit forcé à la révolte , & il étoit mort victime d'un indigne artifice. On croit qu'il étoit chrétien. Sa mort eft du commencement de l'an 355.

SYNCLÉTIQUE ( SAINTE ). ( *Hift. eccléf.* ) C'eft le nom de la première femme qui ait embraffé l'état monaftique , exemple qui avoit auparavant été donné par des hommes. Saint Athanafe a écrit la vie de fainte Synclétique , ou du moins cet ouvrage lui a été attribué.

TABÉRIUS (JEAN), (*Hift. litt. mod.*), critiqué habile du-quinzième fiècle, étoit de Rovato dans le Breffan. Ses Commentaires fur Lucain font fort eftimés, & font célébrés dans ces vers de Daniel Cereti, poète breffan :

*Quid referam culti fublimia fcripta Tabcri,*
*Cujus jam toto nomen in orbe micat ?*
*Hic fibi victuram peperit per fæcula famam,*
*Dùm ftudet auctores reftituiffc graves, &c.*

Le cardinal Querini faifoit grand cas de Tabérius, & le fait valoir dans plus d'un endroit de fes écrits.

TACQUET (ANDRÉ), (*Hift. litt. mod.*), jéfuite, né à Anvers, grand mathématicien : fes ouvrages ont été raffemblés, & imprimés à Anvers, in-folio, neuf ans après fa mort, arrivée en 1660. Plufieurs maîtres fe fervent encore, pour l'enfeignement, de fes Élémens d'Euclide ; fon Aftronomie & fon Optique font auffi d'un affez grand ufage.

TAGEREAU (VINCENT), (*Hift. litt. mod.*), jurifconfulte qui s'eft rendu célèbre en 1611, par un Traité contre le congrès, qui en a préparé de loin l'abolition. On dit que les quatre fameux vers de Boileau contre le congrès, dans fa huitième fatyre, adreffée à M. Morel, docteur de Sorbonne, frappa MM. de Lamoignon, & les détermina enfin à cette abolition, qui fut l'ouvrage du premier préfident de Lamoignon, provoqué par l'avocat-général fon fils, qui fut depuis le préfident de Lamoignon ; mais Vincent Tagereau les avoit tous précédés, & auroit mérité de voir, en 1677, l heureux effet de fon livre. On a auffi de lui *le vrai Praticien français*, imprimé en 1633.

TAGLIACARNE *ou* TAILLE-CARNE (BENOÎT), (*Hift. litt. med.*), génois, fe diftinguoit par des mœurs douces & bienfaifantes, par des connoiffances agréables & du talent pour la poéfie latine. Notre roi François I, dont il étoit connu, lui confia l'éducation des Princes fes fils, & lui donna l'évêché de Graffe.

TAGLIACOSSO *ou* TAGLIACOZZO (JEAN), (*Hift. eccléf.*), cardinal, archevêque de Tarente, fils du comte de Tagliacoffo dans le royaume de Naples, fut envoyé par le pape Eugène IV au concile de Bâle pour y plaider fa caufe, & y préfenter des lettres de la part de ce Pontife, & la harangue de Tagliacoffo & les lettres du Pape furent fort mal reçues. Les efprits étoient alors fort échauffés ; les lettres furent lacérées dans le concile ; les Pères prétendirent qu'elles avoient été falfifiées par le porteur, & voulurent obliger Tagliacoffo de répondre fur cette accufation de faux devant des commiffaires qu'ils nommèrent. Tagliacoffo envoya fa proteftation qui fut lue en plein concile ; mais le concile fit mettre en prifon celui qui l'avoit apportée, & l'archevêque de Tarente auffi. Cependant on fe calma, & on les remit en liberté. Le Pape le nomma auffitôt préfident de ce même concile qui venoit de l'emprifonner ; mais les Pères n'admirent cette préfidence que fous des conditions qui lui ôtoient toute autorité. L'archevêque alla enfuite négocier dans diverfes cours d'Allemagne en faveur d'Eugène contre le concile de Bâle, & ce fut alors que fes fervices furent récompenfés par le chapeau de cardinal, le 18 décembre 1439. Tagliacoffo mourut le 21 janvier 1449.

TAHUREAU (JACQUES), (*Hift. litt. mod.*), poète français, né au Mans vers l'an 1527, eft auteur d'un recueil de poéfies dédiées au premier cardinal de Lorraine, frère de Claude de Guife ; & miniftre de François I. Jacques Tahureau mourut en 1555.

TAICKO-SAMA, (*Hift. mod.*), empereur du Japon, aventurier célèbre, avoit été long-tems un pauvre bûcheron, gagnant fa vie à porter à la ville du bois qu'il alloit couper dans la forêt. Un gentilhomme le prit à fon fervice. Ce gentilhomme étoit connu, & particuliérement aimé de l'empereur du Japon, Nobunanga. Ce Prince entendit parler de Taicko-Sama comme d'un homme d'un efprit fupérieur à fon état : il voulut le voir, le goûta, & en fit fon bouffon ou fon fou ; mais bientôt démêlant en lui de grands talens, il l'employa dans fes armées. Taicko-Sama paffa par tous les degrés de la milice, & fe diftingua dans tous ; il parvint même au commandement. Cependant l'Empereur & fon fils aîné ayant été affaffinés, Taicko-Sama, qui fe trouvoit avoir en main les principales forces de l'Empire, s'en fervit pour fon élévation, & ne tarda pas à fe faire Empereur. Il s'attacha pour lors à confommer l'ouvrage déjà fort avancé par fon prédéceffeur, de réduire fous l'obéiffance de l'Empereur tous les petits rois du Japon ; il réuffit encore dans cette entreprife, & fon ambition croiffant toujours en proportion de fes fuccès, il fe mit en tête de conquérir la Chine, & un de fes généraux commença par faire en dix-fept jours la conquête de la Corée ; ce qui avoit déjà répandu la confternation dans tout l'Empire de la Chine ; mais la profpérité faifoit fur Taicko-Sama fon effet ordinaire ; elle l'aveugloit, elle lui tournoit la tête ; il s'égaroit dans de vaftes projets qu'il ne favoit plus fuivre ; il vouloit la fin, & ne vouloit pas les moyens : des dépenfes de fafte & de luxe prenoient la place des dépenfes utiles, & pendant qu'il faifoit bâtir des palais magnifiques, il laiffoit fon armée manquer de tout dans la Corée. Il fut trop heureux qu'un traité le laiffât en poffeffion d'une partie de cette contrée, & rendît l'empereur de la Chine fon tributaire. Il avoit affocié un de fes neveux à l'empire du Japon ; il fe brouilla enfuite avec lui, & ayant eu un fils contre fon attente, il ne fongea plus qu'à fe défaire de ce neveu, devenu pour lui un collègue incommode : il le fit mourir. Au commencement de fon règne il avoit beaucoup favorifé la religion chrétienne ; il la perfécuta dans la fuite. Il mourut le 15 feptembre 1598, à foixante-quatorze ans, fort peu regretté : fon fils, auquel il avoit facrifié fon neveu, fut tué à vingt ans en combattant pour l'Empire.

TAILLE (LA). En parlant, dans le Dictionnaire, des frères Jean & Jacques de la Taille, nous les avons plus confidérés du côté des Lettres qu'ils ont cultivées, que du côté de la nobleffe & des fervices militaires de leur famille : nous n'avons parlé du moins que de ceux de Jean de la Taille ; nous ne devons pas oublier ici un de leurs aïeux, Martin de la Taille, gentilhomme de l'hôtel de Marie de Clèves, mère de Louis XII, qui fut donné en ôtage aux Anglais fous le règne de Charles VII.

Bertrand de la Taille, feigneur des Effarts, gentilhomme ordinaire de la chambre & chevalier de l'Ordre.

Mathurin de la Taille, feigneur des Effarts, fon fils aîné, gentilhomme ordinaire de la chambre du prince de Condé, puis du Roi, capitaine d'une compagnie de cent gentilshommes du Languedoc fous les ordres du prince de Condé, puis cornette des gendarmes d'Henri IV, alors prince de Navarre, mort des bleffures qu'il avoit reçues à la bataille de Coutras.

Gabriel, frère de Mathurin, tué à la bataille de Montcontour.

Paul, fils de Mathurin, tué au fervice du roi Henri IV, en 1589.

François de la Taille, tué à Laon à vingt-quatre ans.

Un autre François, arrière-petit-fils du précédent, tué fur un des vaiffeaux du Roi, à la côte de Coromandel.

Henri, frère de ce dernier, mort au fervice des Hollandais.

Charles, autre frère, capitaine dans le régiment Royal-Artillerie, qui reçut la croix de Saint-

Louis des mains de Louis XIV dans la première promotion qui fut faite en 1693.

Edme, dit le chevalier de la Taille, petit-fils de Charles, capitaine au régiment de la Vieille-Marine, chevalier de Saint-Louis, aide-major-général de l'armée d'Italie, mourut à Briançon des bleffures qu'il avoit reçues au fort de l'Affiette, le 22 juillet 1747. L'Hiftoire lui rend le témoignage qu'il fut également regretté de fes proches, de fes amis & de fes généraux.

Dans la branche de la Taille Trettinville, Jofias, tué au fervice de Henri-le-Grand, dans un combat de deux Royaliftes contre deux Ligueurs ; il eut deux fœurs noyées dans la rivière d'Effonne, en la traverfant, en carroffe, au gué de Macheron le 31 mai 1599.

Louis de la Taille, frère aîné de Jofias, n'eut qu'une fille unique, & fon gendre, qui étoit auffi fon neveu, Pierre de l'Enfernat, feigneur de Courteille, capitaine-commandant du régiment du comte d'Harcourt-Lorraine, & maréchal-des-camps & armées du Roi, fut tué d'un coup de canon au fiége de Rofes.

Céfar de la Taille, officier d'infanterie, tué à l'armée à dix-fept ans.

TAISAND (PIERRE), (*Hift. litt. mod.*), avocat célèbre & favant jurifconfulte, eftimé du premier préfident de Lamoignon, & ami de mademoifelle de Scuderi, eft auteur d'une hiftoire du droit romain, dédiée à M. Boffuet, alors évêque de Condom, fon compatriote, né comme lui à Dijon ; d'un nouveau Commentaire fur la coutume de Bourgogne, & de divers ouvrages d'éloquence, de jurifprudence & de piété. Né le 7 janvier 1644. Mort auffi à Dijon le 12 mars 1715. Il avoit plaidé auffi à Paris, & c'eft ce qui l'avoit fait connoître au premier préfident de Lamoignon. Quand il ne fe fentit plus en état de plaider, il prit une charge de tréforier de France dans la généralité de Bourgogne. Sa vie a été écrite par dom Claude Taifand fon fils, religieux de l'Ordre de Cîteaux.

TANQUEREL (JEAN). (*Hift. mod.*) En 1561, fous le règne de Charles IX, tems où tout étoit porté à l'excès, & du côté des Proteftans, & du côté des Catholiques, un bachelier de Sorbonne (Jean Tanquerel), docteur ultramontain, quoiqu'en France, avoit mis dans une thèfe la propofition fuivante : *Papa poteft Reges & Imperatores hæreticos deponere.* Le parlement de Paris, par un arrêt folennel, condamna Tanquerel à faire amende honorable ; & comme Tanquerel s'étoit abfenté, le bedeau de la Faculté eut ordre de la faire pour lui dans l'école de Sorbonne, en préfence d'un préfident, de deux confeillers & du procureurgénéral d'un côté ; du doyen & des docteurs de la Faculté de l'autre, ceux-ci fous peine d'être déchus de tous les priviléges accordés par les Rois à la Faculté ; ce qui n'empêcha pas la Faculté de déposer elle-même dans la suite le frère de Charles IX.

**TARANTE** (VALESC ou VALOIS DE). ( *Hist. litt. mod.*) Manget, dans sa *Bibliothèque des écrivains médecins*, fait connoître avantageusement cet ancien médecin du quatorzième siècle, qui, dit-on, fut premier médecin de Charles VI, & qui a composé sur l'art de guérir plusieurs ouvrages célèbres autrefois. Né vers l'an 1382 à Montpellier ; il vivoit en 1420.

**TAREK, TARIC** ou **TARIF**. Lorsque les Sarrasins ou Maures, appelés ou non par le comte Julien, voulurent s'emparer de l'Espagne au commencement du huitième siècle, Musa, gouverneur de l'Afrique sous le calife Valid, envoya, pour commencer cette conquête, Taric ou Tarif, un de ses lieutenans, dont on retrouve le nom dans celui de *Gibraltar*, qui étoit autrefois *Gibal-Taric* ou *Tarif*. Ce général, pour mettre ses troupes dans la nécessité de vaincre, commença par brûler sa flotte, précaution ou imprudence répétée de l'Histoire ancienne, dont l'Histoire moderne reproduit souvent les faits sous des noms plus récens.

Musa voulut aussi prendre part à la conquête de l'Espagne : il prit le commandement de l'armée, & Tarec servit sous lui, toujours avec le plus grand succès. Cependant Musa fut mandé à la cour du calife Valid pour rendre compte de sa conduite. C'étoit l'effet des intrigues de Taric, qui, regrettant sans doute le tems où il commandoit seul l'armée victorieuse des Sarrasins, ne s'étoit vu qu'avec dépit remis au second rang, & forcé de céder à son supérieur la gloire d'une conquête qu'il avoit espéré d'achever seul. Plus habile ou plus heureux en intrigues que Musa, ou peut-être ayant l'avantage seulement parce qu'il attaquoit, & que son adversaire n'étoit pas averti ou il eût à se défendre, il parvint à le noircir & à le perdre à la cour de Damas. Musa mourut en prison. Taric continua de commander en Espagne & ailleurs, & rien ne fit obstacle à sa gloire. Devenu vieux, il vécut dans la retraite, & il y mourut après l'an 716.

**TARIN** (JEAN), ( *Hist. litt. mod.*), fils d'un meûnier, fit ses études malgré ses parens, mais ne put les commencer qu'à dix-huit ans. Ses progrès furent rapides & le tems perdu fut réparé. Né en Anjou, il fit ses études à la Flèche chez les Jésuites, qui tâchèrent de le retenir parmi eux, mais auxquels il échappa, & auxquels il ne fut point favorable dans le cours de sa vie. Il professa la rhétorique au collége d'Harcourt à Paris, fut plusieurs fois recteur de l'Université. Louis XIII le fit son lecteur, & lui offrit des évêchés qu'il refusa. Il étoit dans ses mœurs d'une simplicité parfaite. Il venoit de Paris à pied passer les vacances à Beau-fort en Anjou, lieu de sa naissance, chez ses parens, meûniers ou vignerons, & il retournoit de même à Paris pour la rentrée des classes. On a de lui quelques ouvrages assez estimés, une traduction latine d'un ouvrage d'Origène, des traductions de quelques autres anciens auteurs, quelques discours d'éloquence, entr'autres une oraison funèbre en latin du cardinal de Gondi (Pierre), évêque de Paris, mort en 1616. Tarin mourut en 1661.

**TARPA** (SPURIUS MŒCIUS ou METIUS). ( *Hist. rom.*) Il paroît qu'il y avoit à Rome, au moins du tems de Pompée & de celui d'Auguste, un emploi qui répondoit à celui de notre censeur de police, & qui consistoit principalement dans l'examen des pièces de théâtre. Cet examen avoit-il uniquement pour objet, comme chez nous, la décence & les mœurs, ou s'étendoit-il sur le goût, & Spurius Metius Tarpa, qui en étoit chargé, devoit-il juger des pièces propres à plaire au public, ou seulement rejeter celles qui choquoient les bienséances, & s'opposer à la licence, ou prononçoit-il à la fois sur l'un & l'autre point ? Il paroît qu'il étoit à beaucoup d'égards arbitre & juge du goût, fonction qui ne doit jamais être confiée à un seul homme, parce que l'exercice en est trop arbitraire, qu'il a trop d'étendue, & qu'il peut donner ou laisser lieu à trop d'abus.

Autre question. Ce Spurius Metius Tarpa étoit-il digne de son emploi, du moins autant qu'un seul homme peut l'être ? Etoit-il un bon juge des productions du goût & du génie ? Si l'on s'en rapporte à Cicéron, l'on en doutera pour le moins, car il paroît peu content des pièces auxquelles ce juge avoit donné son approbation pour les jeux de la consécration du théâtre de Pompée. *Nobis erant ea perpetienda quæ scilicet Spurius Mœcius probavisset.*

Horace parle du même Tarpa d'une manière indifférente dans la dixième satyre du premier livre, à propos d'ouvrages ;

*Quæ nec in æde sonent certantia judice Tarpâ,*
*Nec redeant iterùm atque iterùm spectanda theatris.*

mais il paroît, dans l'*Art poétique*, faire cas de son suffrage, si cependant le Metius dont il parle en cet endroit est véritablement Metius Tarpa ; il dit au jeune Pison :

*Tu nihil invitâ dices faciesve Minervâ*
*Id tibi judicium est, ea mens, si quid tamen olim*
*Scripseris, in Metii descendat judicis aures,*
*Et patris & nostras, nonumque prematur in annum.*

**TARQUITIUS PRISCUS**, ( *Hist. rom.*), délateur du tems de Néron, qui, malgré la faveur d'Agrippine, fut chassé du sénat, & condamné enfuite pour péculat fur les plaintes du peuple de Bithynie : chofe de bon exemple , & qui ne fut guère imitée fous ce règne.

TASSILLON. (*Hift. de Fr. & de German.*) Les Bavarois , formés des débris de l'ancienne ligue des Quades & des Marcomans , occupoient du tems de Pépin & de Charlemagne le pays auquel leur nom eft refté ; ils étoient depuis long-tems vaffaux de la France ; ils avoient leurs lois & leur Duc particulier. La Bavière étoit un grand fief relevant de la couronne de France, comme il relève aujourd'hui de l'Empire ; mais ces vaffaux étoient quelquefois rebelles. Le duc de Bavière, Garibald, en donnant Theudelinde fa fille à Autharis, roi des Lombards , avoit , de concert avec ce Prince, tenté de fecouer le joug de l'Auftrafie fous Childebert , fils de Sigebert. Les Bavarois n'avoient été que trop foumis lorfque Dagobert leur avoit ordonné d'égorger les Bulgares qui leur demandoient un afile. Sonnichilde , feconde femme de Charles Martel & mère de Griffon , étoit nièce d'Odilon, duc de Bavière , & elle avoit fait époufer à ce Duc, Hildetrade , fille du premier lit de Charles Martel. Ce mariage , fait contre le gré de Carloman & de Pépin , fils du premier lit de Charles Martel , avoit pour objet de procurer un partage plus confidérable à Griffon. (*Voyez* fon article dans ce volume.) Il fit naître une guerre entre la France & la Bavière : Odilon fut vaincu, & n'obtint la paix que fous la condition de l'hommage. A la mort d'Odilon, qui laiffoit pour fils & pour héritier Taffillon, alors âgé de fix ans, Griffon , révolté contre Pépin , fe fit duc de Bavière en dépouillant Taffillon fon neveu ; Pépin chaffa Griffon de la Bavière & la rendit à Taffillon : celui-ci époufa dans la fuite Luitberge, fille de Didier , roi des Lombards. Ayant fuivi Pépin fon oncle dans une expédition contre Gaiffre , duc d'Aquitaine , il quitta tout à coup l'armée françaife , moins par connivence avec Gaiffre, comme il donna lieu de le foupçonner, que par légéreté ou plutôt par amour de l'indépendance. Pépin eut bien de la peine à lui pardonner cette démarche inconfidérée. Cependant Taffillon n'étoit point traître dans cette occafion ; il n'étoit qu'orgueilleux & incapable de fubordination ; il eût accompagné avec plaifir à la guerre fon oncle & fon allié, mais il ne pouvoit fe réfoudre à y fuivre fon feigneur : fon orgueil étoit fans ceffe irrité par l'orgueil des feigneurs français , qui affectoient avec lui une égalité entière, fous prétexte qu'ils étoient tous vaffaux d'un même Souverain. En 786 & 787, après que Charlemagne fon coufin-germain eut renverfé le trône des Lombards & opprimé Didier, beau-père de Taffillon & de Charlemagne lui-même , Taffillon efpéra qu'à la faveur des droits & des intérêts de la famille de Didier , il pourroit trouver les moyens de fecouer entièrement le joug du vaffelage ; il fit l'alliance la plus étroite

avec Arichife , duc de Bénévent ; il engagea dans fa querelle les Huns fes voifins, qui avoient auffi pour y entrer leurs vues particulières : c'étoit l'efpérance du pillage de l'Italie qui les attiroit dans cette contrée. Les ducs de Bavière & de Bénévent négocièrent depuis avec la cour de Conftantinople, qui ne prit point pour lors d'engagement avec eux, mais qui ne les rebuta pas non plus. Tandis que ces Ducs faifoient fourdement leurs préparatifs, & croyoient que Charlemagne, occupé loin d'eux contre d'autres ennemis, ne foupçonnoit pas feulement cette nouvelle entreprife, voici Charlemagne qui defcend en Italie, traverfe rapidement Florence & Rome, & court vers Bénévent, en foumettant fur fa route toutes les places du duc Arichife. Le Duc épouvanté envoie Romuald fon fils aîné, protefter de fa fidélité, & amufer Charlemagne par des négociations & des prières. Charlemagne retient Romuald à fa fuite fans l'écouter , &, preffant plus vivement fa marche vers Bénévent , ne laiffe au Duc que le tems de s'enfuir à Salerne, & bientôt le Duc fut forcé de fe foumettre à toutes les conditions qu'un vainqueur fi rapide voulut lui impofer.

Le duc de Bavière fentit l'impoffibilité de réfifter feul à l'activité foudroyante qui venoit d'accabler fon allié. Rien n'étoit prêt ni de la part des Huns , ni même de la fienne. Charlemagne avoit toujours exécuté avant qu'on eût feulement achevé de projeter. Taffillon, obligé, comme Arichife, de recourir aux fupplications, & de tenter des voies d'accommodement, parvint à mettre dans fes intérêts jufqu'au pape Adrien, l'ami de Charlemagne. Le Pontife fut flatté de ce rôle de protecteur du foible, & de médiateur auprès du puiffant, rôle fi noble en effet, & qui auroit dû fuffire à l'ambition des Papes. Charlemagne, naturellement difpofé à l'indulgence envers Taffillon fon coufingermain, accueillit les follicitations d'Adrien ; mais Taffillon, plus éloigné du danger que ne l'avoit été Arichife, & fe fentant d'ailleurs défendu par les droits du fang , mit dans la négociation toute la mauvaife foi qu'il crut pouvoir fe permettre impunément. A l'ardeur avec laquelle fes envoyés follicitoient la paix, il fembloit qu'il n'y eût qu'à conclure : cependant lorfque le Pape, animé du même zèle , & entrant dans les mêmes vues, les preffa lui-même de s'expliquer fur les propofitions, il fut bien furpris d'apprendre qu'ils n'avoient d'autres inftructions que d'écouter & de rendre compte. On vit évidemment alors que le duc de Bavière n'avoit voulu que gagner du tems pour faire fes préparatifs ; le Pape retira fa médiation , indigné qu'on en abufat ainfi, & qu'on voulût faire de l'arbitre de la paix un inftrument de guerre. Pendant qu'il menaçoit, qu'il parloit d'excommunication, qu'il juftifioit Charlemagne, & chargeoit Taffillon du crime de la guerre, Charlemagne, entrant dans la Bavière avec trois armées à la fois , avoit déjà réduit le Duc à fe foumettre aux mêmes conditions qu'Arichife, en donnant pour ôtages fon fils & douze des principaux feigneurs bavarois ; précautions auxquelles n'ajoutoit rien celle qu'il prit encore de le faire jurer fur les corps de faint Denis, de faint Germain & de faint Martin, qu'il feroit fidèle.

Charlemagne, croyant donc avoir foumis les Bavarois, les Bénéventins, & avoir pacifié l'Italie, fe hâta de revoler à de nouvelles guerres & à de nouveaux fuccès ; auffitôt Taffillon renoua fes négociations avec les Huns, & Arichife avec l'Empire grec.

Le duc de Bénévent, placé fur les confins des domaines de la France, en Italie, & des poffeffions des Grecs, entre les droits nouveaux des conquérans français & les prétentions furannées de l'Empire grec, qui fe difoit toujours le feul Empire romain, fembloit pouvoir choifir le Souverain qu'il voudroit ; il choifit l'Empire ; il s'en reconnut vaffal & fujet ; il prit l'habit grec, fe fit couper les cheveux à la manière des Grecs : l'impératrice Irène & Conftantin fon fils le créèrent leur patrice en Italie ; il reçut folennellement la robe qui étoit la marque de cette dignité, avec les cifeaux qui, en lui coupant les cheveux, devoient le naturalifer grec. Irène, alors en rupture ouverte avec Charlemagne, paroiffoit armer contre lui & vouloir lui difputer l'Italie. Arichife attendoit impatiemment l'armée grecque, & en preffoit l'arrivée par les plus ardentes follicitations ; en même tems Taffillon armoit le plus fecrétement qu'il pouvoit fes Bavarois, & appeloit les Huns dans les Etats de Charlemagne. Plus expofé aux regards de ce conquérant, qui étoit alors en Germanie, moins à portée d'être fecouru par fes alliés, il couvroit fes armemens du voile du myftère ; mais il n'y avoit point de myftère pour Charlemagne : il affemble un parlement folennel à Ingelheim, lieu de fa naiffance : le duc de Bavière y eft invité, comme coufin-germain du Roi, comme vaffal de la couronne : cette invitation fut pour lui un coup de foudre. Il étoit également dangereux, & de s'y rendre, & de s'y refufer. S'y rendre, c'étoit remplir ce devoir de vaffal qui lui étoit fi odieux ; il n'étoit cependant à qu'un inconvénient & non pas un danger. Le danger étoit de comparoître devant des juges, étant déjà condamné par fa confcience. Refufer de comparoître, c'étoit s'avouer coupable, & Taffillon n'étoit pas encore en état d'éclater. Après avoir pefé les inconvéniens des deux partis, autant qu'une citation fi preffante & le trouble où elle le jetoit purent le lui permettre, il prit le parti de comparoître ; il compta fur le fecret qu'il croyoit avoir mis à fes opérations, & fur la parenté qui l'uniffoit à Charlemagne ; il crut furtout que cette démarche même feroit illufion, & diffiperoit jufqu'aux moindres foupçons qu'on pouvoit avoir de ce qui fe paffoit. A peine arrivé au parlement, il eft arrêté : on lui fait fon procès ; mille accufateurs s'élèvent contre lui de toutes parts, & ces

accufateurs étoient pour la plupart fes propres fujets, qu'il avoit engagés malgré eux dans fa révolte. Il n'eut rien à répondre pour fa défenfe ; il fut convaincu d'avoir traité directement avec les Huns pour les attirer fur les terres des Français, & indirectement avec les Grecs par l'entremife d'Arichife. Ses propres fujets l'accuférent de leur avoir donné des leçons d'une infidélité groffière, mais infernale, & au moyen de laquelle il n'y auroit plus rien de fûr parmi les hommes : c'étoit de diriger leur intention de manière qu'en prêtant ferment de fidélité à Charlemagne comme à leur fuzerain, ils fubftituaffent dans leur efprit le nom de Taffillon à celui de Charlemagne, & le titre de duc de Bavière à celui de roi de France. On voit que la doctrine de la direction d'intention, & tous ces abfurdes artifices par lefquels les hommes croient tromper Dieu en trompant leur confcience, font de tous les tems, & furtout des tems barbares. Taffillon fut jugé felon toute la févérité des loix féodales ; il fut condamné unanimement à avoir la tête tranchée, comme vaffal félon, & comme fujet traître envers l'Etat. Charlemagne parut ufer d'une affez grande clémence en lui laiffant la vie, par égard pour les liens du fang qui les uniffoit, & en fe contentant de faire enfermer dans divers monaftères, le Duc, fa femme, deux fils & deux filles, fruits de leur union, après avoir confifqué leurs Etats ; ce qui fut exécuté fans réfiftance & même fans contradiction : preuve certaine que les Bavarois ne partageoient point l'infidélité de leur Duc, & qu'ils préféroient même l'autorité de Charlemagne à celle de leur Souverain particulier.

Le Roi changea la forme du gouvernement de la Bavière ; au lieu d'un Duc héréditaire, il établit dans cette province un certain nombre de comtes qui n'étoient qu'à vie.

Quelques années après le malheureux Taffillon comparut au concile de Francfort (en 794) en habit de moine, confeffa toutes fes infidélités, en demanda pardon au Roi, & renonça pour lui & pour fa poftérité à tous fes droits fur la Bavière. Pour prix de fa foumiffion & de fon repentir, le Roi lui accorda quelques graces ; il le réunit avec fes deux fils fous une clôture moins rigoureufe, dans le monaftère de Jumiéges, & leur affigna une penfion que fa libéralité mefura moins fur leur état de moines, que fur le rang dont ils étoient déchus.

TATTEMBACH, (*Hift. des troubles de Hongrie*), comte de Rheiftan, un des complices de la conjuration du comte de Serin & de quelques feigneurs hongrois contre l'empereur Léopold, en 1669. Il fut arrêté à Gratz en 1670. Le comte de Serin & fes autres complices furent exécutés le 30 avril 1671. Tattembach ne fut jugé que fept mois après, & ne fut exécuté que le premier décembre 1672.

TAUREA JABELLIUS, ( *Hiſt. rom.* ), ſoldat campanien, ſervant dans l'armée d'Annibal, fit à un ſoldat romain, nommé Claudius Aſellus, un défi qu'il ſoutint mal. Le combat ſe livroit près de la ville de Nole ; Taurea, preſſé par Claudius, s'enfuit dans la ville ; Claudius l'y pourſuivit avec tant d'ardeur, & conſterna tellement les habitans, qu'il traverſa impunément toute la ville & ſortit par une autre porte.

Taurea, dans une autre occaſion, rétablit ſa gloire par un trait de férocité. Il étoit dans Capoue lorſque cette ville fut priſe par Fulvius : il tua de ſa main ſa femme & ſes enfans, & ſe tua lui-même aux pieds du général romain.

TAUREAU *ou* THOREAU, en italien TORELLI ( ANDRÉ ), ( *Hiſt. litt. mod.* ), célèbre juriſconſulte & profeſſeur en grec dans l'univerſité de Boulogne ; il mourut, à ce qu'on croit, dans cette ville en 1646. Il étoit né à Dijon en 1594. Papillon, dans ſa *Bibliothèque des auteurs de Bourgogne*, donne les titres de dix-huit ouvrages différens de cet auteur. Parmi ces titres il y en a d'aſſez piquans : *Pithei Tribunal, ſive de juriſprudentia commercio cum Muſis. Marſyas excoriatus, ſive ignorantia profligata. Prometheus in Caucaſo, de curis & laboribus doctorum. Mercurii ſpelunca : de ſapientiæ domicilio.* Un autre de ſes ouvrages eſt un panégyrique du pape Urbain VIII ( Barberin ), accompagné des éloges de quarante-cinq cardinaux. Un autre encore eſt un portrait du cardinal de Richelieu, &c. Le tout en latin.

TEIXEIRA ( PIERRE ), ( *Hiſt. du Portugal* ), dominicain portugais, fort attaché au parti de dom Antoine, prieur de Crato, ſuivit ce Prince en France, & fut pris par les Eſpagnols dans un combat naval près des îles Tercères. Il fut conduit à Lisbonne, alors ſous la domination ou la tyrannie de Philippe II, roi d'Eſpagne. Il trouva le moyen de ſe ſauver & de rejoindre dom Antoine. Il fut enſuite prédicateur ordinaire & aumônier de notre roi Henri III. Il le fut enſuite de Henri IV. Pierre de l'Etoile dit de lui dans ſon Journal du règne de Henri IV : *C'étoit un homme de bien, meilleur Français qu'Eſpagnol, grand généalogiſte, & aſſez docte pour un moine. Au reſte, homme pacifique, & formel ennemi de toute ligue & faction ; ce qui le rendoit odieux à beaucoup de ſon couvent.* Il a beaucoup écrit ſur le Portugal & contre l'uſurpation de Philippe II. Il a dreſſé les généalogies des Maiſons de Bourbon, de La Tremoille, &c. Envoyé par le Gouvernement en Angleterre, il préſenta au roi d'Angleterre la généalogie de la Maiſon Stuart. Il mourut à Paris dans ſon couvent, en 1604.

TELESILLE. ( *Hiſt. anc.* ) Cléomène, roi de Sparte, faiſant le ſiége de la ville d'Argos, vers l'an 557 avant J. C., Teleſille, Dame illuſtre par ſon courage, fit armer toutes les femmes & les diſpoſa ſur les remparts pour remplacer les défenſeurs qui commençoient à manquer. Cléomène calcula aiſément que s'il étoit vainqueur il le ſeroit ſans gloire, que s'il étoit vaincu par des femmes il le ſeroit avec honte ; il leva volontairement le ſiége, laiſſant ainſi à Teleſille l'honneur d'avoir été la libératrice de ſa patrie. Elle joignoit au mérite de la valeur, celui d'exceller dans la poéſie ; & ces talens réunis lui firent élever une ſtatue dans une des places publiques d'Argos.

TELESIUS ( BERNARDIN ), ( *Hiſt. litt. mod.* ), philoſophe & mathématicien du ſeizième ſiècle, fut un des prédéceſſeurs de Deſcartes, qui, peu ſatisfaits, comme lui, de la philoſophie péripatéticienne, cherchoient une route nouvelle pour arriver à la vérité. Il fit pluſieurs découvertes d'optique. Il renonça aux ſoins & aux embarras du ſiècle. Retiré dans un bois au bord d'un fleuve, il s'y livra entièrement à des méditations philoſophiques. Ces méditations produiſirent un ouvrage en deux volumes, où il expoſoit les principes des choſes naturelles. Le livre eut le plus grand ſuccès & lui procura des partiſans & des admirateurs ; il fut ſolennellement invité à venir à Naples inſtruire la jeuneſſe. Il s'y forma une Académie où ſes principes furent publiquement enſeignés ſous le nom de *Philoſophie téléſienne*. Cette Académie a ſubſiſté long-tems encore après ſa mort, arrivée en 1588 à Cozence ſa patrie, dans le royaume de Naples.

Thomas Teleſius ſon frère étoit archevêque de Cozence ; ils etoient d'une famille diſtinguée par ſa nobleſſe & par ſon amour pour les Lettres.

TELON & GYARÉE, ( *Hiſt. anc.* ), frères jumeaux, marſeillais, tous deux aſtronomes, mathématiciens & ſurtout marins célèbres, tous deux tués dans un combat naval contre Jules-Céſar, devant Marſeille. Voici le témoignage que rend Lucain dans le troiſième livre de *la Pharſale*, aux talens & aux connaiſſances de Telon :

*Dirigit huc puppim miſeri quoque dextra Telonis,*
*Quâ nullam melius pelago turbante, carinæ*
*Audivere manum nec lux eſt notior ulli*
*Craſtina, ſeu Phœbum videat, ſeu cornua lunæ,*
*Semper venturis componere carbaſa ventis.*

Gyarée fut tué le premier,

*Dùm cupit in ſociam Gyareus erepere puppim,*
*Excipit immenſum ſuſpenſa per ilia ferrum.*
*Affixuſque rati, telo retinente, pependit.*

Telon, ſaiſiſſant de ſa main droite un vaiſſeau ennemi pour venir à l'abordage, eut cette main coupée, & n'en continua pas moins de combattre & de manœuvrer :

*Sed*

*Sed eam gravis insuper ictus*
*Amputat: illa tamen nisu quo prenderat, hæsit,*
*Diriguitque tenens strictis immortua nervis.*

Ici Lucain ne surfait-il pas un peu ? Quoi qu'il en soit, la main gauche fut pareillement coupée ; & Telon, ne pouvant plus nuire à l'ennemi que par son tronc & par son poids, se jeta dans le vaisseau qu'il attaquoit ; il fut percé de coups, mais il vivoit encore lorsque le vaisseau coula à fond, & il mourut entouré d'ennemis qu'il immoloit. Toutes ces particularités sont rapportées en beaux vers par Lucain :

*Effugientem animam lassos collegit in artus ;*
*Membraque contendit toto quicumque manebat*
*Sanguine, & hostilem defectis robore nervis,*
*Insiluit, solo nociturus pondere, puppim*
*Strage virûm cumulata ratis ..... decidit in undas .....*
*Æquora discedunt mersâ diducta carinâ.*

TEMPESTE (ANTOINE), (*Hist. mod.*), fameux peintre & graveur florentin, mort en 1630, eut pour maître en peinture le flamand Strada, qui peignoit alors des batailles qu'on voit à Florence dans le vieux palais du Grand-Duc. Tempeste fut aussi un peintre de batailles, de chasses, de cavalcades, d'animaux de toute espèce. On a de lui un grand nombre d'estampes dont les sujets sont de son invention ; mais il en a beaucoup aussi d'après les desseins d'Othon Væni, peintre estimé dans les Pays-Bas, entr'autres quarante planches représentant l'histoire romanesque des sept infans de Lara, histoire digne de la Bibliothèque bleue, mais propre à fournir aux arts des idées & des images.

TENTZELIUS : c'est le nom de deux savans Allemands ; l'un, André, médecin, qui vivoit en 1630, a décrit fort au long, dans un Traité particulier, la matière des momies, leurs vertus & leurs propriétés, la manière de les composer & l'application qu'il vouloit qu'on en fît à de certaines maladies comme de remèdes spécifiques. Il n'est pas le seul qui ait prétendu ainsi appliquer les momies à la médecine ; mais il paroit que c'est une idée abandonnée.

L'autre étoit un savant & un antiquaire, propre uniquement au cabinet, qui a beaucoup écrit sur différentes matières d'érudition. Il enlève à saint Ambroise & à saint Augustin l'hymne *Te Deum laudamus*, qu'on leur attribue dans nos livres d'église. Il avoit du goût pour la polémique, & a écrit contre divers auteurs, qui le lui ont rendu. Né le 11 juillet 1659 dans la Thuringe, d'un père ministre ; il mourut le 24 novembre 1707.

TERRAIL (LOUIS DE COMBOURSIER, sieur DU), (*Hist. mod.*), gentilhomme français de bonne Maison, quoiqu'il paroisse n'avoir rien eu de commun avec la Maison du Terrail, fondue dans celle d'Estaing & dont étoit le chevalier Bayard, étoit d'ailleurs d'une bravoure distinguée, mais malheureux dans ses entreprises. Henri IV l'avoit fait cornette de la compagnie du Dauphin, qui fut depuis Louis XIII ; mais ayant pris querelle au Louvre avec un gentilhomme qu'il tua sous les yeux du Roi, lequel étoit alors à sa fenêtre, il fut fort heureux de pouvoir se sauver par la fuite. Il se retira dans les Pays-Bas auprès des Archiducs, alors en guerre contre la Hollande. Il fit, pour les servir, trois entreprises, deux sur Bergop-Zoom, une sur l'Ecluse, dont aucune ne réussit. Pendant la trève de douze ans entre la Maison d'Autriche & la Hollande, il alla en pélerinage à Notre-Dame de Lorette, avec un bourdelais nommé La Bastide. A leur passage par Turin, ils allèrent saluer le duc de Savoie, qui, sans qu'on voie sur quoi pouvoit être fondée cette confiance dans des étrangers & des passans, s'ouvrit à eux du dessin qu'il avoit de s'emparer de Genève par surprise. Du Terrail & La Bastide lui en proposèrent les moyens & lui offrirent leurs services : le Duc les accepta, & les récompensa d'avance par des présens. Mais pour réussir dans de pareilles entreprises il faut d'abord savoir les tenir secrètes. Du Terrail, déjà soupçonné, parla & parla fort indiscrétement : on l'arrêta, ainsi que La Bastide, dans le Pays de Vaud ; ils avouèrent tout à Genève où ils furent conduits, & où on leur fit leur procès. Du Terrail eut la tête tranchée le 17 avril 1609. La Bastide fut pendu deux jours après. Du Terrail fut regretté, parce qu'il étoit très-brave & qu'il joignoit à des qualités aimables un extérieur très-avantageux. Spon, dans son histoire de Genève, rapporte que Du Terrail, en allant au supplice, demandoit, non pas grace, mais pardon au peuple, contre lequel il avoit en effet le tort de conspirer, n'y étant forcé par aucun devoir de sujet ; & que le peuple de son côté, touché de sa bonne mine & de sa réputation de valeur, pleuroit sur lui & eût voulu lui faire grace. Les parens de Du Terrail demandèrent son corps, mais il étoit enterré & on ne voulut pas l'exhumer. Il falloit que sa réputation de guerrier illustre fût bien établie, puisqu'on mit les vers suivans à son honneur dans une chapelle : on ne dit pas si c'est là qu'il étoit enterré.

Cavaliers, accourez aux tristes funérailles
De ce grand Du Terrail, de qui l'injuste sort,
Après l'avoir sauvé de cent & cent batailles,
Dans une pleine paix l'a conduit à la mort.

On lui fit encore cette autre épitaphe en vers, plutôt incorrects (témoin le troisième) que mauvais :

Tel fut de Du Terrail l'injufte & trifte fort,
Toujours victorieux, mais vaincu par l'envie,
Sa *vie lui* devoit une plus belle mort,
Mais fa mort lui promet une plus belle vie.

Ces mots, *vaincu par l'envie,* fembleroient infinuer qu'il auroit fuccombé fous la calomnie & qu'il feroit mort innocent.

TERRIN (CLAUDE), (*Hift. litt. mod.*), confeiller en la fénéchauffée d'Arles, & membre de l'Académie de la même ville & favant antiquaire, s'eft fait connoître dans le dix-feptième fiècle & au commencement du dix-huitième par de bonnes Differtations fur divers points d'antiquité, Differtations qui lui ont mérité les éloges des Vaillant, des Spon, des Patin, des Spanheim. Sa découverte d'un théâtre qu'on avoit toujours cru un temple, & d'une ftatue de Vénus qu'on avoit toujours cru une ftatue de Diane, découverte conteftée d'abord par les partifans de l'ancienne erreur, mais confirmée & démontrée par les développemens de la difpute, fit beaucoup de bruit dans le tems : tous les vrais favans décernèrent la victoire à M. Terrin. On trouve dans le *Journal des Savans*, du 28 août 1684, une très-bonne expofition de cette découverte. M. Terrin poffédoit parfaitement l'hiftoire grecque & l'hiftoire romaine, & étoit très-verfé dans les Belles-Lettres. Il avoit un cabinet curieux de médailles & d'antiquités. Plufieurs de fes Differtations ont été imprimées, une entr'autres où il donne fon fentiment fur un cachet d'agate orientale qu'il confervoit dans fon cabinet, & une autre fur le dieu *Pat*, divinité ridicule, adorée, comme tant d'autres, chez les Egyptiens. M. Terrin eft mort à Arles le 31 décembre 1710.

TESTELIN (LOUIS), difciple de Simon Vouet, né à Paris en 1615, mort en 1655. Sa vie nous fournit un bel & rare exemple de l'amitié qui devroit régner entre ceux qui courent la même carrière. Ce peintre & Charles Le Brun étoient unis par les fentimens les plus tendres ; « ils dif- » couroient fans ceffe de leur art : Le Brun pro- » pofoit les difficultés, Teftelin les difcutoit avec » efprit. Un jour qu'ils étoient à table, la difpute » s'échauffa ; Le Brun y foutint que l'Ecole ro- » maine, par fes belles compofitions, fes con- » traftes heureux & la correction de fon deffin, » l'emportoit fur toutes les autres : Teftelin, au » contraire, exaltoit le clair-obfcur admirable de » l'Ecole vénitienne, & fes grands coups de lu- » mière qui l'avoient toujours frappé. On entre » de part & d'autre dans tous les détails néceft- » faires pour prouver ce que l'on avançoit. Il fe » dit des chofes excellentes qu'on feroit heureux » d'avoir par écrit. Enfin, cette difpute fut pouffée » bien avant dans la nuit, & elle fe termina par

» ces paroles de Le Brun : *Ami, vous m'avez* » *charmé par votre fcience profonde, la victoire eft à* » *vous : perfonne affurément n'eft mieux inftruit des* » *grandes maximes de fon art.* »

Le trait fuivant infpire autant de refpect pour la belle ame de Le Brun, que fes ouvrages infpirent d'admiration pour fes grands talens.

« Le Brun n'étoit occupé que de fon ami Tef- » telin ; il le favoit peu à fon aife, & cherchoit » toutes les occafions de le fervir & d'adoucir la » rigueur de fon fort : un jour ils dînoient en- » femble à fa belle maifon de Montmorenci, dans » une grotte au pied de la cafcade, lorfque Le » Brun fit habiller en Amour le plus beau des en- » fans de fon jardinier, qui avoit environ dix ans. » Il parut fuivi de deux autres Amours, & pré- » fenta de la part de Vénus des vers & une bague » de mille écus à Teftelin. Celui-ci fut furpris » d'une façon de donner auffi galante, qui voiloit » avec délicateffe & embelliffoit en même tems la » générofité de fon bienfaiteur. »

Des peintres, envieux du mérite de Teftelin & de la confidération que l'amitié de Le Brun lui attiroit, effayèrent en vain, joignant la noirceur à la jaloufie, de jeter entre ces deux amis des femences de divifion, en attribuant à Le Brun le beau tableau de la Réfurrection de Thabite par faint Pierre, qui étoit à Notre-Dame, & dans lequel Teftelin n'avoit fait qu'imiter en maître la grande manière de Le Brun & de Le Sueur. Le Brun n'étoit pas homme à ufurper la gloire qui appartenoit à fon ami : il eût plutôt partagé la fienne avec lui, ainfi la vérité triompha, & la malice des jaloux fut confondue.

On connoît encore deux excellens tableaux de Teftelin, l'un la Flagellation de faint Paul & de Silas, qui étoit encore à Notre-Dame ; l'autre étoit dans l'églife de la Charité, & y étoit bien placé ; c'eft faint Louis qui panfe un malade.

TÉTRADE, (*Hift. litt. mod.*), poëte latin du quatrième fiècle, difciple d'Aufone, qui préféroit quelques-unes de fes fatyres à celles de Lucilius ; mais nous ne les avons pas.

TEUDEGILDE, (*Hift. de Fr.*), fille d'un pauvre berger, mais belle, infpira de l'amour à Caribert ou Cherebert, roi de Paris, l'aîné des fils de Clotaire I. Après la mort de Cherebert, elle efpéra féduire auffi Gontran fon frère, roi de Bourgogne, par les charmes qu'elle avoit encore & les tréfors qu'elle avoit de plus ; Gontran prit les tréfors & mit Teudegilde dans un couvent à Arles, où elle mourut.

TEULFUS, (*Hift. litt. mod.*), eft l'auteur du premier des trois livres de la Chronique de Morigny, monaftère de l'Ordre de Saint-Benoît, près d'Etampes, dont la manfe monachale a été réunie à un féminaire du diocèfe. Voici de quelle manière ce religieux parle de lui-même : *Je ne sais si j'ai été d'une grande utilité à cette Maison, si ce n'est que j'ai ponctué & corrigé la Bible, depuis le livre de la Genèse jusqu'à la dernière Épître de saint Paul, le Traité de saint Augustin, DE TRINITATE DEI; celui DE VERBIS DOMINI SUPRA JOANNEM; les Morales de saint Grégoire, & quelques autres : je fus long-tems chantre dans ce monastère, & j'y ai depuis été chargé de l'office de prieur, mais je ne m'en acquittai pas comme il convenoit : je manquois du savoir, de l'activité & de la force, non pas du corps, mais de l'esprit, qui sont nécessaires pour exercer dignement un pareil emploi.* La manière plus avantageuse dont parlent de lui les continuateurs de la Chronique fait connoître que tout cela n'est que le langage modeste d'un religieux. M. de la Curne de Sainte-Palaye ne laisse rien à desirer sur la Chronique de Morigny & sur ses continuateurs, dans un Mémoire inséré au tome X, pag. 541 & suiv. du Recueil de l'Académie des Inscriptions & Belles-Lettres.

THARCELIE, ( *Hist. anc.* ), fille de Milet, dont on vante beaucoup la sagesse, ainsi que la beauté; mais elle fut mariée jusqu'à quatorze fois, au rapport d'Athénée. Du reste, voyez son article dans le Dictionnaire.

THAULER ( JEAN ), ( *Hist. ecclés.* ), dominicain allemand, vers le milieu du quatorzième siècle, mort le 17 mai 1361, dans un couvent de son Ordre à Strasbourg, où l'on voyoit encore dans les derniers tems son épitaphe, quoique ce lieu soit depuis long-tems le collége public de la ville. Thauler a passé pour un des plus grands maîtres de la vie spirituelle; il a beaucoup écrit sur cette matière. Ses *Imitations*, ouvrage estimé, ont été traduites en français par M. de Loménie de Brienne.

THEANI (BARTHELEMI), *Bartholomaeus Theanius*, ( *Hist. litt. mod.* ), poète & orateur, enseignoit l'éloquence & la poésie à Bresse, vers le milieu du seizième siècle. Il vivoit encore en 1561. Il a écrit des Commentaires sur l'art de la rhétorique, des Observations sur le Traité de la rhétorique à Hérennius, souvent imprimé parmi les Œuvres de Cicéron, quoiqu'on ne le croie pas de lui; des déclamations ou harangues, un discours où il traite du plaisir d'acquérir des connoissances, *de Voluptate cognitionis*, sujet intéressant; des poésies surtout. Voici ce qu'en dit un écrivain contemporain & ami de l'auteur: *Habet & poemata plurima, virgilianam gravitatem & ovidianam facilitatem redolentia, nam Brixiam à Gallis captam heroicis carminibus conscriptam edidit.* L'éloge n'est pas mince : un poète latin qui joindroit à la majesté de Virgile l'élégance facile d'Ovide, ne seroit sûrement pas à dédaigner. Il paroît que le sujet de ce poème est la prise de Bresse par

Gaston de Foix, duc de Nemours, en 1512. Le chevalier Bayard fut dangereusement blessé à l'assaut de cette place, & porté dans une maison qu'il préserva du pillage & où il répandit la consolation & la joie. Le sujet étoit susceptible de grandes beautés.

THEBALDESCHI ( FRANÇOIS ), cardinal, qu'on appeloit le cardinal de Saint-Pierre, parce qu'il étoit archiprêtre de Saint-Pierre, étoit un des seize cardinaux qui se trouvèrent à Rome après la mort de Grégoire XI, qui avoit reporté le Saint-Siége d'Avignon à Rome. Le peuple romain, craignant une nouvelle translation si l'on élisoit pour Pape un Français ou tout autre étranger, crioit en fureur autour du conclave : *Romano lo volemo.* Les cardinaux, ne voulant ni obéir au peuple, pour ne pas paroître céder à la crainte, ni l'irriter de peur du danger, prirent un milieu, & nommèrent, non un Romain, mais un Italien, Barthélemi Prignano, archevêque de Bari, auquel on opposa dans la suite le Clément VII d'Avignon; ce qui forma le grand schisme d'Occident. Cependant le peuple avoit fait une irruption dans le conclave, & alloit peut-être égorger les cardinaux lorsqu'un d'entr'eux, pour prévenir ce malheur, imagina de crier qu'on venoit d'élire le cardinal de Saint-Pierre, romain; alors le peuple content, emporte de force ce vieux octogénaire dans l'église de Saint-Pierre, le place sur l'autel pour être adoré, selon la coutume, quoiqu'il ne cessât de crier qu'il n'étoit pas Pape & que c'étoit l'archevêque de Bari qui venoit d'être élu : on crut que c'étoit de la part du cardinal de Saint-Pierre un refus, que le peuple ne voulut pas souffrir : on le porta, malgré toutes ses protestations, au palais pontifical, où il fallut qu'il se laissât traiter en Pape jusqu'au lendemain qu'on publia enfin l'élection de l'archevêque de Bari, Barthélemi Prignano, qui fut le pape Urbain VI.

THEMISON, ( *Hist. anc.* ), célèbre médecin, très-souvent cité par Pline, & dont Juvénal a dit :

*Quot Themison aegros autumno occiderit uno.*

étoit de Laodicée, & vivoit, selon les uns, du tems de César & de Pompée; suivant d'autres, sous l'empire de Domitien. Il fut le chef de la secte qu'on appela des Méthodiques.

THEMISTOCLÉE, ( *Hist. anc.* ), sœur de Pythagore, enseigna, dit-on, la morale à son frère.

THEMISTOGÈNE, ( *Hist. anc.* ), de Syracuse, historien grec, est cité par Xénophon, comme ayant écrit, dans un assez grand détail, toute l'histoire du jeune Cyrus & de la retraite des dix mille Grecs, & l'on conjecture que c'est l'ouvrage de Xénophon, général de ces dix mille

Grecs, & auteur de cette belle retraite, qui a causé la perte de l'ouvrage de Themistogène.

**THÉOBALDE** *ou* **THIBAUT** (ZACHARIE), (*Hist. mod.*), historien luthérien, né en Bohême, mais ayant vécu & ayant écrit à Nuremberg. On a de lui, en allemand, l'histoire de Jean Hus & de la guerre des Hussites, ouvrage qui a été traduit en latin: on a aussi de lui, en latin, une histoire chronologique de l'église de Bohême, & une suite généalogique & chronologique des Juges, des Ducs & des Rois de Bohême. Cet auteur a joui de quelque estime.

**THÉOPHANE.** A cet article, il n'est parlé, dans le Dictionnaire, que de Georges Théophane, l'un des écrivains de la Bysantine, & d'un autre Théophane, évêque de Tauromine en Sicile. Mais il en est un qu'il n'est pas permis d'oublier, c'est Théophane de Mitylène, sur la vie & les ouvrages duquel M. l'abbé Sévin a fait de savantes recherches, insérées dans le quatorzième volume, pag. 143 & suiv., du Recueil de l'Académie des Inscriptions & Belles-Lettres. Ce Théophane étoit tout à la fois historien, poëte & homme d'Etat. L'intime amitié qui l'unissoit avec le grand Pompée, la confiance qu'il sut inspirer à cet illustre Romain, qui le consultoit sur toutes les affaires, auroient été seules des titres suffisans pour le recommander à la postérité. Les partisans de Mithridate, dans ses guerres contre les Romains, étant les plus puissans à Mitylène, & ayant livré à Mithridate Manius Aquilius, l'un des généraux de la République, ceux qui s'étoient opposés à cette lâche résolution furent bannis de la ville. On présume que Théophane & son père furent du nombre des bannis, qu'ils se retirèrent auprès de Sylla lorsqu'il entra en Grèce à la tête des légions romaines, qu'ils en furent accueillis, que la guerre finie ils suivirent ce grand général à Rome, que Théophane y vit Pompée, & que là il se forma leur amitié. Il faut avouer que tous les suffrages ne sont pas favorables à Théophane: si Strabon le loue, Plutarque le décrie. Au reste, il paroît que les reproches qu'on lui fait sont principalement d'avoir tout sacrifié en toute occasion aux intérêts de Pompée par un motif qui n'étoit pas entièrement pur; par le desir & l'espérance de profiter, pour sa propre élévation, de la grandeur & de la puissance de Pompée. Pompée, de son côté, étoit, dit-on, avide de louanges, & par cette raison il vouloit avoir auprès de lui un écrivain flatteur, capable de rehausser, par les graces du langage, l'éclat de ses victoires. Théophane le servit à son gré; il employa tous ses talens à relever le mérite de l'expédition de Pompée contre Mithridate. La lecture de son ouvrage charma Pompée; il assembla les légions, & en leur présence, après un discours où les services de Théophane étoient exaltés comme les exploits de Pompée l'avoient été

par Théophane, il accorda solennellement à celui-ci le droit de bourgeoisie romaine. A son retour il eut pour Théophane la complaisance de visiter la ville de Mitylène, & de rendre ses habitans témoins de la considération dont leur compatriote jouissoit auprès de lui. A sa prière, il leur rendit les priviléges dont le sénat les avoit dépouillés pour les punir de s'être jetés dans le parti de Mithridate. Tant de marques de confiance & d'amitié de la part d'un homme tel que Pompée acquirent à Théophane l'amitié des Romains les plus distingués, tels qu'Atticus & Cicéron. Quelques endroits des lettres de Cicéron à Atticus donnent lieu de penser que quand ce célèbre orateur, succombant sous la violence de Clodius & sous la mauvaise volonté de Pompée, contraire alors à Cicéron, fut obligé de quitter Rome, Théophane travailla sincérement à conjurer l'orage. Cicéron en reçut des conseils salutaires, & de son propre aveu il s'étoit repenti plus d'une fois de ne les avoir pas suivis. On insinue même que vraisemblablement il lui fut redevable en partie de son rappel, Théophane ayant disposé favorablement pour lui l'esprit de Pompée. Quand la guerre civile éclata, Théophane suivit le parti de Pompée: des motifs vertueux ou du moins raisonnables pouvoient l'y déterminer; mais on observe que l'intérêt pût l'attacher à ce parti. Si Pompée étoit vainqueur, Pompée étoit le maître, & Théophane, qui le gouvernoit par les louanges, étoit le maître sous lui; Pharsale en ayant décidé autrement, Pompée, que les conseils de Théophane avoient engagé à rejeter les propositions de César, qui auroient pu prévenir la guerre civile, s'embarque avec le même Théophane pour aller à Mitylène reprendre Cornélie sa femme, qui s'y étoit retirée comme dans une place sûre, dont les habitans, comblés des bienfaits de son mari, étoient d'ailleurs dévoués à Théophane qui les leur avoit attirés. Dans la délibération sur la retraite que choisiroit Pompée, Théophane opina pour l'Égypte, dont le Roi devoit à Pompée sa couronne. On croit qu'après la mort de Pompée, Théophane ne fut pas des derniers à implorer la clémence du vainqueur. Après la mort de César, lorsque tous les partisans de la République alloient grossir l'armée de Brutus & Cassius, Cicéron mande à Atticus que Théophane lui avoit demandé une entrevue pour lui parler, disoit-il, d'affaires qui les concernoient l'un & l'autre. On ignore le reste de l'histoire de Théophane. On lit dans Tacite, que les Grecs, auxquels son crédit avoit été souvent utile, lui décernèrent les honneurs divins. Le même Tacite rapporte que le fils de Théophane, nommé Marcus Pompeius Macer, parvint, sous Auguste, à la dignité de préteur. Strabon ajoute qu'au commencement du règne de Tibère, Macer fut en grande faveur auprès de lui; mais que dans la suite ce tyran capricieux le hait & le persécuta, & fit condamner au bannissement Pompeia Macrina, fille de Macer; & Tacite dit que Tibère prenoit pour prétexte de cette injuste persécution l'intimité qui avoit régné entre Théophane & Pompée.

Quant aux écrits de Théophane, le plus important & le plus curieux étoit l'histoire des guerres que les Romains avoient faites en divers pays sous le commandement de Pompée. Il s'en est conservé quelques fragmens dans Strabon, dans Plutarque, dans Stobée. La meilleure partie est celle qui se retrouve dans la vie de Pompée par Plutarque. Diogène Laërce est le seul des anciens qui fasse mention du Traité que Théophane avoit publié sur la peinture. Ce qu'il en dit fait connoître que l'ouvrage contenoit des particularités remarquables de la vie des peintres célèbres.

Plutarque parle d'un très-beau discours que fit Théophane pour consoler les Rhodiens de la perte de leur flotte; mais M. l'abbé Sévin trouve de la difficulté à concilier ce passage de Plutarque avec l'histoire de ces tems-là.

Tels sont les ouvrages que Théophane avoit écrits en prose. Quant à ses poésies, il ne s'est conservé que deux pièces de lui, insérées l'une & l'autre dans le Recueil de l'Anthologie.

Un autre Théophane, archevêque de Novogorod en Russie, s'est distingué au commencement du dix-huitième siècle, sous le czar Pierre I, par son amour pour les Lettres, par son zèle à seconder les vues utiles de ce grand Empereur, dont il avoit été aumônier; par l'établissement qu'il fit dans sa propre maison, d'une école pour soixante jeunes gens qu'il fournit de maîtres & de livres nécessaires. C'étoit le plus savant homme du clergé russe. Né à Kiovia le 9 juin 1681; mort le 8 octobre 1720.

THÉOPHYLACTE. A cet article du Dictionnaire, il n'est parlé que de Théophylacte Simocatta: on peut en joindre deux autres assez dignes de remarque, mais diversement.

1°. Théophylacte, patriarche de Constantinople au dixième siècle, étoit fils de Romain, qui, abusant du pouvoir que lui laissoit la jeunesse de Constantin Porphyrogénète son gendre, éleva ses propres enfans sur le trône impérial. Théophylacte fut destiné à l'Eglise, consacré & mis sur le siège de Constantinople en 933. Il étoit eunuque & en avoit les mœurs dépravées. Il vendoit les bénéfices & les dignités ecclésiastiques, & avoit une telle passion pour les chevaux, qu'il voulut en avoir jusqu'à deux mille. On dit qu'il les nourrissoit d'amandes, de pistaches, de dattes, de safran, de baume & de tout ce qu'il pouvoit imaginer de plus rare & de plus précieux. Officiant pontificalement le jeudi-saint dans l'église de Constantinople, il fut averti qu'une jument qu'il aimoit beaucoup venoit de faire un poulain; il courut à l'écurie pour voir la mère & l'enfant, puis il vint achever l'office. Il mourut par les chevaux. Se promenant à cheval, il se blessa contre une muraille, & mourut des suites de cet accident en 956.

2°. Théophylacte, archevêque d'Acride en Bulgarie, vivoit dans le onzième siècle, sous les empereurs Michel Ducas, Nicéphore Botoniates & Alexis Comnène, & fut un des hommes les plus illustres de ce même siècle. Son archevêché d'Acride étoit la métropole de la Bulgarie. Il eut à établir la foi chrétienne dans cette province alors toute barbare. On a de lui des Commentaires sur plusieurs livres de l'Ecriture-Sainte; ses lettres, écrites en grec & traduites en latin, ont été imprimées & réimprimées en divers lieux au commencement du dix-septième siècle: elles sont d'ailleurs insérées dans la Bibliothèque des Pères.

On a encore de Théophylacte un Traité intitulé en latin: Oratio in adorationem crucis medio jejuniorum tempore; —

Et un autre Traité imprimé en 1651, en grec & en latin, & intitulé en latin: Institutio regia ad Constantinum Porphyrogenitum, Michaëlis Ducis filium. Il a aussi été imprimé dans l'Imperium orientale de dom Anselme Banduri.

L'archevêque d'Acride étoit né à Constantinople; il vivoit encore en 1071.

THEORIEN, THEORIANUS, auteur grec du douzième siècle, fut envoyé en 1170, par l'empereur Manuel Comnène, pour travailler à la conversion des Arméniens, & il a donné une relation de cette légation, & un dialogue d'un orthodoxe avec un évêque arménien; ouvrages qui se trouvent dans la Bibliothèque des Pères.

THÉOSOBIE, (Hist. ecclés.), fille d'Emmelie, femme de saint Grégoire de Nazianze, sœur de saint Grégoire de Nysse; c'est ce qui résulte, soit textuellement, soit par induction, d'une inscription qui se trouve parmi les poésies de saint Grégoire de Nazianze, laquelle inscription n'est pas de ce saint, mais d'un ancien auteur. Tu quoque, Theosebia, inclyta Emmeliæ filia, Gregorii magni verè conjux, hìc sacram subiisti humum, columen feminarum piarum, è vilâ verò maturè excessisti. Elle se sépara de saint Grégoire de Nazianze par un consentement mutuel, & par le désir d'une vie plus parfaite; ils se consacrèrent l'un & l'autre à Dieu. Théosebie fut diaconesse. Baronius & les Pères Henschénius & Papebroch célèbrent beaucoup sa piété. Les deux Grégoires & Théosebie vivoient dans le quatrième siècle de l'Eglise.

THERAIZE (MICHEL), né à Chauni en Picardie, docteur de Sorbonne, chantre en dignité, chanoine & official à Péronne, savant ecclésiastique, est auteur d'un livre estimé, qui a pour titre: Questions sur la messe publique & solennelle, dont on a rendu compte dans le Journal des Savans du lundi 30 novembre 1699. M. Theraize prétend que les auteurs qui ont traité avant lui des cérémonies de la meffe, n'en ont inventé des raifons myftiques que depuis que le tems leur a fait perdre les traces des raifons littérales qui étoient fondées fur l'hiftoire. Au commencement, la célébration du facrifice étoit fort courte : les Apôtres n'ajoutèrent que l'Oraifon dominicale aux paroles de la confécration. La coutume de chanter les prières & de jouer des inftrumens eft venue de l'Ancien Teftament. Quant aux cierges qui font allumés à la meffe, tout le monde fait que cet ufage vient de ce que dans la primitive Eglife, & au tems des perfécutions, les faints myftères n'étoient célébrés que de nuit, ou dans des caves & des catacombes. Lorfque l'églife n'étoit pas affez grande pour contenir tout le peuple, on en difoit plufieurs en un jour, mais c'étoit toujours l'Evêque qui les difoit. Le pape Léon III en difoit quelquefois jufqu'à neuf. Alors les prêtres ne la célébroient qu'au défaut de l'Evêque, mais ils y affiftoient & ils y communioient.

Dans l'Eglife grecque, on ne la difoit pendant le carême que le famedi, le dimanche & le jour de l'Annonciation. Dans l'Eglife romaine, on ne la difoit pas le vendredi & le famedi faints. Dans l'Eglife de Milan, on ne la difoit le carême que le dimanche. Le nombre des prêtres étoit petit alors. Les eccléfiaftiques reftoient diacres toute leur vie, d'autres fous-diacres, d'autres acolythes. Cet ufage n'a changé que vers le dixième fiècle. L'eau bénite a été prife des Juifs. Toutes les autres cérémonies de la meffe & leurs motifs font expliqués dans le refte de l'ouvrage. L'auteur eft mort le 24 novembre 1726, âgé d'environ cinquantehuit ans.

THÉRON (VITAL), (Hift. litt. mod.), jéfuite français, né à Limoux dans le Languedoc, en 1572, profeffeur de rhétorique, de philofophie, de théologie, prédicateur & poète latin eftimé :

Balzac en fait l'éloge en cent endroits divers,

Et l'on n'ajoutoit pas,

Il eft vrai, s'il m'eût cru, qu'il n'eût pas fait de vers.

Mais c'étoit des vers latins : fes principaux poèmes font la vie de Jéfus-Chrift & la vie du roi Henri IV. Le père Théron mourut à Touloufe le 25 février 1657, à quatre-vingt-cinq ans.

THESPESIUS, (Hift. litt. mod.), rhéteur & grammairien de quelque réputation au quatrième fiècle, enfeignoit à Céfarée; il eut pour difciple faint Grégoire de Nazianze, qui le célèbre & le regrette dans fes écrits.

THEVART (JACQUES), (Hift. litt. mod.), médecin de la reine Marie de Médicis, puis d'Anne d'Autriche & de Louis XIV, a donné au public les ouvrages de médecine de Guillaume de Baillou fon grand-oncle, médecin célèbre, à quelques-uns defquels il joignit de favantes remarques. Thevart prit la défenfe de l'émétique dans plufieurs ouvrages; il fit des vers tant latins que français. Il y eut une fameufe thèfe foutenue à Paris fous fa préfidence, le 5 février 1671, contre l'ufage de la levure de bière dans le pain. La queftion fur laquelle la Faculté de médecine étoit alors divifée, & toutes les raifons alléguées de part & d'autre, & les mefures de police que les magiftrats crurent devoir prendre d'après cette incertitude, font très-bien expofées dans le compte que le Journal des Savans a rendu de cette thèfe, le 2 mars 1671. M. Thevart étoit né le 22 octobre 1600 à Paris, & y mourut le 14 décembre 1674, ayant eu vingt enfans, dix-fept d'un premier lit, trois d'un fecond.

THEUDEMER ou THÉODEMER, (Hift. germ.), roi des Francs ou Français au commencement du cinquième fiècle, fils d'un Ricomer, Richemer ou Ricimer, qui étoit mort en Orient au fervice de l'empereur Théodofe. Cet Empereur avoit renvoyé le jeune Théodemer & fa mère Afcila dans leur pays, pour y vivre fous la protection de l'Empire; mais il n'avoit point autorifé Théodemer à prendre le titre de Roi; il le prit cependant; il fit plus, il entra dans la fameufe ligue des Armoriques, dont il paroît que l'objet étoit tout à la fois, & de fe défendre contre les autres peuples barbares, nommément contre les Vandales & les Alains, & de réfifter aux Romains & même de les attaquer. Les Romains regardèrent donc Théodemer comme un fujet rebelle, &, l'ayant pris dans un combat, ils le firent mourir comme tel avec fa mère Afcila. « Il n'étoit pas » befoin, dit l'auteur de l'Avant-Clovis, qu'il fût » leur fujet pour être expofé à ce châtiment; ils » traitoient ainfi ceux qui leur rompoient la foi, » eftimant qu'il eft du droit naturel que quiconque » traite avec un autre, s'oblige & fe foumet à » lui, & qu'en chofes de cette importance fa vie » doit être la caution de fa parole. » Telle eft en effet l'efpèce de droit que Virgile femble reconnoître dans Tullus Hoftilius pour la cruauté dont il ufa envers Metius Suffetius, dictateur d'Albe, qu'il fit écarteler pour crime d'infidélité.

Haud procul indè citæ metium in diverfa quadrigæ
Diftulerant ( at tu dictis, Albane, maneres! )
Raptabatque viri mendacis vifcera Tullus
Per fylvam & fparfi rorabant fanguine vepres.

Mais que de dictateurs, de confuls, de préteurs romains il eût fallu écarteler par le même principe! Ce n'eft pas que ce principe ne méritât d'être vrai & de paffer en ufage; mais quel feroit l'arbitre de fon application? Quel feroit le juge? Un ennemi, un vainqueur, fouvent le trompeur même qui fe plaindroit d'avoir été trompé.

*Gracchos de feditione querentes.*

Des curieux ont dans leurs cabinets des pièces de monnaie *trémiffes*, qui portent l'effigie & le nom de Theudemer : on croit que c'eft ce Theudemer ou Théodemer. On ne voit fur ces monnaies, ni croix, ni aucune marque de chriftianifme, comme en mettoient fur leurs monnaies tous les Princes chrétiens.

**THEUDERIC ou THEDERIC.** ( *Hift. de Char-lemag.* ) Le comte Theuderic *ou* Thederic, parent & ami de Charlemagne, accoutumé à vaincre avec lui, fut le Parménion de cet Alexandre, & le fervit bien dans fes guerres de Germanie & de Pannonie. En 782, la Saxe, déjà plufieurs fois domptée par Charlemagne, fe révolta de nouveau. Charlemagne, occupé ailleurs, y envoya deux armées, qui dévoient fe concerter dans leurs opérations ; l'une étoit commandée par le comte Theuderic, que fa faveur & fa gloire expofoient déjà aux cabales de la cour ; l'autre armée avoit trois chefs, Adalgife, chambellan du roi ; Wolrade, comte du Palais ; & Geilon, comte de l'Eftable ou con-nétable, qui, ainfi que les deux autres, commandoit par le choix du Roi, & non à titre de conné-table, cette dignité, qui répondoit à celle de grand-écuyer, étant alors purement domeftique, & n'étant devenue militaire que long-tems après. On ne conçoit pas bien par quelle politique Charlemagne avoit tant multiplié les généraux ; c'étoit faire naître gratuitement des occafions de difcorde : les trois chefs furent cependant affez unis entr'eux, parce qu'ils étoient tous les trois également jaloux du comte Thederic. Ce général avoit tracé un plan de campagne, dont le fuccès paroiffoit infaillible : les trois chefs s'attachèrent à le faire manquer, & parce qu'il n'étoit pas d'eux, & parce qu'il étoit de lui. On trouve chez les peuples guerriers & barbares prefque tous les vices des cours polies & corrompues, fans les avan-tages de celles-ci : on favoit dès-lors expofer le falut de l'Etat pour empêcher les fuccès d'un rival. L'armée des trois chefs devoit fe réunir à l'armée du comte Theuderic, qui devoit en prendre alors le commandement général ; il avoit déjà pris un pofte très-avantageux, d'où il incommodoit fort les Saxons dans leur camp ; il indiqua aux trois chefs le pofte qu'ils dévoient prendre auffi pour ache-ver d'enfermer les Saxons & de leur couper les vivres. Les trois chefs convinrent enfemble de déconcerter ce projet, & d'attaquer les Saxons, qu'ils fe croyoient fûrs de vaincre, parce que Charlemagne les avoit toujours vaincus. Vitikind, ce grand défenfeur des Saxons, reconnut d'a-bord à cette attaque faite mal à propos, & à la manière dont elle fut faite, qu'il avoit affaire à des hommes imprudens. Profitant habilement de toutes leurs fautes, & déployant contr'eux ce génie qui n'étoit terraffé que par celui de Char-

lemagne, il remporta la victoire la plus complète. L'armée françaife fut mife en déroute & taillée en pièces, après avoir perdu tous fes plus braves capitaines. Adalgife & Geilon, voyant les triftes fruits de leur jaloufie & de leur indocilité, ne voulurent point furvivre à cet affront ; ils fe je-tèrent au milieu des ennemis, tendant la gorge aux épées & aux traits, & expirèrent du moins une faute fi funefte par une mort honorable. Le comte Wolrade, qui eut le malheur de ne pouvoir mourir, put s'en confoler par l'honneur qu'il eut de n'être pas inutile à fa patrie dans ce grand dé-faftre ; il fauva les reftes de l'armée vaincue ; leur afile fut le camp du comte Theuderic, qui ne put être entamé par les vainqueurs. Cette bataille mémorable fe livra au pied du mont Sintal, près du Vefer.

En 791, dans la première guerre de Pannonie, on retrouve le comte Theuderic avec Mainfroi, chambellan du Roi, à la tête d'une des trois ar-mées que Charlemagne faifoit entrer à la fois par trois endroits différens dans la Pannonie ; il com-mandoit les Saxons alors réputés foumis, & leurs voifins les Frifons & les Thuringiens. Une grande victoire remportée par une des trois armées ré-pandit une telle épouvante parmi les Huns, qu'ils fe difperfèrent dans les bois & fur les montagnes, comme avoient fait fi fouvent les Saxons, & laif-fèrent leurs fortereffes fans garnifons & leur pays fans défenfe. Charlemagne de fon côté, Theude-ric du fien, n'eurent qu'à piller & à ravager ; ils arrivèrent ainfi jufqu'aux bords du Raab, où la faifon avancée & une épizootie qui détruifoit les chevaux de l'armée du Roi, obligèrent de ter-miner la campagne.

Les Saxons, toujours cenfés foumis, & tou-jours voifins de la révolte, avoient pour gouver-neur le comte Theuderic, qui exerçoit fans ceffe leur valeur, & occupoit leur inquiétude contre les autres ennemis de la France, comme on vient de les voir employés contre les Huns. En 793, ceux de ces Saxons qui fervoient dans l'armée de Theu-deric fe mutinèrent, & taillèrent en pièces un déta-chement qui lui fervoit d'efcorte. Bientôt ce mou-vement, qu'on avoit regardé comme un trait par-ticulier d'indifcipline plutôt que comme un germe de révolte, & que Theuderic avoit cru devoir diffimuler, dégénéra en un foulévement général, qui éclata par les mêmes fignes que toutes les ré-voltes précédentes, c'eft-à-dire, par le retour à l'idolâtrie, par le rétabliffement des idoles, par l'incendie des églifes, par le maffacre des prêtres ; ainfi l'ouvrage de tant de conquêtes & de tant de converfions fut renverfé en un jour. L'Hiftoire ne nous apprend point quelle part eut le comte Theu-deric aux mefures prifes pour châtier & foumettre de nouveau les Saxons : on ne le voit plus pa-roître dans aucune des expéditions fuivantes, & l'on ignore le tems de fa mort.

THEUDON. ( *Hift. de Fr. & de Hong.* ) En 795 Charlemagne porta pour la feconde fois la guerre dans la Pannonie contre les Huns. Theudon, l'un des petits Rois qui partageoient alors la Pannonie ( aujourd'hui la Hongrie ), & un des plus ambitieux, fe fépara entiérement des intérêts de fa nation, fe rendit aux Français, fe reconnut leur vaffal, vint trouver Charlemagne à Aix-la-Chapelle, lui rendit hommage, reçut le baptême, & le fit recevoir aux peuples de fa dépendance.

En 796 les Huns furent battus par Pépin, fecond fils de Charlemagne; & pouffés jufqu'aux bords de la Teiffe : leur capitale fut livrée au pillage, tout leur pays fut ravagé, tandis que les heureux fujets de Theudon, contemplant de loin la flamme de ces incendies dont ils étoient environnés, & jouiffant tranquillement & fûrement de leurs poffeffions fous la protection du vainqueur, rendoient graces à la prudence de Theudon, & béniffoient le chriftianifme, à l'ombre duquel on vivoit ainfi en paix.

Cette guerre de Pannonie fut entiérement terminée en 797, & la Pannonie fut tranquille pendant toute l'année 798 ; mais en 799 on vit naître dans ce pays un grand orage du côté où on l'attendoit le moins. Ce Theudon, qui avoit montré tant d'empreffement pour le baptême & pour l'alliance françaife, n'avoit voulu en effet qu'étendre fa puiffance & fon autorité dans le pays, & que s'enrichir par la ruine de fa patrie. Les principaux feigneurs de la nation avoient péri dans la guerre précédente. Theudon, délivré par-là de tous les rivaux que fon ambition pouvoit redouter, crut que le premier qui s'annonceroit comme le reftaurateur de la liberté, le premier qui propoferoit aux Huns de fecouer le joug étranger, auquel ils n'étoient point encore accoutumés, s'empareroit aifément du trône de la Pannonie entière. Il trahit donc les Français comme il avoit trahi fa patrie, & avec affez de facilité, parce qu'on ne fe défioit point de lui. Lorfqu'enfin fa mauvaife volonté fut manifefte, on fe hâta d'en prévenir les effets. Le duc de Frioul, Henri, & un des comtes de Bavière, lieutenans de Charlemagne, entrèrent dans la Pannonie, livrèrent bataille à Theudon, & remportèrent une victoire qui coûta des larmes & un fang précieux au vainqueur. Ce Theudon, qui n'étoit en politique qu'un hypocrite ambitieux & qu'un traître, étoit dans les combats un guerrier redoutable : il fe défendit avec un grand courage. Un des comtes de la Bavière fut tué dans la bataille ; le duc de Frioul tomba dans une embufcade où il périt auffi ; tous deux étoient chers à Charlemagne & lui laiffèrent des regrets. Theudon avoit été pris ; il fut puni de mort comme vaffal félon & rebelle. Il eût été à defirer, pour lui & pour Charlemagne, qu'il fût mort les armes à la main ; il auroit évité la honte du fupplice, & auroit épargné à Charlemagne la honte d'une violence odieufe. Avec Theudon tomba pour jamais cette puiffance

des Huns, qui, même dans fa décadence, offroit encore de beaux monumens de grandeur & de fageffe. Cette monarchie ou cette république ( car fa divifion en cercles, qui a, dit-on, fervi de modèle à celle de l'Empire, femble annoncer une république ) avoit fubfifté avec gloire près de deux fiècles & demi. Le fameux tréfor des Huns, enrichi, fous Attila, des dépouilles de toutes les provinces de l'un & l'autre Empire d'Orient & d'Occident, & des dépouilles même de l'Italie & des Gaules, avoit été livré au pillage dans la guerre de 795.

THIBOUST. Ce nom, fameux dans la typographie, n'eft pas étranger à la littérature. Les Thibouft rappeloient le fouvenir de ces imprimeurs du tems de François I & de tout ce feizième fiècle, qui étoient des plus favans hommes de leur tems. Guillaume Thibouft, qui étoit auffi de ce tems, puifqu'il vivoit en 1544, eft connu pour avoir imprimé les *Complaintes d'une Dame furprife d'amour.*

Samuël Thibouft fon fils fut adjoint de fa communauté en 1625, & imprimeur de l'Univerfité. Parmi les ouvrages fortis de fes preffes, des curieux en typographie recherchent encore la *Mythologie* ou *l'Explication des Fables*, par Baudouin, in-folio avec figures, & *l'Hiftoire d'Efpagne*, par Turquet, in-folio, deux volumes.

Claude Thibouft, fils de Samuël, auffi imprimeur de l'Univerfité, mourut fubitement à Paffy, en 1667.

Claude-Louis Thibouft, fils pofthume de Claude, maître ès arts en 1685, adjoint de fa communauté en 1709, imprimeur de l'Univerfité en 1715, reçut ce dernier titre par un acte de ce corps refpectable, où il eft dit que l'Univerfité, depuis près de deux cents ans, avoit pour imprimeurs & libraires les Thibouft, qui, *contra quàm cæteri librarii folent, plùs in arte fuâ nominis ac famæ, quàm divitiarum fibi fuifque comparare ftuduerint.* Claude-Louis Thibouft s'attacha particuliérement à l'impreffion des livres de claffes ; il favoit bien le latin & le grec ; il compofa un poème latin à la loüange de fon art, *Typographiæ excellentia*, qu'il dédia & préfenta au Roi en 1718. Il mourut le 23 avril 1737.

Claude-Charles Thibouft, fils de Claude-Louis, voulut d'abord être chartreux ; il entra même au noviciat ; mais la réflexion le rendit à la profeffion de fes pères. Il fut imprimeur du Roi & de l'Univerfité, & adjoint de fa communauté en 1746. Son père & l'Ordre des Chartreux, quoiqu'il n'y fût pas entré, furent toute fa vie l'objet de fa tendre vénération. Homme de lettres & ami des arts, ainfi que fon père, il fit graver le portrait de fon père par le célèbre Daullé, & mit au bas ces quatre vers :

Docte,

Docte, enjoué, plaisant, ce vieillard agréable  
Fut un mortel humain, généreux, secourable,  
Bon père, tendre ami, sans détour & sans fard,  
Et celui de nos jours qui fut le mieux son art.

Il traduisit en français le poème de son père sur cet art : cette traduction parut en 1754 avec le latin à côté. Il aimoit toujours les Chartreux ; il traduisit en prose française les vers latins qu'on lisoit dans leur petit cloître de Paris, & qui contenoient en abrégé la vie de saint Bruno, peinte par Lesueur dans vingt-deux admirables tableaux. Il en fit deux éditions : l'une in-4°. avec le latin à côté, & les gravures des tableaux par François Chauveau ; l'autre aussi in-4°., en 1756, sans gravures. L'ouvrage est dédié *au révérend Père général & aux vénérables Pères Chartreux*. Malgré cet amour pour la Chartreuse & les Chartreux, il avoit apparemment une partie de l'enjouement qu'il attribue à son père ; car ayant eu trop de goût pour se charger d'imprimer à ses dépens la prétendue *Traduction littérale & poétique* ( & qui n'est ni poétique ni littérale ) *des Pseaumes de David, selon la vulgate*, par M. Pepin, mais l'ayant imprimée, malgré lui, pour le compte de l'auteur, il s'en vengea par une critique assez gaie de cette traduction. Il est vrai que la traduction prêtoit beaucoup à la gaîté. Un écrivain qui traduit *Deus protector meus & cornu salutis meæ*, par *Dieu est mon protecteur : en lui je trouverai la corne de mon salut. Perdes omnes qui loquuntur mendacium*, par *Vous perdrez tous ceux qui parlent le mensonge. Secundùm multitudinem iræ suæ non quæret*, par *Il ne les cherchera pas selon la multitude de sa fureur*, &c. Un tel traducteur est assurément fort plaisant.

M. Thiboust avoit aussi entrepris une traduction d'Horace : voilà qui est encore bien loin de saint Bruno & des Chartreux. Il étoit occupé de cette traduction lorsqu'il mourut, le 29 mai 1757, à Berci. Il étoit né à Paris le 6 novembre 1701.

THIBOUTOT, ( *Hist. de Fr.* ), nom d'un château de Normandie, entre Fécamp & le Havre-de-Grace : la Maison de Thiboutot en a tiré son nom ou le lui a donné. Cette Maison, très-ancienne & alliée aux plus grandes Maisons françaises, est, à ce qu'on croit, d'origine anglaise. Jean, seigneur de Thiboutot, vivoit du tems de saint Louis. Robillart de Thiboutot, chevalier, premier chambellan du Roi & gouverneur de Honfleur, mourut en 1357.

Lorsque les Anglais prirent, en 1418, le château de Thiboutot, la capitulation fut faite par Colin, seigneur de Thiboutot.

La terre de Thiboutot, qui est peut-être encore dans cette famille, & qui du moins y étoit il y a quarante ans, a été érigée en marquisat par Louis XV, par des lettres du mois de juin 1710, en faveur de Louis-François de Thiboutot, lieu-

tenant-général de l'artillerie, qui, d'abord simple capitaine de cavalerie, s'étoit trouvé dans une multitude de batailles & de combats différens ; qui, étant ingénieur, avoit fortifié Condé, Aire, Saint-Omer ; qui, à la défense de Mons, en 1709, avoit été blessé à la cuisse ; qui, à la défense d'Aire, en 1710, avoit eu la mâchoire entièrement fracassée d'un coup de mousquet, dans une sortie où il commandoit. Ayant été nommé lieutenant-général de l'artillerie, il l'avoit commandée pendant la campagne de 1719 aux attaques des villes & châteaux de Fontarabie, de Saint-Sébastien, d'Urgel, de Roses, &c. ; enfin, jamais titre n'avoit été plus acheté ni mieux mérité.

THIERRIAT D'ESPAGNE, famille française qui dans l'espace d'un siècle a fourni bien des victimes à la patrie. Voici d'où l'on prétend que lui vient ce nom *d'Espagne*. Henri Thierriat, qui vivoit aux quinzième & seizième siècles, ayant été envoyé, en 1518, auprès de Charles I, roi d'Espagne ; qui fut l'année suivante l'empereur Charles-Quint, se trouva près de ce Prince dans le moment où un officier maure alloit lui décharger un coup de hache d'armes sur la tête. ( Etoit-ce une conjuration ou une sédition, un assassinat ou un acte d'hostilité réputé légitime dans les combats ? ) Quoi qu'il en soit, Thierriat, qui vit ce mouvement, arracha la hache au Maure, lui en fendit la tête & la présenta toute sanglante à Charles, qui par reconnoissance lui rendit la hache, lui ordonna de la mettre pour timbre au dessus de ses armes, avec cette devise, à laquelle le Roi devoit son salut, *velociter*, & lui donna pour lui & pour sa postérité le surnom *d'Espagne*, si glorieusement acquis.

Un des arrière-petits-fils de Henri, nommé Charles Thierriat, exempt des gardes-du-corps, gouverneur du Pont-de-Vesle, fut tué au siège de Bourg-en-Bresse.

Florentin Thierriat, frère aîné de Charles, joignoit à la bravoure l'amour des lettres ; il publia en 1606 trois Traités, *de la Noblesse de race, de la Noblesse civile & des Immunités des non-nobles.*

Louis, fils de Florentin, capitaine dans le régiment de Saint-Etienne, fut tué à Philisbourg en 1644.

Jean Thierriat, frère de Louis ; premier capitaine au régiment de la Ferté-Senneterre, fut tué au siège de Montmédy en 1657, à la tête de ce régiment.

Odet, autre frère, capitaine dans le régiment de Champagne, tué à Valenciennes en 1656.

Michel, autre frère, capitaine dans le régiment de la Ferté, tué à Dole en 1667.

Charles, autre frère, se signala en Hongrie où il fut blessé.

Henri, fils de Charles, capitaine de dragons dans le régiment du Roi, fut tué à la bataille de Fleurus, le 1 juillet 1690.

X x

Jean, capitaine dans le régiment de Piémont, fils de Jean nommé ci-deſſus & tué à Montmédy, fut auſſi tué à Gironne en 1684.

THOMAS. M. Thomas, de l'Académie françaiſe, eſt un des écrivains qui ont le plus honoré les lettres. Ses talens, l'uſage qu'il en a fait, ſon caractère, ſa conduite, tout en lui a mérité de ſervir de modèle. Ses talens, comme tous ceux qui ont de l'éclat, & qui ſe diſtinguent par une phyſionomie particulière, ont eu pluſieurs imitateurs qui, n'ayant pas comme lui le mérite de l'originalité, ſont reſtés au deſſous de lui. Ses vertus ont eu moins d'imitateurs. Sa première paſſion, dit M. le comte de Guibert, ſon ſucceſſeur à l'Académie françaiſe, fut l'amour de la vertu, la ſeconde fut l'amour de la gloire. En entrant dans l'Académie, il avoit juré de ſe dévouer pour jamais à la vérité, à la vertu; il ne laiſſe ni une action ni un écrit qu'on ne puiſſe placer à côté de ce ſerment.

M. Thomas perdit ſon père, étant encore dans l'enfance; une mère, digne de préſider à l'éducation d'un homme vertueux, le deſtina d'abord au barreau; mais les lettres le réclamoient & l'entraînoient. Ici M. de Saint-Lambert, qui, en qualité de directeur de l'Académie, recevant M. de Guibert à la place vacante, partageoit avec lui l'heureuſe fonction de louer M. Thomas, raconte une anecdote qui prouve bien que, comme l'avoit dit M. de Guibert, l'amour de la vertu l'emportoit encore chez M. Thomas ſur l'amour de la gloire. « Il étoit, dit M. de Saint-Lambert, enivré de » ſes eſpérances, lorſque ſa mère vint le trouver, » & lui reprocher d'oublier l'étude des lois. Com- » ment pouvoit-il négliger les moyens de parvenir » à une fortune qu'il auroit partagée avec elle & » avec ſes autres enfans ? Elle verſa quelques » larmes : M. Thomas les vit couler. Il raſſembla » tous ſes ouvrages; il les jeta au feu en préſence » de ſa mère, & les vit brûler en fondant en » larmes. Il n'a jamais fait de ſacrifice qui lui ait » autant coûté. Mais il a dit, & il faut l'en croire, » que le ſouvenir de cette action avoit été pendant » toute ſa vie le plus délicieux de ſes ſouvenirs. »

Sa mère lui ayant permis depuis de ſe livrer à ſes goûts, indulgence dont il faut faire honneur, ou à ſa tendreſſe, ou à ſes lumières, M. Thomas, comme pour l'en récompenſer, la plaça, d'une manière auſſi noble que touchante, dans ſa belle *Ode ſur le Tems*, couronnée en 1762 à l'Académie françaiſe :

Si je devois un jour pour de viles richeſſes,
Vendre ma liberté, deſcendre à des baſſeſſes;
Si mon cœur par mes ſens devoit être amolli :
O tems! je te dirois : Préviens ma dernière heure,
Hâte-toi, que je meure :
J'aime mieux n'être pas que de vivre avili.

Mais ſi de la vertu les généreuſes flammes
Peuvent de mes écrits paſſer dans quelques ames;
Si je peux d'un ami ſoulager les douleurs,
S'il eſt des malheureux dont l'obſcure innocence
Languiſſe ſans défenſe,
Et dont ma foible main doive eſſuyer les pleurs :

O tems! ſuſpends ton vol, reſpecte ma jeuneſſe;
Que ma mère, long-tems témoin de ma tendreſſe,
Reçoive mes tributs de reſpect & d'amour;
Et vous, gloire, vertu, déeſſes immortelles,
Que vos brillantes ailes
Sur mes cheveux blanchis ſe repoſent un jour.

Ce ne ſont pas ſeulement de beaux vers que nous préſentons ici à nos lecteurs, c'eſt M. Thomas tout entier, c'eſt le tableau le plus vrai de ſon ame, c'eſt l'hiſtoire de toute ſa vie.

M. Thomas fut célèbre dès le collége, par l'éclat que ſes ſuccès répandirent ſur l'inſtitution des prix publics de l'Univerſité, inſtitution nouvelle alors. Mais le premier ouvrage par lequel il fut connu dans le monde fut une ode à M. de Séchelles, alors contrôleur-général. Cette ode annonçoit dès-lors un homme & un poète.

En 1759 parut le poème de *Jumonville* : cet officier français avoit été tué par les Anglais, dans une occaſion où ſa mort pouvoit être diverſement interprétée, ſelon les intérêts & les vues politiques. Nous ne balançâmes pas, en France, à le regarder comme aſſaſſiné, à faire de cet attentat le motif d'une guerre, à réclamer la vengeance & les ſecours de l'Europe & de l'Amérique. Cependant s'il fut aſſaſſiné, l'aſſaſſin étoit ce même Waſington que nous avons tant célébré depuis comme le héros de l'Amérique anglaiſe; mais en 1754, lorſqu'il ſervoit & commandoit les Anglais, il étoit pour nous un monſtre digne des plus grands châtimens. M. Thomas, bon citoyen, & ſurtout ennemi de toute violence, fut aiſément entraîné par les déclamations du tems; il les crut & ne les jugea point du fond du collége de Beauvais, où il avoit été fait profeſſeur en ſortant de ſes claſſes. En conſéquence de l'eſprit public qu'il voyoit régner autour de lui, en rendant à la mémoire de M. de Jumonville les honneurs toujours dus aux victimes d'Etat, il maltraita fort les Anglais & Waſington. Grande leçon pour les hommes de génie, de ne pas trop ſe hâter de ſaiſir ces ſujets hiſtoriques & politiques avant que le tems ait calmé les paſſions, changé les intérêts & dévoilé la vérité. On a dit que nul ne devoit être nommé *grand* ni *heureux* avant qu'on eût vu la fin de ſa vie : peut-être auſſi perſonne, avant ce terme fatal, ne doit-il être jugé, ſurtout déſavorablement, dans des ouvrages conſacrés à la poſtérité. Ce poème, au reſte, confirma les eſpérances que les premiers eſſais de M. Thomas avoient fait naître; mais bientôt il ne s'agit plus d'essais ni d'espérances. Une noble & vaste carrière s'ouvre devant M. Thomas : il entre dans la lice au moment où l'Académie française propose, pour sujet de ses prix, l'éloge des grands-hommes en tout genre. M. Thomas va célébrer la vertu & la gloire : le voilà dans son élément. Ce fut alors qu'on vit paroître, d'année en année, cette belle suite d'éloges sublimes, tous couronnés, & dont le moindre mérite est de l'être, & qui, entremêlés de poèmes pareillement couronnés ou dignes de l'être, tels que l'*Epître au Peuple*, l'*Ode sur le Tems*, ont porté rapidement en triomphe M. Thomas à l'Académie française, où il entra, dit M. de Guibert, comme les anciens vainqueurs montoient au capitole, précédés de leurs trophées & aux acclamations de tous les ordres de citoyens. Ce triomphe fut d'autant plus applaudi, que, par un trait d'équité généreuse, qui étoit parfaitement dans son caractère, M. Thomas avoit refusé d'en avancer le moment. Ecoutons parler M. de Saint-Lambert.

« On avoit placé M. Thomas dans un poste honorable, auprès d'un ministre qui lui marquoit de la confiance & même de l'amitié ; mais ce ministre attribua une plaisanterie qui répandoit du ridicule sur sa société, à un homme de lettres aujourd'hui l'un des membres les plus illustres de cette Académie. M. Thomas étoit son ami, & connoissoit son innocence : on en pouvoit donner des preuves, mais il auroit fallu perdre les vrais auteurs de la plaisanterie, & l'ami de M. Thomas ne put y consentir. Le ministre, pour empêcher d'entrer à l'Académie un homme de lettres dont il croyoit avoir à venger sa société, voulut engager M. Thomas à demander une place qui vaquoit ; il ne put l'y déterminer, & fut mécontent. Il ne renvoya pas M. Thomas, si ce n'est renvoyer l'homme de bien qu'on a aimé, que de le traiter avec indifférence. M. Thomas demanda la permission de se retirer. »

Voilà M. Thomas & son illustre ami, non-seulement justifiés ( ils étoient au dessus de l'apologie ), mais même convaincus d'un procédé généreux dont ils furent victimes l'un & l'autre. Mais comment le véritable auteur de la plaisanterie, quelle que fût sa faute & quelque danger qu'il y eût pour lui à l'avouer, ne la révéloit-il pas lui-même. Cet aveu, mêlé d'excuses, auroit eu un air de générosité, propre à désarmer la vengeance. Comment souffroit-il que l'innocent fût puni pour le coupable, qu'il fût traité avec une rigueur qui auroit encore été excessive quand même elle n'eût pas été injuste ? Car tout le monde sait combien fut éclatante alors la disgrace de l'homme déjà célèbre sur qui elle tomba, & qui n'a cessé depuis d'ajouter à sa gloire. Il perdit des places avantageuses, sa fortune fut renversée, & le coupable put voir tout cela d'un œil tranquille, ainsi que le contre-coup qu'en ressentit M. Thomas ! Au reste,

nous ignorons quelles peuvent avoir été les causes particulières de ce silence qui nous étonne.

Les flatteurs du ministre, & ceux qui, pour l'intérêt de leur haine, l'excitoient à la vengeance, osoient bien accuser M. Thomas d'ingratitude, pour n'avoir pas voulu servir le ressentiment de son bienfaiteur, ressentiment qu'il savoit n'être pas fondé. Quoi ! si mon bienfaiteur est vindicatif & injuste, ou si on le rend tel, il faut que je serve son injustice, sous peine d'ingratitude ? Ainsi la reconnoissance, ainsi les vertus deviendroient l'instrument du vice. Une si étrange morale ne pouvoit être dans les principes de M. Thomas.

Un magistrat, membre de l'Académie, avoit fait un réquisitoire, dans lequel des gens de lettres distingués, qu'il n'aimoit pas, se crurent désignés d'une manière injurieuse & injuste. Dans ces conjonctures arriva la réception de M. l'archevêque de Toulouse à l'Académie ; M. Thomas le recevoit en qualité de directeur. Le discours de M. Thomas, composé avant le réquisitoire, & où il ne pouvoit avoir eu en vue le magistrat, contenoit, contre les ennemis & les détracteurs des lettres, quelques phrases générales, dont le public s'avisa de faire au magistrat une application contraire aux vues du directeur ; ce qui rendit la séance fort désagréable pour tous deux. Le magistrat, irrité, courut se plaindre à M. le chancelier de Maupeou, alors en place. Le chancelier n'avoit jamais lu, & n'aimoit pas ceux qui lisoient ; il saisit cette occasion de traiter en coupable l'Aristide de la littérature, qu'il étoit las d'entendre appeler le *juste*. Il se fit remettre le manuscrit, en défendit l'impression, & menaça M. Thomas de la Bastille si, par quelque moyen que ce pût être, le discours venoit à paroître imprimé. M. Thomas, qui voyoit les dispositions de ce ministre, & qui connoissoit, par la voix publique, de quoi il étoit capable, craignit que, pour effectuer la menace de la Bastille, quelque perfide imprudence ne laissât tomber le manuscrit entre les mains d'un imprimeur. Il eut la présence d'esprit & le courage de répondre : *Si l'on me rend responsable des événemens, le manuscrit ne doit pas rester dans d'autres mains que les miennes.* Le chancelier surpris n'osa le refuser.

Parmi beaucoup d'amis respectables, M. Thomas en eut un plein d'esprit, de talens, de sentimens honnêtes & de principes vertueux, mais qu'une indomptable impétuosité de caractère, une inquiétude dévorante, jetoient à tout moment dans des transports de fureur, & rendoient d'un commerce insupportable ; c'est l'auteur *des Fausses Infidélités, de la Mère jalouse* & de plusieurs autres ouvrages, ou bons, ou du moins bien écrits. C'est de lui qu'on put toujours dire :

> *Æstuat ingens*
> *Imo in corde pudor, mixtoque insania luctu*
> *Et furiis agitatus amor & conscia virtus.*

C'est lui qui, plus poète encore par la manie de

lire ſes vers à tout le monde, que par le talent de les faire, arrivant chez M. Colardeau, alors mourant, après lui avoir demandé des nouvelles de ſa ſanté, légérement & pour la forme, ſe mit à lui lire ſa comédie de l'*Homme perſonnel*, & à qui M. Colardeau dit: *Vous avez oublié un trait bien eſſentiel dans votre* HOMME PERSONNEL *; c'eſt d'aller lire ſa pièce toute entière à un ami mourant.*

Tel étoit M. Barthe; tel qu'il étoit, M Thomas le ſupporta vingt ans, l'aima toujours, le calma quelquefois, & lui ayant ſurvécu, le regretta toute ſa vie. Ce n'eſt pas là le moindre éloge de l'ame de M. Thomas.

Il fut dédommagé de cette perte par un autre ami d'un grand talent, d'un caractère beaucoup plus aimable, & qui n'a laiſſé que des regrets aux honnêtes gens, dont des conjonctures malheureuſes l'ont ſéparé.

M. Thomas eſt mort, en 1785, chez M. l'archevêque de Lyon (Montazet, ſon confrère à l'Académie), dont il a reçu, dans cette triſte circonſtance, tous les ſecours, toutes les conſolations de la religion & de l'amitié: voilà le fait raconté dans toute la ſimplicité de l'hiſtoire; le voici embelli par l'éloquence, mais ſans rien ajouter ni ôter à la vérité. « Il faut, dit M. de Guibert, » que j'acquitte, & la dette de M. Thomas & la » vôtre, & celle de tous les amis des lettres & de » la vertu, envers l'hôte généreux chez lequel il » a terminé ſes jours. Je croirois offenſer un prélat, » voué par état & par penchant à la bienfaiſance » & à l'hoſpitalité, ſi je le louois d'avoir rempli » envers un homme célèbre, & qui tenoit à lui » par les liens de la confraternité littéraire, un » devoir qu'il eût ſans doute également pratiqué » envers un étranger inconnu & malheureux. Mais » toutes les vertus s'embelliſſent encore par la » manière dont elles ſont exercées; mais celles » d'un homme éclairé reçoivent de ſes lumières » un caractère & des formes qui ajoutent à leur » charme. Ainſi la ſenſibilité profonde qu'il a » marquée, la pitié à la fois délicate & coura- » geuſe par laquelle il a conſolé ſes derniers » momens, les larmes qu'il n'a pas cru que la ſé- » vérité du ſacerdoce défendît d'accorder au talent » & à la gloire, le marbre religieux & ſenſible » dont il honore ſa cendre, méritent que je lui » adreſſe ici des remercîmens publics. Maſſillon » & Fléchier euſſent fait comme lui; mais il eſt » beau de marcher ſur leurs traces, & quand on » les rappelle par ſon éloquence, de faire auſſi » ſouvenir d'eux par ſes actions. »

M. de Saint-Lambert dit que M. Thomas a dû à ſon caractère le genre, les beautés & même les défauts de ſes ouvrages; qu'il n'a ni l'éloquence de Cicéron, ni celle de Boſſuet, mais peut-être celle qui auroit convenu à Caton d'Utique. On pourroit ajouter qu'il fut peut-être déplacé dans ſon ſiècle, comme on a dit que Caton l'avoit été dans le ſien, & à peu près par les mêmes raiſons.

mais pour ne parler que de ſon ſtyle, il n'a pas réuni tous les ſuffrages, & depuis ſa mort on le lit & on le vante moins. L'abbé d'Olivet, qui vouloit qu'on ne lût que Cicéron, diſoit: *Il a trop lu Tacite.* L'abbé de la Bletterie, qui avoit reçu de la nature quelque énergie, mais qui aimoit à s'en délaſſer par des phraſes proverbiales & baſſement familières, ne parloit qu'avec colère du ſtyle de M. Thomas, qui lui paroiſſoit roide & tendu. L'abbé le Batteux, dont le vol ne s'élevoit jamais bien haut, le perdoit de vue dans les nues, & l'accuſoit d'emphaſe & d'enflure. L'abbé Arnauld, liſant le compte que rendoit, ou plutôt la parodie que faiſoit un journaliſte ſatyrique d'un ouvrage de M. Thomas, diſoit: *Je ne peux pas m'empêcher de rire de tous ces petits coups d'épingle donnés dans les veſſies de M. Thomas.* Hélas! que parloit-il de veſſie, lui dont le ſtyle toujours ſi fortement figuré dans la converſation même la plus ſimple, chargé de métaphores ſouvent ingénieuſes par la fineſſe des rapports, mais ſouvent outrées & bizarres, d'expreſſions pittoreſques, mais hyperboliques, étoit toujours, ſinon hors de la nature, du moins bien au-delà?

L'élévation & l'énergie caractériſent l'éloquence de M. Thomas: ſon défaut eſt la continuité non interrompue de cette élévation & de cette énergie. M. Thomas ſemble ignorer cet art de s'élever & de deſcendre tour-à-tour, art qui tient de la ſoupleſſe, qui répand de la variété par cette alternative même, & qui, ramenant le lecteur à ſa portée ordinaire, le délaſſe des fatigues du vol élevé qu'on lui a fait prendre. Deſcendre ainſi ce n'eſt pas tomber, c'eſt ſe repoſer & reprendre haleine.

*Ut ſpecioſa dehinc miracula promat.*

Un homme de lettres, ami & admirateur de M. Thomas, en a porté ce jugement:

« Son ſtyle, ferme, fier & toujours ſoutenu dans » ſa majeſté ſublime, ne laiſſe rien à déſirer, ſi ce » n'eſt peut-être qu'il ſoit d'une perfection moins- » égale, &

« Que, monté ſur le faîte, il aſpire à deſcendre. »

Son grand ouvrage ſur les Eloges, ſi modeſtement intitulé *Eſſai*, eſt un magnifique exemple de l'emploi que le génie ſait faire des richeſſes de l'érudition.

M. de Guibert donne une haute idée du grand poëme épique, projeté & compoſé en partie par M. Thomas: il fait regretter les fragmens qu'on auroit pu en donner. Nous ignorons pourquoi ils n'ont point paru.

M. Thomas paroît avoir peu connu ces paſſions enchantereſſes qui tourmentent tant les humains, en leur montrant toujours le bonheur qui les fuit toujours. Sa deviſe auroit pu être:

*Exultantiaque haurit*
*Corda pavor pulsans laudumque arreßa cupido.*

Ce qu'il auroit pu dire de plus tendre à la personne qui a pu lui être la plus chère, c'est :

Vous serez, après la gloire,
Ce que j'aimerai le mieux.

THRASEAS PÆTUS. (*Hist. rom.*) A cet article, dans le Dictionnaire, il n'y a que le nom, sans aucun récit, qui a sans doute été oublié. Thraséas Pætus étoit un sénateur stoïcien, sous l'empire de Néron, le plus vicieux & le plus criminel des Princes. Il ne put retenir son indignation, & sortit du sénat lorsqu'on y lut la lettre infâme que Sénèque avoit eu la foiblesse de composer au nom de Néron, pour justifier l'assassinat de sa mère, en la calomniant & l'accusant d'avoir voulu le faire périr lui-même. Néron ne pardonna jamais à Thraséas ce trait d'une vertu vigoureuse. Burrhus, dans *Britannicus*, en parlant d'un tems où Néron, déjà tyran, n'avoit pas encore paru capable de ces grands crimes, dit pour prouver que Néron respectoit encore la vertu :

Thraséas au sénat, Corbulon dans l'armée,
Sont encore innocens malgré leur renommée.

Tacite dit que quand Néron, après avoir immolé plusieurs personnages illustres, fut parvenu par degrés à vouloir faire disparoître de la terre la vertu même, il fit périr Thraséas Pætus & Bareas Soranus. *Trucidatis tot insignibus viris, ad postremum Nero* VIRTUTEM *ipsam exscindere concupivit, interfecto Thraseâ Pæto & Bareâ Sorano.* Thraséas mourut avec le même courage qu'il étoit sorti du sénat, consolant ses parens & ses amis, renvoyant ceux dont la douleur s'annonçoit par des signes trop éclatans, empêchant Arrie sa femme de suivre l'exemple d'Arrie sa mère en périssant avec son mari, & lui recommandant de se conserver pour leur fille, qui n'avoit plus qu'elle d'appui, disant à un jeune homme qu'il avoit admis à ses derniers momens : « Nous vivons dans un tems où il est bon que vous ayez sous les yeux l'exemple d'une mort supportée avec constance, & faisant de son sang une libation à Jupiter *libérateur*, qui le délivroit du moins des misères de la vie. »

THRASYLAUS, (*Hist. anc.*) : c'est le nom d'un Athénien, qui croyoit que tous les vaisseaux qui abordoient au port Pirée lui appartenoient. Cette erreur étoit l'effet d'une maladie dont on parvint à le guérir à force de remèdes ; mais revenu dans son bon sens, il regretta sa maladie, & demanda pourquoi on avoit eu la cruauté de lui ôter une erreur qui le mettoit en possession de tout sans rien ôter à personne. Horace raconte une chose à peu près semblable d'un Argien, dont la

folie étoit de se croire toujours au spectacle, applaudissant avec transport à des tragédies superbes :

*Fuit haud ignobilis argis*
*Qui se credebat miros audire tragœdos,*
*In vacuo lætus sessor plausorque theatro,*
*Cætera qui vitæ servaret munia recto*
*More, bonus sanè vicinus, amabilis hospes ;*
*Comis in uxorem ; posset qui ignoscere servis*
*Et signo læso non insanire lagenâ,*
*Posset qui rupem & puteum vitare patentem.*
*Hic ubi cognatorum opibus curisque refectus*
*Expulit helleboro morbum bilemque meraco,*
*Et redit ad sese, pol ! me occidistis, amici,*
*Non servâstis, ait, cui sic extorta voluptas,*
*Et demptus per vim mentis gratissimus error.*

C'est à un habitant d'Abydos, non d'Argos, qu'Aristote donne la même aventure, & le savant M. Dacier nous apprend que le nom de cet heureux malade étoit Lycas.

THRASYLLE. (*Hist. anc.*) Thrasylle est un nom commun à plusieurs savans chez les Grecs. Plutarque en cite trois : l'un est le plus célèbre de tous, versé dans presque toutes les sciences, grand philosophe pythagoricien & platonicien, grand astrologue, grand musicien, qui dut principalement à son astrologie la faveur dont il jouit auprès d'Auguste & de Tibère. Le second est un philosophe cynique, contemporain du vieil Antigone, l'un des successeurs d'Alexandre. Le troisième étoit de Mendès, ville d'Egypte : on ignore en quel tems il vivoit. Plutarque, si pourtant il est l'auteur du livre des fleuves qui lui est attribué, spécifie trois ouvrages de ce Thrasylle de Mendès. Quant au premier, quand nous disons que c'étoit l'astrologue, contemporain & favori d'Auguste & de Tibère, c'est en suivant l'opinion de M. l'abbé Sévin, qui, dans ses *Recherches sur la vie & sur les ouvrages de Thrasylle*, insérées au tome X des *Mémoires de l'Académie des Inscriptions & Belles-Lettres*, ne fait qu'un seul & même personnage de Thrasylle l'astrologue & de Thrasylle le musicien, ou Thrasylle de Phlionte ; mais M. Burette, tome XIII du même Recueil, pag. 287 & suiv., distingue ces deux Thrasylles, que M. l'abbé Sévin n'a confondus que parce que l'astrologue a aussi été musicien & a même écrit sur la musique. M. Burette établit que l'astrologue n'étoit musicien qu'en théorie & que comme mathématicien, rapportant les sons, les intervalles, &c. à la mélopée, à la science des nombres ; au lieu que le Thrasylle de Phlionte étoit un musicien praticien, qui, comme Pindare, Simonide & Tyrtée, joignoit le mérite de la poésie lyrique à celui de la musique, & composoit, comme eux, des airs & des chants qui s'exécutoient aussi sur les instrumens.

TOUCHET (MARIE). (*Hist. mod.*) (*Voyez*, dans ce Supplément, l'article *Auvergne*, Charles de Valois, comte d'.)

TRÉBATIUS, (*Hist. rom.*), nom d'un jurisconsulte romain, auquel Cicéron adresse un assez grand nombre de lettres, & avec lequel il prend, plus qu'avec aucun autre, le ton de la plaisanterie & de la familiarité. C'est apparemment le même Trébatius qu'Horace prend pour interlocuteur dans la première satyre du second livre, où il se fait conseiller par ce jurisconsulte, d'abjurer la satyre dont il prend le parti contre lui.

*Sunt quibus in satyrâ videor nimis acer & ultrà*
*Legem intendere opus ; sine nervis altera, quidquid*
*Composui, pars esse putat, similesque meorum*
*Mille die versus componi posse. Trebati,*
*Quid faciam præscribe. — Quiescas. — Ne faciam,*
    *inquis,*

*Omninò versus. — Aio. — Peream male, si non*
*Optimum erat, verùm nequeo dormire.*

Le jurisconsulte, fatigué de ses excuses & de ses prétextes, finit par l'avertir que les lois punissent les vers satyriques.

*Sed tamen ut monitus caveas, ne fortè negoti*
*Incutiat, tibi quid sanctarum inscitia legum,*
*Si mala condiderit in quem quis carmina, jus est*
*Judiciumque.*

C'est ici qu'Horace s'en tire par cette plaisanterie.

    *Esto, si quis mala, sed bona si quis*
*Judice condiderit laudatus Cæsare, si quis*
*Opprobriis dignum latraverit integer ipse,*
*Solventur risu tabulæ, tu missus abibis.*

TUTOR. (*Voyez*, dans ce volume, l'article *Civilis.*)

VACHET. C'eft le nom, 1°. de Pierre-Jofeph *du Vachet*, oratorien, mort vers le milieu du dix-feptième fiècle. On a imprimé, en 1664, à Saumur, un recueil de fes poéfies latines;

2°. De Jean-Antoine *le Vachet*, prêtre, inftituteur des Sœurs de l'*Union chrétienne*, & directeur des Dames hofpitalières de Saint-Gervais, auteur de quelques ouvrages afcétiques affez ignorés, mort le 6 février 1681;

3°. De Benigne *Vachet*, prêtre miffionnaire, employé, pendant la plus grande partie de fa vie, dans les travaux de la miffion; en Afie, à Siam; à la Chine; en Afrique, à Alger & dans d'autres contrées. Né à Dijon; mort à Paris le 19 janvier 1720.

VAILLANT. Ajoutons aux favans de ce nom, dont il eft parlé dans le Dictionnaire, Germain *Vaillant* de Guellis, abbé de Painpont, en latin *Germanus Valens Guellius Pimpontius*, né à Orléans. Il s'éleva, par fon mérite littéraire, à l'évêché de cette ville, mais il n'en fut pas longtems évêque; il paroît qu'il fut nommé à cet évêché en 1586, & il mourut le 25 feptembre 1587, à Meun-fur-Loire, maifon de campagne des évêques d'Orléans. Il étoit favant dans la langue grecque, & fut regardé comme un des bons poëtes du feizième fiècle. François I eftimoit beaucoup fon favoir & fes lumières. Divers favans, Scioppius, Sainte-Marthe, en parlent avec éloge.

VALAVOIRE. M. de Valavoire fut un officier de marine fort célèbre du tems de Louis XIV. Il l'eft furtout par deux grandes expéditions, celle de Naples en 1644, & celle de Meffine en 1675. En 1647 la *fidelle* ville de Naples s'étant révoltée contre l'Efpagne, fe déclara république le 17 octobre, & prenant pour modèles Venife & Gênes, nomma pour Doge le duc de Guife, Henri, petit-fils du *Balafré*, le même que le cardinal de Richelieu, en 1641, avoit fait décapiter à Paris en effigie. Le duc de Guife, fans être formellement autorifé par la France, s'étoit livré en aventurier à cette entreprife. Après quelques fuccès brillans, il eut de grands revers, fut fait prifonnier, &, n'étant autorifé de perfonne, il alloit être traité en criminel, & ne fut fauvé que par la clémence de Philippe IV, qui fe contenta de le tenir en prifon, & à la générofité du grand Condé, qui, pour prix des fervices qu'il rendoit à l'Efpagne, demanda & obtint la liberté du duc de Guife.

En 1654 le même duc de Guife fit une feconde entreprife fur Naples, mais il eut foin de fe faire autorifer par la France. Il obtint un ordre d'armer

à Toulon une flotte dont il auroit le commandement. Cette flotte fortit du port de Toulon le 5 octobre 1654, &, après avoir effuyé beaucoup de contre-tems, elle arriva le 13 novembre à la vue de Caftellamare, à quelques lieues de Naples. Le gouverneur de Caftellamare, fommé de fe rendre, répondit avec fierté. Le duc de Guife fit fa defcente, &, bien fecondé par de bons officiers français à la tête defquels étoit le marquis de Valavoire, gentilhomme provençal, il fe rendit promptement maître, & de la ville, & du château; mais les ordres du Roi pour l'approvifionnement de la flotte & pour tout ce qui pouvoit faire réuffir l'entreprife, ayant été mal exécutés, le duc de Guife, Valavoire & fes Français fignalèrent, dans divers combats, une valeur héroïquement ftérile. Cette feconde expédition du duc de Guife dans le royaume de Naples fut pour lui, comme la première, fans fuccès & non pas fans gloire.

Valavoire fut plus heureux dans l'expédition de Meffine: fon entrée dans cette ville fut le triomphe d'un fauveur, d'un libérateur. Il prépara l'entrée plus triomphante encore dans cette ville, de M. de Vivonne, commandant en chef de la flotte française; il partagea la gloire de ce général & du commandeur de Valbelle, à la prife & à la bataille d'Agoufta, où Ruyter reçut le coup mortel, & à la bataille de Palerme, qui confomma la réduction de la Sicile. (*Voyez* l'article fuivant, *Valbelle*.)

VALBELLE. La maifon de Valbelle tire fon origine des anciens vicomtes de Marfeille, qui avoient une origine commune avec les comtes de Provence & de Forcalquier. La branche de Valbelle étoit déjà formée & détachée du tronc commun dès l'an 1055.

Guillaume I, né en 1102, ayant eu en partage la terre de Valbelle, en prit le nom qu'il tranfmit à fa poftérité; il figura dans les Croifades, fit plufieurs voyages à la Terre-Sainte, & s'attacha comme parent, à la cour des comtes de Provence.

Son fils, fon petit-fils, fon arrière-petit-fils, prirent des alliances dans les maifons de Sabran, d'Oraifon & d'Agoult.

Geoffroi II, feigneur de Valbelle, petit-fils du dernier des trois Valbelle que nous venons d'indiquer par leurs relations avec Guillaume I, fe fignala par fa valeur & fes fervices fous le roi de Naples, Robert. En 1327 il leva, en Provence, des troupes qu'il conduifit dans le royaume de Naples, au fecours de Charles, duc de Calabre, fils de ce roi Robert.

Geoffroi de Valbelle, petit-fils de Geoffroi II,

périt glorieusement l'an 1433, en défendant la ville de Marseille lorsqu'Alphonse, roi d'Arragon, s'en rendit maître.

Un autre Geoffroi, frère aîné de celui-ci, fut employé utilement par Marie de Blois, comtesse de Provence, mère & tutrice de Louis II, roi de Naples, à faire cesser les troubles de la Provence. Il fut le trifaïeul de Honoré de Valbelle, qui se signala deux fois, & toutes les deux fois avec un plein succès, dans la défense de Marseille, d'abord contre le connétable de Bourbon, qui fut obligé d'en lever le siége en 1524, ensuite contre Charles-Quint, qui, dans sa fameuse & malheureuse expédition de Provence, en 1536, tenta vainement de surprendre Marseille, & n'osa pas même en former le siége. Honoré a laissé des Mémoires écrits de sa main, sur cette double défense de Marseille.

Cosme, premier du nom, sire de Valbelle, fils d'Honoré, fut capitaine de cinquante hommes d'armes sous François I, & se distingua par sa valeur à la bataille de Cerisoles, en 1552, sous Henri II. Il commanda trois galères qu'on envoyoit dans le royaume de Naples, au secours du prince de Salerne. En 1553 il fut employé avec M. de Thermes, à la prise de l'île de Corse. Henri II lui donna la charge de pannetier ordinaire de sa Maison.

Antoine, fils de Cosme, fut aussi capitaine de cinquante hommes d'armes des ordonnances du Roi, & commandant d'une de ses galères. Il commanda sur terre les troupes de Provence à l'attaque de la ville de Cuers, sous les ordres du comte de Tende, gouverneur de cette province. Il commanda, en 1579 & en 1584, celles que la ville de Marseille leva contre les Huguenots, dont Henri IV étoit alors le chef, c'est-à-dire que Marseille étoit alors ligueuse; mais Henri III, qui régnoit alors, s'étoit fait déclarer chef de la Ligue.

Cosme II, fils d'Antoine, fut capitaine de cent hommes d'armes des ordonnances du Roi, & commandant d'une galère au combat des galères de France contre celles d'Espagne, sous Louis XIII, en 1638; le 15 août, devant Gênes, âgé de soixante-dix ans; il reçut douze blessures, &, ne pouvant plus combattre ni même se soutenir, il se fit attacher au mât de sa galère, & continua de donner ses ordres avec tant de sang froid & de présence d'esprit jusqu'à son dernier moment, qu'il assura en mourant la victoire à son parti. Louis XIII écrivit, à ce sujet, à Jean-Philippe, fils de Cosme II, une lettre de consolation sur la perte d'un tel père, dont il lui donna toutes les charges.

Ce fils, Jean-Philippe, digne de cette faveur, étoit lieutenant de la galère que commandoit son père à ce combat naval de 1638, où Cosme fut tué. Jean-Philippe y fut blessé & fait prisonnier; il se distingua aussi aux siéges d'Orbitello, de Tarragone & du cap de Quiers. Il mourut d'une blessure qu'il avoit reçue à la tête.

Cosme III, fils de Jean-Philippe, suivit Louis XIV en Flandre, en Hollande, en Allemagne, en Franche-Comté; au passage du Rhin, il traversa le fleuve à la nage à la tête d'un escadron des gardes-du-corps; à la prise de Maëstricht, il fut enterré sous un fourneau & blessé; à la bataille de Senef, il reçut plusieurs contusions, & resta seul officier de l'escadron des gardes-du-corps qu'il commandoit, tous les autres ayant été tués ou blessés. Au combat de Cokesberg près Strasbourg, en 1677, le 7 octobre, avec la seule compagnie de chevau-légers, il battit quatre escadrons des Impériaux, qui avoient cru l'envelopper.

Dans la branche de Montfuron-Ribiès, Bruno de Valbelle-Montfuron, chevalier de Malte, capitaine de galère, chef d'escadre, mourut le 2 août 1702, à Lisbonne, où il commandoit les galères du Roi.

Joseph, frère de Bruno, & comme lui chevalier de Malte, fut tué à la bataille de Senef, auprès du marquis de Valbelle, Cosme III, son parent, dont il vient d'être parlé plus haut.

Dans la branche de Tourves, Léon de Valbelle, tige de cette branche, capitaine de cent hommes d'armes des ordonnances du Roi, servit longtems avec distinction, & fut député pour la noblesse de Provence aux états-généraux de 1614.

Jean-Baptiste de Valbelle, marquis de Tourves, son fils, eut huit fils, dont les 4e. 5e. 6e. & 7e., Alphonse, capitaine de vaisseau; Ignace, enseigne de vaisseau; Bertrand & Pierre, tous quatre chevaliers de Malte; & le dernier (Pierre), tué au service de la Religion. Le huitième & dernier (François de Valbelle de Tourves) fut évêque de Saint-Omer, ainsi qu'un de ses neveux, Alphonse-Joseph de Valbelle de Tourves.

Un frère de celui-ci, Claude-Léon, chevalier de Malte, guidon des gendarmes de Berry, fut blessé au combat d'Oudenarde en 1708, & tué en 1709 à la bataille de Malplaquet.

La branche de Marargues-Rians a aussi produit des guerriers distingués & utiles à l'Etat.

La branche de Tourves, qui vient d'être mentionnée, a fini par des présidens au parlement de Provence.

Nous nous sommes réservé de terminer cet article par le nom d'un des personnages les plus illustres de cette Maison, le commandeur de Valbelle, Jean-Baptiste, un des fils de ce Cosme II, dont nous avons parlé dans la liste des guerriers de la branche aînée: c'est ce Cosme II, le héros du combat de 1638 devant Gênes. Les Génois lui firent, dans cette ville, de magnifiques obsèques. S'il n'a pu être réuni à ses ancêtres, dans la chapelle consacrée à leur sépulture, chez les grands Carmes de Marseille, son épitaphe, qu'on annonce comme un digne objet de curiosité, y tenoit sa place parmi eux, & une place distinguée.

Jean-Baptiste, son second fils, est celui dont

nous

nous parlons ici. Chevàlier de Malte, il fe fignala jeune encore au fervicę de cette religion, & mérita dès-lors d'être fait capitaine de galère du Roi, enfuite de vaiffeau, fous la régence d'Anne d'Autriche, & au milieu des troubles de la Fronde il fut toujours fidèle à l'autorité légitime. Défenfeur généreux de l'État contre les Efpagnols, & de la religion de Malte contre les Turcs avant que Louis XIV eût créé la marine françaife, le commandeur arma plufieurs vaiffeaux à fes dépens contre ces deux ennemis. En 1655 il fe battit, pour foutenir l'honneur du pavillon français, contre quatre navires anglais avec un feul vaiffeau ; il démâta deux vaiffeaux ennémis, & obtint une capitulation honorable, au moyen de laquelle il fut ramené dans les ports de France avec fon équipage & fon canon. En 1669 il commanda une efcadre pour le fecours de Candie, & en mena une autre fur les côtes de Tunis & d'Alger. Dans les combats de mer contre les Hollandais, en 1672 & 1673, il acquit beaucoup de gloire ; mais c'eft furtout l'expédition de Meffine, en 1674 & les années fuivantes, qui l'a immortalifé. Meffine étoit partagée en deux factions : les Merli, partifans de l'Efpagne, & les Malvizzi, qui fe mirent fous la protection de la France. Le duc de Vivonne, qui fe préparoit à conduire une armée navale en Catalogne, reçut de fa cour des ordres, en exécution defquels il détacha de fa flotte le commandeur de Valbelle avec une efcadre de fix vaiffeaux de guerre & de trois brulots, pour aller au fecours de Meffine. Le commandeur de Valbelle parut à la vue de cette place le 28 feptembre 1674, & doubla le phare. Auffitôt que les députés meffinois, revenus avec l'efcadre de Valbelle, eurent fait leur rapport au fénat, on arbora partout, au bruit des tambours & des trompettes, l'étendard & les armes de France ; le lendemain on proclama Louis XIV roi & fauveur de Meffine. Dans le même tems une flotte efpagnole, venant de la Catalogne, s'avançoit avec confiance, voyant toujours flotter l'étendard d'Efpagne fur les tours du château, qui fe défendoit encore contre la ville ; mais les Malvizzi ayant furpris ce château, la flotte efpagnole n'arriva que pour voir cet étendard renverfé faire place à l'étendard de France. Louis XIV fe hâta d'envoyer de puiffans fecours à Meffine, fous la conduite du marquis de Valavoire, qui entra dans Meffine aux cris de *Vive le roi de France, notre maître & notre libérateur !* C'étoit le 3 janvier 1675.

Le duc de Vivonne lui-même parut, le 11 février, avec huit vaiffeaux de guerre & trois brulots. La flotte efpagnole voulut lui difputer le paffage ; Valbelle le lui ouvrit, & Vivonne, Valbelle & Valavoire réunis livrèrent un combat fanglant & opiniâtre ; enfin les Efpagnols cédèrent la victoire & fe retirerent à Naples. Le duc de Vivonne entra en triomphe dans le port de Meffine, & reçut, le 28 avril, au nom de Louis XIV &

comme fon vice-roi dans Meffine, le ferment de fidélité des habitans.

Vivonne prit encore, en Sicile, Agoufta le 17 août. Les Etats-Généraux envoyèrent au fecours de l'Efpagne une flotte fous le commandement de leur célèbre Ruyter : Duquefne lui fut oppofé. Il y eut entr'eux, le 8 janvier 1676, vis-à-vis les côtes de la Calabre, un furieux combat : Ruyter, de fon aveu, n'avoit rien vu de plus terrible. Divers renforts étant arrivés de part & d'autre, Ruyter voulut reprendre Agoufta ; Vivonne & Valbelle vinrent au fecours. Alors fe livra, le 22 avril, cette fameufe bataille d'Agoufta, où Ruyter eut la jambe droite fracaffée & la moitié du pied gauche emportée par un coup de canon parti du bord de Valbelle, qui commandoit l'avant-garde après la mort du vice-amiral François d'Almeras, tué dès le commencement de la bataille. Le fiége d'Agoufta fut levé, & Ruyter alla mourir de fes bleffures dans le port de Syracufe. Le 3 juin fuivant, troifième combat, qui fut abfolument décifif, & où Vivonne & Valbelle détruifirent les reftes de la flotte combinée d'Efpagne & de Hollande devant Palerme ; le vaiffeau amiral efpagnol prit feu, ainfi que quelques galères & trois vaiffeaux hollandais ; le vice-amiral d'Efpagne & le contr'amiral hollandais fautèrent en l'air ; les Efpagnols ne furent plus en état de rien entreprendre en Sicile. L'an 1679 le commandeur de Valbelle fut chargé de châtier les corfaires de Tripoly, qui avoient exercé quelques pirateries contraires à leurs traités avec la France. Valbelle les réduifit à demander pardon & à mettre en liberté un grand nombre d'efclaves. Au retour de cette expédition, Valbelle fut nommé par le pape Innocent XI, bailli & grand-croix de l'Ordre de Malte. Valbelle mourut en 1681.

VALDAGNO (Joseph), médecin de Vérone, vivoit dans le feizième fiècle ; il a traduit en latin & enrichi de notes le Traité de Proclus fur le mouvement, & compofé de fon chef différens ouvrages de phyfique, de mathématiques & de médecine, notamment un Traité de l'ufage de la thériaque dans les fièvres peftilentielles. Manget, dans fa Bibliothèque des auteurs qui ont écrit fur la médecine, & le marquis Maffei dans fa *Verona illuftrata*, font mention de Valdagno & de fes ouvrages.

VALDÈS eft le nom de divers perfonnages. 1°. Jean, jurifconfulte efpagnol, fait chevalier par l'empereur Charles-Quint, alla fe faire Luthérien en Allemagne, & entraîna dans ce parti Pierre Vermilli, nommé Pierre Martir, & le fameux Bernardin Ochin, général des Capucins. Ce Jean Valdès avoit établi, dans le royaume de Naples, une églife réformée : l'inquifition la diffipa. Jean Valdès mourut vers l'an 1540.

2°. Un autre Jean Valdès vivoit à Rome du

tems du pape Jules II. Il étoit jeune, beau, bien fait, aimable & riche. Il devint amoureux de la fille d'un fénateur, & offrit de l'époufer : le contrat de mariage dreffé & figné, on apprend qu'il eft engagé dans les Ordres & même prêtre. Sur la plainte du fénateur, Valdès eft enfermé au château Saint-Ange ; il offre d'époufer fa fiancée fi le Pape veut lui accorder une difpenfe à lui permettre de renoncer à l'état eccléfiaftique. On crut apparemment la difpenfe poffible, car fur cette promeffe Valdès fut mis en liberté ; mais pendant qu'on follicitoit la difpenfe, Valdès fe jeta par la fenêtre & fe tua ; fa maîtreffe défolée vouloit en faire autant : on veilla fur elle, & elle finit par fe faire religieufe.

3°. Jacques Valdès, efpagnol comme le premier Jean, fut confeiller au confeil de Grenade. Il eft auteur d'un livre dans lequel il prétend affurer à l'Efpagne la préféance fur tous les autres États. Le fameux Jérôme Bignon lui fit l'honneur de le réfuter favamment & folidement, n'ayant alors que dix-huit ans. Jacques Valdès vivoit dans les feizième & dix-feptième fiècles.

VALEGERAN (ALEXANDRE), jéfuite, un des plus célèbres miffionnaires de la Société dans les Indes, à la Chine, au Japon, mourut à Macao le 20 janvier 1606.

VALENS. A cet article, il n'eft parlé, dans le Dictionnaire, que de deux Empereurs ou tyrans. Ce nom eft auffi celui d'un médecin, un des amans de Meffaline ; d'un mathématicien célèbre du tems de Conftantin-le-Grand ; de deux évêques ariens du quatrième fiècle, l'un évêque de Murfe en Mœfie, l'autre de Milan ; d'un profeffeur royal de Paris, natif fous Groningue, qui vivoit fous Henri IV & fous Louis XIII, & qui eft auteur d'une multitude de harangues & de poéfies fur les principaux événemens de fon tems, & fur divers autres fujets tant facrés que profanes. Il s'appeloit, dans l'Univerfité, *Petrus Valens* : fon vrai nom hollandais étoit *Struck*. Né en 1561 ; mort en 1641.

VALLE ou VALLA. (*Hift. litt. mod.*) Laurent Valle, *Laurentius Valla*, l'un des plus favans hommes, des plus habiles humaniftes & des plus fanglans critiques du quinzième fiècle, ennemi & rival du Pogge ; ces deux favans vomirent l'un contre l'autre des torrens d'injures, & faits pour honorer les lettres par leurs talens, les déshonorèrent autant qu'il étoit en eux par leurs fureurs. Laurent Valle eut le mérite de tirer la langue latine de la barbarie où l'avoient jetée depuis plufieurs fiècles les écrits de fcholaftiques & de jurifconfultes ; il lui rendit fes élégances perdues, mais il les employa trop à dire d'élégantes injures. *Acerrimâ mordacitate fuâ &..... fatyricâ perftriatione infamis*, comme l'appelle Sponde. Ce ne fut pas feulement à fes rivaux & aux écrivains de fon tems

qu'il fe rendit redoutable ; il n'épargna ni Ariftote, ni Cicéron, ni Virgile en littérature ; ni faint Auguftin, ni faint Jérôme, ni faint Thomas d'Aquin en théologie : on l'accufe même de s'être vanté d'avoir dans fon carquois des flèches contre le Meffie lui-même. Son philofophe favori étoit Epicure, contre lequel tout le monde fe déchaînoit alors, & l'écrivain dont il faifoit le plus de cas, étoit Quintilien. On a dit de Laurent Valle dans une épigramme latine, que Jupiter l'auroit reçu dans le ciel s'il n'avoit craint fa langue & fa cenfure, & que Pluton n'ofoit parler latin devant lui dans les enfers. Alphonfe-le-Magnanime, roi d'Arragon & de Naples, voulut apprendre de lui le latin à cinquante ans, & fa protection fut fouvent utile à Laurent Valle. Celui-ci, né à Rome en 1415, s'y étoit fait tant d'ennemis, qu'il fut obligé d'en fortir ; il ne refpectoit aucun des préjugés de la cour de Rome ; & il ofoit même y attaquer la prétendue donation de Conftantin, bien reconnue aujourd'hui pour fauffe, mais qui paffoit alors pour l'article de foi le plus facré. François Philelphe l'avoit cependant averti expreffément de ne pas toucher à ce dogme délicat s'il n'étoit pas las de vivre. Sorti ou chaffé de Rome, il choifit pour afile Naples & la cour d'Alphonfe, où il trouva en effet de l'appui ; mais les théologiens qu'il ne favoit pas ménager, l'y pourfuivirent ; il fut mis à l'inquifition, & condamné, dit-on, au feu ; mais Alphonfe vint à fon fecours, & Laurent Valle en fut quitte pour une abjuration & pour être fouetté par les inquifiteurs dans le cloître des Jacobins. Sponde du moins le rapporte ainfi ; mais on trouve quelque difficulté à concilier ce traitement qu'on veut qu'il ait reçu de l'inquifition, avec l'accueil que lui fit à Rome, où il retourna, le pape Nicolas V, à la vérité grand ami des lettres, qui lui donna non-feulement la permiffion d'enfeigner publiquement, mais encore une penfion.

Si Laurent Valle eut beaucoup d'ennemis, il eut auffi fes partifans, comme en ont toujours les hommes célèbres, foit en bien, foit en mal. Voffius, dont le fuffrage n'eft certainement point à dédaigner, dit que Laurent Valle n'a pas été moins utile à la république des lettres, que Camille à la République romaine. On pourroit en effet lui appliquer le *Referentem figna Camillum*, par allufion aux élégances de la langue latine, qu'il a ramenées dans la littérature.

Outre cet excellent livre des élégances de cette langue, livre que fes ennemis lui ont vainement contefté, il a donné des traductions d'Homère, d'Hérodote, & de Thucydide ; elles font peu eftimées : il ne favoit pas auffi bien le grec que le latin. Il a écrit auffi l'hiftoire de Ferdinand, roi d'Arragon, père d'Alphonfe-le-Magnanime fon bienfaiteur, & un *Traité du Faux & du Vrai*. Ses ouvrages, recueillis en 1540 à Bâle, forment un volume in-folio.

Un autre Valla (Georges), médecin & profeſſeur de belles-lettres à Veniſe , eſt auteur d'un livre *De expetendis & fugiendis rebus.* Mort vers l'an 1460.

VALLERIOLA *ou* VARIOLA ( FRANÇOIS ) , médecin & profeſſeur en médecine à Turin , au ſeizième ſiècle , a joui d'une grande réputation , & de théorie , & de pratique. Il a beaucoup écrit ſur ſon art. Mort vers l'an 1580.

VALLÈS ( FRANÇOIS ) , dit *Covarrubias* , du nom du lieu de ſa naiſſance dans la Vieille-Caſtille en Eſpagne , fut médecin du roi d'Eſpagne , Philippe II , & Manget dit que l'Eſpagne n'a jamais eu de médecin ni plus habile ni plus profondément ſavant ; il a auſſi beaucoup écrit ſur ſon art , & très-bien ; il a fait d'utiles Commentaires ſur les principaux Traités de Gallien , ſur les *Aphoriſmes* & le *Traité des Alimens* d'Hippocrate ; il a auſſi traduit du grec & commenté les huit livres de *La Phyſique* d'Ariſtote. On ignore le tems de ſa mort.

VALLIÈRE ( LA BAUME LE BLANC DE LA ) , ( *Hiſt. de Fr.* ) , famille françaiſe , originaire du Bourbonnois.

1°. Perrin , ſeigneur de la Baume ſur l'Allier , qui vivoit en l'an 1300 , acquit du nom à la guerre.

Une branche de cette famille s'établit vers l'an 1400 , au château de la Vallière en Touraine , dont elle tire ſon nom.

2°. Laurent le Blanc , ſecond du nom , ſeigneur de la Vallière , fut tué au ſiége d'Oſtende le 15 mars 1602.

3°. Charles de la Baume le Blanc ſon neveu , ſeigneur de la Gaſſerie , fut tué au ſiége de Spire.

4°. François de la Baume le Blanc , frère de Charles , fut choiſi à vingt-ſix ans par le roi Louis XIII , pour ſervir ſous le maréchal de Grammont en qualité de maréchal de bataille ( & il n'y en avoit que deux alors ) ; il ſe fit dans cet emploi une réputation qui s'étendit au-delà des bornes de la France. Il étoit chevalier de Malte , & , ſur un bruit que les Turcs alloient attaquer cette île , le grand-maître s'empreſſa de le réclamer. Les Vénitiens lui offrirent auſſi la charge de meſtre-de-camp général de leur armée. Il reſta au ſervice de France , &, après avoir continué de ſe ſignaler en pluſieurs occaſions , il fut tué au ſiége de Lérida en 1644. On ajoute dans la nouvelle édition de Morery ( de 1759 ), ( qui mérite plus d'attention que les autres , parce qu'elle a été faite elle-même plus d'attention ) , que François de la Baume devoit commander l'armée de Catalogne après que le prince de Condé auroit repaſſé en France ; en ce cas le ſiége de Lérida , où François fut tué , eſt celui de 1647 , & non pas celui de 1644 , car de 1644 à 1647 il y a trois ſièges de Lérida : celui de 1644 , c'étoient les Eſpagnols qui le faiſoient , & il réuſſit. Les deux autres échouèrent , quoique formés par deux des plus grands généraux du ſiècle ,

le comte d'Harcourt-Lorraine & le grand Condé ; celui du comte d'Harcourt en 1646 , celui du prince de Condé en 1647. François de la Baume eſt auteur d'un livre intitulé *Pratique & Maximes de la guerre.*

5°. Louis , ſeigneur de Boële , fils des deux précédens , fut tué au ſiége de Damvilliers.

6°. Leur frère aîné , Laurent de la Baume le Blanc , troiſième du nom , marquis de la Vallière , pouvoit dire :

> *Et ſi fata fuiſſent ,*
> *Ut caderem , meruiſſe manu.*

Au paſſage de Brai il ſoutint preſque ſeul tout l'effort des ennemis , en couvrant la retraite de l'armée. A la journée d'Avein , en 1635 , il rompit le bataillon du général Lamboi ; il ne ſe diſtingua pas moins aux batailles de Sédan & de Rocroi.

7°. Il fut père de la célèbre Louiſe - Françoiſe de la Baume le Blanc , ducheſſe de la Vallière , l'une des âmes les plus tendres qui aient exiſté , & la ſeule maîtreſſe du Roi , peut-être , qui ait véritablement aimé ſon maître : on ſait avec quelle tendreſſe & quel déſintéreſſement elle l'aima. On ſait comment elle s'en punit : elle l'aimoit avant d'en être aimée , elle l'aima encore après. Elle pouvoit dire comme Zaïre :

> Voulez-vous que ce cœur devant vous ſe déploie ?
> Sachez donc qu'en ſecret.....
> Il ſoupiroit pour vous avant que vos tendreſſes
> Viuſſent juſtifier mes naiſſantes foibleſſes ;
> Qu'il prévint vos bienfaits , qu'il brûloit à vos pieds ,
> Qu'il vous aimoit enfin lorſque vous m'ignoriez ;
> Qu'il n'eut jamais que vous , n'aura que vous pour
> maître.
> J'en atteſte le ciel que j'offenſe peut-être ;
> Et ſi j'ai mérité ſon éternel courroux ,
> Si ce cœur fut coupable , ingrat , c'étoit pour vous.

Il eſt très-vraiſemblable que M. de Voltaire , en faiſant ces vers , penſoit à mademoiſelle de la Vallière. Louis XIV l'avoit aimée par reconnaiſſance , par le mouvement naturel de l'amour propre flatté , le haſard l'ayant rendu témoin des tranſports d'admiration & d'amour qu'il inſpiroit à cette tendre fille , ſur laquelle ſes regards n'étoient point encore tombés. Elle mourut le 6 juin 1710 , carmélite , ſous le nom de ſœur Louiſe de la Miſéricorde. On a d'elle un livre de piété ſous le titre de *Réflexions ſur la miſéricorde de Dieu.* « Cette petite violette » qui ſe cachoit ſous l'herbe , dit madame de Sé- » vigné , & qui étoit honteuſe d'être maîtreſſe , » d'être mère , d'être ducheſſe : jamais il n'y en » aura ſur ce moule. » Quel éloge en trois lignes ! & c'eſt une dévote qui le fait , mais une dévote ſenſible.

Louis XIV érigea en 1667 pour mademoiſelle

de la Vallière & pour Marie-Anne fa fille, qui fut depuis cette belle princeffe de Conti, la terre de Vaujour en duché-pairie. La princeffe de Conti, avec le confentement du Roi, fit don de ce duché, en 1698, à Charles-François de la Baume le Blanc fon coufin-germain, qui obtint de Louis XV, en 1723, de nouvelles lettres d'érection.

8°. Ce duc de la Vallière s'étoit fort diftingué à la guerre : il s'étoit trouvé aux batailles de Staf- farde, de Steinkerque, de Nerwinde, de Spire, d'Hochftet, de Malplaquet & de Denain ; aux fiéges de Namur, de Charleroi, d'Ath, de Kehl, de Briffac, de Landau. Il avoit été fait prifonnier à la bataille d'Hochftet, après avoir jufqu'à fept fois chargé & repouffé l'ennemi à la tête de fa brigade & d'autres troupes qu'il avoit ralliées, après avoir eu fon cheval tué fous lui, après avoir reçu fur la tête plufieurs coups de fabre, & dans fes habits plufieurs coups de feu.

Il a laiffé deux fils dignes de lui, l'un mort à vingt- un ans de la petite vérole, au milieu des plus belles efpérances ; l'aîné, diftingué d'ailleurs par fes con- noiffances littéraires & par fa bibliothèque de livres rares & choifis. Sa veuve eft encore ( en 1788 ), quoiqu'infirme & fouvent malade,

*Amicorum dulciffima cura fuorum.*

C'eft d'elle que M. de Voltaire a dit :

> Etre femme fans jaloufie,
> Et belle fans coquetterie,
> Bien juger fans beaucoup favoir,
> Et bien parler fans le vouloir,
> N'être haute ni familière,
> N'avoir point d'inégalité,
> C'eft le portrait de la Vallière :
> Il n'eft ni fini ni flatté.

C'eft d'elle, auffi qu'une femme de beaucoup d'efprit a dit :

> La Nature, prudente & fage,
> Force le tems à refpecter
> Les charmes de ce beau vifage
> Qu'elle n'auroit pu répéter.

VALOIS. A l'article des frères Henri & Adrien de Valois il faut ajouter celui de Charles de Valois de la Mare, fils d'Adrien, né à Paris le 20 dé- cembre 1671. Ayant perdu fon père en 1692, il donna, en 1693, le *Valefiana*. Dès 1692 il avoit eu part au *Menagiana*.

Il fut reçu avocat en 1696, & ne fut point avocat. Il ne fe livra pas non plus, comme fon père & fon oncle, à l'étude de l'*Hiftoire de France* ; il choifit, pour objet de fes études, les monumens de l'antiquité, les médailles, &c. Il fut antiquaire du Roi. Il entra, en 1705, dans l'Académie des Infcriptions & Belles-Lettres, en qualité d'élève ; en 1714 il fut affocié, en 1722 penfionnaire. Le Recueil de l'Académie eft rempli de Mémoires fa- vans & curieux dont il eft l'auteur, fur divers points d'antiquités tant grecques que romaines, fur les néocores, fur les cenfeurs romains, fur l'origine & fur les ufages du verre chez les anciens, fur une médaille fingulière du jeune Conftantin, fur plufieurs médailles rares & fingulières de fon propre cabinet, où il en avoit raffemblé plus de fix mille, dont deux mille médailles impériales de grand bronze, &c. Mais le fujet qu'il a le mieux éclairci & le plus approfondi dans une fuite de Mémoires, c'eft l'hiftoire des Amphictions & des deux guerres facrées, entreprifes par les ordres & fous la direction de ce tribunal. C'eft un morceau d'hiftoire très-complet & très-inftructif. Il a pu- blié auffi, en 1725, un ouvrage pofthume de M. Vaillant, favant antiquaire & fon ami, lequel contient l'hiftoire des Rois parthes, de ceux de Bithynie, de Pont & du Bofphore ; il y a fait en- trer toutes les médailles qu'on a pu raffembler de ces différens princes, & il auroit cru dérober à la mémoire de fon ami une partie de fa gloire s'il eût inftruit le public de la part qu'il avoit à cet ouvrage, & de tout ce que M. Vaillant lui avoit laiffé à faire. Marié, à vingt-neuf ans, à une per- fonne qu'il aimoit depuis long-tems, il vécut avec elle quarante-cinq ans dans une union parfaite. Il en avoit eu deux enfans morts jeunes. L'ayant perdue, en 1746, à l'âge de foixante-quinze ans, & ne fachant pas vivre feul, il époufa une an- cienne amie de fa femme, dont il connoiffoit le caractère, & dans laquelle il retrouva tout ce qu'il avoit perdu. Il mourut le 27 août 1747. Le fecrétaire perpétuel de l'Académie, qui a fait fon éloge, obferve que fa modeftie & fa fimplicité étoient telles, qu'elles ont quelquefois empêché qu'on ne rendît pleinement juftice à fa capacité & à l'étendue de fes connoiffances.

VALORI, ( *Hift. mod.* ), Maifon originaire de Florence, & alliée aux plus grandes Maifons de la Tofcane.

Taldo Valori, le premier qui foit connu dans l'Hiftoire fous ce nom de *Valori*, forma, au qua- torzième fiècle, deux branches, dont l'une eft reftée à Florence, l'autre s'eft établie en France.

### Branche de Florence.

Nicolas, fils de Taldo, fut élu grand gonfalo- nier de Florence en 1367. Son père l'avoit été en 1349. Nicolas fut enfuite ambaffadeur auprès de Louis-le-Grand, roi de Hongrie, & mourut, dans le cours de fon ambaffade, à Albe-Royale.

Barthelemi, dit *le Vieux*, fils de Nicolas, fut trois fois grand gonfalonier, dans les années 1403, 1409 & 1421. Il fut auffi employé en diverfes am- baffades.

Nicolas Valori fon fils aîné fut auffi grand gonfalonier en 1436.

Philippe, frère de Nicolas & fecond fils de Barthélemi, mourut de la pefte le 11 août 1478, laiffant deux fils, Barthélemi II & François Valori : celui-ci fut un des grands-hommes de fon tems, quatre fois grand gonfalonier, en 1484, 1489, 1493, 1497. Protecteur de Savonarole, il périt en voulant le dérober à la fureur du peuple. Il fut tué d'un coup d'arquebufe, avec fa femme & fa fille ; fa maifon fut pillée & brûlée. Philippe de Comines l'appelle *le principal homme de la ville.*

Barthélemi III, petit-fils de Barthélemi II, fut auffi grand gonfalonier en 1524 ; mais, au milieu des révolutions auxquelles Florence fut en proie, s'étant attaché aux Médicis, puis enfuite s'étant armé contr'eux, il eut la tête tranchée à Florence avec Philippe fon fils. Cofme de Médicis fit grace à Paul-Antoine, frère de Philippe & fils de Barthélemi III, pris & emprifonné avec eux.

Nicolas Valori, oncle de Barthélemi III & fecond fils de Barthélemi II, eut auffi des fortunes diverfes. Il paffa par les principaux emplois de la République ; il fut envoyé en ambaffade, puis exilé de Florence pour une confpiration réelle ou fuppofée, en 1513, puis rappelé en 1521. Il fut fait prifonnier au fac de Rome, & mourut dans cette ville.

Philippe fon petit-fils fut décapité avec ceux de fes parens que nous avons vu avoir le même fort & pour la même caufe.

*Branche de Valori, établie en France.*

Gabriël Valori, fecond fils de Taldo, s'attacha au fervice de Louis Ier. de France, duc d'Anjou, roi titulaire de Naples, qui le fit vice-roi de Calabre.

Barthélemi fon fils, né le 6 mai 1376, fut maître de l'hôtel ( *Magfter hofpitii* ) de la reine Yolande d'Arragon, femme de Louis II, duc d'Anjou, roi de Naples. Il eut, en 1417, le gouvernement de la ville & du château d'Angers.

Gabriël, fils de Barthélemi, fut pannetier de Louis III, roi de Naples.

Louis, fecond fils du même Barthélemi, fut écuyer de Charles d'Anjou, comte du Maine.

Deux de leurs fœurs, Jeanne & Marie, furent ce qu'on appeloit alors *demoifelles du corps* de madame la dauphine, Marie d'Anjou, femme du dauphin Charles, qui fut depuis le roi Charles VII.

Jean, petit-fils de Louis, né le 29 octobre 1484, fut créé, par le roi Louis XII, chevalier de fon Ordre, à la bataille d'Aignadel, le 14 mai 1509.

Jean II fon petit-fils fut tué à la bataille de Coutras, en 1567.

Gui, fils de Jean II, fut gentilhomme de la chambre des rois Henri IV & Louis XIII, & chevalier de l'Ordre de Saint-Michel, que les gens de qualité recherchoient encore.

Il fut bifaïeul de Jean-Jacques, lieutenant au régiment de Bourbonnois, qui fut bleffé, en 1743, au pont de Dekendorf-fur-le-Danube, & mourut de fa bleffure à Ingolftat.

Dans la branche particulière des feigneurs de la Motte, iffue de la branche générale des Valori français, & formée par Charles de Valori, feigneur de la Motte, fecond fils de Gui, fils de Jean II, dont il vient d'être parlé, nous remarquerons :

Charles-Antoine, chevalier de Saint-Louis, lieutenant-général de l'artillerie, & qui la commandoit à Lille lorfqu'il fut tué en défendant cette importante place en 1708, contre le duc de Marlborough & le prince Eugène.

Louis-Gafpard, tué au fiége de Huy en 1705.

Charles-Gui leur frère aîné, fucceffivement ingénieur du Roi, capitaine au régiment de Normandie, brigadier des armées en 1703, directeur des fortifications des places de Flandre, maréchal-de-camp en 1708 après la défenfe de Lille ; lieutenant-général le 2 juillet 1710 après la défenfe de Douai ; gouverneur du Quefnoy après la prife de cette place, en 1712 ; commandeur de l'Ordre de Saint-Louis, après la prife de Landau & de Fribourg, dont il avoit conduit les attaques ; grand-croix du même Ordre en 1722. Il mourut dans fon gouvernement du Quefnoy, le 3 juillet 1734. Il étoit né le 24 feptembre 1655.

Charles-Antoine-Simon fon fils, chevalier de Saint-Louis, brigadier des ingénieurs, puis comme lui directeur des fortifications de Flandre, mourut en 1738, à Cambrai, lieu de fa réfidence.

Jules-Hippolyte fon frère, chevalier de Saint-Louis, s'eft vu obligé, par fa mauvaife fanté, de quitter le fervice après la guerre de Bohême, où il avoit fervi en qualité de capitaine de grenadiers au régiment de la Marine.

Gui-Louis-Henri leur frère aîné fe trouva aux batailles d'Oudenarde & de Malplaquet, fervit, avec le régiment de Piémont, dont il étoit un des officiers, dans Douai, dont les ennemis faifoient le fiége en 1710, & fut bleffé dans la belle & longue défenfe de cette place. En 1713 il fervit aux fiéges de Landau & de Fribourg, tant comme capitaine au régiment de Piémont, que comme aide-de-camp de Charles-Gui fon père, qui dirigeoit, comme nous l'avons dit, les attaques de ces places. Pendant la durée de ces fiéges il eut un régiment d'infanterie. Il fut chevalier de Saint-Louis pendant la régence. En 1716 il fut reçu chevalier de juftice dans l'Ordre de Notre-Dame du Mont-Carmel & de Saint-Lazare. En 1738 il fut fait brigadier, ambaffadeur en Pruffe auprès de deux Rois confécutifs, Frédéric-Guillaume & Charles-Frédéric. Il fuivit ce dernier à l'armée, fut témoin de fes premiers exploits & de fa gloire naiffante, & refta onze ans dans cette cour ; c'eft le célèbre marquis de Valori, décoré de ce titre pour cette ambaffade ; il fut fait maréchal-de-camp, puis lieutenant-général en 1748.

Il fut auffi ambaffadeur en Angleterre , & revint en France décoré du grand cordon rouge de Saint-Louis , & fut fait gouverneur de la citadelle de Lille. En 1756 il retourna en Pruffe , & eut alors la grande croix du même Ordre de Saint-Louis.

Gui-Jofeph-Céfar fon fils , d'abord cornette dans le régiment Dauphin , puis capitaine au régiment Royal , fouffrit le fiége de Prague avec fon régiment , & revint mourir de la petite vérole à Colmar , le 9 mai 1743.

Jacques-Henri de Valori , fixième fils de Charles, feigneur de Lamotte , fut tué à la défenfe de Tournai , en 1709.

Dans le rameau particulier des Valori, feigneurs d'Eftilli , Philippe de Valori fut homme d'armes du maréchal de Saint - André. Le roi Henri II le fit chevalier au fiége de Saint-Dizier.

Charles, dit le Jeune, fon arrière-petit-fils , fut tué à Dieppe dans un combat particulier.

Cette même Maifon de Valori a produit un grand nombre d'autres guerriers , tous utiles à l'État & diftingués par la valeur, mais qui , n'étant point parvenus aux premiers honneurs militaires , & ayant d'ailleurs échappé aux dangers de la guerre , femblent appartenir moins particuliérement à l'Hiftoire , où ils ont joué un rôle moins remarqué.

VALTERIE (L'ABBÉ DE LA). (Hift. litt. mod.) On fait cas de fes Lettres fur les énigmes en paroles & fur les énigmes en peinture , inférées , les unes au commencement de l'extraordinaire de janvier du Mercure Galant, année 1678 ; les autres, dans l'extraordinaire de juillet de la même année. On a fait cas auffi de fa traduction d'Homère en profe françaife. Il étoit de Verneuil au Perche ; il avoit été jéfuite.

VAMBA ou BAMBA , ( Hift. mod. ) , un des Rois goths en Efpagne, au feptième fiècle. La royauté étoit élective alors. Il fallut qu'un des électeurs de Vamba , ou de concert avec lui , ou emporté par un zèle brutal , parût le contraindre , en lui portant la pointe de l'épée à la gorge , de s'affeoir fur le trône , où il refufoit de monter. Vamba eft le premier roi d'Efpagne qui fe foit fait facrer ; fon ufage a depuis été négligé en Efpagne. Vamba fuccéda , le 1er. feptembre 672 , à Récefuinte. Après avoir régné un peu plus de huit ans , il defcendit du trône , & fe retira dans un monaftère le 14 octobre 680. Il vécut encore quelques années dans fa retraite.

VAN-DYCK ( ANTOINE ) , peintre célèbre, né à Anvers l'an 1598 , fe forma principalement par les leçons & les exemples de Rubens , & par le confeil de cet habile maître il alla étudier en Italie, principalement pour voir & pour étudier les ouvrages du Titien. Ce fut une double obligation qu'il eut à Rubens ; il revint dans fon pays avec un talent

mûri par le travail & la réflexion. On raconte que lorfqu'il n'étoit encore qu'élève chez Rubens , étant entré fecrétement avec fes camarades dans le cabinet de ce peintre pour examiner à loifir un tableau qu'il venoit de finir , un de ces jeunes gens, pouffé par un autre , tomba fur le tableau & effaça prefqu'entièrement un bras & une tête : on pria Van-Dyck de les rétablir , & il s'en acquitta fi bien , il faifit fi heureufement la manière du maître , que le lendemain Rubens , revoyant fon ouvrage , dit en préfence de fes élèves, qui trembloient de peur, croyant qu'il alloit connoître ce qui s'étoit paffé : Voilà un bras & une tête qui ne font pas ce que j'ai fait de moins bien hier. Van-Dyck a beaucoup travaillé pour diverfes églifes de Flandre , pour le prince d'Orange , Frédéric-Henri , & pour fa Maifon ; pour le roi d'Angleterre , Charles I , & pour la reine Henriette de France fa femme. Le roi d'Angleterre le combla d'honneurs & de biens, le fit chevalier du Bain , lui donna fon portrait enrichi de diamans , avec une chaîne d'or ; une penfion , un logement , & tous les avantages qui pouvoient le fixer à fa cour. Van-Dyck avoit effuyé , à Courtrai , un affront qu'il n'avoit pas mérité , & auquel il fe montra fenfible. Le chapitre de Courtrai l'avoit chargé de peindre le tableau du grand autel. Van - Dyck , après avoir bien examiné le local , bien mefuré les diftances , & bien tenu compte du point de vue & de toutes les circonftances , vint lui-même placer le tableau , & ne vouloit pas qu'on le vît avant qu'il fût en place. L'impatience des chanoines ayant cependant fait dérouler le tableau , il s'éleva un cri univerfel d'improbation ; Van - Dyck eut beau demander qu'on vît le tableau en place , le tableau fut unanimement rejeté avec l'expreffion du mépris pour l'auteur & pour l'ouvrage. Van-Dyck , pour confondre ces juges ignorans , plaça fon tableau , & alla lui-même de porte en porte inviter les chanoines à venir le juger ; ils ne daignèrent feulement pas l'écouter. Cependant les connoiffeurs parlèrent de ce tableau avec tant d'eftime , & les chanoines , en le voyant en place , le trouvèrent eux-mêmes fi beau , qu'ils crurent devoir à Van-Dyck une forte de réparation ; ils reconnurent, par une délibération capitulaire , la beauté du tableau ainfi placé ; en conféquence , ils lui demandèrent d'autres tableaux pour différens autels ; mais Van-Dyck , toujours bleffé du premier jugement , leur répondit brutalement qu'il avoit fait vœu de ne plus travailler que pour des hommes , & jamais pour des ânes. Van-Dyck époufa , en Angleterre , une fille de qualité , fille d'un lord. Son art, qui paffe pour appauvrir ceux qui l'exercent , l'avoit enrichi ; il vivoit avec magnificence , tenoit table ouverte & table fomptueufe ; il avoit à fes gages des muficiens , & qui pis eft , des alchimiftes. Pour fubvenir à ces dépenfes , il multiplioit fes tableaux au lieu de les finir , & on dit que plufieurs de ces tableaux fe fentent de la précipitation avec laquelle ils ont été faits, & dégénèrent de sa perfection accoutumée; mais il a de bien beaux tableaux d'Histoire, & plus parfaits encore dans un genre cher à l'amitié & à la sensibilité : on l'appeloit *le roi du portrait.* Il mourut en 1641.

**VAN-HUYSUM** ( JEAN ), peintre admirable pour le paysage, surtout pour la représentation des fleurs & des fruits. Né à Amsterdam en 1682; mort aussi à Amsterdam en 1749. Ses tableaux sont extrêmement recherchés par le petit nombre de ceux qui peuvent atteindre à leur prix.

**VANNIUS.** ( *Hist. german.* ) Vannius étoit un roi des Suèves, que Drusus, père de Germanicus & de l'empereur Claude, avoit placé sur le trône de cette nation, dans le tems qu'il faisoit la guerre en Germanie. Le gouvernement de ce Vannius fut long-tems agréable aux Suèves, & ce Prince acquit une réputation de douceur & d'équité : dans la suite, soit par sa faute ou par celle de ses ennemis, cette réputation changea; il passa pour avide, pour exacteur, pour tyran : on l'accusa d'avoir amassé un trésor immense par des extorsions criminelles. Ses sujets se soulevèrent contre lui; des peuples voisins appuyèrent leur révolte; deux Princes, ses neveux, Vangion & Sidon, soit en haine de ses injustices, soit par ambition & pour le dépouiller, prirent parti contre lui; de part & d'autre on recourut à l'autorité de l'empereur Claude, qui, long-tems & souvent importuné de leurs querelles, ne voulut jamais s'en mêler. Il se contenta de promettre à Vannius une retraite s'il en avoit besoin, & de faire avancer de la Pannonie sur le Danube quelques troupes pour en imposer aux barbares si, à l'occasion de ces mouvemens, ils étoient tentés d'exciter des troubles dans l'Empire. Vannius livra une bataille à ses ennemis, s'y comporta bien, y reçut d'honorables blessures, mais la fortune ne seconda point sa vaillance; il fut vaincu, & obligé de se retirer à sa flotte, qui l'attendoit sur le Danube; il fallut alors qu'il réclamât la promesse que l'Empereur lui avoit faite d'une retraite. En effet, Claude lui donna, pour lui & pour les siens, quelques terres dans la Pannonie. Ses neveux ses ennemis partagèrent son état, & eurent toujours grand soin de ménager l'amitié des Romains. Ils furent, comme Vannius, quelque tems agréables à leurs sujets, & comme Vannius ils éprouvèrent l'inconstance de la faveur populaire.

*Et sumit & ponit secures,*
*Arbitrio popularis aura.*

Ces faits se passoient vers l'an 46 de J. C.

**VANUPIEDS.** ( *Hist. de Fr.* ) C'est le nom qui a été donné à une violente sédition excitée, vers le milieu du dix-septième siècle, dans plusieurs villes de Normandie, surtout de la basse, & dont la haute même ne fut pas exempte. Le sujet ou le prétexte fut les taxes mises sur les cuirs, & le commencement des troubles vint de la part des cordonniers & des savetiers de la ville d'Avranches. Un cordonnier de cette ville prit la qualité de *Colonel de l'armée souffrante.* La populace se souleva de même à Valogne, à Coutances, à Saint-Lo, à Caen & à Bayeux. Il paroît que Rouen même ne fut pas exempt de troubles. La cour jugea que le parlement de Rouen ne s'étoit pas opposé avec assez de soin ni de zèle à cette sédition; ce parlement fut interdit, & le chancelier Séguier fut envoyé à Rouen pour y déclarer l'interdiction, ainsi que dans les autres villes rebelles. A l'autorité de la magistrature suprême il joignoit l'autorité militaire; il avoit le commandement général des troupes, que le colonel, qui fut depuis le maréchal de Gassion, conduisoit sous ses ordres. On portoit tous les soirs le drapeau blanc dans la chambre du chancelier, & Gassion prenoit le mot de lui. Le conseil du Roi marchoit à la suite de ce magistrat, & le secrétaire d'Etat la Vrillière eut ordre de se rendre auprès de sa personne pour signer en commandement les expéditions nécessaires. La révolte avoit eu beaucoup d'éclat : c'étoit dans le tems de la plus grande puissance & de la plus grande vigueur du cardinal de Richelieu; il voulut donner aussi le plus grand éclat au châtiment & la plus grande solennité au jugement qui interviendroit. On avoit pillé, puis démoli les maisons des fermiers des taxes, & le désordre avoit été très-loin. M. de Gassion arriva à Caen avec six mille hommes & avec l'ordre ou la permission de mettre au pillage toutes les villes rebelles ou qui feroient la moindre résistance. Avranches étoit le plus coupable, ayant excité les autres à la révolte, & leur en ayant la première donné l'exemple; elle fut abandonnée à la fureur du soldat, & passa par toutes les horreurs du pillage. Coutances, Valogne, Saint-Lo, n'ayant osé résister, en furent quittes pour d'énormes contributions; Caen, pour le désarmement de ses habitans & la punition des plus mutins. Bayeux dut à l'intercession de son évêque ( M. d'Angennes ) un assez grand adoucissement au sort qui lui avoit d'abord été destiné. Ce digne prélat, plein de zèle & de charité pour son peuple, connu & révéré de Gassion, courut à Caen plaider la cause, non des rebelles, mais de ceux qui, étant entièrement innocens, ou n'ayant été qu'entraînés ou séduits, n'en avoient pas moins été obligés de contribuer, comme les plus coupables, au paiement d'une somme de 22,000 liv., allouée, par forme de dédommagement, à ceux que le peuple avoit pillés. Sur les instances de l'évêque, on leur permit de reprendre leurs avances sur les biens confisqués de ceux qui étoient condamnés à mort. C'étoit du moins faire justice en partie.

Mais les condamnations étoient de la plus ter-

rible rigueur. Cinq des principaux auteurs & infti-
gateurs des troubles étoient condamnés à être rompus vifs, neuf à être pendus ; d'autres, en grand
nombre, avoient été envoyés aux galères; plufieurs
autres étoient bannis. Ce fut alors furtout que la
charité du bienfaifant prélat ne put être retenue par
aucune confidération. Il porta fes repréfentations
aux pieds du trône, & il obtint, non fans beaucoup de peine, un grand nombre d'exceptions ;
trois feulement des plus féditieux expirèrent fur
la roue : on fit grace aux autres. Le jugement fut
le même, dans toute fa rigueur, pour les autres
villes rebelles. Telle fut l'iffue de la révolte des
*Vanupieds*, & c'eft ainfi que Richelieu favoit appaifer des féditions. L'époque de ces événemens
eft 1639 & 1640.

VAQUETTE *ou* VACQUETTE ( JEAN ),
( *Hift. litt. mod.* ), feigneur du Cardonnoy, confeiller au préfidial d'Amiens fa patrie, deux fois
maire & lieutenant-général de police. Parvenu à
ces emplois par les fuffrages libres de fes concitoyens, il a de plus été un favant utile & un bel-
efprit aimable. Sa grande connoiffance des médailles l'avoit mis en liaifon avec des favans & des
magiftrats refpectables, tels que M. de Pont-Carré,
premier préfident du parlement de Rouen ; M. le
Bret, premier préfident du parlement de Provence;
M. l'abbé de Rothelin, M. l'abbé de Camps,
M. l'abbé de Fontenu, M. de Boze, M. Mahu-
del, furtout le célèbre Ducange fon proche parent, & plufieurs étrangers célèbres. Il avoit pré-
ludé à l'établiffement de l'Académie d'Amiens,
par l'établiffement d'une fociété de gens de lettres, qui fut à cette Académie ce que les favans
librement réunis chez Conrart par le goût des lettres & par l'amitié, avoient été à l'Académie françaife. Cette fociété littéraire, dont M. du Cardonnoy avoit conçu la première idée, fubfifta
depuis 1700 jufqu'en 1720, & amena, par des
gradations infenfibles & par le fouvenir de ce
qu'elle avoit été, les lettres-patentes de 1750,
qui ont donné à l'Académie d'Amiens la forme
qu'elle a aujourd'hui. Profond dans la connoiffance
de l'Hiftoire, M. du Cardonnoy étoit fouvent
confulté par M. l'abbé de Camps. Il fit, fur la
*Bibliothèque hiftorique* du P. le Long, des obfervations dont ce favant bibliographe profita dans
fon Supplément. M. l'abbé de Fontenu, dans fa
Differtation fur ces monumens, vulgairement nommés *Camps de Céfar*, & dont quelques-uns peuvent
en être, a reconnu les obligations qu'il avoit à
M. du Cardonnoy pour la defcription du camp
près de Péquigny-fur-la-Somme. ( *Voyez* le dixième
tome des *Mémoires de l'Académie des Infcriptions
& Belles-Lettres*, pag. 451.) On a encore de M. du
Cardonnoy des Mémoires pour l'hiftoire de la
Picardie.
Au milieu de fes importantes occupations il cultivoit la poéfie. On a de lui des contes, la plupart

en vers libres : *l'Exilé à Verfailles* ; *les Religieufes
qui vouloient confeffer* ; *le Singe libéral*, tiré du *Page
difgracié*, de Triftan l'hermite ; *la Précaution inutile*,
tirée de Scarron. M. de Cardonnoy mourut en
1739. Il étoit né en 1658.

VARDAN *ou* VARTAN, ( *Hift. litt.* ), docteur
arménien du treizième fiècle, que M. l'abbé de
Villefroi a fait connoître, & que l'on regarde
comme un des plus grands hommes de l'Arménie.
Il paroît, par la notice que M. l'abbé de Villefroi
a donnée de fes œuvres, qu'il réuniffoit une
grande variété de connoiffances & de talens ; théologien, géographe, fabulifte, poète, commen-
tateur, &c. Il eft l'auteur d'une Géographie *claire
& abrégée* ; de Commentaires fur le *Cantique des
cantiques*, & fur divers paffages de l'Écriture; de
poéfies diverfes; de cent foixante-huit fables ou
apologues, dont M. l'abbé de Villefroi a traduit
quelques-unes ; d'un difcours en vers fur l'avénement de Jéfus-Chrift & fur le jour du jugement
général ; & de quelques ouvrages théologiques &
dogmatiques. Il étoit de la religion grecque, & il
s'élève fouvent contre les décifions de l'Églife romaine & contre fa primauté.

VAREL ( ÉDON - HILDERIC *ou* ULDRIC ),
( *Hift. litt. mod.* ), favant Frifon du feizième fiècle,
né en 1533 à Jeveren ou Dieveren dans la Frife
orientale, a enfeigné avec diftinction dans diverfes
Univerfités d'Allemagne, la philofophie, les mathématiques, l'hiftoire & la langue hébraïque. Il
a écrit fur l'aftronomie, & le P. Petau a inféré cet
ouvrage de Varel dans fon *Uranologion*. Voffius
en parle avec éloge. Varel étoit ami particulier du
fage & doux Mélanchton, & fuivoit comme lui
la doctrine du fougueux Luther. Varel mourut à
Altorf le 21 mai 1599. On a de lui, comme théologien, des Commentaires fur les prophètes.

VARET ( ALEXANDRE-LOUIS ), ( *Hift. litt.
mod.* ), vicaire-général de Sens fous M. de Gondrin, grand auguftinien, ce qu'on appeloit alors
*janfénifte*, avoit donné, en 1666, un Traité d'é-
ducation qui fut long-tems à l'ufage des gouver-
nantes & des premiers inftituteurs de l'enfance.
Il eft l'auteur du *Factum* des Hermites du Mont-
Valérien contre les Jacobins, & d'un autre *Factum*
contre les Cordeliers de Provins, qui leur fit ôter
le gouvernement des religieufes de Sainte-Catherine de cette ville. Il fit auffi un *Factum* pour fon
évêque contre le chapitre de la cathédrale de Sens.
Lorfqu'il avoit accepté le titre de grand-vicaire,
il y avoit mis une condition que les grands-vicaires
ne s'avifent guère d'y mettre, & qui fe fent bien
du rigorifme janfénifte ; c'eft qu'on ne lui propoferoit jamais d'accepter aucun bénéfice, & il en
refufa plufieurs. On juge bien qu'il a écrit contre
les Jéfuites ; c'eft prefqu'un devoir pour un janfénifte. La préface du livre de *la Morale des Jéfuites*,
imprimé

imprimé à Mons en 1667, & celle du premier volume de leur *Morale pratique*, font de M. Varet,
ainsi qu'un ouvrage théologique, qui a pour titre :
*Défense de la discipline touchant l'imposition de la pé-
nitence publique.*

Après la mort de M. de Gondrin, M. Varet se
retira dans la solitude de Port-Royal-des-Champs,
& y mourut le 1ᵉʳ. août 1676. Il étoit né en 1632.

On a de lui encore *des Lettres spirituelles*, avec
son portrait à la tête du premier tome, & au bas
de son portrait on lit ces vers faits par un janfé-
niste de ses amis :

Pur & simple en ses mœurs, *modeste de visage*,
Des vérités du ciel, épris dès son jeune âge,
Varet jusqu'en leur source alla s'en abreuver;
Et dans son grand savoir son humilité sainte
Fit bien voir qu'en un cœur où la grace est empreinte,
Les vapeurs de l'orgueil ne sauroient s'élever.

L'article des deux Varet frères se trouve dans
le Dictionnaire, mais il y manque presque toutes
les particularités que nous ajoutons ici.

VARLET (DOMINIQUE-MARIE), (*Hist. eccl.*),
évêque de Babylone, avoit été employé dans les
missions étrangères, & avoit exercé les fonctions
de grand-vicaire de l'évêque de Québec, depuis
les lacs du Canada jusqu'au golfe du Mexique,
& avoit travaillé avec zèle à l'instruction des habitans de la Louisiane. Un bref du pape Clément XI,
du 17 septembre 1718, le nomma évêque d'Asca-
lon, *in partibus infidelium*, & coadjuteur de M. Pidou
de Saint-Olon, évêque de Babylone, auquel il succéda. Les Jésuites lui suscitèrent des embarras qui
l'empêchèrent de prendre possession de son siége.
Leur prétexte étoit son opposition à la bulle *Uni-
genitus*. En effet, il appela formellement de cette
bulle : son acte d'appel est du 15 février 1723. Les
principaux du clergé catholique de Hollande, à
son retour en Europe, le retinrent parmi eux; il
sacra jusqu'à quatre archevêques successifs d'U-
trecht, & justifia sa conduite par deux apologies
dont Vanespen a fait un grand éloge, mais qui
furent regardées comme des écrits janfénistes, idée
que ses liaisons avec l'évêque de Senès (Soanen),
& l'évêque de Montpellier (Colbert) fortifioient
encore. On trouve, dans ses ouvrages, des notions
importantes sur l'état des Catholiques en Amérique
& en Asie. Il mourut à Rhynwyk près d'Utrecht,
le 14 mai 1742.

VATINIUS. (*Hist. rom.*) Publius Vatinius,
surnommé *Struma* d'une loupe qu'il avoit à la tête,
fut tribun du peuple sous le consulat de César. Dans
la suite il fut lui-même consul, puis il fut envoyé
dans l'Illyrie avec trois légions, par César, devenu
alors dictateur, & dont il paroit avoir eu constamment la faveur. Il fit la guerre en Dalmatie avec

*Histoire. Tome VI. Supplément.*

assez de succès. Après la mort de César il essuya
quelque échec en Illyrie, & se retira dans Dyrra-
chium, dont il ouvrit dans la suite les portes à Brutus.
Plus heureux quelques années après, il obtint
les honneurs du triomphe; mais il est plus connu
pour avoir été défendu, puis attaqué par Cicéron,
& c'est surtout par l'oraison *in Vatinium* qu'il est
célèbre; il est, dans l'Histoire, au rang des ennemis
de Cicéron. Cette inimitié avoit été précédée d'une
amitié presque intime, & n'en étoit peut-être que
plus forte. Vatinius écrivoit à Cicéron : *P. Vatinius Ciceroni suo*, formule d'inimitié qui n'est
pas fort commune dans les épîtres de Cicéron,
dites *familières*. Cicéron, à la prière de César,
l'avoit autrefois défendu dans une accusation de
brigue, & l'avoit fait absoudre. Vatinius ayant
eu dans la Dalmatie des succès suffisans pour que
ses soldats lui donnassent le titre d'*Imperator*, il
demandoit en conséquence que le sénat ordonnât
les supplications accoutumées en pareil cas : sa
demande éprouvoit des difficultés à Rome, où il
croyoit avoir des ennemis & des envieux : c'est
à Cicéron qu'il a recours alors; il le conjure de
prendre sa défense. « *Non puto*, lui dit-il, *repu-
diabis in honore quem in periculo recepisti : ego autem
quem potiùs adoptem aut invocem, quam illum quò
defendenti vincere didici..... Quare, si me, sicut soles,
amas, suscipe me totum : atque hoc quidquid est oneris
ac muneris, pro meâ dignitate tuendum ac sustinen-
dum puta.* »

Cicéron, de son côté, se loue de la reconnoissance de Vatinius, & lui déclare qu'il le tient
pour le plus reconnoissant de tous les hommes,
& qu'il en a toujours parlé ainsi. *Cognovi te gratis-
simum omnium : idque numquàm destiti prædicare. Nec
enim tu mihi habuisti modò gratiam, verùm etiam
cumulatissimè retulisti..... Omnia quæ in tuis rebus
agam, & non laboriosa mihi & honesta videbuntur.*
Ils devinrent ennemis dans la suite, & Cicéron,
qui, pour un personnage grave & même pour
un homme de goût, se permettoit trop de jeux
de mots & de pointes, appeloit Vatinius un *orateur enflé*, à cause de la loupe dont nous avons
parlé. Dans son oraison contre le même Vatinius,
& dans quelques autres écrits de Cicéron, l'on
trouve encore, parmi des reproches plus graves,
d'autres allusions d'assez mauvais goût à cette
difformité de Vatinius.

VATRY (L'ABBÉ). (*Hist. litt. mod.*) René
Vatry, de l'Académie des inscriptions & belles-
lettres, n'a guère été connu que des gens de
lettres : on a de lui que quelques Mémoires dans
le Recueil de l'Académie, & ces Mémoires n'ont
rien qui distingue l'auteur. On sait seulement par
tradition, qu'il avoit beaucoup de goût & un goût
éclairé. Il étoit grand zélateur des anciens. « Il
» auroit, dit M. Dupuy, qui fut quelques années
» secrétaire de l'Académie des belles-lettres, il
» auroit plutôt pardonné une injure personnelle;

Z z

» qu'une cenfure d'Homère ou de Virgile. » M. Dupuy remarque à cette occafion que prefque tous
les défenfeurs des anciens ont mis de l'aigreur
dans cette difpute ; ce qu'il attribue à la vive &
forte impreffion que font fur eux les merveilles
antiques, & à l'indignation de voir cenfurer injuftement ces merveilles ; mais ne pourroit-on pas
auffi l'attribuer au fecret dépit de ne pouvoir juftifier
des défauts qu'ils ont réfolu d'admirer, ou par
préjugé, ou par haine pour ceux qui en paroiffent
bleffés. L'intolérance, en quelque genre que ce
foit, n'eft bonne à rien.

L'abbé Vatry travailla plufieurs années au *Journal des Savans*. Il fut reçu en 1727 à l'Académie
des infcriptions & belles-lettres ; en 1728 il devint
procureur du collége de Rheims à Paris, & quelques années après principal. En 1734, il fut nommé profeffeur en langue grecque au collége royal,
& en 1741 infpecteur du même collége.

En 1754 il eut une terrible attaque d'apoplexie,
dont fon efprit ne fe releva jamais. Toutes fes
idées s'étoient brouillées & confondues : de toutes
les langues qu'il avoit fues, il s'étoit formé un jargon particulier & fort étrange ; mais jamais l'apoplexie n'avoit attaqué un tempéramment plus
robufte ; il lutta pendant feize ans contre cette
terrible maladie ; il foutint plus de foixante affauts,
& ne fuccomba enfin que le 16 décembre 1769.
Il étoit né le 21 octobre 1697.

VÉLEDA. (*Hift. german.*) C'eft le nom d'une
fée ou prophéteffe des Germains, célèbre par fes
oracles ou chanfons poétiques ou prophétiques ;
elle vivoit du tems d'une expédition affez ridicule
que Domitien prétendit faire contre les Cattes
l'an 83 de J. C. ; il entra dans la Germanie, &
en fortit fans avoir vu l'ennemi. Une chofe plus
ridicule encore eft qu'à fon retour il prétendit
triompher des Cattes, & que, pour honorer la
pompe de ce vain triomphe, il acheta, dit-on,
des hommes qu'il habilla & arma à la manière des
Germains ; il prit auffi le furnom de Germanicus,
qu'il voulut même donner au mois de feptembre,
& qui n'eft refté ni à lui ni à ce mois. Une autre
fée, nommée Ganna, la plus célèbre après Véleda, fit apparemment à Domitien quelque prédiction flatteufe, car elle fut fort accueillie par
cet Empereur. Un vers des Sylves de Stace nous
apprend que Véleda, dont il nous attefte la gloire
& la grande réputation, étoit prifonnière des
Romains du tems de Trajan.

*Captivæque preces Veledæ, cui maxima nuper*
*Gloria.*

VÉLITES (les) étoient, chez les Romains,
de jeunes gens légèrement armés, & qui compofoient la partie la plus agile de la légion romaine.
Au premier figne, s'ils étoient à terre, ils fautoient fur la croupe des chevaux ; s'ils étoient à
cheval, ils fautoient à terre pour combattre à

pied. Les Romains avoient deux moyens de fuppléer à la foibleffe de leur cavalerie : l'un étoit
d'ôter aux chevaux leurs brides pour leur laiffer
toute leur impétuofité naturelle ; l'autre étoit de
mêler parmi leur cavalerie des *vélites* ou foldats
armés à la légère. *Voyez* Valère-Maxime, liv. 2 ;
Tite-Live, liv. 26, & M. de Montefquieu, *Confidérations fur les caufes de la grandeur des Romains.*

VELLÉJUS (André-Séverin), (*Hift. litt.
mod.*), favant danois, hiftoriographe du roi de
Danemarck, étoit né au bourg de Védèle en Jut-
land, & en tiroit fon nom de Velléjus. Ses talens
lui méritèrent la protection du roi de Danemarck,
Frédéric II, au feizième fiècle. C'eft à Velléjus
qu'on doit la première édition de l'Hiftoire eccléfiaftique d'Adam de Brême : on lui doit auffi une
traduction danoife de l'Hiftoire de Saxon le grammairien : on lui doit encore un Difcours fur l'origine
du nom du royaume de Danemarck ; une Centurie
de chanfons danoifes fur les Rois de cette contrée, & fur leurs actions les plus mémorables ; une
Oraifon funèbre du roi Frédéric II, fon protecteur ; les Aphorifmes des fept fages de Grèce ; des
Mémoires hiftoriques fur divers Danois qu'il jugeoit dignes de l'Hiftoire : de ces ouvrages, les
uns font en latin, les autres en danois. Velléjus
mourut très-âgé, en 1616.

VELMATIO (Jean-Marie), (*Hift. litt. mod.*),
poète latin du feizième fiècle, eft auteur d'un
grand & long poème dédié au cardinal de Trani,
évêque de Porto, fous le titre de *Chriſteidos, feu
veteris & novi Teſtamenti opus fingulare ac planè di-
vinum.* Velmatio étoit Italien, né à Bagnacavello ;
il étoit religieux de l'Ordre des Frères Mineurs. Il
eut pour difciple un frère Servite, nommé Jérôme
de Modène, qui ne lui a pas épargné les louanges.

VELSCHIUS (Georges-Jérôme), (*Hift. lit.
mod.*), favant médecin allemand, dont les envieux
pouvoient dire comme l'on dit les envieux de
M. Aftruc, qu'il favoit de tout, même de la médecine. Il étoit très-favant dans les langues ; il
l'étoit même en philofophie & en théologie ; il
étoit de plus très-verfé dans la mufique & dans la
plupart des arts libéraux. La réunion de fes talens
& des connoiffances le faifoit regarder comme un
prodige dans toute l'Allemagne, & il reçut les
hommages des principaux gens de lettres dans
toutes les villes lettrées de l'Italie, où il alla répandre & acquérir des connoiffances ; mais ce fut
à la médecine qu'il s'attacha particulièrement :
ce fut la fcience qu'il cultiva le plus utilement. Il
dédia au fénat de Venife fes *Curationum duo Chi-
liades.* S'il a fait effectivement ou fi l'on a fait jufqu'à deux mille cures bien conftatées, on n'a pas
perdu fon tems à cultiver la médecine. Il a dédié
au même fénat de Venife fes quatre Centuries de

conſeils de médecine; & le doge Louis Contareno lui écrivit le 2 janvier 1676, au nom de la République, une lettre de remercîment & de félicitation, qui eſt pour Velſchius un titre de gloire. Il étoit du collége des médecins d'Ausbourg & de l'académie des curieux de la Nature. Un des membres de cette académie a écrit ſa vie & fait ſon éloge avec peut-être un peu trop d'emphaſe.

VELTHUYSIUS ou VELTHUYSEN (LAMBERT), (Hiſt. litt. mod.), né à Utrecht, a été célébré dans l'ouvrage de Gaſpard Burman, intitulé *Trajectum eruditum*. Velthuyſius eſt auteur d'une multitude d'écrits, tous compoſés en latin, & qui ont été réunis en 2 vol. in-4°. à Rotterdam, 1680, & dédiés à Vernerus Velthuyſius, frère de l'auteur. Ce ſont pour la plupart des ouvrages de morale chrétienne, dont quelques-uns cependant ont été attaqués comme impies & comme contraires à la diſcipline eccléſiaſtique. C'eſt un Traité de la juſtice, tant divine qu'humaine; une Diſſertation ſur l'uſage de la raiſon dans les matières théologiques, & en particulier dans l'interprétation de l'Ecriture; un Traité moral de la pudeur naturelle & de la dignité de l'homme. On ne peut nier que pluſieurs de ces ſujets ne fuſſent au moins très-bien choiſis : on en peut dire autant d'une Diſſertation où l'auteur examinoit ſi un Prince peut tolérer quelque mal dans ſes Etats : d'autres écrits ſont plus particuliérement théologiques ; d'autres ſont purement philoſophiques, & roulent ſur l'aſtronomie, la phyſique, la médecine, &c. Né en 1622. Mort en 1685.

VELTWYCK (GÉRARD), (Hiſt. litt. mod.), né à Ravenſtein ou à Utrecht, conſeiller de Charles-Quint, tréſorier de l'Ordre de la toiſon d'or, vivoit vers le milieu du ſeizième ſiècle. Il avoit été employé dans pluſieurs ambaſſades importantes, dans une entr'autres auprès de Soliman II, empereur des Turcs, & il a écrit l'hiſtoire de cette ambaſſade; car ce Charles-Quint, qui rempliſſoit l'Europe de ſes cris contre François I, ſur l'alliance que ce Prince contractoit avec les Turcs, ne recherchoit pas moins ardemment que lui cette alliance, dont il affectoit d'être ſi ſcandaliſé. Veltwyck mourut à Vienne en Autriche, en 1555.

VENASQUE, (Hiſt. mod.), anciennement ville épiſcopale & capitale du Comtat-Venaiſſin, aujourd'hui ſimple petit bourg, ſitué ſur la petite rivière de la Naſque, à deux lieues de Carpentras, avoit donné ſon nom à l'ancienne Maiſon de Venaſque, qui deſcendoit des anciens comtes de Toulouſe, & qui s'éteignit, vers la fin du quinzième ſiècle, dans la perſonne de Jean, vicomte de Venaſque, dont la fille, Saffrète de Venaſque, porta les biens de ſa Maiſon dans celle de Theſan-Poujol, par ſon mariage avec Alrias de Theſan,

fils du baron du Poujol. Ce contrat de mariage eſt du 3 février 1483.

VENCESLAS. Dans le Dictionnaire, nous n'avons parlé, à cet article, que du plus connu des Venceſlas, de l'empereur Venceſlas, fils de l'empereur Charles IV; il étoit le quatrième du nom de Venceſlas parmi les rois de Bohême.

Venceſlas I, ſurnommé *le Borgne*, parce qu'il avoit perdu un œil à la chaſſe, mourut en 1253, à quarante-ſept ans, la vingt-quatrième année de ſon règne.

Venceſlas II ſon petit-fils, dit *le Saint*, ſuccéda, l'an 1278, à Ottocare II ſon père, fils de Venceſlas I. Il n'avoit que huit ans lorſqu'il monta ſur le trône; il épouſa la fille d'André, roi de Pologne, & l'an 1300 il fut lui-même élu roi de Pologne. Il mourut le 23 juin 1305.

Venceſlas III ſon fils, couronné roi de Bohême, fut aſſaſſiné à Olmutz en 1306, lorſqu'il ſe diſpoſoit à aller auſſi prendre poſſeſſion de la couronne de Pologne.

La Bohême ne fut érigée en royaume que l'an 1061, par l'empereur Henri IV, en faveur d'Uratiſlas II. Juſqu'alors il n'y avoit eu que des ducs : Uratiſlas étoit le dix-huitième. Parmi ces ducs on diſtingue un Venceſlas, duc de Bohême au dixième ſiècle; il étoit fils d'Uratiſlas, duc de Bohême, & de Drahomire de Lucsko. Uratiſlas étoit chrétien, & fils du premier duc de Bohême qui eût embraſſé le chriſtianiſme; mais Drahomire ſa femme étoit païenne : ils eurent deux fils, Venceſlas & Boleſlas. Drahomire, après la mort de ſon mari, s'empara du gouvernement, & fit ceſſer l'exercice de la religion chrétienne dans la Bohême. Venceſlas ſe fit déclarer duc de Bohême par les Etats du pays, & rétablit la religion chrétienne : les deux frères firent leurs partages : Drahomire ſuivit Boleſlas, qu'elle gouvernoit, & fit aſſaſſiner Ludmille, aieule des deux Princes, chrétienne zélée, & dont elle ſavoit que Venceſlas ſuivoit en tout les conſeils; elle ſuſcita des ennemis à Venceſlas, qui ſut prévenir leurs deſſeins & aſſurer la paix. Tout paroiſſant calmé par ſa ſageſſe & ſon bonheur, Drahomire & Boleſlas invitent Venceſlas à une fête qu'ils donnoient à l'occaſion de la naiſſance d'un fils de Boleſlas : au milieu de cette fête, Venceſlas fut aſſaſſiné par ſon frère, le 28 ſeptembre 929. Venceſlas eſt mis au nombre des martyrs, parce que ce fut ſon attachement au chriſtianiſme qui alluma contre lui la colère de Drahomire, & qui cauſa la mort de ce Prince chrétien.

Un autre Venceſlas (Adam), duc de Teſchen en Bohême, élevé à la cour de Chriſtiern, électeur de Saxe vers le milieu du ſeizième ſiècle, ſe diſtingua dans une guerre contre les Turcs, & mérita d'être fait, en 1617, gouverneur de la Siléſie.

VENDEVILLE (JEAN), (Hiſt. eccléſiaſt.),

évêque de Tournai au feizième fiècle, a laiffé une mémoire agréable aux ennemis des Jéfuites, en adhérant aux cenfures des Univerfités de Louvain & de Douai contre la doctrine de Leffius fur la grace. Il mourut, & felon eux, en odeur de fainteté, le 15 octobre 1592. Sa vie a été écrite par fon official, qui fut depuis évêque de Bofleduc.

VÉNÉRAND (SAINT), (*Hift. eccléf.*), évêque d'Auvergne, comme on difoit alors, c'eft-à-dire, de Clermont, vers l'an 394, mourut vers l'an 423, après avoir faintement gouverné fon églife pendant près de trente ans. On fait mémoire de ce Saint au 24 décembre.

VÉNÈRE (SAINT), (*Hift. eccléf*). *Venerius*, évêque de Milan, aufli dans le quatrième fiècle, fut le fucceffeur de Simplicien, qui l'avoit été immédiatement de faint Ambroife ; il fut en grande liaifon avec les Papes, les principaux évêques & les principaux Saints de fon tems. Il mourut le 4 mai 409.

VÉNÉREO (ANTOINE-JACQUES), (*Hift. eccléfiaft.*), évêque de Syracufe en Sicile, puis de Léon en Efpagne, eut beaucoup de part aux principales affaires de fon tems ; il avoit été nonce en Efpagne, non, comme l'ont dit des écrivains mal inftruits, du pape Paul III, qui ne monta fur le faint-fiége que long-tems après, mais apparemment de Sixte IV, pour appaifer les troubles qui s'élevoient au fujet de la fucceffion de Henri IV, dit *l'Impuiffant*, entre Ifabelle fa fœur & Jeanne, dite dans la fuite *la Nonain*, qui avoit été reconnue pour fille légitime de Henri. Vénéreo fit caffer le teftament de Henri IV, & reconnoître Ifabelle pour Reine ; il avoit contribué auffi au mariage de cette Princeffe avec Ferdinand-le-Catholique, roi d'Arragon & de Sicile : il obtint pour récompenfe de fes fervices des terres en Sicile & l'évêché de Cuença. Envoyé auffi nonce à Milan après la mort du duc François Sforce, il maintint les Milanais dans l'obéiffance, & affura le duché à un fils de François. Le même pape Sixte IV donna, en 1473, le chapeau de cardinal à l'évêque de Cuença. Ce nouveau cardinal mourut à Recanati fa patrie, le 4 août 1479, âgé de cinquante-fept ans.

VENERO (ALPHONSE), (*Hift. litt. mod.*), écrivain efpagnol, eft auteur d'une Chronique eftimée fur l'Efpagne ; elle a trouvé des continuateurs : il a auffi écrit les vies de quelques faints du diocèfe de Burgos, & compofé quelques autres ouvrages toujours relatifs à l'Efpagne. Il étoit né à Burgos le 16 mai 1488, étoit entré en 1504 dans l'Ordre de Saint-Dominique, & mourut au même Burgos le 24 juin 1545.

VENEUR (LE). (*Hift. mod.*) C'eft le nom d'une noble & ancienne Maifon de Normandie, dont étoit Jean le Veneur, feigneur du Homme, tué à la bataille d'Azincourt, en 1415. Il avoit époufé Jeanne, fœur de Jean, baron de Tillières, qui, ayant fuccédé à fon frère, porta dans la Maifon le Veneur la baronnie de Tillières, & depuis ce tems le nom de Tillières fe trouve toujours joint à celui de le Veneur.

Philippe le Veneur, fils de Jean, obtint des lettres du roi Charles VII pour fuppléer à des titres qu'il avoit perdus dans des guerres contre les Anglais, qui avoient ravagé fes châteaux & brûlé fes titres, pour le punir de fon attachement à fon Roi & à fa patrie.

Jean le Veneur, fils de Philippe, fut cardinal, évêque & comte de Lifieux, grand-aumônier de France.

Il eut un frère évêque d'Evreux, nommé Ambroife. Jean le Veneur, fecond du nom, leur neveu, chevalier & chambellan du Roi, avoit un double titre au nom de le Veneur, qui étoit à la fois fon nom de famille & le nom de fon office ; car il fut fait veneur du Roi en 1506 ; il fut auffi capitaine de Vire, bailli de Rouen en 1513, pannetier de la reine Eléonore d'Autriche en 1534.

Il eut un fils, Gabriel le Veneur, fait évêque d'Evreux en 1521, & chancelier de l'Ordre de Saint-Michel, qui affifta au concile de Trente en 1563.

Son frère aîné, Tannegui le Veneur, fut le premier comte de Tillières, Charles IX ayant érigé en fa faveur la baronnie de Tillières en comté par des lettres-patentes de l'an 1565. Il fut lieutenant-général de la Normandie, capitaine de cent hommes d'armes, bailli & gouverneur du vieux palais de Rouen ; & il fut fait enfin chevalier des Ordres du Roi en 1582. Le roi Henri III lui donna auffi en 1588 un brevet pour le premier état de maréchal de France qui viendroit à vaquer, avec les appointemens de cette dignité, à compter de la date du brevet.

Jacques le Veneur, comte de Tillières, fon fils, eut la furvivance de la plupart de fes dignités, & fut fait chevalier des Ordres du Roi en 1586, du vivant de fon père. Il mourut en 1596.

Tannegui le Veneur, fecond du nom, fils de Jacques, fut ambaffadeur en Angleterre en 1619.

Antoine-Henri fon arrière-petit-fils, chevalier de Malte en 1703, colonel d'un régiment d'infanterie, mourut le 25 avril 1707, des bleffures qu'il avoit reçues à la bataille d'Almanza.

Son frère aîné, Jacques-Tannegui le Veneur, comte de Tillières & de Carouges, fut fait, en 1702, brigadier des armées du Roi.

VENIER (PIERRE), (*Hift. litt. mod.*), né à Vendôme, profeffeur de rhétorique dans diverfes villes de France, puis au collége de Navarre à Paris, eft traité de *fummum poetam latinum*, dans une édition des Colloques d'Erafme, donnée en

1661 par Nicolas Mercier. M. l'abbé d'Artigny, dans ses nouveaux *Mémoires d'histoire, de critique & de littérature*, tome VII, parle de deux pièces de Venier en vers endecasyllabes. Pierre Venier vivoit dans le dix-septième siècle.

VENIERI, ( *Hist. mod.* ), famille de nobles Vénitiens, qui a donné à l'Etat des citoyens illustres.

Sébastien Venieri, nommé à soixante-dix ans général de l'armée vénitienne, montra toute l'ardeur de la jeunesse & toute la capacité de l'âge mûr à la bataille de Lépante contre les Turcs. Il voulut pour fruit de sa victoire se rendre maître de l'île de Sainte-Maure ou Leucade : ce projet ne réussit pas. Ses envieux, enhardis par cette espèce de petit échec, écrivirent contre lui pour tâcher d'avoir sa place. Le sénat, sans satisfaire leur ambition, donna un dégoût à Venieri en nommant, pour le remplacer, Jacques Foscarini; & voulant en même tems épargner à Venieri une déposition formelle, il lui confirma le titre de provéditeur-général, lui confia la garde des côtes de la mer Adriatique, enjoignant à Foscarini de lui obéir quand ils se trouveroient ensemble. L'éclat de la victoire de Lépante augmentoit de jour en jour la gloire & la faveur de Venieri, & le fit nommer doge en 1571, à la mort de Mocenigo, du consentement unanime de tous les électeurs dès le premier jour de l'assemblée, & presque par acclamation. Il mourut onze mois après.

Dans le dix-huitième siècle, un autre Venieri (Jean-Baptiste) se permit une grande faute, qui fut & qui devoit être sévérement punie. Il crut avoir eu à se plaindre de Nicolas Gabrieli pendant que celui-ci étoit inquisiteur d'Etat. L'ayant rencontré le 4 octobre 1712, dans la place de Saint-Marc, il ne put contenir son ressentiment : il s'élança sur lui, lui arracha les marques de sa dignité, les lui jeta au visage, & tira contre lui un stilet, arme défendue sous des peines sévères par les lois de l'Etat. Le conseil des Dix publia, le 8 du même mois, une sentence qui privoit Venieri de la noblesse, & ordonnoit que son nom seroit rayé du livre d'or, le bannissoit de plus à perpétuité de tous les titres de la seigneurie, & s'il ne gardoit pas son ban & qu'il fût pris, déclaroit qu'il auroit la tête tranchée entre les deux colonnes de Saint-Marc; & dans le même cas d'infraction de son ban, quiconque le prendroit ou le tueroit auroit quatre mille ducats de récompense si c'étoit dans les Etats de la République; six mille si c'étoit en pays étranger, avec quelques autres prérogatives; si ceux qui entreprendroient de l'arrêter ou de le tuer périssoient dans cette entreprise, même récompense à leurs héritiers; s'il paroissoit en quelque endroit de l'Etat, ordre de sonner le tocsin, à peine de sept ans de galères ou de dix ans de prison : on ajoutoit à toutes ces peines l'iniquité de la confiscation, partout établie & partout révoltante; dé-

fense aux nobles d'avoir aucun commerce avec lui, & de lui fournir aucun secours ou de lui donner retraite, sous peine de confiscation encore & de dix ans de prison. On afficha en public l'inscription suivante : *Jean-Baptiste Venieri, banni par le conseil des Dix, pour fautes énormes au préjudice de la liberté publique.* Après tout ce grand éclat, deux ans après tout étoit changé, Venieri étoit rétabli dans tous ses droits & affranchi de toutes peines, par jugement du 2 décembre 1714.

Un autre Venieri, sans doute de la même famille, nommé François, a été un des meilleurs philosophes & des plus profonds politiques qu'ait produits Venise. Il avoit composé, dès sa plus tendre jeunesse, de savans Traités de la volonté, de l'ame, du destin. Déjà fort avancé en âge, il fit imprimer son livre de la Génération. Il exerça noblement & avec gloire plusieurs emplois importans qui lui furent confiés.

VENILON, ( *Hist. de Fr.* ), archevêque de Rouen, vivoit du tems de Charles-le-Chauve, vers le milieu du neuvième siècle. L'Histoire ne fait aucun reproche à ce prélat.

Mais il n'en est pas de même d'un autre prélat du même tems, nommé aussi Venilon ou Guenilon. Cet ingrat, que Charles-le-Chauve, de simple clerc de sa chapelle, avoit fait archevêque de Sens, & par les mains duquel il avoit voulu être sacré & couronné dans l'église de Sainte-Croix d'Orléans, en usa envers lui, comme l'archevêque de Rheims, Ebon, envers Louis-le-Débonnaire; il fut le premier à le trahir; il introduisit dans la ville de Sens Louis le Germanique, ennemi & rival de Charles. Quelques-uns ont cru que la trahison de ce Guenilon avoit donné lieu aux fables de *Ganelon le félon*, si renommé chez les romanciers pour ses perfidies; mais il paroît que ce nom de *Ganelon* est significatif, & qu'il vient d'un mot qui, dans plusieurs langues, signifie trompeur. En latin, *gannire* exprime le cri du renard, animal qui passe pour le symbole de la ruse & de la fraude. En italien, *ingannare* signifie tromper; *ingannatore*, trompeur; *ingannatrice*, trompeuse.

VENIUS (OTHO), ( *Hist. mod.* ), célèbre peintre hollandais, qui eut pour disciple Rubens, qui a beaucoup travaillé à Rome & en Allemagne, mais conservant toujours l'esprit de retour dans les Pays-Bas, & ayant refusé les offres des plus puissans souverains, pour ne s'attacher qu'aux Princes autrichiens ou autres gouverneurs des Pays-Bas pour le roi d'Espagne, qu'il regardoit seul comme son maître légitime. Il orna les principales églises d'Anvers d'une multitude d'excellens tableaux. L'archiduc Albert l'appela auprès de lui à Bruxelles, & lui donna l'intendance des monnoies; car Venius, orné de connoissances dans plus d'un genre, étoit propre à plus d'un emploi. Son érudition égaloit le mérite de son pinceau. Il a publié plusieurs ouvrages qu'il a enrichis de figures & de portraits de sa façon. Tels sont : *Bellum Batavorum cum Rom. ex Cornelio Tacito, lib. 4 & 5, cum iconibus.*

*Hist. Hispan. Infantum, cum iconibus.*

Son savoir s'étendoit à la physique & jusqu'à la théologie , & on a de lui *Conclusiones physicæ & theologicæ, notis & figuris dispositæ, &c.*

Les belles-lettres lui étoient familières , & il dédia un livre intitulé *Horatii Flacci Emblemata, cum notis latinè, italicè, gallicè & flandricè, in uno volumine,* à l'infante Isabelle - Claire - Eugénie , femme de l'archiduc Albert d'Autriche, & fille de Philippe II , roi d'Espagne ; souveraine des Pays-Bas. C'étoit faire preuve à la fois de littérature , de philosophie & de connoissance des langues. Ces Emblêmes moraux, tirés d'Horace, donnèrent à la dévote infante l'idée d'emblêmes chrétiens sur l'amour divin, que Venius lui dédia encore sous ce titre : *Amoris divini Emblemata.* Enfin Otho Venius a donné dans la biographie sacrée ; il s'est fait l'historien de saint Thomas-d'Aquin. Il est l'auteur d'un livre intitulé *Vita sancti Thomæ Aquinatis, 32 imaginibus illustrata.*

Venius, né à Leyde en 1556, mourut à Bruxelles en 1622, laissant deux filles qui se sont distinguées dans la peinture.

VENNES ou VANNES (SAINT), (*Hist. ecclés.*), en latin *Vitonus, Vidonus & Victo,* élu en 458 évêque de Verdun, église qu'il gouverna pendant vingt-sept ans, a donné son nom à la congrégation de Saint-Vannes de Saint-Hydulphe, réforme de Bénédictins, célèbre en Lorraine & dans les provinces voisines. Mort le 9 septembre 525.

VENTURA (GUILLAUME), (*Hist. litt. mod.*), historien de la ville d'Ast sa patrie, sous le titre de *Mémorial,* a continué l'histoire de ce pays, commencée par Ogerius Alferius. Celui-ci avoit fini l'histoire d'Ast à l'an 1294. Ventura, remontant un peu plus haut que cette dernière époque, commence la sienne à l'an 1260, & la finit à l'an 1325. Il avoit porté les armes pour le service de sa patrie ; il avoit été fait prisonnier dans un combat en 1273. Il avoit soixante ans en 1310, lorsqu'il avoit entrepris son histoire. Elle se trouve au tome XI du grand Recueil des historiens d'Italie de Muratori.

Un autre Ventura (Secundinus), parent de Guillaume, & fils d'un André Ventura, a fait une continuation ou plutôt une addition à l'ouvrage de Guillaume, depuis 1419 jusqu'en 1457, se bornant apparemment, comme avoit fait Guillaume, aux événemens arrivés de son tems, & laissant subsister la lacune depuis 1325 jusqu'en 1419. Ce morceau de Secundinus se trouve dans le même volume du Recueil de Muratori, que l'ouvrage de Guillaume.

VENUSINUS ( JONAS-JACOBI ), ( *Hist. litt.*

*mod.*), savant Danois, professeur d'abord de physique, puis d'éloquence & d'histoire à Copenhague, fut le successeur du fameux Nicolas Cragius dans la place d'historiographe du roi de Danemarck, Christiern IV. En 1607 il fut nommé président de l'Académie de Sora. Il mourut en 1608. Il est réputé un des plus savans hommes & des plus judicieux écrivains qu'ait produits le Danemarck. Il défendit courageusement l'Histoire contre les fables qui la défiguroient, & fit un ouvrage dans le même esprit que celui de M. de Voltaire, qui a pour titre : *Des Mensonges imprimés.* Celui de Venusinus est intitulé *De Fabulâ quæ pro Historiâ venditatur.* On ne peut trop purger l'Histoire des fables de toute espèce qui s'y sont glissées, soit par superstition, soit par excès de crédulité, soit par préjugés, soit par passions. Les autres ouvrages de Venusinus sont des Traités *de Beatitate hominis,* sujet important ; *in Timæum Platonis ; de Historiâ ; de Compa-andâ eloquentiâ ;* une traduction danoise de l'Imitation de J. C.

Diverses remarques critiques de ce savant écrivain, que l'on conservoit avec soin dans la bibliothèque de Copenhague, ont péri dans un incendie en 1728.

VERA-CRUZ ( ALPHONSE DE ), ( *Hist. litt. mod.* ), ou Alphonse Gutierez, né au diocèse de Tolède en Espagne, vivoit dans le seizième siècle, & étoit professeur à Salamanque : on lui persuada de passer en Amérique, où il prit l'habit religieux chez les Augustins de la Vera-Cruz, dont il voulut toujours depuis porter le nom ; il devint provincial du Mexique, & des affaires importantes l'ayant obligé de repasser en Espagne, il s'y fit connoitre si avantageusement, qu'on voulut l'y retenir par l'offre des meilleurs évêchés ; il aima mieux retourner en Amérique, & professer la théologie dans une Université nouvellement fondée dans la ville de Mexico. Il a écrit sur le mariage, &c.

VERAN ( SAINT ), ( *Hist. ecclés.* ), évêque de Cavaillon, né vers l'an 528. On le voit figurer pendant tout ce sixième siècle dans les divers conciles tenus alors. En 587 il tint sur les fonts de baptême le fils de Childebert II. En 589 le roi Gontran le nomma, ainsi que deux autres évêques, pour informer du meurtre commis en la personne de Prétextat, archevêque de Rouen. On a de lui quelques écrits sur le célibat des prêtres, & sur quelques autres matières ecclésiastiques.

VERANIUS, ( *Hist. rom.* ), gouverneur de la Grande-Bretagne, nommée alors simplement Bretagne sous Néron. Il avoit espéré subjuguer entièrement cette île. Tacite en parle au quatorzième livre des Annales.

VERANUS, ( *Hist. ecclés.* ), fils de saint Eucher, fut élevé avec son frère Salonius, dans le monaftère de Lerins, fous la conduite de faint Honorat & d'Hilaire, & inftruit enfuite par Vincent de Lerins & par Salvien. Veranus & Salonius furent tous deux évêques dans les Gaules : on ne fait pas de quelles villes. Dans un manufcrit de l'abbaye de Lerins, Veranus eft qualifié évêque de Vence. Il vivoit fous le pontificat de faint Léon, & fous celui du pape Hilaire, depuis l'an 440 juf-qu'à l'an 465.

VERARDO (CHARLES), (*Hift. litt. mod.*), né, en 1440, à Céfene dans la Romagne, camérier & fecrétaire des brefs fous quatre papes, Paul II, Sixte IV, Innocent VIII & Alexandre VI, mourut le 13 décembre 1500. On a de lui un feul ouvrage fur la prife de Grenade par Ferdinand & Ifabelle, fous ce titre : *Hiftoria Caroli Verardi, de urbe Granatâ, fingulari virtute felicibufque aufpiciis Ferdinandi & Hellifabes, Hifpaniarum regis & reginâ expugnatâ.* 1493. in-4°.

VERBIEST (FERDINAND), jéfuite flamand, miffionnaire à la Chine dans le dix-feptième fiècle. Ses connoiffances dans les mathématiques lui procurèrent la faveur de l'empereur Cam-Hi, & il l'employa en faveur de la religion chrétienne, qu'il obtint de prêcher & de faire prêcher publiquement à la Chine, & dont il parvint prefqu'à perfuader l'Empereur. Le Père Verbieft reçut de ce Prince toutes les marques poffibles d'intérêt & de bonté. Pendant fa maladie, Cam-Hi lui envoya fes médecins; il le regretta tendrement, & compofa fon éloge funèbre; il lui fit faire des obfèques magnifiques avec toutes les cérémonies du chriftianifme. Tous les Chrétiens de Pékin affiftèrent au convoi du Père Verbieft. Ce jéfuite mourut au commencement de l'année 1688. On trouve au tome VI des *Mifcellanea berolinenfia* un écrit concernant les ouvrages du Père Verbieft. Cet écrit a pour titre : *T. S. Bayer de Ferdinandi Verbieftii, Soc. J. fcriptis, præcipue de ejus globo terreftri finico.* De ces ouvrages, les uns roulent fur la religion, & font autant de Traités théologiques; les autres concernent l'aftronomie & les mathématiques, & traitent des divers inftrumens propres à ces fciences. D'autres font des relations curieufes, tantôt des voyages de l'empereur Cam-Hi dans la Tartarie orientale en 1682, & dans la Tartarie occidentale en 1683; tantôt d'une nouvelle defcente des Efpagnols dans l'île de Californie au Mexique en 1683; tantôt enfin c'eft une lettre du Père Verbieft fur l'état du chriftianifme à la Chine, &c.

VERCINGENTORIX *ou* VERCINGETORIX, (*Hift. des Gaules & Hift. rom.*), Gaulois auvergnat qui fit la guerre aux Romains. Son père Celtillus avoit eu la principale autorité parmi les Celtes, & avoit été affaffiné par fes concitoyens, parce qu'il vouloit fe faire Roi. Le fils forma une puiffante ligue contre les Romains. Il fut chaffé de

Clermont; il y rentra, & à fon tour chaffa ceux qui l'avoient chaffé. Il fe fit enfuite proclamer Roi par les fiens, & général par les alliés qu'il avoit attirés à fon parti. Céfar le combattit avec fa fortune ordinaire, & remporta fur lui divers avantages. Vercingentorix, réduit à ne pouvoir plus tenir la campagne devant ce vainqueur, fe jeta dans Alexia, & y foutint un fiége pendant deux mois. Enfin, obligé de fe rendre, il s'offrit comme une victime pour le falut de fa patrie. *Voyez* Céfar, dans fa guerre des Gaules, l. 7.

VERDALE (ARNAUD DE), (*Hift. eccléf.*), évêque de Montpellier ou de Maguelone, a été l'un des plus favans prélats du quatorzième fiècle. La Maifon de Verdale, dont il fortoit, étoit noble & ancienne. Il profeffa long-tems le droit civil & le droit canon dans l'Univerfité de Montpellier. Affez d'autres que nous mettent au nombre de fes titres d'avoir été inquifiteur de la foi contre certains reftes d'Albigeois & de Béguards. Obfervons plutôt qu'Arnaud de Verdale étoit apparemment charitable, puifqu'il avoit fondé & doté dans la ville de Touloufe un collège pour l'entretien & l'éducation de douze pauvres écoliers, pendant tout le tems qu'ils étudieroient en philofophie & en théologie ou en droit. Ce collège, long-tems connu fous le nom de collège de Verdale, ne fubfiftoit plus, long-tems même avant le renverfement univerfel, & étoit remplacé par un couvent de Capucins : on n'avoit nul droit fans doute d'empêcher de vivre & mourir capucins ceux qui en avoient fait le vœu, fous la protection des lois établies de leur tems; mais comment fubftitue-t-on un couvent de Capucins à une maifon d'éducation & de charité ? Arnaud de Verdale, mis fur le fiége épifcopal de l'églife de Maguelone le 20 avril 1339, s'occupa pendant treize années de l'inftruction & de l'édification de fon troupeau. Il mourut le 3 décembre 1352. Il avoit écrit l'hiftoire de fes prédéceffeurs, depuis Ricuin II, qui commença fon épifcopat vers 975, jufqu'à Pictavin de Montefquiou, auquel il avoit fuccédé.

Un autre Verdale (Hugues de), cardinal à cinquante-un ans, grand-maître de l'Ordre de Saint-Jean-de-Jérufalem, vivoit dans le feizième fiècle, & mourut le 12 mai 1595. Il étoit de la même Maifon qu'Arnaud de Verdale. Il fit réformer les ftatuts de l'Ordre dont il étoit grand-maître, & il en fit écrire l'hiftoire en italien par Bofio. Il fit conftruire à Malte le château de Bofquet, qui fut appelé de fon nom, le château du Mont de Verdale.

Son frère, Hugues de Loubens, feigneur de Verdale, fut fait, en 1585, chevalier des Ordres du Roi.

VERDÉ (FRANÇOIS), (*Hift. eccléf.*), évêque de Vico di Sorrento, au royaume de Naples, canonifte du dix-feptième fiècle, étoit ami de Caramuel, & en entreprit la difficile défenſe. On a de lui encore un Traité de la Simonie, des Commentaires ſur le droit civil, un recenſement des propoſitions condamnées par le pape Alexandre VII, &c. Mort en 1706.

VERDIER. En parlant à cet article d'Antoine du Verdier Vau-Privas, nous avons oublié ſon fils, Claude du Verdier, homme de lettres & poète, ainſi que le père, dont nous avons, entr'autres poéſies, *Bombyçum Metamorphoſis*, *Ecloga*, & une traduction latine d'un Diſcours français ſur la pauvreté & la faim, par mademoiſelle Catherine des Roches. Il publia auſſi à Lyon, en 1583, un diſcours en vers *contre ceux qui, par les grandes conjonctions des planètes qui ſe doivent faire, ont voulu prédire la fin du monde devoir lors advenir*. C'eſt quelque choſe, & c'étoit ſurtout quelque choſe alors que de détruire des chimères & de combattre l'excès de la crédulité. Claude du Verdier mourut en 1649, âgé d'environ quatre-vingt-cinq ans.

Un autre Verdier (Jean), conſeiller au préſidial d'Angers, fut le premier profeſſeur de droit français établi en 1681 dans l'Univerſité d'Angers. Il étoit recteur de l'Univerſité d'Angers en 1688. Il fut auſſi un des trente premiers membres de l'Académie d'Angers. Il mourut le 2 mai 1689.

VERDUGO (François), (*Hiſt. mod.*), eſpagnol, un des meilleurs & des plus utiles capitaines qu'ait eus Philippe II. Il paſſa par tous les grades militaires, & s'éleva par ſon ſeul mérite à tous les honneurs, d'abord gouverneur de pluſieurs places importantes en Hollande, enſuite gouverneur-général de diverſes provinces des Pays-Bas; amiral & général en chef ſous le fameux prince de Parme, Alexandre Farnèſe. Il remporta dans les Pays-Bas pluſieurs victoires ſur les rebelles; il mit la province du Luxembourg à l'abri de toute hoſtilité de la part des Français. Il mourut le 20 ſeptembre 1595, après quarante-quatre ans de ſervices conſiderables rendus à ſon Roi. Il mourut dans la province du Luxembourg. L'Eſpagne reconnoiſſante redemanda ſon corps. La province du Luxembourg, non moins reconnoiſſante de ſes bienfaits, voulut le conſerver.

*Illius oſſa memor ſibi vindicet extera tellus.*

Guillaume de Verdugo ſon fils, plus flatté qu'affligé de ce refus, a concilié tous ces devoirs en faiſant ériger un magnifique mauſolée à ſon père dans le monaſtère du Saint-Eſprit, aux portes de Luxembourg.

VERDUN (Nicolas de), (*Hiſt. mod.*), premier préſident du parlement de Paris en 1611, l'avoit été du parlement de Toulouſe en 1600. Il avoit été auparavant préſident aux requêtes, puis

aux enquêtes du parlement de Paris. Magiſtrat intègre & déſintéreſſé juſqu'à la généroſité, ſavant dans les langues latine & grecque, juſqu'à répondre avec élégance dans l'une & l'autre de ces langues, & ſur le champ & ſans aucune préparation aux harangues que les gens du métier lui faiſoient à loiſir dans ces mêmes langues. C'eſt lui qui a donné aux premiers préſidens ſes ſucceſſeurs l'hôtel qu'ils ont toujours occupé depuis, & qui eſt connu ſous le nom d'Hôtel du Bailliage ou de la première préſidence.

VERDURE (DE LA). (*Hiſt. mod.*) C'eſt le nom d'une ancienne famille originaire du Boulonnais, laquelle, étant tombée dans la diſgrace du roi Charles VI, ſe tranſplanta dans l'Artois, province qui étoit alors du domaine des ducs de Bourgogne: une autre partie de cette famille s'établit à Veniſe.

En 1638 Nicolas de la Verdure, ſieur d'Heſquelles, ſoutint le ſiége de Bruges pour le roi d'Eſpagne.

Nicolas-Joſeph de la Verdure ſon fils fut un eccléſiaſtique d'un mérite diſtingué, un ſavant profeſſeur en théologie dans l'Univerſité de Douai, & qui ne voulut jamais d'autre état, quoiqu'on lui en offrît de plus avantageux & réputés plus honorables. Louis XIV s'étant rendu maître de Douai le 6 juillet 1667, Nicolas-Joſeph, qui, étant né le 27 août 1636, avoit eu pour premiers maîtres Philippe IV & Charles II, rois d'Eſpagne, leur préféra Louis XIV, & refuſa tous les avantages que Charles II lui propoſoit pour l'attirer & le fixer dans ſes Etats. M. de Fénélon, archevêque de Cambrai, qui connoiſſoit ſon mérite, lui procura un canonicat de la cathédrale de Cambrai; mais M. de la Verdure préféra ſa chaire de Douai à l'avantage ineſtimable de vivre auprès de M. de Fénélon. Il fut le conſeil & l'ami de pluſieurs prélats des plus illuſtres de ſon tems, & il conſacra tous ſes momens à l'étude de l'Ecriture-Sainte & des Pères. Il a beaucoup écrit & fort peu imprimé. Il n'a publié qu'un ſeul ouvrage: il a pour titre: *Tractatus triplex, de contritione, attritione, & de recidivis*. Des théologiens l'ont attaqué, des prélats l'ont défendu. Mort le 12 février 1717. Pluſieurs de ſes parens, de ſon nom, ont rempli des places de conſeillers au parlement de Douai.

VEREPŒUS (Simon), (*Hiſt. litt. mod.*), chanoine de la cathédrale de Boſleduc & principal du collége de cette ville, a compoſé un grand nombre de prières, tirées tant de l'ancien que du Nouveau-Teſtament & des écrits des Pères: il a compoſé auſſi quantité d'ouvrages élémentaires à l'uſage des colléges, & qui ont en effet été long-tems en uſage dans les colléges de Flandre; il a fait une vie de Cicéron & des notes ſur quelques épîtres choiſies de cet orateur. Tous les ouvrages de de Verepœus font en latin ; quelques-uns ont été traduits en français, en flamand, en espagnol.

VERGARA (FRANÇOIS & JEAN), (*Hist. litt. mod.*), frères, tous deux natifs de Tolède, tous deux professeurs, François de grec, Jean de théologie dans l'Université d'Alcala de Hénarès, fondée par le cardinal Ximenès, qui donna un canonicat à Jean. On a de François une grammaire grecque & quelques ouvrages ou traductions ; Jean a beaucoup écrit, mais il n'a rien publié sous son nom. Il avoit commencé une histoire du cardinal Ximenès son bienfaiteur, laquelle a eu pour continuateur Alvarès-Gomès. François mourut en 1545. Jean, le 20 février 1557.

VERHULST (PHILIPPE-LOUIS), (*Hist. litt. mod.*), né à Gand, retiré à Louvain, ami d'Opstraët & de Vanespen, savant janséniste, a beaucoup écrit contre les Jésuites, & pour la défense de l'église catholique d'Utrecht. Il a aussi défendu, & avec beaucoup d'avantage contre quelques ministres protestans, la foi de l'église catholique sur l'Eucharistie & sur la transubstantiation, & les Protestans capables de justice sont convenus que, sur ce point, la victoire lui est restée, au moins sur les adversaires particuliers qu'il a combattus. Verhulst est mort en 1753.

VERIUS-VEER (VILHARD), (*Hist. litt. mod.*), auteur de diverses traductions en hollandais & d'un supplément à l'ancienne chronique de Hollande, lequel supplément commence à l'an 1515, & va jusqu'en 1591.

VERJUS, (*Hist. mod.*) Le Père Verjus, jésuite, nommé procureur des missions du Levant, fit partout de nouveaux établissemens dans ce genre, pourvut de ministres ces églises naissantes, & chercha de tous côtés à ouvrir des routes nouvelles à la propagation de la foi. Pour tourner de ce côté l'esprit & le zèle, il écrivit l'histoire & l'éloge de divers missionnaires.

Il étoit frère de Louis Verjus, comte de Crécy, secrétaire de la chambre & du cabinet du Roi, conseiller d'Etat, l'un des quarante de l'Académie française, plénipotentiaire à la diète de Ratisbonne & autres assemblées de l'Empire, & qui le fut depuis aux conférences de Riswick. Le comte de Crécy tira le Père Verjus son frère de ses missions & de ses missionnaires, pour en faire un écrivain politique. Le Père Verjus, à l'instigation de son frère, composa plusieurs écrits polémiques sur l'enlèvement de M. le prince de Furstemberg, enlèvement qui fut une des causes de la guerre de 1688, terminée par la paix de Riswick. Le comte de Crécy, mort le 13 décembre 1709, a eu pour fils le marquis de Crécy, colonel du régiment de Boulonnois en 1703, brigadier d'armée en 1710,

gouverneur de Toul en 1714, maréchal-de-camp en 1719.

Un autre frère du comte de Crécy & du Père Verjus, tiré de l'Oratoire pour être évêque de Grasse, mourut le 7 décembre 1710.

Un autre ecclésiastique de la même famille se fit un nom par ses sermons, qui furent imprimés après sa mort en 1665.

Le Père Verjus, né le 22 janvier 1632, mourut le 16 mai 1706.

VERLEN-VERLENIUS (JÉRÔME), (*Hist. litt. mod.*), auteur flamand, qui n'est guère connu que par la Bibliothèque belgique de Valère-André. Il a traduit & commenté quelques ouvrages d'Epictète, d'Hippocrate, de Xénophon ; il a été l'éditeur des lettres de saint Ignace, martyr. Il mourut à Harlem le 17 août 1586, grand-vicaire du premier évêque qu'ait eu cette ville.

VERMEIL (ABRAHAM), (*Hist. litt. mod.*), poète savoyard, ennobli en 1597 par le duc de Savoie, Charles-Emmanuel, pour un poème qu'il lui avoit présenté. Il avoit entrepris un autre poème qui n'a pas été achevé ; c'étoit la vie de saint Louis en vers héroïques français. Vermeil fut député en 1605 auprès du roi Henri IV, par la noblesse du Bugey, à laquelle il appartenoit si récemment.

VERMEYEN (JEAN-CORNEILLE), (*Hist. mod.*), peintre flamand, attaché à l'empereur Charles-Quint qu'il suivoit dans ses voyages, & dont il a peint l'expédition de Tunis dans une suite de tableaux, d'après lesquels ont été faites des tapisseries magnifiques qu'on voit encore, ou qu'on voyoit il n'y a pas long-tems en Portugal, où Philippe II les avoit portées lorsqu'il s'étoit emparé de ce royaume. On dit de Vermeyen une singularité physique, peut-être exagérée, c'est que sa barbe, même lorsqu'il étoit debout, traînoit jusqu'à terre. Elle lui fit donner le nom de *Jean-le-Barbu*. Mort à Bruxelles en 1559.

VERNAGE (ETIENNE-FRANÇOIS), (*Hist. ecclés.*), a eu part à l'établissement des Filles repenties, dites du Sauveur, derrière les murs du Temple à Paris. Il a constamment refusé tous les bénéfices qui lui ont été offerts, & ne s'en est pas moins cru obligé de consacrer aux pauvres presque tout son patrimoine ; il est l'auteur de divers livres de piété, tels que celui qui a pour titre : *Nouvelles Réflexions ou Sentences & Maximes morales & pratiques*, dédiées à madame de Maintenon ; un autre très-connu, intitulé *Pensées chrétiennes*, auquel il a joint *la Règle chrétienne* & *les Réflexions consolantes sur le travail*. Mort le 12 octobre 1723, à soixante-onze ans. Il étoit de la même famille que le fameux médecin Vernage.

VERNANT (JACQUES DE), (*Hist. mod.*) Ce

A a a

nom eſt ſuppoſé, mais il figure dans une grande affaire, moitié eccléſiaſtique, moitié politique, où des noms aſſez célèbres ſe trouvent mêlés. Un carme de Nantes, déguiſé ſous ce nom, avoit fait imprimer à Metz, en 1658, un livre ſous ce titre: *Défenſe de notre Saint-Père le Pape & noſſeigneurs les Cardinaux, les Archevêques & Evêques, & de l'emploi des religieux mendians, contre les erreurs du tems.* Cet ouvrage, qui fit grand bruit alors, fut déféré à la Faculté de théologie de Paris, qui le cenſura. Cette cenſure eſt des 24 & 26 mai 1664. Le pape Alexandre VII adreſſa, le 6 avril 1665, un bref à Louis XIV, pour l'engager à faire révoquer cette cenſure, auſſi bien qu'une autre que la même Faculté, par une ſuite de la même affaire, avoit prononcée, le 3 février 1665, contre un livre du Père de Moya, jéſuite, qui s'étoit auſſi déguiſé ſous le nom d'*Amadeus Guimenius*, pour écrire dans le même eſprit que le carme. Le Pape ne put rien obtenir, & M. Talon, avocat-général, fit ſur ce bref d'Alexandre VII des obſervations très-contraires à l'eſprit ultramontain. Le Pape alors donna contre les deux cenſures qu'il n'avoit pû faire révoquer, une bulle en date du 25 juin 1665. M. Nicole fit des remarques ſur cette bulle, & l'abbé Boileau, docteur de Sorbonne, frère du poète Nicolas Boileau, fit ſur le même ſujet un écrit intitulé *Conſidérations reſpectueuſes*. Le procureur-général interjeta de la même bulle appel comme d'abus, & le parlement lui en donna acte le 29 juillet 1665. Les pièces concernant cette affaire, connue ſous le nom d'*affaire de Jacques de Vernant*, ont été recueillies dans un petit volume intitulé *Recueil de diverſes pièces concernant les cenſures de la Faculté de théologie de Paris, ſur la hiérarchie de l'Egliſe & la morale chrétienne*. C'eſt l'abbé Boileau qui a été l'éditeur de ce Recueil, comme il eſt l'auteur des *Conſidérations reſpectueuſes* qui en font partie.

VERON (FRANÇOIS), (*Hiſt. eccléſ.*), jéſuite, puis curé de Charenton, grand controverſiſte & très-zélé pour la converſion des hérétiques. Il eut de fréquentes conférences avec les principaux miniſtres proteſtans; il en eut une entr'autres avec le fameux Bochart, & les actes en ont été publiés. Il a réfuté *le Jubilé des égliſes réformées* de Charles Drelincourt. On diſtingue parmi ſes divers ouvrages une *Méthode de controverſes* & une *Règle de foi* qui ont été adoptées par le clergé de France. Ses œuvres ont été recueillies en deux volumes in-folio. Elles roulent principalement ſur la diſtinction des Bibles catholiques & de celles de Genève, & ſont pour la plupart dans le genre polémique. Mort en 1649.

VERRIÈRES (HENRI CAHAGNE DE), doyen de l'Académie des belles-lettres de Caen ſa patrie, mort en 1755, âgé d'environ quatre-vingt-trois ans. C'eſt principalement par M. Titon du

Tillet, dans ſon ſecond Supplément au Parnaſſe français, que M. de Verrières eſt connu. M. Titon, qui avoit eu des relations avec lui, le repréſente comme un homme fort aimable, de beaucoup d'eſprit, d'une érudition agréable, poſſédant pluſieurs talens d'uſage dans la ſociété, deſſinant bien, bon muſicien, jouant de divers inſtrumens de muſique, faiſant ſurtout de jolis vers qui ont tenu leur place dans divers Recueils & Mercures. Le Recueil où il s'en trouve le plus c'eſt lui des Poéſies de Lainez, qui a paru en 1753.

VERROCHIO (ANDRÉ), (*Hiſt. mod.*), célèbre artiſte de Florence au quinzième ſiècle, habile dans plus d'un genre, gravure, muſique, mathématiques, mais plus encore peinture & ſurtout ſculpture; c'eſt dans ce dernier art qu'il a véritablement excellé; car, quoiqu'il y ait de lui des morceaux de peinture très-eſtimés, on trouvoit cependant que chez lui le marteau & le ciſeau avoient nui au pinceau, que le pinceau en avoit contracté quelque choſe de dur & de rude qui reſſentoit la ſtatue: il en jugea ainſi lui-même, & crut devoir abandonner la peinture à ſon illuſtre élève Léonard de Vinci. On admire ſurtout de lui, en ſculpture, une danſe d'enfans autour d'un vaſe d'argent; un enfant de bronze pêchant à la ligne, qui eſt un des plus beaux ornemens du jardin de Médicis; le modèle de la ſtatue équeſtre de Barthélemi de Bergame, qu'il n'eut pas le tems de jeter en fonte, ayant été prévenu par la mort à Veniſe en 1488.

VERRUS ou VERRIUS FLACCUS, (*Hiſt. rom.*), grammairien, qui fut chargé de l'éducation des petits-fils d'Auguſte, & dont les ouvrages, deſquels il ne nous reſte rien, ſont ſouvent cités chez les anciens. Il mourut ſous l'empire de Tibère, vers l'an 33 de J. C.

VERRUTIUS (JÉRÔME), (*Hiſt. litt. mod.*), né à Groningue, étudia le droit à Bourges & vint l'enſeigner à Paris. Il eſt auteur du *Lexicon juris*. Il vivoit dans le ſeizième ſiècle.

VERSCURE (HENRI), (*Hiſt. mod.*), peintre hollandais, né à Gorkum, s'attachoit ſurtout à peindre des animaux, des chaſſes & des batailles. Il étudia particuliérement tout ce ſe paſſe dans les armées; il ſuivit, dans cette intention, l'armée des Etats-Généraux, en 1672. Il y fit une étude particulière des chevaux de toute nature & de tout uſage. Il y deſſina les divers campemens; il peignit & rendit ſenſible ce qui ſe paſſe dans les combats, dans les retraites, dans les déroutes; ce qui arrive après une victoire, dans un champ de bataille, parmi les morts & les mourans; le mélange des chevaux, des armes.

*Corpora fuſa vident, arrectos littore currus
Inter lora rotaſque, viros, ſimul arma jacere.*

Verfcure étoit extrêmement laborieux, toujours occupé de fon art, toujours le pinceau à la main. Ses plus beaux ouvrages font à la Haie, à Amfterdam & à Utrecht. Il fut élevé dans fon pays aux honneurs de la magiftrature, mais fans leur facrifier fon pinceau, dont il ne voulut jamais fe féparer. S'étant embarqué pour un petit voyage, il périt par un coup de vent à la vue de Dordrecht, le 26 avril 1670, à foixante-deux ans.

VERSÉ (NOEL-AUBERT DE), (*Hift. eccléf.*), controverfifte, d'abord catholique & né tel, puis devenu proteftant, puis focinien, puis redevenu catholique, & mort en 1714 dans le fein de cette Eglife où il étoit né. Il eft principalement connu par fa traduction latine de l'Hiftoire critique de l'Ancien-Teftament, que Richard Simon avoit compofée en français. Ses autres ouvrages font des écrits polémiques contre Jurieu, contre Nicole, contre Brueys, contre Ferrand, tantôt contre les Proteftans trop zélés, tantôt contre les Catholiques. Dans fa Differtation contre Spinofa, c'eft bien moins à Spinofa qu'il en veut, qu'à Defcartes & au père Mallebranche.

VERSORIS. A cet article nous n'avons parlé, dans le Dictionnaire, que du trop fameux abbé de Saint-Jean-d'Angély, plus que foupçonné d'avoir empoifonné le duc de Guienne, frère de Louis XI. Ce nom de Verforis a été aufsi celui d'une famille d'avocats célèbres, alliée à plufieurs familles de magiftrats diftingués.

Le vrai nom des Verforis étoit Letourneur, latinifé il devint *Verfor*; & Jean Letourneur, qui vint s'établir à Paris fous le règne de Charles VII, à ce que l'on croit, ayant été de fon tems un des plus fameux docteurs de l'Univerfité, & ayant compofé plufieurs ouvrages, dont le Recueil fut intitulé *Verforis Opera*, ce fut de ce génitif que fe forma le nom de fa famille, & même par fuccefsion de tems on joignit enfemble le nom français & le nom latin, *Letourneur de Verforis* ; & ce nom *de Verforis* devint pour ceux de cette famille, comme un nom de terre ou de fief.

De cette famille étoit Pierre Verforis, né le 16 février 1528, qui en 1564 plaida pour les Jéfuites contre l'Univerfité de Paris, pour laquelle plaidoit le fameux Etienne Pafquier. Ce même Pierre Verforis fut député aux Etats de Blois en 1576. Il fut dans la fuite chef du confeil de MM. de Guife, & il mourut de doulevr, le 25 décembre 1588, en apprenant que ces Princes venoient d'être affafsinés. On lui rend au refte la juftice de dire qu'il n'étoit le confeil de la Maifon de Guife que pour fes affaires domeftiques, & qu'il n'entroit pour rien dans ce qui concernoit fes vues ambitieufes & fes projets d'ufurpation.

Il eut pour fils Frédéric Verforis, confeiller au parlement, & Jacques Verforis, célèbre avocat comme fon père.

Cette famille produifit aufsi quelques militaires, officiers aux gardes, &c. mais le plus grand nombre fe confacra toujours au barreau ou à la magiftrature.

VERSOSA (JEAN), (*Hift. litt. mod.*), poète latin moderne, né à Sarragoffe en 1528, vint à Paris, où dès l'âge de quinze ans il enfeignoit la langue grecque avec le fuccès le plus éclatant: on couroit en foule à fes leçons; il fe vit à la fois plus de mille écoliers. On a de lui des Epîtres morales en vers latins, dans le goût de celles d'Horace, & qui leur ont été plufieurs fois comparées; un petit Traité *de Profodiâ Græcorum*; un Poème, *Carmen epinicium in navalem victoriam Joannis Auftriaci devictâ ad echinadas Turcarum claffe*, c'eft-à-dire, fur la fameufe victoire de Lépante, remportée fur les Turcs par dom Juan d'Autriche. Voilà pour le poète & l'homme de lettres. Mais Verfofa fut encore recommandable à d'autres égards. Il paroît qu'il fut employé utilement dans quelques affaires d'Etat. Il accompagna Diégo Hurtado Mendoza, ambaffadeur de l'Empereur au concile de Trente, & fut très-utile à ce miniftre dans les conteftations qui s'élevèrent au fujet de la tranflation de ce concile à Bologne. Il fut aufsi retenu long-tems à Rome pour faire la recherche des preuves qui établiffoient les droits acquis au roi d'Efpagne, ou prétendus par lui fur les divers royaumes qui compofoient fa vafte & puiffante monarchie. Verfofa mourut à Rome le 24 février 1574.

VERT ou WERTH (JEAN DE), (*Hift. mod.*), général des armées impériales fous les empereurs Ferdinand II & Ferdinand III dans la guerre de trente ans, fe fit une grande réputation par fa valeur & fon habileté. Galas & Jean de Werth fe trouvent à la tête de toutes les expéditions importantes de cette guerre; ils fe fignalèrent à la bataille de Nortlingue, le 6 feptembre 1634, où les Impériaux taillèrent en pièces l'armée fuédoife, alliée de la France, commandée par le duc de Saxe-Veymar & le maréchal Horn. Cette victoire eft un exemple que la multitude des chefs peut quelquefois ne pas nuire à une armée. Les généraux abondoient dans l'armée impériale: elle étoit d'abord commandée par quatre Princes; Ferdinand, roi de Hongrie, qui fut depuis l'empereur Ferdinand III; le cardinal Infant, le duc de Bavière & le duc Charles de Lorraine, & ces quatre Princes avoient fous eux Picolomini, Léganez, Galas & Jean de Werth. Ce dernier, ainfi que le duc de Lorraine, avec lequel il combattoit, contribua beaucoup à la victoire. Le fruit de cette victoire fut la réduction de toute la Suabe & de la Franconie. Peu de jours après, le duc de Lorraine & Jean de Werth battirent encore un corps de fix à fept mille hommes d'élite, commandés par le rhingrave Otton-Louis.

En 1635 ils soutinrent ensemble la guerre en Lorraine sans désavantage. En 1636 Jean de Werth prit Coblentz, & bloqua Hermanstein, qui fut réduit en 1637.

Ce fut cette même année 1636 qu'il inspira tant de terreur à la ville de Paris, ainsi que les autres généraux de l'Empire & de l'Espagne, par l'irruption qu'ils firent en France, les uns dans la Picardie, les autres dans la Bourgogne. Galas étoit de l'expédition de Picardie, où les Allemands & les Espagnols prirent le Catelet, la Capelle, Corbie, Roye, & couroient librement entre l'Oise & la Somme, poussant des partis jusqu'à Pontoise. Alors la consternation fut au comble dans Paris. Les chemins de Chartres & d'Orléans étoient couverts de Parisiens fugitifs & de chariots chargés de leurs bagages. Le grand courage du cardinal de Richelieu & les sages mesures qu'il sut prendre conjurèrent l'orage : les étrangers furent forcés à la retraite, Roye & Corbie furent reprises.

En 1638 Jean de Werth eut encore l'honneur de remporter quelqu'avantage sur le duc de Saxe-Veymar à la première bataille de Rheinfeld, du 28 février : le duc de Rohan y fut blessé à mort; le comte de Nassau, qui commandoit l'aile droite du duc de Saxe-Veymar, & Jean de Werth, s'étant rencontrés dans la mêlée, se tirèrent quelques coups de pistolet. Nassau eut son chapeau percé d'une balle, de Werth fut blessé à la joue. L'avantage de cette première affaire fut pour Jean de Werth, puisqu'il parvint à introduire du secours dans Rheinfeld que le duc de Saxe-Veymar assiégeoit; mais il n'en fut pas de même à la seconde bataille de Rheinfeld, du 3 mars suivant: le duc de Veymar y remporta la victoire la plus complète, & fit prisonniers les quatre généraux de l'Empereur, dont Jean de Werth étoit le premier : son frère Antoine de Werth fut pris avec lui. Jean de Werth avoit fait des prodiges de valeur dans cette affaire. Abandonné de sa cavalerie, qui avoit pris la fuite, renversé de son cheval, qui étoit blessé, ne trouvant point à en changer, il avoit couru à pied pour joindre un régiment d'infanterie qu'il avoit posté dans la forêt voisine du champ de bataille. Ce régiment fut enveloppé de toutes parts & obligé de se rendre. Ce fut là que Jean de Werth & son frère furent pris. Jean de Werth fut mené en triomphe dans cette ville de Paris qu'il avoit tant épouvantée, & qui alors le chansonna. Le nom de Jean de Werth fut le refrain de plusieurs couplets, &, comme on ne le craignoit plus, on affecta de ne l'avoir pas craint. De là le proverbe : *Je m'en soucie comme de Jean de Werth*, ou *Vous n'en tâterez non plus que Jean de Werth* ; c'est ainsi que Rousseau rend ce proverbe dans sa comédie du *Flatteur*, où un vieux domestique (Ambroise), grand diseur de proverbes, dit à Philinte :

Le mystère est, ma foi, découvert,
Et vous n'en tâterez non plus que Jean de Vert.

Ce général fut mis à Vincennes. Si le peuple, toujours vil, prit plaisir à l'outrager, les Français polis & bien élevés virent en lui un héros humilié qui soutenoit ses revers avec noblesse, & ne cédoit en politesse & en civilité à aucun d'eux. Il étoit encore en France lorsque le comte d'Harcourt prit Turin en 1640, &, dans l'admiration que lui inspira cet exploit, il s'écria qu'il aimeroit mieux être le comte d'Harcourt que d'être Empereur. Il fut échangé en 1641 avec le maréchal Horn, qu'il avoit battu à Nortlingue.

On a beaucoup admiré la savante & pénible retraite que fit en 1645 le vicomte de Turenne, du Necker au Rhin, d'Hailbron à Philisbourg, en passant impunément par des défilés très-dangereux. Cette retraite eût vraisemblablement été moins heureuse si le conseil de Jean de Werth avoit été suivi; il vouloit qu'on courût s'emparer de la tête des défilés dans lesquels les Français étoient engagés; les autres généraux crurent devoir laisser reposer les troupes, & remirent au lendemain une victoire qu'ils croyoient assurée, les Français ne pouvant pas encore le lendemain être sortis du défilé, conjecture qui fut démentie par l'excès de diligence que fit le vicomte. En cette occasion la multiplicité des généraux avoit nui certainement aux Impériaux.

En 1646 Jean de Werth couvrit Ingolstat & Ratisbonne, pendant que l'archiduc Léopold faisoit lever le siége d'Ausbourg au vicomte de Turenne & aux Suédois.

En 1647 le duc de Bavière, qui jusqu'alors étoit resté attaché à l'Empereur, fit sa paix par le traité d'Ulm avec les Français & les Suédois, & promit une neutralité entière. Par-là Jean de Werth, qui commandoit l'armée de Bavière, se trouvoit condamné à une inaction dont son caractère s'accommodoit mal, & qui lui paroissoit honteuse pour un général allemand, tandis que l'Allemagne restoit en proie aux armées ennemies. Il entreprit de disposer de l'armée bavaroise contre les intentions & les engagemens récens du duc de Bavière, & de la donner toute entière à l'Empereur. Le Duc, sans le savoir, lui facilita l'exécution de ce projet en lui ordonnant de mener des troupes dans le Haut-Palatinat pour en chasser des maraudeurs de l'armée suédoise, qui y faisoient des courses. Jean de Werth, profitant de l'occasion, ordonne à toute la cavalerie de le venir joindre avec armes & bagages : l'infanterie dépendoit un peu plus de son commandant-général Holtz; il le fait arrêter, &, le pistolet à la main, le force d'envoyer un pareil ordre à tous les colonels. Mais que les mesures fussent bien ou mal prises, le complot échoua : le duc de Bavière en étant averti, écrivit à tous les colonels de ne plus reconnoître Jean de Werth, qu'il déclaroit traître & infâme, & dont il mettoit la tête à prix. Ce général n'eut que le tems de se sauver en Bohême. Là finit sa carrière militaire. La paix de Westphalie, conclue l'année suivante, fit ceſſer toutes hoſtilités, & concilia pour un tems tous les intérêts.

VERTRON (CLAUDE-CHARLES GUYONNET, ſeigneur en partie de Vertron), (*Hiſt. litt. mod.*), hiſtoriographe de France, chevalier commandeur des Ordres royaux & militaires de Notre-Dame du Mont-Carmel & de Saint-Lazare de Jéruſalem, membre de l'Académie d'Arles & de celle des Ricovrati de Padoue, eſt auteur d'une multitude de petits vers à l'honneur des Dames, principalement de celles qui ſe ſont diſtinguées par les talens de l'eſprit & par les connoiſſances. Ces pièces ſe trouvent pour la plupart raſſemblées dans l'ouvrage qui a pour titre : *La nouvelle Pandore, ou les Femmes illuſtres du ſiècle de Louis-le-Grand ; Recueil de pièces académiques en proſe & en vers ſur la préférence des ſexes, dédié aux Dames*, deux volumes in-12. Depuis que Louis XIV lui eut donné le titre de ſon hiſtoriographe, il ne ceſſa de louer ce Monarque dans ſa proſe & dans ſes vers, croyant apparemment remplir par-là ce titre d'hiſtoriographe, qu'il ne paroît d'ailleurs avoir mérité par aucun ouvrage dans le genre hiſtorique. Il annonce cependant dans une lettre à madame de Saliés (voyez l'article *Saliés*) , qu'il a fait en *Diſcours hiſtoriques* l'hiſtoire des Ordres royaux qui ſont en France ; mais j'ignore ſi cet ouvrage ou ces ouvrages ont été imprimés, & ſi ces *Diſcours hiſtoriques* ſont de l'Hiſtoire. M. Titon du Tillet, qui place quelquefois dans ſon *Parnaſſe françaiſ* des écrivains que M. de Voltaire n'auroit pas admis dans le *Temple du Goût*, a fait une mention honorable de M. de Vertron & de deux de ſes poèmes à la louange de Louis XIV ; l'un intitulé le *Nouveau Panthéon*, l'autre *Parallèle de Louis-le-Grand avec les Princes qui ont eu le ſurnom de Grand*. Madame de Saliés, que M. de Vertron avoit célébrée dans ſa *Nouvelle Pandore*, le lui a rendu dans des vers où elle loue à la fois Louis XIV & les deux poèmes à ſa louange, compoſés par M. de Vertron :

Tout écrit aujourd'hui, tout parle de mon Roi,
    Des meilleurs auteurs juſqu'à moi :
Mais tout cède, Vertron, au ſuccès de ton zèle.
   Ton *Panthéon*, ton *Parallèle*,
Montrent à l'Univers ce monarque pieux
Plus grand que tous les Rois, plus grand que tous les dieux :
Et tant de vérités qu'à peine on pourroit croire,
Se prouvent aiſément dans ta fidelle hiſtoire.

Vertron étoit aimé & eſtimé de pluſieurs beaux eſprits de ſon tems ; il n'avoit pas un talent qui écraſât le leur ; il fut ami de Santeuil, & il y a de lui des vers latins aſſez médiocres ſur la mort de ce poète : on peut les voir dans le troiſième volume des Œuvres de Santeuil, de l'édition de Paris, 1729, pages 163 & 164, avec les noms & les qualités de Guyonnet de Vertron : ils font partie du Recueil intitulé *Funus Santolinum.* Des curieux ont conſervé des ouvrages manuſcrits de Vertron, entre autres une *Hiſtoire de Louis XIV*, & une *Hymne nouvelle en l'honneur de ſaint Louis*, avec la traduction en vers français ; plus, les *Maximes de ſaint Louis*, adreſſées à ſon fils, miſes en vers français, & une paraphraſe des litanies royales. Vertron mourut à Paris le 30 novembre 1715.

VERZASCHA (BERNARD), (*Hiſt. litt. mod.*), médecin ſuiſſe, qui eut de la réputation & des ſuccès aux dix-ſeptième & dix-huitième ſiècles, & qui eſt auteur de divers ouvrages ſur la médecine, d'exercitations ſur la paralyſie, ſous le titre de *Riverius Contractus* ; de l'ouvrage intitulé *Centuria obſervationum medicarum*, d'un *Herbarium*. Né à Bâle le 22 février 1651 ; mort auſſi à Bâle le 4 août 1719.

VESAL. A cet article Veſal (André), tel qu'il eſt dans le Dictionnaire, nous ajouterons ſeulement une particularité. M. de Thou, au cinquième livre de ſon Hiſtoire, rapporte que dans une maladie de Maximilien d'Egmont, comte de Bure, qui faiſoit déjà déſeſpérer de ſon rétabliſſement, Veſal lui ayant prédit l'heure & preſque le moment de ſa mort, le comte fit apprêter chez lui un grand feſtin & expoſer toute ſon argenterie & ce qu'il avoit de plus précieux ; que s'étant mis à ſa table avec ſes amis, il leur fit à chacun de riches préſens, & leur dit le dernier adieu avec un eſprit tranquille, & qu'enſuite s'étant remis au lit, il expira préciſément au tems que Veſal avoit dit. M. de Thou ne prend point ſur lui l'affirmation de ce fait ; un prudent *on dit* le met à cet égard à l'abri du tout reproche de crédulité : nous deſirerions cependant qu'un hiſtorien d'une auſſi grande autorité que M. de Thou eût donné à ſon doute une expreſſion plus marquée, qu'il eût prévenu l'abus qu'on pourroit faire de ſon récit pour en induire une ſorte de merveilleux dans la prédiction de Veſal. On entrevoit aiſément à quoi ſe réduit la vérité de cette hiſtoire. Le comte de Bure, comme beaucoup de malades aſſez courageux pour enviſager leur fin, voulut ſavoir combien de tems à peu près il pouvoit avoir encore à vivre, ſelon la conjecture des médecins ; il fit ſes diſpoſitions en conſéquence : Veſal conjectura plus ou moins juſte, & le malade mourut à peu près dans le tems indiqué par la conjecture. Il y a toujours à cela plus de latitude qu'on ne le dit ; & cet *à peu près*, que les uns expriment, que les autres ſuppriment, eſt le mot déciſif qui ôte à la prédiction de Veſal l'air d'horoſcope qu'on a voulu lui donner. On ne peut trop purger l'Hiſtoire de ce poiſon du merveilleux, qui, l'altérant dans ſon eſſence & la réduiſant à la Fable, lui ôte fa dignité, fa majefté, fa divinité, felon l'expreffion de Pline : *Quanta dignitas , quanta majeſtas , quantum denique ſit* NUMEN *Hiſtoriæ.*

VESPASIANI , ( *Hiſt. litt. mod.* ), florentin, auteur du quinzième fiècle, a écrit la vie du pape Nicolas V, avec lequel il avoit été lié avant fon exaltation. Ughelli parle de cette vie dans l'*Italia Sacra;* mais elle eſt reſtée manufcrite. On a prétendu que ce Vefpafiani étoit de la famille des Strozzis.

VESTILIUS (Sextus) , ( *Hiſt. rom.* ), prétorien, accufé dans le fénat par Tibère de crimes ou chimériques ou arbitraires, & fachant qu'une accufation de Tibère étoit un arrêt de mort, fe fit ouvrir les veines, comme Tacite le rapporte au fixième livre des Annales.

VESTINUS (Attilius). (*Hiſt. rom.*) Celui-ci auffi eut les veines coupées, mais fans confentement de fa part, & par la violence d'autrui. C'étoit un fénateur peu digne de fon rang, longtems favori de Néron, complice de fes débauches & dépofitaire de fes dangereux fecrets ; fe croyant d'après cela dangereux lui-même, il ne craignit pas de fe rendre redoutable à Néron par des propos hardis & des railleries piquantes, que Néron n'eût foufferts d'aucun autre, & qu'il ne fouffroit de lui qu'avec peine. Veſtinus eut enfuite la baffeffe d'époufer une Statilia Meffalina qu'il favoit avoir eu un commerce fuivi avec l'Empereur. Alors il prit fantaifie à Néron de reprendre la femme, & de fe défaire du mari. Les miniſtres de fa cruauté trouvèrent Veſtinus à fouper avec un grand nombre d'amis ; ils fe jetèrent fur lui, le mirent dans un bain chaud, & lui coupèrent les veines.

C'eſt ainfi que Néron fait difputer un cœur.

Un autre Veſtinus ( Lucius ) eut un grand crédit fous l'empire de Vefpafien, qui le chargea de rétablir le capitole.

VETRANI ( André ), ( *Hiſt. litt. mod.* ), d'abord médecin célèbre à Palerme en Sicile, a écrit fur la lèpre, & compofé d'autres Traités de médecine affez eſtimés. Etant devenu veuf, il embraffa l'état eccléfiaſtique, & ne s'occupa plus guère que des chofes de la religion. Il mourut à Palerme le 24 mars 1689. Il y étoit né dans le même dix-feptième fiècle.

VETRANNION ou BETRANNION , ( *Hiſt. eccléſ.* ), évêque de ce Tomes en Scythie, où Ovide étoit mort exilé :

*Naſo Tomitanæ jam non novus incola terræ.*

Vetrannion vivoit dans le quatrième fiècle de l'Eglife. Il fe diſtingua par fon zèle contre les Ariens & par le courage avec lequel il réfiſta en face à l'empereur Valens, qui les protégeoit, qui étoit arien lui-même, & qui vouloit l'obliger à communiquer avec des évêques ariens. Valens l'exila, puis le rappela. Vetrannion eut, à ce qu'on croit, la confolation de voir les commencemens du règne de l'empereur Théodofe-le-Grand.

VETUS ou VETU (Jean), franc-comtois, profeffeur de belles-lettres au collége du cardinal Lemoine, fe rendit favant en jurifprudence & en médecine. Attaché d'abord à la famille de Gilles Bourdin, procureur-général du parlement, du fils duquel il dirigeoit les études, il fut bien plus conſtamment attaché dans la fuite à la Maifon de Lorraine. Le cardinal Charles de Lorraine l'employa en diverfes négociations affez importantes, & il dut à la protection de cette Maifon une charge de fecrétaire du Roi & une charge de confeiller au parlement de Bordeaux, puis une de maître des requêtes, puis une de préfident au parlement de Bretagne. Par une fuite de fon attachement à cette Maifon de Lorraine-Guife, il joua un rôle dans la Ligue ; il fervit le duc de Mayenne dans diverfes affaires ; il avoit recueilli les derniers mots de ce grand duc, François de Guife, affaffiné devant Orléans par Poltrot de Méré, & père du duc de Guife-le-Balafré & du duc de Mayenne; il avoit fait auffi, lorfqu'il étoit encore dans fon collége du cardinal Lemoine, une oraifon funèbre de l'empereur Charles-Quint en latin. Comme il étoit grand controverfiſte, il a beaucoup écrit contre les Proteſtans, nommément contre Calvin & Théodore de Bèze.

VEWRE ( Jean de la ), ( *Hiſt. litt. mod.* ), favant du feizième fiècle, très-verfé dans les langues hébraïque, grecque & latine, auteur d'un poëme en hébreu & en latin, fans qu'on fente trop le mérite de cette bigarrure ; d'une traduction du grec en latin, du Traité de Philon des dix oracles divins ; de diverfes épigrammes & de quelques autres poéfies. Jean Dorat en a parlé avec éloge, ainfi que Nicolas Bourbon l'ancien, dans fes poéfies intitulées *Nugæ.* Il en eſt parlé auffi dans la Bibliothèque des auteurs de Bourgogne. Colomiés l'a placé dans fa *Gallia orientalis.*

VEYGA ( André de ), ( *Hiſt. mod.* ), portugais, né dans le diocèfe d'Evora, pénitent du Tiers-Ordre de Saint-François, fut connu dans fon tems par un feul ouvrage aujourd'hui oublié, qui a pour titre : *Acetarium variarum rerum materias continens, multiplici carmine, facro præfertim conſtans.* Il a une chofe plus remarquable, c'eſt d'avoir paffé jufqu'à quatre-vingt-douze ans en religion, & d'avoir vécu en tout cent dix ans ; il mourut le 1 avril 1584.

Un autre Veyga, auffi portugais (Emmanuel de ), auffi religieux, mais jéfuite, né à Villa-Viciofa, mort à Lisbonne le 15 janvier 1644, à quatre-vingts ans, a donné en portugais une Relation ou Expofition de l'état du chriftianifme en Éthiopie.

VÈZE. (*Hifl. mod.*) La Maifon de Vèze ou de la Vèze en Quercy, de Carmain & de Foix, prit le nom de Carmain, parce que Pierre de Vèze acheta, vers le commencement du quatorzième fiècle, de Bertrand de Lautrec le vicomté de Carmain, qui fut dans la fuite érigé en comté par Louis XI, pour Jean de Foix, dont Pierre de Vèze, acquéreur, étoit le trifaïeul ; ce Jean de Foix prit ce nom de Foix, qui étoit celui d'Ifabelle de Foix fa mère, qui, par contrat du 21 novembre 1427, avoit époufé Jean, vicomte de Carmain, lequel fut père de Jean de Foix.

Cette Maifon de Vèze avoit donné à l'Eglife un Pape, c'eft le pape Jean XXII, élu en 1316. Celui-ci fit Cardinal fon neveu Gauffelin de Vèze, qui fut chancelier de l'Eglife romaine, & légat en France & en Angleterre : il eut un frère archevêque de Touloufe.

Cette même Maifon de Vèze, Carmain & Foix a produit un grand nombre de chevaliers & de guerriers diftingués par la valeur.

VIA (ARNAULD DE), (*Hifl. mod.*), natif de Cahors, comme le pape Jean XXII fon oncle maternel, fut auffi fait par lui Cardinal & évêque d'Avignon, ainfi que Jacques de Via fon frère. C'eft Arnauld de Via qui a fait bâtir le palais épifcopal d'Avignon. Arnauld fut fait Cardinal le 22 juin 1317, & mourut le 24 novembre 1335.

VIAIXNES (Dom THIERRI DE), (*Hifl. litt. mod.*), bénédictin de la congrégation de Saint-Vanne & de Saint-Hydulphe, confidéré & perfécuté pour janfénifme, dans fon Ordre même, où il fut fouvent exilé de maifon en maifon, puis par le Gouvernement, qui le mit deux fois à Vincinnes, où la première fois il refta près de fept ans, & la feconde fois près de deux, & n'en fortit qu'à la mort de Louis XIV. Par où un fimple religieux, un fujet obfcur & paifible peut-il avoir mérité d'être traité en criminel d'Etat ? Il fut encore exilé fous la régence en 1721, pour les intérêts de la bulle, dont on ne fe foucioit guère. Il fut obligé de quitter le royaume. Il finit par s'attacher à l'Eglife janfénifte d'Utrecht, & il mourut près de cette ville le 31 octobre 1735.

VIALART, (*Hifl. mod.*), nom d'une noble & ancienne famille originaire d'Auvergne. Michel Vialart, confeiller au parlement de Paris, puis préfident des requêtes du Palais, fut envoyé par Louis XIII ambaffadeur en Suiffe, & y mourut en 1634. Il fut père de ce fameux évêque & comte de Châlons, Félix Vialart de Herfe, qui eut tant de part à la paix de Clément IX, qui fit dans fon diocèfe tant d'utiles établiffemens, bâtit & dota

le féminaire, forma plufieurs maifons d'éducation pour l'un & l'autre fexe, fit reconftruire & agrandir fon églife, ravagée par un incendie ; n'eut de revenus que pour les pauvres, épuifa fon zèle à tâcher de concilier entr'eux les divers docteurs théologiens, fut toujours ami de la paix, & non moins ardent à donner en tout genre l'exemple des vertus & de la fimplicité ; paffa les vingt dernières années de fon épifcopat dans le féminaire qu'il avoit fondé, vivant avec fes prêtres, veillant fur eux, les animant par fes exhortations & fes exemples à l'accompliffement de tous leurs devoirs, à la pratique de toutes les vertus ; travaillant avec eux à l'inftruction des Fidèles par plufieurs ouvrages dont le mérite s'eft fait fentir au-delà des circonftances & des objets pour lefquels ils avoient été faits : il s'attacha furtout à rétablir par fes ordonnances la difcipline de l'Eglife dans toute fa pureté. On dit que Louis XIV lui deftinoit l'archevêché de Paris après la mort de M. de Péréfixe, & on infinue qu'il le refufa, foit, comme on dit, par humilité, foit qu'il regardât comme indiffoluble fon mariage avec fon Eglife. Son épifcopat fut auffi long qu'édifiant : il dura quarante ans. Ce faint prélat mourut le 10 juin 1680.

Son oncle paternel, frère de Michel Vialart, d'abord religieux feuillant & quatre fois général de fon Ordre, fut nommé en 1640 à l'évêché d'Avranches, & mourut le 15 feptembre 1644. Il eft auteur de Mémoires du miniftère du cardinal de Richelieu, avec diverfes réflexions politiques. Cet ouvrage, qui ne parut qu'en 1650, fix ans après la mort de l'auteur, dans un tems où le parlement, foulevé contre l'adminiftration du cardinal Mazarin, n'étoit guère favorable à la mémoire du cardinal de Richelieu, fut condamné au feu par un arrêt du 11 mai de la même année 1650.

VIANA (LOUIS-FRANÇOIS), (*Hifl. litt. mod.*), né à Grenade en 1690, fut nommé en 1756 hiftoriographe du roi d'Efpagne, Ferdinand VI. Cet écrivain, dont les principaux ouvrages font des Differtations *fur l'arrivée de faint Jacques-le-Majeur en Efpagne*, & *fur le martyre de ce Saint; fur l'authenticité de la fainte Véronique de Jaën, fur une apparition miraculeufe de la fainte Vierge du Pilar de Sarragoffe*, toutes chofes dont il foutient la réalité & dont il rapporte les preuves, étoit l'objet de l'admiration & des éloges des favans de l'Efpagne ; ils l'appeloient *Coryphœum litteraturæ Hifpanæ, gelonem librorum, in hiftoriá ecclefiafticá facilè principem : antiquitatum mirificum indagatorem, gloriæque hifpanicæ gentis acerrimum defenforem.* Il étoit comblé de tous les honneurs académiques en tout genre. Il vivoit encore en 1759.

VIANI (JEAN-CLAUDE), (*Hifl. litt. mod.*), prieur de Saint-Jean d'Aix, de l'Ordre de Malte, mort le 16 mars 1726, à quatre-vingt-huit ans, bel-efprit, hiftorien & poëte. On a de lui une multitude d'ouvrages en vers de tout genre & de tout titre. Les principaux font une Epitre latine, adreffée à M. l'abbé Fleuri, auteur de l'Hiftoire eccléfiaftique : *Per illuftri & reverendiffimo domino Claudio Fleuri, &c. carmen eucharifticon*. L'abbé Fleuri étoit alors confeffeur du roi Louis XV. L'autre abbé Fleuri, ancien évêque de Fréjus, depuis cardinal-miniftre, étoit précepteur du même Louis XV. Il a auffi fon hommage particulier, ainfi que M. le Goux de la Berchère, archevêque de Narbonne, & M. Fléchier, évêque de Nîmes. Pour ce dernier hommage, c'étoit le cœur qui le dictoit, non-feulement parce que M. Fléchier en étoit très-digne, mais parce que le poëte étoit fon ami. On a encore du même Viani des Elégies fur la mort des Princes français de fon tems, une Relation en vers latins de la pefte d'Aix en 1720, une Hiftoire latine de la dernière conjuration de Naples, laquelle a été traduite en français par un de fes amis; un Poëme en vers latins fur le fiége de Malte par les Turcs.

Jean-Claude Viani avoit trois frères : Pierre Viani, grand-prieur de l'Eglife de Malte; Charles Viani, connu en Provence par fes miffions & fa vie pénitente, mort en 1706 au féminaire d'Aix, & Chriftophe Viani, maître des comptes & confeiller de la cour des aides de Provence, mort en 1685.

Un autre Viani, originaire de Saluces en Piémont (nous ignorons s'il étoit de la même famille que les précédens), né vers l'an 1690, entra dans l'Ordre des Servites : il eft principalement connu pour avoir accompagné à la Chine Charles-Ambroife de Mezzabarba, patriarche d'Alexandrie, que le pape Clément XI envoyoit à la Chine en qualité de légat apoftolique pour prendre connoiffance des conteftations qui s'élevoient entre les différens miffionnaires, & rétablir, s'il étoit poffible, parmi eux la paix & la concorde néceffaires à la propagation de la foi. Le Père Viani a écrit fur la théologie, la géographie facrée, la chronologie & l'hiftoire eccléfiaftique; il a traduit en italien un *Traité de l'ame des bêtes*, compofé en français. Mort en 1738.

VIAS (BALTHAZAR DE), (*Hift. litt. mod.*), né à Marfeille le 14 feptembre 1587, poëte latin du dix-feptième-fiècle, étoit fils de Jacques de Vias, conful pour le Roi à Alger, maître des requêtes de la Reine. Jacques de Cafaux, conful de Marfeille, s'étant fait tyran de cette ville fous la protection du roi d'Efpagne, & en ayant chaffé les fujets attachés à leur Roi légitime, Henri IV, Jacques de Vias, qui étoit du nombre, fut obligé de fe retirer à Pife, & fa femme alla le trouver à Livourne & lui porta fon fils Balthazar encore enfant. Cafaux ayant été tué & Marfeille étant foumife, Jacques de Vias, fa femme & fon fils ne tardèrent pas à y revenir. On apprend tous ces faits & tous ceux qui concernent Balthazar de Vias & fa famille, par le Recueil de fes poéfies, intitulé *Balthafaris de Vias, Maffilienfis, Regi chriftianiffimo à confiliis, charitum libri tres. Ad Henricum-Ludovicum-Habertum Mommorium, Regi à confiliis & libellorum fupplicum magiftrum*. Il y parle de fon goût & de fa facilité pour les vers dès fon enfance, à peu près dans les mêmes termes qu'Ovide :

*Nec labor ullus erat fubitos effundere verfus,*
    *Et quicquid volui dicere carmen erat.*

Balthazar de Vias mourut à Marfeille en 1667, âgé de quatre-vingts ans : c'étoit auffi à cet âge de quatre-vingts ans que fon père étoit mort. Le poëte fut ami de la plupart des hommes illuftres de fon tems, de M. de Peiresc, de Gaffendi, de M. de Launoi, de ce Henri-Louis-Habert de Monmort, de l'Académie française, auquel il a dédié fes poéfies; de Robert Barclai, auteur de l'*Argenis*. Le Père Claude Lion, oratorien, a célébré les ouvrages de Balthazar de Vias dans une pièce de vers, fous ce titre : *Nobiliffimo clariffimoque viro Balthafari de Vias, doctiffimo & clariffimo Mufarum alumno, Xenion*.

VIBIUS. (*Hift. rom.*) On rencontre fouvent ce nom dans l'hiftoire romaine.

Vibius Virius, citoyen de Capoue, ayant fait révolter cette ville en faveur d'Annibal, & voyant que Fulvius étoit près de la reprendre, fe retira chez lui avec vingt-fept fénateurs fes complices, leur donna un grand feftin où ils s'enivrèrent tous & s'empoifonnèrent.

*Vibius* Fronto, général de la cavalerie fous l'empire de Tibère.

*Vibius* Serenus, proconful de l'Efpagne ultérieure, condamné pour fes violences fous le règne du même Tibère.

Un autre *Vibius* Serenus, accufateur de profeffion fous le même règne, & qui, ayant intenté une fauffe accufation contre Fonteius Capito, proconful d'Afrique, n'en fut pas moins renvoyé abfous.

*Vibius* Crifpus, qui faifoit métier d'accufateur pour de l'argent, quoique riche & ayant affez de fortune, de crédit & de talent pour faire un métier plus honnête, ou pour n'en faire aucun & n'être qu'un homme aimable dans la fociété.

*Vibius* Marius, homme vénérable par fon âge & fes mœurs, accufé, fous le même règne de Tibère, par Satrius Secundus d'avoir eu part au complot d'Albucilla contre cet Empereur, & d'être l'amant adultère de cette femme.

*Vibius* Avitus, gouverneur des Gaules & de la Germanie inférieure fous Néron.

*Vibius* Secundus, chevalier romain, accufé de péculat par les Maures fous l'empire du même Néron, & condamné à l'exil.

C. *Vibius* Trebonianus Gallus, gouverneur de la Méfie, élevé à l'empire après la mort de l'empereur

pereur Déce, l'an 251 de l'ère chrétienne, qui affocia fon fils Volufien à l'empire, & qui fut tué l'an 253.

VIC (ENÉE), (*Hift. litt. mod.*), favant antiquaire, né à Parme, recherchoit avec grand foin les médailles, & deffinoit & gravoit avec foin celles qu'il avoit recueillies ; il fe propofoit de donner les médailles de tous les Empereurs, avec d'amples commentaires : les douze Céfars parurent en 1550, très-bien gravés. En 1557, Vic donna les femmes des douze Céfars, avec fes obfervations, qui furent traduites d'italien en latin, par Noël Conti, noble vénitien. En 1562, il parut un autre volume fur les médailles de Jules-Céfar feulement ; enfin, en 1601, après la mort d'Enée Vic, Jacques Franchi, graveur à Venife, qui avoit acquis fes planches, publia ce qu'il y avoit de gravé des médailles des Empereurs, depuis Nerva jufqu'à Lucius Verus, & des Impératrices, depuis Plautine jufqu'à Salonnie.

VICHI-CHAMPROND, (*Hift. de Fr.*), ancienne Maifon du Bourbonnois, dont étoient le dernier tréforier de la Sainte-Chapelle de Paris & la marquife du Deffand fa fœur, célèbre par fon efprit.

Damas de Vichi, premier du nom, fuivit faint Louis au voyage de la Terre-Sainte.

Guillaume III de Vichi fut aimé chevalier par le duc de Bourbon, beau-frère du roi Charles V.

Damas II de Vichi porta la bannière du duc de Bourbon au fiége de Verteuil.

Antoine de Vichi, troifième du nom, fervit à Gênes le roi François I, qui lui en témoigna fa fatisfaction par une lettre très-honorable, en date du 13 janvier 1528. Il empêcha l'établiffement des nouvelles héréfies dans fon pays. Henri II le fit chevalier de l'Ordre de Saint-Michel.

Gafpard de Vichi, comte de Champrond, arrière-petit-fils d'Antoine, fut maréchal des camps & armées du Roi, & gouverneur du Pont-Saint-Efprit, qu'il avoit repris par intelligence fur les ennemis de l'Etat. C'eft pour lui que Louis XIII a érigé Champrond en comté.

Il eut un petit-fils, Bertrand, chevalier de Malte, tué à la défenfe de Mayence en 1689.

VICTORIN. Dans le Dictionnaire, nous n'avons parlé, à cet article, que du tyran Victorin. Il y a de ce nom plufieurs écrivains, philofophes, théologiens ou gens de lettres recommandables.

1°. Victorin, évêque de Petaw dans la Pannonie fupérieure, qui a fouffert le martyre vers l'an 303, fous la perfécution de Dioclétien. Saint Jérôme nous apprend que cet évêque avoit compofé de favans Commentaires fur la plupart des livres de la Bible. Optat de Milève, Bede, Ufuard, Baronius, Bellarmin, Sponde, Godeau, Dupin & autres auteurs eccléfiaftiques en parlent

auffi & avec détail, & c'eft un point de critique chez les favans, de favoir s'il a partagé ou non l'erreur des Millenaires.

2°. Victorin (Caius ou Fabius Marinus), philofophe africain au quatrième fiècle, conduit par la lecture des livres de Platon à celle de l'Ecriture-Sainte, la goûta, l'admira & fe fit chrétien. Saint Auguftin dit que Victorin avoit traduit en latin plufieurs livres des Platoniciens. Saint Jérôme cite des livres que le même Victorin avoit faits contre les Ariens, ainfi que des Commentaires fur faint Paul. Il écrivit auffi contre les Manichéens, & fit un poème des Macchabées : ces derniers ouvrages font dans la *Bibliothèque des Pères*.

3°. Victorin de Feltry, en Italie, un des plus favans hommes du quinzième fiècle. On apprend dans un ouvrage pofthume d'un Anglais nommé Humfroi Hody, qui a pour titre : *De Græcis illuftribus lingua græca litterarumque humaniorum inftauratoribus*, que Victorin apprit la langue grecque d'Emmanuel Chryfoloras, & qu'il enfeigna la langue latine à Théodore Gaza & à Georges de Trébizonde, qui l'appelle fon maître dans un opufcule qu'il lui dédia fous ce titre : *De Artificio ciceronianæ orationis, pro Quinto Ligario.* C'étoit à Mantoue que Victorin enfeignoit : le prince de Mantoue, Jean-François de Gonzague, lui confia l'éducation de fes enfans, & même de fa fille, la princeffe Cécile, dont les progrès dans les langues grecque & latine la rendirent l'admiration des favans de fon tems. Saxolus Pratenfis, qui avoit auffi été difciple de Victorin, en a donné un éloge qui fait également eftimer l'auteur, & refpecter & chérir le maître, dont il expofe en détail, & les talens comme inftituteur, & les vertus comme bienfaiteur, non-feulement de fes élèves, mais de tous les malheureux.

Jean-André, évêque d'Aleria, autre difciple de Victorin, l'appelle *ævi noftri Socrates, faculi fui ornatus ac decus, fama & gloria Academiæ mantuanæ, pater pauperum ftudioforum, humanitatis fufcitator, latinitatis erector, fapientiæ magifter, honeftatis fpecimen, bonitatis exemplum, divitiarum contemptor, ingeniorum fublevator, &c.*

Le cardinal Querini a auffi parlé de Victorin avec beaucoup d'éloges, mais il n'a pu en parler que d'après les autres. La lifte de fes panégyriftes contemporains ne finiroit point. Un tel concert de louanges de la part de tous ces excellens juges ne peut n'avoir pas été mérité ; mais nous n'avons pas d'ouvrages de Victorin à citer à l'appui de tant d'éloges.

VIDOMAR, (*Hift. mod.*), eft le nom du vicomte de Limoges, qui, par le refus qu'il fit de partager avec Richard Cœur-de-lion, fon feigneur fuzerain, un tréfor qui avoit été trouvé fur fes terres, ou de le lui remettre tout entier comme Richard le prétendoit, attira fur lui les armes de cet impétueux Richard, qui périt dans cette guerre. ( *Voyez* dans le Dictionnaire l'article *Richard I*, dit Cœur-de-Lion, parmi les rois d'Angleterre.) Le trésor dont il s'agiſſoit, étoit des ſtatues d'or qui repréſentoient un Empereur aſſis à table avec ſa femme & ſes enfans.

VIENNOIS. C'eſt le nom d'une Maiſon noble du Dauphiné, deſcendue d'Amédée Donné de Viennois, fils naturel de ce dernier dauphin, Humbert II, qui céda le Dauphiné à la Maiſon de France; Humbert arma ce fils chevalier, & lui donna en rentes un appanage aſſez conſidérable. Amédée ſe qualifioit *Dominus Amedeus, miles Donatus Humberti Delphini*. Il mourut en 1361. Jean ſon fils étoit qualifié *Vir nobilis Joannes de Viennesio, filius Amedei Baſtardi, domini Humberti Delphini*.

Dans des lettres du 22 janvier 1447, données par Charles VII à Amédée II, fils de Jean, & à Jean II, fils d'Amédée, il eſt dit qu'ils portent dans leurs armes *un dauphin*, attendu qu'ils tirent leur origine d'Humbert II, dernier dauphin.

Un de leurs deſcendans, Marc-Antoine de Viennois, eut ſon château de Vizilla brûlé par les Proteſtans; deux de ſes frères périrent dans les flammes: on eut peine à ſauver ſon fils Arnoul, encore enfant.

Cette Maiſon de Viennois a produit pluſieurs guérriers utiles.

VIET (BARTHÉLEMI DE), ( *Hiſt. litt. mod.* ), Lyonnais, a traduit en français les harangues de Louis Grotto, ſous ce titre: *Les harangues de Louis Grotto, aveugle d'Hadrie, admirable en éloquence, par lui prononcées en pluſieurs lieux où il a été envoyé ambaſſadeur, très-utiles à toutes ſortes de perſonnes, traduites du latin & de l'italien en français, par Barthélemi de Viette, Lyonnais*.

Il n'a point été parlé, dans le Dictionnaire, de ce Louis Grotto, qui mérite cependant d'être connu: c'eſt ici le lieu de ſuppléer à cette omiſſion.

Louis Grotto, natif d'Adria ( dans l'Etat de Veniſe), qui donne ſon nom à la mer Adriatique, avoit perdu la vue huit jours après ſa naiſſance, & pouvoit paſſer pour aveugle-né. Cette privation du ſens le plus utile ne l'empêcha pas de faire de grands progrès dans l'étude des langues, des belles-lettres, & de la philoſophie. Etabli à Veniſe, il y fonda l'Académie *De gli illuſtrati*. Il harangua le premier mai 1556 la princeſſe Bonne, reine de Pologne & ducheſſe de Bari, lorſqu'elle paſſoit par Veniſe, venant de Pologne & ſe rendant à Bari; il harangua auſſi Henri III, roi de Pologne, puis de France, le 15 juillet 1574, lorſqu'à ſon retour de Pologne il paſſa par Veniſe. Il a de même harangué preſque tous les doges de Veniſe de ſon tems, le jour de leur élection, tels que Laurent & Jérôme Prioli, Pierre Loredano, Louis Mocenigo, Sébaſtien Veniero,

Nicolas de Ponte, Paſcal Cigogna. Ces harangues ont paru mériter d'être imprimées à Veniſe long-tems après la mort de l'auteur, en 1598, & traduites long-tems encore après, & publiées en 1628 par Barthélemi Viette; mais l'Epître dédicatoire à M. Seguier eſt du 29 mars 1611. On a auſſi des poéſies italiennes de Louis Grotto; des tragédies, *la Dalida*, *l'Adriana*: le ſujet de celle-ci eſt tiré des Nouvelles de Bandello; des comédies, *l'Alteria*, *il Teſoro*; des paſtorales, *il Pentimento amoroſo*, *favola paſtorale*; *la Califto*, *favola paſtorale*. Louis Grotto mourut le 13 décembre 1585, à cinquante ans.

Son traducteur Viette a auſſi traduit les Contemplations ou Méditations du cardinal Borromée, & il a compoſé un ouvrage des beautés de la ſainte Vierge, qu'il n'a pu connoître que par révélation.

VIEYRA (SÉBASTIEN & ANTOINE), ( *Hiſt. mod.* ), tous deux Portugais, tous deux jéſuites, & le premier, victime de ſon zèle pour la propagation de la foi. Celui-ci paſſa aux Indes en 1602, à l'âge de ſeize ans, puis à Macao, puis au Japon; il fut obligé d'en ſortir en 1614, au moment où l'on en chaſſoit tous les miſſionnaires. Il alla aux Philippines, & retourna déguiſé au Japon. Rappelé à Macao, il fut envoyé à Rome pour repréſenter au pape Urbain VIII l'état déplorable du chriſtianiſme au Japon. Retourné à Macao & aux Philippines à travers mille dangers, il chercha un danger plus grand en rentrant au Japon, déguiſé en matelot chinois; il fut reconnu, mis en priſon & condamné à mort avec cinq autres jéſuites & un franciſcain. On les promena d'abord avec ignominie dans les rues de la ville impériale, puis on les ſuſpendit dans une foſſe la tête en bas, & le troiſième jour le père Vieyra étant encore en vie, on alluma dans ſa foſſe un grand feu qui le réduiſit en cendres le 6 juin 1634.

Le ſort d'Antoine fut moins malheureux, quoiqu'aſſez agité. Voué, comme Sébaſtien, aux miſſions, il étoit au Bréſil lorſque le vice-roi Maſcarenhas le chargea d'accompagner ſon fils, qu'il envoyoit porter à Jean de Bragance la nouvelle qu'il l'avoit fait reconnoître dans les poſſeſſions portugaiſes en Amérique. Antoine obtint auprès du Roi plus de faveur qu'il n'en déſiroit; car cette faveur même qui le fit employer en diverſes négociations importantes, en Angleterre, en Hollande, en France & à Rome, fut long-tems un obſtacle à ſon retour en Amérique & à ſes fonctions apoſtoliques, qu'il brûloit toujours de reprendre. Après bien des difficultés & des délais, il les reprit enfin; il retourna en 1652 dans les forêts du Maragnan inſtruire les ſauvages. En 1653, les miſſionnaires ſes confrères eurent beſoin de ſon crédit à la cour de Lisbonne pour faire ceſſer des vexations qu'ils éprouvoient de la part des Portugais établis au Bréſil: il obtint du Roi tout ce qu'il demanda, excepté son retour en Amérique, qui fut différé jusqu'en 1655. Le roi Jean mourut en 1656, & les Portugais, ennemis d'Antoine & des autres missionnaires, les renvoyèrent tous en Portugal en 1661. Ce fut lui, dit-on, qui dressa, en 1662, une remontrance sur les désordres de l'Etat sous le règne d'Alphonse. Cette remontrance le fit exiler en 1663 à Porto. Ses ennemis le déférèrent à l'inquisition le 2 octobre 1665 ; mais l'inquisition a rarement sévi contre un jésuite : il fut mis en liberté le 24 décembre 1667. En 1669 il fut appelé par son général à Rome, à la sollicitation de la reine de Suède, Christine, qui desiroit le connoître, & lui fit un accueil favorable. Le pape Clément X, par un bref du 17 avril 1675, l'affranchit de toute juridiction des inquisiteurs portugais, & le soumit immédiatement à la congrégation romaine des cardinaux, présidens au tribunal du Saint-Office. Antoine retourna en Portugal en 1676, & en 1681 au Brésil, où il mourut le 18 juillet 1697, âgé de quatre-vingt-neuf ans. On a de lui quinze volumes in-4°. de sermons, de panégyriques, de dissertations sur différens sujets, soit théologiques, soit philosophiques, soit littéraires ; de discours d'éloquence, dont quelques-uns ont été traduits par le Père Verjus son confrère. (*Voyez* ci-dessus l'article *Verjus*.)

VIGAND (JEAN), (*Hist. du luthéran.*), grand théologien protestant, disciple de Luther & de Melanchton, ministre dans différentes villes d'Allemagne, nommément à Mansfeld sa patrie ; il eut part, avec Flaccius Illyricus, à cette histoire ecclésiastique protestante, connue sous le nom de *Centuries*, comme ses auteurs sous le nom de *Centuriateurs de Magdebourg*. On a de lui plusieurs Traités théologiques & quelques ouvrages, même d'histoire naturelle & de botanique, entr'autres un catalogue des herbes particulières à la Prusse. Il fut douze ans surintendant des églises de Poméranie. Mort le 21 octobre 1587, à quatre-vingt-quatre ans.

VIGILE. (*Hist. ecclés.*) Aux deux *Vigiles* dont il est parlé dans le Dictionnaire, il faut ajouter Vigile, évêque de Trente au quatrième siècle, qui, conformément aux avis de saint Ambroise qu'il avoit consulté, travailloit avec zèle à la conversion des idolâtres des Alpes, avec les coopérateurs que saint Ambroise lui avoit envoyés de Milan. Ces apôtres ayant souffert le martyre vers l'an 397, Vigile en écrivit la relation ; & étant venu trois ans après dans le lieu où cette exécution s'étoit faite, il y trouva une idole de Saturne, qui étoit en grande vénération, & la mit en pièces par un zèle qui étoit, ou non, selon la science (*videant periti*), mais qui mit en fureur ces idolâtres, par lesquels il fut lapidé le 26 juin de l'an 400 ou 405. Usuard le met au nombre des martyrs.

VIGNACOURT. Deux grands-maîtres de Malte, de ce nom, ont été célèbres : l'un (Aloph de Vignacourt) a été le cinquante-troisième grand-maître de cet Ordre ; il a succédé, en 1601, dans cette place à Martin de Garzès. De son tems la religion eut des avantages assez marqués sur les Turcs ; il fit bâtir plusieurs tours & forteresses pour la défense de Malte, & fit construire une très-belle fontaine au milieu de la cité Valette. En 1617, il envoya une relique de sainte Euphémie à la Faculté de théologie de Paris, qui la lui avoit demandée, & qui avoit choisi cette sainte pour une de ses patrones. Mort en 1622.

Adrien de Vignacourt son neveu, fils d'un autre Adrien de Vignacourt, premier gentilhomme de la chambre du roi Henri IV, fut fait commandeur de l'Ordre dès sa naissance par le grand-maître Aloph son oncle, suivant le privilège attaché à la grande-maîtrise ; il eut encore depuis d'autres commanderies & diverses dignités dans l'Ordre, & enfin il fut élu grand-maître le 24 juillet 1690, à la mort de Grégoire Caraffa, & fut le soixante-deuxième grand-maître, jusqu'au 4 février 1697, qu'il mourut, ayant soutenu avec gloire la dignité de l'Ordre & le nom de Vignacourt.

Nous ignorons si Maximilien de Vignacourt, connu par des poésies dont plusieurs ont été imprimées, mais qui n'ont pas été recueillies, étoit de la même famille ; il avoit le titre de Patrice d'Arras, & Valère-André, dans sa *Bibliothèque belgique*, lui donne encore celui de *Palatinus Regius*. Il étoit ami de Juste-Lipse, & a fait sur sa mort diverses pièces. Il a écrit aussi sur les troubles de la Flandre : *De causis calamitatibus & remediis tumultuum Belgicorum*.

VIGNATE (AMBROISE), (*Hist. litt. mod.*), natif de Lodi, vivoit vers l'an 1476. Léandre Alberti dit de lui : *Ambrosio Vignate, ornato di grand dottrina*.

VIGNE (DE LA). Nous avons parlé, dans le Dictionnaire, d'Anne de la Vigne, connue par ses poésies : ajoutons ici que son père, Michel de la Vigne, étoit fils d'un autre Michel de la Vigne, échevin de Vernon-sur-Seine au tems de la Ligue, & qui eut le mérite de retenir cette ville dans l'obéissance de Henri IV ; ce qui n'étoit pas alors sans difficulté. Le fils, dont les progrès dans ses études avoient été si rapides, que, se trouvant trop avancé pour son âge, il fut obligé d'attendre l'âge prescrit par les statuts pour prendre les degrés en médecine, fut reçu docteur en 1614. Il fut bientôt un des premiers médecins consultans de Paris & médecin de Louis XIII, qui n'en voulut point voir d'autres dans sa dernière maladie.

Elu doyen de la Faculté de médecine, il eut à défendre cette Faculté de Paris contre les médecins étrangers ; il plaida lui-même deux fois cette

caufe à la grand'chambre, le 9 décembre 1643 &
le 1 mars 1644; & ce même jour 1 mars 1644 il
gagna fa caufe, & obtint un arrêt favorable à la Faculté de Paris. Il mourut le 14 juin 1648, à foixante
ans, étant né le 5 juillet 1588.

Claude de la Vigne de Frecheville, fon arrière-petit-fils, fut, comme lui, un très-favant
médecin. D'abord médecin ordinaire du Roi & de
la Reine, & de madame la Dauphine, il eut enfuite
la furvivance de M. Helvetius, premier médecin
de la Reine. Il mourut le 7 octobre 1758. Il a laiffé
des ouvrages, mais manufcrits; un petit Traité
des plantes, par ordre alphabétique; un Traité
particulier des fièvres; une Phyfique générale &
particulière du corps humain; un Traité des maladies, en français & en latin : il avoit encore projeté un nouveau Dictionnaire de médecine, dont
le but auroit été d'indiquer les meilleurs auteurs
fur chaque matière.

VIGNOLES. (Hift. de Fr.) Le fameux Etienne
des Vignoles, dit la Hire, dont l'article eft dans
le Dictionnaire, avoit un frère (Amador des Vignoles) brave chevalier, ainfi qu'Etienne. Cet
Amador, en 1429, conduifit à Orléans un fecours
de quatre cents hommes choifis, pour feconder la
Pucelle d'Orléans, occupée alors à en faire lever
le fiége. Il fut tué devant Creil en 1434.

VIGNOLI (MARIE-PORCIE), religieufe de
l'Ordre de Saint-Dominique, née à Viterbe en
1632. On a beaucoup vanté fa figure, fes vertus,
furtout fa prodigieufe, on pourroit même dire fa
monftrueufe mémoire, qui étoit telle, dit-on,
que quand elle avoit lu un livre deux fois, elle
étoit en état de le réciter tout entier. Inftruite de
plufieurs langues & de plufieurs fciences, elle cultiva par préférence la poéfie italienne. On avoit
imprimé d'elle, de fon vivant, fes *Sonetti eroici
lugubri; l'Obelifco di Piazza Navona, idillio; il Ge-
nethliaco del principe, primogenito del Re di Polonia;
il Vaticinio della Sibila Tiburtina, &c.* & divers
canzone. On peut croire qu'elle figure avec diftinction dans la *Bibliothèque* des écrivains de l'Ordre
de Saint-Dominique, des Pères Quétif & Echard.
Marie-Porcie Vignoli vivoit encore en 1692.

VIGUIER (JEAN), (Hift. litt. mod.), dominicain de Touloufe, auteur d'un ouvrage qu'on
n'a ceffé de réimprimer pendant tout le feizième
fiècle, intitulé : *Inftitutiones ad naturalem et chrif-
tianam philofophiam, maximè verò ad fcholafticam
theologiam.* Ce titre feul empêcheroit aujourd'hui
toute réimpreffion, & le Commentaire fur l'Epître de faint Paul aux Romains, du même auteur,
prefqu'auffi fouvent réimprimé de fon tems que le
premier ouvrage, ne feroit pas plus recherché. Sa
*Confolation des agonifans* pourroit l'être davantage,
dans l'efpérance d'y trouver quelqu'adouciffement
à cet état. Le Père Viguier vivoit en 1553.

VILLA (GUIDON, MARQUIS DE), (Hift. litt.
mod.), fameux général italien, attaché aux ducs
de Savoie, fe diftingua tellement par fes fervices
& par fes fuccès, que le duc Charles-Emmanuel I,
après lui avoir donné le marquifat de Cigliano, lui
permit d'écarteler les armes de Savoie avec les
fiennes. Les ennemis mêmes rendirent hommage à
fa valeur. Lorfque Louis XIII eut forcé le pas de
Sufe, que le marquis de Villa venoit de défendre
contre lui, il alla, ainfi que le cardinal de Richelieu, vifiter ce brave ennemi, & lui témoigner
toute fon eftime. Les ducs de Savoie étant devenus alliés de la France, Villa les fervit contre les
Efpagnols. En 1648, étant avec le duc de Modène, généraliffime de l'armée des Français, & le
maréchal du Pleffis-Praflin, il fut tué d'un coup
de canon au fiége de Crémone; il étoit couvert
de bleffures reçues en différentes occafions au fiége
d'Aft, & furtout à la défenfe du pas de Sufe.

VILLEGAS (FERNANDEZ RUYS DE), (Hift.
litt. mod.), Efpagnol, mais poète latin du tems de
Charles-Quint & de Philippe II, eut pour maître
Louis Vivès, & fut lié avec Budée, avec Erafme,
avec la favante Aloïfia Sigea de Tolède, & a célébré dans fes vers ces différens perfonnages. Ses
poéfies font eftimées.

Villegas (Alphonfe) eft auffi le nom d'un hiftorien efpagnol qui vivoit à la fin du feizième fiècle.

VILLEMENEUST (DE LESQUEN DE LA), famille noble & ancienne de Bretagne, dont étoient,
entr'autres militaires diftingués, Alain de Lefquen
de la Villemeneuft, chevalier de l'Ordre du Roi,
maître-d'hôtel ordinaire, & Jofeph de Lefquen,
feigneur de la Villemeneuft, commandeur de l'Ordre de Saint-Louis & de l'Ordre de Saint-Lazare,
brigadier des armées du Roi, dont les exploits
font rappelés dans une lettre très-honorable du
10 août 1713, que M. Voyfin, alors miniftre de
la guerre, lui écrivit, par ordre du Roi, pour lui
témoigner fa fatisfaction. Jofeph de Lefquen mourut le 29 décembre 1732.

VILLEMOT (PHILIPPE), (Hift. litt. mod.),
de l'Académie de Lyon, eft auteur d'un *Nouveau
Syftème* ou *Nouvelle Explication du mouvement des
planètes*, ouvrage qui a été traduit en latin par
M. Falconet, & qui a formé une efpèce de fchifme
parmi les aftronomes, M. de Malezieu l'ayant attaqué fur quelques points, & les partifans de M. Villemot l'ayant défendu. M. de Villemot eft mort à
Choify-le-Roy, près Paris, le 11 octobre 1713.

VILLOTTE (JACQUES), (Hift. mod.), jéfuite lorrain, fut miffionnaire en Arménie, & compofa plufieurs ouvrages en langue arménienne pour
l'inftruction des gens du pays. Ces ouvrages ont
tous pour objet la religion chrétienne, dont ils
font l'explication & le développement. A ces ou-

vrages, écrits en arménien, il a joint un ouvrage français, qui a pour objet de faire connoître en Europe l'Arménie & d'autres grands Etats asiatiques & africains; il a pour titre : *Voyage d'un missionnaire de la congrégation de Jésus, en Turquie, en Perse, en Arménie, en Arabie & en Barbarie.* Mort à Saint-Nicolas-du-Port, en Lorraine, le 14 janvier 1743; né à Bar-le-Duc le premier novembre 1656.

VINCENS ( DE MAULÉON, DE SAIGNETS D'ASTOAND, DE CAUSANS ), noble & ancienne Maison du Comtat-Venaissin, & qu'on croit originaire d'Italie, descendue des anciens seigneurs de Vicence, dans l'Etat de Venise. Elle est connue par titres dès l'an 1022. Mais pour ne parler ici que de ceux qui se sont illustrés à la guerre ou qui ont été revêtus de grands emplois, Etienne de Vincens de Mauléon, baron de Causans, se distingua parmi les principaux guerriers qui accompagnèrent Charles VIII à la conquête de Naples.

Un de ses fils, Guillaume, que Brantôme a placé justement parmi ses hommes illustres, étoit gentilhomme de la chambre de l'empereur Charles-Quint, fut gouverneur pour ce prince en Afrique, & fut tué sur la brèche de Villeneuve, qu'il défendoit.

Jean, frère de Guillaume, servoit au contraire dans les armées françaises, & commandoit l'artillerie dans Marseille pour François I, contre Charles-Quint.

Louis leur frère aîné fut régent & gouverneur de la principauté d'Orange, & en cette qualité il porta la bannière de cette souveraineté, en 1530, aux obsèques de Philibert de Châlons, dernier prince d'Orange de sa Maison, & par la mort duquel la principauté d'Orange passa dans la Maison de Nassau.

Guillaume, fils de Louis, eut aussi le gouvernement de cette principauté sous les Nassau, & le zèle avec lequel, conformément à leurs ordres & à son devoir, il défendit la ville d'Orange contre les entreprises des Huguenots, les irrita au point qu'après sa mort ils brûlèrent le bourg, l'église & le château de Causans, &, ayant pris Orange, profanèrent son tombeau, & traînèrent son corps dans les rues avec une ignominie qui retombe sur eux & qui l'honore.

Henri, fils de Guillaume, épousa une héritière de la Maison de Sade, & fille d'Esprit Saignets d'Astoand, chevalier de l'Ordre du Roi, & comte d'Ampurie dans le royaume d'Arragon, en vertu d'une donation faite par Yolande d'Arragon, reine de Sicile & de Jérusalem, à Guillaume de Saignets, ambassadeur près de sa personne pour le roi de France, & l'un des auteurs d'Esprit Saignets; c'est par ce mariage que les noms de Saignets & d'Astoand sont devenus propres à la Maison des Vincens & des Causans.

Philippe, fils de Henri, reprit le château d'O-range pour le remettre au gouverneur nommé par le Prince, signalant ainsi envers lui la même fidélité que ses pères avoient témoignée aux prédécesseurs du Prince.

Claude, fils de Philippe, ne dégénéra ni de la vertu ni de la faveur de ses pères : ce fut pour lui que la baronie de Causans fut érigée en marquisat par lettres-patentes du 28 août 1667.

Louis, fils de Claude, fut lieutenant-de-roi en Provence, ainsi que Jacques de Vincens son fils.

Et Jean-Joseph son petit fils, capitaine de cavalerie au régiment de Conti.

VINCENS (DOM JEAN-BAPTISTE), (*Hist. ecclés.*), de la congrégation réformée de Cluni, a été supérieur-général de son Ordre, & lui a été très-utile. Il a laissé beaucoup d'ouvrages, les uns imprimés, les autres manuscrits : ce sont des discours prononcés dans les chapitres généraux de Cluni, des messes adaptées à certaines fêtes particulières, des proses en l'honneur de quelques Saints; tous les Mémoires concernant les contestations qui s'étoient élevées entre M. le cardinal de Bouillon, abbé de Cluni, & ses religieux, au sujet de la juridiction régulière & monastique que M. le cardinal de Bouillon prétendoit exercer sur tous les monastères & religieux de l'Ordre de Cluni. Dom Vincens, comme on peut croire, combat cette prétention du cardinal. On trouve encore, parmi les écrits de dom Vincens, une lettre à un ami sur une thèse dédiée au cardinal Delphino, & soutenue à Avignon sans président par une demoiselle âgée de quatorze ans; mais, hélas! c'étoit sur les quatre parties de la philosophie de Scot.

VINCENT (SAINT), (*Hist. ecclés*), diacre de l'église de Sarragosse au quatrième siècle, souffrit le martyre le 22 janvier de l'an 305. On gardoit dans l'abbaye de Saint-Germain, à Paris, un de ses bras & sa tunique de diacre, que Childebert avoit apportés d'Espagne en 542, lorsqu'il avoit été faire la guerre à Amalaric, roi des Visigoths, qui étoit Arien, & qui maltraitoit sa femme, sœur de Childebert, parce qu'elle étoit catholique. Childebert bâtit, sous l'invocation de Saint-Vincent, l'église qui s'est appelée depuis Saint-Germain, parce que saint Germain, évêque de Paris, y fut enterré l'an 579.

VINCENT FERRIER (SAINT), (*Hist. eccl.*), religieux dominicain aux quatorzième & quinzième siècles, étoit Espagnol, né à Valence le 23 janvier 1357. Grand missionnaire, grand prédicateur, il alloit prêchant l'Evangile de royaume en royaume, de province en province, en Espagne, en France, en Angleterre, en Ecosse, en Irlande, en Bretagne, à Vannes, où il mourut; & préférant cette vie errante à de très-grandes places qu'il auroit pu avoir à la cour des Papes, il mourut, au milieu de ses travaux apostoliques, le 5 avril 1419. Le pape Calixte III ordonna de l'honorer comme Saint le 29 juin 1455. On a publié à Valence ses ouvrages en 1591 : un dominicain en fut l'éditeur.

VINCI (LÉONARD DE), (*Hist. mod.*), peintre fameux de l'Etat de Florence, joignoit à son art une multitude de talens & de connoissances en tout genre. S'on ingénieur & savant dans les mathématiques, ce fut par son moyen & sous sa direction qu'on exécuta une entreprise long-tems jugée impossible, celle d'amener par un canal les eaux de la rivière d'Adda jusqu'à Milan. Grand mécanicien, invité par les habitans de Milan à inventer quelque spectacle extraordinaire pour l'entrée de Louis XII dans cette ville, il fit paroître un lion automate, qui, par des ressorts cachés, marcha quelques pas devant le Roi, & fit tout à coup paroître sur sa poitrine les armes de France, présage de l'affermissement de cette conquête, vérifié l'année suivante (1500) par la défaite & la prise de Ludovic Sforce. Grand peintre, Léonard de Vinci embellit Milan de ses ouvrages, & peignit à Florence la grande salle du conseil. D'ailleurs beau, bien fait, habile dans tous les exercices du cheval & des armes, il étoit doué d'une force de corps dont on raconte les mêmes prodiges qu'on a racontés depuis du roi de Pologne, Auguste, & du maréchal de Saxe son fils. Il n'y avoit point de mouvement, quelque rapide qu'il fût, qu'il n'arrêtât; il plioit le fer d'un cheval comme du plomb. Homme d'esprit & bon écrivain, on a de lui un Traité de la peinture, en italien : *Leonardo da Vinci, Trattato della pittura*. L'émulation le rendit ennemi de Michel-Ange. Cette inimitié, née à Florence de la concurrence de leurs talens, s'accrut à Rome par l'ardeur d'acquérir la faveur de Léon X. Léonard de Vinci vint en France, où François I le combla de biens & d'honneurs : il tomba dangereusement malade, & ce grand Roi, père des lettres & ami des arts, ne se contenta pas d'envoyer demander de ses nouvelles; il vint en savoir lui-même. Léonard, pénétré de reconnoissance, voulut au moins se mettre sur son séant pour recevoir une telle visite; il lui prit une foiblesse, la voix lui manqua, & il expira entre les bras de ce monarque à Fontainebleau, vers l'an 1518 ou 1520.

VINDING, (*Hist. litt. mod.*) est le nom de savans danois des dix-septième & dix-huitième siècles, père, fils & petit-fils. Le père (Erasme), professeur en langue grecque, puis d'histoire & de géographie dans l'université de Copenhague, a donné des Commentaires sur *l'Hécube & la Médée* d'Euripide; des Dissertations sur l'origine de la langue grecque, sur l'affinité de la langue grecque & de la langue des Egyptiens; & passant de la langue des Grecs à leur histoire, il a donné un livre savant, intitulé *Hellen, seu antiqua Græcia populorum ori-*

*gines, migrationes, colonia, mutationes, &c.* Cet ouvrage posthume a paru dans le *Trésor des antiquités grecques* de Gronovius.

Le fils, Paul Vinding, conseiller de justice & conseiller d'Etat, après avoir aussi été professeur en grec à Copenhague, a écrit sur le Dialogue de Lucien, de la mort de Péregrin; il a donné des notes sur Dictys de Crète. On a de lui aussi quelques oraisons funèbres de divers Princes & Princesses, généraux, savans, &c. le tout en latin, ainsi que les ouvrages de son père.

Le petit-fils, nommé Erasme comme son aïeul, a publié dans sa jeunesse *Eutecnii Sophistæ paraphrasis in Appiani, poetæ græci ixeutica (sive de aucupio) græce, cum versione & præfatione.*

L'aïeul né le 19 mars 1615. Le petit-fils mort en 1723.

VINE-SALF *ou* DE VINO SALVO (GEOFROI). Ce surnom, tant latin que français, lui vient d'un de ses ouvrages : *De vinis & fructibus conservandis.*

Il est aussi l'auteur d'une histoire de l'expédition du roi d'Angleterre, Richard Cœur-de-Lion, dans la Terre-Sainte; il étoit contemporain de ce Prince, ayant vécu vers l'an 1199, & il étoit son sujet, étant ou Normand ou Anglais. Il avoit écrit aussi *de Statu curiæ romanæ; de Poeticâ novâ; de rebus ethicis; de Arte discendi.* On estimoit de son tems, & sa prose, & ses vers.

VION. (*Hist. mod.*) Nom d'une ancienne famille originaire de Franche-Comté, établie depuis trois à quatre cents ans dans le Vexin français.

Louis de Vion fut fait chevalier à la prise de Térouenne en 1487.

Jean son frère commandoit mille hommes de pied à la bataille de Fornoue, sous Charles VIII, en 1495.

Un siècle après, Guillaume de Vion, sieur de Chandon, fut tué à la prise de Ham l'an 1595.

Joachim de Vion, seigneur de Meulan, avoit épousé Marthe Lemaître, petite-fille du premier président Lemaître.

Guillaume de Vion, un de leurs fils, lieutenant-colonel du régiment de Catinat, fut tué au siége de Savillan.

Un autre de leurs fils, Charles, fut tué au siége de Baune.

Denis de Vion, chevalier de Malte, fut tué par les Turcs le 13 juin 1638.

De cette même famille étoit Antoine de Vion, seigneur d'Hérouval, auditeur des comptes, l'ami de tous les gens de lettres de son tems, qui les a tous obligés dans leurs personnes & aidés dans leurs ouvrages, comme ils l'ont reconnu hautement pour la plupart, & qui auroit pu dire des écrivains de son tems :

*Munus & officium, nil scribens ipse docebo.*

Il a fourni au Père Labbe une infinité de pièces

pour fa *Bibliothèque* & fa collection des conciles ; à D. Luc d'Acheri, pour fon *Spicilège* ; à Ducange, pour fon travail fur Joinville & pour fon gloffaire ; au Père Dubois, pour l'Oratoire, pour fon Hiftoire de l'Eglife de Paris ; à Mézerai, pour l'Hiftoire de faint Louis, dans fon Abrégé chronologique, où il reconnoît que l'Hiftoire de nos Rois de la troifième race doit à M. d'Hérouval la plus grande partie des nouvelles découvertes. Le P. Sirmond, le P. Petau, l'avocat-général Bignon, Saumaife, Gaffendi, Dupuy, &c. ont tous été des amis de M. d'Hérouval, & fon amitié leur a été utile à tous dans leurs travaux. Mort le 29 avril 1689, dans fa quatre-vingt-troifième année.

VIPERANI (JEAN-ANTOINE), (*Hift. litt. mod.*), chapelain & hiftorien du roi d'Efpagne, Philippe II, puis évêque de Giovenazzo dans le royaume de Naples. Ses œuvres ont été recueillies en trois volumes in-folio. La première partie contient fes pièces d'éloquence & de poéfie, & ce qu'il a écrit fur l'art oratoire & la poéfie, & fes ouvrages hiftoriques ; la feconde partie, fes ouvrages de philofophie & de phyfique ; la troifième, fes œuvres morales & théologiques. Mort en 1610.

VIPPON, (*Hift. litt. mod.*), écrivain du douzième fiècle, a écrit la vie de l'empereur Conrad le Salique, ouvrage eftimé pour le tems ; il a fait auffi un panégyrique en vers de l'empereur Henri III, fils de Conrad. Il vivoit fous ces deux Empereurs.

VIRGILE, (*Hift. eccléf.*), né Irlandais, évêque de Saltzbourg, fut accueilli en France, & eut du crédit à la cour de Pepin-le-Bref ; il eut en Bavière un grand démêlé avec le fameux Boniface, archevêque de Mayence, touchant la validité des baptêmes faits par un prêtre ignorant, avec cette formule barbare : *In nomine patria & filia & fpiritua fancta*. Boniface pouffoit la féverité jufqu'à regarder ces baptêmes comme nuls ; Virgile en foutint la validité, & le pape Zacharie prononça en faveur de Virgile. C'eft le même Pape qui, dit-on, condamna le même Virgile pour avoir cru aux Antipodes. Virgile fut l'apôtre de la Carinthie, & y introduifit le chriftianifme ; il mourut le 27 novembre 780. Le pape Grégoire IX l'a mis au rang des Saints.

VIRIATUS. (*Hift. rom.*) Les cruautés & l'avarice des préteurs & autres gouverneurs de l'Efpagne pour les Romains donnèrent lieu, dans le feptième fiècle de Rome, à divers foulévemens de cette province. Le Lufitanien (ou Portugais) Viriatus, dans le pays duquel ils avoient commis plufieurs maffacres publics, Viriatus, cet aventurier, d'abord berger, puis chaffeur, enfuite chef de brigands, devint un héros pour venger fa patrie. Animé d'une jufte fureur contre ces ennemis du genre humain, le défefpoir lui tint lieu de ta-

lent ; il ofa les attaquer ; il eut le bonheur de les vaincre & de les forcer de traiter avec lui d'égal à égal. Il y eut paix & amitié entre le peuple romain & le peuple défendu par Viriatus ; mais ces amitiés n'étoient plus que des haines déguifées. Rome, alors corrompue, acheta des affaffins, amis & confidens de Viriatus, qui le trahirent, & le maffacrèrent l'an 140 avant Jéfus-Chrift.

Sertorius fuccéda bientôt à Viriatus : Corneille, dans fa tragédie de *Sertorius*, a fuppofé une Viriate, reine des Lufitaniens, & fille de Viriatus, laquelle parle ainfi de ces deux héros :

J'aime en Sertorius ce grand art de la guerre,
Qui foutient un banni contre toute la terre ;
J'aime en lui ces cheveux tout couverts de lauriers,
Ce front qui fait trembler les plus braves guerriers ;
Ce bras qui femble avoir la victoire en partage.....
Le grand Viriatus, de qui je tiens le jour,
D'un fort plus favorable eut un pareil retour.
Il défit trois préteurs ; il gagna dix batailles,
Il repouffa l'affaut de plus de cent murailles,
Et de Servilius l'aftre prédominant
Diffipa tout d'un coup ce bonheur étonnant.
Ce grand Roi fut défait ; il en perdit la vie,
Et laiffoit fa couronne à jamais affervie,
Si pour brifer les fers de fon peuple captif
Rome n'eût envoyé ce noble fugitif.

Ce noble fugitif eft Sertorius. Quant à Viriatus, Corneille, dans fa préface, convient qu'il n'a jamais été Roi des Lufitaniens, mais que fes fervices lui en avoient acquis l'autorité chez ce peuple.

VIRIDOVIX, (*Hift. rom.*), général des Gaulois, dont parle Céfar dans le troifième livre de la guerre des Gaules, préfenta plufieurs fois la bataille à Sabinus, lieutenant de Céfar, qui, cherchant à vaincre par rufe, parut la refufer, mais qui lui fit donner le faux avis que les Romains alloient décamper, & que tout étoit en défordre dans leur armée : l'ardeur des Gaulois, trompés par cet avis, entraîna Viridovix & les autres chefs au combat malgré eux ; ils eurent l'imprudence d'attaquer les Romains fur une éminence où ceux-ci étoient affurés de la victoire par le feul avantage du pofte.

VIRIEU, (*Hift. mod.*), grande & illuftre Maifon du Dauphiné, qui a poffédé originairement la terre de fon nom, laquelle a paffé dans la Maifon de Clermont par une héritière de la Maifon de Virieu.

Vilfrédus I, fire de Virieu, qui vivoit en l'an 1010, accompagna l'empereur Henri III, dit *le Noir*, à la défaite des Sarrafins près de Capoue.

Guiffrey II, qualifié *Miles utiquè strenuus*, en fit preuve à une croisade. Tout l'intervalle de 1010 au quinzième siècle est rempli par des chevaliers grands seigneurs, dont les uns sont arbitres entre les comtes de Savoie & les sires de Villars ; les autres sont de ces grandes concessions qui annoncent une Maison puissante, riche & libérale.

Aux quinzième & seizième siècles paroît Jean de Virieu, chevalier de Malte (Rhodes alors), surnommé *le Loup du Dauphiné*, par la valeur avec laquelle il combattit contre les Turcs au siége de Rhodes en 1522, se reproduisant toujours avec une extrême agilité dans tous les endroits & tous les momens les plus périlleux.

Dans la branche dite de Veracieu, Pierre, tige de cette branche, capitaine de cent hommes d'armes, fut tué à la bataille de Cerisoles.

Un autre Pierre son arrière-petit-fils, capitaine au régiment de Lyonnais, mort au service.

Jean, frère de ce Pierre, capitaine au régiment Royal, tué à Menin.

Nicolas leur neveu fut brigadier des armées & commandant au Havre.

Les générations suivantes produisent une quantité de chevaliers de Malte & de capitaines au régiment d'Enghien.

Dans la branche dite de Pupetière, un seigneur, issu de cette branche, commandoit une partie des Huguenots à la bataille de Montcontour.

André, marquis de Virieu, commandant des gendarmes de Bretagne, fut tué en 1690, &c.

VISANDRE. Procope, dans la guerre des Goths, a rendu mémorable la valeur de ce soldat, qui, couvert de blessures dans un combat contre Bélisaire, & perdant tout son sang qui couloit à grands flots de ses nombreuses plaies, ne cessa pas de combattre avec acharnement, jusqu'à ce qu'enfin il fut forcé de succomber, & tomba dans la foule des morts. Trois jours après, les Goths, étant venus pour ensevelir les corps de leurs soldats, trouvèrent que ce Visandre respiroit encore ; ils le portèrent dans leur camp. On lui trouva treize plaies énormes, que l'on auroit cru mortelles : elles se refermèrent ; il guérit, vécut encore long-tems, & ajouta beaucoup, dans différentes occasions, à sa réputation de valeur.

VISCHER (JEAN), médecin allemand du seizième siècle, a laissé plusieurs ouvrages utiles sur son art, tels que *Enarratio brevis aphorismorum Hippocratis ; Disputatio de usu atque officio splenis in homine ; Disputatio de affectibus uteri humani ; Disputatio de ratione explorandi & judicandi leprosos ; Epistola ad Petrum-Andream Mathiolum, in quâ tractatur de vertigine occipitii dolore*, &c. Dans la même ville de Tubinge, où Jean Vischer exerça particuliérement la médecine, il y avoit, dans le même tems, deux autres Vischer (Jérôme), père & fils, qui exerçoient aussi la médecine avec succès.

VISSAC, (*Hist. de Fr.*), noble & ancienne famille d'Auvergne.

Dalmas de Vissac servoit en Languedoc en 1346, & encore sous Amaury, sire de Craon, en 1352.

Hugues de Vissac son frère fut envoyé par Philippe-le-Bel, en 1312, pour prendre en son nom le gouvernement du royaume de Navarre, & par Louis Hutin, en 1314, à Rome, en Savoie & en Dauphiné, pour ménager la paix entre le Dauphin & le comte de Savoie.

Etienne de Vissac, fils de Hugues, fut chancelier de France sous Philippe de Valois. Il vivoit encore en 1350.

Etienne, fils de ce chancelier, mourut à l'armée en 1386, sous Charles VI.

VISTE (ANTOINE LE), (*Hist. de Fr.*), d'une famille de robe, originaire de Lyon, étoit fils, petit-fils & frère de conseillers au parlement de Paris ; il commença par l'être lui-même ; puis ayant été employé dans diverses négociations, il eut pour récompense une charge de maître des requêtes, & fut fait président à mortier en 1523. Pendant la prison du Roi il travailla utilement à entretenir la paix dans Paris, & à faire respecter l'autorité du Roi absent & de la Régente. Il mourut en 1534, ayant acquis la faveur de la cour & l'estime du peuple. *Notez ces deux points-ci.*

VITAL. (*Hist. mod.*) Indépendamment d'Orderic Vital, dont l'article se trouve au mot *Orderic*, dans le Dictionnaire, il y a saint Vital, martyr, dont on ne sait certainement ni le tems ni le genre du supplice ; le bienheureux Vital, abbé & fondateur du monastère de Savigny, près d'Avranches, mort en 1122.

Autre Vital, hérétique fameux au quatrième siècle de l'Eglise, condamné par le pape Damase.

Autre Vital encore, notaire du Saint-Siége, né à Auch, auteur d'une Vie de saint Bertrand, évêque de Commingues, écrite par l'ordre de Guillaume, archevêque d'Auch, proche parent de saint Bertrand. Ce Vital est du douzième siècle, & sa Vie de saint Bertrand est imprimée dans l'*Amplissima Collectio veterum scriptorum & monumentorum*, &c. des doms Martenne & Durand, tome VI.

VITALIS, (*Hist. ecclés.*), est le nom, 1°. d'un évêque d'Antioche au quatrième siècle, qui présida au concile d'Ancyre, & étoit de celui de Néocésarée.

2°. D'un Africain qui soutenoit des hérésies sur la foi & sur la grace, du tems de saint Augustin.

3°. D'un Bénédictin (Olderic ou Orderic Vitalis), auteur d'une Histoire ecclésiastique, depuis Jésus-Christ jusqu'en l'an 1142, c'est-à-dire, jusqu'à son tems.

4°. D'un docteur de Paris, qui, en 1390, écrivit par ordre de l'Université, apparemment contre les

les Dominicains, le *Defensorium Immaculatæ Con-ceptionis Deiparæ*.

5°. D'un prêtre de Palerme, qui vivoit fous le pontificat de Léon X, & dont on a des œuvres fous ce titre : *Jonus Vitalis, de Divinâ Trinitate*. Il a traduit du grec deux harangues de Lyfias. Il a procuré l'impreffion de la traduction latine que le cardinal Beffarion avoit faite du livre de Xénophon, des Dits & Faits de Socrate. Cette édition a paru à Rome en 1521.

VITELLI (CHIAPPIN), (*Hift. mod.*), mar-quis de Cetone, brave capitaine, avoit bien fervi Cofme, grand-duc de Tofcane, dans fes guerres. Philippe II, roi d'Efpagne, le demanda pour fer-vir dans l'armée du duc d'Albe contre les rebelles de Flandre. Il rendit de grands fervices dans ces nouvelles guerres, & mourut en fervant fous le commandeur de Requefens, fucceffeur du duc d'Albe dans le gouvernement des Pays-Bas. Il étoit d'une fi prodigieufe groffeur, qu'il ne pou-voit marcher qu'en fe faifant fortement ferrer le ventre. Les proteftans flamands, contre lefquels il faifoit la guerre, le décrioient comme athée, & lui firent cette épitaphe :

*O Deus omnipotens craffi miferere Vitelli,*
   *Quem mors prævenient non finit effe bovem*
*Corpus in Italiâ eft, tenet inteftinâ Brabantus;*
   *Aft animam nemo. Cur? quia non habuit.*

On dit que, pendant un certain tems, il avoit fallu échancrer fa table; mais qu'à force d'ufer de vinaigre pour fe maigrir, il devint en effet fi maigre, que fa peau lui fervoit comme d'un man-teau dont il s'enveloppoit.

VITELLIUS, (*Hift. eccléf.*), difciple de Donat, écrivit pour la défenfe de fa fecte contre les Ca-tholiques, qu'il accufoit d'être perfécuteurs, & d'avoir livré par foibleffe les livres faints au tems de la perfécution qu'ils avoient effuyée eux-mêmes. Saint Jérôme parle de cet auteur & de fes écrits.

VITÉRIC. (*Hift. d'Efpagne.*) Liuva, fils natu-rel, mais fils aîné de Récarède, préféré par la nation pour le trône à fes frères légitimes, fut affaffiné vers l'an 603 par Viteric, général de fes armées, qui régna jufqu'en 610, qu'ayant effayé de rétablir l'arianifme détruit par Récarède, il périt par une conjuration des Grands du royaume, qui mirent Gundemar, un d'entr'eux, fur le trône. Ememberge, fille de Viteric, fut conduite en France, où elle devoit époufer Thierry ou Théo-doric, roi de Bourgogne, petit-fils de Brunehaut; mais Brunehaut ne vouloit pas que fes petits-fils fe mariaffent.

VITISDE. (*Hift. mod.*) Ce nom eft celui d'un *Hiftoire. Tome VI. Supplément.*

excellent Prince & d'un affreux tyran, qui tous deux ont régné en Lithuanie. L'un ne perdoit pas un moment & s'occupoit fans relâche du foin des affaires; à table même il donnoit audience aux ambaffadeurs, & rendoit la juftice à fes fujets. L'autre envoyoit, comme les tyrans de Rome, ordre aux perfonnes tombées dans fa difgrace de s'ôter la vie, & fi elles n'obéiffoient pas il les fai-foit coudre dans une peau d'ours, & les livroit dans cet état aux bêtes féroces pour être dévo-rées. Lorfqu'il étoit en marche il avoit toujours l'arc tendu, & prenoit plaifir à percer en paffant ceux dont la figure lui déplaifoit, fi Ænéas Syl-vius, qui rapporte ces étranges faits, n'a pas pour le moins exagéré.

VITRIER (JEAN), (*Hift. eccléf.*), en latin *Vitrarius*, religieux de l'Ordre de faint François, né dans le quinzième fiècle, & ayant vécu dans le feizième, n'a point laiffé d'ouvrage qui ait pu le recommander à la mémoire; mais après l'éloge que fait Erafme de fa piété, de fa fcience, de fon zèle, de fa fageffe, il ne nous eft pas permis de le paffer fous filence : ce ne font pas là des louanges d'un cagot enthoufiafte ou fuperftitieux; tout eft motivé, tout eft mefuré, tout eft jugé par un jugé compétent & très-éclairé.

Vitrier vivoit dans un fiècle où la difcipline monaftique étoit fi relâchée, que fa vertu & fon amour de l'ordre lui faifoient des ennemis de fes confrères; ceux-ci, pour l'éloigner, l'avoient en-voyé tenter la réforme (dont ils ne vouloient pas pour eux) dans un couvent de filles, où la corrup-tion étoit fi grande, qu'un moyen qu'elles imagi-nèrent d'échapper à cette réforme fut l'affaffinat. Huit d'entr'elles le furprirent, fe jetèrent fur lui, & firent tous leurs efforts pour l'étouffer ou l'étran-gler : elles le laifferent plus d'à demi-mort & pouvant à peine refpirer encore. Il diffimula leur crime, & remplit encore à leur égard tous les de-voirs de la charité. On ignore le tems précis de fa mort. La lettre d'Erafme, qui contient fon éloge, eft du 13 juin 1519.

VITRINGA, (*Hift. litt. mod.*), trois favans allemands, père & fils. Le père, profeffeur des langues orientales à Franeker, a beaucoup écrit fur la théologie. L'un des fils, Horace, mort à dix-huit ans, avoit compofé un ouvrage favant fous ce titre : *Animadverfionum ad Joannis Voretii, de hebraifmis Novi-Teftamenti commentarium fpeci-men*. L'autre, nommé Campège comme fon père, & comme lui profeffeur dans l'Univerfité de Fra-neker, fit une Differtation *fur la face & les parties poftérieures de la face de Dieu*. Comment écrit-on fur les parties, foit antérieures, foit poftérieures de la face de Dieu? Ces favans allemands font quelquefois bien étonnans dans le choix de leurs fujets.

Vitringa le père, né le 16 mai 1659, mourut le

3 mars 1722. Celui de ses fils qui a le plus vécu ne lui a pas survécu long-tems, étant mort à trente-un ans, le 11 janvier 1723.

VIVANT (François), (*Hist. ecclés.*), grand-vicaire de M. le cardinal de Noailles, chanoine & grand-chantre de l'église de Paris, est auteur de plusieurs proses, collectes & hymnes pour le Bréviaire; d'un *Traité contre la pluralité des bénéfices*; d'un autre *Traité de la vraie manière de contribuer à la réunion de l'église anglicane à l'église catholique.* Il mourut à soixante-dix-sept ans, le 30 novembre 1739. La même année, le 16 février, étoit mort, à soixante-dix-neuf ans, Jean Vivant son frère aîné, évêque de Bros dans l'Archipel, *in partibus infidelium*, suffragant de l'évêché de Strasbourg.

VIVIAN *ou* VIVIEN, (*Hist. ecclés.*), religieux Prémontré, qu'on croit avoir été un des premiers disciples de saint Norbert, fondateur de cet Ordre au sixième siècle, est auteur d'un ouvrage intitulé *Harmonia sive Tractatus de libero Arbitrio & Gratiâ*, inséré dans le neuvième tome de l'*Amplissima Collectio veterum scriptorum* des Pères D. D. Martenne & Durand. Cet ouvrage de Vivian est adressé à Gérard, doyen de Saint Quentin, *Gerardo ecclesiâ Beati Quintini decano & magistro, Vivianus pauperum Pramonstratæ ecclesiæ minimus.*

VIVIEN, (*Hist. mod.*), est encore le nom,
1°. D'un savant des Pays-Bas, au seizième siècle, qu'on ne sait à quel genre rapporter, tant il a écrit sur diverses matières. Histoire, on a de lui *Historia rerum mirabilium*, poussée jusqu'au tems de Ferdinand, duc d'Albe; philosophie, *Tables de toute la philosophie*; morale, *Traité des devoirs d'un bon père de famille & d'une bonne mère de famille*; éloquence, un livre de harangues; art militaire, *Instruction sur l'art militaire, tant sur terre que sur mer*; économie, *Œconomicorum libri*; théologie, *Dialogues sacrés sur l'histoire de l'ancien & du Nouveau-Testament*; *Delineatio elementorum christianismi*; politique, gouvernement intérieur; droit public, *Commentarius ad legi introitûs statuta ducatûs Brabantiæ*; jurisprudence, une foule de Traités sur le droit, tant civil que canon, dont la liste seroit trop longue.
2°. D'un fameux peintre françois, élève de notre illustre le Brun. Il mourut à Bonn le 5 décembre 1734, s'étant mis, à soixante-dix-sept ans, en route au mois de novembre, pour aller présenter lui-même à l'électeur de Bavière un grand tableau où, selon les ordres de ce Prince, il avoit réuni toute la Maison électorale de Bavière. Il étoit peintre ordinaire des électeurs de Bavière & de Cologne. M. de Julienne a fait son éloge.

VIVONNE, (*Hist. de Fr.*), ancienne Maison qui tiroit son nom de Vivonne en Poitou; terre qui a passé, par alliances, dans la Maison de Rochechouart.
De cette ancienne Maison de Vivonne étoient:
1°. Savari de Vivonne, qui rendit de grands services au Roi, Philippe de Valois, fut de son conseil, & sénéchal de Toulouse & d'Albigeois, & gouverneur de Poitou & Saintonge, commis à la défense du château de Saint-Maixent, puis ambassadeur en Espagne, & qui continua ses services au roi Jean dans le Poitou & la Saintonge.
2°. Renaud de Vivonne son petit-fils gagna la bataille d'Aunai contre les Anglais, & se trouva à celle de Chisai. Il commandoit de même en Poitou, Saintonge & Aunis.
3°. Savari de Vivonne, cinquième du nom, fils de Renaud, après avoir servi en Gascogne dans diverses guerres, fut tué à la bataille de Nicopolis.
4°. Renaud son fils fut chambellan du roi Charles VII.
5°. André, petit-fils de Renaud, fut gouverneur du dauphin François, fils de François I.
6°. Un des fils d'André, Charles, accompagna le maréchal de Lautrec, en 1527, à l'expédition de Naples, & y périt.
7°. François de Vivonne de la Châtaigneraye, frère d'André, périt dans ce fameux duel contre Jarnac.
8°. Charles de Vivonne, petit-fils d'André, rendit bien des services à Charles IX & à Henri III dans les guerres civiles contre les Huguenots.
9°. Jean son fils fut tué à la bataille d'Ivri.
10°. Un autre de ses fils, Fabio, fut tué en Portugal.
11°. Un autre encore, & qui devint l'aîné, André de Vivonne, fut, comme Charles son père, chevalier de l'ordre du Roi; il fut de plus capitaine des gardes-du-corps de Marie de Médicis, & Louis XIII le fit, en 1612, grand fauconnier de France.
12°. Dans la branche des seigneurs de Tors & de Saint-Gouard, Hugues de Vivonne, tige de cette branche, servit avec distinction dans les guerres de Poitou & de Guienne, sous Charles VII.
13°. Jean de Vivonne, marquis de Pisani, servit les rois Charles IX, Henri III & Henri IV dans diverses ambassades très-importantes, en Espagne & à Rome; il les servit aussi aux armées dans la charge de colonel-général de la cavalerie légère. Il étoit chevalier des ordres du Roi.

VOCONIUS (Victor), (*Hist. rom.*), excellent poète latin. Martial lui donnoit ses vers à corriger; l'empereur Adrien l'aimoit & l'estimoit.
Un autre Voconius, évêque dans l'Afrique au cinquième siècle, a écrit contre les Juifs & les Ariens, & a fait un Traité des Sacremens.

VOET (Paul & Jean). (*Hist. litt. mod.*) Ajoutons à l'article Voët du Dictionnaire, que ce pé-

dant perfécuteur eut un fils nommé Paul, profeſſeur à Utrecht, dont on a des notes ſur Muſée
( *Amours de Léandre & Héro* ), ſur Hérodien, ſur
Callimaque, & beaucoup d'autres ouvrages ſavans ſur la théologie & la juriſprudence ; que
Paul eut un fils nommé Jean, profeſſeur en droit
à Utrecht, puis à Leyde, qui a écrit ſur le droit,
*de Jure militari, de ercifcundâ familiâ.*

Un autre Voët, Daniel, dont j'ignore les rapports de parenté avec les précédens, étoit auſſi
profeſſeur à Utrecht, & a fait l'ouvrage intitulé
*Meletemata philoſophica.*

VOGUÉ, (*Hiſt. de Fr.* ), ancienne Maiſon du
Languedoc.

1°. Raimond de Vogué ſe ſignala, en 1303, par
le zèle avec lequel, dans l'aſſemblée de la nobleſſe
du Languedoc, au ſujet des démêlés entre Philippe-le-Bel & Boniface VIII ; il adhéra & fit adhé-
rer à ce qui avoit été arrêté au Louvre en préſence
du Roi.

2°. Georges de Vogué étoit, vers 1636, colonel d'infanterie & bailli du Vivarais.

3°. Jacques-Joſeph-Félix de Vogué fut maréchal-de-camp & enſeigne des gardes-du-corps.

4°. Charles-François-Elzéar de Vogué, frère
aîné de ce dernier, fut lieutenant-général des armées du Roi, & inſpecteur de la cavalerie en
1759 ; il a eu pluſieurs fils dans le ſervice.

5°. Dans la branche de Vogué Gourdan, un Vogué étoit brigadier d'armée après avoir été meſtre-
de-camp de cavalerie d'un régiment de ſon nom.

La Maiſon de Vogué a eu quantité de chevaliers
de Malte.

6°. Geoffroi de Vogué fit des dons à l'Ordre
en 1563 ;

7°. Et en 1606, Balthazar de Vogué fut tué
par les Turcs ſur un vaiſſeau de la religion.

VOLTOLINA (JOSEPH-MILIO), (*Hiſt. litt.
mod.* ), poète latin du ſeizième ſiècle, étoit de
Salo, ville du Breſſan, ſur le lac de Garde. Il eſt
auteur d'un Poème des Jardins, dont le cardinal
Querini parle avec des éloges qu'il appuie de quelques citations. Un autre ſavant, parlant du même
poète & du même ouvrage, s'exprime ainſi : *Mirus eſt auctor in rerum deſcriptionibus, mirus in fabel-
lis ſuaviſſimis confingendis ; excitat undique delectata-
tionem, ac animi quandam jucundiſſimam titillatio-
nem..... Sunt verſus omninò elegantes, candidi, &
cum admirabili ſuavitate graves & magnifici.* On ne
peut rien dire de plus fort de Virgile. Le même
Voltolina eſt auteur d'un autre poème intitulé
*Hercules Benacenſis.*

VOLUMNIA, (*Hiſt. rom.* ), femme de Corio-
lan, qui, avec Véturie, mère de ce général,
parvint à le déſarmer par ſes larmes & ſes prières,
& qui par-là fut cauſe de ſa mort.

VONONES. (*Hiſt. des Parthes.* ) C'eſt le nom
de deux rois des Parthes : l'un, fils de Phraatés,
donné en ôtage aux Romains, fut redemandé par
les Parthes pour régner après ſon père ; mais
ces deux Vonones ne firent qu'éprouver l'inconſtance, aux Parthes ſi commune.

Tous deux, ayant été appelés, furent chaſſés
& détrônés.

VOPEL (GASPARD), (*Hiſt litt. mod.* ), mathématicien & géographe, ſe fit connoître, en
1544, par ſa coſmographie & ſes deux globes cé-
leſte & terreſtre ; ſa deſcription du cours du Rhin
tout entier, & des côtes maritimes des trois parties de l'ancien Monde.

VORBURG (JEAN-PHILIPPE DE), (*Hiſt. litt.
mod.* ), Suiſſe de naiſſance, devenu conſeiller-
privé de l'électeur de Mayence, auteur d'une Hiſtoire d'Allemagne, qu'il n'a pu pouſſer que juſqu'au tems de Louis-le-Bègue. On a imprimé, depuis ſa mort, un nouveau volume de cet ouvrage,
contenant l'Hiſtoire de l'Empire ſous les trois
Othons. Vorburg mourut en 1660.

VOS (MARTIN DE), peintre flamand, dont
les deſſins ſont recherchés, & par qui le fameux
Prince de Parme, Alexandre Farnèſe, voulut être
peint quand il ſe fut rendu maître d'Anvers. De
Vos mourut à Anvers en 1604.

VOUET (SIMON), célèbre peintre français
du dix-ſeptième ſiècle, c'eſt-à-dire, du ſiècle des
arts, a peint, à Conſtantinople, le Grand-Seigneur ; à Rome, fit des ouvrages placés dans l'é-
gliſe de Saint-Pierre ; à Paris, a décoré le palais
du Luxembourg, le Louvre ; a été employé, par
le cardinal de Richelieu, à peindre les galeries &
la chapelle du Palais-Cardinal, devenu depuis le
Palais-Royal, & celles de ſa maiſon de Ruel. Il
a peint auſſi les tableaux du château de Chilly &
de l'hôtel Séguier, à Paris. Il a travaillé auſſi aux
appartemens de Saint-Germain. Mort en 1649.

VOUWERMANS (PHILIPPE), un des plus
excellens peintres des Pays-Bas, excellent ſurtout
dans la peinture des chevaux & des payſages.
Mort vers 1670.

WALDECK, comté d'Allemagne, dans la Hesse. Les comtes de Waldeck sont Princes de l'Empire ; ils passent pour descendre de Witekind, comte de Waldeck, que Charlemagne établit avoué de l'église de Paderborn en 780.

Philippe, comte de Waldeck, acquit beaucoup de gloire dans les armées des empereurs Maximilien I & Charles-Quint.

Wolrath, comte de Waldeck, son fils, fut un des présidens de la diète de Ratisbonne en 1547.

Philippe, comte de Waldeck, arrière-petit-fils de Wolrath, fut tué au combat de Thabor en 1645.

Josias son fils, comte de Waldeck, déjà fameux par ses exploits, conduisit en Candie les troupes auxiliaires des ducs de Brunswick-Lunebourg ; il fut blessé à la cuisse le 16 juillet 1669, en mourut le 8 août suivant.

Henri Wolrath son neveu fut tué, en 1688, au siége de Négrepont.

Dans la branche des comtes de Waldeck-Wildungen, le plus célèbre de tous est Georges-Frédéric, comte de Waldeck, né en 1620, fait Prince de l'Empire en 1682, par l'empereur Léopold, qui lui donna le commandement de ses armées, créé, en 1689, maître de l'ordre de Saint-Jean de Jérusalem, dans les provinces de Saxe, Poméranie, &c. Les Etats-Généraux de Hollande ; pour lesquels il avoit porté les armes dès l'an 1665, le nommèrent maréchal-général de leurs armées, & lui donnèrent le gouvernement d'Utrecht. C'est lui qui commandoit, sous le prince d'Orange, à la bataille de Senef en 1674 ; qui battit le maréchal d'Humières à Valcourt, en 1689 ; qui fut battu par M. le maréchal de Luxembourg à Fleurus, en 1690, & à Leuze en 1691, & qui n'en conserva pas moins la réputation d'un grand général.

WALDENER, ( Hist. mod. ), Maison des plus anciennes & des plus illustres de l'Alsace, qu'on croit descendue de Waldener, l'un des généraux de Louis-le-Débonnaire.

Henri Krafft ou Crafft Waldener servit avec distinction, en 1315, dans l'armée de Frédéric III d'Autriche, Roi des Romains, contre Louis de Bavière.

Hermann I son fils fut tué, le 9 juillet 1386, avec l'élite de la noblesse d'Alsace, à la bataille de Sempach.

Hennemann ou Hermann II, petit-fils d'Hermann I, fut privé du droit de bourgeoisie, à Bâle, par un acte de l'an 1445, pour avoir assisté le dauphin Louis ( depuis Louis XI ) dans une guerre contre les Suisses.

Hermann III, chevalier, étoit fils d'Hermann II. Il fut conseiller-privé de Charles-le-Téméraire, duc de Bourgogne.

Anstatt Waldener, fils d'Hermann III, étoit général de la cavalerie de l'empereur Maximilien I. Il eut, entr'autres enfans, deux fils, l'un, Christophe, chevalier de Saint-Jean de Jérusalem, bailli de Rhodes, qui, commandant les chevaliers allemands à la défense de cette place, arracha une enseigne aux Turcs au cinquième assaut, & qui, après des prodiges de valeur, fut tué le 17 septembre 1522 ; l'autre (Jean) fut tué, en 1527, à l'assaut de Rome.

Frédéric-Louis II, baron de Waldener, eut cinq fils, tous officiers, ou dans le régiment des gardes-suisses de la garde du Roi, ou dans d'autres régimens, soit suisses, soit français ; le second de ces fils, Christian-Frédéric-Dagobert, baron de Waldener, fut brigadier des armées du Roi & capitaine aux gardes-suisses.

WALE, ( Hist. d'Angl. ), Maison noble & ancienne d'Angleterre, autrefois très-puissante, & qui a perdu sa puissance & ses biens par son fidèle attachement à la religion catholique & à ses maîtres légitimes. Les possesseurs de la baronie de Wale, dans le comté de Northampton, étoient connus dès le tems de Guillaume-le-Conquérant ; ils étoient lords ou pairs-nés du royaume.

Jean Wale, premier du nom, maréchal du pays de Linster, mourut *chevalier armé* : c'étoit le plus haut grade qu'il y eût alors dans la profession des armes ; ce grade se conféroit aux fils des Rois comme au reste de la noblesse, & sans ce grade les Princes n'étoient point admis à la table de leur propre père.

*Nec Deus hunc mensâ, Dea nec dignata cubili est.*

Au quatorzième siècle, on voit les Wale rendre de grands services aux rois d'Angleterre, & contribuer puissamment à leur soumettre l'Irlande ; mais c'est surtout dans les révolutions si fatales à Charles I & à Jacques II, qu'on voit le zèle de cette noble Maison se signaler par les sacrifices les plus généreux. Plusieurs de ces illustres Wale, sacrifiant leur fortune entière à leur devoir, passèrent en France à la suite de Jacques II. Olivier Wale fut du nombre, avec ses deux frères Mathieu & Richard. Olivier Wale servit avec le régiment irlandais aux ordres du maréchal de Berwick, au combat de Castone en Andalousie, à l'affaire de

Turin, où il fut bleſſé ; à la bataille d'Almanza & au fiége de Lérida en 1707. Il fut tué devant cette place. Mathieu, un de ſes frères, venoit d'être tué au fiége de Barcelone en 1706. Richard Wale ſon autre frère avoit été tué, en 1702, à l'affaire de Crémone.

Olivier Wale a eu pour fils Balthazar-François Wale, lieutenant au régiment des gardes-françaiſes, qui fit en cette qualité la campagne de Philiſbourg en 1734, & qui a été gouverneur pour le Roi de la ville & du château de Ham.

WALA ou VALA. (Hiſt. de Fr.) Charlemagne, qui, comme tous les grands Princes, ſe connoiſſoit en hommes, avoit mis auprès de Bernard ſon petit-fils, pour diriger ſa jeuneſſe, l'homme de la cour peut-être qui avoit le plus de mérite : c'étoit Wala, réputé Prince du ſang, fils du comte Bernard, lequel étoit fils naturel de Charles Martel. Wala fut ſuſpect à l'Empereur, parce que ſes envieux voulurent qu'il le fût : on le manda. L'Empereur fut content de ſes ſoumiſſions, & ce fut dans la ſuite un des hommes qui eurent le plus d'aſcendant ſur ſon eſprit ; mais lorſque des inſtigations parties de la cour même de l'Empereur, eurent engagé le jeune Bernard à réclamer l'Empire & la ſucceſſion de Charlemagne, l'Empereur l'ayant vaincu, lui fit crever les yeux, & chaſſa de la cour Wala & ſon frère Adelard, abbé de Corbie, qui avoient peut-être à ſe reprocher de n'avoir paſſez fortement détourné Bernard de cette entrepriſe. Dans la ſuite il ſe repentit d'avoir fait périr ſon neveu ; il rappela Wala & Adelard, & ſe gouverna par leurs conſeils. Wala mourut le 31 août 836, à Pavie, dans le palais de l'empereur Lothaire, fils aîné de Louis-le-Débonnaire.

WALLACE, CUMIN, SÉTHON. Dans le tems qu'Edouard I, roi d'Angleterre, opprimoit l'Ecoſſe, ou par lui-même, ou par ſes lieutenans, un aventurier, nommé Wallace, qui avoit la force & la valeur des héros de la Fable, détestant la tyrannie & ne reſpirant que la liberté, raſſembla ceux de ſes compatriotes qui s'étoient réfugiés dans les montagnes pour échapper aux armes & à la ſouveraineté d'Edouard. Les Ecoſſais en font un héros, les Anglais un brigand. Son premier exploit fut d'un citoyen. L'inſolence barbare d'un officier anglais qui écraſoit l'Ecoſſe au nom d'Edouard, le révolta ; il oſa s'élever contre le tyran ſubalterne & le tua ; il ne lui reſtoit plus qu'à délivrer ſa patrie ou qu'à périr en coupable ; il s'annonça pour vengeur aux Ecoſſais. Bientôt il fut à la tête d'une armée ; il reprit l'Ecoſſe, gagna ſur les Anglais la bataille de Stirling, pénétra en Angleterre, porta la terreur juſqu'à Londres. Edouard ſe hâta de marcher avec quatre-vingt-dix mille hommes contre Wallace, qui, avec ſes troupes légères le fatigua beaucoup dans ſa courſe, & lui diſputa la victoire à Falkirk, près des lignes d'An-

trum. Edouard y fut en danger : ſon cheval, effrayé des cris affreux des Ecoſſais, le renverſa, & lui donna un coup de pied dans le côté. Edouard ſe relève promptement, court aux troupes galloiſes qu'il avoit dans ſon armée, & leur ordonne de charger. Les Gallois, opprimés comme les Ecoſſais par Edouard, & toujours leurs amis dans le cœur, refuſent d'obéir. Edouard ſe met à la tête d'un autre corps, arrache de ſa main des paliſſades qui le ſéparoient de l'ennemi, charge avec une impétuoſité que Wallace ſoutient avec conſtance, & la victoire étoit encore incertaine lorſque Wallace, trahi par un de ſes chefs, nommé Cumin, dont la retraite ſoudaine mit à découvert les corps qu'il devoit appuyer, fut obligé de céder le champ de bataille. Cet homme ſingulier ayant conſidéré l'envie que ſes talens inſpiroient aux Grands du royaume, envie à laquelle il attribuoit la trahiſon de Cumin dans le combat de Falkirk, dépoſa le commandement des armées, qui fut donné auſſitôt à ce même Cumin par lequel il avoit été trahi. Wallace rentra dans la condition privée, ſans cependant refuſer ſes ſervices à ſa patrie. Ceux de ſes amis qui voulurent s'attacher à ſon ſort, & ſe dévouer avec lui à la défenſe de la liberté, lui formèrent une petite armée avec laquelle il trouva le moyen d'inquiéter les tyrans. Les Ecoſſais furent écraſés ſous la conduite de Cumin.

Cependant Robert de Brus, qui avoit des droits à la couronne d'Ecoſſe, réſolut enfin d'affranchir ſa patrie, projet qu'il ſuivit avec conſtance, & qu'il parvint à exécuter. Son père, ame foible & incertaine, tantôt s'étoit joint aux Ecoſſais, tantôt avoit ſervi la tyrannie des Anglais. Jaloux de Wallace, il s'étoit fait eſclave d'Edouard. Des reproches que Wallace lui avoit faits ſur l'indignité de ce dernier perſonnage l'avoient touché ; il recommanda en mourant à ſon fils de rechercher ce vengeur de l'Ecoſſe & de lui donner toute ſa confiance ; mais Wallace n'étoit plus. Pris par trahiſon, il avoit été exécuté comme traître. Cumin commandoit alors les Ecoſſais. Ce perfide avoit trahi Wallace ; il trahit Robert de Brus ; il alla révéler à Edouard les projets de ce ſeigneur. De Brus, inſtruit de cette délation, rencontre Cumin dans le cloître d'un couvent : la querelle s'échauffe, de Brus tire ſon poignard, en frappe Cumin, monte à cheval, va conter ſon aventure à ſes amis, & prendre leurs conſeils ſur ce qui reſte à faire. Séthon, un des plus zélés partiſans de Robert de Brus, apprenant par ſon récit qu'il n'avoit pas vu expirer Cumin, lui dit : *Vous n'avez fait que la moitié de l'ouvrage ; je cours l'achever.* Il ſe rend auſſitôt dans le cloître où s'étoit paſſée cette ſcène. Les moines avoient porté Cumin dans l'égliſe pour le confeſſer : Séthon le trouve au pied de l'autel ; il couvre cet autel du ſang de Cumin & de celui d'un chevalier qui voulut le défendre. De Brus, qui apprit dans ce tems la mort de Bailleul ſon plus redoutable concurrent au trône, crut avoir réuni tous les droits ; il se déclare ; il est défait au combat de Méthuen. Edouard s'abreuva de sang & s'assouvit de vengeances. Séthon fut écarté. Ces événemens se passoient dans les premières années du quatorzième siècle. (*Voyez*, dans le Dictionnaire, l'article *Brus* (de), ou plutôt *Bailleul*, auquel il renvoie.)

WALLART (VINCENT), (*Hist. eccl.*), solitaire, ami de Port-Royal, qui se retira sur le Mont-Valérien, près Paris, & y vécut dans le recueillement & la pénitence jusqu'à sa mort, arrivée le samedi 23 février 1704. Son épitaphe nous apprend qu'il étoit né dans le diocèse de Cambrai.

WALSH, (*Hist. d'Angl.*), est le nom :

1°. D'un Irlandais (Pierre), franciscain & théologien, qui, au milieu des disputes théologiques & des querelles sanglantes qui déchirèrent les trois royaumes britanniques pendant le règne de Charles I & dans les commencemens de Charles II, se distingua toujours par son attachement constant à ses Rois & à la religion catholique, en poussant l'impartialité jusqu'à ne pas vouloir accorder à cette religion tout ce que le Nonce réclamoit pour elle, & que le Père Walsh, qui prévoyoit les maux que trop de condescendance pour les Catholiques leur attireroit de la part des Protestans, regardoit comme devant être funeste à la religion catholique elle-même ; ce fut dans ce même esprit de prudence & d'impartialité qu'il voulut faire insérer, dans une formule de serment de fidélité au Roi, une clause de renonciation à toute suprématie que le Pape pourroit prétendre sur le temporel des Rois. Cette clause, qui étoit d'un sujet fidèle & ami de l'ordre, choqua beaucoup le Pape & le Nonce, & répandit sur le Père Walsh un vernis de protestantisme que les éloges des Protestans augmentèrent encore. M. Burnet, qui veut que tous les honnêtes gens aient été protestans, loue fortement la capacité du Père Walsh & sa fidélité pour ses Princes légitimes, &, pour dernier trait de son éloge, dit que ses sentimens ne différoient guère de ceux des Protestans ; les Catholiques zélés en jugeoient de même, & poussèrent l'animadversion contre le Père Walsh jusqu'à l'excommunication. Mais le Père Walsh, quelques années avant sa mort, se réconcilia entièrement avec le Saint-Siège, on ne dit pas à quelles conditions ; mais l'absolution lui fut donnée & les censures levées, & il fut enterré dans l'église de Saint-Dunstan à Londres. Il est mort en 1687.

2°. Un autre Walsh, nommé François, du même pays & du même ordre que Pierre Walsh, est auteur d'un livre intitulé *Philosophia vetus innovata*, & d'un autre qui a pour titre : *Le Monde anti-diluvien, ou nouvelle Théorie de la terre, contenant un récit clair de la forme & constitution du globe terrestre avant le déluge universel ; démontrant qu'il étoit tout différent de ce qu'il est à présent.*

3°. D'un poète anglais moderne, que Pope regardoit & a célébré comme son maître. Voici ce qu'en dit d'après lui l'abbé du Resnel, dans sa traduction de l'Essai sur la critique :

Du Parnasse envieux ce mortel si chéri,
Tel Walsh, des doctes sœurs le juge favori,
Condamnoit sans aigreur & louoit sans bassesse :
Cœur rempli de droiture, esprit plein de justesse,
Doux & compatissant pour les fautes d'autrui,
Il fut de la vertu le plus solide appui.

Le même abbé du Resnel, dans une note, fait un grand éloge des œuvres de ce poète ; elles ont été recueillies en six volumes.

Ceci n'est qu'une addition à l'article *Walsh*, qui se trouve dans le Dictionnaire.

WANDALIN, (*Hist. litt. mod.*), est le nom de deux savans danois, père & fils, tous deux nommés Jean, qui ont composé une multitude d'ouvrages, tant philosophiques que théologiques. Tous deux ont vécu dans le dix-septième siècle, & le dernier n'est mort que le 10 mars 1710.

WASMUTH (MATTHIAS), (*Hist. litt. mod.*), professeur en langues orientales, puis en théologie à Kiel. On a de lui : *Hebraïsmus restitutus ; Sinagma hebraum ; Janua hebraïsmi ; Idea astronomica chronologia restituta ; Annales cœli et temporum.* Né le 29 juin 1625 ; mort le 18 novembre 1688.

WASSENAAR, (*Hist. mod.*), famille illustre de Hollande, dont les Chroniques parlent dès le onzième siècle, & dont nous ne rappellerons ici que ceux qui ont été victimes d'État ou qui ont mérité de l'être.

*Si fata fuissent*
Ut caderent.

Jean de Wassenaar, chevalier de la toison d'or, servit l'empereur Maximilien dans la guerre contre les Vénitiens, & fut blessé dangereusement au siége de Padoue. Dans la guerre contre les Frisons, ayant été blessé au siége de Sloten, il se fit transporter à Lewarden, où il mourut de sa blessure le 4 décembre 1523, à quarante ans.

Dans la branche des seigneurs de Grœneveldt, Barthélemi, chevalier, tué dans un combat sur la Meuse, en 1351.

Wolfard son frère, qui périt de la même manière.

Gelmer se trouva à la bataille de Pavie en 1525, & mourut au service des Vénitiens en 1531, à trente ans.

Adrien, fait chevalier la même année 1531 par l'empereur Charles-Quint.

Floris, capitaine de cavalerie, tué par son cornette en 1588, en partageant un butin.

Dans la branche des seigneurs de Duvenvoorde, Adrien, assassiné à Rhinsbourg en 1467.

Adrien, gouverneur de Gertruydemberg & du fort de Schenck en 1593 ; mort au siége d'Ostende en 1602.

Adrien, baron de Wassenaar, ambassadeur en Angleterre en 1714.

Charles-Louis, colonel du régiment des dragons-vallons, brigadier de cavalerie en 1727.

Guillaume, baron de Wassenaar, général-major au service des Provinces-Unies, lieutenant-colonel des gardes à pied, gouverneur de Berg-op-Zoom.

Le plus célèbre de tous est Jacques de Wassenaar, seigneur d'Opdam, amiral de Hollande, fils d'un autre Jacques de Wassenaar, qui avoit le même titre.

Le fils fut le successeur de l'amiral Tromp en 1653. Après s'être trouvé sur terre à une multitude de siéges, avoir été employé dans quantité de négociations importantes, avoir commandé plusieurs flottes en 1665, il périt avec son vaisseau, qui sauta en l'air, le feu ayant pris à cent soixante & dix quintaux de poudre. On croit que ce fut lui qui y mit le feu pour ne pas tomber entre les mains des ennemis.

WATELET. Pourrions-nous oublier, dans ce *Dictionnaire encyclopédique*, celui qui s'étoit chargé d'y traiter la partie des arts, & qui savoit répandre sur cette théorie tant de lumières & de goût ; cet ami des arts & des artistes ; cet ami de l'humanité ; cet homme vraiment aimable, intéressant & universellement aimé ; cet homme qui plaisoit à la première vue, qui attachoit à la seconde, & dont il falloit être l'ami à la troisième, si l'on étoit né pour l'amitié ? Le goût des arts l'avoit engagé à voyager en Italie & en Hollande, *Parti amateur, il revint artiste*, a dit un de ses confrères à l'Académie française, où il n'étoit pas moins bien placé qu'à l'Académie de peinture ; par la pureté de goût qu'il portoit dans les lettres comme dans les arts. Son *Poème de la Peinture* étoit un double titre à ces deux Académies à la fois ; ce n'est ni la poésie brillante des Voltaire & des Delille, ni la poésie harmonieuse, philosophique & touchante de M. de Saint-Lambert. Il annonce qu'il a toujours regardé Boileau comme un maître dans l'art des vers : il est aisé de voir qu'il l'a pris pour le sien, & qu'il a su se rendre assez propre la manière de ce grand législateur du Parnasse ; c'est assez le même ton de poésie, le même mécanisme de versification, la même intelligence & la même sobriété dans la distribution des richesses poétiques. En peignant les arts transplantés de la Grèce dans l'Italie, M. Watelet rend très-heureusement ces vers d'Horace :

*Græcis capta ferum victorem cepit, & artes*
*Intulit agresti latio.*

Les talens asservis captivant leurs vainqueurs,
Du Romain belliqueux adoucirent les mœurs.

Voilà des vers bien faits.

On les voit s'embellir du bonheur de jouir

est un beau vers, malgré la consonnance des deux hémistiches, qui en fait ce qu'on appelleroit en latin *un vers léonin*.

Ces vers sur la jeunesse :

C'est le tems de l'excès des vertus & des vices ;
C'est l'âge des talens & des nobles travaux,
Le moment des succès, la saison des héros.

Ceux-ci sur la vieillesse :

Et de Nestor enfin l'imposante sagesse
Enchaîne le respect au char de la vieillesse.

sont encore des vers qui n'auroient pas déplu à Boileau.

Les fleurons, les vignettes, les culs-de-lampe, qui ornent ce poème, sont gravés par M. Watelet lui-même, qui fait toujours marcher de front les lettres & les arts ; ajoutons, & les connoissances, comme le prouvent les réflexions qui accompagnent ce poème, qui en font le développement, & qui, s'éclaircissant & se fortifiant les unes par les autres, forment un Traité complet de la peinture.

Ce qu'il a écrit avec tant de goût sur les jardins, il le mettoit en pratique dans ses jardins délicieux du Moulin-Joli, où, si bien servi par la Nature,

Il traita sa beauté comme une vierge pure,
Qui rougit d'être nue & craint les ornemens.

La description qu'a faite l'abbé Delille de ce beau séjour est le morceau le plus charmant de ce charmant *Poème des Jardins*.

Beaux lieux, offrez long-tems à votre possesseur
L'image de la paix qui règne dans son cœur.

Ce vœu, que tous les cœurs partageoient & répétoient, est exprimé d'une manière attendrissante jusqu'aux larmes pour ceux qui ont connu M. Watelet.

M. Watelet est le véritable auteur de la jolie comédie de *Zénéide* : sa pièce est en prose comme l'*Oracle*. M. de Cahusac, à qui elle a été attribuée, n'a fait qu'en changer la forme & la mettre en vers, comme pour y acquérir un certain droit de propriété ; mais ce changement fut très-indifférent pour le succès, quoi qu'en ait pensé Cahusac ; le succès est dû au charme de la naïveté de Zénéide, à la vivacité d'Olinde, aux illusions de l'amour, au piquant des situations, à tous ces traits de sentiment, d'esprit & de délicatesse dont la pièce est remplie, & tout cela est l'ouvrage de M. Watelet. Le dialogue a bien plus de naturel & de vérité : les détails, les développemens, ont bien plus de richesse dans l'original que dans la copie ; l'imitateur n'emploie pas à beaucoup près tous les traits heureux que son modèle lui fournit. Le fond en étoit si charmant, qu'il a bien fallu qu'elle réussît malgré les mal-adresses du traducteur ; mais l'inventeur a bien fait de nous la donner telle qu'il l'avoit composée : les gens de goût la préféreront hautement à la copie, malgré le petit fard de la versification, car pour la poésie elle est ici du côté de la prose.

Le Recueil où M. Watelet revendique *Zénéide* contient plusieurs autres pièces, dont quelques-unes, & par le sujet & par l'exécution, sont entièrement dans le goût antique. D'autres se rapprochent davantage des formes modernes, toutes ont beaucoup d'agrément. *Sylvie*, petit drame pastoral, tiré de l'*Aminte* du Tasse, offre des tableaux rians, d'une galanterie aimable, d'une volupté douce & décente ; & c'est un fort beau style, que celui-ci :

« Les oiseaux ne chantoient point encore leurs » plaisirs, les mortels ne recommençoient point » à se plaindre de leurs peines ; rien n'annonçoit » le lever de l'aurore ; il étoit l'heure où tout » repose, jusqu'aux amans malheureux. Lorsque, » dans un hameau de l'Arcadie, la bergère Sylvie » s'éveilla, les amours s'éveillèrent avec elle..... » Elle remplissoit l'Arcadie d'amans & de malheu- » reux... Elle sort, & les graces, qu'elle n'a » point appelées, s'empressent & volent sur ses » pas. »

*Componit furtim subsequiturque decor.*

C'est un joli tableau, & bien dans la nature innocente & pastorale, que celui du timide Aminte, qui aime Sylvie, qui veut parler & entreprendre, qui s'anime en son absence, tremble & se cache aussitôt qu'elle paroît.

« Eh ! comment aurois-je pu obtenir ce que je » ne lui ai jamais demandé ?..... J'ai toujours trem- » blé devant elle..... Pourquoi redouter une jeune » & craintive bergère ?..... Non, non..... toute ma » crainte a disparu. Sylvie ! lui dirai-je..... Dans » ce moment il l'apperçoit..... Dieux ! ne m'a-t-elle » point entendu ? Il se cacha aussitôt ; tous ses pro- » jets se bornèrent à l'admirer & à se taire. »

Tel étoit M. Watelet dans ses travaux : poète estimable, excellent prosateur, savant dans la théorie des arts, habile dans la pratique.

Dans la société, c'étoit l'ange de la paix. Les querelles, les jalousies, les ressentimens, les haines, les passions orageuses & malfaisantes ne pouvoient tenir devant lui ; il portoit dans toutes les

ames le calme & la douceur qui étoient dans la sienne ; il falloit s'aimer les uns les autres, parce qu'il falloit l'aimer.

Sa vie heureuse, écoulée dans le sein des arts & de l'amitié, fut troublée par quelques nuages qui, en dérangeant sa fortune, lui ont ôté les moyens d'être aussi utile qu'il l'avoit été aux arts & aux artistes.

Il est mort à la fin de 1785 ou au commencement de 1786.

WAURIN ( ROBERT ), ( *Hist. de Fr.* ), chevalier, sire de Saint-Venant, maréchal de France, est un exemple que l'office de maréchal de France étoit alors amovible ; il fut désappointé de cette charge, & continua de servir sous d'autres maréchaux de France, & même sous des capitaines qui n'avoient pas ce titre. Mort en 1360, sous le roi Jean.

WIED ( HERMAN ), ( *Hist. du luthér.* ), électeur de Cologne au seizième siècle, avoit autrefois prononcé la peine de mort contre les Luthériens, parce que Gropper, archidiacre de Cologne, l'avoit voulu. Vers 1540 il embrassa le luthéranisme, parce que Mélanchton & Bucer le voulurent. C'étoit un de ces hommes foibles & nuls, qui abandonnent leur ame toute entière à ceux qui daignent s'en charger. La sottise & l'ignorance de cet électeur sont restées célèbres ; il est vrai qu'elles ont pu être exagérées tour-à-tour par les Luthériens & par les Catholiques. Le landgrave de Hesse, protestant, triomphoit d'apprendre à Charles-Quint que l'électeur de Cologne étoit au nombre des réformateurs. *Eh bon Dieu !* dit l'Empereur surpris, *qui prétend réformer ce bon homme ? Il ne sait pas lire. J'ai entendu deux fois sa messe, qu'il n'a jamais dite que trois fois ; il ne pouvoit venir à bout de déchiffrer l'Introït.* — *J'ignore comment il lit le latin*, répliqua le landgrave, *mais il a lu de bons livres allemands, & il entend la religion* ; car il se faisoit Protestant. Il y perdit son électorat. Déposé par le Pape & par l'Empereur, après quelque résistance il se déposa lui-même, & alla vieillir dans l'obscurité, l'ignorance & l'hérésie, pendant que son successeur, aidé des soins de Gropper, repoussa loin de l'électorat de Cologne le luthéranisme.

WILLEGISE. ( *Hist. d'Allem.* ) Cet homme, parvenu d'une basse origine aux premières dignités de l'Eglise & de l'Etat, se distingua parmi tous les parvenus par sa modestie philosophique & son humilité chrétienne. Il étoit fils d'un charron du village de Schoningen, dans le duché de Brunswick, & devint chancelier des empereurs Othon III & Henri II, puis archevêque de Mayence. Pour n'être jamais tenté d'oublier de quel point il étoit parti, il voulut toujours avoir sous les yeux le symbole de son origine ; il prit pour armoiries une roue d'argent, qui depuis a servi de blason à

*l'église*

l'églife électorale de Mayence, tant fon procédé a paru mériter qu'on en confacrât la mémoire. Dans une épigramme latine faite à la loüange de Willegife, on a comparé cette roue fixée à jamais par une folide gloire, avec la roue mobile & trompeufe de la Fortune :

*Wilgifum ad fummos virtus evexit honores,*
*Nec potuit mores lædere fummus honos.*
*Qualis erat, cùm privatus fub paupere teêto*
*Viveret, in fummo talis honore fuit.*
*Neve ortús meminiffe fui defuefceret unquàm*
*E patriâ voluit fumere ftemma domo.*
*Sic rota, quæ manibus fuerat traêtata parentis,*
*Teffera Wilgifo non inhonora fuit.*

*Mobilis eft rota Fortunæ fallaxque, fed ifta*
*Æternæ laudis fixa adamante manet.*

WILLERAME, ( *Hift. eccléf.* ), pieux & favant abbé de l'Ordre de Saint-Benoît, eft auteur d'un Commentaire fur le cantique des cantiques, compofé dans le onzième fiècle. On trouve dans les *Aménités de la critique*, par dom Liron, une Differtation où font relevées plufieurs fautes échappées à d'anciens & habiles critiques, dans ce qu'ils ont écrit fur la perfonne & fur l'ouvrage de Willerame.

WILLET ( André ), ( *Hift. eccléf.* ), théologien anglais, a fait fur différens livres de la Bible des Commentaires eftimés, quoique Commentaires. Mort en 1621.

# Z A N

ZANZALE (Jacques). (*Hift. ecclef.*) Après que Neftorius, évêque de Conftantinople, qui féparoit trop les deux natures dans Jéfus-Chrift, eut été condamné, en 431, au concile d'Ephèfe, & que le moine Eutychès, qui fe jeta dans l'erreur contraire de confondre ces deux natures, l'eut été, en 451, au concile de Chalcédoine, on continua de difputer beaucoup & long-tems contre l'autorité de ces deux conciles, furtout de celui de Chalcédoine. Les Neftoriens & les Eutychiens, & ceux qui les condamnoient tous les deux, continuèrent à fe faire la guerre, & par des écrits, & par les armes. Ces querelles fe prolongèrent bien avant dans le fixième fiècle & par-delà. Ce fut dans ce fixième fiècle que les évêques, oppofés au concile de Chalcédoine, firent choix de Jacques Zanzale, moine fimple, ignorant & fanatique, pour le placer fur le fiége d'Edeffe, & le nommer leur métropolitain. Cet homme, moitié par fimplicité, moitié par enthoufiafme, pouffoit jufqu'à un excès méprifable l'affectation d'un extérieur pénitent & mortifié; il ne fe montroit en public que couvert de haillons, & cette indécence, bien loin de choquer les regards du peuple, lui en impofoient par une fauffe idée d'humilité & de fainteté. Cet homme, d'ailleurs actif & ardent, & furtout Eutychien zélé, parcourut toutes les églifes de l'Orient, raffembla & réunit toutes les différentes feêtes des Eutychiens; car chaque erreur principale, graces à la fubtilité de l'efprit des Grecs, fe fubdivifoit en une multitude infinie de petites feêtes. Ce Zanzale fe piqua enfin d'être le reftaurateur de l'eutychianifme dans l'Orient. Ses

*Hiftoire. Tome VI. Supplément.*

feêtateurs particuliers quittèrent le nom d'Eutychiens, & prirent celui de Jacobites, du nom de baptême de Zanzale. Après la mort de Sévère, évêque d'Antioche, il établit une fuite d'évêques, qui ne réfidèrent plus dans cette ville, mais dans Amida, qu'on croit avoir été fituée fur le Tigre. L'objet de ce changement étoit d'échapper à la perfécution des Empereurs romains, qui, fuivant l'erreur du tems, étoit toujours allumée contre les Jacobites, ainfi que contre les autres hérétiques. Cette perfécution produifit l'effet ordinaire, de rendre les perfécutés plus importans & plus redoutables. Les Jacobites, chaffés de l'Empire, fe répandirent dans la Perfe, où ils infpirèrent & fomentèrent la haine du nom romain. Ils fe répandirent encore dans l'Egypte, & furtout dans l'Abyffinie, où ils fondèrent des églifes de leur communion; ils en eurent auffi dans les lieux où les Neftoriens étoient établis. Ces deux feêtes, à mefure qu'elles s'éloignoient de leur origine, fe rapprochèrent l'une de l'autre, &, après avoir pendant tant de fiècles rempli l'Empire de troubles & de féditions, elles donnent aujourd'hui le fpectacle affez rare de théologiens réconciliés; elles vivent en paix & communiquent enfemble. On connoît même les Jacobites fous le nom de Neftoriens, quoique l'eutychianifme, avec toutes les modifications que le tems & les lieux ont pu y apporter, femble dominer encore dans leur doctrine; car les Jacobites rejettent le concile de Chalcédoine, & ne reconnoiffent qu'une nature & une nature en Jéfus-Chrift. Ils ont d'ailleurs confervé la plupart des principaux dogmes de l'églife catholique;

.D d d

ils font très-fcrupuleux obfervateurs du jeûne ; ils ont tous nos facremens, quoiqu'ils diffèrent fur quelques pratiques dans leur adminiftration. La prière pour les morts & apparemment la croyance qu'elle femble fuppofer eft en ufage parmi eux. Ils mêlent un peu de judaïfme à leur chriftianifme. Par exemple, ils ont confervé la circoncifion, & à cette première douleur qu'ils font fouffrir aux enfans, ils ajoutent, on ne fait pourquoi ni par quel principe religieux, celle de les marquer d'un fer chaud après qu'on les a baptifés. On les accufe de quelques autres erreurs, mais fur lefquelles on n'eft pas d'accord.

ZEBÉDÉE, ( Hift. fainte. ), père des apôtres faint Jean & faint Jacques.

ZÉNODORE. ( Hift. anc.) On a parlé du fculpteur de ce nom dans le Dictionnaire. Ce nom eft encore celui d'un brigand arabe qui ravageoit la Syrie du tems d'Augufte, & fe retiroit dans des cavernes, où les Romains, à qui rien n'étoit inacceffible, le firent périr.

ZENODOTE, (Hift. litt. anc. ), grammairien & poète, difciple de Philetas, vivoit du tems de Ptolémée-Lagus, vers l'an 270 avant Jéfus-Chrift. Un autre auteur de ce nom, qui vivoit fous l'empire d'Adrien, avoit traduit Salufte en grec. Un autre qui étoit de la ville de Trezène, avoit écrit une hiftoire d'Ombrie, dont parle Denys d'Halicarnaffe.

ZIÉGLER. (Hift. litt. mod.) Il manque à la lifte des Ziégler, dans le Dictionnaire, Henri-Anfelme de Ziégler, dont le *Théâtre hiftorique du tems* a été fort eftimé. Né le 16 janvier 1663. Mort le 8 feptembre 1696.

ZINGIS. Si l'on en croit une hiftoire de Tartarie d'un moine arménien, nommé Hayton, ce Zingis fut le premier Roi qu'aient eu les Tartares d'Afie, c'eft-à-dire, leur premier Roi connu. Il favoit par révélation que fa mère l'avoit conçu des rayons du foleil, fans commerce avec aucun homme. Il paffoit pour un grand magicien.

Notre crédulité fait toute leur fcience.

ZONDODARI, (Hift. mod.), eft le nom de trois frères Siennois, dont l'un, Antoine-Félix, cardinal, a été employé en différentes affaires par les papes Innocent XII, Clément XI & Clément XII. Ce fut lui qui alla recevoir fur les confins de l'Etat de l'Eglife, la reine douairière de Pologne, Marie-Cafimire de la Grange d'Arquien, qui fe retiroit à Rome.
L'aîné, Marc-Antoine, étoit grand-maître de l'Ordre de Malte.
Le plus jeune, Alexandre, étoit archevêque de Sienne, leur patrie commune. Leur mère étoit Chigi, nièce du pape Alexandre VII.

ZULCIMIN ou SOLIMAN, (Hift. mah.), capitaine arabe, fe rendit maître de la Perfe vers l'an 749, en remportant une grande victoire contre Morgan, qui régnoit alors. Ce Zulcimin renouvela dans la Perfe la fecte d'Ali.

# ARTICLES OMIS.

BAILLY & CONDORCET (MM.) Nous joignons ensemble ces deux confrères rivaux, & nous dirons en quoi a consisté leur rivalité.

Lorsque, dans les Académies des belles-lettres & des sciences, quelque sujet se distinguoit par le talent d'écrire, on avoit les yeux sur lui pour deux choses : 1°. pour l'Académie françaife, qui se compofoit toujours des meilleurs écrivains en tout genre ; & qui, tant pour entretenir l'esprit de fraternité entre les trois Académies, que pour avoir des sujets qui appliquaffent à des objets folides le talent d'écrire, aimoit à les choisir dans les deux autres Académies ; 2°. pour la place de fecrétaire perpétuel de l'Académie, foit des belles-lettres, foit des sciences.

L'Académie des sciences ayant eu long-tems pour fecrétaire M. de Fontenelle, il lui étoit difficile de ne pas descendre lorfqu'elle auroit à nommer fes fuccesseurs. Elle nomma d'abord M. de Mairan fon ami, & ce fut un bon choix ; mais M. de Mairan étant déjà vieux, étant d'ailleurs assez lent & ne fe fentant pas l'activité néceffaire pour une place où il faut répondre à tout le monde, & parler ou du moins entendre toutes les langues, la quitta au bout de peu d'années. Il y avoit alors difette d'écrivains dans l'Académie : on nomma M. de Fouchy, excellent homme, excellent confrère, homme fort instruit, mais qui marqua au coin de la médiocrité. Le jour de fa nomination, M. de Maupertuis difoit : *Nous venons de trouver une moyenne proportionnelle à M. de Fontenelle & à M. de Mairan* ; ce qui, en langage géométrique, fignifioit que M. de Fouchy étoit à M. de Mairan, que ce que M. de Mairan avoit été à M. de Fontenelle. Quand M. Bailly commença d'être connu à l'Académie des sciences, on crut fentir, à travers fon ton modeste & timide, qu'il avoit du talent pour écrire. Il remporta un prix à l'Académie de Berlin par l'éloge de Leibnitz ; il eut un *accessit* à l'Académie de Rouen par un éloge de Corneille ; un des trois *accessits* de l'éloge de Molière à l'Académie françaife ; une mention honorable dans la même Académie, par l'éloge de Charles V. Mais ces quatre éloges, imprimés dans la suite avec celui de l'abbé de la Caille, firent peu de fensation dans le public, & obtinrent tout au plus une froide estime. Le talent de M. Bailly étoit fans éclat ; il ne put cependant échapper à M. d'Alembert, qui, joignant éminemment ce talent d'écrire aux fublimes & immenfes connoiffances qui l'ont illuftré, le réconnoiffoit, même dans fa naiffance, partout où il le trouvoit ; il accueillit M. Bailly, & par des

raifons particulières, ne fongeant pas pour lui-même au fecrétariat, il dit à M. Bailly d'y fonger, propos honnête qu'on tenoit à tous ceux dont on vouloit louer le ftyle, & par lequel on ne s'engageoit à rien. Il paroît que M. Bailly prit ce compliment un peu trop à la lettre, & qu'il compta fur M. d'Alembert, plus qu'il n'y étoit autorisé. Cependant M. de Condorcet parut, & fit fentir d'abord la différence d'un bon écrivain & d'un grand écrivain. On vit dès fes premiers essais, qu'il alloit prendre un effor élevé. M. d'Alembert lui donna bientôt la préférence ; M. de Condorcet s'attacha particuliérement à lui, l'accompagna dans un grand voyage, devint fon ami & fon confident intime, & lui infpira l'affection la plus vive & la plus active. On engagea M. de Fouchy à fe retirer, & ce fut pour M. de Condorcet que M. d'Alembert travailla. Il réuffit pleinement, & dans la vérité on ne pouvoit faire un meilleur choix. J'ignore fi, comme l'a dit le parti vaincu, on employa dans cette occafion des voies d'autorité contre lesquelles on avoit fouvent déclamé. Quoi qu'il en foit, M. Bailly regarda la conduite de M. d'Alembert, dans cette affaire, comme une infidélité à fon égard, & s'en plaignit, mais avec toute la douceur de fon caractère & avec le fentiment délicat de l'amitié bleffée. M. d'Alembert s'offenfa de ces plaintes, & les efprits s'aigrirent. M. Bailly, voyant qu'il ne pouvoit compter que fur lui-même, fongea férieusement à fe donner des titres d'un grand poids & à fonder fa réputation fur des bafes folides. Il fit paroître fon *Histoire de l'Astronomie, tant ancienne que moderne*, ouvrage favant & bien écrit, qui fut bientôt fuivi des *Lettres fur l'origine des sciences, &c.* ou *fur l'Atlantide*, adressées à M. de Voltaire, &c. elles eurent le plus brillant & le plus jufte fuccès. Voici le jugement qui en fut porté alors, d'après celui du public, dans le *Journal des Savans* :

» C'est un des meilleurs modèles de la manière
» de traiter les sciences pour les mettre à la por-
» tée de tout le monde, & les rendre auffi inté-
» reffantes que refpectables. Les favans croiront
» ce qu'ils voudront ou ce qu'ils pourront du fond
» du fystême de l'auteur & de l'exiftence de ce
» peuple ancien, fi parfaitement inconnu à tous
» les peuples qu'il a inftruits ; mais les gens de
» goût & les juges équitables ne pourront qu'ap-
» plaudir aux lumières, aux talens, au goût de
» l'auteur, à cette logique adroite, à cette mé-
» thode heureufe, qui préfente les idées dans
» l'ordre où l'esprit les defire ; à cette philofophie
» douce & aimable qui fait chérir les sciences,
» qui fait furtout chérir l'auteur, & qui difpofe

» à recevoir ſes opinions ; à cette foule de vérités
» neuves. & piquantes ; ſi finement apperçues &
» ſi bien préſentées..... Jamais ni paſſion, ni hau-
» teur, ni ton doctoral, ni ce malheureux talent
» de faire paroître abſurdes les objections qu'on
» diſcute & les opinions qu'on veut détruire.
» L'auteur, avec des talens égaux à ceux de nos
» meilleurs écrivains, ne néglige jamais, comme
» quelques-uns d'entr'eux, l'art de plaire & de
» perſuader ; il paroît toujours ſolliciter les ſuf-
» frages & ne les exige point : il entraîne douce-
» ment par une éloquence inſinuante, jointe à une
» logique lumineuſe. Les hommages qu'il rend,
» les louanges qu'il donne au grand-homme à qui
» ſes Lettres ſont adreſſées, ſont toujours placés à
» propos & naiſſent toujours du ſujet ; c'eſt l'équité
» qui les dicte, c'eſt l'intelligence & le goût qui
» les diſtribuent ; enfin cet ouvrage..... nous pa-
» roît..... un des plus beaux titres dont un homme
» de lettres puiſſe ſe parer. »

     C'étoit, en d'autres termes, parler de l'Aca-
démie françaiſe à M. Bailly : on voulut piquer
d'honneur M. d'Alembert ; on lui propoſa d'être
lui-même l'introducteur de M. Bailly dans l'Académie françaiſe, dont M. d'Alembert étoit alors
ſecrétaire perpétuel, & où ſon amabilité perſon-
nelle, ſa gloire, ſon zèle pour la compagnie, ſes
attentions obligeantes pour chaque membre, lui
donnoient un crédit ſans bornes. On lui diſoit :

    Qu'il ne ſoit plus parlé de torts ni de querelles.

Rendez votre première amitié, comme votre eſtime, à un homme qui la mérite par ſes talens, par
ſes travaux, par ſon caractère, par ſes ſentimens
pour vous. Rien ne put le ramener : il lui eût été
trop dur de voir M. Bailly précéder M. de Condorcet à l'Académie françaiſe. C'étoit cette concurrence qu'on prévoyoit & qu'on auroit voulu
prévenir. La conjoncture étoit favorable. M. de
Condorcet étoit alors arrêté à la porte de l'Académie par une diſgrace paſſagère que ſon courage
& ſon caractère un peu inflexible lui avoient attirée. Secrétaire de l'Académie des ſciences, il
avoit conſtamment refuſé de faire l'éloge hiſtorique de M. le duc de la Vrillière, qui en avoit
été un des honoraires : ſa raiſon étoit qu'il ne
trouvoit point matière à éloge dans ce miniſtre.
*Nihil invenio cauſa in hoc homine.* M. de Maurepas
prit pour lui l'affront que ce refus faiſoit à la mémoire d'un homme de ſon nom ; & malgré le vœu
public & le vœu particulier de chaque académicien, tant que M. de Maurepas vécut il ne fut pas
poſſible d'élire M. de Condorcet ; c'eût été l'expoſer à être exclus par le Roi. Mais cet obſtacle,
que le miniſtre eût dû ſe faire honneur de lever
lui même, fut bientôt levé par ſa mort. Alors la
concurrence qu'on avoit voulu prévenir eut lieu.
M. Bailly avoit un grand parti ; & malgré la ſupériorité peut-être de ſon rival, malgré l'amitié

active & adroite de M. d'Alembert, ce rival toujours heureux ne l'emporta que d'une voix, encore la dut-il à la foibleſſe d'un des plus zélés
partiſans de M. Bailly, qui ne put réſiſter aux
preſſantes inſtances de M. d'Alembert. Il faut tout
dire : M. d'Alembert, en traverſant les vues de
M. Bailly, en empêchant ou retardant ſon entrée
à l'Académie françaiſe, ne ſuivoit point les mouvemens d'une haine aveugle ; il jugeoit M. Bailly,
& ne croyoit pas que ſon heure fût encore venue.
Son goût, moins indulgent que celui du public,
étoit peu favorable à M. Bailly. Ami du naturel
& de la ſimplicité, il lui reprochoit de la recherche, de l'affectation, ce qu'on appelle, dans un
mauvais ſens, de la *phraſe* ; c'étoit ſurtout à M. de
Buffon, un des dignes objets de l'admiration de
M. Bailly, qu'il faiſoit ce reproche : il l'appeloit
*le grand phraſier, père de tous nos petits phraſiers.*
M. de Buffon ne l'ignoroit pas, &, pour s'en venger, traitoit ſa ſimplicité de petite manière ; ſa
gaîté, ſes plaiſanteries, de ſingeries & de bouffon-
neries. Les grands-hommes ſeroient trop grands
ſi la rivalité, ſi l'amour d'une gloire excluſive leur
laiſſoient la liberté d'être toujours juſtes.

      *Nimiùm vobis Romana propago*
   *Viſa potens, ſuperi, propria hæc ſi dona fuiſſent!*

     M. d'Alembert a perſévéré juſqu'à la fin dans
ſon opinion ſur M. Bailly ; & en prenant congé
de nous à l'entrée des vacances dans le cours
deſquelles nous l'avons perdu, il nous diſoit :
« Je n'eſpère plus de vous revoir ; vous élirez,
» peut-être à ma place, M. Bailly ; mais je vous
» déclare, pour l'acquit de ma conſcience, que
» ſon goût n'eſt pas aſſez pur, & qu'il n'eſt pas
» mûr encore pour l'Académie. »
     Puiſqu'il falloit perdre M. d'Alembert, c'étoit
à lui ſurtout que M. Bailly déſiroit de ſuccéder,
pour ſe venger de lui par un juſte & magnifique
éloge ; il n'eut point cette ſatisfaction, & peut-
être les derniers mots de M. d'Alembert, que
nous venons de rapporter, en furent-ils la cauſe ;
cette place fut donnée à M. le comte de Choi-
ſeul-Gouffier, dont le diſcours, qui ne pouvoit
être ni plus éloquent, ni plus touchant, ni plus
noblement philoſophique, prouva combien il étoit
digne de remplacer M. d'Alembert. M. Bailly eut
la place de M. le comte de Treſſan, & ils furent
reçus dans la même ſéance, le jeudi 26 février
1784.
     Et quel fut l'académicien qui les reçut ? M. de
Condorcet. Le ſort l'avoit nommé directeur du
trimeſtre où mourut M. d'Alembert, comme pour
lui ménager encore un éloge vraiment digne de
lui, & déployer en ſa faveur toutes les reſſources
de l'éloquence & de l'amitié.
     Il faut rendre une juſtice entière à M. de Con-
dorcet, en ce qui concerne M. Bailly. Toujours
vainqueur dans toutes ſes concurrences avec lui,

il n'avoit fans doute contre lui aucun motif d'aigreur ou de reffentiment; mais enfin M. Bailly lui avoit tout difputé; il lui avoit enlevé la moitié des fuffrages; il avoit rendu fa victoire incertaine & difficile. Que M. de Condorcet s'en fût vengé par un éloge fin, adroit & un peu équivoque, on pouvoit abfolument s'y attendre; & comme M. Bailly étoit venu le croifer au moment où M. de Condorcet venoit d'être en butte au gouvernement, & où il lui étoit dû un dédommagement, les rieurs auroient pu être pour M. de Condorcet contre M. Bailly. Mais rien de tout cela: l'éloge eft franc, loyal; il réunit tous les égards d'un confrère, prefque la tendreffe d'un ami. Nulle trace des anciennes rivalités: le fanctuaire des Mufes n'admet que des amis & des frères. « Monfieur, lui dit-il, uni avec vous depuis quinze ans » par les liens de la confraternité, je me trouve » heureux dans ce moment d'avoir à féliciter l'Acadé- » démie qui vient de vous adopter, & de pouvoir » lui répondre qu'elle trouvera dans vous ces ver- » tus douces & fimples, ce caractère facile, mais » fûr, qui attirent l'amitié en captivant la con- » fiance; un zèle conftant pour fervir l'humanité » par des travaux utiles, ou la foulager par une » bienfaifance noble & éclairée; enfin la réunion » de l'amour des lettres & de l'étude, avec cette » modeftie fincère qui fe fait pardonner les talens » & les fuccès. »

Il caractérife enfuite de la manière la plus noble & la plus favorable les différens ouvrages de M. Bailly, & quand il en vient aux lettres fur l'Atlantide, elles ont, dit-il, « un avantage réfervé » prefqu'uniquement aux romans & aux pièces de » théâtre, celui d'avoir pour lecteurs tous ceux » qui favent lire. Vous y établiffez votre opinion » avec tant d'adreffe, vous l'avez tellement em- » bellie par des détails ingénieux, qu'on a de la » peine à s'empêcher de l'adopter. On eft de votre » avis tant qu'on a votre livre entre les mains, & » il faut le quitter pour avoir la force de fe défen- » dre contre vous. En interprétant Platon, vous » l'avez imité dans l'art heureux de faire aimer les » opinions que vous voulez établir; & fi votre » fyftème à jamais le fort qu'ont éprouvé tant d'au- » tres opinions, & dont le nom ou le génie de » leurs auteurs n'a pû les préferver..... la pofté- » rité vous pardonnera votre peuple hyperboréen, » comme elle a pardonné les atômes à Lucrèce, » & les tourbillons à l'auteur de la *Pluralité des* » *Mondes.*

On ne pouvoit rien dire de plus flatteur à M. Bailly, ni le mettre en meilleure compagnie.

M. Bailly a depuis été l'auteur ou du moins le rédacteur du *Mémoire fur les Hôpitaux*, qui fut pour lui l'époque & furtout la fource d'une grande faveur dans le public; je l'ai entendu lui-même renvoyer modeftement à M. Tenon les complimens qu'il recevoit fur ce Mémoire. En effet, les informations, la recherche de tous les moyens

propres à foulager les malades, les idées d'amélioration, tout ce dont on favoit le plus de gré à l'auteur, étoit l'ouvrage de M. Tenon. La forme, l'ordre & la méthode étoient tout ce qui appartenoit à M. Bailly, que les commiffaires avoient eux-mêmes nommé pour rédacteur. il juftifia leur choix par l'exactitude & la fimplicité avec laquelle il rendit leurs idées, faifant fentir toute leur utilité & la poffibilité de l'exécution, fans étalage, fans fafte, fans exagération. C'étoit fans doute un affez grand mérite; mais le public lui attribua tout, & lui fut gré de tout.

C'eft par une fuite de cette faveur du public, à laquelle M. Bailly, par fa modeftie même & fa douceur, joignoit aifément la faveur des grands & des miniftres, qu'il lui a été donné d'obtenir une diftinction qu'avoit eue le feul Fontenelle parmi les fimples gens de lettres, diftinction que fon ami M. de Mairan avoit beaucoup defirée & n'avoit pû obtenir, celle d'être des trois Académies. Cet honneur, que n'ont eu ni M. de Condorcet ni M. d'Alembert, fut pour M. Bailli comme le contre-poids des avantages que M. de Condorcet avoit remportés fur lui.

Les exemples de ces *tergemini honores* font un peu moins rares parmi les honoraires, parce qu'alors ils font moins l'effet d'un choix libre des Académies, que des difpofitions de la cour; & encore, quels font ceux des honoraires qui ont reçu ce triple honneur? C'eft le cardinal de Polignac, fi célèbre par l'univerfalité de fes talens & de fes connoiffances; c'eft l'abbé Bignon, l'ami de tous les favans, & l'organe par lequel le chancelier de Pont-Chartrain répandoit fur les lettres les bienfaits de Louis XIV; c'étoit M. le marquis de Paulmy, créateur & poffeffeur de la plus vafte bibliothèque après celle du Roi, & la mieux connue, la plus employée & la plus communiquée par fon poffeffeur; c'étoit enfin M. de Malesherbes, fupérieur à tous aux gens de bien, par la fimplicité parfaite, par le naturel, &, quand il le falloit, par l'énergie de fes vertus; aux gens d'efprit, par la pénétration, la fagacité, la vivacité, la chaleur & la gaîté du fien; aux favans, par la multitude, la variété, l'étendue, la fûreté de fes connoiffances, accrues & embellies par les lumières; & à la différence de tant de favans que leur favoir accable & abforbe, il avoit tellement converti le fien dans fa propre fubftance, qu'il s'en jouoit pour ainfi dire, & que fon efprit n'en étoit pas plus embarraffé, que fon corps ne l'étoit de fa maffe, qu'on auroit pu croire pefante, mais à laquelle il favoit donner beaucoup de reffort & des mouvemens très-agiles.

Il refte à expliquer, pour l'intérêt de l'exactitude & de la vérité, comment M. Bailly feul, parmi les fimples gens de lettres, depuis Fontenelle, eft parvenu à ce triple honneur académique que n'ont point eu plufieurs de fes confrères eftimés fes égaux, ou même fupérieurs à lui. La nature des ouvrages y fait d'abord quelque chofe, & il eût été poffible que, d'après l'*Hiftoire de l'Aftronomie*, ouvrage favant, l'Académie des belles-lettres eût jeté les yeux fur lui pour remplir une de fes places; elle ne l'a pas fait cependant; mais M. le baron de Breteuil, miniftre des Académies, qui aimoit M. Bailly, ayant jugé à propos de faire créer par le Roi une claffe d'académiciens libres réfidans à Paris, y plaça M. Bailly, d'après le droit de première nomination appartenant au Roi, lorfqu'il créoit ou une Académie ou quelque claffe nouvelle dans un de ces corps, & il cédoit enfuite à l'Académie le droit de fe compléter par élection en cas de vacance. C'étoit affurément un titre très-honorable que cette nomination royale; mais ce n'étoit pas avoir été des trois Académies au même titre que M. de Fontenelle, c'eft-à-dire, par un jugement de fes pairs. M. Bailly n'avoit été à ce titre-là que de l'Académie des fciences, & de l'Académie françaife, & la diftinction de M. de Fontenelle refte toujours unique dans fon genre.

Mais le public, qui n'y regarde pas de fi près, vit dans M. Bailly un nouveau Fontenelle à triple couronne, & ces honneurs académiques lui attirèrent d'autres honneurs qui lui ont été vendus bien cher, & qui ont dû lui faire regretter le tems où il étoit fimple protégé de M. de Breteuil. Un homme de lettres pouvoit être fier de la faveur fpéciale de ce miniftre, le plus grand bienfaiteur des lettres depuis Colbert, & qui les a protégées le plus utilement pour le public, en établiffant encore, dans l'Académie des infcriptions, un comité chargé de faire connoître, par des notices détaillées, les tréfors que la plus riche bibliothèque du Monde poffède en manufcrits. On doit déjà dans plus d'un genre, & en particulier dans notre Hiftoire, d'importantes découvertes à cette heureufe inftitution. Nous aimons à payer à fon auteur (& auteur en même tems de plufieurs autres inftitutions utiles aux fciences) ce tribut d'éloge & de reconnoiffance, dans un tems où il ne peut plus rien pour nous; qu'il ait au moins la confolation de favoir que fes bienfaits ne font pas oubliés.

Voici le torrent de la faveur populaire qui porte M. Bailly hors de fa fphère, à l'Affemblée des états-généraux, qui l'élève à la préfidence. Voilà les miniftres profcrits, le dernier prévôt des marchands affaffiné; voilà M. Bailly maire de Paris; le voilà feul miniftre, feul magiftrat, fans avoir été formé à cette immenfe & périlleufe place par aucuns travaux analogues. Nous ne le fuivrons pas dans ce tourbillon de grandeurs & d'embarras, ni dans les détails de fon adminiftration; ces événemens ne font pas encore mûrs pour l'Hiftoire; on écrira mille Hiftoires de la révolution avant que le tems d'en écrire véritablement l'Hiftoire foit arrivé. Les vrais amis de M. Bailly l'ont vu avec regret embarqué, fans provifions & fans prévoyance, fur cette mer orageufe de la révolution; ils lui ont prédit fon fort, & fi ce fort étoit iné-

vitable, ils auroient voulu du moins que fa vie politique eût été irréprochable comme fa vie littéraire; qu'il eût affez refpecté un Roi malheureux, & déjà plus d'à demi-détrôné, pour lui épargner ce parallèle d'Henri IV, conquérant fes fujets, & de Louis XVI, reconquis par les fiens; ce qui emportait une improbation tacite de la conduite précédente de ce Prince. On auroit voulu que fa modeftie naturelle lui eût rappelé qu'il n'avoit ni affez de données, ni affez d'ufage des affaires, ni affez de connoiffances des refforts cachés qui produifoient les événemens de fon tems, pour fe croire en droit & en état de faire des leçons à un Roi de quarante ans, qui régnoit déjà depuis quinze ou feize ans; on auroit voulu qu'il n'eût pas appelé *un beau jour* celui où fon fouverain étoit traîné en captivité à Paris par une horde de cannibales, qui portoient en triomphe devant lui les têtes de fes gardes fidèles; on croit que fi notre Hiftoire lui eût été plus familière, il auroit évité de répéter l'action trop connue du féditieux Marcel, qui attacha d'une main infolente, fur la tête du dauphin Charles, pour fauve-garde, le fignal de la révolte, il auroit fu combien ce Marcel eft diffamé dans nos Hiftoires, principalement pour cette action, & il fe feroit bien gardé de l'aggraver par un difcours qui ne pouvoit guère être pris que pour une dérifion.

Concluons. M. Bailly a fait des fautes, des fautes graves. Eh! qui n'en eût pas fait à fa place? Il a pu pécher par faibleffe, & avoir une conduite chancelante, incertaine; mais il n'a jamais été ni fourbe ni pervers, & c'étoit beaucoup alors. Des gens très-dignes de foi, & qui étoient à fa confiance, m'ont affuré qu'il avoit toujours été fidèle au Roi dans fon cœur, fans ofer le paroître, & qu'à la nouvelle de l'évafion du Roi, fon premier mouvement avoit été un mouvement de joie; le fecond, un mouvement de crainte.

Si la faveur populaire l'avoit d'abord un peu enivré, ne peut-on pas, pour fon excufe, dire de cette faveur ce que Lafontaine a dit de celle des Rois:

Lorfque fur cette mer on vogue à pleines voiles,
Qu'on croit avoir pour foi les vents & les étoiles,
Il eft bien mal-aifé de régler fes defirs.
Le plus fage s'endort fur la foi des zéphyrs.

Pour lui, il s'eft endormi fur la foi des plus fougueux aquilons. Forcé, lorfqu'il étoit en place, de faire un acte de juftice & de vigueur qui même avoit commencé de rétablir l'ordre, rentré depuis dans la claffe des particuliers, puis devenu fugitif, il ofa rentrer en France fous le règne des Jacobins; oubliant qu'il avoit fait tirer fur leurs troupes: ceux-ci s'en fouvinrent; ils l'envoyèrent au fupplice, & on fait de quelles barbaries & de quelles atrocités ils le furchargèrent. Tu trembles, *Bailly*, lui dit quelqu'un, soit pour le plaindre, soit pour l'insulter? *De froid*, répondit-il, *non de peur ni de regret à la vie; & ce fut son dernier mot.

Quant à son rival Condorcet, il ne reçoit aucune excuse : sa vie politique a flétri jusqu'à sa vie littéraire, & l'a chassé du Temple de la gloire. *Le mouton enragé* n'a jamais été plus *enragé* que dans la révolution. Sa conduite a révolté tous les honnêtes gens & imposé silence à ses amis. Son nom est resté décrié, moins méchant cependant que ceux qui l'ont proscrit, qui l'ont fait ou qui l'ont laissé mourir, ou qui l'ont forcé à s'ôter la vie pour une légère différence d'opinion, pour quelques articles de constitution non adoptés.

BARTHELEMI (M. L'ABBÉ). Les volumes 21, 23, 24, 26, 28, 30, 32, 39, 41 des Mémoires de l'Académie des inscriptions & belles-lettres contiennent des ouvrages considérables, des découvertes importantes, qui forment comme la première partie de la renommée littéraire de M. l'abbé Barthélemi. Le rang honorable & paisible qu'il occupoit dans les lettres avoit abondamment de quoi flatter un cœur amoureux de la gloire, & de quoi exciter l'envie. Les respects des savans de l'Europe, une grande considération qu'il devoit à ses connoissances, à ses talens, à son caractère, à ses mœurs, n'étoient pas un avantage médiocre ni le partage le moins désirable. On admiroit depuis long-tems le génie inventeur qu'il portoit dans l'érudition, cette sagacité qui saisissoit les rapports des différentes langues, qui retrouvoit l'alphabet palmyrénien, qui expliquoit la mosaïque de Palestrine; cette parfaite connoissance des médailles, cet art de déchiffrer & d'expliquer les inscriptions, ce nouveau plan d'une paléographie numismatique, cette réunion du savoir & de l'esprit & de l'art d'écrire; mais enfin les gens du monde, & ceux qui croient faire seuls les réputations, pouvoient dire encore : « Quel est donc cet homme que nous voyons si souvent cité comme un oracle, en qui l'on vante surtout cette critique sage & juste, sans laquelle l'érudition seroit si peu de chose, & qui seroit encore quelque chose sans elle? D'où vient que ses ouvrages ne nous sont pas familiers? Ce n'est donc qu'un savant illustre? » Le *Voyage du jeune Anacharsis* a paru; il a ouvert la seconde époque de la gloire de son auteur, & tout le monde a reconnu que c'est un écrivain également agréable & profond, plein de connoissances, mais de lumières, de philosophie, de sensibilité, de grâces; qui applique ce rare talent d'écrire à des objets pleins d'intérêt & d'utilité, qui instruit en amusant & en attachant, qui enrichit son siècle d'un vaste dépôt de connoissances, & qui lui offre en même tems un grand & beau modèle de style.

La plupart des écrivains, pressés d'acquérir de la gloire, & surtout d'en jouir, multipliant leurs titres, ont soin d'occuper souvent d'eux le public,

& de ne se laisser ni ignorer ni oublier. L'ambition d'un bel-esprit ordinaire est non-seulement d'arriver à l'Académie française, mais encore d'y arriver de bonne heure. La littérature a reçu de l'abbé Barthélemi l'exemple d'y arriver tard, pour y entrer avec plus de gloire, pour y être porté en triomphe. Un homme de lettres, né pour l'éclat & la renommée, a eu le courage de disparoître pour ainsi dire pendant plus de trente ans, de se priver des hommages du public pour les mériter, d'élever lentement en silence un monument unique, mais éternel. Il sacrifioit sa vie à sa mémoire, ne travaillant que pour la postérité (le Ciel est juste); l'auteur a reçu sa récompense; il a joui de sa gloire, & l'Académie a joui de ses lumières jusqu'au tems où elle a succombé elle-même sous la barbarie de Robespierre.

Le jeune Anacharsis avoit voyagé précédemment en Perse, & il y avoit connu les amis auxquels il adresse la relation de son voyage en Grèce. Quand on se rappelle, où M. l'abbé Barthélemi a connu, loin de sa patrie, le ministre brillant & aimable qui l'a gouvernée depuis avec tant d'éclat, & sa vertueuse compagne; quand on songe aux douceurs que leurs bienfaits & leur amitié ont répandues sur la vie de l'auteur, quel intérêt anime cette ingénieuse & transparente allégorie, où l'auteur signale sa tendresse & sa reconnoissance d'une manière si touchante! Combien même ce voile, ce doux mystère de l'allégorie, répand de décence & de délicatesse sur cet éloge!

« Vous avez eu l'avantage de connoître dans mon voyage de Perse, Arsame, Phédime, illustres époux, combien de fois vos noms ont été sur le point de se mêler à mes récits! De quel éclat ils brilloient à ma vue lorsque j'avois à peindre quelque grande qualité du cœur & de l'esprit, lorsque j'avois à parler de bienfaits & de reconnoissance! Vous avez des droits sur cet ouvrage. Je le composai en partie dans ce beau séjour dont vous faisiez le plus bel ornement; je l'ai achevé loin de la Perse, & toujours sous vos yeux; car le souvenir des momens passés auprès de vous ne s'efface jamais. Il fera le bonheur du reste de mes jours; & tout ce que je desire après ma mort, c'est que, sous la pierre qui couvrira ma cendre, on grave profondément ces mots : *Il obtint les bontés d'Arsame & de Phédime.* »

Cette douceur de sentiment sans exagération, ces expressions tendres & aimables, cette inscription, tout cela est dans le goût de l'antique : c'est ainsi que Lœlius dit de Scipion : *Recordatione nostra amicitia sic fruor, ut beatè vixisse videar, quia cum Scipione vixerim.*

C'est ainsi que Corneille, d'après Lucain, fait dire à Aristie :

Et tout me sera doux si ma trame coupée
Me rend à mes aïeux en femme de Pompée,

Et que fur mon tombeau ce grand titre gravé
Montre à tout l'avenir que je l'ai confervé.

*Liceat tumulo fcripfiffe :* Catonis
Marcia.

Voici un bien beau développement de l'idée
qu'on ne fait qu'entrevoir dans ce paffage d'Horace :

*Fuit hæc fapientia quondam.....*
*Concubitu prohibere vago, dare jura maritis.*

« Le mariage fut foumis à des lois, & ces ré-
» glemens, fource d'un nouvel ordre de vertus &
» de plaifirs, firent connoître les avantages de la
» décence, les attraits de la pudeur, le defir de
» plaire, le bonheur d'aimer, la néceffité d'aimer
» toujours. Le père entendit au fond de fon cœur
» la voix fecrète de la Nature ; il l'entendit dans le
» cœur de fon époufe & de fes enfans ; il fe furprit
» verfant des larmes que ne lui arrachoit pas la dou-
» leur, & apprit à s'eftimer en devenant fenfible.....
» Les biens dont ils jouiffoient ne leur furent plus
» perfonnels, & les maux qu'ils n'éprouvoient pas
» ne leur furent plus étrangers. »

Anacharfis prend le ton d'Homère lui-même
pour le peindre ; il en a la richeffe, l'éloquence
& la fublimité.

« Jupiter & Neptune font les plus puiffans des
» dieux, mais il faut à Neptune un trident pour
» fecouer la terre, à Jupiter un clin-d'œil fuffit
» pour ébranler l'Olympe..... Achille, Ajax, Dio-
» mède, font les plus redoutables des Grecs ; mais
» Diomède fe retire à l'afpect de l'armée troyenne,
» Ajax ne cède qu'après l'avoir repouffée plufieurs
» fois, Achille fe montre & elle difparoît..... Que
» ceux qui peuvent réfifter aux beautés d'Homère
» s'appefantiffent fur fes défauts..... Il fe repofe
» fouvent, & quelquefois il fommeille ; mais fon
» repos eft comme celui de l'aigle, qui, après
» avoir parcouru dans les airs fes vaftes domaines,
» tombe accablé de fatigue fur une haute monta-
» gne, & fon fommeil reffemble à celui de Jupiter,
» qui, fuivant Homère lui-même, fe réveille en
» lançant le tonnerre. »

Portraits de trois héros grecs.

« Heureufement il parut alors trois hommes def-
» tinés à donner un nouvel effor aux fentimens de
» la nation ; c'étoient Miltiade, Ariftide & Thé-
» miftocle..... Miltiade avoit fait long-tems la
» guerre en Thrace, & s'étoit acquis une réputa-
» tion brillante ; Ariftide & Thémiftocle, plus
» jeunes que lui, avoient laiffé éclater depuis leur
» enfance une rivalité qui eût perdu l Etat fi, dans
» les occafions effentielles, ils ne l'euffent facrifiée
» au bien public. Il ne faut qu'un trait pour peindre
» Ariftide ; il fut le plus jufte & le plus vertueux des
» Athéniens. Il en faudroit plufieurs pour exprimer
» les talens, les reffources & les vues de Thémif-

» tocle ; il aima fa patrie, mais il aima la gloire
» encore plus que fa patrie. »

Et c'eft déjà le peindre d'un feul trait.

Que de nobleffe & que de fentiment dans ces
regrets fur la mort des trois cents Spartiates qui
s'étoient dévoués pour la patrie, au paffage des
Thermopyles !

« Pardonnez, ombres généreufes, à la foibleffe
» de mes expreffions ; je vous offrois un plus digne
» hommage lorfque je vifitois cette colline où
» vous rendîtes les derniers foupirs, lorfqu'appuyé
» fur un de vos tombeaux, j'arrofois de mes lar-
» mes les lieux teints de votre fang ! Que pourroit
» ajouter l'éloquence à ce facrifice fi grand & fi
» extraordinaire ? Votre mémoire fubfiftera plus
» long-tems que l'Empire des Perfes auquel vous
» avez réfifté, & jufqu'à la fin des fiècles votre
» exemple produira dans les cœurs qui chériffent
» leur patrie, le recueillement ou l'enthoufiafme
» de l'admiration. »

C'eft ainfi que Virgile, pénétré du généreux
dévouement d'Euryale & de Nifus qu'il vient de
rapporter, s'écrie :

*Fortunati ambo, fi quid mea carmina poffunt,*
*Nulla dies unquàm memori vos eximet avo,*
*Dum domus Æneæ capitali immobile faxum*
*Accolet imperiumque pater Romanus habebit.*

C'eft avec cet intérêt, cette majefté, cette fimplicité, cette variété qu'eft écrit ce vafte ouvrage,
feul exemple peut-être d'un livre fi volumineux
qui ait eu un fi prompt débit & un fuccès fi univerfel auprès de toutes fortes de lecteurs.

M. l'abbé Barthélemi étoit depuis long-tems
doyen de l'Académie des infcriptions & belles-
lettres lorfque cet ouvrage le fit recevoir à l'Académie françaife, le mardi 2 août 1789.

Celui qui eft aujourd'hui doyen de l'une de ces
Académies & prefque doyen de l'autre, & qui étoit
dès-lors l'ancien de la colonie de l'Académie des
belles-lettres, admife dans l'Académie françaife,
crut devoir, au nom de cette colonie, féliciter fon
confrère & fon ami, & féliciter les deux Académies du nouveau lien qui les uniffoit. Son difcours
eft à la fuite de celui du directeur de l'Académie
françaife.

« Anacharfis, dit-il, vient d'entendre ce que
» l'efprit, le goût & l'éloquence avoient à lui
» dire, au nom de l'Académie françaife, dans ce
» jour de triomphe ; il faut qu'il entende encore
» ce que l'amitié & une confraternité de trente
» ans dans l'Académie des belles-lettres infpire à
» fes anciens confrères, charmés de s'unir à lui
» par un nouveau lien, & flattés de voir une des
» plus favantes productions, forties de l'Académie
» des belles-lettres, devenir le titre le plus brillant
» pour l'Académie françaife.

» Il me femble ( & le defir de rendre un hom-
» mage public à un tel récipiendaire contribue à

ii me

» me le perfuader ) que c'est à moi d'être aujourd'hui l'interprète de leurs fentimens, puifque je » fuis ici l'ancien de cette colonie d'affociés de » l'Académie des belles-lettres, adoptée par l'Académie françaife.....

» Ce moment où le doyen des affociés de l'Académie des belles-lettres porte dans la première » des fociétés littéraires, avec les talens qu'elle » exige, les vertus fociales qu'elle defire, & qui, » depuis plus de quarante ans, le font chérir & » refpecter de tous fes premiers confrères, ce » moment eft encore intéreffant pour les lettres, » en ce qu'il referre les nœuds qui uniffent deux » illuftres Académies, dont l'une, née de l'autre, » & toujours plus digne de fon origine, s'en fou- » vient toujours, & laiffe dans le cœur de la plu- » part de fes membres un defir fecret de remonter » vers fa fource.

» Tous les arts font frères, toutes les Acadé- » mies tendent au même but, le progrès des let- » tres & de la raifon ; mais cette union eft plus » intime encore entre l'Académie françaife & l'A- » cadémie des belles-lettres : celle-ci, plus rap- » prochée de la première qu'aucune autre par les » objets mêmes de fes travaux, lui a toujours » fourni d'abondantes recrues.....

» Aucun genre n'eft exclus du partage de l'Aca- » démie des infcriptions : les arts agréables, plus » utiles qu'on ne penfe, *ce fuperflu, chofe très-néceſ- » faire*, lui appartient auffi. Si elle eft l'Académie » du favoir, elle n'eft pas moins celle du goût ; » c'eft l'Académie des belles-lettres. Elle a compté » parmi fes membres, comme l'Académie fran- » çaife, Thomas Corneille, Boileau, Racine, Fon- » tenelle, Quinault, Duché, Danchet, &c.

» L'Académie françaife ne rejette aucun genre, » & n'invite à aucun par préférence ; elle prend » indiftinctement dans tous les états, dans tous » les genres de littérature, dans la chaire, au bar- » reau, dans les tribunaux, au théâtre, dans les » académies, dans le monde, à la cour, tout ce » qui fe diftingue par le talent d'écrire, par l'élo- » quence, par le goût, par une connoiffance par- » ticulière de la langue. C'eft ce temple de Délos, » décrit par *Anacharſis* ; ce temple d'Apollon, où » des théories religieufes viennent de toutes les » îles, de tous les ports, de toutes les contrées » de la Grèce & de l'Afie, porter en tribut leurs » hommages & leurs offrandes, & former un fpec- » tacle unique dans le monde, par la réunion de » ce que les talens & les grâces ont de plus choifi » & de plus varié. »

Ce voyage d'*Anacharſis* ne pouvoit, en effet, être trop vanté ; c'eft véritablement un monument de gloire pour notre fiècle, & l'auteur lui-même a été jufqu'en 1795 un monument vivant de ce tems heureux où les Lamotte, les Fontenelle, les Mairan, les Foncemagne, mettoient, & dans le commerce des lettres, & dans la fociété, tant de

décence, de douceur, de raifon, de grâce & d'aménité.

MALESHERBES ( CHRÉTIEN-GUILLAUME DE LAMOIGNON DE ), fils de M. le chancelier de Lamoignon, petit-fils du préfident de Lamoignon, l'ami de Boileau & de Racine, à qui Boileau adreffe fa fixième épître : :

Oui, Lamoignon, je fuis les chagrins de la ville, &c.

arrière-petit-fils enfin du premier préfident de La- moignon, l'Arifte *du Lutrin*, & dont Fléchier a fait l'oraifon funèbre. M. de Malesherbes naquit le 6 décembre 1721. Après un cours d'humanités rempli avec diftinction, après s'être exercé dans l'éloquence & dans la poéfie, toujours févère pour lui-même, & pour lui feul, pénétré de la maxime vraie ou exagérée d'Horace & de Boileau,

*Mediocribus effe poetis,*
*Non di, non homines, non conceffere columna.*
Et qu'à moins d'être au rang d'Horace ou de Voiture,
On rampe dans la fange avec l'abbé de Pure.

il renonça de bonne heure à la poéfie, & peu de perfonnes favent qu'il ait jamais fait de vers. J'ignore jufqu'où il pouffa l'étude de la jurifpru- dence ; je crois qu'elle avoit pour lui peu d'attraits, mais je fais qu'il a toujours voulu très-bien faire tout ce qu'il a fait ; je fais qu'il en avoit les moyens, qu'il favoit de tout, & beaucoup, & très-bien ; qu'iffu d'une famille de magiftrats illuftres, & def- tiné comme eux à la magiftrature, il ne pouvoit dégénérer de leur gloire & de leur capacité dans la fcience qui a furtout diftingués. Parent de M. le procureur-général, il fut d'abord un de fes fubftituts ; il entra dans cette charge en 1741. Ces charges de fubftituts de M. le procureur-général, ainfi que celles d'avocats du Roi au châtelet, étoient pour les jeunes magiftrats deftinés aux grandes dignités de la magiftrature, ce que les moufquetaires étoient pour la jeune nobleffe mili- taire : c'étoit une excellente école où ils fe for- moient aux fonctions de leur état. M. de Male- sherbes fut reçu confeiller au parlement le 3 juil- let 1744, & quand, dans la fuite, M. fon père, alors premier préfident de la cour des aides, fut fait chancelier, le 9 décembre 1750, il eut fa charge de premier préfident de la cour des aides. Il eut auffi, fous fon père, le département de la librairie & de la littérature. Ce fut véritablement l'âge d'or des lettres. Jamais magiftrat n'a fu comme lui traiter d'égal à égal avec les gens de lettres, & ne fe montrer fupérieur à eux que par l'étendue & la multitude de fes connoiffances. Nul n'a mieux fu mefurer fur leur mérite ou leur répu- tation les égards qui pouvoient leur être dus. La fociété du *Journal des favans*, que M. le chance- lier d'Agueffeau aimoit tant, dont il manquoit à

E e e

peine une féance, & qu'il recommanda particuliérement à fon fucceffeur, eut M. de Malesherbes pour préfident fans préfidence, & ne s'apperçut qu'elle eût changé de chef qu'à un plus grand rapprochement entre le chef & les membres, qu'à une plus grande fimplicité dans les manières, qu'à une cordialité pour ainfi dire fraternelle. Voici le témoignage que lui rendoit, dix-huit mois après fa retraite, l'organe de cette fociété, lorfque des révolutions arrivées dans le miniftère eurent forcé M. de Malesherbes à quitter le *Joûrnal des favans* & la librairie, emploi qu'il ne pouvoit exercer que fous M. fon père.

« M. de Malesherbes étoit non-feulement un
» chef qui nous honoroit, mais un arbitre plein
» de lumières & de goût, qui nous inftruifoit, qui
» nous éclairoit; il étoit plus encore, il étoit notre
» ami, oui, notre ami, & ce titre, que nos cœurs
» lui donnent, le flattera plus que tous les refpects
» dus à fa naiffance & à fon rang. Quel autre a
» mieux mérité des lettres ? Quel autre les a fer-
» vies, encouragées, récompenfées avec plus de
» zèle, de difcernement & d'équité ? Quel autre
» furtout mieux fu difpenfer aux gens de lettres,
» à proportion de leur mérite, cette confidération
» & ces égards, prix le plus flatteur de leurs tra-
» vaux, que l'ignorance feule eft en poffeffion de
» leur refufer, mais dont tant de gens font ou pro-
» digues ou avares, fans choix & fans convenance ?
» Le *Journal des favans* en particulier lui a des obli-
» gations effentielles, fur lefquelles il nous fiéroit
» mal de nous taire. Sa modeftie aura beau vou-
» loir rejeter fon cœur généreux
» ne pourra fe refufer à la douceur de voir que
» nous fentons le bien qu'il nous a fait : il en jouira
» en nous en voyant jouir ; il nous aimera fans
» doute toujours : nous lui fommes trop tendre-
» ment attachés pour ne pas en être bien fûrs,
» comme il doit l'être de notre éternelle recon-
» noiffance. »

M. de Malesherbes accourut chez le rédacteur pour l'embraffer avec des larmes de reconnoiffance & de tendreffe ; c'eft ainfi qu'il traitoit avec les gens de lettres.

*Ex illo Corydon, Corydon eft tempore nobis.*

C'eft fous fon adminiftration que la littérature a pris un plus grand caractère d'utilité, en s'élevant aux fciences politiques, en produifant une foule d'excellens ouvrages fur l'agriculture, le commerce, les finances, &, par une fuite naturelle, fur les diverfes branches de l'adminiftration. C'eft fous lui, c'eft fous fes aufpices qu'a paru le plus vafte & le plus beau monument de notre fiècle & de tous les fiècles, cette *Encyclopédie*, qui, felon l'expreffion du fucceffeur de M. d'Alembert à l'Académie, « par fon étendue, par la
» feule audace de l'entreprife, commande pour
» ainfi dire l'admiration même avant de la jufti-

fier, » & les contradictions que ce grand ouvrage a effuyées, tenoient principalement à une intrigue de Janféniftes, qui vouloient enlever à M. le chancelier & à M. de Malesherbes l'adminiftration de la librairie, pour l'afferir à leurs préjugés & à leurs paffions.

Les ennemis des philofophes ont beaucoup accufé M. de Malesherbes d'avoir été trop favorable à ceux-ci : rien de plus injufte que ce reproche. Jamais homme ne fut plus impartial que M. de Malesherbes, & je dirois prefque, fi je l'ofois, que l'impartialité dont j'ai toujours entendu tout le monde fe vanter, je ne l'ai jamais trouvée toute entière que chez lui ; auffi tous les partis fe plaignoient-ils de lui tour-à-tour. Voyez dans la correfpondance de M. de Voltaire des plaintes affez fréquentes & affez amères de ce que M. de Malesherbes ne lui permettoit pas tout, & refufoit d'être un philofophe de fecte. Quand les Jéfuites furent opprimés, il les plaignit ; il les avoit condamnés quand ils avoient été intrigans & oppreffeurs. Toujours prendre le parti du foible, de l'innocent, de l'opprimé, étoit fa loi fuprême. L'injuftice, l'abus du pouvoir, étoit tout ce qui l'irritoit. Les financiers, dont les conteftations contre les contribuables étoient du reffort de la cour des aides, avoient un machiavélifme auquel ils étoient affez fidèles. Quand la loi condamnoit le contribuable, ils portoient l'affaire à la cour des aides, fûrs de gagner leur caufe ; quand la loi, au contraire, défendoit le contribuable contre l'exacteur, ils portoient l'affaire, par évocation, au confeil, c'eft-à-dire, au tribunal intéreffé du contrôleur-général, prefque toujours favorable à celui qui vouloit aggraver le joug de l'impôt & augmenter le produit de l'impofition. M. de Malesherbes eut à ce fujet de vives & fréquentes guerres à foutenir contre les contrôleurs-généraux, & il les foutint avec un courage, une éloquence, une force de raifonnement qui déconcerta fouvent ces miniftres & fit impreffion fur le confeil.

Quoiqu'il eût été quelquefois en butte aux entreprifes des parlemens, il fut leur plus zélé défenfeur lorfqu'un homme élevé dans leur fein, & qui n'avoit d'exiftence que par eux, entreprit de les détruire ; ce qui, de tous les partis qu'on pouvoit prendre à leur égard, étoit certainement le plus mauvais & le plus injufte. Ses remontrances fur ce fujet font célèbres ; elles partagèrent la cour, & furent également applaudies par les gens du monde & par les gens de lettres. Il expia ce fuccès par trois ans d'exil & de difgraces, mais à la fin la victoire fut pour lui ; il revint & ramena en triomphe fa compagnie que la tempête avoit difperfée, & dont plufieurs membres n'avoient trouvé d'afyle qu'à Malesherbes. Les difcours qu'il prononça dans cette occafion font du vainqueur le plus généreux & le plus aimable ; ils ne refpirent que la paix & l'humanité, que la reconnoiffance envers le fouverain qui leur avoit rendu juftice, que l'oubli des fautes, le pardon des injures, l'indulgence pour les foibleſſes, la bienfaiſance & l'amour du bien public. Tous les cœurs honnêtes en furent attendris juſqu'aux larmes. Sa conduite, conforme à ſes ſentimens, fut la plus forte condamnation de ces compagnies implacables, qui fermoient à jamais leur ſanctuaire à des hommes eſtimables, pour les punir d'avoir obéi à la cour dans des circonſtances délicates, où l'on pouvoit varier ſur l'interprétation des devoirs, & où même les fautes devoient obtenir grace.

*Scirent ſi ignoſcere manes.*

La cour des aides fut leur aſyle.

Pour complément de la victoire, M. de Maleſherbes ſe vit comme forcé d'entrer dans le miniſtère : il ne l'accepta qu'à condition de le quitter promptement ; il ne le garda que neuf mois, & il y fit de grandes choſes ; il vuida les priſons d'Etat ; il établit & compoſa d'hommes vertueux un tribunal de famille, pour juger, parties ouïes, des cas où les lettres de cachet pouvoient être utiles, même à l'Etat ; car détruire bruſquement même les abus, eſt le plus grand des abus. On vouloit que M. de Maleſherbes ſervît à faire, dans la Maiſon du Roi, des réformes peut-être néceſſaires, mais rigoureuſes : les voies de rigueur n'étoient pas à ſon uſage ; il aima mieux quitter le miniſtère, & laiſſer faire à d'autres ces réformes, qu'il pouvoit deſirer d'ailleurs comme utiles à l'Etat.

Devenu libre, il ſe livra entiérement aux lettres, qu'il avoit toujours cultivées au milieu de ſes plus importantes occupations.

*Primùm dulces antè omnia Muſæ.*

Il cultiva ſes jardins, y raſſembla les plantes éparſes dans des climats divers.

Voyez dans ces jardins, fiers de ſe voir ſoumis
A la main qui porta le ſceptre de Thémis,
Le ſang des Lamoignon, l'éloquent Maleſherbes,
Enrichir notre ſol de cent tiges ſuperbes.

Il médita ſur les lois ; il propoſa d'utiles réformes, qui, ne coûtant rien à perſonne, n'affligeoient point ſa ſenſibilité, & la ſatisfaiſoient même par le bien qu'elles produiſoient. Graces à lui, nos frères errans furent du moins traités en hommes, en citoyens, en ſujets du Roi, & dans la diſcuſſion de ces matières délicates il peut être cité comme un parfait modèle de la douceur, de la modération, des égards qu'on doit garder dans la diſpute. Nulle trace de ce faux mépris que les diſputeurs affectent pour les objections qu'ils réfutent, de ce ridicule qu'ils aiment tant à répandre ſur leurs adverſaires,

de cette manie de réduire à l'abſurde tout ce qui s'écarte de leur opinion.

Il voyagea pour toujours ajouter à ſes connoiſſances, & c'eſt dans ces voyages que, gardant toujours l'*incognito*, il lui arriva pluſieurs fois, comme à Germanicus, de jouir de ſa renommée, & d'entendre ſon éloge dans des bouches non ſuſpectes.

Des conjonctures particulières le rappellèrent une ſeconde fois au conſeil : il y rentra, mais ſans département, & n'eut plus de bien à faire que par ſes avis.

Il quitta encore le conſeil, & du moins l'autorité royale n'a pas péri entre ſes mains : il n'a vu que comme particulier ces jours mauvais où il n'y avoit plus ni bien à faire, ni mal à empêcher ou à retarder. Il a eu les malheurs d'un Roi qu'il aimoit, non en miniſtre, qui n'aime de ſon maître que ſon autorité qu'il exerce, mais en ami tendre & ſincère, charmé de ſes vertus, & prêt à lui ſacrifier ſa vie. Tous les cœurs ont applaudi à l'empreſſement généreux qu'il a témoigné pour ſa défenſe. L'Univers ſait le reſte. Ce n'eſt pas ici le lieu de s'appeſantir ſur ces triſtes faits, dont l'Hiſtoire ne rappellera que trop un jour la mémoire. Détournons-en nos regards effrayés.

*Heu ! cadit in quemquam tantum ſcelus ! heu ! tua nobis*
*Cuncta ſimul tecum ſolatia rapta, Menalca !*

Je peux dire au moins, pour la conſolation des amis de M. de Maleſherbes, qu'il avoit deſiré de finir ainſi, & de ne pas ſurvivre au maître, à l'ami qu'il n'avoit pu ſauver :

Son nom toujours fameux vivra dans la mémoire,
Et qui meurt pour ſon Roi, meurt toujours avec gloire.

Mais les tyrans qui lui procuroient cette gloire furent lui en empoiſonner la joie, en l'égorgeant au milieu de ſa famille, fille, petite-fille, gendre, ſœur, &c. ; car, puiſqu'il étoit le meilleur des hommes, il falloit bien que ſa mort fût de toutes la plus cruelle & la plus douloureuſe.

M. de Maleſherbes, dont j'ai cultivé quarante ans l'honorable amitié, m'a toujours paru l'être qui a réuni ſur la terre le plus de vertus, de talens, de lumières, de connoiſſances, d'eſprit, de bonté, d'amabilité, de ſimplicité, &, ce qui n'arrive pas toujours aux hommes les plus parfaits, ſa fin a été digne de ſa vie.

Des écrivains, vertueux ſans doute, puiſqu'ils ont le beſoin de célébrer la vertu, ſe ſont hâtés d'écrire ſa vie, peut-être avant le tems & ſans des inſtructions ſuffiſantes. N'ayant connu que ſa vie publique, & n'ayant point vécu avec lui, ils l'ont voulu peindre tel qu'ils l'ont imaginé, mais ils l'ont mal deviné. Ils ont parlé de Caton, de Socrate, de Phocion; mais il n'étoit ni Caton, ni Socrate, ni Phocion : il étoit M. de Malesherbes, & c'étoit une affez belle exiftence : *tu Marcellus eris.* La vertu de ces graves perfonnages de l'antiquité donne toujours l'idée d'un peu de rigidité, & toute rigidité étoit abfolument étrangère aux mœurs de M. de Malesherbes. On croit dire quelque chofe en prononçant le nom de Caton, parce que M. de Malesherbes étoit vertueux; mais il ne l'étoit ni à la manière de Caton-le-Cenfeur, ni à celle de Caton d'Utique; il étoit l'oppofé de l'auftérité de l'un, & de l'inflexibilité de l'autre. Il étoit, comme Cicéron l'auroit defiré de Caton, *ad lenitatem propenfior*, & par la même raifon il n'étoit pas non plus Sully, quoiqu'il eût tenté comme lui quelques réformes à la cour. On pourroit plutôt lui attribuer quelque foibleffe, mais une foibleffe aimable & intéreffante, qui tenoit à un principe vertueux, la crainte de bleffer ou d'affliger. Voyez à l'article *Buffon* ce qui l'empêcha toujours de publier un écrit qu'il avoit compofé pour la défenfe de Linné contre cet éloquent naturalifte. S'il falloit abfolument comparer M. de Malesherbes à quelqu'un dans l'antiquité, je trouve dans le Juvénal un portrait auquel il reffemble beaucoup; c'eft celui du doux & gai Vibius Crifpus :

*Venit & Crifpi jucunda feneɛtus.*
*Cujus erant mores qualis facundia, mite*
*Ingenium. Maria ac terras populofque regenti*
*Quis comes utilior, fi clade & pefte fub illâ*
*Sævitiam damnare & honeftum afferre liceret*
*Confilium. . . . . . . . . . optimus, atque*
*Interpres legum fanɛtiffimus, omnia quanquam*
*Temporibus diris traɛtanda putabat inermi*
*Juftitiâ.*

Parmi les modernes, je lui trouve des traits de conformité avec ce célèbre Thomas Morus, chancelier de Henri VIII, dont l'*Utopie* eft le meilleur ouvrage de politique qui eût été fait jufqu'à lui, & ne refpire que modération & humanité; qui, comme M. de Malesherbes, faififfoit toujours avec vivacité & gaîté le côté plaifant des objets, qui plaifanta jufque fur l'échafaud, & mourut en homme jufte & en vrai fage pour fa religion & les lois de fon pays. Voici un trait qui ne pouvoit arriver qu'à lui ou à M. de Malesherbes. Un homme riche, qui avoit un procès à fon tribunal, croyant fe le rendre très-favorable, lui envoya deux flacons d'or d'un travail recherché. Caton eût tonné contre le corrupteur; Fabricius eût montré fes légumes, & eût foulé for aux pieds. Sully eût renvoyé les flacons, & s'en feroit vanté dans fes Mémoires; Morus ne fit rien de tout cela. Il fit remplir les flacons d'un vin exquis, & les remit

au commiffionnaire en lui difant : *Mon ami, dis à ton maître que s'il trouve mon vin bon, il peut en envoyer chercher tant qu'il voudra.* Quel joli badinage! Quelle manière aimable de fe montrer incorruptible, & de rappeler à fon devoir l'homme qui s'en écarte! Voilà bien de la vertu fans fafte, une leçon fans humeur, & telle que M. de Malesherbes eût pu la donner.

Dans une de ces vies prématurées de M. de Malesherbes, faites par des gens qui ne l'ont pas connu, on dit qu'il avoit pour *grand-oncle* un premier préfident du parlement de Paris.

Il faut que l'auteur n'ait abfolument confulté perfonne, & n'ait ouvert aucune généalogie des Lamoignons : il y auroit vu, & tout le monde lui auroit dit que M. de Malesherbes étoit arrière-petit-fils de M. le premier préfident; que tous les Lamoignons qui exiftoient il y a vingt ou trente ans dans la robe, la branche aînée, dont étoit feu M. de Lamoignon le garde-des-fceaux; la branche de Blancmefnil, dont M. le chancelier de Lamoignon étoit la tige; la branche de Bafville, dont M. de Montrevault a été le dernier rejeton, tous defcendoient en ligne direɛte du premier préfident de Lamoignon.

« Il partagea la gloire de *Turgot* & fon honorable » *difgrace.* »

M. Turgot fut en effet difgracié. M. de Malesherbes ne le fut pas; il quitta le miniftère, parce qu'il voulut le quitter : on ne l'eût point renvoyé, & il rentra au confeil dès qu'il confentit d'y rentrer.

« Il eut pendant près de *dix-huit ans* la direɛtion » de la librairie..... A la fin de 1768 on lui ôta cette » efpèce de magiftrature. »

Il ne l'avoit eue que treize ans, de 1750 à 1763. On ne la lui ôta point; ne l'ayant que fous M. fon père, il la remit quand M. fon père fut exilé à Malesherbes, & M. de Maupeou le père fait vice-chancelier en 1763.

Ce que l'auteur dit du chancelier de Maupeou (fils du vice-chancelier) & de fes opérations eft un tiffu d'erreurs : on voit qu'il n'a connu ni les faits ni les perfonnages.

Page 32. Il parle de *la liberté obfcure & fauvage* de M. de Malesherbes. Il femble qu'il parle d'un *Jacobin* ou de Jean-Jacques Rouffeau, dont encore la liberté étoit *fauvage*, & n'étoit pas *obfcure*. M. de Malesherbes vivoit beaucoup dans le monde, y étoit très-aimable & très-brillant, ne manquoit à aucun des devoirs de la fociété, & alloit même bien au-delà des devoirs.

Page 63. « Malesherbes tenoit *de fes pères* le « château de ce nom. »

Il le tenoit de fon père, qui l'avoit acheté de MM. d'Entragues en 1718. Ce n'étoit point un domaine de fes ancêtres, auquel il tînt *par des fouvenirs touchans*, comme le dit l'auteur, qui a mieux aimé deviner que s'informer.

Page 65. Le *prétendu* propos de M. de Malesherbes fur la *prétendue* préférence qu'il donnoit au nom de *Malesherbes* fur celui de *Lamoignon* porte entiérement à faux, & ne peut pas avoir été tenu. Il s'appeloit de Lamoignon de Malesherbes, comme M. fon père s'étoit appelé de Lamoignon de Blancmefnil, comme M. de Basville, oncle de M. le chancelier, s'étoit appelé de Lamoignon de Basville; fon fils, de Lamoignon de Courfon; fon petit-fils, de Lamoignon de Montrevault, & plus fouvent le fecond nom que du premier, fuivant l'ufage des anciennes familles, où les cadets laissent affez ordinairement le nom de famille à l'aîné, mais le reprennent toujours dans les actes, en y joignant le fecond nom.

Pages 68 & 69. « Le citoyen de Genève..... ne fe brouilla jamais avec *Malesherbes*. »

Pardonnez-moi : il s'offenfa d'avoir trouvé deux ou trois fois la porte fermée, des jours où on ne l'attendoit pas, & quelque tems après il prétendit faire un acte d'ennemi généreux, & rendre ce qu'il appeloit le bien pour le mal, en lui envoyant un très-joli herbier.

Même page 69. « C'eft fans doute dans l'*Émile* » que *Malesherbes* avoit puifé une partie de la phi- » lofophie-pratique *dont il s'honoroit*. »

Non, en vérité : il avoit cette philofophie-pratique long-tems avant qu'*Émile* parût, & il ne s'en honoroit pas, car il ne s'honoroit & ne tiroit vanité de rien.

M. de Malesherbes étoit fimple dans fes manières & diftrait dans fes penfées. Lafontaine étoit fimple & diftrait, & cependant il n'y avoit aucune reffemblance entre ces deux hommes. La fimplicité de Lafontaine paroiffoit de l'ineptie, & le rendoit le jouet de ceux mêmes qui fentoient le mieux fon mérite; fes diftractions lui donnoient un air ftupide. La fimplicité de M. de Malesherbes étoit vive & fpirituelle, & laiffoit percer fa fupériorité; fes diftractions mêmes avoient de l'activité : il étoit abfent, mais occupé, & cependant il avoit entendu tout ce qu'il n'avoit pas écouté, ou fur un mot il avoit tout deviné, & toujours jufte. C'eft ainfi que, ne pouvant affujettir fon imagination vagabonde à écouter attentivement les longs difcours & les répétitions affommantes des plaideurs & des avocats, un feul mot lui expliquoit toute l'affaire, & laiffoit un libre cours à fes diftractions.

Il n'avoit rien de la morgue préfidentale, qu'on appelle *dignité*, mais qui n'eft que la charlatanerie de la magiftrature, & fouvent le mafque de la nullité : aufsi les juges pédans difoient-ils que ce n'étoit pas un juge, que ce n'étoit qu'un homme d'efprit; de meilleurs juges penfoient que l'efprit le rendoit un excellent juge, & ajoutons qu'il l'étoit en tout genre.

Enfin c'étoit à tous égards le plus étonnant, le plus inftructif en amufant & en s'amufant, le plus intéressant, le plus refpectable &, je le répète, le meilleur des hommes.

NIVERNOIS ( Louis-Jules-Barbon Mancini-Mazarini, duc de ), a joué un grand rôle, & dans le monde, & dans les lettres. Nous allons l'envifager fous ce double point de vue.

Les plaifanteries qu'on a voulu faire fur l'obfcurité du père du cardinal Mazarin, pour punir le fils du degré de grandeur, de puiffance & de richeffe où il avoit fu s'élever, ne s'étendent point jufqu'au nom des Mancini, dont la généalogie, rapportée dans le cinquième volume, pages 462 & fuivantes, des *grands officiers de la couronne*, avec l'indication des titres fur lefquels elle eft fondée, remonte jufqu'au quatorzième fiècle : ce ne fut qu'au dix-feptième que Michel-Laurent Mancini, baron romain, qualifié *très-illuftre feigneur* dans fon contrat de mariage du 6 août 1634, époufa Hiéronime Mazarini, fœur du cardinal Mazarin, & fut père de toutes ces belles Mancini, premier ornement de la cour de Louis XIV dans fa jeuneffe; cette connétable Colonne que le Roi avoit tant aimée, & qui eft l'héroïne de la tragédie de *Bérénice*; cette comteffe de Soiffons, mère du prince Eugène, & qui avoit eu auffi tant d'afcendant fur l'efprit du Roi; ces célèbres ducheffes de Mazarin & de Bouillon.

Le cardinal Mazarin fe donna deux principaux héritiers, qui ont été tous les deux la tige de Maifons très-opulentes; l'un fut Armand-Charles de la Porte, duc de la Meilleraye & Mazarin, qui époufa Hortenfe Mancini, nièce du Cardinal, & fut la tige des ducs de Mazarin, dont les biens ont paffé par des femmes dans différentes Maifons. L'autre fut Philippe-Julien Mancini, neveu du Cardinal, & chef de la Maifon Mancini, qu'il inftitua héritier dans les duchés de Nevers & de Donzy, qu'il avoit acquis de la Maifon de Gonzague, & dans les biens d'Italie, &c. Celui-ci fut la tige des ducs de Nevers & l'aïeul de Louis-Jules-Barbon Mancini-Mazarini, duc de Nivernois, prince de Vergagne, dont nous nous occupons, né en 1716. Ce titre de prince de Vergagne, fous lequel il fut d'abord connu dans le monde, lui venoit, ainfi que la grandeffe d'Efpagne, de la Maifon Spinola, dont étoit Marie-Anne Spinola fa mère. Il devint duc de Nivernois par la démiffion du duc de Nevers fon père, en 1730. Il prit d'abord le parti où l'appeloit fa naiffance, le parti des armes; il fut fait brigadier d'armée le 20 février 1743. Mais la délicateffe de fon tempéramént, la foibleſſe de ſa ſanté, qui ne l'a laiſſé parvenir à un aſſez grand âge qu'à force de ménagemens, ne lui permirent pas de pouſſer plus loin ſa carrière militaire : il ſe vit forcé de quitter le ſervice. Il s'en plaint lui-même noblement en vrai patriote & en chevalier français, dans un de ſes éloquens diſcours. Il ſe tourna du côté des négociations & des ambaſſades, où il acquit une autre ſorte de gloire non moins deſirable & plus utile à l'humanité. Il fut envoyé en ambaſſade à Rome le 1er. janvier 1748. Il le fut dans la ſuite en Angleterre, où il prépara la paix, dont les préliminaires furent ſignés en 1762. Perſonne n'a jamais eu dans un plus haut degré les qualités propres à un miniſtre de paix. Un eſprit fin & délié, comme ſa phyſionomie & ſa taille ; plein de ſageſſe & de juſteſſe, ſans fauſſe fineſſe, ſans fauſſe prudence, la plus engageante affabilité, la plus conciliante aménité, un badinage dans l'eſprit toujours obligeant & toujours aimable ; des grâces dans l'eſprit comme dans la figure, dans le maintien, dans les mouvemens, dans toute l'habitude du corps, avec moins d'éclat peut-être que M. de Richelieu, mais avec plus de cette gentilleſſe, s'il eſt permis de parler ainſi, qui caractériſe plus particuliérement les grâces, & qui faiſoit ſentir que *la grâce, plus belle que la beauté*, peut auſſi convenir aux hommes, même ſans beauté.

Et n'eſt-ce rien d'avoir tâté
Long-tems de la formalité
Dont on aſſomme une ambaſſade,
Sans en avoir rien rapporté
De la peſante gravité
Dont cent miniſtres font parade ?

Si ces vers n'avoient pas été faits pour M. de Richelieu, ils auroient été faits pour M. de Nivernois. Que ne nous eſt-il rendu dans ce moment pour diſpoſer de nouveau à la paix des eſprits violens, qui la repouſſent & qui vont peut-être replonger l'Europe dans un abîme de maux dont ils feront les premières victimes! Il fut fait chevalier des Ordres le 30 mai 1751. La voix publique, que la cour a eu le malheur de ne pas aſſez entendre, ou le tort de ne pas aſſez écouter, n'a ceſſé d'appeler M. de Nivernois à une place qu'il n'a point occupée, celle de gouverneur des enfans de France ; & qui fait combien de déſaſtres un choix ſi excellent & ſi univerſellement indiqué auroit pu prévenir ?

Je n'ai parlé que de ſes agrémens : c'eſt ſur ſes vertus que le vœu & l'eſpoir public étoient fondés ; & moi, ſi j'oſe le dire, mes regrets ſont fondés principalement ſur le talent qu'il avoit & qu'il auroit ſi utilement exercé dans cette grande place, de rendre la vertu aimable, de la faire germer dans les cœurs, & par-là de nous donner peut-

être, avec d'autres diſpoſitions & d'autres ſentimens, d'autres événemens, un autre ordre de choſes & preſqu'une autre nation.

Quelle a été ſa récompenſe ? Les eſprits infernaux qui ravageoient l'État il y a dix ans, ſans reſpect pour ſon âge (ils en avoient immolé de bien plus âgés), le conſtituèrent priſonnier au Luxembourg, où ſes richeſſes, ſes vertus & ſes qualités aimables le mettoient également en danger. Il ne fut cependant pas donné à l'iniquité de prévaloir contre lui juſque-là.

*Procedes huc & non ibis ampliùs.*

La mort de Robeſpierre lui rendit la liberté : je l'ai vu & embraſſé libre, toujours gai, toujours bon, toujours aimable, toujours jeune, quoiqu'octogénaire depuis deux ans, ſans fiel contre ſes perſécuteurs, ne les trouvant que ridicules, & oubliant qu'ils étoient des monſtres.

Tel étoit M. de Nivernois dans le rang où la naiſſance & la fortune l'avoient placé.

Voyons quel il fut dans la république des lettres.

*Il en vivroit*, diſoit Duclos qui alloit droit au ſolide, & qui parloit d'un tems où un bon écrivain pouvoit vivre honnêtement du produit de ſa plume. M. de Nivernois fut reçu en 1743 à l'Académie française, honoraire de l'Académie des inſcriptions & belles-lettres en 1744. Les honoraires réputés de ſimples amateurs étoient diſpenſés du travail ; mais M. de Nivernois ne ſe diſpenſoit de rien & rempliſſoit toujours bien au-delà de ſes obligations. Le vingtième volume du Recueil de l'Académie des inſcriptions & belles-lettres offre deux excellens Mémoires de lui, l'un ſur la politique de Clovis ; l'autre ſur l'indépendance de nos Rois, par rapport à l'Empire. Dans celui-ci les recherches, l'un des grands mérites de cette ſavante compagnie, ne ſont point épargnées, & les raiſonnemens les plus juſtes ſont ſolidement fondés ſur des faits certains & ſur des textes préciſes ; l'autre, plein de vues & de ſagacité, démèle dans le ſec récit des chroniqueurs les traces à peine apperçues de la politique de Clovis ; il la compare à celle de Ferdinand-le-Catholique & de Charles-Quint : il compare auſſi une entrevue de Clovis & d'Alaric à Amboiſe avec la fameuſe conférence de Nice entre Charles-Quint & François Ier., & ſurtout la converſion de Clovis avec l'abjuration d'Henri IV. Ces rapprochemens rendent pour ainſi dire l'Hiſtoire ſenſible & palpable, & c'eſt ainſi qu'on la fait retenir. M. de Nivernois juſtifie toutes ces comparaiſons par la reſſemblance des objets, des vues, des motifs, des cauſes & des effets ; il compare encore la rédaction de nos lois ſaliques ſous Clovis, avec la promulgation des lois romaines ſous Juſtinien, & il trouve le code ſalique plus ſimple & plus uniforme. En parcourant toutes les expéditions militaires de Clovis, il fait voir comment elles se rapportent à un but unique, celui de réunir la Gaule entière sous la domination de Clovis, comme le but de Ferdinand-le-Catholique fut de régner seul en Espagne, & celui de Charles-Quint de rendre sa puissance absolument prépondérante dans l'Europe : il relève les fautes que fit Clovis en politique, & les démarches inconséquentes qui l'éloignèrent quelquefois de son objet ; mais en détestant les violences & les perfidies de Clovis à l'égard de tous ces petits Rois du nord de la Gaule, ses parens, il montre comment ces crimes rentroient dans le plan d'ambition & de conquête que Clovis s'étoit fait.

Quand la barbarie eut effrayé les Muses, dissipé les corps littéraires & anéanti les sciences autant qu'elle le pouvoit, M. le duc de Nivernois prit sur lui une des fonctions du secrétariat qui n'existoit plus, moitié par amour pour les lettres, moitié par amitié pour le littérateur ; il fit l'éloge historique de l'abbé Barthélemi, comme un prélat éloquent avoit fait l'oraison funèbre d'un curé de Paris ; il prouva que les grands seigneurs éclairés savoient rendre hommage, sinon à l'égalité des hommes, du moins au rapprochement du mérite & de la grandeur.

Mais c'est surtout l'Académie française que M. de Nivernois a dû regarder comme le théâtre de sa gloire littéraire ; c'est là que son génie aimable & souple lui a tant de fois procuré des succès si flatteurs en tant de genres ; c'est là que, quand le sort le plaçoit à la tête de l'Académie, le public la trouvoit surtout dignement représentée ; c'est là qu'après un juste éloge (commandé par les circonstances & répété par tous les cœurs) du jeune comte de Gisors son gendre, moissonné à Crevelt dans les champs de la gloire, je l'ai vu attendrir tout l'auditoire, & remplir tous les yeux de larmes lorsqu'on l'entendit ajouter d'une voix émue : « Ce » fils si cher étoit devenu mon fils..... Hélas ! je » n'ai joui qu'un instant de cette heureuse adop- » tion. »

Grande leçon du grand art de se mettre en jeu à propos, & de doubler l'intérêt général par l'intérêt personnel !

C'est là qu'en recevant à l'Académie l'abbé, aujourd'hui cardinal Maury, qui n'étoit alors que grand prédicateur & prédicateur du Roi, il lui disoit :

« C'est à la cour que l'exercice de votre minis- » tère est souverainement important, délicat & » difficile. On doit la vérité aux Rois ; c'est le seul » bien qui peut leur manquer..... Mais autant une » crainte pusillanime, qui arrêteroit la vérité sur » les lèvres du ministre des autels, seroit une pré- » varication vile & coupable, autant seroit répré-

» hensible une audace téméraire qui violeroit le » respect qu'on doit toujours à son Roi, même en » l'enseignant, même en lui présentant le miroir » où il doit reconnoître ses foiblesses. »

C'est là qu'il traçoit d'une plume éloquente les devoirs, tantôt d'un avocat, en recevant un avocat à l'Académie, tantôt d'un magistrat en regrettant un confrère magistrat, tantôt d'un journaliste, & peut-être notre tems rend-il cette leçon plus importante encore qu'elle ne l'étoit au tems où elle fut donnée.

« L'emploi de journaliste est digne d'être exercé » par les meilleurs esprits. Il est même bien inté- » ressant qu'il ne tombe jamais en d'autres mains. » Il importe souverainement aux lettres & aux » mœurs que le journaliste réunisse..... la pureté » du goût & les trésors du savoir, le mérite du » style, & surtout autant de justice dans le cœur, » que de justesse dans l'esprit ; car le journaliste » exerce une sorte de ministère public & légal. » C'est un rapporteur qui..... ne peut sans préva- » rication rien déguiser, rien exagérer ni rien » omettre..... Il doit être impassible comme la loi. » Il est coupable si l'esprit de satyre ou celui de » partialité lui fait pallier ou aggraver des fautes, » s'il s'attache malignement à relever les défauts, » ou si, entraîné par quelque affection particulière, » il ne s'occupe qu'à faire valoir des beautés. »

C'est là encore que, digne apologiste des usages de l'Académie, il les défend contre la critique inconsidérée de gens qui parlent sans penser, ou qui répètent sans examiner.

« Tacite applaudiroit parmi nous à une compa- » gnie qui, soigneuse d'entretenir dans son sein » le sentiment de la fraternité, se fait un devoir » religieux de consacrer la mémoire des morts, & » de signaler l'adoption de leurs successeurs par » des éloges ; discours qui ne sont, à vrai dire, » que l'expression de nos regrets & la justification » de nos choix. »

Ne voilà qu'un mot, & il est sans réplique.

Pourrions-nous oublier ces fables charmantes qui ont fait tant de fois les délices de l'assemblée, également nombreuse & choisie que les séances publiques de l'Académie étoient en possession d'attirer ? Il a lu dans des séances particulières quelques morceaux d'une traduction en vers de l'*Essai sur l'Homme*, &, au jugement de ses pairs, sa traduction étoit entièrement dans l'esprit & dans la manière de l'original.

Sachons-lui gré de la pleine victoire qu'il a remportée sur la foule des traducteurs en vers de l'ode *i once gratus eram tibi*, &c., parmi lesquels on compte les grands noms des Molière, des Quinault, des Rousseau. Sa traduction fait juger que ce seroit lui qui auroit fait cette ode charmante s'il eût précédé Horace.

Sachons-lui gré encore de tant de jolis vers, de chansons anacréontiques, pleines de gaîté ou de délicatesse, de toutes ces précieuses bagatelles que le goût préfère à tant de gros ouvrages, même bons dans leur genre. Il est mort doyen, & de l'Académie française, & de l'Académie des belles-lettres.

Tel a été M. de Nivernois dans les lettres. Si depuis ce tems il a existé quelque société littéraire qui se soit privée volontairement de tant de talens, de raison & de graces, par la puissante considération que celui qui les possédoit, étoit baron romain, noble vénitien, grand d'Espagne & pair de France, je ne puis qu'admirer en silence un si beau *civisme* & des motifs si *philosophiques* (1).

---

(1) M. de Nivernois avoit épousé en premières noces une sœur de M. de Maurepas, dont il avoit eu madame la comtesse de Gisors & madame la duchesse de Brissac. On sait par quel crime exécrable cette femme aimable, la vive image de son père, est restée veuve en 92. M. de Nivernois s'est remarié avec madame de Rochefort, fille de M. le maréchal de Brancas, qui lui a été bien promptement enlevée.

# CHRONOLOGIE.

Chaque science, dans la nouvelle *Encyclopédie méthodique*, ayant son Dictionnaire à part, on a imaginé de donner en quelque sorte à chacun de ces Dictionnaires le mérite d'un Traité méthodique sur chaque science, en indiquant seulement l'ordre dans lequel les divers articles doivent être lus pour former cette espèce de Traité. Ainsi, tandis qu'on suit l'ordre alphabétique, seul ordre qu'admette un Dictionnaire, on indique l'ordre des matières, seule méthode vraiment instructive, qui met chaque objet à sa place, & fait marcher graduellement de connoissance en connoissance; mais cette opération utile ne peut avoir lieu pour le Dictionnaire historique, ou plutôt elle s'y trouve toute faite par la chronologie, & la chronologie se trouve ici extrêmement simplifiée par l'indication qui est faite de l'époque des divers articles par les années avant Jésus-Christ pour l'histoire ancienne, & par les années de l'ère chrétienne pour l'histoire moderne.

Cependant il appartient à l'histoire de faire connoître les principaux calculs, les principales méthodes de supputation des tems, employées par de grands peuples.

Pour éviter toute confusion & mettre plus de clarté dans la suite des tems, on la divise en plusieurs époques principales. On divise, par exemple, l'histoire sainte en six grandes époques:

La première est celle de la création du monde.

La seconde commence au déluge.

La troisième à la vocation d'Abraham.

La quatrième à la sortie d'Egypte.

La cinquième à la fondation du temple de Jérusalem.

La sixième est celle de la liberté rendue aux Juifs par Cyrus.

Telles sont les époques adoptées par quelques savans, & marquées dans les tablettes chronologiques de l'abbé Lenglet Dufresnoy; mais cette division est arbitraire: on pourroit prendre d'autres époques, les multiplier, les subdiviser autant qu'on le jugeroit nécessaire pour une plus grande clarté.

Il y a, d'après l'Écriture-Sainte, quelques difficultés dans la supputation des tems. Tantôt le texte hébreu vulgaire, d'accord avec le texte hébreu des Samaritains & avec la vulgate, diffère du calcul des Septante; tantôt ce même calcul des Septante est en opposition, d'un côté, avec le texte hébreu vulgaire & la vulgate, & de l'autre, avec le texte hébreu des Samaritains. Les savans ont trouvé des moyens assez naturels d'expliquer & de concilier ces différences, & ces difficultés n'arrêtent plus

que ceux qui ne sont pas fâchés de trouver des difficultés.

L'histoire sainte est la seule qui remonte jusqu'à la création du monde. L'histoire profane a une origine bien postérieure, & la première partie de cette histoire, qu'on appelle l'histoire ancienne, est moderne en comparaison de l'histoire sainte.

On adapte, comme on peut, les principales époques de cette histoire profane ancienne aux époques à peu près contemporaines de l'histoire sainte, mais tout cela n'est pas sans difficulté.

Quant à l'histoire profane moderne, qui commence avec l'ère chrétienne, on la divise aussi en six principales époques, dont les unes sont comme une suite de l'histoire sacrée, en ce qu'elles concernent l'histoire de la religion chrétienne; les autres ne la concernent que d'une manière indirecte, & appartiennent plus particuliérement à l'histoire profane.

L'histoire moderne a sur l'histoire ancienne l'avantage d'une plus grande certitude, & pour les faits, & pour leurs dates.

Les six grandes époques de l'histoire moderne sont:

1°. La naissance de Jésus-Christ.

2°. Le concile-général de Nicée, en 325, sous Constantin.

3°. L'avénement de Charlemagne à l'empire.

4°. L'avénement de Hugues Capet à la couronne de France.

5°. L'avénement de Rodolphe de Hasbourg à l'empire.

6°. L'avénement de la branche royale de Bourbon au trône de France.

Les patriarches, les juges, les pontifes, les papes, les empereurs, les rois, les archontes, les consuls, &c. tous ceux qui ont gouverné les hommes, soit à titre de prêtres, ministres de la religion, interprètes des lois divines; soit à titre de magistrats, législateurs ou interprètes des lois humaines, étant ce qui marque le plus dans l'histoire, les listes de ces personnages, la durée de leur vie ou de leur règne, lors même qu'ils n'ont rien fait de remarquable, sont ce qu'il y a de plus propre à fixer la chronologie dans les diverses parties de l'histoire.

## HISTOIRE SAINTE.

### PATRIARCHES.

Le calcul le plus généralement reçu, ne mettant que quatre mille ou quatre mille quatre ans entre la création du monde & l'avénement de Jé-

F ff

fus-Chrift, on compte de la création d'Adam &
d'Eve, avant Jéfus-Chrift, 4004.
Naiffance de Caïn, 4003.
— d'Abel, 4002.
— de Seth, 3874.
— d'Enos, 3799.
— de Caïnan, 3710.
— de Malaléel, 3609.
— de Jared, 3544.
— d'Enoch, 3412.
— de Mathufala ou Mathufalem, 3317.
— de Lamech, 3130.
Mort d'Adam, âgé de neuf cent trente ans. 3074.
Enoch enlevé à l'âge de trois cent foixante-cinq ans, 3017.
Mort de Seth, fils d'Adam, âgé de neuf cent douze ans, 2960.
Naiffance de Noé, 2978.
Mort d'Enos, à neuf cent cinq ans, 2864.
Naiffance de Japhet, fils aîné de Noé, 2448.
— de Sem, 2446.
Mort de Lamech, père de Noé, 2353.
— de Mathufala ou Mathufalem, âgé de neuf cent foixante-neuf ans. C'eft celui de tous les patriarches qui a vécu le plus long-tems, 2348.
Déluge univerfel, 2348.
Naiffance d'Arphaxad, 2346.
— de Salé, 2311.
— d'Héber, 2281.
— de Phaleg, 2247.
— de Réhu, 2217.
— de Sarug, 2185.
— de Nachor, 2155.
— de Tharé, 2126.
Mort d'Arphaxad & de Phaleg, 2080.
— de Noé, 2029.
Naiffance d'Abraham, 1996.
— de Sara, 1986.
Abraham va en Méfopotamie, 1929.
Vocation d'Abraham, 1921.
La famine oblige Abraham & Lot de fe transporter de la terre de Chanaan en Egypte, 1920.
Melchifédech bénit Abraham, & Dieu promet à ce dernier une nombreufe poftérité, 1912.
Naiffance d'Ifmaël, 1910.
Etabliffement de la circoncifion, 1897.
Sodome confumée par le feu du ciel, 1897.
Naiffance d'Ifaac, 1896.
Mort de Salé, fils d'Arphaxad, 1878.
Sacrifice d'Ifaac, 1871.
Mort de Sara, à cent vingt-fept ans, 1859.
Ifaac époufe Rebecca, 1856.
Mort de Sem, 1846.
Naiffance de Jacob, 1836.
Mort d'Abraham, 1821.
— d'Héber, 1817.
Naiffance de Ruben, 1758.
— de Siméon, 1757.
— de Juda, 1755.
— de Dan, 1755.

Naiffance de Nephtali & de Gad, 1754.
— d'Iffachar & d'Afer, 1749.
— de Zabulon, 1748.
— de Lévi, 1748.
— de Jofeph, 1745.
Jacob revient dans la terre de Chanaan, 1739.
Naiffance de Benjamin, 1738.
Jofeph vendu & conduit en Egypte, 1728.
Jofeph y devient miniftre, 1715.
Naiffance de Manaffé, fils de Jofeph, 1712.
— d'Ephraïm, fils de Jofeph, 1710.
Commencement de la famine de fept ans, 1708.
Jacob & fa famille vont en Egypte, 1706.
Mort de Jacob, âgé de cent quarante-fept ans, 1689.
Naiffance de Caath, fils de Lévi, 1662.
Mort de Jofeph en Egypte, 1635.
Naiffance d'Amram, fils de Caath, 1630.
— d'Aaron, fils d'Amram, 1574.
Edit de Pharaon contre les enfans mâles des Hébreux, 1573.
Naiffance de Moïfe, fils d'Amram, 1571.
Moïfe vient en Egypte délivrer les Hébreux, 1491.

### JUGES.

Moïfe, 1491.
Jofué, 1451.
Anarchie, & enfuite première fervitude de huit ans fous Cushan ou Cufcan, roi de Méfopotamie.
Othoniel, 1405.
Seconde fervitude de dix-huit ans fous Eglon ou Héglon, roi des Moabites.
Aod ou Ehud, 1325.
Troifième fervitude de vingt-neuf ans, fous Jabin, roi de Chanaan.
Debora & Barac, 1285.
Quatrième fervitude de fept ans fous les Madianites.
Gédéon, 1245.
Abimélech, 1236.
Thola, 1232.
Jaïr, 1209.
Cinquième fervitude de dix-huit ans fous les Philiftins & les Ammonites.
Jephté, 1187.
Abefan, Ibifan ou Ibtfon, 1181.
Aïhalon ou Elon, 1174.
Abdon ou Habdon, 1166.
Samfon, né vers 1155.
Sixième fervitude de quarante ans fous les Philiftins.
Samfon venge à diverfes fois les Ifraélites.
Héli, 1159.
Samuël, 1199.

### ROIS DES JUIFS.

Saül, 1095.
David, 1054.
Salomon, 1015.

*DIVISION des royaumes de Juda & d'Israël en 975.*

### ROIS DE JUDA.

| | |
|---|---|
| Roboam, | 975. |
| Abia, | 958. |
| Afa, | 955. |
| Jofaphat, | 914. |
| Joram, | 889. |
| Okofias ou Achazja, | 885. |
| Athalie, | 884. |
| Joas, | 878. |
| Amafias ou Amatja, | 826. |
| Ofias ou Azarias, | 810. |
| Joatham ou Jotham, | 759. |
| Achaz, | 742. |
| Ezéchiaz, | 726. |
| Manaffès ou Manaffé, | 698. |
| Amon, | 643. |
| Jofias, | 641. |
| Joachaz, | 610. |
| Joachim ou Jéojachim, | 610. |
| Jéchonias, | 599. |
| Sédécias, | 599. |

Nabuchodonofor détruit le royaume de Juda, ruine le temple, & emmène le peuple en captivité, 588.

### ROIS D'ISRAEL.

| | |
|---|---|
| Jéroboam I, | 972. |
| Nadab, | 954. |
| Baafa ou Bahafca, | 953. |
| Ela, | 930. |
| Zambri, | 929. |
| Amri, | 929. |
| Achab, | 918. |
| Okofias, | 898. |
| Joram, | 896. |
| Jéhu, | 885. |
| Joachas, | 856. |
| Joas, | 839. |
| Jéroboam II, | 826. |

Anarchie de onze ans & demi après la mort de Jéroboam II.

| | |
|---|---|
| Zacharie, | 769. |
| Sellum, | 773. |
| Manahem, | 773. |
| Phacéïa, | 761. |
| Phacée ou Pékah, | 759. |
| Ofée, | 739. |

Salmanafar, roi d'Affyrie, s'empare de la ville de Samarie, & détruit le royaume d'Ifraël, qui avoit duré deux cent cinquante ans, depuis la division des deux royaumes.

### PONTIFES DES JUIFS.

| | |
|---|---|
| Aaron, | 1490. |
| Eléazar I, | 1452. |
| Phinées. | |
| Abizué ou Abifcuah. | |

| | |
|---|---|
| Bocci ou Bukki. | |
| Ozi ou Huzi. | |
| Zararias ou Zérahja. | |
| Mérajoth. | |
| Amarjas ou Amarja. | |
| Héli, | 1157. |
| Achitob ou Achitub I, | 1116. |
| Achielech, Achias, Ahija. | |
| Abiatar, | 1061. |
| Sadoc ou Tfadok I, | 1014. |
| Achimaas, Achimas ou Ahimahars, | 975. |
| Azarias ou Hazarja I, | 958. |
| Joannam ou Johanam I, | 914. |
| Ifus, | 889. |
| Axioramus, | 887. |
| Phidéas, | 884. |
| Joïadas I, | 882. |
| Zacharie, | 850. |
| Joannam II, | 838. |
| Azarias II, | 810. |
| Amarias, | 762. |
| Achitob II, | 745. |
| Sadoc II, | 730. |
| Sellum, | 721. |
| Helcias; Sobnas, *intrus.* | 700. |
| Eliacim, | 697. |
| Azarias III, | 642. |
| Sararias ou Saréas. | |
| Jofédech, | 587. |
| Jéfus ou Jofué, | 536. |
| Joachim, | 502. |
| Eliafib, | 461. |
| Joïadas II, | 441. |
| Jonatham, | 397. |
| Jédoa ou Jaddus, | 350. |
| Onias I, | 324. |
| Sizenon, | 300. |
| Eléazar II, | 287. |
| Manaffès, | 265. |
| Onias II. | |
| Jafon, | 176. |
| Ménélaüs, & enfuite | |
| Lifimachus, | 173. |
| Matathias, | 168. |
| Judas, | 167. |
| Jonathas, | 161. |
| Simon, | 143. |
| Jean Hircan, | 135. |

### PONTIFES ROIS.

| | |
|---|---|
| Ariftobule I, | 104. |
| Alexandre Jannée, | 78. |
| Hircan II, | 40. |

Hérode, Iduméen, s'empare du royaume, qui est divifé après fa mort.

*Autres fimples pontifes.*

| | |
|---|---|
| Ananel, | 37. |
| Ariftobule II, | 34. |
| Ananel rétabli, | 31. |

Jéfus, fils de Phabet,     30.

Simon, fils de Boëtus,     24.

*Depuis Jéfus-Chrift.*

Mathias I,     1.

Joazar,     2.

Eléazar, fils de Boëtus,     3.

Jéfus,     4.

Joazar rétabli,     5.

Ananus,     6.

Ifmaël,     16.

Eléazar, fils d'Ananus,     17.

Simon, fils de Camithus,     18.

Jofeph Caiphas,     19.

Jonathas, fils d'Ananus,     37.

Simon Canthara,     40.

Mathias, fils d'Ananus,     43.

Elionée,     44.

Simon Canthara rétabli,     45.

Jofeph, fils de Canée, rétabli,     58.

Ananus, fils d'Ananus,     61.

Jéfus, fils de Damnée,     62.

Jéfus, fils de Gamaliel,     64.

Mathias, fils de Théophile,     66.

Phanaélius,     67.

Jérufalem eft prife, & le temple ruiné par Titus.

## HISTOIRE PROFANE.

### HISTOIRE ANCIENNE.

Le premier gouvernement dont l'Hiftoire four-
niffe des exemples, eft le gouvernement monarchique, formé fur le modèle du gouvernement
patriarchal ou paternel. Les plus anciens royaumes
ou empires, dont la mémoire fe foit confervée,
font celui d'Egypte, dont (fans aucun égard aux
calculs traditionnels de ce pays, non plus qu'à ceux
de la Chine & de quelques autres empires qui exagè-
rent lenr antiquité) on ne fait remonter l'origine
qu'à l'an 1800 du monde, toujours fuivant le texte
hébreu vulgaire. L'empire d'Affyrie, 1806; le
royaume de Sicyone, 1820; l'empire de la Chine,
1900; le royaume d'Argos, 2125; de Mycènes,
2699; d'Athènes, 2447; de Lacédémone, 2448;
de Thèbes, 2485; de Troie, 2521; de Tyr,
2749; de Carthage, 3112; des Latins, 2681; de
Rome, 3248.

### ROIS D'ÉGYPTE.

Comme tous les commencemens de l'hiftoire
d'Egypte, fi on excepte le peu que nous en apprend l'Ecriture-Sainte, appartiennent plus à la
Fable qu'à l'Hiftoire, nous ne la commencerons
qu'au fameux Séfoftris, qui ne commence, dit-
on, que la dix-neuvième dynaftie, mil fept cent
vingt-deux ans avant Jéfus-Chrift.

Rhampfès,     1663.

Aménophis III,     1597.

Aménophis IV,     1596.

Rameffès,     1558.

Amménemès,     1499.

Thuoris,     1472.

Nechepfos,     1455.

Pfammuthis,     1436.

*Un anonyme,*     1423.

Certos,     1419.

Rhampfès,     1399.

Amenfès,     1354.

Ochiras,     1328.

Amédès,     1314.

Thuoris ou Polibus,     1287.

Athotis ou Phufanus,     1237.

Cenfénès,     1209.

Vennephès,     1180.

Smédès,     1138.

Poufennes,     1112.

Néphelchéres,     1066.

Aménophis V,     1062.

Ofochor,     1053.

Pinachès,     1047.

Sufannes,     1038.

Séfonchis ou Séfac,     1008.

Oforoth,     973.

*Trois anonymes,*     958.

Tacellotis,     933.

*Trois autres anonymes,*     920.

Pétubatès,     875.

Oforcho,     836.

Pfammus,     828.

Zeth,     817.

Bocchoris,     786.

Sabacon,     742.

Suechus,     730.

Thoraca,     718.

Sabacon,     698.

Séthon,     692.

*Anarchie,*     687.

*Douze Rois,*     685.

Pfamméticus,     670.

Nechao,     616.

Pfammuthis,     600.

Apriès ou Ephrée,     594.

Perthamis,     575.

Amafis,     569.

Pfaménite,     526.

Cambyfe,     525.

Le mage Smerdis,     523.

Darius-Hyftafpe,     522.

Xerxès I,     486.

Artaxerxès,     465.

Xerxès II,     424.

Sogdien,     424.

Ochus ou Darius Nothus,     424.

Amyrthée,     413.

Néphrérites ou Néphrée,     407.

Achoris,     389.

Pfammutis,     376.

Néphrérites II,     375.

| | |
|---|---|
| Nectanèbe I, | 375. |
| Tachos, | 363. |
| Nectanèbe II, | 362. |
| Artaxerxès Ochus, | 350. |
| Arsès ou Arsames, | 339. |
| Darius Codoman, | 336. |

Alexandre soumet l'Egypte l'an 332 avant Jésus-Chrift.

## ROYAUME D'ASSYRIE.

Quelques auteurs le regardent comme le plus ancien des empires. Nemrod ou Nembrod en fut, dit-on, le premier souverain : il n'eft pas aifé de fixer l'époque de fon règne, non plus que du règne d'Affur, qui apparemment donna fon nom à l'Affyrie, & qui bâtit la ville de Ninive.

Bélus commença fon règne l'an 2229 avant Jéfus-Chrift.

| | |
|---|---|
| Ninus, en | 2174. |
| Sémiramis, | 2164. |
| Ninias ou Zaméis, | 2080. |
| Arius, | 2042. |
| Aralius, | 2012. |
| Xerxès ou Balœus, | 1972. |
| Armamithrès, | 1942. |
| Bélochus, | 1904. |
| Balœus, | 1869. |
| Séthos ou Altadas, | 1817. |
| Mamythus, | 1785. |
| Monchaléus, | 1755. |
| Sphœréus, | 1727. |
| Mamylus, | 1705. |
| Sparetlis, | 1675. |
| Afcatadès, | 1633. |
| Amyntès, | 1595. |
| Bélochus, | 1550. |
| Lamptidès, | 1495. |
| Sofarès, | 1463. |
| Lampraès, | 1445. |
| Panyas, | 1415. |
| Sofarmus, | 1370. |
| Mitrœus, | 1348. |
| Teutamé, | 1321. |
| Teutœus, | 1289. |
| Orabélus, | 1245. |
| Chalaüs, | 1203. |
| Anabus, | 1158. |
| Babius, | 1120. |
| Thinœus, | 1083. |
| Dercylus, | 1053. |
| Eupaémès ou Eupalès, | 1013. |
| Laofthenès, | 975. |
| Pyritiadès, | 930. |
| Ophrathœus, | 900. |
| Ephcahérès, | 879. |
| Ocrazarès ou Anacyndorax, | 827. |
| Sardanapale, | 787. |

Après Sardanapale, le grand empire d'Affyrie fe divife en trois : 1°. Le royaume des Mèdes ; 2°. le fecond empire d'Affyrie ; 3°. l'empire de Babylone.

## ROIS DES MÈDES.

| | | |
|---|---|---|
| Arbacès, | ( Avant J. C.) | 770. |
| Dejocès, | | 710. |
| Phraortès, | | 657. |
| Cyaxarès, | | 611. |
| Aftyagès, | | 596. |
| Cyrus, | | 560. |

## NOUVEAUX ROIS D'ASSYRIE.

| | |
|---|---|
| Phul, nommé auffi Ninus, | 770. |
| Teglatphalafar, | 758. |
| Salmanafar, | 729. |
| Sennacherib, | 714. |
| Affaradin ou Ezaradon, | 710. |
| Ezaradin prend Babylone & y règne, | 680. |
| Saosduchin, qu'on croit être le Nabuchodonofor de Judith, | 668. |
| Cinaladan ou Sarac, | 648. |
| Nabopolaffar, | 626. |
| Nabopolaffar ou Nabuchodonofor-le-Grand, | 605. |
| Evilmerodac ou Ilvarodamus, | 562. |
| Laborofochord avec Neriglifior, | 561. |
| Laborofochord feul, | 556. |
| Nabonide, Nabonadius, Labynitus ou Balthafar, | 555. |
| Darius Medus ou Aftyagès, déjà roi des Mèdes, | 538. |

## ROIS DE BABYLONE ou DE CHALDÉE.

| | |
|---|---|
| Béléfis, | 770. |
| Nadius, | 733. |
| Cincirtus, | 731. |
| Jugœus, | 726. |
| Mardocempade ou Mérodac, | 721. |
| Arcianus, | 709. |
| Interrègne, | 704. |
| Belibus, | 702. |
| Apronadius, | 699. |
| Rigebelus, | 693. |
| Meffimordac, | 692. |
| Interrègne, | 688. |

## MONARCHIE DES PERSES.

| | |
|---|---|
| Cyrus, | 536. |
| Cambyfe, | 529. |
| Smerdis le mage, | 523. |
| Darius, fils d'Hyftafpe, | 521. |
| Xerxès, dit le Grand, | 486. |
| Artaxerxès longue-main, | 465. |
| Xerxès II, | 424. |
| Sogdien, | 423. |
| Darius Nothus ou le Bâtard, | 423. |
| Artaxerxès Mnémon, | 405. |
| Artaxerxès Ochus, | 360. |

Arſes ou Arſamès,     339.
Darius-Codoman,     336.
Alexandre met fin à la monarchie des Perſes, l'an 331 avant Jéſus-Chriſt.

### ROIS DE SICYONE.

| | |
|---|---|
| Égialée,      (Avant J. C.) | 1773. |
| Apis, | 1721. |
| Egyre, | 1696. |
| Erate, | 1662. |
| Plemnée, | 1616. |
| Orthopolis, | 1568. |
| Corone, | 1505. |
| Epopée, | 1450. |
| Lamedon, | 1415. |
| Sicio, | 1375. |
| Polybe, | 1350. |
| Jahiſque, | 1310. |
| Phœſte, | 1268. |
| Adraſte, | 1260. |
| Zeuxippe, | 1256. |
| Agamemnon, | 1209. |
| Hyppolite & Laceſtade entr'eux, | 1124. |

Les Héraclides ſe rendent maîtres de Sicyone en 1120.

### ROIS D'ARGOS.

| | |
|---|---|
| Inachus, | 1823. |
| Phoronée, | 1773. |
| Apis, *tyran*, | 1713. |

Et en même tems Argus.

| | |
|---|---|
| Criaſus ou Piraſus, | 1678. |
| Phorbas, | 1624. |
| Triopas, | 1589. |
| Crotopus, | 1543. |
| Sthénélus, | 1522. |
| Gelanor, peu de mois, en | 1511. |
| Danaüs, | 1510. |
| Lyncée, | 1460. |
| Abas, | 1419. |
| Prœtus, | 1396. |

Acriſius eſt tué par Perſée, qui bâtit Mycènes,     1379.

### ROIS DE MYCÈNES.

| | |
|---|---|
| Perſée II, | 1348. |
| Sthénélus, | 1337. |
| Euryſtée, | 1329. |
| Atrée & Thyeſte, | 1291. |
| Agamemnon, | 1226. |
| Egyſthe, | 1209. |
| Oreſte réunit Mycènes & Argos, en | 1202. |
| Tiſamène, | 1132. |

Penthile & Cometès, derniers rois d'Argos. Les Héraclides, ou deſcendans d'Hercule, entrent dans le Péloponèſe en 1129.

### ROIS D'ATHÈNES.

| | |
|---|---|
| Cécrops, l'an      (Avant J. C.) | 1582. |
| Cranaüs, | 1532. |

| | |
|---|---|
| Amphictyon, | 1523. |
| Erichtonius, | 1513. |
| Pandion I, | 1463. |
| Erechtée, | 1423. |
| Cécrops II, | 1373. |
| Pandion II, | 1333. |
| Egée, | 1308. |
| Théſée, | 1260. |
| Méneſtée, | 1230. |
| Démophoon, | 1207. |
| Oxynthès ou Zinthis, | 1174. |
| Aphidas, | 1162. |
| Thigmoëtes ou Thymitès, | 1161. |
| Mélanthe, | 1153. |
| Codrus, | 1116. |

*Archontes perpétuels.*

| | |
|---|---|
| Médon, premier archonte, | 1095. |
| Achaſte, | 1075. |
| Archippe, | 1039. |
| Therſippe, | 1020. |
| Phorbas, | 991. |
| Mégaclès, | 961. |
| Diognète, | 933. |
| Phéréclès, | 893. |
| Ariphron, | 889. |
| Theſpiée, | 858. |
| Agameſtor, | 818. |
| Aſchyle, | 778. |
| Alcméon, | 756. |

*Archontes de dix ans.*

| | |
|---|---|
| Charops, | 757. |
| Aſimedes, | 747. |
| Clidicus, | 737. |
| Hippomenès, | 727. |
| Leocrates, | 717. |
| Apſander, | 707. |
| Eryxias, | 697. |
| Anarchie de trois ans, | 687. |

*Archontes annuels.*

| | |
|---|---|
| Créon fut le premier, | 684. |
| Dracon donne ſes lois, | 624. |
| Solon les ſiennes, | 594. |
| Tyrannie de Piſiſtrate, | 561. |

### ROIS DE LACÉDÉMONE *ou* SPARTE.

| | |
|---|---|
| Lelex, | 1516. |

Miles.
Eurotas.
Lacædémon.
Amiclas.
Argalus.
Cymortas.
Abalus.
Hippocóon.
Tindare, père de Caſtor, de Pollux & d'Hélène.
Ménélas, mari d'Hélène.

*On ignore la date préciſe de tous ces règnes.*

| | |
|---|---|
| Oreſte, | 1189. |
| Tiſamène & Penthile, | 1132. |

### ROIS LACÉDÉMONIENS,
#### de la race d'Hercule.

| | |
|---|---|
| Ariſtodème, | 1129. |

#### Euryſthénides.

| | |
|---|---|
| Euryſthène, | 1125. |
| Agis I. | |
| Echeſtrate, | 1059. |
| Labotas, | 1022. |
| Doriſſus, | 986. |
| Agéſilaüs, | 957. |
| Archelaüs, | 913. |
| Téléclus, | 853. |
| Alcamènes, | 813. |
| Polydore, | 776. |
| Eurycratès I, | 724. |
| Anaxander, | 687. |
| Eurycrates II. | |
| Anaxandrides, | 597. |
| Cléomènes I, | 519. |
| Léonidas, | 491. |
| Léonidas, *tué aux Thermopyles*, | 480. |
| Cléombrote I, | 480. |
| Pauſanias, | 479. |
| Pliſtarchus, | 469. |
| Eliſtoanax, | 466. |
| Pauſanias, | 408. |
| Agéſipolis I, | 394. |
| Cléombrote II, | 380. |
| Agéſipolis II, | 371. |
| Cléomènes II, | 370. |
| Arèus ou Aretas I, | 309. |
| Acrotatus I, | 265. |
| Areus II, | 264. |
| Léonidas III eſt chaſſé en | 257. |
| Cléombrote III, | 254. |
| Léonidas eſt rappelé en | 239. |
| Cléomènes III, | 238. |
| Il fuit en Egypte, | 222. |
| Agéſipolis III, peu de mois, | 219. |

#### Proclides.

| | |
|---|---|
| Proclès, | 1125. |
| Pritanis, | 1026. |
| Eunomus, | 987. |
| Polydectes, | 908. |
| Lycurgue, tuteur de Charilas, | 891. |
| Voyages de Lycurgue, | 894. |
| Lois de Lycurgue, | 884. |
| Charilas, | 873. |
| Nicander, | 809. |
| Théopompus, | 770. |
| Zeuxidamus, | 723. |
| Anaxidamus, | 690. |
| Agaſiclès ou Hégéſiclès, | 645. |
| Ariſton, | 597. |

| | |
|---|---|
| Démarate, | 510. |
| Léotychidas, | 491. |
| Archidamus I, | 469. |
| Agis II, | 427. |
| Agéſilas, | 400. |
| Archidamus II, | 388. |
| Agis III, | 355. |
| Euridamidas ou Eudamidas I, | 326. |
| Archidamus III, | 295. |
| Eudamidas II. | |

Agis IV règne quatre ans. Il eſt étranglé par les
Ephores, 244.

| | |
|---|---|
| Euridamus, | 240. |
| Epiclidas. | |
| Lycurgue, tyran, | 219. |

La race d'Hercule finit à Lacédémone, la même
année 219 avant Jéſus-Chriſt.
Machanidas, tyran, tué par Philopœmen en 206.
Nabis, tyran, tué en 192.
Les Romains ſont cenſés rendre la liberté aux La-
cédémoniens, l'an 584 avant Jéſus-Chriſt.

### ROIS DE THÈBES.

| | |
|---|---|
| Cadmus, | 1519. |
| Nictée & Polydore, | 1457. |
| Nictée & Labdacus. | |
| Nictée & Laïus, | 1416. |
| Lycus & Laïus I, | 1415. |
| Amphion, | 1395. |
| Laïus II, | 1358. |
| Créon, | 1302. |
| Œdipe, | 1292. |
| Etéocle, | 1254. |
| Créon, tuteur de Ladamas, | 1251. |
| Therſander, | 1241. |
| Tiſamènes, | −1219. |
| Damaſicton. | |
| Ptolomœus. | |
| Xanthus. | |

Thèbes devient république : on ignore en quelle
année.

### ROIS DE TROYE.

| | |
|---|---|
| Scamander vient en Phrygie l'an (Av. J. C.) | 1552. |
| Teucer vient en Phrygie, | 1528. |
| Dardanus, | 1506. |
| Erichtone, | 1475. |
| Tros, | 1400. |
| Ilus, | 1340. |
| Laomédon, | 1285. |
| Priam, | 1249. |
| Priſe & deſtruction de Troye vers | 1209. |

### ROIS DE PHÉNICIE ET DE TYR.

| | |
|---|---|
| Tyr eſt bâtie vers l'an (Avant J. C.) | 1255. |
| Hiram I, | 1057. |
| Abibal, | 1036. |
| Hiram II, ami de David & de Salomon, | 1026. |
| Abdaſtarte, | 985. |
| Aſtarte, | 964. |

| | |
|---|---|
| Aferimus, | 952. |
| Phelès, | 943. |
| Ithobal, | 942. |
| Badezor, | 910. |
| Margenus, | 904. |
| Pygmalion, | 895. |
| Didon fuit la tyrannie de ce Pygmalion fon frère, & bâtit Carthage en Afrique, | 882. |
| Les autres rois font inconnus jufqu'à Ithobal, | 633. |
| Baal, | 609. |
| Ecnibal, | 599. |
| Chelbès, | 599. |
| Abbarus, | 598. |
| Mylgonus, | 598. |
| Géraftrates, | 597. |
| Balator, | 597. |
| Merbal, | 596. |
| Hiram III, | 592. |
| Tyr eft détruite par Nabuchodonofor-le-Grand, l'an | 572. |

### ROIS LATINS.

L'origine du royaume des Latins, ainfi que la plupart des origines, appartient plus à la Fable qu'à l'Hiftoire. Voici les rois latins dont on a confervé les noms & les époques :

| | |
|---|---|
| Janus, | 1389. |
| Saturne, | 1353. |
| Picus, qu'on croit être le même que Jupiter, | 1320. |
| Faunus ou Mercure, | 1283. |
| Latinus, | 1239. |
| Ænée, | 1204. |
| Afcagne ou Iule, | 1197. |
| Sylvius Pofthumus, | 1159. |
| Æneas Sylvius, | 1130. |
| Latinus Sylvius, | 1099. |
| Alba Sylvius, | 1048. |
| Capetus ou Sylvius Atis, | 1008. |
| Capys, | 974. |
| Calpetus, | 946. |
| Tiberinus, | 933. |
| Agrippa, | 925. |
| Alladius, | 884. |
| Aventinus, | 864. |
| Procas, | 827. |
| Numitor, | 800. |
| Amulius ufurpe le royaume fur Numitor, | 799. |
| Numitor rétabli par Romulus, | 755. |

### ROIS DE ROME.

| | |
|---|---|
| Romulus fonde Rome l'an (Av. J. C.) 752 ou | 753. |
| *Interrègne*, | 716. |
| Numa Pompilius, | 715. |
| Tullius Hoftilius, | 672. |
| *Combat des Horaces & des Curiaces*, | 669. |
| Ancus Martius, | 640. |
| Tarquin l'Ancien, | 616. |
| Servius Tullius, | 578. |
| Tarquin-le-Superbe, | 534. |

L'an 509 avant Jéfus-Chrift, & 244 de Rome, Tarquin eft chaffé; le gouvernement républicain & confulaire fubftitué au gouvernement royal. Les premiers confuls furent :

| | |
|---|---|
| L. Junius Brutus, *fondateur de la république*, 509 avant Jéfus-Chrift. | |
| L. Tarquinius Collatinus. | |

*Brutus ayant été tué cette même année dans un combat, on mit à fa place Sp. Lucretius Tricipitinus, & celui-ci étant mort encore dans l'année, M. Horatius Pulvillus lui fut fubrogé.*

*On chaffa auffi Collatin, parce qu'il s'appeloit Tarquin, & l'on mit en fa place P. Valerius, qui fut depuis furnommé Poplicola ou Publicola.*

| | |
|---|---|
| P. Valerius Publicola II, | 508. |
| P. Lucretius Tricipitinus. | |
| P. Valerius Publicola III, | 507. |
| M. Horatius Pulvillus II. | |
| Sp. Lartius ou Largius, Flavus ou Rufus, | 506. |
| T. Herminius Aquilinus. | |
| M. Valerius Volefus, | 505. |
| P. Pofthumius Tubertus. | |
| P. Valerius Publicola IV, | 504. |
| P. Lucretius Tricipitinus II. | |
| P. Pofthumius Tubertus II, | 503. |
| Agrippa Menenius Lanatus. | |
| Opiter Virginius Tricootus, | 502. |
| Sp. Caffius Vifcellinus. | |
| T. Pofthumius Cominius Aurancus, | 501. |
| T. Lartius Flavius, *premier dictateur*. | |
| M. Tullius Longus, | 500. |
| Ser. Sulpicius Camerinus. | |
| P. Veturius Geminus, | 499. |
| T. Ebutius Elva. | |
| T. Lartius Flavus II, | 498. |
| Q. Clælius Siculus. | |
| A. Sempronius Atratinus, | 497. |
| M. Minucius Augurinus. | |
| A. Pofthumius Albus Regillenfis, *eft fait dictateur*. | 496. |
| T. Virginius Tricoftus Cœlimontanus. | |
| A. Claudius Sabinus, | 495. |
| P. Servilius Prifcus. | |
| A. Virginius Tricoftus Cœlimontanus, | 494. |
| T. Veturius Geminus Cicurinus. | |
| Sp. Caffius Vifcellinus II, | 493. |
| T. Pofthumius Cominius Auruncus II. | |
| T. Geganius Macerinus, | 492. |
| P. Minucius Augurinus. | |
| M. Minucius Augurinus II, | 491. |
| A. Sempronius Atratinus II. | |
| Q. Sulpicius Camerinus, | 490. |
| Sp. Lartius Flavus II. | |
| C. Julius Julus, | 489. |
| P. Pinarius Rufus Mamercinus. | |
| Sp. Nautius Rutilus, | 488. |
| Sext. Furius Fufus. | |
| C. Aquilius Tufcus, | 487. |
| T. Sicinius Sabinus. | |

Sp. Caffius

Sp. Caſſius Viſcellinus III.
Proculus Virginius Tricoſtus. — 486.
Q. Fabius Vibulanus, — 485.
Ser. Cornelius Coſſus Maluginenſis.
L. Æmilius Mamercinus, — 484.
Q. Fabius Vibulanus.
M. Fabius Vibulanus, — 483.
L. Valerius Publicola Potitus.
C. Julius Julus, — 482.
Q. Fabius Vibulanus II.
Cœſo Fabius Vibulanus, — 481.
Sp. Furius Fuſus.
Cn. Manlius Cincinnatus, — 480.
M. Fabius Vibulanus II.
Cœſo Fabius Vibulanus II, — 479.
V. Virginius Tricoſtus Rutilus.
L. Æmilius Mamercinus II, — 478.
C. Servilius Structus Ahala.
C. Cornelius Lentulus *fut ſubrogé*.
C. Horatius Pulvillus, — 477.
T. Menenius Lanatus.
A. Virginius Tricoſtus Rutilus, — 476.
C. Servilius Structus.
P. Valerius Publicola, — 475.
C. Nautius Rufus.
L. Furius Medullinus Fuſus, — 474.
M. Manlius Fuſo.
L. Æmilius Mamercinus III, — 473.
P. Vopiſcus Julius Julus.
P. Pinarius Rufus Mamercinus, — 472.
P. Furius Fuſus.
Ap. Claudius Sabinus, — 471.
T. Quintius Capitolinus-Barbatus.
L. Valerius Publicola Potitus II, — 470.
T. Æmilius Mamercinus.
A. Virginius Tricoſtus Cœlimontanus, — 469.
T. Numicius Priſcus.
T. Quintius Capitolinus Barbatus II, — 468.
Q. Servilius Priſcus.
T. Æmilius Mamercinus II, — 467.
Q. Fabius Vibulanus.
Sp. Poſthumius Albus Regillenſis, — 466.
Q. Servilius Priſcus II.
Q. Fabius Vibulanus II, — 465.
T. Quintius Capitolinus Barbatus III.
A. Poſthumius Albus Regillenſis, — 464.
Sp. Furius Medullinus Fuſus.
P. Servilius Priſcus, — 463.
L. Abatius Eloa.
T. Lucretius Tricipitinus, — 462.
T. Veturius Geminus Cicurinus.
P. Volumnius Amintinus Gallus, — 461.
Ser. Sulpitius Camerinus.
P. Valerius Publicola II, — 460.
C. Claudius Sabinus Regillenſis.
Q. Fabius Vibulanus, — 459.
L. Cornelius Maluginenſis Coſſus.
C. Nautius Rutilus, — 458.
L. Minucius.

*Hiſtoire. Tome VI. Supplément.*

C. Horatius Pulvillus, — 457.
Q. Minucius Augurinus.
M. Valerius Maximus, — 456.
Sp. Virginius Tricoſtus Cœlimontanus.
T. Romilius Rocus Vaticanus, — 455.
C. Veturius Cicurinus.
Sp. Tarpeius Montanus Capitolinus, — 454.
A. Ætherius Fontinalis.
Sext. Quintilius Varus, — 453.
P. Horatius (ou Curiatius) Tergeminus.
P. Ceſtius Capitolinus, — 452.
C. Menenius Lanatus.

*Ils abdiquent & font place aux décemvirs qui ſuivent:*

Ap. Claudius Craſſinus, — 451.
T. Genucius Augurinus.
P. Ceſtius Capitolinus.
P. Poſthumius Albus Regillenſis.
Sex. Sulpicius Camerinus.
A. Manlius Vulſo.
T. Romilius Rocus Vaticanus.
C. Julius Julus.
T. Veturius Craſſus Cicurinus.
P. Horatius (ou Curiatius) Tergeminus.

*Ces décemvirs, établis pour donner à Rome une juriſprudence, formèrent la loi des douze tables. On nomma décemvirs pour l'année ſuivante 450,*

Ap. Claudius Craſſinus.
M. Cornelius Maluginenſis.
M. Sergius.
L. Minutius.
Q. Fabius Vibulanus.
Q. Pæcelius.
T. Antonius Merenda.
K. Diullius.
Sp. Oppius Cornicenſis.
M. Rabuleius.

*( Les décemvirs de l'année précédente (449) retinrent de force l'autorité. L'abus qu'ils en firent, ſurtout Appius Claudius, & la tragique aventure de Virginie, à laquelle celui-ci donna lieu par ſa tyrannie & ſa violence, firent ſupprimer les décemvirs, & l'on revint au gouvernement conſulaire.)*

CONSULS.

L. Valerius Publicola Potitus, — 449.
M. Horatius Barbatus.
Lar. Herminius Aquilinus, — 448.
T. Virginius Tricoſtus Cœlimontanus.
M. Geganius Macerinus, — 447.
C. Julius Iulus.
T. Quinetius Capitolinus Barbatus IV, — 446.
Agrippa Furius Fuſus,
ou, ſelon Denys d'Halicarnaſſe,
M. Minucius.
C. Quintius.

G g g

M. Genucius Augurinus,     445.
C. Curtius Philo.

*Tribuns militaires, avec autorité de consuls.*

A. Sempronius Atratinus,     444.
L. Attilius Longus.
T. Clælius Siculus.

*Ils abdiquent, & L. Papirius Mugillanus est consul
la même année avec L. Sempronius Atratinus.*

M. Geganius Macerinus II,     443.
T. Quinctius Capitolinus Barbatus V.
M. Fabius Vibulanus,     442.
Posthumius Ebutius Elva Cornicensis.
C. Furius Pacilus Fusus,     441.
M. Papirius Crassus.
Proculus Geganius Macerinus,     440.
L. Menenius Lanatus.
T. Quinctius Capitolinus Barbatus VI,     439.
Agrippa Menenius Lanatus.

*Trois tribuns militaires.*

SAVOIR:

Mam. Æmilius Mamercinus,     438.
T. Quinctius Cincinnatus.
L. Julius Iulus.

*Consuls.*

M. Geganius Macerinus,     437.
L. Serg. Fidenas.
M. Cornelius Maluginensis,     436.
L. Papirius Crassus.
C. Julius Iulus,     435.
L. Virginius Tricostus.
C. Julius Iulus II,     434.
L. Virginius Tricostus II.

*Trois tribuns militaires.*

SAVOIR:

M. Fabius Vibulanus,     433.
M. Fossius Flaccinator.
L. Sergius Fidenas.

*Trois autres tribuns militaires.*

SAVOIR:

L. Pinarius Rufus Mamercinus,     432.
L. Furius Medullinus.
Sp. Posthumius Albus Regillensis.

*Consuls.*

T. Quinctius Pennus Cincinnatus,     431.
C. Julius Manto.
C. Papirius Crassus,     430.
L. Julius Iulus.
L. Sergius Fidenas II,     429.
Hostius Lucretius Tricipitinus.
T. Quinctius Pennus Cincinnatus II,     428.
A. Cornelius Cossus.
C. Servilius Structus Ahala,     427.
L. Papirius Mugillanus II.

*Quatre tribuns militaires.*

SAVOIR:

T. Quinctius Pennus Cincinnatus,     426.
C. Furius Pacilus.
M. Posthumius Albus Regillensis.
A. Cornelius Cossus.

*Quatre autres.*

A. Sempronius Atratinus,     425.
L. Furius Medullinus.
L. Quinctius Cincinnatus.
L. Horatius Barbatus.

*Quatre autres.*

Ap. Claudius Crassus Regillensis,     424.
Sp. Nautius Rutilus.
L. Sergius Fidenas.
Sex. Julius Iulus.

*Consuls.*

C. Sempronius Atratinus,     423.
Q. Fabius Vibulanus.

*Quatre tribuns militaires.*

SAVOIR:

M. Manlius Vulso Capitolinus,     422.
Q. Antonius Merenda.
L. Papirius Mugillanus.
L. Servilius Strictus.

*Consuls.*

T. Quinctius Capitolinus Barbatus,     421.
Humerius Fabius Vibulanus.

*Quatre tribuns militaires.*

SAVOIR:

T. Quinctius Pennus Cincinnatus III,     420.
M. Manlius Vulso Capitolinus.
L. Furius Medullinus III.
A. Sempronius Atratinus.

*Quatre autres.*

Agrippa Menenius Lanatus,     419.
Sp. Nautius Rutilus.
P. Lucretius Tricipitinus.
C. Servilius Axilla II.

*Quatre autres.*

M. Papirius Mugillanus,     418.
C. Servilius Axilla III.
L. Sergius Fidenas.
Q. Servilius Priscus.

*Quatre autres.*

P. Lucretius Tricipitinus,     417.
L. Servilius Structus.
Agrippa Menenius Lanatus.
Sp. Veturius Crassus Cicurinus.

| | |
|---|---|
| *Quatre autres.* | *Six autres.* |

*Quatre autres.*

A. Sempronius Atratinus, 416.
M. Papirius Mugillanus.
Sp. Nautius Rutilus.
Q. Fabius Vibulanus.

*Quatre autres.*

P. Cornelius Coffus.
Quinctius Cincinnatus.
C. Valerius Pennus Volufus.
Q. Fabius Vibulanus.

*Quatre autres.*

Q. Fabius Vibulanus, 414.
Cn. Cornelius Coffus.
P. Pofthumius Albus Regillenfis.
L. Valerius Potitus.

*Confuls.*

M. Cornelius Coffus, 413.
L. Furius Medullinus.
Q. Fabius Ambuftus, 412.
C. Furius Pacilus.
M. Papirius Mugillanus, 411.
C. Nautius Rutilus.
M. Æmilius Mamercinus, 410.
C. Valerius Potitus Volufus.
Cn. Cornelius Coffus, 409.
L. Furius Medullinus.

*Trois tribuns militaires.*

SAVOIR:

C. Julius Iulus, 408.
P. Cornelius Coffus.
C. Servilius Ahala.

*Quatre autres.*

C. Valerius Potitus Volufus, 407.
C. Servilius Ahala.
Fabius Vibulanus.
L. Furius Medullinus.

*Quatre autres.*

P. Cornelius Rutilus Coffus, 406.
L. Valerius Potitus.
Cn. Cornelius Coffus.
Fabius Ambuftus.

*Six tribuns militaires.*

SAVOIR:

C. Julus Iulus, 405.
M. Æmilius Mamercinus.
T. Quinctius Capitolinus Barbatus.
L. Furius Medullinus.
T. Quinctius Cincinnatus.
A. Manlius Vulfo Capitolinus.

*Six autres.*

P. Cornelius Maluginenfis, 404.
Sp. Nautius Rutilus.
Cn. Cornelius Coffus.
C. Valerius Potitus.
K. Fabius Ambuftus.
M. Sergius Fidenas.

*Huit tribuns militaires.*

SAVOIR:

M. Ormilius Mamercinus, 403.
M. Furius Fufus.
Appius Claudius Craffus.
L. Julius Iulus.
M. Quintilius Varus.
L. Valerius Potitus.
M. Furius Camillus.
M. Pofthumius Albinus.

*Six tribuns militaires.*

SAVOIR:

Q. Servilius Ahala, 402.
Q. Sulpicius Camerinus.
Q. Servilius Prifcus Fidenas.
A. Manlius Vulfo.
L. Virginius Tricoftus.
M. Sergius Fidenas.

*Six autres.*

L. Valerius Potitus, 401.
L. Julius Iulus.
M. Furius Camillus.
M. Æmilius Mamercinus.
Cn. Cornelius Coffus.
K. Fabius Ambuftus.

*Six autres.*

P. Licinius Calvus, 400.
P. Mælius Capitolinus.
P. Mænius.
Sp. Furius Medullinus.
L. Titinius.
L. Publilius Philo.

*Six autres.*

C. Duillius, 399.
L. Ottilius Longus.
Cn. Genafius Aventinenfis.
M. Pomponius.
Volero Publilius Philo.
M. Veturius Craffus Cicurinus.

*Six autres.*

L. Valerius Potitus, 398.
L. Furius Medullinus.
M. Valerius Maximus.
M. Furius Camillus.
Q. Servilius Prifcus.
Q. Sulpicius Camerinus.

*Six autres.*

L. Julius Iulus,     397.
L. Furius Medullinus.
L. Sergius Fidenas.
A. Posthumius Albinus.
A. Manlius Vulso.
P. Cornelius Maluginensis.

*Six tribuns du peuple.*

SAVOIR:

P. Licinius Calvus,     396.
L. Attilius Longus.
P. Mælius Capitolinus.
L. Titinius.
P. Mænius.
C. Genucius Aventinensis.

*Six tribuns militaires.*

SAVOIR:

P. Cornelius Cossus,     395.
P. Cornelius Scipio.
M. Valerius Maximus.
K. Fabius Ambustus.
L. Furius Medullinus.
Q. Servilius Priscus Fidenas.

*Six autres.*

M. Furius Camillus,     394.
L. Furius Medullinus.
C. Æmilius Mamercinus.
Sp. Posthumius Albinus Regillensis.
P. Cornelius Scipio.
L. Valerius Publicola.

*Consuls.*

L. Lucretius Flavus,     393.
Ser. Sulpicius Camerinus.
L. Valerius Potitus.     392.
M. Manlius Capitolinus.

*Six tribuns militaires.*

SAVOIR:

L. Lucretius Flavus,     391.
Ser. Sulpicius Camerinus.
M. Æmilius Mamercinus.
L. Furius Medullinus.
Agrippa Furius Fusus.
C. Æmilius Mamercinus.

*Six autres.*

Q. Fabius Ambustus,     390.
K. Fabius Ambustus.
C. Fabius Ambustus.
Q. Sulpicius Longus.
Q. Servilius Priscus Fidenas.
Servilius Cornelius Maluginensis.

*Six autres.*

L. Valerius Publicola,     389.
L. Virgilius Tricostus.
P. Cornelius Cossus.
A. Manlius Capitolinus.
L. Æmilius Mamercinus.
L. Posthumius Albinus Regillensis.

*Six autres.*

T. Quinctius Cincinnatus,     388.
L. Servilius Priscus Fidenas.
L. Julius Iulus.
L. Aquilinus Corvus.
L. Lucretius Tricipitinus.
Ser. Sulpicius Rufus.

*Six autres.*

L. Papirius Cursor,     387.
C. Sergius Fidenas.
L. Æmilius Mamercinus.
L. Menenius Lanatus.
L. Valerius Publicola.
C. Cornelius Cossus.

*Six autres.*

L. Furius Camillus,     386.
Q. Servilius Priscus Fidenas.
L. Quinctius Cincinnatus.
L. Horatius Pulvillus.
P. Valerius Potitus Publicola.
Ser. Cornelius Maluginensis.

*Six autres.*

A. Manlius Capitolinus,     385.
P. Cornelius Cossus.
T. Quinctius Capitolinus.
L. Quinctius Capitolinus.
L. Papirius Cursor.
C. Sergius Fidenas.

*Six autres.*

Ser. Cornelius Maluginensis,     384.
P. Valerius Potitus Publicola.
M. Furius Camillus.
Ser. Sulpicius Rufus.
C. Papirius Crassus.
T. Quinctius Cincinnatus.

*Six autres.*

L. Valerius Publicola,     383.
A. Manlius Capitolinus.
Ser. Sulpicius Rufus.
L. Lucretius Tricipitinus.
L. Æmilius Mamercinus.
M. Tribonius Flavus.

*Six autres.*

Sp. Papirius Crassus,     382.
L. Papirius Crassus.

Ser. Cornelius Maluginenfis.
Q. Servilius Prifcus Fidenas.
Ser. Sulpicius Prætextatus.
L. Æmilius Mamercinus.

*Six autres.*

M. Furius Camillus, 381.
A. Pofthumius Albinus Regillenfis,
L. Pofthumius Albinus Regillenfis.
L. Furius Medullinus.
L. Lucretius Tricipitinus.
M. Fabius Ambuftus.

*Six autres.*

L. Valerius Publicola, 380.
P. Valerius Potitus Publicola.
L. Menenius Lanatus.
C. Sergius Fidenas.
Sp. Papirius Curfor.
Ser. Cornelius Maluginenfis.

*Six autres.*

P. Manlius Capitolinus, 379.
C. Manlius Capitolinus.
C. Julius Iulus.
C. Sextilius.
M. Albinius.
L. Contiftius.

*Six autres.*

Sp. Furius Medullinus, 378.
Q. Servilius Prifcus Fidenas.
C. Licinius Calvus.
C. Clælius Siculus.
M. Horatius Pulvillus.
L. Geganius Macérinus.

*Six autres.*

L. Æmilius Mamercinus, 377.
Ser. Sulpicius Prætextatus.
P. Valerius Potitus Publicola.
L. Quinctius Cincinnatus.
C. Veturius Craffus Cicurinus.
C. Quinctius Cincinnatus.

*Anarchie à Rome, fans confuls ni tribuns, pen-*
*dant les années 376, 375, 374, 373, 372, fui-*
*vant les marbres capitolins.*

*Six tribuns militaires.*

S A V O I R :

L. Furius Medullinus, 371.
P. Valerius Potitus Publicola.
A. Manlius Capitolinus.
Ser. Sulpicius Prætextatus.
C. Valerius Potitus.
Ser. Cornelius Maluginenfis.

*Six autres.*

Q. Servilius Prifcus Fidenas, 370.
M. Cornelius Maluginenfis.

C. Veturius Craffus Cicurinus.
Q. Quinctius Cincinnatus.
A. Cornelius Coffus.
M. Fabius Ambuftus.

*Six autres.*

L. Quinctius Capitolinus, 369.
Sp. Servilius Structus.
Serv. Cornelius Maluginenfis.
L. Papirius Craffus.
Serv. Sulpicius Prætextatus.
L. Veturius Craffus Cicurinus.

*Camille, dictateur fans confuls ni tribuns,* 368.

*Six tribuns militaires.*

S A V O I R :

A. Cornelius Coffus, 367.
L. Veturius Craffus Cicurinus.
M. Cornelius Maluginenfis.
P. Valerius Potitus Publicola.
M. Geganius Macerinus.
P. Manlius Capitolinus.

*Camille, âgé de quatre-vingts ans, eft créé dicta-*
*teur.*

*Confuls.*

L. Æmilius Macerinus, *patricien.* 366.
L. Sextius Sextinus Lateranus, *plébéien.*
L. Genucius Aventinenfis, 365.
Q. Servilius Ahala.
C. Sulpicius Petitus, 364.
C. Licinius Calvus.
L. Æmilius Mamercinus, 363.
Cn. Genucius Aventinenfis.
Q. Servilius Ahala, 362.
L. Genucius Aventinenfis II.
C. Licinius Calvus II, 361.
F. Sulpicius Petitus II.
M. Fabius Ambuftus, 360.
C. Petilius Libo Vifolus.
M. Popilius Lænas, 359.
Cn. Manlius Capitolinus imperiofus.
C. Fabius Ambuftus, 358.
C. Plotinus Proculus.
M. Marcius Rutilus, 357.
Cn. Manlius Capitolinus Imperiofus II.
M. Fabius Ambuftus II, 356.
M. Popilius Lænas II.
C. Sulpicius Petitus III, 355.
L. Valerius Publicola II.
M. Fabius Ambuftus III, 354.
T. Quinctius Pennus Capitolinus.
C. Sulpicius Petitus IV, 353.
M. Valerius Publicola III.
Pub. Valerius Publicola IV, 352.
C. Martius Rutilus.
C. Sulpicius Petitus V, 351.
T. Quinctius Pennus Cincinnatus.

| | |
|---|---|
| M. Popilius Lænas III, | 350. |
| L. Cornelius Scipio. | |
| L. Furius Camillus, | 349. |
| Ap. Claudius Craffus. | |
| M. Popilius Lænas IV, | 348. |
| M. Valerius Corvus. | |
| C. Plotius Hypfæus, | 347. |
| T. Manlius Imperiofus Torquatus. | |
| M. Valerius Corvus, | 346. |
| C. Petilius Libo Vifolus. | |
| M. Fabius Dorfo, | 345. |
| Ser. Sulpicius Camerinus. | |
| C. Martius Rutilus, | 344. |
| T. Manlius Imperiofus Torquatus. | |
| M. Valerius Corvus, | 343. |
| A. Cornelius Coffus Arvina. | |
| C. Martius Rutilus, | 342. |
| Q. Servilius Ahala. | |
| C. Plotinus Hypfæus, | 341. |
| L. Æmilius Mamercinus. | |
| T. Manlius Imperiofus Torquatus, | 340. |
| P. Decius Mus. | |
| T. Æmilius Mamercinus, | 339. |
| Q. Publilius Philo. | |
| L. Furius Camillus, | 338. |
| C. Mænius. | |
| C. Sulpicius Longus, | 337. |
| P. Ælius Pætus. | |
| L. Papirius Craffus, | 336. |
| Cæfo Duillius. | |
| M. Valerius Corvus, | 335. |
| M. Attilius Regulus. | |
| T. Veturius Calvinus, | 334. |
| Sp. Pofthumius Albinus. | |
| L. Papirius Curfor, | 333. |
| C. Petilius Libo Vifolus. | |
| A. Cornelius Coffus Arvina II, | 332. |
| Cn. Domitius Calvinus. | |
| M. Claudius Marcellus, | 331. |
| C. Valerius Potitus Flaccus. | |
| L. Papirius Craffus, | 330. |
| L. Plotius Venno. | |
| L. Æmilius Mamercinus Privernas II, | 329. |
| Cn. Plotius Decianus. | |
| C. Plotius Proculus, | 328. |
| P. Cornelius Scapula. | |
| L. Cornelius Lentulus, | 327. |
| Q. Publilius Philo II. | |
| C. Petilius Libo Vifolus, | 326. |
| L. Papirius Mugillanus. | |
| L. Furius Camillus II, | 325. |
| D. Junius Brutus Scæva. | |

*Dictateurs.*

| | |
|---|---|
| L. Papirius Curfor, | 324. |
| L. Sulpicius Longus, | 323. |
| Q. Aulius Cerretanus. | |
| Q. Fabius Maximus Rullianus, | 322. |
| L. Fulvius Corvus. | |

| | |
|---|---|
| T. Veturius Calvinus II, | 321. |
| Sp. Pofthumius Albinus II. | |
| L. Papirius Curfor II, | 320. |
| Q. Publius Philo III. | |
| L. Papirius Curfor III, | 319. |
| Q. Æmilius (ou Aulius) Cerretanus. | |
| L. Plotius Venno, | 318. |
| M. Foffius Flaccinator. | |
| Q. Æmilius Barbula, | 317. |
| C. Junius Bubulcus Brutus. | |
| Sp. Nautius Rutilus, | 316. |
| M. Popilius Lænas. | |
| L. Papirius Curfor IV, | 315. |
| Q. Publilius Philo IV. | |
| M. Pætilius Libo, | 314. |
| C. Sulpicius Longus. | |
| L. Sulpicius Curfor V, | 313. |
| Junius Bubulcus Brutus II, | |
| M. Valerius Maximus, | 312. |
| P. Decius Mus. | |
| C. Junius Bubulcus Brutus III, | 311. |
| Q. Æmilius Barbula II. | |
| Q. Fabius Maximus Rullianus II, | 310. |
| C. Martius Rutilus. | |
| L. Papirius Curfor, | 309. |
| P. Decius Mus II, | 308. |
| Q. Fabius Maximus Rullianus III. | |
| Ap. Claudius Cœcus. | 307. |
| L. Volumnius Flamma Violens. | |
| Q. Marcius Tremulus, | 306. |
| P. Cornelius Arvina. | |
| L. Pofthumius Megellus, | 305. |
| T. Minucius Augurinus, *auquel fut fubftitué* | |
| M. Fulvius Corvus Pætinus. | |
| P. Sempronius Sophus, | 304. |
| P. Sulpitius Saverrio. | |
| Ser. Cornelius Lentulus, | 303. |
| L. Genucius Aventinenfis. | |
| M. Livius Dexter, | 302. |
| M. Æmilius Paulus. | |

*Point de confuls à Rome, mais deux dictateurs.*

SAVOIR:

| | |
|---|---|
| Q. Fabius Maximus Rullianus, | 301. |
| M. Valerius Corvus. | |
| Q. Apulcius Panfa, | 300. |
| M. Valerius Corvus. | |
| M. Fulvius Perinus, | 299. |
| T. Manlius Torquatus, *auquel fut fubftitué* | |
| M. Valerius Corvus. | |
| L. Cornelius Scipio, | 298. |
| Cn. Fulvius Contumalus. | |
| Q. Fabius Maximus Rullianus IV, | 297. |
| P. Decius Mus III. | |
| Ap. Claudius Cœcus II, | 296. |
| L. Volumnius Flamma Violens. | |
| Q. Fabius Maximus Rullianus V, | 295. |
| P. Decius Mus IV. | |
| L. Pofthumius Megellus, | 294. |
| M. Attilius Regulus. | |

| | |
|---|---|
| L. Papirius Curfor , | 293. |
| Sp. Carvilius Maximus. | |
| Q. Fabius Maximus Gurges , | 292. |
| D. Junius Brutus Scœva. | |
| L. Posthumius Megellus III , | 291. |
| C. Junius Brutus Bubulcus. | |
| P. Cornelius Rufinus , | 290. |
| M. Curius Dentatus. | |
| M. Valerius Maximus Corvinus , | 289. |
| Q. Cæditius Noctua. | |
| Q. Martius Tremulus , | 288. |
| P. Cornelius Arvina. | |
| M. Claudius Marcellus , | 287. |
| Sp. Nautius Rutilus. | |
| M. Valerius Maximus Potitus , | 286. |
| C. Ælius Pœtus. | |
| C. Claudius Canina , | 285. |
| M. Æmilius Lepidus ( ou Barbula ). | |
| C. Servilius Tucba , | 284. |
| L. Cæcilius Metellus ( ou Denter ). | |
| P. Cornelius Dolabella Maximus , | 283. |
| Cn. Domitius Calvinus. | |
| C. Fabricius Lufcinus , | 282. |
| Q. Æmilius Papus. | |
| L. Æmilius Barbula , | 281. |
| Q. Marcius Philippus. | |
| P. Valerius Lævinus , | 280. |
| T. Coruncianus nepos. | |
| P. Sulpitius Saverrio , | 279. |
| P. Decius Mus. | |
| Q. Fabricius Lufcinus II , | 278. |
| Q. Æmilius Papus II. | |
| P. Cornelius Rufinus II , | 277. |
| C. Junius Brutus Bubulcus II. | |
| C. Fabius Maximus Gurges II , | 276. |
| C. Genucius Clepfina. | |
| M. Curius Dentatus II , | 275. |
| L. Cornelius Lentulus Caudinus. | |
| M. Curius Dentatus III , | 274. |
| Ser. Cornelius Merenda. | |
| C. Fabius Dorfo Licinus , | 273. |
| C. Claudius Canina II. | |
| L. Papirius Curfor II , | 272. |
| Sp. Carvilius Maximus II. | |
| C. Quinctilius Claudus , | 271. |
| L. Genucius Clepfina. | |
| C. Genucius Clepfina II , | 270. |
| C. N. Cornelius Blafio. | |
| Q. Ogulinus Gallus , | 269. |
| C. Fabius Pictor. | |
| P. Sempronius Sophus , | 268. |
| Ap. Claudius Craffus. | |
| M. Atilius Regulus , | 267. |
| L. Julius Libo. | |
| M. Fabius Fictor , | 266. |
| D. Junius Pera. | |
| Q. Fabius Maximus Gurges III , | 265. |
| L. Mamilius Vitulus. | |
| Ap. Claudius Caudea , | 264. |
| M. Fulvius Flaccus. | |

| | |
|---|---|
| M. Valerius Maximus Meffala , | 263. |
| M. Otacilius Craffus. | |
| L. Posthumius Megellus , | 262. |
| Q. Mamilius Vitulus. | |
| L. Valerius Flaccus , | 261. |
| T. Otacilius Craffus. | |
| Cn. Cornelius Scipio Afina , | 260. |
| C. Duillius nepos. | |
| L. Cornelius Scipio , | 259. |
| C. Aquilius Florus. | |
| A. Attilius Calatinus , | 258. |
| C. Sulpitius Paterculus. | |
| C. Attilius Regulus Serranus , | 257. |
| Cn. Cornelius Blafio. | |
| A. Manlius Vulfo Longus , | 256. |
| Q. Cæditius fut fubrogé en fa place. | |
| M. Attilius Regulus. | |
| Ser. Fulvius Pætinus Nobilior , | 255. |
| M. Æmilius Paulus. | |
| Cn. Cornelius Scipio Afina II , | 254. |
| A. Attilius Calatinus. | |
| Cn. Servilius Cæpio , | 253. |
| C. Sempronius Blæfus. | |
| C. Aurelius Cotta , | 252. |
| P. Servilius Geminus. | |
| L. Cæcilius Metellus II , | 251. |
| C. Furius Pacilus. | |
| C. Attilius Regulus II , | 250. |
| L. Manlius Vulfo. | |
| P. Claudius Pulcher , | 249. |
| L. Junius Pullus. | |
| C. Aurelius Cotta , | 248. |
| P. Servilius Geminus II. | |
| L. Cæcilius Metellus , | 247. |
| M. Fabius Buteo. | |
| M. Otacilius Craffus , | 246. |
| M. Fabius Licinius. | |
| M. Fabius Buteo , | 245. |
| C. Attilius Balbus. | |
| A. Manlius Torquatus Atticus , | 244. |
| C. Sempronius Blæfus II. | |
| C. Fundanius Fundulus , | 243. |
| C. Sulpitius Gallus. | |
| C. Lutatius Catulus. | 242. |
| A. Posthumius Albinus. | |
| A. Manlius Torquatus Atticus , | 241. |
| Q. Lutatius Cerco. | |
| C. Claudius Centho , | 240. |
| M. Sempronius Tuditanus. | |
| C. Mamilius Turinus , | 239. |
| Q. Valerius Falto. | |
| T. Sempronius Gracchus , | 238. |
| Q. Valerius Falto. | |
| L. Cornelius Lentulus Caudinus , | 237. |
| Q. Fulvius Flaccus. | |
| P. Cornelius Lentulus Caudinus , | 236. |
| C. Licinius Varus. | |
| T. Manlius Torquatus. | 235. |
| C. Attilius Bulbus II. | |

| | |
|---|---|
| L. Pofthumius Albinus, | 234. |
| Sp. Carvilius Maximus. | |
| Q. Fabius Maximus Verrucofus, | 233. |
| M. Pomponius Matho. | |
| M. Æmilius Lepidus, | 232. |
| M. Publicius Malleflus. | |
| M. Pomponius Matho II, | 231. |
| C. Papirius Mafo. | |
| M. Æmilius Barbula, | 230. |
| M. Junius Pera. | |
| L. Pofthumius Albinus, | 229. |
| Cn. Fulvius Centumalus. | |
| Sp. Curvilius Maximus II, | 228. |
| Q. Fabius Maximus Verrucofus II. | |
| P. Valerius Flaccus, | 227. |
| M. Attilius Regulus. | |
| M. Valerius Meffala, | 226. |
| L. Apullius Fullo. | |
| L. Æmilius Papus, | 225. |
| C. Attilius Regulus. | |
| Q. Fulvius Flaccus, | 224. |
| T. Manlius Torquatus II. | |
| C. Flaminius nepos, | 223. |
| P. Furius Philus. | |
| Cn. Cornelius Scipio Calvinus, | 222. |
| M. Claudius Marcellus. | |
| P. Cornelius Scipio Afina, | 221. |
| M. Minucius Rufus. | |
| L. Veturius Philo, | 220. |
| C. Lutacius Catulus. | |
| M. Livius Salinator, | 219. |
| L. Æmilius Paulus. | |
| P. Cornelius Scipio, | 218. |
| T. Sempronius Longus. | |
| Cn. Servilius Geminus, | 217. |
| C. Flaminius nepos II, *auquel on fubftitue* | |
| M. Attilius Regulus II. | |
| P. Terentius Varro, | 216. |
| L. Æmilius Paulus II. | |
| L. Pofthumius Albinus, | 215. |
| T. Sempronius Gracchus, | |
| *Et en la place de Pofthumius:* | |
| M. Claudius Marcellus. | |
| Q. Fabius Maximus Verrucofus III. | |
| Q. Fabius, *id.* IV, | 214. |
| M. Claudius Marcellus III. | |
| Q. Fabius Maximus *le fils,* | 213. |
| T. Sempronius Gracchus II. | |
| Q. Fulvius Flaccus II, | 212. |
| Ap. Claudius Pulcher. | |
| P. Sulpitius Galba Maximus, | 211. |
| C. Fulvius Centumalus. | |
| M. Valerius Lævinus II, | 210. |
| M. Claudius Marcellus IV. | |
| Q. Fabius Maximus Verrucofus V, | 209. |
| Q. Fulvius Flaccus III. | |
| M. Claudius Marcellus III. | 208. |
| T. Quintius Crifpinus. | |
| C. Claudius Nero, | 207. |
| M. Livius Salinator. | |

| | |
|---|---|
| Q. Cæcilius Metellus, | 206. |
| L. Veturius Philo. | |
| P. Cornelius Scipio, | 205. |
| P. Licinius Craffus. | |
| M. Cornelius Cethegus, | 204. |
| P. Sempronius Tuditanus. | |
| Cn. Servilius Cæpio, | 203. |
| C. Servilius Geminus. | |
| T. Claudius Nero, | 202. |
| M. Servilius Pulex Geminus. | |
| Cn. Cornelius Lentulus, | 201. |
| P. Ælius Poetus. | |
| P. Sulpicius Galba Maximus, | 200. |
| C. Aurelius Cotta. | |
| L. Cornelius Lentulus, | 199. |
| P. Villius Toppulus. | |
| T. Quintius Flaminius, | 198. |
| Sex. Ælius Pœtus Catus. | |
| C. Cornelius Cethegus, | 197. |
| Q. Minucius Rufus. | |
| L. Furius Pupureo, | 196. |
| M. Claudius Marcellus. | |
| M. Portius Cato, | 195. |
| L. Valerius Flaccus. | |
| P. Cornelius Scipio Africanus, | 194. |
| T. Sempronius Longus. | |
| L. Cornelius Merula, | 193. |
| Q. Minucius Thermus. | |
| L. Quintius Flaminius, | 192. |
| Cn. Domitius Ænobarbus. | |
| M. Acilius Glabrio, | 191. |
| P. Cornelius Scipio Nafica. | |
| L. Cornelius Scipio, | 190. |
| C. Lælius nepos. | |
| Cn. Manlius Vulfo, | 189. |
| M. Fulvius Nobilior. | |
| C. Livius Salinator, | 188. |
| M. Valerius Meffala. | |
| M. Æmilius Lepidus, | 187. |
| C. Flaminius nepos. | |
| Sp. Pofthumius Albinus, | 186. |
| Q. Marcius Philippus. | |
| Ap. Claudius Pulcher, | 185. |
| M. Sempronius Tuditanus. | |
| P. Claudius Pulcher, | 184. |
| L. Porcius Licinus. | |
| Q. Fabius Labeo, | 183. |
| M. Claudius Marcellus. | |
| L. Æmilius Paulus, | 182. |
| M. Bœbius Tamphilus. | |
| P. Cornelius Cethegus, | 181. |
| M. Bœbius Tamphilus. | |
| A. Pofthumius Albinus, | 180. |
| C. Calpurnius Pifo, *auquel on fubftitue* | |
| Q. Fulvius Flaccus. | |
| L. Manlius Acidinus Fulvianus, | 179. |
| Q. Fulvius Flaccus. | |
| M. Junius Brutus, | 178. |
| A. Manlius Vulfo. | |

C. Claudius

| | | | |
|---|---|---|---|
| C. Claudius Pulcher, | 177. | L. Quintius Flamininus, | 150. |
| T. Sempronius Gracchus. | | M. Acilius Balbus. | |
| Cn. Cornelius Scipio Hispalus, | 176. | L. Marcinus Censorinus, | 149. |
| *On lui substitue :* | | M. Manilius nepos. | |
| C. Valerius Lævinus. | | Sp. Posthumius Albinus, | 148. |
| Q. Petilius Spurinus. | | L. Calpurnius Piso Cæsonius. | |
| P. Mutius Scævola, | 175. | P. Cornelius Scipio Africanus Æmilianus, | 147. |
| M. Æmilius Lepidus II. | | C. Livius Mamilianus Drusus. | |
| Sp. Posthumius Albinus, | 174. | Cn. Cornelius Lentulus, | 146. |
| Q. Mutius Scævola, | | L. Mummius Achaicus. | |
| L. Posthumius Albinus, | 173. | Q. Fabius Maximus Æmilianus, | 145. |
| M. Popilius Lænas. | | L. Hostilius Mancinus. | |
| C. Popilius Lænas, | 172. | Ser. Sulpitius Galba, | 144. |
| P. Ælius Ligus. | | L. Aurelius Cotta. | |
| | | Ap. Claudius Pulcher, | 143. |
| *Ces deux consuls sont tirés du peuple pour la pre-* | | Q. Cæcilius Metellus Macedonicus. | |
| *mière fois.* | | L. Cæcilius Metellus Calvus, | 142. |
| P. Licinius Crassus, | 171. | Q. Fabius Maximus Servilianus. | |
| C. Cassius Longinus. | | Q. Servilius nepos, | 141. |
| Aul. Hostilius Mancinus, | 170. | Q. Pompeius nepos. | |
| A. Attilius Serranus. | | C. Lælius Sapiens, | 140. |
| Q. Marcius Philippus II, | 169. | Q. Servilius Cæpio. | |
| Cn. Servilius Cœpio. | | Calpurnius Piso, | 139. |
| L. Æmilius Paulus, | 168. | M. Popilius Lænas. | |
| C. Licinius Crassus. | | P. Cornelius Scipio Nasica Serapio, | 138. |
| Q. Ælius Pætus, | 167. | D. Junius Brutus Callaicus. | |
| M. Junius Pennus. | | M. Æmilius Lepidus Porcina, | 137. |
| C. Sulpitius Gallus, | 166. | C. Hostilius Mancinus. | |
| M. Claudius Marcellus. | | P. Furius Philus, | 136. |
| C. Manlius Torquatus, | 165. | Sex. Attilius Serranus. | |
| Cn. Octavius nepos. | | Ser. Fulvius Flaccus, | 135. |
| A. Manlius Torquatus, | 164. | Q. Calpurnius Piso. | |
| Q. Cassius Longinus. | | P. Cornelius Scipio Africanus Æmilianus II, | 134. |
| T. Sempronius Gracchus II, | 163. | C. Fulvius Flaccus. | |
| M. Juventius Phalna. | | P. Minutius Scævola, | 133. |
| L. Cornelius Scipion Nasica, | 162. | L. Calpurnius Piso. | |
| C. Marcius Figulus. | | P. Popilius Lænas, | 132. |
| M. Valerius Messala, | 161. | P. Rupillus nepos. | |
| C. Fannius Strabo. | | P. Licinius Crassus Mucianus, | 131. |
| L. Anicius Gallus, | 160. | L. Valerius Flaccus. | |
| M. Cornelius Cethegus. | | C. Claudius Pulcher, | 130. |
| Cn. Cornelius Dolabella, | 159. | M. Perpenna. | |
| M. Fulvius Nobilior. | | C. Sempronius Tuditanus, | 129. |
| M. Æmilius Lepidus, | 158. | M. Aquillius nepos. | |
| C. Popilius Lænas. | | Cn. Octavius nepos, | 128. |
| Sex. Julius Cæsar, | 157. | T. Annius Luscus Rufus. | |
| L. Aurelius Orestes. | | L. Cassius Longinus, | 127. |
| L. Cornelius Lentulus Lupus, | 156. | L. Cornelius Cinna. | |
| C. Marcius Figulus II. | | M. Æmilius Lepidus, | 126. |
| P. Cornelius Scipio Nasica, | 155. | L. Aurelius Orestes. | |
| M. Claudius Marcellus II. | | M. Plotius Hypsæus, | 125. |
| Q. Opirius nepos, | 154. | M. Fulvius Flaccus. | |
| L. Posthumius Albinus, *auquel on substitue* | | C. Cassius Longinus, | 124. |
| M. Acilius Glabrio. | | Sextius Calvinus. | |
| Q. Fulvius Nobilior, | 153. | Q. Cæcilius Metellus Balearius, | 123. |
| T. Annius Luscus. | | T. Quintius Flamininus. | |
| M. Claudius Marcellus, | 152. | Cn. Domitius Ænobarbus, | 122. |
| L. Valerius Flaccus. | | C. Fannius Strabo. | |
| L. Licinius Lucullus, | 151. | L. Opimius nepos, | 121. |
| A. Posthumius Albinus. | | Q. Fabius Maximus Allobrogicus. | |

P. Manilius nepos ,                              120.
C. Papirius Carbo.
L. Cæcilius Metellus Dalmaticus ,                119.
L. Aurelius Cotta.
M. Porcius Cato ,                                118.
Q. Mancius Rex.
L. Cæcilius Metellus ,                           117.
Q. Mutius Scævola.
C. Licinius Geta ,                               116.
Q. Fabricius Maximus Eburnus.
M. Æmilius Scaurus ,                             115.
M. Cæcilius Metellus.
M. Acilius Balbus ,                              114.
C. Porcius Cato.
P. Cæcilius Metellus Caprarius ,                 113.
Cn. Papirius Carbo.
M. Livius Drusus ,                               112.
L. Calpurnius Piso.
P. Cornelius Scipio Nasica ,                     111.
L. Calpurnius Piso Bestia.
M. Minutius Rufus ,                              110.
Sp. Posthumius Albinus.
Q. Cæcilius Metellus Numidicus ,                 109.
M. Junius Silanus.
Ser. Sulpitius Galba ,  *auquel on subtitue*     108.
M. Aurelius Scaurus.
L. Cassius Longinus ,                            107.
C. Marius nepos.

*On subtitue au premier*

M. Æmilius Scaurus II.
C. Attilius Serranus ,                           106.
Q. Servilius Cæpio.
P. Rutilius Rufus ,                              105.
Cn. Mallius Maximus.
C. Marius nepos II ,                             104.
C. Flavius Fimbria.
C. Marius nepos III ,                            103.
L. Aurelius Orestes.
C. Marius nepos IV ,                             102.
Q. Lutatius Catulus.
C. Marius nepos ,                                101.
Marius Aquillius nepos.
C. Marius nepos ,                                100.
L. Valerius Flaccus.
M. Antonius nepos ,                              99.
A. Posthumius Albinus.
Q. Cæcilius Metellus nepos ,                     98.
T. Didius nepos.
Cn. Cornelius Lentulus ,                         97.
P. Licinius Crassus.
Cn. Domitius Ænobarbus ,                         96.
C. Cassius Longinus.
L. Licinius Crassus ,                            95.
Q. Mutius Scævola.
C. Cælius Caldus ,                               94.
L. Domitius Ænobarbus.
C. Valerius Flaccus ,                            93.
M. Herennius nepos.

C. Claudius Pulcher ,                            92.
M. Perpenna nepos.
L. Marcius Philippus ,                           91.
Sex. Julius Cæsar.
Sex. M. Junius Cæsar ,                           90.
P. Rutilius Rufus.
Cn. Pompeius Strabo ,                            89.
L. Porcius Cato.
L. Cornelius Sylla Felix ,                       88.
Q. Pompeius Rufus.
Cn. Octavius ,                                   87.
L. Cornelius Cinna.

*On lui subtitue :*

L. Cornelius Merula.
L. Cornelius Cinna II ,                          86.
C. Marius VII.

*On subtitue à Marius :*

L. Valerius Flaccus.
L. Cornelius Cinna III ,                         85.
Cn. Papirius Carbo.
Cn. Papirius Carbo II ,                          84.
L. Cornelius Cinna IV.
L. Cornelius Scipio Asiaticus ,                  83.
Cn. Junius Norbanus.
C. Marius ,                                      82.
Cn. Papirius Carbo III.
M. Tullius Decula ,                              81.
Cn. Cornelius Dolabella.
L. Cornelius Sylla Felix II ,                    80.
Q. Cæcilius Metellus Pius.
P. Servilius Vatia Isauricus ,                   79.
Ap. Claudius Pulcher.
M. Æmilius Lepidus ,                             78.
Q. Lutalius Catulus.
D. Junius Brutus Lepidus ,                       77.
M. Æmilius Livianus.
Cn. Octavius ,                                   76.
M. Scribonius Curio.
L. Octavius ,                                    75.
C. Aurelius Cotta.
L. Licinius Lucullus ,                           74.
M. Aurelius Cotta.
M. Terentius Varo Lucullus ,                     73.
C. Cassius Varus.
L. Gellius Publicola ,                           72.
Cn. Cornelius Lentulus Claudianus.
C. Aufidius Orestes ,                            71.
P. Cornelius Lentulus Sura.
M. Licinius Crassus ,                            70.
Cn. Pompeius Magnus.
Q. Hortensius ,                                  69.
Q. Cæcilius Metellus Creticus.
L. Cæcilius Metellus ,                           68.
Q. Marcius Rex.
C. Calpurnius Piso ,                             67.
M. Acilius Glabrio.
M. Æmilius Lepidus ,                             66.
L. Volcatius Tullus.

| | |
|---|---|
| L. Aurelius Cotta, | 65. |
| L. Manlius Torquatus. | |
| L. Julius Cæsar, | 64. |
| L. Marcius Figulus. | |
| M. Tullius Cicero, | 63. |
| C. Antonius nepos. | |
| D. Junius Silanus, | 62. |
| L. Licinius Muræna. | |
| M. Pupius Pifo. | 61. |
| M. Valerius Meffala Niger. | |
| L. Afranius Nepos. | 60. |
| Q. Cæcilius Metellus Celer. | |
| C. Julius Cæfar, | 59. |
| M. Calpurnius Bibulus. | |
| L. Calpurnius Pifo Cæfonius, | 58. |
| A. Gabinius nepos. | |
| P. Cornelius Lentulus Spinther, | 57. |
| Q. Cæcilius Metellus nepos. | |
| Cn. Cornelius Lentulus Marcellinus, | 56. |
| L. Marcius Philippus. | |
| Cn. Pompeius Magnus II, | 55. |
| M. Licinius Craffus II. | |
| L. Domitius Ænobarbus, | 54. |
| Ap. Claudius Pulcher. | |
| Cn. Domitius Calvinus, | 53. |
| M. Valerius Meffala. | |
| Cn. Pompeius Magnus, seul, III. | 52. |

*Au bout de fept mois il s'affocie :*

| | |
|---|---|
| C. Cæcilius Metellus Scipio. | |
| Ser. Sulpitius Rufus, | 51. |
| M. Claudius Marcellus. | |
| L. Æmilius Paulus, | 50. |
| C. Claudius Marcellus. | |
| C. Claudius Marcellus II, | 49. |
| L. Cornelius Lentulus Crus. | |

*Dictateurs.*

| | |
|---|---|
| C. Julius Cæfar I, | 48. |
| P. Servilius Vatia Ifauricus. | |
| Quintus Fufius Calenus. | |
| Publius Vatinius, | 47. |

*Dictateurs.*

| | |
|---|---|
| C. Julius Cæfar II. | |
| M. Antonius, *magifter equitum.* | |
| C. Julius Cæfar, *conful & dictateur,* III, | 46. |
| M. Æmilius Lepidus. | |
| C. Julius Cæfar, *dictateur & feul conful,* IV, | 45. |
| M. Lepidus, *magifter equitum.* | |

*Confuls pour trois mois.*

| | |
|---|---|
| Q. Fabius Maximus. | |
| C. Trebonius. | |

*Au premier, mort fubitement, fut fubftitué :*

| | |
|---|---|
| Caninius Rebilus. | |
| C. Julius Cæfar, *dictateur & conful,* V, | 44. |
| M. Antonius, con ul & magifter-equitum. | |

*Céfar nomme pour conful en fa place :*

| | |
|---|---|
| M. Æmilius Lepidus. | |
| C. Vibius Panfa, | 43. |
| A. Hirtius. | |
| L. Minucius Plancus, | 42. |
| M. Æmilius Lepidus II. | |
| L. Antonius, | 41. |
| P. Servilius Vatia Ifauricus. | |
| Cn. Domitius Calvinus II, | 40. |
| Cn. Afinius Pollio. | |

*On leur fubftitue :*

| | |
|---|---|
| L. Cornelius Balbus. | |
| P. Caninius Craffus. | |
| L. Marcius Cenforinus, | 39. |
| C. Calvifius Sabinus. | |
| Ap. Claudius Pulcher, | 38. |
| C. Norbanus Flaccus. | |

*On leur fubftitue :*

| | |
|---|---|
| C. Octavianus Cæfar. | |
| Q. Pædius. | |

*Commencement du triumvirat d'Octave, de Marc-Antoine & de Lépide.*

*Autres confuls fubftitués :*

| | |
|---|---|
| C. Carrinas. | |
| P. Ventidius. | |
| M. Vipfanius Agrippa, | 37. |
| L. Caninius Gallus. | |
| L. Gellius Publicola, | 36. |
| M. Cocceius Nerva. | |
| L. Cornificius, | 35. |
| Sex. Pompeius. | |
| M. Antonius nepos, | 34. |
| L. Scribonius Libo. | |
| Cæfar Octavianus II, | 33. |
| L. Volcatius Tullus. | |
| Cn. Domitius Ænobarbus, | 32. |
| C. Sofius. | |
| Cæfar Octavianus III, | 31. |
| M. Valerius Meffala Corvinus. | |
| C. Cæfar Octavianus IV, | 30. |
| M. Licinius Craffus. | |

*On fubftitue à ce dernier :*

| | |
|---|---|
| Caius Antiftius, | |
| *Puis Marcus Tullius,* | |
| *Enfuite Lucius Sænius.* | |
| C. Cæfar Octavianus V, | 29. |
| Sex. Apuleius. | |

*On fubftitue à ce dernier :*

| | |
|---|---|
| Potitus Valerius Meffala. | |
| C. Cæfar Octavianus VI, | 28. |
| M. Vipfanius Agrippa II. | |
| C. Cæfar Octavianus Auguftus VII, | 27. |
| M. Vipfanius Agrippa III. | |
| C. Cæfar Octavianus Auguftus VIII, | 26. |
| T. Statilius Taurus. | |

Hhh 2

C. Cæfar Octavianus Auguftus IX, 25.
M. Junius Silanus.
C. Cæfar Octavianus Auguftus X, 24.
C. Norbanus Flaccus.
C. Cæfar Octavianus Auguftus XI, 23.
A. Terentius Varro.

*Augufte abdique le confulat, & nomme en fa place :*

P. Sextus.
Cn. Calpurnius Pifo.
M. Claudius Marcellus Æferninus, 22.
L. Arruntius nepos.
M. Lollius, 21.
Q. Æmilius Lepidus.
M. Apuleius nepos, 20.
P. Silius Nerva.
C. Sentius Saturninus, 19.
Q. Lucretius Vefpillo.
P. Cornelius Lentulus, 18.
Cn. Cornelius Lentulus.
C. Furnius, 17.
C. Junius Silanus.
L. Domitius Ænobarbus, 16.
P. Cornelius Scipio.
M. Lucius Drufus Libo, 15.
L. Calpurnius Pifo.
Cn. Cornelius Lentulus, 24.
M. Licinius Craffus.
Tiberius Claudius Nero, 13.
F. Quintilius Varus.
M. Valerius Meffala, 12.
P. Sulpitius Quirinus.

*A Valerius Meffala on fubftitue Caius Valgius, puis Caius Caninius Rebilus.*

Q. Ælius Tubero, 11.
Paulus Fabius Maximus.
Julius Antonius Africanus, 10.
Q. Fabius Maximus.
Nero Claudius Drufus, 9.
L. Quinctius Crifpinus.
C. Afinius Gallus, 8.
C. Marcus Cenforinus.
Tiberius Claudius Nero, 7.
Cl. Calpurnius Pifo.
C. Antiftius Vetus, 6.
Decimus Lælius Balbus.
C. Cæfar Octavianus Auguftus XII, 5.
L. Cornelius Sylla.
C. Calvifius Sabinus, 4.
L. Pacianus Rufus.
Cn. Cornelius Lentulus, 3.
M. Valerius Meffalinus.
C. Cæfar Octavianus Auguftus XIII, 2.
M. Plautius Sylvanus.

*A ce dernier on fubftitue :*

G. Caninius Gallus.

Coffus Cornelius Lentulus, 1.
L. Calpurnius Pifo.

Ici va commencer l'ère chrétienne, à laquelle appartiendra le refte des faftes confulaires, dont le numéro ira en s'élevant, au lieu qu'il alloit en defcendant vers l'année de la naiffance de Jéfus-Chrift, l'an 753 de la fondation de Rome. Pendant tout le tems de la république, nous avons vu dans le gouvernement une inftabilité perpétuelle ; nous avons vu Rome, peu de tems après la deftruction de la royauté & dans la plus grande ardeur pour la liberté, établir la dictature, par le befoin d'autorité abfolue & d'un centre unique d'autorité. La dictature n'étoit d'abord que de fix mois, & ce tems étoit encore abrégé par la modération & l'efprit républicain des dictateurs, qui fe hâtoient d'abdiquer auffitôt que l'objet pour lequel ils avoient été nommés étoit rempli, & ils fe hâtoient toujours de le remplir. Dans la fuite, la durée de la dictature fut plus longue ; elle devint même perpétuelle. Dans l'intervalle, on paffa plufieurs fois, par inquiétude & par inconftance, du confulat à la dictature, & l'on revint de la dictature au confulat, puis, fous prétexte de légiflation, le décemvirat fut établi, & ce fut l'excès du defpotifme. On revint encore au confulat, puis on fubftitua aux confuls des tribuns militaires ; mais comme ils avoient toute la puiffance confulaire, & qu'ils n'avoient que cette puiffance, le changement n'étoit que de nom, & n'avoit rien de réel, ou plutôt, comme il y avoit plus de tribuns militaires qu'il n'y avoit eu de confuls, l'inconvénient du partage de l'autorité fe faifoit encore plus fentir, & on l'augmentoit encore en augmentant le nombre des tribuns militaires, qui n'étoit d'abord que de trois, qui fut enfuite de quatre, puis de fix, puis de huit. On revint encore au confulat, qui étoit toujours le meilleur gouvernement de la république, parce que c'étoit le plus rapproché du gouvernement royal. Le confulat, ainfi que les autres grandes dignités de la république, n'appartenoit d'abord qu'aux patriciens ; les plébéiens voulurent y avoir part, & ils l'eurent. Une fois admis à ce partage, ils envahirent bientôt le tout, & on vit quelquefois le confulat rempli par deux plébéiens : il en fut de même de la dictature ; mais ce furent les tribuns (non les militaires ; mais les plébéiens) qui, en abforbant toutes les dignités, & en concentrant en eux feuls toute l'autorité, remplirent l'Etat de trouble & de confufion, jufqu'à ce qu'enfin Céfar & Augufte rétablirent la royauté fous des noms républicains, pour s'accommoder en apparence aux erreurs & aux préjugés de Rome.

Avant de quitter l'Hiftoire ancienne & de nous engager dans l'ère chrétienne, jetons un coup-d'œil fur quelques autres Etats qui appartiennent à l'Hiftoire ancienne par les relations qu'ils ont eues, foit avec les républiques de la Grèce, foit avec cette république romaine qui a tout englouti.

## ROIS DE CORINTHE. HÉRACLIDES.

| | |
|---|---|
| Aletès, | (avant J. C.) 1099. |
| Ixion, | 1061. |
| Agélas, | 1023. |
| Prymnès, | 986. |
| Bacchis, | 935. |
| Agelaftes, | 900. |
| Eudème, | 870. |
| Ariftodème, | 835. |
| Agémon, | 800. |
| Alexandre, | 784. |
| Teleftès, | 759. |
| Automénès, | 747. |
| Les pritanes, magiftrats annuels. | 746. |
| Cypfelus fe fait tyran de Corinthe. | 656. |
| Périandre, fils de Cypfelus, | 626. |
| Pfammiticus, | 585. |

Corinthe devint république en 582, & elle l'étoit lorfqu'elle fut détruite par le conful Mummius, l'an 146 avant J. C.

## ROIS DE LYDIE.

| | |
|---|---|
| Argon I, | 1223. |
| Ardyfus, | 797. |
| Halyate I, | 761. |
| Melèce ou Myrfus | 747. |
| Candaule, | 735. |
| Gygès, | 716. |
| Ardyfus II, | 680. |
| Sadyate, | 631. |
| Halyate II, | 619. |
| Créfus, | 562. |

Il eft pris par Cyrus, & fon royaume détruit en 548.

## ROIS DE MACÉDOINE,

### defcendus des Héraclides.

| | |
|---|---|
| Caranus, | 887. |
| Cœnus, | 779. |
| Thurimas, | 767. |
| Perdiccas I, | 729. |
| Argée, | 678. |
| Philippe I, | 640. |
| Efopas, | 602. |
| Alcetas, | 576. |
| Amynthas I, | 547. |
| Alexandre I, | 497. |
| Perdiccas II, | 454. |
| Archelaüs, | 413. |
| Amynthas II, | 399. |
| Paufanias, | 398. |
| Amynthas III, | 397. |
| Argée II, tyran, | 392. |
| Amynthas II, rétabli, | 390. |

| | |
|---|---|
| Alexandre II, | 371. |
| Ptolomée Alorites, | 370. |
| Perdiccas III, | 366. |
| Philippe, fils d'Amynthas, | 360. |
| Naiffance d'Alexandre-le-Grand, | 355. |
| Alexandre-le-Grand, | 336. |

### Succeffeurs d'Alexandre.

| | |
|---|---|
| Philippe Aridée, | 324. |
| Alexandre Aigus, | 317. |
| Caffandre, ufurpateur, | 317. |
| Philippe, | 298. |
| Antipater & Alexandre enfemble, | 297. |
| Démétrius Poliorcète, | 294. |
| Pyrrhus, | 287. |
| Lyfimaque, | 286. |
| Arfinoë, veuve de Lyfimaque, | 282. |
| Seleucus, | 281. |
| Ptolomée Ceraunus, | 280. |
| Méléager. | |
| Antipater, | 279. |
| Softhène. | |
| Anarchie. | 277. |
| Antigonus Gonatas, | 276. |
| Démétrius II, | 243. |
| Antigonus Dofon, | 232. |
| Philippe, | 220. |
| Perfée, | 179. |
| Perfée vaincu par les Romains, | 168. |
| Andrifcus, | 149. |

La Macédoine eft réduite en province par les Romains, en 148.

## ROIS DE PONT.

| | |
|---|---|
| Artabaze, créé roi de Pont par Darius, fils d'Hyftafpe, roi de Perfe en | 486. |
| Rhodobate. | |
| Mithridate I, | 402. |
| Ariobarzane, | 363. |
| Mithridate II, | 336. |
| Mithridate III, | 301. |
| Ariobarzane II, | 265. |

Deux anonymes & Mithridate IV règnent fucceffivement l'efpace de quatre-vingt-deux ans.

| | |
|---|---|
| Pharnace, | 183. |
| Mithridate V ou Evergète, | 157. |
| Mithridate VI ou Eupator, | 123. |
| Mort de Mithridaté-le-Grand en | 64. |

Le Pont fut province romaine pendant quelques années.

| | |
|---|---|
| Darius, fils de Pharnace, | 39. |
| Mithridate VII, | 29. |
| Polémon & quelques autres, | 21. |

## ROIS DE BITHYNIE.

| | |
|---|---|
| Dædalbus ou Dydalfus, | 383. |
| Botiras. | |
| Bias, | 378. |

| | |
|---|---|
| Zipéothès, | 328. |
| Nicomède I, | 281. |
| Zélas, | 246. |
| Prusias I, | 230. |
| Prusias II, | 190. |
| Nicomède II, | 149. |
| Nicomède III, | 92. |
| Nicomède, en mourant, laisse la Bithynie aux Romains, qui s'en rendent maîtres en 77. | |

## ROIS D'ÉGYPTE, DEPUIS ALEXANDRE.

| | |
|---|---|
| Ptolomée Lagus, | 322. |
| Ptolomée Philadelphe, | 285. |
| Ptolomée Evergète, | 246. |
| Ptolomée Philopator, | 221. |
| Ptolomée Epiphanès, | 204. |
| Ptolomée Philometor, | 180. |
| Ptolomée Evergète II ou Physcon, | 146. |
| Ptolomée Soter ou Lathur, | 116. |
| Ptolomée Alexandre, | 106. |
| Ptolomée Soter *rétabli*, | 88. |
| Bérénice, *nommée* Cléopâtre, *seule*, | 80. |
| Bérénice & Alexandre, | 79. |
| Ptolomée Denys ou Auletès, | 73. |
| Bérénice, *pendant l'exil* d'Auletès, | 58. |
| Ptolomée Denys & Cléopâtre sa sœur, | 51. |
| Ptolomée le jeune & Cléopâtre, | 47. |
| Cléopâtre *seule*, | 44. |
| *L'Egypte, province romaine*, | 30. |

## ROIS DE SYRIE.

| | |
|---|---|
| Seleucus Nicanor, | 312. |
| Antiochus Soter, | 282. |
| Antiochus Deus, | 261. |
| Seleucus II, Callinicus, | 247. |
| Seleucus III, Ceraunus, | 227. |
| Antiochus III, le Grand, | 224. |
| Seleucus IV, Philopator, | 187. |
| Antiochus IV, Epiphanes, | 176. |
| Antiochus V, Eupator, sous la tutelle de Lysias, | 164. |
| Démétrius Soter, | 162. |
| Alexandre Balès, | 151. |
| Démétrius II, Nicanor, | 146. |
| Antiochus, fils de Balès, | 145. |
| Diodote ou Tryphon, | 143. |
| Antiochus VII, Sidetes, | 139. |
| Démétrius Nicanor *rétabli*, | 131. |
| Alexandre Zebina, *tyran*, | 129. |
| Seleucus V, | 127. |
| Antiochus VIII, Gripus, | 126. |
| Antiochus IX, Syzicenus, | 114. |
| Seleucus VI, fils de Gripus, | 97. |
| Antiochus X, fils de Syzicenus, | 95. |
| Antiochus XI n'est pas compté, | 49. |
| Philippe Démétrius III, & Antiochus XII, | 93. |
| Tygranes, | 84. |
| Antiochus XII ou XIII, | 69. |
| Tygranes *soumis aux Romains*, | 66. |
| *La Syrie devient province romaine*, | 3. |

## ROIS DES PARTHES.

| | |
|---|---|
| Arsaces I, | 356. |
| Tiridate ou Arsaces II, | 294. |
| Artaban I, | 217. |
| Phria Patius ou Arsaces III. | |
| Phraates I. | |
| Mithridate I, | 164. |
| Phraates II, | 139. |
| Artaban II, | 128. |
| Mithridate II, dit *le Grand*, | 125. |
| Mnaskirès, | 86. |
| Sinathrockès, | 77. |
| Phraates III, | 70. |
| Mithridate III, | 61. |
| Orodes, Hérode ou Yrodes, | 53. |
| Phraates IV, | 37. |
| Il règne quarante ans, jusqu'à l'an 4 de Jésus-Christ. | |

## ROIS DE PERGAME.

| | |
|---|---|
| Philetærus ou Philetère, | 281. |
| Eumènes, | 263. |
| Attale I, | 241. |
| Eumènes II, | 197. |
| Eumènes III, | 150. |
| Attale II, Philadelphe, pour son neveu, | 158. |
| Attale III, Philometor, | 138. |
| Il donna ses Etats aux Romains en | 133. |
| Aristonicus, *usurpateur*, | 133. |
| *Ce royaume est réduit en province romaine, en l'an* | 126. |

## HISTOIRE MODERNE.

### ÈRE CHRÉTIENNE.

Nous reprenons ici la suite des fastes consulaires, où nous l'avons laissée, c'est-à-dire, l'an 754 de Rome, premier de Jésus-Christ.

| | |
|---|---|
| Caius Julius Cæsar,     (depuis J. C.) | 1. |
| L. Æmilius Paulus. | |
| P. Alphinius ou Afranius Varus, | 2. |
| P. Vinucius nepos. | |
| L. Ælius Lamia, | 3. |
| M. Servilius Geminus. | |
| Sext. Ælius Catus. | 4. |
| C. Sentius Saturninus. | |
| Cn. Cornelius Cinna, | 5. |
| L. Valerius Messala. | |
| M. Æmilius Lepidus, | 6. |
| L. Arruntius nepos. | |
| Q. Cæcilius Metellus Creticus | 7. |
| A. Licinius Nerva. | |
| M. Furius Camillus, | 8. |
| Sex. Nonnius Quintilianus. | |
| Q. Sulpicius Camerinus, | 9. |
| C. Loppæus Sabinus. | |

*On leur substitue :*

| | |
|---|---|
| M. Papius Mutilus. | |
| Q. Poppæus Secundus. | |

P. Cornelius Dolabella,    10.
C. Julius Silanus.
M. Æmilius Lepidus.    11.
T. Statilius Taurus.
T. Germanicus Cæsar,    12.
C. Fonteius Capito.

*A ce dernier on substitue :*

Caius Vitel ius Varro.
C. Silius nepos,    13.
L. Munatius Plancus.
Sext. Pompeius,    14.
Sext. Apuleius.
Drusus Cæsar,    15.
C. Norbanus Flaccus.
T. Statilius Sisenna Taurus,    16.
L. Scribonius Libo.

*Fut subrogé à l'un des deux :*

Julius Pomponius Græcinus.
C. Cæcilius Rufus,    17.
L. Pomponius Flaccus.
Cl. Tiberius Nero Cæsar Augustus II,    18.
Germanicus Cæsar II.
M. Julius Silanus,    19.
L. Norbanus Flaccus.
M. Valerius Messala,    20.
M. Aurelius Costa.
Claudius Tiberius Nero,    21.
Drusus Cæsar II.
Decimus Haterius Agrippa,    22.
C. Sulpicius Galba.
C. Asinius Pollio,    23.
C. Antistius Vetus.
Servilius Cornelius Cethegus,    24.
L. Vitellius Varro.
Cossus Cornelius Lentulus Isauricus,    25.
M. Asinius Agrippa.
C. Calvisius Sabinus,    26.
Cn. Cornelius Lentulus Cossus Getulicus.
L. Calpurnius Piso,    27.
M. Licinius Crassus.
Ap. Julius Silanus,    28.
P. Silius Nerva.
C. Rubellius Geminus,    29.
C. Fusius Geminus.
M. Vinucius nepos,    30.
C. Cassius Longinus.
Cl. Tiberius Nero Cæsar Augustus,    31.
L. Ælius Sejanus.

*Furent subrogés successivement :*

C. Memmius Regulus.
Faustus Cornelius Sylla.
Sextidius Catulinus.
L. Fulcinius Tiro.
L. Pomponius Secundus.
C. Domitius Ænobarbus,    32.
A. Vitellius.

*Fut subrogé :*

M. Furius Camillus.
Ser. Sulpicius Galba,    33.
L. Cornelius Sylla.

*Furent subrogés :*

L. Salvius Otho.
Vibius Marsus.
L. Vitellius nepos,    34.
Paulus Fabius Persicus.
C. Cestius Gallus,    35.
M. Servilius Geminus.
Sext. Papianus Gallianus,    36.
Q. Plautius Plautianus.
Cn. Acerronius Proculus,    37.
C. Pontius Nigrinus.
M. Aquilius Julianus,    38.
P. Nonnius Asprenas.
C. Cæsar Caligula II,    39.
L. Apronius.
Caius Caligula Cæsar III,    40.
L. Gellius Publicola.
C. Caligula Cæsar IV,    41.
Cneius Sentius Saturninus.
Claudius Imperator II,    42.
Licinius Largus.
Claudius Imperator III,    43.
L. Vitellius.
C. Quinctius Crispinus,    44.
T. Statilius Taurus.
M. Vinitius Quartinus,    45.
M. Statilius Corvinus.
C. Valerius Asiaticus II,    46.
M. Valerius Messala.
Claudius Cæsar IV,    47.
L. Vitellius.
A. Vitellius,    48.
L. Vipsanius Publicola.
C. Pompeius Longinus Gallus,    49.
Q. Veranius Lætus.
C. Antistius Vetus,    50.
M. Suilius Rufus Nervilianus.
Claudius Cæsar V,    51.
Ser. Cornelius Scipio Orfitus.
P. Cornelius Sylla Faustus,    52.
L. Salvius Otho.
D. Silanus,    53.
Q. Hatirius Antoninus.
Q. Asinius Marcellus,    54.
M. Acilius Aviola.
C. Claudius Nero Cæsar,    55.
L. Antistius Vetus.
Q. Volusius Saturninus,    56.
P. Cornelius Scipio.
Claudius Nero Cæsar II,    57.
L. Calpurnius Piso.
Claudius Nero Cæsar III,    58.
Valerius Messala.
C. Vipsanius Publicola,    59.
L. Fonteius Capito.

| | | | |
|---|---|---|---|
| Claudius Nero Cæsar IV, | 60. | Fl. Domitianus Auguſtus, | 85. |
| Coſſus Cornelius Lentulus. | | T. Aurelius Fulvius. | |
| C. Cæſonius Pætus, | 61. | Fl. Domitianus Auguſtus, | 86. |
| C. Petronius Sabinus. | | Ser. Cornelius Dolabella. | |
| P. Marius Celſus, | 62. | Fl. Domitianus Auguſtus, | 87. |
| L. Aſinius Gallus. | | A. Voluſius Saturninus. | |
| L. Memmius Regulus, | 63. | Fl. Domitianus Auguſtus, | 88. |
| Paul. Virgilius Rufus. | | L. Minucius Rufus. | |
| C. Lecanius Baſſus, | 64. | T. Aurelius Fulvius, | 89. |
| M. Licinius Craſſus. | | A. Sempronius Atratinus. | |
| P. Silius Nerva, | 65. | Fl. Domitianus Auguſtus, | 90. |
| C. Julius Atticus Veſtinus. | | M. Cocceius Nerva II. | |
| D. Suetonius Paulinus, | 66. | M. Ulpius Trajanus, | 91. |
| L. Pontius Teleſinus. | | M. Acilius Glabrio. | |
| L. Fonteius Capito, | 67. | Fl. Domitianus Auguſtus. | 92. |
| C. Julius Rufus. | | A. Voluſius Saturninus. | |
| C. Silius Italicus, | 68. | Sex. Pompeius Collega, | 93. |
| M. Celerius Trachalus. | | Cornelius Criſpus. | |
| C. Sulpicius Galba Cæſar, | 69. | L. Nonius Aſprenas Torquatus, | 94. |
| T. Vicinius Criſpinianus. | | M. Aricius Clemens. | |
| Titus Flavius Veſpaſianus Cæſar, | 70. | Fl. Domitianus Auguſtus, | 95. |
| T. Veſpaſianus. | | T. Flavius Clemens. | |
| T. Fl. Veſpaſianus Cæſar, | 71. | C. Fulvius Valens, | 96. |
| M. Cocceius Nerva. | | C. Antiſtius Vetus. | |
| T. Fl. Veſpaſianus Cæſar, | 72. | Cocceius Nerva III, | 97. |
| T. Veſpaſianus Cæſar II. | | T. Virginius Rufus. | |
| T. Flavius Domitianus, | 73. | Cocceius Nerva Auguſtus IV, | 98. |
| M. Valerius Meſſalinus. | | Ulpius Trajanus II. | |
| T. Flavius Veſpaſianus Cæſar, | 74. | C. Soſius Senecio II, | 99. |
| Veſpaſianus Cæſar III. | | A. Cornelius Balma. | |
| *On lui ſubſtitue :* | | Ulp. Trajanus Auguſtus III, | 10 |
| T. Flavius Domitianus. | | M. Cornelius Fronto III. | |
| Flavius Veſpaſianus Cæſar, | | Ulp. Trajanus Auguſtus IV, | 101. |
| T. Veſpaſianus Cæſar IV. | 75. | Sex. Articulæus Prætus. | |
| *On lui ſubſtitue :* | | L. Soſius Senecio III, | 102. |
| T. Flavius Domitianus. | | C. Licinius Sura. | |
| Fl. Veſpaſianus Cæſar, | 76. | Ulp. Trajanus Auguſtus V, | 103. |
| T. Veſpaſianus Cæſar V. | | L. Appius Maximus. | |
| *On ſubſtitue :* | | Suranus II, | 104. |
| Fl. Domitianus. | | P. Neratius Marcellus. | |
| Flav. Veſpaſianus Cæſar, | 77. | T. Julius Candidus, | 105. |
| T. Veſpaſianus Cæſar VI. | | A. Julius Quadratus. | |
| *On ſubſtitue :* | | L. Ceſorius Verus, | 106. |
| F. L. Domitianus. | | L. Tutius Cerealis. | |
| L. Cæſonius Commodus Verus, | 78. | C. Soſius Senecio IV, | 107. |
| C. Cornelius Priſcus. | | L. Licinius Sura IV. | |
| Fl. Veſpaſianus Auguſtus, | 79. | Ap. Annius Trebonius, | 108. |
| T. Veſpaſianus Cæſar. | | M. Attilius Bradua. | |
| T. Veſpaſianus Auguſtus | 80. | A. Cornelius Palma, | 109. |
| Fl. Domitianus. | | C. Calviſius Tullus. | |
| M. Plautius Sylvanus, | 81. | Claudius Criſpinus, | 110. |
| M. Aſinius Pollio Verrucoſus. | | Solenus Orphitus. | |
| Fl. Domitianus, | 82. | C. Calpurnius Piſo, | 111. |
| T. Flavius Sabinus. | | M. Vettius Bolanus. | |
| Fl. Domitianus Auguſtus, | 83. | Ulpius Trajanus Auguſtus. | 112. |
| T. Virginius Rufus. | | C. Julius Africanus II. | |
| Fl. Domitianus Auguſtus | 84. | L. Publius Celſus II, | 113. |
| Ap. Junius Sabinus | | C. Claudius Criſpinus. | |
| | | Q. Ninnius Haſta, | 114. |
| | | P. Manilius Vopiſcus. | |

M. Valerius

| | | | | |
|---|---|---|---|---|
| M. Valerius Meſſala, | 115. | Antoninus Pius Auguſtus IV, | 145. |
| C. Popilius Carus Pedo. | | M. Aurelius Cæſar II. | |
| Æmilius Ælianus, | 116. | Sex. Erucius Clarus II, | 146. |
| L. Antiſtius Vetus. | | Cn. Claudius Severus. | |
| Quinctius Niger, | 117. | M. Valerius Largus, | 147. |
| T. Vipſanius Apronianus. | | M. Valerius Meſſalinus. | |
| Ælius Adrianus Auguſtus. | 118. | L. Bellutius Torquatus II, | 148. |
| Tib. Claudius Fuſcus Salinator. | | M. Salvius Julianus Vetus. | |
| Ælius Adrianus Auguſtus II, | 119. | Serg. Cornelius Scipio Orſitus, | 149. |
| Q. Junius Ruſticus. | | Q. Nonnius Priſcus. | |
| L. Cotillius Severus, | 120. | Romulus Gallicanus, | 150. |
| T. Aurelius Fulvus. | | Antiſtius Vetus. | |
| M. Annius Verus II, | 121. | Sex. Quintilius Gorgianus Candianus, | 151. |
| L. Augur. | | Sex. Quintilius Maximus. | |
| M. Acilius Aviola, | 122. | M. V. Acilius Glabrio, | 152. |
| C. Corellius Panſa. | | M. Valerius Verianus Homullus. | |
| Q. Arrius Petinus, | 123. | C. Brutius Præſens II, | 153. |
| C. Veranius Apronianus. | | M. Antonius Rufinus. | |
| M. Acilius Glabrio, | 124. | L. Ælius Aurelius Junius Commodus, | 154. |
| C. Bellitius Torquatus. | | T. Sextilius Lateranus. | |
| P. Cornelius Aſiaticus II, | 125. | C. Julius Severus, | 155. |
| Q. Vettius Aquilinus. | | M. Rufinus Sabinianus. | |
| M. Lollius Pedius Verus, | 126. | M. Cejonius Sylvanus, | 156. |
| Q. Junius Lepidus Bibulus. | | C. Serius Augurinus. | |
| Gallicanus, | 127. | Barbatus ou Barbarus, | 157. |
| Titianus. | | Regulus. | |
| L. Nonnius Aſprenas Torquatus, | 128. | Q. Flavius Tertullus, | 158. |
| M. Annius Libo. | | Claud. Sacerdos. | |
| P. Juventius Celſus II, | 129. | Plotius Quinctilus, | 159. |
| M. Annius Libo II. | | Statius Priſcus. | |
| Q. Fabius Catullinus, | 130. | T. Claudius Vibius Varus, | 160. |
| Q. Julius Balbus. | | Ap. Annius Atilius Bradua. | |
| Ser. Octavius Pontianus, | 131. | M. Aurelius Antonius Cæſar III, | 161. |
| M. Antonius Rufinus. | | L. Ælius Aurelius Cæſar II. | |
| Serius Augurinus, | 132. | Q. Junius Ruſticus, | 162. |
| Arrius Severianus. | | C. Vettius Aquilinus. | |
| Hiberus, | 133. | L. Papirius Ælianus, | 163. |
| Siſenna. | | Junius Paſtor. | |
| C. Julius Servilius, | 134. | M. Julius Pompeius Macrinus, | 164. |
| C. Vibius Juventius Verus. | | L. Cornelius Juventius Celſus. | |
| Pompeianus Lupercus, | 135. | L. Arrius Pudens, | 165. |
| L. Junius Atticus Acilianus. | | M. Gavius Orſitus. | |
| L. Cejonius Commodus, | 136. | Q. Servilius Pudens, | 166. |
| Sex. Vetulenus Civica Pompeianus. | | L. Fuſidius Pollio. | |
| Ælius Cæſar Verus II, | 137. | L. Aurelius Verus III, | 167. |
| P. Cœlius Balbinus Vibullius Pius. | | T. Numidius Quadratus. | |
| Sulpitius Camerinus, | 138. | T. Junius Montanus, | 168. |
| Quinctius Niger Balbus. | | L. Vettius Paulus. | |
| Antoninus Auguſtus Pius II, | 139. | Q. Soſius Priſcus, | 169. |
| Bruttius Præſens. | | P. Cœlius Apollinaris. | |
| Antoninus Auguſtus Pius III, | 140. | M. Cornelius Cethegus, | 170. |
| M. Aurelius Cæſar. | | C. Erucius Clarus. | |
| M. Peduceus Priſcinus, | 141. | L. Septimius Severus II, | 171. |
| T. Hæmius Severus. | | L. Alfidius Herennianus. | |
| L. Cuſpius Rufinus, | 142. | Claudius Maximus, | 172. |
| L. Statius Quadratus. | | Cornelius Scipio Orſitus. | |
| T. Bellitius Torquatus, | 143. | M. Aurelius Severus II, | 173. |
| T. Claudius Atricus Herodes. | | T. Claudius Pompeianus. | |
| Lollianus Avitus, | 144. | Gallus, | 174. |
| C. Gavius Maximus. | | Flaccus. | |

Calpurnius Piso,     175.
M. Salvius Julianus.
T. Vitrasius Pollio II,     176.
M. Flavius Aper II.
L. Aurelius Commodus Auguftus,     177.
Plautius Quinctillus.
Julianus Vettius Rufus,     178.
Gavius Orfitus.
L. Aurelius Commodus Auguftus II,     179.
T. Annius Aurelius Varus.

*Et au premier juillet on fubftitue :*

P. Helvius Pertinax.
Didius Severus Julianus.
L. Fulvius Bruttius Præfens II,     180.
Sex. Quintilius Condianus.
L. Aurelius Commodus Auguftus III,     181.
L. Antiftius Burrhus.
C. Petronius Mamertinus,     182.
Cornelius Trebellius Rufus.
L. Aurelius Commodus Auguftus IV,     183.
M. Aufidius Victorinus II.
L. Eggius Marcellus,     184.
Cn. Papirius Ælianus.
Triarius Maternus,     185.
M. Attilius Bradua.
L. Aurelius Commodus Auguftus V,     186.
M. Acilius Glabrio II.
Claudius Crispinus,     187.
Papitius Ælianus.
C. Allius Fufcianus II,     188.
Duillius Silanus II.
Junius Silanus,     189.
Q. Servilius Silanus.

*On leur fubftitue :*

Severus.
Vitellius.
Aurel. Commodus Auguftus VI,     190.
M. Petronius Septimianus.
Caffius Apronianus,     191.
M. Attilius Metilius Bradua.
L. Aurelius Commodus Auguftus VII,     192.
P. Helvius Pertinax.
Q. Sofius Falco,     193.
C. Julius Erucius Clarus.

*On leur fubftitue au premier mars :*

F. L. Claudius Sulpitianus.
Fabius Cilo Septimianus.

*Et au premier juillet :*

Ælius.
Probus.
L. Septimius Severus II,     194.
Claudius Albinus Cæfar II.
Q. Flavius Scapula Tertullus,     195.
Tincius Flavius Clemens.
Cn. Domitius Dexter II,     196.
L. Valerius Meffala Prifcus.

App. Claudius Lateranus,     197.
M. Marius Rufinus.
T. Aturius Saturninus,     198.
C. Annius Trebonius Gallus,
Cornelius Anulinus II,     199.
M. Anfidius Fronto.
G. Claudius Severus,     200.
C. Anfidius Victorinus.
L. Annius Fabianus,     201.
M. Nonnius Mucianus.
L. Septimius Severus Auguftus III,     202.
M. Aurelius Antoninus Auguftus.
P. Septimius Geta Cæfar,     203.
L. Fulvius Plautianus II.
L. Fabius Septiminus Silo II,     204.
M. Flavius Libo.
M. Aurelianus Antoninus Auguftus II,     205.
P. Septimius Geta Cæfar.
M. Nummius Annius Albinus,     206.
Fulvius Æmilianus.
M. Flavius Aper,     207.
Q. Allius Maximus.
M. Aurelianus Antoninus Auguftus III,     208.
P. Septimius Geta Cæfar II.
T. Claudianus Civica Pompeianus,     209.
Lollianus Avitus.
Man. Acilius Fauftinus,     210.
C. Cæfonius Macer Triarius Rufinus.
Q. Elpidius Rufus Lollianus Gentianus,     211.
Pomponius Baffus.
Julius Afper,     212.
P. Afper ou C. Julius Afper II.
C. Julius Afper.
M. Aurelianus Antoninus Auguftus IV,     213.
D. Cœcilius Balbinus II.

*Furent fubrogés :*

M. Antonius Gordianus.
Helvius Pertinax.
Silius Meffala,     214.
Q. Aquilius Sabinus.
Æmilius Lætus II,     215.
Anicius Cerealis.
C. Atius Sabinus II,     216.
Sex. Cornelius Anulinus.
C. Bruttius Præfens,     217.
T. Meffius Extricatus.

*Furent fubrogés :*

Macrinus Auguftus.
Diadumenianus Cæfar.
Antoninus Auguftus,     218.
Q. M. Coclatinus Adventus II.
M. Aurelianus Antoninus Auguftus II,     219.
Licinius Sacerdos II.
M. Aurelianus Antoninus Auguftus II,     220.
M. Aurel. Eutychianus Comazon.
Annius Gratus Sabinianus,     221.
Claudius Seleucus.
M. Aurelianus Antoninus Auguftus III,     222.
M. Aurel. Severus Alexander Cæfar.

L. Marius Maximus , 223.
L. Roscius Ælianus.
Claudius Julianus II , 224.
Claudius Crispinus.
M. Messius Fuscus, ou Rufus ou Priscus & Pris-
cianus , 225.
L. Turpilius Dexter.
M. Aurel. Severus Alexander Augustus II , 226.
C. Marcellus Quinctilius II.
L. Cœlius Balbinus , 227.
Maxim. Æmilius Æmilianus ou Maxim. Nummius
Albinus.
T. Manilius Modestus ou Vettius Modestus , 228.
Serg. Calpurnius Probus.
M. Aur. Sever. Alexand. Augustus III , 229.
Cassius Dio III.

*A ce dernier on substitue :*

M. Antonius Gordianus.
L. Calpurnius Virius Agricola , 230.
Sex. Cassius Clementinus.
M. Aurel. Claudius Civica Pompeianus , 231.
Pelignianus ou Pelignus ou Felicianus.
P. Julius Lupus , 232.
Maximus.
Maximus II, 233.
Ovinius Paternus.
Maximus III , 234
C. Cœlius Urbanus, ou Maximus ou P. Urinatus
Urbanus.
L. Catilius Severus , 235.
L Ragonius Urinatius Quintianus.
C. Julius Maximinus Augustus. 236.
C. Julius Africanus.
P. Titius Perpetuus , 237.
L. Ovinius Rusticus Cornelianus.

*Au premier mai furent mis :*

Junius Silanus.
Cn. Massius Gallicanus.

*A ce dernier on subrogea :*

L. Septimius Valerianus.

*Et au mois de juillet :*

Titius Claudius Julianus.
Celsus Ælianus.
M. Ulpius ou Pius Crinitus , 238.
Proculus Pontianus.
M. Antoninus Gordianus Augustus. 239.
M. Acilius Aviola.
Vettius Salbinus , 240.
Venustus.
M. Anton. Gordianus Augustus II , 241.
Tit. Claud. Civica Pompeianus II.
C. Vettius Aufidius Atticus , 242.
C. Asinius Prætextatus.
C. Julius ou Julianus Atrianus , 243.
Æmilius Papus.
Peregrinus , 244.
A. Fulvius Æmilianus.

M. Julius Philippus Augustus. 245.
T. Fabius Junius Titianus.
Bruttius Præsens , 246.
Nummius Albinus II.
M. Julius Philippus Augustus II , 247.
M. Julius Philippus Cæsar.
M. Julius Philippus Augustus III , 248.
M. Julius Philippus Cæsar II.
M. Fulvius Æmilianus II , 249.
Junius ou Vettius Aquilinus.
C. Messius Quintius Trajanus Decius Augustus II, 250.
Annius Maximus Gratus.
C. Mes. Quint. Traj. Dec. Augustus III, 251.
Q. Herennius Hetruscus Messius Dec. Cæsar.
C. Vibius Trebonianus Gallus Augustus II, 252.
C. Vibius Volusianus Cæsar.
C. Vibius Volusianus Augustus II , 253.
M. Valerius Maximus.
P. Licinius Valerianus Augustus II, 254.
M. Valerius Maximus.
P. Licinius Valerianus Augustus III , 255.
P. Licinius Gallienus Augustus II.
M. Valerius Maximus II , 256.
M. Acilius Glabrio.

*Ont été subrogés :*

Antonius.
Gallus.
P. Licinius Valerianus Augustus IV , 257.
P. Licinius Gallienus Augustus III.

*Ont été subrogés au premier juillet :*

M. Ulpius Crinitus II.
L. Domitius Aurelianus.
M. Aurelius Memmius Tuscus , 258.
Pomponius Bassus.
Fulvius Æmilianus , 259.
Pomponius Bassus II.
L. Cornelius Secularia , 260.
Junius Donatus.
P. Licinius Gallienus Augustus IV , 261.
L. Petronius Taurus Volusianus.
P. Licinius Gallienus Augustus V , 262.
Ap. Pompeius Faustinus.
M. Nummius Albinus II , 263.
Maximus Dexter.
P. Licinius Gallienus Augustus VI , 264.
Annius ou Amulius Saturninus.
P. Licin. Valerianus Cæsar II , 265.
L. Cœsonius Macer Lucillus, ou Lucianus ou Lu-
cinius Rufinianus.
P. Lic. Gallienus Augustus VII , 266.
Sabinillus.
Ovinius Paternus , 267.
Arcesilaus.
Ovinius Paternus II , 268.
Marinianus.
M. Aurelianus Claudius Augustus II , 269.
Paternus.

Iii 2

Flavius Antiochianus.      270.

Furius Orfitus.

L. Domitius Valerius Aurelian. Auguftus II , 271.

M. Cejonius Virius Baffus II ou Pomponius Baffus.

Quietus ,      272.

Voldumianus.

*Fut fubrogé au premier juillet :*

Q. Falfonius, ou Nao Falconius ou Nicomaque.

M. Claudius Tacitus ,      273.

M. Mœcius Furius Placidianus.

L. Valerius Domitius Aurelian. Auguftus III , 274.

C. Julius Capitolinus.

L. Valerius Domit. Aurel. Auguftus IV , 275.

T. Nonius ou Avonius Marcellinus.

*On lui a fubftitué au premier février :*

M. Aurelius Gordianus.

*Et au premier juillet :*

Vettius Cornificius Gordianus.

M. Claudius Tacitus Auguftus II ,      276.

Fulvius Æmilianus.

*Lui fut fubftitué au premier février :*

Ælius Corpianus.

M. Aurelius Valerius Probus Auguftus.      277.

M. Aurelius Paulinus.

M. Aur. Valer. Probus Auguftus II ,      278.

M. Furius Lupus.

M. Aur. Valer. Probus Auguftus III ,      279.

Ovinius Paternus.

Junius Meffala ,      280.

Gratus.

M. Aur. Val. Probus Auguftus IV ,      281.

C. Junius Tiberianus.

M. Aur. Val. Probus Auguftus V ,      282.

Pomponius Victorinus.

M. Aurelius Carus Auguftus II ,      283.

M. Aurelius Carinus Cæfar.

*Le premier juillet furent fubftitués :*

M. Aur. Numerianus Cæfar Matronianus.

M. Aur. Carinus II ,      284.

M. Aur. Numerianus II.

*On leur a fubftitué au premier mai :*

Diocletianus.

Annius Baffus.

*Auxquels on a encore fubftitué au premier feptembre ou novembre.*

M. Aur. Val. Maximianus.

M. Junius Maximus.

C. Aurelius Valerius Diocletianus II ,      285.

Ariftobulus.

M. Junius Maximus II ,      286.

Vettius Aquilinus.

C. Aur. Val. Diocletianus Auguftus III ;      287.

M. Aur. Val. Maximianus Herculius Auguftus.

M. Aur. Val. Maxim. Herc. Auguftus II ,      288.

Pomponius Januarius.

Annius Baffus ,      289.

L. Ragonius Quinctianus.

C. Aur. Val. Diocletianus Auguftus IV ,      290.

M. Aur. Val. Max. Auguftus III.

C. Junius Tiberianus ,      291.

Caffius Dio.

Afranius Hannibalianus ,      292.

M. Aur. Afclepiodotus.

C. Aur. Val. Dioclet. Auguftus V ,      293.

M. Aur. Val. Max. Herc. Auguftus IV.

Fl. Val. Conftantius Chlorus Cæfar ,      294.

C. Galerius Val. Max. Cæfar.

Hummius Tufcus ,      295.

Annius Cornelius Anulinus.

C. Aur. Val. Dioclet. Auguftus VI ,      296.

Fl. Val. Conftant. Chlor. Cæfar II.

M. Aur. Val. Max. Auguftus V ,      297.

C. Galer. Max. Cæfar II.

Anicius Fauftus II ,      298.

Severus Gallus.

C. Aur. Val. Dioclet. Auguftus VII ,      299.

M. Aur. Val. Max. Auguftus VI.

Fl. Val. Conft. Chlor. Cæfar II ,      300.

C. Galer. Val. Max. Cæfar III.

Pofthumius Titianus II ,      301.

Fl. Popilius Nepotianus.

Fl. Val. Conft. Chlor. Cæfar IV ,      302.

C. Gal. Max. Cæfar IV.

C. Aur. Val. Diocl. Auguftus VIII ,      303.

M. Aur. Val. Max. Auguftus VII.

C. Aur. Val. Diocl. Auguftus IX ,      304.

M. Aur. Val. Max. Auguftus VIII.

Fl. Val. Conft. Chlor. Cæfar V ,      305.

C. Gal. Val. Max. Cæfar V.

Fl. Val. Conft. Auguftus.      306.

C. Gal. Val. Max. Auguftus VI.

*On croit qu'on leur a fubrogé au premier mars :*

P. Cornelius Anulinus.

Maximinus Cæfar.

Severus Cæfar.

Il y a dans les années qui fuivent, des difficultés fur les confulats, à caufe des différens Empereurs entre lefquels l'Empire romain étoit partagé ; ce qui fait que plufieurs auteurs terminent ici les faftes confulaires ; d'autres les pouffent jufqu'en 541 , que Juftinien abolit le confulat , au moins pour les particuliers , & le réferva pour les Empereurs. Bafile-le-Jeune ( *Fl. Bafilius Junior* ) eft le dernier particulier qui ait été Conful , & depuis 542 jufqu'à 565 , année de la mort de Juftinien , on compta les années par première , feconde , &c. après le confulat de Bafile. La première année des Empires fuivans étoit l'année du confulat du nouvel Empereur , & les autres années fe comptoient par première , feconde , &c. après ce confulat. On compta ainfi les années des règnes de Juftin , de

Tibère, de Maurice, de Phocas, d'Héraclius, de Conftant II, jufqu'à la vingt-fixième année après le confulat de ce dernier, c'eft-à-dire, jufqu'à la vingt-feptième & dernière année du règne de cet Empereur, année qui répond à l'an 668 de l'ère chrétienne, époque jufqu'à laquelle quelques auteurs, en petit nombre, pouffent les faftes confulaires.

## HISTOIRE MODERNE.

### HISTOIRE ECCLÉSIASTIQUE.

#### · Lifte chronologique des Papes.

Saint Pierre, mort l'an de J. C.          66.
— Lin,                                     78.
— Anaclet,                                 91.
— Clément,                                100.
— Evarifte,                               109.
— Alexandre I,                            119.
— Sixte I,                                127.
— Télefphore,                             139.
— Hygin,                                  142.
— Pie I,                                  157.
— Anicet,                                 168.
— Soter,                                  177.
— Eleuthère,                              192.
— Victor,                                 201.
— Zéphirin,                               219.
— Callixte I,                             221.
— Urbain I,                               230.
— Pontien,                                235.
— Anthère.                                236.
— Fabien,                                 250.
— Corneille,                              252.
*Novatien*, premier antipape en           252.
Lucius,                                   253.
Etiénne I,                                257.
Sixte II,                                 259.
Denis,                                    269.
Félix I,                                  274.
Eutychien,                                283.
Caïus,                                    296.
Marcellin,                                304.
Marcel,                                   310.
Eufèbe,                                   310.
Melchiade ou Miltiade,                    314.
Sylveftre,                                336.
Marc,                                     335.
Jules I,                                  352.
Libère,                                   366.
Félix II, pape felon les uns, antipape felon les autres.
Damafe,                                   384.
*Urficin*, antipape.
Sirice,                                   398.
Anaftafe I,                               402.
Innocent I,                               417.

Zofime,                                   418.
Boniface I,                               422.
*Eulalius*, antipape.
Céleftin I,                               432.
Sixte III,                                440.
Saint Léon-le-Grand,                      461.
Hilaire,                                  468.
Simplice,                                 483.
Félix III,                                492.
Gelafe,                                   496.
Anaftafe II,                              498.
Symmaque,                                 514.
*Laurent*, antipape.
Hormifdas,                                523.
Jean I,                                   526.
Félix IV,                                 530.
Boniface II,                              532.
*Diofcore*, antipape.
Jean II,                                  535.
Agapet ou Agapit,                         536.
Sylvère,                                  538.
Virgile,                                  555.
Pélage I,                                 560.
Jean III,                                 573.
Benoît I,                                 578.
Pélage II,                                590.
Grégoire-le-Grand,                        604.
Sabinien,                                 606.
Boniface III,                             607.
Boniface IV,                              615.
Dieu-Donné I,                             618.
Boniface V,                               625.
Honorius I,                               638.
Séverin,                                  640.
Jean IV,                                  642.
Théodore I,                               649.
Martin I,                                 655.
Eugène I,                                 657.
Vitalien,                                 672.
Dieu-Donné II ou Deodat,                  676.
Donus I ou Domnus,                        678.
Agathon,                                  682.
Léon II,                                  683.
Benoît II,                                685.
Jean V,                                   686.
*Pierre*, antipape.
*Théodore*, auffi antipape.
Conon,                                    687.
*Théodore*, antipape.
*Pafcal*, idem.
Sergius I,                                701.
Jean VI,                                  705.
Jean VII,                                 707.
Sifinnius,                                708.
Conftantin,                               715.
Grégoire II,                              731.
Grégoire III,                             741.
Zacharie,                                 752.
Etienne II, *élu & non facré, n'eft pas compté par la plupart des hiftoriens.*

| | |
|---|---|
| Etienne II ou III , | 757. |
| Paul I , | 767. |
| *Conftantin* , antipape. | |
| Etienne III ou IV, | 772. |
| Adrien I , | 795. |
| Léon III , | 816. |
| Etienne IV ou V, | 817. |
| Pafcal I , | 824. |
| Eugène II , | 827. |
| *Zifme* , antipape. | |
| Valentin , | 827. |
| Grégoire IV, | 844. |
| Sergius II , | 847. |
| Léon IV, | 855. |
| Benoît III , | 858. |
| *Anaftafe* , antipape. | |
| Nicolas I , | 867. |
| Adrien II , | 872. |
| Jean VIII , | 882. |
| Marin ou Martin II , | 884. |
| Adrien III , | 885. |
| Etienne V ou VI , | 891. |
| Formofe , | 896. |
| Boniface VI , *regardé par quelques-uns comme anti-pape* , | 896. |
| Etienne VI ou VII , | 897. |
| Romain , | 897. |
| Théodore II , | 898. |
| Jean IX , | 900. |
| Benoît IV, | 903. |
| Léon V, | 903. |
| Chriftophe, *regardé par plufieurs comme antipape*, | 904. |
| Sergius III , | 911. |
| Anaftafe III , | 913. |
| Landon , | 914. |
| Jean X , | 928. |
| Léon VI , | 929. |
| Etienne VII ou VIII , | 931. |
| Jean XI , | 936. |
| Léon VII , | 939. |
| Etienne VIII ou IX , | 943. |
| Marin ou Martin III , | 946. |
| Agapet II , | 955. |
| Jean XII , | 964. |
| *Léon* , antipape. | |
| Léon VIII , | 965. |
| Jean XIII , | 972. |
| Benoît VI , | 974. |
| *Boniface VII*, antipape. | |
| Donus II , | 974. |
| Benoît VII, | 983. |
| Jean XIV, | 984. |
| *Boniface VII* , antipape une feconde fois , | 985. |
| Jean élu , non facré , & compté pour le XVe. du nom , | 985. |
| Jean XV ou XVI , | 996. |
| *Jean XVI*, antipape , | 990. |
| Grégoire V, | 999. |
| Sylveftre II , | 1003. |
| Jean XVII ou XVIII , | 1003. |

| | |
|---|---|
| Jean XVIII ou XIX , | 1009. |
| Sergius IV, | 1012. |
| Benoît VIII , | 1024. |
| *Grégoire* , antipape. | |
| Jean XIX ou XX , | 1033. |
| Benoît IX abdique en | 1044. |
| *Sylveftre* , antipape. | |
| Grégoire VI abdique en | 1046. |
| Clément II , | 1047. |
| Benoît IX , derechef en | 1047. |
| Jufqu'en | 1048. |
| Damafe II , | 1048. |
| Léon IX , | 1054. |
| Victor II , | 1057. |
| Etienne IX ou X , | 1058. |
| *Benoît X* , antipape , | 1059. |
| Nicolas II , | 1061. |
| Alexandre II , | 1073. |
| *Honorius* , antipape , | 1080. |
| Grégoire VII , | 1085. |
| Guibert. | |
| Victor III , | 1087. |
| Urbain II , | 1099. |
| Pafchal II , | 1118. |
| *Albert , Théodoric & Maginulfe* , antipapes. | |
| Gelafe II , | 1119. |
| *Maurice Bourdin* , antipape. | |
| Callixte II , | 1124. |
| Honorius II , | 1130. |
| Innocent II , | 1143. |
| *Anaclet & Victor* , antipapes. | |
| Céleftin II , | 1144. |
| Lucius II , | 1145. |
| Eugène III , | 1153. |
| Anaftafe IV, | 1154. |
| Adrien IV, | 1159. |
| Alexandre III , | 1181. |
| *Victor, Pafchal, Callixte, Innocent*, antipapes. | |
| Lucius III , | 1185. |
| Urbain III , | 1187. |
| Grégoire VIII , | 1187. |
| Clément III , | 1191. |
| Céleftin III , | 1198. |
| Innocent III , | 1216. |
| Honorius III , | 1227. |
| Grégoire IX , | 1241. |
| Céleftin IV , | 1241. |
| Innocent IV, | 1254. |
| Alexandre IV, | 1261. |
| Urbain IV, | 1264. |
| Clément IV, | 1268. |
| Grégoire X , | 1275. |
| Innocent V, | 1276. |
| Adrien V, | 1276. |
| Jean XXI , | 1277. |
| Nicolas III , | 1280. |
| Martin IV, | 1285. |
| Honorius IV, | 1287. |
| Nicolas IV, | 1292. |
| Céleftin V abdique en | 1294. |

# CHRONOLOGIE.

Boniface VIII, 1303.
Benoît XI, 1304.

*Translation du Saint-Siége à Avignon par le successeur de Benoît XI.*

Clément V, depuis 1305 jusqu'en 1314.
Jean XXII, 1334.
*Pierre de Corbière*, antipape
Benoît XII, 1342.
Clément VI, 1352.
Innocent VI, 1362.
Urbain V, 1370.
Grégoire XI, 1378.

*Il reporta le Saint-Siége à Rome en 1377. Après sa mort arriva le grand schisme d'Occident. Il y eut un siége pontifical à Avignon.*

Urbain VI, à Rome, 1389.
Clément VII, à Avignon, mort en 1394.

*Benoît XIII élu en 1394, successeur de Clément VII. Son obédience, suspendue en 1398, fut reprise en 1403. Il est déposé au concile de Pise en 1405 ; au concile de Constance, en 1417; meurt en 1424. Les cardinaux de son parti lui donnèrent pour successeur Clément VIII, qui n'est pas reconnu, & l'on ne reconnoît pour légitime que la succession de Rome.*

À Urbain VI succéda :
Boniface IX, mort en 1404.
Innocent VII, 1406.
Grégoire XII, *déposé au concile de Pise*, 1409.
Alexandre V, *élu au concile de Pise*, 1410.
Jean XXIII *abdique dans le concile de Constance ; mort en* 1415.
Martin V, *élu dans le concile de Constance*, 1431.
Eugène IV, 1447.

*Félix V est élu dans le concile de Bâle en 1439, abdique en 1449, & meurt en 1451.*

Nicolas V, depuis 1447 jusqu'en 1455.
Callixte III, 1458.
Pie II, 1464.
Paul II, 1471.
Sixte IV, 1484.
Innocent VIII, 1492.
Alexandre VI, 1503.
Pie III, 1503.
Jules II, 1513.
Léon X, 1521.
Adrien VI, 1523.
Clément VII, 1534.
Paul III, 1549.
Jules III, 1555.
Marcel II, 1555.
Paul IV, 1559.
Pie IV, 1565.
Pie V, 1572.
Grégoire XIII, 1585.
Sixte V, 1590.

Urbain VII, 1590.
Grégoire XIV, 1591.
Innocent IX, 1591.
Clément VIII, 1605.
Léon XI, 1605.
Paul V, 1621.
Grégoire XV, 1623.
Urbain VIII, 1644.
Innocent X, 1655.
Alexandre VII, 1667.
Clément IX, 1669.
Clément X, 1676.
Innocent XI, 1689.
Alexandre VIII, 1691.
Innocent XII, 1700.
Clément XI, 1721.
Innocent XIII, 1724.
Benoît XIII, 1730.
Clément XII, 1740.
Benoît XIV, 1758.
Clément XIII, 1769.
Clément XIV, 1774.

Pie VI, *élu au commencement de 1775, mort à la fin de ce dix-huitième siècle.*
Pie VII, *siégeant actuellement* (1804).

## CONCILES.

Nous nous bornerons ici à l'énumération des conciles généraux. On en compte vingt.

Le premier est celui de Nicée, tenu en l'an 325, où assista l'empereur Constantin, & où l'on rédigea le Symbole de Nicée.

Le second est celui de Constantinople, tenu en 381, où l'on ajouta au Symbole de Nicée ce qui concerne la divinité du Saint-Esprit.

Le troisième, celui d'Ephèse, en 431, où la sainte Vierge fut déclarée *Mère de Dieu*, où Nestorius fut condamné, & la condamnation de Pélage confirmée.

Le quatrième, celui de Chalcédoine, en 451, où Eutychès & Dioscore, qui n'admettoient qu'une nature en Jésus-Christ, furent condamnés, Eutychès excommunié, & Dioscore chassé de son siége d'Alexandrie.

Le cinquième est le second concile général de Constantinople en 553. On y condamna les erreurs d'Origène, de Didyme, de Théodoret, de Théodore de Mopsueste, & d'Ibas, évêque d'Edesse : on y confirma les quatre premiers conciles généraux, notamment celui de Chalcédoine.

Le sixième, tenu encore à Constantinople en 680 & 681, condamna le monothélisme, & reconnut en Jésus-Christ deux volontés comme deux natures.

Le septième est le second concile de Nicée, où l'on condamna les Iconoclastes.

Le huitième, tenu encore à Constantinople en 869, condamna Photius, & consacra de nouveau le culte des images.

Le neuvième eſt le premier concile général de Latran en 1123, ſous le pape Callixte II. On y régla ce qui concernoit la collation des bénéfices & le maintien de la diſcipline eccléſiaſtique.

Le dixième eſt le ſecond concile général de Latran, tenu en 1139, ſous le pape Innocent II, & en préſence de l'empereur Conrad III, toujours pour le maintien de la diſcipline eccléſiaſtique. On y condamna de plus les erreurs d'Arnaud de Breſſe, diſciple d'Abélard.

Le onzième eſt le troiſième concile général de Latran, tenu en 1179, ſous le pape Alexandre III. On y annulla les ordinations faites par des antipapes, & on condamna les erreurs des Vaudois.

Le douzième eſt encore un concile général de Latran, tenu en 1215, & préſidé par le pape Innocent III. On y condamna les erreurs des Albigeois, & c'eſt à quoi il eût fallu s'en tenir.

Le treizième eſt le premier concile général de Lyon en 1245, préſidé par le pape Innocent IV, & auquel aſſiſtèrent Baudouin II, empereur d'Orient, & ſaint Louis, roi de France. On y excommunia (paſſe pour excommunier) mais on y dépoſa l'empereur d'Occident, Frédéric II. Cela paſſe le pouvoir de l'Egliſe. C'eſt dans ce concile que le chapeau rouge fut donné aux Cardinaux, & qu'il fut réſolu d'envoyer dans la Paleſtine une nouvelle armée de croiſés ſous la conduite de ſaint Louis.

Le quatorzième eſt le ſecond concile général de Lyon en 1274, préſidé par le pape Grégoire V. On s'y occupa de la réunion des Grecs & des Latins ſur la proceſſion du Saint-Eſprit. On ajouta au Symbole le mot *filioque*. On s'occupa auſſi dans ce concile, comme dans pluſieurs des précédens, des moyens de recouvrer la Terre-Sainte.

Le quinzième eſt un concile général tenu en 1311 à Vienne en Dauphiné, ſous le pape Clément V. Philippe IV, dit le Bel, roi de France, Edouard II, roi d'Angleterre, & Jacques II, roi d'Arragon, y aſſiſtèrent. On y abolit les Templiers (laiſſons ſur ces horreurs le voile qui les couvre): on y condamna diverſes erreurs, des Fratricelles, des Dulciniſtes & Béguards: on y inſtitua la proceſſion ſolennelle du Saint-Sacrement.

Le ſeizième eſt le célèbre concile de Conſtance en 1414, où Jean Huſ & Jérôme de Prague furent brûlés vifs au mépris d'un ſauf-conduit (tirons encore ici le voile). On y établit la ſupériorité du concile général ſur les Papes, & il le falloit bien, puiſque deux Papes ſe diſputoient opiniâtrement la papauté. Gerſon du moins y fit condamner le régicide.

Le dix-ſeptième eſt le concile de Bâle, confirmatif du concile de Conſtance, & qui en conſéquence dépoſa le pape Eugène IV. Sa date eſt 1431.

Le dix-huitième eſt le concile général de Florence en 1439. On s'y occupa de la réunion de l'Egliſe grecque & de l'Egliſe latine.

Le dix-neuvième eſt le cinquième concile général de Latran, que Jules II oppoſoit au concile de Piſe, où Louis XII l'avoit fait dépoſer. Il fallut accéder à ce concile de Latran, & ſe réconcilier avec Jules II & Léon X ſon ſucceſſeur. Ce dix-neuvième concile, commencé en 1512, dura cinq ans.

Le concile de Trente, vingtième & dernier concile général, dura près de dix-huit ans, depuis 1545 juſqu'en 1563, ſous cinq Papes, Paul III, Jules III, Marcel II, Paul IV, Pie V. On y condamna les Luthériens & autres ſectaires: on y fit pluſieurs canons très-utiles, qui rempliſſent aujourd'hui le bréviaire de Paris, ainſi que pluſieurs autres canons de divers conciles.

# HISTOIRE MODERNE.

## HISTOIRE PROFANE.

### EMPEREURS ROMAINS.

Remontons à quelques années avant Jéſus-Chriſt. Jules-Céſar eſt créé dictateur perpétuel, l'an 45 avant J. C. Il eſt aſſaſſiné l'année ſuivante.

Auguſte règne juſqu'à l'an 14 avant J. C.

| | |
|---|---|
| Tibère, juſqu'à l'an de J. C. | 37. |
| Caligula, | 41. |
| Claude, | 54. |
| Néron, | 68. |
| Galba, | 69. |
| Othon, | 69. |
| Vitellius, | 69. |
| Veſpaſien, | 79. |
| Titus, | 81. |
| Domitien, | 96. |
| Nerva, | 98. |
| Trajan, | 117. |
| Adrien, | 138. |
| Antonin Pie, | 161. |
| Marc Aurèle, | 180. |
| Lucius Verus, | 169. |
| Commode, | 193. |
| Pertinax, | 193. |
| Didier Julien, | 193. |
| Niger, | 195. |
| Albin, | 197. |
| Septime Sévère, | 211. |
| Caracalla, | 217. |
| Geta, | 212. |
| Macrin, | 218. |
| Héliogabale, | 222. |
| Alexandre Sévère, | 235. |
| Maximien, | 238. |
| Gordien l'ancien, | 237. |
| Gordien le fils, Maxime & Balbin, | 238. |
| Gordien le jeune, | 244. |
| Philippe, père & fils, | 249. |
| Dèce, | 251. |
| Gallus, | 253. |
| Hoſtilien, | 252. |

Voluſien,

Ici finit le royaume des Lombards, détruit en 774 par Charlemagne, qui prit le titre de roi d'Italie jufqu'en l'an 800, que l'empire d'Occident fut rétabli pour lui.

Mais comme ce nouvel empire d'Occident n'a pas ceffé, nous allons, avant d'en parler, voir ce que devint l'empire d'Orient, commencé par Arcadius, frère d'Honorius, & comme lui fils peu digne de Théodofe. Conftantin avoit, fans le favoir, préparé de loin ce partage par la tranflation qu'il avoit faite à Conftantinople de la capitale de l'empire.

K k k

**EMPIRE D'ORIENT.**

| | |
|---|---|
| Arcadius, depuis 395 jusqu'en | 408. |
| Théodose II, le jeune, mort en | 450. |
| Marcien, | 457. |
| Léon I, | 474. |
| Léon II, le jeune, | 474. |
| Zénon, | 491. |
| Basilisque, Marcien & Léonce. | |
| Anastase I, | 518. |
| Justin I, | 527. |
| Justinien I, | 565. |
| Justin II, | 578. |
| Tibère II, | 582. |
| Maurice, | 602. |
| Phocas, | 610. |
| Héraclius, | 641. |
| Héraclius Constantin, trois mois, en | 641. |
| Héracléonas, sept mois aussi, en | 641. |
| Tibère, peu de jours encore, en | 641. |
| Constant II, | 668. |
| Maurice. | |
| Grégoire. | |
| Constantin III, Pogonat, | 685. |
| Justinien II, Rhinotmète, | 695. |
| Léonce, | 698. |
| Absimare Tibère, | 705. |
| Justinien II rétabli, | 711. |
| Philippique Bardane, | 713. |
| Anastase II, | 715. |
| Théodose III, | 717. |
| Léon III, l'Isaurien, | 741. |
| Constantin Copronyme | 775. |
| Léon IV, Chazare, | 780. |
| Constantin V & Irène, | 797. |
| Irène seule, | 802. |
| Nicéphore, | 811. |
| Staurace, deux mois après. | |
| Michel Curopalate, | 813. |
| Léon l'Arménien, | 820. |
| Michel-le-Bègue, | 829. |
| Théophile, | 842. |
| Michel III, | 867. |
| Basile-le-Macédonien, | 886. |
| Léon-le-Philosophe, | 911. |
| Alexandre, | 912. |
| Constantin VI, Porphyrogenète. | |
| Romain Lécapène. | |
| Christophe. | |
| Etienne. | |
| Constantin VII, Augustes, en | 915. |
| Constantin seul, depuis 948 jusqu'en | 969. |
| Romain II, | 963. |
| Nicéphore Phocas, | 969. |
| Jean Zimiscès, | 976. |
| Basile II, | 1025. |
| Constantin VIII, | 1028. |
| Romain Argyre, | 1034. |
| Michel IV, Paphlagonien, | 1041. |
| Michel Calaphate, | 1042. |

| | |
|---|---|
| Zoë & Théodora, sœurs, deux mois, | 1042. |
| Constantin Monomaque, | 1054. |
| Théodora, Impératrice, | 1056. |
| Michel VI, Stratiotique, | 1057. |
| Isaac Comnène, | 1059. |
| Constantin X, Ducas, | 1067. |
| Michel Andronic. | |
| Constantin Ducas, frères, | 1068. |
| Romain Diogène, | 1071. |
| Michel Ducas seul, | 1078. |
| Nicéphore Botoniate, | 1081. |
| Alexis Comnène, | 1118. |
| Jean Comnène, | 1143. |
| Manuel Comnène, | 1180. |
| Alexis Comnène, | 1183. |
| Andronic Comnène, | 1185. |
| Isaac Lange, | 1185. |
| Alexis Lange, dit Comnène, | 1203. |
| Alexis Ducas, dit Murzuphle, | 1204. |

### EMPIRE LATIN

*ou* EMPIRE DES FRANÇAIS A CONSTANTINOPLE,

*Dure cinquante-huit ans.*

| | |
|---|---|
| Baudouin, depuis 1204 jusqu'en | 1206. |
| Henri son frère, | 1216. |
| Pierre de Courtenay, | 1219. |
| Robert de Courtenay, | 1228. |
| Baudouin II de Courtenay, | 1261. |

### EMPEREURS GRECS A NICÉE.

| | |
|---|---|
| Théodore Lascaris I, depuis 1204 jusqu'en 1221. | |
| Jean Ducas Vatace, jusqu'en | 1255. |
| Théodore Lascaris II. | |
| Jean Lascaris & Michel Paléologue, jusqu'en 1261. | |
| Michel seul, jusqu'en | 1282. |
| Andronic, dit le Vieux, | 1332. |
| Andronic, dit le Jeune, | 1341. |
| Jean Paléologue, | 1391. |
| Jean Cantacuzène abdiqué en | 1355. |
| Manuel Paléologue, | 1425. |
| Jean Paléologue, | 1448. |
| Constantin Paléologue jusqu'en 1453, que Mahomet II prit Constantinople & mit fin à l'empire d'Orient. | |

### EMPEREURS D'OCCIDENT,

*aujourd'hui d'Allemagne.*

| | |
|---|---|
| Charlemagne, depuis 800 jusqu'en | 814. |
| Louis-le-Débonnaire, | 840. |
| Lothaire I, | 855. |
| Louis II, | 875. |
| Charles-le-Chauve, | 877. |
| *Interrègne de trois ans.* | |
| Charles-le-Gros, | 888. |
| Guy, | 894. |
| Arnoul, | 889. |

| | | | |
|---|---|---|---|
| Bérenger & Lambert. | | Moavia en Egypte. | |
| Louis III, | 912. | Ali en Arabie, | 661. |
| Conrad I, | 918. | Hasan, | 661. |
| Henri l'Oiseleur, | 936. | Moavia seul, | 680. |
| Othon-le-Grand, | 973. | Yezid I, | 683. |
| Othon II, | 983. | Moavia II, | 684. |
| Othon III, | 1002. | Mervan I, | 685. |
| Henri II, | 1024. | Abdolmalek, | 705. |
| Conrad II, le Salique, | 1039. | Valid I, | 715. |
| Henri III, le Noir, | 1056. | Soliman, | 717. |
| Henri IV, | 1106. | Omar II, | 720. |
| Henri V, | 1125. | Yezid II, | 724. |
| Lothaire II, | 1137. | Hescham, | 743. |
| Conrad III, | 1152. | Valid II, | 744. |
| Frédéric I, Barberousse, | 1190. | Yezid III, | 744. |
| Henri VI, | 1197. | Ibrahim, | 744. |
| Philippe, | 1208. | Mervan II, | 750. |
| Othon IV, | 1218. | Aboulabas, | 754. |
| Frédéric II, | 1250. | Abougiafar-Almanzor, | 775. |
| Conrad IV, | 1254. | Mohammed-Mahadi, | 785. |
| Guillaume, | 1256. | Hadi, | 786. |
| Troubles & interrègnes jusqu'en | 1273. | Harun-al-Raschild, | 809. |
| Rodolphe de Hapsbourg, depuis 1273 jusqu'en | | Amin, | 813. |
| | 1291. | Mamoun, | 833. |
| Adolphe de Nassau, | 1298. | Motassem, | 842. |
| Albert d'Autriche, | 1308. | Vatek Billah, | 847. |
| Henri VII de Luxembourg, jusqu'en | 1313. | Motavakel, | 861. |
| Louis de Bavière, jusqu'en | 1347. | Mostanser, | 862. |
| Charles IV, | 1378. | Mostam Billah, | 866. |
| Venceslas, déposé en | 1400. | Motaz, | 869. |
| Robert, Palatin du Rhin, | 1410. | Mothadi Billah, | 870. |
| Josse de Moravie, | 1411. | Motamed Billah, | 892. |
| Sigismond de Luxembourg, | 1438. | Mothaded Billah, | 902. |
| Albert II d'Autriche, | 1439. | Moctafi Billah, | 908. |
| Frédéric III, | 1493. | Moktader Billah, | 932. |
| Maximilien I, | 1519. | Kaher, | 934. |
| Charles V, | 1557. | Rhadi, | 940. |
| Ferdinand I, | 1564. | Mothaki, | 944. |
| Maximilien II, | 1576. | Mosthakfi, | 946. |
| Rodolphe II, | 1612. | Mothi, | 974. |
| Mathias, | 1619. | Thai, | 991. |
| Ferdinand II, | 1637. | Kader, | 1031. |
| Ferdinand III, | 1658. | Kaiembamrillah, | 1075. |
| Léopold, | 1705. | Moctadi Bamrillah, | 1094. |
| Joseph I, | 1711. | Mostadher, | 1118. |
| Charles VI, | 1740. | Mostarched, | 1135. |
| En lui finit la Maison d'Autriche. | | Rasched, | 1136. |
| Charles VII de Bavière, élu Empereur en 1742, | | Moctafi II, | 1160. |
| mort en | 1745. | Mostandged, | 1170. |
| François I, duc de Lorraine, gendre de Charles, | | Mosthadi, | 1180. |
| Empereur en 1745, mort en | 1765. | Nasser, | 1225. |
| Joseph II son fils, élu Empereur en | 1765. | Daher, | 1226. |
| C'est toujours cette Maison de Lorraine qui occupe | | Mostanser, | 1243. |
| le trône impérial. | | Mostansem, | 1258. |

Tué à quarante-six ans.
En lui finit la dignité de Calife en Asie.

### CALIFES DES SARRASINS.

### EMPIRE OTHOMAN.

*Sultans.*

| | |
|---|---|
| Mahomet, depuis 622 jusqu'en | 632. |
| Aboubeker, | 634. |
| Omar, | 644. |
| Othman, | 656. |

Othman ou Osman meurt en 1326.

| | |
|---|---|
| Orchan ou Orkan, | 1360. |
| Amurat I, | 1389. |
| Bajazet I, | 1403. |
| Soliman I, | 1410. |
| Musa Chélébi, | 1413. |
| Mahomet I, | 1421. |
| Amurat II, | 1451. |
| Mahomet II, | 1481. |
| Bajazet II, | 1512. |
| Sélim I, | 1520. |
| Soliman II, | 1566. |
| Sélim II, | 1574. |
| Amurat III, | 1595. |
| Mahomet III, | 1603. |
| Achmet I, | 1617. |
| Muftapha, détrôné en | 1618. |
| Ofman I, en | 1622. |
| Muftapha, rétabli en | 1623. |
| Amurat IV, | 1640. |
| Ibrahim, | 1649. |
| Mahomet IV, dépofé en | 1687. |
| Soliman III, | 1691. |
| Achmet II, | 1695. |
| Muftapha II, | 1703. |
| Achmet III abdique en | 1730. |
| Mahomet V, | 1754. |
| Ofman II, | 1757. |
| Muftapha III, | 1774. |
| Achmet IV vivoit encore en | 1783. |

ROIS DE FRANCE.

*Première race, ou race mérovingienne.*

| | |
|---|---|
| Pharamond, dont on place la mort vers l'an | 428. |
| Clodion, | 448. |
| Mérovée, | 458. |
| Childéric, | 481. |
| Clovis, | 511. |

*Partage du royaume entre les fils de Clovis.*

| | |
|---|---|
| Thierry, à Metz, | 534. |
| Clodomir, à Orléans, | 524. |
| Childebert, à Paris, | 558. |
| Clotaire, à Soiffons. | 561. |

*Autre partage entre les fils de Clotaire.*

| | |
|---|---|
| Chérébert, à Paris, | 567. |
| Gontran, à Orléans, | 593. |
| Chilperic, à Soiffons, | 584. |
| Sigebert, | 575. |
| Clotaire II, fils de Chilperic, | 628. |
| Dagobert, | 638. |
| Clovis II, | 655. |
| Clotaire III, | 670. |
| Childeric II, en Auftrafie & en Neuftrie, | 673. |
| Thierry, dépofé en | 670. |
| Rétabli en | 691. |
| Clovis III, | 695. |
| Childebert II, | 711. |
| Dagobert II, | 715. |
| Clotaire IV, | 719. |

| | |
|---|---|
| Chilperic II, | 720. |

*Interrègne de deux ans.*

| | |
|---|---|
| Thierry II, | 737. |
| Childeric III, | 752. |

*Seconde race, ou race carlovingienne.*

| | |
|---|---|
| Pepin-le-Bref, | 768. |
| Charlemagne, | 814. |
| Louis I, dit le Débonnaire, | 840. |
| Charles II, le Chauve, | 877. |
| Louis II, le Bègue, | 879. |
| Louis III & Carloman, | 882 & 884. |
| Charles-le-Gros, | 888. |
| Eudes, | 898. |
| Charles III, le Simple, | 929. |
| Robert ufurpe en | 922. |
| Meurt en | 923. |
| Raoul, | 936. |
| Louis IV d'Outremer, | 954. |
| Lothaire, | 986. |
| Louis V, | 987. |

*Troifième race, ou race capétienne.*

| | |
|---|---|
| Hugues Capet, | 996. |
| Robert, | 1031. |
| Henri I, | 1060. |
| Philippe I, | 1108. |
| Louis VI, le Gros, | 1137. |
| Louis VII, le Jeune, | 1180. |
| Philippe II, Augufte, | 1223. |
| Louis VIII, Cœur-de-Lion, | 1226. |
| Louis IX (Saint), | 1270. |
| Philippe III, le Hardi, | 1285. |
| Philippe IV, le Bel, | 1314. |
| Louis X, le Hutin, | 1316. |
| Philippe V, le Long, | 1322. |
| Charles IV, le Bel, | 1328. |

*Branche de Valois.*

| | |
|---|---|
| Philippe VI, de Valois, | 1350. |
| Jean-le-Bon, | 1364. |
| Charles V, le Sage, | 1380. |
| Charles VI, le Bien-Aimé, | 1422. |
| Charles VII, le Victorieux, | 1461. |
| Louis XI, | 1483. |
| Charles VIII, | 1498. |
| Louis XII, Père du Peuple, | 1515. |
| François I, le Père des lettres, | 1547. |
| Henri II, | 1559. |
| François II, | 1560. |
| Charles IX, | 1574. |
| Henri III, | 1589. |

*Branche de Bourbon.*

| | |
|---|---|
| Henri IV, le Grand, | 16.0. |
| Louis XIII, le Jufte, | 1643. |
| Louis XIV, le Grand, | 1715. |
| Louis XV, | 1774. |
| Louis XVI, le 21 janvier, | 1793. |

*Jour vraiment néfafte.*

*Excidat illa dies avo.*

# RÉUNIONS

## DE DIVERS DOMAINES PARTICULIERS AU DOMAINE GÉNÉRAL DE LA FRANCE.

## ÉPOQUES DE CES RÉUNIONS,

*Avec un Tableau historique & chronologique abrégé de la succession à ces domaines, & de leur transmission dans les différentes Maisons qui les ont possédés :*

## LE TOUT PAR ORDRE ALPHABÉTIQUE.

ALBRET (COMTÉ D'). Amanjeu I fut investi, vers l'an 1000, du petit pays d'Albret en Guienne; il le posséda jusqu'en l'an 1060, qu'il mourut très-âgé.

Sa postérité masculine le posséda aussi, de père en fils, jusqu'en 1265, que Bernard II mourut, laissant seulement deux filles, Marthe & Isabelle.

Marthe mourut fille en 1270, & Isabelle sans enfans en 1285.

Amanjeu VII leur oncle, frère puîné de Bernard, leur succéda.

Le connétable d'Albret, tué à la bataille d'Azincourt, où il commandoit l'armée, étoit son arrière-petit-fils,

Et Charles II, fils du connétable, étoit gendre du trop fameux & trop malheureux connétable d'Armagnac.

Un des fils de Charles II, nommé aussi Charles, seigneur de Sainte-Baseille, ayant trahi le comte de Beaujeu en faveur du comte d'Armagnac, fut arrêté, & décapité en 1471.

Alain son neveu, mort en 1500, est celui qui se présenta, déjà vieux & difforme, pour épouser Anne de Bretagne, jeune & belle, d'ailleurs riche héritière, & recherchée par les plus grands Princes. Il fut refusé, comme il avoit dû s'y attendre.

Le fils d'Alain, Jean II, est celui qui épousa Catherine de Foix, héritière du royaume de Navarre, & sur lequel Ferdinand-le-Catholique usurpa ce royaume.

Il eut pour fils unique Henri, second en Navarre, premier dans le comté d'Albret, qui épousa cette aimable Marguerite de Valois, sœur chérie de François I, veuve de Charles, duc d'Alençon, dernier de cette branche. François I, en faveur

de ce mariage, donna au roi de Navarre, Henri, toute la succession d'Armagnac, confisquée par arrêt en 1471, sur Jean V, comte d'Armagnac.

Henri d'Albret descendoit d'Anne, fille du connétable d'Armagnac, tante de Jean V, sur qui la confiscation avoit été faite. Ce Jean V, comte d'Armagnac, avoit été, après les ducs de Bourgogne & de Bretagne, le plus puissant feudataire de la couronne.

Jeanne d'Albret, fille du roi de Navarre, Henri d'Albret, épousa Antoine de Bourbon, duc de Vendôme, premier Prince du sang, & fut mère de Henri IV, roi de Navarre, puis roi de France, qui, par son avénement à la couronne, y réunit, du chef de sa mère, tous les grands fiefs de Guienne, les successions des Maisons de Foix, d'Albret & d'Armagnac. Cette réunion est de l'an 1589.

ALENÇON (COMTÉ, *puis* DUCHÉ D'). Les premiers comtes d'Alençon étoient des cadets de la Maison des comtes du Perche. (*Voyez* plus bas l'article *Perche.*)

Robert, premier comte d'Alençon, étoit fils puîné de Guillaume I, comte du Perche, lequel étoit fils d'Yves de Bélesme, premier comte du Perche.

Ce Robert, dans une guerre qu'il eut contre un de ses voisins, fut fait prisonnier l'an 1000, & enfermé dans un château que ses sujets investirent pour délivrer leur seigneur. Leur zèle lui fut fatal : le vainqueur, par une violence qui pourroit étonner même dans les mœurs des neuvième & dixième siècles, fit assommer son prisonnier.

Guillaume I, dit Talvas, fils de Robert, fut aussi

cruel envers fa femme Hildeburge, qu'on l'avoit été envers fon père : il la fit étrangler dans les rues d'Alençon lorfqu'elle alloit à la meffe.

Arnoul, fils de Guillaume, auffi méchant que fon père, fut trouvé mort dans fon lit en 1032.

Yves, fils de Robert, frère de Guillaume & oncle d'Arnoul, fut le fucceffeur de cet Arnoul. Yves étoit évêque de Séez, & mourut en 1040.

Mabille fa nièce, fœur d'Arnoul, fut l'héritière d'Alençon. Elle avoit époufé Roger de Montgomery; elle fut & auffi méchante & auffi malheureufe que quelques-uns de fes prédéceffeurs. Un chevalier, à qui elle avoit pris un château, la furprit dans ce château même, & lui coupa la tête en 1099.

Robert II fon fils ne fut pas plus heureux : furpris dans Bélefme par Henri I, roi d'Angleterre, avec lequel il étoit en guerre, il fut fait prifonnier, & mourut dans fa prifon en 1111.

La poftérité de Roger de Montgomery continua de poffédér le comté d'Alençon jufqu'en 1195, qu'Elife, fille de Robert III, arrière-petit-fils de Robert II, le vendit au roi Philippe-Augufte, qui le réunit à la couronne.

Il en fut détaché en 1268, pour Pierre de France, troifiéme fils de faint Louis. Pierre étant mort en 1283 fans laiffer de fils, les deux qu'il avoit eus étant morts en bas âge, Alençon fut, pour la feconde fois, réuni à la couronne.

En 1286, nouvelle diftraction en faveur de Charles de Valois, frère de Philippe-le-Bel. Charles de Valois eut pour fucceffeur, dans ce comté, un autre Charles fon fils, frère puîné de Philippe de Valois. Il fut bleffé à la bataille de Montcaffel, & tué à celle de Crécy en 1346.

Un autre Charles, encore fils aîné de ce fecond Charles, & fon fucceffeur dans le comté d'Alençon, fe fit jacobin en 1355, & fut fait archevêque de Lyon en 1365.

Il avoit remis le comté d'Alençon à Pierre fon frère puîné. Celui-ci fut ôtage du roi Jean dans le tems de la délivrance de ce monarque.

Jean II, fils de Pierre, fervit la Maifon d'Orléans dans les guerres des Armagnacs & des Bourguignons. Ce fut pour lui qu'Alençon fut érigé en duché l'an 1414. Il fut tué l'année fuivante à la bataille d'Azincourt.

Le fils de ces Princes morts pour la patrie ou diftingués pour l'avoir fervie, Jean III, fut condamné deux fois à mort pour l'avoir troublée ; la première fois en 1456, pour avoir fait révolter le dauphin Louis contre le roi Charles fon père, puis Louis, devenu roi en 1461, ayant pris fon complice en liberté, Jean forma contre lui-même de nouvelles trames, qui parurent encore mériter le fupplice : on fe contenta cependant de le retenir en prifon, & il y mourut en 1476.

René fon fils, coupable ou non d'infidélité envers le foupçonneux Louis XI, qu'il avoit d'abord utilement fervi, fut condamné par arrêt à lui demander pardon : il ne put s'y réfoudre, & refta prifonnier jufqu'au règne de Charles VIII, fous lequel il fut juftifié & réhabilité.

Charles III, fils de René, qui fe comporta fi mal à la bataille de Pavie en 1525, & qui, accablé de fes propres remords, des mépris de Marguerite de Valois fa femme, fœur de François I, & des reproches de toute la France, mourut de douleur le 4 avril 1535, ne laiffa point d'enfans, & fut le dernier duc d'Alençon de fa race. Troifième réunion d'Alençon à la couronne.

Charles IX donna ce duché, en 1566, à François fon frère, qui mourut fans enfans le 10 juin 1584. Quatrième réunion.

Enfin Louis XIV, en 1710, le donna en apanage au duc de Berry fon petit-fils, qui mourut auffi fans enfans. Cinquième & dernière réunion du 4 mai 1714.

## ANGOULÊME (Comté d').

Itier, premier comte d'Angoulême en 820, fut tué en 855, dans un combat contre les Normands.

Emenon fon frère fut fon fucceffeur. Sa poftérité mafculine poffeda le comté d'Angoulême jufqu'en 1218, qu'Aymar IV, en mourant, laiffa pour unique héritière fa fille Ifabelle.

Celle-ci, accordée à Hugues de Lufignan, comte de la Marche, éperduement amoureux d'elle, lui fut enlevée par Jean-Sans-Terre, roi d'Angleterre, & fut mère du roi Henri III. Après la mort de Jean-Sans-Terre, elle époufa Hugues de Lufignan, dont elle étoit toujours aimée, & fut mère d'un autre Hugues qui lui fuccéda au comté d'Angoulême, & qui fuccéda auffi à fon père dans le comté de la Marche.

Hugues III, petit-fils de ce Hugues I, mourut fans enfans en 1303. Par fon teftament il légua au roi Philippe-le-Bel une partie de fes terres.

Guy fon frère, qui lui fuccéda, fupprima fon teftament, mais il ne put en dérober entièrement la connoiffance. Philippe-le-Bel, inftruit de cette infidélité, en fit un crime capital à Guy de Lufignan : il l'affigna au parlement, confifqua fes deux comtés d'Angoulême & de la Marche, & les réunit à la couronne en 1307.

La reine de Navarre, fille de Louis Hutin, & femme de Philippe, comte d'Evreux, puis Charles d'Efpagne de Lacerda, connétable de France, poffédérent un moment le comté d'Angoulême.

En 1380, le duc d'Orléans, frère de Charles VI, eut le comté d'Angoulême dans fon apanage. A fa mort, arrivée en 1407, fon troifième fils, Jean, eut le comté d'Angoulême dans fon partage.

En 1515, le roi, François I, petit-fils de Jean, étant parvenu à la couronne, érigea le comté d'Angoulême en duché pour Louife de Savoie fa mère.

Charles de Valois, comte d'Auvergne, fils naturel du roi Charles IX, eut, ainfi que le comte d'Alais fon fils, le titre de duc d'Angoulême. Le père mourut en 1650, & le fils sans postérité en 1653.

Louis XIV donna ce même duché en apanage, en 1610, au duc de Berry son petit-fils, mort sans enfans le 4 mai 1714.

ANJOU (COMTÉ, puis DUCHÉ D'). En 879, Tertulle fut créé comte d'Anjou par Eudes, duc de France, puis roi, fils de Robert-le-Fort.

Ce Tertulle fut la tige de tous ces comtes d'Anjou si célèbres, dont l'histoire est mêlée avec celle de nos rois, Foulques-le-Roux, Foulques-le-Bon, Geoffroy Grisegonelle, Foulques, dit Nerra; Geoffroy Martel, Geoffroy-le-Barbu, Foulques-le-Rechin, Foulques-le-Jeune, roi de Jérusalem. Ce dernier fut père de Geoffroy Plantagenet, chef de la dynastie des Plantagenets en Angleterre. Les rois d'Angleterre furent donc comtes d'Anjou depuis Henri II, fils de Geoffroy Plantagenet & de Mathilde d'Angleterre, jusqu'à Jean-Sans-Terre, sur lequel Philippe-Auguste confisqua l'Anjou, en punition du meurtre du jeune Artus, assassiné par ce Jean-Sans-Terre son oncle. Première réunion de l'Anjou à la couronne de France.

En 1246, le comté d'Anjou fut donné en apanage par saint Louis au dernier de ses frères, tige de la première branche d'Anjou de la Maison de France, premier roi de Sicile de sa Maison.

Charles-le-Boiteux son fils, en mariant Marguerite sa fille aînée à Charles de Valois, frère de Philippe-le-Bel, lui donna en dot les comtés d'Anjou & du Maine.

Philippe de Valois, fils de Charles de Valois, en parvenant au trône, fit la seconde réunion de l'Anjou à la couronne.

En 1364, Louis, second fils du roi Jean & frère de Charles V, eut en apanage l'Anjou, alors duché, ainsi que le comté du Maine. Il fut la tige de la seconde branche d'Anjou de la Maison de France, qui disputa, ainsi que la première, le trône de Naples à la Maison d'Arragon, & qui le disputa même à la première branche d'Anjou, dont ensuite elle recueillit les droits, sans jamais pouvoir s'établir d'une manière fixe dans la Sicile; mais elle posséda toujours le duché d'Anjou, qui fut enfin réuni à la couronne par Louis XI, après l'extinction de cette seconde branche d'Anjou, par la mort du roi René, arrivée en 1480, & celle de son neveu, Charles du Maine, arrivée en 1481. Ce dernier avoit cédé à Louis XI tous ses droits.

AQUITAINE. L'Aquitaine fut d'abord un royaume qui comprenoit la Saintonge, le Périgord, le Quercy, l'Agénois, tout ce qui est entre la Garonne & les Pyrénées, de plus le Touloufain, & Toulouse étoit la capitale de ce royaume.

Dagobert l'avoit donné à son frère Aribert pour lui tenir lieu de partage.

Après la mort d'Aribert & de Chilpéric son fils, il le donna, mais à titre de duché seulement, à Boggis, autre fils d'Aribert : le duc Eudes, si fameux du tems de Charles Martel & de l'irruption des Sarrasins en France, étoit fils de Boggis. Il y eut de grandes guerres entre les enfans du duc Eudes & les premiers Princes carlovingiens : Pepin-le-Bref conquit l'Aquitaine, & la réunit à la couronne en 768. Charlemagne la donna, vers l'an 781, avec titre de royaume, à Louis son fils, qui fut depuis Louis-le-Débonnaire, & qui étoit alors âgé de trois ans. Ce royaume d'Aquitaine devint ensuite un grand objet de discorde entre les fils de Louis-le-Débonnaire. Charles-le-Chauve, devenu roi de France, réunit l'Aquitaine à la couronne.

Elle eut, sous les Rois carlovingiens, des gouverneurs qui, sous la décadence de cette race, se rendirent indépendans comme les autres, & desquels descendoit la fameuse Éléonore d'Aquitaine, qui porta les Etats compris sous ce nom, d'abord dans la Maison de France, en épousant Louis-le-Jeune, puis, après le divorce, dans la Maison d'Angleterre, par son mariage avec Henri II. L'Aquitaine fut confisquée en partie sur Jean-Sans-Terre par Philippe-Auguste, & rendue à Henri III par saint Louis en 1259.

Les Anglais continuèrent de la posséder jusqu'en 1378, que Charles V la leur enleva. Ils la reprirent sous Charles VI, & la reperdirent définitivement sous Charles VII, qui la leur enleva entièrement en 1452.

ARLES & BOURGOGNE (ROYAUME D'). C'est sous le règne de Louis & Carloman, vers l'an 879, que Boson, infidèle à la postérité de Charles-le-Chauve, son bienfaiteur & son beau-frère, renouvela en quelque sorte, sous le nom de royaume de Provence, l'ancien royaume de Bourgogne. Cependant dom Plancher, auteur de la nouvelle *Histoire de Bourgogne*, prouve que Boson ne prit point le titre de Roi de Bourgogne, mais le pays dont il se rendit fait avoit fait partie du premier royaume de Bourgogne. Louis & Carloman le punirent de son ingratitude & de sa perfidie : ils le battirent; ils firent prisonnières sa femme & sa fille; mais Louis, fils de Boson, se rétablit dans le royaume usurpé par son père, & bientôt ce second royaume de Bourgogne fut subdivisé en Bourgogne cisjurane & Bourgogne transjurane. La cisjurane, ou royaume d'Arles ou de Provence, occupée par ce Louis, fils de Boson, s'étendoit depuis Lyon jusqu'à la mer, entre le Rhône & les Alpes, comprenant aussi le Lyonnois & le Dauphiné. La transjurane, occupée par Raoul, fils de Conrad, autre usurpateur, comprenoit la Savoie & le pays des Suisses.

Ce second royaume de Bourgogne, ou royaume d'Arles, prit fin, en 1033, par la mort de Rodolphe III, dernier Roi, & fut réuni en partie à l'Empire par l'empereur Conrad-le-Salique son héritier.

Depuis ce tems Arles & ses dépendances retèrent fous la domination des Empereurs, jufques & compris ceux de la Maifon de Suabe; mais Charles I, roi de Sicile, comte d'Anjou, & qui poffédoit la Provence du chef de fa femme, réduifit Arles fous fon obéiffance, & cette ville paffa fous la domination des Rois de France, héritiers des deux Maifons d'Anjou, avec les autres biens de ces deux Maifons.

ARMAGNAC. Les comtes d'Armagnac defcendoient des ducs de Gafcogne & des ducs d'Aquitaine, & remontoient par eux jufqu'à Clovis. Le connétable d'Armagnac étoit de la branche aînée. Le duc de Nemours, décapité le 4 août 1477, fous Louis XI, étoit fon petit-fils d'une branche cadette, & le duc de Nemours, fils de ce dernier, tué à la bataille de Cérifoles en 1503, fut non-feulement le dernier de la branche de Nemours, mais même de toute la branche d'Armagnac.

Charles, comte d'Armagnac, fon coufin-germain, de la branche aînée, inftitua fon héritier fon neveu le duc d'Alençon, premier Prince du fang; celui-ci mourut en 1525, fans laiffer d'enfans de Marguerite de Valois, fœur de François I: la branche d'Alençon étant alors éteinte, l'Armagnac, ainfi que les autres poffeffions du duc d'Alençon, fut réuni à la couronne.

Marguerite de Valois époufa en fecondes noces Henri d'Albret, roi de Navarre, petit-fils d'une d'Armagnac. François I, en faveur de ce mariage, lui donna toute la fucceffion d'Armagnac, laquelle fut réunie à la couronne par l'avénement d'Henri IV, petit-fils d'Henri d'Albret.

Le 20 novembre 1645, Louis XIV donna le comté d'Armagnac au fameux comte d'Harcourt-Lorraine, dont la poftérité le poffède aujourd'hui.

ARTOIS (COMTÉ D'). Ce pays, après avoir long-tems fait partie de la Flandre occidentale, en fut demembré, & forma un état particulier; il fut donné en dot par l'empereur Charles-le-Chauve, en 863, à Judith fa fille, lorfqu'il confentit enfin au mariage de cette Princeffe avec fon raviffeur, Baudouin, dit *Bras-de-Fer*, comte ou grand foreftier de Flandre. Depuis ce tems l'Artois fut poffédé par les comtes de Flandre jufqu'en 1180, que Philippe I, comte de Flandre, le donna en dot à Ifabelle de Hainault fa nièce, lorfqu'elle époufa le roi Philippe-Augufte. (*Voyez* l'article *Flandre.*) Par ce mariage l'Artois fut cenfé réuni à la couronne, & Philippe-Augufte en inveftit le prince Louis fon fils aîné, qui, étant parvenu à la couronne en 1223, y réunit l'Artois.

Saint Louis le donna en apanage, en 1237, à Robert I fon frère, dit *le Bon & le Vaillant*, & en le lui donnant il l'érigea en *comté pairie*. Ce prince Robert eft la tige de la branche d'Artois. Il fut tué, le 9 février 1249, à la bataille de la Maf-

foure, où il s'étoit fignalé par des prodiges de valeur & d'imprudence.

Robert II fon fils, dit *le Bon & le Noble*, fuivit le roi faint Louis à fa feconde expédition d'Afrique, comme fon père l'avoit fuivi à la première. Revenu en Europe & en France, il remporta, & fur terre & fur mer, d'éclatans avantages fur tous les ennemis de l'Etat, les Arragonais, les Anglais, les Flamands. Après avoir battu ces derniers en 1297, il fut tué, le 10 juillet 1302, de trente coups de pique à la bataille de Courtrai, livrée contre ces mêmes Flamands. Philippe fon fils étoit mort avant lui des bleffures qu'il avoit reçues, en 1297, à la bataille de Furnes.

On fait que ce ne fut point Robert III d'Artois, fils de Philippe, qui fuccéda, en 1302, à Robert II fon aïeul, mais Mahaud, fœur de Philippe & tante de Robert III; & cela en vertu de la coutume d'Artois, qui n'admet pas la repréfentation, même en ligne directe, & dont on fit affez mal-à-propos l'application à un apanage, à une pairie, à une efpèce de fouveraineté; car les poffeffeurs de tous ces grands fiefs étoient autant de fouverains, à l'hommage près.

Mahaud fut donc comteffe d'Artois & pair de France, & figura en cette qualité dans toutes les folennités de la pairie, qui, par leur nature même, fembloient le plus effentiellement réfervées aux hommes. (*Voyez* l'article *Artois* dans le Dictionnaire.)

Cette Mahaud époufa Othon IV, comte de Bourgogne; elle en eut deux filles, qui toutes deux furent Reines de France: Jeanne, l'aînée, époufa Philippe-le-Long; Blanche époufa Charles-le-Bel: ce fut Jeanne qui fuccéda au comté d'Artois. Elle ne le poffédA pas long-tems, étant morte, quelques mois après fa mère, le 11 janvier 1330. Les foupçons furent grands contre Robert d'Artois, au fujet de ces deux morts fubites & prématurées.

Du mariage de Jeanne avec Philippe-le-Long étoient nées trois filles. L'aînée, Jeanne II, époufa Eudes IV, duc de Bourgogne, dont le petit-fils, Philippe II, dit *de Rouvre*, fut le dernier Prince de la première Maifon de Bourgogne: celui-ci, étant mort fans enfans, eut pour héritière au comté d'Artois fa grand-tante, Marguerite, feconde fille de Jeanne première & de Philippe-le-Long. (La troifième fille, mariée à un Dauphin de Viennois, eft étrangère ici.)

Marguerite avoit époufé Louis, comte de Flandre; elle en eut Louis de Male, dernier comte de Flandre de fa Maifon, & dont la fille, Marguerite, qui avoit époufé Philippe de Rouvre, dernier Duc de la première Maifon de Bourgogne, & qui époufa dans la fuite le premier Duc de la feconde Maifon de Bourgogne, hérita, en 1382, du comté d'Artois, du chef de Marguerite fon aïeule: on fait que le comté d'Artois fut porté dans la Maifon d'Autriche par le mariage de Marie

de

de Bourgogne avec Maximilien. Il fut conquis, en 1640, sur la Maison d'Autriche par Louis XIII, & par le traité des Pyrénées, conclu en 1659, il fut cédé à la France & réuni à la couronne.

( *Voyez* les articles *Bourgogne* (duché), & *Franche-Comté.* )

**AUVERGNE ( COMTÉ D').** Le premier comte d'Auvergne, Hervé, qui le fut en 843, étoit fils de Renaud I, comte de Poitiers, ou d'Aquitaine ou de Guienne. Hervé périt avec son frère aîné, Bernard, comte de Poitiers, dans une bataille contre Lambert, comte de Nantes, en 845.

Etienne, petit-fils d'Hervé, fut tué dans un combat contre les Danois ou Normands, en 863, & en lui fut éteinte la postérité d'Hervé; mais celle de Renaud I ne l'étoit pas. Bernard, petit-fils de Ranulfe I, neveu d'Hervé & petit-fils de Renaud, fut le successeur d'Etienne au comté d'Auvergne. Il fut tué, en 880, dans un combat contre Boson, roi d'Arles.

Guillaume I, dit *le Pieux*, un de ses fils & de ses successeurs, s'intituloit *Comte, par la grace de Dieu.* Il mourut sans enfans, & eut pour successeur son beau-frère, Acfred I, qui avoit épousé Adaltris sa sœur.

Quelques comtes d'Auvergne, nommément les deux précédens, Guillaume I & Acfred I, avoient pris le titre d'Aquitaine.

Guillaume II, dit *Fier-a-Bras*, duc de Guienne, obligea Raimond, fils d'Acfred, de se borner au titre de comte d'Auvergne, & même de lui faire hommage de son comté comme au véritable duc d'Aquitaine, titre qu'il prit pour lui, & qui devint celui de ses successeurs.

Guillaume III, un des descendans & des successeurs de Raimond, comte d'Auvergne, eut deux fils, Robert & Guillaume; Robert mourut du vivant de son père, laissant un fils nommé aussi Guillaume, & qui fut Guillaume IV. L'autre Guillaume, son oncle, lui disputa le comté d'Auvergne, sous prétexte que, dans cette province, la représentation n'avoit pas lieu, même en ligne directe, & qu'ainsi son neveu devoit être puni du malheur d'avoir perdu son père. Cette absurdité, en effet, avoir lieu dans la succession des particuliers; mais il importe aux sujets mêmes que la succession aux Etats se règle par des principes différens; car tout ordre successif, non réglé ou mal réglé, donne lieu à des procès, & les procès des Princes sont des guerres. Ce procès entre les deux Guillaume, oncle & neveu, fut une guerre d'autant plus acharnée, que deux grandes puissances rivales, la France & l'Angleterre, intervinrent. L'issue de cette guerre fut que Guillaume IV fut chassé de l'Auvergne en 1168, & qu'il ne conserva que le dauphiné d'Auvergne, dont Issoire est la capitale, au lieu que Clermont l'étoit du comté.

Guillaume l'oncle, soutenu des forces de la France, se maintint dans ce comté sous le nom de

Guillaume V, & sa postérité le conserva. La mouvance de l'Auvergne fut long-tems un objet de contestation entre la France & l'Angleterre. Par un traité conclu entre les rois Philippe-Auguste & Richard Cœur-de-Lion, il avoit été convenu que les comtes d'Auvergne seroient désormais vassaux immédiats de la France. Au mépris de cette convention, Guy, comte d'Auvergne, petit-fils de Guillaume V, se joignit avec Richard dans une guerre que celui-ci eut contre Philippe. Le dauphin d'Auvergne, descendu de Guillaume IV, se joignit à Guy II, comte d'Auvergne. Philippe entra dans l'Auvergne, & les battit tous deux: le Dauphin y perdit Issoire, le comte d'Auvergne, Clermont, & l'Auvergne devint fief immédiat de la couronne. Mais la reine Blanche rendit dans la suite à Guillaume VII, fils de Guy II, la plus grande partie de ce que Philippe-Auguste avoit conquis sur lui, quoique ce Guillaume VII eût eu le tort de s'armer contr'elle pendant la minorité de saint Louis.

Un petit-fils de Guillaume VII, nommé Geoffroy, fut tué à la bataille de Courtrai, en 1302. Guillaume IX, comte d'Auvergne, neveu de Geoffroy, eut pour héritière sa petite-fille, Jeanne I.

Elle épousa, en 1338, Philippe, comte de Nevers, fils aîné d'Eudes IV, duc de Bourgogne: devenue veuve en 1345, elle se remaria, en 1349, à Jean, duc de Normandie, puis roi de France. Elle avoit eu, du premier lit, Philippe II, duc de Bourgogne, dit *de Rouvre*, qui épousa l'héritière de Flandre, & mourut à seize ans, en 1361. Sa veuve, qui n'avoit point eu d'époux, en eut un du même nom & du même titre, c'est-à-dire, qui se nommoit Philippe, & qui étoit duc de Bourgogne, mais d'une autre Maison, ou du moins d'une autre branche: c'est Philippe, dit *le Hardi*, fils du roi Jean, & tige de la seconde Maison de Bourgogne. A la mort de Philippe II, dernier Prince de la première, le roi Jean avoit réuni à la couronne le duché de Bourgogne, puis il l'en avoit détaché en faveur de Philippe, qui, seul de ses quatre fils, dont il étoit le dernier, avoit combattu avec lui jusqu'à la fin, à la bataille de Poitiers, & avoit été mené prisonnier avec lui en Angleterre.

Quant au comté d'Auvergne, il revint dans la Maison d'Auvergne, & fut possédé par Jean de Montgascon, cousin paternel de Jeanne & du dernier duc de Bourgogne son fils. Ce Jean s'intituloit *Par la grace de Dieu.*

Sa petite-fille, Jeanne II, épousa, en 1389, Jean, duc de Berry, frère aîné de Philippe, tige de la seconde Maison de Bourgogne.

N'ayant point laissé d'enfans, elle eut pour héritière Marie sa cousine-germaine, qui, de son mariage avec Bertrand de la Tour-d'Auvergne, seigneur de Montgascon, eut un fils nommé Bertrand, qui lui succéda.

Jean III son petit-fils laissa deux filles, Anne,

qui époufa Jean Stuart, duc d'Albanie, & Catherine, mariée à Laurent de Médicis. La première
mourut fans enfans, en 1524; la feconde fut mère
de Catherine de Médicis, & celle-ci fut inftituée
héritière du comté d'Auvergne par Anne fa tante.
Catherine de Médicis eut pour héritiers Henri III
& la reine de Navarre, Marguerite de Valois.
Henri III donna le comté d'Auvergne à Charles de
Valois fon neveu, fils naturel de Charles IX.

La reine Marguerite prétendit que Henri III fon
frère n'avoit pu en difpofer ainfi à fon préjudice,
& Charles fut dépouillé du comté d'Auvergne
par arrêt du parlement de 1606. Il en porta cependant le titre jufqu'en 1619, que le roi Louis XIII
lui donna le duché d'Angoulême. Marguerite de
Valois fit don du comté d'Auvergne au dauphin
Louis, fils aîné de Henri IV, & qui fut le roi
Louis XIII. Elle s'en réferva feulement la jouiffance ; elle mourut en 1615. Alors Louis XIII
réunit le comté d'Auvergne à la couronne.

### AUVERGNE (DAUPHINS D').

Nous venons
de dire, dans l'article précédent, que Guillaume IV, comte d'Auvergne, dépouillé par fon
oncle, avoit été réduit au territoire d'Iffoire & à
fes environs. Guillaume IV avoit époufé une fille
de Guigues III, dauphin de Viennois, de la race
d'Albon. Leur fils quitta, par dépit, les armes
d'Auvergne, prit celles des dauphins de Viennois fes aïeux maternels, prit le nom & le titre
de Dauphin, & donna le nom de dauphiné d'Auvergne à la portion de l'Auvergne qui lui étoit reftée ; ainfi le dauphiné d'Auvergne eft né du dauphiné de Viennois.

Beraud III, dauphin d'Auvergne, defcendant
des Princes qui viennent d'être nommés, eut pour
héritière Jeanne fa fille, qui porta le dauphiné
d'Auvergne dans la branche de Bourbon-Montpenfier, laquelle finit, en 1527, dans la perfonne du
connétable de Bourbon, tué à l'affaut de Rome.
Mais Louife de Bourbon-Montpenfier, fœur du
connétable, avoit époufé Louis de Bourbon,
Prince de la Roche-fur-Yon, qui forma la feconde
branche de Montpenfier. Les biens du connétable
de Bourbon avoient été confifqués ; mais les traités de Madrid en 1526, & de Cambrai en 1529,
obligeoient François I à les rendre : il y eut en
conféquence, en 1538, une tranfaction par laquelle ce Prince céda, nommément à la feconde
branche de Montpenfier, le comté de Montpenfier
& le dauphiné d'Auvergne. Cette tranfaction fut
encore confirmée depuis par d'autres tranfactions
plus étendues & plus favorables encore à cette
branche de Montpenfier. Les fils aînés des comtes,
puis ducs de Montpenfier, prirent le titre de
Princes-Dauphins.

Marie de Bourbon, héritière des ducs de
Montpenfier, époufa, le 6 août 1626, Gafton, duc
d'Orléans, frère de Louis XIII, & de ce mariage
naquit la célèbre mademoifelle de Montpenfier.

Obfervons que, fur les numéros qui diftinguen
les divers, foit comtes, foit dauphins d'Auvergne
du même nom, & fur certaines dates, il y a de la
diverfité entre les auteurs ; mais ces différences
n'ont rien d'important.

### BAR (COMTÉ, puis DUCHÉ DE).

Le comté de
Bar étoit d'abord uni au duché de Lorraine. Ce
fut en 1048 que ces deux Etats furent féparés.
Frédéric II, duc de Lorraine & comte de Bar,
ayant laiffé deux filles, Sophie, qui paroît avoir
été l'aînée, fut comteffe de Bar. Elle époufa Louis,
comte de Moufon & de Ferrette, qui rendit hommage du comté de Bar au roi de France.

Leur poftérité mafculine poffeda le comté de
Bar depuis 1082, époque de la mort de Sophie,
jufqu'en 1364, qu'il arriva dans le comté de Bar un
changement dont nous rendrons compte dans un
moment. Cet intervalle de 1082 à 1364 fournit
treize comtes, parmi lefquels nous diftinguerons :

1°. Henri I, qui fuivit le roi Philippe-Augufte
dans l'Orient, & mourut au fiége d'Acre en 1191.

2°. Henri II fon petit-fils, qui fe trouva fous le
même Philippe-Augufte à la bataille de Bovines,
& qui, ayant depuis été en Orient fous le roi faint
Louis, y fut tué dans un combat en 1255.

3°. Robert époufa, en 1364, la princeffe Marie,
fille du roi Jean, & alors arriva le changement que
nous avons annoncé. Le comté de Bar fut érigé en
duché par le roi Jean, en faveur du mariage de fa
fille avec Robert.

Edouard III, duc de Bar, fils aîné de Robert &
de Marie, fut tué à la bataille d'Azincourt, en 1415,
fans avoir été marié. Il laiffoit pour héritiers fon
frère Louis II, qui étoit cardinal, & Iolande fa
fœur, alors veuve de Jean I, roi d'Arragon. Iolande
crut pouvoir difputer à un cardinal une fouveraineté temporelle. On n'avoit pas encore l'exemple
du cardinal Henri, qui fut roi de Portugal après
la mort de don Sébaftien, ni beaucoup d'autres
exemples de cardinaux qui ont hérité de diverfes
fouverainetés. Ce procès fut jugé à l'avantage du
cardinal Louis : le duché de Bar lui fut adjugé. Il
le poffeda quelque tems, mais en 1419 il le céda
au prince René, petit-fils d'Iolande : c'eft ce fameux roi René, duc d'Anjou & roi de Sicile, un
des plus puiffans Princes titulaires qui aient jamais
exifté, mais qui ne poffeda que les titres d'une
multitude de royaumes & de fouverainetés. Il poffeda cependant le duché de Bar de fon chef, & le
duché de Lorraine du chef d'Ifabelle fa femme,
fille de Charles I, duc de Lorraine. Par ce mariage
les duchés de Lorraine & de Bar furent réunis, &
n'ont plus été féparés depuis. L'époque de cette
réunion des deux duchés eft l'an 1419. Le duché
de Bar a été réuni à la couronne en 1735, en
même tems que le duché de Lorraine, & comme
annexe & dépendance de ce duché.

### BÉARN (VICOMTÉ DE).

Centulle, premier

vicomte du Béarn, en fut invefti, à ce que l'on croit, par Louis-le-Débonnaire, en 820.

Ses defcendans poffédèrent le Béarn de père en fils jufqu'en 1134. On compte parmi eux des perfonnages célèbres ou dont la deftinée l'a été, tels que, 1°. Centulle-Gafton II, affaffiné en 1068 par les habitans du Soule, pays qu'il avoit voulu fubjuguer.

2°. Centulle IV fon petit-fils, Prince fort puiffant, qui rebâtit Oléron, qui faifoit frapper de la monnaie d'or à fon coin, privilége dont aucun autre vaffal de la couronne ne jouiffoit. Il mourut affaffiné, en 1088, avec fes gardes, dans la maifon d'un de fes vaffaux.

3°. Gafton III fon fils alla, en 1096, à la première croifade, & s'y diftingua en 1118. Il eut tout l'honneur de la prife de Sarragoffe. Il fut tué par les Maures, dans une embufcade, en 1130.

4°. Centulle V, fils de Gafton III, fut tué en 1134, auffi à la guerre contre les Maures.

Guifcarde fa fœur lui fuccéda; elle avoit époufé Pierre, vicomte de Gavaret, qui fit la feconde race des vicomtes de Béarn, laquelle finit en 1170. Alors Marie de Gavaret, héritière de fa Maifon, petite-fille de Guifcarde, pour s'affurer la poffeffion du Béarn, fe mit fous la protection de don Alphonfe II, roi d'Arragon, & lui rendit hommage, le 30 avril 1170, de toutes fes terres, même du Béarn, qui n'avoit jamais été affujetti à l'hommage. Les évêques de Lefcar & d'Oléron ratifièrent cet hommage par crainte & par foibleffe. Marie époufa Guillaume-de-Moncade, grand-fénéchal de Catalogne, favori du roi d'Arragon. Les Béarnois, choqués de tant d'afferviffement au Roi & au royaume d'Arragon, fe révoltèrent, & ne voulurent ni de Moncade ni de fa femme; enfin, en 1174, ils tranfigèrent avec eux, fous la condition que Marie de Gavaret & Moncade renonceroient à tous leurs droits en faveur de Gafton V leur fils, qui feroit élu par les Etats, & qui le fut. Il rendit hommage au roi d'Arragon de tout ce qu'il tenoit de lui, mais non pas du Béarn. Il fut excommunié pour avoir pris le parti du comte de Touloufe dans la guerre des Albigeois. Il mourut fans enfans, & les Etats de Béarn prétendirent rentrer dans leur droit d'élection.

Guillaume-Raymond, frère jumeau de Gafton V, qu'ils ne voulurent reconnoître qu'à condition de l'élire, prétendit régner en vertu de fon droit héréditaire: il fallut négocier. Les Etats, en 1220, confentirent enfin à confacrer ce droit, mais à des conditions affez onéreufes, auxquelles Guillaume-Raymond fut obligé de fe foumettre. Il fervit le roi d'Arragon à la conquête de Majorque; & fut tué dans une action avec huit feigneurs de fa Maifon, en 1223.

Gafton VI, fon fils, s'étant beaucoup occupé des troubles du Languedoc, & ayant paffé tour-à-tour dans les divers partis, fut fait prifonnier, en 1230, par Simon de Montfort, qui le conduifit en Angleterre. Etant mis en liberté, il rentra dans ces triftes querelles & fut excommunié. Il prit part auffi aux affaires de l'Efpagne, & y fit la guerre avec fuccès. Il ne laiffa que des filles: il en choifit une pour fon héritière dans le Béarn; il la maria au comte de Foix, Roger-Bernard, à condition que le Béarn & le pays de Foix feroient unis à perpétuité. Gafton VI mourut en 1290. Le Béarn paffa fucceffivement, par mariages, de la Maifon de Foix dans celle d'Albret, & de celle-ci dans celle de Bourbon, & fut réuni à la couronne par l'avénement d'Henri IV.

BEAUJOLOIS (COMTÉ DE). Les comtes de Beaujolois defcendent de Guillaume I, premier comte du Lyonnois & du Forez. (*Voyez* l'article *Lyonnois & Forez.*) Guillaume I eut deux fils: Guillaume II, qui fut la tige des comtes de Lyonnois & de Forez, & Bérard, qui, en 891, eut le Beaujolois pour partage. Sa poftérité mafculine poffeda le Beaujolois jufqu'en l'an 1265. Cet intervalle eft rempli par onze comtes fucceffifs, parmi lefquels nous remarquerons:

1°. Humbert III, qui fe diftingua principalement par un goût bizarre & opiniâtre pour la vie monaftique, au milieu des défordres de la vie la plus licencieufe. Il avoit époufé Alix, fille d'Amé III, comte de Savoie. Il alla dans la Terre-Sainte, & fe fit Templier. Sa femme le condamner à retourner avec elle. Héraclius, archevêque de Lyon, en porta la fentence; le Pape la confirma, & releva Humbert de fes vœux. Celui-ci s'étant ligué avec le comte de Mâcon contre Renaud II, feigneur de Breffe, fit une guerre heureufe, où Ulric, fils de Renaud, fut pris par Humbert. Renaud fut obligé de lui donner une partie du pays de Dombes pour la rançon d'Ulric. Après avoir agrandi fes Etats, Humbert, n'ayant plus de femme qui pût le rappeler malgré lui de l'état de moine à celui de Prince, fe fit religieux à Cluni, & y mourut en 1175.

2°. Humbert IV fon fils fonda Villefranche, & en fit la capitale du Beaujolois.

3°. Guichard III, fils de Humbert IV, fut envoyé, en 1210, par le roi Philippe-Augufte, ambaffadeur auprès du pape Innocent III. En paffant à Affife, il vit le fameux François, fondateur des Cordeliers, duquel il obtint, comme une faveur fignalée, trois de fes religieux pour fonder à Villefranche le premier monaftère de cet Ordre qui ait exifté en France. Il accompagna, en 1215, le comte d'Artois dans une expédition en Angleterre, & y fut tué, en 1216, au fiége de Douvre. Guichard fon fecond fils fut la tige des feigneurs de Montpenfier.

4°. Humbert V, fils aîné de Guichard III, fut un des plus grands capitaines de fon fiècle. Il fervit contre les Albigeois en 1239, conduifit Baudouin de Courtenay, fecond du nom, à Conftantinople, fut fait connétable fous faint Louis ; en 1240; mourut en 1250.

5°. Guichard IV fon fils mourut ambaffadeur du même faint Louis, en Angleterre, en 1265. N'ayant pas laiffé d'enfans, il eut pour héritière Ifabeau fa fœur, qui porta le Beaujolois dans la Maifon des comtes de Forez, par fon mariage avec Renaud II, l'un de ces comtes. Louis leur fecond fils eut le Beaujolois pour partage. Guichard V, l'aîné des douze enfans de Louis, fut un grand capitaine fort attaché aux rois de France. Ligué, en 1325, avec Edouard, comte de Savoie, il fit la guerre au Dauphin de Viennois. En 1328 il commandoit plufieurs bataillons à la bataille de Caffel. Edouard I fon fils, grand capitaine, fignala fa valeur, en 1346, à la bataille de Crécy, fut fait maréchal de France en 1347, fut tué au combat d'Ardres en 1351.

Antoine, fils d'Edouard I, s'illuftra comme lui par fa valeur : il acquit beaucoup de gloire à la bataille de Cocherel en 1364, puis il fuivit du Guefclin en Efpagne. Il mourut fans enfans, en 1374, laiffant pour héritier Edouard II fon coufin-germain.

Guichard V, aïeul d'Antoine, l'étoit auffi de cet Edouard II. Outre Edouard I, père d'Antoine, il avoit eu pour fils Guichard, feigneur de Perreux, père d'Edouard II. Ce Guichard avoit été tué à la bataille de Poitiers, en 1356.

Marguerite, fœur d'Antoine, mariée à Jacques de Savoie, prince d'Achaïe, difputa le Beaujolois à Edouard II, & fi le Beaujolois étoit un fief féminin, elle devoit l'emporter ; mais elle tranfigea fur fes droits, & y renonça moyennant une fomme d'argent & quelques domaines. Edouard n'eut point d'enfans, mais il eut des maîtreffes vers l'an 1398. Il enleva une fille de Villefranche, fe croyant tout permis dans fes Etats ; mais fes Etats relevoient d'une grande puiffance, la France. Ajourné au parlement de Paris pour ce rapt, il fe crut encore permis de faire jeter par les fenêtres de fon palais l'huiffier qui lui fit la citation ; le Roi fit marcher contre lui des troupes ; Edouard fut arrêté, amené à Paris, emprifonné. Voyant alors fa vie en danger, il implora la protection du duc de Bourbon, Louis II, oncle maternel de Charles VI, ou plutôt il l'acheta par la donation du Beaujolois & de la principauté de Dombes. L'acte en fut paffé le 23 juin 1400. A ce prix il obtint fa grace & fa liberté : il en jouit peu, & mourut le 11 août fuivant. Le duc de Bourbon fe mit en poffeffion de ces deux Etats, qui furent ainfi réunis au Bourbonnois.

BERRY (COMTÉ, puis DUCHÉ DE). Gérard d'Alface fut, en 930, le premier comte ou gouverneur du Berry. Il mourut fans enfans. Hérard fut, en 940, le premier comte de Bourges, & ce comté refta dans fa Maifon jufqu'en 1094, qu'Herpin, partant pour la Terre-Sainte, où il fut fait prifonnier

à Rama par les Sarrafins, vendit fon comté foixante mille fous d'or au roi Philippe I, qui le réunit à la couronne.

Le roi Jean fut le premier qui détacha le Berry de la couronne, en 1364. Il le donna en apanage, avec titre de duché, à fon troifième fils Jean, dont on fe fouvient encore dans cette province, & qu'on y appelle le bon duc Jean. Son goût pour les bâtimens avoit orné Bourges & le Berry de plufieurs édifices fomptueux pour le tems. Il avoit eu trois fils, morts tous trois en bas âge ; & comme il ne laiffa que des filles à fa mort, arrivée le 15 juin 1416, le Berry, qu'il n'avoit eu qu'en apanage, & avec la claufe exprimée ou préfumée de réverfion faute d'hoirs mâles, fut réuni à la couronne.

Il en fut détaché une feconde fois, en 1460, par le roi Charles VII, en faveur de Charles de France fon fecond fils, frère de Louis XI, & qu'on croit avoir été fa victime. Ce Prince, à la faveur de la ligue du bien public, s'étant fait donner la Normandie au lieu du Berry, en 1465, cette dernière province (le Berry) fut de nouveau réunie à la couronne.

Le troifième fils du Grand-Dauphin, fils de Louis XIV, eut auffi le duché de Berry en apanage.

Le Roi aujourd'hui régnant (en 1788) en a auffi eu le titre.

Monfeigneur comte d'Artois l'a aujourd'hui en apanage, quoiqu'il ne forme pas fon titre principal.

BIGORRE (COMTÉ DE). Lorfqu'Inigo Arifta, comte de Bigorre fous l'hommage de la France, fut élu roi de Navarre en 840, il céda le Bigorre à Donat-Loup ou Dona-Loup fon frère. On croit qu'ils defcendoient des ducs de Gafcogne, & par conféquent des anciens ducs d'Aquitaine, iffus d'Aribert, frère de Dagobert I. Inigo ne donna le Bigorre à fon frère que fous la condition de l'hommage envers lui ; ainfi ce comté devint arrière-fief de la couronne de France.

La poftérité mafculine de Donat-Loup pofféda le Bigorre jufqu'en 1080, que Raymond II, mourant fans enfans, laiffa pour héritière Béatrix fa fœur.

Bernard leur père, dans un pélérinage qu'il fit, en 1062, au Puy, mit fon comté fous la protection de Notre-Dame-du-Puy, & fe foumit à une redevance : de là vient la prétention de l'églife du Puy fur le Bigorre.

Béatrix avoit époufé Centulle IV, vicomte de Béarn : elle en eut deux fils, Bertrand ou Bernard, & Centulle.

Bernard mourut fans enfans, en 1113. Centulle laiffa une fille, qui fut Béatrix II. Elle avoit époufé Pierre, vicomte de Marfan ; elle en eut un fils nommé Centulle II, qui mourut en 1187, laiffant une fille unique, nommée Stéphanie.

Elle époufa Pierre, vicomte d'Acs, dont elle

eut une fille nommée Pétronille, qui fut son héritière.

Les mariages de cette Pétronille causèrent des troubles & des révolutions dans le Bigorre.

Alphonse, roi d'Arragon, qui accordoit à cette Princesse une protection intéressée, la maria au vicomte de Béarn, Gaston-le-Bon, qu'il mit en possession du Bigorre & du vicomté de Marsan ; mais il eut soin de prendre pour lui la vallée d'Aran. Gaston mourut sans avoir eu d'enfans de Pétronille.

Elle se remaria pour lors à don Diego d'Arragon, comte de Cerdagne, neveu du même roi Alphonse, & fils de l'infant don Sanche, comte de Roussillon. Bientôt mécontente de ce mari, elle le quitta sous prétexte de parenté, sans jugement d'aucun tribunal ni ecclésiastique ni séculier ; & se croyant libre, parce qu'elle vouloit l'être, elle épousa Guy, fils de Simon de Montfort, ce héros funeste de la croisade contre les Albigeois. Ce troisième mariage dura du moins depuis 1215 jusqu'en 1220, que Guy fut tué avec Amaury son frère aîné, au siége de Castelnaudari. Pétronille eut de Guy de Montfort deux filles, Alix & Pétronille.

Quatrième mariage avec Aymar de Rançon, qui mourut en 1228 sans avoir eu d'enfans.

Cinquième & enfin dernier mariage avec Boson de Mathas, seigneur de Cognac, dont naquit une fille nommée Mathe.

Des deux filles de Guy de Montfort, l'aînée, Alix, avoit épousé un seigneur de Chabanois. Alix mourut avant sa mère. Celle-ci mourut en 1251, ayant institué son héritier Esquivar de Chabanois, fils d'Alix ; & comme apparemment sa seconde fille, Pétronille, sœur d'Alix & du même lit, étoit morte aussi, elle fit une substitution en faveur de Mathe sa fille du dernier lit, qu'elle avoit mariée à Gaston VI, vicomte de Béarn.

Ce Gaston fit la guerre à Esquivar de Chabanois, & lui disputa la succession de Pétronille, prétendant qu'Alix sa mère étoit illégitime ; le mariage de Pétronille avec don Diego d'Arragon n'ayant jamais été cassé, le mariage de la même Pétronille avec Guy de Montfort, dont étoit née Alix, n'avoit été qu'un adultère. Roger-Bernard, dit le Grand, comte de Foix, choisi pour arbitre de ce différend, ne le jugea point : il le termina par une transaction ; il adjugea le Haut-Bigorre à Esquivar, & le Bas-Bigorre à la vicomtesse de Béarn, Mathe.

Esquivar n'ayant point d'enfans, fit don entre-vifs de son comté à Simon de Montfort, comte de Leicester, son oncle, pour en jouir après lui, & remit d'avance à Leicester quelques châteaux & quelques places. Celui-ci voulut se mettre en possession de tout le reste, sans attendre la mort de son neveu : Esquivar indigné prit les armes, fit annuller la donation pour cause d'ingratitude, & se maintint dans son comté. Il mourut en 1283, ayant institué son héritière Laure sa sœur, qui avoit épousé Raymond VI, vicomte de Turenne.

Laure fut troublée dans la possession du comté de Bigorre par une foule de prétendans.

1°. Mathe, vicomtesse de Béarn, fille du dernier lit de Pétronille, & substituée par elle à Esquivar, avoit laissé une fille nommée Constance, laquelle fit casser par les Etats de Bigorre le testament d'Esquivar, comme contraire à celui de Pétronille, & se mit en possession du comté de Bigorre. Laure se pourvut devant Jean de Grailly, grand-sénéchal de Guienne pour le roi d'Angleterre. Grailly, juge intéressé, ordonna d'abord que le comté fût mis en séquestre entre ses mains.

2°. Une sœur utérine de Laure Mahaud de Courtenay, femme de Philippe de Flandre, comte de Thiern, forma aussi des prétentions.

3°. Ainsi que Mathe de Béarn, sœur puînée de Constance, laquelle étoit veuve de Géraud V, comte d'Armagnac.

4°. L'église du Puy réclama aussi les droits qu'elle prétendoit en vertu de la soumission de Bernard I, dont nous avons parlé.

5°. La reine Jeanne de Navarre, femme de Philippe-le-Bel, prétendit aussi que le Bigorre lui appartenoit en vertu d'une donation que Simon de Montfort, comte de Leicester, après la donation à lui faite par Esquivar, en avoit faite à son tour à Thibaut I, roi de Navarre, aïeul de la Reine.

6°. Le Roi lui-même eut des prétentions de son chef. Il avoit acquis, en 1307, les droits de l'église du Puy, moyennant une rente de 300 livres. Il alléguoit de plus une cession antérieure faite, en 1258, au roi saint Louis, par don Jayme, roi d'Arragon, seigneur suzerain du Bigorre, de tous les droits qu'il avoit sur ce comté. Ces droits n'étoient toujours que des droits de suzeraineté, qui ne donnoient pas lieu à la réunion tant qu'il restoit des héritiers légitimes ; mais le Roi n'alléguoit des droits que pour fortifier ceux de la Reine : il la fit subroger à ceux de l'église du Puy dans la même intention.

Nous avons dit que le sénéchal de Guienne avoit ordonné le séquestre, mais il y avoit appel de la sénéchaussée de Guienne à la cour du Roi ou à son parlement. Ce tribunal, par un premier arrêt rendu en 1290, adjugea le comté de Bigorre à Constance, fille de Mathe ; puis, par un second arrêt rendu en 1292, où l'influence de l'autorité royale se faisoit peut-être un peu sentir, Constance fut dépossédée, & le comté mis en séquestre entre les mains du Roi. Quand il y fut, on sent bien qu'il y resta, & que le Roi sut se maintenir en possession de ce domaine, soit à titre de séquestre nommé, soit à titre de souverain, mais réellement par la raison du plus fort.

BLOIS, CHARTRES & TOURAINE (COMTÉS DE). Ces trois comtés furent long-tems réunis dans une même main. Thibaud I s'empara des trois villes, de Blois, de Chartres & de Tours, en 920, à la faveur des guerres civiles de Charles-le-Simple & des fils de Robert-le-Fort. Raoul, devenu Roi, lui en confirma la possession, & Thibaud devint, ainsi que ses successeurs, un des plus puissans seigneurs de France.

En 1019, Eudes II, arrière-petit-fils de Thibaud I, devint plus puissant encore, ayant recueilli la succession d'Etienne son cousin, comte de Champagne & de Brie.

Thibaud IV son fils déchut un peu de cette grande puissance. Etienne son frère eut la Champagne & la Brie pour partage. Thibaud n'eut, comme les prédécesseurs d'Eudes II, que Blois, Chartres & la Touraine, encore perdit-il la Touraine, ayant été fait prisonnier dans une bataille contre Geoffroy Martel, comte d'Anjou, qui, ayant pris la ville de Tours, se fit céder par Thibaud le reste de la Touraine par le traité qui le remit en liberté. Thibaud se vit bientôt amplement dédommagé de cette perte. Etienne son frère étant mort, Thibaud s'empara de la Champagne & de la Brie au préjudice d'Eudes son neveu, fils d'Etienne, mais dont la naissance, qui parut assez équivoque aux indifférens, fut jugée très-illégitime par son oncle.

Thibaud, dit *le Grand*, petit-fils de Thibaud IV, cinquième du nom dans les comtés de Blois & de Chartres, second seulement du nom dans les comtés de Champagne & de Brie, eut plusieurs fils. Henri eut en partage les comtés de Champagne & de Brie; Thibaud VI, dit *le Bon*, eut ceux de Blois & de Chartres.

Louis I son fils, un des chefs de la croisade de Constantinople en 1198, de cette croisade qui donna naissance à l'Empire des Latins, fut tué en 1205 à la bataille d'Andrinople.

Thibaud VII son fils mourut sans enfans en 1218. Ses deux cousines, Elisabeth & Marie d'Avesnes, lui succédèrent. Elles étoient filles de Marguerite de Blois (sœur de Louis I, tante de Thibaud VII), & de Henri, seigneur d'Avesnes. Elisabeth eut le comté de Chartres, Marie celui de Blois. Bientôt Marie les réunit tous deux, Elisabeth étant morte sans enfans.

Marie épousa Hugues de Châtillon, comte de Saint-Pol. Jean, un de leurs deux fils, eut en partage ces deux comtés; Guy, fils aîné, fut comte de Saint-Pol.

Jean laissa une fille unique, nommée Jeanne, qui épousa Pierre de France, comte d'Alençon, lequel mourut, en 1283, à Salerne, au retour du voyage d'Afrique, où il avoit accompagné le roi saint Louis son père. Jeanne, devenue veuve, & ayant perdu deux enfans qu'elle avoit eus de son mariage, mais qui étoient morts dans l'enfance, vendit le comté de Chartres au roi Philippe-le-Bel. Il ne resta, dans la succession de Jeanne, que le comté de Blois, dont hérita Hugues de Châtillon

son-cousin germain, fils de Guy, comte de Saint-Pol.

Cette Maison acquit dans la suite le comté de Dunois & le vicomté de Châteaudun, vers l'an 1382.

Le dernier comte de Blois, successeur de tant de guerriers illustres des Maisons de Blois & de Châtillon, fut un dissipateur & un gourmand excessif, dont l'embonpoint monstrueux attestoit l'intempérance. Il fut, comme tous les dissipateurs, accablé de dettes & obligé de quitter ses biens, qui le quittoient. Ayant perdu Louis, comte de Dunois, son fils unique, qu'il avoit ruiné d'avance, il vendit, en 1391, ses deux comtés de Blois & de Dunois à Louis, duc d'Orléans, frère du roi Charles VI; ce qui opéra leur réunion, non pas à la couronne, mais au duché d'Orléans, qui fut réuni à la couronne à l'avénement du roi Louis XII, petit-fils de Louis, acquéreur de Blois & du Dunois.

BOULOGNE. Le comté de Boulogne-sur-Mer avoit été d'abord une dépendance du comté de Ponthieu, & les premiers comtes de Ponthieu l'avoient possédé. Ce furent les fils de Guillaume I, second comte de Ponthieu, qui partagèrent ses Etats. Guillaume II, l'aîné, eut le Ponthieu. Arnoul, second fils, eut, en 970, le comté de Boulogne pour partage, & fut le premier comte particulier de Boulogne.

Eustache II son petit-fils fut père de Godefroi de Bouillon & de Baudouin, qui tous deux furent rois de Jérusalem. Il eut un troisième fils, Eustache III, qui avoit fait avec ses frères le voyage de la Terre-Sainte, mais qui, en étant revenu l'an 1100, fut possesseur paisible du comté de Boulogne, & de son mariage avec Mahaud, fille de Malcolm III, roi d'Ecosse, eut une fille unique, nommée aussi Mahaud, qui fut héritière du comté de Boulogne, en 1115.

Elle épousa Etienne de Blois, qui fut le roi d'Angleterre, Etienne, & qui, en 1159, remit le comté de Boulogne à Eustache son fils aîné, gendre du roi de France, Louis-le-Jeune. Ni Eustache ni Guillaume son frère ne laissèrent d'enfans, & Marie leur sœur leur succéda. Le roi d'Angleterre, Etienne, son père, l'avoit fait élire abbesse de Romécy en Angleterre; elle obtint dispense de ses vœux, rentra dans le siècle, & recueillit la riche succession de ses pères. Elle épousa Mathieu II, fils de Thierry, comte de Flandre; & mourut en 1170, laissant deux filles, Ide & Mahaud.

Suivons d'abord la postérité d'Ide.

Elle laissa de Renaud, comte de Dammartin, une fille nommée Mahaud, qui, dans la liste des comtes & comtesses de Boulogne, est nommée Mahaud II & Mahaud III, parce qu'elle eut ce comté à deux différentes reprises.

Cette Mahaud épousa, en 1216, Philippe de France, comte de Clermont, fils de Philippe-Auguste, avec lequel l'Histoire n'a pas dédaigné de remarquer qu'elle fe brouilloit très-fouvent au jeu des échecs ; elle en eut une fille, Jeanne, mariée à Gaucher de Châtillon, en faveur de laquelle elle abdiqua, en 1245, le comté de Boulogne. Jeanne mourut, en 1251, du vivant de fa mère, fans laiffer d'enfans.

Mahaud alors fe remit en poffeffion du comté de Boulogne ; elle mourut en 1260, & la poftérité d'Ide fut éteinte.

Mais Mahaud fa fœur avoit époufé Henri II, duc de Brabant. De ce mariage étoient nés un fils, nommé Henri comme fon père, & deux filles, Marie & Alix de Brabant.

Henri mourut avant fa mère, laiffant un fils nommé auffi Henri. Celui-ci n'hérita point du comté de Boulogne ; il fut exclus par fes tantes, Marie & Alix, parce qu'il n'auroit pu hériter que par repréfentation, & que la repréfentation n'a pas lieu dans le Boulonois, non plus que dans l'Artois & dans quelques autres provinces.

Mais cette injuftice de la loi fut réparée en partie, & du moins le comté de Boulogne ne paffa point dans les Maifons étrangères. Marie & Alix n'ayant point d'enfans, le vendirent à ce duc de Brabant, Henri leur neveu, au préjudice duquel elles l'avoient eu.

Henri, à fon tour, le revendit à Robert IV, comte d'Auvergne ; & depuis ce tems le comté de Boulogne devint un des principaux domaines des comtes d'Auvergne, quoiqu'affez peu à leur bien-féance, à raifon de l'éloignement.

Philippe-le-Bon, duc de Bourgogne, à la paix d'Arras, en 1435, fe fit céder le comté de Boulogne, qui étoit beaucoup plus à fa bienféance à raifon des Pays-Bas, fon plus riche & fon plus vafte domaine, que ce comté augmentoit encore.

Louis XI le reprit en 1477, à la mort de Charles-le-Téméraire, fils de Philippe-le-Bon. Bertrand, comte d'Auvergne, lui céda fes droits fur le Boulonois, & reçut en échange le comté de Lauragais & quelques autres biens.

Louis XI réunit à la couronne le comté de Boulogne.

**BOURBONNOIS** (Comté, puis Duché de). Aymar fut, en l'an 900, le premier feigneur de Bourbon & du Bourbonnois.

Il eut pour petit-fils Archambaud I, d'où vint à fa Maifon & à fon Etat le nom de Bourbon l'Archambaud. On voit, dans la lifte des feigneurs de Bourbonnois, jufqu'à dix comtes de ce nom d'Archambaud. Archambaud VIII, mort en 1171, eut pour héritière Mahaud Ire. fa fille, qui, par fon mariage avec Guy II, feigneur de Dampierre, porta le Bourbonnois dans cette nouvelle Maifon, laquelle fe piqua auffi de porter le nom d'Archambaud en l'honneur des aïeux de Mahaud, & en reconnoiffance d'un fi beau domaine acquis par cette alliance. Guy & Mahaud eurent pour fils Archambaud IX, tué à la bataille de Cognac, en

1238 ; & pour petit-fils Archambaud X, qui, ayant fuivi faint Louis à fa première croifade, mourut dans l'île de Chypre, en 1249.

Il laiffa deux filles, Mahaud II & Agnès, qui époufèrent deux frères, Eudes & Jean, fils de Hugues V, duc de Bourgogne. Mahaud céda le Bourbonnois à fa fœur, & mourut d'ailleurs fans enfans, en 1262.

Agnès eut de fon mariage avec Jean de Bourgogne, comte de Charolois, une fille nommée Béatrix, qui fut fon héritière. Ce fut celle-ci qui époufa, en 1271, Robert de France, comte de Clermont-en-Beauvoifis, fixième fils du roi faint Louis, & tige de cette augufte branche de Bourbon qui règne aujourd'hui en France. Elle porta dans cette Maifon, outre les grands biens de la Maifon de Bourbon l'Archambaud, le comté de Charolois, du chef de fon père.

C'eft en faveur de Louis de Bourbon, fils de Robert de Clermont & de Béatrix de Bourgogne, que le Bourbonnois fut érigé en duché-pairie, en 1327, par le roi Charles-le-Bel. Ce duché de Bourbon eft refté dans la branche aînée de la Maifon de Bourbon, jufqu'au tems où il fut confifqué, en 1523, fur le fameux connétable de Bourbon, devenu l'aîné de fa Maifon. ( Voyez, dans le Dictionnaire, l'article Bourbon.)

Par contrat du 26 février 1661, Louis XIV fit, avec Louis II, prince de Condé, dit le Grand-Condé, l'échange du duché de Bourbonnois contre le duché d'Albret ; par-là cette branche cadette de la Maifon de Bourbon reprit ce titre de ducs de Bourbon, qu'avoit porté long-tems la branche aînée.

**BOURGOGNE** (Royaume, Duché, Comté de). ( Voyez ci-deffus l'article Arles, & dans le Dictionnaire, l'article Bourgogne.)

**BRESSE** (Comté de). Hugues I fut, en l'an 880, le premier feigneur de Breffe. Sa poftérité mafculine pofféda ce comté fans interruption, d'abord jufqu'en 1220, qu'Ulric II, mourant dans la Terre-Sainte, laiffa pour héritière une fille, nommée Marguerite, qui époufa Humbert V, feigneur de Beaujeu ; mais elle mourut fans enfans, & la Breffe refta dans fa Maifon, Marguerite ayant eu pour héritier Renaud IV fon oncle, frère d'Ulric II.

Guy, fils & fucceffeur de Renaud IV, ne laiffa qu'une fille, nommée Sibile, qui, ayant époufé en 1272 Amé V, comte de Savoie, porta par ce mariage la Breffe dans la Maifon de Savoie, qui poff4da cet Etat ou fut cenfé le poffédér jufqu'à fa réunion à la couronne de France, arrivée en 1601, fous Charles-Emmanuel ; ce duc de Savoie & comte de Breffe étoit petit-fils de Charles, dit le Bon, duc de Savoie, dépouillé de prefque tous fes Etats par les rois de France, François I & Henri II, pour s'être attaché au parti de Charles-Quint. Il étoit fils d'Emmanuel-Philibert, dit *Tête-de-fer*, qui gagna en 1557 la bataille de Saint-Quentin, & qui fut rétabli dans ses Etats par la paix de Cateau-Cambresis, en épousant la sœur d'Henri II.

Charles-Emmanuel avoit profité des troubles de la Ligue pour envahir le marquisat de Saluces. Henri IV en exigea la restitution : Charles-Emmanuel résista long-tems; il disoit que le mot de restitution étoit un barbarisme dans la langue des Princes. A force d'intrigues & de constance il parvint à conserver le marquisat de Saluces, & ce fut pour lui une espèce de triomphe, puisqu'il sembloit s'être fait un point d'honneur de la conservation de cet Etat; mais il fut obligé de rendre en équivalent la Bresse, le Bugey & le Valromey, qu'il céda pour lors (en 1601) à la France, en échange du marquisat de Saluces, & qui par-là furent réunis à la couronne.

BRETAGNE. (*Voyez*, dans le Dictionnaire, les articles *Bretagne* & *Anne de Bretagne*.)

BRIE. (*Voyez* ci-après l'article *Champagne*.)

CALAIS (COMTÉ D'OYE ET DE). On sait qu'Edouard III, roi d'Angleterre, prit Calais le 31 août 1347, & que les Anglais l'ont conservé depuis ce tems jusqu'au 8 janvier 1558, qu'il fut enlevé à la reine Marie par l'illustre François, duc de Guise, dont, à ce seul titre, le nom doit être à jamais précieux à la France.

Guisnes & tout ce qu'on appelle la terre d'Oye & toutes les dépendances de Calais furent pareillement reconquises & réunies dans le même tems.

CARCASSONNE, BÉZIERS & NIMES. Que ce soit Carcas, un des sept eunuques du roi Assuérus, qui ait bâti la ville de Carcassonne justement cinq cent cinquante ans avant la fondation de Rome, ou que ce soit la dame Carcas, vaillante amazone, veuve de Balahac, un des chefs des Sarrasins du tems de Charlemagne, qui ait donné son nom à cette ville, comme sa représentation, qu'on voit encore sur la porte de la cité, avec l'inscription : *Carcas sum*, semble l'annoncer, c'est ce que nous ne rechercherons point ici. Nous ne remonterons qu'à Roger I, qu'on croit avoir été, en 888, le premier comte ou gouverneur de Carcassonne, & qui mourut en 920.

Sa postérité masculine posséda Carcassonne jusqu'en 1029, que Roger III eut pour héritière Ermengarde sa sœur.

Elle épousa Raymond Trincavel, vicomte de Béziers & d'Agde.

Celui-ci eut une grande guerre à soutenir contre Raymond Bérenger, comte de Barcelone, qui descendoit, comme Ermengarde, de Roger, premier comte de Carcassonne, & qui prétendit partager avec elle ce comté. Quelques succès de Raymond Bérenger forcèrent Trincavel à lui céder

Carcassonne, en conservant le reste du comté. Bernard Aton, frère & successeur de Trincavel dans les vicomtés de Béziers & d'Agde, & dans la partie qui lui étoit restée du comté de Carcassonne, continua la guerre contre les comtes de Barcelone, & reprit deux fois la ville de Carcassonne, qui enfin lui resta, mais sous la condition de rendre hommage au comte de Carcassonne, & de se contenter du titre de vicomte. Il épousa Cécile, vicomtesse de Nîmes. Ses divers Etats furent partagés entre ses trois fils, Roger, Raymond & Bernard. L'aîné eut Carcassonne & Alby; Raymond, Béziers; Bernard, Nîmes. Raymond finit par réunir tous ces Etats. Il eut des guerres à soutenir contre Raymond V, comte de Toulouse. Il fut massacré le 22 juillet 1167, dans l'église de Béziers, par des rebelles & des conjurés.

Raymond Roger son petit-fils, ayant au contraire embrassé le parti de Raymond VI, comte de Toulouse, fils de Raymond V, & ayant combattu pour les Albigeois, Simon de Montfort conquit sur lui, en 1209, Carcassonne & Béziers, & presque tous ses domaines.

Un fils que laissa Raymond Roger céda dans la suite à saint Louis tous ses droits sur Carcassonne & Béziers, moyennant 600 liv. de revenu.

Simon de Montfort avoit été investi de ses conquêtes. Il devint seigneur de Carcassonne, & reprit le titre de comte que ses prédécesseurs, par lui dépouillés, avoient quitté pour celui de vicomte. Tué en 1219 au siège de Toulouse, il eut pour successeur Amauri son fils, qui en 1222 céda tous ses droits au prince Louis, fils de Philippe-Auguste & père de saint Louis, & ratifia en 1229 cette même cession, d'une manière plus solennelle, en faveur de saint Louis lui-même, qui, à cette époque, réunit à la couronne les comtés de Carcassonne, de Béziers & de Nîmes.

CHALONS-SUR-SAONE (COMTÉ DE). Théodoric I étoit comte de Châlons & de Mâcon en 830.

Bernard, le second de ses arrière-petits-fils, eut pour son partage le comté de Mâcon. (*Voyez Mâcon*.)

Manassès, neveu de Bernard, fils de Manassès-le-Vieux, frère aîné de ce même Bernard, eut le comté de Dijon en 900. (*Voyez Dijon*.)

Châlons continua d'être le partage des aînés. Gisalbert, comte de Châlons, frère aîné de Manassès, & qui s'intituloit *Comte par la grace de Dieu*, ne laissa que deux filles. De plus grands domaines alors échus à cette Maison furent le partage de l'aînée : ce fut la cadette, nommée Véré, qui hérita du comté de Châlons; elle épousa Robert de Vermandois, comte de Troyes.

Adélaïde leur fille unique leur succéda; elle épousa un comte de Lambert, dont on ne sait ni la famille ni le domaine, mais qui forma la seconde branche ou dynastie des comtes de Châlons.

Hugues

Hugues I leur fils leur fuccéda, mais il quitta fon comté pour entrer dans l'état eccléfiaftique ; il fut évêque d'Auxerre, & mourut, en 1039, moine à l'abbaye de Saint-Germain d'Auxerre.

Son neveu, Thibaud, & fon petit-neveu, Henri, partagèrent par moitié le comté de Châlons.

Une de ces moitiés fut cédée, en 1113, à l'évêque de Châlons, par un feigneur de cette Maifon. Les fucceffeurs de cet évêque en ont toujours joui depuis, & c'eft de là que leur vient le titre de comtes de Châlons, joint à celui d'évêques. L'autre moitié du comté continua d'être poffédée par la Maifon des comtes de Châlons.

Guillaume II, mort en 1202, ne laiffa qu'une fille, nommée Béatrix, laquelle avoit époufé, en 1188, Etienne II, comte d'Offonne. (*Voyez Offonne.*)

Jean, comte d'Offonne ; leur fils, échangea, en 1247, la moitié du comté de Châlons, dont il avoit hérité, contre Senlis & beaucoup d'autres terres. Ce fut avec Hugues IV, duc de Bourgogne, dont il avoit époufé la fœur, qu'il fit cet échange, au moyen duquel le comté de Châlons-fur-Saône fut réuni au duché de Bourgogne, lequel, comme on fait, le fut à fon tour à la couronne en 1477.

CHAMPAGNE & BRIE (COMTÉ DE). En 884, Robert I s'empara de plufieurs villes de Champagne, nommément de celle de Troyes, & prit le titre de comte de Troyes. On croit qu'il étoit beau-frère des deux rois, des deux frères, Louis III & Carloman.

Son fils Richard mourut fans enfans en 958 : il étoit beau-frère des rois Eudes & Robert. Voilà, fi l'on veut, une première race des comtes de Champagne.

Robert de Vermandois, troifième fils de ce trop fameux Herbert II, comte de Vermandois, qui trahit le roi Charles-le-Simple, & qui en mourut de remords ; s'empara de la Champagne à main armée : il ne tenoit à fon prédéceffeur que par un lien très-foible ; il étoit neveu de Richilde, femme de Richard : ce n'étoit pas là un titre héréditaire ; mais tout titre eft bon avec la force. Il eft dans la lifte des comtes de Champagne, fous le nom de Robert II. Il ne laiffa qu'une fille, nommée Hermengarde, qui ne fuccéda point aux Etats de fon père.

Robert avoit fait venir auprès de lui fon frère aîné, Herbert, comte de Meaux, fecond fils d'Herbert II, comte de Vermandois ; il l'inftitua fon héritier. Cet Herbert eut un fils, nommé Etienne I dans la lifte des comtes de Champagne ; celui-ci mourut fans enfans, & en lui finit la branche mafculine des comtes de Champagne de la Maifon de Vermandois, qui n'avoient été qu'au nombre de trois.

Eudes, fucceffeur d'Etienne, étoit fon parent, mais il n'étoit pas de la même Maifon ; il defcendoit bien, comme lui, d'Herbert II, comte de

Vermandois, mais par femme feulement : c'étoit par Leutgarde, fille d'Herbert, femme de Thibaut II, comte de Blois, bifaïeul d'Eudes, auffi comte de Blois. Eudes fut donc à la fois comte de Champagne & de Blois, & encore de Chartres & de Tours, poffédés alors par les comtes de Blois. Il fe vit un des plus puiffans feigneurs de France, & il fit ombrage au roi Robert, comme un vaffal trop redoutable à un Roi trop foible ; mais Eudes périt par fon ambition. Toujours avide de conquêtes & d'agrandiffement, il s'empreffa de difputer à Conrad-le-Salique la fucceffion du royaume de Bourgogne après la mort de Rodolphe III. Conrad étoit mari de Gifèle, nièce de Rodolphe, & c'étoit à ce titre que Rodolphe l'avoit inftitué fon héritier. Eudes étoit auffi neveu de Rodolphe ; il étoit fils de Berthe fa fœur aînée. Il conquit d'abord une partie du royaume de Bourgogne, mais Conrad l'en chaffa en 1032, & força Eudes d'abandonner fes prétentions par un traité qu'Eudes s'empreffa de violer en entrant à main armée dans le duché de Bourgogne ; mais il fut vaincu & tué à la bataille de Bar le 15 feptembre 1037.

Son fecond fils, Etienne II, eut, dans fon partage, la Champagne & la Brie, qui en fut toujours comme une annexe.

Nous avons dit, à l'article *Blois*, comment Thibaud II, frère aîné d'Etienne, & qui avoit eu dans fon partage les comtés de Blois, Chartres, &c. s'empara de la Champagne à la mort d'Etienne, au préjudice d'un fils qu'il laiffoit, mais dont la naiffance parut équivoque. (*Voyez* l'article *Blois*.)

La poftérité mafculine de ce Thibaud pofféda la Champagne. Son arrière-petit-fils, Henri I, dit *le Riche*, dont le règne fut nommé *l'âge d'or de la Champagne*, eut deux fils, Henri I, qui fut comte de Champagne, & Thibaud, qui eut le comté de Meaux.

Henri s'étant croifé, en 1191, avec les rois de France & d'Angleterre, Philippe-Augufte & Richard Cœur-de-Lion, mourut à Tyr en 1192, étant tombé d'une baluftrade de fon palais. Richard lui avoit fait époufer Ifabelle, reine de Jérufalem. De ce mariage naquirent deux filles, Alix, qui époufa Hugues I, roi de Chypre ; Philippine, qui époufa Erard de Brienne ; elles portèrent à leurs maris leurs prétentions au trône de Jérufalem, mais elles furent exclues de la fucceffion au comté de Champagne, qu'on fuppofa être un fief mafculin : ce fut Thibaud leur oncle, comte de Meaux, frère de Henri II, qui hérita de la Champagne. Il fut père d'un autre Thibaud, le plus célèbre des Princes de ce nom, le plus célèbre même de tous les comtes de Champagne. C'eft celui dont nous avons des chanfons amoureufes, dont on croit que la reine Blanche, mère de faint Louis, fut l'objet. C'eft celui qui fut foupçonné d'avoir, par des motifs de rivalité, avancé les jours de Louis VIII, mari de Blanche. C'eft celui qui joua un rôle affez équivoque dans les troubles du royaume pendant la minorité de saint Louis, & dont on dit que l'adroite Blanche se servoit comme d'un espion & d'un agent secret pour déconcerter les projets de la confédération armée contre elle. Ce fut lui enfin qui, toujours heureux en successions, recueillit encore, en 1234, celle de Navarre.

Sur la suite, voyez l'article *Champagne*, dans le Dictionnaire.

CHAROLOIS (COMTÉ DE). Hugues IV, duc de Bourgogne, donna en partage, en 1262, à Jean I son second fils, la châtellenie de Charolois. Jean I épousa Agnès, dame de Bourbon, héritière de Bourbon l'Archambaud, de la Maison de Dampierre. Il ne lui resta de ce mariage qu'une fille nommée Béatrix, qui épousa, en 1272, Robert de Clermont, fils de saint Louis, tige de la branche royale de Bourbon. Le Bourbonnois & le Charolois ayant été portés dans la Maison de France par cette Béatrix, ce fut en faveur de ce mariage que saint Louis érigea en comté la châtellenie de Charolois.

Le Charolois fut le partage de Jean, second fils de Robert de Clermont & de Béatrix de Bourgogne : le Bourbonnois échut à l'aîné.

Jean II, mort en 1316, ne laissa que des filles ; l'aînée, nommée Béatrix comme son aïeule, eut le Charolois.

Cette Béatrix IIe. épousa, en 1327, Jean, comte d'Armagnac. Les comtes d'Armagnac, devenus par ce mariage comtes de Charolois, le vendirent, en 1390, à Philippe-le-Hardi, duc de Bourgogne, dont l'arrière-petit-fils, Charles-le-Téméraire, porta, du vivant de Philippe-le-Bon son père, le titre de comte de Charolois. A la mort du comte de Charolois, en 1477, Louis XI s'empara du Charolois comme de la Bourgogne & d'une partie des Pays-Bas; mais en 1493, Charles VIII son fils, moins avide du bien d'autrui, ou moins ardent à défendre des droits légitimes, rendit le comté de Charolois à Philippe-le-Beau, archiduc d'Autriche, fils de Maximilien d'Autriche & de Marie de Bourgogne, fille de Charles-le-Téméraire. Il y mit seulement la condition de l'hommage.

Le comté de Charolois étoit originairement une dépendance de la Bourgogne, & la Bourgogne fut long-tems un objet litigieux entre la France & la Maison d'Autriche.

Lorsque ces deux puissances étoient en guerre, le Charolois étoit toujours saisi & occupé par les Français ; mais enfin, à la paix des Pyrénées en 1659, le Charolois fut rendu au roi d'Espagne, Philippe IV. Il ne lui resta pas cependant : Louis II, prince de Condé, dit le Grand-Condé, le fit saisir pour avoir le paiement de certaines sommes qui lui étoient dues par le roi d'Espagne, & la possession lui en fut adjugée, le haut domaine réservé au roi de France.

Tel est le dernier état des choses, & en conséquence nous avons vu un des puînés de la Maison de Condé, oncle de M. le prince de Condé d'aujourd'hui, porter le titre de comte de Charolois, & une des Princesses ses sœurs porter aussi le nom de mademoiselle de Charolois.

COMMINGES (COMTÉ DE). La succession des comtes de Comminges commence par six Bernards, qui se suivent immédiatement de père en fils. Le premier fut comte de Comminges en 1130, & mourut en 1142.

Bernard III son petit-fils eut trois femmes ; il fut séparé des deux premières pour cause de parenté, principe de divorce alors très-fécond & très-commode pour les époux dégoûtés de leur union. Au moyen de ce double divorce, Bernard III eut trois femmes vivantes en même tems.

Bernard VI son arrière-petit-fils eut aussi trois femmes, mais successivement : il eut de la seconde deux filles, Cécile & Eléonore ; il eut de la troisième un fils, nommé Jean, qui s'intituloit *par la grace de Dieu*, vicomte de Turenne & comte de Comminges. Il mourut en 1340. Cécile, sa sœur consanguine, lui succéda.

Mais Pierre-Raymond son grand-oncle, fils de Bernard IV, disputa, en vertu d'une substitution, le comté de Comminges, qui lui fut en effet adjugé en 1341. Il mourut la même année, & Pierre-Raymond II, son fils, ne laissa qu'une fille, nommée Marguerite, qui lui succéda en 1375.

Elle eut de Jean II, comte d'Armagnac, deux filles, Jeanne & Marguerite, qui furent toutes deux mariées, mais qui toutes deux moururent sans enfans du vivant de leur mère. Celle-ci, restée veuve & sans enfans en 1391, se remaria deux fois, la première à Jean III, comte de Fezensaquet, mort en 1405; la seconde à Mathieu de Foix ; celui-ci voulut forcer sa femme à l'instituer son héritier, inconvénient particulier aux femmes dans les pays de droit écrit, qui leur donne la faculté funeste d'avantager leurs maris, faculté que la plupart de nos coutumes leur ont prudemment enlevée pour la sûreté même de leur personne. L'exemple de Marguerite peut servir de leçon à cet égard. Mathieu, sur son refus, la retint vingt-trois ans prisonnière & séquestrée de toute société, menant une vie misérable. Elle trouva enfin le moyen de faire connoître à Charles VII ses malheurs, & l'oppression où la tenoit un tyran avide. Soit intérêt, soit justice, Charles ne lui refusa point sa protection; il alla, en 1444, dans le comté de Comminges, & la fit mettre en liberté : il reçut le prix de ce bienfait. Pénétrée de reconnoissance, Marguerite lui fit une donation entre-vifs de son comté de Comminges, se dépouillant non-seulement de la propriété, mais même de l'usufruit, moyennant un revenu honnête que Charles VII lui assigna pour sa subsistance. Ainsi le comté de Comminges fut réuni à la couronne en 1444.

La comtesse Marguerite vécut encore dix-sept ans, & mourut âgée de cent ans, en 1461. Ainsi en retranchant même de sa vie les vingt-trois ans où elle a langui dans la captivité, elle se trouve avoir encore rempli une carrière plus longue que celle même du commun des vieillards.

DAUPHINÉ. *Dauphins* de Viennois & d'Auvergne.

Quant aux dauphins de Viennois ( *voyez* dans le Dictionnaire les articles *Dauphin*, *Beaumont*, *Humbert II* & *Latour-au-Pin*).

Quant aux dauphins d'Auvergne ( *voyez* ci-dessus le second article *Auvergne*).

DIJON (COMTÉ DE). Manassés, premier comte de Dijon en l'an 900, étoit le second fils de Manassés, dit *le Vieux*, comte de Châlons. ( *Voyez* *Châlons*.) Valon, le second de ses petits-fils, est la tige de la Maison de Vergi. La postérité masculine de Manassés posséda le comté de Dijon selon l'ordre de primogéniture, jusqu'en 1082, que Letalde, dernier comte, étant mort sans enfans, & sa race même étant entièrement éteinte, Eudes I, duc de Bourgogne, réunit à son duché le comté de Dijon.

DUNOIS (COMTÉ DE). Le comté de Dunois passa par des femmes dans une infinité de Maisons différentes. En 954, Geoffroy I fut le premier vicomte de Châteaudun.

Sa petite-fille, Mélisende, fille unique de Geoffroy II, épousa Guérin de Bélesme, comte du Perche, dans la Maison duquel elle porta le Dunois. Cette Maison le posséda jusqu'en 1220, que Geoffroy V mourut, ne laissant qu'une fille nommée Clémence, qui épousa Robert de Dreux, Prince du sang de France.

Ils n'eurent aussi qu'une fille unique, Alix, qui épousa Raoul de Clermont, seigneur de Nesle, connétable de France, tué en 1302 à la bataille de Courtray.

De ce mariage il ne naquit que des filles : l'aînée, Alix de Clermont, épousa Guillaume de Flandre, seigneur de Tenremonde.

Jean I leur fils n'eut que des filles : Marguerite, la seconde, eut en partage le vicomté de Châteaudun, qu'elle porta en mariage à Guillaume de Craon, seigneur de Sainte-Maure.

Pierre de Craon leur fils, ce fameux coupable, vendit, vers l'an 1382, le Dunois à Jean, comte de Blois ( *voyez* l'article *Blois*), père de ce gourmand dissipateur, qui le revendit, avec le comté de Blois, à Louis, duc d'Orléans, frère de Charles VI.

Charles, duc d'Orléans, fils de Louis, donna, en 1438, à son frère naturel, Jean, bâtard d'Orléans, le comté de Dunois, en échange du comté de Vertus. C'est ce fameux comte de Dunois, le héros du règne de Charles VII, & la tige de la Maison de Longueville, Charles VII ayant ajouté au comté de Dunois le comté de Longueville.

Ce fut son petit-fils, Jean, cardinal de Longueville, qui, étant tuteur des princes de Longueville ses neveux, fit bâtir le château de Châteaudun.

Sa petite-nièce, Rénée, fille de François II, pour qui Longueville fut érigé en duché-pairie en 1505, fut comtesse de Dunois depuis la mort de son père, arrivée en 1512, jusqu'au 23 mai 1515. Mais elle ne porta point ce comté dans une Maison étrangère, étant morte à l'âge de sept ans.

Louis I, son oncle paternel, frère de François II, lui succéda. Il épousa l'héritière de la souveraineté de Neufchâtel, qui passa, ainsi que le comté de Dunois, à sa postérité.

Le dernier Prince de la Maison de Longueville, Jean-Louis-Charles, qui étoit prêtre, & qui mourut fou en 1694, avoit donné le comté de Dunois à un fils naturel du duc de Longueville, Charles Páris (on père, tué au passage du Rhin en 1672. Ce fils naturel, nommé Charles-Louis, & qui fut légitimé cette même année 1672, fut tué au siège de Philisbourg en 1688. Alors Jean-Louis-Charles son oncle recueillit sa succession par droit de retour. Il eut pour héritière Marie de Longueville sa sœur consanguine, qui avoit épousé, en 1647, Henri de Savoie, duc de Nemours. Elle mourut sans enfans en 1707, & alors Louis XIV réunit le comté de Dunois à la couronne.

EVREUX (COMTÉ D'). Le premier comte d'Evreux fut Robert, second fils de Richard I, duc de Normandie. Son père lui donna Evreux en apanage en 998. Après la mort de sa femme il entra dans l'état ecclésiastique, & fut archevêque de Rouen; il avoit un fils qui lui succéda, & sa postérité resta en possession du comté d'Evreux jusqu'en l'an 1200, qu'Amaury IV, fils de Simon, dit *de Montfort*, & père du trop célèbre Simon de Montfort, chef de la croisade contre les Albigeois, vendit à Philippe-Auguste le comté d'Evreux, en conservant le comté de Montfort : première réunion d'Evreux à la couronne. Evreux fut ensuite donné en apanage, en 1285, à Louis de France, troisième fils du roi Philippe-le-Hardi : ce Prince fut la tige de la branche d'Evreux de la Maison de France ; il fut aïeul paternel du roi de Navarre, Charles-le-Mauvais, & bisaïeul de Charles-le-Noble, aussi roi de Navarre, qui, par traité du 9 juin 1404, vendit au roi Charles VI le comté d'Evreux : seconde réunion. Charles IX, en 1569, donna le comté d'Evreux à son frère François, duc d'Alençon, qui mourut sans enfans en 1584 : troisième réunion. Ce même comté fut donné en échange de Sedan au duc de Bouillon, en 1651, & depuis ce tems il est resté dans cette illustre Maison. ( *Voyez Sedan*.)

FEZENSAQUET & FEZENSAQUET (COMTES DE). Guillaume Garcie, premier comte de Fezenfac en 910, defcendoit des ducs de Gafcogne & d'Aquitaine, defcendus de Clovis par Aribert, frère de Dagobert I, & fon fecond fils forma la branche d'Armagnac, éteinte en 1503. Son fils aîné, Othon, dit *le Louche*, lui fuccéda dans le comté dé Fezenfac : cinq autres comtes fe fuccédèrent de père en fils jufqu'en 1120, que le dernier de ces cinq comtes ne laiffa qu'une fille, nommée Béatrix, laquelle ne laiffa auffi qu'une fille, morte fans enfans en 1140. Alors Fezenfac paffa par fucceffion à la branche d'Armagnac, & fut réuni au comté de ce nom.

De cette branche d'Armagnac defcendoit Gafton, premier comte ou vicomte de Fezenfaquet, en 1283 ; il étoit fils de Géraud V, comte d'Armagnac.

Il eut quatre fucceffeurs de père en fils ; les deux derniers firent la guerre aux comtes d'Armagnac, & furent malheureux. Géraud II, le pénultième, fut fait prifonnier par le connétable Bernard VII, comte d'Armagnac, qui l'enferma dans une citerne, où il le laiffa mourir de mifère, en 1403 ; il traita de même Jean II, fils de Géraud, & de plus lui fit crever les yeux, & fit auffi périr Arnauld, frère de Jean II, & par ces violences & ces crimes réunit le Fezenfaquet à l'Armagnac, jufqu'à ce qu'il fut maffacré, en 1418, par les Bourguignons lorfqu'ils furprirent Paris la nuit du 28 au 29 mai.

FLANDRE ( COMTÉ DE ). On fait remonter à l'an 800 l'origine des fouverains particuliers de la Flandre ; elle eft due à Charlemagne, qui, en l'an 800, établit un grand-foreftier & gouverneur héréditaire de la Flandre : celui qu'il inftitua fe nommoit Lideric.

Son petit-fils fut Baudouin, dit *Bras-de-Fer*, qui, étant devenu amoureux de Judith, fille de Charles-le-Chauve, l'enleva infolemment de la cour du Roi fon père, avec le confentement de la Princeffe. Charles, outragé ainfi dans fa puiffance royale, dans fon autorité paternelle, dans l'honneur de fa famille, éclata, pourfuivit le ravilffeur, ne refpira long-tems que la vengeance, & finit par donner fon confentement au mariage, moitié pour les intérêts de fa fille, moitié pour les fiens. Baudouin reconnut tenir les comtés de Flandre & d'Artois comme dot de la Princeffe, fous l'hommage de la France : ce fut ce Baudouin qui fit bâtir les châteaux de Bruges & de Gand. Il mourut en 877.

Baudouin II fon fils ne fut pas moins célèbre par des actions hardies & par des crimes. Charles-le-Simple lui ayant ôté, on ne fait pas bien pour quelles raifons, la ville d'Arras, Baudouin s'en prit à Foulques, archevêque de Rheims, premier miniftre de Charles, & qui, dans un concile tenu en 893, avoit déjà fait excommunier Baudouin comme raviffeur des biens de l'Eglife ; Baudouin,

pour fe venger, fit affaffiner Foulques en 898, par Vinomare, feigneur de Lille.

Arnoul I, dit *le Grand* & *le Vieux*, fils de Baudouin II, recouvra l'Artois & gouverna bien fes peuples : il fe permit cependant quelques crimes politiques ; il fit affaffiner Guillaume, dit *la Longue-Epée*, duc de Normandie ; il affocia aux foins de l'adminiftration Baudouin III fon fils, qui ajouta encore à la gloire du règne de fon père, avant lequel il mourut.

Baudouin IV, dit *le Barbu*, petit-fils de Baudouin III, & arrière-petit-fils d'Arnoul I, augmenta fes Etats ; il prit Valenciennes fur le comte de Hainault, & acquit, par divers moyens, plufieurs autres places : il avoit été chaffé de la Flandre par fon propre fils, qui lui fuccéda ; mais il y avoit été rétabli par Robert, duc de Normandie, dont il avoit époufé la fœur. Cette fœur étoit une feconde femme de Baudouin IV, & Baudouin V, dit *le Frifon*, fon fils rebelle, étoit né d'un premier lit : celui-ci fut régent de France pendant la minorité de Philippe I, & l'on fut content de fon adminiftration, tant en France qu'en Flandre ; il foumit les Frifons, & de là vraifemblablement lui vient fon furnom de *Frifon*. Il reçut en fief de l'empereur Henri IV, Gand & Valenciennes. Mort en 1067.

Baudouin de *Mons* fon fils, fixième du nom de Baudouin, faifoit fon féjour à Mons, & en tira fon furnom. Mort en 1070.

Baudouin de Mons avoit un frère nommé Robert, & qui fut connu, comme Baudouin V fon père, par le furnom de *Frifon*, & par les mêmes raifons que fon père, c'eft-à-dire, par des avantages remportés fur les Frifons. Ce Robert-le-Frifon, tuteur d'Arnoul III fon neveu, fils de fon frère Baudouin de Mons, dépouilla fon pupille, & ufurpa fur lui la Flandre & l'Artois après l'avoir vaincu, le 20 février 1071, à la bataille de Mont-Caffel, où le malheureux Arnoul fut tué. Ce même Robert-le-Frifon, ufurpateur coupable, fut d'ailleurs un Prince brave & habile ; il mourut en 1093.

Robert II fon fils fut nommé *le Jérofolimitain*, parce qu'étant un des chefs de la première croifade, il prit Jérufalem. A la gloire de cette conquête, il joignit le refus de la couronne de ce nouveau royaume ; il revint gouverner & gouverna bien fes Etats, dont il n'avoit été que trop long-tems éloigné. Dans un combat où il portoit du fecours au roi Louis-le-Gros contre Thibaud II, comte de Champagne, il tomba de cheval, fut foulé aux pieds des chevaux, & mourut des fuites de cette funefte aventure, le 4 décembre 1111.

Baudouin VII, dit *le Jeune* & *à la hâche*, fils de Robert-le-Jérofolimitain, prit le parti de Louis-le-Gros contre Henri I, roi d'Angleterre : bleffé au fiége du château de Bures, près d'Arques, & fa plaie ayant été envenimée par fes débauches, il mourut à vingt-fix ans, l'an 1119, fans enfans.

Jufque-là c'étoit toujours la même Maifon, la même race mafculine qui avoit régné depuis l'an 800 jufqu'en l'an 1119; ici, au contraire, tout va changer, & la Flandre va paffer rapidement dans une multitude de Maifons différentes.

Ce fut d'abord un Prince de la Maifon de Danemarck qui fuccéda, en 1119, à Baudouin *à la hache*; il étoit fon coufin, fils d'Adèle de Flandre, laquelle étoit fille de Robert-le-Frifon, aïeul de Baudouin. Cette defcendance étoit fon titre : il étoit d'ailleurs étranger, fils de Canut, roi de Danemarck. Un fils naturel de Robert-le-Jérofolimitain, & qui, fi le vice de fa naiffance n'eût pas été un titre d'exclufion, auroit eu fur le Prince danois l'avantage de la proximité, fe déclara fon concurrent; il fe nommoit Guillaume d'Ypres, & étoit oncle du dernier comte de Flandre. Le roi Louis-le-Gros, fuzerain de la Flandre, en donna l'inveftiture au prince Charles de Danemarck, qui juftifia fon choix en méritant le furnom de *Bon*. Il vécut faintement & gouverna doucement; il fut aimé de fes peuples, & cependant il mourut affaffiné dans l'églife de faint Donatien de Bruges, le 12 mars 1127, par des monopoleurs qu'il vouloit empêcher de mettre la famine dans le pays.

Après lui, le même Louis-le-Gros donna l'inveftiture de la Flandre à Guillaume Cliton, fils de Robert, dit *Gambaron*, ou *courtes bottes*, ou *courtes heufes*, lequel étoit fils aîné de Guillaume-le-Conquérant. Cliton tiroit fon droit de Mathilde de Flandre fon aïeule, fille du comte de Flandre, Baudouin V, dit *le Frifon*, & femme de Guillaume-le-Conquérant : Cliton eut pour concurrent Thierry d'Alface, qui defcendoit de Gertrude, autre fille de Baudouin V, dit *le Frifon*. Il y eut entre Guillaume Cliton & Thierry d'Alface une guerre fanglante, qui finit par la mort de Guillaume, bleffé mortellement au fiége d'Aloft en 1128; alors Thierry d'Alface, réuniffant tous les fuffrages, obtint l'inveftiture de Louis-le-Gros.

Philippe I fon fils fut tué au fiége d'Acre en 1191 : il avoit donné, en 1180, le comté d'Artois pour dot à Ifabelle fa nièce, qui époufoit le roi Philippe-Augufte, & il eut pour héritière au comté de Flandre, Marguerite fa fœur.

Celle-ci époufa Baudouin, comte de Hainault, qui par ce mariage devint comte de Flandre.

Leur fils, Baudouin IX, non-feulement fut un des chefs de la croifade de Conftantinople, mais c'eft à lui que commence l'Empire des Latins : il fut le premier élu empereur de Conftantinople parmi les Occidentaux croifés en 1204; mais en 1206, voulant foutenir la gloire de cet Empire contre les Bulgares fes voifins & fes ennemis, il tomba entre leurs mains, & le roi des Bulgares le fit, dit-on, mourir dans les tourmens. Henri fon frère & Pierre de Courtenay fon beau-frère, mari de leur fœur, furent Empereurs après l'infortuné Baudouin.

Ce premier Empereur latin avoit laiffé deux fil-les, Jeanne & Marguerite, qui furent l'une après l'autre comteffes de Flandre. C'eft fous le règne de Jeanne que parut un homme qui, à la faveur de quelque reffemblance, fe difoit l'empereur Baudouin, échappé aux fers des Bulgares : Jeanne l'envoya au fupplice fans être arrêtée par ce qu'il y avoit de terrible dans l'alternative d'immoler un impofteur ou de faire pendre fon père. Seroit-ce par remords, & pour fe punir de s'être peut-être rendue un peu trop facile fur les preuves de l'impofture de cet homme, qu'elle abdiqua, en 1244, ce pouvoir dont elle s'étoit montrée autrefois fi jaloufe, & qu'elle prit l'habit monaftique dans une abbaye qu'elle avoit fondée? Elle avoit époufé Ferrand de Portugal, qui fut défait à la bataille de Bovines, & traîné en triomphe à Paris.

Marguerite, fa fœur & fon héritière, avoit époufé d'abord Bouchard d'Avefnes fon tuteur, qui étoit engagé dans les Ordres, & qui avoit abufé de la foibleffe & de l'ignorance de fa pupille pour la déterminer à ce mariage : il fut caffé du confentement de Marguerite, qui époufa Guillaume de Dampierre; mais il y avoit des enfans du premier mariage, & il y eut de grandes conteftations entre les d'Avefnes & les Dampierre, fur la légitimité de l'un ou de l'autre mariage, & fur la fucceffion de Flandre. Les Dampierre l'emportèrent en définitive.

Guy de Dampierre, fils de Marguerite, & fa poftérité mafculine, pofféda le comté de Flandre depuis 1275 jufqu'en 1382, qu'une autre Marguerite, fille & héritière du dernier duc de cette Maifon, le porta dans la feconde Maifon de Bourgogne, d'où il paffa dans la Maifon d'Autriche en 1477, par le mariage de Marie de Bourgogne avec Maximilien. Philippe II, roi d'Efpagne, leur arrière-petit-fils, donna les Pays-Bas catholiques à l'infante Ifabelle-Claire-Eugénie fa fille, après la mort de laquelle ils revinrent à la couronne d'Efpagne en 1634, fous Philippe IV. Dans les guerres continuelles que Louis XIII & Louis XIV firent à l'Efpagne du tems de Philippe IV & de Charles II, l'Artois & la partie de la Flandre qu'on appelle la Flandre françaife, ayant été conquis par les Français, leur furent affurés par la paix des Pyrénées en 1659, & par celle de Nimègue en 1678.

FOIX (COMTÉ DE). C'eft vers l'an 989 qu'on place le commencement de la Maifon de Foix. Roger, comte de Carcaffonne, fut le premier comte de Foix : fa poftérité pofféda le comté de Foix jufqu'en 1398, qu'Ifabelle, fœur & héritière de Mathieu, le porta dans la Maifon de Grailly, qui forma la feconde Maifon de Foix. Cette Maifon de Foix-Grailly pofféda, de mâle en mâle, le comté de Foix jufqu'en 1482, qu'il paffa encore à une femme, Catherine de Foix; laquelle le porta, en 1501, dans la Maifon d'Albret avec la couronne de Navarre, qui lui étoit pareillement échue par fucceffion. L'un & l'autre paffèrent dans la Maifon de Bourbon par le mariage de Jeanne d'Albret avec Antoine de Bourbon, duc de Vendôme, père de Henri IV.

FORCALQUIER (COMTÉ DE). Ce comté, qui comprenoit autrefois tout ce qui se trouve entre le Rhône, la Durance, l'Isère & les Alpes, a été resserré depuis dans des bornes plus étroites, divers comtés, tels que ceux de Die, de Gap, d'Avignon, d'Embrun, en ayant été successivement détachés.

Boson II, comte de Provence, fils de Boson I, eut deux fils : Guillaume I, qui fut comte de Provence (voyez l'article Provence), & Rotbaud; celui-ci eut pour son partage le comté de Forcalquier, dont il fut le premier comte en 961; il s'intituloit par la grace de Dieu. Son fils, Guillaume I, étant mort sans enfans en 1010, eut pour héritière Emme sa sœur.

Celle-ci avoit épousé Guillaume III, dit Taille-Fer, comte de Toulouse. De ce mariage naquirent deux fils, dont Bertrand, qui étoit le second, commença la race des comtes de Forcalquier, issue des comtes de Toulouse.

Guillaume II son petit-fils ne laissa qu'une fille, Adélaïde, laquelle épousa Ermengaud, comte d'Urgel, dont elle eut Guillaume III, comte d'Urgel du chef de son père, & comte de Forcalquier du chef de sa mère, tige d'une troisième Maison des comtes de Forcalquier : il commença de régner en 1138, & depuis cette époque jusqu'en 1209, c'est toujours sa race masculine qui possède cet Etat.

En 1209, les héritières étoient deux filles, dont l'aînée, Garsinde, succéda au comté de Forcalquier.

Elle épousa le comte de Provence, don Alphonse II ou IV, suivant que l'on veut compter don Alphonse son père, roi d'Arragon, pour un ou pour trois, parce qu'il fut à trois différentes reprises comte de Provence. C'est Alphonse II ou IV qui eut des procès & des guerres contre Béatrix, sœur de Garsinde sa femme, au sujet des droits que Béatrix réclamoit sur le comté de Forcalquier. Alphonse & Garsinde restèrent en possession de ce comté. (Voyez l'article Provence.)

Par ce mariage d'Alphonse, comte de Provence, avec Garsinde de Forcalquier, le comté de Forcalquier fut réuni au comté de Provence, & les deux comtés furent possédés ensemble par Raymond-Bérenger III, comte de Provence, de la Maison des rois d'Arragon, fils d'Alphonse & de Garsinde. C'est à l'an 1250 que l'on fixe la réunion du comté de Forcalquier au comté de Provence.

FOREZ (COMTÉ DE). (Voy. l'article Lyonnois & Forez.) Le comté de Forez n'ayant point été réuni à la couronne en même tems que le Lyonnois, nous indiquerons ici la succession des comtes de Forez depuis la réunion du Lyonnois à la couronne, jusqu'à celle du Forez au Bourbonnois.

Guigues IV, le dernier de ces comtes, dont nous avons parlé à l'article Lyonnois, fit le voyage de la Terre-Sainte, & mourut au retour dans la Pouille, le 29 octobre 1241.

Guigues V son fils lui succéda : il suivit saint Louis, en 1249, à sa première croisade ; il y eut une jambe cassée dans un combat contre les Sarrasins ; il mourut sans enfans, en 1255.

Il eut pour héritier Renaud II son frère.

Jean I, petit-fils de Renaud II, & Guigues VII, fils de Jean I, servirent les rois de France avec autant de valeur que de fidélité, depuis Philippe-le-Bel jusqu'au roi Jean.

Louis I, fils de Guigues VII, fut tué au combat de Brignais avec le comte de la Marche, Jacques de Bourbon son oncle maternel, par lequel il avoit été armé chevalier : il n'étoit point encore marié ; il eut pour successeur Jean II son frère.

Celui-ci tomba en démence en 1368, & fut tué en 1369, n'ayant pas laissé d'enfans, non plus que son frère.

Guigues VII leur père avoit épousé Jeanne de Bourbon : il en avoit eu, outre Louis & Jean, une fille nommée aussi Jeanne, qui fut mariée à Béraud II, dauphin d'Auvergne : celle-ci mourut en 1366, avant Jean II.

Jeanne de Bourbon leur mère, qui, à la mort de Louis I, avoit prétendu être son héritière, prétendit l'être de tous ses enfans à la mort de Jean II, & se mit en possession du comté de Forez le 18 février 1382.

Jeanne de Forez sa fille avoit laissé une fille, Anne, dauphine d'Auvergne, laquelle avoit épousé Louis II, duc de Bourbon. Ce fut à elle que Jeanne de Bourbon son aïeule fit don du comté de Forez, qui par-là passa à la Maison de Bourbon, & fut uni au Bourbonnois cette même année 1382.

FRANCE. DUCHÉ DE FRANCE, COMTÉ DE PARIS.

Ce qu'on appeloit autrefois le duché de France est ce qu'on appelle aujourd'hui l'Isle-de-France. Robert-le-Fort en fut investi par Charles-le-Chauve, en 861. On sait que ce Robert-le-Fort est le premier auteur connu de la race capétienne : il ne faut donc pas dire, comme quelques auteurs modernes, qu'il descendoit de Childebrand, fils de Charles Martel, car on n'en sait absolument rien ; mais il faut dire, parce que cela est évident, qu'il étoit dès-lors un des plus grands seigneurs du royaume ; qu'il fut l'appui du trône & son défenseur contre les Normands, & qu'il fut tué en combattant contr'eux l'an 866.

Ce duché de France & ce comté de Paris furent possédés après lui par le roi Eudes & le roi Robert ses fils, par Hugues-le-Grand, le Blanc ou l'Abbé, son petit-fils & fils du roi Robert; enfin, par Hugues Capet, fils de Hugues-le-Grand, & ce fut Hugues Capet qui, par fon avénement à la couronne en 987, en fit la réunion à cette même-couronne.

**FRANCHE - COMTÉ** *ou* Comté de Bourgogne. C'eſt l'ancienne Séquanie. Céſar rend aux Séquanois ou Séquaniens le témoignage qu'ils étoient le peuple le plus vaillant des Gaules. Parmi leurs anciens Rois ou chefs, Catamantalède eut le titre d'ami & d'allié du peuple romain. Les Séquaniens & les Eduens ſe diſputoient la préſéance, & cette rivalité excita entr'eux une longue guerre : les Séquaniens, affoiblis par diverſes pertes, appelèrent à leur ſecours ce fameux Arioviſte, Prince germain, qui, voulant ſe ſaiſir de Beſançon, fut battu par Céſar.

Les Vandales, les Alains, les Bourguignons, les Francs, ou ravagèrent la Séquanie, ou l'occupèrent ſucceſſivement.

Les comtes de Bourgogne commencèrent en 937. Léotard, fils d'Albéric de Narbonne, comte de Mâcon par Attalane ſa femme (*voyez* l'article *Mâcon*), fut le premier comte de Bourgogne ; il mourut en 942, & Albéric ſon fils étant mort ſans enfans en 955, Gerberge, ſœur d'Albéric, leur ſuccéda.

Elle eut d'Adalbert, marquis d'Yvrée & roi d'Italie, ſon premier mari, Otte-Guillaume, dit *l'Etranger*, qui recueillit les comtés de Bourgogne & de Mâcon.

Renaud II ſon arrière-petit-fils mourut en 1105, à la Terre-Sainte : il étoit frère du pape Calixte II.

Guillaume II, dit *l'Allemand*, fils de Renaud II, fut aſſaſſiné en 1126, par des vaſſaux rebelles qu'il vouloit ſoumettre, & Guillaume III, fils de Guillaume II, ſe diſpoſant à venger ſon père, fut lui-même ſurpris & maſſacré avec les miniſtres & les ſeigneurs de ſa ſuite dans une égliſe où il faiſoit ſa prière : il n'avoit que treize ans, & n'étoit point marié. Il eut pour ſucceſſeur ſon couſin Renaud III, petit-fils de Guillaume I, tige commune de Guillaume III & de Renaud III, & fils d'Etienne, comte de Vienne & d'Oſſone, lequel étoit frère de Renaud II & du pape Calixte II.

Renaud III refuſa de rendre hommage du comté de Bourgogne à l'empereur Lothaire II, qui confiſqua ce comté, puis en inveſtit Conrad, duc de Geringhen ; celui-ci s'intitula comte de Bourgogne, & voulut faire valoir ſes droits : de là une longue & ſanglante guerre, dont l'iſſue fut que Renaud III reſta en poſſeſſion du comté de Bourgogne. Le refus courageux qu'il fit de rendre hommage fut, dit-on, ce qui valut à cette province le nom de Franche-Comté. Renaud fut un puiſſant Prince : il avoit les mêmes grands officiers que les Rois ; il fut le dernier mâle de ſa branche ; il ne laiſſa qu'une fille, nommée Béatrix.

Elle épouſa, en 1156, l'empereur Frédéric Barberouſſe : par ce mariage, la Franche-Comté paſſa dans la Maiſon de Suabe : Frédéric obligea le duc de Geringhen de renoncer à tous droits ſur cette province. L'impératrice Béatrix choiſit le troiſième de ſes fils, Othon, pour lui ſuccéder dans le comté de Bourgogne.

Celui-ci prit le titre de *Comte Palatin*; il mourut le 13 janvier 1200, ne laiſſant qu'une fille, Béatrix IIᵉ.

Celle-ci épouſa Othon, duc de Méranie, & eut pour ſucceſſeur ſon fils Othon II, qui mourut en 1248, ſans avoir été marié. Sa ſœur Alix fut ſon héritière ; elle épouſa ſon couſin Hugues, comte d'Oſſone.

Il naquit cinq fils de ce mariage, & Alix, devenue veuve, épouſa Philippe, comte de Savoie, auquel elle donna ſur le comté de Bourgogne des droits dont il traita dans la ſuite avec Othon III, l'aîné des enfans d'Alix.

Robert, dit *l'Enfant*, fils d'Othon III, mourut en 1314, à quinze ans, & eut pour héritière Jeanne ſa ſœur, qui avoit épouſé Philippe-le-Long, lequel fut depuis roi de France. Accuſée d'adultère, puis repriſe par ſon mari, elle eut trois filles : l'aînée, Jeanne ſeconde, lui ſuccéda ; elle épouſa Eudes III, duc de Bourgogne, & eut pour ſucceſſeur Philippe de Rouvre ſon petit-fils, dernier duc de la première Maiſon de Bourgogne.

Celui-ci étant mort ſans enfans, eut pour héritière au comté de Bourgogne ſa grand'tante Marguerite, ſeconde fille de Jeanne Iʳᵉ & de Philippe-le-Long : celle-ci avoit épouſé Louis, comte de Flandre, de Nevers & de Rhétel, dont elle eut Louis de Male, dernier comte de Flandre de ſa Maiſon, de qui la fille Marguerite, qui avoit épouſé Philippe de Rouvre, dernier duc de la première Maiſon de Bourgogne, épouſa dans la ſuite le prince Philippe-le-Hardi, premier duc de la ſeconde Maiſon de Bourgogne ; elle hérita en 1382 du comté de Bourgogne, du chef de Marguerite ſon aïeule ; elle le porta dans la ſeconde Maiſon de Bourgogne, & Marie de Bourgogne, fille de Charles-le-Téméraire, dernier duc de cette Maiſon, le porta dans la Maiſon d'Autriche par ſon mariage avec l'archiduc Maximilien, depuis Empereur. La Maiſon d'Autriche de la branche régnante en Eſpagne l'a poſſédé juſqu'au tems de Louis XIV, roi de France, qui conquit deux fois cette province, l'une en 1668, l'autre en 1674, & elle lui fut cédée définitivement par la paix de Nimègue en 1678, & réunie à la couronne de France.

**GASCOGNE** (Duché de). Les ducs de Gaſcogne, dont nous allons parler, ne ſont plus ces ducs de Gaſcogne deſcendus des ducs d'Aquitaine & de nos Rois de la première race, mais des gouverneurs, dont le premier, nommé Sanche, fut établi par Charles-le-Chauve en 850. Sa poſtérité maſculine lui ſuccéda juſqu'en 1032, que le duché de Gafcogne paffa dans la Maifon des comtes d'Angoulême, par le mariage d'Alaufa, feconde fille de Sanche-Guillaume, avec Alduin IV, comte d'Angoulême, d'où naquit Berenger, qui, du chef de fa mère, fuccéda immédiatement à Sanche-Guillaume fon aïeul en 1032.

Il eut pour fucceffeur, en 1039, Eudes fon coufin, fils de Guillaume-le-Grand, duc de Guienne, mort auffi fans enfans en 1069.

Bernard, comte d'Armagnac, prétendit lui fuccéder comme fon plus proche parent; mais Guillaume Geoffroy, duc de Guienne, réunit par droit de fuzeraineté, en 1070, le duché de Gafcogne au duché de Guienne, dont il n'a point été féparé depuis.

GUIENNE (Duché de). Les ducs de Guienne remontent fi haut, qu'on pourroit douter s'ils étoient originairement des ducs ou gouverneurs nommés par nos Rois, ou des ducs héréditaires. On voit dès 830 un Renaud, comte de la feconde Aquitaine ou duc d'Aquitaine. Il paroît cependant que c'étoit un gouverneur nommé par Louis-le-Débonnaire, qui avoit été roi d'Aquitaine. Ces ducs, devenus indépendans par la décadence de la race carlovingienne, fe nommoient indifféremment ducs de Guienne & d'Aquitaine.

De cette race illuftre étoit Guillaume I, dit *Tête d'Etoupes*, mort en 963. Guillaume II fon fils, dit *Fier-à-Bras*, mort en 993. Guillaume III, dit *le Grand*, fils de Guillaume II, & mort en 1030, qui répandirent tant d'éclat fur ce nom de Guillaume, que, pour plaire aux Gafcons, il fallut toujours le prendre par la fuite; auffi compte-t-on huit ducs de ce nom jufqu'à la fameufe Éléonore d'Aquitaine ou de Guienne, fille du huitième. Sur la fuite, *voyez* l'article *Aquitaine*.

HAINAUT. Le premier comte de Hainaut connu eft Rainier, furnommé au *Long-Col*, qui, en 876 & 878, faifoit la guerre au fameux Rollon, chef des Normands, & qui fut le premier duc de Normandie. Rainier fut fait prifonnier par Rollon.

On croit, mais fans preuves, que ce Rainier defcendoit d'Erchinoald, maire du palais fous Clovis II, vers le milieu du feptième fiècle, & de Leudefie fon fils, auffi maire du palais fous Thierry II, vers la fin de ce même fiècle.

La poftérité mafculine de ce Rainier I régna en Hainaut fous fix Rainier confécutifs, jufqu'au onzième fiècle. Alors Rothilde ou Richilde, comteffe de Hainaut, fille unique de Rainier VI, porta le Hainaut dans la Maifon des comtes de Flandre par fon mariage avec Baudouin, fixième parmi les comtes de Flandre, & premier parmi les comtes de Hainaut. Il y eut alors une fucceffion de fix Baudouin de père en fils. Le fixième fut maire emperéur de Conftantinople. Jeanne fa fille aînée lui fuccéda, & en Flandre & dans le Hainaut; elle mourut fans enfans en 1244, & eut pour héritière Marguerite

fa fœur : celle-ci fut mère des d'Avefnes & des Dampierre, qui fe difputèrent le droit de lui fuccéder. Saint Louis fit entr'eux une tranfaction, par laquelle il donna le Hainaut aux d'Avefnes, & la Flandre aux Dampierre. ( *Voyez*, dans le Supplément, l'article *Avefnes*.)

Après beaucoup de guerres ruineufes, les parties furent obligées d'acquiefcer au bout de dix ans au jugement de faint Louis, & le Hainaut refta aux d'Avefnes. Il y eut quatre comtes de Hainaut de cette Maifon. A Guillaume II, le dernier des quatre, neveu de Philippe de Valois, & tué par les Frifons en 1345, fans laiffer d'enfans, fuccéda une autre Marguerite fa fœur, qui fut femme de l'empereur Louis de Bavière.

La Maifon de Bavière eut trois comtes, dont le dernier, Guillaume, comte de Hainaut, de Hollande, de Zélande, &c. laiffa une fille unique, Jacqueline de Bavière : celle-ci eut quatre maris. Deftinée à être reine de France par fon premier mariage avec le dauphin Jean, duc de Touraine & de Berry, fils de Charles VI, elle finit par être dépouillée du droit de difpofer de fes Etats qu'elle fut obligée d'affurer au duc de Bourgogne, Philippe-le-Bon fon coufin-germain, pour racheter la liberté de fon quatrième mari, François, feigneur de Borfelle ou Berfelen, comte d'Oftrevant, qui étoit prifonnier du duc de Bourgogne. On fait comment les Pays-Bas, dont le comté de Hainaut fait partie, paffèrent de la Maifon de Bourgogne dans la Maifon d'Autriche, dont les defcendans les poffèdent encore aujourd'hui. Les conquêtes de Louis XIV ont feulement introduit un partage du Hainaut, en Hainaut autrichien & Hainaut français. Valenciennes, conquis par Louis XIV en 1677, & qui lui eft refté par la paix de Nimègue en 1678, eft la capitale du Hainaut français.

LIMOSIN *ou* Comté de LIMOGES. Foulques, premier comte de Limoges, fut invefti de ce comté en 840. Sa poftérité mafculine le pofféda jufqu'en 1125, que Guillaume-Elie étant mort fans enfans, Brunifinde fa fœur lui fuccéda; elle porta ce comté dans la Maifon d'Archambaud, vicomte de Comborn fon mari.

Cette feconde Maifon pofféda le Limofin jufqu'en l'an 1263. Alors Guy IV laiffa pour fille unique & unique héritière Marie, qui époufa le duc de Bretagne, Artus II.

Aymar V, bifaïeul de Marie, comte de Limoges, avoit été la caufe innocente de la mort de Richard Cœur-de-Lion, roi d'Angleterre : il avoit dépofé dans Chalus, ville de fa dépendance, un tréfor qu'il avoit trouvé. Richard voulut avoir & la place & le tréfor, en qualité de feigneur fuzerain; comme duc de Guienne, il affiégea Chalus, & fut tué à ce fiége en 1199.

Marie eut deux fils : Jean qui fuccéda au duché de Bretagne, & Guy qui fut comte de Penthièvre : ce dernier eut auffi en partage l'héritage de fa mère, c'eft-à-dire, c'eſt-à-dire, le comté de Limoges. Il laiſſa une fille unique, Jeanne-la-Boîteuſe, qui épouſa Charles de Blois, auquel elle porta en dot, avec le comté de Limoges, des droits litigieux ſur la Bretagne.

Son petit-fils, Jean III, acheta de la branche d'Angoulême, Maiſon d'Orléans, le comté de Périgord. (*Voyez* l'article *Périgord*.)

Le comté de Limoges fut réuni avec le comté de Périgord, d'abord au comté d'Albret, puis enſuite à la couronne.

LORRAINE. (*Voyez* cet article dans le Dictionnaire.)

LYONNOIS & FOREZ (COMTÉS DE). Quant à la fondation de Lyon, voyez dans le Dictionnaire l'article *L. Munatius Plancus*, à ce dernier nom *Plancus*. Quant aux comtes, on croit que Guillaume I fut fait comte ou gouverneur de Lyon & du pays de Forez vers l'an 870 ou 880. Il ſe rendit, comme les autres gouverneurs, ſouverain dans ſon gouvernement, & reconnut pour roi Boſon, roi d'Arles. Guillaume II ſon fils, mort en 920, s'intituloit *Par la grace de Dieu*.

La poſtérité maſculine d'Artaud I ſon frère poſſéda paiſiblement cet Etat juſqu'au comte Artaud III, qui entra en jouiſſance l'an 1030. Celui-ci eut de grands démêlés avec l'archevêque de Lyon, Humbert, qui lui diſputoit la ſeigneurie de Lyon. Ils firent enſemble un concordat, par lequel Artaud céda pluſieurs de ſes prétentions ſur Lyon à l'archevêque, qui lui donna en échange ce qu'il poſſédoit dans le Forez. Artaud III mourut en 1078. Guillaume III ſon petit-fils s'engagea dans la première croiſade, & y fut tué d'un coup de flèche, en 1099, au ſiége de Nicée. Son fils, Guillaume IV, mourut ſans enfans en 1107, & eut pour héritière Ide-Raymonde ſa tante.

Celle-ci épouſa Guignes ou Guigues-Raymond d'Albon; elle en eut ſon fils Guignes ou Guigues I, qui lui ſuccéda en 1125, & qui commença la ſeconde Maiſon des comtes de Lyonnois & de Forez, du nom d'Albon.

Le roi de France, Louis-le-Jeune, fut tuteur de Guigues II, fils & ſucceſſeur de Guigues I. Ce Guigues II, devenu majeur, ne voulut point s'en tenir au concordat que le comte Artaud III ſon triſaïeul avoit fait avec l'archevêque de Lyon: il entra dans le Lyonnois à main armée, prit Lyon, mit l'archevêque en fuite: le pape Alexandre III chargea l'archevêque de Tarentaiſe de ménager un accommodement entre l'archevêque & le comte de Lyon. La ville, principal objet de leur conteſtation, fut partagée entr'eux; mais ce ne fut qu'en 1173 que ſe fit l'arrangement définitif. Guigues alors céda, moyennant onze cents marcs d'argent & quelques domaines, le comté de Lyon à l'archevêque & à ſon clergé. Les papes & le roi de France ratifièrent ce traité. C'eſt depuis ce tems que les chanoines de Lyon ont pris le titre de

comtes de Lyon. Guigues III, fils de Guigues II, ratifia auſſi la ceſſion faite par ſon père, & partit pour la Terre-Sainte: il mourut, du vivant de ſon père, en 1202. Le père s'étoit retiré dans un couvent; mais Guigues III avoit laiſſé un fils, Guigues IV, qui recueillit la ſucceſſion de ſon aieul. Cette ſucceſſion ne comprenoit plus que le Forez & une partie du Lyonnois, ſans la ville de Lyon; mais les comtes de Forez prenoient toujours le titre de comtes de Lyon. Renaud I, oncle & tuteur de Guigues IV, étoit archevêque de Lyon, & il avoit un frère chanoine & comte du chapitre de cette ville. Renaud, en remettant à ſon neveu & à ſon pupille le comté de Forez & tous ſes autres biens dont il avoit l'adminiſtration, l'obligea de renoncer au titre de comte de Lyon.

La ville de Lyon, autrefois capitale du royaume de Bourgogne, étoit depuis long-tems ſous la protection des rois de France, leſquels, à ce titre, y avoient des officiers à leur nomination. D'un autre côté, la ville, en vertu de ſes anciens priviléges, ſe gouvernoit en république, & les archevêques & les chanoines, comme ceſſionnaires des comtés de Forez, autrefois comtes de Lyon, prétendoient toute juridiction dans la ville. De tous ces concurrens, le plus redoutable étoit le roi de France, comme le plus puiſſant: il arriva qu'en 1310, dans une ſédition, ſes officiers furent inſultés & chaſſés. Philippe-le-Bel, qui régnoit alors, ſaiſit ce prétexte de ſe rendre entiérement & uniquement le maître de cette ville importante. Il envoya, ſous la conduite de Louis-le-Hutin ſon fils, & de Charles de Valois ſon frère, une armée formidable aſſiéger Lyon: alors tout s'empreſſa de traiter & de céder. La nobleſſe & la bourgeoiſie reconnurent le Roi pour ſouverain, ſauf leurs priviléges, qui furent conſervés. L'archevêque, Henri de Villier, céda ſa juridiction temporelle moyennant quelques terres, & la ſeconde ville de l'Etat, pour la richeſſe & l'importance, fut réunie à la couronne.

MACON (COMTÉ DE). Théodoric I étoit, en 830, comte de Châlons & de Mâcon. (*Voyez* *Châlons*.)

Théodoric II ſon petit-fils eut deux fils, dont le ſecond, nommé Bernard, eut, dans ſon partage, le comté de Mâcon.

La petite-fille de Bernard, nommée Attallane, héritière de Mâcon en 905, le porta dans la Maiſon de Narbonne par ſon mariage avec Albéric de Narbonne.

Sa petite-fille, Gerberge, devenue, en 955, héritière de ſa Maiſon, épouſa d'abord Adalbert, marquis d'Yvrée & roi d'Italie, puis en ſecondes noces Eudes-Henri de Bourgogne. Elle eut, de ſon premier lit, Otte-Guillaume, qu'elle fit adopter à ſon ſecond mari. La mère de Gerberge avoit porté en dot, à ſon mari, le comté de Bourgogne: Gerberge en avoit hérité, ainſi que du comté de Mâcon, & Otte-Guillaume hérita de ces deux comtés ; il voulut depuis jouir de tous les droits de l'adoption, & à ce titre fuccéder même au duché de Bourgogne, du chef d'Eudes-Henri fon beau-père & fon père adoptif. Sa prétention n'eut point de fuccès : les héritiers naturels d'Eudes-Henri fe maintinrent dans le duché de Bourgogne. Otte-Guillaume, qui fut furnommé l'*Etranger*, peut-être à caufe de cette adoption & des prétentions qu'il avoit formées en conféquence, & même de la poffeffion paffagère & momentanée qu'il avoit fu fe procurer du duché de Bourgogne, refta du moins poffeffeur paifible & incommutable du comté de Bourgogne ou Franche-Comté, ainfi que du comté de Mâcon. Ce dernier fut le partage de Guy fon fecond fils, dont l'arrière-petit-fils, Guy II, Prince pieux, quitta, en 1078, fon comté pour fe faire religieux dans l'Ordre de Cluny. Sa femme, de concert avec lui, entra auffi dans un couvent de religieufes du même Ordre. Le Mâconnois retourna pour lors à la branche aînée, iffue auffi d'Otte-Guillaume par Renaud I, frère aîné de Guy I, & qui avoit eu le comté de Bourgogne en partage. Les deux comtés furent réunis dans la perfonne de Guillaume I, dit *le Grand*, fucceffeur de Guy II & defcendu de Renaud I.

Le fecond de fes petits-fils, Guillaume III, eut le comté de Mâcon dans fon partage, en 1126 ; Ainfi que Gérard, fecond fils de Guillaume III.

Alix, arrière-petite-fille de Gérard, laquelle avoit époufé Jean de Dreux de Braine, Prince du fang de cette branche de Dreux, fe voyant âgée & fans enfans, vendit, en 1245, le comté de Mâcon au roi faint Louis, & fe fit religieufe au monaftère du Lys, près de Melun, dont elle fut nommée abbeffe en 1252. Le comté de Mâcon refta réuni à la couronne.

MAINE (COMTÉ DU). Que le Mans, capitale du Maine, tire fon nom de Lemanus, Roi celte, qui en ait été le fondateur, ce n'eft pas ce que nous avons à examiner ici. Il nous fuffit d'obferver que Raoul, duc de Bourgogne, inveftit en 950 du comté du Maine, Hugues I, dont la poftérité le pofféda jufqu'à Herbert II, qui, mourant fans enfans en 1060, inftitua pour fon héritier Guillaume-le-Bâtard, duc de Normandie. Mais cette difpofition fut attaquée par les héritiers naturels d'Herbert II. Hugues III fon neveu, fils d'Hermengarde fa fœur, & d'Azon, marquis de Malefpine, s'empara du Mans & de la plus grande partie du Maine, qu'il tranfmit, en 1100, à Elie fon neveu, fils de Saule fa fœur, & de Jean, feigneur de Baugency.

Elie, ainfi que Hugues III, fut toujours en guerre avec les ducs de Normandie, rois d'Angleterre, pour raifon du comté du Maine.

Elie laiffa pour héritière une fille unique nommée Sibille, qui époufa Foulques V, comte d'An-

jou, & lui porta en dot le comté du Maine. Elle mourut vers l'an 1127.

Depuis ce tems le Maine fuit le fort de l'Anjou, paffe par la Maifon d'Anjou aux rois d'Angleterre de cette Maifon, éprouve les mêmes réunions, eft conféré auffi, avec le duché d'Anjou, aux deux branches d'Anjou de la Maifon de France (*voyez* l'article *Anjou*), & ne fe fépare un moment de l'Anjou qu'à la mort de Louis II, duc d'Anjou & roi de Sicile, de la feconde Maifon d'Anjou. Celui-ci laiffa trois fils, dont le dernier, nommé Charles, eut le Maine dans fon partage, & laiffa un fils du même nom, qui, ayant fuccédé à fes deux oncles, Louis III & René, réunit l'Anjou, le Maine & les droits fur la Sicile, & les céda tous à Louis XI : d'où s'enfuivit la réunion de l'Anjou & du Maine à la couronne.

MARCHE (COMTÉ DE LA). Bofon I, dit *le Vieux*, fut, en 927, le premier comte de la Marche. Bernard fon petit-fils, mort en 1032, laiffa pour unique héritière Almodis fa fille, laquelle époufa Hugues de Lufignan, dont elle fut féparée, dans la fuite, pour caufe de parenté. Ce prétexte de parenté faifoit diffoudre alors beaucoup de mariages, &, comme le défaut de titres obligeoit de recourir à la preuve teftimoniale pour établir cette parenté, des époux dégoûtés l'un de l'autre, ou dont l'un feulement étoit dégoûté de l'autre, trouvoient aifément des témoins pour dépofer d'une parenté ou d'une affinité réelle ou chimérique. La fréquence de ces féparations fentir la néceffité d'affurer le fort des enfans nés fous la foi du mariage, &, malgré la féparation fubféquente, ils furent déclarés légitimes : ainfi le fils d'Almodis & de Hugues de Lufignan, nommé auffi Hugues de Lufignan, fuccéda fans difficulté à fon père & à fa mère, & fut la tige de la feconde race des comtes de la Marche. Les Lufignans poffédèrent ce comté depuis l'an 1080 jufqu'en 1303, que Hugues VIII de Lufignan, mourant fans enfans, mais laiffant un frère (Guy, feigneur de Couhé) qui devoit naturellement lui fuccéder, légua au roi de France, Philippe-le-Bel, une partie de fes terres.

Guy fupprima le teftament de fon frère, & fe mit en poffeffion des comtés de la Marche & d'Angoulême. Il fut affigné au parlement : il y fut condamné, & tous fes biens confifqués. Des troupes françaifes s'emparèrent des comtés d'Angoulême & de la Marche, & des autres domaines de la Maifon de Lufignan. Dans la fuite, le Roi fe fit céder tous les droits de la comteffe de Sancerre, fœur & héritière de Guy. Ainfi s'opéra la première réunion du comté de la Marche à la couronne.

Ce comté fut enfuite donné en apanage, par le même Philippe-le-Bel, à Charles-le-Bel fon troifième fils, qui, par fon avénement au trône en 1322, fit la feconde réunion.

Le même Charles-le-Bel donna le même comté

de la Marche à Louis de Bourbon, en échange de celui de Clermont.

Jacques, second fils de ce Louis I, duc de Bourbon & comte de la Marche, eut ce comté en partage. Blessé à la bataille de Crécy, pris à la bataille de Poitiers, il mourut des blessures qu'il avoit reçues à la bataille de Brignais en combattant contre les grandes compagnies. Pierre son fils aîné fut tué aussi à cette bataille de Brignais, & Jean, frère puîné de Pierre, eut le comté de la Marche.

Jacques II, fils de Jean, fut fait prisonnier à la bataille de Nicopolis contre les Turcs : il le fut aussi dans les guerres civiles de France ; il épousa la reine de Naples, Jeanne II, & fut proclamé roi de Naples. Il finit par se faire cordelier à Besançon, & il le fut long-tems. Il ne mourut qu'en 1438 ; mais dès 1417 il avoit remis le comté de la Marche à sa fille, Éléonore de Bourbon.

Celle-ci épousa Bernard d'Armagnac, comte de Pardiac, second fils du connétable d'Armagnac. Leur fils aîné fut ce duc de Nemours que Louis XI fit décapiter aux halles le 4 août 1477, avec cette circonstance atroce & digne de Louis XI, qu'il fit placer sous l'échafaud ses enfans innocens, pour qu'ils fussent arrosés du sang de leur père. Le comté de la Marche fut alors confisqué sur le duc de Nemours : troisième réunion à la couronne.

Mais cette réunion n'en fut pas une ; car la confiscation du duc de Nemours fut donnée par Louis XI à Pierre de Bourbon-Beaujeu son gendre, mari de madame Anne de France, qui fut cette célèbre madame de Beaujeu, si puissante sous Charles VIII.

Susanne de Bourbon, leur fille unique & leur héritière, épousa le connétable de Bourbon, Charles, sur lequel, après sa défection en 1523, le comté de la Marche fut confisqué, ainsi que ses autres biens. ( *Voyez* l'article *Bourbonnois.* )

MARSEILLE (COMTÉ DE). Marseille fut fondée environ cinq cents ans avant Jésus-Christ, par une colonie de Phocéens, peuples d'Ionie. Cette ville fut soumise successivement aux Empereurs romains, aux Bourguignons, aux Visigoths, aux Français ; elle fut gouvernée sous ces derniers par des ducs, puis par des comtes ou vicomtes.

Le premier de ces comtes fut Guillaume I, qui commence en 987, en même tems que la troisième race de nos Rois. Tantôt le comté de Marseille fut possédé par indivis par des frères, tantôt il fut partagé entre différentes branches, qui toutes vendirent successivement aux consuls de Marseille les diverses portions qui leur étoient échues. La vente de la dernière de ces portions fut consommée en 1230.

MONTLUÇON (COMTÉ DE). Les comtes de Montluçon étoient une branche de la Maison de Bourbon-l'Archambaud. Gérard de Bourbon, troisième & dernier fils d'Archambaud II, comte de

Bourbon, eut pour partage, en 1019, la ville & le district de Montluçon en Bourbonnois. Son fils, son petit-fils, son arrière-petit-fils ( ce dernier nommé Archambaud ), possédèrent ce comté de Montluçon. Archambaud ne laissa qu'une fille nommée Béatrix, qui épousa Archambaud IX, seigneur de Montluçon. (Sur ce nom d'Archambaud, *voyez* l'article *Bourbonnois.*)

Par cette alliance Montluçon retourna vers sa source, & y fut réunie & confondue vers l'an 1211.

MONTPELLIER ( COMTÉ DE ). Le premier comte de Montpellier, Guy, étoit un seigneur du pays, renommé entre les guerriers de son tems, que l'évêque & les habitans de cette ville, fatigués des courses & des hostilités de leurs voisins, élurent en 1100 pour leur défenseur & pour leur seigneur. Il remplit les vœux & les espérances de ses nouveaux sujets.

Quatre Guillaumes lui succèdent de père en fils : le quatrième, mort en 1204, laissa pour héritière Marie sa fille.

Elle épousa don Pèdre II, roi d'Aragon, qui, étant passé en Languedoc pour secourir le comte de Toulouse & les Albigeois, fut tué en 1213 à la bataille de Muret. Don Jayme ou Jacques I qu'elle avoit eu du roi don Pèdre, lui succéda.

Don Jayme II, fils puîné de don Jayme I, eut en partage le royaume de Majorque & la seigneurie de Montpellier.

Suivent trois autres rois de Majorque, qui se succèdent de père en fils, & dans ce royaume, & dans le comté de Montpellier.

Le dernier de ces Rois, Jayme IV, ayant été dépouillé de son royaume de Majorque par don Pèdre IV, roi d'Aragon, son beau-frère, & ayant besoin d'argent pour lever une armée, & se mettre en état de recouvrer le royaume de ses pères, commença par se dépouiller de ce qui lui restoit, en vendant, en 1350, le comté de Montpellier au roi de France, Philippe de Valois, moyennant cent vingt mille écus d'or ; ce qui consomma la réunion de tout le Languedoc à la couronne.

NAVARRE ( ROYAUME DE ). Il y a incertitude & diversité d'opinions, tant sur l'origine du royaume de Navarre, que sur l'époque où on la rapporte. Ce qu'on sait certainement, c'est que le premier de ses Rois, soit Garcias Ximenès en 716, soit Inigo, dit Arista, vers 840, étoit de la Maison française de Bigorre. (*Voyez* cet article. ) La postérité masculine d'Inigo posséda cette couronne jusqu'en 1234, qu'elle passa par alliance dans la Maison des comtes de Champagne.

Jeanne de Navarre, fille de Henri I (parmi les rois de Navarre, & III parmi les comtes de Champagne), épousa Philippe-le-Bel, & alors la couronne de Navarre fut réunie à celle de France dans la personne de Louis-Hutin, fils aîné de Philippe-le-Bel & de Jeanne de Navarre.

Jeanne, fille de Louis-Hutin, porta la Navarre, couronne féminine, dans une autre branche de la Maison de France (la branche d'Evreux), d'où elle a passé par alliances dans les Maisons de Foix, puis d'Albret, puis enfin elle a été irrévocablement réunie à la couronne de France dans la personne de notre roi Henri IV, fils d'Antoine de France, duc de Bourbon, & de Jeanne d'Albret, reine de Navarre (en 1589).

NEVERS, NIVERNOIS (Comté, puis Duché de). En 865 Charles-le-Chauve nomma Bernard, gouverneur de la province de Nivernois : celui-ci s'appropria son gouvernement, comme faisoient dès-lors la plupart des autres gouverneurs ; il prit la qualité de comte de Nevers, qui fut héréditaire dans sa Maison. Elle posséda le comté de Nevers par succession de mâle en mâle jusqu'en 1181, que Guillaume VII eut pour héritière Agnès sa sœur.

Le roi Philippe-Auguste lui fit épouser en 1184, Pierre, seigneur de Courtenay & de Montargis. De ce mariage naquit Mahaud, qui fut héritière du Nivernois : pendant sa minorité Pierre de Courtenay son père eut la garde-noble des comtés de Nevers, Auxerre & Tonnerre. Il soutint une guerre malheureuse contre Hervé, seigneur de Donzy. Pierre fut battu, fait prisonnier, & obligé, pour obtenir sa liberté en 1199, de donner Mahaud sa fille à Hervé ; encore fallut-il que le roi Philippe-Auguste s'entremît de cet accommodement. Pierre de Courtenay alla depuis dans l'Orient, où, du chef de sa seconde femme, Iolande de Flandre, il fut empereur de Constantinople.

Mahaud eut, de son mariage avec Hervé de Donzy, une fille nommée Agnès, qui épousa en 1221 Guy de Châtillon, comte de Saint-Pol ; elle mourut en 1225, & Guy de Châtillon en 1226. De ce mariage naquit Gautier de Châtillon. Mahaud son aïeule vivoit toujours : elle avoit été séparée en 1213 de son mari Hervé pour cause de parenté, & celui-ci étant mort en 1222, elle s'étoit remariée en 1225 à Hugues V, comte de Forez ; celui-ci étant mort en 1241, sans qu'il restât de ce mariage, non plus que du précédent, aucun fils qui pût exclure les Châtillon de la succession du comté de Nevers, Mahaud remit ce comté à son petit-fils, Gautier de Châtillon, & se fit religieuse à Fontevraud.

Gautier mourut à la Terre-Sainte sans enfans, en 1250 ; mais sa sœur Iolande, qui avoit épousé Archambaud IX, sire de Bourbon, de la Maison de Bourbon-l'Archambaud, avoit laissé deux filles. Mahaud l'aînée eut le Nivernois.

De son mariage avec Eudes, fils aîné d'Eudes IV, duc de Bourgogne, elle eut trois filles qui partagèrent sa succession. Iolande l'aînée eut le comté de Nevers.

Elle n'eut point d'enfans de son premier mari, Jean Tristan, comte de Valois, un des fils de

saint Louis ; mais elle eut un fils unique de Robert III, comte de Flandre, son second mari, qui, étant devenu jaloux, la tua en 1280 avec un mors de bride.

Le comté de Nevers resta dans la Maison de Flandre jusqu'en 1382, que Marguerite, fille & unique héritière de Louis II, comte de Flandre, épousa Philippe-le-Hardi, duc de Bourgogne, dernier fils du roi Jean, qui, seul de ses fils, l'avoit défendu jusqu'à la fin à la bataille de Poitiers, & avoit été fait prisonnier avec lui. Elle porta en dot à son mari, & le Nivernois, & la Flandre, & les comtés de Bourgogne & d'Artois.

Des cadets de cette puissante Maison de Bourgogne possédèrent le comté de Nevers jusqu'en 1491, qu'il passa dans la Maison de Clèves. Jean de Bourgogne, dernier comte de Nevers de cette Maison de Bourgogne, avoit eu de son mariage avec Jacqueline d'Ailly, dame d'Aiglemontier, une fille nommée Elisabeth, qui avoit épousé Jean I, duc de Clèves. Elisabeth étoit morte en 1483 avant son père ; mais elle avoit laissé deux fils, dont le cadet, Engilbert de Clèves, à la mort de Jean de Bourgogne son aïeul maternel, arrivée en 1491, succéda au comté de Nevers.

Ce ne fut pas sans contestation. Elisabeth sa mère n'étoit pas fille unique ; elle avoit une sœur cadette, nommée Charlotte, qui avoit épousé Jean d'Albret, sire d'Orval, & c'étoit cette Charlotte qu'il avoit plu à Jean de Bourgogne d'instituer son héritière. Jean d'Albret défendit ses droits. Louis XII prit soin de concilier les intérêts des contendans : il ménagea un mariage entre Charles de Clèves, fils d'Engilbert, & Marie d'Albret d'Orval, fille de Jean d'Albret & de Charlotte de Bourgogne, & Engilbert resta en possession du comté de Nevers, qui en 1528 fut érigé en duché par le roi François I, pour François, petit-fils d'Engilbert, dont la fille aînée, Henriette, sœur de la duchesse de Guise & de la princesse de Condé, épousa Louis de Gonzague, fils puîné de François I, duc de Mantoue. Son petit-fils, Charles de Gonzague-Mantoue vendit au Roi le Nivernois.

Nevers fut de nouveau érigé en duché pour le marquis de Mancini, neveu du cardinal Mazarin, & aïeul du dernier duc de Nivernois. Mais par diverses conjonctures, dont le président Hénault rend compte à l'année 1761, cette érection n'eut son effet qu'en 1720 pour le fils du marquis Mancini, & les ducs de Nevers, aujourd'hui éteints, n'avoient rang parmi les pairs qu'à compter de 1720.

NORMANDIE (Duché de). Le premier duc de Normandie fut Rollon, un des chefs normands ou danois qui depuis long-tems ravageoient la France. Ce fut le traité de Saint-Clair-sur-Epte, conclu en 912 entre ce Prince & Charles-le-Simple, qui assura au premier la possession de cette partie de la Neustrie, qui, du nom de ses nouveaux maîtres, s'appela Normandie.

La race de Rollon monta sur le trône d'Angleterre dans la personne de Guillaume-le-Bâtard, fils de Robert II, nommé par le peuple Robert-le-Diable. Guillaume-le-Bâtard, ainsi nommé parce qu'en effet il n'étoit que fils naturel de Robert, prit dans la suite le surnom plus glorieux de Guillaume-le-Conquérant, pour avoir conquis l'Angleterre. Sa postérité continua de posséder, de mâle en mâle, & l'Angleterre, & la Normandie, jusqu'à Mathilde, fille de Henri I, & femme d'abord de l'empereur Henri V, ensuite de Geoffroy Plantagenet, comte d'Anjou, auteur de la dynastie des Plantagenets en Angleterre & en Normandie.

Du mariage de Mathilde avec Geoffroy Plantagenet naquit Henri II, qui, aux titres & à la puissance du roi d'Angleterre & du duc de Normandie, joignit beaucoup d'autres Etats dans l'intérieur même de la France.

Geoffroy son père & Mathilde sa mère n'avoient pas été paisibles possesseurs de l'Angleterre ni de la Normandie : on leur avoit préféré Etienne de Blois, qui avoit cependant prêté serment à Mathilde. Etienne régna en Angleterre, & posséda même quelque tems la Normandie : il est mis ainsi qu'Eustache son fils, au nombre des ducs de cette province; mais enfin tout vint céder à la fortune dominante de Henri II. il devint, vers l'an 1154, maître de la Normandie; elle fut possédée de même par ses fils jusqu'en 1204, qu'elle fut confisquée par Philippe-Auguste sur Jean-Sans-Terre, pour punir celui-ci de l'assassinat du jeune Artus ou Artur son neveu. Ce fut la première réunion de la Normandie à la couronne.

Elle en fut détachée, en 1331, par Philippe de Valois, en faveur de Jean son fils, qui fut dans la suite le roi Jean, & qui, par son avénement à la couronne en 1350, y réunit de nouveau la Normandie.

Charles son fils, qui fut depuis le roi Charles V, dit le Sage, eut aussi le duché de Normandie, & le réunit de même par son avénement en 1364.

Louis XI le donna encore, malgré lui, en 1465, à Charles son frère, duc de Berry (voyez l'article Berry), mais il le lui ôta bientôt, &, lui ayant donné en échange le duché de Guienne en 1469, il réunit à la couronne la Normandie, qui n'en a plus été séparée.

ORANGE (PRINCIPAUTÉ D'). Il reste, dans cette principauté, des monumens de la magnificence romaine : aux Romains ont succédé les Goths & les Sarrasins. Du tems de Charlemagne, un grand seigneur, habitant de ces contrées, nommé Guillaume, & surnommé Cornet ou au Court nez, fit la guerre avec succès aux Goths & aux Sarrasins, qu'il parvint à chasser entièrement d'Orange & de son territoire. Charlemagne, pour récompenser sa valeur & ses heureux services, lui fit don de la seigneurie d'Orange, qui devint héréditaire dans sa famille, d'abord sous le titre de comté, ensuite sous celui de principauté.

Ce Guillaume I, dit Cornet ou au Court nez (car on ne sait pas trop bien l'origine de ce surnom ou sobriquet; & tout ce qu'on sait le mieux, c'est qu'il portoit pour armes un cor, qui est resté dans les armes de ses successeurs); ce Guillaume fut donc, vers l'an 793, ou vers l'an 806 selon quelques-uns, le premier comte d'Orange. On ignore la date de sa mort, &, comme on vient de le voir, celle de son investiture n'est pas bien précisément connue; mais la seigneurie d'Orange lui avoit été tellement concédée à perpétuité, dans un tems où l'hérédité des fiefs n'étoit pas encore établie, que sa fille, nommée Hélimbruge, lui succéda sans aucune difficulté.

On ignore qui elle épousa; mais à sa mort, arrivée en l'an 900, elle laissa deux fils, Hugues & Rogon, qui tous deux lui succédèrent l'un après l'autre, & moururent sans postérité, au moins connue.

En 930 on voit Boson régner à Orange : on ne sait si ce Boson étoit parent & héritier naturel des quatre premiers comtes; on le regarde comme la tige de la seconde Maison d'Orange, & depuis ce Boson, la suite des comtes d'Orange n'est pas interrompue; il mourut vers l'an 960, & sa postérité masculine posséda l'Etat d'Orange jusqu'en l'an 1100, que Rambaud II, dont Boson étoit le trisaïeul, s'étant croisé avec Raymond de Saint-Gilles, mourut dans cette expédition. Il ne laissa qu'une fille, nommée Tiburge, qui lui succéda.

Elle épousa, en 1115, un cadet de la Maison des comtes de Montpellier, qui forma la troisième Maison d'Orange.

Ils laissèrent deux fils, Guillaume III & Rambaud, entre lesquels le comté d'Orange fut partagé, en exécution du testament de leur père. Ainsi Guillaume III, quoiqu'aîné, n'en eut que la moitié.

Autre partage. Guillaume III laissa deux enfans, Guillaume IV & Tiburge IIe., qu'il institua héritiers par égale portion. Tiburge IIe. n'ayant point d'enfans, ni apparemment grande amitié pour sa famille, institua ses héritiers les chevaliers de Saint-Jean-de-Jérusalem pour sa portion, qui étoit le quart au total du comté d'Orange. Tiburge IIe. mourut en 1180. Guillaume IV son frère, mort dès 1175, avoit laissé un fils unique, nommé Rambaud III, qui, mourant sans enfans en 1190, imita l'exemple de Tiburge IIe. sa tante, & laissa aussi son quart du comté d'Orange aux chevaliers hospitaliers de Saint-Jean-de-Jérusalem, qui par-là réunirent la moitié du comté d'Orange. Ils y faisoient battre monnaie.

L'autre moitié, qui avoit été le partage de Rambaud, fils de Tiburge Ire., & frère de Guillaume III, resta dans cette troisième Maison d'Orange. Ce Rambaud eſt nommé Rambaud IV dans la ſucceſſion des comtes d'Orange. Il mourut ſans enfans en 1173. Tiburge IIIᵉ. ſa ſœur fut ſon héritière.

Elle épouſa Bertrand de Baux, tige de la quatrième Maiſon d'Orange. L'empereur Frédéric I, dit Barberouſſe, roi d'Arles, étant venu ſe faire couronner dans la ville d'Arles, déféra le titre de *Prince d'Orange* à Bertrand, avec le droit de porter la couronne fermée. Telle fut l'érection d'Orange en principauté. Bertrand mourut en 1200; & eut pour ſucceſſeur Guillaume V, prince d'Orange, l'aîné de ſes fils.

Celui-ci fut inveſti, en 1214, par l'empereur Frédéric II, du titre de *roi d'Arles & de Vienne*. Il s'intitula *Prince d'Orange par la grace de Dieu*. Il fit la guerre aux Albigeois d'Avignon,

> Rendus cruels enfin par notre barbarie.

Ayant eu le malheur d'être vaincu & pris, il fut conduit dans Avignon, où, par une abomination digne du tems & digne de la rage des ſectaires, il fut écorché tout vif, & ſon corps mis en morceaux. Ce crime eſt de l'an 1230.

Orange, quoique décoré du titre de principauté, n'étoit, comme on ſait, que la moitié de l'ancien comté d'Orange. On partagea encore cette moitié entre les deux fils de Guillaume V, & chacun n'eut plus de nouveau que le quart. Une ſingularité ou irrégularité qui arriva en 1248, fut que Guillaume VII, petit-fils de Guillaume V, ayant laiſſé une fille nommée Tiburgette, elle n'hérita point de la portion qui avoit appartenu à ſon père, les principes de la loi ſalique & de la maſculinité des fiefs ayant été alors appliqués à la principauté d'Orange.

Enfin, de partage en partage, & d'échange en échange, Bertrand III, de cette même Maiſon de Baux, reſta ſeul prince d'Orange, c'eſt-à-dire, ſeul maître de la moitié de cet Etat, l'autre moitié appartenant toujours aux chevaliers hoſpitaliers de Saint-Jean-de-Jéruſalem.

Ce Bertrand III fut favori de Charles II, roi de Sicile, connu ſous le nom de Charles-le-Boîteux, ſecond roi de Naples ou de Sicile de la première Maiſon d'Anjou. Ce Roi acheta, des chevaliers de Saint-Jean-de-Jéruſalem, la moitié qu'ils avoient dans la principauté d'Orange, & en fit don à Bertrand. Par-là fut réparé, pour la Maiſon de Baux, le tort qu'avoient fait à la troiſième Maiſon d'Orange les diſpoſitions teſtamentaires de Tiburge IIᵉ. & de Rambaud III ſon neveu, & Bertrand III ſe retrouva, vers le commencement du quatorzième ſiècle, en poſſeſſion de la principauté d'Orange toute entière, dont le quart, depuis 1180, & la moitié, depuis 1190, ſembloit irrévocablement perdue pour les ſeigneurs d'Orange.

Raymond III, petit-fils de Bertrand III, & l'un de ſes ſucceſſeurs dans la principauté d'Orange,

fut auſſi ſévérement traité par la reine de Naples, Jeanne Iʳᵉ., que ſon aïeul avoit été traité favorablement par Charles-le-Boîteux, biſaïeul de Jeanne; elle lui fit faire ſon procès, & le fit condamner à être décapité : il obtint cependant ſa grace.

Sa fille unique, Marie, épouſa en 1388 Jean de Châlons, & par ce mariage la principauté d'Orange paſſa dans la Maiſon de Châlons, cinquième Maiſon d'Orange. Cette race produiſit quatre princes d'Orange, tous célèbres, tous appartenans à l'Hiſtoire.

1°. Louis, fils aîné de Jean de Châlons & de Marie de Baux, attaqua le Dauphiné en 1429, fut défait à la bataille d'Anthon. Il ne ſe ſauva qu'en ſe jetant à cheval & tout armé dans le Rhône, & le traverſant à la nage.

2°. Guillaume VIII ſon ſucceſſeur, attaché au parti du duc de Bourgogne, Charles-le-Téméraire, fut fait priſonnier par les Français en 1473, & fut forcé de rendre hommage à Louis XI pour ſa principauté d'Orange.

3°. Jean ſon fils ſervit d'abord Louis XI contre Marie de Bourgogne ; mais Louis XI lui ayant manqué de parole, ce qui lui arrivoit ſouvent, Jean ſervit avec plus de zèle encore Marie de Bourgogne & Maximilien d'Autriche ſon mari. Louis XI, pour le punir, confiſqua ſa principauté d'Orange. Sous le règne de Charles VIII, Jean de Châlons prit parti pour le duc d'Orléans, & fut fait priſonnier avec lui en 1488, à la bataille de Saint-Aubin-du-Cormier. Louis XII récompenſoit les ſervices rendus au duc d'Orléans, s'il n'en vengeoit pas les injures : il rendit à Jean de Châlons la principauté d'Orange.

4°. Philibert, fils de Jean, ſervit Charles-Quint contre la France. François I confiſqua ſa principauté en 1520. En 1525, il fut arrêté & retenu priſonnier en paſſant par la France. Délivré par le traité de Madrid, il ne ſongea plus qu'à ſe venger, &, grace à ſon reſſentiment, il devint le ſecond héros de l'Europe : le connétable de Bourbon fut le premier ; ils aſſocièrent leurs haines, coururent enſemble à la gloire & à la vengeance, y trouvèrent l'un & l'autre la mort. Ce fut le prince d'Orange qui prit Rome d'aſſaut ; & qui en fit le ſac, après avoir vu périr ſous les murs de cette ville le connétable de Bourbon, ſon chef & ſon maître. Le traité de Cambrai lui fit rendre ſa principauté. Il fut tué en 1530, au ſiége de Florence.

Claude ſa ſœur avoit épouſé Henri de Naſſau. Philibert étant mort ſans enfans, la Maiſon de Naſſau (*voyez* cet article dans le Dictionnaire) devint la ſixième Maiſon d'Orange.

René de Naſſau, né de ce mariage, fut un des généraux de Charles-Quint ; il fut tué en 1554 au ſiége de Saint-Dizier en Champagne.

Son fils fut le fameux Guillaume, prince d'Orange, fondateur de la république de Hollande, & biſaïeul de Guillaume III, roi d'Angleterre.

A la mort de ce monarque, il s'éleva pluſieurs

# CHRONOLOGIE.

prétendans ; un Naſſau, prince de Friſe, inſtitué par Guillaume III ; le roi de Pruſſe, Frédéric, deſcendu d'un Naſſau ; le prince de Conti, alléguant une ancienne ſubſtitution qui le regardoit ; par deſſus tout, Louis XIV, prétendant que la principauté d'Orange étoit dévolue à la couronne faute d'hoirs mâles. Un arrêt du parlement de Paris adjugea le domaine utile de cette principauté à M. le prince de Conti, & le haut domaine au Roi, qui en conſéquence réunit, en 1702, cette principauté à la couronne.

Feu M. le prince de Conti a depuis vendu au roi Louis XV le domaine utile de cette même principauté d'Orange.

ORLÉANS (COMTÉ, puis DUCHÉ). Robert-le-Fort & ſa poſtérité, juſqu'à Hugues Capet, ont poſſédé le comté d'Orléans, ainſi que le duché de France & le comté de Paris (voyez l'article France) (duché de), & Hugues Capet, à ſon avénement, réunit ces trois domaines à la couronne.

Philippe de France, ſecond fils de Philippe de Valois, eut le duché d'Orléans en apanage en 1350. A ſa mort, arrivée en 1375, ſeconde réunion d'Orléans à la couronne, ce duc d'Orléans n'ayant pas fait ſouche.

Louis de France, ſecond fils de Charles V, & frère de Charles VI, créé duc d'Orléans en 1380, fut la tige de la branche d'Orléans, qui parvint, en 1398, à la couronne, dans la perſonne de Louis XII, petit-fils de Louis, duc d'Orléans. Troiſième réunion.

Le duché d'Orléans fut encore donné en apanage à Monſieur (Gaſton), frère de Louis XIII, lequel ne fit point ſouche. Quatrième réunion.

Il fut enſuite donné à Monſieur, frère de Louis XIV, dont la poſtérité le poſſede aujourd'hui.

OSSONE (COMTÉ D'). Etienne I, dit Tête-Hardie, ſecond fils de Guillaume I, comte de Bourgogne, de Vienne & de Mâcon, eut pour partage, en 1087, les comtés de Vienne & d'Oſſone. Il étoit frère de Guy, archevêque de Vienne, qui fut depuis Pape ſous le nom de Calixte II. Etienne ſe croiſa pour la Terre-Sainte en 1102, & y fut tué dans un combat le 11 avril 1112. Sa poſtérité poſſéda le comté d'Oſſone.

Etienne II ſon arrière-petit-fils épouſa Béatrix, fille & héritière de Guillaume, comte de Châlons, de laquelle il fut ſéparé dans la ſuite pour cauſe de parenté ; mais il en avoit eu un fils, Jean, dit le Sage, qui, étant comte de Châlons du côté de ſa mère, comme il étoit comte d'Oſſone du côté de ſon père, prit le titre de comte de Châlons, comme ſupérieur à l'autre, & depuis ce tems le nom de Châlons devint celui de cette Maiſon.

Il laiſſa des fils de trois lits. Hugues ſon ſucceſſeur, fils du premier lit, fut comte de Bourgogne

par ſon mariage avec Alix de Méranie. Il vendit le comté d'Oſſone à Hugues IV, duc de Bourgogne ; ce qui opéra, en 1280, la réunion de ce comté d'Oſſone au duché de Bourgogne, qui fut réuni à la couronne en 1477.

L'aîné des fils du troiſième lit de Jean-le-Sage, nommé Jean de Châlons, ſeigneur d'Arlay, fut la tige des princes d'Orange de la Maiſon de Châlons.

PENTHIÈVRE (COMTÉ DE). A la mort de Geoffroy, comte ou duc de Bretagne, arrivée en l'an 1008, Eudes ſon ſecond fils, frère puîné d'Alain III, eut en partage le comté de Penthièvre.

Il laiſſa deux fils, Geoffroy V, Etienne.

Geoffroy I fut comte de Penthièvre : Conan I ſon fils ne laiſſa qu'une fille, nommée Marguerite, qui épouſa Conan III, duc de Bretagne : c'étoit une occaſion de réunir le comté de Penthièvre au duché de Bretagne : la réunion ne ſe fit point, Marguerite n'eut point le comté de Penthièvre. Par une théorie peu uſitée alors en matière féodale, Penthièvre fut réputé fief maſculin ; & ce fut Etienne, frère de Geoffroy V, qui fut le ſucceſſeur de Conan I ſon neveu, en 1120.

C'eſt le ſecond fils de cet Etienne, nommé Eudes, vicomte de Porhoët, qui eſt regardé comme la tige de la Maiſon de Rohan. Cet Eudes eut le comté de Penthièvre à la mort de Geoffroy II ſon frère aîné, arrivée en 1140. Il épouſa Berthe, ducheſſe de Bretagne ; &, ſe livrant tout entier au ſoin de faire valoir les prétentions que ce mariage lui donnoit ſur le duché de Bretagne, il céda, en 1149, le comté de Penthièvre à Henri ſon frère cadet.

Henri II, petit-fils de celui-ci, mourut ſans enfans en 1212. Alors Pierre de Dreux, duc de Bretagne par Alix ſa femme, réunit le comté de Penthièvre à la Bretagne.

Il ſe forma, en 1290, une ſeconde Maiſon de comtes de Penthièvre, toujours ſortis des ſouverains de la Bretagne. Guy de Bretagne, ſecond fils d'Artus II, duc de Bretagne, en fut la tige. Ce fut Jeanne-la-Boiteuſe ſa fille, qui épouſa Charles de Blois, & qui diſputa ſi long-tems le duché de Bretagne à la branche de Montfort.

Jean ſon fils, gendre du connétable de Cliſſon, eut le comté de Penthièvre.

Olivier, fils de Jean, ayant conſpiré contre le duc de Bretagne, & l'ayant fait priſonnier en trahiſon, la Bretagne entière ſe ſouleva en faveur de ſon duc, força Olivier de le remettre en liberté, &, pourſuivant la vengeance de cet attentat, fit faire le procès aux coupables. Olivier & ſes complices furent condamnés à mort par contumace, le comté de Penthièvre fut confiſqué & réuni à la Bretagne en 1419.

Le roi Charles IX, en 1569, érigea Penthièvre en duché-pairie en faveur de Sébaſtien de Luxembourg, qui defcendoit de la Maifon de Blois-Pen-thièvre par Charlotte de Broffe fa mère.

Marie de Luxembourg, fille de Sébaftien, époufa le duc de Mercœur-Lorraine, & lui porta le duché de Penthièvre, que Françoife de Lorraine fa fille porta dans la Maifon de Vendôme.

La princeffe de Conti, fille de Louis XIV, en fit l'acquifition, & le vendit au comte de Touloufe, en faveur duquel il fut de nouveau érigé en du-ché-pairie l'an 1697, & fervit de titre au Prince, fils du comte de Touloufe, & père de madame la duchefle d'Orléans.

### PERCHE (COMTÉ DU).

Yves de Bélefme fut, en 926, le premier comte du Perche : Alençon y étoit alors uni, & relevoit des ducs de Normandie. La poftérité mafculine d'Yves de Bélefme poffeda feule le comté du Perche, & il n'y eut qu'une feule réunion de cette province à la couronne.

Un petit-fils d'Yves de Bélefme, nommé Foul-ques, fut tué dans un combat contre les Normands.

Geoffroy I, arrière-petit-fils du même Yves, & comme lui comte du Perche, fut excommunié par Hubert, évêque de Chartres, & affaffiné dans cette ville en fortant de l'églife en 1040.

La mémoire de Rotrou I fon fils, de Rotrou II & de Rotrou III, petit-fils & arrière-petit-fils de Rotrou I, s'eft confervée dans le nom de Nogent-le-Rotrou, foit que l'un d'eux ait fondé ou aug-menté cette ville, ou que feulement il en fit fon habitation particulière. Rotrou II fignala fa valeur dans la Terre-Sainte & en Efpagne. Rotrou III mourut au fiége d'Acre en 1191.

Thomas, petit-fils de ce dernier, un des plus grands capitaines de fon fiècle, fut tué à la bataille de Lincoln en 1217.

Guillaume II fon fils fut le dernier comte du Perche, & le dernier mâle de fa Maifon. Il étoit eccléfiaftique & poffédoit l'évêché de Châlons. Après fa mort, arrivée en 1240, le roi faint Louis réunit le Perche à la couronne, ayant acheté les droits de ceux qui pouvoient y avoir des pré-téntions bien fondées, nommément ceux d'un fei-gneur de Château-Gontier, iffu d'une fille de la Maifon des comtes du Perche.

### PÉRIGORD (COMTÉ DE).

La Maifon des comtes de Périgord eft defcendue de la première Maifon des comtes d'Angoulême. Wlgrain II, comte d'Angoulême, arrière-petit-fils d'itier, eut deux fils, Alduin, qui lui fuccéda dans le comté d'Angoulême en l'an 900, & Guillaume, qui à la même époque eut en partage le Périgord & l'Agénois, & fut le premier comte de Périgord.

Emme fa petite-fille, héritière de ce comté, époufa Bofon, comte de la Marche; elle en eut un fils, Elie I, furnommé Talerand, nom qui de-vint celui de toute fa poftérité. La fucceffion maf-culine de cette race, depuis 950 jufqu'en 1396, n'eft interrompue qu'un moment, de 1335 à 1350,

par Marguerite, fille d'Archambaud III & fon uni-que héritière, qui époufa Renaud V, fire de Pons, dont elle n'eut pas d'enfans. Roger-Bernard de Talerand fon oncle lui fuccéda. Elle étoit nièce auffi de ce fameux cardinal de Périgord, Jean, qui fit tout ce qu'il put, par fes négociations, pour prévenir le défaftre de Poitiers, & qui ne put rien obtenir de l'inflexible roi Jean. Alors Roger-Ber-nard de Talerand fon frère devint vaffal du roi d'Angleterre & du Prince Noir fon fils, duc de Guienne : il le fut d'abord par le fait, puis, en 1360, par le traité de Bretigny; mais en 1368 il fe joignit des premiers aux grands vaffaux qui s'empreffèrent de fecouer le joug de l'Angleterre, & de rentrer fous la domination de la France.

Le zèle très-fupérieur encore à celui de leur comte, que fignalèrent en cette occafion les villes de Périgueux & de Sarlat, capitales, l'une du haut, l'autre du Bas-Périgord, leur valut des pri-viléges qui tournoient au détriment des droits de leur comte. Archambaud IV, fils de Roger-Ber-nard de Talerand, voulut exercer ces droits dans leur intégrité. Il fit la guerre à la ville de Péri-gueux, & en ravagea le territoire pour obliger les habitans à fe foumettre entièrement à lui : ceux-ci implorèrent l'autorité du roi Charles VI, auto-rité fouvent méprifée, & qui le fut dans cette occafion par le comte de Périgord. Pour le punir de ce mépris, un arrêt du parlement confifqua fes biens ; mais cet arrêt refta fans exécution : la guerre continua fous Archambaud V, fils & fuc-ceffeur d'Archambaud IV, & Charles VI continua de protéger les habitans de Périgueux. Archam-baud V fut pris dans Montignac par le maréchal de Sancerre : on le conduifit à Paris, & le comté de Périgord fut confifqué fur lui par un arrêt de l'an 1396.

La même année, Charles VI en fit don au duc d'Orléans fon frère, qui, par furcroît de fûreté, traita des droits d'Eléonore, fœur d'Archam-baud V.

Le duc d'Orléans fit des comtés de Périgord & d'Angoulême le partage de fon troifième fils, Jean.

Celui-ci vendit, en 1445, le Périgord à Jean de Blois, dit de Bretagne, comte de Penthièvre, qui aida Charles VII à chaffer les Anglais de la Guienne. Il eut pour héritière Françoife d'Avau-gour fa nièce, qui époufa le feigneur d'Albret, Alain I ; elle mourut en 1488.

Jean d'Albret fon fils lui fuccéda : ce fut lui qui époufa l'héritière de Navarre, Catherine de Foix. Le Périgord fut réuni en 1488 au comté d'Albret par l'avénement de Jean d'Albret, & le comté d'Albret fut réuni à la couronne par l'avénement de Henri IV à cette couronne en 1589.

### PONTHIEU (COMTÉ DE).

Le comté de Ponthieu paffa par diverfes alliances, non-feule-ment dans des Maifons françaifes, mais encore à

des

des puissances étrangères, telles que la Castille & l'Angleterre.

Herluin, comte de Ponthieu, possédoit cette contrée en 939, & sa postérité masculine en fut, pendant un siècle & demi, en possession. Hugues I son arrière-petit-fils épousa Giselle, fille de Hugues Capet, &, en faveur de ce mariage, Hugues Capet lui céda les droits qu'il avoit sur Abbeville.

Agnès, héritière du comté de Ponthieu en 1080, épousa, en 1095, Robert, comte d'Alençon, & par ce mariage le Ponthieu passa dans la Maison d'Alençon.

Guillaume IV, arrière-petit-fils de Robert & d'Agnès, épousa une sœur de Philippe-Auguste, long-tems promise à Richard Cœur-de-Lion, qu'elle n'épousa point, ayant été accusée d'avoir eu un enfant de Henri II, père de Richard ; elle se nommoit Alix. Guillaume, comte d'Alençon, se mettant au dessus de ces bruits, ou n'y croyant pas, voulut bien épouser ce rebut de l'Angleterre en 1191.

Marie leur fille, devenue héritière de Ponthieu, le porta dans la Maison de Simon de Dammartin, comte d'Aumale, son mari.

Ils n'eurent qu'une fille, Jeanne, qui le porta en dot à Ferdinand III, roi de Castille. Après la mort de ce Prince, elle se retira dans ce même comté de Ponthieu, où elle mourut en 1279.

Du mariage du roi & de la reine de Castille naquit une fille, nommée Éléonore, qui, ayant hérité de ses frères en 1282, eut le comté de Ponthieu, qu'elle porta dans la Maison d'Angleterre par son mariage avec Edouard I. Ce Prince, Edouard II son fils, Edouard III son petit-fils, & même Edouard, prince de Galles, son arrière-petit-fils, dit le Prince-Noir, possédèrent le Ponthieu, ce dernier en ayant été investi par Edouard III son père, auquel il ne survécut pas. Ce fut sur Edouard III & sur le prince de Galles alors mourant, que le comté de Ponthieu fut confisqué, & réuni à la couronne le 14 mars 1380, par Charles V, aussi mourant ou bien près de mourir.

## PROVENCE (Comté de).

PROVENCE (Comté de). Cette contrée, voisine de l'Italie, & que les Romains appelèrent même la *petite Italie*, fut une des premières conquêtes qu'ils firent hors de l'Italie, & qu'ils réduisirent en province de l'Empire romain ; c'est pourquoi ils lui donnèrent le nom générique de Provence, *Provincia*. Ce qu'ils avoient ainsi généralisé, nous l'avons particularisé : nous disons *Provence*, & nous en faisons le nom particulier de cette province ; mais, en latin, elle conserve le nom générique qui lui avoit été donné par les Romains. Les Visigoths s'en emparèrent l'an 416. Ils furent chassés par les Bourguignons, qui l'incorporèrent au premier royaume de Bourgogne ; elle fit, dans la suite, partie du royaume d'Arles. Au neuvième siècle, elle commença d'avoir des

comtes particuliers. Vers l'an 840, Thibaud fut investi du comté d'Arles par Boson, roi d'Arles.

Hugues son fils fut premier ministre & gendre du roi d'Arles, Louis-l'Aveugle, & devint lui-même roi d'Arles ; mais il ne laissa point d'enfans : il n'avoit qu'une nièce, qu'il maria, en 930, au comte Boson, frère de Raoul, roi de France, & il investit du comté de Provence ce comte Boson son gendre.

Guillaume I, petit-fils de ce Boson, extermina, en 972, tout ce qui étoit resté de Sarrasins en Provence ; il mourut en 992 à Avignon, ayant pris l'habit de moine.

Les Empereurs étoient devenus rois d'Arles, & les comtes de Provence relevoient d'eux. Bertrand, un des descendans de Boson & de Guillaume, prit parti dans la trop fameuse querelle du pape Grégoire VII & de l'empereur Henri IV. Quand cet Empereur eut été excommunié, Bertrand ne voulut plus le reconnoître pour suzerain ni pour roi d'Arles, & il s'empressa de rendre hommage à Grégoire VII. Mais en quoi ce Pape devenoit-il suzerain de la Provence ? Pour avoir mal-à-propos peut-être & injustement excommunié son ennemi. Que Bertrand refusât de reconnoître un excommunié pour suzerain, cette erreur étoit assez conforme aux idées du tems ; mais comment ne se rendoit-il pas indépendant plutôt que de porter ainsi son hommage au Pape, & de l'inviter, par cette démarche, à prodiguer des excommunications dont l'effet seroit d'accroître sa mouvance.

La seconde race des comtes de Provence finit dans Bertrand : il laissa une fille unique, nommée Gerberge, laquelle épousa Gilbert, vicomte de Gevaudan, qu'elle fit comte de Provence.

De ce mariage naquirent trois filles : Douce Ire., qui épousa Raymond-Béranger III, comte de Barcelonne ; Faidide, femme d'Alphonse-Jourdain, comte de Toulouse, & Stéphanie, mariée à Raymond de Baux.

L'aînée, Douce, eut le comté de Provence, dont elle fit donation, en 1113, au comte de Barcelonne son mari. Ils transfigèrent avec Alphonse Jourdain, comte de Toulouse, mari de Faidide, des droits de sa femme sur la Provence ; ils lui cédèrent Beaucaire & toute la partie de la Provence située entre l'Isère & la Durance, à l'exception d'Avignon ; & les deux Princes, c'est-à-dire, le comte de Barcelonne & le comte de Toulouse, firent entr'eux une substitution réciproque. Au moyen de ces arrangemens, ils crurent pouvoir négliger de traiter avec Stéphanie & Raymond de Baux son mari.

En 1130 le comte de Barcelonne & de Provence partagea ses Etats entre ses deux fils, Raymond-Béranger & Béranger-Raymond : la Provence fut le partage de ce dernier. Leur sœur, femme du roi de Castille, Alphonse VIII, leur fut substituée. Après ces arrangemens de famille, Raymond-Bérenger III se retira du monde & se fit templier : Bérenger-Raymond son fils eut une longue guerre à soutenir contre Raymond de Baux pour les droits de Stéphanie, femme de ce dernier, auxquels on avoit eu trop peu d'égard. Il fut tué en Languedoc l'an 1144, dans une sédition qu'il s'efforçoit en vain d'appaiser.

Raymond-Bérenger I son fils lui succéda sous la tutelle & la régence de Raymond-Bérenger, comte de Barcelonne, frère aîné de son père. Cependant Raymond de Baux réclamoit toujours les droits de Stéphanie sa femme sur la Provence : il s'étoit fait donner une investiture de ce comté par l'empereur Conrad, comme roi d'Arles : le Régent lui fit la guerre avec tant d'avantage, qu'il l'obligea de se soumettre, de renoncer à ses droits & de lui rendre hommage. Jamais Régent ne fut plus utile à un Etat, ni tuteur à un pupille, que Raymond-Bérenger, comte de Barcelone, le fut à Raymond-Bérenger, comte de Provence. Hugues, fils de Raymond de Baux, reprit la querelle concernant les droits de sa mère : il obtint de l'empereur Frédéric I, dit *Barberousse*, la confirmation de l'investiture donnée à son père par Conrad. Le Régent marcha contre ce nouvel ennemi, lui prit trente places, entr'autres Baux, chef-lieu de ses domaines. Il fit plus : il maria son pupille avec Richilde de Suabe, nièce de l'Empereur, qui, en faveur de ce mariage, voulut bien renoncer à la souveraineté de la Provence, & céder même au jeune comte, devenu son neveu, l'hommage du comté de Forcalquier & de la ville d'Arles, moyennant une redevance dont ils convinrent.

Ce fut en 1162 que Raymond-Bérenger, comte de Provence, commença de régner par luimême. La ville de Nice s'étant soulevée contre lui en 1166, il courut l'assiéger, & fut tué à ce siège. Il laissa une fille en bas âge ; ce fut Douce IIe., comtesse de Provence. Elle étoit dès-lors accordée avec le fils de Raymond V, comte de Toulouse. Ce comte, pour assurer ce mariage, accourut en Provence & s'en rendit maître ; mais c'étoit un maître étranger, & qui n'avoit encore aucun droit. Raymond-Bérenger, comte de Barcelonne, ce Régent si utile à la Provence, avoit laissé un fils qui fut roi d'Arragon, sous le nom d'Alphonse. Ce Prince, petit-fils de Douce Ire., prétendit avoir plus de droit que le comte de Toulouse, de se mêler des affaires de la Provence. Il en chassa le comte de Toulouse ; il se fit déclarer Régent & tuteur de la jeune princesse Douce IIe., sa nièce à la mode de Bretagne. Celle-ci mourut en 1172, à peine nubile. Le roi d'Arragon, comme son plus proche parent, lui succéda dans la Provence.

Ce roi d'Arragon, Alphonse, fut, à trois différentes reprises, comte de Provence : il acheva d'abord la guerre contre le comte de Toulouse, qu'il obligea de renoncer à tous les droits qu'il pouvoit prétendre sur la Provence ; il soumit ensuite cette ville de Nice, au siège de laquelle avoit péri son cousin, Raymond-Bérenger, père de Douce IIe. Quand il eut ainsi soumis & pacifié la Provence, il la céda, en 1175, à Raymond-Bérenger II son frère, sous la condition de l'hommage.

Raymond-Bérenger II fut tué le jour de Pâques, 1181, par Adhémar, seigneur de Marviel, un de ses ennemis.

Le roi d'Arragon vengea son frère par la prise de Marviel, dont les habitans furent passés au fil de l'épée, & donna le comté de Provence à un autre de ses frères, nommé don Sanche, comte de Roussillon.

Celui-ci, ne s'accommodant point du caractère des Provençaux, remit ce comté au Roi son frère, & se retira dans son comté de Roussillon en 1185.

Le roi Alphonse retint donc ce comté de Provence, qu'il avoit donné deux fois & qui lui revenoit toujours : il en composa dans la suite l'apanage de dom Alphonse son second fils. Celui-ci épousa Garsinde, héritière du comté de Forcalquier, & eut une guerre à soutenir contre Béatrix, sœur de Garsinde, au sujet des droits de celle-ci : la paix se fit en 1202. Béatrix vendit ses droits à sa sœur.

Raymond-Bérenger III, fils d'Alphonse, n'avoit que cinq ans lorsque son père mourut en 1209. Il fut élevé à Sarragosse, sous les yeux don Pèdre, roi d'Arragon, son oncle, tandis que la comtesse Garsinde, mère du jeune comte, gouvernoit Provence en qualité de Régente. Soit qu'elle la gouvernât mal, ou que les peuples fussent naturellement disposés à troubler la régence d'une femme, on vit de toutes parts des sujets puissans élever des prétentions nouvelles ou renouveler des prétentions anciennes : les grandes villes, Arles, Aix, Marseille, Nice, Avignon, prirent ce tems pour se révolter & s'ériger en républiques. Le jeune comte revint en Provence, en 1216, avec des troupes arragonaises : ce fut assez pour lui d'abord de retenir dans son obéissance ce qui lui restoit de cet Etat ; puis, augmentant peu à peu sa puissance, il soumit, en 1226, la ville d'Avignon, prit Nice en 1229 ; il traita, en 1237, avec Marseille, qui le reconnut pour son souverain. Arles & les autres villes en firent autant.

C'est ce comte de Provence, Raymond-Bérenger III, qui fut père de quatre Reines. Béatrix sa quatrième fille porta le comté de Provence dans la première Maison d'Anjou, d'où il passa dans la seconde, & fut réuni à la couronne sous Louis XI, par le testament du comte du Maine, dernier Prince de la seconde Maison d'Anjou. La réunion en fut faite en forme à Compiègne, en 1486, sous Charles VIII.

QUERCY (COMTÉ DE). C'est à l'an 889 qu'on rapporte l'établissement des comtes héréditaires de Quercy. Robert fut le premier de ces comtes ; mais sa postérité ne resta pas long-tems en possession du Quercy. Deux générations bornèrent cette fucceffion. Ses fils & fes petits-fils en furent feuls poffeffeurs, & ce fut un de fes fils ( lequel avoit fuccédé aux enfans de fon frère aîné ) qui en fut dépouillé, en 960, par Ponce I, comte de Touloufe, avec lequel il étoit en guerre. Par cet événement le Quercy fut féparé de la Guienne, dont il avoit été dépendant jufque-là, & fit partie du comté de Touloufe, auquel il fe trouva réuni, & avec lequel il fut réuni à la couronne en 1272.

ROUERGUE (COMTÉ DE). Richard, vicomte de Carlat, acquit, en 1147, le comté de Rouergue d'Alphonfe Jourdain, comte de Touloufe, & fut le premier comte particulier de Rhodez ou du Rouergue.

Hugues IV, fixième comte de Rhodez, eut, de deux lits, quatre filles, trois du premier, une feule du fecond : ce fut celle du fecond, nommée Cécile, qu'il inftitua fon héritière.

Celle-ci époufa Bernard VI, comte d'Armagnac. Ifabelle, l'aînée des trois filles du premier lit, qui avoit époufé Geoffroy, fire de Pons, attaqua le teftament de fon père, & réclama le Rouergue. Un arrêt du parlement de Paris, de l'an 1312, la déclara déchue de fes prétentions, & maintint Cécile dans la poffeffion du comté de Rhodez, qui par ce moyen fut réuni à l'Armagnac; & l'Armagnac, réuni diverfes fois à la couronne, ne le fut définitivement qu'à l'avénement de Henri IV. (Voyez Armagnac)

SALUCES (MARQUISAT DE). Le premier marquis de Saluces, nommé Guillaume, fut invefti de cet Etat, vers l'an 920, par Hugues I, roi d'Arles, dont il devint le vaffal. Après l'extinction des rois d'Arles, les marquis de Saluces rendirent hommage aux Dauphins de Viennois. Le marquifat de Saluces ne paffa point par des femmes dans des Maifons étrangères, & depuis Guillaume jufqu'à Louis III, c'eft-à-dire, depuis 920 jufqu'à 1500, cet Etat fut toujours poffédé de mâle en mâle & de père en fils.

Louis III laiffa quatre fils, Michel-Antoine, Jean-Louis, François & Gabriel.

Michel-Antoine, marquis de Saluces, eût le commandement de l'armée françaife après la mort de Lautrec au fiége de Naples en 1528.

Cette armée, prefque détruite par les maladies, s'étoit retirée à Averfe : les Impériaux en firent le fiége. Le marquis de Saluces y ayant eu un genou caffé d'un éclat de pierre, fit une capitulation, par laquelle il remit au prince d'Orange, général de Charles-Quint, la ville & le château d'Averfe, l'artillerie, les vivres, les munitions, les armes, les bagages, les chevaux, fa perfonne même & celle des principaux officiers. Saluces n'eut pas long-tems à rougir de cet humiliant traité : il mourut de fes bleffures à Naples, n'ayant eu le commandement pendant un inftant que pour voir per-

dre tout le royaume de Naples, & diffiper toute l'armée françaife.

Jean-Louis lui fuccéda : il étoit détenu en France, fur quelque foupçon de trahifon, en 1536, & le marquifat de Saluces avoit été confifqué fur lui.

Mais François fon frère commandoit cette année en Piémont l'armée françaife : fa défection dans cette même année n'eft que trop connue; elle fut accompagnée des plus fortes circonftances de trahifon & d'ingratitude envers François I, qui l'avoit comblé de biens, lui avoit donné le marquifat de Saluces, confifqué fur Jean-Louis fon frère, y avoit ajouté de grands domaines en Piémont, l'avoit décoré du collier de fon Ordre, & lui confioit le commandement de fon armée de Piémont, dans la conjoncture critique de l'irruption de Charles-Quint en Provence en 1536. Saluces, après avoir trahi l'armée qu'il commandoit, fe réfugia auprès de l'Empereur, & fut tué l'année fuivante à fon fervice au fiége de Carmagnole.

La punition de Jean-Louis, lorfqu'on l'avoit cru coupable, avoit été de voir paffer fes Etats à François fon cadet : celle du cadet avoit été de les voir retourner à fon aîné. Le Roi avoit tiré ce dernier de la prifon où il étoit détenu à Paris, lui avoit donné l'inveftiture du marquifat de Saluces, & l'avoit remis en poffeffion de cet Etat. Jean-Louis étoit dans le château de Carmagnole, & s'apprêtoit à le défendre contre les Impériaux lorfque François de Saluces s'apprêtoit à l'attaquer. Celui-ci, connoiffant tout fon afcendant fur l'efprit de fon frère, lui demande une entrevue, l'obtient : le réfultat de leur conférence fut que Jean-Louis confentit à fortir de Carmagnole & à fuivre fon frère au château de Valférière, où François, fe démafquant, retint Jean-Louis prifonnier.

Alors François I donna l'inveftiture du marquifat de Saluces à Gabriel, évêque d'Aire, le dernier des quatre frères Saluces, qui, fuivant un des abus du tems, avoit été nommé à cet évêché fans être engagé dans les Ordres. Il époufa depuis la fille de l'amiral d'Annebaut; il mourut fans laiffer de poftérité, & le marquifat de Saluces fut de nouveau réuni à la couronne de France.

Le duc de Savoie, Charles-Emmanuel, s'empara, en 1588, de cet Etat à la faveur des troubles de la Ligue : il le garda; mais en 1600 Henri IV l'obligea de lui donner en échange la Breffe, le Bugey, le Valromey & le pays de Gex : arrangement qui, par la fituation de ces divers domaines, convenoit le mieux à l'un & à l'autre.

SEDAN (PRINCIPAUTÉ DE). Sedan, d'abord fief de Mouzon, & arrière-fief de l'église de Rheims, & pour feigneurs des hommes ou puiffans ou habiles, qui parvinrent à fe rendre fouverains, & la fituation de cette place fur les confins de la France, de l'Allemagne & des Pays-Bas rendit ces souverains confidérables auprès de ces trois puiſſances, par l'intérêt qu'elles eurent de les ménager, de peur qu'ils ne ſe livraſſent aux autres.

Sedan paſſa, en 1370, dè la Maiſon de Jauche à Jean de Barbançon, ſeigneur de Boſſu, qui mourut en 1381.

Guillaume I, premier prince de Sedan, avoit épouſé l'héritière de cette ſeigneurie, Pour lui, il étoit de la Maiſon de Braquemont en Normandie. Ce fut lui qui le premier fit fortifier la ville de Sedan, & qui commença d'en faire une place importante. Il mourut en 1400. Louis ſon fils, qui lui ſuccéda, vendit, en 1424, cette ſeigneurie de Sedan à ſon beau-frère, Erard de la Mark, ſeigneur d'Aremberg, lequel avoit épouſé Marie, fille de Guillaume & ſœur de Louis, vendeur.

La Maiſon de la Mark poſſéda cette ſouveraineté juſqu'au premier janvier 1588, que mourut le dernier prince de Sedan de cette branche de la Mark. Il laiſſa pour héritière, dans ſa principauté de Sedan & ſon duché de Bouillon, Charlotte de la Mark ſa ſœur. Henri IV la maria, en 1591, à Henri de la Tour-d'Auvergne, vicomte de Turenne & d'Oliergues, maréchal de France, dont ni Henri IV ni Louis XIII n'eurent pas toujours à ſe louer. Elle mourut en 1591, ayant perdu un fils qu'elle avoit eu du maréchal de Bouillon, Turenne, ſon mari, & ne laiſſant point d'autres enfans. Ainſi la principauté de Sedan & le duché ſouverain de Bouillon devoient naturellement revenir aux héritiers de Charlotte de la Mark; mais celle-ci inſtitua ſon mari pour héritier, & lui fit donation de tous ſes biens. Cette donation fut attaquée : on la prétendit ſuppoſée ; elle étoit d'ailleurs contraire à des arrangemens pris antérieurement dans la Maiſon de la Mark. Il y eut à ce ſujet un procès qui ſe termina par un accommodement entre le maréchal de Bouillon & les héritiers naturels de Charlotte de la Mark, & les principautés de Sedan & de Bouillon reſtèrent au maréchal de Bouillon & à ſa Maiſon.

Perſonne n'ignore comment le duc de Bouillon, Frédéric-Maurice de la Tour, fils du maréchal de Bouillon, Henri de la Tour, étant entré, en 1642, dans la conjuration de Cinq-Mars contre le cardinal de Richelieu, fut arrêté au milieu de l'armée qu'il commandoit en Italie, & obligé, pour ſauver ſa vie, de céder ſa principauté de Sedan à la France. La ducheſſe de Bouillon ſa femme, Eléonore de Bergh, femme d'un grand courage, eſpéra quelque tems qu'en oppoſant aux menaces du cardinal de Richelieu la menace de livrer Sedan aux ennemis de la France ou du Cardinal, elle parviendroit, & à ſauver ſon mari, & à lui conſerver ſa principauté ; mais enfin la tendreſſe, & par conſéquent la crainte, fut la plus forte. Effrayée des dangers où ſa fermeté expoſoit ſon mari, elle ne put conſentir à laiſſer plus long-tems ſon fort dans l'incertitude ; elle ſe détermina, en gémiſ-

ſant, à recevoir garniſon françaiſe dans Sedan. La Maiſon de Bouillon reçut, dans la ſuite, le dédommagement de cette importante ceſſion ; mais ce ne fut qu'après la mort du cardinal de Richelieu, & qu'après bien des négociations avec le cardinal Mazarin, qu'elle obtint enfin, en 1651, en échange de la ſouveraineté de Sedan, les duchés-pairies d'Albret & de Château-Thierry, & les comtés d'Auvergne & d'Evreux. Ainſi la ſeconde branche de la Maiſon d'Auvergne rentra dans la poſſeſſion du comté d'Auvergne, qui avoit appartenu à la première branche de cette Maiſon, & que la mère de Catherine de Médicis, héritière de cette première branche, avoit porté en dot à Laurent de Médicis, père de Catherine.

Par ce même traité de 1651, le Roi s'engageoit à faire jouir la Maiſon de Bouillon de tous les honneurs, priviléges & prérogatives dont les Maiſons ſouveraines jouiſſent en France & à la cour de nos Rois : la Maiſon de Bouillon a ſur ce point de juſtes réclamations à faire.

SÉMUROIS (COMTÉ DE). Le premier comte de Sémur-en-Auxois ſe nommoit Arteband. Il eut ce comté en 900, & mourut en 950. Sa poſtérité maſculine l'a poſſédé juſqu'en 1257, qu'Helvis, fille de Henri, en hérita. Elle mourut fille en 1262, ayant cédé ſon comté de Sémur & ſes terres de Luzy & de Lancy à ſon couſin Jean de Broye, ſeigneur de Château-Vilain, qui deſcendoit, mais par femme ſeulement, de la Maiſon des comtes de Sémur ; il étoit fils de Simon de Broye, ſeigneur de Château-Vilain, & d'Alix de Sémur, ſœur de Henri, père d'Helvis.

Jean de Broye mourut ſans enfans, & le comté de Sémurois & ſes dépendances furent réunis au duché de Bourgogne, qui fut réuni à la couronne en 1477.

SENS (COMTÉ DE). Le premier comte de Sens remonte juſqu'à l'an 830 : il ſe nommoit Magnerius. Sa poſtérité maſculine poſſéda ce comté juſqu'en 932, que Richard, comte de Sens, qui n'avoit pas voulu reconnoître l'autorité du roi Raoul, & qui fut vaincu & ſoumis par lui, étant mort ſans enfans, le même roi Raoul inveſtit de ce comté Fromont I. On ne ſait ſi ce Fromont avoit quelque rapport de parenté avec Richard, ou ſi c'eſt une famille nouvelle qui fut alors inveſtie du comté de Sens.

C'eſt Renaud I, dit le Vieux, fils de Fromont, qui a bâti Joigny & Château-Renard.

Renaud II, petit-fils de Renaud I, eut de grands démêlés avec Leuteric ſon archevêque, & lui fit une guerre ouverte. Ce prélat n'étant pas le plus fort, appela le roi Robert à ſon ſecours, & lui livra la ville de Sens le 22 avril 1015. Renaud, de ſon côté, ſe fortifiant de l'appui d'Eudes, comte de Champagne, vint aſſiéger Sens, & fut repouſſé. Cependant il fit un traité, au moyen duquel le Roi lui laiffa, pour fa vie feulement, la jouiffance de la moitié feulement de la ville de Sens. Il la garda long-tems; il ne mourut qu'en 1055, & il mourut fans enfans.

Lorfqu'il avoit été dépouillé de la ville de Sens en 1015, Fromont III fon frère avoit pris le titre de comte de Sens; mais il mourut auffi fans enfans, & le comté de Sens fut réuni à la couronne, quoi-que Fromont laiffât une fille. Cette fille, qui s'ap-peloit Manfrède, n'hérita que du comté de Joigny.

Quant au comté de Sens, la théorie des fiefs mafculins n'étoit pas encore bien établie; & d'ail-leurs, pourquoi le comté de Sens auroit-il plutôt été un fief mafculin que le comté de Joigny? Mais il paroît qu'on fit valoir l'efpèce de confifcation qui avoit été faite, en 1015, du comté de Sens, fur Renaud II, lorfque cette ville avoit été livrée au roi Robert, & le traité par lequel Renaud lui-même avoit abandonné ce comté, moyennant l'ufufruit de la moitié feulement.

La réunion du Sénonois à la couronne fut cenfée faite en 1017 par ce traité, mais ne fut confommée qu'en 1055, fous le règne de Henri I.

**TONNERRE** (COMTÉ DE). Le premier comte de Tonnerre, Milon I, le fut en 954, & mourut en 980.

Milon II fon fils mourut en 1032 fans enfans.

Ermengarde fa fœur, femme de Guillaume, comte de Nevers, lui fuccéda, & toute la pofté-rité mafculine de cette Maifon de Nevers, foit de la branche aînée, foit quelquefois des branches cadettes, poffeda le comté de Tonnerre, depuis la mort d'Ermengarde en 1100, jufqu'à celle de Renaud II en 1191. Celui-ci fut tué au fiége d'Acre.

Agnès fa nièce, & Mahaud, fille d'Agnès, dont nous avons parlé à l'article *Nevers* (voyez cet ar-ticle), poffédèrent le comté de Tonnerre, qui paffa enfuite, en 1241, à Gautier de Châtillon, petit-fils de Mahaud.

Une autre Mahaud, nièce de Gautier de Châ-tillon, lui fuccéda, puis Marguerite, feconde fille de cette Mahaud II, & celle-ci n'ayant point eu d'enfans, Alix, troifième fille de cette même Ma-haud II, porta le comté d'Auxerre dans la Maifon de Châlons, par mariage avec Jean de Châlons, feigneur de Rochefort, fecond fils de Jean-le-Sage, comte de Châlons.

Leur fils, Guillaume III, & leur petit-fils Jean I, moururent pour la patrie; le premier fut tué à la bataille de Mons en Puelle, le 18 août 1304; le fecond à celle de Crécy en 1346.

Jean III, petit-fils de Jean I, fut fait prifonnier par les Anglais dans fon château d'Auxerre, le 10 février 1364. Il fut encore pris à la bataille d'Aurai en Bretagne.

Louis I fon frère, & fon fucceffeur dans le comté de Tonnerre, fut auffi fait prifonnier par les An-glais en 1372. Le troifième de fes fils, Jean, fei-gneur de Ligny, fut tué à la bataille d'Azincourt.

L'aîné, Louis II, eft le dernier comte de Ton-nerre, qui ait joui dans fa feigneurie des droits régaliens, qui ait battu monnoie, levé des troupes, & fait la guerre.

Jean III fon oncle, pour payer fes deux ran-çons, avoit été obligé de vendre au roi Charles V le comté d'Auxerre, qu'il poffédoit avec le comté de Tonnerre. Louis II prétendit exercer le retrait lignager, dont l'action avoit déjà été intentée par Louis I fon père, & frère de Jean. Cette préten-tion valut du moins à Louis II une augmentation confidérable de prix. Charles VI lui donna cent mille écus d'or. Louis II avoit époufé Marie, fille de Guy, feigneur de la Tremoille. Dans la fuite étant devenu amoureux de Jeanne de Périllos, pa-rente de la ducheffe de Bourgogne, il l'enleva & l'époufa, ayant répudié fa femme légitime. Cette conduite lui attira l'indignation & la haine du duc de Bourgogne, Jean, qui faifit cette occafion de lui faire la guerre, de le dépouiller, & de s'emparer de fon comté de Tonnerre, qu'il réunit au duché de Bourgogne.

Louis II fut tué à la bataille de Verneuil en 1424. Cette Maifon de Châlons avoit, comme on voit, verfé beaucoup de fang pour la défenfe de la patrie.

Jeanne, fœur de Louis II, fut fon héritière, & prit le titre de comteffe de Tonnerre, qu'elle n'avoit plus; elle époufa Jean de Labaume, fei-gneur de Bonrepos, & vendit fes droits fur Ton-nerre à Louis de Châlons, prince d'Orange; mais fon neveu, Jean de Huffon, fils de Marguerite, fœur de Jeanne, laquelle portoit auffi le titre de comteffe de Tonnerre, racheta ces droits par re-trait lignager en 1453. Il obtint même la jouiffance du domaine de ce comté, la feigneurie feule ref-tant réunie au duché de Bourgogne; il prit en con-féquence le titre de comte de Tonnerre, ainfi que fon frère Louis, évêque de Poitiers. Anne, leur tante & leur héritière, comteffe de Tonnerre comme eux & au même titre, époufa Bernardin de Clermont, vicomte de Tallard, dont les defcen-dans vendirent, en 1680, ce domaine du comté de Tonnerre à M. de Louvois.

**TOULOUSE** (COMTÉ DE). Charlemagne donna le gouvernement de Touloufe à Guil-laume I, qui, dès l'an 801, s'intituloit comte ou gouverneur de Touloufe.

On ne fait pas fi Bérenger qui fuccède à Guil-laume I, étoit fon fils; mais Bernard I, comte de Touloufe & de Barcelone, étoit fils de Bérenger: c'eft ce fameux Bernard qui gouvernoit en minif-tre Louis-le-Débonnaire, parce qu'il gouvernoit, dit-on, en amant de l'impératrice Judith fa femme. Charles-le-Chauve, fils de Louis-le-Débonnaire & de Judith, lui fit trancher la tête en 844, pour être entré dans des intérêts différens des fiens.

Guillaume II fon fils, auffi comte de Barcelone, foutint la guerre contre Charles-le-Chauve, qui l'affiégea dans Touloufe, & fut obligé de lever le fiége, mais qui, en 848, parvint à le chaffer de cette capitale de fes Etats.

Raymond I fon fucceffeur y fut rétabli. On ignore fi Bernard II, qui fuccéda à Raymond, étoit fon fils.

Tout le refte de la filiation depuis Bernard II eft plus certain, & la fucceffion n'éprouve point d'irrégularité depuis 865 jufqu'à Raymond IV, dit de Saint-Gilles, qui fuccéda au comte de Touloufe en 1091. Il fut un des plus illuftres chefs de la première croifade. Il fut un de ceux qui méritèrent d'être mis fur les rangs pour être Roi de Jérufalem. Il mourut au fiége de Tripoly en 1105. Sa feconde femme, héritière du marquifat de Provence, c'eft-à-dire, de la partie de la Provence, dont Avignon étoit alors la capitale, lui laiffa cet Etat par fon teftament, & la plupart des prédéceffeurs de Raymond IV s'étoient tellement agrandis par leurs alliances, leurs conquêtes, leurs acquifitions de tout genre, que les comtes de Touloufe étoient au nombre des plus puiffans feigneurs qu'il y eût en France. L'Agénois, le Quercy, le Rouergue, l'Albigeois, une partie de la Catalogne, étoient comptés parmi leurs domaines. Raymond de Saint-Gilles avoit eu de fa première femme, Eléonore de Caftille, un fils nommé Alphonfe, qu'il laiffa en bas âge, & qui étoit fon héritier légitime; mais il avoit eu précédemment un fils naturel, nommé Bertrand, qui, à la mort de Raymond de Saint-Gilles, profitant de l'abfence du jeune Alphonfe, né dans la Paleftine, & qui n'avoit pas encore paffé en France, s'empara du comté de Touloufe; il fut joui pas long-tems de fon ufurpation. Guillaume V, qui avoit époufé la fille de Guillaume IV, frère aîné de Raymond de Saint-Gilles, chaffa Bertrand, & prit pour lui, en 1106, le comté de Touloufe.

Il avoit chaffé un ufurpateur, mais il étoit ufurpateur lui-même; un autre ufurpateur, Guillaume IX, duc de Guienne, lui fit une guerre heureufe, où il s'empara de Touloufe & d'une partie du Languedoc.

Enfin, en 1125, Alphonfe, fils de Raymond de Saint-Gilles, revint de Syrie, & revendiqua la fucceffion de fon père. Guillaume V mourut en 1126 fans enfans; ce qui facilita le rétabliffement d'Alphonfe, lequel fut reconnu par fes peuples, & avec leur fecours chaffa de fes Etats les partifans de Guillaume V & ceux du duc de Guienne. Il époufa Faidide, fille de Gilbert, comte de Provence, qui lui apporta en dot la partie de la Provence, renfermée entre la Durance & l'Ifère; il prit en conféquence le titre de *marquis de Provence*. Il fut riche, puiffant & heureux; mais la Paleftine étoit fa patrie, le Jourdain étoit fon fleuve; il avoit été baptifé dans fes eaux; il en portoit le nom d'Alphonfe Jourdain; il voulut le revoir; il fe croifa en 1147, & mourut en 1148 à Céfarée en Paleftine.

Raymond V fon fils, avec le fecours des rois Louis-le-Jeune & Philippe-Augufte, fit long-tems la guerre aux rois d'Angleterre, Henri II & Richard Cœur-de-Lion, qui lui difputoient le comté de Touloufe, d'après quelques vieilles prétentions.

Raymond VI fon fils eft ce fameux comte de Touloufe, victime de la croifade contre les Albigeois, dépouillé de fes Etats par Simon de Montfort, & qui en reconquit la plus grande partie fur Amaury, fils de Montfort.

Son fils, Raymond VII, acheva cette conquête, & répara tous les maux de la croifade.

Jeanne fa fille époufa, en 1241, Alphonfe de France, comte de Poitiers, frère de faint Louis. Comme ce mariage fe faifoit à la fuite d'une guerre que Raymond VII avoit eue à foutenir contre faint Louis, on tranfigea fur les divers objets de conteftation, & il fut ftipulé que fi Jeanne mouroit fans enfans, fes Etats feroient réunis à la couronne. Alphonfe fuivit le Roi fon frère à fa première croifade en 1249, & fut fait prifonnier avec lui. Pendant fon abfence, Raymond fon beau-père mourut, la comteffe Jeanne recueillit fa fucceffion, &, en 1251, Alphonfe à fon retour fut auffi reconnu dans les Etats de fa femme; il accompagna encore le Roi fon frère en Afrique, & mourut à fon retour, à Corneto, dans le Siennois, le 21 août 1271. La comteffe fa femme mourut fans enfans en 1272; & par ce cas prévu dans fon contrat de mariage, le comté de Touloufe & le marquifat de Provence furent réunis à la couronne. Ce marquifat de Provence confiftoit alors dans la moitié de la ville d'Avignon, le Comtat-Vénaiffin, & quelques places en Provence.

TURENNE (VICOMTÉ DE). Les vicomtes de Turenne faifoient battre monnaie, & jouiffoient dans leur feigneurie des autres droits régaliens; c'eft à l'an 490 qu'on fait remonter l'origine de ces vicomtes: le premier d'entr'eux fe nommoit Aymar. Cette première race des vicomtes de Turenne, originaires du pays, & qui n'avoient pas d'autre nom que celui de leur feigneurie, finit dans la perfonne d'Aymar II, petit-fils d'Aymar I, & qui mourut fans enfans en 986.

Il eut pour héritière fa fœur, qui avoit époufé Archambaud, vicomte de Comborn, dans la Maifon duquel paffa la vicomté de Turenne, quoiqu'il n'ait pas laiffé d'enfans de fa femme; mais par fon teftament elle l'inftitua fon héritier, d'après le pouvoir dangereux que le droit écrit lui donnoit. Les héritiers collatéraux des premiers vicomtes attaquèrent ce teftament les armes à la main: Archambaud les vainquit, & reprit Turenne; mais à l'attaque du château il fut bleffé à la jambe, & jamais il ne put parfaitement guérir de cette bleffure, qui lui fit donner le furnom de *Jambe pourrie*. Il eut d'un fecond mariage avec une fœur de Richard, duc de Normandie, un fils nommé Ebles, qui lui succéda dans le vicomté de Turenne, en 992.

Ebles fut trifaïeul de Boson II, vicomte de Turenne, qui fut tué au siége de la Roche-Saint-Pol en 1143, en faisant la guerre pour les intérêts d'Aymar, vicomte de Limoges, qui avoit épousé Marguerite, sœur de Boson.

Raymond II son fils suivit le parti du roi Philippe-Auguste contre son redoutable rival, Richard Cœur-de-Lion : celui-ci prit Turenne en 1187. A la paix, Turenne fut rendu à Raymond ; il suivit Philippe-Auguste à la croisade, & y mourut en 1191. Raymond faisoit battre monnaie à Turenne.

Les comtes de Toulouse ayant haussé la monnaie en Quercy ; le vicomte de Turenne, Raymond III, fils de Raymond II, défendit de la recevoir dans son vicomté.

Le droit de masculinité commençoit à s'introduire dans la succession des vicomtes de Turenne : Boson III, fils de Raymond III, n'ayant laissé que des filles, elles furent exclues par Raymond IV leur oncle, frère de Boson.

Raymond IV fit le voyage de la Terre-Sainte : il étoit assez grand seigneur pour créer des chevaliers ; il ne laissa encore qu'une fille, nommée Elise, mariée à Henri Rudel, seigneur de Bergerac. Raymond V, frère de Raymond IV, avoit, pour exclure Elise, le même droit qu'avoit eu Raymond IV pour exclure ses deux nièces ; cependant il en fut décidé un peu autrement : la reine Blanche ayant été choisie, ou s'étant portée pour arbitre, laissa Raymond V & Raymond VI son fils en possession du vicomté ; mais cependant elle les obligea d'en céder une partie à la dame de Bergerac, Elise.

Le traité de 1259, par lequel saint Louis rendit au roi d'Angleterre, Henri III, une partie des Etats confisqués sur Jean-Sans-Terre, père de Henri, fit un changement dans la vassalité de Turenne : Henri restant duc de Guienne, Raymond VI fut obligé de lui rendre hommage. Malgré cette arrière-vassalité, & malgré la diminution de son vicomté, Raymond VI n'en étoit pas moins un fort grand seigneur, qui s'intituloit *Vicomte par la grace de Dieu* ; il suivit saint Louis à la Terre-Sainte, & le roi Philippe-le-Hardi son fils à l'expédition d'Arragon.

Raymond VII, fils de Raymond VI, lui succéda, & mourut en 1304, terminant la seconde Maison de Turenne, qui possédoit ce vicomté depuis l'an 986.

Raymond VII eut pour héritière sa sœur Marguerite, femme de Bernard VI, comte de Comminges.

De ce mariage naquit une fille, nommée Marguerite comme sa mère, & qu'elle institua son héritière en lui substituant le comte de Comminges, mari de Marguerite testatrice, & père de Marguerite instituée. La mère & la fille moururent toutes deux en 1306, & la substitution eut lieu en faveur du comte de Comminges, Bernard, qui eut pour successeur son fils Jean, auquel succéda Cécile sa sœur. ( *Voyez* l'article COMMINGES. )

Cécile vendit le vicomté de Turenne à son beau-frère Guillaume Roger, comte de Beaufort, mari d'Eléonore sa sœur.

Ici commence une quatrième Maison de Turenne, celle des comtes de Beaufort.

Guillaume Roger rendit d'abord hommage au roi Jean, qui confirma tous les priviléges du vicomté, nommément celui d'y lever finances & celui de faire payer le droit de franc-fief & les amortissemens. La Guienne ayant été cédée aux Anglais par le traité de Bretigny, en 1360, le vicomte de Turenne redevint vassal de l'Angleterre, & rendit hommage au Prince-Noir : cette province étant revenue à la couronne de France en 1370, il renouvela son hommage au roi Charles V.

Raymond VIII son fils, vicomte de Turenne & comte de Beaufort, faisoit battre monnaie, & accordoit des lettres de grace : il n'eut qu'une fille, nommée Antoinette, qui fut femme du maréchal de Boucicaut, Jean le Meingre, vice-roi de Gênes.

Antoinette eut pour héritière Eléonore sa nièce, qui mourut aussi sans enfans, instituant son héritier Amanjeu de Beaufort son cousin.

Une nièce d'Eléonore, Alix de Baux, fille de Jeanne de Beaufort, sœur d'Eléonore, disputa le vicomté de Turenne à cet Amanjeu, qui mourut dans le cours du procès.

Pierre son frère reprit ce procès, le gagna, & resta en possession de Turenne : il laissa deux filles ; Anne, l'aînée, lui succéda.

Elle épousa Agne de la Tour, seigneur d'Oliergues, issu de Bertrand II, sire de la Tour, qui descendoit des comtes d'Auvergne : cet Agne de la Tour d'Oliergues forma la cinquième & dernière Maison de Turenne.

Sa postérité masculine conserva le vicomté de Turenne depuis 1489, époque de la mort d'Agne de la Tour & de sa femme, jusqu'en 1738, que le feu duc de Bouillon, Charles Godefroy de la Tour, en vendit au roi Louis XV la propriété, s'en réservant le nom, ainsi qu'à sa postérité.

Cette Maison de la Tour a produit des personnages très-illustres dans la ligne des vicomtes de Turenne.

1°. François II de la Tour, chevalier de l'Ordre du Roi, capitaine de cent hommes d'armes, gouverneur de Gênes en 1528, ambassadeur en Angleterre en 1525, époque de la captivité de François I ; ambassadeur en Espagne en 1529, après la paix de Cambrai.

Son fils, François III, gendre du connétable Anne de Montmorenci, fut tué à l'âge de trente-un ans, à la bataille de Saint-Quentin en 1557, bataille où le connétable fon beau-père fut fait prifonnier.

Henri de la Tour, fils de François III, fut ce fameux maréchal de Bouillon, qui, par la faveur de Henri IV, époufa l'héritière de Bouillon & de Sedan (voy. l'article SEDAN), & fut père du duc de Bouillon, qui, pour fauver fa vie, fut obligé de livrer Sedan, & de ce maréchal-vicomte de Turenne qu'il fuffit de nommer, & après lequel il ne faut nommer perfonne.

Le vicomte de Turenne fut donc réuni à la couronne en 1738.

VALENTINOIS & DIOIS (COMTÉ, puis DU-CHÉ DE). Gontard de Poitiers fut le premier comte de Valence ou de Valentinois : il avoit été invefti de ce comté en 950, & mourut en 980.

L'empereur Frédéric I, dit Barberouffe, qui, en 1116, s'étoit emparé du comté de Diois, en inveftit Aymar II, un des defcendans de Gontard de Poitiers : par-là le comté de Diois fut joint à celui de Valentinois.

Sous Guillaume II, fils d'Aymar II, les droits régaliens furent cédés à l'évêque de Valence, qui depuis ce tems prit le titre de comte de Valence.

Aymar III, fils de Guillaume, prit en 1189, du comte de Touloufe, Raymond V, l'inveftiture du comté de Diois.

Aymar VI eut fix fils, dont trois évêques : l'un, de Verdun ; l'autre, de Langres ; le troifième, de Gap : les deux aînés furent Louis I, qui lui fuccéda, & Aymar, feigneur de Veyne. Louis eut pour fils Aymar VII, qui mourut fans enfans ; Louis II, fils d'Aymar, feigneur de Veyne, fut le fucceffeur d'Aymar VII. Louis II n'ayant eu que deux filles qui moururent avant lui, fans laiffer de poftérité, ayant d'ailleurs dérangé fes affaires, & mourant accablé de dettes, inftitua pour fon héritier le dauphin Charles, fils du roi Charles VI, & qui fut depuis le roi Charles VII : il l'inftitua fous la condition expreffe de payer fes dettes, & lui fubftitua, fous la même condition, Amé VI, duc de Savoie. Le Dauphin, accablé pour lors d'affaires & d'ennemis, fe trouva hors d'état d'exécuter le teftament (c'étoit en 1419 : le duc de Savoie, en vertu de la fubftitution, paya les dettes, & fe mit en poffeffion des deux comtés. Mais Charles VII étant remonté fur le trône de fes pères, & ayant en partie rétabli fes affaires en 1434, rembourfa le duc de Savoie, prit à fon tour poffeffion des deux comtés, & les réunit à la couronne.

VALOIS (d'abord COMTÉ, puis DUCHÉ). Le Valois étoit originairement une dépendance du comté de Vermandois. Pepin, premier comte de Vermandois, poffeda l'un & l'autre. Deux de fes fils, Herbert & Pepin, en firent entr'eux le partage : Herbert eut Péronne & Saint-Quentin, &

ce qui conftituoit proprement le Vermandois. Pepin eut Senlis & le Valois. Sa poftérité poffeda ce comté de Valois jufqu'en 1077, qu'Adèle le reporta dans la branche aînée de la Maifon de Vermandois, ayant hérité de fa branche cadette par la mort de Simon fon frère, arrivée en 1077, & ayant époufé Herbert IV, comte de Vermandois, defcendu de cet Herbert I qui avoit fait avec Pepin le partage dont il vient d'être parlé.

Le Valois dut être réuni à la couronne en même tems que le Vermandois, dont il étoit redevenu une dépendance (voyez ci-après l'article VERMANDOIS). Première réunion.

Jean I, dit Triftan, fecond fils du roi faint Louis, né à Damiette en 1249, eut, en 1268, le Valois pour apanage : il mourut de la pefte en 1270, au camp devant Tunis, où il avoit accompagné fon père, Prince français, deftiné par la fatalité des croifades à naître & à mourir en Afrique. Il n'avoit que vingt-un ans, & quoique marié, il ne laiffa point d'enfans : fa mort procura la feconde réunion du comté de Valois.

Philippe-le-Hardi, fils de faint Louis, donna en apanage, en 1285, ce même comté de Valois à Charles fon fecond fils, fi connu dans l'Hiftoire fous le nom de fon apanage.

Philippe de Valois fon fils, par fon avénement au trône, opéra la troifième réunion du comté de Valois en 1328.

Ce ne fut pas pour long-tems : lui-même il le donna, en le décorant du titre de pairie, à Philippe, duc d'Orléans, un de fes fils puînés : les lettres d'érection & de conceffion font du 16 mars 1344.

Philippe mourut fans enfans, le 1 feptembre 1375. Quatrième réunion.

Le roi Charles VI, par lettres du 19 juillet 1392, donna le comté de Valois à Louis, duc d'Orléans, fon frère, & en 1406 il érigea pour lui ce même comté de Valois en duché.

Le duché de Valois fut poffédé par cette branche d'Orléans jufqu'à l'avénement de Louis XII à la couronne, en 1498, qui opéra la cinquième & dernière réunion.

Le duché de Valois eft devenu apanage d'une autre branche d'Orléans.

VENDOME (COMTÉ, puis DUCHÉ). Bouchard I étoit miniftre, premier miniftre, fi l'on veut, de Hugues Capet, qui lui donna, en l'an 1000, le comté de Vendôme, alors relevant des comtes d'Anjou.

Renaud fon fils lui fuccéda : il étoit chancelier du roi Henri I, & fut évêque de Paris. Elifabeth fa fœur avoit époufé Foulques Néra, comte d'Anjou. Adèle, fille de Foulques & d'Elifabeth, fut l'héritière de Renaud fon oncle, & poffeda le comté de Vendôme : elle époufa Bodon de Nevers, apparemment un cadet de cette Maifon, car nous ne le trouvons pas dans la lifte des comtes

de

de Nevers. Adèle mourut en 1100. La postérité masculine de cette Princesse & de Bodon de Nevers posséda le comté de Vendôme jusqu'en 1373, de père en fils, sans interruption : alors Jeanne, fille unique de Bouchard VI, alloit le posséder à son tour, & l'auroit porté dans une autre Maison ; mais elle mourut l'année suivante, à l'âge de neuf ans : elle eut pour héritière Catherine sa tante, sœur de Bouchard VI, mariée à Jean de Bourbon, comte de la Marche. Depuis ce tems le comté de Vendôme resta toujours dans la Maison de Bourbon : il fut érigé en duché par François I, l'an 1515, en faveur de Charles de Bourbon-Vendôme, père d'Antoine, roi de Navarre, & aïeul de Henri IV, lequel, par son avénement à la couronne en 1589, y réunit le duché de Vendôme.

Le même Roi l'en détacha en 1598, pour en faire l'apanage de l'aîné des fils qu'il avoit eus de Gabriele d'Estrées, & qu'on appeloit à la cour *César Monsieur*.

Par la mort de son petit-fils Louis-Joseph, duc de Vendôme, arrivée en 1712, le Vendômois fut réuni à la couronne : ce dernier duc de Vendôme est ce général si célèbre dans la guerre de la succession d'Espagne, & auquel Philippe V dut en grande partie sa couronne.

VERMANDOIS (COMTÉ DE). Ce fut en 818 que commença la dynastie des comtes de Vermandois. L'empereur Louis-le-Débonnaire, ayant fait crever les yeux à Bernard, roi d'Italie, qui mourut des suites de cette exécution, voulut, dans les remords qu'il eut d'une cruauté si opposée à son caractère, dédommager en quelque sorte Pepin, fils de Bernard, & lui donna le Vermandois, qui fut possédé par ses héritiers mâles jusqu'en 1077, que cette première Maison de Vermandois parut finir dans la personne de Herbert IV, qui ne laissa qu'un fils imbécile, & qui fut déshérité, nommé Eudes *l'Insensé*, & une fille, Adèle ou Alix, laquelle porta le comté de Vermandois dans la Maison de France, par son mariage avec Hugues de France, second fils du roi Henri I, & frère de Philippe I.

Leur petite-fille, Elisabeth, devenue l'héritière de sa Maison, fit une donation du comté de Vermandois à Philippe d'Alsace, comte de Flandre, qu'elle avoit épousé en 1156, mais dont elle n'eut point d'enfans. Elle mourut en 1182.

Eléonore sa sœur attaqua cette donation, faite au préjudice de ses droits héréditaires : Mathieu III, comte de Beaumont-sur-Oise, qu'elle avoit épousé en quatrièmes noces, mais dont elle n'avoit pas d'enfans, non plus que des précédens maris, lui donna le conseil sage de céder ses droits incertains à quelqu'un qui sauroit les faire valoir, & qui auroit un grand intérêt de les acquérir : c'étoit Philippe-Auguste, dont le comte de

*Histoire. Tome VI. Supplément.*

Beaumont étoit grand-chambrier. La cession se fit, & d'abord on garda le secret.

Philippe ne se montra que comme juge de ses vassaux, comme défenseur de ses sujets & de ses grands-officiers ; il somma le comte de Flandre de rendre le Vermandois à l'héritière légitime : le comte de Flandre répondit qu'il en étoit le légitime possesseur & le vrai propriétaire, en vertu de la donation que lui en avoit faite la véritable propriétaire. Il fallut en venir aux armes, & ce fut Philippe qui se chargea de cette guerre contre un vassal désobéissant. Le comte de Flandre, réduit à demander la paix, ne put l'obtenir que par la cession du Vermandois.

Ce fut ainsi que le roi Philippe-Auguste, en 1215, réunit à la couronne le comté de Vermandois ; acquisition importante, qui couvroit l'Ile-de-France, assuroit la Picardie, la joignoit avec l'Artois, augmentoit, unissoit & fortifioit les uns par les autres les domaines de la couronne du côté du nord de la France, tandis que la confiscation des provinces anglaises étendoit aussi la France du côté du midi & de l'ouest.

VIENNE (COMTÉ DE). Le comté de Vienne en Dauphiné eut quelque tems des seigneurs particuliers, différens des Dauphins de Viennois : le premier fut Eudes de Vermandois, en 928 jusqu'en 931, que Charles-Constantin, fils de Louis-l'Aveugle, roi d'Arles, eut cette foible portion du royaume de son père, qu'il eut même longtems à disputer aux rois d'Arles, successeurs de son père. Son fils & son petit-fils en furent plus paisibles possesseurs : Stéphanie son arrière-petite-fille, porta ce comté de Vienne dans la Maison des comtes de Bourgogne, dont les cadets eurent pour leur partage ce comté de Vienne.

Guillaume II, mort en 1223, eut pour héritière Alix, qui épousa Jean de Dreux, Prince du sang de France : elle n'en eut point d'enfans, & Guillaume III, son grand-oncle paternel, fut son successeur.

Celui-ci mourut aussi sans enfans, & Béatrix sa tante, sœur de Guillaume II, lui succéda : elle épousa Hugues IV, seigneur de Pagny. Hugues IV & Béatrix vendirent ensemble, en 1266, à l'archevêque de Vienne, tous leurs droits sur le comté de Vienne : c'est de là que les archevêques de Vienne se qualifient comtes de Vienne.

### ANGLETERRE.

ROIS DE WESSEX,
*Un des royaumes de l'Heptarchie.*

| | |
|---|---|
| Céolric, mort en | 597. |
| Céolulfa, | 611. |
| Cinigisil, | 643. |
| Cénowalck, | 672. |

P p p

| | |
|---|---|
| Saxeburge, reine, | 673. |
| Cenſus, | 685. |
| Eſcuin, | 685. |
| Cedowalla, | 689. |
| Ina ſe fait moine en | 726. |
| Adelard, | 740. |
| Cudred, | 754. |
| Sigébert, dépoſé en | 755. |
| Cinulphe, | 784. |
| Brithrick, | 800. |
| Egbert I, roi de toute l'Angleterre, | 837. |
| Etulphe ou Ethelwolp, | 857. |
| Ethelbald, | 860. |
| Ethelbert, | 866. |
| Ethelred I, | 871. |
| Alfred-le-Grand, | 900. |
| Edouard I, l'Ancien, | 924. |
| Aldeſtan ou Adelſtan, | 941. |
| Edmond I, | 946. |
| Edred, | 955. |
| Edwy, | 959. |
| Edgard, | 975. |
| S. Edouard II, le jeune, | 979. |
| Ethelred II, | 1014. |

### ROIS D'ANGLETERRE.

| | |
|---|---|
| Suénon, roi de Dannemarck, | 1015. |
| Edmond II, | 1017. |
| Canut, roi de Dannemarck, | 1037. |
| Harald I, | 1039. |
| Hardi Canut, | 1042. |
| Edouard III, le Confeſſeur, | 1066. |
| Harald II, | 1066. |
| Guillaume-le-Conquérant, duc de Normandie, | 1087. |
| Guillaume II, dit le Roux, | 1100. |
| Henri I, | 1135. |
| Etienne, | 1154. |
| Henri II, Plantagenet, | 1189. |
| Richard I, Cœur-de-Lion, | 1199. |
| Jean-ſans-Terre, | 1216. |
| Henri III, | 1272. |
| Edouard I, | 1307. |
| Edouard II, | 1327. |
| Edouard III, | 1377. |
| Richard II, | 1399. |
| Henri IV, | 1413. |
| Henri V, | 1422. |
| Henri VI, | 1461. |
| Edouard IV, | 1483. |
| Edouard V, | 1484. |
| Richard III, | 1485. |
| Henri VII, | 1509. |
| Henri VIII, | 1547. |
| Edouard VI, | 1553. |
| Marie, | 1558. |
| Eliſabeth, | 1602. |
| Jacques I, | 1625. |
| Charles I, décapité, | 1649. |

| | |
|---|---|
| Olivier Cromwel, protecteur, | 1658. |
| Richard Cromwel ſe démet du protectorat en | 1660. |
| Charles II, | 1685. |
| Jacques II, dépoſé en | 1688. |
| Guillaume III de Naſſau, | 1702. |
| Anne, | 1714. |
| Georges I de Brunſwick, mort en | 1727. |
| Georges II, | 1760. |
| Georges III, aujourd'hui régnant. | |

### ROIS D'ÉCOSSE.

| | |
|---|---|
| Congale II, mort en | 558. |
| Chiaule, | 580. |
| Aldam, | 606. |
| Kenet I. | |
| Eugène III, | 620. |
| Ferchard I, | 632. |
| Donald I, | 647. |
| Ferchard II, | 668. |
| Maldouin, | 688. |
| Eugène IV, | 692. |
| Eugène V, | 699. |
| Amberchelet, | 700. |
| Eugène VI, | 717. |
| Mordac, | 730. |
| Erſinius, | 761. |
| Eugène VII, | 764. |
| Ferchard II, | 767. |
| Solvatius, | 787. |
| Achanis, | 809. |
| Congale III, | 814. |
| Dongal, | 820. |
| Alpin, | 823. |
| Kenet II, | 854. |
| Donald II, | 858. |
| Conſtantin II, | 874. |
| Ethus, | 875. |
| Grégoire, | 893. |
| Donald III, | 904. |
| Conſtantin III, | 943. |
| Malcom, | 958. |
| Indulphe, | 968. |
| Duphus, | 973. |
| Cullenus, | 978. |
| Kenet III, | 994. |
| Conſtantin IV, | 995. |
| Crimas, | 1003. |
| Malcom II, | 1033. |
| Duncan I, | 1040. |
| Machabée ou Macbet, | 1057. |
| Malcom III, | 1093. |
| Donald IV, | 1094. |
| Duncan II, tué en | 1095. |
| Donald, rétabli, meurt en | 1098. |
| Edgar, | 1106. |
| Alexandre, | 1124. |
| David I, | 1153. |
| Malcom IV, | 1165. |
| Guillaume, | 1214. |
| Alexandre II, | 1249. |

| | |
|---|---|
| Alexandre III, | 1286. |
| *Interrègne*, | 1292. |
| Jean Bailleul, | 1306. |
| Robert I, de Brus, | 1329. |
| David II, | 1371. |
| Robert II, Stuart, | 1390. |
| Robert III, | 1406. |
| *Interrègne jusqu'en* | 1424. |
| Jacques I, | 1437. |
| Jacques II, | 1460. |
| Jacques III, | 1488. |
| Jacques IV, | 1513. |
| Jacques V, | 1542. |
| Marie Stuart, décapitée, | 1587. |

Jacques VI parvint à la couronne d'Angleterre à la mort de la reine Elisabeth en 1602 & 1603. Il fut Jacques I en Angleterre, & depuis ce tems tous les rois d'Angleterre ont été rois d'Ecosse.

## ESPAGNE.

L'Espagne, dans les tems qui suivirent l'irruption des Barbares & la diffolution de l'Empire romain, étoit divisée en divers royaumes qu'il faut examiner féparément. Les rois visigoths occupoient d'abord l'Espagne prefqu'entière, & une partie du Languédoc.

| | |
|---|---|
| Liuva I régnoit à Narbonne, mort en | 572. |
| Leuvigilde fon frère, en Espagne, mort en | 586. |
| Recarède I, | 601. |
| Liuva II, | 603. |
| Vitteric, tué en | 606. |
| Gondemar en | 612. |
| Sifebut, | 621. |
| Recarède II, | 621. |
| Suintila, | 631. |
| Sifenand, | 636. |
| Chintila, | 640. |
| Tulca ou Fulga, | 642. |
| Chindafuind, | 653. |
| Recefuind, | 672. |
| Wamba, | 680. |
| Ervige, | 687. |
| Egiza ou Egica, | 701. |
| Vittiza, | 710. |
| Rodrigue, | 714. |

Quand les Maures eurent envahi l'Espagne, les Rois goths s'y défendirent encore dans les montagnes des Afturies.

### ROIS GOTHS DE LÉON ET DES ASTURIES.

| | |
|---|---|
| Pélage, proclamé en | 718. |
| Mort en | 737. |
| Favila, | 739. |
| Alphonfe I, le Catholique, | 757. |
| Froila I, | 768. |
| Aurelio, | 774. |
| Silo, | 783. |

| | |
|---|---|
| Mauregat, | 788. |
| Véremond ou Bermude, | 791. |
| Alphonfe II, le Chafte, | 842. |
| Ramire I, | 850. |
| Ordogno, | 866. |
| Alphonfe III, le Grand, | 910. |
| Garcias, | 913. |
| Ordogno II, | 923. |
| Froila II, | 924. |
| Alphonfe IV abdique en | 927. |
| Ramire II, | 950. |
| Ordogno III, | 953. |
| Ordogno, le Mauvais, ufurpateur, chaffé en | 960. |
| Sanche I, le Gros, | 967. |
| Ramire III, | 982. |
| Véremond II, | 999. |
| Alphonfe V, | 1027. |
| Véremond III, | 1037. |

### ROIS DE CASTILLE.

| | |
|---|---|
| Ferdinand I, | 1065. |
| Sanche II, | 1072. |
| Alphonfe VI, | 1106. |
| Alphonfe VII, | 1108. |
| Urraque & Alphonfe, | 1126. |
| Alphonfe VIII, | 1157. |
| Sanche III, roi de Caftille, | 1158. |
| Ferdinand II, roi de Léon, comme régent, | 1187. |
| Alphonfe IX, le Bon, | 1214. |
| Henri I, | 1217. |
| Ferdinand III, roi de Caftille & de Léon, | 1252. |
| Alphonfe X, le Sage, | 1284. |
| Sanche IV, | 1295. |
| Ferdinand IV, | 1312. |
| Alphonfe XI, | 1350. |
| Pierre-le-Cruel, | 1368. |
| Henri II de Tranftamare, | 1379. |
| Jean I, | 1390. |
| Henri III, | 1406. |
| Jean II, | 1454. |
| Henri IV, | 1474. |

Ferdinand V, dit le Catholique, roi d'Arragon, époufe Isabelle de Caftille, fœur d'Henri IV, & les deux royaumes reftent unis.

### ROIS D'ARRAGON.

| | |
|---|---|
| Ramire, | 1063. |
| Sanche-Ramirez, | 1094. |
| Pierre I, | 1104. |
| Alphonfe I, | 1134. |
| Ramire II abdique en | 1137. |
| Raymond-Bérenger, | 1162. |
| Alphonfe II, appelé auparavant Raymond, | 1193. |
| Pierre II, | 1213. |
| Jacques-le-Victorieux, auffi roi de Valence, de Murcie, &c. | 1276. |
| Pierre III, | 1285. |
| Alphonfe III, | 1291. |
| Jacques II, | 1327. |

Alphonfe IV, 　　　　　　　　　　1336.
Pierre IV, 　　　　　　　　　　　1387.
Jean I, 　　　　　　　　　　　　1395.
Martin, 　　　　　　　　　　　　1410.
Ferdinand, dit le Jufte, 　　　　　1416.
Alphonfe V, 　　　　　　　　　　1458.
Jean II, 　　　　　　　　　　　 1479.
Ferdinand V, 　　　　　　　　　 1516.
　　C'eft ce Ferdinand-le-Catholique, fous lequel fe fait la réunion de l'Arragon & de la Caftille, & de prefque toute l'Efpagne.

### ROIS D'ESPAGNE,
#### Depuis la réunion.

Philippe I d'Autriche, dit *le Beau*, 　　1506.
Jeanne fa femme, dite *la Folle*, feule, 　1516.
Charles - Quint, premier du nom en Efpagne, abdique en 　　　　　　　　1555.
Philippe II, 　　　　　　　　　　1598.
Philippe III, 　　　　　　　　　 1621.
Philippe IV, 　　　　　　　　　 1665.
Charles II, dernier roi de la Maifon d'Autriche, 　　　　　　　　　　　　1700.

#### Maifon de Bourbon.

Philippe V abdique en 　　　　　　1724.
Louis I fon fils meurt la même année; Philippe V remonte fur le trône, & meurt en 　1746.
Ferdinand VI, 　　　　　　　　　1759.
Charles III, 　　　　　　　　　 1788.
Charles IV.

### ROIS DE NAVARRE.

Aznar, 　　　　　　　　　　　　836.
Sanche-Sancion, 　　　　　　　　853.
Garcias, 　　　　　　　　　　　857.
　　( Ces trois, fimples comtes de Navarre.)
Garcias-Ximenès I, 　　　　　　　880.
Fortunio, 　　　　　　　　　　　905.
Sanche-Garcias I, 　　　　　　　 926.
Garcias I, 　　　　　　　　　　 970.
Sanche II, 　　　　　　　　　　 994.
Garcias II, 　　　　　　　　　　1000.
Sanche III ou le Grand, 　　　　　1035.
Garcias III, 　　　　　　　　　　1054.
Sanche IV, 　　　　　　　　　　1076.
Sanche-Ramirez V, 　　　　　　　1094.
Pierre, 　　　　　　　　　　　　1104.
Alphonfe, 　　　　　　　　　　 1134.
　　( Ces trois derniers, Rois auffi d'Arragon.)
Garcias-Ramirez, 　　　　　　　 1150
Sanche VI, le Sage, 　　　　　　 1194.
Sanche VII, le Fort, 　　　　　　1234.
Thibaut I, comte de Champagne, 　1253.
Thibaut II, 　　　　　　　　　　1270.
Henri I, le Gros, 　　　　　　　 1274.
Philippe-le-Bel, du chef de la reine Jeanne fa femme, 　　　　　　　　　　　1305.

A cette époque, Louis Hutin fon fils devient roi de Navarre du chef de fa mère. On compte encore parmi les rois de Navarre Philippe le-Long & Charles-le-Bel, mais ils ne l'étoient qu'au nom de Jeanne leur nièce, fille de Louis Hutin.
Jeanne, femme de Philippe d'Evreux, 　1349.
Charles-le-Mauvais, 　　　　　　1387.
Charles III, 　　　　　　　　　 1425.
Jean, fils de Ferdinand, roi d'Arragon, 1479.
Eléonore, fille de Jean, 　　　　 1479.
François-Phœbus, 　　　　　　　1483.
Catherine & Jean d'Albret font dépouillés, en 1512, de la Haute-Navarre par Ferdinand-le-Catholique: il ne leur refte que la Baffe-Navarre ou le Béarn; ils meurent en 　　　1516.
Henri II d'Albret, 　　　　　　　1555.
Antoine de Bourbon, aux droits de Jeanne d'Albret fa femme, 　　　　　　　1562.
Jeanne d'Albret, 　　　　　　　 1572.
Henri III; en Navarre, c'eft le même qu'Henri IV en France, & depuis ce tems tous les rois de France ont été rois de Navarre.

### ROIS DE PORTUGAL.

Henri, comte de Portugal, 　　　 1112.
Alphonfe-Henriquez I, 　　　　　1185.
Sanche I, 　　　　　　　　　　 1211.
Alphonfe II, 　　　　　　　　　 1223.
Sanche II, 　　　　　　　　　　1248.
Alphonfe III, 　　　　　　　　　1279.
Denys-le-Libéral, 　　　　　　　1325.
Alphonfe IV, 　　　　　　　　　1357.
Pierre-le-Sévère, 　　　　　　　1367.
Ferdinand, 　　　　　　　　　　1383.
#### Interrègne.
Jean I, le Grand, 　　　　　　　 1433.
Edouard, 　　　　　　　　　　 1438.
Alphonfe V, l'Africain, 　　　　　1481.
Jean II, le Parfait, 　　　　　　 1495.
Emmanuel-le-Grand ou le Fortuné, 　1521.
Jean III, 　　　　　　　　　　　1557.
Sébaftien, 　　　　　　　　　　1578.
Henri, Cardinal, 　　　　　　　 1580.
Antoine, prieur de Crato, Roi titulaire, 1595.
Philippe I, II en Efpagne, 　　　 1598.
Philippe II, III en Efpagne, 　　 1621.
Philippe III, IV en Efpagne, 　　 1640.
　　Cette époque de 1640 eft celle de la révolution de Portugal.
Jean IV, duc de Bragance, 　　　 1656.
Alphonfe VI fe démet en 　　　　1667.
Pierre II, 　　　　　　　　　　 1706.
Jean V, 　　　　　　　　　　　1750.
Jofeph, 　　　　　　　　　　　1777.
Marie & don Pedro.

### ITALIE.

#### ROIS DE NAPLES.

Roger, Prince normand, 　　　　 1154.

| | |
|---|---|
| Guillaume I, le Mauvais, | 1166. |
| Guillaume II, le Bon, | 1189. |
| Tancrède, | 1194. |
| Guillaume III, | 1194. |
| Conftance & Henri, | 1197. |
| Frédéric, empereur, | 1257. |
| Conrad I, idem, | 1254. |
| Conrad II, dit Conradin, | 1258. |
| Mainfroy, | 1266. |
| Charles d'Anjou, | 1285. |
| Charles II, | 1309. |
| Robert, | 1343. |
| Jeanne Ire., | 1382. |
| Charles III, | 1386. |
| Ladiflas, | 1414. |
| Jeanne IIe., dite Jeannelle, | 1435. |
| Alphonfe d'Arragon, | 1458. |
| Ferdinand I, | 1494. |
| Alphonfe II, | 1495. |
| Ferdinand II, | 1496. |
| Frédéric-le-Catholique, | 1504. |

Ferdinand III, roi d'Efpagne & en Arragon, s'empare du royaume de Naples : c'eft ce Ferdinand-le-Catholique dont il a déjà été tant parlé. Le royaume de Naples refta uni à la monarchie d'Efpagne ; il fut cédé en 1714 à l'empereur Charles VI, qui le perdit en 1734. Charles III, roi d'Efpagne, en fut alors mis en poffeffion. Sa poftérité y règne encore.

## SAVOIE.

### COMTES, PUIS DUCS.

| | |
|---|---|
| Amédée III, premier comte de Savoie, | 1148. |
| Humbert III, | 1188. |
| Thomas, | 1233. |
| Amédée IV, | 1253. |
| Boniface, | 1263. |
| Pierre, | 1268. |
| Philippe I, | 1285. |
| Amédée V, | 1323. |
| Edouard, | 1329. |
| Aymon, | 1343. |
| Amédée VI, | 1383. |
| Amédée VII, | 1391. |
| Amédée VIII, | 1451. |
| Louis, | 1465. |
| Amédée IX, | 1472. |
| Philibert I, | 1482. |
| Charles I, le Guerrier, | 1489. |
| Charles II, | 1496. |
| Philippe II, | 1497. |
| Philibert II, | 1504. |
| Charles III, | 1553. |
| Emmanuel-Philibert, | 1580. |
| Charles-Emmanuel I, le Grand, | 1630. |
| Victor-Amédée I, | 1637. |
| François-Hyacinthe, | 1638. |
| Charles-Emmanuel II, | 1675. |

| | |
|---|---|
| Victor-Amédée II, premier roi de Sardaigne, abdique en | 1730. |
| Charles-Emmanuel III, | 1773. |
| Victor-Amédée III. | |

## TOSCANE.

### DUCS, MARQUIS, GOUVERNEURS ET GRANDS-DUCS DE TOSCANE.

| | |
|---|---|
| Boniface I, marquis de Tofcane, fe retire en France en | 834. |
| Adalbert I, | 890. |
| Adalbert II, le Riche, | 917. |
| Guy, | 929. |
| Lambert, | 931. |
| Bofon, | 936. |
| Hubert ou Humbert, | 1001. |
| Hugues-le-Grand, | 1001. |
| Adalbert III, | 1014. |
| Raginaire ou Reynier, | 1027. |
| Boniface II, le Pieux, | 1052. |
| Frédéric ou Boniface, | 1055. |
| Béatrix & Godefroy-le-Barbu, | 1076. |
| Mathilde ou la Grande-Comteffe, | 1115. |

Après fa mort la Tofcane eut des gouverneurs amovibles.

| | |
|---|---|
| Ratbod, | 1119. |
| Conrad, | 1131. |
| Rampert, | 1133. |

Suivent des ducs & marquis de Tofcane.

| | |
|---|---|
| Henri-le-Superbe, | 1139. |
| Ulderic, | 1153. |
| Welphe Eft, | 1195. |
| Philippe, | 1208. |

La Tofcane eft république depuis 1208 jufqu'en 1531, qu'elle devient grand-duché.

| | |
|---|---|
| Alexandre de Médicis, affaffiné en | 1537. |
| Cofme-le-Grand, | 1574. |
| François-Marie, | 1587. |
| Ferdinand I, | 1609. |
| Cofme II, | 1621. |
| Ferdinand II, | 1670. |
| Cofme III, | 1723. |
| Jean Gafton, mort fans poftérité en | 1737. |

La Maifon de Lorraine paffe alors au grand-duché de Tofcane, & l'occupe encore aujourd'hui.

## MODENE.

### SEIGNEURS, PUIS DUCS DE FERRARE, DE MODENE ET DE REGGIO.

#### Seigneurs.

| | |
|---|---|
| Obizon II, marquis d'Eft, | 1293. |
| Azzon d'Eft, | 1308. |
| Foulques, | 1317. |
| Renaud & Obizon III, | 1352. |
| Aldrovandin II, | 1361. |

| | |
|---|---|
| Nicolas II, | 1388. |
| Albert, | 1393. |
| Nicolas III, | 1441. |
| Lionet, | 1450. |

### Ducs.

| | |
|---|---|
| Borſo d'Eſt, | 1471. |
| Hercule I, | 1505. |
| Alphonſe I, | 1534. |
| Hercule II, | 1559. |
| Alphonſe II, | 1597. |
| Céſar, | 1628. |
| Alphonſe III abdique, & ſe fait capucin en | 1629. |
| François I, | 1658. |
| Alphonſe IV, | 1662. |
| François II, | 1694. |
| Renaud, | 1737. |
| François-Marie, | 1780. |

### DUCS DE PARME ET DE PLAISANCE.

| | |
|---|---|
| Pierre-Louis Farnèſe, fils du pape Paul III, qui avoit été marié avant d'entrer dans l'état eccléſiaſtique, fut aſſaſſiné en | 1547. |
| Octave, | 1586. |
| Alexandre, | 1592. |
| Ranuce ou Rainuce I, | 1622. |
| Odoard I ou Edouard, | 1646. |
| Ranuce II, | 1694. |
| François, | 1727. |
| Antoine, | 1731. |
| Don Carlos, depuis roi d'Eſpagne, héritier reconnu, cède ces duchés pour la couronne des Deux-Siciles en | 1735. |
| Par cette ceſſion Parme & Plaiſance paſſent à l'empereur Charles VI. Mort en | 1748. |
| Marie-Thérèſe ſa fille cède ces mêmes duchés en | 1748. |
| Ils paſſent à don Philippe, frère de don Carlos, & ſa poſtérité les poſſède encore. | |

### DIVERS Etats du Levant & du nord de l'Europe.

### HONGRIE.

| | |
|---|---|
| Saint Etienne, | 1038. |
| Pierre, dépoſé en | 1041. |
| Aba ou Owon, | 1044. |
| Pierre, rétabli en | 1047. |
| André I, | 1061. |
| Bela I, | 1063. |
| Salomon, | 1074. |
| Geiſa I, | 1161. |
| Etienne III, | 1174. |
| Bela III, | 1196. |
| Emeric, | 1204. |
| Ladiſlas II, | 1204. |
| André II, | 1235. |
| Bela IV, | 1270. |
| Etienne IV, | 1272. |
| Ladiſlas III, | 1290. |

| | |
|---|---|
| André III, juſqu'en | 1301. |
| Wenceſlas, | 1304. |
| Othon de Bavière, | 1309. |
| Charobert, | 1342. |
| Louis I, | 1382. |
| Marie, ſeule, | 1392. |
| Marie & Sigiſmond, Empereur, juſqu'en | 1437. |
| Albert d'Autriche, | 1440. |
| Ladiſlas IV, | 1444. |
| Jean Corvin Huniade, Régent, | 1453. |
| Ladiſlas V, | 1458. |
| Mathias Corvin, | 1490. |
| Ladiſlas VI, | 1516. |
| Louis II, | 1526. |
| Jean de Zapalski, | 1540. |
| Ferdinand, frère de Charles-Quint, & depuis lequel la Hongrie a toujours été poſſédée par la Maiſon d'Autriche, qui l'a tranſmiſe à la Maiſon de Lorraine. | |

### BOHÉME.

### DUCS, PUIS ROIS.

### Ducs.

| | |
|---|---|
| Prémiſlas, | 632. |
| Nezamiſte, | 676. |
| Wniſlas, | 715. |
| Cizezomiſlas, | 757. |
| Neklan, | 809. |
| Hoſtivitus ou Milchoſt, | 890. |
| Borzivoi I, chrétien, | 894. |
| Spitignée I, | 907. |
| Uratiſlas I, | 916. |
| Wenceſlas I, | 938. |
| Boleſlas I, | 967. |
| Boleſlas II, | 999. |
| Boleſlas III, | 1001. |
| Jaromir, | 1012. |
| Udalric, | 1037. |
| Bretiſlas I, | 1055. |
| Spitignée II, | 1061. |

### ROIS.

| | |
|---|---|
| Uratiſlas II, proclamé roi en 1086, règne juſqu'en | 1092. |
| Conrad I, | 1093. |
| Bretiſlas II, | 1100. |
| Uladiſlas I, | 1100. |
| Borzivoi II, | 1100. |
| Et de nouveau en | 1109. |
| Juſqu'en | 1114. |
| Suatopluc, | 1109. |
| Uladiſlas II, | 1125. |
| Sobieſlas I, | 1140. |
| Uladiſlas III, | 1174. |
| Sobieſlas II, | 1178. |
| Frédéric I, | 1190. |
| Conrad II, | 1191. |
| Wenceſlas III, | 1191. |

| | |
|---|---|
| Henri Bretiſlas , | 1196. |
| Uladiſlas IV , | 1197. |
| Prémiſlas ou Ottocare I , | 1230. |
| Wenceſlas III , | 1253. |
| Prémiſlas II ou Ottocare II , | 1278. |
| *Interrègne juſqu'en* | 1284. |
| Wenceſlas IV , | 1305. |
| Wenceſlas V , | 1306. |
| Henri de Carinthie , | 1310. |
| Jean de Luxembourg , | 1346. |
| Les empereurs Charles IV , | 1378. |
| Wenceſlas , | 1419. |
| Sigiſmond , | 1437. |
| Albert d'Autriche , | 1440. |
| Ladiſlas , | 1458. |
| Georges Podiebrad , | 1471. |
| Uladiſlas VI , | 1516. |
| Louis , | 1526. |

L'empereur Ferdinand I met dans ſa Maiſon d'Autriche la Bohême comme la Hongrie.

## POLOGNE.

### DUCS, PUIS ROIS.

#### Ducs.

| | |
|---|---|
| Lesko I , en | 550. |
| *Intervalle,* puis Cracus , en | 700. |
| Vanda , reine en | 750. |
| Douze Palatins gouvernent , puis Prémiſlas en | 760. |
| *Interrègne.* | |
| Lesko II , | 810. |
| Lesko III , | 815. |
| Popiel I. | |
| Popiel II. | |
| *Interrègne.* | |
| Piaſt , | 861. |
| Ziémovitz , | 892. |
| Lesko IV , | 913. |
| Ziémomiſlas , | 964. |
| Miçiſlas , premier Prince chrétien , | 999. |

#### ROIS.

| | |
|---|---|
| Boleſlas I , | 1025. |
| Miçiſlas II , | 1034. |
| *Interrègne.* | |
| Richſa , veuve de Miçiſlas II , | 1041. |
| Caſimir I , | 1058. |
| Boleſlas II , | 1081. |
| Uladiſlas I , | 1102. |
| Boleſlas III , | 1139. |
| Uladiſlas II , | 1146. |
| Boleſlas IV , | 1173. |
| Miçiſlas III , | 1177. |
| Caſimir II , | 1194. |
| Lesko V , | 1227. |
| Boleſlas V , | 1279. |
| Lesko VI , | 1289. |
| Uladiſlas Lokeſek , | 1295. |

| | |
|---|---|
| Prémiſlas , | 1296. |
| Uladiſlas , dépoſé en | 1300. |
| Wenceſlas , roi de Bohême , | 1304. |
| Uladiſlas , rétabli , | 1333. |
| Caſimir III , le Grand , | 1370. |
| Louis , | 1382. |
| *Interrègne.* | |
| Uladiſlas V. | |
| Jagellon , duc de Lithuanie , | 1434. |
| Uladiſlas VI , | 1445. |
| *Interrègne juſqu'en* | 1447. |
| Caſimir IV , | 1492. |
| Jean Albert , | 1501. |
| Alexandre , | 1506. |
| Sigiſmond I , | 1548. |
| Sigiſmond II , | 1573. |
| Henri , duc d'Anjou , juſqu'en | 1575. |
| Qu'il revint en France. | |
| Etienne Battori , prince de Tranſilvanie , | 1587. |
| Sigiſmond III , | 1632. |
| Uladiſlas VII , | 1648. |
| Jean Caſimir abdique en | 1669. |
| Michel Wieſnoviski , | 1674. |
| Jean Sobieski , | 1696. |
| Frédéric-Auguſte II , détrôné en | 1704. |
| Et Staniſlas mis en ſa place. | |

Frédéric-Auguſte , rétabli en 1709. Mort en 1733.
Staniſlas réélu en 1733, renonce en 1736, & Frédéric-Auguſte III règne juſqu'en 1763.
Staniſlas-Auguſte II.

## DANNEMARCK.

### ROIS.

| | |
|---|---|
| Gormo , depuis 714 juſqu'à | 764. |
| Sigefridus , | 765. |
| Getticus , | 809. |
| Olaüs III , | 810. |
| Hemmingius , | 812. |
| Ringo Siwardus , | 817. |
| Harald I , Klack , | 843. |
| Siwardus II , | 846. |
| Eric I , | 847. |
| Eric II , | 863. |
| Canut I , | 873. |
| Gormo II , | 897. |
| Harald II , | 909. |
| Gormo III , | 930. |
| Harald III , | 980. |
| Suénon , | 1015. |
| Canut II , le Grand , roi auſſi d'Angleterre , | 1036. |
| Canut III ou Hardi Canut , | 1042. |
| Magnus , | 1048. |
| Suénon II , | 1074. |
| Harald IV , | 1080. |
| S. Canut , | 1086. |
| Olaüs IV , | 1095. |
| Eric III , | 1106. |

Nicolas, 1134.
Eric IV, 1139.
Eric V, 1147.
Suénon III, 1157.
Waldemar I, le Grand, 1182.
Canut V, 1203.
Waldemar II, 1241.
Eric VI, 1250.
Abel, 1252.
Chriſtophe I, 1259.
Eric VII, 1286.
Eric VIII, 1320.
Chriſtophe II, 1336.
Waldemar III ou IV, 1375.
Olaüs V, 1387.
Marguerite de Waldemar, reine de Dannemarck, de Norwège & de Suède, 1412.
Eric IX, 1439.
Chriſtophe III, 1448.
Chriſtiern I, 1481.
*Interrègne.*
Stenon I, ⎫ gouverneurs du royaume... ⎧ 1513.
Stenon II, ⎭ ⎩ 1519.
Jean, 1513.
Chriſtiern II, 1523.
Frédéric I, 1534.
Chriſtiern III, 1559.
Frédéric II, 1588.
Chriſtiern IV, 1648.
Frédéric III, 1670.
Chriſtiern V, 1699.
Frédéric IV, 1730.
Chriſtiern VI, 1746.
Frédéric V, 1766.
Chriſtiern VII.

## PRUSSE.

La Pruſſe n'a été érigée en royaume qu'au commencement du dix-huitième ſiècle, pour l'électeur de Brandebourg, qu'on appeloit le grand-électeur.
Frédéric I, couronné en 1701, eſt mort en 1713.
Frédéric-Guillaume I, 1740.
Charles-Frédéric, le héros de ſon tems, mort en 1786.
Frédéric-Guillaume II, mort en 1797.

*Epoques relatives à la pairie en France.*

Le mot pairs, *pares*, dans ſa ſignification la plus ſimple & la plus générale, déſigne des ſemblables, des égaux en quelque genre que ce ſoit.

Dans une ſignification déja un peu reſtreinte, il déſigne des gens d'un même état. Nous le voyons employé dans ce ſens de toute ancienneté. Les évêques, les abbés, les moines, les ſoldats s'appeloient & on les appeloit *pairs* entr'eux. Les vaſſaux ou bénéficiers du Prince ſe nommoient *pairs*. Une loi de Charlemagne porte qu'un vaſſal ou bénéficier qui refuſera d'accompagner à l'armée ſon

pair, *parem ſuum*, c'eſt-à-dire, un autre vaſſal ou bénéficier, ou qui l'abandonnera dans une occaſion périlleuſe, perdra ſon fief ou bénéfice. *Quicumque ex his qui beneficium principis habent, parem ſuum contrà hoſtes communes in exercitu pergentem dimiſerit, & cum eo ire vel ſtare noluerit, honorem ſuum & beneficium perdat.*

Les fils de Louis-le-Débonnaire, dans le traité de Verdun, fait en 843, ſe nomment *pairs*.

Une ordonnance de Louis-le-Débonnaire, concernant la diſcipline militaire, défend aux ſoldats de forcer leurs *pairs* à boire à l'armée. *Ut in hoſte nemo PAREM SUUM bibere cogat.*

Quand même on n'auroit point de texte formel à citer ſur cet uſage, on ſent qu'il a dû toujours exiſter, & que les gens du même état ont dû être nommés *pairs*, c'eſt-à-dire, égaux.

Etre jugé par ſes pairs, c'eſt-à-dire, par des gens du même état, égalité la plus inconteſtable qu'il y ait entre les hommes, a toujours paru un des grands avantages de la liberté. Dans un inférieur, on craint l'envie; dans un ſupérieur, la négligence: on croit n'avoir rien à craindre de la part des égaux; car quoiqu'il n'y ait peut-être point d'envie plus acharnée ni plus atroce que celle qui naît de l'égalité d'état & de l'inégalité de mérite, il y a cependant, entre les gens du même état, un intérêt commun qui fait la ſûreté de tous, en obligeant à des ménagemens mutuels, & qui donne à un accuſé la juſte confiance qu'on ne le condamnera que quand on y ſera contraint par la force de la juſtice & de la vérité.

Cet avantage d'être jugé par ſes pairs ne peut, ce ſemble, avoir lieu que dans l'état le plus ſimple de la juriſprudence, lorſqu'il ne s'agit que de vérifier des faits, de conſtater des uſages. Quand les lois ſe multiplient, ſe combinent & deviennent une ſcience, il faut des perſonnes entièrement livrées à cette ſcience. On peut cependant toujours, comme en Angleterre, être jugé par ſes pairs en matière criminelle: les pairs jugent le fait; les légiſtes indiquent la loi; mais il faudroit en général que toutes les lois pénales fuſſent connues de tout le monde, & que chaque délinquant, au moment du délit, ſût à quoi il s'expoſe.

En France, il n'y avoit originairement que deux états, l'égliſe & les armes: les eccléſiaſtiques étoient jugés par les eccléſiaſtiques, les militaires par les militaires. Dans la ſuite, lorſque le tems & la faveur des Rois eurent diſtingué les grands de la foule des guerriers, & les grands même entr'eux par différens ordres de dignités, les ducs furent jugés par les ducs, les comtes par les comtes, & ainſi de ſuite dans tous les divers degrés. Ainſi, lorſqu'on lit dans l'Hiſtoire, que Taſſillon, duc de Bavière, fut jugé par ſes pairs, cela ſignifie qu'il fut jugé par les grands ſeigneurs du royaume, vaſſaux ou bénéficiers de la couronne comme lui. Il en étoit de même des divers ordres du clergé.

Le peuple étoit ſerf, & les ſerfs ne ſont point jugés,

jugés, ou ils le font arbitrairement, selon le caprice & les préventions de leurs maîtres; mais après l'affranchissement des serfs & l'établissement des communes, les bourgeois eurent le droit d'élire des échevins, des jurés, &c. qui furent leurs juges, & qu'on appela en plusieurs endroits *pairs bourgeois*. Ici le titre de *pair* s'écarte un peu de la signification originaire pour prendre plus particuliérement celle de *juge*; mais c'étoient des juges choisis parmi leurs égaux & par leurs égaux, & qui le redevenoient après leur magistrature passagère.

Indépendamment du droit de juger leurs pairs & de n'être jugés que par eux, les grands avoient l'avantage de ténir à la constitution de l'Etat par le rôle qu'ils remplissoient dans les assemblées du champ de Mars & du champ de Mai, & dans ces parlemens ou synodes d'où sortoient ces lois connues sous le nom de *capitulaires*, parce qu'elles étoient divisées par chapitres. Ici commence l'idée de la pairie, telle à peu près qu'elle a été conçue dans la suite, mais avec cette différence que dans l'origine elle avoit beaucoup plus d'étendue, & qu'elle embrassoit tous les grands & tous les évêques, qui étoient tous personnellement pairs, & que nous voyons appelés indistinctement *proceres*, *magnetes*, *optimates*, *primores*, *primates*, *principes*, *pares*, *subreguli*, &c. C'est ce qu'on appelle la pairie personnelle, que le Laboureur juge aussi ancienne que la monarchie, & c'est ce qu'on peut regarder comme le premier âge de la pairie.

Quand on demande si Charlemagne peut être regardé comme le fondateur de la pairie, on ne parle point de cette pairie personnelle qui commence avec la monarchie, & qui s'étend à tous les grands & à tous les évêques d'alors: on parle de la pairie réduite au nombre de douze personnes. Rien de si célèbre chez les romanciers, que les douze pairs de Charlemagne. L'Espagne se vante d'avoir défait à Roncevaux Charlemagne & ses douze pairs; mais l'idée que l'en donnent les romanciers, seule autorité que nous ayons sur cet article, ne s'accorde point avec celle de douze pairs, mi-partis de laïcs & d'ecclésiastiques. Ces douze pairs ou paladins de Charlemagne étoient douze guerriers distingués, douze braves, tels qu'en avoit eus Clodomir dans la première race, tels qu'en eut Charles VIII dans la troisième, tels qu'en ont eus beaucoup d'autres Rois, qui aimoient à s'entourer d'eux dans les batailles, & à combattre avec eux, en leur donnant l'exemple & en le recevant d'eux; mais Charlemagne, qui interdisoit les armes aux évêques, en auroit-il mis six au nombre de ses douze braves? Il est vrai que les romanciers font de l'archevêque Turpin un de ces pairs ou braves; mais ce sont des romanciers, & ce seroit donner à la pairie une origine trop fabuleuse & trop romanesque, que de la rapporter aux paladins vrais ou prétendus de Charlemagne.

D'ailleurs, le premier âge de la pairie, celui de la pairie personnelle, est antérieur à Charle-

magne. Son second âge, celui de la pairie féodale ou réelle, réduite au nombre de douze, n'eut lieu que quand les fiefs furent devenus héréditaires; ce qui n'arriva que long-tems après Charlemagne.

Une époque à laquelle il paroît d'abord bien naturel de rapporter l'institution de la pairie féodale ou réelle & sa réduction au nombre de douze, est celle de la chute de la race carlovingienne, où tous les grands fiefs de la couronne étant entre les mains d'un petit nombre de seigneurs puissans, ils élurent pour Roi le plus puissant & le plus vaillant d'entr'eux. Nous ne sommes pas étonnés que la vraisemblance ait entraîné beaucoup d'auteurs dans cette opinion, qui cependant n'est qu'une erreur: car, 1°. ce système mèneroit à croire que les grands vassaux se nommèrent *pairs* comme étant égaux ou presqu'égaux à celui qu'ils avoient fait leur supérieur en l'élisant Roi; mais il est de principe, en matière de pairie, que, comme le porte un manuscrit de la bibliothèque du Roi, rapporté par le Père Simplicien, & mentionné par le président Hénault, *les pairs du Roi ne sont mie appelés pers, pour ce qu'ils soient pers à lui, mais pers sont entre ensemble*.

2°. Plusieurs de ces grands vassaux n'auroient pas été mis au nombre des pairs, ou auroient cessé bien promptement d'en être.

3°. La plupart des évêques qui furent pairs ecclésiastiques, n'étoient point alors seigneurs dè leurs villes; ce qui étoit essentiel à la pairie réelle. Cette dernière raison réfute encore l'opinion de Favin, qui, dans son *Théâtre d'honneur & de chevalerie*, attribue cette institution au roi Robert; mais lorsque Favin dit que le Roi (quel qu'il fût) se forma comme un conseil secret, composé de six ecclésiastiques & de six grands-seigneurs laïcs, il dit une chose assez vraisemblable. En effet, cette recherche symmétrique de trois duchés-pairies & de trois comtés-pairies ecclésiastiques; de trois duchés-pairies & de trois comtés-pairies laïcs, paroît bien moins l'ouvrage du hasard & de l'usurpation, qu'un arrangement fait avec choix par une autorité qui balance les rangs & les dignités.

Dutillet croit que cette réduction de la pairie au nombre de douze fut faite par Louis-le-Jeune, lorsqu'il fit sacrer Philippe-Auguste son fils; & en effet, c'est dans cette cérémonie qu'on voit, pour la première fois, paroître les douze pairs, tels qu'ils ont toujours existé sous cette seconde époque; savoir: les trois ducs ecclésiastiques de Rheims, de Laon & de Langres; les trois comtes ecclésiastiques de Beauvais, de Châlons & de Noyon; les trois ducs laïcs de Bourgogne, de Normandie & de Guienne; les trois comtes laïcs de Champagne, de Flandre & de Toulouse. On n'a guère fait, contre ce sentiment de Dutillet, d'autre objection que de dire qu'il réduiroit presqu'à un moment la durée de ce second âge de la pairie, parce que la réunion des grands fiefs, qui servoient de base à cette pairie réelle, commence fous Philippe-Augufte; mais cette objection n'en eft pas une.

Ces douze pairs étoient les pairs du royaume, les pairs de France, relevant immédiatement & nuement de la couronne, & compofant effentiellement la cour de France, la cour du Roi, la cour des pairs par excellence.

Leurs vaffaux, qui n'étoient qu'arrière-vaffaux de la couronne, fe nommoient auffi *pairs* entr'eux; mais ce n'étoient point les pairs du Roi, les pairs de France: c'étoient les pairs du duc de Bourgogne, du comte de Champagne, &c. & de même que les pairs du Roi n'étoient pas pairs au Roi, mais feulement pairs entr'eux, de même ces autres pairs, pairs entr'eux feulement, n'étoient point pairs aux feigneurs dont ils étoient les vaffaux.

Il paroît que le Roi étoit le feul qui eût des pairs eccléfiaftiques.

Le troifième âge de la pairie eft celui de la pairie de création, qui eut lieu lorfque quelques-unes de ces premières pairies, dont l'inftitution fe cache dans la nuit des tems, ayant été réunies à la couronne, les Rois en créèrent de nouvelles pour remplacer les anciennes. Le premier exemple de ces pairies de création eft de l'an 1297, fous Philippe-le-Bel, & cette création fut faite en faveur de Jean, duc de Bretagne, de la Maifon de France, de la branche de Dreux, les Rois n'ayant d'abord voulu créer ces pairies qu'en faveur des Princes de leur fang.

Le quatrième âge de la pairie eft lorfque ces créations de pairies furent étendues aux Princes étrangers: le duc de Nevers, Engilbert de Clèves, fut le premier en 1505, & le duc de Guife, Claude de Lorraine, le fecond en 1527.

Le cinquième âge de la pairie eft celui où, les Rois étendant toujours de plus en plus la même grace, la pairie fut conférée aux fimples gentilshommes, c'eft-à-dire, à ceux qui n'étoient ni Princes du fang ni Princes étrangers. Le premier gentilhomme français qui fut décoré de la pairie, eft, felon l'opinion générale, le connétable Anne de Montmorenci, en 1551.

Il y avoit cependant avant lui deux exemples de femblables créations.

L'un, qui précède même la pairie des Princes étrangers, eft celui du duché de Nemours, donné en 1462, par Louis XI, à ce même Jacques d'Armagnac auquel il fit trancher la tête en 1477. Nous regardons cet exemple comme hors de rang. Avoit-on alors de l'extraction illuftre de la Maifon d'Armagnac, quelque notion qui engageât à lui déférer un honneur encore réfervé à la Maifon de France? ou regardoit-on la Maifon d'Armagnac comme une puiffance étrangère, parce que fes domaines étoient à l'extrémité du royaume & fur la frontière? ou enfin n'étoit-ce qu'un effet fingulier de la puiffance & du crédit de cette Maifon & de la politique de Louis XI?

Le fecond exemple eft l'érection de Roanne en

duché-pairie, faite par François I, au mois d'avril 1519, en faveur de fon gouverneur, Artus de Gouffier-Boify: cette érection n'eut point d'effet, Artus étant mort au mois de mai fuivant.

La pairie de Montmorenci s'étant éteinte dans la fuite, celle d'Ufez, créée en 1572, eft aujourd'hui la première des pairies laïques.

La création en général, qui fembloit d'abord n'avoir pour objet que de remplacer les anciennes pairies, multiplia un peu ces pairies laïques. Il n'en fut pas de même des pairies eccléfiaftiques: comme elles n'étoient pas fujètes à s'éteindre, elles font toujours reftées les mêmes & au nombre de fix: leur ancienneté remonte à la feconde époque.

Lorfque la pairie eut été conférée à des feigneurs non Princes, on fut plus frappé qu'on ne l'avoit été précédemment d'un abus qui fubfiftoit de tems immémorial, & qui entraînoit bien des irrégularités & des contradictions. La pairie étoit la dignité la plus éminente de l'Etat, & les pairs précédoient tous les grands. Comme dans les tems les plus voifins de Hugues Capet, la féodalité formoit la conftitution de l'Etat, on n'étoit point étonné de voir les pairs, c'eft-à-dire, les grands vaffaux de la couronne, précéder même les Princes du fang qui n'étoient point pairs, & le droit de pairie l'emporter fur tout autre. Ainfi, dans le jugement folennel rendu fous Philippe-Augufte en 1216, concernant la fucceffion au comté de Champagne, Robert, comte de Champagne, & Pierre, comte de Bretagne, tous deux Princes du fang & coufins-germains du Roi, ne font nommés qu'après les pairs, & que dans un rang inférieur. La pairie de création fembla corriger en quelque forte cet abus, en ce qu'elle ne fut d'abord conférée qu'aux Princes du fang; mais les anciens pairs les précédoient. D'ailleurs, tous les Princes du fang n'étoient pas pairs, & ceux qui l'étoient précédoient ceux qui ne l'étoient pas, même lorfque ceux-ci étoient fupérieurs par le droit de la naiffance. Sous Charles VI, le duc de Bourbon, oncle maternel de ce Prince, précédoit, comme duc & pair, les autres Princes du fang, plus proches que lui de la couronne, même le comte d'Alençon, qui étoit cependant pair auffi, mais dans un ordre inférieur de pairie. On fait avec quelle hauteur & quelle audace le duc de Bourgogne, Philippe-le-Hardi, le plus jeune des fils du roi Jean, mais doyen des pairs par fon duché, fe mit en poffeffion de la première place au feftin du facre de Charles VI, au préjudice du duc d'Anjou fon frère aîné, régent du royaume.

Cet intervertiffement des droits de la nature entre les Princes du fang, & ce renverfement des droits d'une race facrée, choquèrent bien davantage lorfqu'un fimple gentilhomme, devenu pair, fut dans le cas de précéder des Princes du fang, ou qui n'étoient pas pairs, ou qui l'étoient moins anciennement. Enfin, Henri III, par fon ordonnance de 1576, donnée à Blois, déclara tous les Princes du fang pairs nés, leur affura la préféance qui leur étoit due felon l'ordre de primogéniture, *furtout ce qui peut naître ou paroître de nouvelles grandeurs dans l'État*, felon l'expreffion de le Laboureur. Une difpofition fi jufte n'éprouva aucune contradiction : le même hiftorien fait honneur aux pairs de leur acquiefcement volontaire à cette loi. « C'eft, dit-il, une marque de refpect, glorieufe » & honorable aux pairs, d'avoir confenti, en » faveur des Princes du fang, de faire ceffer une » interpofition qui caufoit une éclipfe dans la Mai-» fon royale. » Le premier préfident, Chriftophe de Thou, dit au Roi, au fujet de cette loi, que depuis l'avénement de Philippe de Valois à la couronne, il ne s'étoit rien fait de fi utile pour la confervation de la loi falique. Cette ordonnance étoit furtout très-utile dans les conjonctures délicates où l'Etat fe trouvoit alors, relativement à la fucceffion au trône, par l'éloignement fans exemple du degré de parenté dans l'héritier, & par tous les obftacles que la Ligue lui oppofoit fous prétexte de religion.

Tel eft le fixième âge & le dernier état de la pairie en France. De ces fix âges de la pairie, les quatre derniers ont une époque certaine. Le fecond âge, celui de la première pairie réelle, héréditaire & féodale, quoiqu'on ne puiffe en déterminer avec précifion le commencement ni par conféquent la durée, n'en a pas moins été le plus brillant de la pairie.

*Création des duchés héréditaires de France, avec le nom, la date & la mort de leurs premiers poffeffeurs.*

#### USEZ.

Antoine de Cruffol, vicomte d'Ufez, créé duc en mai 1565, & pair en janvier 1572, avec extenfion à fes frères; mort fans poftérité le 15 août 1573.

#### ELBEUF.

Charles de Lorraine, marquis d'Elbeuf, premier du nom, fils d'un frère cadet de François de Lorraine, duc de Guife, créé duc & pair en novembre 1588; mort en 1605.

#### MONTBASON.

Louis de Rohan, premier comte de Montbafon, créé duc & pair en mai 1588, avec extenfion à fes frères; mort fans poftérité le 1er. novembre 1596.

#### THOUARS.

Louis de la Tremoille, vicomte de Thouars, créé feulement duc en 1563; mort le 25 mars 1577. Claude fon fils fut créé pair en 1595.

#### SULLY.

Maximilien de Béthune, premier du nom, marquis de Rofny, baron de Sully, maréchal de France,

créé duc & pair en février 1606; mort le 21 décembre 1641.

#### LUYNES ET CHEVREUSE.

Charles d'Albert, feigneur de Luynes, comte de Maillé en Touraine, connétable de France, créé duc & pair fous le nom de Luynes, en août 1719; mort le 15 décembre 1621.

#### BRISSAC.

Charles de Coffé, comte de Briffac, maréchal de France, créé duc & pair en avril 1611, mais reçu feulement le 8 juillet 1620; mort en juin 1621.

#### RICHELIEU ET FRONSAC.

Armand-Jean Dupleffis, feigneur de Richelieu, Cardinal, créé duc de Richelieu en août 1631, de Fronfac en juillet 1634, & pair la même année, avec extenfion à fes héritiers mâles & femelles; mort le 4 décembre 1642.

#### AIGUILLON.

Aiguillon eft érigé en duché - pairie en 1638, en faveur de Madeleine de Vignerod, nièce du cardinal de Richelieu, veuve de M. de Combalet, avec cette claufe fingulière, *pour en jouir par ladite Dame, fes héritiers & fucceffeurs tant mâles que femelles, tels qu'elle voudra choifir.* En vertu de cette claufe elle appela, par fon teftament de 1674, au duché d'Aiguillon, Marie-Thérèfe fa nièce, à laquelle elle fubftitua fon petit-neveu, Louis, marquis de Richelieu, dont le fils, le comte d'Agénois, a été déclaré duc d'Aiguillon par arrêt du parlement de 1731, contradictoire avec tous les pairs de France.

#### SAINT-SIMON.

Claude de Rouvroi, feigneur de Saint-Simon, premier gentilhomme de la chambre & grand-louvetier de France, créé duc & pair en janvier 1635; mort le 3 mai 1693.

#### LA ROCHEFOUCAULD ET LA ROCHEGUYON.

François V, comte de la Rochefoucauld & premier duc du nom, créé duc & pair en avril 1622, mais reçu feulement le 24 juillet 1637; mort le 8 février 1650.

François VIII, comte de la Rochegùyon du côté maternel, & la Rochefoucauld du côté paternel, créé duc en novembre 1679, avec extenfion à fes defcendans mâles & femelles, puis de la Rochefoucauld par fucceffion; mort le 22 avril 1728.

#### LA FORCE.

Jacques Nompar de Caumont, premier marquis de la Force, maréchal de France, créé duc & pair en juillet 1637; mort le 10 mai 1652.

### BOUILLON, ALBRET ET CHATEAU-THIERRI.

Guillaume de la Marck, feigneur de Lumain, comte de Chini, devenu duc de Bouillon par engagement de l'évêque & du chapitre de Liége, le 22 mai 1483, eft décapité par ordre de Maximilien, alors archiduc d'Autriche, en juin 1485.

### ROHAN-CHABOT.

Henri, vicomte de Rohan, prince de Léon, petit-fils d'une fœur de Henri d'Albret, roi de Navarre, & héritier préfomptif de cette couronne après Henri IV, jufqu'à la naiffance de Louis XIII, créé duc & pair en avril 1603, avec extenfion à fes defcendans mâles ; mort fans poftérité mafculine le 13 avril 1638.

Henri Chabot, comte de Saint-Aulaie, invefti du titre de duc & pair en 1648 ; mort le 27 juillet 1655.

### PINEY-LUXEMBOURG.

François de Luxembourg-Limbourg, comte de Roncy, baron de Tingry, feigneur de Piney, créé duc en feptembre 1576, & pair en octobre 1581, avec extenfion à fes defcendans mâles & femelles ; mort le 30 feptembre 1613.

### GRAMONT.

Antoine d'Aure III, arrière-petit-fils d'Antoine I, fubftitué au nom de Gramont, comte de Guiche, vicomte d'After & maréchal de France, créé duc & pair fous le nom de Gramont, en novembre 1648, mais reçu feulement le 15 décembre 1663 ; mort le 12 juillet 1678.

### VILLEROI.

Nicolas de Neufville, marquis de Villeroi & d'Alincourt, maréchal de France ( petit-fils de Nicolas, feigneur de Villeroi, miniftre & fecrétaire d'Etat fous les rois Charles IX, Henri III, Henri IV & Louis XIII ), créé duc & pair en feptembre 1651, mais reçu feulement le 15 décembre 1663 ; mort le 28 novembre 1685.

### MORTEMART.

Gabriel de Rochechouart, marquis de Mortemart, prince de Tonnay-Charente, comte de Maure, créé duc & pair en décembre 1650, & reçu feulement le 15 décembre 1663 ; mort le 26 décembre 1675.

### SAINT-AIGNAN.

François de Beauvilliers, comte de Saint-Aignan, créé duc & pair en décembre 1663, & reçu le 15 du même mois ; mort en juin 1687.

### TRESMES ET GÈVRES.

René Potier, comte de Trefmes ( fils de Louis, fecrétaire d'Etat ), créé duc & pair en novembre 1648, mais reçu feulement le 15 décembre 1663 ; mort le 1er. février 1670.

### NOAILLES ET AYEN.

André de Noailles, comte d'Ayen, créé duc & pair fous le nom de Noailles, en décembre 1663, & reçu le 15 du même mois ; mort le 15 février 1678.

### AUMONT.

Antoine d'Aumont de Rochebaron, marquis d'Ifles & de Villequier, maréchal de France, créé duc & pair fous le nom d'Aumont, en novembre 1665, & reçu le 2 décembre fuivant ; mort le 11 janvier 1669.

### CHAROST.

Louis de Béthune, comte de Charoft, fils d'un frère cadet de Maximilien, duc de Sully, créé duc & pair, d'abord par brevet du 3 février 1651, & enfuite par lettres du mois de mars 1670, meurt fans avoir été reçu, le 20 mars 1681.

### LA VALLIÈRE-VAUJOUR.

Erection de la feigneurie de Vaujour en duchépairie, fous le titre de la Vallière, en faveur de Louife-Françoife de la Vallière & de Marie-Anne, depuis princeffe de Conti, fille naturelle du Roi ( Louis XIV ). Madame la princeffe de Conti fit don de ce duché, avec le confentement du Roi, en 1688, au marquis de la Vallière fon coufin-germain, lequel obtint de nouvelles lettres d'érection en duché-pairie, en 1623, enregiftrées la même année. La première érection étoit de 1667.

### BOUFFLERS.

Louis-François, marquis de Boufflers, comte de Cagni, maréchal de France, créé duc fous le nom de Boufflers, en feptembre 1695, & pair en décembre 1708, reçu le 19 mars 1709 ; mort le 22 août 1711.

### VILLARS.

Louis-Hector de Villars, maréchal de France, créé duc fous le nom de Villars, en feptembre 1705, pair en feptembre 1709 ; mort à Turin le 17 juin 1734.

Long-tems avant le maréchal de Villars, un autre Villars avoit été érigé en pairie, dans la Maifon de Villars-Brancas, pour Georges de Brancas, marquis de Villars, baron d'Oife. Ce Georges de Brancas, frère puîné de l'amiral, avoit obtenu, en 1627, des lettres d'érection en duché. Il obtint de nouvelles lettres d'érection en duchépairie ; mais comme il ne les avoit fait enregiftrer qu'au parlement d'Aix, fon arrière-petit-fils, Louis-Antoine de Brancas, obtint, en 1707, des lettres de furannation, qui furent enregiftrées au parlement de Paris, feul capable, difoit-on, de réalifer cette grace.

### HARCOURT.

Henri de Harcourt, marquis de Beuvron & de

Thury, maréchal de France, créé duc sous le nom de Harcourt, en novembre 1700, & pair en novembre 1709, reçu le 28 février 1710; mort le 19 octobre 1718.

### FITZ-JAMES-BERWICK.

Jacques Fitz-James, premier duc titulaire de Berwick en Angleterre, maréchal de France, fils naturel de Jacques II, roi de la Grande-Bretagne, & d'une sœur du fameux lord duc de Marlborough, créé duc & pair sous le nom de Fitz-James, avec extension à ses héritiers mâles du second lit, en mai 1710, & reçu le 11 décembre suivant; tué d'un coup de canon devant Philisbourg, le 12 juin 1734.

### D'ANTIN.

Louis-Antoine de Pardaillan de Gondrin, marquis d'Antin, héritier & seigneur des anciens duchés d'Epernon & de Bellegarde, créé duc & pair en mai 1711, & reçu le 5 juin suivant; mort le 2 novembre 1736.

### CHAULNES.

Honoré d'Albert, seigneur de Cadenet, maréchal de France, frère du connétable duc de Luynes (voyez ci-dessus l'article LUYNES ET CHEVREUSE), créé duc & pair en janvier 1621. Louis-Auguste d'Albert, arrière-petit-fils du connétable, se trouva substitué aux biens d'Honoré d'Albert, dont le fils mourut sans enfans; & comme il n'en descendoit pas, le Roi lui accorda, en 1711, de nouvelles lettres.

### FRONTENAI OU ROHAN-ROHAN.

Benjamin de Rohan, seigneur de Soubise, baron de Frontenai, frère cadet de Henri, duc de Rohan, créé duc & pair en juillet 1626; mort, sans avoir été reçu ni marié; en 1641.

### HOSTUN-TALLARD.

Camille d'Hostun, comte de Tallard, marquis de la Baume-d'Hostun, maréchal de France, créé seulement duc en mars 1712, & reçu le 14 avril suivant; mort le 30 mars 1728.

### VALENTINOIS.

César Borgia, fils naturel du pape Alexandre VI, investi des comtés de Valentinois & Diois en Dauphiné, par Louis XII, au mois d'août 1498, créé duc en octobre; mort sans enfans mâles, le 12 mars 1507.
Honoré Grimaldi, prince de Monaco, fut créé duc & pair sous le nom de Valentinois, en 1642. Antoine de Monaco, arrière-petit-fils d'Honoré, n'ayant point d'enfans mâles, maria, en 1715, sa fille Louise-Hippolyte de Grimaldi à M. de Matignon. Avant de conclure ce mariage, M. de Monaco avoit obtenu un brevet portant promesse de nouvelle création, lors du mariage, en faveur de M. de Matignon. Par ce brevet, le duché de Valentinois fut conservé en titre de pairie dans la personne de son gendre, le mariage n'ayant été contracté qu'après la mort de Louis XIV. Les nouvelles lettres d'érection ne furent expédiées que sous Louis XV, au mois de décembre de la même année 1715, & enregistrées en 1716.

### NEVERS ET NIVERNOIS.

Marie d'Albret, veuve de Charles de Clèves, comte, pair de Nevers, du chef d'Elisabeth de Bourgogne son aïeule paternelle, créée duchesse avec extension à ses héritiers mâles & femelles, en janvier 1538, & reçue le 17 février 1549; morte le 27 octobre 1549.
Ce duché a passé depuis à la Maison Mancini.

### BIRON.

Charles de Gontault, baron de Biron, maréchal de France, créé & reçu duc & pair en juin 1598; mort sans enfans légitimes, le 31 juillet 1602. C'est le maréchal de Biron décapité.

### D'AIGUILLON.

Avant madame de Combalet, Henri de Lorraine, baron d'Aiguillon, fils du fameux duc de Mayenne, créé duc & pair en août 1599, & reçu le 2 mars 1600; mort sans postérité, le 17 septembre 1621. Il fut tué au siège de Montauban, que Louis XIII fut forcé de lever, & où l'on jugea que le duc de Mayenne s'exposoit témérairement.

### SAINT-CLOUD.

Pairie laïque, quoiqu'érigée pour un ecclésiastique, l'archevêque de Paris. L'érection de Saint-Cloud en duché-pairie est de l'an 1674; mais les lettres ne furent enregistrées qu'en 1690, en faveur de M. de Harlai de Chauvalon & de ses successeurs.

### CHATILLON-CHATILLON.

Alexis-Madeleine-Rosalie de Châtillon, baron de Mauléon, né le 20 septembre 1690, créé duc & pair sous le nom de Châtillon, au mois de mai 1736. C'est celui qui a été le premier gouverneur de M. le Dauphin, père de Louis XVI.

### DE FLEURY.

Jean-Hercule de Rosset, marquis de Roccozel, baron de Pérignan, seigneur de Ceilhes, chevalier des Ordres (fils d'une sœur du cardinal de Fleury), né le 6 juillet 1683, créé duc & pair en mars 1736, & reçu le 14 du même mois.

### GISORS-BELLE-ILE.

Charles-Louis-Auguste Foucquet, d'abord seigneur comte de Belle-Ile-en-Mer, puis de Gisors, maréchal de France, chevalier des Ordres, Prince de l'Empire, &c. créé duc par lettres-patentes du mois de mars 1742, registrées au parlement de Paris le 19 juillet suivant, pair en mai 1748;

mort le 26 janvier 1761. C'étoit le père du comte de Gisors, moissonné si jeune, & dont la perte a causé tant de regrets. ( *Voyez*, dans ce Supplément, l'article de M. LE DUC DE NIVERNOIS son beau-père. )

### LA MEILLERAYE, MAZARIN ET MAYENNE.

Charles de la Porte, seigneur de la Meilleraye en Poitou, maréchal de France, créé duc d'abord par brevet du 9 février 1641, puis par lettres de décembre 1663, registrées le 15, & en même tems pair; mort le 8 février 1664.

### AUBIGNY.

Louise-Renée du Pénacoet de Kéroual ou Kéroualle, duchesse de Portsmouth en Angleterre, investie de la terre d'Aubigny en Berry, au mois de décembre 1673, & créée duchesse-paire en janvier 1684, avec extension à ses héritiers mâles; morte sans avoir été reçue, le 14 novembre 1734.

Les lettres d'érection du duché-pairie d'Aubigny, en janvier 1684, furent enregistrées le 1er. de juillet 1777, en faveur du duc de Richemont & de Lenox, pair d'Angleterre.

### CŒUVRES OU ESTRÉES.

François-Annibal d'Estrées, premier du nom, marquis de Cœuvres, dans le Soissonnois, créé duc & pair en 1648, sous le nom d'Estrées, mais reçu seulement le 15 décembre 1663; mort maréchal de France, le 5 mai 1670.

### DURAS.

Emmanuel-Félicité de Durfort, fils du maréchal duc de Duras, né le 19 décembre 1715, créé duc & pair en 1757.

### LA VAUGUYON.

Anne-Paul-Jacques Quelin de Stuert de Caussade, né le 17 janvier 1696, créé duc & pair sous le nom de la Vauguyon, en 1759. C'est M. le duc de la Vauguyon, gouverneur du roi Louis XVI & des Princes ses frères.

### CHOISEUL.

Etienne-François de Choiseul de Stainville, ministre & secrétaire d'Etat de la guerre & des affaires étrangères, né le 28 juin 1719, créé duc & pair en 1759, reçu au parlement la même année.

### PRASLIN.

César-Gabriel de Choiseul, comte de Chévigny, né le 14 août 1712, ministre & secrétaire d'Etat de la marine, chevalier des Ordres du Roi, en janvier 1762, créé duc & pair de France, sous le titre de duc de Praslin, le 2 novembre 1762, reçu au parlement.

### MONTMORENCI-TINGRY.

Charles-François Christian de Montmorenci,

prince de Tingry, chevalier des Ordres du Roi, & capitaine des gardes-du-corps de Sa Majesté, créé duc de Beaumont en 1769.

### *Ducs héréditaires non pairs.*

### BAR.

Robert, comte de Bar, créé duc en décembre 1354, ou janvier 1355; mort en octobre 1404.

### CARIGNAN.

Eugène-Maurice de Savoie, comte de Soissons, fils cadet de Thomas-François, prince de Carignan & père du fameux prince Eugène, donataire du domaine royal d'Ivoi dans le Luxembourg français, en mai 1661, & créé duc sous le nom de Carignan, par lettres de juillet 1662, registrées à Metz le 20 du même mois; mort le 7 juin 1673.

### DURAS.

Jacques-Henri de Durfort, premier du nom, maréchal de France, créé d'abord duc & pair en mai 1668, par lettres non registrées, ensuite duc seulement par autres lettres de février 1689, & reçu le 1er. mars; mort le 12 octobre 1704.

### HUMIÈRES.

Louis de Crevant, maréchal de France, seigneur d'Humières en Artois, créé & reçu duc en avril 1690, avec extension à Anne-Julie de Crevant-d'Humières sa fille, au mari qu'elle épouseroit, & aux enfans mâles; mort le 31 août 1694.

### QUINTIN-LORGES.

Guy-Aldonce de Durfort, comte de Lorges & de Quintin, maréchal de France, frère cadet de Jacques-Henri, premier duc de Duras, créé duc en mars 1691, sous le nom de Quintin, changé depuis en celui de Lorges, & reçu le 12 octobre suivant; mort le 22 octobre 1702.

### CHATILLON-BOUTTEVILLE.

Gaspard III de Coligny, seigneur de Châtillon-sur-Loing, maréchal de France, petit-fils de l'amiral, créé duc & pair sous le nom de Coligny, par brevet du 18 août 1643; mort le 4 janvier 1646.

### BROGLIO.

François-Marie, comte de Broglio, baron de Ferrières, maréchal de France ( frère cadet de Charles-Guillaume, marquis de Broglie, maréchal de France ), créé duc sous le nom de Broglio, en juin 1742, & reçu au parlement de Paris le 20 août suivant; mort le 22 mai 1745.

### COIGNY.

François de Franquetot, comte de Coigny, maréchal de France, créé duc en février 1747, & reçu le 18 avril suivant; mort le 18 décembre 1759.

### CHATELET-D'HARAUCOURT.

Le comte de Châtelet-d'Haraucourt, chevalier des Ordres du Roi, créé duc le 2 février 1777, immolé, comme tant d'autres, par les barbares.

### POLIGNAC.

Le comte Jules de Polignac, créé duc en septembre 1780.
Il y avoit de plus des ducs à brevet, qui n'étoient ni pairs ni héréditaires.

*Liste chronologique des connétables de France, depuis le tems où cet office qui se bornoit originairement au commandement de l'écurie, devint un office de la couronne, et parvint par degrés à être la première dignité de l'Etat.*

#### Sous le roi Henri I.

Le premier connétable militaire que nomment les chronologistes, est Albéric, vivant en 1060.
Foulques Nerra, comte d'Anjou, 1040.
Geoffroy Martel, comte d'Anjou, 1061.
Hugues I, comte de Dammartin, vers 1081.

#### Sous Philippe I.

Balderic, vivant en 1068.
Gautier, vivant en 1069.
Aleaume, vivant en 1074.
Adam, vivant en 1079.
Thibaud de Montmorenci, vivant en 1090.
Walo, 1097.
Mathieu, vivant en 1097.
Gaston de Prifly, vivant en 1107.
Hugues de Chaumont, 1138.

#### Sous Louis-le-Gros.

*Idem.* Hugues de Chaumont.

#### Sous Louis-le-Jeune.

*Idem.* Hugues de Chaumont.
Mathieu de Montmorenci, 1160.
Simon de Neaufle, vivant en 1150.
Raoul, comte de Clermont, 1191.

#### Sous Philippe-Augufte.

*Idem.* Raoul, comte de Clermont.
Dreux de Mello, 1218.
Mathieu II de Montmorenci, 1230.
Ce fut lui qui acheva d'élever cette dignité au deffus de tous les offices militaires.

#### Sous Louis VIII.

*Idem.* Mathieu II de Montmorenci.

#### Sous faint Louis

*Idem.* Mathieu II de Montmorenci.

---

Amauri, comte de Montfort, 1241.
Humbert de Beaujeu, 1248.
Gilles de Tranfegnies, dit *le Brun*, vivant en 1272.
Humbert de Beaujeu, 1285.

#### Sous Philippe-le-Hardi.

Encore ce second Humbert de Beaujeu.

#### Sous Philippe-le-Bel.

Raoul de Clermont de Nefle, 1302.
Gaucher de Châtillon, comte de Porcean, 1329.

#### Sous les trois fils de Philippe-le-Bel.

Le même Gaucher de Châtillon.

#### Sous Philippe de Valois.

Le même Gaucher de Châtillon.
Raoul de Brienne, comte d'Eu, 1344.
Raoul II, comte d'Eu, fon fils, décapité, 1350.

#### Sous le roi Jean.

Le même Raoul II, décapité.
Charles d'Espagne de Lacerda, 1354.
Jacques de Bourbon la Marche, 1361.
Gaultier de Brienne, 1356.
Robert de Fiennes, vivant en 1380.

#### Sous Charles V.

Le même Robert de Fiennes, dit *Moreau*.
Bertrand du Guefclin, 1380.

#### Sous Charles VI.

Olivier de Cliffon, 1407.
Philippe d'Artois, comte d'Eu, 1397.
Louis de Sancerre, de la Maifon de Champagne, 1402.
Charles d'Albret, 1415.
Valeran de Luxembourg, 1413.
Bernard d'Armagnac, 1418.
Charles de Lorraine, 1430.

#### Sous Charles VII.

Le même Charles de Lorraine.
Jean Stuart, comte de Douglas, 1424.
Artus de Brétagne, comte de Richemont, 1458.
( Il fut duc de Bretagne après fon frère, & fe crut honoré de conferver le titre & l'épée de connétable de France.

#### Sous Louis XI.

Louis de Luxembourg, comte de Saint-Pol, 1475.

#### Sous Charles VIII.

Jean de Bourbon, 1488.

#### Sous Louis XII.

Point.

#### Sous François I.

Charles de Bourbon, 1527.

Anne de Montmorenci,         1567.

*Sous Henri II & sous ses deux premiers successeurs, François II & Charles IX.*

Le même Anne de Montmorenci.

*Sous Henri III.*

Point.

*Sous Henri IV.*

Henri de Montmorenci, fils du connétable Anne,               1614.

*Sous Louis XIII.*

Le même Henri de Montmorenci.    —
Charles d'Albert, duc de Luynes,    1621.
François de Bonne, duc de Lesdiguières, 1626.
Ce fut le dernier.
L'office de connétable fut supprimé par édit du mois de février 1627.

*Liste chronologique des maréchaux de France, depuis Albéric Clément, qui commença à élever cette dignité & à la rendre militaire.*

*Sous Philippe-Auguste.*

Albéric Clément,               1191.
Nevelon d'Arras, vivant en      1217.
Henri Clément,               1214.
Jean Clément, vivant encore en   1260.
Simon de Montfort, maréchal de la foi contre les Albigeois,             1218.

*Sous Louis VIII.*

Les mêmes Jean Clément & Simon de Montfort.
Robert de Couci, vivant en      1226.
Gautier de Nemours, vivant en   1230.

*Sous saint Louis.*

Henri Clément, sieur d'Argenton & du Mez, 1265.
Ferry Pasté, vivant en        1245.
Guillaume de Beaumont, vivant en  1250.
Gautier de Nemours, vivant encore en  1265.
Renaud de Pressigny, vivant en   1270.
Raoul de Sores, dit *d'Estrées*, vivant en 1280.
Héric de Beaujeu,

*Sous Philippe-le-Hardi.*

Lancelot de Saint-Maard, vivant en  1276.
Ferry de Verneuil, vivant en    1288.
Guillaume, sieur du Bec-Crespin, vivant en 1283.

*Sous Philippe-le-Bel.*

Jean de Harcourt,          1302.
Raoul le Flamenc, vivant en   1287.
Jean de Varennes, vivant en   1291.
Simon de Melun,          1302.
Guy de Clermont,         1302.
Foucaud de Merle,        1314.

Milès de Noyers,          1350.
Jean de Corbeil,          1318.

*Sous Louis-Hutin.*

Le même Jean de Corbeil.
Jean de Beaumont,         1318.

*Sous Philippe-le-Long.*

Les deux mêmes.

*Sous Charles-le-Bel.*

Renaud de Trie,          1324.
Jean des Barres,          1324.
Mathieu de Trie,         1344.

*Sous Philippe de Valois.*

Arrêtons-nous ici à faire quelques observations, & remarquons d'abord que l'office de maréchal de France étoit alors amovible, comme il paroît par une lettre de Philippe de Valois à Bernard, sire de Moreuil, où il lui marque qu'en lui ôtant l'office de maréchal pour le faire gouverneur de son fils aîné, Jean, duc de Normandie, il ne lui a fait aucun préjudice en son honneur & en ses biens.

Observons ensuite qu'en remontant à l'origine, il y a eu dans la famille des Cléments, premiers maréchaux, quatre maréchaux de France de suite. Jean Clément, fils de Henri, fut fait maréchal de France à la mort de son père, quoiqu'en bas âge, comme si cette dignité eût été alors héréditaire; aussi le roi Louis VIII prit-il la précaution de faire donner par Jean Clément, lorsqu'il fut en âge, une déclaration par laquelle celui-ci reconnoissoit que cette charge n'étoit pas héréditaire, précaution sans doute nécessaire alors pour éviter ce qui étoit arrivé à la charge de sénéchal, que les comtes d'Anjou avoient rendue héréditaire.

Quant au nombre des maréchaux de France, il n'y en eut qu'un d'abord, qui commanda les armées sous Philippe-Auguste. On en vit deux sous saint Louis, & quand un des deux venoit à manquer, on le remplaçoit. François I en ajouta un troisième, & ce nombre étoit tellement fixé, que ce Prince, en ayant nommé un quatrième, déclara que ce n'étoit qu'une expectative pour remplacer un des trois qui manqueroit; ils avoient chacun leur département. Henri II en créa un quatrième, François II un cinquième, & enfin il fut ordonné aux États de Blois de 1576, sous Henri III, que le nombre seroit fixé à quatre. Henri IV se dispensa de cette loi, s'y jugeant autorisé par la situation de ses affaires; mais depuis il ne fut plus question de cette fixation sous Louis XIII, encore moins sous Louis XIV: on en comptoit jusqu'à vingt après la promotion de 1703; mais aussi le nombre des armées étoit bien augmenté.

Cette multiplicité des maréchaux de France s'est soutenue sous les règnes de Louis XV & de Louis XVI.

Revenons

Revenons aux maréchaux de France du règne de Philippe de Valois.

| | |
|---|---|
| Mathieu de Trie, | 1314. |
| Robert de Briquebec, | 1347. |
| Ancel de Joinville, vivant en | 1351. |
| Charles, fire de Montmorenci, | 1381. |
| Robert Vaurin, | 1360. |
| Bernard de Moreuil, vivant en | 1350. |

### Sous le roi Jean.

| | |
|---|---|
| Guy de Nefle, | 1353. |
| Edouard, fire de Beaujeu, | 1351. |
| Rogues de Hangeſt, | 1352. |
| Jean de Clermont, | 1356. |
| Arnoul d'Audeneham, | 1370. |

### Sous Charles V.

Le même Arnoul d'Audeneham.

| | |
|---|---|
| Jean le Maingre, dit *Boucicaut*, | 1367. |
| Jean, fire de Neuville, vivant en | 1359. |
| Jean de Mauquenchi, fire de Blainville, mort avant. | 1391. |
| Louis de Sancerre, | 1402. |

Simon, comte de Brenne.
Enguerrand, fire de Couci.
Olivier de Cliſſon.
Ces trois font nommés dans une ordonnance de Charles V.

### Sous Charles VI.

Le même Jean de Mauquenchi, fieur de Blainville.
Louis de Sancerre, le même encore que fous Charles V.
Pierre de Craon.
(Il eſt douteux qu'il l'ait été.)

| | |
|---|---|
| Jean le Maingre, dit *Boucicaut* II, | 1421. |

### Sous Charles VII.

| | |
|---|---|
| Amaury de Severac, | 1427. |
| Pierre de Rieux, | 1439. |
| Cl. de Beauvoir, | 1453. |
| Jean de Villiers de l'Iſle-Adam, | 1437. |
| Jacques de Montberon, | 1422. |
| Antoine de Vergi de Dammartin, | 1439. |
| Jean de la Baume, | 1439. |

### Sous Louis XI.

| | |
|---|---|
| Jean, bâtard d'Armagnac, furnommé *de Leſcun*, | 1473. |
| Joachim Rouault de Gamaches, | 1478. |
| Wolfart de Borfelle, | 1487. |
| Pierre de Rohan de Gié, vivant en | 1505. |

### Sous Charles VIII.

Le même Pierre de Rohan de Gié.

| | |
|---|---|
| Philippe de Crevecœur des Cordes, | 1494. |
| Jean de Baudricourt, | 1499. |

### Sous Louis XII.

| | |
|---|---|
| Jean-Jacques Trivulce, | 1518. |

*Hiſtoire. Tome VI. Supplément.*

| | |
|---|---|
| Charles d'Amboiſe de Chaumont, | 1511. |
| Jacques de Chabannes de la Palice, | 1524. |
| Robert Stuart d'Aubigny, | 1521. |

### Sous François I.

(Obſervons encore que, juſqu'au règne de François I, les offices de maréchaux de France n'étoient que des commiſſions, & que, comme nous l'avons dit, il n'y en avoit eu que deux à la fois. François I les créa à vie, & en créa juſqu'à quatre, mais comme nous l'avons expliqué : ajoutons feulement qu'on en avoit déjà vu quatre à la fois fous le règne de Charles VII.)
*Idem.* Jacques de Chabannes de la Palice.
Le même Robert Stuart d'Aubigny.

| | |
|---|---|
| Odet de Foix de Lautrec, | 1528. |
| Gaſpard de Coligny, | 1512. |
| Anne de Montmorenci, | 1567. |
| Thomas de Foix de Lefcun, | 1524. |
| Théodore Trivulce, | 1531. |
| Robert de la Marck, | 1537. |
| Réné de Montejan, | 1538. |
| Claude d'Annebaut, qui fut auſſi amiral, | 1552. |
| Oudard du Biez, | 1553. |
| Antoine de Lettes de Montpeſat, | 1544. |
| Jean Caraccioli, prince de Melphe, | 1550. |

### Sous Henri II.

(C'eſt le premier de nos Rois qui ait honoré les maréchaux de France du titre de *Coufin*, & depuis ce tems nul de ceux qui ont poſſédé cette dignité, n'a été commandé par un autre que par un conné-table ou par un Prince du fang.)
On retrouve ici les mêmes :
Claude d'Annebaut, amiral.
Oudard de Biez.
Jean Caraccioli, prince de Melphe.

| | |
|---|---|
| Robert de la Marck de Fleuranges, | 1556. |
| Jacques d'Albon de Saint-André, | 1562. |
| Charles de Coſſé de Briſſac, | 1563. |
| Pierre Strozzi, | 1558. |
| Paul de la Barthe de Thermes, | 1562. |

### Sous François II.

Les mêmes Jacques d'Albon de Saint-André,
Charles de Coſſé de Briſſac,
Et Paul de la Barthe de Thermes.

| | |
|---|---|
| Puis, François de Montmorenci, | 1579. |

### Sous Charles IX.

D'abord les quatre mêmes que fous François II.

| | |
|---|---|
| Plus, Imbert de la Platière de Bourdillon, | 1567. |
| François de Scepeaux, feigneur de Vieilleville, | 1571. |
| Henri de Montmorenci, duc de Damville, | 1614. |
| Artus de Coſſé, | 1582. |
| Honorat de Savoie, | 1580. |
| Gaſpard de Saulx de Tavannés, | 1573. |

R r r

## Sous Henri III.

Encore les deux maréchaux de Montmorenci,
  François & Henri, fils du connétable Anne.
Artus de Coffé, feigneur de Gonnor,
  Et Honorat de Savoie.
Albert de Gondi de Retz,             1602.
Roger de Saint-Larri de Bellegarde,    1579.
Blaife de Montluc,               1577.
Armand de Gontaut de Biron,       1592.
Jacques Goyon de Matignon,       1597.
Jean d'Aumont,                1595.
Guillaume de Joyeufe,          1592.

### Sous Henri IV.

Encore Albert de Gondi de Retz.
Armand de Gontaut de Biron.
Jacques Goyon de Matignon.
Jean d'Aumont,
  Et Guillaume de Joyeufe.
Henri de la Tour de Bouillon,       1623.
Charles de Gontaut de Biron,       1602.
Claude de la Châtre,            1614.
Charles de Coffé de Briffac,        1621.
Jean de Montluc de Balagny,       1603.
Jean de Beaumanoir de Lavardin,    1614.
Anne de Joyeufe du Bouchage,      1608.
Alphonfe Corfe d'Ornano,         1610.
Urbain de Laval de Bois-Dauphin,    1629.
Guillaume de Hautemer de Grancey,   1613.
François de Bonne de Lefdiguières,   1626.

### Sous Louis XIII.

Encore Henri de la Tour de Bouillon.
Claude de la Châtre.
Charles de Coffé de Briffac.
Jean de Beaumanoir de Lavardin.
Urbain de Laval de Bois-Dauphin.
Guillaume de Hautemer de Grancey,
  Et François de Bonne de Lefdiguières.
Concino Concini d'Ancre,          1617.
Gilles de Souvré, gouverneur du Roi,   1625.
Antoine de Roquelaure,          1616.
Louis de la Châtre,             1630.
Pons de Cardaillac de Themines,    1627.
François de la Grange de Montigny,   1617.
Nicolas de l'Hôpital de Vitry,       1644.
Charles de Choifeul,            1626.
Jean-François de la Guiche,       1632.
Honoré d'Albert de Chaulnes,      1649.
François d'Aubeterre,           1628.
Charles de Créquy,             1638.
Gafpard de Coligny, dit le maréchal de Châtillon,
  petit-fils de l'amiral,          1646.
Jacques Nompar de Caumont, duc de la Force,   1652.
François de Baffompierre,        1646.
Henri de Schomberg,           1632.
François Annibal d'Eftrées,       1670.
Jean-Baptifte d'Ornano,         1626.
Timoléon d'Epinai de Saint-Luc,    1644.

Louis de Marillac,               1632.
Henri de Montmorenci de Damville,   1632.
Jean de Saint-Bonnet de Thoiras,   1636.
Antoine Coëffier d'Effiat,        1632.
Urbain de Maillé de Brézé,       1650.
Maximilien de Béthune de Sully,    1641.
Charles de Schomberg,         1656.
Charles de la Porte de la Meilleraye,   1664.
Antoine de Gramont,           1678.
Jean-Baptifte Budes de Guébriant,   1643.
Philippe de la Mothe-Houdancourt,   1657.
François de l'Hôpital,           1660.

### Sous Louis XIV.

Les mêmes.
Nicolas de l'Hôpital de Vitry.
Honoré d'Albert de Chaulnes.
Gafpard de Coligny, dit le Maréchal de Châtillon,
  petit-fils de l'amiral.
Jacques Nompar de Caumont, duc de la Force.
François de Baffompierre.
François Annibal d'Eftrées.
Timoléon d'Epinai de Saint-Luc.
Urbain de Maillé de Brézé.
Charles de Schomberg.
Charles de la Porte de la Meilleraye.
Antoine de Gramont.
Jean-Baptifte de Guébriant.
Philippe de la Mothe-Houdancourt,
  Et François de l'Hôpital.
Puis, Henri de la Tour de Turenne,   1675.
Jean de Gaffion,              1647.
Céfar de Choifeul,            1675.
Jofeph de Rantzau,           1650.
Nicolas de Neuville de Villeroi, gouverneur de
  Louis XIV,               1685.
Antoine d'Aumont,            1669.
Jacques d'Etampes,           1668.
Charles de Mouchy d'Hocquincourt,  1658.
Henri de Senneterre de la Ferté,    1681.
Jacques Rouxel de Madavy de Grancey,  1680.
Armand Nompar de Caumont de la Force, 1675.
Louis Foucauld,              1659.
Céfar-Phœbus d'Albret,         1676.
Philippe de Clerembault,        1665.
Jacques de Caftelnau,          1658.
Jean de Schullemberg de Montdejeu,  1671.
Abraham de Fabert,           1662.
François de Créquy,           1687.
Bernard Gigault de Bellefond,     1694.
Louis de Crevant d'Humières,     1694.
Godefroy d'Eftrades,          1686.
Philippe de Montault-Benac de Navailles, 1684.
Louis-Armand de Schomberg,     1690.
Jean-Henri de Durfort de Duras,   1704.
Louis-Victor de Rochechouart, nommé le duc de
  Vivonne,               1688.
François d'Aubuffon de la Feuillade,  1691.
François-Henri de Montmorenci de Luxembourg,
                           1695.

Henri-Louis d'Aloigny de Rochefort, 1676.
Guy Aldonce de Durfort de Lorges, 1702.
Jean d'Estrées, 1707.
(C'est le premier qui a introduit la dignité de maréchal de France dans la marine.)
Claude de Choiseul, 1711.
François de Neuville de Villeroi, gouverneur de Louis XV, 1730.
Jean Armand de Joyeuse, 1710.
Louis-François de Boufflers, 1711.
Anne Hilarion de Constantin de Tourville, 1701.
Anne-Jules de Noailles, 1708.
Nicolas de Catinat, 1712.
Louis-Hector de Villars, 1734.
Noël Bouton de Chamilli, 1715.
Victor-Marie d'Estrées, 1737.
François-Louis Rousselet de Château-Renaud, 1716.
Sébastien le Prêtre de Vauban, 1707.
Conrad de Rosen, 1715.
Nicolas du Blé d'Huxelles, 1730.
René Froulai de Tessé, 1725.
Nicolas-Auguste de la Baume de Montrevel, 1716.
Camille d'Hostun de Tallard, 1728.
Henri d'Harcourt, 1718.
Ferdinand de Marsin, 1706.
Jacques de Fitz-James de Berwick, 1734.
Charles-Auguste de Goyon de Matignon, 1729.
Jacques Bazin de Bezons, 1733.
Pierre de Montesquiou, 1725.

### Sous Louis XV.

On retrouve encore ici les maréchaux de Gramont, de la Feuillade, de Villeroi, de Villars, de Chamilli, d'Estrées, de Château-Renaud, de Rosen, d'Huxelles, de Tessé, de Montrevel, de Tallard, de Harcourt, de Berwick, de Matignon, de Bezons, de Montesquiou-Artagnan.

Puis du Bourg, 1739.
De Médavy, 1725.
De Roquelaure, 1738.
D'Alégre, 1733.
De Biron, 1756.
De Noailles, 1768.
De Coigny, 1759 ou 1760.
D'Asfeld, 1743.
De Montmorenci, 1746.
De Puységur, 1745.
De Broglie, 1745.
De Brancas, 1750.
De Chaulnes, 1746.
De Nangis, 1744.
D'Isenghien, 1767.
De Duras, 1770.
De Maillebois, 1762.
De Belle-Isle, 1761.
De Saxe.
(C'est ce fameux comte de Saxe, maréchal-des-camps & armées du Roi, mort à Chambord en 1750.)

De Balincourt, 1770.
De la Fare, 1752.
De Harcourt, 1750.
De Montmorenci, 1751.
De Clermont-Tonnerre, 1781.
De la Mothe-Hondancourt, 1755.
De Lowendal, 1755.
De Richelieu.
De Senneterre, 1771.
De Latour-Maubourg, 1766.
De Lautrec, 1762.
De Biron.
De Luxembourg, 1766.
D'Estrées, 1771.
De Thomond, 1761.
De Contades.
De Soubise, 1787.
De Broglie.
De Lorges, 1773.
D'Armentières, 1774.
De Brissac.

### Sous Louis XVI.

On retrouve encore ici les maréchaux de Clermont-Tonnerre.
De Richelieu.
De Biron.
Le marquis de Bercheni, omis dans la liste des maréchaux nommés par Louis XV.
Ainsi que le maréchal de Conflans-Brienne.
Les maréchaux de Soubise, de Broglie, de Brissac.
Ceux qui suivent, appartiennent exclusivement au règne de Louis XVI.

#### Promotion du 30 mars 1775.

Le comte de Muy, mort la même année.
Le duc d'Harcourt, mort en 1785.
Le duc de Noailles.
Son frère, le maréchal de Mouchy-Noailles.
Le comte de Nicolaï.
Le duc de Fitz-James.
Le duc de Duras.

#### Promotion du 13 juin 1781.

Le comte de Mailli-d'Aucourt.
Le marquis d'Aubeterre.
Le prince de Beauvau.
Le marquis de Castres.
Le duc de Croy.
Le duc de Laval.
Le comte de Vaux.
Le marquis de Ségur.
Le marquis de Lévis.

Les maréchaux de France avoient un tribunal qui se tenoit chez le doyen, & qui jugeoit du point d'honneur & des procédés entre nobles, défendoit les voies de fait, & tâchoit de prévenir les duels.

LISTE *chronologique des chanceliers de France & garde-des-sceaux sous la troisième race de nos Rois.*

Les ministres & magistrats, dont les fonctions répondoient à celles des chanceliers sous la première race, s'appeloient grands référendaires. Sous la seconde race, soit qu'ils s'appelassent encore grands-référendaires ou grands-chanceliers, l'Histoire a conservé les noms de quelques-uns d'entr'eux, tels que

Urgard.
Foulques.
Anscheric.
Ernuste.
Malhute.
Hervé.
Roger.
Luitard.
Ebles.
Adalgaire.
Abbon.
Ansegise.
Eric.
Hugues de Vermandois.
Artaud.
Adalric.
Adalberon.

### SOUS LA TROISIÈME RACE.

#### Sous Hugues Capet.

Adalberon, apparemment le même qui vient d'être nommé,     988.
Renaut.
Gerbert,        1003.

#### Sous le roi Robert.

Abbon.
Arnoul, vivant en       1019.
Roger, vivant en       1024.
Francon, vivant en      1028.
Baudouin,        1059.

#### Sous Henri I.

Le même Baudouin.

#### Sous Philippe I.

Gervais,        1084.
( Il sacra le Roi en qualité d'archevêque de Rheims, & prétendit que la dignité de chancelier de France étoit annexée à celle de l'archevêque de Rheims; ce qu'il obtint, dit-on, pour lui & pour son église. En effet, il étoit le troisième archevêque depuis Hervé, qui avoit possédé la dignité de chancelier, mais depuis lui on ne voit point que cette dignité ait été attachée au siége de Rheims. )
Baudouin II, vivant en      1063.
Pierre Loiseleves,      1082.
Guillaume, vivant en     1074.

Roger,        1095.
Godefroy de Boulogne, vivant en   1092.
Ursion, vivant en      1090.
Hubert de Boulogne, vivant en   1092.
Etienne de Senlis,      1140.

#### Sous Louis-le-Gros.

D'abord le même Etienne de Senlis.
Puis Etienne de Garlande,    1150.
Simon, vivant en      1130.
Algrin, vivant en      1137.

#### Sous Louis-le-Jeune.

Noël, vivant en       1140.
Cadurc,        1198.
Barthélemi, vivant en     1147.
Simon, vivant en      1152.
Alderic.
Hugues de Chamfleuri,    1175.
Hugues de Puiseaux,     1185.

#### Sous Philippe-Auguste.

D'abord le même Hugues de Puiseaux.
Puis Hugues de Bethisi, vivant en   1186.
Guerin, évêque de Senlis, chevalier de l'Ordre de Jérusalem,      1230.

#### Sous Louis VIII.

Le même Guerin, évêque de Senlis.
( C'est lui qui a rendu cette charge si considérable, qu'elle est aujourd'hui la première de l'Etat, depuis la suppression de l'office de connétable. Il s'en démit en 1228, ainsi que de son évêché, & prit l'habit de Cîteaux dans l'abbaye de Chaalis. Ce fut par son avis que fut établi le trésor des chartres.

Les grands-officiers de la couronne furent assimilés aux pairs par un arrêt donné solennellement à Paris en 1224, par le Roi en sa cour des pairs, en faveur des grands-officiers contre les pairs de France, arrêt par lequel il est dit que, suivant l'ancien usage & les coutumes observées dès longtems, les grands-seigneurs de la couronne, savoir: le chancelier, le bouteiller, le chambrier, &c. devoient se trouver aux procès qui se faisoient contre un pair de France, pour le juger conjointement avec les autres pairs du royaume; en conséquence ils assistèrent tous au jugement d'un procès de la comtesse de Flandre. )

#### Sous saint Louis.

Le même Guerin, évêque de Senlis.
Jean Allegrin, vivant en    1240.
Jean de la Cour d'Aubergenville,   1256.
Simon de Brion, qui fut pape sous le nom de Martin IV,      1285.

#### Sous Philippe-le-Hardi.

Pierre Barbet, archevêque de Rheims,   1298.
Henri de Vézelai, vivant en    1279.

Pierre de Châlon, vivant en      1283.

### Sous Philippe-le-Bel.

Jean de Vaſſoigne,      1300.
Guillaume de Creſpy,      1300.
Pierre Flotte,      1302.
Etienne de Suizi, cardinal,      1311.
Pierre de Mornai,      1306.
Pierre Belleperche,      1307.
Pierre de Grez,      1325.
Pierre de Corbeil,      1300.
Guillaume de Nogaret,      1313.
Gilles Aycelin de Montagu,      1318.
(C'eſt lui qui a fondé le collége de ce nom de Montagu ou Mont-Aigu.)
Pierre de Latilly,      1327.

### Sous Louis Hutin.

Encore Pierre de Latilly.
Etienne de Mornai,      1332.
Pierre d'Arablai,      1346.

### Sous Philippe-le-Long.

Pierre de Chappes,      1336.
Pierre de Cherchemont,      1328.

### Sous Charles-le-Bel.

Jean de Cherchemont,      1328.
Pierre Rodier, vivant en      1328.

### Sous Philippe de Valois.

Mathieu Ferrand,      1329.
Jean de Marigny, garde-des-ſceaux,      1351.
Guillaume de Sainte-Maure,      1334.
Pierre Rogier, garde-des-ſceaux,      1352.
(Il fut Pape, ſous le nom de Clément VI.)
Guy Baudet, vers      1337.
Etienne de Viſſac, vers      1330.
Guillaume Flotté, vivant en      1352.
Firmin de Coquerel,      1349.
Pierre de la Forêt,      1361.

### Sous le roi Jean.

Le même Pierre de la Forêt.
(On remarque qu'il fut obligé de prendre des lettres d'ennobliſſement pour acheter un fief noble, parce que l'office de chancelier, malgré l'éminence de cette dignité, n'ennobliſſoit pas alors.)
Gilles Aycelin de Montagu, cardinal, évêque de Terouane,      1378.
Jean de Dormans, dit *le cardinal de Beauvais*, 1373.

### Sous Charles V.

Encore Jean de Dormans, cardinal.
Guillaume de Dormans,      1373.
Pierre d'Orgemont fut élu par ſcrutin en préſence du Roi,      1389.

### Sous Charles VI.

Le même Pierre d'Orgemont, qui ſe démit en 1380.
Mort en      1389.

Miles Dormans,      1387.
Pierre de Giac,      1407.
Arnaud de Corbie,      1413.
N. du Boſc,      1408.
Montaigu,      1415.
Euſtache de Laître, élu en      1420.
(On le contraignit à ſe défaire de ſon office de chancelier en 1417, & Henri de Marle, premier préſident, fut élu par ſcrutin pour remplir ſa place.)
Henri de Marle,      1418.
Jean Leclerc,      1438.
R. le Maçon,      1442.
(Il avoit ſauvé la vie au Dauphin (depuis Charles VII) en 1418, lorſque le duc de Bourgogne étoit entré la nuit dans Paris.)
Michel Gouge,      1444.

### Sous Charles VII.

Louis de Luxembourg,      1443.
Thomas Hoo, vivant en      1455.
(Ces deux chanceliers étoient de la nomination du roi d'Angleterre.)
Renaud de Chartres, cardinal & archevêque de Rheims,      1443.
Guillaume-Juvénal des Urſins,      1472.

### Sous Louis XI.

Encore Guillaume-Juvénal des Urſins.
P. de Morvilliers,      1476.
Pierre d'Oriole,      1485.
(Il fut déchargé de ſon office en 1483, *Rex exoneravit eum*, & ce ne fut pas par mécontentement, ce ne fut pas une diſgrace, puiſque le Roi, qui d'ailleurs mettoit aſſez ſouvent dans ces arrangemens de la fantaiſie & de la bizarrerie, lui donna, comme en dédommagement, la charge de premier préſident de la chambre des comptes; mais il vouloit gratifier de la charge de chancelier Guillaume de Rochefort, qui avoit paſſé du ſervice de Bourgogne à celui de France; il payoit cher ordinairement ces ſortes de défections, & vraiſemblablement le marché avoit été fait pour la chancellerie.)
Guillaume de Rochefort,      1492.

### Sous Charles VIII.

Le même Guillaume de Rochefort.
Adam Fumé, garde-des-ſceaux,      1494.
Etienne Bertrand,      1483.
Robert Briconnet,      1497.
Guy de Rochefort,      1507.

### Sous Louis XII.

Le même Guy de Rochefort.
Jean de Ganai,      1512.
Etienne Poncher,      1524.

### Sous François I.

Antoine du Prat,      1535.
Antoine du Bourg,      1538.

Mathieu de Longuejoue, garde-des-sceaux, 1558.
Guillaume Poyet, 1548.
François de Montholon, garde-des-sceaux, 1543.
François Errault, garde-des-sceaux, 1544.
François Olivier de Leuville, 1560.

### Sous Henri II.

Le même François Olivier de Leuville.
Jean Bertrandi, cardinal, premier garde-des sceaux de France en titre d'office : il les avoit eus d'abord par commission, 1560.

### Sous François II.

Les mêmes, Bertrandi, garde-des-sceaux,
Et Olivier de Leuville, chancelier.
Puis Michel de l'Hôpital, 1573.

### Sous Charles IX.

Le même Michel de l'Hôpital.
Jean de Morvilliers, garde-des-sceaux.

### Sous Henri III.

René de Birague, 1583.
Phillippe Hurault de Cheverni, 1599.
François de Montholon, garde-des-sceaux, fils de celui qui l'étoit sous François I, 1590.

### Sous Henri IV.

Les mêmes, Hurault de Cheverni,
Et François de Montholon.
Puis Charles de Bourbon, cardinal de Vendôme, garde-des-sceaux, 1594.
Pompone de Belliévre, 1607.
Nicolas Brûlart de Sillery, 1624.

### Sous Louis XIII.

D'abord le même Nicolas Brûlart de Sillery.
Puis Guillaume du Vair, garde-des-sceaux, 1621.
Claude Mangot, garde-des-sceaux en 1617.
Charles d'Albert de Luynes, garde-des-sceaux, 1621.
Meri de Vic d'Ermenonville, garde-des-sceaux, 1622.
Louis Lefèvre de Caumartin, garde-des-sceaux, 1623.
Etienne d'Aligre, 1635.
Michel de Marillac, garde-des-sceaux, 1623.
Charles de l'Aubespine de Châteauneuf, garde-des-sceaux, 1633.
Pierre Seguier, garde-des-sceaux, puis chancelier, 1672.

### Sous Louis XIV.

D'abord les mêmes, Charles de l'Aubespine de Châteauneuf, garde-des-sceaux,
Et Pierre Seguier, chancelier.
Puis Mathieu Molé, garde-des-sceaux, 1656.
Etienne d'Aligre, 1677.
Michel le Tellier, 1685.
Louis Boucherat, 1699.

Louis Phelypeaux de Pontchartrain exerce jusqu'en 1714.
Mort en 1727.
Daniel-François Voisin, 1717.

### Sous Louis XV.

Les mêmes, Phelypeaux de Pontchartrain,
Et Voisin.
Henri-François d'Aguesseau, chancelier en 1717.
Exilé à Fresnes le 28 janvier 1718. Les sceaux lui sont rendus en 1720, lui sont ôtés de nouveau en 1722 ; il est rappelé en 1725 ; se démet le 27 novembre 1750. Mort le 9 février 1751.
Marc-René de Voyer d'Argenson, lieutenant de police de Paris, garde-des-sceaux le 18 janvier 1718 ; se démet le 7 juin 1720, avec un brevet pour conserver les honneurs de garde-des-sceaux. Mort le 8 avril 1721.
Joseph-Jean-Baptiste Fleuriau d'Armenonville, garde-des-sceaux, le 1er. mars 1722 ; obtient sa retraite le 15 juin 1727. Mort au mois d'octobre 1728.
Germain-Louis de Chauvelin, président à mortier du parlement de Paris, garde-des-sceaux le 15 juin 1727 : il est fait en même tems ministre des affaires étrangères. Exilé à Bourges le 20 février 1737. Les sceaux sont alors rendus au chancelier d'Aguesseau, & les affaires étrangères confiées à M. Amelot, M. de Chauvelin, mort le premier avril 1762.
Guillaume de Lamoignon de Blancmesnil, chancelier le 27 novembre 1757 ; se démet en 1768 ; mort le 12 juillet 1772, âgé de près de quatre-vingt-dix ans.
Jean-Baptiste de Machault d'Arnouville, contrôleur-général, ministre-d'état, garde-des-sceaux le 27 novembre 1750. Il se retire le premier février 1757. Le Roi tient lui-même les sceaux jusqu'au 13 octobre 1761 ; les remet à M. Berryer.
Nicolas-René Berryer, secrétaire-d'état de la marine, garde-des-sceaux le 13 octobre 1761 ; mort le 15 août 1762.
Paul-Esprit Feydeau de Brou, doyen des conseillers-d'état, garde-des-sceaux le premier octobre 1762 ; se démet en 1763 ; meurt en 1767.
René-Charles de Maupeou, ancien premier président au parlement de Paris, vice-chancelier le 4 octobre 1763 ; se démet en 1768 ; meurt le 4 avril 1775.
René-Nicolas-Charles-Augustin de Maupeou, ancien premier président au parlement de Paris, chancelier en 1768. Il présida jusqu'à un certain point à quelques-uns des renversemens que nous avons vus depuis, & fut renvoyé le 24 août 1774.

### Sous Louis XVI.

Le même. Maupeou le fils, jusqu'au 24 août 1774.
Louis-Armand Hue de Miromesnil, ancien premier président au parlement de Rouen, garde-

des-fceaux en 1774 ; fe démet en 1787, conferve les honneurs de garde-des-fceaux.
Chrétien-François de Lamoignon , préfident à
mortier du parlement de Paris, garde-des-fceaux
en 1787 ; mort en 1789.
M. de Barentin, premier préfident de la cour des
aides de Paris , lui fuccède dans la dignité de
garde-des-fceaux.
Et enfuite Jérôme-Marie Champion de Cicé, archevêque de Bordeaux.

### AMIRAL.

Amiral de France, c'eft le chef de la marine &
des armées navales. Ce mot vient de l'arabe *amir*
ou plutôt *emir*, qui fignifie feigneur, gouverneur
ou chef d'armée. Il y avoit un amiral du ponant &
un amiral du levant ; mais ces deux charges ont
été réunies en une feule. Le roi Louis XIV créa,
en 1669, deux vice-amiraux de fes armées navales,
l'un du levant & l'autre du ponant. L'amiral a
droit de donner les congés, tant en guerre qu'en
marchandife. Il a la dixième partie des prifes qui
fe font en mer & fur les grèves, & celle des rançons & des repréfailles ; le tiers de ce qu'on tire
de la mer ou de ce qu'elle rejette ; le droit d'an-
crage, tonnes & balifes. Les Sarrafins ont été les
premiers qui aient donné le titre d'amiral aux capitaines & généraux de leurs flottes. Les Siciliens
& les Génois ont donné le même titre d'amiral
aux commandans de leurs armées navales. L'amiral
a fa juridiction à la table de marbre du palais à
Paris, & porte pour marque de fa dignité deux
ancres paffées en fautoir derrière l'écu de fes armes.
Voici ce que l'Hiftoire nous fournit touchant la
fuite des amiraux de France.

1. Florent de Varenne étoit amiral de France
au paffage d'outre-mer, l'an 1270, comme on l'apprend du Mémoire des chevaliers de l'hôtel du roi
faint Louis, qui devoient l'accompagner au voyage
de Tunis.

2. Enguerrand étoit amiral de la flotte du roi
Philippe-le-Hardi, l'an 1205, & il fut pris, dans
un combat naval, par les Aragonois.

3. Mathieu, quatrième du nom, dit *le Grand*,
fire de Montmorenci, exerça la charge d'amiral de
France l'an 1295, & mourut en 1304 ou 1305.

4. Jean, fecond du nom, fire d'Harcourt, maréchal de France, fut lieutenant-général de l'armée
navale du Roi, avec Mathieu, quatrième du nom, fire
de Montmorenci, l'an 1295, & mourut en 1302.

5. Othon de Toci exerça la charge d'amiral de
la mer en 1296, & mourut en 1297.

6. Benoît-Zacharie, en 1297, comme témoigne
un compte de Robert Mignon.

7. Raynier de Grimaut, feigneur de Neuville
en Normandie, en 1302, 1303, 1304 & 1305.

8. Thibaud, fire de Cepoi ou Chepoi, amiral
en l'expédition de Romanie, pendant les années
1306, 1307 & 1308.

9. Bérenger Blanc, en 1316, 1317, 1319 & 1326.

10. Genitien Triftan, en 1324, pendant la guerre
de Gafcogne & de Baïonne.

11. Pierre Miège, en 1326.

12. Jean II, feigneur de Chepoi & d'Anchin,
commanda les galères du roi Philippe de Valois, &
celles du Pape, en la guerre contre les Grecs,
l'an 1338.

13. Hugues Quieret, feigneur de Tours-en-
Vimeu, amiral l'an 1336, fut tué dans un combat
naval donné contre les Anglais, l'an 1340.

14. Nicolas Beuchet ou Behuchet, feigneur de
Mufi, en 1339.

15. Louis d'Efpagne, Prince des Iles-Fortunées
& comte de Talmond, exerça la charge d'amiral
de France, l'an 1341. Il livra un combat naval près
des îles de Gernefey, à Robert d'Artois, troifième
du nom, comte de Beaumont-le-Roger, & vivoit
encore en mars 1351. Il étoit frère aîné de Charles
d'Efpagne, connétable de France.

16. Pierre Flotte, feigneur d'Ecole, dit *Floiton
de Revel*, fut créé amiral de France en 1345, &
exerça cette charge jufqu'en octobre 1347, qu'il
s'en démit.

17. Jean de Nanteuil, chevalier de Saint-Jean-
de-Jérufalem & grand-prieur d'Aquitaine, pofféda cette dignité en 1351, 1354, 1355 & 1356, fuivant les titres de la chambre des comptes.

* Jean de Chamigni, chevalier, vice-amiral de
la mer, en 1356.

18. Enguerrand Quieret, feigneur de Franfu,
en 1357.

19. Enguerrand de Mentenai fut commis, en
1359, pour faire la fonction d'amiral jufqu'à ce
qu'on eût pourvu à cette charge.

20. Jean de la Heufe, dit *le Braudrand*, fut honoré de cette dignité en 1359 ; & on voit, par
des titres anciens, qu'il étoit amiral en 1361, 1366,
1367 & 1368.

21. François de Perilleux, vicomte de Rhodes,
chevalier aragonois, fut pourvu de la charge d'a-
miral de France au mois de juillet 1368.

* Etienne Dumoutier fut inftitué vice-amiral en
juillet 1368, en même tems que François de Perilleux fut fait amiral.

22. Aimeric, huitième du nom, vicomte de Narbonne, créé en 1369, & deftitué en 1373.

23. Jean de Vienne, feigneur de Rollans, maréchal de Bourgogne, fut honoré de cet office au
mois de décembre 1373. Il paffa en Ecoffe avec fa
flotte, l'an 1385, affifta au fiége de Carthage en
Barbarie, l'an 1390, & eut la conduite de l'avant-
garde de l'armée françaife à la bataille de Nicopolis, où il fut tué le 26 feptembre 1396.

24. Renaud de Trie, feigneur de Lerifontaine,
chambellan du Roi & maître des arbalêtriers, fut
créé amiral de France en 1397, & fe démit de cette
charge, l'an 1450, en faveur de Pierre de Breban
qui fuit.

25. Pierre de Breban, dit *Clignet*, feigneur de

I andreville, fut élevé à cette dignité, en 1405, par la faveur de Louis de France, duc d'Orléans, dont il étoit officier. Il fut destitué l'an 1408, & ne laissa pas néanmoins de prendre la qualité d'amiral dans les années 1413 & 1428.

26. Jacques de Châtillon, premier du nom, seigneur de Dampierre, amiral en 1408, fut tué pour le service du roi, à la bataille d'Azincourt, l'an 1415.

27. Robert de Braquemont obtint cette charge en 1417, & fut destitué, en 1418, par la faction du duc de Bourgogne.

28. Jeanet de Poix n'exerça jamais, quoiqu'il en prît la qualité que le Roi lui avoit donnée.

29. Charles de Recourt, dit de Lens, fut créé amiral en 1418, nonobstant le brevet que le Roi avoit donné à Jeanet de Poix, qui prit aussi la qualité d'amiral de France.

30. Georges de Beauvoir ou de Châtelus, frère aîné de Claude de Beauvoir, maréchal de France, exerça l'office d'amiral l'an 1420.

31. Louis de Culant, en 1423 & en 1436.

* Guillaume de la Pole, anglais, comte de Suffolk & de Dreux, s'attribuoit le titre d'amiral de France l'an 1423, & eut la tête tranchée le 2 mai 1451.

* Edouard de Courtenai, anglais, fut nommé amiral de France l'an 1439.

32. André de Laval, seigneur de Loheac & de Retz, quitta la charge d'amiral pour être fait maréchal de France l'an 1439, & en reprit les fonctions en l'année 1465.

33. Prégent, seigneur de Coëtivi & de Retz, fut pourvu de cet office l'an 1439, & fut tué d'un coup de canon au siége de Cherbourg, l'an 1450.

34. Jean, cinquième du nom, seigneur de Beuil & comte de Sancerre, fut honoré de cette dignité l'an 1450, & ensuite créé chevalier de l'Ordre de Saint-Michel, l'an 1469.

* Guillaume de Cafenove, dit Coulon, vice-amiral de France.

35. Jean, sire de Montauban & de Landal, fut créé amiral de France en 1461, & mourut en 1466, fort regretté du Roi.

36. Louis, bâtard de Bourbon, comte de Roussillon en Dauphiné, succéda, en cette charge, à Jean, sire de Montauban, l'an 1466, & mourut en 1485.

* Odet d'Aidie fut amiral & gouverneur de Guienne. Le roi Louis XI lui donna aussi le comté de Comminges; mais on lui ôta son gouvernement & l'amirauté en 148.

37. Louis Malet, seigneur de Graville & de Marcoussi, fut en grand crédit à la cour du roi Charles VIII, qui l'honora de l'office d'amiral de France en 1487. Il abdiqua en faveur de Charles d'Amboise II son gendre, l'an 1508; mais il fut rétabli deux ans après.

38. Charles d'Amboise, second du nom, seigneur de Chaumont, fut pourvu de la charge d'amiral par

la résignation de Louis Malet son beau-père, en 1508, & mourut en 1511.

* Louis, second du nom, seigneur de la Trimoille, vicomte de Thouars & prince de Talmond, exerça la charge d'amiral de Guienne & de Bretagne, en 1502.

39. Guillaume Gouffier, seigneur de Bonnivet, posséda les bonnes graces du roi François I, qui le fit amiral de France en 1517. Il fut tué à la bataille de Pavie, en 1524.

40. Philippe Chabot, comte de Charni, fut pourvu de la charge d'amiral en 1525. Il mourut le 1er. juin 1543.

41. Claude d'Annebaut, baron de Retz, fut élevé à cette dignité en 1543.

42. Gaspard de Coligny, second du nom, seigneur de Châtillon, eut les provisions de cet office en novembre 1552, & fut tué le jour de saint Barthélemi, 24 août 1572.

43. Honorat de Savoie, second du nom, marquis de Villars & comte de Tende, fut nommé amiral de France & des mers du Levant, après la mort de Gaspard de Coligny, en 1572.

44. Charles de Lorraine, duc de Mayenne, obtint la charge d'amiral, en 1578, par la démission du marquis de Villars son beau-père. Il l'exerça jusqu'en 1582, qu'il la remit entre les mains du Roi, & mourut le 3 octobre 1611.

45. Anne, duc de Joyeuse, acquit le titre d'amiral de France par la démission du duc de Mayenne, en 1581; & fut tué à la bataille de Coutras, le 20 octobre 1587.

46. Jean-Louis de Nogaret & de la Vallette, duc d'Espernon, fut créé amiral en 1587, & remit ensuite cette charge en faveur de son frère aîné.

47. Antoine de Brichanteau, marquis de Nangis, fut pourvu de la charge d'amiral de France par lettres du 25 février 1589; mais il n'en fit point de fonction, & mourut en 1617.

48. Bernard de Nogaret & de la Vallette reçut les provisions de cet office après la démission que son frère puîné fit en sa faveur, l'an 1590, & mourut le 11 février 1592.

* François de Coligny, seigneur de Châtillon, fut créé amiral de Guienne par le roi Henri IV, après son avénement à la couronne, en 1589, & mourut l'an 1591.

49. Charles de Gontaut, duc de Biron & maréchal de France, posséda la charge d'amiral de France depuis 1592 jusqu'en 1594 qu'il s'en démit, & eut la tête tranchée le 31 juillet 1602.

50. André de Brancas, seigneur de Villars, fut pourvu de l'office d'amiral en 1594, après la démission du maréchal de Biron, & fut tué de sang froid par les Espagnols, le 24 juillet 1595.

51. Charles de Montmorenci, duc de Damville, fut honoré par Henri IV de la charge d'amiral de France & de Bretagne, en 1596, & mourut en 1612.

52. Henri, second du nom, duc de Montmorenci, lui

lui fuccéda en cette charge , l'an 1612 , & s'en démit l'an 1626, entre les mains du roi Louis XIII, qui la fupprima par-édit du mois d'octobre de la même année , & créa celle de grand-maître & chef de la navigation.

53. Armand-Jean Dupleffis , cardinal , duc de Richelieu , fut établi , en 1626 , grand-maître , chef & furintendant de la navigation & du commerce de France , & mourut le 4 décembre 1642.

54. Armand de Maillé , duc de Fronfac , marquis de Brezé , grand-maître , chef & furintendant-général de la navigation & du commerce de France, prêta le ferment de cette charge en 1643, & fut tué fur mer d'un coup de canon, le 14 juin 1646.

* Anne d'Autriche , reine régente , fut établie par le roi Louis XIV fon fils , furintendante des mers de France , l'an 1646. Elle s'en démit l'an 1650.

55. Céfar , duc de Vendôme & de Beaufort , fut pourvu de la charge de grand-maître , chef & furintendant-général de la navigation & du commerce de France en 1650, & mourut en 1665.

56. François de Vendôme , duc de Beaufort , prêta le ferment de cette charge l'an 1651 , & difparut dans un combat devant Candie , le 25 juin 1669.

57. Louis de Bourbon, comte de Vermandois , légitimé de France , fut revêtu de cette dignité par fon père Louis XIV , au mois d'août 1669, & mourut le 18 novembre 1683.

58. Louis-Alexandre de Bourbon , légitimé de France , comte de Touloufe , fut pourvu de la charge d'amiral de France en 1683 , par le roi Louis XIV fon père. Il eft mort à Rambouillet , le 1er. décembre 1737.

59. Louis-Jean-Marie de Bourbon , duc de Penthièvre , fut pourvu en furvivance de la charge d'amiral de France , le 1er. janvier 1734.

### Grands-maîtres des Arbalêtriers.

Le grand-maître des arbalêtriers étoit, en France, un grand officier de la couronne , qui avoit la furintendance fur tous les officiers des machines de guerre avant l'invention de l'artillerie.

1. Thibaut de Montlear eut cette qualité fous le roi faint Louis , & eft nommé , dans un arrêt du parlement de Paris de l'an 1230 , entre les grands-feigneurs du royaume.

2. Renaud de Rouvroi poffédoit cette charge en 1274.

3. Jean de Burlas , fénéchal de Guienne , exerça cet office dans les années 1284 , 1287 & 1301 , fuivant les anciens états de la Maifon du Roi.

4. Jean le Picard en jouiffoit l'an 1298.

5. Pierre de Courtefot étoit pourvu de cette charge en l'an 1303.

6. Thibaud , fire de Chepoi , chevalier , amiral

*Hiftoire. Tome VI. Supplément.*

de France , étoit grand-maître des arbalêtriers du Roi , dans les années 1303 , 1304 & 1307.

7. Pierre de Gallard , chevalier , feigneur d'Efpieux & de Limeil , poffédà cet office depuis 1310 jufqu'à fa mort.

8. Etienne de la Baume , dit le Galois , feigneur de Mont-Revel , en jouit depuis 1338 jufqu'en 1346.

9. Mathieu , fecond du nom , feigneur de Roye, en fut pourvu l'an 1346 , & la poffédoit encore en 1349.

10. Robert , fire de Houdetot , fut créé grand-maître des arbalêtriers au mois de mai 1350.

11. Baudoin de Lens , fire d'Annequin , exerçoit cette charge en 1358.

12. Nicolas Deligne , feigneur d'Ollignies , étoit maître des arbalêtriers en 1364.

13. Hugues de Châtillon , feigneur de Dampierre , étoit maître des arbalêtriers en 1364 & en 1369. Il fut deftitué l'an 1379 , & rétabli trois ans après dans cette charge, qu'il exerça jufqu'en 1388.

* Marc de Grimaud , feigneur d'Antibes , fut nommé capitaine-général des arbalêtriers , tant de pied que de cheval , en 1373.

14. Guichard Dauphin , premier du nom , feigneur de Jaligny , petit-fils de Robert III , comte de Clermont & Dauphin d'Auvergne , étoit grand-maître des arbalêtriers l'an 1379 , le feigneur de Dampierre ayant été rétabli. Depuis il fut remis en poffeffion de cette charge l'an 1388, & l'exerça jufqu'en 1394, que Renaud de Trie en fut pourvu, & enfuite Jean , fire de Beuil , après lequel il jouit encore de cet office depuis 1399 jufqu'en 1403.

15. Renaud de Trie , feigneur de Serifontaine , &c. exerçoit l'office de grand-maître des arbalêtriers en 1394, & fut fait amiral de France en 1397.

16. Jean IV , fire de Beuil , poffédoit cette charge en 1396, 1397 & 1398.

17. Jean de Hangeft , feigneur de Hugueville , en fut pourvu à la place de Guichard Dauphin , l'an 1403.

18. Jean , fire de Hangeft & d'Avenefcourt , fut créé maître des arbalêtriers du Roi en 1407, & fut dépofé en 1411.

19. David , fire de Rambures , prêta le ferment de cette charge en 1411.

20. Jean de Torfai, feigneur de la Motte-Sainte-Huaye , fut nommé grand-maître des arbalêtriers l'an 1415 ; mais il fut deftitué en 1418 , par la faction de Bourgogne , parce qu'il avoit embraffé le parti de Charles , Dauphin de Viennois , régent du royaume. Il vivoit encore l'an 1423 , & prenoit toujours la qualité de grand-maître des arbalêtriers.

21. Jacques de la Baume , feigneur de Labergemont , Montfort , &c. fuccéda à Jean de Torfai en 1418.

22. Hugues de Lannoi , feigneur de Santes , reçut les provifions de cet office en 1421.

23. Jean Malet, cinquième du nom, seigneur de Graville & de Marcouffis, grand-pannetier & grand-fauconnier de France, étoit grand-maître des arbalêtriers en 1425.

24. Jean d'Eftouteville, seigneur de Torci, exerça cette charge depuis 1449 jusqu'en 1460.

25. Jean, sire & ber d'Auxi, quatrième du nom, en jouit depuis 1461 jusqu'en 1466.

26. Aimar Deprie, seigneur de Montpoupon, fut le dernier grand-maître des arbalêtriers de France en 1523.

### Grand-maître de l'artillerie de France.

Officier de la couronne depuis l'an 1600. Henri IV créa cette charge en faveur de Maximilien de Béthune, duc de Sulli. Le grand-maître a la furintendance fur tous les officiers de l'artillerie, dans tous les arsenaux du royaume : il exerce sa juridiction fur l'arsenal de Paris, & met, pour marque de sa charge, deux canons fur leurs affûts au deffous de l'écu de ses armes. Voici que l'Histoire nous fournit touchant la fuite de ces officiers.

1. Guillaume de Dourdan étoit maître de l'artillerie du Louvre en 1291.

2. Guillaume, châtelain de Montargis, étoit maître de l'artillerie de Montargis, en 1291 ou 1313.

3. Guillebat du Louvre étoit maître de l'artillerie du Louvre en 1294, & exerça cette charge jufqu'en 1316.

4. Etienne Amigard étoit maître de l'artillerie du Louvre en 1297, & de celle de Melun en 1322.

5. Jean du Louvre avoit la conduite de la charge de maître de l'artillerie du Roi, fous fon père, en 1295, & l'exerçoit encore en 1329.

6. Jean Gautier étoit prépofé aux artilleries qui fe faifoient au Louvre en 1297, 1299 & 1300.

7. Benoît Fabri travailloit aux artilleries du Louvre ès années 1307 & fuivantes, jufqu'en 1315.

8. Adam étoit maître de l'artillerie de Rouen en 1314.

9. Etienne de la Chambre avoit foin des artilleries ès années 1295, 1297, 1301 & 1302.

10. Pierre Lavache, châtelain de Melun, étoit maître de l'artillerie à Melun en 1296, & exerçoit encore en 1317.

11. Jean du Lion étoit garde & vifiteur de l'artillerie du Roi au baillage de Vermandois & fur la frontière, lorfqu'il fut établi à la garde de l'artillerie du Louvre en 1344, & eft qualifié fouverain maître des artilleries du Roi, dans un compte de l'artillerie depuis 1358 jufqu'en 1365.

12. Milet du Lion fut pourvu de la charge de maître-général & vifiteur de l'artillerie du Roi en 1378, & l'exerça jufqu'en 1397.

13. Jean de Soifi fut inftitué maître-général de l'artillerie, & vifiteur de toutes les artilleries de France en 1397, & mourut en 1407.

14. Mathieu de Beauvais, dit Gode, fut pourvu de cette charge en 1407. Il fut dépoffédé en 1411, y fut rétabli en 1413, & en jouit jufqu'en 1415.

15. Etienne Lambin en fut pourvu en 1411, & en fut dépoffédé à caufe de fon abfence, en janvier 1413.

16. Jean Gaude, maître de l'artillerie du Roi, fut tué à l'entrée du duc de Bourgogne à Paris, en 1418.

17. Nicolas de Manteville, seigneur d'Aunoi, fut pourvu de la charge de général, maître & vifiteur des artilleries du Roi en 1415, fur la réfignation de Mathieu de Beauvais, dont il fut déchargé en 1418.

18. Jean Petit, capitaine des archers du corps du duc de Bourgogne, fut inftitué général, maître & vifiteur des artilleries de France en 1418, & en jouit jufqu'en 1420.

19. Philibert de Molans fut commis, en 1420, au fait & gouvernement de l'artillerie, en fut pourvu en chef en 1424, & vivoit en 1439.

20. Pierre Beffonneau fut inftitué général, maître & vifiteur de l'artillerie du Roi, en 1420, par Charles, Dauphin de Viennois, régent du royaume, depuis Roi, feptième du nom, dont il fe démit en 1444.

Pierre Carême fut commis au gouvernement de l'artillerie, pour le Languedoc & la Guienne, en 1421, & exerçoit en 1422.

Raymond Marc fut commis au gouvernement de l'artillerie de France, en l'abfence de Philibert de Molans, en 1432, & mourut la même année.

Guillaume de Troyes fut commis à l'exercice de maître de l'artillerie après la mort de Raymond Marc, & pendant l'abfence de Philibert de Molans, par Henri VI, roi d'Angleterre, le 27 janvier 1432, & en faifoit les fonctions en 1435.

Triftan Lhermite, seigneur de Mouliers & du Bouchet, fut commis à l'exercice de la charge de maître de l'artillerie, par le connétable de Richemond, en 1436, dont il fe démit peu après.

Jean Bureau, seigneur de Montglas, fut commis verbalement, par le Roi, au fait & gouvernement de l'artillerie de France, pour le fiége de Meaux, en 1439, & le Roi lui en donna lettres la même année.

Vernon de Geneftet exerça par commiffion la charge de maître de l'artillerie pendant la maladie de Pierre Beffonneau.

21. Gafpard Bureau, seigneur de Villemonble, &c. fut pourvu, en 1444, de la charge de maître de l'artillerie.

22. Hélion le Groing fut pourvu de la charge de général, maître, vifiteur de toutes les artilleries de France après la mort de Gafpard Bureau, mais il n'en fit pas long-tems les fonctions.

Louis, sire de Cruffol, pannetier de France, fut commis au gouvernement de toutes les artilleries, depuis 1467 jufqu'en 1472.

23. Gobert Cadiot fut pourvu de la charge de

maître & visiteur de l'artillerie de France, le dernier mai 1472, & mourut au mois de janvier suivant.

24. Guillaume Bournel fut pourvu de la charge de grand-maître de l'artillerie l'an 1473, & la posséda jusqu'à sa mort, arrivée en 1477.

25. Jean Chollet lui succéda, & mourut en 1479. De son tems l'artillerie fut divisée en trois bandes, qui avoient chacune un maître. Chollet commandoit la première bande ; Galiot de Genouillac la seconde, appelée la bande de Bertrand de Saman, parce que ce Bertrand en étoit capitaine ; & Perceval de Dreux la troisième, qu'on nommoit la bande des Bâtons, dont Guillaume Bachelier avoit la charge. Il y avoit encore un maître d'artillerie pour la Normandie, nommé Geraud de Saman.

* Guillaume Picard, bailli de Rouen, fut commis au gouvernement de toute l'artillerie après la mort de Jean Chollet en 1479, mais il l'exerça fort peu.

26. Galiot de Genouillac, qui étoit capitaine de la seconde bande, fut nommé grand-maître de l'artillerie en 1479. Jean Barrabin, qui avoit été lieutenant-général de l'artillerie, fut créé capitaine en la place de Genouillac.

27. Guyot de Lauzières, sénéchal d'Armagnac, quitta cet office pour prendre la charge de grand-maître de l'artillerie de France en 1493.

* Jean de la Grange fit la fonction de maître de l'artillerie du Roi, à la journée de Fornoue, en juillet 1495.

* Jacques de Silli, bailli de Caen, exerça l'office de maître de l'artillerie au siége de Capoue, l'an 1501.

28. Paul de Bussérade, qui étoit auparavant lieutenant-général de l'artillerie de France, fut créé grand-maître en 1504, & posséda cette charge jusqu'en 1512, qu'il fut tué d'un coup de canon au siége de Ravenne.

29. Jacques de Genouillac, dit Galiot, sénéchal d'Armagnac, fut pourvu de la charge de grand-maître de l'artillerie après la mort de Bussérade, en 1512, & de l'office de grand-écuyer de France en 1544. Il mourut l'an 1546.

30. Antoine, seigneur de la Fayette, fut institué maître de l'artillerie delà les monts, par le roi Louis XII, & fit sa démission en faveur de Jean de Pommereul, l'an 1515.

31. Jean de Pommereul, seigneur du Plessis Brion, reçut les provisions de la charge de maître de l'artillerie au duché de Milan & delà les monts, l'an 1515, & l'exerça jusqu'en 1524.

32. Jean, seigneur de Taix, colonel de l'infanterie française, succéda, en 1546, à Jacques de Genouillac. Il fut destitué l'année suivante.

33. Charles de Cossé, premier du nom, comte de Brissac, fut pourvu de l'office de grand-maître de l'artillerie en 1547, & fut fait maréchal de France en 1550.

34. Jean d'Estrées obtint cette charge l'an 1550.

On remarque qu'il fut le premier qui professa publiquement la religion prétendue réformée en Picardie. Il mourut fort âgé, l'an 1567.

35. Jean Babou, seigneur de la Bourdaisière, maître de l'artillerie du Roi, servit en cette qualité à la bataille de Moncontour, en 1569. Il mourut la même année.

36. Armand de Gontaud, seigneur de Biron, lui succéda, puis fut créé maréchal de France l'an 1577.

37. Philibert de la Guiche posséda cet office après la démission du maréchal de Biron, en 1578.

38. François d'Espinai, seigneur de Saint-Luc, en fut pourvu l'an 1596, & fut tué au siége d'Amiens le 8 septembre 1597.

39. Antoine d'Estrées, marquis de Cœuvres, fut créé maître de l'artillerie du Roi, l'an 1597, & se démit de cette charge l'an 1599.

40. Maximilien de Béthune, premier du nom, duc de Sulli, pair & maréchal de France, prince d'Enrichemont, &c. obtint en 1599 la charge de grand-maître de l'artillerie, que le roi Henri IV érigea en sa faveur sur le pied de charge de la couronne, l'an 1600. On lui donna, en 1634, le bâton de maréchal de France.

41. Maximilien de Béthune, second du nom, marquis de Rosni, fut pourvu de la charge de grand-maître de l'artillerie par la démission de son père en 1618, & mourut en 1634.

* Henri de Schomberg, maréchal de France, exerça l'office de grand-maître de l'artillerie par commission, en 1621 & 1622.

* Antoine Ruzé, marquis d'Effiat, maréchal de France, eut la même commission durant la disgrace du marquis de Rosni.

42. Charles de la Porte, duc de la Meilleraye, pair & maréchal de France, reçut les provisions de l'office de grand-maître de l'artillerie en 1634, & mourut en 1664.

43. Armand-Charles de la Porte, duc de Mazarin, de la Meilleraye & de Mayenne, pair de France & gouverneur d'Alsace, fut pourvu de cette charge du vivant de son père, & s'en démit en faveur du comte de Lude.

44. Henri de Daillon, comte, puis duc de Lude, prêta le serment de grand-maître de l'artillerie de France, au mois de juillet 1669, & mourut en 1685.

45. Louis de Crevant, marquis, puis duc d'Humières, maréchal de France, fut reçu grand-maître de l'artillerie au mois de septembre 1685. Il mourut en 1694.

46. Louis-Auguste de Bourbon, légitimé de France, prince souverain de Dombes, duc du Maine, lieutenant-général des armées du Roi, fut nommé grand-maître de l'artillerie le 4 septembre 1694.

47. Louis-Charles de Bourbon, comte d'Eu, &c. fut nommé en avril 1710, grand-maître de

l'artillerie, en furvivance du duc du Maine fon père.

### CHAMBELLAN.

Le grand-chambellan de France eft un officier de la couronne, qui commande à tous les officiers de la chambre & de la garde-robe du Roi. Quand le Roi s'habille, il lui donne fa chemife, & ne cède cet honneur qu'aux fils de France & aux Princes du fang. Lorfque le Roi mange dans fa chambre, il y fait tous les honneurs; il lui donne la ferviette & le fert. Dans les cérémonies & autres affemblées, fon fiége eft derrière celui du Roi; mais quand le Roi tient fon lit de juftice au parlement, le grand-chambellan eft affis à fes pieds fur un carreau de velours violet, couvert de fleurs de lis d'or. Il fe trouve encore aux audiences des ambaffadeurs, où il a fa place derrière le fauteuil du Roi, & il couchoit anciennement dans la chambre du Roi quand la Reine n'y étoit point. C'étoit lui qui faifoit prêter le ferment de fidélité à ceux qui faifoient hommage au Roi, qui gardoit les coffres & les tréfors du Roi, & avoit l'adminiftration des finances; qui fignoit les lettres-patentes & autres actes de conféquence, & qui gardoit le cachet du cabinet. Le jour du facre, il chauffe les bottes au Roi & lui vêt la dalmatique & le manteau royal. Lorfque le Roi eft décédé, il enfevelit le corps, étant accompagné des gentilshommes de la chambre. Les grands-chambellans ont une table entretenue chez le Roi; mais M. le duc de Chevreufe, grand-chambellan, s'en accommoda avec les premiers maîtres-d'hôtel, lefquels tiennent à préfent cette table, qui eft toujours appelée la table du grand-chambellan. Les marques de fa dignité font deux clefs d'or, dont le manche fe termine en couronne royale, paffées en fautoir derrière l'écu de fes armes. Les Rois de Perfe avoient leurs chambellans. Il eft parlé, dans les *Actes des Apôtres*, d'un chambellan d'Hérode. Les Empereurs romains du haut & du bas Empire ont eu leurs chambellans, qui ont été appelés *præpofiti cubiculi*, & les derniers Empereurs grecs de Trébifonde ont confervé cette dignité. On croit que c'eft, en France, la plus ancienne charge de la couronne. Plufieurs hiftoriens ont affuré que Gautier de Calès ou de Caux étoit chambellan de Clotaire, fils de Clovis. Voici ce que l'Hiftoire nous apprend touchant la fuite de ceux qui ont exercé cette charge.

Nicole Gille affure que Clovis, premier Roi chrétien, eut pour chambellan Aurélien; mais le témoignage de cet auteur n'eft pas de grande autorité. Gaguin dit que Gautier de Calès, feigneur d'Yvetot, fut grand-chambellan de Clotaire. Aimoin & Fredegaire parlent de Valdemar, grand-chambellan de Gontran, roi d'Orléans. Grégoire de Tours fait mention d'Evreux & de Féraut, chambellans de Chilpéric; il parle auffi de Sœregifile, chambellan de Sigebert, roi de Metz, qui

fut tué en voulant défendre ce Prince lorfque Frédegonde le fit affaffiner à Vitry. L'on trouve fous Childebert, fils de Sigebert, trois chambellans, Eberon, qui fut gouverneur de Poitiers; Cotheron & Eradanes: Théodoric fon fils avoit Berthaire pour chambellan.

Dans la race des Carlovingiens, Algife étoit grand-chambellan de Charlemagne, & fut un des chefs de l'armée du Roi contre les Sénés. Etant mort dans la bataille, Mangefrid lui fuccéda dans la charge & dans le commandement d'une partie de l'armée. Géroust ou Gérouge fervit Louis-le-Débonnaire en cette qualité, ou fut, felon d'autres, capitaine de la garde de la porte. Bernard, duc de Septimanié, fut grand-chambellan de Louis-le-Débonnaire; Angilram, de Charles-le-Chauve. Bofon, frère de l'impératrice Richilde, femme de l'empereur Charles-le-Chauve, le fut de Louis-le-Bègue. Ce Bofon ayant été fait Roi de Provence, Théodoric lui fuccéda dans fa charge; il la conferva pendant le règne de Louis & de Carloman, fils de Louis-le-Bègue, qu'il fit facrer Rois de France après la mort de leur père.

Dans la famille de Hugues Capet commença la diftinction du chambellan & du chambrier. Sous Philippe I, Angilram étoit grand-chambellan, & Gafton de Poiffy, qui fut pourvu de cet office après lui, prend la qualité de chambellan dans une charte fous Louis-le-Gros. Sous le règne de Louis-le-Jeune, l'on trouve Renaud, grand-chambellan, & Mathieu, chambrier. Depuis Philippe-Augufte la fucceffion des chambellans eft plus fuivie.

1. Gautier de Villebéon, premier du nom, feigneur de la Chapelle & de Nemours, étoit chambellan de France fous les règnes de Louis-le-Jeune & de Philippe-Augufte. Il mourut fort âgé, en 1205.

2. Gautier de Villebéon, fecond du nom, dit *le Jeune*, feigneur de la Chapelle, fuccéda à fon père en cette charge, qu'il exerçoit encore en 1219.

3. Philippe, fecond du nom, feigneur de Nemours, chambellan de France fous les règnes de Louis-le-Jeune & de Philippe-Augufte, étoit fils de Gautier, feigneur de Nemours, & petit-fils de Philippe de Nemours, lequel étoit frère de Gautier II, feigneur de la Chapelle.

4. Adam de Villebéon, feigneur de la Chapelle-Gautier & de Villebéon, étoit chambellan de France en 1223, & mourut en 1238.

5. Pierre de Villebéon, feigneur de Baignaux, fils d'Adam, chambellan de France, fut en grand crédit auprès du roi faint Louis, & l'accompagna en fes deux voyages d'outre-mer. Il mourut au port de Tunis en Afrique l'an 1270, & fon corps fut apporté à Saint-Denis, où il eft enterré aux pieds du Roi.

6. Mathieu de Marli, de la Maifon de Montmorenci, exerçoit l'office de chambellan de France en 1272.

7. Pierre, feigneur de la Broffe, de Langeais en Touraine, chambellan de France, fut fort aimé du

roi Philippe-le-Hardi ; mais ayant, dit-on, abuſé de ſa faveur, il fut condamné à être pendu ; ce qui fut exécuté en préſence des ducs de Bourgogne & de Brabant, & du comte d'Artois, l'an 1277.

8. Raoul de Clermont, ſecond du nom, ſeigneur de Neſle, eſt qualifié chambellan de France dans l'arrêt rendu en faveur du roi Philippe-le-Hardi, pour le comté de Poitou, l'an 1285. Il fut depuis connétable de France, & fut tué à la bataille de Courtrai en 1302.

9. Mathieu, quatrième du nom, dit *le Grand*. ſeigneur de Montmorenci, amiral de France, fut pourvu de la charge de grand-chambellan par le roi Philippe-le-Bel, & mourut en 1304.

10. Mathieu de Trie, premier du nom, ſeigneur de Fontenai, chambellan de France, vivoit en 1306.

11. Enguerrand de Marigny, troiſième du nom, comte de Longueville, chambellan de France, fut fort en crédit auprès du roi Philippe-le-Bel ; mais étant tombé dans la diſgrace du comte de Valois, frère du Roi, il fut pendu au gibet de Montfaucon près Paris, en 1315, ſous le règne ſuivant.

12. Jean, premier du nom, vicomte de Melun, rendit de grands ſervices au roi Philippe-le-Long, qui lui donna la charge de chambellan de France en 1318. Il étoit mort en 1347.

13. Jean, ſecond du nom, vicomte de Melun, créé comte de Tancarville par le roi Jean, ſuccéda à ſon père dans la charge de chambellan, & fut reçu grand-maître de France en 1351. Il mourut l'an 1382.

14. Jean, troiſième du nom, vicomte de Melun, grand-chambellan de France en 1382, mourut en 1384.

15. Arnaud Amanjeu, ſire d'Albert, étoit grand-chambellan dès l'année 1381, & mourut en 1401.

16. Jacques de Bourbon, ſecond du nom, comte de la Marche, fut pourvu de l'office de grand-chambellan de France en juillet 1397, & mourut en 1438.

17. Guy, ſeigneur de Couſan, exerçoit cette charge dans les années 1401 & 1407.

18. Louis de Bourbon, comte de Vendôme, fut créé grand-chambellan de France par lettres du 17 avril 1407, & ſouverain maître-d'hôtel ou grand-maître de la Maiſon du Roi l'an 1413, & mourut en 1446.

19. Jean, ſecond du nom, ſeigneur de Montmorenci, reçut en 1424 les proviſions de cet office, dont il ſe démit en faveur du ſeigneur de la Trémoille.

20. Georges, ſeigneur de la Trémoille, fut honoré de la charge de grand-chambellan de France par le roi Charles VII en 1427. Il mourut l'an 1446.

21. Jean, bâtard d'Orléans, comte de Dunois & de Longueville, poſſédoit cet office dès l'an 1443, & mourut en 1470.

22. Antoine de Châteauneuf, ſeigneur du Lau, grand-chambellan & bouteiller de France, fut ar-

rêté priſonnier l'an 1466, & s'échappa deux ans après. Il vivoit encore l'an 1472.

23. René, ſecond du nom, duc de Lorraine & de Bar, reçut les proviſions de la charge de grand-chambellan de France en 1486 ; mais il ſe ligua enſuite avec le duc d'Orléans (Louis XII) contre le Roi (Charles VIII), & mourut en 1508.

24. François d'Orléans, premier du nom, comte de Dunois & de Longueville, étoit grand-chambellan de France dès l'année 1484, & mourut en 1491.

25. François, marquis de Hocbert, comte de Neuchâtel en Suiſſe, ſeigneur de Rothelin, &c. fut pourvu de la charge de grand-chambellan de France en 1491, dont il fut déchargé l'année ſuivante, & mourut en 1503.

26. Philippe de Crevecœur, ſeigneur d'Eſquerdes, maréchal de France, fut nommé grand-chambellan de France en février 1492, & mourut en 1494.

27. Louis de Luxembourg, prince d'Altemure, exerçoit cet office en 1500, & mourut en 1503.

28. François d'Orléans, ſecond du nom, duc de Longueville, grand-chambellan de France, mourut en 1512.

29. Louis d'Orléans, premier du nom, duc de Longueville, grand-chambellan de France, mourut l'an 1516.

30. Claude d'Orléans, duc de Longueville, poſſéda enſuite cette charge, & fut tué au ſiége de Pavie l'an 1524, âgé d'environ dix-ſept ans.

31. Louis d'Orléans, ſecond du nom, duc de Longueville, qui lui ſuccéda en cet office, mourut l'an 1537.

32. François d'Orléans, troiſième du nom, duc de Longueville, grand-chambellan de France, mourut à Amiens en 1551, âgé de ſeize ans.

33. François de Lorraine, duc de Guiſe, grand-chambellan & grand-veneur de France, mourut au ſiége d'Orléans en 1563.

34. Charles de Lorraine, duc de Mayenne, qui lui ſuccéda, mourut à Soiſſons en 1611.

35. Henri de Lorraine ſon fils, duc de Mayenne & d'Aiguillon, grand-chambellan de France, fut envoyé en Eſpagne, ambaſſadeur extraordinaire, l'an 1612, pour ſigner le mariage de Louis XIII avec l'Infante, & fut tué au ſiége de Montauban l'an 1621.

36. Claude de Lorraine, duc de Chevreuſe, fut pourvu de la charge de grand-chambellan de France en 1621, & mourut en 1657.

37. Louis de Lorraine, duc de Joyeuſe, reçut les proviſions de cet office en 1644, fut fait depuis colonel-général de la cavalerie légère de France, & mourut en 1654.

38. Henri de Lorraine, ſecond du nom, duc de Guiſe & grand-chambellan de France, accompagna la reine de Suède à ſon entrée dans Paris l'an 1656, & mourut en 1664.

39. Geoffroy-Maurice de la Tour, duc de Bouil-

lon, prêta le ferment au Roi pour la charge de grand-chambellan au mois d'avril 1658, & mourut en 1721.

40. Emmanuel-Théodofe de la Tour, duc de Bouillon, fut nommé grand-chambellan de France en feptembre 1715, fur la démiffion du duc de Bouillon fon père. Il mourut en 1730.

41. Fréderic-Maurice-Cafimir de la Tour, prince de Turenne, fut reçu grand-chambellan de France, en furvivance du duc d'Albret fon père, dont il prêta ferment le 3 mai 1717 : mort le 1 octobre 1723.

42. Charles - Godefroy de la Tour, duc de Bouillon, fut pourvu de la charge de grand-chambellan de France par la démiffion de fon père, & en prêta le ferment le 26 août 1728.

Cette charge eft reftée jufqu'au bout dans la Maifon de Bouillon.

### CHAMBRIER DE FRANCE.

Officier de la couronne, qui étoit diftingué du grand-chambellan. Il fut fupprimé par François I, qui, en fa place, créa un premier gentilhomme de fa chambre. Un des plus confidérables de la charge de grand-chambrier étoit d'avoir juridiction, par lui-même & par fes lieutenans, fur tous les marchands & artifans du royaume, de donner des lettres de maîtrife & de leur faire obferver les ordonnances. Il tenoit fa juridiction à Charonne & à Picpus, au bout du faubourg Saint-Antoine, & fes jugemens étoient portés par appel au grand-confeil. La différence des deux charges de grand-chambellan & de grand-chambrier paroît par des lettres-patentes du roi Charles V en 1368, où il eft dit que le chambellan de France avoit dix fous fur chaque maîtrife, & le chambrier fix. Voici ce que l'on peut favoir de la fuite des chambriers par les anciens titres.

*Suite chronologique des chambriers de France fous la troifième race de nos Rois.*

1. Renaud, chambrier de France en 1060, fous le roi Henri I.

2. Walerand, en 1065 & 1085, fous Philippe I.

3. Guy, fils de Walerand, en 1106 & 1121, fous Philippe I & Louis-le-Gros.

4. Albéric, en 1128, fous Louis-le-Gros.

5. Manaffés, en 1130, fous Louis-le-Gros.

6. Hugues, en 1134, fous le même Roi.

7. Mathieu, premier du nom, comte de Beaumont, en 1139, fous Louis-le-Jeune.

8. Albéric, premier du nom, comte de Dammartin, en 1162, fous le même Roi, vivoit en 1181.

9. Mathieu, fecond du nom, comte de Beaumont, en 1174, fous le même Roi.

10. Renaud fut créé chambrier de France en 1176, & vivoit en 1179, fous le même Roi.

11. Raoul étoit chambrier de France en 1186, fous Philippe-Augufte.

12. Mathieu, troifième du nom, comte de Beaumont, étoit chambrier de France en 1190 & 1207, fous le même Roi, & mourut avant l'an 1214.

13. Urfion de Merville eft qualifié chambrier de France dans les titres de l'année 1209.

14. Barthélemi, fire de Roye, vers l'an 1209, fous Philippe-Augufte & Louis VIII, mourut en 1224.

15. Jean, comte de Beaumont, en 1225, fous Louis VIII.

16. Jean de Nanteuil, en 1240 & 1248, fous faint Louis.

17. Alphonfe de Brienne, comte d'Eu, en 1258, fous le même Roi ; mort en 1270.

18. Érard, feigneur de Valeri, en 1272, fous Philippe-le-Hardi, étoit mort en 1277.

19. Robert, fecond du nom, duc de Bourgogne, en 1287, fous Philippe-le-Bel.

20. Jean, fecond du nom, comte de Dreux, en 1306, fous le même Roi, mourut en 1309.

21. Louis, premier du nom, duc de Bourbon, dit *le Boîteux*, en 1312, fous le même Roi, mourut en 1341.

22. Pierre, premier du nom, duc de Bourbon, en 1341, fous Philippe de Valois, fut tué à la bataille de Crécy en 1346.

23. Louis, fecond du nom, duc de Bourbon, en 1357, fous le roi Jean, mourut en 1410.

24. Jean, premier du nom, duc de Bourbon, fous le roi Charles VI, mourut prifonnier en Angleterre en 1434.

25. Philippe de Bourgogne, comte de Nevers, en 1410, fous le même Roi, fut tué à la bataille d'Azincourt en 1415.

26. Jean de Châlons, troifième du nom, Prince d'Orange, en 1415, fous le même Roi, nommé par les partifans du duc de Bourgogne, mourut de la pefte à Paris en 1418.

27. Guillaume, feigneur de Château-Vilain, en 1419, élu par les partifans du duc de Bourgogne, mourut en 1439.

28. Raoul de Cromwel, grand-tréforier d'Angleterre, fut pourvu par le roi d'Angleterre de la charge de grand-chambrier de France en 1434, fous Charles VII.

29. Charles, premier du nom, duc de Bourbon, mourut en 1456.

30. Jean, fecond du nom, duc de Bourbon, en 1456, fous le même Charles VII, mourut en 1488.

31. Pierre, fecond du nom, duc de Bourbon, en 1488, fous Louis XII, mourut en 1503.

32. Charles, troifième du nom, duc de Bourbon, en 1503, fous Louis XII, fut tué à l'affaut de la ville de Rome en 1527.

33. Henri de France, duc d'Orléans & d'Angoulême, en 1527, puis Dauphin en 1536, & Roi de France fous le nom de Henri II en 1547.

34. Charles de France, duc d'Orléans, en 1536, mort en 1545.

Après sa mort, en septembre 1545, l'office de chambrier fut supprimé.

*Grand-échanson ou grand-bouteiller de France.*

Officier de la couronne, qui présente à boire au Roi dans les jours de cérémonie, comme au festin du sacre & autres solennités, ce que font les gentilshommes servans aux jours ordinaires. Voici ce que l'on peut recueillir des anciens titres touchant l'ordre & la suite de ces officiers.

1. Hugues étoit bouteiller de France l'an 1060, sous le roi Henri I.
2. Engenoul possédoit cet office en 1065 & 1067.
Un Adam exerçoit aussi cette charge en 1067.
3. Renaud étoit bouteiller de France en 1069.
4. Guy jouissoit de cette charge en 1071 & 1074.
5. Hervé de Montmorenci l'exerçoit en 1075 & 1079.
6. Adelard en faisoit les fonctions en 1085.
7. Lancelin étoit pourvu de cette charge en 1086.
8. Payen d'Orléans la possédoit en 1106 & 1107.
9. Guy de Senlis, deuxième du nom, seigneur de Chantilly, fut en crédit auprès du roi Louis-le-Gros, & étoit bouteiller de France en 1108 & 1111.
10. Gilbert de Garlande exerçoit cette charge en 1114 & en 1121.
11. Louis de Senlis avoit cet office en 1130.
12. Guillaume de Senlis, surnommé le Loup, seigneur de Chantilly, succéda à Louis son frère en la charge de bouteiller de France, qu'il exerça depuis l'an 1131 jusqu'en 1147.
13. Guy de Senlis, quatrième du nom, seigneur de Chantilly, fut bouteiller de France après son père, jusqu'en l'an 1188.
14. Guy de Senlis, troisième du nom, succéda à son père en cette charge l'an 1188 (Tant de seigneurs de cette Maison des comtes de Senlis, seigneurs de Chantilly, ayant été successivement pourvus de cette charge de bouteiller, l'avoient rendue comme héréditaire & patrimoniale dans cette Maison : le nom leur en est resté, & l'on ne désigne plus cette Maison que par le nom des Bouteillers de Senlis, seigneurs de Chantilly). Ils ont eu pour successeurs :
15. Robert de Courtenay, premier du nom, seigneur de Champignelles, qui fut pourvu par le roi Louis VIII, de la charge de bouteiller de France en 1223. Elle étoit alors la seconde charge de la couronne.
16. Etienne de Sancerre, seigneur de Saint-Brisson, possédoit cet office en 1248.
17. Jean de Brienne, dit d'Acre, étoit bouteiller de France l'an 1258.

Ferry de Verneuil, maréchal de France en 1272, étoit échanson de France l'an 1288, suivant les titres de la chambre des comptes.

Mathieu, seigneur de Marli, chevalier, est qualifié *maître échanson de France* dans son épitaphe. Il mourut en 1305.

18. Guy de Châtillon, troisième du nom, comte de Saint-Paul, fut pourvu de la charge de bouteiller de France par le roi Philippe-le-Bel, en 1296.

Erard de Montmorenci, seigneur de Conflans, étoit échanson de France en 1309 & 1321.

19. Henri, quatrième du nom, sire de Sulli, succéda au comte de Saint-Paul en la charge de grand-bouteiller de France en 1317, & fut fait gouverneur du royaume de Navarre en 1329. Il en eut l'administration jusqu'en 1334.

Pierre de Chantemesle étoit maître-échanson du Roi en 1325.

20. Miles, sixième du nom, sire de Noyers, maréchal & porte-oriflamme de France, étoit bouteiller de France en 1336 & en 1343.

Gilles, seigneur de Soyecourt, exerçoit la charge d'échanson de France en 1328, & vivoit encore en 1344.

Bryant, troisième du nom, sire de Montejan, étoit échanson de France en 1346 & 1351.

21. Jean III de Châlons, comte d'Auxerre & de Tonnerre, faisoit la fonction de grand-bouteiller de France au sacre du roi Jean, l'an 1350, & posséda cet office jusqu'à sa mort, qui arriva l'an 1364.

22. Jean II, comte de Sarrebruche & sire de Commerci, fut pourvu de la charge de grand-bouteiller de France en 1364, & mourut vers l'an 1383.

Tristan de Magnelets étoit échanson de France en 1367, & l'étoit encore en 1379.

Guichard Dauphin, seigneur de Jaligny, fut fait échanson de France en 1380.

23. Enguerrand VII, sire de Couci, comte de Soissons, rendit de si grands services à Charles VI, que ce Roi le voulut honorer de la charge de connétable de France après la mort de Bertrand du Guesclin ; mais il s'en excusa, & accepta seulement celle de grand-bouteiller de France vers l'an 1384.

Guy, seigneur de Cousan, fut fait grand-échanson de France en 1385.

Louis de Guyac fut échanson de France depuis l'an 1386 jusqu'en 1396.

24. Jacques de Bourbon, seigneur des Préaux, fut nommé grand-bouteiller de France en juillet 1397, & prêta serment pour l'office de premier président laïc en la chambre des comptes de Paris, au mois d'août suivant, prétendant que cette charge appartenoit au grand-bouteiller, quoiqu'il n'en fût point fait mention dans ses lettres.

Charles de Savoisi, seigneur de Seignelai, fut

grand-échanson de France depuis 1397 jusqu'en 1413.

25. Guillaume de Melun, quatrième du nom, comte de Tancarville, fut pourvu de la charge de grand-bouteiller de France & de celle de premier préfident en la chambre des comptes l'an 1402.

26. Pierre des Effarts fuccéda au comte de Tancarville en la charge de grand-bouteiller de France & de premier préfident laïc en la chambre des comptes, par lettres du mois de juillet 1410. Il eut la tête tranchée en 1413.

27. Waleran de Luxembourg, troifième du nom, comte de Saint-Paul, fut pourvu de cet office en octobre 1410, à la place de Pierre des Effarts, & fait connétable de France en 1411.

28. Jean, fire de Croi & de Renti, s'attacha aux intérêts de Jean, duc de Bourgogne, qui lui procura la charge de grand-bouteiller de France en 1411.

29. Robert de Bar, comte de Marle & de Soiffons, prêta le ferment de cet office l'an 1413, & fut auffi reçu premier préfident laïc en la chambre des comptes de Paris.

Jean de Craon, feigneur de Montbafon, fut fait grand-échanson de France en la place de Charles de Savoify, l'an 1413.

30. Jean II, feigneur d'Eftouteville, reçut les provifions de la charge de grand-bouteiller de France en 1415, après la mort de Robert de Bar.

31. Jean de Neufchâtel, feigneur de Montagu, fut nommé grand-bouteiller de France en 1418, puis deftitué, & enfuite rétabli en 1424.

Nicolas Mabri faifoit la fonction de grand-échanson de France en 1419.

Philippe de Courcelles exerçoit cet office en 1411.

32. Jacques de Dinan, feigneur de Beaumanoir, étoit grand-bouteiller de France en 1427.

33. Louis I, fire d'Eftouteville, poffédoit cette charge l'an 1443.

34. Antoine de Châteauneuf, feigneur du Lau, grand-chambellan & bouteiller de France, prifonnier dans le château d'Uffon en Auvergne, l'an 1446, s'échappa de cette prifon deux ans après.

35. Jean du Fou, gouverneur de Touraine, étoit premier échanson du Roi en 1469.

36. Charles de Rohan, feigneur de Gié, exerça cette charge depuis 1498 jufqu'en 1516.

37. François de Baraton fut grand-échanson après Charles de Rohan, jufqu'en 1519.

38. Adrien de Hangeft, feigneur de Genlis, lui fuccéda en 1520, & en fit la fonction jufqu'en 1533.

39. Louis de Beuil, comte de Sancerre, fut pourvu de cette charge l'an 1533.

40. Jean IV, fire de Beuil, comte de Sancerre, grand-échanson de France, mourut en 1638.

41. Jean V, fire de Beuil, comte de Marans, grand-échanson, mourut en 1665.

42. Pierre de Perien, marquis de Crenan, fut pourvu de cette charge, fur la démiffion du comte de Marans fon beau-frère; il mourut en 1671.

43. Louis de Beaupoil de Saint-Aulaire, marquis de Lanmari & de Chabanes, fut reçu grand-échanson, fur la démiffion du marquis de Crenan.

44. Marc-Antoine Front de Beaupoil, marquis de Lanmari, a été reçu grand-échanson le 3 feptembre 1702, après la mort de fon père.

45. André de Gironde, comte de Buron, vicomte d'Embrief, feigneur de Neronde, d'Efcuri, &c. fut pourvu de la charge de grand-échanson, fur la démiffion du marquis de Lanmari, le 28 mai 1731.

*Grand-écuyer de France.*

Officier de la couronne, qui difpofe de prefque toutes les charges vacantes de la grande & de la petite écurie du Roi; qui ordonne de tous les fonds qui font employés aux dépenfes des écuries & haras de Sa Majefté, & qui donne permiffion de tenir académie pour inftruire les jeunes hommes dans les exercices de la guerre. On appelle ordinairement cet officier *Monfieur le Grand*; il porte l'épée royale dans le fourreau aux entrées des Rois & dans les autres folennités. Pour marque de fa charge, il la met à chaque côté de l'écu de fes armes dans le fourreau, avec le baudrier. Voici ce que les anciens titres apprennent touchant la fuite des grands-écuyers de France.

1. Roger, furnommé l'*Ecuyer* à caufe de fon emploi, étoit maître de l'écurie du roi Philippe-le-Bel en 1294.

2. Pierre Gentien étoit maître de l'écurie du Roi en 1295.

3. Denys de Melun & Jacques Gentien font nommés conjointement maîtres de l'écurie du Roi en 1298.

4. Guillebaud eft dit maître de l'écurie du Roi en 1299.

5. Gilles Granche, maître de l'écurie du Roi en 1300, fous Philippe-le-Bel.

6. Guillaume Pifdoë *le jeune* fut nommé premier écuyer du corps, & maître de l'écurie du roi Philippe-le-Long en 1316.

7. Jean Bataille, premier écuyer du corps, & maître de l'écurie du Roi en 1321, fous le même, & 1325 fous Charles-le-Bel.

8. Gilles de Clamart fut premier écuyer du corps & de l'écurie du Roi en 1325.

9. Philippe des Mouftiers, premier écuyer du corps & maître de l'écurie, depuis 1330 jufqu'en 1333.

10. Oudard des Taules en 1335.

11. Henri de Lyénas en 1344, fous Philippe de Valois.

12. Guillaume de Boncourt en 1345, fous le même Roi.

13. Guillaume de Champagne, dit *le Maréchal*, en 1354, & en 1362 fous le roi Jean.

14.

14. Martelet du Mefnil en 1364, fous Charles V.

15. Trouillard de Cafsfort en 1373, fous le même Roi.

16. Colart de Tanques en 1376, fous le même Roi.

17. Robert, feigneur de Montdoucet en 1397, fous Charles VI.

18. Philippe de Gerefme, dit *Cordelier*, premier écuyer du corps, & grand-maître de l'écurie en 1399, fous le même Roi.

19. Jean de Kaërnien ou de Kaërmien en 1411, fous le même Roi.

20. Jean de Dici, dit *Bureau*, en 1413, fous le même Roi.

21. André de Toulongeon en 1419, fous le même Roi.

22. Huet de Corbie, commis à l'exercice de la charge de l'écurie, en 1420.

23. Hugues de Noer.

24. Pierre Frottier en 1421 & 1425, fous Charles VI & Charles VII.

25. Jean du Vernet, dit le Camus de Beaulieu.

26. Jean Poton, feigneur de Saintrailles, grand-maître de l'écurie en 1431, fous Charles VII.

27. Tannegui du Châtel en 1453, fous le même Roi.

28. Jean de Guarguefalle en 1462 & 1471, fous le même Roi.

29. Charles de Bigni en 1467, fous le même i.

30. Alain Goyon, grand-écuyer de France en 1474 & 1482, fous le même Roi.

31. Pierre II, feigneur d'Urfé, en 1484, fous Charles VIII.

32. Galéas de Saint-Séverin, fils de Robert, comte de Cajazze, en 1506, fous Louis XII.

33. Jacques de Genouillac, feigneur d'Affier, grand-maître de l'artillerie de France, étoit grand-écuyer en 1525, fous François I.

34. Claude Gouffier, duc de Rouanès, en 1548, fous Henri II.

35. Léonard Chabot, comte de Charni, en 1570, fous Charles IX.

36. Charles de Lorraine, duc d'Elbeuf & comte d'Harcourt, en 1582, fous Henri III.

37. Roger de Saint-Larry & de Thermes en..... puis en 1622 & en 1639, fous les rois Henri III, Henri IV & Louis XIII.

38. César-Augufte de Thermes en 1620, fous Louis XIII.

39. Henri Ruzé d'Effiat, marquis de Cinq-Mars, en 1640, fous le même Roi.

40. Henri de Lorraine, comte d'Harcourt, en 1643.

41. Louis de Lorraine, comte d'Armagnac, en 1666, fous Louis XIV; mort le 13 juin 1718.

42. Henri de Lorraine, comte de Brionne, fut reçu grand-écuyer de France en furvivance du comte d'Armagnac fon père, en février 1677, & mourut le 3 avril 1712.

43. Charles de Lorraine Armagnac, reçu en furvivance de fon père, en mars 1712, lui fuccéda le 13 juin 1718.

Cette charge de grand-écuyer eft reftée jufqu'au bout dans la Maifon de Lorraine.

L'Hiftoire nous apprend que, dans la Maifon royale de France, il y a toujours eu des écuyers d'écurie près de la perfonne des Rois; ils les fuivoient partout, ils couchoient à la porte de leur chambre, & étoient fouvent élevés à la charge de premier écuyer. On voit dans l'état de la Maifon du roi François I, dreffé l'an 1543, que Robert de Pommereuil, chevalier, & Vefpafien de Carvoifin, écuyer d'écurie de ce Prince, furent pourvoit fuccessivement de cette même charge de premier écuyer; place importante & de grande faveur, que nous avons vu dans les derniers règnes, occupée par les Saint-Simon, les Béringhen, les Polignac.

*Suite chronologique des grands-fauconniers de France.*

Le grand-fauconnier de France eft un officier du Roi, qui a la furintendance fur tous les officiers de la fauconnerie, chefs de vol & autres, & pourvoit à toutes ces charges. Cette charge a été démembrée de celle de grand-veneur. Le grand-fauconnier prête ferment de fidélité entre les mains du Roi; il nomme à toutes les charges de chefs de vol, vacantes par mort. Tous les marchands fauconniers font obligés, fous peine de-confifcation de leurs oifeaux, de les préfenter au grand-fauconnier, qui les peut retenir s'il le trouve à propos. Les droits & prérogatives du grand-fauconnier font tirés d'une hiftoire manufcrite de Robert de la Marck, grand-fauconnier fous Louis XII & François I. Cette charge eft très-ancienne. On trouve dans le roman de Guerin le Lorrain, *fauconnier meftre* ou *maître*, pour dire *grand-fauconnier*.

1. Jean de Beaune, fauconnier du Roi depuis 1250 jufqu'en 1258.

2. Etienne Granché, maître-fauconnier du Roi en 1274, fous Philippe-le-Hardi.

3. Simon de Champdivers, maître-fauconnier du Roi, mort en 1316.

4. Pierre de Montguignard ou de Montguyard, maître-fauconnier du Roi en 1313 & 1321, fous les rois Philippe-le-Bel & Philippe-le-Long.

5. Pierre de Neufvi, maître-fauconnier du Roi en.....

6. Jean de Champ-d'Avaine, maître de la fauconnerie du Roi en 1317.

7. Philippe Dauvin, feigneur de Sarriquier, maître fauconnier du Roi en 1337 & 1353.

Jean de Serens, fauconnier & garde des oifeaux du Roi en 1351.

8. Jean de Pifseleu étoit fauconnier du Roi en 1343 & 1354.

Ttt

9. Euftache de Sechi ou Siffi, maître-fauconnier du Roi en 1354, & maître de la fauconnerie en 1367 & 1371.

10. Nicolas Thomas, maître-fauconnier du Roi en 1371.

11. André de Humières, dit *Drieu*, maître-fauconnier du Roi en 1372 & 1378.

12. Enguerrand d'Argies, en 1381 & 1385, fous Charles VI.

13. Jean de Servillier, en 1394 & 1402.

14. Euftache de Gaucourt, fieur de Vici, dit *Raffia*, grand-fauconnier de France en 1406 & 1412.

15. Jean Mallet, cinquième du nom, fieur de Graville & de Montagu, grand-pannetier de France, puis grand-fauconnier en 1415.

16. Nicolas de Bruneval, en 1416.

17. Guillaume Defprés, en 1418.

Jean de Saint-Lubin, premier fauconnier du Roi en 1428.

Arnoulet de Cave, premier fauconnier du Roi en 1441.

18. Philippe de la Châtre, fecond du nom, en 1433 & 1452.

19. Georges de la Châtre, en 1455 & 1459.

20. Olivier Salart, fieur de Bonnel, en 1468, fous Louis XI.

21. Jacques Odard, fieur de Curzai, en 1480.

22. Raoul de Vernon, feigneur de Montreuil-Bonnin, grand-fauconnier de France en 1514, mort en 1516.

23. René de Coffé, fieur de Briffac, en 1521, fous François I.

24. Charles de Coffé, premier du nom, comte de Briffac, maréchal de France, exerça auffi la charge de grand-fauconnier depuis 1540 jufqu'en 1563.

25. Timoléon de Coffé, comte de Briffac, en 1553, fous Henri II.

26. Charles II de Coffé, duc de Briffac, en 1580, fous Henri III.

27. Robert, marquis de la Vieuville, en 1596, fous Henri IV.

28. Charles I, duc de la Vieuville, en.....

29. André de Vivonne, en 1612, mort en 1616.

30. Charles d'Albert, duc de Luynes, en 1616, fous Louis XIII.

31. Claude de Lorraine, duc de Chevreufe, en 1622.

32. Louis-Charles d'Albert, duc de Luynes, en 1643.

33. Nicolas Dauvet, comte des Marets, en 1650, fous Louis XIV.

34. Henri-François Dauvet, comte des Marets, en 1678.

35. François Dauvet, comte des Marets, en 1688.

36. François-Louis Dauvet, marquis des Marets, baron de Rupereux, Berneuil, Françourt, & lieutenant-général pour le Roi en Beauvoifis.

Il fut nommé grand-fauconnier de France en furvivance de François Dauvet, comte des Marets, fon père, au mois de janvier 1717, n'ayant pas encore fix ans accomplis, & prêta ferment pour cette charge le 13 novembre fuivant. Il en devint titulaire par la mort de fon père, le 24 février 1718.

37. Louis-Céfar le Blanc de la Baume, duc de la Vallière, pair de France, chevalier des Ordres du Roi, &c. fut pourvu de la charge de grand-fauconnier de France en 1748.

### Grand-veneur de France.

Cet article a trop d'affinité avec le précédent, pour n'être pas placé ici par une infraction à l'ordre alphabétique que l'ordre des matières femble exiger.

Le grand-veneur de France eft un officier du Roi, qui a la furintendance fur tous les officiers de la vénerie, & prête le ferment entre les mains de Sa Majefté. Voici ce qu'on en peut favoir par les anciens titres.

1. Geoffroy, maître-veneur du Roi, en 1231, fous faint Louis.

2. Jean le Veneur mourut en 1302.

3. Robert le Veneur en 1312, fous Philippe-le-Veneur.

4. Jean le Veneur mourut en 1334.

( Ces trois perfonnages dont le Veneur, nom de leur office, paroît être devenu le nom propre, étoient-ils de la famille noble & ancienne des le Veneur-Tillières, & leur feroit-il arrivé la même chofe qu'aux Bouteillers de Senlis, pour qui le nom d'une dignité que plufieurs d'entr'eux avoient poffédée, eft devenu le nom de famille ? )

5. Henri de Meudon mourut en 1344.

6. Renaud de Gyri mourut en 1355, fous le roi Jean.

7. Jean de Meudon, maître de la vénerie en 1355, étoit mort en 1381.

8. Jean de Gorguillerai, en 1357, fous le même roi Jean.

9. Jean de Thubeauville, dit *Tyran*, en 1372, fous Charles V.

10. Philippe de Corguillerai, maître de la vénerie du Roi en 1377.

11. Robert de Françonville, en 1399, fous Charles VI.

12. Guillaume de Gamaches, maître-veneur & gouverneur de la vénerie du Roi en 1410.

13. Louis d'Orgecin, grand-veneur du Roi en 1413.

14. Jean de Berghes, feigneur de Cohen, grand-veneur de France en 1418.

15. Guillaume Bellier, grand-veneur de France en 1428, fous Charles VII.

16. Jean Soreau, grand-veneur du Roi en 1452.

17. Rolland de Lefcoët, grand-veneur de France en 1457.

18. Guillaume de Callac, en 1467, fous Louis XI.

# CHRONOLOGIE.

19. Yves du Fou, en 1472, sous Louis XI, & en 1485, sous Charles VIII.

20. Georges de Châteaubriant, seigneur des Roches-Baritaut, fut capitaine & maître de la vénerie du Roi en 1481, du vivant d'Yves du Fou.

21. Louis, seigneur de Rouville, grand-veneur en 1488.

22. Louis de Brezé, comte de Maulevrier, &c. exerça la charge de grand-veneur en 1496 & 1497.

23. Jacques de Dinteville, en 1492, mort en 1502.

24. Claude de Lorraine, duc de Guise, vers l'an 1530, sous François I.

25. François de Lorraine, duc de Guise, en 1549, sous Henri II.

26. Claude de Lorraine, duc d'Aumale, vers l'an 1560, mort en 1573, exerça sous François II & Charles IX.

27. Charles de Lorraine, duc d'Aumale, en..... sous Henri III.

28. Charles de Lorraine, duc d'Elbeuf.

29. Hercule de Rohan, duc de Montbazon, pourvu en 1602, sous Henri IV; mort en 1654.

30. Louis de Rohan, septième du nom, prince de Guemené, en 1755.

31. Louis de Rohan, reçu en 1656.

32. Antoine-Maximilien de Bellefourière, marquis de Soyecourt, pourvu en 1670.

33. François, duc de la Rochefoucauld, prince de Marsillac, &c. fut pourvu de cette charge en 1679.

34. François, duc de la Rochefoucauld & de la Rocheguyon, prince de Marsillac, obtint la survivance de cette charge le 10 novembre 1679, & s'en démit après la mort de son père, arrivée le 11 janvier 1714.

35. Louis-Alexandre de Bourbon, comte de Toulouse, Prince légitimé, duc de Penthièvre, &c. pair, amiral & grand-veneur de France; mort le 2 décembre 1737.

36. Louis-Jean-Marie de Bourbon, duc de Penthièvre, &c. pair, grand-amiral & grand-veneur de France, a succédé au Prince son père dans toutes ses charges, le 2 décembre 1737. Il a vu la révolution, & en est mort de douleur.

M. le prince de Lamballe, fils de M. le duc de Penthièvre, avoit obtenu sa survivance en 1755; mais il étoit mort long-tems avant le Prince son père.

C'est de cet office de grand-veneur, qu'avoit été détaché, comme nous l'avons dit, mais très-anciennement, comme on a pu le voir, l'office de grand-fauconnier.

### Général des galères de France.

Officier de la couronne, qui a commandement sur la mer Méditerranée, & qui porte pour marque de sa dignité, un grapin en pal derrière l'écu de ses armes.

1. Jean de Chambrillac, chevalier, chambellan du Roi, est le plus ancien que l'on trouve avoir été pourvu de la charge de général des galères en 1410.

2. Prégent de Bidoux, chevalier de l'Ordre de Saint-Jean-de-Jérusalem, & grand-prieur de Saint-Gilles, fut nommé général des galères en 1497; il s'en démit en 1512 pour aller servir sa religion. Il fut le premier qui fit passer des galères de la Méditerranée dans l'Océan. Il mourut à Nice en août 1528, âgé de soixante ans.

3. Bernardin de Baux, chevalier de l'Ordre de Saint-Jean-de-Jérusalem, commandeur de Saint-Vincent-de-Largnes, fut pourvu en 1518 de la charge de général des galères, qu'il n'exerça qu'une année. Il mourut à Marseille le 12 décembre 1527.

4. Bertrand d'Ornesan, chevalier, seigneur d'Astarac, baron de Saint-Blancart, marquis des Isles-d'Or, &c. fut nommé général des galères en 1521.

5. André Doria, noble génois, fut créé général des galères avant l'an 1525. Depuis il quitta le parti du roi François I, pour embrasser celui de Charles-Quint, qui le fit prince de Melphe & chevalier de la Toison-d'Or.

6. Antoine de la Rochefoucauld, seigneur de Barbezieux, fut pourvu de la charge de général des galères en 1528; il étoit chevalier de l'Ordre du Roi, sénéchal de Guienne, & lieutenant-général au gouvernement de la ville de Paris & de l'isle-de-France. Il mourut en 1537.

7. Antoine Escalin-des-Aimars, dit le capitaine Polin ou Paulin, baron de la garde, chevalier de l'Ordre du Roi, lieutenant pour Sa Majesté en Provence, capitaine de cent hommes d'armes, fut fait général des galères en 1544: il se signala contre l'armée navale des Anglais en 1545; il fut destitué, puis rétabli en 1566. Il mourut en 1578.

8. Léon Strozzi, chevalier de l'Ordre de Saint-Jean-de-Jérusalem, prieur de Capoue, fut fait général des galères en 1547, après la disgrace du baron de la Garde. Il quitta le service de France en 1551, pour celui de sa religion.

9. François de Lorraine, grand-prieur de France, qui avoit été général des galères de Malte, obtint la charge de général des galères de France en 1557, & mourut le 6 mars 1563, à l'âge de vingt-neuf ans.

10. René de Lorraine, marquis d'Elbeuf, succéda en cette charge à François de Lorraine son frère, l'an 1563, & mourut en 1566, âgé de trente ans.

11. Henri d'Angoulême, grand-prieur de France, fils naturel du roi Henri II, fut pourvu de la charge de chef & capitaine des galères & des armées de la mer du Levant en 1578, après la mort du baron de la Garde; il s'en démit peu de tems après, ayant été fait gouverneur de Provence.

12. Charles de Gondi, seigneur de la Tour, frère puîné d'Albert de Gondi, duc de Retz, fut

pourvu de l'office de général des galères l'an 1578, & mourut cette même année.

13. Charles de Gondi, marquis de Belle-Isle, fut pourvu de la charge de général des galères en 1579, sous la direction & surintendance du maréchal de Retz son père, attendu son bas âge; il fut tué en 1596, âgé de vingt-sept ans.

14. Albert de Gondi, duc de Retz, pair & maréchal de France, eut le commandement général des galères pendant la minorité de son fils aîné, par lettres de l'an 1586, & mourut en 1602.

15. Philippe-Emmanuel de Gondi, comte de Joigni, fut nommé général des galères de France en 1593, & créé chevalier du Saint-Esprit l'an 1620.

16. Pierre de Gondi, duc de Retz, pair de France, chevalier des Ordres du Roi, fut pourvu de la charge de général des galères en la place de son père en 1626, & s'en démit l'an 1635 en faveur du marquis de Pont-Courlai.

17. François de Vignerod, marquis du Pont-Courlai en Poitou, gouverneur du Havre-de-Grace, reçut les provisions de l'office de général des galères en 1635, après la démission du duc de Retz, & mourut le 26 janvier 1646, à l'âge de trente-sept ans.

18. Armand-Jean de Vignerod du Plessis, duc de Richelieu, pair de France, prince de Mortagne, marquis du Pont-Courlai, &c. prêta le serment de la charge de général des galères en 1643, & s'en démit en 1661.

19. François, marquis de Créqui, lui succéda en cet office l'an 1661, & s'en démit en 1669, ayant été nommé maréchal de France l'année précédente.

20. Louis-Victor de Rochechouart, comte, puis duc de Vivonne, prince de Tonnai-Charente, &c. fut pourvu de cette charge après la démission du marquis de Créqui, l'an 1669, & en prêta le serment en janvier 1670.

21. Louis de Rochechouart, duc de Mortemar, pair de France, obtint la survivance de la charge de général des galères, qu'avoit le maréchal de Vivonne son père, & mourut le 3 avril 1688.

22. Louis-Auguste de Bourbon, légitimé de France, prince de Dombes, duc du Maine & d'Aumale, fut pourvu de la charge de général des galères en 1688, après la mort du duc de Mortemar, & s'en démit en 1694 en faveur de

23. Louis-Joseph, duc de Vendôme, &c. chevalier des Ordres du Roi, gouverneur de Provence, qui fut pourvu de cette charge la même année 1694, & en prêta le serment entre les mains du Roi, le 24 avril 1695.

24. René, sire de Froullai, comte de Tessé, maréchal de France, chevalier des Ordres du Roi, fut pourvu de la charge de général des galères en octobre 1712, après la mort du duc de Vendôme, & s'en démit en 1716.

25. Jean-Philippe, chevalier d'Orléans, puis grand-prieur de France, a été pourvu en 1716 de la charge de général des galères, sur la démission du maréchal de Tessé.

## Grand-maître de France.

Officier de la couronne, appelé autrefois souverain maître-d'hôtel du Roi. Il a le commandement sur les officiers de la Maison & de la bouche du Roi, qui lui prêtent tous serment de fidélité. Il dispose d'une partie des charges. Voici ce qu'on peut recueillir des anciens titres touchant la suite de ceux qui ont rempli cet office.

1. Arnoul de Wesemale est qualifié souverain maître-d'hôtel du roi Philippe-le-Bel, vers l'an 1290.

2. Mathieu de Trie, second du nom, seigneur de Fontenai, panetier de France en 1298, & chambellan du Roi en 1306, est qualifié souverain maître-d'hôtel dans un état de la Maison du roi Philippe-le-Bel.

3. Jean de Beaumont, souverain maître-d'hôtel du Roi, mourut en l'année 1337.

4. Guy, seigneur de Ceviz, dit le Borgne, capitaine souverain dans le pays de Poitou & de Saintonge en 1337, étoit souverain maître-d'hôtel du Roi l'an 1343, & vivoit encore en 1369.

5. Robert de Dreux, troisième du nom, seigneur de Beu, souverain maître-d'hôtel du Roi, fut choisi pour être un des exécuteurs du testament du roi Philippe de Valois, l'an 1347, & mourut l'an 1350.

6. Jean de Châtillon, premier du nom, seigneur de Châtillon-sur-Marne, fut pourvu de la charge de souverain maître-d'hôtel du Roi l'an 1350; il avoit représenté le grand-queux de France au sacre du roi Philippe de Valois, l'an 1328, & mourut en 1363.

7. Jean de Melun, second du nom, comte de Tancarville, vicomte de Melun, succéda à Jean I, vicomte de Melun, son père, en la charge de grand-chambellan de France, l'an 1350; fut fait grand-maître de France en 1351, & mourut en 1381.

8. Pierre de Villiers, premier du nom, seigneur de l'Isle-Adam, porte-oriflamme de France l'an 1372, fut grand-maître de France, depuis cette année jusqu'à sa mort arrivée en 1386.

9. Guy, seigneur de Cousan, étoit grand-maître d'hôtel du Roi dans les années 1386, 1388 & 1395. Il fut ensuite grand-chambellan de France depuis 1401 jusqu'en 1407.

10. Jean Lemercier, seigneur de Noviant, exerça la charge de grand-maître l'an 1388, & fut disgracié l'an 1392.

11. Louis, duc de Bavière, dit le Barbu, frère d'Isabelle de Bavière, reine de France, fut grand-maître d'hôtel du Roi, depuis 1402 jusqu'en 1405, & mourut l'an 1407.

12. Jean de Montagu fut élevé à cette charge en 1408; mais le duc de Bourgogne & le roi de

Navarre, Charles-le-Mauvais, ayant entrepris sa perte, lui firent couper la tête l'an 1409.

13. Guichard Dauphin, second du nom, seigneur de Jaligny, gouverneur du Dauphiné, fils de Guichard Dauphin, premier grand-maître des arbalêtriers de France, fut pourvu de l'office de souverain maître-d'hôtel du Roi, l'an 1409, & fut tué à la bataille d'Azincourt en 1415.

14. Louis de Bourbon, comte de Vendôme, grand-chambellan de France, fut créé souverain maître-d'hôtel du Roi l'an 1413, & mourut en 1446.

15. Thibaut, premier du nom, seigneur de Neufchâtel, exerçoit l'office de grand-maître du Roi en 1418 & 1425, & mourut en 1458.

16. Tanneguy du Châtel, maréchal des guerres de Charles Dauphin, duc de Guienne, exerça quelques années la charge de grand-maître de France, & mourut fort âgé en 1449.

17. Charles, seigneur de Culant, chambellan du Roi, posséda la charge de grand-maître en 1449, & l'exerça jusqu'en 1451.

18. Jacques de Chabannes, premier du nom, seigneur de la Palice, fut pourvu de cet office en 1451, & mourut en 1453.

19. Raoul, seigneur de Gaucourt, premier chambellan du roi Charles VII, reçut de la part du Roi, en qualité de grand-maître de son hôtel, les ambassadeurs envoyés par le roi de Hongrie, pour demander en mariage la princesse Madeleine de France, l'an 1456.

20. Antoine, sire de Croi & de Renti, fut élevé à la dignité de grand-maître de France l'an 1463, & il s'en démit en 1465, & mourut en 1475.

21. Charles de Melun, premier du nom, seigneur de Nantouillet, fut fort en crédit auprès du roi Louis XI, qui le fit son lieutenant-général dans tout le royaume, & grand-maître de France l'an 1465; mais ses envieux conspirèrent sa perte, & l'ayant accusé d'avoir intelligence avec les ennemis de l'Etat, ils firent en sorte qu'il fut condamné, & eut la tête tranchée le 20 août 1468.

22. Antoine de Chabannes, comte de Dammartin, fut pourvu de la charge de grand-maître de France en 1467, & mourut le 25 décembre 1488, âgé de 77 ans.

23. François, dit Guy, quatorzième du nom, comte de Laval, assista en qualité de grand-maître de France, au sacre du roi Charles VIII, l'an 1484, & mourut l'an 1500.

24. Charles d'Amboise, second du nom, seigneur de Chaumont, obtint cette charge l'an 1502, fut créé depuis amiral de France, & mourut en 1511.

25. Jacques de Chabannes, second du nom, seigneur de la Palice, fut honoré de cette dignité en 1511, puis destitué par le roi François I, qui le fit maréchal de France.

26. Artus Gouffier, comte d'Estampes, fut gouverneur du roi François I, qui lui donna la charge de grand-maître de France en 1514; il mourut en 1519.

27. René de Savoie, comte de Villars, fils naturel avoué de Philippe II, duc de Savoie, s'étant retiré à la cour de France, fut créé grand-maître par le roi François I, en 1519, & mourut en 1525.

28. Anne, duc de Montmorenci, connétable de France, fut créé grand-maître de France l'an 1526.

29. François, duc de Montmorenci, fils d'Anne, fut pourvu de cette charge par la résignation de son père, l'an 1558; s'en démit l'année suivante, & mourut l'an 1579.

30. François de Lorraine, duc de Guise, qui fut fort estimé du roi Henri II, ne le fut pas moins de François II, lequel, étant parvenu à la couronne, lui donna la charge de grand-maître de France, & l'établit lieutenant-général du royaume en 1559. Il mourut en 1563.

31. Henri de Lorraine, premier du nom, duc de Guise, reçut en qualité de grand-maître de la Maison du Roi, les ambassadeurs qui vinrent en France apporter au duc d'Anjou la nouvelle de son élection à la couronne de Pologne, en 1573, & fut massacré à Blois en 1588.

32. Charles de Lorraine, duc de Guise, avoit été nommé grand-maître en survivance de son père (Henri); mais il renonça aux prétentions qu'il avoit sur cette charge, par les articles secrets conclus en octobre 1594, avec le roi Henri IV, qui le fit gouverneur de Provence.

33. Charles de Bourbon, comte de Soissons, fut pourvu de l'office de grand-maître en 1589.

34. Louis de Bourbon, comte de Soissons, succéda à son père (Charles) l'an 1612, & mourut en 1641.

35. Henri de Bourbon, second du nom, prince de Condé, fut grand-maître de France après Louis, comte de Soissons.

36. Louis de Bourbon, second du nom, prince de Condé, prêta le serment de cette charge en 1647, & mourut en 1686.

37. Thomas-François de Savoie, prince de Carignan, fut nommé grand-maître de France par le roi Louis XIV, en 1654, après que le prince de Condé se fut retiré chez les Espagnols.

38. Armand de Bourbon, prince de Conti, fut pourvu de cette charge en 1656.

39. Henri-Jules de Bourbon, prince de Condé, en prêta le serment l'an 1660, n'étant encore que duc d'Enghien, après la démission du prince de Conti.

40. Louis, duc de Bourbon, fut pourvu de cette charge le 24 juillet 1685, en survivance du prince de Condé son père.

41. Louis-Henri, duc de Bourbon, fut nommé à cette charge en 1710, après la mort de son père, & mourut le 27 janvier 1740.

42. Louis-Joseph, duc de Bourbon, prince de Condé, est grand-maître de France depuis 1740.

### Grand-maître des cérémonies de France.

Officier du Roi. Cette charge étoit autrefois attachée à celle de grand-maître de la Maison du Roi. Il l'exerçoit lui-même dans les grandes occasions, & dans celles de moindre importance il commettoit des maîtres-d'hôtel ordinaires des plus anciens, & qui avoient le plus de connoissance de la cour & de l'usage qui s'y observoit. Mais comme la faveur y avoit fait employer de jeunes gens qui, faute d'expérience & de jugement, causèrent souvent des désordres, le roi Henri III, qui aimoit d'ailleurs à faire de nouveaux réglemens pour sa Maison, institua cette charge en titre d'office, l'an 1585, & la donna au seigneur de Rhodes, dans la Maison duquel elle a été très-long-tems. Le grand-maître des cérémonies a soin du rang & de la séance que chacun doit avoir dans les actions solennelles, comme au sacre des Rois, aux réceptions des ambassadeurs, aux obsèques & pompes funèbres des Rois, des Princes & Princesses. La marque de sa charge est un bâton couvert de velours noir, dont le bout & le pommeau sont d'ivoire.

La charge de maître des cérémonies n'est point dépendante de celle du grand-maître. Louis XIV a expressément déclaré, dans le réglement entre le grand-maître & le maître des cérémonies, donné à Versailles le 29 janvier 1690, qu'*encore qu'il n'y ait aucune égalité entre la charge de grand-maître & celle de maître des cérémonies, celle de grand-maître étant plus considérable, celle de maître n'est pas néanmoins dépendante de celle de grand-maître.*

Quand, soit le grand-maître, soit le maître des cérémonies vont porter l'ordre & avertir les cours souveraines, ils prennent place au rang des conseillers, & à cet égard tout est égal entre le grand-maître & le maître : ce sont encore les termes du Réglement de Louis XIV. *Quand le maître sera porteur des ordres de Sa Majesté aux cours, assemblées du clergé & autres endroits où il sera envoyé, il lui sera donné la même place qui seroit donnée au grand-maître s'il étoit présent.*

### Panetier de France.

Grand-officier du Roi, qui commande à tous les officiers de la paneterie, & le sert à table avec le grand échanson dans les jours de cérémonie; ce que font les gentilshommes servans aux jours ordinaires. La paneterie est l'office où l'on distribue le pain pour les officiers commensaux de la Maison du Roi. Voici ce que les anciens titres nous apprennent touchant la suite des panetiers.

*Suite chronologique des grands-panetiers de France.*

1. Eudes Arrode, panetier du roi Philippe-Auguste, mort en 1217.

2. Hugues d'Athies, en 1224 & en 1235, sous saint Louis.

3. Geoffroy de la Chapelle, en 1240, sous le même Roi.

4. Jean Britaut, seigneur de Nangis, en 1260, sous le même Roi.

5. Mathieu, vidame de Chartres, en 1287, sous Philippe-le-Bel.

6. Robert de Meudon, en 1298, sous le même Roi.

7. Mathieu de Trie, en 1298 & 1302, sous le même Roi.

Mathieu de la Mure est nommé panetier du Roi dans un titre de 1297.

Guillaume Bebrachien prenoit la qualité de panetier du Roi en 1300.

Guillaume de Mussi, chevalier, est nommé panetier du Roi en 1302.

Robert aux Gans étoit panetier du Roi en 1303.

Jean Coulon de Saint-Paul possédoit la charge de panetier du Roi en 1303.

Jean Arrode prenoit la qualité de panetier du Roi en 1304.

Gérant Cauchat est nommé panetier du Roi dans un titre de 1304.

8. Raoul, dit *Herpin*, seigneur d'Erqueri, panetier de France, vivoit en 1305, puis fut chambellan de France.

Guillaume de Hangen prenoit la qualité de panetier du Roi en 1304 & 1306.

Jean le Cordonnier portoit la qualité de panetier du Roi en 1307.

Gilles de Laon est nommé panetier du Roi dans un titre de 1308.

Jean de la Chapelle, châtelain de Nemours, est dit panetier du Roi dans un titre de 1309.

Adam de Meulan ou Meulenc est nommé panetier du Roi dans un titre de 1309.

Robert de Macheau prenoit la qualité de panetier du Roi en 1309.

Robert de Sarmiselles étoit panetier du roi Philippe-le-Bel, & fut depuis maître-d'hôtel du roi Louis-Hutin.

Pierre de Fai étoit panetier du roi Charles-le-Bel.

9. Bouchard de Montmorenci, second du nom, seigneur de Saint-Leu, &c. panetier de France en 1328.

10. Charles, sire de Montmorenci, en 1344, sous Philippe de Valois.

11. Hugues, sire de Hangen, en 1345, sous le même Roi.

12. Jean, sire de Trainel, en 1355, sous le Roi Jean.

13. Raoul, sire de Raineval, &c. en 1358 & en 1388, sous Charles VI.

Mathieu de Bellai, panetier du Roi en 1372, sous Charles V.

Pierre de la Crique, dit *Criquet*, panetier du Roi en 1386, sous Charles VI.

14. Guy, sire de la Rocheguyon, panetier de

France après Raoül de Raineval, en 1396, sous le même Roi.

Gerard d'Athies, seigneur de Moyencourt, étoit panetier du Roi.

15. Antoine de Craon, seigneur de Beauverger, en 1411, sous le même Roi.

16. Jean Malet, cinquième du nom, sire de Graville, en 1413, sous le même Roi.

17. Robert, dit *Robinet de Mailli*, en 1418, sous le même Roi.

18. Roland de Donquerre en 1419, sous le même Roi.

19. Jean de Prie, cinquième du nom, seigneur de Buzançois, en 1425; sous Charles VII.

20. Jean, seigneur de Naillac, en 1428, sous le même Roi.

21. Jacques de Châtillon, second du nom, seigneur de Dampierre, &c. en 1432, sous le même Roi.

22. Antoine de Chabannes, comte de Dammartin, en 1449, puis grand-maître de France.

23. Louis, sire de Cruſſol, &c. en 1461, sous Louis XI.

24. Jacques, sire de Cruſſol, &c. en 1473, sous le même Roi.

25. Jacques Odart, seigneur de Curſai, en 1485, sous Charles VIII.

René de Coſſé, seigneur de Briſſac, étoit premier panetier du Roi en 1495, & grand-fauconhier de France.

26. Charles de Cruſſol, vicomte d'Uſez, en 1533, sous François I.

27. Artus de Coſſé, comte de Secondigni, en 1552, sous Henri II; mort en 1582, sous Henri III.

28. Charles de Coſſé, second du nom, duc de Briſſac, mourut en 1621.

29. François de Coſſé, duc de Briſſac, mort en 1651.

30. Louis de Coſſé, duc de Briſſac, mort en 1661.

31. Thimoléon, comte de Coſſé, mort en 1675.

32. Artus Timoléon de Coſſé, duc de Briſſac, a ſuccédé en cette charge au comte de Coſſé ſon père, mort en 1709.

33. Charles-Timoléon-Louis de Coſſé, duc de Briſſac, ſuccéda à ſon père en 1709. Il mourut le 18 avril 1732.

34. Jean-Paul de Coſſé, duc de Briſſac, pair de France, fut pourvu de cette charge aux lieu & place de feu ſon frère, le 20 avril 1732.

*Nota.* Il y avoit encore pour les chaſſes, outre le grand-veneur & le grand-fauconnier, un grand-louvetier, dont le titre & le ſupport des armes (deux têtes de loups) annonçoient aſſez l'utile fonction de purger la France de ces animaux malfaiſans qu'on commence à revoir pulluler. Cette charge, dans les derniers tems, étoit dans la Maiſon de Flamarens.

*Maires du palais.*

Officiers des rois de France de la première race, tiroient leur nom, ſelon quelques auteurs, du mot *mejer*, qui en allemand ſignifie ſurintendant, & ſelon d'autres, du terme latin *major*, d'où Grégoire de Tours les appelle *majores domûs regis.* Ils gouvernoient le royaume, & ſe prenoient toujours entre la première nobleſſe, comme Eginhard nous l'apprend dans la vie de Charlemagne. *Hic honor non aliis dari conſueverat, quàm iis qui & claritate generis & opum amplitudine cæteris eminebant.* Les maires portoient le titre de Princes du palais, de ducs du palais, de ducs de France, étoient tuteurs des Rois, & s'élevèrent à ce haut degré de puiſſance ſous le règne de Clovis II, fils de Dagobert. Ils dépoſoient ſouvent les Rois, en mettoient d'autres à leur fantaiſie ſur le trône, & ſe ſervoient du nom de ces Princes fainéans pour régner en leur place: c'eſt en ce ſens que les annales de Mayence, & celles du moine de Laureſheim, parlent de Charles Martel en ces termes: *Carolus, ſub honore major-domatûs, tenuit regnum Francorum annos viginti ſeptem.* Les vers de ſon épitaphe témoignent la même choſe.

Lorſque le royaume fut diviſé en trois principales monarchies, France, Auſtraſie & Bourgogne, il y eut des maires du palais en chacune, dont il eſt bon de remarquer ici la ſuite pour l'intelligence de l'Hiſtoire.

*Maires du palais des rois de France.*

1. Badegiſile, ſous Chilperic I, juſqu'à l'année 581, où il fut fait évêque du Mans.

2. Laudit, ſous Chilperic I & Clotaire II.

3. Gondoald ou Gondoland, ſous Clotaire II.

4. Ega ou Eganes, ſous Dagobert & Clovis II, juſqu'à l'an 640.

5. Erchinoald, ſous Clovis II & Clotaire III, juſqu'en 656.

6. Ebroin, ſous Clotaire III, juſqu'en 670.

7. Aubide ou Audibelle, ſous Clotaire III. Il en eſt fait mention dans la chronique de Saint-Benigne.

8. Leudeſe ou Lieuthère, ſous Childeric II.

9. Ebroin, rétabli ſous Thierri, juſqu'en 681.

10. Waraton, ſous Thierri, pendant un an.

11. Giſtemad, fils de Waraton, ſous Thierri, pendant un an.

12. Waraton, rétabli ſous Thierri, juſqu'en 684.

13. Berthaire, gendre de Waraton, ſous Thierri, juſqu'en 684.

14. Pepin d'Heriſtal, juſqu'en 714.

15. Nortdebert, ſous Clovis III & Childebert III, ſous l'autorité de Pepin d'Heriſtal, juſqu'en 695.

16. Grimoald, fils de Pepin, ſous Childebert III & Dagobert III, juſqu'en 714.

17. Theudoald, fils de Grimoald, ſous Dagobert III, juſqu'en 715.

18. Ragenfacde ou Rainfroi, sous Dagobert III & Chilperic II, jusqu'en 717.
19. Charles Martel, depuis 717 jusqu'en 741.
20. Pepin, fils de Charles Martel, jusqu'en 752, où il fut fait Roi.

*Maires du palais des rois d'Auſtraſie.*

1. Gogo, ſous Sigebert I, qui le tua vers l'an 567.
2. Florentin, ſous Childebert, en 589.
3. Rado, ſous Clotaire II, en 613.
4. Pepin l'Ancien, ſous Dagobert I, dès l'an 625.
5. Adalgiſe, ſous Sigebert II, en 632, en même tems que Pepin.
6. Otton, après la mort de Pepin l'Ancien, depuis 640 juſqu'en 642.
7. Grimoald, fils de Pepin l'Ancien, ſous le même Sigebert, depuis 642 juſqu'en 656.
8. Wulfoad, juſqu'en 638.
9. Pepin d'Heriſtal ou le Jeune, juſqu'en 714.
10. Martin en ſecond, juſqu'en 680.
11. Charles Martel, juſqu'en 741.
12. Carloman, fils aîné de Charles Martel, juſqu'en 747.

*Maires du palais des rois de Bourgogne.*

1. Warnachaire, mort en 599, ſous Thierri.
2. Berthoald, ſous le même, juſqu'en 604.
3. Protade, en 605, ſous le même.
4. Claude, ſous le même.
5. Warnachaire II, mort en 626.
6. Floachat, ſous Clovis II, mort en 641.

Dans le royaume d'Aquitaine, l'Hiſtoire fait mention de Robert, ſous Pepin, l'an 828. Sous le règne des Rois de la troiſième race, on appela ſénéchaux ceux qui ſuccédèrent aux maires du palais.

*Oriflamme & porte-oriflamme.*

Etendard de l'abbaye de Saint-Denis en France, étoit mis ordinairement par l'abbé entre les mains du défenſeur de ce monaſtère, lorſqu'il étoit néceſſaire de prendre les armes pour la conſervation des biens ou des privilèges de l'abbaye. Elle étoit faite en forme de bannière ancienne ou de gonfanon, à trois pointes ou queues, comme on en voit dans les proceſſions de quelques paroiſſes. On lui donne ce nom, parce qu'elle étoit d'une étoffe de ſoie de couleur d'or & de feu : les houppes néanmoins étoient vertes, ſans franges d'or, comme quelques-uns l'ont dit. D'autres croient que le nom d'oriflamme vient de *flammulum* ou *flammula*, qui ſignifioit une bannière ou un étendard; & d'autres, parce qu'elle étoit attachée à une lance dorée. Les autres égliſes avoient auſſi leurs défenſeurs, qui ſont ſouvent appelés *ſigniferi eccleſiarum*, porte-enſeignes des égliſes. A l'égard de l'abbaye de Saint-Denis, ce titre appartenoit aux comtes de Pontoiſe ou du Vexin, qui étoient les protecteurs de ce monaſtère, auquel cet étendard étoit propre. Les anciens auteurs nomment ordinairement l'oriflamme, enſeigne de Saint-Denis ou la bannière de Saint-Denis. Elle étoit deſtinée pour être portée par les comtes du Vexin, dans les guerres où l'abbaye de Saint-Denis avoit beſoin de leur protection. Louis VI, dit *le Gros*, fut le premier des rois de France, qui, en qualité de comte du Vexin, fit porter l'oriflamme dans ſes armées, l'an 1124, lorſqu'il apprit que l'empereur Henri V venoit en France avec ſes troupes. Depuis, ſon fils Louis VII, dit *le Jeune*, la fit porter dans ſon voyage d'outre-mer l'an 1147; Philippe-Auguſte, dans la bataille de Bovines, l'an 1214; Louis VIII, en la guerre contre les Albigeois; ſaint Louis, en la guerre contre Henri, roi d'Angleterre, l'an 1242, & dans ſes voyages d'outre-mer; Philippe-le-Hardi, en la guerre contre Alphonſe, roi de Caſtille, l'an 1276; Philippe-le-Bel, en la bataille de Mons en Puelle, l'an 1304. Meyer, auteur partial, écrit que les Français perdirent l'oriflamme dans ce combat, & qu'elle fut priſe & déchirée par les Flamands; mais Guyard, qui étoit préſent, aſſure que l'étendard qui y fut perdu, étoit une oriflamme contrefaite, que le Roi avoit fait élever ce jour-là pour animer les ſoldats; ce qui eſt d'autant plus probable, que, peu de tems après, la véritable oriflamme parut dans l'armée de France; car, en l'an 1315, le roi Louis Hutin la fit porter en la guerre qu'il eut contre les mêmes Flamands. Enſuite elle fut portée à la bataille de Mont-Caſſel, l'an 1328. Elle parut encore à celle de Poitiers, l'an 1356. Le roi Charles V choiſit Arnoul d'Audenéhan, maréchal de France, pour la porter dans ſes armées. Le roi Charles VI en donna la garde à Pierre de Villiers, ſeigneur de l'Iſle-Adam, grand maître-d'hôtel de France, qui la porta dans les guerres de Flandre l'an 1381, puis à Pierre d'Aumont, l'an 1412, & bientôt après à Guillaume Martel ſon chambellan. Depuis ce tems-là, l'Hiſtoire ne fait plus mention de l'oriflamme. Il eſt vraiſemblable que les rois de France ceſſèrent de la faire porter dans leurs armées, depuis que les Anglais ſe rendirent maîtres de Paris ſous le règne de Charles VII, qui, après les avoir chaſſés, inſtitua les compagnies d'ordonnance, & inventa la cornette blanche, laquelle a été depuis la principale bannière de France. Quant à l'oriflamme, il en eſt encore fait mention dans l'inventaire du tréſor de l'abbaye de Saint-Denis, fait l'an 1534, ſous le règne de François I, & dans un autre inventaire après la réduction de Paris par le roi Henri IV, l'an 1594. Voici les termes de ces inventaires : Etendard d'un cendal fort épais, fendu par le milieu, en façon d'un gonfanon, fort caduc, enveloppé autour d'un bâton couvert d'un cuivre doré, & un fer longuet, aigu au bout.

*Noms des porte-oriflammes de France, dont il eſt parlé dans l'Hiſtoire.*

1. Galois, ſeigneur de Montigni, pauvre chevalier

valier du Vexin, fut choisi par le roi Philippe-Augufte pour porter l'oriflamme à la bataille de Bovines, l'an 1214.

* Le roi Louis VIII fit porter l'oriflamme en la guerre contre les Albigeois, l'an 1226.

Le roi saint Louis la fit porter en la guerre qu'il eut contre Henri III, roi d'Angleterre, l'an 1242; & dans les deux voyages d'outre-mer qu'il entreprit.

Des lettres-patentes portant érection de la baronie de Gueidau en marquisat, datées du mois de mai 1752, & enregistrées en la cour des comptes, aides & finances de Provence le 15 décembre suivant, font mention d'un Guillaume de Gueidau, qui, s'étant croisé en 1248, suivit le roi saint Louis, & reçut de sa main l'oriflamme, qu'il porta au siége de Damiette, aux batailles gagnées sur le Nil, & aux autres expéditions de ce grand Prince.

2. Anseau, seigneur de Chevreuse, grand-queux de France, porta l'oriflamme à la bataille de Mons en Puelle, dans la Flandre, & y perdit la vie l'an 1304, ayant été étouffé de la chaleur & de la soif.

3. Raoul, dit *Herpin*, seigneur d'Erqueri, porta cet étendard au voyage que fit en Flandre le roi Louis Hutin, l'an 1315.

4. Miles, sixième du nom, seigneur de Noyers, maréchal & bouteiller de France, porta cette enseigne à la bataille de Mont-Cassel, contre les Flamands, l'an 1328.

5. Geoffroy de Charni, porte-oriflamme, fut tué à la bataille de Poitiers, l'an 1356.

6. Arnoul, seigneur d'Audenéhan, fut choisi par le roi Charles V pour porter cette bannière, & se démit de sa charge de maréchal de France, pour être honoré de celle de porte-oriflamme. Il mourut l'an 1370.

7. Pierre de Villiers, seigneur de l'Isle-Adam, fut commis pour porter l'oriflamme l'an 1372, & reçut cet étendard de la main du roi Charles V.

8. Guy, sixième du nom, sire de la Trémoille & de Sulli, surnommé *le Vaillant*, reçut l'oriflamme de la main du Roi, dans l'église de Saint-Denis, au mois d'août 1383, & la porta au voyage contre les Anglais.

9. Guillaume, seigneur des Bordes, est nommé garde de l'oriflamme dans des titres des années 1388, 1391 & 1396.

10. Pierre d'Aumont, second du nom, dit *Hutin*, chambellan du roi Charles VI, fut fait garde de l'oriflamme de France en 1397 & 1412.

11. Guillaume Martel, seigneur de Bacqueville, chambellan du même Roi, fut nommé porte-oriflamme de France l'an 1414, & s'étant excusé sur sa vieillesse, reçut du Roi deux aides, Jean Martel son fils aîné, & Jean Bétas, seigneur de Saint-Clerc. Il fut tué à la bataille d'Azincourt, l'an 1415.

*Grand-maître de la garde-robe.*

Cette charge est nouvelle en France : elle a été

créée le 26 novembre 1669. Elle est toujours possédée par un homme de grande distinction. Sa charge est d'avoir soin des habits, du linge & de la chaussure du Roi. Il en fait faire les habits, & lorsque le Roi s'habille, il lui met la camisole, le cordon-bleu & le juste-au-corps. Quand il se déshabille, il lui présente la camisole de nuit, le bonnet, le mouchoir, & lui demande quel habit il lui plaira de prendre le lendemain. Les jours de grandes fêtes, il met le manteau & le collier de l'Ordre sur les épaules du Roi : il fait les fonctions de chambellan & des premiers gentilshommes de la chambre en leur absence. Les deux maîtres de la garde-robe ont aussi leurs fonctions particulières, & servent par année en l'absence du grand-maître : ils sont toutes ses fonctions, & même en sa présence. C'est lui qui présente la cravate au Roi, son mouchoir, ses gants, sa canne & son chapeau. Lorsque Sa Majesté quitte un habit, & qu'elle vuide ses poches dans celles de l'habit qu'elle prend, le maître de la garde-robe lui présente ses poches pour les vuider. Le soir, lorsque le Roi sort de son cabinet, il donne ses gants, sa canne, son chapeau, son épée au maître de la garde-robe; & après que Sa Majesté a prié Dieu, elle vient se mettre sur son fauteuil, & achève de se déshabiller. Le maître de la garde-robe tire le juste-au-corps, la veste & le cordon-bleu, & reçoit aussi la cravate. Les officiers de la garde-robe sont : quatre premiers valets de garde-robe, servans par quartier; seize valets de garde-robe, servans aussi par quartier; un porte-malle; quatre garçons ordinaires de la garde-robe; trois tailleurs-chaussetiers & valets-de-chambre; un empeseur ordinaire; deux lavandiers du linge du corps.

*Sénéchal de France.*

Ancien officier de la couronne, qui avoit la surintendance de la Maison du Roi & en régloit la dépense, soit pendant la paix, soit en tems de guerre; il avoit la conduite des troupes & portoit le principal étendard. La dignité de sénéchal fut reconnue pour la première de la couronne, sous le roi Philippe I. Le grand-sénéchal étoit quelquefois grand-maître de la Maison du Roi, gouverneur de ses domaines & de ses finances; il rendoit la justice aux sujets du Roi, étoit au dessus des autres juges, & signoit aussi le premier dans les lettres-patentes que les Rois faisoient expédier. Voici ce que l'on peut recueillir des titres anciens.

*Suite chronologique des sénéchaux de France, depuis l'an 980 jusqu'en 1190.*

1. Georges I, comte d'Anjou, surnommé *Grisegonelle*, fut honoré de la charge de sénéchal de France, tant pour lui que pour sa postérité, en reconnoissance des grands services qu'il avoit rendus à l'Etat sous le règne de Lothaire. Il mourut devant le château de Marsan, le 21 juillet 988.

2. Guillaume, fénéchal de France, autorifa de fon feing le titre de la fondation du prieuré de Saint-Martin-des-Champs de Paris, l'an 1060.

3. Raoul, fénéchal de France, affifta à la célèbre affemblée des Grands de France, que le roi Philippe I fit convoquer à Paris l'an 1067, pour être préfens à la dédicace de l'églife de ce prieuré de Saint-Martin-des-Champs.

4. Frédéric, fénéchal de France, foufcrivit l'acte d'immunité que le roi Philippe I accorda à l'églife de Saint-Spire de Corbeil, l'an 1071.

5. Robert, fénéchal de France, figna un titre en faveur du prieuré de Saint-Martin-des-Champs, l'an 1079.

6. Hugues, fénéchal de France, eft nommé dans des lettres du mois de mars de l'an 1083. Quelques hiftoriens ont cru qu'il étoit comte de Vermandois & fils du roi Henri I, mais cela n'eft pas certain.

7. Gervais, fénéchal de France, autorifa de fa fignature une conceffion faite à l'abbaye de Saint-Jean-d'Angely, l'an 1085.

8. Guy de Mont-Lheri, dit le Rouge, comte de Rochefort en Iveline, feigneur de Gournai-fur-Marne, fut en grand crédit auprès du roi Philippe I, qui l'éleva à la dignité de fénéchal de France avant l'an 1095.

9. Hugues de Mont-Lhéri, feigneur de Crécy, fénéchal de France, foufcrivit des lettres-patentes du roi Philippe I, données en faveur du prieuré de Saint-Eloi de Paris, l'an 1107.

10. Anfeau de Garlande, feigneur de Gournai-fur-Marne, fut créé fénéchal de France l'an 1108, & gagna les bonnes graces du roi Louis-le-Gros, qui lui donna l'adminiftration des affaires du royaume.

11. Guillaume de Garlande, fecond du nom, feigneur de Livry, fuccéda à fon frère Anfeau, dans la charge de fénéchal de France, l'an 1118. Il étoit général de l'armée du Roi au combat de Brenne-ville en Normandie, l'an 1119.

12. Etienne de Garlande fut premiérement élu évêque de Beauvais vers l'an 1100, & fait chancelier de France en 1108. Après la mort de fon frère Guillaume, il obtint l'office de fénéchal de France, & eut l'adminiftration des principales affaires du royaume.

13. Raoul I, dit le Vaillant, comte de Vermandois, de Valois, d'Amiens & de Crefpy, feigneur de Péronne, rendit des fervices confidérables aux rois Louis-le-Gros & Louis-le-Jeune pendant leurs guerres; il fut fait fénéchal de France l'an 1131, & établi régent du royaume pendant le voyage d'outre-mer du Roi, l'an 1147.

14. Thibaut I, dit le Bon, comte de Blois & de Chartres, fut élevé à la dignité de fénéchal l'an 1152, & rendit de grands fervices aux rois Louis-le-Jeune & Philippe-Augufte.

### Le Sénéchal de Kercado ou Carcado.

Kercado ou Carcado eft une baronie en Breta-

gne, où l'on trouve plufieurs monumens qui donnent des lumières fur l'ancienne charge de fénéchal, & particuliérement fur une glèbe ou fief attaché à la dignité de grand-fénéchal de Bretagne, pour être poffédée héréditairement. Cette terre, appelée la Sénéchallie, étoit compofée des châtellenies de Cootniel, de la Mortedonon, Uzel, Saint-Caradec, Cadelexe, Mollac, qui formoient, avec les autres droits de la charge, un revenu de trois mille livres de rente, comme on le voit dans un acte de l'année 1259, fiècle où le comté de Blois, celui de Chartres, celui de Sancerre & le vicomté de Châteaudun furent cédés au roi faint Louis en échange de deux mille livres de rente. Ducange rapporte l'acte de cette vente.

Quant à la charge de grand-fénéchal féodé & héréditaire en Bretagne, on rapporte fon origine à Eudon II, fouverain de la Bretagne, qui avoit établi fa cour à Joffelin, ville fituée dans la vicomté de Porhoet, qui paroît avoir été la capitale de la Domnonée; mais la poftérité d'Eudon ayant été réduite à deux filles qui partagèrent la Domnonée, la partie qui fut appelée depuis le vicomté de Rohan, en conferva les principaux droits, & la terre appelée la Sénéchallie demeura engagée dans cette portion, quoique la Bretagne fût gouvernée par les Princes d'un autre Maifon, qui avoient époufé des filles du fang d'Eudon. La charge de grand-fénéchal continua d'être poffédée, héréditairement & à titre de fief, par les defcendans des premiers qui en avoient joui. De là vint qu'ils portèrent feuls en Bretagne le nom de Le Sénéchal, fans vouloir y joindre aucun autre, pour marquer leur ancienneté & leur prééminence fur les autres fénéchaux que les comtes & ducs de Bretagne établirent dans plufieurs départemens par commiffion, & feulement pour un tems limité.

Ces premiers grands-fénéchaux en Bretagne, ayant, comme on l'a dit, affecté, dès le douzième fiècle, de ne porter que le nom de leur charge, n'en ont point laiffé d'autre à leurs defcendans, que celui de Le Sénéchal, auquel on a joint depuis ceux de Le Sénéchal Carcado, Le Sénéchal Mollac & Le Sénéchal Kerguifé, pour diftinguer les trois branches qui en reftent, & l'on n'a pu connoître leur véritable origine, qui fe perd dans le dixième fiècle.

La branche aînée de ceux du fang & du nom de Le Sénéchal, aujourd'hui Kercado, ayant été réduite à une fille, cette charge de fénéchal, qu'elle porta en dot à fon mari, avec les deux tiers de la terre appelée la Sénéchallie, paffa par héritage dans les plus grandes Maifons de Bretagne, telles que Trebrimoel, de Rieux, de Rohan. Ces feigneurs poffédèrent cette charge à titre d'héritage de la branche aînée des feigneurs du nom de Le Sénéchal de Kercado, dont la poftérité fut continuée par Eon ou Eudon Le Sénéchal. Une charge illuftrée par de fi grands noms, dont l'autorité exceffive, en réuniffant l'adminiftration des armes, de la juftice & des finances, renfermoit toute la puiffance d'un Etat, jointe aux fiefs & aux autres revenus qui y étoient attachés, a fait dire à don Morice ou Maurice, favant bénédictin, que cette charge n'avoit pu être donnée, dans les premiers tems, qu'à des feigneurs qui tenoient de bien près par le fang aux fouverains de Bretagne, & qui probablement en fortoient.

*Notâ.* En tranfcrivant en partie cette inftruction fur la fénéchallie héréditaire & féodale de Bretagne, nous avons fenti aifément qu'elle manque de clarté dans quelques endroits; mais ce qui en réfulte clairement, c'eft que la longue & ancienne poffeffion de cette fénéchallie & de fes droits éminens dans la Maifon de Kercado-Mollac eft ce qui a donné à cette Maifon fon prénom de *Le Sénéchal.*

### OFFICIERS ECCLÉSIASTIQUES.

#### *Grand-aumônier.*

Officier de la couronne. Il difpofe du fonds deftiné pour les aumônes du Roi, célèbre le fervice divin dans la chapelle de Sa Majefté quand elle le juge à propos, & eft évêque de la cour, faifant toutes les fonctions de dignité à la cour dans quelque diocèfe qu'il fe trouve, fans en demander permiffion aux évêques des lieux. Il donnoit les provifions des maladreries de France. Il a l'intendance de l'hôpital des Quinze-Vingts de Paris. Il prête le ferment de fidélité entre les mains du Roi, & eft, à caufe de fa charge, commandeur des Ordres de Sa Majefté. Voici la fuite hiftorique de ceux que l'on fait avoir poffédé cette dignité, fuivant les anciens titres.

1. Euftache, chapelain du roi Philippe I, fe trouva à la dédicace de Saint-Martin-des-Champs à Paris, & autorifa de fon feing la charte du Roi, l'an 1067.

2. Roger, évêque de Séez, eft qualifié aumônier du roi Louis VII, l'an 1160.

3. Pierre, chapelain de Philippe-Augufte, foufcrivit une charte pour l'abbaye d'Hérivaux, l'an 1183.

4. Frère Chrétien, dit *le Pieux*, eft nommé aumônier du Roi dans des titres des années 1220 & 1230.

5. Frère Simon de la Chambre étoit aumônier du roi Philippe-le-Bel l'an 1296 & 1298, & mourut vers l'an 1307.

6. Frère Jean des Granges, prieur de Reaulieu, de l'Ordre du Val-des-Ecoliers, étoit aumônier du roi Philippe-*le-Bel* l'an 1307, & étoit mort l'an 1314.

7. Pierre eft nommé aumônier du roi Philippe-*le-Bel* au Journal du Tréfor, du 15 février 1309.

8. Frère Jean du Tour, templier, fut auffi aumônier du roi Philippe-le-Bel, & vivoit encore l'an 1328.

9. Frère Jean de Grandpré, de l'Ordre du Val-des-Ecoliers, fut aumônier des rois Philippe-*le-Bel* & Louis *Hutin.*

10. Frère Guillaume de Lynais ou d'Igny fut clerc de l'aumône du roi Philippe-le-Bel, puis aumônier du roi Philippe-le-Long, depuis 1316 jufqu'au 8 janvier 1321. Il vivoit encore l'an 1326.

11. Frère Jean de Brumez, religieux de l'Ordre de la Trinité, étoit aumônier du roi Charles-le-Bel en 1322 & 1325.

12. Guillaume Morin étoit aumônier du même Roi en 1326.

13. Nicolas de Neuville fut clerc de l'aumône, puis aumônier du Roi l'an 1327.

14. Guillaume de Feucherolles, après avoir été maître de la chambre aux deniers du roi Philippe VI, lorfqu'il n'étoit que comte de Valois, fut fon aumônier depuis l'an 1329 jufqu'en 1343, qu'il fit le 4 décembre fon teftament, où il prend cette qualité.

15. Renaud Saget, fous-aumônier, fit l'office d'aumônier en la guerre de Bretagne, l'an 1342.

16. Pierre de Saint-Placide étoit aumônier du Roi en 1344 & 1350.

17. Michel de Breiche, docteur en théologie, fut aumônier du Roi depuis 1351 jufqu'au premier juillet 1355. C'eft lui qui fit rebatir l'églife de l'hôpital des Quinze-Vingts de Paris, laquelle a été depuis fous la juridiction des grands-aumôniers. Il fut depuis évêque du Mans, & mourut le 3 juin 1363.

18. Garnier de Berron, chanoine de la Sainte-Chapelle de Paris, après avoir été fous-aumônier, fut fait aumônier du Roi le premier juillet 1357, & mourut le 17 feptembre 1380.

19. Sylveftre de la Cervelle étoit aumônier de Charles, dauphin, duc de Normandie, l'an 1356, & continua les mêmes fonctions dans la Maifon de ce Prince lorfqu'il fut parvenu à la couronne. Il eft qualifié aumônier de France dans un compte de l'an 1365. Il fut depuis évêque de Coutances l'an 1371, & mourut en feptembre 1386.

20. Pierre de Prouverville eft qualifié fous-aumônier de monfeigneur le Dauphin, régent du royaume, l'an 1358, & aumônier de France l'an 1366, & il le fut jufqu'en 1380.

21. Denys de Coffours, clerc & fecrétaire du roi Jean, chanoine de la Sainte-Chapelle, chantre & chanoine de Meaux & de Saint-Quentin, fut nommé, l'an 1371, aumônier du Dauphin (Charles VI), lequel étant parvenu à la couronne, le fit fon aumônier le premier octobre 1380. Il mourut le 26 février 1382.

22. Michel de Crené, chanoine de la Sainte-Chapelle, après avoir été fous-aumônier du Roi, fut nommé aumônier l'an 1382. Il le fut jufqu'au premier janvier 1388, qu'il fut confeffeur du Roi, puis évêque d'Auxerre l'an 1390. Il mourut le 13 octobre 1419, & fut inhumé dans l'églife des Chartreux de Paris.

23. Pierre d'Ailli, tréforier de la Sainte-Chapelle de Paris, évêque du Puy & de Cambrai, puis cardinal, avoit été élevé à la dignité d'aumônier du Roi l'an 1388 : il en fit les fonctions jufqu'en 1395. Il mourut en Allemagne le 5 octobre ; d'autres difent le 8 août 1425. Son corps fut porté à Cambrai.

24. Pierre Mignot fut nommé aumônier du Roi le premier juin 1395 : il en faifoit les fonctions l'an 1397.

25. Hugues Blanchet, chanoine de Paris, archidiacre de Sens, tréforier de la Sainte-Chapelle & maître des requêtes, exerçoit la charge d'aumônier du Roi en 1397 & 1399, & mourut le 24 avril 1406.

26. Pierre Profete fut nommé aumônier du Roi le premier août 1408.

27. Gilles Defchamps, fameux docteur en théologie, fut nommé aumônier du Roi au retour de fon ambaffade auprès de l'empereur Venceflas. Il fut depuis évêque de Courances & cardinal, & mourut le 15 mai 1413, fuivant fon épitaphe, qui eft dans l'églife de Rouen.

28. Jean de Courtecuiffe, docteur en théologie, étoit aumônier du Roi l'an 1418. Il fut depuis évêque de Paris, puis de Genève.

29. Philippe Aymenon fut nommé aumônier du Roi le 8 octobre 1422.

30. Etienne de Montmoret étoit aumônier du roi Charles VII, les années 1422, 1429 & fuivantes, & mourut l'an 1446.

31. Jean d'Auffi, docteur & profeffeur en théologie, fut nommé aumônier du Roi après la mort d'Etienne de Montmoret, & tréforier de la Sainte-Chapelle l'an 1449, puis évêque de Langres l'an 1542, étant toujours aumônier. C'eft lui qui, au rapport de M. de Sainte-Marthe, dreffa un catalogue de tous les hôtels-dieu & maladreries du royaume.

32. Jean Balue, évêque d'Angers, cardinal, évêque d'Albe & de Préneste, après avoir été aumônier du roi Louis XI, mourut en octobre 1491, étant alors feptuagénaire. Il eft enterré dans l'églife de Sainte-Praxede à Rome. On y lit fon épitaphe, qui dit qu'il avoit éprouvé la bonne & la mauvaife fortune. Il avoit bien mérité la mauvaife.

33. Angelo Cattho, natif de Supin, au diocèfe de Bénévent, s'attacha au fervice du roi Louis XI, qui fut fon médecin & fon aumônier. Il fut fait archevêque de Vienne l'an 1482 ; fe retira depuis en Italie, & mourut à Bénévent l'an 1497.

34. Jean Thuyer étoit aumônier du roi Charles VIII l'an 1483, & mourut en février 1485.

35. Geoffroy de Pompadour, évêque d'Angoulême, puis de Périgueux & du Puy-en-Velai, eft le premier qui ait eu le titre de grand-aumônier du Roi, dont il fut pourvu l'an 1486. Il mourut l'an 1514.

36. François Leroi Chavigny, protonotaire du Saint-Siège, étoit grand-aumônier du roi François I. Il mourut le 18 octobre 1515.

37. Adrien Gouffier, évêque de Coutances & cardinal, abbé de Fécamp, &c. fut nommé grand-aumônier par le roi François I l'an 1519. Il en fit les fonctions jufqu'à ce qu'il fût nommé légat en France, & transféré la même année à l'évêché d'Albi. Il mourut le 24 juillet 1523.

38. François Defmoulins, dit de Rochefort, fut fait grand-aumônier du roi François I le 8 octobre 1519, en fit les fonctions jufqu'en 1526, & fut nommé à l'évêché de Condom qu'il n'obtint pas.

39. Jean le Veneur, cardinal, évêque & comte de Lizieux, fut nommé grand-aumônier par le roi François I, l'an 1526, & mourut le 7 août 1543.

40. Antoine Sanguin, dit le Cardinal de Meudon, fut nommé grand-aumônier de France le 7 août 1543. Il eft le premier qui en ait porté le titre, fes prédéceffeurs n'ayant pris que la qualité de grand-aumônier du Roi, d'aumônier de France. Il fe démit de fa charge l'an 1547, & mourut à Paris le 22 décembre 1559. Il eft enterré dans l'églife de Sainte-Catherine du Val-des-Ecoliers.

41. Philippe de Coffé, évêque de Coutances, fut pourvu de la charge de grand-aumônier de France l'an 1547, & mourut le 24 novembre 1548.

42. Pierre du Châtel, natif d'Archy, évêque de Tulle, puis de Mâcon & d'Orléans, fut pourvu de la charge de grand-aumônier de France par lettres du 25 novembre 1548, & mourut le 3 février 1552, avant Pâques.

43. Bernard de Ruthye, abbé de Pontlevoi, fut pourvu de la charge de grand-aumônier de France par lettres du premier juillet 1552, & mourut le dernier mai 1556.

(On apprend, par les titres de la chambre des comptes, que le roi Henri II écrivit au Pape pour le prier d'accorder à Bernard de Ruthye, abbé de Pontlevoi, grand-aumônier, non évêque, & à fes fucceffeurs, grands-aumôniers de France, qu'ils fuffent créés & facrés évêques de la cour.)

44. Louis de Brézé, évêque de Meaux, tréforier de la Sainte-Chapelle de Paris, fut pourvu de la charge de grand-aumônier de France par lettres du premier juin 1556, & l'exerça jufqu'à la mort du roi Henri II en 1559, & mourut le 25 feptembre 1589.

45. Charles de Humières, évêque de Bayeux, fut nommé grand-aumônier de France le 22 juillet 1559, & l'exerça jufqu'au 6 décembre 1560. Il mourut le 5 décembre 1571.

46. Jacques Amyot, évêque d'Auxerre, fut pourvu de la charge de grand-aumônier de France le 6 décembre 1560. Il en fut privé l'an 1591. Il mourut le 6 février 1593, âgé de foixante-dix-neuf ans. Le roi Henri III l'avoit fait commandeur de l'Ordre du Saint-Efprit à la création de l'Ordre en décembre 1578, avec cette prérogative pour les grands-aumôniers fes fucceffeurs, d'être com-

mandeurs-nés fans faire aucune preuve de noblesse, fuivant l'article 18 des ftatuts de l'Ordre.

47. Renaud de Beaune, archevêque de Bourges, puis de Sens, fut nommé grand-aumônier de France le 12 juillet 1591, & mourut le 27 feptembre 1606, âgé de foixante-dix-neuf ans.

48. Jacques Davy du Perron, cardinal & archevêque de Sens, fut nommé grand-aumônier de France l'an 1606, & mourut le 5 feptembre 1618, âgé de foixante-treize ans.

49. François de la Rochefoucauld, cardinal, évêque de Clermont, puis de Senlis, fut grand-aumônier de France l'an 1618; s'en démit l'an 1632, & mourut à Paris le 14 février 1645, âgé de quatre-vingt-huit ans.

50. Alphonfe-Louis Dupleffis de Richelieu, cardinal & archevêque de Lyon, fut grand-aumônier de France l'an 1631, & mourut le 23 mars 1653.

51. Antoine Barberin, cardinal & archevêque de Rheims, grand-aumônier de France l'an 1653, mourut le 3 avril 1671.

52. Emmanuel-Théodofe de la Tour, cardinal de Bouillon, doyen du facré collége, fut nommé grand-aumônier de France le 10 décembre 1671, & fut privé de cette charge, & de l'Ordre du Saint-Efprit l'an 1700. Il mourut à Rome le 2 mars 1715.

53. Pierre du Cambout, cardinal de Coiflin, évêque d'Orléans, grand-aumônier de France en feptembre 1700, mourut à Verfailles le 5 février 1706, âgé de foixante-dix ans.

54. Touffaint de Forbin, cardinal de Janfon, évêque & comte de Beauvais, pair de France, fut nommé grand-aumônier de France l'an 1706, & mourut le 24 mars 1713, âgé de quatre-vingt-trois ans.

55. Armand Gafton de Rohan, cardinal & évêque de Strasbourg, a prêté le ferment de grand-aumônier de France le 10 juin 1713, & eft mort le 19 juin 1749.

56. Armand de Rohan, cardinal & évêque de Strasboug, nommé grand-aumônier de France en 1749, eft mort en 1756.

57. Frédéric-Jérôme de Roye de la Rochefoucauld, cardinal & archevêque de Bourges, nommé grand-aumônier de France en 1756, eft mort le 29 avril 1757.

58. Henri-Charles de Saulx, cardinal de Tavannes, archevêque de Rouen, a été nommé grand-aumônier de France le 21 juin 1757.

Après lui & fucceffivement les cardinaux de la Roche-Aymon, de Rohan & de Montmorenci-Laval.

### Secrétaires d'État.

Ce font ceux qui fignent les lettres & les ordonnances du Roi, & expédient les dépêches pour les affaires d'Etat. Les charges de fecrétaires d'Etat font auffi anciennes que les Etats mêmes, parce que les fouverains ont toujours eu befoin de perfonnes capables pour mettre leurs volontés par écrit, & les faire favoir aux peuples. Les Romains appeloient ces officiers *notarii*, parce qu'ils étoient dépofitaires des caractères de la fignature des Empereurs, qu'on appeloit *nota*, & parce qu'ils publioient leurs mandemens & leurs ordonnances, qui commençoient ordinairement par *Notum facimus* (Nous faifons favoir). Leurs chanceliers en avoient toujours vingt-fix à leur fuite; & outre le chancelier, il y avoit encore un chef, qu'on nommoit *primicerius notariorum* ou *protonotarius*. Ce dernier nom eft encore en ufage dans la cour de Rome & au parlement de Paris. C'étoit à ce protonotaire à publier, dans le fénat, les édits & ordonnances de l'Empire. On diftinguoit trois colléges de notaires: le premier & le plus honorable étoit de ceux qu'on appeloit *tribuni notarii*, qui expédioient les édits du Prince & les dépêches des finances; ceux du fecond collége étoient nommés *domeftici & familiares Principis*, parce qu'ils étoient logés dans le palais, & qu'ils avoient plus de part dans les fecrets du Prince; c'eft pourquoi ils furent enfuite appelés *fecretarii*. Le troifième collége étoit de ceux que nous appelons aujourd'hui *greffiers*, qui faifoient les expéditions de la juftice. Il falloit qu'ils fuffent tous nobles, & qu'avant de parvenir à ces charges ils euffent mérité le titre d'*egregius*, c'eft-à-dire, d'excellent, par leur vertu & leur capacité.

Comme notre monarchie s'eft établie fur les ruines de l'Empire romain, les rois de France y ont créé des offices qui avoient du rapport avec ceux des Empereurs; mais cela ne fe fit que fous la feconde race de nos Rois, ceux de la première s'attachant feulement à la difcipline militaire, & ceux qui les fuivirent laiffant toute la conduite du royaume au maire du palais. Ces fouverains, qui n'en retenoient que le nom, ne prenoient aucune connoiffance des affaires, ne fignoient & ne faifoient expédier aucune lettre. Le maire du palais en commandoit l'expédition au chancelier, qui étoit un notaire & fecrétaire à qui l'on confioit le fceau royal. Les Rois de la feconde race voulurent figner eux-mêmes les plus importantes expéditions, qu'ils faifoient encore figner par les grands-officiers de la couronne & autres feigneurs qualifiés. C'étoit le chancelier qui dreffoit ces lettres & qui les fignoit, ajoutant le mot *fcripfi*; &, en fon abfence, il y avoit des notaires qui les écrivoient & les fignoient. Ces notaires commencèrent pour lors à être appelés fecrétaires, parce que les Rois en prirent quelques-uns auprès de leurs perfonnes, pour travailler aux chofes fecrètes & de confidence. Eginhard fut fecrétaire de Charlemagne. Outre cela, les Rois avoient des gens pour écrire dans leur palais, qu'on appeloit *clerici palatini*; & il y a apparence que ces officiers-là étoient ce que font aujourd'hui les *fecrétaires du cabinet*, qui, dans les commencemens, étoient nommés *clercs de la chambre*.

Sous les premiers Rois de la troisième race, les notaires & secrétaires faisoient toujours la même fonction avec le chancelier; mais Philippe I retrancha le grand nombre de témoins qui signoient dans les lettres de ses prédécesseurs, & les réduisit à quatre; savoir : le connétable, le grand-maître, le grand-chambellan, & le grand-bouteiller ou échanson. De là vint la coutume de mettre sur le repli des lettres *par le Roi*, N**. & N**. *présens*, qui s'est pratiquée depuis Louis XI.jusqu'à Henri II, lequel donna aux quatre secrétaires d'État le pouvoir de signer seuls, après le Roi, toutes les expéditions de leur département. Les rois Louis-le-Gros & Louis-le-Jeune, successeurs de Philippe I, n'avoient rien changé à la signature des lettres; mais, sous Philippe-Auguste & Louis VIII, Guérin, évêque de Senlis, chancelier de France & premier ministre de ces deux Rois, supprima le mot *scripsi*, que les devanciers mettoient après leur nom, & commença de signer simplement avec les grands-officiers de la couronne. Après sa mort, les chanceliers, devenus chefs de la justice & des conseils du Roi, abandonnèrent le secrétariat aux notaires & secrétaires du Roi, & s'en réservèrent seulement la supériorité avec le sceau. Depuis ce tems-là, comme les secrétaires furent plus employés, ils se rendirent plus considérables, & les Rois en choisirent quelques-uns auxquels ils confioient les plus importantes affaires de l'Etat, sans en limiter le nombre; mais Philippe-le-Bel fit en 1309 un réglement pour en avoir trois auprès de sa personne. Dans l'ordonnance de Philippe-le-Long, de l'an 1316, il y a un article suivant le Roi, qui en marque trois, & qui nous apprend que la qualité de secrétaires n'étoit qu'une adjonction à celle de notaires, pour marquer la différence de leurs fonctions, & que le notaire-secrétaire étoit celui qui travailloit aux dépêches secrètes & particulières du Roi. Le notaire du conseil, celui qui en tenoit les registres, & le notaire du sang, celui qui étoit employé aux affaires criminelles pour les graces & les rémissions. On appeloit simplement notaires, ceux dont l'emploi étoit de faire les expéditions ordinaires du sceau. Le roi Philippe de Valois, en 1343, avoit sept secrétaires & soixante-quatorze notaires, ainsi qu'on le voit par les registres de la chambre des comptes. Le roi Jean, par son ordonnance de l'an 1361, réduisit le nombre de ces secrétaires & notaires à cinquante-neuf, sans spécifier combien il y en avoit de secrétaires; mais le roi Charles V son fils les réduisit, l'an 1365, à huit ordinaires, qui avoient entrée dans ses conseils, & trois extraordinaires. Le nombre de ces officiers étant beaucoup augmenté, le roi Charles VI les réduisit à douze par les lettres-patentes de l'an 1381. Par un édit de l'an 1418, il créa le collége des cinquante-neuf clercs-notaires de la chancellerie, & réduisit les secrétaires des finances à cinq. Charles VII établit de nouveaux se-

crétaires. On ne trouve que trois secrétaires qui aient servi Louis XI pendant tout son règne; car, comme il étoit défiant, il employoit souvent le premier notaire qu'il rencontroit. Charles VIII confirma les secrétaires des finances, & ce fut sous son règne que Florimond Robertet acquit tant de crédit dans sa charge de secrétaire, que quelques-uns l'appellent le père des secrétaires d'Etat, parce qu'il commença à donner à cet emploi le degré d'élévation où il est maintenant. Robertet continua ses services auprès de Louis XII & de François I, & fut toujours maître des plus grandes affaires. Enfin, le roi Henri II fixa le nombre des secrétaires d'Etat, & les réduisit à quatre par ses lettres-patentes du 14 septembre 1547, sous le titre de conseillers & secrétaires des commandemens & finances : ces quatre secrétaires furent Guillaume Bochetel, Côme Clausse, Claude de Laubespine & Jean du Thier, qui se qualifièrent secrétaires d'Etat comme avoit fait Robertet. Ceux qui ont possédé ces charges après eux, ont laissé le titre de secrétaires des finances au collége des secrétaires du Roi, qui portent ce nom.

Sous le règne de Louis XIV, il y avoit de même quatre secrétaires d'Etat qui faisoient chacun leurs fonctions dans leur département, & qui, outre cela, devoient se trouver tous les matins au lever du Roi dans certains mois de l'année, pour expédier en particulier les lettres & les bienfaits de Sa Majesté.

Les dépêches que le Roi envoie aux parlemens doivent être expédiées par le secrétaire d'Etat qui les a dans son département, & les députés de ces parlemens ou des Etats des provinces sont conduits par ce secrétaire d'Etat à l'audience du Roi.

A l'avénement du roi Louis XV à la couronne, en 1715, M. le duc d'Orléans, régent du royaume, établit huit conseils, composés de personnes des plus considérables de l'Etat, tant dans l'épée que dans la robe, pour en régler toutes les affaires; savoir : le conseil de régence, le conseil de conscience, le conseil des affaires étrangères, le conseil de guerre, le conseil des finances, le conseil du dedans du royaume, le conseil de marine & le conseil de commerce. Ces conseils ont été supprimés par le régent lui-même dès 1718, & les secrétaires d'Etat sont rentrés dans l'entier exercice de leurs charges.

*Table chronologique des secrétaires d'État depuis* 1547.

1. Guillaume Bochetel exerça cette charge jusqu'à sa mort, arrivée en 1558, & eut pour successeur :

Jacques Bourdin, seigneur de Villeines, son gendre, auquel succéda, en 1567 :

Claude de l'Aubespine fils, qui, après avoir été reçu en survivance de son père, l'an 1560, & exercé en cette qualité jusqu'en 1567, fut pourvu de l'office de M. de Villeines, dont il fit les fonctions jusqu'en 1570, & eut pour successeur

Claude Pinard, seigneur de Comblisi, qui avoit épousé une parente de Claude de l'Aubespine : il exerça jusqu'en 1588, que le roi Henri III, allant aux Etats de Blois, lui envoya ordre de se retirer.

2. Côme Clausse, seigneur de Marchaumont, posséda cette charge jusqu'en 1558, & la laissa à

Florimond Robertet, seigneur de Fresne, son gendre, lequel mourut en 1567, & eut pour successeur

Simon Fizes, baron de Sauve, qui exerça jusqu'à sa mort, arrivée en 1579 : il n'eut point de successeur, car le roi Henri III accorda la suppression de sa charge à MM. de Villeroi, Brulart & Pinard ses confrères, & leur en partagea le département.

3. Claude de l'Aubespine, père, mourut en 1567, & laissa son office à

Nicolas de Neufville, seigneur de Villeroi, son gendre, qui exerça jusqu'en 1588, que le roi Henri III, allant aux Etats de Blois, lui envoya ordre de se retirer, & de cesser la fonction de sa charge ; mais il rentra depuis dans une autre, par la mort de M. de Revol.

4. Jean du Thier, seigneur de Beauregard, mourut en 1559, & eut pour successeur

Florimond Robertet, baron d'Alluye, qui exerça jusqu'à sa mort, arrivée en 1569.

Pierre Brulart, seigneur de Genlis, lui succéda, & exerça jusqu'en 1588, que le roi Henri III, allant aux Etats de Blois, lui envoya ordre de se retirer.

Après que le roi Henri III eut congédié MM. de Villeroi, Pinard & Brulart, & eut supprimé leurs charges quand il fut à Blois, il en créa deux nouvelles ; puis, quelque tems après, deux autres, suivant leur ancienne création. Ces quatre furent Louis Revol, Martin Ruzé, Louis Potier & Pierre Forget.

1. Louis Revol fut fait secrétaire d'Etat en septembre 1588, & exerça cette charge jusqu'à sa mort, arrivée en 1594 : il eut pour successeur

Nicolas de Neufville, seigneur de Villeroi, qui étant rentré, par ce moyen, dans la charge de secrétaire d'Etat, l'exerça jusqu'en 1607.

Pierre Brulart, seigneur de Puisieux, fut reçu en survivance en 1606, & exerça en cette qualité jusqu'en 1616, que le maréchal d'Ancre le fit éloigner de la cour, & fit pourvoir en sa place par commission.

Claude Mangot, seigneur de Villarceaux, qui exerça quatre mois, & fut ensuite garde-des-sceaux de France. Sa commission de secrétaire fut donnée à

Armand-Jean du Plessis de Richelieu, évêque de Luçon, qui exerça jusqu'au mois de mai 1617, que M. de Puisieux fut rappelé à la cour & remis en sa charge. Il fut destitué en 1624.

Charles Beauclerc lui succéda, & exerça cette charge jusqu'à sa mort, arrivée en 1630. Il eut pour successeur Abel Servien, qui s'en démit l'an 1636, en faveur de

François Sublet, seigneur des Noyers, qui exerça jusqu'en 1643, puis se retira en sa maison de Dangu, où il mourut au mois d'octobre 1645.

Michel Letellier, seigneur de Chaville, fut ensuite pourvu de cette charge, & fit recevoir l'an 1655, en sa survivance,

François-Michel Letellier, marquis de Louvois, son fils, qui a exercé cette charge jusqu'à sa mort, arrivée en 1691, & a eu pour successeur

Louis-François Letellier, marquis de Barbezieux, son fils, qu'il avoit fait recevoir en survivance en 1685 ; mort le 5 janvier 1701.

Michel Chamillard lui a succédé, & a exercé cette charge jusqu'en juin 1709. Le marquis de Cani son fils fut reçu en survivance en 1707, mais il donna sa démission le 9 juin 1709.

Daniel-François Voysin lui succéda, fut fait en même tems ministre d'Etat, puis chancelier de France.

1. Il ne laissa pas d'exercer la charge de secrétaire d'Etat jusqu'en janvier 1716, qu'il donna sa démission.

Joseph-Jean-Baptiste Fleuriau, seigneur d'Armenonville, fut pourvu de cette charge, dont il prêta serment le 5 février 1716, eut en octobre 1718 le département de la marine, des galères, du commerce maritime & des colonies étrangères, & prêta serment de la charge de garde-des-sceaux de France le 29 février 1722. Le comte de Morville son fils avoit été reçu en survivance en la charge de secrétaire d'Etat du département de la marine, dont il prêta serment le 9 avril 1722. Mais après la mort du cardinal Dubois, le Roi lui donna le département des affaires étrangères, & celui de la marine fut donné au comte de Maurepas.

Claude Leblanc fut pourvu, le 25 septembre 1718, de la charge de secrétaire d'Etat du département de la guerre, que le Roi créa en sa faveur, & dont il se démit en août 1723.

François-Victor le Tonnelier, marquis de Breteuil, prêta serment de cette charge le 4 août 1723. Il en donna sa démission au mois de juin 1726.

Claude Leblanc, ayant été rappelé à la cour, fut rétabli dans la charge de secrétaire d'Etat avec le même département de la guerre, le 15 juin 1726, & il en prêta un nouveau serment le 22 du même mois. Il mourut le 19 mai 1728.

Nicolas-Prosper Bauyn, seigneur d'Angervilliers, fut pourvu de cette charge par la mort du précédent, & en prêta le serment le 23 mai 1728.

2. Martin Ruzé, seigneur de Beaulieu, fut créé secrétaire d'Etat en septembre 1588, & mourut en 1613, laissant sa charge à

Antoine de Loménie, qui avoit été reçu en survivance dès l'année 1606; celui-ci étant mort en 1638, eut pour fucceffeur

Henri-Augufte de Loménie fon fils, reçu en furvivance l'an 1615, lequel fe démit de fa charge l'an 1643, en faveur de

Henri de Guénégaud, feigneur du Pleffis, auquel fuccéda

Jean-Baptifte Colbert, miniftre & fecrétaire d'Etat. Il mourut en 1683, & laiffa fa charge à

Jean-Baptifte Colbert, marquis de Seignelai, lequel en jouit jufqu'à fa mort, arrivée en 1690. Il eut pour fucceffeur

Louis Phelypeaux de Pontchartrain, qui a été fait chancelier de France en 1699, & qui laiffa cette charge de fecrétaire d'Etat à

Jean Phelypeaux fon fils, comte de Pontchartrain, qui étoit reçu en furvivance, & qui s'en eft démis en 1715, en faveur de

Jérôme-Frédéric Phelypeaux, comte de Maurepas, fon fils, qui en a prêté le ferment le 13 novembre 1715, & a commencé à en faire les fonctions au mois de mars 1718.

3. Louis Potier, feigneur de Gêvres, fut créé fecrétaire d'Etat en février 1589, & exerça cette charge jufqu'en 1622, qu'il s'en démit en faveur de Nicolas Potier, feigneur d'Ocquerre, fon neveu. Il avoit fait recevoir en furvivance, l'an 1606, Antoine Potier, feigneur de Sceaux, fon fils, lequel mourut en 1621.

Nicolas Potier, feigneur d'Ocquerre, reçu fecrétaire d'Etat en 1622, exerça jufqu'en 1628, & eut pour fucceffeur

Claude Bouthillier, lequel fut fait furintendant des finances en 1632, & laiffa la fonction de fa charge de fecrétaire d'Etat à

Léon Bouthillier, feigneur de Chavigny, qui s'en démit l'an 1643, en faveur de Henri-Augufte de Loménie, comte de Brienne. Ce dernier étant rentré par ce moyen dans la charge de fecrétaire d'Etat, l'exerça jufqu'en 1663, & en fit fa démiffion en faveur de M. de Lionne. Il avoit fait recevoir en furvivance Louis-Henri de Loménie, comte de Brienne (l'an 1651), qui s'en démit avec fon père.

Hugues de Lionne, feigneur de Berni, reçu en 1663, mourut en 1671, après avoir fait recevoir en furvivance

Louis-Hugues de Lionne, marquis de Berni, fon fils, l'an 1667; mais le Roi donna cette charge à

Simon Arnaud, feigneur de Pomponne, qui en prêta le ferment en janvier 1672, & l'exerça jufqu'en l'année 1679, que cette charge fut donnée à

Charles Colbert, marquis de Croiffy, qui exerça cette charge jufqu'à fa mort, arrivée en 1696. Il avoit fait recevoir en furvivance, en 1689, fon fils

Jean-Baptifte Colbert, marquis de Torci, qui s'en démit, & eut pour fucceffeur

Guillaume Dubois, confeiller d'Etat, puis archevêque de Cambrai, cardinal & premier miniftre, mort le 10 août 1623.

Charles-Jean-Baptifte Fleuriau, comte de Morville, lui a fuccédé en août 1723 : il en donna fa démiffion le 19 août 1727.

Germain-Louis Chauvelin, préfident à mortier au parlement de Paris, fut pourvu de cette charge avec le département des affaires étrangères, le 19 août 1727, & en prêta ferment le 23 fuivant; il avoit été nommé, le 17 du même mois, garde-des-fceaux de France.

4. Pierre Forget, feigneur de Frefne, fut fait fecrétaire d'Etat en février 1589, & s'en démit en 1610 en faveur de

Paul Phelypeaux, feigneur de Pontchartrain, qui exerça cette charge jufqu'à fa mort, arrivée en 1621, & eut pour fucceffeur

Louis Phelypeaux fon fils, qui s'en démit en faveur de fon oncle

Raymond Phelypeaux, feigneur d'Herbaut, qui mourut en 1629, & laiffa fa charge à

Louis Phelypeaux, feigneur de la Vrillière, fon fils, qui fit recevoir en furvivance, en 1654, Louis Phelypeaux, baron d'Hervi, fon fils; mais un autre de fes fils, favoir : Balthafard Phelypeaux, feigneur de la Vrillière, marquis de Châteauneuf, comte de Saint-Florentin, &c. lui fuccéda dans la charge de fecrétaire d'Etat, & eut pour fucceffeur fon fils

Louis Phelypeaux, marquis de la Vrillière, qui a été reçu le 10 mai 1700.

Louis Phelypeaux, comte de Saint-Florentin, fon fils, fut reçu en furvivance en février 1723, & entra en exercice, par la mort de fon père, le 7 feptembre 1725. Après un long ufage du miniftère, il s'eft retiré, duc de la Vrillière, en 1775, & a été remplacé par M. de Malesherbes, qui l'a été par M. Amelot.

On fait pour fon pays ce qu'on ne fait pas pour les nations étrangères. Nous fommes entrés ici fur les grands offices de la couronne, les charges de la cour & le cérémonial qui s'y obferve, dans des détails que nous nous épargnérons en parlant des autres cours & des autres Etats : nous nous bornerons aux liftes chronologiques de leurs fouverains ou de leurs magiftrats. Un feul exemple fuffifoit pour le refte, & on n'en pouvoit pas offrir un meilleur que celui de la France, qui fert à beaucoup d'égards de modèle à toutes les cours qui fe piquent de goût & de magnificence, & qui elle-même a imité diverfes chofes des anciennes monarchies qui ont eu le plus d'éclat.

Parmi les divers établiffemens & les divers ufages que nous avons eus à expofer, plufieurs avoient ceffé de fubfifter même avant la révolution; mais tout ce qui a été, quoiqu'il ait ceffé d'être, eft du domaine de l'Hiftoire, & les monumens de ce qui n'eft plus font l'objet de l'étude de l'antiquité. Combien cette étude auroit été facilitée

fi

fi l'on avoit toujours eu ou la bonne foi ou la confiance dans le mérite ou la néceffité des innovations pour laiffer fubfifter tous les monumens des ufages abolis, & laiffer la poftérité juge du bien & du mieux! Il en réfulteroit même une utilité plus marquée dans l'étude des anciens ufages, qui ne feroit plus une recherche ftérile & de pure curiofité; on auroit toujours l'objet utile de la comparaifon du paffé avec le préfent, de l'ancien & du moderne; on verroit quels font les ufages qu'il faut rétablir, ceux qu'il faut feulement modifier, ceux qu'il faut laiffer fupprimés: les changemens fe feroient moins au hafard & d'après toutes les lumières que fourniroient d'exactes comparaifons. C'eft ainfi que l'étude de l'Hiftoire devroit toujours avoir pour objet le perfectionnement de la fociété, l'accroiffement des lumières & l'amélioration du genre humain; & c'eft ce qui met dans tout fon jour la mauvaife foi infigne ou l'abfurde extravagance de ces énergumènes qui vouloient faire difparoître jufqu'aux moindres traces d'ufages dont on fe trouvoit bien depuis 1400 ans, & qui pouffèrent le délire & le ridicule de ces deftructions jufqu'à retourner les plaques de nos cheminées, & chercher, difoient-ils, du falpêtre dans nos caves; mais ce n'étoit ni le falpêtre ni le retournement des plaques de nos cheminées qu'ils cherchoient; c'étoit l'argent qu'on pouvoit y avoir caché pour le dérober à leur rapacité tyrannique, comme s'il n'étoit pas de droit naturel de réferver pour fes befoins, & de cacher aux regards des brigands les débris de fa fortune. Ils avoient fait de ce foin fi naturel & commandé par les circonftances, un crime capital. Tel eft l'ufage qu'ils faifoient du pouvoir légiflatif. Mais tout ce que je veux remarquer ici, c'eft que s'ils avoient cru, comme le publioient, leurs innovations très-utiles & très-fupérieures au régime qu'ils détruifoient, ils auroient laiffé fubfifter les monumens de ce régime pour donner lieu à une comparaifon qui ne pouvoit tourner qu'à leur gloire, au lieu qu'ils fe condamnoient eux-mêmes par cette deftruction.

Avant de quitter la France, jetons les yeux fur quelques Maifons françaises, dont la puiffance balança quelquefois celle du trône, qui, dans le fein de l'Etat, étoient comme des puiffances étrangères, qui tantôt le fervoient & tantôt le troubloient, & dont plufieurs étoient des branches de la Maifon de France.

### Succeffion chronologique des comtes d'Artois.

1. Robert de France, premier du nom, furnommé le Bon & le Vaillant, troifième fils du roi Louis, huitième du nom, créé comte d'Artois en juin 1236, fut tué à la bataille de la Maffoure contre les Infidèles, le 9 février 1249.
2. Robert, fecond du nom, furnommé le Bon & le Noble, fut tué de trente coups de pique à la ba-

Hiftoire. Tome VI. Supplément.

taille de Courtrai, le 11 juillet 1302, où il commandoit l'armée française contre les Flamands.
3. Philippe d'Artois mourut avant fon père, des bleffures qu'il avoit reçues à la bataille de Furnes, le 11 feptembre 1298.
4. Robert d'Artois, troifième du nom, comte de Beaumont, ayant perdu fon procès pour le comté d'Artois, contre Mahaud fa tante, fe jeta de dépit dans le parti d'Edouard III, roi d'Angleterre, contre Philippe de Valois, & mourut à Londres, en 1343, des bleffures qu'il avoit reçues au fervice d'Edouard, au fiége de la ville de Vannes en Bretagne.
5. Jean d'Artois, furnommé Sans-Terre, comte d'Eu & de Saint-Valeri, mort le 6 avril 1386.
6. Philippe d'Artois, comte d'Eu, connétable de France, mourut en la Natolie, le 15 juin 1397.
7. Charles d'Artois, comte d'Eu, prifonnier à la bataille d'Azincourt en 1415, & conduit en Angleterre, ne fut mis en liberté qu'en 1438, & mourut le 25 juillet 1472.

### Des ducs & princes de Bourbon.

1. Robert de France, comte de Clermont en Beauvoifis, feigneur de Bourbon, fixième fils du roi faint Louis & de Marguerite de Provence, mourut le 7 février 1317.
2. Louis I, duc de Bourbon, mourut au mois de janvier 1341.
3. Pierre I, duc de Bourbon, fut tué à la bataille de Poitiers, le 19 feptembre 1356.
4. Louis II, duc de Bourbon, mort le 19 août 1410.
5. Jean, premier du nom, duc de Bourbon, prifonnier à la bataille d'Azincourt, & conduit en Angleterre, y mourut en janvier 1433.
6. Charles, premier du nom, duc de Bourbon, mourut à Moulins le 14 décembre 1456.
7. Jean, fecond du nom, duc de Bourbon, connétable de France, furnommé le Bon, mourut le 1er. avril 1488.

### Branche de Bourbon-Montpenfier.

1. Louis de Bourbon, troifième fils du duc de Bourbon, Jean I commença cette branche; il fut furnommé le Bon, & mourut en mai 1486.
2. Gilbert de Bourbon, comte de Montpenfier, vice-roi de Naples pour Charles-VIII, mourut à Pouzzol le 5 octobre 1496.
3. Charles III, duc de Bourbon, fon fils, connétable de France, dépouillé de fes biens en France par la duchesse d'Angoulême, mère de François I, prit parti pour Charles-Quint contre la France, & fut bien plus funefte à François I par la bataille de Pavie, où il le fit prifonnier, qu'il ne lui avoit été utile par la bataille de Marignan, qu'il avoit gagnée avec lui à la tête de l'armée française en

1515. Cet aventurier illustre fut tué au siége de Rome le 6 mai 1527.

### Branche de Bourbon-la-Marche.

1. Jacques de Bourbon, premier de ce nom, troisième fils de Louis, premier du nom, duc de Bourbon, blessé au combat de Brignais, dit *des Tards-Venus*; il mourut de ses blessures à Lyon le 6 avril 1361, & Pierre I, l'aîné de ses fils, mourut en même tems que lui, de blessures reçues dans ce même combat de Brignais.

2. Jean de Bourbon, premier du nom, comte de la Marche, mourut le 11 juin 1393.

3. Jacques de Bourbon, second du nom, comte de la Marche, grand-chambrier de France, roi de Naples & de Sicile par Jeanne II sa femme, est mort religieux de Saint-François à Besançon, le 24 septembre 1438.

### Branche de Vendôme, issue de celle de la Marche.

1. Louis de Bourbon, second fils de Jean de Bourbon, comte de la Marche, commença cette branche, & mourut le 21 décembre 1446.

2. Jean de Bourbon, second du nom, eut d'Elisabeth de Beauvau, parmi beaucoup d'autres enfans, François qui suit, & mourut le 6 janvier 1477.

3. François de Bourbon, duc de Vendôme, mourut à Verceil en Piémont le 2 octobre 1495.

4. Charles de Bourbon, comte de Vendôme, mort à Amiens le 25 mars 1537.

5. Antoine de Bourbon, duc de Vendôme, roi de Navarre par Jeanne d'Albret sa femme, mourut le 17 novembre 1562, d'une blessure qu'il avoit reçue au siége de Rouen.

6. Il fut père de Henri IV, par qui cette branche de Bourbon-Vendôme parvint, en 1589, à la couronne de France, & y joignit les droits à la couronne de Navarre.

De la branche de Bourbon-Vendôme est issue, par un frère d'Antoine, celle de Bourbon-Condé, féconde en héros, dont les quatre premiers, engagés dans des circonstances malheureuses, portèrent les armes contre la France, & furent tous les quatre prisonniers d'Etat. Loin que leur gloire en ait été flétrie, elle en a reçu ce lustre que le malheur répand sur la vertu, & la manière éclatante dont le Grand-Condé répara ses torts le fit paroître plus grand encore qu'avant sa faute.

*Si non erraffet, fecerat ille minùs.*

Tous les autres princes de Condé ont été des sujets, non-seulement fidèles, mais zélés & utiles.

De la branche de Bourbon-Condé sortent les branches de Bourbon-Conti & de Bourbon-Soissons : cette dernière nous offre un Prince tué en combattant contre une armée royale, c'est-à-dire, contre le cardinal de Richelieu.

De la branche de Bourbon-la-Marche sortoient encore les branches de Bourbon-Carenci ; par celle-ci la branche de Bourbon-Duisant, & directement encore celle de Bourbon-Préaux, lesquelles ne nous offrent rien à remarquer sur le sujet qui nous occupe.

### Des ducs de Bourgogne de deux branches de la Maison de France.

Sans remonter aux deux royaumes de Bourgogne, qui, sous la première & la seconde race de nos Rois, étoient des royaumes étrangers au milieu de la France, examinons la succession chronologique des ducs issus de la race capétienne.

### Première Maison des Ducs.

1. Robert de France, premier du nom, troisième fils du roi Robert, roi de France, & de Constance de Provence, eut pour apanage le duché de Bourgogne, & mourut l'an 1075.

2. Henri de Bourgogne, mort l'an 1066, avant son père.

3. Eudes, premier du nom, surnommé *Borrel*, duc de Bourgogne en 1078, fit le voyage de la Terre-Sainte, & mourut en Cilicie le 23 mars 1103.

4. Hugues, second du nom, dit *le Pacifique*, duc de Bourgogne, mort l'an 1141.

5. Eudes, second du nom, duc de Bourgogne, mort en septembre 1162.

6. Hugues, troisième du nom, duc de Bourgogne, fit deux fois le voyage de la Terre-Sainte, & mourut l'an 1192.

7. Eudes, troisième du nom, duc de Bourgogne, mort le 6 juillet 1218.

8. Hugues, quatrième du nom, duc de Bourgogne, mort en l'an 1272.

9. Robert, second du nom, duc de Bourgogne, chambrier de France, mort le 9 octobre 1305.

10. Eudes, quatrième du nom, duc & comte de Bourgogne, Roi titulaire de Thessalonique, mourut l'an 1349.

11. Philippe de Bourgogne fut blessé d'une chute de cheval au siége d'Aiguillon en Guienne, le 22 septembre 1346, & mourut du vivant de son père.

12. Philippe, premier du nom, dit *de Rouvre*, duc & comte palatin de Bourgogne, mourut le 21 novembre 1361 sans enfans, & alors la Bourgogne fut réunie à la couronne, quoiqu'il restât des descendans du premier apanage, avec lesquels apparemment on transigea.

### Branche des seigneurs de Montagu.

1. Alexandre de Bourgogne, second fils de Hugues, troisième du nom, duc de Bourgogne,

# CHRONOLOGIE. 531

fut feigneur de Montagu, au diocèfe de Châlons, & mourut l'an 1205.

2. Eudes, premier du nom, feigneur de Montagu, mourut vers l'an 1247.

3. Guillaume, premier du nom, feigneur de Montagu, vivoit en 1263.

4. Guillaume, fecond du nom, feigneur de Montagu, vivoit en 1302.

5. Eudes, fecond du nom, dit *Odard*, feigneur de Montagu, encourut la difgrace du roi Philippe-le-Bel, qui, en 1308, le fit mettre en prifon, d'où il fe fauva en Allemagne. Il obtint en 1312 des lettres d'abolition; il vivoit en 1331.

6. Henri, feigneur de Montagu, mourut en 1347, ne laiffant qu'une fille qui mourut la même année que lui.

### Branche des feigneurs de Sombernon.

1. Alexandre de Montagu, fecond fils de Guillaume, premier du nom, feigneur de Montagu, fut feigneur de Sombernon, & vivoit vers l'an 1270.

2. Etienne de Montagu, premier du nom, feigneur de Sombernon, mourut le 19 feptembre 1315.

3. Etienne de Montagu, fecond du nom, feigneur de Sombernon, mourut le 30 mars 1330.

4. Guillaume de Montagu, feigneur de Sombernon, vivoit en l'an 1368.

5. Jean de Montagu-Sombernon mourut le 6 juin 1391.

### Branche des feigneurs de Couches, fortie de celle de Sombernon.

1. Philibert de Montagu, premier du nom, fécond fils d'Etienne de Montagu-Sombernon, premier du nom, feigneur de Couches par fa femme.

2. Hugues de Montagu, feigneur de Couches, vivoit en 1367.

3. Philibert de Montagu, fecond du nom, feigneur de Couches, vivoit en 1401.

4. Jean de Montagu, fecond du nom, feigneur de Couches, vivoit en 1435.

5. Claude de Montagu, feigneur de Couches, chevalier de la Toifon-d'Or en 1468, fut tué au combat de Buffien en 1470, fans poftérité.

Il paroît en général que cette première Maifon de Bourgogne, ou affez pacifique ou fort occupée des affaires de la Terre-Sainte, n'excita guère de troubles dans l'Etat: il n'en fut pas de même de la

### Seconde Maifon des ducs de Bourgogne.

1. Le roi Jean, ayant réuni la Bourgogne à la couronne, fe hâta de l'en détacher pour en faire l'apanage de fon quatrième & dernier fils, Philippe-le-Hardi. Celui-ci fit la guerre avec fuccès aux Flamands rebelles avec le fecours de la France, &

s'il excita quelques troubles, ce ne fut qu'à la cour, où tous les Princes vouloient gouverner fous le foible & malheureux Charles VI; Philippe furtout vouloit être le maître, & l'étoit fouvent par l'afcendant de fon caractère. Mort le 27 avril 1404.

2. Jean, furnommé *Sans-Peur*, duc de Bourgogne, fon fils, mit tout en combuftion en France par l'affaffinat du duc d'Orléans, frère de Charles VI, & par tous les crimes qui furent la fuite de ce premier crime: de là les factions des Orléans ou Armagnacs & des Bourguignons, qui font nos Marius & nos Sylla; de là leurs maffacres réciproques & leurs horribles profcriptions; de là l'introduction des Anglais en France, d'abord par les Orléanois pour venger la mort de leur père, enfuite par les Bourguignons, pour venger de même la mort de Jean-fans-Peur, affaffiné enfin à fon tour fur le pont de Montereau-faut-Yonne, le 10 feptembre 1419, par les partifans du Dauphin (Charles VII), orléanois dans l'ame, & que l'on crut fervir par ce meurtre.

3. Philippe, dit *le Bon*, fils de Jean-fans-Peur, pourfuivant toujours la vengeance de fon père, s'unit avec les Anglais contre le Dauphin & la France, & les réduifit aux dernières extrémités, jufqu'à ce qu'enfin quelques mauvais procédés des Anglais à fon égard, & plus encore les réflexions que lui fuggérèrent fon efprit fage & fon caractère porté à la modération & à la douceur, lui firent fentir combien il étoit odieux d'être le fléau de fa patrie & de fa Maifon, d'affermir des étrangers, des rivaux, des ennemis fur le trône de la France, au préjudice de l'héritier légitime, & le déterminèrent enfin à ce traité d'Arras, où il pardonna généreufement à fon Roi, termina toutes les vengeances, éteignit toutes les haines, compenfa les crimes & les malheurs, & renouvela entièrement la face de la France. Dès ce moment les affaires des Anglais allèrent en décadence: tout tendit à la reftauration & au rétabliffement de l'ordre & des lois. Quand Philippe n'auroit pas d'autre titre à fon furnom de *Bon* que cette paix d'Arras, il l'auroit bien mérité. Cette paix le rendit le bienfaiteur univerfel.

Il fe permit encore une faute lorfqu'il donna un afyle dans fa cour au Dauphin (Louis XI), révolté contre fon père, & lorfqu'aux juftes & preffantes follicitations de Charles VII, qui demandoit qu'on lui renvoyât ce fils rebelle, il répondit par une menaçante interpellation à Charles, de déclarer s'il vouloit s'en tenir au traité d'Arras. Il ne favoit pas les maux qu'il préparoit à fes Etats par cette imprudente & coupable protection accordée à un fils dénaturé.

Philippe-le-Bon mourut le 15 juin 1467.

Charles-le-Téméraire fon fils & Louis XI n'eurent befoin que de fe voir & de fe connoître pour fe haïr: l'oppofition de leurs caractères fit d'abord naître entr'eux une antipathie invincible:

l'un, franc, hardi, violent, impétueux; l'autre, fourbe, adroit ou voulant l'être, grand artifan de fraudes & d'intrigues. L'hiftoire de leurs règnes contemporains n'eft que celle de leurs guerres & de leurs hoftilités continuelles, tant aux armées qu'au cabinet. Jamais il n'y eut entre deux Princes de rivalité plus enflammée, de fureur plus acharnée. Le grand art de Louis XI étoit de débaucher les fujets de Charles, & de lui enlever tous ceux qui pouvoient le bien fervir; & lorfqu'enfin Charles-le-Téméraire fuccomba, le 5 janvier 1477, à la bataille de Nanci, fous les ennemis que fa folle ambition & les intrigues de Louis XI lui avoient fufcités, il n'étoit entouré que de traîtres dans fa foible armée.

Marie de Bourgogne fa fille porta dans la Maifon d'Autriche fes reffentimens, fes domaines & fes droits : de là nos guerres fi continuelles & fi acharnées contre la Maifon d'Autriche.

### COMTES ET DUCS DE BRETAGNE.

#### Anciens Comtes.

Alain I, dit *Barbe-Torte*, mourut l'an 952.

1. Conan I, comte de Rennes & de Bretagne, fils de Judicaël, comte de Rennes, fut tué dans la plaine de Conquereux le 27 juin 992.

2. Geoffroy, comte de Bretagne, mourut le 20 novembre 1008.

3. Alain II, dit *le Rebru*, comte de Bretagne, mourut en 1040.

4. Conan II, comte de Bretagne, mort en 1067.

5. Havoife fa fœur porta la Bretagne à Hoël, comte de Cornouailles & de Nantes, qui mourut en 1084.

6. Alain III, dit *Fergent*, comte de Bretagne, mourut le 13 octobre 1120.

7. Conan III, dit *le Gros*, comte de Bretagne, fervit le roi Louis-le-Gros contre Henri I, roi d'Angleterre, & mourut en 1148.

8. Berthe fa fille porta le comté de Bretagne à Alain, dit *le Noir*, feigneur de la Roche-de-Rien, & comte de Richemont en Angleterre. Berthe mourut en 1154.

9. Conan IV, furnommé *le Petit*, comte de Bretagne, mourut le 20 février 1170.

10. Conftance fa fille, comteffe de Bretagne, mourut en 1201, mère d'Artus, tué par Jean-fans-Terre, roi d'Angleterre, fon oncle, en 1202. Alix, fille de Conftance, porta la Bretagne dans la Maifon de France, dans la branche de Dreux, par fon mariage avec Pierre de Dreux.

#### Ducs de Bretagne.

1. Pierre de Dreux, dit *Mauclerc* ou *Mal-habile*, duc de Bretagne, defcendu du cinquième fils de Louis-le-Gros, roi de France, mourut le 22 juin 1250 : il étoit duc de Bretagne par fa femme Alix.

2. Jean, premier du nom, duc de Bretagne, comte de Richemont, furnommé *le Roux*, mourut le 8 octobre 1286.

3. Jean, fecond du nom, duc de Bretagne, créé pair de France en 1297, mourut à Lyon le 18 novembre 1305.

4. Artus, fecond du nom, duc de Bretagne, mort le 27 août 1312.

5. Jean III, duc de Bretagne, furnommé *le Bon*, mort fans enfans légitimes le 30 avril 1341.

6. Jean IV, dit *de Montfort*, duc de Bretagne, mourut le 26 avril 1345.

7. Jean V, furnommé *le Vaillant*, duc de Bretagne, mourut le 1er. novembre 1399.

8. Jean VI, furnommé *le Bon* & *le Sage*, duc de Bretagne, mourut le 29 août 1442.

9. François I, duc de Bretagne, mourut le 17 juillet 1450.

10. Pierre, fecond du nom, duc de Bretagne, dit *le Simple*, mourut le 22 feptembre 1457, fans enfans.

11. Artus, troifième du nom, duc de Bretagne, furnommé *le Jufticier*, mourut le 26 décembre 1458, fans enfans.

12. Richard, comte d'Eftampes, fervit fidellement le roi Charles VII contre les Anglais; ce que n'avaient pas fait plufieurs de fes prédéceffeurs, qui s'étoient fouvent unis aux Anglais contre la France.

13. François, fecond du nom, dernier duc de Bretagne, mort le 9 feptembre 1488, au milieu des défaftres de fon pays, qu'il défendoit avec peine contre les armes & les intrigues de la France : il fut père de la princeffe Anne de Bretagne, par qui fe fit la réunion de la Bretagne à la couronne, au moyen de fes deux mariages fucceffifs avec Charles VIII & avec Louis XII.

En général, les ducs de Bretagne furent une puiffance formidable à la France, furtout lorfqu'ils s'uniffoient contr'elle, ou avec les ducs de Bourgogne & les autres mécontens de France, ou avec les Anglais.

En remontant aux premiers tems & prefqu'aux tems fabuleux de l'hiftoire de Bretagne, on trouve, long-tems avant Alain *Barbe-Torte*, d'anciens rois ou comtes de Bretagne, dont voici la fucceffion chronologique.

| | |
|---|---:|
| Conan, dit *Mériadec*, mort en | 393. |
| Grallon, en | 405. |
| Salomon I, | 413. |
| Auldran, | 438. |
| Budic, | 448. |
| Hoël I, dit *le Grand*, | 484. |
| Hoël II, | 560. |
| Alain I, dit *le Fainéant*, | 594. |
| Hoël III, | 640. |
| Salomon II, | 660. |
| Alain II, furnommé *le Long*, | 690. |

Puis Judicaël & quelques autres Comtes ou Rois affez obfcurs.

*Succeſſion chronologique des comtes de Bourgogne.*

1. Thibaud, premier du nom, dit *le Vieux* & *le Tricheur*, mourut avant le mois de février 978.

2. Eudes, premier du nom, mort l'an 995.

3. Eudes, ſecond du nom, dit *le Champenois*, tué dans un combat, près de Bar, contre l'empereur Conrad-le-Salique, le 17 ſeptembre 1037.

4. Thibaud III, comte de Champagne, fut fait priſonnier par Geoffroy, ſecond du nom, ſurnommé Martel, comte d'Anjou, le 21 août 1044, & il lui en coûta, pour ſa rançon, la ville de Tours. Il eut pluſieurs différends avec Henri I, roi de France. Il mourut l'an 1085.

5. Etienne, ſurnommé *Henri*, comte de Champagne, entreprit deux fois le voyage d'outre-mer. Les barons de la Paleſtine l'appelaient *le Père du Conſeil.* Il fut tué au ſecond voyage, près de Ramès, le 18 juillet 1102.

6. Thibaud, quatrième du nom, ſurnommé *le Grand*, comte palatin de Champagne, mourut le 10 août 1152.

7. Henri, premier du nom, comte palatin de Champagne, mourut le 17 mars 1182.

8. Henri, ſecond du nom, dit *le Jeune*, comte palatin de Champagne, & roi de Jéruſalem, tomba d'une fenêtre au château d'Acre, dans la Paleſtine, & en mourut en 1197.

9. Thibaud V ſon frère, comte palatin de Champagne, mourut le 25 mai 1201.

10. Thibaud, ſixième du nom, dit *le Poſthume*, puis *le Grand*, & connu par ſes chanſons, ſoit que la reine Blanche en fût ou non l'objet, troubla la régence de cette Reine par des cabales & des hoſtilités, dont elle le châtia rudement. Il devint roi de Navarre vers l'an 1236. Il fit le voyage d'outre-mer avec les ducs de Bourgogne & de Bretagne; & d'autres grands ſeigneurs français, & mourut après ſon retour le 10 juillet 1254.

11. Thibaud, ſeptième du nom, dit *le Jeune*, comte de Champagne, ſecond du nom parmi les rois de Navarre, qui mourut au retour du voyage d'outre-mer, à Trapani en Sicile, le 4 décembre 1270, ſans poſtérité.

12. Henri, troiſième du nom, ſon frère, ſurnommé *le Gros*, comte palatin de Champagne, roi de Navarre, mourut le 22 juillet 1274, laiſſant pour fille unique Jeanne, reine de Navarre, comteſſe de Champagne & de Brie; qui porta ces Etats dans la Maiſon de France par ſon mariage avec le roi Philippe-le-Bel. Jeanne leur petite-fille, & fille de Louis Hutin, en porta les droits dans la Maiſon d'Evreux, branche de la Maiſon de France, iſſue de Philippe-le-Hardi.

### Maiſon d'Evreux.

1. Louis de France, fils puîné de Philippe-le-Hardi, comte d'Evreux, mourut le 19 mai 1319.

2. Philippe, comte d'Evreux: ſon fils devint roi de Navarre par Jeanne ſa femme, fille de Louis Hutin, & acquit les droits à la Champagne & à la Brie par ce même mariage. Il fut ſurnommé *le Bon & le Sage*. Il mourut le 16 ſeptembre 1343 à Xérès, des bleſſures qu'il avoit reçues au ſiége d'Algéſire, au royaume de Grenade.

3. Son fils, Charles-le-Mauvais, roi de Navarre, fut un des plus horribles fléaux de la France, dont il diſputa la couronne, d'un côté, aux rois Jean & Charles V; de l'autre, à Edouard III, roi d'Angleterre. Ses armes étoient l'aſſaſſinat & l'empoiſonnèment. Il fut le plus lâche & le plus criminel des Princes. Il mourut brûlé dans ſon lit le 1er. janvier 1386.

4. Charles III, dit *le Noble*, ſon fils, fut preſqu'en tout l'oppoſé du père. Il s'attacha aux rois de France, & les ſervit fidellement. Il mourut ſubitement le 5 ſeptembre 1425.

*Succeſſion chronologique des comtes de Flandre.*

1. Baudouin, ſurnommé *Bras-de-Fer*, grand foreſtier de France, enleva en 862 Judith de France, fille de Charles-le-Chauve. Il mourut vers 877 ou 879.

2. Baudouin II, dit *le Chauve*, comte de Flandre, mourut le 10 ſeptembre 917 ou 918.

3. Arnoul, premier du nom, dit *le Grand* ou *le Viel*, comte de Flandre, mourut l'an 963, âgé de quatre-vingt-douze ans.

4. Baudouin, troiſième du nom, dit *le Jeune*, mourut avant ſon père, l'an 961.

5. Arnoul, deuxième du nom, dit *le Jeune*, mourut le 23 mars 989.

6. Baudouin, quatrième du nom, ſurnommé *le Barbu* ou à *la Belle-Barbe*, comte de Flandre, mourut l'an 1034.

7. Baudouin, cinquième du nom, dit *de Lille*, *le Pieux* & *le Débonnaire*, comte de Flandre, fut régent de France pendant la minorité du roi Philippe, & mourut le 1er. ſeptembre 1067.

8. Baudouin VI, dit *de Mons*, comte de Flandre, mort l'an 1070.

9. Arnoul, troiſième du nom, dit *le Malheureux*, comte de Flandre, fut tué à la bataille du Mont-Caſſel le 20 février 1071, ſans laiſſer de poſtérité.

10. Son vainqueur, Robert, premier du nom, dit *le Friſon* ou *de Caſſel*, fils de Baudouin V (article 7), comte de Flandre, mourut le 12 octobre 1093.

11. Robert, ſecond du nom, dit *le Jéroſolimitain*, parce qu'il ſe trouva & qu'il contribua beaucoup à la priſe de Jéruſalem, mourut l'an 1111.

12. Baudouin, ſeptième du nom, dit *à la Hache*, comte de Flandre, mourut en juin 1119, ſans enfans. Il fit ſon héritier Charles, dit *le Bon*, fils de Canut, roi de Danemarck, qui fut tué dans l'égliſe de Saint-Donatien de Bruges le 12 mars 1127, ſans laiſſer d'enfans.

Guillaume de Normandie, ſurnommé *Cliton*,

fils de Robert *Gambaron*, & petit-fils de Guillaume-le-Conquérant, succéda, par la protection de la France, à Charles-le-Bon. Il mourut le 28 juillet 1128, d'une blessure qu'il avoit reçue au siége d'Aloft.

### Comtes de Flandre, issus de la Maison d'Alsace.

1. Thierry d'Alsace, fils de Thierry, premier du nom, duc de Lorraine, dit *le Vaillant*, & de Gertrude de Flandre, fille de Robert-*le-Frison* ( article 10 ci-dessus ), mourut en 1168, ayant fait quatre fois le voyage de la Terre-Sainte.

2. Philippe d'Alsace, comte de Flandre, mourut au siége d'Acre dans la Palestine, le premier juin 1191.

3. Marguerite de Flandre sa sœur lui succéda : elle épousa, en 1169, Baudouin, surnommé *le Courageux*, qui mourut le 17 décembre 1195.

4. Baudouin leur fils, neuvième du nom parmi les comtes de Flandre, & sixième du nom parmi les comtes de Hainaut, entreprit le voyage d'outre-mer l'an 1200, fut fait empereur de Constantinople en 1204, & commença l'empire des Latins. L'année suivante il perdit une bataille contre le roi des Bulgares, fut fait prisonnier, & l'on crut qu'il étoit mort dans sa prison. Vingt ans après on vit reparoître un homme qui se disoit Baudouin, comte de Flandre & empereur de Constantinople. Jeanne sa fille aînée, alors comtesse de Flandre, voulut bien s'exposer à l'alternative de punir un fourbe & un imposteur, ou de faire pendre son propre père ; ce qui fut exécuté à Lille le mois d'octobre 1225. Il est à croire qu'elle s'étoit bien assurée que ce n'étoit pas son père ; mais il reste sur cela des doutes fâcheux pour sa mémoire.

Ferrand ou Ferdinand de Portugal, premier mari de Jeanne, & par elle comte de Flandre, fut le plus implacable ennemi de la France. Joint avec les Anglais, il détruisit, dans le port de Dam, une flotte assez considérable de Philippe-Auguste, première flotte qu'un roi de France eût mise en mer depuis Charlemagne.

Le même Ferrand de Portugal, uni à l'empereur Othon, crut qu'il alloit écraser la France à Bovines : contre son attente, Philippe-Auguste remporta cette grande victoire. Le comte de Flandre fut pris & traîné à Paris en triomphe, chargé de fers ; il fut ensuite enfermé dans la tour du Louvre, & il y mourut.

A Jeanne, morte sans enfans, succéda :

5. Marguerite sa sœur, dont le fils, Guillaume de Dampierre, rendit hommage à saint Louis pour le comté de Flandre, & mourut le 6 juin 1251, sans enfans.

6. Guy de Dampierre son frère prêta de même serment au roi saint Louis pour le comté de Flandre ; ainsi qu'à Philippe-le-Hardi ; mais il fit la guerre à Philippe-le-Bel, qui le traitoit avec trop de rigueur ; il fut fait prisonnier, & mourut en

prison à Pontoise le 7 mars 1305, âgé de plus de quatre-vingts ans.

7. Robert, troisième du nom, dit *de Béthune*, comte de Flandre, eut aussi de vives contestations avec les rois de France. Il mourut en septembre 1322, âgé de quatre-vingt-deux ans.

Louis de Flandre, comte de Nevers, fils de Robert de Béthune, eut part à ces contestations & aux traités qui les terminèrent. Il mourut avant son père, le 22 juillet 1322.

8. Louis, second du nom, dit *de Crécy*, servoit la France à la bataille de Crécy, gagnée par Edouard III & le prince Noir sur Philippe de Valois, le 26 août 1346 : il y fut tué.

9. Louis III, dit *de Male* ou *de Malain*, comte de Flandre, avoit été blessé à la bataille de Crécy. Il mourut en janvier 1384. Il fut toujours attaché aux intérêts de la France, mais il gouvernoit mal ses sujets.

Sa fille Marguerite, veuve de Philippe de Rouvre, dernier duc de la première Maison de Bourgogne, épousa Philippe-le-Hardi, premier duc & chef de la seconde Maison de Bourgogne, & lui porta la Flandre en mariage.

On voit que tous ces grands vassaux étoient tantôt des sujets utiles, tantôt des ennemis redoutables de leur souverain.

### De la Maison de Montmorenci.

Il semble que ce soit pour elle exclusivement que ces deux vers de Virgile aient été faits :

*Fortia facta patrum, series longissima rerum*
*Per tot ducta viros antiqua ab origine gentis.*

En parlant des grandes & puissantes Maisons qui ont été tantôt utiles, tantôt redoutables à l'Etat, on ne peut omettre la première, la plus ancienne & la plus décorée des Maisons françaises, sur laquelle nous n'avons ici qu'une observation à faire, c'est que si, dans la multitude innombrable de héros que cette Maison a produits, il y en a eu quelques-uns qui aient inquiété le gouvernement, le nombre en est fort petit, & qu'elle est bien moins connue par-là que par les importans services qu'elle a rendus, & par les dignités que ces services ont accumulées sur elle : plus de connétables que les autres Maisons les plus favorisées n'ont eu de maréchaux de France ; plus de maréchaux de France qu'elles n'ont eu d'officiers-généraux, sans compter tous les autres grands offices de la couronne.

### Ducs de Normandie.

1. En 912 de l'ère chrétienne, Rollon ou Raoul, chef des Normands, fut établi dans cette belle & riche partie de la Neustrie, qu'on appelle aujourd'hui de leur nom, *Normandie*. Il régna cinq ou huit ans.

2. 917 ou 920, Guillaume I, surnommé *Longue-Epée*, vingt-trois ou vingt-six ans.

3. 943, Richard I, dit *le Viel*, *l'Ancien* ou *Sans-Peur*, mort l'an 996 ou 998 ou 999, ou, selon d'autres, l'an 1002 ou 1003.

4. Richard *Sans-Peur* ou *l'Intrépide*, mort l'an 1026.

5. Richard III, deux ans.

6. Robert II, sept ans.

7. Guillaume-le-Bâtard ou le Conquérant, roi d'Angleterre, cinquante-deux ans.

Tous ces ducs de Normandie furent tantôt alliés, tantôt ennemis de la France, mais toujours redoutables & redoutés, comme le prouvent ces surnoms de *Longue-Epée*, de *Sans-Peur*, d'*Intrépide*, de Robert-*le-Diable*; mais si ces ducs, bornés à la seule Normandie, étoient déjà des vassaux si difficiles à réprimer, des voisins si redoutables, qui, s'étant établis par la force, se maintenoient par la force & par la facilité qu'ils avoient d'appeler à leur secours de nouvelles hordes des barbares du Nord, combien ne devinrent-ils pas plus à craindre lorsqu'ils joignirent à leurs autres ressources toutes les forces de l'Angleterre? Ce fut une bien grande faute qu'on fit en France sous Philippe I, de favoriser Guillaume-le-Bâtard dans la conquête de l'Angleterre, plutôt que de s'y opposer, & de l'obliger à opter entre l'Angleterre & la Normandie. Bientôt la dynastie normande succéda celle d'Anjou, qui joignit encore à la puissance angloise beaucoup d'autres provinces françaises, & qui, dans la France seule & indépendamment de l'Angleterre, étoit pour le moins égale en puissance aux rois de France.

*Succession chronologique des comtes de Toulouse.*

Charlemagne, en rétablissant en 778 le royaume d'Aquitaine en faveur de son fils Louis (le Débonnaire), établit comte ou gouverneur à Toulouse:

1. Chorson, qui fut dans la suite destitué pour lâcheté en 789.

2. Guillaume I, fameux par ses exploits contre les Sarrasins, fait duc d'Aquitaine en 789, se retira, en 806, dans un monastère qu'il avoit fait bâtir (*Saint-Guillem-du-Désert*), & y mourut le 28 mai 812.

3. Raymond, surnommé *Rasinel*, fut son successeur.

4. Bérenger battit les Gascons en 819, & mourut subitement en 835.

5. Bernard, fils de Saint-Guillaume, comte de Barcelone, fut mis à mort en 844.

6. Guillaume son fils fut pourvu du duché de Toulouse en 844 ou 845, s'empara de Barcelone en 848, & fut mis à mort en 850.

7. Frédelon remit en 849 la ville de Toulouse au roi Charles-le-Chauve, & en eut le gouvernement avec le duché d'Aquitaine. Il mourut au plus tard en 852.

8. Raymond I son frère prit le titre de duc &

s'agrandit. C'est de lui que descendent les comtes de Toulouse, qui ont possédé sous ce nom la plus grande partie du Languedoc. Il mourut en 864 ou 865.

9. Bernard son fils mourut sans enfans en 875.

10. Odon ou Eudes son frère augmenta & ses domaines & son autorité, & mourut fort âgé en 918.

11. Raymond II son fils signala sa valeur contre les Normands dans une grande bataille en 923, & mourut peu de tems après, étant toujours resté fidèle au roi Charles-*le-Simple*.

12. Ainsi que Raymond Pons son fils, qui, en 924, chassa les Hongrois de la Provence, où ils avoient fait une descente. Ce ne fut qu'en 932, long-tems après la mort de Charles-le-Simple, qu'il consentit enfin à reconnoître Raoul pour roi de France. Celui-ci lui donna le duché d'Aquitaine & le comté d'Auvergne, & alors la puissance des comtes de Toulouse fut au comble. Raymond Pons mourut vers l'an 950.

13. Guillaume Taillefer son fils lui succéda, & mourut âgé de quatre-vingt-dix ans, en 1037.

14. Pons son fils mourut vers l'an 1060.

15. Guillaume, quatrième du nom, en 1093.

16. Raymond de Saint-Gilles, quatrième du nom, son frère, fut le premier des Princes qui se croisèrent à la première croisade de 1095. Il fit vœu de ne plus retourner dans sa patrie, & d'employer toute sa vie à combattre les Infidèles. Il l'observa fidèlement, & mourut dans le château de Mont-Pélerin, qu'il avoit bâti près de Tripoli, apparemment pour exercer l'hospitalité envers les pélerins chrétiens. Mort le dernier février 1105.

17. Bertrand, son fils & son successeur, se croisa aussi au commencement de mars 1109, & mourut dans la Terre-Sainte le 21 avril 1112.

18. Son fils, nommé Pons, qu'il avoit emmené avec lui à la Terre-Sainte, livré par trahison aux Infidèles en 1137, souffrit une mort cruelle.

19. Alphonse Jourdain, fils de Raymond IV (article 16), né en Palestine, & qui tiroit son nom de Jourdain, de ce qu'il avoit été baptisé dans l'eau de ce fleuve, succéda à Bertrand son frère l'an 1112, fut dépouillé en 1114 du comté de Toulouse par Guillaume IX, duc d'Aquitaine; y rentra en 1120, se croisa à l'assemblée de Vezelay en 1146, aborda au port d'Acre au commencement de l'an 1148, mourut au mois d'avril suivant, empoisonné, dit-on, par Mélisende, reine de Jérusalem.

20. Raymond V, son fils & son successeur, fut beau-frère de Louis-le-Jeune, ayant épousé, en 1154, Constance, sœur de ce monarque, qu'il répudia solennellement en 1166. Il mourut en 1194. Sous son gouvernement, ce qu'on appela *l'hérésie des Albigeois* fit de grands progrès dans le Languedoc. Il eut des guerres continuelles à soutenir contre Henri II & Richard I, rois d'Angleterre, contre Alphonse II, roi d'Arragon, & quelques seigneurs voisins.

21. Raymond VI fon fils, dit *le Viel*, comte de Touloufe, mourut au mois d'août 1222. Ce fut fur lui furtout que vint fondre tout l'orage de la croifade publiée contre les Albigeois fous les aufpices de Philippe-Augufte & de Louis VIII, & commandée par Simon de Montfort, héros barbare & fanguinaire. Le pape Innocent III, qui ne connoiffoit point l'ufage des moyens doux, imagina d'abord d'exterminer ces fectaires par la voie de l'inquifition. Pierre de Châteauneuf, moine de Cîteaux, qu'il chargea le premier de cette légation fanguinaire, fut affaffiné. On s'en prit au comte de Touloufe, Raymond VI. Le pape l'excommunia, & publia une croifade contre lui & contre les Albigeois. La frayeur faifit le comte de Touloufe. Il demanda en tremblant qu'on féparât fa caufe de celle des Albigeois; il brigua le honteux honneur de les combattre lui-même, c'eft-à-dire, de brûler fes Etats de fa propre main, & il ne put l'obtenir qu'après s'être fait battre de verges par les moines de Cîteaux à la porte d'une églife, & qu'en fe faifant traîner, la corde au cou, fur le tombeau de Pierre de Châteauneuf. Il fut admis enfuite parmi les chefs des croifés; il prit fes villes, & elles ne lui reftèrent pas: en travaillant pour la caufe commune il n'avoit fait que fe dépouiller. Simon de Montfort fut l'exécuteur-général de cette horrible commiffion. Ces croifés reffemblèrent en tout à ceux de l'Orient; ils exercèrent les mêmes cruautés, fe fouillèrent des mêmes crimes, mêlèrent comme eux la fureur & la diffolution à la piété. Il n'y eut d'autre différence entre ces divers croifés, finon que ceux de la Terre-Sainte portoient la croix fur l'épaule, & ceux du comté de Touloufe fur la poitrine.

Quand le comte de Touloufe vit qu'il ne gagnoit rien à fe nuire, il rentra dans fes vrais intérêts, voulut défendre fes Etats, & n'en fut que mieux dépouillé. La guerre s'étendit, le roi d'Arragon prit la défenfe des feigneurs du comté de Touloufe, accablés par les croifés: il lui en coûta la vie au combat de Caftelnaudari, où cent mille hommes qu'il traînoit à fa fuite furent, dit-on, exterminés par mille hommes feulement que commandoit Simon de Montfort. Quand ce deftructeur heureux eut affez brûlé & tué, il fut lui-même tué au fiége de Touloufe. La guerre tourna en longueur, fe ralentit; fe ranima; changea de forme & d'objet, comme toutes les guerres qui durent long-tems. C'étoit la France feule qui fourniffoit aux croifés des vivres & des fecours de toute efpèce. Le Roi, pour fa part, entretenoit quinze mille hommes dans l'armée des croifés; il fit plus, il y envoya Louis fon fils, qui en prit deux fois le commandement; l'une, du vivant même de Simon de Montfort, dont la gloire & la puiffance commençoient à faire ombrage à Philippe & à Louis; l'autre, après la mort de ce même Montfort, toutes les deux fois avec une valeur fignalée, mais avec des fuccès médiocres.

22. Raymond VII, fils & fucceffeur de Raymond VI, eut de grands avantages fur Amaury de Montfort, fils & fucceffeur de Simon. Amaury fe voyant fans reffources, fit avec Raymond VII un traité par lequel il quitta pour toûjours le pays de Touloufe; mais il céda au roi Louis VIII tous fes droits fur les conquêtes faites fur les Albigeois. Alors Louis VIII, devenu en fon propre nom chef de la croifade contre les Albigeois, entra pour la feconde fois à main armée fur les terres du comte de Touloufe. Raymond VII, en prenant contre lui la défenfe de fes Etats, paffa pour Albigeois relaps. Il fuccomba fous les cenfures de l'Eglife & fous les armes de la France. Il fe foumit enfin au Pape & au Roi. Les conditions de fon abfolution ne furent pas douces: il fallut qu'il l'allât recevoir des mains du légat, dans l'églife de Notre-Dame de Paris, pieds nus & en chemife, & qu'après cette humiliante cérémonie, où l'on reconnoiffoit l'efprit éternel de Rome, le defir d'abaiffer les fouverains, il reftât prifonnier dans la tour du Louvre jufqu'à ce qu'il eût fourni des ôtages de l'exécution du traité qu'il fit avec la France. Par ce traité, il fut obligé de donner Jeanne fa fille unique & fon unique héritière au prince Alphonfe, comte de Poitiers, l'un des frères de faint Louis, & l'on ftipula qu'à défaut d'enfans iffus de ce mariage, le comté de Touloufe feroit réuni à la couronne; ce qui arriva. Cependant on envoya le comte de Touloufe faire la guerre aux Sarrafins en expiation de fa rechute, & l'on établit l'inquifition dans fes Etats.

On voit que tous les premiers comtes de Touloufe avoient fervi utilement la France contre fes ennemis, & que les derniers furent opprimés par la France, non fans s'être vigoureufement défendus contr'elle.

Terminons cet article de la France par la lifte des reines de France de la troifième race; car à l'égard de la première, la licence extrême des mœurs, le peu d'égards pour les liens facrés du mariage, la promifcuité des femmes de toute condition, les répudiations fréquentes, &c. ne nous permettroient guère d'en donner une lifte exacte. Dans la feconde race, il y a plus d'ordre depuis le commencement jufqu'à Charles-le-Gros, après quoi tout le refte de la feconde race n'eft plus qu'un chaos à travers lequel on ne peut plus rien fuivre ni rien démêler: on ne pourroit donc encore offrir qu'une lifte confufe & incomplète des Reines de cette feconde race. Il n'y a d'ordre conftant que dans la troifième.

*Lifte chronologique des reines de France de la troifième race.*

Hugues Capet.
Adélaïde de Guienne, fille, à ce qu'on croit, de Guillaume III, dit *Tête d'Etoupes*, duc de Guienne, & comte de Poitou.

Robert.

Robert.

Berthe, parente de Robert, veuve d'Eudes I, comte de Blois.

Les cenfures de Grégoire V, ayant obligé ce Prince de la quitter, il épousa en fecondes noces :

Conftance, fille du comte de Provence & d'Arles, D. Vaiffette, dit de *Guillaume Taillefer*, comte de Touloufe, morte en 1032.

Henri I.

Mathilde, fille de l'empereur Conrad; elle ne fut que fiancée;

Anne, fille de Joradiflas, roi ou czar de Ruffie, époufa Henri I l'an 1044. Après fa mort elle fe remaria, l'an 1062, à Raoul de Péronne, comte de Crefpy & de Valois. Puis on croit qu'elle alla mourir dans fon pays.

Philippe I.

Berthe, fille de Florent, comte de Hollande, que Philippe I répudia en 1091.

Louis VI, *le Gros.*

Adélaïde de Savoie, fille de Humbert, comte de Mauriénne & de Savoie. Après la mort du Roi elle fe remaria à Mathieu de Montmorenci, connétable de France, 1154.

Louis VII, *le Jeune.*

Eléonor d'Aquitaine, que Louis répudia, & qui époufa Henri II, roi d'Angleterre, 1160.

Conftance, fille d'Alphonfe VIII, roi de Caftille, 1160.

Alix, fille de Thibaud, comte de Champagne, 1206.

Philippe-Augufte.

Ifabelle, fille de Baudouin, comte de Hainaut, 1190.

Ingerburge ou Ifamburge, fille de Valdemar & fœur de Canut, rois de Danemarck. Philippe la répudia, puis la reprit, 1196.

Agnès de Méranie, fille du duc de Dalmatie. Philippe la répudia; elle en mourut de douleur en 1201.

Louis VIII.

Blanche de Caftille, fille d'Alphonfe IX, roi de Caftille, 1252.

Louis IX (Saint).

Marguerite de Provence, 1295.

Philippe III (le Hardi).

Ifabelle d'Arragon, 1271.

Marie de Brabant, 1321.

Philippe IV (le Bel).

Jeanne de Navarre, 1304.

Louis X (Hutin).

Marguerite, fille de Robert, duc de Bourgogne, enfermée, puis étranglée pour impudicité, en 1313.

Clémence de Hongrie, 1328.

Philippe V (le Long).

Jeanne, comteffe de Bourgogne, fille d'Othon, comte de Bourgogne & de la fameufe Mahaud, comteffe d'Artois, 1329.

*Hiftoire. Tome VI. Supplément.*

Charles IV (le Bel).

Blanche de Bourgogne, fœur de Marguerite, femme de Louis Hutin, accufée comme elle d'impudicité, enfermée comme elle, puis répudiée, mourut religieufe à Maubuiffon, 1325.

Marie de Luxembourg, fille de l'empereur Henri VII, morte en 1323.

Jeanne, fille de Louis, comte d'Evreux.

Philippe VI (de Valois).

Jeanne de Bourgogne, fille de Robert II, duc de Bourgogne, morte en 1348.

Blanche, fille de Philippe, comte d'Evreux, morte en 1398.

Jean.

Bonne de Luxembourg, fille de Jean, roi de Bohême, morte en 1349, avant que fon mari fût monté fur le trône.

Jeanne, fille de Guillaume XII, comte de Boulogne, morte en 1361.

Charles V (le Sage).

Jeanne de Bourbon, 1377.

Charles VI.

Ifabelle de Bavière, 1435.

Charles VII.

Marie d'Anjou, 1463.

Louis XI.

Marie d'Ecoffe, morte Dauphine en 1445.

Charlotte de Savoie, fille de Louis II, duc de Savoie, 1483.

Charles VIII.

Anne de Bretagne.

Louis XII.

Jeanne de France. Son mariage fut déclaré nul en 1498; morte en 1504.

Anne de Bretagne, 1514.

Marie d'Angleterre, fœur de Henri VIII. Elle fe remaria au duc de Suffolk, Charles Brandon, & mourut en 1534.

François I.

Claude de France, fille de Louis XII, morte en 1524.

Eléonore d'Autriche, fœur de Charles-Quint, reine de Portugal, 1558.

Henri II.

Catherine de Médicis, 1589.

François II.

Marie Stuart, 1587.

Charles IX.

Elifabeth d'Autriche, fille de l'empereur Maximilien II, 1592.

Henri III.

Louife de Lorraine, 1601.

Henri IV.

Marguerite de Valois, féparée en 1599, morte en 1615.

Marie de Médicis, 1642.

Louis XIII.

Anne d'Autriche, 1666.

Louis XIV.

Marie-Thérèfe d'Autriche, 1683

Louis XV.
Marie Leſzczynſka,                    1768.
Louis XVI.
Marie - Antoinette de Lorraine , archiducheſſe
d'Autriche ,                           1793.

Nous allons expoſer ce qui concerne les principaux Ordres de chevalerie, inſtitués par nos Rois & par d'autres grands Princes dans leurs cours, pour décoration, pour diſtinction, pour récompenſe de ſervices , genre de récompenſe d'autant plus avantageux, d'autant plus utile en politique, qu'il ne coûte rien à l'État, & qu'il ne préſente que des idées d'honneur, ſans irriter la cupidité ni les paſſions ſordides.

Nous parlerons auſſi de ces Ordres religieux, militaires & hoſpitaliers, nobles inſtitutions nées des croiſades. Obſervons en paſſant, que dans ces expéditions lointaines contre leſquelles il s'élève tant d'objections, tout n'eſt pas à blâmer. *Voyez* dans *Zaïre* l'hiſtoire abrégée, le tableau ſublime & attendriſſant des croiſades.

Avant de quitter la France, jetons un coup d'œil ſur une petite ſouveraineté qui y eſt enclavée.

### Principauté de Dombes.

Trévoux ſur la Saône, *Trivortium*, ville du dioceſe de Lyon, eſt la capitale de la ſouveraineté de Dombes, avec parlement, chambre des requêtes & égliſe collégiale. Le nom de cette ville vient de ce que, dans le lieu où elle eſt bâtie, l'un des grands chemins qu'Agrippa, gendre d'Auguſte, fit faire dans les Gaules pour conduire les armées, ſe diviſoit en trois, d'où vint le nom *tres via, trivium*. Telle eſt l'opinion fort vraiſemblable du Père Ménétrier, jéſuite, dans un écrit inſéré dans les *Mémoires de Trévoux*, au mois d'août 1703. Cette ville eſt dans un beau point de vue, à trois grandes lieues de la ville de Lyon, à l'orient, & ſur la rive gauche de la Saône, ſur le penchant d'une colline qui s'abaiſſe juſqu'au bord de cette rivière. Au deſſus de la colline eſt une grande plaine, où ſe donna une ſanglante bataille entre l'empereur Sévère & Albin ſon concurrent, l'an 198, ſuivant l'opinion de pluſieurs hiſtoriens. Louis-Auguſte de Bourbon, Prince ſouverain de Dombes, transféra dans cette ville ſon parlement l'an 1696, y établit la chambre des requêtes, & fit bâtir un palais pour le ſiége de la juſtice. Il y a fait auſſi établir une belle imprimerie, & a fait tracer ſur le terrain le plan d'un grand collége. Il y a auſſi dans la ville une chambre du tréſor pour la garde des papiers, un hôtel pour la monnoie qui s'y eſt fabriquée, même pendant le règne des ſires de Villars, & un palais pour le gouverneur. L'an 1525, ſous le règne de Louiſe de Savoie, mère de François I, roi de France, le pape Clément VII y érigea un chapitre, qui eſt compoſé d'un doyen, conſeiller honoraire au parlement;

d'un chantre, d'un ſacriſtain & de dix chanoines, tous con-cures ou co-curés de la ville. Le doyenné eſt à la nomination des Princes. M. de Malezieu, chancelier de la ſouveraineté, a fait des fondations conſidérables dans ce chapitre. Il y a dans Trévoux un hôpital bâti & fondé par la princeſſe Anne-Marie-Louiſe d'Orléans, princeſſe de Dombes : il y avoit un couvent du tiers-ordre de ſaint François, un de Carmélites & un d'Urſulines. Il y a apparence que cette ville eſt fort ancienne, puiſque, dans la décadence du royaume de Bourgogne, arrivée l'an 1032 par la mort de Rodolphe III, ſurnommé le Fainéant, elle appartenoit déjà en tout droit de ſouveraineté aux ſires de Villars, qui s'étendoient depuis la Saône juſqu'à la rivière d'Ain, du côté de Lyon. Toutes ces terres demeurèrent aux ſires de Villars, depuis Adélard I juſqu'à Etienne II, qui, n'ayant qu'une fille nommée Agnès, la donna en 1200 en mariage à Etienne I, ſeigneur de Thoire. Pendant le règne des ſires de Thoire juſqu'à Humbert VII, cette ville eut divers ſeigneurs, parce qu'elle fut donnée aux cadets de cette Maiſon; mais l'an 1402 ce même Humbert VII la vendit à Louis, duc de Bourbon, avec ſa châtellenie & pluſieurs autres terres que ce duc joignit à celles qu'il avoit eues d'Edouard II, dernier ſeigneur de Beaujeu, dont il forma la ſouveraineté de Dombes, telle qu'elle eſt aujourd'hui. Cette vente donna de la jalouſie à Amédée, duc de Savoie, & à ſes ſucceſſeurs; ce qui fut cauſe que l'an 1431 Trévoux fut pris par François de la Palu, comte de Varambon, général de l'armée du duc de Savoie, qui emmena pluſieurs priſonniers, & leur fit payer de groſſes rançons qu'il fallut reſtituer dans la ſuite. Voici la ſucceſſion des Princes qui ont poſſédé cette principauté.

*SUCCESSION chronologique des Princes ſouverains de Dombes, depuis la décadence du royaume de Bourgogne.*

#### Sires de Baugé, dans la partie ſeptentrionale de Dombes.

Renaud I, l'an                 1047.
Gaulſeran,                  1072.
Ulric I,                      1110.
Renaud II,                  1125.
Renaud III,                1153.
Guy de Mirebel, dont la fille Marguerite épouſa Humbert V, ſeigneur de Beaujeu, l'an 1218.

*Première race des ſouverains de Dombes, ſeigneurs de Beaujeu.*

Humbert IV, l'an            1176.
Guichard III,              1201.

| | |
|---|---|
| Humbert V, | 1216. |
| Guichard IV, | 1251. |

### Seconde race.

Ifabelle, fille d'Humbert V, époufa Renaud, comte de Forez; elle fut dame de Dombes, l'an ... 1265.

| | |
|---|---|
| Louis de Forez, | 1270. |
| Guichard V, | 1295. |
| Edouard I, | 1331. |
| Antoine, | 1358. |
| Edouard II, | 1375. |

Ce dernier fit donation à Louis, duc de Bourbon.

### Sires de Villars, fouverains de Dombes, dans la partie méridionale.

| | |
|---|---|
| Adélard I, l'an | 1047. |
| Adélard II, | 1100. |
| Ulric, | 1130. |
| Etienne II, | 1145. |

Agnès, qui époufa Etienne I, fire de Thoire, l'an ... 1216.

### Seconde race, fires de Thoire & de Villars.

| | |
|---|---|
| Etienne I, | 1216. |
| Etienne II, | 1238. |
| Humbert III, | 1248. |
| Humbert IV, | 1279. |
| Humbert V, | 1301. |
| Humbert VI, | 1331. |
| Humbert VII, | 1400. |

Ce dernier vendit Trévoux au duc de Bourbon.

### Première branche des Bourbons, fouverains de Dombes.

| | |
|---|---|
| Louis II, | 1400. |
| Jean I, | 1410. |
| Charles I, | 1434. |

Philippe, du vivant de fon père Charles.

| | |
|---|---|
| Jean II, frère de Philippe, | 1459. |
| Pierre, | 1474. |
| Sufanne, | 1503. |

Cette dernière époufa Charles, connétable de France.

- Interrègne par les rois de France.

| | |
|---|---|
| Louife de Savoie, | 1524. |
| François I, | 1531. |
| Henri II, | 1547. |
| François II, | 1559. |

### Seconde branche.

| | |
|---|---|
| Louis, duc de Montpenfier, | 1560. |
| François, | 1582. |
| Henri, | 1592. |
| Marie, époufe de Gafton de France, duc d'Orléans, | 1608. |

### Troifième branche.

Gafton, duc d'Orléans.

| | |
|---|---|
| Anne-Marie Louife, | 1627. |

### Quatrième branche.

| | |
|---|---|
| Louis-Augufte, premier de ce nom, | 1693. |
| Louis-Augufte II, | 1736. |
| Louis-Charles, | 1755. |

On voit par cette table chronologique, que les feigneurs de Baugé ont été fouverains de Dombes. Cette fouveraineté paffa depuis dans la Maifon de Beaujeu. Il y a diverfité d'opinions fur l'origine de cette ancienne Maifon. Quelques hiftoriens font les feigneurs de Beaujeu originaires des comtés de Forez. D'autres croient qu'ils font iffus des anciens comtes de Flandre, parce que leurs armes font *d'or au lion de fable, armé & lampaffé de gueules, brifé d'un lambel de même, à cinq pièces avec le cri de Flandre;* ce qui donne lieu de croire que le premier feigneur de Beaujeu étoit un cadet de la Maifon de Flandre, qui, du tems des révolutions de France fous Charles-le-Simple, s'empara du château de Beaujeu, & s'étendit peu à peu en fe faifant reconnoître par les gentilshommes fous ombre de les protéger. Le premier, dont on trouve le nom, fut Omphroide, qui viveit fous Hugues Capet, vers l'an 989. Il eut deux fils, Berald qui fuit, & Jofnard mort fans enfans. Berald, qui fuccéda à fon père, époufa Vandelmode, que quelques-uns croient être de la Maifon de Savoie, & dont il eut plufieurs enfans, entr'autres Humbert I, fon fucceffeur dans la feigneurie de Beaujeu. Humbert I époufa Helmeeft, & non pas Auxilie de Savoie, comme l'ont écrit quelques hiftoriens.

Et de ces premiers Beaujeu defcendoit Humbert V de Beaujeu, qui, par fon mariage avec Marguerite, fille de Guy de Mirebel, fire de Baugé, devint fouverain de la partie feptentrionale de la principauté de Dombes.

### Saint-Efprit, Ordre de chevalerie.

Nous trouvons deux Ordres de ce nom: le premier, nommé *du Saint-Efprit* ou *Droit-Defir,* fut inftitué par Louis d'Anjou, dit *de Tarente,* Prince du fang de France, roi de Jérufalem & de Sicile, époux de Jeanne Ire., reine de Naples, & comteffe de Provence; il mit cet Ordre fous la protection de faint Nicolas de Bari, dont l'image pendoit au bas du collier de l'Ordre. L'inftitution s'en fit dans le château de l'Œuf, à Naples, le jour de la Pentecôte 1352, par une conftitution contenant vingt-cinq chapitres, & qui commence ainfi dans le ftyle de ce tems-là.

Nous Loys, par la grace de Dieu, roi de Jérufalem & de Sicile, allonneur du Saint-Efprit, lequel jour par la grace que nous fûmes couronnez de nos royaumes, en effaucement de chevalerie, & accroiffement d'honneur, avons ordonné de faire une compagnie de chevaliers, qui feront appelés les chevaliers du Saint-Efprit du Droit-Defir, & lefdits chevaliers feront au nombre de trois cents, defquels nous, comme trouveur & fondeur de cette compagnie, feront princeps; & auffi doivent être tous nos fucceffeurs, rois de Jérufalem & de Sicile, &c.

Comme ce Prince mourut fans enfans de la reine Jeanne I<sup>re</sup>. fa femme, & qu'il y eut après fa mort d'étranges révolutions dans ce royaume-là, cet Ordre périt tellement, qu'il n'en feroit pas même refté la mémoire fi l'original de la conftitution du roi Louis ne fût tombé par hafard au pouvoir de la république de Venife, qui en fit préfent à Henri III lorfqu'il revenoit de Pologne. Henri III prit ce qu'il voulut des ftatuts de cet Ordre, & commanda au fieur de Chiverni de brûler l'original de la conftitution, pour ne pas donner à connoître qu'un Ordre femblable à celui qu'il établiffoit, eût été inftitué auparavant. Mais ce miniftre d'Etat, quoique très-fidèle à fon maître, ne crut pas être obligé d'exécuter ce commandement, & cette pièce échut à l'évêque de Chartres fon fils, d'où, par fucceffion de tems, elle tomba entre les mains de M. le préfident de Maifons, à ce que nous apprenons de M. le Laboureur, qui en a donné la copie dans le fecond tome de fes Additions aux Mémoires du fieur Caftelnau. Quoi qu'il en foit, lorfqu'on comparera les ftatuts de l'Ordre de Louis, roi de Naples, avec ceux de l'Ordre de Henri III, on y trouvera une différence très-fenfible, & nulle apparence que ceux-ci foient une imitation de ceux-là.

Le fecond Ordre du Saint-Efprit eft celui qu'inftitua en France le roi Henri III. Comme l'Ordre de chevalerie de Saint-Michel, fondé par Louis XI, après avoir été en grand honneur fous les quatre règnes fuivans, étoit beaucoup déchu fous la régence de Catherine de Médicis, & durant les guerres civiles; Henri III, fans anéantir cet Ordre de Saint-Michel, que l'on nommoit communément l'Ordre du Roi, voulut inftituer celui du Saint-Efprit. Il s'en déclara chef & fouverain, & en unit pour jamais la grande maîtrife à la couronne de France, voulant que ceux que l'on honore du collier de l'Ordre du Saint-Efprit, reçuffent la veille celui de Saint-Michel. C'eft la raifon pour laquelle on les nomme chevaliers des Ordres du Roi. La première cérémonie en fut faite par Henri III le 31 décembre 1578, & le 1 & le 2 janvier 1579.

Les ftatuts de cet Ordre furent d'abord compofés de foixante-quinze articles, qui ont été depuis augmentés jufqu'à quatre-vingt-dix-fept, & qui font à préfent à quatre-vingt-quinze. Le nombre des chevaliers a été différent; mais il eft à préfent limité à cent, fans compter le fouverain. Parmi ces cent font

compris neuf prélats, qui font cardinaux, archevêques, évêques ou abbés : le grand-aumônier eft toujours du nombre de ces neuf, & ils font nommés commandeurs de l'Ordre du Saint-Efprit. Les grands-officiers; favoir : le chancelier, le prévôt, le maître des cérémonies, le grand-tréforier & le greffier font auffi du nombre des cent, & portent le titre de commandeurs. Outre ces officiers, il y a encore un intendant, un généalogifte, un héraut roi d'armes & un huiffier. Ces quatre derniers portoient autrefois la croix de l'Ordre pendue au cou, avec un ruban bleu comme les chevaliers; mais à préfent elle eft attachée par un ruban bleu plus étroit à la boutonnière de leur jufte-au-corps. Tous les prélats, à l'exception du grand-aumônier, les chevaliers, le chancelier & le prévôt doivent faire preuve de nobleffe paternelle, y compris le bifaïeul pour le moins. La croix de l'Ordre eft d'or, à huit rais, émaillée, chaque rayon pommeté d'or, une fleur de lis d'or dans chacun des angles de la croix, & dans le milieu une colombe d'argent. Les chevaliers & officiers ont de l'autre côté de cette colombe un faint Michel, au lieu que les prélats portent la colombe des deux côtés de la croix, n'étant affociés qu'à l'Ordre du Saint-Efprit, & non à celui de Saint-Michel. Le collier de l'Ordre eft à préfent compofé de fleurs de lis, d'où naiffent des flammes & bouillons de feu; d'H couronnées, avec des feftons & des trophées d'armes. C'eft ainfi que le roi Henri IV le régla avec le chapitre l'an 1597, en changeant quelques petites chofes de celui qu'Henri III avoit fait deffein d'attribuer à chacun des prélats, chevaliers & officiers des commanderies; mais fon deffein n'ayant pas eu d'exécution, il affigna à chacun d'eux une penfion de mille écus d'or, réduite depuis à trois mille livres, qui font payées fur le provenu du droit du marc d'or affecté à l'Ordre, & qui fe lève fur tous les officiers pécuniaires du royaume, avant leur réception dans leurs charges.

Le 28 mai 1730, il fut tenu à Fontainebleau un chapitre de l'Ordre du Saint-Efprit, dans lequel il fut fait un nouveau réglement, fuivant lequel il fut arrêté qu'aucun officier de l'Ordre, en vendant fa charge, ne pourroit en conferver les honneurs qu'après l'avoir exercée pendant vingt années; que le cordon bleu ne fe transféreroit plus à un autre, comme il s'étoit ci-devant pratiqué. Les quatre principales charges de l'Ordre furent fixées à deux cent mille livres; & pour dédommager ceux qui étoient titulaires, il fut ordonné qu'on paieroit à chacun d'eux une fomme de cent mille livres.

On dit que Henri III inftitua cet ordre en l'honneur du Saint-Efprit, parce que, le jour de la Pentecôte, il avoit eu deux couronnes, celle de Pologne & celle de France. Quelques-uns donnent à cet Ordre pour devife, *duce & aufpice*, pour exprimer la protection du Saint-Efprit.

# CHRONOLOGIE.

*Suite chronologique des chevaliers de l'Ordre du Saint-Esprit.*

*Henri III, instituteur & premier chef souverain.*

### PRÉLATS.

En 1578. Charles de Bourbon, second du nom, Prince du sang, cardinal, légat d'Avignon, archevêque de Rouen, le 31 décembre, en l'église des Augustins de Paris.

Louis de Lorraine, cardinal de Guise, archevêque de Rheims.

René de Birague, cardinal & chancelier de France.

Philippe de Lenoncourt, évêque de Châlons, depuis archevêque de Rheims, & cardinal.

Pierre de Gondi, cardinal, évêque de Paris.

Charles d'Escars, évêque de Langres.

René de Daillon du Lude, abbé de Châtelliers, depuis évêque de Bayeux.

Jacques Amyot, évêque d'Auxerre & grand-aumônier de France.

### CHEVALIERS.

Louis de Gonzagne, prince de Mantoüe, duc de Nevers.

Philippe-Emmanuel de Lorraine, duc de Mercœur.

Jacques de Cruffol, duc d'Usez.

Charles de Lorraine, duc d'Aumale.

Honorat de Savoie, marquis de Villars, maréchal & amiral de France.

Artus de Coffé, maréchal & grand-panetier de France.

François Gouffier, seigneur de Crévecœur & de Bonnivet.

François d'Escars.

Charles d'Halluyn, seigneur de Piennes, marquis de Maignelai.

Charles de la Rochefoucauld, seigneur de Barbezieux.

Jean d'Escars, prince de Carenci.

Christophe Juvénal des Ursins, marquis de Trainel, gouverneur de Paris.

François Leroi, comte de Clinchamp, lieutenant des pays d'Anjou, de Touraine & du Maine.

Scipion de Fiefque, comte de Lavagne, chevalier d'honneur de la reine Catherine de Médicis.

Antoine, fire de Pons, comte de Maruines, capitaine des cent gentilshommes de la Maison du Roi.

Jacques, fire d'Humiers & de Mouchi, marquis d'Ancre, gouverneur de Péronne.

Jean d'Aumont, comte de Châteauroux, maréchal de France.

Jean de Chourfes, seigneur de Malicorne, gouverneur de Poitou.

Albert de Gondi, comte, puis duc de Retz, maréchal de France & général des galères.

René de Villequier, dit *le Jeune* & *le Gros*, gouverneur de Paris & de l'Isle-de-France.

Jean Bloffet, baron de Torci, gouverneur de Paris & de l'Isle-de-France.

Claude de Villequier, dit *l'Aîné*, vicomte de la Guerche, capitaine de cinquante hommes d'armes.

Antoine d'Estrées, marquis de Cœuvres, grand-maître de l'artillerie de France.

Charles-Robert de la Marck, comte de Braine & de Maulevrier, capitaine des cent-suisses de la garde du corps du Roi.

François de Balzac, seigneur d'Entragues, gouverneur d'Orléans.

Philibert de la Guiche, seigneur de Chaumont, maître de l'artillerie du Roi.

Philippe Strozzi, colonel-général de l'infanterie française.

### CHEVALIERS.

En 1579. François de Bourbon, prince de Conti, le 31 décembre, en l'église des Augustins de Paris.

François de Bourbon, prince dauphin d'Auvergne, duc de Saint-Fargeau, puis de Montpensier.

Henri de Lorraine, premier du nom, duc de Guise, grand-maître de France.

Louis de Saint-Gelais, dit *de Lufignan*, chevalier d'honneur de la reine Catherine de Médicis.

Jean Ebrad, baron de Saint-Sulpice.

Jacques de Matignon, comte de Thorigni, maréchal de France.

Bertrand de Salignac, seigneur de la Mothe-Fénélon.

### CHEVALIERS.

En 1580. François de Luxembourg, duc de Pinei, prince de Tingri, ambassadeur à Rome, le 31 décembre, en l'église de Saint-Sauveur de Blois.

Charles de Birague, conseiller d'Etat.

Jean de Laumont, seigneur de Pingaillard, maréchal-de-camp.

René de Rochechouart, seigneur de Mortemart & de Vivonne.

Henri de Lenoncourt, maréchal-de-camp.

Nicolas d'Angennes, seigneur de Rambouillet, vicomte du Mans, capitaine des gardes-du-corps du roi Charles IX, ambassadeur en Allemagne & à Rome.

### CHEVALIERS.

En 1581. Charles de Lorraine, premier du nom, duc d'Elbœuf, grand-écuyer & grand-veneur de France, le 31 décembre, en l'église des Augustins de Paris.

Armand de Gontaut, baron de Biron, maréchal de France.

Guy de Daillon, comte du Lude, gouverneur du Poitou & sénéchal d'Anjou.

François de la Baume, comte de Suze, lieutenant-général pour le Roi en Provence.

Antoine de Levi, comte de Quélus, gouverneur & sénéchal de Rouergue.

Jean de Thevolle, seigneur d'Aviré, gouverneur de Metz.

Louis d'Angennes, baron de Meslé, seigneur de Maintenon, grand-maréchal-des-logis de la Maison du Roi, & ambassadeur en Espagne.

### CHEVALIERS.

En 1582. Charles de Lorraine, duc de Mayenne, amiral & grand-chambellan de France, le 31 décembre, en l'église des Augustins de Paris.

Anne, duc de Joyeuse, amiral de France.

Jean-Louis de la Valette, dit *de Nogaret*, duc d'Espernon, amiral & colonel-général de l'infanterie française.

Tanneguy le Veneur, comte de Tillières, lieutenant-général en Normandie.

Jean de Moui, seigneur de la Meilleraye, vice-amiral de France, lieutenant-général en Normandie.

Philippe de Volvire, marquis de Ruffec, gouverneur d'Angoumois.

François de Mandelot, vicomte de Châlons, gouverneur du Lyonnois.

Tristan de Rostaing, baron de la Guerche, grand-maître des eaux & forêts de France.

Jean-Jacques de Suzanne, comte de Cerni.

### PRÉLAT.

En 1583. Charles de Lorraine, cardinal de Vaudemont, évêque & comte de Toul, le 31 décembre, en l'église des Augustins de Paris.

### CHEVALIERS.

Honorat de Beuil, seigneur de Fontaines, vice-amiral de France, lieutenant-général en Bretagne.

René de Rochefort, baron de Frollois, gouverneur du Blaisois.

Jean de Vivonne, marquis de Pisani, sénéchal de Saintonge.

Louis Chasteigner, seigneur de la Rochepozai, gouverneur de la Marche.

Bernard de Nogaret, seigneur de la Valette, qui fut depuis amiral de France.

Henri de Joyeuse, comte du Bouchage, depuis maréchal de France & capucin.

Nicolas de Grimonville, seigneur de l'Archant, capitaine de cent archers de la garde du Roi.

Louis d'Amboise, comte d'Aubijoux.

François de la Vallette, seigneur de Comusson, gouverneur & sénéchal de Toulouse.

François de Cazillac, seigneur de Cessac.

Joachim, seigneur de Dinteville, lieutenant-général en Champagne.

Joachim de Châteauvieux, comte de Confolens, chevalier d'honneur de la reine Marie de Médicis.

Charles de Balzac, seigneur de Clermont.

Charles du Plessis, seigneur de Liancourt, depuis marquis de Guercheville, & comte de Beaumont-sur-Oise.

François de Chabanes, marquis de Curton, lieutenant-général en Auvergne.

Robert de Combault, premier maître-d'hôtel du Roi.

François, seigneur de Saint-Nectaire & de la Ferté-Hubert.

### CHEVALIERS.

En 1584. Jean de Saint-Lari, baron de Termes, maréchal-de-camp & gouverneur de Metz, le 31 décembre, en l'église des Augustins à Paris.

Jean de Vienne, seigneur de Ruffé, gouverneur de Bourbonnois.

Louis Adhemard de Monteil, comte de Grignan, & lieutenant-général en Provence.

### CHEVALIERS.

En 1585. Charles de Bourbon, comte de Soissons, depuis grand-maître de France, le 31 décembre, en l'église des Augustins à Paris.

Jean, seigneur de Vassé, baron de la Roche-Mobile.

Adrien Tiercelin, seigneur de Brosse & de Sacus, depuis lieutenant-général en Champagne.

François Chabot, marquis de Mirabeau, comte de Charni.

Gilles de Souvré, marquis de Courtenvaux, maréchal de France.

François d'O, seigneur de Fresnes, depuis premier gentilhomme de la chambre du Roi, surintendant des finances & gouverneur de Paris.

Claude de la Chastre, baron de la Maisonfort, depuis maréchal de France.

Giraud de Mauléon, seigneur de Gourdon, gouverneur de Calais.

Jacques de Loubens, seigneur de Verdale.

Louis de Berton, seigneur de Crillon, mestre-de-camp du régiment des gardes.

Jean d'Angennet, seigneur de Poigni, qui fut ambassadeur en Savoie & à Vienne.

François de la Jugie Dupui, baron de Rieux, gouverneur de Narbonne.

François-Louis d'Agoût & de Montauban, comte de Sault.

Guillaume de Saulx, vicomte de Tavannes, lieutenant-général en Bourgogne.

Meri de Barbezières, seigneur de Chemerant, grand-maréchal-de-logis de la Maison du Roi.

François du Plessis, seigneur de Richelieu, grand-prévôt de France.

Gabriel de Chaumont, comte de Lauzun.

Hector de Gondrin & de Pardaillan, seigneur de Montespan.

Louis de Champagne, comte de la Suze, au Maine.

René de Bouillé, comte de Créancé, gouverneur de Périgueux.

Louis du Bois, feigneur des Arpentis, gouverneur de Romaine.

Jean d'O, feigneur de Manon, capitaine de cent archers du corps du Roi.

Henri de Silli, comte de la Rocheguyon, damoifeau de Commerci.

Antoine de Beaufremont, dit *de Vienne*, marquis d'Arc en Barrois.

Jean du Châtelet, baron de Thons & de Champignelles, gouverneur de Langres.

François d'Efcoubleau, feigneur de Jouy, depuis marquis d'Alluye, premier écuyer de la grande écurie.

Charles d'Ougnies, comte de Chaulnes.

David Bouchard, vicomte d'Aubeterre, gouverneur de Périgord.

### CHEVALIERS.

En 1586. Georges, baron de Villequier, vicomte de la Guierche, le 31 décembre, en l'églife des Auguftins à Paris.

Jacques de Moni, fils de Charles de Moni, vice-amiral de France.

Charles de Vivonne, feigneur de la Chafteigneraye, fénéchal de Saintonge.

Jacques le Veneur, comte de Tillières, lieutenant-général de la Haute-Normandie.

### PRÉLAT.

En 1587. François de Foix Candale, évêque d'Aire.

Henri IV, deuxième chef fouverain de l'Ordre, ne reçut le collier qu'à fon facre, le 28 février 1594, & commit, pendant cet intervalle, le plus ancien chevalier pour préfider en fa place.

### PRÉLAT.

En 1592. Renaud de Beaune, archevêque de Bourges, puis de Sens, grand-aumônier de France, le 31 décembre, en l'églife de Mantes.

### CHEVALIER.

Charles de Gontaut, baron de Biron & maréchal-de-camp, depuis duc de Biron, pair & maréchal de France.

### PRÉLATS.

En 1595. Philippe du Bec, archevêque & duc de Rheims, le 7 janvier, en l'églife des Auguftins de Paris.

Henri d'Efcoubleau, évêque de Maillezais.

### CHEVALIERS.

Henri de Bourbon, duc de Montpenfier, gouverneur de Normandie.

Henri d'Orléans, duc de Longueville.

François d'Orléans, comte de Saint-Paul, depuis duc de Fronfac.

Antoine de Brichanteau, marquis de Nangis, colonel du régiment des gardes.

Jean de Beaumanoir, marquis de Lavardin, depuis maréchal de France.

François d'Efpinay, feigneur de Saint-Luc, depuis grand-maître de l'artillerie de France & gouverneur de Brouage.

Roger de Saint-Lari & de Bellegarde, baron de Termes, grand-écuyer de France, premier gentilhomme de la chambre du Roi, & depuis duc de Bellegarde.

Henri d'Albret, comte de Marennes, baron de Mioffens.

Antoine, feigneur de Roquelaure, depuis maréchal de France & lieutenant-général en Guienne.

Guillaume de Hautemer, feigneur de Fervaques, comte de Grancei, depuis maréchal de France.

François de Cugnac, feigneur de Dampierre, maréchal-de-camp.

Antoine de Silli, comte de la Rochepot, depuis gouverneur d'Anjou.

Odet de Matignon, comte de Thorigni, lieutenant-général en Normandie.

François de la Grange, feigneur de Montigni, depuis maréchal de France.

Charles de Balzac, baron de Dunes.

Charles de Coffé, comte, puis duc de Briffac, maréchal de France.

Pierre de Mornai, feigneur de Buhi, maréchal-de-camp & lieutenant-général en l'Ifle-de-France.

François de la Magdelaine, marquis de Ragni, gouverneur du Nivernois.

Claude de l'Ifle, feigneur de Marivaut, gouverneur de Laon.

Charles de Choifeul, marquis de Praflin, maréchal de France.

Humbert de Marcilli, feigneur de Cipierre, maréchal-de-camp.

Gilbert de Chazeron, gouverneur du Bourbonnois.

René Viau, feigneur de Chanlivaut, gouverneur de l'Auxerrois.

Claude Gruel, feigneur de la Frête.

Georges Babou, feigneur de la Bourdaifière, capitaine de cent gentilshommes de la maifon du Roi.

### CHEVALIERS.

En 1597. Henri, duc de Montmorenci, connétable de France, le 5 janvier, en l'églife de l'abbaye de Saint-Ouen de Rouen.

Hercule de Rohan, duc de Montbazon, depuis grand-veneur de France.

Charles de Montmorenci, baron, depuis duc de Damville, amiral de France.

Alphonfe Dornano, depuis maréchal de France.

Urbain de Laval, feigneur de Bois-Dauphin, marquis de Sablé, maréchal de France.

Charles de Luxembourg, comte de Brienne & de Rouffi, gouverneur de Metz.

Gilbert de la Trémouille, marquis de Royan, comte d'Olonne, capitaine de cent gentilshommes de la Maifon du Roi, & fénéchal de Poitou.

Jacques Chabot, marquis de Mirabeau, comte de Charni, meftre-de-camp du régiment de Champagne, & lieutenant de Roi en Bourgogne.

Jean, fire de Bueil, comte de Sancerre & de Marans, grand-échanfon de France.

Guillaume de Gadagne, baron de Verdun & gouverneur du Lyonnois.

Louis de l'Hofpital, marquis de Vitri, capitaine des gardes-du-corps & gouverneur de Meaux.

Pons de Lauzières-Themines-Cardaillac, marquis de Themines, depuis maréchal de France.

Louis d'Ognies, comte de Chaunes, gouverneur de Péronne, Montdidier & Roye.

Edme de Malain, baron de Luz, lieutenant de Roi en Bourgogne.

Antoine d'Aumont, comte de Châteauroux, marquis de Nolai, gouverneur de Boulogne.

Louis de la Chaftre, baron de la Maifonfort, depuis maréchal de France.

Jean de Durfort, feigneur de Boru, lieutenant-général de l'artillerie de France.

Louis de Bueil, feigneur de Racan.

Claude de Harville, feigneur de Paloifeau, baron de Nainville, gouverneur de Compiegne & de Calais.

Euftache de Conflans, vicomte d'Auchi, lieutenant-général des armées du Roi.

Louis de Grimouville, feigneur de Larchant, gouverneur d'Evreux.

Charles de Neufville, baron, puis marquis d'Alincourt, grand-maréchal-des-logis de la Maifon du Roi, & gouverneur du Lyonnois.

### CHEVALIERS.

En 1599. Anne de Levis, duc de Ventadour, gouverneur du Limofin, le 3 janvier, en l'églife des Auguftins de Paris.

Jacques Mitte, feigneur de Chevrières de Saint-Chaumont, lieutenant-général au gouvernement du Lyonnois.

Jean-François d'Averton, feigneur de Belin, baron de Milli, gouverneur de Ham.

Bertrand de Baylens, baron de Poyane, gouverneur d'Acqs & fénéchal des Landes de Bordeaux.

René de Rieux, feigneur de Sourdeac, marquis d'Oixan, gouverneur de Breft.

Brandelis de Champagne, marquis de Villaines.

Jacques de l'Hofpital, marquis de Choifi, gouverneur & fénéchal d'Auvergne.

Robert de la Vieuville, baron de Rugles, grand-fauconnier de France & gouverneur de Rheims.

Charles de Matignon, comte de Thorigni, lieutenant-général en la Baffe-Normandie.

François Juvénal des Urfins, marquis de Trainel.

### PRÉLATS.

En 1606. Charles de Bourbon, archevêque de Rouen, frère naturel du roi Henri IV, fut affocié à l'Ordre après avoir donné la démiffion de fa charge de chancelier des Ordres.

Jacques Davi du Perron, cardinal, archevêque de Sens, grand-aumônier de France.

### CHEVALIERS.

En 1608. Jean-Antoine Urfin, duc de Santo-Gemini, prince de Scandriglia & comte d'Ercole.

Alexandre Sforza-Comti, duc de Segui, prince de Valmontane, comte de Santa-Fior.

Louis XIII, troifième chef fouverain de l'Ordre, reçut le collier le 18 octobre 1610, le lendemain de fon facre.

Le même jour, Henri de Bourbon, fecond du nom, prince de Condé, premier pair de France.

### PRÉLAT.

En 1618. François de la Rochefoucauld, cardinal, évêque de Senlis, grand-aumônier de France.

### PRÉLATS.

En 1619. Henri de Gondi, cardinal de Retz, évêque de Paris, maître de l'oratoire du Roi, le 31 décembre, en l'églife des Auguftins de Paris.

Bertrand d'Echan, archevêque de Tours & premier aumônier du Roi.

Chriftophe de l'Eftang, évêque de Carcaffone & maître de la chapelle du Roi.

Gabriel de l'Aubefpine, évêque d'Orléans.

Artus d'Efpinay de Saint-Luc, nommé évêque de Marfeille.

### CHEVALIERS.

Gafton-Jean-Baptifte de France, duc d'Orléans, frère du roi Louis XIII.

Louis de Bourbon, comte de Soiffons, grand-maître de France, gouverneur de Dauphiné.

Charles de Lorraine, duc de Guife, gouverneur de Provence.

Henri de Lorraine, duc de Mayenne & d'Aiguillon, grand-chambellan de France.

Céfar, duc de Vendôme, depuis grand-maître & furintendant-général de la navigation & du commerce de France.

Charles de Valois, duc d'Angoulême, colonel-général de la cavalerie légère de France.

Charles de Lorraine, duc d'Elbeuf.

Henri, duc de Montmorenci, amiral de France, gouverneur de Languedoc, depuis maréchal de France.

Emmanuel de Cruffol, duc d'Ufez, chevalier d'honneur de la reine Anne d'Autriche.

Henri

Henri de Gondi, duc de Retz & de Beaupreau.

Charles d'Albert, duc de Luines, grand-fauconnier de France, gouverneur de Picardie, depuis connétable de France.

Louis de Rohan, comte de Rochefort, depuis
prince de Guémené, duc de Montbazon, grand-
veneur de France.

Joachim de Bellengreville, feigneur de Neuville, grand-prévôt de l'hôtel du Roi.

Martin de Bellai, prince d'Ivetot, maréchal-
de-camp.

Charles, fire de Créqui, prince de Poix, comte
de Sault, depuis duc de Lefdiguières, pair & maréchal de France.

Gilbert Filhet, feigneur de la Curée, maréchal-
de-camp.

Philippe de Béthune, comte de Charoft, employé en plufieurs ambaffades.

Charles de Coligni, marquis d'Andelot, lieutenant-général en Champagne.

Jean-François de la Guiche, feigneur de Saint-
Géran, gouverneur du Bourbonnois, puis maréchal de France.

René du Bec, marquis de Vaidel.

Antoine-Arnaud de Gondrin & de Pardaillan,
feigneur de Montefpan, capitaine des gardes-du-
corps du Roi, maréchal-de-camp & lieutenant-
général de Guienne.

Henri de Schomberg, comte de Nanteuil,
furintendant des finances, depuis maréchal de
France.

François de Baffompierre, colonel-général des
Suiffes, puis maréchal de France.

Henri, vicomte de Bourdeille, marquis d'Archiac, fénéchal & gouverneur de Périgord.

Jean-Baptifte d'Ornano, marquis de Montlor,
colonel-général des Corfes, lieutenant-général en
Normandie, gouverneur de la perfonne de Monfieur, frère unique du Roi, puis maréchal de
France.

Timoléon d'Efpinay, feigneur de Saint-Luc,
comte d'Eftelan, gouverneur de Brouage, puis
maréchal de France.

René Potier, comte, puis duc de Trefmes,
capitaine des gardes-du-corps du Roi.

Henri de Beaufremont, marquis de Senecey,
gouverneur d'Auxone.

Philippe-Emmanuel de Gondi, comte de Joigni,
général des galères de France, puis Père de l'O-
ratoire.

Charles d'Angennes, marquis de Rambouillet,
vidame du Mans, ci-devant capitaine des cent
gentilshommes de la Maifon du Roi, & maréchal-
de-camp.

Louis de Crevant, vicomte de Brigueil, marquis d'Humières, capitaine des cent gentilshommes de la Maifon du Roi, & gouverneur de Compiegne.

Bertrand de Vignoles, dit la Hire, baron de
Vignoles, maréchal-de-camp.

Antoine de Gramont-Toulongeon, fouverain
de Bidache, comte de Guiche, puis duc de Gramont.

François de Caumont, comte de Lauzun.

Léonor de la Magdelaine, marquis de Ragni,
lieutenant pour le Roi au comté de Charolois.

Melchior Mitte de Miolans, marquis de Saint-
Chaumont, ci-devant ambaffadeur à Rome.

Honoré d'Albert, maréchal de France, depuis
duc de Chaulnes.

Jean de Warignies, feigneur de Blainville, maître de la garde-robe du Roi.

Léon d'Albert, feigneur de Brantes, depuis duc
de Luxembourg.

Nicolas de Brichanteau, marquis de Nangis.

Charles de Vivonne, feigneur de la Chafteigneraye, gouverneur de Partenay.

André de Cochefilet, comte de Vauvineux, dit
le comte de Vaucelas, ambaffadeur en Efpagne.

Gafpard Dauvet, feigneur de Marefts, gouverneur de Beauvais & pays de Beauvoifis.

Lancelot, feigneur de Vaffé, baron de la Roche
Mabile.

Charles, fire de Rambures, maréchal-de-camp,
gouverneur de Dourlens.

Antoine de Buade, feigneur de Frontemet,
baron de Palluau, capitaine des châteaux de Saint-
Germain-en-Laie, & premier maître-d'hôtel du
Roi.

Nicolas de l'Hofpital, marquis, puis duc de
Vitri, maréchal de France.

Jean de Souvré, marquis de Courtenvaux, premier gentilhomme de la chambre du Roi, & gouverneur de Touraine.

François de l'Hofpital, feigneur du Halier, capitaine des gardes-du-corps du Roi, depuis maréchal de France.

Louis de la Marck, marquis de Manni, premier
écuyer de la reine Anne d'Autriche.

Charles, marquis, puis duc de la Vieuville,
capitaine des gardes-du-corps du Roi, furintendant des finances & grand-fauconnier de France.

Louis d'Aloigni, marquis de Rochefort, baron
de Craon & bailli de Berry.

Céfar-Augufte de Saint-Lari, baron de Termes,
grand-écuyer de France.

Alexandre de Rohan, marquis de Marigni,
frère d'Hercule de Rohan, duc de Montbazon.

François de Silli, comte, puis duc de la Rocheguyon, grand-louvetier de France.

Antoine-Hercule de Budos, marquis de Portes
& vice-amiral de France.

François, comte de la Rochefoucauld, gouverneur du Poitou.

Jacques d'Eftampes, feigneur de Valençai,
grand-maréchal-des-logis de la Maifon du Roi,
puis gouverneur de Calais.

En 1622. François de Bonne, duc de Lefdiguières, pair & connétable de France, gouverneur

Z z z

& lieutenant-général du Dauphiné, le 25 juillet, à Grenoble.

### CHEVALIER.

En 1625. Antoine Coiffier, dit Ruzé, marquis d'Effiat, depuis maréchal de France, reçut le collier à Londres.

### PRÉLAT.

En 1632. Alphonse-Louis du Pleffis de Richelieu, cardinal & archevêque de Lyon, grand-aumônier de France, le 24 mars.

### PRÉLATS.

En 1633. Armand-Jean du Pleffis, cardinal, duc de Richelieu, pair de France, &c. le 14 mai, à Fontainebleau.

Louis de Nogaret, cardinal de la Valette, archevêque de Touloufe.

Claude de Rebé, archevêque de Narbonne.

Jean-François de Gondi, premier archevêque de Paris.

Henri d'Efcoubleau de Sourdis, archevêque de Bordeaux.

### CHEVALIERS.

Henri d'Orléans, duc de Longueville, gouverneur de Normandie.

Henri de Lorraine, comte d'Harcourt, depuis grand-écuyer de France.

Louis-Emmanuel de Valois, comte d'Alets, depuis duc d'Angoulême & gouverneur de Provence.

Henri de la Trémouille, duc de Thouars.

Charles de Levis, duc de Ventadour.

Henri de Nogaret de la Valette & de Foix, duc de Candale.

Charles de Schomberg, duc d'Alluin, gouverneur du Languedoc, puis maréchal de France.

François de Coffé, duc de Briffac, grand-panetier de France.

Bernard de Nogaret de la Valette & de Foix, duc de la Valette & d'Efpernon, colonel-général de l'infanterie françaife.

Charles-Henri, comte de Clermont & de Tonnerre, premier baron & connétable héréditaire du Dauphiné.

François-Annibal d'Eftrées, marquis de Cœuvres, maréchal de France, puis duc & pair de France.

Jean de Nettancourt, feigneur de Vaubecourt, maréchal-de-camp & gouverneur de Châlons.

Henri de Saint-Nectaire, marquis de la Ferté-Nabat.

Philibert, vicomte de Pompadour, lieutenant-général en Limofin.

René aux Epaules, dit de Laval, marquis de Néelle, maréchal-de-camp.

Guillaume de Simiane, marquis de Gordes, capitaine des gardes-du-corps du Roi.

Charles, comte de Lannoi, premier maître-d'hôtel du Roi, gouverneur de Montreuil.

François de Nagu, marquis de Varennes, gouverneur d'Aigues-Mortes.

Urbain de Maillé, marquis de Brezé, maréchal de France, depuis gouverneur d'Anjou.

Jean de Gallard, comte de Braffac, gouverneur de Saintonge.

François de Noailles, comte d'Agen, maréchal-de-camp, lieutenant-général en Auvergne.

Bernard de Baylens, baron de Poyane, lieutenant-général au pays de Béarn.

Gabriel de la Vallée-Foffés, marquis d'Everli, maréchal-de-camp, gouverneur de Verdun.

Charles de Livron, marquis de Bourbonne, lieutenant-général en Champagne, maréchal-de-camp.

Gafpard-Armand, vicomte de Polignac.

Louis, vicomte, puis duc d'Arpajon, marquis de Severac, maréchal-de-camp.

Charles d'Efcoubleau, marquis de Sourdis & d'Alluye, maréchal-de-camp, gouverneur du pays orléanois.

François de Bonne, de Créqui, comte de Sault, depuis duc de Lefdiguières & gouverneur du Dauphiné.

François de Béthune, comte d'Orval, puis duc de Béthune.

Claude de Saint-Simon, grand-louvetier de France, depuis duc de Saint-Simon.

Charles de Cambout, baron du Pont-Château, marquis de Coiflin, lieutenant-général en Baffe-Bretagne.

François de Wigherot, marquis du Pont-de-Courlai, depuis général des galères de France.

Charles de la Porte, marquis, puis duc de la Meilleraye, depuis grand-maître de l'artillerie & maréchal de France.

Gabriel de Rochechouart, marquis de Mortemar, depuis duc & gouverneur de Paris.

Antoine d'Aumont, feigneur de Villequier, depuis duc & maréchal de France.

Jufte-Henri, comte de Tournon & de Rouffillon, fénéchal d'Auvergne, maréchal-de-camp.

Louis de Moni, feigneur de la Meilleraye, lieutenant-général en Normandie.

Charles de Damas, comte de Thianges, maréchal-de-camp, lieutenant-général des pays de Breffe & de Charolois.

Hector de Gélas & de Voifins, marquis de l'Eberon & d'Ambres, vicomte de Lautrec, fénéchal & gouverneur de Lauraguais.

Henri de Beaudean, comte de Parabère, marquis de la Mothe-Sainte-Eraye, lieutenant de Roi du Bas-Poitou.

Jean de Mouchi, marquis de Montcarvel, gouverneur de la ville d'Ardres.

Roger du Pleffis, feigneur de Liancourt, marquis de Guercheville, comte de la Rocheguyon, depuis duc.

Charles de Saint-Simon, feigneur du Pleffis, depuis marquis de Saint-Simon & gouverneur de Senlis.

### CHEVALIER.

En 1642. Honoré Grimaldi, prince de Monaco, duc de Valentinois.

Louis XIV, furnommé *le Grand*, quatrième fouverain de l'Ordre, ne reçut le collier de l'Ordre que le lendemain de fon facre, le 8 juin 1654.

### PRÉLAT.

En 1653. Antoine Barberin, cardinal, évêque de Paleftrine, grand-aumônier de France.

### CHEVALIER.

En 1654. Philippe de France, duc d'Anjou, depuis duc d'Orléans, frère unique du Roi, le 8 juin.

### PRÉLATS.

En 1661. Camille de Neufville-Villeroi, archevêque de Lyon, le 31 décembre, en l'églife des Auguftins de Paris.

François Adhemar de Monteil, de Grignan, archevêque d'Arles.

Georges d'Aubuffon de la Feuillade, évêque de Metz, auparavant archevêque d'Embrun.

François de Harlai de Chanvallon, archevêque de Rouen, depuis archevêque de Paris.

Léonor de Matignon, évêque de Lifieux.

Gafpard de Daillon du Lude, évêque d'Albi.

Henri de la Motte Houdancourt, évêque de Rennes, puis archevêque d'Auch.

Philippe-Emmanuel de Beaumanoir de Lavardin, évêque du Mans.

### CHEVALIERS.

Louis de Bourbon, fecond du nom, prince de Condé.

Henri-Jules de Bourbon, duc d'Enghien, grand-maître de France.

Armand de Bourbon, prince de Conti, gouverneur du Languedoc.

Henri de Bourbon, duc de Verneuil.

Louis, duc de Vendôme & de Mercœur, gouverneur de Provence, depuis cardinal & légat du Pape en France.

François de Vendôme, duc de Beaufort, grand-maître & furintendant de la navigation de France.

François de Cruffol, duc d'Ufez.

Louis-Charles d'Albert, duc de Luines.

Charles d'Albert, dit d'Ailli, duc de Chaulnes, gouverneur de Bretagne.

François, duc de la Rochefoucauld.

Pierre de Gondi, duc de Retz, auparavant général des galères.

Antoine, duc de Gramont, maréchal de France.

Céfar, duc de Choifeul, maréchal de France, comte du Pleffis-Praflin.

Nicolas de Neufville, duc de Villeroi, maréchal de France.

Charles, duc de Créqui, depuis gouverneur de Paris.

Jacques d'Eftampes, marquis de la Ferté-Imbaud & de Manni, maréchal de France.

Henri, duc de Senneterre, maréchal de France, gouverneur de Metz.

Philippe de Montaut, duc de Navailles, depuis maréchal de France.

Jacques Rouxel, comte de Grancei & de Medavi, maréchal de France.

Gafton-Jean-Baptifte, duc de Roquelaure, gouverneur de Leictoure en Armagnac.

Philippe Mancini & Mazarini, duc de Nevers.

Jules Céfarini, duc de Caftelnove, baron romain.

François de Beauvillier, duc de Saint-Aignan, premier gentilhomme de la chambre du Roi.

Henri de Daillon, comte du Lude, depuis duc, grand-maître de l'artillerie de France.

Louis de Béthune, duc de Charoft, dit de Béthune, lieutenant-général en Picardie.

Anne, duc de Noailles, comte d'Agen, gouverneur du comté de Rouffillon.

François de Comminges, feigneur de Guitaut, gouverneur de Saumur.

François de Clermont, comte de Tonnerre.

Alexandre-Guillaume de Melun, prince d'Efpinoi, connétable héréditaire de Flandre.

Céfar-Phœbus d'Albert, maréchal de France, gouverneur de Guienne.

François-René du Bec, marquis de Vardes, capitaine des cent Suiffes de la garde ordinaire du corps du Roi.

Charles-Maximilien de Belleforière, marquis de Soyecourt, grand-veneur de France.

François-Paul de Clermont, marquis de Montglas, comte de Chiverni, ci-devant grand-maître de la garde-robe du Roi.

Philippe de Clerembaud, comte de Palluau, maréchal de France.

Jean de Schulembourg, comte de Montdejeu, maréchal de France.

Gafton-Jean-Baptifte, comte de Comminges, gouverneur de Saumur.

François de Simiane, marquis de Gordes, grand-fénéchal de Provence.

Henri de Beringhen, premier écuyer de la petite écurie du Roi.

Jean de Bouchet, marquis de Sourches, grand-prévôt de France.

Charles, comte de Froulai, grand-maréchal-des-logis de la Maifon du Roi.

Jacques-François, marquis de Hautefort, comte de Montignac, premier écuyer de la Reine.

François de Matignon, comte de Thorigni, lieutenant-général en Baffe-Normandie.

Charles de Sainte-Maure, duc de Montaufier, gouverneur de Monfeigneur le Dauphin.

François d'Efpinay, marquis de Saint-Luc, lieutenant-général en Guienne.

Hippolyte, comte de Béthune, chevalier d'honneur de la Reine.

Ferdinand de la Baume, comte de Mont-Rével, lieutenant-général au pays de Breffe, Bugei, &c.

Louis-Armand, vicomte de Polignac, gouverneur de la ville du Pin.

Antoine de Brouilli, marquis de Piennes, gouverneur de Pignerol.

Jean, marquis de Pompadour, lieutenant-général en Limofin.

Louis de Cardaillac & de Levis, comte du Bioule, lieutenant-général en Languedoc.

Scipion-Grimoald de Beauvoir, comte du Roure, lieutenant-général en Languedoc.

François de Mouftiers, comte de Merinville & de Rieux, ci-devant lieutenant-général en Provence.

Henri de Baylens, marquis de Poyane, lieutenant-général en Béarn.

Léon de Sainte-Maure, comte de Jonzac, lieutenant-général des pays de Saintonge & d'Angoumois.

Jacques Efthuer, comte de Vauguyon, marquis de Saint-Mégrin, fénéchal de Guienne.

François de Joyeufe, comte de Grandpré, gouverneur de Mouzon & de Beaumont.

Timoléon, comte de Coffé, grand-panetier de France.

Charles-Martel, comte de Clère, capitaine des gardes-du-corps françaifes de Monfieur, frère unique du Roi.

Jean-Paul Gourdon de Genouillac, comte de Vaillac, capitaine des gardes de Monfieur, frère unique du Roi.

Nicolas-Joachim Rouault, marquis de Gamaches, gouverneur de Saint-Valeri & de Rue.

Godefroy, comte d'Eftrades, gouverneur de Dunkerque, depuis maréchal de France.

René-Gafpard de la Croix, marquis de Caftries, gouverneur de Montpellier.

Guillaume de Péchepeyrou & de Comminges, comte de Guitaut, ci-devant capitaine-lieutenant des chevau-légers.

En 1663. Chriftian-Louis, duc de Meckelbourg, le 4 novembre.

### PRÉLAT.

En 1671. Emmanuel-Théodofe de la Tour d'Auvergne, cardinal de Bouillon, grand-aumônier de France.

### CHEVALIERS.

En 1675. Flavio Urfin, duc de Bracciano, baron romain & prince du Soglio, le 29 feptembre, à Rome.

Louis Sforce, duc de Sforce, d'Ognano & de Segni.

Philippe Colonna, prince de Sonnino.

En 1675. François, marquis de Béthune, ambaffadeur extraordinaire en Pologne, le 22 décembre, à Saint-Germain-en-Laie.

En 1676. Jean Sobieski, roi de Pologne, le 30 novembre, à Zockiaw.

En 1682. Louis, dauphin de Viennois, fils unique de Louis XIV, le premier janvier, à Saint-Germain-en-Laie.

En 1686. Philippe d'Orléans, duc de Chartres, fils de Monfieur, frère unique de Sa Majefté, le 2 juin, à Verfailles, le jour de la Pentecôte.

Louis, duc de Bourbon, depuis duc d'Enghien.

François-Louis de Bourbon, prince de Conti.

Louis-Augufte de Bourbon, légitimé de France, duc du Maine.

### PRÉLATS.

En 1688. Céfar, cardinal d'Eftrées, le 30 décembre & 1er. janvier, à Verfailles.

Pierre, cardinal de Bonzi, archevêque de Narbonne.

Charles-Maurice Le Tellier, archevêque de Rheims.

Pierre du Cambout du Coiflin, évêque d'Orléans, premier aumônier du Roi, puis fait cardinal & grand-aumônier de France.

### CHEVALIERS.

Louis-Jofeph, duc de Vendôme.

Louis de Lorraine, comte d'Armagnac, grand-écuyer de France.

Henri de Lorraine, comte de Brionne, reçu en furvivance de la charge de grand-écuyer de France.

Philippe, prince de Lorraine.

Charles de Lorraine, comte de Marfan.

Charles-Belgique-Hollande de la Trémouille, duc de Thoüars & premier gentilhomme de la chambre.

Emmanuel de Cruffol, duc d'Ufez.

Maximilien-Pierre-François de Béthune, duc de Sulli.

Charles-Honoré d'Albert, duc de Luines & de Chevreufe.

Armand-Jean de Vignerot-du-Pleffis-Richelieu, duc de Richelieu & de Fronfac.

François, duc de la Rochefoucauld.

Louis Grimaldi, prince de Monaco, duc de Valentinois.

François-Annibal d'Eftrées de Lauzières, duc d'Eftrées.

Antoine-Charles, duc de Gramont.

Armand-Charles de la Porte, duc de Mazarin, de la Meilleraye & de Mayenne.

François de Neufville, duc de Villeroi, maréchal de France.

Paul de Beauvillier, duc de Saint-Agnan.

Henri-François de Foix de Candale, duc de Randan.

Léon Potier, duc de Gefvres.

Anne-Jules, duc de Noailles, maréchal de France.

Armand du Cambout, duc de Coiflin.

Augufte, duc de Choifeul.

Louis-Marie, duc d'Aumont.

François-Henri de Montmorenci, duc de Luxembourg & de Pinei, maréchal de France.

François d'Aubuffon de la Feuillade, duc de Rouanez, maréchal de France.

Bernardin Gigaut, marquis de Bellefons, maréchal de France.

Louis de Crevant, marquis, depuis duc d'Humières, maréchal de France.

Jacques-Henri de Durfort, duc de Duras, maréchal de France.

Guy-Aldonce de Durfort, comte de Lorges, depuis duc de Quintin, maréchal de France.

Armand de Béthune, duc de Charoft-Béthune.

Jean, comte d'Eftrées, vice-amiral & maréchal de France.

Charles, duc de la Vieuville, gouverneur du Poitou, chevalier d'honneur de la feue reine, & gouverneur de Monfieur Philippe d'Orléans, duc de Chartres.

Jean-Baptifte de Caffagnet, marquis de Tilladet, capitaine des cent-fuiffes de la garde du Roi.

Louis de Caillebot, marquis de la Salle, maître de la garde-robe du Roi.

Jacques-Louis de Beringhen, premier écuyer du Roi.

Philippe de Courcillon, marquis de Dangeau, gouverneur de Touraine, chevalier d'honneur de madame la Dauphine.

Philibert, comte de Gramont.

Louis-François, marquis, depuis duc de Boufflers, maréchal de France.

François d'Harcourt, marquis de Beuvron, lieutenant-général au gouvernement de Normandie.

Henri de Mornai, marquis de Montchevreuil, capitaine & gouverneur de Saint-Germain-en-Laie.

Edouard-François Colbert, comte de Maulevrier.

Jofeph de Pons de Guimera, baron de Montclar, lieutenant-général des armées du Roi.

Henri-Charles, fire de Beaumanoir, marquis de Lavardin.

Pierre, marquis de Villars, confeiller d'Etat d'épée, ambaffadeur en Savoie, en Danemarck & en Efpagne.

François Adheimard de Monteil, comte de Grignan, lieutenant-général en Provence.

Claude, comte de Choifeul de Francières, depuis maréchal de France.

Jacques, marquis de Montignon, lieutenant-général en Baffe-Normandie.

Jean-Armand de Joyeufe, maréchal de France.

François de Calvo, lieutenant-général des armées du Roi.

Charles, comte d'Aubigné, gouverneur du Berry.

Charles de Montfaulnin, comte de Montal, lieutenant-général des armées du Roi.

Claude de Thiard, comte de Biffi, lieutenant-général des armées du Roi.

Antoine Ruzé, marquis d'Effiat, premier écuyer & grand-veneur de Monfieur, frère unique du Roi.

François, comte de Montberon, lieutenant-général des armées du Roi.

Philippe Augufte le Hardi, marquis de la Trouffe, capitaine-lieutenant des gendarmes-dauphins, lieutenant-général des armées du Roi.

François de Moneftai, marquis de Chaferon, lieutenant-général des armées du Roi.

Bernard de la Guiche, comte de Saint-Geran, lieutenant-général des armées du Roi.

François d'Efcoubleau, de Sourdis, lieutenant-général des armées du Roi.

Philippe-Emmanuel-Ferdinand-François de Croi, comte de Solre, depuis lieutenant-général des armées du Roi.

André de Béthoulat, comte de la Vauguyon, confeiller d'Etat d'épée, ci-devant ambaffadeur en Efpagne.

Georges de Mouchi, marquis d'Hoquincourt, lieutenant-général en Picardie, & lieutenant-général des armées du Roi.

Olivier de Saint-Georges, marquis de Verac, lieutenant-général, & commandant pour le Roi en Poitou.

René Martel, marquis d'Arci, ambaffadeur en Savoie, depuis gouverneur de M. le duc de Chartres, & confeiller d'Etat d'épée.

Alexis-Henri Maximilien, marquis de Châtillon, premier gentilhomme de la chambre de Monfieur, frère unique du Roi.

Nicolas de Châlons-du-Blé, marquis d'Uxelles, depuis maréchal de France.

René de Froulai, comte de Teffé, depuis maréchal de France, & premier écuyer de madame la Dauphine, & grand d'Efpagne.

Charles de Mornai, marquis de Villarceaux, capitaine-lieutenant des chevau-légers de monfeigneur le Dauphin.

Charles d'Eftampes, marquis de Marni, la Ferté-Imbaut, capitaine des gardes de Monfieur Philippe de France, duc d'Orléans.

Hyacinthe de Quatrebarbes, marquis de la Rougères, chevalier d'honneur de Madame, ducheffe d'Orléans.

Jean d'Audibert, comte de Luffan, premier gentilhomme de la chambre de M. le prince de Condé.

### PRÉLATS.

En 1689. Touffaint de Forbin de Janfon, évêque & comte de Beauvais, depuis cardinal & grand-aumônier de France.

En 1693. Louis-Alexandre de Bourbon, légitimé de France, comte de Touloufe, le 2 février.

En 1694. Guillaume-Egon de Furstemberg, cardinal, évêque & Prince de Strasbourg.

Henri de la Grange d'Arquien, depuis cardinal.

### CHEVALIERS.

En 1695. Louis de France, duc de Bourgogne, puis dauphin de Viennois, le 22 mai.

Philippe de France, duc d'Anjou, depuis roi d'Espagne.

### PRÉLAT.

En 1695. François de Clermont-Tonnerre, évêque de Noyon, pair de France, le premier janvier.

### CHEVALIERS.

Louis de Guiscard, comte de Neufvi, lieutenant-général des armées du Roi.

Antonio, duc de Lanti, prince de Belmont, romain, admis & non reçu.

### PRÉLAT.

En 1698. Louis-Antoine de Noailles, archevêque de Paris, depuis cardinal.

### CHEVALIERS.

En 1699. Charles de France, duc de Berry, le 2 février.

Guido Vaïni, prince de Cantaloupe, romain, le 2 juin.

En 1700. Alexandre Sobieski, prince de Pologne.

Constantin Sobieski son frère.

### PRÉLATS.

En 1701. Daniel de Cosnac, archevêque d'Aix, le 15 mai.

Charles-Henri du Cambout de Coislin, évêque de Metz, premier aumônier du Roi, depuis duc de Coislin.

### CHEVALIERS.

En 1702. Camille d'Hostun, de la Baume, comte de Tallard, depuis maréchal de France.

Rostaing Cantelini, duc de Popoli, napolitain, admis & reçu le 26 juillet 1717.

Charles de Broglio, comte de Revel, lieutenant-général des armées du Roi.

En 1702, le 4 juin, furent nommés don Juan-Claro-Alonso Pérez de Guzman el Bueno, onzième duc de Medina Sidonia.

Don Francisco-Antonio-Casimiro-Alfonso Pimentel, comte de Benavente.

Don Fadrique de Toledo Osorio, marquis de Villafranca.

Don Juan-Francisco-Pacheco Tellez Giron, duc d'Ucede, comte de Montalval. Ils furent admis en 1703.

### PRÉLAT.

En 1703. Don Louis-Manuel Portocarrero, cardinal, archevêque de Tolède, admis le 16 avril de la même année.

### CHEVALIERS.

Ferdinand, comte de Marsin, depuis maréchal de France, reçut le collier le 2 février.

En 1704. Don Isidore de la Cueva & Benavides, marquis de Bedmar, nommé le 2 février, admis le 2 septembre suivant, & reçu le 8 mars 1705.

### PRÉLAT.

En 1705. Jean d'Estrées, abbé d'Evron & de Préaux, ci-devant ambassadeur en Portugal, nommé à l'archevêché de Cambrai le 2 janvier.

### CHEVALIERS.

Roger Brûlart, marquis de Silleri-Puisieux, lieutenant-général des armées du Roi, & ambassadeur en Suisse.

Le 2 février, Henri, duc d'Harcourt, maréchal de France; il ne fut reçu, à cause de sa maladie, que le 8 mars suivant.

Victor-Marie d'Estrées, vice-amiral & maréchal de France, dit *le maréchal de Cœuvres*, grand d'Espagne.

François Hector, duc de Villars, pair & maréchal de France, grand d'Espagne & gouverneur de Provence.

Noël Bouton, marquis de Chamilli, maréchal de France.

François-Louis de Rousselet, marquis de Château-Renaut, vice-amiral & maréchal de France.

Sébastien le Prêtre, seigneur de Vauban, maréchal de France.

Conrad de Rosen, comte de Bolwiler, maréchal de France.

Nicolas-Auguste de la Baume, marquis de Mont-Revel, maréchal de France.

### PRÉLAT.

En 1708. Joseph, cardinal de la Trémouille, nommé le 27 mai.

### CHEVALIERS.

En 1709. Louis-Henri, duc de Bourbon, pair & grand-maître de France.

En 1711. Louis-Armand de Bourbon, prince de Conti, le 1er. janvier.

Jacques-Léonor Rouxel, comte de Medavi & de Grancei.

Léonor-Marie du Maine, comte du Bourg.

François-Zenobe-Philippe Albergotti, lieutenant-général des armées du Roi.

Louis-François, marquis de Goësbriant.

En 1712. Louis, duc d'Aumont.

## PRÉLAT.

En 1713. Armand Gaston de Rohan, cardinal, grand-aumônier de France, évêque & prince de Strasbourg.

### CHEVALIERS.

En 1717. Louis, premier du nom, roi d'Espagne, alors prince des Asturies.

Louis XV, cinquième chef souverain de l'Ordre, ne reçut le collier de l'Ordre que le lendemain de son sacre, à Rheims, le 27 octobre 1722.

### CHEVALIERS.

Don Joseph de Benavidès, Carillo-Giron, duc d'Offone, grand d'Espagne, &c. ambassadeur extraordinaire en France, fut proposé le 22 janvier 1721, pour être reçu chevalier dans la première promotion que Sa Majesté en feroit après son sacre, & en attendant le Roi lui accorda un brevet pour porter le cordon bleu.

Le 27 octobre 1722. Louis, duc d'Orléans, alors duc de Chartres.

Charles de Bourbon, comte de Charolois.

En 1724, le 2 février. Louis de Bourbon, comte de Clermont.

### PRÉLATS.

Philippe-Antoine Gualterio, cardinal, abbé de Saint-Victor de Paris, de Saint-Remi de Rheims, &c. ci-devant nonce en France.

Henri-Ponce de Thyard de Bissi, cardinal, évêque de Meaux.

Léon Potier de Gesvres, cardinal, archevêque de Bourges.

François-Paul de Neufville de Villeroi, archevêque de Lyon, primat des Gaules.

Charles-Gaspard-Guillaume de Vintimille-du-Luc, archevêque d'Aix.

René-François de Beauvau du Rivau, archevêque de Narbonne.

### CHEVALIERS.

Charles, prince de Lorraine, comte d'Armagnac, grand-écuyer de France.

Charles-Louis de Lorraine, comte de Marsan, prince de Pons.

Jean-Charles de Crussol, duc d'Uzès, pair de France, gouverneur de Saintonge & d'Angoumois.

Maximilien-Henri de Béthune, duc de Sulli, pair de France.

Louis-Antoine de Brancas, duc de Villars, pair de France.

François, duc de la Rochefoucauld, pair de France, grand-maître de la garde-robe du Roi.

Antoine de Grimaldi, prince de Monaco, duc de Valentinois, pair de France.

Charles-François-Frédéric de Montmorenci, duc de Luxembourg, pair de France, gouverneur de Normandie.

Nicolas de Neufville, duc de Villeroi, pair de France, capitaine des gardes-du-corps.

Louis de Rochechouart, duc de Mortemart, pair de France, premier gentilhomme de la chambre de Sa Majesté.

Paul-Hippolyte de Beauvilliers, duc de Saint-Agnan, pair de France, premier gentilhomme de la chambre de Sa Majesté, & gouverneur du Havre-de-Grace.

François-Bernard-Potier, duc de Tresmes, pair de France, premier gentilhomme de la chambre de Sa Majesté.

Adrien-Maurice, duc de Noailles, pair de France, chevalier de la Toison-d'Or, grand d'Espagne, capitaine de la première compagnie des gardes-du-corps, & gouverneur du Roussillon.

Armand de Béthune, duc de Charost, pair de France, capitaine des gardes-du-corps.

Henri Fitz-James, duc de Berwick, de Fitz-James, de Léria & de Xerica, pair de France & d'Angleterre, grand d'Espagne, chevalier des Ordres de la Jarretière & de la Toison-d'Or, maréchal de France, &c.

Louis-Antoine de Pardaillan de Gondrin, duc d'Antin, pair de France, gouverneur de l'Orléanois, & surintendant des bâtimens.

Louis-Auguste d'Albert, d'Ailli, duc de Chaulnes, pair de France, capitaine-lieutenant des chevau-légers de la garde de Sa Majesté.

Marie-Joseph, duc d'Hostun-Tallard, pair de France, gouverneur de Franche-Comté.

Jacques Bazin, seigneur de Bezons, maréchal de France, gouverneur de Cambrai.

Pierre de Montesquiou, maréchal de France, gouverneur de la ville & citadelle d'Arras.

Louis-Nicolas le Tellier, marquis de Souvré, maître de la garde-robe du Roi.

Louis Sanguin, marquis de Livri, premier maître-d'hôtel du Roi.

Louis-Jean-Baptiste Goyon de Matignon, comte de Gacé, gouverneur du pays d'Aunis.

Anne-Jacques de Bullion, marquis de Fervaques, &c. gouverneur du pays du Maine.

François-Charles, des comtes de Vintimille & de Marseille, comte du Luc, conseiller d'Etat d'épée, lieutenant de Roi en Provence, & ci-devant ambassadeur à Vienne.

Louis, marquis de Prie, ci-devant ambassadeur à Turin.

Louis de Mailli, marquis de Nesle, &c.

François-Marie, marquis d'Hautefort, lieutenant-général des armées du Roi.

Joseph de Montesquiou, comte d'Artagnan, lieutenant-général des armées du Roi, & capitaine-lieutenant de la première compagnie des mousquetaires.

François, comte d'Estaing, lieutenant-général des armées du Roi.

Armand de Madaillan, de l'Esparre, marquis de

Laffai, lieutenant-général en la province de Bourgogne.

Pierre Bouchard d'Efparbez de Luffan, comte d'Aubeterre, lieutenant-général des armées du Roi.

Joachim de Montaigu, vicomte de Baune, marquis de Bouzoles, lieutenant-général des armées du Roi & de la province d'Auvergne.

François de Franquetot, marquis de Coigni, lieutenant-général des armées du Roi, & colonel-général des dragons.

Jean de Montboiffier, comte de Canillac, lieutenant-général des armées du Roi, capitaine-lieutenant de la feconde compagnie des moufquetaires, & gouverneur de la citadelle d'Amiens & de Corbie.

Louis, marquis de Brancas, comte de Forcalquier, baron de Cerefte, chevalier de la Toifond'Or, confeiller d'Etat d'épée, lieutenant-général des armées du Roi, & lieutenant général en Provence, & ci-devant ambaffadeur en Efpagne.

Jacques-Jofeph Vipart, marquis de Silli, confeiller d'Etat d'épée, lieutenant-général des armées du Roi.

Jacques de Caffagnet-Narbonne-Lomagne-Tilladet, marquis de Fimarcon, lieutenant-général des armées du Roi & de la province de Rouffillon, gouverneur de Mont-Louis.

Henri, marquis de Senneterre, lieutenant-général des armées du Roi, & ambaffadeur en Angleterre.

Pierre-Magdelaine de Beauvau, comte du Rivau, lieutenant-général des armées du Roi.

Louis de Gand-de-Merode de Montmorenci, prince d'Ifenghien, lieutenant-général des armées du Roi.

Louis-Pierre, comte de la Marck, lieutenant-général des armées du Roi.

César de Saint-Georges, marquis de Verac, lieutenant-général des armées du Roi & de la province de Poitou.

Jean-Emmanuel, marquis de Coëtlogon, vice-amiral de France, grand-croix de l'Ordre de Saint-Louis.

Jean-Baptifte-François Defmarets, marquis de Maillebois, maître de la garde-robe du Roi, lieutenant-général du Languedoc, & gouverneur de Saint-Omer.

Charles-Henri-Gafpard de Saulx, vicomte de Tavannes, lieutenant-général de la province de Bourgogne.

Gafpard, marquis de Clermont-Tonnerre-Crufi, commiffaire-général de la cavalerie.

François-Antoine, marquis de Simiane, premier gentilhomme de la chambre du duc d'Orléans, &c.

Jofeph-François de la Croix, marquis de Caftries, chevalier d'honneur de la ducheffe d'Orléans, gouverneur de la ville, citadelle & dioce de Montpellier.

René-Gafpard, marquis de Clermont-Gallerande-Loudon, premier écuyer du duc d'Orléans, brigadier de dragons & bailli de Dôle.

## CHEVALIERS.

En 1725. Marie-Thomas-Augufte Goyon, dit le marquis de Montignon, baron de Briquebec, comte de Bourbon, de Montjay & d'Ormoi, brigadier des armées du Roi.

Staniflas-Nicolas Lefzczynski, roi de Pologne, duc de Lorraine & de Bar.

En 1726. Michel Tarlo de Teczin & Ozckarzowitz, comte de Melíztyn & de Zakliczyn, polonois, lieutenant-général des armées du Roi.

En 1728. Louis-Augufte de Bourbon, prince de Dombes, colonel-général des Suiffes & Grifons.

Louis-Charles de Bourbon, comte d'Eu, grand maître de l'artillerie de France.

Louis de Saint-Simon, duc & pair de France, grand d'Efpagne de la première claffe, & ambaffadeur extraordinaire en Efpagne.

Antoine-Gafton-Jean-Baptifte, duc de Roquelaure, marquis de Eiran, &c. maréchal de France.

Yves, marquis d'Alègre & de Tourzel, comte de Meilland, maréchal de France.

Louis, comte de Gramont, brigadier des armées du Roi, maréchal-de-camp.

Jacques-Henri de Lorraine, prince de Lifon, grand-maître de la Maifon du duc de Lorraine, brigadier des armées du Roi.

Alexandre, duc de la Rochefoucauld & de la Rocheguyon, pair de France, grand-maître de la garde-robe du Roi, & brigadier de fes armées.

Louis-Antoine-Armand, duc de Gramont, pair de France, fouverain de la Bidache, fire de Lefpare, colonel des gardes-françaifes, maréchal-de-camp.

François-Joachim-Bernard Potier, duc de Gefvres, pair de France, premier gentilhomme de la chambre du Roi, brigadier de fes armées, gouverneur de Paris.

Paul-François de Béthune, duc de Charoft, pair de France, capitaine des gardes-du-corps du Roi, maréchal-de-camp.

François d'Harcourt, duc & pair de France, lieutenant-général des armées du Roi.

René Mans de Froulai, comte de Teffé, vicomte de Beaumont & de Frefnai, grand d'Efpagne, lieutenant-général des armées du Roi, & premier écuyer de la Reine.

Louis-Armand de Brichanteau, marquis de Nangis, lieutenant-général des armées du Roi.

En 1729. Louis-François-Armand de Vignerod du Pleffis, duc de Richelieu & de Fronfac, pair & maréchal de France.

Ferdinand, prince des Afturies.

Charles, infant d'Efpagne, duc de Parme & de Plaifance, prince héréditaire de Tofcane.

Jofeph-Marie de Benavidès Carillo-Tellez-Giron, feptième duc d'Offone, grand d'Efpagne de
la

la première claffe, ambaffadeur extraordinaire en France.

Emmanuel-Dominique de Benavidès, d'Arragon, la Cueva, Biedmar, d'Avila, Corella, dixième comte de Sant-Iftevan, grand d'Efpagne, plénipotentiaire d'Efpagne au congrès de Cambrai.

Alonfe-Manrique de Solis & Vivero, duc del Arco, grand d'Efpagne, chevalier de la Toifon-d'Or, grand & premier écuyer du roi d'Efpagne.

Antoine Giudice, duc de Giovenazzo, prince de Cellamare, feigneur napolitain, grand d'Efpagne, chevalier de l'Ordre de Saint-Jacques, gouverneur & capitaine-général de la vieille Caftille, ambaffadeur extraordinaire en France.

Charles-Eugène de Levis, duc & pair de France, comte de Charlus & de Saigues, lieutenant-général des armées du Roi.

Chriftian-Louis de Montmorenci-Luxembourg, prince de Tingri, comte fouverain de Luxe, lieutenant-général des armées du Roi.

Alexis-Magdelène-Rofalie de Châtillon, baron d'Argenton, dit le comte de Châtillon, grand-bailli d'Haguenau, lieutenant-général des armées du Roi.

Henri-Camille, marquis de Beringhen, de Châteauneuf & d'Uxelles, premier écuyer du Roi.

Jean-Baptifte de Durfort, duc de Duras, marquis de Blanquefort, comte de Rozan, baron de Pujols, lieutenant-général des armées du Roi.

François-Marie de Broglio, comte de Revel, baron de Ferrière, appelé le comte de Broglio, maréchal de France.

Philippe-Charles de la Fare, comte de Laugue, appelé le marquis de la Fare, chevalier de l'Ordre de la Toifon-d'Or, maréchal-des-camps & armées du Roi.

### PRÉLAT.

En 1733. Melchior de Polignac, cardinal-prêtre du titre de fainte Marie-des-Anges aux thermes de Dioclétien, archevêque d'Auch.

### CHEVALIER.

Louis de Bourbon, prince de Conti.

### PRÉLATS.

Armand-Pierre de la Croix de Caftries, archevêque d'Albi.

Henri-Ofwald de la Tour-d'Auvergne, des ducs de Bouillon, archevêque de Vienne, abbé & général de l'Ordre de Cluni.

### CHEVALIERS.

En 1735. Charles-Louis-Augufte Fouquet de Belle-Ifle, comte de Gifors, Andeli, Vernon, Lihons, &c. maréchal de France.

Jean-Hercule de Roffet & de Rocozel de Ceilles, marquis de Perignan, neveu du cardinal de Fleuri.

*Hiftoire. Tome VI. Supplément.*

En 1737. Louis-François-Anne, duc de Villeroi, capitaine des gardes-du-corps.

Charles-Armand, duc de Biron, doyen des maréchaux de France.

Le duc Offolinski.

Le prince Vaini.

Le marquis de Monti.

En 1738. Jacques de Chaftenet, marquis de Puyfégur, comte de Cheffi, maréchal de France.

Claude-Théophile de Béziade, marquis du Varei-fur-Loire, &c. lieutenant-général des armées du Roi, & fon ambaffadeur ordinaire auprès des cantons Suiffes.

Louis de Regnier, marquis de Guerchi, lieutenant-général des armées du Roi.

Antoine de la Font, marquis de Savines, lieutenant-général des armées du Roi, & directeur-général de la cavalerie.

François de Briqueville, dit le comte de la Luzerne, lieutenant-général des armées navales du Roi.

Louis-Dominique de Cambis de Velleron, appelé le comte de Cambis, lieutenant-général des armées du Roi, fon ambaffadeur en Angleterre.

Gabriel de Salignac, marquis de Fénélon, ambaffadeur ordinaire du Roi en Hollande.

Charles-Pierre-Gafton de Levis de Lomagne, maréchal héréditaire de la foi, marquis de Mirepoix, &c. ambaffadeur du Roi à Vienne, puis maréchal de France.

Jacques d'Auxi de Monceaux, marquis d'Auxi, colonel du régiment Royal-Comtois.

Le marquis de la Mina, ambaffadeur du roi d'Efpagne auprès du roi de France.

En 1740. Louis-Philippe d'Orléans, alors duc de Chartres.

### PRÉLATS.

En 1742. Jean-Louis de Bertons de Crillon, archevêque de Narbonne.

Frédéric-Jérôme de Roye de la Rochefoucauld, cardinal-archevêque de Bourges.

Gilbert de Montmorin de Saint-Herem, évêque-duc de Langres.

### CHEVALIERS.

En 1742. Louis-Jean-Marie de Bourbon, duc de Penthièvre.

Louis de France, dauphin de Viennois.

### PRÉLAT.

En 1743. Pierre-Guerin de Tencin, cardinal, archevêque de Lyon.

### CHEVALIERS.

En 1744. Jean-Paul de Coffé, duc de Briffac, pair & grand-panetier de France.

Charles-François-Frédéric de Montmorenci-Luxembourg, duc de Pinei-Luxembourg & de

Beaufort-Montmorenci, pair de France, maréchal-de-camp.

Joseph-Marie de Boufflers, duc de Boufflers, pair de France, maréchal-de-camp.

Louis-Antoine de Gontaut, duc de Biron, pair de France, maréchal-de-camp.

Jean de Gassion, marquis de Gassion & d'Alluye, comte de Montboissier, lieutenant-général des armées du Roi.

Daniel-François de Gélas-d'Ambres, comte de Lautrec, lieutenant-général des armées du Roi.

Jean-Antoine-François de Franquetot, comte de Coigni, colonel-général des dragons.

Louis-Charles de la Mothe, comte de la Mothe-Houdancourt, grand d'Espagne de la première classe.

En 1745. M. le duc d'Aumont.

M. le duc de Randan.

M. le marquis du Montal.

M. le maréchal de Senectere.

M. le comte de Tavannes.

#### PRÉLAT.

En 1746. Louis-Jacques de Chapt de Rastignac, archevêque de Tours.

#### CHEVALIERS.

N..... Milano, prince d'Ardore, ambassadeur du roi des Deux-Siciles auprès du roi de France.

Nicolas-Joseph-Balthasard de Langlade, vicomte de Cheyla, lieutenant-général des armées du Roi.

M. le comte de Lowendalh, de la Maison de Holstein & de la branche royale de Danemarck.

M. le comte de Bérenger, lieutenant-général des armées du Roi.

Louis-Charles-César le Tellier, comte d'Estrées, lieutenant-général des armées du Roi.

Le comte de Thomond (O Brien), lieutenant-général des armées du Roi.

Claude-Aunel d'Apchier, dit le chevalier d'Apchier, lieutenant-général des armées du Roi.

Le prince de Campo-Florido, ambassadeur d'Espagne en France.

Le comte de Montijo.

Le marquis de Scoti.

Le duc de Modène.

#### PRÉLATS.

En 1748. Christophe de Beaumont du Repaire, archevêque de Paris.

Charles de Saulx-Tavannes, archevêque de Rouen.

Louis-Abraham d'Harcourt de Beuvron, abbé de Signi, & ci-devant doyen de l'église de Paris.

#### CHEVALIERS.

En 1748. Charles-Philippe d'Albert, duc de

Luynes & de Chevreuse-Montfort, pair de France.

Louis-Philogène Brulart, marquis de Puisieux & de Silleri, ministre des affaires étrangères.

Alphonse-Marie-Louis de Saint-Severin d'Arragon, ci-devant ambassadeur de France en Suède, puis en Pologne.

Henri-François de Ségur, lieutenant-général des armées du Roi.

Jean-Hector de Fay, marquis de la Tour-Maubourg, lieutenant-général des armées du Roi.

Jacques, vicomte de Bulkeley, pair d'Irlande, lieutenant-général des armées du Roi.

En 1749. M. le duc d'Ayen.

M. le duc d'Estissac.

M. le comte de Vaugrenant.

M. le duc de la Vallière.

M. le marquis de Saffenage.

M. le comte de Mailly.

M. le baron de Montmorenci.

M. le marquis de Chalmazel.

M. le marquis de Souvré.

M. le duc d'Huescar, en Espagne.

En 1750. M. le comte de la Marche.

En 1751. M. le duc de Chaulnes.

M. le marquis d'Hautefort.

En 1752. M. le prince de Condé.

M. le comte de Brienne.

M. le duc de Nivernois.

En 1753. M. le duc de Fleury.

M. le marquis de l'Hôpital.

M. le comte de la Vauguyon.

M. le marquis d'Armentières.

M. le marquis de Crussol.

#### PRÉLATS.

M. l'archevêque de Narbonne.

M. l'évêque de Strasbourg.

M. l'abbé de Canillac.

#### CHEVALIERS.

En 1756. M. le prince Camille de Lorraine.

M. le duc d'Harcourt.

Louis, prince de Wirtemberg.

M. le duc de Fitz-James.

M. le duc d'Aiguillon.

M. le comte de Baschi.

M. le comte de Stainville.

M. le marquis de Saint-Vital.

M. le prince de Jablonowski.

En 1757. M. le prince de Beauvau.

M. le marquis de Gontaut.

M. le comte de Maillebois.

M. le marquis de Béthune.

M. le marquis d'Aubeterre.

M. le comte de Broglie.

M. le marquis d'Ossun.

**OFFICIERS DES ORDRES DU ROI.**

*Chanceliers & gardes-des-sceaux.*

En 1578. Philippe Hurault, comte de Chiverni, chancelier de France, fut fait chancelier de l'Ordre du Saint-Esprit : il l'étoit déjà de l'Ordre de Saint-Michel, le 31 décembre.

En 1599. Charles de Bourbon, frère naturel du roi Henri IV, archevêque de Rouen, depuis nommé prélat-commandeur.

En 1606. Guillaume de l'Aubespine, seigneur de Châteauneuf, doyen du conseil.

En 1611. Charles de l'Aubespine, abbé de Préaux, depuis marquis de Châteauneuf, & gardes-sceaux de France, chancelier des Ordres, en survivance de Guillaume de l'Aubespine son père.

* En 1633. Claude de Bullion, marquis de Gallardon, seigneur de Bonnelle, surintendant des finances, garde-des-sceaux de l'Ordre, par la disgrace de M. de Châteauneuf, le 14 mai.

* En 1636. Nicolas le Jai, baron de Tilli, premier président au parlement de Paris, garde-des-sceaux de l'Ordre, par la démission de M. de Bullion.

* En 1641. Pierre Seguier, comte de Gien, chancelier de France, garde-des-sceaux de l'Ordre, par la mort de M. le Jai.

En 1645. Louis Barbier de la Rivière, premier aumônier de Madame, & maître de l'oratoire de Monsieur, depuis évêque, duc de Langres, pair de France, chancelier & garde-des-sceaux, sur la démission de M. de Châteauneuf, le 24 mars.

En 1648. Abel Servien, marquis de Sablé, secrétaire d'Etat, garde-des-sceaux de l'Ordre, par la démission de l'évêque de Langres, depuis chancelier, le 23 août 1654, par la démission du même prélat, le 4 mai.

En 1656. Basile Fouquet, abbé de Barbeaux, chancelier & garde-des-sceaux de l'Ordre.

* En 1656. Henri de Guenegaud, marquis de Planci, garde-des-sceaux de l'Ordre, du consentement de l'abbé Fouquet, le 25 décembre.

En 1659. Louis Fouquet, évêque d'Agde, chancelier des Ordres, sur la démission de l'abbé Fouquet son frère, le 23 juin.

En 1661. Hardouin de Perefixe de Beaumont, précepteur du Roi, évêque de Rhodes, depuis archevêque de Paris, chancelier des Ordres, sur la démission de M. l'évêque d'Agde, trouvé parmi les papiers de M. Fouquet son frère : il en prêta le serment à la fin de décembre, le ..... septembre.

* En 1671. François-Michel le Tellier, marquis de Louvois, ministre & secrétaire d'Etat, chancelier des Ordres, le 2 janvier.

En 1691. Louis Boucherat, chancelier de France, fut pourvu de la charge de garde-des-sceaux des Ordres après le décès de M. de Louvois, le ..... juillet.

En 1691. Louis-François-Marie le Tellier, mar-

quis de Barbezieux, secrétaire d'Etat, chancelier des Ordres, & garde-des-sceaux, par la démission de M. Boucherat, le 19 août.

En 1701. Jean-Baptiste Colbert, marquis de Torci, ministre & secrétaire d'Etat, grand-trésorier des Ordres, fut chancelier, par la mort de M. de Barbezieux, le ..... janvier.

En 1716. Henri-Charles-Arnaud de Pomponne, abbé de Saint-Médard de Soissons, conseiller d'Etat ordinaire, ci-devant ambassadeur à Venise, par la démission de M. de Torci.

En 1756. Louis Phelypeaux, comte de Saint-Florentin, ministre & secrétaire d'Etat, chancelier & surintendant des finances de l'Ordre.

*Prévôts de l'Ordre & grands-maîtres des cérémonies.*

En 1578. Guillaume Pot, seigneur de Rhodes & de Chemault, prévôt & maître des cérémonies de l'Ordre de Saint-Michel, le fut créé de celui du Saint-Esprit, le 31 décembre.

En 1595. Guillaume Pot, second du nom, succéda à son père le 7 janvier.

En 1616. François Pot, seigneur de Rhodes & du Maignet.

En 1619. Henri-Auguste de Loménie, seigneur de la Ville-aux-Clercs, depuis comte de Brienne, secrétaire d'Etat.

En 1621. Charles de Loménie, secrétaire du cabinet, eut les mêmes charges, sur la démission de M. de la Ville-aux-Clercs son cousin.

En 1627. Michel de Beauclerc, baron d'Archères, secrétaire d'Etat, fut fait prévôt sur la démission de M. de Loménie.

En 1643. Louis Phelypeaux, seigneur de la Vrillière, secrétaire d'Etat, prêta serment de ces charges, sur la démission du baron d'Archères, le premier avril.

En 1653. Hugues de Lionne, marquis de Fresne, &c. ministre & secrétaire d'Etat, eut la démission de M. de la Vrillière, le 27 février.

En 1657. Eugène Rogier, comte de Villeneuve & de la Chapelle, marquis de Kerveno, sur la démission de M. de Lionne.

En 1661. Macé Bertrand, seigneur de la Bazinière, trésorier de l'épargne, par la démission du comte de Villeneuve, le 12 avril.

En 1671. Jean-Jacques de Mesmes, comte d'Arvaux, président à mortier au parlement de Paris, par la démission de M. de la Bazinière son beau-père, le 20 décembre.

En 1684. Jean-Antoine de Mesmes, comte d'Arvaux, conseiller d'Etat ordinaire, plénipotentiaire pour la paix à Nimègue, ambassadeur en diverses cours, fut reçu, en survivance du président de Mesmes son frère, aux charges de prévôt & de grand-maître des cérémonies de l'Ordre ; il les exerça après la mort du président, au commencement de 1688.

En 1703. Jean-Antoine de Mesmes, premier

préſident au parlement de Paris , eut la démiſſion du comte d'Arvaux ſon oncle.

En 1709. Jérôme Phelypeaux , comte de Pont-chartrain , ſecrétaire d'Etat , par la démiſſion du préſident de Meſmes.

En 1715. Nicolas le Camus , premier préſident de la cour des aides , par la démiſſion de M. de Pontchartrain.

En 1721. Félix le Pelletier de la Houſſaye , con-trôleur-général des finances , &c. ſur la démiſſion de M. le Camus.

En 1721. François-Victor le Tonnelier-Breteuil , marquis de Fontenai-Treſigni , ſecrétaire d'Etat , ſur la démiſſion de M. le Pelletier de la Houſſaye.

En 1743. Jean-Jacques Amelot de Chaillou , ſecrétaire d'Etat.

En 1754. N. Bignon , maître des requêtes , grand-maître de la bibliothèque du Roi.

### Grands-tréſoriers des Ordres.

En 1578. Nicolas de Neufville , ſeigneur de Villeroi , ſecrétaire d'Etat , fut créé grand-tréſo-rier de l'Ordre du Saint-Eſprit , étant déjà tréſo-rier de celui de Saint-Michel , le 31 décembre.

En 1589. Martin Ruzé , ſeigneur de Beaulieu & de Lonjumeau , ſecrétaire d'Etat , le 10 avril.

En 1607. Pierre Brulart , marquis de Silleri & de Puyſieux , ſecrétaire d'Etat , fait grand-tréſorier de l'Ordre en ſurvivance du ſeigneur de Beaulieu-Ruzé.

En 1621. Thomas Morand , ſeigneur de Meſnil-Garnier , tréſorier de l'épargne & des Ordres du Roi , par la démiſſion de M. de Puyſieux.

En 1633. Claude Bouthillier , ſeigneur de Pons , ſecrétaire d'Etat & ſurintendant des finances , le 20 mars.

Léon Bouthillier , comte de Chavigni , ſecré-taire d'Etat , grand-tréſorier des Ordres en ſurvi-vance de ſon père.

En 1653. Michel le Tellier , miniſtre & ſecré-taire d'Etat , depuis chancelier de France.

En 1654. Jérôme de Nouveau , baron de Li-gnères , ſurintendant-général des poſtes en France , grand tréſorier des Ordres , ſur la démiſſion de M. le Tellier , le..... août.

En 1665. Jean-Baptiſte Colbert , miniſtre & ſe-crétaire d'Etat , contrôleur-général des finances , le 27 août.

En 1675. Jean-Baptiſte Colbert , marquis de Seignelai , &c. miniſtre & ſecrétaire d'Etat , grand-tréſorier , en ſurvivance de M. Colbert ſon père , le 8 février.

En 1690. Charles Colbert , marquis de Croiſſy , miniſtre & ſecrétaire d'Etat , ſuccéda à M. de Sei-gnelai ſon neveu , le 26 novembre.

En 1697. Jean-Baptiſte Colbert , marquis de Torci , miniſtre & ſecrétaire d'Etat , ſuccéda à M. de Croiſſy ſon père , le 8 décembre.

En 1701. Gilbert Colbert , marquis de Saint-Pouanges , ſecrétaire du cabinet , ſuccéda à M. de Torci , promu à la charge de chancelier des Or-dres , le..... février.

En 1706. Michel Chamillart , alors miniſtre & ſecrétaire d'Etat , & contrôleur-général des finan-ces , ſuccéda le 23 octobre à M. de Saint-Pouanges , mort le 22.

En 1713. Nicolas Deſmarets , alors miniſtre d'Etat , & contrôleur-général des finances , ſur la démiſſion de M. de Chamillart , le..... novembre.

En 1713. Louis Chauvelin , avocat-général du parlement de Paris , ſur la démiſſion de M. Deſ-marets , le..... novembre.

En 1715. Gaſton-Jean-Baptiſte Terrat , marquis de Chantoſme , chancelier de Philippe , petit-fils de France , duc d'Orléans , ſuccéda à M. Chau-velin , mort le 2 août.

En 1715. Antoine Crozat , ſur la démiſſion du-dit ſieur Terrat.

En 1724. Joſeph-Jean-Baptiſte Fleuriau , ſei-gneur d'Armenonville , garde-des-ſceaux de France , ſur la démiſſion dudit ſieur Crozat , dont il prêta ſerment le 19 mars.

Charles-Gaſpard Dodun , contrôleur-général des finances , ſur la démiſſion de M. d'Armenon-ville , dont il prêta ſerment le 26 mars 1724.

En 1736. M. d'Agueſſeau , chancelier de France.

M. le comte de Maurepas , ſur la démiſſion de M. d'Agueſſeau.

En 1743. Philibert Orri , contrôleur-général des finances.

En 1754. M. Rouillé , miniſtre ſurintendant-gé-néral des poſtes.

### Greffiers de l'Ordre.

En 1579. Claude de l'Aubeſpine , ſeigneur de Verderonne , maître des comptes de Paris , fut fait greffier de l'Ordre du Saint-Eſprit , l'étant déjà de celui de Saint-Michel en décembre.

En 1608. Antoine Potier , ſeigneur de Sceaux , ſecrétaire d'Etat , ſuccéda à M. de Verderonne , par réſignation.

En 1621. Charles Duret , ſeigneur de Chevri , préſident en la chambre des comptes de Paris , intendant , depuis contrôleur-général des finances , ſuccéda à M. de Sceaux , par démiſſion.

En 1637. Claude de Meſmes , comte d'Avaux , ambaſſadeur en Allemagne , ſuccéda au préſident de Chevri , qui ſe démit.

En 1643. Noël de Bullion , marquis de Gallar-don , ſeigneur de Bonnelles , conſeiller d'honneur au parlement de Paris , eut la démiſſion du comte d'Avaux , le 24 juin.

En 1656. Nicolas Potier , ſeigneur de Novion , préſident à mortier au parlement de Paris , depuis premier préſident , eut la démiſſion de M. de Bonnelles , le 28 décembre.

En 1657. Nicolas Jeannin de Caſtille , maître des requêtes , tréſorier de l'épargne , ſuccéda à M. de Novion , par démiſſion.

En 1671. Pierre-Balthasard Phelypeaux, marquis de Châteauneuf, secrétaire d'Etat, fut fait greffier de l'Ordre par commission, en attendant la démission de M. de Castille, qui ne la donna qu'en 1683, le 3 mars.

En 1700. Louis Phelypeaux, comte de Pontchartrain, chancelier de France, le 9 mai.

En 1700. Louis Phelypeaux, marquis de la Vrillière, secrétaire d'Etat, sur la démission de M. le chancelier, le 7 mai.

En 1713. Daniel-François Voisin, ministre & secrétaire d'Etat, puis chancelier de France, sur la démission du marquis de la Vrillière.

En 1713. Chrestien de Lamoignon, président au parlement, sur la démission de M. Voisin.

En 1716. François de Verthamon, marquis du Breaux, premier président du grand-conseil, sur la démission de M. de Lamoignon.

En 1716. Claude le Bas, sieur de Montargis, garde du trésor royal, sur la démission de M. de Verthamon.

En 1724. André Potier de Novion, premier président du parlement, sur la démission dudit sieur de Montargis, dont il prêta serment le 19 mars.

Jean-Frédéric Phelypeaux de Pontchartrain, comte de Maurepas, sur la démission de M. de Novion, dont il prêta serment le 26 mars 1724.

En 1736. M. Chauvelin, garde-des-sceaux, sur la démission de M. de Maurepas. Il prêta serment le 2 août.

M. le comte de Saint-Florentin fut pourvu de cette charge sur la démission de M. Chauvelin, & prêta serment le 4 du même mois.

En 1756. M. le marquis de Marigny, directeur-général des bâtimens.

## Intendans des Ordres du Roi.

La création de cette charge est établie par les statuts de l'Ordre imprimés; mais le premier qui l'exerça, par commission seulement, fut:

En 1582. Benoît Milon, seigneur de Videville, président des comptes à Paris.

En 1584. Robert Miron, seigneur de Chenailles, intendant, depuis contrôleur-général des finances.

En 1593. Michel Sublet, seigneur d'Heudicourt, intendant, depuis contrôleur-général des finances, intendant des Ordres.

En 1599. Vincent Bouhier, seigneur de Beaumarchais, trésorier de l'épargne, succéda à M. d'Heudicourt le 15 juin.

En 1632. Claude Bouthillier, seigneur de Pons, surintendant des finances, intendant des Ordres.

En 1650. Léon Bouthillier, comte de Chavigny.

En 1654. Noël de Bullion, marquis de Gallardon, & secrétaire des Ordres, en fut fait intendant par la mort de M. de Chavigny.

En 1671. Gilbert Colbert, marquis de Saint-Pouanges, succéda à M. de Bullion, décédé; il devint grand-trésorier des mêmes Ordres.

En 1703. François Morizet, sieur de Lacourt, trésorier-général des Invalides, pourvu par la démission de M. de Saint-Pouanges, le 10 juin.

Charles Deschiens, seigneur de la Neuville, maître des requêtes honoraire, & président au parlement de Paris.

En 1757. M. de Boullogne, conseiller ordinaire au conseil royal, contrôleur-général des finances.

## Généalogistes de l'Ordre

Cette charge fut créée par Henri IV. Ce Prince, par ses lettres-patentes données à Paris au chapitre de l'Ordre le 9 juin 1595, ordonna que tous ceux qui entreront où seront associés à l'Ordre, mettront entre les mains du généalogiste les titres dont ils entendent se servir, pour les preuves de leur noblesse, pour dresser le procès-verbal; défend de rapporter dans le chapitre aucune preuve qui n'ait été dressée par lui; veut qu'il ait entrée dans tous les chapitres; lui attribue quatre cents écus d'or de gages, qui ont été augmentés, par délibération du chapitre en 1619, jusqu'à deux mille sept cents livres: il lui est dû, outre ses gages, vingt louis d'or à la reception de chaque prélat, chevalier ou commandeur.

Le premier pourvu de cette charge fut:

En 1595. Bernard de Girard, seigneur du Haillan, historiographe de France, en faveur de qui elle fut créée le 14 mars.

En 1607. Pierre Forget, seigneur de la Picardière, maître-d'hôtel du Roi, conseiller d'Etat, en ambassade à Constantinople, sur la démission du sieur du Haillan.

En 1610. Gabriel Cotignon, seigneur de Chauvri, vicomte de Montreuil & de Bernai, secrétaire du Roi & des commandemens de Marie de Médicis, conseiller d'Etat, eut la démission de M. Forget. Il ne fut reçu que le 10 janvier 1613, le 4 octobre.

En 1621. Nicolas Cotignon, seigneur de Chauvri, conseiller au parlement de Paris, premier président de la cour des monnaies, le 29 septembre.

En 1677. Joseph-Antoine Cotignon, seigneur de Chauvri & du Breuil, succéda au président de Chauvri son père, par la démission qu'il en avoit faite en sa faveur le 28 septembre 1676, le 15 septembre.

En 1698. Pierre Clairambault, écuyer, pourvu sur la démission de M. de Chauvri, le 26 août.

Nicolas-Pascal Clairambault son neveu, reçu en survivance en 1716.

## Hérauts & rois d'armes de l'Ordre.

En 1578. Mathurin Morin, seigneur de la Planchette en Brie, fut le premier pourvu de cette charge : il l'étoit déjà de Saint-Michel, le 31 décembre.

En 1585. Jean Dugué.

En 1611. François Dugué.

En 1613. Mathurin Martineau.

En 1633. Bernard Martineau, feigneur du Pont, par la démiffion de Mathurin fon père.

En 1682. Antoine Martineau, feigneur du Pont, par la démiffion de Bernard fon père, le 25 juin.

En 1695. Louis de Beauffe.

En ..... Jean Hallé.

En 1732. Chriftophe-Etienne Gueffier.

En 1734. Le fieur Chendret du Bouchoir.

### Huiffiers de l'Ordre.

En 1578. Philippe de Nambu, huiffier de la chambre du Roi & de l'Ordre de Saint-Michel, fut fait huiffier de l'Ordre du Saint-Efprit, le 31 décembre.

En 1608. Mathurin Lambert lui fuccéda par réfignation.

En 1614. Pierre de Hennicque, dit *Benjamin*, baron de Cheni, fuccéda au fieur Lambert fon beau-père.

En 1615. Paul Aubin, fieur de Bourgneuf, fur la démiffion de M. Benjamin.

En 1649. Roger de Buade, fieur de Cuffi.

En 1656. Vincent de Bret, confeiller au parlement.

En 1658. Jean Defprez, le 24 avril.

En 1684. Jean-Valentin d'Eguillon, fieur de Bénévent, le 24 janvier.

En 1706. Adrien Motet, fieur de Valbrun, ci-devant capitaine de dragons.

En 1714. Alexandre Chevar.

En 1740. Le fieur de Perfeville.

### Ordre du Saint-Efprit de Montpellier.

Dans le douzième fiècle, Frère Guy, quatrième fils de Guillaume, fils de Sibille, feigneur de Montpellier, fonda dans cette ville un hôpital auquel il donna le nom du Saint-Efprit. Le bon ordre qu'il y établit lui attira en peu de tems beaucoup de frères affociés, qui fe dévouèrent comme lui au fervice des pauvres, & qui allèrent, dans plufieurs villes du royaume, faire de pareils établiffemens. On voit par les lettres du pape Innocent III, que dès 1198 il y avoit déjà à Marfeille, à Brioude, à Barjac, à Troyes & ailleurs des hôpitaux établis par les Frères de l'hôpital de Montpellier. Ce même Pape voulut en avoir à Rome, confirma leur inftitut, déclara la maifon de Montpellier chef-lieu de l'Ordre, & décida que toutes les maifons déjà établies ou à établir reconnoîtroient à perpétuité Frère Guy & fes fucceffeurs pour fupérieurs généraux. En 1202, Frère Guy alla à Rome pour y prendre foin de l'hôpital de Sainte-Marie in Saxia, que le Pape unit à celui de Mont-

pellier par un bref de l'année 1204, adreffé à Frère Guy, avec ce titre : *Guidoni magiftro hofpitalium Sanctæ Mariæ in Saxia, Sancti Spiritûs Montifpeffulani.* Frère Guy exerça cette charge de grand-maître jufqu'à fa mort, arrivée en 1208. Alors Innocent III lui fit nommer un fucceffeur dans la commanderie de Rome, à qui il parut affecter la grande-maîtrife, en ordonnant que l'élection du Supérieur de Montpellier feroit faite du confentement de celui de Rome. Les Papes fes fucceffeurs firent à ce fujet des difpofitions différentes. Honoré III défunit les deux hôpitaux de Montpellier & de Rome par une bulle de l'an 1225, par laquelle il foumet à l'hôpital de Montpellier tous les hôpitaux de la chrétienté, ceux d'Italie, de la Sicile, de la Hongrie & d'Angleterre. Grégoire X ôta cette juridiction à l'hôpital de Montpellier, & voulut au contraire qu'il obéît à celui de Rome. Nicolas IV, dans une bulle de l'an 1291, dit que le maître de Montpellier s'étoit foumis volontairement, & il ordonne qu'il payera tous les ans à celui de Rome trois florins d'or. Sixte IV fe plaint de ce qu'il y avoit en deçà les monts des perfonnes qui prenoient la qualité de général de l'Ordre. Paul V & Grégoire XV rendirent le généralat au commandeur de Montpellier, à condition qu'il dépendroit de celui de Rome. Enfin Urbain VIII lui accorda cette dignité fans aucune dépendance. Voilà les différens titres fur lefquels on a fondé les difputes qui s'élevèrent au commencement du dix-feptième fiècle, fur la qualité de chef d'Ordre des hofpitaliers du Saint-Efprit. Antoine Pons, qui prenoit la qualité de procureur-général du Saint-Efprit, obtint des lettres du roi Henri IV en 1608, & de Louis XIII en 1610, pour rentrer dans les biens de fon Ordre, qu'il difoit ufurpés; mais s'étant avifé de falfifier les bulles des Papes, & de fuppofer des indulgences en faveur de ceux qui voudroient contribuer au rétabliffement de l'Ordre, il fut décrété de prife-de-corps en 1612, par fentence du fénéchal de Moiffac, confirmée au parlement de Touloufe. En 1619 & 1621, Olivier de la Tran, fieur de la Terrade, obtint des papes Paul V & Grégoire XV la qualité de général, & en cette qualité, regardant fon Ordre comme un Ordre militaire, il créa des chevaliers purement laïcs, & même engagés dans le mariage. Vers le même tems Nicolas Gautier, prétendant auffi à la commanderie générale de Montpellier, fit pareillement des chevaliers, pour lefquels on prit un grand goût; mais le fieur de la Terrade le fit déclarer apoftat de l'Ordre des Capucins, & enfermer dans les prifons de l'officialité, où il fut enfuite détenu lui-même. Après leur mort Jean-Alexandre des Efcures, comte de Lyon, prit la qualité de vicaire-général, & fit des chevaliers, auffi bien que plufieurs autres qui fe difoient officiers de l'Ordre. Alors le Roi, par arrêt du confeil, donné en 1655, commit l'official de Paris avec quatre docteurs pour examiner les pouvoirs de ces prétendus officiers ; & par fentence de 1656 il fut fait défenfe à M. des Efcures de prendre aucune qualité de l'Ordre du Saint-Efprit, d'en porter les marques, & d'en faire aucune fonction, fous peine d'excommunication *ipfo facto*. Malgré cette fentence, des Efcures obtint un arrêt du grand-confeil, du 3 feptembre 1658, par lequel il lui fut permis de prendre poffeffion de la commanderie de Montpellier, à condition d'obtenir les bulles dans fix mois. Il les obtint en effet du pape Alexandre VII, & prit poffeffion de cette commanderie en 1659, avec la qualité de grand-maître de l'Ordre. Dans une commiffion fignée de fa main, & fcellée du petit fceau de fon office, il prend ces titres : « Jean-Alexandre des Efcures, par la grace de Dieu & du Saint-Siége, commandeur du facré apoftolique-archi-hôpital du Saint-Efprit de Montpellier, chef général, grand-maître de tout l'Ordre & milice des hofpitaliers du Saint-Efprit, colloqué fous la règle & entre les chanoines réguliers de Saint-Auguftin, archi-hofpitalier de toute la chrétienté, protonotaire de l'églife romaine & du Saint-Siége, du nombre des participans, confeiller du Roi en fes confeils, & comme tel le plus humble ferviteur des pauvres de Dieu, nos perpétuels feigneurs, à tous ceux qui ces préfentes verront, falut, &c. » On donnoit de ces commiffions en blanc à qui en vouloit pour amaffer des aumônes ; mais par fentence du Châtelet de Paris, du 29 août 1667, ce grand archi-hofpitalier fut mandé, blâmé, nu tête & à genoux, avec défenfes de prendre la qualité de général ; & par arrêt du parlement, du 29 mai 1668, il fut banni pour neuf ans. En conféquence le Roi, par fon brevet du 21 feptembre de la même année, donna la commanderie de Montpellier à M. Rouffeau de Baroche, évêque de Céfarée, confeiller au parlement de Paris ; & fur les oppofitions du fieur Campan, qui fe prétendoit pourvu de cette commanderie, & de M. des Efcures, qui foutenoit toujours fes prétentions, il intervint un arrêt du confeil d'Etat, du 9 feptembre 1669, par lequel M. Rouffeau fut maintenu dans cette commanderie. Celui-ci mourut en 1671 fans avoir pu obtenir fes bulles. M. Morin du Colombier, aumônier du Roi, fe fit alors pourvoir, par un bref du pape Clément X, du mois de février 1672, de la commanderie de Montpellier, vacante, difoit-il, depuis quatre ans. Son nouveau titre excitant de nouvelles conteftations, & les abus fe multipliant d'ailleurs, le Roi donna un édit au mois de décembre 1672, par lequel il met l'Ordre du Saint-Efprit de Montpellier au nombre de ceux qui étoient déclarés éteints de fait & fupprimés de droit, & il en réunit les biens à l'Ordre des chevaliers de Saint-Lazare, dont M. de Louvois fut fait grand-maître fous le nom de vicaire-général. M. du Colombier fe pourvut contre cet édit, eut recours à Rome, & obtint, au mois de janvier 1673, des lettres de François-Marie Phœbus, ar-

chevêque de Tarfe, commandeur de l'hôpital de Rome, & vifiteur en France, &c. ; ce qui lui procura un féjour de huit années à la Baftille. D'un autre côté, les chevaliers faits par les prétendus officiers de l'Ordre continuèrent à s'affembler & même à recevoir des chevaliers. Le fieur de la Cofte fe dit alors grand-maître, comme fe prétendant canoniquement élu par les chevaliers ; mais le Roi, par deux arrêts du confeil d'Etat, de 1689 & de 1690, lui fit défenfes de prendre cette qualité ni de porter la croix & l'épée, lui & les fiens, & déclara toutes les réceptions & prétendues lettres de provifion par eux expédiées, nulles & de nul effet ; & fans avoir égard à leurs oppofitions, ordonna l'exécution de fes édits. M. de Louvois étant mort le 16 juillet 1690, les chevaliers offrirent au Roi de lever & d'entretenir à leurs dépens un régiment contre les ennemis de l'Etat ; & les religieux profès repréfentèrent qu'ils n'avoient jamais difcontinué de recevoir les enfans expofés dans les maifons conventuelles qu'ils poffédoient, & qu'au furplus ils n'avoient jamais dépendu de l'hôpital de Montpellier, & qu'ainfi leurs droits devoient demeurer en entier. Sur ces repréfentations réciproques, le Roi accepta en 1692 le régiment offert, & en 1693 il révoqua l'édit de 1672, rétablit l'Ordre, lui rendit tout ce qui avoit été uni à celui de Saint-Lazare, & nomma pour grand-maître M. l'abbé de Luxembourg, Pierre-Henri Tibaut de Montmorenci. On vit alors des chevaliers de grace, des chevaliers d'obéiffance, des chevaliers fervans, de grands & de petits officiers, tous en fi grand nombre, que les religieux profès en furent jaloux & prirent le parti de réclamer la maifon de Montpellier qu'ils avoient défavouée, & de foutenir que l'Ordre du Saint-Efprit étoit purement régulier, & que la milice étoit une nouveauté qui ne s'étoit introduite que par ufurpation dans l'adminiftration des biens de l'Ordre. Sur cette conteftation, le Roi nomma des commiffaires ; & le 10 mai 1700 il fut déclaré, par arrêt du confeil d'Etat, que l'Ordre du Saint-Efprit étoit purement régulier & hofpitalier. Sa Majefté fit défenfe à tous ceux qui avoient pris les qualités de fupérieurs, officiers & chevaliers de l'Ordre militaire du Saint-Efprit de Montpellier, de prendre à l'avenir ces qualités, ni de porter aucune marque de cette prétendue chevalerie ; de plus, que le brevet de grand-maître, accordé à M. l'abbé de Luxembourg, feroit rapporté comme nul & de nul effet, & qu'il feroit furfis à faire droit aux demandes des religieux, pour être remis en poffeffion des biens & maifons de cet Ordre, qui avoient été unis à celui de Saint-Lazare, jufqu'à ce que Sa Majefté eût pourvu au rétabliffement de cet Ordre, & de la grande-maîtrife régulière du Saint-Efprit de Montpellier. En conféquence de cet arrêt, M. de Luxembourg remit fon brevet. En 1701, fur les nouvelles tentatives des chevaliers, le Roi nomma deux nouveaux commiſſaires pour examiner tous les titres de l'Ordre, & voir ſi la commanderie générale pouvoit être rétablie. L'affaire traîna en longueur ; mais enfin le Roi, par arrêt du conſeil d'Etat, du 4 janvier 1708, confirma celui de 1700, & ordonna que l'hoſpitalité ſeroit rétablie & obſervée dans la commanderie générale, grande maîtriſe régulière de l'Ordre du Saint-Eſprit de Montpellier, par le commandeur-général, grand-maître régulier qui y ſeroit inceſſamment rétabli. Cet Ordre s'eſt conſervé en Pologne, & fleurit encore en Italie. Ses principales Maiſons en France ſont à Dijon, Beſançon, Poligny, Bar-ſur-Aube, Sainte-Phauſel en Alſace, & Auray en Bretagne. Les religieux ſont habillés comme les eccléſiaſtiques : ils portent ſeulement une croix de toile blanche à douze pointes ſur le côté gauche de leur ſoutane & de leur manteau : ils ont dans l'égliſe une aumuſſe de drap noir, doublée & bordée d'une fourure noire.

### Ordre de Saint-Lazare.

Ordre militaire ; fut établi par les Chrétiens occidentaux, dans le tems qu'ils tenoient la Terre-Sainte. Il étoit différent des Ordres des Templiers, des chevaliers teutons & des chevaliers de Saint-Jean-de-Jéruſalem. Son inſtitut étoit de recevoir les pélerins dans des maiſons fondées exprès, de les conduire par les chemins & de les défendre contre les Mahométans. Les Papes lui donnèrent de grands priviléges, & les Princes de riches poſſeſſions. Le roi Louis VII, dit le Jeune, lui donna, l'an 1154, la terre de Boigny près d'Orléans, où les chevaliers de Saint-Lazare fixèrent leur réſidence, après que les Chrétiens eurent été chaſſés de la Terre-Sainte : ils y gardoient leurs titres, & ils y ont toujours tenu leurs aſſemblées. Dans la ſuite, comme ils étoient devenus inutiles, ils furent négligés & mépriſés, de ſorte que les chevaliers de Malte obtinrent facilement d'Innocent VIII la ſuppreſſion de cet Ordre & ſon union avec le leur ; mais ceux de France s'en étant plaints au parlement, il y fut ordonné que cet Ordre ſubſiſteroit ſéparé de tout autre. Le pape Pie IV en donna la maîtriſe, en Italie ſeulement, à Janot de Caſtillon ſon parent, l'an 1565 ; ce qu'il confirma par une bulle, où, parlant de l'ancienneté de cet Ordre, il en rapporte l'établiſſement au tems de ſaint Baſile, ajoutant qu'il fut augmenté ſous Damaſe I & ſous les empereurs Julien & Valentinien. A la vérité, ſaint Grégoire de Nazianze parle d'un hôpital fondé par ſaint Baſile ſous le nom de Saint-Lazare, mais non pas d'un Ordre militaire : il en eſt de même de ce qu'on dit de cet Ordre du tems du pape Damaſe I & des autres. Après la mort de Janot de Caſtillon en l'an 1572, le pape Grégoire XIII déféra la dignité de grand-maître au duc Emmanuel-Philibert de Savoie & à tous ſes ſucceſſeurs, & unit cet Ordre avec celui de Saint-Maurice de Savoie ; mais ce changement n'eut

point lieu à l'égard de la France, où Aymar de Chattes, chevalier de Malte, conçut l'envie de faire refleurir cet Ordre. Philippe de Nereſtang, gentilhomme de grande vertu & capitaine des gardes-du-corps, lui ſuccéda dans ce deſſein, & employa ſi heureuſement ſon crédit auprès de Henri IV, que ce monarque l'en fit grand-maître l'an 1608, & obtint du Pape une bulle fort avantageuſe pour cet Ordre, qui eſt pour la France ce que celui de Saint-Maurice & de Saint-Lazare eſt pour ceux d'au-delà des monts. Les chevaliers, entr'autres priviléges, ont le pouvoir de ſe marier & de tenir des penſions ſur des bénéfices conſiſtoriaux. Cet Ordre a encore été rétabli & mis en un plus haut luſtre ſous le règne de Louis XIV, & plus peut-être encore ſous celui de Louis XV. M. le duc de Berry ſon petit-fils (depuis Louis XVI) en a été grand-maître. Quand il fut parvenu à la couronne, ce fut Monſieur, comte de Provence, qui le remplaça dans la grande-maîtriſe, & alors cet Ordre eut un tel éclat & prit une ſi grande faveur dans le public, que l'Ordre même du Saint-Eſprit eût pu en prendre quelqu'ombrage. Dans ces derniers tems, M. Gautier de Sibert a écrit l'hiſtoire de l'Ordre de Saint-Lazare. Cet Ordre a été uni en 1608 à celui de Notre-Dame du Mont-Carmel, érigé en 1605 par Paul V, à la requiſition de Henri IV.

### Grands-maîtres de l'Ordre de Saint-Lazare, & commandeurs de Boigny.

1099. Frère Gerard, ſuivant le Père de Saint-Luc.

1177. M. Thomas de Semville, maître & procureur-général de l'Ordre, & chevalier de Saint-Ladre-de-Jéruſalem & chapitre de Boigny.

1300. Frère Jean de Paris, mort en 1304. Le Père de Saint-Luc cite cette inſcription de la Sainte-Chapelle de Boigny : Cy gît Fr. Jean de Paris, chevalier, jadis maître de l'Ordre de Saint-Lazare-de-Jéruſalem, qui trépaſſa l'an de grace 1304, le lundi, deuxième jour du mois de janvier ; priez Dieu pour l'ame du défunt.

1354. Frère Jean de Couras, chef & maître de tout l'Ordre de Saint-Lazare-de-Jéruſalem. Touſſaint de Saint-Luc.

1377. Jean de Beynes, chef général & maître de tout l'Ordre de Saint-Lazare, tant deçà que delà la mer. Saint-Luc.

Il eſt enterré à Boigny, & on lit ce qui ſuit ſur ſa tombe : De Beynes, chevalier, jadis maître de l'Ordre de Saint-Ladre-de-Jéruſalem. Tout le reſte eſt effacé juſqu'à ces mots : Priez Dieu pour l'ame du défunt.

1400 juſqu'à 1453. Pierre des Ruaux, maître de tout l'Ordre de Saint-Jean-de-Jéruſalem. Saint-Luc.

1481. Frère Pierre le Cornu. Saint-Luc dit que, dans un acte capitulaire du mardi des féries de la

Pentecôte

Pentecôte 1481, il eſt déclaré que ledit le Cornu avoit ſuccédé au grand-maître des Ruaux, & qu'il prenoit dans cet acte la qualité de *chevalier, grand-maître-général de tout l'Ordre, & noble chevalerie de Saint-Lazare-de-Jéruſalem, deçà & delà la mer.*

1488. Frère François d'Amboiſe, maître & chef général de tout l'Ordre de Saint-Lazare-de-Jéruſalem. Saint-Luc.

1494, 1506, 1511. Frère Agnan de Marcul.

1521. Frère François de Bourbon. Saint-Luc cite un aveu du 18 juin 1521.

1547. Frère Claude de Mareuil. Le Père Saint-Luc cite l'arrêt du parlement, du 16 février 1547, où ledit Claude de Mareuil eſt établi commandeur de Boigny & maître-général de l'Ordre de Saint-Lazare-de-Jéruſalem. Cet arrêt & pluſieurs autres, ainſi que divers actes cités par le Père Saint-Luc, ſont aux archives de l'Ordre.

Il y a d'autres arrêts du dernier janvier 1544, du 20 août 1547, 18 août 1548, 15 juin 1549, 18 juillet 1551, concernant Claude de Mareuil & l'Ordre.

1554. Frère Jean de Conti. Le Père de Saint-Luc cite un acte capitulaire d'un chapitre général tenu à Boigny aux fêtes de la Pentecôte, dans lequel ledit frère Jean de Conti eſt établi maître-général de tout l'Ordre & chevalerie de Saint-Lazare-de-Jéruſalem, deçà & delà la mer, & donne à un chevalier natif de Calabre l'adminiſtration des biens dépendans de l'Ordre au territoire de Sueſſano dans la Pouille, à la charge de deux cent vingt florins.

1565. Frère Jean de Lévi. Le Père de Saint-Luc dit qu'il fut pourvu de cette charge par Henri II, qu'il obtint des bulles en cour de Rome, & qu'il ſe démit de ſa charge entre les mains du Roi. Il cite un arrêt du grand-conſeil, du 10 décembre 1565, dans lequel ledit de Lévi eſt nommé prieur & commandeur du prieuré & commanderie de Boigny, grand-maître & adminiſtrateur de l'Ordre de Saint-Lazare.

1567, 1571, 1574. Frère Michel de Seure. *Aux archives, arrêts du parlement, du 18 janvier 1571, &.....* 1574, où ledit de Seure eſt établi chevalier de l'Ordre de Saint-Jean-de-Jéruſalem, commandeur de la commanderie de Boigny, grand-maître & adminiſtrateur de Saint-Lazare-de-Jéruſalem.

1578. Frère François de Salviati. *Arrêts du parlement de Paris, des 31 août 1584, 29 janvier, 8 avril & 24 mai 1585; 8, 16, 22 mai & 5 août 1586, 9 & 10 mars 1587, & 4 juin 1597. Chapitres généraux de l'Ordre, tenus à Boigny par ledit Salviati, en 1578, 1579, 1580, juſqu'en 1585.*

Frère Aymar de Chattes. Saint-Luc.

Charles de Gayant.

1604, 8 octobre; 30 octobre 1608. Philibert de Néreſtang, grand-maître de l'Ordre de Saint-Lazare, ſur la démiſſion de Charles de Gayant,

*Hiſtoire. Tome VI. Supplément.*

& grand-maître de l'Ordre de Notre-Dame du Mont-Carmel.

1612, 26 octobre. Claude de Néreſtang, grand-maître de Saint-Lazare & de Notre-Dame du Mont-Carmel.

1639. Charles-Achille, marquis de Néreſtang, reçu en ſurvivance le 16 août.

1645. Ledit M. Charles-Achille, marquis de Néreſtang.

1673. M. François le Tellier, marquis de Louvois, grand-vicaire-général de l'Ordre de Notre-Dame du Mont-Carmel & de Saint-Lazare-de-Jéruſalem, ſur la démiſſion volontaire de M. Charles-Achille, marquis de Néreſtang.

1693. Philippe de Courcillon, marquis de Dangeau.

1721. Louis, duc de Chartres, puis duc d'Orléans, fils du Régent.

Après la mort de M. le duc d'Orléans, arrivée en 1752, le Roi a été quelques années ſans donner de grands-maîtres aux Ordres royaux, militaires & hoſpitaliers de Notre-Dame du Mont-Carmel & de Saint-Lazare-de-Jéruſalem; indifférence ou négligence dont on peut croire que ces Ordres ne ſe trouvèrent pas bien. Déterminé enfin à relever ces Ordres, il a nommé pour grand-maître, en 1757, M. le duc de Berry, fils de France, & le pape Benoît XIV, mort en 1758, a accordé à ce Prince les bulles néceſſaires, qui ont été enregiſtrées la même année au grand-conſeil, &, attendu la trop grande jeuneſſe du Prince, âgé alors d'environ trois ou quatre ans, Sa Majeſté a nommé, au mois de juin de la même année, M. Louis Phelypeaux, comte de Saint-Florentin, conſeiller en tous ſes conſeils, miniſtre & ſecrétaire d'Etat, pour régir, adminiſtrer & gouverner ledit Ordre, juſqu'à ce que le nouveau grand-maître fût en âge d'en prendre par lui-même l'adminiſtration. Le Roi voulant auſſi pourvoir aux moyens les plus propres à ſoutenir leſdits Ordres avec ſplendeur, a jugé à propos d'expliquer, par un nouveau réglement, ſes intentions ſur le nombre des chevaliers dont il veut qu'ils ſoient à l'avenir compoſés, & ſur les qualités des perſonnes qui y ſeront admiſes. Ce nouveau réglement, en date du 15 juin 1757, eſt compris en quinze articles, dont les principaux ſont : Que nulle perſonne ne pourra être reçue & admiſe à l'avenir par le grand-maître deſdits Ordres, qu'elle n'ait fait ſes preuves de la religion catholique, apoſtolique & romaine, & celles de quatre degrés de nobleſſe paternelle ſeulement; le novice compris parmi les degrés; que le nombre des chevaliers ſera fixé à l'avenir à cent, y compris les eccléſiaſtiques, qui ne pourront y occuper plus de huit places, & qui ſeront obligés aux mêmes preuves que les chevaliers laïcs; qu'on recevra par préférence à toute autre conſidération, les perſonnes qui ſeront ou qui auront été employées au ſervice de Sa Majeſté dans l'intérieur du royaume, près de ſa perſonne,

Bbbb

dans les cours étrangères ou dans des places ou emplois de confiance ; qu'il faudra avoir l'âge de trente ans accomplis pour être reçu, ou au moins de vingt-cinq ans accomplis au cas que quelque raison particulière oblige à admettre quelqu'un au dessous de l'âge de trente ans ; qu'il ne sera plus reçu à l'avenir dans lesdits Ordres, des chevaliers de grace, commandeurs, fondateurs ni servans ; que le droit de passage & autres frais y seront payés par chacun des chevaliers qui seront à l'avenir admis dans lesdits Ordres ; que ce droit sera fixé à la somme de mille livres, & le droit des officiers à douze cents livres, pour être distribuées entr'eux suivant l'usage jusqu'à présent observé, indépendamment des honoraires du généalogiste ; que les chevaliers porteront au cou la croix desdits Ordres, attachée à un ruban de couleur amaranthe, & dans les occasions de cérémonie ils porteront la croix ainsi & de la manière dont il en a été usé jusqu'à présent ; que ceux des gentilshommes qui auront été élevés dans l'école royale militaire, & que Sa Majesté jugera à propos d'admettre dans lesdits Ordres, y seront reçus, en faisant également preuve de noblesse & de religion comme les autres ; mais qu'ils pourront y être admis quoiqu'ils n'aient pas l'âge prescrit & que le nombre de cent soit rempli, & aussi avec exemption du droit de passage & de tous autres droits. Ces réglemens, faits & arrêtés à Versailles, le Roi y étant, le 15 juin 1757, étoient fort propres à concilier à ces Ordres une grande faveur dans le public : nous avons dit à quel degré de splendeur ils étoient parvenus dans les derniers tems, sous la grande-maîtrise de Monsieur, frère & successeur de Louis XVI.

### Ordre de Notre-Dame du Mont-Carmel.

Ordre militaire, qui est le même que celui de Saint-Lazare, depuis que ces deux Ordres ont été réunis, a été rétabli par le roi Henri IV en 1608. Ce Prince souhaita qu'il ne fût composé que de Français, afin de le distinguer de celui de Saint-Lazare de Savoie, qui n'est que pour les Italiens & les Savoyards. Il fut composé de cent gentilshommes du royaume, qui devoient marcher en tems de guerre près de nos monarques, pour la garde de leurs personnes sacrées. Philibert de Néréstang fut choisi pour être grand-maître de l'Ordre, & il en fit le serment entre les mains du Roi à Fontainebleau, en présence des Princes & seigneurs de la cour, jurant fidélité à Sa Majesté & à tous ses successeurs, rois de France. Le Roi lui mit ensuite le collier, qui étoit un ruban tanné, auquel pendait une croix d'or, sur laquelle étoit gravée l'image de Notre-Dame, environnée de rayons d'or. Il lui mit ensuite le manteau chargé de la même croix ; même ordre que le pape Paul V approuva, & que Louis XIV a encore rétabli.

### Ordre de Saint-Michel.

Ordre militaire de France, qui fut institué par Louis XI à Amboise, le premier août 1469. Il ordonna que les chevaliers porteroient tous les jours un collier d'or fait à coquilles lacées l'une avec l'autre, & posées sur une chaînette d'or, d'où pend une médaille de l'archange Saint-Michel, ancien protecteur de la France. Les statuts de cet Ordre furent compris en soixante-cinq chapitres, dont le premier ordonne qu'il sera composé de trente-six gentilshommes, dont le Roi sera le chef, & qu'ils quitteront toutes sortes d'autres Empereurs, ou Rois ou Ducs. La devise étoit en ces termes : *Immensi tremor Oceani.* Cet Ordre avoit été en grand honneur sous quatre Rois ; mais les femmes le rendirent vénal sous le règne de Henri II, & la reine Catherine de Médicis le donna à tout le monde, de sorte que les seigneurs & les grands ne voulurent plus l'accepter. Tous les chevaliers de l'Ordre du Saint-Esprit prennent l'Ordre de Saint-Michel la veille du jour qu'ils doivent recevoir celui du Saint-Esprit ; c'est pourquoi leurs armes sont entourées de deux colliers, & ils sont appelés chevaliers des Ordres du Roi. Peut-être crut-on par-là relever l'Ordre de Saint-Michel ; mais cela produisit peu d'effet, & l'Ordre du Saint-Esprit, au lieu d'élever à lui l'Ordre de Saint-Michel, acheva de l'abaisser & de l'éteindre.

De tous ceux qui avoient reçu l'Ordre de Saint-Michel sans être de l'Ordre du Saint-Esprit, le roi Louis XIV en choisit & retint une centaine en 1665, à la charge de faire preuve de leur noblesse & de leurs services ; nouvelle tentative pour relever l'Ordre de Saint-Michel, mais qui eut peu d'effet encore.

Le Roi commet un des chevaliers de ses Ordres pour présider au chapitre général de l'Ordre de Saint-Michel, & pour y recevoir ceux qui doivent y être admis suivant l'intention de Sa Majesté.

« Les premiers chevaliers que le roi Louis XI » nomma, furent le duc de Guienne son frère, Jean » de Bourbon, le connétable de Saint-Pol, Jean » de Beuil, comte de Sancerre ; Louis de Beau- » mont, seigneur de la Forêt & du Plessis ; Jean » d'Etouteville, seigneur de Torcy ; Louis de » Laval, seigneur de Châtillon ; Louis, bâtard de » Bourbon, comte de Roussillon, amiral de France; » Antoine de Chabanes, comte de Dammartin ; » Jean, bâtard d'Armagnac; comte de Cominges, » maréchal de France, gouverneur du Dauphiné; » Georges de la Trémoille, seigneur de Craon; » Gilbert de Chabanes, seigneur de Curton ; » Charles de Crussol, sénéchal du Poitou ; Tan- » neguy du Châtel, gouverneur du Roussillon & » de Cerdagne. Le nombre des trente-six cheva- » liers n'étant pas complet, le Roi déclara qu'au » premier chapitre il seroit procédé à l'élection » des autres. Les principales conditions pour re- » cevoir un chevalier étoient qu'il fût gentilhomme

» de nom & d'armes, & fans reproche. On pouvoit
» être privé de l'Ordre pour trois caufes ; favoir :
» l'héréfie ; la trahifon, ou pour avoir fui dans
» quelque bataille ou rencontre. Il fe tenoit tous
» les ans un chapitre, où l'on examinoit les vie &
» mœurs de chaque chevalier en particulier, en
» commençant par le dernier reçu & finiffant par
» le Roi, qui voulut être foumis à l'examen. Le
» chevalier fortoit de l'affemblée, pour laiffer la
» liberté de l'examen ; enfuite on le faifoit rentrer,
» pour louer ou blâmer fa conduite. » (*Tiré de
l'hiftoire de Louis XI par M. Duclos*.)

On conferve encore les ftatuts de l'Ordre donnés
à Charles de France, duc de Guienne, frère unique du roi Louis XI, premier des chevaliers faits
lors de l'inftitution en 1469. Ils font manufcrits
fur vélin, in-4°. Il y a en tête la repréfentation
d'un chapitre tenu par le Roi, accompagné de fes
chevaliers vêtus des habits de l'Ordre, peints en
miniature, fuivant l'article 24. Au deffous font
les armes de Guienne, écartelées de France &
de Guienne, avec le collier de l'Ordre autour,
compofé de coquilles & d'aiguillettes, & derrière
un ange ayant l'écuffon devant lui, & foutenant
le collier de fes deux mains. Ces ftatuts ne contiennent que foixante-fix articles, parce que l'addition de 1476 n'étoit pas encore faite. Un autre
manufcrit fur vélin, in-4°. avec des vignettes, &
le portrait du roi Charles VIII en miniature, contient quatre-vingt-dix-huit articles ; parce que
l'addition du 22 décembre 1476 s'y trouve. Il y a
à la fin des lettres-patentes du roi Louis XI, pour
la fondation d'une chapelle de Saint-Michel dans
l'enclos du palais à Paris, du 24 décembre 1476.

Autre manufcrit fur vélin, in-4°. A la tête de la
table eft peint en miniature, d'après Raphaël, un
Saint-Michel foulant aux pieds le démon ; dans le
payfage ou enfoncement paroît le mont Saint-
Michel. Au commencement des ftatuts eft peint
auffi en miniature le roi Henri II, tenant un chapitre avec les chevaliers & officiers en habits de
l'Ordre, avec tous les ornemens bien diftingués.
Ce manufcrit ne contient que quatre-vingt-douze
articles, parce qu'on a compris fous l'article 81,
les articles 82, 83, 84, 85 & 86, & que l'on n'a
pas coté le dernier, 98. Ils doivent avoir été
écrits & peints vers l'an 1548, que l'on changea
les manteaux des chevaliers, qui étoient de damas
blanc, en toile d'argent. Ces ftatuts furent imprimés pour la première fois en lettres gothiques,
in-12, en 1512, chez Guillaume-Euftache. Cette
édition contient quatre-vingt-dix-huit articles. Sous
le règne de Henri II, on imprima ces ftatuts fur
vélin, & cette édition n'a que quatre-vingt-douze
articles. Le roi Henri II y eft peint au commencement en miniature, accompagné des chevaliers
en habits de l'Ordre. Il tient un collier de la main
gauche, & lève la main droite pour faire prêter
ferment à Martin du Bellay, feigneur de Langey,
qui eft à genoux, ayant la main fur le livre des

Evangiles que tient le cardinal de Lorraine, chancelier, placé, affis & couvert au milieu de l'affemblée. Cette cérémonie pouvoit s'être faite à Vincennes. La Sainte-Chapelle de ce lieu a depuis été
deftinée pour les cérémonies de l'Ordre de Saint-
Michel, fuivant les lettres de la fondation de
1557, & l'on y voit encore, ou l'on y voyoit il
y a peu de tems, les ftalles & la place du Roi
dans cette difpofition ; & dans les vitres les portraits des rois François I & Henri II, chefs &
fouverains de l'Ordre, & ceux des ducs de Guife
& de Montmorenci, ce dernier connétable de
France, chevaliers, & du cardinal de Lorraine,
chancelier, tous en habits de l'Ordre.

Les autres éditions des ftatuts font, 1°. de 1561,
in-8°. avec le recueil des remontrances faites au
roi Louis XI fur les privilèges de l'Eglife gallicane
& les Etats de Tours, de 1483-84 ; 2°. de 1571,
dans les Ordonnances de Rebuffe ; 3°. de 1611,
dans les Ordonnances de Fontanon ; 4°. dans le
Théâtre d'honneur de Favyn ; 5°. en 1664 ; 6°. enfin en 1725, à Paris, de l'imprimerie royale,
in-4°. Cette édition eft enrichie de quantité de
pièces concernant ledit Ordre, de plufieurs liftes
des chefs, des officiers & des chevaliers de l'Ordre,
& de quelques gravures.

Aujourd'hui le cordon de Saint-Michel paroît
réfervé à des artiftes qui fe diftinguent par un
talent éminent. C'eft un autre genre d'illuftration
que celui qu'on fe propofoit dans l'inftitution ;
mais comme il n'a point été étendu ou élevé jufqu'aux talens de l'efprit proprement dits ; comme
ni Corneille, ni Racine, ni Boileau, ni Fontenelle,
ni Montefquieu, ni Voltaire, n'ont été décorés de
ce cordon, je doute qu'un homme de lettres de
quelque confidération fe crût honoré par cette
marque, qui, dans l'état préfent des chofes, ne
l'annonceroit toujours dans le monde que comme
un fubalterne à talent. L'Académie françaife, fans
aucune marque extérieure, étoit une diftinction
bien plus flatteufe, & qui plaçoit dans le rang le
plus honorable. On dit qu'avant que M. de Belloi
fût de ce corps illuftre, mais après le fuccès *du
fiége de Calais & de Gafton & Bayard*, on fongea
un moment à relever en quelque forte l'Ordre de
Saint-Michel, en en faifant une diftinction unique,
& dès-lors, difoit-on, honorable au poète national par excellence, qui confacroit fes travaux à la
gloire & au bonheur de fa nation.

*Nec minimum meruère decus, veftigia Græca
Aufi deferere & celebrare domeftica facta.*

Mais, foit que les raifons qui viennent d'être
indiquées euffent rendu M. de Belloi fort indifférent fur ce genre inufité de récompenfe, foit que
l'Académie françaife, en fe hâtant de lui rendre
juftice, eût comblé tous fes vœux, il ne fut plus
queftion de cette autre diftinction équivoque &

bizarre, & si le projet en a été proposé, il n'a point eu d'exécution. *Sic nos servavit Apollo.*

### Ordre de l'Étoile.

Ordre militaire institué par notre roi Jean, le 15 août 1352. On l'appela aussi *l'Ordre de Notre-Dame de la Noble-Maison*, parce qu'il fut mis sous la protection de la sainte Vierge, & qu'il devoit tenir ses assemblées à Notre-Dame-des-Vertus, dont l'église étoit alors appelée l'église de la Noble-Maison. Jean fixa le nombre des chevaliers à cinq cents (& c'étoit trop), qui devoient porter une bague de cette forme. Autour de la verge étoient écrits leurs nom & surnom; en dedans il y avoit un cercle d'émail, au milieu duquel étoit une étoile; dans cette étoile même il y avoit un cercle d'azur, & tout au milieu étoit enchâssé un petit soleil d'or. Cette bague n'étoit pas la seule marque qui distinguât les chevaliers; ils en portoient une semblable sur leurs manteaux ou sur leurs cottes d'armes, & ils avoient un habillement qui leur étoit propre, & sans lequel ils ne devoient pas paroître le samedi. Le même jour de la semaine ils devoient jeûner ou aumôner quinze deniers. Un chevalier d'un autre Ordre ne pouvoit, sans y renoncer, entrer dans celui-ci; & quand on y étoit entré, on ne pouvoit, sans une expresse permission du Roi, s'engager dans un autre. L'assemblée générale de l'Ordre se tenoit la veille & le jour de l'assomption de la sainte Vierge à Notre-Dame-des-Vertus. Il y avoit dans la Noble-Maison une table, appelée la table d'honneur, autour de laquelle étoient assis trois Princes, trois baronets & trois bacheliers qui s'étoient distingués dans la guerre. Ceux-ci présidoient aux assemblées. Ceux qui étoient trop éloignés pour y assister, entendoient ensemble la messe & les vêpres le jour de l'Assomption. Chaque chevalier, en mourant, devoit envoyer les marques de l'Ordre à Notre-Dame-des-Vertus : on faisoit un service solennel pour le repos de son ame. Tous leurs écussons étoient placés dans la salle des assemblées, au dessus de la place que chacun d'eux occupoit; & si quelqu'un méritoit d'être dégradé, on renversoit son écusson sens dessus dessous pour l'effacer. Voilà ce qu'on apprend touchant cet Ordre, dont nos Rois étoient les grands-maîtres, par la lettre circulaire du roi Jean, datée du 6 novembre 1351, que l'on conservoit dans la chambre des comptes. Il subsistoit encore avec honneur au tems de Louis XI, qui, l'an 1458 (c'est apparemment 1468, car il ne régnoit pas en 1458), fit son gendre, Gaston de Foix, chevalier de cet Ordre, dont il célébra la fête à Paris avec beaucoup de solennité, l'an 1470. Mais comme ce Prince institua l'Ordre de Saint-Michel, & qu'il le donna à moins de personnes, Charles VIII son fils jugea à propos de supprimer l'Ordre de l'Etoile. Ce qu'on vient de rapporter suffit pour détruire quelques opinions dont le public est prévenu, & qui sont injurieuses au chevalier du Guet.

Les lettres du roi Jean, portant création de l'Ordre de l'Etoile, furent données au prieuré de Christophe en Hallatte, entre Senlis & Pont-Sainte-Maxence, au milieu de la forêt. Il en fit l'étoile des Mages en mettant une couronne à la pointe de l'étoile, avec cette devise : *Monstrant regibus astra viam.*

Il a aussi existé pendant quelque tems en Arragon, un Ordre militaire & de chevalerie, du nom de *l'Etoile.*

### L'Ordre de la Sainte-Ampoule

Fut institué sous Clovis, dit-on, l'an 496. Les chevaliers de cet Ordre portoient au cou un ruban de soie noire, où pendoit une croix coupée d'or, émaillée de blanc, garnie aux quatre angles de quatre fleurs de lis d'or, & chargée d'une colombe, tenant de son bec la sainte ampoule, reçue par une main. Le revers est saint Rémi, tenant de sa main droite la sainte ampoule, & de la gauche son bâton de primat.

(Tous ces détails sentent bien les inventions modernes. Il est vraisemblable que, du tems de Clovis, on n'avoit guère l'idée de ces Ordres de chevalerie. Mais voici d'autres faits plus modernes & plus certains.)

### Ordre militaire de Saint-Louis,

Institué en 1693; par Louis XIV, pour récompense des officiers militaires. La marque de cet Ordre est une croix d'or, sur laquelle est l'image de saint Louis.

Les simples chevaliers la portent attachée sur l'estomac, avec un petit ruban couleur de feu. Les commandeurs l'ont au bout d'un grand ruban qu'ils portent en écharpe, & les grands-croix, outre le grand cordon rouge, ont encore la même croix en broderie d'or sur le juste-au-corps & sur leurs manteaux.

La croix de l'Ordre est émaillée de blanc, brodée d'or, cantonnée d'une fleur de lis de même, chargée, d'un côté, de l'image de saint Louis, cuirassé & couvert de son manteau royal, tenant de sa main droite une couronne de laurier, une couronne d'épines, les clous de la passion en champ de gueules. La croix est entourée d'une bordure d'azur, sur laquelle sont ces mots : *Ludovicus magnus instituit 1693*. L'autre côté de la croix est de gueules à une épée flamboyante, la pointe passée dans une couronne de laurier, liée de l'écharpe blanche à la bordure d'azur, avec la devise en lettres d'or : *Bellicæ virtutis præmium.*

### Ordre du Mérite militaire,

Institué par Louis XV, le 10 mars 1759, en

faveur des officiers nés en pays où la religion proteftante eft établie.

La marque de cet Ordre eft un cordon bleu
avec une croix d'or. Sur un des côtés il y a une
épée en pal, avec ces mots pour légende : *Pro
virtute bellicâ*, & fur le revers une couronne de
laurier avec cette légende : *Ludovicus XV inftituit.*

## Ordre des comtes de Lyon,

Inftitué par Louis XV en 1745.

La marque de cet Ordre eft une croix à huit
pointes, émaillée de blanc, bordée d'or, cantonnée dans chaque angle d'une fleur de lis d'or ; les
quatre autres angles de la croix font une couronne
de comte, d'or, perlée d'argent ; au milieu une
médaille de gueules, & faint Jean-Baptifte, pofé
fur une terraffe de finople, avec cette légende :
*Prima fedes Galliarum.* Sur le revers de la croix eft
faint Etienne lapidé, avec cette légende : *Ecclefia
comitum Lugduni.*

### L'Ordre de la Charité chrétienne

Fut inftitué par Henri III, pour les pauvres capitaines & foldats eftropiés à la guerre.

La marque eft une croix ancrée en broderie de
fatin blanc, bordée de foie bleue, chargée en
cœur d'une lofange de fatin bleu, furchargée
d'une fleur de lis d'or en broderie, & autour de
la croix : *Pour avoir bien fervi.*

### Ordre de Sainte-Magdelaine.

Jean Chefnel, gentilhomme breton, propofa
l'inftitution de cet Ordre au roi Louis XIII, en
l'année 1614, tems où les divifions excitées dans la
fuite par le cardinal de Richelieu, entre Louis XIII
& Anne d'Autriche fa femme, ne pouvoient pas
même le prévoir.

La marque de cet Ordre eft une croix fleurdelifée, & la branche d'en bas commençant par un
croiffant, cantonnée de palmes arrangées en rond,
naiffantes des fleurs de lis : au milieu de la croix
l'image de fainte Magdelaine.

Le collier eft compofé d'M, L & A, repréfen-
tant les noms de fainte Magdelaine, du roi & de
la reine Louis & Anne, enchaînés & entrelacés de
doubles cœurs cléchés, traverfés de dards croifés,
le tout émaillé d'incarnat, de blanc & de bleu. La
devife de cet Ordre étoit : *L'amour de Dieu eft
pacifique.*

### L'Ordre du Porc-Epic

Fut inftitué par Louis de France, duc d'Orléans,
fecond fils du roi Charles V, en 1393.

Le collier eft compofé de trois chaînes d'or, au
bout duquel pendoit un porc-épic auffi d'or, fur
une terraffe émaillée de vert & de fleurs. La devife
étoit : *Cominùs & eminùs. De près & de loin.*

### L'Ordre de l'Hermine & de l'Epi,

Inftitué par François I, duc de Bretagne, l'an
1450.

La marque de l'Ordre, faite d'épis de blé d'or
paffés en fautoir, liés haut & bas par deux bandes
& cercles d'or, au bas defquels pend à une chaînette d'or une hermine blanche, courante fur une
motte de gazon d'herbe verte, diaprée de fleurs,
& deffous la devife : *A ma vie.*

### L'Ordre du Chardon & de Notre-Dame

Fut inftitué par Louis II, duc de Bourbon, furnommé *le Bon*, l'an 1470, au mois de janvier.

La marque de l'Ordre étoit compofée de lofanges & demie à double orle, émaillées de vert,
cléchées & remplies de fleurs de lis d'or & de
lettres capitales en chacune des lofanges émaillées
de rouge, faifant ce mot : *Efpérance.* Au bout du
collier pendoit fur l'eftomac un ovale, le cercle
émaillé de vert & rouge, & dans l'ovale une
image de la Vierge, entourée d'un foleil d'or, couronné de douze étoiles d'argent & un croiffant de
même. Sous fes pieds & au bout dudit ovale une
tête de chardon émaillé de vert.

### L'Ordre de la Coffe-de-Genefte,

Inftitué par le roi faint Louis, l'an 1234. Cet
Ordre étoit compofé de coffes de geneftes, émaillées au naturel, entrelacées de fleurs de lis d'or,
enfermées dans des lofanges émaillées de blanc,
enchaînées enfemble ; au bas du collier une croix
fleurdelifée d'or, fufpendue à deux chaînons.

### L'Ordre du Navire, dit d'Outre-Mer, & du Double-Croiffant,

Inftitué par le roi faint Louis en 1262, au fecond
voyage qu'il fit en Afrique.

Le collier eft fait de doubles coquilles, entrelacées de doubles croiffans paffés en fautoir, &
au bas du collier eft une médaille où eft un navire
fur une mer. Les coquilles repréfentoient la grève
& le port d'Aigues-Mortes, où il falloit s'embarquer.

Les croiffans fignifioient que c'étoit pour combattre les Infidèles qui fuivoient la loi de Mahomet, & le navire dénotoit le trajet de la mer.

### L'Ordre du Croiffant,

Inftitué par René d'Anjou, roi de Jérufalem,
de Sicile & d'Arragon, &c. en l'année 1464.

La marque de cet Ordre eft un croiffant d'or,
fur lequel étoit gravé au burin ce mot : *Loz.* Ce
croiffant étoit fufpendu par trois chaînettes au
collier fait de trois chaînes d'or.

## Ordre de l'Annonciade.

Ordre militaire, inftitué vers l'an 1362, fous le nom d'Ordre du *Collier*, par Amédée VI, comte de Savoie. On ne fait pas bien ce qui y donna occafion : les uns veulent qu'un braffelet, qui fut donné au comte par une dame qui l'avoit tiffu de fes cheveux, en fut le fymbole ; d'autres prétendent qu'Amédée voulut fatisfaire par-là fa dévotion particulière pour la fainte Vierge. Il eft certain que c'eft ce qu'il voulut au moins par la fuite, lorfque, par fon teftament, il ordonna la fondation de la chartreufe de Pierre-Chaftel en Bugey, & qu'il régla qu'il y auroit quinze chartreux dans cette maifon, pour y dire chaque jour la meffe en l'honneur des *quinze allégreffes* de la fainte Vierge & pour le falut de quinze chevaliers de fon Ordre ; mais il ne fit ce teftament que quelque tems avant fa mort, qui arriva en 1383. Bonne de Bourbon, veuve du comte, fut celle qui exécuta cette fondation. Les chartreux furent introduits à Pierre-Chaftel en 1392, & Amédée VIII y tint la première affemblée de l'Ordre en 1410. Ce fut lui auffi qui en dreffa les ftatuts, car l'inftituteur n'avoit réglé que la forme du collier, qui étoit compofé de lacs d'amour, fur lefquels étoient ces quatre lettrés, F. E. R. T. *FRAPPEZ, entrez, rompez tout.* On ne fait à quoi cela s'applique ; auffi d'autres expliquent-ils autrement ces lettres par ces mots : *Fortitudo ejus Rhodum tenuit*, qu'ils difent être un hommage qu'Amé VI rendoit à la valeur de fon aïeul Amé V, qui s'étoit immortalifé par fa belle défenfe de Rhodes contre les Turcs, en faveur des chevaliers de Saint-Jean-de-Jérufalem, aufquels il affura la poffeffion de cette île. Il en eut le furnom de *Grand*. Mais avant de dire *ejus*, il falloit l'avoir nommé ou défigné. De plus, on dit que les Princes de la Maifon de Savoie avoient cette devife long-tems avant Amé V & fa défenfe de Rhodes. Quoi qu'il en foit, par les ftatuts, les comtes de Savoie, qui peu après eurent le titre de Ducs, furent déclarés grands-maîtres de l'Ordre à perpétuité. Les chevaliers furent obligés de porter toujours le collier, & il leur fut défendu d'entrer dans aucun autre Ordre. Les différends qui pouvoient furvenir entr'eux devoient être décidés par l'Ordre. Chacun d'eux devoit donner à l'églife de Pierre-Chaftel un calice, une aube & tous les ornemens facerdotaux pour célébrer la meffe ; il devoit auffi laiffer en mourant pour l'entretien de la même églife cent florins qu'on mettoit entre les mains du Prince, & ordonner à fes héritiers de faire dire cent meffes pour le repos de fon ame. Tous les autres chevaliers étoient obligés d'affifter au fervice qui fe faifoit pour lui à Pierre-Chaftel, & de laiffer leurs ornemens par aumône aux chartreux. Leur manteau, dans cette cérémonie, étoit blanc : depuis il fut noir. Dans les autres

cérémonies il étoit cramoifi, frangé & bordé de lacs d'amour de fin or. On voulut enfuite qu'il fût bleu, doublé de taffetas blanc, & enfin on le changea en amaranthe, doublée de toile d'argent à fond bleu.

Charles III, duc de Savoie, étant à Chambery en 1518, fit de nouveaux ftatuts pour cet Ordre, auquel il donna le nom de l'*Annonciade* en l'honneur de la fainte Vierge, & il voulut qu'au bas du collier, auquel il ajouta quinze rofes d'or, émaillées les unes de rouge, les autres de blanc, & un bordé de deux épines d'or, il y eût une image de l'annonciation dans un cercle compofé de trois lacs d'amour. L'an 1600, la Breffe & le Bugey ayant été échangés pour le marquifat de Saluces, par Henri IV, roi de France, & Charles-Emmanuel, duc de Savoie, le chapitre de l'Ordre fut transféré dans l'églife de Saint-Dominique de Montmélian, & le même duc ordonna, en 1617, que les affemblées fe tinffent dans l'hôpital des Camaldules, qu'il avoit fait bâtir fur la montagne de Turin.

### Suite chronologique des chevaliers de l'Ordre de l'Annonciade.

*Amédée VI, comte de Savoie, furnommé le Vert, fondateur & premier chef de l'Ordre.*

1362.

Amé, comte de Genève.
Antoine, feigneur de Beaujeu & de Dombes.
Hugues de Châlons, fire & baron d'Arlai.
Aymon de Genève, feigneur d'Anton & de Varei.
Jean de Vienné, feigneur de Rolland & de Bonencontre.
Guillaume de Grandfon, feigneur de Sainte-Croix.
Guillaume de Chalamon, feigneur de Meximieux & de Montonei.
Rolland de Veiffi.
Etienne, bâtard de la Baume, feigneur de Saint-Denis, de Chauffon & de Chavanez, amiral & maréchal de Savoie.
Gafpard, feigneur de Montmayeur, baron de Villars, Salet, &c.
Barle de Forax.
Thennard, feigneur de Menthon.
Amé de Bonivard.
Richard Mufard.

*Amédée VII, comte de Savoie, furnommé le Rouge, deuxième chef.*

1383.

Aymond de Chalant, feigneur de Fenis & d'Aymaville.
Eudes de Villars, feigneur de Montillier, &c. gouverneur de Savoie.

Hyblet de Chalant, seigneur de Châtillon, &c. gonverneur de Nice & de Piémont.

Jean de Vernai, seigneur de la Rochette, &c. maréchal de Savoie, lieutenant-général de Bresse.

Humbert, seigneur de Luirieux.

Thomas de Genève, seigneur de Lullin, &c.

*Amédée VIII, premier duc de Savoie, troisième chef.*

### 1410.

Louis de Savoie, prince de la Morée.

Odo de Villars, seigneur de Baux, Saint-Sorlin, &c. gouverneur de Piémont.

Jean de la Baume, comte de Montrevel, maréchal de France, lieutenant-général de la Bresse.

Humbert de Villars-Saxel, comte de la Roche.

Boniface de Chalant, seigneur de Fenis, maréchal de Savoie, gouverneur de Piémont.

Antoine, seigneur de Grolée.

Girard, seigneur du Ternier.

Jean, seigneur de la Chambre, comte de Luille, vicomte de Maurienne.

Jean, seigneur de Lugni, Ruffei, &c.

Thomas, marquis de Saluces.

Amé de Savoie, prince de Piémont.

Jean Panserot de Serraval.

Geoffroy de Charnai, seigneur de Liri & de Montfort.

Louis, seigneur de Montjoie, &c.

Jacques de Tillette, seigneur de Chévron.

Gaspard, seigneur de Montmayeur, &c.

Humbert de Villars, seigneur de Thoire, &c.

Jacques de Miolans, seigneur de la Vallée.

François, seigneur de Buffi, &c.

Louis de Savoie, comte de Genève.

Louis, marquis de Saluces.

Humbert, bâtard de Savoie, comte de Romont.

Richard, seigneur de Montchenau, chambellan du duc de Savoie.

Jean de Montluel, seigneur de Châtillon, gouverneur de Piémont.

Manfroy de Saluces, seigneur de Farillan, maréchal de Savoie.

Louis, bâtard d'Achaïe, seigneur de Raconis, maréchal de Savoie.

Philippe de Savoie, comte de Genève.

*Louis, duc de Savoie, quatrième chef.*

### 1440.

Amé de Savoie, prince de Piémont.

Janus de Savoie, comte de Genève.

Philippe de Lévis, comte de Villars, vicomte de Lautrec, &c.

François, comte de Chalant, seigneur de Châtillon.

Guillaume, seigneur de Menthon, gouverneur de Bassiniane.

Jean de Seyssel, seigneur de Bariat & de la Rochette, maréchal de Savoie.

Guillaume de Genève, seigneur de Lullin, grand-maître-d'hôtel de Savoie.

Jean de la Palu, seigneur de Varembon, Bouligneux, &c.

Guillaume de Luyrieux, seigneur de la Cueille, &c.

Jacques de la Baume, comte de Montrevel, lieutenant général de Bresse, &c.

Jacques, comte de Chalant, gouverneur de Verceil.

Jacques de Montmayeur, baron de Villars, Salet, &c. gouverneur de Savoie.

Pierre de Grolée, seigneur de Saint-André.

*Amédée IX, duc de Savoie, cinquième chef.*

### 1465.

Claude de Seyssel, seigneur d'Aix, maréchal de Savoie.

Louis, comte de Chalant.

Claude de Bourgeois, seigneur de Verni & de Fernei.

Janus de Genève, seigneur de Lullin, &c. gouverneur du pays de Vaud.

*Philibert I, duc de Savoie, sixième chef.*

### 1472.

*Charles I, duc de Savoie, septième chef.*

### 1482.

Hugues de la Palu, comte de Varax, gouverneur & maréchal de Savoie, lieutenant-général du Dauphiné.

Philibert, comte de Chalant, &c. gouverneur du duché d'Aouste.

*Charles-Jean-Amé, duc de Savoie, huitième chef.*

### 1491.

*Philippe I, duc de Savoie, neuvième chef.*

### 1497.

*Philibert II, dit le Beau, duc de Savoie, dixième chef.*

### 1498.

*Charles III, duc de Savoie, onzième chef.*

### 1518.

Philippe de Savoie, comte de Genevois.

François de Luxembourg, vicomte de Martigues.

Jean, comte de Gruères, baron d'Aubonne.

Thomas de Valpergue, comte de Mazin.

Claude de Savoie, seigneur de Raconis.

Jacques, baron de Miolans, comte de Montmayeur, &c.

René, comte de Chalant, &c. maréchal de Savoie.

Honorat Grimaldi, baron de Beuil, &c. gouverneur de Nice & ambassadeur en France.

Jean - Philibert de la Palu, comte de Varax, lieutenant-général de Breffe, & ambaffadeur au concile de Latran.

Guillaume de Vergi, baron de Fouvans, feigneur de Champlitte, maréchal de Bourgogne.

*Claude de Stavaye, évêque de Belley, chancelier de l'Ordre.*

François de la Baume, comte de Montrevel, gouverneur de Savoie.

Bertholin de Montbel, feigneur de Froffafcèque, grand-maître-d'hôtel de Savoie.

Charles de la Chambre, baron de Sermoye & de Meximieux.

Aimé de Genève, feigneur de Lullin, gouverneur du pays de Vaud.

Sébaftien de Montbel, comte d'Entremont, &c.

Pierre de Buffi, feigneur d'Eria.

Jean, marquis de la Chambre, capitaine de cent hommes d'armes.

Jean de la Palu, comte de Varace, &c.

*Emmanuel-Philibert, duc de Savoie, douzième chef.*

### 1568.

Charles-Emmanuel de Savoie, prince de Piémont.

Philippe de Savoie, comte de Raconis.

Claude de Savoie, comte de Pancalier.

André Provana, feigneur de Leini, comte de Froffafcèque, général des galères & gouverneur de Villefranche.

Jean-François Cofte, comte d'Arignan & de Polonghère, gouverneur d'Aoufte & d'Ivrée.

Jean-Thomas de Valpergue, comte de Mazin, &c. gouverneur du comté d'Aft.

Laurent de Gorrevod, comte de Pont-de-Vaux, gouverneur de Breffe.

Pierre de Maillard, comte de Tournon, gouverneur de Savoie, & général de la cavalerie.

*Gafpard Capris, évêque d'Aft, grand-aumônier de Savoie, chancelier de l'Ordre.*

Charles-Emmanuel de Savoie, duc de Nemours.

Bernardin de Savoie, feigneur de Cavours, capitaine des archers de la garde.

Profper de Genève, feigneur de Saint-Rambert, &c. colonel de toutes les gardes.

Jean-Frédéric Madruzze, comte d'Avi, marquis de Sorian.

Philippe d'Eft, marquis de Saint-Martin, &c. général de la cavalerie.

*Jérôme, cardinal de la Rovère, archevêque de Turin, chancelier de l'Ordre.*

Amé de Savoie, marquis de Saint-Rambert, grand-prieur de Saint-Maurice & de Saint-Lazare, général d'armée.

Frédéric Ferrero, feigneur de Cafavalon, marquis de Romagnan, &c. grand-maître-d'hôtel de Savoie.

Louis de la Baume, dit *de Corgenon,* prince de

Stienbufe, comte de Saint-Amour, ambaffadeur en Efpagne.

Robert Rouer Saint-Severin, comte de Revilliafc, grand-écuyer de Savoie.

Thomas-Ifnard de Caftello, marquis du Carail, ambaffadeur près de l'Empereur.

Beffe Ferrero Friefque, comte de Mafferan, &c.

Honorat Grimaldi, baron de Beuil, &c. gouverneur de Nice.

François Martinengue, comte de Malpagal, grand-écuyer de Savoie.

Ence-Pie de Savoie, feigneur de Saffola.

*Charles-Emmanuel I, duc de Savoie, treizième chef.*

### 1581.

Claude de Charlant, baron de Fenis, grand-maître de Savoie, &c.

Jean-Baptifte de Savoie, marquis de la Chiufe, grand-chambellan de Savoie.

Jean-Louis, marquis de la Chambre, &c.

Octavien de Saint-Vital, marquis de Fontanellat.

Charles Palavicin, feigneur de Perle, ambaffadeur en Efpagne.

Afcanio Bobba, comte de Buffolin, grand-chambelian de Savoie.

Michel Bonelli.

Henri de Savoie, comte de Nemours.

Gafpard de Genève, marquis de Lullin, de Pancalier, &c. gouverneur du duché d'Aoufte.

Philippe-Emmanuel de Savoie, prince de Piémont.

Victor-Amé de Savoie.

Charles de Simiane, marquis de Roat, Maret, &c. général de la cavalerie de Savoie.

Michel-Antoine de Saluces, feigneur de la Manthe, comte de Verzol, &c. gouverneur du marquifat de Saluces.

Charles-François-Manfroi de Lucerne, grand-prieur de Rome, ambaffadeur en Allemagne.

Guiron de Valpergue, comte de Mazin, gouverneur de Verceil, &c.

François Ville, marquis de Saint-Michel, &c. général de la cavalerie du Pape.

Annibal Grimaldi, comte de Bueil, &c. gouverneur de Nice, général des galères.

Claude de Rye, marquis d'Ogliani, &c. grand-écuyer de Savoie, gouverneur de Chablais.

Charles-Philibert d'Eft, marquis de Saint-Martin, &c. prince du Saint-Empire, fut auffi chevalier de la Toifon-d'Or.

Nicolas de Watteville, marquis de Verfoix, &c.

Charles-Emmanuel de la Chambre, dit *de Seyffel,* marquis d'Aix, &c.

Erneft de Molard, baron de Revielch, Roccadiof, &c. confeiller d'Etat de l'Empereur.

Jacques-Antoine de la Tour, ambaffadeur en Efpagne.

Pierre, marquis de la Chambre.

*Louis*

*Louis Grimaldi, évêque de Vence, grand-aumô-nier de Savoie, chancelier de l'Ordre.*

François-Philibert-Ferrero-Fiesque, prince de Masseran, &c. général de la cavalerie.

Nicolas de Saint-Martin, seigneur d'Aglié, &c. grand-maître-d'hôtel de Savoie.

Philibert Scaglia, comte de Verrue, &c. ambassadeur en France.

François Arconnat, comte de Touzaine, ambassadeur en France.

Guy de Saint-Georges, comte de Blandrate, marquis de Rivarolles, général de l'infanterie.

*Philibert Millet, archevêque de Turin, chancelier de l'Ordre.*

Sigismond d'Este, marquis de Saint-Martin, &c.

François Spinola, marquis de Garèz.

Guillaume-François Chabo, comte de Saint-Maurice, &c. grand-maître de l'artillerie.

Jean, comte de Nassau.

Antoine de Valpergue, comte de Montoué & de Masse, gouverneur de la citadelle de Turin.

François-Thomas de Savoie, prince de Carignan, grand-maître de France.

Jacques Paillard d'Urfé de Lascaris, marquis d'Urfé, grand-écuyer de Savoie.

Philibert-Mercurin Arborio, marquis de Gattinare, grand maître-d'hôtel de Savoie.

Bernardin Parpaille, comte de la Bastie.

Pierre de Duyn, dit *Maréchal*, baron de Laval-d'Isère, vicomte de la Tarantaise, seigneur de Chastellard, &c.

Emmanuel Solar, comte de Morette, ambassadeur en France.

Conreno Rouer, comte de Calos, marquis de Cortance.

Cleriade de Genève, marquis de Lullin, &c.

François de Damas, baron de Saint-Réran, marquis de Celeran.

Guy de Ville, marquis de Cillian, Wulpian, &c.

François de Brichanteau-Nangis, marquis de Curei, &c.

Charles-François de Valpergue, marquis de Perlet, &c.

François-René de Saluces, comte de Verzol, Chisson, &c.

Honorat d'Urfé, marquis de Château-Morand, &c.

Louis, marquis de la Chambre, dit *de Seyssel.*

Albert Bobbe, marquis de Graille, comte de Buffolin, &c.

Bertrand de Seyssel, baron de la Serra & du Chastellard, &c.

Auguste-Manfroi Scuglia, comte de Verrue, &c.

Gaspard Parparat, des comtes de Lucerne, marquis de Saint-Peyre, gouverneur de Turin.

Jean-Michel-Asinar de Virle, co-seigneur de Virle & d'Orbassan, &c. gouverneur de Turin.

*Histoire. Tome VI. Supplément.*

*Victor-Amé, duc de Savoie, quatorzième chef.*

1630.

Jean-Aurèle Arborio de Gattinare, comte de Vivron, grand-écuyer de Savoie.

Paul-Besse-Ferrero-Fiesque, prince de Masseran, &c.

Philibert Caretto, marquis de Bagnasque, &c. grand-écuyer de Savoie.

*Jean-François de Sales, évêque de Genève, chancelier de l'Ordre.*

Louis de Saint-Martin, marquis d'Aglie, &c.

Claude-Jérôme de Chabo, marquis de Saint-Maurice, &c.

Paul-Emile de Saint-Martin, marquis de Bros, &c.

Antoine Ponte, comte de Carnafis, &c.

*François-Hyacinthe, duc de Savoie, quinzième chef.*

1638.

Jafre Bens, seigneur de Sentena, gouverneur de Turin, &c.

Amé du Puy, marquis de Voguerre, &c. grand-maître-d'hôtel de Savoie.

Ascagne Bobba, marquis de Gnoye, &c. grand-chambellan de Savoie.

Jules-Rangon, marquis de la Maison-Blanche, &c.

Alexandre de Saint Georges, comte de Blandrate, &c.

Michel-Antoine de Saluces, comte de Verzol, &c.

Arduin de Valpergue, de Rivare, marquis d'Entragues, &c.

François Provane de Leini, seigneur de Druant, grand-chambellan de Savoie, & ambassadeur en France.

Jérôme, comte de Rossillon, baron de Saint-Genis, &c.

Jean-Dominique Doria, souverain de Testigó & Cesio, marquis de Cirié.

Albert-Eugène de Genève, marquis de Lullin & de Pancalier, &c.

Antoine-Marie Tisson, Blandrate, comte de Desannes, &c.

*Charles-Emmanuel II, duc de Savoie, seizième chef.*

1639.

Jean-Louis Dumas de Castellane, vicomte d'Allemagne, &c.

*Paul Millet, évêque de Maurienne, chancelier de l'Ordre.*

Maurice de Savoie, prince d'Oneille, &c.

Emmanuel-Philibert-Amé de Savoie.

Charles-Emmanuel-Philibert-Hyacinthe de Simiane, marquis de Pianesse, &c.

Octavien de Saint-Martin d'Aglié, marquis de Saint-Germain, &c.

Philippe de Saint-Martin d'Aglié, marquis de Saint-Damian & de Rivarol, &c.

Jean de Wille-Cardé, seigneur de Fleury, marquis de Saint-Trivier, &c.

Charles-Emmanuel Palavicin, marquis de Frabouse, &c.

Charles Ubertin Solar, comte de Molette, &c. ambassadeur en France.

Charles-Victor Scaglia, comte de Verrue, &c.

Frédéric Tanne, marquis d'Entragues, comte de Limon, &c.

François Provane, comte de Frosasque, &c.

Gettule de Plossasque, seigneur de Castagnole, &c.

Guiron François Ville, marquis de Ciglian, &c.

François Ponte, comte de Scarnafis, ambassadeur en France.

François Coste, comte de Polongueer, &c.

Charles-Thomas Isnard de Castelnau, marquis de Carail.

Alexis de Saint-Martin de Parelles, marquis de Brose, &c.

Frédéric de Saint-Georges, Blandratte, marquis de Rivarol.

François Doria, marquis de Dolceaquá, &c.

### 1653.

Alexandre Monti, marquis de Farillan, lieutenant-général des armées de France, général de la cavalerie de son altesse royale.

### 2 mai 1660.

François de Mesmes, seigneur de Marolles, lieutenant-général d'infanterie, gouverneur de Saluces, & mestre-de-camp du régiment des gardes.

François d'Avauft, seigneur de Senantes, capitaine des gardes de Madame royale, gouverneur de la Tour dans les vallées de Lucerne.

Santorio de Cagnol, gouverneur de Montmélian.

Jean-Philippe Solar, comte de Monasterol, gouverneur du château de Nice.

*D. François de Saint-Martin d'Aglié, abbé de Sainte-Marie de Pignerol, puis de Staffarde & de Saint-Jean de Soissons, chancelier de l'Ordre en 1663.*

### 1666.

Charles-Jean-Baptiste de Simiane, marquis de Pianesse, prince de Montafié, lieutenant-général de la cavalerie.

René Rovero, comte de Val-d'Andone, gouverneur de la citadelle de Turin.

Charles-Jérôme Solar, marquis de Borgo, comte de Morette, gouverneur de Saluces, grand-maître de l'artillerie.

François-Canale de Cumiane, ambassadeur en France, puis à Rome; & grand-maître de Savoie.

Catalan Alfiéri, comte de Malliano, gouverneur de Sève, de Verceil & de Montmélian, lieutenant-général d'infanterie.

François de Clermont, marquis de Mont-Saint-

Jean, lieutenant-général de la cavalerie de S. A. R.

Charles-Amé de Rossillon, marquis de Bernez, lieutenant-général des armées de S. A. R.

### 1670.

Auguftin Deflances, comte de Sales, capitaine des cuirassiers, gardes-du-corps de S. A. R., lieutenant-général de ses armées.

### 1671.

Victor-Maurice Pallavicini, comte de Perle, gouverneur du château de Nice.

### 1673.

François-Thomas Chabo, marquis de Saint-Maurice, lieutenant-général d'infanterie, grand-écuyer de Savoie.

Auguftin Olgiari, comte de Larisser & de la Chelle, commissaire-général de la cavalerie de S. A. R.

*D. Auguftin-Philibert de Scaglia de Verrue, abbé de Saint Juft de Suze & de Saint-Etienne d'Ivrée, ministre d'Etat, chancelier de l'Ordre.*

*Victor-Amé II, roi de Sicile, de Sardaigne & de Chypre, duc de Savoie, dix-septième chef de l'Ordre en 1675.*

### 1678.

Louis-Thomas de Savoie, comte de Soissons, maréchal-de-camp en France, puis général de l'artillerie de l'Empereur.

Charles-Louis des comtes de Saint-Martin d'Aglié, marquis de Saint-Germain, lieutenant-général, grand-écuyer de Savoie.

Jean-Louis Solare, marquis de Dogliani, comte de Morette, capitaine des gardes-du-corps de S. A. R.

Philibert, des comtes de Piofasque, comte de Piobes, grand-maître de l'artillerie, puis grand-maître de Savoie.

Thomas-Félix Ferrero, comte de la Marmora, ambassadeur en France, gouverneur d'Aouste & du Canavez.

Jean de Ville, marquis de Cillian, de Vulpian, &c. gouverneur de la Marche pour le Pape, maréchal-général de camp des armées de S. A. R.

Jacques-Maurice de Pozzo, prince de la Cisterna, gouverneur de Bielle, grand-écuyer de Savoie.

Sigismond de Seyssel, marquis d'Aix & de la Serre, cornette blanche de la noblesse de Savoie, & lieutenant-général des armées de S. A. R.

François-Louis Ferrero de Fiesque, prince de Masseran, maréchal-général de camp des armées de S. A. R.

Jean-Michel Solare, comte de Monasterole, gouverneur d'Albe, puis de Mondovi.

Charles-François Morozzo, marquis de la Roque de Baldisser, comte de Morozzo, gouverneur de la personne de S. A. R. Victor-Amé, ambassadeur en France & en Angleterre.

Charles-Emmanuel Birague, dit *Laurent de Saint-Martin*, comte de Vifque, capitaine des gardes-du-corps, ambaffadeur à Vienne, mort le 7 juillet 1680, âgé d'environ cinquante-huit ans.

Jean-Jérôme Doria, marquis de Cirié, de Maro & de Saint-Maurice, ambaffadeur en Efpagne, grand-maître de Savoie.

#### 1682.

Charles-Maurice-Amé Ifnardi de Caftello, marquis de Carail, capitaine des gardes-du-corps & grand-veneur de S. A. R.

#### 1696.

Amé de Savoie, prince de Carignan, colonel du régiment des gardes de S. A. R., lieutenant-général des armées de France.

Charles-Emile des comtes de Saint-Martin de Parelles, marquis de Broffe, général de l'artillerie de l'Empereur, lieutenant-général des armées de S. A. R.

Charles-Joseph-Victor Carron, marquis de Saint-Thomas, miniftre & premier fecrétaire d'Etat de S. A. R.

Guy-François-Marie Blandratte Aldobrandin, marquis de Saint-Georges, gouverneur de Montmélian & du château de Nice, grand-maître de Savoie.

Charles-Jérôme de Carretto, marquis de Bagnafque, gouverneur de Montmélian, grand-maître de l'artillerie de S. A. R.

Charles-Joseph-Jean-Baptifte Tana, marquis d'Entragues, ambaffadeur en Efpagne, Portugal & à Milan, lieutenant-général des armées de S. A. R.

François-Marie-Adalbert Pallavicini, marquis de Frabofe, lieutenant-général, grand-écuyer de Savoie.

Guy-Balthafard Pobel, marquis des Pierres, comte de Saint-Alban, gouverneur d'Afti, lieutenant-général, grand-chambellan de Savoie.

Victor-Amé Maillard, marquis d'Alby, comte de Tournon, gouverneur du château & comté de Nice.

Profper d'Aranthon, marquis de Lucinge, gouverneur de Turin, puis du duché de Chablais & de Genevois.

*D. Charles-Joseph-Thomas Doria, de Maro, abbé de Sainte-Marie de Vezzolane, miniftre d'Etat, premier aumônier de S. A. R., chancelier de l'Ordre.*

Hercule-Joseph-Louis Turinetti, marquis de Prière & de Pancallier, commiffaire impérial, ambaffadeur à Rome pour Sa Majefté impériale.

#### 1709.

*Jean-Baptifte Ifnardi de Carail, évêque de Mondovi, abbé de la Novaleſe, maître des cérémonies, puis chancelier de l'Ordre.*

#### 1713.

Victor-Amé de Savoie, prince de Piémont, fils aîné du roi Victor, mort en 1715.

Charles-Emmanuel de Savoie, duc d'Aoufte, puis prince de Piémont, & enfuite roi de Sardaigne.

Ange-Charles-Maurice Ifnardi, marquis de Carail, gouverneur du château de Nice, puis de la ville de Turin, lieutenant-général des armées du roi de Sardaigne.

Joseph-Gaëtan Carron, marquis de Saint-Thomas, miniftre & premier fecrétaire d'Etat.

Joseph-Marie d'Alinge, marquis de Coudré, gouverneur des Princes fils du roi Victor, général de la cavalerie & des dragons.

Charles-Emmanuel Cacheran, comte de la Roche, général de l'artillerie, gouverneur d'Alexandrie, puis de la citadelle de Turin.

Othon-Bernard, baron de Rhébender, gouverneur de Pignerol, colonel d'infanterie, maréchal de Savoie.

Joseph de Rodolfe, abbé de Saint-Gal, prince du Saint-Empire.

#### 1714.

Nicolas-Placide Branciforti, prince de Bottera en Sicile.

Joseph del Bofco, prince de Catolica, duc de Meffelmeri en Sicile.

Jean de Vintimille, marquis de Geraci, duc de Saint-Maur, prince de Caftelbuono, en Sicile.

#### 1729.

Erneft-Léopold, landgrave de Heffe-Rhinfels-Rottembourg, beau-père du roi Charles-Emmanuel.

Eugène-Jean-François de Savoie, prince de Soiffons, colonel des cuiraffiers, & major-général des armées de l'Empereur.

Ignace Solare, marquis de Borgo, miniftre & fecrétaire d'Etat pour les affaires étrangères, grand-chambellan de Savoie.

Philippe Tana, marquis d'Entragues, gouverneur de Meffine, puis de Turin, général de l'artillerie, lieutenant-général des armées de Sa Majefté.

Annibal, comte de Maffei, ambaffadeur en France, vice-roi de Sicile, grand maître de l'artillerie.

#### 1729.

Philippe-Guillaume Pallavicini, baron de Saint-Remi, vice-roi de Sardaigne, gouverneur de la citadelle de Turin, lieutenant-général, grand-chambrier de Savoie.

Octave-François Solare, comte de Govonne, envoyé en France & aux Cantons fuiffes, miniftre d'Etat.

Jean-Michel de Roffi de Piofafque, comte de None, général de la cavalerie & des dragons de Sa Majefté, grand-écuyer de Savoie.

Charles-Emmanuel de Saluces, marquis de Gareffe, baron de Cardé, gouverneur de Saluces, général de la cavalerie & des dragons, grand-écuyer de Savoie.

## 1730.

*Charles-Emmanuel, roi de Sardaigne & de Chypre, &c. dix-huitième chef.*

Victor-Amédée-Marie, duc de Savoie, fils aîné du roi Charles-Emmanuel.

Louis-Victor de Savoie, prince de Carignan.

Victor-Amé-François, légitimé de Savoie, marquis de Suze, gouverneur du duché d'Aouste, & lieutenant-général des armées du Roi, fils naturel légitimé du roi Victor.

Hercule-Thomas Rovero, marquis de Cortanze, vice-roi de Sardaigne, général de l'artillerie, gouverneur de la citadelle de Turin, lieutenant-général des armées du Roi.

## 1737.

René-Auguste de Birague Visque, comte de Bourgue, lieutenant-général des armées du Roi, grand-maître de Savoie.

Charles-Vincent Ferrero, marquis d'Ormea & de Palazzo, ministre & premier secrétaire d'Etat.

Joseph-Robert Solare, marquis de Breglio ou de Breil, envoyé à Vienne, à Naples, gouverneur de S. A. R. le duc de Savoie, lieutenant-général des armées du Roi.

Philippe de Sonnazar, comte de Giaroli, gouverneur de Mondovi, puis de Coni & du Val-de-Démont, général de l'artillerie.

Charles-Amé-Baptiste de Saint-Martin d'Aglié, marquis de Rivarol, vice-roi de Sardaigne, gouverneur de Nice, de Crémone, puis de Novare, lieutenant-général de la cavalerie.

Philibert-Antoine, baron de Valèze, premier écuyer des princes de Savoie, fils du roi Victor, grand-écuyer de Savoie.

Jean-Baptiste Isnardi, marquis de Carail & de Senantes, gouverneur du Montferrat, puis de Novare & d'Alexandrie, lieutenant-général des armées de Sa Majesté.

Victor-Amé de Seyssel, marquis d'Aix, gouverneur de la citadelle de Turin, puis du château de Milan pour le roi de Sardaigne, grand-maître de l'artillerie, & lieutenant-général des armées de Sa Majesté.

François-Xavier, prince de Valquanera en Sicile, colonel-général des gardes-suisses.

*Don Jean-Amé d'Allinge, abbé de Saint-Benigne, chancelier de l'Ordre.*

*Ignace Dominique Grizelle de Rossignan, évêque & prince de Maurienne, premier aumônier de Sa Majesté, maître des cérémonies de l'Ordre en 1737.*

## ORDRES MILITAIRES D'ESPAGNE.

### Calatrava

A pris son titre & son origine du château de ce nom. Sanche III, roi de Castille, l'institua en 1158. Les marques de cet Ordre sont une croix de gueules, fleurdelisée de sinople & à l'écu : dans les

deux cantons de la pointe, deux menottes d'azur pour marquer leur fonction, qui est de délivrer les Chrétiens des mains des Infidèles.

### Saint-Jacques

De l'épée, institué en l'an 1175, eut son commencement au royaume de Galice, où est censé être le corps du grand apôtre saint Jacques, dans la ville de Compostelle. La marque de cet Ordre est un collier à trois chaînes d'or, au bout desquelles pend l'épée rouge, chargée d'une coquille d'argent, le pommeau & la garde en forme d'une fleur de lis.

### Alcantara

Ou Saint-Julien-du-Poirier a pris son nom de la ville d'Alcantara, conquise sur les Maures par le roi de Léon, Alphonse IX, l'an 1212, lequel la donna en garde à Martin Fernandez de Quintana, douzième grand-maître de l'Ordre de Calatrava, qui remit cette place aux chevaliers de Saint-Julien-du-Poirier.

La marque de cet Ordre est une croix fleurdelisée de sinople, chargée en cœur d'un écu d'or, au poirier de sinople.

### Notre Dame des-Graces.

Cet Ordre reconnoît pour son fondateur Jacques I, roi d'Arragon, qui institua cet Ordre en 1223, le jour de Saint Laurent, dans l'église cathédrale de Barcelone, où Pierre Nolasko fut nommé grand-maître. Les chevaliers portent sur l'estomac un écu de gueules, à une croix d'argent, coupée d'Arragon & parti de Sicile, avec la couronne royale sur l'écu.

### Notre-Dame-de-Monteza,

Institué par Jacques II, roi d'Arragon & de Valence, en 1317. La marque de cet Ordre est une croix de gueules, attachée sur un habit blanc.

### Ordre de la Blanda,

Institué par le roi Alphonse XI en 1332, pour récompenser ceux qui s'étoient distingués à son service. La marque de cet Ordre est un cordon rouge, porté sur l'épaule gauche en écharpe.

### Ordre d'Avis ou de l'Avis, en Portugal,

Institué par Alphonse I, roi de Portugal, lorsqu'il fit la conquête de la ville d'Evora sur les Maures.

Les armes sont d'or à la croix fleurdelisée de sinople, accompagnée en pointe de deux oiseaux de sable.

### Ordre de Saint-Jacques en Portugal,

Institué en 1295. La marque de cet Ordre est

une croix de gueules, fleurdelisée à l'antique, & la croix au pied fiché.

### Ordre militaire du Chriſt, auſſi en Portugal.

La deſtruction des Templiers donna naiſſance à celui du Chriſt, établi en 1319 par Denis I, roi de Portugal. La marque de cet Ordre eſt une croix pâtée, hauſſée rouge, chargée d'une croix pleine & hauſſée d'argent, que les chevaliers portent au bout de leur collier, qui eſt une chaîne à trois rangs. Il y a des chevaliers qui la portent à huit pointes.

### ORDRES D'ANGLETERRE.

### Ordre du Bain.

On voit que l'inſtitution de cet Ordre eſt de Henri IV, roi d'Angleterre, & de 1399; d'autres font cette inſtitution beaucoup plus ancienne, & diſent que ſon nom vient de ce que les chevaliers étoient obligés de ſe baigner la veille de leur réception. La marque de l'Ordre eſt un cordon rouge porté en écharpe, au bout duquel eſt attaché un anneau d'or renfermant trois couronnes royales, au champ d'azur, avec la deviſe *Tria in unum*, & une guirlande qui pend au bas. Mais cette deviſe ſembleroit annoncer un tems poſtérieur à la réunion des trois royaumes britanniques.

L'Ordre le plus célèbre de l'Angleterre eſt ſans contredit l'Ordre de la Jarretière.

### Ordre de la Jarretière,

Ordre de chevalerie d'Angleterre, inſtitué par Edouard III. L'opinion la plus commune eſt qu'Edouard inſtitua cet Ordre à l'occaſion de la jarretière que la comteſſe de Salisbury, qu'il aimoit, laiſſa tomber dans un bal, & que ce Prince releva; ce qui ayant fait rire les courtiſans & cauſé de l'embarras à la comteſſe, le Roi, pour atteſter l'innocence de ſa démarche & rectifier les idées des courtiſans, dit dans la langue de ce tems-là : *Honni ſoit qui mal y penſe*, & jura que tel qui avoit ri de cette jarretière ramaſſée, s'eſtimeroit heureux d'en porter une ſemblable. On nous avertit qu'on peut rejeter ce fait auſſi bien qu'on l'admettre, parce qu'il n'eſt atteſté par aucun auteur contemporain; cependant il faut convenir que ce titre d'Ordre de la Jarretière & cette deviſe : *Honni ſoit qui mal y penſe*, devenue la deviſe de cet Ordre, rendent l'anecdote très-vraiſemblable, & que l'on ne verra rien qui s'y adapte auſſi bien dans les autres faits qui vont être énoncés. En 1747, Edouard choiſit quarante ſeigneurs, auxquels il donna le nom de chevaliers *du Bleu-Jarretière*, les engagea par ſerment à obſerver les ſtatuts du nouvel Ordre tels qu'il les avoit fait dreſſer, & envoyer publier une fête par ſes hérauts en France, en Écoſſe, en Bourgogne, en Hainaut, en Flandre,

en Brabant, en Allemagne, pour le jour de Saint-Georges de l'année ſuivante. C'eſt Froiſſard de qui on tient cette particularité, & ce fut là le commencement de l'Ordre de la Jarretière, mais ſi différent de ce qu'il devint deux ans après, qu'on pourroit dire que ce n'en fut qu'une ébauche. Les Rois prédéceſſeurs d'Edouard avoient fait commencer à Windſor une égliſe qu'il fit achever en 1348, & à laquelle il aſſigna des revenus conſidérables, dans le deſſein d'augmenter le nombre des chanoines, qui n'étoient alors que huit, & d'attacher à ſon ſervice un nombre de pauvres chevaliers du royaume. Le pape Clément VI étant entré dans les vues de ce Prince, donna ſa bulle du 30 novembre 1348, par laquelle il donna aux évêques de Salisbury & de Vincheſter le pouvoir d'ériger l'égliſe de Windſor en une collégiale de chanoines, de prêtres, de clercs, de pauvres chevaliers & d'autres miniſtres qui dévoient y faire le ſervice divin, & d'en fixer le nombre; & par une autre bulle du 12 février de l'année ſuivante, il exempta cette collégiale de toute juridiction de l'ordinaire, voulant que le cuſtode ou doyen eût juridiction ſur les divers membres de cette égliſe, & que, pour la conduite des ames, il reconnût l'autorité de l'évêque de Salisbury, de qui il recevroit ſon pouvoir. Ce ſont ces bulles qui fixent l'époque de l'inſtitution de l'Ordre, & qui montrent qu'on doit s'en tenir à ce qu'on lit à la tête de ces ſtatuts, qu'il fût inſtitué en l'honneur de la ſainte Vierge & de ſaint Georges, l'an 23 d'Edouard III, c'eſt-à-dire, l'an 1349. Suivant ces bulles, il fut réglé qu'il y auroit treize chanoines & treize vicaires dans cette égliſe, avec vingt-ſix pauvres chevaliers du royaume, & en même tems Edouard créa vingt-ſix chevaliers de ſon Ordre, lui-même compris dans ce nombre; il régla ce que chacun devoit donner en aumône à ſa réception, pour l'entretien des chanoines, vicaires & pauvres chevaliers, & attribua pour cette première fois ſeulement à chacun d'eux, le droit de préſenter un des chanoines ou vicaires & un pauvre chevaliers, dont il ſe réſerva à lui & à ſes ſucceſſeurs Rois la nomination dans la ſuite. Il régla auſſi le nombre de meſſes que chacun d'eux devoit faire dire pour le repos de l'ame d'un chevalier décédé, & voulut qu'ils portaſſent toujours à la jambe gauche une jarretière bleue, où ces mots fuſſent en broderie d'or : *Honni ſoit qui mal y penſe*, permettant néanmoins à ceux qui monteroient à cheval, de ne porter ſur la jambe qu'un fil de ſoie bleue.

( Mais cette deviſe & cette jarretière ne reçoivent toujours d'explication que dans l'hiſtoire de la jarretière de la comteſſe de Salisbury, & l'on ne voit point quel rapport tout cela peut avoir, ſoit avec la ſainte Vierge & avec ſaint Georges, ſoit avec le chapitre de Windſor. )

L'habit de l'Ordre, qu'on devoit porter en quelque lieu qu'on fût, la veille de la fête de ſaint Georges, depuis les premières vêpres juſ-

-qu'au lendemain au foir, ne confiftoit alors qu'en un manteau bleu, fur lequel il y avoit du côté gauche une croix rouge, entourée d'une jarretière. Henri VIII y ajoûta, en 1522, un collier d'or du poids de trente onces, compofé de jarretières dans lefquelles il y avoit deux rofes; dans une jarretière, la rofe de deffus étoit blanche; & celle de deffous rouge, & dans une autre jarretière, la rofe de deffus étoit rouge & celle de deffous blanche, & au bas du collier il y avoit une image de faint Georges. Ce collier devoit être porté dans les grandes folennités: les autres jours, il fuffifoit de porter l'image de faint Georges attachée à une petite chaîne d'or, & même on pouvoit porter l'image attachée à un cordon de foie, lorfqu'on alloit à la guerre, qu'on étoit malade ou qu'on entreprenoit un long voyage. Ce même Prince fit en même tems un grand changement dans l'églife de Windfor, car, pour augmenter le nombre des eccléfiaftiques dans cette églife, il réduifit à treize le nombre des pauvres chevaliers, qui a été augmenté dans la fuite jufqu'à dix-huit; & lorfqu'il eut introduit le fchifme dans fes Etats, au lieu des meffes qu'on devoit dire pour les chevaliers décédés, il régla ce que chaque chevalier devoit donner en aumône pour être employé en œuvres pieufes.

(Cette fuppreffion de la meffe ne peut pas être du tems de Henri VIII, qui avoit confervé la meffe, & qui étoit Catholique dans le dogme, quoique féparé de l'Eglife romaine.)

Il y a eu depuis des changemens confidérables dans l'habillement des chevaliers: les jours ordinaires, ils portent une jarretière de velours bleu, garnie de perles, qui forment les mots: *Honni foit qui mal y penfe*, avec la boucle & le fermail garnis de diamans, & un cordon bleu en forme d'écharpe, depuis l'épaule gauche jufqu'à la hanche droite, au bas duquel eft une médaille d'or, où d'un côté eft l'image de faint Georges dans un cercle garni de diamans, & de l'autre quelques ornemens au milieu d'un cercle femblable. Les jours de cérémonie, ils portent un jufte-au-corps de velours cramoifi, un manteau de velours bleu; fur le côté gauche du manteau, une croix rouge entourée d'une jarretière au milieu d'une étoile, dont les rayons fortent tout autour de la jarretière; fur l'épaule droite, un chaperon d'écarlate, & un collier compofé de jarretières entrelacées de nœuds faits de cordons d'or avec des houpes, au bas duquel eft l'image de faint Georges, armé de toutes pièces, fur un cheval émaillé de blanc. Quand les rois d'Angleterre donnent cet Ordre à quelque Prince étranger, ils lui envoient tous ces ornemens, même le jufte-au-corps, & ce Prince doit envoyer à Windfor un procureur pour y être reçu & inftallé; il doit auffi donner un manteau de l'Ordre, fon heaume, timbre & épée, pour demeurer dans l'églife de ce château. Il y a cinq officiers de cet Ordre: le prélat, qui eft toujours l'évêque de Vinchefter, & qui porte un manteau de fatin bleu, doublé de taffetas blanc, fur le côté droit duquel eft la croix de l'Ordre, entourée d'une jarretière; le chancelier, qui porte un manteau femblable, & fur l'eftomac une médaille d'or entourée d'une jarretière, au milieu de laquelle il y a une rofe. Il y a eu de fuite fix chanceliers, évêques de Salisbury, & leurs fucceffeurs dans l'évêché ont prétendu que cet office leur appartenoit; mais on n'a pas eu d'égard à l'ordonnance d'Edouard IV, qu'ils produifoient en leur faveur. Les trois autres officiers font le greffier, qui eft toujours le doyen de Windfor; le héraut, appelé *garter jarretière*, qui eft premier roi d'armes d'Angleterre, & l'huiffier à la verge noire. On compte au nombre des chevaliers de cet Ordre, huit Empereurs, vingt-fix Rois, & quantité d'autres fouverains de l'Europe.

## Suite chronologique des chevaliers de l'Ordre de la Jarretière.

*Edouard III, roi d'Angleterre, premier inftituteur & chef de l'Ordre.*

### CHEVALIERS.

Edouard d'Angleterre, prince de Galles.
Henri d'Angleterre, duc de Lancaftre.
Thomas de Beauchamp, comte de Barwick.
Pierre de Foix, captal de Buch.
Raoul, comte de Stafford.
Guillaume Montagu, comte de Salisbury.
Roger Mortimer, comte de March.
Jean, baron de l'Iflei.
Barthélemy de Burgheft.
Jean de Beauchamp.
Jean Mehun.
Huguet de Courténai.
Thomas Holland.
Jean Grei.
Richard Fitz-Simon.
Miles Stapleton.
Thomas Walle.
Hugues Wroteflei.
Noël Loringe.
Jean, fieur de Chandos.
Jacques Audley.
Othon Holland.
Henri Heam.
Sanche d'Abrichcourt.
Gautier Pavelei.
Richard d'Angleterre, prince de Galles, puis Roi.
Lionnel d'Angleterre, duc de Clarence.
Jean d'Angleterre, duc de Lancaftre.
Edmond d'Angleterre, duc d'York.
Jean de Montfort, duc de Bretagne.
Humfroy de Bohun, comte d'Herefort.

Guillaume de Bohun, comte de Northampton.
Jean Haftings, comte de Pembrock.
Thomas Beauchamp, comte de Barwick.
Richard Fitz-Alan, comte d'Arondel, de Surrey.
Robert Ufford, comte de Suffolck.
Hugues, comte de Stafford.
Enguerrand de Couci, comte de Bedford.
Guichard d'Angoulême, comte de Huntingdon.
Edouard Spencer.
Guillaume Latimer.
Renauld de Cobham.
Jean Newil, baron de Rabi.
Raphaël Baffet, baron de Drayton.
Gautier-Manni.
Guillaume Fitz-Waren.
Thomas Ufford.
Thomas Felton.
François Wan-Hall.
Foulques Fitz-Waren.
Alain Boxhull.
Richard Pemburge.
Thomas Utreight.
Thomas Banefter.
Richard de la Vache.
Guy de Bryan.

*Richard II, roi d'Angleterre, deuxième chef*
*de l'Ordre.*

C H E V A L I E R S.

Thomas d'Angleterre, duc de Gloceftre.
Henri d'Angleterre, comte de Derbi, puis Roi,
quatrième du nom.
Guillaume, duc de Gueldre.
Guillaume, duc de Bavière, comte de Hollande
& de Hainaut.
Thomas Holland, duc de Surrei.
Jean Holland, duc d'Excefter.
Thomas Mowbrai, duc de Norfolck.
Edouard d'Angleterre, comte de Rutland, duc
d'Albemarle.
Michel de la Poole, comte de Suffolck.
Guillaume Serope, comte de Wiltshire.
Guillaume Beauchamp, fieur de Bergaveni.
Jean de Beaumont.
Guillaume de Willougbi.
Richard Grei.
Nicolas Sarnes-Field.
Philippe de la Vache.
Robert Knolle.
Simon Burlei.
Pierre de Courtenai.
Jean Burlei.
Jean Bourchier.
Thomas Granfton.
Louis Clifford.
Robert Dunftavill.
Hubert de Namur.

*Henri IV, roi d'Angleterre, troifième chef de l'Ordre.*

C H E V A L I E R S.

Henri d'Angleterre, prince de Galles.
Thomas d'Angleterre, duc de Clarence.
Jean d'Angleterre, duc de Bedford.
Jean d'Angleterre, duc de Glocefter.
Thomas d'Angleterre-Lancaftre, dit *de Beaufort*,
comte de Dorfet, duc d'Excefter.
Robert, comte palatin du Rhin, duc de Bavière.
Jean d'Angleterre-Lancaftre, dit *de Beaufort*,
comte de Sommerfet, marquis de Dorfet.
Thomas Fitz-Alan, comte d'Arondel.
Edmond, comte de Stafford.
Edmond Holland, comte de Kent.
Raoul Newil, comte de Weftmerland.
Gilbert, baron de Roos.
Gilbert, baron de Talbot.
Jean, baron de Lowell.
Hugues, baron de Burnell.
Thomas, baron de Morlei.
Edouard Charleton, baron de Powis.
Jean Cornwal, baron de Fanhope.
Guillaume Arondel.
Jean Stanlei.
Robert de Umfrevill.
Thomas Rampfton.
Thomas Erpingham.
Jean Sulbie.
Sanche de Trane.

*Henri V, roi d'Angleterre, quatrième chef de l'Ordre.*

C H E V A L I E R S.

Jean d'Abrichcourt.
Richard Vere, comte d'Oxford.
Thomas, baron de Camoys.
Simon Felbryge.
Guillaume Harington.
Jean Holland, comte d'Huntingdon.
Sigifmond, empereur, de la Maifon de Luxem-
bourg, roi de Bohême.
N..... duc de Bridge.
Jean Blount.
Jean Robeffart.
Guillaume Philip, baron de Bardolf.
Jean I, roi de Portugal.
Henri, roi de Danemarck.
Richard de Beauchamp, comte de Barwick.
Thomas de Montagu, comte de Salisbury.
Robert Willougbi.
Henri Fitz-Hughes.
Jean Grei, comte de Tancarville.
Hugues Stafford, baron de Bourchier.
Jean Mowbrai.
Guillaume de la Poole, duc de Suffolck.
Jean Clifford.
Louis Robeffard, baron de Bourchier.
Henri Tank-Clux.

Gautier, feigneur d'Hungerford.
Philippe, duc de Bourgogne.

*Henri VI, roi d'Angleterre, cinquième chef de l'Ordre.*

#### CHEVALIERS.

Jean Talbot, comte de Shrewsbury.
Thomas, baron de Scales.
Jean Faftolf.
Pierre de Portugal, duc de Coimbre.
Humfroi Stafford, duc de Buckingham.
Jean Rateliff.
Jean Fitz-Alan, comte d'Arondel.
Richard d'Angleterre, duc d'York.
Edouard, roi de Portugal.
Edmond d'Angleterre, dit *de Beaufort*, duc de Sommerfet.
Jean Grei.
Richard Newil, comte de Salisbury.
Guillaume Newil, comte de Kent.
Albert, archiduc d'Autriche, Empereur.
Jean d'Angleterre, dit *de Beaufort*, duc de Sommerfet.
Raoul Butler, baron de Sudlei.
Henri de Portugal, duc de Viféo.
Jean, vicomte de Beaumont.
Gafton de Foix, captal de Buch.
Jean de Foix, comte de Candale.
Jean de Beauchamp, baron de Powis.
Alphonfe, roi de Portugal.
Alvarès Vafquès d'Almeida, comte d'Abrantes.
Thomas, baron de Hoo.
François Surien.
Alphonfe, roi d'Arragon.
Cafimir, roi de Pologne.
Guillaume, duc de Brunfwick.
Richard Woodwille, comte de Rivers.
Jean de Mowbrai, duc de Nortfolck.
Henri Bourchier, comte d'Effex.
Philippe Wentworth.
Edouard Hall.
Frédéric, archiduc d'Autriche, Empereur.
Jean Talbot, comte de Shrewsbury.
Lyonnel, baron de Wels.
Thomas, baron de Stanlei.
Edouard d'Angleterre, prince de Galles.
Gafpard d'Angleterre, comte de Pembrock, duc de Bedford.
Jacques Butler, comte de Wiltshire.
Jean Sutton, comte Dudlei.
Jean Bourchier, comte de Berners.
Richard Newil, comte de Warwick.
Guillaume, baron de Bonvill.
Jean baron de Wenlock.
Thomas, feigneur de Kyriel.

*Edouard IV, roi d'Angleterre, fixième chef de l'Ordre.*

#### CHEVALIERS.

Georges d'Angleterre, duc de Clarence.

Guillaume, feigneur de Chamberlaine.
Jean Typolft, comte de Worcefter.
Jean Newil, marquis de Montagu.
Guillaume Herbert, comte de Pembrock.
Guillaume, baron d'Haftings.
Jean, baron de Scrope.
Jean, feigneur d'Afllei.
Ferdinand, roi de Naples.
François Sforce, duc de Milan.
Jacques, duc de Douglas.
Gaillard, duc de Duras.
Robert, feigneur d'Harcourt.
Antoine Wideville, comte de Rivers.
Richard d'Angleterre, duc de Glocefter, puis Roi.
N..... feigneur de Mountgryfon.
Jean Mowbrai, duc de Nortfolck.
Jean de la Poole, duc de Suffolck.
Guillaume Fitz-Alan, comte d'Arondel.
Jean Stafford, comte de Wiltshire.
Jean Howard, duc de Nortfolck.
Gaultier de Ferrers, baron de Chartlei.
Gaultier Blount, baron de Montjoie.
Charles, duc de Bourgogne.
Henri Stafford, duc de Buckingham.
Thomas Fitz-Alan, comte d'Arondel.
Guillaume Parr.
Frédéric de la Rovère, duc d'Urbin.
Henri Perci, comte de Northumberland.
Edouard d'Angleterre, prince de Galles.
Richard d'Angleterre, duc d'York.
Thomas Grei, marquis de Dorfet.
Thomas, feigneur de Montgomery.
Ferdinand, roi de Caftille.
Hercule d'Eft, duc de Ferrare.
Jean, roi de Portugal.

*Richard III, roi d'Angleterre, feptième chef de l'Ordre.*

#### CHEVALIERS.

Jean Coniers.
Thomas Howard, duc de Nortfolck.
François, vicomte de Lovell.
Richard Ratcliffe.
Thomas, baron de Burgh.
Thomas Stanlei, comte de Derbi.
Richard Tunf. II.

*Henri VII, roi d'Angleterre, huitième chef de l'Ordre.*

#### CHEVALIERS.

Jean de Vère, comte d'Oxford.
Gilles, baron d'Aubney.
Thomas Fitz-Alan, comte d'Arondel.
Georges Talbot, comte de Shrewsbury.
Jean, vicomte de Wells.
Georges Stanlei, baron de Strange.

Edouard

CHRONOLOGIE. 577

Edouard Wideville.
Jean, baron Dynham.
Maximilien, archiduc d'Autriche, Empereur.
Jean Sauvage.
Guillaume Stanlei.
Jean Chenei.
Alphonse d'Arragon, duc de Calabre.
Artus d'Angleterre, prince de Galles.
Thomas Grei, marquis de Dorset.
Henri Perci, comte de Northumberland.
Henri Bourchier, comte d'Essex.
Charles de Sommerset, comte de Worcester.
Robert Willougbi, baron de Brook.
Edouard Poynings.
Gilbert Talbot.
Richard Poole.
Edouard Stafford, duc de Buckingham.
Henri d'Angleterre, duc d'York, puis Roi, huitième du nom.
Edouard de Courtenai, comte de Devonshire.
Richard Guildfort.
Edmond de la Poole, comte de Suffolck.
Thomas Lovel.
Renaud Brai.
Jean, roi de Danemarck.
Guy Ubalde de la Rovère, duc d'Urbin.
Gerald Fitz-Gerald, comte de Kildare.
Henri Stafford, comte de Wiltshire.
Richard Grei, comte de Kent.
Richard Apthomas.
Philippe, roi de Castille.
Thomas Brandon.
Charles-Quint, empereur & roi d'Espagne.

*Henri VIII, roi d'Angleterre, neuvième chef de l'Ordre.*

CHEVALIERS.

Thomas, baron d'Arci.
Edouard Sutton, baron de Dudlei.
Emmanuel, roi de Portugal.
Thomas Howard, duc de Nortfolck.
Thomas West, baron de la Vare.
Henri, baron de Marnei.
Georges Newil, baron d'Abergeveni.
Edouard Howard, duc de Nortfolck.
Charles Brandon, duc de Suffolck.
Julien de Médicis.
Edouard Stanlei, baron de Mounteagle.
Thomas d'Acres, baron de Gylefland.
Guillaume, baron de Sands.
Henri de Courtenai, marquis d'Excefter.
Ferdinand, Empereur.
Richard Wingfield.
Thomas Boulen, comte d'Ormond.
Gautier d'Evreux, vicomte d'Héreford.
Artus d'Angleterre, bâtard du roi Edouard IV, vicomte de l'Isle.
Robert Radeliffe, comte de Suffex.
*Histoire. Tome VI. Supplément.*

Guillaume Fitz-Alan, comte d'Arondel.
Thomas Manners ou Manours, comte de Rutland.
Henri Fitz-Roi, duc de Richemont & de Sommerfet.
Rodolphe Newil, comte de West-Morland.
Guillaume Blount, baron de Montjoie.
Guillaume Fitz-William, comte de Southampton.
Henri Guildfort.
François I, roi de France.
Jean Vère, comte d'Oxford.
Henri Perci, comte de Northumberland.
Anne, duc de Montmorenci.
Philippe Chabot, comte de Charni.
Jacques, roi d'Ecosse.
Nicolas, seigneur de Carrew.
Henri Clifford, duc de Cumberland.
Thomas Cromwel, comte d'Essex.
Jean Russel, comte de Bedford.
Thomas Chenei.
Guillaume Kingston.
Thomas Audley, baron de Walden, chancelier d'Angleterre.
Antoine Brown.
Edouard Seymour, duc de Sommerset.
Henri Howard, comte de Surrei.
Jean Gage.
Antoine Wingfield.
Jean Sutton, duc de Northumberland.
Guillaume Pawlet, marquis de Winchefter.
Guillaume Parr, marquis de Northampton.
Jean Wallop.
Henri Fitz-Alan, comte d'Arondel.
Antoine de Saint-Léger.
François Talbot, comte de Shrewsbury.
Thomas Wriotefley, comte de Southampton.

*Edouard VI, roi d'Angleterre, dixième chef de l'Ordre.*

CHEVALIERS.

Henri Grei, duc de Suffolck.
Edouard Stanlei, comte de Derbi.
Thomas, baron de Seymour.
Guillaume Paget, baron de Baudefart.
François Haftings, comte d'Hunlingdon.
Georges Brook, baron de Cobham.
Thomas West, baron de la Vare.
Guillaume Herbert, comte de Pembrock.
Henri II, roi de France.
Edouard Fynet, comte de Lincoln.
Thomas Darci, baron de Chiche.
Henri Newil, comte de West-Morland.
André Dudlei.

*Marie, reine d'Angleterre, onzième chef de l'Ordre.*

CHEVALIERS.

Philippe II, roi d'Espagne.
Henri Radeliff, comte de Suffex.
Dddd

Emmanuel-Philibert, duc de Savoie.
Guillaume, baron d'Howard.
Antoine Browne, vicomte de Montague.
Edouard, baron d'Haftings.
Thomas Radeliff, comte de Suffex.
Guillaume Grei, baron de Wilton.
Robert, feigneur de Rochefter.

*Elifabeth, reine d'Angleterre, douzième chef
de l'Ordre.*

### CHEVALIERS.

Thomas Howard, comte de Norfolck.
Henri Mannours, comte de Rutland.
Robert Dudlei, comte de Leicefter.
Adolphe, duc de Holftein.
Georges Talbot, comte de Shrewsbury.
Henri Carei, baron de Hunfdon.
Thomas Perci, comte de Northumberland.
Ambroife Dudlei, comte de Barwick.
Charles IX, roi de France.
François Ruffel, comte de Bedford.
Henri Sidney.
Maximilien II, Empereur.
Henri Haftings, comte de Huntingdon.
Guillaume Sommerfet, comte de Worcefter.
François, duc de Montmorenci.
Gautier d'Evreux, comte d'Effex.
Guillaume Cécill, baron de Burghlei.
Artûs Grei, baron de Wilton.
Edmond Bruges, baron de Chandos.
Henri Stanlei, comte de Derbi.
Henri Herbert, comte de Pembrock.
Henri III, roi de France.
Charles Howard, comte de Nottingham.
Rodolphe, Empereur.
Frédéric II, roi de Danemarck.
Jean Cafimir, comte palatin du Rhin, duc de
Bavière.
Edouard Mannours, comte de Rutland.
Guillaume Brook, baron de Cobham.
Henri Scroop, baron de Bolton.
Robert d'Evreux, comte d'Effex.
Thomas Butler, comte d'Ormond.
Chriftophe Hatton, chancelier d'Angleterre.
Henri Radeliff, comte de Suffex.
Thomas Sackville, comte de Dorfet.
Henri IV, roi de France.
Jacques VI, roi d'Ecoffe.
Gilbert Talbot, comte de Shrewsbury.
Georges Clifford, comte de Cumberland.
Henri Perci, comte de Northumberland.
Edouard Sommerfet, comte de Worcefter.
Thomas, baron de Burgh.
Edouard Sheffield, comte de Mulgrave.
François Knolles.
Frédéric, duc de Wirtemberg.
Thomas Howard, comte de Suffolck.
Georges Carei, baron de Hunfdon.

Charles Blount, comte de Devonshire.
Henri Lée.
Robert Radeliff, comte de Suffex.
Henri Brooke, baron de Cobham.
Thomas Scroop, baron de Bolton.
Guillaume Stanlei, comte de Derbi.
Thomas Cécill, baron de Burghlei.

*Jacques I, roi d'Angleterre, treizième chef de l'Ordre.*

### CHEVALIERS.

Henri d'Angleterre, prince de Galles.
Chriftiern IV, roi de Danemarck.
Louis Stuart, duc de Richemont.
Henri Wrioteflei, comte de Southampton.
Jean Erskin, comte de Marr.
Guillaume Herbert, comte de Pembrock.
Ulric, duc de Holftein.
Henri Howard, comte de Northampton.
Robert Cécill, comte de Salisbury.
Thomas Howard, vicomte de Bindon.
Georges Hume, comte de Dunbart.
Philippe Herbert, comte de Montgomery.
Charles Stuart, prince de Galles, puis Roi.
Thomas Howard, comte de Norfolck.
Robert Carre, comte de Sommerfet.
Frédéric Cafimir, comte palatin du Rhin, élec-
teur & roi de Bohême.
Maurice de Naffau, prince d'Orange.
Thomas Ereskin, vicomte de Fenton.
Guillaume Knolles, comte de Banbari.
François Mannous, comte de Rutland.
Georges Villiers, duc de Buckingham.
Robert Sidney, comte de Leicefter.
Jacques Hamilton, comte de Cambridge.
Edme Stuart, duc de Lenox.
Chriftian, duc de Brunfwick.
Guillaume Cécill, comte de Salisbury.
Jacques Hai, comte de Carlifle.
Edouard Sackville, comte de Dorfet.
Henri Rich, comte de Holland.
Thomas Howard, comte de Berkshire.

*Charles I, roi d'Angleterre, quatorzième chef
de l'Ordre.*

### CHEVALIERS.

Claude de Lorraine, duc de Chevreufe.
Guftave-Adolphe, roi de Suède.
Henri-Frédéric de Naffau, prince d'Orange.
Théophile Howard, comte de Suffolck.
Guillaume Compton, comte de Northampton.
Richard Wefton, comte de Portland.
Robert Barri, comte de Lindfei.
Guillaume Cécill, comte d'Excefter.
Jacques, marquis d'Hamilton, comte de Cam-
bridge.
Charles-Louis, comte palatin du Rhin, électeur.

Jacques Stuart, duc de Lenox.
Henri d'Anvers, comte de Danbi.
Guillaume Douglas, comte de Morton.
Algernon Perci, comte de Northumberland.
Charles d'Angleterre, prince de Galles, puis Roi.
Thomas Wentworth, comte de Stafford.
Jacques d'Angleterre, duc d'York, puis Roi.
Robert, comte palatin du Rhin, duc de Bavière.
Guillaume de Naffau, prince d'Orange.
Bernard de Foix, de la Valette, duc d'Epernon.

*Charles II, roi d'Angleterre, quinzième chef de l'Ordre.*

### CHEVALIERS.

Maurice, comte palatin du Rhin, duc de Bavière.
Jacques Butler, duc d'Ormond.
Edouard, comte palatin du Rhin, duc de Bavière.
Georges Villers, duc de Buckingham.
Guillaume, duc d'Hamilton.
Thomas Wriotheslei, comte de Southampton.
Guillaume Cavendish, duc de Newcaftle.
Jacques Graham, marquis de Montross.
Jacques Stanlei, comte de Derbi.
Georges Digbi, comte de Bristol.
Henri d'Angleterre, duc de Glocéfter.
Henri-Charles de la Tremoille, prince de Tarente.
Guillaume-Henri de Naffau, prince d'Orange, puis roi d'Angleterre.
Frédéric-Guillaume, électeur de Brandebourg.
Iean-Gaspard Ferdinand, comte de Marfin.
Georges Monck, duc d'Albemarle.
Edouard Montague, comte de Sandwic.
Guillaume Seymour, duc de Sommerfet.
Aubri de Vère, comte d'Oxford.
Charles Stuart, duc de Richemont & de Lenox.
Montague Barti, comte de Cadfei.
Edouard Montague, comte de Manchefter.
Guillaume Wentworth, comte de Stafford.
Chriftian, prince de Danemarck.
Jacques Scot, duc de Montmouth.
Jacques d'Angleterre, duc de Cambridge.
Charles, roi de Suède.
Jean-Georges II, duc de Saxe, électeur.
Chriftophe Monck, duc d'Albemarle.
Jean Maitland, duc de Lauderdale.
Henri Sommerfet, marquis de Worcefter.
Henri Jermin, comte de Saint-Albans.
Guillaume Ruffel, comte de Bedfort.
Henri Bennet, comte d'Arlington.
Thomas Butler, comte d'Offeri.
Charles Fitz-Roi, duc de Southampton.
Jean Sheffield, comte de Mulgrave, puis duc de Buckingham.
Henri Cavendish, duc de Newcaftle.

Thomas Osborne, comte de Danbi.
Henri Fitz-Roi, duc de Grafton.
Jacques Cécill, comte de Salisbury.
Charles, comte palatin du Rhin, électeur.
Charles Lenox, Fitz-Roi, duc de Richemont.
N..... duc d'Hamilton.
Georges, prince de Danemarck.
Charles Seymour, duc de Sommerfet.
Georges Fitz-Roi, duc de Northumberland.

*Jacques II, roi d'Angleterre, feizième chef de l'Ordre.*

### CHEVALIERS.

Henri Howard, duc de Nortfolck.
Henri Mordant, comte de Peterborough.
Laurent Hyde, comte de Rochefter.
Louis de Duras, comte de Feversham.
Robert Spencer, comte de Sunderland.
Jacques Butler, duc d'Ormond.
Jacques Fitz-James, duc de Barwick, maréchal de France.
Antonin Nompar de Caumont, duc de Lauzun.
Richard Talbot, duc de Tirconel.
Jacques, prince de Galles.
Guillaume Herbert, duc de Powitz.
Jean Drumont, duc de Melfort.

*Guillaume-Henri, troifième du nom, roi d'Angleterre, dix-feptième chef de l'Ordre.*

### CHEVALIERS.

Frédéric, duc de Schomberg.
Guillaume Cavendish, duc de Devonshire.
Frédéric, marquis de Brandebourg, électeur.
Georges-Guillaume, duc de Brunfwick-Zell.
Jean-Georges, duc de Saxe, électeur.
Charles Sackville, comte de Dorfet & de Midlefex.
Jacques Talbot, duc de Shrewsbury.
Guillaume de Danemarck, duc de Glocefter.
Guillaume Benting, comte de Portland.
Jean Cavendish, duc de Newcaftle.
Thomas Herbert, comte de Pembrock & de Montgomery.
Arnol Jooft van Keppal, comte d'Albemarle.
Jacques Douglas, duc de Quinsbury.
Georges-Louis, duc de Brunfwick-Hanover, électeur, depuis roi d'Angleterre.

*Anne, reine d'Angleterre, dix-huitième chef de l'Ordre.*

### CHEVALIERS.

N..... duc de Bedford.
Jean Churchill, duc de Marlborough, prince de l'Empire.
Mainard, duc de Schomberg.
N..... Godolphin.

N..... de Brunfwick , prince électoral d'Hanovre & prince de Galles.

N..... comte de Warton.

N..... duc de Devonshire.

N..... duc d'Argile.

N..... duc d'Hamilton.

Henri de Sommerfet , duc de Sommerfet.

N..... duc de Beaufort.

N..... duc de Kent.

Charles Mordant , comte de Péterborough.

N..... comte d'Oxford.

N..... comte Pawlet.

N..... comte de Strafford.

*Georges-Louis , premier du nom , roi de la Grande-Bretagne , proclamé le 12 août 1714 , dix-neuvième chef de l'Ordre.*

## CHEVALIERS.

Élus le 27 octobre 1714 , inftallés le 20 décembre fuivant :

Manners , duc de Rutland , marquis de Granby , lord-lieutenant de la province & comté de Leicefter , mort de la petite vérole à Londres le 5 mars 1721 , dans la quarante-cinquième année de fon âge.

Charles Pawlet , duc de Bolton , marquis de Winchefter , confeiller d'Etat , lieutenant-gouverneur des comtés de Southampton & de Dorfet , garde royal de la grande forêt , &c. , mort le 1er. février 1722.

Lionel Cranfield Sackville , comte de Dorfet & Midlefex , créé duc au mois de juin 1722 , grand-maître de la Maifon du Roi , connétable du château de Douvres & des cinq ports d'Angleterre , puis vice-roi d'Irlande en 1730.

Georges Montague , comte d'Hallifax , l'un des lords du confeil-privé.

Elus au mois de décembre 1716 , dans un chapitre tenu à Hanover , & inftallés par procureur à Windfor le 11 mai 1718 :

Frédéric-Louis de Brunfwick , né prince d'Hanover , créé duc de Glocefter en 1718 , duc d'Edinbourg , de Cornwall & de Rochaye en 1728 , & enfin prince de Galles & comte de Chefter en 1729.

Erneft Augufte , duc de Brunfwick-Lunebourg , évêque & prince d'Ofnabruck , duc d'York , pair de la Grande-Bretagne & frère du roi Georges I. Il mourut à Ofnabruck le 14 août 1728.

Elus le 5 avril 1718 , & inftallés à Windfor le 11 mai fuivant :

Charles Beauclerc , duc de Saint-Albans , comte de Burford , baron de Headington , capitaine de la compagnie des gentilshommes penfionnaires , lieutenant-gouverneur & garde des rôles du comté de Berck. Mort à Bath le 20 mai 1726. Il étoit fils naturel du roi Charles II.

Jean Montague , duc de Montague , grand-maître de la garde-robe du Roi , lieutenant-gouverneur du comté de Northampton , nommé grand-maître de l'Ordre du Bain le 7 juin 1725.

Thomas Hollis Pelham , duc de Newcaftle , alors grand-chambellan de la Maifon du Roi , puis fecrétaire d'Etat en 1724. Nommé ftewart , & gardien de la forêt de Sheerwood & du parc de Tolewood dans le comté de Nottingham , au mois de feptembre 1727.

James Berkcley , comte de Berkcley , vice-amiral & premier commiffaire de l'amirauté de la Grande-Bretagne , l'un des lords du confeil-privé , lieutenant-gouverneur du comté de Glocefter.

Elu le 10 mai 1719 , & inftallé le 4 juillet fuivant :

Evelyn Pierpoint , duc & comte de Kingfton , marquis de Dorchefter , vicomte de Newarck , baron de Pierpoint , préfident du confeil-privé , puis garde du fceau privé de la Grande-Bretagne , lieutenant-gouverneur & garde des rôles du comté de Wiltz , mort à Londres le 16 mars 1726.

Elu le 2 décembre 1719 , & inftallé à Windfor le 4 juin 1710 :

Charles Spencer , comte de Sunderland , premier commiffaire de la tréforerie de la Grande-Bretagne , premier gentilhomme de la chambre & de la garde-robe du roi Charles II , & fon premier miniftre , mort à Londres le 30 avril 1722.

Elus le 7 avril 1721 , & inftallés le 25 mai :

Charles Fitz-Roi , duc de Grafton , comte d'Ewton , vicomte d'Ypfwick , né au mois de novembre 1683 , vice-roi d'Irlande , puis lord chambellan de la Maifon du Roi.

Henri Clinton , comte de Lincoln , tréforier de la Maifon du Roi , membre du confeil-privé , lieutenant-gouverneur & garde des rôles du comté de Cambridge , mort à Weydbrige le 18 feptembre 1728 , âgé de quarante-quatre ans.

Elus le 21 , & inftallés le 24 octobre 1722 :

Charles Pawlet , duc de Bolton , marquis de Winchefter , colonel du régiment des gardes bleus à cheval , fait lieutenant-gouverneur & garde des rôles des comtés de Southampton & de Dorfet , garde des rôles des comtés de Clamorgan & de Carmorthen , & gardien de la nouvelle forêt dans le comté de Southampton , au lieu & place de feu fon père , au mois de février 1722 , auffi gouverneur de Milford dans le comté de Pembrock , connétable du château de Carnarvan & de la tour de Londres , puis nommé gouverneur de l'île de Wigh le 6 feptembre 1726 , membre du confeil-privé , &c.

J. Manners , duc de Rutland , marquis de Granby.

Le duc de Roxborough , alors fecrétaire d'Etat pour l'Ecoffe , & l'un des feize pairs d'Ecoffe , ayant féance au parlement de la Grande-Bretagne.

Elus le 19 juillet , & inftallés le 8 août 1724 :

Charles Townshend , vicomte de Townshend , baron de Lynn , l'un des lords du confeil-privé , & alors fecrétaire d'Etat de la Grande-Bretagne , nommé lieutenant-gouverneur & garde des rôles du comté de Norfolck au mois de septembre 1727.

Richard Lumley, comte de Scarborough, grand-écuyer du prince de Galles, depuis roi Georges II.

Elus le 8, & installés le 27 juin 1726 :

Charles Lenox, duc de Richemont, comte de March & de Danteley, baron de Settington & de Torbolton, né le 29 mai 1720, capitaine dans le régiment royal des gardes bleus de cavalerie, & aide-de-camp du Roi, créé chevalier de l'Ordre du Bain le 7 juin 1725, & fait gentilhomme de la chambre du Roi au mois d'octobre 1727.

Robert Walpole, chevalier, membre du conseil-privé, premier commissaire de la grande trésorerie & chancelier de l'échiquier, premier ministre des rois Georges I & II, chevalier de l'Ordre du Bain, de la promotion du 7 juin 1725, &c.

*Georges-Auguste, deuxième du nom, roi de la Grande-Bretagne, proclamé le 26 juin 1727, vingtième chef de l'Ordre.*

### CHEVALIERS.

Elus le 29 mai, & installés le 29 juin 1730 :

Guillaume-Auguste de Brunswick, duc de Cumberland, second fils du roi Georges II, né le 26 avril 1721, & fait chevalier de l'Ordre du Bain le 7 juin 1726.

Philippe Dormer Stanhope, comte de Chesterfield, gentilhomme de la chambre du Roi, de son conseil-privé, & nommé ambassadeur extraordinaire en Hollande : il fut fait grand-maître de la Maison du Roi, & prêta serment pour cette charge le 29 juin 1730.

Richard Boyle, comte de Burlington.

### ORDRES DU DANEMARCK.

#### *Ordre de Dannebrog.*

Quelques-uns croient cet Ordre institué en 1219, sous le règne de Waldemar. Cet Ordre fut négligé & presqu'éteint sous les successeurs de Waldemar, lorsque le christianisme s'introduisit dans toutes les provinces danoises.

Christiern V, roi de Danemarck, l'a relevé en 1671, le jour du baptême de son fils Frédéric IV, prince héréditaire de sa couronne.

La marque de cet Ordre est une croix émaillée d'argent, chargée d'onze diamans avec ces deux lettres : G. S. Dans les cérémonies les chevaliers prennent pour collier une chaîne qui tient des deux côtés en double W, qui est le chiffre du roi Christiern V, & une croix émaillée d'argent ; alternativement ils portent aussi un cordon blanc, ondé & bordé de gueules, où pend la croix, & sur l'estomac au côté droit une étoile en broderie d'argent.

#### *Ordre de chevalerie de l'Éléphant.*

Ce fut Chrétien ou Christiern I, roi de Dane-marck, surnommé *le Riche*, qui institua cet Ordre en 1473. Ceux qui aspirent à cet honneur, sont obligés de recevoir auparavant l'Ordre militaire de Dannebrog, comme nous avons dit qu'en France les chevaliers de l'Ordre du Saint-Esprit prennent l'Ordre de Saint-Michel la veille du jour qu'ils doivent recevoir l'Ordre du Saint-Esprit.

La marque de l'Ordre de l'Éléphant est une chaîne d'or, au bout de laquelle pend un éléphant émaillé d'argent, le dos chargé d'un château de gueules, maçonné de sable, le tout posé sur une terrasse de sinople émaillée de fleurs ; à la droite de l'éléphant il y a cinq diamans posés en croix, & à gauche le chiffre du nom du Roi. Le cordon est ondé d'azur, & les chevaliers portent sur leurs habits une étoile d'argent en broderie à huit pointes, & en cœur de l'étoile de gueules à la croix d'argent.

#### *Ordre de la Fidélité,*

Institué par Christiern VI, roi de Danemarck, le 7 août 1732, pour l'anniversaire de son mariage.

La marque de l'Ordre est une croix coupée d'or, émaillée d'argent, chargée en cœur d'un écusson de gueules, écartelé au premier & au quatrième d'un lion du nord, & au second & au troisième d'un aigle, & sur le tout d'azur, au chiffre du roi & de la reine de Danemarck, & sur le revers on lit cette légende : *In felicissima unionis memoriam.* Cette croix est attachée à un grand cordon de soie bleue, turquin, tissu d'argent aux extrémités ; la croix rayonnée dans chaque angle.

### ORDRES DE SUÈDE.

#### *Ordre des Chérubins & des Séraphins.*

On rapporte l'institution de cet Ordre à Magnus, roi de Suède, en l'année 1334.

Le collier de l'Ordre est composé de chérubins & de séraphins, avec double chaînon & des croix patriarchales ou de Lorraine, de sinople, à cause de l'archevêché d'Upsal. Au bout du collier est attaché un ovale d'azur, où il y a un nom de Jésus, & en pointe quatre clous de la passion, émaillés de blanc & de noir.

#### *Ordre d'Amarante.*

Cet Ordre, institué en Suède par la reine Christine en 1653, ne dura pas long-tems ; il finit avant la fondatrice.

La marque de l'Ordre étoit une médaille émaillée de rouge, où il y avoit au milieu un AV. mis en chiffre & enrichi de diamans, environné d'une couronne de laurier. A l'entour étoit une devise : *Dolce nella memoria.* Cette marque étoit attachée à un ruban couleur de feu, & se portoit au cou.

( Ordre des Chevaliers de l'Épée, institué par Gustave I, en 1523. )

### ORDRES DE RUSSIE.

#### Ordre de Saint-André.

L'Ordre de chevalerie de Saint-André, en Ruffie, inftitué par le czar Pierre.

La marque de cet Ordre eft une croix de Saint-André, où eft le titre du prince, conçu en ces mots : *Le czar Pierre, confervateur de toute la Ruffie;* la croix furmontée d'une couronne attachée au bout d'un grand cordon blanc, & dans les trois autres, l'aigle de Ruffie éployée; celui de la pointe de l'angle chargé d'un écuffon, furchargé d'un cavalier armé, & au revers eft l'image de Saint-André au bout d'une autre petite croix avec ces deux lettres : S. A.

Le collier de l'Ordre eft de chaînons chargés de rofes.

#### Ordre de Sainte-Catherine,

Inftitué par le czar Pierre I, en 1715, tant pour les feigneurs de fa cour, que pour les Dames.

La marque de dignité eft un ruban blanc fur l'épaule droite, en écharpe, au bout duquel pend une médaille enrichie de diamans, chargée de l'image de fainte Catherine, & fur le côté gauche de l'eftomac une étoile en broderie, au milieu de laquelle eft une croix avec cette devife : *Par l'amour & la fidélité envers la patrie.*

#### ORDRE DE PRUSSE,

L'Ordre de chevalerie de l'Aigle noir en Pruffe fut inftitué par Frédéric, roi de Pruffe, en 1701.

La marque de cet Ordre eft une croix d'or émaillée d'azur, ayant dans chacun des quatre angles un aigle éployé de fable; la croix, chargée en cœur de ces mots : *Fredericus rex*, pend au bout d'un grand cordon d'orange, que les chevaliers portent fur l'épaule gauche, en écharpe.

Le collier eft compofé d'aigles & d'un gros diamant où il y a *F. R.*, écartelé & entouré de quatre couronnes électorales; ils ont encore une étoile brodée d'argent fur l'eftomac, au milieu de laquelle fe voit un aigle éployé, tenant dans fa ferre gauche une couronne de laurier, & dans la dextre un foudre avec cette devife : *Suum cuique.*

#### ORDRE DE POLOGNE.

L'Ordre de chevalerie de l'Aigle blanc, inftitué par Augufte II, roi de Pologne, en 1705.

La marque de dignité, comme on la porte aujourd'hui, eft une croix émaillée de gueules à huit pointes, & la bordure d'argent, cantonnée de flammes de feu, chargées en cœur de l'aigle blanc, qui a fur l'eftomac une autre croix, de même environnée des armes & des trophées de l'électorat de Saxe, & de l'autre côté le nom du Roi en chiffre, avec cette devife : *Pro fide, rege & lege*, le tout furmonté d'une petite couronne de diamant,

pendante au grand cordon bleu : la chaîne eft compofée d'aigles couronnés & enchaînés.

### QUELQUES ORDRES D'ALLEMAGNE.

L'Ordre du Dragon renverfé, inftitué par l'empereur Sigifmond en 1418.

La marque de l'Ordre, faite de deux tortis à doubles chaînes d'or, avec des croix patriarchales vertes : au bout pendoit un dragon renverfé, les ailes étendues, émaillées de diverfes couleurs, & journellement les chevaliers portoient une croix fleurdelifée de vert.

L'Ordre de l'Ours, dit *de Saint-Gal*, inftitué par l'empereur Frédéric II, l'an 1223.

La marque de cet Ordre eft une chaîne d'or, au bout de laquelle pend, dans une médaille d'argent, un ours émaillé de noir, fur une terraffe émaillée de finople.

Il y fut ajouté par trois chefs fondateurs de la liberté des Suiffes, une chaîne faite de feuilles de chêne, qui entoure la première.

L'Ordre de chevalerie *de l'Amour du Prochain* fut inftitué, en 1708, par l'impératrice Elifabeth-Chriftine.

La marque de dignité de l'Ordre eft un ruban rouge, attaché fur la poitrine, au bout duquel pend une croix à huit pointes, où font ces mots : *Amor proximi.*

L'Ordre *des Dames de la Croix étoilée*, inftitué le 18 juin 1757, par Marie-Thérèfe-Walpurge-Amélie-Chriftine d'Autriche, Impératrice.

La marque de cet Ordre eft une croix pâle, émaillée de blanc, bordée d'or, & une médaille blanche, chargée d'une face de gueules, entourée d'une légende, *fortitudo*, les lettres en or; & au revers, un chiffre compofé d'un M. T. F. doublé, entouré d'un émail vert.

L'Ordre *du Cigne*, au duché de Clèves, a été inftitué par ceux de cette Maifon, en mémoire du chevalier du Cigne.

Le collier de cet Ordre eft une chaîne d'or à trois rangs, qui tient fufpendu par trois chaînons un cigne d'argent, fur une terraffe émaillée de fleurs.

L'Ordre *de Saint-Georges*, défenfeur de l'Immaculée Conception de la Vierge. Charles-Albert, électeur de Bavière, l'inftitua par conceffion papale à Munich l'an 1729, le jour de la fête de faint Georges.

La marque de cet Ordre eft une croix à huit pointes, chargée en cœur de l'image de faint Georges tuant un dragon.

On lit fur le collier de l'Ordre ces mots : *Fid. juft. & fort.* qui y font arrangés alternativement entre des colonnes furmontées d'un globe impérial, & ayant pour fupports deux lions armés chacun d'un fabre.

### QUELQUES ORDRES D'ITALIE.

L'Ordre *du Lis*, inftitué par le pape Paul III.

La marque de l'Ordre est une double chaîne d'or, entrelacée de la lettre *M* à l'antique ; au bout est une médaille en ovale, sur laquelle est émaillé un lis d'azur, sortant d'une terrasse & supportant une M aussi à l'antique, couronnée. A l'entour de la médaille sont ces mots : *Pauli III. P. M.*, & sur le revers est l'image de Notre-Dame sur un arbre formant la couronne. Le même pape Paul III, romain, de la Maison Farnèse, institua l'Ordre *de Saint-Pierre & Saint-Paul* l'an 1540, sixième de son pontificat, durant le reste duquel, c'est-à-dire, jusqu'en 1549 que finit son pontificat avec sa vie, il fit deux cents chevaliers.

La marque de l'Ordre est un ovale d'or, où pend une image de saint Pierre au bout d'une chaîne à trois rangs, d'or ; & au revers, l'image de saint Paul.

L'Ordre *de Notre-Dame de Lorette*, institué par le pape Sixte-Quint en 1587. Il donna aux chevaliers, pour marque de leur dignité, l'image de Notre-Dame de Lorette.

L'Ordre de Saint-Jean-de-Latran, dit *de l'Epe-ron*, à Rome, fut institué en 1560, par le pape Pie IV.

La marque de l'Ordre est une croix à huit pointes, émaillée dans le goût de la croix de Saint-Louis, ayant une médaille où est saint Jean-Baptiste sur une terrasse de sinople, entourée d'une légende : *Ordini instituto* 1560. La croix est cantonnée dans chaque angle d'une fleur de lis ; d'autres y mettent une clef, & au bas de la croix en pointe est un éperon d'or ; sur le revers de la médaille sont deux clefs passées en sautoir, chargées au milieu d'une tiare, le tout d'or, entourée d'une légende : *Præmium virtuti & pietati.*

L'Ordre de *Saint-Janvier*, institué le 2 juillet 1738, par Charles, infant d'Espagne, roi de Jérusalem & des Deux-Siciles.

La marque de l'Ordre est une croix à huit pointes, émaillée de blanc & brodée d'or, & sur le milieu saint Janvier, évêque, à demi-corps dans des nues. Le collier est composé d'attributs de l'Eglise & du chiffre de saint Janvier ; & sur le revers, une médaille d'or, un livre d'or portant deux burettes de gueules, entourées de deux palmes de sinople.

L'Ordre de chevalerie *de Saint-Marc*, à Venise. Les auteurs ne s'accordent pas sur le tems ni sur l'auteur de l'institution de cet Ordre. Ce fut, selon quelques-uns, dans le second âge de la République, c'est-à-dire, sous le gouvernement des ducs ou doges, que le corps de l'évangéliste saint Marc, ayant été transporté d'Alexandrie à Venise, on institua cet Ordre en l'honneur de ce saint.

La marque de cet Ordre est une chaîne d'or, au bout de laquelle est attachée une médaille de même, sur laquelle est représenté un lion ailé, qui tient d'une patte une épée nue & un livre d'évangiles ouvert, avec ces paroles : *Pax tibi, Marce, evangelista meus* ; sur le revers de la médaille se

voit le nom du doge régnant, ou son portrait, le représentant à genoux pour recevoir un étendard de la main de saint Marc.

L'Ordre *de Saint-Georges*, à Gênes. On ne sait certainement ni par qui ni quand il fut institué.

L'Ordre militaire *du précieux Sang*, à Mantoue, institué par Vincent de Gonzague IV, duc de Mantoue, en 1608, à l'honneur des trois gouttes de sang de Jésus-Christ, que l'on conserve à Mantoue.

Le collier de l'Ordre est composé d'ovales d'or entrelacés par des chaînons ; sur un de ces ovales est élevé d'émail blanc ce mot : *Domine, probasti* ; & sur d'autres sont des flammes de feu qui brûlent autour d'un creuset ; au bout de ce collier pend un ovale où sont représentés deux anges émaillés au naturel, tenant un ciboire couronné, avec ces mots à l'entour : *Nihil isto triste recepto.* Ces chevaliers portent le collier dans les grandes cérémonies, & se contentent d'avoir tous les jours sur l'estomac une médaille qui représente la même chose.

L'Ordre *de Notre-Dame-de-Gloire*, à Mantoue, institué par Barthélemy, religieux dominicain, ensuite évêque : il institua cet Ordre en 1233. Il porte d'argent à la croix de pourpre, cantonnée de quatre étoiles de même.

L'Ordre *de Saint-Maurice & de Saint-Lazare* commença en 1370, institué en Savoie par saint Basile, & supprimé par le pape Innocent VIII : il fut rétabli par le pape Pie IV en 1564.

La marque de l'Ordre est une croix à huit pointes, jointe avec la croix de saint Maurice qui est dessus, d'or, émaillée de blanc. Cette marque se porte attachée à une chaîne d'or ou à un ruban de soie, de telle couleur que chaque chevalier de l'Ordre le juge à propos. Le siége de l'Ordre de Saint-Lazare est à Nice, & celui de Saint-Maurice à Turin.

Retournons en Espagne, pour nous occuper d'un Ordre célèbre, devenu espagnol, quoique né flamand & presque français, communiqué dans tous les tems à beaucoup de Français, & institué par un Prince de la Maison de France. C'est l'Ordre de la Toison-d'Or, institué à Bruges le 10 janvier 1429, par Philippe-le-Bon, duc de Bourgogne, troisième duc de la seconde Maison de Bourgogne, & père du dernier duc, Charles-le-Téméraire.

## Toison-d'Or.

Ordre de chevalerie institué à Bruges par Philippe-le-Bon, duc de Bourgogne, le 10 janvier 1430, suivant la nouvelle computation, durant la solennité de son mariage avec Isabelle de Portugal. Ce Prince tint la même année le premier chapitre, à Lille, le jour de saint André, sous la protection de qui il avoit mis le nouvel Ordre ; mais il n'en dressa les statuts que l'année suivante, dans la même ville. Il n'y eut d'abord que vingt-quatre chevaliers ; mais l'an 1516, Charles-Quint voulut qu'il y en eût cinquante, sans y comprendre le chef ou fouverain. Préfentement leur nombre n'eft pas limité ; & le roi d'Efpagne, qui eft le fouverain, confère cet Ordre comme il lui plaît, & à qui il lui plaît ; au lieu qu'autrefois il étoit conféré dans les chapitres à la pluralité des voix ; ce qui fut aboli dès l'an 1572, par Philippe II. Le chapitre fe tint pendant quelque tems tous les ans, le jour de faint André : on régla enfuite qu'il ne fe tiendroit que tous les trois ans, le 2 mai ; & Charles-le-Hardi, dernier duc de Bourgogne, changea encore cette difpofition, & voulut que le tems de fes affemblées dépendît entiérement du fouverain. Dans ces affemblées, & certains autres jours, les chevaliers portent le grand collier de l'Ordre, qui eft compofé de fufils & de cailloux, d'où fortent des étincelles de feu, & au bas duquel pend une toifon d'or. Leurs manteaux n'étoient d'abord que de drap ; mais en 1473 Charles-le-Hardi ordonna qu'à l'avenir ils feroient de velours cramoifi, doublés de fatin blanc, avec un bord femé de fufils, de pierres, d'étincelles & de toifons bordées d'or, & que les habits de deffous feroient auffi de velours cramoifi. Il voulut auffi que le fecond jour de l'affemblée, les chevaliers portaffent le manteau de drap noir, avec des chaperons de même étoffe ; ce qui fut changé en 1559, où il fut réglé que ces manteaux & chaperons feroient de velours noir, & feroient fournis par le fouverain, comme les manteaux du premier jour. Enfin il régla que le troifieme jour de l'affemblée, les chevaliers, affiftant à l'office de la Vierge, feroient vêtus de robes de damas blanc, avec des chaperons de velours cramoifi. Les officiers de l'Ordre, qui font le chancelier, le tréforier, le greffier & le roi d'armes, portent auffi des robes & des manteaux de velours cramoifi, mais tout unis. Hors de ces cérémonies, les chevaliers ne portent qu'une toifon d'or attachée à un filet d'or ou à un ruban de foie. Cet Ordre a été approuvé, l'an 1433, par le pape Eugène IV, & confirmé, en 1516, par Léon X, qui lui a accordé divers privilèges, dont il y en a un affez fingulier ; c'eft que les femmes & les filles des chevaliers peuvent entrer dans les monaftères des religieufes avec le confentement des fupérieures. L'office de chancelier de l'Ordre eft toujours exercé par une perfonne conftituée en dignité eccléfiaftique, qui a le pouvoir d'abfoudre les chevaliers & les officiers de tous les cas réfervés ; de commuer leurs vœux, & de leur accorder chaque année, & à l'article de la mort, une indulgence plénière.

*Suite chronologique des chevaliers de la Toifond'Or.*

*Philippe, duc de Bourgogne, fondateur & premier chef de l'Ordre de la Toifon-d'Or, en 1430, mourut en 1467.*

Guillaume de Vienne, feigneur de Saint-Georges, Sainte-Croix, &c. mort en 1435.

Regnier Pot, feigneur de la Prugne, Thoré, &c.
Jean, feigneur de Roubaix, Herzelle, &c. mort en 1449.
Rolland de Witkercke, feigneur de Hemfrode, mort en 1442.
Antoine de Vergi, comte de Dammartin, feigneur de Champlitte, &c. mort en 1439.
David de Brimeu, feigneur de Ligni, &c.
Hugues de Lannoi, feigneur de Santes, &c. mort en 1456.
Jean de la Clitte, feigneur de Commines, &c. mort en 1445.
Antoine de Toulongeon, feigneur de Traves, &c. mort en 1432.
Pierre de Luxembourg, comte de Saint-Pol, &c. mort en 1433.
Jean de la Trémoille, feigneur de Jonvelle, &c.
Guillebert de Lannoi, feigneur de Willerval, &c. mort en 1462.
Jean de Luxembourg, comte de Ligni, &c. mort en 1445.
Jean de Villiers, feigneur de l'Ifle-Adam.
Antoine, feigneur de Croi & de Renti, mort en 1475.
Florimond de Brimeu, feigneur de Maffincourt, mort en 1445.
Robert, feigneur de Mafuimes, mort en 1431.
Jacques de Brimeu, feigneur de Grigni.
Baudouin de Lannoi, feigneur de Molembais, mort en 1474.
Pierre de Beaufremont, comte de Charni.
Pierre, feigneur de Ternant.
Jean de Croi, comte de Chimai, mort en 1472.
Jean, fire de Créqui, mort en 1474.
Jean de Neufchâtel, feigneur de Montaigu.
Frédéric, dit *Valeran*, comte de Meurs.
Simon de Lalain, feigneur de Hantes, Montigni, &c. mort en 1746.
Adrien de Toulongeon, mort en 1432.
Jean de Melun, feigneur d'Antoing, Epinoi, &c. mort en 1484.
Jacques, feigneur de Crévecœur, mort en 1436.
Jean de Vergi, feigneur de Fouvens, Vignori, &c. mort en 1460.
Guy de Pontallier, feigneur de Tallemé, mort en 1436.
Baudot de Noyelles, feigneur de Cafteau.
Jean, bâtard de Luxembourg, feigneur de Haubourdin, mort en 1436.
Charles de Bourgogne, comte de Charolois, puis duc de Bourgogne, & fecond chef de l'Ordre de la Toifon.
Ropreĉt de Vernembourg, mort en 1445.
Tibaut, feigneur de Neufchâtel.
Charles, duc d'Orléans, mort en 1465.
Jean, duc de Bretagne, mort en 1442.
Jean, duc d'Alençon, mort en 1476.
Mathieu de Foix, comte de Cominges.
Alphonfe V, roi d'Arragon, mort en 1458.
François de Borfèle, comte d'Oftrevaut.

Renault

Renault, seigneur de Brederode & de Viane, mort en 1473.

Jean de Borsele, seigneur de la Vère, comte de Grand-Pré, mort en 1470.

Jean, seigneur d'Auxi.

Drieu, seigneur d'Humières, mort en 1460.

Jean, premier du nom, duc de Clèves, comte de la Marck, mort en 1481.

Jean de Guevara, comte d'Ariano.

Pierre de Cardone, comte de Golifano.

Jean, seigneur de Lannoi, mort en 1492.

Jacques de Lalain, seigneur de Bugnicourt, mort en 1453.

Jean de Neufchâtel, seigneur de Montaigu.

Jean de Bourgogne, duc de Nevers, comte d'Estampes, mort en 1491.

Antoine, bâtard de Bourgogne, comte de la Roche-en-Ardenne, mort en 1504.

Adolphe de Clèves, seigneur de Raveftin, mort en 1492.

Jean de Portugal, duc de Conimbre, prince d'Antioche, régent du royaume de Chypre, mort en 1457.

Jean II, roi d'Arragon & de Navarre, mort en 1479.

Adolphe, duc de Gueldres, mort en 1477.

Thibault, seigneur de Neufchâtel.

Philippe Pot, seigneur de la Roche-Nolai, mort en 1494.

Louis de Bruges, seigneur de la Grutuse.

Guy, seigneur de Roi.

*Charles, duc de Bourgogne, deuxième chef de l'Ordre de la Toison-d'Or, en 1467, mourut en 1477.*

Edouard IV, roi d'Angleterre, mort en 1483.

Louis de Châlons, seigneur de Château-Guyon, mort en 1476.

Jean de Damas, seigneur de Clessi.

Jacques de Bourbon, mort en 1468.

Jacques de Luxembourg, seigneur de Richebourg, mort en 1487.

Philippe, duc de Savoie, mort en 1497.

Philippe de Crèvecœur, seigneur d'Esquerdes, maréchal de France, mort en 1494.

Claude de Montagu, seigneur de Couches, mort en 1470.

Ferdinand, dit *le Catholique*, roi de Castille, de Léon, d'Arragon & de Naples, mort en 1516.

Ferdinand, roi de Naples, mort en 1494.

Jean de Rubempré, seigneur de Bièvre, mort en 1477.

Philippe de Croi, comte de Chimai, mort en 1483.

Jean de Luxembourg, comte de Marle & de Rouci, mort en 1476.

Guy de Brimeu, seigneur de Humbercourt, mort en 1476.

Engilbert, comte de Nassau, mort en 1494.

*Maximilien, archiduc d'Autriche, empereur, troisième chef de l'Ordre de la Toison-d'Or, mourut en 1519.*

Guillaume, seigneur d'Egmond, mort en 1483.

Wolfart de Borsele, comte de Grandpré, seigneur de la Vère, mort en 1487.

Josse de Lalain, seigneur de Montigni, gouverneur de Hollande, mort en 1483.

Jacques de Luxembourg, seigneur de Faimes.

Philippe de Bourgogne, seigneur de Beures, mort en 1478.

Pierre de Luxembourg, comte de Saint-Paul, mort en 1482.

Jacques de Savoie, comte de Romont, mort en 1486.

Barthélemy, seigneur de Lichtenftein, grand-maître-d'hôtel d'Autriche.

Claude de Toulongeon, seigneur de la Bastille.

Jean, seigneur de Ligne.

Jean de Hennin, seigneur de Bossut, mort en 1490.

Baudouin de Lannoi, seigneur de Molembais, mort en 1501.

Guillaume de Baume, seigneur d'Irlans, Mont-Solin, &c. mort en 1516.

Jean, seigneur de Berghes, mort en 1531.

Martin, seigneur de Polheim, mort en 1498.

Philippe d'Autriche, comte de Charolois, puis roi d'Espagne, premier du nom.

*Philippe I, roi d'Espagne, archiduc d'Autriche, quatrième chef de l'Ordre de la Toison-d'Or, mourut en 1506.*

Frédéric IV, empereur, roi de Hongrie, archiduc d'Autriche, mort en 1493.

Henri VII, roi d'Angleterre, mort en 1509.

Albert, duc de Saxe, mort en 1500.

Henri de Witthem, seigneur de Berfele, mort en 1515.

Pierre de Lannoi, seigneur de Fresnoi.

Evrard, duc de Wirtemberg, comte de Montbéliard, mort en 1496.

Claude de Neufchâtel, seigneur de Fai, Espinal, &c.

Jean, comte d'Egmond, mort en 1516.

Christophe, marquis de Bade, mort en 1527.

Jean, seigneur de Grüninghe, mort en 1485.

Charles de Croi, prince de Chimai, mort en 1527.

Guillaume de Croi, duc de Soria, marquis d'Arscot, mort en 1521.

Hugues de Melun, de Gand, seigneur de Hendine & de Caumont, mort en 1553.

Jacques de Luxembourg, seigneur de Fiennes, mort en 1535.

Wolfgang, seigneur de Polheim, mort en 1512.

Fitelfrid, comte de Zollern, mort en 1512.

Corneille de Berghes, seigneur de Zevenbergue.

Philippe de Bourgogne, feigneur de Sommer-dick, puis évêque d'Utrecht, mort en 1524.

Michel de Croi, feigneur de Sempi, mort en 1516.

Jean de Luxembourg, feigneur de Ville & de Hamaïde, mort en 1508.

Charles, archiduc d'Autriche, duc de Luxem-bourg, puis Empereur, cinquième du nom.

Henri VIII, roi d'Angleterre, mort en 1546.

Paul, feigneur de Liechtenftein.

Charles, comte de Lalain, fénéchal de Flandre, mort en 1725.

Wolfgang, comte de Furftemberg, mort en 1503.

Jean Manuel, feigneur de Belmonte, mort en 1535.

Floris d'Egmond, comte de Bueren, mort en 1539.

Jacques, comte de Hornes, grand-veneur hé-réditaire de l'Empire, mort en 1530.

Henri, comte de Naffau, mort en 1538.

Ferri de Croi, feigneur de Rœux, mort en 1524.

Philibert, feigneur de Vère, mort en 1512.

*Charles-Quint, empereur, roi d'Efpagne, cinquième chef de l'Ordre de la Toifon-d'Or, mourut en 1558.*

François I, roi de France, mort en 1547.

Ferdinand I, empereur, roi de Hongrie & de Bohême, mort en 1564.

Frédéric, comte palatin, duc de Bavière, électeur, mort en 1556.

Jean, cinquième du nom, marquis de Brande-bourg, mort en 1525.

Guy de la Baume, comte de Montrevel, mort en 1516.

Hoïer, comte de Mansfeld, mort en 1540.

Laurent de Gorrevod, comte de Pont-de-Vaux, mort en 1527.

Philippe de Croi, duc d'Arfcot, mort en 1549.

Jacques de Gaure, feigneur de Fredin, mort en 1537.

Antoine de Croi, feigneur de Thou, Sempi, &c. mort en 1546.

Antoine de Lalain, comte de Hoochftrate, mort en 1540.

Charles de Lannoi, feigneur de Seuxelle, mort en 1527.

Adolphe de Bourgogne, feigneur de Beures, Vère, &c. mort en 1540.

Philibert de Châlons, prince d'Orange, mort en 1530.

Félix, comte de Werdemberg.

Emmanuel, roi de Portugal, mort en 1521.

Louis, roi de Hongrie & de Bohême, mort en 1526.

Michel de Wolkenftein.

Maximilien de Hornes, feigneur de Gaësbecq.

Guillaume, feigneur de Ribeaupierre, mort en 1547.

Jean, baron de Trezegnies, mort en 1550.

Jean, feigneur de Waffenaër, vicomte de Lei-den, mort en 1523.

Maximilien de Berghes, feigneur de Zevenber-gue, mort en 1545.

François de Melun, comte d'Efpinoi, mort en 1547.

Jean, comte d'Egmond, feigneur de Baër, mort en 1528.

Frédéric de Tolède, duc d'Albe, mort en 1527.

Diego-Lopès Pacheco, duc d'Efcalone, mort en 1556.

Diego-Hurtado de Mendoza, duc de l'Infan-tado.

Inigo de Velafco, duc de Frias, connétable de Caftille.

Alvare de Zuniga, duc de Bejar, mort en 1532.

Antoine-Manriquez de Lara, duc de Najara.

Fernand-Raymond Folck, duc de Cardonne.

Pierre-Antoine San-Severino, duc de San-Marco, prince de Bifignano.

Frédéric-Henriquez de Cabrera, comte de Mel-gar, amiral de Caftille, mort en 1538.

Alvare-Perez Oforio, marquis d'Aftorga, mort en 1523.

Chriftiern II, roi de Danemarck, mort en 1559.

Sigifmond I, roi de Pologne, mort en 1548.

Jacques de Luxembourg, comte de Gavre, fei-gneur de Fienne, mort en 1530.

Adrien de Croi, comte de Rœux, mort en 1553.

Jean III, roi de Portugal, mort en 1557.

Jacques V, roi d'Ecoffe, mort en 1542.

Fernand d'Arragon, duc de Calabre, mort en 1551.

Pierre-Fernandez de Velafco, duc de Frias, connétable de Caftille.

Philippe, duc de Bavière, mort en 1548.

Georges, duc de Saxe, mort en 1539.

Bertrand de la Cueva, duc d'Albuquerque, mort en 1559.

André Doria, prince de Melphe, mort en 1560.

Philippe, prince d'Espagne, puis Roi, fecond du nom.

Ferrante de Gonzague, duc d'Ariano, prince de Molfetta, mort en 1559.

Nicolas, comte de Salm, mort en 1550.

Claude de la Baume, feigneur du Mont Saint-Sorlin.

Antoine, marquis de Berghes, comte de Wal-hain.

Jean de Hennin, comte de Boffut, mort en 1556.

Charles, comte de Lalain, mort en 1585.

Louis de Flandres, feigneur de Praël, mort en 1555.

Georges Schenck, baron de Taütembourg, mort en 1540.

Philippe de Lannoi, feigneur de Molembais, mort en 1543.

Alphonfe d'Avalos d'Aquino, marquis de Guafto, mort en 1546.

François de Zuniga, comte de Miranda, mort en 1536.

Maximilien d'Egmond, comte de Bueren, mort en 1548.

René de Châlons, prince d'Orange, comte de Naffau, mort en 1544.

Maximilien II, empereur, roi de Hongrie & de Bohême, archiduc d'Autriche, mort en 1576.

Inigo-Lopez de Mendoza, duc de l'Infantado, mort en 1566.

Ferdinand-Alvarez de Tolède, duc d'Albe, mort en 1582.

Côme de Médicis, duc de Toscane, mort en 1574.

Albert, duc de Bavière, mort en 1579.

Emmanuel-Philibert, duc de Savoie, mort en 1580.

Octave Farnèfe, duc de Parme, mort en 1586.

Manrique de Lara, duc de Najara.

Frédéric, comte de Furftemberg, mort en 1559.

Philippe de Lannoi, prince de Sulmone, mort en 1597.

Joachim, feigneur de Rye.

Pontus de Lalain, feigneur de Bugnicourt.

Lamoral, comte d'Egmond, prince de Gavre, mort en 1568.

Claude Vergi, baron de Champlitte, mort en 1560.

Jacques, comte de Ligne, mort en 1552.

Philippe de Lalain, comte d'Hoochftrate, mort en 1555.

Maximilien de Bourgogne, marquis de la Vère, feigneur de Beures, &c.

Pierre Erneft, comte de Mansfeld, mort en 1604.

Jean de Ligne, comte d'Aremberg, feigneur de Barbançon, mort en 1568.

Tierre, feigneur de Werchin.

Jean de Lannoi, feigneur de Molembais, mort en 1560.

Pierre-Fernandez de Cordoue, comte de Féria, mort en 1555.

*Philippe II, roi d'Espagne, fixième chef de l'Ordre de la Toifon-d'Or, mourut en 1598.*

Henri-le-Jeune, duc de Brunfwick & de Lunebourg, mort en 1568.

Ferdinand, archiduc d'Autriche, marquis de Burgau, comte de Tyrol, mort en 1595.

Philippe de Croï, duc d'Arfcot, prince de Chimai, mort en 1595.

Gonzale-Fernandez de Cordoue, duc de Seffa, de Terranova, &c.

Charles d'Autriche, prince d'Espagne, mort en 1568.

Louis-Henriquez de Cabrera, duc de Medina de Riofeco, comte de Melgart, mort en 1596.

Alphonfe d'Arragon, duc de Segorbe & de Cardonne.

Charles, baron de Berlaymont, mort en 1596.

Philippe de Stavèle, baron de Chaumont, mort en 1562.

Charles de Brimeu, comte de Meghem, feigneur d'Humbercourt, mort en 1569.

Philippe de Montmorenci, comte de Hornes, mort en 1568.

Jean, marquis de Berghes, comte de Walhain, mort en 1567.

Guillaume de Naffau, prince d'Orange, mort en 1584.

Jean de Montmorenci, feigneur de Courières, mort en 1563.

Jean, comte d'Ooftfrife, mort en 1591.

Uladiflas, baron de Bernftein, mort en 1592.

Ferdinand-François d'Avalos-d'Aquino, marquis de Pefcaire & de Guafto.

Antoine Doria, marquis de San-Stephano.

Afcagne Sforce, comte de Santa-Fiore, mort en 1575.

François II, roi de France, mort en 1560.

Guy Baldo de Montfeltre de la Rouere, duc d'Urbin, mort en 1574.

Marc-Antoine Colonne, duc de Palliano, mort en 1584.

Philippe de Montmorenci, feigneur d'Archicourt, mort en 1566.

Baudouin de Lannoi, feigneur de Turcoing.

Guillaume de Croi, marquis de Renti, feigneur de Chièvres, &c. mort en 1565.

Floris de Montmorenci, feigneur de Montigni, mort en 1570.

Philippe, comte de Ligne, mort en 1503.

Charles de Lannoi, prince de Sulmone.

Antoine de Lalain, comte de Hoochftrate, mort en 1568.

Joachim, baron de Neuhans, mort en 1584.

Charles IX, roi de France, mort en 1574.

Dom Juan d'Autriche, gouverneur des Pays-Bas, mort en 1578.

Erric, duc de Brunfwick & de Lunebourg, mort en 1584.

Rodolphe II, empereur, roi de Hongrie & de Bohême, archiduc d'Autriche, mort en 1612.

Jean, duc de Bragance, connétable de Portugal, mort en 1582.

Alphonfe-Perez de Gufman, duc de Medina Sidonia, mort en 1615.

Philippe, prince d'Espagne, puis Roi, troifième du nom.

Charles-Emmanuel, duc de Savoie, mort en 1632.

Louis-Henriquez de Cabrera, duc de Medina de Riofeco, mort en 1596.

Louis de la Cerda, duc de Medina-Celi.

Charles, archiduc d'Autriche, mort en 1590.

Erneft, archiduc d'Autriche, mort en 1595.

Guillaume, cinquième du nom, comte palatin du Rhin, duc de Bavière, mort en 1626.

François-Côme de Médicis, duc de Toscane, mort en 1587.

Alexandre Farnèfe , duc de Parme , mort en 1592.

François-Marie de Montfeltre de la Rouère , duc d'Urbin.

Vefpafien de Gonzague Colonne , duc de Sabionette , mort en 1591.

Charles d'Arragon , duc de Terranova , mort en 1599.

Diego-Fernandez de Cordoue , duc de Cardonne.

Honoré Caïetan , duc de Sermonette , comte de Fondi.

Vincent de Gonzague , duc de Mantoue , mort en 1612.

Inigo-Lopez de Mendoza , duc de l'Infantado , mort en 1601.

Jean-Fernandez Pacheco , duc d'Efcalonne , mort en 1615.

Matthias , empereur , roi de Hongrie & de Bohême , archiduc d'Autriche , mort en 1637.

Ferdinand , empereur , roi de Hongrie & de Bohême , archiduc d'Autriche , mort en 1637.

Sigifmond Batori , prince de Tranfilvanie , mort en 1613.

Pierre de Médicis , prince de Tofcane , mort en 1603.

Guillaume-Urfin de Rofemberg , burgrave de Bohême , mort en 1592.

Léonard , baron de Harrach , mort en 1590.

Horace de Lannoi , prince de Sulmone , mort en 1597.

Marc de Rei , marquis de Varembon , comte de Varax , mort en 1599.

Maximilien , comte d'Ooftfrife , mort en 1600.

Charles de Ligne , comte d'Aremberg , mort en 1616.

Floris , comte de Berlaymont , mort en 1620.

Philippe , comte d'Egmond , prince de Gavre , mort en 1590.

Emmanuel de Lalain , marquis de Renti , mort en 1590.

Robert de Melun , prince d'Efpinoi , mort en 1585.

Alphonfe-Félix d'Avalos d'Aquino d'Arragon , marquis du Guafto & de Pefcaire.

François de Vergi , comte de Champlitte , mort en 1591.

François de Santapan , prince de Butera.

Jean , baron de Kevenhuler , grand-écuyer héréditaire de Carinthie , mort en 1606.

*Philippe III, roi d'Efpagne , feptième chef de l'Ordre de la Toifon-d'Or , mourut en 1621.*

Albert , archiduc d'Autriche , prince des Pays-Bas , mort en 1621.

Louis-Henriquez de Cabrera , duc de Medina de Riofeco , mort en 1600.

Ferrante de Gonzague , duc d'Ariano , feigneur de Guaftalle.

Jean de la Cerda , duc de Medina-Celi , mort en 1607.

Antoine-Alvarès de Tolède de Beaumont , duc d'Albe , connétable de Navarre , mort en 1639.

Charles de Croi , duc d'Arfcot , prince de Chimai , mort en 1612.

Charles-Philippe de Croi , marquis d'Havre , mort en 1613.

Philippe de Croi , comte de Solre , feigneur de Molembais , mort en 1612.

Philippe-Guillaume de Naffau , prince d'Orange , mort en 1618.

Lamoral , comte & prince de Ligne , mort en 1634.

Charles , comte d'Egmond , prince de Gavre , mort en 1620.

Claude de Vergi , comte de Champlitte , mort en 1602.

Pierre Caïetan , duc de Sermonette.

Sigifmond III , roi de Pologne , mort en 1632.

Ranuce Farnèfe , duc de Parme , mort en 1622.

Diego-Henriquez de Guzman , comte d'Alva.

Maximilien , comte palatin du Rhin , duc de Bavière , électeur , mort en 1651.

Herman , comte de Berg , marquis de Berg-op-Zoom , mort en 1611.

Charles d'Arragon , duc de Terranova , mort en 1605.

Ambroife Spinola , marquis de de los Balbafes , mort en 1630.

Céfar d'Eft , duc de Modène & de Reggio , prince de Carpi , mort en 1628.

Alexandre Pic , prince de la Mirandole , marquis de Concordia , mort en 1637.

Camille Caraccioli , prince d'Avellino.

Mathieu de Capoue , prince de Conca , grand-amiral de Naples.

Marc Colonne , duc de Zagarolle.

Inigo-d'Avalos-d'Aquino , marquis de Pefcaire & du Guaft , grand-chambellan de Naples.

Virginio des Urfins , duc de Bracciano.

Louis-Caraffe Marca , duc de Sabionnette , prince de Stigliano.

André-Mathieu Aquaviva d'Arragon , prince de Caferte.

Fabrice-Brancifort Varefi & Santapan , prince de Butera & de Pietra-Perfia , mort en 1641.

Antoine de Moncade-d'Arragon , duc de Monlutte , prince de Paterna , puis cardinal.

Jean-André Doria , prince de Melphe , grand-protonotaire de Naples , mort en 1606.

Pierre-Tellez Giron , duc d'Offone.

Jean d'Arragon , duc de Terranova , mort en 1623.

Alphonfe-Diego-Lopez de Zuniga & Sotomayor , duc de Bejar.

François Colonne , prince de Paleftrine , duc de Baffanello , mort en 1632.

Rodrigue-Ponce de Léon , duc d'Arcos , mort en 1630.

François de Gonzague, prince de Castillon.

Frédéric Landi, prince de Val-de-Taro.

Georges-Louis, landgrave de Leuchtemberg, mort en 1613.

Paul-Sixte Tranthson, comte de Falkenstein, maréchal héréditaire du Tirol, mort en 1621.

Philippe d'Autriche, prince d'Espagne, puis Roi, quatrième du nom.

Charles de Longueval, comte de Buquoi, mort en 1621.

Frédéric, comte de Berg, baron de Boxmeër, mort en 1618.

Charles-Emmanuel de Gorrevod, duc de Pont-de-Vaux, mort en 1625.

Antoine de Lalain, comte de Hoochstrate, mort en 1613.

Jean de Croi, comte de Solre, baron de Molembais, mort en 1640.

Jean-Emmanuel Perez de Gusman, duc de Medina-Sidonia.

Cleriadus de Vergi, comte de Champlitte, mort en 1630.

Wolgang-Guillaume, comte palatin du Rhin, duc de Bavière-Neubourg, mort en 1653.

Uladislas-Sigismond, roi de Pologne & de Suède, mort en 1674.

Charles-Philibert d'Est, marquis d'Est, de Saint-Martin & de Borgomeneto.

Paul Sangro, prince de San-Severa, duc de Torre-Maggiore, marquis de Castel-Nuovo.

Charles de Ligne, duc d'Arscot, comte d'Aremberg, mort en 1640.

Charles-Alexandre de Croi, marquis d'Havre, mort en 1624.

Christophe de Rye de la Palu, marquis de Varembon, comte de Varrax.

Uladislas, comte de Furstemberg.

Jean, comte d'Oostfrise & de Reitberg.

Christophe, comte d'Oostfrise & d'Embden.

Jean Olderic, prince d'Eggembert, mort en 1634.

Sdenco Adalbert Poppel, prince de Lobkowitz, mort en 1628.

Jean-Georges, prince de Hohenzollern.

*Philippe IV, roi d'Espagne, huitième chef de l'Ordre de la Toison d'Or, mort en 1665.*

François-Diego-Lopez de Zuniga & Sotomayor, duc de Bejar, mort en 1638.

Charles de Lalain, comte de Hoochstrate, mort en 1626.

François-Thomas d'Oiselai, comte de Cantecroix, mort en 1629.

Louis de Velaser, comte de Salazar, marquis de Belveder.

Guillaume de Melun, prince d'Epinoi, mort en 1635.

Charles, duc de Troppau, prince de Liechtenstein, mort en 1627.

Léonard Helfrid, comte de Meggau, mort en 1644.

Charles d'Autriche, infant d'Espagne, mort en 1632.

François-Christophe de Kevenhuller, grand-écuyer héréditaire de Carinthie, mort en 1650.

Philippe de Rubempré, comte de Vertaing, mort en 1639.

Alexandre de Bournonville, comte de Hennin-Liétard, mort en 1656.

Louis, comte d'Egmond, prince de Gavre, mort en 1654.

Alexandre de Ligne, prince de Chimai, mort en 1629.

Honoré Grimaldi, prince de Monaco, puis duc de Valentinois, chevalier de l'Ordre du Saint-Esprit, mort en 1662.

Marin Caraccioli, prince d'Avellino, grand-chancelier de Naples.

Ferdinand Ernest, empereur, roi de Hongrie & de Bohême, archiduc d'Autriche, mort en 1657.

Paul Savelli, prince d'Albano, duc de Piccia.

Fabrice Caraffe, prince de la Roccella.

Albert-Venceslas-Eusèbe, comte de Walstein, duc de Fridlan & de Sagan, mort en 1634.

Jean, comte de Nassau, mort en 1638.

Léopold, archiduc d'Autriche, landgrave d'Alsace, comte de Tirol, mort en 1632.

Alphonse-Fernandez de Cordoue & Figueroa, marquis de Priego.

Georges-Louis, comte de Schwartzemberg, mort en 1642.

Tibère-Vincent del Boseo Arragon Velasquez & Villareal, prince de Catolica, duc de Misalmeri.

Maximilien, comte de Sainte-Aldegonde, baron de Noirkarmes, mort en 1635.

Jean de Montmorenci, prince de Bobèque, mort en 1631.

Maximilien de Hennin, comte de Bossut, mort en 1625.

Tibère Caraffe, prince de Bisignano, duc de San-Marco, mort en 1647.

Rambaud, comte de Collalto, mort en 1630.

Jean-Jacques, comte de Brouckhorst, mort en 1630.

Ernest, comte d'Isemburg, mort en 1664.

Octave Visconti, comte de Gamalerio, mort en 1632.

Louis d'Arragon, Cardonne & Cordoue, duc de Cardonne & de Segorbe.

Albert de Ligne, prince de Barbançon, comte d'Aigremont, mort en 1674.

Othon-Henri Fugger, comte de Kirchberg, mort en 1644.

Nicolas, comte d'Esterhasi de Galantha, palatin du royaume de Hongrie, mort en 1645.

Philippe Spinola, marquis de de los Balbases, mort en 1659.

Godefroy-Henri, comte de Rappenheim, mort en 1632.

Adam, comte de Walſtein, mort en 1669.

Jean-Baptiſte de Capoue, prince de Caſpuli & de Coma.

Paul de Sangro, prince de San-Severo, duc de Torremaggiore.

Hector Ravachiero, prince de Satriano.

Hercule-Théodore Trivulce, prince de Mefoco, puis cardinal, mort en 1656.

Maximilien, prince de Dietrichſtein, mort en 1655.

Maximilien, comte de Trantmanſdorf, mort en 1650.

Claude de Lannoi, comte de la Motterie, mort en 1643.

Balthaſard-Charles-Dominique d'Autriche, infant d'Eſpagne, mort en 1646.

François d'Eſt, duc de Modène & de Reggio, mort en 1658.

Jean Caſimir, roi de Pologne, mort en 1672.

Sitrid-Chriſtophe, baron de Prenner, mort en 1651.

Rodolphe, baron de Tieffenbach.

Guillaume, marquis de Bade, mort en 1671.

François-Marie-Caraffe-Caſtriot, & Gonzague, duc de Nocera, mort en 1642.

Charles Toco, prince de Montemileto, mort en 1674.

Philippe-Balthaſard de Gand, dit *Vilain*, prince de Maſmines, comte d'Iſenghien, mort en 1680, doyen de l'Ordre.

Guillaume, comte de Slawata & de l'Empire, de Klun, &c. mort en 1652.

Venceſlas Poppel, duc de Sagan, prince de Lobkowitz, &c. mort en 1677.

Jean-Antoine Ulric, prince d'Eggemberg, mort en 1649.

Henri Schleik, comte de Paſſau, mort en 1650.

Octave Picolomini d'Arragon, duc d'Amalfi, mort en 1656.

François Caretto, marquis de Grana.

Ferdinand-Charles, archiduc d'Autriche, comte de Tirol, mort en 1662.

Philippe-François, duc d'Aremberg, d'Arſcot & de Croi, prince de Porcean, mort en 1675.

Sigiſmond-Louis, comte de Dietrichſtein, mort en 655.

Eugène de Hennin, comte de Boſſut, mort en 1656.

Philippe-Charles de Croi, duc d'Havré, mort en 1650.

Claude Lamoral, prince de Ligne, marquis de Roubaix, mort en 1679.

Philippe de Croi, prince de Chimai, mort en 1675.

Euſtache de Croi, comte de Rœux, mort en 1653.

Georges-Adam Borzita, comte de Matinitz, mort en 1652.

Jean-Louis, comte de Naſſau-Hadamar, mort en 1653.

Jean-Alphonſe Pimentel de Guignonès, comte de Bénévent, mort en 1652.

Nicolas-Marie de Guſman Caraffe, prince de Stigliano, duc de Sabionette.

Diego-Lopez Pacheco, duc d'Eſcalonne, mort en 1653.

Ferdinand IV, roi de Hongrie & de Bohême, puis roi des Romains, mort en 1654.

Paul Palfi, comte Derſleden, palatin de Hongrie, mort en 1654.

Jean Wichard, duc de Munſterberg, prince d'Aveſperg, mort en 1677.

Sigiſmond Sfondrati, marquis de Montafié, mort en 1652.

Charles-Albert de Longueval, comte de Buquoi, mort en 1663.

Jean-Adolphe, comte de Schwatzemberg, mort en 1683.

Louis-Raymond d'Arragon Folek de Cardonne, de Cordoue, duc de Segorbe, de Cardonne, &c.

Diego d'Arragon Cortez & Fallajeia, duc de Terranova, mort en 1663.

Louis-Guillaume de Moncade de Luna-Peralta-d'Arragon de la Cerda, duc de Montalte.

Philippe-Guillaume, comte palatin du Rhin, duc de Bavière-Neubourg, mort en 1684.

Jean-François Trantſon, comte de Falckenſtein, mort en 1663.

Marc-Antoine Colonne, duc de Palliano, mort en 1659.

François Filomarino, prince de Rocca, mort en 1678.

Jean-Maximilien, comte de Lamberg, mort en 1682.

Léopold-Ignace, empereur, roi de Hongrie & de Bohême, archiduc d'Autriche, mort en 1705.

Louis-Ignace-Fernandez de Cordoue Figueroa Aguilar, duc de Feria, marquis de Priego.

Manuel-Lopez de Zuniga & Sotomayor, duc de Bejar, mort en 1686.

Jean-Ferdinand, comte de Porzia, mort en 1665.

Bernard-Ignace Borzita, comte de Martinitz, mort en 1685.

Annibal, marquis de Gonzague, prince de l'Empire, préſident du conſeil de guerre de l'Empereur, mort en 1668.

Jean-Chriſtophe, comte de Puechin, vice-préſident du conſeil de guerre de l'Empereur, mort en 1658.

Charles d'Eſt, marquis de Borgomanero, grand d'Eſpagne, mort en 1695.

Nicolas-Ludoviſio, prince de Piombino & de Salerne, mort en 1665.

Philippe-Emmanuel de Croi, comte de Solre, baron de Molembais, mort en 1670.

Jules Savelli, prince d'Albano & de Venafro.

Fabricio Pignatelli, duc de Montéléon, mort en 1664.

François Caïetan, duc de Sermonette.

Jean-François Defiré, prince de Naffau-Siegen.

Jean-Baptifte Borghèfe, prince de Sulmone, mort en 1717.

François, comte de Weffelini de Hadad, palatin de Hongrie, mort en 1667.

François, comte de Petting, mort en 1678.

Georges-Louis, comte de Sinzendorff, tréforier héréditaire de l'Empire, mort en 1681.

Jean, comte de Rothal, mort en 1674.

Sigifmond-François, archiduc d'Autriche, comte de Tirol, mort en 1665.

Nicolas d'Efdrin, comte de Serin, mort en 1664.

Gautier, comte de Leffic, mort en 1667.

Il n'eft pas fûr que ceux qui fuivent, foient dans leur rang, que jufqu'à préfent on n'a pu favoir précifément.

*Charles II, roi d'Efpagne, neuvième chef de l'Ordre de la Toifon-d'Or, mourut en 1700.*

Ferdinand-Bonàventure, comte de Harach, mort en 706.

Théodore Trivulce, prince de Mefoco, mort en 1678.

Ferdinand-Jofeph, prince de Dietrichftein, mort en 1698.

Raymond, prince de Montécuculli, préfident du confeil de guerre de l'Empereur, mort en 1680.

Jean Hartwick, comte de Noftitz, chancelier de Bohême, mort en 1683.

David Ungnad, comte de Weiffen-Wolf, confeiller d'Etat de l'Empereur, mort en 1671.

Philippe-Hippolyte-Charles Spinola, comte de Brouai, mort en 1670.

Michel Koribut-Wifnowieski, roi de Pologne, mort en 1673.

Jean-Baptifte-Ludovifio, prince de Piombino.

Laurent Colonne, duc de Palliano, connétable du royaume de Naples.

Jules-Céfar Colonne, prince de Carbognano, duc de Baffanello.

Maphée Barberin, prince de Paleftrine, duc de Nocera, mort en 1685.

David Ungnad, comte de Weiffen-Wolf.

Philippe-Louis, comte d'Egmond, prince de Gavre, mort en 1682.

Ferdinand-François-Jofeph de Croi, duc d'Havré & de Croi.

Louis de Beaufremont, marquis de Meffinieux.

Jean-Charles de Batteville, marquis de Conflans, mort en 1698.

Fabricio Caraffe, duc d'Andrie, mort fans avoir reçu le collier.

Diego d'Arragon, duc de Terranova, mort en 1674.

Thibault, marquis de Vifcomti, mort en 1674.

Jean-François de la Cerda Ribera-Portocarrero, duc de Medina-Celi-Alcala.

Pedro-Nunez-Colomb Portugal, premier du nom, duc de Veragnas & de la Vega, mort en 1674.

Pedro-Nunez-Colomb Portugal, fecond du nom, duc de Veragnas.

Jean de Velafco, comte de Salazar, mort en 1678.

Alexandre, prince de Bournonville.

Albert-François de Croi, comte de Megghem.

N..... de Berghès, comte de Grimberghes.

Alphonfe d'Avalos-d'Aquino, marquis de Pefcaire.

N..... comte de Dietrichftein.

Charles IV, duc de Lorraine, mort en 1690.

Alexandre Farnèfe, duc de Parme.

N..... prince de Cariati.

Erneft, duc d'Aremberg, prince de Chimai.

Hector Pignatelli, prince de Montéléon, mort en 1677.

Antoine-Alvarez de Tolède Beaumont, duc d'Albe, mort en 1701.

Albert, comte de Sinzendorf.

Antoine Trotti.

Léopold-Ignace, comte de Konigfec.

Charles-Henri, légitimé de Lorraine, comte de Vaudemont.

Jean-Hubert, comte de Czernini.

Charles-Ferdinand, comte de Waldeftein, mort en 1702.

Eugène de Montmorenci, prince de Robeque.

Othon-Henri de Caretto, marquis de Grana, gouverneur des Pays-Bas efpagnols, mort en 1685.

Charles-Borromée, comte d'Arona.

Frédéric Sforce.

Charles de Guevarre d'Arragon Borgia, duc de Villahermofa, gouverneur des Pays-Bas.

Charles-Eugène, prince d'Aremberg, duc d'Arfcot, mort en 1681.

Céfar Vifconti, marquis de Ciflagi.

Nicolas Pignatelli, duc de Montéléon, mort en 1677.

Sigifmond Hetfrid, comte de Dietrichftein, mort en 1698.

N..... prince de Pietra-Percia.

Paul Efterhafi de Galantha, palatin de Hongrie.

Jean Erneft, duc de Holftein-Ploën, mort en 1700.

Octave-Ignace, duc d'Aremberg, prince de Barbançon, mort en 1693.

Erneft Rudiger, comte de Staremberg, mort en 1701.

François Caraffe, prince de Belveder, mort en 1711.

Henri Erneft, prince de Ligne, mort en 1702.

Philippe-Charles-François, duc d'Aremberg & d'Arfcot, mort en 1691.

Henri-François, comte de Mansfeld, mort en 1692.

Jean-Guillaume, électeur palatin, mort en 1690.

Jean-Emmanuel de Zuniga, duc de Béjar.

Joseph, empereur, archiduc d'Autriche, mort en 1711.

Eugène, prince de Savoie.

Antoine Caraffe.

Helmhard-Christophe Ungnad, comte de Weissen-Wolf, mort en 1702.

Adolphe Uratislas, comte de Sternberg.

Dominique-André, comte de Kaunitz, mort en 1705.

Wolfgang, comte d'Oëlingen, mort en 1708.

Gotlieb, comte de Windisgratz, mort en 1695.

Louis, comte d'Egmond.

Ferdinand-Gaston Lamoral de Croi, comte de Rœux.

Eugène-Louis de Berg, prince de Rach, mort en 1688.

Eugène-Alexandre, prince de la Tour & de Taxis, mort en 1714.

Urbain Barberin, prince de Palestrine.

Inigo-Velez-Ladron de Guevarra, comte d'Ognatte, mort en 1699.

Jean-Emmanuel Pacheco, duc d'Escalonne, marquis de Villena.

Jacques-François-Victor Sarmiento de Silva, duc d'Hiiar, mort en 1700.

Manuel de Cordoue & Figueroa, marquis de Priego, mort en 1700.

César, marquis Vidoni.

François Marquard, comte de Wurtemberg.

Ferdinand-Guillaume-Eusebe, prince de Schuwart-Zemberg, mort en 1703.

François-Ulric, comte de Kinski.

Jean-Quentin, comte Joger, mort en 1705.

François-Charles Liebsteinski, comte de Kolowrat, mort en 1700.

Philippe Colonne, duc de Palliano, connétable de Naples.

Jacques Sobieski, prince de Pologne.

Ginez-Fernandez de Castro-Portugal, comte de Lémos.

Maximilien-Emmanuel, duc de Bavière, électeur de l'Empire.

Léopold, duc de Lorraine.

Louis-Guillaume, prince de Bade, mort en 1707.

Rodrigue-Sylva Mendoza-Gusman, duc de Pastrane & de l'Infantado, mort en 1693.

François-Joseph, comte de Lamberg.

Philippe-Sigismond, comte de Driedrichstein, mort en 1716.

Jean-Adam-André, prince de Liechtenstein.

Christophe-Léopold, comte de Schafgots.

N. de Merode, marquis de Westerlo.

Charles-Louis-Antoine de Hennin, prince de Chimai, comte de Boffut.

Philippe-François, prince de Berghes, mort en 1704.

Ænée, comte de Caprara, mort en 1701.

François-Marie Caraccioli, prince d'Avellino.

Balthafard Nafelli, prince d'Arragona.

Marius Matthei, duc de Paganica.

Jean-Christian, prince d'Eggenberg, mort en 1710.

Othon-Henri, comte d'Abensberg & de Traun.

Venceslas-Ferdinand Poppel, comte de Lobkowitz, mort en 1697.

Charles-Philippe, électeur palatin.

N. Ramirez de Arellano, comte d'Aguillar.

Louis-Thomas-Raymond, comte de Harach.

Charles, empereur, roi de Hongrie & de Bohême, archiduc d'Autriche.

Jean Sigefroi, prince d'Eggemberg.

Georges, prince de Hesse-Darmstad, mort en 1705.

Antoine Florian, prince de Liechtenstein.

Léopold-Philippe, prince de Montécuculli, mort en 1698.

Georges-Adam Borzita, comte de Martinitz.

Maximilien, comte de Thun.

Jean-François, comte de Wurmb & de Freidental, chancelier de Bohême, mort en 1705.

Sigefrid-Christophe, comte de Breyner, mort en 1698.

Ferdinand-Auguste Poppel, prince de Lobkowitz.

Ottavio, comte Curiani.

Charles Ernest, comte Walstein.

Jean-Léopold, comte Trautson.

Léopold-Ignace, prince de Dietrichstein, mort en 1708.

Côme-Claude d'Ognies, comte de Coupignies, mort en 1709.

Venceslas-Albert, comte de Sternberg.

Henri de Melun, marquis de Richebourg.

N. Batteville, marquis de Conflans.

Dominique Aquaviva, comte de Couverfano.

Léopold-Joseph, comte de Lamberg, mort en 1706.

N. d'Avalos-d'Aquino, marquis de Pescaire.

N. duc d'Arscot.

Philippe-Antoine, prince de Rubempré, mort en 1707.

Léopold-Matthias, prince de Lamberg, mort en 1711.

Frédéric Ernest, comte de Windisgratz.

Charles Archinto.

Charles-Thomas de Lorraine, prince de Vaudemont, mort en 1704.

*Philippe V, roi d'Espagne, dixième chef de l'Ordre de la Toison-d'Or, mort en 1746.*

Charles de France, duc de Berri, mort en 1714.

Philippe de France, duc d'Orléans, mort sans avoir reçu le collier, en 1701.

Paul, duc de Beauvilliers, &c. mort en 1714.

Philippe, duc d'Orléans, régent du royaume de France, mort en 1723.

Albert Caïetan, prince électoral de Bavière.

Louis-Alexandre de Bourbon, comte de Toulouse.

Adrien-Maurice,

Adrien-Maurice, duc de Noailles.

André d'Avalos, prince de Montesarchio, mort en 1709.

Jean-Hiérôme Aquaviva d'Arragon, duc d'Atri, mort en 1709.

Louis-Joseph, duc de Vendôme, mort en 1712.

Damien-Helfrid Tserclaës, comte de Tilli, mort en 1715.

Louis-François d'Harcourt, comte de Sezanne, mort en 1714.

Jean-François de Bète, marquis de Lède, mort le 11 janvier 1725.

Louis-François, duc de Boufflers, maréchal de France, mort en 1711.

N. comte d'Autel.

N. de la Cueva, duc d'Albuquerque.

Jacques Fitz-James, duc de Bervick, maréchal de France.

N. marquis de Bai, capitaine-général de l'Estramadure, mort en 1715.

Antoine-Charles, duc de Gramont, pair de France, &c.

François Pio de Savoie & Cortéréal, dit le prince de Pio, mort en 1723.

N. marquis de Crévecœur.

N. marquis de Ceva Grimaldi.

Jacques-Antoine de Baufremont, marquis de Listenois, mort en 1710.

N. Aquaviva d'Arragon, duc d'Atri.

Louis-Benigne, marquis de Baufremont.

Anne-Auguste de Montmorenci, comte d'Esterre, puis prince de Robecque.

Louis, marquis d'Arpajon.

Jean-Baptiste du Casse, capitaine-général des armées navales de France, mort en 1715.

Louis, marquis de Brancas.

N. marquis de Montijo.

Hector, duc de Villars, maréchal de France.

Rostaing Cantelmi, duc de Popoli.

Jacques Fitz-James, duc de Liria, lord Tinmouth.

Emmanuel-Ignace, prince de Nassau.

Louis-Pierre-Maximilien, marquis de Béthune, puis duc de Sulli, pair de France.

Louis-Henri d'Harcourt, comte de Beuvron, lieutenant-général au gouvernement de Normandie, mort en 1716.

Benoît Bidal, marquis d'Asfeld, lieutenant-général des armées du Roi.

Abraham-Claude de Thubières, marquis de Caylus.

*Louis, prince des Asturies, puis roi d'Espagne, premier du nom, onzième chef.*

Etienne, marquis de Mari.

N. Andrault, marquis de Langeron.

Jacques-Louis, duc de Saint-Simon, pair de France.

Philippe-Charles, marquis de la Fare.

*Histoire. Tome VI. Supplément.*

Ferdinand, infant d'Espagne.

Charles, infant d'Espagne.

Philippe, infant d'Espagne.

N. duc de Priego, Medina-Celi.

N. duc d'Arco.

N. marquis de Santa-Crux.

N. comte de Saint-Istevan de Gormas.

N. Pic, duc de la Mirandole.

N. duc de Medina Sidonia.

N. marquis Grimaldo.

N. marquis de Valouse.

N. marquis Scotti.

Antoine Arduino.

*Louis I, roi d'Espagne, douzième chef, mort en 1724.*

Louis, duc d'Orléans.

Louis, duc de Bourbon.

*Ordre des chevaliers, dits Hospitaliers de Saint-Jean-de-Jérusalem, de Rhodes & de Malte.*

L'Ordre des Hospitaliers de Saint-Jean-de-Jérusalem, à qui la chrétienté a de si grandes obligations que les révolutionnaires de France ont si mal reconnues, a été très-foible dans ses commencemens. Quelques tems avant le voyage de Godefroy de Bouillon dans la Terre-Sainte, des marchands de la ville de Melphe, dans le royaume de Naples, qui négocioient au Levant, eurent permission du calife d'Egypte, de bâtir à Jérusalem une maison pour eux & pour ceux de leur nation qui viendroient en pélerinage dans la Palestine; pour cela ils payoient un tribut annuel. Quelque tems après ils bâtirent encore deux églises, sous les noms de la sainte Vierge & de sainte Magdelène, l'une pour les hommes & l'autre pour les femmes, & ils y reçurent les pélerins avec zèle & charité. Ce dessein donna lieu à quelques autres de s'employer aux mêmes exercices de charité, & à fonder une église en l'honneur de saint Jean, avec un hôpital, où l'on avoit soin de traiter les malades & de recevoir ceux qui alloient visiter les saints lieux. Le B. Gérard, que quelques-uns nomment *Tung*, natif de Martigues, ville de Provence, étoit directeur de cet hôpital l'an 1099, que les Chrétiens, conduits par le même Godefroy de Bouillon, prirent Jérusalem. La réputation de zèle & de sainteté de ce directeur fut cause que les rois de Jérusalem travaillèrent avec soin pour établir ceux qui s'employoient sous lui à de si bonnes œuvres, & qui furent nommés *Hospitaliers*. On leur donna des habits noirs, avec une croix à huit pointes ou patée, & on leur fit faire les trois vœux de religion, auxquels on en ajouta un quatrième, par lequel ils s'engageoient de recevoir, traiter & défendre les pélerins. La fondation est de l'an 1104, sous le règne de Baudouin I. L'assistance qu'ils rendoient à ces pélerins leur fit prendre foin de leurs voyages & de la liberté des chemins, pour empêcher les courfes des Infidèles. Il fallut pour cela prendre les armes & devenir guerriers. Cet emploi attira quantité de nobleffe, & changea les hofpitaliers en chevaliers. Depuis ce tems leur but a toujours été le même, de faire une guerre irréconciliable aux ennemis de la Foi. Gérard leur donna des ftatuts, & eut Raymond du Pui pour fucceffeur, vers l'an 1118. La ruine des affaires des Chrétiens au Levant obligea les Hofpitaliers de fortir de Jérufalem après la prife de cette ville. Ils fe retirèrent à Margat, puis à Acre, qu'ils défendirent vaillamment l'an 1290, & fuivirent Jean de Lufignan, qui leur donna, dans fon royaume de Chypre, Limiffo, où ils demeurèrent jufqu'en l'an 1310. Cette même année ils prirent Rhodes le jour de l'Affomption, fous la conduite de leur grand-maître, Foulques de Villaret, Français de nation ; & la fuivante, ils défendirent cette île contre une armée de Sarrafins, avec le fecours d'Amé IV, comte de Savoie, comme nous l'avons dit en parlant de l'Ordre de l'Annonciade. Les Hofpitaliers tirèrent de là le nom *de chevaliers de Rhodes*. Mahomet II affiégea inutilement cette île l'an 1480. Le grand-maître, Pierre d'Aubuffon, la défendit courageufement pendant un fiége de trois mois. Depuis, Soliman II la prit en 1522, après une généreufe & glorieufe défenfe. Le grand-maître, Philippe de Villiers-l'île-Adam, qui s'étoit illuftré par cette défenfe, ayant fait voile avec fes chevaliers & quatre mille habitans, tant de cette île que des autres qui en dépendoient, fe retira en Candie, où il paffa l'hiver. De là il alla en Sicile, & trois mois après à Rome, vers le pape Adrien VI, qui donna pour retraite à l'Ordre la ville de Viterbe. Sept ans après, favoir, l'an 1530, les chevaliers s'établirent dans l'île de Malte, dont ils portent le nom. L'empereur Charles-Quint la leur accorda pour mettre fon royaume de Sicile à couvert, & ils l'acceptèrent du confentement de tous les autres princes chrétiens, dans les terres defquels leur Ordre avoit des poffeffions. L'an 1565 Soliman II fit affiéger Malte, qui fut puiffamment attaquée quatre mois durant, & encore plus vaillamment défendue par fon grand-maître, Jean de la Valette-Parifot, & par fes chevaliers. Muftapha, baffa de Bude, fit la defcente dans l'île le 17 mai. Piali, baffa, étoit amiral ou capitan baffa. Le fameux Dragut & le vieux Occhiali, qu'ils nommoient *Louchali*, tous deux redoutables par leurs pirateries, fe joignirent quelque tems après à la flotte ottomane avec les vaiffeaux des corfaires d'Afrique. Garcias de Tolède, vice-roi de Sicile, avoit promis de donner du fecours à Parifot dans le mois de juin ; mais il ne lui en donna qu'en feptembre, après que le fort Saint-Elme eût été pris, & que Saint-Michel & le Bourg eurent tous deux été prefque réduits en poudre ; ainfi ce fut

la valeur infatigable des chevaliers qui les fauva, plutôt que ce tardif fecours de Sicile. Les Turcs, après avoir perdu à ce fiége, en quatre mois de tems, foixante & dix-huit mille coups de canon, quinze mille foldats & huit mille matelots, furent forcés de fe retirer. Depuis, la ville & l'île ont été fort bien fortifiées.

L'Ordre de Malte ou de Saint-Jean-de-Jérufalem comprend trois états : le premier, celui des chevaliers ; le fecond, celui des chapelains ; & le troifième, celui des fervans d'armes. Il y a des prêtres d'obédience, qui deffervent les églifes ; des frères fervans d'office ou ferviteurs, & des donnés ou demi-croix ; mais ces derniers ne font pas proprement du corps de l'Ordre, qui ne renferme que les trois états ou rangs qui viennent d'être dits. Cette divifion fut faite l'an 1130, par le grand-maître, Raymond du Pui. Les chevaliers doivent être nobles de quatre races du côté paternel & maternel, & portent les armes. On a vu fouvent des Princes & des fils de Rois honorer ce rang. Les chapelains ou prêtres conventuels font nobles ou du moins de familles confidérables. Les dignités eccléfiaftiques, comme l'évêché de Malte, le prieuré de l'églife de Saint-Jean & autres prieurés de l'Ordre, leur font affectées, & ils peuvent être élevés au cardinalat, quoique membres d'un Ordre militaire. Les fervans d'armes font nobles (mais non pas de quatre races), ou du moins font iffus d'une famille élevée au deffus du commun. Quelquefois, en confidération de leurs fervices, on les fait chevaliers de grace, comme il arriva au chevalier Paul, vice-amiral de France. Le gouvernement eft monarchique & ariftocratique ; car le grand-maître eft fouverain fur le peuple de l'île de Malte & fes appartenances, fait battre monnoie, accorde des graces & des rémiffions aux criminels, & donne des provifions des grands-prieurés, des bailliages & des commanderies. Tous les chevaliers de l'Ordre, quelqu'autorité qu'ils aient, lui doivent obéir en tout ce qui n'eft pas contraire à la règle & aux ftatuts de la religion. Voilà la monarchie. Dans les affaires de grande importance, qui regardent les chevaliers & la religion, le grand-maître & le facré confeil exercent enfemble une autorité abfolue ; ce qui fait l'ariftocratie ou gouvernement des principaux, car le grand-maître y a feulement deux voix pour fa prééminence. Le confeil eft ordinaire ou complet. Au confeil ordinaire affiftent le grand-maître, comme chef, & les grands-croix, qui font l'évêque de Malte, le prieur de l'églife, fes baillis conventuels, les grands-prieurs & les baillis capitulaires. Le confeil complet eft compofé de grands-croix & des deux plus anciens chevaliers de chaque langue. Les chevaliers donnent au grand-maître le titre d'*éminence*, & fes fujets lui donnent celui d'*alteffe*.

Les langues font les différentes nations dont l'Ordre eft compofé, au nombre de huit ; favoir :

Provence, Auvergne, France, Italie, Arragon, Allemagne, Castille & Angleterre. Ces huit langues ont leurs chefs à Malte, que l'on nomme *piliers & baillis conventuels*. Le chef ou pilier de la langue de Provence (qui est la première, parce que Gérard, fondateur de l'Ordre, étoit Provençal) a la charge de grand-commandeur ; le pilier de la langue d'Auvergne est grand-maréchal ; celui de France est grand-hospitalier ; le chef de la langue d'Italie a la charge d'amiral ; la langue d'Arragon a pour pilier le grand-conservateur, qu'on nommoit autrefois *drapier* ; celle d'Allemagne a le grand-bailli ; celle de Castille le grand-chancelier. La langue d'Angleterre, qui ne subsiste plus à cause du schisme dans la religion, avoit pour chef le tareopelier ou général de l'infanterie. Le plus ancien chevalier de l'Ordre, de quelque langue qu'il soit, entre au conseil ordinaire ; & les deux autres plus anciens chevaliers au conseil complet, pour représenter cette langue & son pilier. Dans chaque langue il y a plusieurs grands-prieurés, qui sont dans la langue de France, ceux de France, d'Aquitaine & de Champagne ; dans la langue de Provence deux, celui de Saint-Gilles & celui de Toulouse ; & dans celle d'Auvergne, le grand-prieuré d'Auvergne. Il y a d'autres grands-prieurés en Italie, en Espagne & en Allemagne. Outre cette dignité, chaque langue a encore des baillis capitulaires, qui sont ainsi nommés, parce qu'ils ont séance après les grands-prieurs, dans les chapitres provinciaux. La langue de France a deux bailliages, dont les titulaires sont le bailli de la Morée ou commandeur de Saint-Jean de Latran à Paris, & le grand-trésorier ou commandeur de Saint-Jean en l'Isle, près de Corbeil. La langue de Provence a le bailliage de Manosque ; celle d'Auvergne le bailliage de Lyon. Chaque grand-prieuré a un nombre de commanderies, dont les unes sont destinées aux chevaliers, & les autres indifféremment aux chapelains & aux servans d'armes. Dans le grand-prieuré de France, il y a trente-six commanderies pour les chevaliers, & dix pour les servans d'armes & les chapelains, outre une commanderie magistrale que le grand-maître de l'Ordre tient par ses mains, ou donne à tel chevalier qu'il lui plaît. Mais il faut remarquer que ces commanderies sont appelées *commanderies de justice* ou *commanderies de grace*, selon la manière de les obtenir. On les nomme *commanderies de justice* quand on les possède par droit d'ancienneté ou par amélioriffement. L'ancienneté se compte du tems de la réception ; mais il faut aussi que celui qui prétend à une commanderie, ait fait cinq années de résidence à Malte, & quatre caravanes ou voyages sur mer. L'amélioriffement est lorsqu'après avoir fait des réparations dans une commanderie dont on jouit, on en prend une de plus grand revenu. Les commanderies de grace ont ce nom quand elles sont données par le grand-maître ou par les grands-prieurs, par un droit qui appartient à leur dignité. Le grand-maître ( outre la commanderie qu'on appelle *magistrale* ) a droit de donner une commanderie de cinq ans en cinq ans dans chaque grand-prieuré. Chaque grand-prieur a aussi le droit de donner une commanderie de cinq ans en cinq ans. On ne prend point garde si la commanderie vacante est de celles qui sont affectées aux chevaliers, ou de celles qui appartiennent aux servans d'armes ; & le grand-maître ou le grand-prieur peut donner à tel frère qu'il lui plaira, de quelque rang qu'il soit, cela étant indifférent quand la promotion est de grace.

#### De la réception des chevaliers.

Les chevaliers de Malte sont reçus dans l'Ordre de Saint-Jean-de-Jérusalem, en faisant toutes les preuves requises par les statuts, ou avec quelque dispense. La dispense s'obtient du Pape par un bref, ou du chapitre général de l'Ordre, & est ensuite entérinée au sacré conseil. Les dispenses ordinairement se donnent pour quelques quartiers où la noblesse manque, principalement du côté maternel. Les chevaliers sont reçus d'âge ou de minorité, ou pages de son éminence le grand-maître. L'âge requis par les statuts est de seize ans complets, pour entrer au noviciat à dix-sept, & faire profession à dix-huit ans. Celui qui souhaite d'être reçu dans l'Ordre, doit se présenter en personne au chapitre, ou à l'assemblée provinciale du grand-prieuré, dans l'étendue duquel il est né. A l'égard du grand-prieuré de France, le chapitre se tient au Temple à Paris, le lendemain de la Saint-Barnabé, c'est-à-dire, le 12 juin, & dure huit jours. L'assemblée se fait à la Saint-Martin d'hiver, au mois de novembre. Le présenté doit apporter son extrait baptistaire en forme authentique, & légalisé par l'évêque ou grand-vicaire ; le mémorial de ses preuves, contenant les extraits des titres qui justifient la noblesse du présenté, & des quatre familles du côté paternel & du côté maternel, c'est-à-dire, du père & de la mère, des aïeuls & des bisaïeuls. Ces preuves doivent aller au-delà de cent ans ; ainsi il faut quelquefois remonter jusqu'aux trisaïeuls & quatrisaïeuls. Outre le baptistaire & le mémorial, le présenté doit apporter le blason & les armes de sa famille, peints avec ses émaux & couleurs sur du vélin. Lorsque le présenté a été admis, la commission pour faire ses preuves lui est délivrée par le chancelier du grand-prieuré. Si le père ou la mère, ou quelqu'un des aïeuls est né dans un autre grand-prieuré, le chapitre donne une commission rogatoire pour y faire les preuves nécessaires. Les preuves de noblesse se font par titres & contrats, par témoins, par épitaphes & autres monumens. Les commissaires font aussi une enquête, pour savoir si les parens du présenté n'ont point dérogé à leur noblesse par marchandise, trafic ou banque : sur quoi il y a un privilége pour les gentilshommes des villes de Gênes, de Florence, de Sienne & de Lucques; qui ne dérogent point en faisant le commerce en gros. Après que les preuves font faites, les commiffaires qui y ont travaillé, les apportent au chapitre ou à l'affemblée; & fi elles font trouvées bonnes & valables, elles font envoyées à Malte fous le fceau du grand-prieuré. Quand le préfenté eft arrivé à Malte, fes preuves font examinées dans l'affemblée de la langue de laquelle eft le grand-prieuré où il s'eft préfenté; & fi elles font approuvées, il eft reçu chevalier, & fon ancienneté court de ce jour, pourvu qu'il paie le paffage, qui eft de deux cent cinquante écus d'or, & qu'il faffe profeffion auffitôt après le noviciat, autrement il ne compte fon ancienneté que du jour de fa profeffion fi l'on fuit les ftatuts & réglemens; mais l'ufage eft que le retardement de la profeffion ne nuit point à l'ancienneté. On ne peut néanmoins obtenir aucune commanderie fans l'avoir faite. On paie ordinairement le paffage au receveur de l'Ordre dans le grand-prieuré. Les preuves font quelquefois rejetées à Malte. En ce cas on rendoit autrefois la fomme qui avoit été payée; mais depuis il a été ordonné, par de nouveaux décrets, qu'elle demeureroit acquife au tréfor. Outre les deux cent cinquante écus d'or pour le tréfor de l'Ordre, le nouveau chevalier paie auffi le droit de la langue. Ce droit eft réglé fuivant l'état & le rang où le préfenté eft reçu. Ceux qui fe préfentent en minorité, c'eft-à-dire, au deffous de feize ans, font reçus en vertu d'une bulle du grand-maître, que fon éminence leur accorde, fuivant le pouvoir qui lui eft donné par le Pape ou par le chapitre général; ils font ordinairement reçus à fix ans, quelquefois par une grace fpéciale à cinq, à quatre & même à un. Leur ancienneté court du jour porté par leur bulle de minorité, pourvu que le paffage foit payé un an après. On obtient d'abord le bref du Pape à Rome, puis on pourfuit l'expédition de la bulle de Malte, & le tout coûte environ quinze piftoles d'or. Le paffage eft de mille écus d'or pour le tréfor, avec cinquante écus d'or pour la langue; ce qui fait près de quatre mille livres. On ne le rend point, foit que les preuves foient refufées, foit que le préfenté change de réfolution ou meure avant fa réception. Le privilège du préfenté de minorité eft qu'il peut demander une affemblée extraordinaire pour y obtenir une commiffion, afin de faire fes preuves pour les préfenter, fans attendre le chapitre ou l'affemblée provinciale. Il peut aller à Malte à l'âge de quinze ans, pour y commencer fon noviciat, & faire enfuite profeffion à feize ans; mais il n'eft obligé d'y être qu'à vingt-cinq ans pour faire profeffion à vingt-fix au plus tard; faute de quoi il perd fon ancienneté, & la commence du jour de fa profeffion. Dès que fes preuves font reçues, il peut porter la croix d'or que les autres ne doivent porter qu'après avoir fait les

vœux. A l'égard des chevaliers pages, le grand-maître en a feize, qui le fervent depuis douze ans jufqu'à quinze, & à mefure qu'il en fort de fervice, d'autres y entrent en leur place. Après avoir obtenu de fon éminence leurs lettres de pages, ils doivent fe préfenter au chapitre ou à l'affemblée provinciale, pour obtenir commiffion de faire leurs preuves à l'âge d'onze ans. Les preuves faites, ils vont à Malte pour entrer au fervice depuis douze ans jufqu'à quinze accomplis. A quinze ans, ils commencent leur noviciat pour faire leur profeffion à feize. Leur paffage eft de deux cents écus d'or, & ne fe rend point fi les preuves font refufées à Malte, non plus qu'aux autres chevaliers. Leur ancienneté court du jour qu'ils entrent en fervice. Si les places des pages étoient remplies de forte qu'ils ne puffent y entrer, ils perdroient leur privilège, & leur ancienneté commenceroit à feize ans complets.

Ceux qui font reçus chapelains & clercs conventuels ou fervans d'armes, font quelquefois gentilshommes; mais s'ils ne font nobles de quatre races du côté paternel ou maternel, ils ne peuvent être admis dans le rang des chevaliers. On peut voir de deux coufins, ou d'un oncle & d'un neveu, l'un chevalier, & l'autre fervant d'armes, parce que l'un des deux frères fe fera méfallié. Un gentilhomme, même de quatre races, qui aura toutes les qualités requifes pour être chevalier, s'il veut être eccléfiaftique & recevoir les ordres, ne peut être que du rang des chapelains, parce que tous les chevaliers doivent porter les armes contre les Infidèles. Les eccléfiaftiques font le fecond état ou rang de l'Ordre de Malte, font ordinairement reçus diaco ou clercs conventuels pour fervir dans l'églife de Malte depuis dix ans jufqu'à quinze. Ils obtiennent à cet effet une lettre de fon éminence. Leur préfentation fe fait à neuf ans, & le préfenté doit apporter fon extrait baptiftaire légalifé, fa lettre de diaco & fon mémorial, contenant les extraits, les dates des titres qui juftifient fa légitimation, la qualité de fon père & de fa mère, & de fes aïeuls paternel & maternel. Il ne faut point de blafon, fi ce n'eft que le préfenté, étant gentilhomme, voulût montrer fes armes. Ses preuves doivent faire connoître qu'il eft né de parens honorables, & qui ne fe font point mêlés d'arts ni de profeffions mécaniques & baffes. On reçoit dans ce rang les fils de docteurs en droit, des avocats, des médecins, des procureurs, des notaires, des banquiers, des marchands en gros demeurant dans les villes, des laboureurs qui cultivent leurs terres & qui vivent honorablement, & d'autres perfonnes qui font au deffus du commun du peuple. Leur ancienneté court du jour de leur réception à Malte. Le paffage eft de cent écus d'or. Ceux qui ont plus de quinze ans & fouhaitent d'être reçus chapelains conventuels, doivent obtenir un bref du Pape, paffé ou entériné à Malte, & enfuite fe préfenter pour faire leurs preuves. Leur paſſage eſt de deux cents écus d'or, outre le droit de la langue.

Les ſervans d'armes font leurs preuves comme les chapelains. L'âge pour ſe préſenter eſt de ſeize ans complets ; le paſſage de deux cents écus d'or, outre le droit de la langue. Les prêtres d'obédience ſont reçus ſans preuves & ſans aller à Malte. Ils ſont ainſi appelés, parce qu'ils obéiſſent au grand-prieur ou au commandeur qui les reçoit dans les prieurés, ou dans les cures de l'Ordre. Ils portent la croix blanche ſur le manteau, & jouiſſent des priviléges de la religion. Il y a des gentilshommes de ce nombre. Les ſervans d'offices ſont employés à Malte au ſervice de l'hôpital & à de ſemblables fonctions. Il y a auſſi des donnés ou demi-croix qui ſont mariés, & portent une croix d'or à trois branches. La croix d'or des chevaliers en a quatre, & celle des chapelains ou des ſervans d'armes eſt de même ; mais ils ne la portent que par une permiſſion qu'ils obtiennent du grand-maître. Tous les chevaliers & frères, de quelque rang, qualité ou dignité qu'ils ſoient, ſont obligés, auſſitôt qu'ils ont fait leurs vœux, de porter ſur le manteau ou ſur le juſte-au-corps, du côté gauche, une croix octogone ou à huit pointes, de toile blanche cirée, qui eſt la véritable marque de leur profeſſion, la croix d'or n'étant qu'un ornement extérieur ; cette coutume s'obſerve exactement à Malte & preſque partout ailleurs. Lorſque les chevaliers, tant novices que profés, vont combattre contre les Infidèles, ils portent ſur leurs habits une ſoubreveſte rouge en forme de dalmatique, ornée par-devant & par-derrière d'une grande croix blanche ſans pointes, qui marque les armes de la religion. L'habit ordinaire du grand-maître eſt une ſorte de ſoutane de tabis ou de drap, ouverte par le devant, & liée d'une ceinture, d'où pend une groſſe bourſe, pour marquer la charité envers les pauvres, ſuivant l'inſtitution de cet Ordre. Par-deſſus ce vêtement il porte une eſpèce de robe de velours, au lieu de laquelle il prend un manteau à bec, qui eſt fort long, quand il va à l'égliſe dans les jours ſolennels. Au devant de la ſoutane, ſur l'eſtomac & ſur la robe, vers la manche gauche, il y a une croix de toile blanche à huit pointes, comme ſont toutes les croix que portent ceux de l'Ordre.

Tout ceci eſt tiré d'une hiſtoire de l'Ordre de Malte & Mémoires de M. d'Aiſy, autrefois employé aux archives du grand-prieuré de France.

*Succeſſion chronologique des grands-maîtres de l'hôpital de Saint-Jean-de-Jéruſalem, de Rhodes & de Malte.*

L'an 1080. Gérard, ſurnommé Thom ou Tung, durant 38 ans.
1118. Roger Broyand, 13 ans.
1131. Raymond du Pui, 29 ans.
1160. Auger de Balbin, 3 ans.

1163. Arnaud de Comps, 4 ans.
1167. Gilbert d'Aſſailliou de Sailli, 2 ans.
1169. Gaſte ou Gaſtas, 3 mois.
1169. Joubert, 10 ans.
1179. Roger de Molins ou de Moris, 9 ans.
1187. Garnier de Napoli ou de Naples, 3 mois.
1187. Ermengard Daps, 5 ans.
1192. Geoffroy de Donjon, 2 ans.
1194. Alphonſe, prince de Portugal, environ 1 an.
1194. Geoffroy Lerat, 12 ans.
1206. Guérin de Montaigu, 24 ans.
1230. Bertrand Texi ou de Taxis, 10 ans.
1240. Guérin ou Gerin, 4 ans.
1244. Bertrand de Comps, 4 ans.
1248. Pierre de Villebride, 3 ans.
1251. Guillaume de Châteauneuf, 9 ans.
1261. Hugues de Revel, 18 ans.
1278. Nicolas de Lorgues, 10 ans.
1288. Jean de Villers ou de Villiers, 6 ans.
1294. Odon ou Eudes de Pins, 2 ans.
1296. Guillaume de Villaret, 12 ans.
1308. Foulques de Villaret, 11 ans.
1319. Maurice de Pagnac, anti-grand-maître du vivant de Foulques de Villaret, & y rentra, 4 ans.
     Gérard de Pins, vicaire-général ſous les deux derniers.
1323. Léon de Villeneuve, 23 ans.
1346. Dieudonné de Gozon, 7 ans.
1353. Pierre de Corneillan, 2 ans.
1355. Roger de Pins, 10 ans.
1365. Raymond de Berenger, 8 ans.
1373. Robert de Juriac, 3 ans.
1376. Jean-Ferdinand de Heredia, 7 ans.
1383. Richard Caraccioli, anti-grand-maître, 12 ans.
1396. Philibert de Naillac, 25 ans.
1421. Antoine Flavian, 16 ans.
1437. Jean de Laſtic, 16 à 17 ans.
1454. Jacques de Milli, 7 ans.
1461. Pierre-Raymond Zacoſta, 6 ans.
1467. Jean-Baptiſte des Urſins, 9 ans.
1476. Pierre d'Aubuſſon, cardinal, 27 ans.
1503. Emeric d'Amboiſe, 9 ans.
1512. Guy de Blanchefort, 1 an.
1513. Fabrice de Carretto, 7 ans.
1521. Philippe de Villiers de l'Iſle-Adam établit l'Ordre à Malte l'an 1530, après la perte de Rhodes, 13 à 14 ans.
1534. Perrin Dupont, 1 an.
1535. Didier de Saint-Jal, environ 1 an.
1536. Jean de Homedes, 17 ans.
1553. Claude de la Sangle, 4 ans.
1557. Jean de la Valette-Pariſot, 11 ans.
1568. Pierre de Monti, 4 ans.
1572. Jean l'Evêque de la Caſſière, 10 ans.
1582. Hugues de Loubens de Verdale, cardinal, 13 ans.
1595. Martin Garcias ou de Garcez, 6 ans.
1601. Aloph de Vignacourt, 22 ans.

1622. Louis Mendez Vasconcellos, 6 mois.
1623. Antoine de Paule ou de Paulo, 13 ans.
1636. Jean-Paul de Lascaris, 21 ans.
1657. Paul-Martin de Rhédin, 2 à 3 ans.
1660. Anet de Chatte-Clermont-Gessans, 3 mois.
1660. Raphaël Cotoner, 3 à 4 ans.
1663. Nicolas Cotoner, frère de Raphaël, 17 ans.
1680. Grégoire-Caraffe, 10 ans.
1690. Adrien de Vignacourt, 6 ans 6 mois.
1697. Raymond de Perellos de Rocafull, 22 ans 11 mois 3 jours.
1720. Marc-Antoine Zondodari, 2 ans 5 mois 3 jours.
1722. Antoine-Manuel de Vilhena, 14 ans 5 mois 23 jours.
1736. Raymond Despuyg Montanègre, 4 ans 2 jours.
1741. Emmanuel Pinto de Fonseca.

### Ordre des Templiers.

Ordre militaire, qui commença vers l'an 1118 à Jérusalem. Hugues de Paganis, Geoffroy de Saint-Omer ou Saint-Aumaire, & sept autres, dont les noms sont ignorés, se consacrèrent au service de Dieu à la manière des chanoines réguliers, & firent les vœux de religion entre les mains du patriarche de Jérusalem. Baudoin II, considérant le zèle de ces neuf serviteurs de Dieu, leur prêta une maison près du temple de Salomon, d'où ils eurent le nom de Templiers ou de chevaliers de la milice du temple. Comme ils ne vivoient que d'aumônes, le Roi, les prélats & les grands leur donnèrent des biens, les uns pour un tems, & les autres à perpétuité. L'objet de cet institut étoit, comme celui des chevaliers de Saint-Jean-de-Jérusalem, de défendre les pélerins de la cruauté des Infidèles, & de tenir les chemins libres pour ceux qui entreprenoient le voyage de la Terre-Sainte. Ces neuf premiers chevaliers ne reçurent personne dans leur société jusqu'à 1125. Après la célébration d'un concile tenu à Troyes en Champagne, l'évêque d'Albe, légat du Saint-Siége, y présidoit de la part du pape Honorius II, & avec lui les archevêques de Rheims & de Sens, avec leurs suffragans & quelques abbés, entre lesquels étoit saint Bernard. Hugues de Paganis s'y trouva, suivi de cinq de ses confrères. Ils demandèrent une règle, & saint Bernard eut ordre d'y travailler; ce qu'il fit. Le concile ordonna que les Templiers porteroient l'habit blanc, & en 1146 Eugène III y ajouta une croix sur leurs manteaux. Dans la suite cet Ordre fut en grande réputation, & acquit de si grands biens, que Mathieu Paris assure que les Templiers avoient des richesses immenses & neuf mille maisons. Ces biens, dit-on, les rendirent si arrogans, que non-seulement ils refusèrent de se soumettre au patriarche de Jérusalem, mais qu'ils osèrent même s'élever contre les têtes couronnées, leur faire la guerre, usurper & piller indifféremment les

terres des Infidèles & des Chrétiens; même s'accorder avec les premiers, comme quand ils donnèrent au soudan d'Egypte les moyens de surprendre l'empereur Frédéric II, qui étoit passé dans la Terre-Sainte. Les historiens, qui sont tous assez d'accord sur ce qui concerne les premiers tems de l'institution des Templiers, se partagent quand on approche du tems de leur ruine. Les uns, touchés de commisération de leur supplice & de leurs tourmens, & de la constance de quelques-uns d'eux dans ces mêmes tourmens, & de leurs protestations continuelles d'innocence, les en ont crus sur leur parole, & les ont regardés comme des victimes déplorables de l'envie, de la tyrannie & de la rapacité; les autres, subjugués par l'autorité, ont cru tout ce que les ennemis des Templiers ont voulu faire croire, & ont accumulé contr'eux les plus étranges accusations. Qu'on rapporte en preuve de leur orgueil insupportable, ou du moins de la réputation qu'ils en avoient, une mauvaise plaisanterie du roi d'Angleterre, Richard I, Cœur-de-lion, qui disoit *qu'il laissoit sa superbe aux Templiers*, on sent que cela ne prouve absolument rien, & qu'une accusation vague d'orgueil est absolument insignifiante; mais voyons d'autres accusations dans les écrivains les plus crédules. Enfin, disent-ils, les excès des Templiers les rendirent odieux à tous les Princes, & furent cause que leur Ordre fut entiérement aboli. Deux chevaliers qui en avoient été retranchés & condamnés pour leurs crimes, l'un prieur de Montfaucon, dans la province de Toulouse, & l'autre un Florentin appelé *Nosto-Dei*, furent les instrumens dont on se servit pour perdre l'Ordre entier. Soit pour se venger de leurs confrères, soit pour éviter la peine qui les menaçoit, ils révélèrent les désordres cachés auxquels les Templiers s'étoient abandonnés depuis long-tems, & les accusèrent de crimes si horribles, que le roi *Philippe le-Bel*, quoique leur ennemi, eut peine à y ajouter foi. Non, il n'y croyoit pas, mais il vouloit absolument qu'on y crût. On entrevoit à peine les horreurs qu'on ose à peine énoncer. Recevoir pour dénonciateurs contre un Ordre entier de chevaliers, deux fripons que l'Ordre avoit rejetés de son sein & condamnés au supplice; leur promettre leur grace à condition qu'ils accuseront leurs juges; leur suggérer les accusations, & feindre ensuite d'avoir peine à y croire, pour montrer de la modération & de l'impartialité, tandis qu'on a soi-même, par toutes sortes d'artifices, dressé tout l'échafaudage de prétendues preuves qu'on est bien résolu de trouver concluantes: voilà un des points de vue de l'affaire, & il est bien aussi vraisemblable que celui qui rend tous les Templiers coupables des crimes dont on les accusoit. Philippe en informa le pape Clément V, Bertrand de Got, né son sujet, & auquel il avoit procuré la tiare sous la condition de lui sacrifier les Templiers; il lui en parla au concile de Lyon, & lui en fit encore parler à Poitiers. Le Pape, par une bulle du 23 août 1306, adresfée à Philippe-le-Bel, lui promit de fe rendre à Poitiers dans peu de jours, pour éclaircir lui-même ces accufations, que le grand-maître de l'Ordre foutenoit être fauffes (tout cela étoit ou pouvoit être de leur rôle convenu). Le Roi, pourfuivent les hiftoriens, ne laiffa pas de paffer outre, & de mettre en exécution le projet qu'il avoit conçu. Il donna ordre d'arrêter en un même jour tous les Templiers de fon royaume; ce qui fut exécuté le 5 octobre 1307. Le Pape trouva fort mauvais qu'on eût procédé fans lui dans une affaire de cette importance (colère qui vraifemblablement étoit encore de fon rôle); ce qui n'empêcha pas Philippe-le-Bel de nommer par commiffaire Guillaume de Paris, de l'Ordre des Frères prêcheurs, avec autorité de faire le procès aux Templiers. Les crimes les plus énormes dont ils étoient accufés, étoient, 1°. d'obliger ceux qui entroient dans leur Ordre, de renier Jéfus-Chrift dans le tems de leur réception, & de cracher trois fois contre un crucifix; 2°. de les engager à baifer celui qui les recevoit, à la bouche, au nombril & au fondement; 3°. de leur permettre de s'abandonner au crime de fodomie avec leurs confrères, pourvu qu'ils s'abftinffent du commerce des femmes; 4°. d'expofer dans cette cérémonie & dans les chapitres généraux une idole à grande barbe, de bois doré ou argenté, qui étoit adorée par tous les chevaliers. Une partie de ces faits fut, dit-on, avouée par Jacques Molai, grand-maître de l'Ordre, par Guy, frère du Dauphin (non de Viennois, comme le difent les hiftoriens, mais d'Auvergne), & par Hugues Pérault, auffi bien que par un grand nombre des cent quarante chevaliers qui furent interrogés à Paris. Dans les autres villes du royaume on fit fubir interrogatoire à ceux qui avoient été arrêtés, & la plupart convinrent des chefs d'accufation dont on les chargeoit, hors celui de l'adoration d'une idole. Quelques-uns dénièrent d'abord, & ne les avouèrent qu'après avoir été mis à la queftion. Clément V, irrité (ou non) de ce que Philippe-le-Bel avoit entrepris de faire par lui-même le procès aux membres d'une milice foumife à l'Eglife, s'en plaignit aigrement (toujours le rôle), & fut autorifé dans fes plaintes par la décifion de la faculté de Paris, laquelle prononça en fa faveur, de forte que le Roi fut obligé de remettre les principaux prifonniers entre les mains de deux cardinaux que lui avoit envoyés le Pape, qui les attendoit à Poitiers. Il y furent conduits & interrogés par ce pontife même, auquel ils avouèrent les crimes en queftion; ce qui fut confirmé par le témoignage d'un Templier, domeftique du Pape. Ce fut pour lors que Clément V, qui avoit fufpendu le pouvoir des évêques & archevêques du royaume, leur permit de procéder dans leurs dioc-èfes contre les accufés (quel jeu, fi tout cela n'étoit qu'un jeu!), fe réfervant néanmoins la connoiffance du procès contre le grand-maître du Temple, & contre les maîtres & précepteurs de

France, Terre d'outre-mer, Normandie, Poitou & Provence. A l'égard de leurs biens, il déclara qu'ils devoient être employés au recouvrement de la Terre-Sainte, & pourvut, par des bulles expreffes, à leur garde & confervation. Quoiqu'en levant la fufpenfion, il eût confirmé l'autorité des inquifiteurs français, il ne laiffa pas de nommer encore trois cardinaux pour revoir les premières informations. Les plus confidérables des prifonniers convinrent de tout derechef; enfuite de quoi le Pape & le Roi, qui s'abouchèrent à Poitiers, réfolurent (ce qu'ils avoient réfolu depuis long-tems) de faire faire le procès à tout l'Ordre en général. On demanda au grand-maître s'il prétendoit embraffer la défenfe de fon Ordre: il parut être réfolu de l'entreprendre; & lorfqu'on lui fit lecture des articles qu'il avoit confeffés, il témoigna ne s'en point fouvenir. Il fe récria contre l'injuftice que l'on faifoit (fur la feule dépofition de quelques faux témoins) à tout un Ordre qui avoit rendu de fi grands fervices au chriftianifme. Il protefta enfuite que ceux qui avoient avoué, ne l'avoient fait que par la crainte des tourmens ou pour avoir été féduits. Malgré fes raifons, pendant que les commiffaires du Pape pourfuivoient le procès qu'ils avoient commencé contre tout l'Ordre, & qu'ils entendoient les dépofitions de deux cent trente-un témoins, le concile de Sens jugea cinquante-quatre d'entr'eux, qui, après avoir perfifté dans le défaveu de ce qu'ils avoient confeffé, furent condamnés comme relaps, dégradés, livrés au bras féculier, & brûlés à Paris, hors de la porte Saint-Antoine, au mois de mai 1310. (Quel amas d'irrégularités & de monftrueufes cruautés!) Ils moururent tous en proteftant de leur innocence. En Italie, en Angleterre, dans la Caftille & en Arragon, l'on pourfuivit auffi les Templiers, mais avec moins d'acharnement & de rigueur. La décifion de ce qui regardoit tout l'Ordre en général fut réfervée à un concile général qui fe tint à Vienne au mois d'octobre 1311. L'entière deftruction des Templiers y fut réfolue, & la bulle en fut publiée au mois de mai de l'an 1312. Les biens des Templiers furent unis à l'Ordre de Saint-Jean-de-Jérufalem, à l'exception de ceux qui étoient fitués dans le royaume d'Arragon, qui furent unis depuis à l'Ordre de Calatrava, établi dans ce royaume, & alors indépendant de celui de Caftille, & en Portugal, où on les donna à l'Ordre des chevaliers du Chrift. Cependant la plupart des Princes partagèrent les dépouilles de ces malheureux, car Philippe-le-Bel retint pour les frais du procès les deux tiers de leurs biens mobiliers: le roi d'Arragon s'empara de dix-fept châteaux ou places fortes qui leur avoient appartenu, & le roi de Caftille en garda auffi quelques-uns. Comme le Pape s'étoit réfervé le jugement du grand-maître & de trois autres principaux chevaliers, il envoya un commiffaire à Paris pour y porter la fentence qui les dépofoit, & les condamnoit à une prifon perpétuelle. Le grand-maître & Guy, frère du Dauphin, après qu'on leur eut fait lecture de ce jugement, jurèrent que tous les chefs d'accusation étoient faux ; que, s'ils avoient déposé d'abord contre leur Ordre, c'avoit été à la follicitation du Pape & du Roi, & qu'enfin ils étoient prêts à mourir pour confirmer cette vérité. Dès qu'ils eurent été livrés au prévôt de Paris par les cardinaux, la nouvelle en fut portée au Roi, qui affembla fon confeil fur cette affaire, & le foir même le grand-maître & le frère du dauphin d'Auvergne furent brûlés à la pointe de l'île du palais, foutenant jufqu'au dernier foupir qu'ils étoient innocens. On donna la vie à Hugues Perrault & à l'autre chevalier qui avoit gardé le filence depuis que leur fentence avoit été prononcée. Ainfi fut éteint l'Ordre des Templiers dans toute la chrétienté, hors en Allemagne, où ils fe maintinrent & fe firent abfoudre dans un concile provincial.

L'affaire des Templiers eft encore un problème que le tems, fuivant les apparences, ne réfoudra pas : la philofophie aura peine à comprendre que des religieux fuffent à la fois athées, idolâtres & forciers ; qu'ils crachaffent fur le crucifix, & qu'ils adoraffent une tête de bois dorée & argentée, qui avoit une grande barbe. Quand de pareils aveux échappent dans les tortures, ils ne prouvent que contre l'ufage de la queftion, ou s'ils font faits hors de la queftion, ils accufent des follicitations perfides, accompagnées de promeffes frauduleufes. On croira plus aifément que quelques-uns de ces chevaliers pouvoient s'être rendus coupables du péché contre nature dont ils furent tant accufés. On pourra croire encore que leurs plus grands crimes furent leur richeffe, leur puiffance, une forte d'indépendance de tout gouvernement, & quelques féditions qu'ils avoient excitées en France au fujet d'une altération de monnoies, où ils avoient beaucoup perdu. On les accufoit auffi d'avoir fourni de l'argent à Boniface VIII pendant fes démêlés avec Philippe-le-Bel, & cet article feul fuffiroit pour expliquer l'acharnement impitoyable avec lequel ce Prince les pourfuivit. On fait que ce fut de la France que partit le fouffle qui les extermina, & que, fi l'on fut injufte à leur égard dans toute l'Europe, on ne fut fi cruel contr'eux qu'en France. Le roi d'Angleterre, Edouard II, voulut d'abord les défendre : il écrivit en leur faveur au pape Clément V; mais ce Pape, qui transféroit le Saint-Siège dans Avignon, étoit vendu au roi Philippe, auquel il devoit ou croyoit devoir la tiare. Clément V & Philippe entraînèrent aifément Edouard, fur lequel ils avoient de l'afcendant, & les Templiers furent dépouillés en Angleterre comme partout ailleurs. On eût au moins la juftice, & en France & en Angleterre, d'enrichir de la dépouille des Templiers les chevaliers hofpitaliers de Saint-Jean-de-Jérufalem : ils en eurent les bénéfices, le Roi en eut l'argent. Philippe-le-Bel fe fit donner d'abord deux cent mille livres,

fomme alors immenfe. Louis Hutin fon fils en demanda encore foixante mille. On convint que le Roi auroit les deux tiers de l'argent des Templiers, les meubles de leurs maifons, les ornemens de leurs églifes, & tous leurs revenus échus depuis le 13 octobre 1307, jufqu'à l'année 1314.

En Angleterre, les barons réclamèrent les terres des Templiers, comme données par leurs ancêtres, & il fe paffa plus de dix ans avant que les chevaliers hofpitaliers puffent en être mis en poffeffion. L'ordre des Templiers avoit duré depuis 1118 jufqu'en 1312.

### Ordre teutonique.

Ordre militaire allemand. Voici quelle en fut l'origine. Un homme de cette nation, qui demeuroit à Jérufalem après la conquête de la Terre-Sainte, y recevoit ceux qui venoient de fon pays, & qui n'entendoient pas la langue de la Paleftine. Pour avoir plus de moyens d'exercer fa charité, il obtint du patriarche de Jérufalem la permiffion de bâtir un hôpital avec une chapelle à l'honneur de la mère de Dieu. Divers Allemands fe joignirent à celui-ci, qui avoit paru fi zélé & fi charitable pour fes compatriotes, & s'employèrent à rendre fervice aux pélerins de leur nation, qui venoient vifiter les lieux confacrés par la vie & la mort de Jéfus-Chrift. Quelques riches habitans de Bremen & de Lubeck, qui étoient au Levant, s'affocièrent avec les premiers, & firent bâtir, vers l'an 1191, un nouvel hôpital à Acre. Ces hôpitaux furent donnés depuis aux chevaliers teutons, Ordre inftitué en 1191 en faveur de la même nation allemande, par Henri, roi de Jérufalem, fecondé du patriarche & des autres princes chrétiens, fous le nom de l'*Ordre de Notre-Dame du mont de Sion*, & voici quel en fut le fujet. Lorfque l'empereur Frédéric I, dit *Barberouffe*, fe croifa, ainfi que plufieurs grands Princes, pour rentrer dans la poffeffion de la Terre-Sainte, dont Saladin, fultan d'Egypte, s'étoit rendu maître l'an 1187, un grand nombre de feigneurs & de gentilshommes allemands le fuivirent en qualité de volontaires, les uns par un fentiment de piété, les autres par un defir de gloire. Ces Allemands fe fignalèrent fous l'empereur Frédéric, l'an 1189. Après fa mort, fe voyant fans chef devant Acre que les Chrétiens affiégeoient, ils élurent Frédéric, duc de Suabe, fecond fils du défunt Empereur, & Henri, duc de Brabant, pour capitaines généraux de leur nation. Sous ces chefs ils fe diftinguèrent par de fi beaux faits d'armes à la prife d'Acre & des autres villes & places de la campagne, que Henri, roi de Jérufalem, propofa d'inftituer en leur faveur un Ordre de chevaliers fous le nom de Saint-Georges, parce que tous ces braves fervoient à cheval; mais on trouva plus à propos de le mettre fous la protection de la Vierge, & de lui donner pour principal lieu l'hofpice établi à Jérufalem fur le mont

de

de Sion , pour les pélerins & les pauvres de cette nation , & dédié à Notre-Dame. Le Roi , le Patriarche & les autres Princes en dreſſèrent les ſtatuts ſur ceux de l'Ordre de Saint-Jean-de-Jéruſalem & de l'Ordre des Templiers , dont ils tirèrent ce qu'ils crurent convenir le mieux pour un Ordre qu'ils vouloient auſſi rendre militaire & hoſpitalier. Tous ces ſtatuts , entr'autres articles , portoient que les chevaliers qui ſeroient reçus dans cette religion militaire , ſeroient de race noble ; qu'ils feroient vœu de défendre l'Egliſe chrétienne & la Terre-Sainte ; qu'ils exerceroient l'hoſpitalité envers les pélerins de leur nation , & qu'ils ſe nommeroient chevaliers de Notre-Dame du Mont-Sion. Cette inſtitution fut agréée par l'empereur Henri VI , & approuvée par le pape Céleſtin III , qui ordonna que ces chevaliers ſeroient vêtus d'un habit blanc , ſur lequel ſeroit couſue une croix noire , de la figure de celle de l'Ordre de Saint-Jean-de-Jéruſalem ; qu'ils porteroient une ſemblable croix dans leur étendard , dont le fond ſeroit blanc , & dans leurs armoiries , & qu'ils vivroient ſelon la règle de ſaint Auguſtin. Il leur confirma auſſi le don de l'hoſpice allemand du Mont-Sion pour titre & lieu principal de leur fondation , & leur accorda les mêmes priviléges dont jouiſſoient les chevaliers de Saint-Jean-de-Jéruſalem , par la bulle du 22 février 1191. Ce fut en conſéquence de cette bulle , que le roi de Jéruſalem & le duc Frédéric de Suabe , avec pouvoir de l'Empereur , firent la création de cet Ordre , dont le nombre ne fut alors que de quarante. Henri de Walpot , gentilhomme immédiat de l'Empire , fut choiſi pour être grand-maître de l'Ordre. Tous les Princes chrétiens témoignèrent beaucoup d'affection à cette religion militaire. L'Empereur lui donna le droit de poſſéder à perpétuité toutes les terres & les provinces que les chevaliers pourroient conquérir ſur les Infidèles , & Philippe-Auguſte , roi de France, lui fit de grands biens, accordant auſſi au grand-maître l'honneur de porter des fleurs de lis aux quatre extrémités de ſa croix.

Cet Ordre reçut ſon accroiſſement ſous les grands-maîtres Othon de Kerpent & Herman Batth, qui ſuccédèrent l'un après l'autre au grand-maître Henri de Walpot ; mais il commença particuliérement à ſe rendre conſidérable ſous le quatrième grand-maître , Herman de Salza , élu l'an 1210. Ce fut lui qui , avec ſes chevaliers , ſauva des mains des Infidèles , Jean , fils de Henri , roi de Jéruſalem , dans une bataille que les Chrétiens perdirent contre Conradin , roi de Syrie ; en reconnoiſſance de quoi Jean ajouta à la croix noire que le pape Céleſtin III avoit ordonné aux chevaliers de porter ſur l'habit blanc , une croix potencée d'or , qui étoit les propres armes du royaume de Jéruſalem. Le duc de Maſovie, dans la Pologne, fit don à l'Ordre teutonique de toutes les terres que les chevaliers pourroient conquérir dans la Pruſſe ſur les Idolâtres , pour les poſſéder avec

droit de ſouveraineté ; ce que le Pape & l'Empereur confirmèrent. Les Teutons ayant remporté une entière victoire , chaſſèrent tous les Païens de la Pruſſe , & ſe rendirent peu à peu maîtres de la Livonie & de la Curlande. Le grand-maître fonda enſuite quatre évêchés dans la Pruſſe , & cinq en Livonie & en Curlande, faiſant bâtir des villes & des châteaux dans tout ce pays de conquête , leſquels il remplit de colonies allemandes. Les chevaliers teutons pénétrèrent depuis juſqu'en Ruſſie , où ils établirent de même la religion chrétienne. L'an 1255 ils s'emparèrent de la Samogitie , faiſant main-baſſe ſur tous ceux qui ne vouloient pas ſe faire baptiſer. Le grand-maître fit bâtir la même année , dans la Pruſſe , une grande ville qu'il fit nommer , à l'honneur du roi de France, Konisberg, c'eſt-à-dire , Montagne du Roi. Son ſucceſſeur fit auſſi conſtruire la ville de Montréal. Pendant que l'Ordre teutonique faiſoit des progrès conſidérables vers la mer Baltique, la ville d'Acre fut priſe par le ſoudan d'Egypte , l'an 1291 , & les chevaliers teutons qui étoient dans la Syrie , furent obligés de revenir en Allemagne. La principale maiſon de l'Ordre fut établie à Marpurg , ville de la Heſſe , dans le cercle du Haut-Rhin , puis transférée à Marienbourg dans la Pruſſe. L'an 1510 les chevaliers teutons élurent pour grand-maître Albert, marquis de Brandebourg , fils de la ſœur de Sigiſmond , roi de Pologne ; mais ce Prince embraſſa l'héréſie de Luther , & traita avec le roi de Pologne pour ſe rendre maître abſolu de la Pruſſe , à la charge de la tenir de la couronne de Pologne. Après cet engagement , le duc quitta le titre de grand-maître , & chaſſa de la Pruſſe tous les chevaliers teutons. Ils ſe retirèrent à Mariendal en Franconie, & élurent adminiſtrateur de la grande-maîtriſe de Pruſſe , Walther de Cromberg , alors grand-maître du même Ordre en Allemagne & en Italie.

L'Ordre teutonique conſiſte à préſent en douze provinces ; ſavoir : en celle d'Alſace & de Bourgogne ; celle d'Autriche ; celle de Coblentz ; celle d'Etſch , que l'on nomme encore province de la juridiction de Pruſſe , & en celles de Franconie , de Heſſe , de Bieſſen , de Weſtphalie , de Lorraine , de Thuringe , de Saxe & d'Utrecht , qui ſont de la juridiction d'Allemagne. Les Hollandais ſont maîtres de tout ce que l'Ordre poſſédoit dans la province d'Utrecht. Chaque province a ſes commanderies particulières , & le plus ancien commandeur y eſt appelé commandeur provincial. Tous ces commandeurs ſont ſoumis au grand-maître d'Allemagne , comme à leur chef. Les douze commandeurs provinciaux étant aſſemblés , ont droit d'élire un grand-maître ou un coadjuteur. Le grand-maître a ſa réſidence ordinaire à Mariendal en Franconie , depuis que l'Ordre a été chaſſé de la Pruſſe , & jouit d'environ vingt mille écus de revenu. La plupart des commanderies ſont poſſédées par les puînés des Princes & des grands-ſei-

gneurs allemands , fous le nom de chevaliers teu-
toniques. Cet Ordre porte *d'argent à une croix potée
de fable , chargée d'une croix potencée d'or.*

*LISTE des grands-maîtres de l'Ordre teuto-
nique, depuis l'an 1191 , jufqu'aujourd'hui.*

### A Accon ou Acre.

1. Henri Walpot de Paffenheim , mort en 1200.
2. Othon de Kerpent , mort en 1206.
3. Herman Batth ou de Bard , mort en 1210.

### A Marpurg en Heffe.

4. Herman de Salza fut le premier qui porta le
titre de grand-maître. Sous lui l'Ordre teutonique fut reçu en Pruffe , & commandé par
des maîtres provinciaux. Il mourut en 1240.
5. Henri de Hohenlohe , grand-maître vers l'an
1246, felon Hartknoch.
6. Conrard , landgrave de Thuringe & de Heffe ,
mort en 1252.
7. Poppon d'Ofternau réfigna en 1253.
8. Hannon de Sangethaufe fut d'abord provincial de Livonie. Il mourut en 1265.
9. Hartmann , comte de Heldrungen , mort en
1275.
10. Burchard de Schewendi , tué à la bataille d'A-
cre en 1290.
11. Conrard de Peuchtwangen réfida à Marpurg :
fes prédéceffeurs s'étoient contentés de
demeurer dans le voifinage ou ailleurs. Il
mourut en 1297.
12. Gottfried de Hohenlohe , mort en 1298.

### A Marienbourg & autres lieux de Pruffe.

13. Siegfried de Peuchtwangen. Ce fut fous lui
que les maîtres provinciaux de Pruffe ceffèrent. Il mourut en 1309.
14. Charles Beffard de Trèves , mort en 1324.
15. Werner d'Urfelem fut tué en 1330 par un
chevalier de l'Ordre.
16. Lugder , duc de Brunfwick , mort à Konif-
berg en 1335.
17. Théodoric , comte d'Oldembourg , mort en
1341.
18. Ludolph Kœnig , feigneur de Weitzau , devint
imbécille en 1346 , & quoiqu'il fût revenu
enfuite en fon bon fens , il ne voulut plus
être grand-maître.
19. Henri Dufwer d'Arffberg réfigna , & mourut
en 1351.
20. Weinrich de Kenippenrode , mort en 1382.
21. Conrard Zoelner de Rodenftein , mort en 1390.
22. Conrard de Wallenrod , mort imbécille en
1394.
23. Conrard de Jungingen , mort en 1407.

24. Ulric de Jungingen , tué dans une bataille contre les Polonois , en 1410.
25. Henri Reuff de Plaven fut dépofé , & mourut
en prifon à Lochftatte , en 1413.
26. Michel Kuchenmeifter Efterenberg fut dépofé , & mourut à Dantzick en 1423.
27. Paul Bellenzer de Ruffdorff fut dépofé , &
mourut en 1440.
28. Conrard d'Erlichshaufe fut le dernier qui eut
toute la Pruffe. Il mourut en 1449.
29. Louis d'Erlichshaufe fut obligé de faire hommage au roi de Pologne , comme maître d'une
partie de la Pruffe , & de renverfer le fabre
la pointe en bas , au lieu que fes prédéceffeurs l'avoient eu la pointe en haut , pour
marquer qu'ils ne reconnoiffoient d'autre maître que Dieu & l'épée. Il mourut en 1467.
30. Henri Reuff de Plaven II ne fut grand-maître
qu'onze femaines.
31. Henri Reffle de Richtenberg , mort imbécille
en 1497.
32. Martin Druchfeff de Wetzenhaufe , mort en
1489.
33. Jean de Tieffen , mort en 1498.
34. Frédéric , duc de Saxe , mort à Rochlitz en
1514.
35. Albrecht , marquis de Brandebourg , réfigna ,
& devint duc de Pruffe en 1525.

### A Mergentheim en Franconie.

36. Walther de Cromberg , mort en 1565.
37. Wololffgang Schuzbar , dit Milchling , mort
en 1565.
38. Georges Hund de Menckheim ou Weikheim ,
mort en 1572.
39. Henri de Bodenhaufe , mort en 1595.
40. Maximilien , archiduc d'Autriche , mort à
Vienne en 1618.
41. Charles , archiduc d'Autriche , mort à Madrid
en 1625.
42. Jean-Euftache de Werfternach.
43. Jean Gafpard de Stadion.
44. Léopold-Guillaume , archiduc d'Autriche ,
mort en 1662.
45. Charles-Jofeph , archiduc d'Autriche , mort
en 1664.
46. Jean-Gafpard d'Ampringen , mort en 1685.
47. Louis-Antoine , palatin du Rhin , de la Maifon
de Neubourg , mort à Liége en 1694.
48. François-Louis , frère du précédent , né en
1664 , évêque de Wormes & de Breflaw ,
prévôt d'Elwangen , coadjuteur de Mayence
en 1710 , électeur de Trèves en 1716 , &
enfin électeur de Mayence , mort en 1732.
49. L'électeur de Cologne a été choifi unanimement au mois de juillet 1732 , pour grand-
maître de l'Ordre teutonique.

### Doges de Venife.

On divife la nobleffe vénitienne en quatre claffes. La première claffe de la nobleffe vénitienne comprend les familles des douze tribuns qui furent lès électeurs du premier doge de la République, lefquelles familles, dit-on, par une efpèce de miracle, fe font toutes confervées depuis l'an 709 jufqu'à préfent. Ces douze Maifons qu'on appelle *électorales*, font les Contarini, les Morofini, les Badouari, les Tiepoli, les Micheli, les Sanudi, les Gradenighi, les Memmi, les Falieri, les Dandoli, les Polani & les Barozzi. Après ces douze familles électorales, il y en a quatre qui font prefqu'auffi anciennes, puifque quelques fénateurs qui en étoient, ont figné l'an 800 au contrat de fondation de l'abbaye de Saint-Georgès-Majeur, avec les douze Maifons précédentes. C'eft pourquoi on appelle les premiers nobles *les douze Apôtres*, & ceux-ci : *les quatre Evangéliftes*, qui font les Giuftiniani, les Cornari, les Bragadini & les Bembi. Il y a encore huit autres Maifons trèsanciennes, qui ont rang parmi la nobleffe de la première claffe ; favoir : les Quirini, les Delphini, &c.

Le fecond Ordre de la nobleffe vénitienne eft pour les familles de ceux qui commencèrent à être écrits dans le livre d'or ou catalogue des nobles, lorfque le doge Gradenigo établit l'ariftocratie ou confeil des principaux, l'an 1289 ; & comme il y a plus de quatre cents ans que ces Maifons fubfiftent, cette nobleffe eft fort eftimée. On met dans ce rang les Moncenighi, les Capeli, les Fofcarini, &c.

La troifième claffe de la nobleffe vénitienne comprend environ quatre-vingts familles, qui ont acheté le droit de la nobleffe, moyennant cent mille ducats, dans le befoin d'argent où la République s'eft trouvée réduite pendant les guerres contre le Turc. Ces nobles ne font que rarement employés dans les grandes charges de la République.

Il y a une quatrième forte de nobleffe que la République donne aux Princes ou aux perfonnes illuftres par leur mérite. Henri III & Henri-le-Grand, rois de France, ont été ainfi agrégés au corps de la nobleffe vénitienne. Prefque tous les Princes d'Italie ont auffi fouhaité d'être reçus nobles vénitiens. Les principales familles d'Italie, qui poffèdent ce titre, font les Pio, les Malatefta, les Bentivoglio, les Martinengues, les Collalte, les Benzoni & les Savothians.

Ce font les nobles qui élifent le doge, & dans cette cérémonie, avant même qu'il foit queftion de procéder à la nomination de ce premier magiftrat de la République, on fait paffer dans les préliminaires mêmes les électeurs par un fi long circuit de balotages & d'élections, qu'il en réfulte, pour toutes les familles nobles, la fatisfaction de contribuer directement ou indirectement à l'élection du doge.

*Succeffion chronologique des doges de Venife.*

697. Paulutio Anaferte, 20 ans 6 mois 8 jours.
  Marcel Tegalino, 9 ans 1 jour.
  Horreo Hippape, furnommé Urfe, un mois, mort en 737.
  *Interrègne de cinq ans.*
742. Théodat Hippape, fils d'*Urfe*, tué au bout de 13 ans.
755. Galta de Malamoë, affaffin du précédent, un an.
  Dominique Monegaria, 3 ans.
761. Maurice Gabbaïa, 23 ans.
784. Jean Gabbaïa, 9 ans, & fon fils Maurice, tant avec lui qu'après lui, 16 ans.
  Obélério & fon frère Béat, 5 ans.
  Ange Partiatio, 18 ans.
  Juftinian Partiatio fon fils, 2 ans.
  Jean Partiatio, frère du précédent, 8 ans.
  Pierre Tradonie Depola, 27 ans.
  Urfe Partiatio, 17 ans.
  Jean Partiatio fon fils, 5 ans 6 mois.
  Pierre Candian, 5 mois.
  Dominique Tribun, 3 mois 13 jours.
  Pierre Tribun fon fils, 24 ans.
  Urfe Badoëro Partiatio, prit le nom de *Badoëro*, vivoit en 910, régna 20 ans, renonça & fe fit moine.
  Pierre Candian, 7 ans.
  Pierre Badoëro, fils d'Urfe, 7 ans.
  Pierre Candian, fils du pénultième, 15 ans.
  Pierre Candian, quatrième du nom, du tems du pape Jean XII, 20 ans.
  Pierre Urféole, 2 ans 2 mois 10 jours. Il fe fit religieux de l'Ordre de Saint-Benoît en l'abbaye de Saint-Michel de Cuxa en Conflans, où il mourut en odeur de fainteté, le 12 avril 987. Son corps y eft vénéré.
  Vital Candian, fils de Pierre III, 1 an.
  Tribun Memmio, du tems de l'empereur Othon III, 12 ans.
  Pierre Urféole II, du tems du même empereur Othon III, 18 ans.
  Othon Urféole fon fils, dépouillé en Grèce l'an 1028.
  Dominique Flabonie vivoit en 1040, 10 ans 4 mois 12 jours.
  Dominique Contarino ou Contarini, 28 ans.
  Dominique Silvio, 13 ans.
  Vital Falieri, 12 ans.
1096. Vital Michiéli, du tems du pape Urbain II, 6 ans.
1102. Ordelaphe Falieri, fils de Vital, 15 ans.
1117. Dominique Michiéli, 13 ans.
1130. Pierre Polano, 18 ans.
1148. Dominique Morofini, 8 ans.
1157. Vital Michiéli, qui maria fa fille à un Juftiniani, religieux, feul refte de cette famille ; il le retira du cloître avec une permiffion du Pape, & en fit fon gendre, &

rendit à la République ce nom qui alloit périr, 17 ans.

1173. Sébaſtien Zani, 5 ans.

Auro Malipierre, 14 ans.

Henri Dandolo, 13 ans.

Pierre Zani, fils de Sébaſtien, 24 ans.

Jacques Tiepolo, 21 ans.

1249. Marin Moroſini, 4 ans.

1253. Rainier Zani, 16 ans.

Laurent Tiepolo, 7 ans 25 jours.

Jacques Contarini, 4 ans 8 mois.

Dandolo, 8 ans.

1290. Pierre Gradenigo, 22 ans 9 mois.

Marin Georgio, 10 mois 16 jours.

Jean Sorenzo, 16 ans 6 mois.

François Dandolo, 10 ans 10 mois.

1330. Barthélemy Gradenigo, 4 ans.

André Dandolo, 12 ans moins quelques mois.

Marin Falieri, qui eut la tête tranchée, âgé de 80 ans, après 10 mois de dignité.

Jean Gradenigo, 1 an 3 mois 14 jours.

Jean Delphino, 4 ans 2 mois 11 jours.

Laurent Celſe, 4 ans.

Marc Cornaro, 2 ans 5 mois 24 jours.

André Contarino ou Contarini, 15 ans 4 mois 18 jours.

1381. Michel Moroſini, 4 mois 3 jours.

Antoine Venieri, 18 ans 1 mois 3 jours.

Michel Steno, 3 ans 3 jours.

1413. Thomas Mocenigo, 10 ans 3 mois.

1423. François Faſcaro, 34 ans 6 mois.

Paſchal Malipierre, 4 ans 6 mois 5 jours.

Chriſtophe Morées, du tems du pape Pie II, 9 ans 6 mois.

Nicolas Tron, 1 an 8 mois 5 jours.

Nicolas Marcelli, 1 an 4 mois 17 jours.

1474. Pierre Mocenigo, 1 an 2 mois 9 jours.

1475. André Vendramerio, 1 an 8 mois.

1477. Jean Mocenigo, frère de Pierre, 7 ans 6 mois.

1485. Marc Barbarigo, 9 mois.

Auguſtin Barbarigo, 15 ans 21 jours.

1502. Léonard Loredano, 19 ans 8 mois 20 jours.

1521. Antoine Grimani, 1 an 10 mois 2 jours.

1523. André Gritti, 15 ans 7 mois 8 jours.

1539. Pierre Laudi, 6 ans 8 jours.

François Donati, 7 ans 6 mois.

Marc-Antoine Treviſano, 1 an moins 3 jours.

François Venieri, 2 ans 1 mois 20 jours.

Laurent Prioli, 3 ans 11 mois 8 jours.

Jérôme Prioli ſon frère, 8 ans 2 mois 4 jours.

1567. Pierre Loredano, 4 ans 5 mois 8 jours.

1570. Louis Mocenigo, 7 mois.

1571. Sébaſtien Venieri, 11 mois.

1572. Nicolas Depont, 7 ans 9 mois 13 jours.

Paſchal Cicogne.

1595. Marin Grimani, 10 ans 10 mois.

Léonard Donati.

1623. François Contarini, mort en 1629.

1624. Jean Cornaro, environ 6 ans.

1630. Nicolas Contarini, mort en 1633.

François Molini, mort en 1655, dans ſa 80e. année.

1631. François Erizzo, 14 ans & près de 8 mois.

1655. Charles Contarini, élu en 1655, mort en 1656.

1656. François Cornaro, élu en mai 1656, mort le 5 juin de la même année.

1656. Bertucci Valière, élu en juin 1656, mort en mars 1658.

1658. Jean Pezzaro, élu en 1658, mort le 30 ſeptembre 1659.

1659. Dominique Contarini, élu en 1659, mort en janvier 1675.

1675. Nicolas Sagredo, élu en février 1675, mort le 16 août 1676.

1676. Louis Contarini, élu en août 1676, mort le 15 janvier 1684.

1684. Marc-Antoine Giuſtiniani, élu en janvier 1684, mort le 23 mars 1688.

1688. François Moroſini, élu en avril 1688, mort le 8 janvier 1694.

1694. Silveſtre Valière, élu le 23 février 1694, mourut le 5 juillet 1700. Le 4 mars de la même année 1694, Eliſabeth Quirini ſa femme fut couronnée Dogareſſe. La cérémonie en fut d'autant plus remarquable, que le dernier exemple étoit celui de Moroſini, femme du Doge Marin Grimani, en 1595. Elle mourut le 22 janvier 1709, âgée de 80 ans.

1700. Louis Mocenigo, élu le 16 juillet 1700, mort le 6 mai 1709, en ſa 83e. année.

1709. Jean Cornaro, élu le 22 mai 1709, mort le 14 août 1722, âgé de 75 ans.

1722. Louis-Sébaſtien Mocenigo, élu le 23 août 1722, mourut le 21 mai 1732, âgé de 71 ans.

1732. Charles Ruzzini, élu le 2 juin 1732.

### GÊNES,

Que les gens du pays nomment *Genoua*, & les auteurs latins *Genua*, ville d'Italie avec archevêché, eſt une république ſouveraine, qui règne ſur la Méditerranée, au centre de ſon golfe particulier, le long duquel elle s'étend à droite & à gauche, & qui s'appelle la côte ou la rivière de Gênes. Cet état de la république, dont la ville de Gênes eſt la capitale, s'étend dans un eſpace d'environ cent ſoixante milles d'Italie, depuis le Var juſqu'à la Magre. Ce pays eſt le même en partie que celui des anciens Liguriens, & la mer qui le baigne, s'appelle encore mer de Ligurie; mais les Liguriens anciens avoient paſſé les bornes de la Ligurie moderne, & s'étoient étendus juſqu'aux rivières du Pô & de l'Arno. Ce même pays eſt diviſé par les Modernes, en rivière du Ponent & rivière du Levant, la première touchant à la France,

& l'autre à l'Italie. Dans la partie du Levant font les villes de Pontremoli, de Brugneto, de Sarzane, de Spezza, &c. Vers le Ponent font les villes de Gênes, de Savone, d'Alberga, de Vintimille, &c. Le marquifat de Final, qui eft enclavé entre Savone & Albenga, appartient à l'Empereur. Entre Albenga & Vintimille eft la principauté d'Oneglia, & le comté de Marre, qui appartiennent au duc de Savoie. La principauté de Monaco, qui eft à l'occident de Vintimille, appartient au Prince de ce nom, qui eft fous la protection du roi de France. La ville de Gênes, comme maîtreffe de toute la feigneurie, eft au centre. La largeur de cet Etat n'eft pas étendue, & ne paffe en aucun endroit vingt-cinq mille pas. Le dedans du pays eft montueux, mais la côte eft agréable & fertile, & la partie occidentale eft couverte de citronniers & d'orangers.

Gênes eft fituée fur le bord de la mer, du côté de fon midi, partie dans la plaine, partie fur les collines qui aboutiffent à l'Apennin. Elle eft, après Venife, la ville la plus marchande de toute l'Italie : fon tour eft d'environ cinq ou fix milles ; elle a de fortes murailles, un bon rempart, & cinq portes du côté de terre-ferme, la plupart garnies d'artillerie. Le port de Gênes étoit autrefois dangereux ; mais on y a bâti un très-beau mole, qui eft affez avancé dans la mer, & qui affure le port. Les bâtimens de la ville font fi magnifiques & fi réguliers, qu'elle eft appelée *Gênes la fuperbe*. Elle a un grand nombre de riches palais : le palais Doria eft le plus confidérable ; il s'étend depuis la mer jufqu'au haut de la montagne ; les appartemens font vaftes & magnifiques, les meubles très-riches : l'abondance y règne jufqu'à la profufion. On lifoit autrefois fur les murailles du palais, en dehors, cette infcription : *Par la grace de Dieu & du Roi, le tout eft au maître du logis.* On dit que ces mots avoient pour objet de démentir un gouverneur de Milan, qui, foit pour décrier la magnificence des Doria, foit par quelqu'autre motif d'envie & de malveillance, avoit dit à une reine d'Efpagne, laquelle devoit loger dans ce palais, que la plupart des meubles avoient été empruntés des plus riches Maifons. La rue neuve, qui eft la plus belle de Gênes, n'eft compofée que de palais & de maifons magnifiques. En particulier, le palais de la feigneurie, demeure du Doge, la *cafa* de l'Impérial, l'arfenal, le dôme de l'églife de Saint-Laurent, qui eft la métropole, où l'on voit un plat d'une feule émeraude, dans lequel on tient que Notre-Seigneur fit la cêne ( les évangéliftes ne parlent pas de cette magnificence ) ; l'Annonciade, qui eft fi renommée ; Saint-Ambroife, qui eft l'églife des Jéfuites ; celle des Théatins, dite de Saint-Cyr, & quelques autres femblables, voilà les plus fomptueux édifices, tant facrés que profanes, qui embelliffent Gênes. Les habitans, qui ont toujours été bons marins, fe font fignalés par-là en diverfes occafions. En général, ils font fort livrés

au commerce : il y a, dit-on, à Gênes plus de vingt mille familles occupées aux étoffes & aux bas de foie. La république entretient plufieurs galères : grand nombre de particuliers en ont auffi en propre.

Il y a deux fortes de familles nobles, les anciennes & les nouvelles. Les premières font au nombre de vingt-huit, entre lefquelles il y en a quatre principales, Grimaldi, Fiefchi ou Fiefque, Doria & Spinola. Les autres vingt-quatre font Calvi, Cattanei, Centurioni, Cibo, Cigala, Fornari, Franchi, Giuftiniani, Grelli, Gentilli, Imperiali, Interiani, Lefcari, Lomellini, Martini, Negro, Negroni, Pallavicini, Pinelli, Promontorii, Sauli, Salvahi, Vivaldi & Vefodimare. Les autres nobles familles de Gênes, au nombre de quatre cent trente-fept, font agrégées à ces vingt-huit principales. Il y a dans ces Maifons des feigneurs fi puiffans & fi riches, que par cette raifon ils ne font point admis au gouvernement, parce qu'on craint qu'il ne leur prenne envie de s'en faifir & de le garder. Plufieurs d'entr'eux ont un rang parmi les plus grands capitaines de leur fiècle, tant fur terre que fur mer. La ville doit fa liberté à André Doria, qui abandonna le fervice du roi François Ier. pour la lui procurer.

Gênes eft une ville très-ancienne, dont les hiftoires font mention depuis dix-neuf fiècles. On a voulu tirer de Janus l'étymologie de fon nom de Gênes ; mais ce n'eft qu'un ridicule de favans. Elle fut foumife aux Romains, puis aux Lombards, & enfuite aux Empereurs pendant quelque tems, & enfin aux Français. Elle a été fujète à de grandes divifions populaires. Les Génois ont été long-tems le peuple de l'Europe le plus malheureux, par fon inconftance & par fes divifions. Les nobles étoient tyrans, les bourgeois féditieux, les principales familles fe difputoient le gouvernement, & déchiroient à l'envi le fein de la république, fous prétexte d'affurer fa liberté. D'un côté les Spinola & les Doria, de l'autre les Fiefques & les Grimaldi, toujours rivaux, toujours armés, étoient tour-à-tour perfécutés, opprimés, chaffés les uns par les autres. Le parti vaincu appeloit des vengeurs & des tyrans étrangers ; l'autorité, toujours ufurpée, paffoit au plus puiffant, au plus heureux. Toutes les factions politiques & religieufes fe nourriffoient de ces haines inteftines. Toutes les formes de gouvernement étoient effayées : on en compte près de douze différentes fucceffivement établies dans un efpace d'environ trente ans. Quelquefois le peuple reprenoit par des coups violens une partie de fa liberté pour la reperdre avec plus d'horreur. Il contenoit un moment les nobles ; il fe faifoit gouverner par des magiftrats plébéiens, que bientôt leur foibleffe ou leurs diffentions replongeoient dans l'efclavage des nobles. Les Boccanegres, les Adornes & les Fregofes ne furent pas plus unis entr'eux que les Spinola & les Doria ne l'avoient été avec les Fiefques & les

Grimaldi. Une alternative funeste d'aristocratie & de démocratie, une impuissance malheureuse de souffrir & le joug & la liberté, accumuloient sur les Génois tous les maux de la tyrannie &, de l'anarchie. Enfin, après avoir pris pour maîtres tous leurs principaux citoyens & plusieurs souverains de l'Europe, ils s'étoient donnés à Charles VI. Le premier traité des Génois avec la France est de 1392. Il n'étoit que l'ouvrage des nobles, qui cherchoient de l'appui contre le peuple, & le peuple s'en vengea par des ravages; mais en 1396 tous les Ordres de l'Etat réunis conférèrent à Charles VI & à ses successeurs l'autorité souveraine, & lui prêtèrent serment de fidélité. Antoine Adorne, alors duc ou doge populaire de Gênes, en fut fait gouverneur pour le Roi. On y envoya quelque tems après le maréchal de Boucicaut. Celui-ci, en arrivant à Gênes, y trouva partout des traces effrayantes de l'anarchie qui l'avoit désolée. Tout y représentoit l image de la destruction. Des nobles humiliés & bannis; une populace insolente & livrée aux plus grands excès; des voleurs & des assassins impunis, qui remplissoient la ville de meurtres & d'incendies; des marchands effrayés, qui se resserroient dans l'intérieur de leurs maisons; le commerce anéanti; toutes les boutiques, toutes les banques; tous les bureaux fermés; des bourgeois puissans qui se faisoient la guerre de rue en rue; des tours élevées dans tous les palais; des citoyens assiégés par d'autres citoyens; des factions mal étouffées, & toujours prêtes à se ranimer, &c. La vigilance & la fermeté du maréchal arrêtèrent tous ces désordres. Il se fit apporter les armes; il défendit les assemblées; il fit trancher la tête aux plus factieux; il punit avec plus de rigueur ceux qui avoient commis de plus grands crimes. Des compagnies, exactement entretenues, firent la garde dans toutes les places: deux châteaux élevés, l'un à l'entrée du port, l'autre dans la ville, continrent les habitans. Les Génois se firent pendant douze ans l'effort d'être heureux & tranquilles; mais en 1409 ils se jettent sur les Français & les massacrent: le maréchal de Boucicaut échappe à peine à leur fureur. Ils appellent le marquis de Montferrat, & le chassent peu de tems après. Ils se jettent entre les bras du duc de Milan, qu'une sédition chasse à son tour en 1436. Les Génois se replongent dans l'anarchie. En 1444 ils parurent vouloir revenir à la France; mais ce n'étoit qu'un artifice de Jean Fregose, qui, voulant enlever la seigneurie à Barnabé Adorne, se servit de l'argent & des armes des Français, & leur manqua de parole. La discorde continue ses désordres dans Gênes. Enfin, en 1458, ces peuples, éclairés par leurs malheurs, tombent sincèrement aux pieds de Charles VII, lui demandent pardon de l'infraction des traités précédens, le conjurent d'être leur maître, & de leur ramener les jours heureux dont ils avoient joui sous le gouvernement du maréchal de Boucicaut. Le Roi leur pardonne, & nomme pour leur gouverneur Jean d'Anjou, duc de Calabre & de Lorraine; reveu de la reine sa femme. C'étoit le tems des plus brillans succès de ce jeune héros en Italie; mais lorsqu'il eut succombé sous les armes de Scanderberg, sa disgrace fournit à ce peuple infidèle l'occasion d'un soulévement général & d'un nouveau massacre des Français. Ces furieux crurent se remettre en liberté; mais ne pouvant fixer leur inconstance, ils revinrent quelques années après demander les fers à Louis XI. De pareils sujets méritoient peu qu'on voulût être leur maître. Louis XI leur fit cette dure & indécente réponse qu'ils ne s'étoient que trop attirée: *Vous vous donnez donc à moi? Moi, je vous donne à tous les diables.* Il se réserva cependant les droits qu'il avoit sur eux; mais il se déchargea du fardeau de les gouverner sur François Sforce, duc de Milan, auquel il donna en fief les villes de Gênes, de Savone & leurs dépendances. Cette inféodation fut renouvelée en faveur de tous les Sforce successivement, & tous prêtèrent serment de fidélité, soit à Louis XI, soit à Charles VIII.

Lorsque Louis XII eut conquis le Milanès, pris Ludovic Sforce, & absorbé tous les droits de cette Maison, il fut reçu, en 1502, dans Gênes comme souverain, & reçut le serment de fidélité des habitans. Mais le trouble étoit l'élément des Génois: ils se révoltèrent, ils se soumirent, on leur pardonna; ils se révoltèrent encore, élurent pour leur Doge un teinturier nommé Paul de Nove, exercèrent de nouveau mille insolences & mille cruautés. Louis XII fut contraint de faire violence à son caractère indulgent; il passa en Italie avec une armée formidable en 1507. Les Génois lui opposèrent une résistance opiniâtre, mais inutile; ils furent forcés de se rendre à discrétion; ils perdirent leurs immunités, payèrent de fortes amendes, virent punir du dernier supplice leurs principaux chefs, & bénirent encore la clémence du vainqueur, qui vouloit bien s'appaiser à ce prix. Depuis ce tems ils écrivoient au Roi: *Regi christianissimo Domino nostro*, & souscrivoient: *Fidelissimi Subjecti*. Tout cela n'empêcha pas que ce peuple, toujours entraîné à la révolte par un penchant malheureux & invincible, ne secondât quelques années après les vues turbulentes du pape Jules II contre la France, ne changeât encore plusieurs fois la forme de son gouvernement, & ne détruisît presqu'entiérement la domination française à Gênes.

La mort de Louis XII laissa tous ces affronts impunis. Ce fut par la voie de la négociation que François Ier. son successeur rétablit d'abord son autorité dans Gênes. Octavien Fregose, qui en étoit Doge alors, en 1515, devoit cette dignité au crédit des Médicis, & particuliérement à celui du pape Léon X, successeur de Jules II. Les Médicis ne doutoient point qu'il ne les suivît dans le parti de la ligue qui se formoit alors en Europe contre la France ; il étoit ami intime de Julien, frère du Pape : mais la reconnoiffance dont Fregofe s'étoit long-tems piqué pour fes bienfaiteurs, devenoit trop dangereufe : la France avoit foulevé contre lui les Adornes & les Fiefques, qui attendoient, tantôt fecrétement, tantôt ouvertement, à fa vie. Ces entreprifes fe renouveloient tous les jours ; elles étoient même fecondées par Maximilien Sforce, ennemi politique de François Iᵉʳ, qui alloit lui redemander à main armée le duché de Milan, mais ennemi perfonnel de Fregofe, & qui, comme duc de Milan, avoit des prétentions fur Gênes. Les Français voyant Fregofe alarmé, lui propoférent leur alliance, comme le feul moyen d'échapper aux périls qui le menaçoient : il les crut, & commença de traiter avec le connétable de Bourbon par un émiffaire fecret, tandis que d'un autre côté il juroit au Pape un zèle inviolable pour les intérêts de la ligue, en faveur de laquelle il favoit que le Pape s'étoit fecrétement déclaré. Sforce, que la haine éclairoit, avertit le Pape qu'il y avoit un gentilhomme du connétable de Bourbon, caché dans le palais de Fregofe pour conférer avec lui. Le Pape, qui regardoit Sforce comme un vifionnaire, lui répondit qu'il écoutoit trop fa haine pour Fregofe, & que le Saint-Siége répondoit de fa fidélité. Dans le même tems on apprit que Fregofe avoit remis la cité de Gênes entre les mains du roi de France, changé le titre de Doge en celui de gouverneur perpétuel pour le Roi, & promis de recevoir les troupes françaifes qu'on voudroit y envoyer, moyennant une compagnie de gendarmerie, l'Ordre de Saint-Michel, une forte penfion pour lui, beaucoup de bénéfices pour Frédéric fon frère, archevêque de Salerne, & le rétabliffement des priviléges des Génois, abolis par Louis XII. Fregofe écrivit au Pape comme pour concilier fa démarche avec la reconnoiffance qu'il lui devoit : « Je fais, lui dit-il, qu'il me feroit difficile de juftifier ma » conduite aux yeux du vulgaire ignorant ; mais » je parle au fouverain le plus éclairé, au plus ha-» bile politique de l'Europe, qui fait que la raifon » d'État excufe dans les Princes les actions qu'elle » exige. »

Le Pape ne répondit rien à cette apologie, dont François Iᵉʳ. fut réputé l'auteur. On crut ce Prince, à qui le Pape fe rendit au Pape furprife pour artifice, avoit voulu triompher de ce fuccès, & fe venger encore de Léon par cette ironie.

Léon X ne vit point changer cet état de Gênes ; il mourut en 1521. Mais en 1522, lorfque les de Foix-Lautrec eurent perdu le Milanès par leurs fautes & par celles du gouvernement français, les généraux de Charles-Quint, dans ce torrent de bonne fortune, pouffèrent leurs conquêtes jufqu'à Gênes, où Octavien Fregofe, qui commandoit toujours au nom du roi de France, fuccomboit fous le poids de la fidélité qu'il lui avoit jurée : le parti des Adornes fe fortifioit de plus en

plus dans Gênes. Fregofe, malade & découragé, réclamoit en vain les fecours des Français accablés : on faifoit vainement en France des levées, qui ne pouvoient jamais être prêtes affez tôt : déjà on capituloit, & on étoit convenu d'une fufpenfion d'armes pendant les conférences. Les Génois, endormis fur la foi de cette trève, négligeoient la garde de leur ville : quelques foldats efpagnols, en fe promenant fans deffein autour de la place, apperçurent à la muraille une brèche qu'on avoit négligé de relever ; ils s'en emparèrent : toute l'infanterie efpagnole les fuivit, monta fur les remparts, entra dans la ville. Fregofe eft pris dans fon lit où la maladie le retenoit. Antoine Adorne eft proclamé Doge à fa place : l'évêque de Salerne, frère de Fregofe, eut à peine le tems de fe jeter dans une barque qui le conduifit à Marfeille. Voilà Gênes, de françaife, devenue efpagnole. En 1527 elle redevint françaife. Le maréchal de Lautrec, commandant les troupes des confédérés, c'eft-à-dire, de diverfes puiffances de l'Europe qui s'étoient réunies contre l'Empereur, dont la puiffance, prodigieufement accrue, les alarmoit, Lautrec, joint à André Doria, pour lors au fervice de la France, entreprit de foumettre Gênes. Doria, parti de Marfeille avec quatorze galères, avoit tellement bloqué le port de Gênes, que rien ne pouvant entrer dans la ville, elle avoit été bientôt réduite à une extrême difette. Les Fregofes, toujours ennemis des Adornes, étoient toujours dans le parti de la France, & les Adornes dans le parti de l'Empereur. Lautrec, voulant feconder Doria, envoya Céfar Fregofe avec un détachement confidérable pour ferrer la place du côté du continent. Les Génois, ayant armé quelques galères pour tenter de fe procurer des vivres du côté de la mer, le combat alloit s'engager entre ces galères & celles de Doria, lorfqu'une tempête obligea Doria de fe retirer à Savone avec perte d'une de fes galères que montoit Philippin Doria fon neveu, & qui tomba entre les mains des Génois. Ceux-ci, encouragés par ce petit fuccès, efpérèrent le même bonheur du côté de la terre : ils firent une fortie contre Fregofe, & elle parut encore leur réuffir d'abord ; mais l'ivreffe du fuccès ayant engagé les Génois trop avant, ils furent coupés & mis en déroute ; leur général, Martinengue, fut fait prifonnier. Cette défaite ayant abattu le courage des affiégés, ils fe rendirent, & Lautrec donna le gouvernement de Gênes au maréchal Théodore Trivulce. Mais bientôt une révolution contraire enleva encore Gênes aux Français. André Doria, révolté des hauteurs de quelques courtifans & miniftres de François Iᵉʳ., quitta le fervice de ce Prince, & rendit fa république libre & indépendante fous la protection de Charles-Quint, & ce dernier état eut fa de confiftance. Il ne fut que troublé un moment, en 1546, par la conjuration de Fiefque. François Iᵉʳ., d'après les divers traités, n'avoit plus en Italie de miniftre revêtu d'un caractère public ; mais le cardinal de Trivulce, protecteur de la couronne de France à Rome, titre qui n'eft pas toujours vain, étoit l'agent fecret des affaires de cette couronne dans toute l'Italie. Le Roi n'avoit pas perdu de vue fes droits fur l'Etat de Gênes : il y avoit toujours des intelligences entre les Français & les Génois : c'étoit fans doute l'effet des négociations du cardinal de Trivulce ; mais je ne puis croire, avec quelques auteurs, que la France ait été l'ame de cette fameufe conjuration de Fiefque, dont les refforts fi bien conduits par d'habiles politiques, ont été fi bien développés par d'habiles écrivains. Il me femble que l'impénétrable de Fiefque cacha la profondeur de fes noirs projets à la France, qui ne les eût pas approuvés. Le cardinal de Trivulce, à la vérité, avoit à Gênes des correfpondans intelligens & attentifs ; il connut par eux les talens & les difpofitions du jeune de Fiefque. Le cardinal de Trivulce le jugea propre à changer le deftin de Gênes ; il compta fur fa jaloufie contre les Doria pour le vouloir, & fur fon génie pour le pouvoir. Il le fit fonder fur le projet de rétablir à Gênes l'autorité des Français, n'imaginant pas que fon ambition pût fe propofer d'autre but que d'être fous eux ce que les Doria étoient fous l'Empereur. De Fiefque l'écouta d'abord, & fut près de fe livrer à la France ; mais l'audacieux Verrina, fon confident & fon confeil, lui fit concevoir un projet plus vafte & plus noble, celui de brifer & le joug impérial & le joug français, & d'établir fa puiffance unique fur les ruines de toutes ces puiffances. De Fiefque s'enivra de ce projet. Dès ce moment fes vues, fes mefures, fes démarches, tout devient étranger à la France. Le hardi Verrina, le fougueux Sacco, le prudent Calcagne & quelques autres conjurés, tous Génois, furent feuls admis à ce complot. On fait quelle en fut l'iffue : le fecret fut religieufement gardé ; l'exécution rencontra peu d'obftacles ; les conjurés s'emparèrent de tous les poftes importans ; Jannetin Doria, l'objet de la haine particulière de de Fiefque, fut poignardé ; le vieil André Doria ne fe fauva qu'avec peine. De Fiefque étoit le maître dans Gênes ; il court au port pour donner quelques ordres ; il veut entrer dans une galère ; la planche gliffe ou tourne ou rompt ; il tombe dans la mer ; le poids de fes armes l'empêche de nâger ; l'obfcurité de la nuit empêche de le fecourir ; il eft noyé. La nouvelle s'en répand : elle glace les conjurés ; elle ranime les défenfeurs de la république : la conjuration eft étouffée. Les chefs des conjurés, forcés dans leurs derniers afyles, fubiffent le fupplice : les moins coupables font bannis de Gênes. De la conjuration de Jean-Louis de Fiefque naquit celle de Jules Cibo. Celui-ci paroît n'avoir été qu'un inftrument aveugle de la vengeance des de Fiefque. Trois frères du malheureux Jean-Louis, bannis de Gênes après fa mort, s'étoient retirés ;

ils engagèrent Cibo, avec lequel demeuroit un des trois frères, à partir pour Gênes, dans l'intention d'aller affaffiner André Doria, & de remettre la république fous les lois des Français. Ce complot fut découvert & prévenu ; Cibo eut la tête tranchée. L'hiftoire de ce Jules Cibo n'eft qu'une fuite d'outrages faits à la nature. Il avoit commencé par dépouiller fa mère de fes biens ; le cardinal Cibo, fon oncle, qui étoit attaché aux Impériaux, l'avoit fait arrêter à Pife, parce qu'il étoit attaché aux Français ; Jules Cibo alloit affaffiner André Doria, dont il avoit époufé la nièce ; enfin, ce fut fa propre mère, avec laquelle il s'étoit réconcilié, qui alla le déférer, & qui, par fa délation, le conduifit à l'échafaud.

Gênes revit avec tranfport Doria échappé aux périls qu'il n'avoit courus que pour l'avoir rendue libre ; elle offrit à Doria de conftruire une citadelle pour fa défenfe, car Octavien Fregofe, par un amour pour fa patrie, digne de Doria lui-même, avoit démoli la citadelle que Louis XII avoit fait conftruire à Gênes, & dont Fregofe eût pu fe fervir pour accroître fon autorité. On appeloit cette citadelle la tour de Godeffa. Doria rejeta la propofition de la reconftruire : « Mes jours ne » font rien, dit-il ; j'ai tout fait pour votre liber- » té, ne détruifez pas mon ouvrage. » Ainfi les attentats des de Fiefques & de Cibo ne firent que refferer les nœuds de la tendreffe entre le citoyen bienfaiteur & la patrie reconnoiffante. Au refte, que François Ier. ait prêté l'oreille aux divers projets de rétablir fa puiffance à Gênes, il n'y a rien là que de fort naturel ; mais je ne croirai jamais qu'il foit entré dans aucun complot contre la vie d'un grand-homme dont il refpectoit la vieilleffe & la gloire, & auquel il avoit donné, à l'entrevue d'Aigues-Mortes en 1538, de grandes marques d'eftime, & d'oubli ou de pardon de fa défection.

Depuis ce tems Gênes a toujours été gouvernée par des Ducs ou Doges, qu'on y élit de deux ans en deux ans. Le Doge eft affifté de huit Sénateurs, qui gouvernent avec lui, & qui font appelés *Gouverneurs*, & de quatre procureurs, dont il y en a deux qui logent avec lui tour à-tour dans le palais ducal pendant quatre mois de l'année, & c'eft ce que l'on nomme *le Sénat* ; mais le fondement & la bafe de la république réfide dans *le grand-confeil*, qui eft compofé de quatre cents gentilshommes choifis parmi l'ancienne nobleffe, ainfi que parmi la moderne. Ce confeil décide avec *la feigneurie*, c'eft-à-dire, avec le Doge & les Sénateurs, de tout ce qui peut regarder la paix & la guerre, & de toutes les plus importantes affaires de l'Etat. Le Doge ne peut recevoir aucune vifite, donner aucune audience, ni ouvrir les lettres qui lui font adreffées qu'en préfence des deux Sénateurs qui demeurent avec lui dans le palais. L'habit que le Doge porte dans les jours de cérémonie, eft une robe de velours ou de damas rouge, faite d'une manière antique, avec

un

un bonnet pointu, de la même étoffe que le reste, & il est obligé de porter la fraise. La régence ne dure que deux années, après lesquelles on fait une nouvelle élection, & l'ancien Doge ne peut y rentrer qu'après douze années d'intervalle. Les Doges vont, à la fin de la régence, à l'assemblée des collèges convoqués pour les dépouiller de leur dignité. Le secrétaire de l'assemblée se sert alors des termes suivans, pour le remercier au nom de la république : *Vostra serenità ha furnità suo tempo, vostra excellenza sene vadi a casa*, c'est-à-dire, *Puisque votre sérénité a fourni son tems, que votre excellence s'en retourne à sa maison.* En effet, le Doge déposé part dans le moment, & lorsqu'il est à la porte il remercie les Sénateurs & les gentilshommes qui lui ont fait compagnie ; il quitte ensuite la robe rouge pour se revêtir de celle de sénateur, qu'il porte le reste de sa vie. On procède quelques jours après à une nouvelle élection, & le doyen des sénateurs fait, pendant l'interrègne, les fonctions de Doge. On convoque pour cette élection le grand-conseil, qui nomme quinze personnes que l'on juge les plus capables d'être élevées à cette dignité. Cette liste ayant été portée dans le conseil secret, on la réduit à six personnes ; puis la même liste étant rapportée au grand-conseil, l'assemblée choisit un Doge parmi ces six personnes, & ce Doge est couronné peu de jours après. Les rois d'Espagne, par un trait de politique, ont su attacher à eux la république de Gênes, en lui empruntant de grandes sommes d'argent. Philippe II emprunta jusqu'à douze millions, qui n'ont jamais été rendus, & dont on se contente de payer l'intérêt. Les mêmes Rois ont eu les mêmes vues dans la vente qu'ils ont faite à des Génois dans les Etats de Milan, de Naples & de Sicile, de diverses terres qu'ils ont érigées en comtés, marquisats & duchés. Cette conduite, dit-on, a été plus avantageuse à ces monarques, que n'auroit pu l'être la possession même de Gênes.

La ville de Gênes a toujours contribué aux entreprises dont la Terre-Sainte étoit l'objet, & elle a conquis sur les Infidèles les royaumes de Corse, de Sardaigne & de Chypre, avec les îles de Mételin & de Chio. Les villes de Caffa & de Pera lui ont appartenu : elle a donné trois ou quatre Papes à l'Eglise, & a produit de grands-hommes en tout genre. Cependant ses détracteurs & ses ennemis ont tâché d'accréditer un proverbe qui lui est fort injurieux : *Gente senza fede, mare senza pesce, monte senza legno, & Donne senza vergogna.* On sait que jamais ces qualifications générales de nations entières ne se trouvent justes à l'application. Cette ville a une académie dite *de gli adormentati.* Raphaël Soprani & l'abbé Giustiniani ont donné une bibliothèque des écrivains de cet Etat. Soprani a aussi écrit les vies des peintres de l'Etat de Gênes.

En 1684 Louis XIV, mécontent des intelligences

que les Génois entretenoient à son préjudice avec l'Espagne, & se ressouvenant peut-être qu'ils avoient été sujets des Rois ses prédécesseurs, envoya M. de Saint-Olon leur demander une réparation. Sur leur refus, leur ville fut bombardée par le célèbre du Quesne. M. de Seignelai, ministre de la marine, étoit sur la flotte.

Les Génois se déterminèrent enfin à faire au Roi la satisfaction qu'il avoit demandée ; en conséquence le Doge, Francesco-Maria Imperiali, accompagné de quatre sénateurs, vint faire sa soumission au Roi le 15 mai 1685. Le Roi le reçut en grand appareil. La loi de Gênes est que le Doge perd son titre & sa dignité quand il sort de la ville. Le Roi voulut qu'il les conservât, pour que la république fût véritablement représentée dans cette humiliante cérémonie. On demandoit au Doge ce qui l'avoit le plus étonné dans tout ce qu'il avoit vu à Versailles ? Il répondit : *C'est de m'y voir.* On fit en France, sur le voyage du Doge, ce quatrain fastueux :

Allez doge, allez sans peine
Vous jeter à ses genoux ;
La République romaine
En eût fait autant que vous.

Si Louis XIV humilia la superbe Gênes, Louis XV au contraire lui fit sentir les effets de sa protection lorsqu'en 1746 la reine de Hongrie s'empara de Gênes, & en enleva les trésors. Les Génois chassèrent d'eux-mêmes les Autrichiens ; mais ils auroient succombé sous cette énorme puissance sans les puissans secours que la France se hâta de leur envoyer, d'abord par M. de Boufflers, qui mourut à Gênes après l'avoir délivrée & mise à l'abri de tout danger, ensuite par M. le duc de Richelieu, auquel les Génois érigèrent une statue. Voyez la pièce de M. de Voltaire : *Je la verrai, cette statue, &c.*

## SUCCESSION chronologique des Patriarches, 1°. d'Alexandrie.

Saint Marc avoit fondé cette église vers l'an 52 de Jésus-Christ, dixième année de l'Empire de Claude. Il en est réputé le premier Patriarche. Il est mort, selon Eusèbe, l'an 62 de Jésus-Christ.

| NOMBRE des pontifes. | COMMENCEMENT de leur PONTIFICAT. | DURÉE de leur Pontificat. |
|---|---|---|
| 1 | 52 de Jésus-Christ, saint Marc, | 10 ans. |
| 2 | 62. Anien ou Hananie, | 22 |
| 3 | 85. Abilius ou Melianus, | 13 |
| 4 | 98. Cerdon, | 9 |
| 5 | 107. Primus, | 12 |
| 6 | 120. Justus, | 11 |
| 7 | 131. Eumène, | 12 ans & quelq. mois. |

Hhhh

| NOMBRE des pontifes. | COMMENCEMENT de leur PONTIFICAT. | DURÉE de leur pontificat. |
|---|---|---|
| 8 | 144. Marc II ou Marcien, | 10 ans. |
| 9 | 153. Celadion ou Claudien, | 14 |
| 10 | 167. Agrippin, | 12 |
| 11 | 180. Julien, | 9 |
| 12 | 189. Démétrius, | 43 |
| 13 | 231. Heraclas, | 16 |
| 14 | 248. Denys, | 17 |
| 15 | 265. Maxime, | 17 |
| 16 | 282. Théonas, | 19 |
| 17 | 300. Saint Pierre, martyr, | 11 |
| 18 | 312. Saint Achillas, | quelques mois. |
| 19 | 312. Saint Alexandre, | 14 |
| 20 | 326. Saint Athanase, | 47 |

Georges, intrus en 356, lequel périt misérablement en 362.

| | | |
|---|---|---|
| 21 | 373. Pierre II, | 8 ans. |
| 22 | 380. Timothée, | 5 |
| 23 | 385. Théophile, | 27 |
| 24 | 412. Saint Cyrille, | 32 |
| 25 | 444. Dioscore, chassé, mort en 458, | 7 |
| 26 | 452. Protère, | 5 |

*Suite des Patriarches d'Alexandrie, Cophtes ou Eutychiens, depuis Protère, vingt-sixième Patriarche, jusqu'à présent.*

| | | |
|---|---|---|
| 27 | 457. Timothée Elurus III, | 20 ans. |
| 28 | 477. Pierre III, dit Mongus, | 13 |
| 29 | 490. Athanase II, | 7 |
| 30 | 497. Jean II, dit Mela, | 9 |
| 31 | 507. Jean III, dit Maciota, | 9 |
| 32 | 517. Dioscore II, | 2 |
| 33 | 519. Timothée IV, | 16 |
| 34 | 535. Théodose, chassé par Gainas, & rétabli 2 ans après; appelé par l'empereur Justinien à Constantinople, & envoyé en exil, où il a passé 28 ans, mort en 567. | |
| 35 | 567. Pierre IV, | 2 |
| 36 | 569. Damien, diacre du Mont-Thabor, | 24 |
| 37 | 593. Anastase, | 12 |
| 38 | 604. Andronic, | 6 |

Jusqu'ici il n'y a eu qu'un Patriarche à Alexandrie; depuis il y en a eu deux, l'un melchite, de la communion du Patriarche de Constantinople, & l'autre jacobite.

*Jacobites.*

| | | |
|---|---|---|
| 39 | 610. Benjamin, | 39 ans. |

Benjamin se retire, & cède les églises à Cyrus.

*Melchites.*

| | | |
|---|---|---|
| | 610. Jean l'Aumônier, | 10 ans. |
| | 620. Georges, | 10 |

630. Cyrus, envoyé par Héraclius, 10 ans.
L'année 641 Alexandrie est prise par les Sarrasins.
Benjamin rétabli par le calife.
640. Pierre, 9 ans.
La succession des autres Patriarches grecs à Alexandrie est peu connue, & depuis l'an 1100 ils ont été soumis aux Patriarches de Constantinople; ainsi nous ne continuerons que la succession des Patriarches jacobites.

| NOMBRE des pontifes. | COMMENCEMENT de leur PONTIFICAT. | DURÉE de leur pontificat. |
|---|---|---|
| 40 | 649. Agathon, | 19 ans. |
| 41 | 668. Jean, | 9 |
| 42 | 677. Isaac, | 2 ans & 9 mois. |
| 43 | 680. Simon, | 23 |
| 44 | 703. Alexandre, | 24 |
| 45 | 727. Cosme, | 2 ans & 1 mois. |
| 46 | 728. Théodoret, | 11 ans & 7 mois. |
| 47 | 739. Chail, | 23 |
| 48 | 762. Minas ou Mennas, | 9 |
| 49 | 772. Jean, | 25 |
| 50 | 798. Marc. | |
| 51 | Jacob, | 10 ans 8 mois. |
| 52 | 836. Simon, | 7 mois. |
| 53 | 836. Joseph, | 14 ans & 11 mois. |
| 54 | 850. Michel, | 1 an & 5 mois. |
| 55 | 851. Cosme II, | 8 ans & 5 mois. |
| 56 | 859. Sanut ou Chenouda, | 21 ans 3 mois. |
| 57 | 880. Shail ou Chail II, | 27 |

Le siége vaque pendant quelques années.

| | | |
|---|---|---|
| 58 | 913. Gabriel, | 11 |
| 59 | 924. Cosme III, | 10 |
| 60 | 934. Macaire, | 24 |
| 61 | 958. Théophane, | 4 |
| 62 | 962. Minas ou Mennas II, | 18 |
| 63 | 980. Epphem, | 2 ans & quelq. mois. |
| 64 | 982. Philothée, | 22 |
| 65 | 1005. Zacharie, | 28 |
| 66 | 1032. Sanutius, | 15 |
| 67 | 1047. Christodule, | 30 |
| 68 | 1078. Cyrille, | 14 ans 3 mois. |
| 69 | 1092. Michel, | 9 ans 8 mois. |
| 70 | 1102. Maire, | 26 ans 1 mois. |
| 71 | 1129. Gabriel, | 14 ans 2 mois. |
| 72 | 1146. Michel, | 9 mois. |
| 73 | 1146. Jean, | 20 |
| 74 | 1167. Marc, | 22 |
| 75 | 1189. Jean, | 17 |

Le siége d'Alexandrie reste vacant pendant 20 ans.

| | | |
|---|---|---|
| 76 | 1235. Cyrille, | 7 mois. |

Le siége vaque pendant environ 28 ans.

| | | |
|---|---|---|
| 77 | 1261. Athanase, | 11 mois. |
| 78 | 1262. Gabriel, chassé un mois. | |
| 79 | 1262. Jean, | 29 ans. |
| 80 | 1293. Théodose, | 6 ans & 6 mois. |
| 81 | 1300. Jean, | 20 |

| NOMBRE des pontifes. | COMMENCEMENT de leur PONTIFICAT. | DURÉE de leur pontificat. |
|---|---|---|
| 82 | 1320. Jean , | 6 ans. |
| 83 | 1327. Benjamin , | 11 |
| 84 | 1340. Pierre , | 8 |
| 85 | Marc, mort l'an 1363. | |
| 86 | 1365. Jean. | |
| 87 | Gabriel. | |
| 88 | Mathieu. | |
| 89 | Gabriel. | |
| 90 | Jean. | |
| 91 | Mathieu. | |
| 92 | Gabriel. | |
| 93 | Michel. | |
| 94 | Jean. | |
| 95 | Jean. | |
| 96 | Gabriel. | |
| 97 | Jean. | |
| 98 | Gabriel. | |
| 99 | 1602. Marc , | 8 ans. |
| 100 | Jean. | |
| 101 | Jean. | |
| 102 | 1643. Marc. | |
| 103 | 1660. Mathieu. | |
| 104 | Jean , qui occupoit encore le siége d'Alexandrie l'an 1703. | |

## 2°. D'Antioche.

On croit communément que l'église d'Antioche a été fondée par saint Pierre vers l'an 38 , & qu'elle a été le premier siége patriarchal de cet apôtre. Elle a aussi été le siége de l'illustre martyr saint Ignace, & de grand nombre de saints évêques. On nommoit autrefois l'évêque d'Antioche le *Patriarche de l'Orient.*

L'an 36 ou 38 de Jésus-Christ, après le concile de Jérusalem , saint Pierre.
  42. Saint Evode gouverna 26 ans.
  68. Saint Ignace, martyr, 38 ans.
  108. Saint Héron I, martyr, 21 ans.
  129. Corneille, 14 ans.
  143. Héron II, 24 ans.
  169. Saint Théophile , 13 ans.
  182. Maximin, 7 ans.
  189. Sérapion , 21 ans.
  211. Asclépiade , 6 ans.
  217. Philète, 10 ans.
  228. Zebenus ou Zebinus , 10 ans.
  238. Saint Babylas, confesseur , 12 ans.
  251. Fabius , 2 ans.
  253. Démétrien , 7 ans.
  260. Paul de Samosate , hérésiarque , 10 ans.
  270. Domnus I , 5 ans.
  275. Tiemnée , 4 ans.
  279. Saint Cyrille , 23 ans.
  302. Tyrannus , 11 ans.

L'an 313. Vitalis , 6 ans.
  318. Saint Philogone , 5 ans.
  323. Saint Eustathius , déposé en 330.
  330. Paulin, 6 mois.
  331. Eulalius , 6 mois.
  332. Euphrone , 1 an.
  333. Flacille ou Placille , 12 ans.
  345. Etienne, chassé en 348.
  349. Léonce , eunuque , 9 ans.
  358. Eudoxe, transféré à Constantinople en 360, 2 ans.
  360. Saint Mélèce, 20 ans.
  361. Paulin, ordonné par Lucifer pour les Eustathiens, 29 ans.
  381. Saint Flavien , 23 ans.
  389. Evagre, pour les Eustathiens, 3 ans.
  404. Porphyre , intrus, 10 ans.
  414. Alexandre , 3 ans.
  417. Théodote , 10 ans.
  427. Jean , 9 ans.
  436. Domnus II , chassé.
  451. Maxime , 5 ans.
  456. Basile , 2 ans.
  458. Acace , 1 an.
  459. Martyrius renonce en 471 , est rétabli , puis chassé en 474.
  474. Pierre-le-Foulon , *hérétique* ; il fut chassé du siége d'Antioche par un nommé Jean , évêque d'Apamée, qui s'en empara , 3 ans.
  477. Etienne II , tué par les hérétiques, 2 ans.
  479. Etienne III , 3 ans.
  482. Calendion , 1 an.
  486. Pallade , *hérétique* , 10 ans.
  496. Flavien II , exilé par les hérétiques, 16 ans.
  512. Sévère , chef des Acéphales , 7 ans.
  519. Paul II , catholique , 3 ans.
  521. Euphrasius , 5 ans.
  526. Epherem , 20 ans.
  546. Domnus III , 15 ans.
  561. Saint Anastase , sinaïte , exilé en 572 , rappelé en 595 , 11 ans & puis 5.
  599. Saint Anastase II , tué par les Juifs en 608, 9 ans.
  630. Anastase III , hérétique , autrement Athanase , 10 ans.
Vers 640. Macedonius, intrus , & quelques autres , 9 ans.
  Macaire , hérétique , déposé en 681.
  681. Théophane.
Les Sarrasins ayant pris Antioche , cette ville fut long-tems sans évêque.
  742. Etienne IV , 2 ans.
  744. Théophilacte , 7 ans.
  751. Théodore , exilé.
Les noms de quelques Patriarches suivans sont ici inconnus.
  1050. Pierre , confirmé par Léon IX.
  1090. Jean.

L'an 1099. Bernard, Patriarche d'Antioche, après la prife d'Antioche par les Chrétiens, 36 ans.

1137. Rodolphe I ou Raoul, 4 ans.
1143. Aimarius ou Aimeric.
1180. Rodolphe II, 6 ans.
1186. Théodore Balfamon, 28 ans.
1214. Rainier, 20 ans.
1234. Elie, 8 ans.
1242. Chrétien, martyr, 5 ans.

### 3°. De Conftantinople.

Quelques auteurs difent que faint André fonda l'église de Byfance ou Conftantinople, qui fut depuis appelée *la nouvelle Rome* lorfque Conftantin lui eut donné fon nom, & y eut transféré le fiége de l'Empire ; mais cette fondation de faint André eft conteftée, & le pape Agapet foutint dans fes lettres, que faint Fierre avoit le premier annoncé Jéfus-Chrift en cette ville. Des hiftoriens rapportent qu'après que Byfance eut été prefque détruite par l'empereur Sévère, vers l'an 197, le diocèfe fut transféré à Périnthe, ville de Thrace, qu'on nomma depuis Héraclée. Le pape Gelafe I, écrivant aux évêques de Dardanie, dit qu'alors Byfance n'étoit pas même une églife métropolitaine. Mais quand Conftantin eut élevé la ville de Byfance à la dignité de la feconde ville du Monde, elle fecoua le joug de l'églife d'Héraclée, & obtint dans le fecond concile de Conftantinople le fecond rang d'honneur après celui de Rome.

#### Métrophanes.

En 313. Alexandre, premier Patriarche, mort en 336.
336. Paul, dépofé auffitôt.
338. Eufebe de Nicomédie, 3 ans.
341. Paul, rétabli, & peu après exilé.
Macedonius, héréfiarque, 19 ans.
360. Eudoxe, intrus, 10 ans.
370. Evagre, catholique, chaffé.
Demophile, mis par les Ariens, 11 ans.
380. Saint Grégoire de Nazianze.
381. Nectarius, 16 ans.
397. Saint Jean-Chryfoftôme, chaffé en 404.
404. Arface, 1 an.
406. Atticus, 19 ans.
426. Sifinnius I, 1 an.
428. Neftorius, héréfiarque, 3 ans.
431. Maximien, 2 ans.
434. Saint Procle, 13 ans.
447. Saint Flavien, 2 ans.
449. Anatole, 8 ans.
458. Gennade, 13 ans.
471. Acace, 18 ans.
489. Flavite ou Fravite.
Euphemius, 7 ans.
496. Macedonius, 15 ans.

En 511. Timothée, hérétique, 6 ans.
518. Jean II, 2 ans.
520. Epiphane, 15 ans.
535. Anthime, 1 an.
536. Mennas, 16 ans.
552. Eutychius, exilé le 22 janvier 565, 13 ans.
565. Jean III, intrus, 12 ans.
577. Eutychius, rétabli le 3 octobre, 4 ans.
582. Jean IV, dit *le Jeûneur*, 13 ans.
595. Cyriaque, 11 ans.
607. Thomas, 3 ans.
610. Sergius, héréfiarque, 29 ans.
639. Pyrrhus, hérétique, 2 ans.
641. Paul II, hérétique, 14 ans.
655. Pyrrhus, rétabli pendant quelques mois.
Pierre, hérétique, 11 ans.
666. Thomas II, hérétique, 2 ans.
668. Jean V, 6 ans.
674. Conftantin, 2 ans.
676. Théodore, hérétique, chaffé, 2 ans.
678. Georges, chaffé, 5 ans.
683. Théodore, rétabli, 3 ans.
686. Paul III, 7 ans.
693. Callinique, 12 ans.
705. Cyrus, chaffé, 6 ans.
711. Jean VI, 4 ans.
715. Saint Germain, 15 ans.
730. Anaftafe, iconoclafte, 23 ans.
754. Conftantin II, iconoclafte, chaffé, 12 ans.
766. Nicetas, iconoclafte, 13 ans.
780. Paul IV, 4 ans.
784. Saint Tharaife, 21 ans.
806. Saint Nicéphore, chaffé, 9 ans.
815. Théodore, iconomaque, 6 ans.
821. Antoine, 11 ans.
822. Jean VII, iconomaque, chaffé, 10 ans.
842. Saint Methodius, 4 ans.
846. Saint Ignace, chaffé, 11 ans.
857. Photius, intrus & chaffé, 10 ans.
867. Saint Ignace, rétabli, 10 ans.
877. Photius, rétabli & chaffé, 9 ans.
886. Etienne, 7 ans.
893. Saint Antoine II, dit *Cauleas*, 2 ans.
895. Nicolas le myftique, chaffé, 11 ans.
906. Euthyme, chaffé, 5 ans.
911. Nicolas, rétabli, 14 ans.
925. Etienne II, 3 ans.
928. Tryphon, chaffé en 931, 3 ans.
Vacance d'un an & cinq mois.
933. Théophylacte, 23 ans.
956. Polyeucte, 14 ans.
970. Bafile, chaffé, 4 ans.
974. Antoine III, abdique en 979, 5 ans.
Vacance de quatre ans & demi.
983. Nicolas II, dit *Chryfoberges*, 14 ans.
996. Sifinnius II, 3 ans.
999. Sergius II, 20 ans.
1019. Euftathius, 5 ans.
1025. Alexis, 18 ans.
1043. Michel, dit *Cérulaire*, chaffé, 16 ans.

En 1059. Conftantin III, dit *Lychudes*, 5 ans.
1064. Jean VIII, dit *Xiphilin*, 11 ans.
1075. Côme, 6 ans.
1081. Euftrate, dit *Garidas*, chaffé, 3 ans.
1084. Nicolas III, dit *le Grammairien*, 28 ans.
1111. Jean IX, 23 ans.
1134. Léon, dit *Stupes*, 10 ans.
1143. Michel II, 3 ans.
1146. Côme II, 1 an.
1147. Nicolas IV, dit *Muzalon*, 4 ans.
1151. Théodore, 2 ans.
1153. Conftantin IV, dit *Chliaven*, 2 ans.
1155. Lucas, dit *Chryfoberges*, 14 ans.
1169. Michel III, Anchialius, 8 ans.
1177. Chariton.
1177. Théodore, dit *Borradiote*, 6 ans.
1183. Bafile III, dit *Camatère*, chaffé, 3 ans.
1186. Nicetas II, dit *Muntanés*, chaffé, 4 ans.
1190. Léonce, chaffé la même année.
  Dofithée, mis en fa place & chaffé, 2 ans.
1192. Grégoire II, dit *Xiphilin*, 6 ans.
1198. Jean X, dit *Camatère*, 8 ans.
1206. Michel IV, dit *Autorianus*, 7 ans.
1213. Théodore II, 2 ans.
1215. Maxime II, moine, 1 an.
1216. Manuel, dit *Sarantenus*, 5 ans.
1221. Germain II, 18 ans.
1239. Methodius II, 3 mois.
  Vacance de plus de 3 ans.
1243. Manuel II, 11 ans.
1255. Arfenius Autorianus abdique, 5 ans.
1260. Nicéphore II, 1 an.
1261. Arfenius, rétabli, & dépofé en 1264, 3 ans.
  Vacance de près de trois ans.
1267. Germain III.
1267. Jofeph, dépofé, 7 ans.
1274. Jean XI, furnommé *Veccus*, 8 ans.
1282. Jofeph, rétabli, & *Veccus* dépofé, 1 an.
1283. Georges III ou Grégoire de Chypre, chaffé, 6 ans.
1289. Athanafe, chaffé, 4 ans.
1294. Jean XII.
1304. Athanafe, rétabli, fe démet en 1310, 6 ans.
  Vacance de deux ans.
1312. Niphon, 4 ans.
1316. Jean XIII, 4 ans.
1320. Gerafime, 1 an.
  Vacance de plus de deux ans.
1323. Ifaie, 10 ans.
1333. Jean XIV, furnommé *Calecas*, 14 ans.
1347. Ifidore, 3 ans.
1350. Callifte, chaffé, 4 ans.
1354. Philothée, 1 an.
1355. Callifte, rétabli, 7 ans.
1362. Philothée, remis fur le fiége, 12 ans.
1376. Macaire, 3 ans.
1379. Nilus, 9 ans.

En 1388. Antoine IV, 8 ans.
1396. Callifte III, 3 mois.
1397. Mathieu, 13 ans.
1410. Euthyme II, 6 ans.
1416. Jofeph II, 23 ans.

*Patriarches pour l'Union, après le concile de Florence.*

1439. Beffarion, évêque de Nicée, élu au concile de Florence, demeure à Rome.
1440. Métrophanes, 5 ans.
1443. Grégoire Meliffene, 6 ans.

*Patriarches contre l'Union.*

1439. Grégoire, 2 ans.
1441. Athanafe, dépofé, 4 ans.
1445. Jean XV, 4 ans.
1449. Athanafe, rappelé, 2 ans.
1451. Néphon, 1 an.
1452. Ifaie, 2 ans.
1454. Georges Scholarius, autrement *Gennadius*.
1455. Ifidore Pannonicus, premier Patriarche de Conftantinople après la prife de cette ville par les Turcs.
Depuis 1455 jufqu'en 1483, fous le règne du fultan Mahomet II.
Jofeph Coacas, mutilé.
Marc Xylocarabes, chaffé.
Siméon de Trébifonde, envoyé en exil.
Denis, évêque de Philippopolis, 8 ans.
Marc Eugenique.
Siméon, rappelé, 3 ans.
Raphaël Serbus.
Depuis 1483 jufqu'en 1514.
Maxime.
Niphon de Theffalonique, dépofé, 2 ans.
Maxime de Serro, exilé, 6 ans.
Niphon, rappelé, 1 an.
Joachim Dramas, chaffé.
1514. Pacôme, 1 an.
Depuis 1515 jufqu'en 1525.
Théolepte, évêque de Joannina.
Jérémie, dépoffédé.
Joannitius, élevé en fa place & chaffé.
Jérémie, rétabli.
Denis de Nicomédie.
Métrophanes de Céfarée.
Depuis 1527 jufqu'en 1605.
Jérémie de Lariffe.
Jérémie, rétabli.
Pacôme de Lesbos.
Théolepte de Philippopolis.
Jérémie, rappelé, ayant eu le titre de Patriarche légitime, depuis 1527 jufqu'à environ 1590.
Mathieu de Joannina, chaffé au bout de 19 jours.
Gabriel de Theffalonique, 5 mois.
Théophanes d'Athènes, 7 mois.

Mélèce d'Alexandrie, adminiftrateur de l'églife de Conftantinople, 10 ans.

Mathieu, rappelé, 4 ans.

Néophyte, évêque d'Athènes, exilé, 1 an.

Mathieu, rappelé pour la troifième fois, 17 jours, & meurt.

Raphaël de Méthymne, 5 ans.

Néophyte, rappelé, & exilé à Rhodes, 5 ans.

Cyrille Lucar, Patriarche d'Alexandrie, adminif-trateur de l'églife de Conftantinople, 2 ans.

Timothée de Patras, 1 an.

Cyrille Lucar, relégué, 1 an.

Grégoire d'Amafée, 3 mois.

Anthyme d'Andrinople, 3 jours.

Cyrille Lucar, rappelé, 8 ans.

Cyrille de Bérée, mis en fa place, 8 jours.

Cyrille Lucar, rappelé, exilé, 1 an & 2 mois.

Athanafe Pattellare, 22 jours, exilé.

Cyrille Lucar, rappelé, 1 an, exilé.

Cyrille de Bérée, rétabli, 2 ans.

Néophyte d'Héraclée, 1 an.

Cyrille Lucar, rétabli, 1 an, puis étranglé.

Cyrille de Bérée, rappelé, 1 an.

Parthénius, évêque d'Andrinople, 5 ans & 2 mois.

Autre Parthénius, furnommé *Kefcines*, 2 ans & 2 mois.

Joannitius d'Héraclée, chaffé, 1 an & 11 mois.

Parthénius, rétabli, 2 ans & 6 mois, étranglé.

Joannitius, rappelé, 1 an.

Cyrille de Tornobe, 20 jours.

Athanafe Pattellare, rétabli, 15 jours.

Païffus de Lariffe, 9 mois.

Joannitius, rétabli pour la troifième fois, 11 mois.

Cyrille de Tornobe, rétabli, 14 jours.

Païffus, rétabli, 11 mois.

Parthénius, évêque de Chio, 8 mois.

Vacance de 30 jours.

Gabriel Gani, 12 jours.

Parthénius de Prufe, 3 ans.

Depuis 1657 jufqu'à 1687.

Denis de Lariffe.

Parthénius, rétabli.

Clément d'Icone.

Méthodius d'Héraclée.

Parthénius, rappelé.

Denis Mufelin.

Gérafime de Tornobe.

Parthénius, rétabli pour la quatrième fois.

Denis, rétabli.

Athanafe, chaffé au bout de 12 jours.

Jacques de Lariffe.

Denis, rétabli.

Parthénius, rétabli.

Jacques, rétabli.

Denis, rétabli.

Jacques, rétabli.

1687. Callinique de Prufe.

Néophyte chaffe Callinique.

Callinique, rétabli.

Denis, rétabli pour la cinquième fois.

Callinique, rappelé.

1702. Gabriel de Chalcédoine, 6 ans.

1708. Néophyte d'Héraclée, élu feulement & chaffé.

Cyprien de Céfarée.

C'eft fous le Patriarche Photius, hommé très-favant, marqué dans la lifte qu'on vient de voir par les numéros 857, époque de fon intrufion, & 877, époque de fon rétabliffement, qui n'étoit qu'une feconde intrufion, c'eft fous lui, difons-nous, & par lui qu'arriva le grand fchifme de l'églife d'Orient, qui n'a point encore ceffé mal-gré toutes les tentatives qui ont été faites en di-vers tems pour la réunion des deux églifes.

## 4°. *De Jérufalem.*

Saint Jacques-le-Mineur, martyrifé en l'an 60 de l'ère chrétienne, paffe pour le premier des Patriarches de Jérufalem.

| COMMENCEMENT de leur épifcopat. Années de Jéfus-Chrift. | TEMS de leur épifcopat. |
|---|---|
| 33. S. Jacques-le-Mineur, martyrifé en | 60 |
| 60. Saint Siméon de Cléophas, | 47 ans. |
| 107. Jufte I. | |
| 111. Zachée ou Zacharie, | 4 |
| Tobie. | |
| Benjamin I. | |
| Jean I. | |
| Mathieu. | |
| Benjamin II. | On ne fait point les années |
| Philippe. | de chaque pontificat de ces |
| Séneque. | évêques, ni quand ils ont |
| Jufte II. | commencé ou fini. |
| Levi. | |
| Ephrem. | |
| Judas. | |

Ici finit la fucceffion des évêques de Jérufalem, de la nation juive.

Voici celle des évêques de Jérufalem, qui n'ont point été de cette nation.

| | |
|---|---|
| 135. Marc. | |
| Caffien. | |
| Publius. | |
| Maxime I. | |
| Julien I. | |
| Cajin. | |
| Symmacus. | |
| Cajus. | |
| Julien II. | On ne fait point le tems du |
| Capiton. | pontificat de ces évêques. |
| 185. Maxime II. | |
| Antoine. | |
| Valens. | |
| Dulchien. | |
| S. Narciffe. | |
| Dius. | |
| Germanion. | |
| Gordius. | |

Saint Narciſſe, rétabli.
212. Alexandre, mort en 253.
253. Mazabanès, 7 ans.
260. Hyménée, pendant 36 ans.
296. Saint Zambdas, 2 ans.
298. Hermon ou Thermon, 14 ans.
312. Saint Macaire I, 19 ans.
331. Maxime III, 20 ans.
351. Saint Cyrille, 35 ans.
386. Jean II, 30 ans.
416. Parachile ou Praile, 13 ans.
428. Juvénal, 29 ans.
457. Anaſtaſe, 20 ans.
477. Martyrius, 8 ans.
485. Salluſte, 7 ans.
492. Elie, chaſſé par Sévère, hérétique, 21 ans.
513. Jean III, 12 ans.
525. Pierre, 20 ans.
544. Macaire II, 8 ans.
552. Euſtochius, 11 ans.
563. Macaire, rétabli, 7 ans.
571. Jean IV, 22 ans.
593. Amoos ou Hamos, 8 ans.
601. Heſychius, 8 ans.
609. Zacharie.
Modeſtus.
633. Sophrone, mort en 636.
Le ſiége ne fut pas toujours rempli ſous le règne des Sarraſins, & on connoît ſeulement quelques Patriarches.
759. Théodore.
787. Elie.
795. Jean V.
802. Thomas.
1006. Oreſte.
1088. Siméon.
Daibert, premier Patriarche après la priſe
de Jéruſalem par les Latins, l'an 1099,
6 ans.
1107. Gibelin, 5 ans.
1112. Arnoul ou Arnulphe, 6 ans.
1118. Guarimond, 10 ans.
1128. Etienne, 2 ans.
1130. Guillaume, 16 ans.
1146. Fulcher, 13 ans.
1159. Amauri, 21 ans.
1180. Héraclius, 11 ans.
Albert.
Thomaſt.
Robert.
Jacques.
1204. Albert, 10 ans.
1263. Guillaume, 7 ans.
1272. Thomas Agni, 5 ans.
1278. Elie, 8 ans.
1288. Nicolas d'Hanapes, 3 ans.
1294. Raoul de Granville, 9 ans.
1306. Antoine.
1329. Pierre de la Palu, 12 ans.
1382. Bertrand de Chanac, 21 ans.

*Succeſſion chronologique des rois de Jéruſalem, depuis
la priſe de cette ville par les premiers Croiſés en
1099.*

1099. Godefroy de Bouillon.
1100. Baudouin I.
1118. Baudouin II, dit *du Bourg*.
1131. Foulques.
1142. Baudouin III.
1162. Amauri I.
1173. Baudouin IV.
1185. Baudouin V.
1186. Guy de Luſignan.
1192. Henri.
1197. Amauri II, ou Aimeri de Luſignan.
1209. Jean de Brienne.

Jean de Brienne céda, l'an 1226, le royaume
de Jéruſalem & tous les droits d'Iolande ſa fille
à l'empereur Frédéric II, qui avoit épouſé cette
princeſſe. Frédéric entra dans Jéruſalem en 1229,
& prit poſſeſſion de cette ville le 17 mars, par un
traité fait avec Melic-Camel. Mais les Choraf-
miens ou Khaouareſmiens, chaſſés de leur pays
par les Tartares, ayant fait une irruption dans la
Paleſtine l'an 1244, ils prirent Jéruſalem, où ils
exercèrent toutes ſortes de cruautés. Depuis ce
tems aucun Prince chrétien ne poſſéda cette ville,
quoique quelques-uns aient encore porté depuis
le titre de rois de Jéruſalem. L'empereur Frédéric II, & ceux qui, comme lui & après lui, ont
porté ce titre, n'ont pas poſſédé un pouce de
terre dans la Paleſtine.

*Succeſſion chronologique des rois de Chypre.*

L'île de Chypre avoit eu autrefois des rois particuliers. Après la mort d'Alexandre-le-Grand,
elle fut ſoumiſe aux Ptolémées, rois d'Egypte.
Caton la ſoumit aux Romains l'an 697 de Rome, &
57 avant J. C. Depuis Conſtantin-le-Grand, l'île
de Chypre fut toujours ſous la domination des
Empereurs grecs, juſqu'à ce que, dans une révolte
de cette île, Iſaac Comnène, homme violent,
cruel, livré à toutes ſortes de crimes & d'excès,
trouva le moyen de s'en rendre maître. Il en étoit
en poſſeſſion dans le tems où Philippe-Auguſte &
Richard-Cœur-de-Lion quittoient leurs Etats, en
1191, pour aller combattre les Sarraſins, &, s'ils
pouvoient, recouvrer la Terre-Sainte. Richard fut
jeté par une tempête ſur les côtes de l'île de
Chypre, & la conquit ſur Iſaac, qui avoit pillé
ſes gens battus de la tempête & naufragés. Le roi
d'Angleterre, auſſi généreux que brillant & rapide
dans ſes ſuccès, fit préſent de ſa conquête à Guy
de Luſignan ou Leſignem, dont les deſcendans
l'ont conſervée juſque bien avant dans le quinzième ſiècle. Voici la ſuite de ces Rois nés de la
Croiſade.

1191. Guy de Lusignan, mort en 1194.
Amauri, 1205.
Hugues I, 1218.
Henri I, 1253.
Hugues II, 1267.
Hugues III, 1284.
Jean I, 1285.
Henri II, 1315.
Hugues IV, 1352.
Pierre I, 1370 ou 71.
Pierre II, dit *Perrot* ou *Perrin*, 1383.
Jacques, 1410.
Jean II ou Janus, 1431.
Jean III, 1458.
Charlotte, couronnée, & chassée en 1467.
Jacques-*le-Bâtard*, mort en 1473.
Jacques-*l'Enfant*, mort en 1475.

Il faut expliquer ce qui concerne ces trois derniers souverains de Chypre. Jean III, mort en 1458, & qui en fut le dernier possesseur paisible, laissa une fille légitime, nommée Charlotte, à laquelle cette île devoit légitimement appartenir, & un fils bâtard, nommé Jacques, lequel, s'il pouvoit avoir des droits, n'en pouvoit avoir qu'après Charlotte, sa postérité & ses ayans-cause. Celui-ci parvint à usurper le royaume de Chypre sur Charlotte sa sœur; il épousa Catherine Cornaro, vénitienne, & qui mit les Vénitiens en possession de cette île, en engageant son mari à leur céder ses droits. Sélim II, empereur des Turcs, enleva cette île aux Vénitiens en 1571.

Charlotte avoit épousé Louis de Savoie, frère d'Amédée IX & oncle de Charles, duc de Savoie. N'en ayant point d'enfans, elle fit donation de son royaume de Chypre, ou du moins cession de ses droits, au duc de Savoie, Charles, neveu de son mari. Les ducs de Savoie subséquens parurent un peu négliger ces droits. Après l'extinction de la branche de Charles, ils passèrent en collatérale dans la branche dont étoit Victor-Amédée I. C'est le premier duc de Savoie qui ait pris le titre de roi de Chypre, acquis depuis long-tems à sa Maison; il le prit en 1633, vraisemblablement dans l'intention de le réaliser un jour. Les Vénitiens s'en alarmèrent; ils firent des plaintes & des protestations, auxquelles la réponse naturelle étoit que les droits des Vénitiens, quels qu'ils fussent, ne pouvoient venir qu'après ceux de la Maison de Savoie.

*Liste chronologique & généalogique des ducs & comtes de Bar.*

Brunou, archevêque de Cologne, frère de l'empereur Othon II, surnommé *le Grand*, partagea, l'an 958, le gouvernement de la Lorraine avec Frédéric I, comte de Bar, son neveu, qui prit le titre de duc de Bar, & mourut en 984. Il avoit épousé Béatrix, sœur de Hugues Capet & nièce de l'empereur Othon.

Thierry I, duc de Bar depuis 984 jusqu'en 1024, épousa Richilde.

Frédéric II, duc de Bar depuis 1024 jusqu'en 1032, épousa Mathilde, fille du duc de Franconie, & ne laissa que deux filles, 1°. Béatrix, qui épousa Boniface, marquis de Toscane; 2°. Sophie, qui épousa Louis de Montbéliard & comte de Monçon & de Ferrette. Ici finissent les premiers ducs de Bar.

Louis, mari de Sophie, fut comte de Bar depuis 1032. Sophie mourut en 1096. On ignore le tems de la mort de Louis.

Thierry, comte de Bar depuis 1096 jusqu'en 1105, épousa Ermenstade, fille de Guillaume II, comte de Bourgogne, sœur du pape Caliste II.

Renaud I, depuis 1105 jusqu'en 1149, épousa, 1°. Gisèle de Vaudemont, 2°. la mère de Frédéric, comte de Toul.

Hugues, comte de Bar depuis 1149 jusqu'en 1155.

Renaud II, comte de Bar, frère de Hugues, depuis 1155 jusque vers l'an 1160, épousa Agnès de Champagne, fille du comte Thibaut.

Henri I, comte de Bar depuis l'an 1160 ou environ, jusqu'en 1191. On ignore s'il a été marié.

Thibaut I, comte de Bar depuis 1191 jusqu'en 1214, épousa, 1°. Larette de Los, 2°. Isabelle de Bar-sur-Seine, 3°. Ermanson de Luxembourg, qui lui fit prendre le titre de comte de Luxembourg avec celui de Bar, depuis l'an 1200.

Henri II, comte de Bar depuis 1214 jusqu'en 1240, épousa Philippe de Dreux.

Thibaut II, comte de Bar depuis 1240 jusqu'en 1297, épousa, 1°. Jeanne de Flandre, 2°. Jeanne de Toër.

Henri III, comte de Bar depuis 1297 jusqu'en 1302, épousa Eléonore, fille d'Edouard I, roi d'Angleterre.

Edouard I, comte de Bar depuis 1302 jusqu'en 1337, épousa Marie de Bourgogne, fille de Robert II, duc de Bourgogne.

Henri IV, comte de Bar depuis 1337 jusqu'en 1344, épousa Iolande de Flandre, fille de Robert de Flandre.

Edouard II, comte de Bar depuis 1344 jusqu'en 1352, mort avant sa majorité & sans avoir été marié.

Robert I, comte de Bar depuis 1352 jusqu'en 1411. Sous son règne le comté de Bar fut érigé en duché en 1354. Il épousa Marie de France, fille du roi Jean.

Edouard III, duc de Bar depuis 1411 jusqu'en 1415, épousa Blanche de Navarre.

Louis, cardinal de Bar, frère d'Edouard III, succéda au duché de Bar en 1415. Il s'en démit en faveur de René I d'Anjou son neveu, en 1419, & mourut en 1430.

Le duché de Bar fut uni à celui de Lorraine par le mariage de René I d'Anjou avec Isabelle de Lorraine, fille du duc Charles II. Le contrat de mariage

mariage entre René & Isabelle est du 20 mars de l'an 1418.

René d'Anjou fut depuis roi de Naples, de Sicile, &c. comte de Provence, &c. Nicolas son troisième fils porta le titre de duc de Bar. Il eut entr'autres enfans, Jean, qui suit, & Iolande, mariée à Ferri de Lorraine, second du nom, comte de Vaudemont. Jean, duc de Bar, mourut en 1470, & eut Nicolas, mort sans postérité légitime en 1473 : sa tante Iolande lui succéda aux duchés de Lorraine & de Bar. C'est ainsi que le duché de Bar passa dans la Maison de Lorraine.

Nous avons déjà remarqué que la partie du Barrois, située en deçà de la rivière de Meuse, étoit le Barrois royal. Elle a toujours été tenue à foi & hommage des rois de France, dont les ducs & comtes de Bar ont été vassaux. L'autre partie au-delà de la Meuse étoit sous le titre de marquisat de Pont-à-Mousson. Dans le seizième siècle, les Princes de la Maison de Lorraine, qui étoient tout-puissans en France, obtinrent de Charles IX & de Henri III des droits de régales pour le duché de Bar, à la réserve du fief & du ressort. Le procureur du Roi s'opposa à la vérification du contrat passé entre Sa Majesté & le duc de Lorraine ; de sorte que le Roi fut obligé de venir lui-même au parlement en 1571. Depuis, en 1575, Henri III fit encore en faveur du duc de Lorraine une déclaration que le procureur général de la Guesle trouva contraire aux droits de l'Etat; ce qui l'obligea d'en faire de très-humbles remontrances à Sa Majesté.

Charles IV, duc de Lorraine, donna si souvent des sujets de plaintes au roi Louis XIII, que ce Prince, en 1633, fit ajourner le duc au parlement de Paris, pour voir réunir ce duché à la couronne, faute d'hommage rendu. Mais ne comparoissant point, par arrêt du 30 juillet de la même année le parlement ordonna qu'on délivreroit commission au procureur-général pour faire saisir le duché, jusqu'à ce que le duc eût satisfait aux devoirs de vassal. Le Roi fit encore donner une commission du grand-sceau, non-seulement pour exécuter l'arrêt, mais encore pour réunir à sa couronne les droits royaux sur le Barrois ; ce qui fut exécuté. Quelque tems après, le duc de Lorraine fit un autre traité avec le Roi, qu'il n'observa pas mieux que le premier. Mais après diverses révolutions, par le soixante-troisième article de la paix des Pyrénées en 1659, le duché de Bar fut remis au Roi pour être uni à la couronne de France ; & par un traité particulier que le feu duc fit avec Louis XIV le 6 de février de l'an 1662, il lui céda tous ses Etats après sa mort. La France les a tenus jusqu'à la paix de Riswick en 1697. Par des articles du traité, la Maison de Lorraine est rentrée en possession des duchés de Lorraine & de Bar, & Léopold, duc de Lorraine & de Bar, prêta hommage en personne pour le duché de Bar, à Versailles, au mois de novembre 1699. Le duché de

Bar étoit l'apanage des aînés des ducs de Lorraine. Par le traité de paix conclu le 18 novembre 1738, le roi Stanislas I, roi de Pologne, a été mis en possession de ce duché, qui est retourné à la France après la mort de ce Prince.

*Liste généalogique & chronologique des ducs de Lorraine.*

Athit, duc d'Alsace, père de sainte Odile, eut entr'autres fils, Alberic, qui fut père d'Eberard I, qui a vécu en 750.

Eberard I eut pour fils Eberard II, qui fit de grands maux à l'abbaye de Lures vers l'an 869. Il fut père de Hugues, comte de Ferrette, qui eut pour fils Eberard III, Hugues II & Gontran. Eberard III fut tige de la Maison de Lorraine ; Hugues, de celle d'Egeshem ; Gontran, de celle d'Autriche ou de Hasbourg.

Eberard III fut père d'Adalbert, duc & marquis, fondateur de l'abbaye de Bouzonville en 1033.

Adalbert eut pour fils Gerard, mari de Gisèle, nièce de l'empereur Conrad-le-Salique.

Gerard mourut en 1046, & laissa onze enfans, entr'autres Adalbert ou Albert II, qui lui succéda, & Gerard II, qui succéda à Albert.

Albert II, nommé par l'Empereur duc de Lorraine en 1046, fut tué en 1048.

Gerard II son frère, surnommé d'Alsace, mari de Hadvide de Namur, fut nommé duc de Lorraine par l'empereur Henri III, surnommé *le Noir*, en 1048, mort en 1070.

Thierry son fils régna depuis l'an 1070 jusqu'en 1115. Il avoit épousé Gertrude, fille de Robert, comte de Flandre.

Simon I, depuis 1115 jusqu'en 1139, épousa Adélaïde de Saxe Querfort, sœur de l'empereur Lothaire II.

Mathieu I, depuis 1139 jusqu'en 1176, épousa Berthe de Suabe, sœur de l'empereur Frédéric-Barberousse.

Simon II, depuis 1176 jusqu'en 1207, épousa Ide, fille de Gerard, comte de Mâcon & de Vienne.

Ferry I, surnommé de *Bitche*, frère de Simon II, lui succéda en 1205, & gouverna jusqu'en 1207. Il avoit épousé Ludomille de Pologne.

Ferry II, depuis 1207 jusqu'en 1213, épousa Agnès, fille de Thiébaut, comte de Bar.

Thiébaut I, depuis 1213 jusqu'en 1220, épousa Gertrude de Darsbourg.

Mathieu II, frère de Thiébaut I, depuis 1220 jusqu'en 1250, épousa Catherine de Limbourg.

Ferry III, depuis 1250 jusqu'en 1303, épousa Marguerite de Champagne.

Thiébaut II, depuis 1303 jusqu'en 1312, épousa Elisabeth de Rumigny.

Ferry IV, depuis 1312 jusqu'en 1329, épousa Isabelle d'Autriche, fille de l'empereur Albert I.

Iiii

Raoul, depuis 1329 jufqu'en 1346, époufa Marie de Blois.

Jean I, depuis 1346 jufqu'en 1390, époufa en premières noces Sophie de Virtembourg, & en fecondes, Marguerite de Jos & de Chiny.

Charles II (en comptant pour Charles I, Charles de France, duc de la Baffe-Lorraine), depuis 1390 jufqu'en 1431, époufa Marguerite de Bavière. Il ne laiffa que deux filles : Ifabelle, mariée à René d'Anjou, & Catherine, mariée à Jacques, marquis de Bade.

René I, d'Anjou, duc de Lorraine & de Bar, premier roi de Naples & de Sicile, duc d'Anjou & comte de Provence, depuis 1431 jufqu'en 1452, mourut en 1480.

Jean II, depuis 1452 jufqu'en 1470, époufa Marie de Bourbon.

Nicolas, depuis 1470 jufqu'en 1473, n'a pas été marié : il fut feulement fiancé, en 1466, à Anne de France, fille de Louis XI, & enfuite à Marie de Bourgogne, fille de Charles-le-Hardi.

René II, fils de Ferry, comte de Vaudemont, & d'Iolande d'Anjou, régna depuis 1473 jufqu'en 1508. Il époufa, 1°. Jeanne de Harcourt, qu'il répudia pour caufe de ftérilité ; 2°. Philippe de Gueldres.

Antoine, depuis 1508 jufqu'en 1544, époufa Renée de Bourbon.

François I, depuis 1544 jufqu'en 1545, époufa Chriftine de Danemarck.

Charles III, depuis 1545 jufqu'en 1608, époufa Claude de France, fille du roi Henri II.

Henri II (en comptant pour Henri I celui qui, en 940, reçut le duché de l'empereur Othon-le-Grand) régna depuis 1608 jufqu'en 1624. Il époufa Marguerite de Gonzague.

François II, frère du bon duc Henri & père de Charles IV, régna pendant quelques jours de l'an 1625, puis remit le duché à fon fils Charles IV.

Charles IV, depuis 1625 jufqu'en 1675, époufa Nicole de Lorraine fa coufine-germaine, fille du duc Henri II.

Charles V, depuis 1675 jufqu'en 1690, époufa Eléonore d'Autriche, fœur de l'empereur Léopold I.

Léopold, duc de Lorraine, depuis 1690 jufqu'en 1729, époufa Charlotte-Elifabeth de France, fille de Philippe de France, duc d'Orléans.

François III, depuis 1729 jufqu'en 1737.

Staniflas Lezinski, roi de Pologne, &c. a été enfuite duc de Lorraine & de Bar : il a été mis en poffeffion de ces duchés le 18 janvier 1737, avec claufe de réverfibilité à la couronne de France après fa mort, laquelle a eu fon exécution.

### Duché de Bénévent.

Etat que les Lombards fondèrent en Italie vers le milieu du feizième fiècle. Il renfermoit la Cam-panie, le Samnium, la Pouille, la Lucanie, & une bonne partie du pays des Brutiens, c'eft-à-dire, le royaume de Naples, à la réferve des deux Abruzzes & des deux Calabres. Il fut éteint en 851, lorfque Louis II, empereur, chaffa Adalgife d'Italie, & le contraignit de fuir dans l'île de Corfe.

*Succeffion chronologique des ducs de Bénévent.*

| | |
|---|---|
| 1. Zothus, en | 589. |
| 2. Arichis, | 598. |
| 3. Aion, tué par les Efclavons, | 648. |
| 4. Rodold, | 649. |
| 5. Grimoald I, | 651. |
| 6. Romuald I, | 661. |
| 7. Gifulfe I, | 704. |
| 8. Romuald II, | 707. |
| 9. Gifulfe II, chaffé, | 733. |
| 10. Georges, | 733. |
| 11. Godefcalque, | 739. |
| Gifulfe II, rétabli, | 742. |
| 12. Aragife, | 762. |
| 13. Grimoald II, | 788. |
| 14. Sico, | 818. |
| 15. Sicard, fils de Sico, | 839. |
| 16. Adalgife I, | 840. |
| 17. Siconulfe contre Adelgife, | 840. |
| 18. Ajon, fils d'Adelgife, | 874. |
| 19. Simbaticius, | 891. |
| 20. Vido ou Guy, | 895. |
| 21. Adalgife II, | 895. |
| 22. Athenulphe I, duc de Capoue, | 899. |
| 23. Landulphe I, & Athenulphe II, | 911. |
| 24. Pandulphe, & Landulphe II, | 968. |

Bénévent fut enfuite foumife par les empereurs, & donnée, en 1053, par l'empereur Saint-Henri au pape Léon IX, lequel établit :

| | |
|---|---|
| 25. Rodolphe, | 1053. |
| 26. Landulphe III, | 1071. |

Le pape Victor III, qui avoit été abbé du Mont-Caffin, étoit de la Maifon des princes de Bénévent. Cette ville a auffi donné les papes Félix IV & Grégoire VIII à l'Eglife. C'étoit le pays des deux Orbilius, excellens grammairiens, & d'Odofredus-Denarius, qui enfeigna le droit à Bologne vers l'an 1200, & qui laiffa divers ouvrages.

*Succeffion chronologique des ducs & rois de Bohême.*

| Ans de J.C. LES DUCS. | Durée du règne. |
|---|---|
| 632. Primiflas ou Przemysk, | 44 ans. |
| 676. Nezamifte, | 39 |
| 715. Minata, | 20 |
| 735. Mogène ou Vorice, | 28 |
| 763. Wneflas ou Venceflas, | 22 |
| 785. Crzenonifte, | 19 |
| 804. Niclam, | 35 |
| 839. Noftrice ou Hoftivité, | 17 |

| Année J.C. | LES DUCS. | Durée du règne. |
|---|---|---|
| 856. | Borzivoge ou Borivori I, | 48 ans. |
| 904. | Spitigne ou Zpitifvene, | 2 |
| 906. | Uratiflas, | 10 |
| 916. | Saint Venceflas II, martyr, | 22 |
| 938. | Boleflas I, dit *le Cruel*, | 29 |
| 967. | Boleflas II, *le Débonnaire*, | 32 |
| 999. | Boleflas III, *le Roux & l'Aveugle*, | 13 |
| 1012. | Jaromire, régent, | 25 |
| 1037. | Brzetiflas I, dit *l'Achille bohémien*, | 18 |
| 1055. | Spigne ou Zpitchnive, | 6 |

**LES ROIS.**

| | | |
|---|---|---|
| 1061. | Uratiflas ou Ladiflas I, | 31 |
| 1092. | Conrad I, | 1 |
| 1093. | Brzetiflas II, | 7 |
| 1100. | Borzivoge ou Borivori II, | 7 |
| 1107. | Suatoplook, | 2 |
| 1109. | Ladiflas II, | 16 |
| 1125. | Soleflas ou Sobieflas II, | 15 |
| 1140. | Ladiflas III, | 34 |
| 1174. | Soleflas ou Sobieflas II, | 4 |
| 1178. | Frédéric, dit *Bedzierh*, | 12 |
| 1190. | Conrad II, | 2 |
| 1192. | Wenceflas III, | 1 |
| 1193. | Brzetiflas-Henri, | 3 |
| 1196. | Ladiflas IV, | 5 mois. |
| 1196. | Przemiflas ou Ottocare I, | 35 |
| 1231. | Wenceflas IV, dit *le Borgne*, | 24 |
| 1255. | Ottocare II, | 25 |
| 1278. | Wenceflas V, | 27 |
| 1305. | Wenceflas VI, | 1 |
| 1306. | Rodolphe I, | 1 |
| 1307. | Henri, qui fut dépofé, | 3 |
| 1310. | Jean de Luxembourg, | 36 |
| 1346. | Charles, | 32 |
| 1378. | Wenceflas VII, dit *le Fainéant*, | 40 |
| 1418. | Sigifmond, | 19 |
| 1437. | Albert, | 3 |
| 1440. | Ladiflas V, | 18 |
| 1458. | Georges Poderbrach ou Pogebrach, | 13 |
| 1471. | Ladiflas VI, | 45 |
| 1516. | Louis, | 10 |
| 1526. | Ferdinand I, | 36 |
| 1562. | Maximilien, | 12 |
| 1574. | Rodolphe II, | 33 |
| 1607. | Mathias, | 11 |
| 1617. | Ferdinand II, | 20 |
| 1619. | Frédéric, électeur palatin, dépofé. | |
| 1637. | Ferdinand III, | 9 |
| 1646. | Ferdinand IV, | 10 |
| 1656. | Léopold-Ignace-François-Balthafard-Joseph-Félicien I, | 49 |
| 1705. | Joseph-Jacques-Ignace-Jean-Antoine-Euftache, mort en 1711, | 7 |
| 1711. | Charles, mort en 1740, | 39 |
| 1740. | Charles, électeur de Bavière, mort en 1745. | |
| 1742. | Marie-Thérèfe d'Autriche, fille de l'empereur Charles VI. | |

*Supplément aux tables chronologiques.*

## ROYAUMES DU NORD.

### ROIS DE SUÈDE.

| | |
|---|---|
| Eric V, | 717. |
| Tordo III, | 764. |
| Biorn III, | 816. |
| Bratemunder, | 827. |
| Siwaft, | 834. |
| Héroth, | 856. |
| Charles VI, | 868. |
| Biörn IV, | 882. |
| Indégelde I, | 891. |
| Olaüs, | 900. |
| Indégelde II, | 907. |
| Eric VI, | 926. |
| Eric VII, | 940. |
| Eric VIII, | 980. |
| Olaüs II, | 1018. |
| Amand II, | 1037. |
| Amand III, | *Item.* |
| Hackon III, | 1054. |
| Stenchil, | 1059. |
| Indégelde III fe fait chrétien, & règne jufqu'en | 1064. |
| Hallften, | 1080. |
| Philippe, | 1110. |
| Indégelde IV, | 1129. |
| Ragualde, | *Item.* |
| Magnus I, | 1147. |
| Eric IX, | 1160. |
| Charles VII, | 1168. |
| Canut, | 1192. |
| Suercher III, | 1210. |
| Eric X, | 1220. |
| Jean, | 1223. |
| Eric-le-Bègue, | 1250. |
| Valdemar, | 1279. |
| Magnus II, | 1290. |
| Birger II, | 1310. |
| Magnus III, | 1365. |
| Albert, | 1388. |
| Marguerite de Valdemar, | 1412. |
| Eric XIII, | 1438. |
| Chriftophe, | 1448. |
| Charles Canutfon, | 1471. |
| Chriftiern I, | 1481. |
| Jean II, | 1513. |
| Chriftiern II, | 1523. |
| Guftave Wafa I, | 1560. |
| Eric XIV, | 1568. |
| Jean III, | 1592. |
| Sigifmond, roi de Pologne, dépofé en | 1604. |
| Charles IX, | 1611. |
| Guftave-Adolphe II, *le Grand*, | 1632. |
| Chriftine abdique en | 1654. |
| Charles-Guftave, | 1660. |
| Charles XI, | 1697. |
| Charles XII, | 1718. |

Ulrique-Eléonore & Frédéric de Hesse, 1751.
Adolphe-Frédéric, 1771.
Gustave III de Holstein-Eutin, assassiné en 1792, lorsqu'il s'armoit pour la cause des Rois, qui n'est que celle des peuples bien entendue.
Gustave IV.

## MOSCOVIE OU RUSSIE.

### CZARS, GRANDS-DUCS ET EMPEREURS.

#### Czars de Russie.

Swiatoslaw ou Splendoblos, 945.
*Il introduisit la religion chrétienne dans le pays. Tous les tems qui le précèdent, sont inconnus ou obscurs & sans dates certaines.*
Jaropalk, Olegh & Vladimir, 1015.
*On nomme Vladimir l'apôtre & le sage de la Russie.*
Swiatopalk, 1055.
Isiaslaw, Wsévolod, Igor & Wiaczeslaw, 1078.
Wsévolod II, 1093.
Michel Swiatopolk, 1114.
Wladimir II, 1125.
Motilaw, 1132.
Jaropalk II, 1138.
Wiaczeslaw II, 1139.
Wsévolod III, 1146.
Isiassaw II, 1155.
Rostilaw, *Item.*
Georges, 1157.

#### Grands-Ducs de Vladimir.

André, 1175.
Michel, 1177.
Wsévolod IV, 1213.
Georges II, 1238.
Jaroslaw II, 1246.

#### Grands-Ducs de Moscow.

Daniel Alexandrowitz, 1302.
Georges ou Jurii, 1320.
Basile Jaroslawitz, 1325.
Georges Danielowitz, 1328.
Iwan Danielowitz ou Jean I, 1340.
Simon Iwanowitz, surnommé *l'Orgueilleux*, 1353.
Iwan II, Iwanowitz, 1360.
Démétrius II, 1362.
Démétrius III, 1389.
Basile II, ou Vasili, 1425.
Basile III, dit *Basilowitz*, 1462.
Iwan III, 1505.
Basile IV, dit *Iwanowitz*, 1534.
Iwan IV, 1er. czar, surnommé *Basilowitz*, 1584.
Fœdor ou Théodore, 1598.
Borits ou Godounow, 1605.
Démétrius, imposteur, 1606.
Basile Zuinki, déposé en 1610.
Uladislas, prince de Pologne, 1611.

#### Czars & Empereurs de la Maison de Romanow.

Fœderowitz, 1645.

Alexis Michaëlowitz, 1676.
Fœdor-Alexiowitz, 1682.
Pierre Alexiowitz & Jean V ensemble, jusqu'en 1696.
Pierre I ou *le Grand*, seul jusqu'en 1725.
Catherine, 1727.
Pierre II, Alexiowitz, 1730.
Anne Iwanowna, 1740.
Iwan ou Jean VI, 1741.
Elisabeth Petrowna, 1762.
Pierre III, 1762.
Catherine Alexiewna.
Paul I.

## ANGLETERRE.

Dans la liste que nous avons donnée des Rois de ce pays, nous n'avons parlé que d'un des sept royaumes de l'Heptarchie, le royaume de Wessex, parce que c'est celui qui a réuni tous les autres, & qui a mis fin à l'Heptarchie. Nous ajoutons ici la liste des Rois des six autres royaumes de l'Heptarchie, ainsi que celle des rois d'Irlande, qui manquoit au tableau de l'Angleterre.

### ROIS DE L'HEPTARCHIE.

#### 1°. De Northumberland.

Ans de J. C.
547. Ida. Après sa mort le royaume est partagé en deux parties: *la Bernicie & le Déïre.*

##### ROIS DE BERNICIE.

559. Adda.
564 ou 566. Glappa.
572. Freidulphe.
579. Théodoric.
586. Athalaric.
590. Adelfrid ou Alfred, roi de tout le Northumberland.
617. Edwin, roi de tout le Northumberland.
633. Antfrid.
634. Owald, roi des deux provinces.
643. Oswy.

##### ROIS DE DÉÏRE.

559. Ella.
588. ou Edwin, fils d'Ella,
589. Dépouillé par Alfred.
633. Osrick.
644. Oswin.
652. Adelwald meurt sans enfans en 655, & le Déïre est réuni à la Bernicie.
670. Egfrid.
685. Alfred.
705. Ofred.
717. Cenred.
719. Osrick.
730. Céolulphe.
737. Edbert.

758. Ofulphe.
759. Mollon-Adefwalt.
765. Alered.
774. Ethelred.
779. Alphuad.
789. Ofred.
790. Ethelred.
796. Osbald ou Ofred.
796. Ardulphe.
808. Alphuad II.
810. Andred. Ce fut fous fon règne, l'an 817, que le Northumberland fe foumit à Egbert, roi de Weffex, qui mit fin à l'heptarchie.

### 2°. D'Effex ou des Saxons orientaux.

526 environ. Ereskins ou Ercenwin.
Sigebert I.
Suithelen I régnoit l'an 535.
587. Sledda.
596. Scabert ou Sabert.
616. Sexred, Seward & Sigebert règnent enfemble, & font tous trois tués dans une bataille en 622.
623. Sigebert II, dit *le Petit*.
648. Sigebert III, dit *le Bon*.
661. Suithelen II.
663. Sicher & Sebba règnent peu de tems enfemble, Sebba jufqu'en 693.
693. Sigehard & Swenfred, enfemble.
700. Offa.
709. Selred.
746. Suithred.
Il y a eu peu de Rois depuis lui jufqu'à l'an 819, qu'Egbert fe rendit maître du royaume, & on ignore le nom de ces Rois.

### 3°. De Suffex ou des Saxons méridionaux.

491. Ella ou Elie.
514. Siffa ou Cliffa. Après fa mort, fon royaume fut poffédé par les rois de Weffex jufqu'en
648. Ethelwalch.
686. Authun & Berthun.
688. Berthun, feul. On ignore le nom des Rois qui fuivent jufqu'à
725. Alduin ou Albert Il fut défait & tué la même année par Ina, roi de Weffex, & le royaume de Suffex fut réuni pour toujours à celui de Weffex.

### 4°. D'Eftanglie ou des Anglais orientaux.

571. Uffa.
578. Titil ou Titila.
599 ou 593. Redowald.
624. Erpwald.
629. Sigebert.
632. Egrik.
635. Annas.
654. Ethelrick ou Ethelther.
655. Ethelvald ou Adelwald.

664. Adulphe.
680 ou 683. Alphuald.
749. Beorna & Ethelred.
758. Beorna, feul.
Ethelbert, tué l'an 793.
857 ou 859. Saint Edmond.
870. *Interrègne.*
878. Guntrum ou Gunthoron.
890. Eoric, danois, fuccède à Guntrum, & après fa mort Edouard-*le-Vieux*, ayant fubjugué les Danois, joignit l'Eftanglie à fon royaume.

### 5°. De Mercie ou des Anglais occidentaux.

584. Crida, mort en 594.
597. Wibba.
615. Cearlus.
624. Penda.
655. Ofwi.
659. Wopher.
675. Ethelred.
704. Cenred.
709. Ceolred.
716 ou 719. Ethelbald.
757. Beornred.
757. Offa.
796. Egfrid.
796. Cenulphe.
819. Cenelm.
819. Céolulphe.
820. Bernulphe.
823. Ludican.
825. Withglaph, tributaire d'Egbert.
839. Berthulphe.
852. Burhed.
874. Céolulphe.
910. Ethelred eft fait comte de Mercie. Après fa mort, en 912, & celle de fa femme en 918, Edouard l'*Ancien* fe rend maître de la Mercie & la joint à fes Etats.

### 6°. De Kent.

449. Hengift.
488. Eftus.
512. Octa.
534. Hermenrick.
560. Ethelbert.
616. Ebald.
640. Ercombert.
664. Egbert.
673. Lothaire.
685. Edrick.
686. Widred.
725. Ethelbert & Egbert.
748. Ethelbert, feul.
760. Aldric.
794. Edbert, furnommé *Pren*.
798. Cudred.
805. Baldred, fur qui Egbert fit la conquête du royaume de Kent en 819.

*Suite chronologique des rois d'Irlande, depuis le commencement de l'ère chrétienne.*

La quatrième année de l'ère chrétienne régnoit, dans l'Irlande, Feargus Fionfachtnach, mort l'an 24.

Fiachad Fion ou *le Blond* fut tué par son succeſſeur, l'an 27, ayant régné 3 ans.

Fiachadh Fionoluidh, fils de Feargus, régna 20 ans, & périt en 47 par une conspiration.

Cairbre Cinncait, chef de cette conspiration, régna 5 ans, & mourut paiſiblement en l'an 52.

Elim, élu en ſa place, régna 20 ans, & périt dans un combat, l'an 72.

Tuathal Theachtmar, fils de Fiachad Fionoluidh, régna 30 ans, & fut tué l'an 102 par Mal ſon ſucceſſeur, qui, au bout de 4 ans, fut tué lui-même par le fils de ſon prédéceſſeur.

Feidhlimidh *Reachtmar*, fils de Thuathal, régna 9 ans, & mourut en 115.

*Cathaoir-le-Grand* ne régna que 3 ans. Il eut trente fils.

Con Ceadohathach régna 20 ans. Il fut ſurnommé *le Héros des cent combats.*

Conaire régna 7 ans, & fut tué l'an 145.

Art Aoinfhir régna 30 ans, & fut tué l'an 175, dans un combat par Lughaidh Laga, ſurnommé *Mac Con*, qui le remplaça, & qui fut aſſaſſiné l'an 205 par un fils d'Art ſon prédéceſſeur.

Feargus, ſurnommé *aux dents noires*, ne régna qu'un an.

Cormac Ulfada, fils d'Art, lui ſuccéda l'an 205, & régna 40 ans. Il eſt auteur d'un Traité intitulé *Avis aux Rois*, dont on parle avec éloge. Mort en 253.

Eochaidh *Gunait* fut tué par Lughaidh Fairtré l'année ſuivante, 254.

Cairbre *Liffeachair* régna 27 ans, & fut tué l'an 281 à la bataille de Gavra.

Fahach Airgheach & Fahach Cairpheach, tous deux fils de Mac Con, ne régnèrent pas une année entière. Le premier tua le ſecond, & fut tué lui-même à la bataille d'Ollarva en 282.

Flacchadh Shredvine, fils de Cairbre Liffeachair, régna 30 ans, & fut tué dans une bataille en 312.

Colla Vais ſon neveu régna 4 ans, & fut détrôné par le fils de ſon prédéceſſeur, lequel prédéceſſeur il avoit détrôné lui-même.

Muirreadhach *Tireach* régna 30 ans, & fut tué l'an 346 par ſon ſucceſſeur Caolbach, qui fut tué l'année ſuivante, 347, par le ſien.

Eochaidh *Moigmeodhin*, fils de Muirreadhach Tireach, régna 7 ans. On croit qu'il périt dans une bataille, l'an 354.

Criomthan régna 17 ans, & mourut, dit-on, empoiſonné en 371 par ſa ſœur Munga Fion, qui vouloit faire régner ſon fils.

Niall, fils d'Eochaid & de Munga Fion, régna 27 ans; tué d'un coup de flèche l'an 398.

Dathy, petit-fils du même Eochaidh, régna 23 ans, & fut tué par le tonnerre en 421.

Laogaire, fils de Niall, régna 30 ans; il fut tué auſſi par le tonnerre en 451.

Olioll, fils de Dathy, régna 20 ans; tué dans une bataille, l'an 471.

Lughaidh, fils de Laogaire, régna 20 ans; mort l'an 491.

Mourtough, arrière-petit-fils de Niall, régna 24 ans; mort en 515.

Tuathal régna 13 ans; aſſaſſiné l'an 528.

Diarmuidh, 22 ans; tué l'an 550.

Feargus & Daniel, un an; morts tous deux l'an 551.

Lochaidd, fils de Daniel, & ſon oncle Baodhan régnèrent 3 ans; tous deux tués dans une bataille l'an 554.

Ainſnereach, 3 ans; tué l'an 557.

Baodhac, 1 an; tué l'an 558.

Aodh ou Hugues, 27 ans; tué dans une bataille l'an 585.

Hugues *Slaine* & Colman *Rimidh*, 6 ans; tous deux tués dans une bataille, l'an 591.

Aodh ou Hugues Vairiodhnoch régna 27 ans, & fut tué à la bataille de Dufearta, l'an 618.

Maolchobha, à la bataille de Bealgadin, l'an 622.

Suibhna *Mean*, 13 ans; tué l'an 635.

Daniel, frère de Maolchobha, 13 ans; mort paiſiblement ( car il faut remarquer cela ) en 648.

Conall *Claon* & ſon frère Ceallach, fils de Maolcho-ha, régnèrent 13 ans; tous deux tués vers l'an 661.

Iathmac & Diarmuid Ruaidhnaigh ( celui-ci aſſaſſin de Conall ) régnèrent 7 ans, & moururent par la peſte en 668.

Seachnuſach, fils de Blathmac, régna 6 ans; tué l'an 674.

Cionnfaola, frère du précédent, régna 4 ans; tué à la bataille de Cealltrach, l'an 678.

Fionnachta *Fleadhach*, petit-fils de Hugues *Slaine*, régna 7 ans; tué en 685.

Loingſeach, fils de Daniel, 8 ans; tué dans une bataille, l'an 693.

Congall *Cionnmaghair*, 9 ans; mort en 702.

Feargall, fils de Maolduin, 17 ans; tué dans une bataille, l'an 719.

Fogarthach, un an; tué à la bataille de Beilge, l'an 720.

Cionaoith, 4 ans; tué, en 724, à la bataille de Drom-Carran.

Flacthbhearthach, fils de Loingſeach, 7 ans; mort ( d'une mort naturelle ) en 731.

Hugues Allain régna 9 ans; tué, en 740, à la bataille de Céananus.

Daniel, 42 ans; mort ( de mort naturelle ) l'an 782.

Niall Freaſach, frère de Hugues Allain, 4 ans; mort en pélerinage l'an 786.

Dunchada, fils de Daniel, 27 ans; mort paifiblement comme fon père, l'an 818.

Hugues *Dorndighe*, fils de Niall Freafach, 24 ans; tué à la bataille de Dafaerta, l'an 837.

Conchabhar ou Connor, 14 ans; mort d'an 851.

Niall *Caille*, fils de Hugues *Dorndighe*, régna 15 ans; mort l'an 866.

Turgefius, furnommé *le Tyran*, général des Danois, régna 13 ans; noyé l'an 879.

Maolfeachluin I règne 16 ans; mort l'an 895.

Hugues *Fionnliath*, fils de Niall *Caille*, 18 ans; mort en 913.

Flan *Sionna*, fils de Maolfeachluin I, 38 ans; mort l'an 951.

Niall Glandubh, fils de Hugues *Fionnliath*, 3 ans; tué dans une bataille, l'an 954.

Donough I, fils de Flan Sionna, 30 ans; mort en 984.

Congall règne 10 ans; tué par les Danois l'an 994.

Daniel, petit-fils de Niall Glundubh, 10 ans; mort l'an 1004.

Maolfeachluin II, 23 ans, jufqu'en 1027.

Brien *Boiroimhe*, ou Brien Borive ou Borhuffe, tige de la Maifon O-Brien, élu en la place du roi précédent, qu'une révolution avoit dépofé, mourut vainqueur dans une bataille livrée & complétement gagnée par lui le vendredi-faint de l'an 1039.

Maolfeachluin, rétabli alors, règne encore 9 ans, & meurt l'an 1048.

Denough, fils du fameux Brien-Boiroimhe, régna 50 ans, & fut dépofé l'an 1098.

Turlough, petit-fils de ce même Brien, régna 12 ans; mort en 1110.

Mortough, frère de Tourlough, 20 ans; mort en 1130.

Turlough, fils de Roger O-Connor, 20 ans; mort en 1150.

Mortough Mac Neill, 18 ans; mort l'an 1168.

Roderick, fils de Tourlough O-Connor, 4 ans.

Il faut avouer que tout ce que nous venons de voir, tant de rois tués dans les batailles ou affaffinés par leurs fujets, qui les remplacent prefque fans contradiction; tant de révolutions accumulées donnent une étrange idée des mœurs de l'Irlande, au moins pendant les fiècles que nous venons de parcourir, & que jamais ces vers de Juvénal,

*Ad generum Cereris fine cæde & vulnere pauci*
*Defcendunt reges & ficcâ morte tyranni.*

n'ont été auffi vrais d'aucune nation, que de la nation irlandaife. Ce font ces divifions éternelles, ces défordres inouis, ce chaos de violences & de crimes, qui enhardirent Henri II, roi d'Angleterre, grand prince d'ailleurs, à entreprendre la conquête de l'Irlande, & qui la lui facilitèrent.

### Table chronologique des Catapans.

C'eft le nom que l'on donnoit aux gouverneurs que les empereurs de Conftantinople envoyèrent dans la Pouille & dans la Calabre en Italie. Les favans dérivent ce nom de deux différens mots grecs, dont l'un fignifie commandant, l'autre lieutenant de l'Empereur.

Les Goths ayant été chaffés de l'Italie, l'empereur Juftinien y envoya des gouverneurs, dont le premier fut Bélifaire, puis Narfès, qui attira les Lombards, & les autres qui furent fuivis des exarques de Ravenne. Les gouverneurs qui vinrent dans la fuite furent nommés Catapans. En voici la lifte:

Etienne, furnommé *Maxence*, fous l'empire de Bafile le Macédonien.

Nicéphore Phocas.

Grégoire, nommé baile impérial des Grecs en 875.

Cafan ou Caffan, patrice en 883.

Joannitius Candidatus, en 884.

Trapezius Straticus, en 886.

Théophylacte Stratégus, en 887.

Conftantin, patrice en 889.

Symbaticius Protofpatharius, autrement Sabbaticius Etraticus, en 891.

Georges, patrice en 891.

Barfacius, patrice en 892.

Cofinas Anthius, protopatrice en 893.

Meliffenus ou Meliffanus, en 900.

Nicolas, patrice, furnommé *Picyglus*, en 915.

Urfilco, en 921.

Michel Schlavus, en 926.

Imogalaptus, en 940.

Platopotius, en 947.

Meliffenus ou Malachianus, en 951.

Marianus, patrice en 951.

Nicéphore, magifter en 966.

Paffarus Protofpatha, en 973.

Zacharias, en 975.

Porphyrius Protofpatha, en 979.

Calocyrus Delphinas, patrice en 982.

Romanus, patrice en 985.

Servius Protofpatha, en 987.

Nicolas Critès, en 988.

Jean, patrice, nommé auffi Ammiropolus, en 989.

Tubali, en 990.

Macrotheodorus Excubiatus, en 996.

Grégoire Trachianotes, en 998.

Belus Barenfis, en 999.

Xiphias, catapan en 1006.

Curcuas, patrice en 1008.

Bafile Mafardonites, en 1010.

Andronicus Turnices, en 1017.

Bafile Bugianus ou Bajanus, en 1018.

Abalantius, en 1019.

Safarius Critès, en 1023.

Leopotus, en 1027.

Michel Protofpatharius Critès, en 1032.

Conftantin Protofpatha, en 1033.

Lecopus, en 1037.

Nicéphore Dokiano, en 1039.
Michel Dokiano, en 1041.
Vagufto, catapan en 1042.
Georges Maniaces, en 1042.
Pardus Patricius, en 1043.
Conftantin Theodorocanus, en 1043.
Euftachius, palatin en 1045.
Jean ou Raphaël, en 1047.
Argyrus, magifter en 1051.
Alexius Charon, en 1055.
Trombus, en 1058.
Marulès, en 1061.
Sirianus, en 1062.
Apochara, en 1064.
Curiacus, en 1066.
Mabrix, en 1066.
Etienne Patrian, en 1071.

Ce fut vers ce tems-là que les Grecs furent chaffés de la Pouille & de la Calabre par les Normands. Aujourd'hui on donne encore le nom de catapan au magiftrat de la police à Naples.

*Succeffion chronologique des Exarques de Ravenne.*

Les exarques étoient, comme les catapans, des gouverneurs que les empereurs de Conftantinople envoyoient en Italie. L'exarchat fut commencé par Juftin-le-Jeune, l'an 567 ou 568, après que, par le moyen de Bélifaire & de Narfes, on eût chaffé la plupart des Barbares qui s'étoient établis en Italie. Ravenne étoit la ville capitale de l'exarchat, qui comprenoit auffi Bologne, Imola, Faenza, Forli, Cefene, Bobbio, Ferrare & Adria. Les exarques s'attribuèrent fouvent l'autorité d'élire les Papes; Eutychius fut le dernier, & fut chaffé par Aftolphe, roi des Lombards, qui fe rendit maître de l'exarchat l'an 751 ou 752. Pépin-le-Bref, roi de France, enleva l'exarchat au lombard Aftolphe; & un de fes chapelains, après avoir pris poffeffion de toutes les villes, en porta les clefs fur l'autel de faint Pierre & faint Paul, pour montrer que fon maître en faifoit donation aux faints Apôtres.

En 567 ou 568. Longin, patrice.
583. Smaragde, patrice.
587. Romain, patrice.
598. Callinique.
602. Smaragde, rétabli.
610. Jean Remiges ou Démiges.
614. Eleuthère.
619. Ifaac, patrice.
643. Théodore Calliopas.
649. Olympius.
650. Théodore Calliopas, rétabli.
686. Un autre Théodore.
687. Jean.
702. Théophylacte.
710. Jean Rizocope ou Tranche-Racine.
713. Scholaftique.

725. Paul, patrice.
728. Eutychius.

## CAPPADOCE.

Grand pays de l'Afie mineure, qui portoit autrefois titre de royaume, & qui étoit borné par l'Arménie mineure au levant, par la Cilicie au midi, par la Pamphilie & la Galatie au couchant, & par le Pont-Euxin au feptentrion. Ses villes les plus confidérables étoient Comane, Sébafte, Néocéfarée, Trebifonde, Céfarée & Amafie. Pharnaces fut le fondateur du royaume de Cappadoce vers l'an 560 avant Jéfus-Chrift. Six Rois inconnus rempliffent avec lui un intervalle de cent quatrevingt dix-huit ans, jufqu'à Ariarathe I, à compter duquel toute la fuite de ces Rois eft affez connue. Ils furent tantôt amis, tantôt ennemis des Romains. Le dernier fut Archelaüs. Ce royaume dura plus de cinq cents ans, & finit, comme tous les autres, par être réduit en province romaine. Archelaüs mourut à Rome l'an 16 de l'ère chrétienne. Les Romains gouvernèrent cette province par des proconfuls.

Dans le treizième fiècle, après la prife de Conftantinople par les Latins en 1204, Comnène établit en Cappadoce l'Empire de Trebifonde, ainfi nommé parce que cette ville en étoit la capitale. Le dernier empereur de Trebifonde fut David, furnommé Calojean, qui fut pris l'an 1461 par Mahomet II, & fut tué à Conftantinople avec fes enfans. Aujourd'hui la Cappadoce eft divifée par les Turcs en quatre provinces, qui font Genech, Suas, Anadole & Amafie.

*Suite des rois de Cappadoce.*

| NOMS. | ANS de Rome. | Av. J.C. | DURÉE du règne. |
|---|---|---|---|
| Pharnaces, | | 560 | |
| Six Rois inconnus. | | | |
| Ariarathe I, | 392 | 362 | |
| Arophernes, frère d'Ariarathe I. | | | |
| Ariarathe II, fils d'Ariarathe I, | | | |
| Ariarathe III, | 424 | 330 | 8 |
| | 437 | 317 | |
| Arfamnes ou Arfanyme. | | | |
| Ariarathe IV, | 492 | 262 | 38 |
| Ariarathe V, fils d'Ariarathe IV, | | | |
| | 530 | 224 | 62 |
| Ariarathe VI, | 592 | 162 | 33 |
| Ariarathe VII, | 625 | 129 | |
| Ariarathe VIII, ⎫ fils d'Ariarathe VII. | | | |
| Ariarathe IX, ⎭ | | | |
| Ariobarzane I, | 665 | 89 | |
| Ariobarzane II. | | | |
| Ariarathe X, | 712 | 43 | 1 |
| Archelaüs, | 713 | 41 | 52, |
| dont 36 avant l'ère chrétienne, & 16 fous cette ère. | | | |

TREBISONDE.

### TREBISONDE.

*Trapezus*, ville de Cappadoce, dans l'Asie mineure, aujourd'hui la Natolie ou l'Anatolie, est très-ancienne, & est nommée dans Strabon, Pline, Pomponius Mela & divers autres auteurs.

Ce qui l'a rendue plus illustre, c'est qu'elle a été capitale d'un Empire auquel elle a donné son nom. Il fut établi par Alexis Comnène, fugitif de Constantinople l'an 1204, & fut détruit lorsque Mahomet II, l'an 1460 ou 1461, prit la ville de Trebisonde. Cet Etat comprenoit la Cappadoce, la Paphlagonie, le Pont & quelques autres provinces.

*Suite des anciens Princes tartares, selon leurs historiens.*

Turck, fils de Japhis.
Taünac.
Jelza.
Dibbakuï.
Kayuk.
Alanza : il eut deux fils, Tatar & Mogul, qui furent les Princes de deux nations.

#### Princes Tatars.

Tatar.
Bucha ou Buka.
Jalanza.
Ettele.
Attaifir.
Orda.
Baydu.
Siuntz, qui défit entiérement les Mogols, & les extermina presqu'entiérement.

#### Princes Mogols ou Moungales.

Mogull ou Mungl.
Cara.
Ogus, que l'on fait vivre quatre mille ans avant Gengis-Kan.
Kiun.
Ay.
Julduff, d'une branche différente du précédent.
Mengli.
Illcan, sous lequel la nation des Mogols fut presqu'exterminée par les Tatars : le reste se cacha pendant quatre cent cinquante ans dans les montagnes.
Kayan, fils d'Illcan.
Bertezena, qui descendoit de Kayan, & qui rétablit les Mogols par la défaite des Tatars.
Kawedils.
Bizen-Kayan.
Kaipzi-Mergan.
Menkoazin-Borell.
Bukbendun.
Simfauzi.
Kaymafu.
Temirtafch.
Menglichodfa.

*Histoire. Tome VI. Supplément.*

Julduff.
Dejunbayan; *petit-fils.*
Budendfir-Moga, fils d'Alangu, petite-fille de Julduff.
Toca.
Dutumin.
Kaydu.
Bafficar.
Tumana, tige commune de Zingifcan & de Timur-Bée ou Tamerlan.
Cabull.
Bortan.
Jeffagi-Bayadur.
Tamuzin, qui prit ensuite le nom de Zingifcan ou Gengis-Kan.

Gengis-Kan eut quatre fils légitimes, auxquels il partagea ses Etats en mourant l'an 1227. Ces fils font Zuzi ou Thufchi, dont la postérité a régné dans le Caprchac, au nord de la mer Caspienne; à Aftracan, à Cafan, en Sibérie, & qui occupe encore la petite Tartarie ou Tartarie-Crimée, & le pays des Usbecks; Zaga-Thai, dont les descendans ont gouverné ce qu'on appelle aujourd'hui le Kharafme, & la Bukarie ou le pays des Usbecks, avec une partie des Indes jusqu'au tems de Tamerlan : les khans des Calmoucks paroiffent en venir. Ugadain ou Oktai, qui fut défigné grand khan par son père, & dont la postérité, qui est peu connue, régna dans le pays des Moungales; Taulai ou Tuli, dont une partie des descendans a gouverné les Moungales & la Chine, & l'autre a été pendant assez long-tems maîtresse de la Perse.

### CHINE.

Nous n'entrerons point ici dans le détail de tous les individus qu'on dit avoir régné à la Chine en divers tems. Nous nous contenterons d'un apperçu général du nombre des familles & du nombre des Empereurs dans chaque famille qu'on dit y avoir régné. On fait qu'il y a du fabuleux dans la chronologie des Chinois, comme dans celle des Chaldéens & des Egyptiens.

On compte vingt-deux différentes familles ou dynasties d'Empereurs qui ont régné à la Chine. Nous dirons le nombre d'Empereurs qu'ils attribuent à chaque famille, & la durée qu'ils donnent à leurs règnes.

| FAMILLES. | NOMBRE des Empereurs. | DURÉE. |
|---|---|---|
| 1. Hia. | 17 | 458 ans. |
| 2. Xam. | 28 | 644 |
| 3. Cheu. | 35 | 873 |
| 4. Sin. | 4 | 43 |
| 5. Han. | 25 | 426 |
| 6. Heu-Han. | 2 | 44 |
| 7. Cin. | 15 | 255 |

| | | |
|---|---|---|
| 8. Sum. | 8 | 59 ans. |
| 9. Ci. | 5 | 23 |
| 10. Leam. | 4 | 55 |
| 11. Chin. | 5 | 33 |
| 12. Suy. | 3 | 29 |
| 13. Tam. | 20 | 289 |
| 14. Heu-Leam. | 2 | 16 |
| 15. Heu-Tam. | 4 | 13 |
| 16. Heu-Cin. | 2 | 11 |
| 17. Heu-Han. | 2 | 4 |
| 18. Heu-Cheu. | 3 | 9 |
| 19. Sum. | 18 | 319 |
| 20. Yven. | 9 | 89 |
| 21. Min. | 16 | 279 |
| 22. Cim. | 2 | 40 |

### Monarchie des Assyriens.

Eusebe a donné, d'après Jules Africain, Castor Céphallion & Thallus, une suite des rois d'Assyrie, que nous allons rapporter. Il dit qu'il y a eu trois dynasties ou monarchies différentes à Babylone & à Ninive, & il met pour la première celle des Rois chaldéens, dont Evechons, qui est, dit-il, le même que Nembrod, fut le premier Roi. Il la fait durer deux cent vingt-quatre ans sous sept Rois, qu'il nomme dans cet ordre :

| ROIS CHALDÉENS. | DURÉE. |
|---|---|
| 1. Evechons. | 6 ans. |
| 2. Chomasbole. | 7 |
| 3. Porus. | 35 |
| 4. Néchobès. | 43 |
| 5. Abius. | 48 |
| 6. Aniballe. | 40 |
| 7. Zinxire. | 45 |
| Total. | 224 ans. |

Il dit ensuite que les Arabes, maîtres de la Haute-Asie, formèrent la seconde monarchie, qui dura deux cent seize ans sous six Rois, dont il donne ainsi la liste :

| ROIS ARABES. | DURÉE. |
|---|---|
| 1. Mardacentes. | 45 ans. |
| 2. Sisimadaque. | 28 |
| 3. Gabius. | 37 |
| 4. Parannus. | 40 |
| 5. Nabonnade. | 25 |
| 6. Inconnu. | 41 |
| Total. | 216 ans. |

Enfin, il ajoute que les Assyriens, ayant chassé les Arabes, fondèrent la troisième monarchie, qui ne finit qu'au 37e. Roi, qu'il appelle Thon, Con-Colère ou Sardanapale, après avoir duré mille deux cent quatre-vingt-cinq ans, & il donne ainsi la suite de ces Rois :

| ROIS ASSYRIENS. | Ans av. J. C. | DURÉE. |
|---|---|---|
| 1. Belus. | 2161 | 55 ans. |
| 2. Ninus. | 2106 | 52 |
| 3. Sémiramis. | 2054 | 42 |
| 4. Ninias. | 2012 | 38 |
| 5. Arius. | 1974 | 30 |
| 6. Aralius. | 1944 | 40 |
| 7. Xercès. | 1904 | 30 |
| 8. Armamithrès. | 1874 | 38 |
| 9. Belochus. | 1836 | 35 |
| 10. Balée. | 1801 | 52 |
| 11. Sethos. | 1749 | 32 |
| 12. Mamyth. | 1717 | 30 |
| 13. Aschalius. | 1687 | 28 |
| 14. Spherus. | 1659 | 22 |
| 15. Mamyle. | 1637 | 30 |
| 16. Sparthée. | 1607 | 30 |
| 17. Ascatades. | 1577 | 38 |
| 18. Amyntès. | 1539 | 45 |
| 19. Belochus II. | 1494 | 25 |
| 20. Balator. | 1469 | 30 |
| 21. Lamprides. | 1439 | 30 |
| 22. Sofares. | 1409 | 20 |
| 23. Lampraës. | 1389 | 30 |
| 24. Tanyas. | 1359 | 40 |
| 25. Sofarme. | 1319 | 22 |
| 26. Mithrée. | 1297 | 27 |
| 27. Tautane. | 1270 | 32 |
| 28. Teutée. | 1238 | 44 |
| 29. Thinée. | 1194 | 30 |
| 30. Dercyle. | 1164 | 40 |
| 31. Eupacmès. | 1124 | 38 |
| 32. Laosthenès. | 1086 | 45 |
| 33. Pyrtiadès. | 1041 | 30 |
| 34. Ophratée. | 1011 | 21 |
| 35. Epachère. | 990 | 52 |
| 36. Achragane. | 938 | 42 |
| 37. Sardanapale. | 896 | 20 |
| Total. | | 1285 ans. |

Eusebe dit, après ses auteurs, que l'Empire d'Assyrie fut détruit par les Mèdes, qui furent maîtres de la Haute-Asie pendant trois cent dix-sept ans, jusqu'à la première année de Cyrus, qui fonda l'Empire des Perses. Mais n'oublions pas d'observer que, sur tous ces calculs chronologiques, il y a une grande diversité d'opinions entre les auteurs.

Sans entrer aucunement dans ces discussions épineuses, & dont il ne peut rien résulter de certain, contentons-nous de rapporter la succession chronologique des rois de Babylone & des rois des Chaldéens.

| ROIS DE BABYLONE. | Ans av. J.C. | DURÉE. |
|---|---|---|
| 1. Nabonassar. | 747 | 14 ans. |
| 2. Nadius. | 733 | 2 |
| 3. Chozire & Porus. | 731 | 5 |
| 4. Jugée. | 726 | 5 |
| 5. Mardocempade. | 721 | 12 |

| 6. Arcian. | 709 | 5 ans. |
| Interrègne. | 704 | 2 |
| 7. Belibe. | 702 | 3 |
| 8. Apronade. | 699 | 6 |
| 9. Rigebèle. | 693 | 1 |
| 10. Meseffimordac. | 692 | 4 |
| Interrègne. | 688 | 8 |

Total. . 67 ans.

| ROIS DES CHALDÉENS. | Ans av. J.C. | DURÉE. |
| 1. Nabopolaffar. | 625 | 21 ans. |
| 2. Nabocolaffar. | 604 | 43 |
| 3. Ilvarodame. | 561 | 3 |
| 4. Niricaffolaffar. | 559 | 4 |
| 5. Nabonnade. | 555 | 17 |

Total. . 88 ans.

Dans la liste des consuls romains, nous avons marqué les divers dictateurs à mesure qu'ils ont été nommés; mais leurs noms, ainsi séparés les uns des autres par des distances plus ou moins grandes, ne forment pas un ensemble qu'on puisse embrasser d'un coup-d'œil. Les voici rassemblés dans une suite chronologique, avec leurs généraux de la cavalerie.

*Tableau chronologique des dictateurs romains.*

T. Lartius, premier dictateur, l'an de la fondation de Rome 257; il eut pour général de la cavalerie Sp. Caffius.

A. Posthumius, l'an de la fondation de Rome 257; T. Ebutius, général de la cavalerie.

M. Valerius, fils de Volufus, l'an de la fondation 260; Q. Servilius Priscus, général de la cavalerie.

L. Q. Cincinnatus, l'an de la fondation de Rome 294; L. Tarquinius, général de la cavalerie.

L. Q. Cincinnatus, l'an de Rome 316; général de la cavalerie, C. Servilius Ahala.

M. Mamercus Æmilius, l'an de Rome 318; L. Q. Cincinnatus, général de la cavalerie.

Q. Servilius Priscus ou Structus, an de Rome 319; général de la cavalerie, A. Posthumius Ebutius Helva.

Mamercus Æmilius, pour la seconde fois dictateur, l'an 321; général de la cavalerie, Posthumius Tubertus.

A. Posthumius Tubertus, l'an 324; général de la cavalerie, Julius.

Mamercus Æmilius, dictateur pour la troisième fois, an 326; général de la cavalerie, A. Cornelius.

Q. Servilius Priscus, an de la fondation de Rome 338; C. S. Ahala son fils, général de la cavalerie.

P. Cornelius, an 342; C. Servilius Ahala, général de la cavalerie.

M. Furius Camillus, dictateur, an 338; général de la cavalerie, Cornelius Scipion.

M. Furius Camillus, dictateur une seconde fois, an 365; général de la cavalerie, L. Valerius.

M. Furius Camillus, dictateur pour la troisième fois, an 366; général de la cavalerie, Servilius Ahala.

A. Cornelius Coffus, dictateur, an 370; T. Q. Capitolinus, général de la cavalerie.

T. Quinctius Cincinnatus, dictateur, an 375; A. Sempronius Atratinus, général de la cavalerie.

M. Furius Camillus, encore dictateur, an 386; général de la cavalerie, L. Æmilius.

P. Manlius, immédiatement après Camille; général de la cavalerie, C. Licinius.

M. Furius Camillus, dictateur pour la cinquième fois, an 387; général de la cavalerie, T. Quinctius Pennus.

L. Manlius Imperiofus, dictateur pour ficher le clou, an 391; général de la cavalerie, L. Pinarius.

Appius Claudius fut créé dictateur peu de tems après.

T. Quinctius Pennus, dictateur, l'an 393; général de la cavalerie, Sergius Cornelius Maluginensis.

Q. Servilius Ahala, dictateur, l'an 396; T. Quinctius, général de la cavalerie.

C. Sulpitius, dictateur, l'an 397; général de la cavalerie, Marcus Valerius.

Cn. Marcus Rutilius, premier dictateur tiré du peuple, l'an 399; général de la cavalerie, aussi du peuple, C. Plautius.

T. Manlius, fils de L. dictateur, l'an 401; général de la cavalerie, A. Cornelius Coffus.

C. Julius, dictateur, l'an 402; général de la cavalerie, L. Æmilius.

M. Fabius Ambuftus, dictateur, l'an 403; Quintus Servilius, général de la cavalerie.

L. Furius Camillus, dictateur, l'an 404; P. Cornelius Scipion, général de la cavalerie.

T. Manlius Torquatus, dictateur, l'an 405; A. Cornelius Coffus, général de la cavalerie.

L. Furius Camillus II, dictateur, l'an 409; Cn. Manlius Capitolinus, général de la cavalerie.

P. Valerius Publicola, dictateur des féries, l'an 410; Fabius Ambuftus, général de la cavalerie.

M. Valerius Corvinus, dictateur, l'an 412; L. Æmilius Mamercus, général de la cavalerie.

L. Papyrius Craffus, dictateur, l'an 414; L. Papyrius Curfor, général de la cavalerie.

P. Philo, dictateur, l'an 415; Junius Brutus, général de la cavalerie.

Claudius Regillenfis, dictateur, l'an 417; C. Claudius Hortator, général de la cavalerie.

(Défaut dans son élection.)

Papyrius Craffus, dictateur, l'an 421; P. Valerius Publicola, général de la cavalerie.

Cn. Quinctius Cincinnatus, dictateur, l'an 422, créé pour la cérémonie d'attacher le clou; L. Valerius, général de la cavalerie.

M. Claudius Marcellus, dictateur, l'an 426; Su . Posthumus, général de la cavalerie. ( Défaut dans son élection. )

L. Papyrius Cursor, dictateur, l'an 428; Q. Fabius Maximus Rullianus, général de la cavalerie.

Q. Cornelius Arvina, dictateur, l'an 430; M. Fabius Ambustus, général de la cavalerie.

Q. Fabius Ambustus, dictateur, l'an 431; Q. Æmilius Prætus, général de la cavalerie. ( Défaut dans son élection. )

M. Æmilius Papus, dictateur, l'an 433; L. Valerius Flaccus, général de la cavalerie.

L. Æmilius, dictateur, l'an 436; L. Fulvius, général de la cavalerie.

Q. Fabius Maximus Rullianus, dictateur, l'an 437; général de la cavalerie, Q. Æmilius Ceretanus, qui, ayant été tué à la guerre, eut pour successeur C. Fabius Ambustus.

G. Menenius, dictateur, l'an 438, pour prendre connoissance, faire informations & juger des crimes; M. Fabius, général de la cavalerie.

C. Petilius, dictateur, l'an 439.

L. Papyrius Cursor II, dictateur, l'an 445; P. Decius Mus, général de la cavalerie.

C. Junius Bubulcus, dictateur, l'an 449; M. Titinius, général de la cavalerie.

M. Valerius Maximus, dictateur, l'an 452; M. Æmilius Paulus, général de la cavalerie.

L. Cornelius Sylla, dictateur perpétuel, l'an 669.

C. Julius César, créé dictateur pour la première fois, l'an 703; pour la seconde, l'an 705, & ensuite dictateur perpétuel, après lequel Auguste, Empereur, refusa la dictature qui lui fut offerte par le peuple.

### Suite chronologique des Rois & des Archontes d'Athènes.

| ROIS. | Ans av. J.C. | DURÉE. |
|---|---|---|
| 1. Cécrops. | 1558 | 50 ans. |
| 2. Cranaüs. | 1508 | 9 |
| 3. Amphictyon. | 1499 | 10 |
| 4. Erichtonius. | 1489 | 50 |
| 5. Pandion. | 1439 | 40 |
| 6. Erechthée. | 1399 | 50 |
| 7. Cécrops II. | 1349 | 40 |
| 8. Pandion II. | 1309 | 25 |
| 9. Egée. | 1284 | 48 |
| 10. Thésée. | 1236 | 30 |
| 11. Menesthée. | 1205 | 23 |
| 12. Démophoon. | 1183 | 33 |
| 13. Oxynthes. | 1150 | 12 |
| 14. Aphydas. | 1138 | 1 |
| 15. Thymœte. | 1137 | 8 |
| 16. Melanthus. | 1129 | 37 |
| 17. Codrus. | 1092 | 21 |

Total du nombre des Rois & de la durée de tous leurs règnes, 487. Cette suite des Rois d'Athènes nous a été conservée par Eusèbe. Après

Codrus commencent les Archontes, qui furent d'abord perpétuels.

### Archontes perpétuels.

| ARCHONTES. | Ans av. J.C. | DURÉE. |
|---|---|---|
| 1. Medon. | 1068 | 20 ans. |
| 2. Acaste. | 1048 | 36 |
| 3. Archippe. | 1012 | 19 |
| 4. Thersippe. | 993 | 41 |
| 5. Phorbas. | 952 | 31 |
| 6. Mégacles. | 921 | 30 |
| 7. Diognète. | 891 | 28 |
| 8. Phérecile. | 863 | 19 |
| 9. Ariphron. | 844 | 20 |
| 10. Thespiée. | 824 | 27 |
| 11. Agamestor. | 797 | 20 |
| 12. Eschyle. | 777 | 23 |
| 13. Alcméon. | 754 | 2 |

En tout 13 archontes perpétuels, & la durée des 13 archontats monte à 316 ans.

### Archontes décennaires.

| ARCHONTES. | Ans av. J.C. | DURÉE. |
|---|---|---|
| 1. Charops. | 752 | 10 ans. |
| 2. Esimède. | 742 | 10 |
| 3. Clidicus. | 732 | 10 |
| 4. Hippomènes. | 722 | 8 |
| 5. Léocrates. | 714 | 10 |
| 6. Apsandre. | 704 | 10 |
| 7. Eryxias. | 694 | 10 |
| Sept archontes; durée, | | 68 ans. |

### Archontes annuels.

| ARCHONTES. | Ans av. J.C. |
|---|---|
| Créon, | 684 ans. |
| Inconnu, | 683 |
| Lysias, | 682 |
| Tlesias, | 681 |
| Inconnu, | 680 |
| Inconnus pendant 8 années. | |
| Léostrate, | 671 |
| Inconnu, | 670 |
| Pisistrate, | 669 |
| Austothènes, | 668 |
| Inconnus, 3. | |
| Miltiades, | 664 |
| Inconnus, 4. | |
| Miltiades II, | 659 |
| Inconnus, 13. | |
| Dropides ou Dropile, M. A. (c'est à-dire, suivant les marbres d'Arondel), | 645 |
| Inconnus, 4. | |
| Damasias, | 640 |
| Inconnus, 3. | |
| Epenètes, | 636 |
| Inconnus, 11. | |

| ARCHONTES. | Ans av. J. C. |
|---|---|
| Dracon, | 624 ans. |
| *Inconnus*, 8. | |
| Heniochides, | 615 |
| *Inconnus*, 9. | |
| Ariftoclès, M. A. | 605. |
| *Inconnus*, 4. | |
| Mégacles, | 600 |
| Philombrote, | 599 |
| Solon, | 598 |
| Dropides II, | 597 |
| Eucrates, | 596 |
| *Inconnu.* | |
| Critias, M. A. | 594 |
| *Inconnus*, 2. | |
| Cimon, M. A. | 591 |
| Damafias II, | 590 |
| *Inconnu.* | |
| Phœnippus, | 588 |
| *Inconnus*, 10. | |
| Archeftratides, | 577 |
| *Inconnus*, 6. | |
| Ariftomènes, | 570 |
| *Inconnus*, 7. | |
| Hippoclides, | 562 |
| Comias, M. A. | 561 |
| Hegefinftrate, | 560 |
| *Inconnus*, 3. | |
| Euthydème, M. A. | 556 |
| *Inconnus*, 7. | |
| Erxilicles, | 548 |
| *Inconnus*, 11. | |
| Alcée, M. A. | 536 |
| *Inconnus*, 2. | |
| Théricles, | 533 |
| Heraclides, | 532 |
| *Inconnus*, 7. | |
| Miltiades III, | 524 |
| *Inconnus*, 11. | |
| Clifthènes, | 512 |
| *Inconnus*, 3. | |
| Ifagoras, | 508 |
| *Inconnus*, 3. | |
| Aceftorides, | 504 |
| *Inconnus*, 3. | |
| Myrus, | 500 |
| *Inconnus*, 3. | |
| Hipparchus, | 496 |
| Pythocritus, M. A. | 495 |
| Lacratides, | 494 |
| Thémiftocles, | 493 |
| Diognète, | 492 |
| Phanippe II, M. A. | 491 |
| Ariftide, M. A. | 490 |
| Hybrilides, | 489 |
| Anchifes, | 488 |
| Philippe, | 487 |
| Philocrate, M. A. | 486 |
| Phédon, | 485 |

| ARCHONTES. | Ans av. J. C. |
|---|---|
| Léoftrate, | 484 ans. |
| Nicodème, | 483 |
| Aphepfion, | 482 |
| Callias, felon les M. A. ou plutôt un inconnu, | 481 |
| Calliades, | 480 |
| Xantippe, | 479 |
| Timofthènes, | 478 |
| Adimante, | 477 |
| Phédon, | 476 |
| Dromoclides, | 475 |
| Aceftorides, | 474 |
| Menon, | 473 |
| Charès, | 472 |
| Praxirge, | 471 |
| Démotion, fuivant *les marbres d'Arondel*, | 470 |
| Aphéphion. | |
| Théagenides, fuivant les M. A. | |
| Phédon II, | 469 |
| Théagenides, | 468 |
| Lififtrate, | 467 |
| Lyfanias, | 466 |
| Lyfithée, | 465 |
| Archidemides, | 464 |
| Tlepolème, | 463 |
| Conon, | 462 |
| Eutippe, | 461 |
| Phraficlides, | 460 |
| Philocles, | 459 |
| Bion, | 458 |
| Mnefithides, | 457 |
| Callias, | 456 |
| Sofiftrate, | 455 |
| Arifton, | 454 |
| Lyficrate, | 453 |
| Chéréphanès, | 452 |
| Antidote, | 451 |
| Euthydème, | 450 |
| Pédiés, | 449 |
| Philifque, | 448 |
| Timarchides, | 447 |
| Callimaque, | 446 |
| Lyfimachides, | 445 |
| Praxitèles, | 444 |
| Lyfanias II, | 443 |
| Diphile, M. A. | 442 |
| Timocles, | 441 |
| Myritides, | 440 |
| Glaucide, | 439 |
| Théodore, | 438 |
| Eutymènes, | 437 |
| Naufimaque, | 436 |
| Antilochidès, | 435 |
| Charès, | 434 |
| Apfeudès, | 433 |
| Pithodore, | 432 |
| Euthydème II, | 431 |

*Suite des Archontes annuels.*

| ARCHONTES. | Ans av. J. C. |
|---|---|
| Apollodore, | 430 ans. |
| Epaminondas, | 429 |
| Diotime, | 428 |
| Euclides, | 427 |
| Euthydème, | 426 |
| Stratocles, | 425 |
| Isarque, | 424 |
| Aminias, | 423 |
| Alcée, | 422 |
| Ariftan, | 421 |
| Ariftophile, M. A. | 420 |
| Archias, | 419 |
| Antiphon, | 418 |
| Euphème, | 417 |
| Ariftomneftes, | 416 |
| Chabrias, | 415 |
| Pifandre, | 414 |
| Cléocrite, | 413 |
| Callias II, | 412 |
| Théopompe, | 411 |
| Glaucippe, | 410 |
| Dioclès, | 409 |
| Euctémon, M. A. | 408 |
| Antigènes, M. A. | 407 |
| Callias III, M. A. | 406 |
| Alenias, | 405 |
| Pytódore II, | 404 |
| Euclides II. | |

*Trente tyrans à Athènes.*

| | |
|---|---|
| Micon, M. A. | 402 |
| Exenète. | 401 |
| (Fin des trente tyrans.) | |
| Laches, | 400 |
| Ariftocrates, | 399 |
| Ithycles, | 398 |
| Lyfiades, | 397 |
| Phormion, | 396 |
| Diophantès, | 395 |
| Eubulides, | 394 |
| Démofthènes, | 393 |
| Philoclès, | 392 |
| Nichoteles, | 391 |
| Démoftrate, | 390 |
| Antipater, | 389 |
| Pyrrhion, | 388 |
| Théodore, | 387 |
| Myftichides, | 386 |
| Dexytherée, | 385 |
| Diotrephes, | 384 |
| Phanaftrate, | 383 |
| Menandre, | 382 |
| Demophile, | 381 |
| Pythéas, M. A. | 380 |
| Nicon, | 379 |
| Nauficrate, | 378 |
| Callias IV, M. A. | 377 |
| Chariander, | 376 |
| Hippodame, | 375 |

*Suite des Archontes annuels.*

| ARCHONTES. | Ans av. J. C. |
|---|---|
| Socratides, | 374 ans. |
| Aftée, | 373 |
| Alciithènes, | 372 |
| Phrafíclides, | 371 |
| Dyffinèthe, | 370 |
| Lyfiftrate, | 369 |
| Naufigenes, | 368 |
| Polyzèle, | 367 |
| Céphifodore, | 366 |
| Chion, | 365 |
| Timocrates, | 364 |
| Chariclides, | 363 |
| Molon, | 362 |
| Nicophème ( ou Agathocles, felon Diodore), | 361 |
| Callimèdes, | 360 |
| Euchariste, | 359 |
| Céphifodote, | 358 |
| Agathocles, M. A. | 357 |
| Elpinices, | 356 |
| Calliftrate, M. A. | 355 |
| Diotime, | 354 |
| Eudème, | 353 |
| Ariftodème, | 352 |
| Theffalus, | 351 |
| Apollodore, | 350 |
| Callimaque, | 349 |
| Théophile, | 348 |
| Thémiftocles, | 347 |
| Archias, | 346 |
| Eubule, | 345 |
| Lycifque ou Ariftoloque, | 344 |
| Pythodore, | 343 |
| Sofigènes, | 342 |
| Micomaque, | 341 |
| Théophrafte, | 340 |
| Lyfimachides, | 339 |
| Charondas, | 338 |
| Phrynique, | 337 |
| Pythodore, | 336 |
| Evénète, | 335 |
| Ctéficles, | 334 |
| Nicocrates, | 333 |
| Nicetès, | 332 |
| Ariftophanes, | 331 |
| Ariftophon, | 330 |
| Céphifophon, | 329 |
| Enticrite, | 328 |
| Chremès, | 327 |
| Anticlès, | 326 |
| Sceficlès, | 325 |
| Befegias, | 324 |
| Céphifodore, | 323 |
| Philoclès, | 322 |
| Apollodore, | 321 |
| Archippe, | 320 |
| Apollodore, | 319 |
| Phocion, | 318 |

## BIBLIOTHÈQUE OU LIBRAIRIE.

*Noms & qualités des maîtres de la librairie ou biblio-
thécaires du Roi, & des gardes de la bibliothèque &
leur suite chronologique.*

1°. Gilles Mallet, d'abord valet-de-chambre
du Roi, & ensuite son maître-d'hôtel sous le roi
Charles-le-Sage, fut chargé de la garde de la bibliothèque ou librairie du Roi, qui étoit dans
dans une des tours du Louvre sous les règnes de
Charles V & de Charles VI. Gilles Mallet mourut
en 1410.

2°. Antoine des Essarts, garde des deniers de
l'épargne, fut le successeur de Gilles Mallet.

3°. Jean Molin, clerc du Roi en sa chambre
des comptes.

4°. Garnier de Saint-Yon, échevin de Paris.
On dit qu'en 1425 le duc de Bedfort, qui prenoit
la qualité de régent du royaume, se fit représenter par Garnier de Saint-Yon les livres dont il
avoit la garde, & qui étoient énoncés dans un inventaire fait en 1425, & qu'en 1429 le duc de
Bedfort l'en déchargea pleinement & lui en fit
donner quittance.

5°. Robert Gaguin, qui a été ministre des Ma-
thurins, & qui est connu par ses ouvrages, a été,
selon Naudé & plusieurs autres écrivains, bibliothécaire du Roi sous Louis XI; mais on n'en a pas
de preuves bien certaines : ce qu'il y a de vrai,
c'est que cette bibliothèque avoit alors pour garde
en titre, Laurent Palmier : on le trouve employé
en cette qualité dans les comptes de Jean Briçonnet, général des finances de l'an 1472.

6°. Guillaume Budée, un des plus savans
hommes de son tems, fut pourvu le premier de
la charge de bibliothécaire en chef, que François I créa pour lui : on croit que ce fut en 1522.
Ce bibliothécaire s'est appelé long-tems & s'appelle encore dans ses provisions, *maître de la librairie du Roi.* Budée mourut en 1540. Sous le
même règne la bibliothèque royale fut transportée
de Blois, où elle avoit été mise, au château de
Fontainebleau. A Blois la bibliothèque avoit pour
commis à sa garde, Jean la Barre, & elle eut à
Fontainebleau Mathieu la Bisse. C'est entre les
mains de celui-ci que les livres furent remis au
tems du transport, & il en donna son reçu le 22
juin 1544.

7°. Pierre du Chastel ou Chastelain (*Petrus Cas-
tellanus*) fut le successeur de Budée. Il étoit déjà
évêque de Tulle, & peu après il fut transféré à
l'évêché de Mâcon. Henri II le fit grand-aumônier, & le nomma à l'évêché d'Orléans. Il mourut dans cette ville en 1552. Mellin de Saint-Gelais fut employé sous lui à la bibliothèque du Roi,
mais on ne sait pas bien en quelle qualité : on sait
seulement qu'il fut chargé de faire transporter la
bibliothèque, de Blois à Fontainebleau ; peut-être
fut-il associé à Mathieu la Bisse.

8°. Pierre de Montdoré, conseiller au grand-
conseil, réputé de son tems habile mathématicien,
traduisit le dixième livre d'Euclide, qu'il dédia
au cardinal du Bellai. On croit que ce fut cette
traduction qui lui valut la charge de maître de la
librairie du Roi, que Henri II lui donna. Il mourut vers l'an 1570, à Sancerre en Berry, où son
attachement aux opinions des Protestans l'avoit
engagé à se retirer dès l'an 1567.

9°. Jacques Amyot, précepteur de Charles IX,
& revêtu des plus grandes & des plus belles places,
auteur d'ouvrages qu'on lit encore & qu'on lira
long-tems, mourut en 1593. La bibliothèque du
Roi resta encore deux ans après lui au château de
Fontainebleau, d'où il fut jugé nécessaire de la
transporter à Paris pour la soustraire aux ravages
des restes des Ligueurs.

10°. Cette translation se fit sous le fameux historien Jacques-Auguste de Thou, qui fut nommé
maître de la librairie par Henri IV. Jean Gosselin
avoit succédé à Mathieu la Bisse dans la place
de garde de la bibliothèque de Fontainebleau.
Louis XIII, en laissant, ainsi que Henri IV, la bibliothèque à Paris, fit revivre, en 1627, le titre
de garde de la bibliothèque de Fontainebleau, en

faveur d'Abel de Sainte-Marthe, dont le fils, auffi nommé Abel, eut la même place après lui, & mourut en 1706. Cette charge refta enfuite vacante pendant quatorze ans, jufqu'en 1720, qu'elle fut réunie, par édit du mois de mars, à celle de bibliothécaire du Roi. Jean Goffelin, qui avoit exercé la charge de garde de la librairie depuis 1560, étoit mort vers la fin de 1603. Sa place fut donnée au favant Ifaac Cafaubon, qui, dès 1601, avoit été défigné pour la remplir, & il en conferva toute fa vie le titre & les appointemens, quoiqu'il fe fût retiré en Angleterre après la mort de Henri IV. Il mourut en 1614, & Jacques-Augufte de Thou, bibliothécaire, en 1617.

11°. François de Thou, fils aîné du préfident Jacques-Augufte, hérita de la charge de maître de la librairie, quoiqu'âgé feulement de neuf ans. Nicolas Rigault, qui avoit fuccédé en 1615 à la place de garde après la mort de Cafaubon fon ami, étant allé, vers 1635, à Metz pour y prendre une charge de confeiller au parlement de cette ville; fa place de garde fut donnée aux doctes frères Pierre & Jacques Dupuy, parens de M. de Thou.

12°. Jérôme Bignon fut le fucceffeur de François de Thou, décapité en 1642. Les provifions de Jérôme Bignon font du 25 octobre de cette même année, & il prêta ferment le 8 mai 1643.

13°. Jérôme Bignon, fils aîné du précédent, fut pourvu en furvivance de la même charge à l'âge de 26 ans. Ses provifions font du 20 feptembre 1651, & la préftation de ferment, du 26 décembre fuivant. Pierre Dupuy étant mort en 1651, Jacques fon frère refta feul en poffeffion de l'emploi de garde jufqu'à fa mort, arrivée le 17 novembre 1656. L'abbé Nicolas Colbert, frère du miniftre, eut cette place, dont les provifions lui furent expédiées le 20 novembre 1656, & il prêta ferment entre les mains de Jérôme Bignon, maître de la librairie. L'abbé Colbert, ayant été nommé à l'évêché de Luçon, conferva le titre de garde de la librairie; mais M. Colbert en donna les fonctions, en 1663, à Pierre de Carcavi, cidevant confeiller au grand-confeil, le plus habile homme qu'il y eût alors à Paris en fait de librairie. Varillas avoit eu avant lui le même emploi à la bibliothèque du temps de MM. Dupuy; mais il en fortit en 1663 pour faire place à M. de Carcavi. Il y avoit alors un garde particulier du cabinet des médailles: c'étoit l'abbé Bruneau, qui fut affaffiné en 1666. Alors l'intendance de ce cabinet fut jointe à la charge de garde de la librairie en la perfonne de Nicolas Colbert, qui de l'évêché de Luçon avoit paffé à celui d'Auxerre. M. de Carcavi étant retiré en 1683, à caufe de fon grand âge, fa place fut donnée à l'abbé Gallois, qui la garda fort peu.

14°. Camille le Tellier, plus connu fous le nom d'abbé de Louvois, âgé feulement de huit à neuf ans, réunit en fa perfonne les deux charges de maître & de garde de la librairie, & d'intendant du cabinet des médailles, dont Louis Colbert avoit été revêtu après la mort de l'évêque d'Auxerre, fon oncle. M. de Louvois, père de Camille, acheta l'une de M. Bignon, confeiller d'Etat, & l'autre de MM. Colbert. Les provifions de Camille le Tellier furent expédiées au mois d'avril 1684. Les clefs de la bibliothèque furent remifes par l'abbé Gallois à M. l'abbé Varès, que M. Boffuet, évêque de Meaux, avoit employé autrefois à faire des extraits & des collections pour M. le Dauphin, & la commiffion de garde du cabinet des médailles, que M. de Carcavi avoit eue fous MM. Colbert, fut donnée à M. Rainffant, médecin & antiquaire. En 1670 on avoit nommé un garde des planches gravées: c'étoit Nicolas-Clément de Toul, que M. de Carcavi avoit pris auprès de lui dès 1664, & qui a rendu de grands fervices à la bibliothèque du Roi. L'abbé Varès étant mort au mois de feptembre 1684, Melchifedech Thevenot, fi connu par fes voyages imprimés, fut commis à la garde de la bibliothèque le 4 décembre fuivant.

Par les provifions que M. l'abbé de Louvois eut au mois d'avril 1684, Sa Majefté, en réuniffant fur une feule perfonne les charges de *maître de la librairie, d'intendant & garde du cabinet des livres, manufcrits, médailles & raretés antiques & modernes, & de garde de la bibliothèque de Sa Majefté,* entendoit que M. de Louvois n'exerceroit que *fous l'autorité & direction du furintendant des bâtimens;* mais, par un arrêt du 21 août 1691, il le tira de cette dépendance pour ne le mettre que fous celle du Roi lui-même. Dans le même tems, M. Thevenot ayant ceffé de faire les fonctions de fousbibliothécaire, la place fut donnée à M. Clément, qui la méritoit par tant de titres, & en particulier par le foin & l'application qu'il avoit apportés à dreffer des catalogues les plus exacts qu'il pût faire, tant des imprimés, que des manufcrits de la bibliothèque. M. Clément n'avoit été jufque-là que *commis en fecond :* on conferva cette place, & elle fut donnée à M. Jean Boivin, qui, étant attaché au jeune abbé de Louvois, avoit fon logement à la bibliothèque depuis 1689. Après la mort de M. Clément, qui arriva le 16 janvier 1712, on nomma en 1714, pour le remplacer, Louis de Targny, prêtre du diocèfe de Noyon, reçu docteur de la faculté de Paris le 22 feptembre 1688, & qui avoit été principal du collège de Dainville. Il avoit été donné à M. l'abbé de Louvois pour le diriger dans fes études de théologie, & il l'avoit accompagné en Italie en 1700 & 1701. M. l'abbé de Louvois mourut le 5 novembre 1718, à quarante-trois ans.

15°. Jean-Paul Bignon, abbé de Saint-Quentin, l'un des quarante de l'académie françaife, honoraire de celle des infcriptions & belles-lettres, & de celle des fciences, fut choifi par M. le duc d'Orléans, régent, pour fuccefleur de M. de Louvois.

vois. Il reçut ses provisions vers la fin de 1719. C'est sous son administration que la bibliothèque royale a fait l'acquisition de tant de manuscrits, entr'autres de ceux de M. Philibert de la Mare, conseiller au parlement de Bourgogne ; d'Etienne Baluze, si connu par ses savans ouvrages ; de M. Colbert, qui avoit passé dans la bibliothèque de M. de Seignelai son fils ; les actes du concile de Bâle, pour lesquels M. l'abbé Jourdain avoit été envoyé à Bâle ; ceux du chapitre de Saint-Martial de Limoges, & quantité d'autres, &c. sans compter les livres imprimés en tous genres ; un recueil d'environ soixante mille pièces fugitives, que M. Morel de Toisy, depuis lieutenant-général de Troyes, céda gratuitement en 1725 ; les recueils de M. Lancelot, depuis inspecteur du collège royal, &c. M. Bignon, ayant fait faire aussi un nouvel inventaire de tout ce qui appartenoit à la bibliothèque du Roi, ce qui dura depuis le 18 octobre 1719, jusqu'au 11 décembre 1720, fut autorisé pour partager ces richesses en quatre portions, de commettre un garde à la conservation de chacune ; savoir : les manuscrits, les livres imprimés, les titres & généalogies, & les planches gravées avec tous les recueils d'estampes. M. Boivin fut nommé pour la garde des manuscrits, M. l'abbé de Targny pour celle des imprimés, M. Guiblet pour celle des titres & généalogies, & M. le Hay pour celle des estampes & des planches gravées. M. l'abbé Bignon traita aussi avec M. Dacier, du brevet de garde des livres du cabinet du Louvre, que ce savant avoit eu dès 1702 ou 1703, qui avoit été possédé auparavant, dès 1671, par Louis Irland de Lavau, de l'académie française, lequel avoit eu des prédécesseurs dont on peut voir les noms dans le Journal historique de M. l'abbé Jourdain.

16°. Jérôme Bignon, seigneur de Blanzi, maître des requêtes, depuis intendant de Soissons, neveu de M. l'abbé Bignon, reçu en survivance.

17°. Armand-Jérôme Bignon, maître des requêtes, reçu bibliothécaire du Roi en 1743, après la mort de son frère Jérôme, & reçu la même année à l'académie française, en la place de M. l'abbé Bignon, bibliothécaire du Roi, le 1 septembre 1722. M. Boivin étant mort le 29 octobre 1726, M. l'abbé Bignon proposa, pour le remplacer, M. l'abbé Sallier, professeur royal en langue hébraïque, de l'académie royale des inscriptions & belles-lettres, & depuis l'un des quarante de l'académie française. Il fut agréé ; mais l'abbé de Targny ayant désiré la garde des manuscrits, celle des livres imprimés fut donnée à M. l'abbé Sallier. L'abbé de Targny mourut le 3 mai 1737, dans la soixante-dix-huitième année de son âge, & sa place fut accordée à M. l'abbé Sévin, de l'académie des inscriptions & belles-lettres. M. l'abbé Sévin mourut en 1741 ; & sa place fut donnée à M. Melot, de l'académie des belles-

*Histoire. Tome VI. Supplément.*

lettres, qui fut garde des manuscrits, mais subordonné à M. l'abbé Sallier.

La liste qu'on vient de voir est vraiment édifiante par la multitude & la continuité des excellens choix qui ont été faits dans tous les tems, des Budée, des Amyot, des de Thou, des Bignon, &c. pour bibliothécaires ; des Casaubon, des Sainte-Marthe, des Dupuy, des Rigault, des Boivin, &c. pour gardes & autres employés. Varillas même ne dépare point cette liste ; Varillas, historien peu fidèle, mais bon écrivain pour son tems, qui fut beaucoup lu alors & qui l'est encore aujourd'hui ; narrateur agréable & intéressant, dont les récits se gravent dans la mémoire un peu plus qu'il ne faudroit peut-être, car l'erreur y entre avec la vérité, &, en croyant retenir des faits, c'est quelquefois un roman qu'on retient. C'est cette place à la bibliothèque qui lui fournissoit, non les manuscrits qu'il citoit à tort & à travers, mais la confiance & la sécurité nécessaires pour les citer ainsi au hasard, bien sûr qu'on n'en viendroit point à la vérification, & que du moins le commun des lecteurs s'en rapporteroit entièrement à lui.

Nous avons vu dans les derniers tems ces savans hommes dignement remplacés par les Sallier, les Melot, les Capperonnier, les Barthélemy, &c.

La bibliothèque étoit encore sous la direction des Bignon lorsque les renversemens révolutionnaires sont venus changer la face de toutes choses.

## Succession chronologique des Dauphins.

### 1°. Race des seigneurs d'Albon.

1040. Guigues I, dit *le Vieux*, mort en 1075.
1075. Guigues II, dit *le Gras*, mort en 1080.
1080. Guigues III, mort en 1125.
1125. Guigues IV, mort en 1142.
1142. Guigues V, mort en 1162, ne laissa qu'une fille, Béatrix, mariée, 1°. au comte de Saint-Gilles, 2°. à Hugues III, duc de Bourgogne, en 1184.

### 2°. Race de la Maison de Bourgogne.

1192. Guigues-André VI, fils de Béatrix, mort en 1228.
1228. Guigues VII, mort, selon Duchesne, en 1270.
1270. Jean I, mort sans enfans en 1282.

### 3°. Race de la Maison de la Tour-du-Pin.

1282. Humbert, baron de la Tour, devint Dauphin par sa femme Anne, sœur & héritière de Jean I. Il mourut en 1307.
1307. Jean II, mort en 1318.
1318. Guigues VIII, mort en 1333.

1533. Humbert II donna fes Etats à la France en 1349.

*Princes de France, Dauphins.*

1349. Charles I , depuis roi Charles V.
1368. Charles II , depuis roi Charles VI.
1386. Charles III.
1392. Charles IV.
1400. Louis I.
1415. Jean.
1416. Charles V , depuis roi Charles VII.
1423. Louis II , depuis roi Louis XI.
1459. Joachim.
1470. Charles VI , depuis roi Charles VIII.
1492. Charles Orland.
1496. Charles VII.

*Deux fils du roi Louis XII.*

1517. François I.
1536. Henri , depuis roi Henri II.
1547. François II , depuis roi François II.
1601. Louis III , depuis roi Louis XIII.
1638. Louis IV , depuis roi Louis XIV.
1661. Louis V , dauphin de Viennois.
1711. Louis VI , dauphin, duc de Bourgogne.
1712. Louis VII , dauphin, duc de Bretagne.
1712. Louis VIII , dauphin, duc d'Anjou, depuis roi Louis XV.
1729. Louis IX , père de Louis XVI.

## DYNASTIES D'EGYPTE.

| Ans av. J. C. | | DURÉE |
|---|---|---|
| 2007. | 16. Dynasties de Thébéens. | 190 ans. |
| 1817. | 17. Des Pasteurs. | 103 |
| 1714. | 10. Des Diospolitains. | 348 |
| 1366. | 19. | 194 |
| 1172. | 20. | 177 |
| 995. | 21. | 130 |
| 865. | 22. | 49 |
| 816. | 23. | 44 |
| 772. | 24. | 44 |
| 728. | 25. | 44 |
| 684. | 26. | 159 |

Total de la durée    1482 ans.

*Suite des rois d'Egypte, felon Eusèbe.*

### ROIS D'ÉGYPTE.

| Ans av. J. C. | | DURÉE |
|---|---|---|
| 2007. | Thébéens. | 190 ans. |
| 1817. | Pasteurs. | 113 |
| 1714. | Diospolitains. | 348 |
| 1714. | Amasis. | 24 |
| 1690. | Chebron. | 13 |
| 1677. | Aménophis I. | 21 |
| 1656. | Méphres. | 12 |
| 1644. | Néphramuthosis. | 26 |
| 1618. | Thmosis. | 9 |

| Ans av. J. C. | | DURÉE |
|---|---|---|
| 1609. | Aménophis II. | 18 ans. |
| 1592. | Orus. | 52 |
| 1540. | Acenchrès. | 12 |
| 1528. | Acoris. | 9 |
| 1519. | Cenchrès. | 16 |
| 1503. | Acencherès. | 8 |
| 1495. | Acencherès, | 15 |
| 1480. | Danaüs. | 5 |
| 1475. | Egyptus. | 68 |
| 1407. | Aménophis III. | 40 |
| 1367. | Zéthus. | 55 |
| 1312. | Rampsès. | 66 |
| 1246. | Aménophis IV. | 40 |
| 1206. | Ammenephté. | 26 |
| 1180. | Thuoris. | 13 |
| 1172. | 27 dynasties. | 177 |
| 995. | Smédes. | 26 |
| 969. | Pfupfufennes. | 44 |
| 928. | Nepercherès. | 4 |
| 924. | Aménophis V. | 9 |
| 915. | Ofochoris. | 6 |
| 909. | Spinaces. | 9 |
| 900. | Pfufennes. | 35 |
| 865. | Sefonchis. | 21 |
| 844. | Oforchon. | 15 |
| 821. | Tachelofis. | 13 |
| 816. | Petubates. | 25 |
| 791. | Oforchon. | 9 |
| 782. | Pfammus. | 10 |
| 772. | Bocchoris. | 44 |
| 728. | Sabacon. | 12 |
| 716. | Sevecus. | 12 |
| 704. | Taracus Æthiops. | 21 |
| 684. | Merrhès Æthiops. | 12 |
| 672. | Stéphanites. | 7 |
| 665. | Néchapfos. | 6 |
| 659. | Pfammeticus. | 44 |
| 615. | Nechao. | 6 |
| 609. | Pfammus. | 12 |
| 597. | Waphres. | 30 |
| 567. | Anamafis. | 42 |

## PERSE.

| | | |
|---|---|---|
| 526. | Cambyfe. | 196 |
| | Et fes fuccefleurs. | |
| 330. | Alexandre-le-Grand. | 6 |
| 324. | Les Ptolémées. | 380 |

Totalité de la durée des règnes   1683 ans.

*Table chronologique des rois d'Egypte, felon Ufferius.*

La domination des Egyptiens dura 1663 ans, & nous trouvons cet intervalle depuis cette année, où cet Empire fut fondé par Mefraïm, fils de Cham, jufqu'au tems où il fut fubjugué par Cambyfe, roi de Perfe.

| Ans av. J. C. | ROIS. | DURÉE. |
|---|---|---|
| 2188. | Mefraïm, intervalle. | 104 ans. |

*Deuxième dynaſtie des Paſteurs arabes.*

Les Paſteurs arabes s'établiſſent à Tanis, forment la deuxième dynaſtie des Tanites, & règnent ſur la Baſſe-Egypte.

| | | |
|---|---|---|
| 2084. | Salatis. | 19 ans. |
| 2065. | Baon. | 44 a. |
| 2021. | Apachnas. | 36 a. 7 m. |
| 1984. | Apophais. | 1 a. |
| 1983. | Jianias. | 50 a. 1 m. |
| 1873. | Affis. | 2 m. |

*Cinquième dynaſtie des Dioſpolites.*

Thetmoſis, fils d'Atis, Phrag Muthoſis, roi de la Thébaïde ou Haute-Egypte, qui avoit chaſſé les Paſteurs arabes, règne ſur la Baſſe-Egypte.

| Ans av. J. C. | ROIS. | DURÉE. |
|---|---|---|
| 1825. | Tethmoſis ou Amaſis. | 25 a. 4 m. |
| 1799. | Chebron. | 12 a. |
| 1786. | Aménophis. | 20 a. 7 m. |
| 1765. | Amessis, sœur d'Aménophis. | 21 a. 7 m. |
| 1743. | Méprès. | 12 a. 9 m. |
| 1731. | Méphra Muthoſis. | 25 a. 10 m. |
| 1705. | Thmoſis. | 9 a. 8 m. |
| 1695. | Aménophis. | 30 a. 10 m. |
| 1664. | Orus. | 36 a. 5 m. |
| 1628. | Acencherès, fille d'Orus, | 12 a. 1 m. |
| 1616. | Bathoſis, frère d'Acencherès. | 9 a. |
| | Acencherès I. | 12 a. 5 m. |
| 1594. | Acencherès II. | 4 a. 3 m. |
| 1582. | Armais. | 4 a. 1 m. |
| 1578. | Rameſès. | 1 a. 4 m. |
| 1577. | Rameſès Miamum. | 66 a. 2 m. |
| 1510. | Aménophis III ou Bélus. | 19 a. 6 m. |
| 1491. | Séthoſis & Armaïs enſemble. | 9 ans. |

*Sixième dynaſtie des Dioſpolites.*

Séthoſis ou Ægyptus chaſſe ſon frère Armis ou Danaüs, qui s'empara d'Argos dans la Grèce.

| | | |
|---|---|---|
| 1482. | Séthoſis ſeul. | 59 ans. |
| 1422. | Rhampſès. | 66 |
| 1357. | Amenephètes. | 40 |
| 1337. | Rameſès. | 60 |
| 1267. | Ammenemès. | 22 |
| 1268. | Thuoris. | 7 |

*Septième dynaſtie des Dioſpolites.*

| | | |
|---|---|---|
| 1269. | Nechefos. | 19 ans. |
| 1250. | Pſammutis. | |
| | Inconnu. | |
| | Gerros. | |

| Ans av. J. C. | ROIS. | DURÉE. |
|---|---|---|
| | Rhampſis. | |
| | Amenſes. | |
| | Ochyras. | 159 ans. |
| | Amèdes. | |
| | Thuoris. | |
| 1184. | Priſe de Troye, Athoris. | |
| | Cencerès. | |
| | Venèphes. | |

*Dynaſtie des Tanites ou princes de Tanis.*

| | | |
|---|---|---|
| 1091. | Smerdes. | 27 ans. |
| 1064. | Pſuſennes I, Pharaon, beau-père de Salomon. | 51 |
| 1013. | Neperchetoès. | 4 |
| 1009. | Aménophis III. | 9 |
| 1000. | Oſochoris. | 6 |
| 994. | Spinacès. | 9 |
| 985. | Pſuſennes II. | 7 |

*Dynaſtie des princes des Bubaſtes, qui chaſſent les Tanites.*

| | | |
|---|---|---|
| 978. | Sefonchis ou Seſac. | 21 ans. |
| 955. | Oſorchon I. | |
| | Tachelofis. | |
| | Inconnu. | |
| | Inconnu. | |
| | Inconnu. | 96 ans. |
| | Inconnu. | |
| | Inconnu. | |
| | Inconnu. | |

*Dynaſtie des Tanites, qui ſe rétabliſſent.*

| | | |
|---|---|---|
| 858. | Pérubares. | 40 ans. |
| 818. | Oſorchon II. | 8 |
| 810. | Pſammus. | 10 |
| 800. | Zet. | 29 |

*Dynaſtie des Saïtes.*

| | | |
|---|---|---|
| 771. | Bocchoris. | 44 ans. |

*Dynaſtie des Ethiopiens, commencée par Sabacon, qui s'empare de la Baſſe-Egypte, après avoir fait brûler Bocchoris vif.*

| | | |
|---|---|---|
| 727. | Sabacon. | 18 ans. |
| 719. | Sevecus. | 14 |
| 705. | Taracus. | 18 |
| 687. | Anarchie de deux ans. | 2 |
| 685. | Gouvernement de douze perſonnes pendant quinze ans. | 15 |

*Dynaſtie des Saïtes, qui remontent ſur le trône.*

| | | |
|---|---|---|
| 670. | Pſammitichus. | 54 ans. |
| 616. | Nécos. | 16 |
| 600. | Pſammis. | 6 |
| 594. | Apriès. | 25 |
| 569. | Amaſis. | 44 ans. |
| 525. | Pſammenitus. | 6 m. |

## Dynaſtie des Perſes.

Cambyſe, roi des Perſes, fils du grand Cyrus, ſe rend maître de cet Empire, & y régne 3 ans.

| Ans av. J. C. | ROIS. | DURÉE. |
|---|---|---|
| 525. | Cambyſe. | 3 ans. |
| 522. | *Les Mages.* | 1 |
| 521. | Darius, *fils d'Hyſtaſpes.* | 36 |
| 485. | Xercès. | 12 |
| 473. | Artaxercès *Longuemain.* | 48 |
| 425. | Xercès II, & enſuite Sogodianus. | |
| 424. | Darius *Ochus.* | |
| 423. | Darius *Nothus.* | 19 |

La onzième année du règne de ce Prince, les Egyptiens ſecouèrent le joug des Perſes, & établirent leur domination à Sais ſous *Amyrthée*, qui régna 6 ans.

Après lui une autre dynaſtie ſe forma à Mendès.

| | | |
|---|---|---|
| | *Néphérites I.* | 18 |
| | *Achoris.* | 13 |
| | *Pſammutis* ou Pſammeticus. | 1 |
| | *Néphérites II.* | 4 m. |
| 361. | Artaxercès Mnémon. | |

Sous ſon règne, une dynaſtie de Princes égyptiens s'établit en Egypte. Elle fut appelée des Sebennites, parce qu'elle régna à Sebennite, ville du Delta.

| | | |
|---|---|---|
| | Nectanèbe I. | 12 ans. |
| | Tachos l'aſſaſſine. | 2 |
| | Nectanèbe II, chaſſé par Ochus. | 11 |
| 361. | Artaxercès Ochus. | 23 |
| 338. | Arſès. | 3 |
| 336. | Darius Codomanus. | 6 |

Alexandre-le-Grand s'empare de l'Egypte.

| | | |
|---|---|---|
| 330. | Alexandre. | 7 |

Après la mort d'Alexandre, Ptolémée, fils de Lagus, règne ſur l'Egypte.

| | | |
|---|---|---|
| 323. | Ptolémée *Soter.* | 40 a. |
| 283. | Ptolémée *Philadelphe.* | 37 a. 8 m. |
| 246. | Ptolémée *Evergètes.* | 25 a. |
| 221. | Ptolémée *Philopator.* | 17 |
| 204. | Ptolémée *Epiphanes.* | 24 |
| 180. | Ptolémée *Philometor.* | 35 ans moins 3 mois. |
| 145. | Ptolémée *Phyſcon* ou *Evergètes II.* | 29 |
| 117. | Ptolémée *Lathurus*, chaſſé. | 17 ans moins quelques mois. |
| 101. | Ptolémée Alexandre ſon frère. | 10 |
| 91. | Ptolémée *Lathurus*, rétabli. | 8 |
| 81. | Cléopâtre I, *ſeule.* | 6 m. |
| 80. | Ptolémée *Alexandre II*, chaſſé. | 15 ans. |
| 65. | Ptolémée *Auletes.* | |
| 51. | Ptolémée Dionyſius & Cléopâtre. | 4 ans. |
| 57. | Cléopâtre II, *ſeule.* | |

Après la mort de Cléopâtre, les Romains s'emparent de l'Egypte, qu'ils réduiſent en province.

## Succeſſion chronologique des rois des Latins, juſqu'à la fondation de Rome.

| Ans av. J. C. | ROIS. | DURÉE. |
|---|---|---|
| 1297. | Picus, fils de Saturne. | 37 ans. |
| 1260. | Faune. | 44 |
| 1216. | Latinus I. | 46 |
| 1180. | Enée. | 4 |
| 1166. | Aſcanius. | 38 |
| 1128. | Sylvius. | 30 |
| 1098. | Enéas Sylvius. | 31 |
| 1067. | Latinus II. | 51 |
| 1016. | Alba Sylvius. | 39 |
| 977. | Capetus I. | 26 |
| 951. | Capys. | 28 |
| 923. | Capetus II. | 13 |
| 910. | Tyberinus. | 8 |
| 902. | Agrippa Sylvius. | 41 |
| 861. | Allade ou Aremulus Sylvius, ſurnommé *le Sacrilége.* | 19 |
| 842. | Aventinus Sylvius. | 37 |
| 805. | Procas. | 23 |
| 782. | Amulius chaſſe Numitor. | 28 |

754. Numitor fut rétabli ſur le trône par ſon petit-fils Romulus, qui bâtit l'année ſuivante la ville de Rome (753 ans avant J. C.)

## Succeſſion chronologique des ſeigneurs & ducs de Milan.

Luitprand nomme quelques comtes de Milan, depuis le dixième ſiècle ; ſavoir :

Alboin.
Megenfroi.
Hugues.
Lothaire.

Ces quatre étoient de la même famille. On compte après eux :

Hubert.
Adelbert.
Obizon.
Atton, comte d'Angleria.
Faccius.
Hildebrand Viſconti, en 1056.

On prétend que celui-ci défit un Prince ſarraſin, nommé Volux, & qu'il lui arracha un héaume, ſur lequel on voyoit en ciſelure un ſerpent qui dévoroit un enfant ; ce qui fut l'origine des armes de Milan, que les ſucceſſeurs d'Hildebrand portèrent depuis ; & on met enſuite :

Othon.
André, en 1100.
Galvain, en 1145.
Hubertin, vicaire impérial en 1182.
Jacques Viſconti.
Othon, archevêque, puis ſeigneur de Milan, en 1277.
Thibaut, frère d'Othon.

Ce Thibaut, tué par la famille des Turiani, oppoſée à celle des Viſconti, fut père de Mathieu, dit *le Grand*, qu'Arnoul, roi des Romains, établit vicaire impérial l'an 1294. Depuis, en 1313,

ceux de Milan le choifirent pour être recteur-gé-
néral & feigneur de leur Etat. C'eft par lui que
commence la chronologie certaine des feigneurs
de Milan.

| | |
|---|---|
| Mathieu-le-Grand, | 1321. |
| Galéas Vifconti, | 1328. |
| Azzo ou Accius, | 1339. |
| Luchin, | 1349. |
| Jean, archevêque de Milan, | 1354. |
| Mathieu II, | 1356. |
| Galéas II, | 1378. |
| Barnabon, | 1384. |
| Jean-Galéas I, | 1402. |
| Jean-Marie, affaffiné, | 1411. |
| Philippe-Marie, | 1447. |

*Les Princes de la Maifon d'Orléans en concurrence
avec les Sforces.*

| | |
|---|---|
| François Sforce, | 1466. |
| Galéas-Marie Sforce, affaffiné en | 1476. |
| Jean-Galéas II, | 1494. |

Ludovic Sforce, dit *le More*, fut pris par le roi
Louis XII en 1508.
Le roi Louis XII, 1515.
Maximilien, fils de Ludovic, fut rétabli à Milan,
d'où le roi François I<sup>er</sup>. le chaffa.
Le roi François I<sup>er</sup>.
François Sforce, fecond fils de Ludovic, rentra
dans le duché de Milan l'an 1522, & après
l'avoir fouvent perdu & recouvré, il mourut
fans enfans l'an 1535.
Charles-Quint, empereur, fe rendit alors maître
de Milan, qu'il laiffa à fes fucceffeurs.

*Suite chronologique des rois de Norwège.*

Harald I, roi en 868, meurt en 931.
détrôné dès 929.
Eric I, 936.
Haquin I, 961.
Harald II, 976.
Haquin II, 996.
Olaüs I, 1000.
Suénon I, roi de Danemarck, ufurpateur, pof-
fède jufqu'à fa mort en 1015.
Olaüs II, prince des Norwégiens, mort en 1030.
Suénon II, roi de Danemarck, auffi ufurpateur,
eft chaffé en 1034.
Magne I, fils d'Olaüs II, depuis roi de Dane-
marck, meurt en 1048.
Harald III, 1067.
Magne II, 1069.
Olaüs III, 1093.
Magne III, 1103.
Often I, 1123.
Sivard I, affocié dès 1103, 1131.
Olaüs IV, auffi affocié en 1103, étoit mort dès
1117.

Magne IV, dépouillé en 1136.
Harald IV, affocié dès 1131, & enfuite feul,
meurt en 1137.
Sivard II, 1155.
Ingon I, affocié dès 1137, 1162.
Often II, auffi affocié en 1137, étoit mort en 1157.
Magne V, meurt en 1178.
Swer, 1202.
Haquin III, 1204.
Ingon II, 1217.
Haquin IV, 1262.
Magne VI, 1281.
Eric II, 1299.
Haquin V, 1319.
Magne VII, depuis roi de Suède, meurt en 1374.
détrôné dès 1344.
Haquin VI, depuis marié à Marguerite, héritière
de Danemarck, 1380.
Olaüs V, fils unique d'Haquin VI & de Margue-
rite, déjà roi de Danemarck, & VI dans ce
dernier royaume, meurt fans poftérité en 1387.
Après fa mort, le royaume de Norvège retourna
à Marguerite de Valdemar fa mère, qui le réunit
à celui de Danemarck, & y joignit encore, par
droit de conquête, la couronne de Suède.

*Succeffion chronologique des anciens Electeurs de Saxe.*

Le premier électeur fe nommoit:
Bernard, duc d'Angrie; il mourut en 988. Son
fils lui fuccéda.
Bernard II mourut l'an 1003, ayant fon fils pour
fucceffeur.
Ortolphe mourut l'an 1070.
Magnus mourut l'an 1106.
Lothaire, comte de Querfourt, fut nommé
Empereur en 1125, & donna fon électorat à
Henri-le-Superbe fon gendre. Il mourut en 1137.
Henri-le-Superbe, Guelphe, ayant époufé la fille
unique de Lothaire, fut fon fucceffeur, & mourut
l'an 1136. Son fils lui fuccéda.
Henri-le-Lion mourut l'an 1195.
Bernard, fils puîné d'Albert-l'Ours, comte
d'Afcanie, fut fait électeur de Saxe, l'an 1180,
par l'empereur Frédéric Barberouffe, lequel avoit
dépouillé Henri-le-Lion de l'électorat. Ce Bernard
mourut l'an 1212, laiffant de fon mariage avec
Juthe, fille de Canut, roi de Danemarck, Albert
qui fuit, & Henri-*le-Vieux*, tige des princes
d'Anhalt.
Albert mourut l'an 1260. Il eut d'Hélène, fille
de l'empereur Othon IV, Albert qui fuit, & Jean,
tige de Saxe Lawembourg.
Albert II ceffa de vivre en 1311, ayant eu
d'Agnès, fille de l'Empereur, Rodolphe de Haf-
bourg.
Rodolphe mort en 1356, laiffant de fon mariage
avec Judith de Brandebourg, fille du marquis
Othon, furnommé *le Long*, Rodolphe qui fuit,
& de fon fecond mariage avec Cunégonde de Pologne, Venceflas.

Rodolphe II mourut fans enfans mâles en 1379. Venceſlas mourut en 1383, ayant eu de Cécile, fille du marquis François de Carrare, Rodolphe & Albert.

Rodolphe III mourut fans enfans en 1418.

Albert III mourut auſſi fans poſtérité en 1422.

Tous ces ducs & électeurs étoient de l'ancienne famille de Saxe, de laquelle ſont auſſi deſcendus les ducs de Saxe Lawembourg & les princes d'Anhalt.

*Suite des Electeurs de Saxe, que l'on nomme Saxe moderne.*

Après la mort d'Albert III, l'empereur Sigiſmond priva de la ſucceſſion de cet Albert les ducs de Saxe Lawembourg, qui y avoient plus de droit que les autres, mais qui n'avoient pas fait de diligences pour lui en demander l'inveſtiture. Il en inveſtit Frédéric-le-Belliqueux, landgrave de Thuringe & marquis de Miſnie, qui eſt le chef des électeurs modernes de Saxe.

Il eut pour ſucceſſeur ſon fils Frédéric, dit *le Pacifique*, électeur & duc de Saxe, mort en 1464. De Marguerite, fille d'Erneſt, duc d'Autriche & ſœur de l'empereur Frédéric III, il eut Erneſt, tige de la branche erneſtine, & Albert-le-Courageux, tige de la branche albertine. La branche erneſtine étoit l'aînée. Elle produiſit d'abord quatre électeurs de Saxe ſucceſſifs, dont le ſecond, Frédéric-le-Sage, refuſa l'Empire, & le fit déférer à Charles-Quint, qui en témoigna mal ſa reconnoiſſance à Jean-Frédéric, dit *le Magnanime*, propre neveu paternel de Frédéric-le-Sage. Jean-Frédéric, à la vérité, s'étoit fait un des chefs de la ligue de Smalcalde contre l'Empereur, avoit été vaincu & fait priſonnier à la bataille de Mulberg. L'Empereur, après l'avoir long-tems menacé de la mort, le priva de ſon électorat en le transportant à la branche albertine dans la perſonne du prince Maurice, petit-fils d'Albert-le-Courageux. C'eſt cette branche albertine, branche cadette de la Maiſon de Saxe, qui eſt encore aujourd'hui la branche électorale de Saxe. Elle a produit depuis Charles-Quint, les électeurs ſuivans:

Maurice, né le 21 mars 1521, inveſti par Charles-Quint en 1547, mort le 11 juin 1553.

Auguſte, électeur de Saxe, dit *le Vieux*, frère puîné de Maurice, né le 31 juillet 1526, mort en 1586.

Chriſtian, premier du nom, fils d'Auguſte, né le 3 novembre 1560, mort le 25 ſeptembre 1591.

Chriſtian II, né le 23 ſeptembre 1558, fils de Chriſtian I, & petit-fils de Jean-Frédéric, dépouillé par Charles-Quint. Il mourut le 23 juin 1610.

Jean-Georges I, ſon frère & ſon ſucceſſeur, né le 5 mars 1585, mourut le 18 octobre 1656.

Jean-Georges, ſecond du nom, fils de Jean-Georges I & ſon ſucceſſeur, né le 31 mai 1613, mourut le 1 ſeptembre 1680.

Jean-Georges, troiſième du nom, fils de Jean-Georges II, mourut le 22 ſeptembre 1691.

Jean-Georges, quatrième du nom, fils de Jean-Georges III, électeur de Saxe comme les précédens, né le 17 octobre 1668, mourut à Dreſde de la petite vérole le 27 mai 1694. Il eut pour ſucceſſeur Frédéric-Auguſte ſon frère, roi de Pologne, grand-duc de Lithuanie, duc de Saxe, de Juliers, de Clève & de Mons, d'Angrie & de Weſtphalie; électeur & archi-maréchal du Saint-Empire-romain, landgrave de Thuringe, marquis de Miſnie & des deux Luſaces, comte de la Marck, de Ravensberg, ſeigneur de Raveſtein: c'eſt ce fameux roi de Pologne, Auguſte, détrôné par Charles XII, rétabli depuis par ſes amis & par la force des conjonctures; c'eſt le père de notre illuſtre comte de Saxe, la terreur des Anglais dans la guerre de 1741. Le roi de Pologne, Auguſte, mourut le 1 février 1733. Frédéric-Auguſte I ſon fils lui ſuccéda dans toutes ſes dignités. C'eſt le père de madame la Dauphine, mère du roi Louis XVI, &c.

*Liſte chronologique des Electeurs de Brandebourg.*

1. Frédéric, premier du nom, marquis & électeur de Brandebourg, mourut en 1440. Jean l'alchimiſte, l'aîné de ſes fils, céda l'électorat à ſes frères, & mourut en 1464. Frédéric II, l'aîné de ces frères, dit *aux dents de fer*, refuſa les couronnes de Bohême & de Pologne, ſoumit la Poméranie, &, ſe voyant ſans enfans, céda l'électorat à ſon frère Albert, puis mourut en 1469 ou le 10 février 1471:

2. Albert, ſurnommé *l'Ulyſſe*, *l'Achille* & *le Renard* d'Allemagne, mourut le 11 mars 1486.

3. Jean, électeur de Brandebourg, ſurnommé *le Grand* & *le Cicéron germanique*, mourut le 9 janvier 1499, étant devenu, à quarante-quatre ans, par un excès d'embonpoint, abſolument incapable de vaquer à aucune affaire.

4. Joachim, premier du nom, électeur de Brandebourg, fut un Prince ſavant; il fonda l'univerſité de Francfort-ſur-l'Oder. Il mourut le 11 juillet 1535.

5. Joachim, ſecond du nom, électeur de Brandebourg, ſuivit la religion de ſa mère, Eliſabeth, fille de Jean, roi de Danemarck, c'eſt-à-dire, la doctrine de Luther, qu'elle avoit adoptée. Il mourut, le 3 janvier 1571, empoiſonné, dit-on, par un médecin juif.

6. Jean-Georges, électeur de Brandebourg, mort le 8 janvier 1598.

7. Joachim-Frédéric, mort le 18 juillet 1608, électeur de Brandebourg & archevêque de Magdebourg.

8. Jean-Sigiſmond, électeur de Brandebourg, introduiſit le calviniſme dans ſes Etats vers l'an 1614. Il mourut le 23 décembre 1619.

9. Georges-Guillaume, électeur de Brandebourg, mourut le 21 novembre 1640.

10. Frédéric-Guillaume, électeur de Brandebourg, mourut le 29 avril 1688.

11. Frédéric III, électeur de Brandebourg, fut

le premier roi de Pruſſe ; il fut couronné & ſacré à Koniſberg en cette qualité le 18 janvier 1701, & mourut le 25 février 1713. Tous ſes ſucceſſeurs, qui ne ſont pas encore en grand nombre, ont été comme lui, à la fois électeurs de Brandébourg & rois de Pruſſe.

Les rois de Bohême ſont auſſi électeurs de Bohême, mais avec cette différence que le royaume & l'électorat de Bohême ne font qu'un, au lieu que les Etats qui compoſent le royaume de Pruſſe, ont leur capitale particulière, & ſont différens des Etats qui compoſent l'électorat de Brandébourg.

Maintenant, pour ſe former une idée juſte de la conſtitution de l'Empire, de ſes loix, de ſes forces, de l'autorité de ſon chef & de ſes membres, il faut jeter un coup-d'œil ſur les principales révolutions arrivées en Germanie depuis Charlemagne, juſqu'à la période autrichienne, & diviſer cet eſpace de tems en un certain nombre de périodes, à travers leſquelles on puiſſe ſuivre la naiſſance, les progrès & le développement du droit public d'Allemagne.

On diſtingue ſix de ces périodes : la carlovingienne, la ſaxone, la franconienne, celle de Suabe, celle de Hasbourg, Luxembourg & Bavière ( ces trois n'en font qu'une ), & enfin celle d'Autriche.

### 1°. *Période carlovingienne.*

Ce fut l'an 800 que Charlemagne, roi de France, ayant conquis la Germanie & l'Italie, renouvela l'Empire d'Occident, détruit en 476 ſous le jeune Auguſte, par Odoacre, roi des Hérules. Cette cérémonie ſe fit à Rome, où Charles paroiſſoit alors en vainqueur, en maître & en bienfaiteur : le peuple le proclama, le Pape le couronna, & Charles parut tenir de leur libéralité ce qu'il ne devoit qu'à ſes armes.

Le nouvel Empire put donc alors paroître compoſé de la France, de la Germanie, de l'Italie &, ſi l'on veut, d'une partie de l'Eſpagne, que Charles avoit enlevée aux Sarraſins : mais qu'eſt-ce que c'étoit que cet Empire ? Etoit-ce en effet l'Empire romain qui ſortoit de ſes ruines ? Il ſemble qu'en ce cas Charlemagne eût dû fixer ſon ſéjour à Rome, & que la France & la Germanie devoient n'être que des provinces de cet Empire. Etoit-ce l'Empire des Français étendu par conquête, à la Germanie & à l'Italie ? Les Romains ne l'entendoient pas ainſi : cette idée étoit pourtant aſſez naturelle, puiſque la France étoit la patrie & le patrimoine de Charlemagne. Etoit-ce enfin un Empire abſolument nouveau & inconnu juſqu'alors qui s'établiſſoit en Germanie, qui embraſſoit comme ſa principale province cette même Italie, autrefois le centre de l'Empire, & qui s'uniſſoit comme égal & comme frère à la monarchie françaiſe, aux armes de laquelle il devoit ſa naiſſance ? Cette idée, qui n'étoit vraiſemblablement ni celle de

Charlemagne ni celle des Romains, fut cependant celle qui prévalut dans la ſuite à la faveur des conjonctures : Charlemagne n'y contribua pas peu en fixant ſon ſéjour à Aix-la-Chapelle, qu'il avoit fait bâtir avec beaucoup de magnificence, pour être plus au centre de ſes Etats, & donner la main à la France & à l'Allemagne.

Ses enfans firent de ſes Etats divers partages, qui attachèrent le titre d'Empereur, tantôt à la poſſeſſion de l'Italie, tantôt à celle des deux Frances, orientale & occidentale. La France orientale étoit la Germanie, ou du moins cette partie de la Germanie connue aujourd'hui ſous le nom de *Franconie*. Louis-le-Débonnaire, qui réuniſſoit toute la ſucceſſion de Charlemagne, à la réſerve de l'Italie, étoit Empereur ; Louis II ſon petit-fils le fut auſſi, quoiqu'il ne poſſédât que l'Italie ; *Louis-le-Germanique*, ainſi nommé parce que la Germanie fut ſon lot, n'eut jamais le titre d'Empereur ; mais le traité de Verdun, ſelon les uns, de Thionville, ſelon les autres, qui en 843 lui aſſigna la Germanie, détachée de l'Italie & de la France occidentale, ou France proprement dite, eſt la première époque du droit public de l'Allemagne.

A travers tous les troubles qui intervertiſſent l'ordre des ſucceſſions dans la race carlovingienne, on apperçoit que la dignité impériale étoit d'abord héréditaire, puiſque les Princes carlovingiens en diſpoſoient entr'eux par des traités de partage, ſans conſulter les peuples ; mais vers l'an 875 Charles-le-Chauve, ayant enlevé l'Italie à Carloman ſon neveu, ſe fit élire Empereur par les Italiens aſſemblés à Pavie, & couronner par le pape Jean VIII en 880. L'Empire étant vacant, le même pape Jean VIII convoque une aſſemblée des Etats d'Italie pour élire un nouvel Empereur, & dans la formule de convocation il déclare que c'eſt à lui & aux Etats qu'appartient le droit de conférer la dignité impériale ; manière très-commode d'acquérir des droits en ſe les donnant. Ils nommèrent Charles *le-Gros*, un des fils de Louis-le-Germanique. Ce Prince, après avoir réuni la France, la Germanie & l'Italie, fut dépoſé en 887 par les Etats de ces trois royaumes. Depuis cette dépoſition, l'on ne voit plus qu'un chaos de violences, d'uſurpations, d'élections forcées & tumultueuſes, dont il ne réſulte aucun droit certain. On ne ſait ni quel eſt le ſiége de l'Empire, ni quelle eſt ſa conſtitution : on voit ſeulement la Maiſon carlovingienne, avilie & affoiblie par ſes diviſions, laiſſer tomber de ſes mains tous les ſceptres que la valeur de Charlemagne avoit accumulés : on voit la puiſſance uſurpée des ſeigneurs s'élever peu à peu pendant toute cette période ſur les ruines de l'autorité monarchique ; &, pour ne point ſortir de la Germanie, on avoit vu, dès l'an 860, Louis-le-Germanique s'engager par une loi fondamentale à ne rien faire dans ſon royaume que de concert avec les Etats.

L'Empire romain avoit été détruit en Occident

fous un enfant ; ce fut auffi par un enfant que finit la dynaftie carlovingienne en Germanie.

## 2°. Période faxone.

La mort de Louis IV (c'étoit cet enfant), arrivée en 911, donna lieu à une tranflation de fouveraineté, mémorable dans l'hiftoire d'Allemagne. Des trois branches qu'avoient formées les enfans de Louis-le-Débonnaire, il ne reftoit que celle de Charles - le - Chauve, dont le chef étoit alors Charles - le - Simple, Prince foible & méprifé, que les Germains dédaignèrent de prendre pour Roi : ils voulurent en choifir un de leur nation ; ils offrirent leur couronne à Othon-le-Grand, duc de Saxe, qui eut la générofité de la refufer : il propofa Conrad, comte de Franconie, qui, par reconnoiffance, recommanda, en mourant, aux Etats d'Allemagne de lui donner pour fucceffeur, Henri, duc de Saxe, fils d'Othon : c'eft ce Henri qui fut nommé l'Oifeleur, parce que les députés qui vinrent lui annoncer fon élection, le trouvèrent occupé à la chaffe des oifeaux. C'eft à lui proprement que commence la période faxone, qui comprend un peu plus d'un fiècle : où la fait cependant commencer à Conrad. Depuis ce tems la couronne germanique ou impériale n'a point ceffé d'être élective.

Cette révolution fut favorable à la puiffance des Etats de l'Empire. Maîtres de difpofer de la couronne, ils firent leurs conditions ; ils fe ftipulèrent des droits & des priviléges exceffifs ; ils obfervoient cependant affez religieufement de ne point porter la couronne dans une Maifon étrangère tant qu'il y avoit des rejetons de la Maifon régnante, & c'eft ce qui donne la facilité de diftinguer par dynafties les diverfes périodes de l'Empire ; mais ils ne s'engagoient à rien fur cet article, toujours prêts à prendre le parti qui affureroit le mieux leur élévation & leur indépendance : toutes leurs démarches tendoient à ce but.

Tandis que les Empereurs faxons étoient réduits par les États à la feule préfidence d'une affemblée de fouverains, ils faifoient trembler leurs voifins. Othon I foumettoit l'Italie : un concile tenu à Rome en 964 réuniffoit le royaume d'Italie au royaume d'Allemagne, établiffoit d'une manière éclatante la fouveraineté des Empereurs fur les Papes, accordoit à perpétuité à Othon & à tous fes fucceffeurs le droit de nommer au Saint-Siége, ainfi qu'à tous les archevêchés & évêchés de leurs royaumes.

## 3°. Période franconienne.

L'empereur Henri II étant mort fans enfans en 1024, l'Empire fut porté dans la Maifon de Franconie, où il refta pendant un fiècle. La période précédente avoit vu l'élévation des Princes féculiers : celle-ci vit l'agrandiffement du clergé. Cet agrandiffement fut l'ouvrage de la politique autant que de la piété des Empereurs ; mais ni leur piété ni leur politique ne furent affez éclairées. Défefpérant d'abaiffer par eux-mêmes la puiffance des ducs & des comtes, ils crurent devoir lui donner pour contre-poids la puiffance des évêques : ils conférèrent à ceux-ci des duchés & des comtés, avec la même autorité que les Princes féculiers y exerçoient ; mais voulant retenir toujours l'Eglife dans la dépendance, ils établirent des avoués pour gouverner conjointement avec les prélats : ces avoués, ainfi que les prélats, étoient à la nomination des Empereurs. Dans la fuite les évêques ayant paru moins fenfibles aux bienfaits dont les Empereurs les avoient comblés, qu'à la contrainte que les avoués leur impofoient, les Empereurs pouffèrent leur pieufe imprudence jufqu'à réunir les avoueries aux églifes mêmes, jufqu'à prodiguer aux évêchés & aux abbayes les plus beaux droits régaliens. Les évêques, devenus puiffans, furent ingrats ; ils voulurent rendre la fucceffion dans leurs fiéges, indépendante des Empereurs. Les ducs qui avoient pénétré le motif qu'avoient eu les Empereurs en enrichiffant le clergé, fe joignirent à lui dès qu'il voulut fecouer le joug des Empereurs. Les Papes, qui vouloient détruire le pouvoir des Empereurs en Italie, appuyèrent la ligue des Princes & des évêques. Grégoire VII envenime & augmente ces divifions ; il foutient l'indépendance du Saint-Siége ; il s'érige en juge & en maitre des Empereurs ; il défend à Henri IV de nommer aux évêchés, & d'inveftir les évêques par la croffe & l'anneau ; il excommunie l'Empereur : il eft dépofé par lui ; il le dépofe à fon tour ; il l'oblige de venir à fes pieds fubir une pénitence rigoureufe, infâmante, & demander un pardon payé par les facrifices les plus honteux. Henri IV veut fe venger, mais trop tard : il affiège le Pape dans le château Saint-Ange ; il crée des anti-papes ; il remplit l'Italie de troubles par repréfailles ; mais il ne peut calmer ceux de l'Empire. Rome & les évêques d'Allemagne lui difputèrent toujours, ainfi qu'à fon fils, le droit de nommer aux évêchés & aux abbayes. La fin de cette grande quérelle fut une renonciation folennelle faite par Henri V, en 1122, à ce droit de nomination, & l'affranchiffement abfolu des terres du Saint-Siége.

Ainfi les mefures prifes par les Empereurs pour le rétabliffement de leur puiffance en Allemagne & pour le maintien de leur puiffance en Italie, tournèrent contr'eux. C'étoit en vain que Henri III, plein de ce dernier objet, avoit cru le remplir en plaçant fur le Saint-Siége des prélats allemands : cette préférence accordée aux Tranfalpins n'avoit fervi qu'à foulever contre les Empereurs le clergé d'Italie, & qu'à le faire entrer avec plus de zèle dans les vues de Grégoire VII. Ce fut vainement encore que les Empereurs crurent acquérir des alliés utiles dans l'Italie, en permettant aux Normands de chaffer les Sarrafins de la Sicile, de la Pouille & de la Calabre. Les Normands, plus

dangereux

dangereux pour l'Empire que les Sarrafins, ayant élevé fur la ruine de ceux-ci un Etat libre & prefqu'indépendant, crurent qu'il étoit de leur intérêt de s'unir avec les Papes, trop foibles alors pour leur nuire, contre les Empereurs, dont la puiffance étoit alors la feule qu'ils euffent à craindre. Cette union rendit les Papes plus entreprenans, parce qu'ils voyoient à leur porte des défenfeurs & un afyle ouvert contre la vengeance des Empereurs.

La période franconienne finit par un Empereur faxon, comme la période faxone avoit commencé par un Empereur franconien.

### 4°. Période de Souabe.

La période de Souabe ( en joignant aux Empereurs de cette Maifon un Empereur franconien qui commence cette période, & deux Empereurs étrangers qui la terminent ) s'étend depuis 1138 jufqu'en 1271. Elle vit continuer & redoubler les querelles du facerdoce & de l'Empire, & naître de leur fein les fureurs des Gibelins & des Guelphes. Les Empereurs, toujours trop occupés au dehors, perdent toujours de leur autorité au dedans. Le fyftème d'élever les évêques pour abaiffer les ducs, ayant mal réuffi, donnoit aux Empereurs deux ennemis, les évêques & les ducs, à abaiffer. Pour y parvenir ils tentèrent un moyen qui réuffiffoit en France : ce fut d'exempter les villes de l'autorité des ducs & des évêques. Ils créèrent auffi au milieu des duchés quelques principautés féculières qui ne dépendoient que d'eux ; ils firent divers démembremens des provinces trop vaftes. Tous ces coups d'autorité parurent foutenir la dignité impériale fous le règne de Frédéric I, dit Barberouffe ; mais ce qui donna le plus d'éclat à ce règne, c'eft que Frédéric étoit un grand-homme. Frédéric II fon petit-fils eut auffi un règne illuftré, mais très-agité. Il parut vouloir transporter en Italie le fiége de l'Empire : les Papes en frémirent, & lui fufcitèrent mille obftacles. Il leur fait une guerre opiniâtre & inutile, à la faveur de laquelle les peuples d'Italie fe mettent infenfiblement en liberté. On y voit naître de toutes parts des petits Etats, & fe former des républiques nouvelles. On peut regarder ce règne comme le terme fatal de l'autorité impériale en Italie. La Maifon de Souabe tarda peu à s'éteindre, le royaume de Naples & de Sicile, qui appartenoit à cette Maifon comme héritière des Princes normands, fut transporté à la Maifon d'Anjou, qui eut à le difputer contre la Maifon d'Arragon.

Les troubles qui fuivirent la mort de Frédéric II, & un interregne de deux ans, qui précéda l'avénement de Rodolphe de Hasbourg, font comme le berceau du droit public germanique. Les Etats d'Allemagne achèvent de s'arroger les droits de fouveraineté qui leur manquoient, & d'envahir les domaines de la couronne. Tous les tributaires, tous les vaffaux fecouent le joug ; la dignité impé-

riale s'avilit de jour en jour, & fon autorité s'éclipfe entiérement. Il ne fe tenoit prefque point de diètes : les caufes des feigneurs ne fe jugeoient point ; ils fe faifoient juftice eux-mêmes : de là des guerres civiles, des brigandages, des ravages continuels. Ces défordres donnèrent lieu à divers établiffemens.

Les Etats conclurent en 1255, à Worms & à Mayence, une alliance perpétuelle pour le maintien de la paix publique, & pour l'abolition des nouveaux péages que mille tyrans établiffoient à main armée dans leurs terres. On nomma cette confédération la ligue du Rhin. L'empereur Guillaume la figna pour en être le chef. Les autres nobles, qui ne purent ou ne voulurent pas entrer dans cette affociation générale, en formèrent de particulières, nommées Ganerbinats. L'objet des Ganerbinats étoit de fortifier & de défendre à frais communs quelques châteaux pour arrêter les brigands ; & procurer la fûreté de certains cantons. Comme c'étoit le défaut de juftice qui avoit produit les violences qu'on vouloit réprimer, le préfident de chacune de ces ligues devoit juger toutes les caufes des confédérés.

Les villes commerçantes fuivirent l'exemple de la nobleffe ; elles s'unirent pour les intérêts de leur commerce, trop interrompu par les difcordes publiques ; elles formèrent la célèbre ligue hanféatique, ainfi nommée du vieux mot hanfa, communauté ou ligue. Cette ligue, accrue par le tems & par fes fuccès, embraffa bientôt jufqu'à quatre-vingts villes les plus riches & les plus puiffantes de l'Allemagne. Elles fe diftribuèrent en quatre claffes. Lubeck étoit à la tête de la première ( & de toute la ligue en général ), Cologne de la feconde, Brunfwick de la troifième, Dantzick de la quatrieme. Leur commerce s'étendit par toute l'Europe ; elles firent trembler la Suède & le Danemarck : leurs principaux comptoirs étoient à Londres, à Bruges, à Berghen en Norwège, à Novogorod.

Les tentatives des Empereurs pour reprendre quelques portions de l'autorité fouveraine étoient toujours malheureufes. Les villes qu'ils avoient affranchies du joug des feigneurs, pour leur en impofer un plus légitime & plus doux, n'eurent pas plus de reconnoiffance que n'en avoient eu les évêques. La liberté feule put les flatter : le degré de puiffance où elles parvinrent, leur donna même de plus hautes prétentions. Elles voulurent partager avec les Princes & les évêques le gouvernement général de l'Empire. Elles afpirèrent à la dignité d'Etats qu'il fallut bien leur accorder.

Cette période de Souabe vit le collège électoral fe former, & exclure les autres Princes de l'Empire des affemblées qui fe tenoient pour l'élection des Empereurs. Les grands-officiers de la couronne, non contens d'avoir rendu leurs offices héréditaires, d'avoir acquis la fouveraineté dans leurs domaines, & de partager l'autorité

M m m m

impériale, voulurent encore être distingués par des droits exclusifs. Dès le tems des Empereurs franconiens, ceux des ducs qui exerçoient les grandes charges de la couronne, jouissoient avec les trois primats de Mayence, de Cologne & de Trèves, d'un droit appelé *jus prataxandi*, ou droit de première élection, c'est-à-dire, qu'avant de conférer avec le corps entier des Etats sur le choix d'un Empereur, ils convenoient entr'eux de ce choix. Cette prérogative pouvoit être illusoire, puisque la délibération de leur assemblée particulière pouvoit être cassée à la diète générale; mais les conjonctures les servirent bien. Les guerres civiles, les brigandages publics ayant fait dégénérer en corvée le droit d'assister aux diètes, par la nécessité qu'ils imposoient de se faire escorter pour le moindre voyage, les seigneurs peu puissans s'accoutumèrent à regarder comme un privilége précieux la dispense de venir aux diètes; mais les grands-officiers, plus particuliérement obligés par le devoir de leurs charges, d'assister aux diètes, surtout aux diètes d'élection, flattés d'ailleurs d'y paroître avec l'appareil de la puissance, attirèrent insensiblement à eux seuls le droit d'élire l'Empereur. Les autres Etats ne furent exclus d'abord que par le fait sans aucune loi. L'empereur Richard n'eut pour électeurs, en 1256, parmi les ecclésiastiques, que l'archevêque de Mayence comme archi-chancelier d'Allemagne; l'archevêque de Cologne comme archichancelier d'Italie; l'archevêque de Trèves comme archi-chancelier du royaume d'Arles; & parmi les séculiers, que le roi de Bohême comme grand-échanson; le duc de Bavière, comte palatin, comme grand-sénéchal ou grand-juge de la couronne; le duc de Saxe comme grand-maréchal, & le margrave de Brandebourg comme grand-chambellan. Tels ont été depuis les sept électeurs. L'archevêque de Mayence, comme seul archi-chancelier de l'Empire, convoquoit les diètes électorales: à son défaut c'étoit le comte palatin, comme grand-juge de la couronne. L'élection se faisoit dès-lors à Francfort, le couronnement à Aix-la-Chapelle.

### 5°. *Période de Hasbourg, Luxembourg & Bavière.*

Cette période, qui s'étend depuis 1273 jusqu'en 1437, est mélée d'Empereurs de diverses Maisons, tous nommés par les seuls électeurs. La Maison de Hasbourg n'est autre, comme on sait, que la célèbre Maison d'Autriche; mais cette période ne comptant que deux Empereurs de la Maison de Hasbourg, qui même se succédèrent pas immédiatement, on ne les rapporte point à cette dynastie non interrompue d'Empereurs autrichiens qui ont occupé le trône depuis 1437 jusqu'à nos jours, & qui forment la sixième & dernière période.

Pendant la cinquième dont il s'agit ici, les électeurs continuèrent de se séparer des autres Etats, de former un collège particulier, auquel étoit réservée la nomination des Empereurs, & d'attirer à eux seuls la plupart des affaires. En 1338 les diètes de Rensées & de Francfort confirmèrent leurs prérogatives; mais c'est dans les diètes de Nuremberg & de Metz, tenues en 1356 par l'empereur Charles IV, de la Maison de Luxembourg, que ces prérogatives ont reçu leur plénitude par la fameuse bulle d'or, devenue une des lois fondamentales de l'Empire.

La bulle d'or, ainsi nommée, non pour l'excellence des réglemens qu'elle contient, mais à cause du sceau d'or en forme de petite bouteille, dont elle fut scellée, consiste en trente chapitres, dont les vingt-trois premiers ont été publiés dans la diète de Nuremberg, le 10 janvier 1356, & les sept autres dans la diète de Metz, le jour de Noël de la même année: nous n'en rapporterons que les principales dispositions, sans égard à l'ordre très-peu méthodique des articles.

1°. Elle fixe le nombre des électeurs à sept, *per quos velut septem canaelabra lucentia in unitate Spiritûs septiformis sacrum illuminari debet Imperium.*

(On ne se souvint pas de cette excellente raison lorsque, vers le milieu du dix-septième siècle, on créa un électorat dans la Maison palatine, & vers la fin du même siècle, un neuvième dans la Maison de Brunswick: on s'en est encore bien moins souvenu dans ces derniers tems, où il s'est fait tant de changemens, & dans la nature, & dans le nombre des électorats.)

2°. Elle assigne à chacun d'eux un des grands offices de la couronne, qu'elle attache à l'électorat.

3°. Elle règle le cérémonial de l'élection & du couronnement. L'élection doit se faire à Francfort, à la pluralité des voix, recueillies par l'archevêque de Mayence dans cet ordre: l'archevêque de Trèves, l'archevêque de Cologne, le roi de Bohême, le comte palatin du Rhin, le duc de Saxe, le marquis de Brandebourg. Le couronnement doit être fait à Aix-la-Chapelle par les mains de l'électeur de Cologne.

4°. Autrefois tous les Princes de Maison électorale prétendoient participer au droit d'élire les Empereurs: la bulle d'or borne ce droit à la personne des électeurs, règle leurs successions conformément au droit de primogéniture établi dans toutes les monarchies, & déclare les électorats indivisibles.

5°. La bulle d'or confirme aux électeurs tous les droits de la supériorité territoriale, déclare leur personne sacrée, punit comme criminels de lèze-majesté ceux qui auront attenté à leur vie, assure aux électeurs la prééminence sur tous les Princes de l'Empire.

6°. Elle établit deux vicaires de l'Empire, le duc de Saxe & le comte palatin, qui, pendant la vacance du trône impérial, exerceront chacun dans son district, presque tous les droits dont jouissent les Empereurs. Le vicariat de Saxe s'étend sur toutes les terres où le droit saxon est observé ; ce qui comprend la Westphalie, le Holstein, la Poméranie, le Brandebourg, la haute & basse Saxe, la Thuringe, la Misnie, la Lusace, la Moravie. Le vicariat palatin embrasse le haut & bas Rhin, la Franconie & la Souabe. Le duc de Saxe & le comte palatin jouissoient de ce droit de vicariat & d'administration de l'Empire pendant la vacance, avant la bulle d'or, qui confirme plutôt qu'elle ne confère ce droit.

Le reste ne fait que régler des cérémonies & des préséances.

Le ton qui règne dans ce décret, l'esprit qui semble en avoir dicté tous les articles, méritent quelqu'attention. Jamais despote asiatique n'eût une étiquette plus fière. L'Empereur fait tout de sa pleine puissance & autorité impériale ; il mande à tous les Etats de l'Empire ses volontés suprêmes ; il enjoint, il menace, il confirme, il abroge, il inflige des peines, il accorde des graces, il confère des titres & des droits, il dicte des loix à ses sujets ; & ses sujets sont des souverains : s'il élève les électeurs jusqu'à lui, c'est toujours en paroissant s'abaisser jusqu'à eux, c'est en leur tendant une main protectrice : leur grandeur & leur puissance semblent des dons de sa bonté généreuse. Si leur personne est sacrée, c'est, dit l'Empereur, parce qu'ils sont partie de notre corps, *nam & ipsi pars corporis nostri sunt.* S'il les appelle les bases solides & les colonnes immobiles du Saint-Empire, ils n'obtiennent ces qualifications glorieuses qu'à cause de l'honneur qu'ils ont d'exercer un office dans le palais de l'Empereur. Son autorité, moitié despotique, moitié paternelle, pousse ses attentions supérieures jusqu'à leur ordonner de faire apprendre à leurs fils le latin, l'italien & le sclavon.

C'est par une suite du même esprit qu'il s'attache à mettre un grand intervalle entre les électeurs & les autres Princes de l'Empire ; qu'il traite de conspirations les associations des villes ; qu'il les défend pour l'avenir sous des peines rigoureuses ; qu'il ne fait que tolérer celles qu'il trouve établies, & qu'il paroît se promettre de les détruire dans la suite.

On peut regarder la bulle d'or comme une tentative nouvelle pour relever l'autorité impériale, tentative pareille à celles que les Empereurs avoient faites plusieurs fois, tantôt en opposant le clergé aux Princes séculiers, tantôt en affranchissant les villes du pouvoir des Princes tant séculiers qu'ecclésiastiques. Charles IV tâchoit de concentrer toute l'autorité dans le corps électoral, espérant la retirer plus aisément des mains de sept Princes, que des charges particulières, réunies à leurs dignités, attachoient à sa personne, qu'il ne l'eût pu faire des mains d'une multitude de Princes & de

villes. Mais comment les Etats, si jaloux de leur liberté, purent-ils appuyer de leur consentement un diplôme où tout respiroit le despotisme ? C'est que ce diplôme ne leur enlevoit ni le droit d'assistance aux diètes, ni celui de souveraineté chez eux, & qu'après avoir dépouillé l'Empereur des prérogatives réelles de la royauté, ils ne lui envioient point la prérogative chimérique de parler en maître.

Les électeurs abuserent bientôt contre l'empereur Venceslas des droits que Charles IV son père leur avoit confirmés ; ils le déposerent en 1400. Ainsi la tentative d'élever les électeurs pour abaisser tous les autres Etats tourna encore au détriment de l'autorité impériale.

### 6°. *Période autrichienne.*

Enfin l'année 1437 vit la Maison d'Autriche remonter sur le trône impérial pour ne le plus quitter. L'empereur Maximilien, dans les diètes d'Ausbourg en 1500, & de Cologne en 1512, fit la fameuse division de l'empire germanique en dix cercles. Ces cercles sont ceux d'Autriche, de Bavière, de Souabe, de Franconie, de haute & basse Saxe, de Westphalie, du haut & bas Rhin, enfin celui de Bourgogne, qui comprend les Pays-Bas & la Franche-Comté. La politique de Maximilien fit comprendre ces Etats, quoiqu'étrangers à l'Allemagne, dans la division des cercles pour engager l'Empire à les protéger contre la France.

L'effet naturel de cette division de l'Allemagne en dix cercles fut de contenir plus aisément les Princes, dont les querelles auroient pu troubler la paix publique ; de mettre plus de correspondance dans le gouvernement des différentes contrées de l'Allemagne ; de faciliter le recouvrement des deniers publics ; de fixer avec plus de connoissance les contingens de chaque Etat. Et par cette raison-là même, la Bohême & la Prusse refuserent d'entrer dans aucun cercle, craignant qu'on ne leur imposât des taxes, dont elles avoient été jusqu'alors exemptes ; car tous les gouvernemens ont si bien fait, qu'ils ne peuvent plus rien faire qui n'excite la défiance.

On nomma pour directeurs des cercles les Princes les plus puissans de chaque cercle. On voit dans le cours de cette dernière période, comme dans les précédentes, les efforts contraires des Empereurs pour étendre leur autorité, & les Etats pour la borner. Sous la période autrichienne on imagina les capitulations qu'on faisoit signer aux Empereurs au moment de leur élection ; ce qui leur faisoit prendre l'engagement d'y conformer leur administration. Ces excessives précautions en faveur de la liberté n'empêchèrent pas Charles-Quint, Ferdinand II & Ferdinand III d'étaler le despotisme le plus rigoureux, & de devenir des tyrans fort redoutables quand la fortune les favorisa. L'autorité impériale a eu son flux & son reflux ;

mais les digues puissantes qu'on lui a opposées d'abord de loin en loin, ensuite de proche en proche, l'ont enfin resserrée dans le canal le plus étroit, d'où elle est quelquefois sortie par des irruptions effrayantes.

La période saxone a vu l'agrandissement des Princes séculiers ; la période franconienne, celui des prélats ; la période de Souabe, celui des villes ; la période de Hasbourg, Luxembourg & Bavière a mis le sceau à la prééminence des électeurs ; enfin la période autrichienne a introduit les capitulations, & donné naissance à divers établissemens & réglemens, où l'on ne perd jamais de vue le double objet, 1°. de fermer les plaies causées par l'anarchie, 2°. de borner & presque d'anéantir l'autorité impériale, qui se relève presque toujours.

Telle est ( autant qu'on peut rapporter la foule des événemens à des idées & à des époques précises ) la gradation par laquelle le corps germanique est parvenu à cette complication d'intérêts & de droits contraires, balancés, combattus, respectés cependant les uns par les autres, & qui forment cette constitution singulière, qu'aucun autre Etat peut-être ne pourroit supporter.

De même que, dans les fastes consulaires, les dictateurs se trouvoient marqués à leur époque, mais sans former une liste chronologique particulière, & tous isolés les uns des autres, de même, dans la liste des Papes, se trouvoient à leur époque & dans la même isolation les antipapes qui avoient troublé leur pontificat : nous allons donc faire ici pour les antipapes ce que nous avons fait après coup pour les dictateurs, c'est-à-dire, les rassembler dans un tableau chronologique qui leur soit particulier.

*Table chronologique des antipapes.*

On donne ce nom d'antipapes à ceux qui prétendoient se faire reconnoître pour souverains pontifes au préjudice d'un pape élu légitimement, & qui firent ainsi un schisme dans l'Eglise. Voici ceux que l'on met de ce nombre, depuis le troisième siècle jusqu'à présent.

1. Novatien, prêtre romain, séduit par Novat, prêtre de Carthage, qui étoit venu d'Afrique à Rome, s'éleva contre le pape Corneille, élu en 251, & joignit peu de temps après l'hérésie au schisme.

2. Ursicin s'opposa au pape Damase, créé en 367. Il fut chassé de Rome & relégué dans les Gaules.

3. Eulalius, animé par quelques prêtres & diacres séditieux, disputa le siège à Boniface I, élu en 418 ; mais il en fut chassé par le commandement de l'empereur Honorius.

4. Laurent, créé le même jour que le pape Symmaque, l'an 498, fit le schisme qui porta son nom. L'empereur Anastase, qui l'avoit fomenté par

l'entremise de Festus, sénateur romain, fut excommunié dans le concile tenu à Rome par cent quinze évêques, si l'on en croit l'auteur du pontificat de Damase.

5. Dioscore, diacre, élu contre le pape Boniface II, en 530, mourut peu de tems après son élection.

6. Pierre & Théodore, concurrens favorisés, l'un par le clergé, & l'autre par l'armée de Justinien II, Empereur, tinrent le siège pendant quelques jours, l'an 686 ; mais le clergé, le peuple & l'armée s'étant accordés en faveur de Conon, ils en furent chassés.

7. Théodore & Paschal, concurrens, furent exclus par l'élection canonique de Sergius, l'an 687.

8. Théophylacte s'éleva contre le pape Paul I, élu en 757 ; mais ce schisme ne dura que quelques mois.

9. Constantin, frère de Roton, duc de Nepi, entra dans l'église de Saint-Pierre à main armée, se fit ordonner & déclarer Pape après la mort de Paul I, arrivée l'an 767, & tint le siège treize mois.

10. Philippe, moine, fut aussi déclaré Pape par la faction de Waldipert, prêtre romain, l'an 768.

11. Zinzime s'opposa au pape Eugène II, élu en 824 ; mais il fut contraint de se retirer, ayant su que l'empereur Louis-le-Débonnaire avoit envoyé son fils Lothaire à Rome pour le réduire.

12. Anastase s'éleva contre Benoît III, créé l'an 855.

13. Sergius contre le pape Formose, élu en 891.

14. Boniface usurpa le siège après la mort du pape Formose, arrivée en 896 ; mais il en fut bientôt chassé par le pape Etienne VI ou VII, qui fut intrus par Aldebert-le-Riche, marquis de Toscane.

15. Léon disputa le siège à Jean XII & à Benoît V en 955 & en 964.

16. Grégoire fut élu contre le pape Benoît VIII, l'an 1012.

17. Sylvestre, dit III, & Jean, dit XX, que Benoît IX avoit eu pour ennemi, & à qui il abandonna le siège en le quittant lui-même volontairement, se désistèrent de leurs prétentions par l'entremise d'un prêtre nommé Gratien, & cédèrent à Grégoire VI, légitime Pape, l'an 1044.

18. Mincius, nommé Benoît, fut élu contre le pape Nicolas II, l'an 1059 ; mais il se déposa lui-même.

19. Cadaloüs, sous le nom d'Honorius II, déclaré Pape sans le consentement des cardinaux, & par la seule autorité de l'empereur Henri IV, s'éleva contre Alexandre II, élu en 1061, & tint le siège environ cinq ans.

20. Guibert de Ravenne, sous le nom de Clément III, fut élu par les schismatiques au concile

de Breffe, & s'oppofa au pape Grégoire VII, créé en 1073.

21. Thibaut, nommé Céleftin II par quelques cardinaux, renonça bientôt à fes prétentions, & céda le pontificat à Honorius II, l'an 1124.

22. Pierre, fils de Léon, romain, élu par quelques cardinaux, fe fit nommer Anaclet II, & tint le fiége contre le pape Innocent II, créé en 1130.

23. Octavien, élu par la faction de Pierre, fils de Léon, fe fit nommer Victor IV, & ufurpa le pontificat, qu'il occupa quatre ans, contre le pape Alexandre III, l'an 1159.

24. Pierre, religieux de l'Ordre de Saint-François, fous le nom de Nicolas V, fut élu à Rome pendant que le fiége étoit en France. Le pape Jean XXII, créé l'an 1316, le fit arrêter, & le tint prifonnier le refte de fes jours.

25. Robert commença le grand fchifme d'Occident fous le nom de Clément VII, l'an 1378, & tint le fiége à Avignon, contre le pape Urbain VI Boniface IX fon fucceffeur.

26. Pierre de Lima fut élu par ceux du parti de Clément VII, pour lui fuccéder l'an 1394, & prit le nom de Benoît XI, XII & XIII, felon d'autres. Il tint le fiége à Panifcola en Catalogne, près de trente ans, contre Boniface IX & fes fucceffeurs.

27. Gilles de Munion, efpagnol, chanoine de Barcelone, prit le nom de Clément VIII, créa quelques cardinaux de la faction d'Alphonfe, roi d'Arragon, & ufurpa le pontificat qu'il tint cinq ans, contre le pape Martin V; depuis 1424 jufqu'en 1429.

28. Amédée VIII, duc de Savoie, créé par le concile de Bâle en 1439, prit le nom de Félix V, & tint le fiége contre le pape Eugène IV & contre Nicolas V, en faveur duquel il renonça l'an 1449.

## APÔTRES.

Nom qui a été donné aux douze difciples que J. C. choifit pour envoyer par toute la Terre, afin de prêcher l'évangile à tous les peuples, & de fonder des églifes confacrées au vrai Dieu. C'eft un mot grec qui fignifie envoyé, d'ἀποφέλλειν, envoyer. Les noms de ces faints apôtres font exprimés en faint Mathieu, ch. 10; en faint Luc, ch. 6 : Simon, furnommé Pierre, & André fon frère; Jacques, fils de Zébédée, & Jean fon frère; Philippe & Barthélemy, Thomas & Mathieu le publicain; Jacques, fils d'Alphée; Judé ou Thadée; Simon, cananéen, appelé le zélé, & Judas Ifcariot, en la place duquel, après qu'il eut trahi fon maître, Mathias fut élu par les Apôtres. Saint Paul fut appelé à l'apoftolat par J. C. même après fon afcenfion : on le nomma fimplement Apôtre, ou l'Apôtre des Gentils, comme par excellence, à caufe de la fublimité de fa doctrine.

Saint Luc nous a décrit plufieurs actions des faints Apôtres dans fon livre des Actes, & principalement la vie de faint Paul, qu'il accompagna dans fes voyages; mais il n'en parle que jufqu'au tems qu'il fortit de fa première prifon de Rome. Les hiftoriens eccléfiaftiques nous apprennent que les Apôtres fe féparèrent neuf ans après la paffion de J. C., pour aller en divers pays annoncer l'Evangile. Saint Paul même ( aux Romains, 10) dit que le fon de l'Evangile, annoncé par les Apôtres, étoit déjà répandu par toute la Terre, & que leur parole avoit été ouïe jufqu'au bout du Monde; & ( aux Coloffiens, 1 ) il affure que l'Evangile étoit prêché à toute créature qui étoit fous le ciel. Saint Pierre, faint Paul, faint Jacques, faint Jean, faint Mathieu & faint Jude ont écrit; les autres n'ont enfeigné que de vive voix. Nous avons deux épîtres de faint Pierre, quatorze de faint Paul, une de faint Jacques, trois de faint Jean, avec fon évangile & fon Apocalypfe; l'évangile de faint Mathieu, & une épître de faint Jude. Leurs traditions ont été confervées dans l'Eglife catholique, comme faint Paul l'ordonna à fon égard ( aux Theff., ch. 2 ) par ces paroles : Gardez les traditions que vous avez apprifes, foit par mes difcours, foit par ma lettre. Tous les Apôtres ont fini leur vie par le martyre, excepté faint Jean l'évangélifte, que quelques-uns ont cru fans fondement être encore vivant, pour paroître avec Enoch & Elie pendant le règne de l'antechrift.

### De la divifion des Apôtres par toute la Terre pour prêcher l'Evangile.

L'an de J. C. 44, les Apôtres partagèrent entr'eux les provinces de la Terre pour y établir la religion chrétienne. Saint Pierre choifit l'occident, & vint à Rome, qui devoit être la capitale du monde chrétien, comme elle l'étoit alors du monde idolâtre. Saint André porta l'Evangile dans l'Achaïe en Grèce, dans l'Epire, la Thrace, la Scythie, l'Egypte & l'Ethiopie. Pour la fondation des églifes de Byfance & de Nicée en Bithynie, elle eft contentée, & le pape Agapet foutint dans fes lettres lues au cinquième concile, que faint Pierre avoit le premier annoncé la foi dans ces deux villes. Saint Jacques-le-Majeur, felon quelques-uns, fut facrifié à la haine des Juifs par Hérode-Agrippa, roi de Judée. Les Efpagnols fe vantent de l'avoir eu pour apôtre; mais les favans nient abfolument ce voyage prétendu. On dit que l'Efpagne poffède une partie de fon corps, & que l'autre eft dans l'églife de Saint-Saturnin de Touloufe. Saint Jacques-le-Mineur ne fortit point de Jérufalem, dont il étoit évêque. Saint Jude ou Thadée prêcha dans la Syrie. Saint Thomas porta le chriftianifme dans la Perfe, dans les Indes & en Ethiopie. Saint Barthélemy travailla en Arménie majeure, dans la Lycaonie, dans l'Albanie & dans l'Inde, en deçà du Gange. Saint Jean alla dans l'Afie mineure & dans les provinces orientales. L'épître fynodale du concile d'Ephèfe au clergé de Constantinople nous apprend qu'il a demeuré à Ephèse avec la sainte Vierge , mais les Anciens ne font point mention de ce féjour. Saint Paul prêcha trois ans à Ephèse , & il peut être nommé le fondateur de cette Eglife ; de forte que faint Jean ne l'auroit gouvernée que dans fa vieilleffe. Les évêques de cette ville fe difent les fucceffeurs & les difciples de faint Jean. Ce même apôtre annonça l'Evangile aux Parthes ; & les relations nouvelles difent que parmi les peuples de l'Orient il y a une ancienne tradition que faint Jean y a prêché la foi de J. C. Saint Philippe convertit quelques provinces de Scythie, & travailla enfuite dans la haute Afie. Saint Mathieu porta l'Evangile dans l'Ethiopie. Saint Mathias prêcha dans la Judée & dans une partie de l'Ethiopie. Entre toutes ces miffions apoftoliques il n'eft point parlé de l'Amérique, qui eft le Nouveau-Monde, & il n'y a point d'apparence que fi les Apôtres ou leurs difciples y avoient annoncé l'Evangile, les auteurs n'en euffent rien dit. Les hiftoriens qui ont écrit de la découverte de ce pays par les Efpagnols, affurent qu'ils n'y trouvèrent aucun veftige de la religion chrétienne , comme les Portugais en avoient trouvé dans les Indes occidentales.

*Table chronologique de l'hiftoire des Apôtres.*

Ans de J. C.

33. A cette année fe rapportent les actes des Apôtres, écrits par faint Luc, depuis le premier chapitre jufqu'au martyre de faint Etienne ; & à la fin du chapitre VII, faint Jacques-le-Mineur fut ordonné évêque de Jérufalem.

34. Perfécution contre les Chrétiens , qui dura plus d'un an , Saul étant chef des perfécuteurs.
  Philippe , diacre , faint Pierre & faint Jean prêchent dans la Samarie.

35. Converfion de faint Paul ; fon voyage en Arabie ; fon retour à Damas. Voyage de faint Pierre dans la Paleftine.

36. Saint Pierre , étant de retour à Jérufalem, conclut avec les Apôtres qu'il falloit admettre les Gentils au baptême. Saint Jacques-le-Mineur demeurant à Jérufalem avec faint Jean, qui accompagnoit la fainte Vierge, les autres Apôtres allèrent annoncer l'Evangile dans les diverfes parties du Monde, après avoir dreffé le fymbole de foi , & après que faint Mathieu eut écrit fon évangile. Saint Pierre fonde l'Eglife d'Antioche.

37. Ceux qui prétendent que faint Jacques-le-Majeur a été en Efpagne , fixent fon voyage fous cette année.

38. Saint Paul s'étant fauvé de Damas, vifita faint Jacques-le-Mineur & faint Pierre à Jérufalem, d'où il fe retira à Céfarée, puis à Tharfe en Cilicie.

39. Saint Barnabé va chercher faint Paul à Tarfe ,

Ans de J. C.

l'amène à Antioche , où les Fidèles furent appelés Chrétiens.

40. Le prophète Agabe étant à Antioche , y prédit une famine univerfelle ; c'eft pourquoi les difciples amaffent des provifions pour les envoyer en Judée par faint Paul & faint Barnabé.

41. Hérode perfécute les Chrétiens de Jérufalem , & fait mourir faint Jacques-le-Majeur, qui étoit , dit-on , de retour d'Efpagne.

42. Saint Pierre eft mis en prifon par le commandement d'Hérode, d'où il fortit fous la conduite d'un ange. Il alla vifiter Antioche, & enfuite il alla à Rome. Saint Paul & faint Barnabé quittèrent Antioche pour aller en Séleucie ; & de là en Chypre.

43. Saint Pierre arriva à Rome le 18 janvier, & y établit le Saint-Siége. Saint Barnabé & faint Paul firent de grands miracles dans l'île de Chypre.

44. Saint Paul & faint Barnabé paffèrent dans la Pamphilie , & de là à Antioche de Pifidie.

45. Saint Paul & faint Barnabé furent chaffés de la Pifidie par les Juifs, & allèrent à Iconium.

46. Saint Paul & faint Barnabé s'enfuient à Liftre, & de là prennent leur chemin vers Derbé.

47. Saint Paul & faint Barnabé étant retournés à Liftre, y font pris pour Jupiter & Mercure. Ils fe retirent à Derbé , puis retournent à Liftre & à Iconie , &, paffant par la Pifidie, vont en Pamphilie.

48. Saint Paul & faint Barnabé prêchent la foi dans la Pamphilie & dans l'Arabie, puis retournent à Antioche de Syrie.

49. L'Empereur ayant chaffé par un édit tous les Juifs de Rome , faint Pierre retourna en Judée. Sur la conteftation des Fidèles d'Antioche, touchant la circoncifion , il tint le premier concile à Jérufalem , où il fut décidé que les Chrétiens n'étoient point fujets à la circoncifion. Saint Paul & faint Barnabé, qui étoient venus d'Antioche , portèrent le décret du concile à Antioche , où faint Pierre alla enfuite, & où il eut quelques différends avec faint Paul.

50. Saint Paul & faint Barnabé fe féparèrent pour aller prêcher l'Evangile en diverfes provinces. Saint Denis aréopagite fut converti par faint Paul à Athènes.

51. Saint Paul vint d'Athènes à Corinthe , & y demeura un an & demi.

52. Saint Paul ayant demeuré à Corinthe fix mois de cette année , paffe en Syrie avec Aquila & Prifcilla , qu'il laiffe à Ephèfe , & va feul à Céfarée , puis à Jérufalem ; de là à Antioche , dans la Galatie & dans la Phrygie.

53, 54. Saint Paul étant de retour à Ephèfe , y enfeigne publiquement les vérités de la foi pendant deux années.

55. Saint Paul passe en Macédoine & en Grèce.

56. Saint Pierre retourna à Rome lorsque l'édit de l'empereur Claude eut été révoqué.

57. Saint Paul parcourut plusieurs provinces & îles, & arriva à Jérusalem vers la fête de la Pentecôte, où il fut arrêté prisonnier, envoyé à Césarée, & ensuite à Rome.

58. Saint Paul ayant demeuré trois mois en l'île de Malte, fut conduit à Rome, où il fut mis en la garde d'un soldat.

59. Après deux années de captivité, saint Paul fut remis en liberté par l'empereur Néron.

60. Saint Pierre fit en même tems plusieurs voyages.

61. Martyre de saint Barnabé dans l'île de Chypre, & de saint André dans l'Achaïe.

62, 63. Saint Marc fut martyrisé à Alexandrie, saint Jacques-le-Mineur à Jérusalem, saint Simon & saint Jude en Perse.

64. Martyre de saint Mathias.

65. Néron impute aux Chrétiens l'incendie de Rome.

66. Saint Pierre & saint Paul retournent à Rome.

67. Saint Pierre est crucifié, & saint Paul décolé par le commandement de Néron.

70. La ville de Jérusalem est prise par Titus.

71. Saint Barthélemy martyrisé en Perse.

72. Saint Thomas mis à mort par les Infidèles à Méliapur dans l Inde.

73. Saint Jean est envoyé à Rome par le proconsul d'Ephèse ; & étant sorti sain & sauf de la chaudière pleine d'huile bouillante, il est relégué en l'île de Pathmos.

94. Saint Jean écrit son Apocalypse dans l'île de Pathmos.

96. Saint Jean est renvoyé par ordre de l'empereur Nerva, & retourne à Ephèse.

100. Saint Jean meurt à Ephèse, âgé de quatre-vingt-dix-sept ans.

On ne sait pas l'année du martyre de saint Mathieu en Ethiopie.

## CONCILES.

En parlant des conciles, nous nous sommes bornés à faire connoître les vingt conciles œcuméniques. Nous cherchions alors les méthodes les plus abrégées, & nous nous contentions des indications les plus superficielles, croyant qu'il importoit peu que ces tables chronologiques, qui se trouvent plus ou moins étendues, plus ou moins nombreuses, plus ou moins développées dans presque tous les Dictionnaires historiques, eussent ici un développement qu'elles n'ont pas partout. L'ouvrage même, en avançant, nous a désabusés sur cette idée : nous avons reconnu que le mérite du complet, autant qu'il est possible d'en approcher, étoit le mérite principal qu'il falloit donner à la chronologie, surtout dans cette *Encyclopédie méthodique*. Indépendamment de ces vingt conciles œcuméniques, les seuls dont nous ayons

parlé, on compte une multitude d'autres conciles, qui, sans avoir eu le mérite imposant & unique de l'œcuménicité, servent de base & d'ornement à notre droit canonique par une quantité de réglemens sages & édifians ; plusieurs même de ces conciles particuliers ont eu les objets les plus importans, & ont décidé des sujets les plus graves. Ils ne peuvent donc pas, sans une lacune trop forte, être omis dans l'histoire ecclésiastique, & ce n'étoit pas même avoir entamé la matière, que d'avoir mis de côté tous ces conciles particuliers. Nous allons donc réparer cette faute par un tableau chronologique & complet de ces divers conciles, & de ce qui s'y est passé de plus important.

### Conciles.

Ce nom, qui en général signifie toutes sortes d'assemblées des corps, est consacré pour l'assemblée des pasteurs de l'Eglise en quelque lieu, pour juger de la doctrine de la foi ou de la discipline ecclésiastique. Ces assemblées se sont tenues dès les premiers siècles de l'Eglise : les Apôtres en ont donné l'exemple, car les Chrétiens de la primitive Eglise, étant en dispute sur l'observation des cérémonies légales, les Apôtres & les prêtres s'assemblèrent à Jérusalem pour donner une décision sur les contestations qui s'étoient élevées entr'eux, principalement sur celle de la circoncision. A leur exemple, quand il s'est élevé quelque différend dans l'Eglise, ou quand il a été nécessaire de faire quelques réglemens, les évêques se sont assemblés pour décider les questions contestées, & pour faire des lois sur le gouvernement & sur la discipline de l'Eglise. Ces assemblées ont été assez rares dans les premiers siècles de l'Eglise, à cause que les Chrétiens, étant persécutés par les Empereurs païens, n'avoient pas la liberté de s'assembler, & que d'ailleurs la tradition des Apôtres étant encore toute nouvelle, on connoissoit tout d'un coup les erreurs de ceux qui s'en éloignoient ; ce qui suffisoit pour leur condamnation : c'est pourquoi on ne trouve point qu'il se soit tenu de concile contre les plus anciens hérétiques. On eut recours, à la fin du deuxième siècle & au commencement du troisième, au remède des conciles pour appaiser les divisions sur le jour de la célébration de la Pâque, ensuite celles qui s'élevèrent sur le baptême des hérétiques, & contre l'erreur de Paul de Samosate. Mais quand l'empereur Constantin eut embrassé le christianisme, il assembla plusieurs conciles sur l'affaire des Donatistes, & ensuite le concile général de Nicée pour régler la foi contre l'erreur d'Arius. Ce concile fut appelé œcuménique, de toute la Terre, parce qu'il étoit composé des évêques des Eglises de la plupart des provinces de l'Empire romain, tant d'Orient que d'Occident. Ce concile ordonna la tenue des conciles provinciaux tous les ans, pour le réglement de la discipline & le gouvernement des

Eglises. Quand il en étoit besoin, les évêques de plusieurs provinces ou d'une nation s'assembloient: de là est venue la distinction des trois sortes de conciles, les généraux ou œcuméniques, les nationaux & les provinciaux. Les premiers, composés d'évêques d'Orient & d'Occident, par eux ou par leurs procureurs; les seconds, des évêques de plusieurs provinces; les derniers, des évêques de la province. Les premiers ont été autrefois jusqu'au huitième général, toujours convoqués par les Empereurs; les seconds, ordinairement par les patriarches ou exarques du diocèse ( terme qui signifioit anciennement plusieurs provinces ); les derniers par le métropolitain.

Les anciens Papes n'ont point assisté en personne aux conciles généraux, mais seulement par leurs légats, qui y ont présidé depuis celui de Chalcédoine; car on ne voit pas qu'ils aient eu le premier rang dans les premiers conciles généraux. Nous tenons que le concile général est infaillible & au dessus du Pape, dont il peut réformer les jugemens, & qu'il le peut déposer, comme il a été défini par les conciles de Constance & de Bâle. Depuis le huitième concile général, les Papes se sont arrogé le droit de convoquer les conciles généraux; ce qui est commode à cause des différentes souverainetés qui reconnoissent le Pape pour chef de l'Eglise; mais ils ne peuvent le faire que du consentement des souverains; & s'ils ne le font pas dans les besoins pressans de l'Eglise, les souverains peuvent en convoquer, & les évêques ont droit de s'assembler. Des quatre conciles qu'on attribue aux Apôtres, il n'y a que celui qui fut tenu sur l'observation de la loi, l'an 58 de notre ère, qui mérite le nom de concile.

Tous les auteurs ne conviennent pas du nombre des conciles généraux: les uns en comptent plus, les autres moins, & les uns en reconnoissent des généraux approuvés, que les autres regardent, ou comme non généraux ou comme non approuvés. On convient des huit premiers, composés des évêques d'Orient & d'Occident; mais depuis ce tems-là les conciles qu'on appelle généraux ont été tous tenus en Occident, & par les seuls évêques d'Occident. En France, nous reconnoissons pour généraux les conciles de Constance, de Pise & de Bâle. Nous ne mettons point au rang des conciles généraux le cinquième concile de Latran ni celui de Florence. Le concile de Trente n'y est point reçu pour la discipline, quoique la doctrine qu'il a établie, soit reconnue en France pour doctrine orthodoxe.

### Liste des conciles.

Concile de Jérusalem, environ l'an 51 de J. C. Les actes des Apôtres font mention de ce concile, qui décharge de la circoncision & des cérémonies judaïques les Gentils qui embrassoient l'Evangile.

Concile de Rome, de Césarée en Palestine, de Pont, de Corinthe, d'Osroëne, de Lyon en 196, pour célébrer la Pâque le dimanche après le 14 de la lune.

Concile d'Ephèse, en 196, sur la célébration de la Pâque.

Concile de Rome, où le pape Victor excommunie les Asiatiques quartodécimans, l'an 197 ou environ.

Concile de Lyon, l'an 197 ou environ. Lettre de saint Irénée au pape Victor sur le même sujet.

Concile de Carthage sous Agrippin, touchant le baptême des hérétiques. Tillemont le place vers l'an 200, d'autres en 215 ou 225. Mention de ce concile dans saint Cyprien & dans Firmilien.

Deux conciles d'Alexandrie, en 231, sous Démétrius, contre Origène. Extrait des actes de ce concile dans Photius.

Conciles d'Icone & de Synnade, où il est décidé qu'il faut donner le baptême à ceux qui l'ont reçu hors de l'Eglise. Tillemont place ces conciles vers 230, & Pagi à la fin du règne d'Alexandre-Sevère, mort en 235.

Concile d'Alexandrie, où Hiéracle d'Alexandrie ramène à la foi Amonius, qui s'en étoit écarté l'an 235 ou environ.

Concile de Lambèse en Afrique, contre l'hérétique Privat, l'an 240 ou environ.

Concile d'Arabie, l'an 246 ou environ, contre ceux qui prétendoient que les ames mouroient & ressuscitoient avec les corps. Mention de ce concile dans Eusèbe.

Concile de Carthage, touchant la pénitence des Laps, le 15 mai de l'an 251. Lettre synodale de ce concile, & sa décision dans saint Cyprien.

Concile de Rome, contre Novatien, l'an 251. Mention de ce concile dans Corneille & dans saint Cyprien.

Concile d'Antioche, en 252, contre Novatien. Mention de ce concile dans une lettre de saint Denis d'Alexandrie.

Concile de Carthage, II, par saint Cyprien, où on use d'indulgence à l'égard des tombés, en 252. Réglemens rapportés dans saint Cyprien.

Concile de Carthage, III, où on décide qu'il faut baptiser les enfans, en 253.

Concile de Carthage, IV, touchant Martien, Basilide & Martial, en 254. Décision de ce concile, rapportée par saint Cyprien.

Concile de Carthage, & le premier que saint Cyprien tint dans cette ville, pour baptiser tous ceux qui l'avoient été hors de l'Eglise, en 255. Décision de ce concile, rapportée par saint Cyprien.

Concile de Carthage, II, sur le même sujet, en 256. Lettre synodale rapportée par saint Cyprien.

Concile de Rome, en 256, où la décision des deux conciles précédens est condamnée.

Concile de Carthage, III, en 256, où on confirme la fausse opinion de l'invalidité du baptême donné hors de l'Eglise. Actes dans saint Cyprien.

Concile de Narbonne, en 260, où saint Paul,

premier

premier évêque de Narbonne, est miraculeusement justifié d'une accusation honteuse.

Concile de Rome, sous Denis, contre les Sabelliens, l'an 261. Fragment de la décision de ce concile dans saint Athanase.

Concile I d'Antioche, contre Paul de Samosate, l'an 264. Histoire de ce concile dans Eusèbe.

Concile II d'Antioche, contre Paul de Samosate, l'an 270. Lettre de ce concile dans Eusèbe. Histoire de sa décision dans Eusèbe & dans saint Athanase. Lettre & profession de foi, attribuées faussement à ce concile.

Concile de Sinuesse, touchant la prétendue déposition de Marcellin, l'an 303. Actes supposés.

Concile d'Elvire, ou plutôt collection de canons d'anciens conciles d'Espagne, sur la discipline ecclésiastique, l'an 304. Quatre-vingt-un canons.

Concile de Cirte en Numidie, l'an 305. On y absout les évêques qui, pendant la persécution, avoient livré aux persécuteurs les livres saints. On y élut pour évêque de la même ville le soudiacre Silvain, qui étoit aussi traditeur.

Concile d'Alexandrie, contre Melèce, l'an 306. Mention de ce concile dans saint Athanase.

Conciliabule de Carthage, contre Cécilien, l'an 311. Fragment des actes dans Optat & dans saint Augustin.

Concile de Rome, contre les Donatistes, l'an 313. Quelques fragmens des actes dans Optat.

Concile I d'Arles, contre les Donatistes, l'an 314. Vingt-deux canons & une lettre à saint Sylvestre.

Concile d'Ancyre, sur la discipline ecclésiastique, l'an 314. Vingt-cinq canons.

Concile de Neocéfarée, sur la discipline ecclésiastique, l'an 314 ou 315. Vingt-cinq canons.

Deux conciles d'Alexandrie, contre Arius, l'an 320 ou environ. Mention de ce concile dans saint Athanase.

Conciliabule de Bithynie, pour Arius, l'an 321. Mention de ce conciliabule dans Sozomène.

Concile d'Alexandrie, contre Arius, l'an 324. Mention dans saint Athanase & dans les autres auteurs du tems.

Concile de Nicée, général, I, contre Arius & les Ariens, touchant la divinité & consubstantialité du Verbe de Dieu, l'an 325. Formule de foi. Decret touchant la Pâque. Vingt-cinq canons. Une lettre aux Egyptiens.

Concile d'Alexandrie, en 326. Saint Athanase est élu évêque de cette ville, à la place de saint Alexandre, mort au mois d'avril.

Conciliabule d'Antioche, contre Eustache, évêque d'Antioche, l'an 331. Mention dans saint Athanase & dans les historiens ecclésiastiques.

Conciliabule de Césarée, contre saint Athanase, l'an 334. Mention dans saint Athanase & dans les historiens ecclésiastiques.

Conciliabule de Tyr, contre saint Athanase,

l'an 335. Mention dans saint Athanase & dans les historiens ecclésiastiques.

Synode de Jérusalem, pour la dédicace de l'Eglise qui reçoit Arius, l'an 335. Lettre synodique en faveur d'Arius.

Conciliabule de Constantinople, contre Marcel d'Ancyre, l'an 336. Mention dans les historiens ecclésiastiques.

Conciliabule de Constantinople, contre Paul, évêque de cette ville, l'an 338. Mention dans les historiens ecclésiastiques.

Concile d'Alexandrie, pour saint Athanase, l'an 340. Lettre synodique en faveur de saint Athanase.

Concile de Rome, sous Jules, pour saint Athanase, en 341 ou 342. Lettre écrite par le pape Jules, au nom du concile.

Concile d'Antioche, contre saint Athanase, touchant la consubstantialité du Verbe & la discipline ecclésiastique, en 341 & 342. Trois formules de foi & vingt-cinq canons.

Concile d'Antioche, touchant la consubstantialité, l'an 345. Une formule de foi.

Concile de Milan, touchant la consubstantialité du Verbe, l'an 346. Mention de ce concile dans saint Athanase & dans les historiens ecclésiastiques.

Concile de Cologne, supposé, contre Euphratus, l'an 346. Actes supposés.

Concile de Sardique, pour la cause de saint Athanase & de Marcelle d'Anafre, l'an 347. Vingt canons. Deux lettres du concile des Occidentaux, & une des Orientaux. Formule de foi faite par quelques évêques.

Concile de Milan, en 347, contre Photin, évêque de Sirmium, qui nioit la Trinité. Ursace & Valence y abjurèrent l'arianisme, & furent réunis à l'Eglise.

Concile de Carthage, sur la discipline ecclésiastique, l'an 348 ou 349. Treize canons.

Concile de Jérusalem, en 1349. On y écrivit une lettre synodale en faveur de saint Athanase, qui s'en retournoit à son église.

Concile de Rome, en 349, contre Photin. Ursace & Valence y rétractèrent tout ce qu'ils avoient dit contre saint Athanase.

Concile de Sirmich, contre Photin, qui y est déposé par les Ariens. Ils y dressèrent une formule de foi.

Concile de Rome, en 352, sous le pape Libère, en faveur de saint Athanase.

Concile d'Arles, touchant la consubstantialité, l'an 253. Mention dans les fragmens de saint Hilaire.

Concile de Milan, touchant la consubstantialité, l'an 355. Actes douteux, tirés de la Vie d'Eusèbe, de Verceil. Mention dans saint Hilaire.

Concile de Béziers, touchant la consubstantialité, l'an 356. Mention dans saint Hilaire.

Nnnn

Concile II de Sirmich, contre la consubstantialité, l'an 357. Seconde formule de foi.

Synode de Melitine, touchant la consubstantialité, l'an 357. Mention de ce concile dans la lettre du concile de Constantinople, de l'an 360, & dans saint Basile.

Conciliabule d'Antioche, contre la consubstantialité, l'an 358. Lettre à Ursace & à Valence.

Concile d'Ancyre, sur la consubstantialité, l'an 358. Lettre synodique. Formule de foi. Dix-huit anathématismes.

Concile III de Sirmich, touchant la consubstantialité, l'an 358. Recueil des formules de foi.

Concile IV de Sirmich, touchant la consubstantialité, l'an 359. Formule de foi, avec les noms des consuls.

Concile de Rimini, touchant la consubstantialité, l'an 359. Définition catholique. Condamnation d'Ursace, de Valence & de Germinius. Lettre à l'Empereur avant la souscription de la formule de foi des Orientaux. Lettre à l'Empereur après la souscription.

Concile de Seleucie, touchant la consubstantialité, l'an 359. Histoire de ce concile dans saint Athanase & dans les historiens ecclésiastiques.

Conciliabule de Constantinople, touchant la consubstantialité, l'an 360. Lettre de ce concile. Mention dans les historiens ecclésiastiques.

Concile de Paris, sous Julien l'apostat, l'an 360. On y rejette la formule de Rimini, dressée par les Ariens. Pagi prouve que ce concile s'est tenu en 360; d'autres le rapportent en 361, & même quelques-uns en 362.

On tint dans le même tems plusieurs autres conciles dans les Gaules.

Concile d'Antioche, après l'exil de saint Mélèce, par les Ariens, l'an 361.

Concile d'Alexandrie, en 362. Saint Athanase & plusieurs confesseurs exposent ce qu'il faut croire de la Trinité & de l'incarnation. Lettres aux Catholiques d'Antioche, écrites par saint Athanase.

Concile d'Alexandrie, assemblé par saint Athanase, l'an 363. Lettre à l'empereur Jovien.

Concile d'Antioche, sous Mélèce, touchant l'établissement de la foi de Nicée, l'an 363. Lettre qui contient une formule de foi.

Concile de Lampsaque, touchant l'établissement de la foi de Nicée, l'an 364 ou 365. Mention de saint Basile & dans les historiens ecclésiastiques.

Conciliabule de Singedun, contre la consubstantialité, l'an 366. Lettre à Germinius.

Concile d'Asie, touchant la consubstantialité, l'an 366. Mention de ces conciles dans la lettre du précédent concile & dans saint Basile.

Concile de Sicile, touchant la consubstantialité, l'an 366. Mention dans saint Basile.

Concile de Tyane, touchant la consubstantialité, l'an 366. Mention dans saint Basile.

Concile de Laodicée dans la Phrygie pacatienne, l'an 366 ou 363 ou environ. On y fit soixante canons sur diverses matières de discipline.

Concile de Carie, en 367, où trente-quatre évêques asiatiques soutiennent la profession de foi de la dédicace de l'église d'Antioche, comme étant l'ouvrage du martyr saint Lucien.

Concile de Rome, en 368 ou environ, sous le pape Damase. Ursace & Valence y sont condamnés.

Concile d'Alexandrie, l'an 370 ou environ, d'où saint Athanase écrit au pape Damase pour le remercier d'avoir condamné Ursace & Valence.

Concile de Rome, en 372, sous le pape Damase. Quatre-vingt-treize évêques y excommunièrent Auxence de Milan. Ils y traitèrent aussi de la consubstantialité du Saint-Esprit.

Concile d'Illyrie, en 372, pour la consubstantialité des trois personnes de la Trinité.

Concile d'Antioche, en 373, où les évêques souscrivent la foi du concile de Rome de la même année. On rapporte à ce concile d'Antioche une lettre qui se trouve parmi celles de saint Basile, n°. 92 de la nouvelle édition, où elle est placée à l'an 372.

Concile de Rome, en 374, contre Apollinaire & Timothée. C'est le troisième sous le pape Damase.

Concile de Valence en Dauphiné, le 12 juillet 374. Quatre canons.

Concile de Rome, en 376, en faveur du pape Damase, & contre l'antipape Ursin. Tous les hérétiques du temps y furent condamnés. Le P. Pagi rapporte ce concile à l'an 380.

Concile d'Antioche, en 380. On y dressa une profession de foi, que le concile envoya à Constantinople & à Rome.

Concile de Saragosse, en 380, contre les Priscillianistes.

Concile de Constantinople, général, II, touchant la divinité du Saint-Esprit & les ordinations des évêques de Constantinople & d'Antioche, en 381. Formule de foi. Sept canons. Lettre synodique à l'empereur Théodose.

Concile d'Aquilée, contre Palladius & Secondianus, ariens, l'an 381. Actes de ce concile. Lettre aux Orientaux.

Concile d'Italie, en 381, par saint Ambroise. Nous en avons deux lettres à l'empereur Théodose.

Concile de Constantinople, en 382, pour apaiser les divisions, particulièrement de l'église d'Antioche. Il y a de ce concile une lettre aux Occidentaux, où la foi de la Trinité & de l'incarnation est très-bien exposée.

Concile de Rome, en 382. Lettre synodale à Paulin d'Antioche.

Concile de Constantinople, assemblé, au mois de juin 383, par l'empereur Théodose, qui vouloit réunir à l'Eglise les sectes séparées.

Concile de Syde, contre les Euchites, l'an 383. Mention de ce concile dans Photius.

Concile d'Antioche, contre les Euchites, l'an 383. Mention dans Photius.

Concile de Bordeaux, contre les Priscillianistes, l'an 384 ou environ. Mention dans Sulpice Sévère & dans saint Jérôme.

Concile de Rome, en 386, pour la réconciliation des hérétiques.

Concile de Capoue, touchant le différend de Flavien & d'Evaglius, & contre Bonose, l an 390. Mention dans Théodoret, dans Sirice & dans le quarante-huitième canon du code d'Afrique.

Conciles de Rome & de Milan, contre Jovinien, l'an 390. Lettres de ces deux conciles.

Concile de Novatiens à Sangare, sur la Pâque, l'an 390. Mention de ce concile dans Socrate.

Concile II de Carthage, sur la discipline ecclésiastique, l'an 390. Treize canons.

Concile d'Antioche, en 391 ou environ, contre les Messaliens.

Conciles de Donatistes à Carbafusse & à Bagais, en 393 & 394. Actes dans saint Augustin.

Concile d'Hippone, touchant la discipline ecclésiastique, l'an 393. Canons qui sont dans le concile de Carthage, de l an 397.

Concile de Constantinople, touchant les deux contendans à l'évêché de Bosthe, l'an 394. Actes.

Concile de Carthage, touchant la discipline ecclésiastique, l'an 394. Mention dans le code de l'Eglise d'Afrique.

Concile d'Hippone, en 395, où saint Augustin fut ordonné évêque.

Concile de Carthage, touchant la discipline ecclésiastique, l'an 397. Quarante-sept canons.

Concile IV de Carthage, ou plutôt collection de canons, de l'an 398. Cent quatre canons.

Concile de Carthage, sur la discipline ecclésiastique, l'an 399. Mention de ce concile dans le code de l'Eglise d'Afrique.

Concile de Tolède, I, l'an 400, au commencement de septembre. On y fit vingt canons.

Concile d'Alexandrie, en 401. Les écrits d'Origène y furent condamnés.

Il y eut la même année plusieurs autres conciles en Orient, contre les écrits d'Origène.

Concile d'Ephèse, l'an 401, pour l'élection d'un évêque à Ephèse. Six évêques simoniaques y furent déposés.

Concile de Carthage, en 401, le 8 juin.

Concile à Carthage, en 401, le 13 septembre, de toutes les provinces de l'Afrique.

Concile de Turin, l'an 401, sur le différend des évêques de Vienne & d'Arles, touchant la primatie.

Concile de Milève, en 402, le 27 août. On y fit quelques canons.

Concile du Chêne, bourg près de Calcédoine, l'an 403, contre saint Chrysostôme. Actes de ce concile, dont l'abrégé est rapporté par Photius, & dans la vie de saint Chrysostôme par Pallade.

Concile de Constantinople, l'an 403, en faveur de saint Chrysostôme.

Concile de Carthage, l'an 403, le 24 août. Il y fut décidé que les Donatistes seroient invités à une conférence avec les Catholiques. Actes rapportés dans les actes de la troisième conférence de Carthage.

Concile de Constantinople, l'an 403, où saint Chrysostôme est déposé une seconde fois.

Concile de Carthage, l'an 404, contre les Donatistes. Actes de ce concile dans le code des canons d'Afrique.

Concile de Carthage, en 405, sur les affaires particulières des églises d'Afrique. L'abrégé des actes dans le même code.

Concile d'Italie, pour demander un concile à Thessalonique en faveur de saint Chrysostôme, l'an 405.

Concile de Carthage, en 407, le 16 juin, sur la discipline ecclésiastique. Douze canons.

Concile de Carthage, en 408, le 16 juin. On y députa l'évêque Fortunatien à l'Empereur, contre les Païens & les Hérétiques.

Concile de Carthage, l'an 409, sur la discipline ecclésiastique. Déclaration dans le code.

Concile de Carthage, l'an 410, le 14 juin. Ce concile fait révoquer la liberté accordée aux Donatistes pour l'exercice de leur religion.

Concile de Ptolemaïde, contre Andronique, gouverneur de la province, l'an 411. Actes de ce concile dans la lettre cinquante-septième de Synesius.

Concile de Carthage, en 411. Conférence le 1, le 3 & le 8 juin, entre les Catholiques & les Donatistes. Ceux-ci furent condamnés, & plusieurs se convertirent & revinrent à l'Eglise.

Concile de Braque ou Braccara en Lusitanie, l'an 411 ou environ, pour se prémunir contre les Barbares qui ravageoient l'Empire.

Concile de Cirthe ou de Zerthe, pour soutenir la conférence de Carthage, l'an 412. Lettre cent quarante-unième, parmi celles de saint Augustin.

Concile de Carthage, contre Célestius, l'an 412. Fragment des actes de ce concile dans saint Augustin, livre II, de la Nature & de la Grâce.

Conférence de Jérusalem, entre Orose & Pélage, l'an 415. Actes.

Concile de Diospole, contre Pélage, l'an 415. Actes dans saint Augustin, au livre des actes de Pélage.

Concile d'Illyrie, en 415, pour Périgène, ordonné évêque de Patras.

II concile de Carthage, contre Célestius & Pélage, l'an 416. Lettre cent soixante-quinzième dans saint Augustin.

Concile de Milève, contre Célestius & Pélage, l'an 416. Lettre cent soixante-seizième dans saint Augustin.

Concile de Carthage , contre Pélage , l'an 417. Lettre à Zozime , & recueil de pièces.

Concile d'Antioche , contre Pélage , l'an 417. Mention de ce concile dans Marius Mercator.

Concile de Carthage , contre Pélage , l'an 418. Huit canons contre les erreurs de Pélage , & dix canons sur la discipline.

Concile de Rome , contre Pélage , l'an 418. Mention de ce concile dans la lettre de Zozime.

Concile de Telle , Zelle ou Telepte , sur la discipline ecclésiastique , l'an 418. Quelques canons.

Concile de Carthage , en la cause d'Apiarius , des années 418 & 419. Actes. Lettres à Zozime.

Concile de Carthage , général , d'Afrique , où le légat du Pape propose les canons de Sardique , sous le nom de Nicée , l'an 419.

Concile de Ravenne , pour juger le différend de Boniface & d'Eulalius , l'an 419. Actes , trente-trois ; canons , six ; autres canons. Lettres à Boniface & à Célestin.

Concile de Carthage , contre les Manichéens , l'an 420. Mention de ce concile dans saint Augustin & dans Possidius.

Concile d'Hippone , en 322 , où Antoine , évêque de Fussale , est déposé.

Concile de Cilicie , contre Julien , l'an 423. Mention de ce concile dans Marius Mercator.

Concile d'Antioche , contre Pélage , l'an 424. Mention de ce concile dans Célestin & dans saint Prosper.

Concile de Carthage , touchant les appellations , vers l'an 425.

Concile de Rome , contre Célestius , vers l'an 425. Mention de ce concile dans saint Prosper & dans le concile d'Ephèse.

Concile d'Hippone , en 426 , le 26 septembre. Saint Augustin y déclare Héraclius pour son successeur.

Concile de Constantinople , en 429 , pour y ordonner l'évêque Sisinius.

Concile des Gaules , où saint Germain & saint Loup sont envoyés en Angleterre pour combattre les Pélagiens , l'an 429.

Concile d'Alexandrie , en 430 , au commencement de février. Saint Cyrille y écrit la seconde lettre à Nestorius.

Concile d'Alexandrie , en 430 , vers le mois d'avril. Saint Cyrille écrit au Pape contre Nestorius.

Concile de Rome , en 430 , le 11 août. Nestorius & les Pélagiens y sont condamnés.

Concile d'Alexandrie , en 430 , le 3 novembre. Saint Cyrille y fait douze anathèmes.

Concile de Rome , en 431 , au commencement de mai , au sujet de la convocation du concile d'Ephèse.

Concile d'Ephèse , III , général , l'an 431 , le 12 juin. Nestorius & sa doctrine y furent anathématisés. Les Pélagiens y furent aussi condamnés.

Concile d'Ephèse , le 27 juin 431 , par Jean d'Antioche & les Orientaux , en faveur de Nestorius.

Il y eut la même année plusieurs autres conciles , tenus par les mêmes Orientaux , après leur retour d'Ephèse.

Concile d'Antioche , pour la paix entre saint Cyrille & Jean d'Antioche , l'an 432.

Concile de Rome , en 433 , par le pape Sixte , pour l'anniversaire de son élévation.

Concile de Zengma , qui reconnoît saint Cyrille pour orthodoxe , sans vouloir condamner Nestorius , & qui demeure uni de communion avec Jean d'Antioche , l'an 433.

Concile d'Anazarbe , en 435. Plusieurs évêques se joignent à Jean d'Antioche.

Concile d'Antioche , en 436 , où la mémoire de Théodore de Mopsueste est défendue.

Concile de Riez en Provence , le 29 novembre 439 , pour remédier aux désordres de l'église d'Embrun.

Concile d'Orange , le 8 novembre 441. Nous en avons trente canons importans pour la discipline.

Concile de Vaison , le 13 novembre 442. Nous en avons dix canons.

Concile d'Arles. Nous en avons cinquante-six canons. Le P. Pagi , qui place ce concile immédiatement après celui de Vaison , ne doute point qu'il n'ait été une occasion à saint Léon de s'échauffer contre saint Hilaire d'Arles , qui s'attribuoit le droit de convoquer de grands conciles dans les Gaules.

Concile de Besançon , *vesontionense* , l'an 444 , où Célidonius fut déposé.

Concile de Rome , en 445 , où Célidonius est rétabli , & saint Hilaire d'Arles retranché de la communion du Saint-Siége.

Concile d'Antioche , en 445 , où Athanase , évêque de Porrha , est déposé , & Labinien mis à sa place.

Deux conciles d'Espagne , en 447 , contre les Priscillianistes.

Conciles de Tyr & de Béryte , en 448 , où Ibas est absous du soupçon de nestorianisme.

Concile de Constantinople , en 448 , le 8 novembre , contre Eutychès.

Concile de Constantinople , en 449 , le 8 avril , contre le même.

Brigandage d'Ephèse , en 449 , le 8 août , où Eutychès fut absous , & Flavien condamné.

Concile de Rome , en 449 , au mois d'octobre. On y condamne tout ce qui s'est fait au brigandage d'Ephèse.

Concile de Rome , en 450 , sur la fin de juin. Ce concile sollicite un concile contre Eutychès.

Concile de Constantinople , en 450. On y approuva la lettre de saint Léon à Flavien , & on prononça anathème à Nestorius & à Eutychès.

Concile de Milan , en 451. On y approuve la lettre de saint Léon à Flavien.

Concile des Gaules ou d'Arles, comme le suppose M. de Tillemont, en 451. On y approuve la même lettre.

Concile de Chalcédoine, IV, général, en 451. L'entychianisme & le nestorianisme y furent également proscrits. On y fit vingt-sept canons approuvés de tout le monde ; mais le vingt-huitième souffrit de grandes contradictions.

Concile d'Angers, le 4 octobre 453. On y fit douze canons sur la discipline.

Concile de Jérusalem, en 453.

Concile d'Arles, en 455, au sujet du différend entre Fauste, abbé de Lérins, & Théodore, évêque de Fréjus. Pagi le rapporte à 455, & Fleuri à 461 au plus tard.

Concile de Rome, en 458, par saint Léon, pour résoudre plusieurs difficultés que les ravages des Huns avoient fait naître.

Concile de Constantinople, en 459, contre les simoniaques. Lettre synodale.

Concile de Tours, en 461, le 18 novembre. On y fit treize canons.

Concile de Rome, en 462, au mois de novembre, en faveur d'Hermès, qui s'étoit emparé de l'église de Narbonne.

Concile d'Espagne, en 464, contre Silvain, évêque de Calahorrye.

Concile de Vannes en Bretagne, l'an 465. On y fit douze canons.

Concile de Rome, en 465, au mois de novembre, sur la discipline. Lettre aux évêques de la Tarragonoise.

Concile d'Antioche, où Pierre Lefoulon est déposé, l'an 472.

Concile de Constantinople, en 475, contre le concile de Chalcédoine.

Concile d'Ephèse, en 475, où Acace de Constantinople est déposé.

Concile de Lyon & d'Arles, en 475. Mention dans les ouvrages de Fauste de Riez.

Concile d'Orient, en 477, au sujet de Pierre Lefoulon.

Concile de Constantinople, en 478, contre Pierre Lefoulon, Jean d'Apamée, &c.

Concile de Carthage, en 484, où les évêques catholiques sont opprimés par les Ariens.

Concile de Rome, en 484, contre Pierre Mongus & Acace.

Concile de Rome, en 485, sur le même sujet.

Concile de Rome, en 487. Lettre du Pape sur ceux qui avoient abandonné la foi pendant la persécution d'Afrique.

Concile de Constantinople, en 491. On y confirme celui de Chalcédoine.

Concile de Rome, en 495, où le légat Misène est absous.

Concile de Constantinople, en 495, où le pape Euphémius est déposé.

Concile de Rome, en 496, & non 494, comme le prouve le P. Pagi. On y fit un catalogue des livres canoniques.

Concile de Rome, le premier mars 499, sous le pape Symmaque. Soixante & douze évêques y font plusieurs décrets pour retrancher les abus qui se commettoient dans l'élection du Pape.

Concile II de Rome, sous Symmaque, l'an 500. On y donne à l'antipape Laurent l'évêché de Nocera pour faire cesser le schisme.

Concile, ou plutôt conférence à Lyon, l'an 500 ou 501, entre les Catholiques & les Ariens.

Concile de Rome, III, sous Symmaque, l'an 502. On y abolit la loi d'Odoacre, qui défendoit de faire l'élection du Pape sans le consentement du roi d'Italie, & on y fait quelques décrets pour empêcher l'aliénation des biens d'église.

Concile de Rome, IV, sous Symmaque, l'an 503. Le Pape y est déchargé des accusations intentées contre lui. M. Fleuri place ce concile en 501.

Concile de Rome, V, sous Symmaque, l'an 504, selon le P. Pagi, ou 503, selon M. Fleuri. On y lut l'apologie du pape Symmaque par Eunodius.

Concile de Rome, VI, sous Symmaque, l'an 504, contre les usurpateurs des biens d'église.

Concile d'Agde, l'an 506, le 11 septembre. Quarante-huit canons.

Concile de Toulouse, en 507. Nous n'en avons point les actes.

Concile d'Antioche, en 508. Lettre synodale de Flavien d'Antioche.

Concile d'Orléans, l'an 511, le 10 juillet. Trente-un canons sur la discipline.

Concile de Sidon en Palestine, l'an 511, contre le concile de Chalcédoine.

Concile d'Illyrie, l'an 516. Jean de Nicopolis & sept autres évêques y marquent leurs communions avec le pape Hormisdas.

Concile de Tarragone, en 516. Treize canons.

Concile d'Epaune, Epaonense, le 15 septembre 517. Saint Avit de Vienne y présida. On y fit quarante canons sur la discipline.

Concile de Lyon, vers le même tems, au sujet de l'inceste d'un nommé Etienne avec Palladia.

Concile de Girone, en 517. Dix canons de discipline.

Concile de Constantinople, en 518, le 20 juillet. Décret & édit de l'empereur Justin pour le faire exécuter.

Concile de Jérusalem, en 518. On y confirma ce qui avoit été fait dans le précédent.

Concile de Tyr, en 518, sur le même sujet.

Assemblée générale, en 519, où Jean de Constantinople est réuni au Pape.

Concile de Constantinople, en 520. Epiphane y est élu patriarche.

Concile d'Agaune ou Saint-Maurice en Valais. La psalmodie continuelle est confirmée dans ce monastère.

Concile d'Arles, en 524. Quatre canons.

Concile de Lérida en Espagne, l'an 524. Seize canons.

Concile de Valence en Espagne, l'an 524. Six canons.

Concile de Jungue & de Suffète en Afrique, l'an 524.

Concile de Carthage, en 525, sur la discipline ecclésiastique. Actes touchant le rétablissement de la discipline & les exemptions des moines, au sixième tome du Spicilège de D. Luc d'Acheri.

Concile de Carpentras, en 527, le 6 novembre. On y fit quelques canons.

Concile d'Orange, en 529, le 3 juillet. Les évêques y souscrivent vingt articles sur la Grace & le libre arbitre, qui leur avoient été envoyés du Saint-Siége.

Concile de Valence en Dauphiné, l'an 529 ou 530, contre les sémi-Pélagiens.

Concile de Vaison, en 529, le 7 novembre. Cinq canons.

Concile de Tolède, l'an 531, le 17 mai. Cinq canons.

Concile de Rome, l'an 531, le 7 décembre, au sujet d'Etienne de Larcisse, déposé par Epiphane de Constantinople.

Conférence à Constantinople, l'an 532, entre les Catholiques & les Févériens.

Concile d'Orléans, l'an 533, le 23 juin, contre la simonie & divers abus. Vingt-un canons.

Concile de Rome, l'an 534. On y approuve cette proposition : *Unus è trinitate passus est carne.*

Concile de Carthage, l'an 535, pour recouvrer les biens des églises, usurpés par les Vandales. Loi du 1er. août de la même année.

Concile de Clermont en Auvergne, l'an 535, le 8 novembre. Seize canons.

Concile de Constantinople, l'an 536. Anthime y est déposé, & Mennon mis à sa place.

Concile de Constantinople, l'an 536, le 2 mai, où cette déposition est confirmée, & Anthime anathématisé.

Concile de Jérusalem, l'an 536, le 19 septembre, sur le même sujet.

Concile d'Orléans, III, l'an 538, le 7 mai. Trente-trois canons.

Concile d'Orléans, IV, l'an 541. Trente-huit canons.

Concile de Constantinople, l'an 543 ou environ. On y approuve l'édit de Justinien contre Origène.

Concile de Constantinople, l'an 547, sur l'affaire des trois chapitres.

Concile d'Orléans, V, l'an 549, le 28 octobre. Vingt-quatre canons.

Concile de Mopsueste, l'an 550, au sujet de Théodore de Mopsueste.

Concile de Constantinople, l'an 551, contre Théodore de Césarée.

Concile de Paris, l'an 551 ou environ, où Saffarat, évêque de Paris, est déposé.

Concile de Constantinople, cinquième concile général, l'an 553, sur l'affaire des trois chapitres.

Concile de Jérusalem, l'an 553. Le cinquième concile y est approuvé.

Concile d'Arles, l'an 554, le 29 juin. Sept canons.

Concile de Paris, III, l'an 557. Dix canons.

Concile de Saintes, l'an 562, où Pinérius est déposé.

Concile de Brague, l'an 563, contre les Priscillianistes. Vingt-deux canons.

Concile de Lyon, l'an 566 ou 567. Six canons.

Concile de Tours, l'an 566 ou 567, le 17 novembre. Vingt-sept canons.

Concile de Lugo, I, en Espagne, l'an 569, le 1er. janvier. Lugo y est établie métropole.

Concile de Brague, l'an 572, le 1er. juin. Dix canons.

Concile de Lugo, II, l'an 572, où le Roi confirme la division des diocèses.

Concile de Paris, IV, l'an 573. Promotus, évêque de Châteaudun, y est déposé.

Concile de Paris, V, l'an 577, où saint Prétextat, archevêque de Rouen, fut déposé.

Concile de Châlons-sur-Saone, en 579, contre Salonius d'Embrun, & Sagittaire de Gap.

Concile de Braine, l'an 580, où Grégoire de Tours est justifié par son serment.

Concile de Mâcon, I, l'an 582 ou environ. Dix-neuf canons.

Concile de Lyon, l'an 583. Six canons.

Concile de Valence, l'an 585 ou environ, le 23 mai, sur les donations faites aux églises.

Concile de Mâcon, II, l'an 585, le 23 octobre. Vingt canons.

Concile d'Auxerre, l'an 586 ou environ. Quarante-cinq canons.

Concile de Clermont en Auvergne, l'an 587 ou environ. On y termine le différend d'Innocent de Rhodez & d'Iasicin de Cahors, touchant quelques paroisses que l'un & l'autre s'attribuoient.

Concile de Constantinople, l'an 588, où Grégoire d'Antioche se justifie.

Concile de Tolède, III, l'an 589, le 6 mai. Le roi Recarède y fait sa profession de foi, & les Goths abjurent l'arianisme.

Concile de Poitiers, l'an 590, au sujet des troubles arrivés dans le monastère de cette ville.

Concile de Metz, l'an 590, sur le même sujet.

Concile de Séville, I, l'an 590, le 4 novembre. Trois décrets.

Concile de Rome, I, l'an 591, au mois de février. Saint Grégoire y écrivit une grande lettre synodale aux quatre Patriarches.

Concile de Saragosse, l'an 592, le 1er. novembre. Trois canons touchant les Ariens convertis.

Concile de Carthage, l'an 594. On y ordonne la recherche des Donatistes.

Concile de Rome, II, sous saint Grégoire, l'an

595, le 5 juillet. Jean, prêtre de Chalcédoine, y est absous. Six canons.

Concile de Tolède, l'an 597, le 17 mai. Deux canons.

Concile de Huesca en Espagne, l'an 598. Deux canons.

Concile de Barcelone, l'an 599, le 1er. novembre. Quatre canons.

Concile de Rome, III, sous saint Grégoire, l'an 600, au mois d'octobre, contre un imposteur.

Concile de Rome, IV, sous saint Grégoire, l'an 601, le 5 avril. On y fit une constitution en faveur des moines.

Concile d'Angleterre, l'an 604 ou environ. Saint Augustin de Cantorbery y exhorta sept évêques bretons, de célébrer la fête de Pâques le dimanche après le 14e. de la lune, d'administrer le baptême suivant l'usage de l'église romaine, de prêcher de concert l'évangile aux Anglais.

Concile de Cantorbery, l'an 605, pour confirmer la fondation de l'abbaye de saint Pierre & saint Paul, la première qu'on ait bâtie en Angleterre.

Concile de Rome, l'an 606, sous Boniface III. Il y fut défendu de parler, du vivant du Pape ou de quelqu'autre évêque, de son successeur.

Concile de Rome, l'an 610, le 27 février, en faveur des moines.

Concile de Tolède, l'an 610, le 23 octobre, au sujet de la métropole de Tolède.

Concile de Paris, l'an 614. Quinze canons confirmés par un édit du roi Clotaire, du 18 octobre.

Concile d'Egara dans la province tarragonoise, l'an 615, sur le célibat des prêtres, diacres & sous-diacres.

Concile de Séville, l'an 619, le 13 novembre. Décrets divisés en treize chapitres.

Concile de Reims, en 625. Vingt-cinq canons.

Concile de Constantinople, l'an 625, tenu par les Acéphales.

Concile d'Alexandrie, l'an 633, le 4 mai, en faveur des Monothélites.

Concile de Tolède, IV, l'an 633, le 9 décembre. Soixante-quinze canons.

Concile de Jérusalem, l'an 634. Lettre synodale de saint Sophrone.

Concile d'Orléans, l'an 634 ou environ, contre un hérétique.

Concile de Clichi, l'an 636, le 1er. mai, où saint Agile fut établi premier abbé de Rebais.

Concile de Tolède, V, l'an 636. Neuf canons.

Concile de Tolède, VI, l'an 638, le 9 janvier. On y ordonne qu'aucun Roi ne pourra monter sur le trône, qu'il ne promette de conserver la foi catholique.

Concile de Constantinople, l'an 639. On y confirme l'ecthèse de l'empereur Héraclius.

Concile de Rome, l'an 640, où l'ecthèse est condamnée.

Concile de Châlons, le 25 octobre de l'an 644. Vingt canons.

Conciles d'Afrique, l'an 646. Il y eut cette année plusieurs conciles en Afrique contre les Monothélites; un en Numidie, un autre dans la Bizacène, un troisième en Mauritanie, & un quatrième à Carthage.

Concile de Tolède, VII, l'an 646. Six canons.

Concile de Rome, l'an 648, par le pape Théodore.

Concile de Latran, l'an 649, contre les Orientaux.

Concile de Clichi, l'an 653. Privilége de l'abbaye de Saint-Denis, souscrit le 22 juin.

Concile de Tolède, VIII, l'an 653. Profession de foi du roi Recesuinte. Douze canons.

Concile de Tolède, IX, l'an 655, le 2 novembre. Dix-sept canons sur l'administration des biens ecclésiastiques.

Concile de Tolède, X, l'an 656, le 1er. décembre. Sept canons.

Concile de Nantes, l'an 660 ou environ. Vingt canons.

Concile d'Autun, en 663. Quelques canons.

Concilium Pharense, en Angleterre, l'an 664, sur la Pâque.

Concile de Merida en Espagne, l'an 666, le 6 novembre. Vingt canons.

Concile de Rome, l'an 667, au mois de décembre. Jean, évêque de Lappe, y est absous.

Concile de Sens, l'an 670. On y confirme l'exemption accordée à l'abbaye de Saint-Pierre-le-Vif.

Concile d'Herford, l'an 673, le 24 septembre. On convient de célébrer la Pâque le premier dimanche après le 14e. de la lune.

Concile de Tolède, XI, l'an 675, le 7 novembre. Seize canons.

Concile de Brague, l'an 675. Neuf canons.

Concile de Rome, l'an 679. Saint Vilfrid d'York y est rétabli.

Concile de Rome, l'an 680, le 27 mars. On y envoie des députés à Constantinople, pour le concile-général, avec une lettre du Pape, & une autre du concile à l'empereur Constantin Pogonat.

Concile de Milan, l'an 680, avant ou après celui de Rome. Lettre synodale de ce concile à l'Empereur.

Concile de Constantinople. Sixième concile-général, commencé le 7 novembre 680, & fini le 16 septembre 681. Les Monothélites y sont condamnés.

Concile de Tolède, XII, en 681, le 9 janvier. Treize canons.

Concile de Tolède, XIII, l'an 683, le 4 novembre. Treize canons.

Concile de Tolède, XIV, l'an 684, pour la réception du sixième concile-général.

Concile de Tolède, XV, l'an 688, le 11 mai.

Décrets confirmés par une ordonnance du roi Egica.

Concile de Saragoſſe, l'an 691. On y fit cinq canons.

Concile de Conſtantinople, dit *in Trullo*, ou *Quiniſextum*, parce qu'il eſt regardé comme un ſupplément aux V. & VI<sup>e</sup>. conciles, où l'on n'avoit fait aucun canon pour la diſcipline & pour les mœurs. On en fit cent trois dans celui-ci, qui fut tenu l'an 692.

Concile d'Angleterre, l'an 692, pour réunir les Bretons avec les Saxons.

Concile de Tolède, XVI, l'an 693, le 2 mai. Sisbert de Tolède y fut dépoſé. On y fit dix canons de diſcipline.

Concile de Tolède, XVII, l'an 694, le 8 novembre. Huit canons.

Concile de Becancelde en Angleterre, l'an 694, ſur l'immunité des égliſes.

Concile de Bergamſtède en Angleterre, l'an 697. Vingt-huit canons.

Concile d'Aquilée, l'an 698, par les ſchiſmatiques, contre la condamnation des trois chapitres.

Concile de Tolède, XVIII & dernier, l'an 701. Il ne reſte de ce concile ni actes ni canons.

Concile de Neſtrefield en Angleterre, l'an 703, contre ſaint Vilfrid d'York.

Concile de Rome, l'an 704, où ſaint Vilfrid eſt abſous de nouveau. Lettre du pape Jean VI aux rois des Merciens & de Northumbre.

*Concilium Niddanum*, près la rivière de Nid, l'an 705, où les évêques anglais ſe réconcilièrent avec ſaint Vilfrid.

Concile de Conſtantinople, l'an 712, par les Monothélites, contre le ſixième concile-général.

Concile de Conſtantinople, l'an 714, contre les Monothélites.

Concile de Rome, l'an 721, le 5 avril, ſur les mariages illégitimes. Dix-ſept canons.

Concile de Conſtantinople, l'an 730, le 7 janvier, où l'empereur Léon fit un décret contre les images.

Concile de Rome, l'an 732, ſur les images.

Concile de Germanie. On ne ſait en quel lieu Carloman le fit aſſembler, le 21 avril de l'an 742, pour rétablir la diſcipline eccléſiaſtique. Seize canons que quelques-uns réduiſent à ſept.

Concile de Leptines, aujourd'hui Leſtines en Cambréſis, l'an 743, le 1<sup>er</sup>. mai. Quatre canons.

Concile de Soiſſons, l'an 744, le 3 mars. Dix canons.

Concile de Rome, l'an 744. Quinze canons, la plûpart ſur la vie cléricale & les mariages. Le P. Pagi le place en 743.

Concile de Germanie, l'an 745, contre pluſieurs clercs hérétiques. Gevilieb de Mayence y eſt dépoſé.

Concile de Cloveshow, l'an 747, au commencement de ſeptembre. Trente canons concernant les évêques.

Concile de Germanie, l'an 747, où on reçut les quatre conciles-généraux.

Concile de Verberie, l'an 753, ſur les mariages. Vingt-un canons.

Concile de Conſtantinople, l'an 754, contre les images.

Concile de Vernon, ou plutôt de Ver ou Vern, ſelon M. l'abbé Lebeuf, ſuivi par D. Bouquet, l'an 754. Vingt-cinq canons.

Concile de Compiègne, l'an 757, ſur les mariages. Dix-huit canons.

Concile d'Attigni-ſur-Aiſne, l'an 705.

Concile de Gentilli, près Paris, l'an 767.

Concile de Rome, l'an 769, contre l'antipape Conſtantin & les iconoclaſtes.

Concile de Conſtantinople, l'an 789, commencé le 2 août, & diſſous par la violence des iconoclaſtes.

Concile de Nicée, II, ſeptième concile-général, l'an 787, commencé le 24 ſeptembre, & fini le 23 octobre, contre les iconoclaſtes. Vingt-deux canons.

Concile de Cælcut en Northumbre, l'an 787. Vingt canons.

Concile de Narbonne, l'an 791, le 27 juin, au ſujet de Félix d'Urgel.

Concile de Ratisbonne, l'an 792. Félix d'Urgel y eſt condamné.

Concile de Francfort, l'an 794, contre Eliſpand & Félix d'Urgel.

Concile de Frioul, par Paulin, Patriarche d'Aquilée & ſes ſuffragans. Le P. Pagi prouve que ce concile fut tenu en 796; d'autres le placent à l'an 791.

Concile de Becaneld en Angleterre, l'an 798, contre les uſurpateurs des biens des égliſes.

Concile de Tinchal en Angleterre, l'an 799, ſur la Pâque.

Concile de Rome, l'an 799, contre Félix d'Urgel.

Concile d'Urgel, l'an 799, au ſujet de Félix.

Concile d'Aix-la-Chapelle, où Félix eſt dépoſé, l'an 799.

Concile de Cloveshow en Angleterre, contre les uſurpateurs des biens d'égliſe, l'an 800.

Aſſemblée de Charlemagne, ſur la diſcipline eccléſiaſtique, l'an 801.

Concile d'Altino, ſur la diſcipline eccléſiaſtique, l'an 802. Lettre ſynodale.

Concile d'Aix-la-Chapelle, ſur la diſcipline eccléſiaſtique, l'an 803. Capitulaires.

Concile de Ratisbonne, l'an 803, contre les co-évêques.

Concile de Cloveshow, ſur la diſcipline eccléſiaſtique, l'an 803. Actes & décret.

Aſſemblée à Salz, ſur la diſcipline eccléſiaſtique, l'an 804. Capitulaires.

Aſſemblée à Oſnabrug, ſur la diſcipline eccléſiaſtique, l'an 804. Edit ſur l'inſtitution des écoles.

Concile

Concile de Thionville, touchant la discipline ecclésiastique, l'an 805. Capitulaires.

Autre concile de Thionville, touchant la discipline ecclésiastique, l'an 805. Capitulaires donnés à Jessé, évêque d'Amiens.

Concile de Constantinople, en faveur de Joseph Œconome, l'an 806. Mention de ce concile dans les auteurs du tems.

Concile de Saltzbourg, l'an 807, au sujet des dîmes.

Concile de Constantinople, en faveur du mariage de Théodore, l'an 809. Mention de ce concile dans les historiens du tems.

Concile d'Aix-la-Chapelle, touchant l'addition de la particule *filioque* au symbole, & sur la discipline ecclésiastique, l'an 809. Conférence des députés de ce concile avec le Pape.

Assemblée en France, sur la discipline ecclésiastique, l'an 809. Capitulaires.

Concile d'Arles, sur la discipline ecclésiastique, l'an 8.3. Vingt-six canons.

Concile de Reims, sur la discipline ecclésiastique, l'an 813. Quarante-quatre canons.

Concile de Mayence, sur la discipline ecclésiastique, l'an 813. Cinquante-cinq canons.

Concile de Tours, sur la discipline ecclésiastique, l'an 813. Cinquante-un canons.

Concile de Châlons, sur la discipline ecclésiastique, l'an 813. Soixante-six canons.

Concile de Constantinople, contre Antoine de Silée, l'an 813. Actes.

Concile d'Aix-la-Chapelle, l'an 813. Capitulaires de vingt-huit articles.

Concile de Constantinople, d'iconoclastes, l'an 815. Actes perdus.

Concile de Celchyt en Angleterre, sur la discipline ecclésiastique, l'an 816. Onze canons.

Concile d'Aix-la-Chapelle, sur la discipline ecclésiastique, l'an 816. Règle pour les chanoines. Autres règles pour les chanoinesses. Capitulaires faits en conséquence.

Concile d'Aix-la-Chapelle, sur la discipline monastique, vers l'an 817. Règles pour des moines, contenant quatre-vingts articles.

Diverses assemblées sous Louis-le-Débonnaire, touchant la discipline ecclésiastique, l'an 819. Capitulaires.

Concile de Thionville, sur la discipline ecclésiastique, l'an 821. Quatre canons, cinq capitules.

Concile d'Attigni, sur la discipline ecclésiastique, l'an 822. Actes.

Concile de Cloveshow, sur la discipline ecclésiastique, l'an 822. Actes.

Concile de Compiègne, l'an 823, sur le mauvais usage des choses saintes.

Concile de Cloveshow, l'an 824, au sujet du différend entre Hébert & Vorchestre, & les moines de Berclei.

Conciles de Paris & d'Aix-la-Chapelle, l'an

825, touchant le culte des images. Écrits & lettres dressés par ordre du concile sur ce sujet.

Concile de Rome, sur la discipline ecclésiastique, l'an 826. Trente-huit canons.

Assemblées à Ingelheim, sur la discipline ecclésiastique, l'an 826. Lois de Louis-le-Débonnaire, publiées ensuite de cette assemblée.

Concile de Paris, sur la discipline ecclésiastique, l'an 829. Réglemens distribués en trois parties.

Conciles à Mayence, à Lyon & à Toulouse, sur la discipline ecclésiastique, l'an 829. Réglemens & canons perdus.

Assemblée à Worms, sur la discipline ecclésiastique, l'an 829. Capitulaires dressés pour la confirmation des canons faits dans les quatre conciles précédens.

Concile de Noyon, sur la discipline ecclésiastique, l'an 831. Actes perdus.

Assemblée d'évêques à Compiègne, contre le roi Louis-le-Débonnaire, l'an 833. Actes.

Assemblée d'évêques à Saint-Denis, sur l'affaire de Louis-le-Débonnaire, l'an 834. Actes perdus.

Concile de Thionville, contre Ebbon, archevêque de Reims, l'an 835. Reconnoissance d'Ebbon.

Concile d'Aix-la-Chapelle, l'an 836, au mois de février, sur la discipline & pour la restitution des biens ecclésiastiques. Réglemens distribués en trois parties.

Concile de Lyon, contre Agobard, archevêque de cette ville, l'an 836. Actes perdus.

Concile de Paris, pour Agobard, archevêque de Lyon, l'an 838. Actes perdus.

Concile d'Ingelheim, le 24 juin, où Ebbon est rétabli dans l'archevêché de Reims, l'an 840.

Synode de Reims, sur la discipline ecclésiastique, l'an 842. Constitutions ecclésiastiques.

Concile de Constantinople, contre les iconoclastes, l'an 842. Actes perdus.

Concile d'Aix-la-Chapelle, l'an 842, où les deux rois Louis & Charles-le-Chauve partagent le royaume de Lothaire en France.

Assemblée de Coulaines, l'an 843, près la ville du Mans. Charles-le-Chauve y fit un capitulaire de six articles.

Concile d'Aurillac, sur la discipline ecclésiastique, l'an 843. Quatre canons.

Assemblées à Toulouse, sur la discipline ecclésiastique, l'an 843. Neuf capitulaires.

Concile de Thionville, sur la discipline ecclésiastique, l'an 844. Six canons.

Concile de Vernon, sur la discipline ecclésiastique, l'an 844. Douze canons.

Concile de Beauvais, au mois d'avril, sur la discipline ecclésiastique, l'an 845. Huit canons.

Concile de Trèves, touchant l'ordination d'Hincmar, archevêque de Reims, l'an 845. Mention de ce concile dans Hincmar.

Concile de Meaux, l'an 845, le 17 juin, sur la discipline ecclésiastique. On y recueillit les canons de quelques concilés précédens, & on y en ajouta cinquante-six, faisant en tout quatre-vingts.

Concile d'Epernai, sur la discipline ecclésiastique, l'an 846. Dix-neuf capitules.

Concile de Paris, l'an 847, le 14 février, pour l'affaire d'Ebbon de Reims. On y confirma les priviléges de Corbie.

Concile de Mayence, l'an 847, au sujet des usurpateurs des biens ecclésiastiques. Trente-un canons.

Concile de Mayence, l'an 848, au sujet de Gothescale.

Concile de Bretagne, l'an 848, au plus tard, sur la discipline ecclésiastique.

Concile de Rome, l'an 848, au plus tard, sur le même sujet.

Concile de Redon, l'an 848, au plus tard, où Nomenoi érige de nouveaux évêchés, & se fait déclarer Roi.

Concile de Quierci-sur-Oise, l'an 849, contre Gothescale.

Concile de Paris, l'an 849, vers l'automne. Lettres de reproches à Nomenoi.

Concile de Pavie, sur la fin de l'année 850. Vingt-cinq canons.

Concile de Cordoue, l'an 852, pour aviser aux moyens d'appaiser les Infidèles.

Concile de Soissons, l'an 853, le 26 avril, en faveur d'Hincmar de Reims.

Concile de Quierci-sur-Oise, l'an 853. Articles d'Hincmar contre Gothescale.

Concile de Paris, l'an 853, pour l'ordination d'Enée. Articles de saint Prudence en faveur de Gothescale.

Concile de Verberie, l'an 852, au mois d'août, où on approuve les articles publiés au concile de Soissons.

Concile de Rome, l'an 853, le 8 décembre. Douze canons.

Concile III de Valence en Dauphiné, l'an 855, le 8 janvier. Vingt-trois canons.

Concile de Pavie, l'an 855, au mois de février. Dix-neuf canons.

Concile de Winchester, l'an 856, pour les dîmes.

Concile de Quierci, l'an 857, le 25 février, pour remédier aux maux de l'Eglise & de l'Etat.

Concile de Constantinople, l'an 858, contre Photius.

Concile de Constantinople, l'an 858, par Photius, contre saint Ignace.

Concile de Quierci, l'an 858. Lettre au roi Louis-le-Germanique.

Concile de Langres, l'an 859, le 9 avril. Seize canons.

Concile de Metz, l'an 859, le 28 mai, pour la paix.

Concile de Toul, I, ou de Savonières, sur différentes affaires ecclésiastiques, l'an 859. Treize capitules. Requête contre Venilon, archevêque

de Sens. Lettre au même. Deux lettres sur les églises de Bretagne. Avertissement à Venilon.

Concile d'Aix-la-Chapelle, touchant le divorce de la reine Thietberge, l'an 860, le 9 janvier. Lettre au pape Nicolas.

Concile de Coblentz, sur la discipline ecclésiastique, l'an 860, le 5 juin. Actes contenant divers réglemens.

Concile de Toul, II, sur la discipline ecclésiastique, l'an 860. Lettre pastorale, & cinq canons. Lettre d'Hincmar, écrite au métropolitain d'Aquitaine.

Concile de Constantinople, contre saint Ignace, l'an 861. Actes rapportés par Nicétas. Dix-sept canons de ce concile.

Concile de Rome, contre Jean de Ravenne, l'an 861.

Concile de Soissons, contre l'évêque Rothade, l'an 861.

Concile de Sablonières, contre Lothaire, l'an 862. Actes.

Concile de Fiste, touchant la discipline ecclésiastique, l'an 862. Quatre capitules.

Concile de Soissons, l'an 862, contre Rothalde.

Concile de Rome, contre Photius, l'an 862. Sentence contre l'ordination de Photius. Canons faits dans un autre synode contre les théopaschites.

Concile d'Aix-la-Chapelle, touchant le divorce de Thietberge, l'an 862. Actes & sentence de ce concile.

Concile de Metz, sur la même affaire, l'an 863. Actes perdus.

Concile de Rome, contre les deux conciles précédens, l'an 863. Actes.

Concile de Senlis, contre Rothade, évêque de Soissons, l'an 863. Mention dans Hincmar.

Concile de Verberie, l'an 863, le 25 octobre, au sujet de Rothade.

Concile de Rome, contre Rodoalde, légat du Pape en Orient, l'an 864. Mention de ce concile dans la lettre du pape Nicolas I.

Concile de Rome, pour le rétablissement de Rothade, évêque de Soissons, l'an 865. Histoire de ce concile dans les lettres du pape Nicolas I, & dans Hincmar.

Concile de Toussi, sur la discipline ecclésiastique, l'an 865. Quelques capitules.

Concile de Constantinople, contre le pape Nicolas, l'an 866. Actes.

Concile de Soissons, touchant l'affaire d'Hincmar & d'Ebbon, l'an 866. Lettres, mémoires, requêtes & autres actes.

Concile de Compiègne, sur la discipline ecclésiastique, l'an 866. Quelques capitules.

Concile de Troyes, touchant l'affaire d'Hincmar & d'Ebbon, l'an 867. Actes & lettres.

Concile de Soissons, touchant Actardus, évêque de Nantes, l'an 867. Lettre au Pape, touchant cet évêque.

Concile de Conftantinople, contre Photius, l'an 867, le 23 novembre.

Concile de Rome, l'an 868, fous le pape Adrien II, contre Photius.

Concile de Worms, fur la difcipline eccléfiaftique, l'an 868. Quatre-vingts canons.

Concile de Verberie, contre Hincmar, évêque de Laon, l'an 869. Hiftoire de ce concile dans Hincmar.

Concile de Pifte, fur la difcipline eccléfiaftique, l'an 869. Un capitulaire.

Concile de Metz, fur la difcipline eccléfiaftique, l'an 869. Quelques capitules.

Concile de Conftantinople, VIII, général, l'an 869. Actes & canons.

Concile d'Attigni, touchant l'affaire d'Hincmar, évêque de Laon, l'an 870. Actes.

Concile de Donzi, contre Hincmar, évêque de Laon, l'an 871. Actes.

Concile de Senlis, contre Carloman, l'an 873. Mention de ce concile dans Hincmar. Actes perdus.

Synode du clergé de Reims, touchant la difcipline eccléfiaftique, l'an 874. Statuts fynodaux.

Concile de Douzi, l'an 874, le 13 juin, contre le mariage inceftueux & les déprédations des biens eccléfiaftiques.

Lettre fynodale, & jugement de Duda.

Concile de Ravenne, l'an 874, au fujet du différend entre le duc de Venife & le patriarche de Grade.

Concile de Pavie, fur la difcipline eccléfiaftique, l'an 876. Un capitulaire.

Concile de Pontigon, fur la primatie de l'archevêché de Sens, l'an 876. Actes.

Concile de Rome, fur la difcipline eccléfiaftique, l'an 877. Difcours du Pape à ce concile.

Concile de Compiègne, l'an 877, avant le départ de l'Empereur pour l'Italie.

Concile de Ravenne, fur la difcipline eccléfiaftique, l'an 877. Dix-neuf canons.

Affemblée à Quierci, fur la difcipline eccléfiaftique, l'an 877. Quelques capitules.

Concile de Troyes, touchant la difcipline eccléfiaftique & l'abfolution d'Hincmar de Laon, l'an 878. Actes de canons.

Concile de Rome, fur la difcipline eccléfiaftique, l'an 879, le 1er. mai. Mention de ce concile dans l'Hiftoire eccléfiaftique.

Autre concile de Rome, fur le rétabliffement de Photius, l'an 879, au mois d'août. Lettre du pape Jean VIII, contenant les actes de ce concile.

Autre concile de Rome, l'an 879, le 15 octobre, contre Aufpert, archevêque de Milan.

Concile de Conftantinople, fur le rétabliffement de Photius, l'an 876. Actes.

Concile de Fifmes, fur la difcipline eccléfiaftique, l'an 881. Lettre divifée en huit articles ou canons.

Concile de Verneuil, fur la difcipline eccléfiaftique, l'an 884. Capitules.

Concile de Châlons-fur-Saone, l'an 886, le 18 mai, fur les affaires de l'Eglife.

Concile de Cologne, pour l'ordination de Dieux, évêque de Metz, & le maintien des biens eccléfiaftiques, l'an 887. Six canons.

Concile de Mayence, fur la difcipline eccléfiaftique, l'an 888. Vingt-fix canons.

Concile de Metz, l'an 888, par l'archevêque de Trèves. Treize canons.

Concile de Vienne en Dauphiné, fur la difcipline eccléfiaftique, l'an 892. Quatre ou cinq canons.

Concile de Châlons-fur-Saone, au fujet du moine Gerfroi, l'an 894. Mention de ce concile dans l'Hiftoire eccléfiaftique.

Concile de Tribur, fur la difcipline eccléfiaftique, l'an 895. Cinquante-huit canons.

Concile de Nantes, ou plutôt collection de canons, de l'an 895. Vingt canons.

Concile de Rome, l'an 896 ou au commencement de l'an 897, contre le pape Formofe.

Concile de Rome, l'an 898, où la mémoire de Formofe eft rétablie.

Concile de Ravenne, l'an 898, fur le même fujet.

Concile de Compoftelle, l'an 900, le 6 mai.

Concile de Rome, l'an 904, en faveur du pape Formofe. Actes divifés en douze capitules.

Concile de Ravenne, auffi en faveur de Formofe, l'an 904. Dix capitules.

Concile de Cantorbery, fur la difcipline eccléfiaftique, vers l'an 904. Actes perdus.

Affemblée en Angleterre, fous le roi Edouard, fur la difcipline eccléfiaftique, l'an 905. Lois.

Concile de Troflé, touchant la difcipline eccléfiaftique, l'an 909. Actes divifés en quinze articles.

Concile d'Altheim dans la Rhétie, l'an 916, le 20 feptembre.

Concile de Conftantinople, pour l'union du clergé, l'an 920. Actes perdus.

Concile de Troflé, dans lequel on lève l'excommunication portée contre le comte Erlebaud, l'an 921. Extrait des actes dans Flodoard.

Concile de Coblentz, fur la difcipline eccléfiaftique, l'an 922. Huit canons, dont il ne refte que cinq.

Concile de Reims, contre ceux qui avoient porté les armes contre le roi Charles-le-Simple, l'an 923. Extrait des actes dans Flodoard.

Affemblée en Angleterre, fous le roi Ethelftan, fur la difcipline eccléfiaftique, l'an 923. Lois.

Concile de Troflé, pour juger le différend d'entre le comte Ifaac & Etienne, évêque de Cambrai, l'an 924. Extrait des actes dans Flodoard.

Concile de Troflé, pour Charles-le-Simple, l'an 927. Extrait des actes dans Flodoard.

Concile d'Altheim, dans la Rhétie, l'an 931. On y fit trente-sept capitules que nous n'avons plus.

Concile d'Etford, fur la difcipline eccléfiaftique, l'an 932. Préface & cinq canons.

Concile de Château-Thierri, pour l'ordination des évêques de Beauvais & de Cambrai, l'an 934. Extrait d'actes dans Flodoard.

Concile de Fifmes, fur la difcipline eccléfiaf tique, l'an 935. Décret contre les ufurpateurs des biens de l'Eglife.

Concile de Soiffons, pour l'ordination d'Hugues à l'archevêché de Reims, l'an 941. Extrait des actes dans Flodoard.

Concile de Landaff en Angleterre, l'an 943.

Affemblée eccléfiaftique en Angleterre, fous le roi Edmond, fur la difcipline eccléfiaftique, l'an 944. Lois eccléfiaftiques & civiles.

Concile de Conftantinople, contre Triphon, l'an 944. Actes perdus.

Concile tenu proche la rivière de Cher, touchant l'ordination de Thetbaud à l'évêché d'Amiens, l'an 947. Actes perdus.

Concile de Verdun, fur le différend d'entre Hugues & Artolde pour l'archevêché de Reims, l'an 947. Extrait des actes dans Flodoard.

Concile de Mouzon, en faveur d'Artolde, archevêque de Reims, l'an 948, le 13 janvier. Extrait des actes dans Flodoard.

Concile d'Ingelheim, en faveur d'Artolde, l'an 948, le 7 juin. Actes & dix canons.

Concile de Mouzon, contre le comte Thibaut, l'an 948. Extrait d'actes dans Flodoard.

Concile de Trèves, contre Hugues, l'an 948. Actes dans Flodoard.

Concile de Londres, fur la difcipline eccléfiaftique, l'an 948, le 8 feptembre. Lois perdues. Charte d'une donation au monaftère de Croiland.

Concile de Rome, contre Hugues-le-Blanc, l'an 949. Extrait d'actes dans Flodoard.

Concile d'Augsbourg, fur la difcipline eccléfiaftique, l'an 952, le 7 août. Onze canons.

Concile de faint Thierri, contre le comte Rainolde, l'an 953. Extrait des actes dans Flodoard.

Concile de Landaff en Angleterre, l'an 955.

Concile tenu dans le diocèfe de Meaux, pour l'ordination d'un archevêque de Reims, l'an 961. Extrait des actes dans Flodoard & dans Hugues de Flavigni.

Concile de Rome, contre le pape Jean XII, l'an 963. Actes.

Concile de Rome, contre le pape Jean XII, l'an 964. Actes.

Concile de Rome, contre le pape Léon VIII, l'an 964. Décret fur les inveftitures. Actes perdus. Décret fuppofé.

Concile de Ravenne, fur la difcipline eccléfiaftique, l'an 967. Actes & lettres du Pape.

Concile II, de Ravenne, en 968.

Affemblée en Angleterre, fous faint Dunftan &

le roi Edgard, touchant la difcipline eccléfiaftique, l'an 969. Lois & conftitutions.

Concile de Londres, l'an 971, où le roi Edgard confirme les priviléges accordés au monaftère de Glafcou.

Concile de Rome, qui confirme celui de Londres, l'an 971.

Concile de Compoftelle, l'an 971. Céfaire y eft élu archevêque de Tarragone.

Concile du Mont-Sainte-Marie, touchant le monaftère de Mouzon, l'an 972. Actes.

Concile d'Ingelheim, touchant la difcipline eccléfiaftique, l'an 972. Extrait d'actes dans la vie de faint Ulric.

Concile-général d'Angleterre, fur la difcipline eccléfiaftique, l'an 973. Actes.

Concile de Cantorbery, fous faint Dunftan, fur la réforme du clergé, l'an 974. Extrait des actes dans la vie de faint Dunftan.

Concile de Reims, contre le comte Thibaut, l'an 975. Extrait des actes dans Flodoard.

Concile de Winchefter, fur la difcipline eccléfiaftique, l'an 975. Actes.

Concile de Calue en Angleterre, l'an 979, au fujet d'un différend entre les clercs & les moines.

Concile de Landaff en Angleterre, l'an 988. Un Roi qui avoit tué fon frère, y eft mis en pénitence.

Concile de Charroux, fur la difcipline eccléfiaftique, l'an 989. Trois canons.

Concile de Reims, pour l'élection d'Arnoul à l'archevêché de cette ville, l'an 989. Actes.

Concile de Senlis, contre Adulger, l'an 989. Actes.

Concile de Reims, tenu à Saint-Bafle, à trois lieues de Reims, l'an 991. Actes & difcours d'Arnoul, rédigés par Gerbert.

Concile de Rome, l'an 993, le 31 janvier, pour la canonifation de faint Udalric. Acte de la canonifation de ce Saint.

Concile de Mouzon, contre Gerbert, l'an 995. Actes.

Concile de Reims, contre Gerbert, l'an 995. Extraits d'actes dans l'appendice d'Aimoin.

Concile de Rome, l'an 996 ou environ, au fujet de faint Adalbert.

Concile de Saint-Denis, l'an 996 ou environ, au fujet des dîmes.

Concile de Pavie, l'an 997, contre Crefcence & l'antipape Jean XVI.

Concile de Ravenne, l'an 998. Trois canons.

Concile de Rome, l'an 998, pour obliger le roi Robert à quitter Berthe fa parente, qu'il avoit époufée.

Concile de Compiègne, l'an 1000, contre Azolin, évêque de Laon. Mention de ce concile dans la première lettre du pape Sylveftre II.

Concile de Rome, l'an 1001. Saint Bernouard y fut confirmé dans la poffeffion du monaftère de Gandefem.

Concile de Polden, près de Brandebourg, l'an

1001 , le 22 juillet , en faveur de faint Bernouard.

Concile de Francfort, l'an 1001 , après l'Affomption, au fujet de l'abbaye de Gandefem.

Concile de Rome , l'an 1002 , le 3 décembre , au fujet de l'abbaye de Péroufe.

Concile de Poitiers , l'an 1004 ou environ , le 13 janvier. Trois canons.

Concile de Dortmond en Weftphalie , au fujet du mariage du duc d'Auftrafie , l'an 1005 ou environ.

Concile de Francfort , pour ériger Bamberg en évêché , l'an 1007, le 1 novembre.

Concile de Chelles , l'an 1008 , le 17 mai. Il n'en refte qu'une charte en faveur de l'abbaye de Saint-Denis.

Concile d'Enham en Angleterre , l'an 1009, pour la réformation des mœurs & de la difcipline. Trente-deux canons.

Concile de Léon, l'an 1012 , le 25 juillet. Sept canons & quarante lois.

Affemblée en Angleterre , fur la difcipline eccléfiaftique , l'an 1012. Lois du roi Ethelrède.

Concile de Ravenne , l'an 1014 , le 30 avril, contre ce qui s'étoit paffé fous l'archevêque Adalbert.

Concile de Pavie , l'an 1020 , le 1er. août , pour la réforme du clergé. Difcours contre l'incontinence des clercs. Huit décrets contre les clercs concubinaires. Edit de l'Empereur, qui confirme ces décrets.

Concile de Selingftadt , près Mayence , l'an 1022, le 11 août. On y fit vingt canons.

Concile d'Orléans, l'an 1022 , contre des Manichéens.

Concile de Mayence , l'an 1023. National d'Allemagne.

Concile de Poitiers , l'an 1023 , au fujet de l'apoftolat de faint Martial.

Concile de Paris, l'an 1024 , fur le même fujet.

Concile d'Arras , l'an 1025 , contre des hérétiques qui rejetoient les facremens.

Concile d'Anfe , près de Lyon , l'an 1025 , en faveur de Gauflin de Mâcon.

Concile de Charroux en Poitou , l'an 1028 , contre les Manichéens.

*Concilium Geitzletenfe*, près de Mayence , au fujet de l'affaffinat du comte Sigefroi, l'an 1028.

Concile de Limoges , le 4 août de l'an 1028, en faveur de l'apoftolat de faint Martial.

Concile de Bourges , l'an 1031 , le premier novembre. Vingt-cinq canons.

Concile de Limoges , l'an 1031 , en faveur de l'apoftolat de faint Martial.

Affemblée en Angleterre , l'an 1032 , fur la difcipline eccléfiaftique. Lois du roi Canut.

Il s'eft tenu l'an 1034 différens conciles en Aquitaine , dans la province d'Arles & dans celle de Lyon, pour le rétabliffement de la paix , &c.

On tint divers conciles , l'an 1041 , où l'on établit la trève de Dieu.

Concile de Sutri , près de Rome , pour faire ceffer le fchifme, l'an 1046. Mention dans les auteurs contemporains.

Concile de Rome, contre les fimoniaques , l'an 1047. Mention de ce concile dans Pierre Damien.

Concile de Rome, contre les fimoniaques , l'an 1049. Mention de ce concile dans Pierre Damien & dans Herman Contract.

Concile de Pavie , fur la difcipline eccléfiaftique, l'an 1049. Mention de ce concile dans Herman Contract.

Concile de Reims , contre les fimoniaques , l'an 1049. Actes & canons.

Concile de Mayence , contre un évêque accufé d'adultère , l'an 1049. Mention de ce concile dans Herman Contract & dans Adam de Brême.

Concile de Rome , contre Bérenger , l'an 1050. Hiftoire de ce concile , rapportée par Lanfranc.

Concile de Brione , contre Bérenger , l'an 1050. Hiftoire de ce concile , rapportée par Durand, abbé de Troarn.

Concile de Verceil , contre Bérenger , l'an 1050. Hiftoire de ce concile , rapportée par Lanfranc. Lettres d'Ufeclin & de Bérenger , concernant ce concile.

Concile de Paris , contre Bérenger , l'an 1050. Hiftoire de ce concile dans Durand , abbé de Troarn.

Concile de Coyau en Efpagne , fur la difcipline eccléfiaftique , l'an 1050. Treize canons.

Concile de Rouen , fur la difcipline eccléfiaftique , l'an 1050. Lettre contenant dix-neuf réglemens.

Concile de Siponte , contre deux archevêques fimoniaques , l'an 1050. Mention de ce concile dans la vie de Léon IX , par Guibert.

Concile de Rome , contre Grégoire , évêque de Verceil, l'an 1051. Mention de ce concile dans Pierre Damien & dans Herman Contract.

Concile de Mantoue , fur la difcipline eccléfiaftique , l'an 1052. Mention de ce concile dans la vie du pape Léon IX , par Guibert.

Concile de Rome , fur les différends des évêques de Grade & d'Aquilée , l'an 1053. Mention de ce concile dans Herman Contract & dans une lettre du pape Léon IX.

Concile de Narbonne , fur la trève de Dieu , l'an 1051. Ordonnance eccléfiaftique. Trente-neuf canons.

Concile de Florence , fur la difcipline eccléfiaftique , l'an 1055. Hiftoire de ce concile dans Léon d'Oftie.

Concile de Lyon , fur la difcipline eccléfiaftique , l'an 1055. Actes de ce concile.

Concile de Tours , contre Bérenger , l'an 1055. Hiftoire rapportée par Guitmond & par Lanfranc.

Concile de Lifieux , contre Manger , archevêque de Rouen, l'an 1055. Hiftoire de ce concile.

Concile d'Angers, l'an 1055 ou environ, contre Bérenger.

Concile de Narbonne, l'an 1055, le 1er. octobre, contre les usurpateurs des biens de l'église d'Ausonne.

Concile de Toulouse, l'an 1056, le 13 septembre, contre la simonie, l'incontinence des clercs, &c. Treize canons.

Concile de Compostelle, l'an 1056, sur la discipline.

Concile de Rome, l'an 1057, le 18 avril, contre la simonie. Mention de ce concile dans une lettre du pape Etienne IX.

Concile de Rome, contre Bérenger, l'an 1059. Rétractation de Bérenger. Treize canons. Un décret contre les simoniaques. Un autre décret sur l'élection des Papes.

Concile de Melphe, l'an 1059, où le pape Nicolas II se réconcilie avec les Normands.

Concile de Bénévent, sur la discipline ecclésiastique, l'an 1059. Actes.

Concile de Vienne, l'an 1060, le 31 janvier, sur les désordres du clergé. Il n'en reste que trois canons.

Concile de Tours, l'an 1060, le 1er. de mars. Dix canons de discipline.

Concile de Rome, l'an 1060, contre les simoniaques.

Concile d'Osbori en Allemagne, l'an 1062, contre l'antipape Cadaloüs.

Concile de Saint-Jean de Rocca, l'an 1062, où l'on décida que les évêques d'Arragon devoient être choisis entre les moines de ce monastère.

Concile de Rouen, sur la foi de l'Eucharistie, l'an 1063, selon le P. Pagi. Profession de foi sur l'Eucharistie.

Concile de Rome, l'an 1063, au sujet de Pierre, évêque de Florence.

Concile de Châlons-sur-Saone, l'an 1063. On y confirma la juridiction de Cluni.

Concile d'Yacca en Arragon, l'an 1063. On y abolit le rit gothique pour suivre le romain.

Deux conciles de Rome, l'an 1065, contre les mariages incestueux.

Concile d'Elne, en Roussillon, l'an 1065, où la trève de Dieu est confirmée.

Concile de Londres, l'an 1065, pour l'immunité du monastère de Westminster.

Concile de Mantoue, l'an 1067, en faveur du pape Alexandre, & contre Cadaloüs. Le P. Pagi le place en 1064.

Concile dans le monastère de Leire, l'an 1068. On y confirme les privilèges de ce monastère.

Concile de Gironne, l'an 1068. La trève de Dieu y est confirmée.

Concile de Barcelonne, l'an 1068. On y changea le rit gothique en romain.

Concile d'Auch, l'an 1068. On y ordonna que les églises paieroient le quart de leurs dîmes à la cathédrale.

Concile de Toulouse, l'an 1068, contre la simonie, & pour rétablir l'évêché de Leitoure.

Concile de Mayence, l'an 1069, au sujet du divorce du roi Henri.

Concile de Winchester, l'an 1070, contre Stigand de Cantorbery.

Deux autres conciles en Angleterre, la même année.

Concile de Mayence, l'an 1071, où Charles, nommé à l'évêché de Constance, remet au Roi l'anneau & le bâton pastoral.

Concile de Rouen, sur la discipline ecclésiastique, l'an 1072. Vingt-quatre canons.

Concile d'Erford, sur les dîmes de la Thuringe, l'an 1073. Histoire de ce concile, écrite par Lambert d'Aschaffembourg. Deux lettres de Sigefroi, archevêque de Mayence.

Concile de Rouen, sur la discipline ecclésiastique, l'an 1073. Quatorze canons.

Concile de Rome, contre les simoniaques, l'an 1074. Relation de ce concile dans la lettre soixante-dix-septième du premier livre des lettres de Grégoire VII. Voyez aussi les lettres quarante-deuxième & quarante-troisième du même livre.

Concile de Poitiers, contre le mariage du duc d'Aquitaine avec une de ses parentes, l'an 1074. Mention de ce concile dans les lettres de Grégoire VII.

Concile d'Erford en Allemagne, contre les simoniaques, l'an 1074. Relation de ce qui s'y est passé, rapportée par Lambert d'Achaffembourg.

Concile de Rome, contre les simoniaques, l'an 1075. Relation de ce concile dans les trois premières lettres du troisième livre des lettres de Grégoire VIII.

Concile de Poitiers, contre Bérenger, l'an 1075. Mention de ce concile dans la chronique de saint Maixent.

Concile de Londres, sur la discipline ecclésiastique, l'an 1075. Actes contenant divers réglemens.

Assemblée de Worms, contre Grégoire VII, l'an 1076. Lettre au pape Grégoire, & décret contre lui.

Concile de Rome, contre l'empereur Henri IV, l'an 1076. Décret de ce concile contre l'empereur Henri, & les évêques de Lombardie & d'Allemagne.

Concile de Winchester, sur la discipline ecclésiastique, l'an 1076. Divers réglemens.

Assemblée à Tribur, près de Mayence, contre l'empereur Henri IV, l'an 1076, le 16 octobre.

Concile de Clermont, contre l'évêque de cette ville, l'an 1077. Mention de ce concile dans les lettres de Grégoire VII.

Concile de Dijon, contre les simoniaques, l'an 1077. Mention de ce concile dans les lettres de Grégoire VII.

Concile d'Autun, contre plusieurs évêques de France, l'an 1077. Relation de ce qui s'y est passé dans la lettre vingt-deuxième du quatrième livre des lettres de Grégoire VII. Voyez aussi les lettres quinzième & seizième du quatrième livre.

Concile de Rome, contre les archevêques de Milan & de Ravenne, en 1078, vers le carême. Actes de ce concile.

Concile de Rome, au sujet de Bérenger, l'an 1078. Douze canons ou réglemens.

Concile de Poitiers, l'an 1078. Lettre de Hugues de Die au pape Grégoire VII, & dix canons.

Concile de Rome, contre Bérenger, l'an 1079. Actes de ce concile.

Concile de Lyon, contre des évêques de France, l'an 1080. Actes de ce concile dans les historiens du tems.

Concile de Rome, contre l'empereur Henri, l'an 1080. Décrets de ce concile.

Assemblée de Brixen, dans le Tirol, contre Grégoire VII, l'an 1080. Décret contre Grégoire VII, & lettre de l'empereur Henri, écrites en conséquence.

Concile d'Avignon, contre Aicard, l'an 1080. Mention de ce concile dans les historiens du tems.

Concile de Burgos en Espagne, l'an 1080. L'office romain y fut substitué à l'office gothique en Espagne.

Concile de Lillebonne, sur la discipline ecclésiastique, l'an 1080. Plusieurs canons.

Concile de Meaux, contre Ursin, évêque de Soissons, l'an 1080. Mention de ce concile dans les historiens du tems.

Concile de Rome, l'an 1081, contre l'empereur Henri.

Concile de Meaux, pour l'ordination d'un évêque en cette ville, l'an 1082. Mention de ce concile dans les historiens du tems.

Concile de Rome, contre l'empereur Henri, l'an 1083. Actes.

Concile de Rome, l'an 1084, contre le même.

Assemblée de Berchach ou de Goslad, touchant les différends du Pape & de l'Empereur, l'an 1085. Relation de ce qui s'y est passé par les historiens du tems.

Assemblée de Quedlimbourg, contre l'Empereur, l'an 1085. Actes.

Assemblée de Mayence, en faveur de l'Empereur, l'an 1085. Mention de cette assemblée dans les auteurs contemporains.

Concile de Compiègne, l'an 1085, contre Evrard, abbé de Corbie.

Concile de Capoue, contre Guibert, antipape, l'an 1087. Mention de ce concile dans les historiens du tems.

Concile de Bénévent, contre Guibert, l'an 1087. Actes de ce concile dans Léon d'Ostie.

Concile de Bordeaux, l'an 1087, au mois d'octobre, où Bérenger rend raison de sa foi.

Concile de Rome, contre Guibert, l'an 1089. Extrait d'actes dans l'historien Bertoul.

Concile de Melphe, sur la discipline ecclésiastique, l'an 1089. Seize canons.

Concile de Toulouse, sur la discipline ecclésiastique, l'an 1090. Mention de ce concile dans les auteurs du tems.

Concile de Bénévent, sur la discipline ecclésiastique, l'an 1091. Quatre canons.

Concile de Léon, l'an 1091, pour introduire différens usages.

Concile d'Étampes, l'an 1091 ou 1092, contre Yves de Chartres.

Concile de Soissons, l'an 1092 ou au commencement de l'année suivante. On y condamna la doctrine de Roscelin sur la Trinité. Les auteurs de l'art de vérifier les dates prétendent que ce concile fut tenu à Compiègne, sans dire les raisons de leur sentiment. D. Rivet, *Histoire littéraire de la France*, Tom. IX, pag. 360, suit le sentiment ordinaire, & dit que ce concile fut tenu à Soissons.

Concile de Reims, contre Robert, comte de Flandre, l'an 1092. Mention de ce concile dans une des lettres d'Urbain II.

Concile de Troyes, dans la Pouille, sur la discipline ecclésiastique, l'an 1093. Décret sur les mariages entre parens, & touchant la trève de Dieu.

Concile de Constance, sur la réforme du clergé, l'an 1094. Extrait d'actes de ce concile.

Concile de Reims, sur le mariage de Philippe I avec Bertrade, l'an 1094, le 18 septembre.

Concile d'Autun, contre le second mariage de Philippe I, roi de France, l'an 1094, le 16 octobre. Extrait d'actes dans les auteurs contemporains.

Concile de Plaisance, sur la discipline ecclésiastique, l'an 1095. Histoire de ce concile, rapportée par Bertoul, & quinze canons.

Concile en Angleterre, touchant le schisme des Papes, l'an 1095. Mention de ce concile dans la vie de saint Anselme, par Eadmer.

Concile de Clermont, sur la discipline ecclésiastique, contre le divorce de Philippe I, & sur la croisade, l'an 1095. Actes. Lettre d'Urbain, & canons de ce concile.

Concile de Limoges, contre Humbaud, évêque de cette ville, l'an 1095. Mention de ce concile dans les historiens du tems.

Concile de Rouen, sur la discipline ecclésiastique, l'an 1096. Huit canons.

Concile de Tours, pour la croisade, l'an 1096. Mention de ce concile dans les historiens du tems.

Concile de Nîmes, sur la discipline ecclésiastique, l'an 1096. Seize canons.

Concile de Rome, tenu par les partisans de l'antipape Guibert, l'an 1098.

Concile de Bari, touchant la procession du Saint-Esprit, l'an 1098. Mention de ce concile dans la *Vie de saint Anselme*.

Concile de Rome, fur la difcipline eccléfiaf-tique, l'an 1099. Dix-huit canons.

Concile de Saint-Omer, l'an 1099, au mois de juin. On y fait cinq articles fur la trève de Dieu.

Concile de Valence, fur l'accufation de l'évé-que d'Autun par fon chapitre, l'an 1100. Extraits d'actes de ce concile dans les hiftoriens du tems.

Concile de Poitiers, contre le fecond mariage du roi Philippe I, & fur la difcipline eccléfiaftique, l'an 1100. Extraits d'actes de ce concile dans Yves de Chartres, & dans les hiftoriens du tems, & feize canons.

Concile d'Anfe, pour la croifade, l'an 1100. Extraits d'actes dans Hugues de Flavigni.

Concile de Rome, contre l'empereur Henri, l'an 1102. Extraits d'actes dans les auteurs du tems.

Concile de Rome, fur la difcipline eccléfiafti-que, l'an 1102. Dix-neuf canons.

Concile de Troyes, fur des affaires eccléfiafti-ques, l'an 1104. Extraits d'actes dans les auteurs du tems.

Concile de Baugenci, fur des affaires eccléfiaf-tiques, l'an 1104. Extraits d'actes de ce concile dans Yves de Chartres.

Concile de Paris, fur la féparation du roi Phi-lippe avec Bertrade, l'an 1104. Actes de ce con-cile dans une lettre au pape Pafchal II.

Concile de Rome, l'an 1105, contre les invef-titures données par les Princes.

Concile de Quedlimbourg, l'an 1105, contre la fimonie, le concubinage des prêtres, &c.

Concile de Reims, où Odon eft élu évêque de Cambrai, l'an 1105.

Concile de Poitiers, l'an 1106, le 26 mai. On y publie la croifade.

Concile de Florence, l'an 1106, fur l'antechrift.

Concile de Guaftalle, l'an 1106, fur la réforme du clergé, & contre les inveftitures. Actes de ce concile & trois capitules.

Concile de Mayence, fur les inveftitures, l'an 1107. Hiftoire de ce concile dans les auteurs du tems.

Concile de Troyes, fur les inveftitures, l'an 1107. Mention de ce concile dans Yves de Char-tres & dans d'autres auteurs du tems.

Concile de Londres, l'an 1107, fur les invefti-tures.

Concile de Jérufalem, l'an 1107, où Ebremar eft dépofé.

Concile de Londres, fur le concubinage des prêtres, l'an 1108.

Concile de Rome, l'an 1110, contre les invef-titures.

Concile de Latran, contre les inveftitures, l'an 1112. Actes de ce concile; lettres qui le concer-nent, & témoignages des auteurs du tems.

Concile de Vienne, contre les inveftitures, l'an 1112. Actes de ce concile, & lettre de Guy, archevêque de Vienne.

Concile de Windfor, l'an 1114, où Raoul eft élu archevêque de Cantorbery.

Concile de Ceperan, petite ville fur le Gari-glian, où l'archevêque de Bénévent fut dépofé l'an 1114.

Concile de Beauvais, contre les inveftitures & fur les affaires de la province, l'an 1114. Frag-mens d'actes & de réglemens de ce concile.

Concile de Reims, contre Henri V, l'an 1115. Mention de ce concile dans les auteurs du tems.

Concile de Cologne, l'an 1115, contre le même. Mention de ce concile dans les auteurs du tems.

Concile de Châlons, contre Henri V, l'an 1115. Mention de ce concile dans les auteurs du tems.

Concile de Tornus, fur les affaires de la pro-vince, l'an 1115. Mention de ce concile dans les lettres du pape Pafchal II.

Concile de Soiffons, l'an 1115, au fujet de l'évêque Godefroi.

Concile de Syrie, l'an 1115, contre Arnoul, Patriarche de Jérufalem.

Concile de Latran, l'an 1116, le 16 mars, con-tre les inveftitures.

Concile de Bénévent, l'an 1117, au mois d'avril, contre Maurice Bourdin.

Concile de Capoue, l'an 1118, contre l'empe-reur Henri, & fon antipape Bourdin.

Concile de Rouen, l'an 1118, le 7 octobre, pour la paix d'Angleterre.

Concile de Touloufe, l'an 1118, pour le fe-cours du roi d'Arragon, contre les Maures.

Concile de Touloufe, l'an 1119, le 13 juin, contre les Manichéens. Dix canons.

Concile de Reims, l'an 1119, contre la fimonie, les inveftitures, les ufurpations & l'incontinence des eccléfiaftiques. Cinq décrets.

Concile de Beauvais, l'an 1120. Saint Arnoul de Soiffons y fut canonifé.

Concile de Naploufe en Paleftine, l'an 1120. Vingt-cinq canons.

Concile de Soiffons, l'an 1121, après le mois de janvier, contre Abaillard.

Affemblée de Worms, l'an 1122, le 8 feptem-bre. Accord entre l'Empereur & le Pape.

Concile de Latran, I, neuvième concile-général, l'an 1123. Vingt-deux canons.

Conciles de Chartres, de Clermont, de Beau-vais & de Vienne, l'an 1124. On ne fait rien de ce qui s'y eft paffé.

Concile de Londres ou de Weftminfter, près de Londres, l'an 1125, le 9 feptembre. Dix-fept canons.

Concile de Nantes, l'an 1127 ou environ. On y fit quelques réglemens de difcipline.

Concile de Londres ou de Weftminfter, l'an 1127. Douze canons.

Concile de Troyes, l'an 1128, le 13 janvier. On y donna une règle aux Templiers.

Concile de Ravenne, l'an 1128, contre les Pa-triarches d'Aquilée & de Venife.

Concile

Concile de Rouen, l'an 1118. On y fit plusieurs réglemens de discipline.

Concile de Paris, l'an 1129, pour la réforme de plusieurs monastères.

Concile de Châlons, l'an 1129, le 2 février. Henri de Verdun y quitta son évêché.

Concile de Londres, l'an 1129, le 1er. août, contre les prêtres incontinens.

Concile de Palentia en Espagne, l'an 1129, contre les concubinaires.

Concile du Puy en Vélay, l'an 1130, contre Pierre de Léon.

Concile d'Etampes, l'an 1130. On y reconnut Innocent II pour vrai Pape.

Concile de Clermont en Auvergne, l'an 1130, par le pape Innocent II.

Concile de Wirsbourg, l'an 1130, au mois d'octobre, où Innocent II est reconnu Pape.

Concile de Liége, l'an 1131, le 22 mars. Otton, évêque d'Halberstat, est rétabli.

Concile de Reims, l'an 1131, le 18 octobre, contre Pierre de Léon. Dix-sept canons.

Concile de Mayence, l'an 1131, où Brunou se démet de l'évêché de Strasbourg.

Concile de Plaisance, l'an 1132, après Pâques.

Concile de l'abbaye de Jouaire, l'an 1133, au diocèse de Meaux, contre les assassins de Thomas, prieur de Saint-Victor.

Concile de Pise, l'an 1134, contre Pierre de Léon.

Concile de Northumbre, l'an 1136, le 29 mars. Robert y est élu évêque d'Excester.

Concile de Londres, l'an 1136, sur les besoins de l'Eglise & de l'Etat.

Concile de Burgos, l'an 1136, pour l'introduction du rit romain dans les offices divins, & la paix entre les rois de Navarre & de Castille.

Concile près de Melfe, au lieu nommé Lugo-Pesole, pour concilier l'abbé & les moines du Mont-Cassin, l'an 1137.

Concile de Londres, l'an 1138, le 13 décembre. Dix-sept canons.

Concile II de Latran, dixième concile-général, l'an 1139, le 8 avril, pour la réunion de l'Eglise, & contre les erreurs d'Arnaud de Bresse. Trente canons.

Concile de Winchester, l'an 1139, le 29 août, contre le roi Etienne.

Concile de Sens, l'an 1140, le 2 juin, contre les erreurs d'Abaillard.

Concile de Constantinople, l'an 1140, au mois de mai. On y condamna les écrits de Constantin Chrysomale.

Concile d'Antioche, l'an 1140, le dernier novembre, contre l'archevêque Raoul.

Concile de Constantinople, l'an 1143, le 20 août, contre deux évêques, dont l'ordination n'étoit pas régulière.

Concile de Constantinople, l'an 1143, le premier d'octobre, contre le moine Niphon.

Concile de Constantinople, l'an 1144, le 22 février, où Niphon est condamné.

Concile de Rome, l'an 1144, qui soumet toutes les églises de Bretagne à la métropole de Tours.

Concile de Vezelai, l'an 1146, le jour de Pâques, 31 mars. Le Roi & plusieurs Princes y prennent la croix.

Concile de Chartres, l'an 1146, pour la croisade.

Concile de Paris, l'an 1147, après les fêtes de Pâques, au sujet des erreurs de Gilbert de la Porrée.

Concile de Reims, l'an 1148, sur le même sujet.

Concile de Trèves, l'an 1148, au sujet des écrits de Sainte-Hildegarde.

Concile de Baugenci, l'an 1152, le 18 mars, pour la séparation de Louis VII d'avec Eléonore.

Concile d'Irlande au monastère de Mellifont, l'an 1152, après le mois de septembre, pour établir les archevêchés d'Armach, de Dublin, de Cassel & de Touam.

Concile de Pavie, l'an 1160, en faveur de l'antipape Victor.

Concile d'Anagni, l'an 1160, où Alexandre III excommunie cet antipape & l'Empereur.

Concile d'Oxford, l'an 1160, contre des Vaudois.

Concile de Nazareth, l'an 1160, vers la fin, en faveur du pape Alexandre.

Concile de Toulouse, l'an 1161, en faveur du même Pape.

Concile de Lodi, l'an 1161, tenu par l'antipape Victor.

Concile de Montpellier, l'an 1162, tenu par Alexandre III.

Concile de Tours, l'an 1163, par le pape Alexandre. Dix canons.

Concile de Clarendon, l'an 1162, où les évêques promettent d'observer les coutumes du royaume.

Concile de Reims, l'an 1164, pour la croisade.

Concile de Northampton, l'an 1164, contre Saint-Thomas de Cantorbéry.

Concile de Virsbourg, l'an 1165, le 23 mai, jour de la Pentecôte, contre le pape Alexandre.

Concile de Lombers, petite ville à deux lieues d'Albi, qu'il ne faut pas confondre avec Lombez en Gascogne, l'an 1165, contre les bons-hommes.

Concile d'Aix-la-Chapelle, l'an 1165, où Charlemagne est canonisé.

Concile de Londres, l'an 1166, contre Saint-Thomas de Cantorbéry.

Concile de Constantinople, l'an 1166, contre les fausses interprétations des paroles des saints docteurs. On y fit neuf canons.

Concile de Constantinople, l'an 1166, le 11 avril, sur les mariages.

Concile de Latran, l'an 1167, avant le mois d'avril, où l'empereur Frédéric est excommunié.

Concile de Caſſel en Irlande, l'an 1171. Huit canons.

Concile d'Avranches, l'an 1172, où le roi d'Angleterre eſt abſous de l'aſſaſſinat de Saint-Thomas de Cantorbery.

Concile de Londres à Weſtminſter, l'an 1175, le 29 mai. Dix-neuf canons.

Concile de Lombers, l'an 1176, ſelon M. Fleuri. Mal en cette année. Voyez-le en 1165.

Concile de Veniſe, l'an 1177, le 14 août, pour la paix entre le Pape & l'Empereur.

Concile III, de Latran, onzième concile-général, l'an 1179, au mois de mars. Vingt-ſept canons.

Concile de Segui, l'an 1182, où ſaint Bruno eſt canoniſé.

Concile de Vérone, l'an 1184, contre les hérétiques du tems.

Concile de Paris, l'an 1185, pour la croiſade.

Concile de Londres, l'an 1185, le 10 mars.

Concile de Dublin, l'an 1186, contre les déſordres des clercs.

Diverſes aſſemblées, l'an 1188, au ſujet de la croiſade.

Concile de Rouen, l'an 1190, le 11 février. Trente-deux canons.

Aſſemblée de Compiègne, l'an 1193, pour rompre le mariage du Roi avec Ingeburge.

Concile d'York, l'an 1195, les 14 & 15 juin. Douze ou dix-huit canons.

Concile de Montpellier, l'an 1195, en faveur des Croiſés.

Conciles de Paris, l'an 1196, ſur le mariage du Roi avec Ingeburge.

Concile de Sens, l'an 1198, contre les Poplicains.

Concile de Dijon, l'an 1199, au mois de décembre, ſur le mariage du Roi.

Concile de Vienne en Dauphiné, peu de jours après le précédent, où le légat met les terres du Roi en interdit.

Concile de Dalmatie, l'an 1199. Douze canons.

Concile de Londres, l'an 1200. Décret en quatorze articles.

Concile de Neſle en Vermandois, l'an 1200, le 7 ſeptembre, où l'interdit jeté ſur les terres du Roi eſt levé.

Concile de Soiſſons, l'an 1201, au mois de mars, ſur le mariage du Roi avec Ingeburge.

Concile de Paris, l'an 1201, contre Evraud de Nevers.

Concile de Meaux, l'an 1203, ſur la paix entre la France & l'Angleterre.

Concile de Lambeth, ſur la diſcipline eccléſiaſtique, l'an 1206. Réglemens.

Aſſemblée de Paris, ſur la diſcipline eccléſiaſtique, l'an 1208. Dix conſtitutions.

Concile de Saint-Gilles, au ſujet de Raymond, comte de Touloufe, l'an 1209. Actes de ce concile.

Concile d'Avignon, ſur la diſcipline eccléſiaſtique, l'an 1209. Vingt-un réglemens.

Concile de Paris, contre Amauri, l'an 1210. Mention de ce concile dans les auteurs du tems.

Concile de Rome, contre Othon, l'an 1210. Mention de ce concile dans les auteurs du tems.

Concile de Paris, ſur la diſcipline eccléſiaſtique, l'an 1212. Actes & canons.

Concile de Lavaur, contre le comte de Touloufe, l'an 1213. Actes de ce concile.

Concile de Montpellier, pour l'affaire du comte de Montfort & ſur la diſcipline eccléſiaſtique, l'an 1215. Actes & canons.

Concile de Paris, l'an 1215, où l'on fit des réglemens pour les écoles de cette ville.

Concile-général, IV, de Latran, pour le recouvrement de la Terre-Sainte & la réforme de l'Egliſe, l'an 1215. Actes & canons.

Concile de Melun, pour répondre au pape Innocent III, & ſur la diſcipline eccléſiaſtique, l'an 1216. Sept réglemens.

Concile de Château-Gontier, l'an 1221, ſous le pape Honoré III.

Aſſemblée de Virtzbourg, pour le couronnement de Henri, fils de l'empereur Frédéric, l'an 1222. Mention de cette aſſemblée dans les hiſtoriens d'Allemagne.

Concile d'Oxford, ſur la diſcipline eccléſiaſtique, l'an 1222. Réglement en quarante-neuf chapitres.

Concile de Paris, contre l'antipape que les Albigeois s'étoient créé en Bulgarie, l'an 1223. Mention de ce concile dans les auteurs du tems.

Concile de Montpellier, ſur l'affaire du comte de Touloufe, l'an 1224. Mention de ce concile dans les auteurs du tems.

Concile de Paris, l'an 1225, le 15 mai, ſur les affaires d'Angleterre & des Albigeois.

Concile de Melun, l'an 1225, le 8 novembre, ſur la juridiction eccléſiaſtique.

Concile de Bourges, ſur l'affaire du comte de Touloufe, l'an 1225. Extraits des actes de ce concile.

Concile de Mayence, ſur la diſcipline eccléſiaſtique, l'an 1225. Quatorze réglemens.

Concile de Londres à Weſtminſter, l'an 1226, le 13 janvier, où l'on rejette la bulle par laquelle le Pape prétendoit ſe réſerver deux prébendes dans chaque cathédrale.

Concile de Paris, contre Raymond, comte de Touloufe, l'an 1226. Mention de ce concile dans la chronique de Tours.

Concile de Crémone, l'an 1226, à la Pentecôte, ſur différentes affaires.

Concile de Narbonne, ſur la diſcipline eccléſiaſtique, l'an 1227. Vingt canons.

Concile de Rome, l'an 1227, le 18 novembre, contre l'empereur Frédéric.

Aſſemblée d'Aix-la-Chapelle, l'an 1227, pour la croiſade.

Concile de Rome, l'an 1228, contre l'empereur Frédéric.

Concile de Meaux d'abord, & ensuite de Paris, l'an 1229. Le comte de Toulouse y fit sa paix avec l'Eglise & avec le Roi.

Concile de Tarragone, l'an 1229, le 29 avril, pour rompre le mariage du roi d'Arragon avec Eléonore de Castille.

Concile de Toulouse, l'an 1229, au mois de septembre. Quarante-cinq canons.

Concile de Château-Gontier, l'an 1231. Trente-sept canons.

Conciles de Noyon, de Laon & de Saint-Quentin en Vermandois, l'an 1233, au sujet du différend entre le Roi & l'évêque de Beauvais.

Concile de Mayence, l'an 1233, contre des hérétiques nommés Stadingues.

Concile de Mayence, l'an 1233, contre les meurtriers du docteur Conrad de Marpourg.

Concile de Béziers, sur la discipline ecclésiastique, l'an 1234. Vingt-six canons.

Concile de Nymphée en Bythinie, sur les différends des Grecs & des Latins, l'an 1234. Professions de foi des Grecs & des Latins.

Concile d'Arles, sur la discipline ecclésiastique, l'an 1234. Vingt-quatre constitutions.

Concile de Narbonne, sur la discipline ecclésiastique, l'an 1235. Vingt-neuf canons.

Concile de Reims, ou plutôt de Saint-Quentin en Vermandois, l'an 1235, le 23 juillet, sur les libertés de l'Eglise.

Concile de Compiègne, l'an 1235, le 5 août, sur le même sujet.

Concile de Senlis, l'an 1235, le 14 novembre, sur le même sujet.

Concile de Tours, l'an 1236, sur la discipline ecclésiastique. Quatorze canons.

Concile de Londres, l'an 1237, sur la discipline ecclésiastique. Trente-un canons.

Concile de Cognac, l'an 1238, sur la discipline ecclésiastique. Trente-huit canons.

Concile de Londres, l'an 1238, le 17 mai, au sujet de l'université d'Oxford.

Concile de Tours, l'an 1239, sur la discipline ecclésiastique. Treize canons.

Concile de Worchester, l'an 1240, le 26 juillet.

Concile de Laval, l'an 1242, sur la discipline ecclésiastique. Neuf réglemens.

Concile de Lyon, treizième concile-général, l'an 1245, pour l'union & le secours des Grecs, la déposition de l'empereur Frédéric, la croisade, & sur la discipline ecclésiastique. Recueil de canons.

Concile de Béziers, l'an 1246, le 19 avril. Quarante-six articles. Réglement en trente-sept articles, donné aux inquisiteurs.

Concile en Catalogne, l'an 1246, le 1er mai, contre les ravisseurs des biens ecclésiastiques, & sur le baptême des Sarrasins.

Concile de Lérida, l'an 1246, pour réconcilier Jacques, roi d'Arragon, qui avoit été excommunié.

Concile de Nuis près de Cologne, l'an 1247, où Guillaume est élu Roi des Romains.

Concile de Valence, l'an 1248, sur la discipline ecclésiastique. Vingt-trois réglemens.

Concile de Saumur, l'an 1253, touchant la discipline ecclésiastique. Trente-deux canons.

Concile de Château-Gontier, tenu la même année sous Innocent IV.

Concile d'Albi, l'an 1254, sur la discipline ecclésiastique. Soixante-onze canons.

Concile de Bordeaux, l'an 1255, sur la discipline ecclésiastique. Trente réglemens.

Concile de Béziers, l'an 1255, sur la discipline ecclésiastique. Lois du roi saint Louis, publiées dans ce concile.

Assemblée de Paris, l'an 1256, sur le différend des Dominicains & de l'université. Concordat entre l'université de Paris & les Dominicains.

Concile de Danemarck, l'an 1257. Quatre canons contre les violences que les seigneurs faisoient aux évêques.

Concile de Ruffec, l'an 1258, sur la discipline ecclésiastique. Dix capitules.

Concile de Montpellier, l'an 1252, sur la discipline ecclésiastique. Huit réglemens.

Concile de Cologne, le 12 mars de l'an 1260, sur la discipline ecclésiastique. Trente-deux réglemens.

Concile de Paris, l'an 1260, le 21 mars, pour implorer le secours de Dieu contre les Tartares.

Concile de Cognac, l'an 1260, sur la discipline ecclésiastique. Dix-neuf articles.

Concile d'Arles, l'an 1260 ou 1261, contre les Joachinistes. Dix-sept canons.

Concile de Paris, l'an 1261, le 10 avril, au sujet des conquêtes des Tartares.

Concile de Lambeth près de Londres, l'an 1261, le 31 mai, sur le même sujet.

Conciles de Londres, le 16 mai, & de Beverlei, le 23 du même mois, de l'an 1261, sur les affaires d'Angleterre.

Concile de Mayence, l'an 1261, au sujet des Tartares.

Concile de Ravenne, l'an 1261, sur le même sujet.

Concile de Cognac, l'an 1262, sur la discipline ecclésiastique. Sept réglemens.

Concile de Bordeaux, l'an 1262, sur la discipline ecclésiastique. Sept canons.

Synode de Clermont, l'an 1263, sur la discipline ecclésiastique. Mention de ce synode dans M. de Lannoi, sur le canon *Omnis utriusque sexûs*.

Concile de Nantes, l'an 1264, le 1er juillet, sur la discipline ecclésiastique. Neuf réglemens.

Concile de Paris, l'an 1264, le 6 août. Ordonnance de saint Louis contre les juremens & les blasphêmes.

Concile de Londres à Westminster, l'an 1265.

où on excommunie les adversaires du roi d'Angleterre.

Concile de Northampton, l'an 1265, contre les partisans de Simon de Montfort.

Synode de Cologne, l'an 1266, le 10 mai. Décret en quarante-cinq articles, contre les injustices & les violences.

Concile de Pont-Audemer, l'an 1267, le 30 août. Quatre canons.

Concile de Vienne en Autriche, l'an 1267, sur la discipline ecclésiastique. Dix-neuf canons.

Concile de Breslaw, l'an 1268, le 2 février. Le légat y prêche la croisade.

Concile de Londres, sur la juridiction ecclésiastique, l'an 1268. Cinquante-quatre canons.

Pragmatique de saint Louis, roi de France, sur la discipline ecclésiastique, dressée l'an 1268. Cinq articles.

Concile de Château-Gontier, sur la juridiction ecclésiastique, l'an 1268. Huit capitules.

Concile d'Angers, sur la juridiction ecclésiastique, l'an 1269. Deux canons.

Concile de Sens, sur la discipline ecclésiastique, l'an 1269. Six réglemens.

Concile de Compiègne, pour la conservation des biens ecclésiastiques, l'an 1270. Statut.

Concile d'Avignon, sur l'aliénation des biens d'église, l'an 1270. Huit réglemens.

Concile de Saint-Quentin, sur la discipline ecclésiastique, l'an 1271. Cinq réglemens.

Concile de Rennes, pour l'immunité ecclésiastique, l'an 1273. Sept capitules.

Concile II, général, de Lyon, pour la réunion de l'église grecque, pour le secours de la Terre-Sainte, & pour la réforme de la discipline ecclésiastique, l'an 1274. Actes & trente-six constitutions.

Concile de Saltzbourg, sur la discipline ecclésiastique, l'an 1274. Vingt-quatre canons.

Concile de Constantinople, l'an 1275, le 16 mai, où Jean Veccus est élu patriarche.

Concile d'Arles, touchant la discipline ecclésiastique, l'an 1275. Vingt-deux canons; les quatre premiers perdus.

Synode de Durham, sur la discipline ecclésiastique, l'an 1276. Six réglemens.

Concile de Saumur, sur la discipline ecclésiastique, l'an 1276. Quatorze réglemens.

Concile de Bourges, sur la discipline ecclésiastique, l'an 1276. Seize réglemens.

Concile de Constantinople, sur l'union des Grecs avec les Latins, l'an 1277. Mention de ce concile dans les auteurs du tems.

Concile de Langeais, sur la discipline ecclésiastique, l'an 1278. Seize réglemens.

Concile de Compiègne, l'an 1278, contre les prétentions des chapitres des cathédrales.

Concile de Pont-Audemer, l'an 1279, le 4 mai, sur la discipline ecclésiastique. Vingt-quatre chapitres.

Concile de Béziers, l'an 1279, le 4 mai.

Concile d'Avignon, l'an 1279, le 17 mai, contre les usurpateurs des biens ecclésiastiques. Quinze articles.

Concile de Reding, touchant la discipline ecclésiastique & monastique, l'an 1279. Réglemens.

Concile de Bude, sur la discipline ecclésiastique, l'an 1279. Soixante-neuf canons.

Concile d'Angers, sur la discipline ecclésiastique, l'an 1279. Quatre canons.

Synode de Cologne, sur la discipline ecclésiastique, l'an 1280. Dix-huit statuts.

Synode de Saintes, sur la discipline ecclésiastique, l'an 1280. Quinze constitutions.

Synode de Poitiers, sur la discipline ecclésiastique, l'an 1280. Onze statuts.

Concile de Constantinople, l'an 1280, le 3 mai, en faveur de la réunion des Grecs avec les Latins.

Concile de Lambeth, l'an 1281. Vingt-sept articles sur différentes matières.

Concile de Saltzbourg, l'an 1281. Dix-sept articles, la plupart touchant les réguliers, pour réprimer divers abus.

Concile de Paris, l'an 1281, au mois de décembre, contre les religieux mendians.

Concile d'Avignon, sur la discipline ecclésiastique, l'an 1282. Onze réglemens.

Synode de Saintes, sur la discipline ecclésiastique, l'an 1282. Cinq constitutions.

Concile de Tours, sur la discipline ecclésiastique, l'an 1282. Treize réglemens.

Concile de Constantinople, contre l'union des Grecs & des Latins, l'an 1283. Mention de ce concile dans les auteurs du tems.

Synode de Nîmes, sur la discipline ecclésiastique, l'an 1284. Réglemens en dix-sept articles ou chapitres.

Synode de Poitiers, sur la discipline ecclésiastique, l'an 1284. Cinq statuts.

Concile de Lancinie, l'an 1285, le 6 janvier, contre le duc de Silésie.

Concile de Londres, l'an 1286, le 30 avril. On y condamna quelques propositions sur le corps de J. C. après sa mort.

Concile de Ravenne, sur la discipline ecclésiastique, l'an 1286, le 8 juillet. Neuf canons.

Concile de Bourges, sur la discipline ecclésiastique, l'an 1286. Trente-sept réglemens.

Concile de Wirsbourg, l'an 1287, le 18 mars, contre les désordres qui régnoient en Allemagne. Quarante-deux articles.

Concile d'Exceter, l'an 1287, le 16 avril. Cinquante-cinq articles sur les sacremens & différentes matières.

Concile de Milan, l'an 1287, le 12 septembre, contre les Hérétiques. Neuf articles.

Concile de Reims, l'an 1287, le premier octobre, au sujet de l'affaire des évêques avec les religieux mendians.

Concile de l'Isle, au Comtat Venaiffin, l'an 1288, fur la difcipline eccléfiaftique. Dix-huit réglemens.

Synode de Chicefter, fur la difcipline eccléfiaf-tique, l'an 1289. Quarante-un canons.

Concile de Nogarol, fur la difcipline eccléfiaf-tique, l'an 1290. Dix canons.

Synode de Saltzbourg, fur les moyens de fe-courir la Terre-Sainte, l'an 1291.

Concile de Londres, fur la difcipline eccléfiaf-tique, l'an 1291. Mention de ce concile dans les auteurs du tems.

Concile de Milan, l'an 1291, au mois de no-vembre, pour le recouvrement de la Terre-Sainte.

Synode de Chicefter, fur la difcipline eccléfiaf-tique, l'an 1292. Sept réglemens.

Concile de Saumur, fur la difcipline eccléfiaf-tique, l'an 1294. Cinq réglemens.

Synode de Cantorbery, fur la difcipline eccléfiaftique, l'an 1295. Quarante-fept conftitutions.

Concile de Londres, l'an 1297, au fujet d'un fubfide demandé par le Roi.

Synode de Saintes, fur la difcipline eccléfiaf-tique, l'an 1298. Sept conftitutions.

Concile de Rouen, fur la difcipline eccléfiaf-tique, l'an 1299. Sept ftatuts.

Concile de Béziers, l'an 1299, au fujet du diffé-rend entre l'archevêque & le vicomte de Narbonne.

Concile de Melun, l'an 1300, le 21 janvier, fur la difcipline eccléfiaftique.

Concile de Merton, l'an 1300, fur les dîmes. Quatre conftitutions.

Synode de Cologne, fur la difcipline eccléfiaf-tique, l'an 1300. Vingt-deux articles de conftitu-tions.

Synode de Bayeux, fur la difcipline eccléfiaf-tique, l'an 1300. Conftitutions divifées en cent treize articles.

Concile d'Auch, fur la difcipline eccléfiaftique, l'an 1300. Treize capitules.

Concile de Compiègne, fur la difcipline eccléfiaftique, l'an 1301. Six capitules.

Concile de Reims, l'an 1301, le 22 novembre. Conftitution de fept articles, au fujet des clercs appelés à un tribunal féculier.

Concile de Pennafiel, l'an 1302, commencé le 1er. avril & fini le 13 mai, contre le concubi-nage des clercs, les ufures, &c. Treize articles.

Affemblée à Paris, l'an 1302, contre l'entre-prife du pape Boniface VIII.

Concile de Rome, l'an 1302, le 30 octobre, où Boniface VIII donna la bulle Unam fanctam.

Affemblée de Paris, contre Boniface VIII, l'an 1303. Actes.

Concile de Nogarol, fur la difcipline eccléfiaf-tique, l'an 1303. Dix-neuf capitules.

Concile de Compiègne, fur la difcipline eccléfiaftique, l'an 1404. Cinq capitules.

Concile d'Auch, fur la difcipline eccléfiaftique, l'an 1308. Six capitules.

Affemblée de Tours, fur l'affaire des Templiers,

l'an 1308. Mention de cette affemblée dans les hiftoriens du tems, & procurations données aux députés qui y affiftèrent.

Concile de Bude, l'an 1309, en faveur de Charobert, roi de Hongrie.

Concile de Presbourg, fur la difcipline eccléfiaftique, l'an 1309. Neuf capitules.

Concile de Cologne, fur la difcipline eccléfiaf-tique, l'an 1310. Vingt-huit capitules.

Concile de Saltzbourg, fur la difcipline eccléfiaftique, l'an 1310. Renouvellement de cinq ré-glemens, avec un décret particulier fur les mariages clandeftins.

Concile de Paris, contre les Templiers, l'an 1310. Hiftoire de ce concile.

Concile de Ravenne, contre les Templiers, l'an 1310. Mention de ce concile dans les auteurs du tems.

Concile de Salamanque, contre les Templiers, l'an 1310. Mention de ce concile dans les auteurs du tems.

Synode de Londres, contre les Templiers, l'an 1310. Mention de ce fynode dans les auteurs du tems.

Concile de Mayence, contre les Templiers, l'an 1310. Mention de ce concile dans les auteurs du tems.

Concile de Ravenne, fur la difcipline eccléfiaf-tique, l'an 1311. Vingt-deux conftitutions.

Concile-général de Vienne, quinzième concile général, contre les Templiers, fur l'affaire de Bo-niface VIII, pour une croifade, & fur la difcipline eccléfiaftique, les années 1311 & 1312. Lettre de Clément V, touchant la convocation du concile. Sentence & lettres contre l'Ordre des Templiers. Clémentines, & particuliérement celles de la foi, & celles contre les erreurs des bégards & des bé-guines, & touchant les religieux mendians.

Concile de Paris, fur la difcipline eccléfiaftique, l'an 1314. Trois capitules.

Concile de Ravenne, fur la difcipline eccléfiaf-tique, l'an 1314. Vingt-fix capitules.

Concile de Saumur, fur la difcipline eccléfiaf-tique, l'an 1315. Quatre capitules.

Concile de Nogaret, fur la difcipline eccléfiaf-tique, l'an 1315. Quatre articles.

Concile de Senlis, l'an 1315, au mois d'octo-bre, au fujet de Pierre de Latilli, qu'on foupçon-noit d'avoir empoifonné Philippe-le-Bel. Lettre de Robert de Courtenai, archevêque de Reims.

Concile de Ravenne, fur la difcipline eccléfiaf-tique, l'an 1317. Vingt-deux capitules.

Concile de Senlis, l'an 1318, le 27 mars, contre les ufurpateurs des biens des églifes.

Concile de Sens, fur la difcipline eccléfiaftique, l'an 1320. Quatre capitules.

Concile de Londres, fur la difcipline eccléfiaf-tique, l'an 1321. Huit capitules.

Concile de Valladolid, fur la difcipline eccléfiaftique, l'an 1322. Vingt-fept capitules.

Concile de Cologne, fur la difcipline eccléfiaf- tique, l'an 1322. Confirmation de réglement.

Concile de Tolède, fur la difcipline eccléfiaf- tique, l'an 1323. Dix-fept capitules.

Concile de Paris, fur la difcipline eccléfiaftique, l'an 1324. Renouvellement des conftitutions du concile de Sens, de l'an 1320.

Concile de Tolède, fur la difcipline eccléfiaf- tique, l'an 1324. Huit capitules.

Concile de Senlis, l'an 1326, le 11 avril. On y publia fept ftatuts.

Concile d'Avignon, fur la difcipline eccléfiaf- tique, l'an 1326. Cinquante-neuf capitules.

Concile d'Alarla de Henarez, fur la difcipline eccléfiaftique, l'an 1326. Deux capitules.

Concile de Marfiac, fur la difcipline eccléfiaf- tique, l'an 1326. Cinquante-fix capitules.

Concile de Ruffec, pour la liberté eccléfiaftique, l'an 1327. Sentence d'interdit contre les lieux où l'on retiendroit des clercs prifonniers, & régle- ment touchant les eccléfiaftiques.

Concile de Londres, fur la difcipline eccléfiaf- tique, l'an 1328. Neuf capitules.

Concile de Compiègne, fur la difcipline eccléfiaftique, l'an 1329. Sept capitules.

Affemblée de Paris, touchant les droits des eccléfiaftiques & des féculiers, l'an 1329. Actes.

Concile de Marfiac, l'an 1329, le 6 décembre, contre les meurtriers de l'évêque d'Aire.

Concile de Lambeth, fur la difcipline eccléfiaf- tique, l'an 1330. Dix capitules.

Concile de Maghfeld, fur la difcipline eccléfiaftique, l'an 1332. Réglemens fur les fêtes.

Concile de Salamanque, fur la difcipline eccléfiaftique, l'an 1335. Dix-fept capitules.

Concile de Rouen, fur la difcipline eccléfiaf- tique, l'an 1335. Treize capitules.

Concile de Bourges, fur la difcipline eccléfiaftique, l'an 1336. Quatorze capitules.

Concile de Château-Gontier, fur la difcipline eccléfiaftique, l'an 1336. Douze capitules.

Concile d'Avignon, fur la difcipline eccléfiaf- tique, l'an 1337. Renouvellement des décrets du concile d'Avignon, précédent, avec de nouveaux; en tout foixante-neuf articles.

Affemblée de Francfort, contre Jean XXII, l'an 1338. Proteftations contre les procédures faites par Jean XXII, contre Louis de Bavière.

Concile de Tolède, fur la difcipline eccléfiaf- tique, l'an 1339. Cinq capitules.

Concile de Conftantinople, contre Barlaam Acyndinus, l'an 1340. Hiftoire de ce concile dans les auteurs grecs du tems.

Concile de Londres, fur la difcipline eccléfiaf- tique, l'an 1341. Réglement contre les clercs ambitieux.

Concile de Londres, fur la difcipline eccléfiaf- tique, l'an 1342. Douze capitules.

Concile de Londres, fur la difcipline eccléfiaf-

tique, l'an 1343. Dix-fept canons contre plufieurs abus.

Concile de Noyon, fur la difcipline eccléfiaf- tique, l'an 1344. Dix-fept capitules.

Concile de Paris, fur la difcipline eccléfiaftique, l'an 1344, & non 1346, comme on le marque ordinairement.

Concile de Conftantinople, pour Palamas, l'an 1346. Mention de ce concile dans les auteurs du tems.

Concile de Tolède, fur la difcipline eccléfiaf- tique, l'an 1347. Quatre capitules.

Concile de Conftantinople, contre les Pala- miftes, l'an 1347. Hiftoire de ce concile, & fen- tence du Patriarche de Conftantinople.

Concile de Conftantinople, pour Ifidore & Pa- lamas, l'an 1347. Lettre de ce concile.

Concile de Lambeth, fur la difcipline eccléfiaf- tique, l'an 1351. Réglement fur l'immunité des clercs.

Concile de Béziers, fur la difcipline eccléfiaf- tique, l'an 1351. Douze canons.

Concile de Conftantinople, pour Palamas, & contre les Barlaamites, vers l'an 1354. Actes de ce concile.

Concile de Tolède, fur la difcipline eccléfiaf- tique, l'an 1355. Conftitutions.

Concile de Maghfeld, fur la difcipline eccléfiaftique, l'an 1362. Réglement fur les fêtes.

Concile de Lambeth, fur la difcipline eccléfiaf- tique, l'an 1362. Réglement pour la taxe des cha- pelains.

Concile d'Angers, fur la difcipline eccléfiaftique, l'an 1366. Trente-quatre capitules.

Concile d'York, fur la difcipline eccléfiaftique, l'an 1388. Sept capitules.

Concile de Londres, fur la difcipline eccléfiaf- tique, l'an 1391. Réglement.

Concile de Paris, l'an 1395, pour avifer aux moyens de finir le fchifme.

Concile de Londres, contre Wiclef, l'an 1396. Condamnation de dix-huit articles de Wiclef.

Affemblée du clergé de France à Paris, tou- chant le fchifme des Papes, l'an 1398. Actes.

Concile de Paris, l'an 1404, le 21 octobre. On y arrêta huit articles pour la confervation des pri- viléges pendant le fchifme.

Concile de Paris, l'an 1406, convoqué à la Saint-Martin, pour terminer le fchifme.

Affemblée des cardinaux à Pife, touchant le fchifme, l'an 1408. Acte d'appel, indiction du concile & citation des deux Papes.

Concile de Paris, l'an 1408, tenu depuis le 11 août jufqu'au 5 novembre. On y fit de très-beaux réglemens fur la manière dont l'Eglife gallicane devoit fe gouverner pendant la neutralité.

Concile d'Oxford, contre les Wicléfites, l'an 1408. Préface. Treize conftitutions contre les Wi- cléfites, & décrets contre les Lollards.

Concile de Perpignan, par Benoît XIII, pour

le maintenir dans le pontificat, l'an 1408. Fragmens d'actes, & mention de ce concile dans les auteurs du tems.

Assemblée de Francfort, sur le schisme, l'an 1409. Mention de ce concile dans les auteurs du tems.

Concile de Pise, par les cardinaux, pour éteindre le schisme des Papes, l'an 1409. Actes.

Concile tenu à Austria, près d'Udine, l'an 1409, par Grégoire XII, contre Pierre de Lune & Alexandre V.

Concile de Rome, contre les Wiclésites, les années 1412 & 1413. Décret contre les livres de Wiclef, & citation de ceux qui voudroient défendre sa mémoire.

Concile de Londres, contre Thomas Oldcastel, l'an 1413. Histoire de ce concile dans Thomas de Walsingham.

Concile-général de Constance, pour l'extinction du schisme, l'extirpation des hérésies, & pour la réforme de l'Eglise dans son chef & dans ses membres, l'an 1414, jusqu'en 1418. Actes & décrets.

Concile de Saltzbourg, sur la discipline ecclésiastique, l'an 1420. Trente-quatre capitules.

Concile de Pavie, l'an 1423. On en fit l'ouverture au mois de mai; mais il fut transféré à Sienne le 22 juin, à cause de la peste dont Pavie étoit menacée.

Concile de Sienne, l'an 1423, contre les hérésies condamnées au concile de Constance.

Concile de Cologne, l'an 1423. Onze réglemens.

*Concilium Hasinense*, qu'on croit être de Copenhague en Danemarck, l'an 1425. Lettre synodale sur la discipline & la réformation des mœurs.

Concile de Paris, l'an 1429, sur la discipline ecclésiastique. Quarante articles.

Concile de Tortose en Catalogne, l'an 1429, sur la discipline ecclésiastique. Actes & vingt constitutions.

Concile-général de Bâle, pour l'extinction du schisme, l'extirpation des hérésies, & la réforme de l'Eglise dans son chef & dans ses membres, depuis 1431 jusqu'en 1443. Actes & décrets.

Concile de Ferrare, pour l'union des Grecs, en 1438 & 1439. Actes.

Assemblée de Francfort, sur les différends du pape Eugène & du concile de Bâle, l'an 1438. Mention de cette assemblée dans les historiens du tems.

Assemblée de Bourges, sur la discipline ecclésiastique, & les différends d'Eugène & du concile de Bâle, l'an 1438. Pragmatique Sanction.

Assemblée de Nuremberg, sur les différends du pape Eugène & du concile de Bâle, l'an 1438. Mention de cette assemblée dans les auteurs du tems.

Autre assemblée de Nuremberg, sur les diffé-

rends du pape Eugène & du concile de Bâle, l'an 1438. Mention de cette assemblée dans les auteurs du tems.

Concile-général de Florence, pour la réunion des Grecs & des Latins, depuis l'an 1439 jusqu'en 1442. Actes & décret d'union.

Assemblée de Mayence, sur les différends du pape Eugène & du concile de Bâle, l'an 1439. Mention de cette assemblée dans les auteurs du tems.

Assemblée de Bourges, sur les différends du Pape & du concile de Bâle, l'an 1440. Actes.

Concile de Frizingue, l'an 1440. Vingt-six réglemens.

Assemblée de Mayence, sur les différends du pape Eugène & du concile de Bâle, l'an 1441. Mention de cette assemblée dans les auteurs du tems.

Assemblée de Francfort, sur les différends du pape Eugène & du concile de Bâle, l'an 1442. Mention dans les auteurs du tems.

Concile de Rome, sur le schisme, l'an 1443. Mention de ce concile dans les auteurs du tems.

Assemblée de Nuremberg, sur l'indiction du concile-général, l'an 1443. Mention de cette assemblée dans les auteurs du tems.

Concile de Rouen, touchant la discipline ecclésiastique, l'an 1445. Quarante réglemens.

Concile d'Angers, sur la discipline ecclésiastique, l'an 1448. Dix-sept réglemens.

Concile de Lausane, l'an 1449, pour finir le schisme.

Concile de Constantinople, l'an 1450, contre la réunion des Grecs avec les Latins, faite à Florence.

Concile de Soissons, l'an 1455, sur la discipline ecclésiastique. Ce concile est rapporté partout à l'an 1456; ce qui n'est vrai qu'en commençant l'année le jour de l'Annonciation, neuf mois & sept jours avant nous, suivant l'usage de la métropole de Reims en ce tems-là.

Concile d'Avignon, l'an 1457, en faveur de l'immaculée conception.

Assemblée de Mantoue, pour une croisade contre les Turcs, l'an 1459.

Concile de Madrid, l'an 1473, au commencement, contre l'ignorance des ecclésiastiques.

Concile d'Arenda, l'an 1473, à la fin. Vingt canons.

Concile de Sens, sur la discipline ecclésiastique, l'an 1485. Actes contenant divers réglemens.

Concile de Londres, l'an 1486, le 13 février.

Assemblée de l'Eglise gallicane à Tours, pour arrêter les entreprises de Jules II, l'an 1510. Huit conclusions sur la puissance du Roi & du Pape.

Concile de Pise, pour la réformation de l'Eglise, & contre le pape Jules II, commencé le 1er novembre 1511, transféré à Milan au mois de janvier 1512, fini au mois d'avril de la même année.

Actes de ce concile, avec une apologie & des lettres.

Concile-général de Latran, pour la réforme de l'Eglise, & sur la discipline ecclésiastique, commencé le 10 mai 1512, fini le 16 mars 1517, après douze sessions. Actes & décrets de ce concile.

Concile de Florence, sur la discipline ecclésiastique, l'an 1517. Statuts imprimés à Florence en 1564.

Concile de Sens, contre la doctrine des Luthériens, tenu à Paris l'an 1528. Actes & décrets de ce concile sur la foi, contenant seize articles. Quarante décrets sur les mœurs.

Concile de Bourges, contre la doctrine de Luther & sur la réforme de la discipline, le 21 mars de l'an 1528. Vingt-trois articles de décrets sur la discipline ecclésiastique. Cinq réglemens sur la juridiction, & touchant les curés.

Concile de Vienne en Dauphiné, sur la discipline ecclésiastique, l'an 1530. Statuts imprimés à Lyon.

Concile de Cologne, pour la réforme de la discipline, l'an 1538. Réglemens de ce concile, divisés en quatorze parties, & chaque partie en plusieurs titres.

Concile de Gênes, sur la discipline ecclésiastique, l'an 1547. Décrets imprimés à Reggio en 1575, & à Boulogne en 1605.

Concile d'Augsbourg pour la réforme du clergé, au mois de novembre de l'an 1548. Actes & statuts.

Concile de Trève, sur la réforme du clergé, l'an 1548. Dix articles de décrets sur les mœurs, & un réglement contre les concubinaires.

Concile de Cologne, pour la réforme de la discipline, l'an 1549. Divers réglemens sur la discipline ecclésiastique, contenus en trente-neuf capitules.

Concile de Mayence, sur la foi & la discipline, l'an 1549. Cent quatre articles de décrets, tant sur la foi que sur les mœurs.

Concile de Trèves, sur la discipline ecclésiastique, l'an 1549. Vingt réglemens sur la discipline.

Synode de Strasbourg, sur la foi & la discipline, l'an 1549. Statuts & décrets imprimés à Mayence en 1566.

Concile de Narbonne, sur la foi & la discipline, au mois de décembre de l'an 1551. Soixante-six canons ; le premier sur la foi, & les autres sur la discipline.

Concile-général de Trente, sur la foi & la discipline, commencé le 13 décembre 1545, transféré à Boulogne le 22 avril 1547, & ensuite interrompu ; recommencé le 1er. septembre 1551, à Trente ; suspendu le 18 avril 1552 ; recommencé, pour la troisième fois, le 18 janvier 1562 ; continué & fini le 3 décembre 1563. Actes, canons & chapitres du concile. Recueil de plusieurs harangues faites dans le concile, & autres pièces

qui regardent son histoire, recueillies par les théologiens de Louvain, & dans la dernière édition des conciles. Instructions, lettres & autres actes concernant le concile de Trente, pris sur les originaux par MM. du Puy. Histoire de ce concile, composée par Fra-Paolo, par le cardinal Palavicin, par Pfeaume, par du Puy, &c.

Concile de Reims, sur la discipline ecclésiastique, l'an 1564. Dix-neuf statuts.

Concile de Reims, sur la foi & la réforme de la discipline, au mois de novembre & de décembre de l'an 1565. Actes contenant une profession de foi & des réglemens.

Concile de Constantinople, pour la déposition de Joseph, évêque d'Andrinopie, qui s'étoit fait Patriarche par simonie, au mois de janvier de l'an 1565. Actes de déposition de ce Patriarche.

Concile de Cambrai, sur la foi & la discipline, l'an 1565. Actes. Discours faits à ce concile.

Concile I de Milan, sous saint Charles Borromée, sur la foi & la discipline, l'an 1565. Constitutions en trois parties.

Concile de Valence en Espagne, sur la discipline ecclésiastique, l'an 1565. Statuts imprimés à Valence en 1566.

Concile de Tolède, sur la foi & la discipline, en décembre 1565, & janvier 1566. Actes contenant divers réglemens.

Concile de Brague, sur la discipline ecclésiastique, l'an 1566. Statuts imprimés en 1567.

Concile d'Aquilée, sur la discipline ecclésiastique, l'an 1566. Réglement sur la discipline, imprimé à Côme, 1599.

Concile de Compostelle, sur la discipline ecclésiastique, l'an 1566. Décrets imprimés à Salamanque, en 1566.

Concile de Tolède, sur la discipline ecclésiastique, l'an 1566. Décrets imprimés à Alcala en 1566.

Concile d'Otrante, sur la discipline ecclésiastique, l'an 1569. Décrets imprimés à Rome en 1569.

Concile II de Milan, sous saint Charles Borromée, sur la discipline ecclésiastique, l'an 1569. Plusieurs décrets.

Concile de Ravenne, sur la discipline ecclésiastique, l'an 1569. Décrets imprimés à Rome, en 1569.

Concile de Saltzbourg, sur la discipline ecclésiastique, l'an 1569. Décrets imprimés à Dilingen en 1574.

Concile de Malines, sur les sacremens & la discipline ecclésiastique, en juin & en juillet 1570. Décrets.

Concile III de Milan, sous saint Charles Borromée, sur la discipline ecclésiastique, l'an 1573. Plusieurs décrets.

Concile IV de Milan, sous saint Charles Borromée, sur la discipline ecclésiastique, l'an 1576. Constitutions ecclésiastiques.

Synode

Synode de Bitonte , fur la difcipline eccléfiaftique , l'an 1579. Conftitutions imprimées à Venife en 1579.

Concile V de Milan , fous faint Charles Borromée , fur la difcipline eccléfiaftique , l'an 1579.
Conftitutions eccléfiaftiques.

Concile de Surrento , fur la difcipline eccléfiaftique , en 1580. Décrets imprimés en 1585.

Concile de Rouen , fur la difcipline eccléfiaftique , l'an 1581. Réglemens fur la difcipline &
diverfes réfolutions.

Concile VI de Milan , fous faint Charles Bor-
omée , fur la difcipline & la juridiction eccléfiaftique , l'an 1582. Trente-un articles de conftitution.

Concile de Ravenne , fur la difcipline eccléfiaftique , l'an 1583. Décrets imprimés à Ravenne en
1587.

Concile de Reims , fur la foi & la difcipline ,
l'an 1583. Profeffion de foi & réglemens fur la difcipline. Actes.

Concile de Bordeaux , fur la foi & la difcipline ,
l'an 1583. Profeffion de foi , réglemens fur la difcipline , & ftatuts pour un féminaire.

Concile de Tours , fur la foi & la difcipline ,
l'an 1583. Profeffion & ftatuts fynodaux.

Concile de Bourges , fur la foi & la difcipline ,
au mois de feptembre de l'an 1584. Décrets fur la
foi & la difcipline.

Concile d'Aix , fur la foi & la difcipline , l'an
1585. Décrets touchant la foi , les facremens , la
hiérarchie & la difcipline de l'Eglife.

Concile de Cambrai , fur la difcipline eccléfiaftique , à Mons en Hainaut , l'an 1586. Statuts imprimés à Mons en 1587.

Concile de Mexique , fur la foi & la difcipline ,
l'an 1586. Quantité de ftatuts fur la doctrine & la
difcipline eccléfiaftique.

Concile de Touloufe , fur la foi & la difcipline ,
l'an 1590. Décrets partagés en trois parties.

Concile d'Avignon , fur la difcipline eccléfiaftique , l'an 1594. Soixante-quatre articles de réglemens.

Concile d'Amelia , fur la difcipline eccléfiaftique , l'an 1595. Conftitutions imprimées à Venife en 1596 & 1597.

Concile d'Aquilée , fur la difcipline eccléfiaftique , l'an 1596. Réglemens fur les facremens &
fur la difcipline eccléfiaftique.

Concile de Sienne , fur la difcipline eccléfiaftique , l'an 1599. Décrets imprimés à Rome en
1601.

Concile de Malines , fur la foi & la difcipline ,
l'an 1607. Décrets & ftatuts fur les facremens , &
autres réglemens fur la difcipline.

Concile de Narbonne , fur la difcipline eccléfiaftique , l'an 1609. Plufieurs ftatuts & réglemens.

Concile de Bordeaux , fur la foi & la difcipline ,
l'an 1624. Décret & actes de ce concile.

*Hiftoire. Tome VI. Supplément.*

- Concile de Conftantinople , contre la confeffion
de foi de Cyrille Lucar , au mois de mai de l'an
1641. Décret de ce concile contre les articles de la
confeffion de Cyrille Lucar , qui y font réfutés.

Concile de Jérufalem , mal nommé par quelques-uns concile de Bethléem , fur la préfence
réelle , l'an 1672. Déclaration & actes de ce concile , imprimés en 1677 & 1678 à Paris , & en 1718
à Leipfic.

Il y a dans le fiècle paffé & dans celui-ci une
infinité d'actes & de ftatuts de fynodes diocéfains
des évêques fur la difcipline de leurs diocéfes ,
dont il feroit trop long de faire ici le dénombrement.

Concile de Rome , tenu dans la bafilique de
Latran , l'an 1725 , par le pape Benoît XIII , la
première année de fon pontificat , fur la difcipline
eccléfiaftique. Les réglemens de ce concile ont
été imprimés.

## PRIMATS , PRIMATIES.

Primat. Ce nom fe donnoit autrefois en Occident , à tous les métropolitains. Dans les fiècles
fuivans on a diftingué le primat du métropolitain ,
& on a donné le nom de primat aux évêques de
certains fiéges , qui ont prétendu avoir une juridiction au deffus des métropolitains. En Orient ,
ces évêques s'appeloient patriarches ou exarques ;
en Occident , ils ont pris le nom de primats. Autrefois , en Occident , tous les métropolitains étoient
égaux , à l'exception de l'évêque de Carthage ,
qui étoit primat de toute l'Afrique. Depuis , quelques métropolitains de villes confidérables fe
font arrogé la qualité de primat , ou l'ont demandée au Saint-Siége. Les Papes l'accordèrent d'a-
bord à l'évêque de Teffalonique. En France ,
l'évêque d'Arles eft le premier qui en fut favorifé
par le Saint-Siége. L'archevêque de Reims reçut le
même titre des papes Zozime & Adrien I ; celui
de Sens , de Jean VIII ; & celui de Bourges fe dit
primat d'Aquitaine. La primatie de l'archevêque
de Lyon fut établie ou confirmée par Grégoire VII ,
fur les quatre provinces lyonnoifes. En Efpagne ,
les archevêques de Séville , de Tarragone & de
Tolède prennent le même titre. En Allemagne ,
celui de Mayence ; & en Angleterre , celui de Cantorbery. Ces primaties & les droits que les primats fe vouloient attribuer ont toujours été conteftés , & de tous les primats il n'y a que celui de
Lyon qui foit en poffeffion d'exercer fa juridiction fur d'autres provinces. La bulle de Grégoire VII
lui adjuge les quatre provinces lyonnoifes , qui compofoient alors , outre la province de Lyon , celles
de Sens , de Tours & de Rouen. Celle de Rouen
a été fouftraite par la bulle de Callifte II , & par
une poffeffion dans laquelle elle a été maintenue
par arrêt du Confeil du 13 mai 1702. La province
de Sens , qui eft préfentement divifée en deux ,
parce que Paris a été érigé en archevêché , & celle

de Tours, reconnoissent la primatie de Lyon. Il y a seulement quelque difficulté sur la Bretagne, pour raison de laquelle il y a un procès pendant au parlement de Paris, entre les archevêques de Tours & de Lyon. La primatie de Bourges sur l'archevêque d'Albi, stipulée par le traité de l'érection de l'évêché d'Albi en métropole, a été confirmée par arrêt provisoire. Les autres primaties de toute l'Europe ne sont plus que des titres sans aucun exercice ni fonction. Le droit du primat, à présent, est de juger des appellations interjetées pardevant lui ou pardevant son official, des sentences rendues par les métropolitains ou par leurs officiaux, & de donner des *visa* sur les refus faits par les métropolitains.

## CARDINAL,

Nom qu'on a donné aux assesseurs & conseillers des souverains pontifes. Parmi les Latins, le mot de *cardinalis* signifioit principal ; dans ce sens, on a dit : *Venti cardinales*, les quatre vents principaux ; *princeps cardinalis*, pour un prince très-considérable ; *missa cardinalis*, *& altare cardinale*, pour la messe solennelle & le maître-autel d'une église. Ce fut aussi le nom que l'on donna à certains officiers de l'empereur Théodose, comme aux généraux d'armée, au préfet du prétoire en Asie, au préfet ou gouverneur d'Afrique, parce qu'ils possédoient les principales charges de l'Empire. A l'égard des cardinaux de l'Eglise romaine, voici quelle en est l'origine. Il y avoit deux sortes d'églises dans les villes : les unes étoient comme les paroisses d'à présent, & se nommoient titres ; les autres étoient des hôpitaux pour les pauvres, que l'on appeloit diaconies. Les titres ou paroisses étoient desservis par des prêtres, & les diaconies gouvernées par des diacres. S'il y avoit quelques autres chapelles dans les villes, on leur donnoit le nom d'oratoires, & l'on y célébroit seulement la messe sans y administrer les sacremens. Les chapelains de ces oratoires étoient nommés prêtres locaux, c'est-à-dire, prêtres d'un lieu particulier. Pour mettre une plus grande différence entre ces églises, on nomma les paroisses cardinales ou titres cardinaux, & les prêtres qui y faisoient l'office divin & y administroient les sacremens furent aussi appelés cardinaux. Cette distinction fut principalement en usage à Rome, où ces cardinaux accompagnoient le Pape pendant la célébration de la messe & dans les processions ; c'est pourquoi Léon IV les nomme *presbyteros sui cardinis*. Dans le concile tenu à Rome l'an 853, les diacres qui gouvernoient les diaconies eurent aussi le titre de cardinaux, ou parce qu'ils étoient les principaux des diacres, ou parce qu'ils assistoient avec les prêtres cardinaux lorsque le Pape célébroit. La plus illustre fonction des cardinaux romains étoit d'entrer au conseil du Pape & dans les synodes, & d'y donner leur avis touchant les affaires ecclésiastiques. C'étoit d'or-

dinaire quelqu'un de leur rang que l'on élisoit pour souverain pontife, & rarement de celui des évêques, comme on a fait depuis. On remarque dans l'*Histoire ecclésiastique*, que le pape Etienne VII, élu en 896, fit déterrer Formose son prédécesseur, & cassa toutes les ordonnances qu'il avoit faites, alléguant que Formose avoit été créé pape contre la disposition des saints décrets, dans le tems qu'il étoit évêque d'Ostie. Dans la suite des tems le nom de cardinal, qui étoit commun à tous les prêtres titulaires ou curés, fut seulement attribué à ceux de Rome, & puis à sept évêques des environs de cette ville. Tous ces cardinaux furent distribués sous cinq églises patriarchales ; savoir : de Saint-Jean-de-Latran, de Sainte-Marie-Majeure, de Saint-Pierre-du-Vatican, de Saint-Paul & de Saint-Laurent. L'église de Saint-Jean-de-Latran avoit sept cardinaux évêques, que l'on appeloit collatéraux ou hebdomadaires, parce qu'ils étoient assistans du Pape, & faisoient en sa place le service divin chacun sa semaine. Ce sont les évêques d'Ostie, de Porto, de Sylva-Candida ou Sainte-Rufine, d'Albano, de Sabine, de Frescati & de Palestrine. (L'évêché de Sainte-Rufine est maintenant uni à celui de Porto.) L'église de Sainte-Marie-Majeure avoit aussi sept cardinaux prêtres ; savoir : les cardinaux de Saint-Philippe & de Saint-Jacques, de Saint-Cyriace, de Saint-Eusèbe, de Sainte-Pudentiane, de Saint-Vital, des Saints Pierre & Marcellin, & de Saint-Clément. L'église patriarchale de Saint-Pierre avoit les cardinaux prêtres de Sainte-Marie de là le Tibre, de Saint-Chrysogon, de Sainte-Cécile, de Sainte-Anastasie, de Saint-Laurent in Damaso, de Saint-Marc, & des Saints Martin & Sylvestre. L'église de Saint-Paul avoit les cardinaux de Sainte-Sabine, de Sainte-Prisque, de Sainte-Balbine, des Saints Nérée & Achillée, de Saint-Sixte, de Saint-Marc & de Sainte-Susanne. L'église patriarchale de Saint-Laurent hors les murs avoit sept cardinaux, ceux de Sainte-Praxède, de Saint-Pierre-aux-Liens, de Saint-Laurent in Lucina, des Saints Jean & Paul, des Saints quatre couronnés, de Saint-Etienne au Mont Célio & de Saint-Quirice. Baronius rapporte, sous l'an 1657, un rituel ou cérémonial, extrait de la bibliothèque du Vatican, qui contient ce dénombrement de cardinaux.

Dans la suite, le Pape donna le titre de cardinal à d'autres évêques : on dit que le premier fut Conrad, archevêque de Mayence, qui fut honoré de cette qualité par le pape Alexandre III, lequel accorda la même grace à Galdin-Sala, archevêque de Milan, en 1165. Il arriva depuis que quelques évêques furent créés cardinaux prêtres avec un des titres de la ville de Rome. Ainsi Guillaume, archevêque de Reims, fut créé cardinal du titre de Sainte-Sabine (qui est un titre de cardinal prêtre) par le pape Clément III ou, selon d'autres, par Alexandre III. Enfin Clément V & ses successeurs donnèrent le titre de cardinal prêtre à plufieurs évêques & prêtres ; ce qui s'eſt toujours pratiqué depuis. A l'égard des cardinaux diacres, il faut remarquer qu'au commencement il y eut ſept diacres dans l'égliſe de Rome & dans quelques autres égliſes. On augmenta ce nombre à Rome juſqu'à quatorze, & enfin on en créa dix-huit, qui furent appelés diacres cardinaux ou principaux, pour les diſtinguer des autres diacres, qui n'avoient pas le gouvernement des diaconies. Depuis on compta vingt-quatre diaconies dans la ville de Rome. Maintenant il y en a quatorze affectées aux cardinaux diacres. Les cardinaux prêtres ſont au nombre de cinquante, leſquels, avec les ſix évêques cardinaux d'Oſtie, de Porto, de Sabine, de Paleſtrine, de Freſcati & d'Albano, qui n'ont point d'autres titres que leurs évêchés, font ordinairement le nombre de ſoixante-dix. Innocent IV donna aux cardinaux le chapeau rouge dans le concile de Lyon, célébré l'an 1245. Paul II, en 1464, leur donna l'habit rouge ; Grégoire XIV donna auſſi le bonnet rouge aux cardinaux réguliers, qui ne portoient alors que le chapeau. Urbain VIII accorda aux cardinaux le titre d'éminence : on ne leur donnoit auparavant que celui d'illuſtriſſime. Depuis ces nouveaux établiſſemens, les évêques ont été précédés par les cardinaux ; cependant les premiers, conſervant leur prééminence, ont quelquefois pris le pas dans les aſſemblées & dans les cérémonies publiques, en préſence même du Pape. Cela ſe voit dans l'acte de la dédicace de l'égliſe de Marmoutier, par le pape Urbain II, l'an 1090, lorſqu'il vint en France pour y tenir le fameux concile de Clermont ; car dans cette cérémonie, Hugues, archevêque de Lyon, tenoit après le Pape le premier rang ; les autres archevêques & évêques le ſuivoient, & après eux venoient les cardinaux prêtres & diacres, qui avoient accompagné le Pape dans ſon voyage. Dès l'an 769 le concile de Rome, tenu ſous le pape Etienne IV, avoit ordonné qu'aucun ne pourroit être élu Pape qu'il ne fût diacre ou prêtre cardinal. Enfin en 1130, les cardinaux commencèrent à devenir maîtres de l'élection des Papes ſous Innocent II, & ſe rendirent les ſeuls électeurs, à l'excluſion du reſte du clergé de Rome, ſous Alexandre II, en 1060.

Quand le Pape veut créer des cardinaux, il écrit les noms de ceux qu'il veut élever à cette dignité, & il les fait dans le conſiſtoire, après avoir dit aux cardinaux : *Habetis fratres*, c'eſt-à-dire, vous avez pour frères. Le cardinal patron envoie enſuite quérir ceux qui ſe trouvent à Rome, & les mène au Pape pour recevoir de lui le bonnet rouge, & au premier conſiſtoire Sa Sainteté leur donne le chapeau. Juſque-là ils demeurent incognito, & ne peuvent ſe trouver aux aſſemblées. A l'égard des abſens, le Pape leur dépêche un de ſes camériers d'honneur, pour leur porter le bonnet ; mais ils ſont obligés d'aller recevoir le chapeau des mains de Sa Sainteté ; & quand ils entrent à Rome, on

les reçoit en cavalcade. Les habits des cardinaux ſont la ſoutane, le rochet, le mantelet, la mozette, & la chape papale ſur le rochet dans les actions publiques & ſolennelles. La couleur de leur habit eſt différente ſelon les tems, ou de rouge, ou de roſe ſeche, ou de violet. Les cardinaux réguliers ne portent point de ſoie ni autre couleur que celle de leur religion, avec une doublure rouge ; mais le chapeau & le bonnet rouge ſont communs à tous. Lorſqu'un prélat eſt nommé cardinal, ſes bénéfices ſont cenſés vacans juſqu'à ce qu'il ait de nouvelles bulles ; & dans les lieux ſujets à la régale, les bénéfices dépendans de ſa nomination, qui étoient vacans ou qui viennent à vaquer dans ces intervalles, ſont cenſés vaquer en régale. Quand les cardinaux ſont envoyés aux Princes, c'eſt en qualité de légats, *a latere* ou *de latere* ; & lorſqu'ils ſont envoyés dans une ville, leur gouvernement s'appelle légation. Il y a cinq légations, qui ſont celles d'Avignon, de Ferrare, de Boulogne, de Ravenne & de Pérouſe.

L'Hiſtoire nous apprend qu'il y a eu autrefois en France des prêtres cardinaux, auſſi bien qu'à Rome, qui n'étoient autres que des curés : on le fait voir par deux anciens titres, l'un eſt de Thibaut, évêque de Soiſſons, lequel, confirmant la fondation de l'abbaye de Saint-Jean-des-Vignes, par Hugues, ſeigneur de Château-Thierry, exige que le prêtre cardinal du lieu, *presbyter cardinalis ipſius loci* ( c'eſt-à-dire, le curé de la paroiſſe dans l'étendue de laquelle l'abbaye de Saint-Jean-des-Vignes a été fondée), ſoit tenu de rendre raiſon du ſoin qu'il aura eu de ſes paroiſſiens, à l'évêque de Soiſſons & à ſon archidiacre, comme il faiſoit auparavant. Ce prêtre cardinal ( dit Pierre Legris, chanoine régulier de l'Ordre de Saint-Auguſtin en cette même abbaye ) étoit le curé de Saint-Jacques, un des douze curés de la ville de Soiſſons ou des environs. L'autre titre eſt la confirmation de cette fondation par le roi Philippe I en 1079, où les mêmes termes ſont employés. L'ancien pontifical écrit à la main, qui ſervoit aux évêques de Troyes il y a plus de 452 ans, fait foi auſſi que de tous tems l'évêque de Troyes avoit eu des prêtres cardinaux, qui ne ſont autres que les treize curés dénommés au rituel manuſcrit de la même égliſe ; leſquels encore aujourd'hui doivent aſſiſter l'évêque quand il conſacre le chrême & les onctions le jeudi ſaint, & à la bénédiction ſolennelle des fonts, les veilles de Pâque & de Pentecôte : ils ſont nommés dans ce pontifical, *ſacerdotes cardinales*. Paſquier rapporte ſur ce ſujet, qu'en un concile tenu à Metz ſous Charlemagne, il eſt ordonné que les évêques diſpoſeront canoniquement des titres cardinaux établis dans les villes & dans les fauxbourgs, c'eſt-à-dire, des cures. On peut remarquer que, dans l'abbaye de Saint-Remi de Reims, il y a eu de tout tems quatre religieux appelés cardinaux, c'eſt-à-dire, principaux, parce que ce ſont eux qui officient au grand autel dans

les fêtes folennelles. On voit néanmoins dans quelques épîtres du pape faint Grégoire & d'Adrien II,
que *cardinalis facerdos* fe prend pour un évêque,
& que *cardinalem conftitui in ecclefiâ bituricenfi*, c'eft
être fait archevêque de Bourges, quoiqu'ordinairement les curés des Gaules aient été appelés
*presbyteri cardinales*.

Pour fatisfaire la curiofité du lecteur, l'on rap-
portera ici l'année de la nomination de tous les
cardinaux, leur patrie, leurs dignités & le tems
de leur mort, depuis l'an 1119, que Guy, fils de
Guillaume, comte de Bourgogne, fut élu Pape
fous le nom de Callifte II, la plupart des cardinaux précédens n'étant connus que par leurs noms
propres ou par leurs titres, comme on le pourra
remarquer pendant quelques années de ce catalogue, auquel on ajoutera fous quel nom font rapportés ceux dont il eft parlé dans cet ouvrage.

*Callifte II*, *élu pape en* 1119, *mort en* 1124.

### Promotion de cardinaux.

1. Pierre-François, prêtre, cardinal du titre de
Saint-Marcel, légat en France fous le pape Honoré II.

2. Etienne de Montbéliard, neveu du Pape,
évêque de Metz, diacre, cardinal du titre de
Sainte-Marie *in Cofmedin*, mort en 1165.

3. Etienne, diacre, cardinal du titre de Sainte-
Marie *in Dominicâ*.

4. Jonathas, diacre, cardinal du titre de Saint-
Côme & de Saint-Damien.

5. Aimeric de la Châtre, français, diacre, cardinal du titre de Sainte-Marie-la-Neuve. 1125.

6. Ponce, abbé de Cluni.

7. Guillaume, évêque de Paleftrine. Le fchifme
s'étant élevé dans l'Eglife après la mort du pape
Honoré II, il contribua à l'élection d'Innocent II
contre Anaclet II. 1140.

8. Grégoire, romain, prêtre, cardinal du titre
des douze Apôtres, fuivit le parti d'Anaclet II
après la mort d'Honoré II, & après la mort d'A-
naclet II il fut élu antipape fous le nom de Victor IV, contre Innocent II. S'étant depuis démis
par le moyen de Saint-Bernard, il fut enfuite nommé cardinal du même titre.

9. Giles ou Gilon, évêque, cardinal de Frefcati,
fut nommé en 1127 par le pape Honoré II, légat
en Syrie, d'où il paffa en Pologne en la même
qualité de légat, y convertit les peuples, & y fit
bâtir plufieurs églifes. Etant revenu à Rome pendant le fchifme, il abandonna le parti d'Innocent II,
pour fuivre celui d'Anaclet II; mais après la mort
de ce dernier il retourna à celui d'Innocent.

10. Gérard Cacciantmici, bolonois, prêtre,
cardinal du titre de Sainte-Croix-de-Jérufalem,
puis Pape fous le nom de Luce II.

11. Grégoire Tarquini, romain, diacre, cardinal du titre de Saint-Serge & de Saint-Bacche.

12. Ange, diacre, cardinal du titre de Sainte-
Marie *in Dominicâ*, fuivit le parti d'Anaclet II
contre le pape Innocent II.

13. Mathieu, de Pife, diacre, cardinal du titre
de Saint-Adrien.

14. Jean Dauferu, de Salerne, diacre, cardinal du titre de Saint-Nicolas *in Carcere*. Après la
mort du pape Honoré II, il fuivit le parti d'Anaclet II, qui le nomma prêtre, cardinal du titre de
Sainte-Pudentiane.

15. Louis Lucidi, de Luques, prêtre, cardinal
du titre de Saint-Clément.

16. Raynier, de Bourgogne, diacre, cardinal
du titre de Sainte-Marie-la-Neuve.

17. Robert, prêtre, cardinal du titre de Sainte-
Sabine.

18. Pierre, prêtre, cardinal du titre de Saint-
Sixte.

19. Gauthier, diacre, cardinal du titre de Saint-
Théodore.

20. Gérard, diacre, cardinal du titre de Sainte-
Luce, puis prêtre du titre de Sainte-Aquilée &
Sainte-Prifque.

21. Robert, prêtre, cardinal du titre de Saint-
Eufèbe.

22. Ubert, diacre, cardinal du titre de Sainte-
Marie *in Viâ latâ*.

23. Grégoire, diacre, cardinal du titre de
Sainte-Lucie *in Septifolio*.

24. Grégoire, diacre, cardinal du titre de Saint-
Vite.

25. Grégoire Albergati, romain, prêtre, cardinal du titre de Saint-Laurent *in Lucinâ*.

26. Hugues Lectifredi, prêtre, cardinal du
titre de Saint-Vital.

*Honoré II*, *élu pape en* 1124, *mort en* 1130.

### Première promotion en 1125.

1. Mathieu, français, religieux bénédictin de
Saint-Martin-des-Champs à Paris, cardinal, évêque d'Albano, mort en 1135.

2. Jean, bolonois, général des Camaldules,
cardinal, évêque d'Oftie.

3. Grégoire, prêtre, cardinal du titre de Sainte-
Balbine.

4. Ubert de Ratta, de Pife, prêtre, cardinal
du titre de Saint-Clément, & archevêque de
Pife. 1138.

5. Mathieu, prêtre, cardinal du titre de Saint-
Pierre-ès-Liens, fuivit le parti de l'antipape Anaclet contre le pape Innocent II.

6. Pierre Cariacène de Garifando, bolonois,
prêtre, cardinal du titre de Saint-Sylveftre & de
Saint-Martin-aux-Monts.

7. Alberic Tomacelli, napolitain, prêtre, cardinal du titre de Saint-Jean & de Saint-Paul.

8. Etienne, diacre, cardinal du titre de Sainte-
Luce *in Cilice*, fuivit le parti de l'antipape Ana-

clet II, qui le nomma prêtre, cardinal du titre de Saint-Laurent *in Damaſo*; mais il rentra ſous l'obéiſſance du pape Innocent II, & retourna à ſon premier ordre de diacre.

9. Hugues, bolonois, cardinal du titre de Saint-Théodore, & archiprêtre de Saint-Pierre.

10. Conrad, romain, cardinal, évêque de Sabine. 1154.

### Seconde promotion en 1126.

11. Sigizzon, prêtre, cardinal du titre de Saint-Pierre & de Saint-Marcellin.

12. Rodolphe, romain, diacre, cardinal du titre de Sainte-Marie *in Aquiro*, puis évêque d'Orti.

### Troiſième promotion en 1127.

13. Anſelme, chanoine régulier de Saint-Pierre *in Cœlo au'eo*, à Pavie, prêtre, cardinal du titre de Saint-Laurent *in Lucinâ*.

14. Pierre, prêtre, cardinal du titre de Sainte-Anaſtaſie.

15. Anſelme, prêtre, cardinal du titre de Sainte-Cecile.

16. Guy Duchaſtel, puis Pape ſous le nom de Céleſtin II.

17. Henri, prêtre, cardinal du titre de Sainte-Priſque, ſuivi le parti de l'antipape Anaclet II.

18. Ruſtique de Ruſticis, romain, diacre, cardinal du titre de Saint-Georges *in Velabro*, & archiprêtre de l'égliſe de Saint-Pierre.

19. Albert Theodoli, diacre, cardinal du titre de Saint-Théodore.

20. Pierre, diacre, cardinal du titre de Saint-Adrien, & légat en France ſous le pape Honoré II;

### Auxquels on ajoute :

21. Guy, évêque de Tivoli, cardinal du titre de Saint.....

22. Grégoire, prêtre, cardinal du titre de Sainte-Sabine.

23. Yves de Saint-Victor, chanoine régulier de Saint-Victor à Paris, cardinal du titre de Saint-Laurent *in Damaſo*.

24. Grégaire, cardinal du titre de Saint-Théodore, légat en Danemarck, Suède & Bohême.

25. Rodolphe de Staffa, de Pérouſe, diacre, cardinal du titre de Sainte-Marie *in Aquiro*, puis évêque de Pérouſe.

### Innocent II, élu Pape en 1130, mort en 1143.

### Première promotion en 1130.

1. Baudouin, français, religieux de l'Ordre de Cîteaux, prêtre, cardinal du titre de Saint....., puis archevêque de Piſe. 1146.

2. Luc, français, ami de ſaint Bernard, prêtre, cardinal du titre de Saint-Jean & de Saint-Paul.

3. Martin Cibo, génois, prêtre, cardinal du titre de Saint-Etienne *in Cœlio monte*, puis légat en Danemarck.

4. Robert, anglais, prêtre, cardinal du titre de Saint....., puis chancelier de l'Egliſe romaine. 1149.

5. Azon, prêtre, cardinal du titre de Sainte-Anaſtaſie.

6. Odon ou Oton, diacre, cardinal du titre de Saint-Georges *in Velabro*.

7. Guy, des comtes de Caprone, de Piſe, diacre, cardinal du titre de Saint-Côme & Saint-Damien, légat en France & en Allemagne, & chancelier de l'Egliſe romaine. 1153.

8. Guy, diacre, cardinal du titre de Saint-Adrien.

9. Pierre, religieux du Mont-Caſſin, & abbé de..... cardinal.

### Seconde promotion en 1133.

10. Drogon, français, religieux de l'Ordre de Saint-Benoît, & abbé de Saint-Jean-de-Laon, évêque d'Oſtie. 1138.

11. Hubault, diacre, cardinal du titre de Sainte-Marie *in Viâ latâ*. 1144.

12. Hubault de Lunata, lucquois, prêtre, cardinal du titre de Saint.....

### Troiſième promotion en 1134.

13. Théodettin, allemand, cardinal, évêque de Porto, du titre de Sainte-Ruffine, & légat en Allemagne. 1154.

14. Guy, évêque de Tivoli, cardinal.

15. Stantitus, prêtre, cardinal du titre de Sainte-Sabine.

16. Luce Boétius, diacre, cardinal du titre de Sainte-Vite & Sainte-Modeſte *in Macello*.

17. Geoffroy, prêtre, cardinal du titre de Sainte-Pudentiane, puis évêque de Ferrare.

18. Vaſſal, diacre, cardinal du titre de Saint-Euſtache, puis de Sainte-Marie *in Aquiro*.

19. Chryſogon, français, diacre, cardinal du titre de Sainte-Marie *in Porticu*, puis prêtre du titre de Sainte-Praxède, ami particulier de ſaint Bernard.

20. Grégoire de Papareſcis, romain, neveu du Pape, diacre, cardinal du titre de Saint-Ange.

21. Gérard, diacre, cardinal du titre de Sainte-Marie *in Dominicâ*.

### Quatrième promotion en 1138.

22. Alberic, français, religieux de l'Ordre de Cluny, cardinal, évêque d'Oſtie, légat en France, en Angleterre & en Syrie. 1147.

23. Hugues de Saint-Victor, ſaxon, chanoine régulier de l'Ordre de Saint-Auguſtin, fameux théologien à Paris, cardinal, évêque de Freſcati.

24. Grégoire, prêtre, cardinal du titre de Sainte-Marie au-delà du Tibre.

25. Presbiter, prêtre, cardinal du titre de Sainte-Pudentiane.

26. Guy Bellagio, florentin, prêtre, cardinal

du titre du Saint-Chryfogon II , légat en Arragon ,
en Orient , mort vers l'an                         1153.

27. Raynier , prêtre , cardinal du titre de Prifque.

28. Goizon , prêtre , cardinal du titre de Sainte-
Cécile.

29. Rabaud , prêtre , cardinal du titre de Saint...,
puis évêque de Modène.

30. Octavien de Monticello , romain , diacre ,
cardinal du titre de Saint-Nicolas in Carcere , puis
prêtre du titre de Sainte-Cécile , & antipape fous
le nom de Victor IV.

31. Thomas , milanais , chanoine régulier ,
prêtre , cardinal du titre de Saint-Vital.

32. Hubault , diacre , cardinal du titre de Saint-
Adrien.

### Cinquième promotion en 1140.

33. Etienne , français , religieux de l'Ordre de
Citeaux , cardinal , évêque de Paleftrine. 1144.

34. Raynaud , des comtes de Marfe , abbé du
Mont-Caffin , prêtre , cardinal du titre de Saint-
Marcellin.                                         1165.

35. Pierre , prêtre , cardinal du titre de Sainte-
Pudentiane.

36. Hubault Allucingoli , lucquois , prêtre ,
cardinal du titre de Sainte-Praxède , puis évêque
d'Oftie , & Pape fous le nom de Lucé III.

37. Pierre , prêtre , cardinal du titre de Sainte-
Sufanne.                                           1

38. Hubault , prêtre , cardinal du titre de Saint
Jean & de Saint-Paul.                              1150.

39. Hugues de la Feuille , français , religieux
de l'abbaye de Corbie en France , diacre , cardinal
du titre de Saint....

40. Guy de Pife , diacre , cardinal du titre de
Saint....

41. Pierre , diacre , cardinal du titre de Sainte-
Marie in Aquiro.

42. Pierre , diacre , cardinal du titre de Sainte-
Marie in Porticu.

### Sixième promotion en 1142.

43. Imar , français , religieux de Saint-Martin-
des-Champs près Paris , Ordre de Saint-Benoît ,
cardinal , évêque de Frefcati , contribua beaucoup
à l'élection de l'antipape Victor IV , qu'il confacra ; pour quoi il fut excommunié par le pape
Alexandre III.                                     1164.

44. Pierre , frère du pape Innocent II , cardinal ,
évêque d'Albano.

45. Gilbert , prêtre , cardinal du titre de Saint-
Marc.

46. Guy Moricofi , de Pife , diacre , puis prêtre ,
cardinal du titre de Saint-Laurent in Damafo.

47. Nicolas , diacre , puis prêtre , cardinal du
titre de Saint-Syriaque.

Plufieurs auteurs célèbres rapportent que le
pape Innocent II nomma encore d'autres cardinaux :

48. Innocent Savelli , romain , prêtre , cardinal
du titre de Saint-Marc.

49. Adinulphe , abbé de Sainte-Marie , Ordre
de Saint-Benoît , cardinal du titre de Saint....

50. Godefroy , prêtre , cardinal du titre de Sainte-
Juftine.

51. Manfroi , prêtre , cardinal du titre de Sainte-
Sabine.                                            1141.

52. Yves , diacre , cardinal du titre de Sainte-
Marie in Aquiro.

53. Lampredus , prêtre , cardinal du titre de
Saint-Vital.

54. Azon , prêtre , cardinal du titre de Sainte-
Anaftafie.

55. Grégoire , prêtre , cardinal du titre de Sainte-
Prifque.

56. Suafinus , prêtre , cardinal du titre de Saint-
Etienne in Cœlio monte.

57. Albert , cardinal , évêque d'Albano.

*Anaclet II , antipape , élu en 1130 , mort
en 1138.*

*Victor IV , antipape , élu en 1138 , fe démit
la même année , & reconnut le pape Innocent II.*

*Céleftin II , élu Pape en 1143 , mort en 1144.*

### Promotion en 1144.

1. Robert Pullus ou Pullein , anglais , cardinal ,
& chancelier de l'Eglife romaine.

2. Raynier , prêtre , cardinal du titre de Saint-
Etienne in Cœlio monte.

3. Manfroi , prêtre , cardinal du titre de Sainte-
Sabine.

4. Jules , prêtre , cardinal du titre de Saint-
Marcel , puis évêque de Paleftrine , & légat en Sicile
& en Hongrie.                                      1165.

5. Aribert , prêtre , cardinal du titre de Saint-
Anaftafie.                                         1156.

6. Grégoire , diacre , cardinal du titre de Saint....

7. Jean Paparoni , romain , diacre , cardinal du
titre de Saint-Adrien , puis prêtre du titre de Saint-
Laurent in Damafo.

8. Rodolphe , diacre , cardinal du titre de Sainte-
Lucie.

9. Grégoire , diacre , cardinal du titre de Saint-
Ange.

10. Aftalde Aftalti , romain , diacre , cardinal
du titre de Saint-Euftache , puis prêtre du titre de
Sainte-Prifque.

11. Jean , chanoine régulier de Saint-Friden-
de-Luques , diacre , cardinal du titre de Sainte-
Marie-la-Neuve.

12. Hugues , prêtre , cardinal du titre de Saint-
Laurent in Lucinâ.

13. Hiacinthe des Urfins , romain , diacre ,
cardinal du titre de Sainte-Marie in Cofmedin , puis
Pape fous le nom de Céleftin III.

*Luce II, élu Pape en 1144, mort en 1145.*

### Première promotion en 1144.

1. Humbert Caccianemici, bolonois, chanoine régulier de Sainte-Croix-de-Jérusalem, prêtre, cardinal du titre de Sainte-Croix-de-Jérusalem.

### Seconde promotion en 1144.

2. Guarin, bolonois, chanoine régulier de Sainte-Croix-de-Mortare, cardinal, évêque de Palestrine. 1159.

3. Guy Cibo, génois, prêtre, cardinal du titre de Sainte-Pudentiane.

4. Villanus, prêtre, cardinal du titre de Saint-Etienne *in Cælio monte.*

5. Berard, diacre, cardinal du titre de Saint...

6. Bernard, diacre, cardinal du titre de Saint...

7. Pierre, diacre, cardinal du titre de Sainte-Marie *in Viâ latâ.*

8. Guy, français, diacre, cardinal du titre de Sainte-Marie *in-Porticu.* 1156.

9. Raynier Marescotti, bolonois, diacre, cardinal du titre de Saint-Serge & de Saint-Bacche.

10. Hugues, bolonois, prêtre, cardinal du titre de Saint-Laurent *in Lucinâ.*

11. Nicolas, prêtre, cardinal du titre de Saint-Damas, & garde de la bibliothèque du Vatican.

*Eugène III, élu Pape en 1145, mort en 1153.*

### Première promotion en 1145.

1. Bernard, chanoine régulier de Saint-Fridien-de-Luques, prêtre, cardinal du titre de Saint-Clément, légat en Allemagne, & évêque de Porto.

2. Jourdain des Ursins, romain, prêtre, cardinal du titre de Sainte-Susanne, & légat en Allemagne. 1165.

3. Rolland Bandinelli, siénois, diacre, cardinal du titre de Saint-Côme & Saint-Damien, puis prêtre du titre de Saint-Marc, chancelier de l'Eglise romaine, & Pape sous le nom d'Alexandre III.

### Seconde promotion en 1146.

4. Nicolas Breachper, anglais, abbé de Saint-Ruf en Dauphiné, cardinal, évêque d'Albano, puis Pape sous le nom d'Adrien IV.

5. Bernard, religieux du Mont-Cassin, prêtre, cardinal du titre de Saint.....

6. Grégoire, diacre, cardinal du titre de Saint-Clément, légat en Allemagne.

7. Gérard Cajetan, chanoine de Pise, diacre, cardinal du titre de Sainte-Marie *in Viâ latâ*, & légat en Allemagne. 1154.

8. Galfroy Artus, diacre, cardinal du titre de Saint..., puis évêque de Saint-Asaph.

### Troisième promotion en 1150.

9. Jean de Sutri, cardinal du titre de Saint-Jean & de Saint-Paul, légat en Allemagne & en Orient.

10. Hugues, français, disciple de saint Bernard, abbé des Trois-Fontaines, cardinal, évêque d'Ostie. 1158.

11. Gérard, prêtre, cardinal du titre de Saint-Etienne *in Cælio monte.* 1153.

12. Centius, romain, cardinal du titre de Saint-Laurent *in Lucinâ*, puis évêque de Porto. 1159.

13. Henri Moricotti, de Pise, religieux de l'Ordre de Cîteaux, prêtre, cardinal du titre de SS. Nérée & Achillée, légat en Sicile, vers l'empereur Frédéric, en France & en Angleterre. 1179.

14. Jean de Mercone, de Pise, archidiacre de Tyr, prêtre, cardinal du titre de Saint-Sylvestre & de Saint-Martin-aux-Monts.

15. Hildebrand Grossus, bolonois, curé de Saint-Germinian de Modène, diacre, cardinal du titre de Saint-Eustache, puis prêtre du titre des douze Apôtres, & évêque de Modène.

16. Otton, lombard, cardinal du titre de Saint-Nicolas *in Carcere*, & légat en Espagne.

17. Centius, diacre, cardinal du titre de Sainte-Marie *in Aquiro.*

18. Bernard, de Pise, religieux de l'Ordre de Cîteaux, diacre, cardinal du titre de Saint-Côme & Saint-Damien. 1170.

19. Jean, diacre, cardinal du titre de Saint-Serge & de Saint-Bacche.

20. Sylvestre, religieux de l'Ordre de Saint-Benoît, & abbé de Subla, cardinal du titre de Saint.....

21. Jean, français, religieux de l'Ordre de Saint-Benoît & abbé de Deols, cardinal du titre de Saint.....

22. Arditio, évêque de Cumes, cardinal du titre de Saint.....

23. Matthieu, cardinal du titre de Saint..., & archiprêtre de Sainte-Marie-Majeure.

24. Guy de Crème, diacre-cardinal, puis prêtre du titre de Saint-Calliste, & antipape sous le nom de Pascal III.

*Anastase IV, élu Pape en 1153, mort en 1154.*

### Promotion en 1153.

1. Grégoire de Suburra, romain, neveu du Pape, cardinal, évêque de Sabine.

*Adrien IV, élu Pape en 1154, mort en 1159.*

### Première promotion en 1155.

1. Jean Pizzuti, napolitain, chanoine régulier de Saint-Victor de Paris, diacre, cardinal du titre de Sainte-Marie-la-Neuve, puis prêtre du titre de Sainte-Anastasie.

2. Jean, napolitain, cardinal du titre de Saint.....

3. Boson, anglais, neveu du Pape, diacre, cardinal du titre de Saint-Côme & Saint-Damien, puis prêtre du titre de Sainte-Pudentiane, & légat en Portugal.

4. Bonadis dé Bonadic, romain, diacre, cardinal du titre de Saint-Ange, puis prêtre du titre de Saint-Chryfogon.

5. Ardice Rivoltella, milanais, diacre, cardinal du titre de Saint-Théodore, & légat à Conftantinople.      1186.

6. Albert de Mora, de Bénévent, diacre, cardinal du titre de Saint-Adrien, puis prêtre du titre de Saint-Laurent *in Luciná*, & Pape fous le nom de Grégoire VIII.

7. Guillaume Matingus, natif & archidiacre de Pavie, diacre, cardinal du titre de Sainte-Marie *in Viâ latâ*, puis prêtre du titre de Saint-Pierre-ès-Liens, évêque de Porto & de Sainte-Ruftice, & légat en Allemagne, en France & en Angleterre. 1177.

### Seconde promotion en 1158.

8. Cynthio Papa, romain, proche parent du pape Innocent II, diacre, cardinal du titre de Saint-Adrien, puis prêtre du titre de Sainte-Cécile.

9. Pierre de Mifo, diacre, cardinal du titre de Saint-Euftache, puis prêtre du titre de Saint-Laurent *in Damafo*, & légat en Hongrie.

10. Raymond, diacre, cardinal du titre de Sainte-Marie *in Viâ latâ*, légat en Efpagne.

11. Jean Conti, d'Aniane, diacre, cardinal du titre de Sainte-Marie *in Porticu*, puis prêtre du titre de Saint-Marc, évêque de Paleftrine, & légat en Lombardie, en France, en Hongrie & en Angleterre.      1196.

12. Simon Borelli, abbé de Sublac, diacre, cardinal du titre de Sainte-Marie *in Dominicâ*.

### Troifième promotion en 1159.

13. Gautier, cardinal, évêque d'Albano. 1178.

14. Ubaud, prêtre, cardinal du titre de Sainte-Luce.

15. Pierre, prêtre, cardinal du titre de Sainte-Cécile, puis antipape fous le nom de Victor IV.

16. Jacques, prêtre, cardinal du titre de Saint-Jean & de Saint-Paul.

17. Gérard, prêtre, cardinal du titre de Sainte-Pudentiane.

18. Grégoire, diacre, cardinal du titre de Sainte-Marie *in Porticu*.

19. Boniface, diacre, cardinal du titre de Saint-Côme & de Saint-Damien.

20. Gérard, diacre, cardinal du titre de Saint-Nicolas *in Carcere*.

21. Hubert, prêtre, cardinal du titre de Sainte-Prifque.

22. Romain, diacre, cardinal du titre de Sainte-Luce.

*Alexandre* III, *élu Pape en* 1159, *mort en* 1181.

### Première promotion en 1163.

1. Conrad de Wittelbach, comte palatin du Rhin, iffu des ducs de Bavière, allemand, & proche parent de l'empereur Frédéric Barberouffe, archevêque de Mayence & de Salzsbourg, cardinal, évêque de Sabine.      1202.

2. Manfroy, fiénois, diacre, cardinal du titre de Saint-Georges *in Velabro*, puis prêtre du titre de Sainte-Cécile, évêque de Paleftrine & légat en Sicile.      1177.

3. Hugues de Ricafoli, florentin, diacre, cardinal du titre de Saint-Euftache.      1177.

4. Oderifius, abbé de Saint-Jean *in Venere*, diacre, cardinal du titre de Saint...      1177.

### Seconde promotion en 1164.

5. Hugues, romain, cardinal, évêque de Plaifance & de Frefcati.

6. Bernier, français, abbé de Saint-Crépin de Soiffons, cardinal, évêque de.....

7. Herman, foudiacre & notaire apoftolique, prêtre, cardinal du titre de Sainte-Sufanne.

8. Saint-Galdin de Sala, milanais, prêtre, cardinal du titre de Sainte-Sabine, puis archevêque de Milan.      1175.

9. Théodin, abbé du Mont-Caffin, prêtre, cardinal du titre de Saint....      1166.

10. Théodin, prêtre, cardinal du titre de Saint-Vital, puis évêque de Porto, & légat en Angleterre.      1186.

11. Pierre, bolonois, diacre, cardinal du titre de Sainte-Marie *in Aquiro*, puis prêtre du titre de Sainte-Sufanne, & légat en Sicile.

12. Vitellius, religieux & abbé de....., diacre, cardinal du titre de Saint-Serge & de Saint-Bacche.      1174.

13. Hiérôme, chanoine régulier de la congrégation de Saint-Fridien-de-Luques, diacre, cardinal du titre de Sainte-Marie-la-Neuve.

### Troifième promotion en 1173.

14. Pierre, évêque de Meaux, prêtre, cardinal du titre de Saint-Chryfogon, légat en France & en Angleterre.

15. Vibian Thomafi, prêtre, cardinal du titre de Saint-Etienne *in Cælio monte*, légat en Irlande & en Ecoffe.

16. Lambert Cribelli, milanais, prêtre, cardinal du titre de Saint..., puis archevêque de Milan, & Pape fous le nom d'Urbain III.

17. Hugues, romain, diacre, cardinal du titre de Saint-Clément, légat en France, en Angleterre & en Ecoffe.

18. Laborans, diacre, cardinal du titre de Sainte-Marie *in Porticu*, puis prêtre du titre de Sainte-Marie au-delà du Tibre, légat en Lombardie.

19. Pierre, prêtre, cardinal du titre de Sainte-Sabine, légat en France contre les Albigeois.

20. Raynico, de Pavie, diacre, cardinal du titre de Saint-Georges *in Velabro*, puis prêtre du titre de Saint-Jean & de Saint Paul, & légat en Lombardie.

*Quatrième*

*Quatrième promotion en 1178.*

21. Herbert de Bosham, anglais, & chancelier de saint Thomas, archevêque de Cantorbery, archevêque de Bénévent, prêtre, cardinal du titre de Saint.....

22. Pierre, de Pavie, cardinal, évêque de Frescati, puis vicaire de la ville de Rome.

23. Roger, prêtre, cardinal du titre de Saint-Eusèbe, puis archevêque de Bénévent.

24. Bernard, de Bénévent, cardinal, évêque de Paleftrine.

25. Arduin, chanoine régulier de la congrégation de Saint-Fridien de Luques, prêtre, cardinal du titre de Sainte-Croix de Jérusalem.

26. Mathieu, français, prêtre, cardinal du titre de Saint-Marcel.

27. Jean, diacre, cardinal du titre de Saint-Ange.

28. Mathieu, chanoine régulier de la congrégation de Saint-Fridien de Luques, diacre, cardinal du titre de Sainte-Marie-la-Neuve.

29. Gratien, de Pife, diacre, cardinal du titre de Saint-Côme & de Saint-Damien.

30. Bernard, diacre, cardinal du titre de Saint-Adrien.

31. Raynier, diacre, cardinal du titre de Saint-Adrien. 1182.

*Cinquième promotion en 1180.*

32. Henri, français, abbé de Clairvaux, cardinal, évêque d'Albano, légat en France, & vers plufieurs rois & princes. 1188.

33. Paul Scholaris, romain, cardinal, évêque de Paleftrine, puis Pape fous le nom de Clément III.

34. Gérard, français, archidiacre d'Autun, prêtre, cardinal du titre de Saint-Etienne *in Cœlio monte*. 1179.

35. Verarverius, prêtre, cardinal du titre de Saint-Clément.

36. Pierre des Urfins, romain, cardinal du titre de Saint..... 1181.

37. Antoine, prêtre, cardinal du titre de Saint-Marc.

38. Tiburtius, diacre, cardinal du titre de S..., légat vers l'empereur de Grèce.

39. Tibault, français, abbé de Cluni, prêtre, cardinal du titre de Sainte-Croix-de-Jérusalem, puis évêque d'Oftie. 1188.

40. Guillaume de Champagne, français, archevêque de Reims, prêtre, cardinal du titre de Sainte-Sabine. 1202.

41. Jean, prêtre, cardinal du titre de Saint-Jean & de Saint-Paul.

42. Rifo, diacre, cardinal du titre de Saint-Côme & de Saint-Damien.

43. Jacques, diacre, cardinal du titre de Sainte-Marie *in Cofmedin*.

44. Robert, prêtre, cardinal du titre de Sainte-Sufanne.

45. Lesbio Graffus, bolonais, prête, cardinal du titre de Sainte-Sufanne.

46. Galand, cardinal.

47. Herman, diacre, cardinal du titre de Saint-Ange.

48. Hildebert, prêtre, cardinal du titre des douze Apôtres.

49. Lombard, natif de Plaifance, cardinal du titre de S..... & archevêque de Bénévent. 1179.

50. Marcel, diacre, cardinal du titre de Saint-Georges *in Velabro*.

*Victor IV, antipape, élu en 1159, mort en 1164.*

*Pafcal III, antipape, élu en 1164, mort en 1169.*

*Callifte III, antipape, élu en 1169, reconnut en 1178 le pape Alexandre III pour légitime pontife.*

*Luce III, élu Pape en 1181, mort en 1185.*

*Première promotion en 1182.*

1. Hubert Allucingoli, de Luques, prêtre, cardinal du titre de Saint-Laurent *in Damafo*.

2. Pandulphe Mafca, de Pife, prêtre, cardinal du titre des douze Apôtres, légat à Gênes & en Tofcane.

3. Bobou des Urfins, romain, diacre, cardinal du titre de Saint-Ange, puis prêtre du titre de Sainte-Anaftafie, & évêque de Porto.

4. Octavien, romain, diacre, cardinal du titre de Saint-Serge & de Saint-Bacche, puis évêque d'Oftie, légat en France, en Sicile, en Angleterre. 1206.

5. Gérard Allucingoli, de Luques, diacre, cardinal du titre de Saint-Adrien, puis évêque de Luques, & légat en France & en Sicile. 1201.

6. Sobred, diacre, cardinal du titre de Sainte-Marie *in Viâ latâ*, puis prêtre du titre de Sainte-Prifque, légat en Lombardie, à Venife, en France & en Syrie. 1211.

7. Domnus Albini, milanais, chanoine régulier, diacre, cardinal du titre de Sainte-Marie-la-Neuve, puis prêtre du titre de Sainte-Croix de Jérufalem, évêque d'Albano. 1198.

*Seconde promotion en 1185.*

8. Boson, français, cardinal du titre de Saint-Ange.

9. Melior, français, prêtre, cardinal du titre de Saint-Jean & de Saint-Paul, légat en France.

10. Adelard, de Vérone, prêtre, cardinal du titre de Saint-Marcel, puis évêque de Vérone & légat en Orient.

11. Rolland, français, abbé de Bourgdieu en Berri, diacre, cardinal du titre de Sainte-Marie

*in Porticu*, puis évêque de Dol en Bretagne, & légat en Angleterre.

12. Pierre, de Plaifance, diacre, cardinal du titre de Saint-Nicolas *in Carcere*, puis prêtre du titre de Sainte-Cécile, & légat en Sicile.

13. Rodolphe Nigelli, de Pife, diacre, cardinal du titre de Saint-Georges *in Velabro*, puis prêtre du titre de Sainte-Praxède.

14. Raynier, dit *le Petit*, cardinal du titre de Saint.....

15. Siméon Paltineri, cardinal du titre de Saint...

16. Jean, prêtre, cardinal du titre de Saint-Marc.

**Urbain III, élu Pape en 1185, mort en 1187.**

*Promotion en . . . . .*

1. Henri de Sulli, français, archevêque de Bourges, cardinal du titre de Saint..... 1200.

2. Gandulphe, de Plaifance, abbé de Saint-Sixte, de Plaifance, cardinal du titre de Saint..... 1229.

**Grégoire VIII, élu Pape en 1187, mort la même année.**

**Clément III, élu Pape en 1188, mort en 1191.**

*Première promotion en 1188.*

1. Pierre, prêtre, cardinal du titre de Saint-Clément.

2. Grégoire, diacre, cardinal du titre de Sainte-Marie *in Porticu*, & légat en Lombardie, Hongrie & Sicile.

3. Alexis, diacre, cardinal du titre de Saint-Nicolas *in Carcere*, puis prêtre du titre de Sainte-Sufanne.

4. Bobon, romain, diacre, cardinal du titre de Saint-Georges *in Velabro*. 1189.

5. Jourdain de Ceccano, abbé de Foffe-Neuve, Ordre de Cîteaux, diacre, cardinal du titre de Saint..... puis prêtre du titre de Sainte-Pudentiane, légat en France & en Allemagne. 1206.

6. Jean-Félix, romain, diacre, cardinal du titre de Saint-Euftache, puis prêtre du titre de Sainte-Sufanne.

7. Pierre, diacre, cardinal du titre de Saint..... puis prêtre du titre de Saint-Pierre-ès-Liens.

8. Bernard, chanoine régulier de Saint-Fridien de Luques, diacre, cardinal du titre de Sainte-Marie-la-Neuve, puis prêtre du titre de Saint-Pierre-ès-Liens, & légat en Toscane.

9. Grégoire, diacre, cardinal du titre de Sainte-Marie *in Aquiro*, puis prêtre du titre de Sainte-Veftine, & légat à Spolette & en Ombrie.

10. Jean Malabranca, romain, diacre, cardinal du titre de Saint-Théodore.

*Seconde promotion en 1188.*

11. Jean, de Lombardie, prêtre, cardinal du titre de Saint-Clément, puis évêque de Viterbe & d'Albano.

*Troifième promotion.*

12. Pierre Gallocia, romain, cardinaévê que de Porto.

13. Rufin, évêque de Rimini, prêtre, cardinal du titre de Sainte-Praxède.

14. Romain, diacre, cardinal du titre de Saint..... puis prêtre du titre de Sainte-Anaftafie.

15. Gilles, romain, diacre, cardinal du titre de Saint-Nicolas *in Carcere*, & légat en Sicile.

16. Guy Paré, français, archevêque de Reims, diacre, cardinal du titre de Saint..... puis prêtre du titre de Sainte-Marie au-delà du Tibre, évêque de Paleftrine, & légat en Lombardie. 1206.

17. Grégoire de Monte-Carello, florentin, diacre, cardinal du titre de Saint-Georges *in Velabro*, & légat en Tofcane.

18. Jean Barrathi, romain, diacre, cardinal du titre de Saint.....

19. Lothaire Conti, romain, diacre, cardinal du titre de Saint-Serge & de Saint-Bacche, puis Pape fous le nom d'Innocent III.

20. Nicolas, diacre, cardinal du titre de Sainte-Marie *in Cofmedin*.

21. Grégoire, diacre, cardinal du titre de Saint-Ange, & légat en Efpagne.

22. Jean, diacre, cardinal du titre de Saint-Serge & de Saint-Bacche.

23. Alexandre, prêtre, cardinal du titre de Saint-Sylveftre & de Saint-Martin.

24. Maynard, français, abbé de Pontigni, cardinal, évêque de Paleftrine.

**Céleftin III, élu Pape en 1191, mort en 1198.**

*Première promotion en 1191.*

1. Hugotio Bobon, romain, prêtre, cardinal du titre de Saint-Sylveftre & de Saint-Martin. 1210.

2. Jean de Salerne, prêtre, cardinal du titre de Saint-Etienne *in Cœlio monte*, légat en Allemagne, Sicile, Angleterre & Irlande.

3. Rofroi de l'Ifle, abbé de Mont-Caffin, prêtre du titre de Saint-Marcellin & de Saint-Pierre, & légat en Sicile. 1212.

4. Cynthio Cenci, romain, prêtre, cardinal du titre de Saint-Laurent *in Lucinâ*, légat à Pife & en Sicile.

*Seconde promotion en 1192.*

5. Jean Colonne, prêtre, cardinal du titre de Sainte-Prifque, puis évêque de Sabine & légat à Pife.

6. Fidantius, prêtre, cardinal du titre de Saint-Marcel, & légat en Lombardie.

7. Pierre de Capoue, d'Amalphi, diacre, cardinal du titre de Sainte-Marie *in Viâ latâ*, puis prêtre du titre de Saint-Marcel, & légat en Lombardie, Sicile, Pologne, France & outremer. 1209.

8. Bobon, romain, diacre, cardinal du titre de Saint-Théodore.

9. Cencio Savelli, romain, diacre, cardinal du titre de Sainte-Luce *in Silice*, puis prêtre du titre de Saint-Jean & de Saint-Paul, & Pape fous le nom d'Honoré III.

10. Albert de Louvain, évêque de Liége, cardinal. 1193.

11. Nicolas Bobo, romain, neveu du Pape, diacre, cardinal du titre de Sainte-Marie *in Cofmedin*.

12. Simon de Louvain, évêque de Liége, cardinal. 1196.

## Innocent III, élu Pape en 1198, mort en 1216.

### Première promotion en 1198.

1. Hugolin Conti, romain, diacre, cardinal du titre de Saint-Euftache, puis évêque d'Oftie, & Pape fous le nom de Grégoire IX.

2. Gérald, français, abbé de Pontigni, diacre, cardinal du titre de Saint-Nicolas *in Carcere*. 1210.

### Seconde promotion en 1200.

3. Benoît, prêtre, cardinal du titre de Sainte-Sufanne, puis évêque de Porto & légat à Conftantinople.

4. Léon Brancaléon, romain, chanoine régulier de Saint-Fridien de Luques, diacre, cardinal du titre de Sainte-Lucie *in Septifolio*, puis prêtre du titre de Sainte-Croix de Jérufalem, légat en Allemagne, Saxe, Hongrie & Bulgarie. 1230.

5. Mathieu, diacre, cardinal du titre de Saint-Théodore. 1206.

6. Jean Conti, romain, diacre, cardinal du titre de Sainte-Marie *in Cofmedin*, & chancelier de l'églife romaine. 1213.

### Troisième promotion en 1205.

7. Nicolas de Romanis, romain, évêque, cardinal de Frefcati & légat en Angleterre. 1219.

8. Roger, prêtre, cardinal du titre de Sainte-Anaftafie & légat en Sicile.

9. Guy, romain, diacre, cardinal du titre de Saint-Nicolas *in Carcere*, puis évêque de Paleftrine, & légat en Lombardie. 1227.

10. Jean, diacre, cardinal du titre de Sainte-Marie *in Vià latâ*, & légat en Angleterre & en France.

11. Pierre de Morta, de Bénévent, diacre, cardinal du titre de Saint-Ange, & légat en France & en Arragon. 1213.

12. Jacques Galon, mal nommé Gualla, évêque de Verceil, diacre, cardinal du titre de Sainte-Marie *in Porticu*, puis prêtre du titre de Saint-Sylveftre & de Saint-Martin, & légat en France, en Angleterre & en Allemagne.

### Quatrième promotion en 1206.

13. Octavien Conti, romain, diacre, cardinal du titre de Saint-Serge & de Saint-Bacche.

14. Grégoire Crefcentio, romain, diacre, cardinal du titre de Saint-Théodore, & légat en Danemarck. 1225.

15. Jean, diacre, cardinal du titre de Saint-Côme & de Saint-Damien.

16. Payo Galvam, portugais, diacre, cardinal du titre de Sainte-Marie *in Septicollio*, puis de celui de Sainte-Cécile, évêque d'Albano, & légat en l'expédition de Damiette & en Sicile. 1240.

### Cinquième promotion en 1206.

17. Pierre Saxon, d'Aniane, prêtre, cardinal du titre de Sainte-Pudentiane, & légat en Allemagne.

18. Maur, évêque d'Amelia en Ombrie, prêtre, cardinal du titre de Saint..... & légat en Allemagne. 1225.

19. Ange, diacre, cardinal du titre de Saint-Adrien.

### Sixième promotion en 1211.

20. Jean, prêtre, cardinal du titre de Sainte-Praxède.

21. Grégoire, cardinal, évêque de Sabine.

### Septième promotion en 1212.

22. Etienne de Ceccano, dit *de Foffanova*, romain, diacre, cardinal du titre de Saint-Ange, puis prêtre du titre des douze Apôtres. 1227.

23. Etienne Langthon, anglais, docteur en théologie de la faculté de Paris, chanoine & chancelier de l'église de Paris, puis archevêque de Cantorbery, & prêtre cardinal du titre de Saint-Chryfogon. 1228.

24. Grégoire Théodoli, prêtre, cardinal du titre de Sainte-Anaftafie.

25. Pierre de Douai, flamand, prêtre, cardinal du titre de Saint-Laurent *in Damafo*, puis légat en France & en Efpagne, & évêque de Sabine. 1221.

26. Raynier Cappochi, de Viterbe, diacre, cardinal du titre de Sainte-Marie *in Cofmedin*, puis évêque de Viterbe. 1252.

27. Romain Bonaventura, romain, diacre, cardinal du titre de Saint-Ange, puis évêque de Porto, légat en France & en Angleterre, & vicaire du Pape.

28. Thomas de Capoue, prêtre, cardinal du titre de Sainte-Sabine, & légat en Lombardie. 1243.

29. Bertrand, diacre, cardinal du titre de Saint-Georges *in Velabro*, & légat en France.

30. Etienne, diacre, cardinal du titre de Saint-Adrien, puis prêtre du titre de Sainte-Marie au delà du Tibre, & légat en Sicile. 1254.

31. Robert Curfon, anglais, chanoine & chan-

celier de l'église de Paris, cardinal du titre de Saint-Etienne *in Cœlio monte*, légat en Angleterre & en France. 1218.

Il y a des auteurs qui remarquent que le pape Innocent III nomma aussi cardinaux,

32. Obert Terzachi, prêtre, cardinal du titre de Saint-Etienne *in Cœlio monte*, puis archevêque de Milan.

33. Hubert, cardinal du titre de Saint..... & archevêque de Milan.

34. Gérard de Seffio, de Reggio, évêque de Novarre, puis cardinal, évêque d'Albano, & archevêque de Milan.

35. Raoul, français, évêque d'Arras, cardinal du titre de Saint..... 1220.

36. Pierre, abbé du Mont-Caffin, prêtre, cardinal du titre de Saint..... 1210.

37. Raynier, de Todi, chanoine régulier de Sainte-Marie de Bologne. 1217.

38. Sigefroi, baron d'Eppenstein, archevêque de Mayence, prêtre, cardinal du titre de Sainte-Sabine. 1225.

39. Godefroi, prêtre, cardinal du titre de Sainte-Praxède, légat en la Terre-Sainte, & élu patriarche de Constantinople.

40. Gaultier, diacre, cardinal du titre de Sainte-Marie *in Porticu*.

41. Jean-Dominique, natif de Foligni en Ombrie, prêtre, cardinal du titre de Saint-Cyriaque.

42. Alebrandin Caïetan, romain, diacre, cardinal du titre de Saint-Euftache, puis prêtre du titre de Sainte-Sufanne & évêque de Sabine.

*Honoré III, élu Pape en 1216, mort en 1227.*

*Première promotion en 1216.*

1. Centio Savelli, romain, cardinal, évêque de Porto & légat en Espagne. 1219.

2. Jean Colonne, romain, prêtre, cardinal du titre de Sainte-Praxède, légat à Constantinople & en Syrie. 1245.

3. Gilles de Torres, espagnol, chanoine de l'église de Burgos, diacre, cardinal du titre de Saint-Côme & de Saint-Damien, puis archevêque de Tolède. 1254.

4. Bertrand Savelli, romain, neveu du Pape, prêtre, cardinal du titre de Saint-Jean & de Saint-Paul, légat en France & en Espagne.

5. Pierre, romain, diacre, cardinal du titre de Saint-Georges *in Velabro*. 1242.

6. Nicolas, diacre, cardinal du titre de Sainte-Marie *in Aquiro*.

*Seconde promotion en 1219.*

7. Conrad, fils d'Egon, comte d'Inach, allemand, abbé de Cîteaux, cardinal, évêque de Porto, légat en France, en Espagne, en Allemagne & en Palestine. 1227.

8. Nicolas de Clermont, sicilien, religieux de l'Ordre de Cîteaux, cardinal, évêque de Frescati, & légat en Allemagne.

*Troisième promotion en 1220.*

9. Pierre de Capoue, fameux docteur en théologie de la faculté de Paris, prêtre, cardinal du titre de Sainte-Croix de Jérusalem, & patriarche d'Antioche.

10. Barthélemy, français, prêtre, cardinal du titre de Sainte-Pudentiane.

*Quatrième promotion en 1221.*

11. Olivier Saxon, allemand, évêque de Paderborn, cardinal, évêque de Sabine, & légat vers l'Empereur. 1227.

*Cardinaux dont le tems de la promotion est ignoré.*

12. Thomas, prêtre, cardinal du titre de Sainte-Balbine.

13. Robert, prêtre, cardinal du titre de Saint-Jean & de Saint-Paul.

*Grégoire IX, élu Pape en 1227, mort en 1241.*

*Première promotion en 1227.*

1. Pierre Alegrin, dit d'Abbeville, français, archevêque de Besançon, cardinal, évêque de Sabine, légat en Espagne & en Portugal. 1237.

2. Geoffroy de Castillon, milanais, prêtre, cardinal de Saint-Marc, puis évêque de Sabine, & Pape sous le nom de Célestin IV.

3. Rainault Conti, romain, neveu du Pape, diacre, cardinal du titre de Saint-Euftache, puis évêque d'Oftie, & Pape sous le nom d'Alexandre IV.

4. Sinibalde de Fiefque, génois, prêtre, cardinal du titre de Saint-Laurent *in Lucina*, puis Pape sous le nom d'Innocent IV.

5. Eudes le Blanc, des marquis de Montferrat, de Cafal en Lombardie, diacre, cardinal du titre de Saint-Nicolas *in Carcere*, puis évêque de Porto, & légat en Angleterre & en Ecoffe. 1251.

*Seconde promotion en 1228.*

6. Jacques de Vitri, français, curé d'Argenteuil. Ayant quitté le monde, il fut chanoine régulier de Sainte-Marie d'Oignies, fut élu patriarche d'Antioche, nommé cardinal, évêque de Frescati, & légat en France contre les Albigeois. 1244.

7. Nicolas Conti, romain, prêtre, cardinal du titre de Saint-Marcel, & légat en Arménie. 1239.

*Troisième promotion en 1231.*

8. Jacques de Pecoraria, de Plaifance, cardinal, évêque de Paleftrine, légat en Lombardie, Hongrie, Tofcane & France, & vicaire du Pape. 1245.

9. Robert Ummarcote, anglais, diacre, cardinal du titre de Saint-Euftache. 1241.

*Quatrième promotion en 1237.*

10. Richard Hannibaldi, de Molaria, romain, abbé du Mont-Caſſin, diacre, cardinal du titre de Saint-Ange. 1274.

11. Guy, curé de Gringfort, dans le dioceſe de Durham en Angleterre, diacre, cardinal du titre de Saint-Adrien.

12. Raymond de Pons, françois, évêque de Périgueux, cardinal du titre de Saint.....

13. Simon de Sulli, françois, archevêque de Bourges, prêtre, cardinal du titre de Sainte-Cécile, & légat en France.

14. Le B. Raymond Nonat, eſpagnol, religieux de l'Ordre de Saint-Merci, cardinal du titre de Saint-Euſtache. 1240.

15. François Caſſardi ou Caſcard, françois, archevêque de Tours, cardinal du titre de Saint-Martin. 1237.

*Céleſtin IV, élu Pape en 1241, mort dix-ſept jours après ſon élection.*

*Innocent IV, élu Pape en 1243, mort en 1254.*

*Première promotion en 1244.*

1. Pierre de Colmieu ou Collemezzo, françois, archevêque de Rouen, cardinal, évêque d'Albano. 1253.

2. Guillaume, évêque de Modène, cardinal, évêque de Sabine, légat en Livonie, Norwège & Suède. 1251.

3. Odon de Châteauroux, françois, cardinal, évêque de Freſcati, & légat en France & outre-mer, où il accompagna le roi ſaint Louis. 1273.

4. Pierre de Bar, françois, abbé d'Igni, prêtre, cardinal du titre de Saint-Marcel, puis évêque de Sabine, & légat en Eſpagne. 1252.

5. Guillaume de Talliante, françois, abbé de Saint-Facoud, dioceſe de Léon, prêtre, cardinal du titre des douze Apôtres. 1250.

6. Jean de Tolet, anglois, religieux de l'Ordre de Cîteaux, prêtre, cardinal du titre de Saint-Laurent *in Luciná*, puis évêque de Porto. 1274.

7. Hugues de Saint-Cher, françois, religieux de l'Ordre de Saint-Dominique, profeſſeur en théologie, & général de ſon Ordre, prêtre, cardinal du titre de Sainte-Sabine : il fut le premier cardinal de l'Ordre de Saint-Dominique, & légat vers les électeurs de l'Empire. 1263.

8. Geoffroy de Caſtillon ou de Caſtiglione, milanais, diacre, cardinal du titre de Saint-Adrien, & légat en Sardaigne. 1245.

9. Octavien Ubaldini, florentin, évêque de Bologne, diacre, cardinal du titre de Sainte-Marie *in Viâ latâ*, légat à Veniſe & en Lombardie. 1274.

10. Pierre Cappochi, romain, diacre, cardinal du titre de Saint-Georges *in Velabro*, légat en Allemagne & archiprêtre de Sainte-Marie-Majeure. 1259.

11. Jean-Cajétan des Urſins, romain, diacre, cardinal du titre de Saint-Nicolas *in Carcere*, puis Pape ſous le nom de Nicolas III.

12. Guillaume de Fieſque, génois, neveu du Pape, diacre, cardinal du titre de Saint-Euſtache. 1256.

13. Bernard Caraccioli, napolitain, diacre, cardinal du titre de Saint.....

*Seconde promotion en 1252.*

14. Otobon de Fieſque, génois, neveu du Pape, cardinal du titre de Saint-Adrien, puis Pape ſous le nom d'Adrien V.

15. Jacques Herbert, religieux de l'Ordre de Cîteaux, cardinal, évêque de Porto. 1254.

*Troiſième promotion en 1252.*

16. Etienne, hongrois, archevêque de Strigonie, cardinal, évêque de Paleſtrine, légat en Hongrie & Eſclavonie. 1266.

17. Oton Grilli, diacre, cardinal du titre de Saint..... & légat en Allemagne.

18. Jean, cardinal, évêque de Sabine.

19. Richard, abbé du Mont-Caſſin, prêtre, cardinal du titre de Saint-Cyriaque. 1263.

20. Geoffroy, de Piſe, diacre, cardinal du titre de Saint-Serge & de Saint-Bacche.

21. Nicolas, cardinal, évêque de Sabine, & légat en Pruſſe.

22. Albus de Viterbe, religieux de l'Ordre de Cîteaux, cardinal du titre de Saint.....

23. Eudes Rigault, françois, religieux de l'Ordre des Frères-Mineurs, archevêque de Rouen, cardinal du titre de Saint..... 1276.

*Alexandre IV, élu Pape en 1254, mort en 1261.*

Le martyrologe Bénédictin rapporte que ce Pape nomma cardinal :

1. Theſaurus de Beccaria, de Padoue, abbé & général de l'Ordre de Val-Ombreuſe, & qu'il fut légat à Florence. 1258.

*Urbain IV, élu Pape en 1261, mort en 1264.*

*Première promotion en 1261.*

1. Guy Groſſus, françois, archevêque de Narbonne, cardinal, évêque de Sabine, puis Pape ſous le nom de Clément IV.

2. Henri Bartholomei, natif de Suze, françois, archevêque d'Embrun, cardinal, évêque d'Oſtie, & légat en Lombardie. 1271.

3. Raoul de Groſparmy, françois, évêque d'Evreux, cardinal, évêque d'Albano, & légat en Sicile & outre-mer avec le roi ſaint Louis. 1270.

4. Simon Paltinerio, de Padoue, prêtre, cardinal du titre de Saint-Sylveſtre & de Saint-Martin, légat en Ombrie, à Piſe, en Toſcane, à Veniſe & en Lombardie. 1276.

5. Ancher Pantaléon, français, neveu du Pape, chanoine & archidiacre de Paris, prêtre, cardinal du titre de Sainte-Praxède, & légat en Sicile. 1286.

6. Ubert d'Elci, de Sienne, diacre, cardinal du titre de Saint-Euftache. 1276.

7. Jacques Savelli, romain, diacre, cardinal du titre de Sainte-Marie in Cofmedin, puis Pape fous le nom d'Honoré IV.

8. Geoffroy d'Alatri, diacre, cardinal du titre de Saint-Georges in Velabro. 1287.

*Seconde promotion en 1261.*

9. Guillaume de Brai, français, archidiacre de Reims & docteur en théologie, prêtre, cardinal du titre de Saint-Marc. 1282.

10. Simon de Brie, français, tréforier de Saint-Martin de Tours, prêtre, cardinal du titre de Sainte-Cécile, puis Pape fous le nom de Martin II, dit IV.

11. Guy, français, abbé de Cîteaux, prêtre, cardinal du titre de Saint-Laurent in Lucina, puis légat en France, Danemarck, Suède, Norwège, Saxe & Allemagne. 1273.

12. Jourdain Conti, romain, diacre, cardinal du titre de Saint-Côme & de Saint-Damien, & vice-chancelier de l'église romaine. 1269.

13. Annibal de Annibaldi de Molaria, romain, religieux de l'Ordre des Frères-Prêcheurs, maître en théologie & maître du facré palais, prêtre, cardinal du titre des douze Apôtres. 1272.

14. Mathieu des Urfins, romain, diacre, cardinal du titre de Sainte-Marie in Porticu. 1306.

*Clément IV, élu Pape en 1265, mort en 1268.*

Des auteurs dignes de foi remarquent que ce Pape nomma cardinal:

1. Bernard Coygleri, français, abbé de Lerins, puis du Mont-Caffin, & légat à Conftantinople. 1281.

*Grégoire X, élu Pape en 1271, mort en 1276.*

*Première promotion en 1272.*

1. Jean-Pierre Juliani, portugais, élu archevêque de Brague, cardinal, évêque de Frefcati, puis Pape fous le nom de Jean XX, dit XXI.

2. Vicedominus de Vicedominis, de Plaifance, neveu du Pape, archevêque d'Aix, cardinal, évêque de Paleftrine. 1276.

3. Bonaventure Fiduaza, florentin, général de l'Ordre des Frères-Mineurs, élu évêque d'York, cardinal, évêque d'Albano. 1274.

4. Pierre de Tarentaife, de Savoie, archevêque de Lyon, cardinal, évêque d'Oftie, puis Pape fous le nom d'Innocent V.

5. Bertrand de Saint-Martin, français, archevêque d'Arles, cardinal, évêque de Sabine. 1277. Quelques auteurs ajoutent à ces cardinaux:

6. Jean, natif de Plaifance, neveu du Pape, cardinal, évêque de Sabine. 1278.

7. Thibault de Ceccano, italien, abbé de Foffe-Neuve, Ordre de Cîteaux, prêtre, cardinal du titre de Saint.....

*Innocent V, élu Pape en 1276, mort la même année.*

*Adrien V, élu Pape en 1276, mort la même année, fans avoir été facré ni couronné.*

*Jean XX, dit XXI, élu en 1276, mort en 1277.*

*Promotion.*

1. Erard de Lefigni, français, évêque d'Auxerre, cardinal, évêque de Paleftrine. 1277.

*Nicolas III, élu Pape en 1277, mort en 1280.*

*Promotion en 1278.*

1. Latin Malabranca, romain, de l'Ordre des Frères-Prêcheurs, neveu du Pape, évêque, cardinal d'Oftie. 1294.

2. Gérard Cupalates, de Plaifance, cardinal, évêque de Paleftrine. 1278.

3. Boutivenga de Bentivengis, italien, maître en théologie, de l'Ordre des Frères-Mineurs, corfeffeur du Pape, évêque de Todi, cardinal, évêque d'Albano, & grand-pénitencier. 1289.

4. Robert Kilewardebi, furnommé Biliberi, anglais, provincial de l'Ordre des Frères-Prêcheurs, élu archevêque de Cantorbéry, cardinal, évêque de Porto. 1278.

5. Ordeon, portugais, archevêque de Brague, cardinal, évêque de Frefcati. 1285.

6. Jourdain des Urfins, romain, frère du Pape, diacre, cardinal du titre de Saint-Euftache. 1287.

7. Gérard Bianchi, chanoine de Parme, prêtre, cardinal du titre des douze Apôtres, puis évêque de Sabine, & légat en Efpagne & en Sicile. 1301.

8. F. Hiérôme Afculano, de Pife, général de l'Ordre des Frères-Mineurs, prêtre, cardinal du titre de Sainte-Pudentiane, puis évêque de Paleftrine, & Pape fous le nom de Nicolas IV.

9. Jacques Colonne, romain, archidiacre de l'église de Pife, diacre, cardinal du titre de Sainte-Marie in Via lata, & archiprêtre de Sainte-Marie-Majeure. 1318.

*Martin II, dit IV, élu Pape en 1281, mort en 1285.*

*Promotion en 1281.*

1. Bernard Languiffel, français, archevêque d'Arles, cardinal, évêque de Porto, légat en Lombardie, Romandiole & Tofcane. 1290.

2. Hugues le Noir, dit de Evesham, anglais, célèbre médecin, prêtre, cardinal du titre de Saint-Laurent *in Lucinâ*. 1287.

3. Jean Cholet, français, chanoine de l'église de Beauvais, prêtre, cardinal du titre de Sainte-Cécile, & légat en France & en Espagne. 1293.

4. Gervais Giancolet de Clinchamp, français, chanoine & archidiacre de Paris, prêtre, cardinal du titre de Saint-Sylvestre & de Saint-Martin, connu sous le nom de cardinal du Mans, & légat en France. 1287.

5. Comes Gludiano de Casate, archevêque de Milan, prêtre, cardinal du titre de Saint-Pierre & de Saint-Marcellin. 1287.

6. Geoffroy de Bar, français, natif de Bar-sur-Seine, doyen de l'église de Paris & évêque d'Evreux, prêtre, cardinal du titre de Sainte-Susanne. 1284.

7. Benoît-Cajétan, romain, diacre, cardinal du titre de Saint-Nicolas *in Carcere*, puis prêtre du titre de Saint-Sylvestre & de Saint-Martin-aux-Monts, & Pape sous le nom de Boniface VIII.

*Honoré IV, élu Pape en 1285, mort en 1287.*

*Promotion en 1285.*

1. Jean Buccamatius, romain, archevêque de Montréal en Sicile, cardinal, évêque de Frescati, légat en Allemagne & doyen du sacré collége. 1309.

*Nicolas IV, élu Pape en 1288, mort en 1292.*

*Promotion en 1288.*

1. Mathieu de Aquasparta, général de l'Ordre des Frères-Mineurs, prêtre, cardinal du titre de Saint-Laurent *in Damaso*, puis évêque de Porto. 1302.

2. Bernard, chanoine d'York & évêque d'Osimo, cardinal, évêque de Palestrine, & légat en Sicile. 1291.

3. Hugues Aycelin de Billon, français, natif d'Auvergne, lecteur en théologie, de l'Ordre des Frères-Prêcheurs, prêtre, cardinal du titre de Sainte-Sabine, puis évêque d'Ostie. 1297.

4. Pierre Peregrosse, milanais, diacre, cardinal du titre de Saint-Georges *in Velabro*, puis prêtre du titre de Saint-Marc. 1295.

5. Napoléon Frangipani, dit des Ursins, romain, chanoine de l'église de Paris, diacre, cardinal du titre de Saint-Adrien, légat d'Ombrie & de Sabine. 1294.

6. Pierre Colonne, romain, diacre, cardinal du titre de Saint-Eustache, légat en France & évêque de Véronne. 1326.

7. Théodebalde d'Estampes, anglais, prêtre, cardinal du titre de Saint..... 1289.

*Auxquels on ajoute :*

8. Benitius Nardi, natif & évêque de Crémone, cardinal du titre de Saint..... 1297.

9. Pierre de Barelis, français, religieux de l'Ordre de la Merci, cardinal du titre de Sainte-Sabine. 1289.

*Célestin V, élu Pape en 1294, se démit la même année, & mourut en 1296.*

*Promotion en 1294.*

1. Simon de Beaulieu, français, archevêque de Bourges, cardinal, évêque de Palestrine, & légat en France. 1297.

2. Beraud de Gout, français, frère de Bertrand de Gout, qui fut depuis Pape, archevêque de Lyon, cardinal, évêque d'Albano. 1297.

3. Thomas d'Ocra, natif d'Abruzze, religieux Célestin, prêtre, cardinal du titre de Sainte-Cécile. 1300.

4. Jean Lemoine, français, prêtre, cardinal du titre de Saint-Marcellin & de Saint-Pierre, puis évêque de Meaux. 1313.

5. Pierre d'Aquila, religieux du Mont-Cassin & archevêque de Bénévent, prêtre, cardinal du titre de Saint-Marcel. 1292.

6. Guillaume Ferrier, français, prévôt de Marseille, prêtre, cardinal du titre de Saint-Clément, & légat en Espagne. 1295.

7. Nicolas de Nonancourt, français, prêtre, cardinal du titre de Saint-Laurent *in Damaso*. 1299.

8. Robert, français, abbé de Cîteaux, prêtre, cardinal du titre de Sainte-Pudentiane. 1305.

9. Simon, français, religieux de Cluni, prieur de la Charité-sur-Loire, prêtre, cardinal du titre de Sainte-Balbine. 1296.

10. Landolphe Brancacio, napolitain, diacre, cardinal du titre de Saint-Ange, & légat en Sicile. 1322.

11. Benoît-Cajétan, d'Aniane, diacre, cardinal du titre de Saint-Côme & de Saint-Damien. 1266.

12. Jean de Castrocœli, natif & archevêque de Bénévent, prêtre, cardinal du titre de Sainte-Vestine. 1295.

13. Guillaume le Long ou Longis, de Bergame, chancelier de Naples, diacre, cardinal du titre de Saint-Nicolas *in Carcere*. 1319.

*Boniface VIII, élu Pape en 1294, mort en 1303.*

*Première promotion en 1295.*

1. Jacques Thomasi, neveu du Pape, religieux de l'Ordre des Frères-Mineurs, prêtre, cardinal du titre de Saint-Clément. 1300.

2. André Conti, d'Aniane, religieux de l'Ordre des Frères-Mineurs, prêtre, cardinal; mais il refusa cette dignité, & mourut dans son couvent. 1308.

3. François-Napoléon des Ursins, romain, diacre, cardinal du titre de Sainte-Lucie *in Silice*. 1343.

4. Jacques-Cajétan, diacre, cardinal du titre de Saint-Georges *in Velabro*, puis prêtre du titre de Saint-Clément. 1317.

5. François-Cajétan, neveu du Pape, diacre, cardinal du titre de Sainte-Marie *in Cofmedin*. 1317.

6. Pierre Valeriano, vice-chancelier de l'église romaine, diacre, cardinal du titre de Sainte-Marie-la-Neuve, & légat à Bologne, la Romandiole, Venife, Lombardie, Tofcane & Ombrie. 1304.

7. Jacques Santucci, lucquois, diacre, cardinal du titre de Saint-Georges *in Velabro*.

*Seconde promotion en 1298.*

8. Gonfalve Roderic, efpagnol, archevêque de Tolède, cardinal, évêque d'Albano. 1299.

9. Thierri Raynerius, évêque de Rieti, prêtre, cardinal du titre de Sainte-Croix de Jérufalem, puis évêque de Paleftrine. 1306.

10. Gentilis de Montefiore, de Pife, théologien, de l'Ordre des Frères-Mineurs, & lecteur du facré palais, prêtre, cardinal du titre de Saint-Sylveftre & de Saint-Martin, & légat en Hongrie. 1312.

11. Nicolas Bocafini, de Trévife en Lombardie, général de l'Ordre des Frères-Prêcheurs, prêtre, cardinal du titre de Sainte-Sabine, puis évêque d'Oftie, & Pape fous le nom de Benoît XI.

12. Luc de Fiefque, génois, diacre, cardinal du titre de Sainte-Marie *in Viâ latâ*, légat en France & en Angleterre. 1336.

13. Richard Petroni, de Sienne, vice-chancelier de l'Eglife, diacre, cardinal du titre de Saint-Euftache, & légat à Gênes. 1313.

*Troifième promotion en 1300.*

14. Léonard Patraffus de Guerrino, oncle du Pape, évêque d'Altari, puis de Jefi, & cardinal, évêque d'Albano. 1311.

*Quatrième promotion en 1302.*

15. Jean Minio, lecteur du facré palais, & général de l'Ordre des Frères-Mineurs, cardinal, évêque de Porto, & légat en France. 1312.

16. Gilles de Roma, général de l'Ordre des Frères-Hermites de Saint-Auguftin, puis archevêque de Bourges, & cardinal du titre de Saint..... 1316.

17. Pierre, efpagnol, évêque de Burgos, cardinal, évêque de Sabine. 1311.

18. Dominique de Saint-Pierre, efpagnol, religieux de l'Ordre de la Merci, cardinal du titre de Saint..... 1307.

*Benoît X, dit XI, élu Pape en 1303, mort en 1304.*

*Première promotion en 1303.*

1. Nicolas-Albertini de Prato, de Tofcane, théologien, de l'Ordre des Frères-Prêcheurs, évê-

que de Spolette, puis cardinal, évêque d'Oftie, légat en France, Angleterre & Sicile. 1321.

2. Guillaume Maclesfeld, anglais, religieux de l'Ordre des Frères-Prêcheurs, lecteur en théologie au collège d'Oxford, étoit mort depuis peu de jours lorfqu'il fut nommé prêtre, cardinal du titre de Sainte-Sabine. 1303.

*Seconde promotion en 1304.*

3. Gautier de Winterburn, anglais, théologien, de l'Ordre des Frères-Prêcheurs, confeffeur d'Edouard, roi d'Angleterre, prêtre, cardinal du titre de Sainte-Sabine. 1305.

*Clément V, élu Pape en 1305, mort en 1314.*

*Première promotion en 1305.*

1. Pierre de la Chapelle, français, évêque de Carcaffonne, puis de Touloufe, prêtre, cardinal du titre de Saint-Vital, & évêque de Paleftrine. 1312.

2. Arnaud, dit de Canteloup, français, archevêque de Bordeaux, prêtre, cardinal du titre de Saint-Marcel. 1310.

3. Berenger Fredoli, français, évêque de Béziers, prêtre, cardinal du titre de Saint Nérée & Saint-Achillée, & évêque de Frefcati. 1323.

4. Thomas Jorz, anglais, provincial de l'Ordre des Frères-Prêcheurs, confeffeur d'Edouard, roi d'Angleterre, prêtre, cardinal du titre de Sainte-Sabine. 1311.

5. Nicolas de Freanville, français, théologien, de l'Ordre des Frères-Prêcheurs, confeffeur de Philippe IV, roi de France, prêtre, cardinal du titre de Saint-Eufebe. 1323.

6. Etienne de Suifi, français, archidiacre de Bruges, chancelier de France, prêtre, cardinal du titre de Saint-Cyriaque. 1311.

7. Pierre Arnaud, français, abbé de Sainte-Croix de Bordeaux, prêtre, cardinal du titre de Saint-Etienne *in Cœlio monte*, & chancelier de l'église romaine. 1306.

8. Guillaume Desforges, français, parent du Pape, diacre, cardinal du titre de Saint-Côme & de Saint-Damien, puis prêtre du titre de Sainte-Pudentiane. 1311.

9. Arnaud de Pelegrue, français, parent du Pape, diacre, cardinal du titre de Sainte-Marie *in Porticu*. 1335.

10. Raymond de Gout de Villandrant, français, neveu du Pape, diacre, cardinal du titre de Sainte-Marie-la-Neuve, légat en Italie. 1310.

*Seconde promotion en 1310.*

11. Arnaud Felquier, français, archevêque d'Arles, cardinal, évêque de Sabine, & légat en Italie. 1317.

12. Bertrand des Bordes, français, évêque d'Albi, prêtre, cardinal du titre de Saint-Jean & de Saint-Paul. 1311.

13.

13. Raymond de Fargis, français, neveu du Pape, diacre, cardinal du titre de Sainte-Marie-la-Neuve. 1314.

14. Arnaud de Nouveau ou Novelli, français, religieux de l'Ordre de Cîteaux, abbé de Front-froide, prêtre, cardinal du titre de Sainte-Prisque, chancelier de l'église romaine, & légat en Angleterre. 1317.

15. Bernard de Garvo, de Sainte-Libérate, français, parent du Pape, diacre, cardinal du titre de Saint-Euſtache, puis prêtre du titre de Saint-Clément. 1328.

*Troiſième promotion en 1312.*

16. Arnaud d'Aux, français, évêque de Poitiers, cardinal, évêque d'Albano. 1317.

17. Jacques d'Euſa, français, évêque de Fréjus, puis archevêque d'Avignon, cardinal, évêque de Porto, & Pape ſous le nom de Jean XXI, dit XXII.

18. Guillaume de Mandagot, français, archevêque d'Embrun, cardinal, évêque de Paleſtrine. 1312.

19. Guillaume-Pierre Godin, français, théologien de l'Ordre des Frères-Prêcheurs, lecteur du ſacré palais, prêtre, cardinal du titre de Sainte-Cécile, puis évêque de Sabine, & légat en Eſpagne. 1336.

20. Vital Dufour, français, théologien, de l'Ordre des Frères-Mineurs, prêtre, cardinal du titre de Saint-Sylveſtre & de Saint-Martin-aux-Monts, évêque d'Albano. 1327.

21. Michel Dubec, français, doyen de Saint-Quentin, chanoine & archidiacre de Paris, prêtre, cardinal du titre de Saint-Etienne *in Cœlio monte.* 1316.

22. Guillaume Teſta, français, diacre, cardinal du titre de Saint..... puis prêtre du titre de Saint-Cyriaque. 1345.

23. Berenger Faedoli, français, évêque de Béziers, prêtre, cardinal du titre de Saint-Nérée & de Saint-Achillée, & évêque de Porto. 1323.

*Promotion dont le tems eſt incertain.*

24. Pierre, français, abbé de Saint-Sever de Ruſtang, cardinal du titre de Saint.....

*Jean XXI, dit XXII, élu Pape en 1316, mort en 1334.*

*Première promotion en 1316.*

1. Bernard Chantenier, français, évêque d'Albi, cardinal, évêque de Porto. 1317.

2. Jacques de Via, français, neveu du Pape, élu évêque d'Avignon, prêtre, cardinal du titre de Saint-Jean & de Saint-Paul. 1317.

3. Gancelin d'Euſa, français, neveu du Pape, prêtre, cardinal du titre de Saint-Marcellin & de

Saint-Pierre, chancelier de l'église romaine, puis évêque d'Albano, & légat en France & en Angleterre. 1348.

4. Bertrand Poyet, français, prêtre, cardinal du titre de Saint-Marcel & évêque d'Oſtie. 1351.

5. Pierre d'Arrablai, français, chancelier de France, prêtre, cardinal du titre de Sainte-Suſanne & évêque de Porto.

6. Bertrand de Montfavez, français, diacre, cardinal du titre de Sainte-Marie *in Aquiro.* 1342.

7. Gaillard de la Mothe-Preſſage, français, neveu du Pape, évêque de Touloufe, diacre, cardinal du titre de Sainte-Lucie *in Silice.* 1357.

8. Jean-Cajétan des Urſins, romain, diacre, cardinal du titre de Saint-Théodore, & légat à Florence. 1339.

*Seconde promotion en 1317.*

9. Arnaud de Via, français, neveu du Pape, diacre, cardinal du titre de Saint-Euſtache, archevêque d'Avignon. 1335.

*Troiſième promotion en 1320.*

10. Regnaud de la Pôrte, français, archevêque de Bourges, prêtre, cardinal du titre de Saint-Nérée & de Saint-Achillée, & évêque d'Oſtie. 1325.

11. Bertrand de la Tour, français, théologien, de l'Ordre des Frères-Mineurs, archevêque de Salerne, prêtre, cardinal du titre de Saint-Sylveſtre & de Saint-Martin-aux-Monts, & évêque de Freſcati. 1330.

12. Pierre des Prez, français, archevêque d'Aix, prêtre, cardinal du titre de Sainte-Pudentiane, chancelier de l'église romaine, & évêque de Paleſtrine. 1361.

13. Simon d'Archiac, français, archevêque de Vienne, prêtre, cardinal du titre de Sainte-Priſque. 1323.

14. Pierre le Teſſier, français, prêtre, cardinal du titre de Saint-Etienne *in Cœlio monte,* & chancelier de l'église romaine. 1325.

15. Pilfort de Rabaſteins, français, évêque de Rieux, prêtre, cardinal du titre de Sainte-Anaſtaſie. 1321.

16. Raymond le Roux, français, parent du Pape, diacre, cardinal du titre de Sainte-Marie *in Coſmedin,* puis prêtre du titre de Saint-Chryſogon. 1342.

*Quatrième promotion en 1327.*

17. Jean-Raymond de Cominges, français, archevêque de Touloufe, cardinal, évêque de Porto. 1349.

18. Annibal Ceccano, archevêque de Naples, cardinal, évêque de Freſcati, & légat en France & à Naples. 1350.

19. Jacques Fournier, français, évêque de Mirepoix, prêtre, cardinal du titre de Sainte-Priſque, puis Pape ſous le nom de Benoît XI, dit XII.

*Hiſtoire. Tome VI. Supplément.* Sſſſ

20. Raymond de Moſeverole, français, évêque de Saint-Papoul, prêtre, cardinal du titre de Saint-Euſebe. 1335.

21. Pierre de Mortemer, français, évêque d'Auxerre, prêtre, cardinal du titre de Saint-Etienne *in Cœlio monte*, & évêque de Sabine. 1335.

22. Pierre de Chappes, français, évêque de Chartres, prêtre, cardinal du titre de Saint-Clément. 1336.

23. Mathieu des Urſins, romain, théologien, de l'Ordre des Frères-Prêcheurs, évêque de Gergenti, puis archevêque de Manfredonia, prêtre, cardinal du titre de Saint-Jean & de Saint-Paul.
1341

24. Pierre Gomès de Barroſo, eſpagnol, évêque de Carthagène, prêtre, cardinal du titre de Sainte-Praxède, & évêque de Sabine. 1348.

25. Jean Colonne, romain, diacre, cardinal du titre de Saint-Ange. 1348.

26. Imbert du Puy, français, parent du Pape, diacre, cardinal du titre de Saint..... puis prêtre du titre des douze Apôtres. 1348.

*Cinquième promotion en* 1331.

27. Tallerand de Périgord, français, évêque d'Auxerre, prêtre, cardinal du titre de Saint-Pierre-ès-Liens, puis évêque d'Albano & légat en France. 1364.

*Sixième promotion en* 1331.

28. Pierre-Bertrand, français, évêque de Nevers, puis d'Autun, prêtre, cardinal du titre de Saint-Clément. 1348.

*Promotion dont le tems eſt incertain.*

29. Raymond Albert, natif de Barcelone, général de l'Ordre de la Merci, cardinal du titre de Saint..... 1330.

*Nicolas V, antipape, élu en 1327, ſe démit en 1330.*

*Promotion en* 1328.

1. Jacques de Prats, de Toſcane, évêque de Caſtel-à-Mar, évêque d'Oſtie.

2. Jean Viſconti, fils de Mathieu, prince de Milan, abbé de Saint-Ambroiſe de Milan, prêtre, puis évêque, cardinal. Ayant depuis quitté le parti de l'antipape, le pape Jean XXI, dit XXII, lui donna l'évêché de Novarre, & le pape Benoît XI, dit XII, lui donna l'archevêché de Milan.

3. Herman, allemand, abbé de Fulde.

4. N. archevêque de Modon.

5. Nicolas Fabriani, natif d'Ombrie, religieux de l'Ordre des Hermites de Saint-Auguſtin.

6. Pierre Oringa, romain, diacre, puis prêtre, cardinal du titre de Saint-Pierre-ès-Liens.

7. Jean Arlotti, romain, diacre, cardinal.

8. François, cardinal, évêque d'Albano.

9. Boniface, religieux de l'Ordre des Frères-Prêcheurs, évêque de Chitri.

10. N. religieux de l'Ordre des Frères-Prêcheurs, évêque de Sutri.

11. Paul, natif de Viterbe, religieux de l'Ordre des Frères-Mineurs.

Ils furent excommuniés par le pape Jean XXII, & abdiquèrent leur dignité auſſitôt qu'ils apprirent que l'antipape avoit été arrêté.

## Benoît XI, dit XII, élu Pape en 1334, mort en 1342.

*Promotion en* 1337.

1. Gol de Bataille, italien, patriarche de Conſtantinople, prêtre, cardinal du titre de Sainte-Priſque, & légat en Sicile. 1334.

2. Bertrand de Deux, français, archevêque d'Embrun, prêtre, cardinal du titre de Saint-Marc, chancelier de l'égliſe romaine, évêque de Sabine, & légat à Naples, en France & en Arragon. 1355.

3. Pierre Roger, français, abbé de Fécamp, puis archevêque de Rouen, prêtre, cardinal du titre des SS. Nérée & Achillée, & antipape ſous le nom de Clément VI.

4. Guillaume Curti, français, neveu du Pape, abbé de Montolieu, diocèſe de Carcaſſonne, prêtre, cardinal du titre des Quatre-Saints couronnés, évêque de Freſcati, & légat en Lombardie. 1361.

5. Guillaume d'Aure, français, prêtre, cardinal du titre de Saint-Etienne *in Cœlio monte*. 1353.

6. Bernard ou Bertrand d'Albi, qui étoit élu évêque de Rhodes, fut nommé prêtre, cardinal du titre de Saint-Cyriaque, & nonce en Eſpagne. 1350.

7. Raymond de Toloſe, fils du comte de Montfort, français, religieux de l'Ordre de la Merci, cardinal du titre de Saint..... 1337.

## Clément VI, élu Pape en 1342, mort en 1352.

*Première promotion en* 1342.

1. Hugues Roger, français, frère du Pape, évêque de Tulles, prêtre, cardinal du titre de Saint-Laurent *in Damaſo*. 1363.

2. Emeri de Chalus, français, parent du Pape, archevêque de Ravenne, puis évêque de Chartres, prêtre, cardinal du titre de Saint-Sylveſtre & de Saint-Martin-aux-Monts, légat en Lombardie & à Naples. 1349.

3. André Chini ou Chilini Malpiggi, florentin, évêque de Tournai, prêtre, cardinal du titre de Sainte-Suſanne, & légat en Eſpagne. 1343.

4. Pierre Cyriaci, français, prêtre, cardinal du titre de Saint-Chryſogon, & légat en Italie. 1351.

5. Guy d'Auvergne, dit de Bologne, français,

archevêque de Lyon, prêtre, cardinal du titre de Sainte-Cécile, évêque de Porto, & légat en Lombardie, Naples, Hongrie, France & Espagne. 1373.

6. Etienne Aubert, français, évêque de Clermont, prêtre, cardinal du titre de Saint-Jean & de Saint-Paul, grand-pénitencier de l'église romaine, évêque d'Ostie, & Pape sous le nom d'Innocent VI.

7. Ademart Robert, français, prêtre, cardinal du titre de Sainte-Anastasie. 1352.

8. Gérard Domar, français, neveu du Pape, général de l'Ordre des Frères-Prêcheurs, prêtre, cardinal du titre de Sainte-Sabine, & légat en France. 1345.

9. Bernard de la Tour, français, diacre, cardinal du titre de Saint-Eustache. 1361.

10. Guillaume de la Jugie, français, neveu du Pape, chanoine & archidiacre de Paris, diacre, cardinal du titre de Sainte-Marie in Cosmedin, puis prêtre du titre de Saint-Clément, & légat en Castille. 1374.

11. Hélie de Nabunal, français, religieux de l'Ordre des Frères-Mineurs, archevêque de Nicosie, & patriarche de Jérusalem, prêtre, cardinal du titre de Saint-Vital. 1367.

*Seconde promotion en 1343.*

12. Pierre du Colombier, dit Bertrand, français, évêque de Nevers, puis d'Arras, prêtre, cardinal du titre de Sainte-Susanne, & évêque d'Ostie. 1365.

13. Nicolas de Besse, dit de Bellefaye, français, neveu du Pape, évêque de Limoges, diacre, cardinal du titre de Sainte-Marie in Viâ latâ. 1369.

*Troisième promotion en 1348.*

14. Pierre Roger, français, neveu du Pape, diacre, cardinal du titre de Sainte-Marie-là-Neuve, puis Pape sous le nom de Grégoire XI.

*Quatrième promotion en 1350.*

15. Gilles Carriglio d'Albomos, espagnol, archevêque de Tolède, prêtre, cardinal du titre de Saint-Clément, & évêque de Sabine. 1367.

16. Guillaume d'Aigrefeuille, français, prieur conventuel de Saint-Pierre d'Abbeville, puis archevêque de Sarragosse, prêtre, cardinal du titre de Sainte-Marie au-delà du Tibre, & évêque de Sabine. 1369.

17. Raymond de Canillac, français, archevêque de Toulouse, prêtre, cardinal du titre de Sainte-Croix de Jérusalem, & évêque de Palestrine. 1373.

18. Pasteur d'Aubenas, français, archevêque d'Embrun, prêtre, cardinal du titre de Saint-Marcellin & de Saint-Pierre. 1356.

19. Pictin de Montesquiou, français, évêque d'Albi, prêtre, cardinal du titre des douze Apôtres. 1356.

20. Nicolas Cappochi, romain, évêque d'Urgel, prêtre, cardinal du titre de Saint-Vital, évêque de Frescati, & légat en France. 1368.

21. Ponce de Villemur, français, évêque de Pamiers, prêtre, cardinal du titre de Saint-Xiste. 1355.

22. Jean de Molins ou de Moulin, français, général de l'Ordre des Frères-Prêcheurs, prêtre, cardinal du titre de Sainte-Sabine. 1358.

23. Raymond des Ursins, romain, diacre, cardinal du titre de Saint-Adrien. 1374.

24. Jean de Cannin, français, neveu du pape Jean XXII, diacre, cardinal du titre de Saint-Georges in Velabro. 1361.

25. Pierre Dugros, français, évêque d'Auxerre, prêtre, cardinal du titre de Saint-Martin-aux-Monts. 1361.

26. Gilles Rigaud, français, abbé de Saint-Denis en France, prêtre, cardinal du titre de Sainte-Praxède. 1353.

27. Mathieu Carozman, allemand, évêque de Brizen, refusa le chapeau, & ne porta point le titre de cardinal.

28. Dominique Serran, français, général de l'Ordre de la Merci, prêtre, cardinal du titre de Saint..... 1348.

*Innocent VI, élu Pape en 1352, mort en 1362.*

*Première promotion en 1353.*

1. Audouin Aubert ou Alberti, français, neveu du Pape, évêque de Paris, d'Auxerre & de Maguelone, prêtre, cardinal du titre de Saint-Jean & de Saint-Paul, puis évêque d'Ostie. 1363.

*Seconde promotion en 1356.*

2. Hélie de Saint-Irier, français, évêque d'Usez, prêtre, cardinal du titre de Saint-Etienne in Cœlio monte, & évêque d'Ostie. 1367.

3. François de Aptis, natif de Todi en Italie, évêque de Florence, cardinal du titre de Saint-Marc. 1361.

4. Pierre de Salvete Monteruc, français, évêque de Pampelune, prêtre, cardinal du titre de Sainte-Anastasie, & chancelier de l'église romaine. 1385.

5. Guillaume Farinier, français, général de l'Ordre des Frères-Mineurs, prêtre, cardinal du titre de Saint-Marcellin & de Saint-Pierre, & légat en Espagne. 1361.

6. Nicolas Roselli, espagnol, provincial de l'Ordre des Frères-Prêcheurs, & inquisiteur-général d'Arragon, prêtre, cardinal du titre de Saint-Xiste. 1362.

7. Pierre de la Forest, français, chancelier de France, évêque de Tournai, puis de Paris, & archevêque de Rouen, prêtre, cardinal du titre des douze Apôtres. 1361.

## Troisième promotion en 1361.

8. Fortanier Vaselli, français, général de l'Ordre des Frères-Mineurs, archevêque de Ravenne & patriarche de Grado, mort sans avoir reçu le chapeau. 1361.

9. Gilles Aycelin de Montaigu, français, évêque de Lavaur, puis de Terouane, chancelier de France, prêtre, cardinal du titre de Saint-Sylvestre & de Saint-Martin-aux-Monts, & évêque de Frescati. 1378.

10. Androin de la Roche, français, abbé de Cluni, prêtre, cardinal du titre de Saint-Marcel. 1369.

11. Pierre Itier, français, évêque d'Acqs, prêtre, cardinal du titre des Quatre-Saints couronnés, & évêque d'Albano. 1367.

12. Jean de Blandiac, français, évêque de Nîmes, prêtre, cardinal du titre de Saint-Marc, puis évêque de Sabine. 1379.

13. Etienne Aubert ou Alberti, français, évêque de Carcassonne, diacre, cardinal du titre de Sainte-Marie *in Aquiro*, puis prêtre du titre de Saint-Laurent *in Lucinâ*. 1369.

14. Guillaume Bragose, français, élu évêque de Vabres, diacre, cardinal du titre de Saint-Georges *in Velabro*, puis prêtre du titre de Saint-Laurent *in Lucinâ*, & grand-pénitencier. 1367.

15. Hugues de Saint-Martial, français, diacre, cardinal du titre de Sainte-Marie *in Porticu*. 1403.

### Auxquels on ajoute :

16. Jean Lassi, espagnol, religieux de l'Ordre de la Merci, prêtre, cardinal du titre de Sainte-Marie au-delà du Tibre. 1366.

## Urbain V, élu Pape en 1362, mort en 1370.

### Première promotion en 1366.

1. Anglic de Grimoard de Grisac, français, frère du Pape, chanoine régulier de Saint-Ruf près Valence, évêque d'Avignon, prêtre, cardinal du titre de Saint-Pierre-ès-Liens, puis évêque d'Albano. 1387.

2. Guillaume Sudré, français, théologien de l'Ordre des Frères-Prêcheurs, lecteur du sacré palais, évêque de Marseille, prêtre, cardinal du titre de Saint-Jean & de Saint-Paul, & évêque d'Ostie. 1373.

3. Marc de Viterbe, italien, général de l'Ordre des Frères-Mineurs, prêtre, cardinal du titre de Sainte-Praxède. 1369.

4. Pierre Tornaquinci, florentin, prêtre, cardinal du titre de Saint-Marcel. 1383.

### Seconde promotion en 1367.

5. Guillaume d'Aigrefeuille, français, prêtre, cardinal du titre de Saint-Etienne *in Cœlio monte*. 1401.

## Troisième promotion en 1368.

6. Philippe de Cabassole, français, évêque de Cavaillon, & patriarche de Jérusalem, prêtre, cardinal du titre de Saint-Marcellin & de Saint-Pierre, puis évêque de Sabine. 1372.

7. Bernard du Bosquet, français, archevêque de Naples, prêtre, cardinal du titre des douze Apôtres. 1371.

8. Simon de Langham, anglais, archevêque de Cantorbery, prêtre, cardinal du titre de Sainte-Praxède, & évêque de Palestrine. 1376.

9. Jean de Dormans, français, évêque de Beauvais, chancelier de France, prêtre, cardinal du titre des Quatre-Saints couronnés. 1373.

10. Etienne de Paris, français, évêque de Paris, prêtre, cardinal du titre de Saint-Eusèbe. 1373.

11. François Thebaldeschi, romain, prêtre, cardinal du titre de Sainte-Sabine, & archiprêtre de Saint-Pierre. 1388.

12. Pierre de Chinac, français, prêtre, cardinal du titre de Saint-Laurent *in Damaso*. 1370.

### Quatrième promotion en 1370.

13. Pierre d'Estaing, français, archevêque de Bourges, prêtre, cardinal du titre de Sainte-Marie au-delà du Tibre, évêque d'Ostie, & légat en Italie. 1377.

14. Pierre Corsini, florentin, évêque de Florence, prêtre, cardinal du titre de Saint-Laurent, & évêque de Porto. 1405.

## Grégoire XI, élu Pape en 1370, mort en 1378.

### Première promotion en 1371.

1. Pierre Gomès d'Albornos, & selon d'autres de Barroso, espagnol, archevêque de Séville, prêtre, cardinal du titre de Sainte-Praxède. 1374.

2. Jean du Cros, français, évêque de Limoges, prêtre, cardinal du titre des SS. Nérée & Achillée, grand-pénitencier & évêque de Palestrine. 1383.

3. Bertrand Lagier, français, évêque de Glandèves, prêtre, cardinal du titre de Sainte-Prisque, & évêque d'Ostie. 1392.

4. Bernard de Cosnac, français, évêque de Cominges, prêtre, cardinal du titre de Saint.... 1374.

5. Guillaume de Chanac, français, évêque de Mende, prêtre, cardinal du titre de Saint-Vital. 1394.

6. Robert de Genève, français, évêque de Cambrai, prêtre, cardinal du titre des douze Apôtres, puis Pape sous le nom de Clément VII.

7. Jean Fabri, français, évêque de Tulles, prêtre, cardinal du titre de Saint-Marcel. 1372.

8. Pierre Flandrin, français, diacre, cardinal du titre de Saint-Eustache. 1381.

9. Jacques des Ursins, romain, diacre, cardinal du titre de Saint-Georges *in Velabro*. 1379.

10. Jean de Latour, français, abbé de Saint-

# CHRONOLOGIE. 693

Benoît-sur-Loire, prêtre, cardinal du titre de Saint-Laurent *in Lucinâ*. 1374.

11. Guillaume Noellet ou de Nouveau, français, diacre, cardinal du titre de Saint-Ange. 1394.

12. Pierre de Veruche, français, diacre, cardinal du titre de Sainte-Marie *in Viâ latâ*. 1403.

*Seconde promotion en 1375.*

13. Pierre de la Jugie, français, cousin du Pape, archevêque de Narbonne, puis de Rouen, prêtre, cardinal du titre de Saint-Clément. 1376.

14. Simon de Borsano, milanais, archevêque de Milan, prêtre, cardinal du titre de Saint-Jean & de Saint-Paul. 1381.

15. Hugues de Montrelaix, dit de Bretagne, français, prêtre, cardinal du titre des Quatre-Saints couronnés, & évêque de Sabine. 1384.

16. Jean de Bussières, français, abbé de Clairvaux, puis de Cîteaux, prêtre, cardinal du titre de Saint-Laurent *in Lucinâ*. 1376.

17. Guy de Malesec ou de Maillesec, français, évêque de Poitiers, prêtre, cardinal du titre de Sainte-Croix de Jérusalem, évêque de Palestrine, & légat en Angleterre. 1412.

18. Jean de la Grange, français, abbé de Fécamp, puis évêque d'Amiens, prêtre, cardinal du titre de Saint-Marcel, & évêque de Frescati. 1402.

19. Pierre de Bernier, français, évêque de..... prêtre, cardinal du titre de Saint-Laurent *in Lucinâ*. 1394.

20. Gérard du Puy, français, abbé de Marmoutier, diocèse de Tours, prêtre, cardinal du titre de Saint-Clément. 1389.

21. Pierre de Lune, espagnol, diacre, cardinal du titre de Sainte-Marie *in Cosmedin*, puis antipape sous le nom de Benoît XII, dit XIII. 1424.

22. Pierre de Tartaris, romain, abbé du Mont-Cassin, prêtre, cardinal du titre de Saint-.... dit le cardinal de Rieti. 1395.

*Urbain VI, élu Pape en 1378, mort en 1389.*

*Première promotion en 1378.*

1. Guillaume..... prêtre, cardinal de Saint-Eusèbe. 1378.

2. Philippe d'Alençon, français, archevêque de Rouen, patriarche de Jérusalem, prêtre, cardinal du titre de Sainte-Marie au-delà du Tibre, & évêque de Sabine & d'Ostie. 1397.

3. Thomas Farigano, modenois, général de l'Ordre des Frères-Mineurs, prêtre, cardinal du titre de Saint-Nérée & de Saint-Achillée. 1381.

4. François Prignani, dit aussi Moricotti, neveu du Pape, archevêque de Pise, prêtre, cardinal du titre de Saint-Eusèbe, & évêque de Palestrine. 1395.

5. Pilens, comte de Prata, natif de Concorde, dans le Frioul, archevêque de Ravenne, prêtre, cardinal du titre de Sainte-Praxède. 1401.

6. Jean, archevêque de Corfou, prêtre, cardinal du titre de Sainte-Sabine, mis à mort par ordre du Pape. 1385.

7. Barthélemy de Cothurno, génois, archevêque de Gênes, prêtre, cardinal du titre de Saint-Laurent *in Damaso*, mis à mort par ordre du Pape. 1385.

8. Jean, espagnol, évêque d'Urgel, prêtre, cardinal du titre de Saint.....

9. Philippe Rufini, religieux de l'Ordre de Saint-Dominique, évêque d'Isernia, puis de Tivoli, cardinal du titre de Saint..... 1380.

10. André Bontems, évêque de Pérouse, prêtre, cardinal du titre de Saint-Marcellin & de Saint-Pierre. 1390.

11. Agapet Colonne, romain, évêque de Lisbonne, prêtre, cardinal du titre de Sainte-Prisque, légat en Toscane, Lombardie & à Venise. 1380.

12. Nicolas Caraccioli, napolitain, théologien de l'Ordre des Frères-Prêcheurs, inquisiteur à Naples, prêtre, cardinal du titre de Saint-Cyriaque. 1389.

13. Barthélemy Mezzavacca, bolonais, évêque de Rieti, prêtre, cardinal du titre de Saint-Marcel. Il fut privé du chapeau par le pape Urbain VI, mais il fut rétabli par le pape Boniface IX son successeur, qui lui donna le titre de prêtre, cardinal du titre de Saint-Martin-aux-Monts. 1396.

14. Guillaume de Capoue, archevêque de Salerne, diacre, cardinal du titre de Sainte-Marie *in Cosmedin*, & prêtre du titre de Saint-Eusèbe. 1389.

15. Louis Donato, vénitien, théologien de l'Ordre des Frères-Mineurs, inquisiteur à Venise, prêtre, cardinal du titre de Saint-Marc. Il fut le premier cardinal de sa patrie, & fut mis à mort par ordre du Pape. 1385.

16. Louis de Capoue, diacre, cardinal du titre de Sainte-Marie-la-Neuve.

17. Etienne Colonne, romain, diacre, cardinal du titre de Saint-Eustache. 1379.

18. Philippe Gezza, romain, théologien de l'Ordre des Frères-Prêcheurs, évêque de Tivoli, cardinal du titre de Sainte-Susanne. 1384.

19. Gentilis de Sangro, napolitain, diacre, cardinal du titre de Saint-Adrien, fut mis à mort par ordre du Pape. 1385.

20. Ponce des Ursins, romain, évêque d'Aversa, prêtre, cardinal du titre de Saint-Clément. 1395.

21. Luc Rodolphucci, dit aussi Gentili, pisan, évêque de Lucéra, prêtre, cardinal du titre de Saint-Xiste. 1338.

22. Rainulfe de Monteruc, français, évêque de Sisteron, prêtre, cardinal du titre de Sainte-Pudentiane, & régent de la chancellerie apostolique. 1382.

23. Eléazar de Sabran, évêque de Chieti, prêtre, cardinal du titre de Sainte-Balbine, & grand pénitencier. 1394.

24. Philippe Caraffe, napolitain, évêque de Bo-

logne, prêtre, cardinal du titre de Saint-Martin-aux-Monts. 1389.

25. Adam Eafton, anglais, évêque de Londres, prêtre, cardinal du titre de Sainte-Cécile. 1397.

26. Etienne de Saint-Severin, napolitain, diacre, cardinal du titre de Saint..... remit le chapeau, & fut marié.

27. Pierre, efpagnol, évêque de Plaifance, prêtre, cardinal du titre de Saint.....

28. Galeoth Tarlat, de Petramala, tofcan, diacre, cardinal du titre de Sainte-Agathe, puis de Saint-Georges *in Velabro*.

*Seconde promotion en* 1379.

29. Jean Oczko, bohémien, évêque d'Olmutz, puis archevêque de Prague, prêtre, cardinal du titre des douze Apôtres. 1381.

30. Démétrius, hongrois, archevêque de Strigonie, prêtre, cardinal du titre des Quatre-Saints couronnés. 1386.

31. Valentin, hongrois, évêque de Cinq-Eglifes, prêtre, cardinal du titre de Sainte-Sabine. 1410.

*Troifième promotion en* 1381.

32. Marin de la Jugie, d'Amalphi, archevêque de Tarente, prêtre, cardinal du titre de Sainte-Pudentiane, légat en Italie & en Hongrie, fut mis à mort par ordre du Pape. 1385.

33. Landulphe Maramaure, napolitain, élu archevêque de Bari, diacre, cardinal du titre de Saint-Nicolas *in Carcere*, fut privé du chapeau par le pape Urbain VI, & rétabli en 1389 par le pape Boniface IX fon fucceffeur, qui le nomma légat à Florence, Naples, en Sicile, Allemagne & en Efpagne. 1415.

34. Pierre Tomacelli, napolitain, diacre, cardinal du titre de Saint-Georges *in Velabro*, puis prêtre du titre de Sainte-Anaftafie, & Pape fous le nom de Boniface IX.

35. Thomas des Urfins, romain, diacre, cardinal du titre de Sainte-Marie *in Dominicâ*. 1390.

*Quatrième promotion en* 1385.

36. Adolphe de Naffau, allemand, archevêque de Mayence, fut nommé prêtre, cardinal du titre de Saint..... & refufa cette dignité. 1388.

37. Frédéric, comte de Saverdon, allemand, archevêque de Cologne, fut nommé prêtre, cardinal; ce qu'il n'accepta pas. 1389.

38. Cunon de Falkenftein, allemand, archevêque de Trèves, fut nommé prêtre, cardinal; ce qu'il n'accepta pas.

39. Arnoul de Hornes, liégeois, évêque d'Utrecht, puis de Liége, fut nommé prêtre, cardinal; ce qu'il n'accepta pas. 1389.

40. Venceflas, prince de Lignitz, allemand, évêque de Breflaw, fut nommé prêtre, cardinal; ce qu'il n'accepta pas.

41. Pierre Rofemberg, bohémien, fut nommé prêtre, cardinal; ce qu'il n'accepta pas.

42. Etienne Paloffi, romain, évêque de Todi, prêtre, cardinal du titre de Saint-Marcel, & archiprêtre de Sainte-Marie-Majeure. 1398.

43. Raymond des Baux des Urfins, romain, diacre, cardinal du titre de Saint.....

44. Ange Acciaioli, florentin, archevêque de Florence, prêtre, cardinal du titre de Saint-Laurent *in Damafo*, puis évêque d'Oftie, & chancelier de l'églife romaine. 1407.

45. François Carbonne, napolitain, évêque de Monopoli, prêtre, cardinal du titre de Sainte-Sufanne, évêque de Sabine & grand-pénitencier. 1405.

46. Bonaventure Badvacida de Peraga, padouan, général de l'Ordre des Hermites de Saint-Auguftin, prêtre, cardinal du titre de Sainte-Cécile, fut bleffé d'une flèche par un inconnu, en paffant fur un pont de Rome, dont il mourut. 1385.

47. Louis de Fiefque, génois, diacre, cardinal du titre de Saint-Adrien, & légat en Sicile. 1423.

48. Marin Bulcani, napolitain, diacre, cardinal du titre de Sainte-Marie-la-Neuve. 1394.

49. Rainaud Brancacio, napolitain, diacre, cardinal du titre de Saint-Vite & Saint-Modefte. 1427.

50. Jean Stephanefei, romain, diacre, cardinal du titre de Saint-Georges *in Velabro*, puis prêtre du titre de Sainte-Cécile.

51. Ange-Anne, napolitain, cardinal du titre de Sainte-Lucie, puis prêtre du titre de Sainte-Pudentiane, & évêque de Paleftrine. 1428.

52. François Caftagnola, napolitain, diacre, cardinal du titre de Saint..... 1385.

53. Jules Coffa, romain, prêtre, cardinal du titre de Sainte-Marie au-delà du Tibre.

54. Jean de Pizzolpaffis, bolonais, cardinal, évêque d'Oftie.

55. Thomas, anglais, théologien de l'Ordre des Frères-Prêcheurs, prêtre, cardinal du titre de Saint-Pierre-ès-Liens.

56. Jean de Fiefque, génois, évêque de Verceil, prêtre, cardinal du titre de Saint-Marc. 1384.

*Clément VII, antipape, élu en* 1378, *mort en* 1394.

*Première promotion en* 1378.

1. Jacques de Vis, français, archevêque d'Otrante, & patriarche de Conftantinople, prêtre, cardinal du titre de Sainte-Prifque, & légat à Naples. 1387.

2. Nicolas Brancacio, napolitain, archevêque de Cofence, prêtre, cardinal du titre de Saint-Marc, & évêque d'Albano. 1412.

3. Pierre de Sarcenas, français, archevêque d'Embrun, prêtre, cardinal du titre de Sainte-Marie au-delà du Tibre, & évêque de Sabine. 1390.

4. Nicolas de Saint-Saturnin, français, général de l'Ordre des Frères-Prêcheurs, prêtre, cardinal du titre de Saint-Xifte. 1382.

5. Pierre de Barrière, français, évêque d'Autun, prêtre, cardinal du titre de Saint-Marcellin & de Saint-Pierre. 1383.

6. Léonard de Salerne, général de l'Ordre des Frères-Mineurs, prêtre, cardinal du titre de Saint-Sylvestre & de Saint-Martin-aux-Monts, évêque d'Ostie & légat en Sicile. 1405.

### Seconde promotion en 1382.

7. Gontier Gomès de Luna, arragonais, prêtre, cardinal du titre de Saint..... 1391.

### Troisième promotion en 1382.

8. Thomas de Clause, français, abbé de..... prêtre, cardinal du titre de Sainte-Sabine. 1390.

### Quatrième promotion en 1383.

9. Pierre du Cros, français, archevêque de Bourges, puis d'Arles, prêtre, cardinal du titre de Saint-Nérée & de Saint-Achillée. 1388.

10. Aimeric de Magnac, français, évêque de Paris, prêtre, cardinal du titre de Saint-Eusèbe. 1385.

11. Faidit d'Aigrefeuille, français, évêque d'Avignon, prêtre, cardinal du titre de Saint-Sylvestre & de Saint-Martin-aux-Monts. 1390.

12. Pierre Aycelin de Montagu, français, évêque de Laon, prêtre, cardinal du titre de Saint-Marc. 1388.

13. Martin, portugais, évêque de Lisbonne, prêtre, cardinal du titre de Saint.....

14. Gautier, évêque de Glascou en Ecosse, prêtre, cardinal du titre de Saint......

15. Jean de Neufchâtel, français, évêque de Nevers, puis de Toul, prêtre, cardinal du titre des Quatre-Saints couronnés, évêque d'Ostie. 1398.

16. Amé de Saluces, savoyard, élu évêque de Die & de Valence, diacre, cardinal du titre de Sainte-Marie-la-Neuve. 1419.

17. Pierre de Fritigni, français, chanoine de l'église de Chartres, diacre, cardinal du titre de Sainte-Marie in Aquiro. 1392.

18. Jacques de Montenai, français, archidiacre de Rome & chanoine de Paris, prêtre, cardinal du titre de Saint-Clément. 1391.

### Cinquième promotion en 1385.

19. Thomas Amanati, natif de Pistoie, archevêque de Naples, prêtre, cardinal du titre de Sainte-Praxède. 1396.

20. Bertrand de Chanac, français, archevêque de Bourges, & patriarche de Jérusalem, prêtre, cardinal du titre de Sainte-Pudentiane, & évêque de Sabine. 1404.

21. Amauri de Lautrec, français, évêque de Cominges, prêtre, cardinal du titre de Saint-Eusèbe. 1390.

22. Jean de Murol, français, évêque de Saint-Paul-Trois-Châteaux, prêtre, cardinal du titre de Saint-Cyriaque. 1404.

23. Pierre de Thurey, français, évêque de Maillezais, prêtre, cardinal du titre de Sainte-Susanne, légat en Sicile & en France. 1410.

24. Jean de Morellis, français, évêque de Genève, prêtre, cardinal du titre de Saint-Vital. 1410.

25. Jean Brognier, français, archevêque d'Arles, prêtre, cardinal du titre de Sainte-Anastasie, & évêque d'Ostie. 1426.

26. Jean Rolland, français, évêque d'Amiens, prêtre, cardinal du titre de Saint..... 1388.

### Sixième promotion en 1386.

27. Pierre de Luxembourg, français, diacre, cardinal du titre de Saint-Georges in Velabro. 1387.

### Septième promotion en 1387.

28. Pilens, comte de Prata, natif de Concorde dans le Frioul, archevêque de Ravenne, qui avoit été nommé prêtre, cardinal du titre de Sainte-Praxède, par le pape Urbain VI, en 1378. Ayant quitté son parti, fut nommé prêtre, cardinal du titre de Sainte-Prisque par Clément VII, depuis évêque de Frescati, & légat en Allemagne & en Bohême. 1401.

29. Galeot Tarlat de Petramala, toscan, qui avoit été nommé diacre, cardinal du titre de Saint-Georges in Velabro, par le pape Urbain VI, en 1378. Ayant quitté son parti, fut nommé diacre, cardinal du même titre par Clément VII. 1396.

### Huitième promotion en 1388.

30. Jacques d'Arragon, espagnol, prêtre, cardinal du titre de Saint..... & évêque de Sabine. 1396.

### Neuvième promotion en 1389.

31. Jean Talaru, français, archevêque de Lyon, prêtre, cardinal du titre de Saint..... 1393.

### Dixième promotion en 1390.

32. Martin Salva, espagnol, évêque de Pampelune, prêtre, cardinal du titre de Saint-Laurent in Lucina. 1403.

### Onzième promotion en 1390.

33. Jean Flandrini, français, archevêque d'Auch, prêtre, cardinal du titre de Saint-Jean & de Saint-Paul, & évêque de Sabine.

34. Pierre Girard, français, évêque de Lodève, puis du Puy, prêtre, cardinal du titre de Saint-Clément, & évêque de Frescati. 1415.

### Douzième promotion en 1391.

35. Guillaume de Vergi, français, archevêque de Besançon, prêtre, cardinal du titre de Sainte-Cécile. 1407.

*Treizième promotion en 1394.*

36. Pierre de Frias, espagnol, évêque d'Osma, prêtre, cardinal du titre de Sainte-Praxède, & évêque de Sabine. 1420.

37. Louis Gorrevod, évêque de Maurienne, prêtre, cardinal du titre de Saint-Césaire.

38. Jean de Rochechouart, français, archevêque de Bourges, puis d'Arles, cardinal, évêque d'Ostie.

## *Boniface IX, élu Pape en 1389, mort en 1404.*

*Première promotion en 1389.*

1. Henri Minutoli, napolitain, archevêque de Naples, prêtre, cardinal du titre de Sainte-Anastasie, & évêque de Frescati & de Sabine. 1417.

2. Barthélemy Oléario de Padoue, théologien, de l'Ordre des Frères-Mineurs, & évêque de Florence, prêtre, cardinal du titre de Sainte-Pudentiane, & légat à Naples. 1396.

3. Côme Meliorato, de Sulmone en Italie, évêque de Bologne, administrateur de l'archevêché de Ravenne, prêtre, cardinal du titre de Sainte-Croix de Jérusalem, puis Pape sous le nom d'Innocent VII.

4. Christophe Mari, romain, évêque d'Isernia, prêtre, cardinal du titre de Saint-Cyriaque, & archiprêtre de Saint-Pierre. 1404.

*Seconde promotion en 1391.*

5. Philippe d'Alençon, français, fut rétabli dans son titre de prêtre, cardinal de Sainte-Marie au delà du Tibre, puis évêque de Sabine.

6. Pilens de Prata, de Forli, patriarche d'Aquilée, fut nommé évêque de Frescati.

*Troisième promotion en 1402.*

7. Antoine-Cajétan, romain, patriarche d'Aquilée, prêtre, cardinal du titre de Sainte-Cécile, puis évêque de Palestrine & de Porto, & grand-pénitencier. 1412.

8. Balthasard Cazza, napolitain, archidiacre de Bologne, prêtre, cardinal du titre de Saint-Eustache, & Pape sous le nom de Jean XXII.

9. Léonard Cibo, génois, diacre, cardinal du titre de Saint-Côme & de Saint-Damien.

10. Ange Cibo, génois, diacre, cardinal du titre de Saint-Martin-aux-monts.

## *Innocent VII, élu Pape en 1404, mort en 1406.*

*Promotion en 1405.*

1. Conrad Caraccioli, napolitain, archevêque de Nicosie & évêque de Médine, prêtre, cardinal du titre de Saint-Chrysogon. 1411.

2. Jourdain des Ursins, romain, archevêque de Naples, prêtre, cardinal du titre de Saint-Martin-aux-Monts, évêque d'Albano & de Sabine, grand-pénitencier de l'église romaine, & légat en Espagne, France, Hongrie, Bohême, & au concile de Bâle. 1439.

3. Ange Corario, vénitien, patriarche de Constantinople, prêtre, cardinal du titre de Saint-Marc, & Pape sous le nom de Grégoire XII.

4. Jean Meliorato, de Sulmone, neveu du Pape, archevêque de Ravenne, prêtre, cardinal du titre de Sainte-Croix de Jérusalem. 1410.

5. Pierre Philargi, de Crète en Grèce, religieux de l'Ordre des Frères-Mineurs, évêque de Vicense, puis de Novarre, & archevêque de Milan, prêtre, cardinal du titre des douze Apôtres, & Pape sous le nom d'Alexandre V.

6. Antoine Calvo, évêque de Todi, prêtre, cardinal du titre de Sainte-Praxède, puis de Saint-Marc, & archiprêtre de Saint-Pierre. 1411.

7. Antoine Archioni, romain, évêque d'Aquino, puis d'Ascoli, prêtre, cardinal du titre de Saint-Pierre-ès-Liens. 1405.

8. Pierre Stophanesei, romain, diacre, cardinal du titre de Saint-Ange, puis de Saint-Côme & de Saint-Damien, & légat à Naples. 1417.

9. Oton Colonne, romain, diacre, cardinal du titre de Saint-Georges *in Velabro*, & Pape sous le nom de Martin V.

10. Jean-Gilles, français, chanoine de l'église de Paris, & prévôt de Liége, diacre, cardinal du titre de Saint-Côme & de Saint-Damien. 1417.

11. François Hugociono, de Pise, archevêque de Bordeaux, prêtre, cardinal du titre des Quatre-Saints couronnés. 1412.

12. Antoine-Cajétan, romain, qui étoit prêtre, cardinal du titre de Sainte-Cécile, fut nommé évêque, cardinal, évêque de Palestrine.

## *Benoît XII, dit XIII, antipape, élu en 1394, mort en 1424.*

*Première promotion en 1396.*

1. Pierre Blavi, dit aussi Blain, français, diacre, cardinal du titre de Saint-Ange, puis prêtre du titre de Saint-Jean & de Saint-Paul. 1409.

2. Okland Wlpelli, lucquois, diacre, cardinal du titre de Sainte-Marie *in Viâ latâ.*

*Seconde promotion en 1397.*

3. Ferdinand de Calnielle, espagnol, évêque de Tarragone, prêtre, cardinal du titre des douze Apôtres.

4. Geoffroy de Bonil, espagnol, référendaire apostolique, diacre, cardinal du titre de Sainte-Marie *in Aquiro.* 1401.

5. Pierre Serra, espagnol, évêque de Catane, diacre, cardinal du titre de Saint-Ange. 1404.

*Troisième*

*Troisième promotion en 1397.*

6. Berenger Anglesola, espagnol, évêque de Gironne, prêtre ; cardinal du titre de Saint-Clément, évêque de Porto. 1408.

7. Boniface Amanati, de Pistoie, protonotaire apostolique, diacre, cardinal du titre de Saint-Adrien. 1399.

8. Louis, duc de Bar, français, évêque de Langres & de Verdun, diacre, cardinal du titre de Sainte-Agathe, puis prêtre du titre des douze Apôtres, légat en France & en Allemagne. 1430.

*Quatrième promotion en 1404.*

9. Antoine de Chalant, savoyard, évêque de Lausanne, diacre, cardinal du titre de Sainte-Marie *in Viâ latâ*, puis prêtre du titre de Sainte-Cécile, & légat en Angleterre & en Allemagne. 1417.

10. Michel de Salva, espagnol, évêque de Pampelune, diacre, cardinal du titre de Saint-Georges *in Velabro*. 1406.

*Cinquième promotion en 1409.*

11. Pierre, archevêque de..... prêtre, cardinal du titre de Saint-/...

12. N. archevêque de Bassano, prêtre, cardinal du titre de Saint.....

13. Jean Martini-Murillo, espagnol, religieux de l'Ordre de Cîteaux, prêtre, cardinal du titre de Saint-Laurent *in Damaso*. 1420.

14. Pierre de Foix, français, archevêque d'Arles & de Bordeaux, prêtre, cardinal de Saint-Etienne *in Cœlio monte*, & évêque d'Albano. 1464.

15. Exhiminus d'Aha, espagnol, prêtre, cardinal du titre de Saint-Laurent *in Lucinâ*.

16. Julien Dobla ou de Loba, espagnol, prêtre, cardinal du titre de Saint-Clément.

17. Dominique de Bonne-Espérance, espagnol, chartreux, prêtre, cardinal du titre de Saint-Pierre-ès-Liens.

18. Charles de Urrias, espagnol, diacre, cardinal du titre de Saint-Georges *in Velabro*. 1420.

19. Alphonse Carillo, espagnol, diacre, cardinal du titre de Saint-Eustache. 1434.

20. Pierre Fonseca, portugais, diacre, cardinal du titre de Saint-Ange, & légat en Espagne & à Naples. 1422.

21. Jourdain, espagnol, diacre, cardinal du titre de Saint.....

22. Antoine de Venenz, espagnol, évêque de Léon, prêtre, cardinal du titre de Saint.....

23. Jean d'Armagnac, français, archevêque d'Auch, prêtre, cardinal du titre de Saint.....

24. Jean Carrère, français, bachelier ès lois, prêtre, cardinal du titre de Saint-Etienne *in Cœlio monte*.

*Histoire. Tome VI. Supplément.*

*Clément VIII, antipape, élu en 1424, se démit en 1429.*

*Promotions faites en divers tems.*

1. François de Rouère, prêtre, cardinal du titre de Saint-Clément.

2. Gilles Sanche, neveu de Clément VII, diacre, cardinal du titre de Sainte-Marie *in Cosmedin*.

*Grégoire XII, élu Pape en 1406, se démit volontairement en 1415, & mourut en 1417.*

*Première promotion en 1408.*

1. Jean Dominici, florentin, religieux de l'Ordre des Frères-Prêcheurs, archevêque de Raguse, prêtre, cardinal du titre de Saint-Xiste, & légat en Hongrie & en Bohême. 1420.

2. Antoine Corario, vénitien, neveu du Pape, évêque de Bologne, patriarche de Constantinople, prêtre, cardinal du titre de Saint-Chrysogon, & évêque de Porto & d'Ostie. 1445.

3. Gabriel Condelmurio, vénitien, neveu du Pape, évêque de Sienne, prêtre, cardinal du titre de Saint-Clément, puis Pape sous le nom d'Eugène IV.

4. Jacques, natif d'Udine dans le Frioul, diacre, cardinal du titre de Sainte-Marie-la-Neuve.

*Seconde promotion en 1408.*

5. Ange, évêque de Recanati, sicilien, prêtre, cardinal du titre de Saint-Etienne *in Cœlio monte*. 1412.

6. Louis Brancacio, sicilien, archevêque de Tarente, prêtre, cardinal du titre de Sainte-Marie au-delà du Tibre. 1413.

7. Ange Barbarigo, vénitien, évêque de Vérone, prêtre, cardinal du titre de Saint-Marcellin & de Saint-Pierre, puis de Sainte-Praxède. 1418.

8. Bandellus Bandelli, lucquois, évêque de Citta di Castello, puis de Rimini, prêtre, cardinal du titre de Sainte-Balbine. 1415.

9. Philippe Repindon ou Repington, anglais, évêque de Lincoln, prêtre, cardinal du titre de Saint-Nérée & de Saint-Achillée. 1417.

10. Mathieu Ciaconiani, polonais, chancelier de l'empereur Robert, & évêque de Worms, prêtre, cardinal du titre de Saint-Cyriaque. 1410.

11. Luc Manzuoli, florentin, évêque de Fiesoli, prêtre, cardinal du titre de Saint-Laurent *in Lucinâ*. 1411.

12. Octavien Octaviani, florentin, prêtre, cardinal du titre de Saint.....

13. Pierre Morosini, vénitien, diacre, cardinal du titre de Sainte-Marie *in Dominicâ*, & légat à Naples. 1424.

14. Vincent Valentin Rivus, espagnol, abbé de

Tttt

Mont-Serrat, prêtre, cardinal du titre de Sainte-Anaftafie.

*Alexandre V, élu Pape en 1409, mort en 1410.*

*Jean XXII, dit XXIII, élu Pape en 1410, se démit en 1415, & mourut en 1419.*

*Première promotion en 1411.*

1. François Lando, vénitien, patriarche de Grade, puis de Conftantinople, prêtre, cardinal du titre de Sainte-Croix de Jérufalem. 1427.
2. Antoine Pancerino, natif du Frioul, patriarche d'Aquilée, prêtre, cardinal du titre de Sainte-Sufanne, & évêque de Frefcati. —— 1431.
3. Jean, portugais, évêque de Conimbre, puis archevêque de Lisbonne, prêtre, cardinal du titre de Saint-Pierre-ès-Liens. 1415.
4. Alaman Adimari ou Adhemar, florentin, archevêque de Tarente, puis de Pife, prêtre, cardinal du titre de Saint-Eufèbe, & légat en Efpagne. 1422.
5. Pierre d'Ailli, français, évêque de Cambrai, prêtre, cardinal du titre de Saint-Chryfogon. 1425.
6. Georges Rofco, allemand, évêque de Trente, prêtre, cardinal du titre de Saint.....
7. Brando de Caftillon ou Caftiglione, milanais, évêque de Plaifance, prêtre, cardinal du titre de Saint-Clément, évêque de Porto, & légat en Bohême & Hongrie. 1443.
8. Thomas Brancacio, napolitain, neveu du Pape, évêque de Tricaricó, prêtre, cardinal du titre de Saint-Jean & de Saint-Paul. 1427.
9. Thomas Armelini, anglais, évêque de Durham, prêtre, cardinal du titre de Saint..... 1437.
10. Robert Halan, anglais, évêque de Salifbury, prêtre, cardinal du titre de Saint..... 1417.
11. Gilles Defchamps, français, évêque de Coutances, prêtre, cardinal du titre de Saint..... 1413.
12. François Zabarella, padouan, archevêque de Florence, prêtre, cardinal du titre de Saint-Côme & de Saint-Damien. 1417.
13. Lucio Conti, romain, diacre, cardinal du titre de Sainte-Marie *in Cofmédin*. 1437.
14. Guillaume Fillaftre, français, archevêque d'Aix, diacre, cardinal du titre de Saint..... puis prêtre du titre de Saint-Marc. 1428.

*Seconde promotion en 1413.*

15. Simon de Gramand, français, archevêque de Reims, & patriarche d'Alexandrie, prêtre, cardinal du titre de Saint-Laurent *in Lucinâ*. 1429.

*Troifième promotion en 1414.*

16. Jacques Ifolani, bolonais, diacre, cardinal du titre de Saint-Euftache, puis de Sainte-Marie-la-Neuve, vicaire du Pape, & légat en France. 1431.

17. Guillaume Carboni, napolitain, évêque de Chitri, cardinal du titre de Sainte-Balbine.

*Martin III, dit V, élu Pape en 1417, mort en 1431.*

*Première promotion en 1419.*

Balthafard Coffa, napolitain, qui avoit été Pape fous le nom de Jean XXIII, s'étant démis de la papauté, fut nommé doyen des cardinaux. 1419.

*Seconde promotion en 1426.*

1. Dominique Ram, efpagnol, évêque d'Huefca, puis de Lérida, & archevêque de Terragone, prêtre, cardinal du titre de Saint-Xifte, de Saint-Jean & de Saint-Paul, & évêque de Porto. 1445.
2. Dominique Capranica, romain, évêque de Fermo, diacre, cardinal du titre de Sainte-Marie *in Viâ latâ*, puis prêtre, cardinal du titre de Sainte-Croix de Jérufalem. 1458.
3. Jean de la Rochetaillée, français, évêque de Paris, puis archevêque de Rouen & de Befançon, patriarche de Conftantinople, prêtre, cardinal du titre de Saint-Laurent *in Lucinâ*. 1437.
4. Louis Aleman, français, archevêque d'Arles, prêtre, cardinal du titre de Sainte-Cécile, fut privé du chapeau par le pape Eugène IV, eft rétabli en 1449 par le pape Nicolas V. 1450.
5. Henri de Beaufort-Lancaftre, anglais, évêque de Lincoln, puis de Winchefter, prêtre, cardinal du titre de Saint-Eufèbe. 1447.
6. Jean Rucca, allemand, évêque d'Olmutz, puis archevêque de Prague, prêtre, cardinal du titre de Saint-Cyriaque. 1430.
7. Antoine Caffino, fiennois, évêque de Sienne, prêtre, cardinal du titre de Saint-Marcel. 1439.
8. Ardicin de la Porte, de Novarre, diacre, cardinal du titre de Saint-Côme & de Saint-Damien. 1434.
9. Nicolas Albergati, bolonais, chartreux, puis évêque de Bologne, prêtre, cardinal du titre de Sainte-Croix de Jérufalem. 1443.
10. Raymond Mairofe, français, évêque de Saint-Paul-Trois-Châteaux, puis de Caftres, prêtre, cardinal du titre de Sainte-Praxède. 1427.
11. Hugues de Lufignan, frère du roi de Chypre, grec, archevêque de Nicofie, diacre, cardinal du titre de Saint-Adrien, puis prêtre du titre de Saint-Clément. 1442.
12. Jean Cervantes, efpagnol, évêque d'Avila, puis de Ségovie & de Burgos, & archevêque de Séville, prêtre, cardinal du titre de Saint-Pierre-ès-Liens, & évêque d'Oftie. 1453.
13. Julien Cefarini, romain, diacre, cardinal du titre de Saint-Ange, puis prêtre du titre de Sainte-Sabine. 1444.
14. Profper Colonne, romain, neveu du Pape, diacre, cardinal du titre de Saint-Georges *in Velabro*. 1463.

*Troifième promotion en 1430.*

15. Jean de Cafanova, efpagnol, théologien, de l'Ordre des Frères-Prêcheurs, maître du facré palais, évêque de Bofa, puis d'Elne, prêtre, cardinal du titre de Saint-Xifte. 1436.

16. Guillaume de Montfort, dit de Dinan, français, évêque de Saint-Malo, prêtre, cardinal du titre de Sainte-Anaftafie. 1432.

17. Etienne, italien, général de l'Ordre des Servites, prêtre, cardinal du titre de Saint-Marcel.

18. Léonard des Dates, florentin, général de l'Ordre des Frères-Prêcheurs, cardinal du titre de Sainte..... 1426.

*Eugène IV, élu Pape en 1431, mort en 1447.*

*Première promotion en 1431.*

1. François Condelmeri, vénitien, neveu du Pape, archevêque de Befançon, prêtre, cardinal du titre de Sainte-Cécile, puis de Saint-Clément, évêque de Porto, & patriarche de Conftantinople. 1453.

2. Angelot Fofco, romain, évêque de Cava, prêtre, cardinal du titre de Saint-Marc. 1444.

*Seconde promotion en 1437.*

3. Jean Corneto, romain, évêque de Recanati, puis archevêque de Florence, & patriarche d'Alexandrie, prêtre, cardinal du titre de Saint-Laurent *in Lucinâ.* 1440.

*Troifième promotion en 1439.*

4. Regnault de Chartres, français, archevêque de Reims, & chancelier de France, prêtre, cardinal du titre de Saint-Etienne *in Cœlio monte.* 1445.

5. Jean, des comtes de Tagliacoffo, napolitain, archevêque de Tarente, prêtre, cardinal du titre de Saint-Nérée & de Saint-Achillée, & évêque de Paleftrine. 1449.

6. Jean Kemp, anglais, archevêque d'York, puis de Cantorbery, prêtre, cardinal du titre de Sainte-Balbine. 1456.

7. Nicolas de Acciapacio, natif de Surento en Campanie, archevêque de Capoue, prêtre, cardinal du titre de Saint-Marcel. 1447.

8. Louis de Luxembourg, français, archevêque de Rouen, & chancelier de France, prêtre, cardinal du titre des Quatre-Saints couronnés. 1443.

9. Ifidore, grec, abbé de Saint-Démétrius de Conftantinople, puis archevêque de Ruffie, prêtre, cardinal du titre de Saint-Marcellin & de Saint-Pierre, & évêque de Sabine. 1463.

10. Georges de Fiefque, archevêque de Gênes, prêtre, cardinal du titre de Sainte-Anaftafie, & évêque d'Oftie. 1461.

11. Beffarion, grec, abbé de Saint-Bafile, archevêque de Nicée, prêtre, cardinal du titre des douze Apôtres, évêque de Frefcati, & patriarche de Conftantinople. 1472.

12. Gérard Landriano, milanais, évêque de Cofme, prêtre, cardinal du titre de Sainte-Marie au-delà du Tibre. 1445.

13. Sbignée Olefniki, polonais, évêque de Cracovie, prêtre, cardinal du titre de Saint-Aquillée & de Sainte-Prifque. 1455.

14. Pierre de Schomberg, allemand, évêque d'Augsbourg, prêtre, cardinal du titre de Saint-Vital. 1469.

15. Antoine de Clavibus, portugais, évêque d'Evora, dit le cardinal de Portugal, prêtre, cardinal du titre de Saint-Chryfogon. 1447.

16. Jean-le-Jeune de Contai, français, évêque d'Amiens, puis de Terouane, prêtre, cardinal du titre de Sainte-Praxède & de Saint-Laurer *in Lucinâ.* 1451.

17. Denis Zoech, hongrois, archevêque de Strigonie, prêtre, cardinal du titre de Saint-Cyriaque. 1464.

18. Guillaume d'Eftouteville, français, évêque d'Angers, puis de Béziers, & archevêque de Rouen, prêtre, cardinal du titre de Saint-Sylveftre & de Saint-Martin-aux-Monts, légat en France, & évêque de Porto & d'Oftie. 1483.

19. Jean de Turrecremata ou de Torquemada, efpagnol, théologien, de l'Ordre des Frères-Prêcheurs, & maître du facré palais, prêtre, cardinal du titre de Saint-Xifte, puis de Saint-Callifte, & évêque de Sabine. 1468.

20. Albert de Albertis, florentin, évêque de Camerino, diacre, cardinal du titre de Saint-Euftache. 1445.

*Quatrième promotion en 1440.*

21. Louis de Media Rota ou Mezzarota, padouan, patriarche d'Aquilée, prêtre, cardinal du titre de Saint-Laurent *in Damafo*, & évêque d'Albano. 1465.

22. Pierre Barbo, vénitien, neveu du Pape, évêque de Cervia, diacre, cardinal du titre de Sainte-Marie-la-Neuve, puis prêtre du titre de Saint-Marc, & Pape fous le nom de Paul II.

*Cinquième promotion en 1444.*

23. Alphonfe Borgia, efpagnol, archevêque de Valence, prêtre, cardinal du titre des Quatre-Saints couronnés, & Pape fous le nom de Callifte III.

*Sixième promotion en 1446.*

24. Thomas Lucani, italien, évêque de Bologne, prêtre, cardinal du titre de Sainte-Sufanne, & Pape fous le nom de Nicolas V.

25. Henri Rampino, dit de Saint-Aliofo, milanais, évêque de Pavie, puis archevêque de Milan, prêtre, cardinal du titre de Saint-Clément. 1450.

26. Jean, meffinois, abbé de Saint-Paul, de Padoue, prêtre, cardinal du titre de Sainte-Sabine.

Tttt 2

27. Jean Carvajal, espagnol, évêque de Placentia, diacre, cardinal du titre de Saint-Ange, puis prêtre du titre de Sainte-Croix de Jérusalem, & évêque de Sabine & de Porto. ·　　1469.

*Félix IV, dit V, antipape, élu en 1439, se démit en 1447, & mourut en 1451.*

### Première promotion en 1440.

1. Louis de Palu de Varembon, évêque de Lausanne, cardinal du titre de Saint..... 1455.
2. Barthélemy Visconti, italien, évêque de Novarre, cardinal du titre de Saint..... 1456.
3. Urbain de Morsa de Bais, allemand, évêque d'Utrecht, cardinal du titre de Saint.....
4. Alphonse Carillo, espagnol, prêtre, cardinal du titre de Saint-Eustache.

### Seconde promotion en 1440.

5. Alexandre Zamoviti, fils du duc de Mazovie, polonais, évêque de Trente, & patriarche d'Aquilée, prêtre, cardinal du titre de Saint-Laurent *in Damaso.*
6. Oton, espagnol, évêque de Tortose, prêtre, cardinal du titre de Sainte-Pudentiane.
7. Georges, espagnol, évêque de Vich, prêtre, cardinal du titre de Sainte-Anastasie, puis Sainte-Marie au-delà du Tibre.
8. François, français, évêque de Genève, prêtre, cardinal du titre de Saint-Marcel.
9. Bernard de la Plaigne, français, évêque d'Acqs, prêtre, cardinal du titre de Saint-Nérée & de Saint-Achillée.
10. Jean, allemand, évêque de Strasbourg, prêtre, cardinal du titre de Saint-Xiste.
11. Jean Gruvenvalder, fils naturel de Jean, duc de Bavière, allemand, évêque de Frisinguen, prêtre, cardinal du titre de Saint-Martin-aux-Monts.　　　　　　　　　　　1453.
12. Jean de Villa-Vezzosa, espagnol, archiacre d'Oviedo, prêtre, cardinal du titre de Sainte-Marie au-delà du Tibre.

### Troisième promotion en 1440.

13. Denis du Moulin, français, évêque de Paris, & patriarche d'Antioche, prêtre, cardinal du titre de Saint..... 1447.
14. Amé de Talaru, français, archevêque de Lyon, prêtre, cardinal du titre de Saint..... 1443.
15. Philippe de Coëtquen, français, évêque de Léon, puis archevêque de Tours, prêtre, cardinal du titre de Saint..... 1441.
16. Nicolas Tudeschi, archevêque de Palerme, prêtre, cardinal du titre de Saint..... 1445.
17. Jean Malestroit, français, évêque de Saint-Brieux, puis de Nantes, prêtre, cardinal du titre de Saint-Onuphre.　　　　　　　1443.

18. Gérard Machet, français, évêque de Castres, cardinal du titre de Saint.....

### Quatrième promotion en 1444.

19. Jean d'Arci, français, archevêque de Tarentaise, prêtre, cardinal du titre de Saint-Nérée & de Saint-Achillée, puis créé cardinal par le pape Nicolas V.
20. Louis, portugais, évêque de Viseo, prêtre, cardinal du titre de Saint.....
21. Louis de la Palu, de Varembon, français, évêque de Maurienne, prêtre, cardinal du titre de Sainte-Cécile, puis créé cardinal par le pape Nicolas V.　　　1451.
22. Vincent Coti, polonais, archevêque de Gnesne, primat de Pologne, cardinal du titre de Saint.....
23. Guillaume Huln, natif d'Estain ou de l'Estang, diocèse de Verdun, français, archidiacre de Metz, cardinal du titre de Sainte-Sabine, puis créé cardinal par le pape Nicolas V.
24. Barthélemy Viteleschi, italien, évêque de Monte-Fiascone, cardinal du titre de Saint-Marc.
25. Thomas de Courcelles, français, chanoine de l'église de Paris, cardinal du titre de Saint.....
26. Jean de Raguse, religieux de l'Ordre des Frères-Prêcheurs, cardinal du titre de Saint.....

*Nicolas V, élu Pape en 1447, mort en 1455.*

### Première promotion en 1448.

1. Antoine Cerdain, de Majorque, archevêque de Messine, prêtre, cardinal du titre de Saint-Chrysogon, & évêque de Lérida.　1459.

### Seconde promotion en 1448.

2. Astorge Agnès, napolitain, archevêque de Bénévent, prêtre, cardinal du titre de Saint-Eusèbe.　　　　　　　-　　　1450.
3. Latin des Ursins, romain, archevêque de Trani, prêtre, cardinal du titre de Saint-Jean & de Saint-Paul, évêque de Sabine, & légat en Pologne.　　　　　　　1447.
4. Alain de Coëtivi, français, évêque de Cornouailles, puis archevêque d'Avignon, prêtre, cardinal du titre de Sainte-Praxède, & évêque de Sabine.　　　-　　　1474.
5. Jean Rolin, français, évêque de Châlons, puis d'Autun, prêtre, cardinal du titre de Saint-Etienne *in Cœlio monte.*　　　1483.
6. Philippe Calendrino, frère utérin du Pape, évêque de Bologne, prêtre, cardinal du titre de Sainte-Susanne, puis de Saint-Laurent *in Lucinâ,* grand-pénitencier, & évêque de Porto.　1476.
7. Nicolas de Cusa, allemand, archidiacre de Liége, prêtre, cardinal du titre de Saint-Pierre-ès-Liens, évêque de Brixen.　　　1464.

*Troifième promotion en* 1449.

8. Amé, duc de Savoie, connu fous le nom de Félix V, s'étant démis de la papauté, fut nommé cardinal, évêque de Sabine, & doyen des cardinaux. 1451.

9. Louis Aleman, français, archevêque d'Arles, qui avoit été privé du chapeau par le pape Eugène IV, fut rétabli par le pape Nicolas V. 1450.

10. Jean d'Arci, français, archevêque de Tarentaife, qui avoit été nommé prêtre, cardinal du titre de Saint-Nérée & de Saint-Achillée, par Félix V, le fut de nouveau par le pape Nicolas V. 1453.

11. Louis de la Palu, de Varembon, français, évêque de Maurienne, qui avoit été nommé prêtre cardinal du titre de Sainte-Cécile par Félix V, fut nommé prêtre cardinal du titre de Sainte-Anaftafie par le pape Nicolas V. 1455.

12. Guillaume Huln, natif d'Eftaing, diocèfe de Verdun, archidiacre de Metz, qui avoit été nommé cardinal évêque de Sabine, par Félix V, fut nommé cardinal du même titre par Nicolas V. 1455.

*Callifte III, élu Pape en* 1455, *mort en* 1458.

*Première promotion en* 1455.

1. Jean-Louis Mila, efpagnol, neveu du Pape, évêque de Ségovie, puis de Lérida, prêtre cardinal du titre des Quatre-Saints couronnés, & légat de Bologne. 1507.

2. Jacques de Portugal, archevêque de Lifbonne, diacre, cardinal du titre de Sainte-Marie *in Porticu*. 1459.

3. Roderic-Lanzoli Borgia, efpagnol, neveu du Pape, diacre, cardinal du titre de Saint-Nicolas *in Carcere*, vice-chancelier de l'Eglife romaine, évêque de Porto, & Pape fous le nom d'Alexandre VI.

*Seconde promotion en* 1456.

4. Rainaud Pifficelli, napolitain, archevêque de Naples, prêtre, cardinal du titre de Sainte-Cécile. 1458.

5. Jean de Mella, efpagnol, auditeur de Rote, évêque de Zamora, prêtre, cardinal du titre de Saint-Aquilée & de Sainte-Prifque. 1467.

6. Jean de Caftillon ou de Caftiglione, milanais, évêque de Coutance en Normandie, puis de Pavie, prêtre, cardinal du titre de Saint-Clément. 1460.

7. Jacques Thebaldi, romain, évêque de Montefeltro, prêtre, cardinal du titre de Sainte-Anaftafie. 1466.

8. Richard Olivier, natif du lieu de Longueil, français, évêque de Coutance, prêtre, cardinal du titre de Saint-Eufèbe, & évêque de Porto. 1470.

9. Æneas-Sylvius Piccolomini, fiennois, évêque de Sienne, diacre, cardinal du titre de Saint-Euf-

tache, puis prêtre du titre de Sainte-Sabine, & Pape fous le nom de Pie II.

*Pie II, élu Pape en* 1458, *mort en* 1464.

*Première promotion en* 1460.

1. Ange Capranica, romain, prêtre, cardinal du titre de Sainte-Croix de Jérufalem, & évêque de Paleftrine. 1478.

2. Berard-Herulo de Narni, auditeur de Rote, évêque de Spolète, prêtre, cardinal du titre de Sainte-Sabine. 1479.

3. Nicolas Fortiguerra, de Piftoie, évêque de Theano, prêtre, cardinal du titre de Sainte-Cécile. 1473.

4. Burchard de Weifpriach, allemand, cardinal du titre de Saint-Nérée & de Saint-Achillée, & archevêque de Salzbourg. 1466.

5. Alexandre de Oliva, général de l'Ordre des Frères-Hermites de Saint-Auguftin, prêtre, cardinal du titre de Sainte-Sufanne, & évêque de Camerino. 1463.

6. François Piccolomini, fiennois, neveu du Pape, archevêque de Sienne, diacre, cardinal du titre de Saint-Euftache, & Pape fous le nom de Pie III.

*Seconde promotion en* 1461.

7. Barthélemy Roverella, ferrarois, archevêque de Ravenne, prêtre, cardinal du titre de Saint-Clément. 1476.

8. Jean Geoffroy, français, évêque d'Arras, puis d'Albi, prêtre, cardinal du titre de Saint-Sylveftre & de Saint-Martin-aux-Monts. 1473.

9. Jacques de Cardonne, efpagnol, évêque d'Urgel, prêtre, cardinal du titre de Saint..... 1466.

10. Louis d'Albret, français, évêque de Cahors, de Mirepoix & d'Aire, prêtre, cardinal du titre de Saint-Marcellin & de Saint-Pierre. 1465.

11. Jacques Ménsbona Piccolomini, lucquois, évêque de Pavie, prêtre, cardinal du titre de Saint-Chryfogon, & évêque de Frefcati. 1479.

12. François de Gonzague, évêque de Mantoue, prêtre, cardinal du titre de Saint-Pierre-ès-Liens, & évêque de Bologne. 1483.

*Troifième promotion en* 1462.

13. Jean de Aych, allemand, évêque d'Aichftat, chancelier de l'empereur Albert II, prêtre, cardinal du titre de Saint..... 1464.

*Paul II, élu Pape en* 1464, *mort en* 1471.

*Première promotion en* 1464.

1. Thomas Bourchier, anglais, archevêque de Cantorbery, prêtre, cardinal du titre de Saint-Cyriaque. 1507.

2. Etienne de Varas, hongrois, archevêque de Coloeza, prêtre, cardinal du titre de Saint-Nérée & de Saint-Achillée. 1471.

3. Olivier Caraffe, napolitain, archevêque de Naples, prêtre, cardinal du titre de Saint-Marcellin & de Saint-Pierre, évêque d'Albano, de Sabine, d'Oftie, & doyen du sacré collége. 1511.

4. Marc Barbo, vénitien, évêque de Vicence, & patriarche d'Aquillée, prêtre, cardinal du titre de Saint-Marc. 1490.

5. Jean Balue, français, évêque d'Angers, prêtre, cardinal du titre de Sainte-Sufanne, & évêque d'Albano. 1491.

6. Amici Agnifilo, d'Aquillée, évêque de cette ville, prêtre, cardinal du titre de Sainte-Marie au-delà du Tibre. 1476.

7. François de la Rouère, de Savone, général de l'Ordre des Frères-Mineurs, prêtre, cardinal du titre de Saint-Pierre-ès-Liens, & Pape sous le nom de Sixte IV.

8. Théodore Paléologue, des marquis de Montferrat, diacre, cardinal du titre de Saint-Théodore. 1481.

*Seconde promotion en 1468.*

9. Jean-Baptifte Zeno, vénitien, neveu du Pape, évêque de Vicence, diacre, cardinal du titre de Sainte-Marie in Porticu, puis prêtre du titre de Sainte-Anaftafie, & évêque de Frefcati.

10. Jean Michièle, vénitien, neveu du Pape, diacre, cardinal du titre de Sainte-Lucie, près de Saint-Ange, & évêque d'Albano, de Porto & de Padoue. 1503.

*Sixte IV, élu Pape en 1471, mort en 1484.*

*Première promotion en 1471.*

1. Pierre Riario, de Savone, évêque de Trevife, prêtre, cardinal du titre de Saint-Sixte, puis évêque de Sinigaglia.

2. Julien de la Rouère, de Savone, neveu du Pape, évêque de Carpentras, prêtre, cardinal du titre de Saint-Pierre-ès-Liens, évêque d'Oftie, grand-pénitencier, & Pape sous le nom de Jules II.

*Seconde promotion en 1473.*

3. Philippe de Levis-Coufan, français, archevêque d'Arles, prêtre, cardinal du titre de Saint-Pierre & de Saint-Marcellin. 1475.

4. Etienne Nardino, natif de Forli, archevêque de Milan, prêtre, cardinal du titre de Saint-Adrien, puis de Sainte-Marie au-delà du Tibre. 1484.

5. Aufias del Puch, efpagnol, archevêque de Montreal en Sicile, prêtre, cardinal du titre de Saint-Vital, puis de Sainte-Sabine. 1483.

6. Pierre-Gonfalez de Mendoza, efpagnol, évêque de Savone, prêtre, cardinal du titre de Sainte-Marie in Dominicâ, puis de Sainte-Croix

de Jérufalem, & archevêque de Tolède. 1495.

7. Antoine-Jacques Venerio, natif de Recanati, évêque de Syracufe, puis de Léon & de Cuença, prêtre, cardinal du titre de Saint-Vite, de Saint-Modefte & de Saint-Clément.

8. Jean-Baptifte Cibo, génois, évêque de Melfi, prêtre, cardinal du titre de Sainte-Balbine, puis de Sainte-Cécile, & Pape fous le nom d'Innocent VIII.

9. Jean Arcimboldo, parmefan, évêque de Novarre, prêtre, cardinal du titre de Saint-Nérée & de Saint-Achillée, puis de Sainte-Praxède, & archevêque de Milan. 1491.

10. Philibert Hugonet, français, évêque de Mâcon, prêtre, cardinal du titre de Sainte-Lucie. 1484.

*Troifième promotion en 1476.*

11. Georges de Cofta, portugais, archevêque de Lisbonne, prêtre, cardinal du titre de Saint-Marcellin & de Saint-Pierre. 1508.

12. Charles de Bourbon, français, archevêque de Lyon, &c. prêtre, cardinal du titre de Saint-Martin-aux-Monts. 1488.

13. Pierre Ferry, efpagnol, archevêque de Tarragone, prêtre, cardinal du titre de Saint-Sixte. 1478.

14. Jean-Baptifte Mellini, romain, évêque d'Aniane, de Sutri, puis d'Urbin, prêtre, cardinal du titre de Saint-Nérée & de Saint-Achillée. 1478.

15. Pierre de Foix, français, évêque de Vannes, diacre, cardinal du titre de Saint-Sixte. 1490.

*Quatrième promotion en 1477.*

16. Chriftophe de la Rovère, natif de Turin, archevêque de Tarentaife, prêtre, cardinal du titre de Saint-Vital. 1479.

17. Jérôme Baffo de la Rouère, neveu du Pape, évêque de Récanati, prêtre, cardinal du titre de Sainte-Balbine, puis de Saint-Chryfogon, & évêque de Paleftrine. 1507.

18. Georges Hesler, allemand, évêque de Wirtzbourg, prêtre, cardinal du titre de Sainte-Lucie. 1482.

19. Gabriel de Vérone, religieux de l'Ordre des Frères-Mineurs, prêtre, cardinal du titre de Saint-Serge & de Saint-Bacche, évêque d'Albe & d'Agria. 1486.

20. Pierre Fofcaro, vénitien, primicier de Saint-Marc de Venife, évêque de Padoue, prêtre, cardinal du titre de Saint-Nicolas in Carcere, puis de Saint-Xifte. 1485.

21. Jean d'Arragon, fils de Ferdinand, roi de Naples, diacre, cardinal du titre de Saint-Adrien, puis prêtre du titre de Sainte-Sabine & de Saint-Laurent in Lucinâ. 1485.

22. Raphael Sanfoni-Riario, de Savone, prêtre, cardinal du titre de Sainte-Sabine, archevêque de Cozena, de Salerne, & évêque d'Oftie. 1521.

*Cinquième promotion en 1478.*

23. Dominique de la Rovère, prêtre, cardi-

nal du titre de Saint-Vital, puis de Saint-Clément. 1501.

### Sixième promotion en 1480.

24. Paul Fregofe, génois, archevêque de Gênes, prêtre, cardinal du titre de Sainte-Anaftafie. 1498.

25. Côme de Melioratis des Urfins, romain, archevêque de Trani, prêtre, cardinal du titre de Saint-Nérée & de Saint-Achillée. 1481.

26. Ferry de Clugni, français, évêque de Tournay, prêtre, cardinal du titre de Saint-Vital. 1483.

27. Jean-Baptifte Savelli, romain, diacre, cardinal du titre de Saint-Nicolas in Curcere. 1498.

28. Jean Colonne, romain, évêque de Rieti, diacre cardinal du titre de Sainte-Marie in Aquiro. 1508.

### Septième promotion en 1483.

29. Jean Conti, romain, archevêque de Cozence, prêtre, cardinal du titre de Saint-Vital. 1493.

30. Elie de Bourdeille, français, archevêque de Tours, prêtre, cardinal du titre de Sainte-Lucie. 1484.

31. Jean Margarit, efpagnol, évêque de Gironne, prêtre, cardinal du titre de Sainte-Balbine. 1484.

32. Jean-Jacques Sclafenati, milanais, évêque de Panne, prêtre, cardinal du titre de Saint-Etienne in Cælio monte. 1497.

33. Jean-Baptifte des Urfins, romain, archevêque de Carthage & de Tarente, diacre, cardinal du titre de Sainte-Marie-la-Neuve, puis prêtre du titre de Saint-Jean & de Saint-Paul. 1503.

### Huitième promotion en 1484.

34. Afcagne-Marie Sforce, des ducs de Milan, diacre, cardinal du titre de Saint-Vite & de Saint-Modefte, vice-chancelier de l'Eglife romaine, évêque de Padoue, Novarre, &c. 1505.

## Innocent VIII, élu Pape en 1484, mort en 1492.

### Promotion en 1489.

1. Laurent Cibo, génois, neveu du Pape, archevêque de Bénévent, prêtre, cardinal du titre de Saint-Marc, évêque d'Albano & de Paleftrine. 1503.

2. Ardicin de la Porte, de Novarre, évêque d'Aleria, prêtre, cardinal du titre de Saint-Jean & de Saint-Paul. 1493.

3. Antonio Pallavicini, génois, évêque d'Orouze, prêtre, cardinal du titre de Sainte-Anaftafie, puis de Sainte-Praxède, & évêque de Paleftrine. 1507.

4. André d'Efpinai, français, archevêque de Lyon & de Bordeaux, prêtre, cardinal du titre de Saint-Sylveftre & de Saint-Martin-aux-Monts. 1500.

5. Maphée Gherardo, vénitien, général de l'Ordre de Camaldules, patriarche de Venife, prêtre, cardinal du titre de Saint-Nérée & de Saint-Achillée. 1492.

6. Pierre d'Aubuffon, français, grand-maître de l'Ordre de Saint-Jean-de-Jérufalem, diacre, cardinal du titre de Saint-Adrien. 1503.

7. Jean de Médicis, florentin, diacre, cardinal du titre de Sainte-Marie in Dominicâ, puis Pape fous le nom de Léon X.

8. Frédéric de San-Severino, napolitain, archevêque de Vienne, diacre, cardinal du titre de Saint-Théodore. 1516.

## Alexandre VI, élu Pape en 1492, mort en 1503.

### Première promotion en 1492.

1. Jean Borgia, efpagnol, neveu du Pape, archevêque de Montréal & patriarche de Conftantinople, prêtre, cardinal du titre de Sainte-Sufanne, puis évêque d'Olmutz, Bayeux, &c. 1503.

### Seconde promotion en 1493.

2. Jean Moorton, anglais, archevêque de Cantorbery, chancelier d'Angleterre, prêtre, cardinal du titre de Sainte-Anaftafie. 1500.

3. Jean-Antoine de Saint-Georges, natif de Plaifance, évêque d'Alexandrie, prêtre, cardinal du titre de Saint-Nérée & de Saint-Achillée, patriarche de Conftantinople, puis évêque de Parme, d'Albano, de Paleftrine & de Sabine. 1509.

4. Jean de la Grolaye de Villiers, français, abbé de Saint-Denis en France, puis évêque de Lombez, prêtre, cardinal du titre de Sainte-Sabine. 1499.

5. Bernardin de Carvajal, efpagnol, évêque de Carthagène, prêtre, cardinal du titre de Saint-Marcellin & de Saint-Pierre, puis de Sainte-Croix de Jérufalem, & évêque d'Oftie, doyen du facré collège. 1522.

6. Raymond Pérault, français, évêque de Gurck & de Saintes, prêtre, cardinal du titre de Sainte-Marie-la-Neuve. 1505.

7. Céfar Borgia, fils naturel du Pape, diacre, cardinal du titre de Sainte-Marie-la-Neuve, remit le chapeau en 1498, fut duc d'Urbin & de Valentinois, & époufa Charlotte d'Albret. 1507.

8. Hippolyte d'Eft, de Ferrare, archevêque de Milan & de Narbonne, diacre, cardinal du titre de Sainte-Lucie. 1520.

9. Frédéric Cafimir, fils du Roi de Pologne, évêque de Cracovie, diacre, cardinal du titre de Sainte-Lucie. 1503.

10. Julien Cafarini, romain, évêque d'Afcoli, diacre, cardinal du titre de Saint-Serge & de Saint-Bacche, puis de Saint-Ange. 1510.

11. Dominique Grimani, vénitien, diacre, cardinal du titre de Saint-Nicolas inter Imagines, pa-

triarche d'Aquilée , puis prêtre du titre de Saint-Marc, & évêque de Porto. 1523.

12. Alexandre Farnèfe , romain, diacre, cardinal du titre de Saint-Côme & de Saint-Damien , puis du titre de Saint-Euftache , évêque d'Oftie , doyen des cardinaux , & Pape fous le nom de Paul III.

13. Bernardin Lunati , de Pavie, diacre, cardinal du titre de Saint-Cyriaque. 1497.

*Troifième promotion en 1495.*

14. Guillaume Briçonnet , français , archevêque de Reims , Narbonne , &c. , prêtre , cardinal du titre de Sainte-Pudentiane.

*Quatrième promotion en 1496.*

15. Philippe de Luxembourg , français , évêque d'Arras , puis du Mans , prêtre , cardinal du titre de Saint-Pierre & de Saint-Marcellin , & évêque d'Albano & de Frefcati. 1519.

*Cinquième promotion en 1496.*

16. Barthélemy Martini , efpagnol , évêque de Ségovie , prêtre , cardinal du titre de Sainte-Agathe. 1500.

17. Jean de Caftro , efpagnol , évêque de Gergenti en Sicile , & adminiftrateur de l'évêché de Slefwick en Danemarck, prêtre, cardinal du titre de Sainte-Prifque. 1506.

18. Jean Lopez , efpagnol , évêque de Péroufe & archevêque de Capoue , prêtre, cardinal du titre de Sainte-Marie au-delà du Tibre. 1501.

19. Jean Borgia , efpagnol , neveu du Pape , évêque de Melfi, diacre, cardinal du titre de Sainte-Marie *in Viâ latâ*. 1500.

20. Louis d'Arragon , fils naturel de Ferdinand Ier. , roi de Naples , évêque d'Averfa , puis de Léon en Efpagne, diacre , cardinal du titre de Sainte-Marie *in Aquiro* , puis de Sainte-Marie *in Cofmedin*. 1519.

*Sixième promotion en 1498.*

21. Georges d'Amboife , français , archevêque de Rouen , prêtre , cardinal du titre de Saint-Sixte. 1510.

*Septième promotion en 1500.*

22. Diègue Hurtado de Mendoza , efpagnol , archevêque de Séville , prêtre, cardinal du titre de Sainte-Sabine. 1502.

23. Amanieu d'Albret, français, évêque de Pamiers , Cominges, &c. , diacre , cardinal du titre de Saint-Nicolas *in Carçere*, puis évêque de Pampelune. 1520.

24. Louis Borgia, efpagnol , diacre, cardinal du titre de Sainte-Marie *in Viâ latâ* , puis du titre de Saint-Nérée & de Saint-Achillée , prêtre du titre

de Saint-Marcel , archiprêtre de Sainte-Marie-Majeure , & grand-pénitencier. 1511.

*Huitième promotion en 1500.*

25. Jacques Serra , efpagnol , archevêque d'Oriftagni , prêtre , cardinal du titre de Saint-Vital , & évêque d'Elne & de Paleftrine. 1517.

26. Thomas Bacoès , natif de Herdom en Hongrie , chancelier de Hongrie & archevêque de Strigonie , prêtre , cardinal du titre de Saint-Sylveftre & de Saint-Martin-aux-Monts. 1521.

27. Pierre Ifuaglies ou di Suaglio , ficilien , archevêque de Reggio & enfuite de Meffine , prêtre , cardinal du titre de Saint-Cyriaque , puis de Sainte-Pudentiane , & archiprêtre de Sainte-Marie-Majeure. 1511.

28. François Borgia , efpagnol , archevêque de Cozenze , cardinal du titre de Sainte-Lucie , puis de Saint-Nérée & de Saint-Achillée , & évêque de Chieti. 1511.

29. Jean Vera , efpagnol , archevêque de Salerne , prêtre , cardinal du titre de Sainte-Balbine. 1507.

30. Louis Podocator , de Nicofie en Grèce , évêque de Capacio , prêtre , cardinal du titre de Sainte-Agathe. 1507.

31. Antoine Trivulce , milanais , évêque de Cofme , prêtre , cardinal du titre de Sainte-Anaftafie , puis de Saint-Etienne *in Cœlio monte*. 1508.

32. Jean-Baptifte Ferraro , modénois , évêque de Modène , prêtre , cardinal du titre de Saint-Chryfogon. 1502.

33. Marc Cornaro , vénitien , évêque de Vérone , diacre , cardinal du titre de Sainte-Marie *in Porticu* , puis prêtre du titre de Sainte-Marie , évêque d'Albano & de Paleftrine , & patriarche de Conftantinople. 1524.

34. Jean-Etienne Ferrero , de Verceil , évêque de Boulogne , prêtre , cardinal du titre de Saint-Serge & de Saint-Bacche , puis de Sainte-Veftine. 1510.

*Neuvième promotion en 1503.*

35. Jean Coftellan , efpagnol , archevêque de Trani , prêtre , cardinal du titre de Sainte-Marie au-delà du Tibre , & archevêque de Montréal. 1505.

36. François Remolini , efpagnol , archevêque de Surrento , prêtre , cardinal du titre de Saint-Jean & de Saint-Paul , puis archevêque de Palerme. 1518.

37. François Soderini , florentin , évêque de Volterra , prêtre , cardinal du titre de Sainte-Sufanne , évêque de Saintes & d'Oftie , doyen du facré collège. 1524.

38. Melchior Meckan , allemand , évêque de Brixen , prêtre , cardinal du titre de Saint-Etienne *in Cœlio monte*. 1509.

39. Nicolas de Fiefque , génois , évêque de Fréjus & de Toulon , prêtre, cardinal du titre de Saint-Nicolas

Saint-Nicolas *inter Imagines*, puis du titre des douze Apôtres, archevêque d'Embrun & évêque d'Oftie, doyen du facré collége. 1524.

40. François Sprats, efpagnol, évêque de Léon, prêtre, cardinal du titre de Saint-Serge & de Saint-Bacche. 1504.

41. Adrien Caftellefi, dit *le cardinal Corneto*, italien, évêque d'Herford, de Bath & de Wels en Angleterre, prêtre, cardinal du titre de Saint-Chryfogon.

42. Jacques de Cafeneuve, efpagnol, prêtre, cardinal du titre de Saint-Etienne *in Cœlio monte*. 1504.

43. François Loris, efpagnol, évêque d'Elvas, diacre, cardinal du titre de Sainte-Marie-la-Neuve. 1505.

*Auxquels on ajoute :*

44. Jean, ambaffadeur du duc de Saxe à Rome, prêtre, cardinal du titre de Sainte-Croix de Jérufalem.

*Pie III, élu Pape en 1503, mort la même année.*

*Jules II, élu Pape en 1503, mort en 1513.*

### Première promotion en 1503.

1. François-Guillaume de Caftelnau-Clermont-Lodève, français, archevêque de Narbonne, puis d'Auch, prêtre, cardinal du titre de Saint-Etienne *in Cœlio monte*, & doyen des cardinaux. 1540.

2. Jean de Zuniga, efpagnol, grand-maître de l'Ordre d'Alcantara, archevêque de Séville, prêtre, cardinal du titre de Saint-Nérée & de Saint-Achillée. 1504.

3. Clément de la Rovère, de Savonne, neveu du pape Sixte IV, évêque de Mende, prêtre, cardinal du titre de Saint-Clément, puis du titre des douze Apôtres. 1504.

4. Galliot-Franciotti de la Rovère, lucquois, neveu du pape Jules II, évêque de Luques, prêtre, cardinal du titre de Saint-Pierre-ès-Liens, puis évêque de Padoue, de Crémone, & archevêque de Bénévent. 1508.

### Seconde promotion en 1505.

5. Marc Vigerius, de Savonne, évêque de Sinigaglia, prêtre, cardinal du titre de Sainte-Marie au-delà du Tibre, & évêque de Paleftrine. 1516.

6. Robert Guibé, français, évêque de Rennes, puis de Nantes, prêtre, cardinal du titre de Sainte-Anaftafie. 1513.

7. Léonard de la Rovère, de Savonne, neveu du pape Sixte IV, évêque d'Agen, prêtre, cardinal du titre de Sainte-Sufanne, puis de Saint-Pierre-ès-Liens, & grand-pénitencier. 1520.

8. Charles-Dominique Caretto, des marquis de Final, génois, archevêque de Tours & de

Reims, prêtre, cardinal du titre de Saint-Vite, puis de Sainte-Cécile. 1514.

9. Antoine Ferrerio, de Savonne, évêque de Gullio, prêtre, cardinal du titre de Saint-Vital. 1508.

10. François Aledofi, d'Imola, évêque de Pavie & de Bologne, prêtre, cardinal du titre de Sainte-Cécile. 1511.

11. Factius Sanctori, de Viterbe, évêque de Cefène, prêtre, cardinal du titre de Sainte-Sabine, & adminiftrateur de Pampelune. 1510.

12. Gabriel Gabrieli, de Fano, évêque d'Urbin, prêtre, cardinal du titre de Sainte-Praxède. 1511.

13. Sigifmond de Gonzague, évêque de Mantoue, diacre, cardinal du titre de Sainte-Marie-la-Neuve. 1525.

### Troifième promotion en 1507.

14. Jean de la Tremoille, français, archevêque d'Auch, prêtre, cardinal du titre de Saint-Martin-aux-Monts. 1507.

15. René de Prie, français, évêque de Bayeux, puis de Limoges, prêtre, cardinal du titre de Sainte-Lucie. 1519.

16. Louis d'Amboife, français, évêque d'Albi, prêtre, cardinal du titre de Saint-Marcellin & de Saint-Pierre. 1517.

17. François Ximenès, efpagnol, religieux de l'Ordre de Saint-François, archevêque de Tolède, prêtre, cardinal du titre de Sainte-Sabine. 1517.

### Quatrième promotion en 1508.

18. Sixte Gara de la Rovère, lucquois, neveu du pape Jules II, prêtre, cardinal du titre de Saint-Pierre-ès-Liens, archevêque de Bénévent, évêque de Luques & de Padoue, & vice-chancelier de la fainte Eglife. 1517.

### Cinquième promotion en 1511.

19. Chriftophe Brambridge, anglais, archevêque d'York, prêtre, cardinal du titre de Sainte-Praxède. 1514.

20. Antoine Ciocchi, dit auffi *Monti* ou *du Mont*, italien, archevêque de Siponto, prêtre, cardinal du titre de Saint-Vital, puis de Sainte-Praxède, & évêque de Porto. 1533.

21. Mathieu Scheiner, furnommé *le Long*, fuiffe, évêque de Sion, prêtre, cardinal du titre de Sainte-Pudentiane, & évêque de Novarre. 1522.

22. Pierre Accolti, florentin, évêque d'Ancône, prêtre, cardinal du titre de Saint-Eufèbe, puis évêque de Cadis, de Maillezais, d'Arras, de Crémone, archevêque de Ravenne, évêque d'Albano, de Paleftrine & de Sabine. 1532.

23. Achilles de Graffi, bolonais, évêque de Bologne, prêtre, cardinal du titre de Saint-Sixte, puis de Sainte-Marie au-delà du Tibre. 1523.

24. François Argentino, vénitien, évêque de

Concorde, prêtre, cardinal du titre de Saint-Vital, puis de Saint-Clément.     1511.

25. Bendinelli-Sauli, génois, évêque de Girace, diacre, cardinal du titre de Saint-Adrien, puis prêtre du titre de Sainte-Sabine.     1518.

26. Alphonse Petrucci, siennois, évêque de Suana, diacre, cardinal du titre de Saint-Théodore, fut privé de la pourpre par le pape Léon X. 1517.

### Sixième promotion.

27. Mathieu-Lange de Welembourg, allemand, évêque de Gurck, diacre, cardinal du titre de Saint-Ange, archevêque de Saltzbourg & évêque d'Albano.     1540.

## Léon X, élu Pape en 1513, mort en 1521.

### Première promotion en 1513.

1. Laurent Pucci, florentin, prêtre, cardinal du titre des Quatre-Saints couronnés, grand-pénitencier & évêque d'Albano, puis de Palestrine. 1531.

2. Jules de Médicis, florentin, archevêque de Florence, diacre, cardinal du titre de Sainte-Marie *in Dominicâ*, puis de Saint-Clément & de Saint-Laurent *in Damaso*, & Pape sous le nom de Clément VII.

3. Bernard de Tarla, dit *d'Unce*, florentin, évêque de Coutances, diacre, cardinal du titre de Sainte-Marie *in Porticu*.     1520.

4. Innocent Cibo, génois, neveu du Pape, archevêque de Gênes, abbé de Saint-Victor de Marseille, diacre, cardinal du titre de Saint-Côme & de Saint-Damien, puis de Sainte-Marie *in Dominicâ*.     1550.

### Seconde promotion en 1515.

5. Thomas Wolsei, anglais, chancelier d'Angleterre, archevêque d'York, prêtre, cardinal du titre de Sainte-Cécile.     1533.

### Troisième promotion en 1515.

6. Adrien Gouffier, français, évêque de Coutances, puis d'Albi, prêtre, cardinal du titre de Saint-Pierre & de Saint-Marcellin     1523.

### Quatrième promotion en 1517.

7. Antoine Bohier, français, archevêque de Bourges, prêtre, cardinal du titre de Sainte-Anastasie.     1519.

8. Guillaume de Croy, flamand, évêque de Cambrai, diacre, cardinal du titre de Sainte-Marie *in Aquiro*, puis archevêque de Tolède.     1521.

### Cinquième promotion en 1517.

9. François Conti, romain, archevêque de Conza, prêtre, cardinal du titre de Saint-Vital.     1521.

10. Jean Piccolomini, siennois, archevêque de Sienne, prêtre, cardinal du titre de Sainte-Balbine,

puis évêque d'Ostie & doyen des cardinaux. 1537.

11. Jean-Dominique Cuppi ou de Cupis, romain, archevêque de Trani, prêtre, cardinal du titre de Saint-Jean-Porte-Latine, puis évêque d'Ostie, & doyen du sacré collège.     1553.

12. Nicolas Pandolfi, florentin, évêque de Pistoie, prêtre, cardinal du titre de Saint-Césaire.     1518.

13. Raphael Petrucci, siennois, évêque de Soana, prêtre, cardinal du titre de Sainte-Susanne.     1522.

14. André de Valle, romain, évêque de Malte, prêtre, cardinal du titre de Sainte-Agnès, puis de Sainte-Prisque.     1534.

15. Boniface Ferrero, de Verceil, évêque d'Ivrée, prêtre, cardinal du titre de Saint-Nérée & de Saint-Achillée, puis évêque de Porto. 1543.

16. Jean-Baptiste Pallavicini, génois, archevêque de Cavaillon, prêtre, cardinal du titre de Saint-Apollinaire.     1524.

17. Pompée Colonne, romain, évêque de Riéti, prêtre, cardinal du titre des douze Apôtres, puis archevêque de Montréal & d'Aversa, prêtre du titre de Saint-Laurent *in Damaso*, & vice-roi de Naples.     1532.

18. Scaramucia Trivulce, milanais, évêque de Côme, prêtre, cardinal du titre de Saint-Cyriaque.     1527.

19. Dominique Jacobatii, romain, évêque de Lucera, prêtre, cardinal du titre de Saint-Laurent, puis de Saint-Clément & de Saint-Apollinaire.     1528.

20. Laurent Campeggi, bolonais, évêque de Bologne & de Feltri, prêtre, cardinal du titre de Saint-Thomas, puis de Sainte-Marie au-delà du Tibre, & évêque de Sabine & de Palestrine. 1539.

21. Louis de Bourbon, français, évêque de Laon, puis archevêque de Sens, prêtre, cardinal du titre de Saint-Sylvestre.     1556.

22. Adrien Florent, hollandais, évêque de Tortose, prêtre, cardinal du titre de Saint-Jean & de Saint-Paul, puis Pape sous le nom d'Adrien VI.

23. Ferdinand Ponzeta, napolitain, évêque de Melfi, prêtre, cardinal du titre de Saint-Pancrace.     1527.

24. Louis Rossi, florentin, prêtre, cardinal du titre de Saint-Clément.     1519.

25. François Armellino, natif & évêque de Pérouse, prêtre, cardinal du titre de Saint-Marc, puis de Saint-Calliste.     1527.

26. Thomas de Vio, italien, général de l'Ordre des Frères-Prêcheurs, prêtre, cardinal du titre de Saint-Sixte.     1534.

27. Christophe Numali, italien, général de l'Ordre des Frères-Mineurs, prêtre, cardinal du titre de Saint-Barthélemy en l'île, puis de Sainte-Marie d'*Arâ cœli*.     1528.

28. Gilles de Viterbe, général de l'Ordre des Frères-Hermites de Saint-Augustin, prêtre, car-

dinal du titre de Saint-Mathieu , puis de Saint-Marcel , & patriarche de Conftantinople. 1532.

29. Guillaume-Raymond Vich , efpagnol , prêtre , cardinal du titre de Saint-Marcel , évêque de Cifalu , puis de Barcelone. 1525.

30. Silvius Pafferino , de Cortone , prêtre , cardinal du titre de Saint-Laurent *in Lucinâ* , légat de Péroufe & évêque de Barcelone. 1529.

31. François des Urfins , romain , diacre , cardinal du titre de Saint-Georges *in Velabro*. 1533.

32. Paul-Emile Cefio , romain , diacre , cardinal du titre de Saint-Euftache. 1537.

33. Alexandre de Cefarini , romain , diacre , cardinal du titre de Saint-Serge & de Saint-Bacche , puis de Saint-Marcel , de Sainte-Marie *in Viâ latâ* , & évêque d'Albano & de Pampelune. 1542.

34. Jean Salviati , florentin , neveu du Pape , diacre , cardinal du titre de Saint-Côme & de Saint-Damien , puis évêque de Porto. 1553.

35. Nicolas Ridolphi , florentin , neveu du Pape , diacre , cardinal du titre de Saint-Vite & de Saint-Modefte , évêque de Vicence & de Viterbe , & archevêque de Salerne & de Florence , puis prêtre de Sainte-Marie *in Cofmedin* & de Sainte-Marie *in Viâ latâ*. 1550.

36. Hercules Rangoni , milanais , diacre , cardinal du titre de Sainte-Agathe , évêque de Modène , &c. 1527.

37. Auguftin Trivulce , modenois , diacre , cardinal du titre de Saint-Adrien , puis de Saint-Nicolas *in Carcere* , évêque de Bayeux , &c. 1548.

38. François Fifani , vénitien , évêque de Padoue , diacre , cardinal du titre de Saint-Théodore , puis de Saint-Marc , archevêque de Narbonne & évêque d'Oftie , doyen des cardinaux. 1570.

39. Alphonfe , infant de Portugal , archevêque de Lisbonne , évêque d'Evora , diacre , cardinal du titre de Sainte-Lucie. 1540.

*Sixième promotion en* 1518.

40. Albert , marquis de Brandebourg , prêtre , cardinal du titre de Saint-Chryfogon , puis de Saint-Pierre-ès-Liens , archevêque de Magdebourg & électeur de Mayence. 1545.

*Septième promotion en* 1518.

41. Jean de Lorraine , évêque de Metz , archevêque de Narbonne , Reims , &c. diacre , cardinal du titre de Saint-Onuphre. 1550.

*Huitième promotion en* 1520.

42. Erard de Lamarck , allemand , évêque de Liége & de Chartres , & archevêque de Valence , prêtre , cardinal du titre de Saint-Chryfogon. 1538.

*Adrien VI , élu Pape en* 1521 , *mort en* 1523.

*Promotion en* 1523.

1. Guillaume Euckenwoert , allemand , évêque

d'Utrecht , prêtre , cardinal du titre de Saint-Jean & de Saint-Paul. 1534.

*Clément VII , élu Pape en* 1523 , *mort en* 1534.

*Première promotion en* 1527.

1. Benoît Accolti , florentin , évêque de Cadis , de Crémone & de Ravenne , cardinal du titre de Saint-Eufèbe. 1549.

2. Auguftin Spinola , de Savone , évêque de Péroufe , prêtre , cardinal du titre de Saint-Cyriaque. 1537.

3. Nicolas Gaddi , florentin , évêque de Ferino , diacre , cardinal du titre de Saint-Théodore , puis de Sainte-Marie *in Viâ latâ* , évêque de Sarlat & archevêque de Conza. 1552.

4. Hercule de Gonzague-Mantoue , diacre , cardinal du titre de Sainte-Marie-la-Neuve , évêque de Mantoue & archevêque de Tarragone. 1563.

5. Marin Grimani , vénitien , patriarche d'Aquilée , prêtre , cardinal du titre de Saint-Vital , puis de Saint-Marcel & de Sainte-Marie au-delà du Tibre , évêque de Porto & de Ceneda. 1546.

*Seconde promotion en* 1527.

6. Antoine de Saint-Severin , napolitain , prêtre , cardinal du titre de Sainte-Sufanne , puis de Saint-Apollinaire & de Sainte-Marie au-delà du Tibre , évêque de Converfano , de Paleftrine , de Sabine & de Porto. 1543.

7. Vincent Caraffe , napolitain , archevêque de Naples , prêtre , cardinal du titre de Sainte-Pudentiane , puis de Sainte-Prifque & de Sainte-Marie au-delà du Tibre , évêque d'Albano , de Paleftrine , &c. 1540.

8. André-Mathieu Palmerio , napolitain , archevêque de Matéra , prêtre , cardinal du titre de Saint-Clément , puis évêque de Larno , Lucera , &c. 1537.

9. Antoine Duprat , français , chancelier de France , archevêque de Sens , prêtre , cardinal du titre de Sainte-Anaftafie , & légat en France. 1535.

10. Henri de Cardonne , efpagnol , évêque de Barcelone , prêtre , cardinal du titre de Saint-Marcel , puis archevêque de Montréal & vice-roi de Sicile. 1530.

11. Jérôme Grimaldi , génois , évêque de Venafro , diacre , cardinal du titre de Saint-Georges *in Velabro* , puis archevêque de Bari. 1543.

12. Pyrrhus de Gonzague , évêque de Modène , diacre , cardinal du titre de Sainte-Agathe. 1529.

13. Sigifmond Papadoca , napolitain , évêque de Venofa & de Tropea , refufa le chapeau , fe contentant de fon évêché. 1536.

*Troifième promotion en* 1527.

14. François Quignonès , général de l'Ordre de

Saint-François, prêtre, cardinal du titre de Sainte-Croix de Jérusalem & évêque de Coria.　1540.

### Quatrième promotion en 1527.

15. François Cornaro, vénitien, prêtre, cardinal du titre de Saint-Pancrace, puis de Sainte-Cécile, de Sainte-Praxède & de Sainte-Marie au-delà du Tibre, évêque de Brefse, d'Albano & de Paleftrine.　1543.

### Cinquième promotion en 1529.

16. Jérôme Doria, génois, diacre, cardinal du titre de Saint-Thomas *in Parione*, puis de Sainte-Marie *in Porticu*, évêque de Nebio Rovinato, de Noli, de Jaca & d'Huefca.　1558.

### Sixième promotion en 1529.

17. Hippolite de Médicis, florentin, neveu du pape Léon X, diacre, cardinal du titre de Saint-Laurent *in Damáfo*.　1535.

### Septième promotion en 1529.

18. Mercurin Alborio Gattinara, piémontais, chancelier de l'empereur Charles V, cardinal du titre de Saint-Jean-Porte-Latine.　1530.

### Huitième promotion en 1530.

19. François de Tournon, français, archevêque de Bourges, de Lyon, d'Auch, prêtre, cardinal du titre de Saint-Pierre & de Saint-Marcellin, évêque d'Oftie & doyen du facré collège.　1562.
20. Bernard Clefi, allemand, évêque de Trente, prêtre, cardinal du titre de Saint-Étienne *in Cœlio monte*.　1539.
21. Louis de Gorrevod, favoyard, évêque de Saint-Jean-de-Maurienne, prêtre, cardinal du titre de Saint-Céfaire.　1535.
22. Garcias Loayfa, efpagnol, général de l'Ordre des Frères-Prêcheurs, évêque d'Ofma & de Ségovie, puis archevêque de Séville, prêtre, cardinal du titre de Sainte-Sufanne.　1546.
23. Inico de Zuniga & Mendoza, efpagnol, évêque de Burgos, diacre, cardinal du titre de Saint-Nicolas *in Carcere*.　1535.

### Neuvième promotion en 1531.

24. Gabriel de Gramont, français, évêque de Tarbes, cardinal du titre de Saint-Jean-Porte-Latine, puis de Sainte-Cécile, archevêque de Tolède & de Bordeaux.　1534.

### Dixième promotion en 1531.

25. Alphonfe-Manrique de Lara, efpagnol, archevêque de Séville, prêtre, cardinal du titre des douze Apôtres.　1538.
26. Jean-Pardo de Tavera, efpagnol, archevêque de Tolède, prêtre, cardinal du titre de Saint-Jean-Porte-Latine.　1545.

### Onzième promotion en 1531.

27. Antoine Pucci, florentin, évêque de Piftoie, prêtre, cardinal du titre des Quatre-Saints couronnés, grand-pénitencier & évêque de Sabine.　1544.

### Douzième promotion en 1533.

28. Ftienne-Gabriel Merino, efpagnol, archevêque de Bàri & patriarche des Indes, évêque de Jaen, prêtre, cardinal du titre de Saint-Vital, puis de Saint-Jean & de Saint-Paul.　1535.
29. Jean d'Orléans-Longueville, français, archevêque de Touloufe & évêque d'Orléans, prêtre, cardinal du titre de Saint-Martin-aux-Monts.　1533.

### Treizième promotion en 1533.

30. Jean Leveneur, français, évêque de Lifieux, grand-aumônier de France, prêtre, cardinal du titre de Saint-Barthélemy en l'Ile.　1543.
31. Claude de Longwi de Givri, français, évêque de Langres, prêtre, cardinal du titre de Sainte-Agnès *in Agone*.　1561.
32. Odet de Coligni de Chaftillon, français, évêque de Beauvais & archevêque de Touloufe, diacre, cardinal du titre de Saint-Serge & de Saint-Bacche *Apoftafia*.
33. Philippe de la Chambre, favoyard, évêque de Bologne, prêtre, cardinal du titre de Saint-Martin-aux-Monts, puis de Sainte-Marie au-delà du Tibre, & évêque de Frefcati.　1550.

### Paul III, élu Pape en 1534, mort en 1549.

### Première promotion en 1534.

1. Alexandre Farnèfe, romain, petit-fils du Pape, archevêque d'Avignon & de Montréal, patriarche de Jérufalem, diacre, cardinal du titre de Saint-Ange, évêque d'Oftie, doyen des cardinaux.　1589.
2. Guy-Afcagne Sforce de Santa-Fiore, romain, cardinal du titre de Saint-Vite & de Saint-Modefte, puis de Sainte-Marie *in Cofmedin*, de Saint-Euftache & de Sainte-Marie *in Viâ latâ*, archiprêtre de Sainte-Marie-Majeure.　1564.

### Seconde promotion en 1535.

3. Nicolas de Schomberg, de Mifnie, archevêque de Capoue, prêtre, cardinal du titre de Saint-Sixte.　1537.
4. Jean du Bellai, français, évêque de Paris, prêtre, cardinal du titre de Saint-Vital, puis de Sainte-Cécile & de Saint-Adrien, archevêque de Bordeaux, évêque d'Oftie & doyen des cardinaux.　1560.
5. Jérôme Ghinuccio, fiennois, prêtre, cardinal du titre de Sainte-Balbine, évêque d'Afcoli, de Malte & de Cavaillon.　1541.
6. Jacques Simonetta, milanais, évêque de Pefaco, prêtre, cardinal du titre de Saint-Cyriaque,

puis de Saint-Apollinaire , & évêque de Péroufe.
1539.

7. Jean Fifcher , anglais , évêque de Rochette , prêtre , cardinal du titre de Saint-Vital , fut décapité. 1535.

8. Gafpard Contarini , vénitien , évêque de Belluno , prêtre , cardinal du titre de Sainte-Praxède , évêque de Bologne. 1542.

9. Marin Caraccioli , napolitain , gouverneur du Milanais , diacre , cardinal de Sainte-Marie *in Aquiro*. 1538.

*Troifième promotion en* 1538.

10. Jean-Marie de Monti , romain , archevêque de Siponte , prêtre , cardinal du titre de Saint-Vital , puis de Sainte-Praxède , évêque de Paleftrine & Pape fous le nom de Jules III.

11. Jean-Pierre Caraffe , napolitain , archevêque de Chieti , puis de Naples , prêtre , cardinal du titre de Saint-Clément , du titre de Sainte-Marie au-delà du Tibre , évêque d'Oftie , doyen des cardinaux , & Pape fous le nom de Paul IV.

12. Ennio Philonardi , romain , évêque de Veroli , prêtre , cardinal du titre de Saint-Ange & évêque d'Albano. 1549.

13. Chriftophe Jacobatii , romain , évêque de Caffano , prêtre , cardinal du titre de Sainte-Anaftafie , puis de Saint-Euftache. 1540.

14. Charles-Hémard de Denouville , français , évêque de Mâcon , puis d'Amiens , prêtre , cardinal du titre de Saint-Mathieu. 1540.

15. Jacques Sadolet , modenois , évêque de Carpentras , prêtre , cardinal du titre de Saint-Callifte , puis de Saint-Pierre-ès-Liens. 1547.

16. Rodolphe Pio de Carpi , évêque de Faenza , puis de Gergenti , prêtre , cardinal du titre de Sainte-Prifque , du titre de Saint-Clément & de Sainte-Marie au-delà du Tibre , évêque d'Oftie & doyen du facré collége. 1564.

17. Jérôme-Alexandre de la Mothe , de Forli , archevêque de Brindes , prêtre , cardinal du titre de Saint-Chryfogon. 1542.

18. Regnault Polus , anglais , archevêque de Cantorbery , diacre , cardinal du titre de Saint-Nérée & de Saint-Achillée , puis prêtre du titre de Sainte-Marie *in Cofmedin* & de Sainte-Prifque. 1558.

19. Roderic Borgia , efpagnol , neveu du pape Alexandre VI , diacre , cardinal du titre de Saint-Nicolas *in Carcere* , puis de Saint-Euftache. 1537.

20. Nicolas Cajétan , de Sermonette , parent du pape Boniface VIII , diacre , cardinal du titre de Saint-Nicolas *in Carcere* , puis de Saint-Euftache , & archevêque de Capoue. 1585.

*Quatrième promotion en* 1538.

21. Pierre Sarmiento , efpagnol , archevêque de Compoftelle , prêtre , cardinal du titre des douze Apôtres. 1540.

*Cinquième promotion en* 1538.

22. Jean - Alvarès de Tolède , efpagnol , évêque de Cordoue , puis de Burgos , prêtre , cardinal du titre de Saint-Sixte & de Saint-Clément , archevêque de Compoftelle & évêque d'Albano.
1557.

23. Pierre - Manriquez d'Aguilar , efpagnol , évêque de Cordoue , prêtre , cardinal du titre de Saint-Jean & de Saint-Paul. 1540.

24. Robert de Lenoncourt , français , évêque de Châlons , prêtre , cardinal du titre de Sainte-Anaftafie , puis de Saint-Apollinaire & de Sainte-Cécile , archevêque d'Arles , d'Embrun , de Touloufe , évêque de Metz.

25. David Beton , écoffais , archevêque de Saint-André , évêque de Mirepoix , prêtre , cardinal du titre de Saint-Etienne *in Cœlio monte*. 1546.

26. Hippolyte d'Eft , de Ferrare , adminiftrateur de Milan , Auch , Lyon , Narbonne , Autun , &c. diacre , cardinal du titre de Sainte-Marie *in Aquiro* , puis de Sainte-Marie *in Viâ latâ* , & prêtre , cardinal du titre de Sainte-Anaftafie & de Sainte-Marie-la-Neuve. 1572.

27. Pierre Bembo , vénitien , évêque de Bergame , prêtre , cardinal du titre de Saint-Chryfogon , puis de Saint-Clément.

*Sixième promotion en* 1539.

28. Frédéric Frégofe , génois , archevêque de Salerne , évêque de Gulio , prêtre , cardinal du titre de Saint-Jean & de Saint-Paul.

29. Pierre de la Baume-Montrevel , français , évêque de Genève & archevêque de Befançon , prêtre , cardinal du titre de Saint-Jean & de Saint-Paul. 1544.

30. Antoine Sanguin , de Meudon , français , évêque d'Orléans , puis archevêque de Touloufe , prêtre , cardinal du titre de Sainte-Marie *in Porticu* , puis de celui de Saint-Chryfogon , & grand-aumônier de France. 1559.

31. Hubert Gambara , breffan , évêque de Tortone , prêtre , cardinal du titre de Saint-Sylveftre , puis de Saint-Martin-aux-Monts , de Saint-Apollinaire & de Saint-Chryfogon. 1549.

32. Afcagne Parifano , natif de Tolentin , évêque de Gaëte , puis de Rimini , prêtre , cardinal du titre de Sainte-Pudentiane. 1549.

33. Pierre-Paul Parifio , de Cofence , prêtre , cardinal du titre de Sainte-Balbine & évêque de Nufco. 1545.

34. Marcel Cervin , évêque de Nicaftro , prêtre , cardinal du titre de Sainte-Croix de Jérufalem , puis Pape fous le nom de Marcel II.

35. Barthélemy Guidiccioni , lucquois , évêque de Terni , puis de Luques , prêtre , cardinal du titre de Saint-Céfaire & du titre de Sainte-Prifque , vicaire du Pape , grand-pénitencier. 1549.

36. Denis Laurerio , de Bénévent , général de l'Ordre des Servites , prêtre , cardinal du titre de Saint-Marcel & évêque d'Urbin. 1542.

37. Henri de Borgia de Gandie, espagnol, évêque de Squillace, diacre, cardinal du titre de Saint-Nérée & de Saint-Achillée. 1540.

38. Jacques Savelli, romain, diacre, cardinal du titre de Sainte-Lucie, puis de Saint-Côme & de Saint-Damien, évêque de Nicastro, archevêque de Bénévent, prêtre, cardinal du titre de Sainte-Marie *in Cosmedin*, évêque d'Albano, de Porto, & grand-inquisiteur. 1587.

39. Michel de Sylva, portugais, évêque de Visen, prêtre, cardinal du titre des douze Apôtres, puis de Sainte-Praxède & de Sainte-Marie au-delà du Tibre, & évêque de Massa. 1556.

*Septième promotion en 1542.*

40. Marcel Crescentio, romain, évêque de Marsico, prêtre, cardinal du titre de Saint-Marcel. 1552.

41. Jean-Vincent d'Aquaviva d'Arragon, napolitain, évêque de Melfes, prêtre, cardinal du titre de Saint-Sylvestre & de Saint-Martin-aux-Monts. 1556.

42. Pompone Cœci, romain, évêque de Citta-di-Castello, puis de Sutri, vicaire du Pape, prêtre, cardinal du titre de Saint-Cyriaque. 1542.

43. Robert Pucci, florentin, évêque de Pistoie, prêtre, cardinal du titre des Quatre-Saints couronnés, grand-pénitencier. 1547.

44. Jean Moron, milanais, évêque de Modène, prêtre, cardinal du titre de Saint-Vital, puis Saint-Etienne *in Cœlio monte*, de Saint-Laurent *in Lucinâ* & de Sainte-Marie au-delà du Tibre, évêque de Novarre, président au concile de Trente & évêque d'Ostie, doyen du sacré collége. 1580.

45. Grégoire Cortez ou Cortesio, modenois, abbé du Mont-Cassin, prêtre, cardinal du titre de Saint-Cyriaque, puis évêque d'Urbin. 1548.

46. Thomas Badia, modenois, théologien de l'Ordre des Frères-Prêcheurs, maître du sacré palais, prêtre, cardinal du titre de Saint-Sylvestre au Champ-de-Mars. 1547.

47. Christophe Madruce, évêque de Trente sa patrie, prêtre, cardinal du titre de Saint-Césaire, puis de Saint-Chrysogon & de Sainte-Marie au-delà du Tibre, & évêque de Palestrine. 1578.

*Huitième promotion en 1544.*

48. Gaspard d'Avalos, espagnol, archevêque de Compostelle, prêtre, cardinal. 1545.

49. Georges d'Armagnac, français, archevêque de Touloufe, puis d'Avignon, prêtre, cardinal du titre de Saint-Jean & de Saint-Paul, puis de Saint-Laurent *in Lucinâ* & de Saint-Nicolas *in Carcere*. 1585.

50. François de Mendoza, espagnol, évêque de Coria, prêtre, cardinal du titre de Sainte-Marie *in Arâ cœli*, puis de Saint-Jean-Porte-Latine & de Saint-Eusèbe, évêque de Burgos, gouverneur de Sienne & archevêque de Valence. 1566.

51. Jacques d'Annebaut, français, évêque de Lisieux, prêtre, cardinal du titre de Sainte-Susanne. 1558.

52. Othon, Truchses de Waldpurg, allemand, évêque d'Augsbourg, prêtre, cardinal du titre de Sainte-Balbine, puis de Sainte-Sabine & de Sainte-Marie au-delà du Tibre, évêque d'Albano, de Sabine & de Palestrine. 1572.

53. Barthélemy de la Cueva d'Albuquerque, espagnol, évêque de Cordoue, prêtre, cardinal du titre de Saint-Mathieu, puis de Sainte-Croix de Jérusalem, archevêque d'Avellino & de Siponte, & vice-roi de Naples. 1562.

54. François Sfondrate, natif de Crémone, évêque de Sarno, puis archevêque d'Amalfi, prêtre, cardinal du titre de Sainte-Anastasie & évêque de Crémone. 1550.

55. Frédéric Cœsi, romain, évêque de Todi, prêtre, cardinal du titre de Saint-Pancrace, puis de Sainte-Prisque, évêque de Crémone, de Palestrine, d'Albano & de Porto. 1565.

56. Duranti de Durantibus, italien, évêque d'Algeri, puis de Cassano, prêtre, cardinal du titre des douze Apôtres, & évêque de Bresse. 1558.

57. Nicolas Ardinghelle, florentin, évêque de Fossombrone, prêtre, cardinal du titre de Saint-Apollinaire. 1547.

58. André Cornaro, vénitien, évêque de Bresse, diacre, cardinal du titre de Saint-Théodore, puis archevêque de Spalatro. 1551.

59. Jérôme Capiferi ou Capo-di-Ferro, romain, évêque de Nicée, diacre, cardinal du titre de Saint-Georges *in Velabro*. 1559.

60. Tiberio Crispo, romain, diacre, cardinal du titre de Sainte-Agathe, puis de Sainte-Marie au-delà du Tibre, archevêque d'Amalfi & évêque de Sabine. 1566.

*Neuvième promotion en 1545.*

61. Georges d'Amboise, français, archevêque de Rouen, prêtre, cardinal du titre de Saint-Marcellin & de Saint-Pierre. 1550.

62. Henri de Portugal, archevêque de Lisbonne, prêtre, cardinal du titre des Quatre-Saints couronnés, puis roi de Portugal. 1580.

63. Pierre Pacheco de Villena, espagnol, évêque de Pampelune, puis de Jaen, prêtre, cardinal du titre de Sainte-Balbine, vice-roi de Naples, évêque de Sagonne & d'Albano. 1560.

64. Ranuce Farnèse, archevêque de Naples, diacre, cardinal du titre de Sainte-Lucie, puis prêtre du titre des Saints-Anges & des Quatre-Saints couronnés, grand-pénitencier, patriarche de Constantinople, archevêque de Ravenne, évêque de Sabine & archevêque de Bologne. 1565.

*Dixième promotion en 1547.*

65. Charles de Lorraine-Guise, français, archevêque de Reims, prêtre, cardinal du titre de

Sainte-Cécile, puis de Saint-Apollinaire. 1574.

66. Jules de la Rovère de Montfeltre, d'Urbin, diacre, cardinal du titre de Saint-Pierre-ès-Liens, puis évêque de Vienne, archevêque de Ravenne, évêque de Sabiné & de Paleftrine. 1578.

*Onzième promotion en 1548.*

67. Charles de Bourbon-Vendôme, français, archevêque de Rouen, diacre, cardinal du titre de Saint-Sixte, puis prêtre du titre dè Saint-Chryfogon, & commandeur de l'Ordre du Saint-Efprit. 1590.

*Douzième promotion en 1549.*

68. Jérôme Veralli, romain, évêque de Porto, d'Afcoli, puis de Caferte, & archevêque de Roffano, prêtre, cardinal du titre de Saint-Martin-aux-Monts, & du titre de Saint-Marcel. 1555.

69. Ange de Médicis, milanais, archevêque de Raguse, prêtre, cardinal du titre de Sainte-Pudentiane, puis de Saint-Etienne *in Cœlio monte*, & Pape fous le nom de Pie IV.

70. Philibert Ferrero, de Verceil, évêque d'Ivrée, prêtre, cardinal du titre de Saint-Vital. 1549.

71. Bernardin Maffée, romain, évêque de Maffa, puis archevêque de Chieti, prêtre, cardinal du titre de Saint-Cyriaque. 1553.

*Jules III, élu Pape en 1550, mort en 1555.*

*Première promotion en 1550.*

1. Innocent de Monti, diacre, cardinal du titre de Saint-Onuphre, puis de Sainte-Marie *in Porticu*, & de Sainte-Marie-la-Neuve. 1557.

*Seconde promotion en 1551.*

2. Georges Martinufius, hongrois, évêque de Varadin, puis archevêque de Strigonie, cardinal. 1551.

*Troifième promotion en 1551.*

3. Chriftophe de Monti, parent du Pape, évêque de Cagli, & patriarche d'Alexandrie, prêtre, cardinal du titre de Sainte-Praxède. 1564.

4. Fulvio de Corgne ou de la Corgnia, neveu du Pape, évêque de Péroufe, prêtre, cardinal du titre de Sainte-Marie *in Viâ latâ*, puis de Saint-Etienne *in Cœlio monte*, évêque de Porto. 1583.

5. Jean-Michel Sarracena, napolitain, archevêque d'Acerènfa, prêtre, cardinal du titre de Sainte-Marie *in Arâ cœli*, puis de Sainte-Anaftafie, de Sainte-Agathe, de Sainte-Marie au-delà dù Tibre, & évêque de Sabine. 1568.

6. Jean Ricci Politian, tofcan, archevêque de Manfredonia, prêtre, cardinal du titre de Saint-Vital, puis du titre de Saint-Ange, de Sainte-Marie au-delà du Tibre, premier évêque de

Monte-Pulciano, archevêque de Pife, & évêque d'Albano. 1574.

7. Jacques du Puy, de Nice, archevêque de Bari, prêtre, cardinal du titre de Saint-Siméon, puis de Sainte-Marie *in Viâ latâ*, & légat au concile de Trente. 1563.

8. Alexandre Campéggi, bolonais, évêque de Bologne, prêtre, cardinal du titre de Sainte-Lucie, & vice-légat d'Avignon. 1554.

9. Jean-André Mercurio, de Meffine, archevêque de Manfredonia, puis de Meffine, prêtre, cardinal du titre de Sainte-Barbe, puis de Saint-Cyriaque, & des SS. Quirice & Julitte. 1561.

10. Pierre Bertan, modenois, théologien, de l'Ordre des Frères-Prêcheurs, évêque de Fano, prêtre, cardinal du titre de Saint-Pierre & de Saint-Marcellin. 1558.

11. Sébaftien Pighini, de Reggio, évêque d'Alifa, puis de Ferentino, & archevêque de Manfredonia, prêtre du titre de Saint-Callifte. 1553.

12. Fabio Mignanelli, fiennois, évêque de Lucera, prêtre, cardinal du titre de Saint-Sylveftre, & préfet de la fignature de juftice. 1557.

13. Jean Pogge, bolonais, évêque de Tropta, puis d'Ancône, prêtre, cardinal du titre de Sainte-Anaftafie. 1556.

14. Jean-Baptifte Cicada, génois, prêtre, cardinal du titre de Saint-Clément, puis de Sainte-Agathe, & évêque de Sabine. 1570.

15. Jérôme d'Audini, de Cefène, évêque de Caffano, puis d'Imola, prêtre, cardinal du titre de Saint-Mathieu, puis de Saint-Marcel. 1559.

16. Louis Cornaro, vénitien, chevalier de l'Ordre de Saint-Jean de Jérufalem, grand-prieur de Chypre, diacre, cardinal du titre de Saint-Théodore, puis prêtre du titre de Saint-Marc, & archevêque de Trani. 1584.

*Quatrième promotion en 1553.*

17. Pierre de Taliaviā d'Arragon, ficilien, archevêque de Palerme, prêtre, cardinal du titre de Saint-Callifte. 1558.

18. Robert Nobili, petit-neveu du Pape, diacre, cardinal du titre de Sainte-Marie *in Cofmedin*. 1559.

19. Louis de Lorraine-Guife, français, archevêque de Sens, évêque de Metz, diacre, cardinal, puis prêtre du titre de Saint-Thomas. 1578.

20. Jérôme Simonelli, d'Orviette, petit-neveu du Pape, diacre, cardinal du titre de Saint-Côme & de Saint-Damien, puis de Sainte-Prifque, & prêtre du titre de Sainte-Marie au-delà du Tibre, & évêque d'Orviette & de Porto. 1605.

*Marcel II, élu Pape en 1555, mort la même année.*

*Paul IV, élu Pape en 1555, mort en 1559.*

*Première promotion en 1555.*

1. Charles Caraffe, napolitain, neveu du Pape,

évêque de Cominges , diacre , cardinal du titre de Saint-Vite & de Saint-Modeste , étranglé en prison. 1561.

### Seconde promotion en 1555.

2. Jean Guijeno , surnommé Siliceo , espagnol , précepteur de Philippe II , roi d'Espagne , archevêque de Tolède , prêtre , cardinal du titre de Saint-Nérée & de Saint-Achillée. 1557.

3. Jean-Bernardin Scoti , de Sabine , clerc régulier de l'Ordre des Théatins , archevêque de Trani , prêtre , cardinal du titre de Saint-Mathieu , évêque de Plaisance , & inquisiteur de la Foi. 1568.

4. Diomède Caraffe , napolitain , archevêque d'Ariano , prêtre , cardinal du titre de Saint-Sylvestre & de Saint-Martin-aux-Monts. 1560.

5. Scipion Rebiba , sicilien , prêtre , cardinal du titre de Sainte-Pudentiane , archevêque de Pise , Patriarche de Constantinople , & évêque de Sabine. 1577.

6. Jean Suavius , français , évêque de Mirepoix , prêtre , cardinal du titre de Saint-Jean-Porte-Latine , puis de Sainte-Prisque , & préfet de la signature de justice. 1566.

7. Jean Gropper , allemand , prévôt de l'église de Cologne , prêtre , cardinal du titre de Sainte-Lucie. 1558.

8. Jean-Antoine Capissucchi , romain , prêtre , cardinal du titre de Saint-Pancrace , puis de Sainte-Croix de Jérusalem & de Saint-Clément , évêque de Landau. 1569.

### Troisième promotion en 1557.

9. Thadée Gaddi , florentin , archevêque de Cozence , prêtre , cardinal du titre de Saint-Sylvestre. 1561.

10. Antoine Trivulce , milanais , évêque de Toulon , prêtre , cardinal du titre de Saint-Jean & de Saint-Paul. 1559.

11. Laurent Strozzi , florentin , évêque de Béziers , puis d'Albi , & archevêque d'Aix , prêtre , cardinal du titre de Sainte-Balbine. 1571.

12. Virgile Rosario , natif de Spolète , évêque d'Ischia , prêtre , cardinal du titre de Saint-Siméon , & vicaire du Pape. 1559.

13. Jean Bertrand , français , archevêque de Sens , & garde-des-sceaux de France , prêtre , cardinal du titre de Sainte-Prisque. 1560.

14. Michel Ghisleri , lombard , évêque de Sutri , prêtre , cardinal du titre de Sainte-Marie-sur-la-Minerve , puis de Sainte-Sabine , & Pape sous le nom de Pie V.

15. Clément Dolera , génois , général de l'Ordre des Frères-Mineurs de l'Observance en Espagne , prêtre , cardinal du titre de Sainte-Marie in Arâ cœli , & évêque de Foligny. 1568.

16. Alphonse Caraffe , napolitain , neveu du Pape , diacre , cardinal du titre de Saint-Jean & de Saint-Paul , puis de Saint-Nicolas , & archevêque de Naples. 1565.

17. Vitelocci Vitelli , italien , évêque de Citta di Castello , diacre , cardinal du titre de Saint-Serge & de Saint-Bacche , puis de Sainte-Marie in Porticu , & de Sainte-Marie in Viâ latâ , & évêque d'Imola. 1568.

18. Jean-Baptiste Ghisleri , romain , diacre , cardinal du titre de Sainte-Lucie , puis de Saint-Nicolas in Carcere. 1559.

### Quatrième promotion en 1557.

19. Guillaume de Petow , anglais , évêque de Salisbury , prêtre , cardinal du titre de Saint..... 1558.

## Pie IV , élu Pape en 1560 , mort en 1565.

### Première promotion en 1560.

1. Antoine Serbelloni , milanais , évêque de Foligni , prêtre , cardinal du titre de Saint-Georges in Velabro , puis de Sainte-Marie-aux-Thermes , de Saint-Pierre-ès-Liens & de Saint-Ange , évêque de Novarre & d'Ostie , doyen des cardinaux. 1591.

2. Jean de Médicis , florentin , diacre , cardinal du titre de Sainte-Marie in Dominicâ , & nommé à l'archevêché de Pise. 1562.

3. Saint Charles Borromée , milanais , neveu du Pape , diacre , cardinal du titre de Saint-Vite & de Saint-Modeste , puis de Saint-Martin-aux-Monts , prêtre du titre de Sainte-Praxède , archevêque de Milan , grand-pénitencier & archiprêtre de Sainte-Marie-Majeure. 1584.

### Seconde promotion en 1561.

4. Jérôme Seripaud , napolitain , général de l'Ordre des Hermites de Saint-Augustin , archevêque de Salerne , prêtre , cardinal du titre de Sainte-Susanne , & légat au concile de Trente. 1563.

5. Bernard Salviati , florentin , grand-prieur de Rome , grand-aumônier de Catherine de Médicis , reine de France , évêque de Clermont , prêtre , cardinal du titre de Saint-Siméon , puis de Sainte-Prisque. 1568.

6. Stanislas Hosius , polonais , évêque de Culen , puis de Varmie , prêtre , cardinal du titre de Sainte-Sabine , de Saint-Laurent in Pernâ , de Saint-Pancrace , de Saint-Clément & de Sainte-Marie au delà du Tibre , légat au concile de Trente , & grand-pénitencier. 1579.

7. Pierre-François Ferrero , piémontais , évêque de Verceil , prêtre , cardinal du titre de Saint-Césaire , puis de Sainte-Agnès & de Sainte-Anastasie. 1566.

8. Louis Simonette , milanais , évêque de Pesaro , prêtre , cardinal du titre de Saint-Cyriaque , puis de Sainte-Anastasie. 1568.

9. Antoine Perrenot de Granvelle , de Franche-Comté , évêque d'Arras , puis archevêque de Malines & de Besançon , prêtre , cardinal du titre

de

de Saint-Barthélemy-en-l'Isle & de Saint-Sylveſtre,
& évêque de Sabine. 1586.

10. Philibert Babou de la Bourdaiſière, français, évêque d'Auxerre & d'Angoulême, prêtre,
cardinal du titre de Saint-Sixte, de Saint-Martin-
aux-Monts & de Sainte-Anaſtaſie. 1570.

11. Marc-Antoine Amulio, vénitien, diacre,
puis prêtre, cardinal du titre de Saint-Marcel,
évêque de Riéti. 1570.

12. Louis d'Eſt, de Ferrare, évêque de Ferrare,
puis archevêque d'Auch, diacre, cardinal du titre
de Saint-Nérée & de Saint-Achillée, puis de
Sainte-Lucie, de Saint-Ange & de Sainte-Marie
in Viâ latâ. 1586.

13. Louis Madruce, allemand, évêque de
Trente & de Breſſe, diacre, cardinal du titre de
Saint-Calliſte, puis de Saint-Onuphre, prêtre du
titre de Sainte-Anaſtaſie & de Saint-Laurent in
Lucinâ, & évêque de Freſcati. 1600.

14. Marc Altaemps, neveu du Pape, évêque de
Caſſano, diacre, cardinal du titre de Saint-Ange,
puis prêtre du titre des douze Apôtres, de Saint-
Clément & de Sainte-Marie au-delà du Tibre,
évêque de Conſtance, & archiprêtre de Saint-
Jean-de-Latran. 1595.

15. François de Gonzague, diacre, cardinal
du titre de Saint-Nicolas, puis prêtre du titre de
Saint-Laurent in Lucinâ, & archevêque de Conza.
1566.

16. Inigo d'Avalos d'Arragon, napolitain, diacre, cardinal du titre de Sainte-Lucie, puis prêtre
du titre de Saint-Adrien, de Saint-Laurent in Lucinâ, & évêque de Porto. 1600.

17. Alphonſe Geſualdo, napolitain, diacre, cardinal du titre de Sainte-Cécile, archevêque de
Conza, puis de Naples, & évêque d'Oſtie, &
doyen des cardinaux. 1603.

18. François Pacheco, eſpagnol, prêtre, cardinal du titre de Sainte-Suſanne, puis de Sainte-
Pudentiane, & archevêque de Burgos. 1579.

19. Jean-François Gambara, breſſan, prêtre,
cardinal du titre de Saint-Pierre & de Saint-Marcellin, puis de Sainte-Pudentiane, de Sainte-
Anaſtaſie & de Sainte-Marie au-delà du Tibre,
évêque de Viterbe, d'Albano & de Paleſtrine.
1587.

20. Bernard Navagero, vénitien, prêtre, cardinal du titre de Saint-Pancrace, puis de Saint-
Nicolas & de Sainte-Suſanne, & évêque de Véronne. 1565.

21. Jérôme de Corregio, italien, prêtre, cardinal du titre de Saint-Etienne in Cœlio monte,
puis du titre de Sainte-Anaſtaſie, & archevêque
de Tarente. 1572.

### Troiſième promotion en 1563.

22. Frédéric de Gonzague-Mantoue, prêtre,
cardinal du titre de Sainte-Marie-la-Neuve, &
évêque de Mantoue. 1565.

23. Ferdinand de Médicis, diacre, cardinal du
Hiſtoire. Tome VI. Supplément.

titre de Sainte-Marie in Dominicâ, puis de Saint-
Euſtache & de Sainte-Marie in Viâ latâ, ſe démit
de la pourpre en 1588, fut grand-duc de Toſcane,
& épouſa Catherine de Lorraine. 1608.

### Quatrième promotion en 1565.

24. Annibal Bozzuti, napolitain, archevêque
d'Avignon, prêtre du titre de Saint-Sylveſtre.
1565.

25. Marc-Antoine Colonne, romain, prêtre,
cardinal du titre des douze Apôtres, de Saint-
Pierre-ès-Liens & de Saint-Laurent, archevêque
de Tarente & de Salerne, & évêque de Paleſtrine. 1597.

26. Ptolomée Gallio, napolitain, évêque de
Martorano, puis archevêque de Siponte, prêtre,
cardinal du titre de Saint-Théodore & du titre de
Sainte-Agathe, & évêque d'Oſtie, doyen des cardinaux. 1607.

27. Ange Nicolini, florentin, archevêque de
Piſe, prêtre, cardinal du titre de Saint-Calliſte.
1567.

28. Louis Piſani, vénitien, évêque de Padoue,
prêtre, cardinal du titre de Saint-Vital. 1570.

29. Proſper de Sainte-Croix, romain, prêtre,
cardinal du titre de Saint-Jérôme, puis de Sainte-
Marie-aux-Thermes, de Saint-Adrien & de Saint-
Clément, archevêque d'Arles & évêque d'Albano. 1589.

30. Zacharie Delfini, vénitien, évêque de Faro,
puis de Javarin, cardinal du titre de Sainte-Marie
in Aquiro & de Sainte-Anaſtaſie. 1583.

31. Marc-Antoine Bobba, de Caſal, évêque
d'Aouſte, prêtre, cardinal du titre de Saint-Sylveſtre, puis de Saint-Marcel. 1575.

32. Hugues Boncompagnon, bolonais, prêtre,
cardinal du titre de Saint-Sixte, puis Pape ſous le
nom de Grégoire XIII.

33. Alexandre Sforce, neveu du pape Paul III,
évêque de Parme, prêtre, cardinal du titre de
Sainte-Marie in Viâ latâ, & archiprêtre de Sainte-
Marie-Majeure. 1581.

34. Simon Paſqua, génois, prêtre, cardinal du
titre de Sainte-Sabine. 1565.

35. Charles Viſconti, milanais, évêque de Vintimille, puis de Ferrentino, prêtre, cardinal du
titre de Saint-Vite & de Saint-Modeſte. 1565.

36. François de Caſtillon, milanais, évêque de
Bobio, prêtre, cardinal du titre de Saint-Nicolas.
1568.

37. Guy Ferrero, de Verceil, évêque de Verceil, prêtre, cardinal du titre de Sainte-Euphémie,
puis de Saint-Vite & de Saint-Modeſte. 1585.

38. Antoine de Créqui, français, évêque d'A-
miens, prêtre, cardinal du titre de Saint-Triphon.
1574.

39. Alexandre Cribelli, milanais, évêque de
Cariati, prêtre, cardinal du titre de Saint-Jean-
Porte-Latine, puis de Sainte-Marie in Arâ cœli.
1574.

40. Jean-François Commendon, vénitien, évêque d'Atri, puis de Zante, prêtre, cardinal du titre de Saint-Cyriaque, de Sainte-Marie-aux-Thermes & de Saint-Marc. 1584.

41. Benoît Lomellini, génois, évêque de Vintimille, puis d'Agnani, cardinal du titre de Sainte-Marie *in Aquiro* & de Sainte-Sabine. 1579.

42. François des Ursins, romain, évêque de San-Severo, puis de Murano, & archevêque de Cosence, prêtre, cardinal du titre de Saint-Pierre & de Saint-Marcellin, & légat en France. 1581.

43. François d'Alciat, milanais, diacre, cardinal du titre de Sainte-Marie *in Porticu*, puis de Sainte-Susanne, & prêtre du titre de Sainte-Lucie. 1580.

44. Guillaume Sirlet, calabrois, diacre, puis prêtre, cardinal du titre de Saint-Laurent *in Pernâ*, évêque de San-Marco & de Squillace. 1585.

45. Gabriel Paleota, bolonais, diacre, cardinal du titre de Saint-Nérée & de Saint-Achillée, puis de Saint-Jean & de Saint-Paul, prêtre du titre de Saint-Martin-aux-Monts, premier archevêque de Bologne, & évêque de Sabine. 1597.

46. François Crasso, milanais, diacre, cardinal du titre de Sainte-Lucie, puis prêtre du titre de Sainte-Cécile. 1566.

### Pie V, élu Pape en 1566, mort en 1572.

#### Première promotion en 1566.

1. Michel Bonelli, neveu du Pape, grand-prieur de Rome, prêtre, cardinal du titre de Saint-Laurent, légat en France & en Espagne, & évêque d'Albano. 1598.

#### Seconde promotion en 1568.

2. Diègue Spinola, espagnol, président du conseil de Castille, & évêque de Siguença, prêtre, cardinal du titre de Saint-Etienne *in Cælio monte*. 1592.

3. Hiérôme Souchier, français, abbé de Cîteaux, prêtre, cardinal du titre de Saint-Mathieu. 1571.

4. Jean-Paul *ab Ecclesiâ*, natif de Tortone, diacre, puis prêtre, cardinal du titre de Saint-Pancrace, & préfet de la signature de justice. 1575.

5. Antoine Caraffe, napolitain, diacre, puis prêtre, cardinal du titre de Saint-Eusèbe, & du titre de Saint-Jean & de Saint-Paul. 1591.

#### Troisième promotion en 1570.

6. Marc-Antoine Maffée, romain, archevêque de Chieti, prêtre, cardinal du titre de Saint-Caliste. 1583.

7. Gaspard de Zuniga, espagnol, évêque de Ségovie, puis archevêque de Séville, prêtre, cardinal du titre de Sainte-Barbe. 1571.

8. Gaspard Cervantes, espagnol, archevêque de Messine, puis de Salerne & de Tarragone,

prêtre, cardinal du titre de Saint-Martin-aux-Monts. 1575.

9. Nicolas de Pellevé, français, archevêque de Sens, puis de Reims, prêtre, cardinal du titre de Saint-Jean & de Saint-Paul, & du titre de Sainte-Praxède. 1594.

10. Jules-Antoine Santorio, de Caserte, archevêque de San-Severino, prêtre, cardinal du titre de Sainte-Barbe, grand-pénitencier & évêque de Palestrine. 1602.

11. Pierre Donati Laesi, romain, évêque de Narni, prêtre, cardinal du titre de Sainte-Vestine. 1586.

12. Charles de Grassis, bolonais, gouverneur de Rome, prêtre, cardinal du titre de Sainte-Euphémie. 1571.

13. Charles d'Angennes, de Rambouillet, français, évêque du Mans, prêtre, cardinal du titre de Sainte-Euphémie. 1587.

14. Archange de Bianchi, italien, théologien, de l'Ordre des Frères-Prêcheurs, évêque de Ceano, prêtre, cardinal du titre de Saint-Césaire. 1580.

15. Félix Peretti, italien, général de l'Ordre de Saint-François, puis évêque de Sainte-Agathe & de Fermo, prêtre, cardinal du titre de Saint-Jérôme, & Pape sous le nom de Sixte V.

16. Paul Aretius, italien, évêque de Plaisance, puis archevêque de Naples, prêtre, cardinal du titre de Sainte-Pudentiane. 1578.

17. Jean Aldobrandin, italien, frère du pape Clément VIII, évêque d'Imola, prêtre, cardinal du titre de Saint-Siméon, & grand-pénitencier. 1573.

18. Vincent Justiniani, génois, général de l'Ordre des Frères-Prêcheurs, cardinal du titre de Saint-Nicolas, puis de Sainte-Sabine. 1582.

19. Jérôme Rusticucci, italien, secrétaire du pape Pie V, prêtre, cardinal du titre de Sainte-Susanne, évêque de Sinigaglia, vicaire du Pape & évêque d'Albano. 1603.

20. Jules d'Aquaviva d'Arragon, des ducs d'Atri, diacre, cardinal du titre de Saint-Théodore. 1574.

21. Jean-Jérôme Albani, de Bergame, prêtre, cardinal du titre de Saint-Jean-Porte-Latine. 1591.

### Grégoire XIII, élu Pape en 1572, mort en 1584.

#### Première promotion en 1572.

1. Philippe Boncompagnon, bolonais, neveu du Pape, prêtre, cardinal du titre de Saint-Sixte, & grand-pénitencier. 1586.

#### Seconde promotion en 1572.

2. Philippe Guastavillani, bolonais, neveu du Pape, diacre, cardinal du titre de Sainte-Marie-la-Neuve, puis de Sainte-Marie *in Cosmedin*, camerlingue de la Sainte-Eglise. 1587.

*Troisième promotion en 1576.*

3. André, archiduc d'Autriche, diacre, cardinal du titre de Sainte-Marie-la-Neuve, & évêque de Constance. 1600.

*Quatrième promotion en 1577.*

4. Albert, archiduc d'Autriche, diacre, cardinal, puis prêtre du titre de Sainte-Croix de Jérusalem, archevêque de Tolède, se démit du chapeau en 1598, fut gouverneur des Pays-Bas, & se maria. 1621.

*Cinquième promotion en 1578.*

5. Alexandre Riario, bolonais, patriarche d'Alexandrie, prêtre, cardinal du titre de Sainte-Marie *in Arâ cœli*. 1585.
6. Claude de la Baume, bourguignon, archevêque de Besançon, prêtre, cardinal du titre de Sainte-Pudentiane. 1584.
7. Louis de Lorraine-Guise, français, archevêque de Reims, prêtre, cardinal du titre de Saint.... commandeur de l'Ordre du Saint-Esprit, fut tué à Blois pendant la tenue des Etats. 1588.
8. Gérard de Groësbeck, natif de Gueldre, évêque & prince de Liége, prêtre, cardinal. 1579.
9. René de Birague, milanais, chancelier de France, évêque de Lavaur, commandeur de l'Ordre du Saint-Esprit, cardinal. 1583.
10. Pierre de Deza, espagnol, prêtre, cardinal du titre de Sainte-Prisque, puis Saint-Laurent *in Lucinâ*, & évêque d'Albano. 1600.
11. Ferdinand de Tolède Oropésa, espagnol, nommé cardinal, refusa cette dignité, & se retira chez les Jésuites.
12. Charles de Lorraine-Vaudemont, français, évêque de Toul, commandeur de l'Ordre du Saint-Esprit, diacre, cardinal du titre de Sainte-Marie *in Dominicâ*. 1587.
13. Jean-Vincent de Gonzague, chevalier de l'Ordre de Saint-Jean de Jérusalem, diacre, cardinal du titre de Saint-Georges, puis de Sainte-Marie *in Cosmedin*, & prêtre du titre de Saint-Alexis. 1591.

*Sixième promotion en 1578.*

14. Gaspard Quiroga, espagnol, évêque de Cuença, puis archevêque de Tolède, grand-chancelier de Castille, & grand-inquisiteur, prêtre, cardinal du titre de Sainte-Balbine. 1594.

*Septième promotion en 1583.*

15. Jean-Antoine Facchinetti, bolonais, évêque de Nicastro, Patriarche de Jérusalem, prêtre, cardinal du titre des Quatre-Saints couronnés, puis Pape sous le nom d'Innocent IX.
16. Jean-Baptiste Castaneo, romain, archevêque de Rossano, prêtre, cardinal du titre de Saint-Marcel, puis Pape sous le nom d'Urbain VII.

17. Alexandre de Médicis, évêque de Pistoie, puis archevêque de Florence, prêtre, cardinal du titre de Saint-Jean & de Saint-Paul, légat en France, & Pape sous le nom de Léon XI.
18. Rodrigue de Castro de Lemos, espagnol, évêque de Zamora, puis de Cuença, & archevêque de Séville, prêtre, cardinal du titre des douze Apôtres. 1600.
19. Charles de Bourbon-Vendôme, français, archevêque de Rouen, commandeur de l'Ordre du Saint-Esprit, cardinal. 1594.
20. Michel de la Tour-Valfassine, natif d'Udine, évêque de Ceneda, nonce en France & cardinal. 1686.
21. Jules Canani, ferrarois, évêque d'Atri, puis de Modène, prêtre, cardinal du titre de Saint-Eusèbe, puis de Sainte-Anastasie. 1592.
22. Nicolas Sfondrate, milanais, évêque de Crémone, prêtre, cardinal du titre de Sainte-Cécile, puis Pape sous le nom de Grégoire XIV.
23. Antoine-Marie Salviati, romain, évêque de Saint-Papoul, nonce en France, prêtre, cardinal du titre de Sainte-Marie *in Aquiro*. 1602.
24. François de Joyeuse, français, archevêque de Narbonne, puis de Toulouse & de Rouen, prêtre, cardinal du titre de Saint-Sylvestre & de Saint-Martin-aux-Monts & de la Trinité-du-Mont, & évêque d'Ostie, doyen des cardinaux. 1615.
25. Augustin Valerio, vénitien, évêque de Vérone, prêtre, cardinal du titre de Saint-Marc. 1606.
26. Vincent Lamia ou Lamo, calabrois, évêque de Mondovi, prêtre, cardinal du titre de Sainte-Marie *in Viâ latâ*. 1592.
27. Philippe Spinola, génois, évêque de Nole, prêtre, cardinal du titre de Sainte-Sabine. 1593.
28. Albert Bolognetti, bolonais, évêque de Massa, prêtre, cardinal du titre de Saint.... 1585.
29. Mathieu Conniterel, dataire du Pape, prêtre, cardinal du titre de Saint-Etienne *in Cælio monte*. 1585.
30. Georges de Radzevill, polonais, coadjuteur de Vilna, prêtre, cardinal du titre de Saint-Sixte & évêque de Cracovie. 1600.
31. Scipion Lancelotti, romain, prêtre, cardinal du titre de Saint-Siméon. 1598.
32. Simon Taviglia d'Arragon de Terranova, sicilien, diacre, cardinal du titre de Sainte-Marie-aux-Thermes, puis de Sainte-Anastasie, de Saint-Jérôme & de Sainte-Praxède. 1604.
33. François Sforce de Sainte-Flore, romain, diacre, cardinal du titre de Saint-Georges *in Velabro*, puis de Saint-Nicolas *in Carcere* & de Sainte-Marie *in Viâ latâ*, & évêque de Porto. 1624.

*Huitième promotion en 1584.*

34. André Battori, transilvain, diacre, cardinal du titre de Saint-Adrien, puis de Saint-Ange, & évêque de Varnie. 1599.

*Sixte V, élu Pape en 1585, mort en 1590.*

### Première promotion en 1585.

1. Alexandre Peretti, romain, petit-neveu du Pape, diacre, cardinal du titre de Saint-Jérôme, puis de Saint-Laurent *in Damaso*, & vice-chancelier de l'Eglise romaine. 1623.

### Seconde promotion en 1585.

2. Henri-Cajétan, romain, patriarche d'Alexandrie, prêtre, cardinal du titre de Sainte-Pudentiane, légat de Bologne & camerlingue de la Sainte-Eglise. 1599.

3. Georges Drafcovitz, hongrois, évêque de Cinq-Eglises, puis archevêque de Coloeza, prêtre, cardinal. 1585.

4. Jean-Baptiste Castrucci, lucquois, archevêque de Chieti, prêtre, cardinal du titre de Sainte-Marie *in Arâ cœli*, puis de Saint-Jean & de Saint-Paul. 1595.

5. Frédéric Cornelio, vénitien, grand-prieur de Chypre, évêque de Tran en Dalmatie, puis de Bergame & de Padoue, prêtre, cardinal du titre de Saint-Etienne. 1590.

6. Dominique Pinelli, génois, évêque de Ferneo, prêtre, cardinal du titre de Saint-Laurent *in Pernâ*, puis de Saint-Chryfogon & de Sainte-Marie au-delà du Tibre, archiprêtre de Sainte-Marie-Majeure & évêque d'Oftie, doyen du sacré collége. 1611.

7. Hippolyte de Rubeis, parmefan, évêque de Pavie, prêtre, cardinal du titre de Sainte-Marie *in Porticu*, puis de Saint-Blaife. 1591.

8. Decius Azolini, pifan, évêque de Cervia, prêtre, cardinal du titre de Saint-Mathieu & archiprêtre de Sainte-Marie *ad Præfepe*. 1587.

9. Hippolyte Aldobrandin, florentin, prêtre, cardinal du titre de Saint-Pancrace, grand-pénitencier & légat en Pologne, puis Pape fous le nom de Clément VIII.

### Troifième promotion en 1586.

10. Jérôme de la Rovère, piémontais, archevêque de Turin, prêtre, cardinal du titre de Saint-Pierre-ès-Liens. 1592.

11. Philippe de Lenoncourt, français, évêque de Châlons, puis d'Auxerre, & archevêque de Reims, commandeur de l'Ordre du Saint-Efprit, prêtre, cardinal du titre de Saint-Onuphre. 1591.

12. Jérôme Bernier, lombard, théologien de l'Ordre des Frères-Prêcheurs, évêque d'Afcoli, prêtre, cardinal du titre de Saint-Thomas, puis de Sainte-Marie-fur-la-Minerve & de Saint-Laurent *in Lucinâ*, & évêque de Porto. 1611.

13. Antoine-Marie Gallio, pifan, évêque de Péroufe, puis d'Ofimo, prêtre, cardinal du titre de Sainte-Agnès & du titre de Sainte-Praxède, & évêque d'Oftie, doyen des cardinaux. 1620.

14. Conftantin Bucafori, de Sarno, théologien de l'Ordre des Frères-Mineurs conventuels, prêtre, cardinal du titre de Saint-Vital & évêque de Verceil. 1596.

15. Jérôme Mathei, romain, diacre, cardinal du titre de Saint-Adrien, puis prêtre du titre de Saint-Pancrace. 1603.

16. Benoît Juftiniani, génois, diacre, cardinal du titre de Saint-Georges *in Velabro*, puis évêque de Porto. 1621.

17. Afcagne Colonne, romain, diacre, cardinal du titre de Sainte-Marie *in Cofmedin*, puis de Saint-Nicolas *in Carcere*, & prêtre du titre de Sainte-Pudentiane & de Sainte-Croix-de-Jérufalem. 1608.

### Quatrième promotion en 1587.

18. Guillaume Alain, anglais, prêtre, cardinal du titre de Saint-Martin-aux-Monts. 1594.

### Cinquième promotion en 1587.

19. Scipion de Gonzague-Mantoue, patriarche de Jérufalem, prêtre, cardinal du titre de Sainte-Marie *de Populo*. 1593.

20. Antoine Sauli, génois, archevêque de Gênes, prêtre, cardinal du titre de Saint-Vital & évêque d'Oftie, doyen des cardinaux. 1623.

21. Jean l'évangélifte Palotti, italien, archevêque de Cofence, prêtre, cardinal du titre de Saint-Mathieu, puis de Saint-Laurent *in Lucinâ*, & évêque de Porto. 1620.

22. Pierre de Gondi, français, évêque de Langres, puis de Paris, commandeur de l'Ordre du Saint-Efprit, prêtre, cardinal du titre de Saint-Sylveftre. 1616.

23. Etienne Bommeci, tofcan, évêque d'Alatri, puis d'Arezzo, prêtre, cardinal du titre de Saint-Pierre & de Saint-Marcellin. 1589.

24. Jean de Mendoza, efpagnol, prêtre, cardinal du titre de Sainte-Marie au-delà du Tibre. 1592.

25. Hugues de Loubens de Verdale, français, grand-maître de l'Ordre de Saint-Jean de Jérufalem, diacre, cardinal du titre de Sainte-Marie *in Porticu*. 1595.

26. Frédéric Borromée, milanais, archevêque de Milan, diacre, cardinal du titre de Saint-Côme & de Saint-Damien, puis de Saint-Nicolas *in Carcere*, & prêtre du titre de Sainte-Marie-des-Anges. 1632.

### Sixième promotion en 1588.

27. François Morofini, vénitien, évêque de Breffe, prêtre, cardinal du titre de Saint-Nérée & de Saint-Achillée. 1596.

### Septième promotion en 1588.

28. Auguftin Cufani, milanais, diacre, cardinal du titre de Saint-Adrien, puis prêtre du titre de Saint-Laurent *in Pane*. 1598.

29. François-Marie dès marquis du Mont-Sainte-Marie, vénitien, prêtre, cardinal du titre de Sainte-Marie *in Arâ cœli*, puis de Sainte-Marie au-delà du

Tibre, évêque de Paleſtrine, de Porto & d'Oſtie, doyen du ſacré collége. 1626.

### Huitième promotion en 1589.

30. Marian Perbénédiâi, piſan, évêque dé Martorano, prêtre, cardinal du titre de Saint-Pierre & de Saint-Marcellin, & évêque de Freſcati. 1611.

31. Grégoire Petrochi, piſan, général de l'Ordre des Auguſtins, prêtre, cardinal du titre de Saint-Auguſtin, puis de Sainte-Marie au-delà du Tibre, & évêque de Paleſtrine. 1612.

32. Charles de Lorraine, évêque de Metz, de Strasbourg, diacre, cardinal du titre de Sainte-Agathe. 1607.

33. Guy Pepoli, bolonais, diacre, cardinal du titre de Saint-Côme & de Saint-Damien, puis de Saint-Euſtache, & prêtre du titre de Saint-Pierre-au-Mont-d'Or. 1609.

### Urbain VII, élu Pape en 1590, mort douze jours après ſon élection.

### Grégoire XIV, élu Pape en 1590, mort en 1591.

### Première promotion en 1590.

1. Paul-Emilie Sfondrate, milanais, neveu du Pape, évêque de Crémone, prêtre, cardinal du titre de Sainte-Cécile, & évêque d'Albano. 1618.

### Seconde promotion en 1591.

2. Oâave Paravicini, romain, prêtre, cardinal du titre de Saint-Alexis. 1611.

3. Odoard Farnèſe-Parme, diacre, cardinal du titre de Saint-Euſtache, puis évêque de Freſcati. 1626.

4. Oâave Aquaviva d'Arragon, napolitain, archevêque de Naples, diacre, cardinal du titre de Saint-Georges in Velabro, puis prêtre du titre de Sainte-Marie de Populo. 1612.

5. Flaminio Plati, milanais, diacre, cardinal du titre de Sainte-Marie in Dominicâ, puis de Saint-Côme & de Saint-Damien, prêtre du titre de Saint-Clément & de Saint-Onuphre, & de Sainte-Marie-de-la-Paix. 1611.

### Innocent IX, élu Pape en 1591, mort la même année.

### Promotion en 1591.

1. Philippe Séga, bolonais, évêque de Plaiſance, diacre, cardinal du titre de Saint-Onuphre, & légat en France. 1596.

2. Antoine Facchionetti, bolonais, petit-neveu du Pape, diacre, cardinal du titre des Quatre-Saints couronnés. 1606.

### Clément VIII, élu Pape en 1592, mort en 1605.

### Première promotion en 1593.

1. Luce Saxo, napolitain, évêque de Ripa-Trauſone, prêtre, cardinal du titre de Saint-Quirice & de Sainte-Julitte. 1604.

2. François Tolet, eſpagnol, jéſuite, prêtre, cardinal du titre de Sainte-Marie au-delà du Tibre. 1596.

3. Pierre Aldobrandin, neveu du Pape, diacre, cardinal du titre de Saint-Nicolas in Carcere, puis préfet de la ſignature de juſtice, camerlingue de la Sainte-Egliſe, archevêque de Ravenne & évêque de Sabine. 1621.

4. Cinthio Aldobrandin, neveu du Pape, diacre, cardinal du titre de Saint-Georges, puis de Saint-Pierre-ès-Liens. 1610.

### Seconde promotion en 1596.

5. Silvio Savelli, romain, archevêque de Roſſano, patriarche de Conſtantinople, prêtre, cardinal du titre de Sainte-Marie in Viâ. 1599.

6. Laurent Priuli, vénitien, patriarche de Veniſe, prêtre, cardinal du titre de Sainte-Marie au-delà du Tibre. 1600.

7. François-Marie Tarugi, toſcan, neveu du pape Jules III., prêtre de l'Oratoire, évêque d'Avignon, puis archevêque de Sienne, prêtre, cardinal du titre de Saint-Barthélemy-en-l'Ile, puis de Sainte-Marie-ſur-la-Minerve. 1608.

8. Oâave Bandini, florentin, archevêque de Fermo, prêtre, cardinal du titre de Sainte-Sabine, puis de Saint-Laurent in Lutinâ & évêque d'Oſtie, doyen du ſacré collége. 1629.

9. François Cornelio, vénitien, évêque de Treviſe, prêtre, cardinal du titre de Saint-Martin. 1698.

10. Anne d'Eſcars de Givri, français, évêque de Liſieux & de Metz, prêtre, cardinal du titre de Sainte-Suſanne. 1612.

11. François de Saint-Georges de Blandrate, natif de Caſal, évêque d'Aqui, prêtre, cardinal du titre de Saint-Clément, & évêque de Ferrare & de Fainoza. 1605.

12. Camille Borghèſe, romain, prêtre, cardinal du titre de Saint-Euſebe, puis Pape ſous le nom de Paul V.

13. Céſar Baronius, napolitain, général des prêtres de l'Oratoire, prêtre, cardinal du titre de Saint-Nérée & de Saint-Achillée. 1607.

14. Laurent Blanchetti, bolonais, prêtre, cardinal du titre de Saint-Laurent in Pane. 1612.

15. François d'Avila, eſpagnol, prêtre, cardinal du titre de Saint-Sylveſtre, puis de Sainte-Croix de Jéruſalem. 1606.

16. Ferdinand Nunez de Guevarra, eſpagnol, prêtre, cardinal du titre de Saint-Blaiſe, puis de Saint-Martin-aux-Monts, grand-inquiſiteur d'Eſpagne, & archevêque de Séville. 1609.

17. Barthélemy Cefi, romain, archevêque de Conza, diacre, cardinal du titre de Sainte-Marie *in Porticu*, puis de Saint-Pierre-ès-Liens, de Sainte-Praxède & de Sainte-Marie an-delà du Tibre, & prêtre du titre de Saint-Laurent *in Luciná*. 1622.

18. François Mantica, d'Udine dans le Frioul, diacre, cardinal du titre de Saint-Adrien, puis de Sainte-Marie *de Populo*. 1614.

19. Pompée Arigoni, romain, diacre, cardinal du titre de Sainte-Marie *in Aquiro*, puis de Sainte-Balbine, & archevêque de Bénévent. 1616.

20. André Peretti, dit *Montalte*, pifan, diacre, cardinal du titre de Sainte-Marie *in Dominicá*, puis de Saint-Ange & de Saint-Euftache, & évêque d'Albano & de Frefcati. 1629.

*Troifième promotion en 1596.*

21. Philippe Guillaume, duc de Bavière, évêque de Ratisbonne, cardinal. 1598.

*Quatrième promotion en 1598.*

22. Boniface Bevilaqua, ferrarois, patriarche de Conftantinople, prêtre, cardinal du titre de Sainte-Anaftafie, puis évêque de Cervia, de Sabine & de Frefcati. 1627.

23. Bernard de Sandoval de Roxas, efpagnol, prêtre, cardinal du titre de Sainte-Anaftafie, grand-inquifiteur & archevêque de Tolède. 1618.

24. Alphonfe Vifconti, milanais, évêque de Cervia, prêtre, cardinal du titre de Saint-Jean-Porte-Latine, puis de Saint-Sixte, & évêque de Spolette. 1608.

25. Dominique Tufco, natif de Reggio, évêque de Tivoli & gouverneur de Rome, prêtre, cardinal du titre de Saint-Pierre-au-Mont-d'Or, puis de Saint-Onuphre. 1620.

26. Arnaud d'Offat, français, évêque de Rennes, puis de Bayeux, prêtre, cardinal du titre de Saint-Eufèbe. 1604.

27. Paul-Emile Zachia, génois, évêque de Citta-Caftellana, prêtre, cardinal du titre de Saint-Marcel. 1605.

28. François de Dietrichftein, allemand, évêque d'Olmutz, prêtre, cardinal du titre de Sainte-Marie au-delà du Tibre. 1636.

29. Silvio Antoniano, romain, prêtre, cardinal du titre de Saint-Sauveur *in Lauro*. 1603.

30. Robert Bellarmin, florentin, jéfuite, cardinal du titre de Sainte-Marie *in Viá*, & archevêque de Capoue. 1621.

31. Bonvifo Bonvifi, lucquois, diacre, cardinal du titre de Saint-Vite & de Sainte-Modefte, & archevêque de Bari. 1603.

32. François d'Efcoublean-Sourdis, français, archevêque de Bordeaux, diacre, cardinal du titre des douze Apôtres. 1628.

33. Alexandre d'Eft-Modène, prêtre, cardinal du titre de Sainte-Marie-de-la-Paix, & évêque de Reggio. 1624.

34. Jean-Baptifte Deti, florentin, évêque d'Oftie, doyen du facré collége. 1630.

*Cinquième promotion en 1603.*

35. Sylveftre Aldobrandin, romain, prêtre, cardinal du titre de Saint-Céfaire. 1612.

*Sixième promotion en 1604.*

36. Séraphin Olivier, français, patriarche d'Alexandrie & évêque de Rennes, cardinal du titre de Saint-Sauveur *in Lauro*. 1609.

37. Dominique Ginnafio, bolonais, archevêque de Manfredonia, cardinal, puis évêque d'Oftie, doyen du facré collége. 1639.

38. Antoine Zapata, efpagnol, archevêque de Burgos, vice-roi de Naples, cardinal du titre de Sainte-Croix de Jérufalem, puis de Sainte-Balbine, & grand-inquifiteur d'Efpagne. 1638.

39. Philippe Spinelli, napolitain, archevêque de Coloeza, prêtre, cardinal du titre de Saint-Barthélemy-en-l'Ifle, puis évêque d'Averfa. 1616.

40. Charles Conti, romain, évêque d'Ancône, cardinal du titre de Saint-Chryfogon, puis de Saint-Clément & de Saint-Laurent *in Luciná*. 1615.

41. Bernard Macziejowski, polonais, évêque de Cracovie, puis archevêque de Gnefne, cardinal du titre de Saint-Jean & de Saint-Paul. 1608.

42. Charles Madruce, allemand, évêque de Trente, prêtre, cardinal du titre de Saint-Laurent *in Luciná*, puis évêque de Sainte-Sabine. 1629.

43. Jacques Davi-du-Perron, français, évêque d'Evreux, puis archevêque de Sens & grand-aumônier de France, prêtre, cardinal du titre de Sainte-Agnès *in Agone*. 1618.

44. Innocent Bubalo, romain, évêque de Camerin, prêtre, cardinal du titre de Saint-Thomas *in Pazione*, puis de Saint-Marcel, de Sainte-Pudentiane, & de Saint-Nérée & de Saint-Achillée. 1610.

45. Jean Delfino, vénitien, évêque de Vicence, prêtre, cardinal du titre de Saint-Mathieu *in Merulaná*, puis de Saint-Marc. 1622.

46. Jacques Sannefi, pifan, prêtre, cardinal du titre de Saint-Etienne *in Cœlio monte*, & évêque d'Orviette. 1621.

47. Erminius Valens, natif d'Ombrie, prêtre, cardinal du titre de Sainte-Marie au-delà du Tibre, & évêque de Faënza. 1618.

48. Jérôme Agucchio, polonais, prêtre, cardinal du titre de Saint-Pierre-ès-Liens. 1605.

49. Jérôme Pamphile, romain, prêtre, cardinal du titre de Saint-Blaife. 1610.

50. Ferdinand Taberna, milanais, prêtre, cardinal du titre de Saint-Eufèbe, & évêque de Novarre. 1619.

51. Anfelme Marzati, italien, capucin, prêtre, cardinal du titre de Saint-Pierre-au-Mont-d'Or, dit *le cardinal de Monopolis*. 1607.

52. Jean Doria, génois, diacre, cardinal du titre de Saint-Adrien, puis prêtre du titre de Saint-

Pierre-au-Mont-d'Or, archevêque de Palerme & vice-roi de Sicile. 1642.

53. Charles Pio de Savoie, ferrarois, diacre, cardinal du titre de Saint-Nicolas *in Carcere*, puis de Sainte-Marie *in Viâ latâ*, prêtre du titre de Saint-Jean & de Saint-Paul, & évêque d'Oſtie, doyen du ſacré collége. 1641.

*Léon XI, élu Pape en 1605, mort la même année.*

*Paul V, élu Pape en 1605, mourut en 1621.*

*Première promotion en 1605.*

1. Scipion Caffarelli-Borghèſe, romain, neveu du Pape, prêtre, cardinal du titre de Saint-Chryſogon, puis de Saint-Laurent *in Lucinâ*, grand-pénitencier, archevêque de Boulogne, & évêque de Sabine. 1633.

*Seconde promotion en 1606.*

2. Louis de Torrès, romain, archevêque de Montréal, cardinal du titre de Saint-Pancrace. 1609.

3. Maphée Barberin, florentin, archevêque de Nazareth, prêtre, cardinal du titre de Saint-Pierre-au-Mont-d'Or, puis de Saint-Onuphre, & Pape ſous le nom d'Urbain VIII.

4. Barthélemy Furratini, natif & évêque d'Amelia, régent de la chancellerie, prêtre, cardinal ſans titre. 1606.

5. Jean-Garcias Mellini, romain, archevêque de Rhodes, prêtre, cardinal du titre des Quatre-Saints couronnés, puis de Saint-Laurent *in Lucinâ*, évêque d'Imola & de Freſcati. 1608.

6. Horace Spinola, génois, archevêque de Gênes, prêtre, cardinal du titre de Saint-Blaiſe. 1616.

7. Boniface-Cajétan, romain, évêque de Caſſano, prêtre, cardinal du titre de Sainte-Pudentiane, puis archevêque de Tarente. 1617.

8. Marcel Lanti, romain, prêtre, cardinal du titre de Saint-Quirice & de Sainte-Ju'itte, puis de Sainte-Praxède, évêque de Todi & d'Oſtie, doyen du ſacré collége. 1652.

9. Horace Maphée, romain, cardinal du titre de Saint-Pierre & de Saint-Marcellin, & évêque de Chieti. 1609.

*Troiſième promotion en 1607.*

10. François Forgats, tranſilvain, archevêque de Strigonie, cardinal. 1615.

11. François de la Rochefoucauld, franç is, évêque de Clermont, puis de Senlis, grand-aumônier de France, prêtre, cardinal du titre de Saint-Calliſte. 1645.

12. Jérôme Xavière, eſpagnol, général de l'Ordre des Frères-Prêcheurs, prêtre, cardinal. 1608.

13. Maurice, prince de Savoie, diacre du titre de Sainte-Marie-la-Neuve, puis de Saint-Euſtache

& de Sainte-Marie *in Viâ latâ*, remit le chapeau & ſe maria en 1642.

14. Ferdinand de Gonzague-Mantoue, diacre, cardinal du titre de Sainte-Marie *in Dominicâ*, puis de Sainte-Marie *in Porticu*, remit le chapeau en 1615, fut duc de Mantoue & ſe maria.

*Quatrième promotion en 1608.*

15. Michel-Ange Tonti, de Rimini, archevêque de Nazareth, prêtre, cardinal du titre de Saint-Barthélemy-en-l'Ile, puis de Saint-Pierre-ès-Liens, & évêque de Ceſene. 1622.

16. Fabrice Veralli, évêque de San-Severo, prêtre, cardinal du titre de Saint-Auguſtin. 1624.

17. Jean-Baptiſte Lenius, romain, évêque de Millet, prêtre, cardinal du titre de Saint-Sixte, puis de Sainte-Cécile, & évêque de Ferrare. 1627.

18. Lanfranc Margoti, parmeſan, prêtre, cardinal du titre de Saint-Calliſte, puis de Saint-Pierre-ès-Liens, & évêque de Viterbe. 1611.

19. Louis Capponi, florentin, diacre, cardinal du titre de Sainte-Agathe, puis prêtre du titre de Saint-Charles, de Saint-Pierre-ès-Liens & de Saint-Laurent *in Lucinâ*, & archevêque de Ravenne. 1659.

*Cinquième promotion en 1611.*

20. Decio Caraffe, napolitain, archevêque de Damas, prêtre, cardinal du titre de Saint-Laurent *in Pane*, & puis de Saint-Jean & de Saint-Paul, archevêque de Naples. 1626.

21. Dominique Rivarola, génois, évêque d'Aleria, puis archevêque de Nazareth, prêtre, cardinal du titre de Saint-Martin-aux-Monts. 1627.

22. Metellus Bichi, ſiennois, évêque de Soana, prêtre, cardinal du titre de Saint-Alexis & archevêque de Sienne. 1619.

23. Jean Bonzi, florentin, évêque de Béziers, grand-aumônier de la reine de France, prêtre, cardinal du titre de Saint-Clément. 1621.

24. Philippe Philonardi, romain, évêque d'Aquino, cardinal du titre de Sainte-Marie *de Populo*. 1622.

25. Pierre-Paul Creſcentio, romain, prêtre, cardinal du titre de Saint-Nérée & de Saint-Achillée, puis évêque de Porto. 1645.

26. Jacques Serra, génois, diacre, cardinal du titre de Saint-Georges *in Velabro*, puis prêtre du titre de Sainte-Marie-de-la-Paix. 1623.

27. Auguſtin Calamini, bolonais, général de l'Ordre des Frères-Prêcheurs, prêtre, cardinal du titre de Sainte-Marie *in Arâ cœli*, puis évêque de Lorette & d'Oſimo. 1639.

28. Horace Lancellotti, romain, prêtre, cardinal du titre de Saint-Laurent *in Lauro*. 1620.

29. Gaſpard Borgia, eſpagnol, chanoine de Tolède, diacre, cardinal du titre de Sainte-Suſanne, puis de Sainte-Croix de Jéruſalem, archevêque de Séville & de Tolède, & évêque d'Albano. 1645.

30. Félix Centini, d'Aſcoli, procureur-généra

de l'Ordre des Frères-Mineurs conventuels, prêtre, cardinal du titre de Saint-Jérôme des Illyriens, puis de Saint-Laurent *in Pane* & de Sainte-Anastasie, & évêque de Macerata, de Tolentin & de Sabine. 1641.

### Sixième promotion en 1615.

31. François Vendramini, vénitien, patriarche de Venise, prêtre, cardinal du titre de Saint-Jean-Porte-Latine. 1619.

32. Louis de Lorraine-Guise, français, archevêque de Reims, cardinal. 1621.

33. Robert Ubaldini, florentin, évêque de Monte-Pulciano, prêtre, cardinal du titre de Saint-Mathieu *in Merulanâ*, puis de Sainte-Pudentiane, de Saint-Alexis & de Sainte-Praxède. 1635.

34. Liberio Muti, évêque de Viterbe, prêtre, cardinal du titre de Sainte-Prisque. 1636.

35. Gabriel Trejo-Paniaqua, espagnol, archidiacre de Calatrava, prêtre, cardinal du titre de Saint-Barthélemy-en-l'Île, puis de Saint-Pancrace, & archevêque de Salerne & de Malaga. 1630.

36. Balthasard de Sandoval-Moscoso, doyen de l'église de Tolède; prêtre, cardinal du titre de Sainte-Croix de Jérusalem, & archevêque de Tolède. 1665.

37. Charles de Médicis, florentin, diacre, cardinal du titre de Sainte-Marie *in Dominicâ*, puis prêtre du titre de Saint-Sixte, & évêque de Sabine & d'Ostie, doyen du sacré collège. 1666.

38. Vincent de Gonzague-Mantoue remit le chapeau de cardinal, fut duc de Mantoue & marié.

39. Jules Savelli, romain, diacre, cardinal, puis prêtre du titre de Sainte-Sabine, & évêque d'Ancône & de Frescati. 1644.

40. Alexandre des Ursins, romain, diacre, cardinal du titre de Sainte-Marie *in Cosmedin*. 1626.

41. Melchior Klesselius, allemand, évêque de Vienne en Autriche, prêtre, cardinal du titre de Sainte-Marie-de-la-Paix. 1630.

### Septième promotion en 1616.

42. Alexandre Ludovisio, romain, archevêque de Boulogne, prêtre, cardinal du titre de Sainte-Marie au-delà du Tibre, puis Pape sous le nom de Grégoire XV.

43. Ladislas d'Aquino, napolitain, évêque de Venafro, prêtre, cardinal du titre de Sainte-Marie-sur-la-Minerve. 1621.

44. Octave Belmusti, génois, évêque d'Aleria, prêtre, cardinal du titre de Saint-Blaise. 1618.

45. Pierre Campora, modénois, commandeur de l'hôpital du Saint-Esprit *in Saxiâ*, prêtre, cardinal du titre de Saint-Thomas, & évêque de Crémone. 1643.

46. Mathieu Priuli, vénitien, prêtre, cardinal du titre de Saint-Jérôme des Illyriens, puis de Saint-Marc. 1624.

47. Scipion Cobellutio, de Viterbe, secrétaire des brefs du Pape, diacre, cardinal du titre de Sainte-Susanne. 1627.

### Huitième promotion en 1618.

48. Henri de Gondi de Retz, français, évêque de Paris, commandeur de l'Ordre du Saint-Esprit, cardinal. 1622.

49. François de Roxas de Sandoval, duc de Lerme, espagnol, ministre d'Etat du roi Philippe III, prêtre, cardinal. 1625.

### Neuvième promotion en 1619.

50. Ferdinand d'Autriche, dit *le Cardinal infant*, fils de Philippe III, roi d'Espagne, diacre, cardinal du titre de Sainte-Marie *in Porticu*, puis archevêque de Tolède & gouverneur des Pays-Bas. 1641.

### Dixième promotion en 1621.

51. François Cennino, siennois, patriarche de Jérusalem, évêque d'Amelia, prêtre, cardinal du titre de Saint-Marcel, puis évêque de Faënza, de Sabine & de Porto. 1645.

52. Louis de Nogaret de la Valette-Epernon, français, archevêque de Toulouse, commandeur de l'Ordre du Saint-Esprit, prêtre, cardinal du titre de Saint-Adrien. 1639.

53. Guy Bentivoglio, ferrarois, archevêque de Rhodes, prêtre, cardinal du titre de Saint-Jean-Porte-Latine, puis de Sainte-Marie *de Populo*, de Sainte-Praxède & de Sainte-Marie au-delà du Tibre, & évêque de Palestrine. 1644.

54. Pierre Valier, vénitien, archevêque de Candie, prêtre, cardinal du titre de Saint-Sauveur *in Lauro*, puis de Saint-Marc, & évêque de Ceneda & de Padoue. 1629.

55. Eitel-Frédéric, comte de Zollern, allemand, évêque d'Olmutz, cardinal du titre de Saint-Laurent *in Pane*. 1625.

56. Jules Roma, milanais, gouverneur de Pérouse, prêtre, cardinal du titre de Sainte-Marie-sur-la-Minerve, évêque de Lorette, puis de Recanati & d'Ostie, doyen du sacré collège. 1652.

57. César Gherardi, de Pérouse, prêtre, cardinal du titre de Saint-Pierre-au-Mont-d'Or, & évêque de Camerino. 1623.

58. Didier Scaglia, crémonois, de l'Ordre des Frères-Prêcheurs, prêtre, cardinal du titre de Saint-Clément, puis des douze Apôtres & de Saint-Charles. 1639.

59. Etienne Pignatelli, de Pérouse, prêtre, cardinal du titre de Sainte-Marie *in Viâ*. 1623.

60. Augustin Spinola, génois, diacre, cardinal du titre de Saint-Côme & de Saint-Damien, puis évêque de Tortose & de Grenade, puis archevêque de Compostelle & de Séville. 1639.

*Grégoire XV, élu Pape en 1621, mort en 1623.*

### Première promotion en 1621.

1. Louis Ludovisio, bolonais, neveu du Pape, archevêque

archevêque de Bologne, cardinal du titre de Sainte-Marie au-delà du Tibre, puis de Saint-Laurent *in Damaso*. \ 1632.

### Seconde promotion en 1621.

2. Antoine-Cajétan, romain, archevêque de Capoue, prêtre, cardinal du titre de Sainte-Pudentiane. 1624.

3. François Sacratus, ferrarois, archevêque de Damas, prêtre, cardinal du titre de Saint-Mathieu *in Meruland*, & évêque de Cesène. 1623.

4. François Boncompagnon, romain, neveu du pape Grégoire XIII, diacre, cardinal du titre de Saint-Euftache, puis des Quatre-Saints couronnés, & archevêque de Naples. 1641.

5. Hippolyte Aldobrandin, romain, diacre, cardinal du titre de Sainte-Marie-la-Neuve. 1638.

### Troifième promotion en 1622.

6. Luce de Saint-Severin, napolitain, archevêque de Salerne, prêtre, cardinal du titre de Saint-Etienne *in Cœlio monte*. 1623.

7. Marc-Antoine Gozadino, bolonais, prêtre, cardinal du titre de Saint-Eufebe, puis de Sainte-Agathe, & évêque de Tivoli & de Faënza. 1623.

### Quatrième promotion en 1622.

8. Cofme de Torrès, romain, archevêque d'Andrinople, prêtre, cardinal du titre de Saint-Pancrace, puis de Sainte-Marie au-delà du Tibre, évêque de Péroufe & archevêque de Montréal. 1642.

9. Armand-Jean du Pleffis, duc de Richelieu, français, évêque de Luçon, cardinal, premier miniftre d'Etat du roi Louis XIII, commandeur de l'Ordre du Saint-Efprit, &c. 1642.

10. Octave Rodulphi, florentin, évêque d'Ariano, prêtre, cardinal du titre de Sainte-Agnès *in Agone*, & évêque de Girgenti. 1624.

11. Alphonfe de la Cueva, efpagnol, prêtre, cardinal du titre de Sainte-Balbine, & évêque de Malaga & de Paleftrine. 1655.

### Urbain VIII, élu Pape en 1623, mort en 1644.

### Première promotion en 1623.

1. François Barberin, florentin, neveu du Pape, diacre du titre de Saint-Onuphre, puis de Sainte-Agathe, évêque de Sabine, de Porto & d'Oftie, doyen du facré collége. 1679.

### Seconde promotion en 1624.

2. Antoine Barberin, florentin, capucin, frère du Pape, diacre, cardinal du titre de Saint-Onuphre, & évêque de Sinigaglia. 1646.

3. Laurent Magalotti, florentin, diacre, cardinal du titre de Sainte-Marie *in Aquiro*, puis

*Hiftoire. Tome VI. Supplément.*

prêtre du titre de Saint-Jean & de Saint-Paul, & évêque de Ferrare. 1637.

4. Pierre-Marie Borghèfe, fiennois, diacre, cardinal du titre de Saint-Georges *in Velabro*, puis de Sainte-Marie *in Cofmedin*. 1642.

### Troifième promotion en 1626.

5. Louis-Cajétan, romain, patriarché d'Antioche & archevêque de Capoue, prêtre, cardinal du titre de Sainte-Pudentiane. 1642.

6. Denis-Simon de Marquemont, français, archevêque de Lyon, cardinal du titre de la Trinité *in Monte Pincio*. 1626.

7. Erneft Adalbert de Harrach, allemand, archevêque de Prague & évêque de Trente, prêtre, cardinal du titre de Sainte-Praxède, puis de Saint-Laurent *in Lucinâ*. 1667.

8. Bernard Spada, modenois, archevêque de Damiette, cardinal du titre de Saint-Etienne *in Cœlio monte*, puis de Saint-Pierre-ès-Liens, & évêque de Sabine. 1661.

9. Landivio Zacchia, génois, évêque de Monte-Fiafcone & de Corneto, prêtre, cardinal du titre de Saint-Sixte, puis de Sainte-Eudoxie. 1637.

10. Berlinger Gipfio, bolonais, évêque de Rimini, cardinal du titre de Saint-Auguftin. 1639.

11. Frédéric Cornaro, vénitien, grand-prieur de Chypre, évêque de Bergame, prêtre, cardinal du titre de Sainte-Marie au-delà du Tibre, puis de Sainte-Cécile & de Saint-Marc, évêque de Vicence, de Padoue, patriarche de Venife & évêque d'Albano. 1653.

12. Jules Sachetti, florentin, évêque de Gravina, prêtre, cardinal du titre de Sainte-Sufanne, puis de Sainte-Marie au-delà du Tibre, évêque de Fano, de Frefcati & de Sabine. 1663.

13. Jean-Dominique Spinola, génois, cardinal du titre de Saint-Clément, puis de Sainte-Cécile, archevêque d'Acerenza & de Matera, & évêque de Sarzane. 1649.

14. Jacques Cavalerins, romain, prêtre, cardinal du titre de Saint-Eufebe. 1629.

15. Lelio Bifcia, romain, diacre, cardinal du titre de Saint-Vite & de Saint-Modefte, puis de Sainte-Marie *in Cofmedin*, & prêtre du titre de Sainte-Marie *in Populo*. 1638.

16. Henri de Guzman de Haro, efpagnol, cardinal à l'âge de vingt-un ans. 1626.

### Quatrième promotion en 1627.

17. Nicolas-François de Lorraine, diacre, cardinal, remit fon chapeau, fut duc de Lorraine, & époufa en 1634 Claude de Lorraine fa coufine.

18. Jérôme Vidoni, crémonois, diacre, cardinal du titre des Quatre-Saints couronnés, & tréforier-général de la Sainte-Eglife. 1632.

19. Martio Ginetti de Vélétri, diacre, cardinal du titre de Sainte-Marie-la-Neuve & de Saint-Euftache, puis prêtre du titre de Saint-Pierre-ès-

Liens & de Sainte-Eudoxie, & évêque de Sabine, vicaire du Pape. 1671.

20. Fabrice Verospi, romain, cardinal du titre de Saint-Laurent *in Pane*, puis de Sainte-Marie-de-la-Paix. 1639.

21. Gilles Albornos, espagnol, prêtre, cardinal du titre de Saint-Pierre-au-Mont-d'Or, & archevêque de Tarente. 1649.

22. Pierre de Berulle, français, fondateur & premier général de la congrégation des prêtres de l'Oratoire en France, cardinal. 1629.

23. Alexandre Cesarini, romain, diacre, cardinal du titre de Sainte-Marie *in Dominicâ*, puis de Saint-Eustache & de Sainte-Marie *in Viâ latâ*, & évêque de Viterbe. 1644.

24. Antoine Barberin, romain, diacre, cardinal du titre de Sainte-Marie *in Aquiro*, puis de Sainte-Agathe & de Sainte-Marie *in Viâ latâ*, prêtre du titre de la Trinité-du-Mont, évêque de Poitiers, archevêque de Reims, grand-aumônier de France & évêque de Palestrine. 1671.

25. Jérôme Colonne, romain, diacre, cardinal du titre de Saint-Ange, de Sainte-Marie *in Cosmedin* & de Saint-Eustache, prêtre du titre de Saint-Sylvestre, de Sainte-Marie au-delà du Tibre & de Saint-Laurent *in Lucinâ*, évêque de Frescati & archevêque de Bologne. 1666.

26. Jean-Baptiste Pamphile, romain, patriarche d'Antioche, prêtre, cardinal du titre de Saint-Eusèbe, puis Pape sous le nom d'Innocent X.

27. Jean-François des comtes de Guidi-Bagni, florentin, archevêque de Patras & évêque de Cervia, puis de Rieti, prêtre, cardinal du titre de Saint-Alexis. 1641.

### Cinquième promotion en 1629.

28. Pierre Parzmani, hongrois, archevêque de Strigonie, cardinal du titre de Saint-Jérôme des Illyriens. 1637.

29. Antoine de Sainte-Croix, romain, archevêque de Séleucie, prêtre, cardinal du titre de Saint-Nérée & de Saint-Achillée, & archevêque de Chieti & d'Urbin. 1641.

30. Alphonse-Louis du Plessis Richelieu, français, chartreux, prêtre, cardinal du titre de la Trinité *in Monte Pincio*, puis archevêque de Lyon & grand-aumônier de France. 1653.

31. Jean-Baptiste Palotta, romain, archevêque de Thessalonique, prêtre, cardinal du titre de Saint-Sylvestre, puis de Saint-Pierre-ès-Liens, de Sainte-Marie au-delà du Tibre & de Saint-Laurent *in Lucinâ*, évêque d'Albano & de Frescati. 1668.

32. Grégoire Nari, romain, prêtre, cardinal du titre de Saint-Cyriaque & de Sainte-Julitte, puis de Sainte-Marie-de-la-Paix, & évêque de Rieti. 1634.

33. Luc-Antoine Virile, romain, prêtre, cardinal du titre de Saint-Sauveur *in Lauro*. 1634.

34. Théodore Trivulce, milanais, diacre, cardinal du titre de Saint-Césaire, puis de Sainte-

Marie *in Viâ latâ*, vice-roi d'Arragon & de Sicile. 1657.

35. Diego de Guzman de Haro, espagnol, archevêque de Séville, prêtre, cardinal. 1631.

### Sixième promotion en 1632.

36. Jean-Albert, de Pologne, archevêque de Cracovie, cardinal. 1634.

### Septième promotion en 1634.

37. Cyriaque Rocci, romain, archevêque de Patras, prêtre, cardinal du titre de Saint-Sauveur *in Lauro*. 1651.

38. César Monti, milanais, patriarche de Jérusalem & archevêque de Milan, prêtre, cardinal du titre de Sainte-Marie au-delà du Tibre. 1650.

39. Alexandre Bichi, siennois, évêque d'Isola, puis de Carpentras, prêtre, cardinal du titre de Sainte-Sabine. 1657.

40. François-Marie Brancacio, napolitain, évêque de Saint-Marc, puis de Todi, de Terni & de Capaccio, prêtre, cardinal du titre des douze Apôtres, puis de Saint-Laurent *in Lucinâ*, évêque de Viterbe, archevêque de Bari & évêque de Porto, sous-doyen du sacré collège. 1675.

41. Ulric, des comtes de Carpegna, natif d'Urbin, évêque de Gubio, prêtre, cardinal du titre de Sainte-Marie au-delà du Tibre, évêque d'Albano, sous-doyen du sacré collège. 1679.

42. Etienne Durazzo, génois, prêtre, cardinal du titre de Saint-Laurent *in Pane*, puis de Saint-Laurent *in Lucinâ*, & archevêque de Gênes. 1667.

43. Augustin Oregius, florentin, prêtre, cardinal du titre de Saint-Sixte, & archevêque de Bénévent. 1635.

44. Benoît Monaldi de Ubaldis, natif de Pérouse, diacre, cardinal du titre de Saint-Vite & de Saint-Modeste, & évêque de Pérouse. 1641.

45. Marc-Antoine Franciotti, lucquois, prêtre, cardinal du titre de Saint-Clément, puis de Sainte-Marie-de-la-Paix, & évêque de Luques. 1666.

### Huitième promotion en 1641.

46. François-Marie Machiavelli, florentin, patriarche de Constantinople, évêque de Ferrare, prêtre, cardinal du titre de Saint-Jean & de Saint-Paul. 1653.

47. Ascagne Filomarini, napolitain, prêtre, cardinal du titre de Sainte-Marie in *Arâ cœli*, & archevêque de Naples. 1666.

48. Marc-Antoine Bragadin, vénitien, évêque de Crême, puis de Ceneda & de Vicence, prêtre, cardinal du titre de Saint-Marc. 1658.

49. Octavien Raggi, génois, prêtre, cardinal du titre de Saint-Augustin, & évêque d'Aleria. 1643.

50. Pierre-Donato Cesio, romain, prêtre, cardinal du titre de Saint-Marcel, & chanoine de Tolède. 1656.

51. Jérôme Verospi, romain, prêtre, cardinal du titre de Sainte-Agnès, & évêque d'Osimo. 1652.

52. Vincent Maculano, natif de Fierenzola, de l'Ordre des Frères-Prêcheurs, maître du sacré palais, prêtre, cardinal du titre de Saint-Clément, & archevêque de Bénévent. 1667.

53. François Peretti, de Montalte, romain, prêtre, cardinal du titre de Saint-Jérôme des Illyriens, & archevêque de Montréal. 1655.

54. Jules Gabrieli, romain, diacre, cardinal du titre de Sainte-Agathe, puis prêtre du titre de Sainte-Prisque, de Sainte-Praxède & de Saint-Laurent in Lucinâ, évêque d'Ascoli & de Sabine. 1676.

55. Jules Mazarin, romain, premier ministre d'État de France, abbé de Corbie & de Saint-Denis en France, &c. cardinal. 1661.

56. Virginio des Ursins, romain, diacre, cardinal du titre de Sainte-Marie in Porticu, puis de Sainte-Marie-la-Neuve, de Sainte-Marie in Cosmedin, de Saint-Eustache, de Sainte-Marie in Viâ latâ, prêtre du titre de Sainte-Marie-des-Anges, de Sainte-Praxède & de Saint-Laurent in Lucinâ, & évêque de Frescati. 1676.

57. Renaud d'Est, de Modène, diacre, cardinal du titre de Saint-Nicolas in Carcere, puis prêtre du titre de Sainte-Pudentiane, évêque de Reggio & de Palestrine. 1672.

### Neuvième promotion en 1643.

58. Jean-Jacques Panciroli, romain, patriarche de Constantinople, prêtre, cardinal du titre de Saint-Etienne in Cœlio monte. 1651.

59. Fauste Poli, natif de Cascia en Ombrie, archevêque d'Amasie, prêtre, cardinal du titre de Saint-Chrysogon, & évêque d'Orviète. 1653.

60. Lelio Falconieri, florentin, archevêque de Thèbes, prêtre, cardinal du titre de Sainte-Marie de Populo, & légat de Bologne. 1648.

61. Gaspard Mathei, romain, archevêque d'Athènes, prêtre, cardinal du titre de Saint-Pancrace, puis de Sainte-Cécile. 1650.

62. César Fachinetti, bolonais, archevêque de Damas, prêtre, cardinal du titre des Quatre-Saints couronnés, & évêque de Sinigaglia, de Spolete & d'Ostie, doyen du sacré collège. 1683.

63. Jérôme Grimaldi, génois, archevêque de Séleucie, puis évêque de Brugnet dans l'Etat de Gênes, prêtre, cardinal du titre de Saint-Eusèbe & du titre de la Trinité in Monte Pincio, archevêque d'Aix & d'Albano. 1685.

64. Charles Rosetti, ferrarois, archevêque de Tharse, évêque de Faënza, diacre, cardinal du titre de Saint-Césaire, puis prêtre du titre de Sainte-Marie in Viâ latâ & de Saint-Sylvestre, & sous-doyen du sacré collège. 1681.

65. Jean-Baptiste Altieri, romain, évêque de Camerino, prêtre, cardinal du titre de Sainte-Marie-sur-la-Minerve, & évêque de Todi. 1654.

66. Mario Theodoli, romain, prêtre, cardinal du titre de Saint-Alexis, & évêque d'Imola. 1650.

67. François-Ange Rapaccioli, romain, prêtre, cardinal du titre de Sainte-Marie in Viâ latâ, puis de Sainte-Cécile, évêque de Terni. 1657.

68. François-Adrien, des marquis de Ceva, piémontais, prêtre, cardinal du titre de Sainte-Prisque. 1655.

69. Angelo Giorio, natif de Camerino en Italie, prêtre, cardinal du titre de Saint-Cyriaque & de Sainte-Julitte, & évêque de Camerino. 1662.

70. Vincent Gastaguti, génois, diacre, cardinal du titre de Sainte-Marie in Porticu, puis de Saint-Ange in Foro Piscium, de Sainte-Marie in Cosmedin & de Saint-Eustache, & prêtre du titre de Saint-Calliste. 1660.

71. Jean-Etienne Donghi, génois, diacre, cardinal du titre de Saint-Georges in Velabro, puis de Sainte-Agathe, & évêque d'Ajazzo, d'Imola & de Ferrare. 1669.

72. Paul-Emile Rondinini, romain, diacre, cardinal du titre de Sainte-Marie in Aquiro, puis de Sainte-Marie in Cosmedin, prêtre du titre de Saint-Eusèbe, & évêque d'Assise. 1668.

73. Jean Lugo, espagnol, jésuite, cardinal du titre de Saint-Etienne in Cœlio monte, puis de Sainte-Balbine. 1660.

74. Achille d'Estampes de Valencei, français, commandeur & grand-croix de Malte, général de l'armée de l'Ordre & de celle du pape Urbain VIII, contre le duc de Parme, diacre, cardinal du titre de Saint-Adrien. 1646.

### Innocent X, élu Pape en 1644, mort en 1655.

### Première promotion en 1644.

1. Jean-Charles de Médicis, florentin, diacre, cardinal du titre de Sainte-Marie-la-Neuve, puis de Saint-Georges in Velabro. 1661.

2. Camille Pamphile, romain, neveu du Pape, diacre, cardinal du titre de Sainte-Marie in Dominicâ, se démit de la pourpre, & épousa, en 1647, Olympia Aldobrandin, veuve de Paul Borghèse, princesse de Rossano. 1666.

3. Dominique Cecchini, prêtre, cardinal du titre de Saint-Sixte. 1656.

### Seconde promotion en 1645.

4. Nicolas Albergati-Ludovisio, bolonais, archevêque de Bologne, prêtre, cardinal du titre de Saint-Augustin, puis de Sainte-Marie-des-Anges, & de Saint-Laurent in Lucinâ, & évêque d'Ostie, doyen du sacré collège. 1687.

5. Tibère Censi, romain, évêque de Jesi, prêtre, cardinal du titre de Saint-Calliste. 1653.

6. Pierre-Louis Caraffe, napolitain, évêque de Tricarico, prêtre, cardinal du titre de Saint-Sylvestre & de Saint-Martin-aux-Monts, & légat de Bologne. 1655.

7. Horace Juftiniani, génois, évêque de Montalte, puis de Nocera, prêtre, cardinal du titre de Saint-Onuphre, grand-pénitencier. 1649.

8. Alderan Cibo, des princes de Maffes & de Carrare, prêtre, cardinal du titre de Sainte-Pudentiane, puis de Sainte-Praxède, évêque de Jefi & d'Oftie, doyen des cardinaux. 1700.

9. Frédéric Sforce, romain, diacre, cardinal du titre de Saint-Vite & de Saint-Modefte, puis prêtre du titre de Sainte-Eudoxie & de Saint-Pierre-ès-Liens, & évêque de Rimini & de Tivoli. 1676.

10. Benoît Odefcalchi, natif de Côme, diacre, cardinal du titre de Saint-Côme & de Saint-Damien, puis prêtre du titre de Saint-Onuphre, légat de Ferrare, évêque de Noyarre, & Pape fous le nom d'Innocent XI.

11. François-Marie Farnèfe, des ducs de Parme, diacre, cardinal fans titre. 1647.

### Troifième promotion en 1646.

12. Jean Cafimir, fils de Sigifmond III, roi de Pologne, après avoir été jéfuite, fut nommé cardinal, & ayant remis fon chapeau, il fut élu Roi en 1648, & époufa en 1649 Marie de Gonzague-Mantoue, veuve de fon frère Ladiflas, roi de Pologne, laquelle étant morte fans enfans, il fe démit de fa couronne, & fut pourvu de plufieurs abbayes en France. 1672.

### Quatrième promotion en 1647.

13. Fabrice Savelli, romain, archevêque de Salerne, prêtre, cardinal du titre de Saint-Auguftin, & légat de Bologne. 1659.

14. Michel Mazarin, romain, général de l'Ordre des Frères-Prêcheurs, archevêque d'Aix, prêtre, cardinal du titre de Sainte-Cécile, & vice-roi de Catalogne. 1648.

15. François Cherubini, natif de Montebobio en Italie, prêtre, cardinal du titre de Saint-Jean-Porte-Latine, & évêque de Sinigaglia. 1656.

16. Chriftophe Vidman, vénitien, diacre, cardinal du titre de Saint-Nérée & de Saint-Achillée, puis prêtre du titre de Saint-Marc, & légat d'Urbin. 1660.

17. Laurent Raggi, génois, diacre, cardinal du titre de Sainte-Marie in Dominicâ, puis de Saint-Ange in Foro Pifcium & de Saint-Euftache, prêtre du titre de Saint-Quirice & de Sainte-Julitte, archevêque de Salerne & de Tarente, & légat de la Romagne. 1687.

18. François Maldachini, natif de Viterbe, diacre, cardinal du titre de Saint-Adrien, puis de Saint-Pancrace, de Sainte-Marie in Porticu, & de Sainte-Marie in Viâ latâ. 1700.

19. Antoine d'Arragon de Cordoue, efpagnol, diacre, cardinal fans titre. 1650.

### Cinquième promotion en 1650.

20. Camille Aftalti, romain, prêtre, cardinal du titre de Saint-Pierre in Monte aureo, & évêque de Catane.

### Sixième promotion en 1652.

21. Jean-François-Paul de Gondi de Retz, français, archevêque de Corinthe, puis de Paris, prêtre, cardinal du titre de Sainte-Marie-fur-la-Minerve, & abbé de Saint-Denis en France. 1679.

22. Dominique Pimentel, efpagnol, provincial des Frères-Prêcheurs, évêque d'Ofma, puis de Cordoue, archevêque de Séville, prêtre, cardinal du titre de Saint-Sylveftre. 1653.

23. Fabio Chigi, fiennois, évêque de Nardi, prêtre, cardinal du titre de Sainte-Marie de Populo, puis évêque d'Imola, & Pape fous le nom d'Alexandre VII.

24. Jean-Jérôme Lomellini, génois, prêtre, cardinal du titre de Saint-Onuphre, & légat de Bologne. 1659.

25. Louis Homodei, milanais, prêtre, cardinal du titre de Saint-Alexis, & légat d'Urbin. 1685.

26. Pierre Ottoboni, vénitien, prêtre, cardinal du titre de Saint-Sauveur in Lauro, puis de Saint-Marc, évêque de Breffe & de Porto, fous-doyen du facré collége, & Pape fous le nom d'Alexandre VIII. 1691.

27. Jacques-Corrado, ferrarois, prêtre, cardinal du titre de Sainte-Marie au-delà du Tibre, & évêque de Jefi. 1666.

28. Marcel de Sainte-Croix, romain, prêtre, cardinal du titre de Saint-Etienne in Cœlio monte, & évêque de Tivoli. 1674.

29. Baccio Aldobrandin, florentin, prêtre, cardinal du titre de Sainte-Agnès, puis de Saint-Nérée & de Saint-Achillée. 1665.

30. Frédéric, landgrave de Heffe-Darmftad, allemand, grand-prieur d'Allemagne & général des galères de l'Ordre de Malte, diacre, cardinal du titre de Sainte-Marie-la-Neuve, puis de Saint-Céfaire, de Saint-Euftache & de Saint-Nicolas in Carcere, & évêque de Breflaw en Siléfie. 1682.

31. Charles Barberin, romain, petit-neveu du pape Urbain VIII, diacre, cardinal du titre de Saint-Céfaire, puis de Saint-Ange in Foro Pifcium, & de Saint-Laurent in Lucinâ. 1704.

32. Laurent Imperiali, génois, cardinal, puis légat de Ferrare, gouverneur de Rome, & légat de la Marche-d'Ançône. 1673.

33. Gilbert Borromée, milanais, cardinal du titre de Saint-Jean & de Saint-Paul. 1672.

34. Jean-Baptifte Spada, lucquois, patriarche de Conftantinople, cardinal du titre de Sainte-Sufanne, & légat de Ferrate. 1675.

35. Profper Caffarelli, romain, prêtre, cardinal du titre de Saint-Callifte. 1659.

36. François Albizzi, natif de Cefene, prêtre, cardinal du titre de Sainte-Marie in Viâ latâ, & évêque de Tivoli. 1684.

37. Octave Aquaviva d'Arragon, napolitain,

prêtre , cardinal du titre de Saint-Barthélemy-en-l'Ile , puis de Sainte-Cécile. 1674.

38. Charles Pio de Savoie , ferrarois , diacre , cardinal du titre de Sainte-Marie *in Dominicâ* ; puis de Saint-Eustache , prêtre du titre de Sainte-Prisque , légat d'Urbin , évêque de Ferrare & de Sabine. 1689.

39. Charles Gualterio , diacre , cardinal du titre de Saint-Pancrace , puis de Saint-Ange *in Foro Piscium* & de Sainte-Marie *in Cosmedin* , prêtre du titre de Saint-Eusèbe , & archevêque de Fermo. 1673.

40. Decio Azolin , natif de Fermo , évêque de Narin , diacre , cardinal du titre de Saint-Adrien , puis de Saint-Eustache. 1689.

### *Alexandre VII , élu Pape en 1655 , mort en 1667.*

#### *Première promotion en 1657.*

1. Flavio Chigi , siennois , neveu du Pape , prêtre , cardinal du titre de Sainte-Marie *de Populo* , légat en France , archiprêtre de Saint-Jean-de-Latran , légat de Ferrare & évêque de Porto. 1693.

#### *Seconde promotion en 1657.*

2. Camille Meltio , milanais , archevêque de Capoue , prêtre , cardinal du titre de Saint-Marcel. 1659.

3. Jules Rospigliosi , natif de Pistoie , archevêque de Tharse , prêtre , cardinal du titre de Saint-Sixte , & Pape sous le nom de Clément IX.

4. Nicolas Bagni , romain , archevêque d'Athènes , prêtre , cardinal du titre de Saint-Eusèbe , & évêque de Sinigaglia. 1663.

5. Jérôme Bonvisi , lucquois , archevêque de Laodicée , prêtre , cardinal du titre de Saint-Jérôme des Illyriens , évêque de Luques & légat de Ferrare. 1677.

6. François Polucci , natif de Forli , secrétaire des brefs , prêtre , cardinal du titre de Saint-Jean-Porte-Latine. 1661.

7. Scipion Delci , siennois , évêque de Piensa ; puis archevêque de Pise , prêtre , cardinal du titre de Sainte-Sabine , & légat d'Urbin. 1670.

8. Jérôme Farnèse , romain , archevêque de Patras , gouverneur de Rome , prêtre , cardinal du titre de Sainte-Agnès , & légat de Bologne. 1668.

9. Antoine Bichi , siennois , évêque d'Osimo , prêtre , cardinal du titre de Saint-Augustin , puis de Sainte-Marie-des-Anges. 1667.

10. Sforce Palavicini , romain , jésuite , prêtre , cardinal du titre de Sainte-Susanne , puis de Saint-Sauveur *in Lauro*. 1667.

#### *Troisième promotion en 1660.*

11. Volumnio Bandinelli , siennois , patriarche de Constantinople , majordome du Pape , prêtre , cardinal du titre de Saint-Martin-aux-Monts. 1667.

12. Edouard Vecchiarelli , natif de Rieti , diacre , cardinal du titre de Saint-Côme & de Saint-Damien , & évêque de Rieti. 1667.

13. Jacques Franzone , génois , prêtre , cardinal du titre de Sainte-Marie *in Arâ cœli* , puis légat de Ferrare , évêque de Camerino , & sous-doyen du sacré collége. 1697.

14. François-Guillaume de Wirtemberg , bavarois , évêque d'Osnabruck , de Minden , de Verden & de Ratisbonne , prêtre , cardinal sans titre. 1661.

15. Pierre Vidoni , crémonois , évêque de Lodi , prêtre , cardinal du titre de Saint-Calliste , & légat de Bologne. 1680.

16. Grégoire Barbarigo , vénitien , évêque de Bergame , prêtre , cardinal du titre de Saint-Thomas *in Pazione* , puis évêque de Padoue. 1697.

17. Paschal d'Arragon de Cardonne , de Cordoue , espagnol , prêtre , cardinal du titre de Sainte-Balbine , vice-roi de Naples , grand-inquisiteur & archevêque de Tolède. 1677.

18. François-Marie Mancini , romain , diacre , cardinal du titre de Saint-Vite & de Saint-Modeste , puis prêtre du titre de Saint-Mathieu *in Merulanâ*. 1672.

#### *Quatrième promotion en 1664.*

19. Jérôme Boncompagnon , bolonais , archevêque de Bologne , prêtre , cardinal du titre de Saint-Pierre & de Saint-Marcellin. 1684.

20. Charles Bonelli , romain , arrière-neveu du pape Pie V , archevêque de Corinthe , prêtre , cardinal du titre de Sainte-Anastasie. 1676.

21. Cœlio Piccolomini , siennois , archevêque de Césarée , nonce en France , prêtre , cardinal du titre de Saint-Pierre *in Monte aureo* , puis légat de Romandiole & de l'exarcat de Ravenne , & archevêque de Sienne. 1681.

22. Charles Caraffa , napolitain , évêque d'Averse , prêtre , cardinal du titre de Sainte-Susanne , & légat de Bologne. 1680.

23. Angelo Celsus , romain , diacre , cardinal du titre de Saint-Georges *in Velabro*. 1671.

24. Paul Savelli-Peretti , romain , diacre , cardinal du titre de Sainte-Marie *della Scala* , puis de Saint-Nicolas *in Carcere*. 1685.

25. Alphonse Litta , milanais , archevêque de Milan , prêtre , cardinal du titre de Sainte-Croix de Jérusalem. 1679.

26. Nérée Corsini , florentin , archevêque de Damiette , cardinal du titre de Saint-Nérée & de Saint-Achillée , puis légat de Ferrare & évêque d'Arezzo. 1678.

27. Palluzzo Palluzzi-Albertoni , romain , dit *Altieri* , par adoption du pape Clément X , dont il fut le premier ministre , cardinal du titre des douze Apôtres , puis évêque de Monte-Fiascone , archevêque de Ravenne , camerlingue de la Sainte-Eglise & sous-doyen du sacré collége. 1698.

28. César Rasponi , natif de Ravenne , prêtre , cardinal du titre de Saint-Jean-Porte-Latine. 1675.

29. Jean-Nicolas Conti, romain, prêtre, cardinal du titre de Sainte-Marie au-delà du Tibre, puis évêque d'Ancône & de Sabine. 1698.
30. Jacques-Philippe Nini, fiennois, majordome du Pape, prêtre, cardinal du titre de Sainte-Marie-de-la-Paix, & camerlingue de la Sainte-Eglise. 1680.

### Cinquième promotion en 1666.

31. Jules Spinola, génois, archevêque de Laodicée, nonce à Vienne, prêtre, cardinal du titre de Saint-Sylveftre, puis de Saint-Martin-aux-Monts, évêque de Sutri, de Nepi & de Luques. 1691.
32. Charles Roberti, romain, archevêque de Tharfe, nonce en France, cardinal du titre de Saint-Martin *in Arâ cœli*, & légat de la Romagne. 1673.
33. Vitalia Vifconti, milanais, archevêque d'Ephèfe, nonce en Efpagne, cardinal, archevêque de Montréal. 1671.
34. Inigo Caraccioli, napolitain, prêtre, cardinal du titre de Saint-Clément, archevêque de Naples. 1685.

### Sixième promotion en 1667.

35. Jean Delfini, vénitien, patriarche d'Aquilée, prêtre, cardinal du titre de Saint-Sauveur *in Lauro*, puis de Saint-Vite & de Saint-Modefte. 1699.
36. Guidobaldé de Tlum, allemand, archevêque de Saltzbourg, cardinal fans titre, puis évêque de Ratisbonne. 1668.
37. Louis, duc de Vendôme, gouverneur de Provence, &c. français, prêtre, cardinal du titre de Sainte-Marie *in Porticu*, & légat en France. 1669.
38. Louis-Guillaume de Moncade, de Lima, d'Arragon, duc d'Alcala, efpagnol, vice-roi de Sicile, diacre, cardinal fans titre. 1672.

### Clément IX, élu Pape en 1667, mort en 1669.

### Première promotion en 1667.

1. Jacques Rofpigliofi, natif de Piftoie, neveu du Pape, prêtre, cardinal du titre de Saint-Sixte, & archiprêtre de Sainte-Marie-Majeure. 1684.
2. Léopold de Médicis, frère du grand-duc de Tofcane, diacre, cardinal du titre de Saint-Côme & de Saint-Damien, puis de Sainte-Marie *in Cofmedin*. 1675.
3. Sigifmond Chigi, fiennois, neveu du pape Alexandre VII, grand-prieur de Rome, diacre, cardinal du titre de Sainte-Marie *in Dominicâ*, & légat de Ferrare. 1678.

### Seconde promotion en 1669.

4. Emmanuel-Théodofe de la Tour-d'Auvergne de Bouillon, français, cardinal du titre de Saint-Laurent *in Pane*, puis de Saint-Pierre-ès-Liens, grand-aumônier de France, grand-prévôt de Liége & évêque d'Oftie, & doyen des cardinaux. 1715.

### Troifième promotion en 1669.

5. Louis-Emmanuel-Fernandez Porto-Carrero, efpagnol, prêtre, cardinal du titre de Sainte-Sabine, archevêque de Tolède, commandeur de l'Ordre du Saint-Efprit & évêque de Paleftrine. 1709.
6. François Nerli, florentin, évêque de Piftoie, puis archevêque de Florence, cardinal du titre de Saint-Barthélemy-en-l'Ile. 1670.
7. Emile Altieri, romain, évêque de Camerino, cardinal, puis Pape fous le nom de Clément X.
8. Charles Cerri, romain, prêtre, cardinal du titre de Saint-Adrien, évêque de Ferrare & légat d'Urbin. 1690.
9. Lazare Pallavicini, génois, cardinal du titre de Sainte-Marie *in Aquiro*, & légat de Bologne. 1680.
10. Jean Bona, piémontais, feuillant, prêtre, cardinal du titre de Saint-Bernard-aux-Thermes de Dioclétien. 1674.
11. Nicolas Acciaïoli, florentin, diacre, cardinal du titre de Saint-Côme & de Saint-Damien, puis légat de Ferrare, évêque de Porto & d'Oftie, doyen du facré collége. 1719.
12. Bonacurfe Bonacorfi, natif de Macerata, cardinal du titre de Sainte-Marie *della Scala*, & légat de Bologne. 1678.

### Clément X, élu Pape en 1670, mort en 1676.

### Première promotion en 1670.

1. Frédéric Borromée, milanais, patriarche de Conftantinople, fecrétaire d'Etat, cardinal du titre de Sainte-Agnès, & préfet de la congrégation des Immunités. 1673.
2. Camille Maffimi, romain, patriarche de Jérufalem, maître-de-chambre du Pape, cardinal. 1677.
3. Gafpard Carpegna, romain, archevêque de Nicée, dataire du Pape, cardinal, puis vice-chancelier & vicaire du Pape, & évêque de Sabine. 1714.

### Seconde promotion en 1672.

4. Guftave, marquis de Bade-Dourlach, allemand, abbé de Fulde, cardinal du titre de Sainte-Sufanne. 1677.
5. Pierre de Bonzi, français, évêque de Béziers, puis archevêque de Touloufe, grand-aumônier de la reine Marie-Thérèfe d'Autriche, cardinal, archevêque de Narbonne & commandeur de l'Ordre du Saint-Efprit. 1703.
6. Vincent-Marie des Urfins, frère du duc de Gravina, romain, religieux de l'Ordre des Frères-Prêcheurs, puis archevêque de Manfredonia & de Bénévent, cardinal du titre de Saint-Sixte, évêque de Porto, depuis Pape fous le nom de Benoît XIII.

### Troifième promotion en 1672.

7. Céfar d'Eftrées, français, évêque & duc de

Laon, cardinal du titre de Sainte-Marie *in Viâ*, commandeur de l'Ordre du Saint-Esprit & évêque d'Albano.

8. Jean-Evrard Nidhard ou Nitard, allemand, jésuite, confesseur de la reine d'Espagne, son premier ministre, ambassadeur d'Espagne à Rome, archevêque d'Edesse, puis de Montréal & de Palerme, cardinal du titre de Saint-Barthélemy-en-l'Ile. 1681.

### Quatrième promotion en 1673.

9. Félix Rospigliosi, romain, neveu du pape Clément IX, cardinal du titre de Sainte-Marie *in Porticu*. 1688.

### Cinquième promotion en 1673.

10. François Nerli, florentin, archevêque d'Andrinople & de Florence, nonce en France, cardinal du titre de Saint-Mathieu *in Merulanâ*, puis de Sainte-Susanne & de Saint-Laurent *in Lucinâ*, & archiprêtre de Saint-Pierre. 1708.

11. Jérôme Casanate, napolitain, secrétaire des évêques & des réguliers, cardinal du titre de Sainte-Marie *in Porticu*, légat d'Urbin & bibliothécaire du Vatican. 1700.

12. Jérôme Guastaldi, génois, trésorier de la Chambre apostolique, cardinal du titre de Sainte-Pudentiane, légat à Bologne & archevêque de Bénévent. 1685.

13. Pierre Bassadona, vénitien, procurateur de Saint-Marc, cardinal. 1684.

14. Frédéric Baldeschi-Colonne, natif de Pérouse, archevêque de Césarée, cardinal du titre de Saint-Marcel, & préfet de la congrégation du concile. 1691.

### Sixième promotion en 1675.

15. Alexandre Crescentio, romain, patriarche d'Alexandrie, puis d'Antioche, cardinal du titre de Sainte-Prisque, évêque de Lorette, puis de Recanati. 1688.

16. Bernard Rocci, romain, majordome du Pape, archevêque de Damas, cardinal du titre de Saint-Etienne *in Cœlio monte*, évêque d'Orviette & légat de Ferrare. 1680.

17. Fabrice Spada, crémonois, archevêque de Patras, nonce en France, cardinal du titre de Saint-Calliste, & évêque de Palestrine. 1717.

18. Mario Albitrio, napolitain, archevêque de Néocésarée, nonce à Vienne, cardinal du titre de Saint-Jean-Porte-Latine. 1680.

19. Galeas Marescotti, bolonais, archevêque de Corinthe, nonce en Espagne, cardinal du titre de Saint-Bernard-aux-Thermes de Dioclétien, & légat de Ferrare. 1726.

20. Thomas-Philippe Howard, de Norfolck, anglais, de l'ordre des Frères-Prêcheurs, grand-aumônier de la reine d'Angleterre, cardinal du titre de Sainte-Cécile, & archiprêtre de Sainte-Marie-Majeure. 1694.

---

Innocent XI, élu Pape en 1676, mort en 1689.

### Première promotion en 1681.

1. Jean-Baptiste Spinola, génois, archevêque d'Arcerenca, puis de Gênes, prêtre, cardinal du titre de Sainte-Cécile. 1704.

2. Antoine Pignatelli, napolitain, archevêque de Larisse, nonce en Pologne & à Vienne, évêque de Leca & de Faënza, maître de la chambre du Pape, prêtre, cardinal, légat de Bologne, archevêque de Naples, & Pape sous le nom d'Innocent XII.

3. Etienne Brancacio, napolitain, archevêque d'Andrinople, nonce à Florence & à Venise, & évêque de Viterbe, prêtre, cardinal. 1682.

4. Etienne Agostini, natif de Forli dans la Romagne, archevêque d'Héraclée, prêtre, cardinal. 1683.

5. François Bonvisi, lucquois, archevêque de Thessalonique, nonce à Cologne, en Pologne & à Vienne, prêtre, cardinal, & évêque de Luques. 1700.

6. Savo Mellini, romain, archevêque de Césarée, prêtre, cardinal du titre de Saint-Pierre-ès-Liens, & évêque de Sutri. 1701.

7. Frédéric Visconti, milanais, archevêque de Milan, prêtre, cardinal. 1693.

8. Marc Gallio, natif de Côme dans le duché de Milan, évêque de Rimini, prêtre, cardinal. 1683.

9. Flaminio del Taya, siennois, auditeur de Rote, prêtre, cardinal. 1682.

10. Raymond Capissucchi, romain, originaire de Provence, de l'Ordre des Frères-Prêcheurs, maître du sacré palais, prêtre, cardinal. 1691.

11. Jean-Baptiste de Luca, natif de Venozza, au royaume de Naples, référendaire des deux signatures, & auditeur du Pape, prêtre, cardinal. 1683.

12. Laurent Brancatti, natif de Lauria en Calabre, de l'Ordre des Frères-Mineurs conventuels, consulteur du Saint-Office, prêtre, cardinal du titre des douze Apôtres. 1693.

13. Urbain Sacchetti, florentin, auditeur-général de la chambre apostolique, diacre, cardinal du titre de Sainte-Marie *in Tranfvetere*. 1705.

14. Jean-François Ginetti, romain, originaire de Velletri, trésorier-général de la chambre apostolique, diacre, cardinal du titre de Saint..... & archevêque de Fermo. 1691.

15. Benoît Pamphile, romain, petit-neveu du pape Innocent X, grand-prieur de Rome, diacre, cardinal. 1730.

16. Michel-Ange Ricci, romain, secrétaire de la Congrégation des Indulgences, diacre, cardinal. 1682.

### Seconde promotion en 1686.

17. Maximilien Gandolf, comte de Khuem-

bourg, allemand, archevêque de Saltzbourg, cardinal. 1687.

18. Veriſſimo d'Alencaſtro, portugais, archevêque de Brague, puis de Lisbonne, grand-inquiſiteur de Portugal, cardinal. 1692.

19. Jacques de Angelis, natif de Piſe, archevêque d'Urbin & vice-gérent, cardinal du titre de Sainte-Marie *in Ará cœli*. 1695.

20. Obizzo Pallavicini, génois, archevêque d'Epheſe, nonce à Cologne & en Pologne, cardinal du titre de Saint-Martin-aux-Monts, & évêque d'Oſimo. 1700.

21. Angelo Ranuzzi, bolonais, archevêque de Damiette, puis évêque de Fano, nonce en Pologne & en France, cardinal & archevêque de Bologne. 1689.

22. Marcel Durazzo, génois, archevêque de Chalcédoine, nonce en Portugal & en Eſpagne, cardinal, légat de la Romagne, & évêque de Faënza. 1710.

23. Horace Matthei, romain, archevêque de Damas, auditeur de Rote & majordome du Pape, cardinal. 1688.

24. Marc-Antoine Barbarigo, vénitien, archevêque de Corfou, & évêque de Monte-Fiaſconne, cardinal. 1706.

25. Léopold, comte de Kollonitſch, hongrois, évêque de Javarin, puis de Neuſtad, & archevêque de Strigonie, cardinal. 1707.

26. Guillaume Egon, prince de Furſtemberg, allemand, évêque de Strasbourg, commandeur de l'Ordre du Saint-Eſprit, cardinal. 1704.

27. Pierre Salazar, eſpagnol, général de l'Ordre de la Merci, puis évêque de Salamanque & de Cordoue, cardinal. 1706.

28. Michel Radziejowski, polonais, évêque de Varmie, puis archevêque de Gneſne, cardinal. 1705.

29. Jean, baron de Goëz, allemand, évêque de Gurck, cardinal. 1696.

30. Etienne Lecamus, français, évêque & prince de Grenoble, cardinal du titre de Sainte-Marie-des-Anges. 1707.

31. Charles Ciceri, milanais, évêque de Côme, cardinal. 1694.

32. Pierre-Mathieu Petrucci, évêque de Jeſi ſa patrie, cardinal. 1701.

33. François de Médicis, frère du grand-duc de Toſcane, cardinal, remit le chapeau en 1709, & épouſa Eléonore de Gonzague-Guaſtalle. 1711.

34. Rinaldo d'Eſt, oncle du duc de Modène, cardinal, puis duc de Modène, remit le chapeau en 1695, & épouſa la même année la princeſſe Charlotte-Félicité de Brunſwick-Lunebourg.

35. Dominique-Marie Corſi, florentin, auditeur de la chambre apoſtolique, évêque de Rimini, cardinal du titre de Saint-Pierre *in Monte aureo*. 1697.

36. Jean-François Négroni, génois, tréſorier-

général de la chambre apoſtolique, évêque de Faënza, cardinal. 1712.

37. Fulvio Aſtalli, romain, clerc de chambre du Pape, cardinal du titre de Saint..... puis légat de Ferrare, évêque de Sabine & doyen des cardinaux. 1721.

38. Gaſpard Cavallieri, romain, clerc de chambre du Pape, cardinal du titre de Saint..... & archevêque de Capoue. 1690.

39. Jean Gualter Sluze, liégeois, ſecrétaire des brefs, cardinal. 1687.

40. Jean-Caſimir de Deuhoff, polonais, commandeur de l'hôpital du Saint-Eſprit, évêque de Carpentras & de Ceſène, cardinal. 1697.

41. Fortunato Caraffe, napolitain, frère du grand-maître de Malte, évêque d'Averſa, cardinal. 1696.

42. Leandro Colleredo, natif d'Udine, prêtre de l'Oratoire de la Chieſa-Nova, cardinal du titre de Sainte-Marie *in Tranſvetere*, & grand-pénitencier. 1709.

43. Joſeph Saëns d'Aguine, eſpagnol, religieux bénédictin, profeſſeur en théologie en l'Univerſité de Salamanque, cardinal. 1699.

*Alexandre VIII, élu Pape en 1689, mort en 1691.*

*Première promotion en 1689.*

1. Pierre Ottoboni, vénitien, petit-neveu du Pape, cardinal du titre de Saint-Laurent *in Damaſo*, abbé de Saint-Paul de Verdun. 1740.

*Seconde promotion en 1690.*

2. Touſſaint de Forbin de Janſon, français, évêque de Digne, puis de Marſeille & de Beauvais, cardinal du titre de Saint-Calliſte, & grand-aumônier de France. 1713.

3. Bandino Panciatici, florentin, patriarche de Jéruſalem & dataire du Pape, cardinal du titre de Saint-Pancrace, & préfet de la Congrégation du concile. 1718.

4. Jacques Cantelini, napolitain, nonce en Pologne & archevêque de Naples, cardinal. 1702.

5. Ferdinand d'Adda, milanais, archevêque d'Amaſie, & nonce en Angleterre, cardinal du titre de Saint-Pierre-ès-Liens, évêque d'Albano. 1719.

6. Jean-Baptiſte Rubini, vénitien, neveu du Pape, évêque de Vicence, cardinal du titre de Saint-Marc. 1707.

7. Jean-François Albani, natif de Peſaro dans l'Etat d'Urbin, ſecrétaire des brefs, cardinal du titre de Saint-Adrien, & Pape ſous le nom de Clément XI.

8. Charles Bichi, ſiennois, auditeur-général de la chambre apoſtolique, diacre, cardinal du titre de Sainte-Agathe. 1718.

9. Joſeph-Réné Imperiali, génois, tréſorier-général de la chambre apoſtolique, cardinal du titre

# CHRONOLOGIE. 729

titre de Saint-Georges *in Velabro*, puis de Saint-Laurent *in Lucinâ*. 1737.

10. Jean-Baptiste Costaguti, romain, doyen des clercs-de-chambre, cardinal du titre de Sainte-Anastasie. 1704.

11. Louis Homodéi, milanais, clerc-de-chambre, diacre, cardinal du titre de Sainte-Marie *in Porticu*. 1706.

12. François Giudice, napolitain, originaire de Gênes, clerc-de-chambre, cardinal du titre de..... puis archevêque de Montréal, & évêque de Palestrine & de Velletri, & doyen du sacré collége. 1725.

### Troisième promotion en 1690.

13. François Barberin, romain, auditeur de la chambre du Pape, cardinal, évêque de Palestrine, puis d'Ostie & de Velletri, sous-doyen du sacré collége.

14. Laurent Altieri, romain, petit-neveu du pape Clément X, cardinal du titre de Sainte-Agathe.

## Innocent XII, élu Pape en 1691, mort en 1700.

### Première promotion en 1695.

1. Sébastien-Antoine Tanara, bolonais, archevêque de Damas, nonce à Vienne, cardinal du titre des Quatre-Saints couronnés, légat de la Romagne, évêque de Frescati, puis doyen du sacré collége en 1721. 1724.

2. Jacques Boncompagnon, bolonais, archevêque de Bologne, cardinal du titre de Sainte-Marie *in Viâ latâ*, puis évêque d'Albano. 1731.

3. Jean-Jacques Cavallerini, romain, archevêque de Nicée, nonce en France, cardinal du titre de Sainte-Praxède, puis préfet de la signature de justice. 1699.

4. Frédéric Caccia, milanais, archevêque de Milan, nonce en Espagne, cardinal du titre de Sainte-Pudentiane. 1699.

5. Thadée-Louis del Verme, plaisantin, évêque de Fano, puis de Ferrare, cardinal du titre de Saint-Alexis. 1717.

6. Thomas-Marie Ferrari, napolitain, de l'Ordre des Frères-Prêcheurs, maître du sacré palais, cardinal du titre de Saint-Clément. 1716.

7. Joseph Sacripante, natif de Narni, référendaire des deux signatures, cardinal du titre de Sainte-Marie au-delà du Tibre, puis de Sainte-Praxède. 1727.

8. Célestin Sfondrate, milanais, bénédictin, abbé de Saint-Gal en Suisse, cardinal du titre de Sainte-Cécile. 1696.

9. Henri Noris, véronais, de l'Ordre de Saint-Augustin, bibliothécaire du Vatican, cardinal du titre de Saint-Augustin. 1704.

10. Jean-Baptiste Spinola, génois, gouverneur de Rome, cardinal du titre de Saint-Césarée, puis des Saints-Apôtres, camerlingue de la sainte Eglise. 1719.

11. Dominique Tarugi, natif d'Orviète, auditeur de Rote, évêque de Ferrare, cardinal du titre de Sainte-Marie *della Scala*. 1696.

12. Henri de la Grange, marquis d'Arquien, français, chevalier des Ordres du Roi, père de la reine de Pologne, cardinal du titre de Saint-Nicolas *in Carme Tulliano*. 1707.

### Seconde promotion en 1697.

13. Pierre du Cambout de Coislin, français, évêque d'Orléans, cardinal du titre de la Trinité *in Monte Pincio*, & grand-aumônier de France. 1706.

14. Vincent Grimani, vénitien. 1710.

15. Louis d'Aguilar de Cordoue, espagnol, cardinal du titre de..... & grand-inquisiteur d'Espagne. 1699.

16. Louis de Souza, portugais, archevêque de Lisbonne, cardinal. 1702.

17. Georges Cornaro, vénitien, nonce en Portugal, évêque de Padoue, cardinal du titre des douze Apôtres. 1722.

### Troisième promotion en 1697.

18. Balthasard Couci, romain, maître-de-chambre du Pape, archevêque de Fermo, cardinal du titre de Saint-Pierre *in Monte aureo*. 1709.

### Quatrième promotion en 1698.

19. Jacques-Antoine Morigia, milanais, de l'Ordre des Barnabites, puis évêque de Pavie, cardinal du titre de Sainte-Cécile. 1708.

20. Fabrice Paulucci, natif de Forli, nonce en Pologne, évêque de Ferrare, cardinal du titre de Saint..... grand-pénitencier, évêque d'Albano, vicaire du Pape en 1721, depuis doyen du sacré collége. 1726.

### Cinquième promotion en 1699.

21. Marc-Daniel Delfini, vénitien, archevêque de Damas, nonce en France, cardinal du titre de Sainte-Susanne, & évêque de Brescia. 1704.

22. André de Sainte-Croix, romain, nonce en Pologne, puis à Vienne, cardinal du titre de Sainte-Marie *de Populo*, & évêque de Viterbe. 1712.

23. Joseph Archinto, milanais, nonce en Espagne, puis archevêque de Milan, cardinal. 1712.

24. Marcel d'Asti..... président de la légation d'Urbin, puis évêque d'Ancône, cardinal. 1707.

25. Jean-Marie Gabrieli, natif de Citta di Castello, général des religieux de Saint-Bernard, cardinal. 1711.

26. Nicolas Bodolovic, napolitain, originaire de Raguse, archevêque de Chieti, secrétaire de la Congrégation des évêques réguliers, cardinal du titre de Saint-Barthélemy *in Insulâ*. 1702.

27. Sperello Sperelli, natif de Jesi, assesseur du

Saint-Office, cardinal du titre de Saint-Jean-Porte-Latine. 1710.

### Sixième promotion en 1700.

28. Louis-Antoine de Noailles, français, évêque de Cahors, puis de Châlons, & archevêque de Paris, commandeur de l'Ordre du Saint-Esprit, prêtre, cardinal du titre de Sainte-Marie-sur-la-Minerve. 1729.

29. Jean-Philippe, comte de Lamberg, allemand, évêque de Paffaw, cardinal du titre de Saint-Sylvestre. 1712.

30. François de Borgia-Gandie, efpagnol, chanoine de Tolède, puis évêque de Calahorra, & archevêque de Burgos, cardinal. 1702.

*Clément XI, élu Pape en 1700, mort en 1721.*

### Première promotion en 1703.

1. François Pignatelli, napolitain, nonce en Pologne, archevêque de Naples, cardinal, évêque de Sabine, puis de Porto, doyen du facré collége.

### Seconde promotion en 1706.

2. François Marletti, florentin, patriarche de Jérufalem, & fecrétaire de la Confulte, cardinal du titre de Saint-Eufebe. 1717.

3. Jean Badoëro, vénitien, patriarche de Venife, cardinal du titre de Saint-Marc, & évêque de Brefcia. 1714.

4. Laurent de Fiefque, génois, nonce extraordinaire en France, & archevêque de Gênes, cardinal du titre de Sainte-Marie-de-la-Paix. 1726.

5. Laurent Cafoni, génois, affeffeur du Saint-Office, archevêque de Céfarée, cardinal du titre de Saint-Bernard, puis de Saint-Pierre-ès-Liens, légat de Ferrare & de Bologne. 1720.

6. Laurent Corfini, florentin, archevêque de Nicomédie, cardinal du titre de Sainte-Sufanne, puis de Saint-Pierre-ès-Liens, évêque de Frefcati, puis Pape fous le nom de Clément XII, en 1730.

7. François Aquaviva, napolitain, archevêque de Lariffe, nonce en Efpagne, cardinal du titre de Saint-Barthélemy *in Infulâ*, puis de Sainte-Cécile. 1725.

8. Chriftian Augufte, duc de Saxe-Zeits, allemand, évêque de Javarin, cardinal, puis archevêque de Strigonie. 1725.

9. Thomas Ruffo, napolitain, archevêque de Nicée, maître-de-chambre du Pape, cardinal du titre de Saint-Laurent, puis de Sainte-Marie *in Tranfvetere*, légat de la Romagne, puis de Ferrare, légat de Bologne en 1721, puis évêque de Paleftrine, mort doyen des cardinaux en 1753.

10. Philippe-Antoine Gualterio, d'Orviète, évêque d'Imola, nonce en France, cardinal du

titre de Saint-Chryfogon, puis légat de la Romagne, & évêque de Todi, abbé de Saint-Victor de Paris. 1728.

11. Horace-Philippe Spada, lucquois, évêque de Luques, nonce en Pologne, cardinal du titre de Saint-Onuphre. 1724.

12. Horatio Pallavicini, parmefan, gouverneur de Rome, cardinal du titre de Sainte-Agnès. 1712.

13. Charles Colonne, romain, majordome du Pape, cardinal du titre de Sainte-Marie *della Scala*, puis de Saint-Ange *in Pefcaria*. 1739.

14. Jean-Dominique Paracciani, romain, auditeur du Pape, cardinal du titre de Sainte-Anaftafie, puis évêque de Sinigaglia, & vicaire du Pape. 1721.

15. Alexandre Caprara, bolonais, auditeur de Rote, cardinal du titre des SS. Nérée & Achillée. 1711.

16. Jofeph-Emmanuel de la Trémoille, français, auditeur de Rote, cardinal du titre de la Trinité-du-Mont, puis commandeur de l'Ordre du Saint-Efprit, & archevêque de Cambrái. 1720.

17. Nicolas Grimaldi, génois, fecrétaire de la Congrégation des évêques & réguliers, & cardinal du titre de Sainte-Marie *in Cofmedin*, puis de Saint-Mathieu *in Merulanâ*. 1717.

18. Pierre Priuli, vénitien, clerc de la chambre, cardinal du titre de Saint-Adrien, puis de Saint-Marc. 1728.

19. Gabriel Philippucci, de Macerata, votant de la fignature, ayant refufé le chapeau, le Pape lui donna deux mille écus de penfion. 1706.

20. Charles-Auguftin Fabroni, de Piftoie, fecrétaire de la Congrégation *de Propagandâ Fide*, cardinal du titre de Saint-Auguftin. 1727.

### Troifième promotion en 1706.

21. Michel-Ange Conti, romain, nonce en Portugal, cardinal du titre de Saint-Quiriace & de Sainte-Julitte, puis évêque d'Ofimo, légat de Ferrare, évêque de Viterbe, & Pape fous le nom d'Innocent XIII.

### Quatrième promotion en 1707.

22. Jofeph Vallemani, natif de Fabriano, archevêque d'Athènes, & majordome du Pape, cardinal du titre de Sainte-Marie-des-Anges. 1725.

23. Charles-Marie Maillard de Tournon, piémontais, patriarche d'Antioche, vifiteur-général apoftolique à la Chine & aux Indes orientales, avec le pouvoir de légat *à latere*. 1710.

### Cinquième promotion en 1709.

24. Uliffe Gozzadini, bolonais, fecrétaire des brefs, cardinal du titre de Sainte-Croix de Jérufalem, puis évêque d'Imola, & légat de Ravenne. 1728.

25. Antoine-François San-Vital, natif de Parme, cardinal du titre de Saint-Pierre *in Monte aureo*. 1714.

### Sixième promotion en 1711.

26. Annibal Albani, neveu du Pape, cardinal du titre de Sainte-Marie *in Cosmedin*, puis prêtre du titre de Saint-Clément, & camerlingue de la sainte Eglise, évêque de Sabine.

### Septième promotion en 1712.

27. Wolgand Annibal, baron de Strottenbach, allemand, évêque d'Olmutz, cardinal du titre de Saint-Marcel, vice-roi de Naples.

28. Armand Gaston de Rohan-Soubise, français, évêque de Strasbourg, cardinal du titre de la Trinité-du-Mont, dit *in Pincio*, & grand-aumônier de France.　　1749.

29. Unno Dacunha d'Attayde, portugais, inquisiteur-général de Portugal, cardinal du titre de Sainte-Anastasie.

30. Louis Friuli, vénitien, auditeur de Rote, cardinal du titre de Saint-Marc.　　1720.

31. Augustin Cusani, milanais, nonce en France, puis évêque de Pavie, cardinal du titre de Sainte-Marie *del Popolo*, & légat de Bologne.　1730.

32. Jules Piazza, de Forli, nonce à Vienne, cardinal du titre de Saint-Laurent *in Pane & Perna*, puis légat de Ferrare.　　1726.

33. Antoine Davia, bolonais, nonce à Vienne, puis évêque de Rimini, cardinal du titre de Saint-Calliste, puis de Saint-Pierre-ès-Liens, & enfin de Saint-Laurent *in Lucina*, légat d'Urbin & de la Romagne.　　1740.

34. Antoine-Félix Zondadari, siennois, nonce en Espagne, cardinal du titre de Sainte-Balbine.　　1737.

35. Jean-Marie Thomasi, des ducs de Palma, de Palerme, théatin, cardinal du titre de Saint-Martin-aux-Monts.　　1713.

36. Jean-Baptiste Tolomei, de Pistoie, jésuite, cardinal du titre de Saint-Etienne-le-Rond. 1726.

37. François-Marie Casini d'Arazo, capucin, prédicateur du palais apostolique, cardinal du titre de Sainte-Prisque.　　1719.

38. Louis Pic de la Mirandole, majordome du Pape, cardinal du titre de Saint-Sylvestre *in Capite*, puis évêque de Sinigaglia.　　1743.

39. Curse Origo, romain, secrétaire de la Consulte, cardinal du titre de Saint-Eustache. 1737.

40. Pierre Marcellin Corradini, natif de Sezza, Etat du Pape, auditeur du Pape, cardinal du titre de Saint-Jean-Porte-Latine, puis préfet de la signature du concile, dataire en 1721. 1743.

41. Jean-Baptiste Bussi, de Viterbe, évêque d'Ancône, nonce à Cologne, cardinal du titre de Sainte-Marie *in Ard cœli*.　　1726.

### Huitième promotion en 1713.

42. Emmanuel d'Arias, espagnol, archevêque de Séville, cardinal.　　1717.

43. Melchior de Polignac, français, abbé de Corbie, d'Anchin, &c. cardinal.　　1741.

44. Benoît Sala, espagnol, bénédictin, évêque de Barcelone, cardinal.　　1715.

45. Benoît Erba Odescalchi, milanais, archevêque de Milan, cardinal du titre des SS. Nérée & Achillée, puis de Saint-Alexis.　　1740.

### Neuvième promotion en 1715.

46. Fabio Ollivieri, natif de Pisaro, cousin-germain du Pape, majordome du Pape, cardinal du titre des SS. Vite & Modeste, & secrétaire des brefs en 1721.

47. Damien-Hugues-Philippe-Antoine de Schœnborn, allemand, commandeur de l'Ordre teutonique, & vice-chancelier de l'Empire, cardinal prêtre du titre de Saint-Nicolas *in Carcere*, puis de Saint-Pancrace, & évêque de Spire.　　1743.

### Dixième promotion en 1715.

48. Henri de Thiard de Bissi, français, évêque de Toul, puis de Meaux, cardinal du titre de Saint-Quirice & de Sainte-Julitte, puis de Saint-Bernard-aux-Thermes.　　1737.

49. Inigo Caraccioli, napolitain, évêque d'Aversa, cardinal du titre de Saint-Thomas *in Parione*.　　1730.

50. Bernardin Scotti, milanais, auditeur de Rote, & gouverneur de Rome, cardinal du titre de Saint-Pierre *in Monte aureo*, puis préfet de la signature de grace.　　1726.

51. Charles Marini, génois, maître-de-chambre du Pape, cardinal du titre de Sainte-Marie *in Aquiro*, président d'Urbin, & préfet des Rits. 1747.

### Onzième promotion en 1715.

52. Nicolas Caraccioli, napolitain, archevêque de Capoue, & vice-gérent, cardinal du titre de Saint-Martin-du-Mont.　　1728.

53. Jean Patrizi, romain, trésorier-général de la chambre apostolique, & archevêque de Séleucie, cardinal du titre des Quatre-Saints couronnés, puis légat de Ferrare.　　1727.

54. Ferdinand Nuzzi, natif d'Orta, dans l'Etat ecclésiastique, archevêque de Nicée, secrétaire de la Congrégation des évêques & réguliers, cardinal & évêque d'Orviète.　　1717.

55. Nicolas-Cajétan Spinola, génois, archevêque de Thèbes, & auditeur-général de la chambre apostolique, cardinal du titre de Saint-Sixte, puis de Saint-Nérée & de Saint-Achillée. 1735.

### Douzième promotion en 1717.

56. Gisbert Borromée, milanais, évêque de Novarre, patriarche titulaire d'Antioche, & maître-de-chambre du Pape, cardinal du titre de Saint-Alexis.

### Treizième promotion en 1717.

57. Jules Alberoni, plaisantin, envoyé du duc de Parme à la cour d'Espagne, cardinal. 1752.

58. Emeric Csacki, hongrois, archevêque de

Colocza, & évêque de Varadin, cardinal du titre de Saint-Eufebe. 1732.

### Quatorzième promotion en 1719.

59. Georges Spinola, génois, archevêque de Céfarée, & nonce à Vienne, cardinal du titre de Sainte-Agnès-hors-des-Murs, miniftre & fecrétaire-d'Etat en 1721. 1739.
60. Cornelio Bentivoglio, ferrarois, archevêque de Carthage, nonce en France, cardinal du titre de Saint-Jérôme-des-Efclavons, puis de Sainte-Cécile. 1732.
61. Léon Potier de Gefvres, français, archevêque de Bourges, cardinal. 1744.
62. François de Mailli, français, archevêque & duc de Reims, cardinal. 1721.
63. Thomas-Philippe de Hennin, de Boffut, d'Alface, flamand, archevêque de Malines, cardinal du titre de Saint-Céfarée.
64. Louis de Belluga & Moncade, efpagnol, évêque de Carthagène, cardinal du titre de Sainte-Marie-Tranfpontine, puis de Sainte-Prifque.
65. Michel-Frédéric, comte d'Altrann, allemand, évêque de Vaccia, cardinal du titre de Sainte-Sabine. 1734.
66. Jofeph Pereira de la Cerda, portugais, évêque de Faro en Algrave, cardinal du titre de Sainte-Sufanne. 1738.
67. Jean-Baptifte Salerno, ficilien, jéfuite, cardinal du titre de Sainte-Prifque. 1729.
68. Jean-François Barbarigo, vénitien, évêque de Brefcia, puis de Padoue en 1723, cardinal du titre de Saint-Pierre & de Saint-Marcellin. 1730.

### Quinzième promotion en 1720.

69. Charles Borgia, efpagnol, patriarche des Indes, grand-maître de la Chapelle de Sa Majefté catholique, cardinal du titre de Sainte-Pudentiane. 1733.
70. Alvare Cienfuegos, efpagnol, jéfuite, évêque de Catane, cardinal du titre de Saint-Barthélemy-en-l'Ifle. 1739.

*Innocent XIII, élu Pape en 1721, mort en 1723.*

### Première promotion en 1721.

1. Bernard-Marie Conti, frère du Pape, évêque de Terracine, cardinal du titre de Saint-Bernard-des-Thermes. 1730.

### Seconde promotion en 1721.

2. Guillaume Dubois, français, archevêque, duc de Cambrai, premier miniftre & fecrétaire-d'Etat, cardinal. 1723.
3. Alexandre Albani, romain, clerc de la chambre apoftolique, & neveu du pape Clément XI, cardinal du titre de Saint-Adrien.

4. Pierre-Marcellin Corradini de Sezza, cardinal. 1743.

*Benoît XIII, élu le 19 mai 1724, mort en 1730.*

### Première promotion le 11 feptembre 1724.

1. Jean-Baptifte Altieri, romain, doyen de la chambre apoftolique, archevêque de Tyr, cardinal, prêtre du titre de Saint-Mathieu *in Merulanâ.*
2. Alexandre Falconieri, romain, gouverneur de Rome, & auditeur de Rote, cardinal, diacre du titre de Sainte-Marie-de-l'Echelle. 1734.

### Seconde promotion le 20 novembre 1724.

3. Vincent Petra, napolitain, archevêque de Damas, cardinal, prêtre du titre de Saint-Onuphre, puis préfet de la Congregation *de Propaganda Fide,* & grand-pénitencier de l'Eglife romaine. 1747.

### Troisième promotion le 20 décembre 1724.

4. Profper-Marc Fofchi, de Macerata, archevêque de Céfarée, cardinal, prêtre du titre de Saint-Chryfogon, puis de Saint-Callifte, & enfin de Saint-Sylveftre *in Capite,* vicaire-général de Rome. 1732.
5. Auguftin Pipia, d'Oreftan en Sardaigne, général de l'Ordre de Saint-Dominique, cardinal, prêtre du titre de Saint Sixte-le-Vieux, puis de Sainte-Marie-fur-la-Minerve, évêque d'Ofimo. 1730.

### Quatrième promotion le 11 juin 1725.

6. Nicolas Cofcia, de Bénévent, archevêque de Trajanople, cardinal, prêtre du titre de Sainte-Marie *in Dominicâ.*
7. Nicolas Giudice, napolitain, protonotaire apoftolique participant, & majordome du facré palais, cardinal, diacre du titre de Sainte-Marie-aux-Martyrs, dite la Rotonde. 1743.

### Cinquième promotion le 11 feptembre 1726.

8. André-Hercules de Fleury, français, ancien évêque de Fréjus, précepteur du roi Louis XV, miniftre d'Etat, cardinal de la fainte Eglife romaine. 1743.

### Sixième promotion le 9 décembre 1726.

9. Nicolas-Marie Lercari, génois, gouverneur de Bénévent, maître de la chambre de Benoît XIII, puis fon premier miniftre & fecrétaire-d'Etat, archevêque de Nazianze, cardinal, prêtre du titre de Saint-Jean & de Saint-Paul. 1757.
10. Laurent Cozza, religieux mineur de l'étroite obfervance de Saint-François, cardinal, prêtre du titre de Saint-Laurent *in Pane & Pernâ,* puis de Sainte-Marie *in Arâ cœli.* 1729.

*Les sept suivans furent réservés* in petto*, & déclarés à diverses reprises.*

11. Ange-Marie Quirini, vénitien, archevêque de Corfou, & ensuite évêque de Brescia, cardinal (déclaré le 26 novembre 1727), prêtre du titre de Saint-Augustin, & ensuite de Saint-Marc, bibliothécaire du Vatican. 1755.

12. François-Antoine Fini, de Minervino, cardinal (déclaré le 26 janvier 1728), prêtre de Sainte-Marie *in Viâ*, puis de Saint-Sixte-le-Vieux. 1743.

13. Marc-Antoine Ansidei, perousin, archevêque de Damiette, évêque assistant au trône, & enfin évêque de Pérouse, cardinal (déclaré le 30 avril 1728), prêtre du titre de Saint-Pierre *in Montorio*, puis de Saint-Augustin. 1730.

14. Prosper Lambertini, bolonais, archevêque de Théodosie, évêque assistant au trône, & enfin évêque d'Ancône, cardinal (déclaré le 30 avril 1728), prêtre du titre de Sainte-Croix de Jérusalem, archevêque de Bologne, Pape sous le nom de Benoît XIV. 1758.

15. Grégoire Selleri, de Muggione dans le territoire de Pérouse, secrétaire de la Congrégation de l'Indice, puis maître du sacré palais, cardinal (déclaré le 30 avril 1728), prêtre du titre de Saint-Augustin.

16. Antoine Banchieri, de Pistoie, successivement vice-légat d'Avignon & du Comtat Venaissin, secrétaire de la Congrégation *de Propagandâ Fide*, assesseur du Saint-Office, secrétaire de la Congrégation de la Consulte, & gouverneur de Rome & de son district, vice-camerlingue, cardinal (déclaré le 30 avril 1728), diacre du titre de Saint-Nicolas *in Carcere tulliano*, secrétaire d'Etat du pape Clément XII. 1733.

17. Charles Colliola de Spolette, cardinal du titre de Sainte-Marie *in Porticu campitelli*. 1730.

*Septième promotion le 26 novembre 1727.*

18. Diègue d'Astorga & Cespedes, espagnol, né en 1666, d'abord inquisiteur de Murcie, nommé évêque de Barcelone au mois de décembre 1715, inquisiteur-général d'Espagne au mois de mars 1720, & archevêque de Tolède, primat d'Espagne, le 16 juin suivant, cardinal à la nomination du Roi catholique.

19. Sigismond, des comtes de Kollonitsch, allemand, évêque de Vaccia en Hongrie, puis évêque, & ensuite premier archevêque de Vienne en Autriche, prince du Saint-Empire romain, cardinal, prêtre du titre de Saint-Marcellin & de Saint-Pierre.

20. Philippe-Joseph-Louis-Bonaventure, comte de Sinzendorff, allemand, prêtre, cardinal du titre de Sainte-Marie-sur-la-Minerve. 1747.

21. Jean de Motta & Silva, portugais, né le 14 août 1685, chanoine théologal de l'église patriar-

chale de Lisbonne, cardinal à la nomination du roi de Portugal.

*Huitième promotion le 30 avril 1728.*

22. Vincent-Louis Gotti, milanais, religieux de l'Ordre de Saint-Dominique, patriarche de Jérusalem, cardinal, prêtre du titre de Saint-Pancrace.

23. Léandre Porzia, de la province de Frioul, moine bénédictin de la Congrégation du Mont-Cassin, évêque de Bergame, cardinal, prêtre du titre de Saint-Jérôme-des-Esclavons, puis de celui de Saint-Calliste. 1740.

*Neuvième promotion le 20 septembre 1728.*

24. Pierre-Louis Caraffa, napolitain, archevêque de Larisse *in Partibus infidelium*, secrétaire de la Congrégation *de Propagandâ Fide*, puis de celle des évêques & réguliers, cardinal, prêtre du titre de Saint-Laurent *in Pane & Pernâ*.

25. Joseph Accoramboni, archevêque de Philippi en Macédoine, administrateur de l'évêché d'Osimo, & enfin évêque d'Imola, cardinal, prêtre du titre de Sainte-Marie-Transpontine. 1747.

*Dixième promotion le 23 mars 1729.*

26. Camille Cibo, patriarche de Constantinople, majordome du palais apostolique, & cardinal, prêtre du titre de Saint-Etienne *in Monte cœlio*, puis de Sainte-Marie-du-Peuple, &c. 1743.

*Onzième promotion le 6 juillet 1729.*

27. François Borghèse, romain, archevêque de Trajanople, & enfin cardinal, prêtre du titre de Saint-Pierre *in Montorio*, puis de Saint-Sylvestre *in Capite*.

28. Vincent Ferririo, évêque d'Alexandrie de la Paille, cardinal, prêtre du titre de Sainte-Marie *in Viâ*, & évêque de Verceil.

*Douzième promotion le 8 février 1730.*

29. Aleman Salviati, florentin, protonotaire du Saint-Siège apostolique, cardinal, prêtre du titre de Sainte-Marie *in Aquirâ cœli*. 1733.

*Clément XII, élu le 12 juillet 1730, mort en 1740.*

*Première promotion le 14 août 1730.*

1. Nérée-Marie Corsini, florentin, neveu du pape Clément XII, secrétaire des Mémoriaux, & protonotaire apostolique participant, surnuméraire, cardinal du titre de Saint Adrien *in Campo vaccino.*

*Seconde promotion le 2 octobre 1730.*

2. Alexandre Aldobrandini, florentin, arche-

vêque de Rhodes, nonce ordinaire en Espagne, puis cardinal, prêtre du titre des Quatre-Saints couronnés, légat de Ferrare.

3. Jérôme Grimaldi, génois, archevêque d'Edesse, cardinal, prêtre du titre de Sainte-Balbine, légat de Bologne. 1733.

4. Barthélemy Maffei, archevêque d'Athènes, nonce en France, cardinal, prêtre du titre de Saint-Augustin, légat de la Romagne, & évêque d'Ancône. 1745.

5. Barthélemy Ruspoli, romain, cardinal, diacre du titre de Saint-Côme & de Saint-Damien, grand-prieur de Rome, de l'Ordre de Saint-Jean de Jérusalem. 1741.

### Troisième promotion le 24 septembre 1731.

6. Vincent Bichi, siennois, successivement nonce en Suisse & en Portugal, archevêque de Laodicée, cardinal, prêtre du titre de Saint-Pierre in Montorio.

7. Simbaldo Doria, génois, archevêque de Bénévent, & cardinal, prêtre du titre de Saint-Jérôme-des-Esclavons. 1733.

8. Joseph Firrao, napolitain, des princes de Sainte-Agathe, archevêque de Nicée, évêque d'Aversa, cardinal, prêtre du titre de Saint-Thomas in Parione.

9. Antoine-Xavier Gentili, romain, archevêque de Petra in Partibus, secrétaire des Congrégations du concile & des évêques & réguliers, cardinal, prêtre du titre de Saint-Étienne in Monte cœlio.

10. Jean-Antoine Guadagni, florentin, neveu du pape Clément XII, évêque d'Arezzo en Toscane, cardinal, prêtre du titre de Saint-Martin-aux-Monts, vicaire-général de Rome & de son district.

### Quatrième promotion le 1er. octobre 1732.

11. Trojan d'Aquaviva, des ducs d'Atri, napolitain, archevêque de Larisse, cardinal, prêtre du titre de Saint-Quirice & de Sainte-Julitte, puis de Sainte-Cécile in Transtevere. 1747.

12. Agabite Mosca, de Pezaro, successivement chanoine de Saint-Pierre du Vatican, vice-légat de la Romagne, gouverneur de Lorette, président, puis clerc de la chambre apostolique, cardinal, diacre du titre de Saint-Georges in Velabro. 1752.

### Cinquième promotion le 2 mars 1733.

13. Dominique Riviera, d'Urbin, chanoine de Saint-Pierre du Vatican, & archiviste du Château-Saint-Ange, cardinal, prêtre du titre de Saint-Quirice & de Sainte-Julitte.

### Sixième promotion le 28 septembre 1733.

14. Marcel Passeri, auditeur de Clément XII, archevêque de Nazianze in Partibus infidelium, cardinal, prêtre du titre de Sainte-Marie in Arâ cœli.

15. Jean-Baptiste Spinola, génois, protonotaire apostolique, consulteur du Saint-Office, clerc de la chambre apostolique, & président des prisons, ensuite fait secrétaire de la Congrégation de la Consulte le 18 septembre 1724, puis déclaré par le pape Benoît XIII, gouverneur de Rome & de son district, & en cette qualité vice-camerlingue de l'Eglise romaine le 15 février 1728, continué dans cette charge par Clément XII, & enfin créé cardinal de l'Ordre des diacres. Il reçut le chapeau le 1er. octobre 1733. Il est mort le 18 août 1752.

### Septième promotion en 1734.

16. Jacques Lanfredini, cardinal, diacre du titre de Sainte-Marie in Porticu campitelli, évêque d'Osimo & de Cingoli. 1741.

17. Pompée Aldrovandi, bolonais, cardinal.

18. Séraphin Couci, romain, cardinal, prêtre. 1740.

19. Pierre-Marie Piéri, siennois, cardinal. 1743.

### Huitième promotion en 1735.

20. Joseph Spinelli, napolitain, cardinal.

21. Louis-Antoine-Jacques, infant d'Espagne, archevêque de Tolède.

### Neuvième promotion en 1737.

22. Thomas d'Almeyda, portugais.

23. Henri Oswal de la Tour-d'Auvergne, archevêque de Vienne, cardinal du titre de Saint-Calliste, commandeur de l'Ordre du Saint-Esprit. 1745.

24. Regnier Delci, florentin, cardinal, évêque d'Ostie & de Velletri, doyen du sacré collège.

25. Charles Rezzonico, vénitien.

26. Joseph-Dominique de Lamberg, allemand.

27. François-Gaspard Melina, espagnol.

28. Jean-Alexandre Lipski, polonais. 1746.

### Dixième promotion en 1738.

29. Dominique Passionei, de Fossombrone. 1761.

30. Silvio-Valenti Gonzaga, mantouan.

### Onzième promotion en 1739.

31. Prosper Colonne, romain. 1743.

32. Pierre Guerin de Tencin, cardinal du titre de Saint-Nérée & de Saint-Achillée, archevêque d'Embrun, puis de Lyon. 1758.

33. Charles-Marie Sacripanti, romain.

34. Marcellin Corio, milanais, auditeur de Rote à Rome pour la nation milanaise, diacre, cardinal du titre de Saint-Adrien. 1742.

### Benoît XIV, élu Pape le 17 août 1740.

### Première promotion en 1743.

1. Joachim-Ferdinand Porto-Carrero, espagnol, patriarche d'Antioche.

2. Camille Panlucci, de Forly, nonce à Vienne.

3. Raphaël - Côme Girolami , florentin , secrétaire de la Congrégation des évêques.

4. Charles-Albert Guidobono-Cavalchini , milanais , secrétaire de la Congrégation du Concile.

5. Jean-Baptiste Barni , de Lodi , nonce en Espagne.

6. Jacques Odi , de Pérouse , nonce en Portugal.

7. Frédéric Lanti , romain , président d'Urbin.

8. Marcel Grescenzi , romain , ci-devant nonce
en France.

9. Georges Doria , génois , nonce à Francfort.

10. François Landi , de Plaisance , archevêque
de Bénévent.

11. Joseph Pozzo-Bonelli , milanais , archevêque
de Milan.

12. François Ricci , romain , gouverneur de
Rome.

13. Antoine Ruffo , napolitain , auditeur de la
chambre.

14. Charles Calcagnini , ferrarois , auditeur de
Rote.

15. Philippe-Marie Monti , bolonais , secrétaire
de la Congrégation de Propaganda Fide.

16. Louis-Marie Lucini , milanais , dominicain ,
commissaire du Saint-Office , né le 15 juillet 1666.
Il est auteur d'un ouvrage intitulé Esame e difesa
del decreto publicato in Puaisceri da monsignor Carlo-
Tommaso di Tournon , &c. approvato e confermato
con breve dal summo pontefice Benedetto XIII. In
Roma , nella stamperia vaticana , 1728 , in-4°. Le
cardinal Lucini est mort à Rome au commencement
de 1745 , âgé de soixante-dix-neuf ans.

17. Fortuné Tamburini , abbé de Saint-Paul du
Mont-Cassin , modénois.

18. Joachim Besozzi , milanais , abbé de Sainte-
Croix de Jérusalem , de l'Ordre de Cîteaux. 1755.

19. Mario Bolognetti , romain , trésorier , cardinal diacre.

20. Jérôme Colonne , romain , majordome , cardinal diacre.

21. Prosper Colonne-de-Sciarra , romain , maître-
de-chambre , cardinal diacre.

22. Alexandre Tanara , bolonais , cardinal diacre.

23. Jérôme de Bardi , préfet de la Congrégation
de la Consulte , florentin , cardinal diacre.

24. Dominique Orsini , duc de Gravina , italien ,
cardinal diacre.

### Seconde promotion en 1747.

25. Frédéric-Jérôme de Roye de la Rochefoucauld , français , archevêque de Bourges , ci-devant
ambassadeur de France à Rome , grand-aumônier
de France. 1757.

26. Dom Alvar de Mendoza , espagnol , patriarche des Indes.

27. Marius Melini , romain , auditeur de Rote.

28. Armand de Rohan , abbé de la Chaise-Dieu ,
évêque & prince de Strasbourg , grand-aumônier

de France , commandeur des Ordres du Roi , cardinal , prêtre. 1756.

29. Jean-François Albani , protonotaire apostolique.

30. Dom Joseph-Manuel d'Atalaya , portugais ,
protonotaire apostolique , & premier dignitaire de
l'église patriarchale de Lisbonne.

31. Charles - Victor - Amédée des Lances , de
Turin.

32. Daniel Delphino , vénitien , patriarche d'A-
quilée.

33. Rainer-Simonetti , archevêque de Nicosie ,
ci-devant-gouverneur de Rome.

34. Jean-Baptiste Mesmer , milanais , trésorier-
général de la chambre apostolique.

35. Ferdinand-Jules Trojer , évêque & prince
d'Olmutz.

36. Henri-Benoît , cardinal d'York , abbé de
Saint-Amand , diocèse de Cambrai.

### Troisième promotion le 26 novembre 1753.

37. Joseph-Marie Ferroni , florentin , secrétaire
de la Congrégation des évêques des réguliers , né
le 30 avril 1693.

38. Fabrice Serbelloni , milanais , nonce à Vienne ,
né le 7 novembre 1695.

39. Jean-François Stoppani , milanais , président
d'Urbin , né le 16 septembre 1695.

40. Luc-Melchior Tempi , de Florence , nonce
en Portugal , né le 13 février 1688.

41. Charles-François Durini , milanais , nonce
en France , né le 20 janvier 1693.

42. Henri Enriquez , napolitain , nonce en Espagne , né le 30 novembre 1701.

43. Côme Imperiali , génois , gouverneur de
Rome , né le 24 avril 1685.

44. Vincent Malvezzi , bolonais , maître-de-
chambre , né le 28 avril 1715.

45. Louis Mattei , romain , auditeur de Rote ,
né le 17 mars 1702.

46. Jean-Jacques Millo , de Casal , dataire , né
le 16 juin 1695.

47. Flavio Chigi , romain , auditeur de la chambre , né le 8 septembre 1711.

48. Jean-François Banchieri , de Pistoie , trésorier , né le 13 septembre 1694.

49. N. Livizzani , secrétaire des Mémoriaux.

50. Louis-Marie Torrigiani , florentin , secrétaire de la Consulte , né le 18 octobre 1697.

51. Clément Argenvilleri , romain , auditeur ,
né le 30 décembre 1687.

52. Antoine - André Galli , bolonais , abbé général des chanoines réguliers de Saint - Sauveur ,
né le 30 novembre 1697.

### Quatrième promotion en 1754.

53. Antoine Serfale , napolitain , né le 26 juin
1702.

54. Louis-Ferdinand de Cordoue , espagnol ,
archevêque de Tolède , né en 1696.

*Cinquième promotion le 5 avril 1756.*

55. Nicolas de Saulx de Tavannes, français, archevêque de Rouen, né le 19 septembre 1690.

56. François de Solisfolch de Cardonne, archevêque de Séville, né en 1705.

57. François-Conrad-Casimir de Rodt, évêque de Constance, né le 19 mars 1706.

58. Joseph de Trantson, archevêque de Vienne en Autriche, né le 27 juillet 1704.　　1757.

59. Paul d'Albert de Luynes, français, archevêque de Sens, né le 5 janvier 1703.　　1787.

60. Jean-Baptiste Rovero, archevêque de Turin, né le 20 novembre 1684.

61. François de Saldanha de Gama, principal de l'église patriarchale de Lisbonne.

62. Etienne-René Potier de Gesvres, évêque de Beauvais, né le 2 janvier 16 7.

63. Albert-Archinto, gouverneur de Rome, puis secrétaire d'Etat, né le 8 novembre 1688.

### Des différentes ères employées par différens peuples, tant anciens que modernes.

La chronique des marbres de Paros ou marbres d'Arondel ou d'Oxford a été trouvée au commencement du dix-septième siècle, dans l'île de Paros, l'une des Cyclades. Les marbres sur lesquels cette chronique est gravée, furent transportés en Angleterre par les soins de Thomas, comte d'Arondel, qui les déposa dans la bibliothèque de l'académie d'Oxford. Elle a été gravée en caractères grecs, deux cent soixante-quatre ans avant l'ère chrétienne. Elle est de la plus grande utilité pour l'ancienne histoire grecque, & a servi à rectifier bien des faits de cette histoire, altérés par des fables. Elle commence à la fondation d'Athènes par Cécrops, quinze cent quatre-vingt-deux ans avant Jésus-Christ, & descend jusqu'à l'an 355., de même avant Jésus-Christ, comprenant ainsi un espace de douze cent vingt-sept ans.

### Des olympiades.

Les jeux olympiques, institués par Pélops, fils de Tantale, vers l'an 1321 ou 1315 avant l'ère chrétienne, tombés en désuétude, puis rétablis par Hercule vers l'an 1218 avant Jésus-Christ, abolis encore une fois, repris de nouveau par Iphitus, prince d'Elide dans le Péloponèse, huit cent quatre-vingt quatre ans avant l'ère chrétienne, n'avoient pu, à travers tant d'interruptions & de vicissitudes, servir à fixer la date des événemens & à former la suite des olympiades. Cette suite, en effet, ne commence qu'à l'an 776 avant Jésus-Christ. C'est ce calcul des olympiades qui est employé par Thucydide, Xénophon, Diodore de Sicile, &c. ; & ce calcul, qui descend au-delà des commencemens de l'ère chrétienne, gagne les tems où l'Histoire grecque étant confondue avec l'Histoire romaine, toute la chronologie se règle, soit par les années de la fondation de Rome, soit par les consulats dont nous avons rapporté les fastes, soit par d'autres usages ou romains ou étrangers, qui ont succédé aux olympiades.

Les Anciens avoient aussi une autre époque fixe pour leurs calculs chronologiques : c'est l'ère de Nabonassar, qui commence à la prise de Babylone par ce prince, sept cent quarante-sept ans avant Jésus-Christ. Ptolomée & d'autres anciens astronomes s'en sont servis.

L'ère des Séleucides, nommée aussi l'ère des Grecs ou des contrats, parce que les rois de Syrie, successeurs d'Alexandre, obligèrent les Juifs à s'en servir dans leurs contrats civils, est marquée dans les livres des Macchabées. Elle devance de trois cent douze ans l'ère chrétienne.

L'ère d'Antioche ne la précède que de quarante-huit ans. Elle a été en usage dans les écrits de quelques auteurs ecclésiastiques.

L'ère d'Espagne devance l'ère chrétienne de trente-huit ans ; elle sert pour l'histoire tant ecclésiastique que civile de cette nation : on la trouve dans les conciles d'Espagne & dans quelques écrivains des parties méridionales de la France. Toutes ces ères qui précèdent l'ère chrétienne, sont aisément réductibles à celle-ci par le retranchement du nombre d'années dont elles la précèdent. Ainsi un concile tenu à Tolède l'an 438 de l'ère d'Espagne, est de l'an 400 de l'ère chrétienne, puisque la première précède la seconde de trente-huit ans.

Les Mahométans commencent à l'an 622 de l'ère vulgaire ou chrétienne leur ère de l'hégire ou fuite de Mahomet, lorsque la persécution le força de quitter la Mecque.

Détaillons un peu davantage ce qui concerne les différentes ères. Ce mot *ère* fut, dit-on, introduit dans la chronologie par les écrivains espagnols. On croit que l'ère qu'on nomme d'Espagne, fut inventée à l'occasion d'un tribut que l'empereur Auguste imposa sur les Espagnols. L'édit en fut fait à Rome sous le consulat de L. Manlius Censorinus & de Caïus Calvisius Sabinus, trente-neuf ans avant la naissance de Jésus-Christ, & fut publié à Tarragone en Espagne l'année suivante, qui est celle qu'on prend pour le commencement de l'ère : elle précède donc l'ère chrétienne de trente-huit ans accomplis, & on s'en est servi généralement en Espagne jusque vers l'an 1351, qu'on lui substitua les années de Jésus-Christ ; & pour une nation chrétienne, c'étoit adopter bien tard l'ère chrétienne. La plupart des auteurs fixent l'ère d'Espagne à la huitième année depuis la réformation du calendrier par Jules-César, sous le consulat d'Appius Claudius Pulcher & de Claudius Norbanius Flaccus, qui répond à l'année 4676 de la période julienne. On expliquera dans la suite ce qui concerne les différentes réformes du calendrier & la période julienne. Le nom d'*ère* tout

court

court ne fignifioit au commencement que l'ère d'Efpagne, & quand il a été employé pour défigner d'autres époques, ce n'étoit qu'à l'imitation des Efpagnols & à raifon de l'analogie.

L'ère de Nabonaffar, une des plus célèbres dans la chronologie, eft ordinairement placée au 26 février de l'an 3967 de la période julienne, à la première année de la huitième olympiade, 748 ans avant Jéfus-Chrift.

L'ère des Séleucides, que quelques auteurs nomment fimplement l'ère des Grecs, d'autres l'année des contrats, les Arabes l'époque d'Alexandre, commence douze ans après la mort d'Alexandre-le-Grand, l'an 442 de Rome, 4402 de la période julienne, la première année de la cent dix-feptième olympiade, & trois cent douze ans avant Jéfus-Chrift. C'eft de cette époque que fe font fervis les auteurs des deux livres des Macchabées, mais avec une différence à laquelle il faut faire attention pour concilier les contrariétés apparentes de chronologie, qui fe rencontrent dans ces livres ; car les Juifs commençoient l'année au printems, c'eft-à-dire, au mois de nifan, qui répond à notre mois de mars, & les Chaldéens commençoient l'année en automne, c'eft-à-dire, au mois de tifri, qui revient à notre mois de feptembre. Or, l'auteur du premier livre des Macchabées a fuivi la fupputation judaïque, & l'auteur du fecond la fupputation chaldéenne.

L'ère philippique eft une fuite d'années, dont la première étoit celle dans laquelle mourut Alexandre-le-Grand, & où l'on mit fur le trône Aridée, qui prit le nom de Philippe. Elle commençoit, non pas au jour de la mort d'Alexandre, mais au premier jour de l'année où il mourut, & qui répond à notre 12 de décembre. C'eft cette ère que Ptolomée a fuivie dans fon canon ; & cela eft d'autant plus digne de remarque, que jufque-là il avoit toujours été dans l'ufage de donner à chaque prince l'année toute entière dans laquelle ce prince étoit mort & dont il n'avoit vu qu'une partie, & de ne faire commencer le règne du fucceffeur au 1er. du mois de thot, qui étoit le commencement de l'année fuivante.

L'ère actiaque eft une manière de compter les années, dont on fe fervit en Egypte depuis la conquête que les Romains firent de cette contrée fous Octave (Augufte) après la bataille d'Actium, jufqu'à la première année du règne de Dioclétien. Elle changea alors fon de nom, & au lieu d'ère actiaque, elle prit celui d'ère de Dioclétien, fous lequel elle eft plus connue, & alors on l'appelle le nœud & la clef de la chronologie de l'hiftoire chrétienne. Quoique l'ère actiaque eût pris fon nom de la victoire d'Actium, elle ne prenoit point cette date ni ne commençoit qu'un an plus tard, & au tems que l'Egypte fut entièrement foumife, c'eft-à-dire, après la mort d'Antoine & de Cléopâtre, qu'on place au 29 août, jour où, par cette mort, finit en Egypte l'empire des Macédoniens &

commence celui des Romains. Plufieurs croient que la véritable raifon de cette date eft que le 29 août étoit le 1er. du mois de thot, qui de tems immémorial étoit le premier jour de l'année en Egypte.

Quand l'ère actiaque fut devenue l'ère de Dioclétien, elle fut cenfée commencer à la première année de l'empire de ce prince, l'an 284 de Jéfus-Chrift, le 17 feptembre, felon les témoignages de Théophile, patriarche d'Alexandrie ; de Saint-Cyrille, de Saint-Ambroife, de Denis-le-Petit, &c. Mais bientôt le nom du perfécuteur fit place à celui des perfécutés, & l'ère de Dioclétien s'appela l'ère des Martyrs, & fous ce nouveau nom elle commençoit au 29 août 284. On l'appelle aufli l'ère des Cophtes ou Egyptiens, parce que Dioclétien fit quantité de martyrs en Egypte, dans la perfécution qu'il ordonna contre les Chrétiens ; mais cette perfécution, à laquelle on dit qu'il n'avoit pas de difpofition par lui-même, ne commença que la dix-neuvième année de fon empire, au mois de mars de l'an 303 de Jéfus-Chrift.

L'ère vulgaire ou l'ère chrétienne, poftérieure à l'ère actiaque, mais antérieure de beaucoup à l'ère de Dioclétien ou des Martyrs, commence au premier jour de janvier après la naiffance de Jéfus-Chrift, que l'opinion commune place au 25 décembre de l'an 753 de la fondation de Rome, ère qui a été en ufage jufqu'à l'ère chrétienne & long-tems encore après. Mais croiroit-on qu'il y a jufqu'à huit opinions différentes touchant l'année de la naiffance de Jéfus-Chrift ?

La première opinion place cette naiffance en l'année 748 de la fondation de Rome, fous le confulat de Lælius Balbus & d'Antiftius Varus. C'eft celle de Marc-Antoine Cappel, cordelier italien, & de Jean Kepler, aftrologue allemand.

La feconde opinion met cette naiffance en l'an 749, fous le confulat de l'empereur Augufte, avec Cornelius Sylla. Le P. Deker & le P. Petau, jéfuites, font de ce fentiment.

La troifième eft de ceux qui croient que Jéfus-Chrift naquit l'an de Rome 750, fous le confulat de Calvifius Sabirus & de Paffienus Rufus. C'eft l'opinion de Sulpice-Sévère, &c.

La quatrième opinion eft celle de ceux qui veulent que Jéfus-Chrift foit né l'an 751 de Rome, fous le confulat de Cornelius Lentulus & de Valerius Meffalinus. Le cardinal Baronius, Torniel, Sponde, Scaliger & Voffius appuyent cet avis.

La cinquième met la naiffance du Meffie en l'an 752 de Rome, fous le confulat d'Augufte avec Plautius Sylvanus. Le P. Salian, Onuphre, &c. fuivent cette opinion.

La fixième eft l'opinion commune à laquelle il paroît qu'il faut s'en tenir ; elle fixe la naiffance de Jéfus-Chrift à l'année 753 de la fondation de Rome, fous le confulat de Cornelius Lentulus & de Calpurnius Pifo. C'eft le fentiment de Denis-le-Petit, du vénérable Bède & du plus grand nombre des chronologistes. L'Eglise romaine l'autorise par son martyrologe : le bréviaire & le calendrier y sont conformes ; mais il y a encore deux autres opinions.

La septième, de ceux qui tiennent pour l'an de Rome 754 ;

Et la huitième, de ceux qui réculent cette naissance jusqu'à l'an 756.

Cette diversité d'opinions vient des difficultés qu'il y a sur l'année de la mort d'Hérode, qui vivoit encore au tems de la naissance de Jésus-Christ, comme on l'apprend par le second chapitre de saint Mathieu. On croit que l'année de la naissance du Sauveur étoit la quarante-deuxième de l'Empire d'Auguste ; mais il y a des variations & des difficultés sur la manière de supputer les années de l'empire d'Auguste : il y en a aussi dans la manière de supputer les années de l'Empire de Tibère. Saint Luc, chapitre 3, nous apprend que ce fut dans la quinzième année de ce dernier Empire que saint Jean-Baptiste commença sa prédication. Il nous apprend aussi, dans le chapitre 2, que ce fut en vertu d'un édit de l'empereur Auguste, rendu peu de tems avant la naissance de Jésus-Christ, que se fit le dénombrement qui obligea Joseph & Marie d'aller se faire inscrire à Bethléem où devoit naître le Christ, & que ce dénombrement fut fait par Cyrinus, gouverneur de Syrie ; mais sur l'époque précise de ces divers faits on trouve les auteurs partagés. Les uns mettent la mort d'Hérode en l'an 754 de Rome, & les autres quelques années auparavant. Les uns commencent le règne d'Auguste à la mort de César, les autres au premier consulat du même Auguste, d'autres au triumvirat. Les uns aussi font commencer l'empire de Tibère après la mort d'Auguste, & les autres deux ans auparavant, parce que, disent-ils, il étoit alors collègue d'Auguste. Il y a eu de plus plusieurs dénombremens sous Auguste & sous Cyrinus, & on a de la peine à savoir l'année de celui dont il est fait mention dans saint Luc. A travers ce chaos d'incertitudes, tous les savans tombent d'accord que, dans l'usage, il faut suivre l'année de l'époque vulgaire, & placer la naissance de Jésus-Christ en l'an 753 de Rome.

L'hégire ou ère des Arabes & de tous les Mahométans signifie fuite, époque fameuse parmi tous les sectateurs de Mahomet. Elle fut ainsi nommée parce que toutes choses ayant réussi à ce faux prophète depuis qu'il se fut enfui de la Mecque à Médine, les Arabes commencèrent à compter les années depuis cette fuite heureuse, qui arriva le vendredi 15 juillet de l'an de Jésus-Christ 622, sous le règne de l'empereur Héraclius.

Pour bien entendre l'hégire & ses rapports avec notre ère, il faut savoir, 1°. que l'année des Mahométans est purement lunaire, composée de douze mois lunaires, qui sont alternativement de trente & de vingt-neuf jours civils, de sorte que l'année ordinaire est de trois cent cinquante-quatre jours huit heures quarante-huit minutes, qui, jointes ensemble après deux ou trois années, font un jour de plus, qu'ils intercalent le dernier mois de l'an où l'intercallation est reçue, & alors l'an est composé de trois cent quatre-vingt-quinze jours.

2°. Qu'ils ont une période de trente ans, composée de dix-neuf années ordinaires, c'est-à-dire, de trois cent cinquante-quatre jours, & d'onze abondantes, c'est-à-dire, qui font de trois cent cinquante-cinq jours. Ces années abondantes sont la 2$^e$., 5$^e$., 7$^e$., 10$^e$., 13$^e$., 15$^e$., 18$^e$., 21$^e$., 24$^e$., 26$^e$. & 29$^e$. Les autres, savoir : la 1$^{re}$., 3$^e$., 4$^e$., 6$^e$., 8$^e$., 9$^e$., 11$^e$., 12$^e$., 14$^e$., 16$^e$., 17$^e$., 19$^e$., 20$^e$., 22$^e$., 23$^e$., 25$^e$., 27$^e$., 28$^e$., 30$^e$., sont les années ordinaires ; en tout dix-neuf ordinaires, onze abondantes. Il faut encore observer que cette année lunaire est plus courte d'onze jours que l'année solaire, qui est de trois cent soixante-cinq jours. Ainsi en trente-deux ans mahométans révolus, il manque trente-deux fois 11, qui font trois cent cinquante-deux jours, (environ un an mahométan) ; ou autrement, en trente-trois ans arabes ou mahométans, il manque trente-trois fois 11, qui font trois cent soixante-trois (environ un an solaire). Donc trente-trois années mahométanes font trente-deux années solaires ; & par une méthode qui suffit pour l'Histoire, afin de désigner à peu près le tems, on peut faire une trente-troisième année intercalaire, & recommencer ainsi de trente-trois ans en trente-trois ans. Pour éclaircir encore cette matière & pour éviter les erreurs qui se trouvent dans beaucoup d'historiens qui rapportent mal les années de l'hégire aux années de l'ère chrétienne, il faut remarquer que la première année de l'hégire commença le 15 juillet 622, la seconde au 4 juillet 623, la troisième au 23 juin 624, & ainsi en rétrogradant ordinairement d'onze jours & parcourant tous les mois de l'année solaire. On conçoit d'abord que si les Mahométans avoient adopté l'année solaire, rien ne seroit plus simple & plus facile que de rapporter l'hégire aux années de l'ère chrétienne ; il ne s'agiroit que d'ajouter aux années de l'hégire le nombre six cent vingt-un, & l'on voit à combien de combinaisons on est forcé par ce bizarre attachement à l'année lunaire, qui ne mesure rien exactement.

Le P. Riccioli a donné des tables pour la réduction des années de l'hégire à celles de l'ère chrétienne ; mais tout le monde n'est pas en état de s'en servir, parce que ce savant examine les choses dans la dernière exactitude & en profond chronologiste. Mais voici une table méthodique & suffisante pour l'objet ; elle est dressée sur le plan qui vient d'être exposé plus haut. Après avoir ajouté 621 à l'année de l'hégire, il faut soustraire du produit le nombre qui est marqué dans cette table.

| PRODUIT. | NOMBRE. |
|---|---|
| 33 | 1. |
| 66 | 2. |
| 99 | 3. |
| 132 | 4. |
| 165 | 5. |
| 198 | 6. |
| 231 | 7. |
| 264 | 8. |
| 297 | 9. |
| 330 | 10. |
| 363 | 11. |
| 396 | 12. |
| 429 | 13. |
| 462 | 14. |
| 495 | 15. |
| 528 | 16. |
| 561 | 17. |
| 594 | 18. |
| 627 | 19. |
| 660 | 20. |
| 693 | 21. |
| 726 | 22. |
| 759 | 23. |
| 792 | 24. |
| 825 | 25. |
| 858 | 26. |
| 891 | 27. |
| 924 | 28. |
| 957 | 29. |
| 990 | 30. |
| 1023 | 31. |
| 1056 | 32. |
| 1089 | 33. |
| 1122 | 34. |
| 1155 | 35. |
| 1188 | 36. |
| 1221 | 37. |
| 1254 | 38. |
| 1287 | 39. |
| 1320 | 40. |
| 1353 | 41. |
| 1386 | 42. |
| 1419 | 43. |
| 1452 | 44. |
| 1485 | 45. |
| 1518 | 46. |
| 1551 | 47. |
| 1584 | 48. |
| 1617 | 49. |
| 1650 | 50. |
| 1683 | 51. |
| 1716 | 52. |
| 1749 | 53. |

Par exemple, pour réduire l'année 757 de l'hé-gire à l'année de Jésus-Christ correspondante, il faut premiérement ajouter 621, ce qui fait 1378, puis voir dans la table si le nombre de 757 s'y trouve. Ce nombre ne s'y trouvant pas, on prend celui qui le précède, qui est 726, & l'on souftrait le nombre qui y répond, savoir : 22 de 1378, & il vient 1356, qui est la véritable année de l'ère chrétienne, répondante à l'année 757 de l'hégire.

757. Ainsi l'an 757 de l'hégire est l'an 1356.
621. Depuis la naissance de Jésus Christ.
1378.
22.
1356.

### Du calendrier & de ses diverses réformations.

Le mot de calendrier vient de calendes, & ca-lendes est le nom que les Romains donnoient au premier jour de chaque mois. Ils avoient trois points fixes dans chaque mois : les calendes, les nones & les ides. Les calendes, disons-nous, étoient le premier jour de chaque mois ; les nones arrivoient le 7 dans les mois de mars, de mai, de juillet & d'octobre ; elles étoient le 5 dans les autres mois. Les ides tomboient au 15 dans ces mêmes mois de mars, de mai, de juillet & d'oc-tobre ; elles arrivoient le 13 dans les autres mois. Les calendes, les nones & les ides tiroient leur nom distinctif du mois auquel elles appartenoient.

*Martiis cœlebs quid agam calendis ?*
*Cùm tibi nonæ redeunt decembres.*

Les jours qui précédoient ces trois termes, ti-roient de ces mêmes termes leurs dénominations, c'est-à-dire, que les jours compris entre les ca-lendes & les nones étoient appelés tels ou tels jours avant les nones, suivant le rang qu'ils te-noient avant ce jour. Ceux qui sont entre les nones & les ides étoient appelés les jours avant les ides. Enfin, les jours depuis les ides jusqu'aux calendes du mois suivant étoient nommés les jours avant les calendes de ce mois. Les mois de mars, de mai, de juillet & d'octobre avoient six jours qui étoient dénommés par les nones ; les autres mois n'en avoient que quatre : tous les mois avoient huit jours qui tiroient leurs noms des ides. C'est de cette manière de compter des Romains que vient le nom de *bissextiles* qu'on donne aux années inter-calaires, c'est-à-dire, auxquelles on ajoute un jour, & qui sont de trois cent soixante-six jours. Ce jour étoit censé intercalé dans le mois de février, entre le 24, qui s'appeloit *sexto calendas* (*martias*), & le 25, qui s'appeloit *quinto calendas*. On ne chan-geoit rien à ce calcul, mais on appeloit le jour intercalaire *bis sexto calendas*. De là *bis sexte* & bis-sextile. Les Grecs n'avoient pas la même manière de compter que les Romains ; ils n'avoient ni ca-lendes, ni nones, ni ides : de là vient le pro-verbe *renvoyer aux calendes grecques*, c'est-à-dire, renvoyer à un terme qui n'existe pas & qui n'arri-vera jamais.

Romulus, fondateur de la ville de Rome, savoit

mieux faire la guerre que régler l'année fur le cours des aftres ; il avoit compofé fon année de dix mois feulement, dont le premier étoit le mois de mars, confacré au dieu de la guerre, réputé fon-père ; enfuite les mois d'avril, mai & juin; quintile, de-puis appelé *juillet* ; fextile, depuis nommé août ou *auguftus* ; feptembre, octobre, novembre, décem-bre. On voit que la dénomination de ces quatre mois, ainfi que de quintile & de fextile, eft de-venue fauffe par fucceffion de tems lorfque l'année a ceffé de commencer au mois de mars. Romulus donna trente-un jours à mars, à mai, à quintile & à octobre, & trente à chacun des fix autres ; de forte qu'ils faifoient tous enfemble trois cent quatre jours. On fent qu'une année de trois cent quatre jours étoit purement civile, purement d'inftitution arbitraire ; qu'elle n'étoit ni folaire ni lunaire ; qu'elle n'étoit réglée fur le cours d'aucun aftre, & que tous les mois parcouroient tour-à-tour les différentes faifons. Numa-Pompilius réforma pour la première fois ce calendrier informe ; il voulut imiter les Grecs, qui compofoient leur année de douze mois lunaires de trente & de vingt-neuf jours alternativement; ce qui faifoit trois cent cin-quante-quatre jours. Par une prédilection fuperfti-tieufe pour le nombre impair, il y ajouta un jour, & fit fon année de trois cent cinquante-cinq jours, & ajouta deux mois à l'année de Romulus ; favoir : janvier & février. Janvier étoit de vingt-neuf jours, février de vingt-huit ; mars, mai, quintile & octobre de trente-un jours, & les fix autres de vingt-neuf. Il voulut que le mois de janvier, qu'il plaça vers le folftice d'hiver, fût le premier mois de l'année, & non plus le mois de mars, que Romulus avoit mis vers l'équinoxe du printems, changement affez indifférent ; car qu'importe que l'année commence & finiffe à un folftice ou à un équinoxe ? Il fe fervit auffi de l'intercalation des Grecs, qui ajoutoient un mois furnuméraire de deux ans en deux ans, lequel mois étoit compofé alternativement de vingt-deux ou vingt-trois jours, pour rapprocher l'année civile du cours du foleil, qui fait fa révolution en trois cent foixante-cinq jours & près de fix heures : il ordonna en même tems aux pontifes de marquer au peuple le tems & la manière de faire cette in-terpofition de mois extraordinaire ; mais ces pon-tifes, foit ignorance ou fuperftition, ou quelque intérêt particulier, mirent les chofes dans une fi grande confufion, que leurs fêtes arrivoient dans des faifons entiérement oppofées à celles où elles devoient être célébrées felon leur inftitution, de forte qu'on célébroit les fêtes d'automne au prin-tems, & celles de la moiffon dans le milieu de l'hiver.

Ce défordre étoit trop grand pour n'avoir pas befoin d'être réparé. Jules-Céfar, comme dictateur perpétuel, pouvoit, &, comme fouverain pon-tife, devoit entreprendre cette réforme. Il fit venir d'Alexandrie le célèbre aftronome Sofigènes, qui régla l'année fur le cours du foleil, & qui, après

avoir compofé le calendrier de trois cent foixante-cinq jours, laiffa les fix heures, pour en faire, au bout de quatre ans, un jour qui feroit ajouté dans le mois de février, & formeroit l'année biffextile. Pour placer les dix jours dont l'année folaire de trois cent foixante-cinq jours excédoit celle de Numa, qui étoit, comme nous l'avons dit, de trois cent cinquante-cinq, il ajouta deux jours à chacun des mois de janvier, de fextile & de décembre, qui n'en avaient que vingt-neuf, & un jour à chacun de ces quatre autres, avril, juin, feptembre & novembre, laiffant le mois de février de vingt-huit jours aux années communes, & de vingt-neuf à la biffextile ; & comme, par la négligence de ceux à qui avoit été commis le foin de la diftri-bution des mois intercalaires, le commencement de l'année fe trouvoit alors précéder de foixante-fept jours le folftice d'hiver, & que c'étoit auffi l'année de l'intercalation du mois de vingt-trois jours, ce qui fait quatre-vingt-dix jours, cette année de la correction du calendrier, faite par Jules-Céfar, fut de quinze mois & de quatre cent quarante-cinq jours ; c'eft pourquoi on l'appela *l'année de confufion* ; mais cette confufion tendoit à tout éclaircir & à tout rétablir, & il n'y avoit eu de confufion réelle que dans les tems précé-dens. On remarque que cet Empereur, par con-defcendance pour les efprits des Romains, accou-tumés fi long-tems à l'année lunaire, fit commencer la première année du calendrier julien le jour de la nouvelle lune qui fuivit le folftice d'hiver, & qui vint huit ou dix jours après : tant il faut ou il voulut avoir d'égard pour l'ignorance & le pré-jugé ! Les effets de cette condefcendance ont fub-fifté, car encore aujourd'hui les années de l'ère chrétienne ne commencent pas au point fixe du folftice du capricorne, mais huit ou dix jours plus tard. Les Romains étant alors maîtres du Monde, *Romanos rerum dominos, populum latè regem*, firent aifément recevoir partout la réforme de Jules-Céfar. Les Grecs ceffèrent, vers ce tems-là, de fe fervir de l'année lunaire, & de faire leur inter-calation de quarante-cinq jours tous les quatre ans. Les Egyptiens fixèrent leur thot, premier jour de leur année, qui paffoit auparavant d'une faifon dans une autre. Les Hébreux en firent autant, & le calendrier julien devint le calendrier de prefque tous les peuples.

Les premiers Chrétiens gardèrent les mêmes noms de mois, la même quantité de leurs jours, & la même intercalation d'un jour dans l'année biffextile. Ils ôtèrent du calendrier romain ou julien les lettres nondinales (qui marquoient les jours des affemblées ou féries), & en mirent d'autres en leur place pour marquer le dimanche & les autres jours de la femaine ; au lieu des fêtes profanes & des jeux romains, ils rangèrent par ordre les fêtes & les cérémonies de la véritable religion. Vers le commencement du fixième fiècle Denis-le-Petit, pour concilier les différens ufages des églifes d'Orient & d'Occident fur le tems de la célébration de la Pâque, propofa une même forme de calendrier, fuivant la période victorienne, compofée des cycles du foleil & de la lune (on expliquera, dans la fuite, ce qui concerne ces cycles & ces périodes). Jufqu'alors la plupart des Chrétiens avoient compté les années du tems de la fondation de Rome, ou des confuls, ou des Empereurs. Quelques-uns commençoient à compter, ou du jour de la paffion du Sauveur, ou de l'ère des martyrs fous Dioclétien ; mais Denis-le-Petit commença une nouvelle époque à l'incarnation de Jéfus-Chrift, & cette ère de Denis-le-Petit eft encore en ufage à la cour de Rome, dans les dates des bulles & des brefs : néanmoins, peu de tems après, les Chrétiens commencèrent à compter dèpuis la naiffance de Jéfus-Chrift, gardant toujours la coutume des Romains à l'égard du commencement de l'année fixée au 1er. janvier.

Rien de plus fimple que la divifion julienne de l'année en trois cent foixante-cinq jours, & fix heures qu'on réfervoit pour former un jour de plus à la quatrième année, qui eft la biffextile. Rien, difons-nous, ne feroit plus fimple fi cela étoit entièrement exact ; mais le cours du foleil n'eft pas de trois cent foixante-cinq jours & fix heures entières : il s'en manque onze minutes, différence qui n'eft rien pour un an ou pour un petit nombre d'années, mais qui par laps de tems produifit un dérangement confidérable auquel il fallut remédier, & pour le préfent & pour l'avenir, par le calendrier grégorien.

Augufte avoit fait, au calendrier julien, un bien petit changement & par un bien petit motif. Le mois de juillet étoit confacré à Jules-Céfar ; il avoir trente-un jours : celui d'août (*Augustus*), confacré à Augufte, n'en avoit que trente. Augufte ne voulut pas que fon mois eût moins de jours que celui de Céfar ; il prit un jour au mois de février, pour le donner au mois d'août ; par-là il dérangea l'ordre commode que Céfar avoit établi en ordonnant que les mois auroient alternativement trente-un & trente jours.

Le calendrier de l'ancienne Eglife, conforme au calendrier julien, parut d'abord faire connoître affez précifément les nouvelles lunes, & par conféquent le tems de la fête de Pâques ; mais la fuite de quelques fiècles fit découvrir que ce calcul ne s'accordoit pas entièrement avec le mouvement du foleil & de la lune, & que la Pâque ne fe célébroit plus dans fon vrai tems : on commençoit déjà à prévoir que la Pâque auroit remonté jufqu'en hiver, puis auroit infenfiblement paffé en automne, & de là en été. C'eft pour remédier à ce défordre, qui intéreffoit furtout l'Eglife pour la Pâque, mais qui ne troubloit pas moins l'ordre civil, que le pape Grégoire XIII adreffa, fur la fin du feizième fiècle, des brefs aux princes chrétiens & aux plus célèbres univerfités, pour les inviter à chercher les moyens de rétablir l'équinoxe

du printems en fon véritable lieu. Le réfultat des obfervations des mathématiciens & des aftronomes joints aux théologiens, fut une bulle du Pape de l'an 1581, qui retrancha dix jours du calendrier. Ainfi, le lendemain de la fête de Saint-François, qui eft le 4 octobre, on compta 15 au lieu de 5. Par ce moyen, le jour qui, avant la correction, s'appeloit le 11 d'octobre, devint le 21, & de même dans les autres mois, ce qui fit que l'équinoxe du printems, qui remontoit déjà au 11 mars, fe trouva au 21, comme au tems du concile de Nicée en 325. Mais c'étoit peu d'avoir réparé le défordre, il falloit l'empêcher de renaître : on voyoit que les années biffextiles revenant tous les quatre ans, donnoient un peu plus de tems qu'il n'en falloit, mais qu'il y avoit bien peu à y retrancher, on ôta aux années féculaires la qualité de biffextiles, ce qui n'en étoit qu'une de retranchée par cent ans, mais c'étoit trop encore. On pouffa la précifion du calcul & l'approximation de l'année eccléfiaftique & civile à l'égard de l'année folaire, jufqu'à reconnoître que, fur quatre années féculaires, il falloit retrancher trois années biffextiles, & laiffer le biffexte à la quatrième. Ainfi l'année 1700 & l'année 1800 n'ont point été biffextiles, 1900 ne le fera pas ; mais l'an 2000 le fera, auffi bien que 2400, 2800, &c.

Cette réformation néceffaire & fuffifante fit bien connoître que les hommes font trop peu familiarifés, dans l'ufage, avec la maxime d'examiner : *Non quis fed quid dicat*. C'étoit un Pape qui produifoit ce bien au Monde : il n'y eut que les Catholiques qui l'adoptèrent ; les Proteftans le rejetèrent ; mais peu à peu la force de la vérité & de l'utilité l'emporta. D'abord ce fut un foulévement général des Grecs fchifmatiques, des Proteftans, foit d'Allemagne, de Suède, de Danemarck ou d'Angleterre, contre un calendrier papal, quoiqu'ils en reconnuffent tous la fageffe & la néceffité : quelques favans cependant tâchèrent de fe faire illufion & de tromper leur confcience pour écrire contre cette réformation. Tels furent Mæftius, profeffeur en mathématiques à Tubinge, Scaliger & Géorgius Germanus. Nous avons auffi une conftruction nouvelle d'un calendrier, faite par Viète & adreffée au Pape, avec des notes fur les défauts qu'il difoit avoir remarqués dans le calendrier grégorien. C'eft ce qui obligea Clavius, l'un des mathématiciens qui avoient eu le plus de part à la réformation grégorienne, de donner au public, par l'ordre de Clément VIII, un Traité du calendrier pour éclaircir les doutes, & répondre, par forme d'apologie, à tout ce que l'on y trouvoit à redire. Sethus Calvifius, long-tems après, a prétendu faire voir, par les obfervations aftronomiques de Ticho-Brahé, qu'il faudra bientôt faire de grands changemens dans le calendrier grégorien. Voici cependant ce que dit Ticho-Brahé lui-même, que fon favoir immenfe a fait nommer le reftaurateur de l'aftronomie : voici ce qu'il dit quoique Proteſtant : « Ceux-là ſe donnent » bien de la peine inutilement, qui travaillent au » rétabliſſement de l'année par les tables de Co-» pernic ; c'eſt en vain qu'ils prétendent par-là com-» battre la nouvelle réformation grégorienne, tant » parce qu'elle s'accorde au plus près avec les rè-» gles des mouvemens céleſtes, que parce qu'il eſt » difficile d'arriver à la dernière préciſion, laquelle » même n'eſt pas abſolument néceſſaire. »

Ce calendrier eſt nommé *grégorien* en l'honneur du pape Grégoire XIII, *calendrier nouveau*, parce qu'il eſt différent de l'ancien *calendrier perpétuel*, parce que la diſpoſition des épactes, qui ſont miſes à la place du nombre d'or, le rendront utile en tout tems, quelque nouveauté que l'on puiſſe découvrir dans les mouvemens céleſtes. Chamberlaine, dans ſon *Etat d'Angleterre*, après avoir dit ſur ce calendrier tout ce qu'on pouvoit attendre d'un Proteſtant auſſi habile homme qu'il l'étoit, avoue que, quelque difficulté que faſſent ceux de ſa nation, ils ſeront obligés d'y revenir. Ce qu'il conjecturoit avec tant de raiſon, ſe trouve effectué aujourd'hui. Le parlement de la Grande-Bretagne, qui n'avoit réſiſté au calendrier grégorien qu'en haine du Pape & de la France, a enfin cédé à la néceſſité de la réformation. Par un règlement du 2 avril 1751, cette illuſtre aſſemblée a admis le calendrier grégorien, pour avoir lieu au 1er. janvier 1752. Les Proteſtans d'Allemagne en avoient donné l'exemple dès 1700, & commencèrent la réformation avec le dix-huitième ſiècle. De tous les Etats de l'Europe il n'y a plus que la Ruſſie qui ne ſuit pas cette réformation.

Les cycles, les périodes, les lettres dominicales, le comput eccléſiaſtique, toutes les diverſes ſupputations des tems appartiennent à la chronologie. Parcourons ces divers objets.

### DES CYCLES.

#### 1°. *Cycle ſolaire.*

Le cycle ſolaire eſt une révolution de vingt-huit ans, qui renferme toutes les variétés poſſibles des dimanches & des autres jours de la ſemaine. Les dimanches ni les autres jours ne tombent pas tous les ans le même quantième du mois. Par exemple, ſi l'année a commencé par un lundi, & que par conſéquent le 7 janvier ait été un dimanche, l'année ſuivante ne commencera pas par un lundi, mais par un mardi, & le premier dimanche ſera le 6 janvier. L'année d'après commencera par un mercredi, & pour lors le premier dimanche tombera le 5, ainſi de ſuite. Quand l'année eſt biſſextile, la différence eſt de deux jours, c'eſt-à-dire, que ſi l'année biſſextile a commencé par un lundi, l'année d'après commencera le mercredi au lieu du mardi, à cauſe du jour de plus que donne l'année biſſextile.

Si l'année contenoit exactement un certain nombre de ſemaines ſans aucun jour de ſurplus, chaque année commenceroit par le même jour de la ſemaine. Les variétés viennent donc de ce que l'année renferme pluſieurs ſemaines ; ſavoir : cinquante-deux, & de plus un jour dans les années communes, & deux dans les biſſextiles. En effet, l'année commune ayant un jour de plus que cinquante-deux ſemaines, il eſt clair que ſi elle a commencé par un lundi, elle finira auſſi par un lundi, & par conſéquent la ſuivante commencera par un mardi ſi l'année eſt commune, & par un mercredi ſi elle a été biſſextile.

On voit par-là pourquoi les fêtes qui ſont immobiles, c'eſt-à-dire, fixées à un certain jour du mois, parcourent les différens jours de la ſemaine en pluſieurs années, en allant du lundi au mardi, enſuite au mercredi, puis au jeudi, &c. Quand l'année eſt biſſextile, il doit y avoir une différence de deux jours dans les fêtes qui viennent après le 24 février, & dans celles de l'année ſuivante qui arrivent depuis le commencement de janvier juſqu'au 24 février.

Si toutes les années étoient communes, c'eſt-à-dire, compoſées ſeulement de trois cent ſoixante-cinq jours, le cycle ſolaire ne contiendroit que ſept ans, parce que le même jour de la ſemaine reviendroit au même quantième du mois après ſept ans. Si, par exemple, une année a commencé par un lundi, la ſeconde commenceroit par un mardi, la troiſième par un mercredi, la quatrième par un jeudi, ainſi de ſuite ; par conſéquent la huitième commenceroit encore par un lundi. Mais il arrive une année biſſextile de quatre ans en quatre ans. Or, cette année étant compoſée de trois cent ſoixante-ſix jours, produit un jour de différence de plus que les autres années ; par conſéquent il faut ſept années biſſextiles pour que le jour excédent de chaque année biſſextile produiſe ſept jours ou une ſemaine. Or, il ne peut y avoir ſept années biſſextiles que dans l'eſpace de vingt-huit ans ; ainſi, il faut vingt-huit ans pour que l'excédent de chaque année biſſextile ſur l'année commune ramène un jour de la ſemaine au même jour du mois. Mais d'ailleurs on vient de dire que ſans l'année biſſextile le même jour de la ſemaine reviendroit, après ſept ans, au même quantième du mois, & par conſéquent auſſi après quatorze, puis après vingt-un, enfin après vingt-huit : donc les deux cauſes concourent enſemble pour ramener un jour de la ſemaine au même quantième du mois, à la fin de vingt-huit ans.

Il paroît d'abord que l'année biſſextile, au lieu d'augmenter le cycle ſolaire, doit au contraire le diminuer ; car une année commençant le lundi, la ſuivante commencera par un mardi, l'autre par un mercredi ; la quatrième, qui ſera biſſextile, par un jeudi, & la cinquième par un ſamedi, & non par un vendredi. Ainſi, la ſeptième commencera par un lundi, d'où il paroît s'enſuivre que le cycle ſolaire ne doit être que de ſix ans, puiſque l'année recommence par un même jour au bout de six ans.

Pour répondre à cette difficulté, il faut prendre garde que si chaque cycle solaire ne renfermoit que six ans, l'année bissextile seroit la quatrième du premier cycle, au lieu qu'elle tomberoit à la seconde & à la sixième du cycle suivant; par conséquent ces deux cycles ne seroient pas semblables, ce qui est contre la nature & la notion du cycle, qui doit renfermer toutes les variétés des jours de la semaine. De plus, le troisième cycle ne commencera pas par un lundi comme les précédens; ce qui est encore contraire à l'idée du cycle.

Il paroît, par l'explication de la nature du cycle, que chaque année d'après la naissance de Jésus-Christ répond à une année du cycle solaire; de sorte qu'après avoir compté vingt-huit années de ce cycle, on en recommence un nouveau. Par exemple, l'année 1725 étoit la vingt-sixième du cycle solaire courant alors, 1726 étoit donc la vingt-septième de ce cycle, 1727 étoit la vingt-huitième & dernière; par conséquent l'année 1728 étoit la première d'un nouveau cycle, 1729 la seconde, 1730 la troisième, ainsi de suite. Il faut entendre la même chose du tems qui a précédé la naissance de Jésus-Christ.

Reste à exposer comment on trouve l'année du cycle solaire pour une année proposée; par exemple, pour 1745.

Il faut ajouter 9 au nombre qui marque l'année depuis la naissance de Jésus-Christ, c'est-à-dire, 9 à 1745; la somme est 1754: ensuite on divise cette somme par 28, & le reste marque l'année du cycle. On divise donc 1754 par 28; le quotient est 62, & le reste est 18: par conséquent l'année 1745 est la dix-huitième du cycle solaire. S'il ne restoit rien, ou, ce qui est la même chose, si le diviseur 28 étoit contenu exactement dans la somme qu'on a trouvée après avoir ajouté 9, ce seroit une marque que l'année proposée seroit la vingt-huitième ou la dernière du cycle solaire.

1°. On a ajouté 9 au nombre qui exprime les années depuis la naissance de Jésus-Christ, parce que le cycle solaire dans lequel Jésus-Christ est né, a précédé cette naissance de neuf ans, en sorte qu'elle est arrivée à la dixième année du cycle. 2°. En divisant par 28 la somme qui résulte après l'addition, on voit combien il s'est écoulé de cycles depuis le commencement de celui dans lequel est né Jésus-Christ; car, puisque le quotient marque toujours combien de fois le diviseur est contenu dans la somme qu'on divise, il est clair que le quotient exprime ici combien il y a de cycles passés; quant au reste de la division, il désigne l'année du dernier cycle dans lequel se trouve l'année proposée.

La réforme du calendrier par Grégoire XIII a apporté quelque changement au cycle solaire, à cause du retranchement de trois jours sur quatre cents ans; cependant cela n'empêche pas qu'on ne compte encore à présent les années du cycle solaire de la même manière qu'on les comptoit auparavant.

## Lettres dominicales.

On s'est servi des sept premières lettres de l'alphabet, que l'on a placées vis-à-vis des jours du mois, dans le calendrier, pour marquer les jours de la semaine. Ces lettres sont disposées en cette manière: l'*A* est à côté du premier jour de janvier, le *B* à côté du second, le *C* à côté du troisième, ainsi de suite jusqu'au *G* qui est à côté du septième jour. Ensuite on retrouve les mêmes lettres dans le même ordre; savoir: l'*A* au huitième jour, le *B* au neuvième, le *C* au dixième, &c. L'*A* est encore placé au 15, puis au 22, & enfin au 29 janvier; par conséquent le *B* est vis-à-vis du 30, & le *C* vis-à-vis du 31: d'où il suit que le *D* se trouve au 1er. de février, plus au 8, plus au 15, plus au 22.

Il paroît par-là que le même jour de la semaine arrive le 1er., le 8, le 15, le 22, le 29 du même mois, c'est-à-dire, que si le premier jour d'un mois est un dimanche, le 8, le 15, le 22, le 29 du même mois seront aussi un dimanche, & de même des autres jours de la semaine.

Ces sept lettres sont appelées *dominicales*, parce qu'on s'en sert pour marquer tous les dimanches de l'année. Par exemple, si l'*A* est la lettre dominicale d'une année, tous les jours des mois vis-à-vis desquels se trouve l'*A*, seront des dimanches pendant le cours de cette année. Il en est de même des autres lettres, lesquelles deviennent successivement dominicales.

Les lettres ne deviennent pas dominicales suivant le rang qu'elles tiennent dans l'alphabet, mais dans un ordre renversé, c'est-à-dire, que si la lettre *G* est dominicale pendant une année, *F* le deviendra l'année suivante, ensuite *E*, puis *D*, ensuite *C*, puis *B*, & enfin *A*. En effet, si l'année commence par un lundi, & que par conséquent le dimanche arrive le 7 de janvier à côté duquel est *G*, l'année suivante commencera par un mardi, & le dimanche tombera au 6; ainsi la lettre *F* sera dominicale cette seconde année, & par la même raison *E* sera la lettre dominicale de la troisième année, en supposant les deux années précédentes chacune de trois cent soixante-cinq jours.

Dans l'année bissextile il y a toujours deux lettres dominicales, dont l'une sert depuis le commencement de l'année jusqu'à la fête de saint Matthias, & l'autre depuis le jour de cette fête inclusivement jusqu'à la fin de l'année. On peut, quand on sait la lettre dominicale d'une année, trouver celle des années suivantes.

Voici une méthode de trouver la lettre dominicale des années qui suivent. 1°. Il faut compter les années en commençant par 1701 jusqu'à l'année proposée inclusivement, ajouter 5 au nombre de ces années, & de plus autant d'unités qu'il y a d'années biſſextiles pendant ce tems. 2°. On diviſera enſuite la ſomme par 7, & le reſte de la diviſion, s'il y en a un, déſignera la lettre dominicale ; pourvu que l'on compte les lettres dominicales dans un ordre rétrograde, en ſorte que G ſoit la première, F la ſeconde, E la troiſième, D la quatrième, C la cinquième, B la ſixième, A la ſeptième. S'il n'y a point de reſte après la diviſion faite, la lettre dominicale ſera A. Par exemple, on vouloit ſavoir, avant l'an 1743, quelle ſeroit la lettre dominicale de cette année. 1°. On prenoit le nombre de ces années en commençant par 1701 ; on avoit 43 : on ajoutoit 5 à ce nombre, & de plus 10, parce qu'il y a eu dix années biſſextiles depuis 1701 juſqu'à 1743. 2°. On diviſoit la ſomme 58 par 7 ; le reſte eſt deux : donc la lettre dominicale de cette année eſt F.

La raiſon pourquoi on ajoute 5 eſt que la lettre dominicale de l'année 1701 étoit B, & par conſéquent avant l'année 1701 il y avoit déjà cinq lettres dominicales qui avoient ſervi ; ſavoir : G, F, E, D. D'ailleurs, on ajoute autant d'unités qu'il y a eu d'années biſſextiles depuis 1701, parce que chaque année biſſextile a deux lettres dominicales, dont l'une ſert juſqu'au 24 février, & l'autre pendant le reſte de l'année.

Si l'on eût cherché la lettre dominicale de 1744, il n'eût pas fallu ajouter 11 au produit pour les années biſſextiles, quoique 1744 complétât la onzième : il n'en falloit compter que dix, afin de trouver la première lettre dominicale, ainſi des autres années biſſextiles.

### Du Cycle lunaire & du Nombre d'or.

Le cycle lunaire eſt une révolution de dix-neuf ans, renfermant toutes les variétés qui peuvent arriver aux nouvelles lunes, leſquelles ne tombent pas tous les ans le même jour du mois : quelquefois elles arrivent plus tôt, quelquefois plus tard.

Méton, célèbre aſtronome d'Athènes, trouva, environ quatre cent trente-deux ans avant Jéſus-Chriſt, qu'au bout de dix-neuf ans les nouvelles lunes tombent aux mêmes jours où elles arrivoient dix-neuf ans auparavant, & c'eſt ce qui a déterminé le cycle lunaire au nombre dix-neuf. On diſoit donc encore à préſent, qu'une telle année étoit la première du cycle lunaire, la ſuivante étoit la ſeconde, celle d'après la troiſième, &c. ; après quoi l'année qui ſuivoit la dix-neuvième étoit dite la première du cycle ſuivant. Or, en dix-neuf ans il y a deux cent trente-cinq lunaiſons ; ſavoir : deux cent vingt-huit à raiſon de douze lunaiſons par an, & ſept autres à cauſe des onze jours dont chaque année ſolaire ſurpaſſe l'année lunaire. Ces ſept mois lunaires ſont appelés *emboliſmiques* ou *intercalaires*. On en compoſe ſix de trente jours chacun, & le ſeptième de vingt-neuf ſeulement.

C'eſt par le moyen de ces mois emboliſmiques que, dans le calendrier eccléſiaſtique, on ramène le commencement de l'année lunaire vers les premiers jours de janvier, après qu'il s'en eſt un peu écarté. Pour cet effet, on attribue treize mois lunaires à pluſieurs années ; ſavoir : à ſept pendant la durée du cycle lunaire ; & ces ſept années ſont appelées *emboliſmiques*, parce qu'elles contiennent toutes un mois emboliſmique. Les ſix premières ſont chacune de trois cent quatre-vingt-quatre jours, & la dernière n'eſt que de trois cent quatre-vingt-trois, parce que le dernier mois emboliſmique n'a que vingt-neuf jours. Ces ſept années ſont la 3e., la 6e., la 9e., la 11e., la 14e., la 17e. & la 19e. du cycle lunaire. Toutes les autres années lunaires ſont appelées communes, & ne ſont compoſées chacune que de douze lunaiſons, qui ſont trois cent cinquante-quatre jours. Il eſt aiſé de voir que par ce moyen la fin de la troiſième année lunaire ſe rapproche de la fin de l'année ſolaire ; car la différence entre l'année lunaire commune & la ſolaire étant d'onze jours, ſi la troiſième année lunaire étoit commune, elle finiroit trente-trois jours avant l'année ſolaire (on ſuppoſe que la première a commencé avec l'année ſolaire) ; mais comme on fait cette troiſième année emboliſmique, elle a trente jours de plus qu'une année commune ; par conſéquent elle ne finit que trois jours avant l'année ſolaire : ainſi, la quatrième année lunaire ne commencera que trois jours avant la quatrième année ſolaire. Les autres années emboliſmiques produiſent le même effet.

Après l'heureuſe découverte de Méton, qui avoit fixé le cycle lunaire à dix-neuf ans, on marquoit, à Athènes, l'année de ce cycle par des chiffres d'or qui étoient gravés en grand dans la place publique ; c'eſt pour cette raiſon que le nombre qui déſigne l'année du cycle lunaire eſt encore aujourd'hui appelé *nombre d'or*, ou plutôt parce que dans les calendriers on écrivoit ces nombres en caractères d'or.

Ces nombres ſervoient à marquer, dans le calendrier, les jours de chaque mois auxquels arrivoient les nouvelles lunes. Ainſi, quand on étoit dans la première année du cycle lunaire, le chiffre I marquoit, dans le calendrier, tous les jours où arrivoit la nouvelle lune pendant cette année. De même, à la ſeconde année, le nombre II marquoit tous les jours auxquels tomboient les nouvelles lunes de cette année, ainſi de ſuite. On avoit donc diſpoſé les nombres d'or, dans les anciens calendriers, de manière qu'ils déſignaſſent les nouvelles lunes de chaque année du cycle lunaire ; ce qui étoit très-commode, puiſque par ce moyen on pouvoit voir tout d'un coup, à l'aide d'un calendrier, non-ſeulement les jours des nouvelles lunes de l'année dans laquelle on étoit, mais auſſi de toutes les autres, ſoit paſſées, ſoit futures.

On s'eſt enfin apperçu que cette méthode de trouver les nouvelles lunes eſt ſujette à erreur, parce

parce qu'il n'eſt pas exactement vrai, comme l'a cru Méton, que les nouvelles lunes reviennent au même moment après dix-neuf ans paſſés; elles arrivent environ une heure & demie plus tôt; car en multipliant 365 jours 6 heures, qui eſt la durée de l'année civile, par 19, le produit ſera 6939 jours 18 heures; au lieu que ſi on multiplie la durée moyenne d'une lunaiſon, qui eſt 29 jours 12 heures 44 minutes 3 ſecondes, par 235, qui eſt le nombre des lunaiſons qui arrivent en dix-neuf ans, on ne trouvera au produit que 6939 jours 16 heures & environ 32 minutes. Or, cette différence produit une erreur d'un jour après ſeize cycles & environ huit ans & demi, c'eſt-à-dire, trois cent douze ans & demi, & par conſéquent une erreur de deux jours après ſix cent vingt-cinq ans. C'eſt ce qui a obligé, pour trouver les nouvelles lunes, d'employer les épactes, qui ont été pouſſées à un degré de préciſion ſi parfait, & éclaircies par des tables ſi ingénieuſes & ſi bien faites, qu'elles ne laiſſent rien à déſirer, & qu'au dire de pluſieurs grands mathématiciens, il n'y aura jamais rien à changer dans la diſpoſition du calendrier grégorien; « car, » diſent-ils, quand même les équations, ſoit ſo- » laires, ſoit lunaires, ne ſeroient pas tout-à-fait » bien marquées dans la table de l'équation des » épactes pour les ſiècles à venir, il s'enſuivroit » ſeulement qu'il faudroit prendre une autre ſuite » d'épactes que celle qui ſeroit marquée dans la » table étendue des épactes; mais il n'y auroit » point de changement à faire dans le calendrier, » qui par conſéquent eſt perpétuel par ſa forme & » par ſa nature. »

Voici la méthode pour trouver le nombre d'or ou le cycle lunaire pour une année propoſée. Ajoutez 1 à l'année dont il s'agit, enſuite diviſez la ſomme par 19, & le reſte de la diviſion ſera le nombre d'or de l'année propoſée. Par exemple, pour trouver le nombre d'or de l'année 1745, il a fallu d'abord ajouter 1 à 1745, & puis diviſer la ſomme 1746 par 19: le quotient eſt 91, & le reſte, 17, fut le nombre d'or de l'année 1745.

1°. On ajoute 1 à l'année propoſée, parce que le tems de la naiſſance de Jéſus-Chriſt étoit la ſeconde année du cycle-lunaire, & par conſéquent ce cycle avoit commencé un an avant l'ère chrétienne.

2°. Il eſt clair, après l'explication de la méthode pour trouver le cycle ſolaire, qu'en diviſant la ſomme par 19, le quotient montrera combien il y a eu de cycles lunaires depuis l'année qui a précédé la venue de Jéſus-Chriſt, & que le reſte déſignera l'année du cycle qui s'écoule.

### Cycle paſchal.

Révolution de cinq cent trente-deux années, à la fin deſquelles la Pâque revenoit au même jour de dimanche. Denis-le-Petit & le vénérable Bède ont travaillé ſur ce ſujet, & le premier a donné le

nom à la période dionyſienne, compoſée des cycles du ſoleil & de la lune multipliés l'un par l'autre, & tellement diſpoſés, que ſon commencement a été fixé en l'année de l'incarnation & naiſſance de Jéſus-Chriſt, qui précède immédiatement la première année de l'ère chrétienne. Cette période étant achevée en l'an 532, il en fut commencé une autre, & après cela une troiſième, & ainſi de ſuite; mais elle n'eſt plus en uſage depuis l'an 1582, que, par le commandement du pape Grégoire XIII, on retrancha du calendrier dix jours entiers. Il faut cependant la connoître, à cauſe de Pâques & des autres fêtes mobiles dont il eſt parlé dans l'Hiſtoire ancienne, & que l'on ne peut connoître ſûrement ſans ce ſecours. Ajoutez qu'encore maintenant quelques nations (une ſeule, la nation ruſſe) n'ont point voulu recevoir la réformation du pape Grégoire XIII, & ſe ſervent toujours de la vieille année julienne; de ſorte qu'elles célèbrent leur Pâque en un autre jour que les Catholiques, & ſont quelquefois éloignées d'un mois entier de notre Pâque: c'eſt ce qui les oblige de marquer, dans les actes publics & dans leurs lettres miſſives, les deux ſtyles, l'ancien & le nouveau, le julien & le grégorien.

### Cycle chinois.

Période de ſoixante années, dont l'uſage a du rapport à celui des olympiades, des indictions, du cycle ſolaire, du cycle lunaire ou nombre d'or, cycle d'ailleurs très-compoſé, dont quelques-uns attribuent l'invention, d'autres diſent le perfectionnement à l'empereur Hoamti, qui régnoit dans la Chine deux mille ſix cent quatre-vingt-dix-ſept ans avant Jéſus-Chriſt.

### De l'Indiction.

Les deux cycles, ſolaire & lunaire, ayant pour fondement le mouvement du ſoleil & de la lune, ſont entièrement indépendans de la volonté des hommes. En voici un troiſième entièrement arbitraire, qu'on appelle *le cycle de l'indiction romaine*, ou ſimplement *de l'indiction*, qui eſt compoſé de quinze ans, & qui pourroit l'être à volonté de moins ou de beaucoup davantage. On ſuppoſe qu'il a commencé trois ans avant la naiſſance de Jéſus-Chriſt. C'eſt pourquoi, lorſqu'on cherche l'indiction d'une année qui ſuit cette époque, on ajoute 3 au nombre des années de l'ère chrétienne, & on diviſe la ſomme par 15; le reſte, s'il y en a, marque l'indiction de l'année propoſée; mais s'il n'y a point de reſte, l'indiction eſt 15. Si, par exemple, on eût cherché l'indiction pour l'année 1745, on eût ajouté 3 à ce nombre, & diviſé la ſomme 1748 par 15: le quotient eût été 116, & le reſte 8: ainſi, 8 étoit l'indiction de l'année 1745.

Il paroît, par ce qui a été dit des trois cycles,

le folaire, le lunaire & celui de l'indiction, qu'afin de les avoir tous trois pour une des années de l'ère chrétienne, il faut ajouter quelque chofe au nombre des années depuis la naiffance de Jéfus-Chrift ; favoir : 9 pour le cycle folaire, 1 pour le cycle lunaire, & 3 pour l'indiction, parce que la première année de l'ère chrétienne ou de la naiffance de Jéfus - Chrift étoit la dixième du cycle folaire, la deuxième du cycle lunaire, & la quatrième de l'indiction.

Plufieurs croient que l'indiction étoit, dans l'origine, une coutume introduite à l'occafion d'un impôt ou tribut annuel établi pour quinze ans & continué pendant une pareille fuite d'années. Le plus ancien auteur qui ait parlé d'indiction eft faint Athanafe, patriarche d'Alexandrie, lorfqu'il affure que le fynode d'Antioche fut célébré fous le confulat de Marcellinus & de Probinus, fous l'indiction 14, qui étoit de Jéfus-Chrift 341. Quelques-uns tirent le commencement de l'indiction dès le tems de l'empereur Jules-Céfar ; d'autres veulent que l'empereur Augufte en ait été le premier inftituteur ; mais les plus habiles chronologiftes difent que l'empereur Conftantin-le-Grand a établi les indictions, & que ce fut au mois de feptembre de l'année 312, lorfqu'il eut vaincu, près du Ponte-Mole, voifin de la ville de Rome, le tyran Maxence, qui fut défait & fubmergé dans le Tibre.

Les hiftoriens rapportent trois fortes d'indictions : la première, appelée *conftantinopolitaine*, commence avec l'année vulgaire des Grecs, au premier jour de feptembre ; la feconde, nommée *impériale* ou *céfarienne*, a fon commencement au 24 de feptembre, jour auquel l'empereur Conftantin rémporta la victoire fur le tyran Maxence ; la troifième, appelée *romaine* ou *pontificale*, dont on fe fert dans les bulles de la cour romaine, commence au premier janvier avec l'année julienne. Quelques-uns croient que d'abord elle commença à Noël. Il faut diftinguer ces trois fortes d'indictions en lifant les anciens écrivains, les conciles, & les autres monumens de l'antiquité grecque & latine ; car l'indiction conftantinopolitaine commençant au premier feptembre 312, l'impériale au 24 feptembre de la même année 312, & la romaine au premier janvier 313, ce qui arriva, par exemple, le 5 feptembre 313, étoit dans la feconde indiction conftantinopolitaine & dans la première impériale & romaine ; ce qui arriva le 25 feptembre 313 étoit dans la feconde indiction conftantinopolitaine & impériale, & dans la première romaine ; enfin, ce qui fe paffa le 10 janvier 314 doit être rangé dans la feconde indiction de Conftantinople, de l'Empire & de Rome.

Pour trouver l'indiction de chaque année, on donne, comme nous l'avons dit, une méthode, qui eft d'ajouter 3 à quelque année de l'ère chrétienne qu'on voudra, & de divifer par 15, après quoi le nombre qui reftera fera celui de l'indiction.

Cette méthode eft fimple & facile ; mais voici une table plus facile & plus prompte encore, & qui dit tout aux yeux : elle contient toutes les premières années de toutes les indictions qui ont eu lieu depuis leur inftitution jufqu'à celle dans laquelle nous fommes à préfent, & dont cette année 1804 n'eft que la feptième.

*TABLE pour connoître l'Indiction.*

| | | | | |
|---|---|---|---|---|
| 313 | 613 | 913 | 1212 | 1513 |
| 328 | 628 | 928 | 1228 | 1528 |
| 343 | 643 | 943 | 1243 | 1543 |
| 358 | 658 | 958 | 1258 | 1558 |
| 373 | 673 | 973 | 1273 | 1573 |
| 388 | 688 | 988 | 1288 | 1588 |
| 403 | 703 | 1003 | 1303 | 1603 |
| 418 | 718 | 1018 | 1318 | 1618 |
| 433 | 733 | 1033 | 1333 | 1633 |
| 448 | 748 | 1048 | 1348 | 1648 |
| 463 | 763 | 1063 | 1363 | 1663 |
| 478 | 778 | 1078 | 1378 | 1678 |
| 493 | 793 | 1093 | 1393 | 1693 |
| 508 | 808 | 1108 | 1408 | 1708 |
| 523 | 823 | 1123 | 1423 | 1723 |
| 538 | 838 | 1138 | 1438 | 1738 |
| 553 | 853 | 1153 | 1453 | 1753 |
| 568 | 868 | 1168 | 1483 | 1783 |
| 583 | 883 | 1183 | 1458 | 1798 |
| 598 | 898 | 1198 | | |

En cherchant l'indiction d'une année, il faut voir fi c'eft quelqu'une de celles qui font marquées dans cette table, & alors ce fera la première de l'indiction ; finon il faut prendre le nombre le plus proche qui précède l'année dont on cherche l'indiction. Par exemple, pour 1731 prenez 1723, & comptez de là jufqu'à 1731, vous trouverez 9 d'indiction ; 1732 aura 10, & ainfi des autres.

S'il s'agit de l'indiction conftantinopolitaine ou impériale, il faut ôter un de chaque nombre de cette table.

312 ⎧ Mettant 2 pour 3, & 7 pour 8, & ainfi
327 ⎨ des autres, à compter au 1er. feptembre
342 ⎩ pour l'indiction conftantinopolitaine, & au 24 feptembre pour l'indiction impériale.

*Des Périodes victorienne & julienne.*

Si on multiplie le cycle folaire 28 par le cycle lunaire 19, on aura le produit 532, que l'on appelle *la période victorienne*, du nom d'un certain Victorius, qui, après l'avoir trouvée, la publia l'an 457 de l'ère chrétienne. Elle renfermoit, avant la réforme du calendrier, toutes les variétés qui peuvent arriver par rapport aux nouvelles & pleines lunes, comparées avec les lettres dominicales ; en forte qu'après cinq cent trente-deux ans les combinaifons des nouvelles & pleines lunes avec les lettres dominicales reviennent les mêmes qu'elles étoient auparavant. C'eft de cette période que nous avons déjà parlé fous le nom de cycle pafchal, & nous avons dit l'ufage qu'en avoient fait, dans leur tems, Denis-*le-Petit* & le vénérable Bède pour la fixation de la Pâque, & l'on s'en eft toujours fervi pour cet effet jufqu'au tems du pape Grégoire XIII, qui, par fes opérations pour la réforme du calendrier, a fait que ce cycle ou cette période ne peut plus être d'aucun ufage. La première de ces périodes commençoit quatre cent cinquante-fept ans avant la naiffance de Jéfus-Chrift ; la feconde, à l'an 76 de l'ère chrétienne ; la troifième, à l'an 608, &c.

Pendant les cinq cent trente-deux ans que duroit une période victorienne, il ne peut y avoir deux années dont l'une ait à la fois le même cycle folaire & le même nombre d'or ou cycle lunaire que l'autre ; elle peut avoir l'un des deux, jamais les deux réunis. Cela vient de ce que la période victorienne eft le produit des cycles entiers 28 & 19.

La période julienne eft faite à l'imitation de la victorienne : c'eft le produit des trois cycles, du foleil, de la lune & de l'indiction, 28, 19, 15. C'eft une révolution de fept mille neuf cent quatre-vingts ans. La plupart des chronologiftes, qui ne font remonter l'époque de la création du Monde qu'à quatre mille ou quatre mille quatre ans avant la naiffance de Jéfus-Chrift, voient d'abord que la durée du Monde, depuis fa création, n'égale pas l'étendue de la période julienne. Il faut néceffairement que l'on fuppofe que cette période ait commencé plus de fept cents ans avant la création du Monde ; mais ne nous jetons point dans cette queftion difficile de la jeuneffe ou de la vieilleffe du Monde. Une foumiffion entière à l'autorité des livres faints détermine à l'opinion de la jeuneffe du Monde ; mais les raifonnemens de la philofophie font favorables à l'antiquité. Contentons-nous d'obferver que la première année de l'ère chrétienne étoit la 4714ᵉ. de la période julienne, que par conféquent, pour trouver à quelle année de la période julienne répond chaque année de l'ère chrétienne, il faut ajouter 4713 à l'année propofée, la fomme fera ce que l'on cherche. Par exemple, fi on ajoute 4713 à 1745, la fomme 6458 fera l'année de la période julienne, qui répond à l'an 1745 de l'ère chrétienne. Jofeph Scaliger, inventeur de la période julienne, a cru qu'elle pouvoit fervir à ôter la confufion qui fe trouve dans la chronologie, parce qu'on peut rapporter toutes les époques & tous les événemens à quelques années de cette période, & qu'ainfi elle peut fervir comme de mefure commune pour tous les fiècles depuis le commencement du Monde.

Comme dans une période victorienne il ne peut y avoir deux années qui aient à la fois même cycle folaire & même cycle lunaire, de même, dans la période julienne, c'eft-à-dire, dans l'efpace de fept mille neuf cent quatre-vingts ans, il ne peut fe rencontrer deux années dont l'une ait enfemble même cycle folaire, même cycle lunaire & même indiction que l'autre : c'eft pourquoi, ces trois cycles étant donnés, on peut trouver l'année de la période julienne à laquelle ils appartiennent.

## Des Épactes.

L'épacte n'eft autre chofe que le nombre de jours dont la lune précède le commencement de l'année civile. Par exemple, nous avions quatre jours d'épacte pour l'année 1743, parce que la lune avoit quatre jours quand l'année a commencé. Pareillement l'épacte de 1746 étoit 7, parce que la lune avoit fept jours quand l'année 1746 avoit commencé. On peut dire auffi que l'épacte d'une année défigne le nombre de jours qui reftoient, au mois de décembre précédent, après la lune qui s'eft terminée dans ce mois. Cela revient au même que la définition précédente.

L'épacte vient de ce que l'année folaire eft plus grande que la lunaire, la première étant de trois cent foixante-cinq jours, & la feconde de trois cent cinquante-quatre feulement. C'eft pour cela que l'on dit fouvent que l'épacte eft l'excès de l'année folaire fur l'année lunaire ; mais cette notion de l'épacte peut caufer de l'embarras & de la confufion dans l'efprit, parce qu'il fembleroit par-là que l'épacte doit toujours être la même, d'autant que l'excès de l'année folaire fur l'année lunaire eft toujours 11.

L'ufage de l'épacte de chaque année confifte donc à indiquer les jours auxquels arrivent les nouvelles lunes pendant le cours de l'année. Prenons pour exemple 7, qui étoit l'épacte de l'année 1746 ; elle fe trouve à côté du 24 janvier, du 22 février, du 24 mars, du 22 avril, du 22 mai, &c. ainfi il y a eu nouvelle lune tous ces jours pendant l'année 1746. Il arrive cependant affez fouvent que la nouvelle lune ne tombe pas précifément au jour marqué par l'épacte ; mais la différence ne paffe pas un jour ou deux, & encore après cela la nouvelle lune revient au jour marqué par l'épacte dans les mois fuivans.

On entrevoit que cette matière n'eft pas fans difficulté. La vraie manière de l'éclaircir, ce feroit d'avoir fous les yeux ces tables fi ingénieufes par lefquelles on eft parvenu à faire des épactes un calendrier perpétuel, d'expliquer dans le plus grand détail, fur chaque colonne, les chiffres, les lettres, les fignes, les aftérifmes & la raifon de leurs différentes pofitions, ainfi que toute l'économie & les diverfes figures de la table d'équation des épactes ; mais ce feroit un travail qui ne dédommageroit pas, par fon utilité, de la peine qu'il auroit fallu prendre, ni peut-être de l'ennui qu'il auroit caufé.

Arrêtons-nous à des notions plus simples. Il n'est pas difficile de trouver l'épacte d'une année lorsqu'on connoît celle de l'année précédente ; car pour avoir l'épacte d'une année il suffit d'ajouter 11 à celle de l'année précédente, & si la somme n'excède pas 30, ce sera l'épacte cherchée ; mais quand la somme surpasse 30, il faut ôter 30, & le reste est l'épacte de l'année proposée. Par exemple, pour avoir l'épacte de 1745, on ajouta 11 à l'épacte de 1744, qui étoit 15, & la somme 26 fut l'épacte cherchée ; mais si on avoit voulu avoir l'épacte de 1746 ; après avoir ajouté 11 à l'épacte de 1745, il auroit fallu retrancher 30 de la somme 37, & le reste, 7, auroit été l'épacte de 1746. Cette méthode souffre une exception dans un cas, qui est lorsque le nombre d'or est 1, car pour lors il faut ajouter 12 à la dernière épacte : ainsi, comme le nombre d'or de 1748 étoit 1, il fallut ajouter 12 à 18, épacte de 1747, & la somme 30 fut l'épacte de 1748.

Voici la raison pourquoi on retranche 30 lorsque la somme surpasse ce nombre de 30. Les onze unités que l'on ajoute chaque année à l'épacte de l'année précédente, viennent de ce que l'année solaire est plus grande de onze jours que l'année lunaire. Or, ces onze jours ajoutés les uns aux autres forment les sept mois embolismiques d'un cycle lunaire, qui sont composés de trente jours. Il faut donc que l'on retranche toujours trente jours de la somme qui vient en ajoutant 11 chaque année, au lieu de retrancher alternativement trente & vingt-neuf jours.

On remarquera cependant que les onze jours ajoutés chaque année ne font que dix-neuf fois onze jours, ou deux cent neuf jours pendant le cours du cycle lunaire. Or, ces deux cent neuf jours font sept mois embolismiques, dont les six premiers sont de trente jours, mais le dernier n'est que de vingt-neuf jours. Ainsi il semble que, sur la fin du cycle lunaire, on ne devroit retrancher que vingt-neuf de la somme pour le dernier mois embolismique.

Il faut avouer que le dernier retranchement, qui n'a été établi que pour garder l'uniformité, produit une erreur, en ce que cela diminue d'une unité le reste de la soustraction ; mais ce défaut est aussitôt réparé, parce qu'au lieu d'ajouter seulement 11 à l'épacte de la dernière année du cycle, on ajoutera 12. Cette addition de 12 au lieu de 11 se doit donc faire dans chaque année qui a 1 pour nombre d'or ; c'est ce que l'on a fait en 1710, 1729, 1748, 1767, &c. & ce qu'on a fait & ce que l'on fera dans toutes les années qui ont 1 pour nombre d'or.

Voici une autre méthode de trouver l'épacte d'une année, quoique l'on ne connoisse pas celle de l'année précédente. Il faut multiplier 11 par le nombre des années qui se sont écoulées depuis 1700, en commençant par 1701, jusques & com-

pris l'année dont on cherche l'épacte, puis on ajoutera 9 au produit, & de plus autant d'unités que le nombre d'or 1 est revenu de fois depuis 1700 jusqu'à l'année proposée inclusivement. Enfin on divisera la somme par 30, le reste de la division sera l'épacte qu'on cherche. S'il n'y avoit point de reste après la division, l'épacte de l'année proposée seroit 30. Par exemple, pour trouver l'épacte de l'année 1745, on a multiplié 11 par 45, le produit étoit 495 ; ensuite on a ajouté à ce produit 9, & de plus 2, parce que depuis 1700 il y a eu deux années qui ont eu le nombre d'or 1 ; savoir : l'année 1710 & l'année 1729. Enfin on a divisé la somme 506 par 30, il restoit 26 ; ainsi l'épacte de 1745 étoit 26.

On voit bien que la raison pour laquelle on multiplie 11 par le nombre des années qui se sont passées après 1700, c'est que chaque année on ajoute 11 à l'épacte de l'année précédente ; mais on n'apperçoit pas si aisément pourquoi on ajoute 9 & 2 au produit. En voici la raison. En multipliant 11 par 45 dans notre exemple, on suppose que l'épacte de la première année, c'est-à-dire, 1701, est 11, & que l'épacte des autres années se trouve en ajoutant toujours 11 à l'épacte de l'année précédente. Or, l'épacte de 1701 est 20 ; ainsi elle a neuf unités de plus que 11, & c'est pour cela qu'il faut ajouter 9 au produit de 11 par 45. De plus, on ajoute aussi autant de fois l'unité qu'il y a eu d'années depuis 1700, qui ont eu pour nombre d'or 1, parce que dans ces années il faut ajouter 12 au lieu de 11 à l'épacte de l'année précédente. Par cette raison il a fallu ajouter 3 au produit pour l'année 1748 & les suivantes, parce que le nombre d'or de 1748 est aussi 1 ; pareillement il a fallu ajouter 4 au produit pour l'année 1767 & les suivantes, car le nombre d'or 1 revient de dix-neuf en dix-neuf ans.

Pour ce qui est de la dernière opération de la méthode, je veux dire la division, il est clair qu'on divise par 30 la somme qui vient après les deux additions dont on vient de parler, parce que l'on retranche 30 quand, après avoir ajouté 11 à l'épacte de la dernière année, la somme surpasse 30.

On peut se servir de cette méthode sans aucun autre changement jusqu'à l'année 1900 ; mais cette année-là même il y aura ce que les astronomes & les chronologistes appellent une *métemptose* ou *équation solaire*, lorsque la nouvelle lune arrive un jour plus tard qu'auparavant, & ils appellent au contraire *pro emptose* ou *équation lunaire* l'anticipation de la nouvelle lune, c'est-à-dire, quand elle arrive un jour plus tôt qu'auparavant.

Ainsi en 1900 l'épacte sera moindre d'une unité cette année-là & les suivantes, qu'elle n'auroit été sans la métemptose. On trouve encore plus facilement l'épacte de chaque année pour tous les siècles, soit antérieurs, soit postérieurs, par le moyen de certaines tables d'équation des épactes, dont il ne nous est pas possible d'exposer ici l'ingénieuse composition & les heureuses combinaisons.

### De l'usage du Calendrier.

Il y a deux usages du calendrier, qui dépendent des épactes; le premier est de servir à connoître l'âge de la lune pour tous les jours de l'année; le second & le principal est pour trouver quel jour on doit célébrer la fête de Pâques, d'où dépend tout l'ordre des fêtes mobiles & toute l'économie de l'année eccléfiastique.

Afin de connoître l'âge de la lune par le calendrier, il faut chercher d'abord quelle est l'épacte de l'année dans laquelle arrive le jour proposé, ensuite voir dans le calendrier le dernier jour vis-à-vis duquel se trouve cette épacte avant celui dont il s'agit. Ce jour auquel répond l'épacte est la nouvelle lune: il sera facile de trouver l'âge de la lune pour tous les jours suivans. Par exemple, je veux savoir quel étoit le quantième de la lune au 20 février 1744: l'épacte de cette année étoit 15. Or, cette épacte se trouvoit vis-à-vis du 14 février. La nouvelle lune arrivoit donc ce jour-là; par conséquent le 20 février 1744 étoit le septième de la lune; mais le calendrier, comme on l'a déjà observé, n'indique pas toujours les nouvelles lunes avec une entière exactitude. Voici une autre méthode indépendante du calendrier, & qui est encore moins exacte, quoique plus ordinaire.

Elle consiste à prendre la somme de trois nombres, savoir: de l'épacte, des jours du mois depuis le premier inclusivement, jusques & compris celui pour lequel on cherche l'âge de la lune, & enfin des mois depuis celui de mars inclusivement: si ces trois nombres ajoutés ensemble ne surpassent pas 30, ils marquent l'âge de la lune; mais s'ils sont plus grands que 30, il faut ôter 30, & le reste marquera l'âge de la lune. Par exemple, pour connoître quel étoit l'âge de la lune au 15 août 1744, on prenoit l'épacte 15, qui étoit celle de 1744: on y ajoutoit 15, nombre des jours passés depuis le commencement du mois; ensuite on y joignoit encore 6, qui marque le nombre des mois depuis mars jusqu'au mois d'août inclusivement: la somme étoit 36, d'où ôtant 30, le reste 6, marquoit l'âge de la lune au 15 août 1744.

Voici la raison de cette méthode. L'épacte d'une année marque l'âge de la lune avant le commencement de l'année. Ainsi l'épacte 15 montroit que la lune auroit quinze jours au 31 décembre 1743; & comme les mois de janvier & de février, pris ensemble, sont égaux à la durée de deux lunaisons (car on néglige ici le jour de surplus qu'on ajouta au mois de février à cause de l'année bissextile 1744), il s'ensuit que le dernier jour de février fut encore le 15 de la lune. Par conséquent

s'il s'étoit agi de savoir le quantième de la lune pour un jour du mois de mars, par exemple, pour le 5, il auroit suffi d'ajouter à l'épacte le nombre des jours passés depuis le commencement du mois. Dans cet exemple, proposé pour le 5 mars, il eût donc fallu ajouter 5 à 15, & la somme 20 eût désigné l'âge de la lune: d'où il est facile de juger que si tous les mois lunaires étoient égaux aux mois solaires & civils, il suffiroit d'ajouter ces deux nombres; savoir: l'épacte & les jours du mois; mais comme depuis le mois de mars les mois solaires excèdent les lunaires d'un jour, c'est pour cela qu'il faut ajouter à ces deux nombres autant d'unités qu'il y a de mois passés depuis le mois de mars.

Pour ce qui est des deux mois de janvier & de février, on peut se servir de deux méthodes: l'une est celle qui vient d'être expliquée, & que nous allons appliquer à un exemple. On vouloit connoître l'âge de la lune au 20 février 1744, on prit l'épacte 4, qui étoit celle de 1743, &, qui, dans cette méthode, doit être employée jusqu'au premier de mars. On ajouta ensuite 20 pour les jours du mois, & enfin 12 parce qu'il y a douze mois depuis mars jusqu'à février: la somme est 36, d'où ôtant 30, le reste, 6, désignoit l'âge de la lune au 20 février 1744. L'autre méthode emploie pour les deux mois de janvier & de février l'épacte de l'année courante, & ne compte point les mois depuis celui de mars de l'année précédente: elle ajoute seulement 1 pour le mois de janvier, si on cherche l'âge de la lune au mois de février. Ainsi pour savoir l'âge de la lune au 20 février 1744, on prenoit 15, qui étoit l'épacte de l'année, puis on y ajoutoit 20 pour les jours du mois, & 1 pour le mois de janvier. La somme étoit 36, d'où ôtant 30, il restoit 6, qui étoit l'âge de la lune au 20 février 1744, selon cette méthode, ainsi que selon la précédente, quoique suivant le calendrier nous ayions trouvé que ce jour est le septième de la lune.

Le second usage du calendrier, & le principal, qui a été cause que l'Eglise s'est intéressée à la réforme du calendrier, consiste à faire connoître le jour auquel on doit célébrer la fête de Pâques.

### Moyen de trouver le jour de Pâques dans chaque année.

Il faut savoir d'abord que le concile de Nicée, qui s'est tenu en 325, a ordonné qu'on célébreroit la fête de Pâques le premier dimanche d'après la pleine lune qui tombe au jour de l'équinoxe du printems, ou après cet équinoxe. Or, l'équinoxe du printems est fixé (par les réglemens eccléfiastiques, différens en cela des lois astronomiques) au 21 du mois de mars; & d'ailleurs, le jour de la pleine lune est toujours le 14, depuis la nouvelle lune inclusivement.

Il suit de là que, si la nouvelle lune tombe au

8 de mars, la pleine lune tombera au 21, qui est le jour de l'équinoxe, & par conséquent cette pleine lune sera paschale, c'est-à-dire, qu'il faudra célébrer Pâques le premier dimanche qui la suivra. Pareillement, si la nouvelle lune tomboit quelques jours après le 8 de mars, la pleine lune suivante seroit aussi paschale à plus forte raison. Si au contraire la nouvelle lune tomboit au 7 de mars ou quelques jours auparavant, la pleine lune arriveroit avant l'équinoxe, & par conséquent il faudroit attendre la pleine lune suivante pour faire la célébration de la Pâque. Cela posé, voici comment on trouve le jour de Pâques.

Cherchez, 1°. l'épacte & la lettre dominicale de l'année proposée. 2°. Voyez ensuite quel est le premier jour après le 7 mars, auquel répond l'épacte de l'année dans le calendrier : ce jour est le premier de la lune paschale. 3°. Comptez quatorze jours depuis celui de la nouvelle lune inclusivement : le quatorzième sera la pleine lune paschale. 4°. Enfin voyez le premier jour après cette pleine lune, auquel répond la lettre dominicale ; ce jour est le dimanche de Pâques.

On vouloit, par exemple, savoir quel jour du mois arriveroit Pâques l'année 1744 : on chercha d'abord l'épacte qui étoit 15, & la lettre dominicale qui étoit double cette année, l'année étant bissextile ; les deux lettres étoient E & D ; mais on n'avoit besoin que de D, parce que la première n'est que pour les deux premiers mois. 2°. On regarda dans le calendrier quel étoit le premier jour après le 7 mars, auquel répondoit l'épacte 15, on trouva que c'étoit le 16, & qu'ainsi ce 16 étoit la nouvelle lune. 3°. On compta quatorze jours depuis 16 inclusivement, & on trouva que le quatorzième étoit le 29 du mois de mars. La pleine lune paschale arrivoit donc le 29 mars. 4°. On chercha quel étoit à la suite du 29 le premier jour à côté duquel se trouvoit le D, lettre dominicale. Ce fut le 5 avril, par conséquent le dimanche de Pâques, en 1744, fut le 5 d'avril.

Il paroît, par cet exemple, que, quand on cherche le jour de Pâques pour une année bissextile, il faut avoir égard à la seconde lettre dominicale de cette année, & non pas à la première.

Quand le calendrier ne montreroit pas exactement la nouvelle ni la pleine lune, on ne laisseroit pas de suivre la méthode qui vient d'être exposée, parce que le tems de la célébration de Pâques dépend de la nouvelle & de la pleine lune de l'équinoxe du printems, non pas en tant que cette lune est calculée par les astronomes, mais selon qu'elle est indiquée par le calendrier.

Pâques ne peut pas arriver plus tôt que le 22 mars, ni plus tard que le 25 avril ; car selon l'ordonnance du concile de Nicée, afin qu'une pleine lune soit paschale, il faut qu'elle arrive le jour même de l'équinoxe, c'est-à-dire, le 21 de mars ou après ce tems. Or, le même concile a aussi ordonné qu'on ne célébreroit la Pâque qu'après la pleine lune paschale. Par conséquent on ne peut la célébrer plus tôt que le 22 de mars ; c'est ce qui arrive quand la pleine lune tombe au 21 de mars, & que ce jour est un samedi. En second lieu, cette fête peut être reculée jusqu'au 25 d'avril ; car si la nouvelle lune tombe au 7 de mars, la pleine lune arrivera le 20 de ce mois ; elle ne sera donc pas paschale. Ainsi il faudra attendre la nouvelle lune suivante, qui n'arrivera que le 5 d'avril, d'où, comptant quatorze jours pour la pleine lune, on trouvera qu'elle doit tomber au 18 de ce mois, & ce 18 pourroit être un dimanche. Par conséquent il faudra attendre le dimanche suivant pour célébrer la Pâque, qui ne doit pas être célébrée le jour de la pleine lune, mais le dimanche qui suit la pleine lune. Or, ce dimanche suivant sera nécessairement le 25 d'avril.

Il est évident que Pâques ne peut être reculé plus loin ; car si la nouvelle lune, au lieu d'arriver le 7 de mars, étoit tombée au 8, la pleine lune auroit été paschale, puisqu'elle seroit arrivée le 21 de ce mois, jour de l'équinoxe.

Toutes les autres fêtes mobiles dépendent de celle de Pâques. Si, par exemple, on compte six semaines avant Pâques, c'est-à-dire, quarante-deux jours, non compris celui de Pâques, le quarante-deuxième sera le premier dimanche de carême, & le mercredi d'avant sera le jour des cendres ; & en remontant toujours vers le commencement de l'année, le dimanche qui précède le mercredi des cendres est celui de la quinquagésime, le précédent c'est la sexagésime, & enfin le précédent est la septuagésime.

Si on veut trouver les fêtes depuis Pâques jusqu'à la fin de l'année, il faut compter sept semaines ou quarante-neuf jours depuis Pâques inclusivement, le cinquantième est la fête de la Pentecôte : *Cùm complerentur dies Pentecostes.* Le dimanche d'après, c'est la fête de la Sainte-Trinité, & le jeudi qui suit cette dernière fête, c'est celle du Saint-Sacrement. Il est facile, après cela, de compter combien il y a de dimanches après la Pentecôte jusqu'au premier dimanche de l'Avent, qui est toujours le quatrième avant Noël.

### De l'Année.

Terminons tout ce qui concerne le calendrier par quelques observations générales sur l'année. Nous avons déjà vu que l'année civile, chez les différens peuples, avoit été ou solaire ou lunaire. Comment a-t-on pu balancer entre ces deux supputations, dont la seconde ne se rapproche de la première, & ne peut ramener dans leur vrai tems les différentes saisons & les fêtes solennelles qu'à la faveur d'une multitude d'intercalations & d'embolismes qui compliquent infiniment la machine & qui embarrassent le calcul ?

L'année, dans une division encore plus générale, est astronomique ou civile. L'année astronomique est ou solaire, ou lunaire, c'est-à-dire, qu'elle se règle ou sur le mouvement du soleil ou sur celui de la lune. L'année astronomique, soit solaire, soit lunaire, est encore appelée *naturelle* par opposition avec l'année civile, qui ne peut pas se régler avec la même précision sur le mouvement des astres, & qui admet des arrangemens. L'année solaire astronomique est le tems que le soleil emploie à faire le tour du zodiaque d'occident en orient, ou le tems qui s'écoule, soit depuis un équinoxe ou un solstice, jusqu'au premier équinoxe ou solstice semblable. Ce tems est de trois cent soixante-cinq jours & environ, mais pas tout-à-fait six heures. L'année lunaire astronomique est composée de douze lunaisons, qui contiennent chacune vingt-neuf jours douze heures & quarante-quatre minutes. Ainsi l'année entière est de trois cent cinquante-quatre jours huit heures & quarante-huit minutes. L'année civile est celle dont les royaumes & les peuples se servent pour compter les tems & les âges. Or, tous les peuples ne s'accordent pas entr'eux touchant la manière de compter les tems : les uns règlent leur année sur le mouvement du soleil, les autres sur celui de la lune. Indépendamment même de cette différence générale, on peut dire que l'année civile, la mieux réglée sur le mouvement du soleil, n'est pourtant jamais dans le tems vrai, c'est-à-dire, dans le tems astronomique, quoiqu'il y tende toujours à s'en rapprocher. Jules-César fixa l'année solaire à trois cent soixante-cinq jours six heures; mais comme il seroit très-incommode de faire commencer une année six ou douze heures ou dix-huit heures après la fin du jour, on a laissé de côté les six heures de chaque année, qui, au bout de quatre ans, font vingt-quatre heures, c'est-à-dire, un jour entier. Ainsi la quatrième année a un jour de plus que les précédentes, elle a trois cent soixante-six jours. Or, voilà déjà six heures par année qui ne sont pas employées dans l'année civile comme dans l'année astronomique, & qui sont renvoyées à la quatrième année. Voilà de plus une inégalité entre les années, qui n'est point l'ouvrage du soleil, mais de la convention des hommes; & de ce dérangement de quelques heures par année s'ensuit un dérangement universel, car l'année civile ne commence, ne continue & ne finit point en même tems que l'année astronomique : les heures de surcroît ne sont pas perdues, & elles se retrouvent; mais elles ne sont pas à leur vraie place. Si cependant chaque année astronomique étoit exactement de trois cent soixante-cinq jours six heures, il y auroit un tems où l'année civile marcheroit d'un pas égal avec l'année astronomique; car, quoique le soleil n'ait pas fait sa révolution entière à la fin de la première année civile, & qu'il s'en faille six heures; qu'à la fin de la seconde il s'en manque douze, à la fin de la troisième dix-huit, & qu'à la fin de la

quatrième il s'en manquât vingt-quatre heures, si l'on ne faisoit pas cette quatrième année plus longue que les précédentes; comme enfin on réunit ces vingt-quatre heures pour en former un jour entier qu'on ajoute à la quatrième année, il s'ensuivroit que cette quatrième année finiroit justement dans le tems où le soleil acheveroit sa quatrième révolution, & que pendant les trois cent soixante-cinq jours de l'année suivante, jusqu'aux six heures complémentaires exclusivement, l'année civile seroit exactement réglée sur l'année astronomique. Mais il n'en est pas ainsi : l'année solaire astronomique est plus courte d'environ onze minutes que ne l'a supposé Jules-César : c'est ce qui a rendu nécessaire la réformation du calendrier en 1582. Avec le tems on se seroit retrouvé dans le même dérangement des saisons & des fêtes, qu'on avoit éprouvé précédemment. Il a fallu convenir que toutes les années séculaires devant naturellement être bissextiles, sur quatre années séculaires il n'y en auroit qu'une de bissextile; savoir : la quatrième; ainsi l'année 1700 & l'année 1800 n'ont pas été bissextiles; l'année 1900 ne le sera pas; mais l'année 2000 le sera, & l'année 2400 & l'année 2800, & ainsi de suite.

Les mois solaires ne sont que des divisions arbitraires du cours annuel du soleil; mais les mois lunaires sont autant de cours entiers & de révolutions complètes de la lune dans le zodiaque, révolutions qui la ramènent au même point d'où elle est partie. Au lieu que le soleil emploie plus de trois cent soixante-cinq jours pour faire son tour : la lune au contraire achève le sien en vingt-sept jours & quelques heures. Voyons ce qui produit cette différence. Supposons que la lune soit entre la terre & le soleil; elle paroîtra bientôt après à l'orient de cet astre, parce qu'elle se meut plus vîte, & après vingt-sept jours & quelques heures elle arrivera au même demi-méridien auquel elle répondoit quand elle étoit entre le soleil & la terre. Voilà donc, à ne considérer qu'elle, sa révolution achevée, & pour ainsi dire son année accomplie; car ses mois, la remettant chaque fois au point d'où elle est partie, sont autant d'années & de révolutions complètes, & non de simples divisions de son cours. Mais si en vingt-sept jours & quelques heures elle arrive au même demi-méridien, elle n'aura pas pour cela atteint le soleil (avec lequel elle étoit partie), & qui pendant le tems de la révolution de la lune a parcouru environ vingt-sept degrés vers l'orient; il faudra encore au moins deux jours afin que la lune rejoigne le soleil : c'est pourquoi il y a environ vingt-neuf jours & demi d'une conjonction à l'autre suivante : de là vient la distinction entre le mois *périodique* & le mois *synodique* de la lune. Le mois périodique de la lune est le tems qu'elle met à faire sa révolution autour du zodiaque d'occident en orient, à ne considérer qu'elle; mais si on la considère dans ses rapports avec le soleil, le mois fynodique eft le tems que la lune emploie pour rejoindre le foleil après l'avoir quitté; c'eft le tems qu'il y a depuis une nouvelle lune jufqu'à la fuivante. Le premier de ces mois eft de vingt-fept jours fept heures quarante-trois minutes; le fecond eft de vingt-neuf jours douze heures quarante-quatre minutes.

Pour rapprocher, quoique très-imparfaitement, l'année lunaire de l'année folaire, comme chaque révolution de l'année approche un peu d'un mois folaire, on a raffemblé douze mois ou révolutions lunaires pour former l'année lunaire, qui par-là même s'éloigne douze fois plus de l'année folaire que chaque mois lunaire ne s'éloigne de chaque mois folaire. L'année lunaire ainfi compofée eft en tout de trois cent cinquante-quatre jours huit heures & quarante-huit minutes, & l'année folaire de trois cent foixante-cinq jours cinq heures & environ quarante-neuf minutes.

De cette équivoque de mois & d'années font nées diverfes opinions de la part de ceux qui ont voulu expliquer d'une manière naturelle la longue durée de la vie des patriarches; mais ces explications ont toujours laiffé fubfifter des difficultés auffi grandes que celles qu'on s'efforçoit de lever. Ne confondons point les objets de notre foi avec ceux qui ont été abandonnés aux vaines difputes des hommes, & ne cherchons pas toujours à rendre raifon par des voies naturelles & humaines de ce qui appartient à un ordre furnaturel & divin. Diodore de Sicile, Pline & Plutarque rapportent que les années des anciens Egyptiens n'étoient que ce que nous appelons maintenant mois, c'eft-à-dire, que la lune faifoit leur année par la durée de fon cours; qu'enfuite l'année fut de trois mois, puis de quatre, comme celle des peuples d'Arcadie, ou de fix comme dans l'Acarnanie en Grèce; que c'eft dans ce fens qu'il y a eu des rois d'Egypte qui ont vécu douze cents ans, c'eft-à-dire, douze cent mois ou cent de nos années. Mais il ne faut pas dire la même chofe de tous les peuples de la Terre, comme l'a cru Varron, que Lactance reprend avec fujet, ni s'imaginer que dix années des premiers patriarches n'en faifoient qu'une des nôtres; ce qui a été le fentiment de quelques Anciens, lefquels faint Auguftin a écrit; car fi cela étoit, lorfqu'il eft dit que Malaléel eut un fils à l'âge de foixante-dix ans, il faudroit entendre qu'il n'en avoit que fept, & puifqu'il n'y a point eu de patriarche qui ait atteint l'âge de mille ans, il s'enfuivroit que ces premiers hommes auroient moins vécu que plufieurs de leurs defcendans, qui ont paffé l'âge de cent ans, & qui, felon ce calcul, auroient vécu plus de mille ans. Enfin, on voit dans l'Ecriture-Sainte que Noé avoit fix cents ans lorfque le déluge commença, & qu'il en avoit fix cent un quand il fortit de l'Arche, & dans l'intervalle de ce tems le texte facré compte expreffément dix mois & cinquante-quatre jours; par où il paroît que cette année de la

durée du déluge fut de douze mois, & à peu près femblable à la nôtre.

Pour ajufter le cours de la lune avec celui du foleil après un efpace de trois ans, on fait une année lunaire de treize lunaifons ou mois lunaires, & ce treizième mois lunaire s'appelle embolifmique.

Il y a fur l'année julienne ou fur la réforme du calendrier par Jules-Céfar, quelques obfervations à faire pour en donner une idée exacte. Jules-Céfar, conful pour la troifième fois avec Marcus Æmilius, l'an 708 de la fondation de Rome, compofa fon année de trois cent foixante-cinq jours & fix heures, en quoi, comme nous l'avons dit, il la fit trop longue d'environ onze minutes; mais il s'agiffoit de remédier à des défordres tout autrement confidérables. Ainfi la première année julienne fut la 709e. de la fondation de Rome, & la 45e. avant la naiffance de Jéfus-Chrift. Les Pontifes avoient tout brouillé depuis le calendrier de Numa, qui étoit déjà extrêmement fautif, puifqu'il avoit pour bafe l'année lunaire au lieu de l'année folaire. Jules Céfar ordonna d'abord que l'année 708 de Rome fût compofée de quatre cent quarante-cinq jours, ajoutant à l'année lunaire de trois cent cinquante-cinq jours, felon le calcul de Numa, un mois de vingt-trois jours, nommé Merkedonius, & deux autres mois contenant foixante-fept jours; ainfi cette année eut quinze mois, & on l'appela l'année *de la confufion*; mais c'étoit de la confufion tout faire finir la confufion plus grande qui exiftoit depuis long-tems dans le calendrier-romain. Pour régler les années dans la fuite, Céfar, par le confeil de Sofigènes, ce célèbre mathématicien de la ville d'Alexandrie en Egypte, & de plufieurs gens favans en aftronomie, ordonna que l'année romaine, qui n'étoit auparavant que de trois cent cinquante-cinq jours, favoir: de douze mois lunaires, qui font trois cent cinquante-quatre jours, & d'un jour que Numa ajouta par un refpect fuperftitieux pour le nombre impair (plaifant motif quand il s'agit de fe régler fur le cours des aftres), feroit à l'avenir de trois cent foixante-cinq jours & fix heures, & que l'on diftribueroit les dix jours reftans à certains mois de l'année. Il donna donc deux jours de plus à janvier, août & décembre, & un jour à avril, juin, feptembre & novembre. A l'égard des fix heures, il ordonna que de quatre ans en quatre ans on intercaleroit un jour compofé de quatre fois fix heures ou vingt-quatre heures; ce qui forma notre année biffextile.

Le commencement de l'année civile a été différent chez les différens peuples. L'année civile des Juifs commençoit au mois de *tifri*, c'eft-à-dire, au commencement de l'automne, & leur année eccléfiaftique au mois de *niçan*, c'eft-à-dire, au commencement du printems. Les anciens Gaulois & les Saxons commençoient leur année au mois de feptembre, les premiers Romains au mois de mars,

mars, & depuis au mois de janvier. Les Egyptiens, les Perfes, les Arméniens, les Athéniens, les Thébains au mois de juillet, qui commençoit au lever de la canicule; les Arabes, au mois de mars; les Indiens, au mois de janvier; les Macédoniens, au mois de feptembre. Les Français commençoient anciennement leur année au premier jour de mars, comme il paroît par le concile de Vernon, tenu l'an 755, où on lit ces mots : *Menfe primo, quod eft kalendis martiis.* Grégoire de Tours & Frédégaire, en parlant de la première race des rois de France, femblent avoir pris pour le commencement de l'année le jour de Noël, ou du moins le premier jour de janvier, comme faifoient les Romains; mais ailleurs ces mêmes hiftoriens & d'autres anciens auteurs comptent les années depuis l'Incarnation de Jéfus-Chrift & depuis fa Paffion. Ainfi l'on voit dans de vieux titres : *Aĉtum anno ab Incarnatione Domini* 1060, *à paffione* 1028. Grégoire de Tours compte encore fouvent les années depuis la mort de faint Martin, qui arriva l'an 401 ou 402. Sous la feconde race des rois de France, tous les hiftoriens commencent l'année du jour de Noël; ainfi ils difent que Charlemagne fut couronné empereur le jour de Noël de l'année 801, qui n'étoit encore que l'an 800, fuivant l'ancienne (& la nouvelle) manière de compter. Il faut remarquer que ces auteurs donnoient le nom d'Incarnation à la naiffance de Jéfus-Chrift, parce que c'eft alors que le fils de Dieu a paru revêtu de notre chair; de forte que dans ce fens l'année de l'Incarnation ne commence pas au 25 de mars, mais au 25 de décembre. Cette coutume changea fous la troifième race de nos Rois, où l'on compta les années depuis l'Incarnation, prenant ce mot dans fon propre fens, c'eft-à-dire, depuis le 25 de mars. On lit dans un ancien titre : *Anno penè finito* 1010, *indiĉtione* 9, *menfe februarii*; ce qui eft l'an 1011, commençant au mois de janvier. On ne laiffoit pas néanmoins de prendre dans l'ufage ordinaire le premier jour de janvier pour le premier jour de l'année; ce qui paroît dans un titre qui porte : *Fait l'an de l'Incarnation de Notre-Seigneur Jéfus-Chrift,* 1183, *le mois de janvier, lendemain du premier jour de l'an.* Dans la fuite du tems on compta les années depuis la fête de Pâques, & dans l'intervalle qui fe trouve entre le 22 mars & le 25 avril, efpace dans lequel la fête de Pâques eft mobile & peut varier, on ajoutoit ces mots : *Devant Pâques* ou *après Pâques,* pour marquer ou la fin ou le commencement de l'année. Mais enfin au mois de janvier 1564, que l'on comptoit encore en France 1563, parce que l'année commençoit alors à Pâques, le roi Charles IX fit une ordonnance, dont le dernier article portoit qu'à l'avenir on commenceroit l'année au premier jour de janvier, comme on avoit fait autrefois, & non à Pâques ni au jour de l'Incarnation, ou à la fête de la naiffance de Jéfus-Chrift, fuivant les divers ufages qui s'étoient introduits depuis. Cet arrangement avoit du moins l'avantage de faire ceffer l'inégalité des années, & de donner un point fixe & invariable au commencement de l'année; mais il femble qu'on auroit dû fe régler davantage fur la marche du foleil, & faire commencer l'année à l'un des quatre points principaux du cours de cet aftre, c'eft-à-dire, à l'un des folftices ou à l'un des équinoxes. On s'eft contenté d'une approximation, & en effet, le 1er. janvier eft très-voifin du folftice d'hiver, & peut le repréfenter. Ainfi, dans la cour du Roi en fa grande chancellerie, le 1er. de janvier qui fuivit l'ordonnance de Charles IX, on compta 1565; mais au parlement de Paris on ne commença l'année au mois de janvier qu'en 1567, & l'année 1566 eut feulement huit mois & dix-fept jours, depuis le 14 avril jufqu'au dernier décembre. Les anciens Anglais (Saxons) commençoient leur année au jour de Noël, qu'ils appeloient *le jour de l'Incarnation.* Cette coutume dura jufqu'au règne de Guillaume-le-Conquérant, & les hiftoriens l'ont fuivie dans leurs écrits. Les Allemands ont auffi compté leurs années à commencer au jour de la naiffance de Jéfus-Chrift, fuivant la coutume de l'Eglife romaine & des Italiens. Les Pifans néanmoins & les Florentins commencent l'année à l'Incarnation, c'eft-à-dire, au 25 mars (à l'Annonciation), mais avec cette différence que les Pifans comptent la date de l'Incarnation neuf mois avant le jour de Noël, auquel l'Eglife romaine commence l'année, & les Florentins la prennent trois mois après; de forte que les trois premiers mois de la cinquantième année romaine font les trois derniers de l'année 50, felon les Pifans, & les trois derniers de l'année 49 felon les Florentins, parce que les Pifans commencent l'année 50 neuf mois avant l'Eglife romaine, & les Florentins trois mois après; & lorfque ceux de Florence comptent 50, ceux de Pife comptent 51.

*L'année chaldaïque* ou *égyptienne,* ou *de Nabonaffar,* étoit une année vague, fort célèbre parmi les chronologiftes, laquelle étoit compofée de trois cent foixante-cinq jours diftribués en douze mois de trente jours chacun, auxquels on ajoutoit les cinq jours qu'ils nommoient *épagomènes.* On n'avoit point égard aux fix heures, & cette année étoit fans biffexte; de forte que de quatre en quatre ans le commencement du premier mois, nommé *thoth,* rétrogradoit d'un jour entier, & ainfi parcouroit tous les mois & toutes les faifons de l'année. Par exemple, lorfqu'une année de Nabonaffar commençoit au 1er. janvier de l'année julienne, la fuivante commençoit au 31 décembre, la troifième au 30, & ainfi de fuite en rétrogradant. Cette forte d'année, appelée ainfi de Nabonaffar, roi des Chaldéens, commença le 26 février (eu égard à l'année julienne), fept cent quarante-fept ans avant la naiffance de Jéfus-Chrift, la feptième année de la fondation de Rome, qui fut bâtie l'an 753 avant l'ère chrétienne; mais cette même année de Nabonaſſar fut réformée l'an de Rome 729, cinq ans après que l'Egypte eut été ſoumiſe à la puiſſance des Romains. Cela ſe fit en ajoutant, de quatre ans en quatre ans, un jour intercalaire, non pas dans le cours de l'année, comme nous inférons notre biſſexte au mois de février, mais en comptant ſix épagomènes au lieu de cinq que l'on ajoutoit à la fin des douze mois de trente jours ; ce qui faiſoit trois cent ſoixante-ſix jours comme dans notre année biſſextile. Encore ſi cette ère avoit duré plus long-tems, auroit-il fallu tenir compte ( en retranchement & non en addition ) des onze minutes que chaque année a de moins que ſix heures, & pour cela ſupprimer, pendant trois ſiècles ſur quatre, à l'année ſéculaire ou à telle autre qu'on eût voulu prendre dans le cours du ſiècle, le jour intercalaire ou épagomène.

On appeloit *année ſabbatique*, chez les Juifs, la ſeptième année pendant laquelle ils laiſſoient repoſer les terres pour obéir à la loi de Moïſe. Les pauvres recueilloient alors tout ce que les terres & les vignes rapportoient ſans être cultivées ; & les riches louoient Dieu de l'abondance des moiſſons & des vendanges de la ſixième année, qui leur avoit fourni trois fois autant de biens qu'à l'ordinaire ; de ſorte qu'ils avoient de quoi vivre pendant l'année ſabbatique & pendant l'année ſuivante, où l'on recommençoit à labourer les terres. Il n'étoit pas permis aux créanciers d'inquiéter leurs débiteurs pendant ce tems-là.

Il ne faut pas compter la première année ſabbatique après les ſix années depuis l'entrée des Iſraélites dans la Paleſtine, mais après les ſix années qui s'écoulèrent depuis qu'ils en furent paiſibles poſſeſſeurs ; car la loi porte que les terres ſeroient labourées ſix ans durant, & qu'on les laiſſeroit repoſer la ſeptième année. Or, il n'y a pas d'apparence que les Iſraélites aient labouré la terre pendant les cinq premières années après leur entrée dans la terre promiſe, tems pendant lequel ils avoient toujours eu les armes à la main, & avoient combattu pour avoir la jouiſſance de ces terres : d'où il faut, dit-on, conclure que la première année ſabbatique fut la douzième après l'entrée du peuple de Dieu dans ce pays de conquête. Elle commença en automne, le dixième jour du mois de *tiſri*, qui répond à notre mois d'octobre, & continua ſuivante juſqu'au même dixième de *tiſri*. Scaliger & ceux qui l'ont ſuivi ſe ſeroient trompés à ce compte, en croyant que les années ſabbatiques avoient commencé dès la création du Monde.

On appeloit, chez les mêmes Juifs, *an jubilé* la ſeptième année ſabbatique, c'eſt-à-dire, la quarante-neuvième. Elle étoit ſanctifiée avec une ſolennité particulière. L'Ecriture-Sainte & les Pères de l'Egliſe la nomment ſouvent *la cinquantième*, mais c'eſt, dit-on, en y comprenant l'an jubilé précédent, comme quand nous comptons huit jours

dans la ſemaine, en y comprenant les deux dimanches, & comme quelques auteurs ont dit que l'olympiade étoit de cinq ans, en comptant la première année de l'olympiade qui ſuit ; mais c'étoit en effet la quarante-neuvième année : & en effet, dit-on, il n'eſt pas croyable que les terres demeuraſſent en repos & ſans être cultivées deux ans de ſuite ; ſavoir : la quarante-neuvième année pour la ſabbatique, & la cinquantième pour le jubilé. Le premier an jubilé commença, ſuivant le commandement de Dieu, en automne, un peu moins de quatorze ſiècles avant l'ère chrétienne, ſelon la ſupputation de quelques ſavans.

On appeloit, chez les Anciens, *année platonique* un eſpace de tems après lequel toutes les planètes & les étoiles fixes devoient, diſoit-on, revenir au même lieu & dans le même ordre où elles étoient au commencement, & former le même ſyſtème. Cette révolution, imaginée par Platon, eſt de quinze mille, ou, ſelon d'autres, de trente-ſix mille ans. C'eſt pourquoi on l'appeloit *la grande année, magnus annus*.

*Magnus ab integro ſæclorum naſcitur ordo.*

Les Anciens croyoient que le Monde ſe renouvelleroit alors, & que les âmes reviendroient dans leurs corps pour recommencer une nouvelle vie.

*Jam nova progenies cœlo demittitur alto.*

Ariſtote a auſſi donné le nom de *grande année* au retour des planètes ſeules dans leur première diſpoſition, & quelques viſionnaires ſe ſont imaginé que cette révolution ſe faiſant au ſigne du capricorne, elle devoit cauſer un déluge univerſel, & qu'arrivant au ſigne du cancer elle exciteroit un embraſement général.

*Eſſe quoque in fatis reminiſcitur affore tempus Quò mare, quò tellus, correptaque regia cœli Ardeat, & mundi moles operoſa laboret.*

*Pœna placet diverſa, genus mortale ſub undis Perdere, & ex omni nimbos demittere cœlo.*

On appelle *année vague* des Arabes & des Turcs une année compoſée de douze mois lunaires ſans épacte & ſans emboliſme ; de ſorte qu'elle finit onze jours plus tôt que l'année ſolaire, & n'a pas un commencement fixé à un certain tems. Ces onze jours font environ un mois en trois ans : il arrive de là que le premier de l'année parcourt ſucceſſivement toutes les ſaiſons, de l'hiver paſſant à l'automne, de l'automne à l'été, & de l'été au printems. Par exemple, leur année, commençant par notre mois de janvier, commencera, trois ans après, par notre mois de décembre, enſuite par novembre, puis par octobre, par ſeptembre, & ainſi des autres, en rétrogradant de onze jours chaque année & d'un mois en trois ans, & reviendra enfin au commencement en moins de trente-quatre ans lunaires, qui ne feront que trente-trois années solaires.

### Des Mois.

Nos mois solaires sont inégaux ; les uns sont de trente jours, les autres de trente-un sans aucune alternative régulière ; mais par une division arbitraire qui place plus d'une fois les trente-un à côté les uns des autres, parce qu'il y en a le double de plus que des trente, le mois de février est à part, n'ayant que vingt-huit jours les années communes, & vingt-neuf les années bissextiles.

Il eût été plus simple de faire tous les mois égaux ; par exemple, de trente jours chacun, & d'ajouter le nombre nécessaire de jours complémentaires ou épagomènes ( qu'il ne falloit pas appeler *sans-culotides*, car le ridicule & la bassesse extrême de l'expression en conservera malgré nous la mémoire, & attestera l'esprit du tems. )

Nous avons dit qu'il y a deux sortes de mois lunaires, l'un appelé *périodique*, qui est le tems que la lune emploie à parcourir le zodiaque, c'est-à-dire, à faire son tour dans le ciel, & dont la durée est d'environ vingt-sept jours sept heures quarante-trois minutes ; l'autre appelé *synodique* ; & qu'on nomme aussi *lunaison*, qui est le tems que la lune emploie pour rejoindre le soleil après l'avoir quitté, ou le tems qu'il y a depuis une nouvelle lune jusqu'à la nouvelle lune suivante. Ce tems est de vingt-neuf jours douze heures & environ quarante-quatre minutes. On néglige ces minutes dans l'usage civil, au moins pendant un tems, & on suppose qu'il y a vingt-neuf jours & demi d'une nouvelle lune à l'autre prochaine. Or, comme il seroit incommode de compter un demi-jour, on fait les mois synodiques alternativement de trente & de vingt-neuf jours, donnant ainsi à l'un ce que l'on a ôté à l'autre.

Les mois synodiques de trente jours sont nommés *pleins*, & ceux de vingt-neuf jours sont appelés *caves*. Au lieu de dire *les mois pleins* & *les mois caves*, on dit souvent *les lunes pleines* & *les lunes caves*, ou bien *lunaisons pleines* & *lunaisons caves*. Toutes les fois qu'on parle des mois de la lune sans les spécifier, il faut toujours entendre les mois synodiques.

Quand on dit que le mois périodique est de vingt-sept jours sept heures quarante-trois minutes, & le mois synodique de vingt-neuf jours douze heures quarante-quatre minutes, il s'agit du tems du mouvement *moyen*, & non pas du mouvement *vrai*, soit du soleil, soit de la lune. Le mouvement vrai d'un astre est celui qui lui convient, ou réellement ou en apparence. Le mouvement n'est pas toujours le même dans une planète : il est tantôt plus fort, tantôt plus foible. Le mouvement moyen est celui qu'on imagine toujours le même dans une planète, & par lequel elle feroit un certain nombre de révolutions dans le même tems qu'elle les fait effectivement ou qu'elle paroît les faire par le mouvement vrai. Ce mouvement est égal & uniforme, au lieu que le premier est inégal & variable.

Les Athéniens & quelques autres peuples commençoient leur mois lunaire par le jour où la lune revenoit au même point que le soleil ( ce qu'on appelle lunaison ou conjonction de la lune ), & c'est ainsi que nous comptons ; mais les Juifs, les Chaldéens & presque tous les Orientaux, & aujourd'hui les Turcs & autres Mahométans, comptent leur mois depuis la première pointe du croissant, c'est-à-dire, lorsque le croissant commence à paroître, un jour ou deux après la conjonction de la lune avec le soleil. On sait que les Turcs ont pour armes un croissant avec cette devise : *Donec totum impleat Orbem*, qui n'alarme plus personne : *jusqu'à ce qu'il remplisse le globe entier*, c'est-à-dire, suivant l'équivoque du mot *Orbem*, *jusqu'à ce qu'il remplisse tout l'Univers*. L'Ordre de Malte, au contraire, a pris pour devise une croix entre les cornes du croissant, avec ces mots : *Ne totum impleat Orbem*, *pour l'empêcher de remplir son globe entier*, ou *de remplir tout l'Univers*.

On appelle *mois vagues* les mois de l'année vague des Arabes & des Turcs, dont nous avons parlé plus haut. Les noms des douze mois lunaires des Turcs & autres Mahométans sont, 1°. Maharran, 2°. Tzephat, 3°. Rabie premier, 4°. Rabie second, 5°. Giumadi premier, 6°. Giumadi second, 7°. Regiab, 8°. Sahebert, 9°. Ramadam, 10°. Scheuval, 11°. Dulcaida, 12°. Dulkegia.

Les mois judaïques ou mois de l'année des Juifs étoient, 1°. Nisan ou Abib, 2°. Iiar ou Zius, 3°. Sivan ou Siban, 4°. Tamuz, 5°. Ab, 6°. Elul, 7°. Tisri ou Ethamin, 8°. Marchesvan ou Bull, 9°. Caseu, 10°. Thebet, 11°. Schebat, 12°. Adar. L'année civile commençoit, chez les Juifs, par le mois nommé *tisri*, qui étoit le septième, & l'année ecclésiastique ou sainte par le mois de Nisan, qui étoit le premier. Il est souvent parlé de ces mois dans l'Histoire sacrée, & il est important d'en marquer le rapport avec les mois de l'année julienne, qui est celle dont nous nous servons.

| 1. Nisan. | Mars & avril ( printems ). |
| 2. Iiar. | Avril & mai. |
| 3. Sivan. | Mai & juin. |
| 4. Tamuz. | Juin & juillet. |
| 5. Ab. | Juillet & août. |
| 6. Elul. | Août & septembre. |
| 7. Tisri. | Septemb. & octob. (automne). |
| 8. Marchesvan. | Octobre & novembre. |
| 9. Caseu. | Novembre & décembre. |
| 10. Thebet. | Décembre & janvier. |
| 11. Schebat. | Janvier & février. |
| 12. Adar. | Février & mars. |

Le mois paschal est parmi nous le mois dans lequel on célèbre la fête de Pâques. C'est le mois lunaire synodique, auquel l'équinoxe du printems, fixé par l'Eglise au vingt-unième jour de mars, arrive au quatorzième jour de la lune ou à quelqu'un des jours suivans. La fête de Pâques se célèbre le dimanche qui suit immédiatement le quatorzième jour de cette lune, dont le premier jour ou la nouvelle lune est entre le 8 de mars & le 5 avril inclusivement, c'est-à-dire, qu'il peut être un des jours qui sont compris entre ces deux termes. On a disputé long-tems pour savoir s'il falloit célébrer la Pâque ce même 14 de la lune après l'équinoxe, ou seulement le dimanche suivant : le dimanche l'a emporté sur le 14; & comme, en matière ecclésiastique, l'opinion rejetée, quand on y tient encore, s'appelle *hérésie*, il y eut l'héréfie des *quarto-décimains*, c'est-à-dire, de ceux qui continuoient de tenir pour le 14 de la lune. C'étoit, d'un côté, avoir bien envie d'être hérétiques ; de l'autre, avoir bien envie de trouver des hérétiques.

On appelle *mois romains* une sorte d'aides ou contributions qui se paient par mois à l'Empereur d'Allemagne par les Etats & membres de l'Empire, dans chaque cercle, pour l'entretien des troupes & pour les nécessités publiques, à raison d'un certain nombre de cavaliers & de fantaffins, ou d'une somme d'argent par mois. Ce nom vient, selon quelques-uns, de ce que la taxe se fit premiérement pour entretenir vingt-mille hommes de pied & quatre mille chevaux qui devoient accompagner l'Empereur lorsqu'il faisoit le voyage de Rome pour se faire couronner, de sorte que ceux qui ne pouvoient fournir des soldats, donnoient par mois l'équivalent en argent. Toutes les taxes qui se paient pour un mois romain, par tous les cercles de l'Empire, font ensemble le nombre de deux mille six cent quatre-vingt-un cavaliers & douze mille sept cent quatre-vingt-quinze fantaffins, ou en argent la somme de 85364 florins, valant chacun 40 sous de notre monnaie, à raison de 12 florins pour cavalier, & de 4 florins pour fantaffin.

### Des semaines.

La semaine est un espace de sept jours qui recommencent succeffivement. Cette manière de compter le tems est venue des Juifs, qui, le septième jour, célébroient le sabbat, c'est-à-dire, *jour de repos*, pour obéir au commandement de Dieu, & pour suivre la tradition reçue depuis Adam jusqu'à Moïse. Cette coutume passa chez les Grecs & chez les autres peuples. Quelques-uns néanmoins croient que les autres nations ont séparé le tems par le nombre de sept jours, à cause des sept planètes, ou à cause des quatre quartiers du mois lunaire, qui ont chacun sept jours, ou par une certaine vénération qu'ils avoient pour le nombre de sept, si célèbre parmi les anciens philosophes de la secte de Pythagore. Les Juifs ne donnoient point de nom particulier aux six premiers jours de la semaine ; mais le septième s'appeloit *sabbat*, qui veut dire *repos*, parce qu'ils s'abstenoient de toutes sortes d'ouvrages serviles, en mémoire de ce que Dieu avoit cessé ce jour-là son admirable ouvrage de la création du Monde, qu'il avoit continué les six premiers jours. Les Payens donnèrent le nom d'une des sept planètes à chaque jour de la semaine ; celui du soleil au premier jour, de la lune au second, de mars au troisième, de mercure au quatrième, de jupiter au cinquième, de vénus au sixième, & de saturne, dit-on, au septième.

Les Chrétiens appellent encore les jours du nom des planètes ( à la réserve du dimanche ou jour du seigneur, que les Anciens appeloient *dies solis*, jour du soleil, & du samedi ; dont le nom paroît venir bien plus vraisemblablement de *sabbatum* que de *saturnus* ). Quant aux autres jours, lundi veut dire, jour de la lune ; mardi, jour de mars ; mercredi, jour de mercure ; jeudi, jour de jupiter, nommé autrefois *dies jovis ;* vendredi, jour de vénus. Le principal jour de la semaine est le dimanche parmi les Chrétiens, & le jour du sabbat ou le samedi chez les Juifs. Les Idolâtres avoient de la vénération pour le jeudi, à cause de Jupiter, qu'ils regardoient comme le plus grand des dieux. Les Mahométans distinguent & honorent le vendredi, parce que ce fut un vendredi que Mahomet s'enfuit de la Mecque, où l'on ne vouloit pas le reconnoître pour prophète. Ils appellent, comme nous l'avons dit, cette époque *hégire*, c'est-à-dire, fuite.

Quant aux semaines considérées relativement au calendrier, ce que nous avons dit de leur nombre de cinquante-deux, surmontées d'un jour dans les années communes, & de deux dans les années biffextiles, & de l'usage qu'on fait des lettres dominicales pour marquer les jours de la semaine & tous les dimanches de l'année, nous dispense de rien ajouter ici concernant cet article.

### Des jours.

On a fort mal-à-propos distingué le jour en jour naturel & jour artificiel. Le jour naturel, dit-on, est le tems que le soleil emploie pour faire ou paroître faire sa révolution, ainsi que les autres astres, d'orient en occident. Le jour, pris de cette manière, renferme non-seulement le tems pendant lequel le soleil est sur l'horizon, mais aussi celui de la nuit, qui est le tems où le soleil est sous l'horizon. Le jour artificiel n'est que le tems pendant lequel le soleil demeure sur l'horizon. Selon cette dernière signification, le jour est opposé à la nuit. Ces deux différens jours sont également naturels l'un & l'autre, & cette distinction de jour naturel & de jour artificiel est tellement chimérique, qu'il y a des gens qui changent les noms de ces jours, & qui transposent ces qualifications arbitraires. On a eu raison d'observer qu'il vaudroit mieux appeler *jour simple*, au lieu d'artificiel, celui pendant lequel le soleil est sur l'horizon; & *composé*, celui qui est effectivement composé du jour simple & de la nuit.

Le commencement du jour *composé*, dit *naturel*, n'est pas le même par rapport à différens peuples. Les uns ont pris le commencement du jour au lever du soleil, comme les Assyriens; d'autres le prennent au soleil couchant, comme on fait en Italie, en Bohême & ailleurs; plusieurs à minuit, comme en France, en Espagne, en Allemagne, & dans la plus grande partie de l'Europe; & d'autres enfin à midi, comme font aujourd'hui plusieurs astronomes.

Comme il est nécessaire de savoir comment les Romains divisoient les jours afin d'entendre plusieurs particularités de leur histoire, il faut en rappeler ici les principales divisions. Numa fit une division générale des jours en ceux qu'on appelloit *fasti*, & ceux qu'on nommoit *nefasti*. Les jours appelés *fasti* se subdivisoient en *comitiales*, *comperendini*, *stati*, *prœliares*. *Fasti dies* étoient les jours où l'on pouvoit plaider; *les jours plaidoyables*, comme nous disons encore, jours auxquels il étoit permis au préteur de donner audience & de faire droit aux parties, le mot *fasti* venant du verbe *fari*, qui signifie parler ou prononcer. Aussi la fonction du préteur consistoit, quant à la formule, dans la prononciation & l'application de ces trois mots: *Do, dico, addico*. Au contraire, *dies nefasti* étoient des jours non plaidoyables, où l'on ne rendoit point la justice, comme nos fêtes de palais & autres; ce qu'Ovide a exprimé par ces deux vers:

*Ille nefastus erit per quem tria verba silentur;*
*Fastus erit per quem lege licebit agi.*

Les jours fastes sont marqués d'une F dans le calendrier romain, & les néfastes d'une N. Ces jours fastes étoient de trois sortes, selon la remarque de Paul Manuce: les purement & simplement fastes, qui étoient tous destinés à rendre la justice; les autres fastes mi-partis, qu'on appeloit *intercisi* ou *interocisi*, parce qu'une partie de ces jours étoit employée à faire un sacrifice, & l'autre à rendre la justice; ce qui se faisoit dans l'entre-tems de la victime égorgée, jusqu'au moment où l'on présentoit les entrailles sur les autels des dieux, pendant que l'on ouvroit & que l'on considéroit ces entrailles, *inter cæsa & porrecta*, & ces jours sont marqués, dans le calendrier, par ces deux lettres: E. N.; & les troisièmes fastes après midi, & néfastes le matin, marqués, dans le calendrier par ces deux lettres: N. P. *Nefastus priore tempore* ou *priore parte diei*. C'est ce que nous dit encore Ovide en ces termes:

*Neu toto perstare die sua jura putetis:*
*Qui jam fastus erit, mane nefastus erat;*
*Nam simul exta Deo data sunt, licet omnia fari;*
*Verbaque honoratus libera prætor habet.*

*Dies senatorii* étoient des jours auxquels le sénat s'assembloit pour les affaires de la république: c'étoient ordinairement les calendes, les nones & les ides du mois, si ce n'est dans quelques rencontres extraordinaires, où il n'y avoit point de jours exceptés, sinon les jours comitiaux ou des assemblées du peuple.

*Dies comitiales*, les jours comitiaux ou des assemblées du peuple, qui sont marqués d'un C dans le calendrier. Lorsque ces comices ou assemblées ne duroient pas tout le jour, il étoit permis au préteur d'employer le reste de la journée à rendre la justice.

*Dies comperendini*, jours de délai, lorsque les parties ayant été ouïes, le préteur leur accordoit du tems, soit pour informer, soit pour se pouvoir justifier. Ce délai étoit pour l'ordinaire de vingt jours, & ne s'accordoit qu'aux seuls citoyens romains, même pour faire assigner à Rome un étranger; & ce dernier délai s'appeloit, selon Macrobe, *stati dies*.

*Dies prœliares*, jours auxquels on pouvoit sans scrupule combattre contre les ennemis. Il y avoit d'autres jours appelés *justi*, qui étoient trente jours que les Romains avoient accoutumé de donner à leurs ennemis, après leur avoir déclaré la guerre & avant que d'entrer sur leurs terres & d'exercer aucun acte d'hostilité, comme si c'eût été un délai qu'ils leur eussent accordé pour les obliger, pendant ce tems, ou à s'accommoder, ou à réparer le tort qu'ils avoient fait. *Justi dies*, dit Festus, *dicebantur triginta, cùm exercitus esset imperatus & vexillum in arce positum*. Mais ces jours *non prœliares* ou *atri*, funestes & malencontreux à cause de quelque perte arrivée aux Romains en ces jours auxquels il n'étoit pas permis de livrer bataille.

Il est certain que les Anciens croyoient qu'il y avoit des jours heureux & des jours malheureux; que les Chaldéens & les Egyptiens ont été les premiers qui ont fait les observations de ces jours, & qu'à leur imitation les Grecs & les Romains en ont fait de même. Hésiode est le premier qu'on sache, qui ait fait un catalogue des jours heureux & malheureux, dans son ouvrage intitulé Ἔργα καὶ ἡμέραι, *Opera & dies*, où il marque le cinquième jour des mois comme malheureux, parce qu'il croit qu'en ce jour les furies de l'enfer se promènent sur la terre: ce qui fait dire à Virgile, *lib.* I, *Georg.*

*Quintam fuge, pallidus orcus*
*Eumenidesque satæ; tum partu terra nefando*
*Cœumque japetumque creat sævumque Typhæa,*
*Et conjuratos cœlum rescindere fratres.*

Platon tenoit le quatrième jour pour heureux, & Hésiode le septième, parce qu'Apollon étoit né à tel jour. Il mettoit dans le même rang le neuvième, le onzième & le douzième.

Les Romains eurent aussi des jours heureux &

des jours malheureux. Tous les lendemains des calendes, des nones & des ides étoient estimés par eux funestes & malheureux. Voici ce qui donna lieu à cette idée. Les tribuns militaires, Virgilius, Manlius & Cœlius Posthumius, voyant que la république recevoit toujours quelque échec, présentèrent requête au sénat en 363, pour demander qu'on examinât d'où cela pouvoit venir; le sénat fit appeler dans l'assemblée le devin L. Aquinius: on lui demanda sur cela son sentiment; il répondit que quand P. Sulpicius, l'un des tribuns militaires combattit contre les Gaulois avec un succès si funeste auprès du fleuve Allia, il avoit fait des sacrifices aux dieux le lendemain des ides de juillet; qu'à Crémère les Fabiens furent tous tués pour avoir combattu un pareil jour. Le sénat, sur cette réponse, renvoya la chose au collège des Pontifes pour avoir leur avis, & ceux-ci défendirent de combattre à l'avenir, ni de rien entreprendre le lendemain des calendes, des nones & des ides; c'est ce que nous apprenons de Tite-Live. Vitellius ayant pris possession du souverain pontificat, & s'étant mis le quinzième des calendes d'août à faire des ordonnances pour la religion, elles furent mal reçues, parce qu'à tel jour étoient arrivés les malheurs de Crémère & d'Allia, comme le témoigne Suétone dans la vie de cet Empereur, & Tacite au livre II de son histoire, ch. XXIV. « On prit, dit-il, à mauvais augure de ce qu'ayant été fait souverain pontife, » il ordonna quelque chose touchant la religion le » dix-huitième jour de juillet, qui est funeste par » les batailles d'Allia & de Crémère. »

Outre ces jours-là, il y en avoit d'autres que chacun estimoit malheureux par rapport à soi-même. Auguste n'osoit rien entreprendre le jour des nones (non plus que nos superstitieux le vendredi), d'autres le quatrième des calendes, des nones & des ides.

Il y avoit encore parmi les Romains plusieurs autres jours estimés malheureux, comme le jour qu'on sacrifioit aux mânes des morts; le lendemain des volcanales; le quatrième de devant les nones d'octobre; le sixième des ides de novembre; la fête appelée *Lemuria* au mois de mai; les nones de juillet, appelées Caprotines; les ides de mars, parce que Jules-César fut tué ce jour-là; le quatrième d'avant les nones d'août, à cause de la défaite de Cannes, arrivée ce jour-là; les féries latines, les saturnales & plusieurs autres dont il est parlé dans le calendrier. Quelques-uns ne laissoient pas de mépriser toutes ces observations, comme superstitieuses & ridicules. Lucullus répondit à ceux qui vouloient le dissuader de combattre contre Tigrane, parce qu'à pareil jour l'armée de Scipion fut taillée en pièces par les Cimbres: *Et moi*, dit-il, *je le rendrai de bon augure pour les Romains.* Jules-César ne laissa pas de faire passer des troupes en Afrique, quoique les augures y fussent contraires. Dion de Syracuse combattit

contre Dénys-le-Tyran, & le vainquit un jour d'éclipse de lune. Il y a divers autres exemples semblables.

L'auteur d'*Alzire* a donné aux Américains ce même préjugé des jours heureux & malheureux. Alzire dit à son père:

Mais quel tems, justes cieux, pour engager ma foi!
Voici ce jour horrible où tout périt pour moi,
Où de ce fier Gusman le fer osa détruire
Des enfans du Soleil le redoutable empire.
Que ce jour est marqué par des signes affreux!

Et Montèze lui répond:

Nous seuls rendons les jours heureux ou malheureux.
Quitte un vain préjugé, l'ouvrage de nos prêtres,
Qu'à nos peuples grossiers ont transmis nos ancêtres.

*Des heures.*

Le jour naturel ou composé, c'est-à-dire, qui comprend le jour & la nuit, se divise en vingt-quatre portions qu'on appelle heures; mais les uns font les vingt-quatre heures égales entr'elles:

*Posita spatiis æqualibus horæ.*

Ces heures égales partagent le jour civil en vingt-quatre parties égales; car il y en a douze depuis minuit jusqu'à midi, & douze depuis midi jusqu'à minuit. On les appelle *équinoxiales*, parce qu'elles coupent le cercle équinoxial en vingt-quatre parties égales.

Les heures inégales font plus longues ou plus courtes, selon la diversité des saisons, parce que dans ce calcul on donne douze heures au jour artificiel ou simple, & autant à la nuit, soit qu'elle soit longue ou courte; auquel cas les douze heures du jour sont égales entr'elles, aussi bien que celles de la nuit; mais les douze heures du jour ne sont pas égales à celles de la nuit, excepté au tems de l'équinoxe; car il est évident que les heures du jour sont plus longues en été & plus courtes en hiver. On ne parle pas des peuples situés sous la ligne, parce qu'ils ont un équinoxe perpétuel, & par conséquent des heures entièrement égales & le jour & la nuit.

Les heures inégales font appelées heures *judaïques anciennes* ou *planétaires*, c'est-à-dire, errantes. La première commence au lever du soleil, là sixième à midi, & la douzième au soleil couchant; d'où commence la première heure de la nuit, dont la sixième est minuit, & la douzième au lever du soleil.

Les Juifs & les Romains divisoient le jour artificiel ou simple, c'est-à-dire, le tems où le soleil étoit sur l'horizon, en quatre parties ou quatre heures principales qu'ils nommoient *prime*, *tierce*, *sexte* & *none*. Pour entendre à quel moment commençoit & finissoit chacune de ces heures, il faut concevoir le jour artificiel ou simple partagé en douze heures égales. Cela posé, la première des quatre ou prime commençoit avec la première des douze au lever du soleil.

*Jam lucis orto sidere*

C'est le premier vers de l'hymne de prime. Tierce commençoit à la fin de la troisième. L'hymne de tierce n'exprime rien à cet égard ; mais l'hymne de sexte exprime bien la fin de la sixième heure & le soleil dans son midi.

*Jam solis excelsum jubar*
*Toto coruscat lumine*
*Sinusque pandens aureos*
*Ignita vibrat spicula.*

L'hymne de none annonce la fin de la neuvième heure, l'inclinaison du char du soleil & son acheminement au couchant :

*Labente jam solis rotâ*
*Inclinat in noctem dies*
*Sic vita supremam cito*
*Festinat ad metam gradu.*

Il paroît que chacune de ces quatre heures principales en contenoit trois des douze. L'Eglise se sert encore de ces quatre heures principales pour la récitation de l'office canonial.

On voit dans les auteurs latins, que les anciens Romains faisoient usage des heures inégales, & que, pour marquer une heure fort courte, ils l'appeloient *hora hiberna*, heure d'hiver ; ce qui s'entendoit du jour.

On distingue aussi les heures suivant la différence des jours appelés babyloniens, judaïques, italiens, égyptiens & romains.

Pour connoître les heures, on a inventé les cadrans & les horloges. L'Ecriture fait mention d'une horloge solaire qui étoit dans la ville de Jérusalem, au palais du roi Achaz, en un lieu exposé à la vue de tout le peuple, soit que cette invention doive être attribuée aux Hébreux, ou qu'elle leur soit venue des Chaldéens, qui étoient fort adonnés à l'astronomie. Pline dit qu'Anaximène fut le premier qui dressa une horloge au soleil dans la ville de Lacédémone en Grèce, vers l'an 576 avant Jésus-Christ. Censorin dit qu'il est difficile de savoir le tems auquel les Romains ont commencé à se servir d'horloges solaires ; que quelques-uns ont cru que l'an 325 avant Jésus-Christ, Papirius Cursor, dictateur, en fit faire une au temple de Quirinus ou Romulus.

Il est important, pour bien entendre l'Ecriture-Sainte, de remarquer que le mot d'heure se prend quelquefois pour une des quatre parties du jour ; car Censorin & d'autres anciens auteurs apprennent que, comme nous l'avons dit plus haut, le jour étoit divisé en quatre parties, comme la nuit étoit partagée en quatre vigiles ou veilles ; de même que la première veille comprenoit les trois premières heures de la nuit, & qu'au signe qui marquoit la fin de la troisième heure, la seconde veille commençoit & duroit jusqu'à minuit. Ainsi la première heure ou partie du jour comprenoit les trois heures ordinaires, depuis le lever du soleil, & à la fin de cette troisième heure commençoit la seconde partie du jour, que l'on appeloit tierce ou troisième, parce qu'elle suivoit le signe de la troisième heure ordinaire, & qu'elle duroit jusqu'à midi. Alors commençoit l'heure ou partie du jour, nommée sexte ou sixième, après laquelle venoit l'heure ou partie du jour appelée none ou neuvième. Suivant cette explication conforme aux sentimens des anciens auteurs, il est aisé d'accorder le passage de saint Jean, qui dit que Pilate condamna Jésus-Christ presqu'à la sixième heure (ch. 9, v. 14), & celui de saint Marc, qui dit que les Juifs le crucifièrent à la troisième heure (ch. 15, v. 25), car cela arriva vers la fin de la seconde partie du jour, que l'on appeloit tierce, & vers le commencement de la troisième partie du jour, que l'on nommoit sexte, c'est-à-dire, environ une demi-heure avant midi. Lorsque saint Pierre dit aux Juifs, dans les *Actes des Apôtres*, qu'il n'étoit pas encore la troisième heure du jour, il entend l'heure ordinaire, & cela signifie qu'il n'étoit pas encore neuf heures du matin, ou qu'il n'y avoit pas trois heures que le soleil étoit levé. Or, on savoit distinguer ces deux sortes d'heures selon les sujets & le tems auxquels on parloit. Les grandes heures ou parties du jour étoient appelées *heures de la prière* ou *heures du temple*, & les petites heures ordinaires, *heures du jour*.

La figure suivante rendra plus sensible cet usage & ce partage des heures, & répandra beaucoup de clarté sur tout ce qui vient d'être dit.

Lever du soleil.

| Heures ordinaires, 12 pour le jour & 12 pour la nuit. | | | |
|---|---|---|---|
| 1 2 3 | Prime ou première heure. | } | 1re. partie du jour. |
| 4 5 6 | Tierce ou troisième heure. | } | 2e. partie du jour. |
| | Midi. | | |
| 7 8 9 | Sexte ou sixième heure. | } | 3e. partie du jour. |
| 10 11 12 | None ou neuvième heure. | } | 4e. partie du jour. |

L'heure ordinaire contient soixante minutes, la minute soixante secondes, la seconde soixante tierces, &c. & ainsi à l'infini jusque dans toutes les divisions & subdivisions des moindres parcelles du tems.

# BRANDEBOURG-PRUSSE.

Il n'y a rien dans le Dictionnaire, sur aucun de ces deux articles. Cette omission a été réparée en partie dans ce Supplément, partie seconde, intitulée *Chronologie*; pages 638 & 639. Mais le grand Roi de Prusse, Charles-Frédéric, le héros le plus brillant du dix-huitième siècle (troisième Roi de Prusse), n'y est pas même nommé : c'est cette omission, plus inexcusable encore que la première, que nous allons réparer, en consacrant à ce grand Prince un article particulier hors de rang.

Le premier Electeur de Brandebourg, pour qui la Prusse fut érigée en royaume, & qui fut couronné & sacré à Konigsberg le 18 janvier 1701, étoit l'aïeul de Charles-Frédéric. On le nommoit Frédéric III, & communément le *Grand-Electeur*. Il avoit rendu de grands services à l'empereur Léopold & à l'Empire, tant en Hongrie contre les Turcs, que sur le Rhin, où il prit, en 1689, Keiserswert & Bonn. Il mourut le 25 février 1713.

Il eut pour successeur Frédéric-Guillaume son fils, que M. de Voltaire appelle *le gros Roi de Prusse*, & qu'il peint comme un véritable vandale, uniquement occupé à amasser de l'argent, & à entretenir à moins de frais qu'il se pouvoit les plus belles troupes de l'Europe. C'étoit le Roi le plus riche en argent comptant; mais il n'étoit riche qu'aux dépens de ses sujets, qu'il réduisoit tous à la pauvreté. La Turquie est une république en comparaison du despotisme exercé par Frédéric-Guillaume. Tel étoit le père de Charles-Frédéric. Jamais père & fils ne furent si différens l'un de l'autre : ce n'étoit pas cependant par le despotisme qu'ils différoient le plus.

« Mais on peut juger, dit M. de Voltaire, si » ce vandale étoit étonné & fâché d'avoir un fils » plein d'esprit, de grâces, de politesse & d'envie » de plaire, qui cherchoit à s'instruire, & qui fai- » soit de la musique & des vers. Voyoit-il un livre » dans les mains du Prince héréditaire? il le jetoit » au feu. Le Prince jouoit-il de la flûte? le père » cassoit la flûte ; & quelquefois traitoit son altesse » royale comme les femmes qu'il rencontroit cau- » sant dans les rues, ou les prédicans qu'il voyoit » à la parade, » c'est-à-dire, qu'il lui donnoit des soufflets ou des coups de pied dans le ventre, ou des coups de canne ; car c'est ainsi qu'il accueilloit les femmes & les ministres du saint évangile.

Dégoûté de l'empire d'un tel Roi & d'un tel père, & jaloux de s'instruire par les voyages, à l'exemple du czar Pierre I, le Prince-Royal, en 1730, voulut aller visiter la France ou l'Angleterre, & peut-être ces deux Etats, suivant ce que les circonstances lui laisseroient de tems & de liberté. Il lia sa partie avec deux jeunes gentilshommes qui devoient l'accompagner. Pour ce grand crime, il fut arrêté & mis à la citadelle de Custrin. Son père, qui, de tous les exemples que le czar Pierre avoit offerts à l'imitation, n'étoit capable d'imiter que sa barbarie dénaturée envers son fils, vouloit absolument faire périr le Prince-Royal : ce fut avec peine qu'il accorda la vie & la liberté du Prince aux sollicitations de l'empereur Charles VI & aux larmes de la Reine de Prusse. Dans les premiers transports de sa colère, soupçonnant la princesse Guillemine, qui fut depuis la margrave de Bareith, d'avoir été ce qu'il appeloit complice du projet de son frère, il la poussa à grands coups de pied vers une fenêtre qui s'ouvroit jusqu'au plancher, & par laquelle elle alloit tomber si sa mère ne l'eût retenue par ses habits ; elle en eut une contusion dont la marque lui resta toute sa vie.

Le Prince, toujours prisonnier, voit entrer dans son espèce de cachot à Custrin, un vieil officier fondant en larmes, suivi de quatre grenadiers ; il crut qu'on lui apportoit son arrêt de mort : on ne vouloit que le rendre témoin forcément du supplice d'un des compagnons de voyage qu'il avoit choisis, & dont l'échafaud étoit dressé immédiatement sous cette fenêtre. Les quatre soldats le conduisirent à cette fenêtre, & lui tinrent la tête pendant qu'on coupoit celle de son ami, afin qu'il ne perdît rien de cet affreux spectacle. Le Prince s'évanouit, & le père s'en applaudit. L'autre ami avoit eu le bonheur de s'échapper, & on ne l'avoit manqué que d'une minute.

Le Prince, devenu libre au bout de dix-huit mois, se consola en cultivant les Muses & en entretenant des correspondances avec M. de Voltaire, qui fut toujours pour lui avec raison le héros de la littérature, le maître & le modèle qu'il tâcha d'imiter, avec M. Rollin, pour lequel il eut une estime plus froide, mais une estime marquée & méritée, &c. Les *Pièces fugitives* de M. de Voltaire sont pleines de ses louanges, soit lorsqu'il n'étoit que Prince-Royal, soit lorsqu'il fut monté sur le trône. Prince-Royal, il ne pouvoit que cultiver les Lettres en secret, & promettre aux arts une utile protection & de puissans encouragemens quand il seroit le maître. M. de Voltaire lui écrivoit : « Il n'y a personne sur la terre qui ne doive » des actions de graces aux soins que vous prenez » de cultiver par la saine philosophie, une âme » née pour commander. Croyez qu'il n'y a eu de » véritablement bons Rois que ceux qui ont com- » mencé,

» mencé, comme vous, par s'inftruire, par con-
» noître les hommes, par aimer le vrai, par dé-
» tefter la perfécution & la fuperftition. »

Charles-Frédéric étoit né le 24 janvier 1712.
Sa difgrace, comme nous l'avons dit, eft de 1730,
au commencement de l'année : fa grace lui fut accordée le 19 novembre de la même année ; mais
fa grace feulement, & non encore fa liberté ; &
fon père vouloit toujours l'exclure du trône en
faveur d'un des trois frères puînés de Frédéric. Ce
Prince reparut pour la première fois, & inopinément, à la cour, le 22 novembre 1731, aux noces
de la margrave de Bareith fa fœur. Son père l'avoit
fait venir de Cuftrin fans en rien dire à perfonne.
Le 28 du même mois, à la prière de tous les chefs
& principaux officiers de l'armée, il le réintégra
dans fes grades militaires, & le rétablit dans tous
fes droits, à la grande fatisfaction de tout l'État ;
il lui donna même un régiment, & le fit général-
major de fes troupes.

Le Prince fut fiancé à Berlin le 10 mars 1732,
avec la princeffe Élifabeth-Chriftine de Brunfwick,
& il l'époufa au château de Saltzdalh le 12 juin
1733. Avant fon mariage il avoit cru avoir une
maîtreffe & en être amoureux. Il n'appartient qu'à
M. de Voltaire d'ajouter : *Mais il fe trompoit : fa
vocation n'étoit pas pour le fexe ;* ce qui eft vrai, c'eft
qu'il n'a point d'enfans.

Il monta fur le trône le 31 mai 1740. Il ne manqua pas de faire part à M. de Voltaire de fon avénement à la couronne, & de lui témoigner autant
& plus d'amitié qu'auparavant. M. de Voltaire lui
répond :

Quoi ! vous êtes monarque & vous m'aimez encore !...
O cœur toujours fenfible ! âme toujours égale,
Vos mains du trône à moi rempliffent l'intervalle.....
Ah ! régnez à jamais comme vous écrivez.....
Titus perdit un jour & vous n'en perdrez pas.

Les premiers actes du gouvernement du nouveau
Roi eurent pour objet le bien public, l'avantage de
fes fujets, l'amélioration de fes États. L'*Anti-Machiavel*, qui parut en 1741, ouvrage dont le Roi
de Pruffe eft reconnu pour l'auteur, & M. de
Voltaire au moins pour l'éditeur, promettoit à
l'Europe une politique pleine de juftice & d'humanité, & dont la bonne foi feroit la bafe. Mais on
avoit, contre Charles-Frédéric, un préjugé général que fon père avoit eu plus que perfonne, &
auquel ce père avoit lui-même donné lieu. Frédéric-Guillaume, charmé de fes belles troupes,
dont il faifoit tous les jours la revue, & jaloux de
les conferver, ne les expofoit point aux hafards
des fiéges & des batailles. Parmi fes nombreux défauts il avoit la bonne qualité de ne pas aimer &
de ne pas faire la guerre : ainfi le Prince n'avoit
point eu d'occafion de faire preuve de talens militaires, & l'on ne pouvoit fe perfuader qu'un Roi

*Hiftoire.* Tome VI. Supplément.

bel-efprit fût jamais un Roi guerrier, un héros.
Cependant la mort de l'empereur Charles VI,
arrivée en 1740, avoit fait naître la guerre générale de 1741, dans laquelle toutes les puiffances
de l'Europe avoient pris parti, les grandes pour
s'agrandir encore, les petites par foibleffe & par
contrainte. Le Roi de Pruffe, qui trouvoit la Siléfie
à fa bienféance, defiroit de l'ajouter à fes États :
c'étoit à qui dépouilleroit la Reine de Hongrie,
femme d'un grand courage & d'un efprit fécond
en reffource, mère de la dernière Reine de France,
que des brigands ont fi indignement & fi lâchement
maffacrée. Le prétexte de la guerre de 1741 étoit
d'abaiffer enfin cette énorme puiffance autrichienne
qui avoit autrefois alarmé l'Europe, mais qui depuis long-tems ne l'alarmoit plus. Au refte, ces
puiffances, ennemies les unes des autres, avoient
toutes ; felon l'ufage, complétement raifon dans
leurs manifeftes refpectifs : tout dépend de la manière d'envifager & de faire envifager fon objet.
C'eft ce que le Roi de Pruffe fait parfaitement
fentir dans une lettre à M. de Voltaire, du 31 mars
1742. » Si je vous difois que des peuples de diffé-
» rentes contrées d'Allemagne font fortis du fond
» de leurs habitations pour fe couper la gorge avec
» d'autres peuples dont ils ignoroient jufqu'au nom
» même, & qu'ils ont été chercher jufque dans un
» pays fort éloigné, pourquoi ? parce que leur
» maître a fait un contrat avec un autre Prince,
» & qu'ils vouloient, joints enfemble, en égorger
» un troifième, vous me diriez que ces gens font
» fous, fots & furieux de fe prêter au caprice &
» à la barbarie de leur maître.
» Si je vous difois que nous nous préparons
» avec grand foin à détruire quelques murailles éle-
» vées à grands frais, que nous faifons la moiffon
» où nous n'avons point femé, & les maîtres où
» perfonne n'eft affez fort pour nous réfifter, vous
» vous écrieriez : Ah barbares ! ah brigands ! in-
» humains que vous êtes : les injuftes n'hériteront
» point du royaume des cieux : felon S. Mathieu,
» chap. 12, v. 34.....
» Je me contenterai de vous informer qu'un
» homme dont vous aurez entendu parler fous
» le nom de Roi de Pruffe, apprenant que les
» États de fon allié l'Empereur ( Charles VII,
» Électeur de Bavière ) étoient ruinés par la
» Reine de Hongrie, eft volé à fon fecours ; qu'il
» a joint fes troupes à celles du Roi de Pologne,
» pour opérer une diverfion en Baffe-Autriche,
» & qu'il a fi bien réuffi, qu'il s'attend dans peu à
» combattre les principales forces de la Reine de
» Hongrie pour le fervice de fon allié. Voilà de
» la générofité, direz-vous ; voilà de l'héroïfme.
» Cependant le premier tableau & celui-ci font
» les mêmes ; c'eft la même femme qu'on repré-
» fente ; premièrement en cornettes de nuit lorf-
» qu'elle fe dépouille de fes charmes, & enfuite
» avec fon fard, fes dents & fes pompons. »

Ainfi ce généreux empreffement de courir au

secours d'un allié opprimé n'étoit *que fard*, *fauſſes dents & pompons* ; *ſous les cornettes de nuit* c'étoit la Siléſie qu'on vouloit envahir. Mais, pour un réfutateur de Machiavel, n'eſt-ce pas être un peu trop machiavéliſte, que de couvrir ainſi d'un noble & faux prétexte toute l'injuſtice d'un conquérant ?

Au reſte, le Roi de Pruſſe acquit, dans cette guerre, beaucoup de gloire militaire. Il étoit entré, dès la fin de 1740, en Siléſie, prévenant tout le monde, & n'ayant point encore d'allié opprimé ni d'Empereur malheureux à défendre. Il prit poſſeſſion de Breſlaw le 1ᵉʳ. février 1741 ; de Brieg après ſix jours de ſiége : il gagne en perſonne, le 4 avril, la bataille de Molwits ſur les Autrichiens commandés par le comte de Neuperg, & le 17 mai 1742 la bataille de Czaſlaw ſur les mêmes Autrichiens commandés par le prince Charles de Lorraine. M. de Voltaire triomphoit ; il avoit prédit cette gloire de ſon héros :

Tout du plus loin que je vous vis,
Je m'écriai : Je vous prédis
A l'Europe toute incertaine.
Vous parûtes. Vingt potentats
Se troublèrent dans leurs Etats
En voyant ce grand phénomène.

Quand il eut appris la victoire de Molwits, il inſulta à ces prophètes de malheur, à qui les vers & l'eſprit du Roi de Pruſſe étoient ſuſpects, & qui avoient cru l'idée d'un Roi lettré inconciliable avec l'idée d'un Roi guerrier :

Eh bien ! mauvais plaiſans, critiques obſtinés,
Prétendus beaux-eſprits à médire acharnés ;
Qui, parlant ſans penſer, fiers avec ignorance,
Mettez légérement les Rois dans la balance ;
Qui, d'un ton déciſif, auſſi hardi que faux,
Aſſurez qu'un ſavant ne peut être un héros ;
Ennemis de la gloire & de la poéſie,
Grands critiques des Rois, allez en Siléſie.
Voyez cent bataillons près de Neiſſ écraſés ;
C'eſt là qu'eſt mon héros. . . . . . . . . . .
C'eſt lui-même, c'eſt lui. . . . . . . . . . .
Qui fait tout, qui fait tout, qui s'élance à grands pas
Du Parnaſſe à l'Olympe, & des jeux aux combats. . . .
Qui parle, agit, combat, écrit, règne en grand-homme.

Comme le Roi de Pruſſe étoit dans les mêmes intérêts que nous, qu'il avoit les mêmes amis & les mêmes ennemis, nous applaudiſſions alors à ſes ſuccès ; nous l'appelions alors, d'après M. de Voltaire, *le Salomon du Nord*. Il avoit en effet toute la ſageſſe qui joint la prudence à la valeur, & qui enſeigne à faire à propos, pour ſes intérêts, la guerre & la paix. Il ceſſa, pour un tems, non de mériter, mais d'obtenir nos éloges, en con-

cluant, en 1742, avec la Reine de Hongrie, & à l'inſtigation des Anglais, le traité de Breſlaw, par lequel la Reine, abandonnant une partie de ſes Etats pour en ſauver le reſte, cède à perpétuité au Roi de Pruſſe toute la Siléſie & le comté de Glatz, Etats dont il avoit conquis la plus grande partie, mais que la Reine pouvoit tenter de reprendre avec le ſecours des Anglais, & qui étoient plus aſſurés à Frédéric par un traité. Mais en 1744 le Roi de Pruſſe, cherchant encore à s'agrandir de quelques provinces aux dépens de la Reine de Hongrie, ſuppoſa que, par des ſuccès qu'elle venoit d'avoir, elle redevenoit trop redoutable, & il rentra en guerre contr'elle ; car c'étoit ou la manie du tems ou la politique artificieuſe de ceux qui vouloient accabler la foibleſſe de la Maiſon d'Autriche, d'affecter de voir toujours en elle cette même Maiſon d'Autriche ſi puiſſante ſous Charles-Quint, ſi turbulente ſous Philippe II, lorſqu'elle joignoit l'Eſpagne avec le Portugal, & toutes les richeſſes des Indes aux Etats ſi réduits & ſi diſperſés qui lui reſtoient depuis la paix d'Utrecht. Le Roi de Pruſſe alléguoit que, comme un des principaux membres de l'Empire, il ne pouvoit ſe diſpenſer de donner du ſecours à l'empereur Charles VII, encore méconnu, & alors dépouillé par la Reine de Hongrie. Voilà donc Frédéric redevenu notre allié, & reprenant tous ſes droits à notre admiration & à nos éloges. Il ſe jette ſur la Bohême ; il prend la ville de Prague le 15 ſeptembre ; mais le prince Charles lui fit évacuer le 27 novembre. Le 4 juin 1745 il bat ce même prince Charles à la bataille de Fridberg ; il bat encore les Autrichiens à la bataille de Prandnitz, le 30 ſeptembre. Le prince d'Anhalt, qui, d'un autre côté, commandoit une partie des troupes pruſſiennes, a auſſi des ſuccès préparés & facilités par l'attention du Roi de Pruſſe à pourvoir à tout. Frédéric chaſſe de Dreſde & de la Saxe le Roi de Pologne, qui, par le traité de Francfort, s'étoit ligué avec la Reine de Hongrie. M. de Voltaire s'applaudiſſoit de voir le Roi ſon ſouverain & le Roi ſon ami de nouveau réunis dans un même intérêt ; il tâchoit de leur faire croire qu'il les mettoit tous deux ſur la même ligne :

Car vous êtes tous deux amis ;
Tous deux vous forcez des murailles,
Tous deux vous gagnez des batailles
Contre les mêmes ennemis.
Je vois de Berlin à Paris
Cette déeſſe vagabonde ( la Renommée )
De Frédéric & de Louis
Porter les noms au bout du Monde :
Ces noms que la gloire a tracés
Dans un cartouche de lumière,
Ces noms qui répondent aſſez
Du repos de l'Europe entière
S'ils ſont toujours entrelacés

Ils ne le furent pas long-tems ; car le 25 décembre 1745 le Roi de Prusse fit un nouveau traité avec la Reine de Hongrie, qui lui confirma de nouveau la cession de la Silésie & du comté de Glatz, & à laquelle il garantit ses États d'Allemagne, & il accède de sa voix électorale à celles des autres Électeurs qui venoient d'élever à l'Empire le grand-duc de Toscane, François, mari de la Reine de Hongrie, car l'empereur Charles VII étoit mort à Munich le 20 janvier 1745. On ne voit plus en effet le Roi de Prusse figurer dans cette guerre, qui fut terminée en 1748 par le traité d'Aix-la-Chapelle.

M. de Voltaire, honoré de quelques faveurs de Louis XV, moins par l'inclination naturelle de ce monarque, que par la protection de madame d'Etioles-Pompadour, étoit moins retenu en France par ces légères faveurs, que par la constante amitié qui régnoit entre lui & madame la marquise du Châtelet, qu'il a tant célébrée dans ses écrits, & vivante, & après sa mort. Il la perdit en 1749, & ce lien rompu, le Roi de Prusse, qui n'avoit encore vu M. de Voltaire qu'en passant pour ainsi dire, dans quelques visites que Voltaire avoit été lui faire à Vesel, à Strasbourg, à Berlin, &c. profita des circonstances & de quelques désagrémens que Voltaire éprouvoit alors en France, & auxquels il le savoit fort sensible ; il redoubla d'instances pour obtenir que M. de Voltaire vînt s'établir chez lui, & y trouver de la liberté, des honneurs, des richesses & des distinctions plus flatteuses encore. Le traitement étoit réglé, tout étoit convenu ; mais M. de Voltaire auroit voulu ne se point séparer de madame Denis sa nièce, qui tenoit sa maison à Paris ; il demandoit aussi pour elle un traitement particulier. Le Roi de Prusse, qui tenoit de son père quelque goût pour l'épargne & l'économie, ne voulut point de cette surcharge, & s'en défendoit en disant qu'il n'avoit désiré que M. de Voltaire & le secours de ses lumières, de son esprit, de ses talens ; qu'il étoit bien le maître de se faire suivre de madame Denis, mais qu'il ne l'en prioit pas, & que cet article lui étoit étranger. M. de Voltaire hésitoit encore lorsque le Roi, pour l'aiguillonner, imagina de faire, à la louange de M. d'Arnaud, qui étoit alors en Prusse, des vers dans lesquels il comparoit M. de Voltaire au soleil couchant, & M. d'Arnaud au soleil levant. Le calcul du Roi fut juste. Je tiens l'anecdote suivante de M. Marmontel, qui étoit présent à la scène que je vais rapporter. M. de Voltaire étoit dans son lit, où il aimoit à travailler, & où il restoit quelquefois fort tard. M. Thiriot arrive, apportant la pièce de vers fatale, & en fait la lecture ; croyant ne pas devoir laisser ignorer à son ami un point où il avoit tant d'intérêt. Voltaire s'élance hors du lit, & marchant tout nu, en chemise, à grands pas, dans sa chambre, il crioit avec fureur : *De quoi se mêle-t-il, & de faire des vers, & d'y aire de pareilles sotises ? C'est bien à lui à régler les rangs sur le Parnasse ! Qu'il se mêle de régner s'il en a le talent.* Quand il eut bien exhalé toute sa colère, il se remit au lit ; mais dès ce moment son parti fut pris irrévocablement de partir pour la Prusse, sans plus insister sur l'article de madame Denis, qui resta dans Paris, où nous l'avons vue pendant plusieurs années encore, & d'où elle ne partit, pour aller rejoindre son oncle, que lorsqu'elle apprit sa rupture avec le Roi de Prusse, & sa détention à Francfort à la demande de ce Prince. Les causes de cette trop fameuse rupture furent, comme on sait, une querelle de M. de Voltaire avec M. de Maupertuis, au sujet de M. Koenig, & *la diatribe du docteur Akakia,* où le Roi se crut insulté dans la personne du président perpétuel de son Académie ; & qu'il fit brûler par la main du bourreau, après avoir eu l'attention perfide de tirer de M. de Voltaire un faux désaveu de la diatribe, laquelle évidemment ne pouvoit être que de lui. D'après cet éclat, le monarque & le poëte écrivirent l'un contre l'autre des choses qui auroient pu porter coup contre tous les deux si leur gloire diverse, mais suprême chacune dans son genre, n'eût étouffé dans leurs cœurs jusqu'aux moindres traces de leur ressentiment mutuel, & ne les eût ramenés l'un à l'autre, pleins d'estime, de tendresse & d'admiration. Il ne manquoit à leur pleine & parfaite réconciliation que d'habiter ensemble de nouveau ; mais quand M. de Voltaire eut une fois goûté de la liberté dans sa maison des Délices, si bien célébrée par la meilleure peut-être de ses pièces fugitives, & dans sa retraite de Ferney, où il a trouvé le moyen de faire tant de bien, il ne lui fut plus possible de vivre à la cour des Rois ; lui-même à Ferney, & son empire s'étendoit au loin sur les esprits, même sur celui du Grand-Frédéric.

M. de Voltaire, plus âgé que lui de dix-huit ans, mourut long-tems avant lui, & le Roi de Prusse fit son éloge funèbre, procédé d'un bon exemple dans un Roi, & dans un Roi qui avoit été quelque tems mécontent de lui.

M. de Voltaire avoit vu le Roi de Prusse ajouter infiniment à sa gloire dans la guerre qui se ralluma en 1756, & dans laquelle il eut des momens de succès d'autant plus brillans, qu'ils avoient été précédés par des momens de détresse dont nul autre que lui n'auroit pu se tirer, & qui firent de plus en plus admirer les ressources de cette âme active & ardente. Dans cette nouvelle guerre on avoit changé d'amis & d'ennemis. En France, on avoit, par un système politique tout nouveau, imaginé de réunir les Maisons de France & d'Autriche ; & par un reste de l'erreur qui attribuoit encore tant de force à la Maison d'Autriche, on croyoit que rien ne pourroit résister à ces deux Puissances réunies. L'Impératrice-Reine se flattoit bien de reprendre sa Silésie, & la France, ayant commencé par battre les Anglais sur mer, au combat fameux du marquis de la Galissonière, par prendre Port-Mahon, & par gagner, en 1757, la bataille d'Hastembake, ne mettoit plus de borne à ses espérances ; cependant, par l'événement, jamais guerre ne fut plus désastreuse, surtout pour la France, & quelquefois pour l'Autriche, soit que deux grandes Puissances s'affoiblissent en s'unissant, soit que cette alliance, qui paroissoit contraire à la nature des choses & aux intérêts éternels de ces deux Puissances, laissât subsister entr'elles des défiances funestes. Quant au Roi de Prusse, devenu notre ennemi dans cette guerre, & auquel, selon notre usage, nous prodiguions alors autant d'injures que nous lui avions autrefois donné de justes éloges ; ce Roi, après plusieurs défaites & plusieurs victoires, qui toutes ajoutoient à sa gloire, parce que dans toutes il se montroit le plus vaillant des soldats & le plus habile des généraux, eut un moment entr'autres, où, pressé à la fois par les Français, les Autrichiens & les Russes, prêt à être mis au ban de l'Empire, son procès déjà commencé, n'ayant presque plus de troupes à opposer à tant d'ennemis, & ayant encore moins d'argent, il parut se livrer à l'abattement, & comme heureux ou malheureux il falloit qu'il fît des vers, il en fit, & même d'assez bons, pour annoncer à ses amis qu'il alloit prendre congé d'eux & de la vie ; puis il pensa que c'étoit dans un combat qu'il lui convenoit le mieux de la perdre ; il part, va battre les Français & les troupes de l'Empire à Rosbac : de-là il court à soixante lieues, combattre & vaincre l'armée autrichienne : ses affaires se rétablissent ; il redevient redoutable, & c'est au désespoir qu'il en eut l'obligation. Gustave - Adolphe, dit M. de Voltaire, n'avoit pas fait de si grandes choses. Il fallut bien alors lui pardonner ses vers, ses plaisanteries, ses petites malices. C'est qu'on prétend que quelques petits vers contre les petits vers du cardinal de Bernis, & quelques mots vifs & plaisans contre madame de Pompadour, n'avoient pas peu contribué à liguer la France avec l'Impératrice, pour reprendre à Frédéric la Silésie, qu'il sut conserver à travers tant de contradictions, & dont la possession ; avec la restitution du comté de Glatz, qui lui avoit été repris, lui fut assurée par le traité de paix de 1763, signé à Hubersbourg en Saxe le 15 février.

Dans la vieillesse de Charles-Frédéric, le jeune empereur Joseph II parut vouloir exciter quelques mouvemens qui sembloient menacer la liberté de l'Allemagne, le Roi de Prusse se montra prêt à la défendre, & tous les troubles furent bientôt apaisés.

Charles-Frédéric mourut plein de gloire & respectable à tous les Souverains, le 17 août 1786.

Si l'on veut connoître quelles étoient la tendresse, la fidélité, les attentions délicates & ingénieuses, les grâces sublimes de ce Prince en amitié, on en trouvera des preuves touchantes dans l'article du général *Fouqué*, de ce Supplément, pag. 152 & suivantes.

On peut voir aussi, dans l'article *Gribeauval* de ce même Supplément, pag. 164 & suivantes, combien il estimoit les talens, même dans ses ennemis, & combien son ton avec ses amis étoit franc, naturel & aimable.

*Nota.* Nous venons de dire, dans cet article de *Charles-Frédéric*, qu'il avoit gagné en personne la bataille de Molwits le 4 avril 1741. Ceci demande quelques éclaircissemens. Cette bataille étoit la première où se trouvoit ce nouveau Roi de Prusse, qui n'avoit jamais eu occasion de connoître la guerre. La cavalerie prussienne fut d'abord mise en déroute par la cavalerie autrichienne. Le Roi, effrayé de ce désordre, prit franchement la fuite jusqu'à douze lieues du champ de bataille ; mais le maréchal de Schwerin, un de ses meilleurs généraux, élève de Charles XII, à la tête de l'infanterie, gagna complétement la bataille pendant que le Roi fuyoit, & un des chasseurs du camp de Molwits, & ensuite un aide-de-camp, apprirent à ce Roi trop prompt à s'alarmer, que la bataille étoit gagnée. Le Roi revint le lendemain, &, ajoute M. de Voltaire, le général vainqueur fut à peu près disgracié.

Cette espèce de disgrace, où, dans le récit de M. de Voltaire, la honte paroît avoir produit l'ingratitude, m'étonneroit moins si une anecdote que j'ai entendu conter, avoit quelque fondement. Le Roi & le maréchal n'étoient pas d'accord sur une circonstance de fait concernant cette bataille. Le Roi, pour appuyer son opinion, dit : Mais enfin j'y étois ! Le maréchal répondit : Et moi aussi, Sire, & *jusqu'à la fin*. Le reproche étoit à bout portant, & il étoit difficile qu'un Roi, qui depuis avoit donné tant de marques de valeur, n'en fût pas très-blessé. Il paroît cependant que le maréchal de Schwerin ne perdit ni la faveur ni la confiance du Roi de Prusse ; il continua de le servir avec beaucoup de zèle & de succès. Il fut tué le 6 mai 1757, à la bataille de Prague, gagnée par le Roi de Prusse en personne sur les Autrichiens.

FIN.

# ERRATA GÉNÉRAL

*Du Dictionnaire de l'Histoire dans la nouvelle Encyclopédie.*

## TOME PREMIER.

*Page* 189, *colonne* 2, *vers la fin :* Héloïse s'appliquoit...... Cette belle expression d'Andromaque, *lisez :* cette belle expression qu'Enée adresse à Andromaque.

*Page* 209, *colonne* 2, *article* Adam, n°. 7, Adam Billaut ou le menuisier de Nevers. Il mourut le 19 mai 1562, *lisez :* 1662. Cette faute est corrigée à l'article *Billaut*, page 619.

*Page* 319, *colonne* 2, *article* Anjou. Charles-le-Boiteux..... sacrifia ses droits par un traité pour sortir de prison, &, devenu libre, il désavoua le traité comme l'ouvrage de la violence. Cela n'est pas exact : ce fut bien là dans la suite la conduite de François I, relativement au traité de Madrid; mais Charles-le-Boiteux avoit été de meilleure foi & plus chevalier. N'ayant pu obtenir la ratification du Pape & du Roi de France, de qui son sort dépendoit, il offrit de se remettre en prison, & se présenta sans armes & sans suite armée dans un lieu indiqué pour cela; il se présenta ainsi trois jours consécutifs. Personne ne parut pour le recevoir prisonnier, soit défiance, soit estime pour sa fidélité généreuse & honte d'en abuser.

*Page* 105, *colonne* 2, *article* Arisbe. Ascagne promet à Ninus deux vases, &c. *lisez :* Nisus, au lieu de Ninus.

*Page* 480, *colonne* 1, *article* Audebert. Agé de plus de vingt ans, *lisez :* âgé de plus de quatre-vingts ans.

*Page* 494, *colonne* 1, *article* Augustule. Le prédécesseur d'Auguste, *lisez :* d'Augustule.

*Page* 605, *colonne* 2, *article* Bérulle, dernier alinéa. En 1704, *lisez :* en 1604.

*Page* 635, *colonne* 1, *article* Bochard ou Bochart. Ajoutons ici, au pénultième alinéa de cet article, ce que nous ne pouvions pas dire encore en 1784, que Jean-Baptiste-Gaspard Bochard de Sarron, alors président à mortier, a fait par être premier président, ainsi que Jean Bochard, & que, trop vertueux pour être épargné par des scélérats, il a péri noblement sur un échafaud avec les autres magistrats pendant la tyrannie de Robespierre.

*Page* 694, *colonne* 2, *article* Boyer, dans ce dernier alinéa, avant les vers. Ce n'étoit point une épigramme que Racine voulut faire contre le frère de son ami. Au lieu de ces mots : contre le frère de son ami, *lisez :* contre l'abbé Boileau, le prédicateur (qui n'étoit pas le frère de son ami), mais l'abbé Boileau de Beaulieu, de l'Académie française.

*Page* 700, *colonne* 2, *article* Brisson : le 15 novembre 1391, *lisez :* 1591.

## TOME II.

*Page* 165, *colonne* 2, *ligne* 3, article Claudien. Lilius Italicus, *lisez :* Silius Italicus.

*Page* 168, *colonne* 2, article Clément VII, 6e. *ligne du premier alinéa.* Entrevue de Clément VIII, *lisez :* de Clément VII.

*Page* 170, *colonne* 2, article Clément XII. Mort le 6 février 1774, *lisez :* 1740.

*Page* 183, *colonne* 2, article Clisson, *premier aliéna.* La fureur de ce dernier, *lisez :* la faveur de ce dernier.

*Page* 187, *colonne* 1, article Clotilde. Gondebaud assiégea dans Vienne Chilpéric, & Gondemar brûla ce dernier dans une tour, &c. *lisez :* Gondebaud assiégea dans Vienne Chilpéric & Gondemar, brûla ce dernier dans une tour, &c.

*Page* 205, *colonne* 1, article Coligny. Retranchez tout le dernier alinéa de cette colonne dernière, commençant ledit dernier alinéa par ces mots : & le comte de Coligny, Jean, & voyez l'article Coligny dans ce volume de supplément.

*Page* 210, *colonne* 1, *premier alinéa.* Porcie, fille de Caton & femme de Pescaire, *lisez :* & femme de Brutus.

*Page* 244, *colonne* 2, article Cremutius Cordus, lignes 6 & 7 de cet article, invidere, *lisez :* inridere.

*Page* 279, *colonne* 1, article Crillon, à ce vers, Romule, divitibus scisti dare commoda solus, *lisez :* Romule militibus, &c.

*Page* 300, *colonne* 1, article d'Aguesseau, *dernier alinéa,* 2e. *ligne :* sur la fin du siècle de Louis XIV, *lisez :* sur la fin du règne de Louis XIV.

*Page* 353, *colonne* 1, lignes 8 & 9. Le nombre de ses disciples, au nombre desquels, &c. *lisez :* le nombre de ses disciples, parmi lesquels, &c.

*Page* 358, *colonne* 1, l'article Dodus ou de Dondis est répété sous le nom de Dondus ou de Doudus, à la page 367, colonne 1.

*Page* 450, *colonne* 1, article Ephestion, à la fin, & Grater, *lisez :* & Cratère.

*Page* 599, *colonne* 2, article Fleuri. Précepteur de Louis V, *lisez :* de Louis XV.

*Ibid.* L'éclat funeste du règne de Louis IV, *lisez :* du règne de Louis XIV.

*Page* 676, *colonne* 2, article Gallois. Il fut, dès la première année, l'associé de l'inventeur (M. de Sallo), & dès la seconde année, il le fut seul, *lisez :* & dès la seconde année *il fut seul l'auteur de ce Journal.*

*Page* 725, *colonne* 1, article Goussier, n°. 5. Cette même terre..... infructueusement érigée en pairie

766## ERRATA.

en 1519...., la fut utilement..... en 1766, *lisez* :
le fut utilement..... en 1566.

## TOME III.

*Page* 9, *colonne* 1, *lignes* 1 & 2, article *Grégoire VII.*
Soixante-dix ans après la mort du pape Anastase IV,
se fit peindre avec l'auréole & le titre de saint,
*lisez* : soixante-dix ans après sa mort, le pape Anastase IV le fit peindre avec l'auréole, &c.

*Page* 22, *colonne* 1, article *Duguesclin.* Quand les
escarmouches fréquentes & heureuses, &c. *lisez* :
Quand des escarmouches fréquentes & heureuses, &c.

*Page* 44, *colonne* 2, article *Harcourt Beuvron*, premier alinéa. Harcourt avoit été érigé en comté par
Jean IV en 1338, *lisez* : pour Jean IV.

*Ibid.*, 2e. alinéa, en propos séditieux contre Jean,
*lisez* : contre le Roi.

*Page* 47, *colonne* 1, article *Harlay de Sancy*, premier colonel-général des suisses, *retranchez* premier.

*Page* 196, *colonne* 2, article *Joffredy.* Il accorderoit
tout d'autant plus volontiers, qu'il paroissoit alors
signaler librement sa reconnoissance, &c. *lisez* :.....
qu'il paroîtroit alors, &c.

*Page* 204, *colonne* 2, article *Paul Jove.* On ne voit
point dans l'histoire de Paul Jove, de traces bien
marquées d'animosité & de justice, &c. *lisez* :.....
d'animosité & d'injustice, &c.

*Page* 294, *colonne* 1, article *Lampride.* Un des écrivains de l'histoire d'Auguste, &c. *lisez* : de l'histoire auguste.

*Page* 318, *colonne* 2, article *Leonius*, second des
quatre vers de la fin : *Hic tutelam*, *lisez* : *Hic
tuleram.*

*Ibid.*, *colonne* 1, vers 11,
     *Satis est posuisse videri.*
  *lisez* : *Satis est potuisse videri.*
Vers 14, *Invento processit vesper olympo.*
  *lisez* : *Invito processit vesper olympo.*

*Page* 365, *colonne* 1, article *Lotichius* (Pierre). Il
traduisit le luthéranisme dans son abbaye, *lisez* :
Il introduisit le luthéranisme, &c.

*Page* 390, *colonne* 1, article *Lucain.* Donner une
nature gigantesque à l'ombre de Marius, *lisez* : une
stature gigantesque, &c.

*Page* 442, *colonne* 1, article *Majordome.* On a oublié d'y mettre une marque qui annonce que l'article n'est pas du rédacteur.

*Page* 448, *colonne* 1, article *Maître* ; même omission.

*Ibid.*, *colonne* 2, article *Malachie.* Le pape Clément VII ( Chigi ), *lisez* : le pape Alexandre VII,
&c.

*Page* 457, *colonne* 2. On a oublié de mettre une marque à l'article *Mandil.*

*Idem*, à l'article *Manuducteur*, page 463, *colonne* 1.

*Idem*, à l'article *Marabous*, page 464, *colonne* 2.

*Page* 488, *colonne* 2, article *Marie Ire.* Elle ne pardonna point à Jeanne Gay, *lisez* : à Jeanne Gray.

*Page* 501, *colonne* 1, article *Marlborough.* La duchesse même de Marlborough, *lisez* : La même
duchesse de Marlborough, &c.

*Page* 511, *colonne* 1, article *Mascaron.* Mascaron.....
reparut..... à la cour en 1674, *lisez* : en 1694.

*Page* 521, *colonne* 2, article *Matthieu* (Pierre) :
effacez la marque qu'on a mise mal-à-propos dans
cet article, entre la prose & les vers.

*Page* 557, *colonne* 2. On a oublié de mettre une
marque à l'article *Meridiani.*

*Page* 589, *colonne* 2, article *Moliere.* Deux scènes
pareilles du Dépit amoureux, *lisez* : deux scènes
pareilles de dépit d'amour.

*Page* 599, *colonne* 1, article *Monstrelet.* Depuis l'an
1480, *lisez* : depuis l'an 1400.

*Page* 605, *colonne* 2, article *Montdejeu.* Mort en 1651,
*lisez* : En 1661, il fut fait chevalier de l'ordre du
Roi ; il mourut en 1671.

*Page* 625, *colonne* 1, article *Montpensier.* mon guidon
Montouron, *lisez* : mon guidon Montoiron.

*Page* 617, *colonne* 2, article *Montreuil. Non ubivis,
coram quibuslibet, lisez : coramve quibuslibet.*

*Page* 646, *colonne* 2, article *La Motte Houdart.*
Dans la citation des vers tirés des fables, *transposez* les deux premiers vers.

*Page* 658, *colonne* 2. On a oublié de mettre une
marque à l'article *Musculus.*

## TOME IV.

*Page* 9, *colonne* 1, article *Le Nain*, 2e. alinéa,
ligne 4 ; père des précédens, *lisez* : aïeul des précédens.

*Page* 26, *colonne* 1, article *Nembrod.* On a oublié
une marque à la fin.

*Page* 27, *colonne* 2, premier alinéa, ligne 7, article
*Nemours* : qui achève de rendre bien suspect l'injustice du jugement prononcé contre lui, *lisez* :
bien suspect d'injustice le jugement, &c.

*Page* 34, *colonne* 2, dernier alinéa, lignes 2, 3 & 4,
article *Nevers.* François l'érigea en duché pairie en
faveur de François de Clèves, *lisez* : François I
l'érigea, &c.

*Page* 41, *colonne* 1, lignes 4 & 5, article *Nicias.* Sa
réclamation fut rejetée avec l'auteur, *lisez* : avec
hauteur.

*Page* 92, *colonne* 2, à l'article *Omrahs.* On a oublié
de mettre une marque.

*Page* 94, *colonne* 1, article *Oppien.* Florent Chrétien Fermat, *effacez* Fermat.

*Ibidem*, *colonne* 2, *Opstraët.* Il y a à la première des
cinq dernières lignes de cet article un (*voir*) en
parenthèse, qui ne vient à rien & qu'il faut effacer.

*Page* 151, *colonne* 1, article *Oudin*, vers 10,
    *Cui mixtas heredis intexit laurus olivas.*
*lisez* : *Cui mixtas hederis, &c.*

*Ibidem*, vers dernier, *Lodoix six arduus extat*,
*lisez* : *Lodois sic, &c.*

*Page* 137, *colonne* 1, article *Pachéco*, no. 3, retranchez les lettres A. R.

*Même page, & page* 138. Mettez ces mêmes lettres aux articles *Pacificateur* & *Pacification.*

*Pages* 142 & 143: Mettez la même marque, ou une marque quelconque à l'article *Pagomen.*

*Idem, page* 148, *colonne* 2, à l'article *Palli.*

*Page* 169, *colonne* 1, article *Parr* (Catherine.). Elle mourut le 7 septembre 547, *lisez :* 1547.

*Page* 170, *colonne* 1. On a oublié de mettre une marque à l'article *Parsis.*

*Page* 173, *colonne* 1, article *Pascal,* pape, *dernier alinéa,* qu'il avoit associés à l'Empire, *lisez :* qu'il avoit associé, &c.

*Ibid., colonne* 2. Mettez une marque à l'article *Paschmaklyk.*

*Page* 197, *colonne* 1, article *Le Peletier,* 2º. *alinéa,* *ligne* 6. Le père de M. Le Tellier, *lisez :* Le père de M. Le Peletier.

*Page* 205, *colonne* 2, 2º. *ligne,* article *Penthièvre.* Edouard II, *lisez :* Edouard III.

*Page* 231, *colonne* 2. Mettre une marque à l'article *Dynasties persannes.*

*Page* 244, *colonne* 1, article *Samuel Petit, ligne* 5. Né à Nîmes en 1794, *lisez :* en 1594.

*Page* 283, *colonne* 1, 2º. *alinéa,* article *S. Pierre.* Au commencement du quatorzième siècle, *lisez :* du quatrième siècle.

*Page* 313, *colonne* 2, article *Plantagenete.* Platagenete (Hist. anc.), *lisez :* Plantagenete (Hist. mod.)

*Page* 333, *colonne* 2, article *Polignac. Reguli montium, lisez :* Reguli montium.

*Page* 382, *colonne* 2. Mettre une marque à l'article *Poulichis* ou *Pulchis.*

*Page* 405, *colonne* 1, article *Procope,* nº. 4, *ligne* 3: en 1124, *lisez :* en 1424.

*Page* 413, *colonne* 1, article *Psaphon,* ligne 3 de cet article. S'imagina, *lisez :* imagina.

*Page* 431, *colonne* 1. Mettez une marque à l'article *Puran, Pouran* ou *Pouranum.*

*Page* 437, *colonne* 2, article *Pythagore.* Disciple de Phéréade, *lisez :* de Phérécyde.

*Page* 453, *colonne* 2, article *Quinaut,* 2º. *ligne,* de l'Académie=française, *ajoutez :* & de l'Académie des belles-lettres.

*Page* 481, *colonne* 1. Mettez une marque à l'article *Rack* ou *Arack.*

*Idem,* à l'article *Rakkum, page* 483, *colonne* 2.

*Page* 488, *colonne* 2, article *Rameau, lignes* 1 & 2 *du premier alinéa.* Dans le *Mercure* du mois de mars 1367, *lisez :* 1767.

*Page* 496, *colonne* 1. Mettre une marque à l'article *Ramtrut.*

*Page* 522, *colonne* 1, 1ᵉʳ. *alinéa, ligne* 5, article *Regulus.* L'idée du trajet en Amérique, *lisez :* en Afrique.

*Page* 526, *colonne* 1, article *La Reynie,* ligne 14. Les troubles de 1758, *lisez :* de 1650.

*Page* 598, *colonne* 1. Mettez des marques aux articles *Rogatio legis* & *Rogue.*

*Page* 626, *colonne* 2, *dernier alinéa,* 2º. *ligne,* article *Roquette,* qui voyant M. le prince de Conti, *lisez :* qui voyant que M. le prince de Conti.

*Ibid., ligne* 7, qui voulant lui épargner, &c. *lisez :* lequel vouloit lui épargner.

*Et ligne suivante,* après ces mots : *partout le monde*) fermez la parenthèse.

*Page* 627, *colonne* 1, *dernier alinéa,* article *Roscius.* Roscius, qui étoit pour la comédie ce que Roscius étoit pour la tragédie, *lisez :* ce qu'Esopus étoit pour la tragédie.

*Page* 628, *colonne* 1, article *Roscius,* 3º. C'est à cette loi de Roscius Othon, qu'Horace fait illusion, *lisez :* qu'Horace fait allusion.

*Page* 649, *colonne* 2, article *Rousseau de Genève,* 2º. *alinéa.* La lettre de M. d'Alembert, *lisez :* La lettre à M. d'Alembert.

*Page* 670, *colonne* 2. Mettez une marque à l'article *Sacre.*

*Page* 672. Mettez des marques aux articles *Safar* & *Sagaie, colonne* 1, & à l'article *Sagatio, colonne* 2.

*Page* 677, *colonne* 2, article *Saint-Evremont,* effacez la phrase suivante : *On cherche aujourd'hui, en lisant cette lettre, ce qu'elle avoit de si satyrique.*

*Page* 678, *colonne* 2, *ligne dernière,* article *Saint-Germain.* Des mécontens en privèrent la France, *lisez :* Des mécontentemens en privèrent la France.

*Page* 680, *colonne* 1, article *Saint-Pavin.* Dont étoit le cardinal de Meudon, &c. *lisez :* dont n'étoit pas le cardinal de Meudon.

*Ibid.,* étoient de cette même famille. Saint-Pavin possédoit, &c. *lisez :* étoient de la même famille que Saint-Pavin. Celui-ci possédoit, &c.

*Page* 711, *colonne* 1. Mettre une marque à l'article *Santorius.*

*Page* 716, *colonne* 2, article *Saturnin, premier alinéa,* 2º. *ligne.* Par corruption & par contradiction, *lisez :* par corruption & par contraction.

## TOME V.

*Page* 2, *colonne* 1, *ligne pénultième,* article *Saurin.* Il mourut le 29 décembre 1723, *lisez :* Il mourut le 29 décembre 1737.

*Page* 8, *colonne* 1, 3º. *alinéa, ligne* 6, article *Saxons.* Tous dépendans, *lisez :* tous indépendans.

*Page* 10, *colonne* 2, *ligne* 1, article *comte de Saxe.* Le grade de maréchal de France, *lisez :* de maréchal-de-camp.

*Page* 58, *colonne* 1. Mettez une marque à l'article *Seyta.*

*Page* 91, *colonne* 2. Il manque une marque à l'article *Six centièmes.*

*Page* 93, *colonne* 1. Une marque à l'article *Slabode* ou *Slobode.*

*Page* 108, *colonne* 2, 2º. *alinéa, ligne* 5. Pour observer le coup, *lisez :* pour observer le camp.

*Page* 113, *colonne* 2. Il manque une marque à l'article *Fête des songes.*

*Page* 126, *colonne* 2, *dernier alinéa,* nº. 4, *ligne* 15. Le maréchal de la Motte lui donna des coups de canne, *lisez :* le maréchal de Vitry lui donna, &c.

*Page* 188, *colonne* 1. Mettre une marque à l'article *Tan-si.*

*Page* 107, *colonne* 2. Une marque à l'article *Tek-Kida*.

*Ibid.*, article *Le Tellier*, 1°., *ligne* 22: Il partagea la confiance du Roi avec celle de Colbert. Retranchez ces mots : *celle de*, & *lifez* : Il partagea la confiance du Roi avec Colbert.

*Page* 213, *colonne* 1, 2°. *alinéa*, *lignes* 12 & 13. Les talens du jeune Colbert, *lifez* : les talens du jeune abbé de Louvois.

*Page* 114, *colonne* 2, *ligne* 20. Un des livres du P. Quefnel, *lifez* : un des livres du P. Le Tellier.

*Page* 223, *colonne* 2, *ligne* 3, de Cléandre, *lifez* : de Cléante.

*Page* 225, *colonne* 1. Il manque une marque à l'article *Teskeregi Bachi*.

*Page* 226, *colonne* 2, & 227, auffi *colonne* 2. Il manque des marques aux articles *Teffere de l'hofpitalité* & *Teft*.

*Idem*, *page* 231, *colonne* 2, à l'article *Thane*.

*Page* 256, *colonne* 1, *ligne pénultième*. Du globe Thermaïque, *lifez* : du golfe Thermaïque.

*Page* 285, *colonne* 1, article *Tigellin*, *ligne* 14. Mavianus Icelus, *lifez* : Martianus Icelus.

*Même* article, *ligne dernière*, de Galba & de Difon, *lifez* : de Galba & de Pifon.

*Page* 300, *colonne* 2. Il manque une marque à l'article *Tirinanxès*.

*Idem*, *page* 307, *colonne* 1, à l'article *Tlachtli*.

*Idem*, *page* 312, *colonne* 2, article *Tonofama*.

*Idem*, *page* 332, *colonne* 1, article *Toxcoalt*.

*Page* 338, *colonne* 2, *dernière ligne*. De l'épître du I^er. Livre, *lifez* : de l'épître 8^e. du I^er. Livre.

*Page* 416, *colonne* 2, *dernier alinéa*. Qu'elle étoit fon ambition, *lifez* : qu'elle étoit fans ambition.

*Page* 449, *colonne* 2. Il manque une marque à l'article *Vuliæ*.

*Page* 473, *colonne* 2, article *Velleius Paterculus*, 4°. *alinéa*, *ligne* 6. Qui effecit, ut, &c. *lifez* : qui effecit ne, &c.

*Page* 478, *colonne* 2, article *Vendôme*, 3°. *alinéa*, *ligne* 3. Du duc de Vendôme, *lifez* : du duc de Bourgogne.

*Page* 497, *colonne* 1, article *Verus*, *ligne* 3. L'an de Rome, *lifez* : l'an de J. C.

*Page* 518, *colonne* 1. Mettre une marque aux articles *Vice*.

*Idem*, *page* 520, *colonne* 2, aux articles *Vicomte*.

*Idem*, *page* 586, *colonne* 2, à l'article *Vœux folennels des Romains*.

*Page* 597, *colonne* 2, *ligne* 13. Les prémices de cœur de M. de Voltaire, *lifez* : les prémices du cœur de M. de Voltaire.

*Page* 682, *colonne* 2. Il manque une marque à l'article *Yong-Ching-fu*.

## TOME VI.

*Supplément à l'hiftoire dans l'Encyclopédie.*

*Page* 28, *colonne* 1, article *Antoinette d'Anglure*,

*ligne* 17. Son mari, le baron de Rofne, fut tué en 1593 au fiége de Huliz, *lifez* : fut tué en 1596, &c.

*Page* 197, *colonne* 2, article *Jovin*, *ligne* 10, 1413, *lifez* : 413.

*Page* 310, *colonne* 2, article 33. Louis-Thomas de Savoie, comte de Soiffons, *ligne* 3, mourut le 25 août 1762, *lifez* : le 25 août 1702.

*Page* 338, *colonne* 1, article *Terrin*, *ligne antépénultième* : le dieu Pat, *lifez* : le dieu Pet.

### C H R O N O L O G I E.

*Page* 428, *colonne* 1 : entre les n^os. 15 & 13 fe trouve le n°. 24, *lifez* : n°. 14.

*Page* 497, *colonne* 2. Lifte des maréchaux de France fous François I. Le maréchal Thomas de Foix de Lefcun eft dit mort en 1524. C'eft en 1525, à la bataille de Pavie.

*Page* 514, *colonne* 2, article *Grand-Veneur*, n°. 3, fous Philippe-le-Veneur, *lifez* : fous Philippe-le-Bel.

*Page* 533, au commencement de la *colonne* 1, en titre. Succeffion chronologique des comtés de Bourgogne, *lifez* : des comtés de Champagne.

*Page* 546, *colonne* 2, article 5. François de Noailles, comte d'Agen, *lifez* : comte d'Ayen.

*Page* 549, *colonne* 1, *vers la fin*. Jacques, marquis de Montignon, *lifez* : de Matignon.

*Page* 555, *colonne* 2, aux deux derniers articles. Jean-Jacques de Mefmes, & Jean-Antoine de Mefmes, tous deux nommés comtés d'Arvaux, *lifez* : comtes d'Avaux.

*Même faute* à l'article fuivant, du premier préfident de Mefmes, *page* 556, *colonne* 1, 2°. *ligne*.

*Page* 373, *colonne* 1, article *Ordre de la Jarretière*, *ligne* 20. En 1747, *lifez* : en 1347.

*Ibid.*, *ligne antépénultième*, & envoyer, &c. *lifez* : & envoya, &c.

*Page* 584, *colonne* 2, article *Simon de Lalain*, &c. mort en 1746, *lifez* : en 1476.

*Page* 645, *colonne* 1, 5°. *alinéa*, article *Robert*. Contre le pape Urbain VI, Boniface IX fon fucceffeur, *lifez* : contre le pape Urbain VI & Boniface IX fon fucceffeur.

*Ibid.*, article 26 : Pierre de Lima, *lifez* : Pierre de Luna.

*Page* 646, *colonne* 1. Comme les Portugais en avoient trouvé dans les Indes occidentales, *lifez* : dans les Indes orientales.

*Page* 656, *colonne* 2. Concile de Ratisbonne, l'an 803, contre les co-évêques, *lifez* : contre les corévêques.

*Page* 702, *colonne* 2, article 22. Archevêque de Cozena, *lifez* : archevêque de Cozence.

*Page* 732, *colonne* 1, *premier alinéa*, 3°. *ligne*. Chaque révolution de l'année approche un peu d'un mois folaire, *lifez* : chaque révolution de la lune approche un peu, &c.